Europäische Verkehrspolitik

Von den Anfängen bis zur Osterweiterung der Europäischen Union

Band 3:
Seeverkehrs- und Seehafenpolitik
Luftverkehrs- und Flughafenpolitik
Telekommunikations-, Medien- und Postpolitik

Von

Dr. rer. pol. Johannes Frerich
Universitätsprofessor für
Wirtschaftliche Staatswissenschaften

und

Dr. rer. pol. Gernot Müller
Wissenschaftlicher Assistent

Zentrum für Europäische Integrationsforschung und
Institut für Gesellschafts- und Wirtschaftswissenschaften
Rheinische Friedrich-Wilhelms-Universität Bonn

R. Oldenbourg Verlag München Wien

Bibliografische Information Der Deutschen Bibliothek

Die Deutsche Bibliothek verzeichnet diese Publikation in der Deutschen Nationalbibliografie; detaillierte bibliografische Daten sind im Internet über <http://dnb.ddb.de> abrufbar.

Rosenheimer Straße 145, D-81671 München
Telefon: (089) 45051-0
www.oldenbourg.de

Gedruckt auf säure- und chlorfreiem Papier
Gesamtherstellung: Druckhaus „Thomas Müntzer“ GmbH, Bad Langensalza

ISBN 3-486-57569-4
ISBN 978-3-486-57569-9

Vorwort

Bezeichnet man als Gegenstand des Verkehrs die Ortsveränderung von Gütern, Personen und Nachrichten, so wird die überragende wirtschafts- und gesellschaftspolitische Bedeutung des Verkehrssektors und der darauf gerichteten Politik sehr schnell deutlich. Das Verkehrssystem und die mit seiner Hilfe erbrachten Leistungen sind notwendiger Bestandteil jeder arbeitsteiligen Produktion einschließlich der Beschaffung von Produktionsfaktoren und des Absatzes der erstellten Produkte. Die Qualität des Verkehrssystems ist damit eine wesentliche Determinante der Formung der interregionalen und intersektoralen Wirtschaftsstrukturen und des Ausmaßes und der Reichweite der ökonomischen Interdependenzen. Darüber hinaus ermöglichen Verkehrsleistungen die räumliche Trennung von Wohn- und Arbeitsstätten mit weitreichenden Wirkungen auf die Entstehung typischer Siedlungsstrukturen. Verkehrsleistungen sind zudem im Laufe der Zeit immer mehr zu einem wichtigen Konsumgut geworden, einerseits im Sinne eines originären Konsumguts, andererseits als unerläßlicher Bestandteil anderer Konsumprozesse. Wird in diesem Sinne Mobilität gemeinhin als Gradmesser des individuellen und gesellschaftlichen Wohlstandes angesehen, so stellen Verkehrsunfälle und Umweltschäden ihre Schattenseiten dar. Verkehrsleistungen sind zweifellos auch eine entscheidende Determinante der Integration von Staat und Gesellschaft, der Formung staatlichen Willens und seiner Durchsetzung im gesamten Staatsgebiet. Hoheitliche Aufgaben – etwa das Gewährleisten innerer und äußerer Sicherheit – können zudem nur dann befriedigend erfüllt werden, wenn alle Teile des Staatsgebietes durch Verkehrswege und Verkehrsleistungen gut erschlossen sind. Wichtige Funktionen der staatlichen Daseinsvorsorge können ohne eine ausreichende Qualität der Verkehrsinfrastruktur und der Verkehrsleistungsproduktion nicht sichergestellt werden; von ihrer Erfüllung ist auch der Zusammenhalt gesellschaftlicher Gruppen (Familien, Parteien etc.) abhängig.

Angesichts der überragenden wirtschafts- und gesellschaftspolitischen Bedeutung des Verkehrssektors ist die seit jeher festzustellende zentrale Einflußnahme des Staates und seiner Institutionen auf die Verkehrswirtschaft und die Verkehrsinfrastruktur nicht verwunderlich. Weit in die Geschichte zurückgreifend und in den verschiedenen Epochen deutlich feststellbar reklamierte der Staat in allen Kulturen die Gestaltung des Verkehrssektors weitgehend als ureigenen und unverzichtbaren Bestandteil seiner Politik, die sehr unterschiedlichen staatlichen Zielsetzungen nutzbar gemacht werden sollte. Über die dominierenden nationalen Interessen hinaus war es aber auch und gerade der Verkehrssektor, der sehr früh zu bilateralen oder sogar multilateralen Kooperationen führte, unabhängig davon, ob man sich von dem Gedanken der einseitigen oder allseitigen Vorteilhaftigkeit internationaler ökonomischer und gesellschaftlicher Interaktionen leiten ließ. Soweit vor diesem Hintergrund vereinzelt supranationale Institutionen des Verkehrssektors entstanden, wurden ihre Organisationsstrukturen und ihre Entscheidungsmechanismen jedoch nach wie vor vorrangig durch die einzelnen Staaten und die dahinter stehenden Interessen geprägt.

Erst die in den fünfziger Jahren des vergangenen Jahrhunderts in Europa entstandenen Integrationsverträge (EGKSV, EAGV, EWGV) schufen eine völlig veränderte Basis für die verkehrspolitische Kooperation. Die Verkehrspolitik wurde – besonders deutlich im EWGV mit seinem eigenen Verkehrstitel – zu einem integralen Bestandteil der Gemeinschaftspolitik, deren endgültige Durchsetzung allerdings noch viele Jahrzehnte in Anspruch nehmen sollte. Nur zögernd ließen die Mitgliedstaaten der Gemeinschaft von den tradierten Denkschemata in bezug auf die Verkehrsmarktordnung und die Verkehrsinfrastruktur ab, so daß die gemeinsame Verkehrspolitik bis in die achtziger Jahre hinein mehr durch Stillstand denn durch eine der Verkehrsentwicklung angepaßte Dynamik gekennzeichnet war. Erst durch das Urteil des Europäischen Gerichtshofs in der vom Europäischen Parlament angestrengten verkehrspolitischen Untätigkeitsklage kam die gemeinsame Verkehrspolitik in Fahrt und führte sukzessive in einem noch fast zwei Jahrzehnte währenden Prozeß zu einer Auflösung der lange Zeit nahezu erstarrt anmutenden Positionen, so daß schließlich in der Gegenwart mit einiger Berechtigung von einem Gemeinsamen Verkehrsmarkt als Teil des Binnenmarktes gesprochen werden kann.

Diese Entwicklung von den Anfängen bis zur Osterweiterung nachzuvollziehen, ist der zentrale Gegenstand des vorliegenden dreibändigen Handbuchs, das in langjähriger Arbeit entstanden ist. Notwendigerweise ist diese Abhandlung interdisziplinär angelegt und vor allem im Grenz- und Schnittbereich von Verkehrsökonomie und Rechtswissenschaft, aber auch von Politik- und Geschichtswissenschaft angesiedelt. Zielgruppe des Werks sind nicht nur Studierende der genannten Wissenschaftsdisziplinen, sondern auch und gerade interessierte Wirtschafts-, Verkehrs- und Verwaltungspraktiker; für an Universitäten und Fachhochschulen tätige Wissenschaftler dürfte das Buch als Nachschlagewerk wertvoll sein, das auch für spezielle Fragestellungen mehr als nur eine erste Orientierung bietet. Das Gesamtwerk sollte von vornherein statt einer ersten Einführung einen umfassenden Überblick über die Prinzipien, Strukturen und Mechanismen des Gemeinsamen Verkehrsmarktes in Vergangenheit und Gegenwart bieten. Die Vielfalt der Gegenstände führte dann nahezu zwangsläufig zu einem erheblichen Umfang des Handbuchs, wenngleich auch das Bemühen um eine komprimierte Darstellung hervorgehoben werden muß.

Zweifellos beantwortet das Buch viele Fragen, gibt aber auf manche verkehrsökonomischen Problemstellungen nur knappe Antworten und setzt einiges voraus. Vom Leser wird erwartet, daß er über die Grundprobleme des Verkehrswesens, der Verkehrswirtschaft und der Verkehrspolitik in Europa im großen und ganzen informiert ist und auch Kenntnis von der einschlägigen verkehrswissenschaftlichen Diskussion hat. Alles das, was in dieser Hinsicht bereits in der Literatur in aller Breite und Intensität behandelt worden ist, sollte hier nicht erneut dargeboten werden. Daher wurde auch auf umfangreiche empirisch-deskriptive Lageanalysen verbaler und statistischer Art für einzelne Länder und Verkehrssektoren ebenso verzichtet wie auf die Durchführung problemrelevanter Prognosen. Gleichermaßen wurde auch verzichtet auf mehr als nur ansatzweise Ausführungen zu methodischen Fragen verschiedener verkehrsrelevanter Problembereiche (Regulierungstheorie und -praxis, Prognose- und Evaluierungstechniken, Grundlagen der multivariaten Statistik) sowie auf die Präsentation von Zeitreihen zur Verkehrsentwicklung (Problem der Vielfalt von nach Ländern und Verkehrssektoren außerordentlich divergierenden Statistiken; Problem der Inkompatibilität der Statistiken; Notwendigkeit des Verzichts auf graphische Darstellungen von Zeitreihen und Zustandsdaten). Das mag zum einen bedauerlich erscheinen, war aber zum anderen in dem Rahmen dieses Buches kaum machbar oder sinnvoll. Auf diese Grundposition muß dezidiert hingewiesen werden, um Mißverständnissen zu begegnen.

Im Kern soll das Buch verdeutlichen, in welcher Weise und mit welchen Schritten trotz eindeutig stark differenzierter Ausgangssituationen und trotz vielfältig divergierender Entwicklungen für die EG bzw. EU eine vertretbar gemeinsame Linie der Verkehrspolitik gefunden wurde. Diese Gemeinsamkeit prägt sich notwendigerweise in bestimmten Normen aus, deren Entstehung und Weiterentwicklung im institutionellen System der Gemeinschaft vor dem Hintergrund bestimmter Problemlagen erörtert wird. Ergibt sich daraus zwar einerseits eine zeitliche Gliederung der wesentlichen Inhalte des Handbuchs, so wird diese durch eine sachliche und institutionelle Aufschlüsselung ergänzt, um unterschiedliche Positionen bzw. Gemeinsamkeiten sowie die gefundenen schrittweisen Lösungen im Hinblick auf grundlegende Problemlagen zu verdeutlichen. Die Ausführungen werden ergänzt durch thematische Übersichten, in denen in komprimierter Form vielfältige Informationen zur verkehrspolitischen Normenentwicklung bis hin zum Rechtsetzungsprozeß geboten werden.

Besonderer Wert wurde bei der Erstellung des Buches auf die Erfassung sämtlicher primärer und sekundärer Rechtsquellen der gemeinsamen Verkehrspolitik gelegt. Dabei ging es sowohl um die Vertragsgrundlagen und ihre Veränderungen (Benennung der Artikel gemäß EWGV/EGV; in Klammern Zählung nach dem Amsterdamer Vertrag) als auch um die Ergebnisse der weiteren gemeinschaftlichen Rechtsetzung (Verordnungen, Richtlinien, Empfehlungen, Beschlüsse, allgemeine und individuelle Entscheidungen, Stellungnahmen), die aus dem Handeln der Gemeinschaftsorgane (Rat, Kommission, Parlament und Gerichtshof in Verbindung mit verschiedenen Ausschüssen) hervorgegangen sind. Neben der relevanten Literatur wurden auch die offiziellen und internen Dokumente der Kommission sowie die Entschließungen und Stellungnahmen des Europäischen Parlaments, des Wirtschafts- und Sozialausschusses und des Ausschusses der Regionen ebenso in umfassender Weise ausgewertet wie auch Arbeitspapiere von Sachverständigen- und Gutachtergremien. Die Literaturangaben im laufenden Text erfüllen einerseits die übliche Zitier- und Belegfunktion, dienen andererseits jedoch ebenso wie die verfügbaren Übersichten zum sekundären Gemeinschaftsrecht und zu abgeleiteten Bereichen dem Zweck, dem Leser eine eigene weitergehende Arbeit im Hinblick auf die angesprochene Thematik zu erleichtern. Das Literaturverzeichnis wird ergänzt durch ein Verzeichnis der Übersichten; detaillierte Abkürzungs-, Personen- und Sachregister schließen die einzelnen Bände ab.

Während sich der Band 1 des Handbuchs mit den politisch-ökonomischen Rahmenbedingungen der gemeinsamen Verkehrspolitik sowie mit der Verkehrsinfrastrukturpolitik im europäischen Integrationsprozeß befaßt, behandelt der Band 2 die gemeinsame Landverkehrspolitik in Europa mit dem Straßenverkehr, der Binnenschifffahrt und dem Eisenbahnverkehr. Der nunmehr auch vorliegende Band 3 des Handbuchs konzentriert sich auf die gemeinsame See-, Luft- und Nachrichtenverkehrspolitik in Europa (Querverweise in Band 1 und 2 auf Band 3 nur kapitel- und abschnittsweise). Kapitel 1 erörtert die anfänglichen und sehr begrenzten Entwicklungen in diesen Politikbereichen und ihre offensichtliche verkehrspolitische Sonderstellung bis Mitte der achtziger Jahre; Kapitel 2 bis 4 befassen sich entsprechend mit den sektorspezifischen Problemen, Entwicklungen und Perspektiven seit Mitte der achtziger Jahre. Kapitel 2 widmet sich der gemeinsamen Seeverkehrs- und Seehafenpolitik (Entwicklungslinien des Seeverkehrs und der Gemeinschaftsflotte; Seeverkehr und Wettbewerbsordnung der Gemeinschaft; Weiterentwicklung der Marktordnung im europäischen Seeverkehr; Abkommen und Konsultationen der Gemeinschaft mit Drittstaaten; Grundzüge und Perspektiven der gemeinsamen Seehafenpolitik). Kapitel 3 betrifft die gemeinsame Luftverkehrs- und Flughafenpolitik (Grundprobleme des Luftverkehrs in der Gemeinschaft; Luftverkehr und Wettbewerbsordnung der Gemeinschaft; Weiterentwicklung der Marktordnung und der Zusammenarbeit im europäischen Luftverkehr; Ausgestaltung der internationalen Beziehungen des europäischen Luftverkehrs). Kapitel 4 behandelt die wesentlichen Themen der gemeinsamen Telekommunikations-, Medien- und Postpolitik (Marktordnungspolitik in der Phase der Binnenmarktvollendung; Telekommunikationspolitik bis zur vollständigen Liberalisierung; Telekommunikations- und Medienpolitik seit Ende der neunziger Jahre; gesamtwirtschaftliche, gesellschaftliche und soziale Aspekte des Telekommunikationswesens; Außenbeziehungen der Gemeinschaft im Bereich der Telekommunikation; Grundzüge der gemeinsamen Postpolitik in Europa). Auch in diesem Band haben wir uns um eine umfassende Darstellung der verkehrspolitischen Entwicklungen sowie um eine problemorientierte Diskussion der wesentlichen Gegenstände der genannten Sektorpolitiken bemüht.

Während der mehrjährigen Bemühungen um die Entstehung dieses Buches ist eine nicht unbeträchtliche Dankesschuld entstanden. Dank schulden wir einmal den Mitarbeiterinnen und Mitarbeitern verschiedener Bibliotheken und Dokumentationszentren der Europäischen Gemeinschaften sowie der Rheinischen Friedrich-Wilhelms-Universität Bonn einschließlich des Zentrums für Europäische Integrationsforschung. Der Einsatz verschiedener studentischer oder wissenschaftlicher Hilfskräfte wurde zu unterschiedlichen Zeiten durch die finanzielle Unterstützung des wirtschaftswissenschaftlichen Fachbereichs und des Zentrums für Europäische Integrationsforschung ermöglicht; Dank gebührt in diesem Zusammenhang vor allem den Fachbereichsvorsitzenden der letzten Jahre und den Professoren *Jürgen von Hagen* und *Urs Schweizer*. Aufgrund der damit geschaffenen Möglichkeiten wirkten vor allem *Marcel Küthen* und *Jörg Wicharz* lange Zeit außerordentlich engagiert an der

Fertigstellung des Buches mit und kümmerten sich um die Bewältigung aller mit dieser Arbeit verbundenen technisch-organisatorischen Probleme, leisteten aber auch inhaltlich-kritische Beiträge und haben sich damit herausragende Verdienste über die anfallenden Korrektur- und Registerarbeiten hinaus erworben. Mit beträchtlichem Engagement haben auch *Sarah Frerich* und *Wolfgang Kühn* in überwiegend ehrenamtlicher Arbeit erhebliche Teile des Manuskriptes einer kritischen Durchsicht unterzogen. Die Mitarbeit weiterer Studierender im Kontext der Lehrveranstaltungen zur Verkehrspolitik darf ebenso wenig vergessen werden wie die Anteilnahme von Angehörigen, Freunden und Kollegen, die immer dann Mut zur Weiterarbeit vermittelten, wenn dies angesichts des Umfangs der zu bewältigenden Arbeiten notwendig wurde.

Johannes Frerich

Gernot Müller

Inhaltsverzeichnis

Kapitel 4 Gemeinsame Telekommunikations-, Medien- und Postpolitik in Europa seit Mitte der achtziger Jahre

Kapitel 1

Gemeinsame See-, Luft- und Nachrichtenverkehrspolitik in Europa bis Mitte der achtziger Jahre

1. Anwendung des EWG-Vertrages auf den See- und Luftverkehr

1.1 See- und Luftverkehr im Verkehrstitel des EWGV

1.1.1 Der Stellenwert des Art. 84 Abs. 2 EWGV

Nach Art. 84 Abs. 1 EWGV (Art. 80 Abs. 1 EGV) gelten die Bestimmungen des Verkehrstitels nur für Beförderungen im **Straßen-**, **Binnenschiffs- und Eisenbahnverkehr**; gemäß Abs. 2 konnte der Rat aber einstimmig darüber entscheiden, ob, inwieweit und nach welchen Verfahren geeignete Vorschriften für den **See- und Luftverkehr** zu erlassen waren. Diese Regelung war Ausdruck der unterschiedlichen nationalen Verkehrsmarktordnungen und -konzeptionen, die bereits während der Verhandlungen über die **Römischen Verträge** offenbar geworden waren *(vgl. Band 1, S.30ff.)*. Während man sich für den Landverkehr noch auf einen Kompromiß einigen konnte, blieb man beim See- und Luftverkehr uneins, auf welche Weise diese beiden Verkehrsträger in die Bemühungen um die Schaffung eines einheitlichen Handels- und Wirtschaftsraums einbezogen werden sollten. Nicht zuletzt wegen der **weltwirtschaftlichen Verflechtung** des See- und Luftverkehrs waren die Vertragsstaaten geneigt, diese Verkehrsträger vorerst auszuklammern. Für den Bereich des Landverkehrs wollte man gleichzeitig die Klärung der Frage erleichtern, ob eine vollständige Einbeziehung des Verkehrssektors in den **Gemeinsamen Markt** erforderlich sei oder ob dieser Sektor nur insoweit berücksichtigt werden sollte, wie es für die Integration der übrigen Wirtschaftszweige notwendig erschien *(vgl. J. Erdmenger, 1962, S.77ff.)*.

Ende der fünfziger Jahre hatte der **Seeverkehr** für die EWG nur eine relativ geringe Bedeutung, da das Betätigungsfeld der **europäischen Reedereien** überwiegend außerhalb des Gemeinsamen Marktes lag; mit Ausnahme Italiens wickelten die Mitgliedstaaten lediglich 7,5 % des innergemeinschaftlichen Warenverkehrs über den Seeweg ab. Zudem hätten bei der Einführung einer einheitlichen Seeverkehrspolitik die vielfältigen **Interessen von Drittländern** und die in diesem Bereich bestehenden **internationalen Vereinbarungen** berücksichtigt werden müssen. Auf der Unternehmensebene hatten sich bereits privatrechtliche **Zusammenschlüsse und Vereinbarungen** – wie Linienkonferenzen und Konsortien – gebildet, deren Behandlung im Gemeinschaftsrecht – z. B. im Hinblick auf die Wettbewerbsregeln und die Außengeltung der Vertragsvorschriften – Probleme aufwarf. Viele Mitgliedstaaten zeigten außerdem ein **ausgeprägtes nationales Interesse** an ihrer Handelsflotte wegen ihrer außen- und verteidigungspolitischen Bedeutung sowie ihrer Funktion als Versorgungsinstrument, was eine Einigung über Fragen der internen Marktordnung auch später noch oftmals erschweren sollte *(vgl. F. Hellwig, 1972, S.81f.; A. Rommel, 1985, S.19)*.

Über die allgemeinen Besonderheiten des Verkehrssektors hinaus wies auch der **Luftverkehr** – speziell der europäische Luftverkehrsmarkt – bis weit in die achtziger Jahre hinein weitere **charakteristische Merkmale** auf, die zum Teil noch heute anzutreffen sind *(vgl. J. Erdmenger, 1962, S.77ff.; P. D. Dagtoglou, 1981, S.342ff., 346ff.; L. Weber, 1981, S.3ff., 57ff., 88f., 116ff.; J. Reifarth, 1985, S.21ff.; A. Kark, 1989, S.79ff.; W. Pompl, 1991, S.40ff., 217ff.; W. R. Teuscher, 1994, S.7ff., 35ff., 62ff.)*:

— Der Luftverkehr hat einen ausgesprochen *internationalen Charakter*. Große Geschwindigkeiten bringen in Verbindung mit einem relativ hohen Sicherheits- und Komfortstandard deutliche Vorteile gegenüber anderen Verkehrsträgern mit sich, die in erster Linie beim Transport über längere Distanzen, bei der Überwindung natürlicher Hindernisse – wie Meere und Gebirge – oder beim Überfliegen mehrerer Staatsgrenzen (Vermeidung von Grenzkontrollen) zum Tragen kommen.

— In Europa ist der *internationale Linienluftverkehr*, d. h. der grenzüberschreitende Verkehr zwischen den Mitgliedstaaten sowie der Interkontinentalverkehr nach Nordamerika und Südostasien, von besonderer Wichtigkeit, weil die Inlandsmärkte selbst flächenmäßig relativ klein und somit die zu überwindenden Distanzen sehr kurz sind; gerade auf den einzelstaatlichen Märkten geht zudem von gut ausgebauten *Straßenverkehrs- und Eisenbahnnetzen* sowie vom *Bedarfsluftverkehr* mit kleinerem Gerät ein erheblicher Konkurrenzdruck auf den Linienluftverkehr aus. Innerhalb Europas schließlich war das Tätigkeitsfeld der Luftverkehrsgesellschaften bis in die jüngste Vergangenheit vielfach durch die beschränkte Möglichkeit zur Ausübung von Verkehrsrechten der *fünften bis siebten Freiheit (vgl. Übersicht 12)* eingeengt.

— Der internationale Charakter des Luftverkehrs kommt auch zum Ausdruck im weltweit geltenden *völkerrechtlichen Ordnungsrahmen*, der sich in zahlreichen internationalen Vereinbarungen (Abkommen von Chicago, Transport- und Transitabkommen *(vgl. Übersicht 11)*) sowie der Existenz von internationalen Organisationen (IATA, ICAO) manifestiert und der Involvierung verschiedener Staaten und Unternehmen auf dem gleichen Markt Rechnung trägt. Wegen der großen Bedeutung nationaler Rechte, die ihren Ursprung in der Anerkennung des territorialen Luftraums und der staatlichen Lufthoheit haben, nehmen diese Organisationen vielfach nur *konsultative oder koordinierende Funktionen* wahr *(vgl. auch J. Frerich u. a., 1976, S. 102ff.)*. Flüge über ein Staatsgebiet, Landung und Abflug bedürfen der Genehmigung des jeweiligen Landes. Marktzugang, Flughäufigkeit und Beförderungskapazitäten wurden bzw. werden vielfach in bilateralen, weniger in multilateralen Verträgen geregelt.

— Unter Berücksichtigung der mit dem Erwerb, der Unterhaltung und dem Betrieb des Fluggeräts verbundenen hohen *Kapital- und Arbeitsintensität* des Luftverkehrs wurde lange Zeit die Existenz eines *natürlichen Monopols* in bezug auf die Transportentfernung angenommen; außerdem wurden größenbedingte *Kostendegressionseffekte* im Verhältnis zur Transportkapazität vermutet. Bis in die achtziger Jahre herrschte deshalb die Meinung vor, daß die Einführung eines *Wettbewerbsregimes* zu ruinöser Konkurrenz, zu einer Verschlechterung der Qualitätsparameter und zur Vernachlässigung der Sicherheitsstandards führe.

— Die einzelstaatliche Regelungsbefugnis und die Unterstützung der Anfangsinvestitionen und des Wiederaufbaus der Luftverkehrsunternehmen aus öffentlichen Mitteln nach dem Kriege hatten zur Konsequenz, daß den *nationalen Linienverkehrsgesellschaften* Vorteile eingeräumt wurden. In den bilateralen Verträgen wurden sie als das für den Linienverkehr von und nach dem Heimatstaat zuständige Unternehmen benannt (*flag carrier*), und für Transporte innerhalb des Staatsgebiets räumte man ihnen eine Monopolstellung ein. Bei einer Verschlechterung ihrer finanziellen Situation konnten viele Gesellschaften mit *Subventionszahlungen* aus dem jeweiligen Staatshaushalt rechnen.

— Andererseits standen die Fluggesellschaften als staatliche oder halbstaatliche Unternehmen unter *strenger öffentlicher Aufsicht* und waren an die in den bilateralen Verträgen formulierten Bedingungen gebunden. Als Gegenstand öffentlicher Daseinsvorsorge und Vorleister für andere Wirtschaftszweige oblagen ihnen z. B. in der BR Deutschland, Frankreich und Italien *bestimmte Verpflichtungen*, wie der regelmäßige Flugbetrieb nach einem zu veröffentlichenden Flugplan, die Sicherstellung von Verbindungen mit bestimmten Regionen und die Aufrechterhaltung eines Mindestangebots von Liniendiensten zu verkehrsschwachen Zeiten (Bedienungspflicht) sowie die Beförderungspflicht (Kontrahierungszwang). Für die Flugpreise galt die *Tarifgenehmigungs- und -veröffentlichungspflicht*. Ergänzend traten strenge subjektive und objektive *Zulassungskriterien* für neue Gesellschaften hinzu.

— Lange Zeit spielten bei der Behandlung der Fluggesellschaften auch *verkehrsfremde Gründe* eine Rolle. Hier sind die Pflege eines nationalen Prestigeobjekts, die Förderung des Tourismus, die Bedeutung als Reserve für die Landesverteidigung sowie der Beitrag des Luftverkehrs zur Erhöhung der Deviseneinnahmen und zur Verbesserung der Handelsbilanz im Rahmen der Außenhandels- und Währungspolitik zu nennen.

1.1.2 Die see- und luftverkehrspolitische Grundsatzdiskussion der sechziger Jahre

Im Gegensatz zu den speziellen Regelungen des Verkehrstitels blieb die Anwendung der allgemeinen Vertragsbestimmungen auf den See- und Luftverkehr lange Zeit strittig. Der **juristische Meinungsaustausch** hierüber war als Spezialproblem in die Auseinandersetzung um die Anwendung des EWGV auf die Verkehrswirtschaft im allgemeinen eingebettet. Im wesentlichen ließen sich zwei **gegensätzliche Positionen** unterscheiden *(vgl. hierzu L. Cartou, 1958, S. 125; W. Schulte-Meermann, 1959, S. 424f.; P. H. Sand, 1960b, S. 112ff.; Ch. Runge, 1961, S. 94ff.; J. Erdmenger, 1962, S. 1ff., 7ff.; A. Meyer, 1962, S. 173ff., 176ff.; W. Schwenk, 1962, S. 257ff.; W. Stabenow, 1964, S. 235ff.; L. Schaus, 1965, S. 7; J. Bird, 1967, S. 24ff.; W. Stabenow, 1967a; W. Stabenow, 1967b, S. 200ff.; L. Weber, 1977b, S. 234ff.; L. Weber, 1981, S. 93ff., 102f., 108f., 132 ff.).*

Nach der **ersten Auffassung** waren beide Verkehrsträger von der Anwendung des gesamten EWGV freigestellt, solange nicht ein einstimmiger Beschluß des Rates gemäß Art. 84 Abs. 2 EWGV (Art. 80 Abs. 2 EGV) erging. Diese Ansicht gründete sich darauf, daß die Vorschriften des Vertrags in erster Linie für die allgemeine Wirtschaft, d. h. den Handel und die Industrie, gelten. Für andere spezialisierte Wirtschaftszweige, wie die Landwirtschaft und den Verkehr, hätte aufgrund der Besonderheiten dieser Sektoren eine Ergänzungsbedürftigkeit bestanden, der die Gründungsväter durch die Hinzufügung eigener Titel (*lex specialis*) nachgekommen wären. Deshalb seien allein die Artt. 74 bis 83 EWGV (Artt. 70 bis 79 EGV) verkehrsrelevant; jene fänden auch gemäß Art. 84 (80) Abs. 2 nicht auf den **See- und Luftverkehr** Anwendung; für die übrigen Vertragsbestimmungen gelte nach der Systematik des Vertrags eine stillschweigende Ausnahme. Der Verkehr sei im Gegensatz zur Landwirtschaft nicht Teil des **Gemeinsamen Marktes**, auf diesem Gebiet sollte nur eine gemeinsame Politik verfolgt werden:

- In bezug auf den See- und Luftverkehr ginge aus den Vertragsverhandlungen hervor, daß diese Verkehrsträger erst zu einem späteren Zeitpunkt – nämlich wenn der Rat seine Entscheidungsbefugnis ausübe – in das primäre Recht einbezogen werden sollten. Die *Regelungsbefugnisse* verblieben bei den Mitgliedstaaten, bis diese ihre Kompetenzen auf die Gemeinschaft übertrügen. Selbst wenn die allgemeinen Vertragsvorschriften für den Verkehrsbereich gelten würden, so nähmen See- und Luftverkehr also trotzdem materiellrechtlich eine *Ausnahmestellung* in bezug auf Vertrag und Verkehrstitel ein. Eine Anwendung der *allgemeinen Vertragsbestimmungen* würde die nach Art. 84 Abs. 2 EWGV (Art. 80 Abs. 2 EGV) noch zu treffenden Maßnahmen vorwegnehmen.
- Außerdem wurde auf den Widerspruch verwiesen, daß anderenfalls allein die *unspezifischen Vertragsvorschriften* auf diese beiden Verkehrsträger anwendbar seien, wo doch gerade aufgrund der Besonderheiten des Landverkehrs ein eigener Verkehrstitel mit speziellen Regelungen geschaffen worden sei und wegen der in noch höherem Grade ausgeprägten *Besonderheiten des See- und Luftverkehrs* diese wieder von den Artt. 74 bis 83 EWGV (Artt. 70 bis 79 EGV) ausgenommen worden seien.

Gemäß der **zweiten Auffassung** waren alle Vertragsbestimmungen auf das gesamte Verkehrswesen einschließlich des See- und Luftverkehrs anwendbar, soweit dies nicht ausdrücklich (*expressis verbis*) ausgeschlossen bzw. an zusätzliche Grundsatz- oder Verfahrensentscheidungen eines dazu ermächtigten Organs gebunden war (Universalität des Vertrags). Diese Rechtsauffassung wurde darauf zurückgeführt, daß es nach Art. 2 EWGV das grundsätzliche Anliegen des Vertrags sei, einen **Gemeinsamen Markt** zu schaffen, was u. a. auch durch die Einführung einer gemeinsamen Verkehrspolitik (Art. 3 lit. e EWGV) erreicht werden müsse. Zwar diene in erster Linie Teil II, der sich mit den Freiheiten des Personen-, Güter-, Dienstleistungs- und Kapitalverkehrs beschäftigt, der Verwirklichung der dafür notwendigen Voraussetzungen. Der Gemeinsame Markt betreffe seinerseits aber jeden Wirtschaftsbereich und schlösse deshalb auch alle Verkehrsträger in die Maßnahmen zur **Verwirklichung des Binnenmarktes** ein. Die **Entstehungsgeschichte des Vertrags** liefere keinen gegenteiligen Hinweis:

— Auf den *See- und Luftverkehr* seien gemäß den Artt. 61 Abs. 1 und 84 Abs. 1 EWGV (Artt. 51 Abs. 1 und 80 Abs. 1 EGV) allein die Artt. 59 bis 66 und 74 bis 83 EWGV (Artt. 49 bis 55 und 70 bis 79 EGV) nicht anwendbar. Die Gemeinschaftsorgane seien zur Ausübung ihrer Kompetenzen befugt; bei der Einbeziehung der beiden Verkehrsträger in die Gemeinschaftstätigkeiten müsse lediglich eine *Anpassung der Vertragsbestimmungen* an die speziellen Erfordernisse der See- und Luftverkehrswirtschaft vorgenommen werden.

— Dabei entstand jedoch die Frage, ob die allgemeinen Vertragsvorschriften vollständig anwendbar sind, wenn die Berücksichtigung der *Besonderheiten des Verkehrs* dem im Wege steht (Grundsatz der vertragszielgerechten Anwendung). Ferner wurde diskutiert, ob die Umsetzung der allgemeinen Vorschriften die gemeinsame See- und Luftverkehrspolitik vorbereiten solle oder ob sie bereits deren Anfangsphase darstelle. Rechtsunsicherheit bestand auch bei der Behandlung der mit dem Verkehr verbundenen *Hilfs- und Nebentätigkeiten*.

Nach einer dritten **vermittelnden Auffassung** sei die gemeinsame Verkehrspolitik so auszurichten, daß die besonderen Vorschriften die allgemeinen Bestimmungen überlagern. Art. 84 Abs. 2 EWGV (Art. 80 Abs. 2 EGV) bezwecke, die nationalen Politiken durch die beabsichtigte **Erweiterung des Geltungsbereichs** des Vertrags zu vereinheitlichen. Solange diese Rechtsnorm nicht angewendet werden könne, dürfe man sich der anderen (allgemeinen) Vertragsvorschriften nur hilfsweise bedienen, nämlich nur insoweit, wie sie die übergangsweise bestehenden **einzelstaatlichen Kompetenzen** nicht berührten *(vgl. J. Erdmenger, 1962)*.

Die Kommission trat seit ihren ersten Beratungen über eine gemeinsame Luft- und Seeverkehrspolitik in den Jahren 1958 und 1959 als eine Verfechterin der **Universalität des Vertrags** auf und beharrte darauf, daß alle Verkehrsträger in die Maßnahmen zur Verwirklichung der Vertragsziele einzubeziehen seien. Sie machte dies auch später wiederholt deutlich, so u. a. in ihrem **Memorandum** über die Anwendbarkeit der Wettbewerbsregeln des EWGV auf das Verkehrswesen sowie die Vertragsauslegung im Hinblick auf die Seeschiffahrt und die Luftfahrt vom 12. November 1960 [KOM (60) 5320 endg.], in der **Denkschrift** über die Grundausrichtung der gemeinsamen Verkehrspolitik vom 10. April 1961 [KOM (61) 50 endg.] *(vgl. Band 2, S. 1 f.)*, im **Aktionsprogramm** vom 23. Mai 1962 [KOM (62) 88 endg.] *(vgl. Band 2, S. 2 f.)* sowie in einer **Erklärung** auf der Ratstagung vom 20. Oktober 1964. Allerdings konstatierte sie bereits in der Denkschrift, daß die see- und luftverkehrsspezifischen Probleme untersucht und daß der weltweiten Verknüpfung dieser Bereiche Rechnung getragen werden müsse. Auf dem Gebiet des Seeverkehrs sollte zuerst das Ende der im Rahmen internationaler Institutionen laufenden Verhandlungen abgewartet werden. Auf der **Ratstagung** gestand die Kommission weiterhin ein, daß es ggf. zweckmäßig sei, die Anwendung der allgemeinen Vertragsregeln auf den See- und Luftverkehr solange auszusetzen, bis **geeignete Sonderbestimmungen** erlassen worden seien *(vgl. GB 1959-1960, Ziff. 271; GB 1960-1961, Ziff. 130; GB 1964-1965, Ziff. 239; W. Stabenow, 1967b, S. 203 f.; F. Babudieri, 1969, S. 414 f.; G. Becher, 1980, S. 191 ff.; L. Weber, 1981, S. 334 ff.; A. E. Bredima-Savopoulou u. a., 1990, S. 72 ff.)*.

In ihrer Ansicht wurde die Kommission insbesondere vom **Europäischen Parlament** unterstützt. In seiner Entschließung vom 20. Dezember 1961 über die Probleme des Flugverkehrs im Rahmen der Europäischen Wirtschaftsgemeinschaft [ABl. 003 17.01. 62 S. 70] betonte es aber auch die Notwendigkeit, der weltweiten Struktur des Luftverkehrs Rechnung zu tragen und die Tätigkeit der IATA zu berücksichtigen. Eine Entschließung vom 19. November 1962 [ABl. 134 14.12.62 S. 2850] ging zwar von der Anwendbarkeit der **Wettbewerbsregeln** auf den See- und Luftverkehr aus, lehnte aber eine generelle Freistellung ohne vorherige Prüfung der tatsächlichen Lage ab. In der Entschließung vom 14. Mai 1965 über die **Probleme der Zivilluftfahrt** in der Gemeinschaft [ABl. 096 02.06.65 S. 1702] wurden die früher geäußerten Ansichten bestätigt *(vgl. GB 1958-1959, Ziff. 198; GB 1961-1962, Ziff. 138; A. Meyer, 1962, S. 170 ff.; W. Stabenow, 1967b, S. 204 f.; P. J. Kapteyn, 1968, S. 51; L. Weber, 1981, S. 342 f.)*.

Unter den **Mitgliedstaaten** gab es hinsichtlich der Anwendbarkeit der allgemeinen Vertragsvorschriften auf den See- und Luftverkehr erhebliche Dissonanzen. Während Italien und die Niederlande überwiegend die Auffassung der Kommission und des Europäischen Parlaments teilten, vertraten die anderen Mitgliedstaaten – teilweise in Übereinstimmung mit den See- und Luftverkehrsunternehmen – unter Führung der BR Deutschland und Frankreichs (Mehrheit im Rat) die Meinung, daß alle **primärrechtlichen Bestimmungen** vorerst keine Gültigkeit für den See- und Luftverkehr besäßen *(vgl. W. Stabenow, 1967a, S. 118 f.; L. Weber, 1977a, S. 395 ff.; L. Weber, 1981, S. 87 f.)*.

1.1.3 Die Implikationen der EuGH-Urteile in den Rs. 167/73 und 156/77

Im September 1973 erhob die Kommission vor dem Europäischen Gerichtshof **Klage gegen Frankreich**, da eine auf der Grundlage des *Code du Travail Maritime* vom 13. Dezember 1926 erlassene Ministerialverordnung vom 21. November 1960 i. d. F. vom 12. Juni 1969 Beschäftigungen nautischer und technischer Art sowie den Funkdienst an Bord eines französischen Schiffes grundsätzlich Inländern vorbehielt; Tätigkeiten des allgemeinen Schiffsbetriebs waren zu 75 % für Franzosen reserviert. Nach Ansicht der Kommission stellte diese Regelung einen Verstoß gegen Art. 48 EWGV (Art. 39 EGV) und gegen die Verordnung 68/1612/EWG über die Freizügigkeit der Arbeitnehmer dar. Im Oktober 1971 hatte die französische Regierung eine Änderung der **strittigen Bestimmungen** zugesagt, diese Zusage dann jedoch nicht eingehalten *(vgl. GB 1973, Ziff. 405; P. J. Allott, 1975, S.313 f.; G. Guillaume, 1976, S.535; K.-H. Necker, 1976, S.115 f.; L. Weber, 1981, S.97 f.)*.

Der **Europäische Gerichtshof** machte sich in seinem Urteil vom 4. April 1974 in der Rs. 167/73 (Seeleute-Urteil) [ABl. C 093 08.11.73 S.10; Slg. 1974, S.359] die Auffassung der Kommission zu eigen und wies daraufhin, daß der zweite Teil des Vertrags dazu diene, die Voraussetzungen für die **Realisierung des Gemeinsamen Marktes**, der seinerseits das gesamte Wirtschaftsleben betreffe, zu schaffen. Zumindest die Grundsätze der Artt. 9 bis 73 EWGV (Artt. 23 bis 55 EGV) fänden deshalb – auch wegen Art. 74 EWGV (Art. 70 EGV) – auf den gesamten Verkehr Anwendung. Der Art. 84 Abs. 2 EWGV (Art. 80 Abs. 2 EGV) bestimme lediglich, daß die speziellen Regelungen des Verkehrstitels (Artt. 74 bis 83 EWGV (Artt. 70 bis 79 EGV)) nicht automatisch für den See- und Luftverkehr, sondern nur für den Binnenverkehr Geltung hätten. Alle Verkehrsarten unterlägen jedoch den **allgemeinen Vertragsvorschriften**, soweit nicht in **Ausnahmevorschriften** ausdrücklich etwas anderes festgelegt sei *(vgl. GB 1974, Ziff. 355; G. Guillaume, 1976, S.535; G. Close, 1980, S.190; L. Weber, 1981, S.98 ff.; A. Kark, 1989, S.111 ff.; G. W. Wenglorz, 1992, S.30 ff.)*.

Unklar blieb jedoch, **welche Vertragsteile** zu den allgemeinen Vorschriften zählen sollten. Der erste (Grundsätze) und zweite Teil (Grundlagen der Gemeinschaft) des Vertrags mit Ausnahme der Artt. 38 bis 47 und 74 bis 83 EWGV (Artt. 32 bis 38 und 70 bis 79 EGV) waren weitgehend unstrittig. Ein Problem stellten die Bestimmungen des dritten Teils (Politik der Gemeinschaft) dar, unter denen insbesondere die Wettbewerbsregeln für den See- und Luftverkehr von Bedeutung waren. Nach der **minimalistischen Auslegung** sollten nur die Teile I und II berücksichtigt werden, während die **maximalistische Position** den gesamten Vertrag, d. h. auch die Teile III bis VI mit Ausnahme der Spezialregeln für die Landwirtschaft, den Dienstleistungssektor und den Verkehr, einbezog. Die zweite Interpretation setzte sich als **herrschende Auffassung** durch. Als Gründe wurden angeführt, daß der Europäische Gerichtshof die Teile I und II als grundsätzliche Vorschriften bezeichnet hatte und ein Funktionieren des **Gemeinsamen Marktes** gemäß der Einheit des Vertrags mit der Verfolgung einer gemeinsamen Wirtschaftspolitik und der Arbeit der Gemeinschaftsorgane eng verbunden sei *(vgl. P. J. Allott, 1975, S.314; L. Weber, 1977b, S.241 ff.; M. G. Folliot, 1978, S.141; H. P. Ipsen, 1979, S.191 ff.; L. Weber, 1981, S.101 f., 128 ff.)*.

Da also weiterhin eine gewisse **Rechtsunsicherheit** existierte, gab es bei den Gemeinschaftsorganen in der Folgezeit kaum Aktivitäten im Hinblick auf die Anwendung der allgemeinen Vertragsbestimmungen auf den See- und Luftverkehr; Unsicherheit bestand auch bei den Mitgliedstaaten und den Unternehmen. Zur Findung eines gemeinsamen rechtlichen Standpunkts beschlossen deshalb die Kommission und die nationalen Regierungen am Jahresanfang 1975, eine **Expertengruppe** zu bilden. Sie sollte bis Ende 1976 die Auswirkungen des Urteils – in erster Linie bezüglich der Anwendung des Wettbewerbs- und Dienstleistungsrechts – erörtern *(vgl. Bull. EG 2-1975, S.52)*. Im Rat dominierte jedoch noch immer die minimalistische Auffassung, nach der das bestehende Recht und dessen Umsetzung im Einklang mit den allgemeinen Vertragsvorschriften stand. Alle see- und luftfahrtpolitisch relevanten Maßnahmen bedürften einer **vorherigen Ratsentscheidung** nach Art. 84 Abs. 2 EWGV (Art. 80 Abs. 2 EGV) *(vgl. L. Weber, 1981, S.103ff.).*

Das **EuGH-Urteil** vom 12. Oktober 1978 in der Rs. 156/77 [ABl. C 024 28.01.78 S.5; ABl. C 263 07.11.78 S.5; Slg. 1978, S.1881] beseitigte zumindest implizit die Unklarheit hinsichtlich der Anwendbarkeit des Vertragsteils über die Gemeinschaftspolitiken (Teil III). Die Entscheidung besagte, daß die **Beihilferegeln** und somit der **Wettbewerbstitel** insgesamt für den **Eisenbahnverkehr** und deshalb für den gesamten **Landverkehr** gültig sind. In Verbindung mit dem Seeleute-Urteil, aus dem eine Gleichbehandlung aller Verkehrsarten im Hinblick auf nicht-verkehrsspezifische Vertragsartikel abzuleiten war, wurde gefolgert, daß der **See- und Luftverkehr** aus den gleichen Gründen wie die übrigen Verkehrsarten den allgemeinen Vertragsvorschriften (einschließlich des dritten Teils) unterlägen, falls der Vertrag keine gegenteiligen Aussagen mache *(vgl. G. Close, 1980, S.191; P. J. Kuijper, 1985, S.77).*

1.1.4 Grundsatzprobleme des Art. 84 Abs. 2 EWGV

Bei der **Umsetzung** der Bestimmungen des Art. 84 Abs. 2 EWGV (Art. 80 Abs. 2 EGV) durch den Rat spielte weniger die Frage eine Rolle, ob die Gemeinschaft überhaupt tätig werden sollte. Schwierigkeiten bestanden in erster Linie darin, einen angemessenen **Zeithorizont** festzulegen, den **Inhalt** der gemeinsamen See- und Luftverkehrspolitik abzugrenzen sowie ein geeignetes **Rechtsetzungsverfahren** zu finden. So war z. B. zu berücksichtigen, daß bei den anderen Wirtschaftsbereichen eine zwölfjährige Übergangszeit für Anpassungsmaßnahmen zur Verfügung gestanden hatte, um eine schrittweise und sachgerechte Vertragsanwendung sicherzustellen. Einigkeit herrschte darüber, daß man die **Gesamtkonzeption** der europäischen Verkehrspolitik berücksichtigen müsse.

Im Hinblick auf die konkrete Ausgestaltung der Maßnahmen bot Art. 75 EWGV (Art. 71 EGV) einen gewissen Anhalt, wobei die **Besonderheiten des See- bzw. Luftverkehrs** und der **Einstimmigkeitsgrundsatz** einbezogen werden mußten. Strittig blieb allerdings, ob die Vorschriften des Verkehrstitels ganz oder teilweise Anwendung finden konnten oder neue Bestimmungen geschaffen werden mußten. Für das Primärrecht kamen hierbei eine **autonome Vertragsergänzung** (bei der zur Berücksichtigung der Sonderbelange der beiden Verkehrsträger Normen hätten hinzugefügt werden müssen bzw. ohne Bezug zu den bestehenden Regelungen gänzlich neu auszuarbeiten gewesen wären) oder der Erlaß einer **einmaligen Rahmenentscheidung** gemäß Artt. 74 und 75 EWGV (Artt. 70 und 71 EGV), in der der Sachumfang und die Verfahrensweise geregelt worden wären, in Frage. Nach dem Beitritt Griechenlands wollte die Kommission sogar den Art. 84 EWGV (Art. 80 EGV) derogieren und somit den Titel für alle Verkehrsträger zur Anwendung kommen lassen, was dann aber doch nicht realisiert wurde. Im Hinblick auf das sekundäre Recht mußte die Wahl zwischen den Rechtsformen der **Verordnung** und der **Richtlinie** getroffen werden *(vgl. W. Stabenow, 1964, S.235; L. Weber, 1981, S.138f.; B. Maury, 1984, S.273f.; K. St. Eisermann, 1995a, S.42).*

In der Praxis erfolgte dann die Verwirklichung der gemeinsamen See- und Luftverkehrspolitik schrittweise durch die **Verabschiedung von Einzelmaßnahmen**, wobei der Kommission nach Art. 84 Abs. 2 EWGV (Art. 80 Abs. 2 EGV) kein **Vorschlagsrecht** und dem Europäischen Parlament sowie dem Wirtschafts- und Sozialausschuß kein **Anhörungsrecht** zustanden. In Zusammenarbeit mit der Arbeitsgruppe des Rates und den Ständigen Gesandten wirkte die **Kommission** jedoch oftmals durch ihre Entwürfe an der Beschlußfassung mit und führte die Rechtsakte durch. Einflüsse auf die Rechtsetzung gingen außerdem von den Regierungen der Mitgliedstaaten, den Initiativberichten des Europäischen Parlaments und des Wirtschafts- und Sozialausschusses sowie den Anregungen der Wirtschaftsverbände aus. So forderten z. B. die im Comité des Associations d'Armateurs des Communautés Européennes (CAACE) zusammengeschlossenen **Reederverbände der Mitgliedstaaten** die Aufnahme von Schiffahrtsklauseln in die gemeinschaftlichen Handelsverträge. Das **Europäische Parlament** und der **Wirtschafts- und Sozialausschuß** wurden in den meisten Fällen vom Rat konsultiert *(vgl. J. Erdmenger, 1966, S.351ff.; W. Stabenow, 1967b, S.211f.; G. Close, 1980, S.189f., 197ff.; J. F. Bentzien, 1981, S.269ff.; L. Weber, 1981, S.136ff.; J. Erdmenger, 1981a, S.95, 115f.)*.

1.2 See- und luftverkehrspolitische Bedeutung weiterer Vertragsbestimmungen

1.2.1 Allgemeine Vertragsgrundsätze

Art. 2 EWGV legt die mit der Gründung der EWG verfolgten **Ziele und Aufgaben** fest, unter denen die Errichtung des **Gemeinsamen Marktes** als zentraler Bezugspunkt hervortritt. Eine inhaltliche Konkretisierung erfolgt in Art. 3 EWGV. Die genannten Tätigkeiten, zu denen u. a. die Einführung einer **gemeinsamen Verkehrspolitik** auf der Grundlage von Art. 3 lit. e EWGV (Art. 3 lit. f EGV) gehört, sind für die Erfüllung der gemeinschaftlichen Aufgaben unerläßlich und deshalb nicht nur unverbindliche Programmsätze, sondern zwingend vorgeschriebene Handlungsanleitungen für die Gemeinschaftsorgane. Da nach dem **Seeleute-Urteil** die Artt. 2 und 3 EWGV auf den See- und Luftverkehr anwendbar sind, müssen die Vertragsziele auch in diesen Bereichen realisiert werden, wobei die allgemeinen Vorschriften als grundlegend für die Schaffung der Voraussetzungen zur **Einführung einer gemeinsamen Politik** gelten. Die jeweiligen Anweisungen sind allerdings nur unter bestimmten Umständen justitiabel, wenn z. B. für die Erfüllung der Aufgaben **konkrete Fristen** existieren *(vgl. L. Weber, 1981, S.144f.; G. W. Wenglorz, 1992, S.32f.)*.

Nach Art. 5 EWGV (Art. 10 EGV) haben die Mitgliedstaaten der Verpflichtung Folge zu leisten, die **Vertragsbestimmungen** auf den See- und Luftverkehr anzuwenden und alle vertragszielgefährdenden Maßnahmen zu unterlassen. In Zusammenarbeit mit der Gemeinschaft müssen **Rechtsunsicherheiten** über die Auslegung und Anwendung der Normen beseitigt werden. Art. 6 Abs. 1 EWGV (Art. 12 Abs. 1 EGV) verlangt die vorherige **Koordinierung** nationaler Maßnahmen mit den Gemeinschaftsorganen und den anderen Mitgliedstaaten im Hinblick auf eine gemeinsame See- und Luftverkehrspolitik *(vgl. L. Weber, 1981, S.145ff.)*.

Ursprünglich bestand die Mehrheitsmeinung darin, daß das in Art. 7 EWGV (*aufgehoben*) formulierte **Diskriminierungsverbot** für den Verkehrssektor nicht maßgeblich sei, da ihm die speziellen Regelungen des Art. 75 EWGV (Art. 71 EGV) vorgingen bzw. seine Anwendbarkeit einschränkten. Eine sinnvolle Ergänzung der Sonderbestimmung zur **Inländergleichbehandlung** wurde in diesem Fall nicht gesehen, da der Rat die Voraussetzungen festlegen sollte, unter denen nicht im Inland ansässige Unternehmer Beförderungen innerhalb eines Mitgliedstaats durchführen können. Die Argumentation hatte auch für den See- und Luftverkehr Bedeutung, da man für diese Sektoren die Verabschiedung entsprechender Normen erwartete und die Diskriminierung von Unternehmen, Personal und Fahrzeugen aufgrund der Staatsangehörigkeit als generelle Besonderheit des Verkehrsmarktes angesehen wurde. Zum damaligen Zeitpunkt wurde dem Art. 7 EWGV (*aufgehoben*) lediglich eine **Leitbildfunktion** zugebilligt. Seine Anwendung käme erst nach der **Harmonisierung der Wettbewerbsbedingungen** und nach einer vollständigen **Öffnung der Verkehrsmärkte** in Frage *(vgl. P. H. Sand, 1960a, S.91f.; L. Weber, 1981, S.149ff.; anders K. St. Eisermann, 1995a, S.114ff.)*.

1.2.2 Grundfreiheiten des Vertrags

Für den Art. 48 EWGV (Art. 39 EGV) zur **Freizügigkeit** und das abgeleitete sekundäre Gemeinschaftsrecht bestanden hinsichtlich der unmittelbaren Anwendbarkeit auf Arbeitnehmer im See- und Luftverkehrssektor keine Bedenken. Die für Beschäftigte in der öffentlichen Verwaltung geltende **Ausnahmeregelung** wurde für die beiden weitgehend privatwirtschaftlich ausgerichteten Wirtschaftszweige als nicht maßgeblich angesehen. Zwar waren insbesondere viele Luftverkehrsgesellschaften als Staatsbetriebe organisiert, sie übten aber trotzdem keine öffentliche Gewalt aus, sondern erfüllten lediglich öffentliche Aufgaben. Eine Sonderbehandlung gestand man allein dem Flugsicherungspersonal und den Schiffskapitänen zu.

Probleme bei der tatsächlichen Inanspruchnahme der Freizügigkeit bereitete die Vorschrift, daß bestimmte Tätigkeiten im See- und Luftverkehrsgewerbe eine **Lizenz** erforderten, für deren Erwerb in den Mitgliedstaaten unterschiedliche Bedingungen galten. Es war zu vermeiden, daß bei der Aufnahme einer Tätigkeit in einem anderen Land die für den Lizenzerhalt notwendigen Voraussetzungen erneut nachgewiesen werden mußten. Dies verlangte die Verabschiedung harmonisierter **gemeinschaftlicher Normen** zur gegenseitigen Anerkennung ausländischer Lizenzen. Im Bereich des internationalen Luftverkehrs hatten sich die Signatarstaaten des **Abkommens von Chicago** verpflichtet, die Lizenzen der anderen Vertragsstaaten als gleichwertig zu betrachten, wenn deren Anforderungen zumindest dem Standard der Bestimmungen des Abkommens entsprachen *(vgl. W. Stabenow, 1967b, S.205; P. J. Allott, 1975, S.314; L. Weber, 1977b, S.246f.; A. E. Bredimas u. a., 1981, S.101; L. Weber, 1981, S.155ff.; P. J. Kuijper, 1985, S.75)*.

Die in den Artt. 52 bis 58 EWGV (Artt. 43 bis 48 EGV) geregelte **Niederlassungsfreiheit** war als allgemeine Bestimmung des Vertrags direkt auf den See- und Luftverkehr anwendbar. Sie bot den Unternehmen die Möglichkeit, in jedem Mitgliedstaat Tochtergesellschaften oder Niederlassungen zu gründen und in bezug auf die Registrierung und das Führen der Flagge mit Inländern gleich behandelt zu werden. Mit dem Allgemeinen Programm zur Aufhebung der Beschränkungen auf dem Gebiet der Niederlassungsfreiheit vom 18. Dezember 1961 *(vgl. Band 1, S.63 f.)* konnten entsprechende Maßnahmen für den **Binnenverkehr** nach den allgemeinen oder speziellen Regelungen erlassen werden. Im Bereich des **See- und Luftverkehrs** sollte dem Programm durch eine einstimmige Entscheidung des Rates Geltung verschafft werden, was aber nicht geschah. Gemäß dem EuGH-Urteil vom 21. Juni 1974 in der Rs. 2/74 (Reyners ./. Königreich Belgien) [ABl. C 016 20.02.74 S.11; ABl. C 114 27.09.74 S.26] fanden überall dort, wo bis zum Ende der Übergangszeit keine speziellen Vorschriften existierten, unmittelbar die Vertragsbestimmungen Anwendung, so daß das **Allgemeine Programm** obsolet geworden war *(vgl. J. Erdmenger, 1962, S.115 ff.; W. Stabenow, 1967b, S.205 f.; P. J. Allott, 1975, S.314; G.-W. Rehm, 1975, S.192 f.; G. Close, 1980, S.191 f.; L. Weber, 1981, S.164 ff., 346 f.)*.

Die im See- und Luftverkehr bestehenden Besonderheiten führten sowohl bei den Gemeinschaftsorganen wie auch in der Wissenschaft zu einer **kontroversen Auseinandersetzung** über die sich aus der Anwendung des Art. 52 EWGV (Art. 43 EGV) ergebenden Konsequenzen. Während die Kommission davon ausging, daß die Gewährung der Niederlassungsfreiheit die Registrierung und das Recht zum Führen der Flagge des Niederlassungsstaats zur Folge hätte, hielten die Mitgliedstaaten und der Rat die Vorschriften – insbesondere in bezug auf das Recht zum Führen der Flagge – nur für eingeschränkt anwendbar. Gerade beim Luftverkehr seien das **Niederlassungsrecht** und der Vorgang der **Registrierung** nicht automatisch miteinander verbunden. Letztere wäre nur für Einheimische möglich, da das Erfordernis der öffentlichen Ordnung und Sicherheit gemäß Art. 56 EWGV (Art. 46 EGV) im Zusammenhang mit den internationalen Vereinbarungen (Internationales Transitabkommen und bilaterale Abkommen) stünde, die die Staatsangehörigkeit als Voraussetzung für das Führen der Flagge vorsähen; weiterhin seien an die Registrierung bestimmte Vorteile geknüpft. Wegen der durch die internationalen Verträge festgelegten Marktordnung im Linienluftverkehr könnte man aus dem Niederlassungsrecht auch nicht den Anspruch auf die Erteilung einer **Betriebsgenehmigung** ableiten; gleiches gelte für eine **Betriebserlaubnis** zur Durchführung von Charterluftverkehr. Außerdem blieben die Wirkungen der Inländerbehandlung nicht auf den Gemeinschaftsraum beschränkt, sondern entfalteten eine **Drittstaatenwirkung** *(vgl. E. Thuillier, 1972, S.295 ff.; P. J. Allott, 1975, S.314; G.-W. Rehm, 1975, S.194 ff.; L. Weber, 1977b, S.247 ff.; L. Weber, 1981, S.110, 167 ff.; P. J. Kuijper, 1985, S.76 f.; A. E. Bredima-Savopoulou u. a., 1990, S.99 f.)*.

Für den See- und Luftverkehr unterlag das Niederlassungsrecht zwar keinen **vertraglichen Einschränkungen**; da die Niederlassungsfreiheit aber unmittelbar mit dem Zugang zum Dienstleistungsverkehr verbunden ist, wirkte der Vorbehalt des Art. 61 Abs. 1 EWGV (Art. 51 Abs. 1 EGV) fort, wonach für die Beförderungsleistungen im Bereich des Verkehrs als besondere Dienstleistungen anstelle der Artt. 59 bis 66 EWGV

(Artt. 49 bis 55 EGV) die **Bestimmungen des Verkehrstitels** anwendbar sind. Gemäß dem Vorbehalt des Art. 84 Abs. 1 EWGV (Art. 80 Abs. 1 EGV) enthält der Vertrag damit keine Bestimmungen zum Dienstleistungsverkehr im See- und Luftverkehrsgewerbe. Dementsprechend wurden sie auch im Programm für den Dienstleistungsverkehr vom 28. Juli 1960 nicht berücksichtigt. Dies kontrastierte mit der großen Bedeutung, die das Dienstleistungsrecht aufgrund der in den bilateralen Verträgen verankerten **Marktzugangsregeln für den Luftverkehr** hatte. Die freie Teilnahme am internationalen Schiffahrtsverkehr war zwar allen Flaggen zugesichert, im Rahmen der Linienschiffahrtskonferenzen und in der Küstenschiffahrt, wo die Verkehrsbedienung zwischen den nationalen Häfen unter **Kabotagevorbehalt** stand, existierten jedoch auch dort Beschränkungen *(vgl. J. Erdmenger, 1962, S.117; F. Hellwig, 1972, S.89f.; P. J. Allott, 1975, S.314; L. Weber, 1977b, S.243; L. Weber, 1981, S.183; K. St. Eisermann, 1995a, S.81f.).*

Bei den Vorschriften zur Freiheit des **Kapital- und Zahlungsverkehrs** (Artt. 67 bis 73 EWGV (*aufgehoben*)), die für die überwiegend international tätigen See- und Luftverkehrsunternehmen von großer Bedeutung sind, wurden hingegen **keine Anwendungsbeschränkungen** vermutet *(vgl. L. Weber, 1981, S.183 f.; K. St. Eisermann, 1995a, S.110f.).*

1.2.3 Wettbewerbsregeln des Vertrags

Seit der Gründung der EWG war die **Ordnung des Wettbewerbs** im Verkehr einer der Hauptgegenstände der **gemeinsamen Verkehrspolitik**. Folglich konzentrierte sich der Meinungsstreit über die Anwendung der allgemeinen Vertragsregeln auf das Verkehrswesen – und damit auch speziell auf den See- und Luftverkehr – oftmals allein auf den Wettbewerbstitel. Während die eine Seite den Verkehr nicht als Teil des **Gemeinsamen Marktes** betrachtete und deshalb auch die Gültigkeit der Wettbewerbsregeln ablehnte, da diese nur dort vor Verfälschungen schützen sollen, erkannte die andere Seite das **Wettbewerbsprinzip** als eines der konstituierenden Merkmale des Verkehrssektors an *(vgl. J. Erdmenger, 1962, S.118ff.).*

Probleme, die mit dem über die Gemeinschaft hinausgehenden **Tätigkeitsgebiet der See- und Luftverkehrsunternehmen** zusammenhingen, wurden aber auch von den Befürwortern nicht geleugnet. Einerseits existierten auf privatwirtschaftlicher Ebene Vereinbarungen über eine **betriebliche Kooperation**, z. B. in Form von Linienschiffahrtskonferenzen, von Poolabsprachen zwischen Linienfluggesellschaften oder der Tarifkoordinierung im Rahmen der IATA, die staatlich gefördert oder gebilligt wurden, andererseits gab es insbesondere im Luftverkehr ein umfangreiches **öffentlich-rechtliches Regelungswerk** (zwischenstaatliche oder multilaterale Verträge). Die Einführung eines freien Wettbewerbssystems gemäß den Grundsätzen der Artt. 85 und 86 EWGV (Artt. 81 und 82 EGV) wäre mit dem bestehenden System nicht ohne weiteres vereinbar gewesen. Neben den unmittelbaren Auswirkungen auf die Unternehmen waren bei der Anwendung des Wettbewerbsrechts auch die verkehrspolitischen **Beziehungen zu Drittstaaten** zu berücksichtigen; die von den internationalen

Übereinkünften abweichenden Regelungen wären direkt nur im Bereich der EWG anwendbar gewesen. Dies schloß aber nicht aus, daß Gemeinschaftsbestimmungen grundsätzlich auch für Verkehrsbeziehungen zwischen Mitgliedstaaten und Drittstaaten sowie für Unternehmen aus Drittstaaten gelten, die **innerhalb der Gemeinschaft** Transporte vornehmen *(vgl. P. H. Sand, 1960b, S.116ff.; G. Saupe, 1972, S.12f.; E. Thuillier, 1972, S.293ff.; A. E. Salzman, 1977, S.416ff.; L. Weber, 1977b, S.249f.; H. P. Ipsen, 1979, S.197f.; L. Weber, 1981, S.111ff., 194ff.; P. J. Kuijper, 1983, S.209ff.).*

Nach dem Erlaß der Verordnung 17 *(vgl. Band 2, S.28f.)* hatte die Kommission am 16. Juli 1962 einen Vorschlag zur Aussetzung der **Anwendung der Wettbewerbsregeln** auf Seeschiffahrt und Luftfahrt unterbreitet, um den aus der Geltung des Wettbewerbstitels für diese beiden Verkehrsträger resultierenden Problemen Rechnung zu tragen. Danach sollte die Anwendung der Artt. 85 bis 94 EWGV (Artt. 81 bis 89 EGV) vorerst bis zum 31. Dezember 1964 ausgesetzt werden; nach einer Prüfung der wirtschaftlichen Lage des gemeinschaftlichen See- und Luftverkehrs hätte die Kommission vor dem 1. Januar 1964 einen neuen Verordnungsentwurf unterbreiten müssen. Diese Vorgehensweise wurde vom Rat im Herbst 1962 auch erwogen, scheiterte dann aber u. a. an Differenzen zwischen Rat, Europäischem Parlament und Kommission. Ein später vom Parlament angeregter Kompromiß sah die Aussetzung der Geltung von Art. 85 Abs. 3 EWGV (Art. 81 Abs. 3 EGV) bis zum 31. Dezember 1965 vor. Die am 26. November 1962 verabschiedete Verordnung 141 *(vgl. Band 2, S.29f.)* klammerte schließlich den Binnenverkehr bis zum 31. Dezember 1965 und den See- und Luftverkehr unbefristet von der Anwendung der Verordnung 17 aus *(vgl. Bull. EWG 9/10-1962, S.69; Bull. EWG 11-1962, S.44; Bull. EWG 12-1962, S.36)*. Allerdings war damit **keine Nichtanwendbarkeit** der materiellen Wettbewerbsregeln der Artt. 85 und 86 EWGV (Artt. 81 und 82 EGV) verbunden, denn nach dem Seeleute-Urteil schloß auch Art. 84 Abs. 2 EWGV (Art. 80 Abs. 2 EGV) die Geltung des Wettbewerbstitels nicht aus; für beide Verkehrsträger bestand lediglich keine **sekundärrechtliche Verfahrensvorschrift** *(vgl. W. Stabenow, 1967b, S.207f.; G. Saupe, 1972, S.13; E. Thuillier, 1972, S.280, 293; G. Becher, 1980, S.192f.; L. Weber, 1981, S.187ff., 347f.; zu den Arbeiten an einer Durchführungsbestimmung bis Mitte der achtziger Jahre S.24).*

Das **Fehlen einer Verfahrensvorschrift** auf der Grundlage von Artt. 84 Abs. 2 oder 87 EWGV (Artt. 80 Abs. 2 oder 83 EGV), der den Rat auf Vorschlag der Kommission und nach Anhörung des Europäischen Parlaments zum Erlaß aller zweckdienlichen **Durchführungsverordnungen** zur Verwirklichung der Grundsätze der Artt. 85 und 86 EWGV (Artt. 81 und 82 EGV) auffordert, hatte zur Konsequenz, daß für den See- und Luftverkehr bis zu diesem Zeitpunkt die **Übergangsregelungen** der Artt. 88 und 89 EWGV (Artt. 84 und 85 EGV) galten. Nach Art. 88 EWGV (Art. 84 EGV) entscheiden die nationalen Wettbewerbsbehörden gemäß ihren eigenen Rechtsvorschriften sowie den Bestimmungen der Artt. 85 und 86 EWGV (Artt. 81 und 82 EGV). Art. 89 EWGV (Art. 85 EGV) verpflichtet die Kommission, im Wege der **Amtshilfe für die nationalen Behörden** diejenigen Fälle zu entscheiden, in denen Zuwiderhandlungen gegen die Grundsätze der Artt. 85 und 86 EWGV (Artt. 81 und 82 EGV) vermutet werden. Sie stellt die Verstöße durch förmliche Entscheidung fest und wirkt auf deren Abstellung hin. Die **nationalen Gerichte** können über die Vereinbarkeit einer Absprache oder Verhaltensweise mit den Wettbewerbsregeln befinden *(vgl. WB 1975, Ziff. 14; P. J. Allott, 1975, S. 315; A. E. Salzman, 1977, S. 414f.; P. D. Dagtoglou, 1981, S. 353f.; L. Weber, 1981, S. 189ff.; A. Jacobs, 1991, S. 83f.)*.

Bis Mitte der achtziger Jahre wurde die Kommission auf diese Weise jedoch nur zweimal tätig. So erhob die Fluggesellschaft Sterling Airways gegen das Scandinavian Airlines System (SAS) Klage wegen **Verhinderung des Marktzutritts** und eines auf der Genehmigung überhöhter Preise beruhenden **Mißbrauchs einer beherrschenden Stellung** *(vgl. WB 1980, Ziff. 136ff.; L. Weber, 1981, S. 6ff.)*. Am 28. Februar 1984 reichte die Association des Compagnies Aériennes de la Communauté (ACE) bei der Kommission eine Beschwerde ein, in der Olympic Airways beschuldigt wurde, durch die Erhöhung der Tarife um 50 % und die willkürliche Diskriminierung bestimmter Kundengruppen die Monopolstellung bei der **Erbringung von Bodenabfertigungsdiensten** auf griechischen Flughäfen mißbräuchlich ausgenutzt zu haben. Nach Auffassung der Fluggesellschaft war der Vorwurf irrelevant, da die Artt. 85 und 86 EWGV (Artt. 81 und 82 EGV) als auf den Verkehrssektor nicht anwendbar zu betrachten seien. Die Kommission konstatierte jedoch, daß Bodenabfertigungsdienste unter die Verordnung 17 fallen und die Wettbewerbsregeln auch für den Luftverkehr gelten. Da Olympic Airways einem ersten Auskunftsverlangen nur unzureichend nachgekommen war, forderte die Kommission das Unternehmen mit der **Entscheidung 85/121/EWG vom 23. Januar 1985 [ABl. L 046 15.02.85 S. 51]** auf, innerhalb von vier Wochen detaillierte Angaben zu den betroffenen Flughäfen, zur Regelung des Marktzugangs im betroffenen Sektor, zu den Kosten der Dienste und zu den Gründen für die Preissteigerung vorzulegen; für jeden Tag des Verzugs wurde ein Zwangsgeld in Höhe von 1.000 ECU angedroht *(vgl. WB 1985, Ziff. 33, 74)*.

Im Hinblick auf Art. 90 EWGV (Art. 86 EGV) stellte sich die Frage nach seiner Gültigkeit für die im **Linien- und Charterluftverkehr** tätigen öffentlichen Unternehmen; für den **Seeverkehr** hatte die Vorschrift keine Relevanz. Kontrovers diskutiert wurde die Möglichkeit einer Inanspruchnahme der **Ausnahmeregelung** gemäß Art. 90 Abs. 2 EWGV (Art. 86 Abs. 2 EGV), was für die Anwendbarkeit der Artt. 85 und 86 EWGV (Artt. 81 und 82 EGV) erhebliche Konsequenzen gehabt hätte. Es wurde allgemein anerkannt, daß Linienluftverkehrsunternehmen mit Dienstleistungen von allgemeinem wirtschaftlichen Interesse betraut waren, z. B. aufgrund der Betriebs- und Beförderungspflicht sowie den in den bilateralen Verträgen als besondere oder ausschließliche Rechte verankerten Marktzugangsbeschränkungen. Die Schlußfolgerung, daß die anderen Wettbewerbsartikel die Erfüllung der besonderen Aufgaben behinderten und deshalb keine Gültigkeit hätten, wurde von der Rechtsprechung abgelehnt. Rechte der Unternehmen könnten nur auf der Grundlage einer ausdrücklichen Freistellung durch die Kommission gemäß Art. 90 Abs. 3 EWGV (Art. 86 Abs. 3 EGV) abgeleitet werden; bis dahin sei Abs. 2 nicht unmittelbar anwendbar. Ende der siebziger Jahre hatte die Kommission jedoch auf diesem Gebiet kaum Erfahrungen gesammelt. Eine erste Studie über die faktischen Verhältnisse der **öffentlichen Unternehmen** wurde erst 1977 und 1978 durchgeführt *(vgl. P. J. Allott, 1975, S. 315; A. E. Salzman, 1977, S. 423ff.; L. Weber, 1977b, S. 250; L. Weber, 1981, S. 109, 204ff.; P. J. Kuijper, 1983, S. 206ff.; K. St. Eisermann, 1995a, S. 152ff.)*.

Die **Beihilferegeln** der Artt. 92 bis 94 EWGV (Artt. 87 bis 89 EGV) wurden als allgemein anwendbar betrachtet, wobei indirekte Subventionen als nicht wettbewerbsverfälschend beurteilt wurden, direkte Subventionen hingegen wegen ihres wettbewerbsverzerrenden Charakters als nicht genehmigungsfähig galten. Die **Ausnahmetatbestände** des Art. 92 Abs. 3 EWGV (Art. 87 Abs. 3 EGV) griffen nach herrschender Meinung nicht. Unter Berücksichtigung des Art. 77 EWGV (Art. 73 EGV) sowie der Besonderheiten des Verkehrssektors müßten gemäß Art. 94 EWGV (Art. 89 EGV) spezielle **sekundärrechtliche Regelungen** mit entsprechenden Ausnahmetatbeständen geschaffen werden *(vgl. W. Stabenow, 1967b, S.209; P. D. Dagtoglou, 1981, S.350; L. Weber, 1981, S.221ff., 357f.; P. J. Kuijper, 1985, S.77f.)*.

1.2.4 Andere Vertragsvorschriften

Die in den Artt. 95 bis 99 EWGV (Artt. 90 bis 93 EGV) festgelegten **steuerlichen Vorschriften** warfen in diesem Zusammenhang keinerlei Probleme auf. In bezug auf die Mehrwertsteuer waren schon frühzeitig Bestimmungen erlassen worden, die ausdrücklich den See- und Luftverkehr einbezogen *(vgl. L. Weber, 1981, S.224ff.; S.49)*. Für den Erlaß von Rechtsvorschriften zur Harmonisierung der **Wettbewerbsbedingungen** wurde bevorzugt der Art. 100 EWGV (Art. 94 EGV) zur Angleichung der Rechtsvorschriften als geeignet betrachtet. Dies konnte die Angleichung sozialer und technischer Vorschriften erfassen, z. B. zum Umweltschutz, zur Vermeidung von Unfällen, für die Aus- und Fortbildung, für die gegenseitige Anerkennung von Befähigungsnachweisen und zur Erleichterung des grenzüberschreitenden Verkehrs *(vgl. W. Stabenow, 1967b, S.210; G. Close, 1980, S.192f.; L. Weber, 1981, S.228f.)*. Auch die **Sozialvorschriften** der Artt. 117 bis 128 EWGV (Artt. 136 bis 151 EGV) betrachtete man im allgemeinen als auf den See- und Luftverkehr anwendbar. In ihnen wurde eine potentielle Rechtsgrundlage für Bestimmungen in den Bereichen Beschäftigungsförderung, Arbeitsrecht und -bedingungen, Berufsaus- und -fortbildung, Sozialvorsorge, Unfallverhütung und Arbeitsplatzhygiene gesehen *(vgl. J. Erdmenger, 1962, S.123f.; L. Weber, 1977b, S.242f.; L. Weber, 1981, S.236f.)*.

Die Behandlung der Rechtsvorschriften zur **gemeinsamen Außenhandelspolitik** (Artt. 110 bis 116 EWGV (Artt. 131 bis 134 EGV)) als allgemeine Bestimmungen und somit auch ihre Anwendung auf den See- und Luftverkehr hätten zur Folge gehabt, daß anstelle der Mitgliedstaaten die Gemeinschaft zum Abschluß von **Vereinbarungen mit Drittstaaten** berechtigt gewesen wäre. Diese Position war in bezug auf den gesamten Verkehrssektor lange Zeit umstritten; während die Kommission gemäß Art. 113 EWGV (Art. 133 EGV) dafür plädierte, da viele Handelsabkommen auch Dienstleistungen beträfen, diese zwischen den Staaten austauschbar wären und zwischen dem Verkehrswesen und der Handelspolitik ein untrennbarer Zusammenhang bestünde, sprach sich der Rat dagegen aus. Er begründete seine Auffassung mit den Argumenten, daß sich die entsprechenden Vertragsartikel nur auf den Warenaustausch bzw. noch auf eng damit verbundene Dienstleistungen bezögen und beide Titel als voneinander getrennte Sonderbestimmungen anzusehen seien. Bis zum Erlaß gemeinschaftlicher Maßnahmen wären diese Regelungen nicht auf den Verkehr anwendbar, und die Zuständigkeit verbliebe bei den Mitgliedstaaten; lediglich der Art. 116 EWGV (*aufgehoben*) zum gemeinsamen Vorgehen der Mitgliedstaaten in internationalen Organisationen mit wirtschaftlichem Charakter sei für den See- und Luftverkehr relevant. Eine **Außenkompetenz der Gemeinschaft** auf dem Gebiet des Verkehrswesens wurde weiterhin aus den Assoziierungsvorschriften (Artt. 131 bis 136 EWGV (Artt. 182 bis 187 EGV)) sowie den Artt. 228, 229 und 234 EWGV (Artt. 300, 302 und 307 EGV) abgeleitet. Das EuGH-Urteil vom 31. März 1971 in der Rs. 22/70 (AETR) *(vgl. Band 2, S. 662)* bezeichnete den Abschluß von Abkommen mit Drittstaaten auch für das Verkehrswesen als notwendig. Die Funktionsbezogenheit der Gemeinschaftstätigkeiten zur See hätte zur Folge, daß es für den Abschluß einer internationalen Vereinbarung keiner Anknüpfung an eine Vertragsvorschrift bedürfe, sondern dieser nach den Normen des Völkerrechts erfolgen könne. Im Zusammenhang mit dem Seeleute-Urteil wurde hieraus außerdem die Existenz einer **Vertragsschließungsgewalt** der Gemeinschaft gefolgert. Das Gutachten 1/76 zum Stillegungsfonds für die Binnenschiffahrt vom 26. April 1977 *(vgl. Band 2, S. 692)* stellte klar, daß eine solche Außenkompetenz auch ohne vorhergehende **sekundärrechtliche Regelung** möglich ist *(vgl. W. Stabenow, 1967b, S. 210f.; P. J. Allott, 1975, S. 315; K.-H. Necker, 1976, S. 119f.; L. Weber, 1977a, S. 399ff.; H. P. Ipsen, 1979, S. 180ff., 194f.; G. Close, 1980, S. 194f., 205ff.; L. Weber, 1981, S. 229ff., 237f., 239ff., 257f.)*.

2. Gemeinsame Seeverkehrspolitik in Europa

2.1 Ökonomische Rahmenbedingungen des Seeverkehrsgewerbes in der Gemeinschaft

2.1.1 Kapazitätsangebot und Transportnachfrage auf den internationalen Seeverkehrsmärkten

Nahezu unbeeinflußt von den negativen Auswirkungen der **ersten Ölkrise** auf die gesamtwirtschaftliche Entwicklung und unter dem Eindruck optimistischer Zukunftsprognosen konnte die Welthandelsflotte in den siebziger Jahren ihr **Kapazitätsangebot** fast verdoppeln. Die eingetragene Tonnage weitete sich von 211,9 Mio. BRT im Jahre 1970 auf 403,0 Mio. BRT im Jahre 1982 aus, wobei seit 1978 aber nur noch geringe Wachstumsraten zu beobachten waren. Die **Anzahl der Schiffe** erhöhte sich deutlich langsamer von 52.444 (1970) auf 73.832 (1980), was auf eine Zunahme der **durchschnittlichen Schiffsgröße** zurückgeführt wird. Bis 1980 expandierte dabei der Bestand aller wichtigen Schiffsarten; danach stieg lediglich die Zahl der Trockenmassengutschiffe und Containerfrachter weiter an, während bei Tankern und Stückgutfrachtern infolge der **zweiten Ölkrise** ein Rückgang registriert wurde. Als Ursachen für die Entwicklung im Tankerbau werden vor allem spekulative Erweiterungsinvestitionen in den frühen siebziger Jahren und das Aufkommen neuartiger und spezialisierter Transporte verantwortlich gemacht, die gleichzeitig den **technischen Fortschritt im Schiffbau** erheblich beschleunigten *(vgl. H. Böhme, 1979, S. 212 f.; D. Rother,*

1982, S.335f.; KOM(85) 90 endg., S.10f., 29, 40ff.; S. Papadopoulos, 1986, S.6f., 8f.; A. E. Bredima-Savopoulou u. a., 1990, S.7f., 14f., 18f., 25; KOM(96) 84 endg., S.24; M. Stopford, 1997, S.64ff.).

Die **Handelsflotte der Gemeinschaft** (Gebietsstand 1984) weitete ihre Kapazität von 64,9 Mio. BRT im Jahre 1970 auf 108,3 Mio. BRT im Jahre 1978 aus; danach stagnierte das Tonnageangebot und ging seit 1982 zurück. Der Anteil der Gemeinschaftsflotte an der **Welttonnage**, der bis 1974 bei etwa 30 % gelegen hatte, sank von 29 % (1975) auf 23 % (1984) ab; zwischen den einzelnen Schiffsarten gab es dabei keine signifikanten Unterschiede. Die Vergrößerung der weltweiten Gesamtkapazität war im wesentlichen auf den außen-, wirtschafts- und währungspolitisch motivierten **Marktzutritt neuer Schiffahrtsländer** aus Ostasien, Osteuropa und der Dritten Welt zurückzuführen. Bis Mitte der siebziger Jahre verzeichneten die Offenregister-Staaten einen erheblichen Bedeutungszuwachs; zwischen 1975 und 1984 nahm in erster Linie das Gewicht der Entwicklungsländer zu, während die Offenregister- und COMECON-Flotten ihren Anteil nur geringfügig erhöhen konnten *(vgl. KOM(85) 90 endg., S.10f., 40ff.; A. E. Bredima-Savopoulou u. a., 1990, S.8, 18f., 24f.; V. J. G. Power, 1992, S.25 f.).*

Seefrachtaufkommen und -leistung vergrößerten sich zwischen 1971 und 1979 (bei **zwischenzeitlichen Nachfragerückgängen** in den Jahren 1975 und 1978) zwar ebenfalls, ihr Wachstum blieb allerdings deutlich hinter der **Erweiterung der Tonnage** zurück. So erhöhte sich der Weltseeverkehr von 2.577 Mio. mt auf 3.755 Mio. mt (+4,8 % p. a.) bzw. von 11.730 Mrd. tm auf 17.675 Mrd. tm (+5,3 % p. a.). Der stärkere Anstieg der Verkehrsleistung war dabei vor allem auf die zunehmende Bedeutung Japans sowie die Entwicklung nicht suezgängiger Großtanker zurückzuführen, was zu einer **Ausdehnung der Transportweiten** führte. Die von der zweiten Ölkrise ausgelöste rezessive gesamtwirtschaftliche Entwicklung führte dann aber zwischen 1980 und 1983 bei Seeverkehrsaufkommen und -leistung zu einem Rückgang von 15,7 % bzw. 25,4 %. Der Preisanstieg für Öl und Ölerzeugnisse hatte gerade auf diesem Marktsegment eine erhebliche **Verminderung der Transportleistung** (1974: 10.621 Mrd. tm, 1985: 5.157 Mrd. tm) zur Folge. Im Trockenmassengutverkehr verursachten fallende Frachtraten auf dem Spotmarkt lediglich zwischen 1975 und 1978 eine Kostenunterdeckung. Eine Intensivierung des Handels und steigende Beförderungspreise leiteten 1979 eine Erholung ein, die jedoch 1981 durch die **einsetzende Rezession** wieder beendet wurde *(vgl. H. Böhme, 1979, S.212f.; KOM (85) 90 endg., S.29, 40ff.; S. Papadopoulos, 1986, S.6f., 8f.; A. E. Bredima-Savopoulou u. a., 1990, S.9f., 19ff.; KOM (96) 84 endg., S.24; M. Stopford, 1997, S.64ff.).*

Als Konsequenz dieser Entwicklungen wurde Ende 1983 ein **weltweiter Kapazitätsüberhang** von 150 bis 200 Mio. BRT registriert, der sich bei Öltankern auf 18 %, bei Trockenmassengutfrachtern allerdings nur auf 4 % und bei Linienfrachtschiffen auf 3,5 % belief. Die Gemeinschaftsflaggen waren vom Kapazitätsüberhang besonders stark betroffen; auf sie entfielen 40 % der aufgelegten dwt-Tonnage, 67 % der aufgelegten Massengutfrachter- und 33 % der aufgelegten Tankertonnage. Weitere Indikatoren der geringen **Auslastung der Welthandelsflotte** waren die Verwendung von Tankern als Vorratslager, Fahrten mit Teilladungen, lange Aufenthalte in den Häfen und niedrige Reisegeschwindigkeiten. Fallende Frachtraten führten in Verbindung mit steigenden Kapital- und hohen Betriebskosten zu einer deutlichen Verschlechterung des *cash flow*. In dieser Zeit gingen viele **Gemeinschaftsreeder** dazu über, ihre Schiffe auszuflaggen oder Billigflaggenschiffe zu chartern, um auf diesem Wege ihre finanzielle Situation zu verbessern *(vgl. KOM (85) 90 endg., S.10f., 40ff.; S. Papadopoulos, 1986, S.1, 8f.; A. E. Bredima-Savopoulou u. a., 1990, S.10ff., 22f.; M. Stopford, 1997, S.64 ff.)*.

Folge des **Ungleichgewichts** zwischen Kapazitätsangebot und Transportnachfrage sowie der Reduzierung der bei den Reedereien zur Verfügung stehenden **Finanzmittel** war auch ein Rückgang der Neuinvestitionen in Schiffsraum. Folgerichtig stieg das Durchschnittsalter der Gemeinschaftsflotte von 8,87 Jahre (1975) auf 11,49 Jahre (1983) und lag damit im Gegensatz zu früher knapp oberhalb des Weltdurchschnitts; lediglich in der BR Deutschland, Griechenland und den Niederlanden verbesserte sich das **Altersprofil der Handelsflotte** *(vgl. KOM (85) 90 endg., S.49; A. E. Bredima-Savopoulou u. a., 1990, S.16f., 26f.)*.

2.1.2 Kapazitäts- und Kostenprobleme in der Gemeinschaftsflotte

Das Überangebot an Schiffskapazität, die sich abschwächende Nachfrage nach Seeverkehrsleistungen und die rückläufigen Frachtraten betrafen zwar die Flotten aller Länder gleichermaßen, spezifische Wettbewerbsnachteile der europäischen Reedereien sorgten jedoch dafür, daß die **rezessiven Tendenzen in der Gemeinschaft** besonders spürbar wurden. Hierbei wirkten sich nicht nur die seit längerer Zeit bestehenden Kapazitäts- und Kostenprobleme, sondern auch die Tätigkeit von Drittstaaten in der Frachtschiffahrt aus. Mit dem starken **Kapazitätsabbau in der Gemeinschaftsflotte** gingen nicht nur ein Bedeutungs- und Marktanteilsverlust einher, es verband sich damit auch die Gefahr, auf einen bevorstehenden Anstieg der Nachfrage nicht ausreichend reagieren und an ihm nicht partizipieren zu können. Die relative **Überalterung der Gemeinschaftsflotte** erhöhte außerdem die Wahrscheinlichkeit, daß die Wettbewerbsfähigkeit der Gemeinschaftsflotte durch den Mangel an Schiffen, deren besserer technischer Entwicklungsstand eine Senkung der Betriebskosten ermöglicht hätte, erneut beeinträchtigt würde *(vgl. B. Neuhof u. a., 1985, S.299)*.

Der aus dem Kapazitätsüberhang resultierende **Rückgang der Frachtraten** und die **hohen Fixkosten** der Seeschiffahrt verstärkten den Anreiz zum Abbau anderer Kostenkomponenten. Gerade hier wies die Gemeinschaftsflotte aber komparative Nachteile gegenüber anderen Ländern auf, da in erster Linie die strengeren Auflagen bei der Bemannung sowie die Steuer- und Sozialvorschriften der Mitgliedstaaten zu hohen **Personal- und Schiffsbetriebskosten** führten. Die Mannschaften aus Drittländern waren billiger, weil die Grundlöhne sowie die Steuern und Sozialabgaben unter dem europäischen Niveau lagen. Der Erwerb moderner Schiffe durch **Drittlandreedereien** trug nicht nur zur Senkung der Betriebskosten (Brennstoffe, Instandhaltung), sondern auch der Personalkosten bei, da diese Schiffe weniger personalintensiv waren; er glich sogar in zunehmendem Maße den technischen Vorsprung und das bessere Dienstleistungsangebot der europäischen Reedereien aus. Der Markteintritt wurde den Drittstaaten nicht zuletzt deshalb erleichtert, weil die rückläufige Nachfrage die Rentabilität der etablierten Anbieter minderte und diese vielfach zum Verkauf der Schiffe zu niedrigen Preisen gezwungen wurden. Zudem ermöglichte der Kapazitätsüberhang der Werften einen preiswerten Erwerb neuer Schiffe ohne Anfangskapital und zu niedrigen Zinsen, wovon Neulinge eher profitierten als alteingesessene Unternehmen. Ferner hatten protektionistische Maßnahmen der **Staatshandels- und Entwicklungsländer** (Ladungsvorbehalte, unlautere Preisbildung) einen aus dem Neuerwerb von Schiffen und der Vermeidung von Desinvestitionen resultierenden künstlich überhöhten Kapazitätsbestand zur Folge. Verbesserte Abschreibungsmöglichkeiten, zinsgünstige Kredite und Steuererleichterungen begünstigten den relativen Preis von Kapital im Verhältnis zur Arbeit *(vgl. KOM (89) 266 endg., S.8ff., 17f.; A. E. Bredima-Savopoulou u. a., 1990, S.9; V. J. G. Power, 1992, S.32f.).*

2.1.3 Tätigkeit von Drittländern im internationalen Frachtverkehr

Neben dem Verlust **komparativer Kostenvorteile** sowie der **technischen Modernisierung** der Flotten in anderen Staaten und dem Angebot **besserer Dienstleistungen** durch Drittlandreedereien ergaben sich in der Frachtschiffahrt für die Gemeinschaftsflotte bereits seit den siebziger Jahren Nachteile durch vielfältige **protektionistische Maßnahmen** anderer Staaten. Hierbei sind in erster Linie die unilaterale Beschränkung des Zugangs zum Seeverkehrsmarkt (Ladungsvorbehalte, Vorzugsklauseln, cif- und fob-Regelungen, andere Verwaltungsvorschriften) sowie bilaterale Abmachungen in Form von Frachtenaufteilungen von Nachteil gewesen, die keine auf marktwirtschaftlichen Kriterien basierende Verteilung der Nachfrage nach Transportleistungen auf die angebotene Tonnagekapazität erlaubten. Darüber hinaus spielten Beschränkungen der Möglichkeiten zum wirksamen Angebot der Dienstleistungen (Niederlassungsrecht, Arbeitserlaubnis, Investitionen und Gewinntransfer, steuerliche Behandlung, Bevorzugung heimischer Unternehmen) und eine diskriminierende Behandlung von Schiffen in Häfen (Zuweisung von Liegeplätzen und Ladeeinrichtungen, Frachtumschlag, Lagerung, Dienstleistungen der Hafenverwaltung, Entgelt- und Gebührenerhebung) eine Rolle. Die Anwendung unlauterer Preisbildungspraktiken, die sich insbesondere in der Unterbietung der Frachtraten durch nicht kostendeckende Preise zeigte, beeinträchtigte ebenfalls die Konkurrenzfähigkeit europäischer Anbieter.

Eng mit der **restriktiven Marktzugangspolitik** und der **wettbewerbsbehindernden Preisbildung** verbunden war die öffentliche **Subventionierung** der Reedereien und des Schiffbaus durch Beihilfen. Nachteile ergaben sich darüber hinaus aus einer uneinheitlichen Anwendung von Sozial- und Umweltstandards, sicherheitstechnischen Vorschriften und Normen sowie Regelungen zur Anheuerung und Besatzung, woraus erhebliche **Kostenvorteile für Drittstaaten** resultieren können *(vgl. KOM (85) 90 endg., S.13; KOM (89) 266 endg., S.8ff.; V. J. G. Power, 1992, S.26f., 33; P. Biebig u. a., 1995, S.124ff.; KOM (96) 707 endg., S.10ff., 15f.).*

2.2 Grundzüge der europäischen Seeverkehrspolitik seit Ende der sechziger Jahre

2.2.1 Aktivitäten der Kommission zwischen 1968 und 1970

Bereits zu Beginn der sechziger Jahre hatte die Kommission im Zusammenhang mit der Diskussion über die Anwendung der zentralen Vertragsbestimmungen auf den See- und Luftverkehr mehrfach die Notwendigkeit einer **koordinierten Seeschiffahrtspolitik** betont *(vgl. S. 4)*. Nachdem sie das Scheitern ihrer Vorschläge an den sich im Rat artikulierenden nationalen Vorbehalten erkannt hatte, stellte sie die Bemühungen um ein gemeinsames Vorgehen weitgehend ein. Erwähnenswert sind lediglich noch die Vorlage eines Richtlinienentwurfs zur **Vermessung von Tankern** [ABl. C 091 13.09.68 S.64] – Stellungnahmen des Europäischen Parlaments [ABl. C 108 19.10.68 S.36] und des Wirtschafts- und Sozialausschusses [ABl. C 004 14.01.69 S.2] –, die im November 1969 abgeschlossenen Studien über die Entwicklungsaussichten von **Seeverkehr und Schiffbau** sowie der Auftrag der Kommission für eine **Statistik** des gemeinschaftlichen Seeverkehrs, die im Mai 1970 vorgelegt wurde *(vgl. F. Hellwig, 1972, S.82f., 86)*.

2.2.2 Bedeutung der Norderweiterung für die gemeinschaftliche Seeverkehrspolitik

Der Beitritt Dänemarks, Irlands und des Vereinigten Königreichs als neue Mitgliedstaaten zum 1. Januar 1973 leitete eine **neue Phase** in der gemeinsamen Seeverkehrspolitik ein. Mit der Norderweiterung der Gemeinschaft war zum einen eine gewisse Mehrheitsverschiebung zugunsten der Befürworter einer liberaleren, stärker am Wettbewerb orientierten Politik verbunden, zum anderen erhielt der Seeverkehr sowohl wegen der geographischen Rand- bzw. Insellage dieser Staaten als auch wegen ihrer traditionellen Rolle als Seefahrtnationen einen enormen **Bedeutungszuwachs** *(vgl. G. Krauss, 1976, S.14; V. J. G. Power, 1992, S.135ff.)*. Nach der Erweiterung der Gemeinschaft wurden etwa 25 bis 30 % der **innergemeinschaftlichen Beförderungen** auf dem Seeweg abgewickelt, 1970 waren es noch 8 % gewesen. Im Handel mit Drittstaaten erfolgten nunmehr ca. 90 % des Warenaustausches mit dem Schiff. Insgesamt wurden 1974 42 % der Einfuhren und 54 % der Ausfuhren von der **Gemeinschaftsflotte** durchgeführt, deren Einnahmen aus dem außergemeinschaftlichen Handel und dem *cross trade* in diesem Jahr 11 Mrd. ECU ausmachten *(vgl. F. Hellwig, 1972, S.86ff., 96ff.; KOM(76) 341 endg., S.1ff.; J. Erdmenger, 1978, S.6ff.; H. P. Ipsen, 1979, S.171f.; U. Weinstock, 1980, S.217f.; J. Erdmenger, 1981a, S.93)*.

Im Vorfeld der Norderweiterung gab es seitens des Rates allerdings noch **erhebliche Widerstände** gegen eine Neuorientierung der Gemeinschaftspolitik. Die Kommission hatte bereits in ihren Stellungnahmen vom 29. September und 1. Oktober 1967 zu den Beitrittsanträgen Dänemarks, Irlands, Norwegens und des Vereinigten Königreichs betont, daß die Erweiterung angesichts der **Bedeutung des Seeverkehrs** im Handel mit Drittstaaten und innerhalb der Gemeinschaft eine neue Situation schaffe.

Auch das vom Kommissionsmitglied *Victor Bodson* am 9. April 1970 vorgelegte **Memorandum** über im Bereich der Seeschiffahrt und Luftfahrt einzuführende Maßnahmen [SEK (70) 1250 endg.] erhielt zwar in der Kommission *Rey* grundsätzliche Zustimmung, wurde dem Ministerrat dann aber doch nicht gemäß den Verfahrensregeln des Vertrags als offizielle Vorlage zugeleitet. Am 4. Juni 1970 erläuterte *Bodson* dem Rat die **grundlegenden Ziele** der beabsichtigten Aktion *(vgl. V. Bodson, 1970)*; die Kommission wollte später konkrete Vorschläge für **geeignete Maßnahmen** folgen lassen. So sollte z. B. ein Beratender Ausschuß für Fragen der Seeschiffahrt eingesetzt werden, um dem Kompetenzkonflikt zwischen Kommission und Rat, der personellen Unterbesetzung der Kommission sowie der Nichtberücksichtigung der Seeschiffahrt in den Konsultationsgremien abzuhelfen. Erreicht wurde lediglich ein **verstärkter Dialog** über Einzelfragen des Seeverkehrs *(vgl. GB 1970, Ziff.302; F. Hellwig, 1972, S.83ff.; A. E. Bredima-Savopoulou u. a., 1990, S.74; V. J. G. Power, 1992, S.135f.)*.

2.2.3 Grundausrichtung der gemeinsamen Seeverkehrspolitik seit Mitte der siebziger Jahre

2.2.3.1 Einflußfaktoren für die Neuorientierung

Die **Norderweiterung** der Gemeinschaft sowie insbesondere der Beitritt **Griechenlands** zum 1. Januar 1981 *(zur Bedeutung Griechenlands für die Entwicklung der Seeverkehrspolitik vgl. E. T. Pantelidis, 1979; A. E. Bredimas u. a., 1981, S.95ff.)* stärkten die Rolle der Seeschiffahrt als Träger des inner- und außergemeinschaftlichen Verkehrs und damit auch des Außenhandels. Für die Fortentwicklung der gemeinsamen Seeverkehrspolitik war neben dem **Seeleute-Urteil** des Europäischen Gerichtshofs von 1974 *(vgl. S. 7)* vor allem die Tatsache von zentraler Bedeutung gewesen, daß sich im Seeverkehr frühzeitig ein **gemeinschaftlicher Handlungsbedarf** abzeichnete, der sich aus der Verschärfung der Probleme der internationalen Seeschiffahrt und des Schiffbaus aufgrund der anhaltenden Rezession im Welthandel und des Kapazitätsüberangebots, des zunehmenden Protektionismus durch Flaggendiskriminierung und durch ladungslenkende Maßnahmen sowie der Dumpingpraktiken einzelner Staatshandels- und Entwicklungsländer ergab. Der Übergang der Zuständigkeit für die **Außenhandelspolitik** von den Mitgliedstaaten auf die Gemeinschaft bis Ende 1972 erleichterte zudem das gemeinschaftliche Handeln in Seeverkehrsfragen *(vgl. A. Frohnmeyer, 1972, S.252; F. Hellwig, 1972, S.99ff.; U. Weinstock, 1980, S.218; J. Erdmenger, 1981a, S.96ff.; H. P. Ipsen, 1981, S.312f.; V. J. G. Power, 1992, S.135ff.)*. Gemeinsames Vorgehen war schließlich zur stärkeren Einflußnahme in **internationalen Organisationen** – z. B. im Kontext des Beitritts zum UN-Verhaltenskodex für Linienschiffahrtskonferenzen – sowie außerdem bei der Festlegung von **einheitlichen Sicherheitsvorschriften** angezeigt. Die Übereinkommen waren von der Absicht getragen, dringend gebotene Maßnahmen zur Verbesserung der Schiffssicherheit – angesichts mehrerer Tankerunglücke – zu ergreifen und mögliche **Wettbewerbsverzerrungen** innerhalb der Mitgliedstaaten sowie im Verhältnis zu Drittstaaten zu vermeiden *(vgl. U. Weinstock, 1980, S.218f.; KOM (85) 90 endg., S.21)*.

Insgesamt lag der Erfolg der gemeinsamen Seeverkehrspolitik nicht zuletzt darin begründet, daß sie in hohem Maße die **Außenbeziehungen der Gemeinschaft** betraf. Hier lagen vielfach identische Interessen vor *(vgl. U. Weinstock, 1980, S.219)*, so daß auch der Prozeß gemeinschaftlicher Willensbildung relativ einfach war. Dennoch beruhte der Erlaß der Rechtsvorschriften nicht auf einer umfassenden Konzeption, sondern vollzog sich weitgehend schritt- und stückweise, wobei jeweils aktuelle Probleme und Ereignisse eine Rolle spielten. Sobald zudem Elemente der **inneren Marktordnung** – wie die Verabschiedung sekundärrechtlicher Bestimmungen zur Anwendung des Wettbewerbstitels und zur Regelung der Kabotage – betroffen waren, erwiesen sich die Aktionsmöglichkeiten der gemeinsamen Verkehrspolitik regelmäßig als äußerst begrenzt.

2.2.3.2 Entwicklung allgemeiner Grundkonzepte

Am 4. Dezember 1975 unterbreitete die französische Regierung dem Rat eine **Denkschrift** über die Entwicklung eines gemeinsamen Vorgehens auf dem Gebiet des Seeverkehrs. **Schwerpunkte der Politik** sollten eine Harmonisierung des innergemeinschaftlichen Verkehrs, der Schutz der wirtschaftlichen Interessen der Mitgliedstaaten vor den diskriminierenden Praktiken von Drittstaaten sowie die Sicherheit im Seeverkehr sein *(vgl. G. Krauss, 1976, S.19; GB 1976, Ziff.451; J. Erdmenger, 1981a, S.96; V. J. G. Power, 1992, S.139ff.)*. Auf der Grundlage der Denkschrift und der sich daran anschließenden Erörterungen faßte der Rat am 4. November 1976 erstmalig eine Entschließung zur **gemeinschaftlichen Lösung** der Probleme im Seeverkehr *(vgl. Bull. EG 11-1976, S.55f.)*. Die Kommission griff die verschiedenen Vorschläge auf und bestimmte in ihrer Mitteilung vom 23. November 1977 über ein **Arbeitsprogramm** für den Rat bis zum Jahre 1980 mit einer **Liste der Prioritäten** [KOM (77) 596 endg.] die ihrer Meinung nach für eine gemeinsame Seeverkehrspolitik **relevanten Bereiche** *(vgl. Bull. EG 11-1977, S.128)*: Probleme des Verhaltenskodex und der Flaggendiskriminierung, Festlegung der Wettbewerbsregeln, Auswirkungen der Tätigkeit der Ostblockstaaten, Problematik der unternormigen Schiffe, gegenseitige Anerkennung von Seeschiffahrtspatenten und Einflußnahme in internationalen Organisationen *(vgl. J. Erdmenger, 1978, S.4; H. P. Ipsen, 1981, S.312)*.

Nachdem zwei Jahre zuvor noch eine Entschließung zum Seeverkehr [ABl. C 005 08.01.75 S.42] abgelehnt worden war, betonte erstmals auch das **Europäische Parlament** in der Entschließung vom 10. Februar 1977 zur Schiffahrtsindustrie der Gemeinschaft [ABl. C 057 07.03.77 S.57] die Notwendigkeit einer **gemeinsamen Industriepolitik** in den Bereichen Schiffahrt sowie Schiffbau und Schiffsreparatur. Auf einer Konferenz sollten die Interdependenzen dieser Sektoren erörtert werden, wobei die Überkapazitäten auf dem Schiffbaumarkt, die Beschaffungspolitik der Reeder, steuerliche Aspekte, die Harmonisierung der sozialen Wettbewerbsbedingungen, Probleme im Zusammenhang mit den Schiffahrtskonferenzen, durch unlautere Praktiken einiger Drittstaaten hervorgerufene Wettbewerbsnachteile sowie die Verbesserung der technischen Standards im Mittelpunkt stehen müßten. In einer Entschließung vom 20. April 1977 zu Problemen der Seeschiffahrt im Rahmen der Gemeinschaft [ABl. C 118 16.05.

77 S.41] präzisierte das Europäische Parlament seine Vorstellungen von einer aktiven und kohärenten gemeinschaftlichen **Seeverkehrs-, Seehafen- und Schiffbaupolitik**. Die Kommission wurde aufgefordert, Vorschläge zu den folgenden Bereichen zu unterbreiten: **Außenbeziehungen** der Gemeinschaft auf dem Gebiet des Seeverkehrs (gemeinsame Position in internationalen Organisationen und gegenüber Drittstaaten, Ratifizierung und Anwendung der bestehenden internationalen Übereinkommen durch die Mitgliedstaaten, Maßnahmen gegen die Flaggendiskriminierung, Beitritt zum UN-Verhaltenskodex für Linienkonferenzen bei gleichzeitiger Nichtanwendung untereinander, gemeinsame Gegenmaßnahmen bei der Diskriminierung durch Drittstaaten), **innergemeinschaftlicher Seeverkehr** (Aufhebung des Kabotagevorbehalts in der Küstenschiffahrt, Einführung von Regeln für eine diskriminierungsfreie Tarifbildung, Berücksichtigung des Hinterlandverkehrs der Häfen) sowie **umfassende Harmonisierung** sozialer, finanzieller, versicherungsrechtlicher, sicherheitstechnischer und umweltschutzbezogener Wettbewerbsbedingungen einschließlich ihrer Kontrolle auf innergemeinschaftlicher und internationaler Ebene.

Im Jahre 1978 erstellte auch der **Wirtschafts- und Sozialausschuß** unter Berufung auf sein Initiativrecht einen Bericht über die **Probleme der gemeinschaftlichen Seeverkehrspolitik**, insbesondere zu den Bereichen Seeverkehrssicherheit, Marktzugang in der internationalen Schiffahrt und Billigflaggen *(vgl. GB 1978, Ziff.353)*. Am 4. April 1979 gab er hierzu eine **Stellungnahme** [ABl. C 171 09.07.79 S.34] ab. Die Forderungen ähnelten jenen des Europäischen Parlaments, beschränkten sich jedoch weitgehend auf die Ratifizierung bzw. Anwendung internationaler Übereinkommen sowie die Harmonisierung der Wettbewerbsbedingungen. Die Anwendung der Wettbewerbsregeln sowie Fragen der Tarifbildung und des Marktzugangs wurden nicht thematisiert. In der **Entschließung des Rates** vom 26. März 1981 über seine zukünftigen Arbeiten auf dem Gebiet des Verkehrs bis Ende 1983 [ABl. C 171 11.07.81 S.1] wurde allgemein eine **Fortsetzung** der bereits begonnenen Tätigkeiten auf dem Gebiet des See- und Luftverkehrs ins Auge gefaßt *(vgl. A. E. Bredima-Savopoulou u. a., 1990, S.77f.)*.

2.2.3.3 Vorarbeiten zur Anwendung der Wettbewerbsregeln

Ab 1975 begann die Kommission mit Untersuchungen zu den **Marktbedingungen** in der Seeschiffahrt, an die sich seit 1978 erste Arbeiten zu einem Verordnungsvorschlag anschlossen. **Hauptpunkte der Diskussion** waren der Anwendungsbereich der Wettbewerbsregeln, die Behandlung von Absprachen über die technische Zusammenarbeit sowie von Vereinbarungen über Qualität, Preise und Beförderungsbedingungen des Linienverkehrs, die kartellrechtliche Bewertung von Schiffahrtskonferenzen und das Verhältnis des gemeinschaftlichen Wettbewerbsrechts zum UN-Verhaltenskodex, der Mißbrauch marktbeherrschender Stellungen, die Berücksichtigung von Massengut- und Fährverkehr und die Ausarbeitung von Verfahrensvorschriften. Nachdem die Kommission die Reeder und Verlader sowie das Verkehrshilfsgewerbe und die Handelskammern konsultiert hatte, entwarf sie **Leitlinien** und besprach in den Jahren 1979 und 1980 mit Regierungssachverständigen einen **Vorentwurf** *(vgl. WB 1975, Ziff. 15; WB 1976, Ziff. 18; WB 1978, Ziff. 40; WB 1979, Ziff. 14f.; WB 1980, Ziff. 7ff.).*

Der erste Verordnungsvorschlag der Kommission vom 16. Oktober 1981 [ABl. C 282 05.11.81 S.4; ABl. C 339 29.12.81 S.4] sah für bestimmte Vereinbarungen über eine technische Zusammenarbeit eine **Legalausnahme** vom Kartellverbot vor. Eine **Gruppenfreistellung** sollte bei Erfüllung bestimmter Voraussetzungen und Auflagen für Linienkonferenzen gelten; diese konnte nach dem Kommissionsentwurf auch für alle Absprachen zwischen Verladern, Spediteuren und Konferenzen, die sich auf Qualität, Preise und Bedingungen der Linienschiffahrt bezogen, in Anspruch genommen werden. Freigestellte Vereinbarungen, Beschlüsse und abgestimmte Verhaltensweisen unterlagen aber der **Mißbrauchskontrolle**. Die Verfahrensregeln (Einleitung und Abschluß der Verfahren, Widerspruchsverfahren, Gültigkeitsdauer und Widerruf von Entscheidungen, Kompetenzen der nationalen Behörden, Auskunftsverlangen, Nachprüfungsbefugnisse, Geldbußen und Zwangsgelder, Anhörungen, Veröffentlichung von Entscheidungen) entsprachen denen im Bereich des Landverkehrs; besondere Verfahren waren zur **Vermeidung von Kollisionen** mit Rechtsvorschriften von Drittstaaten geplant. Von den Bestimmungen sollte nur der internationale **Nicht-Massengutverkehr** von und nach Häfen der Gemeinschaft erfaßt werden *(vgl. WB 1981, Ziff. 6; WB 1982, Ziff. 21).*

Die Stellungnahme des **Wirtschafts- und Sozialausschusses** [ABl. C 077 21.03.83 S.13] begrüßte den Kommissionsvorschlag zwar grundsätzlich, kritisierte jedoch die an die Freistellung für Linienkonferenzen geknüpften Bedingungen und die nicht ausreichende Berücksichtigung von Auswirkungen auf das Verhältnis zu Drittstaaten. Auch in der Entschließung des **Europäischen Parlaments** [ABl. C 172 02.07.84 S. 178] wurde der Entwurf unterstützt; die vom Wirtschafts- und Sozialausschuß geäußerten Kritikpunkte wurden aufgegriffen, jedoch sehr viel vorsichtiger beurteilt. Im **Rat** kam es im Anschluß an die Kommissionsvorlage zu langwierigen Diskussionen, die insbesondere die Rechtsgrundlage für die Verordnung (Artt. 84 Abs. 2 oder 87 EWGV (Artt. 80 Abs. 2 oder 83 EGV)), den Umfang der Gruppenfreistellung von Linienkonferenzen, die Einbeziehung von Joint ventures und Konsortien sowie die Überwachung der Vereinbarungen betrafen *(vgl. WB 1984, Ziff. 45; zur weiteren Entwicklung S. 123, 130).*

2.3 Sicherung des freien Marktzugangs im Bereich der internationalen Seetransporte

Angesichts des überwiegend **weltweiten Tätigkeitsgebiets** der gemeinschaftlichen Seeschiffahrt und ihrer besonderen **Bedeutung für den Handel** wurde die europäische Seeverkehrspolitik in den siebziger und frühen achtziger Jahren in erster Linie von der Verfolgung der **gemeinsamen Außeninteressen** der Mitgliedstaaten geprägt. Den Ausgangspunkt für die nachfolgenden Maßnahmen bildete die Mitteilung über die Beziehungen der Gemeinschaft zu dritten Ländern auf dem Gebiet des Seeverkehrs [KOM (76) 341 endg.], die die Kommission dem Rat am 30. Juni 1976 vorlegte *(vgl.*

Bull. EG 6-1976, S.54f.). In ihr wurden die **Hauptprobleme** des Verhältnisses zu anderen Seeschiffahrtsnationen erläutert, ein gegenseitiges **Beratungs- und Informationsverfahren** angeregt und mögliche Gegenmaßnahmen in bezug auf **diskriminierende Verhaltensweisen** angesprochen. Ziel der Gemeinschaftspolitik sollte die Garantie einer multilateralen und an marktwirtschaftlichen Kriterien ausgerichteten **Marktzugangsordnung** im Bereich des Weltseeverkehrs sein, wie sie auch später im Kompromiß über den Beitritt der Mitgliedstaaten zum UN-Verhaltenskodex für Linienkonferenzen zum Ausdruck kam *(vgl. KOM(85) 90 endg., S.10, 14; V. J. G. Power, 1992, S.139, 141, 469ff.).*

2.3.1 Einführung eines Konsultationsverfahrens

Die Grundlage für die gemeinschaftlichen Außenbeziehungen im Bereich der Seeschiffahrt stellt die **Entscheidung 77/587/EWG des Rates vom 13. September 1977 [ABl. L 239 17.09.77 S.23]** dar. Sie rief ein Verfahren regelmäßiger Konsultationen der Mitgliedstaaten und der Kommission über die Entwicklung der Beziehungen zwischen den Gemeinschafts- und Drittländern (Skandinavien, Vereinigte Staaten, Japan, ASEAN- und AKP-Staaten), über das Funktionieren von bi- und multilateralen Übereinkünften sowie über Fragen des Seeverkehrs, die in den internationalen Organisationen (IMCO / IMO, Welthandelskonferenz, OECD) beraten werden, ins Leben. Das Konsultationsverfahren soll dazu dienen, Probleme von **gemeinschaftlichem Interesse** rechtzeitig zu erkennen, und zu klären, ob Aktionen der Mitgliedstaaten in den betreffenden internationalen Organisationen abgestimmt werden müssen. Die Beratungen sind auf Antrag der Kommission bzw. eines Mitgliedstaats im Rahmen des Rates innerhalb eines Monats nach Antragstellung oder in dringenden Fällen baldmöglichst durchzuführen. Hinzu tritt ergänzend die Verpflichtung, über das Generalsekretariat des Rates einen **gegenseitigen Informationsaustausch** zur Vorbereitung der Konsultationen durchzuführen *(vgl. Bull. EG 9-1977, S.43; J. von Kunowski, 1978, S.414f.; H. P. Ipsen, 1979, S.197; J. Pearson, 1980, S.216; J. Erdmenger, 1981a, S.116f.; A. E. Bredima-Savopoulou u. a., 1990, S.78; V. J. G. Power, 1992, S.141, 468, 473f.; zur weiteren Entwicklung S.176).*

2.3.2 Schaffung eines Informationssystems

Als einen weiteren Schwerpunkt der Außenbeziehungen identifizierte die Kommissionsmitteilung vom Juni 1976 die Notwendigkeit von koordinierten Maßnahmen zur **Abwehr diskriminierender Praktiken von Drittstaaten**, wie die Unterbietung der Konferenzfrachtraten durch nicht kostendeckende Preise und das Verbot zur Gründung ausländischer Reedereiniederlassungen. Nach Auffassung der Gemeinschaft fügten diese Verhaltensweisen den eigenen Schiffahrtsinteressen erheblichen Schaden zu, wobei in erster Linie die **Beeinträchtigung des Wettbewerbs** in der internationalen Frachtschiffahrt mit Sorge registriert wurde. Adressaten waren vor allem einige COMECON-Staaten. Insbesondere im Verhältnis zur Sowjetunion hatte sich die Nutzlosigkeit **bilateraler einzelstaatlicher Kontakte** gezeigt, und **einseitigen Schutzmaßnahmen** stand man aus politischen Gründen und wegen der Gefahr von Verkehrsverlagerungen ablehnend gegenüber.

Übersicht 1: Sicherung des freien Marktzugangs in der internationalen Seeschiffahrt bis 1984

Konsultationsverfahren

Entscheidung 77/587/EWG des Rates vom 13. September 1977 zur Einführung eines Konsultationsverfahrens betreffend die Beziehungen zwischen den Mitgliedstaaten und dritten Ländern auf dem Gebiet des Seeverkehrs sowie die diesbezüglichen Aktionen in den internationalen Organisationen [ABl. L 239 17.09.77 S.23] — Rechtsetzung auf der Grundlage des Art. 84 Abs. 2 EWGV (Art. 80 Abs. 2 EGV), auf Vorschlag der niederländischen Ratsdelegation und nach Entwurf des Ausschusses der Ständigen Vertreter

Informationssystem

Entscheidung 78/774/EWG des Rates vom 19. September 1978 betreffend die Tätigkeiten bestimmter Drittländer in der Frachtschiffahrt [ABl. L 258 21.09.78 S.35] — Rechtsetzung auf der Grundlage des Art. 84 Abs. 2 EWGV (Art. 80 Abs. 2 EGV), auf Vorschlag der Kommission [ABl. C 198 19.08.78 S.3] sowie nach den Stellungnahmen des EP [ABl. C 131 05.06.78 S.40] und des WSA [ABl. C 269 13.11.78 S.56]

Entscheidung 79/4/EWG des Rates vom 19. Dezember 1978 über die Einholung von Informationen über die Tätigkeiten von Reedereien, die an Frachtliniendiensten in bestimmten Fahrtgebieten teilnehmen [ABl. L 005 09.01.79 S.31] — Rechtsetzung auf der Grundlage des Art. 84 Abs. 2 EWGV (Art. 80 Abs. 2 EGV), auf Vorschlag der Kommission [ABl. C 259 01.11.78 S.6, 7] sowie nach den Stellungnahmen des EP [ABl. C 296 11.12.78 S.50] und des WSA [ABl. C 105 26.04.79 S.20]

Entscheidung 80/1181/EWG des Rates vom 4. Dezember 1980 zur Änderung und Ergänzung der Entscheidung 79/4/EWG über die Einholung von Informationen über die Tätigkeiten von Reedereien, die an Frachtliniendiensten in bestimmten Fahrtgebieten teilnehmen [ABl. L 350 23.12.80 S.44] — Rechtsetzung auf der Grundlage des Art. 84 EWGV (Art. 80 EGV) und auf Vorschlag der Kommission [KOM (80) 644 endg.]

Entscheidung 81/189/EWG des Rates vom 26. März 1981 zur Festlegung der Modalitäten der Einholung von Informationen über die Tätigkeit von Reedereien, die an Frachtliniendiensten zwischen den Mitgliedstaaten und dem Fernen Osten teilnehmen [ABl. L 088 02.04.81 S.32] — Rechtsetzung auf der Grundlage des Art. 84 EWGV (Art. 80 EGV) und auf Vorschlag der Kommission [KOM (80) 644 endg.]

Entscheidung 82/870/EWG des Rates vom 16. Dezember 1982 zur Verlängerung der gemäß den Entscheidungen 79/4/EWG, 80/1181/EWG und 81/189/EWG durchgeführten Einholung von Informationen über die Tätigkeiten von Reedereien, die an Frachtliniendiensten in bestimmten Fahrtgebieten teilnehmen [ABl. L 368 28.12.82 S.42] — Rechtsetzung auf der Grundlage des Art. 84 EWGV (Art. 80 EGV) und auf Vorschlag der Kommission [KOM (80) 644 endg.]

Entscheidung 84/656/EWG des Rates vom 18. Dezember 1984 über die weitere Einholung von Informationen über die Tätigkeit von Reedereien, die an Frachtliniendiensten in bestimmten Fahrtgebieten teilnehmen [ABl. L 341 29.12.84 S.91] — Rechtsetzung auf der Grundlage des Art. 84 EWGV (Art. 80 EGV) und auf Vorschlag der Kommission [KOM (80) 644 endg.]

Gegenmaßnahmen

Entscheidung 83/573/EWG des Rates vom 26. Oktober 1983 über Gegenmaßnahmen im Bereich der internationalen Handelsschiffahrt [ABl. L 332 28.11.83 S.37] — Rechtsetzung auf der Grundlage des Art. 84 EWGV (Art. 80 EGV) und auf Vorschlag der Kommission

Unterstützung erhielt die Kommission vom **Europäischen Parlament**, das in seinen Entschließungen vom 10. Februar und 20. April 1977 *(vgl. S.22)* die Ausarbeitung einer gemeinsamen Position forderte, sowie durch die Stellungnahme des **Wirtschafts- und Sozialausschusses** vom 23. November 1977 über die Verkehrsprobleme in den Beziehungen zu den Ostblockstaaten [ABl. C 059 08.03.78 S.10]. Nachdem die Kommission im Oktober 1977 in ihrem Arbeitspapier über die Schiffahrt der Staatshandelsländer und die Gemeinschaft [SEK (77) 3589 endg.] eine **Situationsanalyse** vorgelegt und mögliche **Handlungsoptionen** – wie z. B. den Abschluß bi- oder multilateraler Abkommen, die Kontrolle des Niederlassungsrechts, die Einführung eines Quotensystems und die Koordinierung der Anwendung nationaler Schutzgesetzgebung – aufgezeigt hatte, beauftragte der Rat noch im selben Monat die Ständigen Vertreter mit der **Prüfung der Vorschläge** und der **Aufstellung von Prioritäten** für die geplanten Aktionen *(vgl. J. Erdmenger, 1978, S.10ff.; H. P. Ipsen, 1979, S.201; J. Pearson, 1980, S.217; A. E. Bredimas u. a., 1981, S.105ff.; zur Bedeutung und zu den Problemen des gemeinschaftlichen Seeverkehrs mit Osteuropa vgl. Ch. Woelker, 1979; I. H. Wernicke, 1980).*

Die **Entscheidung 78/774/EWG des Rates vom 19. September 1978 [ABl. L 258 21.09.78 S.35]** richtete auf der Ebene der Mitgliedstaaten ein Informationssystem zur Berichterstattung über die Tätigkeiten der Handelsflotten von Drittländern ein. Demgemäß ist der Rat verpflichtet, die **Drittländer** und die Art der **Frachtschiffe**, auf die das Informationssystem angewendet werden soll, festzulegen sowie den Zeitpunkt seiner Einführung, die Abstände der Informationseinholung und die Art der zu ermittelnden Informationen näher zu bestimmen; ursprünglich unterlag dieses Verfahren dem Erfordernis der Einstimmigkeit *(vgl. V. J. G. Power, 1992, S.475ff.)*. Das Informationssystem soll **Auskünfte** zu den angebotenen Frachtschiffahrtsdiensten, zu Art, Umfang, Wert, Herkunfts- und Bestimmungsort der ge- oder entladenen Waren sowie zur Höhe der berechneten Frachtraten bereitstellen. Die Angaben sind in regelmäßigen Abständen oder auf Antrag von den Mitgliedstaaten an die Kommission zu übermitteln und von dieser zusammenzufassen *(vgl. Übersicht 1; Bull. EG 4-1978, S.60f.; Bull. EG 6-1978, S.60; Bull. EG 9-1978, S.51; H. P. Ipsen, 1979, S.201f.; J. Pearson, 1980, S.217; A. E. Bredima-Savopoulou u. a., 1990, S.84; V. J. G. Power, 1992, S.141f., 475ff.)*.

Der Rat erhielt außerdem die Möglichkeit, gegen ein Drittland oder eine Gruppe von Drittländern, auf die sich das Informationssystem bezieht, einstimmig die **Anwendung gemeinsamer Gegenmaßnahmen** durch die Mitgliedstaaten gemäß deren nationalen Rechtsvorschriften zu beschließen. Es bleibt jenen aber vorbehalten, weiterhin nationale Informationssysteme und Gegenmaßnahmen einseitig anzuwenden. Die notwendigen **Rechts- und Verwaltungsvorschriften** waren von den Mitgliedstaaten nach Anhörung der Kommission bis spätestens zum 31. Dezember 1978 zu erlassen *(vgl. V. J. G. Power, 1992, S.477)*. Entgegen dem Kommissionsentwurf, der Stellungnahme des Europäischen Parlaments und einer Entschließung des Europäischen Parlaments vom 15. Juni 1978 [ABl. C 163 10.07.78 S.49] wurden nach Abänderung durch den Rat nicht mehr speziell die **osteuropäischen Staatshandelsländer** als Adressaten des Informationssystems genannt. In seinen Stellungnahmen zu den Durchführungsvorschriften zur Entscheidung 78/774/EWG sowie in den Entschließungen vom 11.

Mai 1979 [ABl. C 140 05.06.79 S.171] und vom 9. Juli 1982 [ABl. C 238 13.09.82 S.96] betonte das Europäische Parlament allerdings erneut, daß über das Konsultationsverfahren und das Informationssystem hinaus – gerade in bezug auf die RGW-Staaten – **weitere konkrete Gegenmaßnahmen** ergriffen werden sollten.

In der Folgezeit wurden die Vorgaben der Entscheidung 78/774/EWG durch die Verabschiedung weiterer Bestimmungen präzisiert. Die **Entscheidung 79/4/EWG des Rates vom 19. Dezember 1978 [ABl. L 005 09.01.79 S.31]** betraf Reedereien, die Linienverkehre in den Fahrtgebieten zwischen den Mitgliedstaaten und Ostafrika (Mosambik, Tansania, Sambia, Uganda, Kenia, Somalia) sowie zwischen den Mitgliedstaaten und Mittelamerika (Ost- und Westküste, von der Südgrenze Mexikos bis einschließlich Panama) durchführten. Die Informationen zu Liniendiensten (Gesellschaft, Dienste, Fahrtgebiet, Schiffsmerkmale, Ankünfte und Abfahrten, Konferenz), beförderter Fracht (Flagge, Fahrtgebiet, Gesamtmengen, Güterspezifizierung) und Frachtraten waren der Kommission vom 1. Januar 1979 bis zum 31. Dezember 1980 jeweils halbjährlich bis spätestens drei Monate nach Ablauf des jeweiligen Zeitraums zu übermitteln *(vgl. Bull. EG 10-1978, S.52; Bull. EG 12-1978, S.74 f.; J. Pearson, 1980, S.218; A. E. Bredima-Savopoulou u. a., 1990, S.84; V. J. G. Power, 1992, S.145, 477 ff.)*. Mit der **Entscheidung 80/1181/EWG des Rates vom 4. Dezember 1980 [ABl. L 350 23.12.80 S.44]** wurde der Anwendungszeitraum der Entscheidung 79/4/EWG bis zum 31. Dezember 1982 verlängert. Zugleich beschloß man die Einholung von Informationen über Frachtliniendienste zwischen der Gemeinschaft und dem Fernen Osten (Hongkong, Japan, Südkorea, Malaysia, Philippinen, Singapur, Taiwan und Thailand) *(vgl. Bull. EG 12-1980, S.71; H. P. Ipsen, 1981, S.313; A. E. Bredima-Savopoulou u. a., 1990, S.84; V. J. G. Power, 1992, S.145, 479)*. In seiner **Entscheidung 81/189/EWG vom 26. März 1981 [ABl. L 088 02.04.81 S.32]** legte der Rat die dafür notwendigen Modalitäten fest. In der Zeit vom 1. Juli 1981 bis zum 31. Dezember 1982 sollten Informationen gemäß dem in der Entscheidung 79/4/EWG beschriebenen Verfahren eingeholt werden. Auf die zeitbezogenen Angaben zum Liniendienst und zu den Schiffen sowie auf eine Spezifizierung der Güter verzichtete man; dafür sollte die Gesamtzahl der beförderten Container angegeben werden *(vgl. GB 1981, Ziff.485; A. E. Bredima-Savopoulou u. a., 1990, S.84 f.; V. J. G. Power, 1992, S.145 f., 479)*. Mit den **Entscheidungen 82/870/EWG des Rates vom 16. Dezember 1982 [ABl. L 368 28.12.82 S.42]** und **84/656/EWG des Rates vom 18. Dezember 1984 [ABl. L 341 29.12.84 S.91]** wurde der Zeitraum der Einholung von Informationen über die Liniendienste zwischen den Mitgliedstaaten und Ostafrika, Mittelamerika sowie dem Fernen Osten vorerst um jeweils zwei weitere Jahre bis zum 31. Dezember 1986 verlängert *(vgl. Übersicht 1; Bull. EG 12-1982, S.69; V. J. G. Power, 1992, S.146, 480; zur Anwendung des Informationssystems ab 1987 S.177)*.

2.3.3 Gegenmaßnahmen im internationalen Frachtverkehr

Die Erfahrungen einiger Mitgliedstaaten sowie die Ergebnisse, die insbesondere im Rahmen des Informationssystems gewonnen worden waren, veranlaßten den Rat zur Annahme der **Entscheidung 83/573/EWG vom 26. Oktober 1983 [ABl. L 332 28.11.**

83 S.37], mit der auf Gemeinschaftsebene ein Verfahren über Gegenmaßnahmen im Bereich der internationalen Handelsschiffahrt festgelegt wurde *(vgl. Übersicht 1; Bull. EG 6-1983, S.85; Bull. EG 10-1983, S.57; V. J. G. Power, 1992, S.147, 483f.)*. Jeder Mitgliedstaat, der gegen Drittländer vorgegangen ist oder dies beabsichtigt, muß die anderen Mitgliedstaaten sowie die Kommission im Rahmen des mit der Entscheidung 77/587/EWG eingeführten Beratungsverfahrens konsultieren, um eine Abstimmung der etwaigen Gegenmaßnahmen zu erreichen; eine gemeinsame Antwort aller Mitgliedstaaten kann vom Rat einstimmig beschlossen werden. Die **Konsultationspflicht** umfaßt Informationen über die Entwicklung, welche zu den in Betracht gezogenen Gegenmaßnahmen geführt hat, das hiervon betroffene Fahrtgebiet sowie die Art der Schiffahrtsdienstleistung (z. B. Liniendienst), die Art der Gegenmaßnahme, deren Anwendungszeitraum und die Verhältnismäßigkeit der Gegenmaßnahme zu dem erlittenen Schaden. Die Mitgliedstaaten können jedoch nach wie vor einseitig nationale Gegenmaßnahmen anwenden *(vgl. A. E. Bredima-Savopoulou u. a., 1990, S.85; V. J. G. Power, 1992, S.484f.; zur weiteren Entwicklung S. 177)*.

2.3.4 UN-Verhaltenskodex für Linienkonferenzen

2.3.4.1 Bestimmungen und Ziele des UN-Verhaltenskodex

Linienschiffahrtskonferenzen sind förmliche oder informelle **kartellartige Kooperativen** von Unternehmen der Linienschiffahrt, die das von der Konferenz betreute Fahrtgebiet auf bestimmten Fahrtrouten bedienen. Hauptzweck der Konferenzen ist die Festsetzung einheitlicher **Frachtraten und Beförderungsbedingungen**, wie z. B. die Gewährung von Rabatten, aber auch die **Aufteilung des Ladungsaufkommens** und der **Abschluß von Poolvereinbarungen** unter ihren Teilnehmern. Die Konferenzen erhalten ihre besondere Bedeutung für Marktzu- und -austritte neuer Mitglieder durch die Eingriffsmöglichkeiten der im Konferenzgebiet liegenden Staaten. Mitte der siebziger Jahre bestanden über 300 Linienkonferenzen, die bis zu vierzig Schiffslinien umfaßten und den größten Teil des weltweiten Stückgutaufkommens beförderten *(vgl. K. W. Grewlich, 1975, S.746f.)*.

Entstehungsgeschichte

Für die Regelung des internationalen Seeverkehrs war der **OECD-Liberalisierungskodex** von besonderer Bedeutung. Er gewährleistete die freie Teilnahme aller Flotten am Linienverkehr der OECD-Staaten. Im Gegensatz zu diesem Liberalisierungskodex versuchten die **Entwicklungsländer**, ihre eigenen Flotten durch staatliche Maßnahmen zu begünstigen, da die hohen Frachtraten und die spezifischen Dienstleistungen der Konferenzen als nachteilig für die eigenen Außenhandelsinteressen angesehen wurden. Die damit verbundenen Protektionismusprobleme stellten sich speziell als Ladungslenkungsprobleme dar, die weiterhin durch die zunehmende Konkurrenz der **Staatshandelsländer** in der Seeschiffahrt verschärft wurden *(vgl. K. W. Grewlich, 1975, S.747f.; K.-H. Necker, 1976, S.117)*.

Die im Jahre 1968 in Neu Delhi stattfindende **Welthandelskonferenz** empfahl deshalb in einer Resolution die Errichtung einer Arbeitsgruppe zur Untersuchung wirtschaftlicher und kommerzieller Aspekte des internationalen Seehandelsrechts. Seit ihrer dritten Tagung im Januar 1972 konzentrierte sich diese auf die mit den Linienkonferenzen verbundenen Probleme, wobei die Auswirkungen auf den Außenhandel der Entwicklungsländer sowie deren Mitspracherecht in den Konferenzen einen Schwerpunkt bildeten. Eine Studie der UNCTAD hatte die **Industrieländer** bereits zu Änderungen ihrer Politik aufgefordert; sie regte die Beteiligung der Entwicklungsländer am Konferenzverkehr, deren Mitwirkung bei der Tariffestlegung, die Einführung von Vorzugstarifen und festen Frachtquoten sowie die Schaffung eines Streitschlichtungsverfahrens an. Auf der Grundlage der Studie arbeiteten die **Entwicklungsländer** einen Entwurf für einen Verhaltenskodex aus, der der im Mai 1972 beginnenden Welthandelskonferenz von Santiago unterbreitet wurde. Dort wurde die UN in einer Resolution aufgefordert, für 1973 eine Bevollmächtigtenkonferenz einzuberufen. Die 27. UN-Generalversammlung beauftragte daraufhin am 19. Dezember 1972 den Generalsekretär, unter der Schirmherrschaft der UNCTAD eine Konferenz zu organisieren, die eine **Konvention** oder ein anderes **rechtsverbindliches Abkommen** verabschieden sollte *(zur Entwicklungsgeschichte des Verhaltenskodex vgl. insbesondere L. Schmidt u. a., 1979).*

Der **vorbereitende Ausschuß** begann im Januar 1973 mit seinen Besprechungen. Auf der zweiten Tagung vom Juni 1973 wurden die Vorschläge für einen Entwurf der OECD-Staaten, die geänderten Entwürfe der Entwicklungsländer und die Gegenvorschläge der Staatshandelsländer zusammengefaßt und dem Abschlußbericht beigefügt. Dieser bildete die Grundlage für die Verhandlungen der **Konferenz der Regierungsbevollmächtigten**, die erstmals am 12. November 1973 in Genf zusammentrat. Bis Mitte Dezember konnte allerdings in den wichtigsten Punkten keine Einigung erzielt werden. Einem daraufhin erarbeiteten Kompromißvorschlag stimmten schließlich jedoch mit Ausnahme einiger OECD-Staaten alle anderen Länder zu. Auf der zweiten Sitzung, die vom 1. März bis zum 6. April 1974 stattfand, wurde eine unterschriftsreife Fassung erstellt. Die **Schlußakte**, die neben dem **Übereinkommen** über einen Verhaltenskodex für Linienkonferenzen als völkerrechtlicher Vereinbarung auch **zwei Resolutionen** enthielt, wurde von nahezu allen der anwesenden 88 Staaten unterzeichnet. In einer besonderen Abstimmung sprachen sich 72 Länder für die Konvention aus; von den OECD-Staaten kamen jedoch fünf Enthaltungen und sieben Gegenstimmen. Die Konvention lag vom 1. Juli 1974 bis zum 30. Juni 1975 zur Unterzeichnung auf. Der Kodex sollte sechs Monate nach dem Zeitpunkt in Kraft treten, zu dem mindestens 24 Staaten, die wenigstens 25 % der Ladekapazität der Welthandelsflotte darstellten, durch Ratifikation, Unterzeichnung ohne Vorbehalt oder durch Beitritt **Vertragsparteien** geworden waren *(vgl. K. W. Grewlich, 1975, S.743 ff.; V. J. G. Power, 1992, S.275; E. Kühne, 1996, S.71 f.).*

Ziele, Grundsätze und Bestimmungen

Das Übereinkommen verfolgte die Absicht, der internationalen Linienschiffahrt durch besondere ladungslenkende und wettbewerbsrelevante Regeln mittelfristig zu einem neuen annehmbaren **Ordnungsrahmen** zu verhelfen und somit einer Entwicklung zu immer mehr **Flaggenprotektionismus** vorzubeugen. Der Verhaltenskodex ist nur auf Linienkonferenzen im internationalen Seegüterverkehr und deren Außenbeziehungen anzuwenden und bezieht sich nicht auf diejenigen Linienreedereien, die keiner Konferenz angehören (Außenseiter) *(vgl. E. Kühne, 1996, S.73)*. **Hauptziele** des UN-Verhaltenskodex sind *(vgl. K. W. Grewlich, 1975, S.748; V. J. G. Power, 1992, S.275f.)*:

— Den Seeschiffahrtsunternehmen der Handelspartnerländer soll ein diskriminierungsfreier Zugang zu den sie betreffenden Linienkonferenzen eröffnet werden.

— Die Zusammenarbeit und der Interessenausgleich zwischen Verladern und Konferenzen sollen gefördert werden.

Das Übereinkommen verankert den Grundsatz der gleichberechtigten **Aufteilung von Frachteinnahmen und Ladungsaufkommen** zwischen den Linienreedereien aus den Handelspartnerstaaten (jeweils 40 %), vermeidet jedoch eine starre Bilateralisierung des Verkehrs, indem es Drittland-Linienreedereien das Recht auf einen Anteil von 20 % am Verkehr einräumt. Zwingend ist diese Formel allerdings nur, wenn die Parteien sich nicht auf eine andere Aufteilung einigen können; auf jeden Fall müssen die nationalen Schiffahrtslinien der beteiligten Länder ihre Zustimmung geben (Artt. 2 und 3). Weiterhin werden Kriterien, die bei der **Frachtratenbildung** zur Anwendung kommen sollen (Art. 12), die Ankündigung von Ratenerhöhungen (Art. 14), die Einführung von Frachtratenzuschlägen (Artt. 16 und 17) und die Anwendung von Treuevereinbarungen geregelt. Das Übereinkommen bestätigt das Recht der Konferenzen, eine allgemeine Erhöhung der Frachtraten auch ohne Zustimmung der Verlader vorzunehmen; allerdings muß eine Ankündigungsfrist von fünf und eine Mindestgeltungsdauer der Raten von zehn Monaten eingehalten werden. Die Stellung der Verlader wird durch ein **Konsultationsverfahren** (Art. 11) und die **internationale Zwangsschlichtung** (Artt. 23 bis 46) verbessert, die sich auf Fragen der allgemeinen Tarifbedingungen, die Bestimmung von Frachtraten sowie deren Korrekturen, den Abschluß von Treuevereinbarungen sowie die Bereitstellung von Informationen erstrecken kann. Das **Schlichtungsverfahren** gilt jedoch auch für Streitfälle zwischen Konferenzen und Reedern sowie zwischen Mitgliedstaaten, so z. B. bei Nichtaufnahme in und Ausschluß aus Konferenzen, Widersprüchen zwischen Konferenzstatut und Verhaltenskodex oder bei Fragen der Ladungsaufteilung. Ferner werden die **Mitgliedschaft in Konferenzen** (Art. 1) sowie deren **Beschlußverfahren** geregelt. Die Rolle der **Regierungen** beschränkt sich nach dem Übereinkommen auf das Recht zur Stellungnahme bei Fragen der Mitgliedschaft und Beteiligung am Verkehr, auf Informationsrechte gegenüber den Konferenzen und auf das Recht zur Teilnahme an Konsultations- und Schlichterverfahren. Eine **Entscheidungsbefugnis** haben die Regierungen nicht *(vgl. K. W. Grewlich, 1975, S.748ff.; W.-P. Schiering, 1979, S.182ff.; V. J. G. Power, 1992, S.278 ff.; E. Kühne, 1996, S.73ff.)*.

Im Konferenzverkehr der **OECD** gelten abweichend vom Übereinkommen folgende Regeln:

— Nichtanwendung der *Ladungsaufteilungsvorschriften* im Konferenzverkehr zwischen Mitgliedsländern, wobei sich jedoch die Linienreedereien eines Entwicklungslands für ihre Teilnahme als Drittlandreedereien an diesem Verkehr auf die Grundsätze des Übereinkommens berufen können.

— Die Linienreedereien der Mitgliedsländer können die ihnen nach dem Übereinkommen *zufallenden Ladungsanteile* untereinander nach kaufmännischen Grundsätzen umverteilen.

2.3.4.2 Gemeinschaftliche Position gegenüber dem UN-Verhaltenskodex

Ratifikation des UN-Übereinkommens

Die **europäischen Länder** nahmen an der Konferenz als selbständige Staaten teil, während die Gemeinschaft nur einen **Beobachterstatus** innehatte. Das zwei Tage vor dem Abschluß der Verhandlungen ergangene **Seeleute-Urteil** übte jedoch einen erheblichen Einfluß auf die Kompetenzverteilung aus. Am 17. Juli 1974 legte die Kommission eine Mitteilung [KOM (74) 1112 endg.] mit einem Vorschlag für eine Entscheidung des Rates über ein gemeinsames Vorgehen der Mitgliedstaaten vor und forderte die nationalen Regierungen auf, den UN-Verhaltenskodex nicht zu unterzeichnen, zu ratifizieren oder ihm beizutreten, da er fundamentale **Interessen der Gemeinschaft** schädige; der Rat sollte bis zum 30. Juni 1975 ein gemeinsames Vorgehen beschließen *(vgl. Bull. EG 7/8-1974, S.76f.)*. In weiteren Vorschlägen vom 14. März 1975 [KOM (75) 112 endg.] und 17. Juni 1975 [KOM (75) 302 endg.] zur Einleitung von Verhandlungen über den Kodex machte die Kommission seine Annahme von **erheblichen Vorbehalten** abhängig, da einige Bestimmungen nicht mit dem Gemeinschaftsrecht in Einklang stünden. Hierbei wurde insbesondere auf den Art. 7 (*aufgehoben*) i. V. m. dem Art. 61 EWGV (Art. 51 EGV) (Zusammensetzung der Konferenzen und Ladungsaufteilung erfolgt zugunsten der nationalen Gesellschaften), die Artt. 52 bis 58 EWGV (Artt. 43 bis 48 EGV) (Bevorzugung nationaler Schiffahrtsgesellschaften, zu enge Definition des Schiffahrtsunternehmens) und die Artt. 85 bis 92 EWGV (Artt. 81 bis 87 EGV) verwiesen. Der Rat sollte die **Nichtanwendung des Übereinkommens** sicherstellen, solange die **unterschiedlichen Auffassungen** zwischen der Gemeinschaft und den Mitgliedstaaten nicht abgestimmt worden wären; diese wurden um ein weiteres Jahr Zeit gebeten, um ein gemeinsames Vorgehen festlegen zu können *(vgl. Bull. EG 3-1975, S.54; Bull. EG 6-1975, S.63)*. Die wegen Verstoßes gegen Artt. 113 EWGV (Art. 133 EGV) und 116 EWGV (*aufgehoben*) beim Europäischen Gerichtshof gemäß Art. 169 EWGV (Art. 226 EGV) eingeleiteten Verfahren gegen Belgien, die BR Deutschland und Frankreich, die das Übereinkommen bereits unterzeichnet hatten, wurden im Juli 1976 erst beendet, als jene sich zur vorläufigen **Nicht-Ratifizierung des Verhaltenskodex** verpflichtet hatten.

Allerdings unterbreitete die Kommission ihrerseits keine Vorschläge für ein gemeinsames Vorgehen des Rates, so daß dieser dann auch längere Zeit keine Einigung erzielen konnte. Erst nachdem letzterer am 4. November 1976 die **Notwendigkeit eines gemeinsamen Standpunkts** unterstrichen hatte, legte die Kommission im Dezember 1977 einen Verordnungsentwurf vor *(vgl. G. Krauss, 1976, S.19; K.-H. Necker, 1976, S.118f.; Bull. EG 12-1977, S.73; H. P. Ipsen, 1979, S.199f.; A. E. Bredimas u. a., 1981,*

S.99f.; J. Erdmenger, 1981a, S.100ff.; V. J. G. Power, 1992, S.139f., 286ff.). Die mit der Stellungnahme zum Verordnungsvorschlag verbundene **Entschließung des Europäischen Parlaments** betonte insbesondere die Notwendigkeit, als einheitliche Handelsflotte aufzutreten, und unterstützte das Prinzip der freien Ladungsaufteilung untereinander und im Verhältnis zu den OECD-Staaten. Allerdings wurde in diesem Zusammenhang nochmals verlangt, daß die Kommission Vorschläge zur **Anwendung der Wettbewerbsregeln** und zu einer gemeinsamen Aktion zur **Bekämpfung der Diskriminierung** der Gemeinschaftsflotte durch unternormige Schiffe unterbreitet.

Mit der **Verordnung 79/954/EWG des Rates vom 15. Mai 1979 [ABl. L 121 17.05. 79 S.1]** nahm die Gemeinschaft schließlich eine einheitliche Haltung zum Übereinkommen über einen Verhaltenskodex für Linienkonferenzen ein. Hierbei wollte sie insbesondere den **Wünschen der Entwicklungsländer** nach Zugang zu den Linienkonferenzen und bezüglich der Ladungsaufteilung Rechnung tragen, gleichzeitig aber die **Anwendung marktwirtschaftlicher Prinzipien** bei der Erbringung von Transportdienstleistungen sicherstellen *(vgl. Bull. EG 2-1979, S.62; Bull. EG 4-1979, S.53 f.; Bull. EG 5-1979, S.74; J. Erdmenger, 1981a, S.102ff.; V. J. G. Power, 1992, S.288).*

Das Übereinkommen über einen Verhaltenskodex für Linienkonferenzen läßt einen Beitritt der Gemeinschaft als **Vertragspartei** nicht zu. Daher sollten die Mitgliedstaaten im Hinblick auf die gemeinsamen Grundsätze und Ziele gewisse Vorkehrungen bezüglich der Ratifikation des bzw. des Beitritts zum Kodex treffen *(vgl. V. J. G. Power, 1992, S.140, 288; E. Kühne, 1996, S.76f.).* Zunächst war der UN-Generalsekretär von den Mitgliedstaaten der Gemeinschaft über den Vorgang der Ratifizierung bzw. des Beitritts schriftlich zu unterrichten, wobei der Ratifikations- bzw. Beitrittsurkunde **folgende vier Vorbehalte** beigefügt werden mußten *(vgl. A. E. Bredimas u. a., 1981, S.110; J. Erdmenger, 1981a, S.102f.; V. J. G. Power, 1992, S.289, 291; E. Kühne, 1996, S.79)*:

(1) Der Begriff „nationale Linienreederei" gemäß Art. 1 des Kodex kann im Falle eines Mitgliedstaats der EWG jede im Hoheitsgebiet des Mitgliedstaats niedergelassene Linienreederei, welche Schiffe betreibt, bezeichnen.

(2) In der Regel wird Art. 2 des Kodex über die Aufteilung des Ladungsaufkommens im Konferenzverkehr zwischen den Mitgliedstaaten der EWG nicht angewandt. Dies gilt ebenso für den Verkehr zwischen Mitgliedstaaten und anderen OECD-Ländern auf der Grundlage der Gegenseitigkeit. Dem steht allerdings nicht entgegen, daß nationale Linienreedereien eines Entwicklungslands, die bereits Mitglied einer den betreffenden Verkehr bedienenden Konferenz sind oder zu einer solchen Konferenz nach den Bestimmungen des Kodex zugelassen werden, gemäß Art. 2 des Kodex als Drittland-Linienreedereien an dem Verkehr teilnehmen können.

(3) Der Art. 3 (Abstimmungsregeln) und der Art. 14 Abs. 9 des Kodex sind im Konferenzverkehr zwischen den Mitgliedstaaten nicht anzuwenden. Dies gilt ebenfalls für den Verkehr zwischen den Mitgliedstaaten und den anderen OECD-Ländern auf der Grundlage der Gegenseitigkeit.

(4) Bezüglich des letzten Satzes des Art. 3 des Verhaltenskodex äußert die Gemeinschaft einen Interpretationsvorbehalt. Der Satz wird „dahingehend ausgelegt, daß a) die beiden Gruppen nationaler Linienreedereien ihren Standpunkt vor der Abstimmung über Fragen betreffend den Verkehr zwischen ihren beiden Ländern koordinieren; b) dieser Satz nicht für alle im Konferenzabkommen geregelten Fragen gilt, sondern nur für diejenigen, die nach dem Konferenzabkommen der Zustimmung der beiden Gruppen nationaler Linienreedereien bedürfen".

Bei einem beabsichtigten **Beitritt** einer nationalen Linienreederei **zu einer Konferenz** hat diese zusammen mit den Konferenzmitgliedsreedereien derselben Nationalität nach kaufmännischen Gesichtspunkten darüber zu verhandeln. Bei **Schaffung einer neuen Konferenz** müssen Linienreedereien der gleichen Nationalität nach kaufmännischen Aspekten über die Mitglieder der neuen Linienkonferenz entscheiden. Führen die Verhandlungen zu keiner Einigung, kann jeder Mitgliedstaat auf Antrag einer Linienreederei und nach Anhörung aller Betroffenen die Maßnahmen ergreifen, die zur **Beilegung der Streitigkeiten** erforderlich sind. Jeder Mitgliedstaat hat dafür zu sorgen, daß alle in seinem Hoheitsgebiet niedergelassenen Linienreedereien unabhängig von ihrem Hauptgeschäftssitz gleich behandelt werden *(vgl. V. J. G. Power, 1992, S.289; E. Kühne, 1996, S.77).*

Übersicht 2: Gemeinschaftliche Position zum UN-Verhaltenskodex für Linienkonferenzen

Verordnung des Rates
Verordnung 79/954/EWG des Rates vom 15. Mai 1979 über die Ratifikation des Übereinkommens der Vereinten Nationen über einen Verhaltenskodex für Linienkonferenzen durch die Mitgliedstaaten oder über den Beitritt der Mitgliedstaaten zu diesem Übereinkommen [ABl. L 121 17.05.79 S.1] — Rechtsetzung auf der Grundlage des Art. 84 Abs. 2 EWGV (Art. 80 Abs. 2 EGV), auf Vorschlag der Kommission [ABl. C 035 11.02.78 S.3] sowie nach den Stellungnahmen des EP [ABl. C 131 05.06.78 S.34] und des WSA [ABl. C 269 13.11.78 S.46] — Übernahme durch das EWR-Abkommen [ABl. L 001 03.01.94 S.442]
Kommissionsstellungnahmen zur Ratifizierung durch die Mitgliedstaaten
Stellungnahme 81/326/EWG vom 24. April 1981 an das Königreich der Niederlande [ABl. L 129 15.05.81 S.68] — Stellungnahme 82/24/EWG vom 17. Dezember 1981 an die Regierung der Bundesrepublik Deutschland [ABl. L 010 15.01.82 S.29] — Stellungnahme 82/154/EWG vom 22. Februar 1982 an die dänische Regierung [ABl. L 065 09.03.82 S.28] — Stellungnahme 82/210/EWG vom 16. März 1982 an das Königreich Belgien [ABl. L 099 15.04.82 S.39] — Stellungnahme 82/508/EWG vom 13. Juli 1982 an das Vereinigte Königreich von Großbritannien und Nordirland [ABl. L 229 05.08.82 S.28] — Stellungnahme 85/185/EWG vom 28. Februar 1985 an die französische Regierung [ABl. L 071 12.03.85 S.18]

Existieren bei einer Linienkonferenz Anlauf-, Abfahrt-, Pool- und / oder sonstige **Ladungszuteilungsvereinbarungen**, so ist der Ladungsanteil sämtlicher Linienreedereien der Mitgliedstaaten und der Drittlandreedereien, die an diesem Verkehr beteiligt sind, unter den Reedereien umzuverteilen, falls diese nicht etwas anderes beschließen; für die Umverteilung ist der **einstimmige Beschluß** der hieran beteiligten Konferenzreedereien notwendig. Die endgültige Ladungsaufteilung wird nach kaufmännischen Grundsätzen bestimmt, wobei insbesondere der Anteil der Konferenzladung, der in jenen Mitgliedstaaten anfällt, die von der Linienkonferenz bedient werden, der frühere Anteil der Linienreedereien am Verkehrsaufkommen, die Ladungsmenge, die von der Linienkonferenz erfaßt und durch die Häfen der Mitgliedstaaten verschifft wird, sowie die Bedürfnisse der betreffenden Verlader berücksichtigt werden. Wird darüber keine Einigung erzielt, so kann jede Partei ein **Schlichtungsverfahren** beantragen oder danach ein **Schiedsgericht** anrufen. Die durch die Umverteilung den jeweiligen Linienreedereien zufallenden Ladungsanteile sind in regelmäßigen Abständen unter Berücksichtigung der o. a. Kriterien sowie der Notwendigkeit angemessener und leistungsfähiger Dienste zu überprüfen *(vgl. V. J. G. Power, 1992, S.289 f.; E. Kühne, 1996, S.77 f.)*.

Beim Konferenzverkehr zwischen einem Mitgliedstaat der Gemeinschaft und einem Nichtmitgliedstaat der OECD kann eine Linienreederei eines anderen OECD-Staats auf der **Grundlage der Gegenseitigkeit** an der Umverteilung teilnehmen. Bei Streitigkeiten von Verladern und Linienreedereien innerhalb eines Konferenzverkehrs zwischen den Mitgliedstaaten sowie zwischen den Mitgliedstaaten und OECD-Ländern, welche Vertragsparteien des Kodex sind, muß nicht das im Kapitel VI des Verhaltenskodex vorgesehene **Verfahren zur Streitbeilegung** angewendet werden, sofern sich die Parteien auf ein anderes Verfahren geeinigt haben. Auf der Grundlage der Gegenseitigkeit gilt dies auch für die Beziehungen zu Verladern und Reedereien anderer OECD-Länder *(vgl. V. J. G. Power, 1992, S.290; E. Kühne, 1996, S.78)*.

Bei Fragen, die in einem Konferenzabkommen über den **Verkehr eines Mitgliedstaats** geregelt sind, jedoch nicht die Umverteilung der Ladungsanteile betreffen, haben die nationalen Linienreedereien des betreffenden Mitgliedstaats vor einer Entscheidung alle anderen Linienreedereien der Gemeinschaft zu konsultieren. Die zur Durchführung dieser Verordnung notwendigen Rechts- und Verwaltungsvorschriften sind von den Mitgliedstaaten zu gegebener Zeit nach Anhörung der Kommission zu erlassen. Diese sollte auch Vorschläge für den **Wettbewerb von Outsider-Reedereien** sowie für den **Abschluß bilateraler Regierungsabkommen** unterbreiten.

Unterzeichnung des Verhaltenskodex und Durchführung der Verordnung

Zur Durchführung der Verordnung 79/954/EWG durch die Mitgliedstaaten gab die Kommission überwiegend befürwortende Stellungnahmen ab *(vgl. Übersicht 2)*; Änderungen wurden meist im Sinne der **Klarstellung bestimmter Sachverhalte** empfohlen. Die **dänische Regierung** wurde darum ersucht, die allgemeine Form der geplanten Rechtsvorschriften zu ändern, da die Bestimmungen unmittelbar geltende Vorschriften der Ratsverordnung wiederholten. Im **französischen Entwurf** wurden u. a. die fehlende Anerkennung der Linienreedereien anderer Mitgliedstaaten der OECD als nationale Linienreedereien sowie die Bestimmung, daß nur Schiffe, die gewöhnlich und hauptsächlich die französische Flagge führen, an den Verhandlungen über den Beitritt zu einer Konferenz teilnehmen dürfen, bemängelt.

Nachdem der Rat im Juni 1982 eine **Bestandsaufnahme der gegenwärtigen Situation** durchgeführt hatte *(vgl. Bull. EG 6-1982, S.60 f.)*, gab er eine Erklärung über die Modalitäten und den Zeitplan für die Ratifizierung durch die Mitgliedstaaten ab. Diese kamen schließlich überein, untereinander und mit der Kommission den Zeitpunkt zu koordinieren. Der Kodex trat schließlich am 6. Oktober 1983 infolge seiner **Ratifikation** durch die BR Deutschland und die Niederlande in Kraft, nachdem dadurch die o. a. Schwellenwerte überschritten worden waren *(vgl. Bull. EG 10-1983, S.57)*. Ende 1985 hatten 65 Staaten, einschließlich Belgiens, Dänemarks, Frankreichs und des Vereinigten Königreichs, den Kodex unterzeichnet. Die Kommission, die in mehreren **Berichten über die Durchführung** informierte [KOM (84) 369 endg.], sah in der zögerlichen Haltung der anderen Mitgliedstaaten (Griechenland, Irland, Portugal, Spanien) bei der Ratifizierung des Kodex die Gefahr, daß die Anwendung unterschiedlicher Regelungen zu **Wettbewerbsverzerrungen** führen würde *(vgl. Kommission, 1984, S.35 f.; KOM (85) 90 endg., S.24 f.; WSA, 1986, S.33; L. Vermote, 1988, S.571 ff.)*.

2.3.5 Abkommen der Gemeinschaft mit Drittstaaten

Verschiedene **Kooperations- und Freihandelsabkommen** der Gemeinschaft – wie z. B. das Lomé II- (1979) und Lomé III-Abkommen (1984) sowie die Übereinkommen mit Brasilien (1. Oktober 1980), den Andenpakt-Ländern (17. Dezember 1983) und China (21. Mai 1985) – regelten u. a. auch die Zusammenarbeit mit Drittstaaten im Bereich des Seeverkehrs. Die **Entscheidung 69/494/EWG des Rates vom 16. Dezember 1969 [ABl. L 326 29.12.69 S.39]** über die schrittweise Vereinheitlichung der Abkommen zu den Handelsbeziehungen zwischen den Mitgliedstaaten und dritten Ländern und über die Aushandlung der gemeinschaftlichen Abkommen (einschließlich der Entscheidungen zur Genehmigung der stillschweigenden Verlängerung oder Beibehaltung der Abkommen) bestimmte, daß die bestehenden **bilateralen Vereinbarungen** im Bereich des Seeverkehrs auch über die Übergangszeit hinaus gültig bleiben sollten, sofern ihr Inhalt nicht im Widerspruch zur Gemeinschaftspolitik stand *(vgl. WSA, 1986, S.37; A. E. Bredima-Savopoulou u. a., 1990, S.92 ff.; Übersicht 3; zur weiteren Entwicklung S.331, 341)*.

Übersicht 3: Ratsentscheidungen zur Verlängerung von bilateralen Schiffahrtsverträgen bis 1984

Entscheidung 69/494/EWG vom 16. Dezember 1969 [ABl. L 326 29.12.69 S.39] — Entscheidung 70/470/EWG vom 13. Oktober 1970 [ABl. L 231 20.10.70 S.7] — Entscheidung 71/70/EWG vom 1. Februar 1971 [ABl. L 031 08.02.71 S.18] — Entscheidung 72/363/EWG vom 18. Oktober 1972 [ABl. L 250 06.11.72 S.5] — Entscheidung 73/182/EWG vom 18. Juni 1973 [ABl. L 189 11.07.73 S.47] — Entscheidung 74/35/EWG vom 6. Dezember 1973 [ABl. L 030 04.02.74 S.7] — Entscheidung 75/148/EWG vom 17. Februar 1975 [ABl. L 062 07.03.75 S.35] — Entscheidung 75/779/EWG vom 16. Dezember 1975 [ABl. L 328 20.12.75 S.49] — Entscheidung 76/804/EWG vom 4. Oktober 1976 [ABl. L 283 14.10.76 S.25] — Entscheidung 77/650/EWG vom 27. September 1977 [ABl. L 267 19.10.77 S.23] — Entscheidung 78/1030/EWG vom 18. Dezember 1978 [ABl. L 362 23.12.78 S.13] — Entscheidung 79/880/EWG vom 23. Oktober 1979 [ABl. L 270 27.10.79 S.60] — Entscheidung 80/1046/EWG vom 11. November 1980 [ABl. L 307 18.11.80 S.29] — Entscheidung 82/502/EWG vom 12. Juli 1982 [ABl. L 230 05.08.82 S. 19] — Entscheidung 83/30/EWG vom 24. Januar 1983 [ABl. L 032 03.02.83 S.29] — Entscheidung 83/594/EWG vom 29. November 1983 [ABl. L 340 06.12.83 S.13] — Entscheidung 84/640/EWG vom 10. Dezember 1984 [ABl. L 339 27.12.84 S.10]

2.4 Finanzielle, steuerliche und soziale Wettbewerbsbedingungen

2.4.1 Förderung der europäischen Schiffbauindustrie

2.4.1.1 Probleme des Schiffbausektors in der Gemeinschaft

Im Vergleich zu vielen außereuropäischen Staaten, wie z. B. Japan und Südkorea, zeichnete sich die gemeinschaftliche Schiffbau- und Schiffsreparaturindustrie aufgrund **hoher Betriebskosten und Soziallasten** sowie **fehlender Massenproduktion** schon seit den sechziger Jahren durch eine **deutlich geringere Wettbewerbsfähigkeit** aus. Die daraus resultierenden strukturellen Nachteile wurden seit 1976 infolge des sich verstärkenden Ungleichgewichts zwischen Angebot und Nachfrage auf diesem Markt noch verschärft. Insbesondere die zwischen 1972 und 1974 zunehmenden Auftragsbestände im Tankerbau hatten die Werften zur **Ausweitung ihres Produktionspotentials** veranlaßt. Da das Wachstum der Nachfrage nach Transportleistungen aufgrund der Ölpreiserhöhungen und der konjunkturellen Entwicklung jedoch hinter der Erweiterung des Schiffsraums zurückblieb und deshalb die Frachtraten tendenziell fielen, reagierten die Reedereien in der Folgezeit mit einer drastischen **Einschränkung ihrer Neuaufträge** und verursachten somit auch **Kapazitätsüberhänge** in der Schiffbauindustrie. Geringere Auslastungsquoten, ein Rückgang der Verkaufspreise, eine Verschlechterung der finanziellen Lage der Werften und Arbeitsplatzverluste waren die Konsequenz. Nach einer kurzen Erholungsphase in den Jahren 1978 und 1979 verschärfte sich die Situation zu Beginn der achtziger Jahre durch die **zweite Ölkrise** erneut *(vgl. Bull. EG, Beilage 7/77, S.5 ff.; Bull. EG, Beilage 7/79, S.7 ff., 18 f.; A. E. Bredimas u. a., 1981, S.111; D. Rother, 1982, S.333 ff.; V. J. G. Power, 1992, S.422 f.; zu einer umfassenden Analyse der Schiffbauindustrie M. Stopford, 1997, S.455 ff.; G. Albert, 1988).*

2.4.1.2 Programme zur Sanierung der Schiffbauindustrie

Da sich die europäische Schiffbauindustrie angesichts des **zunehmenden Angebotsüberhangs** seit Mitte der siebziger Jahre einer immer schwierigeren Situation gegenübersah, waren die Gemeinschaftsorgane gezwungen, umfangreiche Maßnahmen zur Bewältigung der Krise zu ergreifen. Bereits 1968 hatten die Berufsverbände der Werften auf Initiative der Kommission einen **Verbindungsausschuß** und drei **Arbeitsgruppen** eingerichtet, die sich mit den Zukunftsaussichten des Schiffbaus, alternativen Kooperations- und Spezialisierungsvarianten der Werften und spezifischen Finanzierungsproblemen beschäftigten. Angesichts der starken Abnahme des Auftragsbestands im Jahre 1972 führte die Kommission im Auftrag des Rates 1973 eine **Untersuchung über Angebot und Nachfrage** auf dem Weltmarkt durch und verabschiedete einige industriepolitische Leitlinien. Im Zusammenhang mit ihren Vorschlägen für das Sozialpolitische Aktionsprogramm *(vgl. Band 1, S.109)* unterbreitete die Kommission 1974 dem Rat auch einen Entwurf für einen Beschluß über die **Beteiligung des Eu-**

ropäischen Sozialfonds an Maßnahmen zugunsten der im Schiffbau Beschäftigten [ABl. C 013 12.02.74 S.6]; dieser wurde jedoch – nach den Stellungnahmen des Europäischen Parlaments [ABl. C 076 03.07.74 S.42] und des Wirtschafts- und Sozialausschusses [ABl. C 097 16.08.74 S.35] – nicht verabschiedet. Am 4. Juni 1976 übermittelte die Kommission dem Rat eine **Mitteilung zur Lage im Schiffbau** und zu den zukünftigen **Schwerpunkten** einer sektoralen Politik [KOM (76) 224 endg.]. Unter Berücksichtigung dieser Vorschläge legte der Rat eine gemeinsame Haltung zu den von der OECD beschlossenen bzw. geplanten Maßnahmen fest. Ziele sollten ein **gegenseitiger Kapazitätsabbau** und eine „gerechte" **regionale Verteilung des Auftragsbestands** sein, die von einer Umstrukturierung der europäischen Schiffbauindustrie begleitet werden sollten *(vgl. GB 1968, Ziff.209; GB 1969, Ziff.189; GB 1972, Ziff.294; GB 1973, Ziff.162, 345; GB 1976, Ziff.376).*

Nachfolgend schlug die Kommission am 9. Dezember 1977 in ihrer Mitteilung über die **Sanierung des Schiffbaus** in der Gemeinschaft [KOM (77) 542 endg.] ein Programm für eine koordinierte Gemeinschaftsaktion zur Durchführung struktureller Anpassungen vor *(vgl. Bull. EG, Beilage 7/77; V. J. G. Power, 1992, S.424ff.).* Auf dieser Grundlage bestimmte der Rat in seiner **Entschließung vom 19. September 1978 [ABl. C 229 27.09.78 S.1]** die für eine umfassende Sanierung des Schiffbaus notwendigen Handlungsfelder. Die privaten Entscheidungsträger wurden aufgefordert, Maßnahmen zur **Umstrukturierung** und zum **Abbau der Produktionskapazitäten** sowie zur **Diversifizierung der Tätigkeitsfelder** einzuleiten. Ferner sollten eine verbesserte Betriebsführung, die Einleitung von Forschungsaktivitäten und die Optimierung des Produktionsapparats zu einer Stärkung der Wettbewerbsfähigkeit und der Produktivität führen *(vgl. Übersicht 4; GB 1977, Ziff.153; GB 1978, Ziff.126; WB 1978, Ziff.180f.; V. J. G. Power, 1992, S.428).*

Die Behörden der Mitgliedstaaten und der Gemeinschaft wurden ersucht, die Bemühungen der Industrie zu fördern und **finanzielle Hilfen** zu gewähren; ein Vorschlag für einen Ratsbeschluß über eine Beteiligung der Gemeinschaft an **Umstrukturierungs- oder Umstellungsinvestitionen** der Schiffbauindustrie [KOM (78) 769 endg.] scheiterte jedoch im Anschluß an die Stellungnahmen des Europäischen Parlaments [ABl. C 059 10.03.80 S.35] und des Wirtschafts- und Sozialausschusses [ABl. C 053 03.03.80 S.49]. Zuschüsse aus dem **Sozialfonds** sollten die Umschulung entlassener Arbeitskräfte unterstützen und zur Schaffung neuer Arbeitsplätze beitragen; ein entsprechender Vorschlag der Kommission [ABl. C 217 25.08.80 S.16] wurde – nach den Stellungnahmen des Europäischen Parlaments [ABl. C 346 31.12.80 S.105] und des Wirtschafts- und Sozialausschusses [ABl. C 348 31.12.80 S.25] – aber trotz einer erneuten Intervention des Europäischen Parlaments [ABl. C 104 26.04.82 S.38] schon am 21. Dezember 1982 wieder zurückgenommen. Den **EFRE** wollte der Rat für Hilfsmaßnahmen in den durch die Umstrukturierung des Schiffbaus benachteiligten Gebieten einsetzen; diesem Ansatzpunkt der Politikgestaltung *(vgl. Übersicht 4)* wurde mit der **Verordnung 80/2617/EWG des Rates vom 7. Oktober 1980 [ABl. L 271 15.10.80 S.16]**, geändert durch die **Verordnungen 84/217/EWG des Rates vom 18. Januar 1984 [ABl. L 027 31.01.84 S.15]** und **85/3635/EWG des Rates vom 17. Dezember 1985 [ABl. L 350 27.12.85 S.8]**, entsprochen. Die Kommission wurde aufgefordert,

Marktstudien in Auftrag zu geben, deren Ergebnisse dem Rat vorgelegt werden sollten. Weiterhin hatte sie Vorschläge für unterstützende Sozialmaßnahmen, eine Stellungnahme zur möglichen Erhöhung der Nachfrage für die europäischen Werften und halbjährliche Berichte zur Lage in der Schiffbauindustrie *(vgl. Übersicht 5)* zu erarbeiten *(vgl. Bull. EG, Beilage 7/79; GB 1980, Ziff. 146f.; GB 1981, Ziff. 163f.; GB 1982, Ziff. 173; GB 1983, Ziff. 180; GB 1984, Ziff. 193, 349).*

Weiterhin versuchte die Kommission, in bi- und multilateralen Gesprächen im Rahmen der OECD ein gemeinsames Vorgehen bei der Krisenbewältigung zu erreichen. Ein mit der Kommissionsmitteilung vom Dezember 1977 verbundener Vorschlag für einen Ratsbeschluß zur Einsetzung eines **Ausschusses für den Schiffbau** [ABl. C 010 12. 01.78 S.5] wurde hingegen – nach den Stellungnahmen des Europäischen Parlaments [ABl. C 182 31.07.78 S.29] und des Wirtschafts- und Sozialausschusses [ABl. C 269 13.11.78 S.53] – nicht weiterverfolgt. Schließlich regte die Kommission in einer Mitteilung vom 19. September 1979 [KOM (79) 446 endg.] eine Aktion zur **Förderung des Abwrackens und des Baus von Seeschiffen** an. Bei der Vergabe von Neuaufträgen an europäische Werften sollte den Gemeinschaftsreedern eine **Finanzhilfe** gewährt werden, sofern sie die doppelte Tonnage abwracken ließen. Neben einer Reduzierung der Flottenkapazität versprach man sich von dieser Maßnahme auch den Erhalt von Arbeitsaufträgen unter Berücksichtigung der Marktentwicklung. Probleme bei der **Aufteilung der Finanzierungslasten** verhinderten jedoch am 20. November 1979 eine Einigung im Rat *(vgl. Bull. EG, Beilage 7/79; GB 1979, Ziff. 130; A. E. Bredimas u. a., 1981, S. 112).*

Der sich im Zuge der **zweiten Ölkrise** verstärkende Rückgang der Nachfrage nach neuen Schiffen und die aus dem daran anschließenden Kapazitätsabbau resultierenden Arbeitsplatzverluste in der europäischen Schiffbauindustrie veranlaßten das Europäische Parlament, in zwei Entschließungen vom 10. Februar 1983 [ABl. C 068 14.03.83 S.65] und vom 17. November 1983 [ABl. C 342 19.12.83 S.53] **weitergehende Aktionen** des Rates und der Kommission zu verlangen. Die Forderungen betrafen die Verbesserung der Beihilfepolitik, ein bestimmteres Auftreten in den internationalen Gremien, die Durchführung von Untersuchungen zu den Unternehmensstrukturen im Schiffbausektor sowie die Verabschiedung regionalpolitischer Ausgleichsmaßnahmen.

2.4.1.3 Beihilfen für den Schiffbau in der Gemeinschaft

Ziele der gemeinschaftlichen Beihilfepolitik

Gemäß Art. 92 Abs. 3 EWGV (Art. 87 Abs. 3 EGV) können Beihilfen insbesondere für die Entwicklung **bestimmter Wirtschaftszweige** oder -gebiete gewährt werden, sofern hierdurch nicht die Handelsbedingungen verfälscht werden *(vgl. Band 1, S. 29f.).* Für den Schiffbau war die Gewährung von Beihilfen, die am 1. Januar 1957 bestanden und lediglich einem **fehlenden Zollschutz** entsprachen, gestattet. Sie mußten jedoch entsprechend den für die Abschaffung der Zölle geltenden Bestimmungen und unter

Berücksichtigung der vertraglichen Vorschriften über die gemeinsame **Außenhandelspolitik** schrittweise abgebaut werden.

Bei der Gewährung von **Beihilfen für den Schiffbau** (Werftsubventionen) verfolgte die Gemeinschaft das Ziel, durch die Zahlung finanzieller Unterstützungen die **Wettbewerbsnachteile** der europäischen Werften auf dem internationalen Schiffbaumarkt auszugleichen. Ein Schutz dieses Industriezweigs durch Zölle und mengenmäßige Beschränkungen wurde abgelehnt. Die Kommission begründete dieses Vorgehen mit möglichen Folgeschäden für die Reeder, mit der Gewährleistung der freien Ausfuhr von in den Schiffen verarbeiteten Fertigerzeugnissen und mit ökonomischen Effizienzgewinnen durch die Senkung der Schiffspreise, was zu einer Vergrößerung der Flotten und zu niedrigeren Frachtraten führen würde. Die Bemühungen im Rahmen der OECD zur **Eingrenzung der Beihilfezahlungen** und zur **Normalisierung der Wettbewerbsbedingungen** waren in den sechziger und siebziger Jahren weitgehend erfolglos geblieben *(vgl. GB 1964-1965, Ziff.77; WB 1971, Ziff.168)*.

Durch die Vereinheitlichung der gemeinschaftlichen Vorschriften sollten auch die **Wettbewerbsverzerrungen** zwischen den Werften und den Handelsflotten der Mitgliedstaaten verringert werden, wobei allerdings besondere **sozial- oder regionalpolitische Gegebenheiten** zu berücksichtigen waren. Seit Mitte der siebziger Jahre diente die Gewährung von Rationalisierungsbeihilfen darüber hinaus als Beitrag zu einer **Verringerung der Produktionskapazitäten** im Einklang mit der Marktentwicklung. Auf diese Weise hoffte man, eine wettbewerbsfähige Schiffbauindustrie zu erhalten, die für die gesamtwirtschaftliche und soziale Entwicklung der Gemeinschaft, die Einführung moderner Technologien und die Sicherung von Arbeitsplätzen in wirtschaftlichen Randgebieten als unerläßlich angesehen wurde. Langfristig beabsichtigte die Gemeinschaft jedoch, die bestehenden Regelungen weiter zu harmonisieren sowie die Beihilfen für die Schiffbauindustrie zuerst stufenweise zu reduzieren und später ganz abzuschaffen *(vgl. WB 1977, Ziff.188ff.)*.

Richtlinien des Rates über die Gewährung von Schiffbaubeihilfen

Die sich gegen Mitte der sechziger Jahre abzeichnende Erfolglosigkeit der im Rahmen der OECD stattfindenden Bemühungen um eine **Harmonisierung der Beihilfepraktiken** veranlaßte die Kommission, dem Rat am 13. April 1965 einen Vorschlag für eine gemeinsame Vorgehensweise zu unterbreiten *(vgl. GB 1965-1966, Ziff.82)*. Nach langwierigen Verhandlungen über verschiedene Modalitäten – wie z. B. die Kontroverse über ein obligatorisches bzw. fakultatives Beihilfesystem *(vgl. GB 1966-1967, Ziff.68; GB 1967, Ziff.64; GB 1968, Ziff.41)* – wurden schließlich mit der **Richtlinie 69/262/EWG des Rates vom 28. Juli 1969 [ABl. L 206 15.08.69 S.25]** bestimmte Beihilfen zugunsten des Schiffbaus der Gemeinschaft bis zum 31. Dezember 1971 genehmigt *(vgl. zu den weiteren Ratsrichtlinien Übersicht 4)*:

— für den *Bau* von Handelsschiffen (Mindesttonnage von 100 BRT), Fischereifahrzeugen (Mindesttonnage von 50 BRT), Schwimmbaggern (Mindesttonnage von 150 BRT) und Schleppern (mit mindestens 500 PS);

— für den *Umbau* von Handelsschiffen, Fischereifahrzeugen, Schwimmbaggern und Schleppern mit einer Tonnage von mindestens 3.000 BRT, sofern dieser auf einer Gemeinschaftswerft erfolgte und gewisse qualitative Veränderungen bewirkte.

Die **Beihilfen** durften höchstens 10 % der im voraus vertraglich vereinbarten Preise betragen; in dieser Größenordnung siedelte man die Nachteile der **gemeinschaftlichen Werften** aufgrund der bestehenden Wettbewerbsverzerrungen an *(vgl. WB 1971, Ziff. 168; V. J. G. Power, 1992, S.436f.)*. Die **Festlegung gemeinsamer Regelungen** für die Gewährung von Schiffbaubeihilfen leistete anfangs einen wirksamen Beitrag zu ihrem Abbau und ihrer Vereinheitlichung innerhalb der Gemeinschaft. Während der Geltungsdauer der Richtlinie verringerten sich auch die Wettbewerbsverzerrungen auf dem internationalen Schiffbaumarkt, insbesondere infolge der Entschließungen des OECD-Rates vom 30. Mai 1969 bzw. vom 16. Dezember 1970, mit denen die Kreditbedingungen für den Schiffsexport harmonisiert wurden. In einer Vereinbarung vom 20. Oktober 1970 einigte sich die OECD zudem auf gemeinsame Ziele und betonte die Notwendigkeit abgestimmter Maßnahmen. Gleichzeitig hatte sich die **Lage der europäischen Werften** aufgrund einer verstärkten Nachfrage und ersten Umstrukturierungserfolgen verbessert; eine spürbare Konsolidierung ihrer Situation wurde außerdem durch die Spezialisierung auf den Bau von hochwertigen Schiffen erreicht *(vgl. GB 1971, Ziff.146; WB 1971, Ziff.169)*.

Gemäß der **Richtlinie 72/273/EWG des Rates vom 20. Juli 1972 [ABl. L 169 27.07. 72 S.28]** waren für folgende Tätigkeiten der Werften Beihilfen erlaubt:

— für den *Bau* von Handelsschiffen, Fischereifahrzeugen und Schwimmbaggern (mit einer Mindesttonnage von 150 BRT) sowie Schleppern (mit mindestens 500 PS);

— für den *Umbau* von Seeschiffen (Mindesttonnage 5.000 BRT) unter den Bedingungen der Richtlinie 69/262/EWG.

Für Schiffsexporte sowie andere Schiffsverkäufe und Umbauten konnten Interventionen und Beihilfen in Form von **Krediterleichterungen** gewährt werden, sofern sie mit den Voraussetzungen für die Gewährung von Schiffbaubeihilfen vereinbar waren und die Bestimmungen der OECD-Vereinbarungen berücksichtigt wurden. Alle anderen **direkten und indirekten Beihilfen** durften unter Berücksichtigung bestimmter Ausnahmen 1972 5 % und 1973 4 % des vertraglich vereinbarten Verkaufspreises nicht überschreiten. Diskriminierende Maßnahmen, die den Bau bzw. Umbau von Schiffen oder die Fabrikation von in den Schiffen eingebauten Erzeugnissen im eigenen Staatsgebiet begünstigten, wurden den Mitgliedstaaten untersagt; für Irland und das Vereinigte Königreich galten **Sonderregelungen**. Die Anwendung der Richtlinie 72/273/ EWG war bis zum 31. Dezember 1973 befristet *(vgl. WB 1972, Ziff.95; V. J. G. Power, 1992, S.437 ff.)*. Da sich jedoch bereits bei ihrer Verabschiedung eine erneute Verschlechterung der **Auftragslage im Schiffbau** und die Entstehung **weltweiter Überkapazitäten** in diesem Bereich abzeichneten, beauftragte der Rat die Kommission, „... zusammen mit den Mitgliedstaaten die für die Unausgewogenheit von Angebot und Nachfrage auf diesem Markt verantwortlichen Faktoren zu untersuchen und ihm Vorschläge für geeignete Maßnahmen zu unterbreiten, um eine Angebotsentwicklung zu verhüten, die das Gleichgewicht des Marktes gefährden könnte“ *(GB 1972, Ziff.294; vgl. WB 1973, Ziff.90 ff.)*.

Die **Richtlinie 74/59/EWG des Rates vom 17. Dezember 1973 [ABl. L 038 11.02.74 S.1]** verlängerte den Anwendungszeitraum der Richtlinie 72/273/EWG um sechs Monate bis zum 30. Juni 1974. Weil sich die Mitgliedstaaten im Rat – angesichts der Komplexität der Materie und gewisser Vorbehalte gegenüber der Anwendung industriepolitischer Orientierungslinien im Hinblick auf eine koordinierte Umstrukturierungs- und Investitionspolitik sowie wegen der Einschränkung nationaler Interventionsrechte – nicht über den Entwurf für eine neue Richtlinie einigen konnten, wurde die Geltungsdauer der zweiten Schiffbaurichtlinie mit den **Richtlinien 74/320/EWG des Rates vom 27. Juni 1974 [ABl. L 180 03.07.74 S.32]** und **74/643/EWG des Rates vom 19. Dezember 1974 [ABl. L 349 28.12.74 S.62]** noch zweimal um jeweils ein halbes Jahr bis zum 30. Juni 1975 ausgedehnt *(vgl. GB 1974, Ziff.166; WB 1974, Ziff.150; WB 1975, Ziff.101 f.; V. J. G. Power, 1992, S.438)*. Gemäß der **Richtlinie 75/432/EWG des Rates vom 10. Juli 1975 [ABl. L 192 24.07.75 S.27]** – geändert durch die **Richtlinie 76/872/EWG des Rates vom 16. November 1976 [ABl. L 320 20.11.76 S.27]** – wurden schließlich folgende **Beihilfen und Interventionen** als mit dem Gemeinsamen Markt vereinbar festgelegt:

— für den *Bau* von Handelsschiffen, Fischereifahrzeugen und Schwimmbaggern mit einer Mindesttonnage von 150 BRT sowie Schleppern mit mindestens 500 PS bis zum 31. Dezember 1975 (für Frankreich, Irland und Italien war diese zeitliche Beschränkung unter bestimmten Bedingungen nicht bindend);

— *Krediterleichterungen* für den Export bzw. allgemein für den Absatz von Schiffen sowie für den *Umbau* von Seeschiffen mit Stahlrumpf und einer Mindesttonnage von 5.000 BRT (gemäß den Bedingungen der Entschließung des OECD-Rates vom 18. Juli 1974);

— *Betriebsbeihilfen* zur Unternehmenserhaltung (Mitteilungspflicht) und *Investitionsbeihilfen* (Mitteilungspflicht ab einem Betrag von 5 Mio. ECU).

Die Geltungsdauer der Richtlinie 75/432/EWG war auf den 31. Dezember 1977 begrenzt *(vgl. WB 1975, Ziff.103 f.; V. J. G. Power, 1992, S.441 ff.)*. Angesichts der vom Auftragsrückgang ausgelösten tiefgreifenden Krise der Schiffbauindustrie führte die **Richtlinie 78/338/EWG des Rates vom 4. April 1978 [ABl. L 098 11.04.78 S.19]** kurzzeitige Beihilfen in Form vorübergehender Maßnahmen sowie degressiv gestaffelte Beihilfen ein, die den Unternehmen eine Anpassung an die neuen Marktbedingungen ermöglichen sollten *(vgl. V. J. G. Power, 1992, S.443)*. Folgende Beihilfen und Interventionen konnten als mit dem Gemeinsamen Markt vereinbar angesehen werden:

— *Krediterleichterungen* für den Verkauf oder Umbau von Schiffen (s. o.) sowie für den Umbau von Schiffen von mindestens 1.000 BRT bei Angleichung an die in einem Drittland herrschenden Bedingungen;

— *Investitionsbeihilfen*, sofern diese nicht zur Gründung von neuen Schiffbauwerften oder zur Erhöhung der Kapazität bestehender Schiffbauwerften gedacht waren (Notifizierungspflicht ab einem Betrag von 5 Mio. ECU), sowie *Betriebsbeihilfen* zur Aufrechterhaltung einer Werft in Form von Notinterventionen und -beihilfen (Zustimmungspflicht);

- degressiv gestaffelte *Produktionsbeihilfen und -interventionen* zur Bewältigung einer schweren Krise (Beurteilung nach Auftragslage, vorhandener Kapazität sowie deren Auslastung; Zustimmungspflicht);
- *Preisgarantien*, sofern bestimmte Bedingungen erfüllt waren.

Die Geltungsdauer der Richtlinie 78/338/EWG war ursprünglich auf den 31. Dezember 1980 begrenzt, wurde aber durch die **Richtlinie 81/22/EWG des Rates vom 20. Januar 1981 [ABl. L 043 14.02.81 S.14]** bis zum 31. März 1981 verlängert *(vgl. WB 1977, Ziff.191; WB 1978, Ziff.182; V. J. G. Power, 1992, S.444ff.).*

Die gemäß der Richtlinie 78/338/EWG gewährten Beihilfen sowie die damit verbundenen Umstrukturierungspläne trugen zwar zur **Kapazitätsverminderung** und **Produktionseinschränkung** sowie zur Umstellung auf andere Marktbereiche (Kriegsmarine) bei, die Entwicklungen auf den Seeverkehrsmärkten – wie der Rückgang von Nachfrage und Frachtraten sowie die Konkurrenz von Drittländern – machten jedoch eine Fortsetzung des Anpassungsprozesses unumgänglich *(vgl. WB 1980, Ziff.180).* Die **Richtlinie 81/363/EWG des Rates vom 28. April 1981 [ABl. L 137 23.05.81 S.39]** führte folgende Änderungen im Hinblick auf die zulässigen Beihilfen und Interventionen ein *(vgl. WB 1980, Ziff.181; WB 1981, Ziff.202; WB 1982, Ziff.173; V. J. G. Power, 1992, S.447ff.)*:

- beim *Umbau* von Schiffen galt jetzt generell eine Untergrenze von 1.000 BRT;
- erlaubt waren jetzt auch Beihilfen zur Behebung *regionaler und sozialer Folgen* von Umstrukturierungen, sofern diese der Umstellung auf Tätigkeiten dienten, die weder den Bau, Umbau oder die Reparatur von Schiffen beinhalteten, oder zu einer völligen oder teilweisen Schließung einer Werft führten;
- die Gewährung einer Beihilfe an einen Reeder für den *Kauf eines Schiffes* durfte nicht den mit den Produktionsbeihilfen für die Bewältigung einer Krise verfolgten Zielen widersprechen;
- alle Beihilfen mußten der *Kommission* bekanntgegeben und von ihr genehmigt werden.

Ursprünglich galten die Regelungen bis zum 31. Dezember 1982. Da aber die mit der fünften Schiffbaurichtlinie intendierten Ziele in der Folgezeit nicht erreicht wurden und sich die **Krise in der gemeinschaftlichen Schiffbauindustrie** zu Beginn der achtziger Jahre sogar noch verschärfte, einigte man sich auf eine Beibehaltung der bestehenden Praxis der Beihilfegewährung. Mit der **Richtlinie 82/880/EWG des Rates vom 21. Dezember 1982 [ABl. L 371 30.12.82 S.46]** wurde die Geltungsdauer der bestehenden Regelungen bis zum 31. Dezember 1984 verlängert. Die **Richtlinie 85/2/EWG des Rates vom 18. Dezember 1984 [ABl. L 002 03.01.85 S.13]** dehnte den Anwendungszeitraum nochmals bis zum 31. Dezember 1986 aus. Letztendlich mußte die Kommission jedoch konstatieren, daß die Beihilfepolitik gemäß den Bestimmungen der fünften Richtlinie die Strukturkrise im Schiffbau nicht bewältigen konnte und die Zukunft dieses Sektors einschließlich der mit ihm verbundenen Arbeitsplätze weiter-

Übersicht 4: Gemeinschaftliche Maßnahmen zur Förderung des Schiffbaus bis 1985

Entschließung des Rates über die Sanierung des Schiffbaus

Entschließung des Rates vom 19. September 1978 über die Sanierung des Schiffbaus [ABl. C 229 27.09.78 S.1] — Rechtsetzung auf Vorschlag der Kommission [ABl. C 010 12.01.78 S.5] sowie nach den Stellungnahmen des EP [ABl. C 182 31.07.78 S.29] und des WSA [ABl. C 269 13.11.78 S.53]

Beihilfen für den Schiffbau

Richtlinie 69/262/EWG des Rates vom 28. Juli 1969 über die Gewährung von Beihilfen für den Schiffbau zum Ausgleich der Wettbewerbsverzerrungen auf dem internationalen Markt [ABl. L 206 15.08.69 S.25] — Rechtsetzung auf der Grundlage der Artt. 92 und 112 EWGV (Artt. 87 und 132 EGV), auf Vorschlag der Kommission [Bull. EWG 5-1965, Sonderbeilage, S.13, 17] sowie nach den Stellungnahmen des EP und des WSA [ABl. 178 02.08.67 S.17]

Richtlinie 72/273/EWG des Rates vom 20. Juli 1972 betreffend die Beihilfen für den Schiffbau [ABl. L 169 27.07.72 S.28] — Rechtsetzung auf der Grundlage der Artt. 92 und 113 EWGV (Artt. 87 und 133 EGV) und auf Vorschlag der Kommission

Richtlinie 74/59/EWG des Rates vom 17. Dezember 1973 zur Verlängerung der Geltungsdauer der Richtlinie vom 20. Juli 1972 über die Gewährung von Beihilfen für den Schiffbau [ABl. L 038 11.02.74 S.1] — Rechtsetzung auf der Grundlage der Artt. 92 und 113 EWGV (Artt. 87 und 133 EGV)

Richtlinie 74/320/EWG des Rates vom 27. Juni 1974 zur Verlängerung der Geltungsdauer der Richtlinie 72/273/EWG über die Gewährung von Beihilfen für den Schiffbau [ABl. L 180 03.07. 74 S.32] — Rechtsetzung auf der Grundlage der Artt. 92 und 113 EWGV (Artt. 87 und 133 EGV)

Richtlinie 74/643/EWG des Rates vom 19. Dezember 1974 zur Verlängerung der Geltungsdauer der Richtlinie 72/273/EWG betreffend die Beihilfen für den Schiffbau [ABl. L 349 28.12.74 S. 62] — Rechtsetzung auf der Grundlage der Artt. 92 und 113 EWGV (Artt. 87 und 133 EGV)

Richtlinie 75/432/EWG des Rates vom 10. Juli 1975 betreffend die Beihilfen für den Schiffbau [ABl. L 192 24.07.75 S.27] — Rechtsetzung auf der Grundlage der Artt. 92 Abs. 3 lit. d und 113 EWGV (Artt. 87 Abs. 3 lit. e und 133 EGV), auf Vorschlag der Kommission [ABl. C 114 27.12.73 S.23] sowie nach den Stellungnahmen des EP [ABl. C 076 03.07.74 S.41] und des WSA [ABl. C 097 16.08.74 S.40]

Richtlinie 76/872/EWG des Rates vom 16. November 1976 zur Änderung der Richtlinie 75/432/ EWG betreffend die Beihilfen für den Schiffbau [ABl. L 320 20.11.76 S.27] — Rechtsetzung auf der Grundlage der Artt. 92 Abs. 3 lit. d und 113 EWGV (Artt. 87 Abs. 3 lit. e und 133 EGV) und auf Vorschlag der Kommission [KOM (76) 321 endg.]

Richtlinie 78/338/EWG des Rates vom 4. April 1978 betreffend die Beihilfen für den Schiffbau [ABl. L 098 11.04.78 S.19] — Rechtsetzung auf der Grundlage der Artt. 92 Abs. 3 lit. d und 113 EWGV (Artt. 87 Abs. 3 lit. e und 133 EGV), auf Vorschlag der Kommission [ABl. C 294 07.12.77 S.4] sowie nach den Stellungnahmen des EP [ABl. C 036 13.02.78 S.34] und des WSA [ABl. C 084 08.04.78 S.16]

Richtlinie 81/22/EWG des Rates vom 20. Januar 1981 zur Verlängerung der Geltungsdauer der Richtlinie 78/338/EWG betreffend die Beihilfen für den Schiffbau [ABl. L 043 14.02.81 S.14] — Rechtsetzung auf der Grundlage der Artt. 92 Abs. 3 lit. d und 113 EWGV (Artt. 87 Abs. 3 lit. e und 133 EGV) und auf Vorschlag der Kommission [KOM (80) 901 endg.]

Richtlinie 81/363/EWG des Rates vom 28. April 1981 betreffend die Beihilfen für den Schiffbau [ABl. L 137 23.05.81 S.39] — Rechtsetzung auf der Grundlage der Artt. 92 Abs. 3 lit. d und 113 EWGV (Artt. 87 Abs. 3 lit. e und 133 EGV), auf Vorschlag der Kommission [ABl. C 261 08.10.80 S.3] sowie nach den Stellungnahmen des EP [ABl. C 028 09.02.81 S.35] und des WSA [ABl. C 353 31.12.80 S.25]

Richtlinie 82/880/EWG des Rates vom 21. Dezember 1982 zur Änderung der Richtlinie 81/363/EWG betreffend die Beihilfen für den Schiffbau [ABl. L 371 30.12.82 S.46] — Rechtsetzung auf der Grundlage der Artt. 92 Abs. 3 lit. d und 113 EWGV (Artt. 87 Abs. 3 lit. e und 133 EGV), auf Vorschlag der Kommission [ABl. C 310 27.11.82 S.6] sowie nach den Stellungnahmen des EP [ABl. C 013 17.01.83 S.243] und des WSA [ABl. C 033 07.02.83 S.2]

Richtlinie 85/2/EWG des Rates vom 18. Dezember 1984 zur Verlängerung der Geltungsdauer der Richtlinie 81/363/EWG über Beihilfen für den Schiffbau [ABl. L 002 03.01.85 S.13] — Rechtsetzung auf der Grundlage der Artt. 92 Abs. 3 lit. d und 113 EWGV (Artt. 87 Abs. 3 lit. e und 133 EGV), auf Vorschlag der Kommission [ABl. C 086 28.03.84 S.5] sowie nach den Stellungnahmen des EP [ABl. C 172 02.07.84 S.187] und des WSA [ABl. C 307 19.11.84 S.19]

Europäischer Fonds für regionale Entwicklung

Verordnung 80/2617/EWG des Rates vom 7. Oktober 1980 zur Einführung einer spezifischen Gemeinschaftsmaßnahme zur regionalen Entwicklung im Hinblick auf die Beseitigung von Entwicklungshemmnissen für neue Wirtschaftszweige in bestimmten von der Umstrukturierung der Schiffbauindustrie betroffenen Gebieten [ABl. L 271 15.10.80 S.16] — Rechtsetzung auf der Grundlage des EWGV und der Verordnung 75/724/EWG des Rates, auf Vorschlag der Kommission [ABl. C 285 15.11.79 S.3; KOM (80) 282 endg.; KOM (80) 528 endg.] sowie nach den Stellungnahmen des EP [ABl. C 085 08.04.80 S.24] und des WSA [ABl. C 083 02.04.80 S.4]

Verordnung 84/217/EWG des Rates vom 18. Januar 1984 zur Änderung der Verordnung 80/2617/EWG zur Einführung einer spezifischen Gemeinschaftsmaßnahme zur regionalen Entwicklung im Hinblick auf die Beseitigung von Entwicklungshemmnissen für neue Wirtschaftszweige in bestimmten von der Umstrukturierung der Schiffbauindustrie betroffenen Gebieten [ABl. L 027 31.01.84 S.15] — Rechtsetzung auf der Grundlage des EWGV und der Verordnung 75/724/EWG des Rates, auf Vorschlag der Kommission [ABl. C 015 19.01.83 S.10; ABl. C 291 27.10.83 S.6] sowie nach den Stellungnahmen des EP [ABl. C 184 10.06.83 S.163] und des WSA [ABl. C 124 09.05.83 S.2]

Verordnung 85/3635/EWG des Rates vom 17. Dezember 1985 zur Änderung der Verordnung 80/2617/EWG zur Einführung einer spezifischen Gemeinschaftsmaßnahme zur regionalen Entwicklung im Hinblick auf die Beseitigung von Entwicklungshemmnissen für neue Wirtschaftszweige in bestimmten von der Umstrukturierung der Schiffbauindustrie betroffenen Gebieten [ABl. L 350 27.12.85 S.8] — Rechtsetzung auf der Grundlage des EWGV und der Verordnung 85/3634/EWG des Rates, auf Vorschlag der Kommission [ABl. C 070 18.03.85 S.1; ABl. C 258 10.10.85 S.7] sowie nach den Stellungnahmen des EP [ABl. C 229 09.09.85 S.135] und des WSA [ABl. C 303 25.11.85 S.37]

hin unsicher war. Probleme brachten auch die **angespannte Haushaltslage** der meisten Mitgliedstaaten sowie die **mangelnde Transparenz** der nationalen Beihilfesysteme mit sich, die den **innergemeinschaftlichen Wettbewerb** erheblich behinderten *(vgl. WB 1982, Ziff. 174; WB 1984, Ziff. 220; WB 1985, Ziff. 184; WB 1986, Ziff. 215; zur weiteren Entwicklung S. 220)*.

Einzelfallentscheidungen der Kommission

Anfang der sechziger Jahre wurden bereits in Frankreich und Italien Schiffbaubeihilfen gewährt. So hatte z. B. die **italienische Regierung** gemäß Art. 93 EWGV (Art. 88 EGV) die Kommission von einer beabsichtigten Änderung des Gesetzes Nr. 522 über Beihilfen zugunsten des Schiffbaus vom 17. Juli 1954 unterrichtet, mit der eine Erhöhung der Beihilfen für den italienischen Schiffbau verbunden gewesen wäre. Der Gesetzentwurf war Bestandteil eines Sanierungsprogramms, das bis zum 17. Juli 1964 abgeschlossen sein sollte. Die Kommission erklärte in ihrer **Entscheidung vom 8. März 1961 [ABl. 025 08.04.61 S.582]** den Gesetzentwurf unter Berücksichtigung seiner zeitlichen Befristung als mit dem Gemeinsamen Markt vereinbar. Die italienische Regierung wurde jedoch verpflichtet, das vorgesehene Sanierungsprogramm fristgerecht durchzuführen und sicherzustellen, daß die Beihilfen die Wettbewerbslage der Werften in den übrigen Mitgliedstaaten nicht erheblich beeinträchtigen. Zudem wurde der italienischen Regierung eine umfassende **Berichtspflicht** – u. a. über die Entwicklung des Schiffbaus, die Bedingungen der Anwendung der Beihilferegelung sowie die Fortschritte des Sanierungsprogramms – auferlegt *(vgl. GB 1960-1961, Ziff.53; GB 1962-1963, Ziff.48)*. Ab 1965 beschäftigte sich die Kommission dann erneut mit Gesetzesvorlagen der italienischen Regierung zur Verlängerung der Schiffbaubeihilfen sowie mit dem Sanierungsprogramm *(vgl. GB 1965-1966, Ziff.82; GB 1966-1967, Ziff.68)*.

Ab 1962 untersuchte die Kommission auch mehrmals Pläne der **französischen Regierung** zum Beihilfeabbau sowie die von der **BR Deutschland** eingeführten Krediterleichterungen für Schiffsexporte *(vgl. GB 1962-1963, Ziff.48; GB 1963-1964, Ziff.72; GB 1965-1966, Ziff.82; GB 1966-1967, Ziff.68)*. Seit 1967 überwachte die Kommission auch die in **Belgien** und den **Niederlanden** gewährten Beihilfen und widmete sich verstärkt der Schiffsreparaturindustrie *(vgl. GB 1967, Ziff.64 f.; GB 1968, Ziff.41)*. Nach dem Beitritt **Dänemarks, Irlands** und des **Vereinigten Königreichs** beschäftigte sich die Kommission im Rahmen der ihr zustehenden wettbewerbspolitischen Kompetenzen verstärkt mit konkreten Einzelfällen, in denen sie die Vertragsbestimmungen und die jeweils gültigen Regelungen der Beihilferichtlinien anwendete. Insbesondere die von der **italienischen Regierung** gewährten Unterstützungen waren wiederholt Gegenstand einer Prüfung durch die Kommission, die die Beihilfen jedoch unter Berücksichtigung gewisser Einschränkungen genehmigte. 1973 leitete sie ein Verfahren gegen **Frankreich** ein, da die dort praktizierte Preisgarantieregelung für Werften nicht diskriminierungsfrei war; es wurde allerdings 1974 nach Aufhebung der monierten Benachteiligungen ausländischer Lieferanten und einer schrittweisen Einschränkung der Bedingungen für die Garantiegewährung wieder eingestellt. Ähnlich gelagert war eine Entscheidung der Kommission gegenüber dem **Vereinigten Königreich** aus dem Jahre 1976 *(vgl. WB 1973, Ziff.98 f.; WB 1974, Ziff.152; GB 1976, Ziff.164; WB 1976, Ziff.214 ff.)*.

Mit dem Beginn der drastischen Verschlechterung der Situation auf den **europäischen Schiffbaumärkten** seit Mitte der siebziger Jahre führten viele Mitgliedstaaten Unterstützungsmaßnahmen ein, ohne dabei in jedem Fall die Umstrukturierung des Sektors zu forcieren. Das **Vereinigte Königreich** errichtete einen Hilfsfonds [ABl. C 152 28.06.78 S.2]; die **niederländische Regierung** beschloß Beihilfen für Rationalisierungs- und Modernisierungsinvestitionen, eine Verbesserung der Exportkreditbedingungen sowie einen Verlustausgleich [ABl. C 161 07.07.78 S.2]; in **Frankreich** wurden Zuschüsse für Auftragseingänge, Preisgarantien und Umstrukturierungsbeihilfen gewährt; **Italien** verlängerte mehrmals die bestehenden gesetzlichen Regelungen aus dem Jahre 1973 und gewährte bis zur Inkraftsetzung eines Umstrukturierungsplans

Produktionsprämien; die **dänische Regierung** räumte ihren Reedern Krediterleichterungen für den Kauf von Schiffen ein. Ab Ende der siebziger Jahre wurden auch in der **BR Deutschland** und **Irland** Beihilfen für die Schiffbauindustrie geleistet. Die Kommission hatte diese Maßnahmen zu prüfen und stimmte ihnen – meist mit einigen Auflagen – auch zu *(vgl. WB 1977, Ziff. 192ff.; WB 1978, Ziff. 184ff.; WB 1979, Ziff. 157ff.; WB 1980, Ziff. 183ff.; WB 1981, Ziff. 204ff.).*

Übersicht 5: Kommissionsberichte zur Lage der Schiffbauindustrie und zu den Schiffbaubeihilfen bis 1985

Berichte zur Lage der Schiffbauindustrie

Erster Halbjahresbericht vom 16. August 1979 über die Lage der Schiffbauindustrie in der Gemeinschaft [KOM (79) 469 endg.] — Bericht vom 9. September 1981 über die Lage der Schiffbauindustrie in der Gemeinschaft (Stand am 1. Januar 1981) [KOM (81) 432 endg.] — Bericht vom 13. September 1982 über die Lage der Schiffbauindustrie in der Gemeinschaft (Stand am 1. Januar 1982) [KOM (82) 564 endg.] — Bericht vom 23. Februar 1983 zu den Orientierungen für die Umstrukturierungen im Schiffbausektor [KOM (83) 65 endg.] — Bericht vom 7. September 1983 über die Lage der Schiffbauindustrie in der Gemeinschaft (Stand Anfang 1983) [KOM (83) 483 endg.] — Bericht vom 8. Oktober 1984 über die Lage der Schiffbauindustrie in der Gemeinschaft (Stand Anfang 1984) [KOM (84) 550 endg.] — Bericht vom 18. Oktober 1985 über die Lage der Schiffbauindustrie in der Gemeinschaft – Stand Anfang 1985 [KOM (85) 548 endg.]

Berichte über Beihilfen zugunsten des Schiffbaus

Bericht vom 27. November 1979 über staatliche Beihilfen zugunsten des Schiffbaus [KOM (79) 672 endg.] — Bericht vom 8. Januar 1981 über staatliche Beihilfen zugunsten des Schiffbaus [KOM (80) 918 endg.] — Bericht vom 10. September 1981 betreffend staatliche Beihilfen zugunsten des Schiffbaus (1. Halbjahr 1980) [KOM (81) 438 endg.] — Bericht vom 23. September 1981 über staatliche Beihilfen zugunsten des Schiffbaus [KOM (81) 538 endg.] — Bericht vom 12. Oktober 1982 über Beihilfen zugunsten des Schiffbaus in der Gemeinschaft [KOM (82) 645 endg.] — Bericht vom 4. Februar 1983 über Beihilfen zugunsten des Schiffbaus in der Gemeinschaft [KOM (83) 53 endg.] — Bericht vom 17. November 1983 über Beihilfen zugunsten des Schiffbaus in der Gemeinschaft [KOM (83) 676 endg.] — Bericht vom 25. April 1984 über staatliche Beihilfen an den Schiffbau im ersten Halbjahr 1983 [KOM (84) 236 endg.] — Bericht vom 16. Dezember 1985 über staatliche Beihilfen zugunsten der Schiffbauindustrie in den Jahren 1983 und 1984 [KOM (85) 728 endg.]

In der **Entscheidung 82/47/EWG vom 16. Dezember 1981 [ABl. L 020 28.01.82 S.43]** kam die Kommission zum Schluß, daß die britische Regierung keine Krediterleichterungen zugunsten der Ausfuhr von zwei Öltankern nach Panama gewähren durfte, da die in der Entschließung des OECD-Rats vom 30. Juli 1981 i. V. m. Art. 2 der Richtlinie 81/363/EWG festgelegten Bedingungen im Hinblick auf Kreditlaufzeit, Zinssatz und Vorauszahlung nicht eingehalten wurden und keine der Voraussetzungen für die in Ausnahmefällen mögliche Inanspruchnahme günstigerer Konditionen gegeben war *(vgl. WB 1981, Ziff. 208).*

Die Anwendung der fünften Schiffbaurichtlinie hatte einerseits zwar eine **Degression der Produktionsbeihilfen** zur Folge, andererseits nutzten einige Mitgliedstaaten aber immer noch die Möglichkeit, indirekte Beihilfen und Beihilfen an Reeder zu gewähren. Die Kommission bemühte sich deshalb, die **Transparenz der Beihilfesysteme** zu erhöhen und den **Kapazitätsabbau** zu überprüfen. Zeitlich begrenzte Hilfen der Mitgliedstaaten zur Sanierung des Industriezweigs wurden unter Berücksichtigung seiner wirtschaftlichen Lage in den meisten Fällen genehmigt [ABl. C 107 28.04.82 S.2; ABl. C 139 02.06.82 S.2; ABl. C 175 13.07.82 S.2; ABl. C 207 10.08.82 S.4]. 1984 leitete die Kommission jedoch **mehrere Verfahren** ein, da ihrer Meinung nach keine ausreichenden Maßnahmen zur Umstrukturierung des Sektors ergriffen worden waren [ABl. C 219 21.08.84 S.3; ABl. C 290 30.10.84 S.2; ABl. C 319 30.11.84 S.4; ABl. C 018 19.01.85 S.4]. Außerdem wurde der **Verlustausgleich bei Werften** in öffentlicher Hand und die daraus resultierende Erhaltung unrentabler Werften als bedenklich eingestuft. Erneut hatte sich die Kommission auch mit Beihilferegelungen zu befassen, die **Ausfuhrkredite an Reeder in Drittländern** zu günstigeren als den in der OECD-Vereinbarung über Exportkredite für Schiffe festgelegten Bedingungen vorsahen *(vgl. WB 1982, Ziff. 175ff.; WB 1983, Ziff. 244ff.; WB 1984, Ziff. 221ff.; Bull. EG 4-1985, S.26f.; Bull. EG 7/8-1985, S.45f.; WB 1985, Ziff. 184ff.; Bull. EG 6-1986, S.50f.; Bull. EG 7/8-1986, S.50f.; WB 1986, Ziff. 213f.; WB 1987, Ziff. 193).*

Bedeutung der Schiffbaubeihilfen für die Seeschiffahrt

Über die direkt beabsichtigten Wirkungen auf die Werftindustrie hinaus stellen Beihilfen für den Neu- und Umbau von Schiffen Subventionen des Staates zugunsten der Reedereien dar, da sie tendenziell die **Investitionsbereitschaft der Reedereien** erhöhen. **Neubausubventionen** enthalten einen Anreiz zur Flottenvergrößerung, womit sich die Gefahr der Entstehung von Überkapazitäten und kurzfristig irreversiblen Ungleichgewichten auf dem Markt für Schiffstransporte verbindet. **Umbausubventionen** haben einen Einfluß auf das qualitative Angebot von Schiffahrtsdienstleistungen; sie wirken sich auf die Leistungsfähigkeit, Schnelligkeit und Sicherheit der eingesetzten Flotte aus und erhöhen so deren Leistungsquerschnitt. Außer der Gewährung von Subventionen für den Neu- und Umbau von Schiffen werden oftmals auch **zins- und amortisationsbegünstigte Darlehen** für den Schiffbau bereitgestellt *(vgl. R. Franz, 1967, S.136f., 147f., 166f.).*

Beihilfen, die in Form von Neubauzuschüssen, Darlehen, Zinsverbilligungen, Betriebssubventionen oder Steuervergünstigungen (beschleunigte Abschreibung, Ausweis steuerfreier Reserven, reduzierte Unternehmenssteuern, Verlustvortrag) an Reeder gewährt werden können (Schiffahrts- oder Reederbeihilfen), sowie die Harmonisierung der **Ertrags- und Vermögensbesteuerung** für Schiffahrtsunternehmen waren anfänglich nicht Gegenstand von gemeinsamen Maßnahmen. Nach Durchführung verschiedener Studien zur Besteuerung sowie der Einholung von Auskünften zur Praxis der Beihilfegenehmigung durch die Mitgliedstaaten wurde die Zahlung von **Reederbeihilfen** unter dem Vorbehalt der Diskriminierungsfreiheit in bezug auf ausländische Werften erstmals mit der Richtlinie 78/338/EWG genehmigt. Es hatte sich herausgestellt, daß die an die Reedereien geleisteten Subventionen vielfach nicht von den **Werftsubventionen** zu unterscheiden waren und über den Umweg der Reederbeihilfen die Harmonisierungsvorschriften in bezug auf die Gewährung von Schiffbaubeihilfen umgangen werden konnten *(vgl. F. Hellwig, 1972, S.93ff.; A. E. Bredima-Savopoulou u. a., 1990, S.37ff., 54ff., 66ff.).*

2.4.2 Anwendung des Mehrwertsteuersystems auf das Seeverkehrsgewerbe

Beförderungsleistungen im See- und Luftverkehr waren durch die **Zweite Richtlinie 67/228/EWG des Rates vom 11. April 1967 [ABl. 071 14.04.67 S.1303]** bis zum 1. Januar 1979 vom Mehrwertsteuersystem befreit. Mit der **Sechsten Richtlinie 77/388/ EWG des Rates vom 17. Mai 1977 [ABl. L 145 13.06.77 S.1]** wurden alle grenzüberschreitenden Personenbeförderungen übergangsweise bis zum 1. Januar 1982 von der Anwendung des Mehrwertsteuersystems freigestellt. Im Zusammenhang mit der Verabschiedung einer endgültigen Regelung war jedoch eine Besteuerung der Transportdienstleistungen vorgesehen; hierzu kam es jedoch bis Mitte der achtziger Jahre nicht mehr *(vgl. L. Weber, 1981, S.224 ff.; zur weiteren Entwicklung S.259).*

2.4.3 Sozialpolitische Entwicklungen im Bereich des Seeverkehrsgewerbes

Obwohl **unterschiedliche Sozialstandards** eine der Hauptursachen für die **erheblichen Wettbewerbsverzerrungen** im Verhältnis zu Drittländern und – ausgelöst durch die zunehmende Tendenz zur Ausflaggung – auch zwischen den Mitgliedstaaten waren, gab es auf diesem Gebiet bis Mitte der achtziger Jahre kaum **sektorspezifische Maßnahmen**. Das Gemeinschaftsrecht über die Freizügigkeit und die Sozialversicherung für Wanderarbeiter galt auch im Seeverkehrsgewerbe; konkrete Rechtsvorschriften in den Bereichen Schiffsbesatzung, Berufsausübung, Ausbildung, Arbeitszeiten, Kündigungsschutz, Entlohnung sowie gegenseitige Anerkennung von Diplomen und Patenten wurden nicht erlassen, obwohl die Kommission schon 1976 mit entsprechenden Vorarbeiten begonnen hatte *(vgl. F. Hellwig, 1972, S.91 ff.; GB 1976, Ziff. 447; zur Situation in einzelnen Mitgliedstaaten A. E. Bredima-Savopoulou u. a., 1990, S.49 f.).*

Im Juni 1978 war in London das **IMO-Übereinkommen** über die **Ausbildung**, die Erteilung von **Befähigungszeugnissen** und den **Wachdienst von Seeleuten** unterzeichnet worden, das international anerkannte soziale Mindestnormen festlegte. Diese erlangten nach Ratifizierung des Übereinkommens durch die Mitgliedstaaten auch in der Gemeinschaft Gültigkeit. Greifbare Ergebnisse einer eigenständigen Gemeinschaftspolitik waren allein verschiedene Studien, wie z. B. die **Hollesen-Studie** vom Juni 1980 zu den in den einzelstaatlichen Tarifverträgen enthaltenen Bestimmungen, den arbeits- und beschäftigungslosen Zeiten sowie den Arbeitskosten auf den Gemeinschaftsschiffen. Auch die sich in der Seeverkehrswirtschaft und der Schiffbauindustrie abzeichnenden **Arbeitsplatzverluste** waren meist nur Anlaß zu unverbindlichen Absichtserklärungen. Die Seeleutegewerkschaften regten zwar die Schaffung eines paritätischen beratenden Ausschusses an, die Kommission zog jedoch den Wunsch der Reeder nach gemeinsamen Ad-hoc-Sitzungen vor, auf denen verschiedene **Probleme der Seeverkehrspolitik** erörtert wurden *(vgl. Kommission, 1984, S.37 f.; KOM (89) 266 endg., S.23; A. E. Bredima-Savopoulou u. a., 1990, S.96 ff.).*

Die Gemeinschaft beabsichtigte darüber hinaus, die **Entwicklungsländer** bei der Verbesserung des Ausbildungsniveaus ihrer Seeleute und bei dem Aufbau der Seeschifffahrtsverwaltungen zu unterstützen. Im Rahmen der Lomé-Abkommen mit den AKP-Staaten und der Kooperationsabkommen mit einigen ASEAN- und lateinamerikanischen Staaten wurden finanzielle Mittel für entsprechende **Ausbildungsprogramme** bereitgestellt. Die technische Entwicklung und neue Betriebserfordernisse machten jedoch auch eine ständige Weiterbildung des Personals in Europa notwendig. Entsprechende **Qualifikationen und Normen** waren bis Mitte der achtziger Jahre aber noch nicht festgelegt worden *(vgl. KOM (89) 266 endg., S.23; zur weiteren Entwicklung S. 260).*

2.5 Erhöhung der Seeverkehrssicherheit und Verhütung der Meeresverschmutzung

2.5.1 Erste Ansatzpunkte einer gemeinsamen Politik

Das Jahr 1978 markiert den Beginn einer gemeinschaftlichen Politik auf dem Gebiet der **Sicherheit im Seeverkehr**, deren Notwendigkeit angesichts neuer spektakulärer Tankerunglücke (1976: Urquiola, 1978: Amoco Cadiz, 1979: Betelgeuse) unterstrichen wurde. Der Europäische Rat, der am 7. und 8. April 1978 in Kopenhagen tagte, bezeichnete die Bekämpfung der **Meeresverschmutzung** durch Tanker und die Sicherheit auf See als vordringliche Aktionen, und noch im selben Jahr legte die Kommission ihre Grundzüge für einen entsprechenden **Aktionsplan** vor. Im Juni und im Dezember 1978 erließ der Rat erste Rechtsvorschriften, die in den Folgejahren ergänzt und erweitert wurden *(vgl. J. Erdmenger, 1981a, S.109; Kommission, 1981, S.26; Kommission, 1984, S.36f.).*

Die Sicherheit auf See wurde zu diesem Zeitpunkt bereits von einer Reihe **internationaler Übereinkommen** geregelt, die in der Zwischenstaatlichen Beratenden Seeschiffahrtsorganisation der UN (IMCO), der späteren IMO, der ILO und anderen UN-Einrichtungen ausgearbeitet worden waren. Da die Gemeinschaft in der IMCO nur einen **Beobachterstatus** innehatte, konnte sie die Mitgliedstaaten lediglich zur Abstimmung einer gemeinsamen Haltung bei der Ausarbeitung und Aushandlung der Übereinkommen sowie der darauf beruhenden Einzelregelungen und Normen auffordern. Darüber hinaus wurde der Rat auch in **Bereichen** tätig, die von den internationalen Vereinbarungen nicht oder nur unzureichend abgedeckt waren, wie z. B. in der Weiterentwicklung und Koordinierung der Hafenstaatkontrolle, dem Einsatz von Überseelotsen, der Einführung von Mindestbestimmungen für die Sicherheit von Tankern und der Verwendung von Navigationssystemen *(vgl. J. Erdmenger, 1981a, S.49, 109f.; Kommission, 1981, S.27; Kommission, 1984, S.37; KOM (85) 90 endg., S.31f.; EP, 1994b, S.9f.).*

In einer Entschließung vom 14. Februar 1979 [ABl. C 067 12.03.79 S.22] unterstützte das **Europäische Parlament** die bisherigen Aktivitäten der Kommission in diesem Bereich und forderte vom Rat eine konsequentere **Umsetzung der gemeinsamen Politik**, insbesondere in bezug auf Maßnahmen zur Verhinderung der Meeresverschmutzung durch Kohlenwasserstoffe und die Anwendung internationaler Übereinkommen. Die Kommission sollte Arbeiten im Hinblick auf die Einführung eines Systems zur Seeverkehrsüberwachung und von Küstenradaranlagen, die Verwendung einer „Black

Box", die Anwendung von Normen bei der Schiffsversicherung sowie die finanzielle Unterstützung bei der Einrichtung von Zufluchtshäfen beginnen. Außerdem wurden eine bessere Ausbildung der Schiffsbesatzung, die Koordination der nationalen Noteinsatzmannschaften und die Einrichtung einer Notbefehlszentrale angemahnt. Die Versicherungsgesellschaften sollten ihre Vertragstypen ändern und ihr Prämiensystem überdenken. Die Entschließung des Europäischen Parlaments vom 28. Oktober 1983 [ABl. C 322 28.11.83 S.296] forderte darüber hinaus die Schaffung einer **Europäischen Stiftung für die Sicherheit auf See**, die die Forschungsergebnisse in diesem Bereich registrieren, prüfen und ergänzen, darauf aufbauend Sicherheitsmaßnahmen für die Seeschiffahrt und Vorschläge für die gemeinschaftliche Politik ausarbeiten sowie Fortbildungsprogramme durchführen sollte.

2.5.2 Ratifikation internationaler Übereinkommen zur Verbesserung der technischen und personellen Sicherheit

Mit seinen Empfehlungen *(vgl. Übersicht 6)*, bestehende internationale Übereinkommen auf dem Gebiet der Seeverkehrssicherheit zu unterzeichnen und zu ratifizieren bzw. ihnen beizutreten, wollte der Rat nicht nur eine **gemeinsame Haltung** der Mitgliedstaaten herbeiführen, er verband mit diesem Vorgehen auch die Hoffnung, daß die **völkerrechtliche Inkraftsetzung** und eine erfolgreiche **Anwendung der Regelungen** beschleunigt werden könnten. Dies war nicht nur aus Gründen der Sicherheit von Schiffen und Besatzungen sowie des Umweltschutzes wichtig, sondern diente auch der Vermeidung von Verkehrsverlagerungen und der Sicherung des Zugangs zu fremden Häfen. Außerdem konnten auf diesem Wege **Wettbewerbsverzerrungen** abgebaut werden, da eine einseitige Verschärfung der Sicherheits- und Betriebsbedingungen bzw. die Anwendung von Vorschriften mit regional beschränkter Geltung zu Kostennachteilen der Gemeinschaftsflotte geführt hätten *(vgl. J. Pearson, 1980, S.218)*.

Die **Empfehlung 78/584/EWG des Rates vom 26. Juni 1978 [ABl. L 194 19.07.78 S.17]** sah folgende Fristen vor *(vgl. Bull. EG 6-1978, S.60; A. E. Bredima-Savopoulou u. a., 1990, S.86; V. J. G. Power, 1992, S.142, 410f., 482f., 490f.; EP, 1996, S.53ff.)*:

— Internationales Übereinkommen von 1974 zum *Schutz des menschlichen Lebens* auf See (SOLAS) *(vgl. EP, 1994b, S.19ff.; M. Stopford, 1997, S.445f.)*; Ratifikation bzw. Beitritt möglichst bald, jedoch auf jeden Fall vor dem 1. Januar 1979.

— Protokoll von 1978 zum Internationalen Übereinkommen von 1974 zum *Schutz des menschlichen Lebens* auf See; Unterzeichnung und Ratifikation möglichst bald, aber spätestens bis zum 1. März 1979 bzw. vor dem 30. Juni 1979.

— Internationales Übereinkommen von 1973 zur *Verhütung der Meeresverschmutzung* durch Schiffe in der Fassung des Protokolls von 1978 (MARPOL 73/78), das das Internationale Übereinkommen vom 12. Mai 1954 zur Verhütung der Verschmutzung der See durch Öl (OILPOL) ersetzt hatte *(vgl. M. I. Kehden, 1981, S.248f.; EP, 1994b, S.33f.; H. Hormann, 1994, S.98; M. Stopford, 1997, S.447f.)*; Unterzeichnung vor dem 1. Juni 1979, Ratifikation vor dem 1. Juni 1980.

— ILO-Übereinkommen Nr. 147 von 1976 über *Mindestnormen* auf Handelsschiffen; Ratifikation oder Beitritt vor dem 1. April 1979.

Mit der **Empfehlung 79/114/EWG des Rates vom 21. Dezember 1978 [ABl. L 033 08.02.79 S.31]** wurden die Mitgliedstaaten dazu angehalten, das Internationale Übereinkommen von 1978 über die Ausbildung, die Befähigung und den Wachdienst von Seeleuten (STCW) bis zum 1. April 1979 zu unterzeichnen und möglichst bald, jedoch spätestens bis zum 31. Dezember 1980, zu ratifizieren. Trotz der Bemühungen des Rates konnte das Übereinkommen jedoch erst im Jahre 1984 in Kraft gesetzt werden *(vgl. Bull. EG 12-1978, S.74f.; KOM (85) 90 endg., S.34; A. E. Bredima-Savopoulou u. a., 1990, S.86f.; V. J. G. Power, 1992, S.412, 483, 491)*. Die **Empfehlung 79/487/EWG des Rates vom 15. Mai 1979 [ABl. L 125 22.05.79 S.18]** legte den Mitgliedstaaten nahe, das von der IMCO erarbeitete und am 6. September 1977 in Kraft getretene Internationale Übereinkommen über sichere Container (CSC) zu ratifizieren bzw. ihm bis zum 1. Juli 1980 beizutreten. Die Empfehlung beruhte sowohl auf Art. 84 Abs. 2 EWGV (Art. 80 Abs. 2 EGV) als auch auf Art. 75 EWGV (Art. 71 EGV), da die Container auch im Landverkehr verwendet werden. Am 18. Juli 1980 unterbreitete die Kommission dem Rat außerdem einen Vorschlag für eine Richtlinie über die harmonisierte Anwendung des Übereinkommens in der Gemeinschaft [ABl. C 228 08.08.80 S.43], der jedoch – nach den Stellungnahmen des Europäischen Parlaments [ABl. C 327 15.12.80 S.106] und des Wirtschafts- und Sozialausschusses [ABl. C 138 09.06.81 S.52] – nicht weiterverfolgt und am 23. Januar 1987 zurückgenommen wurde *(vgl. Bull. EG 5-1979, S.73; Bull. EG 1-1982, S.34; Bull. EG 4-1982, S.33; Bull. EG 1-1983, S.37f.; A. E. Bredima-Savopoulou u. a., 1990, S.90)*.

Übersicht 6: Ratifikation internationaler Übereinkommen zur Seeverkehrssicherheit bis 1983

Empfehlung 78/584/EWG des Rates vom 26. Juni 1978 über die Ratifikation von Übereinkommen über die Sicherheit im Seeverkehr [ABl. L 194 19.07.78 S.17] — Rechtsetzung auf Vorschlag der Kommission [ABl. C 135 09.06.78 S.5] sowie nach den Stellungnahmen des EP [ABl. C 163 10.07.78 S.17] und des WSA [ABl. C 283 27.11.78 S.37]
Empfehlung 79/114/EWG des Rates vom 21. Dezember 1978 über die Ratifikation des Internationalen Übereinkommens von 1978 über die Ausbildung, die Befähigung und den Wachdienst von Seeleuten [ABl. L 033 08.02.79 S.31] — Rechtsetzung auf der Grundlage des Art. 84 Abs. 2 EWGV (Art. 80 Abs. 2 EGV) und auf Vorschlag der deutschen Regierung
Empfehlung 79/487/EWG des Rates vom 15. Mai 1979 betreffend die Ratifizierung des Internationalen Übereinkommens über sichere Container (CSC) [ABl. L 125 22.05.79 S.18] — Rechtsetzung auf der Grundlage der Artt. 75 und 84 Abs. 2 EWGV (Artt. 71 und 80 Abs. 2 EGV), nach Entwurf der Kommission [ABl. C 044 17.02.79 S.9] sowie nach den Stellungnahmen des EP [ABl. C 093 09.04.79 S.82] und des WSA [ABl. C 171 09.07.79 S.27]
Empfehlung 80/907/EWG des Rates vom 23. September 1980 über die Ratifizierung des Internationalen Übereinkommens von Torremolinos über die Sicherheit von Fischereifahrzeugen (1977) [ABl. L 259 02.10.80 S.29] — Rechtsetzung auf der Grundlage des Art. 84 Abs. 2 EWGV (Art. 80 Abs. 2 EGV) und auf Vorschlag der deutschen Regierung
Empfehlung 83/419/EWG des Rates vom 25. Juli 1983 über die Ratifikation des Internationalen Übereinkommens von 1979 über den Such- und Rettungsdienst auf See (SAR) bzw. über den Beitritt zu diesem Übereinkommen [ABl. L 237 26.08.83 S.34]

Mit seiner **Empfehlung 80/907/EWG vom 23. September 1980 [ABl. L 259 02.10. 80 S.29]** drängte der Rat die Mitgliedstaaten, das Internationale Übereinkommen von 1977 über die Sicherheit von Fischereifahrzeugen (Torremolinos-Übereinkommen) möglichst bald, spätestens aber bis zum 31. Juli 1982 zu ratifizieren oder ihm beizutreten *(vgl. Bull. EG 9-1980, S.43; V. J. G. Power, 1992, S.145)*; ein späterer Vorschlag der Kommission zur Ratifizierung des Torremolinos-Übereinkommens [ABl. C 183 10.07.84 S.17; KOM (93) 570 endg.] – Stellungnahmen des Europäischen Parlaments [ABl. C 072 18.03.85 S.110] und des Wirtschafts- und Sozialausschusses [ABl. C 307 19.11.84 S.2] – wurde vom Rat nicht berücksichtigt und am 4. Februar 1998 von der Kommission zurückgenommen [ABl. C 040 07.02.98 S.6]. Die **Empfehlung 83/419/ EWG des Rates vom 25. Juli 1983 [ABl. L 237 26.08.83 S.34]** forderte die Mitgliedstaaten auf, das Internationale Übereinkommen von 1979 über den Such- und Rettungsdienst auf See (SAR) zu ratifizieren bzw. ihm beizutreten *(vgl. Bull. EG 6-1983, S.85; Bull. EG 7/8-1983, S.55; V. J. G. Power, 1992, S.413, 483, 492)*.

2.5.3 Schutzmaßnahmen bei Unfällen von Öltankern und Gefahrguttransportschiffen

2.5.3.1 Überwachung und Verringerung der Ölverschmutzung

Angesichts der seit Beginn der siebziger Jahre zunehmenden Zahl von Öltankerunfällen *(vgl. V. J. G. Power, 1992, S.402f., 408)* hatte die Gemeinschaft bereits in ihren **Aktionsprogrammen für den Umweltschutz** für die Jahre 1973 bis 1976 [ABl. C 112 20.12.73 S.1] und 1977 bis 1981 [ABl. C 139 13.06.77 S.1], die später für den Zeitraum von 1982 bis 1986 weitergeführt wurden [ABl. C 046 17.02.83 S.1] *(vgl. Band I, S.107 f.)*, u. a. auf die Notwendigkeit von Maßnahmen gegen die mit dem Transport von Erdöl und anderen gefährlichen Gütern verbundene **Gefahr einer Meeres- bzw. Küstenverschmutzung** durch Unfälle auf hoher See hingewiesen. Nachdem sie sich bereits am 8. Juni 1977 in einer Mitteilung [KOM (77) 265 endg.] zur Verhütung, Überwachung und Verminderung der Verschmutzung durch unkontrolliertes Ablassen von Kohlenwasserstoffen ins Meer geäußert hatte, präzisierte die Kommission in einer weiteren Mitteilung vom 27. April 1978 zur Verschmutzung des Meeres infolge des Transports von Kohlenwasserstoffen (Amoco Cadiz) [KOM (78) 184 endg.] – Stellungnahmen des Europäischen Parlaments [ABl. C 067 12.03.79 S.22] und des Wirtschafts- und Sozialausschusses [ABl. C 269 13.11.78 S.31] – die im Rahmen eines **Aktionsprogramms** zu treffenden **Maßnahmen** *(vgl. H. P. Ipsen, 1981, S.316; V. J. G. Power, 1992, S.142, 404ff.)*.

Mit der auf die Beschlüsse des Europäischen Rates von Kopenhagen und die Kommissionsmitteilung vom April 1978 zurückzuführenden **Entschließung vom 26. Juni 1978 [ABl. C 162 08.07.78 S.1]** mahnte der Rat einen EDV-gestützten Informationsaustausch über das für die Überwachung zur Verfügung stehende Personal und Material, die zur Ölbehandlung und zum Küstenschutz notwendigen Produkte und Mittel, die Eigenschaften der Schiffe und Offshore-Anlagen sowie die in den Hoheitsgewässern begangenen Verstöße an. Außerdem sahen die **Leitlinien** eine angemessene Aus-

Übersicht 7: Überwachung und Verringerung der Ölverschmutzung bis 1988

Entschließung des Rates

Entschließung des Rates vom 26. Juni 1978 zur Erstellung eines Aktionsprogramms der Europäischen Gemeinschaften auf dem Gebiet der Überwachung und Verringerung der Ölverschmutzung des Meeres [ABl. C 162 08.07.78 S.1] — Rechtsetzung auf der Grundlage des Art. 235 EWGV (Art. 308 EGV), auf Vorschlag der Kommission [ABl. C 146 21.06.78 S.5] sowie nach den Stellungnahmen des EP [ABl. C 163 10.07.78 S.16] und des WSA [ABl. C 269 13.11.78 S.31]

Einsetzung eines beratenden Ausschusses

Beschluß 80/686/EWG der Kommission vom 25. Juni 1980 zur Einsetzung eines beratenden Ausschusses auf dem Gebiet der Überwachung und der Verringerung der Ölverschmutzung des Meeres [ABl. L 188 22.07.80 S.11] — Beschluß 85/208/EWG der Kommission vom 25. März 1985 zur Änderung des Beschlusses 80/686/EWG zur Einsetzung eines beratenden Ausschusses auf dem Gebiet der Überwachung und der Verringerung der Ölverschmutzung des Meeres [ABl. L 089 29.03.85 S.64] — Beschluß 87/144/EWG der Kommission vom 13. Februar 1987 zur Änderung des Beschlusses 80/686/EWG zur Einsetzung eines beratenden Ausschusses auf dem Gebiet der Überwachung und der Verringerung der Ölverschmutzung des Meeres [ABl. L 057 27.02.87 S.57]

Errichtung eines gemeinschaftlichen Informationssystems

Entscheidung 81/971/EWG des Rates vom 3. Dezember 1981 zur Errichtung eines gemeinschaftlichen Informationssystems zur Überwachung und Verringerung der Ölverschmutzung des Meeres [ABl. L 355 10.12.81 S.52] — Rechtsetzung auf der Grundlage der Artt. 213 und 235 EWGV (Artt. 284 und 308 EGV), auf Vorschlag der Kommission [ABl. C 200 06.08.80 S.2] sowie nach den Stellungnahmen des EP [ABl. C 028 09.02.81 S.55] und des WSA [ABl. C 159 29.06.81 S.19]

Entscheidung 86/85/EWG des Rates vom 6. März 1986 zur Errichtung eines gemeinschaftlichen Informationssystems zur Überwachung und Verringerung der Meeresverschmutzung durch Öl und andere gefährliche Stoffe [ABl. L 077 22.03.86 S.33] — Rechtsetzung auf der Grundlage der Artt. 213 und 235 EWGV (Artt. 284 und 308 EGV), auf Vorschlag der Kommission [ABl. C 112 07.05.85 S.5] sowie nach den Stellungnahmen des EP [ABl. C 229 09.09.85 S.15] und des WSA [ABl. C 188 29.07.85 S.18]

Entscheidung 88/346/EWG des Rates vom 16. Juni 1988 zur Änderung der Entscheidung 86/85/EWG zur Errichtung eines gemeinschaftlichen Informationssystems zur Überwachung und Verringerung der Meeresverschmutzung durch Öl und andere gefährliche Stoffe [ABl. L 158 25.06.88 S.32] — Rechtsetzung auf der Grundlage der Artt. 213 und 235 EWGV (Artt. 284 und 308 EGV), auf Vorschlag der Kommission [ABl. C 108 23.04.87 S.7] sowie nach den Stellungnahmen des EP [ABl. C 049 22.02.88 S.155] und des WSA [ABl. C 319 30.11.87 S.7]

Abschluß internationaler Übereinkommen und Protokolle

Beschluß 77/585/EWG des Rates vom 25. Juli 1977 über den Abschluß des Übereinkommens zum Schutz des Mittelmeeres bei Verschmutzung sowie des Protokolls zur Verhütung der Verschmutzung des Mittelmeeres durch das Einbringen durch Schiffe und Luftfahrzeuge [ABl. L 240 19.09.77 S.1] — Rechtsetzung auf der Grundlage des Art. 235 EWGV (Art. 308 EGV), auf Vorschlag der Kommission [ABl. C 122 03.06.76 S.2] sowie nach den Stellungnahmen des EP [ABl. C 259 04.11.76 S.42] und des WSA [ABl. C 285 02.12.76 S.12]

Beschluß 81/420/EWG des Rates vom 19. Mai 1981 über den Abschluß des Protokolls über die Zusammenarbeit bei der Bekämpfung der Verschmutzung des Mittelmeers durch Öl und andere Schadstoffe in Notfällen [ABl. L 162 19.06.81 S.4] — Rechtsetzung auf der Grundlage des Art. 235 EWGV (Art. 308 EGV), auf Vorschlag der Kommission [ABl. C 200 06.08.80 S.2] sowie nach den Stellungnahmen des EP [ABl. C 028 09.02.81 S.55] und des WSA [ABl. C 159 29.06.81 S.19]

Beschluß 84/358/EWG des Rates vom 28. Juni 1984 über den Abschluß des Übereinkommens über die Zusammenarbeit bei der Bekämpfung der Verschmutzung der Nordsee durch Öl und andere Schadstoffe [ABl. L 188 16.07.84 S.7] — Rechtsetzung auf der Grundlage des Art. 235 EWGV (Art. 308 EGV), auf Vorschlag der Kommission [ABl. C 040 15.02.84 S.5] und nach Stellungnahme des EP [ABl. C 127 14.05.84 S.120]

bildung von Fachleuten zur Bekämpfung der Verschmutzung und eine einfache Handhabung des eingesetzten Geräts vor. Die Gemeinschaft selbst wollte die Möglichkeit einer finanziellen Beteiligung an der Planung und Entwicklung von Ölsaugschiffen prüfen, Rechtsvorschriften über die Versicherung gegen eine unfallbedingte Ölverschmutzung einschließlich der Entschädigungs- und Haftungsregeln erlassen und Forschungen zur Behandlung von ausgelaufenem Öl, dessen Verbleib sowie seiner Auswirkungen unterstützen; die Gewährung einer finanziellen Unterstützung von **Pilotvorhaben** auf dem Gebiet der **Kontrolle und Verringerung** der Ölverschmutzung wurde später nochmals von der Kommission in einer Mitteilung vom 10. August 1983 [ABl. C 214 10.08.83 S.2] untersucht *(vgl. H. P. Ipsen, 1981, S.317 f., GB 1983, Ziff. 375)*. Außerdem sollten internationale **Übereinkommen und Protokolle** in geeigneter Weise ergänzt bzw. von den Mitgliedstaaten ratifiziert werden. Neben den bereits genannten *(vgl. S.51)* sind in diesem Zusammenhang insbesondere folgende zu erwähnen *(vgl. M. I. Kehden, 1981, S.249 ff.; siehe auch Übersicht 7)*:

— Übereinkommen vom 9. Juni 1969 zur Zusammenarbeit bei der Bekämpfung von Ölverschmutzungen der Nordsee (Bonner Übereinkommen); am 26. April 1978 hatte die Kommission eine Empfehlung für einen Beschluß über die Aushandlung des Beitritts vorgelegt [ABl. C 146 21.06.78 S.10], der – nach den Stellungnahmen des Europäischen Parlaments [ABl. C 163 10.07.78 S.16] und des Wirtschafts- und Sozialausschusses [ABl. C 269 13.11.78 S.31] – am 19. Mai 1981 vom Rat formell angenommen worden war; mit dem Beschluß 84/358/EWG des Rates vom 28. Juni 1984 [ABl. L 188 16.07.84 S.7] trat die Gemeinschaft dann dem Übereinkommen bei.

— Internationales Übereinkommen vom 29. November 1969 über Maßnahmen auf Hoher See bei Ölverschmutzungs-Unfällen einschließlich des Protokolls vom 2. November 1973.

— Internationales Übereinkommen vom 29. November 1969 über die zivilrechtliche Haftung für Ölverschmutzungsschäden sowie das Internationale Übereinkommen vom 18. Dezember 1971 über die Errichtung eines Internationalen Fonds zur Entschädigung für Ölverschmutzungsschäden.

— Übereinkommen über die Zusammenarbeit beim Schutz der Küsten und Gewässer des Nordostatlantiks gegen Verschmutzung (Lissabon-Übereinkommen).

— Übereinkommen vom 22. März 1974 über den Schutz der Meeresumwelt des Ostseegebiets (Helsinki-Übereinkommen).

— Übereinkommen von Barcelona vom 16. Februar 1976 zum Schutz des Mittelmeers vor Verschmutzung sowie verschiedene zugehörige Protokolle (Kommissionsbericht vom 30. April 1976 [KOM (76) 186 endg.]); der Beschluß 77/585/EWG des Rates vom 25. Juli 1977 [ABl. L 240 19.09.77 S.1] ermöglichte der Gemeinschaft den Beitritt zum Übereinkommen und zum Protokoll zur Verhütung der Verschmutzung durch das Einbringen durch Schiffe und Luftfahrzeuge; der Beschluß 81/420/EWG des Rates vom 19. Mai 1981 [ABl. L 162 19.06.81 S.4] betraf den Beitritt zum Protokoll über die Zusammenarbeit bei der Bekämpfung der Verschmutzung durch Öl und andere Schadstoffe in Notfällen; die weiteren dazu gefaßten Beschlüsse 83/101/EWG und 84/132/EWG waren für den Seeverkehr nicht relevant; am 5. Oktober 1989 berichtete die Kommission über die im Rahmen des Übereinkommens ergriffenen Maßnahmen [SEK (89) 1659 endg.] *(vgl. H. P. Ipsen, 1981, S.317; V. J. G. Power, 1992, S.408 ff.).*

Weiterhin wurde mit dem **Beschluß 80/686/EWG der Kommission vom 25. Juni 1980 [ABl. L 188 22.07.80 S.11]** ein beratender Ausschuß eingesetzt, der ursprünglich aus drei Regierungssachverständigen je Mitgliedstaat bestand und von einem Vertreter der Kommission geleitet wird. Er soll die Kommission bei allen relevanten Problemen beraten, vorhandene Informationen und Erfahrungen einholen und somit die Koordinierung der durchgeführten oder geplanten Maßnahmen erleichtern. Mit dem **Beschluß 85/208/EWG der Kommission vom 25. März 1985 [ABl. L 089 29.03.85 S.64]** wurde der Tätigkeitsbereich auf andere gefährliche Stoffe ausgeweitet; der **Beschluß 87/144/EWG der Kommission vom 13. Februar 1987 [ABl. L 057 27.02.87 S.57]** reduzierte die Anzahl der Regierungssachverständigen auf zwei je Mitgliedstaat *(vgl. Bull. EG 3-1985, S.40 f.; Bull. EG 2-1987, S.55; V. J. G. Power, 1992, S.413).*

Die **Entscheidung 81/971/EWG des Rates vom 3. Dezember 1981 [ABl. L 355 10.12.81 S.52]** rief ein gemeinschaftliches Informationssystem zur Bereitstellung der für die Überwachung und Verringerung der Ölverschmutzung des Meeres erforderlichen Daten (Bestandsverzeichnis der Ölbekämpfungsmittel, Liste und Beschreibung der Einsatzpläne, Angabe der zuständigen Behörden, Angaben zu Eigenschaften und Verhalten der Kohlenwasserstoffe sowie zu Beseitigungsmethoden) ins Leben. Die Informationen waren der Kommission jährlich zu übermitteln, während sie ihrerseits den Mitgliedstaaten sämtliche Daten bereitstellen sollte. Zur Abfassung von **Noteinsatzplänen** unterbreitete die Kommission am 27. September 1983 einen konkretisierenden Richtlinienvorschlag [ABl. C 273 12.10.83 S.3; ABl. C 215 16.08.84 S.9], der allerdings – nach den Stellungnahmen des Europäischen Parlaments [ABl. C 172 02.07.84 S.97] und des Wirtschafts- und Sozialausschusses [ABl. C 248 17.09.84 S.20] – vom Rat nicht weiterbehandelt und von der Kommission am 15. Juli 1991 zurückgezogen wurde [ABl. C 186 18.07.91 S.9]. Die infolge einer Kommissionsmitteilung vom 25. März 1985 über einen Plan zur Bekämpfung der Meeresverschmutzung [KOM (85) 123 endg.] angenommene **Entscheidung 86/85/EWG des Rates vom 6. März 1986 [ABl. L 077 22.03.86 S.33]** – geändert durch die **Entscheidung 88/346/EWG des Rates vom 16. Juni 1988 [ABl. L 158 25.06.88 S.32]** – erweiterte den Anwendungsbereich der ursprünglichen Regelungen auf andere gefährliche Stoffe als Öl sowie auf Binnengewässer *(vgl. Band 2, S.620)*. Die Kommission berichtete in der Folgezeit regelmäßig über die zwischenzeitlich erzielten Fortschritte beim Funktionieren und bei der Benutzung des Informationssystems [KOM (85) 285 endg.; KOM (89) 1 endg.;

KOM (94) 126 endg.; SEK (98) 635 endg.] *(vgl. Übersicht 7; Bull. EG 3-1985, S.40f.; Bull. EG 3-1986, S.44; Bull. EG 4-1987, S.37; Bull. EG 6-1988, S.77).*

2.5.3.2 Mindestanforderungen an Tankschiffe

Um die Gefahr von Störfällen in Hafengebieten zu verringern, legte die **Richtlinie 79/116/EWG des Rates vom 21. Dezember 1978 [ABl. L 033 08.02.79 S.33]** Mindestauflagen für in gemeinschaftliche Seehäfen einlaufende bzw. in den angrenzenden Hoheitsgewässern befindliche Öl-, Gas- und Chemikalientanker von bis zu 1.600 BRT fest. Hiervon waren sowohl beladene oder teilbeladene Tanker als auch leere, aber noch nicht entgaste oder von gefährlichen Rückständen gereinigte Schiffe betroffen *(vgl. Bull. EG 11-1978, S.53f.; Bull. EG 12-1978, S.74f.; J. Pearson, 1980, S.219; A. E. Bredima-Savopoulou u. a., 1990, S.86f.)*:

— Rechtzeitig vor dem Einlaufen in den Seehafen waren der zuständigen nationalen Behörde *folgende Angaben* zu machen: Name, Rufzeichen, Nationalität, Länge und Tiefgang des Fahrzeugs; Bestimmungshafen; voraussichtliche Ankunftszeit an der Lotsenstation bzw. im Bestimmungshafen; Angaben bezüglich Ladungsart und -menge; bei Chemikalientankern Angabe, ob das Fahrzeug als „neues Schiff" ein Zeugnis nach dem Code der Zwischenstaatlichen Beratenden Seeschiffahrtsorganisation der UN (IMCO-Code) besitzt; Mängel oder Vorfälle, welche die Manövrierfähigkeit des Fahrzeugs beeinträchtigen, die Sicherheit und Leichtigkeit des Verkehrs gefährden bzw. eine Gefahr für die Umgebung oder Umwelt begründen können. Ferner war eine *Tankschiffprüfliste* (Muster im Anhang) auszufüllen und dem Lotsen sowie auf Anforderung auch der zuständigen Behörde vorzulegen.

— Während einer Fahrt in den Hoheitsgewässern in der Nähe des Ein- oder Auslaufhafens hatten die Tankschiffe der zuständigen Behörde auftretende *Mängel und Vorfälle* mitzuteilen. Außerdem war möglichst frühzeitig eine UKW-Sprechfunkverbindung mit der zuständigen Küstenfunkstelle bzw. vorzugsweise mit der Radarzentrale aufzunehmen und aufrechtzuerhalten. Entsprechend den nationalen Regelungen waren Lotsen anzunehmen. Der Lotse hatte sofort die zuständige Behörde zu unterrichten, falls er von Mängeln Kenntnis erlangte, welche die sichere Fahrt des Schiffes gefährden konnten. Ein Abweichen von diesen Regelungen war nur möglich, sofern die Beschaffenheit der Navigationshilfen, die örtlichen Verhältnisse oder die Verkehrslage dies bedingten bzw. zuließen. Erlangten die Behörden eines Mitgliedstaats Kenntnis von Tatsachen, die ein Risiko der Gefährdung bestimmter See- und Küstenzonen eines anderen Mitgliedstaats darstellten oder erhöhten, so hatten sie diesen frühzeitig zu unterrichten.

Die **Richtlinie 79/1034/EWG des Rates vom 6. Dezember 1979 [ABl. L 315 11.12. 79 S.16]** konkretisierte die obligatorischen Informationsmitteilungen von Gas- und Chemikalientankern. Demnach hatte das Tankschiff rechtzeitig vor dem Einlaufen in einen gemeinschaftlichen Seehafen Angaben darüber zu machen, ob das Schiff über ein Eignungszeugnis gemäß dem entsprechenden IMCO-Code verfügte; die Angaben mußten ebenfalls aus der „Tankschiffprüfliste" hervorgehen *(vgl. Bull. EG 12-1979, S.72; A. E. Bredima-Savopoulou u. a., 1990, S.87).*

Die erforderlichen **Rechts- und Verwaltungsvorschriften** zur Umsetzung der Richtlinien 79/116/EWG und 79/1034/EWG mußten von den Mitgliedstaaten nach Konsultation der Kommission bis zum 31. Dezember 1979 bzw. 31. Dezember 1980 erlassen werden; über die getroffenen Maßnahmen waren die übrigen Mitgliedstaaten und die Kommission zu unterrichten. Letztere gab in der Folgezeit Stellungnahmen zur **Durchführung der beiden Richtlinien** durch die nationalen Regierungen ab *(vgl. V. J. G. Power, 1992, S.513; Übersicht 8).* Die Kommission kam zum Schluß, daß die Regierungen die Bestimmungen der Richtlinie überwiegend vollständig umgesetzt hatten. Die **belgische Regierung** wurde gebeten, Änderungen hinsichtlich der Berichtspflicht des Lotsen über Schiffsmängel und der Mitteilungspflicht des Staates in bezug auf die Gefährdung bestimmter See- und Küstenzonen vorzunehmen. Im **irischen Verordnungsentwurf** fehlten einzelne Regelungen, wobei gemäß der Richtlinie Abweichungen zulässig waren bzw. andere nationale Vorschriften Anwendung fanden.

Übersicht 8: Mindestanforderungen an das Einlaufen bestimmter Tankschiffe

Richtlinien des Rates
Richtlinie 79/116/EWG des Rates vom 21. Dezember 1978 über Mindestanforderungen an das Einlaufen von bestimmten Tankschiffen in Seehäfen der Gemeinschaft und das Auslaufen [ABl. L 033 08.02.79 S.33] — Rechtsetzung auf der Grundlage des Art. 84 Abs. 2 EWGV (Art. 80 Abs. 2 EGV) sowie auf Vorschläge der deutschen Regierung und der Kommission [ABl. C 284 28.11.78 S.5]
Richtlinie 79/1034/EWG des Rates vom 6. Dezember 1979 zur Änderung der Richtlinie 79/116/EWG über Mindestanforderungen an das Einlaufen von bestimmten Tankschiffen in Seehäfen der Gemeinschaft und das Auslaufen [ABl. L 315 11.12.79 S.16] — Rechtsetzung auf der Grundlage des Art. 84 Abs. 2 EWGV (Art. 80 Abs. 2 EGV) und auf Vorschlag der deutschen Regierung
Kommissionsstellungnahmen zur Durchführung der Richtlinien
Stellungnahme 81/414/EWG vom 25. Mai 1981 an die Regierung der Bundesrepublik Deutschland [ABl. L 158 16.06.81 S.23] — Stellungnahme 81/454/EWG vom 10. Juni 1981 an die irische Regierung [ABl. L 170 27.06.81 S.43] — Stellungnahme 81/615/EWG vom 14. Juli 1981 an die deutsche Regierung [ABl. L 226 12.08.81 S.28] — Stellungnahme 81/638/EWG vom 20. Juli 1981 an die Regierung des Vereinigten Königreichs [ABl. L 231 15.08.81 S.36] — Stellungnahme 81/815/EWG vom 28. September 1981 an die belgische Regierung [ABl. L 301 22.10.81 S.48] — Stellungnahme 82/452/EWG vom 1. Juli 1982 an die griechische Regierung [ABl. L 206 14.07.82 S.46] — Stellungnahme 90/76/EWG vom 12. Februar 1990 an die portugiesische Regierung [ABl. L 048 24.02.90 S.44] — Stellungnahme 91/223/EWG vom 2. April 1991 an die spanische Regierung [ABl. L 098 19.04.91 S.21]

2.5.3.3 Entschließungen des Europäischen Parlaments

Die Tankerkatastrophen der Jahre 1978 und 1980 vor der bretonischen Küste und weitere Schiffsunfälle veranlaßten das Europäische Parlament in zahlreichen Entschließungen *(vgl. Übersicht 9)*, schärfere **gemeinschaftliche und einzelstaatliche Maß-**

nahmen zur Verhütung neuer Unglücke zu verlangen, wie die Ergänzung aller einschlägigen internationalen Konventionen in den Bereichen Schiffbau, Betriebsbedingungen, Wartung von Schiffen sowie Ausbildung, Qualifikation, Zulassung und Arbeitsbedingungen der Seeleute einschließlich deren Ratifizierung, die Verschärfung der entsprechenden Normen auf Gemeinschaftsebene sowie die Umsetzung der erlassenen Richtlinien, die Überwachung und konsequente Anwendung der Vorschriften, das Verbot des Anlaufens gemeinschaftlicher Häfen durch unternormige Schiffe, die Einführung computergestützter Informations-, Überwachungs- und Kontrollsysteme, den Einsatz von Lotsen auf Öltankern, den Erlaß von Bergungsvorschriften, die finanzielle Unterstützung des Einsatzes mechanischer Reinigungsmittel, die Überprüfung der Haftpflichtversicherungssummen in der Seeschiffahrt sowie die Einführung internationaler Rufzeichen *(vgl. V. J. G. Power, 1992, S. 145).*

Übersicht 9: Entschließungen des Europäischen Parlaments zur Seeverkehrssicherheit bis 1984

Entschließung vom 14. April 1978 zur Regelung des Seeverkehrs [ABl. C 108 08.05.78 S.60] — Entschließung vom 14. Februar 1979 zu I. den wirksamsten Maßnahmen zur Verhinderung von Schiffsunglücken und zur Vermeidung der darauf zurückzuführenden Meeres- und Küstenverschmutzung und II. der Regelung des Seeverkehrs [ABl. C 067 12.03.79 S.22] — Entschließung vom 14. März 1980 zur Hilfe für die von der Ölpest heimgesuchten Gebiete [ABl. C 085 08.04.80 S.95] — Entschließung vom 18. April 1980 zum Verhaltenskodex für Öltanker und Schiffe, die umweltgefährdende Güter befördern [ABl. C 117 12.05.80 S.69] — Entschließung vom 18. April 1980 zu der Finanzhilfe der Gemeinschaft für die von der Ölkatastrophe heimgesuchten Gebiete der Bretagne [ABl. C 117 12.05.80 S.77] — Entschließung vom 20. Mai 1980 zum Verhaltenskodex für Öltanker und Schiffe, die umweltgefährdende Güter befördern [ABl. C 147 16.06.80 S. 19] — Entschließung vom 16. Januar 1981 zur Bekämpfung der Folgen von Unglücksfällen, bei denen Öl ins Meer oder auf die Küsten gelangt [ABl. C 028 09.02.81 S.59] — Entschließungen vom 10. März 1983 zu Notmaßnahmen gegen die Ölverschmutzung der Nordsee sowie zum immer dringender werdenden Problem der Ölverschmutzung der Nordsee [ABl. C 096 11.04.83 S. 66] — Entschließung vom 28. Oktober 1983 zur Errichtung einer Europäischen Stiftung für die Sicherheit auf See [ABl. C 322 28.11.83 S.296] — Entschließung vom 20. Januar 1984 zur Bekämpfung der Verschmutzung der Nordsee [ABl. C 046 20.02.84 S.135] — Entschließung vom 13. September 1984 zur Umwelt und insbesondere zum Untergang der „Mont-Louis" [ABl. C 274 15.10.84 S.36]

Auch die Notwendigkeit, für **Gefahrguttransporte auf See** geeignete Vorkehrungen zum Schutz von Mensch und Umwelt zu treffen, erhielt angesichts verschiedener Schiffsunglücke eine neue Dringlichkeit. Für Öltanker und Schiffe, die umweltgefährdende Güter befördern, forderte das Europäische Parlament in seinen Entschließungen zum UN-Verhaltenskodex und in einer Entschließung vom 13. September 1984 [ABl. C 274 15.10.84 S.36] erneut eine verstärkte Zusammenarbeit mit dem Ziel, einheitliche Regeln für den Transport gefährlicher Stoffe, Güter und Abfälle und zur Vermeidung von Unfällen festzulegen. Die auf diesem Gebiet bestehenden **internationalen Vereinbarungen** – wie z. B. SOLAS 1974, der Code für die Beförderung gefährlicher Güter mit Seeschiffen (IMDG-Code), der Code für den Bau und die Ausrüstung von Schiffen, die gefährliche Chemikalien als Massengut befördern (IBC-Code), sowie der Code für den Bau und die Ausrüstung von Schiffen, die Flüssiggas als Massengut befördern (IGC-Code) – sollten von allen Staaten ratifiziert und die **Einhaltung der jewei-**

ligen Mindestbedingungen durchgesetzt werden *(vgl. EP, 1994b, S.19ff., 83ff.; zur weiteren Entwicklung S.306).*

2.5.4 Einsatz von Überseelotsen

Die **Richtlinie 79/115/EWG des Rates vom 21. Dezember 1978 [ABl. L 033 08.02.79 S.32]** soll gewährleisten, daß Schiffe, die die Beratung durch Überseelotsen in der Nordsee und im Englischen Kanal in Anspruch nehmen wollen, über ausreichend qualifiziertes Personal verfügen können. Die Mitgliedstaaten haben alle notwendigen und geeigneten Maßnahmen zu ergreifen; insbesondere müssen die Lotsen einen von der zuständigen nationalen Behörde erteilten Befähigungsnachweis oder eine gleichwertige Bescheinigung eines anderen Nordseeanrainerstaats besitzen *(vgl. Bull. EG 11-1978, S.53f.; Bull. EG 12-1978, S.74f.; J. Pearson, 1980, S.219; A. E. Bredima-Savopoulou u. a., 1990, S.86f.; V. J. G. Power, 1992, S.505f.; Übersicht 10).*

Die notwendigen **Rechts- und Verwaltungsvorschriften** zur Umsetzung der Richtlinie waren nach Anhörung der Kommission bis zum 1. Januar 1980 zu erlassen. Diese äußerte sich in mehreren Stellungnahmen zur **Durchführung der Richtlinie** durch die nationalen Regierungen *(vgl. Übersicht 10).* Im wesentlichen kamen die Regierungen den Bestimmungen der Richtlinie nach. Ein **Hauptkritikpunkt** betraf die Vorschrift, daß die Hochseelotsen die jeweilige nationale Staatsangehörigkeit besitzen mußten, obwohl die Tätigkeit nicht mit der Ausübung öffentlicher Gewalt verbunden war. Der **dänischen Regierung** wurde zudem empfohlen, daß die Behörden die Bescheinigungen selbst ausstellen sollten.

Übersicht 10: Einsatz von Überseelotsen in der Nordsee und im Englischen Kanal

Richtlinie des Rates
Richtlinie 79/115/EWG des Rates vom 21. Dezember 1978 über die Beratung von Schiffen durch Überseelotsen in der Nordsee und im Englischen Kanal [ABl. L 033 08.02.79 S.32] — Rechtsetzung auf der Grundlage des Art. 84 Abs. 2 EWGV (Art. 80 Abs. 2 EGV) sowie auf Vorschläge der deutschen Regierung und der Kommission [ABl. C 284 28.11.78 S.9] — Übernahme durch das EWR-Abkommen [ABl. L 001 03.01.94 S.442]
Kommissionsstellungnahmen zur Durchführung der Richtlinie
Stellungnahme 80/638/EWG vom 16. Juni 1980 an die belgische Regierung [ABl. L 176 10.07.80 S.39] — Stellungnahme 80/946/EWG vom 24. September 1980 an die italienische Regierung [ABl. L 267 10.10.80 S.32] — Stellungnahme 80/947/EWG vom 25. September 1980 an die Regierung der Niederlande [ABl. L 267 10.10.80 S.33] — Stellungnahme 80/948/EWG vom 25. September 1980 an die französische Regierung [ABl. L 267 10.10.80 S.34] — Stellungnahme 81/110/EWG vom 10. Februar 1981 an die Regierung der Bundesrepublik Deutschland [ABl. L 064 11.03.81 S.14] — Stellungnahme 81/399/EWG vom 15. Mai 1981 an die irische Regierung [ABl. L 152 11.06.81 S.36] — Stellungnahme 81/635/EWG vom 17. Juli 1981 an die britische Regierung [ABl. L 231 15.08.81 S.33] — Stellungnahme 82/303/EWG vom 28. April 1982 an die griechische Regierung [ABl. L 137 18.05.82 S.15] — Stellungnahme 82/841/EWG vom 30. November 1982 an die dänische Regierung [ABl. L 356 17.12.82 S.44] — Stellungnahme 86/597/EWG vom 26. November 1986 an die portugiesische Regierung [ABl. L 348 10.12.86 S.66]

2.5.5 Schiffsüberprüfung und Hafenstaatkontrolle

Parallel zur **schrittweisen Übernahme** der für die Sicherheit des Schiffsverkehrs relevanten **internationalen Normen** auf Gemeinschaftsebene bemühte sich die Kommission auch um die Kodifizierung geeigneter Möglichkeiten für deren Durchsetzung *(vgl. M. I. Kehden, 1981, S.251ff., 260ff.)*. Am 11. Juli 1978 unterbreitete sie dem Rat auf der Grundlage eines am 2. März 1978 in Den Haag von den Nordsee- und Ärmelkanalanrainern unterzeichneten Memorandums einen **Vorschlag für eine Entscheidung** über die zwischen einigen Seeverkehrsbehörden getroffene Abmachung zur Einhaltung der Normen auf Handelsschiffen [ABl. C 176 25.07.78 S.8] *(vgl. Bull. EG 7/8-1978, S.59)*, der mit Einschränkungen vom Europäischen Parlament [ABl. C 261 06.11.78 S.51] und vom Wirtschafts- und Sozialausschuß [ABl. C 105 26.04.79 S.6] befürwortet wurde. Die Seebehörden derjenigen Staaten, die der Vereinbarung nicht angehörten, sollten ihr ebenfalls beitreten. Der Rat nahm hierzu am 23. November 1978 allerdings nur eine Erklärung an, und die Kommission zog ihren Vorschlag am 27. Juli 1979 zurück *(vgl. Bull. EG 11-1978, S.50; A. E. Bredima-Savopoulou u. a., 1990, S.87)*. Ein weiterer Vorschlag vom 13. November 1978 zur rechtsverbindlichen Einführung der von der IMCO beschlossenen **Kontrollverfahren** für Schiffe [ABl. C 284 28.11.78 S.3] *(vgl. Bull. EG 11-1978, S.53f.)*, der auf einer Reihe von **Resolutionen der IMCO** beruhte, wurde – nach den Stellungnahmen des Europäischen Parlaments [ABl. C 039 12.02.79 S.74] und des Wirtschafts- und Sozialausschusses [ABl. C 128 21.05.79 S.34] – vom Rat nicht weiterverfolgt und am 23. Januar 1987 von der Kommission zurückgezogen *(vgl. Bull. EG 1-1979, S.44, Bull. EG 2-1979, S.62; A. E. Bredima-Savopoulou u. a., 1990, S.87; V. J. G. Power, 1992, S.143)*.

Nur kurze Zeit später unternahm die Kommission den nächsten Anlauf zur Verankerung **verbindlicher Regelungen** auf Gemeinschaftsebene. Am 2. Juli 1980 unterbreitete sie dem Rat einen Entwurf für eine Richtlinie zur Durchsetzung internationaler Normen für die Schiffssicherheit und die Verhütung der Meeresverschmutzung in bezug auf Schiffe, die Gemeinschaftshäfen anlaufen [ABl. C 192 30.07.80 S.8; KOM (93) 570 endg.] *(vgl. Bull. EG 6-1980, S.79f.)*; hierzu ergingen ebenfalls Stellungnahmen des Europäischen Parlaments [ABl. C 028 09.02.81 S.52; ABl. C 020 24.01.94 S.82] und des Wirtschafts- und Sozialausschusses [ABl. C 159 29.06.81 S.14]. Das **Verfahren zur Hafenstaatkontrolle** sah vor, daß in einem Zeitraum von drei Jahren 25 % der Handelsschiffe, die einen Hafen eines Unterzeichnerstaats anliefen, auf Mängel zu überprüfen waren. Bis zur Behebung der Mängel sollten die Schiffe im Hafen festgehalten werden. Die Daten über die kontrollierten Schiffe waren zentral zu speichern und sollten von den Häfen abgerufen werden können. Der Vorschlag wurde schließlich am 15. März 1994 zurückgezogen [KOM (94) 73 endg.] *(vgl. J. Erdmenger, 1981c, S.190; Kommission, 1984, S.37; KOM (85) 90 endg., S.32f.; A. E. Bredima-Savopoulou u. a., 1990, S.88; V. J. G. Power, 1992, S.145f., 412f., 510f.; EP, 1996, S.62f.)*.

Die ersten Erörterungen der **Sachverständigengruppe des Rates** verloren jedoch schnell an Bedeutung, als die französische Regierung im Dezember 1980 eine Ministerkonferenz von dreizehn europäischen Ländern einberief *(vgl. Bull. EG 12-1980, S.71)*. Eine dort eingesetzte Arbeitsgruppe legte 1981 eine **Vereinbarung zur Hafen-**

staatkontrolle vor, in die die Kommissionsvorschläge vom Juli 1980 größtenteils übernommen worden waren. Das zwischen den Mitgliedstaaten, der Kommission sowie den skandinavischen und iberischen Staaten ausgehandelte Verwaltungsabkommen wurde schließlich am 26. Januar 1982 in Paris unterzeichnet und trat am 1. Juli 1982 in Kraft (Prüfung von mindestens 25 % der in Gemeinschaftshäfen einlaufenden ausländischen Schiffe; Festhalten von Schiffen mit Mängeln; Aufbau eines Informationssystems; gegenseitige Unterstützung bei der Auswahl der Schiffe; Ratifizierung internationaler Übereinkommen). In der Zwischenzeit hatte auch der Rat in seiner Entschließung vom 15. Dezember 1981 *(vgl. Bull. EG 12-1981, S.61)* von **gemeinschaftlichen Maßnahmen** Abstand genommen und die Mitgliedstaaten zur **Durchsetzung der Normen** aufgefordert. Offenbar spielten hierbei Befürchtungen eine Rolle, daß der Gemeinschaft zu große Kompetenzen zuwachsen würden *(vgl. GB 1981, Ziff. 486; J. Erdmenger, 1983a, S.96f.; KOM(85) 90 endg., S.32f.; A. E. Bredima-Savopoulou u. a., 1990, S.88f.; V. J. G. Power, 1992, S.145f., 412f., 510f.; EP, 1996, S.62f.; zur weiteren Entwicklung S.276)*.

2.6 Grundzüge der gemeinsamen Seehafenpolitik

2.6.1 Wettbewerbspolitische Ausgangslage der Seehäfen

2.6.1.1 Hinterlandlage und Hinterlandregionen

Die Wettbewerbssituation der Seehäfen auf dem **europäischen Festland** war bereits lange Zeit vor der Gründung der EWG beträchtlichen Wandlungen unterworfen. Nahmen ursprünglich **Hamburg** und **Bremen** eine durchaus führende Position ein, so gerieten sie im Zuge der weiteren Entwicklung des Weltseeverkehrs gegenüber **Amsterdam** und **Rotterdam** sowie **Antwerpen** ins Hintertreffen. Nicht zuletzt bedingt durch die weltpolitischen Veränderungen mit dem Ost-West-Konflikt und mit der Teilung Deutschlands befand sich insbesondere der Hafen Hamburg nach dem Zweiten Weltkrieg in einer Randlage, während die niederländischen und belgischen Rheinmündungshäfen in das **Zentrum des Kontinents** und der Gemeinschaft rückten *(zu den Problemen der europäischen Seehäfen in den fünfziger und sechziger Jahren vgl. J. Rombouts, 1969; W. A. G. Blonk, 1971; R. Regul, 1971)*.

Die weitere **wirtschaftliche Entwicklung** in der Gemeinschaft führte dann auch geradezu zwangsläufig zu verschärften Wettbewerbsproblemen für einzelne Seehäfen, weil das integrationsbedingt verstärkte **Wirtschaftswachstum** sich zunächst vor allem auf die alten Industrieregionen, Ballungs- oder Agglomerationsräume konzentrierte, die von den Rheinmündungshäfen sehr viel besser zu erreichen waren als von Hamburg oder Bremen. Die am weitesten entwickelten **gemeinschaftlichen Industrieregionen** bildeten einen umfassenden Industriekern zu beiden Seiten des Rhein- und Rhônetals in nord-südlicher Richtung von den Niederlanden bis nach Norditalien; dabei war das Montandreieck von der Ruhr über Südholland / Belgien / Luxemburg / Saar bis nach Lothringen als das größte und geschlossenste Produktionszentrum der Grundstoffindustrien der Welt von herausragender Bedeutung. Nicht allein die **geo-**

graphische Lage einzelner Seehäfen bestimmte denn auch ihre Wettbewerbsposition in der Gemeinschaft, sondern vielmehr ihre Nähe zum wirtschaftlich wichtigen **Hinterland**, an das seewärts eingeführte Güter zu liefern waren und von dem über See auszuführende Güter kamen *(vgl. W. Krafft, 1958, S.4; R. Oldewage, 1963, S.44; zu den Seehäfen in den einzelnen Mitgliedstaaten H. Watermann, 1969; H. Heeckt, 1972; L. L. V. Jolmes, 1972; W. A. G. Blonk, 1974; L. L. V. Jolmes, 1980).*

Seehafenstädte als Wirtschaftsräume

Bei der Erörterung der Hinterlandfrage muß allerdings berücksichtigt werden, daß die **Seehafenstädte** zum Teil selbst größere Wirtschaftsräume mit einer mehr oder weniger starken Ansiedlung von **Industrie, Gewerbe und Handel** darstellen und daher auch Teile des Seegüterverkehrs mit sich selbst abwickeln:

— Wenngleich auch die Seehäfen des Kontinents ihre alte Funktion als *Stapelplätze* weitgehend verloren haben, so sind sie doch überwiegend durch eine starke Konzentration von *diversifizierten Handelsfunktionen* geprägt. Der Eigenhandel der Seehäfen ist nach wie vor mit einem verhältnismäßig hohen Anteil am Seegüterverkehr beteiligt. Allerdings ist nicht auszuschließen, daß in der weiteren Entwicklung neue Umschlagplätze und neue Spezialmärkte an die Stelle der alten Plätze und Märkte treten und die Funktion der *Seehäfen als Markthäfen* einschränken; die bei Gründung der EWG schon seit langem zu beobachtende Tendenz zum *Direkthandel* dürfte jedenfalls diese Vermutung stützen.

— Größere Bedeutung für die Wirtschaftsräume der Seehäfen haben daher *Industrie und Gewerbe*, wobei neben der *Schiffbauindustrie* mit ihren weit verzweigten Nebenindustrien in fast allen Seehäfen weitere bedeutsame Industriezweige zu finden sind, die die Hafenlage vor allem wegen der Transportkosten bevorzugen. Regionalpolitisch geförderte Industrieansiedlungen haben die *Industriefunktion der Seehäfen* auf eine breitere Grundlage gestellt. Der „Zug zur Küste" zeichnete sich selbst bei solchen Wirtschaftszweigen ab, die in ihrer Standortwahlentscheidung bis dahin an anderen Standortfaktoren orientiert waren (Bau von Hüttenwerken bei Bremen, Rotterdam, Gent sowie in Dünkirchen). Vielfach muß sogar die *Hafenausbaupolitik* in enger Verbindung mit der Ansiedlung neuer Industrien gesehen werden (*Belgien*: Ausbau des Genter Hafens und teilweise des Antwerpener Hafens; *Niederlande*: Industrialisierung der gesamten Kanalzone des Nieuwe Waterweg anstelle der früheren Konzentration auf die Randstad Holland).

Die enge Verzahnung von **industrie- und hafenpolitischen Aktivitäten** gilt nicht nur für die **Rhein-Schelde-Häfen**, sondern auch für die Randhäfen Hamburg und Bremen, was allerdings für die weite Entfernung dieser Häfen zum **Rhein-Rhône-Ballungsraum** keinen vollständigen Ausgleich bietet *(vgl. R. Oldewage, 1963, S.48ff.).*

Seegüterverkehrsströme

Hinsichtlich der räumlichen Verteilung der Seegüterverkehrsströme stand bei Gründung der EWG die BR Deutschland für alle Nordseehäfen (Ausnahmen: Dünkirchen, Gent) an erster Stelle. Dies betraf nicht nur den Seegüterverkehr **Hamburgs** (71 %),

Bremens (83 %), **Emdens** und **Wilhelmshavens**, sondern auch den Hinterlandverkehr von **Rotterdam** (80 %) und **Amsterdam** (73 %); für **Antwerpen** und **Gent** war demgegenüber ein niedrigerer deutscher Anteil von 31 % bzw. 27 % festzustellen; entsprechend erhöhte sich der Anteil der niederländischen und französischen Gebiete.

Im Hinterlandverkehr von Amsterdam und Rotterdam dominierte das **Niederrheingebiet** sowohl als Empfangs- als auch Versandgebiet; Erze und Mineralöle sowie Getreide und Kohle machten den Großteil des Versands der beiden Häfen nach Deutschland aus, wobei vor allem die **Binnenschiffahrt** als Transportträger in Anspruch genommen wurde. Im gesamten Hinterlandverkehr Antwerpens dominierte zwar ebenfalls die Binnenschiffahrt, die **Eisenbahn** erreichte jedoch im Hinblick auf das belgisch-luxemburgische Hinterland einen nicht unerheblichen Anteil; außerordentlich gering war die Nutzung des Lkw. Der Hinterlandverkehr von Gent und Dünkirchen mit Eisenbahn und Binnenschiff war insbesondere auf **Frankreich** und die **Niederlande** gerichtet.

Der Hinterlandverkehr **Emdens** erstreckte sich vornehmlich auf das östliche Ruhrgebiet. Am Seegüterverkehr Bremens war **Bremen** selbst mit insgesamt 35 % beteiligt, während sich beim Hafen **Hamburg** ein Anteil der Abfuhr nach Hamburg selbst von 71 % bei einem Zufuhranteil von 41 % ergab; gemessen an der Abfuhr folgten in Hamburg Schleswig-Holstein, Niedersachsen und Nordrhein-Westfalen mit einer umgekehrten Reihenfolge hinsichtlich der Zufuhr. Für die bremischen Häfen spielten nach Bremen selbst Nordrhein-Westfalen und Niedersachsen die Hauptrolle *(vgl. R. Oldewage, 1963, S. 59 ff., 214 ff.)*:

— Der *Hinterlandverkehr Bremens* nach Verkehrsträgern und Verkehrsbezirken der BR Deutschland wies bei Gründung der EWG typische Schwerpunkte auf; in der Zufuhr und Abfuhr mit der *Binnenschiffahrt* stand Niedersachsen an erster Stelle, gefolgt in weitem Abstand von Nordrhein-Westfalen; die *Eisenbahn* wies hohe Anteile bei der Zufuhr und Abfuhr hinsichtlich Nordrhein-Westfalen auf, gefolgt von Niedersachsen und dem süddeutschen Raum. Der *Straßengüterverkehr* erreichte hohe Transportanteile in den Hinterlandverkehren mit Nordrhein-Westfalen, Niedersachsen und Hamburg.

— Im *Hinterlandverkehr Hamburgs* nach Verkehrsträgern und Verkehrsbezirken dominierte die *Binnenschiffahrt* im Verkehr mit Schleswig-Holstein, mit weitem Abstand folgten Nordrhein-Westfalen und Niedersachsen. Die *Eisenbahn* erreichte sehr hohe Transportanteile im Hinterlandverkehr mit Nordrhein-Westfalen, gefolgt von Niedersachsen, Schleswig-Holstein und dem süddeutschen Raum. Der *Straßengüterverkehr* wies besonders hohe Verkehrsanteile im Hinterlandverkehr mit Nordrhein-Westfalen und Niedersachsen auf, gefolgt von Schleswig-Holstein und dem süddeutschen Raum.

— Dabei zeichnete sich gerade in *Hamburg* eine zunehmende Nutzung des Verkehrsträgers Straße im Hinterlandverkehr ab, während Binnenschiffahrt und Eisenbahn weitgehend stagnierten; für *Bremen* war ebenfalls eine wachsende Bedeutung des Straßengüterverkehrs festzustellen, hier allerdings verbunden mit einer deutlichen Reduktion der Transportmengen von Eisenbahn und Binnenschiffahrt.

2.6.1.2 Grundprobleme des Hinterlandverkehrs

Infrastruktur der Hinterlandverbindungen

Da trotz eines beachtlichen Eigenanteils mancher Seehäfen am seewärtigen Güterverkehr für den überwiegenden Teil des Hinterlandverkehrs oftmals sehr große Transportentfernungen gegeben sind, kommt einem leistungsfähigen Transportsystem im Hinblick auf **Straße, Binnenschiffahrt und Eisenbahn** eine sehr hohe Bedeutung zu. Die meisten Güter verlangen einen schnellen und kostengünstigen Transport bei gleichzeitiger Beachtung weiterer güterbezogener Affinitätsmerkmale. Die Qualität des Verkehrssystems und der Verkehrsleistungsproduktion im Hinterlandverkehr der Seehäfen können dabei sowohl durch **infrastrukturelle Engpässe** als auch durch **Marktordnungsdefizite** eingeschränkt werden und damit die Wettbewerbsprobleme einzelner Seehäfen in der Gemeinschaft verschärfen. Dem Ausbau der **Hinterlandverbindungen** wurde daher bereits in der Anfangsphase der EWG sehr große Beachtung geschenkt, während die Weiterentwicklung der **Marktordnung** der Binnenverkehrsträger auf starke interessengeleitete Widerstände stieß.

Wenngleich auch der **Ausbau der Hinterlandverbindungen** der Seehäfen der Gemeinschaft überwiegend durch **nationale wirtschaftliche Interessen** bestimmt wurde, darf doch die europäische Perspektive nicht vernachlässigt werden. Die **Empfehlungen der Kommission** zur Entwicklung der Verkehrswege der Gemeinschaft vom 21. Juni 1960 *(vgl. Band 1, S.410 f.)* hatten ein gemeinschaftsweites leistungsfähiges Verkehrsnetz zum Ziel, wobei unter Berücksichtigung der regionalpolitischen Erfordernisse auf die verkehrstechnische Erschließung des Hinterlands der großen Häfen geachtet werden sollte *(vgl. R. Oldewage, 1963, S.69 ff.)*:

— Im Bereich des *Straßenverkehrs* wurde an die Realisierung eines europaweiten Schnellstraßennetzes gedacht, um die meisten Häfen unmittelbar an das Autobahnnetz der Gemeinschaft anzuschließen; entsprechende Ausbau- und Neubaumaßnahmen waren in *Nordfrankreich*, *Belgien* und den *Niederlanden*, aber auch im Hinblick auf die *deutschen Nordseehäfen* angestrebt.

— Im Bereich der *Binnenschiffahrt* stellte der *Rhein* von vornherein einen bedeutenden Standortvorteil für die Hafenreihe von Amsterdam bis Gent dar; als weitere gemeinschaftliche Aufgabe wurde die Schaffung von Verbindungswegen zwischen den großen Stromgebieten des Gemeinsamen Marktes bzw. ihre Kapazitätserweiterung angesehen, um die Befahrbarkeit der Wasserstraßen durch sog. *Europaschiffe* zu gewährleisten und die Nutzung neuer technischer Betriebsformen der *Schub- und Koppelverbände* zu erleichtern. Die Erweiterung des Einzugsbereichs des Wasserstraßennetzes durch den Bau des *Rhein-Main-Donau-Schiffahrtswegs* sollte ergänzt werden durch die Wasserstraßenverlängerung der Mosel und der Maas mit ihrem gemeinsamen Anschluß an die Saône und Rhône sowie mit der Verbindung zum Rhein-Rhône-Kanal. Das Austiefen des Rheins zwischen Mannheim und St. Goar, die Modernisierung des Mittellandkanals, die Verbindung Maas – Rhein mit Anschluß Aachens an diesen Kanal und die Verbesserung der Verbindung Dünkirchen – Schelde neben dem Anschluß Hamburgs an das *westeuropäische Wasserstraßennetz* ergänzten die Empfehlungen der Kommission.

— National orientierte Ausbaumaßnahmen betrafen in *Frankreich* den Kanal Dünkirchen – Valenciennes, in *Belgien* verschiedene Wasserstraßenverbindungen in den Regionen Gent, Brügge, Ostende und Antwerpen, aber auch Charleroi und Lüttich; in den *Niederlanden* wurde der weitere Ausbau des Amsterdam-Rhein-Kanals angestrebt, um die Leistungsfähigkeit dieser Wasserstraße im Hinblick auf die Schubschiffahrt zu erhöhen; in der *BR Deutschland* wurden Ausbaunotwendigkeiten für den Dortmund-Ems-Kanal gesehen, im Bereich Hamburgs war der Bau eines Nord-Süd-Kanals beabsichtigt, während für Bremen vor allem die weitere Kanalisierung der Weser vordringlich war.

— Im Bereich der *Eisenbahn* wurde vor allem die Elektrifizierung der Strecken zwischen den Seehäfen und den großen Industriegebieten der Gemeinschaft bei gleichzeitiger Verbindung der nationalen elektrifizierten Eisenbahnnetze angestrebt; dabei liefen die *gemeinschaftsweiten Bemühungen* überwiegend mit den *nationalen Plänen* parallel. Angesichts der hohen Bedeutung der Eisenbahn für den Hinterlandverkehr Bremens und Hamburgs wurden Elektrifizierungs- und sonstige Ausbaumaßnahmen für besonders dringlich gehalten.

Der gemeinschaftsweite Ausbau der Hinterlandverbindungen der Seehäfen hat in der Folgezeit zweifellos dazu beigetragen, **infrastrukturelle Engpässe** für den Hinterlandverkehr zu mildern oder zu beseitigen. Bei einem weitgehenden Gleichschritt der Ausbaumaßnahmen in allen Mitgliedstaaten der Gemeinschaft waren jedoch kaum signifikante Effekte auf die **relative Wettbewerbsposition** der einzelnen Seehäfen zu erkennen. Allerdings hätte auf der anderen Seite eine Vernachlässigung des Infrastrukturausbaus die Wettbewerbsprobleme einzelner Seehäfen verstärken können. Für sämtliche Seehäfen hat sich eine **Vergrößerung ihres Hinterlands** ergeben, die allerdings im Falle der Rheinmündungshäfen besonders auffällig ist; hierbei spielen jedoch neben dem Ausbau der Infrastruktur auch die Weiterentwicklungen der Betriebssysteme der Binnenschiffahrt in Richtung auf Schub- und Koppelverbände eine entscheidende Rolle. Die insgesamt zu beobachtende Hinterlandvergrößerung erwies sich in der Folgezeit als wichtiger **Wachstumsfaktor für die Gemeinschaft**, dessen Bedeutung im Gesamtzusammenhang der wirtschaftlichen Entwicklung aber kaum isoliert betrachtet werden kann.

Marktordnung der Landverkehrsträger

Neben den Engpässen in der Infrastruktur der Hinterlandverbindungen waren es vor allen Dingen die tiefgreifenden Unterschiede in der Marktordnung der Landverkehrsträger, die sich auf die Wettbewerbsposition der einzelnen Seehäfen in der Gemeinschaft auswirkten. Die Marktordnungsproblematik betraf dabei die mehr oder weniger staatlich beeinflußten **Tarifgestaltungsmöglichkeiten** von Straßenverkehr, Binnenschiffahrt und Eisenbahn in Verbindung mit unterschiedlichen **Steuer- und Abgabenbelastungen**, aber ebenso die auch oftmals staatlich reglementierte **Marktzutritts- und Kapazitätspolitik** in der Verkehrswirtschaft.

Die **Tarifpolitik der Landverkehrsträger** ist insofern für die Wettbewerbsfähigkeit der Seehäfen von besonderer Bedeutung, als durch sie geographische Nachteile ausgeglichen oder aber verstärkt werden können; um so verständlicher ist es, daß sich die zunächst **weitgehend autonome Verkehrspolitik** der Mitgliedstaaten der Gemeinschaft speziell mit dem Verkehr von und nach ihren Seehäfen befaßt hat und dabei auf die Gestaltung der **Tarife im Hinterlandverkehr** Einfluß nahm:

— Für den *Eisenbahnverkehr* bestand in diesem Zusammenhang von Anfang an eine mehr oder weniger breite Palette von *Ausnahmetarifen*, die entweder öffentlich waren (Belgien, BR Deutschland) oder auf privaten Vereinbarungen beruhten (Niederlande) *(vgl. Band 2, S.281 ff.)*. Hinzu traten speziell für Montangüter die *EGKS-Tarife (vgl. Band 2, S.301 ff.)*, später auch *Sonderabmachungen* für den Seehafenhinterlandverkehr. Fracht- und Entfernungsvergleiche für Eisenbahntransporte (Eisenerz, Steinkohle, Getreide, Heizöl) von einigen Nordseehäfen nach einigen Hinterlandorten verdeutlichen die Relevanz der Tariffrage. Ohne die Anwendung von Ausnahmetarifen wären die Transporte von den deutschen Nordseehäfen auch bei vergleichbarer Entfernung entschieden teurer als die entsprechenden Transporte von den belgischen und niederländischen Häfen gewesen; an den jeweiligen Entfernungen läßt sich zudem die Randlage Hamburgs verdeutlichen. Die Anwendung der Ausnahmetarife milderte die sich aus der Hinterlandlage ergebenden Nachteile *(vgl. R. Oldewage, 1963, S.234 ff.)*. Allerdings war die europarechtliche Einordnung der Ausnahmetarife als *Wettbewerbstarife* oder als *Unterstützungstarife* gemäß Art. 80 EWGV (Art. 76 EGV) von Anfang an umstritten *(vgl. Band 2, S.320)*. Bis zum Beginn der achtziger Jahre blieb es zudem bei den stark national dominierten Tarifierungssystemen; erst dann setzte sich die *kommerzielle Selbständigkeit* der gemeinschaftlichen Eisenbahnen im grenzüberschreitenden Eisenbahngüterverkehr faktisch durch.

— Im Bereich der *Binnenschiffahrt* waren die nationalen Unterschiede in der Tarifbildung und im Tarifniveau noch deutlicher als bei der Eisenbahn, wobei auch unterschiedliche Belastungen mit *Schiffahrtsabgaben* zu berücksichtigen waren. Für die im Hinterlandverkehr besonders wichtigen grenzüberschreitenden Binnenschiffstransporte galt von vornherein der *Grundsatz der freien Preisbildung*, während für nationale Transporte innerhalb der BR Deutschland die von den Frachtenausschüssen gebildeten *güter- und relationsbezogenen Tarife* mit staatlichem Genehmigungsvorbehalt gültig waren. Außerhalb des Rheins, der aufgrund internationaler Verträge abgabefrei ist, wurden in der *BR Deutschland* Schiffahrtsabgaben (Befahrensabgaben) auf einem Teil des Wasserstraßennetzes erhoben, der immerhin mehr als die Hälfte des gesamten Netzes ausmachte (Kanalabgaben; Abgabefreiheit für alle regulierten und Teile der kanalisierten Flüsse). Auf den *niederländischen Wasserstraßen* wurden keine Schiffahrtsabgaben erhoben, auf den *belgischen Wasserstraßen* lediglich außerordentlich geringe Schleusengebühren, wobei sogar Transporte nach Antwerpen frei von Schleusengebühren waren *(zu den nationalen Tarifbildungsregimen in der Binnenschiffahrt vgl. Band 2, S.278 ff.)*. Insgesamt war es daher nicht verwunderlich, daß die Unterschiede in der Tarifgestaltung, im Tarifniveau sowie in der Abgabenbelastung zu einer *Benachteiligung deutscher Seehäfen* gegenüber den Rheinmündungshäfen in den Niederlanden und in Belgien führten; bei vergleichbaren Transportentfernungen lagen die Transportkosten im deutschen Seehafenhinterlandverkehr deutlich höher als in dem im wesentlichen aus grenzüberschreitenden Transporten bestehenden Hinterlandverkehr der Rheinmündungshäfen. Hinzu kam, daß nicht harmonisierte staatliche Einflußnahmen auf die *Marktzutritts- und Kapazitätssituation* in der Binnenschiffahrt (z. B. Abwrackaktionen) im Endergebnis zu einer deutlichen Positionsverbesserung insbesondere des niederländischen Binnenschiffsgewerbes führten. Allerdings darf nicht übersehen werden, daß auch zwischen den *Atlantik- und Mittelmeerhäfen* der Gemeinschaft gravierende Wettbewerbsverzerrungen bestanden.

— Unterschiedliche *Steuer- und Abgabenbelastungen* waren gewiß für den Hinterlandverkehr der Binnenschiffahrt von Bedeutung, stärker war jedoch ihr Einfluß auf das *Straßengüterverkehrsgewerbe (zur steuerlichen Behandlung des Straßengüterverkehrs in den einzelnen Mitgliedstaaten vgl. Band 2, S.433 ff.).* Hinzu kamen abweichende Vorschriften für die *Preisbildung (vgl. Band 2, S.270 ff.)* und das *Kapazitätsangebot (vgl. Band 2, S.70 ff.)* im grenzüberschreitenden bzw. binnenländischen gewerblichen Straßengüterverkehr, die durch die Einführung von Margen- und Referenztarifen *(vgl. Band 2, S.325 ff.)* sowie die schrittweise Erhöhung des Gemeinschaftskontingents *(vgl. Band 2, S.122 ff.)* noch verschärft wurden. Soziale und technische *Wettbewerbsbedingungen* waren zudem neben den finanziellen Wettbewerbsbedingungen unterschiedlich ausgestaltet und bewirkten deshalb eine Benachteiligung vor allem der deutschen Seehäfen.

Die Marktordnungsprobleme des Hinterlandverkehrs, wie sie bereits bei Gründung der EWG bestanden, trugen auch in der Folgezeit entscheidend dazu bei, den **Möglichkeitsbereich einer gemeinsamen Seehafenpolitik** einzuengen. Das zentrale Problem, das der Durchsetzung einer gemeinsamen Seehafenpolitik bis Mitte der achtziger Jahre entgegenstand, war vor allem die Anwendung verschiedener ordnungspolitischer Vorschriften für den **Marktzugang** und die **Preisbildung** im grenzüberschreitenden bzw. im jeweiligen nationalen Seehafenhinterlandverkehr. Die durch nicht harmonisierte Liberalisierungsmaßnahmen und Kapazitätsregelungen hervorgerufenen **Wettbewerbsverzerrungen** zeigten sich hier besonders deutlich und sollten die gemeinschaftliche Ausrichtung der Seehafenpolitik in Europa entscheidend behindern *(vgl. V. J. G. Power, 1992, S.508 f.).*

2.6.1.3 Probleme der Hafenkapazität und der Hafenkosten

Hafenkapazität

Die relative Wettbewerbsfähigkeit eines Seehafens hängt nicht nur von seiner Hinterlandlage und den spezifischen Bedingungen des Hinterlandverkehrs ab, sondern auch von der Hafenkapazität und den Hafenkosten. Um die Hafenkapazität dem **technischen Fortschritt** in der Seeschiffahrt mit **wachsenden Schiffsgrößen** – vor allem in der Tankschiffahrt, aber auch bei Massengutfrachtern – anzupassen, wurden bereits bei Gründung der EWG in allen Seehäfen umfangreiche Bauprogramme abgewickelt bzw. geplant. Dabei ging man allgemein von einem beschleunigt **steigenden Seegüterverkehr** und entsprechenden Güterumschlagsnotwendigkeiten aus *(vgl. R. Oldewage, 1963, S.90ff.)*:

— *Rotterdam*: Realisierung des Europoort-Projekts als kombiniertes Hafen-Industrie-Gelände für die Tankschiffahrt und den Massengutverkehr; weiterer Ausbau der Anlagen des bisherigen Rotterdamer Hafens und des Botlek-Gebiets; Entwicklung der gesamten Kanalzone vom Europoort bis zum Botlek-Gebiet zu einer Hafen- und Industriezone.

— *Amsterdam*: Verdoppelung des Hafengebiets durch Umwandlung von Polderflächen in Hafen- und Industriegelände; Erweiterung von Kaimauern und Umschlaganlagen; Errichtung von modernen Getreideumschlag- und Getreidelagerbetrieben bei gleichzeitiger Vertiefung des Hafenbeckens; Erweiterung einiger Kanalabschnitte des Nordseekanals und der Hafenmündung.

— *Antwerpen*: Bau weiterer Hafenbecken und eines Kanalhafens; Vergrößerung der Kaianlagen und Bau neuer Landungsbrücken; Errichtung neuer Krananlagen mit Schwimmkränen und Schleusenbau; Erschließung neuer Industriegebiete.

— *Gent*: Erweiterung des Hafens, Modernisierung der Hafenausrüstung, Bau einer neuen Seeschleuse bei Terneuzen; Verbreiterung des Gent-Terneuzen-Kanals.

— *Dünkirchen*: Bau neuer Hafenbecken, einer neuen Schleuse und einer weiteren Tanklöschanlage in enger Verbindung mit der Stärkung der Industriefunktionen des Hafengebiets.

— *Emden*: Verlängerung der Kaianlagen, Erschließung weiterer Erzlagerflächen mit Bandförder- und Verladeeinrichtungen; weiterer Ausbau des Ölhafens; Vertiefung des seewärtigen Zufahrtswegs.

— *Wilhelmshaven*: Wiederaufbau der Doppelkammerschleuse und Vertiefung des Wilhelmshavener Fahrwassers; Ausbau zum Erzhafen.

— *Bremen*: Bau eines neuen Hafengebiets auf dem linken Weserufer; Ausbau des vorhandenen Hafengebiets einschließlich der Häfen in Bremerhaven; Vertiefung der Außenweser und weitere Vertiefung der Unterweser.

— *Hamburg*: Wiederaufbau und Erweiterung der Hafenanlagen; Schaffung eines Vorhafens aufgrund eines Staatsvertrags zwischen Hamburg und Niedersachsen; neue Hafenkapazitäten auf dem alten Hafengelände; Vertiefung der Elbe.

In allen Häfen war man bestrebt, sich den **wachsenden Schiffsgrößen** und den **vergrößerten Tiefgängen** durch eine Vertiefung der Hafenbecken und der Zufahrtswege sowie durch eine Vergrößerung der Hafenanlagen anzupassen. Durch **Modernisierung und Rationalisierung** der Hafenanlagen und Hafenausrüstungen (rationellere Lösch- und Ladeeinrichtungen) versuchte man die **Liegezeit der Seeschiffe** in den Häfen zu verringern, um die Wirtschaftlichkeit des Seetransports insgesamt zu steigern. So konnte im Hamburger Hafen die durchschnittliche Liegedauer konventioneller **Stückgutfrachter** von ca. 60 Std. im Jahre 1973 auf ca. 36 Std. im Jahre 1982 reduziert werden; die Liegezeit von **Containerschiffen** sank im gleichen Zeitraum von etwa 24

Std. auf rund 20 Std.; dadurch wurde zugleich das Transportpotential der vorhandenen Seeschiffe beträchtlich gesteigert *(vgl. H. Jürgensen, 1985, S.503ff.)*.

Hafenkosten

Neben der Hafenkapazität spielen auch die Hafenkosten eine nicht unerhebliche Rolle im Seehafenwettbewerb. Unter den Hafenkosten ist die Summe aller **Entgelte für Hafendienstleistungen** im Zusammenhang mit dem Schiffs- und Seegüterverkehr zu verstehen *(vgl. H. Westendorf, 1960, S.633)*. Da die Hafenkosten aus einer **Vielzahl von Elementen** bestehen und auch in nahezu jedem Hafen eine andere Struktur und Berechnungsgrundlage aufweisen, ist ihre **hafenpolitische Vergleichbarkeit** in Frage gestellt. Grundsätzlich kann jedoch unterschieden werden zwischen denjenigen Hafenkosten, die als Teil der Seefrachten von der Reederei zu übernehmen sind, und jenen Hafenkosten, die unmittelbar von der Ware getragen werden müssen *(vgl. R. Oldewage, 1963, S.100ff.)*:

— Bei Gründung der EWG galt für die von den Schiffahrtskonferenzen festgelegten *Seefrachten* für die Relationen von und nach den Nordseehäfen im Bereich der Range Antwerpen – Hamburg das *Prinzip der Ratengleichheit*. Allerdings bestand die Möglichkeit der Erhebung bestimmter *Range-Zuschläge*, die zu einer relativen Bevorzugung oder Benachteiligung einzelner Häfen beitrugen. Unabhängig davon bedeutete jede einseitig starke Erhöhung der vom Schiff zu tragenden Hafengebühren eine Verminderung der Anziehungskraft dieses Hafens für den Seeschiffsverkehr. Es gab einige Hinweise darauf, daß die Hafengebühren in den *belgischen Nordseehäfen* höher lagen als in den *niederländischen Nordseehäfen*, während sich die *deutschen Nordseehäfen* bezüglich der Hafengebühren eher im Mittelfeld befanden.

— Die zweite Gruppe der von der Ware unmittelbar zu tragenden Hafenkosten umfaßt vor allem die *Umschlaggebühren*, die sich ebenso wie die anderen Hafenkosten im allgemeinen aus einer Reihe von Einzelpositionen zusammensetzen. Zudem sind in den einzelnen Seehäfen unterschiedliche *Organisationsformen* der Seehafenwirtschaft gegeben, teils mit einer starken Konzentration einzelner Bereiche der Seehafenwirtschaft in einem Unternehmen, teils mit einer weitgehenden Zersplitterung in Einzelbetriebe; weiterhin sind private, aber auch öffentliche und gemischtwirtschaftliche Trägerschaften festzustellen. Direkte und indirekte *Beihilfen* an die Seehäfen sind dabei ebenso zu vermerken wie die Möglichkeit der Nutzung von Kompensationskalkulationen (Quersubventionierung). Mit Umschlaggebühren in bestimmter Höhe können schließlich *unterschiedliche Leistungen* verbunden werden; die historisch entstandenen Hafenusancen verwischen dabei die Grenzen zwischen den *Hafen- und Umschlaggebühren* und machen jede Analyse ihres Einflusses auf die Wettbewerbsfähigkeit der einzelnen Seehäfen zu einem außerordentlich schwierigen Unterfangen.

Dennoch kann die Vermutung nicht widerlegt werden, daß die **Erhebung von Hafen- und Umschlaggebühren** sowie die **Gewährung von Beihilfen** seit Beginn der EWG zu den direkten Einflußfaktoren der Wettbewerbsfähigkeit der Seehäfen gehören. Neben ladungslenkenden Maßnahmen zugunsten der nationalen Flotte sowie einer unterschiedlichen Anwendung von Sicherheits- und Umweltschutzvorschriften im Seeverkehr, die zu Verkehrsverlagerungen und somit indirekt zu Wettbewerbsverzerrungen zwischen den Seehäfen führen konnten, hatte die Gebühren- und Beihilfepolitik zumindest einen tendenziell wirksamen Wettbewerbseinfluß. Allerdings darf dieser Einfluß auch nicht überschätzt werden. Da die Hafengebühren Anfang der achtziger Jahre nur ein Viertel der **Lade- und Löschkosten** bzw. rund 5 % der gesamten **Transportkosten** ausmachten, ging die Kommission in ihrer Mitteilung vom 14. März 1985 über den Weg zu einer gemeinsamen maritimen Politik im Seeverkehr [KOM (85) 90 endg.] von einer relativ geringen Wettbewerbsbeeinflussung durch eine verschiedenartige Gebührenpolitik aus. Nach ihrer Analyse wurde die Entscheidung der Reeder oder Spediteure vor allem von der **infrastrukturellen Ausstattung** der Häfen und von dem dortigen **Dienstleistungsangebot** determiniert, deren Bedeutung in Abhängigkeit von der Art des Gutes, den Beförderungsbedingungen des Gutes sowie dem gewählten Transportweg variierte. Auch aus der Gewährung einzelstaatlicher **Beihilfen an Seehäfen** resultierten nach Auffassung der Kommission Mitte der achtziger Jahre keine ernsthaften Wettbewerbsverzerrungen *(vgl. KOM (85) 90 endg., S.37)*.

2.6.2 Seehafenpolitische Initiativen in der Gemeinschaft

2.6.2.1 Problemstellung

Eine überzeugende Konzeption für eine gemeinschaftliche Seehafenpolitik, insbesondere im Sinne der **Schaffung verbindlicher und gerechter Grundlagen** für den Wettbewerb zwischen den Seehäfen, war bis 1985 nur ansatzweise zu erkennen. Kommission und Rat vertraten lange Zeit die Auffassung, daß die Angelegenheiten der Seehäfen im Zusammenhang mit der Einführung einer **gemeinsamen Seeverkehrspolitik** zu behandeln seien. Sie vernachlässigten dabei, daß das zentrale Problem der Seehafenpolitik in der uneinheitlichen **Regelung der Marktordnung** im nationalen und grenzüberschreitenden Hinterlandverkehr bestand, die nur durch geeignete Maßnahmen im Rahmen der europäischen Landverkehrspolitik hätte beseitigt werden können *(vgl. J. Erdmenger, 1984a, S.39f.; KOM (85) 90 endg., S.9)*.

Allerdings hatten auch die **Mitgliedstaaten** selbst kaum ein Interesse an einer gemeinsamen Position. Ihre Einstellung wurde im wesentlichen von der **nationalen Funktion** der Seehäfen bestimmt, was automatisch zu gemeinschaftsinternen Konkurrenzproblemen führte. Die **Komplexität der Sach- und Rechtsfragen**, die aus der Vielfalt der Organisationsformen, Strukturen und Aufgaben der Seehäfen resultierte, kam erschwerend hinzu. Mit den technischen Weiterentwicklungen und den gestiegenen Anforderungen an die Schiffahrt, der Industrialisierung der Häfen sowie der wachsenden Bedeutung der **Regional-, Raumordnungs- und Umweltschutzpolitik** für das Seehafengewerbe waren bei der Konzeption eines einheitlichen Vorgehens ständig neue Aspekte zu berücksichtigen *(vgl. H. P. Ipsen, 1979, S.202f.)*.

2.6.2.2 Anstöße des Europäischen Parlaments

In seinen Entschließungen vom 20. Dezember 1961 zur Denkschrift der Kommission vom April 1961 [ABl. 003 17.01.62 S.69, 71] *(vgl. Band 2, S. 1 ff.)*, vom 29. November 1967 über die gemeinsame Seehafenverkehrspolitik der EWG [ABl. 307 18.12.67 S.12] *(vgl. Bull. EG 1-1968, S. 72; Bull. EG 1-1968, Sonderbeilage, S. 119 f.)* und vom 17. April 1972 über die gemeinsame Seehafenpolitik im Rahmen der Europäischen Gemeinschaften [ABl. C 046 09.05.72 S.4] *(vgl. Bull. EG 6-1972, S. 81, 108 f.)* hatte das Europäische Parlament bereits relativ frühzeitig **verstärkte Anstrengungen** im Hinblick auf eine gemeinsame Seehafenpolitik gefordert. Als Begründung wurde angeführt, daß die Wettbewerbssituation und die Interessen der Seehäfen durch fast jede **ordnungspolitische Maßnahme** im Bereich der **Marktzugangs-, Kapazitäts- und Tarifpolitik im Hinterlandverkehr** beeinflußt würden. In diesem Zusammenhang drängte das Parlament in erster Linie auf die Einführung einer freien, an wettbewerblichen Gesichtspunkten orientierten Preisbildung für den Binnenverkehr, aber auch für die Erbringung von Hafendienstleistungen. Auch die **Verkehrsinfrastrukturpolitik** einschließlich der Wegekostenabgeltung, die staatlichen **Subventionen** sowie die **steuerlichen, sozialen und technischen Wettbewerbsbedingungen** sollten einheitlich geregelt werden, um Diskriminierungen zwischen den Häfen und im Verhältnis zu anderen Verkehrsträgern abzubauen.

Koordinierungsbedarf bestand nach Meinung des Parlaments ebenso bei der Durchführung und Finanzierung von **Hafeninvestitionen** sowie der Festlegung von **Hafengebühren**. Insbesondere unter Berücksichtigung der Einführung neuer Verkehrstechniken (Großschiffe, Containerverkehr), des sich abzeichnenden Beitritts des Vereinigten Königreichs, Irlands und Dänemarks, der Liberalisierung des Welthandels sowie zunehmender Umweltprobleme im Bereich der Seehäfen schien eine **Neuausrichtung der Seehafenpolitik** dringend notwendig zu sein. Im Rahmen seiner Kompetenzen setzte das Europäische Parlament in der Folgezeit seine Bemühungen fort. So veranstaltete der zuständige Ausschuß im Dezember 1973 eine Anhörung von Vertretern der wichtigsten europäischen Seehäfen *(vgl. P. J. Kapteyn, 1968, S. 127 ff.; F. Babudieri, 1969, S. 408 ff.; W. Stabenow, 1972, S. 65 f., 67; L. van Huffel, 1974, S. 234 f., 236 ff.; M. J. Giari, 1982, S. 13 f.; KOM (85) 90 endg., S. 34 f.)*.

2.6.2.3 Bemühungen der Kommission

Angeregt durch die Aktivitäten des Europäischen Parlaments begann auch die Kommission mit der Vorbereitung einer **gemeinschaftlichen Seehafenpolitik**. Sie stützte sich dabei auf die Generalermächtigung des Art. 235 EWGV (Art. 308 EGV), da zu dieser Zeit weder die Anwendbarkeit des EWGV auf die Seehäfen geklärt war noch auf primärrechtlicher Grundlage eine originäre **Kompetenz der Kommission** für diesen Bereich gesehen wurde. Angesichts der zunehmenden Integration der anderen Wirtschaftssektoren sowie der Liberalisierung des Warenverkehrs wollte die Kommission jedoch nicht auf ein **koordiniertes Vorgehen** verzichten *(vgl. GB 1970, Ziff. 303; W.*

Stabenow, 1972, S.68ff.; H. P. Ipsen, 1979, S.204f.; K. Heitmann, 1998, S.85; in bezug auf die Wettbewerbsregeln T. Lechner, 1997, S.26ff., 50ff., 55ff., 90ff.).

Am 24. März 1971 veröffentlichte die Kommission ein **Dokument** zu den Möglichkeiten einer **gemeinsamen Seehafenpolitik** und hielt zu deren Vorbereitung in den Jahren 1972, 1974, 1977 und 1980 **vier Konferenzen** mit Vertretern der wichtigsten europäischen Seehäfen ab *(vgl. Bull. EG 11-1972, S.115f.; Bull. EG 2-1974, S.74; Bull. EG 12-1977, S.73; Bull. EG 12-1980, S.71f.)*. Die auf dem zweiten Treffen am 19. Februar 1974 eingesetzte Arbeitsgruppe legte am 9./10. Juni 1977 einen Bericht über die **Lage der Seehäfen** in der Gemeinschaft vor *(vgl. Bull. EG 6-1977, S.58f.)*. Dieser stellte jedoch lediglich den institutionellen, strukturellen und administrativen Aufbau der Häfen, deren Entgelte, Gebühren und Einnahmen, die Verteilung der Aufgaben und Befugnisse, finanztechnische Fragen, die Arbeitsorganisation sowie Probleme der statistischen Erfassung dar. Die weit darüber hinaus gehenden Forderungen des **Europäischen Parlaments** wurden von der Kommission, den Mitgliedstaaten und den Seehafenvertretern abgelehnt *(vgl. L. van Huffel, 1974, S.235f., 239ff.; H. P. Ipsen, 1979, S.203f.; M. J. Giari, 1982, S.16ff.; J. Erdmenger, 1984a, S.39; KOM (85) 90 endg., S.34f.; V. J. G. Power, 1992, S.139, 507; D. Naumann, 1996, S.21)*.

Mit der Verabschiedung eines **internen Schlußberichts** über die durch die unterschiedlichen marktordnungspolitischen Regelungen des Hinterlandverkehrs verursachten Wettbewerbsverzerrungen vom Dezember 1980 stellte die **Arbeitsgruppe Seehäfen** ihre Arbeit ein *(vgl. Bull. EG 12-1980, S.71f.)*; die Repräsentanten der Seehäfen traten jedoch in Anwesenheit von Vertretern der Kommission weiterhin regelmäßig zu Beratungen zusammen. Das **Europäische Parlament** ließ 1982 erneut einen Bericht über die Rolle der Häfen in der gemeinsamen Verkehrspolitik erstellen, der auf einer Mitteilung der Kommission vom Juli 1981 über die Ergebnisse der Tätigkeit der Arbeitsgruppe Seehäfen basierte. In der nachfolgenden Entschließung vom 11. März 1983 zur Rolle der Häfen in der gemeinsamen Verkehrspolitik [ABl. C 096 11.04.83 S.117] bestätigte es seine **früheren Standpunkte** hinsichtlich der Harmonisierung der Wettbewerbsbedingungen, der Kapazitäts- und Tarifpolitik sowie der Abgeltung der Wegekosten bei allen Verkehrsträgern. Die Häfen sollten ihre gesamten Kosten durch Einnahmen decken, wobei allerdings eine genaue Begriffsabgrenzung unterblieb; Investitionen im Hafen- und Hinterlandbereich sollten aus öffentlichen Mitteln mitfinanziert werden *(vgl. M. J. Giari, 1982, S.18; J. Erdmenger, 1984a, S.39f.; KOM (85) 90 endg., S.34f.; J. Rommerskirchen, 1985, S.161)*.

Die Kommission kam ihrerseits zu dem Schluß, daß eine **besondere Dienststelle** für eine gemeinsame Seehafenpolitik zwar nicht erforderlich sei, drängte jedoch im Rahmen ihrer Vorschläge zur Weiterentwicklung der gemeinsamen Binnen- und Seeverkehrspolitik nach wie vor auf die **Berücksichtigung der Hafenbelange**. Am 13. Dezember 1984 unterbreitete sie dem Rat drei **Vorschläge zur Reform der Marktordnung im Seehafenhinterlandverkehr [ABl. C 014 16.01.85 S.7, 8, 9; ABl. C 163 01. 07.86 S.5, 6]**, um auf diesem Wege die Wettbewerbsverzerrungen zwischen den Seehäfen zu beseitigen *(vgl. Band 2, S.118, 341)*. Auf bestimmten **Korridoren zwischen den Häfen und dem Hinterland** sollten für die Beförderungen der auf dem Seeweg ein- oder ausgeführten Güter sämtliche Vorschriften zur **Kontingentierung** oder zur sonstigen **mengenmäßigen Beschränkung** des Marktzugangs sowie zur Bildung der **Beförderungsentgelte** aufgehoben werden; dieses Verfahren schien technisch einfach realisierbar und zudem leicht beobachtbar zu sein. Gemeinsame Aktivitäten waren in diesem Bereich besonders dringlich geworden, weil voneinander abweichende **fiskalische, sicherheits- oder umwelttechnische und soziale Vorschriften** sowie insbesondere die **Erweiterung der Tarifmargen** und die schrittweise Anhebung der bilateralen bzw. gemeinschaftlichen **Kontingente im grenzüberschreitenden Straßengüterverkehr** die Unterschiede in den Wettbewerbspositionen der Seehäfen deutlich verstärkt hatten. Nach den Stellungnahmen des Europäischen Parlaments [ABl. C 068 24.03.86 S.43] und des Wirtschafts- und Sozialausschusses [ABl. C 330 20.12.85 S.1] wurden die Vorschläge jedoch vom Rat nicht weiterverfolgt und schließlich am 4. August 1993 wieder zurückgezogen [ABl. C 228 24.08.93 S.10, 11] *(vgl. Bull. EG 12-1984, S.96f.; GB 1984, Ziff.489; J. Rommerskirchen, 1985, S.161f.; Bull. EG 6-1986, S.86f.; D. Naumann, 1996, S.21; zur weiteren Entwicklung S.347).*

3. Gemeinsame Luftverkehrspolitik in Europa

3.1 Grundlagen der gemeinschaftlichen Luftverkehrspolitik

3.1.1 Entwicklungstendenzen des Luftverkehrs

Die Verkehrsleistung im weltweiten **Linienpersonenluftverkehr** stieg von 460 Mrd. Pkm im Jahre 1970 durchschnittlich um 7,5 % p. a. auf 1.175 Mrd. Pkm im Jahre 1983. Infolge der **ersten Ölkrise** war 1974 und 1975 eine leichte Abschwächung der Wachstumsraten zu beobachten; ausgelöst durch die **zweite Energiekrise** und die **gesamtwirtschaftliche Rezession** stagnierte die Verkehrsleistung zudem ab 1980 für einige Jahre. Die Entwicklung in Europa zeigte ein ähnliches Muster; im gesamten Zeitraum hatten europäische Gesellschaften einen Anteil von etwa 20 % am Weltluftverkehr. Bei den Fluggesellschaften der Association of European Airlines (AEA) machten der Interkontinentalverkehr etwa 60 %, der internationale Verkehr in Europa sowie mit dem Nahen und Mittleren Osten ca. 25 % und der Inlandsverkehr knapp über 10 % aus.

Im **Weltcharterluftverkehr**, der im Verlauf der siebziger Jahre deutlich stärker expandierte als der Linienverkehr, wurde etwa ein Zehntel der gesamten Luftverkehrsleistungen erbracht. Hieran hatten **europäische Gesellschaften** einen Anteil von fast 70 %, so daß insgesamt knapp ein Viertel des Weltluftverkehrs von europäischen Unternehmen bewältigt wurde. Der Gelegenheitsverkehr war fast ausschließlich internationaler Verkehr, im europäischen Raum wurden in erster Linie Pauschalreisen durchgeführt. Die durch die **beiden Ölkrisen** hervorgerufenen Unterbrechungen des ungebremsten Wachstumstrends im Personenluftverkehr hatten in Verbindung mit dem Markteintritt von Charterfluggesellschaften, der Gründung neuer Liniengesellschaften und der Inbetriebnahme von Großraumflugzeugen das Entstehen von **Überkapazitäten** und verschärfter Konkurrenz im Weltpersonenluftverkehr zur Folge. Der Spielraum für eine Absenkung der Flugtarife war jedoch aufgrund des schnellen Anstiegs der **Betriebskosten** stark begrenzt *(vgl. H. Sichelschmidt, 1984, S.4ff.).*

Der weltweite **Frachtflugverkehr** erhöhte sich von 12,06 Mrd. tkm im Jahre 1970 auf 34,32 Mrd. tkm im Jahre 1983 mit einer durchschnittlichen Wachstumsrate von 8,4 % p. a.; auch in diesem Marktsegment zeigten sich 1975 und von 1980 bis 1982 deutliche Abschwächungstendenzen. Europäische Gesellschaften zeichneten Anfang der achtziger Jahre für knapp 30 % der Verkehrsleistungen verantwortlich. Die Dominanz des **interkontinentalen Verkehrs** war mit fast 90 % des gesamten Frachtverkehrs der AEA-Gesellschaften besonders stark ausgeprägt *(vgl. H. Sichelschmidt, 1984, S.4 ff.).*

Für das **Angebot** an Luftverkehrsleistungen war in **Europa** eine im Vergleich zu den **Vereinigten Staaten** relativ große Zahl bedeutender Unternehmen verantwortlich, wobei es sich meist um die für den Linienverkehr designierten nationalen Carrier handelte. 1982 wiesen acht Unternehmen einen **Jahresumsatz** von mehr als 1 Mrd. US$ auf, mindestens zwanzig Unternehmen hatten einen Umsatz, der zwischen 75 Mio. und 1 Mrd. US$ lag, kleine Gesellschaften gab es nur wenige *(vgl. H. Sichelschmidt, 1984, S.8ff.).*

3.1.2 Regulierung des Marktzugangs und der Kapazität

In Europa wurde der internationale Linienpersonenluftverkehr fast ausschließlich durch **bilaterale Luftverkehrsabkommen** aus den Jahren 1955 bis 1960 geregelt, die sich am Vorbild des zwischen den Vereinigten Staaten und dem Vereinigten Königreich abgeschlossenen **Bermuda I-Abkommens** orientierten. Zentrales Element dieser Abkommen war die Erteilung von **Verkehrsrechten** der dritten und vierten Freiheit auf Gegenseitigkeit, was auch meist den Transport von Fracht und Post umfaßte. Sofern die Verkehrsbedürfnisse von Drittstaaten einbezogen waren, wurden in Ausnahmefällen auch die fünfte bis siebte Freiheit gewährt; das Recht zur Durchführung von Kabotageverkehren war in den Vereinbarungen fast nie enthalten *(zu den Freiheiten der Luft vgl. Übersicht 12).*

Im Hinblick auf die **Angebotskapazität** (Größe des Fluggeräts) und die **Flugfrequenz** (Häufigkeit der Bedienung) gab es unterschiedliche Regelungen. Manchmal existierten keine Beschränkungen; insbesondere wenn die Unternehmen ungleich stark waren, wurden jedoch detaillierte Bestimmungen getroffen und außerdem Beförderungsquoten während bestimmter Zeitabschnitte eingeführt. In der Regel wurde die Kapazitätsaufteilung im Verhältnis von 50 zu 50 fixiert, was im Gegensatz zur nachträglichen Überprüfung der Kapazität auf ihre Verhältnismäßigkeit zum Verkehrsaufkommen bei der Bermuda-Klausel stand. Darüber hinaus „benannte" man eine begrenzte **Anzahl von Anbietern** pro Strecke gemäß der in den Vertragsstaaten angewandten Marktzugangsregelung. Meist handelte es sich um einen Anbieter aus jedem Staat; in Europa bestand aber auch die Möglichkeit der **Mehrfachbenennung**. Weitere Elemente der bilateralen Verträge waren die Konkretisierung der **Flugstrecken** und **Landepunkte** in einem Fluglinienplan sowie die Abstimmung von **Flugplänen**.

Übersicht 11: Das Abkommen von Chicago über den internationalen Luftverkehr

Mit dem *Artikel 1* des ICAO-Abkommens von 1944 erkannten die Vertragsstaaten an, daß jeder Staat über seinem Hoheitsgebiet die volle und ausschließliche Lufthoheit besitzt. Demzufolge ist die Nutzung des Luftraums eines anderen Staates stets zustimmungsbedürftig.

Artikel 5 begründete ein Recht auf nichtplanmäßige Flüge. Danach erklärt sich jeder Vertragsstaat damit einverstanden, daß alle nicht im planmäßigen internationalen Fluglinienverkehr eingesetzten Luftfahrzeuge der anderen Vertragsstaaten vorbehaltlich der Beachtung der Bestimmungen des Abkommens berechtigt sind, ohne Einholung einer vorherigen Erlaubnis in sein Hoheitsgebiet einzufliegen oder es ohne Aufenthalt zu durchfliegen und dort nichtgewerbliche Landungen vorzunehmen, vorbehaltlich des Rechts des überflogenen Staates, eine Landung zu verlangen. Jeder Vertragsstaat behält sich jedoch das Recht vor, aus Gründen der Flugsicherheit zu verlangen, daß Luftfahrzeuge, die sich in unzugängliche Gebiete oder solche ohne genügende Luftfahrteinrichtungen begeben wollen, vorgeschriebene Strecken einhalten oder eine Sondererlaubnis für solche Flüge einholen. Werden die Luftfahrzeuge außerhalb des planmäßigen internationalen Fluglinienverkehrs zur entgeltlichen oder mietweisen Beförderung von Fluggästen, Fracht oder Post verwendet, so haben sie nach Maßgabe der Bestimmungen des *Artikels 7* auch das Recht, Fluggäste, Fracht oder Post aufzunehmen und abzusetzen, vorbehaltlich des Rechts eines jeden Staates, die ihm wünschenswert erscheinenden Vorschriften, Bedingungen oder Beschränkungen aufzuerlegen.

Für den planmäßigen Fluglinienverkehr legte der *Artikel 6* fest, daß ein solcher Flugverkehr über oder in das Hoheitsgebiet eines Vertragsstaats nur mit der besonderen Erlaubnis oder einer sonstigen Ermächtigung dieses Staates und nur in Übereinstimmung mit den Bedingungen dieser Erlaubnis oder Ermächtigung betrieben werden darf.

Artikel 7 befaßte sich mit der Kabotage im Weltluftverkehr. Danach ist jeder Vertragsstaat berechtigt, den Luftfahrzeugen anderer Vertragsstaaten die Erlaubnis zu verweigern, innerhalb seines Hoheitsgebiets Fluggäste, Post und Fracht zur entgeltlichen Beförderung nach einem anderen Ort innerhalb seines Hoheitsgebiets aufzunehmen. Jeder Vertragsstaat verpflichtete sich, keine Übereinkommen zu treffen, die auf der Grundlage der Ausschließlichkeit einem anderen Staat oder einem Luftverkehrsunternehmen eines anderen Staates ein solches Recht ausdrücklich zusichern, und auch kein solches ausschließliches Recht von einem anderen Staat zu erwerben.

Während das ICAO-Abkommen für den planmäßigen Fluglinienverkehr überhaupt keine Verkehrsrechte definierte und ihn vollständig der Genehmigung der betroffenen Staaten unterwarf, wurden für Charterflüge zwar die technischen *Freiheiten 1 und 2* gewährt, die kommerziellen *Freiheiten 3, 4 und 5* jedoch effektiv von der Zustimmung der betroffenen Länder abhängig gemacht. Praktisch hatte damit auch die multilaterale Regelung für den Charterluftverkehr nur die Funktion einer Absichtserklärung.

Größere Luftverkehrsfreiheiten als das Basisabkommen proklamierten die Transit-Vereinbarung sowie die Transport-Vereinbarung vom 7. Dezember 1944. Die Unterzeichnerstaaten der *Transit-Vereinbarung* gewährten sich gegenseitig die 1. und 2. Freiheit der Luft. Allerdings traten einige wichtige Staaten dieser Transit-Vereinbarung nicht bei, so daß von daher ihre Bedeutung geschmälert wurde. Fehlgeschlagen ist der mit der *Transport-Vereinbarung* angestrebte Versuch, zu einer deutlichen multinationalen Liberalisierung des Luftverkehrs mittels der Einräumung der Freiheiten Nr. 1 bis 5 zu gelangen.

Auf der Grundlage der Artikel 43 bis 66 wurde die ICAO gegründet mit dem Ziel der Gewährleistung einer Ordnung der internationalen Zivilluftfahrt nach einheitlichen und allgemein gültigen Regeln. Wenngleich auch in der Folgezeit immer mehr Staaten dem Abkommen von Chicago beitraten, erschöpfte sich die Tätigkeit der ICAO doch weitgehend in technischen Reglementierungen der internationalen Zivilluftfahrt.

Auf europäischer Ebene kamen vielfach sog. **Poolabkommen** zur Festsetzung der Aufteilung von Einnahmen und Angebotskapazitäten zur Anwendung. Mittels dieser privatrechtlichen Vereinbarungen wollte man eine maximale Ausnutzung der Infrastruktur und eine Senkung der Betriebskosten durch Rationalisierungsmaßnahmen erreichen. Auf Inlandsrouten existierte in praktisch allen Mitgliedstaaten ein faktisches **Monopol**. Sowohl im Personen- als auch im Frachtcharterverkehr, die von den bisher beschriebenen Regelungen weitgehend ausgenommen waren, erfolgte die Erteilung von **Verkehrsrechten** auf unilateraler Basis. Einschränkungen waren nur dann vorhanden, wenn **öffentliche Verkehrsinteressen** beeinträchtigt wurden; außerdem erteilten die zuständigen Behörden **Ein- und Ausfluggenehmigungen** *(vgl. H. Nowak, 1981, S.404; L. Weber, 1981, S.45 ff.; H. Sichelschmidt, 1984, S.10 f.; A. Rommel, 1985, S.18f.; P. Wolf, 1989, S.13ff., 19; W. Niester, 1989, S.88f.; zur Entwicklung und Bedeutung bilateraler Abkommen u. a. A. Kark, 1989, S.75ff.; A. Loewenstein, 1991, S.37ff.).*

3.1.3 Verfahren der Tarifaushandlung und -genehmigung

Für den europäischen Linienluftverkehr erfolgte die **Festlegung der Tarife** nach der in den bilateralen Verträgen fixierten Vorgehensweise oder gemäß den Vorschriften des ECAC-Abkommens über ein Verfahren zur Festsetzung der Tarife für den innereuropäischen **Linienluftverkehr** vom 10. Juli 1967. Beide Regelungssysteme hatten gemein, daß die Fluggesellschaften zuerst in Konsultationen und Verhandlungen, die im Rahmen der IATA-Tarifkonferenzen stattfanden, für jede Route feste Flugpreise und Luftfrachtraten abstimmten und diese später den Regierungsbehörden zur Genehmigung unterbreiteten. Der **Charterluftverkehr** war bis auf den sog. ABC-Verkehr, für den Mindestpreise galten, von der Preisregulierung ausgenommen.

In Europa waren wie im Bereich der Kapazitätsabsprachen auch tarifliche **Sonderregelungen** in Form von **Poolabsprachen** weit verbreitet. Zentraler Bestandteil dieser Vereinbarungen waren **Ausgleichsleistungen**, die auf der Basis eines hypothetischen Gewinns berechnet und dann denjenigen Gesellschaften gewährt wurden, die von ungünstigeren Rahmenbedingungen betroffen waren. Ein Vorteil wurde in der Gewährleistung von Angeboten zu Nebenverkehrszeiten gesehen; als nachteilig empfand man den mangelnden Anreiz zur Preissenkung. Charakteristisch für die europäische Tariflandschaft waren zudem die zahlreichen **Sondertarife**, die auf kurzen Strecken dem Substitutionswettbewerb der Land- und Seeverkehrsträger bzw. auf längeren Strecken der Konkurrenz des Charterluftverkehrs Rechnung trugen *(vgl. H. Nowak, 1981, S.404 f.; H. Sichelschmidt, 1981, S.33; A. Kark, 1989, S.84f.).*

Die multilaterale Festlegung der Tarife im Rahmen der **IATA** erwies sich im Laufe der Zeit als zunehmend kompliziert und ineffektiv *(vgl. J. Frerich u. a., 1976, S.102 ff.).* Die Deregulierung des Luftverkehrs in den Vereinigten Staaten und ihre Auswirkungen führten 1979 zur Neuordnung der IATA-Konferenzen. Sie wurden aufgeteilt in **Verfahrenskonferenzen** mit obligatorischer Mitgliedschaft, die für Service und Agenturbeziehungen zuständig waren, und **Tarifkoordinierungskonferenzen**, bei denen die Mitarbeit freiwillig war; Nichtteilnehmer mußten sich nicht mehr an die dort vereinbarten Tarife gebunden fühlen. Für den Nordatlantikverkehr wurde die Tarifkoordinierung schließlich als Folge des sich durch den **Marktzutritt von Charterunternehmen** verschärfenden Wettbewerbs ganz aufgegeben; günstigere Preisangebote mit innovativen Konditionen bis hin zur Durchführung von Quasi-Linienverkehr hatten die etablierten Fluggesellschaften zum Handeln gezwungen *(vgl. E. Rössger u. a., 1968, S.79ff.; J. Reifarth, 1985, S.89ff.; A. Kark, 1989, S.85ff.; A. Loewenstein, 1991, S.32ff.; W. Pompl, 1991, S.156ff.).*

Übersicht 12: Die Freiheiten der Luft im internationalen Verkehr gemäß ICAO-Abkommen

Auf der Grundlage des ICAO-Abkommens von 1944 wurde ein System abgestufter Verkehrsrechte entwickelt. *1. Freiheit*: Das Recht der Fluggesellschaft eines Landes, das Hoheitsgebiet eines fremden Staates ohne Landung zu überfliegen. *2. Freiheit*: Das Recht der Fluggesellschaft eines Landes zur nichtkommerziellen Zwischenlandung in einem fremden Staat (z.B. zum Zwecke des Auftankens, des Flugpersonalwechsels usw.); dabei dürfen Fluggäste, Fracht und Post weder abgesetzt noch aufgenommen werden. *3. Freiheit*: Das Recht einer Fluggesellschaft, Fluggäste, Fracht und Post vom Eintragungsstaat des Luftfahrzeugs (Heimatstaat) in einen fremden Staat (Vertragsstaat) zu befördern und dort abzusetzen (Nachbarschaftsverkehr). *4. Freiheit*: Das Recht einer Fluggesellschaft, Fluggäste, Fracht und Post in einem fremden Staat (Vertragsstaat) aufzunehmen und in den Eintragungsstaat des Luftfahrzeugs (Heimatstaat) zu befördern (Nachbarschaftsverkehr). *5. Freiheit*: Das Recht einer Fluggesellschaft, Fluggäste, Fracht und Post zwischen zwei Drittstaaten (Vertragsstaaten) zu befördern, wobei der Flug entweder im Heimatstaat beginnen oder enden muß. *6. Freiheit:* Das Recht einer Fluggesellschaft, Fluggäste, Fracht und Post in einem Drittstaat (Vertragsstaat) aufzunehmen und nach einer Zwischenlandung im Heimatstaat in einen anderen Drittstaat (Vertragsstaat) weiterzubefördern; dies ist eine Kombination von Rechten der 3. und 4. Freiheit im Verhältnis zu zwei verschiedenen Vertragsstaaten. *7. Freiheit*: Das Recht einer Fluggesellschaft, Fluggäste, Fracht und Post zwischen zwei fremden Staaten (Vertragsstaaten) zu transportieren, ohne daß dieser Verkehr Teil einer Flugverbindung mit dem Eintragungsstaat des Luftfahrzeugs (Heimatstaat) ist. *8. Freiheit*: Das Recht einer Fluggesellschaft, Fluggäste, Fracht und Post zwischen zwei Orten innerhalb eines fremden Staates (Vertragsstaat) zu befördern; dies ist das Recht zum binnenländischen Verkehr in einem ausländischen Staat (Kabotagerecht). Die Transit-Vereinbarung des ICAO-Abkommens kodifizierte die beiden ersten Freiheiten, die Transport-Vereinbarung enthielt darüber hinaus die weiteren drei folgenden Freiheiten. Die letztgenannte Zusatzvereinbarung war jedoch für die Signatarstaaten des Abkommens von Chicago nicht bindend, da die Vereinigten Staaten bereits 1946 ihre Unterschrift unter die Transport-Vereinbarung zurückgezogen hatten.

3.2 Zusammenarbeit auf europäischer Ebene bis Mitte der achtziger Jahre

3.2.1 Kooperationsansätze der fünfziger und sechziger Jahre

Im Gegensatz zu den Binnenverkehrsträgern waren Regierungen und Fluggesellschaften im Bereich des kommerziellen Luftverkehrs bereits in dessen Entstehungsphase zu einer **länderübergreifenden Zusammenarbeit** gezwungen. Innerhalb seines Territoriums hatte zwar jeder Staat die marktordnungspolitischen Bedingungen selbst festgelegt; da aber in vielen flächenkleinen Staaten nur internationale Flugverbindungen einen ausreichenden Profit versprachen, mußten für den Fall der Grenzüberschreitung gewisse Vereinbarungen getroffen werden. Die fortschreitende Entwicklung des Luftverkehrs erhöhte die Notwendigkeit, seiner Fragmentierung entgegenzuwirken, Beschränkungen abzubauen und die Luftverkehrssysteme zu vereinheitlichen. In der **Vor- und Nachkriegszeit** behinderten indes die Uneinigkeit über eine einheitliche Zielvorstellung, das Fehlen einer gemeinsamen außen- und verteidigungspolitischen Konzeption sowie die mangelnde Bereitschaft zur Aufgabe von nationalen Hoheitsrechten eine umfassende **multilaterale Regelung** *(vgl. D. Goedhuis, 1957; L. Cartou, 1958; L. Weber, 1981, S.20f.)*.

Erste Ansätze im Hinblick auf eine **Neuordnung** des europäischen Luftverkehrs wurden schon bald nach dem Ende des **Zweiten Weltkriegs** diskutiert. Im Gegensatz zu den in den dreißiger Jahren formulierten Ideen *(vgl. R. Lawson, 1935; D. Goedhuis, 1952; L. Weber, 1981, S.23ff.)* spielten sicherheitspolitische Erwägungen jedoch keine tragende Rolle mehr. Im Vordergrund standen vielmehr der **europäische Integrationsgedanke** sowie die Notwendigkeit, die vielfältigen administrativen Bestimmungen zu vereinheitlichen und der sich bei den Dienstleistungsparametern abzeichnenden **ruinösen Konkurrenz** entgegenzuwirken *(vgl. H. Mourer, 1951; A. Meyer, 1952; L. Weber, 1981, S.22, 26; zu den Integrationsbemühungen im Bereich des Luftverkehrs bis Anfang der siebziger Jahre auch Ch. Delepière-Nys, 1974)*.

3.2.1.1 *Initiativen des Europarats*

In den Jahren 1950 und 1951 wurden der Beratenden Versammlung des Europarats *(vgl. Band I, S.9ff.)* verschiedene Empfehlungen zur besseren **Koordinierung des europäischen Verkehrswesens** vorgelegt *(vgl. D. Goedhuis, 1957, S.278; A. Föllmi, 1962, S.102f.; E. Rössger u. a., 1968, S.157f.; W. Schwenk, 1972, S.49ff., 60f.; L. Weber, 1977a, S.388ff.; L. Weber, 1981, S.27ff.)*:

— Der Plan des Vorsitzenden des Sonderausschusses für Verkehrsfragen *É. Bonnefous* sah neben der Gründung einer Europäischen Verkehrsgemeinschaft speziell für den Luftverkehr die Schaffung einer mit supranationalen Befugnissen ausgestatteten *europäischen Luftfahrtbehörde* vor, die zusammen mit den Regierungen der beteiligten Staaten ein verbessertes System des innereuropäischen Zivilluftverkehrs entwickeln und steuern sollte. Die Verkehrsdienste sollten von einem einzigen europäischen Luftfahrtunternehmen wahrgenommen werden.

— Der *van de Kieft*-Plan beabsichtigte eine auf der Initiative der einzelstaatlichen Regierungen beruhende *Gründung eines Konsortiums* der Luftverkehrsgesellschaften aus den am Projekt beteiligten Ländern, das den zwischenstaatlichen Verkehr durchführen sollte. Außerdem war die Einberufung einer Staatenkonferenz über Fragen des Luftverkehrs vorgesehen.

— Der Ansatz des italienischen Außenministers *Graf Sforza* faßte alle bisherigen Anregungen zusammen. Darüber hinaus wurde die Schaffung eines *europäischen Luftraums* vorgeschlagen, der für 50 Jahre existieren sollte. Einrichtung und Kontrolle wurden der o. a. *Aufsichtsbehörde* zugewiesen, deren Tätigkeit die Gewährleistung sämtlicher Freiheiten des Luftverkehrs, den Erlaß gesetzlicher Bestimmungen, die Vergabe von Konzessionen, die Regelung der Organisation der Zivilflughäfen, die Überwachung der Infrastrukturvereinheitlichung sowie die Einrichtung von gemeinsamen Forschungszentren umfassen sollte.

Die Beratende Versammlung und der Ministerrat lehnten jedoch alle supranationalen Elemente ab und befürworteten statt dessen eine **sektoral begrenzte zwischenstaatliche Zusammenarbeit**. Die Beratende Versammlung empfahl deshalb lediglich die Einberufung einer **Staatenkonferenz**; nach längeren Verhandlungen konnte sich der Ministerrat dahingehend einigen, daß die Einladung durch die **ICAO** erfolgen sollte.

3.2.1.2 Gründung der Europäischen Zivilluftfahrtkonferenz

An der Konferenz für die Koordinierung des europäischen Luftverkehrs (CATE), die vom 21. April bis zum 8. Mai 1954 in Straßburg stattfand, nahmen siebzehn europäische sowie zehn außereuropäische Staaten (u. a. die Vereinigten Staaten, Kanada und Japan) und elf internationale Organisationen mit Beobachterstatus teil. Auf eine umfassende Liberalisierung der **Verkehrsrechte** konnte man sich nicht einigen; greifbare Ergebnisse waren z. B. die Verabschiedung von Empfehlungen zur Regulierung von **Poolabsprachen** sowie zur Vereinfachung der Formalitäten, Erfordernisse und Erlaubnisverfahren. Auf der Grundlage weiterer Empfehlungen zur **Koordinierung** der Tätigkeit der europäischen Luftfahrtunternehmen wurden die Kompetenzen des 1952 ins Leben gerufenen Airlines Research Bureau (ARB) erweitert und das **European Airlines Research Bureau** (EARB) mit Sitz in Brüssel gegründet (1973 in AEA umbenannt) *(vgl. D. Goedhuis, 1957, S.279; L. Weber, 1981, S.29ff., 78f.; zu ARB, EARB und AEA H. Culmann, 1975).*

Zur Fortführung der auf der CATE begonnenen Arbeiten konstituierte die ICAO die Europäische Zivilluftfahrtkonferenz (ECAC) als eine permanente **zwischenstaatliche Konferenz**. Sie ist zu einer engen Zusammenarbeit mit der ICAO verpflichtet, dieser aber weder eingegliedert noch als Regionalorgan untergeordnet. Sie kann ihre Arbeitsgebiete und die Organisation der Zusammenkünfte autonom festlegen, ist im Entscheidungsprozeß allerdings an die Vorgaben der ICAO gebunden. Wichtigstes Organ ist die **Vollversammlung**, die von einem auf drei Jahre gewählten Präsidenten geleitet wird. Das 1959 eingerichtete permanent arbeitende Komitee wurde ab 1968 durch einen **Koordinationsausschuß** mit vier ständigen Ausschüssen, die ihrerseits Unterausschüsse und Arbeitsgruppen bildeten, ersetzt.

Die ECAC verfolgt das Ziel, die geordnete Entwicklung des europäischen Luftverkehrs zu fördern und seine Nutzung zu verbessern. Auf der ersten Konferenz, die vom 23. November bis zum 16. Dezember 1955 dauerte, wurden die Satzung verabschiedet und die einzelnen Aufgaben festgelegt. Seither nimmt die ECAC **Koordinierungsfunktionen** insbesondere in bezug auf wirtschaftliche, technische und sicherheitsrelevante Aspekte im Charter- und später auch im Linienverkehr wahr. Neben der Luftverkehrsbeobachtung erstellt sie Gutachten und verabschiedet Entschließungen bzw. Empfehlungen mit dem Ziel, eine **Vereinfachung der Formalitäten** im grenzüberschreitenden Luftverkehr zu erreichen sowie die **Luftverkehrsüberwachung und -infrastruktur** zu verbessern. Ursprünglich setzte sie sich auch für eine Erhöhung der Flexibilität bei der Tarifgenehmigung, die Förderung der Chancengleichheit bei der Zuweisung von Kapazitäten und eine liberalere Handhabung des Marktzugangs ein. Zwar konnte auch in Europa keine multilaterale Regelung zur Verwirklichung der **kommerziellen Freiheiten** im Linienverkehr geschaffen werden, da die Konferenzbeschlüsse nicht bindend sind und Erfolge letztlich vom Willen der nationalen Regierungen abhängen. Dennoch konnte die ECAC in den ersten Jahren ihres Bestehens das **Abkommen über gewerbliche Rechte im nichtplanmäßigen Luftverkehr** vom 30. April 1956, das **Übereinkommen über Lufttüchtigkeitszeugnisse** vom 22. April 1960 sowie das **Internationale Abkommen über ein Verfahren zur Festsetzung der Tarife für den innereuropäischen Linienluftverkehr** vom 10. Juli 1967 abfassen *(vgl. A. Föllmi, 1962, S. 104f.; E. Rössger u. a., 1968, S. 158ff.; L. Weber, 1977a; L. Weber, 1978; L. Weber, 1981, S. 32ff.; D. Rogalla u. a., 1994, S. 17f.)*.

3.2.1.3 Zusammenarbeit zwischen Luftverkehrsgesellschaften

Auch die europäischen Fluggesellschaften bemühten sich nach der **Wiederaufnahme des zivilen Luftverkehrs** schon bald um eine verstärkte Zusammenarbeit. Wirtschaftlich-organisatorische Gründe führten zur Bildung des SAS, eines Konsortiums aus je einer dänischen, norwegischen und schwedischen Fluggesellschaft. Eine privatrechtliche Vereinbarung legte die Anteile an Personal, Grundkapital und Betriebserfolg fest; in einem zwischenstaatlichen Rahmenabkommen räumte man sich gegenseitig alle **Freiheiten der Luft** ein und glich den Wortlaut der **Luftverkehrsgesetze** einander an *(vgl. W. H. Wager, 1951; W. Coulet, 1958, S. 131ff.; W. Schwenk, 1972, S. 55 ff.; L. Weber, 1981, S. 39f.)*.

Ähnliche Gründe führten am 8. November 1957 auch zu **Verhandlungen zwischen den Fluggesellschaften** Belgiens, der BR Deutschland, Frankreichs, Italiens, Luxemburgs, der Niederlande und der Schweiz über die Gründung der gemeinsamen Linie Europair. Nach dem zwischenzeitlichen Rückzug von Lux-Air, KLM und Swissair beteiligten sich schließlich noch Sabena, Deutsche Lufthansa, Air France und Alitalia an den Gesprächen, die später auf Regierungsebene fortgesetzt wurden. Am 20. Mai 1959 wurde dahingehend eine **vorläufige Einigung** erzielt, zum Beginn des nächsten Jahres unter dem Namen Air Union ein gemeinsames Konsortium zu bilden. Die Unternehmensanteile sollten gemäß verschiedenen gesamtwirtschaftlichen Größen, dem Anteil am Weltluftverkehr sowie der Größe der Luftflotte und des Flugnetzes bestimmt werden. Die Fluggesellschaften wollte man als eigene Rechtspersönlichkeit erhalten und die Kooperation auf den **internationalen Luftverkehr** (mit Ausnahme des Kolonialverkehrs) sowie die **Kabotageverkehre** beschränken. Abgeschlossene Vertragsentwürfe sollten allerdings erst 1962 vorliegen *(vgl. L. Ducarre, 1959; J. B. Hallmann, 1959; A. Föllmi, 1962, S. 112ff.)*.

Die **weiteren Verhandlungen** führten dann jedoch nicht zu einem konkreten Ergebnis, weil die französische Regierung die Vertragsentwürfe ablehnte. Die Quoten wurden zwar revidiert, aber auch über neue Gegenvorschläge konnte man keine Einigung mehr erzielen. Nachdem 1964 auch die KLM in Begleitung von Vertretern der niederländischen und luxemburgischen Regierung wieder an den Verhandlungstisch zurückgekehrt war, handelte es sich ab diesem Zeitpunkt faktisch um zwischenstaatliche Besprechungen der EWG-Mitglieder. Auch **wirtschaftliche Gründe** hatten einen Einfluß auf den Bedeutungsverlust des Projekts. In den fünfziger Jahren stand die Umrüstung auf Strahlflugzeuge an, die mit einem hohen Finanzierungsaufwand verbunden war und zu einer deutlichen Erweiterung des Kapazitätsangebots führte. Der Zusammenschluß sollte eine Koordination bei Flugplangestaltung, Verkauf, Bodendiensten und Flottenpolitik beinhalten und somit zur Kostendegression und Rationalisierung beitragen. Das zu Beginn der sechziger Jahre einsetzende **starke Wachstum** des Luftverkehrs und die daraus resultierende Verbesserung der wirtschaftlichen Situation der Gesellschaften machten die Notwendigkeit einer über den Abschluß von **Poolverträgen** hinausgehenden Kooperation dann aber hinfällig. Im Jahre 1965 scheiterte der Air Union-Plan endgültig, als die Regierungen auch einen zweiten Vertragsentwurf wegen Dissonanzen über die Aufsichtsfunktion, die Ausstattung mit Flugzeugen und die Quoten des Verkehrsumfangs ablehnten *(vgl. E. Rössger u. a., 1968, S. 161 ff.; W. Schwenk, 1972, S. 53 ff.; L. Weber, 1981, S. 40 ff.)*.

3.2.1.4 Luftraumüberwachung und Flugsicherung

Die ständige Zunahme des Flugbetriebs forcierte auch den Zwang zur **Zusammenarbeit der Staaten** bei der Luftraumüberwachung und der Flugsicherung. Auf der ICAO-Regionalkonferenz vom Januar 1958 in Paris wurde erstmals die Einrichtung eines vollständig integrierten **europäischen Flugsicherungssystems** besprochen. Im Verlauf der weiteren Verhandlungen beschlossen die Benelux-Staaten und die BR Deutschland den Aufbau einer dafür zuständigen Institution. An den Konsultationen beteiligten sich später auch Frankreich, das Vereinigte Königreich und Italien, das jedoch nach kurzer Zeit wieder ausstieg. Am 13. Dezember 1960 unterzeichneten die sechs Staaten in Brüssel einen auf zwanzig Jahre befristeten Vertrag zur Gründung und zum Betrieb einer **Europäischen Organisation zur Sicherung der Luftfahrt** (EUROCONTROL), der am 1. März 1963 in Kraft trat. Anfang 1965 wurde Irland als siebtes Mitglied aufgenommen *(vgl. A. Föllmi, 1962, S. 110 f.; E. Rössger u. a., 1968, S. 163)*.

EUROCONTROL besteht aus einer ständigen Kommission zur Sicherung der Luftfahrt und einer Agentur für die Luftverkehrssicherungsdienste. Die **Kommission**, in der die für den Luftverkehr verantwortlichen Minister vertreten sind, legt die Ziele und Mittel der Aktivitäten fest, faßt Beschlüsse über die Ausdehnung des Luftraums, über Vereinbarungen mit Drittstaaten und internationalen Organisationen sowie über die interne Struktur, erteilt der Agentur Richtlinien und gibt Empfehlungen zur Vereinheitlichung von Vorschriften, technischen Einrichtungen und Verfahren. Die **Agentur**, die aus zwei Vertretern aus jedem Mitgliedstaat besteht und von einem geschäftsführenden Generaldirektor geleitet wird, ist das Exekutivorgan für die Durchführung der Flugsicherung, die Bereitstellung der Einrichtungen, die Zusammenarbeit mit dem Militär sowie für die Errichtung und den Betrieb der Forschungs- und Betriebszentren *(vgl. E. Rössger u. a., 1968, S.163f.)*.

Die wesentlichen **Aufgaben** von EUROCONTROL sind die Durchführung des Flugsicherungsdienstes im oberen Luftraum über 7,5 km, die Zusammenarbeit mit den nationalen Stellen bei der Überwachung des unteren Luftraums, die gemeinsame Ausbildung des Personals sowie die technische Weiterentwicklung und Standardisierung der Flugsicherung. Gemäß dem EUROCONTROL-Abkommen konnte die Organisation für Flüge im oberen Luftraum **Flugsicherungsgebühren** erheben, machte davon jedoch erst ab 1971 Gebrauch, nachdem die Mitgliedstaaten die Einziehung von Gebühren für den unteren Luftraum beschlossen hatten. Eine zwischen den einzelnen Ländern und EUROCONTROL am 9. September 1970 getroffene **multilaterale Vereinbarung** begründete die Einrichtung und den Betrieb eines gemeinsamen Streckengebührensystems. Später folgten **bilaterale Vereinbarungen**, in denen EUROCONTROL mit der Einziehung der Gebühren beauftragt und die Verabschiedung der notwendigen nationalen Rechtsgrundlagen festgelegt wurde. Seit 1974/75 übten Frankreich, die Niederlande und das Vereinigte Königreich die Kontrolle im oberen Luftraum wieder selbst aus. Dies hatte zur Folge, daß durch ein Protokoll vom 12. Februar 1981 alle bestehenden Vereinbarungen zum Einzug von Flugsicherungsgebühren durch eine multilaterale Vereinbarung zwischen den Mitglied- und den in der Zwischenzeit assoziierten Staaten (Österreich, Portugal, Schweiz, Spanien) ersetzt wurden. Durch ein Änderungsprotokoll gleichen Datums wurde außerdem die obligatorische Abtretung der Zuständigkeiten für Flugsicherungsdienste in bestimmten Teilen des Luftraums an und die Erhebung von Gebühren durch EUROCONTROL aufgehoben. Seitdem üben die Mitgliedstaaten ihre **Hoheitsrechte** wieder selbst aus bzw. übertragen diese fakultativ; die Beschlüsse der zuständigen Minister aus Belgien, der BR Deutschland, Luxemburg und den Niederlanden vom 12. September 1983 (Übertragung der Zuständigkeit für den gesamten Überflugverkehr auf EUROCONTROL) bzw. vom 13. Oktober 1984 (Konzentration der Flugsicherung, Entwicklung eines integrierten Plans, gemeinsame Investitionsplanung) blieben ohne nennenswerte Folgen. Die Aufgaben von EUROCONTROL beschränkten sich deshalb auf die Entwicklung und den Betrieb eines europäischen **Luftverkehrsflußsteuerungssystems**, die Durchführung koordinierter **Forschungs- und Entwicklungsprogramme** und ein gemeinsames Vorgehen bei der **Ausbildung** *(vgl. E. Rössger u. a., 1968, S.164f.; J. F. Bentzien, 1981, S.274f.; L. Weber, 1981, S.36f.; zu den Flugsicherungsgebühren E. E. Grad, 1982; D. Rogalla u. a., 1994, S.125)*.

In mehreren Entschließungen aus der zweiten Hälfte der siebziger und von Anfang der achtziger Jahre gelangte das **Europäische Parlament** zu der Erkenntnis, daß im Bereich der Luftverkehrssicherung und -überwachung **kein gemeinschaftliches Vorgehen** existierte *(vgl. Übersicht 14)*. Insbesondere wurden verschiedene Varianten der engeren Kooperation mit EUROCONTROL bis hin zu einer institutionellen Verbindung mit der Gemeinschaft vorgeschlagen. Darüber hinaus regte das Parlament eine Zusammenarbeit von ziviler und militärischer Flugüberwachung, technische Verbesserungen und die Normung der Flugsicherungs- und Kommunikationsausrüstung sowie die Entwicklung gemeinsamer Systeme zur Übermittlung meteorologischer Informationen an. Angesichts der starken **Zunahme des Luftverkehrs** und der sich abzeichnenden **Kapazitätsprobleme** wurde die schnellstmögliche Einleitung von Maßnahmen angemahnt, um der zunehmenden Tendenz zu Flugausfällen, Umwegen und Verzögerungen entgegenzuwirken, die ihrerseits eine Erhöhung der Betriebskosten, negative Auswirkungen auf die Umwelt und eine Überlastung des Flugpersonals bewirkten *(vgl. L. Weber, 1981, S.332f., 345)*.

3.2.2 Vorläufer einer gemeinsamen Luftverkehrspolitik seit Anfang der siebziger Jahre

3.2.2.1 Kommissionsvorschlag vom Juni 1972

Anläßlich der anstehenden **Norderweiterung der Gemeinschaft** hatte die Kommission Ende der sechziger Jahre wiederholt auf die Bedeutung einer europäischen Luftverkehrspolitik hingewiesen und deshalb eine Untersuchung über die Möglichkeiten eines **gemeinsamen Vorgehens** durchgeführt. Auf der Ratstagung vom 4. Juni 1970 schlug sie vor, die Verbesserung des Linienstreckennetzes, eine gemeinsame Bedienung der Langstreckenverbindungen, eine abgestimmte Haltung im Rahmen der IATA, die Entwicklung der regionalen Infrastruktur sowie die Harmonisierung gesetzlicher Vorschriften zur Tätigkeit der Luftverkehrsunternehmen als Themengebiete für eine grundsätzliche Diskussion über **Ziele und Schwerpunkte** vorzusehen *(vgl. GB 1970, Ziff.302; G. Becher, 1980, S.194; L. Weber, 1981, S.336)*.

Aufgrund zeitlicher Verschiebungen im Zusammenhang mit den Beitrittsverhandlungen legte die Kommission ihren Vorschlag für eine Entscheidung des Rates über die ersten Maßnahmen eines **gemeinsamen Vorgehens** auf dem Gebiet des Luftverkehrs [ABl. C 110 18.10.72 S.6] erst am 30. Juni 1972 vor. Der **Kommissionsvorschlag** sah – in Abstimmung mit den Mitgliedstaaten – die Einleitung bestimmter Aktionen vor, die der technischen und wirtschaftlichen Entwicklung des Luftverkehrs und der Erweiterung der Gemeinschaft Rechnung tragen sollten. Die Kommission wollte Untersuchungen über Maßnahmen zur Verbesserung der Linienverkehrsdienste, zur Abstimmung der Tarifpolitik und zur Entwicklung der Verbindungen mit Drittländern durchführen. Mit ihren früheren Ansätzen hatte der Vorschlag jedoch nur noch wenig gemein und blieb sehr allgemein gehalten und unpräzise. Dies kam auch in den Stellungnahmen des **Europäischen Parlaments** [ABl. C 019 12.04.73 S.52] und des **Wirtschafts- und Sozialausschusses** [ABl. C 100 22.11.73 S.1] zum Ausdruck, die darüber hinaus ein koordiniertes Vorgehen im Rahmen der IATA und der ECAC, eine Abstimmung der Vergabe von Luftverkehrsrechten, die Anwendung eines gemeinsamen Systems zur Kapazitätskontrolle und Tariffestlegung, einheitliche Berufszugangsregelungen, die Umgestaltung des europäischen Luftverkehrsnetzes unter Berücksichtigung der Regionalförderung, eine Verbesserung der Flughafeninfrastruktur, die Unterstützung der nationalen Luftverkehrsgesellschaften bei ihren Rationalisierungsvorhaben, die Förderung der kommerziellen und technischen Zusammenarbeit der Unternehmen, verstärkte Bemühungen zur Erhöhung der Sicherheit und zur Berücksichtigung von Umweltbelangen sowie eine gegenseitige Anerkennung von Flugzeuggerät, Patenten und

Prüfungszeugnissen forderten. Der **Entscheidungsvorschlag** der Kommission wurde vom Rat jedoch nicht weiterverfolgt und am 21. Dezember 1977 wieder zurückgezogen [ABl. C 033 09.02.78 S.5] *(vgl. Bull. EG 8-1972, S.91; A. Frohnmeyer, 1972, S.252; P. J. Allott, 1975, S.316; G.-W. Rehm, 1975, S.188ff.; G. Becher, 1980, S.194; L. Weber, 1981, S.336f., 343f.).*

3.2.2.2 Aktionsprogramm vom Oktober 1975 und weitere Initiativen

In ihrer am 1. Oktober 1975 an den Rat gerichteten Mitteilung über ein Aktionsprogramm für die europäische **Luftfahrtindustrie** und **Luftfahrt** [KOM (75) 475 endg.] *(vgl. Bull. EG, Beilage 11/75)* und dem beigefügten Vorschlag für eine Entscheidung des Rates zur Einführung einer gemeinsamen Politik auf dem Gebiet der Zivilluftfahrtindustrie und der Zivilluftfahrt [ABl. C 265 19.11.75 S.2; ABl. C 040 17.02.77 S.11] – Stellungnahmen des Europäischen Parlaments [ABl. C 178 02.08.76 S.8] und des Wirtschafts- und Sozialausschusses [ABl. C 131 12.06.76 S.1] – betonte die Kommission die Notwendigkeit, die industriepolitische Förderung des Luftfahrzeugbaus durch die **Schaffung eines Gemeinsamen Zivilluftfahrtmarktes** zu ergänzen und die diesbezügliche Kooperationsbereitschaft der Mitgliedstaaten zu erweitern. Der umfangreiche Zielkatalog beinhaltete in erster Linie die zwischen der Gemeinschaft, den Mitgliedstaaten und Luftfahrtunternehmen abgestimmte **Verwirklichung eines europäischen Luftraums**. Weiterhin wurden der Abschluß von Abkommen mit Drittländern über Verkehrsrechte, die Erleichterung der Genehmigungsverfahren, die Verbesserung der innergemeinschaftlichen Verkehrsdienste einschließlich der Einrichtung von Flugverbindungen in Randregionen, eine Harmonisierung der Wettbewerbsbedingungen, die Erleichterung der Austauschbarkeit von Luftfahrzeugen und Besatzungen sowie die Stärkung der Zusammenarbeit mit **internationalen Organisationen** – wie z. B. der ECAC – angeregt *(vgl. GB 1975, Ziff.374; G. Krauss, 1976, S.19; G. Becher, 1980, S.195; L. Weber, 1981, S.337ff., 344f.; A. Loewenstein, 1991, S.65f.).*

Obwohl die Kommission ausdrücklich eine schrittweise Änderung der bisherigen **Politikgestaltung** unter Berücksichtigung der bestehenden Rahmenbedingungen favorisierte, war ihren Vorschlägen letztendlich **kein Erfolg** beschieden. Der inhaltliche Zusammenhang zwischen den beiden Politiken – der Industriepolitik auf der einen Seite und der Luftverkehrspolitik auf der anderen Seite – hatte sich aufgrund ihrer strukturellen Verschiedenheiten als nicht ausreichend erwiesen. Auf **industriepolitischem Gebiet** wurden hingegen die Entschließung des Rates vom 4. März 1975 über Konzertierung und Konsultation zwischen den Mitgliedstaaten in der Industriepolitik auf dem Luftfahrzeugsektor [ABl. C 059 13.03.75 S.1] sowie am 14. März 1977 eine Erklärung des Rates betreffend die Industriepolitik auf dem Luftfahrzeugsektor [ABl. C 069 16. 03.77 S.6] in bezug auf das **Aktionsprogramm** verabschiedet *(vgl. G.-W. Rehm, 1975, S.203; GB 1977, Ziff.158; G. Becher, 1980, S.195f.; L. Weber, 1981, S.332f., 339, 348 f.).*

Allerdings blieb in der Folgezeit auch der mit einer Kommissionsmitteilung vom 2. August 1977 verbundene **Aktionsplan für die Forschung** auf dem Gebiet der Luftfahrt [KOM (77) 362 endg.; ABl. C 210 02.09.77 S. 8] erfolglos *(vgl. GB 1977, Ziff. 158, 421; Band 1, S. 536)*. Eine Mitteilung der Kommission vom 21. Juni 1978 zur **Konzertierung der Programme** auf dem Sektor der zivilen Luftfahrt [KOM (78) 211 endg.] lieferte dann einen Überblick zur Historie der gemeinschaftlichen Politik und zur Situation der europäischen Luft- und Raumfahrtindustrie, analysierte den Gegenstand und die Ziele des Konzertierungsplans (Beurteilung der einzelstaatlichen Vorhaben, Anhörungen von Fachvertretern, Prüfung einer finanziellen Beteiligung) und legte die mögliche **Rolle der Gemeinschaft** bei der Entwicklung der Branche dar (Organisation des Luftverkehrsmarktes, Kontrolle der Beihilfen, Harmonisierung der technischen Vorschriften, Bereitstellung von Haushaltsmitteln, Maßnahmen im Bereich der Außenhandelspolitik) *(vgl. Bull. EG 6-1978, S. 30 f.)*.

3.2.2.3 Prioritätenliste des Rates vom Juni 1978

Die **wiederholten Bemühungen** des Europäischen Parlaments und der Kommission, den Rat mit der gemeinsamen Luftverkehrspolitik zu befassen, hatten – unter dem Eindruck der Entwicklungen in den Vereinigten Staaten – schließlich am 29. Juni 1977 Erfolg, als dieser sich erstmalig mit den **anstehenden Problemen** des europäischen Luftverkehrs beschäftigte. Auf Initiative des Vereinigten Königreichs wurde der Ausschuß der Ständigen Vertreter aufgefordert, eine Arbeitsgruppe zu schaffen, die die **Prioritäten** für die zukünftige Gemeinschaftspolitik untersuchen und die aus der Anwendung der **allgemeinen Vertragsvorschriften** auf die Luftfahrt entstehenden Fragen klären sollte. Am 12. Juni 1978 billigte der Rat eine zehn Punkte umfassende Prioritätenliste *(vgl. Bull. EG, Beilage 5/79, Anhang I)* und leitete diese anschließend an die Kommission weiter. Als **Handlungsfelder** wurden die Anwendung der Wettbewerbsregeln, die Gewährung von Beihilfen, die Verwirklichung der Niederlassungsfreiheit, die Optimierung der Routenstruktur im internationalen Linienverkehr, die gegenseitige Anerkennung von Befähigungsnachweisen, die Harmonisierung der Arbeitsbedingungen, die Verabschiedung technischer Normen zur Beschränkung von Schallemissionen, die Katastrophenhilfe sowie die Vereinfachung von Formalitäten identifiziert *(vgl. Bull. EG 6-1978, S. 60; G. Becher, 1980, S. 196 f.; U. Weinstock, 1980, S. 220; J. Erdmenger, 1981a, S. 128 f.; L. Weber, 1981, S. 349 ff., 358 f.; A. Loewenstein, 1991, S. 66 f.)*.

3.2.2.4 Erstes Luftverkehrsmemorandum vom August 1979

Die Deregulierung des Personenluftverkehrs in den **Vereinigten Staaten** einschließlich des Abschlusses liberalerer bilateraler **Verkehrsabkommen** mit einigen europäischen Staaten *(vgl. H. Sichelschmidt, 1981, S. 9 ff.; E. Bailey u. a., 1983; G. Knieps, 1987, S. 33 ff.; A. Kark, 1989, S. 23 ff.; W. Pompl, 1991, S. 250 ff.)* und die im Jahre 1978 erfolgte **Neubestimmung der Aufgaben** der IATA hatten das bis zu diesem Zeitpunkt existierende strukturelle und organisatorische System des Weltluftverkehrs stark verändert. Aber auch innerhalb Europas zeichnete sich seit Mitte der siebziger Jahre durch die Einführung wettbewerbsfördernder Elemente eine **Aufweichung der Marktordnung** ab. Vorreiter dieser Entwicklung war die Zivilluftfahrtbehörde des Vereinigten Königreichs. Bei der Genehmigung von **Tarifniveau und -struktur** orientierte sie sich zunehmend an den zugrundeliegenden Kosten, was zu einer Senkung des Normaltarifs und der Ersetzung von Sondertarifen durch einen einzigen Niedrigtarif führte. Ein Ende des Jahres 1978 mit den skandinavischen Staaten abgeschlossenes Luftverkehrsabkommen bezog die Liniendienste neuer Anbieter ein und unterstützte somit die Absenkung der Flugpreise. Zu erwähnen sind in diesem Zusammenhang auch die Teilprivatisierung von British Airways und die vom Luftverkehrsunternehmer *Sir Freddie Laker* mittels einer Klage gegen die britische Zivilluftfahrtbehörde vor Gericht erstrittene Erlaubnis, einen **verbilligten Linienflug** mit geringerer Servicequalität – aber ohne einschränkende Bedingungen – auf der Route London – New York (Skytrain) anzubieten. Zudem erhoben mehrere (meist britische) Fluggesellschaften Anspruch auf die Erteilung von Rechten der vierten Freiheit. Aber auch auf wirtschaftlichem Gebiet hatten sich durch die Verteuerung der Kraftstoffpreise und verstärkt auftretende Kapazitätsengpässe, die auf der Zunahme des Luftverkehrs, mangelnder Koordination bei der Flugsicherungskontrolle und daraus folgenden Überlastungen der Flughafeninfrastruktur beruhten, **neue Herausforderungen** ergeben *(vgl. P. D. Dagtoglou, 1981, S.338ff.; H. Sichelschmidt, 1981, S.34ff.)*.

Mit ihrer am 30. August 1979 vorgelegten Mitteilung über die Beiträge der Europäischen Gemeinschaften zur Entwicklung des Luftverkehrswesens (Erstes Luftverkehrsmemorandum) [KOM (79) 311 endg.] *(vgl. Bull. EG, Beilage 5/79; Bull. EG 6-1979, S.24ff.)* trug die Kommission den sich abzeichnenden Änderungen Rechnung und initiierte auf diesem Wege eine rege **Diskussion über die Deregulierung** des europäischen Luftverkehrs. In einer **Mängelanalyse** stellte sie fest, daß die Flugpreise in Europa vergleichsweise hoch waren, einerseits wegen der (technisch bedingt) überdurchschnittlich hohen Betriebskosten und des kostentreibenden **Qualitätswettbewerbs**, andererseits aber auch wegen des mangelnden **Preiswettbewerbs** aufgrund der bilateralen Regierungsabkommen, die den Luftverkehr auf die jeweiligen nationalen Fluggesellschaften aufteilten und damit eine Monopolisierungstendenz des Marktes bewirkten. Ferner wurden die durch dieses System bewirkte **Konzentration auf wenige Hauptflughäfen** und seine generelle Inflexibilität – insbesondere in bezug auf neuartige **Tarif- und Dienstleistungsangebote** – sowie die mangelhafte Koordination bei der **Luftverkehrskontrolle** kritisiert *(vgl. J. Erdmenger, 1981a, S.121 ff.; R. Le Goy, 1981; W. Pompl, 1984, S.318f.; R. J. Haupt u. a., 1985, S.17f.; A. Kark, 1989, S.113f.; A. Loewenstein, 1991, S.67)*.

Auf der Grundlage dieser Schlußfolgerungen leitete die Kommission ihre **gruppenspezifischen Zielvorstellungen** für eine Reform des europäischen Luftverkehrswesens ab. Im Hinblick auf die **Verbraucherinteressen** wurde ein verbessertes Dienstleistungsangebot zu möglichst niedrigen Preisen gefordert. Die **Luftverkehrsgesellschaften** sollten ihre Betriebskosten senken und die Produktivität steigern, um zumindest ein ausgeglichenes finanzielles Ergebnis erzielen zu können. Bei den **Arbeitnehmern** standen die Weiterentwicklung der sozialen Rechte und die freie Arbeitsplatzwahl im Mittelpunkt, während man sich für die **Öffentlichkeit** eine Verbesserung der

Lebensbedingungen und eine Berücksichtigung der Allgemeininteressen (Umweltschutz, Regionalentwicklung, Energiesparen, Unfallverhütung) erhoffte.

Die von der Kommission formulierten pragmatischen Lösungsvorschläge sollten stufenweise realisiert werden. So wurden erweiterte **Marktzutrittsmöglichkeiten** für Unternehmen mit alternativen Leistungs- und Tarifangeboten, die Genehmigung der **Verkehrsrechte** bei neuen Linienverbindungen sowie die automatische Genehmigung von **Charterflügen** vorgeschlagen. Eine ausgeprägtere Differenzierung der **Tarifstruktur** und eine Absenkung des **Tarifniveaus** sollten durch bestimmte Maßnahmen gefördert werden. Die Kompetenzen der nationalen **Regulierungsbehörden** in den Bereichen Marktzugangs- und Tarifregulierung wollte die Kommission dabei weitgehend erhalten und lediglich durch die Schaffung von Zuständigkeiten auf europäischer Ebene ergänzen.

Weiterhin wurden die Sicherstellung des Grundsatzes der **Niederlassungsfreiheit**, die Anwendung der **Wettbewerbsregeln** auf den Luftverkehr gemäß dem Universalitätsprinzip, die Verringerung der **Subventionszahlungen** durch die Festlegung einheitlicher Kriterien und die Gewährung von Entschädigungszahlungen für Fluggäste bei **Überbuchungen** verlangt. Die Vereinfachung von Formalitäten und die Vereinheitlichung technischer Normen für Fluggeräte sollten zur **Senkung der Betriebskosten** beitragen. Im Bereich der sozialen Wettbewerbsparameter war an die Angleichung der **Arbeitsbedingungen** des Personals und die gegenseitige Anerkennung von Befähigungsnachweisen gedacht. Die Luftverkehrssicherheit sollte durch die Verbesserung der **Flugsicherungstechnologie** gesteigert werden. Im Hinblick auf die Beziehungen zu Drittstaaten und zu internationalen Organisationen wurden von der Kommission die Einführung eines **Konsultationsverfahrens** sowie engere Beziehungen zur ICAO und zur ECAC angeregt *(vgl. J. Erdmenger, 1981a, S.126f.; H. Sichelschmidt, 1981, S.36ff.; J. Erdmenger, 1983b, S.87ff., 91f.; W. Pompl, 1984, S.317f.; R. J. Haupt u. a., 1985, S.18f.; F. Sørensen, 1985, S.6; A. Kark, 1989, S.113f.; R. K. Beyen u. a., 1991, S.82ff.)*.

In den Entschließungen des **Europäischen Parlaments** vom 23. Oktober 1979 [ABl. C289 19.11.79 S.16] und vom 17. Oktober 1980 [ABl. C291 10.11.80 S.60, 65] wurden die von der Kommission formulierten Ziele sowie die beabsichtigten Maßnahmen gutgeheißen und unterstützt. Besonderes Schwergewicht wurde auf die Erleichterung des **Marktzugangs** von Linien- und Chartergesellschaften, eine Vereinfachung der **Tarifstruktur** und eine Senkung des **Tarifniveaus** gelegt. Die Liberalisierung sollte jedoch schrittweise erfolgen, um negative Auswirkungen auf die Dienstleistungsqualität, die Sicherheit, die Umwelt und die sozialen Rechte der Arbeitnehmer zu vermeiden. Die Ausarbeitung einer Durchführungsverordnung zur Anwendung der **Wettbewerbsregeln** wurde zwar als dringlich angesehen; unter Berücksichtigung der von den Fluggesellschaften vorzunehmenden Anpassungen empfahl das Europäische Parlament allerdings eine allmähliche Ausdehnung der Bestimmungen auf den Luftverkehr. Kritisch setzte es sich mit der unzureichenden **Einbeziehung der Bedürfnisse der Rand- und Inselregionen** sowie der **sozialen Aspekte** auseinander. Auch der **Wirtschafts- und Sozialausschuß** würdigte in seiner Stellungnahme vom 3. Juli 1980 [ABl. C230 08.09.80 S.30] das Memorandum, monierte jedoch die mangelnde Beachtung der sozialen Interessen und legte besonderen Wert auf die **Verbesserung der Flugsicherung**, eine Erleichterung der Formalitäten und eine **stufenweise Liberalisierung** der marktordnungspolitischen Rahmenbedingungen.

3.2.2.5 Einführung eines Konsultationsverfahrens

Die **Entscheidung 80/50/EWG des Rates vom 20. Dezember 1979 [ABl. L 018 24.01.80 S.24]** *(vgl. Übersicht 13)* verfügte die Einführung eines Konsultationsverfahrens zwischen den Mitgliedstaaten und der Kommission auf dem Gebiet des Luftverkehrs. Davon betroffen sind die im Rahmen internationaler Organisationen behandelten Fragen, die Entwicklungen in den Beziehungen zwischen Mitgliedstaaten und Drittländern sowie das Funktionieren der bi- und multilateralen Übereinkommen. Die Konsultationen werden auf **Antrag** eines Mitgliedstaats oder der Kommission eingeleitet und erfolgen im Rahmen des Rates; sie sind spätestens innerhalb eines Monats durchzuführen. Mittels des Informationsaustausches, der über das Generalsekretariat des Rates abgewickelt wird, soll festgestellt werden, ob auftretende Probleme von **gemeinschaftlichem Interesse** sind und ob Aktionen der Mitgliedstaaten innerhalb der betreffenden **internationalen Organisationen** koordiniert werden sollen; einer Konsultation vor dem Abschluß bilateraler Abkommen stimmte der Rat jedoch nicht zu *(vgl. Bull. EG 11-1979, S.64; Bull. EG 12-1979, S.71; Bull. EG 1-1980, S.41; J. Erdmenger, 1981a, S.123; L. Weber, 1981, S.352f.; KOM(84) 72 endg., S.13; D. Rogalla u. a., 1994, S.92f.; zur weiteren Entwicklung S.584)*.

3.2.2.6 Vorarbeiten zur Anwendung der Wettbewerbsregeln

Im Anschluß an das **Seeleute-Urteil** *(vgl. S.7)* begann die Kommission im Jahre 1974 mit ihren Vorarbeiten zu einer **Anwendungsverordnung** für die Wettbewerbsregeln. In Zusammenarbeit mit den Behörden der Mitgliedstaaten führte sie eine Untersuchung zu bestimmten **wettbewerbsrelevanten Faktoren** des Luftverkehrs durch. In einem Fragebogen zu den bestehenden nationalen Wettbewerbsvorschriften und ihrer Anwendung erbat sie Informationen zu Zahl, Tätigkeitsbereich und Kennzahlen der Luftverkehrsgesellschaften, den Verbindungen der Mitgliedstaaten und der Unternehmen zu internationalen Organisationen, den abgeschlossenen Luftverkehrsabkommen, den Verträgen der Unternehmen über eine technische und wirtschaftliche Zusammenarbeit sowie ihren Beziehungen zum Verkehrshilfsgewerbe. Die **Ergebnisse der Befragung** und der sich anschließenden informellen Konsultationen sollten als **Vorbereitungshilfe** zur Definition des Anwendungsbereichs der Verordnung sowie zur Festlegung der Legalausnahmen und Gruppenfreistellungen vom Kartellverbot unter Berücksichtigung der hoheitlichen Eingriffe bei der Gewährung von Überflug- und Landerechten, der Ausstellung von Betriebsgenehmigungen, der Tarifregulierung und der Absprache der Transportkapazitäten dienen. In diesem Zusammenhang war auch die Möglichkeit einer Anwendung von Art. 90 EWGV (Art. 86 EGV) gegen die Mitgliedstaaten vorgesehen. Weiterhin wollte die Kommission die Rahmenbedingungen für die Bestimmung der **Verfahrensmodalitäten** (Ermittlungsbefugnisse, Sanktionen, Erlaß einer Verbotsentscheidung) festlegen *(vgl. WB 1975, Ziff. 15; WB 1976, Ziff. 16 f.; L. Weber, 1981, S.339 f.)*.

Nachdrücklich durch die Entschließung des **Europäischen Parlaments** vom 7. Juli 1978 über Wettbewerbsbeschränkungen im Luftverkehr [ABl. C 182 31.07.78 S.66] zu einer Beschleunigung der Arbeiten aufgefordert, begann die Kommission mit einer Umfrage zur Rolle der nationalen **Regulierungsbehörden** bei der Tariffestlegung – 1981 durch eine weitere Erhebung ergänzt – und trat 1979 mit den Mitgliedstaaten in einen Dialog zur Auflockerung der starren Strukturen des Luftverkehrsmarktes ein. Im **Ersten Luftverkehrsmemorandum** *(vgl. S.86)* unterstrich sie die Notwendigkeit, eine rechtliche Regelung zu erlassen, die allerdings allein Verfahrensbestimmungen (Untersuchungs- und Sanktionsbefugnisse) enthalten und sich auf Verhaltensweisen und Vereinbarungen, die von den Unternehmen selbst festgelegt würden, beschränken sollte. Die Kommission verpflichtete sich, dem Rat im nächsten Jahr einen Vorschlag zu übermitteln. In zwei Sitzungen der Jahre 1979 und 1980 hörte sie nationale **Regierungssachverständige** zu ihrem Vorentwurf an *(vgl. WB 1978, Ziff. 38 f.; KOM (79) 311 endg., S.24 ff.; WB 1979, Ziff. 12 f.; WB 1980, Ziff. 11 ff.; L. Weber, 1981, S.339 f.; WB 1982, Ziff. 20)*.

Der endgültige Kommissionsvorschlag vom 22. Juli 1981 [ABl. C 291 12.11.81 S.4; ABl. C 317 03.12.82 S.3] stellte dann auch im wesentlichen eine **Verfahrensverordnung** dar, die weitgehend die für den Landverkehr vorgesehenen Bestimmungen übernahm. Für bestimmte Verträge zur technischen Zusammenarbeit war eine **Legalausnahme** vorgesehen; alle anderen Arten von Vereinbarungen wurden zwar nicht durch eine **Gruppenfreistellung** erfaßt, **Einzelentscheidungen** waren aber möglich. Luftverkehrsunternehmen waren nur betroffen, soweit sie nach dem Gemeinschaftsrecht zu einem bestimmten Tun oder Unterlassen verpflichtet waren. Maßnahmen, die in den Zuständigkeitsbereich der Mitgliedstaaten fielen – wie die Regelung des Marktzugangs, der Abschluß bilateraler Abkommen oder staatliche Auflagen – wurden nicht einbezogen. Die Stellungnahme des **Europäischen Parlaments** [ABl. C 182 19.07.82 S.120] begrüßte die Vorgehensweise der Kommission, kritisierte jedoch ebenso wie die Stellungnahme des **Wirtschafts- und Sozialausschusses** [ABl. C 077 21.03.83 S.20], daß nicht weitere Vereinbarungen, wie Poolabkommen und Tarifvereinbarungen, in den Genuß einer Legalausnahme bzw. Gruppenfreistellung kämen. Letzterer bemängelte außerdem, daß auch Verbindungen mit Nicht-Mitgliedstaaten von den Bestimmungen betroffen wären, ergänzende Harmonisierungsmaßnahmen im Bereich der finanziellen und sozialen Wettbewerbsbedingungen fehlten und einige Verfahrensregeln zu umfassend oder zu unpräzise gehalten wären *(vgl. WB 1981, Ziff. 2; M. Hammes, 1982, S.163 ff.; WB 1982, Ziff. 19; KOM (84) 72 endg., S.17 f.)*.

Besondere Probleme wurden in der Anwendung der Artt. 85 und 86 EWGV (Artt. 81 und 82 EGV) auf den **Preisbildungsmechanismus** gesehen, da die Tarife auf Regierungsanordnung beruhten und somit die Wettbewerbsregeln nach Meinung der Kommission nicht unmittelbar auf Unternehmen anwendbar waren. Sie erwog deshalb, die Mitgliedstaaten gemäß Art. 90 Abs. 3 EWGV (Art. 86 Abs. 3 EGV) wegen Verstoßes gegen Art. 90 Abs. 1 EWGV (Art. 86 Abs. 1 EGV) i. V. m. den Artt. 85 und 86 EWGV (Artt. 81 und 82 EGV) zur Verantwortung zu ziehen und somit Einfluß auf das Recht der

Mitgliedstaaten zur hoheitlichen Preislenkung zu nehmen. Dieses Vorgehen hätte die Prüfung verlangt, ob Gründe für die Anwendung des Art. 90 EWGV (Art. 86 EGV) vorliegen und ob die **staatlichen Tarifregelungen** in Widerspruch zu den Artt. 85 und 86 EWGV (Artt. 81 und 82 EGV) stehen. Dafür hätte die Kommission untersuchen müssen, welche Gründe für die Regulierung maßgeblich sind, ob die Ausnahmebestimmungen nach Art. 85 Abs. 3 EWGV (Art. 81 Abs. 3 EGV) greifen, ob das Tarifniveau in bezug auf die für einzelne Strecken und Tarife berechneten Kosten nach Art. 86 EWGV (Art. 82 EGV) mißbräuchlich ist und inwieweit Art. 90 Abs. 2 EWGV (Art. 86 Abs. 2 EGV) zur Geltung kommen kann *(vgl. WB 1980, Ziff. 13)*.

In diesem Zusammenhang ist auch die von dem Abgeordneten des Europäischen Parlaments *Lord Bethell* im September 1981 in der Rs. 246/81 gegen die Kommission erhobene **Untätigkeitsklage** [ABl. C 256 08.10.81 S.3] zu beachten, die schließlich vom Europäischen Gerichtshof am 10. Juni 1982 wegen fehlender Klageberechtigung als unzulässig zurückgewiesen wurde [ABl. C 189 23.07.82 S.5; Slg. 1982, S.2277]. Das Anliegen betraf die Tarifabsprachen im Rahmen der IATA, das nachfolgende Genehmigungsverfahren der Mitgliedstaaten sowie die Poolvereinbarungen der Gesellschaften, die nach Auffassung von *Lord Bethell* der Anwendung des **europäischen Wettbewerbsrechts** entgegenstanden. In bezug auf die Preisbildung sollte die Kommission entweder auf der Grundlage von Artt. 85 und 86 EWGV (Artt. 81 und 82 EGV) gegen die Gesellschaften oder gemäß Art. 90 EWGV (Art. 86 EGV) gegen die Regierungen einschreiten. Die Kommission verwies in einem Schreiben vom 17. Juli 1981 auf ihre einschlägigen Verordnungs- und Richtlinienvorschläge und stellte fest, daß sie keinen Ansatzpunkt für eine Untersuchung auf der Basis von Art. 85 EWGV (Art. 81 EGV) hätte, kündigte aber eine weitere Prüfung an. Sie gab allerdings zu, daß überhöhte Preise auf einzelnen Routen einen Verstoß gegen Art. 86 EWGV (Art. 82 EGV) darstellen könnten, und schickte zwecks Untersuchung **nicht-wettbewerbskonformer Verhaltensweisen** Briefe an Regierungen und Fluggesellschaften. *Lord Bethell* war damit jedoch nicht zufriedengestellt *(vgl. J. Erdmenger, 1982, S.251; P. J. Kuijper, 1983, S. 203 ff.; zur weiteren Entwicklung S.371)*.

3.2.2.7 Zweites Luftverkehrsmemorandum vom März 1984

In ihrer Mitteilung vom 15. März 1984 über Fortschritte auf dem Weg zu einer gemeinschaftlichen Luftverkehrspolitik (Zweites Luftverkehrsmemorandum) [KOM (84) 72 endg.] schwächte die Kommission ihre im August 1979 geäußerte Kritik an der **bestehenden Marktordnung** wieder erheblich ab. Unter Berücksichtigung der zwischenzeitlich erzielten marktordnungspolitischen Fortschritte, der Auswirkungen der Rezession (Luftverkehrsaufkommen, Kapazitätsangebot und -auslastung, finanzielle Situation der Unternehmen) und der sich abzeichnenden Folgen der Deregulierung des US-amerikanischen Luftverkehrs wurde ein **pragmatischer Lösungsansatz** befürwortet, der die Vorteile des vorhandenen Systems übernehmen, die aufgrund des öffentlichen Eigentums an den Luftverkehrsunternehmen stark tangierten nationalen Interessen einkalkulieren und den Reaktionen auf das erste Memorandum (Fluggesellschaften und ihre Verbände, Arbeitnehmer- und Benutzerorganisationen, Europäisches Parlament) Rechnung tragen sollte. Dementsprechend hielt man an den **bestehenden Regelungsstrukturen** (bilaterale zwischenstaatliche Abkommen, Zusammenarbeit der Fluggesellschaften) weitgehend fest, strebte jedoch eine Modifizierung durch ein kurzfristig realisierbares, ausdifferenziertes, aber zugleich aufeinander abgestimmtes Maßnahmenpaket an. Als ratsam erschienen der Kommission zudem eine Beschränkung des Geltungsbereichs der Vorschläge auf die **innergemeinschaftliche Marktordnung** und eine Fokussierung auf den **grenzüberschreitenden Verkehr**. Als Ziele der Reform nannte sie die Intensivierung des Wettbewerbs, die Verbesserung von Effizienz, Rentabilität und Qualitätsmerkmalen sowie eine deutliche Preissenkung *(vgl. Bull. EG 2-1984, S.81f.; Bull. EG 5-1984, S.72; KOM (84) 72 endg., S.1 ff., 21ff.; WB 1984, Ziff.44; R. J. Haupt u. a., 1985, S.43f., 46f.; C. Thaine, 1985, S.93; A. Kark, 1989, S.117; R. K. Beyen u. a., 1991, S.87f.; A. Loewenstein, 1991, S.68).*

In bezug auf die **Anwendung der Wettbewerbsregeln** befürwortete der Verordnungsvorschlag zur Anwendung von Artikel 85 Absatz 3 des Vertrages auf bestimmte Gruppen von Vereinbarungen und aufeinander abgestimmten Verhaltensweisen im Luftverkehr [ABl. C 182 09.07.84 S.3] umfassende **Gruppenfreistellungen** für Unternehmensvereinbarungen (Kapazitäts- und Einnahmenaufteilung, Tarifkonsultationen), die allerdings nur unter **restriktiven Bedingungen** erteilt werden sollten (Möglichkeit der Kündigung bei Kapazitätsabsprachen, Begrenzung der aufzuteilenden Einnahmen, Ersetzung von Poolaufteilungen durch garantierte Mindestquoten, Unabhängigkeit der Gesellschaften bei Tarifvorschlägen und Anwendung der Tarife, Vorteile für Verbraucher durch Tarifvereinbarungen); außerdem erfolgte eine Änderung des Vorschlags vom Juli 1981 *(vgl. S.90)* für eine Verordnung des Rates über die Modalitäten der Anwendung der für die Luftverkehrsunternehmen geltenden Wettbewerbsregeln [ABl. C 182 09.07.84 S.2] *(vgl. KOM (84) 72 endg., S.32ff.).*

Weitere konkrete Rechtsetzungsvorschläge betrafen den **Marktzugang und die Kapazitätsaufteilung** *(vgl. S.97)* sowie die **Tarifbildung** im internationalen Personenlinienverkehr zwischen den Mitgliedstaaten *(vgl. S.98)*. Außerdem beschäftigte sich die Kommission mit der **Beihilfenkontrolle** (Genehmigung nur in bestimmten Fällen gemäß den vorgelegten Leitlinien), der **Senkung der Kosten** der Fluggesellschaften (Untersuchung der Unzulänglichkeiten der Luftverkehrskontrolle, Entwicklung von Effizienzkriterien für Flughäfen, Erleichterung des Luftfrachtverkehrs), der Vereinheitlichung der Regelungen für den **Charterluftverkehr** (Verkauf von Sitzplätzen auf einer „nur Platz"-Grundlage, Erlaubnis der Beförderung von Fracht und Post), den **sozialen Wettbewerbsbedingungen** (gegenseitige Anerkennung von Erlaubnissen für Luftverkehrspersonal, Studie über Arbeitszeiten), der **Luftverkehrsforschung** und der Reduzierung des **Fluglärms**. Ein Vorschlag für eine Entscheidung des Rates über **Nichtdiskriminierungsvorschriften** und eine **Stillhalteklausel im Luftverkehr** [ABl. C 182 09.07.84 S.6] wurde vom Rat nicht weiterverfolgt und – nach der Stellungnahme des Wirtschafts- und Sozialausschusses [ABl. C 303 25.11.85 S.31] – am 15. Juli 1991 wieder zurückgezogen [ABl. C 186 18.07.91 S.8] *(vgl. KOM (84) 72 endg., S.36ff.; R. J. Haupt u. a., 1985, S.47ff.; A. Rommel, 1985, S.19; C. Thaine, 1985, S.93 ff.; WB 1985, Ziff.31; P. St. Dempsey, 1988, S.659ff.; A. Kark, 1989, S.117ff.; R. K. Beyen u. a., 1991, S.89ff.; A. Loewenstein, 1991, S.68f.).*

Der **Rat** griff die Überlegungen der Kommission am 10. Mai 1984 auf und beauftragte eine Gruppe von Hohen Beamten mit der Durchführung von Untersuchungen zur effizienteren Gestaltung der bestehenden Marktordnung. Dem Ergebnisbericht vom 11./12. Dezember 1984 wurden **Leitlinien** für die weiteren Beratungen beigefügt, die vom Ausschuß der Ständigen Vertreter vorangetrieben werden sollten *(vgl. WB 1984, Ziff. 44; WB 1985, Ziff. 27 f.; J. Erdmenger, 1985, S. 192)*. Am 10. September 1985 äußerte sich das **Europäische Parlament** in einer Stellungnahme zum Memorandum und zu den beigefügten Vorschlägen [ABl. C 262 14.10.85 S.44]. Der **Wirtschafts- und Sozialausschuß** folgte mit einer Stellungnahme vom 26. September 1985 [ABl. C 303 25.11.85 S.31] *(vgl. Bull. EG 9-1985, S. 60 f., 105; R. J. Haupt u. a., 1985, S. 51 ff.; WB 1985, Ziff. 29; R. K. Beyen u. a., 1991, S. 93 ff.)*.

3.3 Anfänge einer gemeinsamen Marktzugangs- und Kapazitätspolitik

3.3.1 Grundsatzposition der Kommission

Die stetige Zunahme der Luftverkehrsleistungen während der siebziger Jahre sowie die US-amerikanische Deregulierungspolitik und ihre ersten Auswirkungen führten auch in Europa zu einer verstärkten Diskussion über eine Änderung der bisherigen Praxis der **Marktzugangs- und Kapazitätsregulierung**. Während die Befürworter einer raschen Liberalisierung insbesondere auf die hohen Tarife und deren negative Auswirkungen auf Verbraucher und Wirtschaft verwiesen, warnten die Gegner vor den negativen Folgeerscheinungen eines ruinösen Wettbewerbs. Ihrer Meinung nach sollte aufgrund der strukturellen Besonderheiten der Zivilluftfahrt das **bisherige Regelungswerk** beibehalten werden *(vgl. H. St. Seidenfus, 1978, S. 290 ff.; J. Erdmenger, 1981b; H. Sichelschmidt, 1981, S. 38 ff.; R. M. Brusch, 1983, S. 34)*.

Die Kommission präferierte in ihrem **Ersten Luftverkehrsmemorandum** *(vgl. S. 86)* einen an einer schrittweisen Änderung der bestehenden Marktordnung orientierten Ansatz; eine völlige Liberalisierung des Marktzugangs wurde erst für die ferne Zukunft ins Auge gefaßt. Kurz- und mittelfristig sollten das bisherige Streckennetz der **Linienfluggesellschaften** bestehen bleiben und weitere Genehmigungen nur an Unternehmen vergeben werden, die im Rahmen des grenzüberschreitenden Verkehrs eine neue Strecke befliegen, einen neuen Liniendienst einführen oder auf einer bestehenden Verbindung zu einem deutlich niedrigeren Preis tätig werden wollten. Als **einschränkende Bedingungen** kamen jedoch der Nachweis der Rentabilität der Geschäftstätigkeit, die Festlegung einer Mindestrate der zum Marktzutritt berechtigenden Tarifsenkung, die Begrenzung der jährlich an einen Neueinsteiger zu vergebenden Verkehrsrechte sowie ggf. die vorübergehende Einräumung von geschützten Verkehrsrechten hinzu. Weitere Vorschläge für den Bereich des Linienverkehrs betrafen die Vereinfachung der Genehmigungspraxis für Regionalverbindungen und die Beschränkung des in bilateralen Abkommen verbrieften Rechts eines Bestimmungslands, durch das Ursprungsland eines Fluges genehmigte neue bzw. andersartige Flugverbindungen abzulehnen.

In bezug auf den **Charterluftverkehr** regte die Kommission die Einführung einer automatischen Genehmigung durch das Bestimmungsland für nicht unter das ECAC-Abkommen von 1956 fallende Flüge, wie z. B. Urlaubspauschalreisen, an. Außereuropäische Verbindungen waren von den Liberalisierungsvorschlägen der Kommission nicht betroffen. Sie sollten weiterhin den in den bi- und multilateralen Vereinbarungen getroffenen Regelungen unterliegen *(vgl. KOM (79) 311 endg., S.21 ff.)*.

3.3.2 Beginn der schrittweisen Deregulierung des Luftverkehrs

3.3.2.1 Beförderung leichter Eilluftfracht

In der **Empfehlung 81/560/EWG vom 13. Juli 1981 [ABl. L 203 23.07.81 S.51]** *(vgl. Übersicht 13)* schlug der Rat den Mitgliedstaaten vor, die Beförderung leichter Eilluftfracht auf bestehenden Verbindungen zu erleichtern und Anträge zur Einführung neuer Eilluftfrachtdienste unter Berücksichtigung der Marktlage zuvorkommend zu behandeln. Die Kommission wurde ersucht, den von der britischen Regierung im August 1980 unterbreiteten Vorschlag für eine Richtlinie weiter zu prüfen *(vgl. Bull. EG 7/8-1981, S.55; KOM (84) 72 endg., S.18)*. In seiner Entschließung vom 16. Oktober 1981 [ABl. C 287 09.11.81 S.117] kritisierte das **Europäische Parlament**, daß die Transportvorgänge nach wie vor nicht den Anforderungen des internationalen Handelsverkehrs entsprächen. Als Ursache wurden die durch bestimmte Regelungen sowie Zollvorschriften und -verfahren verursachten Hemmnisse identifiziert. Kurzfristig sollten Vorschriften zur Verbesserung und Liberalisierung der Beförderungen in diesem Marktsegment erlassen werden, denen dann schrittweise weitere Liberalisierungsstufen folgen könnten *(vgl. Bull. EG 10-1981, S.48)*.

3.3.2.2 Vereinfachtes Genehmigungsverfahren für den interregionalen Linienluftverkehr

Die **Richtlinie des Rates 83/416/EWG vom 25. Juli 1983 [ABl. L 237 26.08.83 S.19]** *(vgl. Übersicht 13)* zur Festlegung eines vereinfachten Genehmigungsverfahrens für den grenzüberschreitenden interregionalen Linienflugverkehr, die bis zum 1. Oktober 1984 in nationales Recht umzusetzen war, stellte einen ersten wichtigen Schritt zur Ablösung des **Systems bilateraler Luftverkehrsrechte** sowie zur Liberalisierung des europäischen Luftverkehrs dar, auch wenn die fünfte bis achte Luftverkehrsfreiheit nicht in ihren Regelungsbereich fielen. Die Kommission wollte mit ihrem Vorschlag *(zum Rechtsetzungsverfahren vgl. Bull. EG 10-1980, S.56 ff.; J. F. Bentzien, 1981, S. 264 f.; Bull. EG 10-1981, S.48; Bull. EG 12-1981, S.61; M. Hammes, 1982, S.179 ff.; KOM (84) 72 endg., S.15)* auf die sich im Laufe der siebziger Jahre abzeichnende Entwicklung reagieren, daß der Verkehr mit zunehmend größerem Fluggerät und über immer weniger Flughäfen abgewickelt wurde. Die Einrichtung von Direktflugverbindungen sollte die **Anbindung peripherer Flughäfen** verbessern und somit zur wirtschaftlichen Entwicklung der Regionen beitragen, durch die Vermeidung von Umsteigevorgängen Zeitgewinne für die Passagiere realisieren sowie kleinere Fluggesellschaften fördern. Kritik kam von den etablierten Linienfluggesellschaften. Sie befürchteten die Entstehung von Überkapazitäten und den Verlust von Marktanteilen, was zu einer Schwächung ihrer **Eigenwirtschaftlichkeit** führen würde *(vgl. Bull. EG 7/8-1983, S. 55; R. M. Brusch, 1984, S.37ff.; W. Pompl, 1984, S.317, 320; H. P. Piper, 1985, S.259; St. Wheatcroft u. a., 1986, S.124ff.; zu den verschiedenen Interessen und Zielen DIHT, 1982; R. M. Brusch, 1984, S.52ff., 57ff., 69ff.; J. Erdmenger, 1984b, S.187ff.; R. M. Brusch, 1985)*. Eine **Genehmigung** für den grenzüberschreitenden **interregionalen Linienflugverkehr** innerhalb der Gemeinschaft mußte einem Luftverkehrsunternehmen von den Mitgliedstaaten – und nicht von einem Gemeinschaftsorgan – unter Berücksichtigung der Reziprozität auf mindestens drei Jahre (auf Wunsch auch kürzer) erteilt werden, wenn folgende **Voraussetzungen** erfüllt waren *(vgl. W. Pompl, 1984, S. 319f.; R. J. Haupt u. a., 1985, S.20ff.; Th. Biermann, 1987, S.179ff.; A. Kark, 1989, S. 114ff.; R. K. Beyen u. a., 1991, S.85f.)*:

— Es erfolgte eine *Beförderung von Personen* oder von Fracht und / oder Post in Verbindung mit einer Personenbeförderung.

— Die *Flugabschnitte* waren auf mindestens 400 km begrenzt, es sei denn, der Lufttransport bedeutete wegen natürlicher Hindernisse gegenüber anderen Verkehrsträgern einen erheblichen Zeitgewinn.

— Es wurde ein Luftfahrzeug mit höchstens 70 Sitzen oder mit höchstens 30 t maximalem Startgewicht verwendet. Einerseits erreichte man durch diese Vorschrift, daß überwiegend nur *Regionalfluggesellschaften* von der Neuregelung profitierten, andererseits war sie auch als Schutzmaßnahme zugunsten der *Eisenbahngesellschaften* zu interpretieren.

— Vom Luftverkehr war kein internationaler *Flughafen der ersten Kategorie* betroffen. Mit dieser Bestimmung sollte eine Beeinträchtigung bereits bestehender Linienflüge verhindert und ein Absaugverkehr zu Flughäfen in Nachbarstaaten vermieden werden. Die Regelung spiegelte den Schutzgedanken zugunsten der großen *nationalen Luftverkehrsgesellschaften* und deren lukrative Mittel- und Langstreckenverbindungen wider und bewirkte, daß die Anzahl der für die Einrichtung eines Dienstes in Frage kommenden Strecken deutlich reduziert wurde. Ein wirtschaftlicher Betrieb des Flugverkehrs unter Aussparung der Flughäfen der Kategorie I war kaum denkbar *(zur Entwicklung des Regionalluftverkehrs in der Folgezeit vgl. Th. Biermann, 1987)*.

— Es bestand *kein indirekter Linienflugverkehr* zwischen den beiden Flughäfen oder zwischen anderen Flughäfen im Abstand von 50 km von den betreffenden Flughäfen, bei dem die Transitzeit weniger als 90 Minuten betrug und bei dem die Gesamtflugzeit um weniger als 50 % über derjenigen auf der vorgeschlagenen Verbindung lag; bei direkten Verkehren fand diese Regelung auf Verbindungen mit einem anderen bzw. zwischen zwei anderen im 50 km-Umkreis liegenden Flughäfen Anwendung. Auch diese Einschränkung kann als Bestandsschutz für bereits existierende Flugverbindungen angesehen werden.

— Der *Ausgangspunkt* des Verkehrs lag im Heimatstaat des betroffenen Luftverkehrsunternehmens.

Übersicht 13: Erste Ansätze zur Deregulierung des Luftverkehrs zu Anfang der achtziger Jahre

Entscheidung 80/50/EWG des Rates vom 20. Dezember 1979 zur Einführung eines Konsultationsverfahrens betreffend die Beziehungen zwischen den Mitgliedstaaten und dritten Ländern auf dem Gebiet des Luftverkehrs sowie die diesbezüglichen Aktionen in den internationalen Organisationen [ABl. L 018 24.01.80 S.24] — Rechtsetzung auf der Grundlage des Art. 84 Abs. 2 EWGV (Art. 80 Abs. 2 EGV), auf Vorschlag der Kommission [ABl. C 193 31.07.79 S.9] sowie nach den Stellungnahmen des EP [ABl. C 309 10.12.79 S.58] und des WSA [ABl. C 072 24.03.80 S.13] — Übernahme durch das EWR-Abkommen [ABl. L 001 03.01.94 S.444]
Empfehlung 81/560/EWG des Rates vom 13. Juli 1981 betreffend die Beförderung leichter Eilluftfracht [ABl. L 203 23.07.81 S.51] — Rechtsetzung auf der Grundlage des Art. 84 Abs. 2 EWGV (Art. 80 Abs. 2 EGV) und nach Richtlinienentwurf des Vereinigten Königreichs
Richtlinie 83/416/EWG des Rates vom 25. Juli 1983 über die Zulassung des interregionalen Linienflugverkehrs zur Beförderung von Personen, Post und Fracht zwischen den Mitgliedstaaten [ABl. L 237 26.08.83 S.19] — Rechtsetzung auf der Grundlage des Art. 84 Abs. 2 EWGV (Art. 80 Abs. 2 EGV), auf Vorschlag der Kommission [KOM (80) 624 endg.; KOM (81) 771 endg.] sowie nach den Stellungnahmen des EP [ABl. C 287 09.11.81 S.114] und des WSA [ABl. C 343 31.12.81 S.13] — Änderung durch die Akte über den Beitritt Portugals und Spaniens [ABl. L 302 15.11.85 S.164, 243]

Für den Betrieb notwendige **Luftverkehrsrechte** mußten gewährt werden; bestehende Rechte blieben unangetastet. **Ausnahmen** von der generellen Genehmigungspflicht waren bei Vorliegen der Voraussetzungen nur aus sicherheitsrelevanten Gründen möglich, falls diese diskriminierungsfrei angewendet wurden. Da die entsprechenden nationalen Vorschriften von der Richtlinie jedoch nicht tangiert wurden, wurde eine **Verweigerung des Streckenrechts** als leicht begründbar angesehen. Tarife mußten von beiden beteiligten Staaten unter Anwendung der **Rentabilitätsregulierung** gebilligt werden; detaillierte Regelungen fehlten jedoch. Ferner wurden die Mitgliedstaaten aufgefordert, einen **Ausschuß der Luftverkehrsnutzer**, in dem die wichtigsten mit den Angelegenheiten des interregionalen Luftverkehrs befaßten Verbraucherverbände vertreten sein sollten, zu gründen *(vgl. B. Maiwald, 1983, S. 78 ff.; W. Pompl, 1984, S. 319 f.; R. J. Hauptu. a., 1985, S. 22 f.; J. Reifarth, 1985, S. 190 ff.; A. Kark, 1989, S. 114 f.)*.

3.3.2.3 Zukunftsperspektiven der Liberalisierung des europäischen Luftverkehrs

Eine liberalere Gestaltung der **Marktzutritts- und Kapazitätsregulierung** auf gemeinschaftlicher Ebene war bis einschließlich 1984 nur in Randbereichen – wie dem interregionalen Linienpersonenluftverkehr und bei der Beförderung von Eilluftfracht – zu erkennen. Selbst die nur auf eine vorsichtige Öffnung von Kernbereichen abzielenden Vorschläge der Kommission hatten kaum Aussicht auf Erfolg. Ausgehend von den Entwicklungen in den Vereinigten Staaten und im Vereinigten Königreich zeichnete sich jedoch ab, daß eine **durchgreifende Reform** unumgänglich sein würde. So hatte die Regierung des Vereinigten Königreichs seit Anfang der achtziger Jahre begonnen, mit anderen europäischen Staaten bilaterale Abkommen abzuschließen, die gemäß den in den Vereinigten Staaten praktizierten Vertragstypen (Country-of-origin-

und Double-disapproval-Verfahren) zu einer beträchtlichen **Erhöhung der Wettbewerbsintensität** führten; in diesem Zusammenhang sind insbesondere die 1984 und 1985 mit der BR Deutschland, Luxemburg und den Niederlanden geschlossenen Vereinbarungen zu nennen. Sie sahen u. a. den freien Zugang zu allen Flughäfen des Partnerlands, eine unbeschränkte Kapazitätsaufteilung, die Möglichkeit einer Mehrfachbenennung auf einer Flugroute und die Gewährung von Verkehrsrechten der fünften Freiheit vor *(vgl. St. Wheatcroft u. a., 1986, S.65f.; R. K. Beyen u. a., 1991, S.72ff.)*.

Das **Zweite Luftfahrtmemorandum** vom März 1984 *(vgl. S.91)* und der in diesem Zusammenhang vorgelegte Vorschlag für eine Ratsentscheidung über bilaterale Abkommen, Vereinbarungen und Abmachungen zwischen den Mitgliedstaaten über den Luftverkehr [ABl. C 182 09.07.84 S.1] sahen in bezug auf den **Marktzugang** relativ liberale Regeln vor, so z. B. die Aufhebung der Beschränkungen für Kleinflugzeuge im interregionalen Luftverkehr und ein Optionsrecht für etablierte Gesellschaften in bezug auf Routen, die von Dritten beantragt worden waren, allerdings nur bei gleichzeitiger Begrenzung der Sitzplatzkapazität. Die starre Festlegung der Aufteilung von **Kapazitäten und Einnahmen** im Verhältnis 50 zu 50 sollte beseitigt, eine **Mehrfachbenennung** sollte an der beherrschenden Stellung der *flag carrier* nichts ändern dürfen. Der Abschluß bilateraler Abkommen über die Kapazitäts- und Einnahmenaufteilung wurde nicht mehr als zwingende Voraussetzung für die Aufnahme des Flugbetriebs angesehen *(vgl. KOM (84) 72 endg., S.30; zur weiteren Entwicklung S.431)*.

3.4 Einführung einer gemeinschaftlichen Preispolitik

Im **Ersten Luftverkehrsmemorandum** *(vgl. S.86)* hatte sich die Kommission hinsichtlich der gemeinsamen Preispolitik noch auf Empfehlungen zur Senkung des Tarifniveaus und zur Änderung der Tarifstruktur beschränkt. **Ziele** sollten eine allgemeine Verbilligung des Luftverkehrs, eine übersichtlichere, zugleich jedoch umfassendere Gestaltung der Angebotspalette und die Sicherstellung der finanziellen Stabilität der Fluggesellschaften sein. Neben der bevorzugten Genehmigung neuer Verbindungen mit günstigeren Tarifen umfaßten die **Vorschläge** die Einführung günstigerer Arrangements auf internationalen Verbindungen sowie die Einführung einer dritten Klasse, das Angebot von Sondertarifen unter bestimmten Bedingungen (Vorauszahlung, keine vollständige Erstattung des Flugpreises) und von Grundtarifen mit wählbaren Zusatzleistungen, die Bereitstellung eines Teils der Wochenkapazität zu maximal 60 % des Preises der Touristenklasse, die Schaffung eines europäischen Rundreisetickets und die generelle Handhabung des Auffüllsystems für ungebuchte Plätze *(vgl. KOM (79) 311 endg., S.21f., Anhänge II-7ff.)*.

Am 24. Juni 1980 forderte der Rat die Kommission auf, die verschiedenen **Flugtarife in der Gemeinschaft** zu untersuchen *(vgl. Bull. EG 6-1980, S.81)*. In ihrem Bericht vom 23. Juli 1981 über Flugtarife im Linienpassagierverkehr in der EG [KOM (81) 398 endg.] gelangte die Kommission zu dem Schluß, daß weder die Tarife noch die Gewinne der Fluggesellschaften gegenüber den Kosten unangemessen hoch seien. Lediglich die **Verfahren zur Flugtariffestsetzung**, d. h. die Schnelligkeit, mit der Beschlüsse zur Einführung neuer Flugpreise gefaßt wurden, könnten verbessert werden *(vgl. Bull. EG 7/8-1981, S.55f.)*. Der Vorschlag der Kommission vom 27. Oktober 1981 für eine Richtlinie des Rates über Tarife im Linienflugverkehr zwischen Mitgliedstaaten [ABl. C 078 30.03.82 S.6] *(vgl. Bull. EG 10-1981, S.48)* – Stellungnahmen des Europäischen Parlaments [ABl. C 322 28.11.83 S.5] und des Wirtschafts- und Sozialausschusses [ABl. C 077 21.03.83 S.26] – griff diesen Kritikpunkt auf, ohne allerdings von der Genehmigungspflicht der beteiligten Mitgliedstaaten abzurücken. Alternativ zum Verfahren der **multilateralen Tarifkoordinierung** im Rahmen der IATA sollten Fluggesellschaften ihre Preise auch allein festsetzen dürfen; außerdem wurden Kriterien für die Tariffestsetzung unter besonderer Berücksichtigung der zugrundeliegenden Kosten, einer angemessenen Kapitalverzinsung und der Nachfragerbedürfnisse bestimmt *(vgl. J. Erdmenger, 1983a, S.116ff.; P. J. Kuijper, 1983, S.230ff.; KOM (84) 72 endg., S.16; J. Reifarth, 1985, S.184ff.)*.

Die von der Kommission entworfenen **Detailregelungen** riefen aus den unterschiedlichsten Gründen scharfe **Kritik** seitens der anderen Gemeinschaftsorgane und der Mitgliedstaaten hervor. In der Folgezeit gingen einige Länder bereits dazu über, die Flugpreise fast vollständig freizugeben, so z. B. das Vereinigte Königreich und die Niederlande in einem bilateralen Luftverkehrsabkommen von 1984. In der Praxis orientierte sich die **Tarifgenehmigung** fast überall an den in den Abkommen der Vereinigten Staaten mit Drittländern festgelegten Verfahren. Bei Uneinigkeit über die anzuwendenden Tarife erfolgte die Genehmigung oder Ablehnung der Tarife durch den Heimatstaat (Country-of-origin-Regel) bzw. die Genehmigung wurde durch den Heimatstaat und die Ablehnung nur durch beide Staaten ausgesprochen (Double-disapproval-Regel). **Preisrückgänge** und dadurch ausgelöste Anreize zum By-pass-Verkehr übten zunehmend Verhandlungsdruck auf die Mitgliedstaaten aus *(vgl. J. Reifarth, 1985, S.74ff.; G. Knieps, 1987, S.61ff.; A. Kark, 1989, S.95f.; P. Wolf, 1989, S.15f.; R. K. Beyen u. a., 1991, S.73f.)*.

Die im Kontext mit dem **Zweiten Luftverkehrsmemorandum** *(vgl. S.91)* am Richtlinienvorschlag vorgenommenen Änderungen [KOM (84) 72 endg.] sahen vor allem die **Schaffung von Tarifzonen** und eine Neuregelung der Genehmigungspraxis vor. Die Genehmigung der Tarifmargen (Bestimmung der Spanne als Prozentsatz der oberen Tarifgrenze) sollte im Rahmen der Doppelgenehmigung erfolgen; innerhalb der Marge waren eine freie Preisbildung, nach vorheriger Vereinbarung der beteiligten Staaten aber auch das Double-disapproval-Verfahren oder die Country-of-origin-Regel gestattet. Auch **einzeln festgesetzte Tarife** (Einzeltarife) sollten nach wie vor möglich sein; hierfür war das Verfahren der doppelten Genehmigung vorgeschrieben. Bei Nichterteilung einer Genehmigung durch einen der Staaten und einer nachträglichen Zustimmung des anderen Staates zu dieser Entscheidung konnten beide Tarifformen nicht in Kraft treten. Bei Uneinigkeiten über die Genehmigungsfähigkeit sollte ein **Konsultationsverfahren** eingeleitet werden (Unterrichtung und gegenseitige Beratung, ggf. Beteiligung der Kommission, bei nach einem Monat nicht zustandegekommener Einigung Genehmigung durch den Herkunftsstaat unter der Bedingung, daß das Bestimmungsland nicht zwei Tarifmargen akzeptiert); das ursprünglich vorgesehene **Schiedsgerichtsverfahren** unter Leitung der Kommission wurde fallengelassen. Eine bereits bestehende Tarifbildungsprozedur mußte grundsätzlich anerkannt werden, jedoch nur wenn ein Vorteil für die Verbraucher erkennbar war und sie lediglich geringfügige Wetbewerbsbeschränkungen mit sich brachte *(vgl. KOM (84) 72 endg., S.31f.; zur weiteren Entwicklung S.473).*

3.5 Sicherheits- und umweltschutzrelevante Maßnahmen

In den nicht den Wettbewerb betreffenden Bereichen gab es – ausgehend vom Ersten Luftverkehrsmemorandum *(vgl. S.86)* – zahlreiche Initiativen der **Kommission**, die zum Teil erfolgreich waren (Vorschläge für Rechtsvorschriften, Unterzeichnung einer Kooperationsvereinbarung mit EUROCONTROL, Studie über Engpässe bei der Entwicklung des Luftverkehrs). Hierbei zeigte es sich, daß im Bereich des europäischen Luftverkehrs bis Mitte der achtziger Jahre in erster Linie Möglichkeiten für „technische" Verbesserungen im Rahmen des bestehenden Ordnungsrahmens existierten *(vgl. KOM (84) 72 endg., S.19).*

3.5.1 Schallemissionen von Flugzeugen

Mit der **Richtlinie 80/51/EWG des Rates vom 20. Dezember 1979 [ABl. L 018 24.01.80 S.26]** *(vgl. Übersicht 14)*, die innerhalb von sechs Monaten nach ihrer Bekanntgabe umzusetzen war, wurden einheitliche Schallemissionsgrenzen für die Zivilluftfahrt festgelegt. Jeder Mitgliedstaat hatte für in seinem Hoheitsgebiet zugelassene Flugzeuge eine Lärmbescheinigung (oder Erklärung in einem anderen Schriftstück) zu erteilen, sofern Anforderungen erfüllt waren, die denjenigen gemäß dem **Abkommen über die internationale Zivilluftfahrt** – 3. Ausgabe (1978), Anhang 16, Teil II, Kapitel 2, 3, 5 oder 6 – zumindest gleichwertig waren. Die Urkunden, die genau spezifizierte Angaben enthalten sollten, waren von den Mitgliedstaaten gegenseitig anzuerkennen *(vgl. Bull. EG 2-1979, S.62; Bull. EG 12-1979, S.72; G. Close, 1980, S.199; L. Weber, 1981, S.353f.; KOM (84) 72 endg., S.13).*

Bei Propellerflugzeugen bis zu 5,7 t Startgewicht oder zivilen Unterschallstrahlflugzeugen, die nicht unter den Anhang 16 fielen, mußte für die **Benutzung europäischer Flugplätze** eine Bescheinigung vorliegen, wonach diese Flugzeuge Anforderungen genügten, die denjenigen nach dem Abkommen gleichwertig waren. Der **Anwendungszeitraum** begann für Düsenflugzeuge spätestens einen Monat und für Propellerflugzeuge spätestens sechs Monate nach Bekanntgabe der Richtlinie (oder später, sofern diese nur im eigenen Hoheitsgebiet und im Hoheitsgebiet von Mitgliedstaaten, die dies ausdrücklich genehmigten, eingesetzt wurden). **Freistellungen** galten für Flugzeuge:

— die der Lärmschutznorm noch nicht entsprachen, aber umrüstbar waren und für die die Umrüstung bereits in Auftrag gegeben worden war;
— die aufgrund von Mietkauf- und Leasingverträgen, die vor dem 1. Juli 1979 abgeschlossen worden waren, von einer Luftfahrtgesellschaft der Gemeinschaft betrieben wurden;

— mit denen binnen eines Jahres eine gleich hohe Anzahl von durch Unfall zerstörten Flugzeugen ersetzt wurde, wenn der Ersatz durch vergleichbare Flugzeuge, die über eine Lärmbescheinigung verfügten, nicht möglich war;
— die aus historischem Interesse betrieben wurden;
— bei deren Einstellung der Fortbestand des Betriebs gefährdet gewesen wäre (befristet bis zum 31. Dezember 1984).

Bei **historischen Flugzeugen** oder in Fällen von **Betriebsgefährdungen** konnte ein Mitgliedstaat verlangen, daß das betreffende Flugzeug eine Lärmbescheinigung besaß, die vergleichbare Anforderungen wie die Bescheinigung gemäß dem Abkommen über die internationale Zivilluftfahrt stellte. Ab dem 1. Januar 1987 in einem Mitgliedstaat zugelassene Flugzeuge mit einem Startgewicht von mehr als 20 t mußten eine entsprechende **Lärmbescheinigung** besitzen. Eine befristete Freistellung durch die zuständigen nationalen Behörden war für Flugzeuge gestattet, die bis zum 31. Dezember 1988 durch Flugzeuge ersetzt werden sollten, die die Lärmschutznorm erfüllten. In Einzelfällen waren auch weitere Ausnahmen möglich. Für in Drittländern registrierte Flugzeuge, die Flughäfen in der Gemeinschaft anflogen, galten identische Anforderungen.

Die **Richtlinie 83/206/EWG des Rates vom 21. April 1983 [ABl. L 117 04.05.83 S.15]** übernahm mit Wirkung zum 26. April 1984 die ab dem 26. November 1981 anwendbaren Bestimmungen des neuen Anhangs 16, Band I, Teil II, Kapitel 2, 3, 5 und 6 des Abkommens über die internationale Zivilluftfahrt sowie weitere Änderungen internationaler Vereinbarungen im Bereich des Fluglärms in das europäische Gemeinschaftsrecht. Die **Neuregelung** galt für die Erteilung von Urkunden für zivile Unterschallflugzeuge mit Propeller- oder Düsenantrieb, die Erstzulassung von Propellerflugzeugen bis 5,7 t Startmasse und zivilen Unterschallflugzeugen, die nicht unter das Abkommen fielen. Ab dem 1. Januar 1987 mußte jedes Unterschallstrahlflugzeug (ohne Begrenzung des maximalen Abfluggewichts nach unten), das in einem Mitgliedstaat zugelassen worden war, über eine **Lärmbescheinigung** verfügen. Die Mitgliedstaaten konnten auch die Zulassung speziell konstruierter Propellerflugzeuge mit einer Startmasse von über 5,7 t zur Beförderung von überdimensionalen Flugzeugteilen erlauben, auch wenn sie die Lärmnorm nicht erfüllten. Seit dem 1. Januar 1988 war der Einsatz von Flugzeugen aus Drittländern, die den Lärmnormen des geänderten Abkommens nicht genügten, nicht mehr gestattet; Ausnahmen konnten lediglich bis zum 31. Dezember 1989 gemacht werden, wenn die Weiterverwendung derartiger Flugzeuge aus wirtschaftlichen und technischen Gründen notwendig war; die **Drittlandregelung** galt nicht für Grönland.

Ein Vorschlag der Kommission für eine Richtlinie des Rates zur Begrenzung der Schallemissionen von **Drehflügelflugzeugen** [ABl. C 275 27.10.81 S.2] – Stellungnahmen des Europäischen Parlaments [ABl. C 042 14.02.83 S.107] und des Wirtschafts- und Sozialausschusses [ABl. C 112 03.05.82 S.1] – wurde am 29. April 1988 wieder zurückgenommen, da keine Einigung über den Geltungsbereich und die Strenge der Normen erzielt werden konnte *(vgl. GB 1981, Ziff.341; KOM (84) 72 endg., S.14; zur weiteren Entwicklung S.574)*.

Übersicht 14: Sicherheit und Umweltschutz in der Luftverkehrspolitik bis 1985

Schallemissionen

Richtlinie 80/51/EWG des Rates vom 20. Dezember 1979 zur Verringerung der Schallemissionen von Unterschallluftfahrzeugen [ABl. L 018 24.01.80 S.26] — Rechtsetzung auf der Grundlage des Art. 84 Abs. 2 EWGV (Art. 80 Abs. 2 EGV), auf Vorschlag der Kommission [ABl. C 126 09.06.76 S.2] sowie nach den Stellungnahmen des EP [ABl. C 178 02.08.76 S.61] und des WSA [ABl. C 299 18.12.76 S.16] — Übernahme durch das EWR-Abkommen [ABl. L 001 03.01.94 S.312]

Richtlinie 83/206/EWG des Rates vom 21. April 1983 zur Änderung der Richtlinie 80/51/EWG zur Verringerung der Schallemissionen von Unterschallluftfahrzeugen [ABl. L 117 04.05.83 S. 15] — Rechtsetzung auf der Grundlage des Art. 84 Abs. 2 EWGV (Art. 80 Abs. 2 EGV), auf Vorschlag der Kommission [ABl. C 276 28.10.81 S.5] sowie nach den Stellungnahmen des EP [ABl. C 334 20.12.82 S.137] und des WSA [ABl. C 348 31.12.81 S.3]

Flugunfalluntersuchungen

Richtlinie 80/1266/EWG des Rates vom 16. Dezember 1980 über die künftige Zusammenarbeit und gegenseitige Unterstützung der Mitgliedstaaten auf dem Gebiet der Flugunfalluntersuchung [ABl. L 375 31.12.80 S 32] — Rechtsetzung auf der Grundlage des Art. 84 Abs. 2 EWGV (Art. 80 Abs. 2 EGV) und auf Vorschlag der Mitgliedstaaten — Übernahme durch das EWR-Abkommen [ABl. L 001 03.01.94 S.444]

Entschließungen des Europäischen Parlaments zur Luftverkehrssicherheit

Entschließung vom 13. Mai 1975 über die künftige Rolle von EUROCONTROL [ABl. C 128 09. 06.75 S.14] — Entschließung vom 12. November 1975 zu einer gemeinsamen Aktion auf dem Gebiet der Sicherung der Luftfahrt [ABl. C 280 08.12.75 S.24] — Entschließung vom 10. Mai 1978 zur Verbesserung der Flugüberwachung [ABl. C 131 05.06.78 S.31] — Entschließung vom 13. Oktober 1978 zur Flugüberwachung [ABl. C 261 06.11.78 S.50] — Entschließung vom 16. März 1979 zur Luftpiraterie [ABl. C 093 09.04.79 S.80] — Entschließung vom 8. Mai 1979 zur Verbesserung der Abwicklung und Überwachung des Flugverkehrs [ABl. C 140 05.06.79 S.20] — Entschließung vom 10. Juli 1980 zur Einführung eines koordinierten europäischen Flugsicherungssystems [ABl. C 197 04.08.80 S.44] — Entschließung vom 19. November 1980 zur Zukunft von EUROCONTROL [ABl. C 327 15.12.80 S.21] — Entschließung vom 16. Juni 1982 zur Verbesserung des europäischen Flugsicherungssystems [ABl. C 182 19.07.82 S.28] — Entschließung vom 18. November 1982 zu Eurokontrol und ihrer politischen Verantwortlichkeit [ABl. C 334 20. 12.82 S.77] — Entschließung vom 17. Dezember 1982 zu Sicherheitsmaßnahmen in Flugzeugen [ABl. C 013 17.01.83 S.246] — Entschließung vom 14. April 1983 zur Flugüberwachungszentrale von EUROCONTROL in Maastricht [ABl. C 128 16.05.83 S.65] — Entschließung vom 13. April 1984 zur Sicherheit der Luftfahrt in Europa [ABl. C 127 14.05.84 S.254] — Entschließung vom 11. Oktober 1984 zu EUROCONTROL [ABl. C 300 12.11.84 S.46] — Entschließung vom 11. Juli 1985 zur Sicherheit im Luftverkehr und zum internationalen Terrorismus [ABl. C 229 09. 09.85 S.89] — Entschließung vom 11. Juli 1985 zur Sicherheit im Luftverkehr [ABl. C 229 09.09. 85 S.90] — Entschließung vom 12. September 1985 zur Sicherheit im Flug- und Schienenverkehr [ABl. C 262 14.10.85 S.92]

3.5.2 Flugunfalluntersuchungen

Die bis zum 1. Juli 1981 umzusetzende **Richtlinie 80/1266/EWG des Rates vom 16. Dezember 1980 [ABl. L 375 31.12.80 S.32]** *(vgl. Übersicht 14)* trug dem Umstand Rechnung, daß nicht alle Mitgliedstaaten über das notwendige technische Gerät und Fachpersonal zur Unfalluntersuchung im Falle eines Flugzeugabsturzes verfügten.

Aus diesem Grund sollten sich die Mitgliedstaaten bei einem Luftverkehrsunfall auf Antrag des die Untersuchung leitenden Staates gegenseitige, möglichst kostenlose Hilfe leisten. Hierfür kamen Anlagen, Einrichtungen und Geräte für die Untersuchung von Wrackteilen, Bordausrüstungen u. a., die Auswertung des Flugschreibers und der Cockpit-Tonbandgeräte sowie die Aufzeichnung und Auswertung von Flugunfalldaten in Frage; außerdem konnte die Hilfe durch die Bereitstellung von geeigneten Fachkräften erfolgen. Die Mitgliedstaaten wurden darüber hinaus verpflichtet, sich in regelmäßigen Abständen über Betriebsstörungen ohne Unfallfolgen sowie über die Ergebnisse der Unfalluntersuchungen von Flugzeugen bis 5,7 t zu unterrichten, um somit zur **Erhöhung der Luftverkehrssicherheit** und zur **Vermeidung von Unfällen** beizutragen *(vgl. Bull. EG 12-1980, S.72; KOM (84) 72 endg., S.15; zur weiteren Entwicklung S.572)*.

Über einen dem Rat von der deutschen Regierung im Jahre 1979 vorgelegten Entwurf für eine Richtlinie über die Zusammenarbeit zwischen den Mitgliedstaaten im Hinblick auf **Such- und Rettungsmaßnahmen** in den Grenzgebieten der Mitgliedstaaten im Falle tatsächlicher oder vermuteter Flugunfälle konnte man hingegen keine Einigung erzielen; nach Prüfung durch die Kommission wurde der Vorschlag nicht weiterverfolgt *(vgl. KOM (84) 72 endg., S.14)*.

4. Gemeinsame Nachrichtenverkehrspolitik in Europa

4.1 Politik im Fernmelde- und Postwesen bis Ende der siebziger Jahre

4.1.1 Erste Politikansätze bis Ende der fünfziger Jahre

Ein **erster Vorstoß** zu einer gemeinsamen europäischen Fernmeldepolitik datiert vom Dezember 1950, als der Generaldirektor der Niederländischen Post- und Fernmeldeverwaltung verschiedene westeuropäische Staaten zu Stellungnahmen über die Frage einer gemeinsamen Postunion aufforderte. Nachdem die Initiative am 13. Mai 1951 vom Europarat aufgegriffen worden war, sprach sich die Beratende Versammlung in der Empfehlung Nr. 9 vom Dezember 1951 für die Schaffung einer **Post- und Fernmeldeunion** zwischen ihren Mitgliedstaaten aus. Aufgrund politischer und finanzieller Bedenken wurde der Vorschlag jedoch zuerst zurückgestellt *(vgl. Th.-S. Kluth, 1993, S.59f.)*.

Im Mai 1955 legte dann die französische Regierung ein neues Memorandum zur Gründung einer **Europäischen Post- und Telegrafenunion** nach dem Vorbild der EGKS vor. Sowohl der gemeinsame Regierungsausschuß der EGKS-Mitgliedstaaten als auch die Beratende Versammlung des Europarats unterstützten den Vorschlag und wiederholten später auch ihre zustimmende Haltung. Der Regierungsausschuß der EGKS-Staaten legte sogar eigene Konzepte vor, wie die Idee des Engeren Postvereins und das *Spaak*-Gutachten vom 21. April 1956, das die Bildung einer Post- und Fernmeldeunion nach dem Muster der **Montanunion** vorsah. Der Ministerrat lehnte jedoch alle Vorschläge ab. Auf ihren Konferenzen zwischen Mitte 1955 und 1956 kamen die Postminister lediglich überein, drei Arbeitsgruppen zur Vorbereitung eines **Europäischen Post- und Fernmeldevereins** zu bilden. Im Februar 1957 beschlossen sie die Einrichtung eines **ständigen Sekretariats**, das die einzelstaatlichen Politiken im Post- und Fernmeldebereich koordinieren sollte *(vgl. Th.-S. Kluth, 1993, S.60f.)*.

4.1.2 Römische Verträge und nachfolgende Entwicklungen

Waren somit im Vorfeld der **Römischen Verträge** durchaus Ansätze für eine Politikgestaltung in Richtung auf eine gemeinsame Nachrichtenverkehrspolitik vorhanden, so übertrug der EWGV auf diesem Sektor keine besonderen Befugnisse an die Gemeinschaft. Im **Verkehrstitel** des Vertrags *(vgl. Band 1, S.30ff.)* fanden Telekommunikation und Postwesen keine Erwähnung. In der Folgezeit unternahmen die Mitgliedstaaten aber auch kaum Versuche, die **Monopolrechte** der in öffentlichem Eigentum stehenden Post- und Fernmeldeverwaltungen anzutasten. Dabei stützten sie ihre Auffassung auf Art. 222 EWGV (Art. 295 EGV), der die maßgeblichen **Interventions- und Kontrollrechte** der Gemeinschaft den für den öffentlichen Sektor relevanten nationalen Rechtssystemen unterordnete und damit eine gemeinschaftliche Nachrichtenverkehrspolitik verhinderte.

Auf einem Treffen am 8. September 1958 in Brüssel einigten sich die Fachminister auf ein **Statut für die Europäische Gemeinschaft für Post- und Fernmeldewesen**, die gemäß Art. 235 EWGV (Art. 308 EGV) als eigenständige institutionelle Struktur in die EWG integriert werden sollte. Hiermit wollten die Minister die funktionelle Autonomie der Gemeinschaft betonen, zugleich aber die politische Verhandlungsführung und die organisatorische Vorarbeit in die Hände der Repräsentanten der nationalen Fernmeldeverwaltungen legen. Auf Drängen des Europarats hatten die Mitgliedstaaten jedoch vorher auch ihre Bereitschaft erklärt, an einer am 13. August 1958 konstituierten Studiengruppe teilzunehmen, die sich mit der **Gründung einer gesamteuropäischen Post- und Fernmeldeorganisation** beschäftigen sollte. Nachdem im Januar 1959 von einer vorbereitenden Kommission ein vorläufiger Entwurf für ein Organisationsstatut vorgestellt worden war, einigten sich die Minister im März 1959 auf die Bildung einer erweiterten und unabhängigen Organisation, nämlich der **Europäischen Konferenz der Post- und Fernmeldeverwaltungen** (CEPT), um andere europäische Staaten (Vereinigtes Königreich, skandinavische Länder, Schweiz, Spanien) nicht von vornherein auszuschließen. Mit der Schaffung einer auf verwaltungsmäßige und betriebliche Funktionen beschränkten Institution ohne eigentliche legislative und exekutive Vollmachten war zugleich eine eigenständige **nationale Nachrichtenverkehrspolitik** sichergestellt. Die auf die EWG-Staaten begrenzte **Zusammenarbeit** wurde zuerst auf dem Status quo eingefroren und im Oktober 1960 gänzlich eingestellt *(vgl. V. Schneider u. a., 1987, S.85ff.; Th.-S. Kluth, 1993, S.61ff.)*.

In der Folgezeit gab es auf Ministerebene lediglich im September 1964 eine Zusammenkunft mit dem Ziel, aufgrund **handelspolitischer Erwägungen** die Post- und Telefongebühren in der Gemeinschaft zu harmonisieren (bis zum September 1977 fand danach aber keine weitere Tagung statt). Am 31. Oktober 1968 übermittelte die Kommission dem Rat eine Mitteilung über die Fortsetzung der Arbeiten zur **Angleichung des Post- und Fernmelderechts** und schlug die Einrichtung eines Ausschusses für das Post- und Fernmeldewesen vor, der u. a. die Vorarbeiten für eine Richtlinie zur **Angleichung der unterschiedlichen Gebühren** leisten und die **Harmonisierung der Normen** voranbringen sollte. Da der Rat das Ansinnen ablehnte, zog die Kommission den Vorschlag im Juni 1973 wieder zurück und griff ihn auch später nicht mehr auf *(vgl. GB 1964-1965, Ziff.86; Th.-S. Kluth, 1993, S.64f.)*.

In ihrer Antwort vom 7. November 1973 auf die schriftliche Anfrage 73/268 des Abgeordneten *Cousté* [ABl. C 102 24.11.73 S.18] betonte die Kommission erstmals die **negativen Auswirkungen** des Fehlens einer gemeinsamen Fernmeldepolitik für die Fernmeldeverwaltungen, die Industrie und die Verbraucher. In einer weiteren Antwort vom 6. März 1974 auf die schriftliche Anfrage 73/613 desselben Abgeordneten [ABl. C 039 06.04.74 S.21] blieb sie hinsichtlich der von ihr geplanten Initiativen jedoch eine konkrete Aussage schuldig. Sie teilte lediglich mit, daß sie Untersuchungen zur Prüfung des **wirtschaftlichen Nutzens** einer gemeinsamen Politik eingeleitet habe und Zusammenkünfte mit den Mitgliedstaaten plane *(vgl. Th.-S. Kluth, 1993, S.66)*.

4.1.3 Diskussionen um die Gemeinschaftskompetenz im Fernmeldewesen ab Mitte der siebziger Jahre

Im Laufe der siebziger Jahre kam es zwischen der EG und der CEPT vermehrt zu **Streitigkeiten** über die Verantwortlichkeiten auf dem Gebiet des Fernmeldewesens. Bereits im Jahre 1974 hatte der *Jequier*-Bericht im Zusammenhang mit der Diskussion über Harmonisierungsbestrebungen im Normungs- und im öffentlichen Beschaffungswesen die **Schaffung einer europäischen Fernmeldegesellschaft** angeregt, die für die Planung und den Betrieb eines europäischen Nachrichtenverkehrsnetzes, die Gestaltung der Industriepolitik und die Steuerung der Forschungsaktivitäten zuständig sein sollte. Der MITRE-Report (*Sanders*-Bericht vom 8. Mai 1974) empfahl – wie auch der Wirtschafts- und Sozialausschuß in seiner Stellungnahme vom 25. September 1975 zu den Einsatzmöglichkeiten der Telekommunikationsmittel und den wechselseitigen Beziehungen zwischen Verkehr und Telekommunikation [ABl. C 286 15.12.75 S.23] – die Einrichtung eines **Fernmeldegemeinschaftsrats** der EG für die europaweite Standardisierung. Die Kommission plädierte im Gegensatz dazu noch für eine verstärkte Abstimmung und Koordination zwischen den nationalen Verwaltungen anstelle einer **institutionellen Lösung**. Das Programm zur Harmonisierung der Dienstleistungen und der neuen Systeme wurde von den Mitgliedstaaten schließlich im Rahmen der CEPT durchgeführt *(vgl. GB 1975, Ziff.305; Th.-S. Kluth, 1993, S.66f.)*.

Das Treffen des zuständigen Rates vom 15. Dezember 1977, bei dem die **Koordinierung der Entwicklungsvorhaben** für einzelstaatliche Fernmeldenetze sowie **gebührenpolitische Fragen** besprochen wurden, war dann die erste offizielle Handlung der Gemeinschaft im Bereich der Nachrichtenverkehrspolitik. Die Vertreter der Mitgliedstaaten kündigten ihre Bereitschaft an, mit der CEPT auf den Gebieten

— Industriepolitik,
— Aufgaben der Fernmeldeverwaltungen und des privaten Sektors im Bereich des Nachrichtenverkehrs,
— Harmonisierung der Fernmeldegebühren sowie
— Koordination von Forschungsprojekten zur Entwicklung von Fernmeldenetzen und -diensten

zusammenzuarbeiten. Allerdings wurde erst im Juli 1984 ein erstes **Kooperationsabkommen** zwischen der Gemeinschaft und der CEPT sowie kurze Zeit später auch mit CEN/CENELEC unterzeichnet *(vgl. GB 1977, Ziff. 157; H. Ungerer u. a., 1988, S. 131 ff.; Th.-S. Kluth, 1993, S. 67 f.)*.

4.1.4 Politik in fernmeldenahen Bereichen während der siebziger Jahre

Hatte sich schon im Verlaufe der sechziger Jahre keine gemeinschaftliche Fernmeldepolitik herausbilden können, so blieben die Fortschritte auch in den siebziger Jahren sehr bescheiden. Zumindest am Rande wurde der Nachrichtenverkehrssektor aber jetzt von **handels-, industrie- und forschungspolitisch** motivierten Aktivitäten im Bereich der **Datenverarbeitung** und der **Informationstechnologien** beeinflußt *(vgl. Band 1, S. 98 ff.)*. Den Ausgangspunkt hierfür bildete eine Mitteilung der Kommission vom 21. November 1973 über eine Politik der Gemeinschaft auf dem Gebiet der Datenverarbeitung. Neben der Förderung der Entwicklung von **Technologien und Anwendungen** wurden auch dem **öffentlichen Beschaffungswesen**, der **technischen Normung** und dem **Datenschutz** verstärkt Aufmerksamkeit geschenkt *(vgl. V. Schneider u. a., 1987, S. 88; M. Carpentier u. a., 1992, S. 47)*.

4.1.4.1 Öffentliches Beschaffungswesen

Zu Beginn der siebziger Jahre beurteilte die Kommission die Erfolgsaussichten koordinierter Maßnahmen im öffentlichen Beschaffungswesen noch überwiegend negativ. Im Zusammenhang mit der Einführung einer **gemeinschaftlichen Industriepolitik** kam es dann aber zu verstärkten Aktivitäten, die das Ziel verfolgten, die primärrechtlichen Bestimmungen zur **Dienstleistungs- und Warenverkehrsfreiheit** durch solche Rechtsvorschriften zu ergänzen, die eine diskriminierungsfreie Behandlung konkurrierender Anbieter sicherstellen sollten *(vgl. V. Schneider u. a., 1987, S. 87; J. Horrocks, 1995, S. 15/1)*.

Die im Jahre 1974 von der Kommission eingeleiteten Untersuchungen zum wirtschaftlichen **Nutzen einer koordinierten Politik** betrafen dann auch in erster Linie das öffentliche Auftragswesen. Dabei sollten die Ursachen und **industriepolitischen Folgewirkungen** der überwiegend national ausgerichteten Beschaffungspolitik der Fernmeldeverwaltungen geprüft werden. Außerdem erwog die Kommission die Möglichkeit, den Fernmeldesektor in den Geltungsbereich der geplanten Richtlinie über die Vergabe öffentlicher Lieferaufträge einzubeziehen. Obwohl einerseits grundsätzliches Einvernehmen über das Ziel einer allmählichen Öffnung der Märkte für die Vergabe öffentlicher Aufträge herrschte, gab es andererseits erhebliche Meinungsunterschiede über die Frage, wie die dafür notwendige **Harmonisierung der Normen** erreicht werden könnte *(vgl. GB 1974, Ziff.308; Th.-S. Kluth, 1993, S.66)*.

Im Zusammenhang mit der Verabschiedung der Richtlinie 77/62/EWG des Rates vom 21. Dezember 1976 über die Koordinierung der Verfahren zur Vergabe öffentlicher Lieferaufträge *(vgl. Band 1, S.154)* nahm der Rat dann auch lediglich eine **Erklärung betreffend die Einrichtungen, denen in den Mitgliedstaaten das Fernmeldewesen übertragen ist [ABl. C 011 15.01.77 S.3]**, an. Hiermit sollte sichergestellt werden, daß auch in dem von den Bestimmungen der Richtlinie ausgeschlossenen Fernmeldesektor das Vergabeverfahren bei Lieferaufträgen für Fernmeldeanlagen nach **wettbewerblichen Grundsätzen** ablaufen konnte; die Kommission sollte einen **Zeitplan** für das Inkrafttreten entsprechender Maßnahmen ausarbeiten. Sie wurde in diesem Zusammenhang auch dazu aufgefordert, die Harmonisierung der **technischen Normen** durch die CEPT aufmerksam zu verfolgen *(vgl. Th.-S. Kluth, 1993, S.67; J. Horrocks, 1995, S.15/2f.)*.

4.1.4.2 Normung

Ebenfalls für das Fernmeldewesen von Bedeutung waren die in erster Linie aus industrie- und handelspolitischen Erwägungen vorangetriebenen **Normungstätigkeiten**. Obwohl es hierbei anfangs kaum konkrete sektorspezifische Initiativen der Gemeinschaft gab, profitierte gerade die **Fernmeldetechnologie** von den in diesen Bereichen erzielten Fortschritten. Die Normungstätigkeit begann in Europa im Jahre 1961 mit der Gründung des **Europäischen Komitees für Normung** (Comité Européen de Normalisation, CEN), dem 1962 das **Europäische Komitee für Elektrotechnische Normung** (Comité Européen de Normalisation Electrotechnique, CENELCOM, ab 1978 CENELEC) folgte. Die **Ziele der Organisationen** bestanden in der Entwicklung von Normen, der Vereinheitlichung unterschiedlicher nationaler Standards und der Einführung internationaler Vorgaben. Der Erfolg der beiden Einrichtungen blieb allerdings minimal. Seit 1967 nahm deshalb die Kommission verstärkt ihre Rechte gemäß Art. 100 EWGV (Art. 94 EGV) wahr und bemühte sich selbst um eine Harmonisierung der **technischen Normen** und der **Verwaltungsbestimmungen**. Sie verfolgte dabei in erster Linie das Ziel, durch die Abschaffung nicht-tarifärer Handelsbeschränkungen den innergemeinschaftlichen Warenaustausch zu erleichtern *(vgl. V. Schneider u. a., 1987, S.87; J. Horrocks, 1995, S.14/1)*.

Im Jahre 1980 erhielten die Harmonisierungsbestrebungen der Kommission einen bedeutenden Anstoß. Mit der **Entscheidung 80/45/EWG vom 15. Januar 1980 [ABl. L 014 19.01.80 S.36]** ordnete der Rat an, daß diejenigen Bestimmungen zur Festlegung und Anwendung technischer Vorschriften und Normen, die sich aus dem multilateralen Handelsübereinkommen des Jahres 1979 ergeben hatten, für alle technischen Erzeugnisse Gültigkeit haben sollten. Um dem Prinzip der Gegenseitigkeit Geltung zu verschaffen, sollte untersucht werden, ob und inwieweit die Übereinstimmung technischer Vorschriften und Normen von Mitglied- oder Drittstaaten anhand von Versuchsergebnissen, Bescheinigungen oder Marken überprüft werden konnte.

4.1.4.3 Datenverarbeitung und Datenschutz

Auf der Grundlage der Ratsentschließung vom 15. Juli 1974 [ABl. C 086 20.07.74 S.1] i. d. F. der Berichtigung [ABl. C 091 03.08.74 S.10] hatte die Gemeinschaft mit dem Beschluß 76/632/EWG des Rates vom 22. Juli 1976 [ABl. L 223 16.08.76 S.11] und den nachfolgenden Ratsbeschlüssen vom 27. September 1977 eine Förderung von Einzelprojekten auf dem Gebiet der Datenverarbeitung initiiert *(vgl. Band 1, S.98ff.)*. Eng mit der Weiterentwicklung der Datenverarbeitung verbunden waren erste gemeinschaftliche Aktivitäten im Bereich des Datenschutzes. Die verbesserten **Übertragungs- und Speicherungsmöglichkeiten**, die durch die technologische Entwicklung im Bereich der elektronischen Datenverarbeitung gegeben waren, sowie ein **gesteigertes öffentliches Bewußtsein** veranlaßten das Europäische Parlament, in seinen Entschließungen vom 21. Februar 1975 [ABl. C 060 13.03.75 S.48], vom 8. April 1976 [ABl. C 100 03.05.76 S.27] und vom 8. Mai 1979 [ABl. C 140 05.06.79 S.34] die Kommission und den Rat zu einer beschleunigten Erarbeitung von **gemeinschaftlichen Rechtsakten** und die Mitgliedstaaten zur Angleichung ihrer bestehenden **Vorschriften im Datenschutz** aufzufordern. Ferner wurde die Einsetzung eines **besonderen Ausschusses** von Abgeordneten des Europäischen Parlaments angeregt.

Mit der **Empfehlung 81/679/EWG vom 29. Juli 1981 [ABl. L 246 29.08.81 S.31]** zum Übereinkommen Nr. 108 des Europarats vom 28. Januar 1981 zum Schutz des Menschen bei der automatischen Verarbeitung personenbezogener Daten erkannte auch die Kommission den Datenschutz als Problem an und forderte die Mitgliedstaaten auf, ihre einschlägigen Bestimmungen durch **Unterzeichnung und Ratifizierung des Übereinkommens** zu harmonisieren. Weitergehende Aktivitäten auf Gemeinschaftsebene unterblieben vorerst jedoch, und der schleppende Fortgang der Bemühungen wurde auch in einer Entschließung des Europäischen Parlaments vom 9. März 1982 [ABl. C 087 05.04.82 S.39] erkannt und kritisiert *(vgl. KOM (87) 290 endg., S.144)*.

4.1.4.4 Rundfunkwesen

Auch wenn der EWGV **keine ausdrücklichen Hinweise** auf das Rundfunkwesen enthielt, konnte die Gemeinschaft doch auf der Grundlage einiger Vertragsartikel tätig werden, die nach **allgemeiner Auffassung** auf diesen Wirtschaftssektor anwendbar waren, wie z. B. die Artt. 9, 12, 30 und 31 EWGV (Artt. 23, 25, 28 EGV) (freier Warenverkehr), 48 bis 66 EWGV (39 bis 55 EGV) (Freizügigkeit, Niederlassungsfreiheit, freier Dienstleistungsverkehr), 85 und 86 EWGV (81 und 82 EGV) (Wettbewerbsvorschriften), 100 EWGV (94 EGV) (technische Harmonisierung) und 169 EWGV (226 EGV) (Verfahren bei Verstößen).

Obwohl der **Europäische Gerichtshof** bereits in seinem Urteil zur Rs. 155/73 (Sacchi) [Slg. 1974, S.490] die Ansicht bestätigt hatte, daß die Ausstrahlung von Fernsehrundfunk unter die Bestimmungen zur **Dienstleistungsfreiheit** im EWGV falle, verfolgten Rat und Kommission auch in diesem Bereich lange Zeit keine gemeinschaftliche Politik. Sekundäres Gemeinschaftsrecht sollte nur dort zur Anwendung kommen, wo es zur Erreichung der Dienstleistungsfreiheit unbedingt notwendig erschien. Andernfalls waren die Mitgliedstaaten gehalten, ihre nationalen Bestimmungen so anzupassen, daß alle Beschränkungen beseitigt wurden. Am 18. März 1980 entschied der Europäische Gerichtshof in den Rs. C-52/79 (M. Debauve) [Slg. 1980, S.833] und C-62/79 (Coditel / SA Ciné Vog Films) [Slg. 1980, S.881], daß bei **fehlender Harmonisierung** auf Gemeinschaftsebene die einzelnen Länder auch die ausländischen Dienstleistungsanbieter den **nationalen Regelungen** (Zulassungskriterien, Programmverfügbarkeit) unterwerfen konnten, sofern solche Bestimmungen aus legitimen Gründen des öffentlichen Interesses gerechtfertigt und im Hinblick auf die Verwirklichung dieses Zieles angemessen waren *(vgl. M. Haag u. a., 1994, S.369; KOM (97) 623 endg., S.49 f.)*.

4.1.5 Gemeinschaftliche Initiativen im Postwesen

Die seit den sechziger Jahren wiederholt unternommenen gemeinschaftlichen Bemühungen zur Angleichung der Post- und Telekommunikationsgebühren waren weitgehend erfolglos geblieben *(vgl. S.103)*. Mit der **Empfehlung 79/570/EWG vom 29. Mai 1979 [ABl. L 155 22.06.79 S.16]** *(vgl. Übersicht 15)* griff die Kommission das Problem im Zusammenhang mit den bevorstehenden Direktwahlen zum Europäischen Parlament erneut auf. Die für den nationalen Postaustausch gültige Gebühr für Briefe bis zu 20 g und für Postkarten sollte von allen Mitgliedstaaten auch im gegenseitigen grenzüberschreitenden Verkehr eingeführt werden. Ernsthafte finanzielle oder technische Probleme sah die Kommission nicht. Als geeigneter Zeitpunkt für eine solche Maßnahme wurde die nächste allgemeine Gebührenanhebung vorgeschlagen. Auch diesem Vorstoß war aber letztendlich kein Erfolg beschieden. Ebenso setzte sich das Europäische Parlament in einer Entschließung vom 16. März 1984 [ABl. C 104 16.04. 84 S.136] für eine Harmonisierung der Postgebühren ein; in einer Entschließung vom 14. Oktober 1982 [ABl. C 292 08.11.82 S.97] hatte es zuvor bereits die Einführung einer europäischen Briefmarke gefordert.

4.2 Neuorientierung der Gemeinschaftspolitik bis Mitte der achtziger Jahre

4.2.1 Ausgangslage

Die Gründe für den **allmählichen Wandel** zu einer eher telekommunikationsorientierten – wenn auch noch stark industrie- und forschungspolitisch ausgelegten – Nachrichtenverkehrspolitik der Gemeinschaft waren vielfältig und reichten von der technologischen Entwicklung im Bereich der Datenverarbeitung und Mikroelektronik, dem forcierten Ausbau der Telekommunikationsinfrastruktur in den meisten Industriestaaten, der Einführung neuer Telekommunikationsdienste sowie den Liberalisierungsbestrebungen im außereuropäischen Ausland, insbesondere in den Vereinigten Staaten, bis hin zu dem Bestreben der Kommission, in weiteren Bereichen eine **aktive gemeinschaftliche Politik** zu verfolgen. Zudem war gegen Ende der siebziger Jahre auch ein Einstellungswandel bei den Mitgliedstaaten gegenüber einer gemeinsamen **interventionistischen Politik** in wachstumsträchtigen Wirtschaftsbereichen festzustellen, der größtenteils auf die sich ändernden **ökonomischen Rahmenbedingungen** zurückgeführt werden konnte *(vgl. Th.-S. Kluth, 1993, S.68f., 75)*.

4.2.2 Neue Initiativen der Kommission von 1978 bis 1980 und deren Umsetzung

Im April 1978 setzte die Kommission eine Gruppe ein, die speziell die auf integrierte digitale Netze anwendbaren **Harmonisierungsprinzipien** untersuchen sollte. Der Ergebnisbericht vom Oktober 1979 bekräftigte die zentrale Bedeutung neuer Informations- und Kommunikationstechnologien für die **Industriepolitik** der Gemeinschaft. Mit einer koordinierten europäischen Industriepolitik, der Einführung harmonisierter technischer Normen, einer Initiative zur Verbesserung der Qualifikation der Arbeitskräfte, der Schaffung eines Gemeinsamen Marktes für Telematikdienste und ISDN sowie dem Aufbau einer europäischen Informationsindustrie sollte den **Defiziten bei der Informationstechnologie** wirksam begegnet werden *(vgl. V. Schneider u. a., 1987, S.89ff.; M. Carpentier u. a., 1992, S.53f.)*.

Im November 1979 legte die Kommission dem Europäischen Rat von Dublin einen von dem für Industriepolitik zuständigen EG-Kommissar *Etienne Davignon* erarbeiteten Bericht mit dem Titel **Europa vor den Herausforderungen der neuen Informationstechnologien** [KOM (79) 650 endg.] vor, in dem erstmals der zentrale industriepolitische Stellenwert der Informations- und Kommunikationstechnologie und deren Zusammenwachsen mit der Telekommunikation herausgearbeitet wurde. Kernstück des sog. Dublin-Reports war die Feststellung, daß Europa zwar im **traditionellen Telekommunikationsbereich** eine führende Rolle spiele, bei der **Informationstechnik** und der **Mikroelektronik** im Vergleich zu den Vereinigten Staaten und Japan aber deutliche Schwächen aufweise. Als Gründe wurden getrennte Fernmeldeorganisationen, inkompatible Technologien, einzelstaatlich begrenzte Beschaffungsverfahren und unterschiedliche Tarifierungs- und Dienstleistungsphilosophien angeführt. Lediglich eine koordinierte europäische Industriepolitik, qualifikationspolitische Initiativen, die Schaffung eines homogenen Marktes für Telematikdienste, die Förderung der europäischen Informationsindustrie und die Erleichterung der Zusammenarbeit zwischen Herstellern und Anwendern konnten nach Auffassung der Kommission den Bedeutungsverlust der Gemeinschaft und die **Verschlechterung der Wettbewerbsposition** auf den entsprechenden Märkten verhindern *(vgl. GB 1979, Ziff.135; Th.-S. Kluth, 1993, S.69f., 72f.)*.

Ausgehend vom Dublin-Report unterbreitete die Kommission dem Rat am 1. September 1980 drei Dokumente, die das Fernmeldewesen sowie die Informations- und Kommunikationstechnologien betrafen. In einem Tätigkeitsbericht zu den neuen **Informationstechnologien** [KOM (80) 513 endg.] schlug sie Aktionslinien in bezug auf deren rasche Implementation, die Schaffung verbindlicher Normen und Standards, eine Stärkung der Hersteller und die Verbesserung der sozialen Akzeptanz vor. In einem Verordnungsvorschlag wurden die Konzertierung und die Beschleunigung der Forschungs- und Entwicklungsaktivitäten im Bereich der **Mikroelektronik** verlangt *(vgl. Band 1, S.102 ff.)*. In den Empfehlungen für das **Fernmeldewesen** [KOM (80) 422 endg.] forderte die Kommission gemeinsame Anstrengungen bei der Harmonisierung technischer Standards und der Einführung neuer Dienste, die Schaffung eines Binnenmarktes für Endgeräte und Netzstruktur, die Liberalisierung der öffentlichen Beschaffungsmärkte sowie die Einsetzung eines beratenden Verbindungsausschusses. Während das **Europäische Parlament** [ABl. C 144 15.06.81 S.74] und der **Wirtschafts- und Sozialausschuß** [ABl. C 138 09.06.81 S.26] den Vorlagen zustimmten und verstärkte Aktivitäten verlangten, akzeptierte der Rat die Empfehlungen nur widerwillig *(vgl. GB 1980, Ziff.153 f.; GB 1981, Ziff.172; GB 1982, Ziff.178; V. Schneider u. a., 1987, S.89 ff.; M. Carpentier u. a., 1992, S.53 f.; Th.-S. Kluth, 1993, S.70 f.)*.

Konkrete Ergebnisse der Initiativen waren die Durchführung eines Mehrjahresprogramms auf dem Gebiet der **Datenverarbeitung** von 1979 bis 1983 (später verlängert bis 1986) gemäß dem Beschluß 79/783/EWG des Rates vom 11. September 1979 sowie die auf einer Ratsentschließung vom 11. September 1979 und der Ratsverordnung 81/3744/EWG vom 7. Dezember 1981 basierende Gemeinschaftsaktion zur Förderung der **Mikroelektronik**. Der Beschluß 82/878/EWG des Rates vom 21. Dezember 1982 leitete die einjährige Vorbereitungszeit eines umfassenden Forschungs- und Entwicklungsprogramms für **Informationstechnologien** ein; mit dem Beschluß 84/130/EWG des Rates vom 28. Februar 1984 wurde zum 1. Januar 1984 offiziell die auf fünf Jahre angelegte erste Programmphase begonnen *(vgl. Band 1, S.99 ff.)*. Zwischen 1979 und 1982 initiierte die Gemeinschaft zudem den Aufbau der **internen Kommunikations- und Informationssysteme** EURONET-DIANE, CADDIA und INSIS *(vgl. Band 1, S.525 ff.)*.

Verstärkte Aufmerksamkeit wurde zwischen 1982 und 1984 auch dem **Rundfunkwesen** gewidmet. So nahm die **Kommission** am 18. Mai 1983 in einem Zwischenbericht über die Realität und die Tendenzen des Fernsehens in Europa zu den Perspektiven und Optionen [KOM (83) 229 endg.] im Bereich der Massenkommunikation Stellung. Seit Anfang der achtziger Jahre hatte zudem das **Europäische Parlament** mehrfach auf die Bedeutung der Massenmedien für die gemeinschaftliche Informationspolitik, die Kultur sowie die Meinungsbildung und -vielfalt hingewiesen, so z. B. in seinen Entschließungen vom 12. März 1982 [ABl. C 087 05.04.82 S.110], vom 30. März 1984 [ABl. C 117 30.04.84 S.198] und vom 13. April 1984 [ABl. C 127 14.05.84 S.147] zu Rundfunk und Fernsehen in der Europäischen Gemeinschaft, vom 30. März 1984 zu einer Politik im Sinne der neuen Trends im europäischen Fernsehen [ABl. C 117 30.04.84 S.201] und vom 25. Mai 1984 zur europäischen Medienpolitik [ABl. C 172 02.07.84 S.212]. Angesichts der **kommerziellen und technologischen Entwicklungen** (Privatfernsehen, Satellitenübertragung, Glasfaserkabel) wurde erneut die Notwendigkeit einer Anpassung der **ordnungspolitischen Rahmenbedingungen** (Niederlassungs- und

Dienstleistungsfreiheit, Rolle der öffentlich-rechtlichen Sendeanstalten, Werbung, Normung, Jugendschutz) und einer **verstärkten Zusammenarbeit** (europäisches Fernsehprogramm, europäische Produktionen) betont.

4.2.3 Aktionsprogramm der Kommission und Empfehlungen des Rates von 1984

Nachdem die OECD zu Beginn des Jahres 1983 mit einem Bericht zur **Lage der Telekommunikationsmärkte** in Europa für zusätzliche Diskussion gesorgt hatte, erkannte die vom Binnenmarktkommissar *E. Davignon* für den Europäischen Rat von Stuttgart verfaßte Kommissionsmitteilung vom 1. Juni 1983 über das Fernmeldewesen [KOM (83) 329 endg.] erstmals die **Notwendigkeit einer gemeinschaftlichen Aktion** zur Entwicklung des europäischen Telekommunikationssektors an. Eine sich daran anschließende Mitteilung vom 28. September 1983 [KOM (83) 573 endg.] definierte als **Aktionslinien einer zukünftigen Telekommunikationspolitik** die Festlegung mittel- und langfristiger Ziele auf Gemeinschaftsebene, die Zusammenarbeit in Fragen der Forschung und Entwicklung sowie die Durchführung von entsprechenden Programmen, eine Erweiterung der Märkte für Übertragungs- und Vermittlungssysteme sowie Endgeräte durch die gegenseitige Anerkennung von Normen, eine enge Kooperation bei der Förderung von Investitionen im Bereich der Telekommunikationsinfrastruktur, die Nutzung moderner Telekommunikationstechnologien zur Förderung von unterentwickelten Regionen der Gemeinschaft sowie die Öffnung der bisher geschützten öffentlichen Beschaffungsmärkte. Die Kommissionsvorschläge wurden vom Rat in seinen Schlußfolgerungen vom 4. November 1983 und auf seiner Tagung vom Mai 1984 unterstützt.

Das **Europäische Parlament** nahm die Kommissionsmitteilungen zum Anlaß, in seiner Entschließung vom 29. März 1984 zum Fernmeldewesen [ABl. C 117 30.04.84 S.75] ebenfalls die Einleitung umfassender Maßnahmen zu fordern. In einer Entschließung vom 16. September 1983 [ABl. C 277 17.10.83 S.164] hatte es zuvor bereits erfolglos eine Vereinheitlichung der Tarifstrukturen und eine Absenkung des Gebührenniveaus in den Nebenzeiten bei innergemeinschaftlichen Auslandstelefonaten verlangt *(vgl. Bull. EG 6-1983, S.40 f.; Bull. EG 9-1983, S.42; GB 1983, Ziff. 185; V. Schneider u. a., 1987, S.91 f., 96; Th.-S. Kluth, 1993, S.73 f.; J. Simon, 1993, S.9).*

Auch auf **organisatorischer Ebene** trug man der wachsenden Bedeutung des Kommunikations- und Informationssektors Rechnung. Im Herbst 1983 wurde ein **besonderes Gremium** (Task Force für Informationstechnologie und Information) unter Leitung von *M. Carpentier* ins Leben gerufen, das die unterschiedlichen Aktivitäten innerhalb der Kommission koordinieren sollte. Im November 1983 setzte die Kommission die **Gruppe Hoher Beamter Telekommunikation** (Senior Officials Group on Telecommunications, SOG-T, später DG XIII) ein. Sie hatte die Aufgabe, in Abstimmung mit den nationalen Ministerien und Industrieverbänden das von der Kommission erarbeitete **Aktionsprogramm** für die Entwicklung des europäischen Telekommunikationsmarktes zu diskutieren.

Auf der Basis der **neugefaßten Empfehlungen** der SOG-T vom März 1984 legte die Kommission dem Rat für Industriepolitik am 18. Mai 1984 eine Mitteilung über den Stand der Überlegungen und der Arbeiten auf dem Gebiet der Telekommunikation [KOM (84) 277 endg.] vor, in der die **Grundzüge des Aktionsprogramms** vorgestellt wurden. Als **vorläufige Zielsetzungen** wurden definiert *(vgl. Bull. EG 5-1984, S. 22ff., 35; A. Fraude, 1986, S. 3; M. Weinkopf, 1993, S. 5)*:

— Die Bereitstellung von *Telekommunikationsgeräten und -dienstleistungen* sollte für die Nutzer unter optimalen Kosten- und zeitlichen Bedingungen ermöglicht werden, um einen angemessenen Grad an *Wettbewerbsfähigkeit* zu gewährleisten.

— Die Produktion von Fernmeldeausrüstungen und -dienstleistungen sollte stimuliert werden, um die *Wettbewerbsfähigkeit der europäischen Industrie* zu verbessern, ihre dominierende Stellung auf dem heimischen Markt zu stützen und die Exporttätigkeit zu fördern.

— Die Netzbetreiber sollten in die Lage versetzt werden, den *technologischen und industriellen Herausforderungen* unter optimalen Bedingungen und mit geringstmöglichem Risiko zu begegnen.

Auf der Basis dieses Zielkatalogs entwickelte die Kommission ihre im September 1983 festgelegten **Aktionslinien** weiter *(vgl. GB 1984, Ziff. 196; GB 1985, Ziff. 346; H. Ungerer u. a., 1988, S. 135 f.; M. Carpentier u. a., 1992, S. 90 f.; Th.-S. Kluth, 1993, S. 74 f.)*:

— Festlegung der *mittel- und langfristigen Ziele* der Telekommunikationspolitik auf Gemeinschaftsebene;

— Schaffung eines *Gemeinschaftsmarktes für Ausrüstungen*, insbesondere Endgeräte *(vgl. S. 620)*, durch Einführung gemeinsamer Normen, die gegenseitige Anerkennung von Testverfahren sowie die Liberalisierung des Zugangs zu öffentlichen Aufträgen;

— Definition und Durchführung *gemeinsamer Forschungsaktivitäten*, insbesondere Förderung der industriellen Zusammenarbeit in der Grundlagenforschung zur Entwicklung von Telekommunikationsausrüstungen und -netzen;

— gemeinsame Entwicklung des transnationalen Teils der zukünftigen *Telekommunikationsinfrastruktur* und Einführung neuer *Fernmeldedienste* auf den Gebieten ISDN *(vgl. Band 1, S. 517 ff.)*, integrierte Breitbandkommunikation *(vgl. Band 1, S. 520 f.)*, digitale Mobilkommunikation *(vgl. S. 645)* und Videokonferenzdienste für Gemeinschaftsorgane *(vgl. Band 1, S. 527 f.)*;

— Förderung von *Randgebieten der Gemeinschaft* durch den Einsatz von Gemeinschaftsmitteln zur Verbesserung des Zugangs zu fortgeschrittenen Diensten und Netzen *(vgl. S. 719)*;

— Koordinierung der Verhandlungsposition innerhalb der internationalen *Organisationen und Konferenzen*, die mit Fragen der Telekommunikation befaßt sind (Satellitenorganisationen, GATT, OECD).

Die Planungen von Kommission und Rat erhielten sowohl im Juni 1984 in Fontainebleau wie auch im März 1985 in Brüssel die Billigung und Unterstützung des Europäischen Rates. **Zielkatalog und Aktionslinien** bildeten die Grundlage für zwei Empfehlungen des Rates zur harmonisierten Einführung neuer Telekommunikationsinfrastrukturen und -dienste sowie zur Einleitung der Liberalisierung des öffentlichen Auftragswesens im Bereich der Telekommunikation.

Die **Empfehlung 84/549/EWG des Rates vom 12. November 1984 [ABl. L 298 16.11.84 S.49]** *(vgl. Übersicht 15)* legte den Grundstein für die koordinierte Entwicklung von Telekommunikationsnetzen und -diensten in der Gemeinschaft. Zu diesem Zweck sollten sich die Fernmeldeverwaltungen regelmäßig konsultieren, ab 1985 alle neuen Dienste auf der Basis eines harmonisierten Konzepts einrichten und ab 1986 bei der Erteilung öffentlicher Aufträge für digitale Übertragungs- und Vermittlungssysteme nur noch in der Gemeinschaft anerkannte Normen berücksichtigen.

Übersicht 15: Erste Ansatzpunkte der gemeinsamen Nachrichtenverkehrspolitik in Europa

Koordinierte Einführung von Telekommunikationsnetzen und -diensten

Empfehlung 84/549/EWG des Rates vom 12. November 1984 betreffend die Durchführung der Harmonisierung auf dem Gebiet des Fernmeldewesens [ABl. L 298 16.11.84 S.49] — Rechtsetzung auf der Grundlage des Art. 235 EWGV (Art. 308 EGV), auf Vorschlag der Kommission [KOM (80) 422 endg.] sowie nach den Stellungnahmen des EP [ABl. C 144 15.06.81 S.71] und des WSA [ABl. C 138 09.06.81 S.26] — Kenntnisnahme durch das EWR-Abkommen [ABl. L 001 03.01.94 S.313, 419]

Öffentliches Auftragswesen im Telekommunikationssektor

Erklärung des Rates vom 21. Dezember 1976 betreffend die Einrichtungen, denen in den Mitgliedstaaten das Fernmeldewesen übertragen ist [ABl. C 011 15.01.77 S.3]

Empfehlung 84/550/EWG des Rates vom 12. November 1984 betreffend die erste Phase der Öffnung der öffentlichen Fernmeldemärkte [ABl. L 298 16.11.84 S.51] — Rechtsetzung auf der Grundlage des Art. 235 EWGV (Art. 308 EGV), auf Vorschlag der Kommission [KOM (80) 422 endg.] sowie nach den Stellungnahmen des EP [ABl. C 144 15.06.81 S.71] und des WSA [ABl. C 138 09.06.81 S.26] — Kenntnisnahme durch das EWR-Abkommen [ABl. L 001 03.01.94 S. 419]

Marktordnung im Postsektor

Empfehlung 79/570/EWG der Kommission vom 29. Mai 1979 betreffend die Anwendung des Inlandstarifs in bestimmten Bereichen des Postverkehrs zwischen den Mitgliedstaaten [ABl. L 155 22.06.79 S.16]

Auch Fragen des nach dem Auftrag des Rates vom 21. Dezember 1976 lange Zeit vernachlässigten **öffentlichen Auftragswesens** im Telekommunikationssektor wurden wieder aufgegriffen. Die von der Kommission im Jahre 1980 unterbreiteten Vorschläge für die Vergabe von Lieferaufträgen durch Fernmeldeverwaltungen wurden vom Rat mit der **Empfehlung 84/550/EWG vom 12. November 1984 [ABl. L 298 16.11. 84 S.51]** *(vgl. Übersicht 15)* angenommen. Alle in der Gemeinschaft angesiedelten Unternehmen sollten sich in einem **diskriminierungsfrei ausgestalteten Verfahren** an den **nationalen Ausschreibungen** für Fernsprechapparate, private Nebenstellenanlagen, Fernschreiber und Modems (sofern es bereits gemeinsame Zulassungsspezifikationen gab) sowie für neue Endgeräte uneingeschränkt beteiligen können; bei **Übertragungs- und Vermittlungsanlagen** sowie bisher nicht nach vereinheitlichten Regeln zugelassenen **herkömmlichen Endgeräten** mußten nur Angebote in Höhe von 10 % des jährlichen Auftragswerts im Ausland eingeholt werden *(vgl. Th.-S. Kluth, 1993, S.71f.).*

In seinen auf der Tagung vom 17. Dezember 1984 angenommenen Schlußfolgerungen legte der Rat dann endgültig die **Hauptelemente der zukünftigen Fernmeldepolitik** fest, die den im Aktionsprogramm formulierten Grundsätzen entsprachen. In der Folgezeit unternahmen die Kommission und der Rat zahlreiche Anstrengungen, um die einzelnen Leitlinien umzusetzen *(vgl. M. Carpentier u. a., 1992, S.91f.).* In ihren Mitteilungen vom 30. Mai 1985 [KOM (85) 276 endg.], vom 5. Juni 1986 [KOM (86) 325 endg.] und vom 11. Mai 1988 [KOM (88) 240 endg.] sowie zwischenzeitlich im Rahmen ihres Grünbuchs vom 30. Juni 1987 [KOM (87) 290 endg.] *(vgl. S.608)* untersuchte die Kommission die auf dem Gebiet der gemeinsamen Telekommunikationspolitik **erzielten Fortschritte** *(vgl. Bull. EG 6-1986, S.39; Bull. EG 5-1988, S.27; Th.-S. Kluth, 1993, S.81f.).* Als konkrete Ergebnisse zu nennen sind der Beginn der Definitionsphase für eine Gemeinschaftsaktion auf dem Gebiet der **Telekommunikationstechnologien** aufgrund des Ratsbeschlusses 85/372/EWG vom 25. Juli 1985 *(vgl. Band 1, S.177)*, die Entschließung 86/C 160/01 des Rates vom 9. Juni 1986, mit der der Einsatz von **Videokonferenz- und Bildtelefontechniken** für den zwischenstaatlichen Austausch in die Wege geleitet wurde *(vgl. Band 1, S.528)*, die Richtlinie 86/361/EWG des Rates vom 24. Juli 1986 über die gegenseitige **Anerkennung von Allgemeinzulassungen** von Endgeräten *(vgl. S.656)*, der Beginn des **Gemeinschaftsprogramms STAR** zur Entwicklung benachteiligter Regionen gemäß der Ratsverordnung 86/3300/EWG vom 27. Oktober 1986 *(vgl. S.883)*, die Richtlinie 86/529/EWG des Rates vom 3. November 1986 über die Annahme gemeinsamer technischer Spezifikationen für die Direktausstrahlung von **Satellitenfernsehen** *(vgl. S.661)*, die in der Ratsempfehlung 86/659/EWG vom 22. Dezember 1986 formulierten Bedingungen für die koordinierte Einführung von **ISDN** in der Gemeinschaft *(vgl. Band 1, S.517)* sowie in bezug auf die **Normung** im Bereich der Informationstechnik und Telekommunikation der Beschluß 87/95/EWG des Rates vom 22. Dezember 1986 *(vgl. S.654).*

Insgesamt war die gemeinsame europäische Telekommunikationspolitik zwischen 1978 und Mitte 1987 noch immer sehr stark **industriepolitisch geprägt** und konzentrierte sich vorwiegend auf die Entwicklung von Kommunikations- und Informationsinfrastrukturen und -diensten, die Harmonisierung von Normen sowie die Technologie- und Innovationsförderung. Sie war zudem überwiegend an den Bedürfnissen der Hersteller und weniger an den **Belangen der Nutzer** ausgerichtet. **Wettbewerbspolitische Probleme** und Fragen des **Marktzutritts** oder der **Preisbildung** spielten in dieser Phase der Entwicklung eine stark untergeordnete Rolle *(vgl. M. Carpentier u. a., 1992, S.90; M. Weinkopf, 1993, S.6ff.).*

Kapitel 2

Gemeinsame Seeverkehrs- und Seehafenpolitik in Europa seit Mitte der achtziger Jahre

1. Entwicklungslinien des Seeverkehrs seit den achtziger Jahren

1.1 Entwicklungstendenzen des globalen Seeverkehrs

In der ersten Hälfte der achtziger Jahre war die Marktsituation des Weltseeverkehrsgewerbes durch ein zunächst noch leicht wachsendes und danach sukzessive abnehmendes **Verkehrsangebot** gekennzeichnet, was bei einem überproportional sinkenden Seefrachtaufkommen einen strukturell und konjunkturell bedingten **Kapazitätsüberhang** von etwa 20 % (1985) und einen spürbaren Rückgang der Transportpreise zur Folge hatte. Erst der weitere Kapazitätsabbau im Seeverkehrsgewerbe, der allerdings ab 1988 wieder von einer zunehmenden Kapazitätsausweitung abgelöst wurde, vor allem aber die seit 1986 deutlich steigende Nachfrage nach Transportleistungen führten in der zweiten Hälfte der achtziger Jahre zu einer **Stabilisierung des Marktes**. Gegen Ende der achtziger Jahre war in allen Marktbereichen eine mäßige Zunahme der Nachfrage zu beobachten. Nachdem die in Tonnenmeilen (tm) gemessene gesamte Seefrachtleistung zwischen 1979 und 1983 noch um 28 % auf 12.636 Mrd. tm zurückgegangen war, wies sie seit Mitte der achtziger Jahre wieder eine positive Tendenz auf, überschritt aber erst 1991 mit 17.873 Mrd. tm wieder den Wert von 1979 *(vgl. KOM (96) 84 endg., S.24)*.

Während sich die **Kapazität** der Welthandelsflotte 1980 auf 641,3 Mio. dwt und 1985 auf 605,3 Mio. dwt (jeweils Jahresende) belief, erreichte die Seetransportleistung in den genannten Jahren 16.654 Mrd. tm bzw. 13.086 Mrd. tm. Die Anteilswerte der Transporte von Öl- und Ölprodukten beliefen sich 1980 auf 55,5 % und 1985 auf 39,4 %; die entsprechenden Kapazitätsanteile an der gesamten Handelsflotte machten 54,3 % bzw. 42,5 % aus. Die Restanteile entfielen jeweils auf die sonstigen Seetransporte.

Nach einer Phase kontinuierlichen Wachstums erreichte die Welthandelsflotte zum Ende des Jahres 1990 wieder eine Kapazität von 626,7 Mio. dwt und realisierte im Jahre 1990 mit 3.977 Mio. t eine gegenüber 1985 (3.293 Mio. t) um 20,8 % höhere **Ladungsmenge** und eine **Schiffahrtsleistung** von 17.121 Mrd. tm (+30,8 %) *(vgl. H. Böhme, 1988b; SSMR, 1/2-2004, S.59).*

In den neunziger Jahren setzte sich das Nachfragewachstum im Weltseeverkehr fort und führte zu einer weiteren **nachfrageinduzierten Erholung** auf den Seeverkehrsmärkten, die jedoch durch die rezessiven weltwirtschaftlichen Tendenzen der Jahre 1992/93 und 1995/96 kurzfristig beeinträchtigt wurde. Die konjunkturellen Auswirkungen machten sich dabei weniger in Schwankungen der Transportmenge und -leistung als vielmehr in Änderungen der Frachtraten bemerkbar, für die vor allem der permanente Angebotsdruck maßgeblich war. Die **Ladungsmenge** erhöhte sich insgesamt auf 4.687 Mio. t (1995), die **Schiffahrtsleistung** auf 20.188 Mrd. tm (1995), bei einer Kapazität von 672,4 Mio. dwt (Ende 1994). Der Ausbruch der ökonomischen Krisenerscheinungen im Sommer 1997 in einer Reihe ost- und südostasiatischer Länder konnte trotz weiterer negativer politischer Einflüsse aus der Golfregion angesichts einer insgesamt günstigen Weltkonjunktur die positive Entwicklung des Weltseeverkehrsgewerbes zum Ende der neunziger Jahre nicht entscheidend beeinträchtigen; allerdings wiesen erstmals im Untersuchungszeitraum das Seefrachtaufkommen und die Seefrachtleistung für das Jahr 1998 negative Veränderungsraten (-0,4 % bzw. -1,1 %) auf. Im Jahre 2000 beliefen sich das Seefrachtaufkommen auf 5.434 Mio. t und die Seefrachtleistung auf 23.016 Mrd. tm; 2003 waren es 5.840 Mio. t und 24.589 Mrd. tm; die entsprechenden **Kapazitätswerte** waren 770,2 Mio. dwt (Ende 2000) und 832,2 Mio. dwt (Ende 2003) *(vgl. KOM (89) 266 endg., S.4f.; H. Böhme, 1993, S.10ff., 20ff.; KOM (96) 84 endg., S.24; H. Böhme, 1997, S.11f.; H. Böhme, 1998, S.9ff.; H. Böhme, 1999, S.13ff.; H. Böhme, 2000, S.20ff.; SSMR, 1/2-2004, S.33, 59).*

Die Gesamtentwicklung des Weltseeverkehrs wurde durch strukturell bedingte Verschiebungen zwischen einzelnen Marktsegmenten sowie regionale und relationsbezogene Besonderheiten überlagert *(vgl. KOM (96) 707 endg., S.8).* Während Rohöltransporte bereits zwischen 1980 und 1987 um 38 % sanken, verzeichneten Transporte von Ölprodukten mit 32 % erhebliche Zuwächse. In den beiden Marktsegmenten machte sich insgesamt ein **Frachtratenverfall** bemerkbar, der bei erneut zunehmender Nachfrage jedoch in erster Linie auf die **Angebotsausweitung** zurückgeführt wurde. In der Folgezeit konnte die zunehmende Nachfrage in der **Tankschiffahrt** (1993: 1.714 Mio. t bzw. 9.162 Mrd. tm), die sich insgesamt aus einer leichten Zunahme beim Handel von Erdöl und einem geringfügigen Rückgang beim Transport von Ölprodukten ergab, nicht mit dem Tonnagezuwachs Schritt halten, was durch die Zahl der Auflieger, die Minderauslastung, Angebotsansammlungen und längere Wartezeiten bestätigt wurde; allerdings war dabei eine regional stark differenzierte Entwicklung zu beobachten. Ab 1994 veränderte sich die Situation durch die Stagnation der Transportkapazität und eine sich weiter belebende Nachfrage (1995: 1.808 Mio. t bzw. 9.320 Mrd. tm). Der Abschluß der Geschäfte für den **Rohöltransport** erfolgte überwiegend kurzfristig und zunehmend auf Reisecharterbasis, deren Raten 1992/93 leicht und ab 1994 wieder stärker zunahmen, dabei jedoch erhebliche jahreszeitliche Schwankungen und größenklassenabhängige Differenzierungen aufwiesen. Das Wachstum der Beförderung von **Ölprodukten** blieb Anfang der neunziger Jahre hinter dem der späten achtziger Jahre sowie dem der Rohöltransporte zurück, ab 1994 kam es bei fast unverändertem Kapazitätsangebot sowie konjunkturell und regional bedingtem Mehrverbrauch zu einer Aufwärtsbewegung. Trotz der erreichten Energieeinsparungen und der Erschließung verbrauchsnaher Ölfelder behielt die Tankschiffahrt daher in den neunziger Jahren und darüber hinaus sowohl mengen- (1995: 38,3 %; 2000: 37,3 %; 2003: 35,7 %) als auch leistungsbezogen (1995: 45,4 %; 2000: 44,6 %; 2003: 42,6 %) eine **dominierende Rolle** in der Seeschiffahrt *(vgl. R. Stomberg u. a., 1988, S. 164 ff.; H. Böhme, 1994, S. 18 ff.; H. Böhme, 1995, S. 22 ff.; H. Böhme, 1996, S. 22 ff.; H. Böhme, 1997, S. 11 f., 28 ff.; H. Böhme, 1999, S. 38 ff.; H. Böhme, 2000, S. 40 ff.; SSMR, 1/2-2004, S. 33, 59).*

Während die Seetransporte von Öl und Ölprodukten in dem ersten Jahrzehnt seit Mitte der achtziger Jahre deutlich überdurchschnittliche Wachstumsraten aufwiesen, gerieten sie in dem Jahrzehnt seit 1994 gegenüber den Transporten anderer Massengüter, die bereits seit Ende der achtziger Jahre erhebliche Zuwächse verzeichneten, ins Hintertreffen. Seit Anfang der neunziger Jahre zeigten sich zwar im **Trockenmassengutverkehr** und in der **sonstigen Trockenladungsfahrt** Merkmale eines Konjunkturabschwungs, wie Nachfrage-, Fracht- und Charterratenrückgänge sowie die Tendenz zu kurzfristigen Abschlüssen in bestimmten Marktsegmenten (Eisenerz, Kohle, Getreide); positiv verlief die Entwicklung jedoch bei Tramp-Containerschiffen und in der Spezialschiffahrt (Kühlschiffe). Insgesamt zeigte der Trockenladungsverkehr also eine **uneinheitliche Tendenz**:

— Im Bereich des *Massengutverkehrs* der neunziger Jahre setzte sich der durch die Konjunkturschwäche in Westeuropa und Japan bedingte Abschwung 1993 fort, wovon u. a. die Aufkommen an Eisenerz-, Getreide- und Futtermitteltransporten betroffen waren. Die Verkehrsleistung wurde zusätzlich durch eine Verkürzung der durchschnittlichen Transportdistanzen beeinträchtigt, was auf regionale Verschiebungen der Export- und Importströme zurückzuführen war. Ab 1994 expandierten die Nachfrage sowie die Abschlüsse jedoch erheblich, wobei Eisenerz- und Kohletransporte eine tragende Rolle übernahmen; Ende 1995 machte sich dann eine neue Rezessionsphase bemerkbar, die jedoch bereits 1997 durch überdurchschnittliche Wachstumsraten abgelöst wurde.

— Bei den *Containertransporten* hielt die durch die Zunahme des Industriegüterhandels, die Vertiefung der Arbeitsteilung und die Übernahme des konventionellen Ladungsaufkommens ausgelöste positive Entwicklung an. Infolge des gleichgerichteten starken Wachstums von Nachfragevolumen (1990: 269 Mio. t; 1995: 408 Mio. t) und Kapazitätsangebot erhöhten sich die Raten jedoch kaum; erst 1995 sorgten Kapazitätsengpässe für Preissteigerungen, die sich – hervorgerufen durch das extrem starke Flottenwachstum – anschließend in erhebliche Abschläge umwandelten. Die Wachstumschancen der Containertransporte wurden jedoch dadurch nicht entscheidend geschwächt *(zum Containerverkehr vgl. Th. Pawlik, 1999; U. Hautau, 2002a, S. 29 ff.).*

— In der *Kühlschiffahrt* setzte sich 1993 der aus einer Tonnageausweitung und einer schwachen Nachfrage resultierende Preisverfall fort; ab 1994 kehrte sich diese

Entwicklung um, so daß die verfügbare Kapazität sank, die Ladungsmengen um jährlich 2,5 bis 3 % wuchsen und die Raten zulegten.

Im Durchschnitt der verschiedenen **Marktsegmente der Trockenfahrt** legten die Transportmenge, die Anzahl der Verträge sowie die Fracht- und Charterraten 1993 leicht, ab 1994 stark zu; Ende 1995 kam es zwar zu einem **erneuten Abschwung**, der auch 1996 anhielt, dieser war jedoch vor dem Ende der neunziger Jahre überwunden *(vgl. H. Böhme, 1994, S.11ff.; H. Böhme, 1995, S.12ff.; H. Böhme, 1996, S.12ff.; H. Böhme, 1997, S.11ff., 19ff., 38ff.; H. Böhme, 1999, S.17ff., 32ff.; H. Böhme, 2000, S. 27ff., 56ff.)*.

In der Entwicklung der achtziger Jahre erwies sich das Ausflaggen zunehmend als ein **weltweites Problem** der Seeschiffahrt. In der ersten Hälfte der neunziger Jahre setzte sich das Wachstum der in **Offenregistern** eingetragenen Schiffstonnage (in dwt) – wenn auch abgeschwächt – fort. Zwischen Mitte 1985 und Ende 1994 verzeichnete diese eine Zunahme von 51,8 %, während die Welttonnage um 7,3 % zunahm; 1994 entfielen 44,6 % der Tonnage an Frachtern mit mindestens 100 BRT auf die zehn wichtigsten Offenregister-Länder. Anfang 2004 hielten die Offenregister-Länder etwa 39 % aller Schiffe (über 1.000 gt) und 53 % der Gesamtkapazität (dwt) der Welthandelsflotte unter ihren Flaggen *(vgl. H. Böhme, 1996, S.9; EP, 1996, S.13ff.; KOM(96) 81 endg., S.8, 42ff., 53ff.; KOM(96) 707 endg., S.8f.; H. Böhme, 1997, S.15; SSMR, 1/2-2004, S.34)*.

Trotz der insgesamt positiven Entwicklung des Seeverkehrsgewerbes seit der zweiten Hälfte der achtziger Jahre wurde in der Folgezeit eine zunehmende **Entkopplung** zwischen der **Nachfrage** nach Schiffahrtsleistungen und der gesamtwirtschaftlichen **Konjunkturentwicklung** beobachtet. Hierfür machte man in erster Linie einen nur noch geringfügig steigenden Bedarf an Rohstoffen (einschließlich Rohöl) und die Verkürzung der Verkehrsentfernungen für wichtige Massengüter verantwortlich. Die Erschließung neuer Ölfördergebiete beeinflußte die **Tankschiffahrt**, indem sie die Entfernungen zu den wichtigsten Verbrauchsgebieten verkürzte; seit 1990 verlängerten sich die Transportwege allerdings wieder. Auf der anderen Seite wurden in vielen Schwellenländern Produktions- und Verarbeitungsanlagen errichtet, so daß sich der Verkehr zwischen der EG und diesen Staaten mehr als früher auf hochwertige Güter mit geringerem Ladevolumen verlagerte. Ferner ist auf die **Intensivierung der Seeverkehrsströme** zwischen Australien, Ostasien und den Vereinigten Staaten hinzuweisen, die zum relativen Bedeutungsverlust der europäischen Schiffahrt beitrug *(vgl. KOM(89) 266 endg., S.4f.; H. Böhme, 1991, S.213; H. Böhme, 1993, S.24)*.

Im Bereich der **Linienschiffahrt** wuchs der Markt insbesondere auf der Relation Vereinigte Staaten – Südostasien; die Ladungsströme Japans, der Gemeinschaft und der ehemaligen RGW-Länder stagnierten hingegen oder gingen sogar zurück. Ab 1995 setzte sich ein allgemeiner, auf gesamtwirtschaftlichen Faktoren beruhender Aufwärtstrend durch (Nordatlantik, Südamerika). Insgesamt nahm die Auslastung zu, die **Frachtraten** änderten sich relationsbezogen, stiegen entweder nur zögerlich an oder gingen sogar zurück, da sie auch maßgeblich von der technisch-organisatorisch bedingten Kostendegression, der Veränderung der Ladekapazität, dem Verladerverhalten, Währungsschwankungen und Gebühren abhingen. Die beginnende **Umstruktu-**

rierung äußerte sich in der zunehmenden Zahl von Großunternehmen und Kooperationen, der Ausweitung der Operationsgebiete, dem Einsatz von Großschiffen sowie in der Ausbildung von „load centres“ und bedeutenden „Feeder-Linien“ *(vgl. H. Böhme, 1994, S.25ff.; W. Tang, 1994; H. Böhme, 1995, S.29ff.; H. Böhme, 1996, S.29ff.; H. Böhme, 1997, S.33ff.; H. Böhme, 1999, S.50ff.; H. Böhme, 2000, S.59ff.).*

1.2 Entwicklungstenzenden der Gemeinschaftsflotte

Die weltweiten Entwicklungen auf den Seeverkehrsmärkten blieben nicht ohne dauerhafte Auswirkungen auf die Gemeinschaftsflotte; ihr **Schrumpfungsprozeß** vollzog sich in den frühen achtziger Jahren sogar fast viermal so schnell wie derjenige der weltweiten Kapazität bzw. eineinhalbmal so schnell wie der Rückgang der Nachfrage im weltweiten Seeverkehr. Als **negative Folgen** befürchtete man eine verstärkte Abhängigkeit des Außenhandels der Gemeinschaft vom Leistungsangebot der Drittlandreedereien, Devisenmindereinnahmen, schwindenden Einfluß in internationalen Verhandlungen, negative Auswirkungen auf andere Wirtschaftsbereiche, Arbeitsplatzverluste und Auftragseinbußen für die europäischen Werften *(vgl. KOM(96) 81 endg., S.40ff.).*

Zwischen 1980 und 1985 verminderte sich bereits die Zahl der in den maritimen Mitgliedstaaten der Gemeinschaft (EG-12) **beheimateten Schiffe** der Handelsflotte (ohne Fischereifahrzeuge, Schlepper, Bagger, Eisbrecher, Forschungs-, Versorgungs- und sonstige Schiffe; mindestens 100 BRT) von 11.218 auf 8.552 (-23,8 %); dies entsprach einer **Tonnageverminderung** von 117,1 Mio. BRT auf 84,5 Mio. BRT (-27,8 %; gemessen an der Kapazität in 1.000 gt von 120.585 auf 88.163: -26,9 %). Der überdurchschnittliche Schrumpfungsprozeß der EG-Flotte führte in Verbindung mit der zunehmenden Tendenz zum Ausflaggen von EG-Schiffen dazu, daß der an der **Ladekapazität** (in gt) gemessene Anteil der unter Gemeinschaftsflaggen registrierten Handelsflotte an der Welthandelsflotte von 28,7 % im Jahre 1980 (1981: nach dwt-Kapazität ebenfalls 28,7 %) auf 21,2 % im Jahre 1985 (1987: nach dwt-Kapazität 16,7 %) sank. Im **wirtschaftlichen Eigentum** von EG-Mitgliedstaaten befanden sich 1981 noch 34,2 % der weltweiten dwt-Kapazität, 1987 waren es nur noch 26,7 %. Der Anteil der im wirtschaftlichen Eigentum von EG-Mitgliedstaaten stehenden **Offenregisterflotte** an der gesamten Gemeinschaftsflotte erhöhte sich demzufolge von 16,1 % im Jahre 1981 auf 37,6 % im Jahre 1987.

Da die weltweite Seeverkehrskapazität – bedingt durch das starke Flottenwachstum in Osteuropa, den Vereinigten Staaten, Südostasien und vielen Entwicklungsländern – seit 1983 nur langsam zurückging und ab 1989 sogar wieder deutlich anwuchs, verstärkte sich die aufgezeigte **Auseinanderentwicklung** zwischen der Gemeinschaftsflotte und der Welthandelsflotte in der zweiten Hälfte der achtziger Jahre. Die Kapazität der Gemeinschaftsflotte unter Flaggen von EG-Mitgliedstaaten (EG-12) verminderte sich von 88,2 Mio. gt im Jahre 1985 auf 59,1 Mio. gt im Jahre 1990 (-32,9 %). Der entsprechend definierte Anteil an der Welthandelsflotte sank von 21,2 % auf 14,0 %; dabei stieg der Offenregisteranteil weiter an. Den **stärksten Tonnagerückgang** im

Laufe der achtziger Jahre verzeichneten in der EG Griechenland und das Vereinigte Königreich, aber auch in allen anderen Staaten mit Ausnahme von Belgien verkleinerte sich die Flotte *(vgl. J.-F. Bellis u. a., 1988, S.47; KOM(89) 266 endg., S.5f.; V. J. G. Power, 1992, S.26ff.; KOM(96) 84 endg., S.24ff.)*.

Während die Kapazität der Welthandelsflotte bereits seit 1989 wieder deutlich anstieg und schon 1990 in etwa den Stand des Jahres 1982 erreichte, setzte das **Wachstum der Handelsflotte** unter der EG-Flagge jedoch verzögert ein. Unter Einschluß der drei Mitgliedstaaten Österreich, Finnland und Schweden konnte die Gemeinschaftsflotte (EU-15) bis Mitte der neunziger Jahre einen Anteilswert von ca. 14 % an der Welthandelsflotte behalten. Zwischen 1997 und 2001 konnten die Anzahl der Schiffe bzw. das Tonnagevolumen unter gemeinschaftlicher Flagge um 0,4 % bzw. 1,5 % pro Jahr gesteigert werden; die Bedeutung der **Erstregister** war dabei weiter rückläufig, während internationale und **Zweitregister** zulegen konnten. Der Anteil der Register der Mitgliedstaaten an der weltweiten Gesamttonnage sank daher zum Ende der neunziger Jahre auf etwa 13 % ab, konnte sich dann aber in den ersten Jahren des neuen Jahrhunderts auf einem Wert etwas unter 14 % stabilisieren. Mitte der neunziger Jahre befanden sich etwa 31 % der Welthandelsflotte im wirtschaftlichen Eigentum der Gemeinschaft; dieser Anteilswert stabilisierte sich in den Jahren 1999 bis 2002 auf etwa 33 %. War zunächst die Wachstumsgeschwindigkeit der unter gemeinschaftlicher Kontrolle stehenden, aber unter **Drittlandsflagge** fahrenden Schiffe deutlich größer als der Flottendurchschnitt (1995: 52,1 %; 2000: 60,9 %), so sank der daraus folgende Anteilswert 2002 auf 59,0 % ab *(vgl. A. A. Pallis, 2002, S.88ff.; SSMR, lfde. Ausgaben)*.

Am 1. Januar 2004 belief sich der Anteil der unter den **Flaggen der Mitgliedstaaten** betriebenen Gemeinschaftsflotte auf 14,5 % der Schiffe (1.000 gt und größer) und auf 14,7 % der Ladekapazität (dwt) der gesamten Welthandelsflotte; wirtschaftlich kontrolliert wurden seitens der EG-Staaten 29,3 % der Schiffe und 33,9 % der Kapazität. Die entsprechenden **Anteile fremder Flaggen** an der im wirtschaftlichen Eigentum der EG stehenden Flotte beliefen sich auf 50,5 % und 56,6 %. Der Bestand der unter EG-Flaggen betriebenen Handelsflotte verteilte sich nach der Zahl der Schiffe bzw. der Ladekapazität wie folgt auf die **wichtigsten Einsatzbereiche**: Tanker 27,6 bzw. 49,3 %; Bulk Carriers 9,6 bzw. 22,0 %; Containerschiffe 13,2 bzw. 18,5 %; für die wirtschaftlich kontrollierte Flotte ergaben sich folgende Anteile: Tanker 22,3 bzw. 38,7 %; Bulk Carriers 19,4 bzw. 35,7 %; Containerschiffe 15,8 bzw. 16,2 % *(vgl. SSMR, 1/2-2004, S.33)*.

Die rezessiven Störungen des Weltseeverkehrs in den achtziger und neunziger Jahren machten sich in der Gemeinschaft vorrangig bei der Flotte für die **Beförderung von Öl und Ölprodukten** bemerkbar, deren Kapazität von 1981 bis 1987 um 40 % abnahm und 1990 nur noch 20,8 % der Welttonnage ausmachte; erst gegen Ende der achtziger Jahre war auf europäischer und globaler Ebene (1987: 245,8 Mio. dwt; 1992: 276,1 Mio. dwt) eine Erholung zu beobachten, wobei die Wachstumsraten seit Beginn der neunziger Jahre wieder leicht abnahmen. Der Gesamtbestand, der bis 1993 noch leicht auf 280 Mio. dwt zugenommen hatte, reduzierte sich danach geringfügig. Im **Trockenmassengutverkehr** verringerte sich das gemeinschaftliche Kapazitätsangebot zwischen 1981 und 1987 um 13 % und machte 1990 26,6 % der Gesamttonnage aus; auf dem Weltmarkt zeigten sich bereits ab 1985, ausgelöst durch die Zunahme des Handels und viele Neubauaufträge, positive Tendenzen. Seit Anfang der neunziger Jahre stagnierte die Tragfähigkeit infolge der gesamtwirtschaftlichen Entwicklung, ab 1995 nahm jedoch der Bestand an Massengutschiffen deutlich zu. Die **Nicht-Massengutkapazität** in der EG sank von 1981 bis 1987 um etwa 20 %; besonders betroffen war die **traditionelle Stückgutflotte**, während der **Containerverkehr** expandierte, ohne allerdings einen Bedeutungsverlust im internationalen Vergleich vermeiden zu können (1983: 36 %; 1987: 28 %). Auf weltweitem Niveau machte sich bei **Mehrdeck-, Spezial- und Containerschiffen** ab 1990 eine Verbesserung der Lage bemerkbar, nachdem das Tonnageangebot vorher über lange Zeit konstant geblieben war; hiervon profitierte jedoch in erster Linie die Containerflotte (1990: 25,0 Mio. dwt; 1996: 43,2 Mio. dwt). Die Tonnage des **kombinierten Verkehrs** verzeichnete nach kurzer Erholung seit 1993 einen deutlichen Rückgang *(vgl. KOM (89) 266 endg., S. 5 f.; V. J. G. Power, 1992, S. 28 ff.; H. Böhme, 1993, S. 8 ff.; KOM (93) 562 endg., S. 14; H. Böhme, 1994, S. 8 f.; H. Böhme, 1995, S. 10; H. Böhme, 1996, S. 9; KOM (96) 84 endg., S. 24; M. Stopford, 1997, S. 65 ff.).*

Mit Ausnahme Dänemarks und der BR Deutschland wurde dem Tonnageabbau durch Ausflaggen und Verschrotten nicht mit einer Modernisierung des Schiffsbestands begegnet, so daß das **Alter** der in der Gemeinschaft **eingetragenen Flotte** meist über dem der Wettbewerber lag; 1986 waren lediglich 34,2 % der Gesamttonnage (Schiffe ab 300 BRT) jünger als 10 Jahre (Entwicklungsländer 38,9 %; COMECON 37,6 %). Grund für diese Situation waren die rückläufigen Neubauinvestitionen, die sowohl aus dem bestehenden Kapazitätsüberhang wie auch aus dem geringeren *cash flow* resultierten. Im Nicht-EG-Raum wurde hingegen seit Ende der achtziger Jahre bei einer beschleunigten Verschrottung auch eine **erhebliche Zunahme der Neubautonnage** (Tanker, große Containerschiffe) beobachtet; hiervon profitierten in erster Linie Werften aus dem Fernen Osten und aus ehemaligen RGW-Ländern *(vgl. KOM (89) 266 endg., S. 7 und Tabelle 8; V. J. G. Power, 1992, S. 28; H. Böhme, 1993, S. 9).*

In der Folgezeit stieg das **Durchschnittsalter der Gemeinschaftsflotte** (1985: 16 Jahre; 1994: 21 Jahre) deutlich an, während bei der Welthandelsflotte im selben Zeitraum lediglich eine Zunahme von 14 auf 17 Jahre (1993: Tanker über 16 Jahre, Trockenmassengutschiffe 14 Jahre, Stückgutflotte über 19 Jahre) zu verzeichnen war. Als Ursachen für die **Verlängerung des Nutzungszeitraums** der vorhandenen Schiffskapazität und den **Aufschub geplanter Neuinvestitionen** werden die nach wie vor relativ geringen Erträge in Verbindung mit einem Kapazitätsüberhang und einem Rückgang der Frachtraten zu Beginn der neunziger Jahre, die verbesserte technische Beschaffenheit der Schiffe, die unsichere Marktlage und die Entwicklung der Neubau- und Schrottpreise angeführt. Auf Weltniveau wurden 1993, 1995 und 1996 neue Höchststände beim **Zugang von Schiffsneubauten** erzielt. Insbesondere stiegen die Ablieferungen im Trockenmassengutverkehr, während bei Tankern nach der deutlichen Zunahme zwischen 1991 und 1993 im Jahre 1994 ein Einbruch und danach eine leichte Erholung zu verzeichnen waren. Bei der Stückgut- und der kombinierten Schiffstonnage gab es Rückgänge; der Markt für Container- und Spezialfrachterbauten tendierte zuerst uneinheitlich, Mitte der neunziger Jahre aber sehr positiv. Die **Anzahl der Verschrot-**

tungen fluktuierte stark und konzentrierte sich in erster Linie auf Tanker und bestimmte Massengutschiffe. Ab Mitte der neunziger Jahre wurden Neubaumaßnahmen im **Bestand der Gemeinschaftsflotte** wirksam. Die Gemeinschaftsflotte wurde insbesondere zwischen 1997 und 2001 modernisiert; das Durchschnittsalter der Schiffe sank von seinerzeit 22,9 auf 17,2 Jahre. 35 % der 2001 eingesetzten Schiffe wurden zwischen 1996 und 2000 gebaut *(vgl. H. Böhme, 1994, S.9 ff.; H. Böhme, 1995, S.9; H. Böhme, 1996, S.9 f.; KOM (96) 81 endg., S.49; H. Böhme, 1997, S.15 ff.; A. A. Pallis, 2002, S.99 f.)*.

Im Laufe der achtziger Jahre setzte sich der bereits im vorhergehenden Jahrzehnt festzustellende **Beschäftigungsrückgang** im europäischen Seeverkehr fort. Zwischen 1980 und 1986 sank die Anzahl der bei gemeinschaftlichen Reedereien (EG-12) arbeitenden Seeleute von 307.000 auf 169.000, ging seit Ende der achtziger Jahre aber nur noch leicht zurück und belief sich Ende 1994 auf 153.309, von denen 127.579 die Staatsbürgerschaft eines Mitgliedstaats hatten *(vgl. KOM (89) 266 endg., Tabelle 9; KOM (96) 81 endg., S.9, 27, 45 ff., 56 f.)*. Die Zahl der Seeleute an Bord von Schiffen unter der Flagge eines Mitgliedstaats (EU-15) stieg konjunkturbedingt von 152.745 im Jahre 1996 auf 156.702 im Zeitraum 2001/02; hiervon hatten durchschnittlich etwa 120.000 Seeleute die Staatsbürgerschaft eines Mitgliedstaats. Der Anteil der Nicht-EG-Staatsangehörigen belief sich 1996 auf 20,3 % und erhöhte sich für den Zeitraum 2001/02 auf 23,6 %. Die Zahl der **Staatsangehörigen von EG-Ländern** auf Schiffen, die in einem anderen Mitgliedstaat eingetragen waren, blieb gering. Über die Beschäftigung von EG-Angehörigen auf Schiffen unter Drittlandflaggen liegen ebensowenig Angaben vor wie über die Verluste nach Dienstgrad oder die Verwendung an Bord; ein Mangel besteht weltweit an Offizieren und qualifizierten Mannschaftsdienstgraden, die in den meisten Fällen nicht von Arbeitsplatzverlusten betroffen sind. Auch für die im **Festlandsbereich des Seeverkehrs** und für die in verwandten Industriezweigen (Schiffbau und Schiffsreparatur) beschäftigten Arbeitnehmer lagen keine Zahlen vor, doch wurden auch hier Arbeitsplatzverluste vermutet *(vgl. E. Selkou u. a., 2004, S.97 ff.)*.

Für den **Arbeitskräfteabbau** werden neben dem Ausflaggen (51 %) die Verkleinerung der Gemeinschaftsflotte (27 %) und die auf den Produktivitätsfortschritt zurückzuführende Verringerung der Besatzungsstärke je Schiff (22 %) verantwortlich gemacht. Als Reaktion auf das Ausflaggen dürften jedoch auch Betreiber von Schiffen unter EG-Flaggen vermehrt **ausländische Seeleute** anheuern, um ihre Kosten zu senken. Zwar bringen die dadurch induzierten Preisrückgänge Vorteile für die Wettbewerbsfähigkeit der Gemeinschaftsflotte mit sich, die schlechte Beschäftigungslage und die vielfach unattraktiven Arbeitsbedingungen im Seeverkehrsgewerbe führen andererseits aber zu einer fortschreitenden **Überalterung der Seeleute** sowie zu einem **Mangel an qualifiziertem Fachpersonal**. Diese Entwicklung muß angesichts der zunehmenden technischen Spezialisierung und der erhöhten Sicherheitsanforderungen als bedenklich eingestuft werden *(vgl. KOM (85) 90 endg., S.22; KOM (89) 266 endg., S.8 und Tabelle 9; V. J. G. Power, 1992, S.31 f.; EP, 1996, S.16; KOM (96) 81 endg., S.9, 27, 45 ff., 56 f.; KOM (96) 707 endg., S.8; EP, 2000; E. Selkou u. a., 2004, S.100 ff.)*. Vor diesem Hintergrund schlug die Kommission **Steuererleichterungen** zur Förderung der europäischen Seeschiffahrt vor, die an die Zahl der Gemeinschaftsbeschäftigten in der Besatzung und an die Flagge gebunden werden sollten. Nach Auffassung verschiedener Autoren würde eine solche Maßnahme jedoch lediglich die negativen Auswirkungen der **höheren Betriebskosten** auf die Wettbewerbsfähigkeit mindern; deshalb seien **weitere Maßnahmen**, wie z. B. die Einbindung des Seeverkehrs in ein intermodales Transportsystem, die Förderung von Unternehmenskonzentrationen sowie die Bereitstellung einfacher und transparenter Finanzierungsformen, unabdingbar *(vgl. EP, 1996, S.19f.; KOM(96) 81 endg., S.31)*.

2. Der Seeverkehr in der Wettbewerbsordnung der Gemeinschaft

2.1 Problemstellung

Bereits im Dezember 1984 hatte die Kommission in einem Memorandum über die Aktionslinien einer gemeinschaftlichen Seeverkehrspolitik [KOM (84) 668 endg.] die zukünftigen Rahmenbedingungen definiert. Die Kommissionsmitteilung vom 6. März 1985 über Fortschritte auf dem Wege zu einer gemeinsamen Verkehrspolitik – Seeverkehr [KOM (85) 90 endg.] – Stellungnahmen des Wirtschafts- und Sozialausschusses [ABl. C 344 31.12.85 S.31] und des Europäischen Parlaments [ABl. C 255 13.10.86 S.182] – *(vgl. Bull. EG 4-1985, S.9f.; Bull. EG 11-1985, S.144; Bull. EG, Beilage 5/85; GB 1985, Ziff. 380, 634; Bull. EG 9-1986, S.68)* wird dann als der eigentliche Beginn einer systematischen und kohärenten Seeverkehrspolitik angesehen. Auf der Grundlage einer **Marktanalyse** und einer Untersuchung der bisher getroffenen **Maßnahmen** wurde ein umfassendes **Konzept** für die zukünftige Seeverkehrspolitik entwickelt und in Form von Vorschlägen für die dafür notwendigen **Rechtsvorschriften** präzisiert. Das vor diesem Hintergrund formulierte und in der Folgezeit weiterentwickelte **Binnenmarktprogramm** konzentrierte sich von vornherein auf die Gestaltung der inneren und äußeren Marktordnung des Seeverkehrs. Wurde einerseits die Verwirklichung der Niederlassungs- und Dienstleistungsfreiheit im gemeinschaftlichen Seeverkehr einschließlich der Beseitigung von Kabotagevorbehalten angestrebt, ging es andererseits auch um die Sicherung des Marktzugangs im Seeverkehr mit Drittstaaten; im Interesse der Gemeinschaftsflotte sollte eine angemessene Gestaltung der finanziellen und steuerlichen, aber auch der sozialen Wettbewerbsbedingungen angestrebt werden. Dies sollte zugleich einer Entschärfung der mittlerweile als gravierend erkannten Registerproblematik dienen und den Trend zum weiteren Ausflaggen von Gemeinschaftsschiffen abbremsen. Die grundsätzlichen Marktordnungsfragen wurden durch Sicherheits- und Umweltaspekte des Seeverkehrs ergänzt und formten in entscheidender Weise die weitere Ausrichtung der gemeinschaftlichen Politik; allgemeine Ausrüstungs-, Überwachungs-, Kontroll- und Sanktionsvorschriften für den Güter- und Personenverkehr auf See sollten durch besondere Bestimmungen für den Transport gefährlicher oder umweltschädlicher Güter vervollständigt werden. Die **Marktordnungs-, Sicherheits- und Umweltaspekte** sollten zugleich in den Seeverkehrsbeziehungen mit Drittstaaten mittels multilateraler und bilateraler Abkommen Geltung erlangen; der Durchsetzung internationaler Normen sollte auch im Interesse der Gemeinschaftsflotte verstärkt Beachtung geschenkt werden. Das Streben nach ökonomischer Effizienz, die Vermeidung von diskriminierenden und anderen unlauteren Praktiken, ein höchstmögliches Sicherheitsniveau und eine weitestgehende Reduktion von Umweltbelastungen sollten nach den Zielen der Gemeinschaft den weltweiten und gemeinschaftlichen Seeverkehr der Zukunft prägen *(vgl. J. Erdmenger, 1987, S.202ff.; J. Erdmenger, 1988a, S.543ff.; M. D. Aspinwall, 1995, S.96f., 109ff.; H. Honka, 1996, S. 127ff.; Kommission, 1997; V. J. G. Power, 1998, S.151ff.; A. A. Pallis, 2002, S.70ff.)*.

Das gemeinschaftliche Seeverkehrsgewerbe sollte in diesem Rahmen den **Prinzipien des Wettbewerbs** und damit zugleich den Regeln der gemeinschaftlichen Wettbewerbsordnung unterliegen. Allerdings sollte auch verschiedenen **Besonderheiten des Seeverkehrs** und seiner Betriebsbedingungen Rechnung getragen werden. Insbesondere war im Zusammenhang mit der Ratifikation des UN-Verhaltenskodex eine grundsätzliche Klärung der Stellung von **Linienkonferenzen** im Rahmen des gemeinschaftlichen Wettbewerbsrechts vorzunehmen. Die auch in der Gemeinschaft zunehmende Tendenz, den Außenseiterwettbewerb in Verkehren geschlossener Konferenzen auszuschließen, war für die Kommission ein wichtiger Anlaß, für Klarheit bei der Anwendung der einschlägigen wettbewerbsrechtlichen Bestimmungen zu sorgen. Weiterhin mußte ein Vorgehen, das die Interessen Europas gegenüber Drittländern wahren sollte, aus Gründen der Glaubwürdigkeit eine **wettbewerbsrechtliche Gleichbehandlung** der EG-Reedereien durch die Mitgliedstaaten gewährleisten. Zugleich wollte man aber auch sicherstellen, daß die Anwendung des Wettbewerbsrechts keine negativen Auswirkungen auf die Beziehungen zu Drittstaaten und die gemeinsamen Handels- und Seeverkehrsinteressen haben würde; negative Auswirkungen auf die **Wettbewerbsfähigkeit der Gemeinschaftsflotte** sollten so weit wie möglich vermieden werden *(vgl. EP, 1996, S.45f.; zum UN-Verhaltenskodex und zur Wettbewerbsordnung in der internationalen Linienschiffahrt Th. Brinkmann, 1993)*.

Eine maßgebliche Rolle bei der Entscheidungsfindung über die Einordnung des Seeverkehrs in die gemeinschaftliche Wettbewerbsordnung spielten demzufolge die **Entwicklungen auf den weltweiten Seeverkehrsmärkten** und die besonderen **Prioritäten der europäischen Seeverkehrspolitik.** Diese kamen bereits in dem ersten Verordnungsvorschlag der Kommission vom 16. Oktober 1981 [ABl. C 282 05.11.81 S.4; ABl. C 339 29.12.81 S.4] *(vgl. S.24)* zum Ausdruck und wurden in der Kommissionsmitteilung vom März 1985 mit einer Änderung des Verordnungsvorschlags zur Anwendung der Artikel 85 und 86 des Vertrages auf die Seeschiffahrt [ABl. C 212 23.08. 85 S.9] präzisiert. In seinen Urteilen vom April 1986 (Nouvelles Frontières) und vom April 1989 (Ahmed Saeed Flugreisen und SilverLine Reisebüro GmbH) *(vgl. S.372, 377)* bekräftigte der **Europäische Gerichtshof** zudem, daß die Wettbewerbsregeln der Artt. 85 und 86 EWGV (Artt. 81 und 82 EGV) grundsätzlich für den gesamten Verkehrssektor und damit auch für die Seeschiffahrt gelten *(vgl. WB 1986, Ziff.89ff.; A. Jacobs, 1991)*. Damit unterstützte er zugleich die Ziele und Aktionen der Kommission und des Rates zur Einordnung des Seeverkehrs in die europäische Wettbewerbsordnung *(vgl. Übersichten 16 und 17)*, wie sie im folgenden dargelegt werden.

2.2 Das Konferenzsystem in der europäischen Wettbewerbsordnung

2.2.1 Grundverordnung des Rates

Die **Verordnung 86/4056/EWG des Rates vom 22. Dezember 1986 [ABl. L 378 31.12.86 S.4]** i. d. F. der Berichtigung [ABl. L 117 05.05.88 S.34], die am 1. Juli 1987 in Kraft trat, betrifft nur den internationalen Seeverkehr von und nach Häfen der Gemeinschaft; ausgenommen hiervon ist der Gelegenheitsverkehr der Trampdienste und die Schiffahrt zwischen Häfen, die nicht zur EG gehören. Ebenfalls nicht zum Geltungsbereich der Verordnung gehören das Hilfsgewerbe, die Seehäfen sowie der Seehafenhinterlandverkehr. Die Kommission sollte jedoch prüfen, ob auch Personenbeförderungsdienste, die Trampschiffahrt und Vereinbarungen zwischen den Verkehrsnutzern von einer Anwendungsverordnung erfaßt werden sollten; in einem Bericht war zusätzlich die Möglichkeit einer Gruppenfreistellung für den Personenverkehr zu untersuchen *(vgl. Bull. EG 12-1986, S.115; WB 1986, Ziff.37; W. Werner, 1987b, S.796ff.; W. Rycken, 1987-1988; H. W. R. Kreis, 1988, S.562ff.; M. Clough u. a., 1991; M. Dolfen, 1991, S.26f., 78ff.; V. J. G. Power, 1992, S.236ff., 294ff.; E. Kühne, 1996, S.107 ff., 111ff.; J. Kornemann, 2001, S.157ff.; F. Dinger, 2004, S.93ff.; zu den Konsortien S.157).*

Legalausnahmen

Für jene Vereinbarungen, Beschlüsse und aufeinander abgestimmte Verhaltensweisen, die lediglich auf eine Anwendung **technischer Verbesserungen** oder eine **technische Zusammenarbeit** abzielen, enthält Art. 2 der Verordnung Legalausnahmen von dem **Verbotsprinzip** des Art. 85 Abs. 1 EWGV (Art. 81 Abs. 1 EGV). Hierunter fallen die Einführung und Anwendung von Normen und Typen für Schiffe und weitere Beförderungsmittel, der Austausch bzw. die gemeinsame Verwendung von Personal, Material, Schiffen, Schiffsraum oder Slots, die Organisation und Durchführung von Anschluß- oder Zusatzbeförderungen zur See einschließlich der Festlegung oder Anwendung von Gesamtpreisen und -bedingungen, die Fahrplanabstimmung, die Zusammenfassung von Einzelladungen sowie die Aufstellung oder Anwendung einheitlicher Regeln für die Struktur der Tarife und für ihre Anwendung *(vgl. D. Rabe u. a., 1988, S.701 f.; M. Dolfen, 1991, S.171ff.; V. J. G. Power, 1992, S.302ff.; E. Kühne, 1996, S.141ff.; J. Kornemann, 2001, S.160ff.; F. Dinger, 2004, S.98ff.).*

Gruppenfreistellungen

Unter der Bedingung, daß bestimmte Häfen, Verkehrsnutzer (z. B. Verlader, Spediteure, Empfänger) oder Beförderungsunternehmen nicht diskriminiert werden, können zwischen Verkehrsunternehmen getroffene **Absprachen über die Linienschiffahrt** von dem Verbot nach Art. 85 Abs. 1 EWGV (Art. 81 Abs. 1 EGV) freigestellt werden. Eine Diskriminierung liegt vor, wenn gleiche Güter je nach dem Herkunfts- oder Bestimmungsland bzw. dem Be- oder Entladehafen unterschiedlichen Frachten und Beförderungsbedingungen unterliegen *(vgl. E. Kühne, 1996, S.151 ff.; J. Kornemann, 2001, S.165 f.; F. Dinger, 2004, S.107 f.)*.

Die Gruppenfreistellung in der Linienschiffahrt betrifft Vereinbarungen, Beschlüsse oder aufeinander abgestimmte Verhaltensweisen zwischen Mitgliedern einer oder mehrerer **Linienkonferenzen**, durch welche die Beförderungspreise und -bedingungen bestimmt werden und ggf. solche, die die Abstimmung von Fahrplänen, Abfahrts- oder Anlaufzeiten, die Festlegung der Häufigkeit der Abfahrten oder des Anlaufens, die Fahrtenabstimmung oder -aufteilung bzw. die Abstimmung des Anlaufens unter den Mitgliedern einer Konferenz, die Regulierung der Transportkapazitäten durch die einzelnen Mitglieder bzw. Lademengen- oder Einnahmenaufteilungen unter den Mitgliedern beabsichtigen. Mit diesen Freistellungen der Linienkonferenzen wird das Ziel verfolgt, ein regelmäßiges, ausreichendes und wirksames **Angebot an Seeverkehrsdiensten** zu sichern *(vgl. D. Rabe u. a., 1988, S.702 f.; M. Dolfen, 1991, S.201 ff.; V. J. G. Power, 1992, S.305 ff.; H.-J. Rabe, 1994, S.2 ff.; E. Kühne, 1996, S.128 ff., 148 ff.; J. Kornemann, 2001, S.162 ff.; F. Dinger, 2004, S.102 ff.)*.

Eine Freistellung von zwischen Verkehrsunternehmen getroffenen **Absprachen über die Linienschiffahrt** ist mit den **Auflagen** verbunden, daß 1. Konsultationen zwischen den Verkehrsnutzern und Linienkonferenzen zur Lösung grundsätzlicher Fragen zu Frachtraten, Bedingungen und Qualität stattfinden, 2. Treueabmachungen, die Linienreedereien mit Verkehrsnutzern eingehen dürfen, in Form von Sofortrabattsystemen oder Zeitrabattsystemen abgeschlossen werden, jedoch bestimmten Bedingungen bezüglich der Kündigungsfristen und der Aufstellung von Verzeichnissen der Ausnahmen oder der Entbindung von Treuepflichten bzw. -abmachungen unterliegen, 3. den Verkehrsnutzern grundsätzlich die Wahl der Unternehmen für Beförderungen im Binnenverkehr freisteht, 4. Tarife, Transportbedingungen, Vorschriften und etwaige Änderungen den Verkehrsnutzern auf Antrag bekanntgemacht werden und 5. angenommene Schiedssprüche und Schlichtungsempfehlungen unverzüglich der Kommission mitgeteilt werden *(vgl. M. Dolfen, 1991, S.210 ff.; V. J. G. Power, 1992, S.309 ff.; H.-J. Rabe, 1994, S.4 f.; E. Kühne, 1996, S.156 ff.; J. Kornemann, 2001, S.166 ff.; F. Dinger, 2004, S.109 ff.)*.

Vereinbarungen, Beschlüsse und aufeinander abgestimmte Verhaltensweisen zwischen **Konferenzen und Verkehrsnutzern** sowie die hierzu erforderlichen Absprachen der Verkehrsnutzer untereinander sind vom generellen Verbot freigestellt, sofern sie Qualität, Preise und Bedingungen festlegen und in die Konsultationen zwischen den Verkehrsnutzern und den Konferenzen oder in die Treueabmachungen einbezogen sind. Der Freistellung von Frachtratenfestlegungen liegen die Regelungen des **UN-Verhaltenskodex** für Linienschiffahrtskonferenzen zugrunde *(vgl. D. Rabe u. a., 1988, S.703; M. Dolfen, 1991, S.215 f.; A. B. Hünerson u. a., 1991, S.240; V. J. G. Power, 1992, S.312 f.; E. Kühne, 1996, S.165 ff.; J. Kornemann, 2001, S.165; F. Dinger, 2004, S.125 ff.)*.

Bei Nichtbeachtung einer **Auflage** im Zusammenhang mit der Freistellung einer Absprache zwischen Verkehrsunternehmen kann die Kommission zum Ziel der Beendigung dieser Nichtbeachtung anordnen, daß bestimmte Verhaltensweisen zu unterlassen oder vorzunehmen sind; ursprünglich bestand auch die Möglichkeit, vorher geeignete **Empfehlungen** an die Beteiligten zu richten. Die Kommission kann die gewährte Gruppenfreistellung auch entziehen, wobei bis zum 30. April 2004 ersatzweise eine Einzelfreistellung gewährt werden konnte. Haben aufgrund dieser Verordnung freigestellte Vereinbarungen, Beschlüsse und aufeinander abgestimmte Verhaltensweisen Auswirkungen, die mit den in Art. 85 Abs. 3 EWGV (Art. 81 Abs. 3 EGV) festgesetzten **Bedingungen** unvereinbar sind (Anwendung restriktiver Praktiken, die Wettbewerb verhindern bzw. ausschalten; Behinderung des technischen und wirtschaftlichen Fortschritts; Verhaltensweisen von Drittstaaten wie Verhinderung des Außenseiterwettbewerbs oder Festlegung überhöhter Tarife), so ergreift die Kommission die o. a. Maßnahmen *(vgl. M. Dolfen, 1991, S.244 ff.; V. J. G. Power, 1992, S.313 ff.; E. Kühne, 1996, S.170 ff.)*.

Mißbrauchsverbot

Der Mißbrauch einer **marktbeherrschenden Stellung** im Sinne des Art. 86 EWGV (Art. 82 EGV) ist generell verboten. Gelangt die Kommission zu der Feststellung, daß das Verhalten einer freigestellten Konferenz Wirkungen hat, die dem Mißbrauch einer marktbeherrschenden Stellung gleichkommen, so kann sie die Gruppenfreistellung zurückziehen und geeignete Maßnahmen ergreifen, um diese Zuwiderhandlungen gegen den Art. 86 (Art. 82 EGV) abzustellen. Früher konnte die Kommission vor einer solchen Entscheidung auch Empfehlungen an die Konferenz aussprechen, die sich auf die Abstellung der **festgestellten Zuwiderhandlung** bezogen *(vgl. D. Rabe u. a., 1988, S. 704; M. Dolfen, 1991, S.249 ff.; V. J. G. Power, 1992, S.315 f.; E. Kühne, 1996, S.175 f.)*.

Internationale Rechtskollision

Wenn die gemeinsamen Bestimmungen etwaigen Rechts- oder Verwaltungsvorschriften bestimmter **Drittländer** widersprechen, d. h. eine sog. internationale Rechtskollision vorliegt, konsultiert die Kommission die zuständigen Behörden dieser Länder, um die EG-Interessen mit denen der Drittländer in Einklang zu bringen. Bezüglich der Verhandlungen über Abkommen mit außereuropäischen Ländern legt die Kommission dem Rat Empfehlungen vor; sie wird mit Unterstützung des **Beratenden Ausschusses** und ggf. nach Direktiven des Rates zur Führung solcher Verhandlungen ermächtigt *(vgl. M. Dolfen, 1991, S.88 ff.; H. W. R. Kreis, 1992, S.155 ff.; V. J. G. Power, 1992, S. 316 f.)*.

Verfahrensregeln

Nach den bis zum 30. April 2004 gültigen Regelungen *(vgl. S. 129)* war allein die Kommission – von Amts wegen oder auf Beschwerde von Mitgliedstaaten und Personen mit einem berechtigten Interesse – für die **Einleitung von Verfahren** zur Abstellung von Zuwiderhandlungen gegen die Verbote der Artt. 85 Abs. 1 oder 86 EWGV (Artt. 81 Abs. 1 oder 82 EGV) zuständig. Vor einer diesbezüglichen Entscheidung konnte die Kommission entsprechende Empfehlungen aussprechen, was auch bei der Nichtbeachtung einer Auflage im Zusammenhang mit Absprachen zwischen Verkehrsunternehmen und bei mit Art. 85 Abs. 3 EWGV (Art. 81 Abs. 3 EGV) unvereinbaren Auswirkungen galt. Kam die Kommission jedoch zum Schluß, daß die Freistellung einer bestimmten Vereinbarung, eines Beschlusses oder einer abgestimmten Verhaltensweise angemessen war, so erließ sie eine entsprechende **Einzelfreistellungsentscheidung** *(vgl. D. Rabe u. a., 1988, S.705; M. Dolfen, 1991, S.265ff.; V. J. G. Power, 1992, S.317; E. Kühne, 1996, S.118).*

Unternehmen und Unternehmensvereinigungen, die eine Einzelfreistellung aufgrund von Art. 85 Abs. 3 EWGV (Art. 81 Abs. 3 EGV) in Anspruch nehmen wollten, stellten einen **Antrag bei der Kommission**. Nach der Veröffentlichung wesentlicher Teile des Antrags konnten betroffene Dritte und Mitgliedstaaten der Kommission innerhalb von 30 Tagen Bemerkungen übermitteln. Teilte die Kommission nicht innerhalb von 90 Tagen nach der Veröffentlichung Gegenteiliges mit, so galt die Freistellung in den Grenzen der im Antrag enthaltenen Angaben für die zurückliegende Zeit und für maximal sechs Jahre nach der Veröffentlichung als erteilt. Sofern die Voraussetzungen für die Anwendung von Art. 85 Abs. 3 EWGV (Art. 81 Abs. 3 EGV) nicht oder nicht mehr gegeben waren, mußte die Kommission das Verbotsprinzip des Art. 85 Abs. 1 EWGV (Art. 81 Abs. 1 EGV) mittels einer **entsprechenden Entscheidung** durchsetzen. Legte ein Mitgliedstaat innerhalb von 45 Tagen nach der Veröffentlichung des Antrags Widerspruch ein, so prüfte die Kommission die Voraussetzungen des Art. 85 Abs. 1 und 3 EWGV (Art. 81 Abs. 1 und 3 EGV) und erließ ggf. eine Freistellungsentscheidung (Möglichkeit von Bedingungen und Auflagen oder der Untersagung bestimmter Handlungen; Geltungsdauer von mindestens sechs Jahren; Option der Erneuerung, der Änderung oder des Widerrufs) *(vgl. V. J. G. Power, 1992, S.320ff.; E. Kühne, 1996, S.176 ff.)*. Für Entscheidungen nach Art. 85 Abs. 3 EWGV (Art. 81 Abs. 3 EGV) und für das Auferlegen von Verpflichtungen war ausschließlich die Kommission – wenn auch in enger Verbindung mit den zur Stellungnahme berechtigten Behörden der Mitgliedstaaten – zuständig. Bei der Beschwerdeprüfung und bei der Ablehnung einer Einzelfreistellung war der **Beratende Ausschuß für Kartell- und Monopolfragen** auf dem Gebiet des Seeverkehrs anzuhören *(vgl. V. J. G. Power, 1992, S.324; E. Kühne, 1996, S.118 ff.)*. Zur Erfüllung der Aufgaben im Zusammenhang mit dieser Verordnung konnte die Kommission alle erforderlichen Auskünfte von den Regierungen und Behörden der Mitgliedstaaten sowie den Unternehmen bzw. Unternehmensvereinigungen einholen; letztere waren zur Erteilung der Auskünfte verpflichtet (ggf. Einsatz von Zwangsmaßnahmen). Sofern die Kommission Kontrollen für angezeigt hielt oder nach einer Entscheidung angeordnet hatte, nahm sie selbst oder die dafür zuständigen Behörden der Mitgliedstaaten Nachprüfungen vor *(vgl. D. Rabe u. a., 1988, S.704f.; V. J. G. Power, 1992, S.324ff.)*.

Sanktionsvorschriften

Die Kommission war nach den bis zum 30. April 2004 gültigen Regelungen berechtigt, **Geldbußen** in Höhe von 100 bis 5.000 ECU festzusetzen, falls Unternehmen oder Unternehmensvereinigungen bei der Meldung von Schiedssprüchen oder im Antrag auf Freistellung vorsätzlich oder fahrlässig unrichtige oder irreführende Angaben gemacht, der Auskunftspflicht nicht genügt, angeforderte Bücher oder andere Geschäftsunterlagen nicht vollständig zur Nachprüfung vorgelegt hatten oder eine Nachprüfung nicht duldeten. Bei einem vorsätzlichen oder fahrlässigen Verstoß gegen Artt. 85 Abs. 1 oder 86 EWGV (Artt. 81 Abs. 1 oder 82 EGV), bei Nichtbeachtung einer Verpflichtung im Zusammenhang mit freigestellten Absprachen oder bei Nichtbeachtung einer festgesetzten Auflage konnte die Kommission Geldbußen in Höhe von 1.000 bis zu 1 Mio. ECU oder bis zu 10 % des Umsatzes des letzten Geschäftsjahres beschließen; die Höhe der Geldbuße richtete sich nach der Schwere des Verstoßes und der Dauer der Zuwiderhandlung. Bei bestimmten Verfehlungen (u. a. Zuwiderhandlung gegen Artt. 85 und 86 EWGV (Artt. 81 und 82 EGV), unzureichende Auskunft, keine Duldung einer Nachprüfung) konnte die Kommission durch Entscheidung **Zwangsgelder** in Höhe von 50 bis 1.000 ECU für jeden Tag festsetzen, den ein Unternehmen in Verzug geriet. Gegen eine Geldbuße oder ein Zwangsgeld konnte Klage beim **Europäischen Gerichtshof** eingelegt werden, der die Strafe aufheben, herabsetzen, aber auch erhöhen konnte. Vor einer Entscheidung über das Verbot einer Freistellung sowie über die Verhängung von Buß- und Zwangsgeldern hatte die Kommission die beteiligten Unternehmen oder Unternehmensvereinigungen zu hören *(vgl. V. J. G. Power, 1992, S.330ff.)*.

Leitlinien zur Festsetzung von Tarifen für den Landabschnitt

Am 8. Juni 1994 unterbreitete die Kommission dem Rat einen Bericht [SEK (94) 933 endg.], in dem sie darlegte, auf welche Weise sie die Wettbewerbsregeln auf den Linienseeverkehr und speziell auf die von Konferenzreedereien getroffenen Vereinbarungen über die Festsetzung von Tarifen für den Landabschnitt der **multimodalen Beförderungsdienste** anzuwenden gedenkt. Grundsätzlich wurde zwar eine Einzel- oder Gruppenfreistellung als unvereinbar mit dem Wettbewerbsrecht angesehen (Wettbewerbsbeschränkung, keine Effizienzsteigerung und Rationalisierung), allerdings enthielten die Leitlinien auch Vorschläge für eine mit Art. 85 (81) EGV konforme Vorgehensweise bei der Ausgestaltung der **Landbeförderung von Containern** (Einzelfreistellung eines multimodalen Beförderungstarifs bei Nutzervorteilen sowie einer Begünstigung des wirtschaftlichen und technischen Fortschritts; Vertragsfreiheit für unbeteiligte Seeschiffahrtsunternehmen). Die Kommission sagte im November 1994 zu, einen Bericht über die Anwendung der Leitlinien vorzulegen, und setzte zu diesem Zweck im Juli 1995 einen Beraterausschuß ein. In seinem Zwischenbericht vom Februar 1996 nahm dieser ebenfalls eine ablehnende Haltung gegenüber einer **Freistellung für Binnentarife** ein, da damit keinerlei Vorteile verbunden seien, und forderte die Seeverkehrsunternehmen zur Vorlage alternativer Vorschläge über eine Zusammenarbeit in diesem Marktsegment auf *(vgl. L. Schmidt, 1993b, S.671f.; Bull. EU 6-1994, S. 43f.; M. D. Aspinwall, 1995, S.121; WB 1995, Ziff.71f., S.125; WB 1996, Ziff.88ff.; J. Kornemann, 2001, S.169ff.)*.

Reformen der Anwendungsverordnung seit 2002

Durch die ab dem 1. Mai 2004 geltende **Verordnung 2003/1/EG des Rates vom 16. Dezember 2002 [ABl. L 001 04.01.2003 S.1]** *(vgl. Band 2, S.36f.)* wurden in der Ver-

Übersicht 16: Anwendung und Durchführung der Wettbewerbsregeln im Seeverkehr

Anwendungsverordnung für Linienkonferenzen

Verordnung 86/4056/EWG des Rates vom 22. Dezember 1986 über die Einzelheiten der Anwendung der Artikel 85 und 86 des Vertrages auf den Seeverkehr [ABl. L 378 31.12.86 S.4] i. d. F. der Berichtigung [ABl. L 117 05.05.88 S.34] — Rechtsetzung auf der Grundlage der Artt. 84 Abs. 2 und 87 EWGV (Artt. 80 Abs. 2 und 83 EGV), auf Vorschlag der Kommission [ABl. C 282 05.11.81 S.4; ABl. C 339 29.12.81 S.4; ABl. C 212 23.08.85 S.9; ABl. C 017 23.01.87 S.5] sowie nach den Stellungnahmen des EP [ABl. C 172 02.07.84 S.178; ABl. C 255 13.10.86 S.176] und des WSA [ABl. C 077 21.03.83 S.13; ABl. C 344 31.12.85 S.31] — Übernahme durch das EWR-Abkommen [ABl. L 001 03.01.94 S.453] — Änderung durch die Akte über den Beitritt Finnlands, Österreichs und Schwedens [ABl. C 241 29.08.94 S.57; ABl. L 001 01.01.95 S.18] — Änderung durch die Verordnung 2003/1/EG des Rates vom 16. Dezember 2002 [ABl. L 001 04.01.2003 S.1] — Änderung durch die Beitrittsakte von 2003 [ABl. L 236 23.09.2003 S.344]

Durchführungsverordnungen der Kommission

Verordnung 88/4260/EWG der Kommission vom 16. Dezember 1988 über die Mitteilungen, Beschwerden, Anträge sowie über die Anhörung gemäß der Verordnung 86/4056/EWG des Rates über die Einzelheiten der Anwendung von den Artikeln 85 und 86 des Vertrages auf den Seeverkehr [ABl. L 376 31.12.88 S.1] — Rechtsetzung auf der Grundlage des Art. 26 der Verordnung 86/4056/EWG und nach Stellungnahme des Beratenden Ausschusses für Kartell- und Monopolfragen auf dem Gebiet des Seeverkehrs — Übernahme durch das EWR-Abkommen [ABl. L 001 03.01.94 S.183, 441] — Änderung der Verordnung 88/4260/EWG durch die Akte über den Beitritt Finnlands, Österreichs und Schwedens [ABl. C 241 29.08.94 S.58; ABl. L 001 01.01.95 S.19]

Verordnung 93/3666/EG der Kommission vom 15. Dezember 1993 zur Änderung der Verordnungen Nr. 27, 69/1629/EWG, 88/4260/EWG, 88/4261/EWG und 90/2367/EWG im Hinblick auf die Durchführung der in dem Abkommen über den Europäischen Wirtschaftsraum niedergelegten Wettbewerbsregeln [ABl. L 336 31.12.93 S.1]

Verordnung 98/2842/EG der Kommission vom 22. Dezember 1998 über die Anhörung in bestimmten Verfahren nach Artikel 85 und 86 EG-Vertrag [ABl. L 354 30.12.98 S.18] — Verordnung 98/2843/EG der Kommission vom 22. Dezember 1998 über die Form, den Inhalt und die anderen Einzelheiten der Anträge und Anmeldungen nach den Verordnungen 68/1017/EWG, 86/4056/EWG und 87/3975/EWG des Rates über die Anwendung der Wettbewerbsregeln auf den Bereich Verkehr [ABl. L 354 30.12.98 S.22]

Verordnung 2004/773/EG der Kommission vom 7. April 2004 über die Durchführung von Verfahren auf der Grundlage der Artikel 81 und 82 EG-Vertrag durch die Kommission [ABl. L 123 27.04.2004 S.18]

Anwendungsverordnungen für Konsortien

Verordnung 92/479/EWG des Rates vom 25. Februar 1992 über die Anwendung des Artikels 85 Absatz 3 des Vertrages auf bestimmte Gruppen von Vereinbarungen, Beschlüssen und aufeinander abgestimmten Verhaltensweisen zwischen Seeschiffahrtsunternehmen (Konsortien) [ABl. L 055 29.02.92 S.3] — Rechtsetzung auf der Grundlage des Art. 87 EWGV (Art. 83 EGV), auf Vorschlag der Kommission [ABl. C 167 10.07.90 S.9; KOM (91) 520 endg.] sowie nach den Stellungnahmen des EP [ABl. C 305 25.11.91 S.39] und des WSA [ABl. C 069 18.03.91 S.16] — Änderung durch die Akte über den Beitritt Finnlands, Österreichs und Schwedens [ABl. C 241 29.08.94 S.57; ABl. L 001 01.01.95 S.115] — Änderung durch die Verordnung 2003/1/EG des Rates vom 16. Dezember 2002 [ABl. L 001 04.01.2003 S.1]

Verordnung 95/870/EG der Kommission vom 20. April 1995 zur Anwendung von Artikel 85 Absatz 3 des Vertrags auf bestimmte Gruppen von Vereinbarungen, Beschlüssen und aufeinander abgestimmten Verhaltensweisen zwischen Schiffahrtsunternehmen (Konsortien) aufgrund der Verordnung 92/479/EWG des Rates [ABl. L 089 21.04.95 S.7] — Rechtsetzung auf der Grundlage des EGV und der Verordnung 92/479/EWG, nach Entwurf der Kommission [ABl. C 063 01.03.94 S.8], den Stellungnahmen des EP [ABl. C 128 09.05.94 S.436] und des WSA [ABl. C 195 18.07.94 S.20] sowie nach Anhörung des Beratenden Ausschusses für Kartell- und Monopolfragen auf dem Gebiet des Seeverkehrs — Aufnahme in den Anhang XIV des EWR-Abkommens durch den Beschluß 12/96 des Gemeinsamen EWR-Ausschusses [ABl. L 124 23.05.96 S.13]

Verordnung 2000/823/EG der Kommission vom 19. April 2000 zur Anwendung von Artikel 81 Absatz 3 EG-Vertrag auf bestimmte Gruppen von Vereinbarungen, Beschlüssen und aufeinander abgestimmten Verhaltensweisen zwischen Seeschiffahrtsunternehmen (Konsortien) [ABl. L 100 20.04.2000 S.24] — Rechtsetzung auf der Grundlage des EGV und der Verordnung 92/479/EWG, nach Entwurf der Kommission [ABl. C 379 31.12.1999 S.13], Stellungnahme des WSA [ABl. C 117 26.04.2000 S.19] und Anhörung des Beratenden Ausschusses für Kartell- und Monopolfragen auf dem Gebiet des Seeverkehrs — Aufnahme in den Anhang XIV des EWR-Abkommens durch den Beschluß 49/2000 des Gemeinsamen EWR-Ausschusses [ABl. L 237 21.09. 2000 S.60]

Verordnung 2004/463/EG der Kommission vom 12. März 2004 zur Änderung der Verordnung 2000/823/EG zur Anwendung von Artikel 81 Absatz 3 EG-Vertrag auf bestimmte Gruppen von Vereinbarungen, Beschlüssen und aufeinander abgestimmten Verhaltensweisen zwischen Seeschiffahrtsunternehmen (Konsortien) [ABl. L 077 13.03.2004 S.23] — Rechtsetzung auf der Grundlage des EGV und der Verordnung 92/479/EWG, nach Entwurf der Kommission [ABl. C 233 30.09.2003 S.8] und Anhörung des Beratenden Ausschusses für Kartell- und Monopolfragen auf dem Gebiet des Seeverkehrs — Aufnahme in den Anhang XIV des EWR-Abkommens durch den Beschluß 17/2005 des Gemeinsamen EWR-Ausschusses [ABl. L 161 23.06.2005 S.39]

Verordnung 2005/611/EG der Kommission vom 20. April 2005 zur Änderung der Verordnung 2000/823/EG zur Anwendung von Artikel 81 Absatz 3 EG-Vertrag auf bestimmte Gruppen von Vereinbarungen, Beschlüssen und aufeinander abgestimmten Verhaltensweisen zwischen Seeschiffahrtsunternehmen (Konsortien) [ABl. L 101 21.04.2005 S.10] i. d. F. der Berichtigung [ABl. L 103 22.04.2005 S.41] — Rechtsetzung auf der Grundlage des EGV und der Verordnung 92/479/EWG, nach Entwurf der Kommission [ABl. C 319 23.12.2004 S.2] und Anhörung des Beratenden Ausschusses für Kartell- und Monopolfragen auf dem Gebiet des Seeverkehrs — Aufnahme in den Anhang XIV des EWR-Abkommens durch den Beschluß 106/2005 des Gemeinsamen EWR-Ausschusses [ABl. L 306 24.11.2005 S.43]

ordnung 86/4056/EWG die Vorschriften zur Kontrolle der freigestellten Absprachen an die reformierten sektorübergreifenden Regelungen angepaßt. Folgende **seeverkehrsspezifische Bestimmungen** wurden aufgehoben und durch die **allgemeinen Vorgaben** ersetzt: Einleitung und Abschluß von Verfahren, fakultatives Widerspruchsverfahren, Geltungsdauer und Widerruf von Entscheidungen, Zuständigkeiten, Verbindung mit den einzelstaatlichen Behörden, Auskunftsverlangen, Nachprüfungen durch nationale Behörden, die Kommission und den Europäischen Gerichtshof, Geldbußen und Zwangsgelder, Anhörungen Beteiligter und Dritter, Berufsgeheimnis, Veröffentlichung von Entscheidungen. Im Rahmen dieser durchaus als grundlegend geltenden Reform des Kartellrechts wurde die **Anmeldepflicht** für Vereinbarungen fallengelassen, was zu einer **Verfahrensbeschleunigung** bei der Kommission und zu einer **Kostensenkung** für die Unternehmen beitragen wird; ferner soll durch diese Reform die Kartellrechtsanwendung durch die einzelstaatlichen Gerichte gefördert und eine effizientere Aufgabenteilung zwischen den verschiedenen Wettbewerbsbehörden bewirkt werden. Die Kommission soll sich schließlich auf diese Weise vermehrt der **Bekämpfung von Preiskartellen** und vergleichbar schwerwiegenden wettbewerbsfeindlichen Vereinbarungen widmen können *(vgl. Bull. EU 9-2000, S.23; WB 2000, Ziff.37 ff.; WB 2001, Ziff.561; GB 2002, Ziff.207).*

Auf der Grundlage eines im April 2002 veröffentlichten Berichts der OECD über die **Wettbewerbspolitik** im Linienseefrachtverkehr, der eine Gruppenfreistellung für gemeinsame Preisfestlegungen und Tarifdiskussionen im Rahmen einer Konferenz als nicht mehr gerechtfertigt ansah, leitete die Kommission eine umfassende Überprüfung aller maßgeblichen materiellrechtlichen Bestimmungen der Ratsverordnung 86/4056/EWG ein; dies erschien auch deshalb notwendig, weil trotz der zwischenzeitlichen Veränderungen auf den Seeverkehrsmärkten (zunehmende Bedeutung des Außenseiterwettbewerbs, anderer Formen der Zusammenarbeit ohne Preisfestsetzung (Konsortien, Allianzen), von Diskussionsvereinbarungen sowie geheimer Individualvereinbarungen zwischen Reedereien und Verladern) die Anwendungsverordnung während ihrer mehr als fünfzehnjährigen Geltungsdauer inhaltlich nicht geändert worden war. Im März 2003 publizierte die Kommission ein **Konsultationspapier**; unter Berücksichtigung der Reaktionen wurde im Dezember 2003 eine öffentliche Anhörung durchgeführt, deren Ergebnisse sie in einem Diskussionspapier veröffentlichte. Eine Besprechung der offenen Fragen mit den Mitgliedstaaten schloß sich am 28. Mai 2004 an. In dem am 13. Oktober 2004 vorgelegten **Weißbuch** zur Überprüfung der Verordnung 86/4056/EWG [KOM(2004)675 endg.; SEK(2004) 1254 endg.] machte die Kommission dann ihre eigene Position deutlich und erörterte das **weitere Vorgehen**. Angesichts der zwischenzeitlichen Marktentwicklungen erfüllten die in der Anwendungsverordnung genannten Gründe (Marktstabilisierung, Zuverlässigkeit von Diensten) für eine Gruppenfreistellung wettbewerbsbeschränkender Praktiken von Linienkonferenzen (Preisfestsetzung, Regulierung des Angebots) offensichtlich nicht mehr die Bedingungen des Art. 85 (81) Abs. 3 EGV; die Notwendigkeit einer Ersetzung der bisherigen Regelungen durch ein anderes Gemeinschaftsinstrument (neue Gruppenfreistellung, verschiedene Leitlinien) sollte weiter untersucht werden. Ferner befürwortete die Kommission eine Ausweitung des Geltungsbereichs der allgemeinen Durchführungsbestimmungen der Verordnung 2003/1/EG des Rates auf die Tramp- und Kabotagedienste. Die Legalausnahme für technische Vereinbarungen sollte aufgrund ihres rein deklaratorischen Charakters ebenso abgeschafft werden wie die Vorschrift zur internationalen Rechtskollision, die in der Vergangenheit keine praktische Bedeutung entfaltet hatte *(vgl. H. H. Rathjen u. a., 2000, S.550 f.; J.-F. Pons u. a., 2002, S.13 f.; WB 2002, Ziff.125 ff.; WB 2003, Ziff.139 f.; Bull. EU 10-2004, S.28; F. Dinger, 2004, S.68 f.; WB 2004, Ziff.16 f.).*

Die Stellungnahmen des **Wirtschafts- und Sozialausschusses** vom 16. Dezember 2004 [ABl. C 157 28.06.2005 S.130] und des **Ausschusses der Regionen** vom 13. April 2005 [ABl. C 231 20.09.2005 S.38] begrüßten das Weißbuch. Sie traten jedoch für eine Beibehaltung des Konferenzsystems ein, lehnten eine völlige Deregulierung ab und befürworteten eine moderate **Änderung des Rechtsrahmens**, ggf. auch zeitlich befristete Übergangsbestimmungen (Beibehaltung der Legalausnahme und der Regelungen zur internationalen Rechtskollision, Gruppenfreistellungen für verschiedene Formen der Zusammenarbeit, Abschaffung des Sonderstatus für Tramp- und Kabotagedienste); favorisiert wurde die Annahme einer Kommissionsverordnung. Die

Kommission sollte weitere Daten sammeln und eine **Situations- bzw. Folgenanalyse** durchführen (Marktstruktur, Außenseiterwettbewerb, Preise, Beschäftigung, Konsequenzen für Konferenzpartner, Rechtsfolgen in bezug auf den Verhaltenskodex für Linienkonferenzen und das Verordnungspaket von 1986). Außerdem wurde eine **Abstimmung mit Drittstaaten** und internationalen Organisationen im Hinblick auf die rechtlichen Änderungen und die mögliche Ersetzung des Konferenzsystems verlangt. Das **Europäische Parlament** äußerte sich am 1. Dezember 2005 zum Weißbuch *(vgl. Bull. EU 12-2004, S.47f.; Bull. EU 4-2005, S.27)*, und am 14. Dezember 2005 schlug die **Kommission** die Aufhebung der Verordnung vor [KOM (2005) 651 endg.].

2.2.2 Ausführungsbestimmungen der Kommission

Durch die **Verordnung 88/4260/EWG der Kommission vom 16. Dezember 1988 [ABl. L 376 31.12.88 S.1]** wurde die Ausgangsverordnung zum 1. Januar 1989 ergänzt. Nach dieser Verordnung waren von allen Parteien Mitteilungen über die angenommenen Schiedssprüche und Schlichtungsempfehlungen an die Kommission zu übersenden, sofern diese die Beilegung von Streitfällen betrafen, die sich auf eine Diskriminierung bestimmter Häfen, Verkehrsnutzer oder Beförderungsunternehmen bezogen oder im Zusammenhang mit Auflagen bezüglich der Konsultationen und Treueabmachungen standen *(vgl. Bull. EG 12-1988, S.64; V. J. G. Power, 1992, S.334)*.

Beschwerden zur **Abstellung von Zuwiderhandlungen** gegen die Verbote der Artt. 85 Abs. 1 oder 86 EWGV (Artt. 81 Abs. 1 oder 82 EGV) konnten von jedem Mitgliedstaat und Personen mit einem berechtigten Interesse eingelegt werden. Form, Inhalt und andere Einzelheiten der Beschwerde lagen im Ermessen des Antragstellers. Zur Stellung eines **Antrags auf Freistellung** nach Art. 85 Abs. 3 EWGV (Art. 81 Abs. 3 EGV) war jedes Unternehmen berechtigt, das an Beschlüssen, Vereinbarungen oder Verhaltensweisen nach Art. 85 Abs. 1 EWGV (Art. 81 Abs. 1 EGV) teilnahm. Stellten nur einzelne der beteiligten Unternehmen einen solchen Antrag, so unterrichteten sie die anderen beteiligten Unternehmen davon. Wurden gemeinsame Anträge gestellt, so war ein **gemeinsamer Bevollmächtigter** zu bestimmen *(vgl. V. J. G. Power, 1992, S. 334f.)*.

Für den Antrag auf Freistellung war das **Formblatt MAR** (Muster laut Anhang I der Verordnung) zu benutzen. Alle im Formblatt geforderten Angaben mußten im Antrag enthalten sein. Die Anträge waren in einer der Amtssprachen der Gemeinschaft vorzulegen. Urkunden, die beigefügt wurden, mußten im Original oder in beglaubigter Kopie eingereicht werden. War die Originalsprache einer Urkunde nicht Amtssprache, sollte eine entsprechende Übersetzung beigefügt werden. Zum Zeitpunkt des **Eingangs bei der Kommission** wurde der Antrag wirksam. Fiel ein Antrag nicht unter die Anwendung der Verordnung 86/4056/EWG, so wurde dies dem Antragsteller unverzüglich von der Kommission mitgeteilt. Unter Angabe der Gründe setzte die Kommission dem Antragsteller in diesem Fall eine Frist zur Übermittlung etwaiger schriftlicher Bemerkungen. Erst danach erfolgte die **Beurteilung des Antrages** *(vgl. V. J. G. Power, 1992, S.335f.)*.

Bevor eine Anhörung des **Beratenden Ausschusses für Kartell- und Monopolfragen** auf dem Gebiet des Seeverkehrs von seiten der Kommission stattfand, führte diese eine Anhörung der beteiligten Unternehmen und Unternehmensverbände zu den jeweiligen Beschwerdepunkten oder Einsprüchen durch. **Geldbußen oder Zwangsgelder** konnten nur festgesetzt werden, wenn die Beschwerdepunkte vorher mitgeteilt worden waren. In der schriftlichen Unterrichtung setzte die Kommission eine Frist, innerhalb derer sich die Betreffenden zu den Beschwerdepunkten äußern konnten, wobei sie alles zu ihrer Verteidigung Zweckdienliche vortragen und Unterlagen beifügen konnten. Die Unternehmen und Unternehmensvereinigungen konnten der Kommission eine **Anhörung von Personen** vorschlagen, welche die angeführten Tatsachen bestätigen können. Bei ihrer Entscheidung zog die Kommission nur diejenigen Beschwerdepunkte in Betracht, zu denen die Unternehmen und Unternehmensvereinigungen Gelegenheit hatten, sich zu äußern. Weitere Personen oder Personenvereinigungen konnten eine Anhörung beantragen, sofern sie ein ausreichendes Interesse glaubhaft machen konnten. Die Kommission gab ihnen daraufhin Gelegenheit, sich schriftlich innerhalb einer bestimmten Frist zu äußern. Wurde eine Beschwerde auf Zuwiderhandlungen gegen die Artt. 85 Abs. 1 oder 86 EWGV (Artt. 81 Abs. 1 oder 82 EGV) erhoben und gab die Kommission der Beschwerde nicht statt, so teilte sie die Gründe dafür den Beschwerdeführern mit und gab ihnen die Gelegenheit zu etwaigen Bemerkungen. Bei mündlichen Anhörungen wurden die betreffenden Personen zu einem festgesetzten Termin von der Kommission geladen. Die Anhörung erfolgte durch Personen, die von der Kommission beauftragt wurden. Die geladenen Personen erschienen persönlich oder ließen sich durch einen **Bevollmächtigten** vertreten; sie konnten sich von Anwälten oder Professoren Beistand leisten lassen. Die Anhörung war nicht öffentlich. Über die abgegebenen Erklärungen wurde eine **Niederschrift** erstellt, die von der angehörten Person genehmigt wurde. Die in dieser Verordnung **angesprochenen Fristen** trugen dem erforderlichen Zeitaufwand für die Äußerungen und der Dringlichkeit des Falles Rechnung und mußten mindestens zwei Wochen betragen; sie konnten jedoch verlängert werden. Die schriftlichen Äußerungen hatten vor Ablauf der gesetzten Frist bei der Kommission einzugehen *(vgl. V. J. G. Power, 1992, S. 336)*.

Die Verordnung 88/4260/EWG wurde nachträglich mittels der **Verordnung 93/3666/EG der Kommission vom 15. Dezember 1993 [ABl. L 336 31.12.93 S. 1]** an die durch das EWR-Abkommen geänderten Rahmenbedingungen angepaßt. Die **Verordnungen 98/2842/EG und 98/2843/EG der Kommission vom 22. Dezember 1998 [ABl. L 354 30.12.98 S. 18, 22]** nahmen dann eine verkehrsträgerübergreifende Vereinheitlichung der Verfahrensregeln vor *(vgl. Bull. EU 12-1998, S. 54 f.; WB 1998, Ziff. 61 f.)*. An ihre Stelle traten schließlich zum 1. Mai 2004 die im Zusammenhang mit der Verabschiedung der Verordnung 2003/1/EG erlassenen allgemeinen Durchführungsvorschriften der **Verordnung 2004/773/EG der Kommission vom 7. April 2004 [ABl. L 123 27.04.2004 S. 18]**, die vor allem die detaillierte Regelung

— der *Verfahrenseinleitung* (Veröffentlichung des Beschlusses zur Information der Gerichte und der nationalen Wettbewerbsbehörden),

— der *Ermittlung* (Aufzeichnung von Befragungen, Stellungnahme der Unternehmen),

— der *Beschwerdeführung* (notwendige Angaben, Verwendung eines Formblatts, Mitwirkung des Beschwerdeführers, Zurückweisung einer Beschwerde und Äußerung des Beschwerdeführers),
— der *Anhörung* (Information sowie schriftliche und mündliche Stellungnahme der betroffenen Unternehmen, Beteiligung ausreichend interessierter Dritter, Durchführung der Anhörung) sowie
— der *Akteneinsicht* und der Behandlung vertraulicher Informationen

zum Gegenstand hat; die Verordnungen 98/2842/EG und 98/2843/EG wurden aufgehoben. Gleichzeitig mit der Verordnung legte die Kommission auch **Bekanntmachungen** über die Zusammenarbeit innerhalb des Netzes der Wettbewerbsbehörden, die Zusammenarbeit zwischen der Kommission und den nationalen Gerichten, die Behandlung von Beschwerden durch die Kommission, die informelle Beratung bei neuartigen Fragen, Leitlinien zum Begriff der Beeinträchtigung des zwischenstaatlichen Handels und Leitlinien zur Anwendung des Art. 85 (81) Abs. 3 EGV vor [ABl. C 101 27.04.2004 S.43, 54, 65, 78, 81, 97] *(vgl. WB 2003, Ziff. 11 ff.; WB 2004, Ziff. 1 ff.)*.

2.2.3 Anwendungspraxis der Kommission

2.2.3.1 Innereuropäischer Verkehr

Verschiedene Verfahren bis Mitte der neunziger Jahre

Bereits im Jahre 1987 gingen der Kommission drei Anträge auf Einzelfreistellungen für Vereinbarungen im **Passagierkonferenzverkehr** zwischen Frankreich und dem Vereinigten Königreich sowie zwischen Irland und den Niederlanden zu; die Kommission sollte die Notwendigkeit der Abmachungen für die Durchführung der Dienste, für ihr weiteres Bestehen und für die von ihnen ausgehenden günstigen Wirkungen prüfen *(vgl. M. Dolfen, 1991, S. 47 f.)*. 1989 beschäftigte sich die Kommission mit Vereinbarungen von **Fährverkehrsgesellschaften**, die zwischen dem Vereinigten Königreich und den Niederlanden tätig waren. Sie begann außerdem mit der Untersuchung von Kooperationsplänen, die im Zusammenhang mit der geplanten festen **Ärmelkanalquerung** standen; anzuführen sind vor allem die Vereinbarungen von Sealink UK Ltd mit der SNCF, der SMZ und der B&I (gemeinsamer Betrieb von Schiffen, Abstimmung der Frequenzen und der Fahrpläne, Festsetzung von Fahrpreisen, Aufteilung von Einnahmen und Ausgaben) [ABl. C 017 21.01.89 S. 8, 12] *(vgl. WB 1989, Ziff. 29; SEK (90) 1594 endg., S. 16)*. In einem weiteren Fall legte Sea Containers Ltd, die Muttergesellschaft von Sealink Ferries, im August 1989 eine Beschwerde gegen das Fährunternehmen Stena AB und das Container Leasing-Unternehmen Tiphook plc ein, um sich gegen deren **Übernahmeangebot** zu wehren; den Erlaß einer einstweiligen Anordnung wegen Verstoßes gegen die Artt. 85 und 86 EWGV (Artt. 81 und 82 EGV) lehnte die Kommission jedoch im September 1989 ab, da ein gemeinsames Angebot von nicht im Wettbewerb stehenden Unternehmen nicht dem Art. 85 EWGV (Art. 81 EGV) zuwiderlaufe; Art. 86 EWGV (Art. 82 EGV) war nicht anwendbar, weil eine marktbeherrschende Stellung bei Stena AB nicht gegeben und bei Sealink strittig bzw.

deren Verstärkung oder Mißbrauch nicht offensichtlich war; Sea Containers zog die Beschwerde im Februar 1990 zurück; Stena AB meldete daraufhin im Oktober 1990 eine Übernahmevereinbarung für Sealink an *(vgl. WB 1990, Ziff.109)*.

Im Jahre 1991 wurde bei der Kommission eine Einzelfreistellung für die **Diskussionsvereinbarung Irish Club Rules** beantragt. Die sechs darin verbundenen europäischen Reedereien boten Linienfrachtdienste zwischen dem europäischen Festland und Irland bzw. Nordirland an. Die Vereinbarung war nach Meinung der Parteien weder eine Konferenz noch ein Konsortium [ABl. C 166 26.06.91 S.6]. Im September 1991 stellte die Kommission die Anwendbarkeit von Art. 85 Abs. 3 EWGV (Art. 81 Abs. 3 EGV) in Frage, weil auch der Landverkehrsbereich von der Absprache betroffen war. Sie ließ außerdem das für Konferenzen gültige Argument der Marktstabilisierung nicht gelten, da aufgrund des Fehlens eines gemeinsamen Frachttarifs eine Zusammenarbeit bei der Frachtgestaltung nicht erkennbar war. Im Mai 1993 wurde deshalb von den beteiligten Reedereien eine geänderte Vereinbarung bekanntgemacht, für die die Kommission eine **Einzelfreistellung** genehmigen wollte [ABl. C 263 29.09.93 S.6] *(vgl. WB 1993, Ziff.233)*. Bereits im Mai 1992 war ein **Fährdienst** zwischen Elsinore und Helsingborg (DSB, SFL, SJ) freigestellt worden. 1995 befaßte sich die Kommission mit der Kooperation der griechischen Unternehmen Minoan Lines Shipping Co. und Strintzis Lines Shipping Co. [ABl. C 255 30.09.95 S.4] sowie mit dem gemeinsamen Betrieb eines Fährdienstes zwischen Dragør und Limhamn [ABl. C 350 30.12.95 S.16] *(vgl. L. Brittan, 1993, S.337ff.)*.

Eine Einzelfreistellung wurde im April 1996 für das von der Finncarriers Oy AB und der Poseidon Schiffahrt AG für den Ostseeverkehr gegründete **Baltic Liner Conference Agreement** erteilt [ABl. C 044 16.02.96 S.3] *(vgl. Bull. EU 4-1996, S.19f.; WB 1996, Ziff.85 ff.)*. Darüber hinaus notifizierten Finncarriers Oy AB, die Poseidon Schiffahrt AG und United Baltic Corp. Ltd im Februar 1995 das **North Sea Liner Conference Agreement** zuerst bis zum 31. Dezember 2005. Hiervon betroffen waren multimodale Fährdienste zwischen Finnland einerseits sowie Belgien, Irland, den Niederlanden und dem Vereinigten Königreich andererseits und Inlandsbeförderungen über den Seefrachtverkehr einer Reederei oder den Straßengüterverkehr einer Spedition; die Konferenz selbst verfügte über keine eigene Inlandsbeförderungskapazität und keinen eigenen Tarif. Da die Kommission keine Bedenken hatte, wurde die Vereinbarung gemäß der Verordnung 68/1017/EWG für drei und nach der Verordnung 86/4056/EWG für sechs Jahre freigestellt [ABl. C 310 19.10.96 S.7]. Als die erstgenannte Frist am 3. November 1999 auslief, wurde eine **Verlängerung** beantragt [ABl. C 332 23.11.2000 S.7] *(vgl. Bull. EU 1/2-1997, S.25 f.)*. Außerdem ersuchten Finncarriers, die Poseidon Schiffahrt und EuroAfrica Shipping Lines Ltd im Dezember 1997 um die Freistellung der Linienkonferenz POLFIN für den Verkehr zwischen Finnland und Polen [ABl. C 396 19.12.98 S.10].

Nachdem sie im Juli 1996 die **HansaFerry** genehmigt hatte [ABl. C 118 23.04.96 S.5], stellte die Kommission im Oktober 1996 das 1994 angemeldete Gemeinschaftsunternehmen **Stena Tor Line** der Reedereien Stena Line Service AB und Tor Line AB, das Ro-Ro-Verkehre zwischen Göteborg und Harwich anbot, trotz wettbewerbsbeschränkender Elemente für sechs Jahre bis Juli 2002 vom Kartellverbot frei (bessere Nutzung der Betriebseinrichtungen, gezieltere Kapazitätsanpassung, Vorteile für Verlader, tatsächlicher und potentieller Wettbewerb vorhanden) [ABl. C 209 20.07.96 S.5] *(vgl. Bull. EU 10-1996, S.25; V. J. G. Power, 1998, S.365 f.).*

Gemeinsame Währungsaufschläge im Konferenzverkehr

Die Reedereien Peninsular and Oriental Steam Navigation (P&O) European Ferries Ltd, Stena Sealink Line, Sea France, Brittany Ferries und North Sea Ferries, die **Fährdienste** zwischen dem Vereinigten Königreich einerseits sowie Belgien, Frankreich und den Niederlanden andererseits betrieben und auf diesem Markt über einen Anteil von über 60 % verfügten, hatten nach Auffassung der Kommission anläßlich der am 16. September 1992 erfolgten Abwertung des britischen Pfunds um ca. 17 % in der Folgezeit ihre Verhaltensweisen dahingehend abgestimmt, einen gemeinsamen Währungsaufschlag für die Frachtbeförderung zu vereinbaren. Dieser wurde anhand einer identischen Berechnungsmethode ermittelt, war auf den betroffenen Verbindungen weitgehend identisch und wurde zeitgleich zum 1. November 1992 eingeführt. Nach Abschluß ihrer Überprüfungen leitete die Kommission am 12. September 1994 ein **Verfahren** ein. Einige Reedereien gaben eine teilweise abgestimmte Verhaltensweise zu, während andere sich keines Fehlverhaltens bewußt waren. Die Aufschläge seien gar nicht oder nur kurzzeitig bzw. unvollständig gültig gewesen, hätten keine Auswirkungen auf den Markt und das Tarifniveau gehabt und wären im Rahmen zulässiger Poolvereinbarungen angewendet worden; der Markt wurde zudem als oligopolistisch strukturiert und transparent bezeichnet. Die **Entscheidung 97/84/EG der Kommission vom 30. Oktober 1996 [ABl. L 026 29.01.97 S.23]** beurteilte das Vorgehen jedoch als abgestimmte Verhaltensweise mit wettbewerbsbeschränkendem Charakter und erheblichen Auswirkungen auf den zwischenstaatlichen Handel. Es wurden **Geldbußen** von 400.000 ECU gegen P&O European Ferries Ltd, 100.000 ECU gegen Stena Sealink Line, 60.000 ECU gegen Sea France und Brittany Ferries sowie 25.000 ECU gegen North Sea Ferries ausgesprochen *(vgl. Bull. EU 10-1996, S.24 f.; WB 1996, Ziff.97; V. J. G. Power, 1998, S.366 ff.).*

Preisabstimmung griechischer Fährdienstebetreiber

Aufgrund einer Beschwerde einer Privatperson vom 23. August 1992 über ähnliche Tarife auf verschiedenen Strecken im **Ro-Ro-Fährverkehr** zwischen Griechenland und Italien leitete die Kommission Nachprüfungen ein, die die Vermutung von Preisabsprachen zwischen sechs griechischen und einem italienischen Unternehmen erhärteten. So wurde festgestellt, daß regelmäßige Zusammenkünfte und eine umfassende Korrespondenz stattgefunden hatten, um eine gemeinsame Anpassung der Tarife für die Beförderung von Passagieren und Fahrzeugen zu gewährleisten; daraufhin wurde am 21. Februar 1997 ein förmliches **Verfahren** eingeleitet.

Die Reedereien verteidigten sich damit, daß in Griechenland **Rechts- und Verwaltungsvorschriften** sowie **ministerielle Auflagen** in bezug auf die Preisabstimmung vor allem auf inländischen Strecken und dem inländischen Teil von internationalen Verbindungen existierten und alle übrigen Wettbewerbsfaktoren reguliert seien. Allerdings bestand keine Verpflichtung zur Bindung an die preislichen Vorgaben, und diese wurden in der Praxis auch gar nicht befolgt. Die **Preisbildung** wurde nach Aussage der Fährunternehmen maßgeblich durch die Notwendigkeit eines fahrplanmäßigen Dienstes, die uneinheitliche Dauer der Touristensaison, wechselkursbedingte Schwankungen des Kostenniveaus, den Anstieg der Treibstoffkosten und die Orientierung an der allgemeinen Inflationsrate beeinflußt. An der zwischenunternehmerischen Abstimmung hatten angeblich auch nicht alle Diensteanbieter mitgewirkt. Das Preisniveau lag unter dem auf anderen internationalen Routen, insbesondere weil es über Preisnachlässe, Werbung und den Aufbau eigener Vertriebsnetze eine ausreichende Konkurrenz gab; ein Großteil der Gewinne resultierte aus Bordleistungen mit nicht abgestimmten Preisen. Die Kommission vertrat jedoch in ihrer **Entscheidung 1999/271/EG vom 9. Dezember 1998 [ABl. L 109 27.04.1999 S.24]** den Standpunkt, daß mindestens von Juli 1987 bis Juli 1994 ein ständig abgestimmtes Verhalten zur Festsetzung der Preise (Preiskartell) vorgelegen hatte. Trotz des generell als schwerwiegend einzustufenden Verstoßes gegen Art. 85 (81) Abs. 1 EGV wurden aber lediglich **Geldbußen** in einer Gesamthöhe von 9,12 Mio. ECU verhängt, da mildernde Umstände anzurechnen waren und das Vergehen nur geringfügige Auswirkungen auf den Markt gehabt hatte (Vorgaben des Ministeriums, keine vollständige Umsetzung der Vereinbarungen, im Vergleich zu anderen Relationen niedriges Preisniveau, nur ein kleiner Teil des Gemeinsamen Marktes betroffen) *(vgl. WB 1998, Ziff.28, 65, S.154 f.; P. Adamopoulos, 1999, S.37 f.)*. Die betroffenen Unternehmen erhoben gegen verschiedene Aspekte der Entscheidung (Nachprüfungen in den Geschäftsräumen eines Vermittlers, Bewertung der staatlichen Preisregulierung, Methodik zur Berechnung der Geldbußen) **Klage beim Gericht erster Instanz** [ABl. C 136 05.05.1999 S.17, 18; ABl. C 160 05.06.1999 S.25]. Dieses bestätigte jedoch in seinem Urteil vom Dezember 2003 in den verbundenen Rs. T-56/99, T-59/99, T-61/99, T-65/99 und T-66/99 die Argumentation der Kommission, setzte allerdings zwei Geldbußen herab [ABl. C 071 20.03.2004 S.20, 21; Slg. 2003, S.II-5225] *(vgl. WB 2003, Ziff.47 ff.)*.

Gründung des Gemeinschaftsunternehmens P&O Stena Line

Am 31. Oktober 1996 meldeten die Unternehmen P&O und Stena Line Ltd die Bildung des Gemeinschaftsunternehmens P&O Stena Line (Träger P&O European Ferries, Aktienkapital 60 zu 40, gleiche Stimmrechte, Anlagevermögen von 410 Mio. £) an, in dem die Erbringung regelmäßiger **Personen- und Frachtverkehrsdienste** auf drei **Ärmelkanalrouten** zusammengefaßt werden sollte; sie beantragten ein **Negativattest** oder ersatzweise eine **Freistellung** [ABl. C 080 13.03.97 S.3]. Da das Vorhaben – im Gegensatz zum französischen und britischen Wettbewerbsrecht – gemäß der Verordnung 89/4064/EWG kein Zusammenschluß war, leitete die Kommission das Verfahren nach Art. 85 (81) EGV ein. In einem Schreiben vom 10. Juni 1997 äußerte sie Zweifel an der Vereinbarkeit der Kooperation mit dem EG-Wettbewerbsrecht, da bei den Kurzverbindungen auf der Ärmelkanalstrecke eine marktbeherrschende duopolistische Stellung begründet werden könnte; sie veröffentlichte aber dennoch eine Mitteilung über die beabsichtigte Freistellung der Vereinbarung [ABl. C 039 06.02.98 S.21] *(vgl. WB 1997, Ziff.85)*.

Mit der **Entscheidung 1999/421/EG vom 26. Januar 1999 [ABl. L 163 29.06.1999 S.61]** erkannte die Kommission die Vorteile der Vereinbarung an, wie z. B. die Erhöhung der Abfahrhäufigkeit, eine kontinuierliche Beladung und Kosteneinsparungen. Zudem war der Frachtverkehr durch scharfen Preiswettbewerb, niedrige Zutrittsschranken und eine erhebliche Kaufkraft bei den Hauptkunden gekennzeichnet. Andererseits wurden der zwischen dem Gemeinschaftsunternehmen und Eurotunnel zu erwartende Wettbewerb sowie der effektive Wettbewerb durch andere Unternehmen zukünftig als eher gering eingestuft und eine steigende Marktkonzentration erwartet; allerdings ging die Kommission nicht von einer vollkommenen Ausschaltung des potentiellen Wettbewerbs aus. Unsicherheiten wurden angesichts der Beendigung der Zollfreiverkäufe ab Mitte 1999 erwartet. Nach Abwägung dieser Faktoren wurde P&O Stena Line für den Fährbetrieb im Ärmelkanal eine Freistellung für drei Jahre vom 10. März 1998 bis zum 9. März 2001 erteilt, wobei keine weitere Beteiligung der Mutterunternehmen an der Erbringung von Fährdiensten auf bestimmten Relationen erfolgen durfte und die Aktivitäten des Gemeinschaftsunternehmens auf drei Routen zu begrenzen waren *(vgl. WB 1998, S.164f.; Bull. EU 1/2-1999, S.41; GB 1999, Ziff.175)*. Am 22. Dezember 2000 ging ein Antrag auf Erteilung eines Negativattests oder Verlängerung der Freistellung bis 2020 ein [ABl. C 076 08.03.2001 S.2]. Da nach Auffassung der Kommission zwischen den Hauptakteuren eine ausreichende Wettbewerbsintensität bestand und die jüngsten Preiserhöhungen anderen Ursachen zuzuschreiben waren, wurde die Freistellung um sechs Jahre bis zum 7. März 2007 verlängert *(vgl. WB 2001, Ziff.160; M. Jaspers, 2001, S.47f.)*.

2.2.3.2 Nordatlantikroute

NEUSARA und USANERA

Im Juli 1987 gingen der Kommission vom British Shippers' Council (BSC) und vom European Shippers' Council (ESC) zwei Kartellbeschwerden gemäß Art. 10 der Verordnung 86/4056/EWG zu, die sich gegen die im August bzw. September 1985 gegründeten **Eurocorde-Vereinbarungen** (Eurocorde Discussion Agreement (EDA) und Eurocorde I (EI)) richteten. Vertragspartner waren die Linienkonferenzen North Europe USA Rate Agreement (NEUSARA), USA North Europe Rate Agreement (USANERA) und einige konferenzunabhängige Reedereien. Die Eurocorde-Vereinbarungen betrafen das Aushandeln und die gemeinsame **Festlegung der Frachtraten** im Fahrgebiet der Nordatlantikkonferenzen. Ihr Ziel war die Förderung effizienter und rentabler Transportleistungen bzw. von Handel, Service und Stabilität im Fahrgebiet durch Konsultation, Kooperation und Konsensbildung. Während im Rahmen des EI die **Beförderungsbedingungen und -leistungen** (Tarife, Ausrüstungen, Vereinbarungen mit Landverkehrsunternehmen und Verladern) abgestimmt wurden, waren die Vertragsparteien des EDA zur Erörterung und Absprache der Frachttarife und -raten sowie von Servicefragen und -kontrakten berechtigt. Zudem konnten sie Informationen austauschen und sich über Fracht- und Servicefragen einigen, waren aber nicht dazu verpflichtet *(vgl. WB 1987, Ziff.47; SEK (90) 1594 endg., S.15; M. Dolfen, 1991, S.44f.; M. D. Aspinwall, 1995, S.118f.)*.

In der Voruntersuchung ging es in erster Linie darum, ob die Vereinbarungen durch die **Gruppenfreistellung** für Linienkonferenzen mitbegünstigt wurden. Die Kommission eröffnete das Beschwerdeverfahren, weil die Einbeziehung von Outsidern in die Absprachen ihrer Meinung nach nicht unter die Gruppenfreistellung fiel, worauf die Konferenzen und ein Außenseiter im März 1988 bzw. im Juni 1988 **Einzelfreistellungen** beantragten [ABl. C 162 03.07.90 S.13]. Die Vertragspartner verpflichteten sich in den Verfahren zur Änderung ihrer Klauseln; insbesondere sollten eine Einigung, ein Konsens oder eine Vereinbarung nur auf freiwilliger und unverbindlicher Basis erfolgen und die Maklergebühren und Speditionsvergütungen sowie die Absprachen mit den Landverkehrsunternehmen gestrichen werden. Die Kommission erkannte zwar eine Beeinträchtigung der gemeinschaftlichen Handelsinteressen und eine Beschränkung des Preiswettbewerbs, beabsichtigte aber zunächst den **Erlaß einer Freistellung**, da die Vereinbarungen zu einer größeren Stabilität auf einem Seeverkehrsmarkt mit vielen unabhängigen Reedereien beitrügen, der Preiswettbewerb in gewissem Umfang bestehen bliebe und niedrige Zutrittsschranken, offene Konferenzen sowie potentieller und interner Wettbewerb existierten. Die Frachtraten waren jedoch in allen Vereinbarungen zwischen Insidern und Outsidern eigenständig festzulegen, wobei im Rahmen der Konferenzen lediglich über die Frachtraten diskutiert, diese aber nicht festgelegt werden dürften. Der Beitritt der dänischen Reederei Møller-Mærsk zur NEUSARA *(vgl. S.139)* veranlaßte die Kommission zu einer **Meinungsänderung**, da der Marktanteil der Eurocorde-Teilnehmer von 94 % auf fast 100 % stieg *(vgl. WB 1990, Ziff. 79; M. Dolfen, 1991, S.45 f.; V. J. G. Power, 1992, S.337)*.

Einige der Konferenz NEUSARA angehörige Reedereien kamen mit der Outsider-Reederei Møller-Mærsk überein, mit Wirkung vom 29. Mai 1989 ihre Tarifpolitik abzusprechen (Vereinbarung 1237). Die Vereinbarung beinhaltet einen regelmäßigen Informationsaustausch und die Möglichkeit zur Einigung über **Frachtraten, Beförderungsbedingungen und Nebenleistungen**. Raten, Frachtzuschläge, Frachten für Landverkehrsstrecken und zugehörige Verträge, Treueabmachungen sowie Abschlüsse von Kontrakten wurden ebenfalls festgelegt. Ziel war die Verbesserung der Zusammenarbeit mit marktstabilisierender Wirkung und die Sammlung von Erfahrungen durch Møller-Mærsk. Im Juli 1989 stellten die Parteien einen **Antrag auf Freistellung** der zwischen ihnen geschlossenen Vereinbarungen [ABl. C 059 09.03.90 S.2]. Zur Begründung wurde weiterhin angeführt, daß der Preiswettbewerb durch den Informationsaustausch und die Ratenvereinbarungen lediglich beschränkt und nicht ausgeschaltet werde, nach wie vor einzelne Frachtkontrakte geschlossen werden dürften, die Preistransparenz und -flexibilität gesichert seien und die Beteiligung am Verkehr allen Außenseitern offenstehe. Der Wettbewerb bleibe bestehen, da die Kartelle aufgrund der Flottenmobilität einem **Außenseiterwettbewerb** unterworfen seien und keine objektiven Zugangsbeschränkungen existierten. Obwohl sich eine Kommissionsentscheidung mit dem am 1. Oktober 1990 vollzogenen Beitritt des bisherigen Outsiders Møller-Mærsk zur NEUSARA erübrigte, da die Vereinbarung damit die Kriterien für eine **Gruppenfreistellung** erfüllte, sollte zusätzlich eine Prüfung der Vereinbarung gemäß der Verordnung 68/1017/EWG hinsichtlich der Wettbewerbsbeschränkungen für die Landstreckenfracht sowie in bezug auf die Vereinbarungen mit den Landverkehrsunternehmen erfolgen *(vgl. SEK(90) 1594 endg., S.17 f. M. Dolfen, 1991, S.48 f.)*.

Ein weiterer Freistellungsantrag betraf die im September 1987 in Kraft getretene Gulfway-Vereinbarung einiger NEUSARA- und USANERA-Reedereien mit unabhängigen Reedereien, die im Linienverkehr zwischen **Nordeuropa** und der amerikanischen **Golfküste** tätig waren. Die Übereinkunft, die zusätzlich zum Seeverkehr alle angebundenen Häfen und Orte an Binnenwasserstraßen sowie die Beförderungen im Landverkehr einschloß, sah weitreichende Vereinbarungen über Frachtraten, Ladungsklassifizierung, Makler- und Speditionsgebühren, Informationsbeschaffung und Zahlungsmodalitäten vor. Der Antrag vom August 1989 auf eine **Einzelfreistellung** wurde mit der gleichen Argumentation wie bei der NEUSARA / Møller-Mærsk-Vereinbarung begründet [ABl. C 130 29.05.90 S.3]. Die Prüfung durch die Kommission sollte auch in diesem Fall nicht nur gemäß der Verordnung 86/4056/EWG, sondern auch anhand der Verordnung 68/1017/EWG erfolgen *(vgl. SEK (90) 1594 endg., S. 18; M. Dolfen, 1991, S.49f.; L. Brittan, 1993, S.337ff.)*.

Trans Atlantic Agreement / Trans Atlantic Conference Agreement

Das seit dem 31. August 1992 geltende Trans Atlantic Agreement (TAA) stellte eine zwischen den Mitgliedern der beiden Linienkonferenzen NEUSARA und USANERA sowie einigen unabhängigen Reedereien geschlossene Vereinbarung für den **containerisierten Seetransport** im Atlantikverkehr sowie dessen Hafenvor- und -nachlauf dar. Sie umfaßte 15 Linienreedereien (Land-Sea, Mærsk, Atlantic Container Line (ACL), Hapag-Lloyd, Nedlloyd-Lijnen, P&O, MSC, Orient Overseas Container Line Ltd (OOCL), Polish Ocean Lines (POL), Deutsche Seereederei (DSR)-Senator Lines, Cho Yang Shipping Co., Nippon Yusen Kaisha (NYK), Neptune Orient Lines (NOL), Transportación Marítima Mexicana (TMM) und Tecomar) und bestand aus mehreren miteinander **verbundenen Absprachen**: 1. Absprachen über den Austausch der Ausrüstung und das Chartern von Schiffsraum, 2. Preisabsprachen im Seetransport, für die Hafentätigkeiten und im Landtransport (alle Mitglieder mußten ein unabhängiges Vorgehen zehn Tage im voraus beim TAA anmelden), 3. Absprachen bezüglich der Nichtnutzung von Transportkapazitäten im Seeverkehr. Das **Ziel** der Vereinbarungen lag in der Sicherung der Stabilität im Nordatlantikverkehr, was sich nach Aussage des TAA aufgrund des bestehenden Kapazitätsüberhangs nur durch die Regulierung der Nutzung der Seetransportkapazitäten und der daraus resultierenden Erhöhung des Frachtratenniveaus erreichen ließ.

Gegen die Vereinbarung wurden von zahlreichen Verladern **Beschwerden** bei der Kommission eingereicht. Nachdem für 1993 einschneidende Veränderungen bei der Zusammensetzung der Warengruppen und der Preisstruktur angekündigt worden waren, die von einer Heraufsetzung des allgemeinen Frachtratenniveaus um 30 bis 100 % begleitet werden sollten, beantragten die Verbände der britischen und französischen **Seeverlader** bei der Kommission vorläufige Maßnahmen zur Aussetzung der Vereinbarung; eine diesbezügliche Mitteilung wurde den TAA-Mitgliedern am 14. April 1993 zugestellt. In den nachfolgenden **Anhörungen** zeigte es sich jedoch, daß die Indizien für einen ernsten und nicht reversiblen Schaden nicht genügten. Nachdem für 1994 weitere Frachtratenerhöhungen angekündigt worden waren, leitete die Kommission am 10. Dezember 1993 das **Hauptverfahren** wegen Verstoßes gegen die Artt. 85 (81) und 86 (82) EGV ein *(vgl. WB 1993, Ziff.232)*.

Die Kommission kam in ihrer Analyse zu der Ansicht, daß der Containerlinienverkehr zwischen **Nordeuropa** und der **Ostküste der Vereinigten Staaten** aufgrund technischer Faktoren nicht durch andere Formen des Seeverkehrs substituiert werden konnte und somit keinen **eigenständigen Markt** mit homogenen Wettbewerbsbedingungen darstellte. Auch waren die Mittelmeerhäfen keine Alternative zu den nordeuropäischen Häfen, da die geographischen Verhältnisse ein Ausweichen der Verlader auf die Mittelmeerhäfen nur in wenigen Fällen als ökonomisch sinnvoll erscheinen ließen. Außerdem boten die TAA-Mitglieder im Rahmen des multimodalen Verkehrs Containerlandtransportdienste an, um den **Hafenvor- und -nachlauf** zwischen den nordeuropäischen Häfen und Orten innerhalb Europas zu organisieren. Sie erwarben die Beförderungsleistungen im Landverkehr allerdings zum großen Teil von Eisenbahn- und Straßengüterverkehrsunternehmen und verkauften diese dann zum festgelegten Tarif weiter.

Im Verkehr zwischen Europa und den Vereinigten Staaten hatte das TAA im westgehenden Verkehr in den Jahren 1991 und 1992 jeweils einen **Marktanteil** von 82 % und 1993 von 72 %; im ostgehenden Verkehr zwischen den Vereinigten Staaten und Europa hatten die TAA-Mitglieder in den Jahren 1991 und 1992 jeweils einen Anteil von 81 % und 1993 von 76 %. Die unabhängigen Reedereien hatten im allgemeinen nur einen unbedeutenden Marktanteil, so daß sie nicht in der Lage waren, gegenüber dem TAA einen echten **Wettbewerbsdruck** auszuüben. Durch die Maßnahmen des TAA ergab sich für diese jedoch die Möglichkeit, Marktanteile hinzuzugewinnen und ihre **Tarife** ebenfalls anzuheben. Grundsätzlich war ein **Markteintritt** in den Containerlinienverkehr aber nur für wenige Reedereien realistisch, da sehr große Kapazitäten und spezialisierte Containerschiffe notwendig waren, um einen **regelmäßigen Liniendienst** anzubieten. Außerdem wurde durch das **Kapazitätsbewirtschaftungsprogramm** des TAA ein künstlicher Kapazitätsüberhang erzeugt, der potentielle Wettbewerber vom Markteintritt abhielt. Auch der **Marktaustritt** war im Nordatlantikverkehr nicht ohne weiteres möglich, da dies dem Ruf abträglich gewesen wäre und damit auch die Wettbewerbsposition in den anderen Fahrten der betreffenden Reederei beeinträchtigt worden wäre. Das TAA war also nur geringem Wettbewerb durch **Außenseiter** ausgesetzt, und der potentielle Wettbewerb wurde durch hohe Markteintritts- und -austrittskosten spürbar beeinträchtigt. Da auch die **Kanada-Konferenz** im Zusammenhang mit der Einführung eines neuen Tarifschemas beträchtliche Preiserhöhungen angekündigt hatte und die in diesem Markt tätigen unabhängigen Reedereien bei fast vorhandener Vollauslastung ihre Tarife ebenfalls angehoben hatten, bestand für die meisten Verlader keine echte Alternative zum TAA.

Das im westgehenden Verkehr angewandte Kapazitätsbewirtschaftungsprogramm war nach Auffassung der Kommission weder dazu geeignet, zur **Rationalisierung des Containerlinienverkehrs** beizutragen, da keine überflüssigen Kapazitäten beseitigt wurden, noch überhaupt notwendig. Die **Unpaarigkeit der Verkehrsströme** und ein **Ungleichgewicht zwischen dem ost- und westgehenden Seeverkehr** sprachen eher dafür, im Jahre 1993 den ostgehenden Verkehr einer Kapazitätsregulierung zu unterwerfen, da der westgehende Verkehr nunmehr den ostgehenden volumenmäßig überschritt. Das Programm wurde deshalb nicht als Rationalisierungs- oder Ausgleichsinstrument, sondern als Instrument der künstlichen Erhaltung von unnötigen Kapazitäten mit der Möglichkeit der Heraufsetzung des Frachtratenniveaus im nach Westen gehenden Verkehr angesehen. Die **Preisabsprachen** für den See- und Landtransport sowie die Absprache über die **Nichtnutzung der Kapazitäten** im Seeverkehr waren geeignet, den Handel zwischen den Mitgliedstaaten spürbar einzuschränken. Sie stellten nach Ansicht der Kommission eine wettbewerbsbeschränkende Vereinbarung dar, die unter das Verbot des Art. 85 (81) Abs. 1 EGV fiel.

Eine **Gruppenfreistellung** nach der Verordnung 86/4056/EWG konnte nicht gewährt werden, da die Nichtnutzung von Kapazitäten hiervon nicht erfaßt wird; auch die Festlegung von mindestens zwei verschiedenen Tarifniveaus wurde als nicht freistellungswürdig angesehen. Da die **Kapazitätsregulierung** der Erhöhung der Frachtraten und nicht der optimalen räumlichen und zeitlichen Bedienung der Häfen diente, konnte sie nicht in den Genuß einer Gruppenfreistellung kommen. In bezug auf die Preisfestsetzung im Seeverkehr wurde zwar die Existenz einer Vereinbarung zwischen den „strukturierten" Konferenzmitgliedern bejaht, die „nichtstrukturierten" Mitglieder waren in ihrer Tarifflexibilität jedoch ebenfalls eingeschränkt. Damit stellte das TAA **keine Konferenz** im Sinne der Verordnung 86/4056/EWG dar, da die Grundvoraussetzung der einheitlich angebotenen Frachtraten nicht eingehalten wurde. Hinsichtlich der gemeinsamen Preisfestsetzung für den **Landtransport** wurde auf die Anwendbarkeit der Verordnung 68/1017/EWG verwiesen. Eine Legalausnahme für eine rein **technische Vereinbarung** konnte wegen des umfassenden Regelungsgehalts des TAA nicht greifen; die Erteilung einer Gruppenfreistellung ist in der Verordnung 68/1017/EWG nicht vorgesehen. Außerdem verfügten einige TAA-Mitglieder über keine eigenen Beförderungskapazitäten im Landverkehr.

Im Zusammenhang mit der Prüfung auf Gewährung einer **Einzelfreistellung** stellte die Kommission in bezug auf die **Seeverkehrstarife und -kapazitäten** fest, daß das TAA durch sein Ziel, allen Mitgliedern den Marktverbleib zu garantieren, zur Aufrechterhaltung von nicht benötigten Kapazitäten und zur Erhöhung des Frachtratenniveaus beitrug, was nicht mit Art. 85 (81) Abs. 3 EGV vereinbar war. Außerdem wurden die Kunden des TAA nicht angemessen am Gewinn beteiligt, da sie durch die spürbare Erhöhung der Frachtraten und Preise zusätzlich belastet wurden. Zudem gingen die **Wettbewerbsbeschränkungen** über das zur Erreichung des vom TAA angestrebten Stabilitätsziels Notwendige hinaus. Hinsichtlich der **Preissetzung im Binnenverkehr** hätte für eine Einzelfreistellung zumindest eine der nachfolgenden **Bedingungen** erfüllt sein müssen: Eine Qualitätsverbesserung der Verkehrsleistungen war nicht gegeben, da diese zum großen Teil nur weiterverkauft wurden; auch war eine größere Kontinuität und Stabilität des Marktes nicht erkennbar, da die Hafenvor- und -nachlauftransporte auch ohne die Absprache der TAA-Mitglieder angeboten würden und keine starken zeitlichen Schwankungen vorlagen; Produktivitätssteigerungen bei den Unternehmen sowie eine Förderung des wirtschaftlichen oder technischen Fortschritts wurden nicht festgestellt, weil die Mitgliedsreedereien weiterhin ihre individuellen Binnentransportarrangements anboten; von einer angemessenen Beteiligung der Verkehrsnutzer am entstehenden Gewinn war nicht auszugehen, da die Spediteure und Verlader Beschwerde gegen die Vereinbarung eingereicht hatten. Da also die Beschränkungen keine wirtschaftlichen Vorteile verursachten, konnte für die Vereinbarung auch im Hinblick auf das **Landverkehrssegment** keine Einzelfreistellung ausgesprochen werden.

In der **Entscheidung 94/980/EG vom 19. Oktober 1994 [ABl. L 376 31.12.94 S.1]** beurteilte die Kommission die Preisfestsetzungs- und Kapazitätsabsprachen des TAA als einen Verstoß gegen Art. 85 (81) Abs. 1 EGV; eine Freistellung der Vereinbarung nach Art. 85 (81) Abs. 3 EGV oder Art. 5 der Verordnung 68/1017/EWG wurde abgelehnt. Die Verstöße sollten unverzüglich abgestellt werden; von abgestimmten Verhaltensweisen oder Vereinbarungen mit dem gleichen oder einem ähnlichen Zweck bzw. Wirkungen war Abstand zu nehmen. Die Unternehmen hatten ferner ihren Kunden die Möglichkeit einzuräumen, die Verträge neu auszuhandeln oder zu beenden; Geldbußen wurden nicht verhängt *(vgl. Bull. EU 10-1994, S.19f.; WB 1994, S.405ff.; J. Faull, 1995, S.3ff.; B. Gardner, 1997, S.317ff.; V. J. G. Power, 1998, S.359f.; D. Wood, 1999, S.17ff.; U. Hautau, 2002a, S.160f.; U. Zinsmeister u. a., 2002, S.651f.)*.

Am 10. März 1995 erklärte das **Gericht erster Instanz** mit seinem Urteil in der Rs. T-395/94 [ABl. C 392 31.12.94 S.15; Slg. 1995, S.II-595] den Teil der Entscheidung für unwirksam, mit dem die gemeinsame Preisfestsetzung für die Landabschnitte der intermodalen Beförderungsleistung untersagt worden war [ABl. C 159 24.06.95 S.23]. Die Kommission legte dagegen Berufung ein, die Anordnung wurde aber vom **Europäischen Gerichtshof** in seinem Urteil vom 19. Juli 1995 in der Rs. C-149/95 [Slg. 1995, S.I-2165] unterstützt. Zwischenzeitlich war von 17 Reedereien, die über 60 % des Containerverkehrs zwischen Nordeuropa und den Vereinigten Staaten abwickelten, eine geänderte Vereinbarung namens Trans Atlantic Conference Agreement (TACA) beschlossen worden; die Unternehmen meldeten die Vereinbarung am 5. Juli 1994 an und beantragten eine Freistellung. Die Kommission legte den Beteiligten daraufhin am 27. Juni 1995 ihre Ansicht dar, daß sie die Freistellung von Geldbußen in bezug auf die **Festsetzung von Binnentarifen** möglicherweise aufheben werde. Nachdem ein Antrag auf einstweilige Anordnung zur Verhinderung einer solchen Entscheidung vom Gericht erster Instanz am 22. November 1995 abgewiesen worden war [ABl. C 016 20. 01.96 S.13], faßte die Kommission am 26. November 1996 eine entsprechende Entscheidung. Die **TACA-Bestimmungen** über die gemeinsame Festsetzung der Binnentarife wurden als schwerer und offensichtlicher Verstoß gegen Art. 85 (81) EGV angesehen, für den eine **Einzelfreistellung** ausgeschlossen wurde; die TACA-Parteien reichten auch dagegen Klage ein *(vgl. WB 1995, Ziff.73, S.124f.; Bull. EU 11-1996, S.25; WB 1996, Ziff.91)*.

In einem abschließenden Urteil vom 28. Februar 2002 in der Rs. T-395/94 [ABl. C 144 15.06.2002 S.33; Slg. 2002, S.II-875] folgte das **Gericht erster Instanz** der Argumentation der Kommission in bezug auf das TAA und erklärte die Verweigerung einer **Gruppenfreistellung** für das Seeverkehrssegment und einer **Einzelfreistellung** für den Landverkehrsabschnitt für rechtmäßig. Hinsichtlich der Entscheidung zur Verhängung einer Geldbuße infolge der Anmeldung der **TACA-Vereinbarung** wurde mit einem Urteil vom gleichen Tage in der Rs. T-18/97 [ABl. C 094 22.03.97 S.21; ABl. C 144 15.02.2002 S.34; Slg. 2002, S.II-1125] entschieden, daß die für den Landbereich maßgebliche Verordnung 68/1017/EWG im Gegensatz zur Verordnung 86/4056/ EWG keine Immunität vor **Geldbußen** gewährt; die Entziehung der Freistellung von Geldbußen durch die Kommission war deshalb rechtmäßig *(vgl. E. FitzGerald, 2002, S.42ff.; WB 2002, Ziff.119, 123f.)*.

Nachdem sie zwischenzeitlich im Dezember 1996 die Gründung des Gemeinschaftsunternehmens P&O Nedlloyd Container Lines Ltd genehmigt hatte *(vgl. Bull. EU 12-1996, S.57)*, gelangte die Kommission bezüglich des neu angemeldeten TACA nach längeren Untersuchungen in der **Entscheidung 1999/243/EG vom 16. September 1998 [ABl. L 095 09.04.1999 S.1]** zur Ansicht, daß die gemeinsame Festsetzung von Preisen für Seetransporte, die Abstimmung der Tarife für Verkehrsleistungen auf dem Landabschnitt in der Gemeinschaft, die Festlegung von Bedingungen für den Abschluß von Servicekontrakten mit Verladern sowie die Vereinbarung von Gebührensätzen für Spediteure gegen Art. 85 (81) Abs. 1 EGV verstießen. Während für den **Seeabschnitt** diesmal gemäß der Verordnung 86/4056/EWG eine **Gruppenfreistellung** vom Kartellverbot erteilt wurde, kam für die gemeinsame Festlegung von Tarifen für die **Landbeförderung** erneut keine **Einzelfreistellung** gemäß Art. 85 (81) Abs. 3 EGV und Verordnung 68/1017/EWG in Betracht; individuelle Freistellungen für die übrigen Absprachen konnten ebenfalls nicht genehmigt werden. Außerdem hatten die an TACA beteiligten Unternehmen ihre marktbeherrschende Stellung dazu genutzt, zwei neue auf der Transatlantikroute tätige asiatische Reedereien zum Beitritt zu bewegen, um den Wettbewerb auszuschalten; im Gegenzug waren aber keine Reedereien aus der Konferenz ausgeschieden. Darüber hinaus waren individuelle Verfügbarkeit und Inhalt der auf dem Markt angebotenen Servicekontrakte eingeschränkt worden; Neueinsteiger durften im Rahmen der Vereinbarung billigere Tarife anbieten als die Gründungsmitglieder, und bei bestimmten Aufträgen wurde den später beigetretenen Unternehmen keine Konkurrenz gemacht. Da dieses Verhalten von der Kommission als besonders **schwerer Verstoß** gegen Art. 86 (82) EGV eingestuft wurde, verhängte sie gegen die TACA-Mitglieder **Geldbußen** von insgesamt 273 Mio. ECU *(vgl. Bull. EU 9-1998, S.25; J.-F. Pons, 1998b, S.17; L. Schmidt, 1998, S.449f.; WB 1998, Ziff.73, 105ff., S.160f.; D. Wood, 1999, S.17ff.; U. Hautau, 2002a, S.161ff.; U. Zinsmeister u. a., 2002, S.653f.)*.

Gegen die Kommissionsentscheidung erhoben die beteiligten Unternehmen in den verbundenen Rs. T-191/98 und T-212/98 bis T-214/98 Klage beim **Gericht erster Instanz** [ABl. C 071 13.03.1999 S.32, 33; ABl. C 086 27.03.1999 S.19]. In seinem Urteil vom 30. September 2003 [ABl. C 007 10.01.2004 S.29; Slg. 2003, S.II-3275] bestätigte das Gericht in den meisten Fällen die **Argumentation der Kommission** (Verstöße gegen Art. 85 (81) Abs. 1 EGV, keine Gewährung einer Einzelfreistellung in bezug auf die Landbeförderung, Verstoß gegen Art. 86 (82) EGV wegen Einschränkung der Verfügbarkeit und des Inhalts von Servicekontrakten); hinsichtlich des **zweiten Mißbrauchstatbestands** (Veränderung der Wettbewerbsstruktur des Marktes) wurden der Kommission **Verfahrens- und Argumentationsfehler** nachgewiesen (keine Stellungnahme der Parteien zu den Beweisen, kein ausreichender Beleg für Behauptungen). Die **Geldbußen** wurden allerdings in bezug auf beide Verstöße gegen Art. 86 (82) EGV aufgehoben *(vgl. WB 2003, Ziff. 148 ff.; M. Jaspers, 2004, S. 34 ff.)*.

Am 29. Januar 1999 reichten die acht an einer neuen Fassung der **Konsortialvereinbarung** TACA beteiligten Linienreedereien (Atlantic Container Line, Hapag-Lloyd Container Line, Mediterranean Shipping Company, A. P. Møller-Mærsk Line, NYK, OOCL, P&O Nedlloyd Container Lines, Sea-Land Service) erneut einen **Antrag auf Freistellung** vom Kartellverbot ein [ABl. C 125 06.05.1999 S.6]. Die Vereinbarung beinhaltete die gemeinsame Festlegung, Änderung, Aufrechterhaltung oder Aufhebung von **Tariffrachtraten** (außer für den Landverkehr), den Abschluß von **Servicekontrakten** (Mindestbedingungen für Konferenzkontrakte, individueller Vertragsabschluß, mehrseitige Kontrakte für Landverkehr, Vertraulichkeit im mehrseitigen Kontrakt, kein differenziertes Ratenschema und Wahlfreiheit des Verladers in bezug auf Verfrachter in Konferenz- und mehrseitigen Kontrakten, Mustervertrag für Konferenzkontrakte, freiwillige Anleitungen für die Vertragsgestaltung bei technischen Aspekten), die Bestimmung von **Durchfrachtraten im multimodalen Verkehr** (keine Festlegung der Tarife und Beförderungsbedingungen im Landverkehr, Möglichkeit des Verbots der Preissetzung unter variablen Kosten), Bestimmungen über gemeinsame **technische Regelungen**, Regelungen für **Linienverkehrsdienste** (Abstimmung der Fahrpläne und Fahrten, Häufigkeit der Fahrten und Kapazitätsangebot der einzelnen Reedereien, Aufteilung von Lademenge oder Einnahmen, Aushandlung von Raten und Leistungen mit Landverkehrsunternehmen in den Vereinigten Staaten) und die Verpflichtung zur **Konsultierung** von Verladern *(vgl. Bull. EU 10-1999, S. 31; E. Fitz-Gerald, 1999, S. 6 f.; WB 1999, Ziff. 95 ff.; Ch. Williams, 1999, S. 24 f.)*.

Für die Festsetzung der Raten und die Absprachen in den anderen Bereichen wurde eine **Gruppenfreistellung**, für die gemeinsame Gestaltung von Servicekontrakten eine **Einzelfreistellung** beantragt; in bezug auf die Landverkehrsdienste wurde ein **Negativattest** eingefordert. Am 5. August 1999 teilte die Kommission den Unternehmen mit, daß die dem **Landverkehr** zuzurechnenden Aspekte ohne Bedenken für drei Jahre bis zum 5. Mai 2002 vom Kartellverbot freigestellt werden könnten. Hinsichtlich der den **Seeverkehr** betreffenden Dienste bestanden aber ernsthafte Bedenken (Austausch statistischer Daten, Einschränkung des Wettbewerbs durch bestimmte Arten von Absprachen und Verhaltensweisen im Zusammenhang mit dem Aushandeln von Servicekontrakten); die Kommission setzte deshalb ihre **Ermittlungen** fort *(vgl. Bull. EU 7/8-1999, S. 18 f.; WB 1999, Ziff. 95 ff.)*.

Die Unternehmen machten daraufhin am 1. Dezember 2000 verschiedene **Verpflichtungszusagen**; sie änderten außerdem die Bestimmung, die eine allgemeine Befugnis zur Regelung der von jedem Mitglied anzubietenden Ladekapazität vorsah (keine gemeinsame Erhöhung der Frachtraten; Information der Kommission über Frachtvolumen, verfügbare Kapazitäten und ungenutzte Slots). Die Kommission erklärte sich nun bereit, für die seeverkehrsrelevanten Aspekte der **TACA-Neufassung** eine Einzelfreistellung zu erteilen [ABl. C 335 29.11.2001 S. 12]. Am 3. Mai 2002 wurde dann eine Verlängerung der Freistellung für die den Landverkehr betreffenden Bestimmungen beantragt *(vgl. WB 2001, Ziff. 153 ff.)*.

Mit der **Entscheidung 2003/68/EG der Kommission vom 14. November 2002 [ABl. L 026 31.01.2003 S.53]** wurde den Vereinbarungen über Preise und Beförderungsbedingungen, zu den Linienseeverkehrsdiensten sowie über Konferenz- und mehrseitige Kontrakte ein wettbewerbsbeschränkender Charakter zuerkannt; von den Regelungen über den Abschluß individueller Servicekontrakte war keine Eingrenzung des Wettbewerbs zu erwarten (Abschluß von Konferenzkontrakten, Anleitungen für die Gestaltung von Kontrakten, Informationsaustausch). Angesichts des hohen, wenn auch stark gesunkenen Marktanteils der Parteien wurden immer noch Auswirkungen auf den **zwischenstaatlichen Handel** befürchtet. Eine **Gruppenfreistellung** gemäß der Verordnung 86/4056/EWG gewährte die Kommission für die modifizierten Kapazitätsregelungen; die Bestimmungen über Konferenz- und mehrseitige Kontrakte sowie die Vereinbarungen über Preise und Beförderungsbedingungen für Umschlagleistungen in Häfen kamen in den Genuß einer **Einzelfreistellung** gemäß Art. 85 (81) Abs. 3 EGV. Nach der Verordnung 86/4056/EWG erteilte Freistellungen waren ab dem 31. Dezember 1998, nach der Verordnung 17 gewährte Freistellungen ab dem 29. Januar 1999 wirksam; sie galten ab dem 6. Mai 1999 für sechs Jahre *(vgl. Bull. EU 11-2002, S.30; GB 2002, Ziff.216; WB 2002, Ziff.128ff., S.213; E. FitzGerald, 2003, S.56ff.)*.

2.2.3.3 Südamerika-Konferenzen

Im Juli 1988 wurden von Jacobs und Tchibo Beschwerden gegen die Konferenzen Association of West India Transatlantic Steamship Lines (WITASS) und die Brasil / Europe / Brasil Freight Conference (BEB) erhoben, da die Seefrachtraten für Importbohnen aus Kolumbien und Brasilien unter **Mißbrauch der Marktmacht** fast monopolistisch festgesetzt würden. Die Quotenregelung des Internationalen Kaffeeabkommens bedingte eine gewisse Abnahmepflicht. Nach Auffassung der Kaffeehändler und -röster führte der Schutz der nationalen Reedereien und der mit diesen in den Konferenzen assoziierten europäischen Linien durch die südamerikanischen Staaten zu einem einseitigen Preisdiktat. Die Beschwerde veranlaßte die **Brasilien-Konferenz** zur Senkung der Frachtraten, worauf die Unternehmen im Oktober 1988 ihre Beschwerde zurücknahmen. Die Kommission führte die Untersuchungen nun von Amts wegen weiter *(vgl. SEK(90) 1594 endg., S.16f.; M. Dolfen, 1991, S.46f.; V. J. G. Power, 1992, S.336 f.)*.

Im Juni 1990 beantragten einige Mitglieder der WITASS (Belfranline NV, CGM, Hapag-Lloyd AG, Thos and Jas Harrison Ltd, Nedlloyd Lijnen BV, Royal Mail Lines Ltd) zusammen mit der sowjetischen Baltic Shipping Co. (BSC) eine **Einzelfreistellung** für eine Vereinbarung über die Reduzierung der Frachtratenermäßigungen der BSC und die Aufhebung des Zeitrabattsystems der WITASS im Linienverkehr zwischen Nordwesteuropa und Venezuela. Die Kommission folgte den von den WITASS-Parteien vorgebrachten Argumenten (keine Regelungen zur Überwachung der Frachtraten und zur Kapazitätsverringerung, ausreichende Wettbewerbsintensität, Vermeidung eines Frachtratenkriegs mit Ostblockreedereien, Kontrolle der den Ostblockflotten gewährten marktfremden Vorteile) und befürwortete eine **Freistellung** der Vereinbarung [ABl. C 179 10.07.91 S.6].

2.2.3.4 Ostasienverkehr

Far Eastern Freight Conference

Am 28. April 1989 reichten der BDI, der DIHT und der Bundesverband des deutschen Groß- und Außenhandels eine Beschwerde bezüglich der von der Far Eastern Freight Conference (FEFC) angewandten Praxis ein, nicht nur die Frachten für den **Seetransport** festzusetzen, sondern auch die Preise für den **Hafenvor- und -nachlauf** und den **Umschlag** im Verlade- und Bestimmungshafen vorzugeben. Die FEFC bestand zu dieser Zeit aus dreizehn aktiven und einem passiven Mitglied, das an dem Verkehr im Konferenzgebiet nicht beteiligt war, und bediente die Ost- und Westfahrt zwischen den europäischen Häfen (auf der Westfahrt auch alle nichteuropäischen Mittelmeerhäfen, einige Schwarzmeerhäfen und die marokkanischen Atlantikhäfen) sowie Malaysia, Thailand, Singapur, Hongkong, Taiwan, Japan, Südkorea, China, Macao, Indonesien, Kambodscha, Laos, Vietnam, Myanmar, die Philippinen und Brunei. Die Mitglieder der FEFC erbrachten auch **Landtransporte** innerhalb der Gemeinschaft, für die sie die Preise gemeinsam festsetzten. Die Verlader waren grundsätzlich in ihrer Entscheidung frei, die Landtransportdienste von den FEFC-Mitgliedern oder anderen Spediteuren bzw. Landtransportunternehmen nachzufragen. Die Konferenz hatte am betreffenden Linienschiffsverkehr im Jahre 1992 einen Marktanteil von 58 %, 1993 wurden etwa 70 % des Linienschiffsverkehrs der FEFC auch landseitig befördert. Am 1. Januar 1990 trat der FEFC-Tarif NT90 in Kraft, der neben den Seetransportpreisen auch Entgelte für den Landtransport, den Hafenumschlag sowie weitere Kosten beinhaltete.

Nach Auffassung der Kommission hatte die Preisfestsetzung für das **Landtransportsegment** einen Einfluß auf die Struktur des Dienstleistungs- und Warenaustausches zwischen den Mitgliedstaaten, da der Wettbewerb zwischen den Häfen innerhalb der Gemeinschaft beeinflußt und die Exportkosten für die in der Gemeinschaft hergestellten Waren tangiert wurden. Die FEFC machte geltend, daß eine Preisregelung für Landtransportdienste genauso wie für den Linienseeverkehr durch eine Gruppenfreistellung gemäß der Verordnung 86/4056/EWG gedeckt sei, nach Auffassung der Kommission war jedoch in dieser Hinsicht die Verordnung 68/1017/EWG maßgeblich. Allerdings konnte weder die **Legalausnahme für technische Vereinbarungen** zum Tragen kommen, da eine umfassendere kommerzielle Vereinbarung vorlag, noch war eine solche für **kleinere und mittlere Unternehmen** zulässig, da die Schwellenwerte nicht eingehalten wurden. Außerdem nahmen die FEFC-Mitglieder die Landtransporte meistens nicht selbst vor, sondern vergaben diese an andere Verkehrsunternehmen. Im Zusammenhang mit der Prüfung auf eine **Einzelfreistellung der Preisabsprache** stellte die Kommission fest, daß sich die Landverkehrsdienste qualitativ nicht verbesserten, da die Reedereien diese nur einkauften und nicht selbst ausführten; auch bei den **Seeverkehrsdiensten** ergaben sich keine wesentlichen Veränderungen. Ein Beitrag der gemeinsamen Frachtratenfestsetzung zur Stärkung der **Stabilität und Kontinuität** des Marktes für Landtransporte konnte ebensowenig registriert werden wie starke zeitliche Angebots- und Nachfrageschwankungen. **Produktivitätssteigerungen** im Land- und Seeverkehrssegment waren nicht erkennbar, da die FEFC-Mitglieder die Landtransportdienste zum großen Teil zu marktüblichen Preisen einkauften und zu von ihnen festgesetzten Preisen weiterverkauften. Auch eine Förderung des **wirtschaftlichen oder technischen Fortschritts** konnte durch die Ausschaltung des Preiswettbewerbs zwischen den Konferenzmitgliedern nicht bewirkt werden. Darüber hinaus sah die Kommission erhebliche Nachteile für die Verkehrsnutzer in Form höherer Preise. Sie bewertete die vorgenommenen Beschränkungen als nicht unerläßlich, um z. B. eine Quersubventionierung zwischen See- und Landtransporten zu verhindern, die ein Unterlaufen der Preisfestsetzung im Seeverkehr ermöglicht hätte; eine **Ladungsmengen- oder Einnahmenaufteilung unter den Konferenzmitgliedern** wurden als weniger stark einschränkende Maßnahmen eingestuft als eine Preisregelung. Aus diesen Gründen konnte also auch keine Einzelfreistellung nach der Verordnung 68/1017/EWG gewährt werden.

In ihrer **Entscheidung 94/985/EG vom 21. Dezember 1994 [ABl. L 378 31.12.94 S.17]** stellte die Kommission deshalb einen Verstoß gegen Art. 85 Abs. 1 EWGV (Art. 81 Abs. 1 EGV) und gegen Art. 2 der Verordnung 68/1017/EWG fest, da für die Landtransportdienste gemeinsame Preise festgelegt wurden. Einerseits wurde von einer sehr schweren Zuwiderhandlung gegen das gemeinschaftliche Wettbewerbsrecht mit signifikanten wirtschaftlichen Auswirkungen und einem bewußten Verstoß der Unternehmen gegen das Kartellverbot ausgegangen; die Preisfestsetzungen für die Landtransporte wurden seit 1971 vorgenommen, der Tarif NT90 galt seit dem 1. Januar 1990. Da die **Kommissionsleitlinien** zur multimodalen Preisfestsetzung durch Linienkonferenzen andererseits nicht allgemein bekannt waren und die Behandlung des zu beurteilenden Falles sehr lange gedauert hatte, verurteilte die Kommission alle beteiligten Linienreedereien lediglich zu einer symbolischen Strafe von je 10.000 ECU *(vgl. Bull. EU 12-1994, S.54f.; WB 1994, S.408f.; J. Faull, 1995, S.3ff.; B. Gardner, 1997, S.317ff.; V. J. G. Power, 1998, S.360; U. Zinsmeister u. a., 2002, S.652).*

Die FEFC-Mitglieder erhoben gegen die Entscheidung Klage beim **Gericht erster Instanz**, da ihrer Auffassung nach bei einer kombinierten Land- und Seebeförderung die Verordnung 86/4056/EWG anzuwenden gewesen wäre und demnach die **Gruppenfreistellung** für Linienkonferenzen nicht nur für das Seeverkehrssegment, sondern auch für den Landverkehrsabschnitt Geltung erhalte; eine Konferenz könne dann für beide Teile des Transportvorgangs Tarife festlegen. In seinem Urteil vom 28. Februar 2002 in der Rs. T-86/95 (Compagnie Générale Maritime (CGM) u. a. gegen Kommission) [ABl. C 137 03.06.95 S.32; ABl. C 169 13.07.2002 S.29; Slg. 2002, S.II-1011] widersprach jedoch das Gericht erster Instanz dieser Ansicht und folgte der Interpretation der Kommission; eine **Gruppenfreistellung** für Schiffahrtskonferenzen kann deshalb nicht auch die für den Landverkehr vorgenommene Preisfestsetzung umfassen. Da die FEFC-Parteien die Notwendigkeit der Preisfestlegung für die Erhöhung der Stabilität des Marktes nicht nachgewiesen hatten, mußte auch keine **Einzelfreistellung** erteilt werden *(vgl. E. FitzGerald, 2002, S.43f.; WB 2002, Ziff.117, 120ff.).*

Zwischenzeitlich befaßte sich die Kommission auch mit einem im Oktober 2001 von der FEFC beschlossenen sechsmonatigen koordinierten **Kapazitätsrücknahmeprogramm**, das aufgrund des starken Nachfragerückgangs auf der Verbindung zwischen Europa und Ostasien und dem parallel dazu fortschreitenden Kapazitätswachstum eingeleitet worden war. Nach einem von der Kommission versandten Warnschreiben war das Programm nicht durch die Bestimmungen der Verordnung 86/4056/EWG abgedeckt, da es nicht das Ziel verfolge, kurzfristige **Nachfrageschwankungen** zu bewältigen, und der zu erwartende **Preisanstieg** schwerer wiege als eventuelle Vorteile für die Nutzer. Das Vorhaben wurde daraufhin von den Konferenzmitgliedern eingestellt *(vgl. WB 2001, Ziff. 157)*.

Im Zusammenhang mit der **Prüfung und Genehmigung** des Zusammenschlusses der Unternehmen Wallenius Wilhelmsen und Hyundai Merchant Marine im Jahre 2002 wurde die Kommission auf Preisabsprachen zwischen den im Bereich des **Seetransports** von japanischen Kraftfahrzeugen auf der Verbindung Fernost – Europa tätigen Unternehmen (Wallenius Wilhelmsen, NYK, Mitsui O.S.K. Lines (MOL), K-Line), augenblicklichen oder früheren Mitgliedern der FEFC, aufmerksam. Nachdem die Kommission sowohl eine Gruppen- wie auch eine Einzelfreistellung ausgeschlossen hatte, wurde die **kollektive Preissetzung** beendet; auch gegen eine nachfolgend vorgelegte, geänderte Abmachung äußerte die Kommission Vorbehalte *(vgl. WB 2003, Ziff. 145 ff., S. 227)*.

Europe Asia Trades Agreement

Am 2. September 1992 wurde ein Ersuchen an die Kommission gerichtet, das zwischen 18 Reedereien am 27. August 1992 geschlossene Europe Asia Trades Agreement (EA-TA) hinsichtlich des **Liniencontainerverkehrs** zwischen Nordeuropa und dem Fernen Osten (Ostpassage) gemäß Art. 85 Abs. 3 EWGV (Art. 81 Abs. 3 EGV) freizustellen. Die Vereinbarung betraf die Regelung der Kapazitätsinanspruchnahme durch die Festschreibung von verbindlichen **Höchstkapazitäten** (Reduzierung der vorhandenen Einzelkapazitäten, bei Überschreitung Entrichtung einer Kapazitätsabgabe, keine zeitliche Übertragung ungenutzter Kapazitäten) und den Austausch von **Informationen** (Schiffsname; Datum der Einfahrt in den Suezkanal; vorhandene und genutzte Kapazitäten, Auslastung, Kapazitätsprognose; außerhalb des Konferenzgebiets geladene Fracht; geschätzte monatliche Transportmengen; Strafzahlungen bei Nichtbefolgung). Die Reduzierung des Kapazitätsangebots sollte zu einer **Erhöhung der Frachtraten** und einer **Beschränkung des Preiswettbewerbs** führen und auf diesem Wege zu einer Steigerung der Erlöse und Renditen beitragen; die Festsetzung der Frachtraten blieb jedoch den einzelnen Mitgliedern überlassen. Die **Strafzahlungen** wollte man einem Fonds zuführen, der jährlich unter den Mitgliedern aufzuteilen war; die Ausgaben wurden zu gleichen Teilen getragen. Ein Austritt aus der Vereinbarung sollte mit einer Kündigungsfrist von drei Monaten möglich sein, die Höchstkapazitäten mußten jedoch noch bis zu einem Jahr eingehalten werden; der Beitritt neuer Parteien war einstimmig zu billigen.

Nach einer ersten Begutachtung gelangte die Kommission zu der Ansicht, daß das EA-TA unter das Kartellverbot fiel [ABl. C 097 06.04.93 S.2]; am 14. Juni 1993 teilte sie ihre erheblichen Bedenken hinsichtlich der Möglichkeit einer Freistellung mit. Die Kommission wurde am 19. September 1997 über die Kündigung der Vereinbarung zum 16. September 1997 informiert, setzte aber dennoch ihre Untersuchungen fort und kam mit ihrer **Entscheidung 1999/485/EG vom 30. April 1999 [ABl. L 193 26.07.**

1999 S.23] zu einer abschließenden Begutachtung. Dabei wurden unzureichende Substitutionsmöglichkeiten des Linienseeverkehrs durch andere Transportformen, mitgliedsbezogene und personelle Verflechtungen zwischen dem EATA, der FEFC und dem FETTCSA, Marktanteile des EATA von 78 bis 86 % im Zeitraum 1991 bis 1995, eine deutliche Erhöhung der Frachtraten seit 1993 sowie im Vergleich zum westgehenden Verkehr deutlich geringere Kapazitätsauslastungen und Einnahmen (ungleichgewichtige Handelsströme, unterschiedliche Wertigkeit der Güter) und saisonale Schwankungen der Kapazitätsauslastung, jedoch keine dauerhaften Überkapazitäten registriert. Diese Faktoren bewirkten nach Meinung der Kommission eine Einschränkung bzw. Kontrolle der Erzeugung und eine ausgeprägte Verhinderung bzw. Verfälschung des Wettbewerbs mit erheblichen Auswirkungen auf den zwischenstaatlichen Handel; die Bestimmungen des EATA fielen somit unter das Kartellverbot des Art. 85 (81) Abs. 1 EGV. Eine **Gruppenfreistellung** gemäß der Verordnung 86/4056/EWG konnte nicht gewährt werden, da die Vereinbarung keine Vorschriften zur Festsetzung einheitlicher gemeinsamer Frachtraten enthalten hatte und deshalb nicht alle Merkmale einer Linienkonferenz erfüllte. Die von den Parteien zur Rechtfertigung einer **Einzelfreistellung** vorgebrachten Argumente (Verbesserungen auf der Angebotsseite: zukünftiger Aufbau bedarfsgerechter und moderner Kapazitäten, Verhinderung ruinöser Konkurrenz; Vorteile für die Verlader: effizientes Diensteangebot, nur geringe Erhöhung der Frachtraten, Marktstabilität) wurden als nicht stichhaltig zurückgewiesen. Einige Regelungen waren nach Meinung der Kommission außerdem nicht unerläßlich, und die Vereinbarung führte zudem zu einer Ausschaltung des Wettbewerbs; damit lag ein **Verstoß gegen das Kartellverbot** vor *(vgl. WB 1999, Ziff. 99 f.)*.

Far East Trade Tariff Charges and Surcharges Agreement

Das Far East Trade Tariff Charges and Surcharges Agreement (FETTCSA) ist eine am 5. März 1991 zwischen ursprünglich 20 Linienreedereien (14 FEFC-Mitglieder, sechs unabhängige Anbieter) für die **Containerbeförderung** zwischen Nordeuropa und Ostasien geschlossene Vereinbarung, die am 4. Juni 1991 wirksam wurde. Sie beinhaltete die Festlegung von Standards für die Berechnung und Festsetzung von **Gebühren und Zuschlägen** für See- und Landverkehrstransporte, bezüglich anderer Tarife war die Anwendung eines einheitlichen **Konsultationsmechanismus** (einheitliche Regeln für die Struktur und Anwendungsbedingungen der Tarife, Gesamtpreise und -bedingungen für die Organisation und Durchführung von Anschluß- oder Zusatzbeförderungen zur See) vorgesehen. Ferner wurde ein regelmäßiger **Meinungs- und Informationsaustausch** etabliert, aber keine Verpflichtung zur Einhaltung eines gemeinsamen Vorgehens auferlegt; der Beitritt war freiwillig. Am 9. Juni 1992 wurde beschlossen, ab dem 1. Juli 1992 keine Preisnachlässe mehr auf die in den Tarifen enthaltenen Aufpreise zu gewähren; weitere Gespräche betrafen die gemeinsame Änderung der Tarifwährung sowie die Handhabung der einzelnen Gebühren und Zuschläge.

Am 15. Juli 1991 reichte der ESC eine Beschwerde gegen die Vereinbarung ein. Die Kommission stellte am 28. September 1992 fest, daß es sich nicht um eine technische Vereinbarung handele und vor einer Entscheidung über eine Einzelfreistellung eine Anmeldung erfolgen müsse. Nach Mitteilung der Beschwerdepunkte am 19. April

1994 wurde die Kommission am 26. Mai 1994 über die Kündigung der Vereinbarung zum 10. Mai 1994 informiert. Nach Abschluß ihrer weiteren Untersuchungen kam die Kommission in der **Entscheidung 2000/627/EG vom 16. Mai 2000 [ABl. L 268 20. 10.2000 S.1]** zum Schluß, daß für den betroffenen Markt keine ausreichenden alternativen Transportmöglichkeiten bestanden hatten, der Marktanteil der FETTCSA-Mitglieder in etwa dem der EATA-Parteien entsprochen hatte und der bestehende bzw. potentielle Wettbewerb ungenügend gewesen war (Existenz von Marktzutrittsschranken, Quereinstieg unwahrscheinlich, geringer Kapazitätsanteil der Außenseiter). Die Absprache über den Verzicht auf die Gewährung von Preisnachlässen auf veröffentlichte Gebühren und Zuschläge wurde als Verstoß gegen Art. 85 (81) Abs. 1 EGV und die Verordnung 68/1017/EWG eingestuft, da der Preiswettbewerb erheblich eingeengt und der zwischenstaatliche Handel beeinträchtigt worden war. Eine Legalausnahme für technische Vereinbarungen war ebensowenig anwendbar wie eine Gruppenfreistellung, da es sich bei dem FETTCSA und der spezifischen Absprache nicht um eine Konferenz gehandelt hatte; für eine Einzelfreistellung nach Art. 85 (81) Abs. 3 EGV und der Wettbewerbsverordnung für den Landverkehr waren die notwendigen Bedingungen nicht erfüllt. Die 15 beteiligten Reedereien wurden nachträglich zu einer Geldbuße von insgesamt 6,932 Mio. € verurteilt *(vgl. WB 2000, Ziff. 74 ff., S. 161 f.; U. Zinsmeister u. a., 2002, S. 652)*. Die Entscheidung wurde von den Mitgliedern der Vereinbarung vor dem **Gericht erster Instanz** angefochten [ABl. C 316 04.11.2000 S.28]. Dieses schloß sich jedoch in seinem Urteil vom März 2003 in der Rs. T-213/00 [ABl. C 124 24.05.2003 S.18; Slg. 2003, S.II-913] den Ausführungen der Kommission an; allerdings wurden die Geldbußen aufgehoben, da die Verjährungsfrist verstrichen gewesen war *(vgl. WB 2003, Ziff. 147)*.

2.2.3.5 *Afrika-Konferenzen*

West- und Zentralafrika-Konferenzen

Beschwerden gab es seit 1987 vor allem vom dänischen Reederverband gegen Frachtreservierungen sowie die Beschränkung des freien Zugangs von und der Erbringung von Beförderungsleistungen durch Nicht-Konferenzreedereien im Verkehr zwischen Europa und Westafrika (Mauretanien bis Angola). Die Kommission gelangte bei einer ersten Prüfung zu der Auffassung, daß durch **ladungslenkende Praktiken** die Wettbewerbsregeln verletzt wurden, indem Konferenzabsprachen unzulässig auf Außenseiter angewendet und diese somit unter Druck gesetzt wurden. Die Westafrika-Konferenzen – Central West Africa Lines (CEWAL) für den Verkehr mit den Häfen an der Nordseeküste ohne das Vereinigte Königreich, Continent West Africa Conference (COWAC) für die Verbindung mit den Atlantikhäfen zwischen dem Nordkap und Frankreich, Middle East West African Conference (MEWAC) für die Strecken zur Mittelmeerküste Frankreichs, Italiens, Jugoslawiens und Spaniens sowie United Kingdom West Africa Line (UKWAL) für das Zielgebiet Vereinigtes Königreich und Irland – beförderten im allgemeinen über 90 % der Ladung und nutzten nach Meinung der Kommission ihre **marktbeherrschende Stellung** mißbräuchlich aus *(vgl. WB 1987, Ziff. 47; M. Dolfen, 1991, S. 47; V. J. G. Power, 1992, S. 339)*.

Übersicht 17: Einzelfallentscheidungen zur Anwendung der Wettbewerbsregeln im Seeverkehr

Entscheidung 91/55/EWG der Kommission vom 19. Dezember 1990 zur Festsetzung einer Geldbuße gemäß Artikel 19 der Verordnung 86/4056/EWG des Rates (IV/32450) [ABl. L 035 07.02. 91 S.23] — Entscheidung 92/262/EWG der Kommission vom 1. April 1992 in einem Verfahren nach den Artikeln 85 und 86 des EWG-Vertrags (IV/32.450 – Reederausschüsse in der Frankreich-Westafrika-Fahrt) [ABl. L 134 18.05.92 S.1] — Entscheidung 92/237/EWG der Kommission vom 6. April 1992 zur Festsetzung einer Geldbuße gemäß Artikel 19 der Verordnung 86/ 4056/EWG (IV/32.448 und IV/32.450) – UKWAL [ABl. L 121 06.05.92 S.45] — Entscheidung 93/47/EWG der Kommission vom 17. Dezember 1992 zur Festsetzung einer Geldbuße gemäß Artikel 19 der Verordnung 86/4056/EWG des Rates (IV/32.447) [ABl. L 020 28.01.93 S.6] — Entscheidung 93/82/EWG der Kommission vom 23. Dezember 1992 in einem Verfahren nach Artikel 85 EWG-Vertrag (IV/32.448 und IV/32.450: CEWAL, COWAC, UKWAL) und Artikel 86 EWG-Vertrag (IV/32.448 und IV/32.450: CEWAL) [ABl. L 034 10.02.93 S.20] — Entscheidung 94/980/EG der Kommission vom 19. Oktober 1994 in einem Verfahren nach Artikel 85 des EG-Vertrags (IV/34.446 – Trans Atlantic Agreement) [ABl. L 376 31.12.94 S.1] — Entscheidung 94/985/EG der Kommission vom 21. Dezember 1994 in einem Verfahren nach Artikel 85 des EG-Vertrags (IV/33.218 – Far Eastern Freight Conference) [ABl. L 378 31.12.94 S.17] — Entscheidung 97/84/EG der Kommission vom 30. Oktober 1996 bezüglich eines Verfahrens nach Artikel 85 EG-Vertrag (IV/34.503: Fährdienstebetreiber – Währungsaufschläge) [ABl. L 026 29. 01.97 S.23] — Entscheidung 1999/243/EG der Kommission vom 16. September 1998 in einem Verfahren nach Artikel 85 und Artikel 86 EG-Vertrag (Sache IV/35.134 – Trans-Atlantic Conference Agreement) [ABl. L 095 09.04.1999 S.1] — Entscheidung 1999/271/EG der Kommission vom 9. Dezember 1998 in einem Verfahren nach Artikel 85 EG-Vertrag (IV/34.466 – Griechische Fährschiffe) [ABl. L 109 27.04.1999 S.24] — Entscheidung 1999/421/EG der Kommission vom 26. Januar 1999 in einem Verfahren nach Artikel 85 EG-Vertrag (Sache Nr. IV/36.253 – P&O Stena Line) [ABl. L 163 29.06.1999 S.61] — Entscheidung 1999/485/EG der Kommission vom 30. April 1999 in einem Verfahren nach Artikel 85 EG-Vertrag (Sache Nr. IV/34.250 Europe Asia Trades Agreement) [ABl. L 193 26.07.1999 S.23] — Entscheidung 2000/627/EG der Kommission vom 16. Mai 2000 in einem Verfahren nach Artikel 81 EG-Vertrag (Sache Nr. IV/34.018 – Far East Trade Tariff Charges and Surcharges Agreement (FETTCSA)) [ABl. L 268 20.10.2000 S.1] — Entscheidung 2003/68/EG der Kommission vom 14. November 2002 in einem Verfahren nach Artikel 81 EG-Vertrag und Artikel 53 EWR-Abkommen (Sache COMP/37.396/D2 – TACA-Neufassung) [ABl. L 026 31.01.2003 S.53] — Entscheidung 2005/480/EWG der Kommission vom 30. April 2004 betreffend die Sachen COMP/D2/32448 und COMP/D2/32450 Compagnie Maritime Belge SA (Weiteres Vorgehen nach dem EuGH-Urteil vom 16. März 2000) [ABl. L 171 02.07.2005 S.28]

Im Falle der MEWAC und der UKWAL drohte die Kommission daraufhin die nach der Verordnung 86/4056/EWG erteilte Gruppenfreistellung für das betreffende Gebiet zu entziehen und außerdem den Verstoß gegen Art. 86 EWGV (Art. 82 EGV) zu ahnden. Zur abschließenden Beurteilung des Sachverhalts benötigte sie allerdings weitere Informationen und traf daher am 26. Juni 1989 eine Entscheidung, die die Reedereien zur Duldung von Nachprüfungen verpflichtete. Diese konnten jedoch am 28. Juni 1989 nicht ordnungsgemäß durchgeführt werden, da bei der MEWAC der Generalsekretär nicht persönlich anwesend war und hinsichtlich der UKWAL auf die fehlende Rechtspersönlichkeit der Konferenz (kein Anlagevermögen und Personal, kein Eigentum an Geschäftsräumen) und die Eigentumsrechte der einzelnen Mitglieder an den Unterlagen hingewiesen wurde. Die Kommissionsbediensteten erstellten daraufhin in bezug auf die MEWAC ein Protokoll über die bisherigen Vorgänge und versiegelten im Einvernehmen mit dem Generalsekretär den Eingang zu den Büros; gegen die UKWAL wurde eine gerichtliche Verfügung erlassen. Die Nachprüfungen konnten in beiden Fällen erst am 29. Juni 1989 beginnen *(vgl. SEK (90) 1594 endg., S.16; WB 1990, Ziff. 80)*. Mit den **Entscheidungen 92/237/EWG vom 6. April 1992 [ABl. L 121 06.05.92 S.45]** und **93/47/EWG vom 17. Dezember 1992 [ABl. L 020 28.01.93 S.6]** verhängte die Kommission aufgrund dieses Verhaltens gegen die UKWAL und die MEWAC Geldbußen von 5.000 ECU bzw. 4.000 ECU; der MEWAC wurde zugute gehalten, daß keine totale Verweigerung vorlag, bei der UKWAL konnten hingegen keine mildernden Umstände angerechnet werden *(vgl. Bull. EG 4-1992, S.23; Bull. EG 12-1992, S.70f.)*.

In ihrer **Entscheidung 91/55/EWG vom 19. Dezember 1990 [ABl. L 035 07.02.91 S.23]** wendete dann die Kommission erstmals die Bestimmungen der Verordnung 86/4056/EWG gegen die Secrétama an, eine Gesellschaft des bürgerlichen Rechts, die im Zusammenhang mit den Absprachen der für den Verkehr zwischen Frankreich und bestimmten afrikanischen Staaten zuständigen Reederausschüsse und -zusammenschlüsse Koordinierungs-, Ausführungs- und Aufsichtsaufgaben wahrnahm. Da die Secrétama nach Überzeugung der Kommission auf ein Auskunftsverlangen (Frachtenaufteilung und Kontrolle der Einhaltung der Aufteilung, Sanktionen gegen die Zuteilung überschreitende und Outsider-Reedereien) vor allem im Hinblick auf die Existenz von Sanktionen einige unrichtige Antworten gegeben hatte, wurde sie nach weiteren Stellungnahmen und einer Anhörung zu einer Geldbuße von 5.000 ECU verurteilt.

Mit der **Entscheidung 92/262/EWG der Kommission vom 1. April 1992 [ABl. L 134 18.05.92 S.1]** wurden ferner gegen 17 im Rahmen der COWAC und MEWAC tätige Linienreedereien, die Stückgutverkehre zwischen Frankreich und elf west- bzw. zentralafrikanischen Staaten betrieben, Geldbußen in einer Gesamthöhe von 15,3062 Mio. ECU verhängt. Nach Auffassung der Kommission fielen die Frachtenaufteilungskartelle (Reederausschüsse) unter das Kartellverbot des Art. 85 Abs. 1 EWGV (Art. 81 Abs. 1 EGV), da sie nicht auf staatlichen Vorschriften beruhten, die Märkte aufteilten, das Angebot an Beförderungsleistungen für Verlader beschränkten, einen wirksamen Preiswettbewerb verhinderten und den zwischenstaatlichen Handel beeinträchtigten. Die Inanspruchnahme der Legalausnahme nach Art. 2 (technische Vereinbarungen) und der Gruppenfreistellung nach Art. 3 (Festlegung von Beförderungspreisen und -bedingungen) der Verordnung 86/4056/EWG wurde ebenso wie eine Freistellung nach Art. 85 Abs. 3 EWGV (Art. 81 Abs. 3 EGV) ausgeschlossen, da die Frachtenaufteilung auch unter Einbeziehung von Außenseitern erfolgte, das Leistungsangebot sich nicht verbesserte und der technische Fortschritt nicht gefördert wurde; als vorrangiges Ziel konstatierte die Kommission allein die Verhinderung von Außenseiterkonkurrenz. Außerdem wurden die Verhängung von Sanktionen gegen Außenseiter und die allein durch Kooptation mögliche Teilnahme neuer Reeder am Verkehr auf bestimmten Strecken als Verstoß gegen Art. 86 EWGV (Art. 82 EGV) gewertet *(vgl. G. Sproul, 1992, S.215ff.; WB 1992, Ziff. 55, 147ff.; L. Brittan, 1993, S.337ff.; V. J. G. Power, 1998, S.359)*.

Das Verhalten der verschiedenen Konferenzen veranlaßte die Kommission auch in anderer Hinsicht zum Eingreifen. So fiel CEWAL durch seine Treuevereinbarungen mit

Verladern, das Verfahren der Frachtenaufteilung und Ladungsreservierung im Zusammenhang mit dem Ausschluß von Außenseitern sowie den Einsatz von „Kampfschiffen“ (zeitgleiche Abfahrt wie Konkurrent, Angebot zu nicht kostendeckenden Tarifen) auf; zudem teilten CEWAL, COWAC und UKWAL den Markt untereinander auf, indem sie sich verpflichteten, gegenseitig nicht als Außenseiter aufzutreten. Gemäß der **Entscheidung 93/82/EWG der Kommission vom 23. Dezember 1992 [ABl. L 034 10.02.93 S.20]** behinderten, beschränkten und verfälschten die Verkehrsaufteilungsregeln den Wettbewerb und beeinträchtigten den zwischenstaatlichen Handel; eine Gruppen- oder Einzelfreistellung konnte nicht zugebilligt werden. CEWAL wurde außerdem des Mißbrauchs seiner marktbeherrschenden Stellung in Form des vertraglichen Ausschließlichkeitsrechts zum Transport, der Ausschaltung des einzigen Wettbewerbers, des Einsatzes von „Kampfschiffen“ und der Erhebung von Verdrängungspreisen sowie der selektiven Anwendung von Treueabmachungen über das erlaubte Maß hinaus überführt. Die Kommission verlangte eine Abstellung der Zuwiderhandlungen und eine Änderung der Treuevereinbarungen; gegen die beteiligten Reedereien wurden Geldbußen von 10,1 Mio. ECU, davon 9,6 Mio. ECU gegen die Compagnie Maritime Belge (CMB), verhängt *(vgl. Bull. EG 12-1992, S.72; WB 1992, Ziff.152ff.; L. Brittan, 1993, S.337ff.; U. Zinsmeister u. a., 2002, S.650f.).*

Die von der CMB, der Dafra-Lines A/S, der Deutschen Africa Linien GmbH & Co. und der Nedlloyd Lijnen BV gegen die Entscheidung und die verhängten Geldbußen vorgebrachten Klagen [ABl. C 122 04.05.93 S.7, 9; ABl. C 124 06.05.93 S.12] wurden vom **Gericht erster Instanz** in seinem Urteil vom 8. Oktober 1996 in den verbundenen Rs. T-24/93 bis T-26/93 und T-28/93 abgewiesen; es senkte jedoch die Geldbußen [ABl. C 336 09.11.96 S.27; Slg. 1996, S.II-1201]. Dagegen legten die CMB und Dafra Lines A/S beim **Europäischen Gerichtshof** am 8. Oktober 1996 bzw. am 10. Dezember 1996 Rechtsmittel ein [ABl. C 054 22.02.97 S.10, 12]. In seinen Urteilen vom 16. März 2000 in den Rs. C-395/96 und C-396/96 hob dieser die Urteile des Gerichts erster Instanz und die Entscheidung der Kommission in bezug auf die gegen die beiden Unternehmen verhängten Geldbußen auf (fehlende Präzisierungen in der Mitteilung der Beschwerdepunkte), wies die Beschwerdegründe aber sonst zurück [ABl. C 149 27.05. 2000 S.3; Slg. 2000, S.I-1365]. In der neuen **Entscheidung 2005/480/EG vom 30. April 2004 [ABl. L 171 02.07.2005 S.28]** reduzierte die Kommission die Geldbuße für die CMB auf 3,4 Mio. €, da sie bestimmte erschwerende Umstände nicht mehr berücksichtigte *(vgl. Bull. EU 4-2004, S.43; WB 2004, Ziff.26ff.).*

Ost- und Südafrika-Konferenzen

Im Jahre 1991 eröffnete die Kommission wegen der geltenden **Kündigungsfristen** auch ein Verfahren gegen die East Africa Conference (EAC), die Linienschiffahrtsdienste zwischen Europa und Ostafrika anbietet. Grund war eine Beschwerde der CMB, die als ehemaliges Konferenzmitglied einen unabhängigen Liniendienst einrichten wollte, dessen Aufnahme vor dem 31. Dezember 1990 (dem nach Meinung der EAC geltenden Zeitpunkt des Inkrafttretens der Kündigung) verhindert werden sollte. Nach Auffassung der CMB waren die Bestimmungen zur Kündigungsfrist (mindestens zwölf Monate, nur zum Ende des Jahres) nicht von der **Gruppenfreistellung** für Linienkonferenzen abgedeckt. Die Kommission war zwar der Ansicht, daß Kündigungsfristen notwendig seien, da ein Austritt zu Störungen bei der Organisation der Fahrpläne und des Kapazitätsangebots führen kann, in diesem Fall jedoch die Handlungsfreiheit einer betroffenen Reederei in unangemessener Weise für bis zu zwei Jahre behindert wird und somit eine **Wettbewerbsbeschränkung** für potentielle Outsider vorliegt; als akzeptabel wurde eine Frist von sechs Monaten mit jederzeitiger Kündigung angesehen. Da die Bedingungen für eine Gruppen- oder Einzelfreistellung nicht erfüllt waren, erklärte die Kommission die Regelungen für nichtig. Nachdem die EAC ihre **Konferenzvereinbarung** in diesem Sinne geändert hatte, stellte die Kommission das Verfahren ohne förmliche Entscheidung im September 1993 ein *(vgl. SEK (90) 1594 endg., S.18; WB 1993, Ziff.230f.)*. Ende 1997 untersuchte die Kommission zudem die Linienkonferenz Southern Africa Europe Container Service (SAECS) [ABl. C 383 17. 12.97 S.12].

2.3 Seeverkehrskonsortien in der europäischen Wettbewerbsordnung

2.3.1 Vorarbeiten der Kommission

Nach dem Erlaß der Verordnung 86/4056/EWG ging die Schiffahrtspraxis davon aus, daß auch die innerhalb von Konferenzen tätigen Konsortien von der Gruppenfreistellungsregelung erfaßt seien *(vgl. H. Holst, 1991a, S.12)*. Die Kommission wies jedoch daraufhin, daß sie sich bereits bei der Verabschiedung der Verordnung 86/4056/EWG dazu verpflichtet hatte, dem Rat innerhalb eines Jahres einen Bericht vorzulegen, in dem die Notwendigkeit des Erlasses einer **Anwendungsverordnung** für Konsortien untersucht werden sollte. Nachdem sie mit Vertretern der Schiffseigner Gespräche geführt und einige Vereinbarungen über Konsortien ausgewertet hatte, legte die Kommission im Januar 1988 einen Zwischenbericht vor, in dem sie eine eher ablehnende Haltung gegenüber einer **Gruppenfreistellung** für Konsortien einnahm. Technische Vereinbarungen könnten zwar freigestellt werden, gemeinsame Fahrpläne und kommerzielle Vereinbarungen (Poolabmachungen über Ladungen und Einnahmen, gemeinsame Vermarktung, Inlandsgeschäfte) sollten wegen ihres wettbewerbsbeschränkenden Charakters aber verboten oder zumindest einer Einzelprüfung unterzogen werden. Zugleich wurde auf die große Vielfalt von **Konsortialvereinbarungen** mit nur wenigen Gemeinsamkeiten (unabhängige Gesellschaften, Rationalisierungszweck, Umlage von Investitionskosten), die Unterschiede zu **Fusionen und Linienkonferenzen** sowie die Erbringung **kombinierter Verkehrsleistungen** hingewiesen *(vgl. WB 1986, Ziff.37; WB 1988, Ziff.31; KOM(89) 266 endg., S.27; WB 1989, Ziff.26; V. J. G. Power, 1992, S.395ff.; M. D. Aspinwall, 1995, S.119ff.; E. Kühne, 1996, S.187f.)*.

In ihrem **Abschlußbericht** vom 18. Juni 1990 [KOM (90) 260 endg.] befürwortete die Kommission eine mit Auflagen versehene **Gruppenfreistellung** für Konsortien, definierte die dafür notwendigen Voraussetzungen, lehnte die Möglichkeit von **Einzelfreistellungen** aber ab. Die Einstellung der Kommission wurde maßgeblich davon bestimmt, daß angesichts der Expansion des Containerverkehrs ein verstärkter Bedarf nach Zusammenarbeit und Rationalisierung erkennbar war, Konsortien die Rentabilität der Liniendienste verbessern und zum technischen Fortschritt beitragen können und die Nutzer der angebotenen Dienste Vorteile aus den Skalenerträgen bei der Verwendung von Schiffen und Landeinrichtungen ziehen. Wegen der besonderen Eigenschaften von Konsortien waren nach Auffassung der Kommission weder eine Legalausnahme noch eine Konferenz-Gruppenfreistellung gemäß der Verordnung 86/4056/EWG anwendbar. Zu den Bedingungen und Pflichten, die die Kommission mit der Gruppenfreistellung verbinden wollte, legte sie dem Rat und dem Europäischen Parlament **Leitlinien** für eine künftige Gruppenfreistellung für Konsortialvereinbarungen im Seeverkehr vor *(vgl. WB 1986, Ziff.37; WB 1988, Ziff.31; KOM (89) 266 endg., S.27; WB 1989, Ziff.26; Bull. EG 6-1990, S.40; WB 1990, Ziff.78; Bull. EG 12-1991, S.32; WB 1991, Ziff.41, S.312ff.; V. J. G. Power, 1992, S.395ff.; E. Kühne, 1996, S.187f. F. Dinger, 2004, S.65ff.).*

2.3.2 Ermächtigungsverordnung des Rates

Mit der **Verordnung 92/479/EWG des Rates vom 25. Februar 1992 [ABl. L 055 29.02.92 S.3]**, die zum 1. März 1992 in Kraft trat, wurden Gruppenfreistellungen nicht nur für Linienkonferenzen, sondern auch für Konsortien möglich. Unter Konsortien versteht man hierbei „gemeinsame Dienstleistungsvereinbarungen zwischen Linienreedereien mit dem Ziel einer Rationalisierung ihrer Dienste durch technische, betriebliche und / oder kommerzielle Abmachungen“; sie sind eine „spezielle und komplexe Form“ von „joint-ventures“. Die **Konsortialvereinbarungen** können zu einer Steigerung der Produktivität von Linienschiffahrtsdiensten beitragen sowie den technischen und wirtschaftlichen Fortschritt fördern. Angesichts des von der Containerisierung ausgehenden Zwangs zur Zusammenarbeit und Rationalisierung soll eine Gruppenfreistellung der Erhaltung der **Konkurrenzfähigkeit der europäischen Reedereien** auf dem Weltmarkt dienen. Bestimmte Auflagen sollen dazu dienen, daß der Wettbewerb nicht ausgeschaltet wird und auch die Verlader von den Vorteilen der Konsortien profitieren (Kostensenkungen bei höherer Kapazitätsauslastung, bessere Leistungsqualität, Regelmäßigkeit der Dienste) *(vgl. V. J. G. Power, 1992, S.397ff.; WB 1992, Ziff.289; N. Green, 1993, S.477ff.; Ph. Rutley, 1993, S.487ff.; R. Confavreux, 1996, S. 378f.).*

Wegen der **Vielzahl** verschiedener Konsortialvereinbarungen und den diffizilen, sich häufig ändernden **Regelungsaspekten** (Anwendungsbereich, Partner, Tätigkeiten, Modalitäten) kann die Kommission gemäß Art. 1 der Ermächtigungsverordnung per eigener Verordnung im Einklang mit Art. 85 Abs. 3 EWGV (Art. 81 Abs. 3 EGV) die Bestimmungen des Art. 85 Abs. 1 EWGV (Art. 81 Abs. 1 EGV) auf Konsortien für nicht anwendbar erklären. Dies bedeutet, daß „bestimmte Gruppen von Vereinbarungen zwischen Unternehmen, von Beschlüssen von Unternehmensvereinigungen und von aufeinander abgestimmten Verhaltensweisen von Linienreedereien“ dann zulässig sind, wenn sie der technischen, betrieblichen oder kommerziellen **Rationalisierung** dienen. Ausgenommen hiervon sind **Preisabsprachen**. Eine solche Verordnung legt dann ferner die Bedingungen und Auflagen fest, unter denen die Konsortien mit Gruppenfreistellungen von der Anwendung des Art. 85 Abs. 1 EWGV (Art. 81 Abs. 1 EGV) als freigestellt betrachtet werden; sie gilt für fünf Jahre ab Inkrafttreten und kann in dieser Zeit aufgehoben oder geändert werden, sofern die Umstände dies rechtfertigen. Die Verordnung über die Freistellung kann ggf. auch rückwirkend auf Vereinbarungen, Beschlüsse und aufeinander abgestimmte Verhaltensweisen angewandt werden, welche im Zeitpunkt des Inkrafttretens der zu erlassenden Verordnung bestanden *(vgl. V. J. G. Power, 1992, S.399; E. Kühne, 1996, S.188ff.)*.

Verstießen die Beteiligten gegen eine **Bedingung oder Auflage** der erteilten Freistellung, so konnte die Kommission bis zum 30. April 2004 zur Abstellung dieser Zuwiderhandlung eine Empfehlung an die Beteiligten aussprechen. Sie konnte bei Nichtbeachtung dieser Empfehlung bestimmte Verhaltensweisen vorschreiben oder den Beteiligten die gewährte Gruppenfreistellung entziehen, ggf. unter gleichzeitiger Gewährung einer **Einzelfreistellung**. Stellte die Kommission fest, daß eine **Gruppenfreistellung** Wirkungen hatte, die mit den Artt. 85 Abs. 3 oder 86 EWGV (Artt. 81 Abs. 3 oder 82 EGV) unvereinbar waren, konnte sie die Gruppenfreistellung zurückziehen und alle geeigneten Maßnahmen gemäß der Verordnung 86/4056/EWG treffen, um diese Zuwiderhandlung abzustellen. Bevor die Kommission eine solche Entscheidung erließ, konnte sie ebenfalls **Empfehlungen** zur Abstellung der Zuwiderhandlungen an die Beteiligten aussprechen *(vgl. V. J. G. Power, 1992, S.400)*.

Die **Verordnung 2003/1/EG des Rates vom 16. Dezember 2002 [ABl. L 001 04.01. 2003 S.1]** modifizierte zum 1. Mai 2004 die Regelungen zur Kontaktierung des Beratenden Ausschusses; die speziellen Bestimmungen zum Verfahren bei einem Verstoß gegen die mit der Erteilung einer Freistellung verbundenen Bedingungen oder Auflagen wurden gestrichen.

2.3.3 Anwendungsverordnungen der Kommission

Um allen betroffenen Personen und Organisationen die Gelegenheit zu geben, sich innerhalb einer angemessenen Frist zu äußern, publizierte die Kommission am 11. November 1993 einen Entwurf der von ihr geplanten Verordnung [ABl. C 063 01.03.94 S.8]; im Dezember 1993 hörte sie den Beratenden Ausschuß für **Kartell- und Monopolfragen** auf dem Gebiet des Seeverkehrs an. Nach Prüfung der insbesondere von Reedereien, Seeverladern und Spediteuren eingegangenen Bemerkungen leitete die Kommission im Oktober 1994 im Rahmen des Beratenden Ausschusses eine **zweite Konsultationsphase** ein *(vgl. V. J. G. Power, 1992, S.399f.; Bull. EG 11-1993, S.24; WB 1993, Ziff.141; WB 1994, Ziff.117)*.

Mit der **Verordnung 95/870/EG der Kommission vom 20. April 1995 [ABl. L 089 21.04.95 S.7]** wurde eine Gruppenfreistellung für Konsortien beschlossen, die Seeverkehrsliniendienste nach oder von Häfen der Gemeinschaft betreiben. Als Begründung für diese Regelung wurde angeführt, daß Konsortien neben der Rationalisierung, der gemeinsamen Nutzung von Größenvorteilen und der Verbesserung der Leistungsqualität der Liniendienste auch zur Förderung des wirtschaftlichen und technischen Fortschritts beitragen. Gemeinsame Preisfestsetzungen in bestimmten Verkehrsgebieten fielen nicht unter diese Verordnung, sondern unter die Verordnung 86/4056/EWG *(vgl. Bull. EU 4-1995, S. 18f.; WB 1995, Ziff. 68; E. van Ginderachter u. a., 1996, S. 241 ff.; E. Kühne, 1996, S. 191 f.; St. Tostmann, 1997; V. J. G. Power, 1998, S. 447 f.; U. Hautau, 2002a, S. 163 ff.; F. Dinger, 2004, S. 67 f., 127 ff.).*

Eine **Gruppenfreistellung** vom Kartellverbot nach Art. 85 (81) Abs. 1 EGV war für Konsortialvereinbarungen in einem bestimmten Verkehrsgebiet möglich, sofern **folgende Tätigkeiten** betroffen waren: gemeinsame Festlegung und / oder Koordinierung der Fahrpläne oder der anzulaufenden Häfen; das Chartern, der Austausch oder Verkauf von Schiffsraum oder Slots; gemeinsame Nutzung von Hafenanlagen und / oder Schiffen; gemeinsame Benutzung von Betriebsbüros; Bereitstellung von Gestellen, Containern, sonstiger Ausrüstung und / oder das Schließen von Kauf-, Miet- oder Leasingverträgen für Ausrüstung; Nutzung eines gemeinsamen Dokumentationssystems und / oder eines automatisierten Datenaustauschsystems; befristete Kapazitätsanpassung; gemeinsame Nutzung oder gemeinsamer Betrieb von Hafenumschlaganlagen und dazugehörigen Leistungen; Teilnahme an Fracht-, Einnahmen- oder Ergebnispools; gemeinsame Wahrnehmung der Stimmrechte der Konsortialmitglieder innerhalb einer Konferenz; Ausstellung von gemeinsamen Frachtbriefen und Unterhaltung von gemeinsamen Vermarktungsstrukturen; andere den aufgezählten Tätigkeiten zugeordnete oder hierfür erforderliche Aktivitäten. Es wurde keine Gruppenfreistellung gewährt, sofern eine Vereinbarung darüber getroffen wurde, **vorhandene Kapazitäten** nicht zu nutzen und einen bestimmten Prozentsatz der Kapazität einzufrieren *(vgl. WB 1995, Ziff. 69; A. J. Braakman, 1996, S. 265 ff.; EP, 1996, S. 46 f.; E. Kühne, 1996, S. 193 ff.; U. Hautau, 2002b, S. 29 f.; F. Dinger, 2004, S. 131 f.).*

Damit eine Gruppenfreistellung gewährt werden konnte, war mindestens eine der drei folgenden **Voraussetzungen** zu erfüllen:

— zwischen den Konferenzmitgliedern, in deren Rahmen das Konsortium seine Tätigkeiten ausübt, existiert ein *wirksamer Preiswettbewerb*;

— innerhalb einer solchen Konferenz herrscht ein *wirksamer Leistungswettbewerb*, wobei die Konferenzvereinbarung dem Konsortium eigene Dienstleistungsvereinbarungen ausdrücklich gestattet;

— zwischen den Mitgliedern des Konsortiums und Nichtmitgliedern ist *potentieller oder tatsächlicher Wettbewerb* festzustellen.

In der Regel durfte der **Anteil des Konsortiums** am Direktverkehr zwischen den Häfen des betroffenen Verkehrsgebiets höchstens 30 % der transportierten Gütermenge betragen, falls das Konsortium an einer Konferenz beteiligt war. War es außerhalb einer Konferenz tätig, galt ein Schwellenwert von höchstens 35 % (automatische Gruppenfreistellung). Betrug der Anteil eines Konsortiums am Direktverkehr maximal 50 %, so konnte eine Freistellung gewährt werden, wenn die Vereinbarung der Kommission gemäß der Verordnung 88/4260/EWG gemeldet und diese von Amts wegen oder auf Antrag eines Mitgliedstaats innerhalb eines halben Jahres keine Einwendungen machte (vereinfachtes Widerspruchsverfahren). Betrug der Anteil des Konsortiums mehr als

50 % oder waren andere Bedingungen der Verordnung nicht erfüllt, so mußte die Vereinbarung bei der Kommission angemeldet und eine **Einzelfreistellung** nach Art. 85 (81) Abs. 3 EGV beantragt werden *(vgl. WB 1995, Ziff.69; EP, 1996, S.47; E. Kühne, 1996, S.199ff.; F. Dinger, 2004, S.132f.)*.

Innerhalb des Konsortiums mußte jedes Mitglied die Möglichkeit haben, in Einzelverträgen selbständig Dienstleistungsvereinbarungen auszuhandeln. Jedes Konsortialmitglied hatte das Recht, unter Einhaltung der Kündigungsfrist von maximal einem halben Jahr nach einer Anlaufzeit von eineinhalb Jahren aus dem Konsortium auszutreten. Bei sehr hohem Investitionsgrad und / oder Konsortien mit Ergebnispool durfte die Kündigungszeit maximal ein halbes Jahr bei einer Anlaufzeit von 30 Monaten betragen. Wurde lediglich eine gemeinsame Vermarktungsstruktur unterhalten, so durfte jedes Mitglied unter Berücksichtigung einer Kündigungsfrist von einem halben Jahr zu einer selbständigen Vermarktung zurückkehren. Ein Konsortium durfte die Verkehrsnutzer oder -unternehmen und Häfen nicht diskriminieren, indem für den Transport von gleichartigen Waren je nach Herkunfts- oder Bestimmungsland bzw. Verlade- oder Entladehafen unterschiedliche Bedingungen und Preise angewendet wurden *(vgl. EP, 1996, S.47; E. Kühne, 1996, S.198f.; F. Dinger, 2004, S.133)*.

Zwischen einem Konsortium und den Verkehrsnutzern mußten echte und tatsächliche Konsultationen stattfinden, um in diesem Rahmen alle bedeutenden Fragen bezüglich der Qualität und der Bedingungen der vom Konsortium angebotenen Seeverkehrsliniendienste zu beraten. Für die Durchführung der Konsultationen waren spezielle Regelungen vorgesehen. Bedingungen für die Beförderungsdienstleistungen und deren Qualität waren den Nutzern auf Verlangen jederzeit kostenlos zur Verfügung zu stellen; Schiedssprüche und Empfehlungen der Schlichter waren der Kommission unverzüglich zu melden. Beschlüsse, Vereinbarungen und aufeinander abgestimmte Verhaltensweisen zwischen einem Konsortium und den Verkehrsnutzern über die Liniendienste sowie die Konsultationen der Parteien waren vom Kartellverbot nach Art. 85 (81) Abs. 1 EGV freigestellt. Hatte eine Vereinbarung im Einzelfall Wirkungen, die nicht mit dem Art. 85 (81) Abs. 3 EGV vereinbar waren, oder fiel sie unter das Verbot des Art. 86 (82) EGV, so konnte die Kommission die Gruppenfreistellung entziehen *(vgl. E. Kühne, 1996, S.196ff., 203f.)*.

Die Verordnung 95/870/EG trat am 22. April 1995 in Kraft und galt für fünf Jahre. Sie war rückwirkend für bestehende Beschlüsse, Vereinbarungen und aufeinander abgestimmte Verhaltensweisen ab dem Tag anwendbar, an welchem die Freistellungsvoraussetzungen erfüllt wurden. Die anderen bestehenden Beschlüsse, Vereinbarungen und aufeinander abgestimmten Verhaltensweisen im Zusammenhang mit Konsortialvereinbarungen fielen nicht unter das Verbot von Art. 85 (81) Abs. 1 EGV, sofern sie innerhalb eines halben Jahres geändert wurden, um dieser Verordnung zu genügen.

Der **Bericht der Kommission** über Seeschiffahrtskonsortien vom 28. Januar 1999 [SEK GD IV, 04-1999-00156-00-00-DE-TRA-00(EN)] diskutierte eine Reihe von Auslegungsfragen im Zuge der Anwendung der Verordnung 95/870/EG (Anwendungsbereich; Begriff des Konsortiums; Berechnung des Anteils am Verkehrsaufkommen und des Marktanteils; Nebenabreden, Ausschließlichkeitsklauseln, Klauseln in bezug auf dritte Parteien; Zubringerdienste und Zusammenarbeit an Land; Informationsaustausch und Austausch von Ausrüstung; gemeinsamer Einkauf; Trennbarkeit und Wirkung zusätzlicher Beschränkungen; gemeinsame Konferenzmitgliedschaft; Kündigungsfristen). In den Schlußfolgerungen wurde daraufhingewiesen, daß sich die Verordnung in der Praxis gut bewährt habe und daß sie daher mit wenigen Änderungen, die sich aus den vorhergehenden Erörterungen ergaben, verlängert werden sollte. Dementsprechend übernahm die **Verordnung 2000/823/EG der Kommission vom 19. April 2000 [ABl. L 100 20.04.2000 S.24]** im wesentlichen die Bestimmungen ihrer Vorgängerregelung und gilt nun auch für Konsortien, die in mehr als einem Verkehrsgebiet tätig sind. Sie präzisiert den Begriff der sonstigen Tätigkeiten, für die eine Gruppenfreistellung gewährt werden kann (Verpflichtung zum Einsatz von Schiffen, die dem Konsortium zugeschlagen sind; Verbot des Charterns von Schiffsraum von Außenstehenden bzw. der Überlassung oder Vercharterung von eigenem Schiffsraum), und ersetzt das Kriterium des „Verkehrsanteils" (Anteil im Direktverkehr zwischen den Häfen eines Verkehrsgebietes) durch das des „Marktanteils"; die Marktanteilsschwellen müssen auf jedem einzelnen Markt eingehalten werden. Die Regelungen zum Widerspruchsverfahren wurden an diejenigen der Verordnung 98/2843/EG angepaßt. Die neuen Vorschriften traten am 26. April 2000 in Kraft und sollten für fünf Jahre bis zum 25. April 2005 gelten *(vgl. WB 1999, Ziff. 101 f.; Bull. EU 4-2000, S.23 f.; H. H. Rathjen u. a., 2000, S.550; WB 2000, Ziff. 192 ff.; Ch. Williams, 2000, S.44 ff. F. Dinger, 2004, S.67 f., 127 ff.)*.

Bereits vor dem Ende der Laufzeit erfolgte aber durch die **Verordnung 2004/463/EG der Kommission vom 12. März 2004 [ABl. L 077 13.03.2004 S.23]** zum 1. Mai 2004 eine Angleichung der Regelungen an die durch die Verordnung 2003/1/EG geänderten Rahmenbedingungen. So wurde das Widerspruchsverfahren in Verbindung mit der Erteilung einer Freistellung für Konsortien mit einem Marktanteil von bis zu 50 % aufgehoben; im Zusammenhang mit den an eine Freistellung geknüpften Auflagen müssen Schiedssprüche und Empfehlungen der Schlichter nicht mehr an die Kommission gemeldet werden; der Nachweis der Erfüllung der Voraussetzungen und Auflagen kann auch gegenüber nationalen Wettbewerbsbehörden erfolgen; die Möglichkeit des Entzugs der Gruppenfreistellung wurde auf die nationalen Wettbewerbsbehörden übertragen, und die Kommission erhielt die Berechtigung zum Entzug aller mit der Verordnung gewährten Rechtsvorteile *(vgl. WB 2003, Ziff. 141 ff.; Bull. EU 3-2004, S.62 f.)*.

Die **Verordnung 2005/611/EG der Kommission vom 20. April 2005 [ABl. L 101 21.04.2005 S.10]** i. d. F. der Berichtigung [ABl. L 102 22.04.2005 S.41] verlängerte grundsätzlich die geltenden Bestimmungen um weitere fünf Jahre bis zum 25. April 2010, enthält aber auch einige geringfügige Modifikationen. Neben der unabhängigen Festsetzung von Frachtraten sind nun auch die mittlerweile eher gebräuchlichen vertraulichen Einzelvereinbarungen als **Indikator für wirksamen Preiswettbewerb** und damit als Freistellungsbedingung anzusehen. Tritt eine Konsortialvereinbarung vor der Aufnahme des eigentlichen Dienstes in Kraft, so darf die bei einer Kündigung einzuhaltende Anlaufzeit höchstens zwei bzw. drei Jahre betragen. Wenn die Parteien umfangreiche Neuinvestitionen planen, können sie eine Ausscheideverbotsklausel vereinbaren *(vgl. WB 2004, Ziff. 18 f.; Bull. EU 4-2005, S.27)*.

2.3.4 Anwendungspraxis der Kommission

Zwischen dem Inkrafttreten der Verordnung 95/780/EG am 22. April 1995 und Ende 1996 erhielt die Kommission etwa 30 Anmeldungen oder Voranmeldungen über Schiffahrtskonsortien. In sieben Fällen (Consortia, G&C, Medway, Medipag, Medecs, Medsap, Mærsk / P&O bzw. Euro / Asia) wurde die **Gruppenfreistellung** automatisch wirksam, ein weiterer Fall stellte eine Vereinbarung über den einseitigen Erwerb von Laderaum dar, und vier bereits bestehende Konsortien (St. Lawrence Coordinated Service, East African Container Service, Joint Mediterranean Canada Service, Joint Pool Agreement) wurden im Rahmen des vereinfachten **Widerspruchsverfahrens** genehmigt, da bei weiterhin bestehendem Wettbewerb Qualität, Frequenz und Anzahl der Zielhäfen zugenommen hatten *(vgl. Bull. EU 3-1996, S.30; Bull. EU 4-1996, S.19 f.; WB 1996, Ziff.85 ff.)*.

Im März 1997 stellte die Kommission das von Andrew Weir Shipping Ltd, Iscont Lines Ltd, Koninklijke Nederlandsche Stoomboot Maatschappij (KNSM) Kroonburgh BV und Zim Israeli Navigation Ltd abgeschlossene Joint Operational Service Agreement (JOS) sowie das von den gleichen Unternehmen mit Ausnahme der Iscont Lines Ltd getroffene West Coast / Mediterranean Agreement (WC / Med) frei. **Gruppenfreistellungen** wurden auch im Oktober 1997 für die Konsortien New Caribbean Services und Eurosal III gewährt. Die Konsortien verfügten über Marktanteile von 40 bis 50 % und beeinträchtigten nach Auffassung der Kommission auf den betreffenden Strecken nicht den Wettbewerb *(vgl. Bull. EU 3-1997, S.24; Bull. EU 10-1997, S.24; WB 1997, Ziff.82, S.151 f., 154 f.)*. Für drei weitere Konsortialvereinbarungen wurden **Einzelfreistellungen** nach Art. 85 (81) Abs. 3 EGV erteilt. Im September 1997 erhielten auch die Vessel Sharing Agreements (Sea-Land, P&O, Nedlloyd) mit den Unternehmen OOCL und Mærsk über den Tausch von Zeitnischen eine Einzelfreistellung. Da die Marktanteile der Parteien über 30 % lagen und einige Klauseln der Vereinbarungen nicht die Voraussetzungen der Verordnung 95/870/EG erfüllten, konnte keine Gruppenfreistellung gewährt werden [ABl. C 185 18.06.97 S.4]. Obwohl die in Art. 85 (81) Abs. 3 EGV an eine Einzelfreistellung geknüpften Bedingungen erfüllt waren, mußten bestimmte Klauseln der Vereinbarung, die einer Freistellung entgegenstanden, von der Anwendung ausgenommen werden. Im Februar 1998 folgten eine **Gruppenfreistellung** für die gemeinsame Erbringung von Liniendiensten über den Atlantik durch Contship Containerlines, Italia, Transportación Marítima Mexicana, Tecomar, Lykes und Zim sowie eine **Einzelfreistellung** (Seeverkehr für sechs Jahre, Landabschnitt für drei Jahre) für einen multimodalen Containerfrachtdienst zwischen Nordwesteuropa und dem südlichen Afrika durch das Konsortium SAECS III (Deutsche Africa Linien, Ellerman Harrison Container Lines, P&O Nedlloyd, Safmarine, CMB-T Lines) *(vgl. WB 1996, Ziff.87; WB 1997, Ziff.83 f., S.152 ff.; Bull. EU 1/2-1998, S.31 f.)*.

Im März 1999 sprach die Kommission eine Gruppenfreistellung für das Konsortium Vessel Sharing Agreement 2 / Compañia Sudamericana de Vapores (VSA2 / CSAV) aus, das Linienverkehrsdienste zwischen Nordeuropa und Südamerika anbietet *(vgl. Bull. EU 3-1999, S.44; GB 1999, Ziff.179)*. Im Jahre 2000 wurden eine Freistellung für das Konsortium Grand Alliance (Hapag-Lloyd Container Line, Malaysia International

Shipping Corp., NYK, OOCL, P&O Nedlloyd), das Liniendienste zwischen Europa und Ostasien offeriert, sowie weitere elf **Gruppenfreistellungen** nach Verordnung 95/870/EG erteilt, da in allen Fällen weiterhin effektiver Wettbewerb durch Außenseiter existierte *(vgl. WB 2000, Ziff. 196f.)*. 2001 wurden die beiden Konsortialvereinbarungen Grand Alliance / Americana Consortium und Europe to Caribbean Consortium genehmigt *(vgl. WB 2001, Ziff. 158)*.

3. Weiterentwicklung der Marktordnung im europäischen Seeverkehr

3.1 Statistische Erfassung des Seeverkehrs

Um eine regelmäßige Bereitstellung vergleichbarer und verläßlicher Informationen sowohl für die Kommission und die Mitgliedstaaten als auch für die Marktteilnehmer zu gewährleisten, legte die **Richtlinie 95/64/EG des Rates vom 8. Dezember 1995 [ABl. L 320 30.12.95 S.25]** *(vgl. Übersicht 18)* mit Wirkung vom 19. Januar 1996 einheitliche Vorgaben für die Erstellung gemeinschaftlicher Statistiken über den Güter- und Personenseeverkehr fest. So haben die Mitgliedstaaten seit dem 1. Januar 1997 Daten über Ladung, Fahrgäste und Schiffe gemäß den vorgegebenen Erhebungsmerkmalen (statistische Variablen und Definitionen, Gliederungssystematik, Erhebungshäufigkeit) zu erfassen. Zu diesem Zweck ist eine codierte sowie nach Staaten und Küstengebieten untergliederte Hafenliste anzulegen, aus der die Häfen mit einem jährlichen Güterseeverkehr von mehr als 1 Mio. t oder einem Personenseeverkehr von über 200.000 Bewegungen (für eine dreijährige Übergangsfrist 2 Mio. t und 400.000 Bewegungen möglich) auszuwählen sind. Die Datenerfassung für die betroffenen Häfen bzw. Verkehrsarten wird in detaillierter Weise (Richtung, Ein- bzw. Ausladehafen, Relation, Ladungsart, Ware, Flagge, Schiffstyp und -größe) vorgenommen, ansonsten werden die Daten in komprimierter Form angegeben. Die Übermittlung der Datensätze an das SAEG erfolgt für Ergebnisse mit vierteljährlicher Periodizität innerhalb von fünf Monaten, für Daten mit jährlicher Periodizität innerhalb von acht Monaten nach Ablauf des Erhebungszeitraums; die Kommission verbreitet die Statistiken in entsprechenden Zeiträumen weiter. Während der ersten drei Jahre konnten die Mitgliedstaaten Ausnahmeregelungen in Anspruch nehmen und erhielten einen gemeinschaftlichen Finanzbeitrag. Ein Pilotstudienprogramm sollte die Durchführbarkeit und die Kosten der Erhebung bestimmter Daten sowie die Möglichkeit der Einbeziehung verschiedener internationaler Vereinbarungen prüfen *(vgl. Bull. EU 7/8-1994, S. 115; Bull. EU 12-1995, S. 151; GB 1995, Ziff. 87; C. I. Chlomoudis u. a., 2002, S. 118f.)*.

Die **Entscheidung 98/385/EG der Kommission vom 13. Mai 1998 [ABl. L 174 18. 06.98 S.1]** spezifizierte für die Jahre 1997 bis 1999 die Ausnahmeregelungen, die den Mitgliedstaaten im Hinblick auf die Anpassung der nationalen statistischen Systeme gewährt werden sollten, stellte eine codierte sowie nach Ländern und Küstengebieten untergliederte Hafenliste auf und modifizierte einige inhaltliche Details der Richtlinie.

Weitere Änderungen (Erfassungsbereich, Systematiken; Aktualisierung der Hafenliste) wurden mit den **Kommissionsentscheidungen 2000/363/EG vom 28. April 2000 [ABl. L 132 05.06.2000 S.1]** und **2005/366/EG vom 4. März 2005 [ABl. L 123 17.05. 2005 S.1]** vorgenommen. Die **Entscheidung 2001/423/EG der Kommission vom 22. Mai 2001 [ABl. L 151 07.06.2001 S.41]** regelte die Einzelheiten der Veröffentlichung oder Verbreitung der erhobenen Daten, wie deren Periodizität, Geheimhaltung und Gliederungstiefe.

Übersicht 18: Statistische Erfassung des Seeverkehrs in der Gemeinschaft

Richtlinie 95/64/EG des Rates vom 8. Dezember 1995 über die statistische Erfassung des Güter- und Personenseeverkehrs [ABl. L 320 30.12.95 S.25] — Rechtsetzung auf der Grundlage des Art. 213 (284) EGV, auf Vorschlag der Kommission [ABl. C 214 04.08.94 S.12] sowie nach den Stellungnahmen des EP [ABl. C 151 09.06.95 S.493] und des WSA [ABl. C 397 31.12.94 S.6] — Aufnahme in den Anhang XXI des EWR-Abkommens durch den Beschluß 17/98 des Gemeinsamen EWR-Ausschusses [ABl. L 272 08.10.98 S.24] — Änderung durch die Verordnung 2003/1882/ EG des Europäischen Parlaments und des Rates vom 29. September 2003 [ABl. L 284 31.10.2003 S.17]
Entscheidung 98/385/EG der Kommission vom 13. Mai 1998 über die Durchführungsbestimmungen zu der Richtlinie 95/64/EG des Rates über die statistische Erfassung des Güter- und Personenseeverkehrs [ABl. L 174 18.06.98 S.1] — Änderung durch die Beitrittsakte von 2003 [ABl. L 236 23.09.2003 S.573]
Entscheidung 2000/363/EG der Kommission vom 28. April 2000 über die Durchführungsbestimmungen zu der Richtlinie 95/64/EG des Rates über die statistische Erfassung des Güter- und Personenseeverkehrs [ABl. L 132 05.06.2000 S.1] — Aufnahme in den Anhang XXI des EWR-Abkommens durch den Beschluß 152/2002 des Gemeinsamen EWR-Ausschusses [ABl. L 019 23.01.2003 S.39]
Entscheidung 2001/423/EG der Kommission vom 22. Mai 2001 über die Einzelheiten der Veröffentlichung oder Verbreitung der statistischen Daten, die gemäß der Richtlinie 95/64/EG des Rates über die statistische Erfassung des Güter- und Personenseeverkehrs erhoben werden [ABl. L 151 07.06.2001 S.41]
Entscheidung 2005/366/EG der Kommission vom 4. März 2005 zur Durchführung der Richtlinie 95/64/EG des Rates über die statistische Erfassung des Güter- und Personenseeverkehrs und zur Änderung ihrer Anhänge [ABl. L 123 17.05.2005 S.1]

Der **Umsetzungsbericht** der Kommission vom 20. Februar 2001 zur Ratsrichtlinie 95/64/EG [KOM (2001) 93 endg.] stellte im Hinblick auf den dreijährigen Übergangszeitraum bis Ende 1999 eine weitgehend erfolgreiche Anpassung der nationalen Datenerhebungssysteme zum Güter- und Personenseeverkehr über fast 1.100 Häfen an die gemeinschaftlichen Vorgaben fest (Erlaß notwendiger Rechts- und Verwaltungsakte; Reduzierung der Ausnahmeregelungen; Durchführung der geplanten Pilotstudien). Ab dem Bezugsjahr 2000 stehen nunmehr vollständige und vergleichbare Daten aufgrund harmonisierter Definitionen und Klassifikationen mit einem breiten Spektrum von Indikatoren zur Verfügung. Die **Durchführungskosten** wurden für die beiden Haushaltsjahre 1998 und 1999 auf insgesamt 3,61 Mio. € beziffert, wovon die Gemeinschaft ein Drittel übernahm *(vgl. Bull. EU 1/2-2001, S.24)*.

3.2 Zugang zum Markt für Seeverkehrsleistungen in der Gemeinschaft

3.2.1 Verwirklichung der Dienstleistungsfreiheit im internationalen Seeverkehr

Die verkehrspolitische **Untätigkeitsklage** des Europäischen Parlaments sowie das im Anschluß daran ergangene Urteil des Europäischen Gerichtshofs brachten auch für den Seeverkehr der Gemeinschaft neue Impulse. Das Urteil bestätigte – ohne allerdings eine konkrete Frist zu bestimmen – die Verpflichtung zur Verwirklichung einer **gemeinsamen Politik** in diesem Bereich, was insbesondere Konsequenzen für die Einführung des freien Dienstleistungsverkehrs gemäß den Artt. 59 bis 66 EWGV (Artt. 49 bis 55 EGV) i. V. m. Art. 84 Abs. 2 EWGV (Art. 80 Abs. 2 EGV) hatte *(vgl. Band 1, S. 112ff.)*. Die Regelung des Zugangs zum Markt für Schiffahrtsleistungen sollte dann auch zu einem Schwerpunkt der gemeinschaftlichen Verkehrspolitik in der zweiten Hälfte der achtziger und zu Beginn der neunziger Jahre werden. Die Verwirklichung der Dienstleistungsfreiheit im grenzüberschreitenden innergemeinschaftlichen Seeverkehr war von der Kommission bereits in der **Mitteilung vom 6. März 1985** über Fortschritte auf dem Wege zu einer gemeinsamen Verkehrspolitik – Seeverkehr [KOM (85) 90 endg.] *(vgl. S. 123)* und im **Weißbuch vom Juni 1985** über die **Vollendung des Binnenmarktes** *(vgl. Band 1, S. 136ff.)* für Ende 1986 gefordert worden, womit dem Rat auch ein zeitlicher Handlungsrahmen vorgegeben wurde *(vgl. Bull. EG 4-1985, S. 9f.; Bull. EG, Beilage 5/85; J. Erdmenger, 1988a, S. 543ff.; J. Erdmenger u. a., 1988, S. 355ff.)*.

Erhebliche Fortschritte hinsichtlich der Gewährleistung der Dienstleistungsfreiheit und des freien Marktzugangs im gemeinschaftlichen Seeverkehr wurden auch im Zusammenhang mit den Bemühungen der EG um eine **Liberalisierung des weltweiten Seeverkehrs** forciert. Um ihre Politik der Wahrung von Gemeinschaftsinteressen gegenüber Drittländern wirkungsvoll vertreten zu können und eine Gleichbehandlung der EG-Reedereien zu gewährleisten, strebte die Kommission die Anwendung des Grundsatzes des freien Dienstleistungsverkehrs auf den gesamten internationalen Seeverkehr an. Dadurch sollten die Regelungen des UN-Verhaltenskodex für die Umverteilung der den EG-Reedereien zustehenden **Ladungsanteile** sowie für die Beteiligung von **Außenseitern** ergänzt werden. Besondere Probleme bereiteten die hauptsächlich nach einzelstaatlichen Gesichtspunkten getroffenen bilateralen Verträge mit **Staatshandels- und Entwicklungsländern** sowie auch die **Nicht-Kodexverkehre** *(vgl. KOM (85) 90 endg., S. 19ff.; B. Busch, 1991, S. 22)*.

3.2.1.1 Bestimmungen der Grundverordnung

Die **Verordnung 86/4055/EWG des Rates vom 22. Dezember 1986 [ABl. L 378 31.12.86 S. 1]** i. d. F. der Berichtigung [ABl. L 117 05.05.88 S. 33] *(vgl. Übersicht 19)* verfolgt mit Wirkung vom 1. Januar 1987 das Ziel, bestehende Beschränkungen in der Seeschiffahrt schrittweise aufzuheben und die Einführung neuer Beschränkungen zu vermeiden. Dabei findet der Grundsatz des freien Dienstleistungsverkehrs im Seeverkehr zwischen Mitgliedstaaten sowie zwischen Mitgliedstaaten und Drittländern auf Gemeinschaftsbürger mit Sitz in einem anderen Mitgliedstaat als dem des Dienstleistungsnehmers Anwendung; ebenfalls erfaßt werden Staatsangehörige der Mitgliedstaaten mit Wohnsitz außerhalb der Gemeinschaft und Linienreedereien, deren Kontrolle von Staatsangehörigen eines Mitgliedstaats ausgeübt wird und deren Schiffe in diesem Mitgliedstaat registriert sind, auch wenn der Unternehmenssitz außerhalb der Gemeinschaft liegt. Die Regelungen können auf Staatsangehörige eines Drittlands ausgedehnt werden, die in der Gemeinschaft ansässig sind und Seeverkehrsleistungen anbieten, sofern der Rat dies beschließt. Die Erbringung von Seeverkehrsleistungen in einem Mitgliedstaat konnte übergangsweise aber unter den gleichen Bedingungen erfolgen, die der betreffende Staat seinen eigenen Staatsangehörigen vorschreibt *(vgl. Bull. EG 12-1986, S.115; J. Aussant, 1988, S.556ff.; F. van Dieken, 1989, S.29f.; F. J. von Kempis, 1989, S.19; V. J. G. Power, 1992, S.198ff., 202f.; J. Basedow, 1994b, S.87 f.; M. D. Aspinwall, 1995, S.114ff.; K.-U. Bandtel, 1999, S.33).*

Einseitige **nationale Beschränkungen** bei der Beförderung bestimmter Güter, die vor dem 1. Juli 1986 bestanden und bestimmte Beförderungen ganz bzw. teilweise Schiffen der eigenen Flagge vorbehielten, waren gemäß **folgendem Zeitplan** zu beenden: (1) bis zum 31. Dezember 1989 im innergemeinschaftlichen Seeverkehr unter der Flagge eines Mitgliedstaats; (2) bis zum 31. Dezember 1991 im Seeverkehr zwischen der Gemeinschaft und Drittländern mit Schiffen unter der Flagge eines Mitgliedstaats; (3) bis zum 1. Januar 1993 im innergemeinschaftlichen Schiffsverkehr und im Verkehr mit Drittländern unabhängig von der Flagge der Schiffe. **Bestehende Ladungsanteilvereinbarungen**, die nicht wie vorgesehen beendet wurden, waren an die gemeinschaftlichen Rechtsvorschriften anzupassen. Im **Linienkonferenzverkehr** müssen sie mit dem UN-Verhaltenskodex und der Verordnung 79/954/EWG in Einklang stehen; im **Nicht-Kodexverkehr** sollte bis zum 1. Januar 1993 ein angemessener, freier und diskriminierungsfreier Zugang aller Gemeinschaftsangehörigen zu den Ladungsanteilen des betreffenden Mitgliedstaats realisiert werden. Einzelstaatliche Maßnahmen zur Verwirklichung des Grundsatzes des freien Dienstleistungsverkehrs waren umgehend der Kommission und den Mitgliedstaaten mitzuteilen; auch über Fortschritte bezüglich des Nicht-Kodexverkehrs muß der Kommission regelmäßig Bericht erstattet werden. Treten Schwierigkeiten bei der Anpassung der Abkommen bezüglich des Nicht-Kodexverkehrs auf, so hat der betreffende Mitgliedstaat die Kommission und den Rat zu unterrichten; auf Antrag kann der Rat Maßnahmen zur Überwindung dieser Probleme ergreifen. Für das Gebiet der ehemaligen DDR wurde mit der **Verordnung 90/3573/ EWG des Rates vom 4. Dezember 1990 [ABl. L 353 17.12.90 S.16]** zum 17. Dezember 1990 eine Sonderregelung in bezug auf den Nicht-Kodexverkehr in Kraft gesetzt; demnach waren die bestehenden Abkommen über Ladungsanteilvereinbarungen im Nicht-Kodexverkehr so bald wie möglich, spätestens aber bis zum 1. Januar 1995 anzupassen *(vgl. V. J. G. Power, 1992, S.200ff.).*

Bei **neuen Abkommen** mit Drittstaaten (Inkrafttreten ab dem 1. Januar 1987) sind Ladungsanteilvereinbarungen grundsätzlich untersagt. Macht ein Drittland im Massengutverkehr gegenüber einem Mitgliedstaat solche Ladungsanteilvereinbarungen zur Bedingung, so hat der Rat über ein geeignetes Vorgehen zu beschließen. Wird Staatsangehörigen oder Linienreedereien eines Mitgliedstaats kein Zugang zum Handelsverkehr mit einem Drittland gewährt, so ist dies vom betroffenen Mitgliedstaat den anderen Mitgliedstaaten und der Kommission mitzuteilen. Diesbezügliche Gegenmaßnahmen (z. B. Abschluß einer Ladungsanteilvereinbarung) werden vom Rat mit qualifizierter Mehrheit beschlossen; andernfalls kann der zuständige Mitgliedstaat selbst tätig werden, wobei die gemeinschaftlichen Rechtsvorschriften, der Grundsatz des angemessenen, freien und diskriminierungsfreien Ladungszugangs für Staatsangehörige oder Linienreedereien der Gemeinschaft und die Bestimmungen des Konsultationsverfahrens gemäß der Entscheidung 77/587/EWG *(vgl. S.25)* zu berücksichtigen sind. In einem **Arbeitsdokument** vom 10. August 1998 [SEK (98) 1350 endg.] stellte die Kommission ergänzend fest, daß in künftigen gemischten Abkommen der Gemeinschaft und der Mitgliedstaaten mit Drittländern eine Streichung der Klausel, nach der aufgrund außergewöhnlicher Umstände Ladungsanteilvereinbarungen geschlossen werden können, unter bestimmten Umständen möglich ist; eine Änderung der Rechtslage ergibt sich nur, wenn ein Abkommen Ladungsanteilvereinbarungen generell untersagt, ohne diese bei außergewöhnlichen Umständen ausdrücklich zu gestatten *(vgl. V. J. G. Power, 1992, S.200ff.)*.

3.2.1.2 Anwendung der Gemeinschaftsvorschriften

Generelle Entwicklungslinien

In ihren drei **Durchführungsberichten** vom 1. August 1990, 24. November 1992 und 5. Oktober 1994 [SEK (90) 1594 endg.; SEK (92) 2183 endg.; SEK (94) 1570 endg.] kritisierte die Kommission die **Umsetzungspraxis** der Mitgliedstaaten. Sie registrierte zwar, daß einseitige Beschränkungen bei der Beförderung bestimmter Güter schrittweise abgebaut wurden, in **Frankreich** (Kohle- und Rohölimporte, Beförderungen für staatliche Stellen oder staatlich konzessionierte Unternehmen, Bestimmungen über Exportkredite, diskriminierende Hafengebühren), **Portugal** (Beförderungen für staatliche Stellen oder öffentliche Unternehmen, Schiffe unter gemeinschaftsfremder Flagge) und **Spanien** (Importe einiger lebenswichtiger Güter, diskriminierende Hafengebühren) gab es solche Regelungen aber noch. Zahlreiche bereits am 1. Januar 1987 bestehende bilaterale Abkommen, die den **Kodexverkehr** vor allem mit osteuropäischen und afrikanischen Staaten betrafen, enthielten 1990 und 1992 weiterhin nicht an die Vorgaben angepaßte Ladungsanteilvereinbarungen; zudem war in bezug auf den **Nicht-Kodexverkehr** ein angemessener, freier und diskriminierungsfreier Zugang aller Gemeinschaftsangehörigen zu den Ladungsanteilen des betreffenden Mitgliedstaats nicht immer gewährleistet. Darüber hinaus waren auch zwischen 1987 und 1990 neue Abkommen mit Ladungsanteilvereinbarungen oder zumindest kontrollbedürftigen Bestimmungen in Kraft getreten bzw. derartige Abkommensentwürfe ausgehandelt oder unterzeichnet worden. Bis 1994 wurden dann viele Abkommen an die Vorschriften der Verordnung angepaßt; Schwierigkeiten existierten nach wie vor vor allem in bezug auf die **west- und zentralafrikanischen Staaten** sowie hinsichtlich einiger anderer Vertragspartner Portugals *(vgl. Bull. EG 7/8-1990, S.83f.)*.

Spezielle Anwendungsfälle

Die von Algerien gegen Mitte der achtziger Jahre praktizierten Ladungsvorbehalte zugunsten der eigenen Flotte hatten Italien im Juli 1985 dazu veranlaßt, das Problem im Rahmen des gemeinschaftlichen Konsultationsverfahrens zu thematisieren. Die daraufhin im Oktober 1985 ergriffenen Gegenmaßnahmen führten jedoch nicht zu einer Situationsveränderung, so daß Italien und Algerien ein Seeverkehrsabkommen mit Ladungsanteilvereinbarungen aushandelten, das im Februar 1987 unterzeichnet wurde; vor der geplanten Ratifizierung teilte Italien der Kommission im März 1987 den Wortlaut des Abkommens mit. Mit der **Entscheidung 87/475/EWG vom 17. September 1987 [ABl. L 272 25.09.87 S.37]** kam der Rat seiner Verpflichtung nach, die notwendigen Maßnahmen zu beschließen, wenn Reedereien oder Staatsangehörige eines EG-Mitgliedstaats an der Teilnahme am Seeverkehr mit einem Drittland gehindert werden. Da der UN-Verhaltenskodex für Algerien im Juni 1987 in Kraft getreten war, wurde Italien unter den folgenden Bedingungen zur Ratifizierung des Abkommens ermächtigt: Beitritt Italiens zum UN-Verhaltenskodex; unbeschränkter, diskriminierungsfreier Zugang anderer Gemeinschaftsreedereien zu den Ladungsanteilen; Berichterstattung über die Durchführung des Abkommens *(vgl. Bull. EG 7/8-1987, S.86f.; Bull. EG 9-1987, S.65; V. J. G. Power, 1992, S.205f., 485).*

Die Kommission sah in der Entscheidung jedoch einen Verstoß gegen die Bestimmungen der **Grundverordnung**, da der Abschluß einer Ladungsanteilvereinbarung genehmigt worden war, ohne daß die hierfür notwendigen außergewöhnlichen Umstände vorlagen und eine ordnungsgemäße Anwendung des Gemeinschaftsrechts gewährleistet war. Sie beschloß deshalb im Oktober 1987, den Rat nach Art. 173 EWGV (Art. 230 EGV) zu verklagen, und strengte im November 1987 ein Verfahren an [ABl. C 002 06.01.88 S.4]. In seinem Urteil in der Rs. 355/87 vom Mai 1989 [ABl. C 153 21.06.89 S.10; Slg. 1989, S.1517] bestätigte der **Europäische Gerichtshof**, daß ein Abkommen mit einer Ladungsanteilvereinbarung, die eine Ungleichbehandlung von inländischen und anderen gemeinschaftlichen Reedern bewirkt, vom Rat nicht hätte genehmigt werden dürfen. Die Klage der Kommission wurde jedoch abgewiesen, da die Voraussetzungen für die Ermächtigung zur Ratifizierung gegeben waren und in der Entscheidung explizit auf die Verpflichtung zur Einhaltung des Gemeinschaftsrechts hingewiesen worden war. Im Juni 1989 ratifizierte Italien das Abkommen mit Algerien, wollte aber den **Auflagen des Rates** nachkommen *(vgl. Bull. EG 10-1987, S.58; GB 1987, Ziff. 641; GB 1989, Ziff.985; SEK (90) 1594 endg., S.13; V. J. G. Power, 1992, S.207 ff.; SEK (92) 2183 endg., S.12f.).*

In der Rs. C-49/89 (Corsica Ferries France vs. Direction Générale des Douanes Françaises) [ABl. C 078 29.03.89 S.11] ging es um die Frage der Rechtmäßigkeit von Abgaben, die in den Jahren 1981 und 1982 jedem Diensteanbieter auferlegt worden waren, der Passagiere von oder nach **Korsika** beförderte. Während im Verkehr zwischen Frankreich und Korsika jedoch allein auf den Fahrten vom Festland zur Insel eine passagierbezogene Steuer entrichtet werden mußte, war auf den Verbindungen mit dem Ausland (z. B. Italien), die u. a. von Corsica Ferries betrieben wurden, auch bei der Abfahrt von der Insel eine Abgabe zu zahlen. Corsica Ferries sah hierin einen Verstoß gegen die Artt. 59 bis 66 EWGV (Artt. 49 bis 55 EGV) i. V. m. Art. 84 EWGV (Art. 80

EGV). Auch der **Europäische Gerichtshof** gelangte in seinem Urteil vom 13. Dezember 1989 [ABl. C 016 23.01.90 S.5; Slg. 1989, S.4441] zu der Auffassung, daß die unterschiedliche Besteuerung eine Beschränkung des freien Dienstleistungsverkehrs nach Art. 59 EWGV (Art. 49 EGV) darstellte, wies aber darauf hin, daß nach Art. 61 Abs. 1 EWGV (Art. 51 Abs. 1 EGV) für den Verkehrssektor die Bestimmungen des entsprechenden Titels, insbesondere die Artt. 74 und 75 EWGV (Artt. 70 und 71 EGV), maßgeblich seien. Gemäß Art. 84 Abs. 2 EWGV (Art. 80 Abs. 2 EGV) waren die für den Seeverkehr relevanten Vorschriften zur **Dienstleistungsfreiheit** erst mit der Verordnung 86/4055/EWG *(vgl. S. 165)* zum 1. Januar 1987 eingeführt worden, so daß die Regelungen der Artt. 59 bis 66 EWGV (Artt. 49 bis 55 EGV) vorher nicht anwendbar waren. Da die Bestimmungen des Hafengesetzes nicht geändert wurden, richtete die Kommission im Oktober 1990 ein Mahnschreiben an Frankreich. Auch Spanien bevorzugte bei der Erhebung von Hafengebühren unter eigener Flagge fahrende Fahrgastschiffe *(vgl. V. J. G. Power, 1992, S.203ff.; SEK (92) 2183 endg., S.3f.)*.

3.2.2 Einführung der Kabotage im gemeinsamen Seeverkehr

3.2.2.1 Bestimmungen der Grundverordnung

Obwohl die Kommission bereits in ihrer Mitteilung vom 6. März 1985 über Fortschritte auf dem Wege zu einer gemeinsamen Verkehrspolitik – Seeverkehr [KOM (85) 90 endg.] *(vgl. S.123)* die Anwendung des Grundsatzes des freien Dienstleistungsverkehrs auch auf die **innerstaatliche Seeschiffahrt** vorgeschlagen hatte, erzielte der Rat in dieser Frage lange Zeit keine Fortschritte, da er aufgrund konträrer Auffassungen verschiedene **Grundsatzfragen der Seeverkehrskabotage** nicht abschließend klären konnte. Schwierigkeiten ergaben sich bei der Einbeziehung bestimmter Dienste (Verkehre in Randgebieten, Kreuzfahrten, Festlegung von Schiffsgrößen), dem Ausschluß strategisch bedeutsamer Verkehre und Güter, der Festlegung der Begünstigten einer Aufhebung des Kabotagevorbehalts, der Regelung der Bemannungsgrundsätze sowie dem Recht eines Mitgliedstaats, beim Auftreten schwerer Marktstörungen oder von Ungleichgewichten Sicherheitsmaßnahmen ergreifen zu dürfen *(vgl. Bull. EG 3-1986, S.57; Bull. EG 6-1986, S.88)*. Erst nachdem die Kommission im Zusammenhang mit ihrer Mitteilung vom 3. August 1989 über Maßnahmen zur Verbesserung der Betriebsbedingungen des Seeverkehrs der Gemeinschaft [KOM (89) 266 endg.] *(vgl. S. 188)* einen **speziellen Verordnungsvorschlag** zur Verwirklichung der Kabotage unterbreitet hatte [ABl. C 263 16.10.89 S.17], den sie Anfang 1991 abänderte [ABl. C 073 19.03.91 S.27], wurden – auch im Hinblick auf die bevorstehende **Vollendung des Binnenmarktes** – konkrete Ergebnisse möglich *(vgl. Bull. EG 5-1989, S.59 f.; GB 1989, Ziff.637; KOM (89) 266 endg., S.26f.; H.-J. Prieß, 1989, S.372; Bull. EG 1/2-1991, S.36; H. Holst, 1991b, S.795ff.; V. J. G. Power, 1992, S.156f., 215; M. D. Aspinwall, 1995, S.136; A. A. Pallis, 2002, S.182ff.)*.

In einer Entschließung vom 12. Juni 1992 [ABl. C 176 13.07.92 S.233] zur Liberalisierung der Kabotage im Seeverkehr und zu den wirtschaftlichen und sozialen Folgen forderte das **Europäische Parlament**, die vollständige Freigabe des Marktzugangs von einer vorherigen Harmonisierung aller relevanten Wettbewerbsbedingungen abhängig zu machen. Von der Kommission wurde eine Untersuchung zu den sozialen, beschäftigungsbezogenen, wirtschaftlichen, steuerlichen und regionalen Auswirkungen der Einführung der Kabotage verlangt. Die **Liberalisierung** bestimmter Kabotagearten (Kreuzfahrten, Beförderung von strategischen Gütern und Passagieren, Inselverkehr) sollte bis zum Abschluß der Erhebungen aufgeschoben werden; darüber hinaus favorisierte das Parlament eine Begrenzung der Kabotage auf im **Gemeinschaftsregister** eingetragene Schiffe *(vgl. Bull. EG 6-1992, S.62f.)*.

Schließlich konnte man sich mit der **Verordnung 92/3577/EWG des Rates vom 7. Dezember 1992 [ABl. L 364 12.12.92 S.7]** *(vgl. Übersicht 19)* auf eine schrittweise Einführung der Kabotagefreiheit einigen, wobei jedoch für bestimmte Dienste unterschiedliche Regelungen zur Anwendung kamen. Grundsätzlich besteht seit dem 1. Januar 1993 Kabotagefreiheit für **Gemeinschaftsreeder** (im Hoheitsgebiet der Gemeinschaft niedergelassene Reeder oder Staatsangehörige der Gemeinschaft, die die außerhalb niedergelassene Gesellschaft kontrollieren), deren Schiffe unter der Flagge eines Mitgliedstaats fahren und in einem Mitgliedstaat registriert sind. Allerdings nahmen verschiedene **Sonderregelungen** bestimmte Seeverkehrsdienstleistungen entlang der Küsten Frankreichs, Portugals, Spaniens und im Mittelmeerraum vorübergehend von der Anwendung aus: Kreuzfahrten bis zum 1. Januar 1995; die Beförderung strategischer Güter (Erdöl, Erdölerzeugnisse, Trinkwasser) bis zum 1. Januar 1997; die Beförderungen durch Schiffe mit weniger als 650 BRZ bis zum 1. Januar 1998; Linienpassagier- und -fährdienste bis zum 1. Januar 1999. Die **Inselkabotage** im Mittelmeerraum und mit den Kanaren, Madeira und den Azoren, Ceuta und Melilla, den französischen Übersee-Departements sowie den französischen Inseln vor der Atlantikküste war bis zum 1. Januar 1999 ebenfalls ausgeschlossen; bis zum 1. Januar 2004 galten die Regelungen auch nicht für Griechenland bei Beförderungsleistungen durch Schiffe mit weniger als 650 BRZ sowie für Linienpassagier- und -fährdienste *(vgl. Bull. EG 6-1992, S.59f.; Bull. EG 12-1992, S.84; GB 1992, Ziff.670; J. Aussant, 1993, S.347ff.; J. Basedow, 1994b, S.87ff.; M. D. Aspinwall, 1995, S.152f.; EP, 1996, S.44f.; C. Milbradt, 1998; V. J. G. Power, 1998, S.231ff.; E. Selkou u. a., 2004, S.74f.)*.

Für die Zulassung zur Kabotage sind im allgemeinen alle **Voraussetzungen des Mitgliedstaats** zu erfüllen, in dem die Schiffe registriert sind; während einer Übergangszeit bis zum 31. Dezember 1996 konnten jedoch grundsätzlich Kabotagedienste angeboten werden, sofern die Schiffe in der Gemeinschaft registriert waren. Für die Anwendung der nationalen Gesetze sind **verschiedene Kriterien** maßgeblich: Bei Kreuzfahrtschiffen und Schiffen, die Festlandkabotage (Beförderung zwischen Häfen auf dem Festland oder auf dem Hauptstaatsgebiet ein und desselben Mitgliedstaats) betreiben, ist für Regelungen bezüglich der Besatzung des Schiffes der Flaggenstaat zuständig; die Bedingungen des Aufnahmestaats können allerdings auf Schiffe von weniger als 650 BRZ angewendet werden. Bei Schiffen, die Inselkabotage durchführen, ist für diese Fragen allein der Aufnahmestaat zuständig; seit dem 1. Januar 1999 sind jedoch bei Frachtschiffen von über 650 BRZ die Regelungen des Flaggenstaats ausschlaggebend, sofern vor oder nach der Kabotage eine Fahrt von oder nach einem anderen Staat erfolgt. Die Auswirkungen der **Freigabe der Inselkabotage** waren von der

Kommission bis zum 1. Januar 1997 zu prüfen; vor dem 1. Januar 1999 sollte der Rat eine endgültige Regelung zur Nationalität der Besatzung bei der Inselkabotage beschließen *(vgl. S.171)*. Für die **Offshore-Kabotage** (Beförderung zwischen Häfen und nicht schwimmenden Anlagen auf dem Festlandsockel) existieren keine Bestimmungen *(vgl. M. Riccomagno, 1997, S.537ff.; V. J. G. Power, 1998, S.236)*.

Als Voraussetzung für die Erlaubnis der Erbringung von Inselkabotagedienstleistungen kann ein Mitgliedstaat den Schiffahrtsgesellschaften auch **Verpflichtungen des öffentlichen Dienstes** auferlegen oder mit ihnen entsprechende Verträge schließen, wenn er dabei keinen Gemeinschaftsreeder diskriminiert. Die Verpflichtungen müssen sich auf die anzulaufenden Häfen, die Häufigkeit und Kontinuität (tatsächlicher Bedarf, zusätzliche Dienste), die Regelmäßigkeit, die Dienstleistungskapazität, die Qualität des Angebots, die zu erhebenden Gebühren (besondere Tarife und Bedingungen für bestimmte Personengruppen oder auf bestimmten Verbindungen) und die Schiffsbesatzung beschränken; ggf. ist dem betroffenen Reeder ein **Ausgleich** zu gewähren *(vgl. V. J. G. Power, 1998, S.235)*.

Treten auf dem innerstaatlichen Verkehrsmarkt schwere Störungen auf, die auf die Kabotage zurückzuführen sind, kann sich der betroffene Mitgliedstaat mit der Bitte um Schutzmaßnahmen an die Kommission wenden. **Schwere Störungen** liegen dann vor, wenn sie geeignet sind, zu einem möglicherweise dauerhaften deutlichen Angebotsüberhang zu führen und das finanzielle Gleichgewicht oder die Existenz zahlreicher Reeder zu gefährden. Über die zu ergreifenden **Schutzmaßnahmen** (Möglichkeit der Ausnahme eines Verkehrsgebiets von der Anwendung der Verordnung für bis zu einem Jahr) entscheidet die Kommission innerhalb von 30 Arbeitstagen. Gelangt sie innerhalb dieser Frist nicht zu einer Entscheidung, so kann der betreffende Mitgliedstaat vorübergehend **eigene Maßnahmen** anwenden. Vorläufige Maßnahmen können in Dringlichkeitsfällen einseitig von den Mitgliedstaaten ergriffen werden, dürfen aber nicht länger als drei Monate gelten. Nach **Konsultation der Mitgliedstaaten** kann die Kommission auch von sich aus Schutzmaßnahmen ergreifen *(vgl. V. J. G. Power, 1998, S.237f.)*.

Im Nachgang zur Verabschiedung der Gemeinschaftsbestimmungen wies das **Europäische Parlament** in seiner Entschließung vom 16. September 1993 [ABl. C 268 04.10.93 S.169] erneut darauf hin, daß eine Liberalisierung der Seeverkehrskabotage nur bei weiteren Harmonisierungsmaßnahmen und nur für im Gemeinschaftsregister EUROS registrierte Schiffe sinnvoll sei; Drittstaaten sollten nur im Rahmen der **Gegenseitigkeit** und des lauteren **Wettbewerbs** sowie bei Einhaltung der gemeinschaftlichen **Sozialvorschriften** einbezogen werden können *(vgl. Bull. EG 9-1993, S.35f.)*.

Im Zusammenhang mit ihrer Mitteilung vom 29. April 1998 [KOM (98) 251 endg.] über die Besatzungen von im **Linienverkehr** in und zwischen den Mitgliedstaaten eingesetzten Fahrgastschiffen und Fahrgastfährschiffen *(vgl. S.265)* unterbreitete die Kommission dem Rat dann einen **Änderungsvorschlag** für die entsprechenden Kompetenzen im Marktsegment der Inselkabotage [ABl. C 213 09.07.98 S.16; SEK (1999) 581 endg.]. Hierfür sollte jetzt der Flaggenstaat zuständig sein, für Schiffe mit weniger als 650 BRZ konnte jedoch der Aufnahmestaat verantwortlich bleiben; letzterem oblag auch die Festlegung des Anteils von Gemeinschaftsangehörigen bei Fahrgast- und Fahrgastfährschiffen im Linienverkehr. Für Staatsangehörige aus Drittländern sollten die gleichen Beschäftigungsbedingungen wie für Gebietsansässige gelten. Nach den Stellungnahmen des **Europäischen Parlaments** [ABl. C 175 21.06.1999 S.438; ABl. C 054 25.02.2000 S.79] und des **Wirtschafts- und Sozialausschusses** [ABl. C 040 15. 02.1999 S.3] wurde der Vorschlag von den Mitgliedstaaten abgelehnt und am 11. Dezember 2001 von der Kommission wieder zurückgezogen [ABl. C 005 09.01.2004 S.18] *(vgl. Bull. EU 4-1998, S.35f.; GB 1998, Ziff.449; A. A. Pallis, 2002, S.192f.).*

3.2.2.2 Ausnahmeregelungen für Spanien

Da die spanische Seeverkehrswirtschaft nicht das gleiche Wettbewerbsniveau aufwies wie die Seeschiffahrt anderer Mitgliedstaaten, in denen durch die Einrichtung von **Spezialregistern** und die damit verbundenen Steuervorteile Betriebskostensenkungen erreicht worden waren, verabschiedete auch Spanien am 25. November 1992 ein Gesetz, das die rechtliche Grundlage für die Einrichtung eines Spezialregisters schuf. Wegen der notwendigen Überprüfung geltender Übereinkünfte und Regelungen stand es zuerst lediglich Schiffen im internationalen Verkehr offen. Schiffe spanischer Reedereien, die allein Inlandsbeförderungen durchführten, kamen deshalb nicht in den Genuß der gleichen steuerlichen Begünstigungen wie Schiffe, die in anderen Mitgliedstaaten registriert waren und in Spanien Kabotageverkehre durchführten. Da zudem die für den nationalen Verkehr nutzbare Tonnage der spanischen Flotte im Vergleich zu der der konkurrierenden Flotten gering war, sah Spanien bei einer Freigabe der Kabotage die Existenz der eigenen Reedereien ernsthaft gefährdet. Es verhängte am 23. Dezember 1992 **einseitige Schutzmaßnahmen** und setzte die Anwendung der Grundverordnung für drei Monate aus; die Kommission wurde am 8. Januar 1993 ersucht, bezüglich der Festlandkabotage eine einjährige Ausnahmeregelung zu gewähren.

Die Kommission vertrat ihrerseits die Meinung, daß auf dem spanischen Seeverkehrsmarkt keine Notlage bestand, da die Existenz bzw. finanzielle Stabilität der Reedereien nicht innerhalb einer so kurzen Zeit bedroht sein könne. Allerdings konstatierte sie auch die **Gefahr einer ernsthaften Störung** des nationalen Verkehrsmarktes, was mit der großen Anzahl der spanischen Häfen begründet wurde, die eine vergleichsweise niedrige Kapazität und kleine Anlagen besaßen, jedoch aufgrund ihrer geographischen Lage für die Kabotage auf den Mittelmeerstrecken und dem Atlantik als attraktiv galten. Daher wurde mit einer weiteren Zunahme des schon bestehenden Angebotsüberhangs im innerstaatlichen Seeverkehr, aufgrund der neuen einzelstaatlichen Rechtsvorschriften aber auch mit einer raschen Verbesserung der Wettbewerbsposition der spanischen Flotte gerechnet. Aus diesen Gründen hob die **Entscheidung 93/125/ EWG der Kommission vom 17. Februar 1993 [ABl. L 049 27.02.93 S.88]** die einseitigen Schutzmaßnahmen Spaniens auf. Das Festland wurde für sechs Monate bis zum 16. August 1993 von der Anwendung der Grundverordnung ausgenommen; dies galt jedoch nicht für Zubringerdienste nach und aus anderen Staaten und bei Nichtverfügbarkeit eines spanischen Schiffs *(vgl. Bull. EG 1/2-1993, S.38).*

Eine am 14. Juni 1993 vorgelegte **Studie über die potentiellen Auswirkungen** der Liberalisierung der Festlandkabotage auf den spanischen Seeverkehrsmarkt kam zu dem Ergebnis, daß die spanischen Reedereien immer noch einige Nachteile gegenüber verschiedenen repräsentativen ausländischen Mitbewerbern hatten, sofern ihre Flotten im normalen spanischen Register oder im Spezialregister der Kanaren eingetragen waren. Für folgende Marktsegmente wurden bei einer sofortigen Liberalisierung der Seekabotage **keine erheblichen Störungen** erwartet: Versorgungsverkehre, Transporte von Klinkern oder Zement als Massengut in speziellen Zementfrachtern, Kühlgutbeförderung, Ro-Ro-Verkehre sowie Stückgutbeförderung in Containern. Ernsthafte Folgen in Form einer **Gefährdung der finanziellen Stabilität** von etwa der Hälfte der Reedereien prognostizierte die Studie allein bei der Zulassung von Kabotagebeförderungen mit Stückgutfrachtern, Trockenmassengutfrachtern (außer der Beförderung von Zement oder Klinkern als Massengut in Zementfrachtern) und Chemikalientankern (jeweils mit Ausnahme der Zubringerdienste). Bei fortschreitender Eintragung in das Spezialregister der Kanaren wurde allerdings mit einer Senkung der Betriebskosten und einer Verbesserung der Wettbewerbsposition für die spanischen Reeder gerechnet. Nachdem die Kommission auf Antrag Spaniens vom 21. Juni 1993 die Lage erneut überprüft hatte, kam sie in ihrer **Entscheidung 93/396/EWG vom 13. Juli 1993 [ABl. L 173 16.07.93 S.33]** zu dem Schluß, daß auf die Zulassung der Kabotage im Bereich der o. a. Festlandkabotagearten bei Verfügbarkeit eines spanischen Schiffes für weitere sechs Monate bis zum 16. Februar 1994 verzichtet werden könne; die sonstige Festlandkabotage wurde unter Berücksichtigung der geltenden Sonderregelungen ab dem 17. August 1993 liberalisiert *(vgl. Bull. EG 7/8-1993, S.44; V. J. G. Power, 1998, S. 239).*

3.2.2.3 Durchführung der Gemeinschaftsbestimmungen

Mit der Verordnung über die Seekabotage wurde als Ergebnis jahrelanger Diskussionen ein Kompromiß zwischen den Standpunkten der nördlichen und der südlichen Mitgliedstaaten zur grundsätzlichen Liberalisierung der heimischen Schiffahrt erzielt. Nach dem **ersten Kommissionsbericht** über die Durchführung der Verordnung 92/3577/EWG vom 6. September 1995 [KOM (95) 383 endg.] belief sich das gesamte Kabotageverkehrsaufkommen (EU-12) im Jahre 1993 auf fast 224 Mio. t, wovon etwa 10 % auf die liberalisierte Kabotage in **Südeuropa** (nicht strategische Güter; mit Schiffen unter fremder Flagge lediglich 1,3 Mio. t) und der Rest je zur Hälfte auf den Inselseeverkehr und den Festlandverkehr (Erdölsektor: 63 %) entfielen. Die geschützte Kabotage in Südeuropa mit 100,8 Mio. t war den Schiffen mit Flaggen südlicher Mitgliedstaaten vorbehalten; der Kabotageanteil von Schiffen unter fremden Flaggen mit Sondergenehmigung belief sich auf nur 6 % (u. a. MAR-Schiffe; Transport von Erdöl, Chemikalien und Gasen, teilweise auch von Eisenerz). In den Kabotageverkehren **Nordeuropas** (1993: 100,6 Mio. t; hoher Transportanteil wettbewerbsstarker DIS- und NIS-Schiffe; vereinzelter Einsatz von MAR-Schiffen) hatten Schiffe unter fremden Flaggen eine größere Bedeutung, da sie sich uneingeschränkt an der Kabotage beteiligen konnten. Die Kabotageflotten unter einer **Flagge der Gemeinschaft** waren zwischen 1992 und 1994 überwiegend durch Schrumpfung gekennzeichnet (allgemeine Marktlage, hohe Betriebskosten; Ausflaggung in offene Register).

Nach dem **zweiten Kommissionsbericht** vom 17. Juni 1997 [KOM (97) 296 endg.] belief sich 1995 das gesamte Frachtaufkommen im gemeinschaftlichen Kabotageverkehr (EU-15) auf 259 Mio. t (46 % Festlandverkehr, 54 % Inselverkehr). Hiervon entfielen auf **Südeuropa** 133 Mio. t; der liberalisierte Frachtverkehr umfaßte 18 Mio. t (13,5 %). Nur 1,73 Mio. t (1,3 % des Gesamtvolumens) wurden von Schiffen transportiert, die in Schiffsregistern anderer Mitgliedstaaten eingetragen waren; 1,32 Mio. t wurden mit einer Sondergenehmigung von Schiffen unter fremder Flagge befördert. Von den nicht liberalisierten Kabotagefrachten mit insgesamt 115 Mio. t wurden etwa 6 % unter fremder Flagge mit Sondergenehmigung befördert. Der Marktanteil von Schiffen unter fremder Flagge war damit gering geblieben, wies jedoch eine leicht steigende Tendenz auf. In den **nordeuropäischen Mitgliedstaaten** stand der Kabotageverkehr (126 Mio. t) allen anderen Schiffen unter EU-Flagge offen (in einigen Fällen Sondergenehmigungen erforderlich oder Zugang aufgrund bilateraler Abkommen); die tatsächliche Beteiligung fremder Flaggen war jedoch von Land zu Land sehr unterschiedlich. Insgesamt waren gegenüber der im ersten Kabotagebericht beschriebenen Situation keine großen Veränderungen eingetreten; auch waren die Auswirkungen der Liberalisierung der **Festlandkreuzfahrten** kaum spürbar.

Nach dem **dritten Kommissionsbericht** vom 24. Februar 2000 [KOM (2000) 99 endg.] erreichte das gesamte Frachtvolumen im gemeinschaftlichen Kabotageverkehr 1997 (EU-15) 265 Mio. t, wovon auf **Südeuropa** 139 Mio. t mit einem liberalisierten Frachtanteil von 43 Mio. t entfielen. Die Beteiligung von Schiffen aus Drittländern im Rahmen von Sonderregelungen stieg auf 2,25 Mio. t an, während die in Schiffsregistern anderer Mitgliedstaaten eingetragenen Schiffe 3,5 Mio. t transportierten. Im Bereich der nicht liberalisierten südeuropäischen Kabotage nahm das aufgrund von Sonderregelungen beförderte Frachtvolumen auf 3,3 (Drittländer: 2,0; EU-Schiffe: 1,3) Mio. t ab; die gesamten Kabotageverkehre der Schiffe aus Drittländern mit Sonderregelungen beliefen sich daher auf 4,25 Mio. t. Der Kabotageanteil ausländischer Flaggen wuchs insgesamt auf gut 9 Mio. t. Die Liberalisierung weiterer Kabotagesegmente (Öl, Erdölprodukte, Trinkwasser; Schiffe unter 650 BRZ) bereitete in Südeuropa die schrittweise Öffnung der Kabotagemärkte vor, während in **Nordeuropa** mit einem Kabotagevolumen von 126 Mio. t die Liberalisierung bereits abgeschlossen war. Neben den Schiffen der Erstregister erhielten auch zunehmend Zweit- und Spezialregister-Schiffe (REC, MAR, DIS, ISR) uneingeschränkten Zugang zu einzelnen Bereichen der Kabotagemärkte.

Der **vierte Kommissionsbericht** für die Jahre 1999 und 2000 wurde am 24. April 2002 [KOM (2002) 203 endg.] vorgelegt und vom Rat am 5. November 2002 begrüßt *(vgl. Bull. EU 4-2002, S. 62 f.; Bull. EU 11-2002, S. 70 f.; GB 2002, Ziff. 650)*. Zum 1. Januar 1999 wurde die vorletzte Etappe der Liberalisierung des Kabotageverkehrs in der Gemeinschaft (Linienverkehr mit Fahrgastschiffen und Fahrgastfährschiffen; Inselkabotage von Frankreich, Griechenland, Italien, Portugal und Spanien) eingeleitet; der noch teilweise geschützte griechische Markt sollte vorzeitig ab dem 1. November 2002 vollständig geöffnet werden. Keinen Zugang zur gemeinschaftsweiten Kabotage hatten damit nur noch die Schiffe des italienischen und die Fahrgastschiffe des dänischen Zweitregisters (keine Zulassung zum jeweils internen Kabotageverkehr). Die **neue Liberalisierungsphase** hat keine Marktstörungen hervorgerufen; die im Jahre 1999 beförderten Gütermengen (261 Mio. t) und die Fahrgastzahlen (152 Mio.) waren relativ stabil geblieben. Den größten Güterverkehrsmarkt wies das Vereinigte Königreich auf, gefolgt von Italien; flüssige Massengüter nahmen dabei den ersten Platz ein; Griechenland rangierte an erster Stelle im Fahrgastverkehr, gefolgt von Italien und dem Vereinigten Königreich. Der **Anteil ausländischer Schiffe** am nationalen Kabotageverkehr hielt sich insgesamt in engen Grenzen.

In dem ersten Jahrzehnt der Geltung der Verordnung 92/3577/EWG waren vielfach **Auslegungsfragen** entstanden, denen sich die Kommission in ihrer Mitteilung vom 22. Dezember 2003 [KOM (2003) 595 endg.] zusammenfassend widmete, ohne jedoch auf eine Änderung der Verordnung abzuzielen. Die behandelten **Themenbereiche** waren folgende: Öffnung des Seekabotagemarktes; Geltungsbereich der Verordnung; Vorschriften über die Besatzung; Auferlegung gemeinwirtschaftlicher Verpflichtungen (Anwendung auf Inselkabotagestrecken; Art der Verpflichtungen; Verfahrensweisen für ihre Auferlegung; Marktzugangs- und Wettbewerbsprobleme; Probleme kleiner Inseln; staatliche Subventionen als Ausgleichsmaßnahme); Schutzmaßnahmen bei schwerwiegenden Störungen der innerstaatlichen Verkehrsmärkte *(vgl. S. 171)*. Die Kommission wollte damit dem **Informationsbedürfnis** aller betroffenen Unternehmen und Behörden Rechnung tragen.

3.2.3 Sicherung des Marktzugangs im Seeverkehr mit Drittstaaten

3.2.3.1 Probleme des Marktzugangs und Grundzüge der gemeinschaftlichen Politik

Angesichts der enormen **Bedeutung des Welthandels** für die Gemeinschaft und der Abhängigkeit ihrer Schiffahrtsinteressen von den internationalen Seeverkehrsmärkten setzte sich die EG auch ab Mitte der achtziger Jahre nachdrücklich für die Beibehaltung einer multilateral und marktwirtschaftlich ausgerichteten Seeverkehrspolitik ein. Zugleich wurde wiederholt darauf hingewiesen, daß eine solche Politik auch im Interesse des Seeverkehrsgewerbes und der Verlader liege. Aus diesen Gründen sollten die Erkennung der Gefahren, die von den **protektionistischen Verhaltensweisen** anderer Länder für die gemeinschaftliche Wettbewerbsordnung ausgingen, und die Abwendung möglicher Schäden für den EG-Seeverkehr durch **geeignete Gegenmaßnahmen** einen Schwerpunkt der zukünftigen Politik bilden *(vgl. KOM (85) 90 endg., S. 7; K.-U. Bandtel, 1999, S. 44 f.)*.

Mit der Ratifikation des **UN-Verhaltenskodex** waren lediglich die Ladungsaufteilungsregeln im Verkehr mit den Entwicklungsländern sanktioniert worden, während im Verkehr mit den OECD-Staaten die Ladung nach kaufmännischen Gesichtspunkten übernommen werden sollte. In der Praxis konnte jedoch auch in der Gemeinschaft eine **Zunahme bilateraler Abkommen** oder Vereinbarungen mit Drittländern auf Kosten anderer Mitgliedstaaten beobachtet werden. In der **Linienschiffahrt** behielten sich einige Länder 50 % oder mehr der Ladung vor, führten Ladungen gezielt der eigenen Flagge zu, vergaben Ladungen „im Auftrag der Regierung" oder versuchten, Nicht-Konferenzreedereien auszuschließen bzw. zu behindern. Auch im **Massen- und Stückgutverkehr** zeigte sich eine zunehmende Tendenz zur Anwendung von Frachtenaufteilungen *(vgl. KOM (85) 90 endg., S.17f.)*.

Da die bisherigen **Maßnahmen der Gemeinschaft** zur Beseitigung protektionistischer und diskriminierender Praktiken im internationalen Seeverkehr nicht die gewünschten Wirkungen gezeigt hatten, ergriff die Kommission im Rahmen ihrer Mitteilung vom 6. März 1985 über Fortschritte auf dem Wege zu einer gemeinsamen Verkehrspolitik – Seeverkehr [KOM (85) 90 endg.] *(vgl. S.123)* auch in dieser Hinsicht **neue Initiativen** und legte u. a. Vorschläge zur Änderung des Konsultationsverfahrens, zum Schutz des freien Ladungszugangs und zur Abwehr unlauterer Preisbildungspraktiken vor *(vgl. Bull. EG 4-1985, S.9f.; Bull. EG, Beilage 5/85; K.-U. Bandtel, 1999, S.40ff.)*.

3.2.3.2 Vorschläge zur Weiterentwicklung des Konsultationsverfahrens

Der Entwurf der Kommission für eine Änderung der Entscheidung 77/587/EWG zur Einführung eines Konsultationsverfahrens [ABl. C 212 23.08.85 S.7; KOM (93) 570 endg.] *(vgl. S.342)* diente der Einbeziehung der zwischen Mitgliedstaaten und Drittländern geplanten **bi- oder multilateralen Übereinkünfte** (mit Bestimmungen über die Beschränkung des freien Ladungszugangs) in das gemeinsame Konsultationsverfahren. Jeder Mitgliedstaat sollte baldmöglichst die anderen Mitgliedstaaten und die Kommission über die geplanten Regelungen unterrichten. Nach den Stellungnahmen des **Europäischen Parlaments** [ABl. C 255 13.10.86 S.175; ABl. C 020 24.01.94 S.83] und des **Wirtschafts- und Sozialausschusses** [ABl. C 207 18.08.86 S.31] wurde der Vorschlag vom Rat jedoch nicht weiterverfolgt und am 21. November 1996 zurückgenommen [ABl. C 002 04.01.97 S.4].

Statt dessen unterbreitete die Kommission dem Rat im Zusammenhang mit ihrer Mitteilung vom 14. März 1997 [KOM (96) 707 endg.] über maritime Außenbeziehungen der Gemeinschaft (Korrigendum [KOM (96) 707/2 endg.] vom 17. April 1997) einen Vorschlag für eine Entscheidung zur **Einführung eines Konsultationsverfahrens** über die Beziehungen zwischen den Mitgliedstaaten und dritten Ländern auf dem Gebiet des Seeverkehrs sowie die diesbezüglichen Aktionen in den internationalen Organisationen und eines **Genehmigungsverfahrens für Seeverkehrsabkommen** [ABl. C 113 11.04.97 S.11; SEK (1999) 581 endg.], der eine Ersetzung des bestehenden Konsultationsverfahrens beabsichtigte. Die Konsultationen betrafen die in internationalen Organisationen behandelten Fragen des Seeverkehrs (Prüfung der Notwendigkeit einer Koordinierung der Aktionen bei sich abzeichnenden Problemen von gemeinsamem Interesse), die Beziehungen zu Drittstaaten (grundsätzliche Entwicklung, Beschränkungen des Marktzugangs im Seeverkehr und bei landseitigen Tätigkeiten, Diskriminierung bei Gebührenerhebung oder Behandlung von Schiffen in Häfen, Prüfung von Gegenmaßnahmen, Unterrichtung der Kommission und anderer Mitgliedstaaten) sowie die Aushandlung, den Abschluß und das Funktionieren bi- und multilateraler Abkommen oder sonstiger Übereinkünfte *(vgl. S. 342)*. Sie sollten regelmäßig und mindestens einmal alle zwei Monate sowie in dringenden Fällen auf Antrag eines Mitgliedstaats oder der Kommission baldmöglichst, spätestens aber innerhalb von zwei Wochen im Rahmen eines Ausschusses stattfinden. Nachdem sich der **Wirtschafts- und Sozialausschuß** in einer Stellungnahme geäußert hatte [ABl. C 355 21.11.97 S.25], wurde auch dieser Vorschlag am 11. Dezember 2001 zurückgezogen [ABl. C 005 09. 01.2004 S.17] *(vgl. Bull. EU 3-1997, S.42f.; GB 1997, Ziff.486)*.

3.2.3.3 Informationssystem über die Tätigkeit von Drittländern

Unabhängig von der Einleitung weiterer Maßnahmen wurde das zuletzt bis zum 31. Dezember 1986 anwendbare Informationssystem über die Tätigkeit von Drittländern *(vgl. S.27)* mit den **Ratsentscheidungen 86/646/EWG vom 16. Dezember 1986 [ABl. L 382 31.12.86 S.1]** und **89/243/EWG vom 5. April 1989 [ABl. L 097 11.04.89 S.48]** in bezug auf den Frachtlinienverkehr zwischen den Mitgliedstaaten und Ostafrika, Mittelamerika sowie dem Fernen Osten in unveränderter Form bis zum 31. Dezember 1989 beibehalten *(vgl. Bull. EG 12-1986, S. 116; Bull. EG 1-1989, S.47; Bull. EG 4-1989, S.67; GB 1989, Ziff.638; V. J. G. Power, 1992, S.476, 480)*. Schließlich verlängerte die **Entscheidung 90/545/EWG des Rates vom 30. Oktober 1990 [ABl. L 311 10.11.90 S.32]** den Zeitraum der Informationseinholung über Liniendienste von und nach Ostafrika letztmalig bis zum 31. Dezember 1991 *(vgl. Übersicht 19; Bull. EG 7/8-1990, S.83; Bull. EG 10-1990, S.64; V. J. G. Power, 1992, S.480f.)*.

Zwischenzeitlich war mit der **Entscheidung 89/242/EWG des Rates vom 5. April 1989 [ABl. L 097 11.04.89 S.47]** festgelegt worden, daß der Rat die Drittstaaten, auf deren Handelsflotte das Informationssystem anzuwenden ist, nicht mehr einstimmig, sondern nur noch mit qualifizierter Mehrheit zu bestimmen hat. Diese Neuerung stand im Zusammenhang mit der Änderung des Art. 84 Abs. 2 EWGV (Art. 80 Abs. 2 EGV), die auch Ratsentscheidungen mit qualifizierter Mehrheit zuließ *(vgl. Bull. EG 1-1989, S.47; Bull. EG 4-1989, S.67; GB 1989, Ziff.638; V. J. G. Power, 1992, S.476, 480)*. Der von der Kommission am 27. November 2003 vorgelegte Vorschlag für eine Entscheidung des Europäischen Parlaments und des Rates betreffend die Tätigkeiten bestimmter Drittländer in der Frachtschiffahrt [KOM (2003) 732 endg.] zielte allein auf die **Kodifizierung der bestehenden Regelungen** ab *(vgl. Bull. EU 11-2003, S.87; GB 2003, Ziff.692)*.

3.2.3.4 Gegenmaßnahmen zur Sicherung des freien Ladungszugangs

Bestimmungen der Verordnung 86/4058/EWG

Die **Verordnung 86/4058/EWG des Rates vom 22. Dezember 1986 [ABl. L 378 31.12.86 S.21]** i. d. F. der Berichtigung [ABl. L 117 05.05.88 S.36] entwickelte das mit den Entscheidungen 77/587/EWG und 83/573/EWG *(vgl. S.25, 28)* geschaffene Instrumentarium weiter und richtete mit Wirkung vom 1. Juli 1987 ein Verfahren zur Einleitung von Gegenmaßnahmen ein, das dann zur Anwendung kommt, wenn ein Drittland oder seine Behörden den freien Marktzugang von Reedereien der Mitgliedstaaten oder von in einem Mitgliedstaat registrierten Schiffen beschränken oder zu beschränken drohen; davon betroffen sind folgende Beförderungsleistungen: Linienladungsverkehr im Kodexverkehr, sofern die Beschränkung nicht im Einklang mit dem UN-Kodex steht; Linienladungsverkehr im Nicht-Kodexverkehr; Massengutverkehr und Beförderungen im Trampverkehr; Reiseverkehr und Beförderung von Gütern sowie Personen zwischen oder zu Offshore-Anlagen *(vgl. Übersicht 19; Bull. EG 12-1986, S. 116; F. van Dieken, 1989, S.31f.; F. J. von Kempis, 1989, S.20f.; V. J. G. Power, 1992, S.361ff.; M. D. Aspinwall, 1995, S.124f.; EP, 1996, S.48f.; K.-U. Bandtel, 1999, S.33 ff.)*.

Ein **koordiniertes Vorgehen** ist vom betroffenen Mitgliedstaat bei der Kommission zu beantragen, die ihrerseits dem Rat innerhalb von vier Wochen geeignete Empfehlungen oder Vorschläge zu unterbreiten hat. Bei seinem Beschluß berücksichtigt dieser die außenhandels- und schiffahrtspolitischen Erwägungen der Mitgliedstaaten und die Interessen der Häfen. Das koordinierte Vorgehen kann **folgende Maßnahmen** beinhalten: Einleitung von diplomatischen Schritten gegenüber dem Drittland; bei Nichterfolg Gegenmaßnahmen gegen die Reedereien der betreffenden Drittländer sowie ggf. gegen indirekt als *home trader* oder *cross trader* profitierende Reedereien anderer Länder; zu den Gegenmaßnahmen zählen die Forderung nach der Einholung einer mit Verpflichtungen und Bedingungen verknüpften Erlaubnis zum Entladen, Befördern und Verladen, die Auferlegung eines Kontingents und die Erhebung von Abgaben. Bei seinen **Beschlüssen** über die Gegenmaßnahmen hat der Rat folgendes anzugeben: ursächliche Umstände; betroffener Verkehr bzw. Hafengruppe; Flagge bzw. Reederei des den freien Ladungszugang beschränkenden Drittlandes; Höchstmenge bzw. Wert der Fracht, die in den Häfen der Mitgliedstaaten ent- oder verladen werden darf; Höchstzahl der Abfahrten nach und von Häfen der Mitgliedstaaten; Höhe bzw. Prozentsatz sowie Berechnungsgrundlage für die zu erhebenden Abgaben und die Art ihrer Erhebung; Dauer der Gegenmaßnahme. Hat der Rat den Vorschlag für ein koordiniertes Vorgehen nach zwei Monaten nicht angenommen, so können die Mitgliedstaaten eigenständig tätig werden; in dringenden Fällen können sie auch **vorläufige Maßnahmen** vor Ablauf der o. a. Frist treffen *(vgl. V. J. G. Power, 1992, S.363ff.)*.

Alle drei Monate oder ggf. auch öfter finden während der Geltung der Gegenmaßnahmen **Konsultationen** zwischen den Mitgliedstaaten und der Kommission statt. Wurde zwischen einem Land der OECD und der Gemeinschaft eine Abmachung auf Gegenseitigkeit bezüglich eines koordinierten Widerstandes im Falle einer Beschränkung des Ladungszugangs geschlossen, so kann das obige Verfahren auch angewendet werden, wenn der Ladungszugang von Reedereien eines solchen OECD-Landes beschränkt wird oder eine solche Beschränkung droht; das **OECD-Land** kann dann ein koordiniertes Vorgehen beantragen und sich daran beteiligen *(vgl. V. J. G. Power, 1992, S.365f.)*.

Anwendung der Verordnung 86/4058/EWG

Auf der Grundlage der Verordnung 86/4058/EWG wurde die Kommission in den Folgejahren insbesondere gegenüber **west- und zentralafrikanischen Staaten** tätig. So befaßte sich bereits die Mitteilung der Kommission vom 17. August 1987 [KOM (87) 417 endg.] über den Schutz des freien Zugangs zu Ladungen in der Seeschiffahrt und den freien Dienstleistungsverkehr in der Seeschiffahrt mit den ladungslenkenden Aktivitäten dieser Länder. Der von der Kommission präsentierte Handlungsvorschlag für ein **koordiniertes Vorgehen** führte am 20. Oktober 1987 zu einem Beschluß des Rates, im Rahmen des Lomé-Abkommens Konsultationen und Verhandlungen über die von diesen Ländern praktizierten Ladungsreservierungsmaßnahmen aufzunehmen, die im Dezember 1987 und Februar 1988 stattfanden; ein **gemeinsamer Bericht** führte im Mai 1988 zur Mauritius-Vereinbarung, die jedoch später von den afrikanischen Vertretern abgelehnt wurde. Nachdem weitere Gespräche gescheitert waren und auch in der Folgezeit keine erfolgreiche Wiederaufnahme des Dialogs erreicht werden konnte, leitete die Kommission Anfang der neunziger Jahre Verfahren gegen die im **Westafrika-Verkehr** tätigen Linienschiffahrtskonferenzen ein *(vgl. Bull. EG 7/8-1987, S.87; Bull. EG 10-1987, S.58; GB 1987, Ziff.642; Bull. EG 3-1988, S.90f.; GB 1989, Ziff.636; GB 1990, Ziff.575; SEK (90) 1594 endg., S.20f.; GB 1991, Ziff.716f.; H. Holst, 1991a, S.12; V. J. G. Power, 1992, S.366; S.152).*

Vor dem Hintergrund der **zwischenzeitlichen Erfahrungen** mit der Verordnung 86/4058/EWG, wie sie auch in dem Durchführungsbericht vom 1. August 1990 [SEK (90) 1594 endg.] dargelegt wurden *(vgl. Bull. EG 7/8-1990, S.83f.; SEK (90) 1594 endg., S.21ff.)*, setzte die Kommission gegen Ende der achtziger und zu Anfang der neunziger Jahre ihre Gespräche mit Algerien, Brasilien, Indonesien, Japan, Kenia, der Sowjetunion, Sri Lanka, Südkorea, Taiwan und der VR China über den freien Ladungszugang (Abschaffung von Ladungsanteilvereinbarungen und -vorbehalten, Eröffnung von Agenturen), die Aufhebung von Ladungs- und Hafengebühren sowie die Beseitigung von diskriminierenden Formalitäten fort *(vgl. GB 1992, Ziff.668; KOM (96) 707 endg., S.21f.)*. Gemäß dem Kommissionsbericht vom 16. Februar 1997 [KOM (97) 41 endg.] sollte auch der Dialog mit einer Reihe von afrikanischen Schiffahrtsnationen wiederaufgenommen werden, um im Rahmen von **Entwicklungshilfeprogrammen** (Lomé-Abkommen) eine vollständige Liberalisierung der Seeverkehrspolitik in Zentral- und Westafrika zu erreichen *(vgl. Bull. EU 1/2-1997, S.50f.)*.

3.2.3.5 Schutz vor unlauteren Preisbildungspraktiken im internationalen Seeverkehr

Bestimmungen der Ausgangsverordnung

Nach Ansicht der Gemeinschaft sollte durch eine geeignete Politik sichergestellt werden, daß die Gemeinschaftsflotte mit den Reedereien der Drittstaaten auf der Grundlage fairer marktwirtschaftlicher Grundsätze konkurrieren konnte. Neben einer Angleichung der Wettbewerbsbedingungen war dabei insbesondere auf die Gewährleistung des freien Marktzugangs und die Vermeidung unlauterer Preisbildungspraktiken (*dumping*) zu achten, die durch die Subventionszahlungen einiger Entwicklungsländer sowie verschiedener osteuropäischer und südostasiatischer Staaten unterstützt wurden und die die Gefahr erheblicher materieller Schädigungen der EG-Reedereien mit sich brachten *(vgl. W. Elsner, 1988, S.590ff.; A. B. Hünerson u. a., 1991, S.240; V. J. G. Power, 1992, S.341 ff.)*. Aus diesen Gründen legte die **Verordnung 86/4057/EWG des Rates vom 22. Dezember 1986 [ABl. L 378 31.12.86 S.14]** i. d. F. der Berichtigung [ABl. L 117 05.05.88 S.35] mit Wirkung vom 1. Juli 1987 ein Verfahren gegen die Anwendung unlauterer Preisbildungspraktiken durch die im internationalen Verkehr tätigen Linienreedereien aus Drittländern fest. Voraussetzung für die Einleitung eines solchen Verfahrens ist, daß

— die Frachtverhältnisse auf einer Schiffahrtsroute der Gemeinschaft gestört werden (undefiniert),
— eine erhebliche Schädigung der dort tätigen Gemeinschaftsreedereien vorliegt und
— eine Beeinträchtigung der Interessen der Gemeinschaft (außenhandels- und seeverkehrspolitische Erwägungen sowie Interessen der betroffenen Gemeinschaftshäfen) verursacht wird bzw. eine solche Beeinträchtigung droht *(vgl. Übersicht 19; J.-F. Bellis u. a., 1988, S.47, 49; Bull. EG 12-1986, S.115; W. Werner, 1987a, S.715ff.; F. van Dieken, 1989, S.35ff.; V. J. G. Power, 1992, S.343ff., 348f.; EP, 1996, S.48; K.-U. Bandtel, 1999, S.62ff.)*.

Unlautere **Preisbildungspraktiken** von Drittlandreedereien zeigen sich vor allem in der Berechnung niedrigerer als der normalen Frachtraten über mindestens sechs Monate, wenn dieses Verhalten auf die Gewährung marktfremder Vorteile durch Nicht-EG-Staaten zurückzuführen ist. Unter einer **normalen Frachtrate** wird jene Frachtrate verstanden, die im normalen Geschäftsgang von einer repräsentativen Reederei für die gleiche Dienstleistung auf derselben oder einer vergleichbaren Schiffahrtsroute tatsächlich verlangt wird; alternativ können bei der Berechnung die Kosten von Unternehmen und eine angemessene Gewinnspanne zugrundegelegt werden. Der Begriff der **marktfremden Vorteile** wird hingegen nicht definiert oder an Beispielen erläutert, um eine ausreichende Flexibilität bei seiner Anwendung zu gewährleisten. Bei der Untersuchung einer **erheblichen Schädigung** werden folgende Faktoren berücksichtigt: die von den Wettbewerbern der Reederei angebotenen Frachtraten (damit festgestellt werden kann, ob diese erheblich unter den normalen Frachtraten liegen); die Auswirkungen der niedrigeren Frachtraten auf die Reedereien der Gemeinschaft (bediente Häfen, Kapazitätsauslastung, Charterbuchungen, Marktanteil, Frachtraten, Gewinne, Kapitalverzinsung, Investitionen, Beschäftigung). Sofern die **Gefahr einer Schädigung** besteht, kann die Kommission anhand der Zunahme der Tonnage und der einsatzfähigen Kapazität zusätzlich prüfen, ob die gegenwärtige Lage zu einer tatsächlichen Schädigung führen wird *(vgl. J.-F. Bellis u. a., 1988, S.49ff.; F. van Dieken, 1989, S.45ff.; H.-J. Scheibe, 1989, S.55ff.; V. J. G. Power, 1992, S.345ff.; K.-U. Bandtel, 1999, S.64 ff., 75ff., 84ff.)*.

Einen schriftlichen Antrag auf **Verfahrenseinleitung** an die Kommission kann jede natürliche oder juristische Person und jede Vereinigung ohne Rechtspersönlichkeit stellen, die in der Seeschiffahrt der Gemeinschaft tätig ist und sich geschädigt oder bedroht fühlt. Dem Antrag sind Beweismittel für das Vorliegen unlauterer Preisbildungspraktiken und die verursachte Schädigung beizufügen. Den Beginn des Verfahrens gibt die Kommission unverzüglich im Amtsblatt bekannt; sie veröffentlicht die **notwendigen Angaben** (Reederei und Ursprungsland, Frist für Stellungnahmen und Anträge auf Anhörungen) und unterrichtet die betroffenen Reedereien, Verlader, Spediteure und Antragsteller *(vgl. J.-F. Bellis u. a., 1988, S.53 f.; V. J. G. Power, 1992, S.350 ff.; K.-U. Bandtel, 1999, S.103 ff.).*

Die **Untersuchung** der unlauteren Preisbildungspraktiken und der dadurch verursachten Schädigungen berücksichtigt einen Zeitraum von mindestens sechs Monaten vor der Einleitung des Verfahrens. Die Kommission holt ggf. alle notwendigen Informationen ein und überprüft sie im Zusammenwirken mit den Marktakteuren; möglich sind auch Untersuchungen in den Drittländern (nur nach Zustimmung der betreffenden Unternehmen und der Regierung) und Beistandsleistungen der Mitgliedstaaten (Auskünfte, Nachprüfungen und Kontrollen, Untersuchungen in Drittländern). Antragsteller sowie betroffene Verlader und Reedereien können die relevanten Unterlagen einsehen und Anträge auf **Unterrichtung** über wesentliche Tatsachen und Überlegungen im Zusammenhang mit der Erhebung endgültiger Ausgleichsabgaben stellen. Die Kommission kann bzw. muß (bei Nachweis des Interesses und des Vorliegens besonderer Gründe) die betroffenen Parteien anhören; sie gibt ihnen ferner die Gelegenheit zu einem freiwilligen Meinungsaustausch. Die Durchführung der Untersuchung schließt nicht aus, daß der Rat zu vorläufigen Feststellungen kommt oder beschleunigte Maßnahmen ergreift; sofern eine Partei Informationen vorenthält bzw. Auskünfte nicht innerhalb einer angemessenen Frist übermittelt oder die Untersuchungen erheblich behindert, können Entscheidungen aufgrund der verfügbaren Informationen getroffen werden. Die Untersuchung soll spätestens innerhalb eines Jahres nach Verfahrenseinleitung durch Einstellung oder den Vorschlag zur Erhebung einer Ausgleichsabgabe abgeschlossen sein. Das Verfahren wird beendet, wenn sich nach den Konsultationen im **Beratenden Ausschuß** ergibt, daß keine Schutzmaßnahmen notwendig sind und kein Mitglied Einwendungen dagegen geltend macht. Andernfalls legt die Kommission dem Rat einen Bericht über das Resultat der Konsultationen vor und unterbreitet einen Vorschlag für die Verfahrenseinstellung; entscheidet der Rat nicht innerhalb eines Monats anders, so gilt dieser Schritt als vollzogen *(vgl. J.-F. Bellis u. a., 1988, S.54 f.; V. J. G. Power, 1992, S.353 ff.; K.-U. Bandtel, 1999, S.101 ff., 107 ff.).*

Werden im Laufe einer Untersuchung **Verpflichtungen** angeboten, die die Kommission nach entsprechenden Konsultationen für annehmbar hält, oder schlägt die Kommission selbst solche Verpflichtungen vor, so kann die Untersuchung ohne die Festsetzung von **Ausgleichsabgaben** eingestellt werden. Eine Verpflichtung bedeutet eine Zusage bezüglich der Änderung der Frachtraten in einem Umfang, der die unlauteren Preisbildungspraktiken oder die Schädigungen beseitigt. Die Untersuchung über das Vorliegen einer Schädigung kann auch nach Annahme einer Verpflichtung durch die Reedereien zu Ende geführt werden; wird dabei keine Schädigung festgestellt, so wird die Verpflichtung gegenstandslos, sofern dieser Zustand nicht auf das Bestehen der Verpflichtung zurückzuführen ist. Die Kommission kann von jeder Partei **Auskünfte**

Übersicht 19: Verwirklichung und Durchsetzung der Dienstleistungsfreiheit im Seeverkehr

Marktzugang im grenzüberschreitenden Verkehr

Verordnung 86/4055/EWG des Rates vom 22. Dezember 1986 zur Anwendung des Grundsatzes des freien Dienstleistungsverkehrs auf die Seeschiffahrt zwischen Mitgliedstaaten sowie zwischen Mitgliedstaaten und Drittländern [ABl. L 378 31.12.86 S.1] i. d. F. der Berichtigung [ABl. L 117 05.05.88 S.33] — Rechtsetzung auf der Grundlage des Art. 84 Abs. 2 EWGV (Art. 80 Abs. 2 EGV), auf Vorschlag der Kommission [ABl. C 212 23.08.85 S.4; ABl. C 017 23.01.87 S.4] sowie nach den Stellungnahmen des EP [ABl. C 255 13.10.86 S.172] und des WSA [ABl. C 344 31.12.85 S.31] — Übernahme durch das EWR-Abkommen [ABl. L 001 03.01.94 S.442]

Entscheidung 87/475/EWG des Rates vom 17. September 1987 über den Seeverkehr zwischen Italien und Algerien [ABl. L 272 25.09.87 S.37] — Rechtsetzung auf Vorschlag der Kommission [KOM (87) 336 endg.; KOM (87) 380 endg.]

Verordnung 90/3573/EWG des Rates vom 4. Dezember 1990 zur Änderung der Verordnung 86/4055/EWG zur Anwendung des Grundsatzes des freien Dienstleistungsverkehrs auf die Seeschiffahrt zwischen Mitgliedstaaten sowie zwischen Mitgliedstaaten und Drittländern aufgrund der Herstellung der deutschen Einheit [ABl. L 353 17.12.90 S.16] — Rechtsetzung auf der Grundlage des Art. 84 Abs. 2 EWGV (Art. 80 Abs. 2 EGV), auf Vorschlag der Kommission [ABl. C 248 02.10.90 S.13] sowie nach den Stellungnahmen des EP [ABl. C 295 26.11.90 S.64; ABl. C 324 24.12.90 S.159] und des WSA [ABl. C 041 18.02.91 S.14]

Kabotage

Verordnung 92/3577/EWG des Rates vom 7. Dezember 1992 zur Anwendung des Grundsatzes des freien Dienstleistungsverkehrs auf den Seeverkehr in den Mitgliedstaaten (Seekabotage) [ABl. L 364 12.12.92 S.7] — Rechtsetzung auf der Grundlage des Art. 84 Abs. 2 EWGV (Art. 80 Abs. 2 EGV), auf Vorschlag der Kommission [ABl. C 263 16.10.89 S.17; ABl. C 073 19.03.91 S.27] sowie nach den Stellungnahmen des EP [ABl. C 295 26.11.90 S.682; ABl. C 337 21.12.92 S.265] und des WSA [ABl. C 056 07.03.90 S.70] — Erklärung der Vertragsparteien des EWR-Abkommens im Zusammenhang mit dem Beschluß 7/94 des Gemeinsamen EWR-Ausschusses [ABl. L 160 28.06.94 S.156] — Aufnahme in den Anhang XIII des EWR-Abkommens durch den Beschluß 70/97 des Gemeinsamen EWR-Ausschusses [ABl. L 030 05.02.98 S.42]

Entscheidung 93/125/EWG der Kommission vom 17. Februar 1993 zum Antrag Spaniens auf Annahme von Schutzmaßnahmen durch die Kommission aufgrund von Artikel 5 der Verordnung 92/3577/EWG zur Anwendung des Grundsatzes des freien Dienstleistungsverkehrs auf den Seeverkehr in den Mitgliedstaaten (Seekabotage) [ABl. L 049 27.02.93 S.88]

Entscheidung 93/396/EWG der Kommission vom 13. Juli 1993 über den Antrag Spaniens auf Genehmigung einer Verlängerung von Schutzmaßnahmen nach Artikel 5 der Verordnung 92/3577/EWG des Rates zur Anwendung des Grundsatzes des freien Dienstleistungsverkehrs auf den Seeverkehr in den Mitgliedstaaten (Seekabotage) [ABl. L 173 16.07.93 S.33]

Informationseinholung über die Tätigkeit von Drittstaaten

Entscheidung 86/646/EWG des Rates vom 16. Dezember 1986 zur Verlängerung der Einholung von Informationen über die Tätigkeiten von Reedereien, die an Frachtliniendiensten in bestimmten Fahrtgebieten teilnehmen [ABl. L 382 31.12.86 S.1] — Rechtsetzung auf der Grundlage des Art. 84 Abs. 2 EWGV (Art. 80 Abs. 2 EGV) und auf Vorschlag der Kommission [KOM (86) 680 endg.]

Entscheidung 89/242/EWG des Rates vom 5. April 1989 zur Änderung der Entscheidung 78/774/EWG betreffend die Tätigkeiten bestimmter Drittländer in der Frachtschiffahrt [ABl. L 097 11.04.89 S.47] — Rechtsetzung auf der Grundlage des Art. 84 Abs. 2 EWGV (Art. 80 Abs. 2 EGV), auf Vorschlag der Kommission [ABl. C 028 03.02.89 S.10] sowie nach den Stellungnahmen des EP [ABl. C 069 20.03.89 S.230] und des WSA [ABl. C 071 20.03.89 S.25]

Entscheidung 89/243/EWG des Rates vom 5. April 1989 zur Fortsetzung der Einholung von Informationen über die Tätigkeiten von Reedereien, die an Frachtliniendiensten in bestimmten Fahrtgebieten teilnehmen [ABl. L 097 11.04.89 S.48] — Rechtsetzung auf der Grundlage des Art. 84 Abs. 2 EWGV (Art. 80 Abs. 2 EGV), auf Vorschlag der Kommission [ABl. C 028 03.02.89 S.10] sowie nach den Stellungnahmen des EP [ABl. C 069 20.03.89 S.230] und des WSA [ABl. C 071 20.03.89 S.25]

Entscheidung 90/545/EWG des Rates vom 30. Oktober 1990 zur Fortsetzung der Einholung von Informationen über die Tätigkeiten von Reedereien, die an Frachtliniendiensten in bestimmten Fahrtgebieten teilnehmen [ABl. L 311 10.11.90 S.32] — Rechtsetzung auf der Grundlage des Art. 84 Abs. 2 EWGV (Art. 80 Abs. 2 EGV) und auf Vorschlag der Kommission [KOM (90) 379 endg.]

Entscheidung des Europäischen Parlaments und des Rates betreffend die Tätigkeiten bestimmter Drittländer in der Frachtschiffahrt — Rechtsetzung auf der Grundlage des Art. 80 (84) Abs. 2 EGV, auf Vorschlag der Kommission [KOM (2003) 732 endg.] und nach Stellungnahme des WSA [ABl. C 110 30.04.2004 S.14]; Stellungnahme des EP [ABl. C 102 E 28.04.2004 S.107] im Rahmen des Verfahrens der Mitentscheidung

Schutz des freien Ladungszugangs

Verordnung 86/4058/EWG des Rates vom 22. Dezember 1986 für ein koordiniertes Vorgehen zum Schutz des freien Zugangs zu Ladungen in der Seeschiffahrt [ABl. L 378 31.12.86 S.21] i. d. F. der Berichtigung [ABl. L 117 05.05.88 S.36] — Rechtsetzung auf der Grundlage des Art. 84 Abs. 2 EWGV (Art. 80 Abs. 2 EGV), auf Vorschlag der Kommission [ABl. C 212 23.08.85 S.2; ABl. C 017 23.01.87 S.3] sowie nach den Stellungnahmen des EP [ABl. C 255 13.10.86 S.169] und des WSA [ABl. C 344 31.12.85 S.31] — Übernahme durch das EWR-Abkommen [ABl. L 001 03.01.94 S.422]

Unlautere Preisbildung

Verordnung 86/4057/EWG des Rates vom 22. Dezember 1986 über unlautere Preisbildungspraktiken in der Seeschiffahrt [ABl. L 378 31.12.86 S.14] i. d. F. der Berichtigung [ABl. L 117 05.05.88 S.35] — Rechtsetzung auf der Grundlage des Art. 84 Abs. 2 EWGV (Art. 80 Abs. 2 EGV), auf Vorschlag der Kommission [ABl. C 212 23.08.85 S.12; ABl. C 017 23.01.87 S.5] sowie nach den Stellungnahmen des EP [ABl. C 255 15.10.86 S.179] und des WSA [ABl. C 344 31.12.85 S.31] — Übernahme durch das EWR-Abkommen [ABl. L 001 03.01.94 S.422]

Verordnung 89/15/EWG des Rates vom 4. Januar 1989 zur Einführung einer Ausgleichsabgabe auf Ladungen in Großbehältern, die im Liniendienst zwischen der Gemeinschaft und Australien von der Hyundai Merchant Marine Company Ltd, Seoul, Republik Korea, befördert werden [ABl. L 004 06.01.89 S.1] — Rechtsetzung auf der Grundlage der Verordnung 86/4057/EWG und auf Vorschlag der Kommission [KOM (88) 414 endg.]

über die Einhaltung der Verpflichtungen verlangen und die entsprechenden Angaben überprüfen *(vgl. J.-F. Bellis u. a., 1988, S.57; V. J. G. Power, 1992, S.355 f.; K.-U. Bandtel, 1999, S.94 ff., 121 f.)*.

Wird die Existenz unlauterer Preisbildungspraktiken, die eine Schädigung verursachen und die Gemeinschaftsinteressen beeinträchtigen, nachgewiesen, so legt die Kommission nach vorherigen Konsultationen einen Vorschlag zur **Einführung einer Ausgleichsabgabe** vor, über den der Rat innerhalb von zwei Monaten mit qualifizierter Mehrheit in Form einer Verordnung beschließt. Hierbei sind Betrag und Art der festgesetzten Abgabe, die betreffenden Güter, der Name und das Ursprungsland der jeweiligen Drittlandreedereien sowie die Gründe der Entscheidung anzugeben. Die Abgaben dürfen die Differenz zwischen der normalen Frachtrate und der effektiv berechneten Frachtrate nicht übersteigen; weist eine Reederei später nach, daß eine Abgabe zu hoch berechnet war, so wird ihr der Mehrbetrag erstattet. Die Abgaben gelten für die Beförderung von Gütern, die nach dem Inkrafttreten dieser Abgabe in einem Gemeinschaftshafen ent- oder verladen werden, und dürfen nicht rückwirkend festgesetzt oder erhöht werden (Ausnahme: Verletzung oder Rücknahme einer Verpflichtung). Sie werden von den Mitgliedstaaten unabhängig von Zöllen, Steuern und anderen Einfuhrabgaben erhoben; die Erlaubnis zum Be- oder Entladen kann die **Hinterlegung einer Sicherheit** in Höhe des Abgabenbetrags erfordern *(vgl. J.-F. Bellis u. a., 1988, S.52, 57f., 60f.; V. J. G. Power, 1992, S.356f.; K.-U. Bandtel, 1999, S.96ff., 122 f., 125ff.)*.

Auf Veranlassung der **Kommission** sowie auf Antrag eines **Mitgliedstaats** oder einer der betroffenen Parteien können die Verpflichtungen oder Ausgleichsabgaben auf dem Wege der o. a. Untersuchung überprüft werden, was ggf. zur Änderung oder Aufhebung der Maßnahmen führt. Im Regelfall treten die Verpflichtungen und Ausgleichsabgaben fünf Jahre nach ihrem Wirksamwerden, ihrer letztmaligen Bestätigung oder Änderung außer Kraft; das Verfahren gilt dann als abgeschlossen. Eine weitere Überprüfung mit aufschiebender Wirkung ist vorgesehen, wenn durch das Auslaufen der Maßnahmen eine **Schädigung** eintritt oder droht *(vgl. J.-F. Bellis u. a., 1988, S.58f.; V. J. G. Power, 1992, S.357; K.-U. Bandtel, 1999, S.101, 123f.)*.

Der **Regelungsgehalt der Verordnung** wurde vielfach als problematisch angesehen, weil die Beurteilung über das Vorliegen einer unlauteren Preisbildung von nicht hinreichend bestimmbaren Faktoren abhängt, für die es kaum Vergleichsmöglichkeiten gibt. Zudem bemängeln einige Autoren, daß sich die Vorschrift als Instrument einer **protektionistischen Schiffahrtspolitik** mißbrauchen lasse und die Gemeinschaft Förderpraktiken von Drittstaaten nicht akzeptiere und ahnde, während ein vergleichbares Vorgehen der Mitgliedstaaten geduldet werde; Risken brächte auch die fehlende völkerrechtliche Einbindung der Gemeinschaftsvorschriften mit sich. Andererseits wird wegen der Dominanz **außenhandelspolitischer Interessen** oftmals eine Verhandlungslösung bevorzugt *(vgl. F. J. von Kempis, 1989, S.20; M. Schelzel, 1989, S.50 ff.; K.-U. Bandtel, 1999, S.57f., 134ff.)*.

Anwendung der Gemeinschaftsvorschriften

Im Namen der im Konferenzverkehr zwischen Europa und Australien tätigen Linienreedereien aus Dänemark, der BR Deutschland, Frankreich, Italien, den Niederlanden, Spanien, dem Vereinigten Königreich und später auch Belgien reichte der Ausschuß der Reedereivereinigungen der Europäischen Gemeinschaften (CAACE) im August 1987 einen Antrag auf **Einleitung eines Verfahrens** gegen die Hyundai Merchant Marine Company Ltd (HMM) wegen der Anwendung unlauterer Preisbildungspraktiken ein. Die Kommission folgte diesem Ansinnen und begann daraufhin mit einer Untersuchung für den Zeitraum von Januar bis Oktober 1987 [ABl. C 308 18.11.87 S.3] *(vgl.*

Bull. EG 11-1987, S.69; F. van Dieken, 1989, S.63f.; SEK(90) 1594 endg., S.19; K.-U. Bandtel, 1999, S.56).

Nachdem die Kommission die **normale Frachtrate** anhand der Daten einer vergleichbaren Reederei ohne marktfremde Vorteile berechnet hatte, ermittelte sie unter Berücksichtigung der fixen und variablen Kosten, eines Gemeinkosten- und Gewinnzuschlags sowie unter Einbeziehung der unterschiedlichen Reisezeiten und Fahrtenhäufigkeit für die HMM eine um 26 % oder 450 ECU je 20-Fuß-Behälter niedrigere Frachtrate. Marktfremde Vorteile wurden in den unter bestimmten Umständen gewährten Ladungsvorbehaltsregelungen mit Exklusiv- oder Vorzugsrechten im *home trade* und der damit verbundenen Lizenzerteilung sowie in den für Ausländer geltenden Beschränkungen für den Erwerb von Unternehmens- und Vermögensanteilen gesehen. Weiterhin angeführt wurden das Programm zur Rationalisierung der Seeschiffahrt mit Steuer- und Darlehensvergünstigungen sowie Refinanzierungsmöglichkeiten, die die finanzielle Situation von Hyundai erheblich verbesserten. Damit verbunden waren eine Senkung der Zahl der Reedereien durch Zusammenschlüsse, eine Erhöhung der Tonnage der Einzelreedereien, eine Zuteilung der Fahrtgebiete und die Ersetzung alter Schiffe durch neue. Eine Schädigung der Gemeinschaftsflotte zeigte sich weniger in Marktanteilsverlusten (1986: 54 %, 1987: 53,6 %) und einer sinkenden Kapazitätsauslastung bei konstantem Schiffsraumangebot, sondern eher im Rückgang von Buchungen, Frachtraten, Einnahmen, Rentabilität und Beschäftigung; obwohl die Frachtraten der Gemeinschaftsreedereien nicht kostendeckend waren, konnten sie von Hyundai noch erheblich unterboten werden. Die **Gemeinschaftsinteressen** wurden in der Sicherung von Arbeitsplätzen und der Aufrechterhaltung des freien Außenhandels, in den Interessen der Seehäfen und der Zulieferindustrie sowie im Bestand des speziellen Liniendienstes gesehen *(vgl. F. van Dieken, 1989, S.64ff.; H.-J. Scheibe, 1989, S.62ff.; K.-U. Bandtel, 1999, S.79ff.).*

Gemäß der **Verordnung 89/15/EWG des Rates vom 4. Januar 1989 [ABl. L 004 06. 01.89 S.1]** war deshalb von den Zollbehörden auf alle Ladungen in Großbehältern, die von Handelsschiffen der HMM in einem Gemeinschaftshafen mit dem Ziel Australien aufgenommen wurden, eine Ausgleichsabgabe von 450 ECU je 20-Fuß- und 900 ECU je 40-Fuß-Großbehälter zu erheben. Die Ankunft eines Schiffes und die Anzahl der zu verladenden Großcontainer mußten den zuständigen Behörden mitgeteilt werden; die Erlaubnis zur Aufnahme der Container war von der Ausstellung einer Verladeanmeldung und vom Nachweis einer Sicherheitsleistung in Höhe der Abgaben abhängig zu machen. Andere Drittlandreedereien änderten in der Folgezeit ihre Praxis der Frachtratenfestsetzung *(vgl. Bull. EG 10-1988, S.62; GB 1988, Ziff.741; Bull. EG 1-1989, S.46 f.; GB 1989, Ziff.635; SEK(90) 1594 endg., S.19f.; V. J. G. Power, 1992, S.358f.; K.-U. Bandtel, 1999, S.56f.).*

3.2.3.6 Schwerpunkte der gemeinsamen Politik seit Mitte der neunziger Jahre

Angesichts der besonderen Bedeutung der Seeschiffahrt für die internationalen Handelsbeziehungen kam der **Außendimension** der Seeverkehrspolitik auch in den neunziger Jahren eine hohe Bedeutung zu. Die Unterstützung der eigenen Seeverkehrswirtschaft und der Schutz des freien Welthandels durch Gewährleistung des freien Marktzugangs und lauterer Wettbewerbsbedingungen blieben zentrale Ziele des gemeinschaftlichen Vorgehens. Hierzu boten sich eine Abstimmung in Form bi- oder multilateraler Konsultationen und Verhandlungen zur Weiterentwicklung der Liberalisierungsansätze bzw. zum Abbau bestehender Beschränkungen sowie die Inangriffnahme spezifischer Probleme des Marktzugangs und des unlauteren Wettbewerbs im Verhältnis zu Drittstaaten an. Außer einer Verständigung über politische Grundsätze und der vorherigen Festlegung eines Ansatzes für Einzelfragen im Wege von **Abkommen und Konsultationen** sollten Demarchen, nachfolgende Konsultationen, Gegen- und Schutzmaßnahmen bei einer Beschränkung des Marktzugangs, bei der Anwendung unfairer Praktiken oder der Verletzung internationaler Normen (bei Weiterentwicklung des zur Verfügung stehenden Instrumentariums) sowie die Zusammenarbeit mit Drittländern bzw. die technische Hilfe für Drittländer bei der Entwicklung ihrer Schifffahrtssektoren zur Anwendung kommen. Konsultationen, Maßnahmen zur **Verständigung und Zusammenarbeit** sowie eine einvernehmliche Lösung im Rahmen der WTO wurden von der Kommission bevorzugt *(vgl. KOM (96) 81 endg., S.23; KOM (96) 707 endg., S.1 ff., 17 ff.).*

3.3 Seeverkehrsstrategien und Registerproblematik in der Gemeinschaft

3.3.1 Registrierung von Schiffen in der Gemeinschaft

3.3.1.1 Die Registerproblematik im europäischen Seeverkehr

Der weltweite Rückgang der Nachfrage nach Schiffahrtsleistungen und die Wettbewerbsnachteile des gemeinschaftlichen Seeverkehrsgewerbes wurden in der schiffahrtspolitischen Diskussion zu Recht als Ursache für die **Schrumpfung und Überalterung der Gemeinschaftsflotte** während der achtziger Jahre angeführt. Die Entwicklung der schiffahrtspolitischen Rahmenbedingungen unterstützte aber auch den Trend, im wirtschaftlichen Eigentum von Gemeinschaftsreedereien befindliche und dort auch verbleibende Schiffe in Register außerhalb der EG und nicht in das Hauptregister eines Mitgliedstaats einzutragen. Inwieweit dabei zwischen dem Recht der **Niederlassungsfreiheit** gemäß den Artt. 52 bis 58 EWGV (Artt. 43 bis 48 EGV) und der **Registrierung von Schiffen** ein direkter Zusammenhang besteht, war Ende der achtziger Jahre zwischen den Mitgliedstaaten und der Kommission durchaus umstritten. Unstrittig war jedoch, daß mit der Eintragung eines Schiffes in ein anderes Register vor allem ein Wechsel der administrativen, zivil- und strafrechtlichen sowie der steuer- und arbeitsrechtlichen **Vorschriften** verbunden war *(vgl. V. J. G. Power, 1992, S.159 ff.; KOM (96) 81 endg., S.7, 38 f.).*

Insbesondere die hohen Personalkosten werden vielfach als ein wesentlicher Beweggrund für die **Umtragung von Schiffen** aus nationalen Haupt- oder Erstregistern in offene Register (Offenregister) – wie z. B. diejenigen der Bahamas, Liberias, Maltas, Panamas und Zyperns – angesehen, weil auf diese Weise Mannschaften aus Nicht-EG-Staaten zu geringeren als den national üblichen Löhnen, niedrigeren Sozialstandards und unter Umgehung strenger Bemannungsauflagen angeheuert werden können. Häufig kommen auch weniger scharfe technische Sicherheits- und Umweltschutzvorschriften zur Anwendung. Eine Verlagerung der Management- und Verwaltungstätigkeit einer Reederei in ein Offenregisterland hat zudem vielfach den Vorteil, daß lediglich eine reduzierte Eintragungsgebühr zu entrichten und / oder keine oder nur eine relativ unbedeutende Körperschaftsteuer zu zahlen ist; eine gute Dienstleistungsinfrastruktur (Banken und Versicherungen, Telekommunikation, Rechtswesen) zieht oftmals sogar die Verlagerung wichtiger betrieblicher Aktivitäten oder des Firmensitzes nach sich. Verstärkt wird die Tendenz zum Ausflaggen durch die Schaffung von **Offshore-** und **internationalen bzw. Zweitregistern**, teilweise auch durch Mitgliedstaaten; bei diesen Registern wird die Flagge des betreffenden Landes geführt *(vgl. G. N. Yannopoulos, 1988; KOM(89) 266 endg., S. 1, 10f.; R. W. Stuchtey, 1989, S. 14ff.; V. J. G. Power, 1992, S. 164 ff.; B. Smith, 1993, S. 83 f.; EP, 1996, S. 36 ff.; KOM (96) 81 endg., S. 7 f., 12 f., 39, 51 f., 65; K.-U. Bandtel, 1999, S. 45 ff., 60 f.; EP, 2000, S. 12 ff.)*.

Zusätzlich zum **Kapazitätsabbau** bei der Gemeinschaftsflotte *(vgl. S. 119)* wurden zwischen 1981 und 1987 etwa ein Drittel der Tanker- sowie über 40 % der Trockenmassengutflotte in **Offenregister** umgetragen; der Anteil der in der Gemeinschaft eingetragenen Schiffe des Nicht-Massengutverkehrs sank um 36 %. Belief sich die Kapazität der Flotte im wirtschaftlichen Eigentum von Gemeinschaftsreedereien unter der Flagge von Offenregisterländern 1981 noch auf 38,5 Mio. dwt (16,1 % der Gesamtkapazität aus nationaler und Offenregisterflotte), so betrug sie 1987 bereits 64,2 Mio. dwt (37,6 %); im Tankerverkehr wuchs diese Flotte nur leicht von 22,6 Mio. dwt (18,7 %) auf 26,3 Mio. dwt (36,7 %), dagegen im Massengutverkehr deutlich von 8,8 Mio. dwt (12,7 %) auf 25,4 Mio. dwt (42,0 %) *(vgl. KOM (89) 266 endg., S. 5, Tabelle 4)*. Der durchschnittliche Anteil aller Offenregisterflotten am Weltseeverkehr erhöhte sich zwischen 1981 und 1987 von 27 % auf 35 %, und im Containerverkehr stieg der entsprechende Anteilswert von 7,5 % auf 17,5 %. Zuwächse verzeichneten dabei in erster Linie die **Offshore- oder internationalen Register** *(vgl. KOM (89) 266 endg., S. 7, Tabelle 7; B. Smith, 1993, S. 91 f.; zum internationalen Register Deutschlands M. Schwemmler, 1991)*.

Folge der zunehmenden Ausflaggung waren **wachsende Unterschiede** in den Betriebs- und Wettbewerbsbedingungen innerhalb der Gemeinschaftsflotte durch die Lockerung der entsprechenden Vorschriften in den nationalen Zweitregistern, was zu extremen **Wettbewerbsverzerrungen** zwischen den Reedereien führte. Zugleich sahen sich die Mitgliedstaaten dazu veranlaßt, ihre Register durch **Beihilfen** zu unterstützen. Die Eintragung in offene oder internationale Register trug außerdem zu einer Verstärkung des **Bedeutungsverlustes der Gemeinschaftsflotte** und zum **Verlust von Arbeitsplätzen** für Seeleute aus der Gemeinschaft bei *(vgl. S. 122)*.

3.3.1.2 Auswirkungen der Schaffung eines gemeinschaftlichen Schiffsregisters

Die Schaffung eines Gemeinschaftsregisters neben den nationalen Registern schien der Kommission ein **wirksames Mittel** zu sein, um der Gemeinschaftsflotte die notwendigen Anpassungen an die geänderten schiffahrtspolitischen Rahmenbedingungen zu erleichtern, ihre internationale Wettbewerbsposition zu verbessern und die bestehenden Probleme abzumildern. Durch die Gewährleistung hoher Anforderungen an die Qualität, Sicherheit und Zuverlässigkeit der Schiffe, des Personals und des Transportvorgangs sollte bei gleichzeitig möglichst **niedrigen Betriebskosten** die Wettbewerbsfähigkeit verbessert und somit langfristig die Gemeinschaftsflotte erhalten sowie **qualifizierte Arbeitsplätze** für Seeleute aus der Gemeinschaft geschaffen bzw. gesichert werden. Positive Auswirkungen erwartete man weiterhin in bezug auf die Sicherheit und Umweltverträglichkeit des Seeverkehrs (Erdöl- und Gefahrguttransporte).

Die Einrichtung eines Gemeinschaftsregisters wurde ferner als Beitrag zur Harmonisierung und Vereinfachung der **Wettbewerbsbedingungen** durch die Festlegung einheitlicher technischer, sozialer, steuerlicher und finanzieller Bestimmungen angesehen. Dies sollte auch eine günstige Voraussetzung für eine baldmögliche Aufhebung des **Kabotagevorbehalts** *(vgl. S.169)* und die Erleichterung der **Umtragung** in das Register eines anderen Mitgliedstaats ohne zusätzliche technische Anforderungen *(vgl. S.191)* sein. Schließlich verband man mit der Schaffung eines Gemeinschaftsregisters die Hoffnung, die Stellung der Gemeinschaft im Weltseeverkehr stärken und glaubhafter als eine einheitliche Handelsmacht auftreten zu können. Eine Bündelung der gemeinschaftlichen Anstrengungen sollte die Gemeinschaft in die Lage versetzen, in den **internationalen Schiffahrtsgremien** eine größere Rolle zu spielen und die von ihr präferierten **einheitlichen Betriebsbedingungen** leichter realisieren zu können *(vgl. KOM(89) 266 endg., S.2, 14ff.)*.

3.3.1.3 Vorschläge zur Schaffung eines Gemeinschaftsregisters

Eine Bestandsaufnahme der Situation des Seeverkehrs zum Ende der achtziger Jahre zeigte, daß sich zwar der **Weltseeverkehrsmarkt** wieder stabilisierte, die **Gemeinschaftsflotte** aber nach wie vor von den Folgen der Rezession und spezifischen Wettbewerbsnachteilen sowie von den protektionistischen Maßnahmen einiger Drittstaaten betroffen war. Auf einem Treffen von Vertretern des Europäischen Parlaments und der Kommission sowie nationalen Reedereien, Seeleuten und Verwaltungen in Antwerpen im Mai 1987 wurden unter Berücksichtigung der Marktentwicklung ergänzende Maßnahmen, z. B. gegen die zunehmende Tendenz des Ausflaggens, gefordert. In ihrem **Arbeitsprogramm** für das Jahr 1988 kündigte die Kommission weitere Aktivitäten zur Verbesserung der Wettbewerbsfähigkeit der Gemeinschaftsflotte an *(vgl. V. J. G. Power, 1992, S.155f.)*. Umfassender wurden die **Zukunftsperspektiven** des europäischen Seeverkehrsgewerbes in der Mitteilung der Kommission vom 3. August 1989 über Maßnahmen zur Verbesserung der Betriebsbedingungen des Seeverkehrs der Gemeinschaft [KOM (89) 266 endg.] im Rahmen einer **detaillierten Lageanalyse** mit daran anschließenden Vorschlägen für **künftige Aktionen** gezeichnet. Den eher verhaltenen Schlußfolgerungen des **Rates** vom 4. Dezember 1989 folgten Stellungnahmen des **Wirtschafts- und Sozialausschusses** vom 16. November 1989 [ABl. C 056 07.03.90 S.70] und des **Europäischen Parlaments** vom 26. Oktober 1990 [ABl. C 295 26.11.90 S.659, 680, 682] mit einer Reihe von Änderungsvorschlägen *(vgl. Bull. EG 5-1989, S.59f.; Bull. EG 7/8-1989, S.63f.; Bull. EG 11-1989, S.54; Bull. EG 12-1989, S.83; GB 1989, Ziff.637; Bull. EG 10-1990, S.63f.; J. Erdmenger, 1990, S.195f.; V. J. G. Power, 1992, S.156f.; B. Smith, 1993, S.93f.; M. D. Aspinwall, 1995, S.131ff., 145ff.; A. A. Pallis, 2002, S.73ff.).*

Im Zusammenhang mit ihrer Mitteilung unterbreitete die Kommission zahlreiche **Entwürfe** für neue Rechtsvorschriften. So wurde u. a. eine Verordnung über eine gemeinsame Bestimmung des Begriffs **Gemeinschaftsreeder** angeregt [ABl. C 263 16.10.89 S.16], wozu **folgende Schiffseigner** zählen sollten: Angehörige eines Mitgliedstaats, die ihren Wohnsitz bzw. gewöhnlichen Aufenthaltsort in einem Mitgliedstaat haben oder deren Schiffe in einem Mitgliedstaat eingetragen sind; Schiffahrtsgesellschaften bzw. -unternehmen, die nach dem Recht eines Mitgliedstaats (Hauptniederlassung in der Gemeinschaft, Ausübung der tatsächlichen Aufsicht in einem Mitgliedstaat, Vorstand wird mehrheitlich aus Gemeinschaftsbürgern gebildet oder Kapitalanteile gehören mehrheitlich in der Gemeinschaft Ansässigen) gegründet wurden; in einem Drittland befindliche Schiffahrtsgesellschaften bzw. -unternehmen (von einem Angehörigen eines Mitgliedstaats kontrolliert, Schiffe sind in der Gemeinschaft eingetragen) *(vgl. Bull. EG 5-1989, S.59f.; GB 1989, Ziff.637)*. Ferner veröffentlichte die Kommission einen Vorschlag zur **Liberalisierung der Kabotage** [ABl. C 263 16.10.89 S.17] *(vgl. S.169)*, ein Arbeitspapier zu den **finanziellen und steuerlichen Maßnahmen** für in der Gemeinschaft eingetragene Schiffe [SEK (89) 921 endg.] *(vgl. S.202)* und eine Empfehlung für eine **wirkungsvollere Hafenstaatkontrolle** [ABl. C 263 16.10.89 S.15] *(vgl. S.276) (vgl. M. D. Aspinwall, 1995, S.135f.)*.

Von besonderer Bedeutung war schließlich der Vorschlag für eine Verordnung zur Einrichtung eines Gemeinschafts-Schiffsregisters und über das Führen der Gemeinschaftsflagge durch Seeschiffe [ABl. C 263 16.10.89 S.11]. Da ein **einheitliches Gemeinschaftsregister** aus rechtlichen und technischen Gründen kurzfristig nicht realisierbar erschien, wurde zum 1. Januar 1991 die **Schaffung eines Parallelregisters** (EUROS) empfohlen, was auch mit den internationalen Übereinkommen im Einklang stand. Die Schiffe aller natürlichen oder juristischen Personen mit Bindung zur Gemeinschaft (Wohnort, Gesellschaft mit Hauptniederlassung in der Gemeinschaft mit Kontrolle des Kapitals oder des Vorstands durch Gemeinschaftsbürger, Drittstaatenangehörige bei Eintragung des Schiffs in einem Mitgliedstaat) sollten in EUROS, weiterhin aber auch in die nationalen Register eines Mitgliedstaats eingetragen werden können und dessen Kontrolle und rechtlicher Zuständigkeit unterliegen; auch eine **Umtragung zwischen den nationalen Registern** blieb möglich. Jedes vorhandene oder im Bau befindliche Handelsschiff von mindestens 500 BRT, das auf nationaler Ebene registriert war, nicht älter als 20 Jahre war und der gewerblichen Beförderung von Personen oder Gütern diente, wie auch Schiffe, die auf der Grundlage einer *bareboat charter* betrieben wurden, konnten bei der Erfüllung bestimmter Kriterien eingetragen werden. **Aufnahmevoraussetzungen** sollten u. a. die Einhaltung von Sicherheitsvorschriften und technischen Normen sowie die Gewährleistung einer sozialen Absicherung mit vorgeschriebenen Mindeststandards für das Lohnniveau, die Arbeitszeit und die sonstigen Arbeitsbedingungen sein. **Minimalanforderungen** wurden auch an die Staatsangehörigkeit der Seeleute gestellt; alle Offiziere und die Hälfte der übrigen Besatzung mußten aus der Gemeinschaft stammen. Dabei waren jedoch das Diskriminierungsverbot und die Freizügigkeit der Arbeitnehmer zu berücksichtigen sowie gemeinsame Regeln für die Anerkennung der Qualifikationen und Beschäftigungsnachweise aufzustellen. Mit der Eintragung in das Gemeinschaftsregister war zugleich das Recht und die Pflicht zum Führen der **europäischen Flagge** verbunden *(vgl. Bull. EG 5-1989, S.59f.; GB 1989, Ziff.637; KOM(89) 266 endg., S.14ff.; R. R. Churchill, 1991, S.591ff.; V. J. G. Power, 1992, S.176ff.; B. Smith, 1993, S.94ff.; H.-H. Nöll, 1994, S. 376ff.; St. Tostmann, 1994, S.346ff.; M. D. Aspinwall, 1995, S.132f.; E. Selkou u. a., 2004, S.71ff.)*.

Um den Änderungswünschen des **Europäischen Parlaments** [ABl. C 295 26.11.90 S.659, 680] und des **Wirtschafts- und Sozialausschusses** [ABl. C 056 07.03.90 S.70] Rechnung zu tragen, unterbreitete die Kommission am 27. Februar 1991 formal leicht **abgeänderte Vorschläge** zur Einrichtung des Gemeinschaftsregisters und zur Definition des Begriffs des Gemeinschaftsreeders [ABl. C 073 19.03.91 S.11, 25], ohne dabei allerdings die Bestimmungen materiell wesentlich weiterzuentwickeln. Der Verordnungsentwurf zur Realisierung von EUROS, die nun bis zum 1. Januar 1992 vorgesehen war, enthielt jetzt auch Regelungen zum **Verfahren der Eintragung** in EUROS (Einreichung des Antrags, notwendige Angaben, beizufügende Unterlagen) und zur **Löschung**, zum **Informationsaustausch** zwischen Kommission und nationalen Behörden über die Eintragung bzw. Löschung eines Schiffs in EUROS bzw. im nationalen Register sowie zum Mitführen von **Schiffsbescheinigungen und -dokumenten**. Die Aufnahmevoraussetzungen wurden vor allem in bezug auf die Bemannung wesentlich erweitert (Leitlinien und Bescheinigungen zur Mindestbemannung, gesonderte Besatzungsvorschriften für den Personenseeverkehr, Erhebungen zum Angebot an Seeleuten) *(vgl. Bull. EG 1/2-1991, S.36; V. J. G. Power, 1992, S.193f.)*. Eine **erneute Änderung** des Verordnungsvorschlags zum Gemeinschaftsregister vom 11. Dezember 1991 [ABl. C 019 25.01.92 S.10; KOM (93) 570 endg.], das jetzt am 1. Januar 1993 entstehen sollte, sah die Einführung von Ausgleichszahlungen an Reeder vor, um diese für aus der Beschäftigung von Seeleuten aus den Mitgliedstaaten entstehende Mehrkosten zu entschädigen; die Höhe der **Kompensationszahlung** sollte sich an der auf die Gehälter der Seeleute zu entrichtenden Lohnsteuer orientieren *(vgl. Bull. EG 12-1991, S.46f.; GB 1991, Ziff.719f.; B. Heldring, 1993, S.389ff.; EP, 1994a, S.33f.; B. Smith, 1993, S.99f.; M. D. Aspinwall, 1995, S.146ff.)*.

Obwohl der **Rat** den Vorschlag für eine Bestimmung des Begriffs des Gemeinschaftsreeders im Dezember 1992 unter Hinweis auf das Subsidiaritätsprinzip nicht angenommen hatte, wurden die neuen Kommissionsinitiativen vom **Europäischen Parlament** wiederum unterstützt [ABl. C 268 04.10.93 S.170, 171; ABl. C 020 24.01.94 S.83, 84]. Die Zurückhaltung der Mitgliedstaaten gegenüber einer gemeinsamen Seeverkehrspolitik sowie unterschiedliche Auffassungen über Einzelfragen, z. B. ob die Reeder die Schiffsbesatzung weitgehend eigenverantwortlich bestimmen oder ob Vorgaben zur direkten Beschäftigungssicherung für europäische Seeleute zur Anwendung kommen sollten, verhinderten auch in der Folgezeit eine Einigung im Rat und damit die Verabschiedung einer entsprechenden Rechtsvorschrift. Schließlich zog die **Kommission** am 21. November 1996 ihre Vorschläge zur Errichtung eines Gemeinschaftsregisters und zur Definition des Gemeinschaftsreeders zurück [ABl. C 002 04.01.97 S.5]. Statt dessen plante sie einen Entwurf für eine Richtlinie über die Festlegung der Kriterien für eine nationale Registrierung *(vgl. Bull. EG 9-1993, S.36; B. Smith, 1993, S.97 ff.; M. D. Aspinwall, 1995, S.150ff.; EP, 1996, S.38f.; Ch. Hinz, 1996, S.16; KOM (96) 81 endg., S.6)*.

3.3.1.4 Erleichterung der Umtragung von Schiffen zwischen Gemeinschaftsstaaten

Bei der Umtragung eines Schiffes zwischen verschiedenen nationalen Registern war es bis Ende der achtziger Jahre allgemein üblich, daß ein Schiff von den zuständigen Behörden erneut geprüft wurde und anschließend Umbauten erfolgen oder bereits genehmigte Ausrüstungen ersetzt werden mußten. Ursache für diese Praxis waren **landesspezifische Vorschriften**, die zum einen auf die Errichtung nicht-tarifärer Handelshemmnisse zugunsten der eigenen Ausrüstungsgüterindustrie, zum anderen auf besondere Sicherheitsanforderungen zurückzuführen waren. Diese Vorgehensweise wurde auch damit sanktioniert, daß die einschlägigen **internationalen Übereinkommen** die Auslegung einiger wesentlicher Aspekte in das Ermessen der Unterzeichnerstaaten stellten. Die Mitgliedstaaten wendeten deshalb spezifische technische Vorschriften an, die teilweise unterschiedliche Anforderungen und Normen enthielten. Die Aufstellung einer gemeinschaftsweiten Liste zugelassener Ausrüstungen gemäß den gültigen **IMO-Normen** zur Schiffssicherheit und zum Umweltschutz sollte diesem Mißstand abhelfen, den EG-Reedereien Umrüstungskosten und Verwaltungsaufwand ersparen sowie die Wettbewerbsfähigkeit der Gemeinschaftsflotte verbessern *(vgl. KOM (85) 90 endg., S.33 f.; KOM (89) 266 endg., S.19; V. J. G. Power, 1992, S.184ff.)*.

Nach der **Verordnung 91/613/EWG des Rates vom 4. März 1991 [ABl. L 068 15.03. 91 S.1]** durften mit Wirkung vom 1. Januar 1992 in einem Mitgliedstaat registrierte Frachtschiffe von mindestens 500 BRT (soweit sie seit dem 25. Mai 1980 fertiggestellt worden waren, die jeweiligen Anforderungen erfüllten und ein gültiges Zeugnis besaßen, eine Gemeinschaftsflagge führten und unter dieser Flagge mindestens seit sechs Monaten in Betrieb waren) nicht von der Registrierung in einem anderen Mitgliedstaat ausgeschlossen werden, wenn sie den technischen Vorschriften der internationalen Übereinkommen entsprachen; vor dem o. a. Datum gebaute Schiffe wurden nur erfaßt, wenn sie dem SOLAS-Übereinkommen und im Falle von Flüssiggas- bzw. Chemikalientankern dem IGC-Code bzw. IBC-Code entsprachen. Zusätzliche Anforderungen konnten an die Frachtschiffe nur dann gestellt werden, wenn die jeweiligen Mitgliedstaaten durch regionale Übereinkommen zum Schutz der Meere gebunden waren *(vgl. Übersicht 20; Bull. EG 6-1990, S.87; GB 1990, Ziff.576; GB 1991, Ziff.720; V. J. G. Power, 1992, S.188ff.)*.

Bei einer Umregistrierung mußten die Zeugnisse von dem einflaggenden Mitgliedstaat unter den gleichen Bedingungen ausgestellt werden wie unter der vorhergehenden Flagge, wobei jedoch eine **erneute Überprüfung** des Schiffes gestattet war. Bei einer Verlängerung, Erneuerung oder Änderung der Zeugnisse durften die Staaten keine abweichenden Anforderungen im Vergleich zur ersten Ausstellung eines nichtprovisorischen Zeugnisses stellen, sofern sich die Ansprüche an die Schiffe nicht geändert hatten. Wurde die Ausstellung von neuen Zeugnissen aufgrund von Bestimmungen abgelehnt, deren Anwendung nach dem betreffenden Übereinkommen in das Ermessen der Vertragsstaaten gestellt war, oder kam es hinsichtlich der Auslegung der Anforderungen zu Meinungsverschiedenheiten, so mußte unverzüglich die Kommission eingeschaltet werden. Einigten sich die Mitgliedstaaten nicht innerhalb eines Monats, so hatte die Kommission ein **Streitbeilegungsverfahren** einzuleiten; gleiches galt, wenn ein Mitgliedstaat die Registrierung eines Schiffes aufgrund von ernsten Sicherheits- oder Umweltgefahren für maximal drei Monate aussetzte.

Übersicht 20: Umregistrierung von Schiffen innerhalb der Gemeinschaft

Verordnung 91/613/EWG des Rates vom 4. März 1991 zur Umregistrierung von Schiffen innerhalb der Gemeinschaft [ABl. L 068 15.03.91 S.1] — Rechtsetzung auf der Grundlage des Art. 84 Abs. 2 EWGV (Art. 80 Abs. 2 EGV), auf Vorschlag der Kommission [ABl. C 153 22.06.90 S.14] sowie nach den Stellungnahmen des EP [ABl. C 019 28.01.91 S.658] und des WSA [ABl. C 060 08.03.91 S.33] — Übernahme durch das EWR-Abkommen [ABl. L 001 03.01.94 S.442] — Änderung durch die Verordnung 2002/2099/EG des Europäischen Parlaments und des Rates vom 5. November 2002 [ABl. L 324 29.11.2002 S.1]
Verordnung 93/2158/EWG der Kommission vom 28. Juli 1993 zur Anwendung von Änderungen des Internationalen Übereinkommens von 1974 zum Schutz des menschlichen Lebens auf See sowie des Internationalen Übereinkommens von 1973 zur Verhütung der Meeresverschmutzung durch Schiffe für die Zwecke der Verordnung 91/613/EWG [ABl. L 194 03.08.93 S.5] — Aufnahme in den Anhang XIII des EWR-Abkommens durch den Beschluß 7/94 des Gemeinsamen EWR-Ausschusses [ABl. L 160 28.06.94 S.86]
Verordnung 2004/789/EG des Europäischen Parlaments und des Rates vom 21. April 2004 zur Umregistrierung von Fracht- und Fahrgastschiffen innerhalb der Gemeinschaft und zur Aufhebung der Verordnung 91/613/EWG des Rates [ABl. L 138 30.04.2004 S.19] — Rechtsetzung auf der Grundlage des Art. 84 (80) Abs. 2 EGV, auf Vorschlag der Kommission [KOM (2003) 478 endg.] und nach Stellungnahme des WSA [ABl. C 080 30.03.2004 S.88]; Stellungnahme des EP [ABl. C 092 E 16.04.2004 S.91] und Beschluß des Rates im Rahmen des Verfahrens der Mitentscheidung — Aufnahme in den Anhang XIII des EWR-Abkommens durch den Beschluß 153/2004 des Gemeinsamen EWR-Ausschusses [ABl. L 102 21.04.2005 S.31]

Mit der **Verordnung 93/2158/EWG der Kommission vom 28. Juli 1993 [ABl. L 194 03.08.93 S.5]** wurden die gemeinschaftlichen Vorschriften zur Umregistrierung von Schiffen zum 10. August 1993 um einige, zwischenzeitlich in Kraft getretene Änderungen internationaler Übereinkommen ergänzt; es handelte sich dabei um fünf Neufassungen des SOLAS-Übereinkommens vom 9. / 10. November 1988, 11. April 1989 und 23. Mai 1990 sowie eine Modifizierung des MARPOL-Übereinkommens vom 4. Juli 1991 *(vgl. Bull. EG 7/8-1993, S.44)*.

Zum 20. Mai 2004 wurden die Bestimmungen zur Umregistrierung von Schiffen durch die **Verordnung 2004/789/EG des Europäischen Parlaments und des Rates vom 21. April 2004 [ABl. L 138 30.04.2004 S.19]** grundsätzlich reformiert und erweitert. Neben den o. a. Frachtschiffen können nun auch Fahrgastschiffe (die ab dem 1. Juli 1998 gebaut worden sind, den Anforderungen genügen, gültige Zeugnisse mitführen und über eine zugelassene Ausrüstung verfügen) nicht aus technischen Gründen aufgrund der Übereinkommen von einer Umregistrierung ausgeschlossen werden; vor dem o. a. Datum gebaute Fahrgastschiffe müssen bei **Inlandsfahrten** die einschlägigen Anforderungen der Richtlinie 98/18/EG *(vgl. S.317)* bzw. bei **Auslandsfahrten** die des **SOLAS-Übereinkommens** erfüllen. Ausgeschlossen sind alle Schiffe, denen in den letzten drei Jahren gemäß den gemeinschaftlichen Regelungen zur **Hafenstaatkontrolle** *(vgl. S.276)* der Zugang zu Seehäfen verweigert wurde bzw. die nach der **Pariser Vereinbarung** von 1982 mehr als einmal festgehalten wurden. Den Mitgliedstaaten steht die Möglichkeit offen, zusätzliche Vorschriften im Zusammenhang mit vor dem 1. Januar 1992 ratifizierten regionalen Umweltübereinkünften vorzuschreiben *(vgl. Bull. EU 7/8-2003, S.69; GB 2003, Ziff.688; Bull. EU 4-2004, S.95)*.

Nach Eingang des **Antrags auf Umregistrierung** übermittelt der Mitgliedstaat (oder die anerkannte Organisation) des abgebenden Registers dem Mitgliedstaat (oder der anerkannten Organisation) des aufnehmenden Registers alle notwendigen Angaben über das Schiff (Zustand, Ausrüstung, geforderte Verbesserungen und überfällige Besichtigungen, Zeugnisse, Überprüfungsprotokolle); eine erneute Überprüfung vor der Umregistrierung bleibt gestattet. Zeugnisse sind unter den gleichen Bedingungen auszustellen, wie sie zuvor galten, sofern die Gründe für Auflagen, Ausnahmen oder Freistellungen noch gegeben sind; Erneuerung, Verlängerung und Änderung der Zeugnisse erfolgen unter den gleichen Anforderungen. Die Regelungen zum **Streitbeilegungsverfahren**, das bei der Ablehnung der Ausstellung eines Zeugnisses aufgrund der unterschiedlichen Auslegung von Bestimmungen internationaler Übereinkommen oder der Aussetzung der Umregistrierung wegen vermuteter ernster Gefahren anzuwenden ist, wurden beibehalten.

3.3.2 Förderung des Seeverkehrsgewerbes im Rahmen der industriepolitischen Gesamtstrategie für die maritime Wirtschaft

In ihrer Mitteilung vom 18. September 1991 über die maritimen Industrien vor neuen Herausforderungen [KOM (91) 335 endg.] – Stellungnahme des Wirtschafts- und Sozialausschusses vom 26. Mai 1992 [ABl. C 223 31.08.92 S.36] – schlug die Kommission auf der Grundlage einer **umfassenden Analyse** der wirtschaftlichen und politischen Situation erstmals ein allgemeines, horizontales **Gesamtkonzept** zur Stärkung der Wettbewerbsfähigkeit des maritimen Sektors vor. Neben dem Seeverkehr und dem Schiffbau bzw. der Schiffsreparatur sollten auch der multimodale Verkehr, die Bereitstellung maritimer Investitionsgüter, Häfen, Hafendienste und Logistik, die Meeresressourcenindustrie (z. B. die Fischereiwirtschaft) sowie verwandte Industrie- und Dienstleistungsbranchen (Maklergeschäfte, Bankwesen, Finanzdienste, Versicherungen, Beratungsdienste) berücksichtigt werden *(vgl. Bull. EG 9-1991, S.18f.; GB 1991,*

Ziff.270; Bull. EG 5-1992, S.31; V. J. G. Power, 1992, S.158; EP, 1996, S.4ff.; K. Seidel, 2000; A. A. Pallis, 2002, S.81, 193ff.).

Ein auf Anregung der Kommission gegründetes **Maritimes Forum**, das am 28. Januar 1992 seine Arbeit aufnahm, vereint Repräsentanten aller genannten Bereiche, Vertreter von Gewerkschaften und Forschungsinstituten sowie der EG-Institutionen, der Mitgliedstaaten und der skandinavischen EFTA-Länder. Das Forum hat Aufgaben, Inhalte und Umfang des **Gesamtkonzepts** für vorrangige Gebiete und Aktionen von gemeinsamem Interesse festzulegen, Verfahren zur Durchführung der Maßnahmen zu bewerten und in diesem Zusammenhang die Kommission beratend zu unterstützen oder Stellung zu nehmen, ohne dabei das **Initiativrecht der Kommission** zu schmälern *(vgl. Bull. EG 1/2-1992, S.42; GB 1992, Ziff.257; KOM (92) 490 endg., S.2; KOM (93) 526 endg., S.3; L. Schmidt, 1992, S.351ff.; A. A. Pallis, 2002, S.199ff.).*

Die Mitteilung vom 18. November 1992 über die weiteren Schritte zur Stärkung der Wettbewerbsfähigkeit der europäischen maritimen Industrien [KOM (92) 490 endg.] kommentierte die **Empfehlungen des Schlußberichts** der dritten Plenarsitzung des Forums vom 29. Oktober 1992 in Genua, der auf den Berichten der **Arbeitsgruppen** Wirtschaftsanalyse, Forschung und Entwicklung, Sicherheit und Umwelt sowie Seeverkehr basierte. Die Kommission bewertete die vorgeschlagenen Maßnahmen überwiegend als positiv und zukunftsgerichtet. Die Aktionen der **Industrie** sollten z. B. die Gründung eines Gremiums, das die Einrichtung eines Garantiefonds zur kommerziellen Finanzierung des Seeverkehrs und Schiffbaus erörtert, die Koordinierung der Forschungs- und Entwicklungseinrichtungen, die Verbesserung der Ölpestbekämpfung, die Förderung des Einsatzes von EDI sowie organisatorische Aspekte (Einsatz von Arbeitsgruppen u. a. zum Kurzstreckenseeverkehr *(vgl. S.197)* und zur Schiffsfinanzierung) umfassen. Die **Mitgliedstaaten** und die **Kommission** wollten auf internationaler Ebene verstärkt für offene Märkte und gerechte Wettbewerbsbedingungen eintreten, die Einrichtung eines Gemeinschaftsregisters vorantreiben, die Seehäfen in die transeuropäischen Netze integrieren *(vgl. Band 1, S.485ff.)*, Maßnahmen zur Förderung des Kurzstreckenseeverkehrs ergreifen, Fragen der sozialen Absicherung, der Schiffssicherheit und des Umweltschutzes verstärkt im Rahmen der gemeinsamen Seeverkehrspolitik berücksichtigen sowie den Einsatz der Informations- und Kommunikationstechnologien forcieren *(vgl. Bull. EG 11-1992, S.38; GB 1992, Ziff.257; KOM (92) 490 endg., S.3ff., 12ff.; L. Schmidt, 1993a, S.296ff.; EP, 2000, S.33f.).*

Auch das **Europäische Parlament** betonte in einer Entschließung vom 21. April 1993 zu den maritimen Industrien in Europa [ABl. C 150 31.05.93 S.73] deren große Bedeutung (sowohl als eigenständige Sektoren als auch im Hinblick auf Arbeitsplätze, Rohstoffversorgung, Handel, Verkehr, Wettbewerb, Sozial- und Steuerwesen, Umwelt, Forschung und Verteidigung); besonders negativ hervorgehoben wurden der Rückgang des Gemeinschaftsanteils an der Weltflotte und den Schiffsneubauten. Im Rahmen einer **integrierten Gemeinschaftsstrategie** für alle Sektoren sollten in Verbindung mit einer Neuordnung der Zuständigkeiten sowohl Zukunfts- (Tiefseebergbau, Meereswärmenutzung, schwimmende Plattformen, Trinkwassererzeugung) als auch traditionelle Industrien (Fischerei, Schiffbau) gefördert werden. Als prioritär wurden u. a. der **Umweltschutz** (Hafenstaatkontrolle, Entladung von Gefahrstoffen, Sanktions- und Haftungsregeln, Verkehrsleitsysteme, Förderung regenerativer Ressourcen), Maßnahmen auf **internationaler Ebene** (Liberalisierung, Kontrollen), eine interne **Reorganisation** der Kommission, die Einrichtung einer **Maritimen Stiftung** oder Agentur, die Schaffung eines **Gemeinschaftsregisters**, die **Aus- und Weiterbildung** von Schiffsbesatzungen, attraktive **Beschäftigungsbedingungen** für Seeleute, die Förderung der **Küstenschiffahrt**, eine integrierte **Forschungsstrategie** und die finanzielle Unterstützung des **Schiffbaus** bezeichnet *(vgl. Bull. EG 4-1993, S.29f.)*.

Am 4. November 1993 nahm die Kommission dann in ihrer Mitteilung zur Durchführung einer Gesamtpolitik für die maritime Wirtschaft [KOM (93) 526 endg.] zu den Empfehlungen der **zweiten Plenartagung** des Forums der maritimen Industrie vom 27. und 28. Juni 1993 in Athen Stellung. Diese **Empfehlungen** betrafen u. a. die Stärkung der Leistungsfähigkeit der Häfen, die Verschärfung der Hafenstaatkontrolle, die Einbeziehung des Kurzstreckenseeverkehrs in das intermodale Verkehrskonzept und eine entsprechende Erweiterung der **Forschungs- und Entwicklungsprogramme**; zu letzteren wurden in Verbindung mit dem vierten Rahmenprogramm vorrangige industrielle und technologische Ziele ermittelt [SEK (95) 1824 endg.]. Im Rahmen der **Schiffbaupolitik** wurden eine Änderung der Bedingungen der Kredithilfeprogramme, eine stärkere Einbeziehung von EIB und EIF in die Schiffsfinanzierung sowie steuerliche Maßnahmen für Schiffseigner gefordert *(vgl. Bull. EG 11-1993, S.30; GB 1993, Ziff.192; KOM (93) 526 endg., S.4, 20f.)*.

Das in der Kommissionsmitteilung vom 13. März 1996 über die Gestaltung der maritimen Zukunft Europas [KOM (96) 84 endg.] formulierte **industriepolitische Förderkonzept** ergänzte die in der Mitteilung vom gleichen Tag entwickelte Grundstrategie der gemeinschaftlichen Seeverkehrspolitik *(vgl. S. 196)* und beschäftigte sich dabei u. a. mit der Schiffbau- und Schiffsreparaturindustrie, den Problemen der Seehäfen und der Meeresressourcennutzung *(vgl. Bull. EU 3-1996, S.36f.; GB 1996, Ziff.198)*. Zentrales Ziel der gemeinsamen Politik in diesen Bereichen blieb die Umsetzung des mit der Mitteilung vom September 1991 begründeten kohärenten Ansatzes für die maritime Industrie, der zur Verbesserung der Wettbewerbsfähigkeit, der Entwicklung des Wachstumspotentials und der Schaffung neuer Arbeitsplätze beitragen sollte. Auf der Grundlage einer **Strukturanalyse** wurden weitergehende politische Maßnahmen und Initiativen vorgestellt; die **Aktionsbereiche** umfassen *(vgl. C. I. Chlomoudis u. a., 2002, S.111f.)*:

— die *Förderung immaterieller Investitionen* durch den Einsatz von Informations- und Telekommunikationstechnologien (Kontrolle des Verkehrsflusses, Schiffbauplanung, Hafenverwaltung und -logistik, Schiffsmeldesysteme), die Koordinierung von Forschungs- und Entwicklungsinvestitionen sowie die Berufsausbildung;

— die Entwicklung der *industriellen Zusammenarbeit* innerhalb der EU und mit Drittländern;

— die Gewährleistung eines *gleichberechtigten Wettbewerbs* (Beihilfen für den Schiffbau, finanzielle Förderung maritimer Projekte, einheitliche Anwendung internationaler Vorschriften und Normen);

— die Modernisierung der *Rolle der öffentlichen Hand* (Integration von Seehäfen sowie Management- und Informationssystemen in die transeuropäischen Netze, Liberalisierung des Marktzutritts im internationalen Seeverkehr, Zusammenarbeit zwischen der Industrie und der Kommission innerhalb des Maritimen Forums, Kooperation zwischen der EU und den angrenzenden Staaten).

Die Entschließung des **Europäischen Parlaments** vom 13. März 1997 [ABl. C 115 14. 04.97 S.147] zur Kommissionsmitteilung unterstützte die Vorstellungen der Kommission zur Gestaltung der maritimen Zukunft Europas und zur Verbesserung der **Wettbewerbsfähigkeit** der maritimen Wirtschaft mit einer Nutzung neuer intermodaler logistischer Systeme und unter weitgehender Beachtung von **Sicherheits- und Umweltfragen** *(vgl. Bull. EU 3-1997, S.31 f.; GB 1997, Ziff.284).*

3.3.3 Gemeinschaftliche Entwicklungslinien seit Mitte der neunziger Jahre

3.3.3.1 Kommissionsmitteilung zur neuen Seeverkehrsstrategie vom März 1996

Bis Mitte der neunziger Jahre war die gemeinschaftliche Politik im Bereich der Wettbewerbsbedingungen im Seeverkehr von einem **doppelten Strategieansatz** geprägt. Einerseits sollten durch gezielte Maßnahmen, wie die Förderung maritimer Technologien im Rahmen der Forschungs- und Entwicklungsaktivitäten, die Durchführung von Schulungs- und Ausbildungsprogrammen sowie die Gewährung staatlicher Beihilfen für den Seeverkehr oder den Schiffbau, die **Wettbewerbsbedingungen** und damit die **Wettbewerbsfähigkeit** des Seeverkehrsgewerbes verbessert werden. Zugleich wollte die Gemeinschaft durch ein koordiniertes Vorgehen in den dafür zuständigen **internationalen Gremien** die Verabschiedung und einheitliche Anwendung von Bestimmungen, insbesondere bei der Gewährung von Beihilfen, der steuerlichen Behandlung von Schiffahrtsunternehmen sowie der Festlegung von Sicherheits- und Umweltschutznormen, voranbringen, um auf **globaler Ebene** einen freien und lauteren Wettbewerb unter gleichen Bedingungen sicherzustellen *(vgl. KOM (96) 81 endg., S.14 ff.).*

In der Mitteilung vom 13. März 1996 zur neuen Seeverkehrsstrategie [KOM (96) 81 endg.] formulierte die Kommission die Grundlagen ihrer **gemeinschaftlichen Seeverkehrspolitik** für die zweite Hälfte der neunziger Jahre. Das Konzept diente der Überprüfung und Weiterentwicklung der im März 1985 *(vgl. S.123)* und im August 1989 *(vgl. S.188)* festgelegten Maximen und war in erster Linie auf eine nachhaltige Verbesserung der Wettbewerbsfähigkeit der europäischen Seeschiffahrt sowie die Erhaltung des Prinzips der freien Märkte ausgelegt. **Hafen- und Schiffbauprobleme** wurden speziell in einer anderen, am gleichen Tag veröffentlichten Mitteilung *(vgl. S.195)* behandelt *(vgl. Bull. EU 3-1996, S.52 f.; GB 1996, Ziff.391; C. I. Chlomoudis u. a., 2002, S.112; E. Selkou u. a., 2004, S.119).*

Kernelement der von der Kommission verfolgten **Strategie** war nach wie vor die Schaffung und Anwendung **weltweit gültiger Standards**, die zur Gewährleistung eines hohen Sicherheitsniveaus, zur Beseitigung von Marktzugangsbeschränkungen, zur Vermeidung unlauteren Wettbewerbs sowie zu einer einheitlichen Handhabung der Beihilfepraktiken beitragen sollten. Anlaß für die Kommissionsinitiative war die Erkenntnis, daß angesichts der **Internationalisierung** der Transport-, Kapital- und Arbeitsmärkte sowie der wachsenden Anzahl von **Schiffsregistern** ein auf die Gemeinschaft begrenztes Maßnahmenpaket den Bedeutungsverlust der europäischen Seeschiffahrt nicht würde begrenzen können *(vgl. KOM (96) 81 endg., S. 14)*.

Nachdem der **Wirtschafts- und Sozialausschuß** in seiner Stellungnahme vom 31. Oktober 1996 [ABl. C 056 24.02.97 S.9] die Bemühungen der Kommission zur Entwicklung einer neuen Seeverkehrsstrategie grundsätzlich begrüßt und vor allem gezielte Maßnahmen zur Verbesserung der Wettbewerbsbedingungen des europäischen Seeverkehrsgewerbes gefordert hatte, die in der Kommissionsmitteilung nur in Form einer Grobskizze enthalten seien, unterbreitete er eine detaillierte Analyse der Kommissionsvorstellungen unter den Aspekten Sicherheit und fairer Wettbewerb, Erhaltung freier Märkte und Verstärkung der Wettbewerbsfähigkeit. Der **Rat** legte am 13. Dezember 1996 und in seiner **Entschließung 97/C 109/01 vom 24. März 1997 [ABl. C 109 08.04.97 S.1]** *(vgl. Übersicht 21)* die zukünftigen Handlungsbereiche und die dabei maßgeblichen Grundsätze fest. Demnach sollten die Wettbewerbsfähigkeit der Flotte verbessert, die wirtschaftlichen Vorteile des Schiffahrtsmarktes genutzt, die Beschäftigung der Seeleute und des landseitigen Personals gefördert sowie die Umweltfreundlichkeit, die Sicherheit und die Qualität des Seeverkehrs gesteigert werden. Konkrete Maßnahmen forderte der Rat in bezug auf die Ausbildung der Seeleute, die Durchführung von Forschungs- und Entwicklungsprogrammen, den Ausbau des Kurzstreckenseeverkehrs, die Anwendung der Wettbewerbsregeln und die Minimierung des ordnungspolitischen Aufwands. Insbesondere in Fragen der technischen Standardisierung und der Verbesserung der Sicherheit sollten die ILO-Übereinkommen und die Richtlinie zur Hafenstaatkontrolle zur Anwendung kommen. Zur einheitlichen Regelung der Vergabe staatlicher Beihilfen wurde eine Überarbeitung der Kommissionsleitlinien verlangt. Die Mitgliedstaaten sollten dafür eintreten, daß die IMO verbindliche Qualitätskriterien für die Flaggenvergabe und die Schiffsregister entwickelt, und ein Gemeinschaftsinstrument zur Umsetzung dieser Kriterien annehmen. Diesen Vorstellungen schlossen sich das **Europäische Parlament** in seiner Entschließung vom 24. April 1997 [ABl. C 150 19.05.97 S.52] und der **Ausschuß der Regionen** in seiner Stellungnahme vom 17. September 1997 [ABl. C 379 15.12.97 S.60] im wesentlichen an und drängten auf eine baldige Umsetzung der vorgestellten Handlungskonzepte *(vgl. Bull. EU 10-1996, S. 46; Bull. EU 12-1996, S. 82; Bull. EU 4-1997, S. 55 f.; Bull. EU 9-1997, S. 21; GB 1997, Ziff. 483)*.

3.3.3.2 Förderung des Kurzstreckenseeverkehrs

Einen speziellen Schwerpunkt der Gemeinschaftsstrategie bildet seit Mitte der neunziger Jahre die Unterstützung des Kurzstreckenseeverkehrs als **Alternative zum landgebundenen Transport**. Die Mitteilung der Kommission vom 5. Juli 1995 über die Entwicklung des Kurzstreckenseeverkehrs in Europa [KOM (95) 317 endg.] analysierte unter Berücksichtigung der Mobilitäts- und Umweltbelange erstmals umfassend die Möglichkeiten einer Verlagerung des Güter- und Personenverkehrs vom Land- auf den Seeweg. Als **besondere Vorteile** des Kurzstreckenseeverkehrs, die ein solches Vorgehen rechtfertigen sollten, wurden der geringe Infrastrukturbedarf in Verbindung mit niedrigen Wegekosten, die Verfügbarkeit freier Kapazitäten, die gute Umweltverträglichkeit, der günstige Energieverbrauch, die hohe Sicherheit, der aus kohäsionspolitischen Gründen wichtige Beitrag zur wirtschaftlichen Entwicklung von Inseln und Randregionen, die intermodale Integration der Transportvorgänge im Bereich des See- und Binnenwasserstraßenverkehrs sowie die Unterstützung der europäischen Schiffbauindustrie genannt. **Entwicklungshindernisse** bestanden nach Auffassung der Kommission in hafenspezifischen Mängeln (Verwaltungsverfahren, Veterinärkontrollen, Wartezeiten bei der Abfertigung, hohen und nicht transparenten Hafengebühren, arbeitsrechtlichen Problemen), der fehlenden Verknüpfung mit anderen Verkehrsträgern, hohen Umschlagkosten, einer geringen Pünktlichkeit und Zuverlässigkeit der Dienste aufgrund langer Liefer- und Transitzeiten, der Unregelmäßigkeit des Angebots, dem Mangel an statistischen Daten und einer unzureichenden Information der Verlader über das Leistungsangebot. Eine **Ausnahme** stellten lediglich die sog. Feeder-Dienste dar, die kleinere mit größeren Häfen verbinden und dabei die Hochseeschiffahrt und den Straßenverkehr substituieren *(vgl. Bull. EU 7/8-1995, S.50f.; KOM (95) 317 endg., S.4f., A-4ff., A-49f.; EP, 1996, S.17; zur Entwicklung des Kurzstrekkenseeverkehrs seit Mitte der achtziger Jahre CEMT, 1993; A. A. Pallis, 2002, S.167 ff.)*.

Als **Aufgabenschwerpunkte** der künftigen gemeinschaftlichen Politik, mit der ein Beitrag zur Erhöhung der **Wettbewerbsfähigkeit** des Kurzstreckenseeverkehrs geleistet werden sollte, führte die Kommission die Verbesserung der Qualität und Effizienz der Verkehrsleistungen, die Optimierung der Infrastruktur und der Leistungsfähigkeit der Häfen sowie die Einbindung des Kurzstreckenseeverkehrs in die Außenbeziehungen an. **Konkret genannt** wurden die Integration des Kurzstreckenseeverkehrs in das EURET-, das APAS- und das Rahmenprogramm für Forschung und Entwicklung *(vgl. Band 1, S.537ff.)*, z. B. im Bereich Seeverkehrssysteme und -technologien, die Unterstützung von Pilotaktionen auf dem Gebiet intermodaler Transportketten, die Berücksichtigung des Kurzstreckenseeverkehrs in einem multimodalen Verkehrsinformations- und -managementsystem, die Umsetzung des MARIS-Projekts, die Berücksichtigung seehafenspezifischer Projekte bei der Planung transeuropäischer Netze, die Förderung von EDI, der Abbau administrativer Hindernisse sowie die Durchführung von Konferenzen, Workshops und Schulungsprogrammen *(vgl. GB 1995, Ziff.406; KOM(95) 317 endg., S.5ff., 9ff., A-21ff.; A. A. Pallis, 2002, S.207ff.)*.

Der Rat unterstützte das Konzept am 8. Dezember 1995, in der **Entschließung 96/C 99/01 vom 11. März 1996 [ABl. C 099 02.04.96 S.1]** *(vgl. Übersicht 21)* und in den Schlußfolgerungen vom 18. Juni 1997. Als Grundlagen der zukünftigen Politik wurden die Förderung eines ausgewogenen Wachstums sowie die aktive und effektive Einbindung in eine multimodale Transportkette angeführt. Die Vorteile des Kurzstreckenseeverkehrs sollten durch geeignete Schritte gefördert werden, wobei neben allgemeinen preis-, kapazitäts- und wettbewerbspolitischen Aktivitäten insbesondere vertrauensbildende Maßnahmen, die Straffung von Zollverfahren und Verwaltungsvorgängen, die Unterstützung potentieller Anbieter, des kombinierten Verkehrs und der Seehafenwirtschaft, die Entwicklung und Durchführung von Pilotprojekten sowie ein finanzieller Beitrag zur Verbesserung der Ausbildung, der Forschung und des EDI geplant waren. In ihren Stellungnahmen billigten auch der **Ausschuß der Regionen** am 18. Januar 1996 [ABl. C 129 02.05.96 S.28] sowie der **Wirtschafts- und Sozialausschuß** am 31. Januar 1996 [ABl. C 097 01.04.96 S.15] das in der Kommissionsmitteilung über den Kurzstreckenseeverkehr [KOM (95) 317 endg.] enthaltene Aktionsprogramm; dieser Beurteilung schloß sich das **Europäische Parlament** in seiner Entschließung vom 18. Juni 1996 [ABl. C 198 08.07.96 S.44] an. Die Kommission wurde nachdrücklich zu Maßnahmen zur Integration des Kurzstreckenseeverkehrs in eine multimodale Transportkette und zur Verbesserung seiner Wettbewerbsposition aufgefordert *(vgl. Bull. EU 12-1995, S.99; Bull. EU 1/2-1996, S.52 f.; Bull. EU 6-1996, S.105; GB 1996, Ziff.392; Bull. EU 6-1997, S.77; A. A. Pallis, 2002, S.209 ff.).*

Mit ihrer Mitteilung vom 29. Juni 1999 [KOM (1999) 317 endg.] legte die Kommission nach ihrem Arbeitsdokument vom 6. Mai 1997 [SEK (97) 877 endg.] den zweiten **Zweijahres-Fortschrittsbericht** zur Entwicklung des Kurzstreckenseeverkehrs in Europa vor. Vor dem Hintergrund einer Bestandsaufnahme der bis dahin erzielten Fortschritte und der Entwicklungstendenzen wird auf den Beitrag dieses Sektors zu einer auf Dauer umweltgerechten und sicheren Mobilität hingewiesen. Noch deutlicher als bisher wird die bessere Eingliederung des Kurzstreckenseeverkehrs in die **intermodalen Transportketten** eingefordert; die Kommission empfiehlt seine Umgestaltung zu einem echten intermodalen Haus-zu-Haus-Dienst mit zentraler Abwicklung und gezielte Maßnahmen zur Imageförderung dieses Sektors (u. a. verstärkte Werbung in den Häfen). Die Notwendigkeit fairer **Wettbewerbsbedingungen** steht dabei außer Frage *(vgl. Bull. EU 6-1999, S.75; GB 1999, Ziff.413; A. A. Pallis, 2002, S.212).*

Der Rat begrüßte in seiner **Entschließung 2000/C 56/02 vom 14. Februar 2000 [ABl. C 056 29.02.2000 S.3]** *(vgl. Übersicht 21)* die Kommissionsmitteilung und wies darauf hin, daß die Entwicklung des Kurzstreckenseeverkehrs in erster Linie eine Aufgabe der Unternehmen sei. Die Schaffung geeigneter Rahmenbedingungen durch die Gemeinschaft auf der Grundlage der Kommissionsmitteilung vom Juli 1995 und der Ratsentschließung vom März 1996 schreite zügig voran. **Vorrangige Aktivitäten**: Anwendung der Kabotagebestimmungen, die Verbesserung der Effizienz von Seehäfen und Terminals (Straffung der Verwaltungsverfahren, Angebot von Dienstleistungen, Entwicklung technischer Infrastruktur), die Förderung der Haus-zu-Haus-Transportketten (zentrale und nationale Anlaufstellen, Zusammenarbeit der Unternehmen, Anwendung bewährter Verfahren, Nutzung von Benchmarking und Leistungsindikatoren, Sammlung und Weitergabe von Daten und Informationen), die Schaffung und Erprobung neuer technischer und kommerzieller Möglichkeiten (Einrichtungen an Land, Informationstechnologien, Schiffe) und die Anpassung der Infrastrukturbenutzungsgebühren. **Aufgaben der Kommission**: Engpaßanalysen und Analysen anderer spezifischer Probleme, Vorschläge für die Einführung von Verhaltenskodexen zur Vereinfachung der Verwaltungsformalitäten, Bestandsaufnahme der öffentlichen Beihilfen für Häfen, Vorschläge zum freien Zugang zum Markt für Hafendienste, Prüfung der Bereitstellung weiterer Finanzmittel, Methoden zur Messung von Emissionen von Haus-zu-Haus-Transportketten, Verfolgung der Marktentwicklung, Untersuchung der Wettbewerbsfähigkeit der Transportketten. Am 7. Juli 2000 folgte auch das **Europäische Parlament** mit einer Entschließung [ABl. C 121 24.04.2001 S.489], die einerseits eine positive Gesamtwürdigung des Kommissionsberichts darbot, darüber hinaus jedoch eine Fülle von Detailanregungen für die **Weiterentwicklung der Gemeinschaftspolitik** enthielt. Die Politikgestaltungsvorschläge betrafen sowohl die Marktordnung und den Wettbewerb als auch die Schiffstechnik, die Hafeninfrastruktur und die Organisation der Verkehrsleistungsproduktion, Umwelt- und Sicherheitsfragen ebenso wie die Förderung und Weiterentwicklung der Systemvorteile und Kohäsionseffekte des Kurzstreckenseeverkehrs. Ungeachtet der herausragenden Rolle des Privatsektors in diesem Verkehrsbereich seien auf regionaler, nationaler und europäischer Ebene auch **staatliche Interventionen** vonnöten (Problem von Wettbewerbsverzerrungen; Inanspruchnahmebedingungen von Hafendiensten und Mißbrauch von Monopolpositionen; Komplexität von Verwaltungsformalitäten und -dokumenten; Infrastrukturprobleme des Hinterlandverkehrs) *(vgl. Bull. EU 12-1999, S.89; Bull. EU 7/8-2000, S.72; GB 2000, Ziff. 648; St. Papadimitriou, 2001, S.7ff.; M. Zachcial, 2001, S.21ff.).*

Die Mitteilung der Kommission vom 7. April 2003 [KOM (2003) 155 endg.] präsentierte ein **detailliertes Programm** zur Förderung des Kurzstreckenseeverkehrs, mit dem die in den vergangenen Jahren erkennbar gewordenen Wachstumspotentiale vor allem im Rahmen intermodaler Logistikketten forciert werden sollten. Zwar wurden zum Zwecke der Beseitigung struktureller Hindernisse bereits verschiedene Gemeinschaftsmaßnahmen ergriffen bzw. geplant, sollten jedoch nunmehr in ein umfassendes Förderprogramm mit 14 einzelnen Aktionen bei gleichzeitiger Benennung der verantwortlichen Akteure und des jeweiligen Zeitplans eingeordnet werden. Die **Aktionen** wurden in **legislative** (Vereinfachung von Verwaltungs- und Dokumentationsverfahren: IMO-FAL-Richtlinie; Umsetzung des Marco Polo-Programms; Normung und Harmonisierung intermodaler Ladeeinheiten; Einrichtung von Hochgeschwindigkeitsseewegen; Verbesserung der Umweltverträglichkeit des Kurzstreckenseeverkehrs), **technische** (Leitfaden für die Zollverfahren im Kurzstreckenseeverkehr; Ermittlung und Beseitigung struktureller Hindernisse; Angleichung und Automatisierung der gemeinschaftlichen Zollverfahren; Förderung des Kurzstreckenseeverkehrs durch FTE-Maßnahmen) und **operative Handlungsfelder** (Vereinfachung und Beschleunigung der Formalitäten bei der Ankunft, Abfahrt und Abfertigung von Schiffen; Organisation einer effizienten Kooperation aller beteiligten Stellen; Einrichtung und Zusammenarbeit nationaler Förderzentren; Propagierung des Kurzstreckenseeverkehrs als attraktive Beförderungsalternative; Erhebung statistischer Informationen) untergliedert. Die einzelnen Aktionen sind in unterschiedlicher Weise auf **gemeinschaftlicher, einzelstaatlicher, regionaler und Industrieebene** angesiedelt und „zielen darauf ab, den Anstieg des Straßenverkehrs zu bremsen, für eine ausgewogenere Verteilung auf die verschiedenen Verkehrsträger zu sorgen und die Nachhaltigkeit und Sicherheit zu gewährleisten" *(GB 2003, Ziff. 690)*. Der Kommissionsmitteilung wurde ein **Richtlinienvorschlag über intermodale Ladeeinheiten** angefügt, der auf eine Vereinheitlichung von Containern und Wechselbehältern gerichtet ist und die Vorteile der einen mit jenen der anderen verbinden soll *(vgl. Bull. EU 4-2003, S.49; Band 2, S.552)*.

Die weitere Kommissionsmitteilung über den Kurzstreckenseeverkehr vom 2. Juli 2004 [KOM (2004) 453 endg.] beleuchtete die seit 1999 erzielten **Fortschritte** und brachte sie mit dem obigen **Förderprogramm** in Verbindung. Trotz des Fortbestehens verschiedener Hindernisse wies der Kurzstreckenseeverkehr eine enorme **Wachstumsdynamik** auf. Vereinfachungsmöglichkeiten für die Verfahrensweisen und Formalitäten für **Zoll und Handel** konnten in einer Kommissionsmitteilung vom 24. Juli 2003 [KOM (2003) 452 endg.] und in einem Arbeitsdokument vom 17. März 2004 [SEK (2004) 333 endg.] erörtert werden und führten zu einem aktualisierten Leitfaden für Zollverfahren im Kurzstreckenseeverkehr [SEK (2002) 632 endg.]. Zugangsprobleme der **Hafendienste** waren ebenso Gegenstand von Kommissionsvorschlägen [KOM (2001) 35 endg.; KOM (2002) 101 endg.] wie die Einrichtung von vier **Hochgeschwindigkeitsseewegen** als Projekt Nr. 21 der TEN-V [KOM (2003) 564 endg.]. 36 % der im Rahmen des **Marco Polo-Programms** im Oktober 2003 eingereichten Vorschläge bezogen sich auf den Kurzstreckenseeverkehr. Neben der allgemeinen Förderung auf EU-Ebene wurden zwei getrennte **Fördernetze** (Ansprechpartner, Förderzentren) mit jeweils spezifischen Aufgaben vorgesehen. Trotz der bisher schon sichtbaren Erfolge muß jedoch die Förderung des Kurzstreckenseeverkehrs als eine langfristige Aufgabe betrachtet werden, damit dieser Verkehrsbereich eine mit dem Straßenverkehr vergleichbare **Wettbewerbsposition** erreichen kann. Das **Europäische Parlament** wies in einer Entschließung vom 12. April 2005 erneut auf die Notwendigkeit einer Vereinfachung der Verwaltungs- und Zollformalitäten sowie einer Koordinierung der Finanzierungsinstrumente hin *(vgl. Bull. EU 7/8-2004, S.51 f.; Bull. EU 4-2005, S.57)*.

3.4 Finanzielle, steuerliche und soziale Wettbewerbsbedingungen des Seeverkehrs

3.4.1 Beihilfen für den Seeverkehr der Gemeinschaft

3.4.1.1 Leitlinien für die Beihilfegewährung

Die **mangelnde Wettbewerbsfähigkeit** der Gemeinschaftsflaggen und das aufgrund steuerlicher, sozialer und technischer Standards deutlich **ansteigende Kostenniveau** der Gemeinschaftsreeder hatten zur Folge, daß viele Mitgliedstaaten vor allem seit Mitte der achtziger Jahre Beihilferegelungen für den Seeverkehr einführten. Die Kommission ihrerseits vertrat mit Nachdruck den Standpunkt, daß Beihilfen für Reedereien den Wettbewerb zwischen den Mitgliedstaaten nicht verzerren sollten und auch nicht für unlautere Wettbewerbspraktiken eingesetzt werden dürften. Angesichts der ihr vorliegenden Informationen und der Ergebnisse verschiedener Untersuchungen wollte sie deshalb auf der Grundlage der Artt. 92 bis 94 EWGV (Artt. 87 bis 89 EGV) die bestehenden und neuen Beihilferegelungen der Mitgliedstaaten untersuchen und ggf.

Übersicht 21: Ratsentschließungen zur Wettbewerbsfähigkeit der Seeschiffahrt und zum Kurzstreckenseeverkehr in der zweiten Hälfte der neunziger Jahre

Entschließung 96/C 99/01 des Rates vom 11. März 1996 über den Kurzstreckenseeverkehr [ABl. C 099 02.04.96 S.1] – Aufnahme in den Anhang XIII des EWR-Abkommens durch den Beschluß 35/98 des Gemeinsamen EWR-Ausschusses [ABl. L 310 19.11.98 S.22] — Entschließung 97/C 109/01 des Rates vom 24. März 1997 über eine Strategie zur Verbesserung der Wettbewerbsfähigkeit der Schiffahrt der Gemeinschaft [ABl. C 109 08.04.97 S.1] – Aufnahme in den Anhang XIII des EWR-Abkommens durch den Beschluß 26/98 des Gemeinsamen EWR-Ausschusses [ABl. L 310 19.11.98 S.8] — Entschließung 2000/C 56/02 des Rates vom 14. Februar 2000 zur Förderung des Kurzstreckenseeverkehrs [ABl. C 056 29.02.2000 S.3] – Aufnahme in den Anhang XIII des EWR-Abkommens durch den Beschluß 52/2001 des Gemeinsamen EWR-Ausschusses [ABl. L 158 14.06.2001 S.69]

weitere Maßnahmen, wie die **Ausdehnung der Transparenzrichtlinie** auf den Seeverkehr, vorschlagen. Da die Kommission gegen Ende der achtziger Jahre eine deutliche zahlen- und betragsmäßige Zunahme der Beihilfen beobachtete, bat sie die Mitgliedstaaten um Auskünfte zu den nationalen Systemen, die sie anhand bestimmter Kriterien zu überprüfen gedachte *(vgl. KOM (85) 90 endg., S.21; WB 1986, Ziff.282; WB 1988, Ziff.268).*

Leitlinien vom August 1989

Am 3. August 1989 veröffentlichte die Kommission unter dem Titel „Finanzielle und steuerliche Maßnahmen im Seeverkehr mit Schiffen, die in der Gemeinschaft eingetragen sind" [SEK (89) 921 endg.] erstmals **Leitlinien für die Überprüfung** der den gemeinschaftlichen Seeverkehrsunternehmen gewährten staatlichen Beihilfen. Die neuen Vorgaben definierten die Verpflichtungen der Kommission im Rahmen der ihr zustehenden Überwachungsfunktion und legten die allgemeinen Prinzipien fest, nach denen die **Vereinbarkeit staatlicher Beihilfen** mit dem Gemeinsamen Markt geprüft werden sollte *(vgl. Übersicht 22; Bull. EG 5-1989, S.59f.; WB 1989, Ziff.211; St. Tostmann, 1994, S.345f.; M. D. Aspinwall, 1995, S.136ff.; E. Selkou u. a., 2004, S.120).*

Gemäß Art. 92 Abs. 1 EWGV (Art. 87 Abs. 1 EGV) wurden die von den Mitgliedstaaten vergebenen Beihilfen (direkte Betriebszuschüsse, vollständige oder teilweise Verlustdeckung, Darlehensgarantien für den Erwerb von Kapitalgütern, Steuervergünstigungen für Geschäftserträge und Einkommen des Seeverkehrsgewerbes, geringere Sozialversicherungsbeiträge für Seeleute, Kapitalbereitstellung zu besseren als den am Markt üblichen Konditionen) als **Betriebsbeihilfen** und damit prinzipiell als mit dem Gemeinsamen Markt unvereinbar angesehen. Allerdings konnte die Möglichkeit der Freistellung nach Art. 92 Abs. 3 lit. c EWGV (Art. 87 Abs. 3 lit. c EGV) in Anspruch genommen werden. Als sektorspezifische **Zielsetzungen**, deren Erreichen im gemeinsamen Interesse liegen konnte, sah die Kommission die Erhaltung der Flotten der Mitgliedstaaten und einen hohen Beschäftigungsgrad von Seeleuten aus der Gemeinschaft auf diesen Schiffen an.

Die Kommission schlug eine Methode vor, die die Einhaltung einer bestimmten **Obergrenze für staatliche Beihilfen** gewährleisten sollte. Diese orientierte sich an dem Kostennachteil eines Niedriglohn-Mitgliedstaats auf Weltmärkten, indem die Differenz der hypothetischen Betriebskosten für Schiffe unter portugiesischer und zypriotischer Flagge bestimmt wurde. Nach einer Gewichtung der Kosten unter Berücksichtigung der Zusammensetzung der Landesflotte nach Schiffstypen wurden **nationale Höchstgrenzen** für die jährlichen **Betriebsbeihilfen** festgelegt, die für alle Schiffstypen galten. Außer der auf diese Weise gewährleisteten Angemessenheit in bezug auf das beabsichtigte Ziel mußte die Beihilfe transparent und zeitlich befristet sein, schrittweise verringert werden und durfte nicht zur Vergrößerung oder Aufrechterhaltung bestehender Überkapazitäten beitragen. Außerdem wurde ein **Kompensationsmechanismus** eingeführt, der Gemeinschaftsreeder für abgabenbedingte Betriebskostenunterschiede zwischen der in nationalen Hauptregistern und der in Offen- oder Zweitregistern eingetragenen Flotte entschädigen sollte. In bezug auf die **übrigen Beihilfekategorien** (Ablösung der Besatzung, Ausbildung, niedrigere Unternehmenssteuern, Betriebsbeihilfen im Zusammenhang mit einer Umstrukturierung, Investitionen, öffentliche Anteile) formulierte die Kommission grundsätzliche Handlungsmaximen, die sie bei der Beurteilung anwenden wollte.

Leitlinien vom Mai 1997

Bereits kurz nach der Annahme der Leitlinien vom August 1989 begann die Kommission damit, **Studien** über die Struktur der Gemeinschaftsflotte, die Bestimmung wettbewerbsfähiger Schiffe und die Betriebskosten verschiedener Schiffstypen in Auftrag zu geben; diese sollten dazu dienen, Beihilfen auf ihre Vereinbarkeit mit dem Gemeinsamen Markt hin zu überprüfen. Außerdem leitete sie Arbeiten zur Anpassung der Leitlinien an die veränderten wirtschaftlichen Rahmenbedingungen ein und initiierte zu diesem Zweck eine Untersuchung über die **Transparenz** der finanziellen Beziehungen zwischen den Seeverkehrsunternehmen und den Staaten. 1995 faßte die Kommission die Ergebnisse in einem **Strategiedokument** zusammen und forderte europäische Institutionen, die Mitgliedstaaten und sonstige Dritte zur Diskussion und Stellungnahme auf *(vgl. WB 1990, Ziff. 335; WB 1991, Ziff. 306; WB 1992, Ziff. 501; WB 1993, Ziff. 535; WB 1994, Ziff. 373; WB 1995, Ziff. 183).*

Am 24. Juni 1997 legte die Kommission dann ihre überarbeiteten **Leitlinien 97/C 205/05 für staatliche Beihilfen im Seeverkehr [ABl. C 205 05.07.97 S.5]** vor. Eine Revision war nach Auffassung der Kommission notwendig geworden, weil sich die Schrumpfung der Gemeinschaftsflotte und damit auch der Verlust von Arbeitsplätzen seit 1989 unvermindert fortgesetzt hatten, die Zielsetzung des Erhalts einer sicheren und wettbewerbsfähigen Gemeinschaftsflotte mit einem hohen Anteil von Seeleuten aus der Gemeinschaft aber weiterhin prioritär war. Außerdem wollte man die weltweite Tendenz zur Liberalisierung des Waren- und Dienstleistungsverkehrs, Entwicklungen auf dem Seeverkehrsmarkt, Erfahrungen mit der Anwendung der alten Leitlinien und Reaktionen auf die im März 1996 veröffentlichte Mitteilung über die neue Seeverkehrsstrategie *(vgl. S. 196)* berücksichtigen. Zugleich sollte den unterschiedlichen nationalen Prioritäten und Vorstellungen zum Umfang staatlicher Unterstützungsleistungen und zur Wahl der Mittel Rechnung getragen werden *(vgl. KOM (96) 81 endg., S. 32 f.; Bull. EU 6-1997, S. 78; WB 1997, Ziff. 262; V. J. G. Power, 1998, S. 416 ff.; W. Elsner, 1999, S. 10 ff.; EP, 2000, S. 31 f.; E. Selkou u. a., 2004, S. 120 ff.).*

Nach den **Ergebnissen verschiedener Studien** waren im wesentlichen unterschiedliche finanzielle Belastungen der Unternehmen mit Körperschaftsteuern und Lohnnebenkosten für die Wettbewerbsverzerrungen zwischen den Reedereien verantwortlich, die ihrerseits die o. a. negativen Tendenzen begünstigten. Die staatlichen Beihilfen sollten zum Abbau dieser Ungleichheiten beitragen, gleichzeitig aber eine Ausnahme bleiben, allein auf das beabsichtigte Ziel ausgerichtet sein, nach transparenten Kriterien gewährt werden, degressiv verlaufend und zeitlich begrenzt sein; eventuell kamen auch längerfristige Beihilfen in Frage, insbesondere da auf internationaler Ebene eine Einigung über die Liberalisierung von Dienstleistungen, die Gewährung von Subventionen und die Anwendung der Wettbewerbsregeln im Seeverkehr nicht absehbar war. Als Beihilfen galten dabei **alle Formen finanzieller Bevorteilung** eines Unternehmens durch öffentliche Stellen mit Ausnahme von Beihilfen für den Schiffbau und für Fischereifahrzeuge, von Infrastrukturinvestitionen und öffentlichen Beteiligungen an Unternehmen zu marktkonformen Bedingungen.

Sämtliche Steuererleichterungen sollten an das **Führen einer Gemeinschaftsflagge** geknüpft sein; unter bestimmten Voraussetzungen konnten diese auch der gesamten Flotte eines in der Gemeinschaft ansässigen und steuerpflichtigen Reeders gewährt werden. Die beschleunigte Abschreibung von Schiffsinvestitionen, die steuerfreie Rückstellung von Gewinnen aus einem Schiffsverkauf für eine bestimmte Periode, sofern die Gewinne in neue Schiffe reinvestiert wurden, sowie das Ersetzen der Körperschaft- durch eine Tonnagesteuer wurden befürwortet, da man sich hiervon die Sicherung hochwertiger Arbeitsplätze versprach. Beihilfen zu den **Sozialversicherungsbeiträgen und Lohnsteuern** der Seeleute, die der Senkung der Personalkosten von Gemeinschaftsreedereien ohne Einschränkung der sozialen Sicherheit dienen, wurden als mit dem Gemeinsamen Markt vereinbar eingestuft; auch Beihilfen zur Förderung der Beschäftigung qualifizierter Seeleute wurden gutgeheißen. Zur Senkung der Beschäftigungskosten waren geringere Sozialversicherungs- und Einkommensteuersätze bzw. eine nachträgliche Kostenerstattung zulässig, sofern keine Subventionierung der Nettolöhne erfolgte. Beihilfen zu den Kosten der Rückführung von Seeleuten waren ohne spezifische Begrenzung möglich. Die Förderung von **Ausbildungsprogrammen** galt nicht als Beihilfe; in bestimmten Fällen konnten aber eine Notifizierung und Prüfung erforderlich werden *(vgl. KOM (96) 81 endg., S. 34 f.)*.

Beihilfen für den Kauf neuer oder gebrauchter Schiffe sowie die Umwandlung eines Schiffes fielen unter die Bestimmungen der jeweils gültigen **Richtlinie für Schiffbaubeihilfen** bzw. unter die entsprechende OECD-Vereinbarung. Eine Genehmigung war nur bei einer Kapazitätsverringerung im Zuge einer Umstrukturierung möglich. Investitionsbeihilfen zur Verbesserung der Ausrüstung und zur Anpassung an international festgelegte Sicherheits- und Umweltstandards sollten unter begrenzten Voraussetzungen erlaubt sein; Forschungs- und Entwicklungstätigkeiten konnten im Rahmen der vertraglich festgelegten Grenzen genehmigt werden. Als **Investitionsbeihilfen** im Rahmen der Regionalförderung gezahlte Mittel mußten in einem bestimmten Zeitraum einen Nutzen für die Region haben; sonst galten die für Regionalbeihilfen formulierten Regeln. Auch bei **Umstrukturierungsbeihilfen** waren die vorhandenen Leitlinien anzuwenden. Ausgleichszahlungen für Verpflichtungen des **öffentlichen Dienstes** in

Höhe der bei der Erfüllung entstehenden Betriebsverluste sollten gemäß den für andere Verkehrsträger geltenden Vorschriften gehandhabt werden; eine Notifizierung war bei der Erfüllung bestimmter Kriterien (Ausschreibung, Buchführung, zeitliche Begrenzung, Marktzugangsbeschränkung) nicht notwendig.

Die Festlegung von Höchstgrenzen für Beihilfen auf der Grundlage hypothetischer **Betriebskostenunterschiede** wurde abgeschafft, da die Merkmalsunterschiede der Schiffe nicht ausreichend berücksichtigt werden konnten. Eine vollständige Streichung der Steuern und Sozialabgaben für Seeleute sowie der Verzicht auf die Körperschaftsteuer für Schiffahrtstätigkeiten galt als **höchstzulässige Beihilfe**; dieser Betrag fand auch auf alle direkten Zahlungen Anwendung.

Leitlinien vom Oktober 2003

Obwohl die Kommission zu Beginn des dritten Jahrtausends eine weitgehende **Angleichung der nationalen Beihilfesysteme** registrierte, hielt sie angesichts der unzureichenden Registrierung von Schiffen bzw. deren Tonnage unter Gemeinschaftsflaggen, der unbefriedigenden Beschäftigungssituation von europäischen Seeleuten und der gesamtwirtschaftlichen Bedeutung des Seeverkehrs nach wie vor eine Beihilfegewährung für gerechtfertigt. Im Zusammenhang mit der geplanten **Überarbeitung der Leitlinien** wurde für eine grundsätzliche Beibehaltung des Ansatzes vom Mai 1997 plädiert; Betriebsbeihilfen sollten aber nur in Ausnahmefällen und in geringer Höhe gewährt werden dürfen. Die neuen **Leitlinien 2004/C 13/03 vom 30. Oktober 2003 für staatliche Beihilfen im Seeverkehr [ABl. C 013 17.01.2004 S.3]**, die seit dem 17. Januar 2004 Anwendung finden, fordern die Mitgliedstaaten zur Anpassung der einzelstaatlichen Regelungen bis zum 30. Juni 2005 auf; die nächste Überprüfung auf Gemeinschaftsebene soll innerhalb von sieben Jahren erfolgen *(vgl. Bull. EU 10-2003, S. 49; E. Selkou u. a., 2004, S.123f.; WB 2004, Ziff.387).*

Der **Geltungsbereich der Vorgaben** umfaßt von Mitgliedstaaten (Zentralregierungen, Gebietskörperschaften) oder aus staatlichen Mitteln (über öffentliche Unternehmen oder staatlich kontrollierte Banken) **in beliebiger Form** gewährte Beihilfen (gemessen an den Rahmenbedingungen, die ein privater, unter normalen marktwirtschaftlichen Bedingungen arbeitender Investor akzeptieren würde) **zugunsten der Begünstigten** (unabhängig von Rechtsform und Eigentum; Schiffe sind in mitgliedstaatlichen Registern eingetragen; bestimmte andere Register nur, wenn sie internationalen und gemeinschaftlichen Standards entsprechen, von der Gemeinschaft aus betrieben werden und der Reeder seinen Sitz in der Gemeinschaft hat) **im Seeverkehrsgewerbe** (nicht Schiffbau; im allgemeinen nicht für Infrastrukturinvestitionen; für Schleppschiffahrt und Baggerarbeiten nur, wenn 50 % der ausgeführten Tätigkeiten Seeverkehrsdienste darstellen, wobei Schlepptätigkeiten in Häfen nicht einbezogen werden und Baggerschiffe in der Gemeinschaft registriert sein müssen). Als **grundlegende Prinzipien** gelten die Beschränkung von Beihilfen auf das für die Erreichung des Zwecks notwendige Maß, das Transparenzgebot, die Vermeidung von Wettbewerbsverzerrungen und die Berücksichtigung der kumulierten Wirkung verschiedener Beihilfen. **Übergeordnete Ziele** werden gesehen in der Aufrechterhaltung eines sicheren, effizienten, zuverlässigen und umweltfreundlichen Seeverkehrs, der Förderung der

Eintragung oder Rückführung von Schiffen in ein Gemeinschaftsregister, der Stärkung der Wettbewerbsfähigkeit der Flotte und der Konsolidierung des maritimen Sektors, der Steigerung der Qualifikation und der Beschäftigung europäischer Seeleute und der Entwicklung des Kurzstreckenseeverkehrs. Bei der **Notifizierung** der Beihilfen müssen die Mitgliedstaaten für die nächsten sechs Jahre einen Zeitplan vorlegen, der die erwarteten Auswirkungen quantifiziert (Rendite für maritimen Sektor, Zahl der Arbeitsplätze); im sechsten Umsetzungsjahr ist eine Beurteilung der Auswirkungen vorzulegen *(vgl. WB 2003, Ziff. 386)*.

Als grundsätzlich förderungswürdig werden **steuerliche Maßnahmen** zugunsten einer Reederei angesehen, sofern das betroffene Schiff eine Gemeinschaftsflagge führt; Subventionsleistungen können in bezug auf die gesamte Flotte akzeptiert werden, wenn der Reeder in der Gemeinschaft ansässig und körperschaftsteuerpflichtig ist, die strategische und wirtschaftliche Verwaltung der Schiffe im Hoheitsgebiet erfolgen und die Tätigkeit beschäftigungswirksam ist. Ferner muß die Beihilfe der Rückführung des Managements in die Gemeinschaft dienen, die Schiffe haben die Sicherheits- und Sozialstandards einzuhalten, und der Anteil der in der Gemeinschaft eingetragenen Tonnage muß zumindest auf dem gleichen Stand bleiben. Eine **Ausnahmeregelung** kann bei Nichterfüllung der letztgenannten Verpflichtung in Anspruch genommen werden, wenn der auf die Gemeinschaftsflaggen entfallende Anteil an der Gesamttonnage während der letzten drei Jahre im Durchschnitt nicht gesunken ist oder die in der Gemeinschaft registrierte Tonnage mindestens 60 % beträgt; in diesem Fall müssen die Mitgliedstaaten aber alle drei Jahre einen Bericht übermitteln. Steuerliche Vergünstigungen gelten auch für **Schiffsmanagementgesellschaften**, sofern sie für die Schiffe mit dem gesamten technischen und personellen Management betraut wurden, die volle Verantwortung für den Schiffsbetrieb haben und die Voraussetzungen hinsichtlich des auf Gemeinschaftsflaggen entfallenden Anteils erfüllt sind. Wird eine Entrichtung auf der Grundlage einer Tonnagesteuer genehmigt, so müssen bei identischer Tonnage steuerliche Belastungen entstehen, die in etwa mit denen der bereits genehmigten Regelungen übereinstimmen. Hinsichtlich der **arbeitsbezogenen Kosten** erlaubt sind geringere Sozialversicherungs- und Einkommensteuersätze für Seeleute aus der Gemeinschaft (im innergemeinschaftlichen Personenverkehr nur Gemeinschafts- bzw. EWR-Bürger; im Frachtverkehr ist Abgabenentrichtung in der Gemeinschaft maßgeblich), die auf in der Gemeinschaft registrierten Schiffen arbeiten; als äquivalent anzusehen ist ein transparentes System der Abgabenerstattung.

Beihilfen für das **Ersetzen der Mannschaft**, d. h. für die Rückführung von in fernen Gewässern eingesetzten Seeleuten in die Heimat, sind bis zur Höchstgrenze (Gesamtbetrag der Steuern und Sozialversicherungsbeiträge) genehmigungsfähig. **Investitionsbeihilfen** müssen Bestandteil einer Umstrukturierung sein, die zu einer Verringerung der Flottenkapazität führt, oder zur Erfüllung bestimmter anderer Kriterien beitragen, wie die Verbesserung der Ausrüstung, die Verwendung sichererer und umweltfreundlicherer Schiffe oder die Modernisierung von Schiffen im Hinblick auf eine Übererfüllung der Normen. Haben sie regionalpolitischen Charakter, sollen mit ihnen kurzfristige Vorteile für ein benachteiligtes Gebiet verbunden sein; hierfür und für **allgemeine Regionalbeihilfen** gelten zudem die spezifischen Gemeinschaftsregelungen. Handelt es sich bei der Unterstützung von **Ausbildungsmaßnahmen** um allgemeine Programme, so sieht die Kommission diese nicht als Beihilfen an. Spezifische Vorhaben (Ausbildung an Bord, spezielle Berufsgruppen) sind allerdings zu notifizieren; bei der Ausbildung an Bord muß ein zusätzliches Besatzungsmitglied betroffen sein. Weiterhin können **Forschungs- und Entwicklungstätigkeiten** zur Verbesserung von Produktivität, Sicherheit und Umweltschutz, zur Erweiterung und Aktualisierung der Kenntnisse von Offizieren sowie zur Umschulung von Hochseefischern gestattet werden, wenn damit keine Subventionierung des Arbeitslohns verbunden ist.

In bezug auf die **Umstrukturierungsbeihilfen** werden die allgemeinen Leitlinien der Kommission angewendet. Beihilfen für **gemeinwirtschaftliche Verpflichtungen** und öffentliche Dienstleistungsverträge unterliegen den einschlägigen Bestimmungen des EGV und bei innerstaatlichen Beförderungen auch den Regelungen der Verordnung 92/3577/EWG *(vgl. S.170)*; die Laufzeit der Verträge soll auf sechs Jahre begrenzt sein. **Beihilfen für den Kurzstreckenverkehr** müssen folgenden Kriterien genügen: Dauer von bis zu drei Jahren, Beschränkung auf den Seeverkehr zwischen gemeinschaftlichen Häfen, vollständige oder partielle Verlagerung insbesondere des Straßengüterverkehrs auf den Seeweg, keine Umleitung des Seeverkehrs, Durchführung eines detaillierten Vorhabens (Ermittlung von Umweltwirkungen; Schaffung einer neuen oder Verbesserung einer bestehenden Strecke; Einbeziehung möglichst mehrerer Reeder; Strecke ist Teil eines größeren Projekts), Deckung von maximal 30 % der Betriebskosten oder 10 % des Finanzierungsbetrags für eine Umladeeinrichtung, Transparenz und Diskriminierungsfreiheit, Auswahl des Vorhabens im Wege einer Ausschreibung, einzelwirtschaftliche Rentabilität, keine Kumulierung mit Beihilfen für gemeinwirtschaftliche Verpflichtungen und öffentliche Dienstleistungsverträge.

3.4.1.2 Anwendungspraxis der Kommission

Abgeltung gemeinwirtschaftlicher Verpflichtungen bis Anfang der neunziger Jahre

Zwischen Mitte der achtziger und Anfang der neunziger Jahre befaßte sich die Kommission im Bereich des Seeverkehrs vorrangig mit Fällen, die die Gewährung von Vergünstigungen für bestimmte Personengruppen aufgrund von sozial- oder regionalpolitischen Erwägungen zum Inhalt hatten. So bezuschußte **Spanien** gemäß dem Gesetz Nr. 46/81 vom 29. Dezember 1981 und dem Königlichen Dekret Nr. 3269/82 u. a. den Personenseeverkehr zwischen dem Festland und den Balearen. Für auf den Inseln wohnende Spanier, nicht jedoch für dort lebende Angehörige der übrigen Mitgliedstaaten betrug die Ermäßigung auf den Strecken zwischen den Balearen 10 % des Beförderungspreises und zwischen dem spanischen Festland und den Inseln 25 %. Da dieses Vorgehen nach Auffassung der Kommission eine Diskriminierung aufgrund der Staatsangehörigkeit darstellte, wies sie die spanische Regierung seit Ende 1986 mehrmals auf die Unvereinbarkeit der Regelung mit dem EWGV hin. In der **Entscheidung 87/359/EWG der Kommission vom 22. Juni 1987 [ABl. L 194 15.07.87 S.28]** wurden bestimmte Artikel der o. a. Rechtsvorschriften für unvereinbar mit Art. 90 Abs. 1 EWGV (Art. 86 Abs. 1 EGV) i. V. m. Art. 7 EWGV (*aufgehoben*) erklärt. Spanien erließ daraufhin am 23. Dezember 1987 geänderte Bestimmungen und kam der Aufforderung, innerhalb von zwei Monaten nach der Mitteilung der Entscheidung die Kommission darüber zu unterrichten, im März 1988 nach *(vgl. Übersicht 22; Bull. EG 7/8-1987, S.52; WB 1987, Ziff.285; Bull. EG 3-1988, S.48; WB 1988, Ziff.309; V. J. G. Power, 1992, S.517f.)*.

Auch eine gleichgelagerte Vorschrift, die **italienischen Pendlern und Inselbewohnern** Tarifvergünstigungen im öffentlichen Seeverkehr gewährte, wurde nach Intervention der Kommission durch einen Ministererlaß vom 10. April 1987 auf Staatsangehörige der übrigen Mitgliedstaaten ausgedehnt *(vgl. WB 1987, Ziff.287)*. 1991 wurde die Kommission erneut gegen **Spanien** aktiv, weil das zu 95 % in öffentlichem Besitz stehende Seeverkehrsunternehmen Compañía Trasmediterránea ausschließlich spanischen Staatsbürgern, die im Ruhestand oder über 60 Jahre waren, auf bestimmten Strecken Tarifvergünstigungen von 20 % gewährt hatte. Entgegen der Auffassung der spanischen Regierung handelte es sich nach Meinung der Kommission nicht um eine rein kommerzielle Angelegenheit, da die Maßnahme auch soziale Zwecke verfolgte, dabei aber ausländische Staatsangehörige diskriminierte. Weil die spanische Regierung nicht tätig wurde, leitete die Kommission ein **Vertragsverletzungsverfahren** ein; im Juni 1993 wurde die beanstandete Regelung schließlich aufgehoben *(vgl. WB 1991, Ziff.334; Bull. EG 11-1992, S.35; WB 1992, Ziff.523; WB 1993, Ziff.364)*.

Gewährung von Beihilfen bis Mitte der neunziger Jahre

Beihilfen für den Seeverkehr spielten gegen Ende der achtziger und zu Beginn der neunziger Jahre im Vergleich zu den **Schiffbaubeihilfen** eine eher untergeordnete Rolle. So wurden 1987 Beihilfen an die britische Flotte für Zuschüsse zur **Ausbildung von Seeleuten** und die Übernahme der **Kosten der Rückführung** der Schiffsbesatzungen gebilligt *(vgl. WB 1987, Ziff.257)*. Im Dezember 1988 stimmte die Kommission einer Senkung der Steuer auf die Gehälter der Seeleute an Bord von unter niederländischer Flagge fahrenden Schiffen zu *(vgl. WB 1988, Ziff.268)*. Auch gegen Pläne der spanischen Behörden, durch finanzielle Maßnahmen die Lebensfähigkeit der Handelsmarine zu erhöhen, hatte die Kommission keine Einwände *(vgl. WB 1989, Ziff.211)*. Ebenso wurde 1991 die Absicht der britischen Regierung akzeptiert, der British and Irish Line plc im Zusammenhang mit deren Verkauf an Irish Ferries einen **Schuldenerlaß** in Höhe von 26 Mio. Ir£ sowie einen zusätzlichen Zuschuß von 5,95 Mio. Ir£ zu gewähren; dabei wurden der Rückzug des irischen Staates aus B&I und die besondere Lage des Handelsverkehrs zwischen Irland und anderen Staaten berücksichtigt. Ferner wurde ein **zinsloses Darlehen** von 500.000 Ir£ für die irische Swansea Cork Ferries unter Berücksichtigung des Beitrags zur Förderung des Fremdenverkehrs und der Nichtbeeinträchtigung des innergemeinschaftlichen Handels befürwortet *(vgl. WB 1991, Ziff.308f.)*.

Auch in den Folgejahren nahm die Kommission eine **weitgehend positive Grundhaltung** zu den notifizierten Seeverkehrsbeihilfen ein. So genehmigte sie im Jahre 1993 eine Überbrückungsbeihilfe zur Förderung der Schiffahrt in den Niederlanden in Höhe von 27 Mio. ECU, Finanzhilfen für Reeder, die Schiffe unter deutscher Flagge betreiben, sowie eine Beihilfe von 170 Mio. ECU für die Privatisierung der Seereederei Rostock. Ferner hieß sie im Juni 1994 eine geplante Beihilfe zur Förderung der Modernisierung der niederländischen Flotte und zur Einhaltung hoher Sicherheits- und Umweltstandards sowie im Dezember 1994 (und erneut im März 1996) ein weiteres Vorhaben zur Ermäßigung der Lohnsteuer und Sozialversicherungsbeiträge für Seeleute auf Schiffen mit niederländischer Flagge gut *(vgl. WB 1993, Ziff.535; Bull. EU 6-1994, S.66; WB 1994, S.564)*. Außerdem gestattet wurden zwei deutsche Beihilfen von 50 Mio. ECU für die Aufnahme und Führung moderner Schiffe in einem deutschen Schiffsregister und die Heraufsetzung von Höchstsätzen für italienische Beihilfen zur Verringerung der zusätzlichen Kosten, die durch das Führen der eigenen Flagge entstanden. Gegen Beihilfen Italiens in Höhe von 31 Mio. ECU zur Sanierung der staatlichen Schiffahrtsunternehmen und wegen der Verwendung staatlicher Mittel und Fazilitäten für die Schaffung der neuen Gesellschaft Viamare Spa di Navigazione wurden **Verfahren eingeleitet** *(vgl. Bull. EU 7/8-1994, S.43; WB 1994, S.563f.)*. 1995 wurde der dänischen Regierung ein Beihilfevorhaben in Höhe von 4 Mio. ECU für eine nautische Ausbildungseinrichtung erlaubt *(vgl. WB 1995, S.235)*. 1996 folgten u. a. **positive Bescheide** zu einer Beihilferegelung des Vereinigten Königreichs, die Fristverlängerungen für die Reinvestition überschüssiger Rückstellungen in Ersatzschiffe vorsah, zu einem nationalen Beihilfeplan der Niederlande für die Seeschiffahrt, zu steuerlichen Maßnahmen Frankreichs zugunsten des Gemeinschaftseigentums an Schiffen und zur Förderung der Eintragung unter französischer Flagge (Steuervergünstigung für Anteilserwerb und Investitionen vor dem 31. Dezember 2000), zu einer Investitionsbeihilfe für das italienische Unternehmen Fratelli d'Amico, da der Erwerb eines hochspezialisierten Schiffes trotz der Überschreitung des Beihilfehöchstbetrags der Seeverkehrspolitik entsprach und die Beschäftigungsmöglichkeiten verbessert wurden, zu einem Vorhaben Italiens zur Förderung der Beschäftigung, Ausbildung und Qualifizierung von Seeleuten sowie zu einer Sonderabschreibungsregelung Deutschlands, zu der Gewährung von Zuwendungen für den Betrieb unter deutscher Flagge und zu einer Ausbildungsförderung *(vgl. Bull. EU 3-1996, S.55; Bull. EU 10-1996, S.48 f.; WB 1996, Ziff.198, S.249ff.)*.

Ihre erste konkrete Entscheidung traf die Kommission im Zusammenhang mit dem 1992 zugunsten der Compagnie Générale Maritime (CGM) eingeleiteten **Umstrukturierungsprogramm** (Aufgabe der Nordatlantik- und der Fernostroute, Verkauf von Anlagevermögen und Beteiligungen, Gründung von Tochterunternehmen und Partnerschaften, Flotten- und Stellenabbau); 1993 und 1994 hatte Frankreich hierfür Beihilfen in Höhe von 2,05 Mrd. ffrs an CGM und von 200 Mio. ffrs an die Muttergesellschaft Compagnie Générale Maritime et Financière (CGMF) bereitgestellt. Im Oktober und Dezember 1995 leitete die Kommission ein Verfahren ein [ABl. C 058 28.02. 96 S.4, 6], da ihrer Meinung nach die Kriterien für die Beihilfegewährung, die Einzelheiten des Umstrukturierungsplans, die Herstellung der Lebensfähigkeit von CGM und der Abschluß der Privatisierung ungeklärt waren. In der **Entscheidung 97/14/EG vom 17. Juli 1996 [ABl. L 005 09.01.97 S.40]** beurteilte sie die Zahlungen als staatliche Beihilfe. Die bis Mitte 1996 gewährten Kapitalerhöhungen waren unrechtmäßig erfolgt, da die Kommission vorher nicht informiert worden war; eine weitere Kapitalerhöhung von 1996 in Höhe von 250 Mio. ffrs wurde nicht beanstandet. Da jedoch der Tatbestand der Förderung der Entwicklung gewisser Wirtschaftszweige (Erhaltung von Schiffen unter Gemeinschaftsflaggen, Beschäftigung europäischer Seeleute, Wiederherstellung der langfristigen Lebensfähigkeit des Unternehmens, Vermeidung unzumutbarer Wettbewerbsverfälschungen, Verhältnismäßigkeit von Kosten und Nutzen, Durchführung der Umstrukturierung; Kontrolle durch die Kommission) erfüllt war, wurde die **Beihilfe mit Auflagen** (Beschränkung von CGM auf bestehende Liniendienste und vorhandene Kapazitäten, kein aggressives Marktverhalten, nur kostendeckende Tätigkeiten, Beihilfen nur für Umstrukturierung, keine weiteren Beihilfen) genehmigt *(vgl. WB 1995, Ziff. 185, S. 235; WB 1996, Ziff. 198, S. 250)*.

Allgemeine Entwicklungslinien der Beihilfepraxis seit Ende der neunziger Jahre

Nach der Verabschiedung der überarbeiteten Leitlinien vom Mai 1997 glichen sich die Beihilfekonzepte der Mitgliedstaaten für den Seeverkehr nach Auffassung der Kommission zunehmend an, ein nennenswerter **Steuerwettbewerb** zwischen den einzelnen Ländern wurde nicht mehr beobachtet. So wurde die von den Seeverkehrsunternehmen zu zahlende Körperschaftsteuer weitgehend abgeschafft und durch eine von Gewinnen bzw. Verlusten unabhängige pauschale **Besteuerung der Tonnage** (Tonnagesteuer) ersetzt. Bei Anwendung dieses Systems wird die Tonnage mit einer einheitlichen fiktiven Ertragsquote multipliziert; auf den so ermittelten virtuellen Ertrag findet der jeweilige einzelstaatliche Körperschaftsteuersatz Anwendung. Die Kommission genehmigte diese Vorgehensweise zuerst in Griechenland und nachfolgend 1996 in den Niederlanden und Norwegen, 1999 in Deutschland, 2000 im Vereinigten Königreich *(vgl. WB 2000, Ziff. 394)* sowie zwischen 2002 und 2004 in Belgien, Dänemark, Deutschland, Finnland, Frankreich, Irland, Italien und Spanien *(vgl. WB 2002, Ziff. 496; WB 2003, Ziff. 553 f.; WB 2004, Ziff. 584; zu den nationalen Tonnagesteuersystemen E. Selkou u. a., 2004, S. 125 ff.)*.

Als weitere Formen der **Steuererleichterungen** sind beschleunigte Abschreibungen von Schiffsinvestitionen und die steuerfreie Rückstellung von Gewinnen aus Schiffsverkäufen bei Reinvestitionen in neue Schiffe allgemein akzeptiert. Außerdem gutgeheißen wurden 1999 und 2002 eine **Einkommensteuerermäßigung** für irische Seeleute [ABl. C 015 22.01.2003 S. 5] *(vgl. WB 2002, Ziff. 503)*, 2000 der **Berufsteuervorabzug** in Belgien *(vgl. WB 2000, Ziff. 397)* und eine **Gewerbesteuerrückerstattung** in Frankreich *(vgl. WB 2000, Ziff. 401)*, 2002 eine Einkommensteuerermäßigung Dänemarks für Seeleute auf im eigenen Register eingetragenen Schiffen *(vgl. WB 2002, Ziff. 503)* und 2003 eine auf die portugiesische Insel Madeira beschränkte Regelung, die insbesondere eine Verringerung der **Körperschaftsteuer** für im gleichen Jahr gegründete Seeverkehrsunternehmen vorsah [ABl. C 148 25.06.2003 S. 7] *(vgl. WB 2003, Ziff. 552)*.

Ferner billigte die Kommission in mehreren Fällen die Rückerstattung der Arbeitgeberanteile zu den **Sozialversicherungsbeiträgen** an die Reedereien, wie z. B. 2001 in Finnland und Frankreich *(vgl. WB 2001, Ziff. 431 ff.)* sowie 2003 in Deutschland und Italien *(vgl. WB 2003, Ziff. 556)*. Im Jahre 2000 wurde zudem Finnland die Einrichtung einer **Pensionskasse für Seeleute** zugestanden *(vgl. WB 2000, Ziff. 398)*, und 2002 genehmigte die Kommission die Verlängerung einer italienischen Beihilfe zur Ermäßigung von Sozialabgaben im Bereich der Seeverkehrskabotage [ABl. C 262 29.10.2002

S.3] *(vgl. WB 2002, Ziff.500)*. Keine Einwände hat die Kommission generell gegen **Ausbildungsbeihilfen** erhoben, wie z. B. 2000 in Schweden [ABl. C 258 09.09.2000 S.4], Finnland und Dänemark [ABl. C 380 30.12.2000 S.11], 2001 im Vereinigten Königreich *(vgl. WB 2001, S.315)* sowie 2002 und 2003 in Deutschland *(vgl. WB 2000, Ziff.393, 399; WB 2002, Ziff.502; WB 2003, Ziff.556)*. Die britische Regierung durfte 2001 auch Beihilfen für die **Küstenschiffahrt** und den **Kurzstreckenseeverkehr** gewähren *(vgl. WB 2001, Ziff.441)*.

Bedeutende Einzelfallentscheidungen seit 1997

In jüngster Vergangenheit beschäftigte sich die Kommission wiederholt mit Hilfsmaßnahmen zugunsten der Seeverkehrsunternehmen und der Ausgestaltung öffentlicher Dienstleistungsverträge in **Frankreich**. So eröffnete die Kommission z. B. im April 1998 ein Verfahren wegen der Gewährung von Beihilfen, die die Reorganisation der BAI unterstützen sollten [ABl. C 244 04.08.98 S.9]. Die Umstrukturierungsbeihilfen betrugen zuerst 70 Mio. ffrs, hinzu kam später ein Mietnachlaß für Schiffe in Höhe von 250 Mio. ffrs durch die mit BAI verbundenen gemischtwirtschaftlichen Gesellschaften (SEM) im Zusammenhang mit einer Erhöhung der Kapitalbeteiligung anderer Gesellschafter der SEM (Aufbringung überwiegend durch öffentliche Mittel von 246 Mio. ffrs); außerdem gewährt wurden eine Zinsstundung, Investitionsbeihilfen, Kredite und eine Absenkung der Hafengebühren. Weitere Maßnahmen betrafen den Kapazitätsabbau (Stillegung von Strecken, Verringerung des Fährverkehrs in Nebenzeiten, Veräußerung von Schiffen und anderen Aktiva), die Neuordnung der Verbindungen, die Ersetzung eines Schiffs, die Refinanzierung von zwei Schiffen sowie die Reduzierung sonstiger Betriebskosten (Personal, Werbung, Hilfsdienste) und des Personalbestands (Sozialplan). Insgesamt waren ab 1995 Beihilfen von 581 Mio. ffrs gezahlt worden, die im Gegensatz zu den bis 1994 geleisteten Subventionen (Investitionsbeihilfen, Erstattung der Gewerbesteuer, Vorruhestandsregelung, Bürgschaften von 209,06 Mio. ffrs) zuvor von der Kommission nicht genehmigt worden waren; bemängelt wurden der unzureichende Umstrukturierungsplan sowie Wettbewerbsverzerrungen im Fährverkehr zwischen Frankreich, Irland, Spanien und dem Vereinigten Königreich. Im Dezember 1998 dehnte die Kommission das Verfahren auf eine neue geplante Beihilfe von 80 Mio. ffrs und auf mögliche weitere Unterstützungsleistungen aus [ABl. C 061 03.03.1999 S.11] *(vgl. Bull. EU 4-1998, S.37; WB 1998, Ziff.259, S.256)*. Die **Entscheidung 2002/15/EG der Kommission vom 8. Mai 2001 [ABl. L 012 15.01.2002 S.33]** akzeptierte das interne System der Schiffsfinanzierung, erklärte aber das Beihilfeelement einer dafür 1992 gewährten Bürgschaft von 10 Mio. ffrs als unvereinbar mit dem Gemeinsamen Markt. Der Sozialplan und die Senkung der Hafengebühren wurden nicht als Beihilfen beurteilt, die Erhöhung der Kapitalbeteiligung der öffentlichen Gesellschafter der SEM und die zweimalige Bereitstellung von Mitteln zur Umstrukturierung erfüllten jedoch diese Eigenschaft. Da der Umstrukturierungsplan mit der Wiederherstellung der Rentabilität einherging, unzumutbare Wettbewerbsbeschränkungen vermieden wurden und die Beihilfen verhältnismäßig waren, erfüllten die Zahlungen von 246 Mio. ffrs und 70 Mio. ffrs die Kriterien der gemeinschaftlichen Leitlinien für Beihilfen im Seeverkehr und waren mit Art. 92 (87) Abs. 3 lit. c EGV vereinbar; die vorgesehene Beihilfe von 80 Mio. ffrs stimmte damit jedoch nicht überein und war deshalb mit den Vertragsbestimmungen unvereinbar *(vgl. WB 2001, S.315).*

In einem im Dezember 1998 gegen die Corsica Marittima eingeleiteten Verfahren beschäftigte sich die Kommission mit Zahlungen, die als Ausgleich für gemeinwirtschaftliche Verpflichtungen auf Verbindungen zwischen **Italien und Korsika** (Genua – Bastia, Livorno – Bastia) geleistet worden waren [ABl. C 062 04.03.1999 S.9]. Die Beschwerden bezogen sich auf die von der Muttergesellschaft Société Nationale Maritime Corse-Méditerranée (SNCM) übernommenen Betriebsverluste der Corsica Marittima, die vorteilhaften Bedingungen für das Chartern von Schiffen der SNCM und die aggressive Tarifpolitik der Corsica Marittima im Jahre 1997; die beiden ersten Komponenten wurden von der Kommission als ungerechtfertigte Betriebsbeihilfen angesehen *(vgl. WB 1998, Ziff.259, S.256).* Nach dem Eingang neuerlicher Beschwerden wurde das Verfahren im Februar 2001 ausgedehnt, um angeblich überhöhte Ausgleichsleistungen für die von der SNCM übernommenen gemeinwirtschaftlichen Verpflichtungen auf verschiedenen Strecken zwischen Frankreich und Italien einerseits und Korsika andererseits (zwischen 1991 und 1999 in Höhe von 4,602 Mrd. ffrs) und die mißbräuchliche Verwendung dieser Zahlungen zugunsten der Corsica Marittima zu überprüfen [ABl. C 117 21.04.2001 S.9]. Die **Entscheidung 2002/149/EG der Kommission vom 30. Oktober 2001 [ABl. L 050 21.02.2002 S.66]** schloß beide Verfahren ab und stufte die zuletzt bekannt gewordenen Zahlungen als Beihilfen ein, für die nicht die Ausnahmen des Art. 92 (87) Abs. 2 und 3 EGV beansprucht werden konnten. Allerdings war eine Freistellung nach Art. 90 (86) Abs. 2 EGV möglich, da Dienstleistungen von allgemeinem wirtschaftlichen Interesse vorlagen (keine ausreichenden Verkehrsdienste bei freiem Wettbewerb) und die Beihilfen auch nicht die Mehrkosten der gemeinwirtschaftlichen Beförderungsdienste überschritten; die Verlustübernahme und die Bedingungen für die Schiffsvercharterung enthielten keine Beihilfeelemente *(vgl. WB 2001, Ziff.434 f.).* Weitere **Beihilfen Frankreichs** für gemeinwirtschaftliche Verpflichtungen im Seeverkehr mit Korsika wurden im Juli 2002 genehmigt [ABl. C 186 06.08.2002 S.3] *(vgl. WB 2002, Ziff.499).*

Im Oktober 2000 informierte **Frankreich** die Kommission über eine geplante Beihilfe zur Förderung der Aufnahme des Seeverkehrs auf neuen Kurzstrecken durch mehrere Verkehrsunternehmen und Verlader (begrenzt auf 30 % der operativen Ausgaben; absolute Höchstgrenze von 1 Mio. € im ersten Jahr, danach degressiv fallend; maximale Laufzeit von drei Jahren; Budget von 4 Mio. €). Das Vorhaben stand zwar im Einklang mit der Gemeinschaftsstrategie, und auch die Finanzierungs- und Laufzeitregelungen wurden als akzeptabel angesehen, dennoch hatte die Kommission einige schwerwiegende Bedenken (Förderung operativer Maßnahmen durch Betriebsbeihilfen; keine ausreichende Verringerung des Straßenverkehrs und mögliche Verlagerungen zwischen Seehäfen sowie von der Eisenbahn zur Binnenschiffahrt; Gefahr einer Quersubventionierung bei den betroffenen Unternehmen; keine Sicherstellung einer ausreichenden Rentabilität und der Diskriminierungsfreiheit; Unklarheiten beim Auswahlverfahren; keine eindeutige Trennung von gemeinwirtschaftlichen Leistungen); aus diesen Gründen leitete sie im Dezember 2000 ein Verfahren ein [ABl. C 037 03.02. 2001 S.16] *(vgl. WB 2000, Ziff.402).* Die **Entscheidung 2002/610/EG der Kommissi-**

on vom 30. Januar 2002 [ABl. L 196 25.07.2002 S.31] bewertete die Fördermaßnahmen als Beihilfe; angesichts der Zusicherungen Frankreichs (Projekte dienen allein der Reduzierung des Straßenverkehrs, sonstige Verkehrsverlagerungen werden vermieden; transparenteres Auswahlverfahren; Einführung einer getrennten Buchführung; Verbot der Kumulierung mit gemeinwirtschaftlichen Leistungen; Geltung der Höchstgrenze auch bei Gewährung anderer Gemeinschaftsmittel; Sicherstellung der langfristigen Rentabilität) kam jedoch die Ausnahmebestimmung der **Unterstützung bestimmter Aktivitäten** (Kurzstreckenseeverkehr) in Frage *(vgl. WB 2002, Ziff.495; WB 2004, Ziff.587).*

Im Februar und Juli 2002 teilte **Frankreich** sein Vorhaben über die Gewährung einer Beihilfe zugunsten der SNCM mit. Der **Umstrukturierungsplan** umfaßte einen betrieblichen (Verkauf von vier und Neuerwerb von drei Schiffen; Veräußerung von Immobilien; Schließung von zwei Tochterunternehmen; Personalabbau; Reduzierung der Fahrten und Kapazitäten in bezug auf Korsika und Ausweitung des Verkehrs mit Nordafrika; Reduzierung der Einkaufskosten für Vorleistungen; kein Preiskampf mit Corsica Ferries) und einen finanziellen Teil (Bereitstellung staatlicher Mittel in Höhe von 76 Mio. € für eine Kapitalaufstockung zur Finanzierung der Umstrukturierung und der Schuldentilgung). Die Kommission leitete im August 2002 ein **Prüfverfahren** ein, da keine Ursachenanalyse für die Verluste vorlag (gemeinwirtschaftliche Verpflichtungen, Erwerb von Schiffen, Maßnahmen zur Produktivitätssteigerung), Lücken im Umstrukturierungsplan bestanden (Reduzierung der Vorleistungen, zukünftige Preispolitik) und Zweifel an der Notwendigkeit der Beihilfehöhe vorhanden waren (Berechnungsverfahren, Hypothesen) [ABl. C 308 11.12.2002 S.29] *(vgl. WB 2002, Ziff.499).* In der **Entscheidung 2004/166/EG vom 9. Juli 2003 [ABl. L 061 27.02.2004 S.13]**, geändert durch die **Entscheidung 2005/36/EG vom 8. September 2004 [ABl. L 019 21.01.2005 S.70]**, kam sie zu dem Ergebnis, daß es sich bei der finanziellen Hilfe um eine Beihilfe handelte (keine Gleichsetzung mit Maßnahme eines privaten Investors; Betrag lag höher als ein Ausgleich für gemeinwirtschaftliche Verpflichtungen); ferner wurden den zwischenstaatlichen Handel beeinträchtigende Wettbewerbsverzerrungen konstatiert. Die Anwendbarkeit einer **Ausnahmeregelung** aufgrund des Vorliegens einer Rettungs- und Umstrukturierungsbeihilfe war jedoch gegeben (Abbau des gezeichneten Kapitals und Verschlechterung anderer Finanzkennziffern; Wiederherstellung der langfristigen Rentabilität durch einen Umstrukturierungsplan; Vorbeugung gegen Wettbewerbsverzerrungen durch einen Kapazitätsabbau; Proportionalität der Beihilfen unter Einbeziehung der Verkäufe von Vermögenswerten; Umsetzung des Umstrukturierungsplans), so daß die Beihilfe in einer Höhe von 66 Mio. € genehmigt wurde. **Zusätzliche Auflagen** umfaßten das Verbot des Erwerbs und der Erneuerung von Schiffen, die Begrenzung der Anzahl der Überfahrten nach Korsika, die Veräußerung von auf ca. 10 Mio. € geschätzten Beteiligungen, vorbeugende Maßnahmen gegen ein Auftreten als Preisführer und die jährliche Vorlage von Berichten über die Umsetzung des Umstrukturierungsplans *(vgl. WB 2003, Ziff.555).*

Zahlreiche der seit 1997 entschiedenen Einzelfälle betrafen die Reorganisation des **italienischen Seeverkehrsmarktes**. So befaßte sich die Kommission seit 1994 mit der finanziellen Unterstützung der beiden Linienschiffahrtsunternehmen Lloyd Triestino di Navigazione und Italia di Navigazione, deren Finanzlage im Zusammenhang mit der Umstrukturierung des Mutterkonzerns Finmare (Privatisierung des Massengutverkehrs, Übernahme des Inselverkehrs durch Eisenbahnunternehmen) durch eine für 1996 vorgesehene Kapitalzuführung in Höhe von 31 Mio. ECU, Übertragungen von Anlagevermögen im Wert von 33 Mio. ECU und die nachfolgende Privatisierung verbessert werden sollte [ABl. C 333 29.11.94 S.6]. Da unter Berücksichtigung der Aufwendungen für die Schuldenminderung und bei Einbeziehung einer Risikoprämie sogar der am unteren Ende der Bewertungsspanne liegende erwartete Verkaufserlös weit über dem Betrag der Kapitalzuführung lag, wurde diese jedoch nicht als staatliche Beihilfe im Sinne des Art. 92 (87) Abs. 1 EGV i. V. m. Art. 222 (295) EGV angesehen. Gemäß der **Entscheidung 98/234/EG der Kommission vom 15. Juli 1997 [ABl. L 088 24.03.98 S.53]** durften Lloyd und Italia aber keine weiteren Leistungen erhalten; die geplante Privatisierung war auf dem Wege eines allgemein zugänglichen und transparenten Ausschreibungswettbewerbs vorzunehmen.

Seit Juni 1996 befaßte sich die Kommission in einem Verfahren mit der Gewährung von **Darlehen und Zuschüssen zu Leasingkosten** in Höhe von ca. 12,7 Mrd. Lit an Seeverkehrsunternehmen aufgrund des sardischen Regionalgesetzes Nr. 20 von 1951 [ABl. C 368 06.12.96 S.2]. Ziel war die Förderung des Baus, des Umbaus und der Reparatur (Begrenzung auf 20 bzw. 60 % der Investitionskosten) sowie des Erwerbs von Schiffen, wobei vergünstigte Konditionen für Zinsen bzw. Provisionen (3,5 bzw. 4,5 %) und für die Rückzahlungsmodalitäten zur Anwendung kamen; auf diesem Wege wurde bei den Leasingkosten eine durchschnittliche Zinssubvention von 10 % geleistet. Die Beihilfegewährung war von Bedingungen abhängig, die die Niederlassung und Registrierung in Sardinien, die Nutzung sardischer Häfen und Werften und die Beschäftigung einheimischer Seeleute betrafen *(vgl. Bull. EU 6-1996, S.106; WB 1996, S.250)*. Gemäß der **Entscheidung 98/95/EG der Kommission vom 21. Oktober 1997 [ABl. L 020 27.01.98 S.30]** wurde die Regelung als staatliche Beihilfe nach Art. 92 (87) Abs. 1 EGV eingestuft, da die Befreiung von der finanziellen Last aus staatlichen Mitteln erfolgte und es sich um eine sektorspezifische Maßnahme handelte, die den innergemeinschaftlichen Handel beeinträchtigte. Die Beihilfe wurden als unzulässig betrachtet, weil eine Änderung des Gesetzes von 1988 ohne Unterrichtung der Kommission stattgefunden hatte. Die Darlehen und Leasingverträge waren nicht mit dem Gemeinsamen Markt vereinbar, da die Voraussetzungen für eine Ausnahme nach Art. 92 (87) Abs. 2 EGV oder eine Freistellung nach Art. 92 (87) Abs. 3 EGV nicht erfüllt waren; zudem wurde eine Verletzung der Vertragsbestimmungen zur Niederlassungsfreiheit (Niederlassung und Hauptsitz des Unternehmens sowie Registrierung der Schiffe in Sardinien) und zum Verbot der Diskriminierung aus Gründen der Staatsangehörigkeit (Beschäftigung eines Mindestkontingents an Seeleuten, die in der Heuerliste des Registrierhafens des Schiffes eingetragen sind) konstatiert. Italien mußte den Unterschied zwischen der Summe der Zins- und anderen Aufwendungen zu den bei Vertragsabschluß geltenden normalen Marktbedingungen und den tatsächlich getragenen Aufwendungen zurückfordern. War das Darlehen noch nicht zurückgezahlt bzw. der Leasingvertrag noch nicht abgelaufen, so mußten für die Restlaufzeit die **normalen Marktkonditionen** angewendet und die Zinsen auf den o. a. Rückzahlungsbetrag berechnet werden *(vgl. WB 1997, Ziff.262, S.262)*.

Gegenstand von detaillierten Untersuchungen waren auch die zwischen **Italien** und der Tirrenia-Gruppe (Tirrenia di Navigazione, Adriatica, Caremar, Saremar, Siremar, Toremar) im Jahre 1991 für eine Laufzeit von 20 Jahren getroffenen Vereinbarungen über die Erbringung **gemeinwirtschaftlicher Seeverkehrsdienste** zwischen dem Festland, Sardinien, Sizilien und anderen kleineren Inseln sowie nach Malta und Tunesien (Spezifizierung der Strecken, Häfen, Schiffe und Frequenzen; Tarif- und Fahrplangenehmigung; Preisermäßigungen für bestimmte Personengruppen, Beförderung von Post, Angebot kommerzieller Dienste lokaler Art; regelmäßige Erneuerung der Schiffe; jährliche Ausgleichszahlungen, reduzierte Verbrauchsteuersätze für an Bord genutzte Kraft- und Schmierstoffe). Im August 1999 wurde ein **Verfahren** gegen die Gruppe eingeleitet [ABl. C 306 23.10.1999 S.2]; da es sich nach ihrer Auffassung aber definitiv um keine Beihilfen handelte, erhoben der italienische Staat und die Unternehmen in den Rs. C-400/99 und T-246/99 Klagen [ABl. C 020 22.01.2000 S.9, 25]; in bezug auf die Aussetzung der Steuerregelung wurde die Entscheidung vom Europäischen Gerichtshof für nichtig erklärt [ABl. C 348 08.12.2001 S.4; ABl. C 171 09.07. 2005 S.1]. Die Konkurrenten wiesen auf die aggressive Geschäftspolitik der begünstigten Unternehmen, die mangelnde Transparenz und die Möglichkeit zur eigenmächtigen Änderung der Verpflichtungen, die fehlende Notwendigkeit von gemeinwirtschaftlichen Diensten sowie auf die günstigeren Kreditbedingungen und die steuerliche Vorzugsbehandlung hin. Die Kommission gelangte in der **Entscheidung 2001/851/EG vom 21. Juni 2001 [ABl. L 318 04.12.2001 S.9]** zu der Auffassung, daß in bezug auf Tirrenia di Navigazione eine neue Beihilfe vorlag, die den Handel beeinträchtigte und den Wettbewerb verfälschte; eine Freistellungsmöglichkeit war nicht erkennbar. Hinsichtlich der Gemeinwirtschaftlichkeit verwies sie auf die unzureichende Festlegung der gemeinwirtschaftlichen Dienste und die Behinderung der Erbringung von Kabotagediensten; andererseits wurden auf den nationalen Strecken überwiegend keine vergleichbaren Dienste durch Wettbewerber angeboten, und die Ausgleichszahlungen waren den aus der Erbringung der Dienste resultierenden Zusatzkosten angemessen. Unter Berücksichtigung der angekündigten Änderungen (Herausnahme von Strecken, Reduzierung des Kapazitätsangebots, Beseitigung des Ermessensspielraums der Unternehmen) wurden die Beihilfen unter bestimmten Auflagen (separate Ermittlung der Zusatzkosten für jede Strecke, Notifizierung der Verpflichtungen für 2005 bis 2008) als mit dem Gemeinsamen Markt vereinbar beurteilt. Mit der **Entscheidung 2005/163/EG vom 16. März 2004 [ABl. L 053 26.02.2005 S.29]** akzeptierte die Kommission auch die an die fünf Regionalgesellschaften als Ausgleich für gemeinwirtschaftliche Dienste gezahlten Beihilfen (Ausnahme: Subventionen für Adriatica zwischen Januar 1992 und Juli 1994 für die Strecke Brindisi – Korfu – Patrasso). Bestimmte Beihilfen zugunsten von Caremar für die Erbringung von Hochgeschwindigkeitsdiensten sollten abgeschafft bzw. reduziert werden; alle Unternehmen sollten für jede einzelne Strecke getrennt Buch führen *(vgl. Bull. EU 7/8-1999, S.49; WB 1999, Ziff.294; WB 2001, Ziff.436 f.; WB 2004, Ziff.585).*

Zwischen Januar und November 2001 übermittelte **Italien** der Kommission Informationen über eine geplante Beihilferegelung zum Ausgleich der wirtschaftlichen Verluste aus der **beschleunigten Abwrackung** von mindestens 20 Jahre alten Einhüllen-Tankschiffen (insbesondere Schiffe im Kabotageverkehr zwischen italienischen Häfen; Größe von mindestens 1.000 BRT; Schiffe mußten vor dem 30. September 2000 im Besitz des Unternehmens und in italienischen Registern eingetragen gewesen sein); im Jahre 2000 wurden dementsprechend 72 Schiffe im Eigentum von 35 Reedereien ermittelt, 2002 noch 37 Schiffe. Zum Ausgleich des entgangenen Gewinns sollten die Reedereien vom jährlich verfügbaren Etat von 5,16 Mio. € über maximal 15 Jahre einen Beitrag von 129,11 € pro BRT (bis zur Höchstgrenze von 30.000 t pro Schiff) in Form direkter Darlehen erhalten. Die Abwrackung hatte zwischen 2000 und 2002 zu beginnen und mußte innerhalb von sechs Monaten abgeschlossen sein. Es durfte kein Ersatz durch Tankschiffe der abgewrackten Art erfolgen; ein zur Beihilfe gleichwertiger Betrag war in die Betriebstätigkeit zu investieren. Im Dezember 2001 leitete die Kommission ein **Verfahren** ein [ABl. C 050 23.02.2002 S.7], da die Beihilfe auf mindestens 20 Jahre alte Einhüllen-Tankschiffe beschränkt war, die Möglichkeit des Ersatzes durch jüngere Einhüllen-Öltankschiffe bestand und die Neuinvestitionen nicht ausreichend präzisiert waren. Die **Entscheidung 2002/868/EG der Kommission vom 17. Juli 2002 [ABl. L 307 08.11.2002 S.49]** stufte die Beihilfe als widerrechtlich ein, da sie keine Kapazitätsverringerung bewirkte. Weil jedoch über die obligatorischen Vorgaben hinaus das Ziel eines hohen Sicherheits- und Umweltschutzniveaus gefördert wurde, konnte die **Ausnahmeregelung** des Art. 92 (87) Abs. 3 lit. c EGV zur Anwendung gelangen; zusätzliche Auflagen umfaßten die Begrenzung der Beihilfe auf den Zeitraum des Ertragsausfalls, die Sicherstellung der Transparenz und Diskriminierungsfreiheit, das Verbot des Erwerbs von Einhüllen-Öltankschiffen als Ersatzkapazität, die Einhaltung der Beihilfeobergrenzen und die Förderung der Kabotage *(vgl. WB 2002, Ziff.498)*.

Der **spanische Seeverkehrsmarkt** war Gegenstand von zwei Entscheidungen, die sich mit der Erbringung gemeinwirtschaftlicher Verkehrsdienste befaßten. Im September 1993 eröffnete die Kommission ein Verfahren in bezug auf eine im Juli 1992 zwischen dem Bezirksrat Vizcaya und dem baskischen Ministerium für Handel und Fremdenverkehr sowie der Fährgesellschaft Ferries Golfo de Vizcaya abgeschlossene Vereinbarung über eine Beihilfe, die den Kauf von **Reisegutscheinen** für die Fährverbindung zwischen Bilbao und Portsmouth durch die baskischen Behörden zugunsten benachteiligter sozialer Gruppen vorsah (26.000 Gutscheine im Wert von 911,8 Mio. Ptas für 1993 bis 1996) [ABl. C 321 01.12.95 S.4]. Ziel des Vorhabens war die Förderung der regionalen Entwicklung des Baskenlands durch die zweimal pro Woche angebotenen Fährdienste; bei der Auswahl der Besatzung sollten ortsansässige Personen Vorrang erhalten. Wichtigster Grund für die **Verfahrenseinleitung** waren die nicht marktüblichen Finanzierungsbedingungen (Aufkauf eines festen Kontingents, überhöhte Preise, Buchung unabhängig von Durchführung des Verkehrs, Verlustübernahme); die Beihilfe wurde daraufhin im November 1993 wieder ausgesetzt. Im März 1995 wurde die Vereinbarung vom Juli 1992 durch eine neue Regelung ersetzt (46.500 Gutscheine im Wert von 985,5 Mio. Ptas für 1995 bis 1998; britische und spanische Besatzungsmitglieder), die die Kommission im Juni 1995 befürwortete; das laufende Verfahren wurde eingestellt *(vgl. WB 1995, Ziff.184, S.235)*. Nach einer Klage der Brétagne Angleterre Irlande (BAI, Brittany Ferries) [ABl. C 077 16.03.96 S.18] hob das **Gericht erster Instanz** diese Entscheidung jedoch am 28. Januar 1999 mit seinem Urteil in der Rs. T-14/96 [ABl. C 086 27.03.1999 S.16; Slg. 1999, S.II-139] auf, da die

Kommission angesichts der Sachlage nicht zum Schluß kommen konnte, daß es sich nicht um eine staatliche Beihilfe handelte; eine Schadenersatzklage der BAI wurde jedoch abgewiesen [ABl. C 077 16.03.96 S.14; ABl. C 086 27.03.1999 S.15]. Nach der Wiederaufnahme des erweiterten Verfahrens im Mai 1999 [ABl. C 233 14.08.1999 S.22] gelangte die Kommission in der **Entscheidung 2001/247/EG vom 29. November 2000 [ABl. L 089 29.03.2001 S.28]** zu der Auffassung, daß die Regelung eine Betriebsbeihilfe darstellte, für die keine Freistellung gewährt werden konnte. Die Erhöhung des Kontingents bei einem Preisverfall für die Gutscheine legte nahe, daß es sich um eine pauschale Zuwendung handelte; das Unternehmen konnte die Zahlungen einbehalten, bis die zweite Vereinbarung in Kraft trat; die Bestimmungen beeinflußten den zwischenstaatlichen Handel, und es lag eine Wettbewerbsverfälschung im Verhältnis zu BAI vor. Eine **Ausnahmeregelung** in bezug auf Sozialbeihilfen und Beihilfen für bestimmte Wirtschaftszweige war nicht anwendbar, so daß die Beihilfen nicht mit dem Gemeinsamen Markt vereinbar waren. Die Klagen des Nachfolgeunternehmens P&O European Ferries und Spaniens auf Nichtigerklärung der Entscheidung [ABl. C 212 28.07.2001 S.26; ABl. C 227 11.08.2001 S.29] wurden am 5. August 2003 vom **Gericht erster Instanz** mit dem Urteil in den verbundenen Rs. T-116/01 und T-118/01 abgewiesen [ABl. C 251 18.10.2003 S.10; Slg. 2003, S.II-2957]. Die Kläger legten daraufhin Rechtsmittel beim **Europäischen Gerichtshof** ein [ABl. C 007 10.01.2004 S.18; ABl. C 021 24.01.2004 S.14] *(vgl. WB 2000, Ziff. 400, S.264; WB 2003, Ziff. 599 ff.)*.

Im Jahre 1997 hatte **Spanien** eine Ausschreibung für zehn Seeverkehrsstrecken mit gemeinwirtschaftlichen Verpflichtungen zwischen dem Festland einerseits sowie den Balearen, den Kanaren, Ceuta und Melilla andererseits durchgeführt, aus der im Januar 1998 die Compañía Trasmediterránea als Sieger hervorging. Die Kommission leitete im Februar 1998 ein **Verfahren** gegen den spanischen Staat ein, da sie erhebliche Bedenken gegen die Bestimmungen des zugrunde liegenden Dekrets (Erbringung von Seekabotagediensten setzt eine vorherige Genehmigung voraus, deren Erteilung von der Erfüllung gemeinwirtschaftlicher Verpflichtungen abhängt), den Ablauf des Vergabeverfahrens (Ausschreibungsfrist von lediglich zwei Wochen), die Vertragsbestimmungen (alle Strecken werden an ein einziges Unternehmen vergeben; auch andere Unternehmen können Dienste anbieten, ohne daß Bedingungen genau festgelegt werden; besondere Bestimmungen für die Strecke Algericas – Ceuta; Vertrag hat eine Laufzeit von sechs Jahren mit der Möglichkeit einer zweimaligen Verlängerung von jeweils zwei Jahren) und die Gewährung von Ausgleichszahlungen in Höhe von 6,6 Mio. € für sechs Jahre ab 1998 geltend machte; nach Meinung der Kommission wurde insbesondere die freie Erbringung von **Kabotagediensten** verhindert [ABl. C 147 13.05.98 S.10] *(vgl. Bull. EU 1/2-1998, S.64; WB 1998, Ziff. 259, S.256)*. Spanien und die Compañía Trasmediterránea brachten zwar zahlreiche Gegenargumente vor (Liberalisierung der Kabotage erst Anfang 1999; Vertragsregelungen in Übereinstimmung mit Beihilfeleitlinien; Zusammenfassung der Strecken am kostengünstigsten; Verlängerung der Vertragslaufzeit von Bedingungen abhängig; Notwendigkeit der kurzen Ausschreibungsfrist wegen Vertragsablauf; lediglich Ausgleich für gemeinwirtschaftliche Verpflichtungen), trotzdem bewertete die Kommission in ihrer **Entscheidung 2001/156/EG vom 19. Juli 2000 [ABl. L 057 27.02.2001 S.32]** die Zahlungen als staatliche

Übersicht 22: Gewährung von Beihilfen im Seeverkehr seit Ende der achtziger Jahre

Leitlinien der Kommission

Finanzielle und steuerliche Maßnahmen im Seeverkehr mit Schiffen, die in der Gemeinschaft eingetragen sind [SEK (89) 921 endg.] — Leitlinien 97/C 205/05 der Gemeinschaft für staatliche Beihilfen im Seeverkehr [ABl. C 205 05.07.97 S.5] — Beschluß 97/187/KOL der EFTA-Überwachungsbehörde vom 16. Juli 1997 zur 11. Änderung der verfahrens- und materiellrechtlichen Vorschriften für staatliche Beihilfen [ABl. L 316 20.11.97 S.23] — Mitteilung C (2004) 43 der Kommission: Leitlinien 2004/C 13/03 der Gemeinschaft für staatliche Beihilfen im Seeverkehr [ABl. C 013 17.01.2004 S.3]

Anwendungspraxis der Kommission

Entscheidung 87/359/EWG der Kommission vom 22. Juni 1987 über die Tarifermäßigungen im Luft- und Seeverkehr, die ausschließlich den spanischen Bewohnern der Kanarischen Inseln und Balearen vorbehalten sind [ABl. L 194 15.07.87 S.28] — Entscheidung 97/14/EG der Kommission vom 17. Juli 1996 über die der Compagnie Générale Maritime im Rahmen eines Umstrukturierungsplans gewährte Beihilfe [ABl. L 005 09.01.97 S.40] — Entscheidung 98/234/EG der Kommission vom 15. Juli 1997 betreffend Finanzbeihilfen an Lloyd Triestino di Navigazione S.p.A. und Italia di Navigazione S.p.A. [ABl. L 088 24.03.98 S.53] — Entscheidung 98/95/EG der Kommission vom 21. Oktober 1997 über eine Beihilfe der Region Sardinien (Italien) an den Schifffahrtssektor in Sardinien [ABl. L 020 27.01.98 S.30] — Entscheidung 1999/651/EG der Kommission vom 9. Dezember 1998 über die Maßnahme, die Irland zugunsten von Arbeitgebern durch die Erstattung von Sozialversicherungsbeiträgen für Seeleute auf bestimmten Kategorien von Schiffen, die nicht in einem Mitgliedstaat registriert sein müssen, plant [ABl. L 257 02.10.1999 S.15] — Entscheidung 2001/156/EG der Kommission vom 19. Juli 2000 über die staatliche Beihilfe, die Spanien zugunsten des Seeverkehrs gewährt hat (neuer gemeinwirtschaftlicher Vertrag über Dienstleistungen im Seeverkehr) [ABl. L 057 27.02.2001 S.32] — Entscheidung 2001/247/EG der Kommission vom 29. November 2000 über die Beihilferegelung Spaniens zugunsten des Schiffahrtsunternehmens Ferries Golfo de Vizcaya [ABl. L 089 29.03.2001 S.28] — Entscheidung 2002/15/EG der Kommission vom 8. Mai 2001 über die staatlichen Beihilfen Frankreichs zugunsten des Unternehmens „Brétagne Angleterre Irlande" („BAI" oder „Brittany Ferries") [ABl. L 012 15.01.2002 S.33] — Entscheidung 2001/851/EG der Kommission vom 21. Juni 2001 über eine staatliche Beihilfe Italiens zugunsten der Seeverkehrsgesellschaft Tirrenia di Navigazione [ABl. L 318 04.12.2001 S.9] — Entscheidung 2002/149/EG der Kommission vom 30. Oktober 2001 über die staatlichen Beihilfen Frankreichs zugunsten der Société Nationale Maritime Corse-Méditerranée (SNCM) [ABl. L 050 21.02.2002 S.66] — Entscheidung 2002/610/EG der Kommission vom 30. Januar 2002 über die Beihilferegelung, die Frankreich für die Aufnahme des Seeverkehrs auf neuen Kurzstrecken gewähren will [ABl. L 196 25.07.2002 S.31] — Entscheidung 2002/901/EG der Kommission vom 19. Juni 2002 über eine staatliche Beihilfe der Niederlande für den Betrieb niederländischer Schlepper in Seehäfen und auf Binnenwasserstraßen der Gemeinschaft [ABl. L 314 18.11.2002 S.97] — Entscheidung 2002/868/EG der Kommission vom 17. Juli 2002 über die Beihilferegelung Italiens zur Verringerung der Zahl der über 20-jährigen Einhüllen-Öltankschiffe der italienischen Tankerflotte [ABl. L 307 08.11.2002 S.49] — Entscheidung 2004/166/EG der Kommission vom 9. Juli 2003 über die geplante Umstrukturierungsbeihilfe für die Société Nationale Maritime Corse-Méditerranée (SNCM) [ABl. L 061 27.02.2004 S.13], geändert durch die Entscheidung 2005/36/EG der Kommission vom 8. September 2004 [ABl. L 019 21.01.2005 S.70] — Entscheidung 2005/163/EG der Kommission vom 16. März 2004 über eine staatliche Beihilfe Italiens zugunsten der Seeverkehrsgesellschaften Adriatica, Caremar, Siremar, Saremar und Toremar (Tirrenia-Gruppe) [ABl. L 053 26.02.2005 S.29] — Entscheidung 2005/417/EG der Kommission vom 30. Juni 2004 über mehrere steuerliche Maßnahmen, die Belgien zugunsten des Seeverkehrs durchführen will [ABl. L 150 10.06.2005 S.1]

Beihilfen; eine Ausnahme nach Art. 92 (87) Abs. 2 und 3 EGV war nicht möglich. Da es sich jedoch um gemeinwirtschaftliche Dienste handelte und die Finanzhilfen nicht über den Mindestausgleich zur Deckung der entstandenen Mehrkosten hinausgingen, konnte unter Berücksichtigung der zwischenzeitlichen Änderungen der spanischen Regierung (Spezifizierung der Bedingungen für andere Unternehmen; Reduzierung der Laufzeit auf dreieinhalb Jahre; Anpassung zukünftiger Verträge bzw. Ausschreibungen an gemeinschaftliche Vorgaben) die **Ausnahmeregelung** gemäß Art. 90 (86) Abs. 2 EGV beansprucht werden *(vgl. WB 2000, Ziff.396, S.264)*. Nachdem sie bereits im Oktober 1999 eine Beihilferegelung für den See- und Luftverkehr zugunsten der auf den Kanaren angesiedelten Unternehmen (Landwirtschafts-, Erdöl- und Industrieerzeugnisse) gebilligt hatte, genehmigte die Kommission im Juli 2001 auch verschiedene Beihilfen, die der Compañía Trasmediterránea als Ausgleich für gemeinwirtschaftliche Leistungen gezahlt worden waren *(vgl. Bull. EU 10-1999, S.34; WB 2001, Ziff.438 f.)*.

Von anderen Mitgliedstaaten gewährte Beihilfen waren nur in Einzelfällen Gegenstand näherer Untersuchungen durch die Kommission. So notifizierte **Irland** am 15. Mai 1997 ein Beihilfevorhaben, nach dem den Arbeitgebern die Sozialbeiträge für die Beschäftigung von Seeleuten aus der Gemeinschaft an Bord von Handelsschiffen, die von einem ausländischen Vercharterer ohne Mannschaft vermietet werden, bis zu 100 % erstattet werden sollten; das Gesamtbudget für den Zeitraum von April 1996 bis April 2000 belief sich auf 8 Mio. Ir£. Am 17. Dezember 1997 beschloß die Kommission, keine Einwände gegen die Erstattung von Rentenversicherungsbeiträgen an Selbständige und freiwillig Versicherte von mindestens 56 Jahren zu erheben, die Beihilfe für Schiffe der Kategorie 1 (in Irland registrierte Schiffe) zu genehmigen und bezüglich der Schiffe der Kategorie 2 (in anderen Staaten registrierte Schiffe; nur relevant für ein auf den Bahamas registriertes Schiff) ein Verfahren einzuleiten [ABl. C 103 04.04.98 S.15]. Während Irland in diesem Sonderfall kein Problem sah (Eigentümer in Schweden ansässig; Besatzung vorwiegend Iren und Briten; Verfolgung regionalwirtschaftlicher und beschäftigungspolitischer Ziele; geplante Übernahme in ein irisches Register; Schiff erfüllt Anforderungen für Eintragung in ein irisches Register), gelangte die Kommission in ihrer **Entscheidung 1999/651/EG vom 9. Dezember 1998 [ABl. L 257 02.10.1999 S.15]** zu der Auffassung, daß beschäftigungsbezogene Kosten betroffen und Beihilfen deshalb nur für in Mitgliedstaaten registrierte Schiffe möglich seien; da gemäß der irischen Regelung auch andere Schiffe erfaßt wurden, war die Beihilfe nicht mit dem Gemeinsamem Markt vereinbar *(vgl. WB 1997, S.263; WB 1998, Ziff.259, S.256)*.

Gegen die von den **Niederlanden** umgesetzten Maßnahmen zur Unterstützung des Seeverkehrs (Ermäßigung der Einkommensteuern und Sozialversicherungsbeiträge, Einführung einer Tonnagesteuer) *(vgl. S.210)* wurden seit April 2000 mehrfach Beschwerden bzw. Bedenken vorgebracht, da hiervon auch der Betrieb von Schleppern auf deutschen Binnenwasserstraßen und in deutschen Häfen begünstigt wurde. Da es sich dabei nach Meinung der Kommission um Hafendienstleistungen handelt, die nicht in den Anwendungsbereich der Leitlinien zum Seeverkehr fallen, leitete sie im Juli 2001 ein Verfahren ein und forderte die Einstellung der Beihilfegewährung [ABl. C

298 24.10.2001 S.5]. Während die Niederlande den Ort der Diensteerbringung als unmaßgeblich betrachteten und auf die technischen Schiffskriterien (Seeschiff) sowie den fehlenden nachhaltigen Einfluß auf die Wettbewerbsfähigkeit hinwiesen, kam die Kommission in der **Entscheidung 2002/901/EG vom 19. Juni 2002 [ABl. L 314 18. 11.2002 S.97]** zu dem Schluß, daß es sich um neue, nicht notifizierte und genehmigungsbedürftige Beihilfen handelte, die von den Leitlinien nicht erfaßt wurden. Da auch die in bezug auf Hafendienste maßgeblichen Ausnahmebestimmungen nicht anwendbar waren, wurden die Beihilfen als unvereinbar mit dem Gemeinsamen Markt eingestuft *(vgl. WB 2001, Ziff.443, S.315; WB 2002, Ziff.497).*

Im Juni 2002 kündigte **Belgien** steuerliche Maßnahmen zugunsten des Seeverkehrs an (Tonnagesteuer oder alternativ Kombination aus beschleunigter Abschreibung sowie Steuerbefreiung beim Verkauf und Steuerabzug beim Kauf von Schiffen; Aufhebung der Eintragungsgebühr bei der Aufnahme von Hypotheken; Pauschalbesteuerung für die Schiffsverwaltung im Auftrag Dritter), um die Rückkehr von unter belgischer Kontrolle fahrenden Schiffen in das nationale Register zu fördern. Im März 2003 leitete die Kommission ein Verfahren ein, da sie gegen bestimmte Regelungen im Zusammenhang mit der Pauschalbesteuerung von Reedereien und andere Vorhaben Bedenken hatte [ABl. C 145 21.06.2003 S.4]. In der **Entscheidung 2005/417/EG vom 30. Juni 2004 [ABl. L 150 10.06.2005 S.1]** kam die Kommission dann zum Schluß, daß bezüglich der Pauschalbesteuerung eine Berücksichtigung von Schiffen über 40.000 t unter bestimmten Bedingungen (Schiffe sind neu oder waren während der letzten fünf Jahre unter einer Drittlandsflagge registriert) mit dem Gemeinsamen Markt vereinbar sei; Steuernachlässe für Schiffe unter zehn Jahren und eine Abzugsfähigkeit der Verluste anderer Geschäftszweige seien hingegen inakzeptabel. Hinsichtlich der Einbeziehung sonstiger Einkünfte (Nebentätigkeiten, Verkauf von nicht für den Verbrauch an Bord bestimmten Produkten, Veräußerung von Betriebsvermögen, Werbung und Marketing, *ship brokerage*) nahm die Kommission eine differenzierte Beurteilung vor. Die anderen Vorhaben (beschleunigte Abschreibung von nicht im Seeverkehr eingesetzten Schiffen; Senkung der Eintragungsgebühr bei der Aufnahme von Hypotheken für sonstige Schiffe; Schiffsverwaltung im Auftrag Dritter, sofern die Steuersätze nicht denen für Seeschiffahrtsunternehmen entsprechen und die Bereederer nicht für das Management zuständig sind) waren ebenfalls nicht mit dem Gemeinsamen Markt kompatibel *(vgl. WB 2004, Ziff.586).*

3.4.2 Förderung des Schiffbaus in der Gemeinschaft

3.4.2.1 Entwicklung der Gemeinschaftspolitik von 1987 bis 1990

Richtlinien des Rates über die Gewährung von Schiffbaubeihilfen

Die europäischen Werften waren gegen Mitte der achtziger Jahre in erheblichem Maße von der **weltweiten Konjunktur- und Strukturkrise** betroffen. Trotz der Umstrukturierungserfolge (Abbau der Produktionskapazität und der Beschäftigung) bewirkte die nach wie vor schwache Nachfrage einen Überhang an Schiffbau- und Tonnagekapazitäten, was einen Preisverfall für Schiffe und bei Schiffsfrachten nach sich zog; zugleich wurde die Kapazität in den meisten Drittstaaten deutlich erweitert. Weitere Probleme bestanden in den hohen Kosten, dem unzureichenden Produktivitätswachstum, dem mangelnden *cash flow* und dem Rückgang an qualifizierten Arbeitskräften *(zur Entwicklung bis 1986 vgl. S.37; zur weiteren Entwicklung die Kommissionsberichte gemäß Übersicht 23)*. Angesichts des besorgniserregenden Zustands der europäischen Schiffbauindustrie forderten der **Wirtschafts- und Sozialausschuß** in seiner Stellungnahme vom 23. April 1986 zu den Leitlinien für eine gemeinschaftliche Politik im Schiffbau [ABl. C 189 28.07.86 S.20] (Aufrechterhaltung einer Mindestkapazität, Schaffung eines *Home Credit Scheme*, Einrichtung eines gemeinsamen Programms für Forschung und Entwicklung, Beschränkung auf bestimmte Zulieferer, Abwrackung von Seeschiffen, Verhandlungen mit Japan und Südkorea) und das **Europäische Parlament** in einer Entschließung vom 12. Juni 1986 zur Krise in der Schiffbauindustrie [ABl. C 176 14.07.86 S.122] (Aufrechterhaltung einer bestimmten Schiffbaukapazität, Verhandlungen mit Japan und Südkorea) **umfassende Abhilfemaßnahmen** *(vgl. Bull. EG 3-1986, S.36f.; Bull. EG 4-1986, S.149; Bull. EG 6-1986, S.117)*.

Übersicht 23: Kommissionsberichte zur Lage der Schiffbauindustrie seit 1988

Bericht vom 12. Dezember 1988 über die Lage der Schiffbauindustrie in der Gemeinschaft: Stand Anfang 1988 [KOM (88) 723 endg.] — Bericht vom 3. November 1989 über die Lage der Schiffbauindustrie in der Gemeinschaft: Stand Anfang 1989 [SEK (89) 1837 endg.] — Bericht vom 15. Oktober 1990 über den Stand der Schiffbauindustrie in der Gemeinschaft (1989) [SEK (90) 1935 endg.] — Bericht vom 8. November 1991 über den Stand der Schiffbauindustrie in der Gemeinschaft: Stand 1990 [SEK (91) 2057 endg.] — Bericht vom 16. März 1993 über den Stand der Schiffbauindustrie in der Gemeinschaft: Stand 1991 [KOM (93) 91 endg.] — Bericht vom 16. November 1993 über den Stand der Schiffbauindustrie in der Gemeinschaft: Stand 1992 [KOM (93) 562 endg.] — Bericht vom 23. Februar 1995 über den Stand der Schiffbauindustrie in der Europäischen Union: Stand 1993 [KOM (95) 38 endg.]
Bericht vom 13. Oktober 1999 zur Lage des Weltmarkts im Schiffbausektor [KOM (1999) 474 endg.] — Zweiter Bericht vom 3. Mai 2000 zur Lage des Weltmarkts im Schiffbausektor [KOM (2000) 263 endg.] — Dritter Bericht vom 15. November 2000 zur Lage des Weltmarkts im Schiffbausektor [KOM (2000) 730 endg.] — Vierter Bericht vom 2. Mai 2001 zur Lage des Weltmarkts im Schiffbausektor [KOM (2001) 219 endg.] — Fünfter Bericht vom 30. April 2002 zur Lage des Weltmarkts im Schiffbausektor [KOM (2002) 205 endg.] — Sechster Bericht vom 13. November 2002 zur Lage des Weltmarkts im Schiffbausektor [KOM (2002) 622 endg.] — Siebter Bericht vom 6. Mai 2003 zur Lage des Weltmarkts im Schiffbausektor [KOM (2003) 232 endg.]

Auf der Grundlage der **Schlußfolgerungen des Rates** vom 9. Juni 1986 und der **Kommissionsmitteilung** vom 22. Juli 1986 über Leitlinien für eine künftige Beihilfenstrategie für den Schiffbau [KOM (86) 324 endg.] setzte die Gemeinschaft ab 1987 aber im wesentlichen nur ihre **bisherige Subventionspolitik** fort. Die wegen der Marktlage weiterhin notwendigen Reformmaßnahmen beinhalteten keine Abschaffung der Beihilfen, sondern deren strafferen und gezielteren Einsatz. Die gemeinschaftliche **Schiffbautätigkeit** sollte sich auf die Produktion weniger arbeitsintensiver und technologisch hochentwickelter Spezialschiffe beschränken, da die europäische Industrie dort unter normalen Marktbedingungen am ehesten wettbewerbsfähig erschien. Die Beihilfen hatten diese Restrukturierung zu unterstützen sowie zu einem lauteren und ausgewogenen Wettbewerb im Schiffbau beizutragen. Aufgrund der Kostennachteile gegenüber den **ostasiatischen Staaten** sollten Produktionsbeihilfen bis zu einer Höchstgrenze erlaubt werden; auch Umstrukturierungsbeihilfen zur völligen oder teilweisen Stillegung von Anlagen und zur Förderung von Umstrukturierungs- oder Innovationsinvestitionen wurden bei einer strengen Überwachung als zulässig angesehen. Die Geltungsdauer der neuen Regelungen wollte man auf fünf Jahre (Übergangszeitraum für Portugal und Spanien) beschränken *(vgl. Bull. EG 6-1986, S.49 f.; Bull. EG 7/8-1986, S.50; WB 1986, Ziff.215).*

Auf der Grundlage dieser Konzeption legte dann die vom 1. Januar 1987 bis Ende 1990 geltende **Richtlinie 87/167/EWG des Rates vom 26. Januar 1987 [ABl. L 069 12.03. 87 S.55]** gemeinsame Regelungen für Schiffbaubeihilfen *(zur weiteren Entwicklung vgl. Übersicht 24)* fest, die als direkte Finanzmittelzuweisungen, aber auch in Form von Krediterleichterungen, Steuervorteilen oder Bürgschaften in bezug auf Neubau-, Umbau- und Reparaturtätigkeiten sowie an Reeder oder Dritte erfolgen konnten. Beihilfen für den Bau oder die Reparatur von Seeschiffen mit Metallrumpf waren möglich, sofern es sich um Handelsschiffe, Fischereifahrzeuge oder Schwimmbagger handelte, die über mindestens 100 BRZ verfügten; der Bau von Schleppern mit mindestens 365 kW konnte ebenfalls bezuschußt werden. Ein Umbau dieser Schiffe war förderungswürdig, wenn sie eine Größe von mehr als 1.000 BRZ hatten *(vgl. Bull. EG 10-1986, S.10 f.; Bull. EG 12-1986, S.72 f.; WB 1986, Ziff.215; WB 1987, Ziff.189; GB 1988, Ziff.434; V. J. G. Power, 1992, S.452 f., 456 f.; KOM (97) 470 endg., S.4).*

Bei den **Betriebsbeihilfen** unterschied man auftragsbezogene Produktionsbeihilfen und sonstige Betriebsbeihilfen, die der Weiterführung einer Werft dienten und nicht unmittelbar Umstrukturierungsmaßnahmen förderten (Verlustausgleiche, Rettungsbeihilfen). Da die Probleme der Schiffbauindustrie nicht nur konjunkturbedingt waren, eine Abschottung des Binnenmarktes vermieden und der Abfluß von Haushaltsmitteln beschränkt werden sollte, durften Betriebsbeihilfen eine für jeden einzelnen Bauauftrag geltende **Beihilfehöchstgrenze** nicht überschreiten (bei Produktionsbeihilfen: Prozentsatz des Vertragswerts vor Beihilfe; bei sonstigen Betriebsbeihilfen: Prozentsatz des Jahresumsatzes). Diese sollte unter Berücksichtigung der Differenz zwischen den Kosten der wettbewerbsfähigsten Werften in der Gemeinschaft und dem Weltmarktpreis der wichtigsten Wettbewerber zumindest jährlich von der Kommission neu festgelegt und dabei stetig gesenkt werden; Beihilfen in Form von **Krediterleichterungen** gemäß der Entschließung des OECD-Rates vom 3. August 1981 (Exportkredite) oder **Entwicklungsbeihilfen** blieben unberücksichtigt. Die Höchstgrenze betrug 1987 und 1988 28 % [ABl. C 027 05.02.87 S.12; ABl. C 004 08.01.88 S.2], 1989 26 % für große bzw. 16 % für kleine Schiffe (Auftragswert bis 6 Mio. ECU) [ABl. C 032 08. 02.89 S.3] und 1990 20 % bzw. 14 % *(vgl. WB 1987, Ziff.189; WB 1988, Ziff.166; Bull. EG 12-1989, S.48 f.; WB 1989, Ziff.129; WB 1990, Ziff.392; WB 1991, S.482 f.; V. J. G. Power, 1992, S.453 f., 459 f.; P. Hart, 1993, S.49; KOM (97) 470 endg., S.4 f.).*

Im Hinblick auf eine Angleichung der Wettbewerbsbedingungen und wegen der bestehenden strukturellen Unterschiede waren auch **Umstrukturierungsbeihilfen** zugelassen, die in Investitions-, Schließungs- sowie Forschungs- und Entwicklungsbeihilfen unterschieden wurden. **Investitionsbeihilfen** durften nicht dazu führen, daß sich die Schiffbaukapazität eines Mitgliedstaats erhöhte; dies galt nicht, wenn im betroffenen Mitgliedstaat zuvor kein Schiffbau betrieben worden war oder die einzige bestehende Werft begünstigt wurde; die Höhe der Beihilfe war auf den Beitrag zur Deckung der mit der Investition unmittelbar verbundenen Kosten beschränkt. **Schließungsbeihilfen**, die zur Übernahme der normalen Kosten der Einstellung einer Werft (Zahlungen an entlassene oder in den Vorruhestand getretene Arbeitnehmer, Gründung von Kleinunternehmen, Umschulung; Wiederherrichtung der Werftinfrastruktur; Restbuchwert) gewährt werden konnten, waren mit dem Gemeinsamen Markt vereinbar, wenn eine echte und endgültige Kapazitätsverringerung erfolgte. Für **Forschungs- und Entwicklungsbeihilfen** (Grundlagenforschung, angewandte Forschung und Entwicklung) galten die allgemeinen Gemeinschaftsregelungen *(vgl. V. J. G. Power, 1992, S.460ff.; KOM (97) 470 endg., S.4; zur Entwicklung von Schiffbauproduktion und -beihilfen in Europa bis Anfang der neunziger Jahre M. Weilepp, 1989; P. Hart, 1993, S.51ff.).*

Da der Umstrukturierungsprozeß in den neu beigetretenen Mitgliedstaaten noch nicht so weit fortgeschritten war, sollten die Regelungen zu den Produktionsbeihilfen auf **Spanien** vorübergehend keine Anwendung finden, sofern ein Umstrukturierungsplan durchgeführt wurde und eine Absenkung der Beihilfen erfolgte. Auch **Portugal** konnte eine solche Übergangsregelung in Anspruch nehmen oder die Vorschriften nur auf bestimmte Werften anwenden. Alle Beihilfevorhaben waren der Kommission im voraus mitzuteilen und durften nicht ohne deren Genehmigung gewährt werden *(vgl. WB 1987, Ziff.195f.; Bull. EG 11 1988, S.38; WB 1988, Ziff.192; Bull. EG 4-1989, S.35; Bull. EG 6-1989, S.48; Bull. EG 7/8-1989, S.39; WB 1989, Ziff.153).* In einem Bericht vom 13. April 1989 [SEK (89) 518 endg.] über die Anwendung der Richtlinie 87/167/EWG stellte die Kommission zwar fest, daß mit dem durch die Rechtsvorschrift geschaffenen Mechanismus die **Transparenz** der Beihilfegewährung erhöht und die **Kontrolle** jeder Art von Beihilfen ermöglicht worden war; ihrer Verpflichtung, die Beihilfen nachträglich zu notifizieren, waren die Mitgliedstaaten jedoch nicht immer nachgekommen *(vgl. Bull. EG 4-1989, S.34; WB 1989, Ziff.129).* Mit der **Richtlinie 90/652/EG des Rates vom 4. Dezember 1990 [ABl. L 353 17.12.90 S.45]** erhielten die Bestimmungen auch für das Gebiet der ehemaligen **DDR** Gültigkeit, eine Sonderregelung galt jedoch in bezug auf die gemeinsamen Höchstgrenzen für Produktionsbeihilfen; Voraussetzung dafür war ein systematisches und gezieltes Umstrukturierungsprogramm im Hinblick auf einen schrittweisen Kapazitätsabbau.

Besondere Bestimmungen für Exportkredite

Die ursprüngliche Fassung des **OECD-Übereinkommens** über Leitlinien für öffentlich geförderte Exportkredite war durch eine Ratsentscheidung vom 4. April 1978 angenommen worden; in der Folge wurde die Entscheidung mehrfach geändert bzw. verlängert, um den Modifizierungen des Übereinkommens Rechnung zu tragen und seine Anwendung in der Gemeinschaft sicherzustellen. Am 28. April 1981 faßte der Rat auf Vorschlag der Kommission [KOM (80) 745 endg.] einen Beschluß über den Abschluß des OECD-Übereinkommens über **Exportkredite für Schiffe** und die Festlegung von Maßnahmen für dessen Anwendung *(vgl. P. Hart, 1993, S.50f.).*

Übersicht 24: Gemeinschaftliche Maßnahmen zur Förderung des Schiffbaus seit 1987

Beihilfen für den Schiffbau

Richtlinie 87/167/EWG des Rates vom 26. Januar 1987 über Beihilfen für den Schiffbau [ABl. L 069 12.03.87 S.55] — Rechtsetzung auf der Grundlage der Artt. 92 Abs. 3 lit. d und 113 EWGV (Artt. 87 Abs. 3 lit. e und 133 EGV), auf Vorschlag der Kommission [ABl. C 281 07.11.86 S.4] sowie nach den Stellungnahmen des EP [ABl. C 007 12.01.87 S.325] und des WSA [ABl. C 068 16. 03.87 S.9]

Richtlinie 90/652/EG des Rates vom 4. Dezember 1990 zur Änderung der Richtlinie 87/167/ EWG über Beihilfen für den Schiffbau [ABl. L 353 17.12.90 S.45] — Rechtsetzung auf der Grundlage der Artt. 92 Abs. 3 lit. d und 113 EWGV (Artt. 87 Abs. 3 lit. e und 133 EGV), auf Vorschlag der Kommission [ABl. C 248 02.10.90 S.6] sowie nach den Stellungnahmen des EP [ABl. C 295 26.11.90 S.48; ABl. C 324 24.12.90 S.159] und des WSA [ABl. C 041 18.02.91 S.14]

Richtlinie 90/684/EWG des Rates vom 21. Dezember 1990 über Beihilfen für den Schiffbau [ABl. L 380 31.12.90 S.27] i. d. F. der Berichtigung [ABl. L 121 16.05.91 S.39] — Rechtsetzung auf der Grundlage der Artt. 92 Abs. 3 lit. d und 113 EWGV (Artt. 87 Abs. 3 lit. e und 133 EGV), auf Vorschlag der Kommission [ABl. C 223 07.09.90 S.4; ABl. C 248 02.10.90 S.5] sowie nach den Stellungnahmen des EP [ABl. C 324 24.12.90 S.343] und des WSA [ABl. C 332 31.12.90 S.131] — Aufnahme in den Anhang XV des EWR-Abkommens durch die Beschlüsse 21/95 und 56/95 des Gemeinsamen EWR-Ausschusses [ABl. L 158 08.07.95 S.43; ABl. L 251 03.10.96 S.26]

Abkommen über den Europäischen Wirtschaftsraum. Gemeinsame Erklärung und Erklärung der Europäischen Gemeinschaft zum Schiffbau [ABl. L 001 03.01.94 S.539, 566]

Richtlinie 92/68/EWG des Rates vom 20. Juli 1992 zur Änderung der Richtlinie 90/684/EWG über Beihilfen für den Schiffbau [ABl. L 219 04.08.92 S.54] — Rechtsetzung auf der Grundlage der Artt. 92 Abs. 3 lit. d und 113 EWGV (Artt. 87 Abs. 3 lit. e und 133 EGV), auf Vorschlag der Kommission [ABl. C 155 20.06.92 S.20] sowie nach den Stellungnahmen des EP [ABl. C 241 21. 09.92 S.184] und des WSA [ABl. C 287 04.11.92 S.16] — Aufnahme in den Anhang XV des EWR-Abkommens durch die Beschlüsse 21/95 und 56/95 des Gemeinsamen EWR-Ausschusses [ABl. L 158 08.07.95 S.43; ABl. L 251 03.10.96 S.26]

Richtlinie 93/115/EG des Rates vom 16. Dezember 1993 zur Änderung der Richtlinie 90/684/ EWG über Beihilfen für den Schiffbau [ABl. L 326 28.12.93 S.62] — Rechtsetzung auf der Grundlage der Artt. 92 (87) Abs. 3 lit. e und 113 (133) EGV, auf Vorschlag der Kommission [ABl. C 126 07.05.93 S.24] sowie nach den Stellungnahmen des EP [ABl. C 329 06.12.93 S.52] und des WSA [ABl. C 249 13.09.93 S.10] — Aufnahme in den Anhang XV des EWR-Abkommens durch die Beschlüsse 21/95 und 56/95 des Gemeinsamen EWR-Ausschusses [ABl. L 158 08.07.95 S.43; ABl. L 251 03.10.96 S.26]

Richtlinie 94/73/EG des Rates vom 19. Dezember 1994 zur Änderung der Richtlinie 90/684/ EWG über Beihilfen für den Schiffbau [ABl. L 351 31.12.94 S.10] — Rechtsetzung auf der Grundlage der Artt. 92 (87) Abs. 3 lit. e und 113 (133) EGV, auf Vorschlag der Kommission [ABl. C 334 30.11.94 S.13] sowie nach den Stellungnahmen des EP [ABl. C 018 23.01.95 S.434] und des WSA [ABl. C 397 31.12.94 S.68] — Aufnahme in den Anhang XV des EWR-Abkommens durch die Beschlüsse 21/95 und 56/95 des Gemeinsamen EWR-Ausschusses [ABl. L 158 08.07. 95 S.43; ABl. L 251 03.10.96 S.26]

Verordnung 95/3094/EG des Rates vom 22. Dezember 1995 über Beihilfen für den Schiffbau [ABl. L 332 30.12.95 S.1] — Rechtsetzung auf der Grundlage der Artt. 92 (87) Abs. 3 lit. e, 94 (89) und 113 (133) EGV, auf Vorschlag der Kommission [ABl. C 304 15.11.95 S.21] sowie nach den Stellungnahmen des EP [ABl. C 339 18.12.95 S.24] und des WSA [ABl. C 039 12.02.96 S.102] — Aufnahme in den Anhang XV des EWR-Abkommens durch den Beschluß 16/96 des Gemeinsamen EWR-Ausschusses [ABl. L 124 23.05.96 S.19]

Verordnung 96/1904/EG des Rates vom 27. September 1996 zur Änderung der Verordnung 95/3094/EG über Beihilfen für den Schiffbau [ABl. L 251 03.10.96 S.5] — Rechtsetzung auf der Grundlage der Artt. 92 (87) Abs. 3 lit. e, 94 (89) und 113 (133) EGV, auf Vorschlag der Kommission [ABl. C 213 23.07.96 S.14] sowie nach den Stellungnahmen des EP [ABl. C 320 28.10.96 S.265] und des WSA [ABl. C 030 30.01.97 S.55] — Aufnahme in den Anhang XV des EWR-Abkommens durch die Beschlüsse 58/96 und 85/97 des Gemeinsamen EWR-Ausschusses [ABl. L 182 10.07.97 S.28; ABl. L 160 04.06.98 S.44]

Verordnung 97/1013/EG des Rates vom 2. Juni 1997 über Beihilfen für bestimmte Werften, die zur Zeit umstrukturiert werden [ABl. L 148 06.06.97 S.1] — Rechtsetzung auf der Grundlage der Artt. 92 (87) Abs. 3 lit. e, 94 (89) und 113 (133) EGV, auf Vorschlag der Kommission [ABl. C 153 22.05.97 S.3] und nach Stellungnahme des EP [ABl. C 150 19.05.97 S.37] — Aufnahme in den Anhang XV des EWR-Abkommens durch den Beschluß 19/98 des Gemeinsamen EWR-Ausschusses [ABl. L 272 08.10.98 S.33]

Verordnung 97/2600/EG des Rates vom 19. Dezember 1997 zur Änderung der Verordnung 95/3094/EG über Beihilfen für den Schiffbau [ABl. L 351 23.12.97 S.18] — Rechtsetzung auf der Grundlage der Artt. 92 (87) Abs. 3 lit. e, 94 (89) und 113 (133) EGV, auf Vorschlag der Kommission [ABl. C 114 15.04.98 S.13] und nach Stellungnahme des EP [ABl. C 014 19.01.98 S.68] — Aufnahme in den Anhang XV des EWR-Abkommens durch den Beschluß 19/98 des Gemeinsamen EWR-Ausschusses [ABl. L 272 08.10.98 S.33]

Verordnung 98/1540/EG des Rates vom 29. Juni 1998 zur Neuregelung der Beihilfen für den Schiffbau [ABl. L 202 18.07.98 S.1] — Rechtsetzung auf der Grundlage der Artt. 92 (87) Abs. 3 lit. e, 94 (89) und 113 (133) EGV, auf Vorschlag der Kommission [ABl. C 114 15.04.98 S.14] sowie nach den Stellungnahmen des EP [ABl. C 138 04.05.98 S.100] und des WSA [ABl. C 129 27.04.98 S.19] — Aufnahme in den Anhang XV des EWR-Abkommens durch den Beschluß 12/1999 des Gemeinsamen EWR-Ausschusses [ABl. L 035 10.02.2000 S.13]

Beschluß 1999/276/KOL der EFTA-Überwachungsbehörde vom 17. November 1999 zur 21. Änderung der verfahrens- und materiellrechtlichen Vorschriften auf dem Gebiet der staatlichen Beihilfen zwecks Aufnahme neuer Vorschriften über Schiffbaubeihilfen, die als Entwicklungshilfe an ein Entwicklungsland gewährt werden [ABl. L 135 08.06.2000 S.36]

Rahmenbestimmungen 2003/C 317/06 für Beihilfen an den Schiffbau [ABl. C 317 30.12.2003 S.11] i. d. F. der Berichtigung [ABl. C 104 30.04.2004 S.71]

RENAVAL

Verordnung 88/2506/EWG des Rates vom 26. Juli 1988 zur Einführung eines Gemeinschaftsprogramms zugunsten der Umstellung von Schiffbaugebieten (Programm RENAVAL) [ABl. L 225 15.08.88 S.24] — Rechtsetzung auf der Grundlage des EWGV und der Verordnung 84/1787/EWG des Rates, auf Vorschlag der Kommission [ABl. C 291 31.10.87 S.8; KOM (88) 205 endg.; KOM (88) 369 endg.] sowie nach den Stellungnahmen des EP [ABl. C 187 18.07.88 S.156] und des WSA [ABl. C 356 31.12.87 S.49]

Festlegung der Gebiete gemäß Artikel 3 Absatz 2: Entscheidung 89/164/EWG der Kommission vom 14. Februar 1989 [ABl. L 061 04.03.89 S.56] — Entscheidung 89/322/EWG der Kommission vom 25. April 1989 [ABl. L 134 18.05.89 S.30] — Entscheidung 89/448/EWG der Kommission vom 13. Juli 1989 [ABl. L 214 25.07.89 S.16] — Entscheidung 89/470/EWG der Kommission vom 14. Juli 1989 [ABl. L 233 10.08.89 S.29] — Entscheidung 89/484/EWG der Kommission vom 27. Juli 1989 [ABl. L 235 12.08.89 S.37] — Entscheidung 89/539/EWG der Kommission vom 21. September 1989 [ABl. L 286 04.10.89 S.23] — Entscheidung 89/541/EWG der Kommission vom 27. September 1989 [ABl. L 288 06.10.89 S.29] — Entscheidung 90/9/EWG der Kommission vom 19. Dezember 1989 [ABl. L 007 10.01.90 S.10] — Entscheidung 90/205/EWG der Kommission vom 6. April 1990 [ABl. L 106 26.04.90 S.29] — Entscheidung 90/340/EWG der Kommission vom 18. Juni 1990 [ABl. L 162 28.06.90 S.45] — Entscheidung 90/452/EWG der Kommission vom 30. Juli 1990 [ABl. L 231 25.08.90 S.36] — Entscheidung 90/453/EWG der Kommission vom 30. Juli 1990 [ABl. L 231 25.08.90 S.37] — Entscheidung 90/454/EWG der Kommission vom 30. Juli 1990 [ABl. L 231 25.08.90 S.38] — Entscheidung 90/455/EWG der Kommission vom 30. Juli 1990 [ABl. L 231 25.08.90 S.39] i. d. F. der Berichtigung [ABl. L 134 29.05.91 S.58] — Entscheidung 90/602/EWG der Kommission vom 26. Oktober 1990 [ABl. L 315 15.11.90 S.33] — Entscheidung 91/91/EWG der Kommission vom 6. Februar 1991 [ABl. L 050 23.02.91 S.24] — Entscheidung 91/101/EWG der Kommission vom 18. Februar 1991 [ABl. L 052 27.02.91 S.49]

Exportkredite für Schiffe

Entscheidung 93/112/EWG des Rates vom 14. Dezember 1992 zur Verlängerung der Entscheidung vom 4. April 1978 über die Anwendung bestimmter Leitlinien auf dem Gebiet öffentlich unterstützter Exportkredite [ABl. L 044 22.02.93 S.1] — Rechtsetzung auf der Grundlage des Art. 113 (133) EGV und auf Vorschlag der Kommission [KOM (92) 389 endg.]

Entscheidung 97/173/EG des Rates vom 3. März 1997 zur Änderung der Entscheidung vom 4. April 1978 über die Anwendung bestimmter Leitlinien auf dem Gebiet öffentlich unterstützter Exportkredite [ABl. L 069 11.03.97 S.19] — Rechtsetzung auf der Grundlage des Art. 113 (133) EGV und auf Vorschlag der Kommission [KOM (95) 336 endg.]

Entscheidung 97/530/EG des Rates vom 24. Juli 1997 zur Änderung des OECD-Übereinkommens über Leitlinien für öffentlich unterstützte Exportkredite [ABl. L 216 08.08.97 S.77] — Rechtsetzung auf der Grundlage des Art. 113 (133) EGV und auf Vorschlag der Kommission

Entscheidung 2001/76/EG des Rates vom 22. Dezember 2000 zur Ersetzung der Entscheidung vom 4. April 1978 über die Anwendung bestimmter Leitlinien auf dem Gebiet öffentlich unterstützter Exportkredite [ABl. L 032 02.02.2001 S.1] — Rechtsetzung auf der Grundlage des Art. 113 (133) EGV und auf Vorschlag der Kommission [KOM (98) 406 endg.; SEK (1999) 581 endg.]

Entscheidung 2002/634/EG des Rates vom 22. Juli 2002 zur Änderung der Entscheidung 2001/76/EG betreffend Exportkredite für Schiffe [ABl. L 206 03.08.2002 S.16] — Rechtsetzung auf der Grundlage des Art. 113 (133) EGV und auf Vorschlag der Kommission [KOM (2002) 195 endg.]

Schutz gegen schädigende Preisgestaltung im Schiffbau

Verordnung 96/385/EG des Rates vom 29. Januar 1996 über den Schutz gegen schädigende Preisgestaltung im Schiffbau [ABl. L 056 06.03.96 S.21] i. d. F. der Berichtigung [ABl. L 079 29.03.96 S.30] — Rechtsetzung auf der Grundlage des Art. 113 (133) EGV, auf Vorschlag der Kommission [ABl. C 013 18.01.96 S.10] und nach Stellungnahme des EP [ABl. C 017 22.01.96 S.455]

Schutzmaßnahmen gegen Südkorea

Beschluß 2000/409/EG des Rates vom 19. Juni 2000 betreffend die Unterzeichnung und den Abschluß einer Vereinbarten Niederschrift zwischen der Europäischen Gemeinschaft und der Regierung der Republik Korea über den Weltmarkt im Schiffbausektor [ABl. L 155 28.06.2000 S.47] — Rechtsetzung auf der Grundlage des Art. 113 (133) EGV i. V. m. Art. 228 (300) Abs. 2 EGV und auf Vorschlag der Kommission [KOM (2000) 326 endg.]

Verordnung 2002/1177/EG des Rates vom 27. Juni 2002 zur Einführung befristeter Schutzmaßnahmen für den Schiffbau [ABl. L 172 02.07.2002 S.1] — Rechtsetzung auf der Grundlage der Artt. 92 (87) Abs. 3 lit. e, 94 (89) und 113 (133) EGV, auf Vorschlag der Kommission [ABl. C 304 E 30.10.2001 S.208] und nach Stellungnahme des EP [ABl. C 140 E 13.06.2002 S.531] — Aufnahme in den Anhang XV des EWR-Abkommens durch den Beschluß 170/2002 des Gemeinsamen EWR-Ausschusses [ABl. L 038 13.02.2003 S.34]

Beschluß 2002/818/EG der Kommission vom 8. Oktober 2002 über die Beibehaltung von Handelspraktiken durch Korea, die den Handel mit Handelsschiffen beeinträchtigen (Beschluß auf der Grundlage der Verordnung 94/3286/EG des Rates) [ABl. L 281 19.10.2002 S.15]

Verordnung 2004/502/EG des Rates vom 11. März 2004 zur Änderung der Verordnung 2002/1177/EG zur Einführung befristeter Schutzmaßnahmen für den Schiffbau [ABl. L 081 19.03.2004 S.6] — Rechtsetzung auf der Grundlage der Artt. 92 (87) Abs. 3 lit. e, 94 (89) und 113 (133) EGV, auf Vorschlag der Kommission [KOM (2004) 26 endg.] und nach Stellungnahme des EP [ABl. C 098 E 23.04.2004 S.122] — Aufnahme in den Anhang XV des EWR-Abkommens durch den Beschluß 80/2004 des Gemeinsamen EWR-Ausschusses [ABl. L 349 25.11.2004 S.37]

Am 23. März 1988 legte die Kommission **Leitlinien einer Außenhandelspolitik** auf dem Gebiet des Schiffbaus vor. Mit ihnen wollte die Kommission angesichts des Bedeutungsrückgangs der gemeinschaftlichen Schiffbautätigkeit und des Fehlens externer Schutzmaßnahmen zur Sanierung des internationalen Marktes beitragen. Zusammen mit **Japan** und **Südkorea** sollten Erkundungsgespräche geführt werden, um zu einer Stabilisierung des Handels, zu einem Kapazitätsabbau und zu einer Erhöhung der Preise und besserer Transparenz der Subventionen zu gelangen. Ein Vorschlag für **formelle Verhandlungsleitlinien** wurde bereits angekündigt. Im November 1988 präsentierte die Kommission einen Vorschlag für einen Ratsbeschluß zur **Änderung der OECD-Vereinbarung** über Kredite für die Ausfuhr von Schiffen *(vgl. Bull. EG 3-1988, S.33; Bull. EG 11-1988, S.25; zur weiteren Entwicklung Übersicht 24).*

Einzelfallentscheidungen der Kommission

Zwischen 1987 und 1990 genehmigte die Kommission die meisten der ihr **gemeldeten Beihilfen**, so z. B. im April 1987 und im März 1989 sechs dänische Regelungen über Reederbeihilfen und Steuervergünstigungen an Dritte für Neubauinvestitionen, im Oktober 1987 acht Vorhaben des Vereinigten Königreichs zu Produktions- und Umstrukturierungsbeihilfen, im Dezember 1987 zehn deutsche Regelungen über Produktions- bzw. Umstrukturierungsbeihilfen an Werften und über Schiffbaukredite und Steuervergünstigungen an Reeder oder Dritte sowie im März 1988 mehrere Beihilfen Frankreichs und drei Vorhaben der niederländischen Regierung. **Verfahren** wurden eingeleitet gegen das Vereinigte Königreich wegen Diskriminierungen zwischen einheimischen und ausländischen Werften bei der Auftragsvergabe und wegen nicht rechtskonformer Forschungs- und Entwicklungsregelungen, gegen Deutschland aufgrund der Überschreitung des Beihilfehöchstsatzes sowie gegen Italien, da bei einer Investitionsbeihilfe zugunsten des Schiffsreparatursektors in Sizilien keine Informationen über Kapazitätssenkungen vorlagen (jeweils 1988 nach Änderung der Vorhaben eingestellt). Mit der **Entscheidung 88/281/EWG der Kommission vom 17. November 1987 [ABl. L 119 07.05.88 S.33]** wurde eine Bestimmung des italienischen Gesetzes Nr. 111 vom März 1985, die für 1984 bis 1986 zusätzliche Beihilfen in Höhe von 60 Mrd. Lit zur Auffüllung von Lagerbeständen vorsah, als unvereinbar mit dem Gemeinschaftsrecht eingestuft *(vgl. Bull. EG 2-1987, S.48f.; Bull. EG 10-1987, S.29 f.; Bull. EG 11-1987, S.35f.; Bull. EG 12-1987, S.49; WB 1987, Ziff.190; Bull. EG 3-1988, S.44f.; Bull. EG 12-1988, S.74f.; WB 1988, Ziff.187; Bull. EG 3-1989, S.31f.; WB 1989, Ziff.151; zu den Einzelfallentscheidungen der Kommission Übersicht 25).*

Ferner beschäftigte sich die Kommission zwischen 1987 und 1989 mehrfach mit der **Prüfung von Fällen**, bei denen für bestimmte Aufträge Wettbewerb zwischen Werften verschiedener Mitgliedstaaten bestand [ABl. C 027 05.02.87 S.12; ABl. C 311 06. 12.88 S.3; ABl. C 336 31.12.88 S.3]. Hierbei sollte nur der niedrigste Beihilfesatz genehmigt werden, sofern nicht ein höherer Satz zur Sicherung des Auftrags für eine Gemeinschaftswerft notwendig war. Die meisten Vorhaben konnten nach der Angleichung der Beihilfeniveaus durch die Mitgliedstaaten vorzeitig abgeschlossen werden. Mit der **Entscheidung 88/437/EWG der Kommission vom 20. Januar 1988 [ABl. L 211 04.08.88 S.24]** wurde jedoch eine Beihilfe der französischen Regierung abgelehnt, da diese und eine weitere des Vereinigten Königreichs über der der Niederlande lagen, wo sich ebenfalls eine Werft um den Auftrag der BAI beworben hatte [ABl. C 313 25. 11.87 S.2]. Die **Entscheidung 90/223/EWG der Kommission vom 20. April 1989 [ABl. L 118 09.05.90 S.39]** bewertete eine deutsche Beihilfe von 16,6 % des Auftragswerts eines Weintankers als unzulässig, da die deutsche Werft im Vergleich zur niederländischen einen niedrigeren Angebotspreis vorgelegt hatte und die Beihilfe deshalb unnötig gewesen war, um den Auftrag in der Gemeinschaft zu halten; die preisgünstigste Drittlandswerft war nicht zum Zuge gekommen [ABl. C 336 31.12.88 S.2] *(vgl. Bull. EG 7/8-1987, S.51 f.; WB 1987, Ziff.191 f.; Bull. EG 1-1988, S.28; Bull. EG 6-1988, S.61; Bull. EG 7/8-1988, S.39; WB 1988, Ziff.195; Bull. EG 4-1989, S.34; WB 1989, Ziff.148; WB 1990, Ziff.216 f.).*

1987 und 1988 leitete die Kommission u. a. auch **Verfahren** gegen drei belgische Vorhaben, die die Zahlung von Reederbeihilfen sowie von Investitions-, Forschungs- und Entwicklungsbeihilfen für Werften umfaßten, sowie gegen die von den Niederlanden und Deutschland geplanten Beihilfen für den Bau eines irischen Fischereifahrzeugs ein [ABl. C 336 31.12.88 S.4]; während das Verfahren gegen Belgien eingestellt wurde, lehnte die Kommission das zweite Vorhaben ab. Darüber hinaus waren bis Anfang der neunziger Jahre auch folgende Unternehmen Gegenstand von Verfahren: Boelwerf (Belgien), Schiffswerft Lindenau, Howaldtswerke Deutsche Werft, Bremer Werftenverbund, Flensburger Schiffbau Gesellschaft mbH & Co., Neue Jadewerft, Suerken Werft (BR Deutschland), Chantiers du Nord et de la Méditerranée, La Ciotat (Frankreich), Hellenic Shipyards, Neorion Shipyards (Griechenland), Damen Shipyard de Verolme Cork Dockyard (Irland), Fincantieri (Italien), Van der Giessen – De Noord (Niederlande), Setenave (Portugal), Govan Shipbuilders, British Shipbuilders, North East Shipbuilders, Harland and Wolff (Vereinigtes Königreich) *(vgl. Bull. EG 3-1987, S.41; Bull. EG 11-1987, S.35; Bull. EG 2-1988, S.48; Bull. EG 5-1988, S.36; Bull. EG 6-1988, S.60; Bull. EG 7/8-1988, S.39 f.; Bull. EG 12-1988, S.75; WB 1988, Ziff.187 ff.; Bull. EG 2-1989, S.27 f.; Bull. EG 3-1989, S.31; Bull. EG 4-1989, S.67; Bull. EG 5-1989, S.32; Bull. EG 6-1989, S.48; Bull. EG 7/8-1989, S.39 f.; Bull. EG 12-1989, S.49; WB 1989, Ziff.148, 150 f.; Bull. EG 6-1990, S.41 f.; Bull. EG 9-1990, S.19; WB 1990, Ziff.223 ff.; Bull. EG 3-1991, S.24; Bull. EG 7/8-1991, S.29; Bull. EG 9-1991, S.17 f.; WB 1991, Ziff.197 f., 200).* Aufgrund allgemeiner Regelungen wurden **Untersuchungen** eingeleitet gegen Dänemark (Steuervorteile für Kommanditisten von Schiffahrtsgesellschaften), Frankreich (Umstrukturierungsbeihilfen), Griechenland (Beihilfen konnten Höchstsatz übersteigen oder nur griechischen Staatsangehörigen für Bau in heimischen Werften gewährt werden), Italien (Refinanzierungsbeihilfen für bis 1986 erteilte Aufträge, Gesetzentwurf zur Einführung von Beihilfen für die Produktion und angewandte Forschung [ABl. C 293 21.11.89 S.3]) und Spanien (Beihilfen in Form eines Verlustausgleichs) *(vgl. WB 1988, Ziff. 190f.; Bull. EG 2-1989, S.28; Bull. EG 4-1989, S.34f.; Bull. EG 5-1989, S.32; Bull. EG 7/8-1989, S.39f.; WB 1989, Ziff. 151ff.; WB 1990, Ziff. 221, 229).*

Am 3. Januar 1989 teilte die Kommission den Mitgliedstaaten mit, daß nur AKP-Staaten, mit der Gemeinschaft assoziierte Länder und Gebiete sowie die am wenigsten entwickelten Länder und diejenigen mit höchstens mittlerem Einkommen nach einer OECD-Liste **Entwicklungshilfen** in Form von Schiffbaubeihilfen erhalten dürften. 1987 wurden deutsche Entwicklungshilfen an Ghana und Indonesien gestattet, 1988 Beihilfen des Vereinigten Königreichs an St. Helena und der BR Deutschland an Mauritius. 1989 wurden **zwei Verfahren** gegen Beihilfevorhaben zugunsten der Howaldtswerke Deutsche Werft und der Sietas-Werft eröffnet, später aber wegen fehlender Informationen der Unternehmen bei Vertragsabschluß bzw. nach Rückzug des Vorhabens wieder eingestellt; den Niederlanden wurden Änderungen an einer Regelung zur **Förderung der Ausfuhrtätigkeiten** gestattet. 1990 wurde ein **Beihilfevorhaben** für den Bau von drei für Guinea-Bissau bestimmten Fischereifahrzeugen in der deutschen Schlomer-Werft genehmigt *(vgl. Bull. EG 3-1987, S.41; Bull. EG 5-1987, S.36; Bull. EG 6-1988, S.61; Bull. EG 3-1989, S.31; Bull. EG 5-1989, S.32f.; Bull. EG 7/8-1989, S.39; Bull. EG 11-1989, S.29; WB 1989, Ziff. 129, 149; WB 1990, Ziff. 218).*

Zwischen Mitte 1990 und Anfang 1991 schloß die Kommission außerdem drei umfassendere Vorgänge ab. Die **Entscheidung 90/627/EWG der Kommission vom 4. Juli 1990 [ABl. L 338 05.12.90 S.21]** lehnte eine Beihilfe Belgiens zugunsten der Boelwerf für die Lieferung eines Flüssiggastankers und von zwei Gefrierschiffen (Kredit mit Laufzeit von 18 Jahren, 2 % Zinsen und drei tilgungsfreien Jahren) ab, da das festgestellte Subventionsäquivalent von 35 % die gemeinschaftliche Höchstgrenze von 26 % überschritt [ABl. C 020 27.01.90 S.6; ABl. C 067 17.03.90 S.11] *(vgl. WB 1989, Ziff. 150; Bull. EG 1/2-1990, S.23; WB 1990, Ziff. 219; WB 1993, Ziff. 499, 555).* Mit der **Entscheidung 91/306/EWG der Kommission vom 12. Dezember 1990 [ABl. L 158 22.06.91 S.71]** wurden Bürgschaften der deutschen Regierung in Höhe von 90 % bzw. 95 % für von der Howaldtswerke Deutsche Werft und der Schiffswerft Germersheim aufgenommene Darlehen beanstandet [ABl. C 052 03.03.90 S.10] *(vgl. Bull. EG 12-1989, S.49; WB 1990, Ziff. 222).* Gemäß der **Entscheidung 91/375/EWG der Kommission vom 13. März 1991 [ABl. L 203 26.07.91 S.105]** mußte Belgien die in seinen Finanzierungsbedingungen für Reeder und den Schiffsverträgen für Werften enthaltenen Beihilfeäquivalente von 23,5 % bzw. 35 % [ABl. C 032 08.02.89 S.3; ABl. C 318 18.12.90 S.2] auf 16 % bzw. 26 % reduzieren *(vgl. WB 1990, Ziff. 220; Bull. EG 3-1991, S.24; WB 1993, Ziff. 499, 555).*

Industrie-, sozial- und regionalpolitische Begleitmaßnahmen

In ihren **Mitteilungen** vom 15. Oktober 1986 [KOM (86) 553 endg.] und vom 15. Juli 1987 [KOM (87) 275 endg.] zu den mit dem Schiffbau verbundenen industriellen, sozialen und regionalen Aspekten sowie in zwei **Verordnungsvorschlägen** regte die Kommission Gemeinschaftsprogramme an, um die Umstrukturierung der Schiffbauindustrie sowie Sozialmaßnahmen für arbeitslose oder von Arbeitslosigkeit bedrohte Arbeiter finanziell zu unterstützen; das **Europäische Parlament** befürwortete diesen Ansatz in einer Entschließung vom 16. Juni 1988 [ABl. C 187 18.07.88 S.149], votierte jedoch für eine Verlängerung der Programme auf fünf Jahre. Zur Bekämpfung der strukturellen Nachteile für die betroffenen Industriegebiete wurde mit der **Verordnung 88/2506/EWG des Rates vom 26. Juli 1988 [ABl. L 225 15.08.88 S.24]** das RENAVAL-Programm in Kraft gesetzt, das längstens bis Ende 1993 laufen sollte. Anspruchskriterien waren einerseits das Auftreten (ab 1. Januar 1984) bzw. die Gefahr von substantiellen Arbeitsplatzverlusten oder andererseits die Einstufung als Gebietseinheit der Ebene NUTS III, eine über dem Gemeinschaftsdurchschnitt liegende Arbeitslosenquote sowie ein hoher Anteil und ein Rückgang von Erwerbstätigen in der Industrie; die betroffenen Gebiete wurden zwischen 1989 und 1991 in zahlreichen Kommissionsentscheidungen spezifiziert *(vgl. Übersicht 24)*. Die Maßnahmen sollten die Verbesserung der Infrastruktur sowie des physischen und sozialen Umfelds, die Schaffung neuer Industrien und die Förderung der Entwicklung von KMU umfassen. Die Finanzierung erfolgte durch den betroffenen Mitgliedstaat und den EFRE; der Zuschuß aus dem Fonds war auf 55 % der Ausgaben des Programms begrenzt, und für einzelne Maßnahmen galten spezielle Höchstbeiträge der Gemeinschaft. Der **zweite Kommissionsvorschlag** für eine Ratsverordnung über ein **Gemeinschaftsprogramm für soziale Begleitmaßnahmen** zugunsten entlassener oder von Entlassung bedrohter Arbeitnehmer im Schiffbau [ABl. C 291 31.10.87 S.11; ABl. C 249 23.09.88 S.5] hatte – nach den Stellungnahmen des **Europäischen Parlaments** [ABl. C 187 18.07.88 S. 160] und des **Wirtschafts- und Sozialausschusses** [ABl. C 356 31.12.87 S.49] – hingegen keinen Erfolg und wurde schließlich am 17. Dezember 1998 zurückgezogen [ABl. C 235 18.08.1999 S.5] *(vgl. Bull. EG 10-1986, S.11f.; GB 1986, Ziff.338f., 446; Bull. EG 7/8-1987, S.55, 57ff., 61; GB 1987, Ziff.282; Bull. EG 4-1988, S.39f.; Bull. EG 6-1988, S.70f.; Bull. EG 7/8-1988, S.49f.; GB 1988, Ziff.312, 462; V. J. G. Power, 1992, S.429f.)*.

3.4.2.2 Gemeinsame Schiffbaupolitik zwischen 1991 und 1998

Rechtsvorschriften des Rates über die Gewährung von Beihilfen

Angesichts der sich gegen Anfang der neunziger Jahre abzeichnenden Entwicklungen setzte die **Richtlinie 90/684/EWG des Rates vom 21. Dezember 1990 [ABl. L 380 31.12.90 S.27]** i. d. F. der Berichtigung [ABl. L 121 16.05.91 S.39] die 1987 eingeführte Beihilfestrategie ab dem 1. Januar 1991 zunächst bis zum 31. Dezember 1993 fort. Das System von Höchstgrenzen für Betriebsbeihilfen wurde beibehalten; bei Beihilfen für den Schiffsumbau war jedoch das für kleine Schiffe (bis zu einem Preis von 10 Mio. ECU) geltende Limit maßgeblich. 1991 lag die Grenze bei 13 % für große bzw. 9 % für kleine Schiffe; 1992 und 1993 betrug sie 9 % bzw. 4,5 % [ABl. C 010 16.01.92 S.3]. Investitionen in bestehende Werften oder zur Errichtung neuer Werften waren jedoch nur dann mit dem Gemeinsamen Markt vereinbar, wenn ein Umstrukturierungsplan bestand, der nicht zu einer Erhöhung der Schiffbaukapazität der Werft führte, oder wenn damit im gleichen Zeitraum ein endgültiger Abbau von Kapazitäten in anderen Werften unmittelbar verbunden war. Die Bestimmungen zur Vermeidung einer Konzentration von Schiffbautätigkeiten und zur Überwachung wurden verschärft. Für Griechenland, Portugal und Spanien galten bis zum 31. Dezember 1991 befristete Ausnahmeregelungen *(vgl. Bull. EG 5-1990, S.19, 84; Bull. EG 12-1990, S.49; WB 1990, Ziff. 181 ff.; GB 1991, Ziff.255, 271; WB 1991, Ziff. 187, S.482f.; V. J. G. Power, 1992, S.454ff., 460f., 462f.; WB 1992, Ziff.376, S.545).*

Das **gemeinschaftliche Konzept** zur Förderung des Schiffbaus fand zu Beginn der neunziger Jahre jedoch nicht nur Zustimmung. So votierte zwar auch das **Europäische Parlament** in einer Entschließung vom 22. November 1991 zur Industriepolitik der Gemeinschaft im Bereich des Schiffbaus [ABl. C 326 16.12.91 S.257] für eine Beibehaltung der Beihilfen, die Obergrenzen sollten jedoch schiffstypenspezifisch angepaßt werden. Ferner verlangte es die Sicherstellung einer Mindestproduktionskapazität, die Beachtung hoher Qualitätsstandards zum Schutz der Umwelt und zur Verbesserung der Sicherheit, eine Bewertung der Ergebnisse und die Weiterführung des Programms RENAVAL sowie die Einleitung von **Verhandlungen mit Drittstaaten** (Japan, Südkorea, Vereinigte Staaten) zur Gewährleistung einer besseren Transparenz der direkten und indirekten Werfthilfen und des Verzichts auf unlautere Wettbewerbspraktiken *(vgl. Bull. EG 11-1991, S.26).*

Einen wichtigen Aspekt der gemeinschaftlichen Politik bildeten zu Anfang der neunziger Jahre die andauernden Probleme des ostdeutschen Schiffbaugewerbes. Mit der **Richtlinie 92/68/EWG des Rates vom 20. Juli 1992 [ABl. L 219 04.08.92 S.54]** sollte insbesondere unter Berücksichtigung der gesamtwirtschaftlichen Entwicklung der Küstenregionen die Umstrukturierung des Sektors unterstützt, andererseits aber auch den Werften in diesem Gebiet ein Beitrag zum Abbau der Überkapazitäten abverlangt werden. Während einer Übergangszeit bis zum 31. Dezember 1993 konnten Betriebsbeihilfen für das Neu- und Umbaugeschäft akzeptiert werden, wenn die Beihilfen bei keiner Werft 36 % des Jahresumsatzes eines dreijährigen Bezugszeitraums nach der Umstrukturierung überschritten, keine anderen Produktionsbeihilfen gezahlt wurden, die deutsche Regierung bis spätestens Ende 1995 eine Stillegung von 40 % der auf dem Gebiet der ehemaligen DDR am 1. Juli 1990 vorhandenen Kapazität von 545.000 cgt veranlaßte und sie nachwies, daß die Zahlungen ausschließlich der Umstrukturierung von dort angesiedelten Werften dienten *(vgl. WB 1991, Ziff. 193; Bull. EG 5-1992, S.27; Bull. EG 7/8-1992, S.27f.; WB 1992, Ziff.376).*

Einen weiteren Schwerpunkt der Beihilfepolitik stellte die Einbeziehung der von **Drittstaaten** angewandten Unterstützungsmaßnahmen in das gemeinsame Konzept dar. So wurde die Gewährung von Schiffbaubeihilfen auch als Antwort auf die in anderen Ländern üblichen finanziellen Förderpraktiken verstanden, die nach Auffassung der Gemeinschaft **beträchtliche Wettbewerbsnachteile** sowohl für die Werften als auch für die EG-Reedereien mit sich brachten. Für diese Entwicklung wurden in erster Linie die in den Vereinigten Staaten und in Ostasien (Japan, Südkorea) praktizierten Subventionierungen des Öltanker- und Passagierschiffbaus verantwortlich gemacht. Langfristig sollten die Beihilfen zwar abgeschafft werden, um einen dauerhaften Abfluß von knappen Haushaltsmitteln zu vermeiden, eine sofortige Streichung der Schiffbaubeihilfen schien jedoch auch aus diesen Gründen nicht möglich zu sein. Die seit

1989 im Rahmen der OECD laufenden Verhandlungen über ein **multilaterales Übereinkommen** zur Abschaffung von Schiffbaubeihilfen [SEK (90) 994 endg.] waren bereits im April 1992 wegen unterschiedlicher Auffassungen wieder ausgesetzt worden. Da es ungewiß war, wann sie fortgesetzt werden konnten, verlängerte die **Richtlinie 93/115/EG des Rates vom 16. Dezember 1993 [ABl. L 326 28.12.93 S.62]** den Anwendungszeitraum der geltenden Bestimmungen um ein Jahr bis zum 31. Dezember 1994. Die **Höchstgrenze** für Betriebsbeihilfen blieb bei 9 % für große bzw. 4,5 % für kleine Schiffe und Umbauten; sie wurde bis 1998 unverändert beibehalten [ABl. C 074 14.03.96 S.9; ABl. C 364 04.12.96 S.2; ABl. C 051 21.02.97 S.5; ABl. C 125 23.04.98 S.4] *(vgl. Bull. EG 4-1993, S.26; Bull. EG 12-1993, S.45; WB 1993, Ziff.497; Bull. EU 12-1994, S.59; WB 1994, Ziff.364; Bull. EU 12-1995, S.80; WB 1995, Ziff.163; Bull. EU 12-1996, S.58f.; WB 1996, Ziff.175; Bull. EU 12-1997, S.51; WB 1997, Ziff.233; V. J. G. Power, 1998, S.513)*.

Nach ihrer Wiederaufnahme konnten die **Verhandlungen im Rahmen der OECD** im Juli 1994 zu einem Abschluß gebracht werden. In einer Mitteilung vom 3. November 1994 [KOM (94) 460 endg.] informierte die Kommission über das Ergebnis der Verhandlungen und fügte einen Vorschlag für einen Beschluß über den Abschluß des Übereinkommens [ABl. C 375 30.12.94 S.1] bei, den der Rat am 19. Dezember 1994 formell annahm. Am 21. Dezember 1994 wurde schließlich das Übereinkommen über die Einhaltung normaler Wettbewerbsbedingungen in der gewerblichen Schiffbau- und Schiffsreparaturindustrie von der EG, Finnland, Japan, Norwegen, Schweden, Südkorea und den Vereinigten Staaten unterzeichnet. Es sah die Abschaffung aller Beihilfen mit Ausnahme derjenigen für Forschung und Entwicklung sowie für Sozialmaßnahmen vor, enthielt aber keine Regelungen zu den Produktionskapazitäten; außerdem wurde die Anwendung von Ausgleichs- und Antidumpingzöllen beim Schiffserwerb wegen der besonderen Art der Kaufgeschäfte untersagt. Da die Vereinigten Staaten das Übereinkommen aber nicht ratifizierten und dieses somit nicht in Kraft treten konnte, sollten die bestehenden gemeinsamen Beihilferegelungen beibehalten und vor allem die Betriebsbeihilfen vorerst nicht abgeschafft werden. Die **Richtlinie 94/73/EG des Rates vom 19. Dezember 1994 [ABl. L 351 31.12.94 S.10]** verlängerte deshalb die Geltungsdauer der Richtlinie 90/684/EWG um ein weiteres Jahr bis zum 31. Dezember 1995, da mit einem Inkrafttreten des OECD-Übereinkommens frühestens zum 1. Januar 1996 gerechnet wurde *(vgl. GB 1989, Ziff.281; WB 1991, Ziff.188; GB 1992, Ziff. 259, 995; WB 1993, Ziff.498, 575; Bull. EU 11-1994, S.28; Bull. EU 12-1994, S.59, 65; GB 1994, Ziff.215; WB 1994, Ziff.364)*.

In einer Entschließung vom 7. April 1995 zu den Zukunftsperspektiven in der Schiffbauindustrie [ABl. C 109 01.05.95 S.302] wies das **Europäische Parlament** auf sein Zustimmungsrecht zum OECD-Übereinkommen hin; eine Ratifizierung sollte nur bei einer ausdrücklichen Verpflichtung der Parteien erfolgen. Gefordert wurden die Verhinderung von Bestrebungen im Hinblick auf eine Erhöhung der Produktionskapazitäten und die Überwachung indirekter Beihilfen sowie des sozialen und ökologischen Dumpings; Kritik wurde in diesem Zusammenhang vor allem an Südkorea geübt *(vgl. S.231)*. Außerdem verlangte das Parlament eine stärkere industrielle Kooperation und ein Sozialprogramm für von der Entlassung bedrohte oder arbeitslose Werftarbeiter.

Angesichts der zunehmend kritischen Situation im Schiffbau verlängerte dann die **Verordnung 95/3094/EG des Rates vom 22. Dezember 1995 [ABl. L 332 30.12.95 S.1]** die Gültigkeit der bestehenden Vorschriften bis zum 1. Oktober 1996, da das OECD-Übereinkommen nicht zum 1. Januar 1996 in Kraft treten konnte. Die Bestimmungen des Übereinkommens, das von der Gemeinschaft am 11. Dezember 1995 ratifiziert worden war [ABl. C 355 30.12.95 S.1], wurden zum 1. Januar 1996 in Kraft gesetzt; sie sollten ab dem Zeitpunkt des Inkrafttretens des OECD-Übereinkommens gelten *(vgl. Bull. EU 4-1995, S.31; Bull. EU 7/8-1995, S.29f.; Bull. EU 12-1995, S.80, 83f.; WB 1995, Ziff.163, S.217).*

Demnach waren alle **Unterstützungsmaßnahmen** mit Ausnahme von Sozialbeihilfen bei Schließungen, Forschungs- und Entwicklungsbeihilfen sowie Ausfuhrkrediten (gemäß dem OECD-Übereinkommen über Exportkredite) und gleichwertigen inländischen Krediten verboten. **Sozialbeihilfen** dienten der Kostendeckung von Maßnahmen, die Arbeitnehmern zugute kamen, die ihre Ansprüche auf Altersruhegeld verloren hatten, entlassen oder auf andere Weise nicht mehr beschäftigt wurden; sie galten als mit dem Binnenmarkt vereinbar, wenn das Unternehmen seine Tätigkeit einstellte, beschränkte oder umstellte. Als beihilfefähige Kosten wurden Entlassungs- oder Vorruhestandszahlungen, Kosten für Beratungsdienste, Zahlungen zur Erleichterung von Unternehmensneugründungen und Umschulungszahlungen anerkannt. Beihilfen für **Forschungs- und Entwicklungszwecke** waren mit dem Gemeinsamen Markt vereinbar, wenn sie die allgemeine Grundlagenforschung sowie die industrielle Grundlagenforschung, die angewandte Forschung und die Entwicklung betrafen; bei letzteren wurde die Beihilfeintensität allerdings auf 50 %, 35 % bzw. 25 % beschränkt (höhere Intensitäten bei KMU und Vorhaben in bezug auf Sicherheit und Umweltschutz). Die beihilfefähigen Kosten waren zudem auf bestimmte Kostenarten begrenzt, und die gewährten Beihilfen durften nur genau spezifizierte Projekte umfassen. Unter bestimmten Voraussetzungen waren weiterhin **mittelbare Stützungsmaßnahmen** zulässig, wie z. B. Beihilfen für den Schiffbau gemäß dem OECD-Übereinkommen über Exportkredite oder Beihilfen zugunsten eines Entwicklungslands. Lagen **außergewöhnliche Umstände** vor, so konnten Beihilfen ebenfalls als mit dem Gemeinsamen Markt vereinbar angesehen werden. Unter Berücksichtigung bestimmter Höchstgrenzen und Zahlungsfristen waren darüber hinaus in Belgien, Portugal und Spanien in Form von Investitionsbeihilfen gewährte Umstrukturierungsbeihilfen und andere Sozialbeihilfen erlaubt.

Da das OECD-Übereinkommen – trotz des eindringlichen Ratifizierungsappells des Rates vom 20. Mai 1996 – auch in der Folgezeit nicht in Kraft trat und somit die Verordnung 95/3094/EG nicht anwendbar war, verlängerte die **Verordnung 96/1904/EG des Rates vom 27. September 1996 [ABl. L 251 03.10.96 S.5]** die Gültigkeit der Richtlinie 90/684/EWG bis zum Datum des Inkrafttretens des OECD-Übereinkommens, längstens jedoch bis zum 31. Dezember 1997. Nachdem die Kommission am 12. Februar 1997 das Verzeichnis der Länder, denen Schiffbaubeihilfen als Entwicklungshilfen gewährt werden konnten, aktualisiert hatte, dehnte die **Verordnung 97/2600/EG des Rates vom 19. Dezember 1997 [ABl. L 351 23.12.97 S.18]** den Geltungszeitraum nochmals längstens bis zum 31. Dezember 1998 aus *(vgl. Bull. EU 5-1996, S.27; Bull.*

EU 6-1996, S.87; Bull. EU 9-1996, S.22; WB 1996, Ziff.175; Bull. EU 1/2-1997, S.31; Bull. EU 10-1997, S.29; WB 1997, Ziff.233).

Angesichts des **zunehmenden Wettbewerbs** mit den mittel- und osteuropäischen Staaten, mit Ostasien und den Vereinigten Staaten sowie der hohen Produktionskosten und der Wettbewerbsverzerrungen infolge der **unlauteren Preisbildungspraktiken** empfahl die Kommission in ihrer Mitteilung vom 13. März 1996 zur Gestaltung der maritimen Zukunft Europas [KOM (96) 84 endg.] *(vgl. S.195)* in bezug auf den Schiffbau weitere Maßnahmen zur Produktivitätsverbesserung, eine Konzentration auf leistungsstarke und technologisch hochentwickelte Schiffe sowie die Erschließung neuer Tätigkeitsfelder (Entsorgung von Bohrinseln). Zu diesem Zweck sollten die Anstrengungen in den Bereichen **Humanressourcen, Forschung und Entwicklung** sowie Nutzung der **Informationstechnologien** verstärkt werden *(vgl. Bull. EU 3-1996, S.36 f.; GB 1996, Ziff.198).*

Schutz gegen schädigende Preisgestaltung im Schiffbau

Parallel mit dem Übereinkommen vom Dezember 1994 vereinbarte man im Rahmen der OECD auch einen Kodex gegen die schädigende Preisgestaltung im Schiffbau, der den Verkauf von Schiffen unter ihrem Normalwert verhindern soll. Er wurde umgesetzt mit der **Verordnung 96/385/EG des Rates vom 29. Januar 1996 [ABl. L 056 06.03. 96 S.21]** i. d. F. der Berichtigung [ABl. L 079 29.03.96 S.30] *(vgl. Übersicht 24)*, die am 7. März 1996 in Kraft trat und ab dem Tag des Inkrafttretens des Schiffbauübereinkommens gelten sollte. Von zentraler Bedeutung sind die im Zusammenhang mit der Feststellung der schädigenden Preisgestaltung anzuwendenden Vorgaben für die Ermittlung des Normalwerts, die Definition eines Verlustgeschäfts, die Methodik der Kostenbestimmung und -verteilung, die Auswahl geeigneter Drittländer sowie die Festlegung des Ausfuhrpreises und seiner Einflußfaktoren. Weiterhin werden Kriterien fixiert, mit denen auf der Grundlage eines Preisvergleichs die vom Verkaufsgeschäft ausgehende Schädigung gemessen werden kann; außerdem können mit ihrer Hilfe der relevante Wirtschaftszweig abgegrenzt und die mit den Exporteuren verbundenen Parteien näher spezifiziert werden.

Bestandteil der Gemeinschaftsvorschriften sind ferner die **formellen und materiellen Voraussetzungen** für eine Antragstellung wegen schädigender Preisgestaltung, deren Unterstützung durch einen Wirtschaftszweig und die Informationsbereitstellung sowie die Durchführungsregeln für die Ablehnung von Anträgen. Die sich ggf. anschließende Untersuchung kann z. B. durch die Behörden des Staates durchgeführt werden, in dem der Schiffskäufer beheimatet ist, bzw. auf schriftlichen Antrag einer Behörde eines Vertragsstaats eingeleitet werden; auch für diesen Vorgang werden Einzelheiten in bezug auf die Unterrichtung, die Informationsbereitstellung, die Beweisvorlage und die Interessenwahrung sowie die Einhaltung von Regeln und Verfahren bestimmt. Arbeiten Parteien nicht ordnungsgemäß mit, so können andere Informationen zur Sachaufklärung herangezogen werden. Generell sind die Informationen vertraulich zu behandeln und die betroffenen Parteien innerhalb einer angemessenen Frist über die wesentlichen Tatsachen und Erwägungen ordnungsgemäß zu unterrichten. Ein Verfahren sollte binnen eines Jahres nach Einleitung der Untersuchung bzw. dem Zeitpunkt der Schiffsauslieferung abgeschlossen sein. Es ist einzustellen, wenn die Spanne der schädigenden Preisgestaltung zu geringfügig ist, der Verkauf rückgängig gemacht oder eine andere gleichwertige Abhilfemaßnahme angenommen wird; anderenfalls ist der Werft eine Abgabe in Höhe der schädigenden Preisgestaltung aufzuerlegen. Darüber hinaus existieren eindeutige Vorgaben für die **Durchführung eines Beschlusses** und die Vollstreckung der erforderlichen Gegenmaßnahmen bei einer Zahlungsverweigerung; die Zahlungsverpflichtung erlischt, falls die Abgabe geleistet oder die Geltungsdauer der Gegenmaßnahmen abgelaufen ist.

Einzelfallentscheidungen der Kommission

Nachdem die Kommission im Jahre 1991 einigen von **Deutschland** beantragten Vorhaben zugunsten von Reedern (Subventionen, Bürgschaften und Steuervergünstigungen) sowie verschiedenen Betriebs-, Investitions- und Forschungsbeihilfen für den Schiffbau zugestimmt hatte, befaßte sie sich in der Folge vorrangig mit einem Umstrukturierungsplan für die Schiffbauindustrie in Mecklenburg-Vorpommern und den darauf basierenden Einzelmaßnahmen *(vgl. Bull. EG 7/8-1991, S.27f.; Bull. EG 12-1991, S.36; WB 1991, Ziff. 192, 194)*. Gemäß der **Richtlinie 92/68/EWG** *(vgl. S.231)* wurden zwischen 1992 und 1997 in mehreren Schritten Betriebs-, Investitions- und Schließungsbeihilfen für Schiffswerften auf dem Gebiet der ehemaligen DDR genehmigt (Peene-Werft, Volkswerft Stralsund, Mathias-Thesen-Werft (MTW), Warnow-Werft, Elbe-Werft Boizenburg, Neptun Industrie Rostock GmbH, Dieselmotorenwerk Vulkan); darüber hinaus wurden auch die Hilfsprogramme für westdeutsche Werften weiter überwacht *(vgl. Bull. EG 12-1992, S.74; WB 1992, Ziff. 378; Bull. EG 1/2-1993, S.26; Bull. EG 12-1993, S.47; WB 1993, Ziff. 501; Bull. EU 3-1994, S.27; Bull. EU 10-1994, S.24; WB 1994, S.544; Bull. EU 1/2-1995, S.47; Bull. EU 3-1995, S.23; Bull. EU 6-1995, S.57; Bull. EU 9-1995, S.19; Bull. EU 11-1995, S.24f.; WB 1995, S.218; Bull. EU 1/2-1996, S.34f.; Bull. EU 1/2-1997, S.32; Bull. EU 3-1997, S.27; WB 1997, S.249 f.; Bull. EU 6-1998, S.46; zu den folgenden Einzelfallentscheidungen Übersicht 25)*.

Im Dezember 1996 eröffnete die Kommission ein **Verfahren wegen bestimmter Darlehen** der Bundesanstalt für vereinigungsbedingte Sonderaufgaben (BvS) und des Bundeslands Mecklenburg-Vorpommern (zugesagt 301,414 Mio. DM, ausgezahlt 255,004 Mio. DM), die zwischen April und November 1996 zur Sicherung der weiteren Umstrukturierung und des Betriebs der MTW und der Volkswerft Stralsund gewährt worden waren. Während es sich nach Auffassung Deutschlands nur um eine Ersetzung zweckentfremdeter Beihilfen handelte, stellten die Zahlungen nach Meinung der Kommission neue Betriebs- und Investitionsbeihilfen dar, die zudem wahrscheinlich die erlaubten Höchstsätze überschritten [ABl. C 120 18.04.97 S.2]. Die **Verordnung 97/1013/EG des Rates vom 2. Juni 1997 [ABl. L 148 06.06.97 S.1]** erklärte dann für die Zeit vom 1. März 1996 bis zum 31. Dezember 1998 zusätzliche Betriebsbeihilfen (Erleichterung des weiteren Betriebs, Sozialmaßnahmen, auftragsbezogene Leistungen, Äquivalent von Bürgschaften) für die MTW (333 Mio. DM) und die Volkswerft Stralsund (395 Mio. DM) [KOM (97) 132 endg.] für mit dem Gemeinsamen Markt vereinbar, falls die genannten Zweckbindungen sowie die angegebenen Beträge und Zeiträume eingehalten wurden. Außer den notwendigen Mitteilungen aufgrund der Beihilferichtlinie mußten ferner **Berichte über die Durchführung** der Umstrukturierungsprogramme (vom 21. Januar 1998 [SEK (98) 71 endg.], vom 29. Juli 1998 [SEK (98) 1313 endg.], vom 13. Oktober 1999 [KOM (1999) 480 endg.]), Informationen über die einzelnen Werften und ein Überwachungsprogramm vorgelegt werden. Die **Programme und Investitionsvorhaben** wurden 1997 und 1998 wie angekündigt durchgeführt; die Werften konnten bereits im gleichen Jahr positive Ergebnisse erzielen. Die Kommission genehmigte die einzelnen Investitions- und Betriebsbeihilfen, nahm jedoch bezüglich der MTW Anpassungen zur Einhaltung der Kapazitätsbeschränkungen und eine minimale Kürzung der Betriebsbeihilfe vor; das im Dezember 1996 eingeleitete Verfahren wurde wieder eingestellt [ABl. C 344 14.11.97 S.2] *(vgl. Bull. EU 12-1996, S.62f.; Bull. EU 3-1997, S.27; Bull. EU 6-1997, S.56f.; Bull. EU 7/8-1997, S.41; WB 1997, Ziff.234f., S.250; Bull. EU 1/2-1998, S.42; Bull. EU 7/8-1998, S.34; WB 1998, Ziff.231, S.245; Bull. EU 9-1999, S.46; WB 1999, Ziff.267; J. Köhli, 2005a, S.35f.).*

Einen weiteren Schwerpunkt der Kommissionstätigkeit bildeten die den Bremer Vulkan betreffenden Verfahren. So hatte die **Entscheidung 93/412/EWG der Kommission vom 6. April 1993 [ABl. L 185 28.07.93 S.43]** eine indirekt über die Investitionsgesellschaft des Landes Bremen (HIBEG) an die Bremer Vulkan AG gewährte Bürgschaft in Höhe von 126 Mio. ECU für den Erwerb einer Mehrheitsbeteiligung an der Schiffahrtselektronikgesellschaft Krupp Atlas Elektronik GmbH [ABl. C 171 07.07. 92 S.3] für unzulässig und unvereinbar mit dem Gemeinsamen Markt erklärt. Nach Aufhebung der Rechtsvorschrift wegen unzureichender Begründungen in mehreren Punkten durch ein Urteil des **Europäischen Gerichtshofs** vom 24. Oktober 1996 [ABl. C 222 18.08.93 S.8; ABl. C 137 03.06.95 S.9; ABl. C 009 11.01.97 S.2; Slg. 1996, S.I-5151] bestätigte die Kommission mit der **Entscheidung 98/665/EG vom 25. Februar 1998 [ABl. L 316 25.11.98 S.25]** ihre ursprüngliche Position *(vgl. Bull. EG 5-1992, S.28f.; WB 1993, Ziff.502; Bull. EU 1/2-1998, S.47; WB 1998, S.244f.).* Im Juli 1996 eröffnete sie zwei Verfahren wegen auftragsbezogener Beihilfen an die Bremer Vulkan Werft GmbH für den Bau eines Kreuzfahrtschiffs (Bürgschaften von 260,7 Mio. DM, Wettbewerbshilfen von 40,6 Mio. DM, geplantes Darlehen von 72,075 Mio. DM) [ABl. C 290 03.10.96 S.10] und von zwei Containerschiffen (Bürgschaften von 102 Mio. DM, Wettbewerbshilfen von 7,588 Mio. DM, Verlustausgleich von 6,7 Mio. DM) [ABl. C 330 05.11.96 S.6]. Die **Entscheidung 97/616/EG der Kommission vom 21. Mai 1997 [ABl. L 250 13.09.97 S.10]** stellte fest, daß die Zahlungen für das Kreuzfahrtschiff über der Höchstgrenze lagen; bis zur zulässigen Höhe wurden sie als auftragsbezogene Produktionsbeihilfe, darüber hinaus als Schließungsbeihilfe genehmigt. Trotz erheblicher Bedenken (zu hohe Deckung durch die Bürgschaft; Produktionskosten überschreiten Erlöse) wurden die Beihilfen für die Containerschiffe als Schließungsbeihilfen genehmigt *(vgl. Bull. EU 7/8-1996, S.42 f.; WB 1996, S.236; Bull. EU 5-1997, S.31; WB 1997, S.250).*

Im Zusammenhang mit der **Privatisierung** und dem Verkauf der MTW an die Bremer Vulkan Verbund AG wurden im Oktober 1992 Beihilfen notifiziert; der Gesamtausgleichsbetrag von 686,5 Mio. DM wurde zwischen Oktober 1992 und Dezember 1993 als **Darlehen** bereitgestellt. Die erste Tranche von 223,3 Mio. DM genehmigte die

Kommission im Januar 1993, die noch nicht freigegebenen Mittel von 463,2 Mio. DM wurden Ende 1993 auf ein Sperrkonto eingezahlt; nach der Freigabe durch die Kommission erfolgten die Auszahlungen zwischen Mai 1994 und April 1996. Außerdem wurde ein **Investitionsdarlehen** von 112,4 Mio. DM notifiziert, dessen Auszahlung trotz der fehlenden Kommissionsfreigabe im März 1993 erfolgte. Die Volkswerft Stralsund wurde im Februar 1993 privatisiert und an den Bremer Vulkan Verbund verkauft; die Notifizierung der Beihilfen erfolgte im Mai 1993, und der Ausgleichsbetrag von 585 Mio. DM wurde in drei Raten zwischen März 1993 und Januar 1994 ohne Verwendung eines Sperrkontos ausgezahlt. Die nicht für die Umstrukturierung benötigten Mittel wurden dem Bremer Vulkan Verbund in Form von verzinslichen Termingeldern zur Verfügung gestellt, der diese in ein Cash-Concentration-System einbrachte; ob die aus den Beihilfen stammenden Gelder ausschließlich den Ostwerften zugute kamen, blieb unklar. Ab September 1995 traten beim Bremer Vulkan Verbund wiederholt Liquiditätsprobleme und hohe Verluste auf, so daß im Februar 1996 Vergleich angemeldet wurde; die Kommission eröffnete noch im gleichen Monat ein **Verfahren** [ABl. C 150 24.05.96 S.2], das sie im November 1996 erweiterte [ABl. C 065 01.03.97 S.17], da ein **Mißbrauch der Beihilfen** in geschätzter Höhe von 788,7 Mio. DM (538,3 Mio. DM für MTW; 250,4 Mio. DM für Volkswerft Stralsund) vermutet wurde. Wegen der fehlenden Zweckbindung der Ausgleichsbeträge, der Vermischung der Gelder und der Beteiligung anderer Unternehmen am System war jedoch kaum ein Nachweis möglich. Die **Entscheidung 1999/274/EG der Kommission vom 22. Juli 1998 [ABl. L 108 27. 04.1999 S.34]** ging von einer unrechtmäßigen Gewährung der Beihilfen aus. Rund 327 Mio. DM, deren Auszahlung vorher nicht genehmigt worden war, waren nicht mit dem Gemeinsamen Markt vereinbar; für 788,7 Mio. DM wurde eine Fehlverwendung festgestellt, da sie hauptsächlich zugunsten anderer Tochtergesellschaften des Bremer Vulkan Verbunds eingesetzt worden waren *(vgl. Bull. EU 5-1994, S.22; Bull. EU 1/2-1996, S.37; Bull. EU 11-1996, S.30; WB 1996, Ziff.176, S.235f.; Bull. EU 7/8-1998, S.42f.; WB 1998, Ziff.232, S.246f.)*.

Weitere Verfahren betrafen die Gewährung von Entwicklungshilfen im Zusammenhang mit Schiffbauaufträgen. So wurden mit der **Entscheidung 92/569/EWG der Kommission vom 31. Juli 1992 [ABl. L 367 16.12.92 S.29]** die der Howaldtswerke Deutsche Werft AG gewährten Ausfuhrkreditkonditionen im Zusammenhang mit dem Auftrag der chinesischen Reederei China Ocean Shipping Company (Cosco) zum Bau eines Containerschiffs als mit dem Gemeinsamen Markt vereinbar angesehen; es handelte sich dabei jedoch um keine Entwicklungshilfe. Beihilfen für den Auftrag der gleichen Reederei zum Bau dreier Containerschiffe durch die Bremer Vulkan Werft und die MTW wurden ebenfalls nicht als Entwicklungshilfen eingestuft, da zwar die OECD-Kriterien erfüllt waren, der entwicklungspolitische Inhalt und Zweck des Vorhabens aber nicht gegeben war; die Zahlungen galten zudem als unzulässige Betriebsbeihilfen und waren deshalb mit dem Gemeinsamen Markt unvereinbar. Eine Klage Deutschlands in der Rs. C-400/92 gegen die ablehnende Kommissionsentscheidung [ABl. C 009 14.01.93 S.6] wurde vom **Europäischen Gerichtshof** im Oktober 1994 abgewiesen [ABl. C 316 12.11.94 S.3; Slg. 1994, S.I-4701]; zwischen 1993 und 1996 wurden aber auch mehrere Entwicklungsbeihilfen genehmigt (VR China, Indonesien, Kamerun, Tunesien) *(vgl. Bull. EG 11-1991, S.23; Bull. EG 7/8-1992, S.32; WB 1992,*

Ziff.377; Bull. EG 4-1993, S.27; Bull. EU 1/2-1994, S.28; Bull. EU 4-1994, S.26; Bull. EU 5-1994, S.22; Bull. EU 11-1994, S.23; WB 1994, Ziff.364, 497; Bull. EU 6-1995, S.57; Bull. EU 10-1995, S.28; Bull. EU 7/8-1996, S.40; WB 1996, Ziff.177). Die **Kommissionsentscheidungen 1999/142/EG vom 25. Februar 1998 [ABl. L 046 20.02. 1999 S.52]** und **1999/657/EG vom 3. März 1999 [ABl. L 259 06.10.1999 S.19]** schlossen ein Verfahren ab, das im März 1997 wegen deutscher Entwicklungsbeihilfen für den Bau dreier Schwimmbagger durch die Volkswerft Stralsund für die indonesische PT Rukindo eröffnet worden war [ABl. C 192 24.06.97 S.9]. Das Projekt war im Mai 1994 nur unter der Bedingung genehmigt worden, daß die Schiffe in Indonesien eingesetzt werden; da diese aber seit 1995 auch in Malaysia und Taiwan verwendet wurden, beurteilte die Kommission die Beihilfe als unvereinbar mit dem Gemeinschaftsrecht *(vgl. Bull. EU 3-1997, S.29; WB 1997, S.250; Bull. EU 1/2-1998, S.47; WB 1998, Ziff.233, S.245f.; Bull. EU 3-1999, S.58; WB 1999, S.256f.).*

Gegen die in **Frankreich** ansässigen Werften Ateliers et Chantiers du Havre Constructions Navales (ACH-CN) und SFCN leitete die Kommission im Juni 1995 ein Verfahren ein; diese Unternehmen hatten nicht nur von 1987 bis 1990 reguläre **Produktionsbeihilfen** für den Bau von drei Schiffen bekommen, sondern konnten gemäß einer Regionalbeihilferegelung zugunsten der französischen Überseedepartements zusätzliche Steuervergünstigungen für dort investierende Unternehmen erhalten; eine Genehmigung dieser Beihilfen konnte erst bei Notifizierung der Einzelvorhaben erfolgen. Nach Meinung der Kommission diente die **Regionalbeihilfe** jedoch in erster Linie der Unterstützung der Werften und nicht der regionalen Entwicklung; bei ihrer Einbeziehung wurde zudem der genehmigte Umfang der Gesamtbeihilfe überschritten. Unbeanstandet blieben zwischen 1994 und 1997 die Verlängerungen des allgemeinen **Beihilfeprogramms** für den Schiffbau und die Bereitstellung von 160,5 Mio. ECU für die Werftumstrukturierung (Sozialmaßnahmen, Forschungs- und regionale Investitionsbeihilfen) *(vgl. Bull. EU 11-1994, S.23f.; Bull. EU 6-1995, S.58; WB 1995, S.217f.; Bull. EU 12-1996, S.64f.; WB 1996, S.237f.; Bull. EU 3-1997, S.27; WB 1997, S.252).*

Die Reform des Schiffbausektors in **Griechenland** unterstützte die Kommission 1991 mit der Genehmigung eines Ministererlasses über Betriebs- und Umstrukturierungsbeihilfen für die Jahre 1991 bis 1993; die Geltungsdauer wurde später bis 1995 verlängert *(vgl. Bull. EG 3-1991, S.24; WB 1991, Ziff.195f.; Bull. EU 9-1995, S.19).* Im Dezember 1992 stellte sie zwei Verfahren bezüglich der Gewährung von Betriebsbeihilfen für Schiffsreparaturen und von Beihilfen für Neorion ein; Schuldenabschreibungen mit dem Ziel der finanziellen Sanierung im Vorfeld der Privatisierung oder Schließung von vier bedeutenden Werften (Elefsis Shipyards, Hellenic Shipyards, Nafsi, Neorion) wurden bis März 1993 gestattet *(vgl. Bull. EG 12-1992, S.78f.; WB 1992, Ziff.379).* Da Hellenic Shipyards und Neorion weder privatisiert noch geschlossen wurden, begann die Kommission im Februar 1994 mit erneuten Untersuchungen; im Juli 1995 befürwortete sie einen Schuldennachlaß und – nach erfolgreicher Privatisierung – im November 1995 eine Investitionsbeihilfe zugunsten der Neorion-Werft. Auch die Umstrukturierung und Modernisierung der Werften Salamis und Elefsis wurde genehmigt *(vgl. Bull. EU 1/2-1994, S.32; Bull. EU 7/8-1994, S.27; WB 1994, S.544; Bull. EU 1/2-1995, S.48; Bull. EU 11-1995, S.25; WB 1995, S.218f.).* Die **Verordnung 97/1013/**

EG des Rates vom 2. Juni 1997 [ABl. L 148 06.06.97 S.1] *(vgl. S.235)* erklärte dann unter bestimmten Bedingungen auch einen Schuldenerlaß von 54,525 Mrd. Dr. für die Werft Hellenic Shipyards für vereinbar mit dem Gemeinsamen Markt. Daraufhin genehmigte die Kommission noch im selben Jahr Investitionsbeihilfen zur Umstrukturierung der Schiffswerft auf der Grundlage eines für 1997 bis 1999 geltenden Investitionsplans (Beihilfen von 7,813 Mio. Dr., Erhöhung des Aktienkapitals um 3,138 Mio. Dr., Bankdarlehen von 4,675 Mio. Dr.), der die Herstellung der Rentabilität der Werft bis 2000 beabsichtigte. Die Verpflichtung zur Vorlage von Jahresberichten über die Durchführung des Plans und die Auszahlung der Beihilfen wurde jedoch nicht befolgt *(vgl. Bull. EU 1/2-1997, S.37; Bull. EU 3-1997, S.27; Bull. EU 6-1997, S.56 f.; Bull. EU 7/8-1997, S.43; WB 1997, Ziff.234 f., S.252; Bull. EU 11-1998, S.34; WB 1998, Ziff.251, S.245; WB 1999, Ziff.267; J. Köhli, 2005a, S.35 ff.).*

In bezug auf **Italien** ließ die Kommission Beihilfen für die Werftumstrukturierung (Sozialmaßnahmen, Forschungs- und regionale Investitionsbeihilfen) zu; die seit 1990 geltenden Beihilfeprogramme wurden mehrfach bis Ende 1998 verlängert *(vgl. Bull. EG 6-1993, S.48; Bull. EU 3-1995, S.23; WB 1996, S.237 f.; Bull. EU 6-1997, S.57; WB 1997, S.253; Bull. EU 11-1998, S.34).* Gemäß den Gemeinschaftsregelungen für **Regionalbeihilfen** genehmigte sie außerdem im Mai 1997 ein Gesetz vom Dezember 1995, das u. a. unter bestimmten Bedingungen (Investitionen über dem Durchschnitt der letzten fünf Jahre; Schaffung neuer Anlagen, Erweiterung und Modernisierung von Betrieben oder Beschaffung neuer Ausrüstungsgüter; Unternehmen in Fördergebieten ansässig oder KMU) Ertragsteuerbefreiungen für 50 % der Gewinne, die im Jahre 1996 reinvestiert wurden, beinhaltete; wegen der Anwendung auf sensible Sektoren wurden jedoch Verfahren eröffnet [ABl. C 268 04.09.97 S.4]. Die **Entscheidung 1999/148/EG/EGKS der Kommission vom 13. Mai 1998 [ABl. L 047 23.02.1999 S.6]** bewertete die Schiffbaubeihilfen für zwei Werften in Höhe von 99,957 Mio. Lit wegen der fehlenden Notifizierung und Genehmigung als unrechtmäßig; die zusätzlich angeforderten Angaben wurden von Italien nicht geliefert. In der **Entscheidung 2000/668/EG vom 12. Juli 2000 [ABl. L 279 01.11.2000 S.46]** stufte die Kommission die Beihilfen als unvereinbar mit dem Gemeinsamen Markt ein.

Für den Umbau von zwei Passagierschiffen durch die Schiffswerft INMA in La Spezia leistete Italien eine Beihilfe in Höhe der erlaubten 4,5 % des Vertragswerts der beiden Aufträge. Da sich auch zwei Unternehmen aus einem Drittland (Polen) beworben hatten, beantragte das Unternehmen kurz nach der Unterzeichnung der Verträge im August bzw. Oktober 1994 eine Erhöhung des Beihilfesatzes auf 9 %, was zur Gewährleistung der Wettbewerbsfähigkeit und zur Sicherung des Zuschlags gestattet ist; die Angebotspreise waren jedoch bereits unter Vorwegnahme der erhöhten Beihilfe festgesetzt worden, die erst im Mai 1997 notifiziert wurde. Die Kommission vertrat die Auffassung, daß eine Untersuchung der Marktlage und eine Genehmigung der Beihilfe vorab hätten erfolgen müssen, und leitete im August 1997 ein Verfahren ein [ABl. C 377 12.12.97 S.4]. In ihrer **Entscheidung 1999/379/EG vom 11. November 1998 [ABl. L 145 10.06.1999 S.27]** wies sie die Argumente Italiens (ordnungsgemäße Notifizierung, keine Auszahlung der Beihilfe, Preiskalkulation als Risiko der Werft) zurück und beurteilte die Erhöhung als unvereinbar mit dem Gemeinsamen Markt *(vgl. Bull. EU 7/8-1997, S.39; Bull. EU 11-1998, S.38 f.; WB 1998, S.248).*

Auch gegenüber **Spanien** stand die Beihilfepolitik fast ausschließlich im Zeichen der Fortsetzung des sektoralen Reformprozesses. Im Jahre 1991 genehmigte die Kommission für die Jahre 1991 bis 1993 die Entwürfe zweier Erlasse über weitere Betriebs- und Umstrukturierungsbeihilfen sowie über Fazilitäten für die Gewährung von Exportkrediten. In der Folgezeit befaßte sie sich mehrfach mit dem **Umstrukturierungsprogramm** für 1991 und 1992; die Zielvorgaben wurden zwar generell erfüllt, die ungleiche Leistungsfähigkeit und mangelnde Wettbewerbsfähigkeit der Werften verlangten jedoch zusätzliche Maßnahmen, die endgültig im Juni 1994 genehmigt wurden *(vgl. Bull. EG 9-1991, S.17; WB 1991, Ziff.203ff.; WB 1992, S.546; Bull. EG 7/8-1993, S.31; WB 1993, Ziff.503; Bull. EU 6-1994, S.49f.; WB 1994, S.545)*. Die **Richtlinie 94/73/EG des Rates vom 19. Dezember 1994 [ABl. L 351 31.12.94 S.10]** *(vgl. S.240)* gestattete Spanien auch die Gewährung bereits früher von der Kommission genehmigter **Betriebsbeihilfen**, die wegen nationaler Haushaltsprobleme nicht bis zum 31. Dezember 1991 ausgezahlt werden konnten; die Zuweisung der auf maximal 89,104 Mrd. Ptas beschränkten Beihilfen mußte allerdings bis zum 31. Dezember 1998 erfolgen *(vgl. Bull. EU 12-1994, S.59; WB 1994, Ziff.364; WB 1995, Ziff.163)*. 1995 gestattete die Kommission **Umstrukturierungsbeihilfen** (Sozialmaßnahmen, Verlustausgleich, Investitionen) in Höhe von 180 Mrd. Ptas, da ein 1991 genehmigter Verlustausgleich wegen der Budgetengpässe nicht planmäßig geleistet werden konnte; allerdings wurde zugleich wegen einer **Steuergutschrift** in Höhe von 301,8 Mio. ECU ein Verfahren eingeleitet *(vgl. Bull. EU 12-1995, S.81f.; WB 1995, S.219)*.

Ebenfalls im Zusammenhang mit der Reorganisation des Schiffbausektors stand die vom Rat mit der **Verordnung 97/1013/EG vom 2. Juni 1997 [ABl. L 148 06.06.97 S.1]** *(vgl. S.235, 238)* erteilte Zustimmung zu niedrigeren Darlehenszinsen, Steuergutschriften und Kapitalzuführungen für einige **staatseigene Werften** im Umfang von 135,028 Mrd. Ptas. Dabei mußten jedoch die spezifizierten Zweckbindungen, Beträge und Zeiträume eingehalten sowie Berichte über die Durchführung der Umstrukturierungsprogramme, Informationen über die einzelnen Werften und ein Überwachungsprogramm vorgelegt werden. Im August 1997 genehmigte dann die Kommission eine **Umstrukturierungsbeihilfe** von höchstens 229,008 Mrd. Ptas für die öffentlichen Werften [ABl. C 354 21.11.97 S.2]. Eine Klage auf teilweise Nichtigerklärung der Verordnung [ABl. C 318 18.10.97 S.33] wurde mit dem Urteil des **Gerichts erster Instanz** in der Rs. T-238/97 im Juni 1998 abgewiesen [ABl. C 258 15.08.98 S.35; Slg. 1998, S.II-2271]. Trotz der umfassenden **Unterstützungsleistungen** machte aber 1998 nur ein einziges der betroffenen Unternehmen keine Verluste *(vgl. Bull. EU 1/2-1997, S.36 f.; Bull. EU 3-1997, S.27; Bull. EU 6-1997, S.56f.; Bull. EU 7/8-1997, S.42; WB 1997, Ziff.234f., S.251f.; WB 1998, Ziff.251, S.245; Bull. EU 3-1999, S.52; WB 1999, Ziff. 267; J. Köhli, 2005a, S.35ff.)*.

Neben verschiedenen Entwicklungsbeihilfen (Kamerun, Marokko, Mexiko, Tunesien) *(vgl. Bull. EG 11-1991, S.23; Bull. EG 12-1992, S.75, 77; Bull. EU 4-1995, S.23; Bull. EU 7/8-1995, S.30f.; Bull. EU 4-1996, S.20f.; Bull. EU 9-1997, S.17)* befaßte sich die Kommission 1996 und 1997 mit **staatlichen Leistungen** an Astelleros Zamacona SA in Bilbao für den Bau von fünf Schleppern. Obwohl wegen einer Lieferverzögerung von über drei Jahren nur ein Äquivalent von 4,5 % (drei Jahre vor der Ablieferung geltender Grenzwert) erlaubt gewesen wäre, beliefen sich die Beihilfen auf 9 % der Auftragssumme (Grenzwert bei Vertragsabschluß im Jahre 1991); deshalb wurde im November 1996 ein **Verfahren** eingeleitet [ABl. C 058 25.02.97 S.8]. Eine Fristverlängerung wegen der technischen Kompliziertheit des Projekts oder wegen der Verzögerungen infolge von Unterbrechungen im Arbeitsprogramm (neue Hafengesetzgebung, Bau eines neuen Ausrüstungskais, Werftübernahme) war gemäß der **Entscheidung 98/157/EG der Kommission vom 5. November 1997 [ABl. L 050 20.02.98 S.38]** nicht möglich; die Beihilfe mußte auf die Höchstgrenze von 4,5 % gesenkt werden. Eine Klage gegen die Entscheidung [ABl. C 209 04.07.98 S.43] wurde am 16. März 2000 vom **Gericht erster Instanz** mit seinem Urteil in der Rs. T-72/98 abgewiesen [ABl. C 149 27.05.2000 S.31; Slg. 2000, S.II-1683] *(vgl. Bull. EU 11-1996, S.29; WB 1996, Ziff. 177, S.238; Bull. EU 7/8-1997, S.43; WB 1997, S.251 f.)*.

Andere Mitgliedstaaten spielten bei den Verfahren nur am Rande eine Rolle. Wegen Überschreitung der 1989 geltenden Beihilfehöchstgrenzen wurden **Belgien** im Februar 1991 die angewendeten Finanzierungsbedingungen für den Bau verschiedener Schiffe untersagt; im Juli 1993 genehmigte die Kommission ein neues Gesetz über Kredite für die Seeschiffahrt (Beihilfen bei Schiffbauaufträgen), im Oktober 1993 Betriebs- und Schließungsbeihilfen für die Umstrukturierung der Boelwerf sowie im Juli 1995 und 1996 Direktzuschüsse und Bürgschaften für die Vlaamse Scheepsbouw Maatschappij *(vgl. Bull. EG 1/2-1991, S.26; WB 1991, Ziff. 190; Bull. EG 7/8-1993, S.31; Bull. EG 10-1993, S.33 f.; WB 1993, Ziff. 500; Bull. EU 7/8-1995, S.30; Bull. EU 7/8-1996, S.40)*. In bezug auf **Dänemark** stimmte sie zwischen 1991 und 1997 mehreren Beihilferegelungen und ihren Verlängerungen für den Bau und Umbau von Schiffen zu; die 1992 gewährte Beihilfe an die Odense Staatskibsvaerft überstieg jedoch die zulässige Obergrenze *(vgl. Bull. EG 7/8-1991, S.28; Bull. EG 9-1991, S.17; Bull. EG 12-1991, S.37; Bull. EG 10-1993, S.34; Bull. EG 12-1993, S.47; Bull. EU 1/2-1994, S.28 f.; Bull. EU 1/2-1995, S.47 f.; Bull. EU 6-1995, S.57 f.; Bull. EU 1/2-1996, S.34; Bull. EU 7/8-1996, S.43 f.; Bull. EU 1/2-1997, S.38; WB 1997, S.251)*. Im Juli 1996 wurde ein Verfahren wegen des zwischen 1987 und 1993 angewandten Tochtergesellschaftsmodells beim Schiffsverkauf eingeleitet, das die Finanzierung von Schiffen auf der Basis überhöhter Preise ermöglicht hatte [ABl. C 232 10.08.96 S.6]; die **Entscheidung 97/364/EG der Kommission vom 5. Februar 1997 [ABl. L 154 12.06.97 S.35]** wies eine Überschreitung der Beihilfehöchstgrenze in fünf Fällen nach und erklärte einen Betrag von 1,018 Mio. dkr für nicht mit dem Gemeinsamen Markt vereinbar *(vgl. WB 1996, Ziff. 177, S.237; WB 1997, S.251)*.

1996 wurden Beihilfen für den Schiffbau auf **finnischen Werften** und Steuerermäßigungen für den Bau von Eisbrechern gutgeheißen *(vgl. Bull. EU 4-1996, S.21; WB 1996, S.237)*. Den **Niederlanden** wurden mehrfach allgemeine Regelungen, vor allem 1991 und 1992 verschiedene Einzelvorhaben sowie 1995 und 1996 zahlreiche Entwicklungsbeihilfen genehmigt *(vgl. Bull. EG 7/8-1991, S.27 f.; Bull. EG 12-1991, S.37; WB 1991, Ziff. 201; Bull. EG 6-1992, S.48 f.; Bull. EU 5-1994, S.22 f.; Bull. EU 3-1995, S.23; Bull. EU 4-1995, S.23 f.; Bull. EU 6-1995, S.58; Bull. EU 10-1995, S.28; Bull. EU 12-1996, S.59; WB 1996, Ziff. 177)*. Hinsichtlich **Portugals** standen die seit 1991 gezahlten Zuschüsse und Verlustausgleiche für Bauaufträge an eigene Werften sowie von 1995 bis 1997 die Umstrukturierung der Werft Lisnave und die Zahlung von letztendlich genehmigungsfähigen Beihilfen im Mittelpunkt des Interesses *(vgl. WB 1991, Ziff.202; Bull. EU 11-1994, S.24; Bull. EU 4-1995, S.24; Bull. EU 6-1995, S.58; Bull. EU 1/2-1997, S.36; Bull. EU 10-1997, S.33; WB 1997, S.253)*. **Schweden** konnte eine Bürgschaftsregelung für den Schiffbau anwenden *(vgl. Bull. EU 10-1995, S.29)*. Das **Vereinigte Königreich** erhielt u. a. im Oktober 1991 die Zusage für eine Investitionsbeihilfe für Tyne Dock Ltd, 1993 und 1995 für Produktions- bzw. Investitionsbeihilfen zugunsten der Swan-Hunter- und der A&P-Appledore-Werft sowie 1997 für die Privatisierung der Devonport Royal Dockyard; zwischen 1994 und 1997 wurden allgemeine Regelungen für Betriebs- und Investitionsbeihilfen (*Shipbuilding Intervention Fund, Shipbuilders' Relief, Export Credit Guarantees, Home Credit Guarantees*) genehmigt bzw. verlängert *(vgl. Bull. EG 7/8-1991, S.28; Bull. EG 12-1991, S.37; WB 1991, Ziff.206; Bull. EG 1/2-1992, S.40; Bull. EG 12-1993, S.47; WB 1993, Ziff.504; Bull. EU 11-1994, S.24; Bull. EU 4-1995, S.24; Bull. EU 3-1997, S.27; Bull. EU 9-1997, S.17; WB 1997, S.253)*.

3.4.2.3 Unterstützung des Schiffbaus zwischen 1999 und 2003

Auf dem Weltschiffbaumarkt bestand auch Ende der neunziger Jahre ein Ungleichgewicht zwischen Angebot und Nachfrage, so daß die Preise auf niedrigem Niveau blieben; für den Beginn des nächsten Jahrtausends wurde sogar mit einer **Zunahme des Wettbewerbsdrucks** gerechnet, da man einen Rückgang der gegen Mitte der neunziger Jahre hohen Nachfrage nach Schiffen bei gleichzeitiger Zunahme der vorhandenen Schiffbaukapazitäten prognostizierte; die Kapazitätsauslastung sollte auf unter 70 % fallen. Zudem wiesen die europäischen Werften im Vergleich zu Ostasien nach wie vor Defizite bei der Wettbewerbsfähigkeit auf. Weil aus diesen Gründen eine vollständige **Abschaffung der Beihilfen** nicht ratsam erschien, sollten die Regelungen unter Berücksichtigung ihres Beitrags zur Erhöhung der Konkurrenzfähigkeit und zur Gewährleistung akzeptabler Wettbewerbsbedingungen lediglich modifiziert werden *(vgl. WB 1998, Ziff.14, 230; A. Gerlach, 2002, S.499ff.)*.

Mit ihrem **Arbeitspapier** vom April 1997 zu den zukünftigen Optionen für die Schiffbaupolitik [SEK (97) 567 endg.] sowie der **Mitteilung** vom 1. Oktober 1997 über eine neue Schiffbaupolitik [KOM (97) 470 endg.] formulierte die Kommission dann ihre weitere Strategie. Die Durchführung des **OECD-Übereinkommens** wurde zwar präferiert, gleichzeitig rechnete sie jedoch auch mit einem Scheitern und wollte für diesen Fall Maßnahmen zur Verbesserung der wirtschaftlichen Situation dieses Industriebereichs einleiten. Die Kommission schlug einen **fünfjährigen Übergangszeitraum** von 1999 bis 2003 vor, innerhalb dessen die für den Schiffbau geltenden Bestimmungen denen der anderen Wirtschaftszweige angepaßt werden sollten. Neben einer **Neuausrichtung der Beihilfepolitik** (Abschaffung von Betriebsbeihilfen; unter bestimmten Bedingungen Zulässigkeit von Exportkrediten, Entwicklungsbeihilfen, Umstrukturierungs-, Stillegungs-, Investitions-, Forschungs- und Umweltbeihilfen) waren **weitere Maßnahmen** zur Förderung der Kooperation von Werften, Reedereien, Zulieferern und anderen Industriezweigen, des Absatzes, der Nachfrage sowie der Forschung und Entwicklung geplant; weiterhin vorgesehen waren eine Konzentration auf bestimmte Schiffstypen, die Schließung unwirtschaftlicher Betriebe und die Verbesserung des Produktionspotentials. In seiner Stellungnahme vom 25. Februar 1998 [ABl. C 129 27.04.98 S.37] stimmte der **Wirtschafts- und Sozialausschuß** im Grundsatz der Mitteilung zu, artikulierte aber auch einige Bedenken (zukünftige Konkurrenzfähigkeit, Verhinderung ruinöser Preisgestaltung, Kriterien für Investitionsbeihilfen, Förderung der Qualifikation der Beschäftigten, Überwachung und Transparenz des Systems) *(vgl. Bull. EU 10-1997, S.34; GB 1997, Ziff.284; GB 1998, Ziff.248; EP, 2000, S.32f.)*.

Verordnung des Rates über die Gewährung von Schiffbaubeihilfen

Die Grundzüge der Beihilfepolitik für den Zeitraum vom 1. Januar 1999 bis zum 31. Dezember 2003 wurden schließlich in der **Verordnung 98/1540/EG des Rates vom 29. Juni 1998 [ABl. L 202 18.07.98 S.1]** fixiert. Demnach waren Beihilfen für den Schiffbau oder die Schiffsreparatur möglich, sofern es sich um Handelsschiffe, Fischereifahrzeuge oder Schwimmbagger, die über mindestens 100 BRZ verfügen, oder um Schlepper mit mindestens 365 kW handelte; ein Umbau war förderungswürdig, wenn eine Größe von 1.000 BRZ überschritten wurde. Die Beihilfen konnten in Form von direkten Finanzmittelzuweisungen, aber auch als Krediterleichterungen, Steuervorteile oder Bürgschaften (indirekte Beihilfen) erfolgen; eine Diskriminierung von Erzeugnissen aus anderen Mitgliedstaaten und eine Verfälschung des Wettbewerbs bei der Auftragsvergabe hatten zu unterbleiben *(vgl. Bull. EU 5-1998, S.38; GB 1998, Ziff. 248; WB 1999, Ziff.266)*.

Auftragsbezogene **Betriebsbeihilfen** für den Bau und Umbau von Schiffen waren noch bis zum 31. Dezember 2000 mit dem Gemeinsamen Markt vereinbar, sofern der Gesamtbetrag aller auftragsbezogenen Beihilfen als Subventionsäquivalent eine Beihilfehöchstgrenze (9 % oder bei einem Auftragswert von bis zu 10 Mio. ECU 4,5 %) nicht überstieg *(vgl. WB 2001, Ziff.402)*. Eine Anmeldung war nur bei Wettbewerb zwischen den Mitgliedstaaten um einen Auftrag notwendig; die Durchführung des Vorhabens war an die Zustimmung der Kommission geknüpft. Einzelbeihilfen im Rahmen eines akzeptierten Förderprogramms mußten nicht angemeldet oder genehmigt werden. Staatlich geförderte **Kredite und Entwicklungsbeihilfen** waren ebenfalls mit dem Gemeinsamen Markt vereinbar und brauchten nicht auf den Höchstwert angerechnet zu werden, wenn sie mit den entsprechenden OECD-Bedingungen übereinstimmten.

Stillegungsbeihilfen, die der Übernahme der normalen Kosten der völligen oder teilweisen Einstellung eines Unternehmens (Zahlungen an entlassene Arbeitnehmer, Beratungs- und Umschulungskosten, Aufwendungen für die Herrichtung der Werften, Förderung der Gründung von Kleinunternehmen, Leistungen bis zur Höhe des Restbuchwerts oder des über drei Jahre erzielten, abdiskontierten Deckungsbeitrags zu den Festkosten sowie zur Abwicklung angefangener Arbeiten) dienen konnten, waren genehmigungsfähig, wenn eine echte und endgültige Kapazitätsverringerung (Stillegung für wenigstens zehn Jahre) erfolgte. **Umstrukturierungsbeihilfen** hatten mit den diesbezüglichen Leitlinien in Einklang zu stehen und weitere Bedingungen (keine anderen

Beihilfen, einmalige Maßnahme, echte und endgültige Kapazitätsverringerung über mindestens zehn Jahre, Überwachung) zu erfüllen. Bei Überschreitung eines Betrags von 10 Mio. ECU waren die anderen Mitgliedstaaten zu konsultieren; bei mehrjährigen Programmen mit großen Beträgen mußte die Beihilfe in Tranchen ausgezahlt werden. **Investitionsbeihilfen** für Innovationen waren bis zu einer Intensität von 10 % mit dem Gemeinsamen Markt vereinbar und mußten auf die unmittelbar und ausschließlich damit verbundenen Investitionen und technischen Tätigkeiten beschränkt sein; die Höhe und Intensität der Beihilfe war auf das erforderliche Mindestmaß zu begrenzen. Regionale Investitionsbeihilfen konnten bis zur Höhe der anrechenbaren Aufwendungen geleistet werden; es galten bestimmte Höchstgrenzen in Abhängigkeit von der jeweiligen Region. Beihilfen für **Forschung und Entwicklung** sowie den **Umweltschutz** hatten mit dem spezifischen Gemeinschaftsrahmen übereinzustimmen.

Bei der **Beihilfenkontrolle** kamen umfassende Anmeldungs- und Überwachungsvorschriften im Rahmen der Berichtspflicht (gewährte Beihilfen, Bau- und Umbauaufträge, Kapazitätsentwicklung, Eigentumsverhältnisse der Werften, Umstrukturierung) zur Anwendung; die Kommission hatte auf dieser Grundlage eigene Berichte zu erstellen. Kam ein Mitgliedstaat seinen Auflagen nicht nach, so konnte die Kommission die teilweise oder vollständige Aussetzung noch ausstehender Zahlungen bereits genehmigter Beihilfen verlangen. Außerdem mußte die Kommission dem Rat **Berichte über die Marktlage** und über wettbewerbsverzerrende Praktiken vorlegen *(vgl. Übersicht 24)*.

Besondere Bestimmungen für Exportkredite

Nachdem bereits mit der **Entscheidung 93/112/EWG vom 14. Dezember 1992 [ABl. L 044 22.02.93 S.1]** die in einer neuen konsolidierten Fassung zusammengeführten Regelungen des OECD-Übereinkommens über Leitlinien für öffentlich geförderte Exportkredite übernommen worden waren, nahm die **Entscheidung 2001/76/EG des Rates vom 22. Dezember 2000 [ABl. L 032 02.02.2001 S.1]** eine erneut aktualisierte Version an. Für den Schiffbau kamen die allgemeinen Regelungen zur Anwendung, sofern nicht die spezielle Sektorvereinbarung galt. Gemäß den dort enthaltenen Regelungen hatten die Exportkredite ab dem 1. Dezember 1979 folgende Bedingungen zu erfüllen: maximale Laufzeit von bis zu achteinhalb Jahren; Mindestzahlung bis zur Lieferung von mindestens 20 %; Zinssatz ohne Nebenkosten von mindestens 8 %; günstigere Konditionen waren nur bei vorheriger Mitteilung an die anderen Vertragspartner möglich. Die **Entscheidung 2002/634/EG des Rates vom 22. Juli 2002 [ABl. L 206 03.08. 2002 S.16]** *(vgl. Übersicht 24)* nahm dann eine überarbeitete Fassung des Übereinkommens an. Es findet Anwendung auf Schiffe, die nicht unter die Sektorvereinbarung fallen, und auf alle Schiffe, wenn die Sektorvereinbarung nicht etwas anderes bestimmt. Die Sektorvereinbarung gilt für Seeschiffe von mindestens 100 BRZ, Schleppschiffe von mindestens 365 kW und unfertige, aber fahrbare Schiffskörper, den Umbau von Schiffen und unter bestimmten Umständen für Hovercraft-ähnliche Schiffe. Die maximale Kreditlaufzeit wird auf zwölf Jahre erhöht, die Regelungen zur Anzahlung und Tilgung bleiben bestehen; bei einer Entwicklungshilfe sind weitere Bedingungen einzuhalten: Schiffe nicht in Offenregister eingetragen, angemessener Versicherungsschutz, endgültiger Eigentümer im Empfängerland ansässig, begünstigtes Unternehmen ist keine nicht-operationelle Tochtergesellschaft eines ausländischen Unternehmens, kein Verkauf ohne staatliche Genehmigung, Zuschußelement von mindestens 25 % *(vgl. Bull. EU 4-2002, S.77; Bull. EU 7/8-2002, S.102).*

Einführung befristeter Schutzmaßnahmen gegen Südkorea

Seit Anfang der neunziger Jahre waren u. a. einige ostasiatische Staaten und dabei vor allem Südkorea von der Gemeinschaft wegen der **Subventionierung** der einheimischen Schiffbauindustrien mittels Anzahlungsgarantien, Ausfuhrkrediten, Schuldenerlassen, Steuervergünstigungen und Hilfen für Zulieferer kritisiert worden. Die Verschärfung der Situation gegen Ende der neunziger Jahre (Finanzmärkte) veranlaßte dann die Kommission, am 19. November 1998 ein Arbeitsdokument über die Koreakrise [SEK (98) 1945 endg.] vorzulegen, in dem eine Verschiebung der **Weltmarktanteile** zugunsten von südkoreanischen Werften konstatiert wurde, die insbesondere auf nicht kostendeckende Preise zurückzuführen sei. Der Rat forderte die Kommission daraufhin am 29. April 1999 auf, die multi- und bilateralen Gespräche fortzusetzen. Angesichts der fortdauernden Meinungsverschiedenheiten begannen die Kommission und die südkoreanische Regierung am 15. März 2000 mit der Aushandlung einer **Vereinbarten Niederschrift** über den Weltmarkt im Schiffbausektor, die zur Wiederherstellung fairer Wettbewerbsbedingungen führen sollte. Südkorea sicherte schließlich zu, auf staatliche Interventionen zu verzichten, auf die Gewährung von Bankendarlehen auf kommerzieller Basis zu achten, die Anwendung international anerkannter Rechnungslegungsgrundsätze sicherzustellen, unrentable Investitionen und Preisdumping zu unterbinden sowie kostenorientierte Schiffbaupreise zu garantieren. Der Rat unterstützte die Initiativen der Kommission am 18. Mai 2000 und genehmigte die Niederschrift mit dem **Beschluß 2000/409/EG vom 19. Juni 2000 [ABl. L 155 28.06. 2000 S.47]** *(vgl. Übersicht 24)*, so daß sie am 22. Juni 2000 unterzeichnet werden konnte *(vgl. Bull. EU 4-1999, S.37; Bull. EU 6-1999, S.65; Bull. EU 5-2000, S.84 f.; Bull. EU 6-2000, S.128; GB 2000, Ziff.834).*

Da Südkorea die Vereinbarungen angeblich nicht vollständig einhielt, reichte das Committee of European Union Shipbuilders' Associations (CESA) am 24. Oktober 2000 einen Antrag ein, der sich auf die **Handelshemmnisse** aufgrund der seit 1997 gewährten Subventionen und die Schädigung der europäischen Schiffbauunternehmen durch **Preisrückgänge** sowie **Auftrags- und Marktanteilsverluste** bezog. Die Kommission veröffentlichte daraufhin eine Bekanntmachung über die Einleitung eines Untersuchungsverfahrens gegen Südkorea [ABl. C 345 02.12.2000 S.5] und schlug dem Rat die Aushandlung einer neuen Vereinbarung mit Südkorea vor. Bei einem Scheitern der Gespräche sollte am 1. Mai 2001 die WTO eingeschaltet werden, da das **WTO-Subventionsübereinkommen** verletzt worden sei; ferner kündigte die Kommission einen Vorschlag über befristete Schutzmaßnahmen gegen unfaire südkoreanische Praktiken an. Der Rat nahm zu den Initiativen am 5. Dezember 2000 positiv Stellung *(vgl. Bull. EU 12-2000, S.132, 134 f.; WB 2000, Ziff.353).* Da es bis zum 30. Juni 2001 zu keiner Einigung mit Südkorea kam, setzte die Kommission ihre angekündigte **Doppelstrategie** um; sie begann mit Untersuchungen zu den behaupteten Handelshemmnissen, die bis Mitte 2002 fortgesetzt wurden, bereitete das WTO-Verfahren vor und regte eine Verordnung zur Einführung befristeter Schutzmaßnahmen an. Da der Rat auf seiner Sitzung vom 5. Dezember 2001 aber keine Einigung erzielen konnte, wurde vorläufig auf die Einleitung des **WTO-Verfahrens** verzichtet *(vgl. Bull. EU 5-2001, S.81; Bull. EU 7/8-2001, S.96; GB 2001, Ziff.909; WB 2001, Ziff.403 ff.)*.

Auf einem OECD-Ministertreffen im Mai 2002 einigte man sich dann auf multilaterale Verhandlungen, die bis zum 30. September 2002 zu einem Kompromiß führen sollten. Zwischenzeitlich wurden zum 3. Juli 2002 mit der **Verordnung 2002/1177/EG des Rates vom 27. Juni 2002 [ABl. L 172 02.07.2002 S.1]** befristete Schutzmaßnahmen in Kraft gesetzt, die ursprünglich bis zum 31. März 2004 galten. Demnach waren direkte Beihilfen zum Bau von Containerschiffen sowie von Produkten-, Chemikalien- und Flüssiggastankern bis zu einer Höchstintensität von 6 % des Vertragswerts gestattet, wenn eine südkoreanische Werft einen niedrigeren Preis geboten hatte. Das **Europäische Parlament** hatte in einer Entschließung vom 30. Mai 2002 zur Lage der Schiffbauindustrie [ABl. C 187 E 07.08.2003 S.179] auch die Einbeziehung von Erdgastankern, Fährschiffen und Ro-Ro-Schiffen verlangt. Bei Flüssiggastankern war ein solches Vorgehen jedoch nur im Jahre 2002 bei der Feststellung einer tatsächlichen Schädigung aufgrund von unfairen Handelspraktiken möglich. Die Ablieferung der Schiffe mußte innerhalb von drei Jahren nach Vertragsunterzeichnung erfolgen. Es konnten nur endgültige Verträge berücksichtigt werden, die nach der Einleitung und bis zu einem Monat nach der Beendigung oder Aussetzung des Streitbeilegungsverfahrens abgeschlossen wurden. Da die Verhandlungen im Rahmen der OECD bis Ende September 2002 keine konkreten Fortschritte zeitigten, leitete die Gemeinschaft gemäß dem **Beschluß 2002/818/EG der Kommission vom 8. Oktober 2002 [ABl. L 281 19.10. 2002 S.15]** mit ihrem Antrag auf Konsultationen gegen Südkorea das WTO-Streitbeilegungsverfahren ein und wendete die o. a. Verordnung an *(vgl. Bull. EU 5-2002, S.92 f.; Bull. EU 6-2002, S.118; WB 2002, Ziff.460 ff.)*.

Auch diese Konsultationen brachten jedoch keinen Durchbruch. Deshalb forderte die Gemeinschaft am 11. Juni 2003 das Streitbeilegungsgremium auf, ein Panel zur Prüfung der südkoreanischen Praktiken einzusetzen; auch die Verhandlungen in der OECD führte man weiter. Am 24. Juni 2003 verabschiedete die Kommission eine Bekanntmachung, die für das Jahr 2002 eine **Schädigung** des gemeinsamen Schiffbausektors im Bereich der Flüssiggastanker und damit den Anspruch der Spediteure auf direkte Beihilfen bestätigte [ABl. C 148 25.06.2003 S.14] *(vgl. Bull. EU 6-2003, S.124; Bull. EU 11-2003, S.38; GB 2003, Ziff.807; WB 2003, Ziff.505 f.)*. Die befristeten Schutzmaßnahmen wurden mit der **Verordnung 2004/502/EG des Rates vom 11. März 2004 [ABl. L 081 19.03.2004 S.6]** bis zum 31. März 2005 verlängert *(vgl. S. Bradley u. a., 2002, S.14 f; Bull. EU 1/2-2004, S.54, 150 f.; Bull. EU 3-2004, S.141; A. Cierna, 2004, S.109; WB 2004, Ziff.367 ff.; zu den folgenden Kommissionsentscheidungen Übersicht 25)*.

Einzelfallentscheidungen der Kommission

In bezug auf **Dänemark** genehmigte die Kommission im Februar 1999 eine bis Ende 2000 befristete Förderregelung *(vgl. Bull. EU 1/2-1999, S.50 f.)*; auch in **Deutschland** konnten die bestehenden Programme weitergeführt werden *(vgl. Bull. EU 12-1999, S.64f.; Bull. EU 6-2000, S.71)*. Ferner beschäftigte sich die Kommission in den Jahren 1999 und 2000 vor allem mit der Kapazitätsüberschreitung der Kvaerner Warnow Werft GmbH (Obergrenze für 1998 und 1999 betrug 85.000 cgt, gemäß Produktionsbericht um jeweils rund 20.000 cgt überschritten; später tatsächliche Produktion von 93.862 cgt für 1997 und 122.414 cgt für 1998 festgestellt, für 1999 109.134 cgt veranschlagt). Da die Einhaltung des Limits bis Ende 2005 Bedingung für die Genehmigung der zwischen 1993 und 1995 gezahlten Umstrukturierungsbeihilfen in Höhe von insgesamt 623,45 Mio. € gewesen war, wurde im Dezember 1998 ein Verfahren eingeleitet [ABl. C 041 16.02.1999 S.23]. Mit der **Entscheidung 1999/675/EG vom 8. Juli 1999 [ABl. L 274 23.10.1999 S.23]** wies die Kommission die von der deutschen Regierung und der Werft vorgebrachten Argumente (keine Begrenzung der tatsächlichen Produktion, sondern nur der Kapazität; Kapazitätsgewinne aufgrund von Produktivitätssteigerungen erlaubt; keine Benachteiligung anderer Werften; Betrachtung über einen Durchschnittszeitraum von mehreren Jahren relevant; nur eine generelle Kapazitätsbegrenzung für Ostdeutschland, aber nicht für einzelne Werften; Ausgleich der Überschreitung in den Jahren 2000 und 2001; bestimmter Kapazitätsanteil muß Zulieferern zugeordnet werden) zurück. Der der Kapazitätsüberschreitung für 1998 entsprechende Beihilfebetrag von 41,5 Mio. € war gemäß Kommission unvereinbar mit dem Gemeinsamen Markt *(vgl. Bull. EU 11-1998, S.35f.; WB 1998, Ziff.231, S.247; Bull. EU 7/8-1999, S.33; WB 1999, Ziff.269, S.257)*. Aufgrund der Korrektur der Produktionsmenge (90.831 cgt) und der Neuzuteilung stillgelegter Kapazitäten der Werft Boizenburg (Obergrenze von 91.000 cgt) war jedoch das Verfahren in bezug auf 1999 hinfällig geworden; die **Entscheidung 2000/416/EG der Kommission vom 29. März 2000 [ABl. L 156 29.06.2000 S.39]** reduzierte die im Zusammenhang mit der Kapazitätsüberschreitung im Jahre 1998 rückzahlbare Beihilfe auf 41,1 Mio. €, da auch die tatsächlich gezahlten Beihilfen mit 618,2 Mio. € niedriger lagen *(vgl. Bull. EU 3-2000, S.57f.; WB 2000, Ziff.355)*. Zwischenzeitlich war im Juli 1999 ein Verfahren in bezug auf das Jahr 1997 begonnen worden [ABl. C 245 28.08.1999 S.24]. Deutschland und die Werft ergänzten zwar ihre Argumentation (Beihilfen nicht vollständig zugeflossen; bei anderen Werften nur Betriebs-, nicht aber Investitionsbeihilfen berücksichtigt), die **Entscheidung 2000/336/EG der Kommission vom 15. Februar 2000 [ABl. L 120 20.05.2000 S.12]** verfügte jedoch wegen der Überschreitung im Jahre 1997 eine Beihilferückzahlung von 6,3 Mio. € *(vgl. Bull. EU 7/8-1999, S.26; WB 1999, Ziff.269; Bull. EU 1/2-2000, S.53; WB 2000, Ziff.355)*. Mit dem Urteil des **Gerichts erster Instanz** vom 28. Februar 2002 in den Rs. T-227/99 und T-134/00 wurden die drei Entscheidungen allerdings für nichtig erklärt [ABl. C 006 08.01.2000 S.27; ABl. C 211 22.07.2000 S.32; ABl. C 156 29.06.2002 S.17; Slg. 2002, S.II-1205]. Im Februar 2000 wurde hinsichtlich der Umstrukturierungsbeihilfen der Jahre 1993 bis 1995 ein Verfahren initiiert, da die zur Verlustdeckung gezahlten 262,2 Mio. € die tatsächlichen Verluste um rund 61 Mio. € überschritten, was eine ungerechtfertigte Betriebsbeihilfe dargestellt hätte [ABl. C 134 13.05.2000 S.5]. Nach einer Neuberechnung der Verluste und dem Abzug eines nicht ausgezahlten Betrags stufte die Kommission in ihrer **Entscheidung 2005/374/EG vom 20. Oktober 2004 [ABl. L 120 12.05.2005 S.21]** eine Beihilfe in Höhe von 13,3 Mio. € als unvereinbar mit dem Gemeinsamen Markt ein *(vgl. Bull. EU 1/2-*

2000, S.50; WB 2000, Ziff.355; Bull. EU 10-2004, S.31f.; WB 2004, Ziff.538ff.; J. Köhli, 2005a, S.36f.).

Genehmigt wurden hingegen mit der **Entscheidung 1999/763/EG der Kommission vom 17. März 1999 [ABl. L 301 24.11.1999 S.8]** verschiedene Beihilfen (Zuschuß von Bremen für die Übernahme von Arbeitnehmern und Auszubildenden von 4,6 Mio. DM; Forderungsverzicht durch die HIBEG in Höhe von 5 Mio. DM; Investitionsbeihilfe von 900.000 DM) für den Erwerb von Anteilen an der Bremer Vulkan Marine Schiffbau GmbH durch die Lürssen Maritime Beteiligungen GmbH & Co. KG. Die Kommission hatte hierin zwar zuerst ungerechtfertigte Betriebs- bzw. Investitionsbeihilfen gesehen [ABl. C 252 11.08.98 S.4], sämtliche Vorhaben betrafen aber ausschließlich den Marineschiffbau *(vgl. Bull. EU 1/2-1998, S.44; WB 1998, S.244; Bull. EU 3-1999, S.56; WB 1999, S.257).* Keine Bedenken bestanden 2000 und 2002 bei der Meyer-Werft in Papenburg gegen Beihilfen für den Bau von zwei Fährschiffen für Indonesien [ABl. C 142 20.05.2000 S.2] *(vgl. Bull. EU 1/2-2000, S.47; WB 2000, S.246; Bull. EU 6-2002, S.54)* und die Verlängerung der Lieferfrist für ein Kreuzfahrtschiff [ABl. C 238 03.10.2002 S.14] *(vgl. WB 2002, S.273).* Die **Entscheidung 2002/632/ EG der Kommission vom 12. März 2002 [ABl. L 203 01.08.2002 S.60]** beschloß ein im April 2001 eingeleitetes Verfahren wegen der Gewährung von Investitionsbeihilfen von 869.000 € zugunsten der Flender Werft Lübeck für den Bau eines Docks [ABl. C 191 07.07.2001 S.15] mit einem positiven Bescheid, da die Voraussetzungen für die Zahlung von Regionalbeihilfen (Steigerung der Produktivität und Wettbewerbsfähigkeit) gegeben waren und die Beihilfeintensität von 12,5 % nicht überschritten wurde. Im Dezember 2003 wurden Darlehensbürgschaften (mit unterschiedlichen Risikoprämien) für fünf Bundesländer bis Ende 2006 befürwortet *(vgl. Bull. EU 3-2002, S.67; Bull. EU 12-2003, S.62; WB 2003, Ziff.507ff.).* Eine Rettungsbeihilfe in Höhe von 10 Mio. € für die Lloyd Werft Bremerhaven billigte die Kommission im September 2004 (Verweigerung der letzten Rate für Umbauarbeiten an einem Kreuzfahrtschiff nach Sturmschäden) *(vgl. WB 2004, Ziff.437ff.).*

Die in **Finnland** praktizierten Schiffbauregelungen wurden ebenso weiter verlängert wie das von **Frankreich** für 1999 bis 2003 vorgesehene Programm *(vgl. Bull. EU 5-1999, S.42; Bull. EU 7/8-1999, S.24f.; Bull. EU 3-2000, S.51).* Ferner informierte man die Kommission im Februar 1998 über eine Beihilferegelung in Form einer als Entwicklungshilfe einzustufenden Steuerbefreiung für Investoren, die ihre Gewinne in Schiffe reinvestieren; der konkrete Fall begünstigte Französisch-Polynesien und betraf den Erwerb von zwei Kreuzfahrtschiffen zwecks Weitervermietung an den Betreiber Renaissance Financial mit Sitz in Paris. Die Kommission leitete im Mai 1998 ein Verfahren ein [ABl. C 307 07.10.98 S.6], da möglicherweise einige Bedingungen für eine Entwicklungshilfe nicht erfüllt waren (Investoren als Eigentümer nicht im geförderten Staat ansässig; Betreiber ist nicht-operationelle Tochter eines US-amerikanischen Unternehmens; hohe Rentabilitätserwartung). Die **Entscheidung 1999/719/EG der Kommission vom 30. März 1999 [ABl. L 292 13.11.1999 S.23]** sah dann jedoch die notwendigen Voraussetzungen als erfüllt an (kein Betrieb unter Billigflagge; Renaissance Financial wegen Kaufverpflichtung Eigentümer der Schiffe; ist keine nicht-operationelle Gesellschaft; Investoren können in jedem französischen Überseegebiet ansässig sein); außerdem wurden in der Förderung des Fremdenverkehrs positive gesamtwirtschaftliche und beschäftigungswirksame Effekte gesehen. Nach dem Konkurs von Renaissance Financial und der Übertragung der Schiffe an neue Betreiber mit anderem Tätigkeitsgebiet wurde das Verfahren im April 2003 wieder aufgenommen [ABl. C 105 01.05.2003 S.30] *(vgl. WB 1996, Ziff. 177, S.238f.; Bull. EU 5-1998, S.40; WB 1998, Ziff. 234; Bull. EU 3-1999, S.57; WB 1999, S.258)*. Ein ähnliches Vorhaben betraf ein von der Werft Alstom Leroux Naval gebautes und von privaten Investoren finanziertes Passagierschiff. Die Investitionsbeträge konnten 1996 vom steuerbaren Einkommen abgesetzt werden, so daß das Schiff zu günstigeren Konditionen an die Compagnie des Îles du Levant (CIL) weitervermietet wurde; die CIL sollte das Schiff über fünf Jahre an mindestens 160 Tagen im Jahr auf der Strecke von und nach St. Pierre et Miquelon betreiben und danach die Anteile von den Investoren erwerben; bei einem Nettosubventionsäquivalent von 34 % wurde die Beihilfe auf 78 Mio. ffrs geschätzt. Die Kommission bezweifelte jedoch die Wirksamkeit (Zusammensetzung der Besatzung, geringe gesamtwirtschaftliche Vorteile) und den Charakter (unzureichendes Verkehrsangebot) einer Entwicklungshilfe und eröffnete im Dezember 1999 ein Verfahren [ABl. C 033 05.02.2000 S.6]. In ihrer **Entscheidung 2001/882/EG vom 25. Juli 2001 [ABl. L 327 12.12.2001 S.37]** beurteilte sie die Beihilfe als unvereinbar mit dem Gemeinsamen Markt, da zwar die OECD-Kriterien für Exportkredite erfüllt waren, das Entwicklungsziel aber nicht erreicht wurde; ein Antrag auf einstweilige Anordnung gegen den Vollzug der Entscheidung wurde vom **Gericht erster Instanz** abgewiesen [ABl. C 202 24.08.2002 S.29] *(vgl. Bull. EU 11-1999, S.27; Bull. EU 7/8-2001, S.41; WB 2001, Ziff. 406, S.296)*.

Außerdem beschäftigte sich die Kommission mit der Werft ACH-CN, die im Zuge der Erfüllung eines 1995 übernommenen Auftrags zum Bau von drei Chemikalientankern in finanzielle Schwierigkeiten geraten war und danach verkleinert wurde. Bei Erteilung des Zuschlags bestand ein Anspruch auf auftragsbezogene (111,4 Mio. ffrs), Modernisierungs- (207,5 Mio. ffrs) und Umstrukturierungsbeihilfen für einen Sozialplan (21,8 Mio. ffrs); der Verlust wurde Ende 1998 mit 1,868 Mrd. ffrs veranschlagt und durch weitere staatliche Zuwendungen ausgeglichen. Wegen der ihrer Ansicht nach vorliegenden ungerechtfertigten Betriebsbeihilfen begann die Kommission im Januar 1999 ein Verfahren [ABl. C 113 24.04.1999 S.7]. Nach Anstieg des Gesamtverlusts auf 2,033 Mrd. ffrs im Juni 1999 wurde die Betriebsstillegung eingeleitet; die öffentliche Hand gewährte daraufhin die zugesagten Auftrags- und Modernisierungsbeihilfen sowie Schließungs- (1,741 Mrd. ffrs) und Sozialbeihilfen (ca. 270 Mio. ffrs). Die beiden letzteren wurden gemäß der **Entscheidung 2002/132/EG der Kommission vom 25. April 2001 [ABl. L 047 19.02.2002 S.37]** als mit dem Gemeinsamen Markt vereinbar angesehen *(vgl. Bull. EU 1/2-1999, S.54; Bull. EU 4-2001, S.27)*. Wegen der Unterstützung des Nachfolgeunternehmens Soreni mit 4,57 Mio. €, das die Schiffsreparaturtätigkeiten von drei Töchtern der ACH-CN übernommen hatte, begann im August 2002 ein neues Verfahren, da die Kommission nicht von einer Umstrukturierung, sondern von einer Neugründung ausging (neues Rechtsgebilde, neue Tätigkeit), und sie angesichts des Geschäftsplans Zweifel an der Wiederherstellung der langfristigen Rentabilität hatte; außerdem wurden die staatlichen Zuwendungen nicht auf das notwendige Mindestmaß beschränkt [ABl. C 222 18.09.2002 S.21]. Die **Entscheidung 2005/90/**

EG der Kommission vom 20. April 2004 [ABl. L 031 04.02.2005 S.44] stufte 4,023 Mio. € als unvereinbar mit dem Gemeinsamen Markt ein, da keine Umstrukturierungsbeihilfen vorlagen; 266.691 € konnten jedoch als regionale Investitionsbeihilfe, 280.000 € als Ausbildungsbeihilfe anerkannt werden. Im Mai 2003 eröffnete die Kommission ein Verfahren wegen der Gewährung von Umstrukturierungsbeihilfen an die aus der Compagnie Marseillaise de Réparations (CMdR) hervorgegangene CMR, da sie hierin ebenfalls eine Neugründung sah [ABl. C 188 08.08.2003 S.2] *(vgl. Bull. EU 7/8-2002, S.37)*.

Griechenland verlängerte die Laufzeit des Investitionsplans für Hellenic Shipyards mehrmals von Ende 1999 bis Ende 2004; dabei wurden zwar keine Beihilfen geleistet, jedoch das Aktienkapital erhöht sowie Darlehen und Bürgschaften gewährt *(vgl. Bull. EU 3-2001, S.50 f.)*. Die Kommission leitete im Juni 2002 wegen einiger der Maßnahmen ein Verfahren ein; die finanziellen Anreize zur Förderung des freiwilligen Ausscheidens von Beschäftigten wurden genehmigt [ABl. C 186 06.08.2002 S.5] *(vgl. Bull. EU 6-2002, S.55; Bull. EU 7/8-2002, S.37; WB 2002, Ziff. 463)*. Hingegen bewertete die **Entscheidung 2005/246/EG der Kommission vom 20. Oktober 2004 [ABl. L 075 22.03.2005 S.44]** die Übernahme der zukünftigen Rentenverpflichtungen durch den griechischen Staat sowie die Abgabenbefreiungen bzw. -vergünstigungen bei der Aufrechnung von steuerfreien Rückstellungen, Sonderrückstellungen und Beiträgen zur Kapitalerhöhung gegen frühere Verluste als mit dem Gemeinsamen Markt unvereinbare Beihilfen. Im September 2003 wurde eine Änderung des Investitionsplans beantragt, wofür Griechenland Unterstützungen gewähren wollte, die man aber im Gegensatz zur Kommission als bestehende Beihilfen ansah. Diese eröffnete im April 2004 wegen Unregelmäßigkeiten bei der Durchführung des Investitionsplans, der Einhaltung der Bedingungen und der Gewährung der Beihilfen ein weiteres Verfahren [ABl. C 202 10.08.2004 S.3] *(vgl. Bull. EU 10-2004, S.31 f.; WB 2004, Ziff. 448 ff.)*.

Die in **Italien** angewandten allgemeinen Beihilfeprogramme (Schiffbau, Umstrukturierung, Forschung, Investitionen) genehmigte die Kommission bis Ende 2003 *(vgl. Bull. EU 5-1999, S.42)*. Gegen die staatliche Holdinggesellschaft Italia Investimenti SpA (Itainvest, bis September 1997 GEPI) wurde im Dezember 1998 ein Verfahren eingeleitet, da sie 1996 und 1997 der ihr zugehörigen INMA-Werft Bürgschaften, Verlustdeckungen von insgesamt 120,4 Mrd. Lit und eine Kapitalaufstockung in Höhe von 35 Mrd. Lit gewährt hatte [ABl. C 063 05.03.1999 S.2]. Die **Entscheidung 2000/262/EG der Kommission vom 20. Juli 1999 [ABl. L 083 04.04.2000 S.21]** beurteilte die Bürgschaften und den Verlustausgleich als rechtswidrig, da sie Betriebsbeihilfen darstellten und die Beihilfehöchstsätze überschritten; wegen Nichterfüllung der notwendigen Voraussetzungen konnten die Subventionen weder als Umstrukturierungs- noch als Rettungsbeihilfen angesehen werden. Aufgrund einer Klage der (am 12. Oktober 1999 veräußerten) INMA [ABl. C 047 19.02.2000 S.32] wurde die Kommissionsentscheidung vom **Gericht erster Instanz** mit dem Urteil vom 26. Februar 2002 in der Rs. T-323/99 [ABl. C 144 15.06.2002 S.39; Slg. 2002, S.II-545] aufgehoben. Wegen der Geschäftsaufgabe der Werft und der Rückforderung der Beihilfen durch Itainvest wurde das Verfahren mit der **Entscheidung 2003/55/EG der Kommission vom 30. Oktober 2002 [ABl. L 022 25.01.2003 S.36]** eingestellt *(vgl. Bull. EU 12-1998, S.65; Bull. EU 7/8-1999, S.35)*.

Auch gegen geplante regionale Investitionsbeihilfen in Höhe von 108 Mrd. Lit zur Errichtung zweier Werften in Oristano (Sardinien) und Belvedere Marittimo (Kalabrien) machte die Kommission im Juli 1998 Einwände geltend, da sie den damit verbundenen Kapazitätsabbau als unzureichend ansah [ABl. C 307 07.10.98 S.8]. Nach einigen Änderungen (Stillegung an anderer Stelle, Anpassung an Genehmigungsbedingungen) waren jedoch die Voraussetzungen für Investitionsbeihilfen erfüllt, so daß die **Entscheidung 2000/250/EG der Kommission vom 16. November 1999 [ABl. L 078 29. 03.2000 S.23]** die Vorhaben schließlich billigte *(vgl. Bull. EU 4-1998, S.25; WB 1998, S.247)*. Keine Einwände bestanden im April 2000 gegen Umstrukturierungsbeihilfen für die Werft Rodriquez Cantieri Navali [ABl. C 354 09.12.2000 S.14] und im Dezember 2000 gegen zwei Investitionsbeihilfen *(vgl. Bull. EU 4-2000, S.26 f.; Bull. EU 12-2000, S.61; WB 2000, S.246)*. Ein im März 2002 begonnenes Verfahren wegen Investitionsbeihilfen für drei von insgesamt dreizehn Werften wurde im September 2002 nach Zurückziehung der Beihilfen wieder eingestellt [ABl. C 141 14.06.2002 S.15; ABl. C 311 14.12.2002 S.11]. Bei bereits im November 1998 genehmigten Bürgschaften (bis zu 40 % des Darlehens; fixes Entgelt von 1,6 %, später auf bis zu 2,3 % erhöht; Beihilfeintensität von 1 %) zur Absicherung der an Reedereien gewährten Darlehen (Laufzeit von mindestens zwölf Jahren; maximal 80 % des Vertragspreises; Sicherung durch erststellige Hypothek auf Schiffe) für den Bau bzw. Umbau von Schiffen auf italienischen Werften bekam die Kommission nach der Verabschiedung der Durchführungsbestimmungen Zweifel, ob das Entgelt als marktkonform und kostendeckend anzusehen war, und leitete im April 2003 ein Verfahren ein [ABl. C 145 21.06.2003 S.48]; die Unterstützung wurde im April 2005 als nicht mit dem Gemeinsamen Markt zu vereinbarende Beihilfe eingestuft *(vgl. Bull. EU 4-2003, S.23; WB 2003, Ziff. 511; Bull. EU 4-2005, S.27; L. Prete u. a., 2005, S.81 ff.)*.

Im Juli und Dezember 2003 beantragte Italien Verlängerungen der dreijährigen Lieferfristen für fünf Kreuzfahrtschiffe sowie für vier Chemikalien- bzw. Flüssiggastanker angesichts der technischen Komplexität der Vorhaben und unvorhersehbarer Ereignisse (Terroranschläge, Naturkatastrophen). Die Gründe für diesen Antrag lagen in zeitlich befristeten und unterschiedlichen Beihilfebedingungen. Für bis Ende 2000 erteilte Schiffbauaufträge galt nämlich für Betriebsbeihilfen eine Höchstgrenze von 9 %, sofern die Ablieferung bis zum 31. Dezember 2003 erfolgte. Konnte der Zeitpunkt nicht eingehalten werden, kam der drei Jahre vor der Übergabe liegende Wert zur Anwendung (keine Betriebsbeihilfen); unter außergewöhnlichen Umständen oder aufgrund der technischen Komplexität des Vorhabens war aber eine Fristverlängerung möglich. Die Kommission befürwortete den Wunsch in bezug auf vier Kreuzfahrtschiffe und drei Tanker, hinsichtlich eines Kreuzfahrtschiffs (fehlende technische Realisierbarkeit bis Ende 2003) und eines Chemikalientankers (Verschiebung um zehn Monate) leitete sie jedoch im Oktober 2004 [ABl. C 030 05.02.2005 S.12] bzw. im Dezember 2004 [ABl. C 042 18.02.2005 S.15] Verfahren ein *(vgl. WB 2004, Ziff. 535 ff.)*.

Den **Niederlanden** wurden im September 1999 die allgemeine Beihilferegelung, im April 2000 für das Jahr 2000 eine Unterstützung für die nationalen Werften [ABl. C 184 01.07.2000 S.22] *(vgl. Bull. EU 9-1999, S.46; WB 2000, S.246 f.)* und mit der **Entscheidung 2003/45/EG der Kommission vom 5. Juni 2002 [ABl. L 014 21.01.2003**

Übersicht 25: Einzelfallentscheidungen der Kommission zur Gewährung von Schiffbaubeihilfen seit 1987

Entscheidung 88/281/EWG vom 17. November 1987 über Beihilfen für den Bau und den Umbau von Schiffen in Italien nach Artikel 10 des Gesetzes Nr. 111 vom 22. März 1985 [ABl. L 119 07.05.88 S.33] — Entscheidung 88/437/EWG vom 20. Januar 1988 betreffend Beihilfevorhaben der französischen Regierung zugunsten eines Schiffbauauftrags, für den Werften verschiedener Mitgliedstaaten miteinander im Wettbewerb stehen [ABl. L 211 04.08.88 S.24] — Entscheidung 90/223/EWG vom 20. April 1989 über ein Beihilfevorhaben der Bundesregierung zugunsten eines Schiffbauauftrags, um den Werften in verschiedenen Mitgliedstaaten konkurrieren [ABl. L 118 09.05.90 S.39] — Entscheidung 90/627/ EWG vom 4. Juli 1990 betreffend die belgischen Staatskredite für zwei Reedereien zum Ankauf eines 34.000 m^3-Flüssiggas-Tankers und zweier Gefrierkühlschiffe [ABl. L 338 05.12.90 S.21] — Entscheidung 91/306/EWG vom 12. Dezember 1990 über zwei Beihilfevorhaben der deutschen Bundesregierung zugunsten von Schiffswerften, die sich in Schwierigkeiten befinden [ABl. L 158 22.06.91 S.71] — Entscheidung 91/375/EWG vom 13. März 1991 betreffend Mittel, die die belgischen Behörden verschiedenen Reedern für den Bau von neun Schiffen gewährt haben [ABl. L 203 26.07.91 S.105] — Entscheidung 92/569/EWG vom 31. Juli 1992 über eine Beihilfe Deutschlands für den Auftrag der chinesischen Reederei Cosco zum Bau von vier Containerschiffen [ABl. L 367 16.12.92 S.29] — Entscheidung 93/412/EWG vom 6. April 1993 über eine Beihilfe der deutschen Regierung an die HIBEG und von der HIBEG über die Krupp GmbH an die Bremer Vulkan AG zur Erleichterung des Verkaufs der Krupp Atlas Elektronik GmbH durch die Krupp GmbH an die Bremer Vulkan AG [ABl. L 185 28.07.93 S.43] — Entscheidung 97/364/EG vom 5. Februar 1997 über die Schiffsfinanzierung in Dänemark von 1987 bis 1993 [ABl. L 154 12.06.97 S.35] — Entscheidung 97/616/EG vom 21. Mai 1997 über die Beihilfen Deutschlands an die Bremer Vulkan Werft GmbH [ABl. L 250 13.09.97 S.10] — Entscheidung 98/157/EG vom 5. November 1997 über von Spanien geplante Beihilfen an Astilleros Zamacona SA für den Bau von fünf Schleppern [ABl. L 050 20.02.98 S.38] — Entscheidung 98/665/EG vom 25. Februar 1998 über eine Beihilfe der deutschen Regierung an die HIBEG und von der HIBEG über die Krupp GmbH an die Bremer Vulkan AG zur Erleichterung des Verkaufs der Krupp Atlas Elektronik GmbH durch die Krupp GmbH an die Bremer Vulkan AG [ABl. L 316 25.11.98 S.25] — Entscheidung 1999/142/EG vom 25. Februar 1998 über eine von Deutschland als Entwicklungshilfe gewährte Beihilfe zum Bau eines nach Indonesien verkauften Schwimmbaggers [ABl. L 046 20.02.1999 S.52] — Entscheidung 1999/148/EG/EGKS vom 13. Mai 1998 über staatliche Beihilfen in Form von Steuerermäßigungen nach dem Gesetz Nr. 549/95 zugunsten der Unternehmen der Kraftfahrzeug-, Schiffbau- und Kunstfaserindustrie sowie der unter den EGKS-Vertrag fallenden Unternehmen [ABl. L 047 23.02.1999 S.6] — Entscheidung 1999/274/EG vom 22. Juli 1998 über die Fehlverwendung von Umstrukturierungsbeihilfen für die MTW-Schiffswerft und die Volkswerft Stralsund im früheren Bremer Vulkan Verbund und die nicht genehmigte Auszahlung eines Investitionsdarlehens von 112,4 Mio. DM an die MTW-Schiffswerft [ABl. L 108 27.04.1999 S.34] — Entscheidung 1999/379/EG vom 11. November 1998 über eine Beihilfe Italiens zugunsten der Schiffswerft INMA SpA gemäß dem Gesetz Nr. 132/94 [ABl. L 145 10.06.1999 S.27] — Entscheidung 1999/657/EG vom 3. März 1999 über die Beihilfe, die Deutschland im Zusammenhang mit dem Bau zweier Schwimmbagger durch die Volkswerft Stralsund und den Verkauf der Bagger an Pengerukan (Rukindo) als Entwicklungshilfe an Indonesien vergeben hat [ABl. L 259 06.10.1999 S.19] — Entscheidung 1999/763/EG vom 17. März 1999 über durchgeführte und beabsichtigte Maßnahmen des Bundeslandes Bremen, Deutschland, zugunsten der Lürssen Maritime Beteiligungen GmbH & Co. KG [ABl. L 301 24.11.1999 S.8] — Entscheidung 1999/719/EG vom 30. März 1999 über das Beihilfevorhaben Frankreichs in Form einer Entwicklungshilfe für den Verkauf von zwei in den Chantiers de l'Atlantique für Renaissance Financial in Französisch-Polynesien gebauten Passagierschiffen [ABl. L 292 13.11.1999 S.23] — Entscheidung 1999/675/EG vom 8. Juli 1999 über die staatliche Beihilfe der Bundesrepublik Deutschland zugunsten der Kvaerner Warnow Werft GmbH [ABl. L 274 23.10.1999 S.23] — Entscheidung 2000/262/EG vom 20. Juli 1999 über die staatliche Beihilfe, die Italien der INMA-Werft über die öffentliche Holding Itainvest (ex-GEPI) gewährt hat [ABl. L 083 04.04.2000 S.21] — Entscheidung 2000/131/EG vom 26. Oktober 1999 über die staatliche Beihilfe Spaniens zugunsten der staatseigenen Werften [ABl. L 037 12.02.2000 S.22] — Entscheidung 2000/250/EG vom 16. November 1999 über die staatliche Beihilfe, die Italien zur Errichtung neuer Werften in Oristano (Sardinien) und Belvedere Marittimo (Kalabrien) zu gewähren beabsichtigt [ABl. L 078 29.03.2000 S.23] — Entscheidung 2000/336/EG vom 15. Februar 2000 über die staatliche Beihilfe der Bundesrepublik Deutschland zugunsten der Kvaerner Warnow Werft GmbH [ABl. L 120 20.05.2000 S.12] — Entscheidung 2000/416/EG vom 29. März 2000 über die staatliche Beihilfe Deutschlands zugunsten der Kvaerner Warnow Werft GmbH (1999) und zur Änderung der Entscheidung 1999/675/EG [ABl. L 156 29.06.2000 S.39] — Entscheidung 2000/ 668/EG vom 12. Juli 2000 über die staatlichen Beihilfen, die Italien in Form von Steuerermäßigungen gemäß dem italienischen Gesetz Nr. 549/95 zwei Schiffbauunternehmen gewährt hat [ABl. L 279 01.11.2000 S.46] — Entscheidung 2003/730/EG vom 13. Dezember 2000 über die von den Niederlanden geplante staatliche Beihilfe in Form von Entwicklungshilfe für zwei normale Frachter und zwei Spezialfrachtschiffe für Papierhalbstoffe und Papier, die von Bodewes / Pattje für den Einsatz in Indonesien gebaut werden sollen [ABl. L 264 15. 10.2003 S.25] — Entscheidung 2001/522/EG vom 7. Februar 2001 über die staatliche Beihilfe, die die Niederlande China in Form von Entwicklungshilfe für den Bau eines hochtechnologischen Schwimmbaggers gewähren wollen [ABl. L 189 11.07.2001 S.21] — Entscheidung 2002/132/ EG vom 25. April 2001 über die staatliche Beihilfe, die Frankreich zugunsten der Werft ACH-CN gewährt hat [ABl. L 047 19.02.2002 S.37] — Entscheidung 2001/882/EG vom 25. Juli 2001 über die staatliche Beihilfe in Form einer Entwicklungshilfe Frankreichs für das Passagierschiff „Le Levant" der Werft Alstom Leroux Naval für Saint-Pierre und Miquelon [ABl. L 327 12.12.2001 S.37] — Entscheidung 2002/ 284/EG vom 19. September 2001 über die staatliche Beihilfe, die die Niederlande in Form von Entwicklungshilfe zugunsten der Republik Dschibuti für die Anschaffung eines hochtechnologischen Schleppers gewähren will [ABl. L 105 20.04.2002 S.26] Entscheidung 2002/632/EG vom 12. März 2002 über das Beihilfevorhaben Deutschlands zugunsten der Flender Werft AG, Lübeck [ABl. L 203 01.08.2002 S.60] — Entscheidung 2003/ 45/EG vom 5. Juni 2002 über die Maßnahmen, die die Niederlande zugunsten der Privatisierung und Umstrukturierung der Koninklijke Schelde Groep durchgeführt haben [ABl. L 014 21.01.2003 S.56] — Entscheidung 2003/55/EG vom 30. Oktober 2002 über die staatliche Beihilfe, die Italien zugunsten der Industrie Navali Meccaniche Affini SpA (INMA) gewährt hat [ABl. L 022 25.01. 2003 S.36] — Entscheidung 2003/691/EG vom 9. Juli 2003 über die staatliche Beihilfe, die Spanien in Form von auftragsbezogenen Betriebsbeihilfen für drei LNG-Tanker zu gewähren beabsichtigt, die von IZAR gebaut werden [ABl. L 252 04.10.2003 S.18] — Entscheidung 2005/90/ EG vom 20. April 2004 über die Maßnahme Frankreichs zugunsten der Société de Réparation Navale et Industrielle S.A. (Soreni) [ABl. L 031 04.02.2005 S.44] — Entscheidung 2005/173/EG vom 12. Mai 2004 über die staatliche Beihilfe Spaniens für die weitere Umstrukturierung der staatseigenen Werften [ABl. L 058 04.03.2005 S.29] — Entscheidung 2005/122/EG vom 30. Juni 2004 zur staatlichen Beihilfe der Niederlande an vier Schiffswerften für sechs Schiffbauaufträge [ABl. L 039 11.02.2005 S.48] — Entscheidung 2005/246/EG vom 20. Oktober 2004 über die staatliche Beihilfe C 40/02 (ex N 513/01) zugunsten Hellenic Shipyards AE [ABl. L 075 22.03. 2005 S.44] — Entscheidung 2005/374/EG vom 20. Oktober 2004 über eine staatliche Beihilfe Deutschlands zugunsten der Kvaerner Warnow Werft [ABl. L 120 12.05.2005 S.21] — Entscheidung 2005/652/EG vom 20. Oktober 2004 über die staatliche Beihilfe C 38/03, die Spanien gewährt hat (weitere Umstrukturierungsbeihilfe für staatseigene spanische Werften) [ABl. L 240 16.09.2005 S.45]

S.56] eine Beihilfe von 51,1 Mio. € für die Umstrukturierung der Koninklijke Schelde Groep vor dem Verkauf an die Damen Shipyards Group (Rückforderung von 4 Mio. € wegen fehlenden Kapazitätsabbaus für zivile Tätigkeiten) genehmigt [ABl. C 254 13.

09.2001 S.6] *(vgl. WB 2002, Ziff.464)*. Zahlreiche weitere Vorhaben betrafen die Gewährung von Entwicklungshilfen *(vgl. Bull. EU 3-2000, S.55f.)*. So wurden Indonesien 30 Mio. hfl für den Kauf von vier Frachtern gewährt, die nach einer beschränkten internationalen Ausschreibung durch Pattje Shipyards BV gebaut werden sollten. Da nicht alle niederländischen Werften Gelegenheit zur Abgabe eines Angebots gehabt hatten, leitete die Kommission im Februar 2000 ein Verfahren ein [ABl. C 101 08.04.2000 S.11], gelangte aber in der **Entscheidung 2003/730/EG vom 13. Dezember 2000 [ABl. L 264 15.10.2003 S.25]** zu der Auffassung, daß die Vorhaben den OECD-Kriterien für Exportkredite entsprachen und einen Entwicklungsanteil aufwiesen; eine Unterrichtung über den Beihilfeplan brauchte nicht zu erfolgen, die anderen Werften hatten ohnehin entsprechende Kenntnis *(vgl. Bull. EU 1/2-2000, S.51; WB 2000, Ziff.356, S.247)*.

Ferner wurden mit der **Entscheidung 2001/522/EG der Kommission vom 7. Februar 2001 [ABl. L 189 11.07.2001 S.21]** eine Entwicklungshilfe an China für den Kauf eines Schwimmbaggers [ABl. C 148 27.05.2000 S.14] und mit der **Entscheidung 2002/284/EG der Kommission vom 19. September 2001 [ABl. L 105 20.04.2002 S.26]** eine Entwicklungshilfe von 1,085 Mio. € zugunsten des autonomen Hafens von Dschibuti für den Erwerb eines Schleppers gebilligt [ABl. C 172 16.06.2001 S.12], da die Bedingungen des OECD-Übereinkommens über Exportkredite erfüllt waren und sich alle niederländischen Werften um den Auftrag bewerben konnten; drei weitere Schiffe fielen nicht in den Anwendungsbereich der Beihilfevorschriften *(vgl. Bull. EU 1/2-2001, S.46, 49f.; Bull. EU 9-2001, S.31)*. Im September 2002 meldeten die Niederlande Ausgleichsbeihilfen von 21,6 Mio. € in Form von Zuschüssen für sechs Aufträge an drei niederländische Werften an, weil Spanien angeblich Schiffseigentümer unterstützte, die ihre Aufträge an einheimische Werften vergaben. Die Kommission leitete im November 2003 ein Verfahren ein, da der **Europäische Gerichtshof** solche Praktiken als unzulässig beurteilt hatte, prüfte aber auch die Möglichkeit einer Genehmigung der Beihilfe in Form eines Exportkredits [ABl. C 011 15.01.2004 S.5]. Gemäß der **Entscheidung 2005/122/EG der Kommission vom 30. Juni 2004 [ABl. L 039 11.02. 2005 S.48]** stand die Beihilfe im Widerspruch zu den Vertragsgrundsätzen und war deshalb mit dem Gemeinsamen Markt unvereinbar; die Regelung für Exportkredite war in sachlicher und zeitlicher Hinsicht nicht anwendbar *(vgl. WB 2004, Ziff.443 ff.)*.

Im Zuge der Reorganisation des Schiffbausektors waren **Spanien** im Jahre 1997 auch Umstrukturierungsbeihilfen gestattet worden *(vgl. S.240)*, die u. a. aus Gewinn- und Verlustverrechnungen resultierende besondere Steuergutschriften für 1995 bis 1999 in Höhe von 28 % der jährlichen Verluste (bis zu 58 Mrd. Ptas) umfaßten; zukünftig durften keine weiteren derartigen Beihilfen gewährt werden. 1998 wurde jedoch außer den allgemeinen Steuergutschriften in Höhe der 1997 angefallenen Verluste zusätzlich eine besondere Steuergutschrift von 18,451 Mrd. Ptas aufgrund der Einbindung der Werften in die staatliche Holdinggesellschaft Sociedad Estatal de Participaciones Industriales (SEPI) zugelassen. Im Zuge des im Februar 1999 eröffneten Verfahrens [ABl. C 113 24.04.1999 S.14] machte Spanien Einwände geltend (keine Überschreitung der genehmigten Höchstbeträge; allgemeine und besondere Gutschriften sind unterschiedliche Konzepte), die Kommission stufte die besonderen Steuergutschriften mit der **Entscheidung 2000/131/EG vom 26. Oktober 1999 [ABl. L 037 12.02.2000 S.22]** jedoch als zu hoch ein *(vgl. Bull. EU 1/2-1999, S.54; Bull. EU 10-1999, S.35; WB 1999, Ziff.268, S.257f.; WB 2004, Ziff.615).*

Im November 2001 beantragte auch Spanien eine Fristverlängerung für die Lieferung von vier (später drei) LNG-Tankern durch IZAR wegen der technischen Komplexität der Schiffe (Aufbau besonderer Anlagen, Doppelhüllen, generell lange Dauer bei LNG-Tankern, in Gemeinschaft übliche Produktionsdauer). Das im April 2002 eingeleitete Verfahren [ABl. C 238 03.10.2002 S.2] wurde mit der **Entscheidung 2003/691/EG der Kommission vom 9. Juli 2003 [ABl. L 252 04.10.2003 S.18]** abgeschlossen, die einen Aufschub von bis zu einem Jahr genehmigte *(vgl. WB 2003, Ziff.505).* Außerdem gewährte SEPI Bürgschaften für Verluste aus der nicht termingerechten Auslieferung von drei Flüssiggastankern durch IZAR an Repsol (Gesamtbetrag von ca. 540 Mio. €; bis zu einem Jahr nach geplanter Auslieferung; keine Prämienzahlung); der letzte Vertragsbestandteil wurde als Betriebsbeihilfe eingestuft [ABl. C 209 04.09. 2003 S.24].

Im Juli 2000 begann ein Verfahren gegen die SEPI, da der von der Holding an ihr Tochterunternehmen Astilleros Españoles S.A. (AESA) gezahlte Preis von 15,3 Mio. € für die Übernahme von drei Werften als zu hoch angesehen wurde (Buchverlust von 40,6 Mio. €); außerdem überprüfte die Kommission eine Darlehensgewährung an die drei Unternehmen in Höhe von 194,4 Mio. € [ABl. C 328 18.11.2000 S.16] *(vgl. Bull. EU 7/8-2000, S.33; WB 2000, Ziff.354).* Im November 2001 dehnte sie das Verfahren auf weitere Transaktionen im Jahre 2000 zwischen der SEPI sowie den Werften Bazán und AESA im Zusammenhang mit der Gründung der neuen IZAR-Gruppe aus (Gewährung einer Kapitalzuführung von 252,4 Mio. € der SEPI an AESA und Weiterleitung an drei Werften; Übertragung verschiedener Werften von SEPI und AESA auf Bazán zu symbolischen Preisen und ohne Ausweis des Buchverlusts; Auflösung der Werften, Fusion mit Bazán und Umbenennung von Bazán in IZAR; Gewährung einer Kapitalspritze und eines Emissionsagios von SEPI an IZAR in Höhe von 1,477 Mrd. €) [ABl. C 021 24.01.2002 S.17]. Wegen unzureichender Erfüllung der Auskunftsverlangen (Vorlage von Jahresabschlüssen) sowie des zwischenzeitlichen Bekanntwerdens der Darlehen und Kapitalzuführungen wurde das Verfahren im Mai 2003 erneut ausgeweitet [ABl. C 199 23.08.2003 S.9]; hiergegen reichte IZAR im November 2003 in der Rs. T-381/03 eine Klage vor dem Gericht erster Instanz ein [ABl. C 021 24.01.2004 S.41]. Die **Entscheidung 2005/173/EG der Kommission vom 12. Mai 2004 [ABl. L 058 04. 03.2005 S.29]** bewertete den für die erste Übernahme gezahlten Preis sowie das Darlehen und die erste Kapitalzuführung als unrechtmäßig gewährte staatliche Beihilfen. Eine weitere Untersuchung bezog sich auf Kapitalzuführungen der SEPI an IZAR, da die Mittel nicht nur für militärische Zwecke und nicht ausschließlich zur Deckung von Sozialkosten verwendet wurden [ABl. C 201 26.08.2003 S.3]. Am 20. Oktober 2004 gelangte die Kommission in der **Entscheidung 2005/652/EG [ABl. L 240 16.09.2005 S.45]** zum Schluß, daß 921 Mio. € die Bedingungen erfüllten und keine Beihilfen darstellten, während 556 Mio. € zurückzuzahlen waren *(vgl. Bull. EU 11-2001, S.39; WB 2001, Ziff.407, S.295; Bull. EU 5-2003, S.30f.; WB 2003, Ziff.512f.; Bull. EU 5-2004, S.24; Bull. EU 10-2004, S.31f.; WB 2004, Ziff.440ff.; H. Bergman u. a., 2005, S.3ff.).*

Die im **Vereinigten Königreich** bestehenden Beihilferegelungen wurden von der Kommission weiterhin akzeptiert *(vgl. Bull. EU 10-1999, S.33f.)*.

3.4.2.4 Förderung des Schiffbaus seit 2004

Die Mitteilung der Kommission vom 21. November 2003 über die Sicherung der Zukunft der europäischen Schiffbau- und Schiffsreparaturindustrie (LeaderSHIP 2015) [KOM (2003) 717 endg.] legte dann die **Prioritäten** für die gemeinsame Schiffbaupolitik ab 2004 fest: Anerkennung der strategischen Bedeutung und Sicherung der Wettbewerbsfähigkeit des Sektors; internationale Durchsetzung gerechter Wettbewerbsbedingungen durch die Übernahme der WTO-Vorgaben; Regelung der Frage der Exportkredite (neues Schiffbauübereinkommen, Auslegung der OECD-Bestimmungen); Finanzierung von Projekten durch die EIB; Förderung von technologischer Forschung und Entwicklung; Klärung der Ausfuhr von militärischem Bedarf. Der **Rat** billigte die Aktionslinien in seinen Schlußfolgerungen 2003/C 317/02 vom 27. November 2003 [ABl. C 317 30.12.2003 S.2]. Der **Wirtschafts- und Sozialausschuß** begrüßte in seiner Stellungnahme vom 30. Juni 2004 [ABl. C 302 07.12.2004 S.1] das neue Konzept, die Kommissionsmitteilung und die Schlußfolgerungen des Rates. Allerdings wurde auch auf die Notwendigkeit einer zügigen Umsetzung, besseren Transparenz und sorgfältigen Überwachung der Maßnahmen sowie auf die Bedeutung des Umweltschutzes, der Schiffssicherheit, des sozialen Dialogs und der Kooperation im Marineschiffbau hingewiesen *(vgl. Bull. EU 11-2003, S.41; GB 2003, Ziff.288; Bull. EU 6-2004, S.53f.)*.

Die vom 1. Januar 2004 bis zum 31. Dezember 2006 geltenden neuen **Rahmenbestimmungen für Beihilfen** an den Schiffbau vom 26. November 2003 [ABl. C 317 30. 12.2003 S.11] i. d. F. der Berichtigung [ABl. C 104 30.04.2004 S.71] verfolgen vorrangig den Zweck, die spezifischen Vorschriften durch eine weitgehende Beseitigung der Unterschiede zu anderen Industriezweigen und die Anwendung allgemeiner sektorübergreifender Bestimmungen zu vereinfachen und transparenter zu gestalten; allerdings sollen auch nach wie vor **schiffbautypische Besonderheiten** Berücksichtigung finden, wie z. B. Kapazitätsüberhänge und niedrige Preise, kurze Produktionsserien, die Größe, die Komplexität und der Wert der Produkte sowie im **internationalen Kontext** der unlautere Wettbewerb, die Beeinträchtigung des Handels und die Regelungen der internationalen Vereinbarungen (geplante Neufassung des OECD-Übereinkommens von 1994 über die Einhaltung normaler Wettbewerbsbedingungen in der gewerblichen Schiffbau- und Schiffsreparaturindustrie, OECD-Übereinkommmen von 1998 über Leitlinien für öffentlich geförderte Exportkredite). Als zentrale **Ziele der Gemeinschaftspolitik** sind weiterhin die Erhöhung der Leistungs- und Wettbewerbsfähigkeit der Werften, die Erleichterung des Abbaus von Kapazitäten und die Einhaltung der geltenden internationalen Verpflichtungen anzusehen *(vgl. Bull. EU 11-2003, S.37; WB 2003, Ziff.381ff.; J. Köhli, 2005b, S.73ff.)*.

Die **neuen Bestimmungen** sind maßgeblich für Beihilfen, die einer Werft, einer durch Eigentum oder Kontrolle verbundenen Einheit bzw. einem Schiffseigner oder Dritten

Übersicht 26: Steuerliche Regelungen für den Seeverkehr

Mineralölsteuer
Richtlinie 92/81/EWG des Rates vom 19. Oktober 1992 zur Harmonisierung der Struktur der Verbrauchsteuern auf Mineralöle [ABl. L 316 31.10.92 S.12] — Richtlinie 92/108/EWG des Rates vom 14. Dezember 1992 zur Änderung der Richtlinie 92/12/EWG über das allgemeine System, den Besitz, die Beförderung und die Kontrolle verbrauchsteuerpflichtiger Waren und zur Änderung der Richtlinie 92/81/EWG [ABl. L 390 31.12.92 S.124] — Richtlinie 94/74/EG des Rates vom 22. Dezember 1994 zur Änderung der Richtlinie 92/12/EWG über das allgemeine System, den Besitz, die Beförderung und die Kontrolle verbrauchsteuerpflichtiger Waren, der Richtlinie 92/81/EWG zur Harmonisierung der Struktur der Verbrauchsteuern auf Mineralöle und der Richtlinie 92/82/EWG zur Annäherung der Verbrauchsteuersätze für Mineralöle [ABl. L 365 31. 12.94 S.46] — Entscheidung 97/425/EG des Rates vom 30. Juni 1997 zur Ermächtigung bestimmter Mitgliedstaaten, gemäß dem Verfahren der Richtlinie 92/81/EWG ermäßigte Verbrauchsteuersätze oder Verbrauchsteuerbefreiungen für Mineralöle mit bestimmten Verwendungszwecken anzuwenden und beizubehalten [ABl. L 182 10.07.97 S.22] — Entscheidung 1999/255/EG des Rates vom 30. März 1999 zur Ermächtigung bestimmter Mitgliedstaaten, gemäß der Richtlinie 92/81/EWG für Mineralöle mit bestimmten Verwendungszwecken Verbrauchsteuerermäßigungen oder -befreiungen anzuwenden und beizubehalten, und zur Änderung der Entscheidung 97/425/EG [ABl. L 099 14.04.1999 S.26] — Entscheidung 1999/880/EG des Rates vom 17. Dezember 1999 zur Ermächtigung bestimmter Mitgliedstaaten, gemäß dem Verfahren der Richtlinie 92/81/EWG ermäßigte Verbrauchsteuersätze oder Verbrauchsteuerbefreiungen für Mineralöle mit bestimmten Verwendungszwecken anzuwenden oder beizubehalten [ABl. L 331 23.12.1999 S.73] — Entscheidung 2001/224/EG des Rates vom 12. März 2001 über Verbrauchsteuerermäßigungen und -befreiungen für Mineralöle, die zu bestimmten Zwecken verwendet werden [ABl. L 084 23.03.2001 S.23] — Richtlinie 2003/96/EG des Rates vom 27. Oktober 2003 zur Restrukturierung der gemeinschaftlichen Rahmenvorschriften zur Besteuerung von Energieerzeugnissen und elektrischem Strom [ABl. L 283 31.10.2003 S.51] — Richtlinie 2004/74/EG des Rates vom 29. April 2004 zur Änderung der Richtlinie 2003/96/EG, um bestimmten Mitgliedstaaten die Anwendung vorübergehender Steuerbefreiungen auf Energieerzeugnisse und elektrischen Strom zu ermöglichen [ABl. L 157 30.04.2004 S.87] i. d. F. der Berichtigung [ABl. L 195 02.06.2004 S.26]
Mehrwertsteuer
Richtlinie 91/680/EWG des Rates vom 16. Dezember 1991 zur Ergänzung des gemeinsamen Mehrwertsteuersystems und zur Änderung der Richtlinie 77/388/EWG im Hinblick auf die Beseitigung der Steuergrenzen [ABl. L 376 31.12.91 S.1] i. d. F. der Berichtigungen [ABl. L 050 25.02.92 S.18; ABl. L 087 02.04.92 S.34; ABl. L 272 17.09.92 S.72]

direkt oder indirekt für den Bau, die Reparatur oder den Umbau von Schiffen gewährt werden. Als **sektorübergreifende Vorgaben** gelten die allgemeinen Anwendungsvorschriften für Art. 93 (88) EGV sowie in bezug auf Ausbildungs-, De-minimis- und KMU-Beihilfen, die Ratsverordnung 2002/1177/EG *(vgl. S.246)*, die Leitlinien für Rettungs- und Umstrukturierungsbeihilfen sowie die Gemeinschaftsrahmen für Umweltschutz- und Forschungs- und Entwicklungsbeihilfen. Darüber hinaus existieren einige **spezielle Regelungen**. Sie betreffen die **Forschungs-, Entwicklungs- und Innovationsbeihilfen**, die bei der industriellen Anwendung neuer oder wesentlich verbesserter Produkte und Verfahren bis zu einer Höchstintensität von 20 % gewährt werden können; hierbei dürfen jedoch nur Aufwendungen für Investitionen sowie Entwurfs-, Ingenieur- und Testtätigkeiten angesetzt werden. **Stillegungsbeihilfen** sind unter der Voraussetzung eines echten und endgültigen Kapazitätsabbaus (Stillegung von mindestens zehn Jahren) erlaubt. Aufwendungen können bei angemessener Höhe und Intensität geltend gemacht werden für entlassene und in Ruhestand getretene Arbeitnehmer, die Gründung von sektorfremden Kleinunternehmen, Umschulungen und die Herrichtung der Infrastruktur für andere Zwecke; bei einer Unternehmenseinstellung werden auch der Restbuchwert bzw. der abdiskontierte Betriebsgewinn der nächsten drei Jahre und Darlehen für den Abschluß der laufenden Arbeiten einbezogen. Außerdem zulässig sind **Beschäftigungsbeihilfen, Ausfuhrkredite und Entwicklungsbeihilfen** (gemäß den internationalen Vereinbarungen; Prüfung des Entwicklungsgehalts und der Notwendigkeit; öffentliche Ausschreibung) sowie **Regionalbeihilfen** (Sanierung oder Modernisierung zwecks Produktivitätserhöhung; Höchstintensität von 12,5 % bzw. 22,5 %; Beschränkung auf förderbare Ausgaben); nach der Mitteilung 2003/C 263/02 der Kommission [ABl. C 263 01.11.2003 S.2] ist die Anwendung der Regelungen für **regionale Investitionsbeihilfen** auf den Schiffbau auf dem Wege einer Einzelnotifizierung anzumelden. Für alle Beihilfearten gelten übergreifende Regelungen in bezug auf die Anmeldepflicht, die Vorlage von Jahresberichten durch die Mitgliedstaaten und die Verpflichtung zur Anwendung der Höchstgrenzen auf kumulierte Beihilfezahlungen.

Seit 2004 wurden nur wenige neue Beihilfefälle untersucht. So beantragte **Portugal** im Januar 2004 eine Verlängerung der dreijährigen Lieferfrist für zwei Chemikalientanker angesichts der technischen Komplexität des Vorhabens und unvorhersehbarer Ereignisse (neuer Schiffseigner, Änderung der Vertragsklauseln und der Schiffsspezifikationen); die Kommission stand dem Ansinnen jedoch ablehnend gegenüber [ABl. C 308 14.12.2004 S.6]. **Polen** meldete 2004 Maßnahmen zugunsten der Gdingener und der Danziger Werft (Förderung der Umstrukturierung mit 328 Mio. €) sowie der Stettiner Werft (265 Mio. €) an; die Kommission zweifelte die Erfüllung der Voraussetzungen für die Genehmigung als Umstrukturierungsbeihilfen an [ABl. C 220 08.09.2005 S.7; ABl. C 222 09.09.2005 S.7] *(vgl. Bull. EU 6-2005, S.56).*

3.4.3 Steuerliche Behandlung des Seeverkehrsgewerbes

3.4.3.1 Mineralölsteuer

Mit der **Richtlinie 92/81/EWG des Rates vom 19. Oktober 1992 [ABl. L 316 31.10. 92 S.12]**, geändert durch die **Richtlinien 92/108/EWG des Rates vom 14. Dezember 1992 [ABl. L 390 31.12.92 S.124]** und **94/74/EG des Rates vom 22. Dezember 1994 [ABl. L 365 31.12.94 S.46]**, wurden Mineralöllieferungen zur Verwendung als Kraftstoff für die gewerbliche Schiffahrt in Meeresgewässern der Gemeinschaft von der Verbrauchsteuer befreit; darüber hinaus galten die sonstigen Bestimmungen *(vgl. Band 2, S.452 ff.)* auch für die Seeschiffahrt *(vgl. KOM (96) 549 endg., S.4)*. Die **Entscheidung 97/425/EG des Rates vom 30. Juni 1997 [ABl. L 182 10.07.97 S.22]**, geändert durch die **Entscheidung 1999/255/EG des Rates vom 30. März 1999 [ABl. L 099 14.04.1999 S.26]**, befreite außerdem in Belgien, Finnland, Irland und im Vereinigten Königreich (bis 31. Dezember 1999 mit automatischer Verlängerung um jeweils zwei Jahre, falls vom Rat kein anderer Beschluß gefaßt wurde) auch Mineralöle für die Verwendung in der privaten nichtgewerblichen Schiffahrt von der Verbrauchsteuer; in Griechenland wurde diese Ausnahmebestimmung zum 1. Januar 1998 aufgehoben. Die **Entscheidungen 1999/880/EG des Rates vom 17. Dezember 1999 [ABl. L 331 23.12.1999 S.73]** und **2001/224/EG des Rates vom 12. März 2001 [ABl. L 084 23.03.2001 S.23]** verlängerten die Sonderregelungen bis zum 31. Dezember 2000 bzw. 31. Dezember 2006 *(vgl. Band 2, S.458; Übersicht 26; zur Besteuerung von Seeverkehrsunternehmen B. W. Brons, 1990; H.-H. Nöll, 1994, S.376; P. Biebig u. a., 2004, S.120ff.)*.

Nach der umfassenden Reform der Mineralölbesteuerung durch die **Richtlinie 2003/96/EG des Rates vom 27. Oktober 2003 [ABl. L 283 31.10.2003 S.51]** *(vgl. Band 2, S.455ff.)* gilt eine Verbrauchsteuerbefreiung für Lieferungen von Energieerzeugnissen zur Verwendung als Kraftstoff für die gewerbliche Schiffahrt in Meeresgewässern der Gemeinschaft und für an Bord erzeugten elektrischen Strom. Diese Vorzugsregelung kann auf internationale oder innergemeinschaftliche Transporte beschränkt oder im Rahmen bilateraler Vereinbarungen aufgehoben werden. Wird von einer Befreiung abgesehen, so können Steuersätze vorgeschrieben werden, die die festgesetzten Mindestbeträge unterschreiten. Die Ausnahmeregelungen für die private nichtgewerbliche Seeschiffahrt bleiben bis zum 31. Dezember 2006 bestehen; mit der **Richtlinie 2004/74/EG des Rates vom 29. April 2004 [ABl. L 157 30.04.2004 S.87]** i. d. F. der Berichtigung [ABl. L 195 02.06.2004 S.26] wurden sie auch auf Malta ausgedehnt.

3.4.3.2 Mehrwertsteuer

Im August 1987 legte die Kommission im Zuge der Verwirklichung des Binnenmarktes eine Reihe von Vorschlägen zur **Beseitigung der Steuergrenzen** vor, die auch bedeutsame Veränderungen für das Seeverkehrsgewerbe mit sich gebracht hätten. Demnach sollten die Preise für den Personenverkehr mit einem Mehrwertsteuersatz von 4 bis 9 % und die Frachtkosten mit dem normalen Steuersatz belegt werden. Die Bereitstellung von Schiffen, Schiffsausrüstung und Brennstoff sowie die Erbringung von Seeverkehrsnebenleistungen sollten darüber hinaus mehrwert- und ggf. verbrauchsteuerpflichtig werden, soweit es sich um innergemeinschaftliche Reisen handelte. Die Kommission befürchtete zusätzliche Benachteiligungen der Gemeinschaftsreedereien durch höhere **Fahrgastpreise und Frachtraten**, falls Wettbewerber aus Drittstaaten im innergemeinschaftlichen Verkehr nicht denselben Steuern unterliegen sollten *(vgl. KOM (89) 266 endg., S.28f.; Band 2, S.458; Übersicht 26)*.

Mit der **Richtlinie 91/680/EWG des Rates vom 16. Dezember 1991 [ABl. L 376 31.12.91 S.1]** i. d. F. der Berichtigungen [ABl. L 050 25.02.92 S.18; ABl. L 087 02.04.92 S.34; ABl. L 272 17.09.92 S.72] konnte man sich schließlich auf eine weitere Harmonisierung der Mehrwert- und Verbrauchsteuern einigen. Danach sind lediglich die Güterbeförderungsleistungen der Seeschiffahrt beim Abnehmer steuerpflichtig; die Besteuerung der Personenbeförderungsleistungen und der Lieferung von Schiffsausrüstungen wurde nicht abschließend geregelt.

3.4.4 Soziale Wettbewerbsbedingungen

Auf der Grundlage einer **Kommissionsanalyse** der Beschäftigungsstrukturen, der Löhne und Gehälter sowie der Ausbildungssituation widmete sich die gemeinschaftliche Seeverkehrspolitik seit Mitte der achtziger Jahre verstärkt den Sozialmaßnahmen. Hierbei standen in erster Linie die Beschäftigungssicherung und der Abbau von Unterschieden in den Arbeitsbedingungen auf den Schiffen im Vordergrund, die nicht nur auf gemeinschaftlicher, sondern auch auf internationaler Ebene für erhebliche Wettbewerbsverzerrungen sorgten. Bei den Untersuchungen der Kommission und ihren Beratungen mit dem **Paritätischen Ausschuß** für den Seeverkehr *(vgl. S.260)* standen die Verbesserung bestimmter Arbeitsbedingungen, Fragen der Entlohnung und Besteuerung, die Sozialversicherung, die Erstattung der Heimreisekosten, die Erstellung gemeinsamer Ausbildungs- und Umschulungsprogramme sowie die gegenseitige Anerkennung von Diplomen, Zeugnissen und Befähigungsnachweisen im Mittelpunkt; außerdem wurden der Dialog und die Zusammenarbeit mit den Sozialpartnern verstärkt. **Konkrete Ergebnisse** – insbesondere hinsichtlich der Umsetzung internationaler Übereinkommen der ILO [KOM (86) 239 endg.; KOM (87) 402 endg.] und IMO – konnten jedoch lange Zeit nicht erzielt werden *(vgl. KOM (85) 90 endg., S.22f.; KOM (89) 266 endg., S.22f.; V. J. G. Power, 1992, S.228f., 231f.; Übersicht 27).*

3.4.4.1 Paritätischer Ausschuß für den Seeverkehr

Aufgrund der Schlußfolgerungen des Rates vom 22. Juli 1984 über ein mittelfristiges Aktionsprogramm der Gemeinschaft im Sozialbereich [ABl. C 175 04.07.84 S.1] war bereits mit dem **Beschluß 87/467/EWG der Kommission vom 31. Juli 1987 [ABl. L 253 04.09.87 S.20]** ein Paritätischer Ausschuß für die Seeschiffahrt eingesetzt worden, der die Kommission im Hinblick auf eine Harmonisierung und Verbesserung der Lebens- und Arbeitsbedingungen sowie die Stärkung der Wirtschaftlichkeit und Wettbewerbsfähigkeit der europäischen Seeschiffahrt in ihrem sozialpolitischen Kompetenzbereich unterstützen soll. Diesbezüglich obliegen dem Ausschuß **folgende Aufgaben**: Abgabe von Stellungnahmen bzw. Vorlage von Berichten; „Förderung des Dialogs" innerhalb der Berufsorganisationen und Konzertierung zwischen ihnen; Vorbereitung von Studien und Teilnahme an Kolloquien *(vgl. Übersicht 27).*

Der Ausschuß umfaßt 42 von der Kommission ernannte Mitglieder und deren Stellvertreter; von den jeweils 21 Repräsentanten der **Arbeitgeber- und Arbeitnehmerverbände** werden je 18 auf Vorschlag der Organisationen der Reeder (Comité des Associations d'Armateurs des Communautés Européennes, CAACE) und der Seeleute (Gewerkschaftlicher Verkehrsausschuß in der Europäischen Gemeinschaft) sowie je drei nach Anhörung der Verbände direkt aus repräsentativen Arbeitgeber- und Arbeitnehmerorganisationen bestimmt. Die Amtszeit beträgt vier Jahre; eine Wiederernennung ist möglich. Der Ausschuß wählt mit Zweidrittelmehrheit für einen Zeitraum von zwei Jahren einen Vorsitzenden und dessen Stellvertreter, die abwechselnd von den Reedern und den Seeleuten zu stellen sind. Planung und Koordinierung der **Arbeiten des Ausschusses** werden vom Vorstand übernommen, der sich aus dem Vorsitzenden, seinem Stellvertreter sowie je zwei zusätzlichen Personen beider Seiten zusammensetzt. Zur Erleichterung seiner Aufgaben kann der Ausschuß „ständige oder Ad-hoc-Arbeitsgruppen" bilden oder Sachverständige hinzuziehen.

3.4.4.2 *Soziale Absicherung, Arbeitszeitregelungen und Besatzungsvorschriften*

Die gemeinschaftlichen Vorschriften zur sozialen Sicherheit und zu den Beschäftigungsbedingungen (Gleichbehandlung, Elternurlaub, Teilzeitarbeit, Wanderarbeitnehmer, Arbeitsvertrag, Betriebsrat) gelten auch für den Seeverkehr. Nicht anwendbar auf diesen Sektor sind die Bestimmungen der Richtlinien 77/187/EWG bzw. 98/59/EG des Rates (Schutz der Arbeitnehmer bei Unternehmensübergängen und Massenentlassungen) und 96/71/EG des Europäischen Parlaments und des Rates (Entsendung von Arbeitnehmern im Rahmen der Erbringung von Dienstleistungen); Ermessensspielraum besteht bei der Richtlinie 80/987/EWG des Rates (Schutz der Arbeitnehmer bei Zahlungsunfähigkeit) *(vgl. KOM (2001) 188 endg., S. 9f.)*. Von der Anwendung der Bestimmungen über die Arbeitszeit wurde auch der Seeverkehr durch die Richtlinie 93/104/EG des Rates *(vgl. Band 2, S. 483)* ausgeschlossen, da in diesem Sektor eine besondere Art der Arbeit verrichtet wird. In der Folgezeit machte sich dann vor allem das **Europäische Parlament** zum Fürsprecher gemeinschaftlicher Initiativen, so z. B. in den Entschließungen vom 11. März 1994 zu einer gemeinsamen Politik im Bereich der Sicherheit im Seeverkehr [ABl. C 091 28.03.94 S.301] und vom 1. Februar 1996 zur Sicherheit auf See [ABl. C 047 19.02.96 S.27], die eine Reduzierung der Arbeitszeiten, eine Verlängerung der Ruhezeiten und eine Erhöhung der Besatzungsstärke verlangten. Der **Paritätische Ausschuß** gab 1993 eine Studie über die Gestaltung der Arbeitszeit in Auftrag. Mit ihrem Weißbuch vom 15. Juli 1997 zu den Sektoren und Tätigkeitsbereichen, die von der Anwendung der Richtlinie ausgeschlossen sind [KOM (97) 334 endg.], sowie der sich diesbezüglich anschließenden Mitteilung vom 18. November 1998 [KOM (98) 662 endg.] *(vgl. Band 2, S. 485)* leitete die **Kommission** dann auch in bezug auf den Seeverkehr die Verabschiedung gemeinschaftlicher Regelungen ein *(vgl. Bull. EU 3-1994, S. 42; EP, 1994a, S. 26; H.-H. Nöll, 1994, S. 374ff.; Bull. EU 1/2-1996, S. 53)*.

Einen ersten Schritt in dieser Richtung bildete die ebenfalls am 18. November 1998 von ihr angenommene Empfehlung 1999/130/EG zur Ratifizierung des Übereinkommens Nr. 180 der ILO über die **Arbeitszeit** der Seeleute und die **Besatzungsstärke** der Schiffe von 1996 sowie zur **Ratifizierung des Protokolls** von 1996 zu dem Übereinkommen Nr. 147 über die Handelsschiffahrt (Mindestnormen) von 1976 *(vgl. S. 52)*. Darüber hinaus verpflichtete die **Richtlinie 1999/63/EG des Rates vom 29. Juni 1999 [ABl. L 167 02.07.1999 S.33]** die Mitgliedstaaten bzw. die Sozialpartner, die vom Verband der Reeder in der Europäischen Gemeinschaft (ECSA) und vom Verband der Verkehrsgewerkschaften in der Europäischen Union (FST) am 30. September 1998 geschlossene Vereinbarung über die Arbeitszeit von Seeleuten bis zum 30. Juni 2002 umzusetzen. Allerdings sollen die Bestimmungen lediglich **Mindestvorschriften** darstellen und dürfen nicht zu einer Senkung des bereits erreichten Schutzniveaus führen *(vgl. Bull. EU 11-1998, S. 23f.; Bull. EU 5-1999, S. 27; EP, 2000, S. 27; Übersicht 27)*.

Übersicht 27: Sozialpolitische Regelungen im Bereich des Seeverkehrs

Paritätischer Ausschuß

Beschluß 87/467/EWG der Kommission vom 31. Juli 1987 zur Einsetzung eines Paritätischen Ausschusses für den Seeverkehr [ABl. L 253 04.09.87 S.20]

Arbeitszeit

Richtlinie 93/104/EWG des Rates vom 23. November 1993 über bestimmte Aspekte der Arbeitszeitgestaltung [ABl. L 307 13.12.93 S.18]

Richtlinie 1999/63/EG des Rates vom 29. Juni 1999 zu der vom Verband der Reeder in der Europäischen Gemeinschaft (European Community Shipowners' Association ECSA) und dem Verband der Verkehrsgewerkschaften in der Europäischen Union (Federation of Transport Workers' Unions in the European Union FST) getroffenen Vereinbarung über die Regelung der Arbeitszeit von Seeleuten [ABl. L 167 02.07.1999 S.33] — Rechtsetzung auf der Grundlage des Art. 118 b (139) Abs. 2 EGV, auf Vorschlag der Kommission [ABl. C 043 17.02.1999 S.9] und nach Stellungnahme des EP [ABl. C 219 30.07.1999 S.241] — Aufnahme in den Anhang XVIII des EWR-Abkommens durch den Beschluß 97/2000 des Gemeinsamen EWR-Ausschusses [ABl. L 007 11.01.2001 S.25]

Richtlinie 1999/95/EG des Europäischen Parlaments und des Rates vom 13. Dezember 1999 zur Durchsetzung der Arbeitszeitregelung für Seeleute an Bord von Schiffen, die Gemeinschaftshäfen anlaufen [ABl. L 014 20.01.2000 S.29] — Rechtsetzung auf der Grundlage des Art. 84 (80) Abs. 2 EGV, auf Vorschlag der Kommission [ABl. C 043 17.02.1999 S.16] und nach Stellungnahme des WSA [ABl. C 138 18.05.1999 S.33]; Stellungnahme des EP [ABl. C 219 30.07.1999 S.240], gemeinsamer Standpunkt des Rates [ABl. C 249 01.09.1999 S.7] und Beschluß des EP [ABl. C 158 07.06.2000 S.32] im Rahmen des Verfahrens der Zusammenarbeit — Aufnahme in den Anhang XIII des EWR-Abkommens durch den Beschluß 94/2000 des Gemeinsamen EWR-Ausschusses [ABl. L 007 11.01.2001 S.19]

Sicherheit und Gesundheitsschutz am Arbeitsplatz

Richtlinie 92/29/EWG des Rates vom 31. März 1992 über Mindestvorschriften für die Sicherheit und den Gesundheitsschutz zum Zweck einer besseren medizinischen Versorgung auf Schiffen [ABl. L 113 30.04.92 S.19] — Rechtsetzung auf der Grundlage des Art. 118 a EWGV (Art. 138 EGV), auf Vorschlag der Kommission [ABl. C 183 24.07.90 S.6; ABl. C 074 20.03.91 S.11; KOM (91) 552 endg.] und nach Stellungnahme des WSA [ABl. C 332 31.12.90 S.165]; Stellungnahme des EP [ABl. C 048 25.02.91 S.154], gemeinsamer Standpunkt des Rates [ABl. C 279 26.10.91 S.1] und Beschluß des EP [ABl. C 326 16.12.91 S.72] im Rahmen des Verfahrens der Zusammenarbeit — Aufnahme in den Anhang XVIII des EWR-Abkommens durch den Beschluß 7/94 des Gemeinsamen EWR-Ausschusses [ABl. L 160 28.06.94 S.140]

Richtlinie 93/103/EG des Rates vom 23. November 1993 über Mindestvorschriften für Sicherheit und Gesundheitsschutz bei der Arbeit an Bord von Fischereifahrzeugen (13. Einzelrichtlinie im Sinne von Artikel 16 Absatz 1 der Richtlinie 89/391/EWG) [ABl. L 307 13.12.93 S.1] — Rechtsetzung auf der Grundlage des Art. 118 a (138) EGV, auf Vorschlag der Kommission [ABl. C 337 31.12.91 S.21; ABl. C 311 27.11.92 S.21; KOM (93) 581 endg.] und nach Stellungnahme des WSA [ABl. C 169 06.07.92 S.46]; Stellungnahme des EP [ABl. C 241 21.09.92 S.106], gemeinsamer Standpunkt des Rates [ABl. C 193 17.07.93 S.1] und Beschluß des EP [ABl. C 315 22.11.93 S.130] im Rahmen des Verfahrens der Zusammenarbeit — Aufnahme in den Anhang XVIII des EWR-Abkommens durch den Beschluß 7/94 des Gemeinsamen EWR-Ausschusses [ABl. L 160 28.06.94 S.140]

Die Vereinbarung, die sich weitgehend an das **Übereinkommen Nr. 180 der ILO** anlehnt, gilt für alle in der Gemeinschaft eingetragenen und gewerblich genutzten Schiffe. Demnach sind grundsätzlich ein Achtstundentag, ein wöchentlicher Ruhetag und die Arbeitsruhe an Feiertagen einzuhalten. Die **Höchstarbeitszeiten** betragen 14 Stunden pro Tag und 72 Stunden pro Woche; alternativ dürfen die **Mindestruhezeiten** zehn Stunden am Tag (Aufspaltung in zwei Ruhezeiten möglich, von denen eine mindestens sechs Stunden betragen muß) und 77 Stunden in der Woche nicht unterschreiten. Ruhezeiten dürfen durch Übungen nicht mehr als notwendig gestört werden, und bei Bereitschaftsdienst ist für Unterbrechungen der Ruhezeit ein angemessener Ausgleich zu gewähren. Ausnahmen von diesen Vorgaben – z. B. bei Wachdiensten oder kurzer Reisedauer – müssen den festgelegten Normen folgen und einen Ausgleich durch zusätzlichen Urlaub vorsehen; in Notfällen kann der Kapitän die Arbeitszeit gesondert regeln. Für Seeleute unter 18 Jahren existiert ein **Nachtarbeitsverbot** von mindestens neun Stunden (Ausnahme bei Ausbildung). Die tägliche Arbeits- und Ruhezeit wird durch Aufzeichnungen überwacht; die Aufzeichnungen sind regelmäßig zu prüfen und zu bestätigen.

Der **Jahresurlaub** umfaßt einen Mindestzeitraum von vier Wochen. Zur Gewährleistung der Sicherheit muß das Schiff eine nach Zahl und Befähigung ausreichende **Besatzungsstärke** haben; bei deren Festlegung, Genehmigung oder Änderung müssen übermäßig lange Arbeitszeiten vermieden oder auf ein Mindestmaß beschränkt werden. Personen unter 16 Jahren unterliegen einem Arbeitsverbot. In Abhängigkeit von den auszuführenden Arbeiten müssen ausreichende **Sicherheitsvorkehrungen** und ein genügender **Gesundheitsschutz** bestehen sowie Schutz- und Präventionsdienste bzw. -einrichtungen vorhanden sein *(zur Sicherheit und zum Gesundheitsschutz am Arbeitsplatz vgl. S. 264).*

Zur Überprüfung und Kontrolle der Einhaltung dieser Arbeitsbedingungen durch die in gemeinschaftliche Häfen einlaufenden Schiffe schrieb die **Richtlinie 1999/95/EG des Europäischen Parlaments und des Rates vom 13. Dezember 1999 [ABl. L 014 20. 01.2000 S.29]**, die am 20. Januar 2000 in Kraft trat, die Einrichtung eines geeigneten Systems spätestens ab dem 30. Juni 2002 vor; für Schiffe aus Drittstaaten gelten – auch wenn sie nicht Vertragspartei sind – ausschließlich die Regelungen der o. a. internationalen Vereinbarungen. Bei einer Überprüfung im Hinblick auf den Nachweis der Nichteinhaltung der Anforderungen stellt der Besichtiger fest, ob eine Übersicht zur Arbeitsorganisation abgefaßt und angeschlagen ist; außerdem müssen geprüfte und bestätigte Aufzeichnungen über die Arbeits- und Ruhezeiten vorhanden sein. Liegen eine Beschwerde oder offensichtliche Übermüdungserscheinungen der Seeleute vor, so wird eine gründlichere Überprüfung unter Heranziehung anderer Aufzeichnungen vorgenommen. Bei Nichtbefolgung der Anforderungen werden Maßnahmen zur Änderung der Bedingungen getroffen. Solange die Mängel nicht beseitigt sind und / oder Seeleute (insbesondere Wachmannschaften) keine ausreichenden Ruhezeiten hatten, kann das Schiff im Hafen festgehalten werden; in diesem Fall sind der Kapitän, der Schiffseigner oder -betreiber und der Registrierungsstaat über alle Umstände zu unterrichten. Der Schiffseigner oder -betreiber hat ein Widerspruchsrecht und kann bei einem unangemessenen Festhalten Schadenersatz oder Verlustausgleich verlangen *(vgl. Bull. EU 11-1998, S.23 f.; Bull. EU 12-1999, S.50 f.; EP, 2000, S.27).*

Von sozialpolitischer Relevanz sind auch die Bestimmungen der Richtlinie 94/58/EG (bzw. der Richtlinie 2001/25/EG) und der Richtlinie 2005/45/EG über die Mindestanforderungen für die **Ausbildung von Seeleuten** (Mindestalter, Seefahrtszeiten, Ruhezeiten, Ausübung bestimmter Tätigkeiten, Gesundheitsschutz) sowie über die gegenseitige **Anerkennung von Befähigungszeugnissen** *(vgl. S.291)*. In ihrer Mitteilung vom 6. April 2001 über die Ausbildung und Einstellung von Seeleuten [KOM (2001) 188 endg.] kündigte die Kommission an, die Erweiterung der Vorschriften zum Schutz der Arbeitnehmer bei **Unternehmensübergängen** und **Massenentlassungen** auf den Seeverkehr zu prüfen; auch das Problem aufgegebener Schiffe sollte geregelt werden. Außerdem empfahl sie **Informationskampagnen** zu Berufen in der Seefahrt, die Förderung der Beschäftigung von Frauen, den Einsatz von modernen Technologien (Information und Kommunikation, Medizin) und eine Erhöhung der Offiziersgehälter *(vgl. Bull. EU 4-2001, S.49f.)*.

3.4.4.3 Sicherheit und Gesundheitsschutz am Arbeitsplatz

Auf der Grundlage des von der Kommission im Dezember 1987 angenommenen Aktionsprogramms für Sicherheit, Arbeitshygiene und Gesundheitsschutz am Arbeitsplatz *(vgl. Band 1, S.185)* wurden – neben den auch für den Seeverkehr relevanten sektorübergreifenden Bestimmungen – mit der **Richtlinie 92/29/EWG des Rates vom 31. März 1992 [ABl. L 113 30.04.92 S.19]** spezielle Vorgaben für Schiffe verabschiedet, die bis zum 31. Dezember 1994 umzusetzen waren. So müssen sich eine medizinische Ausstattung, Benutzerhandbücher, eine fahrtspezifische Menge an Arzneimitteln und medizinischem Material, ein Kontrolldokument sowie ein wasserdichter Arzneimittelbehälter an Bord befinden. Auf größeren Schiffen hat bei Fahrten von mehr als drei Tagen ein Raum zur medizinischen Versorgung bzw. ein Arzt zur Verfügung zu stehen; bei Gefahrguttransporten sind bestimmte Antidote vorzuhalten. Für die Beschaffung und Erneuerung der medizinischen Ausstattung ist der Reeder, für den Gebrauch und die Instandhaltung der Kapitän oder ein von ihm Beauftragter verantwortlich. Der Vorrat muß in gutem Zustand gehalten, regelmäßig vervollständigt und erneuert sowie im Notfall ergänzt werden. Das seemännische Personal ist in Erster Hilfe und der für die Ausrüstung Verantwortliche in deren Handhabung auszubilden. Ferner sind Zentren für die unentgeltliche funkärztliche Beratung zu benennen und die zuständigen Ärzte besonders zu unterrichten *(vgl. Bull. EG 6-1990, S.46; Bull. EG 1/2-1991, S.40f.; Bull. EG 3-1992, S.43f.; V. J. G. Power, 1992, S.494ff.; Übersicht 27)*

Angesichts der dort herrschenden besonderen Arbeits- und Lebensbedingungen ergänzte die **Richtlinie 93/103/EG des Rates vom 23. November 1993 [ABl. L 307 13.12.93 S.1]** die vorhandenen allgemeinen Regelungen um spezielle Vorgaben für Fischereifahrzeuge; neue Schiffe mußten die Mindestvorschriften bis zum 23. November 1995 erfüllen, vorhandenen Fahrzeugen wurde eine Übergangsfrist von weiteren sieben Jahren eingeräumt. Erfaßt von den Anforderungen sind: Seetüchtigkeit und Stabilität, Funkanlagen, Fluchtwege und Notausgänge, Brandmeldung und -bekämpfung, Lüftung und Raumtemperatur, Beleuchtung, Fußböden, Wände und Decken, Türen, Verkehrswege und Gefahrenbereiche, Ausstattung der Arbeitsstätten und Unterkunftsräume, Sanitäranlagen, Erste-Hilfe-Ausrüstung, Fallreeps und Landgangstege, Lärm. Verantwortlich für die Einsatzbedingungen, die Instandhaltung der Anlagen bzw. Einrichtungen und die Beseitigung der Mängel, den Zustand und die Verfügbarkeit der Rettungs- und Überlebensmittel sowie die Beachtung der Spezifikationen für persönliche Schutzausrüstungen ist der Reeder. Relevante Ereignisse sind in einem Bericht darzulegen und ggf. im Schiffstagebuch einzutragen. Die Arbeitnehmer müssen über die getroffenen Maßnahmen unterrichtet und entsprechend ausgebildet werden; für das Führen eines Fahrzeugs ist eine Zusatzausbildung (Verhütung von Krankheiten und Unfällen, bei Unfällen zu ergreifende Maßnahmen, Stabilität des Fahrzeugs, Navigation und Funkverkehr) erforderlich *(vgl. Bull. EG 11-1991, S.41; Bull. EG 11-1993, S.52).*

3.4.4.4 Angleichung der Beschäftigungsbedingungen von Drittstaatenangehörigen im Personenlinienverkehr

Im Zusammenhang mit einer diesbezüglichen Mitteilung [KOM (98) 251 endg.] legte die **Kommission** dem Europäischen Parlament und dem Rat am 29. April 1998 einen Vorschlag für eine Richtlinie über die Besatzungsvorschriften für den Linienverkehr mit Fahrgastschiffen und Fahrgastfährschiffen im Betrieb zwischen Mitgliedstaaten [ABl. C 213 09.07.98 S.17; SEK (1999) 581 endg.] vor, den sie nach den Stellungnahmen des **Europäischen Parlaments** [ABl. C 175 21.06.1999 S.440; ABl. C 054 25.02. 2000 S.79] und des **Wirtschafts- und Sozialausschusses** [ABl. C 040 15.02.1999 S.3] am 13. Juli 2000 leicht abänderte [ABl. C 337 E 28.11.2000 S.214]. Demnach sollten Reedereien, die ihren Sitz in der Gemeinschaft haben (oder die von Staatsangehörigen eines Mitgliedstaats kontrolliert werden und deren Schiffe in der Gemeinschaft registriert sind) und die Liniendienste im innergemeinschaftlichen grenzüberschreitenden Personenseeverkehr erbringen, Beschäftigten aus Drittstaaten die gleichen **Arbeits- und Beschäftigungsbedingungen** zugestehen müssen wie den Ansässigen im Registrierungsstaat bzw. in dem Staat, mit dem der Dienst die engste Verbindung hat. Dies betraf die Arbeits- und Ruhezeiten, den Mindesturlaub und -lohn (mit der Möglichkeit von Sonderregelungen), den Gesundheitsschutz, den Schutz bestimmter Personengruppen, die Gleichbehandlung, die Rückführung und das Vorgehen bei Insolvenz; ferner sollten die Tarifverträge und die Schiedssprüche einbezogen werden. Da der Rat den Vorschlag nicht weiterverfolgte, zog ihn die Kommission am 1. Oktober 2004 zurück [KOM (2004) 542 endg.]; bereits in ihrer Mitteilung vom 6. April 2001 über die Ausbildung und Einstellung von Seeleuten [KOM (2001) 188 endg.] hatte sie eine Vereinbarung zwischen den Sozialpartnern favorisiert *(vgl. Bull. EU 4-1998, S.35 f.; GB 1998, Ziff.449; Bull. EU 7/8-2000, S.72; Bull. EU 4-2001, S.49 f.).*

3.5 Sicherheit und Umweltverträglichkeit des Seeverkehrs

3.5.1 Grundausrichtung der gemeinschaftlichen Politik

3.5.1.1 Gemeinsame Ansätze bis Anfang der neunziger Jahre

Neben der Errichtung eines Informationssystems zur Überwachung und Verringerung der **Ölverschmutzung** sowie der Verabschiedung von Vorschriften über Mindestanforderungen an das Einlaufen von **Tankschiffen** und die Beratung von Schiffen durch **Überseelotsen** hatten sich die gemeinschaftlichen Aktivitäten zur Verbesserung der Seeverkehrssicherheit bis Mitte der achtziger Jahre weitgehend auf Empfehlungen und Beschlüsse zur **Ratifizierung internationaler Übereinkommen** beschränkt *(vgl. S.51)*. Auch die Kommissionsmitteilung vom 6. März 1985 über Fortschritte auf dem Wege zu einer gemeinsamen Verkehrspolitik – Seeverkehr [KOM (85) 90 endg.] *(vgl. S.123)* brachte in dieser Hinsicht nur wenige Impulse und beschränkte sich weitgehend auf die Darlegung der politisch-rechtlichen Rahmenbedingungen und Handlungsmöglichkeiten (internationale Übereinkommen, gemeinschaftliche Aktivitäten). **Handlungsschwerpunkte** sollten die Weiterentwicklung des internationalen Systems und seine Anwendung auf die unter Gemeinschaftsflagge fahrenden Schiffe, eine Verschärfung und Koordinierung des Hafenstaatkontrollsystems, die Einführung landseitiger Navigationshilfen *(vgl. Band 1, S.554 ff.)*, die Möglichkeit der Übertragung von Schiffen zwischen nationalen Registern *(vgl. S.191)* und die Intensivierung der Beziehungen zu den Entwicklungsländern sein *(vgl. KOM (85) 90 endg., S.31 ff.)*.

In der Folgezeit kam es dann jedoch mit den Ratsentscheidungen 86/85/EWG und 88/346/EWG *(vgl. S.56)* lediglich zu einer Modifizierung des gemeinschaftlichen Informationssystems und einigen internationalen Aktivitäten, wie z. B. der Unterzeichnung der Schlußerklärung der **Haager Ministerkonferenz** über sichere Schiffe auf sauberen Meeren am 23. April 1986 (Kommissionsmitteilung vom 22. April 1986 [KOM (86) 240 endg.]). Die in einer Entschließung des **Europäischen Parlaments** vom 11. September 1986 zu den Gemeinschaftsbefugnissen im Seerecht und bei der Bekämpfung der Meeresverschmutzung [ABl. C 255 13.10.86 S.158] enthaltene Forderung nach einer Änderung der internationalen und institutionellen Voraussetzungen zur Schaffung von gemeinsamen Kompetenzen zur Förderung der Seeverkehrssicherheit blieb zunächst ohne Folgen. Das **Europäische Parlament** wiederholte deshalb in seinen Entschließungen vom 17. März 1989 zur Sicherheit im Seeverkehr [ABl. C 096 17.04.89 S.229] und über Gemeinschaftsmaßnahmen zur Vermeidung von Wettbewerbsverzerrungen zu Lasten von Seehäfen oder Schiffahrtsunternehmen der Europäischen Gemeinschaft im Zusammenhang mit der Durchführung des MARPOL-Abkommens [ABl. C 096 17.04.89 S.235] seine Kritik und formulierte **zahlreiche konkrete Anregungen**: Abschluß, Ratifizierung und Umsetzung der einschlägigen internationalen Instrumente der IMO und ILO; Überwachung der Durchführung der Hafenstaatkontrolle; finanzielle Förderung des Ausbaus der Seehafeninfrastruktur und der Einrichtung von Entsorgungsanlagen; Vereinheitlichung unterschiedlicher Verfahrensregelungen der Mitgliedstaaten zur Vermeidung von Wettbewerbsverzerrungen; Schaffung einer „Europäischen Stiftung für die Sicherheit auf See"; Gründung eines „Verbands der Seefahrernationen" zusammen mit den Vereinigten Staaten, Kanada, den skandinavischen Ländern und Japan *(vgl. Bull. EG 4-1986, S.82; Bull. EG 9-1986, S.100; Bull. EG 3-1989, S.49)*.

Allerdings zeitigten die **Absichtserklärungen**, die bereits im Arbeitsprogramm der Kommission für 1988 enthalten waren *(vgl. V. J. G. Power, 1992, S.155 f.)*, und die **Kommissionsmitteilung** vom 3. August 1989 über Maßnahmen zur Verbesserung der Betriebsbedingungen des Seeverkehrs der Gemeinschaft [KOM (89) 266 endg.] *(vgl. S.276)*, die sich auf eine wirkungsvollere Durchsetzung der Hafenstaatkontrolle konzentrierte, keine nachhaltigen Wirkungen *(vgl. KOM (89) 266 endg., S.23 f.)*. Von bescheidenen Ansprüchen gekennzeichnet war auch die **Entschließung 89/C 273/01 des Rates vom 16. Oktober 1989 [ABl. C 273 26.10.89 S.1]**. Die Mitgliedstaaten sollten eine Änderung des MARPOL-Übereinkommens prüfen, die die Schiffe zur Hinterlegung von Dokumenten im Auslaufhafen verpflichtete, an den Arbeiten der IMO über das Stauen von Ladungen teilnehmen und bei der Anwendung der Vereinbarung über die Hafenstaatkontrolle zusammenarbeiten. Mit der **Entschließung 90/C 206/01 vom 19. Juni 1990 [ABl. C 206 18.08.90 S.1]** verlangte der Rat von den Mitgliedstaaten die Errichtung von Schiffahrtsbehörden mit weitreichenden Überwachungsaufgaben, eine vorrangige Prüfung der Qualifikation von Tankerbesatzungen im Rahmen der Hafenstaatkontrolle, eine verstärkte Koordination der nationalen Maßnahmen im Falle einer Meeresverschmutzung und die Förderung einer gemeinschaftlichen Aktionsstelle; die Kommission sollte in Übereinstimmung mit den COST-Aktionen Vorhaben zum Aufbau von Kontrollstellen und Navigationshilfen initiieren *(vgl. Bull. EG 6 1990, S.59; V. J. G. Power, 1992, S.417 f.; R. Lagoni, 1994, S.392 ff.; A. A. Pallis, 2002, S.102 f.; zu den Ratsentschließungen Übersicht 28)*.

3.5.1.2 Schwerpunkte und Umsetzung des Aktionsprogramms zur Seeverkehrssicherheit vom Februar 1993

Nachdem es auch 1991 und 1992 zu keinen wesentlichen Fortschritten im Hinblick auf die Verbesserung der Sicherheit und Umweltverträglichkeit des Seeverkehrs gekommen war, veranlaßten schließlich die **Öltankerunglücke** vor La Coruña im Dezember 1992 und bei den Shetland-Inseln im Januar 1993 den Rat und die Kommission, **verbindliche Leitlinien** für die Ausgestaltung der Gemeinschaftspolitik festzulegen. Anläßlich der außerordentlichen Tagung zum Thema Verkehr und Umwelt am 25. Januar 1993 forderte der Rat die Mitgliedstaaten zu verstärkten Aktivitäten in den **internationalen Organisationen** auf, da einige Vorschriften Lücken aufwiesen, Ausnahmeregelungen erlaubten, nur unverbindlichen Charakter hatten oder einen großen Interpretationsspielraum ließen. Die Umsetzung der **multilateralen Vereinbarungen** in Gemeinschafts- und nationales Recht war verbesserungswürdig und mußte zum Teil auch durch weitergehende Maßnahmen ergänzt werden; auch die Anwendung und Überwachung der Regelungen wurde immer noch als unzureichend beurteilt, was nicht nur Sicherheitsrisiken, sondern auch **Wettbewerbsnachteile** für die Gemeinschaftsflotte mit sich brachte. Die Kommission sollte deshalb rasch eine Mitteilung zur Sicherheitsproblematik und ein geeignetes Aktionsprogramm vorlegen *(vgl. Bull. EG 1/2-1993,*

S.37; GB 1993, Ziff.322; KOM (93) 66 endg., S.12 ff., 16; EP, 1994b, S.3 ff.; A. A. Pallis, 2002, S.103 ff.; zur Seeverkehrssicherheit und Meeresverschmutzung am Anfang der neunziger Jahre F. Dumont de Chassart, 1991, S.232 ff.; F L. Brügmann, 1993; H. Böhme u. a., 1995, S.3 ff.; L. A. Holder, 1995, S.189 ff.; H. D. Smith, 1995, S.449 ff.).

Diese kam dem Auftrag bereits am 24. Februar 1993 mit ihrer Mitteilung über eine gemeinsame Politik im Bereich der Sicherheit im Seeverkehr [KOM (93) 66 endg.] nach. Aufbauend auf einer **ausführlichen Analyse** der **Unfalltrends** (seit 1985 jährlicher Verlust von 200 bis 300 Schiffen; bis 1990 abnehmende Tendenz; in Europa vor allem im Nordostatlantik; insbesondere kleinere Stückgutfrachter und Fischereifahrzeuge) und der wichtigsten **Unfallursachen** (Schiffsalter; fehlendes Sicherheitsmanagement der Unternehmen und menschliches Versagen; Einsatz ungeeigneter Ladetechnologien; falsche Angaben zum Transportgut; unzureichende Um- und Durchsetzung der Normen; unterschiedliche Auslegung der internationalen Standards) *(vgl. KOM (93) 66 endg., S.2 ff.)* entwickelte sie ein umfassendes **Aktionsprogramm**. Die Mitgliedstaaten sollten durch die Anwendung des Instrumentariums eine einheitliche und strenge Handhabung der Standards sowohl bei den unter ihrer Flagge fahrenden als auch bei allen in den Gemeinschaftsgewässern befindlichen Schiffen gewährleisten. Zu diesem Zweck wurden **folgende Maßnahmen** vorgeschlagen *(vgl. Bull. EG 1/2-1993, S.37 f.; GB 1993, Ziff.322; KOM (93) 66 endg., S.15 f., 23; R. Lagoni, 1994, S.397 ff.; St. Tostmann, 1994, S.351 ff.; M. D. Aspinwall, 1995, S.134 f.; KOM (96) 81 endg., S.60; A. A. Pallis, 2002, S.105 f.)*:

— Im Rahmen der Festlegung gemeinschaftlicher Anforderungen für eine konvergente Umsetzung der IMO-Regelungen wurde den Mitgliedstaaten ein *Beitritt zu den internationalen Konventionen* nahegelegt. Außerdem sollten die *Übereinkommen ergänzt und präzisiert* (z. B. MARPOL und SOLAS in bezug auf Schiffsausrüstungen; STCW-Übereinkommen in bezug auf die gegenseitige Anerkennung von Befähigungszeugnissen, die Mindestausbildung und eine einheitliche Sprache), *Ausnahmeregelungen* für Nicht-Konventionsschiffe (Passagierschiffe und Frachtfähren im Inlandsverkehr; kleine Frachtschiffe und Fischereifahrzeuge) abgeschafft und *unverbindliche Resolutionen*, wie z. B. der IMDG-Code, der Code für den Bau und die Ausrüstung von Schiffen zur Beförderung gefährlicher Chemikalien als Massengut (BCH-Code) sowie die Vorgaben für Fahrgastschiffe und Massengutfrachter durch die *Verabschiedung von Gemeinschaftsbestimmungen* verpflichtend werden. Die nationalen Vorschriften hatten eine *einheitliche Anwendung* der internationalen Vereinbarungen sicherzustellen; ggf. waren sie durch EG-Regelungen zu ergänzen. Hinsichtlich der personellen und materiellen Eignung der *Klassifikationsgesellschaften und Flaggenregister* sollten verbindliche Kriterien definiert werden; für die Zertifizierung von Schiffsneubauten und die späteren Besichtigungen wurden genaue Anforderungen als notwendig angesehen. Außerdem sollten *Haftungs-, Sanktions- und Entschädigungsregelungen* verabschiedet werden *(vgl. KOM (93) 66 endg., S.17 ff., 24 ff.)*.

— Im Hinblick auf die einheitliche Durchsetzung der internationalen Vorschriften für in Gemeinschaftsgewässern verkehrende Schiffe wurde ein kohärentes Gemeinschaftskonzept zur *Optimierung der Kontrolltätigkeiten* angeregt, das auf der Anwendung einheitlicher und obligatorischer Kriterien beruhen sollte. Genannt wurden die verstärkte Kontrolle bestimmter Schiffstypen, Vorgaben für die Überprüfung und das Festhalten von Schiffen, eine Angleichung der Prüfverfahren und der Ausbildung der Besichtiger sowie die Überwachung der Maßnahmen und die Beobachtung ihrer Wirksamkeit durch die Mitgliedstaaten. In diesem Kontext waren auch entsprechende *Vereinbarungen mit europäischen Drittstaaten* und eine *Reform der Hafen- und Transitgebühren* notwendig *(vgl. KOM (93) 66 endg., S. 18 f., 45 ff.)*.

— Eine Weiterentwicklung der *Seeverkehrsinfrastruktur* sollte durch die Bereitstellung und Standardisierung von land- oder satellitengestützten Verkehrslenkungs- und Überwachungssystemen (Hilfsdienste für den Schiffsverkehr, VTS), Funknavigationshilfen und Meldesystemen vor allem bei Gefahrguttransporten sowie eine bessere Schiff-Land- und grenzüberschreitende Koordinierung erreicht werden. Weiterhin geplant waren die Installierung von *Auffanganlagen für Öl und Abfälle* in den Seehäfen sowie von *Dampfrückgewinnungssystemen* auf Schiffen, eine einheitliche Anlastung der Bereitstellungskosten, die Ermittlung ökologisch besonders bedeutsamer Gebiete und deren Schutz mittels *Verkehrsbeschränkungen und Überwachungsmaßnahmen* sowie die Konzipierung geeigneter *Notfallpläne (vgl. KOM (93) 66 endg., S. 19 ff., 49 ff.)*.

— Einen weiteren Schwerpunkt stellte die *Unterstützung internationaler Organisationen* bei der Ausarbeitung von Vorschriften und der Verabschiedung von Umsetzungsmaßnahmen dar; diesbezüglich wurden die Einführung von Mindestanforderungen an den Leistungsstandard der Flaggenstaaten bei der Zertifizierung und Registrierung, die Überarbeitung des STCW-Übereinkommens (praktische Ausbildung, Kommunikation), die Untersuchung von Systemen zur sicheren Schiffsführung, die Einführung neuer Techniken (elektronische Seekarte, Transponder, Fahrtdatenaufzeichnung) sowie der Beitritt der Gemeinschaft zum Übereinkommen von Torremolinos vorgeschlagen. Für die Koordinierung der Positionen und die Mitarbeit in den internationalen Organisationen sollte ein bestimmtes Verfahren gelten; angestrebt wurden auch eine *Mitgliedschaft der Gemeinschaft* in der IMO und die *Einsetzung eines Ausschusses* „Sichere Meere" *(vgl. KOM (93) 66 endg., S. 21 f., 64 ff.)*.

— Um dem Problem *menschlichen Versagens* als einer der Hauptunfallursachen zu begegnen, wurden geeignete Programme (Schiffe mit gefährlicher Ladung, Berufsausbildung, Lotsendienst, Kommunikation) zur Verbesserung der *Ausbildung und Qualifikation* der Besatzungen empfohlen.

In der **Entschließung 93/C 271/01 vom 8. Juni 1993 [ABl. C 271 07.10.93 S. 1]** sowie in den nachfolgenden Schlußfolgerungen vom 29. Juni 1993 und vom 24. März 1994 zu einer gemeinsamen Politik im Bereich der Sicherheit im Seeverkehr unterstützten die Räte für Verkehr und Umwelt die Ziele und Vorhaben der Kommissionsmitteilung. Als prioritär wurden angesehen: Anwendung der internationalen Regelungen (Hafenstaatkontrolle, IMO-Entschließungen, Normen für Klassifikationsgesellschaften, Zulassung der Schiffsausrüstung, Gemeinschaftsregister); Ausbildung der Besatzungsmitglieder, der Hafeninspektoren und des Bedienungspersonals von VTS; Seeverkehrsinfrastrukturen und Verkehrsverfahren (Bedarfsermittlung, Schiffsleitsysteme, VTS-Verfahren, umfassenderes Meldesystem, Hafenauffanganlagen, Funknavigationsplan, Notstandsplanung); Haftung bei Umweltschäden (Ratifizierung internationaler Übereinkommen); Sicherheit auf Passagierschiffen (Rettungsbootführer); Risikobewertung im Seefrachtverkehr. Die Kommission sollte **Maßnahmen oder Vorschriften** zu folgenden Bereichen vorschlagen: Erweiterung des Meldesystems; Kriterien für die Überprüfung von Schiffen; Ballasträume von Öltankschiffen; Gemeinschaftsregister; Normen für die Schiffsausrüstung; Bestimmungen für Passagierschiffe bei Inlandsfahrten; Ausschuß „Sichere Meere“; Schiffsleitsysteme *(vgl. Bull. EG 6-1993, S.65 f.; GB 1993, Ziff.322; Bull. EU 3-1994, S.41 f.; GB 1994, Ziff.381; L. Schmidt, 1994, S.286; V. J. G. Power, 1998, S.552 ff.; A. A. Pallis, 2002, S.110 f.; zur Diskussion der umweltpolitischen Instrumente R. O. Goss, 1994, S.99 ff.; K.-M. Liersch, 1994, S. 36 ff.; H. Böhme u. a., 1995, S.22 ff.; A. Hader, 2004, S.125 ff.).*

Übersicht 28: Ratsentschließungen zur Sicherheit im Seeverkehr 1989 – 1993

Entschließung 89/C 273/01 des Rates vom 16. Oktober 1989 über Leitlinien für die Verhütung technischer und natürlicher Risiken [ABl. C 273 26.10.89 S.1]
Entschließung 90/C 206/01 des Rates vom 19. Juni 1990 über die Verhütung von Unfällen, die zur Meeresverschmutzung führen [ABl. C 206 18.08.90 S.1]
Entschließung 93/C 271/01 des Rates vom 8. Juni 1993 über eine gemeinsame Politik im Bereich der Sicherheit im Seeverkehr [ABl. C 271 07.10.93 S.1]

Der **Wirtschafts- und Sozialausschuß** begrüßte in seiner Stellungnahme vom 24. November 1993 [ABl. C 034 02.02.94 S.47] das Aktionsprogramm und unterstützte insbesondere die konvergente Umsetzung der internationalen Vorschriften, die Hafenstaatkontrolle, den Ausbau der maritimen Infrastruktur und das Entschädigungssystem; moniert wurden die unzureichende Berücksichtigung personeller Faktoren bei der Schiffsüberprüfung und die fehlende Definition der Unternormigkeit. Auch das **Europäische Parlament** unterstützte in seinen beiden Entschließungen vom 20. Januar 1994 [ABl. C 044 14.02.94 S.166] und vom 11. März 1994 [ABl. C 091 28.03.94 S.301] die geplanten Vorhaben (Hafenstaatkontrolle, Schiffsüberprüfungs- und -besichtigungsorganisationen, Mindestanforderungen für die Ausbildung, Ratifizierung der IMO-Übereinkommen, Mitgliedschaft der Gemeinschaft in der IMO). Darüber hinaus wurden u. a. verlangt: eine Verschärfung der Sicherheitsnormen in bezug auf Schiffe (Öltanker, Containerschiffe, Massengüterschiffe), die Ausbildung und die Arbeitsbedingungen, die Einführung eines Gemeinschaftsregisters, eine Ausweitung der Zwölf-Meilen-Sicherheitszone, eine Sperrung ökologisch sensibler Gebiete für Gefahrguttransporte und ein obligatorisches Informationssystem *(vgl. Bull. EG 11-1993, S.41; Bull. EU 1/2-1994, S.42 f.; Bull. EU 3-1994, S.42; L. Schmidt, 1994, S.287; A. A. Pallis, 2002, S.106 ff., 111 f.).*

Nachdem am 13. September 1993 mit der Richtlinie 93/75/EWG des Rates *(vgl. S.308)* ein seit dem 19. Mai 1989 vorliegender Vorschlag über Mindestanforderungen an Gefahrgut transportierende Schiffe angenommen worden war, konnte sich der Rat infolge des Aktionsprogramms am 22. November 1994 auf die Richtlinien 94/57/EG (Schiffsüberprüfungs- und -besichtigungsorganisationen), 94/58/EG (Ausbildung von Seeleuten) sowie die Verordnung 94/2978/EG (Ballasträume in Öltankschiffen) einigen *(vgl. S.280, 291, 310)*. Auf der Kommissionsinitiative vom Februar 1993 beruhten dann auch die Richtlinie 95/21/EG vom 19. Juni 1995 (Hafenstaatkontrolle), die Verordnung 95/3051/EG vom 8. Dezember 1995 (sicherer Betrieb von Ro-Ro-Fahrgastfährschiffen) und die Richtlinie 96/98/EG vom 20. Dezember 1996 (Schiffsausrüstung) *(vgl. S.276, 298, 317)*.

3.5.1.3 Weiterführung der Gemeinschaftspolitik auf der Grundlage neuer Initiativen bis Ende der neunziger Jahre

Obwohl insbesondere vom Europäischen Parlament seit Mitte der achtziger Jahre wiederholt spezifische Maßnahmen zur Verbesserung der Sicherheit im Personenseeverkehr gefordert worden waren, kam es auch in diesem Bereich bis 1994 zu keinen konkreten Initiativen. Erst die infolge mehrerer Fährschiffunglücke verabschiedete **Entschließung 94/C 379/05 vom 22. Dezember 1994 [ABl. C 379 31.12.94 S.8]** i. d. F. der Berichtigung [ABl. C 092 13.04.95 S.12] bewirkte, daß neben den schiffstypenübergreifenden Vorschriften in den Jahren 1998 und 1999 besondere Bestimmungen für Fahrgastschiffe verabschiedet wurden; hinzuweisen ist in diesem Zusammenhang auf die Ratsrichtlinien 98/18/EG vom 17. März 1998 (Sicherheitsvorschriften und -normen), 98/41/EG vom 18. Juni 1998 (Registrierung von Personen) und 1999/35/EG vom 29. April 1999 (Überprüfungen) *(vgl. S.317, 322f.)*.

Die von der Kommission am 13. März 1996 vorgelegte Mitteilung über die neue Seeverkehrsstrategie [KOM (96) 81 endg.] *(vgl. S. 196)* griff den Aspekt der Schiffssicherheit unter dem Gesichtspunkt der **Wettbewerbsfähigkeit der europäischen Seeverkehrswirtschaft** auf und forderte erneut die konvergente Anwendung internationaler Instrumente; nicht verbindliche, aber in das Gemeinschaftsrecht übernommene **Entschließungen der IMO oder ILO** sollten unabhängig von ihrer Nationalität auf alle Schiffe angewendet werden. Für Flaggenbehörden und deren Schiffsregister waren bestimmte Bedingungen (Schiffsinspektion, Ausrüstung und Befähigungsnachweise, Registerverwaltung, Qualifikation nichtstaatlicher Organisationen, Gebührenstruktur, Untersuchungspflicht) verbindlich anzuerkennen und durch für alle Schiffsregister der Mitgliedstaaten maßgebliche Grundsätze (effektive Überwachung, Haftungsregeln, Nationalitätsvorschriften für die Besatzung, Mindesteigentums- oder Kontrollkriterium, Beihilfen) zu ergänzen. Die **Hafenstaatkontrolle** sollte durch eine verbesserte Ausbildung der Inspektoren, die Möglichkeit finanzieller Sanktionen und die Zusammenarbeit mit Drittländern gestärkt werden. Neben der Einführung einer zwingend vorgeschriebenen **Haftpflichtversicherung** wurden zur Gewährleistung hoher **Qualitätsstandards** auch selbstregulierende Verhaltenskodizes und Anreizmechanismen (Steuern, Hafengebühren) erwogen *(vgl. Bull. EU 3-1996, S.52f.; KOM (96) 81 endg., S.4f., 16ff.)*. Als **Ergebnisse** der Kommissionsinitiative anzusehen sind die Richtlinie 97/70/EG des Rates vom 11. Dezember 1997 (Fischereifahrzeuge) sowie die Änderungsrichtlinien 98/25/EG vom 27. April 1998 (Hafenstaatkontrolle), 98/35/EG vom 25. Mai 1998 (Ausbildung von Seeleuten) und 98/55/EG vom 17. Juli 1998 (Beförderung gefährlicher oder umweltschädlicher Güter) *(vgl. S.279, 292, 309, 325; E. Selkou u. a., 2004, S.119; zur Meeresverschmutzung gegen Mitte der neunziger Jahre R. B. Clark u. a., 1997).*

Neue **Anregungen für die Gemeinschaftspolitik** gingen auch von den Kommissionsmitteilungen vom 14. Juli 1999 [KOM (1999) 363 endg.], vom 2. Oktober 2002 [KOM (2002) 539 endg.] und vom 24. Oktober 2005 [KOM (2005) 504 endg.; SEK (2005) 1290 endg.] zum **Schutz und zur Erhaltung der Meeresumwelt** aus. Diskutiert wurden die Kontrolle und das Management von Ballastwasser, eine Verringerung der Ableitung von Schiffsabwässern und Chemikalien, ein Verwendungsverbot für bestimmte Schiffsanstriche, eine Verringerung der Luftverschmutzung durch Schiffe, die Überwachung illegaler Öleinleitungen, eine Strategie zur Verminderung von Schiffsabfällen sowie eine Mitgliedschaft der Gemeinschaft in der IMO.

3.5.1.4 Sicherheits- und Umweltschutzaspekte des Seeverkehrs seit 2000

Das Auseinanderbrechen des 25 Jahre alten, unter maltesischer Flagge fahrenden Öltankers „Erika" vor der bretonischen Küste am 12. Dezember 1999 bewirkte eine erneute Intensivierung der Gemeinschaftsaktivitäten im Bereich der Seeverkehrssicherheit. So verlangte das **Europäische Parlament** in seinen Entschließungen vom 20. Januar 2000 zu der durch die Havarie der „Erika" verursachten Ölpest [ABl. C 304 24.10. 2000 S.198] und vom 2. März 2000 zu den wirtschaftlichen und ökologischen Auswirkungen der Havarie des Öltankers „Erika" [ABl. C 346 04.12.2000 S.95] u. a. eine Verstärkung und Verschärfung der Inspektionen und Mindestauflagen, die Anwendung des Verursacherprinzips bei der Schadensregulierung, eine Änderung der Regelungen für Schiffsüberprüfungs- und -besichtigungsorganisationen, eine rasche Einführung von Doppelhüllen-Öltankschiffen, die Errichtung eines Entschädigungsfonds und eine zügige Verabschiedung der noch anhängigen Kommissionsvorschläge. Nachdem auch der Rat auf seiner Tagung vom 24. Januar 2000 ähnliche **Vorgaben für die Kommission** formuliert hatte, unterbreitete diese den anderen Organen am 21. März 2000 eine Mitteilung über die Sicherheit des Erdöltransports zur See [KOM (2000) 142 endg.]. Basierend auf einer **Analyse des internationalen Rohölhandels** (40 % der gesamten Fracht; EU-Anteil am Gesamtimport von 27 %; 90 % des Öltransports in der EU auf dem Seeweg; in europäischen Gewässern jährliches Transportaufkommen von 800 Mio. t, davon 70 % über Atlantik- und Nordseerouten; 60 von 77 zwischen 1992 und 1999 gesunkenen Tankern über 20 Jahre alt; in Europa Flottendurchschnittsalter von 19 Jahren) identifizierte die Kommission die **Strukturen des Mineralölmarktes** (scharfer Wettbewerb; viele unabhängige Betreiber; kurzfristige Charterverträge) und die **unzureichende Kontrolle** durch die Flaggenstaaten als Risikofaktoren. Sie empfahl eine Modifizierung der Vorschriften zu den **Schiffsüberprüfungs- und -besichtigungsorganisationen** (Anerkennungs- und Überprüfungsverfahren; weitere Sanktionen; gute Leistungen als Voraussetzung für die Anerkennung; finanzielle Haftung; strengere Qualitätsanforderungen; Pflichten der Mitgliedstaaten) und zur **Hafenstaatkontrolle** (strikteres Vorgehen gegen unternormige Schiffe; erweiterte Kontrollen von Risikoschiffen; umfassendere Informationspflichten; bessere Überwachung der Anwendung) sowie ein schrittweises Verbot von **Einhüllen-Öltankschiffen** und deren Ersatz durch doppelwandige Schiffe; ein zweites Maßnahmenpaket sollte folgen *(vgl. S.310)*. Außerdem wurden die Umsetzung der Bestimmungen zur **Ausbildung von Seeleuten**, eine baldige Anwendung des Gemeinschaftsrechts durch **Malta** und **Zypern** sowie ein **freiwilliger Verzicht** der Mineralölgesellschaften auf die Charterung von über 15 Jahre alten Tankschiffen gefordert. Der **Rat** billigte die Vorhaben der Kommission in seinen Schlußfolgerungen vom 26. Juni 2000 zur Sicherheit des Seeverkehrs; außerdem verlangt wurden eine Anhebung der Entschädigungsgrenze je Unfall und die Errichtung einer europäischen Unfalldatenbank *(vgl. Bull. EU 1/2-2000, S.83; Bull. EU 3-2000, S.80, 85; Bull. EU 6-2000, S.109f.; R. Dieter, 2000, S.192f.; GB 2000, Ziff.645; KOM (2000) 769 endg., S.32; E. Selkou u. a., 2004, S.81f.)*.

Auf Wunsch des Europäischen Rates vom 19. / 20. Juni 2000 in Feira legte ihm die Kommission am 27. September 2000 im Hinblick auf die nächste Tagung in Biarritz einen **Bericht über eine Gesamtstrategie** der Gemeinschaft für die Sicherheit im Seeverkehr [KOM (2000) 603 endg.] vor, der die Vorschläge vom März 2000 und den Stand der Rechtsetzung nochmals zusammenfaßte. Am 6. Dezember 2000 veröffentlichte sie dann im Rahmen einer Mitteilung [KOM (2000) 802 endg.] das bereits avisierte **zweite Maßnahmenpaket**. Es enthielt Vorschläge für die Implementierung eines gemeinschaftlichen **Überwachungs-, Kontroll- und Informationssystems** (Verbesserung der Schiffsidentifizierung und -verfolgung; Ausweitung der Meldepflichten; Vereinfachung der Datenübertragung; Einführung eines Schiffsdatenschreibers; Aufbau gemeinsamer Datenbanken; Erweiterung der Eingriffsbefugnisse), die Schaffung eines **zusätzlichen Gemeinschaftsfonds** zur Entschädigung bei Ölverschmutzungen und die Errichtung einer **Europäischen Agentur** für die Sicherheit des Seeverkehrs (Unterstützung von Kommission und Mitgliedstaaten bei der Anwendung und Kontrolle der Vorschriften sowie bei der Bewertung der Wirksamkeit der Maßnahmen). Die Vorhaben wurden vom Europäischen Rat von Nizza vom 7. bis 9. Dezember 2000 und vom Verkehrsrat am 20. Dezember 2000 ausdrücklich begrüßt *(vgl. Bull. EU 6-2000, S.17; Bull. EU 9-2000, S.65f.; Bull. EU 12-2000, S.14, 106f., 108f.; GB 2000, Ziff.645; R. Dieter, 2001, S.195; H.-J. Golchert, 2002, S.168ff.; W. Graf Vitzthum, 2002, S.171f.; E. Selkou u. a., 2004, S.82f.)*.

Die **Umsetzung des ersten Maßnahmenbündels** durch das Europäische Parlament und den Rat erfolgte schließlich am 19. Dezember 2001 mit den Richtlinien 2001/105/EG (Schiffsüberprüfungs- und -besichtigungsorganisationen) und 2001/106/EG (Hafenstaatkontrolle) sowie am 18. Februar 2002 mit der Verordnung 2002/417/EG (Einführung von Doppelhüllen-Öltankschiffen); das **zweite Paket** wurde am 27. Juni 2002 mit der Richtlinie 2002/59/EG (Überwachungs- und Informationssystem) und der Verordnung 2002/1406/EG (Europäische Agentur für die Sicherheit des Seeverkehrs) nur teilweise realisiert. Darüber hinaus wurden zwischen 2000 und 2002 **folgende Regelungen** angenommen: Richtlinie 2000/59/EG vom 27. November 2000 (Hafenauffangeinrichtungen); Entscheidung 2000/2850/EG vom 20. Dezember 2000 (Zusammenarbeit bei einer unfallbedingten oder vorsätzlichen Meeresverschmutzung); Richtlinie 2001/96/EG vom 4. Dezember 2001 (Be- und Entladen von Massengutschiffen); Richtlinie 2002/6/EG vom 18. Februar 2002 (Meldeförmlichkeiten in Seehäfen); Verordnung 2002/2099/EG vom 5. November 2002 (Ausschuß für die Sicherheit im Seeverkehr) *(vgl. S.279, 283 f., 299, 301, 310, 324, 327, 330; T. Middendorf, 2003, S.207; E. Selkou u. a., 2004, S.83 ff.)*.

Der **Untergang** der „Prestige“ (eines 26 Jahre alten Einhüllen-Öltankschiffs unter der Flagge der Bahamas) am 19. November 2002 vor Galicien löste dann neue Diskussionen über die Sicherheit des Seeverkehrs aus. Das **Europäische Parlament** mahnte in seinen Entschließungen vom 21. November 2002 zur Katastrophe des Öltankers „Prestige“ vor der Küste von Galicien [ABl. C 025 E 29.01.2004 S.415] und vom 19. Dezember 2002 zu der durch den Öltanker „Prestige“ verursachten Katastrophe [ABl. C 031 E 05.02.2004 S.258] u. a. **folgende Maßnahmen** an: zügigere Ersetzung von Einhüllen-Öltankern durch Doppelhüllenschiffe; strikte Durchsetzung und Verschärfung der Hafenstaatkontrolle (Verkürzung der Fristen; Anwendung des Anteils der zu überprüfenden Schiffe auf jeden Seehafen; Ausweitung der Berichterstattungspflicht des Kapitäns); Maßnahmen in bezug auf den Transitverkehr (Hafenstaatkontrolle in Drittstaaten; Überprüfungsverfahren für Flaggenstaaten; Änderung bzw. Einhaltung der Transportrouten für Gefahrgüter; Einschränkung des Schiffsverkehrs in sensiblen Meeresgebieten); Ausweisung von Liegeplätzen für Schiffe in Seenot; Einrichtung einer europäischen Küstenwache und Zivilschutztruppe; Überarbeitung der Haftungs-, Entschädigungs- und Versicherungssysteme (Verursacherprinzip, Einbeziehung aller am Transportvorgang Beteiligten); Einrichtung eines Entschädigungsfonds in Höhe von 1 Mrd. €; rasche Aufnahme der Tätigkeit der Europäischen Agentur für die Sicherheit des Seeverkehrs; Anwendung der Normen für die Ausbildung der Besatzung und die Beschäftigungsbedingungen an Bord; Neufassung der Leitlinien über staatliche Beihilfen für den Seeverkehr zur Förderung der Umflaggung in ein gemeinschaftliches Register *(vgl. Bull. EU 11-2002, S.63; Bull. EU 12-2002, S.106; GB 2002, Ziff.574, 648)*.

In ihrer Mitteilung vom 3. Dezember 2002 zur Erhöhung der Sicherheit im Seeverkehr nach dem Untergang des Öltankschiffs „Prestige“ [KOM (2002) 681 endg.] folgte die Kommission weitgehend den Forderungen. **Schwerpunkte** sollten die **vorgezogene Anwendung** der 2000 empfohlenen Maßnahmen (Europäische Agentur für die Sicherheit des Seeverkehrs; Klassifikationsgesellschaften; transeuropäisches Telematiknetz für die Überwachung; Auflistung der Zugangsverweigerungen zu Gemeinschaftshäfen; Aufnahme von Schiffen an Notliegeplätzen), **Initiativen der Mitgliedstaaten** (Einstellung von Besichtigern; umfassende Überprüfungen; verbesserter Opferschutz), **ergänzende Vorkehrungen** (Beförderung von Schweröl; Änderung der internationalen Haftungs- und Entschädigungsregelungen bei Ölverschmutzung und Erweiterung auf andere Stoffe; strafrechtliche Sanktionen; Anerkennung der gemeinschaftsfremden Befähigungszeugnisse von Seeleuten; Lotsenberichte; Schutz der Küstengewässer), ein Vorgehen auf **internationaler Ebene** (Beschränkung der Nutzung bestimmter Seewege; Auditverfahren für Flaggenstaaten) und ein **Verhaltenskodex der Industrie** für den Erdöltransport auf dem Seeweg sein. Unterstützung erhielt die Kommission vom Rat für Verkehr am 6. Dezember 2002, vom Rat für Umwelt am 9. Dezember 2002, vom Europäischen Rat von Kopenhagen am 12. / 13. Dezember 2002 und vom Rat für Justiz und Inneres am 19. Dezember 2002 *(vgl. Bull. EU 12-2002, S.12,*

96f., 105; GB 2002, Ziff. 574, 648; zu einer Abschätzung der Umweltschäden B. Sachtleber, 2004, S. 113 ff.).

In einem weiteren Bericht vom 5. März 2003 [KOM (2003) 105 endg.] legte die **Kommission** dem Europäischen Rat nochmals die **getroffenen Maßnahmen** und die **weiteren Vorhaben** dar, die er am 21. März 2003 auf seiner Sitzung in Brüssel unterstützte; ergänzend hinzugetreten waren z. B. eine Erweiterung der Befugnisse der Europäischen Agentur für die Sicherheit des Seeverkehrs, die wohlwollende Prüfung von Beihilfeanträgen der Mitgliedstaaten durch die Kommission, eine schnellere Ausmusterung von Einhüllen-Öltankschiffen, der Beitritt der Gemeinschaft zur IMO, die Anwendung der Gemeinschaftsvorschriften durch benachbarte Drittstaaten, eine Überarbeitung des Seerechtsübereinkommens, die Bereitstellung von Mitteln zur Schadensbehebung aus den Gemeinschaftsfonds bzw. -initiativen sowie Forschungsarbeiten über neue Technologien und Pilotprojekte. Das **Europäische Parlament** wünschte in seinen Entschließungen vom 23. September 2003 zur Erhöhung der Sicherheit im Seeverkehr nach dem Untergang des Öltankschiffs „Prestige“ [ABl. C 077 E 26.03.2004 S.76] und vom 21. April 2004 zu der Verbesserung der Sicherheit auf See [ABl. C 104 E 30.04.2004 S.730] zusätzlich u. a. die Aufstellung nationaler Notfallpläne sowie die Schaffung einer für die Seeverkehrssicherheit und den Schutz der Meeresumwelt zuständigen Europäischen Küstenwache, die Eindämmung der illegalen Reinigung, die Installierung eines schiffsinternen Überwachungssystems, eine Optimierung von Verkehrsbegleitungs- und Schiffsroutenplanungssystemen, weitere Anforderungen an Gefahrguttransporte (Abschleppanlage, Vorhandensein von Mitteln zur sofortigen Bekämpfung der Umweltverschmutzung, jährliche Prüfung von Ballasttanks, Aufspüren von Containern), eine Verbesserung der Lebens-, Arbeits- und Schulungsbedingungen von Seeleuten, eine gemeinsame Sprache an Bord, den Beitritt der EU zur IMO, strengere Auflagen für die Informationserteilung von Schiffseignern an die Klassifikationsgesellschaften, eine Ausstattung mit Notantrieben, eine umgehende Bergung von Schiffswracks, Konzepte für die Wiederverwertung von und die Abfallvermeidung bei abgewrackten Schiffen sowie den Ausbau der Reinigungsvorrichtungen in Seehäfen *(vgl. Bull. EU 3-2003, S. 22f., 84; Bull. EU 9-2003, S. 57f.; GB 2003, Ziff. 683; Bull. EU 4-2004, S. 93f.).*

Auf der Grundlage der in den Kommissionsmitteilungen vom Dezember 2002 und vom März 2003 entwickelten Strategie verabschiedeten das Europäische Parlament und der Rat bisher **folgende Ergänzungs- und Änderungsvorschriften**: Verordnung 2003/1726/EG vom 22. Juli 2003 (Einführung von Doppelhüllen-Öltankschiffen), Richtlinien 2003/103/EG vom 17. November 2003 und 2005/45/EG vom 7. September 2005 (Ausbildung von Seeleuten), Verordnung 2004/724/EG vom 31. März 2004 (Europäische Agentur für die Sicherheit des Seeverkehrs) sowie Rahmenbeschluß 2005/667/JI vom 12. Juli 2005 und Richtlinie 2005/35/EG vom 7. September 2005 (Sanktionen für Verschmutzungsdelikte). Ergebnisse von **gesonderten Einzelinitiativen** waren die Verordnung 2003/782/EG vom 14. April 2003 (zinnorganische Verbindungen), die Richtlinien 2003/24/EG und 2003/25/EG vom 14. April 2003 (Stabilitätsanforderungen für Ro-Ro-Fahrgastschiffe), die Verordnung 2004/725/EG vom 31. März 2004 (Gefahrenabwehr) und die Richtlinie 2005/33/EG vom 6. Juli 2005 (Schwefelgehalt von Schiffskraftstoffen) *(vgl. S.287, 297, 306, 311, 321f., 329; T. Middendorf, 2003, S. 207; T. Middendorf, 2004, S.195).*

3.5.2 Grundsatzbestimmungen zur Schiffsüberwachung und -kontrolle

3.5.2.1 Hafenstaatkontrolle

Ihre bereits zum Ende der siebziger und zu Beginn der achtziger Jahre unternommenen Versuche zur Einführung einer gemeinschaftlichen Regelung der Hafenstaatkontrolle *(vgl. S.61)* griff die Kommission im Zusammenhang mit ihrer Mitteilung vom 6. März 1985 über Fortschritte auf dem Wege zu einer gemeinsamen Verkehrspolitik – Seeverkehr [KOM (85) 90 endg.] *(vgl. S.123)*, der Haager Ministerkonferenz über sichere Schiffe auf sauberen Meeren am 23. April 1986 und der Mitteilung vom 3. August 1989 über Maßnahmen zur Verbesserung der Betriebsbedingungen des Seeverkehrs der Gemeinschaft [KOM (89) 266 endg.] *(vgl. S.188)* wieder auf. Eine effektive Handhabung der Regelungen sollte durch die wirksame Anwendung des ILO-Übereinkommens Nr. 147 von 1976 über Mindestnormen auf Handelsschiffen und seine Aufnahme in die Dienstvorschrift der Überprüfer, die Förderung von Fortbildungslehrgängen, die Unterstützung der einzelnen Länder bei der Durchführung der Hafenstaatkontrolle, die Unterzeichnung und Ratifizierung einschlägiger Vereinbarungen durch alle Mitgliedstaaten sowie die Zusammenarbeit mit Nicht-Unterzeichnerstaaten erreicht werden. In der beigefügten **Empfehlung 89/C 263/03 vom 3. August 1989 [ABl. C 263 16.10.89 S.15]** wies die Kommission zwar den Flaggenstaaten die Hauptverantwortung für die Durchsetzung der Vorschriften zu, angesichts der zunehmenden Tendenz zu einem Unterlaufen der Normen erachtete die Kommission jedoch ein einheitliches System der Hafenstaatkontrolle als dringend notwendig. Die Mitgliedstaaten wurden unverbindlich dazu aufgefordert, die Kontrollen zu vereinheitlichen und zu verbessern (Überprüfung von mindestens 25 % der Handelsschiffe aus Drittstaaten; strikte Anwendung der Verfahren; Bereitstellung der notwendigen personellen und finanziellen Mittel) *(vgl. Bull. EG 5-1989, S.59f.; M. D. Aspinwall, 1995, S.133f.; zur Durchführung der Hafenstaatkontrolle zwischen 1985 und 1991 KOM (93) 66 endg., S.38ff.).*

Eine verbindliche gemeinschaftliche Regelung der Hafenstaatkontrolle durch die Festlegung einheitlicher Kriterien für die wirksame Überprüfung der Einhaltung einschlägiger gemeinschaftlicher Vorschriften und internationaler Instrumente, die anzuwendenden Kontrollverfahren sowie das Festhalten der Schiffe erfolgte schließlich erst durch die **Richtlinie 95/21/EG des Rates vom 19. Juni 1995 [ABl. L 157 07.07.95 S.1]**, die am 27. Juli 1995 in Kraft trat und der bis zum 30. Juni 1996 nachzukommen war. Die Überprüfung wird von den nationalen Seeschiffahrtsverwaltungen durchgeführt und erstreckt sich – ursprünglich für ein repräsentatives Kalenderjahr – auf mindestens 25 % der Schiffe und deren Besatzung, die den Seehafen eines Mitgliedstaats anlaufen oder in ihm vor Anker gehen; ausgenommen sind Militärschiffe, Fischereifahrzeuge, staatliche Schiffe für nichtgewerbliche Zwecke, Holzschiffe einfacher Bauart und Vergnügungsjachten. Bis zu der ab 2003 **anzuwendenden Neuregelung** hatten die Mitgliedstaaten dem Sekretariat der Pariser Vereinbarung und der Kommission

Übersicht 29: Hafenstaatkontrolle in der Gemeinschaft seit Ende der achtziger Jahre

Empfehlung 89/C 263/03 der Kommission vom 3. August 1989 für eine wirkungsvollere Hafenstaatkontrolle in der Gemeinschaft [ABl. C 263 16.10.89 S.15]

Richtlinie 95/21/EG des Rates vom 19. Juni 1995 zur Durchsetzung internationaler Normen für die Schiffssicherheit, die Verhütung von Verschmutzung und die Lebens- und Arbeitsbedingungen an Bord von Schiffen, die Gemeinschaftshäfen anlaufen und in Hoheitsgewässern der Mitgliedstaaten fahren (Hafenstaatkontrolle) [ABl. L 157 07.07.95 S.1] — Rechtsetzung auf der Grundlage des Art. 84 (80) Abs. 2 EGV, auf Vorschlag der Kommission [ABl. C 107 15.04.94 S.14; ABl. C 347 08.12.94 S.15; KOM (95) 301 endg.] und nach Stellungnahme des WSA [ABl. C 393 31.12.94 S.50]; Stellungnahme des EP [ABl. C 323 21.11.94 S.178], gemeinsamer Standpunkt des Rates [ABl. C 093 13.04.95 S.25] und Beschluß des EP [ABl. C 151 19.06.95 S.227] im Rahmen des Verfahrens der Zusammenarbeit — Aufnahme in den Anhang XIII des EWR-Abkommens durch den Beschluß 20/96 des Gemeinsamen EWR-Ausschusses [ABl. L 124 23.05.96 S.28]

Richtlinie 96/40/EG der Kommission vom 25. Juni 1996 zur Erstellung eines einheitlichen Musters für die Ausweise der Besichtiger der Hafenstaatkontrolle [ABl. L 196 07.08.96 S.8] — Aufnahme in den Anhang XIII des EWR-Abkommens durch den Beschluß 11/97 des Gemeinsamen EWR-Ausschusses [ABl. L 182 10.07.97 S.41]

Richtlinie 98/25/EG des Rates vom 27. April 1998 zur Änderung der Richtlinie 95/21/EG zur Durchsetzung internationaler Normen für die Schiffssicherheit, die Verhütung von Verschmutzung und die Lebens- und Arbeitsbedingungen an Bord von Schiffen, die Gemeinschaftshäfen anlaufen und in Hoheitsgewässern der Mitgliedstaaten fahren (Hafenstaatkontrolle) [ABl. L 133 07.05.98 S.19] — Rechtsetzung auf der Grundlage des Art. 84 (80) Abs. 2 EGV, auf Vorschlag der Kommission [ABl. C 264 30.08.97 S.33] und nach Stellungnahme des WSA [ABl. C 073 09.03.98 S.64]; Stellungnahme des EP [ABl. L 388 22.12.97 S.16], gemeinsamer Standpunkt des Rates [ABl. C 091 26.03.98 S.28] und Beschluß des EP [ABl. C 138 04.05.98 S.25] im Rahmen des Verfahrens der Zusammenarbeit — Aufnahme in den Anhang XIII des EWR-Abkommens durch den Beschluß 39/1999 des Gemeinsamen EWR-Ausschusses [ABl. L 266 19.10.2000 S.45]

Richtlinie 98/42/EG der Kommission vom 19. Juni 1998 zur Änderung der Richtlinie 95/21/EG zur Durchsetzung internationaler Normen für die Schiffssicherheit, die Verhütung von Verschmutzung und die Lebens- und Arbeitsbedingungen an Bord von Schiffen, die Gemeinschaftshäfen anlaufen und in Hoheitsgewässern der Mitgliedstaaten fahren (Hafenstaatkontrolle) [ABl. L 184 27.06.98 S.40] — Aufnahme in den Anhang XIII des EWR-Abkommens durch den Beschluß 10/1999 des Gemeinsamen EWR-Ausschusses [ABl. L 035 10.02.2000 S.41]

Richtlinie 1999/97/EG der Kommission vom 13. Dezember 1999 zur Änderung der Richtlinie 95/21/EG des Rates zur Durchsetzung internationaler Normen für die Schiffssicherheit, die Verhütung von Verschmutzung und die Lebens- und Arbeitsbedingungen an Bord von Schiffen, die Gemeinschaftshäfen anlaufen und in Hoheitsgewässern der Mitgliedstaaten fahren (Hafenstaatkontrolle) [ABl. L 331 23.12.1999 S.67] — Aufnahme in den Anhang XIII des EWR-Abkommens durch den Beschluß 69/2000 des Gemeinsamen EWR-Ausschusses [ABl. L 250 05.10.2000 S.52]

Richtlinie 2001/106/EG des Europäischen Parlaments und des Rates vom 19. Dezember 2001 zur Änderung der Richtlinie 95/21/EG des Rates zur Durchsetzung internationaler Normen für die Schiffssicherheit, die Verhütung von Verschmutzung und die Lebens- und Arbeitsbedingungen an Bord von Schiffen, die Gemeinschaftshäfen anlaufen und in Hoheitsgewässern der Mitgliedstaaten fahren (Hafenstaatkontrolle) [ABl. L 019 22.01.2002 S.17] — Rechtsetzung auf der Grundlage des Art. 84 (80) Abs. 2 EGV, auf Vorschlag der Kommission [ABl. C 212 E 25.07.2000 S.102; ABl. C 154 E 29.05.2001 S.67; KOM (2001) 339 endg.] sowie nach den Stellungnahmen des WSA [ABl. C 014 16.01.2001 S.22] und des AdR [ABl. C 022 24.01.2001 S.19]; Stellungnahme des EP [ABl. C 228 13.08.2001 S.133], gemeinsamer Standpunkt des Rates [ABl. C

101 30.03.2001 S.15], Beschlüsse des EP [ABl. C 034 E 07.02.2002 S.216; ABl. C 177 E 25.07. 2002 S.279] und Beschluß des Rates im Rahmen des Verfahrens der Mitentscheidung — Aufnahme in den Anhang XIII des EWR-Abkommens durch den Beschluß 56/2002 des Gemeinsamen EWR-Ausschusses [ABl. L 238 05.09.2002 S.18]
Änderung der Richtlinie 95/21/EG durch die Richtlinie 2002/84/EG des Europäischen Parlaments und des Rates vom 5. November 2002 [ABl. L 324 29.11.2002 S.53]

alle drei Jahre Angaben über die Anzahl der eingesetzten Besichtiger und der einlaufenden oder ankernden Schiffe zu übermitteln. Für die **Auswahl** der vorrangig einer Überprüfung zu unterziehenden Schiffe galten bis 1998 **besondere Vorgaben**, wie erstmaliges Anlaufen, Anlaufen nach einjähriger Abwesenheit, Registrierung in Staaten mit häufig auffällig gewordenen Schiffen, Schiffe mit bekannten Mängeln, Schiffe mit Zeugnissen einer nicht anerkannten Organisation, Nichterfüllung von Verpflichtungen, Einordnung in die Kategorie für eine erweiterte Überprüfung und aus Sicherheitsgründen ruhender Betrieb. Wurde ein Schiff innerhalb des letzten halben Jahres in einem **anderen Mitgliedstaat** besichtigt, so ist von einer Überprüfung Abstand zu nehmen, sofern das Schiff nicht vorrangig zu kontrollieren ist, vorher keine Mängel gemeldet wurden und keine triftigen Gründe vorliegen *(vgl. Bull. EU 3-1994, S.42; Bull. EU 11-1994, S.42f.; GB 1994, Ziff.381; Bull. EU 6-1995, S.77f.; GB 1995, Ziff.407; EP, 1996, S.63; V. J. G. Power, 1998, S.572f.; EP, 2000, S.24f.; C. I. Chlomoudis u. a., 2002, S.114; W. Graf Vitzthum, 2002, S.174f.; Übersicht 29).*

Die Kontrollen werden von einem unabhängigen Besichtiger vorgenommen, der gewisse **Qualifikationskriterien** erfüllt; die Mindestanforderungen an die zu diesem Zweck auszugebenden Ausweise der Besichtiger (Name, Bild, Unterschrift, Berechtigungsvermerk) legte die Kommission in der **Richtlinie 96/40/EG vom 25. Juni 1996 [ABl. L 196 07.08.96 S.8]** fest *(vgl. Bull. EU 6-1996, S.105; GB 1996, Ziff.394)*. Bei einer Überprüfung müssen zumindest bestimmte **Unterlagen und Zeugnisse** gesichtet sowie der **Gesamtzustand des Schiffes** abgeschätzt werden. Sind danach noch triftige Gründe für die Annahme vorhanden, daß wesentliche Vorschriften in bezug auf den Zustand des Schiffes, seine Ausrüstung oder die Besatzung nicht erfüllt werden, so hat eine **gründlichere Überprüfung** stattzufinden. Bei einigen Schiffsarten (ursprünglich Öltankschiffe spätestens fünf Jahre vor ihrer Außerdienststellung, über zehn Jahre alte Gas- und Chemikalientankschiffe, über zwölf Jahre alte Massengutfrachter und Fahrgastschiffe) wird nach frühestens einem Jahr eine **erweiterte Überprüfung** notwendig; einen Gemeinschaftshafen regelmäßig anlaufende Fahrgastschiffe mußten von einem der betroffenen Mitgliedstaaten immer einer solchen Kontrolle unterzogen werden. Bei **unternormigem Gesamtzustand** ist eine Aussetzung der Überprüfung bis zur vollständigen Behebung der Defizite möglich.

Bei einer Überprüfung **festgestellte Mängel** müssen umgehend beseitigt werden. Geht von den Mängeln eine eindeutige Gefahr für die Umwelt, Sicherheit oder Gesundheit aus, so kann die zuständige Behörde das **Schiff festhalten** oder den **Betrieb verbieten**; solange das Gefährdungspotential fortbesteht, dürfen diese Anordnungen nicht aufgehoben werden. Über das **Festhalten eines Schiffes** ist die Verwaltung des Flaggenstaats zu unterrichten. Die mit der Überprüfung verbundenen Kosten müssen vom Eigentümer oder Betreiber vollständig abgegolten werden. Dem Betreiber wird allerdings ein Widerspruchsrecht ohne aufschiebende Wirkung eingeräumt; bei einer unangemessenen Vorgehensweise haben Eigentümer oder Betreiber Anspruch auf Schadenersatz. Ist eine Beseitigung der Mängel im Überprüfungshafen nicht möglich, so kann eine Weiterfahrt bis zur nächsten Reparaturwerft gestattet werden. Erfahren **Lotsen** von gefährlichen Mängeln, so müssen sie die Behörden des betroffenen Hafenstaats unterrichten; die **Hafenbehörden** leiten ihre Erkenntnisse an die nationale Überprüfungsstelle weiter. Die zur gegenseitigen Kooperation verpflichteten **Überprüfungsstellen** sollten anfänglich mindestens alle drei Monate eine Liste der Schiffe veröffentlichen, deren Fahrt im vorangegangenen Quartal unterbrochen werden mußte und die zudem in den vergangenen zwei Jahren mehr als einmal festgehalten worden waren.

Infolge der **Richtlinie 98/25/EG des Rates vom 27. April 1998 [ABl. L 133 07.05.98 S.19]** sind seit dem 1. Juli 1998 auch Schiffe festzuhalten, die kein gemäß dem Internationalen Code für Maßnahmen zur Organisation eines sicheren Schiffsbetriebs und die Verhütung von Meeresverschmutzung (ISM-Code) ausgestelltes Zeugnis vorweisen können. Eine Aufhebung der Anordnung ist jedoch zulässig, wenn keine weiteren schweren Mängel vorliegen und eine Überlastung der Seehäfen vermieden werden soll; ein anderer Gemeinschaftshafen darf aber erst angelaufen werden, wenn ein gültiges Zeugnis ausgestellt ist und der anordnende Staat die Verweigerung des Hafenzugangs rückgängig gemacht hat *(vgl. Bull. EU 7/8-1997, S.56f.; GB 1997, Ziff.484; Bull. EU 4-1998, S.36; GB 1998, Ziff.448)*. Die **Richtlinie 98/42/EG der Kommission vom 19. Juni 1998 [ABl. L 184 27.06.98 S.40]** änderte mit Wirkung vom 1. Oktober 1998 das für die Überprüfung maßgebliche Auswahlverfahren, indem sie das im Rahmen der Pariser Vereinbarung festgelegte System der Prioritätswerte übernahm; demnach sind bestimmte Schiffe mit höchster Dringlichkeit zu überprüfen, andere Schiffe unter Berücksichtigung der angegebenen Prioritätsfaktoren. Angesichts der häufigen Änderung der Prioritätswerte strich die **Richtlinie 1999/97/EG der Kommission vom 13. Dezember 1999 [ABl. L 331 23.12.1999 S.67]** zum 13. Dezember 2000 die genauen Zahlenangaben wieder und verwies auf die einschlägige Datenbank. Außerdem wurden die Bestimmungen zur Veröffentlichung von Informationen verschärft (Bezugs- und Veröffentlichungszeitraum auf einen Monat reduziert; Ausweitung des Umfangs der im Zusammenhang mit dem Festhalten eines Schiffes zu erfassenden Aspekte) *(vgl. Bull. EU 6-1998, S.63; Bull. EU 12-1999, S.89f.; C. I. Chlomoudis u. a., 2002, S.114; zum ISM-Code M. A. Huybrechts, 1999, S.17ff.; P. Janssen, 1999, S.51ff.)*.

Die im Nachgang zum ersten Maßnahmenpaket nach dem Untergang des Öltankers „Erika" angenommene **Richtlinie 2001/106/EG des Europäischen Parlaments und des Rates vom 19. Dezember 2001 [ABl. L 019 22.01.2002 S.17]** führte zu zahlreichen Verschärfungen von Einzelbestimmungen, die am 22. Januar 2002 in Kraft traten und bis zum 22. Juli 2003 umzusetzen waren. So muß die Überprüfungsstelle über eine ausreichende Anzahl an Mitarbeitern verfügen. Für die Berechnung der notwendigen Anzahl der Überprüfungen wird nun der Durchschnitt aus den letzten drei Kalenderjahren herangezogen. Eine **Überprüfung** hat auf jeden Fall stattzufinden, falls keine erweiterte Überprüfung vorgenommen wird, ein Prioritätsfaktor von über 50 vorliegt und die letzte Überprüfung mindestens einen Monat zurückliegt. Ansonsten werden vorrangig diejenigen Schiffe kontrolliert, für die die höchste Dringlichkeit besteht, und anschließend bestimmte Schiffe in absteigender Reihenfolge gemäß ihrem Prioritätsfaktor. Von einer Wiederholung der **erweiterten Überprüfung** nach Ablauf eines Jahres betroffen sind jetzt über 15 Jahre alte Öltankschiffe ab 3.000 BRZ, über zehn Jahre alte Gas- und Chemikalientankschiffe, über zwölf Jahre alte Massengutfrachter sowie über 15 Jahre alte Fahrgastschiffe, die nicht nach dem schiffstypenspezifischen Verfahren untersucht wurden. Liegt die letzte Überprüfung mehr als ein Jahr zurück, sind dem nächsten anzulaufenden Seehafen alle relevanten Informationen zu übermitteln; bei Nichteinhaltung dieser Verpflichtung oder einem Prioritätsfaktor von mindestens 7 erfolgt auf jeden Fall eine erweiterte Überprüfung. Können eine Überprüfung aufgrund eines Prioritätsfaktors von über 50 oder eine obligatorische erweiterte Überprüfung nicht vorgenommen werden, so ist dies umgehend dem Informationssystem und halbjährlich der Kommission mitzuteilen; die Überprüfung findet dann im nächsten Hafen statt. Die Anzahl der Fälle darf jedoch 5 % der in Betracht kommenden Schiffe nicht überschreiten. Eine **Zugangsverweigerung** gilt für Schiffe, die (1) in einem in der Schwarzen Liste des Jahresberichts der Pariser Vereinbarung aufgeführten Staat registriert sind und in den vergangenen zwei Jahren mehr als zweimal festgehalten wurden, (2) in einem Staat, der in die Kategorien „sehr hohes Risiko" oder „hohes Risiko" eingestuft ist, registriert sind und in den letzten drei Jahren mehr als einmal festgehalten wurden [KOM(2002)681 endg., S.19; ABl. C272 13.11.2003 S.16; ABl. C243 30.09. 2004 S.4; ABl. C 142 11.06.2005 S.48]; auch gegen eine solche Entscheidung kann ein Widerspruch eingelegt werden. Das Recht auf **Festhalten eines Schiffes** wird auf die fehlende Ausstattung mit einem Schiffsdatenschreiber (VDR) ausgeweitet; der Mangel kann aber im nächsten Seehafen oder innerhalb eines Monats beseitigt werden. Die Angaben zur Zahl der eingesetzten Besichtiger und der eingelaufenen Schiffe müssen jährlich und nach Seehäfen spezifiziert erfolgen; außerdem sind genauere Angaben zu den Schiffsbewegungen zu machen. Darüber hinaus nahmen die vier Änderungsrichtlinien Anpassungen an die **zwischenzeitlichen Modifizierungen** der einschlägigen Übereinkommen (SOLAS, MARPOL, STCW, Pariser Vereinbarung) sowie der Protokolle, Codes und Entschließungen vor *(vgl. Bull. EU 3-2000, S.85; Bull. EU 12-2000, S.107f.; GB 2000, Ziff.645; Bull. EU 12-2001, S.116f.; GB 2001, Ziff.711).*

3.5.2.2 Schiffsüberprüfungs- und -besichtigungsorganisationen

Hauptanliegen der bis Ende 1995 umzusetzenden **Richtlinie 94/57/EG des Rates vom 22. November 1994 [ABl. L 319 12.12.94 S.20]** i. d. F. der Berichtigung [ABl. L 048 03.03.95 S.26] und ergänzt durch die **Richtlinie 97/58/EG der Kommission vom 26. September 1997 [ABl. L 274 07.10.97 S.8]** sind die Aufstellung von einheitlichen Regelungen für die Kontrolle von Schiffen durch die nationalen Verwaltungen oder durch die – ursprünglich von den Mitgliedstaaten anzuerkennenden und zu ermächtigenden – Schiffsüberprüfungs- und -besichtigungsorganisationen (Klassifikationsgesellschaften) sowie die Vorgabe von gemeinsamen Anforderungen bzw. Mindestkriterien, deren Erfüllung von diesen Institutionen nachzuweisen ist. Hierunter fallen u. a. die Erfahrung mit der Beurteilung von Handelsschiffen, die bisherige Klassifizierungstätigkeit, die Anzahl und Qualifikation der Mitarbeiter, die Existenz und Weiterentwicklung eines umfassenden Vorschriftenwerks, die Veröffentlichung der Schiffsregister, die Unabhängigkeit von Seeverkehrs- und Schiffbauunternehmen, die Zusammenarbeit mit der Verwaltung, die schriftliche Niederlegung von Politik, Zielen und Verpflichtungen zur Qualitätssicherung, die interne Qualitätssicherung sowie die Durchführung von Überprüfungen und Besichtigungen. Sofern sämtliche Kriterien mit Ausnahme der allgemeinen Anforderungen an die bisherige Klassifizierungstätigkeit sowie die Anzahl und Qualifikation der Mitarbeiter erfüllt sind, spricht die Kommission eine auf drei Jahre befristete Anerkennung aus. Die Anzahl der Organisationen kann entsprechend dem Bedarf begrenzt werden; in Drittstaaten niedergelassene Organisationen werden nur auf Gegenseitigkeit zugelassen *(vgl. Bull. EG 5-1993, S.34; Bull. EU 4-1994, S.39f.; Bull. EU 11-1994, S.42; GB 1994, Ziff.382; EP, 1996, S.61f.; Bull. EU 9-1997, S.31; V. J. G. Power, 1998, S.252; Übersicht 30).*

Im Rahmen einer schriftlichen Vereinbarung oder einer gleichwertigen rechtlichen Regelung wird ein Auftragsverhältnis zwischen der **zuständigen Verwaltung** und der **anerkannten Organisation** definiert (IMO-Entschließung über Leitlinien für die Ermächtigung der Organisationen; Kontrolle der Aufgaben; Möglichkeit von Schiffsüberprüfungen; Weitergabe von Klassifizierungsangaben). Werden die Anforderungen nicht mehr erfüllt, so ist eine **Aussetzung oder Entziehung** der Anerkennung möglich, was anfänglich allein den Mitgliedstaaten oblag. Diese müssen sich auch mindestens alle zwei Jahre darüber vergewissern, daß die anerkannten Organisationen ihre Aufgaben zufriedenstellend erfüllen und den notwendigen Kriterien genügen. Die anerkannten Organisationen selbst sind zur **gegenseitigen Konsultation** im Hinblick auf die Sicherstellung der Gleichwertigkeit und die Durchführung der technischen Normen sowie zur **Zusammenarbeit mit den Verwaltungen** (Hafenstaatkontrolle, Ausklassifizierungen oder Klassenwechsel von Schiffen) verpflichtet. Verzeichnisse der anerkannten Organisationen veröffentlichte die Kommission mit den **Entscheidungen 96/587/EG vom 30. September 1996 [ABl. L 257 10.10.96 S.43]**, **98/403/EG vom 12. Juni 1998 [ABl. L 178 23.06.98 S.39]** und **2002/221/EG vom 14. März 2002 [ABl. L 073 15.03.2002 S.30]**; befristete Anerkennungen sprach sie mit den **Entscheidungen 98/295/EG vom 22. April 1998 [ABl. L 131 05.05.98 S.34]**, **2001/890/EG vom 13. Dezember 2001 [ABl. L 329 14.12.2001 S.72]** und **2005/623/EG vom 3. August 2005 [ABl. L 219 24.08.2005 S.43]** in bezug auf die Gesellschaft Hellenic Register of Shipping sowie mit den **Entscheidungen 2000/481/EG vom 14. Juli 2000 [ABl. L 193 29.07.2000 S.91]**, **2002/315/EG vom 29. April 2002 [ABl. L 113 30.04. 2002 S.31]** und **2005/311/EG vom 18. April 2005 [ABl. L 099 19.04.2005 S.15]** für Rinave – Registro Internacional Naval SA aus.

Die von den Verwaltungen oder Organisationen anzuwendenden Verfahren für die **Überprüfung und Besichtigung** sowie die **Zertifizierung** von Schiffen durch die Ausstellung von Zeugnissen basieren auf den einschlägigen internationalen Übereinkommen. Hauptkriterium für die vorrangige **Auswahl von Schiffen** im Rahmen einer Überprüfung ist das Vorliegen von Zeugnissen nicht anerkannter Organisationen. Entsprechen die Schiffe nicht den international vereinbarten Standards, so haben die Mit-

Übersicht 30: Schiffsüberprüfungs- und -besichtigungsorganisationen

Grundsatzbestimmungen

Richtlinie 94/57/EG des Rates vom 22. November 1994 über gemeinsame Vorschriften und Normen für Schiffsüberprüfungs- und -besichtigungsorganisationen und die einschlägigen Maßnahmen der Seebehörden [ABl. L 319 12.12.94 S.20] i. d. F. der Berichtigung [ABl. L 048 03.03.95 S.26] — Rechtsetzung auf der Grundlage des Art. 84 (80) Abs. 2 EGV, auf Vorschlag der Kommission [ABl. C 167 18.06.93 S.13; KOM (93) 570 endg.; ABl. C 124 05.05.94 S.5] und nach Stellungnahme des WSA [ABl. C 034 02.02.94 S.14]; Stellungnahme des EP [ABl. C 091 28.03. 94 S.99], gemeinsamer Standpunkt des Rates [ABl. C 301 27.10.94 S.75] und Beschluß des EP [ABl. C 341 05.12.94 S.69] im Rahmen des Verfahrens der Zusammenarbeit — Aufnahme in den Anhang XIII des EWR-Abkommens durch den Beschluß 30/95 des Gemeinsamen EWR-Ausschusses [ABl. L 273 16.11.95 S.49]

Richtlinie 97/58/EG der Kommission vom 26. September 1997 zur Änderung der Richtlinie 94/57/EG des Rates über gemeinsame Vorschriften und Normen für Schiffsüberprüfungs- und -besichtigungsorganisationen und die einschlägigen Maßnahmen der Seebehörden [ABl. L 274 07. 10.97 S.8] — Aufnahme in den Anhang XIII des EWR-Abkommens durch den Beschluß 33/98 des Gemeinsamen EWR-Ausschusses [ABl. L 310 19.11.98 S.20]

Richtlinie 2001/105/EG des Europäischen Parlaments und des Rates vom 19. Dezember 2001 zur Änderung der Richtlinie 94/57/EG des Rates über gemeinsame Vorschriften und Normen für Schiffsüberprüfungs- und -besichtigungsorganisationen und die einschlägigen Maßnahmen der Seebehörden [ABl. L 019 22.01.2002 S.9] — Rechtsetzung auf der Grundlage des Art. 84 (80) Abs. 2 EGV, auf Vorschlag der Kommission [ABl. C 212 E 25.07.2000 S.114; ABl. C 154 E 29.05.2001 S.51; KOM (2001) 338 endg.] sowie nach den Stellungnahmen des WSA [ABl. C 014 16.01.2001 S.22] und des AdR [ABl. C 022 24.01.2001 S.19]; Stellungnahme des EP [ABl. C 228 13.08.2001 S.150], gemeinsamer Standpunkt des Rates [ABl. C 101 30.03.2001 S.1], Beschlüsse des EP [ABl. C 034 E 07.02.2002 S.217; ABl. C 177 E 25.07.2002 S.280] und Beschluß des Rates im Rahmen des Verfahrens der Mitentscheidung — Aufnahme in den Anhang XIII des EWR-Abkommens durch den Beschluß 56/2002 des Gemeinsamen EWR-Ausschusses [ABl. L 238 05.09. 2002 S.18]

Änderung der Richtlinie 94/57/EG durch die Richtlinie 2002/84/EG des Europäischen Parlaments und des Rates vom 5. November 2002 [ABl. L 324 29.11.2002 S.53]

Kommissionsentscheidungen über anerkannte Organisationen

Entscheidung 96/587/EG der Kommission vom 30. September 1996 über die Veröffentlichung des Verzeichnisses der von den Mitgliedstaaten gemäß der Richtlinie 94/57/EG des Rates als anerkannt gemeldeten Organisationen [ABl. L 257 10.10.96 S.43] — Entscheidung 98/295/EG der Kommission vom 22. April 1998 über die Anerkennung der Gesellschaft „Hellenic Register of Shipping“ gemäß der Richtlinie 94/57/EG des Rates [ABl. L 131 05.05.98 S.34] — Entscheidung 98/403/EG der Kommission vom 12. Juni 1998 zur Änderung der Entscheidung 96/587/EG über die Veröffentlichung des Verzeichnisses der von den Mitgliedstaaten gemäß der Richtlinie 94/57/EG des Rates als anerkannt gemeldeten Organisationen [ABl. L 178 23.06.98 S.39] — Entscheidung 2000/481/EG der Kommission vom 14. Juli 2000 über die Anerkennung von „Rinave – Registro Internacional Naval, SA“ gemäß der Richtlinie 94/57/EG des Rates [ABl. L 193 29.07. 2000 S.91] — Entscheidung 2001/890/EG der Kommission vom 13. Dezember 2001 über die Anerkennung der Gesellschaft „Hellenic Register of Shipping“ gemäß Artikel 4 Absatz 3 der Richtlinie 94/57/EG des Rates [ABl. L 329 14.12.2001 S.72] — Entscheidung 2002/221/EG der Kommission vom 14. März 2002 zur Änderung der Entscheidung 96/587/EG über die Veröffentlichung des Verzeichnisses der von den Mitgliedstaaten gemäß der Richtlinie 94/57/EG des Rates als anerkannt gemeldeten Organisationen [ABl. L 073 15.03.2002 S.30] — Entscheidung 2002/315/EG der Kommission vom 29. April 2002 über die Anerkennung von „Rinave – Registro Internacional Naval, SA“ gemäß Artikel 4 Absatz 3 der Richtlinie 94/57/EG des Rates [ABl. L

113 30.04.2002 S.31] — Entscheidung 2005/311/EG der Kommission vom 18. April 2005 über die Verlängerung der beschränkten Anerkennung von „RINAVE – Registro Internacional Naval, SA" [ABl. L 099 19.04.2005 S.15] — Entscheidung 2005/623/EG der Kommission vom 3. August 2005 über die Verlängerung der beschränkten Anerkennung der Gesellschaft „Hellenic Register of Shipping" [ABl. L 219 24.08.2005 S.43]

gliedstaaten **angemessene Gegenmaßnahmen** zu ergreifen. Ferner müssen die unter der Flagge eines Mitgliedstaats gebauten und instandgehaltenen Schiffe in bezug auf den Schiffskörper, die Maschinen, die elektrischen Einrichtungen sowie die Steuer-, Überwachungs- und Regeleinrichtungen den von der zuständigen anerkannten Organisation **aufgestellten Normen** genügen. In Drittstaaten registrierte Schiffe dürfen gegenüber Schiffen aus der Gemeinschaft nicht bevorzugt werden *(vgl. K. X. Li, 1999, S. 135ff.)*.

Die ebenfalls infolge des ersten Maßnahmenpakets nach dem Untergang des Öltankers „Erika" angenommene **Richtlinie 2001/105/EG des Europäischen Parlaments und des Rates vom 19. Dezember 2001 [ABl. L 019 22.01.2002 S.9]**, die am 22. Januar 2002 in Kraft trat und bis zum 22. Juli 2003 umgesetzt werden sollte, sorgte dann für eine deutliche Verschärfung der Vorschriften. Insbesondere können Organisationen, die den Nachweis für die Erfüllung der Kriterien erbracht haben, die nun auf drei Jahre beschränkte Anerkennung nur noch von der Kommission erhalten. Zu diesem Zweck führt die Kommission zusammen mit den Mitgliedstaaten mindestens alle zwei Jahre Bewertungen der Organisationen durch, die auf Besuchen bei den Regionalniederlassungen und stichprobenartigen Überprüfungen von Schiffen beruhen. Bei der Entscheidung über die **Anerkennung der Organisationen** ist deren Leistungsnachweis über die Sicherheit und Verschmutzungsverhütung, der auf den Daten der Pariser Vereinbarung über die Hafenstaatkontrolle, Unfallanalysen und Berichten der Mitgliedstaaten beruht, besonders zu berücksichtigen. Bereits erteilte Anerkennungen bleiben bestehen, die Organisationen müssen jedoch den neuen Anforderungen entsprechen. Die Kommission entscheidet auch alleine über die **Entziehung der Anerkennung**. Bei einer Verschlechterung des Leistungsnachweises kann sie von den Organisationen Verbesserungsmaßnahmen verlangen; führen diese nicht zum Erfolg, so ist – ergänzend zu den Befugnissen der Mitgliedstaaten – auch die Kommission zur einjährigen Aussetzung und danach zur Entziehung der Anerkennung berechtigt. Die das Auftragsverhältnis spezifizierende Vereinbarung oder Regelung wird durch **Bestimmungen zur finanziellen Haftung** der anerkannten Organisationen ergänzt, deren **Informationspflicht** gegenüber der Verwaltung ausgeweitet und die **gegenseitige Unterrichtung** der Organisationen detaillierter geregelt *(vgl. Bull. EU 3-2000, S.85; Bull. EU 12-2000, S.107f.; GB 2000, Ziff.645; Bull. EU 12-2001, S.117; GB 2001, Ziff.711)*.

3.5.2.3 Meldeformalitäten in Seehäfen

Die **Richtlinie 2002/6/EG des Europäischen Parlaments und des Rates vom 18. Februar 2002 [ABl. L 067 09.03.2002 S.31]** *(vgl. Übersicht 31)*, die am 9. März 2002 in Kraft trat und innerhalb von eineinhalb Jahren umzusetzen war, legte für das Einlaufen in bzw. das Auslaufen aus gemeinschaftlichen Seehäfen einheitliche Meldeformalitäten in bezug auf das Schiff, die Vorräte, die persönliche Habe der Besatzung sowie die Besatzungs- und ggf. die Fahrgastliste fest; hierfür sind die standardisierten Formulare gemäß dem IMO-Übereinkommen vom 9. April 1965 zur Erleichterung des internationalen Seeverkehrs (FAL) zu verwenden *(vgl. Bull. EU 1/2-2001, S.96f.; Bull. EU 12-2001, S.116; GB 2001, Ziff.706; GB 2002, Ziff.649).*

3.5.2.4 Gemeinsames Überwachungs-, Kontroll- und Informationssystem

Eine erste Initiative zur Errichtung eines europäischen Schiffsmeldesystems ging auf einen **Richtlinienvorschlag** der Kommission vom 17. Dezember 1993 [ABl. C 022 26. 01.94 S.7; ABl. C 193 16.07.94 S.7; SEK (1999) 581 endg.] zurück. Demnach war bis zum 31. Dezember 1996 die Etablierung eines verbindlichen Systems namens **Eurorep** vorgesehen, das aus einem allgemeinen Meldesystem und einem System für Meldungen an VTS-Dienste bestehen sollte. Zu diesem Zweck wurde ein Seegebiet definiert, das zwecks Abgrenzung der einzelstaatlichen Zuständigkeiten in Teilzonen untergliedert war; die nationalen Schiffsmeldesysteme sollten in Eurorep integriert werden. Bei der Einfahrt in den **VTS-Erfassungsbereich** hatte das Schiff Namen, IMO-Kennummer, Position, Route und Ladung zu melden; erfolgte die Einfahrt jenseits des Küstenmeeres oder in einer vom internationalen Verkehr genutzten Meerenge, so galt die Meldepflicht erst nach dem Inkrafttreten der Richtlinie und der einschlägigen Änderungen des Kapitels V des **SOLAS-Übereinkommens**. Für Schiffe, die gefährliche oder umweltschädliche Güter transportieren und die einen Gemeinschaftshafen anlaufen oder die Flagge eines Mitgliedstaats führen, war die Teilnahme verbindlich; mit dem Inkrafttreten der gemeinschaftlichen oder internationalen Vorschriften sollten auch sonstige, im Transitverkehr abgewickelte **Gefahrguttransporte** erfaßt werden. Für die Beförderung gefährlicher oder umweltschädlicher Güter waren zusätzliche Meldeanforderungen gemäß der Richtlinie 93/75/EWG des Rates *(vgl. S.308)* beabsichtigt. Nach den Stellungnahmen des **Europäischen Parlaments** [ABl. C 128 09.05. 94 S.137; ABl. C 054 25.02.2000 S.79] und des **Wirtschafts- und Sozialausschusses** [ABl. C 295 22.10.94 S.28] wurde der Vorschlag vom Rat jedoch nicht weiterverfolgt und am 11. Dezember 2001 von der Kommission zurückgezogen [ABl. C 005 09.01. 2004 S.16] *(vgl. Bull. EG 12-1993, S.63; Bull. EU 6-1994, S.64f.; EP, 1994b, S.46ff., 73ff.).*

Die Einrichtung eines gemeinsamen Überwachungs- und Informationssystems erfolgte letztlich im Zuge der Umsetzung des im Dezember 2000 angenommenen zweiten Maßnahmenpakets für die Sicherheit der Seeschiffahrt mit der **Richtlinie 2002/59/EG des Europäischen Parlaments und des Rates vom 27. Juni 2002 [ABl. L 208 05. 08.2002 S.10]**, die am 5. August 2002 in Kraft trat und die Richtlinie 93/75/EWG des Rates *(vgl. S.308)* ab dem 5. Februar 2004 ersetzte. Angesichts der bei den vergangenen Schiffskatastrophen gemachten Erfahrungen verband man damit die Hoffnung, die Reaktionsfähigkeit der Behörden auf Vorkommnisse, Unfälle und potentiell gefährliche Situationen, insbesondere hinsichtlich der Durchführung von Such- und Rettungsaktionen, zu verbessern und zu einer effizienteren Bekämpfung der Meeresverschmutzung beizutragen. Von den Regelungen erfaßt werden alle Schiffe ab 300 BRZ mit Ausnahme von Kriegs-, Flottenhilfs- und sonstigen zu öffentlichen Zwecken eingesetzten Schiffen, Fischereifahrzeugen, Traditionsschiffen und Sportbooten mit einer Länge von weniger als 45 m, Bunkern von weniger als 5.000 t, Bordvorräten und Schiffsausrüstungen *(vgl. Bull. EU 12-2000, S. 106 f.; GB 2000, Ziff. 645; Bull. EU 10-2001, S. 87 f.; Bull. EU 6-2002, S. 91 f.; GB 2002, Ziff. 647; Übersicht 31).*

Gemäß den allgemeinen **Melde- und Überwachungsbestimmungen** müssen der Betreiber, Agent oder Kapitän der Behörde des Bestimmungshafens mindestens einen Tag im voraus, zum Zeitpunkt des Auslaufens aus dem vorigen Hafen oder bei Kenntnis des Anlaufhafens **folgende Angaben** übermitteln: Identifikation des Schiffes, Bestimmungshafen, voraussichtliche Ankunfts- und Wiederauslaufzeit, Anzahl der an Bord befindlichen Personen. Bei der Meldung von Informationen ist ein von der IMO angenommenes verbindliches **Schiffsmeldesystem** zu befolgen; ferner sind vorgeschrieben die Ausrüstung mit einem Automatischen Schiffsidentifizierungssystem (AIS) bis zum 1. Juli 2007, die Nutzung eines von der IMO genehmigten Systems der Schiffswegeführung, der regelgerechte Gebrauch eines vorhandenen VTS-Dienstes und das Mitführen eines VDR bis spätestens 1. Januar 2008; die landgestützten Ausrüstungen und Anlagen sind bis Ende 2007 zu errichten. Bei der Untersuchung von Unfällen oder Vorkommnissen sind die Bestimmungen des entsprechenden **IMO-Codes** einzuhalten.

Bei der Meldung von **gefährlichen oder umweltschädlichen Gütern** müssen der Kapitän oder der Betreiber vom Verlader eine Erklärung erhalten (Bezeichnung, UNO-Nummern, Gefahrgutklasse, erforderliche Schiffskategorie, Mengen, Identifikationsnummern, Informationsadresse). Der Betreiber, Agent oder Kapitän übermittelt der zuständigen Behörde des Mitgliedstaats (bei Abfahrtshafen außerhalb der Gemeinschaft der Behörde im ersten anzulaufenden Mitgliedstaat) spätestens zum Zeitpunkt des Auslaufens **folgende Informationen**: Identifikation des Schiffes, Bestimmungshafen, voraussichtliche Auslaufzeit aus Abfahrtshafen und Ankunftszeit im Bestimmungshafen, Anzahl der an Bord befindlichen Personen; Ladungsinformationen gemäß der Verladererklärung, Bestätigung des Vorhandenseins einer Aufstellung, eines Verzeichnisses oder eines Lageplans; die betroffene Hafenbehörde hat alle Informationen ausreichend lange aufzubewahren. **Ausnahmeregelungen** gelten unter bestimmten Bedingungen (jederzeit aktuelle Liste der betroffenen Schiffe, Bereithaltung der notwendigen Informationen) für innerstaatliche Liniendienste; bei internationalen Diensten erfolgt die Erteilung einer **Sondergenehmigung** auch durch die anderen Mitgliedstaaten. Die Einhaltung der Bedingungen ist regelmäßig zu überprüfen.

Hinsichtlich der **Überwachung von Risikoschiffen** und des Vorgehens bei **Vorkommnissen und Unfällen** sind als Kriterien für das Vorliegen eines potentiellen Risikos die Beteiligung an Vorkommnissen oder Unfällen, die Verletzung von Mitteilungs- und Meldepflichten, die Nichtbeachtung von Regeln der Systeme der Schiffswegeführung und der VTS-Dienste, der Nachweis oder Verdacht des absichtlichen Ölablassens und die Verweigerung des Hafenzugangs anzusehen; diesbezüglich sind ein **gegenseitiger Informationsaustausch** vorzunehmen sowie **Inspektionen oder Überprüfungen** durchzuführen. Der Kapitän hat alle Vorkommnisse oder Unfälle unverzüglich zu melden (Kollision, Auflaufen und Havarie; Ausfälle, Defekte oder Pannen des Rumpfes, der Ausrüstung, des Antriebs, der Steuerung sowie der Navigation und Kommunikation; Überflutung, Verrutschen der Ladung, Verklappung und Meeresverschmutzung). Geeignete **Gegenmaßnahmen** umfassen die Beschränkung der Bewegung des Schiffes, die Vorgabe einer bestimmten Fahrtroute, eine offizielle Warnung des Kapitäns, das Absetzen eines Bewertungskommandos an Bord, das Anlaufen eines Notliegeplatzes, das Lotsen und Abschleppen sowie die enge Kooperation zwischen Betreiber, Kapitän und Eigentümer. Die **Unterrichtung** über die Vorkommnisse erfolgt über Funk durch die verantwortliche Küstenstation; die Behörden der betroffenen Mitgliedstaaten sind zu intensiver Zusammenarbeit angehalten. Bei außergewöhnlich schlechter See oder Wetterbedingungen, die mit einer Gefahr für Menschenleben oder einer Meeresverschmutzung einhergehen, muß der Kapitän durch die zuständigen Behörden informiert werden. Diese können **Empfehlungen** im Hinblick auf ein Ein- oder Auslaufverbot sowie die Beschränkung oder Untersagung des Bunkerns aussprechen; der Kapitän behält jedoch die eigene Entscheidungsgewalt. Die Mitgliedstaaten erstellen Pläne für die Aufnahme von **Schiffen in Seenot** (Anlaufen von Notliegeplätzen, Bereitstellung von Mitteln und Einrichtungen für Hilfe, Bergung und Verschmutzungsbekämpfung).

Die **ergänzenden Maßnahmen** umfassen die Benennung der zuständigen Behörden, Hafenbehörden und Küstenstationen sowie die Zusammenarbeit zwischen den Mitgliedstaaten und der Kommission (Aufbau und Verbesserung von Telematikverbindungen; geographische Erweiterung und Aktualisierung des Überwachungs- und Informationssystems; Erstellung von Plänen für die Aufnahme von Schiffen in Seenot). Die Mitgliedstaaten überprüfen die Funktionstüchtigkeit der Telematiksysteme und entwickeln Sanktionsvorschriften. Sie informieren sich gegenseitig über die **Überwachung von Risikoschiffen** und das Vorgehen bei **Vorkommnissen und Unfällen**. Bei schweren Verstößen sind die Zeugnisse über die Erfüllung der einschlägigen Vorschriften und über die Organisation von Sicherheitsmaßnahmen zu entziehen. Zusätzlich regte der Rat in seinen Schlußfolgerungen vom 24. Juni 2005 an, auf der Grundlage von IMO-Vorschriften ein Meldesystem für die **Abwrackung von Seeschiffen** einzurichten (vertragliche Regelung, Recycling-Plan, Auflistung der Gefahrstoffe) *(vgl. Bull. EU 6-2005, S. 80 f.)*.

3.5.2.5 Gefahrenabwehr auf Schiffen und in Seehäfen

Nach den **Terroranschlägen** vom 11. September 2001 gewann der Aspekt der Gefahrenabwehr auch in bezug auf den Seeverkehr und die Seehäfen erheblich an Bedeutung. So verlangte der Wirtschafts- und Sozialausschuß in seiner Stellungnahme vom 24. Oktober 2002 zum Thema Verkehrssicherheit [ABl. C 061 14.03.2003 S.174] die Übernahme bestehender **internationaler Übereinkommen** und die **Berücksichtigung neuerer Arbeiten** der IMO (AIS; Sicherheit von Schiffen sowie von Hafen- und Offshore-Einrichtungen; Containersicherheitssystem; Informationen über Schiffe, Fracht, Besatzungen und Passagiere). Darüber hinaus sollte die EU **spezifische Maßnahmen** ergreifen, wie die Festlegung von Standards für die Sicherheit von Seehäfen (Beschäftigte und Terminals, Sicherheitsbewertungssystem, Zugangskontrollen) und

Schiffen (Identifizierung), die Verschärfung von Schiffsüberprüfungen, die Vornahme von Ladungskontrollen im Entladehafen und ein Datenaustausch über Container; die daraus **resultierenden Kosten** waren von den Mitgliedstaaten zu tragen. Ferner empfahl der Ausschuß den Abschluß multilateraler Übereinkommen; **bilaterale Vereinbarungen** sollten nur zwischen der Gemeinschaft und den Vereinigten Staaten angewendet werden *(vgl. GB 2002, Ziff. 631)*.

Aufbauend auf den Arbeiten der IMO (Änderung des Kapitels XI-2 des SOLAS-Übereinkommens und Annahme des Internationalen Codes für die Gefahrenabwehr auf Schiffen und in Hafenanlagen (ISPS-Code) am 12. Dezember 2002), der ILO (Personalausweise für Seeleute), der Weltzollorganisation (WZO) (Befugnisse der Zollbehörden), der G8 (SOLAS, Sicherheit von Containern), der Vereinigten Staaten (Sicherheit von Containern, Vorlage von Ladelisten, Einzelvisa für Seeleute) und der Gemeinschaft selbst (internationaler Dialog, Widerstand gegen Handelsbeschränkungen und unlauteren Wettbewerb, bilaterale Abkommen mit den Vereinigten Staaten, Studien und Risikoanalysen) legte die Kommission am 2. Mai 2003 eine Mitteilung über die Verbesserung der Gefahrenabwehr im Seeverkehr [KOM (2003) 229 endg.] (Stellungnahme des Wirtschafts- und Sozialausschusses [ABl. C 032 05.02.2004 S.21]) vor. Angeregt wurden eine einheitliche **Auslegung und Anwendung** der neuen IMO-Vorschriften sowie deren Übernahme für den innergemeinschaftlichen und ggf. auch den nationalen Seeverkehr, eine **schärfere Kontrolle** von Fahrgästen und der Besatzung von Kreuzfahrtschiffen, Maßnahmen zur **Gefahrenabwehr** im ganzen Hafengebiet (Kontrollen, Zugangsbeschränkungen) und in der gesamten Logistikkette (Containersicherheit und -verfolgung), eine **Klärung der Verantwortlichkeiten**, eine erhöhte **Risikodeckung der Versicherer** sowie eine gegenseitige Anerkennung der **Sicherheits- und Kontrollmaßnahmen** auf internationaler Ebene *(vgl. Bull. EU 5-2003, S. 64 f.; GB 2003, Ziff. 686; P. Escherich, 2004, S. 15 ff.; M. Roolvink, 2004, S. 13 ff.)*.

Auf der Grundlage der Mitteilung wurden dann mit der **Verordnung 2004/725/EG des Europäischen Parlaments und des Rates vom 31. März 2004 [ABl. L 129 29.04. 2004 S.6]** erste Maßnahmen zur Erhöhung der Gefahrenabwehr auf Schiffen und in Hafenanlagen (Schnittstelle Schiff / Seehafen) verabschiedet, die am 19. Mai 2004 in Kraft traten. Zentrales Element ist die gemeinschaftliche Anwendung des **geänderten SOLAS-Übereinkommens** und des **verbindlichen Teils A des ISPS-Code**; die Bestimmungen gelten für Unternehmen und Hafenanlagen des internationalen Seeverkehrs ab dem 1. Juli 2004, des nationalen Personenseeverkehrs (Fahrgastschiffe der Klasse A) ab dem 1. Juli 2005 und des sonstigen nationalen Seeverkehrs nach vorheriger Bewertung der Sicherheitsrisiken ab dem 1. Juli 2007. Außerdem sind **bestimmte Empfehlungen des Teils B des ISPS-Codes** als obligatorisch anzusehen (Mindeststandards für und Überprüfung der Pläne zur Gefahrenabwehr auf Schiffen und in Hafenanlagen; Mindeststandards für die Risikobewertung von Schiffen und Hafenanlagen; Festlegung der Gefahrenstufe; Anwendung von Maßnahmen zur Gefahrenabwehr durch Schiffe; Besatzungsstärke; Ausweisdokumente; Häufigkeit von Schulungen und Übungen zur Gefahrenabwehr für Besatzungen, Hafenbedienstete und Sicherheitsbeauftragte; anerkannte Stellen für die Gefahrenabwehr; Kontaktstelle und Angaben über Pläne zur Gefahrenabwehr in Hafenanlagen; Unterrichtung über die Ausweisung von Schiffen aus Seehäfen oder das Verwehren der Einfahrt; Schiffe von Nicht-Vertragsparteien; Information des Kapitäns über den Schiffsbetreiber) *(vgl. Bull. EU 5-2003, S.64 f.; GB 2003, Ziff.688; Bull. EU 3-2004, S.112; T. Middendorf, 2004, S. 195; U. Ordemann, 2004, S.37 f.; Übersicht 31; zum ISPS-Code M. Roolvink, 2004, S. 13 ff.)*.

Zur **Förderung des Kurzstreckenseeverkehrs** sind gemäß dem SOLAS-Übereinkommen für den internationalen innergemeinschaftlichen Linienseeverkehr bi- oder multilaterale Vereinbarungen über **andere Methoden der Gefahrenabwehr** möglich, die einer nachträglichen Prüfung durch die Kommission unterliegen; für den nationalen Seeverkehr können **gleichwertige Vorkehrungen** getroffen werden. Vor dem Einlaufen eines Schiffes in einen Seehafen müssen die notwendigen Angaben rechtzeitig bereitgestellt bzw. von der zuständigen Behörde angefordert und überprüft werden; unter bestimmten Bedingungen (Verzeichnis der betroffenen Schiffe, Bereithaltung der Informationen) können Liniendienste von dieser Verpflichtung entbunden werden. Die Behörde für die Gefahrenabwehr oder die für die Hafenstaatkontrolle zuständigen Besichtiger *(vgl. S.278)* begutachten das entsprechende Zeugnis. Die Mitgliedstaaten nehmen die notwendigen **Verwaltungs- und Kontrollaufgaben** wahr, benennen bis zum 1. Juli 2004 eine Kontaktstelle für die Gefahrenabwehr und verabschieden einen nationalen Durchführungsplan. Ein halbes Jahr nach der erstmaligen Anwendung der internationalen Instrumente sollte die Kommission in Kooperation mit der Kontaktstelle mit Inspektionen zur Überwachung der Anwendung der Bestimmungen beginnen; diesbezügliche Durchführungsvorschriften wurden mit der **Verordnung 2005/884/EG der Kommission vom 10. Juni 2005 [ABl. L 148 11.06.2005 S.25]** festgelegt *(vgl. Übersicht 31)*.

Die aufgrund der Vorschläge der Kommission vom 10. Februar 2004 [KOM (2004) 76 endg.] und vom 28. Mai 2004 [KOM (2004) 393 endg.] erlassene **Richtlinie 2005/65/EG des Europäischen Parlaments und des Rates vom 26. Oktober 2005 [ABl. L 310 25.11.2005 S.28]** sieht ergänzende Maßnahmen zur Verbesserung der Gefahrenabwehr in Häfen für das gesamte Hafengebiet und die angrenzenden Bereiche in bezug auf Personen, Infrastrukturen und Verkehrsmittel vor. Die Erstellung von **Gutachten zur Risikobewertung** soll zur Ausarbeitung, Fortschreibung und Aktualisierung von **Plänen zur Gefahrenabwehr** führen, die die Vorkehrungen und die Vorgehensweise für die drei möglichen Gefahrenstufen bestimmen; insbesondere beinhalten sie Vorgaben zur Sicherheitskontrolle von Kraftfahrzeugen (Zusammenarbeit der Behörden, Koordination der Kontrollen, Schulungen). Die Gutachten zur Risikobewertung und die Pläne zur Gefahrenabwehr sollen bei Änderungen, spätestens aber alle fünf Jahre überprüft und von den Mitgliedstaaten genehmigt werden. Die **Behörde für die Gefahrenabwehr** ist für die Festlegung und Durchführung geeigneter Maßnahmen zuständig; der **Beauftragte zur Gefahrenabwehr** hat die Funktion einer Kontaktstelle und gewährleistet bzw. koordiniert die Arbeiten im Zusammenhang mit der Erstellung der Gutachten zur Risikobewertung und der Pläne zur Gefahrenabwehr. Ferner sind beratende **Ausschüsse zur Gefahrenabwehr** einzurichten; möglich ist auch die Ernennung **anerkannter Organisationen** (Erstellung und Überprüfung der Pläne zur Gefahrenabwehr; Überprüfung der Gutachten zur Risikobewertung). Die Mitgliedstaaten

Übersicht 31: Sonstige Kontroll- und Überwachungsvorschriften für den Seeverkehr

Meldeformalitäten

Richtlinie 2002/6/EG des Europäischen Parlaments und des Rates vom 18. Februar 2002 über Meldeförmlichkeiten für Schiffe beim Einlaufen in und / oder Auslaufen aus Häfen der Mitgliedstaaten der Gemeinschaft [ABl. L 067 09.03.2002 S.31] — Rechtsetzung auf der Grundlage des Art. 84 (80) Abs. 2 EGV, auf Vorschlag der Kommission [ABl. C 180 E 26.06.2001 S.85; ABl. C 103 E 30.04.2002 S.5] sowie nach den Stellungnahmen des WSA [ABl. C 221 07.08.2001 S.149] und des AdR [ABl. C 019 22.01.2002 S.3]; Stellungnahme des EP [ABl. C 112 E 09.05.2002 S.302] und Beschluß des Rates im Rahmen des Verfahrens der Mitentscheidung — Aufnahme in den Anhang XIII des EWR-Abkommens durch den Beschluß 106/2002 des Gemeinsamen EWR-Ausschusses [ABl. L 298 31.10.2002 S.27]

Gemeinschaftliches Überwachungs- und Informationssystem

Richtlinie 2002/59/EG des Europäischen Parlaments und des Rates vom 27. Juni 2002 über die Einrichtung eines gemeinschaftlichen Überwachungs- und Informationssystems für den Schiffsverkehr und zur Aufhebung der Richtlinie 93/75/EWG des Rates [ABl. L 208 05.08.2002 S.10] — Rechtsetzung auf der Grundlage des Art. 84 (80) Abs. 2 EGV, auf Vorschlag der Kommission [ABl. C 120 E 24.04.2001 S.67; ABl. C 362 E 18.12.2001 S.255; KOM (2002) 312 endg.] sowie nach den Stellungnahmen des WSA [ABl. C 221 07.08.2001 S.54] und des AdR [ABl. C 357 14.12.2001 S.1]; Stellungnahme des EP [ABl. C 053 E 28.02.2002 S.304], gemeinsamer Standpunkt des Rates [ABl. C 058 E 05.03.2002 S.14], Beschluß des EP [ABl. C 127 E 29.05.2003 S.472] und Beschluß des Rates im Rahmen des Verfahrens der Mitentscheidung — Aufnahme in den Anhang XIII des EWR-Abkommens durch den Beschluß 13/2003 des Gemeinsamen EWR-Ausschusses [ABl. L 094 10.04.2003 S.67]

Gefahrenabwehr auf Schiffen und in Seehäfen

Verordnung 2004/725/EG des Europäischen Parlaments und des Rates vom 31. März 2004 zur Erhöhung der Gefahrenabwehr auf Schiffen und in Hafenanlagen [ABl. L 129 29.04.2004 S.6] — Rechtsetzung auf der Grundlage des Art. 84 (80) Abs. 2 EGV, auf Vorschlag der Kommission [KOM (2003) 229 endg.] und nach Stellungnahme des WSA [ABl. C 032 05.02.2004 S.21]; Stellungnahme des EP [ABl. C 087 E 07.04.2004 S.150] und Beschluß des Rates im Rahmen des Verfahrens der Mitentscheidung — Aufnahme in den Anhang XIII des EWR-Abkommens durch den Beschluß 14/2005 des Gemeinsamen EWR-Ausschusses [ABl. L 161 23.06.2005 S.33]

Verordnung 2005/884/EG der Kommission vom 10. Juni 2005 zur Festlegung von Verfahren für die Durchführung von Kommissionsinspektionen zur Gefahrenabwehr in der Schiffahrt [ABl. L 148 11.06.2005 S.25]

Richtlinie 2005/65/EG des Europäischen Parlaments und des Rates vom 26. Oktober 2005 zur Verbesserung der Gefahrenabwehr in Häfen [ABl. L 310 25.11.2005 S.28] — Rechtsetzung auf der Grundlage des Art. 84 (80) Abs. 2 EGV, auf Vorschlag der Kommission [KOM (2004) 76 endg.; KOM (2004) 393 endg.] sowie nach den Stellungnahmen des WSA [ABl. C 302 07.12.2004 S.23; ABl. C 120 20.05.2005 S.28] und des AdR [ABl. C 043 18.02.2005 S.26]; Stellungnahme des EP vom 10. Mai 2005 im Rahmen des Verfahrens der Mitentscheidung

Internationaler Code für Maßnahmen zur Organisation eines sicheren Schiffsbetriebs

Verordnung des Europäischen Parlaments und des Rates zur Umsetzung des Internationalen Codes für Maßnahmen zur Organisation eines sicheren Schiffsbetriebs innerhalb der Gemeinschaft und zur Aufhebung der Verordnung 95/3051/EG des Rates — Rechtsetzung auf der Grundlage des Art. 84 (80) Abs. 2 EGV, auf Vorschlag der Kommission [KOM (2003) 767 endg.] und nach Stellungnahme des WSA [ABl. C 302 07.12.2004 S.20]; Stellungnahme des EP [ABl. C 102 E 28.04.2004 S.565], gemeinsamer Standpunkt des Rates [ABl. C 264 E 25.10.2005 S.28] und Beschluß des EP vom 13. Dezember 2005 im Rahmen des Verfahrens der Mitentscheidung setzen die notwendigen **Durchführungsvorschriften** in Kraft, um der Richtlinie spätestens bis zum 15. Juni 2007 nachzukommen; spätestens bis zum 15. Dezember 2008 und anschließend alle fünf Jahre legt die Kommission einen **Bewertungsbericht** vor *(vgl. Bull. EU 1/2-2004, S. 114; Bull. EU 5-2004, S.38; U. Ordemann, 2004, S.49f.).*

3.5.2.6 Umsetzung des ISM-Codes in der Gemeinschaft

Der ISM-Code wurde am 4. November 1993 von der IMO mit der Entschließung A.741 (18) – geändert durch die Entschließung MSC.104 (73) vom 5. Dezember 2000 – angenommen; durch die Aufnahme des am 24. Mai 1994 verabschiedeten Kapitels XI zur **Organisation eines sicheren Schiffsbetriebs** in das SOLAS-Übereinkommen wurde der ISM-Code dann schrittweise verbindlich (ab 1. Juli 1998: Fahrgast- und Hochgeschwindigkeitsfahrgastschiffe, Öl-, Gas- und Chemikalientanker, Massengutschiffe und Hochgeschwindigkeitsfrachtschiffe ab 500 BRZ auf Auslandsfahrt; ab 1. Juli 2002: sonstige Frachtschiffe und bewegliche Offshore-Bohreinheiten ab 500 BRZ auf Auslandsfahrt). Hinzu traten die mit der IMO-Entschließung A.788 (19) vom 23. November 1995 – geändert durch die Entschließung A.913 (22) vom 29. November 2001 – angenommenen **Leitlinien für die Umsetzung des ISM-Codes** durch die Verwaltungen, die detaillierte Vorschriften für die Ausstellung vorläufiger Zeugnisse und die Form von ISM-Zeugnissen sowie Normen für Zertifizierungsregeln enthalten. Konkrete gemeinschaftliche Umsetzungsbestimmungen in bezug auf den ISM-Code wurden mittels der Verordnung 95/3051/EG des Rates *(vgl. S.317)* zuerst nur für Ro-Ro-Fahrgastfährschiffe verabschiedet *(zum ISM-Code vgl. R. Schulte-Strathaus, 2000, S. 84ff.).*

Nach einem Vorschlag der Kommission vom 11. Dezember 2003 [KOM (2003) 767 endg.] für eine Verordnung des Europäischen Parlaments und des Rates zur **Umsetzung des Internationalen Codes** zur Organisation eines sicheren Schiffsbetriebs innerhalb der Gemeinschaft, der die Verordnung 95/3051/EG des Rates ersetzen soll, findet der ISM-Code Anwendung auf Frachtschiffe unter der Flagge eines Mitgliedstaats, Frachtschiffe im gemeinschaftlichen Kabotage-Zubringerverkehr, Fahrgastschiffe auf Auslandsfahrt unter der Flagge eines Mitgliedstaats, Fahrgastschiffe der Klassen A und B auf Inlandsfahrt und Ro-Ro-Fahrgastfährschiffe im Linienverkehr mit einem Gemeinschaftshafen. Die Unternehmen haben die **Anforderungen des ISM-Codes** zu erfüllen und Systeme zur Organisation von Sicherheitsmaßnahmen aufzubauen bzw. zu unterhalten. Die Mitgliedstaaten oder eine anerkannte Organisation erteilen den Unternehmen hierüber zwei Zeugnisse mit einer Geltungsdauer von fünf Jahren, wobei die Einhaltung der Vorschriften einmal jährlich und das ordnungsgemäße Funktionieren der Systeme zur Organisation von Sicherheitsmaßnahmen im Abstand von höchstens 30 Monaten zu überprüfen sind. Die Zeugnisse werden von den Mitgliedstaaten gegenseitig anerkannt, in bezug auf Drittstaaten jedoch nur, wenn die Erfüllung der Bestimmungen nachgewiesen ist und die Zeugnisse von einer anerkannten Organisation ausgestellt wurden. Geht von einem Fahrgastschiff trotz eines gültigen Zeugnisses über die Erfüllung der Vorschriften eine ernsthafte Gefahr für Menschen, Sachwerte oder die Umwelt aus, so kann ein Mitgliedstaat unter Beteiligung der Kommission ein **vorübergehendes Betriebsverbot** aussprechen *(vgl. Bull. EU 12-2003, S. 124 f.; GB 2003, Ziff. 683).*

3.5.3 Allgemeine Regelungen zu personellen und technischen Sicherheitsaspekten

3.5.3.1 Ausbildung von Seeleuten und Anerkennung von Befähigungszeugnissen

Zu Beginn der neunziger Jahre gewann die Förderung der **Ausbildung und Qualifizierung** von Seeleuten erheblich an Bedeutung, was zum einen im Zusammenhang mit der Verbesserung der Beschäftigungsmöglichkeiten und -bedingungen *(vgl. S. 194)* sowie der Wettbewerbsfähigkeit des europäischen Seeverkehrs, zum anderen aber auch zunehmend im Kontext der Bemühungen um die Sicherheit und Umweltverträglichkeit der Seeschiffahrt gesehen wurde. So gab die Kommission Studien in Auftrag, um die Marktentwicklungen, die Qualität der Ausbildung und die Mobilität der Arbeitnehmer, den Einsatz neuer Technologien, die politischen Rahmenbedingungen, die Notwendigkeit spezifischer Rechtsvorschriften und die Bemannungspolitiken zu untersuchen; außerdem setzte sie einen Lenkungsausschuß ein. Unter Verwendung der vorhandenen Finanzierungsinstrumente sollten **Ausbildungspläne** unterstützt und **Beschäftigungsanreize** geschaffen werden, z. B. durch die Übernahme von Ausbildungskosten, die direkte Unterstützung von Reedereien und Seeleuten, die Festlegung eines Rahmens für die Erteilung von Zeugnissen, die gegenseitige Anerkennung von Diplomen und Befähigungsnachweisen sowie die Förderung des Informationsaustausches und die Koordinierung zwischen Schulen. Auch das **Europäische Parlament** setzte sich in seinen Entschließungen vom 11. März 1994 zu einer gemeinsamen Politik im Bereich der Sicherheit im Seeverkehr [ABl. C 091 28.03.94 S.301] und vom 1. Februar 1996 zur Sicherheit auf See [ABl. C 047 19.02.96 S.27] u. a. für eine Verbesserung der Ausbildungssituation und die Verwendung einer einheitlichen Arbeitssprache ein *(vgl. KOM (93) 526 endg., S. 7 f.; Bull. EU 3-1994, S. 42; Bull. EU 1/2-1996, S. 53; KOM (96) 81 endg., S. 27 f.; zur weiteren Entwicklung Übersicht 32).*

Auf der Grundlage des STCW-Übereinkommens bestimmte schließlich die **Richtlinie 94/58/EG des Rates vom 22. November 1994 [ABl. L 319 12.12.94 S.28]**, die am 1. Januar 1995 in Kraft trat und bis Ende des Jahres umzusetzen war, einheitliche **Mindestanforderungen** an die Ausbildung von Seeleuten (Kapitäne, Offiziere, Maschinen- und Brückenwache, Rettungsbootleute) auf Schiffen, die in der Gemeinschaft registriert sind; ausgenommen bleiben Kriegsschiffe, Fischereifahrzeuge, Vergnügungsboote und einfache Holzschiffe. Die **Ausbildung** umfaßt die Vermittlung auf den Tätigkeitsbereich bezogener theoretischer Kenntnisse und praktischer Fähigkeiten; im Detail betreffen die Vorgaben das Mindestalter, die zugelassenen Seefahrtszeiten, die Ausübung bestimmter Tätigkeiten an Bord sowie die Teilnahme an Schulungen, Lehrgängen und Prüfungen. Sind die notwendigen Voraussetzungen erfüllt, so wird ein **Befähigungszeugnis** erteilt. Ausnahmegenehmigungen in bezug auf die Wahrnehmung von Tätigkeiten, für die kein Befähigungszeugnis erworben wurde, sind nur in außergewöhnlichen Bedarfsfällen und unter besonderen Bedingungen (Beschränkung auf ein bestimmtes Schiff und eine vorgegebene Zeitspanne; Besitz eines Befähigungszeugnisses für den nächstniedrigen Posten oder Nachweis einer Prüfung; Sonderregelungen für Kapitän, Leiter der Maschinenanlage und Funker) möglich. Für die **gegenseitige Anerkennung** der Befähigungszeugnisse gelten innerhalb der Gemeinschaft die Bestimmungen der Ratsrichtlinien 89/48/EWG und 92/51/EWG *(vgl. Band 1, S. 153)*. Von Drittländern ausgestellte Befähigungszeugnisse sollten – nach der Festlegung geeigneter Kriterien durch den Rat – per Beschluß anerkannt werden können *(vgl. Bull. EG 5-1993, S. 34; Bull. EU 4-1994, S. 39; Bull. EU 11-1994, S. 42; EP, 1994b, S. 60 ff.; EP, 1996, S. 60 f.; V. J. G. Power, 1998, S. 252 f.; A. A. Pallis, 2002, S. 113 ff.)*.

Die **mündliche Kommunikation** zwischen Besatzungsmitgliedern sowie zwischen Schiff und Behörden muß bei allen Schiffen unter einer Gemeinschaftsflagge sowie an Bord von Passagierschiffen im Verkehr mit einem Gemeinschaftshafen gewährleistet sein. Auf **Passagierschiffen** soll das Personal auf Anhieb als solches zu erkennen sein und in der Lage sein, sich in Notsituationen hinreichend mit den Passagieren zu verständigen. An Bord von **Chemikalien-, Flüssiggas- und Öltankschiffen** unter der Flagge eines Mitgliedstaats müssen sich der Kapitän, die Offiziere und die Schiffsleute in gemeinsamen Arbeitssprachen unterhalten können. **Schiffe aus Drittländern**, die das STCW-Übereinkommen nicht ratifiziert haben, sollten in den gemeinschaftlichen Seehäfen auf die Befolgung der Vorschriften (Qualifikation und Ausbildung der Besatzung, sprachliche Verständigung) hin überprüft werden; bei Nichteinhaltung treffen die Mitgliedstaaten geeignete Maßnahmen, die auch das **Festhalten eines Schiffes** umfassen können.

Im Zuge einer umfassenden Präzisierung und Erweiterung der gemeinschaftlichen Regelungen übernahm die **Richtlinie 98/35/EG des Rates vom 25. Mai 1998 [ABl. L 172 17.06.98 S. 1]**, die am 18. Juni 1998 in Kraft trat und bis zum 25. Mai 1999 umzusetzen war, die zwischenzeitlichen Änderungen des STCW-Übereinkommens sowie bestimmte Vorschriften des neuen STCW-Codes, legte Kriterien für die Anerkennung der von **Drittländern** ausgestellten Befähigungszeugnisse fest [ABl. C 155 29.06. 2002 S. 11; ABl. C 268 07.11.2003 S. 7; ABl. C 085 07.04.2005 S. 8], machte Vorgaben für die Inspektion von Ausbildungseinrichtungen und -programmen, spezifizierte die Mindestruhezeiten für das Wachpersonal und führte umfassende Regelungen zur Hafenstaatkontrolle ein. Die Verpflichtung, eine **Mindestausbildung** gemäß den internationalen Übereinkommen (STCW, SOLAS) zu erhalten und Inhaber eines Befähigungszeugnisses bzw. entsprechender Zeugnisse zu sein, gilt nun für alle an Bord eines Schiffes arbeitenden Seeleute; zusätzliche Kenntnisse können auch in die Prüfung zur Erteilung eines Befähigungszeugnisses für Funker einbezogen werden. Ergänzend werden die Modalitäten für die **Eintragung von Vermerken** und die **Aufbewahrung der Zeugnisse** präzisiert *(vgl. Bull. EU 10-1996, S. 46; GB 1996, Ziff. 393; Bull. EU 9-1997, S. 31; GB 1997, Ziff. 484; Bull. EU 5-1998, S. 58 f.; GB 1998, Ziff. 448; EP, 2000, S. 27)*.

Bei den in den eigenen **küstennahen Regionen** durchgeführten Reisen dürfen Seeleute, die auf im Ausland registrierten Schiffen Dienst tun, hinsichtlich der Ausbildung, der Erfahrung oder der Erteilung von Befähigungszeugnissen nicht diskriminiert werden. Die **Vorschriften des Heimatstaats** müssen aber zumindest denen desjenigen Landes entsprechen, in dem das Küstengebiet liegt; Maximalstandard sind die Anforderungen an nicht im Küstengebiet eingesetzte Schiffe. Weiterhin sollen **Wege und Verfahren** für die Untersuchung aller Fälle von Inkompetenz, für den Entzug, die Aussetzung oder die Aufhebung der Zeugnisse und die Bekämpfung von Betrügereien festgelegt sowie **Strafen und Disziplinarmaßnahmen** vorgeschrieben werden. Für alle Tätigkeiten im Zusammenhang mit der Ausbildung und der Dokumentation der Fähigkeiten existieren **Qualitätsnormen**, die mittels eines Sicherungssystems überwacht werden, sowie Vorgaben für eine mindestens alle fünf Jahre **durchzuführende Evaluierung**.

Befähigungszeugnisse werden nur an Bewerber mit hinreichender **gesundheitlicher Tauglichkeit** (Seh- und Hörvermögen) erteilt; ähnliche Vorkehrungen enthielten später auch die Vereinbarung zwischen dem ECSA und dem FST vom 30. September 1998 und die Richtlinie 1999/63/EG des Rates *(vgl. S.261)*. Die betroffene Person muß ihre persönlichen Daten, die körperliche Eignung und den Abschluß der Ausbildung bzw. die Befähigungsanforderungen nachweisen. Eine **Gültigkeitserneuerung** der Zeugnisse von Kapitänen, Offizieren und Funkern ist nur bei Erfüllung der gesundheitlichen Anforderungen und dem Nachweis der Befähigung möglich. Falls sich die einschlägigen Bestimmungen des STCW-Codes ändern, sind ggf. Auffrischungs- und Aktualisierungslehrgänge vonnöten. Außerdem sind die Vorschriften des STCW-Codes zur **Ausbildung am Simulator** zu befolgen. Für die Einhaltung der Bestimmungen zur Beschäftigung der Seeleute auf ihren Schiffen (Vorliegen des Zeugnisses, Besatzung, Aufbewahrung von Urkunden und Unterlagen, Einweisung der Seeleute, Koordination der Tätigkeiten in Notfällen) sind die **Unternehmen** verantwortlich; die Kapitäne erhalten Vorgaben zur Einweisung neuer Seeleute. Zur Verhinderung von Ermüdungen müssen **Ruhezeiten** für das Wachdienstpersonal (zehn Stunden pro Tag in maximal zwei Zeitabschnitten; Reduzierung auf sechs Stunden bei Begrenzung dieser Ausnahmeregelung auf zwei Tage und Gewährung von 70 Ruhestunden pro Woche), **Wachdienstvorkehrungen** und eine geeignete **Diensteinteilung** existieren. Außer der Bezeichnung der für die Ausbildung, die Durchführung und / oder Überwachung der Prüfungen, die Ausstellung der Zeugnisse und die Erteilung der Ausnahmegenehmigungen zuständigen Behörden haben die Mitgliedstaaten für angemessene **Ausbildungs- und Bewertungsmaßnahmen** (Programme und Unterricht; Sicherstellung des Schiffsbetriebs; Qualifikation der für die Ausbildung, Beaufsichtigung und Bewertung der Befähigung zuständigen Personen) zu sorgen. Die **Kommunikation** auf Passagierschiffen wird durch die Einführung einer Arbeitssprache verbessert, die alle Seeleute verstehen und in der sie ggf. Befehle und Anweisungen geben und Meldung machen können.

Im Rahmen der **Hafenstaatkontrolle** finden die Vorgaben der Richtlinie 95/21/EG des Rates *(vgl. S.276)* Anwendung, wobei das Vorhandensein eines Befähigungszeugnisses gemäß dem STCW-Übereinkommen, einer Ausnahmegenehmigung oder eines Belegs über die Beantragung eines Anerkennungsvermerks sowie die Erfüllung der Anforderungen hinsichtlich der Besatzung für einen sicheren Schiffsbetrieb geprüft

Übersicht 32: Ausbildung von Seeleuten, Schiffsausrüstung und Seefunkanlagen

Ausbildung von Seeleuten und Anerkennung von Befähigungszeugnissen

Richtlinie 94/58/EG des Rates vom 22. November 1994 über Mindestanforderungen für die Ausbildung von Seeleuten [ABl. L 319 12.12.94 S.28] — Rechtsetzung auf der Grundlage des Art. 84 (80) Abs. 2 EGV, auf Vorschlag der Kommission [ABl. C 212 05.08.93 S.1; KOM (93) 570 endg.; ABl. C 144 27.05.94 S.3] und nach Stellungnahme des WSA [ABl. C 034 02.02.94 S.10]; Stellungnahme des EP [ABl. C 091 28.03.94 S.109], gemeinsamer Standpunkt des Rates [ABl. C 301 27.10.94 S.41] und Beschluß des EP [ABl. C 341 05.12.94 S.69] im Rahmen des Verfahrens der Zusammenarbeit — Aufnahme in den Anhang XIII des EWR-Abkommens durch den Beschluß 29/95 des Gemeinsamen EWR-Ausschusses [ABl. L 273 16.11.95 S.48]

Richtlinie 98/35/EG des Rates vom 25. Mai 1998 zur Änderung der Richtlinie 94/58/EG über Mindestanforderungen für die Ausbildung von Seeleuten [ABl. L 172 17.06.98 S.1] — Rechtsetzung auf der Grundlage des Art. 84 (80) Abs. 2 EGV, auf Vorschlag der Kommission [ABl. C 367 05.12.96 S.1; ABl. C 337 07.11.97 S.28; KOM (98) 195 endg.] und nach Stellungnahme des WSA [ABl. C 206 07.07.97 S.29]; Stellungnahme des EP [ABl. C 182 16.06.97 S.34], gemeinsamer Standpunkt des Rates [ABl. C 389 22.12.97 S.1] und Beschluß des EP [ABl. C 056 23.02.98 S.29] im Rahmen des Verfahrens der Zusammenarbeit — Aufnahme in den Anhang XIII des EWR-Abkommens durch den Beschluß 8/1999 des Gemeinsamen EWR-Ausschusses [ABl. L 035 10.02.2000 S.39]

Richtlinie 2001/25/EG des Europäischen Parlaments und des Rates vom 4. April 2001 über Mindestanforderungen für die Ausbildung von Seeleuten [ABl. L 136 18.05.2001 S.17] — Rechtsetzung auf der Grundlage des Art. 84 (80) Abs. 2 EGV, auf Vorschlag der Kommission [KOM (2000) 313 endg.] und nach Stellungnahme des WSA [ABl. C 014 16.01.2001 S.41]; Stellungnahme des EP [ABl. C 232 17.08.2001 S.52] und Beschluß des Rates im Rahmen des Verfahrens der Mitentscheidung — Aufnahme in den Anhang XIII des EWR-Abkommens durch den Beschluß 17/2002 des Gemeinsamen EWR-Ausschusses [ABl. L 110 25.04.2002 S.13] — Änderung durch die Richtlinie 2002/84/EG des Europäischen Parlaments und des Rates vom 5. November 2002 [ABl. L 324 29.11.2002 S.53]

Richtlinie 2003/103/EG des Europäischen Parlaments und des Rates vom 17. November 2003 zur Änderung der Richtlinie 2001/25/EG über Mindestanforderungen für die Ausbildung von Seeleuten [ABl. L 326 13.12.2003 S.28] — Rechtsetzung auf der Grundlage des Art. 84 (80) Abs. 2 EGV, auf Vorschlag der Kommission [KOM (2003) 1 endg.] und nach Stellungnahme des WSA [ABl. C 133 06.06.2003 S.23]; Stellungnahme des EP [ABl. C 076 E 25.03.2004 S.172] und Beschluß des Rates im Rahmen des Verfahrens der Mitentscheidung — Aufnahme in den Anhang XIII des EWR-Abkommens durch den Beschluß 107/2004 des Gemeinsamen EWR-Ausschusses [ABl. L 376 23.12.2004 S.39]

Richtlinie 2005/23/EG der Kommission vom 8. März 2005 zur Änderung der Richtlinie 2001/25/EG des Europäischen Parlaments und des Rates über Mindestanforderungen für die Ausbildung von Seeleuten [ABl. L 062 09.03.2005 S.14]

Richtlinie 2005/45/EG des Europäischen Parlaments und des Rates vom 7. September 2005 über die gegenseitige Anerkennung von Befähigungszeugnissen der Mitgliedstaaten für Seeleute und zur Änderung der Richtlinie 2001/25/EG [ABl. L 255 30.09.2005 S.160] — Rechtsetzung auf der Grundlage des Art. 84 (80) Abs. 2 EGV, auf Vorschlag der Kommission [KOM (2004) 311 endg.] und nach Stellungnahme des WSA [ABl. C 157 28.06.2005 S.53]; Stellungnahme des EP [ABl. C 304 E 01.12.2005 S.253] und Beschluß des Rates im Rahmen des Verfahrens der Mitentscheidung

Schiffsausrüstung

Richtlinie 96/98/EG des Rates vom 20. Dezember 1996 über Schiffsausrüstung [ABl. L 046 17.02.97 S.25] — Rechtsetzung auf der Grundlage des Art. 84 (80) Abs. 2 EGV, auf Vorschlag der

Kommission [ABl. C 218 23.08.95 S.9; ABl. C 101 03.04.96 S.3; KOM (96) 628 endg.] und nach Stellungnahme des WSA [ABl. C 097 01.04.96 S.22]; Stellungnahme des EP [ABl. C 339 18.12. 95 S.21], gemeinsamer Standpunkt des Rates [ABl. C 248 26.08.96 S.10] und Beschluß des EP [ABl. C 347 18.11.96 S.142] im Rahmen des Verfahrens der Zusammenarbeit — Aufnahme in die Anhänge II und XIII des EWR-Abkommens durch den Beschluß 119/98 des Gemeinsamen EWR-Ausschusses [ABl. L 297 18.11.1999 S.47]

Richtlinie 98/85/EG der Kommission vom 11. November 1998 zur Änderung der Richtlinie 96/ 98/EG des Rates über Schiffsausrüstung [ABl. L 315 25.11.98 S.14] — Aufnahme in die Anhänge II und XIII des EWR-Abkommens durch den Beschluß 116/1999 des Gemeinsamen EWR-Ausschusses [ABl. L 325 21.12.2000 S.31]

Richtlinie 2001/53/EG der Kommission vom 10. Juli 2001 zur Änderung der Richtlinie 96/98/EG des Rates über Schiffsausrüstung [ABl. L 204 28.07.2001 S.1] — Aufnahme in die Anhänge II und XIII des EWR-Abkommens durch den Beschluß 6/2002 des Gemeinsamen EWR-Ausschusses [ABl. L 088 04.04.2002 S.12]

Richtlinie 2002/75/EG der Kommission vom 2. September 2002 zur Änderung der Richtlinie 96/ 98/EG des Rates über Schiffsausrüstung [ABl. L 254 23.09.2002 S.1] — Aufnahme in die Anhänge II und XIII des EWR-Abkommens durch den Beschluß 45/2003 des Gemeinsamen EWR-Ausschusses [ABl. L 193 31.07.2003 S.14]

Änderung der Richtlinie 96/98/EG durch die Richtlinie 2002/84/EG des Europäischen Parlaments und des Rates vom 5. November 2002 [ABl. L 324 29.11.2002 S.53]

Seefunkanlagen

Entscheidung 2000/638/EG der Kommission vom 22. September 2000 über die Anwendung von Artikel 3 Absatz 3 Buchstabe e) der Richtlinie 1999/5/EG auf Seefunkanlagen, die für die Ausrüstung von nicht dem SOLAS-Übereinkommen unterliegenden Seeschiffen zwecks Teilnahme am weltweiten Seenot- und Sicherheitsfunksystem bestimmt sind und nicht unter die Richtlinie 96/ 98/EG des Rates über Schiffsausrüstung fallen [ABl. L 269 21.10.2000 S.52] — Aufnahme in den Anhang II des EWR-Abkommens durch den Beschluß 137/2001 des Gemeinsamen EWR-Ausschusses [ABl. L 022 24.01.2002 S.28]

Entscheidung 2003/213/EG der Kommission vom 25. März 2003 über die Anwendung von Artikel 3 Absatz 3 Buchstabe e) der Richtlinie 1999/5/EG des Europäischen Parlaments und des Rates auf Funkanlagen des automatischen Schiffsidentifizierungssystems (AIS), die auf nicht dem SOLAS-Übereinkommen unterliegenden Schiffen installiert sind [ABl. L 081 28.03.2003 S.46] — Aufnahme in den Anhang II des EWR-Abkommens durch den Beschluß 24/2004 des Gemeinsamen EWR-Ausschusses [ABl. L 127 29.04.2004 S.130]

Entscheidung 2004/71/EG der Kommission vom 4. September 2003 über grundlegende Anforderungen an Seefunkanlagen, die auf nicht dem SOLAS-Übereinkommen unterliegenden Schiffen installiert werden und am weltweiten Seenot- und Sicherheitsfunksystem (GMDSS) teilnehmen sollen [ABl. L 016 23.01.2004 S.54] — Aufnahme in den Anhang II des EWR-Abkommens durch den Beschluß 100/2004 des Gemeinsamen EWR-Ausschusses [ABl. L 376 23.12.2004 S.25]

Entscheidung 2005/53/EG der Kommission vom 25. Januar 2005 über die Anwendung von Artikel 3 Absatz 3 Buchstabe e) der Richtlinie 1999/5/EG des Europäischen Parlaments und des Rates auf Funkanlagen des automatischen Schiffsidentifizierungssystems (AIS) [ABl. L 022 26.01. 2005 S.14]

Entscheidung 2005/631/EG der Kommission vom 29. August 2005 über grundlegende Anforderungen im Sinne der Richtlinie 1999/5/EG des Europäischen Parlaments und des Rates zur Sicherstellung des Zugangs von Cospas-Sarsat-Ortungsbaken zu Notfalldiensten [ABl. L 225 31.08. 2005 S.28] werden; bei Unfällen, Ableiten von Stoffen, regelwidrigem oder gefährlichem Schiffsbetrieb oder Betrug mit dem Befähigungszeugnis muß besonderes Augenmerk auf die Einhaltung der Normen für den Wachdienst gelegt werden. Ein Festhalten des Schiffes ist bei Mängeln bezüglich der Dokumente, der Anforderungen an einen sicheren Schiffsbetrieb, der Ausbildung und der Ruhezeiten der Wache sowie der Befähigung zur Gewährleistung der Schiffssicherheit und der Verhütung von Verschmutzung möglich. Mit der **Richtlinie 2001/25/EG des Europäischen Parlaments und des Rates vom 4. April 2001 [ABl. L 136 18.05.2001 S.17]** wurden dann die geltenden Regelungen ohne inhaltliche Änderungen kodifiziert *(vgl. Bull. EU 6-2000, S.109; GB 2000, Ziff.646; Bull. EU 3-2001, S.87; GB 2001, Ziff.709).*

Wegen des zunehmenden **Mangels an qualifizierten Seeleuten** (insbesondere aus EU-Staaten) bei gleichzeitigem **Wachstum der Tonnage** von in der Gemeinschaft registrierten Schiffen legte die Kommission am 6. April 2001 eine Mitteilung über die Ausbildung und Einstellung von Seeleuten [KOM (2001) 188 endg.] vor, in der sie einige Abhilfemaßnahmen vorschlug. Als **Knappheitsursachen** wurden die Einstellung von Arbeitskräften aus Nicht-EU-Staaten infolge der Eintragung von Schiffen in gemeinschaftsfremde oder nationale Zweitregister (Lohnkostensenkung) und die fehlende Attraktivität des Berufs, als **negative Folgen** Gefahren für die Sicherheit und die Umwelt sowie Auswirkungen auf andere Wirtschaftszweige genannt. Bezüglich der **Verbesserung der Aus- und Fortbildung** von Seeleuten empfahl die Kommission eine Angleichung der Ausbildungssysteme und die Sicherstellung der gegenseitigen Anerkennung von Patenten, eine Reduzierung der Ausbildungseinrichtungen und eine Überarbeitung der Lehrpläne (Vermittlung von Kenntnissen in den internationalen Rechtsvorschriften und der englischen Sprache), die Bereitstellung von mehr Ausbildungsplätzen an Bord, das Angebot weiterer Fortbildungs- (verschiedene Tätigkeiten) und Aufbaukurse (beruflicher Aufstieg), die Gewährleistung einer besseren Vorbereitung auf Tätigkeiten an Land (Laufbahnplanung), die Senkung der Zugangsanforderungen für die verschiedenen Zeugnisstufen und eine Erleichterung der Übernahme von Offiziersstellen; die bestehenden Möglichkeiten einer **finanziellen Förderung** durch die Gemeinschaft sollten besser genutzt werden. In zwei kritischen Stellungnahmen vom 16. Januar 2002 [ABl. C 080 03.04.2002 S.9] und vom 15. Dezember 2004 [ABl. C 157 28.06.2005 S.42] forderte der **Wirtschafts- und Sozialausschuß** u. a. die Verabschiedung und Durchsetzung strengerer Sozialnormen im Rahmen der Hafenstaatkontrolle vor allem bei Beschäftigten aus Drittstaaten, die Verhinderung des Sozialdumpings in bezug auf das Lohnniveau, die Förderung bewährter Praktiken für die Ausbildung, eine Verbesserung der Lebens- und Arbeitsbedingungen sowie des Ansehens, eine Überprüfung der Leitlinien für staatliche Beihilfen, die Bereitstellung nationaler Gelder (Einrichtungen, Lehrgänge, Seeverkehr, Infrastruktur, Schiffbau), Werbekampagnen, Maßnahmenbewertungen sowie die Ratifizierung der ILO und IMO-Übereinkommen durch alle Mitgliedstaaten. Die Entschließung des **Europäischen Parlaments** vom 17. Januar 2002 [ABl. C 271 E 07.11.2002 S.426] unterstützte hingegen im wesentlichen die Positionen der Kommission, verlangte aber von ihr eine Überwachung der Umsetzung der Vorschriften und weitere Untersuchungen; Verbesserungen sollten überwiegend von den Mitgliedstaaten und den Sozialpartnern initiiert werden. In seinen Schlußfolgerungen vom 5. Juni 2003 zur Förderung des Seeverkehrs und der seemännischen Berufe formulierte auch der **Rat** einige Empfehlungen: kombinierte Land- / Seeausbildung, Sicherung der sozialen Rechte, Verbesserung der Lebens- und Arbeitsbedingungen, Überarbeitung des Beihilferahmens, Anreize zur einzelstaatlichen Umsetzung der internationalen Regelungen *(vgl. Bull. EU 4-2001, S.49 f.; GB 2001, Ziff. 709; Bull. EU 1/2-2002, S.113; GB 2002, Ziff. 652; Bull. EU 6-2003, S.93; Bull. EU 12-2004, S.92 f.)*.

Die **Richtlinie 2003/103/EG des Europäischen Parlaments und des Rates vom 17. November 2003 [ABl. L 326 13.12.2003 S.28]** reformierte dann mit Wirkung vom 14. Mai 2005 die Verfahren und Kriterien für die Anerkennung von in Drittländern ausgestellten **Befähigungsnachweisen** sowie der Zulassung von **Ausbildungseinrichtungen, -programmen und -kursen** (Erteilung; regelmäßige Überprüfung; Verlängerung und Entziehung der Anerkennung durch die Kommission; Unterstützung durch die Agentur für die Sicherheit des Seeverkehrs). Die **Sprachanforderungen** für Befähigungszeugnisse und Vermerke wurden an das STCW-Übereinkommen, für die Verständigung zwischen Schiff und Behörden an das SOLAS-Übereinkommen angepaßt *(vgl. Bull. EU 1/2-2003, S.113 f.; Bull. EU 11-2003, S.85 f.; GB 2003, Ziff. 684)*. Mit der **Richtlinie 2005/23/EG der Kommission vom 8. März 2005 [ABl. L 062 09.03.2005 S.14]** wurde eine zwischenzeitliche Änderung des STCW-Übereinkommens durch eine IMO-Entschließung zu den Mindestanforderungen an die Ausbildung von auf Fahrgastschiffen (außer Ro-Ro-Schiffen) tätigem Personal berücksichtigt. Die **Richtlinie 2005/45/EG des Europäischen Parlaments und des Rates vom 7. September 2005 [ABl. L 255 30.09.2005 S.160]** sieht bis zum 20. Oktober 2007 bei Seeleuten aus einem Mitgliedstaat (oder aus einem Drittland, wenn die betreffenden Personen im Besitz eines durch einen Mitgliedstaat erteilten Zeugnisses sind) die gegenseitige **Anerkennung von Befähigungszeugnissen** (mittels eines Vermerks) vor, die allerdings auf die jeweilige Dienststellung, Funktion und Verantwortungsebene begrenzt bleibt; möglich sind weitere Beschränkungen bei küstennahen Reisen oder alternative Zeugnisse. Seeleute müssen angemessene Sprachkenntnisse gemäß dem STCW-Code erwerben und bei Managementtätigkeiten über entsprechende Kenntnisse verfügen. Ferner sollen Vorkehrungen zur Bekämpfung von Betrug und anderen rechtswidrigen Praktiken ergriffen werden (Benennung von Behörden, schriftliche Bestätigung der Echtheit oder Nichtanerkennung) *(vgl. Bull. EU 4-2004, S.94 f.; Bull. EU 9-2005, S.46)*.

3.5.3.2 Technische Harmonisierung der Schiffsausrüstung

Den Schwerpunkt der gemeinschaftlichen Politik im Bereich der technischen Harmonisierung und Standardisierung im Seeverkehr stellte seit Mitte der achtziger Jahre die **gegenseitige Anerkennung von Schiffsanlagen** dar. Auf der Grundlage der Entschließung des Rates vom 7. Mai 1985 über eine neue Konzeption auf dem Gebiet der technischen Harmonisierung und der Normung *(vgl. Band 1, S.151)* sollten **gemeinschaftsweite Normen** und **Zertifizierungsverfahren** erarbeitet werden, um grundlegenden Anforderungen an die Gesundheit, die Sicherheit und den Umweltschutz genügende Erzeugnisse in der gesamten EG frei vermarkten zu können. Die Vereinheitlichung der Normen sowie der Prüf- und Genehmigungsverfahren erschien aber auch geboten, um **unlauteren Wettbewerb** auszuschalten und die **Umtragung von Schiffen** in das Register eines anderen Mitgliedstaats *(vgl. S. 191)* oder in das geplante **Gemeinschaftsregister** *(vgl. S. 189)* zu erleichtern. Nach den Vorstellungen der Kommission sollte ein Konzept für die einheitliche Umsetzung und Anwendung der international gültigen Bestimmungen in der Gemeinschaft entwickelt werden *(vgl. KOM (89) 266 endg., S. 19 ff.; zur weiteren Entwicklung Übersicht 32)*.

Schließlich verwirklicht wurden diese Vorstellungen mit der bis zum 30. Juni 1998 umzusetzenden **Richtlinie 96/98/EG des Rates vom 20. Dezember 1996 [ABl. L 046 17.02.97 S.25]** sowohl in bezug auf neue wie auch auf vorhandene Schiffe, die entweder zuvor keine Ausrüstung an Bord hatten oder bei denen die existente Ausrüstung ersetzt wird; ausgenommen bleibt die bereits an Bord befindliche Ausstattung. Die Mitgliedstaaten oder die von ihnen benannten Einrichtungen haben zu gewährleisten, daß die Ausrüstung, mit der ein Schiff ab dem 1. Januar 1999 versehen wird, den Anforderungen der internationalen **Übereinkommen und Entschließungen** entspricht. Die Übereinstimmung der Ausrüstung mit den zu diesem Zweck von den Normungsorganisationen erarbeiteten Prüfnormen ist anhand des von den benannten Stellen durchzuführenden **Konformitätsbewertungsverfahrens** (Baumusterprüfung, Konformitätserklärung und Qualitätssicherung oder alternativ Einzelprüfung) nachzuweisen. Nach der sich anschließenden Kennzeichnung dürfen das Inverkehrbringen oder die Verwendung der Ausrüstung nicht mehr verboten werden. Entspricht das Schiff sämtlichen technischen Anforderungen, so werden eine **Genehmigungsurkunde** ausgefertigt und ein **Sicherheitszeugnis** erteilt bzw. verlängert. Ein neues Schiff muß bei seiner Registrierung daraufhin überprüft werden, ob der Zustand der Ausrüstung dem Sicherheitszeugnis entspricht, den Richtlinienbestimmungen genügt und eine Kennzeichnung trägt; für eine gleichwertige Ausrüstung wird eine Bescheinigung ausgestellt *(vgl. Bull. EU 6-1995, S. 78; Bull. EU 1/2-1996, S. 53; Bull. EU 12-1996, S. 82; GB 1996, Ziff. 395)*.

Nicht eingebaute Ausrüstung kann von den Mitgliedstaaten mittels **Stichproben** auf ihre Konformität hin überprüft werden; nach Anbringung an Bord ist eine Bewertung der Ausrüstung möglich, wenn betriebliche **Leistungsprüfungen** vorgeschrieben sind. Besteht eine Gefährdung für die Gesundheit, die Sicherheit oder die Umwelt, so ist der Gegenstand trotz Erfüllung der **Zulassungsvoraussetzungen** zurückzuziehen bzw. sein Inverkehrbringen zu verhindern oder einzuschränken. Bis Ende 1998 hergestellte Ausrüstung durfte bis Ende 2000 in Verkehr gebracht oder verwendet werden, falls eine ordnungsgemäße **Baumusterzulassung** erfolgt war. Bei technischen Neuerungen ist auch eine Ausrüstung statthaft, die nicht den Vorgaben des Konformitätsbewertungsverfahrens entspricht, sofern sie nachweislich mindestens genauso wirksam ist und **bestimmte Auflagen** eingehalten werden (Durchführung von Versuchen; Vorliegen einer Bescheinigung; kurze Geltungsdauer der Genehmigung; Vorhandensein regelgerechter Ausrüstung).

Nachfolgend paßte die Kommission die **gemeinschaftlichen Bestimmungen** mit

— der Richtlinie 98/85/EG vom 11. November 1998 [ABl. L 315 25.11.98 S. 14] zum 1. Januar 1999,

— der Richtlinie 2001/53/EG vom 10. Juli 2001 [ABl. L 204 28.07.2001 S.1] zum 1. Januar 2001 und
— der Richtlinie 2002/75/EG vom 2. September 2002 [ABl. L 254 23.09.2002 S.1] zum 1. Januar 2002

an die jeweils geltenden Fassungen des **SOLAS-Übereinkommens** und anderer internationaler Instrumente sowie an die zwischenzeitlich angenommenen neuen Prüfnormen an *(vgl. Bull. EU 11-1998, S.53)*.

Zur Verbesserung der Sicherheit von Schiffen, die nicht der Ausrüstungspflicht nach dem SOLAS-Übereinkommen unterliegen, führten mehrere Mitgliedstaaten gemeinsame Grundsätze und Regelungen für **Seefunkanlagen und -dienste** des weltweiten Seenot- und Sicherheitsfunksystems (GMDSS) und des AIS ein. Die Erfüllung der grundlegenden und betrieblichen Anforderungen gemäß der Richtlinie 1999/5/EG des Europäischen Parlaments und des Rates *(vgl. S.295)* sowie die Gewährleistung einer einwandfreien Funktion und Kommunikation auf den zugewiesenen Frequenzen sollen nach der **Entscheidung 2000/638/EG der Kommission vom 22. September 2000 [ABl. L 269 21.10.2000 S.52]**, ersetzt durch die **Entscheidung 2004/71/EG der Kommission vom 4. September 2003 [ABl. L 016 23.01.2004 S.54]**, der **Entscheidung 2003/213/EG der Kommission vom 25. März 2003 [ABl. L 081 28.03.2003 S.46]**, ersetzt durch die **Entscheidung 2005/53/EG der Kommission vom 25. Januar 2005 [ABl. L 022 26.01.2005 S.14]**, und die **Entscheidung 2005/631/EG der Kommission vom 29. August 2005 [ABl. L 225 31.08.2005 S.28]** sichergestellt werden.

3.5.4 Bekämpfung der Meeresverschmutzung und Verminderung von Schiffsemissionen

3.5.4.1 Seehafenauffangeinrichtungen

Die Seehäfen spielen nicht nur bei der Kontrolle und Durchsetzung der Einhaltung der Sicherheits-, Umweltschutz- und Sozialvorschriften eine wichtige Rolle. Auch Umfang und Qualität bestimmter Hafendienste, wie z. B. der Frachtabfertigung und der Lotsentätigkeit, wirken sich direkt auf die Sicherheit und Umweltverträglichkeit des Seeverkehrs aus. Im Hinblick auf eine wirkungsvolle Bekämpfung der Meeresverschmutzung wird dabei vor allem auf die Notwendigkeit geeigneter Maßnahmen zur Eindämmung illegaler Schiffsableitungen hingewiesen *(vgl. KOM (97) 678 endg., S.16)*. So sollen infolge der **Richtlinie 2000/59/EG des Europäischen Parlaments und des Rates vom 27. November 2000 [ABl. L 332 28.12.2000 S.81]**, die innerhalb von zwei Jahren nach ihrem Inkrafttreten am 28. Dezember 2000 umzusetzen war, die Bereitstellung und die Inanspruchnahme von Hafenauffangeinrichtungen für Schiffsabfälle und Ladungsrückstände gefördert werden, um ein illegales Einbringen auf See durch alle einen Gemeinschaftshafen anlaufenden Schiffe zu verringern. Neben der Gewährleistung der Verfügbarkeit von Hafenauffangeinrichtungen, die der Art und den Bedürfnissen der Schiffe entsprechen, dem Betriebsbedarf der Hafenbenutzer Rechnung tragen sowie die Größe und geographische Lage des Hafens berücksichti-

Übersicht 33: Allgemeine Vorschriften zur Bekämpfung der Meeresverschmutzung seit 2000

Hafenauffangeinrichtungen

Richtlinie 2000/59/EG des Europäischen Parlaments und des Rates vom 27. November 2000 über Hafenauffangeinrichtungen für Schiffsabfälle und Ladungsrückstände [ABl. L 332 28.12.2000 S.81] — Rechtsetzung auf der Grundlage des Art. 84 (80) Abs. 2 EGV, auf Vorschlag der Kommission [ABl. C 271 31.08.98 S.79; ABl. C 148 28.05.1999 S.7; SEK (1999) 581 endg.; KOM (2000) 236 endg.] sowie nach den Stellungnahmen des WSA [ABl. C 138 18.05.1999 S.12] und des AdR [ABl. C 198 14.07.1999 S.27]; Stellungnahme des EP [ABl. C 150 28.05.1999 S.432; ABl. C 054 25.02.2000 S.79], gemeinsamer Standpunkt des Rates [ABl. C 010 13.01.2000 S.14], Beschlüsse des EP [ABl. C 377 29.12.2000 S.37; ABl. C 135 07.05.2001 S.153] und Beschluß des Rates im Rahmen des Verfahrens der Mitentscheidung — Aufnahme in den Anhang XIII des EWR-Abkommens durch den Beschluß 77/2001 des Gemeinsamen EWR-Ausschusses [ABl. L 238 06.09.2001 S.27] — Änderung durch die Richtlinie 2002/84/EG des Europäischen Parlaments und des Rates vom 5. November 2002 [ABl. L 324 29.11.2002 S.53]

Zusammenarbeit bei der Bekämpfung der Meeresverschmutzung

Entscheidung 2000/2850/EG des Europäischen Parlaments und des Rates vom 20. Dezember 2000 über einen gemeinschaftlichen Rahmen für die Zusammenarbeit im Bereich der unfallbedingten oder vorsätzlichen Meeresverschmutzung [ABl. L 332 28.12.2000 S.1] — Rechtsetzung auf der Grundlage des Art. 130 s (175) Abs. 1 EGV, auf Vorschlag der Kommission [ABl. C 025 30.01.1999 S.20; SEK (1999) 581 endg.; ABl. C 177 E 27.06.2000 S.31; KOM (2000) 475 endg.] und nach Stellungnahme des WSA [ABl. C 169 16.06.1999 S.16]; Stellungnahme des EP [ABl. C 054 25.02.2000 S.82], gemeinsamer Standpunkt des Rates [ABl. C 087 24.03.2000 S.1], Beschlüsse des EP [ABl. C 067 01.03.2001 S.47; ABl. C 228 13.08.2001 S.132] und Beschluß des Rates im Rahmen des Verfahrens der Mitentscheidung — Änderung durch die Entscheidung 2004/787/EG des Europäischen Parlaments und des Rates vom 21. April 2004 [ABl. L 138 30.04. 2004 S.13]

Sanktionen für Verschmutzungsdelikte

Richtlinie 2005/35/EG des Europäischen Parlaments und des Rates vom 7. September 2005 über die Meeresverschmutzung durch Schiffe und die Einführung von Sanktionen für Verstöße [ABl. L 255 30.09.2005 S.11] — Rechtsetzung auf der Grundlage des Art. 84 (80) Abs. 2 EGV, auf Vorschlag der Kommission [KOM (2003) 92 endg.; KOM (2005) 216 endg.] und nach Stellungnahme des WSA [ABl. C 220 16.09.2003 S.72]; Stellungnahme des EP [ABl. C 092 E 16.04.2004 S.77], gemeinsamer Standpunkt des Rates [ABl. C 025 E 01.02.2005 S.29], Beschluß des EP [ABl. C 304 E 01.12.2005 S.190] und Beschluß des Rates im Rahmen des Verfahrens der Mitentscheidung

Rahmenbeschluß 2005/667/JI des Rates vom 12. Juli 2005 zur Verstärkung des strafrechtlichen Rahmens zur Bekämpfung der Verschmutzung durch Schiffe [ABl. L 255 30.09.2005 S.164] — Rechtsetzung auf der Grundlage der Artt. K.3 (31) Abs. 1 und K.6 (34) Abs. 2 EGV, auf Vorschlag der Kommission [KOM (2003) 227 endg.] und nach Stellungnahme des EP [ABl. C 092 E 16.04. 2004 S.76]

gen, ist insbesondere die Aufstellung, Bewertung, Genehmigung und laufende Überwachung eines Abfallbewirtschaftungsplans verpflichtend *(vgl. Bull. EU 7/8-1998, S. 61; GB 1998, Ziff. 448; Bull. EU 4-1999, S. 47 f.; GB 1999, Ziff. 412; GB 2000, Ziff. 644; C. I. Chlomoudis u. a., 2002, S. 115 ff.; Übersicht 33)*. Der Schiffskapitän übermittelt mindestens einen Tag vor Anlaufen eines Hafens die **notwendigen Angaben** (Entsorgungsmenge, Lagerkapazität, an Bord verbleibender Abfall, andere Entladehäfen, zukünftig anfallende Abfallmenge). Vor dem Auslaufen sind alle Abfälle in der Auffangeinrichtung zu entladen, sofern nicht eine **ausreichende Lagerkapazität** vorhanden ist; bestehen Zweifel an einer Entladung im nächsten Hafen, so kann dies direkt verlangt werden. Für den Betrieb der Anlage sowie die Behandlung und Entsorgung der Abfälle wird eine kostendeckende **zweiteilige Gebühr** erhoben. Diese untergliedert sich in eine **feste Grundgebühr** (als Teil der Hafengebühr oder als gesonderte Pauschalgebühr; ggf. differenziert nach Kategorie, Typ und Größe des Schiffs) und einen **mengenabhängigen Preis**; bei nachweislich geringen Abfallmengen kann ein Rabatt gewährt werden. Um Transparenz und Diskriminierungsfreiheit zu gewährleisten, sind den Nutzern die Höhe und die Berechnung der Gebühr zu erläutern. **Schiffe im Liniendienst**, bei denen Abfallentladung und Gebührenentrichtung in einem bestimmten Hafen gewährleistet sind, können von den vorhergehenden Bestimmungen ausgenommen werden; die für die Behandlung von Ladungsrückständen maßgeblichen Vorgaben des **MARPOL-Übereinkommens** sind jedoch generell verpflichtend.

Die **Mitgliedstaaten** stellen u. a. begleitend sicher, daß alle Betroffenen ausreichend unterrichtet werden und sie die Bestimmungen einhalten, geeignete Behörden oder Stellen benannt werden, die Angaben des Kapitäns angemessen überprüft werden, die Formalitäten zügig abgewickelt werden, die Kommission über Unzulänglichkeiten informiert wird, die sonstigen relevanten Gemeinschaftsregelungen angewendet werden und Schadenersatzansprüche gestellt werden können. Vor allem zur Durchsetzung der **Meldeanforderungen** ist eine ausreichende Zahl von Überprüfungen vorzunehmen, d. h. mindestens 25 % der in der Richtlinie 95/21/EG des Rates *(vgl. S.276)* genannten Schiffe. Bei einem unbefriedigenden Ergebnis kann ein Schiff bis zur Abwicklung der Entladung im Hafen festgehalten oder im nächsten Hafen näher inspiziert werden; zu diesem Zweck bauen die Mitgliedstaaten und die Kommission ein **Melde- und Kontrollsystem** auf.

3.5.4.2 Zusammenarbeit bei der unfallbedingten und vorsätzlichen Meeresverschmutzung

Das mit der Entscheidung 86/85/EWG des Rates *(vgl. S.56)* ins Leben gerufene Informationssystem zur Überwachung und Verringerung der Meeresverschmutzung durch Öl und andere gefährliche Stoffe wurde aufgrund der **Entscheidung 2000/2850/EG des Europäischen Parlaments und des Rates vom 20. Dezember 2000 [ABl. L 332 28.12.2000 S.1]** mit Wirkung vom 28. Dezember 2000 durch einen umfassenderen gemeinschaftlichen Kooperationsrahmen für die unfallbedingte oder vorsätzliche Meeresverschmutzung ersetzt. Ziele sind die Unterstützung und Ergänzung der einzelstaatlichen Initiativen, die Stärkung des Präventions- und Interventionspotentials der Mitgliedstaaten, die Erleichterung der Hilfeleistung und Zusammenarbeit und die gegenseitige Abstimmung beim Schadenersatz. Auf Gemeinschaftsebene werden ein neues Informationssystem mit Daten über die Einsatzfähigkeit und das Interventionspotential eingerichtet und ein fortlaufender Umsetzungsplan mit den zu treffenden Einzelmaßnahmen festgelegt. Deren Auswahl erfolgt anhand ihres potentiellen Beitrags zur Verbesserung der Informationsweitergabe, der Einsatztechniken und -verfahren, der Methoden zur Schadensbewertung, der Unterrichtung der Öffentlichkeit, der Zusammenarbeit mit den örtlichen Stellen und der operativen Unterstützung der Mitgliedstaaten in Notfällen. Für die Programmlaufzeit von 2000 bis 2006 standen ursprünglich Mittel von 7 Mio. € bereit, die nach der Erweiterung auf 12,6 Mio. € aufgestockt wurden *(vgl. Bull. EU 12-1998, S.99; Bull. EU 11-1999, S.52; Bull. EU 12-2000, S.100f.; GB 2000, Ziff.566; Übersicht 33).*

3.5.4.3 Sanktionen für Verschmutzungsdelikte

Angesichts der regelmäßigen Übertretung und der uneinheitlichen Umsetzung des **MARPOL-Übereinkommens** wurde die **Richtlinie 2005/35/EG des Europäischen Parlaments und des Rates vom 7. September 2005 [ABl. L 255 30.09.2005 S.11]** angenommen, nach der ab dem 1. März 2007 rechtswidrige Einleitungen von Schadstoffen in Seebereiche (innere Gewässer, Küstenmeer, Meerengen für die internationale Schiffahrt und die ausschließliche Wirtschaftszone eines Mitgliedstaats, Hohe See) als Verstöße betrachtet werden, für die **Sanktionen** zu verhängen sind. Führen Unregelmäßigkeiten oder Informationen in bezug auf ein im Hafen eines Mitgliedstaats liegendes Schiff zur Vermutung, daß es rechtswidrige Einleitungen vorgenommen hat, so ist eine **Inspektion** vorzunehmen; bei entsprechenden Beweisen werden die zuständigen Behörden unterrichtet. Verfügt ein Mitgliedstaat über Verdachtsmomente, läuft das Schiff aber den Hafen eines anderen Mitgliedstaats an, so sollen die betroffenen Länder kooperieren; handelt es sich um den Hafen eines Drittstaats, so wird dieser in Kenntnis gesetzt und zur Ergreifung geeigneter Maßnahmen aufgefordert. Die Mitgliedstaaten, ggf. der Flaggenstaat, die Kommission und die Europäische Agentur für die Sicherheit des Seeverkehrs arbeiten zusammen (Einrichtung von Informationssystemen, Überwachung und Ermittlung von Schiffen, technische Lösungen) *(vgl. Bull. EU 3-2003, S. 84; GB 2003, Ziff.687; Bull. EU 9-2005, S.45f.; Übersicht 33).*

Nach dem innerhalb von 18 Monaten zu befolgenden **Rahmenbeschluß 2005/667/JI des Rates vom 12. Juli 2005 [ABl. L 255 30.09.2005 S.164]** sind die o. a. Verstöße von natürlichen und juristischen Personen unter bestimmten Bedingungen als Straftaten zu behandeln; sie werden ebenso wie die Beihilfe oder Anstiftung mit Sanktionen belegt, die folgende Formen annehmen können: **Freiheitsstrafen** bei erheblicher Schädigung der Wasserqualität sowie von Tier- und Pflanzenarten (bei Vorsätzlichkeit und schweren Personenschäden im Höchstmaß von mindestens fünf bis zehn Jahren; bei Vorsätzlichkeit und bei grober Fahrlässigkeit mit Personenschäden von mindestens zwei bis fünf Jahren; bei grober Fahrlässigkeit von mindestens einem bis drei Jahren), strafrechtliche und nicht strafrechtliche **Geldsanktionen** (im Höchstmaß von mindestens 150.000 € bis 300.000 €; in den schwersten Fällen von mindestens 750.000 € bis 1,5 Mio. €), Untersagung der Unternehmenstätigkeit und Eröffnung der Liquidation, Verweigerung von Zuwendungen, richterliche Aufsicht. Geregelt wird außerdem die gerichtliche Zuständigkeit. Die Mitgliedstaaten informieren sich gegenseitig über Verstöße und richten Kontaktstellen ein *(vgl. Bull. EU 7/8-2005, S.53).*

3.5.4.4 Verringerung der Schiffsemissionen

Die Verminderung von Luftschadstoff- (Schwefeldioxid, Stickoxide, Feststoffpartikel) und Treibhausgasemissionen (flüchtige organische Verbindungen, Kohlendioxid) sowie von ozonschädigenden Substanzen des Seeverkehrs spielte in der gemeinschaftlichen Politik lange Zeit nur eine untergeordnete Rolle. So war die **Richtlinie 93/12/EWG des Rates vom 23. März 1993 [ABl. L 074 27.03.93 S.81]** *(vgl. Band 2, S.607f.)*, die den Schwefelgehalt bestimmter flüssiger Brennstoffe regelt, ursprünglich im Seeverkehr nicht generell anwendbar, sondern galt nur für Gasöle, die im innergemeinschaftlichen Verkehr verwendet wurden. Der Grenzwert lag ab dem 1. Oktober 1994 bei 0,2 %; Griechenland konnte jedoch bis zum 30. September 1999 auch das Inverkehrbringen von Gasölen mit höherem Schwefelgehalt genehmigen. Die **Richtlinie 1999/32/EG des Rates vom 26. April 1999 [ABl. L 121 11.05.1999 S.13]** ließ den Geltungsbereich unverändert; eine Ausweitung der Regelungen auf andere Schiffskraftstoffe (Schweröle) war jedoch zu prüfen. Der Grenzwert für Gasöle sollte ab dem 1. Januar 2008 auf 0,1 % sinken. Ausnahmen bestanden für die Kanaren, die französischen Überseedepartements, Griechenland sowie Madeira und die Azoren. Die **Richtlinie 94/63/EG des Rates** *(vgl. Band 2, S.601)* sah vor, eine Ausweitung der Bestimmungen auf die Freisetzung von flüchtigen organischen Verbindungen beim Be- und Entladen von Schiffen zu prüfen; gemäß der **Richtlinie 2001/81/EG des Europäischen Parlaments und des Rates** *(vgl. Band 2, S.601)* ist die Kommission dazu verpflichtet, über den Beitrag des Seeverkehrs zur Versauerung, Eutrophierung und Bildung von bodennahem Ozon zu berichten. Von Relevanz sind weiterhin die Kommissionsstrategien zur Förderung der nachhaltigen Verkehrspolitik *(vgl. Band 1, S.287 ff.)*, das Programm „Saubere Luft für Europa" und das Sechste Umweltaktionsprogramm. Auf **internationaler Ebene** spielen die von der IMO verabschiedete Anlage VI des MARPOL-Übereinkommens von 1997 über die Verhütung der Luftverunreinigung durch Schiffe (Grenzwert für den Schwefelgehalt von Schweröl von 4,5 %; Überwachungsgebiete für Schwefeloxidemissionen; Grenzwert für Stickstoffoxid von 9,8 bis 17 g/kWh; freiwillige Vorgaben für flüchtige organische Verbindungen; Verbot von Stoffen und Emissionen, die zum Abbau der Ozonschicht führen) und die zur Verringerung von Treibhausgasen ergriffenen Initiativen eine Rolle *(vgl. KOM(2002) 595 endg., S.3 ff., 12 ff.; weiterhin Übersicht 34)*.

Da es neben den **allgemeinen Gemeinschaftsvorschriften** zur Reduzierung der Luftverschmutzung somit faktisch **keine spezifischen Initiativen** in bezug auf den Seeverkehr gegeben hatte, legte die Kommission am 20. November 2002 eine Mitteilung über eine Strategie der Europäischen Union zur Reduzierung atmosphärischer Emissionen von Seeschiffen [KOM (2002) 595 endg.] vor. Aufbauend auf einer Darstellung der politischen und rechtlichen Rahmenbedingungen, einer Bestandsaufnahme der Emissionen und einer Analyse ihrer Auswirkungen sowie unter Berücksichtigung der bisher getroffenen Gegenmaßnahmen wurden **folgende Schritte** angeregt: **gemeinschaftliche Emissionsnormen** (Schwefelgehalt von Schiffskraftstoffen, Stickoxide, Feststoffpartikel, Kohlendioxid, flüchtige organische Stoffe beim Ladungsvorgang, Abschaffung von Ausnahmeregelungen für die Verwendung von Halonen in Brandschutzeinrichtungen, Regelungen für Sportboote); **Koordinierung der gemein-**

schaftlichen Standpunkte bei der IMO (Ratifizierung der MARPOL-Anlage VI, Reduzierung von Schadstoffgrenzwerten und Treibhausgasen); **Einsatz wirtschaftlicher Instrumente** (Gebührensystem für Seeverkehrsdienste, Handel mit Emissionsrechten); **freiwillige und operationelle Maßnahmen** (Umweltauszeichnung, Verhaltenskodex für die Verwendung von Bunkerkraftstoffen, Geschwindigkeitsbeschränkungen in Seehäfen, Stromversorgung von Schiffen, umweltfreundliche Bewuchsschutzanstriche); **Forschungsvorhaben**. In einer Entschließung vom 4. Dezember 2003 zur Kommisionsmitteilung [ABl. C 089 E 14.04.2004 S.107] unterstützte das **Europäische Parlament** die Kommissionsstrategie mit Einschränkungen (Einbeziehung von aromatisierten Kohlenwasserstoffen und Schwermetallen; Änderung der Richtlinie 2001/81/EG des Europäischen Parlaments und des Rates; stärkere Reduzierung von Schwefelemissionen; beschleunigte Vorlage von Grenzwerten für Stickoxide; Vorschläge für Rechtsvorschriften in bezug auf flüchtige organische Verbindungen und ein Gebührensystem). Der **Rat** begrüßte in seinen **Schlußfolgerungen** 2004/C 8/03 vom 22. Dezember 2003 [ABl. C 008 13.01.2004 S.3] die Vorhaben der Kommission *(vgl. Bull. EU 11-2002, S.64; GB 2002, Ziff.582; Bull. EU 12-2003, S.115 f.)*. In der Mitteilung vom 21. September 2005 über die thematische **Strategie zur Luftreinhaltung** [KOM (2005) 446 endg.; SEK (2005) 1132 endg.; SEK (2005) 133 endg.] forderte die Kommission in bezug auf den Seeverkehr: Verhandlungen in der IMO über die Verschärfung von Normen; Förderung der landseitigen Stromversorgung für Schiffe; Emissionswerte als Kriterium für Finanzierungsprogramme.

Die aufgrund der Kommissionsmitteilung und eines beigefügten Vorschlags angenommene **Richtlinie 2005/33/EG des Europäischen Parlaments und des Rates vom 6. Juli 2005 [ABl. L 191 22.07.2003 S.59]** ändert mit Wirkung vom 11. August 2006 die Ratsrichtlinie 1999/32/EG insbesondere hinsichtlich des Schwefelgehalts von Schiffskraftstoffen; nicht einbezogen sind u. a. Kriegsschiffe, die Verwendung für Sicherheits- oder lebensrettende Maßnahmen und aufgrund eines Schadens sowie Schiffe mit genehmigten **emissionsmindernden Technologien** (Bedingungen: vorherige Unterrichtung, Geltung der Genehmigung für 18 Monate, Einhaltung von IMO-Leitlinien, Verwendung von Emissionsüberwachungsgeräten und Abfallentsorgungssystemen, gleichwertige Emissionsminderungen, Untersuchung der Auswirkungen auf die Meeresumwelt, nachträgliche Veröffentlichung der Ergebnisse). Ansonsten ist allen Schiffen die weitere Verwendung von Schiffskraftstoffen mit einem **Schwefelgehalt von mehr als 1,5 %** in Hoheitsgewässern, ausschließlichen Wirtschaftszonen und Schadstoffkontrollgebieten als Teil der Schwefeloxidemissions-**Überwachungsgebiete** untersagt. Die Regelung gilt in der Ostsee ab dem 11. August 2006, in der Nordsee ein Jahr nach Inkrafttreten einer IMO-Regelung, spätestens aber ab dem 11. August 2007, und in sonstigen Gebieten ein Jahr nach Inkrafttreten der IMO-Ausweisung; angestrebt werden die Festlegung weiterer Überwachungsgebiete und eine Absenkung des dort maßgeblichen Grenzwerts auf 0,5 %. **Fahrgastschiffe im Linienverkehr** mit Gemeinschaftshäfen müssen die Vorgabe ab dem 11. August 2006 einhalten. Ab diesem Datum sind auch folgende Bestimmungen zu befolgen: Führung von **Logbüchern mit Angaben** zur Brennstoffumstellung und von Registern der lokalen Lieferanten; Eintragung der **Schwefelgehalte auf Tanklieferscheinen**; Anpassung der Schiffskraftstoffe an die Vorschriften; kein Vertrieb von Schiffsdiesel mit einem höheren

Schwefelgehalt. Schiffskraftstoffe, die an **Liegeplätzen in Häfen** verwendet werden, müssen ab dem 1. Januar 2010 einen Grenzwert von 0,1 % einhalten (Ausnahmen: bei weniger als zwei Stunden Aufenthalt, bei Abschaltung von Motoren und Nutzung landseitiger Elektrizität; bestimmte griechische Schiffe bis zum 1. Januar 2012). Bei **Gasölen für den Seeverkehr** beträgt der Grenzwert 0,2 % und ab Anfang 2008 0,1 %; die Sonderregelungen für Griechenland und die o. a. Randgebiete laufen Ende 2009 aus. Jedem Mitgliedstaat obliegt die **Durchsetzung** für Schiffe unter eigener Flagge und Schiffe aller Flaggen in den eigenen Häfen). Hinsichtlich des Verkaufs und der Verwendung in Überwachungsgebieten und Gemeinschaftshäfen sowie in bezug auf Fahrgastschiffe ist die Einhaltung der Bestimmungen durch Probenahmen, Analysen und Überprüfungen sicherzustellen. Angestrebt wird der verstärkte Einsatz **ökonomischer Lenkungsinstrumente** (gestaffelte Gebühren und Kilometerabgaben, Emissionshandel, Kompensationen) *(vgl. Bull. EU 11-2002, S.64; GB 2002, Ziff.582; Bull. EU 7/8-2003, S.64; Bull. EU 5-2005, S.44).*

Übersicht 34: Gemeinschaftsregelungen zur Begrenzung von Schiffsemissionen

Schwefelgehalt von Schiffskraftstoffen

Richtlinie 93/12/EWG des Rates vom 23. März 1993 über den Schwefelgehalt bestimmter flüssiger Brennstoffe [ABl. L 074 27.03.93 S.81]

Richtlinie 1999/32/EG des Rates vom 26. April 1999 über eine Verringerung des Schwefelgehalts bestimmter flüssiger Kraft- oder Brennstoffe und zur Änderung der Richtlinie 93/12/EWG [ABl. L 121 11.05.1999 S.13] — Rechtsetzung auf der Grundlage des Art. 130 s (175) Abs. 1 EGV, auf Vorschlag der Kommission [ABl. C 190 21.06.97 S.9; ABl. C 259 18.08.98 S.5] sowie nach den Stellungnahmen des WSA [ABl. C 355 21.11.97 S.1] und des AdR [ABl. C 064 27.02.98 S.36]; Stellungnahme des EP [ABl. C 167 01.06.98 S.111], gemeinsamer Standpunkt des Rates [ABl. C 364 25.11.98 S.20] und Beschluß des EP [ABl. C 150 28.05.1999 S.75] im Rahmen des Verfahrens der Mitentscheidung — Aufnahme in die Anhänge II und XX des EWR-Abkommens durch den Beschluß 90/2001 des Gemeinsamen EWR-Ausschusses [ABl. L 251 20.09.2001 S.15] — Änderung durch die Verordnung 2003/1882/EG des Europäischen Parlaments und des Rates vom 29. September 2003 [ABl. L 284 31.10.2003 S.9]

Richtlinie 2005/33/EG des Europäischen Parlaments und des Rates vom 6. Juli 2005 zur Änderung der Richtlinie 1999/32/EG hinsichtlich des Schwefelgehalts von Schiffskraftstoffen [ABl. L 191 22.07.2005 S.59] — Rechtsetzung auf der Grundlage des Art. 130 s (175) Abs. 1 EGV, auf Vorschlag der Kommission [ABl. C 045 E 25.02.2003 S.277; KOM (2003) 476 endg.; KOM (2005) 212 endg.] und nach Stellungnahme des WSA [ABl. C 208 03.09.2003 S.27]; Stellungnahme des EP [ABl. C 068 E 18.03.2004 S.311], gemeinsamer Standpunkt des Rates [ABl. C 063 E 15.03.2005 S.26], Beschluß des EP vom 13. April 2005 und Beschluß des Rates im Rahmen des Verfahrens der Mitentscheidung

Verbot zinnorganischer Verbindungen

Verordnung 2003/782/EG des Europäischen Parlaments und des Rates vom 14. April 2003 über das Verbot zinnorganischer Verbindungen auf Schiffen [ABl. L 115 09.05.2003 S.1] — Rechtsetzung auf der Grundlage des Art. 84 (80) Abs. 2 EGV, auf Vorschlag der Kommission [ABl. C 262 E 29.10.2002 S.492] und nach Stellungnahme des WSA [ABl. C 085 08.04.2003 S.28]; Stellungnahme des EP [ABl. C 025 E 29.01.2004 S.145] und Beschluß des Rates im Rahmen des Verfahrens der Mitentscheidung — Aufnahme in den Anhang XIII des EWR-Abkommens durch den Beschluß 159/2003 des Gemeinsamen EWR-Ausschusses [ABl. L 041 12.02.2004 S.57]

3.5.4.5 Verbot zinnorganischer Verbindungen

Angesichts der umweltschädigenden Auswirkungen zinnorganischer Verbindungen, die als aktive Biozide in **Bewuchsschutzsystemen von Schiffen** verwendet werden (TBT-Anstriche), wurden mit dem im Rahmen der IMO am 5. Oktober 2001 angenommenen Internationalen Übereinkommen über Verbots- und Beschränkungsmaßnahmen für schädliche Bewuchsschutzsysteme von Schiffen (AFS-Übereinkommen) zum 1. Januar 2003 die Auftragung und zum 1. Januar 2008 das Vorhandensein solcher Substanzen verboten. Da aufgrund der **schleppenden Ratifizierung** ein Inkrafttreten bis zum 1. Januar 2003 zunehmend unrealistisch erschien, wurden die IMO-Mitgliedstaaten und die beteiligten Wirtschaftsbranchen aufgefordert, eigenständig den Verkauf und die Verwendung einzustellen; in der Gemeinschaft erfolgte das Verbot der Verwendung von zinnorganischen Verbindungen termingerecht durch die Richtlinie 2002/62/EG der Kommission vom 9. Juli 2002 [ABl. L 183 12.07.2002 S.58]. Ergänzend untersagte die **Verordnung 2003/782/EG des Europäischen Parlaments und des Rates vom 14. April 2003 [ABl. L 115 09.05.2003 S.1]** mit Wirkung vom 10. Mai 2003 die Aufbringung von zinnorganischen Verbindungen ab dem 1. Juli 2003 auf Schiffen unter der Flagge oder der Hoheitsgewalt eines Mitgliedstaats und ab dem Zeitpunkt des Inkrafttretens des AFS-Übereinkommens auch auf die in Gemeinschaftsgewässern fahrenden Schiffe aus Drittstaaten. Das Verbot des Vorhandenseins der Substanzen gilt für in der Gemeinschaft registrierte Schiffe ab der ersten **Aufbringung, Änderung oder Ersetzung** des Bewuchsschutzsystems nach dem 1. Juli 2003 und für alle Schiffe spätestens ab dem 1. Januar 2008, sofern nicht eine schützende Deckschicht vorhanden ist *(vgl. Bull. EU 1/2-2001, S.97f.; Bull. EU 7/8-2002, S.67f.; GB 2002, Ziff.651; Bull. EU 3-2003, S.85; GB 2003, Ziff.687; Übersicht 34).*

Ab dem 1. Juli 2003 werden bei Schiffen ab 400 BRZ vor deren Indienststellung sowie bei einer Änderung oder Ersetzung der Bewuchsschutzsysteme Besichtigungen durchgeführt und Zeugnisse erteilt; Schiffe mit weniger als 400 BRZ und einer Länge von über 24 m führen eine **AFS-Erklärung** mit. Ab dem 1. Juli 2003 sind alle AFS-Zeugnisse und -Erklärungen, bis zum 30. Juni 2004 alle AFS-Bestätigungen anzuerkennen; tritt das **AFS-Übereinkommen** nicht bis zum 1. Juli 2007 in Kraft, so wird ein gemeinschaftliches Verfahren für die Anerkennung von Nachweisen der in Drittstaaten registrierten Schiffe festgelegt. Bis zum Inkrafttreten des AFS-Übereinkommens gelten für Schiffe mit über 400 BRZ zuerst die **Kontrollbestimmungen** gemäß der Richtlinie 95/21/EG *(vgl. S.276)* und ab dem 1. Januar 2007 spezielle gemeinschaftliche Regelungen.

3.5.5 Besondere Vorschriften für Gefahrgut- und Öltransporte

3.5.5.1 Initiativen der Kommission und des Europäischen Parlaments bis Mitte der neunziger Jahre

Die bis 1986 von der Gemeinschaft ergriffenen Vorkehrungen zur Erhöhung der Sicherheit und Umweltverträglichkeit des Seeverkehrs *(vgl. S.53, 57)* hatten sich überwiegend auf Öltankschiffe konzentriert (Informationssystem, beratender Ausschuß, Mindestanforderungen an Tankschiffe, Übernahme internationaler Übereinkommen). Obwohl der **Kommissionsbericht** vom 18. Juni 1987 über den Transport gefährlicher Güter und Abfälle [KOM (87) 182 endg.] und die diesbezügliche Entschließung des **Europäischen Parlaments** vom 7. Juli 1988 [ABl. C 235 12.09.88 S.117] *(vgl. Band 2, S.588)* u. a. eine Anpassung des IMDG-Codes, die obligatorische Übernahme eines Lotsen an Bord in Küstengewässern und auf stark befahrenen Strecken, die Einschränkung bzw. Untersagung von Gefahrguttransporten auf bestimmten Fähren und die Einführung von Fahrverboten bei kritischen Wetterlagen anregten, waren nachfolgend bis **Anfang der neunziger Jahre** keine Fortschritte mehr zu verzeichnen.

Einige **spektakuläre Tankerunglücke**, wie z. B. die der „Exxon Valdez" 1989 vor Alaska, der „Haven" 1991 bei Genua, der „Aegean Sea" 1992 bei La Coruña sowie 1993 der „Braer" vor den Shetland-Inseln und der „British Trent" vor Belgien, veranlaßten das **Europäische Parlament**, in seinen Entschließungen vom 13. April 1989 zur Ölpest in Alaska [ABl. C 120 16.05.89 S.206], vom 18. Januar 1990 zur Ölpest vor der marokkanischen Küste [ABl. C 038 19.02.90 S.88], vom 18. April 1991 zur Havarie der „Capitaine Pleven II" vor der Küste von Clare im Westen Irlands [ABl. C 129 20.05.91 S.131] sowie zu den Schiffsunglücken in Genua und Livorno [ABl. C 129 20.05.91 S.132], vom 16. September 1992 zu den durch das Austreten von Öl aus Schiffen verursachten Umweltschäden [ABl. C 284 02.11.92 S.80], vom 17. Dezember 1992 zu einem Tankerunglück vor La Coruña und der dadurch entstandenen Ölpest [ABl. C 021 25.01.93 S.152], vom 21. Januar 1993 zur Havarie des Öltankers „Braer" [ABl. C 042 15.02.93 S.155], vom 11. Februar 1993 zur Havarie der „Mærsk Navigator" in der Straße von Malacca [ABl. C 072 15.03.93 S.125] und vom 21. April 1993 zu den maritimen Industrien in Europa [ABl. C 150 31.05.93 S.73] zahlreiche **neue Ansatzpunkte** zu formulieren. Angeführt wurden u. a. die Abschaffung von Einhüllen-Öltankschiffen, eine Begrenzung des Fassungsvermögens von Öltankern, eine Doppelausstattung der Schiffe mit allen wichtigen Systemen, ein Anlegeverbot für über 15 Jahre alte Öltanker in Gemeinschaftshäfen, eine Sperrung oder eine Radarüberwachung besonders empfindlicher oder gefährlicher Meeresgebiete, ein Reinigungsverbot für Öltanks auf See und die zusätzliche Einrichtung dafür geeigneter Hafenanlagen, eine Verlagerung der Entladestationen für Gefahrenstoffe in Seegebiete, eine Verschärfung der technischen Normen und der Anforderungen an die Berufsausbildung, eine einheitliche Sprache an Bord bei Notfällen, ein obligatorischer Lotsendienst in Küstennähe, die Einführung eines differenzierten Sicherheits- und Überwachungssystems, die Verbesserung der Hafenstaatkontrolle, eine Verschärfung der Sanktionen, eine Regelung der Haftung (Reeder, Registrierungsstaat) und des Schadenersatzes, die Umsetzung internationaler Übereinkommen, eine Aktualisierung der Seekarten, die Einsetzung eines unabhängigen Rates für Sicherheitsfragen und die Bereitstellung finanzieller Mittel zum Zwecke der Schadensbeseitigung sowie zur Entwicklung neuer Technologien und Infrastrukturen *(vgl. Bull. EG 4-1989, S.67; Bull. EG 1/2-1990, S.35; Bull. EG 1/2-1993, S.38; H. Hormann, 1994, S.95ff.)*.

Die **Kommissionsmitteilung** vom Februar 1993 *(vgl. S.268)* hatte zur Konsequenz, daß bis 1996 viele für den **Gefahrgut- und Öltransport** relevante Regelungen verabschiedet wurden; gerade die für alle Schiffstypen maßgeblichen Bestimmungen waren für diese Beförderungsart von zentraler Bedeutung. Außerdem konnte sich der Rat 1993 auf einen seit 1989 vorliegenden Vorschlag über **Mindestanforderungen** an Gefahrgut transportierende Schiffe einigen. In seinen Entschließungen vom 10. Februar 1994 zur Umweltkatastrophe in der Nordsee [ABl. C 061 28.02.94 S.182], vom 21. April 1994 zum Erdöltankerunglück am 13. März 1994 im Bosporus [ABl. C 128 09.05.94 S.319], vom 27. Oktober 1994 zum Austreten von Rohöl bei der Havarie des Tankers Cercal im Norden Portugals [ABl. C 323 21.11.94 S.170] sowie vom 27. März 1996 zu der durch die „Sea Empress" verursachten Katastrophe auf See [ABl. C 117 22.04.96 S.18] und zur Seeversicherung [ABl. C 117 22.04.96 S.20] wiederholte das **Europäische Parlament** seine früheren Positionen; darüber hinaus befürwortete es eine ergänzende Flaggenstaatkontrolle, die Einrichtung eines Schiffsverkehrssystems in den Seehäfen, die Sicherung und Kontrolle von Containern, ein Produktionsverbot für bestimmte chemische Stoffe sowie in bezug auf die **Versicherungssysteme** eine Stärkung der Rückversicherung und eine Abschaffung des Gegenseitigkeitsprinzips *(vgl. Bull. EU 1/2-1994, S.63; Bull. EU 4-1994, S.40; Bull. EU 10-1994, S.34; Bull. EU 3-1996, S.53; GB 1996, Ziff.394; zum Gefährdungspotential von Erdöltransporten M. Berg, 1996)*.

3.5.5.2 Mindestanforderungen an Seeschiffe bei Gefahrguttransporten

Angesichts des ständig weiter wachsenden Anteils umweltschädlicher und gefährlicher Stoffe an den auf dem Seeweg beförderten Gütern sowie des daraus resultierenden erhöhten Risikos schwerer Schiffsunfälle verpflichtete die innerhalb eines Jahres umzusetzende **Richtlinie 93/75/EWG des Rates vom 13. September 1993 [ABl. L 247 05.10.93 S.19]** die Kapitäne, Schiffsausrüster (Charterer, Reeder, Eigentümer, Makler) und Verlader, im Seeverkehr innerhalb oder mit der Gemeinschaft ab dem 13. September 1995 bestimmte Mindestanforderungen einzuhalten; ausgenommen waren Kriegsschiffe, sonstige staatliche Schiffe, Bunker sowie Ausrüstung und Vorräte zur Verwendung an Bord. Die Kommission sollte bis Ende 1993 einen Vorschlag zur Einführung eines umfassenderen **gemeinschaftlichen Meldesystems** *(vgl. S.284)* und bis Ende 1995 einen **Anwendungsbericht** vorlegen. Die Richtlinie 79/116/EWG des Rates, die Mindestanforderungen für das Ein- und Auslaufen von bestimmten Tankschiffen festgelegt hatte *(vgl. S.57)*, trat zum 13. September 1995 außer Kraft. Die Richtlinie 93/75/EWG des Rates wurde ihrerseits am 5. Februar 2004 durch die Richtlinie 2002/59/EG des Europäischen Parlaments und des Rates *(vgl. S.284)* ersetzt *(vgl. Bull. EG 5-1989, S.60; GB 1989, Ziff.648; Bull. EG 10-1990, S.63; GB 1990, Ziff.595; GB 1992, Ziff.672; Bull. EG 9-1993, S.35; GB 1993, Ziff.324; EP, 1994b, S.56ff.; St. Tostmann, 1994, S.354ff.; EP, 1996, S.57f.; zur weiteren Entwicklung Übersicht 35)*.

Bei der Beförderung **gefährlicher oder umweltschädlicher Güter** waren in einen Seehafen ein- bzw. aus diesem auslaufende Schiffe dazu verpflichtet, die **VTS-Dienste** und einen **Lotsen** in Anspruch zu nehmen. Vor dem Auslaufen hatte der Verlader dem Ausrüster oder dem Kapitän eine Erklärung auszuhändigen, die die technische Bezeichnung der Güter, die jeweilige UN-Kennziffer, die IMO-Gefahrenklasse, die Gütermengen, deren Lage im Schiff und ggf. die Kennzeichen der Behälter enthielt. Ferner war dem Lotsen und ggf. der vom Mitgliedstaat benannten zuständigen **nationalen Behörde** [ABl. C 065 01.03.97 S.3; ABl. C 150 16.05.98 S.3] eine **Prüfliste** mit Angaben über das Schiff, die Sicherheitseinrichtungen, die Dokumente und die Besatzung zur Unterrichtung vorzulegen. Der Schiffsausrüster mußte der für den Anlaufhafen verantwortlichen Behörde **folgende Informationen** übermitteln: Name, Rufzeichen, Nationalität, Länge und Tiefgang des Fahrzeugs; Bestimmungshafen und voraussichtliche Ankunftszeit; voraussichtliche Auslaufzeit; geplante Route; Angaben in der dem Ausrüster oder Kapitän vom Verlader ausgehändigten Erklärung; Bestätigung über das Vorliegen eines Manifests oder einer Aufstellung mit detailliertem Verzeichnis der geladenen Güter und ihrer Lage bzw. eines entsprechenden Stauereiplans. **Liniendienste** mit einer Fahrzeit von maximal einer Stunde konnten unter bestimmten Voraussetzungen von diesen Regelungen ausgenommen werden; darüber hinaus stellte die Kommission mit den **Entscheidungen 96/127/EG vom 22. Januar 1996 [ABl. L 029 07.02.96 S.8], 96/513/EG vom 29. Juli 1996 [ABl. L 215 24.08.96 S.5]** und **96/710/EG vom 27. November 1996 [ABl. L 326 17.12.96 S.64]** die Liniendienste Norddeich – Juist, Norddeich – Baltrum und Emden – Borkum, Brest – Le Conquet und Le Conquet – Ouessant sowie Dagebüll – Wittdün und Schlüttsiel – Hallig Langeneß von der Informationspflicht frei, obwohl sie länger als eine Stunde dauerten.

Bei Bekanntwerden von Mängeln, die die **Manövrierfähigkeit** des Schiffes betrafen, hatten die Lotsen der autorisierten Behörde sofort Mitteilung zu machen, worauf diese geeignete Vorkehrungen treffen mußte. Bestand für die See- und Küstenzonen eines Mitgliedstaats eine **Gefahr** oder wurden die **nationalen Interessen** durch den Schiffsverkehr in anderer Weise beeinträchtigt, so war der Kapitän gehalten, die Behörde über die Einzelheiten zu unterrichten und ihr die notwendigen Angaben zu machen; diese sollte andere betroffene Mitgliedstaaten in Kenntnis setzen. Bei einer unmittelbaren und ernsten Gefahr für die **Meeresumwelt** und die Küste sowie für die Sicherheit anderer Schiffe, der Besatzung, der Passagiere oder von Personen an Land, konnte dem Schiff ein bestimmter Kurs vorgeschrieben oder die Bewegungsfreiheit des Schiffes eingeschränkt werden; zu diesem Zweck mußte der Kapitän ggf. die Angaben aus der Prüfliste vorlegen und bestätigen.

In der Folgezeit wurden die gemeinschaftlichen Regelungen mit der **Richtlinie 96/39/EG der Kommission vom 19. Juni 1996 [ABl. L 196 07.08.96 S.7]** an die zwischenzeitlichen Änderungen des MARPOL-Übereinkommens sowie des IBC-, des IGC- und des IMDG-Codes *(vgl. GB 1996, Ziff.394)* und mit der **Richtlinie 97/34/EG der Kommission vom 6. Juni 1997 [ABl. L 158 17.06.97 S.40]** i. d. F. der Berichtigung [ABl. L 162 19.06.97 S.56] an den erneut modifizierten IMDG-Code angepaßt. Die bis zum 31. Dezember 1998 umzusetzende **Richtlinie 98/55/EG des Rates vom 17. Juli 1998 [ABl. L 215 01.08.98 S.65]** bezog ausdrücklich radioaktive Stoffe in den Geltungsbereich ein; maßgeblich hierfür war die IMO-Entscheidung A.748 (18) über den Internationalen Code für die sichere Beförderung von verpackten bestrahlten Kernbrennstoffen, Plutonium und hochradioaktiven Abfällen (INF-Code) *(vgl. Bull. EU 9-1996, S.38; Bull. EU 7/8-1997, S.57; Bull. EU 7/8-1998, S.61)*. Die **Richtlinie 98/74/EG der Kommission vom 1. Oktober 1998 [ABl. L 276 13.10.98 S.7]** nahm weitere

Änderungen des MARPOL-Übereinkommens (1. Januar 1998) sowie des IBC- (1. Juli 1998) und des IGC-Codes (10. Juli 1998) in die Gemeinschaftsvorschriften auf; ferner wurde die Ersetzung der IMO-Entschließung A.648 (16) über allgemeine Grundsätze für Schiffsmeldesysteme durch die neue Entschließung A.851 (20) berücksichtigt.

3.5.5.3 Ballasträume in Öltankschiffen

Im Hinblick auf eine nachhaltige Verbesserung der Sicherheit von Öltransporten waren bis Anfang der neunziger Jahre verstärkt Öltankschiffe entwickelt worden, die neben den Öltanks auch Tanks „für getrennten Ballast" besitzen, um bei Beschädigungen der Schiffe das Ausmaß von Umweltverschmutzungen zu verringern. Die von der IMO am 6. November 1991 angenommene Entschließung A.722 (17) und die nachfolgende Entschließung A.747 (18) vom 4. November 1993 über die **Vermessung der Ballasträume** in Öltankschiffen mit Tanks für getrennten Ballast verfolgen das Ziel, den Bau und die Verwendung entsprechend konstruierter Schiffe zu fördern. Zur Vermeidung einer aus den zusätzlichen Sicherheitseigenschaften resultierenden finanziellen Benachteiligung werden jedoch die **Lotsen- und Hafenbehörden** dazu angehalten, bei der **Gebührenkalkulation für Öltankschiffe** mit Tanks für getrennten Ballast die diesbezügliche BRZ von der BRZ des gesamten Schiffes abzuziehen (reduzierte BRZ). Um die internationalen Bemühungen zur Verbesserung der Seeverkehrssicherheit und zum Schutz der Meeresumwelt geeignet zu unterstützen und um Wettbewerbsverzerrungen zwischen den gemeinschaftlichen Seehäfen zu unterbinden, führte die **Verordnung 94/2978/EG des Rates vom 21. November 1994 [ABl. L 319 12.12.94 S.1]** die Bestimmungen der IMO-Entschließung A.747 (18) mit Wirkung vom 1. Januar 1996 in der Gemeinschaft durch. Alternativ zur o. a. Methode kann die Gebühr für Öltankschiffe mit getrennten Ballasträumen, denen **Doppelhüllen-Öltankschiffe** und **Öltanker neuartiger Bauweise** gemäß dem MARPOL-Übereinkommen i. d. F. vom 6. März 1992 gleichgestellt sind, um mindestens 17 % niedriger als für gewöhnliche Öltankschiffe angesetzt werden. Sofern sich die Gebühren nicht nach der BRZ bemessen, dürfen sich Öltankschiffe mit **Tanks für getrennten Ballast** nicht schlechter stehen, als wenn eines der beiden auf der Schiffsgröße basierenden Verfahren angewendet wird *(vgl. Bull. EG 12-1993, S.63f.; Bull. EU 6-1994, S.64; Bull. EU 11-1994, S.41f.; EP, 1994b, S.58ff.; GB 1994, Ziff.382; EP, 1996, S.63f.; V. J. G. Power, 1998, S.573; C. I. Chlomoudis u. a., 2002, S.111f.; A. A. Pallis, 2002, S.117f.; Übersicht 35).*

3.5.5.4 Besondere Konstruktionsanforderungen für Einhüllen-Öltankschiffe

Angeregt durch das erste Maßnahmenpaket der Kommission vom März 2000 nach dem Untergang des Öltankers „Erika" sorgte die **Verordnung 2002/417/EG des Europäischen Parlaments und des Rates vom 18. Februar 2002 [ABl. L 064 07.03.2002 S.1]** mit Wirkung vom 1. September 2002 für eine beschleunigte Anwendung der Vorschriften des MARPOL-Übereinkommens zur Ausstattung von Einhüllen-Öltankschiffen ab 5.000 t Tragfähigkeit, die einen Gemeinschaftshafen anlaufen oder in der

Gemeinschaft registriert sind, mit Doppelhüllen oder gleichwertigen Konstruktionen. Ursprünglich war vorgesehen, daß die Bestimmungen für Öltanker der Kategorie 1 (Tragfähigkeit ab 20.000 t bzw. 30.000 t; Anforderungen an neue Öltankschiffe sind nicht erfüllt) zwischen 2003 (Ablieferung bis 1973) und 2007 (Ablieferung seit 1981) sowie für Öltanker der Kategorien 2 (Tragfähigkeit ab 20.000 t bzw. 30.000 t; Anforderungen an neue Öltankschiffe sind erfüllt) und 3 (Tragfähigkeit zwischen 5.000 t und 20.000 t bzw. 30.000 t) zwischen 2003 (Ablieferung bis 1973) und 2015 (Ablieferung seit 1989) Gültigkeit erhalten; über 25 Jahre alte Öltanker der Kategorie 1 sollten entweder mit Seitentanks bzw. Doppelbodenräumen ausgerüstet oder mit hydrostatisch ausgeglichener Ladung betrieben werden. Ab 2005 (Kategorie 1) bzw. 2010 (Kategorie 2) müssen Schiffe einem Zustandsbewertungsschema (CAS-Zertifikat) entsprechen, und ab 2015 dürfen nicht den Anforderungen entsprechende Schiffe der Kategorien 2 und 3 nicht mehr unter der Flagge eines Mitgliedstaats weiterbetrieben werden bzw. in einen Gemeinschaftshafen einlaufen; Ausnahmen gelten für Öltanker in Schwierigkeiten oder das Anlaufen eines Reparaturhafens durch unbeladene Schiffe. Die Geltung der Verordnung 94/2978/EG des Rates *(vgl. S. 310)* soll am 31. Dezember 2007 auslaufen *(vgl. Bull. EU 3-2000, S.85; Bull. EU 12-2000, S.107 f.; GB 2000, Ziff.645; GB 2001, Ziff.711; GB 2002, Ziff.651; Übersicht 35)*.

Angesichts der Folgen des Untergangs des Öltankers „Prestige“ verschärfte die **Verordnung 2003/1726/EG des Europäischen Parlaments und des Rates vom 22. Juli 2003 [ABl. L 249 01.10.2003 S.1]** bereits zum 21. Oktober 2003 die Vorschriften. Der Geltungsbereich wurde auf auslaufende und im Hoheitsgebiet eines Mitgliedstaats vor Anker gehende Schiffe erweitert. Die MARPOL-Regelungen sind nun für Öltanker der Kategorie 1 zwischen 2003 (Ablieferung bis 1980) und 2005 (Ablieferung seit 1982) sowie für Öltanker der Kategorien 2 und 3 zwischen 2003 (Ablieferung bis 1975) und 2010 (Ablieferung seit 1984) umzusetzen. Öltankschiffe der Kategorien 2 und 3, die bestimmte MARPOL-Anforderungen nicht erfüllen, können bis 2015, längstens jedoch bis zu einem Alter von 25 Jahren betrieben werden, wenn sie über nicht für die Beförderung von Öl verwendete Doppelböden, -beplattungen oder -hüllenräume verfügen. Die Beförderung von Schwerölen mit Einhüllen-Öltankern ab 5.000 t Tragfähigkeit ist ab sofort, mit Schiffen von 600 t bis 5.000 t Tragfähigkeit ab 2008 verboten; Freistellungen sind für in Häfen und auf Binnenwasserstraßen eingesetzte Schiffe sowie unter bestimmten Bedingungen bis 21. Oktober 2005 auch für Öltankschiffe mit Eisverstärkung möglich. Einem Zustandsbewertungsschema entsprechen müssen jetzt ab 2005 über 15 Jahre alte Öltankschiffe der Kategorien 2 und 3 *(vgl. Bull. EU 12-2002, S.107; GB 2002, Ziff.648; Bull. EU 7/8-2003, S.69; GB 2003, Ziff.683)*. Mit der **Verordnung 2004/2172/EG der Kommission vom 17. Dezember 2004 [ABl. L 371 18. 12.2004 S.26]** wurden dann die zwischenzeitlichen Änderungen der Anlage 1 des MARPOL-Übereinkommens in die gemeinschaftlichen Regelungen einbezogen.

3.5.5.5 Zusätzlicher Entschädigungsfonds für Ölverschmutzungsschäden

Auf internationaler Ebene wird die Kompensation für Verluste, die aus der Verunreinigung der Meere durch Erdöl entstehen, durch das Internationale Übereinkommen von

Übersicht 35: Spezielle Regelungen zu Gefahrgut- und Öltransporten seit 1993

Anforderungen an gefährliche oder umweltschädliche Güter transportierende Schiffe

Richtlinie 93/75/EWG des Rates vom 13. September 1993 über Mindestanforderungen an Schiffe, die Seehäfen der Gemeinschaft anlaufen oder aus ihnen auslaufen und gefährliche oder umweltschädliche Güter befördern [ABl. L 247 05.10.93 S.19] — Rechtsetzung auf der Grundlage des Art. 84 Abs. 2 EWGV (Art. 80 Abs. 2 EGV), auf Vorschlag der Kommission [ABl. C 147 14. 06.89 S.3; ABl. C 294 24.11.90 S.12] sowie nach den Stellungnahmen des EP [ABl. C 175 16.07. 90 S.41; ABl. C 255 20.09.93 S.44] und des WSA [ABl. C 329 20.12.89 S.20] — Aufnahme in den Anhang des EWR-Abkommens durch den Beschluß 7/94 des Gemeinsamen EWR-Ausschusses [ABl. L 160 28.06.94 S.86]

Entscheidung 96/127/EG der Kommission vom 22. Januar 1996 betreffend die von Deutschland beantragte Anwendung von Artikel 5 Absatz 4 der Richtlinie 93/75/EWG des Rates über Mindestanforderungen an Schiffe, die Seehäfen der Gemeinschaft anlaufen oder aus ihnen auslaufen und gefährliche oder umweltschädliche Güter befördern [ABl. L 029 07.02.96 S.8]

Richtlinie 96/39/EG der Kommission vom 19. Juni 1996 zur Änderung der Richtlinie 93/75/EWG des Rates über Mindestanforderungen an Schiffe, die Seehäfen der Gemeinschaft anlaufen oder aus ihnen auslaufen und gefährliche oder umweltschädliche Güter befördern [ABl. L 196 07.08. 96 S.7] — Aufnahme in den Anhang XIII des EWR-Abkommens durch den Beschluß 10/97 des Gemeinsamen EWR-Ausschusses [ABl. L 182 10.07.97 S.40]

Entscheidung 96/513/EG der Kommission vom 29. Juli 1996 auf Antrag Frankreichs in Anwendung von Artikel 5 Absatz 4 der Richtlinie 93/75/EWG des Rates über Mindestanforderungen an Schiffe, die Seehäfen der Gemeinschaft anlaufen oder aus ihnen auslaufen und gefährliche oder umweltschädliche Güter befördern [ABl. L 215 24.08.96 S.5]

Entscheidung 96/710/EG der Kommission vom 27. November 1996 auf Antrag von Deutschland in Anwendung von Artikel 5 Absatz 4 der Richtlinie 93/75/EWG des Rates über Mindestanforderungen an Schiffe, die Seehäfen der Gemeinschaft anlaufen oder aus ihnen auslaufen und gefährliche oder umweltschädliche Güter befördern [ABl. L 326 17.12.96 S.64]

Richtlinie 97/34/EG der Kommission vom 6. Juni 1997 zur Änderung der Richtlinie 93/75/EWG des Rates über Mindestanforderungen an Schiffe, die Seehäfen der Gemeinschaft anlaufen oder aus ihnen auslaufen und gefährliche oder umweltschädliche Güter befördern [ABl. L 158 17.06. 97 S.40] i. d. F. der Berichtigung [ABl. L 162 19.06.97 S.56] — Aufnahme in den Anhang XIII des EWR-Abkommens durch den Beschluß 4/98 des Gemeinsamen EWR-Ausschusses [ABl. L 272 08.10.98 S.6]

Richtlinie 98/55/EG des Rates vom 17. Juli 1998 zur Änderung der Richtlinie 93/75/EWG über Mindestanforderungen an Schiffe, die Seehäfen der Gemeinschaft anlaufen oder aus ihnen auslaufen und gefährliche oder umweltschädliche Güter befördern [ABl. L 215 01.08.98 S.65] — Rechtsetzung auf der Grundlage des Art. 84 (80) Abs. 2 EGV, auf Vorschlag der Kommission [ABl. C 334 08.11.96 S.11; ABl. C 264 30.08.97 S.4; KOM (98) 319 endg.] und nach Stellungnahme des WSA [ABl. C 133 28.04.97 S.7]; Stellungnahme des EP [ABl. C 150 19.05.97 S.31], gemeinsamer Standpunkt des Rates [ABl. C 023 23.01.98 S.6] und Beschluß des EP [ABl. C 104 06.04.98 S.115] im Rahmen des Verfahrens der Zusammenarbeit — Aufnahme in den Anhang XIII des EWR-Abkommens durch den Beschluß 9/1999 des Gemeinsamen EWR-Ausschusses [ABl. L 035 10.02.2000 S.40]

Richtlinie 98/74/EG der Kommission vom 1. Oktober 1998 zur Änderung der Richtlinie 93/75/EWG des Rates über Mindestanforderungen an Schiffe, die Seehäfen der Gemeinschaft anlaufen oder aus ihnen auslaufen und gefährliche oder umweltschädliche Güter befördern [ABl. L 276 13. 10.98 S.7] — Aufnahme in den Anhang XIII des EWR-Abkommens durch den Beschluß 68/1999 des Gemeinsamen EWR-Ausschusses [ABl. L 284 09.11.2000 S.54]

Änderung der Richtlinie 93/75/EWG durch die Richtlinie 2002/84/EG des Europäischen Parlaments und des Rates vom 5. November 2002 [ABl. L 324 29.11.2002 S.53]

Ballasträume in Öltankschiffen

Verordnung 94/2978/EG des Rates vom 21. November 1994 zur Durchführung der IMO-Entschließung A.747 (18) über die Vermessung der Ballasträume in Öltankschiffen mit Tanks für getrennten Ballast [ABl. L 319 12.12.94 S.1] — Rechtsetzung auf der Grundlage des Art. 84 (80) Abs. 2 EGV, auf Vorschlag der Kommission [ABl. C 005 07.01.94 S.4; ABl. C 192 15.07.94 S.18] und nach Stellungnahme des WSA [ABl. C 295 22.10.94 S.26]; Stellungnahme des EP [ABl. C 205 25.07.94 S.59], gemeinsamer Standpunkt des Rates [ABl. C 301 27.10.94 S.34] und Beschluß des EP [ABl. C 341 05.12.94 S.70] im Rahmen des Verfahrens der Zusammenarbeit — Aufnahme in den Anhang XIII des EWR-Abkommens durch den Beschluß 31/95 des Gemeinsamen EWR-Ausschusses [ABl. L 273 16.11.95 S.50] — Änderung durch die Verordnung 2002/2099/EG des Europäischen Parlaments und des Rates vom 5. November 2002 [ABl. L 324 29.11.2002 S.1]

Einführung von Doppelhüllen-Öltankschiffen

Verordnung 2002/417/EG des Europäischen Parlaments und des Rates vom 18. Februar 2002 zur beschleunigten Einführung von Doppelhüllen oder gleichwertigen Konstruktionsanforderungen für Einhüllen-Öltankschiffe und zur Aufhebung der Verordnung 94/2978/EG des Rates [ABl. L 064 07.03.2002 S.1] — Rechtsetzung auf der Grundlage des Art. 84 (80) Abs. 2 EGV, auf Vorschlag der Kommission [ABl. C 212 E 25.07.2000 S.121; ABl. C 154 E 29.05.2001 S.41] sowie nach den Stellungnahmen des WSA [ABl. C 014 16.01.2001 S.22] und des AdR [ABl. C 022 24.01.2001 S.19]; Stellungnahme des EP [ABl. C 228 13.08.2001 S.140], gemeinsamer Standpunkt des Rates [ABl. C 307 31.10.2001 S.41] und Beschluß des EP [ABl. C 177 E 25.07.2002 S.281] im Rahmen des Verfahrens der Mitentscheidung — Aufnahme in den Anhang XIII des EWR-Abkommens durch den Beschluß 132/2002 des Gemeinsamen EWR-Ausschusses [ABl. L 336 12.12.2002 S.32] — Änderung durch die Verordnung 2002/2099/EG des Europäischen Parlaments und des Rates vom 5. November 2002 [ABl. L 324 29.11.2002 S.1]

Verordnung 2003/1726/EG des Europäischen Parlaments und des Rates vom 22. Juli 2003 zur Änderung der Verordnung 2002/417/EG zur beschleunigten Einführung von Doppelhüllen oder gleichwertigen Konstruktionsanforderungen für Einhüllen-Öltankschiffe [ABl. L 249 01.10.2003 S.1] — Rechtsetzung auf der Grundlage des Art. 84 (80) Abs. 2 EGV, auf Vorschlag der Kommission [KOM (2002) 780 endg.] und nach Stellungnahme des WSA [ABl. C 133 06.06.2003 S.97]; Stellungnahme des EP [ABl. C 068 E 18.03.2004 S.306] und Beschluß des Rates im Rahmen des Verfahrens der Mitentscheidung — Aufnahme in den Anhang XIII des EWR-Abkommens durch den Beschluß 77/2004 des Gemeinsamen EWR-Ausschusses [ABl. L 349 25.11.2004 S.36]

Verordnung 2004/2172/EG der Kommission vom 17. Dezember 2004 zur Änderung der Verordnung 2002/417/EG des Europäischen Parlaments und des Rates zur beschleunigten Einführung von Doppelhüllen oder gleichwertigen Konstruktionsanforderungen für Einhüllen-Öltankschiffe [ABl. L 371 18.12.2004 S.26] — Aufnahme in den Anhang XIII des EWR-Abkommens durch den Beschluß 68/2005 des Gemeinsamen EWR-Ausschusses [ABl. L 239 15.09.2005 S.57]

1969 über die **zivilrechtliche Haftung** für Ölverschmutzungsschäden und das Internationale Übereinkommen von 1971 über die Errichtung eines **Internationalen Fonds zur Entschädigung** für Ölverschmutzungsschäden (IOPC-Fonds) geregelt. Im Jahre 1992 wurden beide Vereinbarungen durch Protokolle modifiziert; bezüglich des Fondsübereinkommens wurde 2003 ein Entwurf für ein weiteres Änderungsprotokoll vorgelegt *(vgl. S.314)*. Um angesichts der erheblichen materiellen und immateriellen

Folgen von Tankerunglücken eine Ergänzung der internationalen Haftungs- und Entschädigungsregelungen auf Gemeinschaftsebene zu forcieren, legte die Kommission im Rahmen ihres **zweiten Maßnahmenpakets** für die Sicherheit der Seeschiffahrt am 6. Dezember 2000 einen Vorschlag für eine Verordnung des Europäischen Parlaments und des Rates über die Einrichtung eines Fonds zur Entschädigung für Ölverschmutzung in europäischen Gewässern und damit in Verbindung stehende Maßnahmen [ABl. C 120 E 24.04.2001 S.79; ABl. C 227 E 24.09.2002 S.487] vor. Der von der Kommission vertretene **COPE-Fonds** sollte dem Ersatz von nicht gedeckten Verschmutzungsschäden im Hoheitsgebiet und in der ausschließlichen Wirtschaftszone oder der 200 sm-Zone der Mitgliedstaaten sowie der Finanzierung von **Vorbeugungs- und Bekämpfungsmaßnahmen** dienen *(vgl. Bull. EU 12-2000, S.106 f.; GB 2000, Ziff.645; GB 2001, Ziff.711; Bull. EU 6-2002, S.91; zur Haftung, Versicherung und Schadenregulierung J. Wilkens, 1994; G. E. Brunn, 1996, S.106 ff.; R. Wöhrn, 1996, S. 123 ff.; Ch. Hassel, 1998; B. Vanheule, 2003, S.547 ff.)*.

Entschädigungen hätten nach vorheriger Prüfung durch die Kommission diejenigen Personen erhalten, die nach dem Fondsübereinkommen einen Anspruch haben, die aufgrund **unzureichender Mittel** aber nicht voll und angemessen befriedigt wurden; Eigentümer, Ausrüster oder Betreiber des beteiligten Schiffs, im Vertragsverhältnis mit dem Beförderer stehende Personen und sonstige direkt oder indirekt Beteiligte konnten jedoch ausgeschlossen werden. Die aus dem COPE-Fonds und die gemäß den **internationalen Übereinkommen** gezahlten Gelder sollten jedoch einen Gesamtbetrag von 1 Mrd. € nicht überschreiten dürfen; bei **höheren Ansprüchen** wollte man die Zahlungen so zuweisen, daß für alle Betroffenen ein gleiches Verhältnis zwischen dem Anspruch und dem Entschädigungsbetrag gewährleistet gewesen wäre.

Die **Beiträge** an den **COPE-Fonds** sollten von Personen aufgebracht werden, die jährlich über 150.000 t beitragspflichtiges Öl erhalten, das zu Gemeinschaftshäfen befördert wurde, und die Beiträge zum **IOPC-Fonds** leisten. Zahlungen wären nur nach einem Vorfall erfolgt, der zu einer Überschreitung der Höchstgrenze des IOPC-Fonds geführt hätte. Der Gesamtbeitrag und die Einzelbeiträge, die sich aus der Menge des empfangenen beitragspflichtigen Öls (in t) multipliziert mit einem kostendeckenden Festbetrag je t berechneten, wollte die Kommission festlegen. Die Einzahlung in den Fonds war innerhalb eines Jahres vorzunehmen; überschüssige Mittel sollten spätestens sechs Monate nach Abschluß des **Entschädigungsverfahrens** erstattet werden. Bei Nichterfüllung der Verpflichtungen wären die Mitgliedstaaten schadenersatzpflichtig gewesen. Für rechtswidrige vorsätzliche oder grob fahrlässige Handlungen oder Unterlassungen verantwortliche Personen war zusätzlich zu ihrer zivilrechtlichen Haftung die Verhängung einer abschreckenden **Geldstrafe** vorgesehen.

Der Rat lehnte den Kommissionsvorschlag trotz der befürwortenden Stellungnahmen des **Europäischen Parlaments** [ABl. C 053 E 28.02.2002 S.317], des **Wirtschafts- und Sozialausschusses** [ABl. C 221 07.08.2001 S.54] und des **Ausschusses der Regionen** [ABl. C 357 14.12.2001 S.1] mehrheitlich ab. Statt dessen unterstützte er – wie z. B. auf seiner Sitzung vom 5. / 6. Dezember 2002 – die Errichtung eines zusätzlichen **internationalen Fonds** für Ölverschmutzungsschäden im Rahmen der IMO, der eine Schadensabdeckung von bis zu 1 Mrd. € gewährleisten soll *(vgl. GB 2002, Ziff.648)*;

ein entsprechender Beschluß wurde von der IMO im Mai 2003 gefaßt. Im Vorfeld der IMO-Tagung vom Februar 2005 setzte sich der Rat am 9. / 10. Dezember 2004 für eine Überarbeitung der internationalen Haftungs- und Entschädigungsregeln von 1992 ein *(vgl. Bull. EU 12-2004, S.91).*

3.5.6 Sicherheit von Fahrgastschiffen

3.5.6.1 Entwicklungen der Gemeinschaftspolitik bis Mitte der neunziger Jahre

Bis zum Jahre 1993 gab es auch in bezug auf den Personenseeverkehr keine gemeinschaftlichen Bemühungen zur Verbesserung der Seeverkehrssicherheit; schiffstypenübergreifende und sektorspezifische Maßnahmen wurden zwar wiederholt angemahnt, aber nicht verabschiedet. So monierte das **Europäische Parlament** in seinen Entschließungen vom 12. März 1987 zum Kentern des Fährschiffes „Herald of Free Enterprise" [ABl. C 099 13.04.87 S.145], vom 17. Mai 1990 zu den Unglücken auf den Fähren „Scandinavian Star", „Norrona" und weiteren Fährschiffen [ABl. C 149 18.06. 90 S.127] sowie vom 18. April 1991 zu den Schiffsunglücken in Genua und Livorno [ABl. C 129 20.05.91 S.132], daß trotz der vielen Unfälle mit Fährschiffen und ihres zunehmenden Fassungsvermögens noch keine harmonisierten Sicherheitsnormen und Schiffahrtsregeln erlassen worden waren, die die Vorgaben des **Torremolinos-Übereinkommens** und die Ergebnisse der Unfalluntersuchungen berücksichtigten. Verlangt wurden ferner Kontrollen der Schiffsausrüstung, eine Datenbank über Schiffsinspektionen, die Schaffung eines zusätzlichen Überprüfungssystems und einer gemeinschaftlichen Hafenstaatkontrolle, schärfere Sanktionen bei erwiesener Fahrlässigkeit, eine verbesserte Ausbildung der Besatzung, der gesonderte Transport von Gefahrgütern sowie eine bessere Koordination und Organisation der Rettungsmaßnahmen der Mitgliedstaaten. In seiner **Entschließung 90/C 206/02 vom 19. Juni 1990 [ABl. C 206 18.08.90 S.3]** forderte auch der Rat die Kommission und die Mitgliedstaaten auf, in der internationalen Seeschiffahrtsorganisation der UN und im Rahmen der Vereinbarung über die Hafenstaatkontrolle auf die Ausarbeitung, Genehmigung und Durchführung von Maßnahmen zur Verbesserung der Sicherheit von Fahrgastfährschiffen hinzuwirken *(vgl. Bull. EG 3-1987, S.97; Bull. EG 5-1990, S.57; Bull. EG 6-1990, S.89; GB 1990, Ziff.516; V. J. G. Power, 1992, S.157, 493 f.; A. A. Pallis, 2002, S.127 f.; Übersicht 36).*

Im Zusammenhang mit der vollständigen Verwirklichung des freien Warenverkehrs zum 1. Januar 1993 wurden dann mit der **Verordnung 91/3925/EWG des Rates vom 19. Dezember 1991 [ABl. L 374 31.12.91 S.4]**, die am 3. Januar 1992 in Kraft trat, alle Kontrollen und Förmlichkeiten in bezug auf das Gepäck von Reisenden, die eine innergemeinschaftliche Seereise unternehmen, grundsätzlich abgeschafft. Von den Behörden der Mitgliedstaaten, dem hierfür zuständigen Hafenpersonal oder den Beförderern vorgenommene Sicherheitsüberprüfungen sind jedoch weiterhin zulässig; ferner bleiben Kontrollen zur Durchsetzung von Verboten oder Beschränkungen statthaft, die sich insbesondere gegen Terrorismus, Drogenhandel und Kunstschmuggel richten. Sofern die Seereise auch einen außergemeinschaftlichen Hafen berührt, ist derjenige

Seehafen zuständig, in dem das Gepäck ein- bzw. ausgeladen wird; das Gepäck von auf Wassersportfahrzeugen Reisenden wird in jedem Gemeinschaftshafen Kontrollen unterzogen. Durchführungsbestimmungen enthält die **Verordnung 92/1823/EWG der Kommission vom 3. Juli 1992 [ABl. L 185 04.07.92 S.8]**; demnach ist vor allem zu gewährleisten, daß bei der Ankunft bzw. der Abfahrt Vorkehrungen getroffen werden, um vor bzw. nach den weiterhin zulässigen Kontrollen das Umpacken von Gegenständen zwischen kontrollfreiem und kontrollpflichtigem Gepäck zu verhindern *(vgl. V. J. G. Power, 1992, S.515f.; Übersicht 36; zum Luftverkehr S.566)*.

Über die allgemeinen Maßnahmen hinaus wurden zuerst auch infolge der **Kommissionsmitteilung vom Februar 1993** *(vgl. S.268)* keine speziellen Regelungen für den Personenseeverkehr verabschiedet. Das Unglück im Hafen von Ramsgate am 13. September 1994 und der Untergang der Fähre „Estonia" am 28. September 1994 veranlaßten das **Europäische Parlament** in seiner Entschließung vom 27. Oktober 1994 zur Sicherheit auf See [ABl. C 323 21.11.94 S.176], eingehende Untersuchungen zur Sicherheit von Ro-Ro-Fahrgastfährschiffen, eine einheitliche Anwendung der IMO-Übereinkommen, konkrete gemeinschaftliche Vorschriften (Inspektion von Schiffsrümpfen sowie von Brandschutz- und Rettungsausrüstungen; Verhalten im Katastrophenfall; Ausbildung der Besatzung; Unterrichtung der Passagiere), eine Verbesserung der Sicherheit der Hafeneinrichtungen (Ein- und Ausschiffung; Zugang für Rettungsdienste; Be- und Entladung), eine Trennung der Autodecks und eine Verstärkung der Küstenwachdienste zu verlangen *(vgl. Bull. EU 10-1994, S.34; GB 1994, Ziff.381)*; ergänzend wünschte die Entschließung des **Europäischen Parlaments** vom 1. Februar 1996 zur Sicherheit auf See [ABl. C 047 19.02.96 S.27] Regelungen zur landgestützten Satellitenortung, eine Erhöhung der Stabilitätsanforderungen, die Durchsetzung der Hafenstaatkontrolle, Sanktionen bei einer Nichtbefolgung der Vorschriften und die Einbeziehung von Schiffen aus Drittstaaten *(vgl. Bull. EU 1/2-1996, S.53; GB 1996, Ziff.394; A. A. Pallis, 2002, S.128f.)*.

Mit der **Entschließung 94/C 379/05 vom 22. Dezember 1994 [ABl. C 379 31.12.94 S.8]** i. d. F. der Berichtigung [ABl. C 092 13.04.95 S.12] legte dann der Rat die Grundlage für eine sich in den Folgejahren deutlich intensivierende Gemeinschaftspolitik. Die Kommission und die Mitgliedstaaten wurden in die Pflicht genommen, eine **IMO-Sachverständigengruppe** bei der Ausarbeitung von Empfehlungen zur Verbesserung der Sicherheit von Ro-Ro-Fahrgastfährschiffen zu unterstützen. Im Mittelpunkt der Untersuchungen sollten **folgende Aspekte** stehen: Stabilitätsanforderungen, Ausweitung spezifischer Stabilitätsnormen für Fährdienste innerhalb Nordwesteuropas auf alle gemeinschaftlichen Fährdienste und besondere Regelungen für widrige Wetterverhältnisse; Rettungsverfahren (Schiffsausrüstung, Ausbildung des Personals), medizinische Betreuung an Bord; Änderung des SOLAS-Übereinkommens bzw. Annahme eines eigenständigen Übereinkommens in bezug auf die Untersuchung von Schiffsunfällen; Ausrüstung der Schiffe mit VDR. **Rechtsetzungsvorschläge** wurden von der Kommission zu folgenden Bereichen erwartet: Erweiterung der Anwendung des ISM-Codes auf Fahrgastfährschiffe im internationalen Linienverkehr von und nach Gemeinschaftshäfen; Ausstattung der Schiffe mit einem System zur Registrierung der Fahrgäste und der Besatzung; Einführung eines Kontrollsystems für alle in der Gemeinschaft verkehrenden Fahrgastschiffe und Überwachung der in die Seehäfen einlaufenden Schiffe. Die Mitgliedstaaten sollten die Regelungen des **Richtlinienentwurfs zur Hafenstaatkontrolle** vorzeitig ab dem 1. Januar 1995 anwenden, die Einhaltung der Sicherheitsvorkehrungen bei der Beförderung von Straßenfahrzeugen gewährleisten und die Kommission über Schwierigkeiten im Zusammenhang mit dem GMDSS unterrichten; die **Klassifikationsgesellschaften** wurden zur Prüfung und Verbesserung ihrer Vorschriften für die Bauteile von Fährschiffen aufgefordert *(vgl. Bull. EU 11-1994, S.43; V. J. G. Power, 1998, S.555; A. A. Pallis, 2002, S.129f.; zu den in Europa betriebenen Fährdiensten F. Yercan, 1999).*

3.5.6.2 Anwendung des ISM-Codes auf Ro-Ro-Fahrgastfährschiffe

Als erste konkrete gemeinschaftliche Maßnahme zur Verbesserung der Sicherheit des Personenseeverkehrs, die noch auf die Kommissionsmitteilung vom Februar 1993 zurückging, ist die Verabschiedung von Regelungen zur Anwendung des ISM-Codes *(vgl. S.290)* auf Ro-Ro-Fahrgastfährschiffe zum 1. Juli 1996 durch die **Verordnung 95/3051/EG des Rates vom 8. Dezember 1995 [ABl. L 320 30.12.95 S.14]** anzusehen, die (mit Ausnahme Griechenlands) am 1. Januar 1996 in Kraft trat. In bezug auf die Einhaltung der Vorschriften des ISM-Codes galt für Unternehmen, die Kabotagedienste in geschützten Gewässern anbieten, ein Übergangszeitraum; vorgeschrieben war zudem die Einrichtung von Systemen zur Organisation von Sicherheitsmaßnahmen auf Schiffen und an Land. Die Regelungen zur Kontrolle der Einhaltung der Vorschriften, zur Erteilung und Anerkennung der Zeugnisse sowie zum Vorgehen bei unmittelbarer Gefahr entsprachen weitgehend den später verabschiedeten allgemeinen Vorschriften *(vgl. S.290)*. Anpassungen an die von der IMO vorgenommenen Änderungen und Ergänzungen erfolgten zum 1. Juli 1998 durch die **Verordnung 98/179/EG der Kommission vom 23. Januar 1998 [ABl. L 019 24.01.98 S.35]**, die die mit der Entschließung A.788 (19) aufgestellten Leitlinien für Verwaltungen berücksichtigte, und zum 26. November 2002 durch die **Verordnung 2002/1970/EG der Kommission vom 4. November 2002 [ABl. L 302 06.11.2002 S.3]**, die die Modifizierungen des ISM-Codes vom 5. Dezember 2000 und der Leitlinien vom 29. November 2001 einbezog *(vgl. Bull. EU 1/2-1995, S.64f.; Bull. EU 6-1995, S.78; Bull. EU 12-1995, S.99; GB 1995, Ziff.407; Bull. EU 1/2-1998, S.62; A. A. Pallis, 2002, S.130ff.; Übersicht 36).*

3.5.6.3 Technische Sicherheitsvorschriften und Stabilitätsanforderungen

Über die für alle Schiffstypen geltenden technischen Vorschriften und die internationalen Regelungen hinaus wurden schließlich mit der seit dem 4. Juni 1998 rechtskräftigen **Richtlinie 98/18/EG des Rates vom 17. März 1998 [ABl. L 144 15.05.98 S.1]** spezifische gemeinschaftliche Sicherheitsstandards verabschiedet, die ab dem 1. Juli 1998 flaggenunabhängig auf neuen Fahrgastschiffen, vorhandenen Fahrgastschiffen ab einer Länge von 24 m und Hochgeschwindigkeitsfahrzeugen gelten, die für Inlandsfahrten genutzt werden. Um entsprechende Regelungen auch für in der Auslandsfahrt eingesetzte Schiffe verabschieden zu können, wollte sich die Gemeinschaft bei der IMO für eine beschleunigte Ausarbeitung von Vorschriften einsetzen. Fahrgastschiffe werden nach ihrem Einsatzgebiet (Entfernung zur Küstenlinie oder zu einem Zufluchtsort) in die Klassen A bis D eingeteilt; für Hochgeschwindigkeitsfahrzeuge kommen die Kategorien des entsprechenden Codes zur Anwendung. Fahrgastschiffe sind in Abhängigkeit von ihrem Alter (neu, vorhanden) und ihrer Klasse spezifischen Sicherheitsvorschriften und Ausnahmeregelungen unterworfen (Stabilität, Unterteilung, Leckstabilität; Maschinenanlagen und -räume, elektrische Anlagen; Brandschutz, Feueranzeige und -löschung; Rettungsmittel; Bestimmungen der Richtlinien 94/57/EG und 96/98/EG des Rates *(vgl. S.280, 298)*) oder unterliegen den einschlägigen internationalen Instrumenten (SOLAS- und Freibord-Übereinkommen); vorhandene Fahrgastschiffe der Klassen A und B, die ausschließlich im Inlandsverkehr zwischen griechischen Seehäfen eingesetzt werden, wurden mit der **Entscheidung 1999/461/EG der Kommission vom 24. Juni 1999 [ABl. L 180 15.07.1999 S.47]** von bestimmten Anforderungen befreit. Bei Hochgeschwindigkeitsschiffen sind bestimmte Vorschriften des SOLAS-Übereinkommens oder hilfsweise des DSC-Codes (Bau ab dem 1. Januar 1996) bzw. ausschließlich der DSC-Code (Bau vor dem 1. Januar 1996) maßgeblich *(vgl. Bull. EU 1/2-1996, S.53; Bull. EU 11-1996, S.51; GB 1996, Ziff.394; GB 1997, Ziff.484; Bull. EU 3-1998, S.58f.; GB 1998, Ziff.448; A. A. Pallis, 2002, S.137f.; Übersicht 37)*.

Die Einhaltung der Anforderungen muß von den Aufnahmestaaten vor dem Einsatzbeginn der Schiffe gewährleistet werden; entsprechen diese den Vorschriften, so kann der Betrieb nicht untersagt werden. Das Schiff und die Unterlagen sind gemäß den für die **Hafenstaatkontrolle** maßgeblichen Regelungen *(vgl. S.276)* zu überprüfen. Darüber hinaus können die Mitgliedstaaten unter Einbeziehung der Kommission zusätzliche **Sicherheitsanforderungen** festlegen, Regeln für einen gleichwertigen Ersatz erlassen, bei Vorliegen bestimmter Fahrtbedingungen Befreiungen von den Anforderungen aussprechen oder bei Bestehen einer ernsten Gefahr eine zeitweilige Stillegung bzw. zusätzliche Sicherheitsmaßnahmen vorschreiben. Von der Verwaltung des Flaggenstaats werden die Schiffe verschiedenen **Besichtigungen** (vor Indienststellung, alle zwölf Monate, bei besonderen Anlässen) unterzogen, wobei die entsprechenden internationalen Bestimmungen zur Anwendung kommen. Bei der Erstbesichtigung werden **Sicherheitszeugnisse** ausgestellt, die für höchstens ein Jahr gültig sind (Möglichkeit der Verlängerung um einen Monat) und nach der regelmäßigen Besichtigung erneuert werden. Für Hochgeschwindigkeitsfahrzeuge werden auf der Grundlage der internationalen Regelungen Sicherheitszeugnisse und Fahrterlaubnisscheine bzw. Konstruktions- und Ausrüstungszeugnisse ausgestellt; die Dokumente müssen von den Mitgliedstaaten gegenseitig anerkannt werden. Nachfolgend glich die Kommission mit der **Richtlinie 2002/25/EG vom 5. März 2002 [ABl. L 098 15.04.2002 S.1]** die Bestimmungen an die zwischenzeitlichen Änderungen des SOLAS-Übereinkommens sowie anderer internationaler Codes und Entschließungen an; die **Richtlinie 2003/75/EG der Kommission vom 29. Juli 2003 [ABl. L 190 30.07.2003 S.6]** gewährte verlängerte Übergangsfristen für die Anpassung von auf vorhandenen Schiffen befindlichen Rettungsflößen, Bereitschaftsbooten, Bergungsmitteln und Rettungswesten an die neuen Vorgaben, sofern dies mit größeren Reparaturen, Umbauten oder Ersetzungen verbunden war.

Übersicht 36: Gemeinschaftliche Regelungen zur Sicherheit von Fahrgastschiffen bis 1995

Ratsentschließungen

Entschließung 90/C 206/02 des Rates und der im Rat vereinigten Vertreter der Regierungen der Mitgliedstaaten vom 19. Juni 1990 zur Verbesserung der Sicherheit von Fahrgastfährschiffen [ABl. C 206 18.08.90 S.3]

Entschließung 94/C 379/05 des Rates vom 22. Dezember 1994 zur Sicherheit von „Roll-on / Roll-off"-Fahrgastfährschiffen [ABl. C 379 31.12.94 S.8] i. d. F. der Berichtigung [ABl. C 092 13.04. 95 S.12] — Aufnahme in den Anhang XIII des EWR-Abkommens durch den Beschluß 32/95 des Gemeinsamen EWR-Ausschusses [ABl. L 273 16.11.95 S.51]

Gepäckkontrollen

Verordnung 91/3925/EWG des Rates vom 19. Dezember 1991 über die Abschaffung von Kontrollen und Förmlichkeiten für Handgepäck oder aufgegebenes Gepäck auf einem innergemeinschaftlichen Flug sowie für auf einer innergemeinschaftlichen Seereise mitgeführtes Gepäck [ABl. L 374 31.12.91 S.4] — Rechtsetzung auf der Grundlage des Art. 100 a EWGV (Art. 95 EGV), auf Vorschlag der Kommission [ABl. C 212 25.08.90 S.8; SEK (91) 2477 endg.] und nach Stellungnahme des WSA [ABl. C 060 08.03.91 S.12]; Stellungnahme des EP [ABl. C 106 22.04. 91 S.80], gemeinsamer Standpunkt des Rates und Beschluß des EP [ABl. C 326 16.12.91 S.79] im Rahmen des Verfahrens der Zusammenarbeit — Änderung durch die Verordnung 2003/1882/EG des Europäischen Parlaments und des Rates vom 29. September 2003 [ABl. L 284 31.10.2003 S.31]

Verordnung 92/1823/EWG der Kommission vom 3. Juli 1992 zur Durchführung der Verordnung 91/3925/EWG des Rates über die Abschaffung von Kontrollen und Förmlichkeiten für Handgepäck oder aufgegebenes Gepäck auf einem innergemeinschaftlichen Flug sowie für auf einer innergemeinschaftlichen Seereise mitgeführtes Gepäck [ABl. L 185 04.07.92 S.8]

Anwendung des ISM-Codes auf Ro-Ro-Fahrgastfährschiffe

Verordnung 95/3051/EG des Rates vom 8. Dezember 1995 über Maßnahmen zur Organisation eines sicheren Schiffsbetriebs von Ro-Ro-Fahrgastfährschiffen [ABl. L 320 30.12.95 S.14] — Rechtsetzung auf der Grundlage des Art. 84 (80) Abs. 2 EGV, auf Vorschlag der Kommission [ABl. C 298 11.11.95 S.23; ABl. C 298 11.11.95 S.31; KOM (95) 667 endg.] und nach Stellungnahme des WSA [ABl. C 236 11.09.95 S.42]; Stellungnahme des EP [ABl. C 166 03.07.95 S.55], gemeinsamer Standpunkt des Rates [ABl. C 297 10.11.95 S.1] und Beschluß des EP [ABl. C 339 18.12.95 S.26] im Rahmen des Verfahrens der Zusammenarbeit — Aufnahme in den Anhang XIII des EWR-Abkommens durch den Beschluß 27/96 des Gemeinsamen EWR-Ausschusses [ABl. L 186 25.07.96 S.80]

Verordnung 98/179/EG der Kommission vom 23. Januar 1998 zur Änderung der Verordnung 95/3051/EG des Rates über Maßnahmen zur Organisation eines sicheren Schiffsbetriebs von Ro-Ro-Fahrgastfährschiffen [ABl. L 019 24.01.98 S.35] — Aufnahme in den Anhang XIII des EWR-Abkommens durch den Beschluß 103/98 des Gemeinsamen EWR-Ausschusses [ABl. L 197 29.07. 1999 S.55] i. d. F. der Berichtigung [ABl. L 226 27.08.1999 S.44]

Verordnung 2002/1970/EG der Kommission vom 4. November 2002 zur Änderung der Verordnung 95/3051/EG des Rates über Maßnahmen zur Organisation eines sicheren Schiffsbetriebs von Ro-Ro-Fahrgastfährschiffen [ABl. L 302 06.11.2002 S.3] — Aufnahme in den Anhang XIII des EWR-Abkommens durch den Beschluß 52/2003 des Gemeinsamen EWR-Ausschusses [ABl. L 193 31.07.2003 S.28]

Änderung der Verordnung 95/3051/EG durch die Verordnung 2002/2099/EG des Europäischen Parlaments und des Rates vom 5. November 2002 [ABl. L 324 29.11.2002 S.1]

Übersicht 37: Gemeinschaftliche Regelungen zur Sicherheit von Fahrgastschiffen seit 1998

Sicherheitsvorschriften und -normen

Richtlinie 98/18/EG des Rates vom 17. März 1998 über Sicherheitsvorschriften und -normen für Fahrgastschiffe [ABl. L 144 15.05.98 S.1] — Rechtsetzung auf der Grundlage des Art. 84 (80) Abs. 2 EGV, auf Vorschlag der Kommission [ABl. C 238 16.08.96 S.1; ABl. C 068 05.03.97 S.8; KOM (97) 716 endg.] und nach Stellungnahme des WSA [ABl. C 212 22.07.96 S.21]; Stellungnahme des EP [ABl. C 277 23.09.96 S.19], gemeinsamer Standpunkt des Rates [ABl. C 293 26. 09.97 S.1] und Beschluß des EP [ABl. C 358 24.11.97 S.27] im Rahmen des Verfahrens der Zusammenarbeit — Aufnahme in den Anhang XIII des EWR-Abkommens durch den Beschluß 86/ 1999 des Gemeinsamen EWR-Ausschusses [ABl. L 296 23.11.2000 S.46]

Entscheidung 1999/461/EG der Kommission vom 24. Juni 1999 über die Veröffentlichung der Liste der von Griechenland nach der Richtlinie 98/18/EG des Rates gemeldeten Schiffe der Klassen A und B, bei denen eine Befreiung gemäß Artikel 6 Absatz 3 Buchstabe g) möglich ist [ABl. L 180 15.07.1999 S.47]

Richtlinie 2002/25/EG der Kommission vom 5. März 2002 zur Änderung der Richtlinie 98/18/EG des Rates über Sicherheitsvorschriften und -normen für Fahrgastschiffe [ABl. L 098 15.04.2002 S.1] — Aufnahme in den Anhang XIII des EWR-Abkommens durch den Beschluß 177/2003 des Gemeinsamen EWR-Ausschusses [ABl. L 088 25.03.2004 S.55]

Änderung der Richtlinie 98/18/EG durch die Richtlinie 2002/84/EG des Europäischen Parlaments und des Rates vom 5. November 2002 [ABl. L 324 29.11.2002 S.53]

Richtlinie 2003/24/EG des Europäischen Parlaments und des Rates vom 14. April 2003 zur Änderung der Richtlinie 98/18/EG des Rates über Sicherheitsvorschriften und -normen für Fahrgastschiffe [ABl. L 123 17.05.2003 S.18] — Rechtsetzung auf der Grundlage des Art. 84 (80) Abs. 2 EGV, auf Vorschlag der Kommission [ABl. C 020 E 28.01.2003 S.51; KOM (2002) 720 endg.] und nach Stellungnahme des WSA [ABl. C 085 08.04.2003 S.20]; Stellungnahme des EP [ABl. C 016 E 22.01.2004 S.84] und Beschluß des Rates im Rahmen des Verfahrens der Mitentscheidung — Aufnahme in den Anhang XIII des EWR-Abkommens durch den Beschluß 158/2003 des Gemeinsamen EWR-Ausschusses [ABl. L 041 12.02.2004 S.55]

Richtlinie 2003/75/EG der Kommission vom 29. Juli 2003 zur Änderung des Anhangs I der Richtlinie 98/18/EG des Rates über Sicherheitsvorschriften und -normen für Fahrgastschiffe [ABl. L 190 30.07.2003 S.6] — Aufnahme in den Anhang XIII des EWR-Abkommens durch den Beschluß 179/2003 des Gemeinsamen EWR-Ausschusses [ABl. L 088 25.03.2004 S.59]

Besondere Stabilitätsanforderungen für Ro-Ro-Fahrgastschiffe

Richtlinie 2003/25/EG des Europäischen Parlaments und des Rates vom 14. April 2003 über besondere Stabilitätsanforderungen für Ro-Ro-Fahrgastschiffe [ABl. L 123 17.05.2003 S.22] — Rechtsetzung auf der Grundlage des Art. 84 (80) Abs. 2 EGV, auf Vorschlag der Kommission [ABl. C 020 E 28.01.2003 S.21; KOM (2002) 721 endg.] und nach Stellungnahme des WSA [ABl. C 085 08.04.2003 S.20]; Stellungnahme des EP [ABl. C 016 E 22.01.2004 S.61] und Beschluß des Rates im Rahmen des Verfahrens der Mitentscheidung — Aufnahme in den Anhang XIII des EWR-Abkommens durch den Beschluß 157/2003 des Gemeinsamen EWR-Ausschusses [ABl. L 041 12.02.2004 S.53]

Richtlinie 2005/12/EG der Kommission vom 18. Februar 2005 zur Änderung der Anhänge I und II der Richtlinie 2003/25/EG des Europäischen Parlaments und des Rates über besondere Stabilitätsanforderungen für Ro-Ro-Fahrgastschiffe [ABl. L 048 19.02.2005 S.19]

Registrierung von Fahrgästen

Richtlinie 98/41/EG des Rates vom 18. Juni 1998 über die Registrierung der an Bord von Fahrgastschiffen im Verkehr nach oder von einem Hafen eines Mitgliedstaats der Gemeinschaft befindlichen Personen [ABl. L 188 02.07.98 S.35] — Rechtsetzung auf der Grundlage des Art. 84

(80) Abs. 2 EGV, auf Vorschlag der Kommission [ABl. C 031 31.01.97 S.5; ABl. C 275 11.09.97 S.7; KOM (98) 233 endg.] und nach Stellungnahme des WSA [ABl. C 206 07.07.97 S.111]; Stellungnahme des EP [ABl. C 182 16.06.97 S.12], gemeinsamer Standpunkt des Rates [ABl. C 023 23.01.98 S.17] und Beschluß des EP [ABl. C 104 06.04.98 S.115] im Rahmen des Verfahrens der Zusammenarbeit — Aufnahme in den Anhang XIII des EWR-Abkommens durch den Beschluß 40/1999 des Gemeinsamen EWR-Ausschusses [ABl. L 266 19.10.2000 S.46] — Änderung durch die Richtlinie 2002/84/EG des Europäischen Parlaments und des Rates vom 5. November 2002 [ABl. L 324 29.11.2002 S.53]

Überprüfung von Fahrgastschiffen

Richtlinie 1999/35/EG des Rates vom 29. April 1999 über ein System verbindlicher Überprüfungen im Hinblick auf den sicheren Betrieb von Ro-Ro-Fahrgastschiffen und Fahrgast-Hochgeschwindigkeitsfahrzeugen im Linienverkehr [ABl. L 138 01.06.1999 S.1] — Rechtsetzung auf der Grundlage des Art. 84 (80) Abs. 2 EGV, auf Vorschlag der Kommission [ABl. C 108 07.04.98 S.122; ABl. C 384 10.12.98 S.23; KOM (1999) 168 endg.] und nach Stellungnahme des WSA [ABl. C 407 28.12.98 S.120]; Stellungnahme des EP [ABl. C 328 26.10.98 S.82], gemeinsamer Standpunkt des Rates [ABl. C 049 22.02.1999 S.15] und Beschluß des EP [ABl. C 175 21.06. 1999 S.108] im Rahmen des Verfahrens der Zusammenarbeit — Aufnahme in den Anhang XIII des EWR-Abkommens durch den Beschluß 179/1999 des Gemeinsamen EWR-Ausschusses [ABl. L 074 15.03.2001 S.7] — Änderung durch die Richtlinie 2002/84/EG des Europäischen Parlaments und des Rates vom 5. November 2002 [ABl. L 324 29.11.2002 S.53]

Entscheidung 2003/587/EG der Kommission vom 5. August 2003 zur Einhaltung der Richtlinie 1999/35/EG des Rates vom 29. April 1999 betreffend ein Feuerlöschsystem auf dem Ro-Ro-Fahrgastfährschiff „Finnsailor" (IMO Nr. 8401444) [ABl. L 198 06.08.2003 S.17]

Die unzureichende Durchführung und Wirksamkeit der Regelungen sowie der Untergang der griechischen Fähre „Samina" veranlaßten das **Europäische Parlament** in einer Entschließung vom 5. Oktober 2000 [ABl. C 178 22.06.2001 S.288], die rasche Annahme der geplanten Neuregelungen zu den Schiffsüberprüfungs- und -besichtigungsorganisationen *(vgl. S.272f.)* und zur Hafenstaatkontrolle *(vgl. S.272f.)*, striktere Bestimmungen für die Ausbildung von Seeleuten *(vgl. S.296)* und die vollständige Umsetzung der Vorschriften zur Registrierung der an Bord befindlichen Personen *(vgl. S.320)* anzumahnen; außerdem wurden Kommissionsvorschläge zur Verbesserung der Stabilität und Sicherheit von Fahrgastschiffen sowie eine Verkürzung der Anwendungsfristen und eine Überprüfung der Freistellungen im Rahmen der Richtlinie 98/18/EG des Rates verlangt *(vgl. Bull. EU 10-2000, S.66f.; GB 2000, Ziff.648)*. Die bereits genannten Gründe, aber auch die zunehmenden Schiffsgrößen sorgten dafür, daß die **Kommission** in ihrer Mitteilung vom 25. März 2002 über die Erhöhung der Sicherheit von Fahrgastschiffen in der Gemeinschaft [KOM (2002) 158 endg.] weitere Maßnahmen hinsichtlich der Stabilität von Ro-Ro-Fahrgastschiffen und ihrer Außerdienststellung, der Sicherheit von Fahrgästen mit eingeschränkter Mobilität sowie der Haftung für Fahrgäste forderte *(vgl. Bull. EU 3-2002, S.94; GB 2002, Ziff.647)*.

Auf der Grundlage der Kommissionsinitiative verlangt die **Richtlinie 2003/24/EG des Europäischen Parlaments und des Rates vom 14. April 2003 [ABl. L 123 17.05. 2003 S.18]** die Einhaltung strengerer Stabilitätsanforderungen für bestimmte Kategorien von Ro-Ro-Fahrgastschiffen, die in der Inlandsfahrt unter gleichen Seegangsbedingungen eingesetzt werden. Schiffe der Klassen A, B und C mit Kiellegung ab dem 1.

Oktober 2004 müssen direkt den einschlägigen Vorschriften entsprechen, davor bereits vorhandene Schiffe der Klassen A und B haben die Bestimmungen bis zum 1. Oktober 2010 zu erfüllen, sofern sie nicht zu diesem Zeitpunkt, danach bei Erreichen eines Alters von 30 Jahren oder spätestens am 1. Oktober 2015 außer Dienst gestellt werden. Auf Fahrgastschiffen der Klassen A bis D und Hochgeschwindigkeitsfahrzeugen mit Kiellegung ab dem 1. Oktober 2004 müssen ferner Vorkehrungen zugunsten von Personen mit eingeschränkter Mobilität (sicherer Zugang, Hinweisschilder, Verbreitung von Ankündigungen, Alarm, Einrichtungen zur Schiffsnutzung und Fortbewegung) getroffen werden; bei davor gebauten Schiffen soll der Umbau unter Berücksichtigung der Wirtschaftlichkeit und Durchführbarkeit erfolgen. Die für Griechenland geltenden Ausnahmeregelungen wurden abgeschafft. Ergänzend legt die **Richtlinie 2003/25/ EG des Europäischen Parlaments und des Rates vom 14. April 2003 [ABl. L 123 17.05.2003 S.22]**, geändert durch die **Richtlinie 2005/12/EG der Kommission vom 18. Februar 2005 [ABl. L 048 19.02.2005 S.19]**, besondere Stabilitätsanforderungen für Ro-Ro-Fahrgastschiffe im internationalen Linienverkehr fest, deren Einhaltung vom Aufnahmestaat unter Berücksichtigung der vorgegebenen Leitlinien sicherzustellen ist; beim Einsatz der Schiffe in Seegebieten mit einer signifikanten Wellenhöhe von höchstens 1,50 m genügt alternativ auch die Erfüllung der Anforderungen der SOLAS-90-Norm. Für Schiffe mit Kiellegung ab dem 1. Oktober 2004 gelten die Vorschriften sofort, für vorhandene Fahrgastschiffe spätestens ab dem 1. Oktober 2010 und bei Erfüllung der SOLAS-90-Norm am 17. Mai 2003 ab dem 1. Oktober 2015. Sämtliche Schiffe müssen eine vom Flaggenstaat ausgestellte Bescheinigung über die Gewährleistung der Anforderungen mit sich führen; sie gilt für Seegebiete, die den angegebenen Wert der signifikanten Wellenhöhe nicht überschreiten. Für den kurzzeitigen Einsatz zusätzlicher Schiffe und einen jahreszeitlichen Betrieb von bis zu einem halben Jahr wird eine gesonderte Bescheinigung erteilt. Die Neuregelungen traten am 17. Mai 2003 in Kraft und waren bis zum 17. November 2004 umzusetzen *(vgl. Bull. EU 3-2002, S.94; Bull. EU 12-2002, S.106f.; GB 2002, Ziff.647; Bull. EU 3-2003, S.85; GB 2003, Ziff.683; Übersicht 37).*

3.5.6.4 Registrierung an Bord befindlicher Personen

Zur Verbesserung der Sicherheit und der Möglichkeit der Rettung von Fahrgästen und Besatzungsmitgliedern sowie zur Erleichterung der Durchführung von Such- und Rettungsmaßnahmen wurden mit der **Richtlinie 98/41/EG des Rates vom 18. Juni 1998 [ABl. L 188 02.07.98 S.35]** zum 1. Januar 1999 gemeinschaftliche Regelungen zur Registrierung der an Bord befindlichen Personen eingeführt. Demnach muß vor der Abfahrt des Schiffes die Zahl der an Bord befindlichen Personen festgestellt und dem Kapitän sowie dem Fahrgastregistrierführer der Gesellschaft oder einem genehmigten und regelmäßig überprüften System, das bestimmte Anforderungen hinsichtlich der Lesbarkeit, Verfügbarkeit, Reibungslosigkeit und Sicherheit erfüllt, mitgeteilt werden; die Anzahl der Fahrgäste darf dabei die zulässige Höchstgrenze nicht überschreiten. Beträgt die Fahrt mindestens 20 sm (oder nach Entscheidung der betroffenen Mitgliedstaaten auch weniger), so sind Vor- und Nachname, Geschlecht, Alter(sgruppe) sowie Angaben zur Notwendigkeit von Betreuung oder Hilfe zu erheben und bis spätestens eine halbe Stunde nach Abfahrt zu übermitteln. Im Not- oder Unglücksfall hat der Fahrgastregistrierführer die von ihm aufbewahrten Daten an die benannte Behörde für Such- und Rettungszwecke weiterzuleiten *(vgl. Bull. EU 11-1996, S.51; GB 1996, Ziff.394; Bull. EU 7/8-1997, S.57; GB 1997, Ziff.484; Bull. EU 6-1998, S.62 f.; GB 1998, Ziff.448; Übersicht 37).*

Fährt ein in der EU registriertes Schiff von einem außer- zu einem innergemeinschaftlichen Seehafen, so hat die Gesellschaft sämtliche Angaben zur Verfügung zu stellen; führt das Schiff die Flagge eines Drittstaats, so müssen die Angaben lediglich erhoben und bereitgehalten werden. **Freistellungen oder Abweichungen** von der Verpflichtung zur Registrierung von Personen gelten für die Straße von Messina sowie in bezug auf geschützte Seegebiete im Linienverkehr mit einer Fahrzeit von weniger als einer Stunde oder zwischen zwei Häfen bzw. zu ein und demselben Hafen ohne Zwischenstop verkehrende Schiffe. Unter bestimmten Voraussetzungen (geringe Wahrscheinlichkeit für Wellenhöhe von über 2 m; Entfernung vom Ausgangspunkt unter 30 sm oder regelmäßige Verbindungen in abgelegene Gebiete; Verfügbarkeit von Navigationshilfen, Wettervorhersagen sowie Such- und Rettungsdiensten) kann eine Befreiung von der Verpflichtung zur **Erhebung zusätzlicher Angaben** ausgesprochen werden, wenn entsprechende Nachweise vorliegen. Werden die einschlägigen SOLAS-Bestimmungen nicht eingehalten, so darf keine Freistellung gewährt werden.

3.5.6.5 Sicherheitsüberprüfungen

Zur Durchsetzung der gemeinschaftlichen Vorschriften zur Betriebssicherheit von Fahrgastschiffen schuf die seit dem 1. Juni 1999 geltende **Richtlinie 1999/35/EG des Rates vom 29. April 1999 [ABl. L 138 01.06.1999 S.1]** zum 1. Dezember 2000 ein System verbindlicher Überprüfungen von Ro-Ro-Fahrgastschiffen und Hochgeschwindigkeitsschiffen, die im Linienverkehr von und nach Gemeinschaftshäfen verkehren. Die erstmalige **Überprüfung** durch den Aufnahmestaat findet vor der Betriebsaufnahme statt; bei bereits eingesetzten Schiffen war sie zwischen dem 1. Dezember 2000 und dem 30. November 2001 durchzuführen. Sie betrifft das Mitführen gültiger Zeugnisse und die Vornahme der für die Ausstellung der Zeugnisse notwendigen Prüfungen, die Erfüllung der Klassifikationsregeln für den Schiffskörper sowie die Maschinen-, Elektronik- und Steuerungsanlagen, die Ausrüstung mit einem VDR und die Einhaltung der Stabilitätsanforderungen; in bezug auf die Unternehmen werden die zur Erfüllung besonderer Anforderungen ergriffenen Maßnahmen, die Erbringung der Nachweise über die Einhaltung der Vorschriften und das Vorliegen einer Einwilligung im Hinblick auf die Durchführung von Unfalluntersuchungen kontrolliert. An die Überprüfung schließt sich vor der Betriebsaufnahme oder innerhalb des o. a. Zeitraums eine erstmalige **gezielte Besichtigung** an, die auch zusammen mit anderen Aufnahmestaaten oder unter Hinzuziehung eines Besichtigers einer anerkannten Organisation erfolgen kann. Ein Aufnahmestaat kann eine Besichtigung auch auf Wunsch eines anderen beteiligten Aufnahmestaats durchführen; bei Meinungsverschiedenheiten ist die Kommission zu informieren. Ist der Flaggenstaat nicht zugleich der Aufnahmestaat, so ist letzterer über die Mängel zu informieren und ggf. hinzuzuziehen *(vgl. Bull. EU 1/2-1998, S.61; Bull. EU 11-1998, S.53; GB 1998, Ziff.448; Bull. EU 4-1999, S.47; GB 1999, Ziff.412; Übersicht 37).*

Beim Einsatz eines Schiffes in einem anderen Linienverkehr sind bereits durchgeführte **Überprüfungen und Besichtigungen**, sofern diese zufriedenstellend waren und für die neuen Betriebsbedingungen relevant sind, vom neuen Aufnahmestaat anzuerkennen; gleiches gilt bei einer Umregistrierung zu einem anderen Linienverkehr mit ähnlichen Routenmerkmalen. Soll ein unterbrechungsfreies Diensteangebot gewährleistet werden, so kann die Betriebsaufnahme erfolgen, wenn bei einer Besichtigung und der Überprüfung der Unterlagen keine Bedenken bestehen und die Verfahren innerhalb eines Monats abgeschlossen werden. Eine **gezielte Besichtigung** und eine **Besichtigung während des Linienverkehrsdienstes** sind im weiteren jährlich durchzuführen; gezielte Besichtigungen werden ebenfalls nach größeren Reparaturen, Umbauten oder Änderungen des Schiffes sowie nach einem Wechsel der Geschäftsführung, der Flagge oder der Klasse vorgenommen. Werden bei Überprüfungen die **Nichteinhaltung der Anforderungen** und bei Besichtigungen **gefährliche Mängel** festgestellt, sonstige Vorschriften nicht befolgt oder konsultiert der Flaggenstaat bei der Ausstellung eines Ausnahmezeugnisses oder einer Genehmigung nicht den Aufnahmestaat, so wird ein **Betriebsverbot** ausgesprochen, das bis zur Beseitigung der Gefahr und Wiedereinhaltung der Anforderungen gilt. Treten bei im Einsatz befindlichen Schiffen Mängel auf, so sind diese umgehend oder bei keiner unmittelbaren Gefahr in einer angemessenen Frist zu beseitigen; eine Untersagung des Betriebs kann erst nach einer weiteren Überprüfung erfolgen. Verlaufen die gezielten Besichtigungen zufriedenstellend, so werden die Schiffe von einer **erweiterten Überprüfung** gemäß der Richtlinie 95/21/EG des Rates *(vgl. S.276)* freigestellt.

Weiterhin erhalten die Mitgliedstaaten das Recht, die **Untersuchung von Unfällen** oder sonstigen Vorkommnissen auf See zu leiten oder daran mitzuwirken. Das Verfahren wird von demjenigen Staat initiiert, in dessen Gewässern der Unfall oder das Vorkommnis geschah; bei einem Ereignis in anderen Gewässern ist der zuletzt aufgesuchte Mitgliedstaat zuständig. Bei der Ausstellung oder Anerkennung eines **Ausnahmezeugnisses** arbeitet der Mitgliedstaat mit dem Aufnahme- oder Flaggenstaat zusammen; gleiches gilt bei der Ausstellung einer **Betriebsgenehmigung** oder der Auferlegung von **Betriebsbeschränkungen** für den Aufnahme- und Flaggenstaat. Es sollen landgestützte **Streckenführungs- und Informationssysteme** betrieben werden; an Bord von Schiffen ist ein integriertes System zur Organisation von **Sicherheitsmaßnahmen in Notfällen** zu unterhalten und anzuwenden.

3.5.7 Massengut- und Fischereischiffe

3.5.7.1 Be- und Entladung von Massengutschiffen

Um die Gefahren einer übermäßigen Belastung oder einer mechanischen Beschädigung von Massengutschiffen beim Be- bzw. Entladen zu reduzieren, legte die **Richtli-**

nie 2001/96/EG des Europäischen Parlaments und des Rates vom 4. Dezember 2001 [ABl. L 013 16.01.2002 S.9] mit Wirkung vom 5. Februar 2002 harmonisierte Vorschriften für Schiffe und Umschlaganlagen sowie Verfahrensregeln für die Zusammenarbeit und Kommunikation beim Laden und Löschen fester Massengüter fest, die bis zum 5. August 2003 umzusetzen und ab dem 1. März 2004 anzuwenden waren. Entsprechend haben die Betreiber der Umschlaganlagen die betriebliche Eignung der Massengutschiffe zu kontrollieren (Abmessungen der Laderäume und -luken, Lukennummern, Zustand der Luken und Krängungsanzeige, Beladungsrechner, Maschinenanlage, Ausrüstung zum Anlegen und Festmachen) und sicherzustellen, daß die Umschlaganlagen bestimmte Kriterien erfüllen (Eignung für die Annahme von Schiffen, Zertifizierung und Wartung des Schiffsgeräts, Ausbildung, Schutz und Ruhezeiten des Personals); außerdem müssen sie einen oder mehrere Vertreter der Umschlaganlage ernennen sowie für die Bereitstellung einer Informationsbroschüre und innerhalb von drei Jahren für die Anwendung eines Qualitätsmanagementsystems sorgen *(vgl. Bull. EU 5-2000, S.66; GB 2000, Ziff. 644, 646; Bull. EU 3-2001, S.87; GB 2001, Ziff. 705).*

Der **Kapitän** ist verantwortlich für das sichere Be- und Entladen des Schiffes, die Vorabübermittlung von Informationen (Schiffsdaten, technische Angaben, Ankunftszeit und Zeitbedarf, Lade- und Löschplan) und die Entgegennahme von Angaben über die Fracht; vor und während der Arbeiten obliegen ihm zahlreiche Sorgfaltspflichten (Gewährleistung der Beaufsichtigung, Stabilität, Vertäuung, Weitergabe relevanter Informationen an Vertreter der Umschlaganlage, Ablassen von Ballastwasser, Durchführung anderer Arbeiten). Der **Vertreter der Umschlaganlage** hat die notwendigen Informationen zu liefern (Zeitangaben, Merkmale des Liegeplatzes sowie der Festmache-, Lade- und Löscheinrichtungen, Wassertiefe und -dichte, Tiefgang, Ballastaufnahme und -abgabe, Anlege- und Ladungsvorgang), die Angaben der Ladungserklärung an den Kapitän weiterzuleiten, Informationen über Schiffsmängel zu liefern und bestimmte Pflichten während der Arbeiten zu übernehmen (Schutz vor Schäden oder Schlagseite, Kontrolle von Gewicht, Verteilung und Tiefgang, Ablauf und Änderung des Ladevorgangs, Kommunikation mit Kapitän). Die **Zusammenarbeit** von Schiffen und Umschlaganlagen betrifft die Erstellung eines Lade- und Löschplans und dessen Durchführung, das Ausfüllen einer Sicherheitsprüfliste, den Aufbau einer Nachrichtenverbindung und die Bestätigung des Ablaufs. Bei Gefährdungen wird der Lade- oder Löschvorgang von den **Behörden** verhindert oder angehalten. Liegen **Schäden** vor, so ist eine Meldung an den Kapitän und ggf. eine Reparatur vorzunehmen; bei schwerwiegenden Schäden erfolgen eine Meldung an den Flaggenstaat und die Hafenstaatkontrollbehörde sowie eine sofortige oder spätere Reparatur. Die **Überwachung** der Umschlaganlagen auf Einhaltung der Bestimmungen vollzieht sich mittels unangemeldeter Besichtigungen durch die zuständigen Behörden *(vgl. Übersicht 38).*

3.5.7.2 Sicherheitsregelungen für Fischereifahrzeuge

Für alle neuen und – soweit vorgeschrieben – auch für alle vorhandenen, gewerblich tätigen und hochseetüchtigen Fischereifahrzeuge mit einer Mindestlänge von 24 m, die die Flagge eines Mitgliedstaats führen, in den inneren Gewässern bzw. dem Küsten-

Übersicht 38: Massengutschiffe und Fischereifahrzeuge in der Gemeinschaftspolitik

Massengutschiffe

Richtlinie 2001/96/EG des Europäischen Parlaments und des Rates vom 4. Dezember 2001 zur Festlegung von harmonisierten Vorschriften und Verfahrensregeln für das sichere Be- und Entladen von Massengutschiffen [ABl. L 013 16.01.2002 S.9] — Rechtsetzung auf der Grundlage des Art. 84 (80) Abs. 2 EGV, auf Vorschlag der Kommission [ABl. C 311 E 31.10.2000 S.240; ABl. C 180 E 26.06.2001 S.273] und nach Stellungnahme des WSA [ABl. C 014 16.01.2001 S.37]; Stellungnahme des EP [ABl. C 276 01.10.2001 S.38], gemeinsamer Standpunkt des Rates [ABl. C 301 26.10.2001 S.22] und Beschluß des EP [ABl. C 112 E 09.05.2002 S.301] im Rahmen des Verfahrens der Mitentscheidung — Aufnahme in den Anhang XIII des EWR-Abkommens durch den Beschluß 56/2002 des Gemeinsamen EWR-Ausschusses [ABl. L 238 05.09.2002 S.18] — Änderung durch die Richtlinie 2002/84/EG des Europäischen Parlaments und des Rates vom 5. November 2002 [ABl. L 324 29.11.2002 S.53]

Fischereifahrzeuge

Richtlinie 97/70/EG des Rates vom 11. Dezember 1997 über eine harmonisierte Sicherheitsregelung für Fischereifahrzeuge von 24 Meter Länge und mehr [ABl. L 034 09.02.98 S.1] — Rechtsetzung auf der Grundlage des Art. 84 (80) Abs. 2 EGV, auf Vorschlag der Kommission [ABl. C 292 04.10.96 S.29] und nach Stellungnahme des WSA [ABl. C 066 03.03.97 S.31]; Stellungnahme des EP [ABl. C 150 19.05.97 S.30], gemeinsamer Standpunkt des Rates [ABl. C 246 12.08.97 S.1] und Beschluß des EP [ABl. C 358 24.11.97 S.18] im Rahmen des Verfahrens der Zusammenarbeit — Aufnahme in den Anhang XIII des EWR-Abkommens durch den Beschluß 147/1999 des Gemeinsamen EWR-Ausschusses [ABl. L 015 18.01.2001 S.43]

Richtlinie 1999/19/EG der Kommission vom 18. März 1999 zur Änderung der Richtlinie 97/70/EG des Rates über eine harmonisierte Sicherheitsregelung für Fischereifahrzeuge von 24 Meter Länge und mehr [ABl. L 083 27.03.1999 S.48] — Aufnahme in den Anhang XIII des EWR-Abkommens durch den Beschluß 180/1999 des Gemeinsamen EWR-Ausschusses [ABl. L 074 15. 3.2001 S.8]

Richtlinie 2002/35/EG der Kommission vom 25. April 2002 zur Änderung der Richtlinie 97/70/EG des Rates über eine harmonisierte Sicherheitsregelung für Fischereifahrzeuge von 24 Meter Länge und mehr [ABl. L 112 27.04.2002 S.21] — Aufnahme in den Anhang XIII des EWR-Abkommens durch den Beschluß 36/2003 des Gemeinsamen EWR-Ausschusses [ABl. L 137 05.06. 2003 S.42]

Änderung der Richtlinie 97/70/EG durch die Richtlinie 2002/84/EG des Europäischen Parlaments und des Rates vom 5. November 2002 [ABl. L 324 29.11.2002 S.53]

meer der Gemeinschaft im Einsatz sind oder einen Gemeinschaftshafen anlaufen, wurde mit der am 1. März 1998 in Kraft getretenen **Richtlinie 97/70/EG des Rates vom 11. Dezember 1997 [ABl. L 034 09.02.98 S.1]** das am 2. April 1993 verabschiedete Protokoll zum Internationalen Übereinkommen von Torremolinos von 1977 über die Sicherheit von Fischereifahrzeugen verbindlich; eine Initiative der Kommission vom 19. Oktober 1993 im Hinblick auf einen Beitritt der Gemeinschaft war erfolglos geblieben *(vgl. Bull. EG 10-1993, S. 44)*. Weisen die Schiffe eine Länge von mindestens 45 m auf, so gelten seit dem 1. Januar 1999 bzw. 1. Juli 1999 alle Bestimmungen der Anlage zum Torremolinos-Protokoll (u. a. Bauart, Wasserdichte, Ausrüstung, Stabilität, Maschinen und Anlagen, Brandschutz und Bekämpfung, Rettungsmittel und -vorrichtungen, Funkverkehr); auf alle neuen Fahrzeuge mit einer Länge zwischen 24 und 45 m finden lediglich bestimmte Vorschriften (Maschinen und Anlagen, Brandschutz und Bekämpfung, Rettungsmittel und -vorrichtungen, Funkverkehr) Anwendung *(vgl. Bull. EU 7/8-1996, S.69; GB 1996, Ziff.394; Bull. EU 12-1997, S.72; GB 1997, Ziff.484).*

Beim Vorliegen außergewöhnlicher **geographischer oder klimatischer Bedingungen** haben die Fischereifahrzeuge der eigenen Flagge besondere Voraussetzungen zu erfüllen. Aus diesen Gründen oder wegen der Länge der Fahrten oder der Eigenheiten der Schiffe können die spezifischen Sicherheitsmaßnahmen für alle in dem betreffenden Gebiet eingesetzten Fahrzeuge verpflichtend werden; auch sind Ausnahmen oder gleichwertige Anforderungen möglich. Schiffe unter der Flagge eines Mitgliedstaats müssen zudem **zusätzliche Spezifikationen** einhalten; Fischereifahrzeuge aus Drittstaaten haben eine Bescheinigung ihres Heimatstaats mitzuführen, daß sie den einschlägigen technischen Bestimmungen genügen. Außerdem sind die gemeinsamen **Vorschriften zur Schiffsausrüstung** *(vgl. S.298)* sowie **wesentliche nationale Normen** (Schiffskörper, Maschinen, Anlagen) zu beachten. Genügen die Schiffe den Anforderungen, so werden von der Verwaltung oder der von ihr beauftragten Organisation nach der erstmaligen Besichtigung ein Übereinstimmungs-, Ausrüstungs- und ggf. ein Ausnahmezeugnis ausgestellt; auch Fischereifahrzeuge aus Drittländern können jederzeit auf die Einhaltung der Bestimmungen überprüft werden.

In der Folgezeit wurden durch die **Richtlinie 1999/19/EG der Kommission vom 18. März 1999 [ABl. L 083 27.03.1999 S.48]**, die bis zum 31. Mai 2000 umzusetzen war, einige technische Details geändert und mit der ab dem 1. Januar 2003 anzuwendenden **Richtlinie 2002/35/EG der Kommission vom 25. April 2002 [ABl. L 112 27.04. 2002 S.21]** die im Ermessen der Mitgliedstaaten liegende Auslegung bestimmter Regelungen der Anlage zum Torremolinos-Protokoll angeglichen *(vgl. Bull. EU 3-1999, S.69; Übersicht 38).*

3.5.8 Politikberatung, Ausschußwesen und Verfahrensregeln

3.5.8.1 Europäische Agentur für die Sicherheit des Seeverkehrs

Die im Zusammenhang mit dem zweiten Maßnahmenpaket im Anschluß an den Untergang des Öltankschiffs „Erika" vorgesehene Errichtung einer Europäischen Agentur für die Sicherheit des Seeverkehrs wurde schließlich mit der **Verordnung 2002/1406/ EG des Europäischen Parlaments und des Rates vom 27. Juni 2002 [ABl. L 208 05.08.2002 S.1]** bis spätestens zum 25. August 2003 vorgeschrieben. Die Zuständigkeiten umfassen die Unterstützung der Kommission bei der Weiterentwicklung der Gemeinschaftsvorschriften und deren Anwendung (Hafenstaatkontrolle; Klassifikationsgesellschaften; Ausbildung, Befähigungszeugnisse und Wachdienst von Schiffsbesatzungen; Sicherheit von Fahrgastschiffen), eine enge Zusammenarbeit mit den Mitgliedstaaten (Ausbildung, wissenschaftlich-technische Unterstützung) und Hilfsleistungen für Beitrittsländer, die Förderung der Kooperation zwischen den Mitgliedstaaten und der Kommission bei der Schaffung eines gemeinschaftlichen Überwachungs- und Informationssystems *(vgl. S.284)*, die Entwicklung einer Methodik zur Untersuchung von Schiffsunfällen, die Bereitstellung von Informationen und Daten zur Schiffssicherheit, Meeresverschmutzung und Hafenstaatkontrolle sowie die Un-

Übersicht 39: Institutionelle Gemeinschaftsregelungen zur Seeverkehrssicherheit

Europäische Agentur für die Sicherheit des Seeverkehrs

Verordnung 2002/1406/EG des Europäischen Parlaments und des Rates vom 27. Juni 2002 zur Errichtung einer Europäischen Agentur für die Sicherheit des Seeverkehrs [ABl. L 208 05.08. 2002 S.1] — Rechtsetzung auf der Grundlage des Art. 84 (80) Abs. 2 EGV, auf Vorschlag der Kommission [ABl. C 120 E 24.04.2001 S.83; ABl. C 103 E 30.04.2002 S.184; KOM (2002) 374 endg.] sowie nach den Stellungnahmen des WSA [ABl. C 221 07.08.2001 S.54] und des AdR [ABl. C 357 14.12.2001 S.1]; Stellungnahme des EP [ABl. C 053 E 28.02.2002 S.312], gemeinsamer Standpunkt des Rates [ABl. C 119 E 22.05.2002 S.27], Beschluß des EP [ABl. C 261 E 30. 10.2003 S.278] und Beschluß des Rates im Rahmen des Verfahrens der Mitentscheidung — Aufnahme in den Anhang XIII des EWR-Abkommens durch den Beschluß 81/2003 des Gemeinsamen EWR-Ausschusses [ABl. L 257 09.10.2003 S.33]

Verordnung 2003/1644/EG des Europäischen Parlaments und des Rates vom 22. Juli 2003 zur Änderung der Verordnung 2002/1406/EG zur Errichtung einer Europäischen Agentur für die Sicherheit des Seeverkehrs [ABl. L 245 29.09.2003 S.10] — Rechtsetzung auf der Grundlage des Art. 84 (80) Abs. 2 EGV, auf Vorschlag der Kommission [ABl. C 331 E 31.12.2002 S.87] sowie nach den Stellungnahmen des WSA [ABl. C 085 08.04.2003 S.64] und des Rechnungshofs [ABl. C 285 21.11.2002 S.4]; Stellungnahme des EP [ABl. C 300 E 11.12.2003 S.79], gemeinsamer Standpunkt des Rates [ABl. C 219 E 16.09.2003 S.13] und Beschluß des EP [ABl. C 074 E 24.03. 2004 S.44] im Rahmen des Verfahrens der Mitentscheidung — Aufnahme in den Anhang XIII des EWR-Abkommens durch den Beschluß 40/2004 des Gemeinsamen EWR-Ausschusses [ABl. L 277 26.08.2004 S.9]

Verordnung 2004/724/EG des Europäischen Parlaments und des Rates vom 31. März 2004 zur Änderung der Verordnung 2002/1406/EG zur Errichtung einer Europäischen Agentur für die Sicherheit des Seeverkehrs [ABl. L 129 29.04.2004 S.1] — Rechtsetzung auf der Grundlage des Art. 84 (80) Abs. 2 EGV, auf Vorschlag der Kommission [KOM (2003) 440 endg.] und nach Stellungnahme des WSA [ABl. C 108 30.04.2004 S.52]; Stellungnahme des EP [ABl. C 097 E 22.04. 2004 S.605] und Beschluß des Rates im Rahmen des Verfahrens der Mitentscheidung — Aufnahme in den Anhang XIII des EWR-Abkommens durch den Beschluß 152/2004 des Gemeinsamen EWR-Ausschusses [ABl. L 102 21.04.2005 S.29]

Verordnung des Europäischen Parlaments und des Rates zur Änderung der Verordnung 2002/ 1406/EG zur Errichtung einer Europäischen Agentur für die Sicherheit des Seeverkehrs hinsichtlich der Amtszeit des Direktors — Rechtsetzung auf der Grundlage des Art. 84 (80) Abs. 2 EGV, auf Vorschlag der Kommission [KOM (2005) 190 endg.; SEK (2005) 625 endg.] und nach Stellungnahme des WSA vom 15. Dezember 2005; Stellungnahme des EP vom 13. Dezember 2005 im Rahmen des Verfahrens der Mitentscheidung

Verordnung des Europäischen Parlaments und des Rates über die mehrjährige Finanzierung der Maßnahmen der Europäischen Agentur für die Sicherheit des Seeverkehrs im Bereich der Meeresverschmutzung durch Schiffe und zur Änderung der Verordnung 2002/1406/EG — Rechtsetzung auf der Grundlage des Art. 84 (80) Abs. 2 EGV, auf Vorschlag der Kommission [KOM (2005) 210 endg.] und nach Stellungnahme des WSA vom 26. Oktober 2005

Ausschuß für die Sicherheit im Seeverkehr und Übernahme internationaler Instrumente

Verordnung 2002/2099/EG des Europäischen Parlaments und des Rates vom 5. November 2002 zur Einsetzung eines Ausschusses für die Sicherheit im Seeverkehr und die Vermeidung von Umweltverschmutzung durch Schiffe (COSS) sowie zur Änderung der Verordnungen über die Sicherheit im Seeverkehr und die Vermeidung von Umweltverschmutzung durch Schiffe [ABl. L 324 29.11.2002 S.1] — Rechtsetzung auf der Grundlage des Art. 84 (80) Abs. 2 EGV, auf Vorschlag der Kommission [ABl. C 365 E 19.12.2000 S.276; ABl. C 103 E 30.04.2002 S.233] sowie nach den Stellungnahmen des WSA [ABl. C 139 11.05.2001 S.21] und des AdR [ABl. C 253 12.

09.2001 S.1]; Stellungnahme des EP [ABl. C 276 01.10.2001 S.42], gemeinsamer Standpunkt des Rates [ABl. C 170 E 16.07.2002 S.37] und Beschluß des EP [ABl. C 273 E 14.11.2003 S.71] im Rahmen des Verfahrens der Mitentscheidung — Aufnahme in den Anhang XIII des EWR-Abkommens durch den Beschluß 53/2003 des Gemeinsamen EWR-Ausschusses [ABl. L 193 31.07. 2003 S.30]

Richtlinie 2002/84/EG des Europäischen Parlaments und des Rates vom 5. November 2002 zur Änderung der Richtlinien über die Sicherheit im Seeverkehr und die Vermeidung von Umweltverschmutzung durch Schiffe [ABl. L 324 29.11.2002 S.53] — Rechtsetzung auf der Grundlage des Art. 84 (80) Abs. 2 EGV, auf Vorschlag der Kommission [ABl. C 365 E 19.12.2000 S.280; ABl. C 103 E 30.04.2002 S.243] sowie nach den Stellungnahmen des WSA [ABl. C 139 11.05.2001 S.21] und des AdR [ABl. C 253 12.09.2001 S.1]; Stellungnahme des EP [ABl. C 276 01.10.2001 S.44], gemeinsamer Standpunkt des Rates [ABl. C 170 E 16.07.2002 S.98] und Beschluß des EP [ABl. C 273 E 14.11.2003 S.72] im Rahmen des Verfahrens der Mitentscheidung — Aufnahme in den Anhang XIII des EWR-Abkommens durch den Beschluß 178/2003 des Gemeinsamen EWR-Ausschusses [ABl. L 088 25.03.2004 S.57]

Verordnung 2004/415/EG der Kommission vom 5. März 2004 zur Änderung der Verordnung 2002/2099/EG des Europäischen Parlaments und des Rates vom 5. November 2002 zur Einsetzung eines Ausschusses für die Sicherheit im Seeverkehr und die Vermeidung von Umweltverschmutzung durch Schiffe (COSS) sowie zur Änderung der Verordnungen über die Sicherheit im Seeverkehr und die Vermeidung von Umweltverschmutzung durch Schiffe [ABl. L 068 06.03. 2004 S.10] — Aufnahme in den Anhang XIII des EWR-Abkommens durch den Beschluß 108/ 2004 des Gemeinsamen EWR-Ausschusses [ABl. L 376 23.12.2004 S.41]

terstützung bei der Schiffsidentifizierung und -verfolgung *(vgl. Bull. EU 12-2000, S.106f.; GB 2000, Ziff.645; Bull. EU 12-2001, S.116; GB 2001, Ziff.711; Bull. EU 6-2002, S.91; GB 2002, Ziff.647; weiterhin Übersicht 39).*

Der **Verwaltungsrat** der Agentur besteht aus je einem Vertreter jedes Mitgliedstaats sowie je vier Vertretern der Kommission und der betroffenen Wirtschaftszweige. Die Amtszeit beträgt allgemein fünf Jahre mit der Möglichkeit einer einmaligen Wiederernennung, beim Vorsitzenden und seinem Vertreter aber nur drei Jahre; Beschlüsse werden mit Zweidrittelmehrheit getroffen. Die Aufgaben bestehen in der Ernennung des Exekutivdirektors und der Festlegung eines Verfahrens für dessen Entscheidungen, der Annahme des Tätigkeitsberichts, der Festlegung des Arbeitsprogramms und der Verabschiedung des Haushaltsplans. Der auf höchstens zweimal fünf Jahre ernannte **Exekutivdirektor** leitet die Agentur, erstellt und verwirklicht das Arbeitsprogramm, entwirft den Tätigkeitsbericht, evaluiert und kontrolliert die Agentur, erstellt einen Voranschlag der Einnahmen und Ausgaben und führt den Haushaltsplan aus.

Nachdem infolge der **Verordnung 2003/1644/EG des Europäischen Parlaments und des Rates vom 22. Juli 2003 [ABl. L 245 29.09.2003 S.10]** zum 1. Oktober 2004 Änderungen und Ergänzungen in bezug auf den Voranschlag, die Feststellung, die Ausführung und die Kontrolle des Haushaltsplans, den Erlaß von Finanzvorschriften sowie den Zugang der Öffentlichkeit zu Dokumenten der Agentur in Kraft getreten waren, nahm die **Verordnung 2004/724/EG des Europäischen Parlaments und des Rates vom 31. März 2004 [ABl. L 129 29.04.2004 S.1]** eine erhebliche Ausweitung der Kompetenzen der Agentur vor. Diese betreffen nun auch die Gefahrenabwehr im Seeverkehr, das aktive Eingreifen beim Eintreten einer Meeresverschmutzung (technische Unterstützung der Kommission bei Inspektionen von Schiffen, Unternehmen und anerkannten Organisationen; Unterstützung der Gemeinschaftsverfahren für die Zusammenarbeit im Bereich der unfallbedingten oder vorsätzlichen Meeresverschmutzung *(vgl. S.302)* und des Katastrophenschutzes; Ausarbeitung und Anwendung von Rechtsvorschriften, Informationsbereitstellung), die Unterstützung der Kommission bei der Prüfung der Erfüllung der Anforderungen des STCW-Übereinkommens durch Drittstaaten im Hinblick auf die Anerkennung der Befähigungsnachweise sowie die Erstellung eines strategischen Plans für Maßnahmen zur Vorsorge gegen und beim Eintritt von Verschmutzungen. Bei Ernennungen sind die Erfahrung und der Sachverstand in den neuen Zuständigkeitsbereichen zu berücksichtigen; Drittstaaten sollen in die neuen Tätigkeitsgebiete einbezogen werden *(vgl. Bull. EU 7/8-2003, S.69f.; GB 2003, Ziff.683; Bull. EU 3-2004, S.112)*.

Weitere Änderungs- bzw. Ergänzungsvorschläge der Kommission vom 13. und 25. Mai 2005 betreffen die Vereinheitlichung der Bedingungen und Verfahren für die Verlängerung der Amtszeit des Direktors bzw. des Präsidenten aller Gemeinschaftsagenturen [KOM (2005) 190 endg.] sowie die Finanzierung der Aufgaben der Europäischen Agentur für die Sicherheit des Seeverkehrs (Finanzbeitrag der Gemeinschaft für die Durchführung des im Oktober 2004 angenommenen Aktionsplans, Mittelbindung für den Zeitraum 2007 bis 2013 in Höhe von 154 Mio. €, Anpassung der jährlichen Zuweisungen) [KOM (2005) 210 endg.] *(vgl. Bull. EU 5-2005, S.9f., 45)*.

3.5.8.2 Vereinfachung des Ausschußwesens und der Anwendung internationaler Instrumente

Die **Verordnung 2002/2099/EG des Europäischen Parlaments und des Rates vom 5. November 2002 [ABl. L 324 29.11.2002 S.1]**, geändert durch die **Verordnung 2004/415/EG der Kommission vom 5. März 2004 [ABl. L 068 06.03.2004 S.10]**, und die **Richtlinie 2002/84/EG des Europäischen Parlaments und des Rates vom 5. November 2002 [ABl. L 324 29.11.2002 S.53]** ersetzten den mit der Richtlinie 93/75/EWG des Rates *(vgl. S.308)* ins Leben gerufenen Ausschuß und andere beratende Ad-hoc-Ausschüsse (Umregistrierung von Schiffen, Schiffsüberprüfungs- und -besichtigungsorganisationen, Ausbildung von Seeleuten, Ballasträume in Öltankschiffen) durch einen Ausschuß für die Sicherheit im Seeverkehr und die Vermeidung von Umweltverschmutzung durch Schiffe (COSS). Außerdem wurde die Übernahme von Änderungen internationaler Instrumente in gemeinsame und einzelstaatliche Bestimmungen vereinfacht. Sofern in gemeinschaftlichen Rechtsvorschriften auf internationale Instrumente verwiesen wird und diese dort nicht vollständig oder nur teilweise wiedergegeben werden, soll nicht auf ein bestimmtes Gültigkeitsdatum, sondern auf die jeweils aktuelle Fassung Bezug genommen werden; damit wird eine wiederholte Anpassung der gemeinschaftlichen Vorgaben vermieden und eine zeitgleiche Anwendung ermöglicht. Um die Übereinstimmung der Änderungen internationaler Instrumente mit den gemeinschaftlichen Vorschriften und der darauf basierenden Politik zu gewährleisten, wurde zudem ein Konformitätsprüfungsverfahren geschaffen. Die Verordnung trat am 19. Dezember 2002, die Richtlinie am 29. November 2002 in Kraft;

letztere war bis zum 23. November 2003 umzusetzen *(vgl. Bull. EU 9-2000, S.64f.; GB 2000, Ziff.646; Bull. EU 12-2001, S.118; Bull. EU 11-2002, S.70; GB 2002, Ziff.651).*

4. Internationale Seeverkehrsbeziehungen der Gemeinschaft

Die von der Gemeinschaft auf multilateraler Ebene bzw. mit Drittländern geschlossenen Abkommen sowie die Durchführung von Konsultationen dienen vorrangig der politischen Verständigung und der Lösung spezifischer Fragen. Im Mittelpunkt steht dabei die Sicherung des freien Zugangs zum Seeverkehrsmarkt (Ladungsvorbehalte, Einfuhrlizenzen, Verbot des *cross trade*, Beschränkungen des Niederlassungsrechts und des freien Kapitalverkehrs), zu den Seehäfen und zu Hilfsleistungen (Liegeplätze, Verladeeinrichtungen, Frachtumschlag, Lagerung, Zollabfertigung, Schiffahrtsagentur, Containerstation). Eng verknüpft sind damit die Bemühungen zur Vermeidung von unlauterem Wettbewerb in Form einer diskriminierenden Anwendung von Steuer-, Zoll-, Beihilfe-, Sozial-, Bemannungs-, Sicherheits- und Umweltvorschriften, Vergabeverfahren sowie bestimmter Preisbildungspraktiken. Ein weiterer Schwerpunkt der Drittstaatenbeziehungen ist die Intensivierung der Zusammenarbeit und der technischen Hilfe (Beitrittsstaaten, Entwicklungsländer) *(vgl. KOM (96) 707 endg., S.1ff., 10ff., 15 ff.; im folgenden Übersichten 40 und 41).*

4.1 Multilaterale Übereinkommen

Neben den einzelnen Mitgliedstaaten nimmt bzw. nahm auch die Kommission als Vertreterin der Gemeinschaft an der Arbeit der mit Seeverkehrsfragen befaßten internationalen Organisationen teil. Diesbezüglich anzuführen sind die Uruguay-Runde für das GATS, die Verhandlungsgruppe zu Seeverkehrsdienstleistungen (NGMTS) im Rahmen der WTO, die UNCTAD- und UN-Konferenzen, der Seeverkehrsausschuß (MT-C) der OECD, die Consultative Shipping Group (CSG) sowie die IMO und die ILO. Hauptaufgaben der Kommission sind die Einbringung der gemeinschaftlichen Position in den Prozeß der Entscheidungsfindung und die Mitwirkung an der Aushandlung internationaler Übereinkommen *(vgl. KOM (96) 707 endg., S.26ff., 32f., 43f.).*

4.1.1 GATS-Abkommen über den Handel mit Dienstleistungen

Das im Rahmen der Uruguay-Runde ausgehandelte Allgemeine Übereinkommen über den Handel mit Dienstleistungen (GATS) enthält auch einige für die internationalen Verkehrsbeziehungen relevante Bestimmungen. Die Verhandlungen über die Seeverkehrsdienstleistungen [ABl. L 336 23.12.94 S.209] wurden von der Kommission nach einem besonderen Verfahren zur Sicherung der einheitlichen Vertretung der Gemeinschaft geführt. Die diesbezügliche **Anlage** sah vor, daß die Regelungen zur Meistbegünstigung und zu den damit verbundenen Ausnahmen in bezug auf die internationale Seeschiffahrt, die Hilfsdienste sowie den Zugang zu Seehafeneinrichtungen und deren Benutzung erst nach einem noch festzusetzenden Durchführungsdatum oder anderndfalls an dem in einem solchen Beschluß vorgesehenen Termin für die Vorlage eines Abschlußberichts der NGMTS in Kraft treten sollten; ausgenommen blieben spezifische Verpflichtungen in bezug auf die in der Liste eines Mitglieds aufgeführten Dienstleistungen. In die nachfolgenden Gespräche war die Kommission gemäß dem Verhaltenskodex für die Dienstleistungsverhandlungen nach der Uruguay-Runde vom Mai 1994 eingebunden. Die Gespräche wurden im Juli 1996 ergebnislos unterbrochen und bis 2000 vertagt; Fortschritte konnten auch danach nicht erzielt werden *(vgl. M. Sindelar, 1987; R. J. Krommenacker, 1989, S.188ff.; P. F. Nemitz, 1994, S.364f.; Bull. EU 3-1995, S.68; Ph. Watson, 1995, S.841ff.; P. Faust, 2000, S.31ff.).*

4.1.2 Abkommen der Vereinten Nationen

Auf den Sitzungen der UNCTAD-Konferenz sowie des Seeverkehrsausschusses war bis 1992 allein die Kommission für die Koordinierung der Standpunkte der Mitgliedstaaten und die Vertretung der Gemeinschaft in relevanten Fragen verantwortlich; die EG besaß jedoch nur einen Beobachterstatus. Seit November 1992 wird die Gemeinschaft im „Ständigen Ausschuß für Dienstleistungen: Seeverkehr" durch die Ratspräsidentschaft und die Kommission zusammen repräsentiert. Die Mitgliedstaaten vertreten zwar keine individuellen Positionen, eine Regelung zur Einhaltung einer abgestimmten, bindenden Disziplin fehlt jedoch. In den achtziger und neunziger Jahren organisierte die UNCTAD auch Verhandlungen über internationale Übereinkommen, die im Bereich des Seeverkehrs angesiedelt sind; anzuführen sind hier das Übereinkommen über die Bedingungen für die Eintragung von Schiffen und die Konferenz zur Revision des Übereinkommens über einen Verhaltenskodex für Linienkonferenzen.

4.1.2.1 Registrierung von Schiffen

Am 25. September 1986 leitete die **Kommission** dem Rat eine Mitteilung über das Übereinkommen der Vereinten Nationen über die Bedingungen für die Registrierung von Schiffen [KOM (86) 523 endg.; KOM (93) 570 endg.; SEK (1999) 581 endg.] *(vgl. V. J. G. Power, 1992, S.169f.)* zusammen mit einem Vorschlag für eine Entscheidung über eine gemeinsame Haltung der Mitgliedstaaten bei der Unterzeichnung und Ratifikation des Übereinkommens zu; hierzu ergingen auch Stellungnahmen des **Europäischen Parlaments** [ABl. C 187 18.07.88 S.228; ABl. C 020 24.01.94 S.83; ABl. C 154 05.06.2000 S.45] und des **Wirtschafts- und Sozialausschusses** [ABl. C 080 28.03.88 S.1]. Der Vorschlag wurde schließlich am 9. Juni 2000 von der Kommission wieder zurückgezogen [ABl. C 005 09.01.2004 S.4], da er aufgrund der zwischenzeitlichen Entwicklung des internationalen Seerechts vom Rat nicht angenommen worden war. Das Übereinkommen vom Februar 1986 zielte vor allem auf eine wirkungsvollere Regelung des **Problems der Billigflaggen** ab. Nach Auffassung der Kommission waren jedoch die Bestimmungen zum Schiffseigentum, zur Bemannung (Nationalitätsangehörige des Flaggenstaats bzw. dort wohnhafte oder gemeldete Personen) und zur Rolle der Flaggenstaaten in bezug auf die Geschäftsführung der Reedereien mit den Vorschriften des EWGV zum Diskriminierungsverbot, zur Freizügigkeit, zur Niederlassungsfreiheit und zum freien Kapitalverkehr unvereinbar *(vgl. Bull. EG 2-1986, S.76; Bull. EG 9-1986, S.67f.; GB 1986, Ziff.712; V. J. G. Power, 1992, S.171ff.; EP, 2000, S.11).*

4.1.2.2 Verhaltenskodex für Linienkonferenzen

Gemäß der Verordnung 79/954/EWG des Rates *(vgl. S.33)* befinden bei einer bestehenden Konferenz die teilnehmenden Linienreedereien einer bestimmten Nationalität in Verhandlungen mit einer antragstellenden Reederei der gleichen Nationalität, ob diese als nationale Reederei in die Konferenz aufgenommen werden kann; kommt es zu keiner Einigung, entscheidet der betreffende Mitgliedstaat den Streitfall. Um eine einheitliche **Regelung des Verfahrens** zu ermöglichen, unterbreitete die Kommission dem Rat im Zusammenhang mit ihrer Mitteilung vom 6. März 1985 über Fortschritte auf dem Wege zu einer gemeinsamen Verkehrspolitik – Seeverkehr [KOM (85) 90 endg.] *(vgl. S.123)* einen Vorschlag für eine Richtlinie für eine gemeinsame **Auslegung des Begriffs der nationalen Reederei** [ABl. C 212 23.08.85 S.8; KOM (93) 570 endg.]. Folgende Kriterien sollten maßgeblich sein: Hauptgeschäftssitz in und tatsächliche Kontrolle von einem Mitgliedstaat; Mehrheit von Staatsangehörigen der Gemeinschaft im Vorstand; Kontrolle des Eigentums über eine Mehrheitsbeteiligung von Gemeinschaftsbürgern. Hinsichtlich des zweiten und dritten Kriteriums waren Angehörige der übrigen OECD-Staaten gleichzustellen, sofern dies auf Gegenseitigkeit beruhte (keine Beschränkung des Niederlassungsrechts oder des freien Ladungszugangs); auf freiwilliger Basis sollte dies auch bei anderen Drittstaaten zulässig sein. Das Führen der Flagge eines Mitgliedstaats durfte als viertes Kriterium nur dann hinzutreten, wenn der Mitgliedstaat den Reedereien anderer EG- oder OECD-Staaten die Erlaubnis zur Eintragung in sein Register erteilt hatte oder die Gleichbehandlung anderweitig gewährleistet war (Anerkennung als nationale Reederei). Nach den Stellungnahmen des **Europäischen Parlaments** [ABl. C 255 13.10.86 S.175; ABl. C 020 24.01.94 S.83] und des **Wirtschafts- und Sozialausschusses** [ABl. C 207 18.08.86 S.31] nahm die Kommission ihren Vorschlag am 21. November 1996 wieder zurück [ABl. C 002 04.01.97 S.4] *(vgl. V. J. G. Power, 1998, S.203f.).*

Am 24. Oktober 1988 unterbreitete die Kommission dem Rat eine **Empfehlung für einen Beschluß** zur Ermächtigung der Kommission, eine Änderung des Übereinkommens der UN über einen Verhaltenskodex für Linienkonferenzen mit dem Ziel vorzuschlagen, den **Beitritt der Gemeinschaft** zu diesem Übereinkommen zu ermöglichen [KOM (88) 590 endg.]. Die **Revisionskonferenz** zum UN-Verhaltenskodex fand vom 27. Oktober bis zum 18. November 1988 in Genf statt. Angesichts der Entwicklungen seit seiner Verabschiedung (technologische Neuerungen, Containerisierung und multimodale Transporte, Überkapazitäten, neue Kooperationsformen, Instabilität der

Übersicht 40: Ratifizierung von UN-Übereinkommen im Bereich des Seeverkehrs

GATS-Übereinkommen

Beschluß 94/800/EG des Rates vom 22. Dezember 1994 über den Abschluß der Übereinkünfte im Rahmen der multilateralen Verhandlungen der Uruguay-Runde (1986-1994) im Namen der Europäischen Gemeinschaft in bezug auf die in ihre Zuständigkeiten fallenden Bereiche [ABl. L 336 23.12.94 S.1] — Rechtsetzung auf der Grundlage der Artt. 113 (133) und 228 (300) Abs. 3 EGV, auf Vorschlag der Kommission [KOM (94) 143 endg.] sowie nach den Stellungnahmen des EP [ABl. C 018 23.01.95 S.61] und des WSA [ABl. C 397 31.12.94 S.17]

Allgemeines Übereinkommen über den Handel mit Dienstleistungen – Anlage zu Verhandlungen über Seeverkehrsdienstleistungen [ABl. L 336 23.12.94 S.209]

Seerechtsübereinkommen

Beschluß 94/562/EG des Rates vom 25. Juli 1994 bezüglich der Unterzeichnung des Abkommens über die Anwendung von Teil XI des Seerechtsübereinkommens der Vereinten Nationen von 1982 und über die vorläufige Anwendung dieses Abkommens sowie des Teils XI des genannten Übereinkommens durch die Europäische Gemeinschaft [ABl. L 215 20.08.94 S.9] — Rechtsetzung auf der Grundlage der Artt. 113 (133) und 228 (300) Abs. 2 EGV und auf Vorschlag der Kommission [KOM (94) 305 endg.]

Abkommen über die Anwendung von Teil XI des Seerechtsübereinkommens der Vereinten Nationen vom 10. Dezember 1982 [ABl. L 215 20.08.94 S.10]

Beschluß 98/392/EG des Rates vom 23. März 1998 über den Abschluß des Seerechtsübereinkommens der Vereinten Nationen vom 10. Dezember 1982 und des Übereinkommens vom 28. Juli 1994 zur Durchführung des Teils XI des Seerechtsübereinkommens durch die Europäische Gemeinschaft [ABl. L 179 23.06.98 S.1] — Rechtsetzung auf der Grundlage der Artt. 43 (37), 113 (133), 130 s (175) Abs. 1 und 228 (300) Abs. 2 und 3 EGV, auf Vorschlag der Kommission [ABl. C 155 23.05.97 S.1]; Stellungnahme des EP [ABl. C 325 27.10.97 S.14] im Rahmen des Verfahrens der Zustimmung

Seerechtsübereinkommen der Vereinten Nationen und Übereinkommen zur Durchführung des Teils XI des Seerechtsübereinkommens [ABl. L 179 23.06.98 S.3]

Konferenzen, Außenseiterwettbewerb, Ladungslenkung, Bedeutungsverlust der Entwicklungsländer) sollten verschiedene **Anpassungen** vorgenommen werden (Neudefinition der nationalen Linienreederei in bezug auf Slot-Charter-Abkommen, Anwendung auf multimodale Verkehre, Einbeziehung von Binnenländern, Reglementierung nicht-konferenzgebundener Reedereien) *(vgl. Bull. EG 12-1987, S.86; H. Böhme, 1988a, S.165 ff.; Bull. EG 10-1988, S.62; E. A. Georgandopoulos, 1988, S.22 ff.; P. Faust, 1989, S.61 ff.; F. J. von Kempis, 1989, S.20)*.

4.1.2.3 Seerechtsübereinkommen

Zentrale Aspekte des internationalen Seeverkehrs werden vom Seerechtsübereinkommen der Vereinten Nationen vom 10. Dezember 1982 geregelt. Zu nennen sind die Begrenzung der nationalen Rechtsprechung (ausschließliche Wirtschaftszonen, Ausdehnung der Hoheitsgewässer), die Festlegung eines Rechtsrahmens für die Hohe See, die Berechtigung zum Transitverkehr, der Schutz und die Nutzung von natürlichen Meeresressourcen, die Verlegung von Kabeln und Rohrleitungen, die Meeresforschung und die Konfliktbeilegung. Im Zuge der Verhandlungen über das letztlich am 28. Juli 1994 abgeschlossene Übereinkommen zur Durchführung des Teils XI des Seerechtsübereinkommens [ABl. L 215 20.08.94 S.10], das zum Teil Aspekte der Außenhandelspolitik und der Bekämpfung unlauterer Handelspraktiken berührt, hatten die EU-Mitgliedstaaten ihre Absicht bekundet, auch die Anwendungsbestimmungen zu befolgen. Da diese Kompetenzen jedoch in den Zuständigkeitsbereich der gemeinsamen Politik fallen, mußte die neue Vereinbarung gemäß dem **Beschluß 94/562/EG des Rates vom 25. Juli 1994 [ABl. L 215 20.08.94 S.9]** von der Gemeinschaft unterzeichnet werden, sobald die notwendigen Bedingungen erfüllt waren; Teil XI des Seerechtsübereinkommens und das Durchführungsübereinkommen sollten so rasch wie möglich, frühestens jedoch ab dem 17. November 1994, angewendet werden. Der **Beschluß 98/392/EG des Rates vom 23. März 1998 [ABl. L 179 23.06.98 S.1]** genehmigte dann die beiden Übereinkommen [ABl. L 179 23.06.98 S.3], um der Gemeinschaft den Beitritt zu ermöglichen. Ferner wurde ein Verfahren zur Koordinierung der Standpunkte der Gemeinschaft und der Mitgliedstaaten in den Organen der Internationalen Meeresbehörde festgelegt. Da die Gemeinschaft noch keines der möglichen Streitbeilegungsverfahren (Internationaler Strafgerichtshof, Schiedsgericht oder besonderes Schiedsgericht) ausgewählt hatte, legte die Kommission am 18. Mai 1999 einen Entwurf für einen entsprechenden Ratsbeschluß [KOM (1999) 233 endg.] vor; angesichts der unklaren rechtlichen Lage empfahl sie, eine Entscheidung bis auf weiteres aufzuschieben. Am 1. Oktober 2004 zog sie ihren Vorschlag wieder zurück [KOM (2004) 542 endg.] *(vgl. W. Graf Vitzthum, 2002, S.163 ff.)*.

4.1.3 Beförderungs- und Beschäftigungsbedingungen, Umweltschutz und Sicherheit im Seeverkehr

4.1.3.1 Versicherungs-, Haftungs- und Entschädigungsregelungen im Personenseeverkehr

Angesichts der nach Auffassung der Kommission **unzureichenden und uneinheitlichen Umsetzung** der einschlägigen internationalen Übereinkommen hatte sie bereits in ihrer Mitteilung vom 25. März 2002 über die Erhöhung der Sicherheit von Fahrgastschiffen in der Gemeinschaft [KOM (2002) 158 endg.] *(vgl. S.321)* eine Verbesserung der **Haftungsbestimmungen** (verschuldensunabhängige Haftung des Beförderers, Erweiterung der Haftung bei Verschulden oder Fahrlässigkeit, Erhöhung der Haftungsgrenzen, obligatorische Versicherung, unmittelbare Geltendmachung, Geltung für alle Beförderungsarten) in Form einer **gemeinschaftlichen Regelung** oder der Übernahme **revidierter internationaler Vorgaben** gefordert. Das Protokoll vom 1. November 2002 zum Athener Übereinkommen vom 13. Dezember 1974 über die Beförderung von Reisenden und ihrem Gepäck auf See, zu dessen Aushandlung der Rat die Kommission am 3. Oktober 2001 ermächtigt hatte, beinhaltet u. a. die Einführung einer **verschuldensunabhängigen Gefährdungshaftung** von Beförderern und die **Erhöhung der Entschädigungssummen** für Seereisende (Tod und Körperverletzung: bei Schiffahrtsereignis bis zu 250.000 SZR, bei fehlendem Nachweis des Nicht-

Übersicht 41: Internationale Vereinbarungen über Beförderungsbedingungen, Sozialstandards, Seeverkehrssicherheit und Meeresverschmutzung seit 1993

Versicherungs-, Haftungs- und Entschädigungsregelungen im Personenseeverkehr

Beschluß des Rates über den Abschluß durch die Europäische Gemeinschaft des Protokolls von 2002 zum Athener Übereinkommen von 1974 über die Beförderung von Reisenden und ihrem Gepäck auf See — Rechtsetzung auf der Grundlage der Artt. 73 m (65) und 228 (300) Abs. 2 und 3 EGV und auf Vorschlag der Kommission [KOM (2003) 375 endg.]

Beschäftigungsbedingungen

Empfehlung 1999/130/EG der Kommission vom 18. November 1998 zur Ratifizierung des Übereinkommens 180 der IAO über die Arbeitszeit der Seeleute und die Besatzungsstärke der Schiffe und zur Ratifizierung des Protokolls von 1996 zu dem Übereinkommen über die Handelsschiffahrt (Mindestnormen), 1976 [ABl. L 043 17.02.1999 S.9]

Entscheidung 2005/367/EG des Rates vom 14. April 2005 zur Ermächtigung der Mitgliedstaaten, das Übereinkommen der Internationalen Arbeitsorganisation über Ausweise für Seeleute (Übereinkommen Nr. 185) im Interesse der Europäischen Gemeinschaft zu ratifizieren [ABl. L 136 30. 05.2005 S.1] — Rechtsetzung auf der Grundlage der Artt. 73 j (62) Abs. 1 und 228 (300) Abs. 2 und 3 EGV, auf Vorschlag der Kommission [KOM (2004) 530 endg.] und nach Stellungnahme des EP [ABl. C 304 E 01.12.2005 S.189]

Übereinkommen über Ausweise für Seeleute (Neufassung 2003) [ABl. L 136 30.05.2005 S.3]

Seeverkehrssicherheit und Meeresverschmutzung

Beschluß 93/540/EWG des Rates vom 18. Oktober 1993 zur Genehmigung der Änderungen des Übereinkommens über die Zusammenarbeit bei der Bekämpfung der Verschmutzung der Nordsee durch Öl und andere Schadstoffe [ABl. L 263 22.10.93 S.51] — Rechtsetzung auf der Grundlage des Art. 130 s EWGV (Art. 175 EGV), auf Vorschlag der Kommission [ABl. C 114 05.05.92 S.13] sowie nach den Stellungnahmen des EP [ABl. C 042 15.02.93 S.36] und des WSA [ABl. C 287 04.11.92 S.1]

Beschluß vom 22. September 1989 betreffend Änderungen des Übereinkommens über die Zusammenarbeit bei der Bekämpfung der Verschmutzung der Nordsee durch Öl und andere Schadstoffe [ABl. L 263 22.10.93 S.52]

Beschluß 93/550/EWG des Rates vom 20. Oktober 1993 über den Abschluß des Übereinkommens über die Zusammenarbeit beim Schutz der Küsten und Gewässer des Nordostatlantiks gegen Verschmutzung [ABl. L 267 28.10.93 S.20] — Rechtsetzung auf der Grundlage des Art. 130 s EWGV (Art. 175 EGV), auf Vorschlag der Kommission [ABl. C 056 26.02.93 S.13] sowie nach den Stellungnahmen des EP [ABl. C 176 28.06.93 S.211] und des WSA [ABl. C 201 26.07.93 S.48]

Übereinkommen über die Zusammenarbeit beim Schutz der Küsten und Gewässer des Nordostatlantiks gegen Verschmutzung [ABl. L 267 28.10.93 S.22]

Beschluß 94/156/EG des Rates vom 21. Februar 1994 über den Beitritt der Gemeinschaft zum Übereinkommen über den Schutz der Meeresumwelt des Ostseegebiets (Helsinki-Übereinkommen 1974) [ABl. L 073 16.03.94 S.1] — Rechtsetzung auf der Grundlage des Art. 130 s (175) Abs. 1 EGV i. V. m. Art. 228 (300) Abs. 3 EGV, auf Vorschlag der Kommission [ABl. C 222 18.08.93 S.13] sowie nach den Stellungnahmen des EP [ABl. C 315 22.11.93 S.627] und des WSA [ABl. C 034 02.02.94 S.5]

Übereinkommen über den Schutz der Meeresumwelt des Ostseegebiets – 1974 (Helsinki-Übereinkommen) [ABl. L 073 16.03.94 S.2]

Beschluß 94/157/EG des Rates vom 21. Februar 1994 über den Abschluß des Übereinkommens über den Schutz der Meeresumwelt des Ostseegebiets im Namen der Gemeinschaft (Helsinki-

Übereinkommen in seiner Fassung von 1992) [ABl. L 073 16.03.94 S.19] — Rechtsetzung auf der Grundlage des Art. 130 s (175) Abs. 1 EGV i. V. m. Art. 228 (300) Abs. 3 EGV, auf Vorschlag der Kommission [ABl. C 226 21.08.93 S.8] sowie nach den Stellungnahmen des EP [ABl. C 315 22. 11.93 S.627] und des WSA [ABl. C 034 02.02.94 S.5]

Übereinkommen über den Schutz der Meeresumwelt des Ostseegebiets (Helsinki-Übereinkommen in seiner Fassung von 1992) [ABl. L 073 16.03.94 S.20]

Beschluß 98/249/EG des Rates vom 7. Oktober 1997 über den Abschluß des Übereinkommens zum Schutz der Meeresumwelt des Nordostatlantiks im Namen der Gemeinschaft [ABl. L 104 03.04.98 S.1] — Rechtsetzung auf der Grundlage des Art. 130 s (175) Abs. 1 EGV i. V. m. Art. 228 (300) Abs. 2 und 3 EGV, auf Vorschlag der Kommission [ABl. C 172 07.07.95 S.1] und nach Stellungnahme des EP [ABl. C 089 10.04.95 S.199]

Übereinkommen über den Schutz der Meeresumwelt des Nordostatlantiks [ABl. L 104 03.04.98 S.2]

Beschluß 1999/802/EG des Rates vom 22. Oktober 1999 über die Annahme der Änderungen des Übereinkommens zum Schutz des Mittelmeers gegen Verschmutzung und des Protokolls zur Verhütung der Verschmutzung durch das Einbringen durch Schiffe und Luftfahrzeuge (Übereinkommen von Barcelona) [ABl. L 322 14.12.1999 S.32] — Rechtsetzung auf der Grundlage des Art. 130 s (175) Abs. 1 EGV i. V. m. Art. 228 (300) Abs. 2 und 3 EGV, auf Vorschlag der Kommission [KOM (95) 202 endg.; KOM (1999) 29 endg.] und nach Stellungnahme des EP [ABl. C 219 30.07. 1999 S.186]

Änderungen des Übereinkommens zum Schutz des Mittelmeers gegen Verschmutzung [ABl. L 322 14.12.1999 S.34] — Änderungen des Protokolls zur Verhütung der Verschmutzung durch das Einbringen durch Schiffe und Luftfahrzeuge [ABl. L 322 14.12.1999 S.41]

Entscheidung 2002/762/EG des Rates vom 19. September 2002 zur Ermächtigung der Mitgliedstaaten, im Interesse der Gemeinschaft das Internationale Übereinkommen über die zivilrechtliche Haftung für Schäden durch Bunkerölverschmutzung von 2001 („Bunkeröl-Übereinkommen") zu unterzeichnen, zu ratifizieren oder diesem beizutreten [ABl. L 256 25.09.2002 S.7] — Rechtsetzung auf der Grundlage der Artt. 73 i (61) lit. c, 73 o (67) Abs. 1 und 228 (300) Abs. 2, auf Vorschlag der Kommission [ABl. C 051 E 26.02.2002 S.371] und nach Stellungnahme des EP [ABl. C 261 E 30.10.2003 S.96]

Internationales Übereinkommen von 2001 über die zivilrechtliche Haftung für Bunkerölverschmutzungsschäden [ABl. L 256 25.09.2002 S.9]

Entscheidung 2002/971/EG des Rates vom 18. November 2002 zur Ermächtigung der Mitgliedstaaten, im Interesse der Gemeinschaft das Internationale Übereinkommen über Haftung und Entschädigung für Schäden bei der Beförderung schädlicher und gefährlicher Stoffe auf See von 1996 (HNS-Übereinkommen) zu ratifizieren oder diesem beizutreten [ABl. L 337 13.12.2002 S.55] — Rechtsetzung auf der Grundlage der Artt. 73 i (61) lit. c, 73 o (67) Abs. 1 und 228 (300) Abs. 2, auf Vorschlag der Kommission [ABl. C 051 E 26.02.2002 S.370] und nach Stellungnahme des EP [ABl. C 261 E 30.10.2003 S.97]

Internationales Übereinkommen von 1996 über Haftung und Entschädigung für Schäden bei der Beförderung gefährlicher und schädlicher Stoffe auf See (HNS-Übereinkommen) [ABl. L 337 13.12.2002 S.57]

Entscheidung 2004/246/EG des Rates vom 2. März 2004 zur Ermächtigung der Mitgliedstaaten, im Interesse der Europäischen Gemeinschaft das Protokoll von 2003 zum Internationalen Übereinkommen von 1992 über die Errichtung eines internationalen Fonds zur Entschädigung für Ölverschmutzungsschäden zu unterzeichnen, zu ratifizieren oder ihm beizutreten, und zur Ermächtigung Österreichs und Luxemburgs, im Interesse der Europäischen Gemeinschaft den zugrunde liegenden Instrumenten beizutreten [ABl. L 078 16.03.2004 S.22] — Rechtsetzung auf der Grundlage der Artt. 73 i (61) lit. c und 228 (300) Abs. 2 und 3, auf Vorschlag der Kommission [KOM (2003) 534 endg.] und nach Stellungnahme des EP [ABl. C 097 E 22.04.2004 S.636] —

Entscheidung 2004/664/EG des Rates vom 24. September 2004 zur Anpassung der Entscheidung 2004/246/EG aufgrund des Beitritts der Tschechischen Republik, Estlands, Zyperns, Lettlands, Litauens, Ungarns, Maltas, Polens, Sloweniens und der Slowakei [ABl. L 303 30.09.2004 S.28] — Rechtsetzung auf Vorschlag der Kommission [KOM (2004) 329 endg.]

Entwurf des Protokolls von 2003 zum Internationalen Übereinkommen von 1992 über die Errichtung eines internationalen Fonds zur Entschädigung für Ölverschmutzungsschäden [ABl. L 078 16.03.2004 S.24] — Protokoll von 1992 zur Änderung des internationalen Übereinkommens von 1969 über die zivilrechtliche Haftung für Ölverschmutzungsschäden [ABl. L 078 16.03.2004 S.32] — Protokoll von 1992 zur Änderung des internationalen Übereinkommens von 1971 über die Errichtung eines internationalen Fonds zur Entschädigung für Ölverschmutzungsschäden [ABl. L 078 16.03.2004 S.40]

Beschluß 2004/575/EG des Rates vom 29. April 2004 über den Abschluß – im Namen der Europäischen Gemeinschaft – des Protokolls über die Zusammenarbeit bei der Vermeidung der Verschmutzung durch Schiffe und bei der Bekämpfung der Verschmutzung des Mittelmeers in Notfällen zum Übereinkommen von Barcelona zum Schutz des Mittelmeers vor Verschmutzung [ABl. L 261 06.08.2004 S.40] — Rechtsetzung auf der Grundlage der Artt. 130 s (175) Abs. 1 und 228 (300) Abs. 2 und 3 EGV, auf Vorschlag der Kommission [KOM (2002) 11 endg.; KOM (2003) 588 endg.] und nach Stellungnahme des EP [ABl. C 097 E 22.04.2004 S.72]

Protokoll über die Zusammenarbeit bei der Vermeidung der Verschmutzung durch Schiffe und bei der Bekämpfung der Verschmutzung des Mittelmeers in Notfällen [ABl. L 261 06.08.2004 S.41]

verschuldens auch höher, bei anderen Gründen nur bei Verschulden, Höchstbeschränkung auf 400.000 SZR; Kabinengepäck: bei Verschulden, Begrenzung auf 2.250 SZR; andere Sachschäden: bei fehlendem Nachweis des Nichtverschuldens, Beschränkung auf 3.375 SZR und speziell bei Fahrzeugen auf 12.700 SZR). Der Beförderer unterliegt zugunsten der Reisenden einer **Versicherungspflicht** mit der Möglichkeit der Inanspruchnahme eines Versicherers bis zu bestimmten Höchstgrenzen; das Verfahren zur Aktualisierung der Begrenzungsbeträge wird vereinfacht. Ein Vorschlag der Kommission vom 24. Juni 2003 für einen **Ratsbeschluß** [KOM (2003) 375 endg.] sah die Genehmigung und Unterzeichnung des Protokolls durch die Gemeinschaft vor; die Mitgliedstaaten sollten bis zum 31. Dezember 2005 Vertragsparteien werden *(vgl. Bull. EU 10-2001, S.87; KOM (2002) 158 endg., S.9 ff.; Bull. EU 6-2003, S.94; GB 2003, Ziff. 689)*. In ihrer Mitteilung vom 16. Februar 2005 über die Stärkung der Rechte von Reisenden in der Europäischen Union [KOM (2005) 46 endg.] kündigte die Kommission darüber hinaus die Prüfung eines gemeinsamen Vorgehens in bezug auf Maßnahmen zugunsten von Personen mit eingeschränkter Mobilität und die Gewährung von Ausgleichsleistungen bei Verspätung, Annullierung oder Nichtbeförderung an.

4.1.3.2 Beschäftigungsbedingungen

Bereits im Vorfeld der Verabschiedung verbindlicher sektorspezifischer Gemeinschaftsvorschriften *(vgl. S.261)* waren die Mitgliedstaaten verschiedentlich zur Ratifizierung von Abkommen der ILO aufgefordert worden, so z. B. in einer Entschließung des Europäischen Parlaments vom 20. September 1996 [ABl. C 320 28.10.96 S.267] in bezug auf das Übereinkommen Nr. 109 über die Arbeitszeit für Seeleute und mit der

Empfehlung 1999/130/EG der Kommission vom 18. November 1998 [ABl. L 043 17.02.1999 S.9] hinsichtlich des Übereinkommens Nr. 180 von 1996 über die Arbeitszeit der Seeleute und die Besatzungsstärke der Schiffe sowie des Protokolls von 1996 zum Übereinkommen Nr. 147 von 1976 über die Handelsschiffahrt (Mindestnormen), die u. a. die Höchstarbeits- und Mindestruhezeiten sowie die Kontrolle der einlaufenden Schiffe auf Einhaltung der Lebens-, Arbeits- und Sicherheitsbedingungen regeln. Als wesentliches Ziel wurde die Durchsetzung der Arbeitszeitregeln der Übereinkommen auf Schiffen unter der Flagge eines Drittstaats betrachtet *(vgl. Bull. EU 9-1996, S.56f.; Bull. EU 11-1998, S.23f.)*.

Als Neufassung des Übereinkommens Nr. 108 von 1958 über **Personalausweise** für Seeleute nahm die ILO am 19. Juni 2003 das Übereinkommen Nr. 185 an; es regelt das Verfahren der Ausstellung (Berechtigte, Bedingungen, Dauer, Ablehnung des Antrags), Inhalt und Form der Ausweise, die Erfassung in einer Datenbank, die Qualitätskontrolle und Evaluierung, die Rechte der Inhaber (Überprüfung, Landgang, Durchreise, Schiffswechsel) sowie den Besitz und die Entziehung des Ausweises. Gemäß der **Entscheidung 2005/367/EG des Rates vom 14. April 2005 [ABl. L 136 30.05.2005 S.1]** wurden die Mitgliedstaaten zur Ratifizierung des Übereinkommens ermächtigt *(vgl. KOM (2003) 229 endg., S.8f.; Bull. EU 4-2005, S.42)*. Weitere Übereinkommen und Empfehlungen der ILO für Beschäftigte in der Seeschiffahrt betreffen die **Ausbildung und Beschäftigungsaufnahme** (Anwerbung, Arbeitsvermittlung, Heuervertrag, Berufsausbildung), die **Berufsvoraussetzungen** (Mindestalter, ärztliche Untersuchung), die Befähigungsnachweise, die allgemeinen **Beschäftigungsbedingungen** (Kontinuität, Urlaub, Heuer, Heimschaffung), die **Sicherheit**, die **Gesundheit** und die **soziale Betreuung** (Unterkunft, Verpflegung, Unfallverhütung, Betreuung, medizinische Hilfe), die **Aufsicht** über Lebens- und Arbeitsbedingungen und die **soziale Sicherheit** (Renten-, Arbeitslosen- und Krankenversicherung). Auf Empfehlung der Kommission vom 10. März 2005 nahm der Rat am 21. April 2005 Direktiven im Hinblick auf die Aushandlung eines ILO-Übereinkommens über **Arbeitsnormen** im Seeverkehr an *(vgl. EP, 1994a, S.49ff.; EP, 2000, S.23f.; KOM (2001) 188 endg., S.26ff.; Bull. EU 4-2005, S.57)*.

4.1.3.3 Sicherheit des Seeverkehrs und Schutz der Meeresumwelt

Seit 1993 genehmigte die **Gemeinschaft** auch zahlreiche weitere Übereinkommen und Protokolle, die vor allem den Schutz bestimmter Meeresgebiete vor Verschmutzung zum Ziel haben, oder ermächtigte die **Mitgliedstaaten**, diese zu unterzeichnen, zu ratifizieren oder ihnen beizutreten *(vgl. R. Wolfrum, 1994, S.324 ff.; KOM (2002) 539 endg., S.11 f., 57 ff., 71 ff.; zur Übernahme internationaler Vereinbarungen bis Mitte der achtziger Jahre S.51)*:

— Der Beschluß 93/540/EWG des Rates vom 18. Oktober 1993 [ABl. L 263 22.10.93 S.51] genehmigte die in der Zwischenzeit angenommenen Änderungen des Übereinkommens vom 9. Juni 1969 zur Zusammenarbeit bei der Bekämpfung von *Ölverschmutzungen der Nordsee* (Bonner Übereinkommen).

— Das Übereinkommen über die Zusammenarbeit beim Schutz der *Küsten und Gewässer des Nordostatlantiks* gegen Verschmutzung (Lissabon-Übereinkommen) [ABl. L 267 28.10.93 S.22] wurde durch den Beschluß 93/550/EWG des Rates vom 20. Oktober 1993 [ABl. L 267 28.10.93 S.1] angenommen; das Übereinkommen vom 22. September 1992 über den Schutz der *Meeresumwelt des Nordostatlantiks* [ABl. L 104 03.04.98 S.2] wurde durch den Beschluß 98/249/EG des Rates vom 7. Oktober 1997 [ABl. L 104 03.04.98 S.1] im Namen der Gemeinschaft genehmigt.

— Mit dem Beschluß 94/156/EG des Rates vom 21. Februar 1994 [ABl. L 073 16.03. 94 S.1] trat die Gemeinschaft dem Übereinkommen vom 22. März 1974 über den Schutz der *Meeresumwelt des Ostseegebiets* (Helsinki-Übereinkommen) [ABl. L 073 16.03.94 S.2] bei und genehmigte mit dem Beschluß 94/157/EG des Rates vom 21. Februar 1994 [ABl. L 073 16.03.94 S.19] dessen Fassung von 1992 [ABl. L 073 16.03.94 S.20]. Ein Vorschlag der Kommission vom 17. März 1999 für einen Ratsbeschluß zur Annahme der Änderungen der Anlagen des Abkommens durch die Gemeinschaft [ABl. C 176 22.06.1999 S.15; SEK (1999) 581 endg.] blieb erfolglos.

— Mit dem Beschluß 1999/802/EG des Rates vom 22. Oktober 1999 [ABl. L 322 14. 12.1999 S.32] wurden die am 9. und 10. Juli 1995 vollzogenen Änderungen des Übereinkommens von Barcelona vom 16. Februar 1976 zum *Schutz des Mittelmeers vor Verschmutzung* [ABl. L 322 14.12.1999 S.34] sowie des Protokolls zur *Verhütung der Verschmutzung* durch das Einbringen durch *Schiffe und Luftfahrzeuge* [ABl. L 322 14.12.1999 S.41] angenommen; mit dem Beschluß 2004/575/ EG vom 29. April 2004 [ABl. L 261 06.08.2004 S.40] genehmigte der Rat das Protokoll über die Zusammenarbeit bei der *Vermeidung der Verschmutzung durch Schiffe* und bei der *Bekämpfung der Verschmutzung des Mittelmeers in Notfällen* zum Übereinkommen von Barcelona [ABl. L 261 06.08.2004 S.41] *(vgl. GB 2002, Ziff.568; GB 2003, Ziff.598).*

— Die Entscheidung 2002/762/EG des Rates vom 19. September 2002 [ABl. L 256 25.09.2002 S.7] ermächtigte die Mitgliedstaaten, das Internationale Übereinkommen vom 23. März 2001 über die zivilrechtliche Haftung für *Schäden durch Bunkerölverschmutzung* (Bunkeröl-Übereinkommen) [ABl. L 256 25.09.2002 S.9] bis zum 30. September 2003 zu unterzeichnen und es bis zum 30. Juni 2006 zu ratifizieren bzw. ihm beizutreten *(vgl. GB 2001, Ziff.710; GB 2002, Ziff.651).*

— Mit der Entscheidung 2002/971/EG des Rates vom 18. November 2002 [ABl. L 337 13.12.2002 S.55] wurden die Mitgliedstaaten ermächtigt, das Internationale Übereinkommen vom 3. Mai 1996 über Haftung und Entschädigung für *Schäden bei der Beförderung schädlicher und gefährlicher Stoffe auf See* (HNS-Übereinkommen) [ABl. L 337 13.12.2002 S.55] möglichst vor dem 30. Juni 2006 zu ratifizieren oder diesem beizutreten *(vgl. GB 2001, Ziff.710; GB 2002, Ziff.651).*

— Mit der Entscheidung 2004/246/EG des Rates vom 2. März 2004 [ABl. L 078 16. 03.2004 S.22] i. d. F. der Entscheidung 2004/664/EG des Rates vom 24. September 2004 [ABl. L 303 30.09.2004 S.28] wurden die Mitgliedstaaten ermächtigt, bis zum 30. Juni 2004 (31. Dezember 2005) das Protokoll von 2003 zum Internationalen Übereinkommen von 1992 über die Errichtung eines internationalen *Fonds zur Entschädigung für Ölverschmutzungsschäden* [ABl. L 078 16.03.2004 S.24] zu unterzeichnen, zu ratifizieren oder ihm beizutreten *(vgl. GB 2003, Ziff. 687).*

Weiterhin anzuführen sind das Übereinkommen über die Verhütung der Meeresverschmutzung durch das Einbringen von Abfällen und anderen Stoffen (Londoner Übereinkommen), das Übereinkommen über die Zusammenarbeit bei der Bekämpfung der Meeresverschmutzung durch Öl (Kopenhagener Übereinkommen), das Übereinkommen über die Zusammenarbeit zur Bekämpfung der Verschmutzung durch Kohlenwasserstoffe und andere Schadstoffe (Übereinkommen von Lissabon), das Übereinkommen zur Verhütung der Meeresverschmutzung durch das Einbringen durch Schiffe und Luftfahrzeuge (Osloer Übereinkommen) [SEK (91) 1792 endg.] und das Übereinkommen zum Schutz des Schwarzen Meeres vor Verschmutzung (Bukarester Übereinkommen).

4.1.4 Beitritt der Gemeinschaft zur Internationalen Seeverkehrsorganisation

Am 9. April 2002 richtete die Kommission eine Empfehlung [SEK (2002) 381 endg.] an den Rat, die sie ermächtigen sollte, mit der IMO Verhandlungen über die Bedingungen und Modalitäten des Beitritts der Europäischen Gemeinschaft zu führen *(vgl. Bull. EU 4-2002, S. 61 f.; zur IMO K. R. Simmonds, 1994).*

4.2 Unilaterale Beziehungen der Gemeinschaft zu Drittstaaten

4.2.1 Drittstaatenkompetenz der Mitgliedstaaten

4.2.1.1 Einführung eines Genehmigungsverfahrens für Seeverkehrsabkommen

Die Außenkompetenz der Gemeinschaft, die der **Europäische Gerichtshof** im Urteil zur Rs. 22/70 *(vgl. Band 2, S. 662)* und im Gutachten 1/76 *(vgl. Band 2, S. 692)* allgemein bestätigt und abgegrenzt hatte, wurde von ihm in seinem Gutachten 1/94 vom 15. November 1994 über die Zuständigkeit der Gemeinschaft für den Abschluß **völkerrechtlicher Abkommen** auf dem Gebiet der Dienstleistungen und des Schutzes des geistigen Eigentums [Slg. 1994, S. I-5267] für die Seeschiffahrt nochmals bekräftigt. In den Bereichen **ausschließlicher Kompetenz**, zu denen einige Erwägungen angestellt wurden, dient Art. 84 (80) Abs. 2 EGV als rechtliche Grundlage für jedes Handeln. Bestimmte Fragen können jedoch nach wie vor in bilateralen Verträgen zwischen einem Mitgliedstaat und einem Drittstaat geregelt werden; Mitgliedstaaten können vom Rat sogar zu solchen Verhandlungen ermächtigt werden. Eine Verlagerung der Kompetenz auf die **Gemeinschaftsebene** oder eine Kompetenzteilung scheinen aber aufgrund des größeren Verhandlungsgewichts der EU eine bevorzugte Lösung zu sein. Außerdem ist auf diesem Wege eine **bessere Koordinierung** der unterschiedlichen

Außenpolitiken der Mitgliedstaaten und eine **Gleichbehandlung** der Gemeinschaftsunternehmen in den Drittländern gewährleistet *(vgl. EP, 1996, S.42; KOM (96) 707 endg., S.29ff., 44ff.; im folgenden Übersichten 42 und 43).*

Ab Mitte der achtziger Jahre kam es zu einer deutlichen **Intensivierung der Seeverkehrsbeziehungen** zwischen der Gemeinschaft und Drittländern, was nicht nur in der Verabschiedung von gemeinschaftlichen Bestimmungen zur Anwendung der Wettbewerbsregeln, zur Verwirklichung des freien Dienstleistungsverkehrs, zur Informationseinholung über bestimmte Reedereien, zum Schutz des freien Ladungszugangs und zur unlauteren Preisbildung *(vgl. S.27, 125, 165, 177, 180, 182)*, sondern auch im Abschluß von Abkommen, gegenseitigen Konsultationen und verschiedenen Formen der Zusammenarbeit seinen Ausdruck fand. Dieses Vorgehen bedingte jedoch zugleich eine **Regelung der Gültigkeit** der bereits vorher auf **zwischenstaatlicher Basis** abgeschlossenen Verträge, die bisher die Rechte der Vertragspartner im gegenseitigen Seeverkehr und in den Seehäfen fixierten, sowie eine Abgrenzung zu den **Kompetenzen** der an der Anbahnung von Abkommen beteiligten Gemeinschaftsorgane *(vgl. P. Didier, 1993, S.433ff.; R. Wolfrum, 1994, S.322f.; W. Elsner, 1999, S.5ff.).*

Bereits mit ihrem Vorschlag vom 6. März 1985 zur Änderung der Entscheidung 77/587/EWG [ABl. C 212 23.08.85 S.7; KOM (93) 570 endg.] hatte die Kommission einen vergeblichen Versuch unternommen, den **freien Ladungszugang** gefährdende Übereinkünfte in das **gemeinsame Konsultationsverfahren** einzubeziehen *(vgl. S. 176)*. Im Zusammenhang mit ihrer Mitteilung vom 14. März 1997 über maritime Außenbeziehungen der Gemeinschaft [KOM (96) 707 endg.] (Korrigendum [KOM (96) 707/2 endg.] vom 17. April 1997), die auf der Grundlage der Schlußfolgerungen des Rates vom 19. Juni 1995 zu den Außenbeziehungen der Gemeinschaft im Seeverkehr eine Bilanz der bisherigen Politik gegenüber Drittländern zog sowie Ziele, Modalitäten, Prioritäten und Verfahren für das zukünftige Vorgehen formulierte, legte sie einen letztlich erneut erfolglosen Vorschlag für eine Ratsentscheidung [ABl. C 113 11.04.97 S.25] vor *(vgl. S.176)*, die auch die Aushandlung, den Abschluß und das Funktionieren **bi- und multilateraler Abkommen** oder sonstiger Übereinkünfte betraf. Im Rahmen des Konsultations- und des sich anschließenden **Genehmigungsverfahrens** sollte der betroffene Mitgliedstaat vor der Aushandlung bzw. vor dem Abschluß eines ausgehandelten und paraphierten bzw. unterzeichneten Abkommens sowie vor dessen Verlängerung der Kommission einen Antrag (Gründe, Ziele, Entwurf) vorlegen und die anderen Mitgliedstaaten unterrichten. Wurden innerhalb von zwei Monaten keine **Konsultationen** beantragt und gab die Kommission nicht innerhalb von drei Monaten eine gegenteilige Stellungnahme ab, so war der Mitgliedstaat stillschweigend zu Verhandlungen sowie zur **Inkraftsetzung oder Verlängerung des Abkommens** ermächtigt; gleiches galt bei einer befürwortenden Erklärung der Kommission nach Abschluß der Konsultationen. Einwände oder Genehmigungsbedingungen sollten dem direkt betroffenen Land und den anderen Mitgliedstaaten mitgeteilt werden. Nach Beendigung der Verhandlungen war die Kommission über das Ergebnis in Kenntnis zu setzen. Sofern sie nicht binnen drei Monaten Einspruch erhob, konnte das Abkommen unterzeichnet werden; andernfalls war eine Neuaushandlung erforderlich. Auch über das **Funktionieren des Abkommens** sollten die Kommission und die anderen Mitgliedstaaten informiert werden *(vgl. Bull. EU 6-1995, S.79; KOM (96) 707 endg., S.33 f., 43, 48 f.; Bull. EU 3-1997, S.42 f.; V. J. G. Power, 1998, S.537).*

4.2.1.2 Verlängerung der Geltungsdauer bestehender Abkommen

Um eine Unterbrechung der vertraglichen Handelsbeziehungen zu den betreffenden Staaten zu vermeiden, setzte der Rat mit seinen Entscheidungen zur Genehmigung der stillschweigenden Verlängerung oder der Aufrechterhaltung der Bestimmungen von Freundschafts-, Handels- und Schiffahrtsverträgen sowie Handelsabkommen zwischen den Mitgliedstaaten und dritten Ländern *(vgl. Übersicht 42)*, deren Gegenstand unter die gemeinsame Handelspolitik fällt, das bereits mit dem Ende der Übergangszeit begonnene Verfahren fort *(vgl. S.36)*.

Übersicht 42: Ratsentscheidungen zur Verlängerung von bilateralen Schiffahrtsverträgen seit 1986

Entscheidung 86/19/EWG vom 27. Januar 1986 [ABl. L 029 04.02.86 S.26] i. d. F. der Berichtigung [ABl. L 149 03.06.86 S.48] — Entscheidung 87/237/EWG vom 27. April 1987 [ABl. L 111 28.04.87 S.32] — Entscheidung 88/221/EWG vom 28. März 1988 [ABl. L 100 19.04.88 S.33] — Entscheidung 89/150/EWG vom 27. Februar 1989 [ABl. L 058 01.03.89 S.63] i. d. F. der Berichtigung [ABl. L 072 16.03.89 S.31] — Entscheidung 90/61/EWG vom 12. Februar 1990 [ABl. L 042 16.02.90 S.59] — Entscheidung 91/167/EWG vom 25. März 1991 [ABl. L 082 28.03.91 S.52] — Entscheidung 92/234/EWG vom 28. April 1992 [ABl. L 120 05.05.92 S.37] — Entscheidung 93/679/EG vom 6. Dezember 1993 [ABl. L 317 18.12.93 S.61] — Entscheidung 95/133/EG vom 19. April 1995 [ABl. L 089 21.04.95 S.30] — Entscheidung 97/351/EG vom 2. Juni 1997 [ABl. L 151 10.06.97 S.24] — Entscheidung 2001/855/EG vom 15. November 2001 [ABl. L 320 05.12.2001 S.13]

4.2.2 Beziehungen der Gemeinschaft zu einzelnen Staaten

Seeverkehrsspezifische Abkommen mit einzelnen Drittstaaten spielten vor allem bis Mitte der neunziger Jahre in der Gemeinschaftspolitik nur eine untergeordnete Rolle, da zwischen den EU-Mitgliedstaaten und den wichtigsten Seehandelsnationen bereits seit längerer Zeit **bilaterale Vereinbarungen** bestehen. Gemäß der Kommissionsmitteilung vom 14. März 1997 über maritime Außenbeziehungen der Gemeinschaft [KOM (96) 707 endg.] erfolgen der **gegenseitige Informationsaustausch** und die **Abstimmung kontroverser Positionen** überwiegend im Rahmen der internationalen Abkommen und Organisationen (GATS bzw. WTO, UN bzw. UNCTAD, IMO, ILO) sowie in Form direkter bilateraler Demarchen und Konsultationen. Gesprächspartner sind insbesondere die anderen EFTA-Staaten (Norwegen, bis 1994 Finnland und Schweden), Rußland und die Ukraine, Kanada und die Vereinigten Staaten sowie wichtige asiatische Länder (VR China, Indien, Indonesien, Japan, Südkorea, Taiwan). Ebenso bieten **Seminare, Konferenzen und Workshops** zu Fragen des Seeverkehrs die Gelegenheit zur Problemerörterung und zu einer Prüfung des Bedarfs an technischer Hilfe in bezug auf die Liberalisierung des Marktzugangs, die staatliche Beeinflussung der finanziellen und steuerlichen Wettbewerbsbedingungen sowie die Einhaltung von Normen; **Aktionsprogramme und spezielle Projekte** existieren für Mittel- und Osteuropa, Indien, einige ASEAN-Staaten, die Maghreb-Länder sowie West- und Zentralafrika. Werden Probleme, die auf restriktiven Maßnahmen, der Einräumung unlauterer Wettbewerbsvorteile oder der Nichtbefolgung von Normen beruhen, nicht einvernehmlich gelöst, so können sich an die Konsultationen auch **Gegenmaßnahmen** im Rahmen der Verordnungen 86/4057/EWG und 86/4058/EWG des Rates *(vgl. S.177, 180)* anschließen *(vgl. KOM(96) 707 endg., S.22ff., 36ff., 63ff., 68ff.; Bull. EU 3-1997, S.42f.)*.

4.2.2.1 Seeverkehrsspezifische Regelungen allgemeiner Abkommen

Viele allgemeine Abkommen, wie z. B. das EWR-Abkommen, die Europa-Abkommen mit den mittel- und osteuropäischen Staaten, die Partnerschafts- und Kooperationsabkommen mit den Ländern der ehemaligen Sowjetunion, die Assoziierungsabkommen mit Drittländern des Mittelmeerraums sowie die Lomé-Abkommen, enthalten wesentliche Bestimmungen zum Seeverkehr. So wurden in das EWR-Abkommen alle Rechtsvorschriften mit Ausnahme der auf Drittstaaten ausgerichteten Maßnahmen aufgenommen. Das **Protokoll 19 des EWR-Abkommens [ABl. L 001 03.01.94 S. 180]** sieht ergänzend vor, daß die Vertragsparteien die Entscheidung 83/573/EWG des Rates *(vgl. S.28)* sowie die Ratsverordnungen 86/4057/EWG und 86/4058/EWG *(vgl. S.177, 180)*, die zur Kenntnis genommen wurden [ABl. L 001 03.01.94 S.442], nicht untereinander anwenden, sofern die im EWR-Abkommen enthaltenen Rechtsvorschriften vollständig durchgeführt werden; für das Verhalten gegenüber Drittstaaten wurde ein Koordinationsverfahren festgelegt *(vgl. P. F. Nemitz, 1994, S.359ff.)*.

Die **Europa-Abkommen** *(vgl. Band 1, S.200)* enthalten seeverkehrsspezifische Regelungen zum Niederlassungsrecht (mit Ausnahme der Seeverkehrskabotage), zur Dienstleistungsfreiheit, zum freien Außenseiterwettbewerb, zur Gleichbehandlung beim Zugang zu den und bei der Nutzung der Seehäfen sowie zur Abschaffung von Ladungsanteilvereinbarungen und aller einseitigen Diskriminierungen. Bei der Hafenverwaltung und der Förderung der Küstenschiffahrt ist eine verstärkte Zusammenarbeit vorgesehen. Ergänzend wurden am 18. Juli 1994 zwischen der Gemeinschaft einerseits sowie Estland [ABl. L 373 31.12.94 S.163; ABl. L 068 09.03.98 S.196], Lettland [ABl. L 374 31.12.94 S.216; ABl. L 026 02.02.98 S.253] und Litauen [ABl. L 375 31.12.94 S.204; ABl. L 051 20.02.98 S.240] andererseits Abkommen in Form eines **Briefwechsels** über den Seeverkehr geschlossen. In den **Partnerschafts- und Kooperationsabkommen** *(vgl. Band 1, S.200f.)* wird u. a. der freie Zugang zum internationalen Seeverkehrsmarkt, die Inländerbehandlung von Schiffen in den Seehäfen, die Öffnung der Binnenwasserstraßen sowie das Verbot von Ladungsanteilvereinbarungen festgeschrieben *(vgl. P. F. Nemitz, 1994, S.361ff.; KOM(96) 707 endg., S.22f., 35, 66 ff.; W. Elsner, 1999, S.7f.)*.

Einige Handels- und Wirtschaftsabkommen mit **mittel- und südamerikanischen Staaten** (Argentinien, Brasilien, Chile, Paraguay) sehen in bezug auf den Seeverkehr Konsultationen und Maßnahmen der Zusammenarbeit vor. In beigefügten Briefwechseln verpflichten sich die Vertragspartner, im Rahmen eines Ausschusses Gespräche mit dem Ziel einer befriedigenden Lösung anstehender Probleme zu führen. Die **Lomé-III- und -IV-Abkommen** beinhalten den Grundsatz des uneingeschränkten Marktzugangs und die Anwendung des UN-Verhaltenskodex; ferner propagieren sie eine gemeinsame Förderung der Seeverkehrswirtschaft der AKP-Staaten, die Verbesserung der Schiffssicherheit sowie eine verstärkte finanzielle und technische Hilfe *(vgl. SEK (90) 1594 endg., S.25 f.; KOM (96) 707 endg., S.23, 68; zur Seeverkehrspolitik gegenüber den Entwicklungsländern P. Faust, 1994, 29 ff.)*.

4.2.2.2 Seeverkehrsabkommen mit der VR China

Spezielle Seeverkehrsabkommen wollte die Kommission u. a. mit Brasilien, der VR China, Indien, Taiwan und einigen ASEAN-Staaten aushandeln. Erstmalig vom Rat zu Verhandlungen ermächtigt wurde die Kommission am 12. Februar 1998 in bezug auf die VR China und Indien *(vgl. KOM (96) 707 endg., S.36; Bull. EU 1/2-1997, S.51; Bull. EU 1/2-1998, S.64)*. Nach mehreren **Kontakten und Erkundungsgesprächen** mit der VR China in den Jahren 1999 und 2000 wurden im September und Dezember 2001 in Brüssel und Peking **zwei Verhandlungsrunden** anberaumt, die zur Paraphierung einer Vereinbarung führten. Auf der Grundlage eines Kommissionsvorschlags vom 22. Februar 2002 [ABl. C 181 E 30.07.2002 S.176], zu dem sich im nachhinein auch das **Europäische Parlament** in einer Stellungnahme äußerte [ABl. C 076 E 25. 03.2004 S.102], faßte der Rat am 3. Oktober 2002 einen Beschluß über den Abschluß des Seeverkehrsabkommens; die Unterzeichnung erfolgte am 6. Dezember 2002 *(vgl. GB 1998, Ziff.457; Bull. EU 1/2-2002, S.116; Bull. EU 10-2002, S.69; Bull. EU 12-2002, S.109; GB 2002, Ziff.667)*. Im Zusammenhang mit der **Erweiterung der Gemeinschaft** legte die Kommission am 7. Januar 2005 einen Vorschlag für einen Ratsbeschluß vor [KOM (2004) 864 endg.], der ein am 24. September 2004 paraphiertes Protokoll zur Änderung des Seeverkehrsabkommens genehmigen soll. Nach der Stellungnahme des Europäischen Parlaments am 5. Juli 2005 faßte der Rat am 18. Juli 2005 einen entsprechenden Beschluß *(vgl. Bull. EU 6-2004, S.78; Bull. EU 1/2-2005, S.91)*.

Das für eine Laufzeit von fünf Jahren getroffene und jährlich zu erneuernde Abkommen fixiert die Grundsätze der **Dienstleistungsfreiheit im Seeverkehr** mit Ausnahme der Kabotage, des **freien Zugangs zu Ladungen** und Drittländerverkehren sowie der unbeschränkten und diskriminierungsfreien **Nutzung von Seehäfen und Hafendiensten** einschließlich der Abgaben und Verwaltungsformalitäten; Bestandteil sind ferner alle Aspekte des Haus-zu-Haus-Verkehrs. Die Vertragsparteien gestatten sich gegenseitig die Gründung von hundertprozentigen Tochtergesellschaften, Gemeinschaftsunternehmen oder Vertretungen und die Beschäftigung von Führungskräften jeder Nationalität; Einkünfte dürfen in frei konvertierbaren Währungen berechnet und unbegrenzt ins Ausland überwiesen werden. Eine **umfassende Zusammenarbeit** ist hinsichtlich der Entwicklung der politischen und rechtlichen Rahmenbedingungen, der Sicherheit des Seeverkehrs und der Verminderung der Meeresverschmutzung, der Ausbildung und Schulung von Seeleuten, der Bekämpfung von Piraterie und Terrorismus sowie des personellen, technischen und wissenschaftlichen Transfers beabsichtigt. Die zwischen elf Mitgliedstaaten und der VR China bestehenden **bilateralen Abkommen** verlieren lediglich im Hinblick auf die handelsbezogenen Regelungen ihre Gültigkeit, während vor allem die Vorschriften zur Besatzung und Besteuerung bestehen bleiben. Beinhaltet das von der Gemeinschaft abgeschlossene Abkommen unvorteilhaftere Bestimmungen, so sollen die bilateralen Vereinbarungen Vorrang haben.

Übersicht 43: Bilaterale Abkommen der Gemeinschaft im Bereich des Seeverkehrs

EWR-Abkommen
Abkommen über den Europäischen Wirtschaftsraum – Protokoll 19 über den Seeverkehr [ABl. L 001 03.01.94 S.180]
Europa-Abkommen
Abkommen in Form eines Briefwechsels zwischen der Europäischen Gemeinschaft und der Republik Estland über den Seeverkehr [ABl. L 373 31.12.94 S.163] — Abkommen in Form eines Briefwechsels zwischen der Europäischen Gemeinschaft und der Republik Estland über den Seeverkehr [ABl. L 068 09.03.98 S.196]
Abkommen in Form eines Briefwechsels zwischen der Europäischen Gemeinschaft und der Republik Lettland über den Seeverkehr [ABl. L 374 31.12.94 S.216] — Abkommen in Form eines Briefwechsels zwischen der Europäischen Gemeinschaft und der Republik Lettland über den Seeverkehr [ABl. L 026 02.02.98 S.253]
Abkommen in Form eines Briefwechsels zwischen der Europäischen Gemeinschaft und der Republik Litauen über den Seeverkehr [ABl. L 375 31.12.94 S.204] — Abkommen in Form eines Briefwechsels zwischen der Europäischen Gemeinschaft und der Republik Litauen über den Seeverkehr [ABl. L 051 20.02.98 S.240]
Vereinigte Staaten
Beschluß 2004/425/EG des Rates vom 21. April 2004 über den Abschluß des Abkommens zwischen der Europäischen Gemeinschaft und den Vereinigten Staaten von Amerika über die gegenseitige Anerkennung der Konformitätsbescheinigungen für Schiffsausrüstung [ABl. L 150 30.04.2004 S.42] i. d. F. der Berichtigung [ABl. L 185 27.05.2004 S.18] — Rechtsetzung auf der Grundlage der Artt. 113 (133) und 228 (300) Abs. 2 bis 4 EGV und auf Vorschlag der Kommission [KOM (2003) 195 endg.]
Abkommen zwischen der Europäischen Gemeinschaft und den Vereinigten Staaten von Amerika über die gegenseitige Anerkennung der Konformitätsbescheinigungen für Schiffsausrüstung [ABl. L 150 30.04.2004 S.46] i. d. F. der Berichtigung [ABl. L 185 27.05.2004 S.19] — Mitteilung über das Inkrafttreten [ABl. L 234 03.07.2004 S.9]

4.2.2.3 Abkommen über die Schiffsausrüstung mit den Vereinigten Staaten

Am 27. Februar 2004 unterzeichneten die Gemeinschaft und die Vereinigten Staaten ein Abkommen über die gegenseitige Anerkennung der **Konformitätsbescheinigungen** für Schiffsausrüstung [ABl. L 150 30.04.2004 S.46] i. d. F. der Berichtigung [ABl. L 185 27.05.2004 S.19], um neben der Förderung der Seeverkehrssicherheit und des Umweltschutzes vor allem den Handel mit Schiffsausrüstung und die Erarbeitung internationaler Normen zu erleichtern und ein gemeinsames Vorgehen in der IMO zu forcieren. Zentrale **Regelungsbereiche** sind die Voraussetzungen für eine gegenseitige Anerkennung der Konformitätsbescheinigungen durch die zuständigen Behörden

(Gleichwertigkeit der technischen Vorschriften, Produktkennzeichnung, Konformitätsbewertungsstellen) sowie eine weitergehende Zusammenarbeit (Informationsaustausch, Kontaktstellen, Änderung und Harmonisierung der technischen Vorschriften, Kooperation bei der Konformitätsbewertung). Der **Beschluß 2004/425/EG des Rates vom 21. April 2004 [ABl. L 150 30.04.2004 S.42]** i. d. F. der Berichtigung [ABl. L 185 27.05.2004 S.18] genehmigte das Abkommen im Namen der Gemeinschaft; es trat am 1. Juli 2004 in Kraft [ABl. L 234 03.07.2004 S.9] *(vgl. Bull. EU 4-2003, S.72; Bull. EU 1/2-2004, S.149; Bull. EU 4-2004, S.122).*

5. Grundzüge und Perspektiven der gemeinsamen Seehafenpolitik

5.1 Entwicklungslinien der gemeinsamen Seehafenpolitik

5.1.1 Initiativen der Gemeinschaftsorgane bis Mitte der neunziger Jahre

Mit Ausnahme einiger Aktivitäten der Kommission während der siebziger Jahre *(vgl. S.73)* und der dem Rat am 13. Dezember 1984 unterbreiteten, letztlich aber erfolglosen Vorschläge zur Aufhebung von **Marktzugangs-, Kapazitäts- und Preisbildungsvorschriften** für die Beförderungen von auf dem Seeweg innerhalb bestimmter Korridore ein- oder ausgeführten Waren [ABl. C 014 16.01.85 S.7, 8, 9; ABl. C 163 01.07.86 S.5, 6] *(vgl. Band 2, S.118, 341)* hatte es bis Mitte der achtziger Jahre faktisch keine gemeinsame Seehafenpolitik gegeben. In ihrer Mitteilung vom 6. März 1985 über Fortschritte auf dem Wege zu einer gemeinsamen Verkehrspolitik – Seeverkehr [KOM (85) 90 endg.] *(vgl. S.123)* widmete sich die Kommission dann zwar auch der Seehafenproblematik, verwies dabei aber weitgehend nur auf die vergangenen Entwicklungen. Sie kündigte ferner an, **staatliche Beihilfen an Seehäfen** auf der Grundlage der Artt. 92 und 93 EWGV (Artt. 87 und 88 EGV) zu prüfen, ging jedoch von vornherein von keinen bedeutenden Wettbewerbsverzerrungen aus. Als **weitere Handlungsschwerpunkte** wurden eine Harmonisierung der Gebührenpolitik, die Erstellung von Seehafenstatistiken und die Durchführung regelmäßiger Konsultationen mit den Seehäfen angesehen *(vgl. KOM (85) 90 endg., S.34 ff.; W. Hönemann, 1986, S.350 ff.).*

In einem Bericht aus dem Jahre 1988 über die jüngsten **technologischen Entwicklungen** und ihren Einfluß auf die Verwaltung, Produktivität und Arbeit in den Seehäfen sowie in seiner Entschließung vom 16. November 1988 zu einer europäischen Hafenpolitik [ABl. C 326 19.12.88 S.61] wies das **Europäische Parlament** auf den Stellenwert einer gemeinsamen Seehafenpolitik und die Bedeutung der Seehäfen für den Binnen- und Außenhandel, den verstärkten Wettbewerb zwischen den Häfen mit den sich abzeichnenden Konzentrationstendenzen, die Notwendigkeit einer vollständigen Wegekostenanlastung und einer Harmonisierung der sonstigen Wettbewerbsbedingungen sowie den finanziellen und technologischen Anpassungsbedarf hin. Bei der **Kommis-**

sion war man gegen Ende der achtziger Jahre allerdings zu der Auffassung gelangt, daß mit einer umfassenden Liberalisierung des Landverkehrs im Zuge der **Binnenmarktvollendung** auch die seehafenspezifischen Probleme weitgehend zu lösen wären *(vgl. Bull. EG 11-1988, S.73)*.

Zu Beginn der **neunziger Jahre** gewann die Seehafenpolitik dann aus verschiedenen Gründen wieder an Interesse. Die ohnehin schon große Bedeutung des Seeverkehrs – und somit auch der Seehäfen als Schnittstelle zum Landverkehr – für die Außenhandelsbeziehungen der Gemeinschaft wurde durch die **Liberalisierung des Handels** und die **Globalisierung der Wirtschaft** zunehmend verstärkt. Mit der Binnenmarktvollendung, dem Ausbau der Landverkehrswege, der Einführung neuer Transportformen (Behälterverkehr, multimodale Transportketten), dem technologischen Wandel im Verkehrssektor (Anwendung der Informationstechnologie) und der Unternehmenskonzentration im Reedereigewerbe nahm der **sektorspezifische Wettbewerb** weiter zu; außerdem wurde wiederholt der regionalwirtschaftliche und soziale Stellenwert der Seehäfen betont *(vgl. KOM (97) 678 endg., S.7f., 10)*. Das **Weißbuch der Kommission** zur künftigen Entwicklung der gemeinsamen Verkehrspolitik vom Dezember 1992 *(vgl. Band 1, S.258ff.)* stellte im Rahmen des Aktionsprogramms konkrete **Überlegungen zu den Seehäfen** an. Im Hinblick auf eine Verbesserung der Gesamtleistungsfähigkeit der Häfen, die Beseitigung von Handelshemmnissen und eine Verbesserung der spezifischen Infrastrukturen sollten vorhandene Beschränkungen des Marktzugangs im Bereich der Seehafendienstleistungen untersucht, die diskriminierungsfreie Nutzung der Seehafeninfrastruktur gewährleistet, die Anwendung der Wettbewerbs- und Beihilferegeln sichergestellt und die Seehäfen in die transeuropäischen Verkehrsnetze integriert bzw. seehafenrelevante Projekte von gemeinschaftlichem Interesse in den Leitlinien ausgewiesen werden. Als **weitere Handlungsfelder** identifizierte die Kommission die Koordinierung der Hafeninfrastrukturinvestitionen, die Harmonisierung der Seehafengebühren auf niedrigerem Niveau, die Verbesserung der verwaltungstechnischen und arbeitsrechtlichen Strukturen sowie die Einführung von Runden Tischen zwischen öffentlichen Stellen, Dienstleistern und Hafennutzern *(vgl. KOM(93) 526 endg., S.10; V. Schmidt, 1993, S.346ff.; KOM(95) 317 endg., S.6f., A-36ff.; KOM (96) 84 endg., S.8f.; D. Naumann, 1996, S.20ff.; K. Heitmann, 1998, S.85f.)*.

Die Ausarbeitung einer gemeinschaftlichen Seehafenpolitik wurde auch vom **Europäischen Parlament** in einem umfassenden Bericht (Darlegung der organisatorischen, finanziellen und technologischen Trends; Vorschläge für eine Gemeinschaftspolitik: Verfügbarkeit und Modernisierung der Hafeninfrastruktur, Integration der Seehäfen in die transeuropäischen Netze, Verwirklichung des Wettbewerbs zwischen den Häfen und Liberalisierung der Hafendienste, Reform der Organisationsstrukturen und der finanziellen Beziehungen zu den Staaten, soziale Maßnahmen, Sicherheit und Umweltverträglichkeit) und in seiner Entschließung vom 16. September 1993 zum Seeverkehr in der Gemeinschaft [ABl. C 268 04.10.93 S.169] erneut angemahnt; in der Folgezeit spielten seehafenspezifische Aspekte jedoch eher eine untergeordnete Rolle *(vgl. Bull. EG 9-1993, S.35f.; EP, 1993; EP, 1994a, S.37f.; L. Bekemans u. a., 1996; C. I. Chlomoudis u. a., 2002, S.120ff.; zur Situation des Seehafengewerbes in den neun-*

ziger Jahren E.-H. Arndt, 1996, S.38ff.; EP, 1999, S.15ff.; W. Maenning u. a., 2000, S. 163ff.).

5.1.2 Das Grünbuch über Seehäfen und Seeverkehrsinfrastruktur vom Dezember 1997 und nachfolgende Entwicklungen

In ihrem Grünbuch über Seehäfen und Seeverkehrsinfrastruktur vom 10. Dezember 1997 [KOM (97) 678 endg.] setzte sich die Kommission dann erstmals umfassend mit der gemeinsamen Seehafenpolitik auseinander. Neben der Integration der Häfen in die **transeuropäischen Verkehrsnetze** (Vorhaben von gemeinsamem Interesse, intermodale Verknüpfung, Verbindung mit Beitrittsstaaten), der Bereitstellung von **öffentlichen Finanzmitteln**, der **Transparenz** der finanziellen Beziehungen und der Gewährung staatlicher **Beihilfen** *(vgl. S.201)*, der Anlastung der **Infrastrukturkosten**, dem Einsatz von **Management- und Informationssystemen**, der Einbeziehung der Häfen in die **Forschungsprogramme**, der Förderung des **Kurzstreckenseeverkehrs** sowie der Bedeutung der Seehäfen für die **Sicherheit und Umweltverträglichkeit** des Seeverkehrs (Hafenstaatkontrolle *(vgl. S.276)*, Frachtabfertigung, Auffanganlagen *(vgl. S.299)*, Umweltverträglichkeitsprüfung) beschäftigte sich die Mitteilung auch mit der Liberalisierung des **Angebots von Hafendiensten** *(vgl. S.350)* und der Erbringung **gemeinwirtschaftlicher Dienste** *(vgl. Bull. EU 12-1997, S.71 f.; GB 1997, Ziff.485; KOM(97) 678 endg., S.10ff.; H. Weise, 1998, S.399f.; EP, 1999, S.55ff.; C. I. Chlomoudis u. a., 2002, S.146ff.; zu den Eigentums- und Organisationsstrukturen, der Infrastrukturbereitstellung und -finanzierung sowie der Gebührenerhebung C. I. Chlomoudis u. a., 2002, S.17ff., 100ff., 124ff., 150ff., 181ff.; Band 1, S.678ff.).*

In ihrer **Mitteilung** vom 13. Februar 2001 über die Verbesserung der Dienstequalität in Seehäfen [KOM (2001) 35 endg.] resümierte die Kommission die seit der Veröffentlichung des Grünbuchs eingetretenen Entwicklungen und befaßte sich dabei schwerpunktmäßig mit der Einbeziehung der Seehäfen in die Leitlinien für die **transeuropäischen Verkehrsnetze** *(vgl. Band 1, S.486 ff.)*, dem Zugang zum **Markt für Hafendienste**, den Formen der **öffentlichen Finanzierung** und **Gebührenerhebung** (wozu sie auch ein Arbeitsdokument [SEK (2001) 234 endg.] *(vgl. Band 1, S.681 f.)* vorlegte), der Transparenz der **finanziellen Beziehungen** und den **staatlichen Beihilfen** für Seehäfen *(vgl. Bull. EU 1/2-2001, S.97; GB 2001, Ziff.707)*. Ein beigefügter Vorschlag für eine Richtlinie des Europäischen Parlaments und des Rates über den Marktzugang für Hafendienste scheiterte nach langwierigen Diskussionen im November 2003 im Europäischen Parlament und wurde am 13. Oktober 2004 durch einen neuen Kommissionsvorschlag ersetzt. In einer Initiativstellungnahme vom 16. Dezember 2004 zur Erreichbarkeit Europas auf dem Seeweg [ABl. C 157 28.06.2005 S.141] setzte sich der **Wirtschafts- und Sozialausschuß** u. a. für folgendes ein: Untersuchung der Engpässe beim Containertransport in den Hafenterminals und im Hinterland (Eisenbahnverkehr); Liberalisierung des Seehafenmarktes; Vereinfachung der Beihilfeleitlinien und Transparenz der Finanzbeziehungen; stärkere Beachtung der Sicherheitsbelange von Seehäfen; bessere Umsetzung und Anwendung der geltenden Rechtsvorschriften *(vgl. Bull. EU 12-2004, S.92).*

5.2 Marktzugangsregelungen und Seehafenpolitik

5.2.1 Entwicklung gemeinschaftlicher Grundsatzpositionen

Die gemeinsame **Marktzugangs- und Wettbewerbspolitik** im Seehafendienstleistungsgewerbe befaßte sich ursprünglich in erster Linie mit der Gewährung ausschließlicher Rechte und dem Mißbrauch marktbeherrschender Stellungen. Im Anschluß an das Urteil des **Europäischen Gerichtshofs** vom 10. Dezember 1991 zum Hafenarbeiterpool von Genua *(vgl. S.354)* beschloß die Kommission, alle Hafendienste (technisch-nautisch: Lotsen-, Schlepp- und Festmacher- bzw. Muringdienste; ladungsbezogen: Ladungs-, Stauerei-, Umlade-, Lösch- und Lagerdienste; Fahrgastdienste; Hilfsdienste: Feuerlösch-, Bunker- und Wasserversorgungsdienste, Auffanganlagen) einer **näheren Überprüfung** zu unterziehen. Hierbei sollten die den Diensteanbietern von den Hafenbehörden auferlegten Genehmigungsbedingungen, die Vergabe exklusiver oder besonderer Rechte unter Berücksichtigung eventueller gemeinwirtschaftlicher Verpflichtungen sowie die Organisation des Hafenarbeitersystems näher untersucht werden. Insbesondere die **Verpflichtung der Hafenunternehmen**, sich an den Arbeitskräftepools zu beteiligen und / oder ausschließlich dem Pool angehörige Personen einzustellen, führte in Verbindung mit unangemessenen und diskriminierenden **Registrierungsvorschriften für Hafenarbeiter** oftmals zu Marktzutrittsbeschränkungen *(vgl. KOM (95) 317 endg., S.40 f.; D. Naumann, 1996, S.23 f.; K. Heitmann, 1998, S. 86; C. I. Chlomoudis u. a., 2002, S.37 ff., 136 ff.)*.

In ihrem Grünbuch über Seehäfen und Seeverkehrsinfrastruktur vom 10. Dezember 1997 [KOM (97) 678 endg.] beurteilte die Kommission die Hafendienste als zentral für die **Funktionsfähigkeit des Seeverkehrssystems** und von essentieller Bedeutung für die effiziente Nutzung der Hafen- und Seeverkehrsinfrastruktur. Im Hinblick auf eine zügige Angleichung der Wettbewerbsbedingungen zwischen den Seehäfen, die Verwirklichung eines hohen Sicherheitsniveaus und die Gewährleistung eines offenen Marktzugangs wurde ein ordnungspolitischer Rahmen für die **Liberalisierung der Hafendienste** – basierend auf den Prinzipien der Transparenz, Nichtdiskriminierung und kostenorientierten Gebührengestaltung – vorrangig in den größten Gemeinschaftshäfen mit grenzüberschreitendem Verkehr empfohlen. Der Verschiedenartigkeit der Hafendienste (verschärfter Wettbewerb bei Umschlagdiensten; geringe Wettbewerbsintensität und noch vorhandene Marktzugangsbeschränkungen vor allem bei Lotsendiensten), der Möglichkeit der Selbstabfertigung, der Notwendigkeit der Erbringung gemeinwirtschaftlicher Dienste, den unterschiedlichen Organisations- und Eigentumsstrukturen der Seehäfen sowie den geographischen, sozialen und historischen Gegebenheiten sollte jedoch durch eine **schrittweise Verwirklichung** der Liberalisierungsmaßnahmen Rechnung getragen werden, um eine graduelle Anpassung an die neuen Rahmenbedingungen zu garantieren. Bei einer Beschränkung des Marktzutritts mußten Anforderungen an das Auswahlverfahren und die Genehmigungserteilung formuliert werden. Parallel dazu wurden ergänzende **Normen für die Schiffsausrüstung** und Mindestanforderungen an die **Ausbildung des Personals** angestrebt. Die Kommission wollte auch zukünftig etwaigen Beschwerden über Verstöße gegen **Sicherheits- und Qualitätsnormen** der Dienste nachgehen *(vgl. KOM (97) 678 endg.,*

S.5f., 30ff.; W. Elsner, 1999, S.16f.; EP, 1999, S.30ff., 35ff., 57f.; C. I. Chlomoudis u. a., 2002, S.153ff.).

Der **Wirtschafts- und Sozialausschuß** befürwortete in seiner Stellungnahme vom 9. September 1998 zum Grünbuch [ABl. C 407 28.12.98 S.92] eine möglichst weitgehende Liberalisierung unter Berücksichtigung der Verschiedenheit der Dienste und Hafenstrukturen. In seiner Entschließung vom 13. Januar 1999 [ABl. C 104 14. 04.1999 S.70] lehnte das **Europäische Parlament** Gemeinschaftsvorschriften zum Marktzugang grundsätzlich ab; die Konkurrenz sollte durch eine zügige Harmonisierung der Wettbewerbsbedingungen (Transparenz, gemeinwirtschaftliche Dienste, Sicherheit) forciert werden. Angesichts der zu erwartenden Marktzutrittsresistenz bei Lotsen-, Schlepper- und Festmacherdiensten wurden eine strikte **Anwendung der Wettbewerbsregeln** und gleichartige Auflagen für die Diensteanbieter als notwendig erachtet; letztlich sollten in bezug auf die maritimen Dienste auch explizite Marktzugangsregelungen nicht ausgeschlossen werden. Auch der **Ausschuß der Regionen** favorisierte in seiner Stellungnahme vom 14. Januar 1999 [ABl. C 093 06.04.1999 S.20] eine umfassende Durchsetzung des Wettbewerbsprinzips; bei Bereitstellung von Dienstleistungen durch öffentliche Anbieter sollte ein einheitlicher Kostendeckungsgrad gesichert sein *(vgl. Bull. EU 9-1998, S.43; GB 1998, Ziff.450; Bull. EU 1/2-1999, S.75f.; EP, 1999, S.59f.; GB 1999, Ziff.413; C. I. Chlomoudis u. a., 2002, S.156ff.).*

5.2.2 Kommissionsvorschläge zur Liberalisierung des Marktzugangs für Hafendienste vom Februar 2001 und Oktober 2004

In ihrer Mitteilung vom 13. Februar 2001 über die Verbesserung der Dienstequalität in Seehäfen [KOM (2001) 35 endg.] gelangte die Kommission zu der Feststellung, daß die im Bereich der Hafendienste lange Zeit vorherrschende Struktur **rechtlicher oder faktischer Monopole** erheblichen Wandlungen unterworfen war, die eine differenzierte Betrachtung einzelner Segmente erforderlich machten. So konnte im Bereich des **Ladungsumschlags** durch den Zutritt neuer privater Anbieter eine Intensivierung des Wettbewerbs beobachtet werden, von der aber bei weitem noch nicht alle Häfen erfaßt waren; notwendig erschienen Vorschriften über die Auswahl der Diensteanbieter und die Überwachung der Häfen durch die Behörden sowie zu den Rechten und Pflichten der Unternehmen. Bei den **anderen Hafendiensten**, so vor allem bei den Lotsen- sowie den Schlepp- und Festmacherdiensten dominierten nach wie vor öffentliche oder private Monopole; eine schrittweise Liberalisierung wurde jedoch favorisiert. Beschränkungen des Marktzugangs befürwortete die Kommission nur noch im Zusammenhang mit der Erbringung **gemeinwirtschaftlicher Dienste** und bei **hafenspezifischen Sachzwängen** (Kapazitätsmängel, Zollverfahren, Sicherheits- und Umweltschutzerwägungen), wobei den besonderen Merkmalen jedes einzelnen Seehafens Rechnung getragen werden sollte *(vgl. KOM (2001) 35 endg., S.3 ff.)*. Der beigefügte Vorschlag für eine Richtlinie des Europäischen Parlaments und des Rates über den Marktzugang für Hafendienste [ABl. C 154 E 29.05.2001 S.290], den die Kommission nach den Stellungnahmen des **Europäischen Parlaments** [ABl. C 140 E 13.06.2002 S.283], des **Wirtschafts- und Sozialausschusses** [ABl. C 048 21.02.2002 S.122] und des **Ausschusses der Regionen** [ABl. C 019 22.01.2002 S.3] am 19. Februar 2002 abänderte [ABl. C 181 E 30.07.2002 S.160], bezog sich auf gemeinschaftliche Seehäfen, die der allgemeinen Handelsschiffahrt geöffnet waren und einen durchschnittlichen Jahresumschlag von mindestens 3 Mio. t oder 500.000 Fahrgastbewegungen verzeichneten *(vgl. Bull. EU 1/2-2001, S.97; Bull. EU 11-2001, S.79f.; GB 2001, Ziff.707; D. K. Behrendt, 2002, S.135ff.; Bull. EU 1/2-2002, S.113f.; C. I. Chlomoudis u. a., 2002, S. 193ff., 199ff.; GB 2002, Ziff.649; U. Hautau, 2002c, S.179ff.; K. H. Holocher, 2002).*

Grundsätzlich sollten für die Erbringung von Hafendiensten (technisch-nautische Dienste, Ladungsumschlag, Fahrgastdienste) die Prinzipien der **Dienstleistungsfreiheit** und des **freien Zugangs** zu den Hafenanlagen gelten. Voraussetzung für die Ausübung der Tätigkeit konnte jedoch die Erteilung einer **Genehmigung** durch die zuständige Behörde sein. Als **Vergabekriterien** wurden die fachliche Qualifikation, eine solide Finanzlage, ein ausreichender Versicherungsschutz, Sicherheitserwägungen, Beschäftigungs- und Sozialvorschriften, Umweltanforderungen, der Entwicklungsplan des Hafens und gemeinwirtschaftliche Verpflichtungen (Sicherheit, Regelmäßigkeit, Kontinuität, Qualität, Preise, Beförderungsbedingungen) vorgegeben; fakultativ konnten die Ansässigkeit des Diensteanbieters in der Gemeinschaft und ggf. die Registrierung der genutzten Schiffe in der Gemeinschaft hinzukommen; Kriterien und Verfahren waren vorher zu veröffentlichen. Eine Begrenzung der **Anbieterzahl** sollte nur bei unzureichendem Raum bzw. fehlender Kapazität sowie aufgrund von Sicherheitserwägungen oder Umweltbestimmungen erfolgen; bei Raum- und Kapazitätsengpässen mußten allerdings mindestens zwei Anbieter für jede Ladungskategorie vorhanden sein. Die zuständige Behörde hatte ein transparentes und objektives **Auswahlverfahren** auf dem Wege einer mindestens 52 Tage dauernden Ausschreibung unter Anwendung verhältnismäßiger, diskriminierungsfreier und sachgerechter Kriterien durchzuführen. In der **Veröffentlichung** waren die Mindestanforderungen, die Zuschlagskriterien, die Bedingungen für die Dienstleistungsverpflichtung, die Bereitstellung von Infrastrukturanlagen und Ausrüstungen (Zahlung von Entschädigungen bei der Übernahme von nicht vollständig amortisierten Anlagen), die Sanktionen bei Verstößen, die Bedingungen für eine Rücknahme und die Geltungsdauer der Genehmigung (bei keinen oder unbedeutenden Investitionen bis zu fünf Jahre; bei Investitionen in bewegliches Vermögen bis zu zehn Jahre; bei Investitionen in Immobilien bis zu 25 Jahre) anzugeben; eine weitere Bedingung bestand in der getrennten Buchführung für einzelne Dienstleistungen. Wurde ein Unternehmen nicht zugelassen oder ausgewählt, so mußte der Antragsteller über die Gründe informiert werden und eine Einspruchsmöglichkeit bei Gericht oder bei einer unabhängigen Behörde erhalten. Die **Selbstabfertigung** sollte erlaubt sein, konnte aber einer Genehmigungspflicht mit den gleichen Kriterien wie für Drittabfertiger unterworfen werden.

Das **Leitungsorgan** des Hafens durfte zwischen Diensteanbietern nicht diskriminieren. Sofern es selbst Hafendienste anbieten wollte, galten ebenfalls die für die Erteilung einer Genehmigung maßgeblichen Kriterien; Hafendienste und andere Tätigkeiten waren in diesem Fall buchhalterisch strikt zu trennen. Für Entscheidungen über eine Begrenzung der Anbieterzahl und die Durchführung des Auswahlverfahrens für den betreffenden Dienst war dann eine andere **unabhängige Behörde** zuständig. Fand sich im Rahmen des Auswahlverfahrens kein Anbieter, so konnte dem Leitungsorgan die Erbringung der Dienstleistung für fünf Jahre vorbehalten werden.

Wesentliche **Änderungen des Rates** in seinem gemeinsamen Standpunkt [ABl. C 299 E 03.12.2002 S.1] betrafen den **Geltungsbereich** (1,5 Mio. t oder 200.000 Fahrgäste; Möglichkeit des Ausschlusses von Häfen mit saisonabhängiger Nutzung und sicherheitsempfindlicher Dienste), die Begrenzung der **Anbieterzahl** (keine konkrete Mindestvorgabe bei Flächen- oder Kapazitätsengpässen), die **Geltungsdauer** der Genehmigung (zehn, 15 bzw. 36 Jahre; bei bedeutenden Investitionen unter bestimmten Bedingungen einmalige Verlängerung um weitere zehn Jahre), eine Sonderrolle für **Lotsendienste** (strengere Genehmigungskriterien; Einstufung als obligatorische Dienstleistung; Angebot durch zuständige Behörde oder Reservierung; Beschränkung der Selbstabfertigung; Geltungsdauer der Genehmigung von zehn Jahren), die Vergabe von auf maximal 40 Jahre begrenzten Genehmigungen für Hafendienste ohne weitere Auflagen bei einer vorherigen **Finanzierung und Errichtung** eines neuen Hafens oder eines weiteren Hafenteils, die stärkere Betonung der **Möglichkeit zur Selbstabfertigung** und erweiterte Möglichkeiten für **Ausgleichszahlungen**. Der Beschluß des **Europäischen Parlaments** in zweiter Lesung [ABl. C 061 E 10.03.2004 S.111], zu dem sich die Kommission in einer Stellungnahme äußerte [KOM (2003) 208 endg.], bestand auf der Schaffung **fairer Wettbewerbsbedingungen** (Transparenz der finanziellen Beziehungen zwischen den Häfen, Diensteanbietern und Mitgliedstaaten sowie der staatlichen Finanzierung von Häfen), der Einbeziehung **sicherheitsempfindlicher Dienste**, der zwingenden Notwendigkeit von **Genehmigungen**, Auflagen zum **Sozialschutz**, einer Einschränkung der freien **Personalauswahl** durch die Diensteanbieter, der Verpflichtung der Behörde zur **Änderung oder Aufhebung** einer Genehmigung, verbindlichen **Ausgleichszahlungen**, Auflagen für die **Selbstabfertigung** (Genehmigungspflicht, Einschränkung auf Schiffe unter Gemeinschaftsflagge, Sozialschutz, fachliche Qualifikationen), der Abschaffung der Sonderregelungen für **Lotsendienste** und der Anwendung der allgemeinen Regelungen für die Erteilung von Genehmigungen bei **Investitionen** in neue Häfen. Der vom **Vermittlungsausschuß** erarbeitete Kompromißtext wurde schließlich am 20. November 2003 in dritter Lesung vom Europäischen Parlament abgelehnt [ABl. C 087 E 07.04.2004 S.471], worauf die Kommission ihren Vorschlag am 1. Oktober 2004 zurücknahm [KOM (2004) 542 endg.] *(vgl. Bull. EU 6-2002, S.92; GB 2002, Ziff.649; Bull. EU 3-2003, S.85; Bull. EU 11-2003, S.86 f.; GB 2003, Ziff.691).*

Der **neue Vorschlag** der Kommission vom 13. Oktober 2004 [KOM (2004) 654 endg.] folgt im wesentlichen der **geänderten Fassung** des ersten Entwurfs. Die wichtigsten Modifizierungen betreffen den **Geltungsbereich** (Ausschluß sicherheitsempfindlicher Dienste und von Häfen mit saisonabhängiger Nutzung), die **Genehmigung** (obligatorische Erteilung, Änderung oder Aufhebung), die Begrenzung der **Anbieterzahl** (keine Vorgabe bei Flächen- oder Kapazitätsengpässen), die Einfügung von Bestimmungen zur **Finanzierung** und Errichtung **neuer Häfen oder Hafenteile** (keine besondere Geltungsdauer der Genehmigung), die **Gültigkeit** der Genehmigung (acht, zwölf bzw. 30 Jahre), die **Selbstabfertigung** (Genehmigungspflicht) und die Übernahme von Regelungen für **Lotsendienste** (strengere Genehmigungskriterien; obligatorische Dienstleistung; Erbringung durch Behörde oder Reservierung; Möglichkeit der Selbstabfertigung) *(vgl. Bull. EU 10-2004, S.62).*

5.2.3 Kommissionsentscheidungen über Seehafendienste

Hafenarbeiterpool von Genua

Mit seinem Urteil vom 10. Dezember 1991 in der Rs. C-179/90 (Merci Convenzionali Porto di Genova vs. Siderurgica Gabrielli) [ABl. C 179 19.07.90 S.8; ABl. C 010 16.01. 92 S.8; Slg. 1991, S.I-5889] hatte der **Europäische Gerichtshof** Italien untersagt, den **Hafen- oder Umschlagunternehmen** für die Organisation von Hafendiensten in besonderen Marktsegmenten und den **Betriebsgesellschaften der Hafenarbeiter** bezüglich der Bereitstellung der erforderlichen Arbeitskräfte **ausschließliche Rechte** zu gewähren sowie die **Löschung der Ladung** durch die Schiffsbesatzung zu verbieten. Außerdem wurde den betroffenen Unternehmen wegen der Inrechnungstellung **unangemessener Preise** ein Verstoß gegen Art. 86 EWGV (Art. 82 EGV) nachgewiesen. Die Kommission richtete daraufhin am 31. Juli 1992 ein Fristsetzungsschreiben an Italien, in dem eine Änderung der rechtlichen Rahmenbedingungen verlangt wurde *(vgl. WB 1991, Ziff.156; WB 1992, Ziff.524; WB 1997, Ziff.126, S.191; V. J. G. Power, 1998, S.360ff., 573ff.).*

Eine **Neuregelung** des Marktzugangs erfolgte anfänglich durch verschiedene Dekrete und schließlich mit dem Gesetz Nr. 84/94 (Hafenreformgesetz) vom 28. Januar 1994, geändert durch das Gesetz Nr. 647/96 vom 23. Dezember 1996. Die Verwaltungsfunktionen wurden von den betrieblichen Aufgaben getrennt und an die neugegründeten Hafenbehörden übertragen. Diese vergaben – ggf. mengenmäßig begrenzte – **Genehmigungen** an Hafenunternehmen, die ihre Dienstleistungen selbst oder für Rechnung Dritter erbringen konnten; Umschlagunternehmen hatten zudem die Möglichkeit des Erwerbs von Kaikonzessionen. Die **Hafenbetriebsgesellschaften** wurden in Unternehmen umgewandelt, genossen aber immer noch bestimmte Vorrechte (Ausnahme vom Verbot der Erbringung arbeitsintensiver Dienstleistungen durch Unterauftragnehmer; Beihilfegewährung); die **Ungleichbehandlung** aufgrund der Staatsangehörigkeit wurde beseitigt. Alle Diensteanbieter waren jetzt befugt, für die Ausführung der Arbeiten ihre eigenen Beschäftigten einzusetzen. Hinsichtlich des Verleihs von **Personal auf Zeitarbeitsbasis** konnten die Hafenbehörden jedoch die Gründung eines Konsortiums aus dafür zuständigen Unternehmen forcieren oder bis dahin ein mit entsprechenden Exklusivrechten versehenes Unternehmen gründen; das **Monopol** der Hafenbetriebsgesellschaft für die Bereitstellung von Arbeitskräften sollte allerdings für eine Übergangszeit erhalten bleiben *(vgl. WB 1993, Ziff.371; WB 1994, Ziff.226; WB 1995, Ziff.123f.; WB 1997, Ziff.127f., S.192).*

Weil mehrere italienische Seehäfen den **potentiellen Wettbewerbern** der etablierten Hafengesellschaften keine Betriebserlaubnis erteilten, mußte die Kommission seit 1995 mehrfach intervenieren, so z. B. in bezug auf Genua am 21. Juni 1995. Auch trugen die neuen Gesetzesvorschriften dem Urteil des **Europäischen Gerichtshofs** und den Beanstandungen der Kommission nur teilweise Rechnung und bewirkten zudem neue Wettbewerbsverfälschungen, so daß die Kommission am 7. Mai 1997 ein weiteres Fristsetzungsschreiben an Italien richtete, das aber erfolglos blieb. In der **Entscheidung 97/744/EG vom 21. Oktober 1997 [ABl. L 301 05.11.97 S.17]** stufte sie einige Regelungen des Gesetzes Nr. 84/94 als nach wie vor unvereinbar mit Art. 90 (86) Abs. 1 EGV i. V. m. Art. 86 (82) EGV ein; neben der Bevorzugung der Hafenbetriebsgesellschaften bei den arbeitsintensiven Dienstleistungen wurden vor allem die **Bestimmungen zur Zeitarbeit** bemängelt (zeitlich begrenztes Monopol der Hafenbetriebsgesellschaft; Gründung eines Zeitarbeitsunternehmens; Erteilung einer Genehmigung an ein Konsortium) *(vgl. WB 1995, Ziff. 123 f.; Bull. EU 10-1997, S.28f.; WB 1997, Ziff. 128, S.191f.; C. Dussart-Lefret u. a., 1998, S.32ff.).*

Tarifermäßigungen für Lotsendienste im Hafen von Genua

Nach einer Klage des Fährdiensteanbieters Corsica Ferries hatte der **Europäische Gerichtshof** mit seinem Urteil vom 17. Mai 1994 in der Rs. C-18/93 (Corsica Ferries Italia vs. Corpo dei Piloti del Porto di Genova) [ABl. C 052 23.02.93 S.7; ABl. C 174 25.06.94 S.4; Slg. 1994, S.I-1783] den italienischen Behörden untersagt, unter Anwendung ihres Tarifgenehmigungsrechts das Lotsenkorps des Seehafens von Genua – als alleinigem Anbieter von Lotsendiensten – zur Erhebung **unterschiedlicher Gebühren** für im grenzüberschreitenden und im innerstaatlichen Verkehr operierende Seeschiffe zu veranlassen. Nach einer Beschwerde des panamesischen Nachfolgeunternehmens Tourship wurde im Oktober 1994 ein **neuer Tarif** veröffentlicht und für anwendbar erklärt; er wurde im September 1996 erneut modifiziert (nach Schiffstyp und BRZ differenzierter Grundtarif; Zuschläge für außerhalb der normalen Arbeitszeit erbrachte Dienste; von der Anzahl der Anlaufvorgänge abhängige Ermäßigungen von bis zu 65 %). Die **Entscheidung 97/745/EG der Kommission vom 21. Oktober 1997 [ABl. L 301 05.11.97 S.27]** verpflichtete Italien jedoch, auch das neue Tarifsystem wegen seiner Unvereinbarkeit mit Art. 90 (86) Abs. 1 EGV i. V. m. Art. 86 (82) EGV aufzuheben; der Mißbrauch der marktbeherrschenden Stellung bestand vor allem darin, daß gegenüber verschiedenen Unternehmen (Häufigkeit des Anlaufens) ungleiche Bedingungen (Tarifermäßigungen) für gleiche Leistungen (Lotsendienste) angewendet wurden. Bei der Planung auftretende größenbedingte **Kostenvorteile** des Linienverkehrs gegenüber der Trampschiffahrt waren nach Auffassung der Kommission zumindest nicht in der angegebenen Höhe vorhanden, und auch der geringere Dienstleistungsumfang für häufig verkehrende Schiffe sowie der Schutz des Meeresbodens rechtfertigten die **Tarifermäßigungen** nicht. Italien stellte den Verstoß daraufhin am 8. Juni 1998 ab *(vgl. Bull. EU 10-1997, S.28f.; WB 1997, Ziff. 129f., S.190f.; C. Dussart-Lefret u. a., 1998, S.32ff.; V. J. G. Power, 1998, S.364; WB 1998, Ziff. 110).*

Hutchison / RCPM / ECT

Bereits im Juni 1999 hatte die Kommission die **gemeinsame Übernahme** von European Combined Terminals BV (ECT) durch Hutchison Port Holdings Ltd (HPH) und Rotterdam Municipal Port Management (RMPM) [ABl. C 074 18.03.1999 S.5; ABl. C 127 07.05.1999 S.3] abgelehnt, da sie in der Verbindung von Containerterminals im

Vereinigten Königreich und in den Niederlanden die Gefahr einer beherrschenden Stellung auf dem nordeuropäischen Markt für **Stauereidienste für Hochseeschiffe** sah. Das Vorhaben wurde zwar im Juli 1999 aufgegeben [ABl. C 256 09.09.1999 S.5], im November 1999 beantragten jedoch Hutchison Atlantic Ltd (über die Tochtergesellschaft Hutchison Ports Nederlands BV), Rotterdam Container Participatie Maatschappij BV (RCPM) und ABN Amro Effecten Compagnie BV erneut die Übernahme von ECT durch eine gemeinsame Holdinggesellschaft. Im Oktober 2000 stellte die Kommission den **Vollzug des Zusammenschlusses** ohne vorherige Anmeldung fest; diese erfolgte erst nachträglich im Januar 2001 [ABl. C 039 07.02.2001 S.7; ABl. C 076 08.03.2001 S.11]. In ihrer **Entscheidung 2003/625/EG vom 3. Juli 2001 [ABl. L 223 05.09.2003 S.1]** konstatierte die Kommission, daß durch die Fusion eine **marktbeherrschende Stellung** entstanden war (hoher und stabiler Marktanteil; Konzentration des Frachtumschlags auf wenige Seehäfen; Häufigkeit des Anlaufens der von den Parteien kontrollierten Terminals), die den Wettbewerb stark einschränkte; **Konzentrationsgrad und Marktmacht** der als Nachfrager auftretenden Reedereien wurden hingegen als gering eingestuft. Sie akzeptierte jedoch die Verpflichtungszusagen der Parteien vom Juni 2001 (Veräußerung der Minderheitsbeteiligung von ECT an Mærsk Delta BV (MDBV) an einen Dritten; Garantie der freien Abfertigung durch MDBV; Bereitstellung von Kapazitäten und Infrastrukturen für MDBV) und genehmigte das Vorhaben *(vgl. Bull. EU 4-1999, S.27; WB 1999, Ziff.167; Bull. EU 7/8-2001, S.26; Bull. EU 11-2001, S.32f.; WB 2001, S.270ff.)*.

5.2.4 Kommissionsentscheidungen zur Seehafennutzung

B&I / Sea Containers / Stena Sealink

Bereits in den Jahren 1988 und 1989 hatten sich das irische Fährunternehmen B&I und Sealink Harbours Ltd (Eigentümerin und Betreiberin des walisischen Hafens Holyhead) über die **Zuweisung von Zeitnischen** gestritten; Anfang 1990 trat dann eine Grundsatzvereinbarung in Kraft. Im Jahre 1992 reichte B&I bei der Kommission erneut eine Beschwerde gegen Sealink Ports ein. Sealink hatte im Oktober 1991 verschiedenen **Fahrplanänderungen** für ihre eigenen Fährschiffe zugestimmt, die am 9. Januar 1992 wirksam werden sollten. Da der aus der Vorbeifahrt eines Schiffes resultierende Wasseranstieg aus Sicherheitsgründen das Lösen der Rampe zum B&I-Schiff notwendig machte, wäre das Be- und Entladen dann zwei- statt bisher nur einmal erheblich gestört worden. Die Kommission beurteilte dieses Vorgehen als einen Verstoß gegen Art. 86 EWGV (Art. 82 EGV) und ordnete **einstweilige Maßnahmen** gegen Sealink an. In ihrer nachfolgenden Entscheidung vom 11. Juni 1992 verlangte sie eine Rückkehr zum ursprünglichen Fahrplan oder eine Verlegung der Zeiten; die Dauer der einstweiligen Maßnahmen wurde bis zum 27. September 1992 bzw. bis zum Inkrafttreten eines neuen Fahrplans befristet. Die beiden Parteien konnten sich dann rasch verständigen, worauf Sealink seine beim **Gericht erster Instanz** anhängige Klage gegen die Kommissionsentscheidung zurückzog *(vgl. SEK (90) 1594 endg., S.17; Bull. EG 6-1992, S.46; WB 1992, Ziff.219; zu den Kommissionsentscheidungen Übersicht 44)*.

Im Juni 1992 begannen zwischen Sealink Ports und dem Fährdiensteanbieter Sea Containers (SC) Verhandlungen über **Zeitnischen, Anlegeplätze und technische Fragen** hinsichtlich des von SC für Mai 1993 geplanten Beginns eines Schnellfährdienstes zwischen Holyhead und Irland (Zentralpassage). Da es zu keinem zufriedenstellenden Abschluß der Gespräche kam, reichte SC am 15. April 1993 eine Beschwerde gegen die Muttergesellschaft Stena Sealink ein, da diese ihre **marktbeherrschende Stellung** als Hafenbehörde und seit Frühjahr 1993 auch als auf dem Markt für Auto- und Passagierfährdienste tätiges Unternehmen (Sealink Line) mißbraucht habe. In einer Mitteilung der Beschwerdepunkte schloß sich die Kommission im Juli 1993 dieser Auffassung an. Ein akzeptables Angebot von Sealink Ports wurde erst am 1. Oktober 1993 vorgelegt, so daß sich die Betriebsaufnahme durch SC bis Mai 1994 verzögerte *(vgl. WB 1993, Ziff.234)*.

Die **Entscheidung 94/19/EG der Kommission vom 21. Dezember 1993 [ABl. L 015 18.01.94 S.8]** bestätigte die Auffassung, daß Sealink auf den beiden miteinander verbundenen Märkten eine beherrschende Stellung innehatte und diese durch die Hinauszögerung des von SC vorgesehenen Fährbetriebs gemäß Art. 86 (82) EGV mißbrauchte; aufgrund des internationalen Charakters des Seeverkehrsdienstes war zugleich der zwischenstaatliche Handel betroffen. Die von Sealink offerierten Zeitnischen ließen nach Meinung der Kommission keine kommerziell tragbare Fährverbindung zu; der ab Ende 1992 geplante Hafenausbau und die technischen Anforderungen des Schnellfährdienstes konnten nicht als Gegenargumente akzeptiert werden. Durch den Aufbau des ersten Schnellfährdienstes hatte sich Sealink einen deutlichen Wettbewerbsvorteil verschafft. Der Antrag von SC auf einstweilige Maßnahmen wurde jedoch zurückgewiesen, da Sealink mittlerweile ein tragfähiges Angebot unterbreitet hatte und kein erheblicher und unwiederbringlicher Schaden drohte *(vgl. WB 1993, Ziff.234; Ph. Rutley, 1995, S.821 ff.; V. J. G. Power, 1998, S.362 f.)*.

Euro-Port / DSB / Hafen Rødby

Im Jahre 1991 legte die Fährgesellschaft Euro-Port A/S, eine Tochter der schwedischen Stena Rederi AB, die zusammen mit Euro-Port und Scan-Port GmbH insbesondere auf der Relation Rødby – Puttgarden **Liniendienste zwischen Dänemark und Deutschland** anbieten wollte, bei der Kommission eine Beschwerde gegen die dänische Regierung und die DSB ein. Wegen der bestehenden Exklusivrechte der DSB (zuständige Hafenbehörde; alleiniges Angebot von See- und Eisenbahnverkehrsdiensten) hatten die Behörden Euro-Port A/S sowohl den Bau eines neuen Terminals als auch den Zugang zu den bereits bestehenden Anlagen im Hafen Rødby verweigert *(vgl. WB 1991, Ziff.337; Bull. EG 11-1992, S.35 f.; WB 1992, Ziff.522)*.

Mit der **Entscheidung 94/119/EG vom 21. Dezember 1993 [ABl. L 055 26.02.94 S.52]** stufte die Kommission das Vorgehen Dänemarks als Verstoß gegen Art. 90 (86) Abs. 1 EGV i. V. m. Art. 86 (82) EGV ein, da auf dem betreffenden Markt (Organisation von Hafendienstleistungen als Voraussetzung für die Erbringung von Fährdiensten auf der Strecke Rødby – Puttgarden; keine akzeptablen Ausweichmöglichkeiten im Fähr-, Container- und Luftverkehr) die aus den Monopolrechten resultierende **beherrschen-**

de Stellung in bezug auf ein öffentliches Unternehmen (DSB mit dem Status einer Dienststelle des zuständigen Ministeriums) **mißbräuchlich ausgenutzt** worden war (Verweigerung des Zugangs zur Hafeninfrastruktur und Ausschaltung des Wettbewerbs auf dem benachbarten Markt für Seeverkehrsdienste ohne objektive Gründe). Als Argumente führte die Kommission den nicht befriedigten Erschließungsbedarf und die Unterauslastung des Hafens an; auch war die Tätigkeit anderer Gesellschaften nicht behindert worden. Außerdem wurde in einem zusätzlichen Angebot eine Gelegenheit zur Verbesserung der **Dienstleistungsqualität** und zur **Verringerung der Preise** gesehen. Die Erbringung von gemeinwirtschaftlichen Verpflichtungen, die zudem nicht ausreichend präzisiert worden waren, wurde durch die **Anwendung der Wettbewerbsregeln** nicht eingeschränkt, so daß die Ausnahmebestimmung des Art. 90 (86) Abs. 2 EGV nicht griff *(vgl. WB 1993, Ziff. 370; WB 1994, Ziff. 226; Ph. Rutley, 1995, S. 821 ff.; V. J. G. Power, 1998, S. 363 f.).*

Mercandia / ScandLines / Sundbusserne / Häfen Helsingør und Helsingborg

Der **Fährverkehr mit Kraftfahrzeugen** zwischen dem dänischen Helsingør und dem schwedischen Helsingborg wurde gegen Mitte der neunziger Jahre vom Alleinanbieter ScandLines A/S, einem Gemeinschaftsunternehmen der DSB und der schwedischen SweFerry, abgewickelt. Unter Berufung auf die bestehenden **Monopolrechte** verweigerten die dänischen Behörden den anderen zwischen Dänemark und Schweden operierenden Betreibern den Zugang zum Seehafen Helsingør. Aufgrund einer Beschwerde der dänischen Reederei Mercandia aus dem Jahre 1996 befaßte sich die Kommission mit dieser Praxis und bewertete sie als einen Verstoß gegen Art. 90 (86) EGV i. V. m. Art. 86 (82) EGV. Die dänische Regierung willigte daraufhin ein, im Zuge einer **Ausschreibung** einem weiteren Unternehmen den Zugang zum Hafen zu gestatten *(vgl. WB 1996, Ziff. 131).* Am 23. Juli 2004 wies die Kommission in zwei Entscheidungen die Beschwerden der beiden auf der Route Helsingborg – Elsinore tätigen Fährgesellschaften ScandLines Sverige AB und Sundbusserne AS gegen den Seehafen Helsingborg zurück. Ein Mißbrauch der marktbeherrschenden Stellung durch die Berechnung unangemessener, **überhöhter Hafengebühren** konnte nicht belegt werden *(vgl. Bull. EU 7/8-2004, S. 22; M. Lamalle u. a., 2004, S. 40 ff.; WB 2004, Ziff. 45 f.).*

5.3 Finanzielle Beziehungen zwischen Staat und Seehafenwirtschaft

5.3.1 Grundsatzposition der Kommission

Nachdem sich die Kommission 1986 und 1987 ausführlich mit Möglichkeiten zur Verbesserung der **Transparenz der finanziellen Beziehungen** zwischen der öffentlichen Hand und der Seehafenwirtschaft sowie der **Vergleichbarkeit des Rechnungswesens** befaßt hatte, führte sie 1989 eine Untersuchung über die finanzielle Situation einiger Gemeinschaftshäfen und eine Studie über Beihilfen im Hafensektor durch. In diesem Zusammenhang erfaßte sie Finanzdaten, die der Überprüfung staatlicher Leistungen

Übersicht 44: Das Seehafengewerbe in der Gemeinschaftspolitik seit Mitte der neunziger Jahre

Marktzugang für Hafendienste
Richtlinie des Europäischen Parlaments und des Rates über den Zugang zum Markt für Hafendienste — Rechtsetzung auf der Grundlage des Art. 84 (80) Abs. 2 EGV, auf Vorschlag der Kommission [KOM (2004) 654 endg.] sowie nach den Stellungnahmen des WSA [ABl. C 294 25.11. 2005 S.25] und des AdR [ABl. C 231 20.09.2005 S.38]
Kommissionsentscheidungen zur Anwendung der Wettbewerbs- und Beihilferegeln
Entscheidung 94/19/EG der Kommission vom 21. Dezember 1993 betreffend ein Verfahren nach Artikel 86 EG-Vertrag (IV/34.689 – Sea Containers gegen Stena Sealink – Einstweilige Maßnahmen) [ABl. L 015 18.01.94 S.8] — Entscheidung 94/119/EG der Kommission vom 21. Dezember 1993 zur Verweigerung des Zugangs zu den Anlagen des Hafens von Rødby (Dänemark) [ABl. L 055 26.02.94 S.52] — Entscheidung 97/744/EG der Kommission vom 21. Oktober 1997 gemäß Artikel 90 Absatz 3 EG-Vertrag über Bestimmungen des italienischen Hafenarbeitsgesetzes [ABl. L 301 05.11.97 S.17] — Entscheidung 97/745/EG der Kommission vom 21. Oktober 1997 gemäß Artikel 90 Absatz 3 EG-Vertrag über die Lotsentarife im Hafen von Genua [ABl. L 301 05.11.97 S.27] — Entscheidung 2000/410/EG der Kommission vom 22. Dezember 1999 zur geplanten Beihilferegelung Frankreichs zugunsten des französischen Hafensektors [ABl. L 155 28.06.2000 S.52] — Entscheidung 2003/625/EG der Kommission vom 3. Juli 2001 über die Vereinbarkeit eines Zusammenschlusses mit dem Gemeinsamen Markt und dem EWR-Abkommen (Sache COMP/JV.55 – Hutchison / RCPM / ECT) [ABl. L 223 05.09.2003 S.1] — Entscheidung 2001/834/EG der Kommission vom 18. Juli 2001 über staatliche Beihilfen Italiens zugunsten des Hafensektors [ABl. L 312 29.11.2001 S.5]

dienen sollten, und stellte erstmals allgemeine Überlegungen zur Anwendung der **Beihilfebestimmungen** auf Seehäfen an; die Mitgliedstaaten wurden zur Abgabe von Stellungnahmen aufgefordert. 1993 befaßte sich die Kommission dann erneut mit der Transparenz der finanziellen Beziehungen zwischen Staat und Seehäfen; Ziel sollte u. a. die Entwicklung eines Formulars für eine finanzielle Erklärung der Hafenbehörden sein *(vgl. WB 1986, Ziff.282; WB 1987, Ziff.257; WB 1989, Ziff.211; WB 1990, Ziff. 335; WB 1991, Ziff.307; WB 1992, Ziff.501; WB 1993, Ziff.535).*

Zur Anwendung der **vertraglichen Beihilfevorschriften** auf den Hafensektor kündigte die Kommission in ihrer Mitteilung vom 5. Juli 1995 über die Entwicklung des Kurzstreckenseeverkehrs in Europa [KOM (95) 317 endg.] *(vgl. S. 197)* erstmals die Erarbeitung von **Leitlinien zur Auslegung** von Art. 92 (87) EGV in bezug auf die Finanzierung von Projekten an. Nachfolgend führte sie eine **Bestandsaufnahme** der von den Mitgliedstaaten für die Bereitstellung von Seeverkehrsinfrastrukturen und Hafendiensten gewährten Beihilfen und eine Aktion zur Verbesserung der **Rechnungslegung** der Seehafenunternehmen durch *(vgl. KOM (95) 317 endg., S.7, A-40; WB 1995, Ziff.176; D. Naumann, 1996, S.24 f.; K. Heitmann, 1998, S.87 ff.).*

Zur Erleichterung der **Beurteilung des Beihilfecharakters** staatlicher Maßnahmen und Ausgaben schlug die Kommission in ihrem Grünbuch über Seehäfen und Seeverkehrsinfrastruktur vom 10. Dezember 1997 [KOM (97) 678 endg.] und in der Mitteilung vom 13. Februar 2001 [KOM (2001) 35 endg.] eine **Kategorisierung der Investitionen** vor. Unterschieden wurde zwischen der öffentlichen (allgemeinen) Hafeninfrastruktur, die allen Nutzern und Betreibern gleichermaßen diskriminierungsfrei zugänglich ist, sowie der terminalbezogenen (speziellen) Hafeninfrastruktur und der Suprastruktur, die bestimmte Personen oder Gruppen bevorteilen. Die **öffentliche Infrastruktur** umfaßt Einrichtungen, die der Zugänglichkeit der Häfen und der Instandhaltung (Deiche, Wellenbrecher, Schleusen, Kanäle, Ausbaggerungsanlagen, Navigationshilfen, Beleuchtung, Bojen, Leuchtfeuer, Schwimmpontons) dienen, die öffentliche Landverkehrsinfrastruktur im Hafengebiet, Verbindungen zu den Verkehrsnetzen außerhalb des Hafenbereichs und Infrastrukturen für Versorgungsdienste bis zu den Terminals; da es sich hierbei um generelle Maßnahmen im öffentlichen Interesse handelt, sind die diesbezüglichen Ausgaben nicht als Beihilfen zu betrachten. Zu den **benutzerspezifischen Infrastrukturen** gehören Werften, Piere, Rohrleitungen, Kabel für Versorgungsdienste sowie die Planierung und der Abriß von Anlagen; nicht eindeutig zuzuordnen sind Docks und Kaimauern. Die **Suprastruktur** besteht aus Gebäuden (Lagerhäuser, Werkstätten, Büros) und der Ausrüstung (Kräne, Brücken) für bestimmte Unternehmen. Aufwendungen für die beiden letztgenannten Investitionsarten werden im allgemeinen als Beihilfen angesehen, wobei jedoch Ausnahmen möglich sind (Bereitstellung von nicht an spezielle Nutzeranforderungen angepaßten Grundstücken und Bauten zu marktüblichen Preisen). Unterstützungen für Investitionen in **mobile Güter und besondere Dienste** gelten als unzulässige Betriebsbeihilfen. Als klärungsbedürftig wurde 1997 die Mittelzuweisung für die Abwicklung von **Durchführbarkeitsstudien** und die Zahlung von Geldern im Rahmen der **regionalwirtschaftlichen Förderprogramme** bezeichnet *(vgl. KOM (97) 678 endg., S.20, 27 ff.; WB 1997, Ziff.263; W. Elsner, 1999, S.15 f.; KOM (2001) 35 endg., S.11 ff.).*

Ferner wurde klargestellt, daß hinsichtlich der Gewährung von Beihilfen eine **Auskunftspflicht der Mitgliedstaaten** auf Kommissionsantrag besteht. Leitlinien für die Wettbewerbs- und Beihilfekontrolle kündigte die Kommission für 2001 an. Das **Europäische Parlament** und der **Wirtschafts- und Sozialausschuß** sahen in ihren Kommentaren zum Grünbuch von 1997 die Anwendung der Wettbewerbsregeln sowie die Aufstellung und Durchsetzung von speziellen Beihilferegelungen als vordringliche Aufgabe an; die entsprechenden Leitlinien sollten deshalb sofort vorgelegt werden. Die von der Kommission vorgenommene **Differenzierung der Investitionsbereiche** in Abhängigkeit von den betroffenen Infrastrukturen und die Schlußfolgerungen zur **Existenz von Beihilfen** wurden weitgehend mitgetragen *(vgl. GB 1998, Ziff.450; GB 1999, Ziff.413).* In ihrer Mitteilung von 2001 nahm die Kommission dann jedoch Abstand von der Verabschiedung **sektorspezifischer Leitlinien**. Grundlagen für die Einzelfallprüfungen sollten die Beihilferegeln des EGV und die Zuordnung zu einem Investitionsbereich sein *(vgl. KOM (2001) 35 endg., S.11 f.).*

Eine weitere wesentliche Voraussetzung für die effiziente und gerechte Anwendung der Beihilfevorschriften bestand nach Meinung der Kommission auch in der **Sicherstellung der finanziellen Transparenz** der Hafenbuchführung. Außerdem sollte mit dieser Maßnahme eine objektive Vergleichbarkeit zwischen den Seehäfen erreicht, eine mögliche Quersubventionierung zwischen wettbewerblich organisierten, reservierten und hoheitlichen Bereichen vermieden und eine verläßliche Grundlage für die **Berechnung der Hafengebühren** geschaffen werden. In ihrer Mitteilung von 2001 beurteilte die Kommission die Transparenz der Finanzströme (Verlustausgleich, Kapitalbereitstellung, Beihilfen und Darlehen zu Vorzugsbedingungen; Verzicht auf Gewinne, die Einziehung von Schulden oder normale Erträge; Ausgleich gemeinwirtschaftlicher Verpflichtungen) zwischen öffentlicher Hand, Hafenbetreibern und Nutzern aufgrund der komplexen institutionellen Verflechtungen und finanziellen Regelungen noch immer als unzureichend. Probleme bereiteten vor allem der **Gebrauch unterschiedlicher privater und öffentlicher Kostenrechnungssysteme**, die die Bereitstellung und Verwendung der Mittel nicht nachvollziehbar machten, da sie keine Zuordnung der Einnahmen und Ausgaben auf bestimmte kommerzielle Tätigkeiten und öffentliche Aufgaben erlaubten. Die Kommission schlug sowohl für die Seehäfen selbst als auch für die Beziehungen zwischen den Mitgliedstaaten einerseits sowie dem Leitungsorgan und den Diensteanbietern andererseits die **Anwendung der Richtlinie 80/723/EWG i. d. F. der Richtlinie 2000/52/EG** (Transparenzrichtlinie) *(vgl. Band 1, S.29, 223)* vor (getrennte Kontenführung; Zuordnung von Kosten und Erlösen; Kostenrechnungsmethode). Darüber hinaus sollte es sowohl für die **Hafendienstleister** (in bezug auf die einzelnen Dienste) als auch für das **Leitungsorgan** (Trennung von Hafendiensten und Verwaltungsaufgaben; Rechnungsprüfung) spezielle Vorschriften zur getrennten Buchführung geben *(vgl. KOM (97) 678 endg., S.20 f.; KOM (2001) 35 endg., S.6 ff.)*.

5.3.2 Anwendungsfälle zur Gewährung staatlicher Beihilfen

Untersuchungen bis Ende der achtziger Jahre

Erstmals befaßte sich die Kommission im Jahre 1986 mit Hilfsmaßnahmen zugunsten des Seehafengewerbes, als sie Beihilfevorhaben der italienischen und britischen Regierung prüfte, mit denen der im Zuge der **Umstrukturierung und Privatisierung** des Frachtumschlagwesens notwendige Personalabbau unterstützt werden sollte. Die im Dezember 1986 eingeleiteten Verfahren [ABl. C 078 25.03.87 S.5; ABl. C 096 09.04. 87 S.4] wurden 1987 und 1988 mit der **Genehmigung der Beihilfen** abgeschlossen, da diese den für die Entlassungen und die vorzeitigen Versetzungen in den Ruhestand geleisteten Zahlungen der Hafenbehörden entsprachen. 1988 gestattete die Kommission dem französischen Staat, die an bestimmte Seehäfen gewährten Kredite in Form von direkten Darlehen in **Kapitalzuweisungen** umzuwandeln *(vgl. WB 1986, Ziff.282; Bull. EG 5-1987, S.35; WB 1987, Ziff.257; WB 1988, Ziff.268)*.

Vorhaben zugunsten britischer und französischer Seehäfen seit Anfang der neunziger Jahre

Im Jahre 1992 befürwortete die Kommission erneut eine Beihilfe des Vereinigten Königreichs in Höhe von 115 Mio. ECU zugunsten **entlassener Arbeitnehmer**; im August 1994 billigte sie dann ein weiteres Hilfspaket im Umfang von 607 Mio. ECU zur **Umstrukturierung des französischen Seehafensektors** und zur Finanzierung von Sozialmaßnahmen *(vgl. WB 1992, Ziff.501; Bull. EU 7/8-1994, S.42 f.; WB 1994, S. 563; WB 1996, Ziff.199)*. Im Mai 1998 notifizierte Frankreich der Kommission eine Beihilferegelung, die im Zuge der **Privatisierung der Frachtumschlagdienste** für

2000 bis 2006 eine Steuerermäßigung in Höhe von 368,05 Mio. ffrs (Beihilfeintensität von 13,14 %) für 99 Stauereiunternehmen in 23 Seehäfen vorsah; diese hatten im Rahmen des Umstrukturierungsprozesses über 1 Mrd. ffrs zur Finanzierung der Sozialpläne für entlassene Hafenarbeiter beigetragen; für die noch im Ladungsbereich Beschäftigten war eine Übertragung der Zuständigkeit vom öffentlichen auf den privaten Sektor geplant. Außerdem wurde den privaten Unternehmen die alleinige Verantwortung für die leichte Ausrüstung zugewiesen; das Eigentum an den schweren Gerätschaften verblieb bei den weitgehend öffentlich-rechtlich organisierten Hafenverwaltungen, die die Ausrüstung an die privaten Dienstleister vermieten sollten. Die finanziellen Hilfsmaßnahmen umfaßten die Ausklammerung von 16 % des Neubeschaffungswerts der Ausrüstung von der Bemessungsgrundlage der lokalen *taxe professionnelle* bei der Übertragung oder Erneuerung der bestehenden Anlagen (geplante Investitionen von 2,1 Mrd. ffrs) sowie eine gleichartige **Steuererleichterung** in bezug auf die Anschaffung neuer, zusätzlicher Ausrüstung in Le Havre und Dunkerque (700 Mio. ffrs). Das von ihr am 14. Juni 1999 eingeleitete Verfahren [ABl. C 233 14.08.1999 S.25] schloß die Kommission mit der **Entscheidung 2000/410/EG vom 22. Dezember 1999 [ABl. L 155 28.06.2000 S.52]** ab, in der sie das Vorhaben als selektive, den Wettbewerb in bzw. zwischen den Häfen verfälschende Maßnahme einstufte; als Ausnahmetatbestand kam lediglich Art. 92 (87) Abs. 3 lit. c EGV in bezug auf Beihilfen zur **Förderung gewisser Wirtschaftszweige** in Frage. Hinsichtlich der Übertragung und Erneuerung bestehender Ausrüstungen wurden **zahlreiche Vorteile** erkannt (Erleichterung der Privatisierung und Marktanpassung; Verbesserung der Effizienz; Förderung der wirtschaftlichen und technologischen Entwicklung; niedrige Beihilfeintensität; geringe Auswirkungen auf den Handel); die Genehmigung wurde allerdings an **Bedingungen** geknüpft (offene und transparente Übertragung; sachliche und zeitliche Bindung der Beihilfen an die Investitionen; nur eine Beihilfe je Investition). Die Beihilfen für die Beschaffung **neuer und zusätzlicher Anlagen** lehnte die Kommission hingegen ab (geringe Kapazitätsauslastung in den betroffenen Häfen; Verzerrung des Wettbewerbs und des Handels) *(vgl. WB 1999, Ziff.295, S.263 f.)*.

Strukturreform des italienischen Hafensektors

Im Zuge der Umsetzung der im Jahre 1991 eingeleiteten Strukturreform des italienischen Seehafensektors wurden aufgrund des Gesetzes Nr. 428/92 vom 5. November 1992 sowie von weiteren, zwischen 1993 und 1996 verabschiedeten Gesetzen **verschiedene Beihilfen** an Hafenbetriebsunternehmen, -gesellschaften und -gruppen gewährt. Bereits im September 1993 eröffnete die Kommission ein Verfahren, das sich auf schon geleistete Zahlungen in Höhe von 60 Mrd. Lit zum **Ausgleich der Betriebsdefizite** der Hafengesellschaften, 90 Mrd. Lit zur **Liquidierung der Betriebsfonds** und 33 Mrd. Lit zur **Deckung von Versorgungslasten** aus der Sozialversicherung der Hafenarbeiter bezog [ABl. C 281 19.10.93 S.10]; nachfolgend wurden der **Lohnausgleichskasse** mehrfach nicht notifizierte Finanzhilfen von 30,51 Mrd. Lit zugeführt. Im Juni 1996 dehnte die Kommission das Verfahren aus, um die Verwendung von insgesamt 2,14 Bio. Lit für Vorruhestandsregelungen, zum Ausgleich von Betriebsdefiziten sowie für verschiedene andere Sozialmaßnahmen zu überprüfen [ABl. C 339 12.11.

96 S.6] *(vgl. WB 1993, Ziff.535; WB 1996, Ziff. 199, S.251)*. Ein zweites Verfahren wurde im Januar 1999 wegen bestimmter Beihilfen gemäß dem Gesetz Nr. 30/98 vom 27. Februar 1998 initiiert, die eine **Senkung der Betriebskosten** der Hafengesellschaften bewirken sollten (36 Mrd. Lit zur Erstattung der an die Arbeitnehmer gewährten Abfindungen; 31,68 Mrd. Lit zur Ausweitung der Zusatzentgeltzahlung für in Genua Beschäftigte; 100 Mrd. Lit als Ausgleich für in Genua ansässige Unternehmen; 120 Mrd. Lit an verschiedene Seehäfen für Ausbaggerungen); nicht beanstandet wurden die **Finanzierung von Vorruhestandsregelungen**, die Umsetzung von **Infrastrukturmaßnahmen** in Ancona sowie Hilfen von bis zu 9 Mrd. Lit an die Gemeinde Piombino und 20 Mrd. Lit an die Hafenbehörde von Genua [ABl. C 108 17.04.1999 S.2] *(vgl. WB 1998, Ziff.259, S.256f.; WB 2000, Ziff.395)*.

Abgeschlossen wurden sämtliche Verfahren mit der **Entscheidung 2001/834/EG der Kommission vom 18. Juli 2001 [ABl. L 312 29.11.2001 S.5]**. Die Versicherungs- und Versorgungsleistungen für Hafenarbeiter in Höhe von 233,174 Mrd. Lit und die Leistungen zugunsten der Lohnausgleichskasse stellten demnach keine Beihilfen dar (Finanzierung der Leistungen aus einem speziellen Sozialversicherungssystem; Zahlung der normalen Sozialversicherungsbeiträge durch die Unternehmen); die Beihilfen zur Vergütung der Zuwendung beim Ausscheiden aus dem Beruf und der Beiträge für die vorzeitige Verrentung von Arbeitnehmern von 863,846 Mrd. Lit fielen nicht in den Anwendungsbereich des Art. 92 (87) Abs. 1 EGV (Reduzierung des Arbeitskräftebestands; Auszahlung an betroffene Hafenarbeiter; Sonderregelung zur Schließung einer Rechtslücke im italienischen Sozialversicherungssystem). Die zur **Schuldentilgung** und zum Ausgleich der **Betriebsdefizite** der Hafenunternehmen verwendeten Betriebsbeihilfen von 253,028 Mrd. Lit waren jedoch mit dem Gemeinsamem Markt unvereinbar, da die Bedingungen für die Einstufung als **Umstrukturierungsbeihilfen** nicht erfüllt waren (kein Umstrukturierungsplan; unzureichende organisatorische Umwandlung; zu hoher Arbeitskräftebestand; schlechte Finanzlage). Bereits im Dezember 1999 hatte die Kommission eine Beihilfe zur Deckung der Betriebsverluste eines im Hafen von Savona ansässigen Unternehmens als unzulässig bewertet *(vgl. WB 1999, S.264; WB 2001, Ziff.440)*.

Kapitel 3

Gemeinsame Luftverkehrs- und Flughafenpolitik in Europa seit Mitte der achtziger Jahre

1. Grundprobleme des Luftverkehrs in der Gemeinschaft

1.1 Entwicklungstendenzen des Luftverkehrs

Nach der konjunkturbedingten Abschwächung zu Anfang der achtziger Jahre stieg die **Nachfrage nach Luftverkehrsdiensten** insbesondere seit 1984 wieder stark an. Für diesen Entwicklungstrend, der bereits gegen Mitte der siebziger Jahre eingesetzt hatte, werden die gesamtwirtschaftliche Erholung, die Expansion des Welthandels, reale Einkommenszuwächse und die zunehmende Freizeit, ein Rückgang der Treibstoffkosten und der Flugpreise sowie eine verbesserte Flugplanung verantwortlich gemacht. Das **Luftverkehrsaufkommen** wuchs bis 1987 in Europa mit durchschnittlich 7 % p. a. etwas langsamer als die Verkehrsnachfrage, da vor allem im Charterverkehr größere Flugzeuge eingesetzt wurden; im Linienverkehr verwendete man hingegen auch kleinere Flugzeuge. Parallel dazu erhöhten die Fluggesellschaften ihr **Kapazitätsangebot** durch die Bedienung weiterer Strecken und das Angebot zusätzlicher Frequenzen; die Attraktivität sollte durch eine größere Zahl an Direktflügen gesteigert werden. Die Luftfahrtunternehmen reagierten damit aber nicht nur auf die veränderten Ansprüche der Passagiere, sondern nutzten auch die durch die **Marktöffnung** im Regionalflugverkehr und die liberaleren bilateralen **Luftverkehrsabkommen** entstandenen Möglichkeiten *(zur Entwicklung bis Mitte der achtziger Jahre vgl. S. 74)*.

In der zweiten Hälfte der achtziger Jahre setzte sich das starke **Kapazitätswachstum** fort. Die Anzahl der Linienfluggesellschaften stieg von 99 (1986) auf 130 (1989); zwischen 1988 und 1990 wurden über 100 neue innergemeinschaftliche Strecken eröffnet, und die **Bedienungshäufigkeit** nahm weiter zu; folgerichtig weitete sich zwischen 1987 und 1991 die Zahl der auf den innergemeinschaftlichen Verbindungen **angebo-**

tenen Sitzplätze um ca. 50 % aus (1988 + 11,6 %; 1989 + 14,5 %). Die nicht mehr in gleichem Maße wachsende Verkehrsnachfrage bewirkte eine erhebliche **Unterauslastung** des Fluggeräts, was u. a. auch auf Fehlprognosen, die mangelnden Möglichkeiten zur Verlagerung ungenutzter Kapazitäten (Vorschriften der bilateralen Abkommen), staatliche Beihilfen und die Hortung von Zeitnischen zurückzuführen war. Die wirtschaftliche Rezession und die Auswirkungen des Golfkriegs zogen dann zu Anfang der neunziger Jahre einen **Nachfragerückgang** nach sich, was sich z. B. in einem Sinken der Ladefaktoren (1990: 62,5 %, 1992: 56,8 %) ausdrückte. Die angebotene Kapazität erhöhte sich zwar nach wie vor, die Wachstumsraten zeigten jedoch eine deutlich abnehmende Tendenz (1991: 9,2 %; 1992: 7,8 %; 1993: 3,5 %); dabei waren 1992 136 Linienverkehrsunternehmen auf dem europäischen Markt tätig. Die **Rentabilitätslage** der europäischen Fluggesellschaften, die zu Ende der achtziger Jahre noch relativ gut gewesen war (konstant hohes Niveau der Normaltarife, Nachfragewachstum), verschlechterte sich aus den o. a. Gründen seit 1990 beträchtlich. Die Gesamtverluste der **AEA-Unternehmen** summierten sich zwischen 1990 und 1992 auf 3,5 Mrd. ECU. Während die kleineren Anbieter meist noch Gewinne erzielen konnten, mußten vor allem die staatlichen Fluggesellschaften Verluste hinnehmen. Als kennzeichnend für die Situation der meisten Anbieter galten im Vergleich zu den außereuropäischen Unternehmen zudem eine niedrigere Effizienz, eine geringere Produktivität und Kostennachteile (Flughafen- und Flugsicherungsgebühren, Verspätungen, Treibstoffverbrauch) *(vgl. KOM (94) 218 endg., S. 2 ff.; zur Entwicklung der Produktivität und der Tarife D. Encanoua, 1991, S. 109 ff.; M.-W. Stoetzer, 1991, S. 86 ff., 152 ff.).*

Ab 1992 zeigte der Luftverkehrssektor wieder eine **deutliche Erholungstendenz**; das innereuropäische Personenluftverkehrsaufkommen der AEA-Unternehmen wuchs 1992 um 9,1 %, 1994 um 8,1 %, 1995 um 6,1 % und 1996 um 5,2 %. Da die Kapazität zuerst nur in begrenztem Umfang zunahm, erhöhte sich der **Auslastungsgrad** rasch auf ca. 61 %. Von 1993 bis 1996 stieg die Anzahl der vorhandenen Strecken lediglich von 488 auf 518, die der Fluggesellschaften von 132 auf 156; die Frequenzen wurden hingegen stärker ausgeweitet. **Produktivität und Gewinne** (1995 ca. 600 Mio. ECU) der Luftfahrtunternehmen zogen wieder an (hohes Niveau der Normaltarife, Ausweitung der Nachfrage, Personalabbau). In der zweiten Hälfte der neunziger Jahre setzte sich der **generelle Aufwärtstrend** in bezug auf die Verkehrsnachfrage und das Kapazitätsangebot sowie die wirtschaftliche Situation der Fluggesellschaften weiter fort *(vgl. KOM (96) 514 endg., S. 1 a ff., 3 ff., 8 ff., 21 f.; K. J. Button u. a., 1998, S. 9 ff.; M. Niejahr, 1998, S. 7 ff.; KOM (1999) 182 endg., S. 5 ff.; W. Pompl, 2002, S. 445 ff.; R. K. Stanovsky, 2003, S. 144 ff.; K. J. Button, 2004, S. 26 ff., 38 f.).*

Infolge der konjunkturellen Abwärtsbewegung seit 2001, der Anschläge vom 11. September 2001, des Irakkriegs und des SARS-Syndroms verzeichnete der europäische Luftverkehr zwischen 2001 und 2003 **erhebliche Nachfragerückgänge**, was zur vorübergehenden Einstellung von Verbindungen, zur Stillegung von Flugzeugen und zu einem Personalabbau führte. Das innereuropäische **Personenverkehrsaufkommen** der AEA-Fluggesellschaften reduzierte sich 2002 um 4,5 % und 2003 um 0,9 %; der **Auslastungsgrad** belief sich auf rund 65 %. Neben den daraus resultierenden Erlösminderungen belasteten vor allem der Anstieg der Kerosinpreise sowie die Ausgaben für zusätzliche Sicherheitsmaßnahmen und die Versicherungskosten die **finanzielle Situation** der Unternehmen. Seit 2004 ist zumindest auf der Erlösseite wieder eine Verbesserung erkennbar *(vgl. R. I. R. Abeyratne, 2001; K. J. Button, 2004, S.26ff.)*.

1.2 Anforderungen an die gemeinsame Luftverkehrs- und Flughafenpolitik

Vor dem Hintergrund der sich seit der zweiten Hälfte der siebziger Jahre abzeichnenden **Neuausrichtung** der internationalen Luftverkehrspolitik (Abschluß liberalerer Luftverkehrsabkommen, Deregulierung des US-amerikanischen Luftverkehrs, Neudefinition der Rolle der IATA) und **tiefgreifender Veränderungen** auf den Luftverkehrsmärkten (starkes Wachstum vor allem des Charterluftverkehrs, Entstehung von Überkapazitäten, Kostenbelastung durch Anstieg der Kerosinpreise und der Löhne) hatte die Kommission seit 1972 zuerst punktuell und später im Rahmen der beiden **Luftverkehrsmemoranden** vom August 1979 und vom März 1984 versucht, eine eigenständige gemeinschaftliche Politik zu etablieren. Bis Mitte der achtziger Jahre waren diese Bemühungen jedoch nur ansatzweise von Erfolg gekrönt gewesen (Konsultationsverfahren, interregionaler Linienverkehr, Begrenzung der Lärmemissionen, Flugunfalluntersuchungen). Erst mit dem Zweiten Luftfahrtmemorandum sowie mit dem Untätigkeitsurteil des Europäischen Gerichtshofs und dem Weißbuch zur Binnenmarktvollendung ergaben sich sowohl in inhaltlicher wie auch in zeitlicher Hinsicht konkrete Vorgaben für die Schaffung eines **umfassenden Gemeinschaftsrahmens** für die Luftverkehrspolitik. Dabei sollten bis zum 1. Januar 1993 insbesondere die schrittweise Liberalisierung der **Vorschriften zum Marktzugang** (Erteilung von Betriebsgenehmigungen, Ausübung von Verkehrsrechten, Benennung von Fluggesellschaften), zur **Kapazitätsaufteilung** (Flugzeuggröße, Frequenzen) und zur **Tarifbildung** (Genehmigungsverfahren) im Mittelpunkt stehen; Bestimmungen zur Anwendung der **Wettbewerbsregeln** auf den Luftverkehr waren im Hinblick auf die Gewährleistung eines funktionstüchtigen Wettbewerbs notwendig *(vgl. G.-W. Rehm, 1985, S. 201ff.; H. St. Seidenfus, 1985, S.129ff.; M. Vincent, 1986, S.518ff.; zur europäischen Luftverkehrspolitik bis zur Binnenmarktvollendung vgl. F. Sørensen, 1989, S.411ff.; P. D. Dagtoglou, 1994; J. M. Balfour, 1995; J. M. Baumann, 1995)*.

Mit der stufenweisen Verwirklichung der **Niederlassungs- und Dienstleistungsfreiheit** im Zuge des Binnenmarktprogramms und der damit verbundenen Ersetzung des bisher vorherrschenden bilateralen Ordnungsrahmens verband sich die Hoffnung, den Verbrauchern ein quantitativ und qualitativ verbessertes Angebot von zuverlässigen, sicheren und preisgünstigen Flugdiensten zur Verfügung zu stellen. Letztendlich angestrebt wurden **allgemein verbindliche Kriterien** für den subjektiven Marktzugang, die gegenseitige Gewährung aller Verkehrsrechte, eine Mehrfachbenennung von Fluggesellschaften und eine freie Preisgestaltung (mit Schutzmechanismen zur Vermeidung zu hoher oder zu niedriger Preise aufgrund von marktbeherrschenden Stellungen oder von Verdrängungswettbewerb). Durchführungsbestimmungen zu den Artt. 85, 86 EWGV (Artt. 81, 82 EGV) sollten der **effektiven Wettbewerbskontrolle** (Vermeidung wettbewerbsbeschränkender Vereinbarungen und des Mißbrauchs marktbeherrschender Stellungen) dienen, zugleich aber auch mittels **Legalausnahmen und Freistellungen** den vorhandenen und zum Teil als vorteilhaft begriffenen sektorspezifischen Kooperationsformen Rechnung tragen *(vgl. J. M. Balfour, 1989, S.30ff.; H. P. Piper, 1992, S.488ff.; K.-H. Böckstiegel, 1993, S.117ff.; H. Sichelschmidt u. a., 1993, S.167 ff.; zur Angreifbarkeit von Luftverkehrsmärkten G. Knieps, 1987; H. Gischer, 1995, S.267ff.)*.

Parallel zur Liberalisierung stellte die auf die marktordnungspolitischen Reformen, aber auch auf andere Determinanten zurückzuführende starke Zunahme von **Verkehrsnachfrage und -aufkommen** die gemeinsame Luftverkehrspolitik vor zusätzliche Herausforderungen. Die schon ab 1983 aufgetretenen **Kapazitätsengpässe** verstärkten sich vor allem zwischen 1987 und 1989 sowie im Anschluß an einen kurzzeitigen Nachfrageeinbruch zu Anfang der neunziger Jahre, da gleichzeitig einige der für die Produktion von Luftverkehrsleistungen maßgeblichen Faktoren nicht in ausreichendem Maße zur Verfügung standen. So blieben **Ausbau und Ausstattung der Flughäfen** hinter den Anforderungen zurück; betroffen waren vor allem die Kapazität der Abfertigungseinrichtungen, der Start- und Landebahnen sowie der Standplätze und Stellflächen. Erweiterungen und Verbesserungen waren nicht immer im gewünschten Maße möglich, da finanzielle Mittel fehlten oder anderswo verschwendet wurden, strikte umweltbezogene Auflagen existierten, fehlerhafte Prognosen keinen Handlungsbedarf signalisiert hatten oder bei der Verkehrsplanung keine Koordination zwischen Flughafenbetreibern und Luftverkehrsunternehmen stattgefunden hatte *(vgl. G. O. Eser, 1990, S.48ff.; H. Beder, 1994, S.41ff., 69f.; F. Weingarten, 1995, S.31ff.)*.

Als weiterhin maßgeblich für die Entstehung von Engpässen waren Unzulänglichkeiten des **Luftraummanagements**, der **Verkehrsflußsteuerung** und der **Flugsicherung** anzusehen. Die Dominanz einzelstaatlicher Kompetenzen und die teilweise Reservierung des Luftraums für die militärische Nutzung bewirkten neben der kapazitiven Beschränkung eine Aufteilung des Luftraums nach administrativen und politischen Kriterien sowie eine ineffiziente Führung der Luftstraßen. Kennzeichnend für die damalige Situation waren auch die Vielzahl der zuständigen Kontrollstellen, etliche zumeist inkompatible nationale Sicherungssysteme bzw. -dienste sowie ein unzureichender Ausbau und eine schlechte Qualität der technischen Einrichtungen. Defizite wurden zudem auf den Monopolstatus der öffentlichen Flugsicherung, den Abbau von Personal und die nicht mehr zeitgemäße Ausbildung der Fluglotsen zurückgeführt.

Die **unmittelbaren Konsequenzen** zeigten sich in einem Mangel an verfügbarem Luftraum und technischer Kapazität, einer schwerfälligen und zeitaufwendigen Abstimmung an den Schnittstellen der Zuständigkeitsbereiche sowie in den daraus resultierenden hohen Kosten. Nicht vergessen werden sollte, daß auch die **Luftfahrtunternehmen** durch den Einsatz kleinerer Flugzeuge, die Einrichtung von Drehkreuzen und die Konzentration ihrer Flüge auf bestimmte Tages- und Wochenzeiten zur Verschärfung des Problems beitrugen *(vgl. J. Sprenger, 1989, S.15ff.; M. Kohnen, 1990, S.125 ff.; R. Schwenk, 1993, S.80ff.; W. Schwenk u. a., 1993, S.125f., 132ff.; H. Beder, 1994, S.47ff.; K. J. Button u. a., 1998, S.93ff.)*.

Die Kapazitätsbeschränkungen bewirkten, daß die Fluggesellschaften vor allem in den Spitzenlastzeiten die ihnen nun rechtlich zustehenden Marktzutrittsmöglichkeiten tatsächlich nicht immer in Anspruch nehmen konnten. Zudem hatten die Überlastungen für die Unternehmen **Mehrkosten** (längere Flugstrecken, zunehmender Treibstoffverbrauch, höhere Flughafen- und Flugsicherungsgebühren) und einen **Imageverlust** (Flugverspätungen, Umwege, Flugausfälle) sowie **Nachteile** für die Nutzer (längere Flug- und Wartezeiten, höhere Flugtarife) zur Folge. Ferner sind eine Verschlechterung der **Arbeitsbedingungen** (Bordpersonal, Fluglotsen) und vermehrte **Umweltbelastungen** (Lärm, Luftverschmutzung durch erhöhten Treibstoffverbrauch) zu nennen; eine Zunahme gefährlicher Begegnungen oder von Unfällen und damit eine Verschlechterung des **Sicherheitsniveaus** waren zwar nicht nachzuweisen, wurden aber zunehmend als drohende Gefahr angesehen *(vgl. G. O. Eser, 1990, S.52ff.; L. N. Moses u. a., 1990, S.171ff.; H. P. Piper, 1991, S.91f.).*

Kurzfristig wirksame Abhilfemaßnahmen bestanden in Verkehrs- bzw. Betriebsbeschränkungen, einer Lockerung der Nachtflugbeschränkungen, einer Verlagerung des Kurzstreckenverkehrs (Eisenbahnverkehr), einer Anpassung der Flugzeiten- und Streckennetzplanung (Pendelverkehr, Shuttle-Verkehr, Non-stop-Flüge, Drehkreuze), dem Einsatz größerer Maschinen und der Verbesserung ihrer Auslastung sowie in einer stärkeren Kooperation der Fluggesellschaften und der Flughäfen. In bezug auf den **Neu- oder Ausbau von Flughäfen** wurden die Gewährung zusätzlicher finanzieller Mittel sowie eine Vereinfachung der institutionellen Zuständigkeiten und der Verfahrensabläufe empfohlen. Im Hinblick auf eine effizientere Auslastung bereits vorhandener Kapazitäten und eine Erweiterung der Marktzutrittsmöglichkeiten bot sich eine Reform des Systems für die **Zuweisung von Zeitnischen** an (Neuordnung der flugartenbezogenen Prioritäten, Abschaffung der Vorrechte etablierter Fluggesellschaften, Förderung von Neubewerbern, Aufgabe von Zeitnischen bei Nichtnutzung, Schaffung eines Zeitnischenpools, Zeitnischenübertragung, -handel und -auktion). Außerdem sollten die in der zweiten Hälfte der achtziger Jahre noch weitgehend von Alleinanbietern offerierten **Vorfeld- und Bodenabfertigungsdienste** liberalisiert werden, da von einer ineffizienten Tätigkeit ausgegangen wurde und die Gebühren für die Inanspruchnahme der Infrastruktur und sonstiger Vorleistungen einen Großteil der gesamten Betriebskosten der Fluggesellschaften ausmachten. Die Strategie der **Verkehrsvermeidung** (Begrenzung oder Reduzierung der Infrastrukturbereitstellung, Erhöhung von Abgaben, zwangsweise Verkehrsverbote bzw. -verlagerungen) wurde überwiegend abgelehnt *(vgl. G. Knieps, 1992, S.646f.; R. Schwenk, 1993, S.86ff.; H. Beder, 1994, S.70ff.; H. Krahn, 1994, S.123ff.; F. Weingarten, 1995, S.48ff., 119ff.).*

In bezug auf das Luftverkehrsmanagement, die Verkehrsflußsteuerung und die Flugsicherung standen **folgende Optionen** zur Debatte: Neuordnung des Luftraums und des Luftstraßensystems nach ökonomischen Kriterien; Vereinheitlichung der nationalen Zuständigkeiten auf übergeordneter Ebene; Trennung von Regelungs- und Betriebsfunktionen; neue Entscheidungsverfahren; Privatisierung der Flugsicherung; Erhöhung des Personalbestands; Ausbau, technische Weiterentwicklung, Harmonisierung und Integration der Sicherungssysteme; Angleichung der Betriebsabläufe; Prioritäten für bestimmte Nutzerkategorien; Verwendung einer einheitlichen Sprache. Gemeinschaftliche Regelungen wurden auch im Hinblick auf die Erhebung von **Flughafen- und Flugsicherungsgebühren** (fehlender Kostenbezug; unzureichende Differenzierung nach Zeit, Ort, Flugzeuggröße, Flugfrequenz, Kapazitätsauslastung oder Umweltbelastung) befürwortet *(vgl. M. Bothe u. a., 1990a, S.40ff.; G. Knieps, 1990, S.199 ff.; G. Knieps, 1992, S.645f.; R. Schwenk, 1993, S.82ff.; W. Schwenk u. a., 1993, S.136 ff.; H. Beder, 1994, S.51ff.; H. Krahn, 1994, S.121f.; F. Weingarten, 1995, S.54ff., 203 ff.)*.

Als dringend geboten erschien im Zusammenhang mit der Marktöffnung eine Angleichung der finanziellen und steuerlichen **Wettbewerbsbedingungen**, da diese von tragender Bedeutung für die Existenz von Unternehmen und damit für die Marktstruktur sowie für die Sicherheit des Betriebs waren. **Staatliche Beihilfen** sollten die Privatisierung, Reorganisation und interne Neuausrichtung von Fluggesellschaften fördern, aber auch regional-, sozial- und umweltpolitischen Zielen dienlich sein; weiterhin konnten sie zum Ausgleich von Belastungen eingesetzt werden, die aus unlauteren Wettbewerbspraktiken von Drittstaaten resultierten. Wegen der Gefahr tiefgreifender Wettbewerbsverzerrungen waren an die Genehmigungsfähigkeit der Subventionen jedoch strenge Maßstäbe anzulegen. Luftverkehrsunternehmen konnten außerdem in den Genuß von weitreichenden **Steuerbefreiungen bzw. -erleichterungen** (Mineralölsteuer, Mehrwertsteuer, Körperschaftsteuer) kommen.

Mit der sich abzeichnenden Liberalisierung traten zu Anfang der neunziger Jahre verstärkt **verbraucherschutzrelevante Maßnahmen** in den Mittelpunkt des Interesses; anzuführen sind in diesem Zusammenhang: ein Verhaltenskodex für Computerreservierungssysteme (CRS), auch im Hinblick auf die Sicherstellung eines diskriminierungsfreien Wettbewerbs bei sowie zur Regelung der Beziehungen zwischen Luftfahrtunternehmen, Systemverkäufern und Reisevermittlern; die Informationsansprüche von Passagieren; die Entschädigung bei Nichtbeförderung, Annullierung oder Verspätung; die Haftung bei Unfällen, Gepäckverlust oder Verspätung; der Schutz von personenbezogenen Daten. Da der **Sicherheitsaspekt des Luftverkehrs** zunehmend als ein konstituierendes und kritisches Merkmal des Leistungsangebots begriffen wurde, mußte auch das gemeinschaftliche Vorgehen in den Bereichen des Luftverkehrsmanagements und der Flugsicherung ergänzt werden; anzuführen sind die technischen Vorschriften und Normen (Luftfahrzeuge und Bauteile, Wartung, Ausbildung und Zulassung von Personal), die Vereinheitlichung der grundsätzlichen Zuständigkeit (gemeinschaftliche Behörde für die Flugsicherheit), die Sicherheitskontrollen von Fluggästen, Personal, Fracht und Gepäck, die Inspektionen von Flugzeugen sowie die Erfassung und Untersuchung von Unfällen und sonstigen Ereignissen. Wachsende Aufmerksamkeit verdienten auch die **Umweltfolgen des Luftverkehrs** (Lärm und Schadstoffemissionen), denen mit unterschiedlichen Instrumenten begegnet werden konnte (Festlegung von Normen mit Androhung von Sanktionen, Anreizmechanismen, Schutzmaßnahmen); dabei waren die Belange der Betroffenen (Anwohner, Natur), die finanziellen Auswirkungen auf die Luftverkehrsunternehmen und Flughäfen sowie internationale Vorgaben einzukalkulieren *(vgl. W. Toepel, 1992, S.119ff.)*.

Von zunehmender Relevanz waren auch **soziale Fragen** (Beschäftigungsmöglichkeiten; Beschäftigungsbedingungen, wie z. B. Entlohnung, Arbeits- und Ruhezeiten und

Urlaub; Ausbildung und Anerkennung von Befähigungsnachweisen), die oftmals eng mit der Sicherheitsproblematik korrelierten. In letzter Zeit sind **gesamtwirtschaftliche, Kohäsions- und regionalpolitische Aspekte** des Luftverkehrs und der Flughäfen von steigendem Interesse (Bedeutung der Verkehrsanbindung und des sektorspezifischen Potentials für die wirtschaftliche Entwicklung und Wettbewerbsfähigkeit von Regionen, z. B. hinsichtlich der Ansiedlung von Unternehmen, des Fremdenverkehrs, des Zugangs zu Absatzmärkten und der Beschäftigung; gemeinwirtschaftliche Verpflichtungen des Luftverkehrs; verfügbare Kapazitäten der Regionalflughäfen). Zu dieser Thematik äußerte sich auch der **Ausschuß der Regionen** in seinen Stellungnahmen vom 2. Juli 2003 zur Kapazität von Regionalflughäfen [ABl. C 256 24.10.2003 S.47] und vom 17. Juni 2004 zu Billigfluglinien und Territorialentwicklung [ABl. C 318 22.12.2004 S.7] *(vgl. Bull. EU 7/8-2003, S.70; Bull. EU 6-2004, S.79).*

2. Der Luftverkehr in der Wettbewerbsordnung der Gemeinschaft

2.1 Entwicklungen bis Mitte der achtziger Jahre

Besondere Bedeutung für den europäischen Luftverkehr erlangten neben den Bestimmungen zur Niederlassungsfreiheit und zum freien Dienstleistungsverkehr vor allem die in den Artt. 85 bis 89 EWGV (Artt. 81 bis 85 EGV) festgelegten allgemeinen Wettbewerbsregeln. Zwar hatte der **Europäische Gerichtshof** am 4. April 1974 in der Rs. 167/73 (Seeleute-Urteil) entschieden, daß sämtliche Regelungen des EWGV – mit Ausnahme der in den Artt. 74 bis 83 EWGV (Artt. 70 bis 79 EGV) enthaltenen besonderen Verkehrsbestimmungen – auch für den Luftverkehr maßgeblich seien *(vgl. S.7)*; über die **konkrete Anwendung** der allgemeinen Wettbewerbsregeln auf den Luftverkehr herrschte jedoch weiterhin Unklarheit, zumal der Luftverkehr im Rahmen des EWGV keinen besonderen Vorschriften unterlag. Trotz des EuGH-Urteils vom April 1974 war die Bereitschaft des Rates lange Zeit sehr gering, Rechtsklarheit zu schaffen und Fortschritte auf dem Weg zum erklärten Ziel eines **Gemeinsamen Luftverkehrsmarktes** zu erreichen.

Nach längeren Vorarbeiten unterbreitete die Kommission dem Rat am 22. Juli 1981 einen **ersten Vorschlag** für eine Verordnung zur Anwendung der Wettbewerbsregeln auf den Luftverkehr [ABl. C 291 12.11.81 S.4] (Legalausnahme für technische Vereinbarungen; Möglichkeit von Einzelfreistellungen; Verfahrensvorgaben), der 1982 durch eine geringfügig **modifizierte Fassung** ersetzt wurde [ABl. C 317 03.12.82 S.3] *(vgl. S.90)*. Im Zusammenhang mit dem **Zweiten Luftverkehrsmemorandum** vom 15. März 1984 [KOM(84) 72 endg.] änderte die Kommission ihren Entwurf ein zweites Mal ab [ABl. C 182 09.07.84 S.2], indem sie angesichts der bestehenden zwischenstaatlichen Abkommen den **Anwendungsbereich** auf den internationalen Luftverkehr innerhalb der Gemeinschaft beschränkte. Im Hinblick auf die Gewährung von **Gruppenfreistellungen**, die Vereinbarungen über die Kapazitäts- und Einnahmenaufteilung sowie Tarifkonsultationen betreffen sollten, legte die Kommission einen ersten Vorschlag für eine **Ermächtigungsverordnung** des Rates [ABl. C 182 09.07.84 S.3] vor; außerdem erläuterte sie ihre Vorstellungen zum Inhalt einer eigenen **Anwendungsverordnung** mit begrenzter Geltungsdauer. Das **Europäische Parlament** [ABl. C 262 14.10.85 S.44] und der **Wirtschafts- und Sozialausschuß** [ABl. C 303 25.11.85 S.31] begrüßten die Anregungen der Kommission zur Erteilung von Gruppenfreistellungen, wünschten jedoch eine wesentliche Erweiterung des Anwendungsbereichs *(vgl. S.93)*.

Im Dezember 1984 verabschiedete der Rat den von einer Gruppe Hoher Beamter konzipierten Ergebnisbericht mit **Leitlinien für das künftige Vorgehen** im Bereich der gemeinsamen Luftverkehrspolitik *(vgl. S.93)*. Nach Ansicht der Kommission war dieses Konzept jedoch völlig unzureichend und teilweise sogar rechtlich anfechtbar; in bezug auf die Anwendung der Wettbewerbsregeln widersprach es grundsätzlich ihren Vorstellungen. Die **weiteren Beratungen** der Arbeitsgruppe, des Ausschusses der Ständigen Vertreter und der Gemeinschaftsorgane führten bis Anfang 1986 zu keinen greifbaren Ergebnissen, da vor allem im Rat die **konträren Auffassungen** keine Einigung zuließen *(vgl. WB 1984, Ziff.44; Bull. EG 11-1985, S.80; WB 1985, Ziff.27 ff.; Bull. EG 3-1986, S.57 f.)*.

Einen Anstoß für die weitere Entwicklung brachte dann das EuGH-Urteil vom 30. April 1986 in den verbundenen Rs. 209 bis 213/84 (Asjes) [ABl. C 131 29.05.86 S.4; Slg. 1986, S.1425]. Die französische Reisebürokette **Nouvelles Frontières** war strafrechtlich belangt worden, da sie Linienflugscheine zu unterhalb der im Rahmen der IATA-Konferenzen ausgehandelten und staatlich genehmigten Tarife verkauft hatte. Sowohl Nouvelles Frontières als auch das zuständige Pariser Gericht wendeten sich zwecks Klärung des Sachverhalts an den Europäischen Gerichtshof [ABl. C 242 12.09. 84 S.3, 4]. Dieser gab Nouvelles Frontières unter Berufung auf das Seeleute-Urteil recht und bestätigte in diesem Zusammenhang nochmals die Geltung der im EWGV festgelegten **Wettbewerbsregeln** für den Luftverkehr. Die Mitgliedstaaten dürfen keine Maßnahmen treffen oder beibehalten, die die Anwendung dieser Bestimmungen verhindern; das für die Genehmigung von Flugtarifen übliche Verfahren schrieb jedoch den Abschluß unerlaubter Kartellverträge vor bzw. erleichterte sie oder verstärkte die negativen Auswirkungen der Absprachen. Der **Europäische Gerichtshof** wies allerdings auf das Fehlen spezifischer Durchführungsbestimmungen in bezug auf die Wettbewerbsordnung im Luftverkehr hin. Bis zum Erlaß entsprechender Verordnungen seien die Artt. 85 und 86 EWGV (Artt. 81 und 82 EGV) nicht unmittelbar verbindlich; ein Verstoß könne nur im Rahmen der Artt. 88 und 89 EWGV (Artt. 84 und 85 EGV) festgestellt und geahndet werden *(vgl. B. Adenauer-Frowein, 1986, S.193 ff.; F. A. van Bakelen, 1986, S.498 ff.; Bull. EG 7/8-1986, S.126; E. Estienne-Henrotte, 1986, S.537 ff.; J. Sedemund u. a., 1986, S.2146 ff.; WB 1986, Ziff.89 ff.; P. D. Dagtoglou, 1989, S.115 ff.; A. Kark, 1989, S.124 ff.; M. Dolfen, 1991, S.33 ff.; A. Loewenstein, 1991, S.56 ff.; H.-Ch. Rosien, 1993, S.46 ff.; J. M. Baumann, 1995, S.92 ff.)*.

Nachdem der Rat auf seiner regulären Tagung vom 18. / 19. Juni 1986 zum wiederholten Male **keine Übereinkunft** erzielt hatte, skizzierte die Kommission zur Vorbereitung der für den 30. Juni 1986 terminierten Sondertagung in ihrer Mitteilung vom 20.

Juni 1986 über die Zivilluftfahrt [KOM (86) 338 endg.] (Korrigendum [KOM (86) 338 endg./2]) nochmals für alle Regelungsbereiche (Marktzugang, Kapazitätsangebot, Tarifbildung, Wettbewerbsregeln) die **Rahmenbedingungen** für eine Einigung; in bezug auf die Anwendung der Artt. 85 und 86 EWGV (Art. 81 und 82 EGV) auf den Luftverkehr sollte es bei einer Legalausnahme für **technische Vereinbarungen** sowie einem System aus Einzel- und umfassenden **Gruppenfreistellungen** mit genau spezifizierten Voraussetzungen bleiben. Der Versuch des Rates, über die vorliegenden Kommissionsvorschläge zu einer Einigung zu gelangen, scheiterte jedoch erneut; ein von den Niederlanden und vom Vereinigten Königreich eingebrachter Lösungsansatz, der eine ausgeprägt **liberale Wettbewerbsordnung** für den Linienluftverkehr anstrebte, war nicht kompromißfähig. Die Verkehrsminister bekräftigten allein die Notwendigkeit einer kohärenten Luftverkehrspolitik, die in Maßnahmen zur stufenweisen Erhöhung der Wettbewerbsintensität im Einklang mit den Wettbewerbsregeln ihren Ausdruck finden sollte. Im Hinblick auf die **Vollendung des Binnenmarktes** bis Ende 1992 wurde eine Anlaufzeit von drei Jahren als notwendig erachtet, in der der Rat die zwischenzeitlichen Entwicklungen prüfen und Entscheidungen über die weiteren Schritte treffen wollte *(vgl. Bull. EG 6-1986, S.88f.; GB 1986, Ziff. 715; WB 1986, Ziff. 36; A. Kark, 1989, S.133f.; J. Goh, 1997, S.26ff.; R. Travis, 2001, S.60ff.)*.

Im Anschluß an die Ratstagung veröffentlichte die Kommission am 3. Juli 1986 eine Mitteilung über den Wettbewerb und den Luftverkehr [KOM (86) 328 endg.], in der sie den **Stand der Entscheidungsfindung** analysierte. Darauf aufbauend änderte sie zum dritten Mal ihren Vorschlag für eine Ratsverordnung zur Anwendung der Wettbewerbsregeln, indem sie das Verzeichnis der für eine **Legalausnahme** in Frage kommenden **technischen Vereinbarungen** ergänzte. Außerdem modifizierte sie ihren Vorschlag vom März 1984 für eine luftverkehrsspezifische **Gruppenfreistellungsverordnung** des Rates; erfaßt werden sollten zusätzlich die Zuweisung von Stellplätzen sowie von An- und Abflugzeiten. In diesem Kontext befürwortete sie auch eine Änderung der allgemeinen Gruppenfreistellungsverordnung 71/2821/EWG des Rates vom 20. Dezember 1971 [ABl. L 285 29.12.71 S.46] i. d. F. der Verordnung 72/2743/ EWG vom 19. Dezember 1972 [ABl. L 291 28.12.72 S.144] zwecks **Erweiterung des Geltungsbereichs** auf die Anschaffung, den Betrieb von oder den Zugang zu CRS für die Flugplanerstellung und Buchung, technische und betriebliche Bodenabfertigungsdienste (Bewegen der Flugzeuge, Betankung, Reinigung, Sicherheit), die Abfertigung von Passagieren, Gepäck und Post sowie die Bordverpflegung. Da der Rat diese **Änderungsabsichten** später in die luftverkehrsspezifische Gruppenfreistellungsverordnung übernahm, zog die Kommission den dritten Vorschlag – nach den Stellungnahmen des **Europäischen Parlaments** [ABl. C 190 20.07.87 S.182] und des **Wirtschafts- und Sozialausschusses** [ABl. C 333 22.12.86 S.27] – am 29. April 1988 wieder zurück *(vgl. Bull. EG 7/8-1986, S.82; WB 1986, Ziff. 36)*.

Trotz der neuen Kommissionsinitiativen kam es auch in der Folgezeit nur zu **geringfügigen Fortschritten** im Rat; ein erneuter Einigungsversuch im Vorfeld der Tagung vom 10. / 11. November 1986 blieb im Ansatz stecken. Ein **vierter Änderungsvorschlag** vom 24. November 1986 in bezug auf die Ratsverordnung zur Anwendung der Wettbewerbsregeln [KOM (86) 677 endg.], der die Exekutivbefugnisse der Kommission neu abgrenzte, war von keiner materiellen Bedeutung *(vgl. Bull. EG 11-1986, S. 87; WB 1986, Ziff.36; R. Travis, 2001, S.63ff.)*. Erst nach **intensiven Verhandlungen** im Dezember 1986 sowie im März und Juni 1987 konnte sich der Rat grundsätzlich über das gesamte Maßnahmenpaket verständigen. Die **formelle Verabschiedung** verzögerte sich jedoch wegen Unstimmigkeiten zwischen Spanien und dem Vereinigten Königreich über den **Status des Flughafens Gibraltar** und dessen Einbeziehung in den Geltungsbereich der Vorschriften. Nach Beilegung der Meinungsverschiedenheiten gelangte der Rat schließlich am 14. Dezember 1987 zu einer **einstimmigen Entscheidung** *(vgl. Bull. EG 12-1986, S.116; Bull. EG 3-1987, S.70; Bull. EG 6-1987, S.86f.; Bull. EG 12-1987, S.86f.; GB 1987, Ziff.622; WB 1987, Ziff.43; J. Erdmenger, 1988b, S.206f.; A. Kark, 1989, S.134f.; R. Travis, 2001, S.69ff.)*.

2.2 Anwendung der Wettbewerbsregeln auf den Luftverkehr

2.2.1 Grundverordnung des Rates

Anwendungsbereich und Inkrafttreten

Mit der **Verordnung 87/3975/EWG des Rates vom 14. Dezember 1987 [ABl. L 374 31.12.87 S.1]** wurden ab dem 1. Januar 1988 die Einzelheiten der Anwendung der Artt. 85 und 86 EWGV (Artt. 81 und 82 EGV) auf den Luftverkehr festgelegt; ihr Geltungsbereich war jedoch ursprünglich auf die internationalen Strecken innerhalb der Gemeinschaft beschränkt *(vgl. WB 1987, Ziff.45; N. Argyris, 1989, S.11ff.; A. Kark, 1989, S.136; G. Vandersanden, 1989, S.419ff.; M. Dolfen, 1991, S.28f., 92ff.; A. Loewenstein, 1991, S.71f.; G. W. Wenglorz, 1992, S.67f.; J. M. Baumann, 1995, S.114f.; K. St. Eisermann, 1995a, S.237ff.; J. Goh, 1997, S.64ff.; zu den Anwendungsverordnungen des Rates Übersicht 45)*.

Legalausnahmen für technische Vereinbarungen

Beschlüsse, Vereinbarungen und aufeinander abgestimmte Verhaltensweisen, die lediglich die technische Verbesserung oder Zusammenarbeit betrafen, waren vom Verbot wettbewerbsbehindernder Vereinbarungen oder Beschlüsse nach Art. 85 Abs. 1 EWGV (Art. 81 Abs. 1 EGV) ausgenommen. Beispielhaft genannt wurden: Einführung oder Anwendung technischer Normen; Austausch, Vermietung, Verwendung oder Wartung von Luftfahrzeugen, Ausrüstungen oder festen Einrichtungen zum Betreiben von Flugdiensten; Einführung, Benutzung und Verwendung von Kommunikationsnetzen; Austausch, Verwendung oder Ausbildung von Personal; Regelung und Durchführung von Ersatz-, Anschluß- oder Zusatzbeförderungen; Zusammenfassung von Einzelladungen; Aufstellung oder Anwendung einheitlicher Regeln für die Struktur der Beförderungsentgelte oder -bedingungen; Vereinbarungen über Verkauf, Bestätigung und Anerkennung von Flugscheinen nebst Erstattung, Aufteilung und buchmäßiger Erfassung der Einnahmen *(vgl. A. Kark, 1989, S.137; M. Dolfen, 1991, S.171 ff.; B. Adkins, 1994, S.47f.; W. Pompl, 2002, S.421f.)*.

Einzelfreistellungen

Unternehmen und Unternehmensvereinigungen konnten bei der Kommission gemäß Art. 85 Abs. 3 EWGV (Art. 81 Abs. 3 EGV) eine Einzelfreistellung der Absprache vom Kartellverbot des Art. 85 Abs. 1 EWGV (Art. 81 Abs. 1 EGV) beantragen. Der **Antrag** war nach Prüfung der Zulässigkeit zu veröffentlichen, wobei betroffenen Dritten und den Mitgliedstaaten eine Frist von einem Monat für Bemerkungen zu geben war. Erhob die Kommission innerhalb von 90 Tagen **keine Einwände**, so war die Abmachung rückwirkend und ab dem Tag der Veröffentlichung für höchstens sechs Jahre freigestellt. Innerhalb dieses Zeitraums konnte die Freistellung jedoch **zurückgenommen werden**, wenn die Voraussetzungen für die Anwendung des Art. 85 Abs. 3 EWGV (Art. 81 Abs. 3 EGV) nicht erfüllt waren; bei unrichtigen Angaben der Unternehmen, einem Mißbrauch der Freistellung oder einem Verstoß gegen Art. 86 EWGV (Art. 82 EGV) konnte eine solche Entscheidung auch rückwirkend ergehen. Die Mitgliedstaaten hatten die Möglichkeit, innerhalb einer Frist von 45 Tagen nach Erhalt des Antrags die Kommission um eine Mitteilung an die Antragsteller zu ersuchen, daß hinsichtlich der Freistellung **erhebliche Zweifel** bestehen. Stellte die Kommission bei der nachfolgenden Überprüfung fest, daß die Voraussetzungen des Art. 85 Abs. 3 EWGV (Art. 81 Abs. 3 EGV) erfüllt waren, so hatte sie eine entsprechende Entscheidung zu erlassen, die für mindestens sechs Jahre gelten mußte. Die Freistellung konnte mit **Bedingungen und Auflagen** verknüpft, erneuert, geändert oder widerrufen werden *(vgl. A. Kark, 1989, S. 137; M. Dolfen, 1991, S. 264ff.; G. W. Wenglorz, 1992, S. 68f.; B. Adkins, 1994, S. 50ff.)*.

In ihrer am 1. Juni 1994 veröffentlichten Mitteilung über die Zivilluftfahrt in Europa auf dem Weg in die Zukunft [KOM (94) 218 endg.] vertrat die Kommission die Auffassung, daß Unternehmensvereinbarungen im Hinblick auf die **Erteilung einer Einzelfreistellung** grundsätzlich als positiv eingestuft werden sollten, sofern sie einen Abbau von Überkapazitäten, Kosteneinsparungen sowie eine Beibehaltung oder Erweiterung der Marktzugangsmöglichkeiten bewirken; als **Anhaltspunkte für eine Ablehnung** galten eine Kapazitätsausweitung und neue Zutrittsbeschränkungen. Als wünschenswert bezeichnete die Kommission die Verabschiedung von **Leitlinien für die Anwendung** der Wettbewerbsregeln für unterschiedliche Formen der Zusammenarbeit, eine Vereinfachung der Verfahrensanforderungen und die Aufnahme informeller Kontakte vor der offiziellen Notifizierung *(vgl. Bull. EU 6-1994, S. 62f.; KOM (94) 218 endg., S. 11f.)*.

Verfahren auf Beschwerde oder von Amts wegen, Negativattest

Mitgliedstaaten sowie Personen und Personenvereinigungen, die „ein berechtigtes Interesse darlegen“, konnten bei Zuwiderhandlungen gegen die Verbote der Artt. 85 Abs. 1 oder 86 EWGV (Artt. 81 Abs. 1 oder 82 EGV) **Beschwerde** bei der Kommission einlegen, die daraufhin ein Verfahren zur Abstellung der Verstöße einleitete; sie konnte aber auch **von Amts wegen** tätig werden. Auf Antrag der beteiligten Unternehmen bestätigte die Kommission, daß für sie kein Anlaß bestand, gegen eine Vereinbarung vorzugehen (Negativattest). Vermutete sie ein Vergehen, konnte sie vor der eigentlichen

Entscheidung auch eine **Empfehlung** zur Einstellung der Zuwiderhandlung an die Unternehmen richten. Lag kein Grund für ein Einschreiten vor, so war die Beschwerde als unbegründet zurückzuweisen. Konnten die Absprachen nach Art. 85 Abs. 3 EWGV (Art. 81 Abs. 3 EGV) freigestellt werden, so war ebenfalls eine entsprechende Entscheidung zu erlassen (Gültigkeit von mindestens sechs Jahren; Bedingungen und Auflagen) *(vgl. A. Kark, 1989, S.136f.; G. W. Wenglorz, 1992, S.68; B. Adkins, 1994, S.48 ff.).*

Verfahrens- und Sanktionsvorschriften

Die Verfahren wurden von der Kommission in enger Verbindung mit den zur Stellungnahme berechtigten nationalen Behörden durchgeführt. Vor jeder abschließenden Entscheidung war der **Beratende Ausschuß für Kartell- und Monopolfragen** auf dem Gebiet des Luftverkehrs zu konsultieren; die Anhörung wurde im Rahmen einer von der Kommission einberufenen gemeinsamen Sitzung durchgeführt. Zur Erfüllung ihrer Aufgaben konnte die Kommission von den Regierungen, Behörden der Mitgliedstaaten, den Unternehmen und Unternehmensvereinigungen alle notwendigen **Auskünfte** verlangen; die Unternehmen waren zur Erteilung der Auskünfte verpflichtet. Die Kommission oder die Behörden der Mitgliedstaaten waren berechtigt, **Nachprüfungen** durchzuführen (Kontrolle der Bücher und Geschäftsunterlagen; Anfertigung von Abschriften; Einholung von mündlichen Erklärungen; Betreten von Räumlichkeiten, Grundstücken und Transportmitteln); die Nachprüfungen, die von der Kommission per Entscheidung angeordnet wurden, waren von den Unternehmen zu dulden *(vgl. B. Adkins, 1994, S.57f.; D. Rogalla u. a., 1994, S.30).*

Bei unrichtigen Angaben, verspäteter Auskunft oder unvollständigen Geschäftsunterlagen konnte die Kommission **Geldbußen** von 100 bis 5.000 ECU festsetzen; bei einem Verstoß gegen die Artt. 85 Abs. 1 oder 86 EWGV (Artt. 81 Abs. 1 oder 82 EGV) oder bei einer Zuwiderhandlung gegen Auflagen und Bedingungen in Verbindung mit einer erteilten Freistellung konnte die Geldbuße 1.000 bis 1 Mio. ECU oder bis zu 10 % des Umsatzes des letzten Geschäftsjahres eines beteiligten Unternehmens betragen. Eine Geldbuße aufgrund eines Verstoßes gegen die Wettbewerbsregeln war nicht statthaft, wenn die Unternehmen einen **Freistellungsantrag** gestellt hatten, sofern die Freistellung nicht als ungerechtfertigt abgelehnt worden war. Ein **Zwangsgeld** von 50 bis 1.000 ECU pro Tag war festzusetzen, um Unternehmen zur Einstellung von Zuwiderhandlungen, Unterlassung bestimmter Handlungen, Erfüllung ihrer Auskunftspflicht oder Duldung einer Nachprüfung anzuhalten. Bei einer Klage gegen eine Kommissionsentscheidung konnte der **Europäische Gerichtshof** die Geldbuße oder das Zwangsgeld aufheben, herabsetzen oder erhöhen. Vor einer Entscheidung über die Ablehnung einer Freistellung sowie über eine Beschwerde, eine Geldbuße oder ein Zwangsgeld hatten die Unternehmen das Recht zu einer **Stellungnahme**; dabei konnten auch andere Personen angehört werden. Vor dem Erlaß einer Entscheidung war betroffenen Dritten eine Frist von einem Monat für die Mitteilung von Bemerkungen einzuräumen *(vgl. G. W. Wenglorz, 1992, S.69f.; B. Adkins, 1994, S.58; D. Rogalla u. a., 1994, S.30f.).*

EuGH-Urteil vom April 1989 in der Rs. 66/86

Im Jahre 1986 ersuchte der Bundesgerichtshof den **Europäischen Gerichtshof** um Stellungnahme zu einem Fall, bei dem es sich um einen Rechtsstreit zwischen der Zentrale zur Bekämpfung unlauteren Wettbewerbs und zwei Reisevermittlern (Ahmed Saeed Flugreisen und SilverLine Reisebüro GmbH) handelte [ABl. C 105 03.05.86 S.6]. Letztere hatten von Fluggesellschaften oder Reisebüros in einem anderen Staat preisgünstige, auf dessen Währung ausgestellte Flugscheine (Weichwährungstickets) erworben und in der BR Deutschland weiterverkauft; die Käufer der Flugscheine hatten den Flug dann nicht vom angegebenen Flughafen, sondern vom ersten deutschen Flughafen angetreten, auf dem das Flugzeug planmäßig zwischenlandete. Die Klägerin warf den Reisevermittlern vor, nicht genehmigte Flugtarife angewendet zu haben und **unlautere Wettbewerbspraktiken** zu verfolgen.

Mit dem Urteil vom 11. April 1989 in der Rs. 66/86 bestätigte der Europäische Gerichtshof nochmals seine Position hinsichtlich der Geltung von Art. 85 EWGV (Art. 81 EGV) für den Luftverkehr [ABl. C 122 17.05.89 S.4; Slg. 1989, S.803]. Bei Vereinbarungen zwischen Unternehmen zur **Festsetzung von Tarifen** für internationale Gemeinschaftsflüge handelt es sich um unzulässige Kartelle, für die keine Gruppenfreistellung gewährt werden kann; dies ist nur für Tarifkonsultationen möglich. Ferner wurde konstatiert, daß – nach damaliger Rechtslage – bei innerstaatlichen Flügen oder Flügen in außergemeinschaftliche Drittstaaten die nationalen Gerichte nur dann einen Verstoß gegen Art. 85 Abs. 1 EWGV (Art. 81 Abs. 1 EGV) erklären können, wenn die zuständige nationale Behörde nach Art. 88 EWGV (Art. 84 EGV) bzw. die Kommission gemäß Art. 89 EWGV (Art. 85 EGV) die Anwendbarkeit festgestellt hat. Andererseits betonte der Gerichtshof, daß bei **überhöhten oder nicht kostendeckenden Tarifen** der Art. 86 EWGV (Art. 82 EGV) für die einzelstaatlichen Gerichte – unabhängig von der betroffenen Verkehrsform – unmittelbar maßgebend ist, selbst wenn keine Durchführungsverordnung nach Art. 87 EWGV (Art. 83 EGV) oder keine Maßnahmen gemäß Artt. 88 und 89 EWGV (Artt. 84 und 85 EGV) vorliegen. Weiterhin wurde festgestellt, daß ein Mitgliedstaat seine **Vertragsverpflichtungen** verletzt, wenn er mit den Artt. 85 und 86 EWGV (Artt. 81 und 82 EGV) unvereinbare Tarife genehmigt *(vgl. KOM(89) 417 endg., S.2f.; R. Strivens u. a., 1989, S.557ff.; WB 1989, Ziff.24, 90 ff.; M. Dolfen, 1991, S.36ff.; A. Loewenstein, 1991, S.61ff.; G. W. Wenglorz, 1992, S. 85ff.; W. R. Teuscher, 1994, S.102ff.; J. M. Baumann, 1995, S.97ff.; R. Travis, 2001, S. 86ff.).*

Einstweilige Maßnahmen gegen wettbewerbswidrige Praktiken

Mit dem Ziel der Verhinderung oder Unterbindung wettbewerbswidriger Praktiken (Dumpingpreise, übermäßige Kapazitätsausweitung), die die Existenz einer kleineren Fluggesellschaft oder eines von ihr angebotenen Flugdienstes gefährden konnten, führte die **Verordnung 91/1284/EWG des Rates vom 14. Mai 1991 [ABl. L 122 17. 05.91 S.2]** zum 18. Mai 1991 ein besonderes Verfahren ein, das den Wettbewerbsregeln schneller Geltung verschaffen und somit auch einer Verringerung der **Wettbewerbsintensität** vorbeugen sollte. Lagen der Kommission „eindeutige Beweise" für

Übersicht 45: Anwendung und Durchführung der Wettbewerbsregeln im Luftverkehr

Anwendungsverordnungen des Rates

Verordnung 87/3975/EWG des Rates vom 14. Dezember 1987 über die Einzelheiten der Anwendung der Wettbewerbsregeln auf Luftfahrtunternehmen [ABl. L 374 31.12.87 S.1] — Rechtsetzung auf der Grundlage des Art. 87 EWGV (Art. 83 EGV), auf Vorschlag der Kommission [ABl. C 291 12.11.81 S.4; ABl. C 317 03.12.82 S.3; ABl. C 182 09.07.84 S.2; KOM (86) 328 endg.; KOM (86) 677 endg.] sowie nach den Stellungnahmen des EP [ABl. C 182 19.07.82 S.120; ABl. C 345 21.12.87 S.165] und des WSA [ABl. C 077 21.03.83 S.20]

Verordnung 91/1284/EWG des Rates vom 14. Mai 1991 zur Änderung der Verordnung 87/3975/EWG über die Einzelheiten der Anwendung der Wettbewerbsregeln auf Luftfahrtunternehmen [ABl. L 122 17.05.91 S.2] — Rechtsetzung auf der Grundlage des Art. 87 EWGV (Art. 83 EGV), auf Vorschlag der Kommission [ABl. C 155 26.06.90 S.7; ABl. C 101 18.04.91 S.19] sowie nach den Stellungnahmen des EP [ABl. C 048 25.02.91 S.166] und des WSA [ABl. C 041 18.02.91 S. 44]

Verordnung 92/2410/EWG des Rates vom 23. Juli 1992 zur Änderung der Verordnung 87/3975/EWG über die Einzelheiten der Anwendung der Wettbewerbsregeln auf Luftfahrtunternehmen [ABl. L 240 24.08.92 S.18] — Rechtsetzung auf der Grundlage des Art. 87 EWGV (Art. 83 EGV), auf Vorschlag der Kommission [ABl. C 225 30.08.91 S.9] sowie nach den Stellungnahmen des EP [ABl. C 125 18.05.92 S.130] und des WSA [ABl. C 169 06.07.92 S.13]

Übernahme der Verordnung 87/3975/EWG durch das EWR-Abkommen [ABl. L 001 03.01.94 S. 183, 443]

Verordnung 2003/1/EG des Rates vom 16. Dezember 2002 zur Durchführung der in den Artikeln 81 und 82 des Vertrags niedergelegten Wettbewerbsregeln [ABl. L 001 04.01.2003 S.1]

Verordnung 2004/411/EG des Rates vom 26. Februar 2004 zur Aufhebung der Verordnung 87/3975/EWG und zur Änderung der Verordnung 87/3976/EWG sowie der Verordnung 2003/1/EG im Hinblick auf den Luftverkehr zwischen der Gemeinschaft und Drittländern [ABl. L 068 06.03.2004 S.1] — Rechtsetzung auf der Grundlage des Art. 87 (83) EGV, auf Vorschlag der Kommission [KOM (2003) 91 endg.] und nach Stellungnahme des EP [ABl. C 077 E 26.03.2004 S.56] — Aufnahme in den Anhang XIII und das Protokoll 21 des EWR-Abkommens durch den Beschluß 40/2005 des Gemeinsamen EWR-Ausschusses [ABl. L 198 28.07.2005 S.38]

Durchführungsbestimmungen der Kommission

Verordnung 88/4261/EWG der Kommission vom 16. Dezember 1988 über die Beschwerden, Anträge sowie über die Anhörung gemäß der Verordnung 87/3975/EWG des Rates über die Einzelheiten der Anwendung der Wettbewerbsregeln auf Luftfahrtunternehmen [ABl. L 376 31.12.88 S. 10] — Rechtsetzung auf der Grundlage der Verordnung 87/3975/EWG und nach Anhörung des Beratenden Ausschusses für Kartell- und Monopolfragen auf dem Gebiet des Luftverkehrs

Verordnung 93/3666/EG der Kommission vom 15. Dezember 1993 zur Änderung der Verordnungen Nr. 27, 69/1629/EWG, 88/4260/EWG, 88/4261/EWG und 90/2367/EWG im Hinblick auf die Durchführung der in dem Abkommen über den Europäischen Wirtschaftsraum niedergelegten Wettbewerbsregeln [ABl. L 336 31.12.93 S.1]

Übernahme der Verordnung 88/4261/EWG durch das EWR-Abkommen [ABl. L 001 03.01.94 S. 183, 443] — Änderung durch die Akte über den Beitritt Finnlands, Österreichs und Schwedens [ABl. C 241 29.08.94 S.58; ABl. L 001 01.01.95 S.19]

Verordnung 98/2842/EG der Kommission vom 22. Dezember 1998 über die Anhörung in bestimmten Verfahren nach Artikel 85 und 86 EG-Vertrag [ABl. L 354 30.12.98 S.18]

Verordnung 98/2843/EG der Kommission vom 22. Dezember 1998 über die Form, den Inhalt und die anderen Einzelheiten der Anträge und Anmeldungen nach den Verordnungen 68/1017/EWG, 86/4056/EWG und 87/3975/EWG des Rates über die Anwendung der Wettbewerbsregeln auf den Bereich Verkehr [ABl. L 354 30.12.98 S.22]

Verordnung 2004/773/EG der Kommission vom 7. April 2004 über die Durchführung von Verfahren auf der Grundlage der Artikel 81 und 82 EG-Vertrag durch die Kommission [ABl. L 123 27.04.2004 S.18]

einen Verstoß gegen die Artt. 85 oder 86 EWGV (Artt. 81 oder 82 EGV) vor und reichte die Anwendung des normalen Verfahrens nicht aus, um den Bestand des Unternehmens oder des Flugdienstes zu garantieren, so konnte sie den **Beratenden Ausschuß** sehr kurzfristig anrufen, diesem ohne Vorlage eines vorläufigen Entscheidungsentwurfs mündlich berichten sowie die Fluggesellschaft bzw. den Flugdienst durch einstweilige Maßnahmen und zweckdienliche Weisungen schützen. Eine derartige Entscheidung galt für **maximal sechs Monate**; eine Verlängerung um bis zu drei weitere Monate war jedoch möglich. Wurde den Maßnahmen nicht Folge geleistet, so konnte die Kommission ein **Zwangsgeld** verhängen; die betroffenen Unternehmen mußten jedoch die Gelegenheit erhalten, sich zu den Beschwerdepunkten zu äußern *(vgl. Bull. EG 5-1990, S.17; WB 1990, Ziff.72; Bull. EG 3-1991, S.22; Bull. EG 5-1991, S.19; R. Schmid, 1991a, S.22; WB 1991, Ziff.39; G. W. Wenglorz, 1992, S.104f.; J. M. Baumann, 1995, S.131).*

Ausweitung des Geltungsbereichs auf den innergemeinschaftlichen Luftverkehr

Die gemeinschaftlichen Bestimmungen zur Anwendung der Wettbewerbsregeln auf den Luftverkehr erfaßten ursprünglich weder die Inlandsverbindungen der Mitgliedstaaten noch den Luftverkehr zwischen der Gemeinschaft und Drittstaaten. Da die Kommission somit in bezug auf diese Marktsegmente ihre **Ermittlungs- und Durchsetzungsbefugnisse** nicht wahrnehmen konnte, der Europäische Gerichtshof den nationalen Gerichten aber das Recht zuerkannt hatte, auch in diesen Fällen die Artt. 85 und 86 EWGV (Artt. 81 und 82 EGV) anzuwenden, war eine **erhebliche Rechtsunsicherheit** entstanden; hiervon betroffen waren in erster Linie potentiell mißbräuchliche Verhaltensweisen der Unternehmen gemäß Art. 86 EWGV (Art. 82 EGV) und die **Tarifkonsultationen** sowie die **Tarifgenehmigungspraxis** der Mitgliedstaaten *(vgl. WB 1989, Ziff.24).*

Im Zusammenhang mit der Vorlage ihres Memorandums zur Anwendung der Wettbewerbsregeln auf den Luftverkehr [KOM (89) 417 endg.] unterbreitete die Kommission dem Rat deshalb am 8. September 1989 u. a. einen Vorschlag für eine Änderung der Verordnung 87/3975/EWG [ABl. C 248 29.09.89 S.7], der eine Erweiterung des Geltungsbereichs sowohl auf die **Verbindungen innerhalb der Mitgliedstaaten** als auch auf den internationalen **Luftverkehr mit Drittstaaten** vorsah *(vgl. Bull. EG 9-1989, S. 24f.; Bull. EG 12-1989, S.83f.; GB 1989, Ziff.641; WB 1989, Ziff.24; A. Loewenstein, 1991, S.88; G. W. Wenglorz, 1992, S.105).* Da dieser Entwurf nicht konsensfähig war, ersetzte ihn die Kommission am 17. Juli 1991 durch einen neuen Vorschlag [ABl. C 225 30.08.91 S.9], der lediglich eine Ausdehnung auf den innerstaatlichen Gemeinschaftsluftverkehr vorsah *(vgl. Bull. EG 7/8-1991, S.21; WB 1991, Ziff.38).* Die **Verordnung 92/2410/EWG des Rates vom 23. Juli 1992 [ABl. L 240 24.08.92 S.18]** strich dann mit Wirkung vom 25. August 1992 das Wort „internationalen“ aus dem Anwendungsbereich der Grundverordnung; diese galt nunmehr für den gesamten Luftverkehr zwischen Flughäfen der Gemeinschaft *(vgl. Bull. EG 7/8-1992, S.23f.; WB 1992, Ziff.59; K. Jäckel, 1993, S.177; J. M. Baumann, 1995, S.133)*.

Vereinheitlichung der Verfahrensregelungen

Die ab dem 1. Mai 2004 gültige **Verordnung 2003/1/EG des Rates vom 16. Dezember 2002 [ABl. L 001 04.01.2003 S.1]** *(vgl. Band 2, S.36f.)* glich die in der Verordnung 87/3975/EWG enthaltenen Vorschriften zur Kontrolle der freigestellten Absprachen an die reformierten sektorübergreifenden Regelungen an; folgende **luftverkehrsspezifische Bestimmungen** wurden aufgehoben und durch die **allgemeinen Vorgaben** ersetzt: Einleitung und Abschluß von Verfahren; fakultatives Widerspruchsverfahren; Geltungsdauer und Widerruf von Entscheidungen; Zuständigkeiten und Verbindung mit den einzelstaatlichen Behörden; Auskunftsverlangen; Nachprüfungen durch nationale Behörden, die Kommission und den Europäischen Gerichtshof; Geldbußen und Zwangsgelder; Anhörungen Beteiligter und Dritter; Berufsgeheimnis und Veröffentlichung von Entscheidungen *(vgl. Bull. EU 9-2000, S.23; WB 2000, Ziff.37ff.; WB 2001, Ziff.561; WB 2002, Ziff.15ff.)*.

Ausweitung des Geltungsbereichs auf den Luftverkehr mit Drittstaaten

Bereits der in Verbindung mit dem Memorandum zur **Anwendung der Wettbewerbsregeln** auf den Luftverkehr [KOM (89) 417 endg.] am 8. September 1989 vorgelegte **Änderungsvorschlag** [ABl. C 248 29.09.89 S.7] hatte auch eine Erweiterung des Geltungsbereichs der Grundverordnung auf den gemeinschaftlichen Luftverkehr mit Drittstaaten sowie die Aufnahme von Konsultationen für den Fall einer **internationalen Rechtskollision** mit den Vorschriften des Drittstaats oder mit einer bilateralen Vereinbarung zwischen einem Mitgliedstaat und dem Drittland vorgesehen. Im Gegensatz zu den befürwortenden Stellungnahmen des **Europäischen Parlaments** [ABl. C 175 16.07.90 S.204] und des **Wirtschafts- und Sozialausschusses** [ABl. C 112 07.05.90 S.17] lehnte der Rat dieses Ansinnen jedoch ab *(vgl. Bull. EG 9-1989, S.24f.; WB 1989, Ziff.24; A. Loewenstein, 1991, S.88, 94f.; G. W. Wenglorz, 1992, S.105; B. Adkins, 1994, S.58f.; zur exterritorialen Anwendung der Wettbewerbsregeln A. Lücke, 2000, S.46ff.)*.

Nach der Änderung der Ratsverordnung 87/3975/EWG durch die Verordnung 92/2410/EWG konnte die Kommission die Artt. 85 und 86 EWGV (Artt. 81 und 82 EGV) unmittelbar nur auf **innergemeinschaftliche Flüge** anwenden. Wettbewerbsbeschränkende Vereinbarungen auf **Flugstrecken in Drittländer** waren weiterhin nur unter Heranziehung des Art. 89 EWGV (Art. 85 EGV) zu verhindern, der die Kommission zur **Einführung einer übergangsweise gültigen Kontrollregelung** berechtigt, falls keine spezifische Ratsverordnung vorliegt; die Mitgliedstaaten hatten die Möglichkeit, ein Verfahren gemäß Art. 88 EWGV (Art. 84 EGV) einzuleiten. Der Rückgriff auf die primärrechtlichen Bestimmungen führte in der Folge oftmals zu **langwierigen Verfahren mit hohen Kosten und Kompetenzstreitigkeiten**, da sich verschiedene Behörden mit der Prüfung eines Sachverhalts beschäftigen mußten; die bilateralen Abkommen der Mitgliedstaaten mit den jeweiligen Drittstaaten enthielten zumeist keine Bestimmungen zur Anwendung der Wettbewerbsregeln. Verstärkt wurde die Notwendigkeit eines gemeinsamen Vorgehens durch die **vollständige Liberalisierung der Luftverkehrsdienste** in der Gemeinschaft zum 1. April 1997 (Kabotagefreiheit) sowie die **zunehmende Herausbildung von Allianzen** zwischen Luftverkehrsgesellschaften auf den Verbindungen zwischen der Gemeinschaft und Drittstaaten, insbesondere auf der Transatlantikroute. Nach Auffassung der Kommission handelte es sich dabei meist nur vordergründig um reine **Code-sharing-Vereinbarungen**, die eigentlich eine sehr viel weitergehende Zusammenarbeit anstrebten, z. B. in bezug auf die Kapazitätsaufteilung, den Vertrieb, die Tarifbildung, die Flugplanung, die Aufteilung der Einnahmen und das Angebot von Vielfliegerprogrammen *(zum Begriff der Code-sharing-Vereinbarung vgl. W. Pompl, 2002, S. 138 ff.; R. Sterzenbach u. a., 2003, S. 199 ff.)*. Nachteilige Auswirkungen auf den **Wettbewerb im innergemeinschaftlichen Luftverkehr** konnten somit nicht ausgeschlossen werden *(vgl. WB 1996, Ziff. 19, 100 f.; KOM (97) 218 endg., S. 3 ff.; WB 1997, Ziff. 87, 90; zu einem Vergleich der gemeinschaftlichen und US-amerikanischen Regelungen S. Reckewerth, 1993)*.

Aus diesen Gründen veröffentlichte die Kommission am 16. Mai 1997 erneut ein Memorandum über die **Anwendung der Wettbewerbsregeln** auf den Luftverkehr [KOM (97) 218 endg.], das wiederum mit einem Vorschlag zur Erweiterung des Geltungsbereichs der Ratsverordnung 87/3975/EWG auf den Luftverkehr mit Drittstaaten verknüpft war [ABl. C 165 31.05.97 S.13; SEK (1999) 581 endg.], der den Entwurf vom September 1989 ersetzte. Im Unterschied zu den Stellungnahmen des **Europäischen Parlaments** [ABl. C 167 01.06.98 S.300] und des **Wirtschafts- und Sozialausschusses** [ABl. C 095 30.03.98 S.59] mißbilligte der Rat das Vorhaben allerdings zum zweiten Mal *(vgl. WB 1996, Ziff. 99 ff.; Bull. EU 5-1997, S. 25 f.; E. van Ginderachter, 1997, S. 12 ff.; WB 1997, Ziff. 86, 88 f.; H. W. R. Kreis, 1999, S. 147 ff.)*. Angesichts der durch den **Europäischen Gerichtshof** in seinen Urteilen vom 5. November 2002 herbeigeführten Klärung der gemeinschaftlichen und mitgliedstaatlichen **Außenkompetenzen** im Bereich des Luftverkehrs *(vgl. S. 586)* erweiterte schließlich die **Verordnung 2004/411/EG des Rates vom 26. Februar 2004 [ABl. L 068 06.03.2004 S.1]** den Geltungsbereich der nun maßgeblichen Ratsverordnung 2003/1/EG mit Wirkung vom 1. Mai 2004 auch auf den gemeinschaftlichen Luftverkehr mit Drittstaaten. Die Ratsverordnung 87/3975/EWG wurde aufgehoben, da man den allein noch gültigen Regelungen zur Legalausnahme für **technische Vereinbarungen** lediglich deklaratorischen Charakter zubilligte; der Kommissionsvorschlag vom Mai 1997 wurde am 27. September 2005 zurückgezogen [KOM (2005) 462 endg.] *(vgl. WB 2002, Ziff. 108; Bull. EU 1/2-2003, S. 64; WB 2003, Ziff. 124 ff.; M. Negenman, 2003b, S. 13 ff.; Bull. EU 1/2-2004, S. 118 f.; WB 2004, Ziff. 20)*.

2.2.2 Ausführungsbestimmungen der Kommission

Detaillierte Bestimmungen zur Beschwerdeführung und Antragstellung sowie zur Anhörung wurden mit der **Verordnung 88/4261/EWG der Kommission vom 16. Dezember 1988 [ABl. L 376 31.12.88 S.10]** zum 1. Januar 1989 festgelegt. Die Regelungen entsprachen unter Berücksichtigung einiger sektorspezifischer Besonderheiten (Antrag auf Erteilung eines Negativattests; Einreichung des Antrags unter Verwendung des Formblatts AER; Konsultation des Beratenden Ausschusses für Kartell- und Monopolfragen auf dem Gebiet des Luftverkehrs) denjenigen für den Seeverkehr *(vgl. S.133)*. Die **Verordnung 93/3666/EG der Kommission vom 15. Dezember 1993 [ABl. L 336 31.12.93 S.1]** paßte die Durchführungsbestimmungen an die durch das EWR-Abkommen geänderten Rahmenbedingungen an *(vgl. Bull. EG 12-1988, S.64; WB 1988, Ziff.29; M. Dolfen, 1991, S.29; G. W. Wenglorz, 1992, S.70; B. Adkins, 1994, S.59f.)*.

An die Stelle der luftverkehrsspezifischen Bestimmungen traten mit den **Verordnungen 98/2842/EG und 98/2843/EG der Kommission vom 22. Dezember 1998 [ABl. L 354 30.12.98 S.18, 22]** verkehrsträgerübergreifende Verfahrensregeln *(vgl. Bull. EU 12-1998, S.54f.; WB 1998, Ziff.61f.)*. Diese wurden letztendlich zum 1. Mai 2004 durch die aufgrund der Ratsverordnung 2003/1/EG verabschiedeten allgemeinen Durchführungsvorschriften der **Verordnung 2004/773/EG der Kommission vom 7. April 2004 [ABl. L 123 27.04.2004 S.18]** ersetzt *(vgl. Übersicht 45; WB 2004, Ziff.1 ff.; Band 2, S.41f.)*.

2.3 Gruppenfreistellungen im gemeinschaftlichen Luftverkehr

2.3.1 Ermächtigungsverordnung des Rates

Begründung, Anwendungsbereich, Befristung und Inkrafttreten

Auf der Grundlage der **Verordnung 87/3976/EWG des Rates vom 14. Dezember 1987 [ABl. L 374 31.12.87 S.9]**, die am 1. Januar 1988 in Kraft trat und bis zum 30. Juni 1990 zu überprüfen war, sollte die Kommission durch spezielle Verordnungen den Art. 85 Abs. 1 EWGV (Art. 81 Abs. 1 EGV) auf bestimmte Gruppen von Vereinbarungen zwischen Unternehmen, Beschlüssen von Unternehmensvereinigungen und aufeinander abgestimmten Verhaltensweisen für nicht anwendbar erklären; davon betroffen waren **internationale Übereinkommen, zwischenstaatliche Abkommen** sowie **bi- und multilaterale Abmachungen** zwischen den Luftverkehrsgesellschaften. Die Freistellungen verfolgten das Ziel, den Unternehmen den Übergang bei der Anpassung an die mit der Liberalisierung von Marktzugang und Tarifbildung entstandenen neuen Wettbewerbsbedingungen zu erleichtern, ohne dabei die Interessen der Beschäftigten und der Fluggäste zu vernachlässigen. Der **Geltungsbereich der Verordnung** war ursprünglich auf den internationalen Luftverkehr innerhalb der Gemeinschaft beschränkt; aufgrund der Rechte der Alliierten konnte sie zuerst auch im Bundesland Berlin nicht angewendet werden [ABl. L 374 31.12.87 S.26] *(vgl. WB 1987, Ziff.45; N. Argyris, 1989, S.19ff.; A. Kark, 1989, S.138f.; M. Dolfen, 1991, S.29f., 219ff.; A. Loewenstein, 1991, S.72; G. W. Wenglorz, 1992, S.70f.; B. Adkins, 1994, S.63f.; K. St. Eisermann, 1995a, S.240ff.; J. Goh, 1997, S.73ff.; zu den Gruppenfreistellungsverordnungen Übersicht 46)*.

Umfang, Beschränkung und Geltung der Gruppenfreistellungen

Von einer Gruppenfreistellung konnten anfänglich **folgende Bereiche** betroffen sein: gemeinsame Kapazitätsplanung und -koordinierung im Fluglinienverkehr zu / auf verkehrsschwächeren Zeiten / Relationen; Aufteilung von Einnahmen; Konsultationen zur Erstellung von Tarifen, Entgelten und Beförderungsbedingungen; Zuweisung von Zeitnischen und Flugzeitenplanung; gemeinsamer Erwerb, Entwicklung und Betrieb von CRS; technische und betriebliche Tätigkeiten am Boden; Fluggast-, Fracht-, Post- und Gepäckabfertigung; Bordverpflegungsdienste. Die von der Kommission zu erlassenden **Gruppenfreistellungsverordnungen**, deren Geltungszeitraum zuerst bis zum 31. Januar 1991 befristet war, regelten den Umfang der betroffenen Vereinbarungen, Beschlüsse und abgestimmten Verhaltensweisen sowie die zulässigen Beschränkungen und Klauseln und die obligatorischen Klauseln und sonstigen Bedingungen. Zum Zeitpunkt des Inkrafttretens der Regelungen bereits **bestehende Übereinkünfte** waren rückwirkend als freigestellt zu betrachten *(vgl. M. Dolfen, 1991, S.30f., 223ff.; G. W. Wenglorz, 1992, S.71; B. Adkins, 1994, S.64f.; W. Pompl, 2002, S.421).*

Verfahrens- und Sanktionsvorschriften

Vor der Verabschiedung einer Verordnung mußte die Kommission einen **Entwurf** veröffentlichen, zu dem sich alle betroffenen Personen und Organisationen innerhalb einer Frist von mindestens einem Monat äußern konnten. Vor der Bekanntmachung des Entwurfs und dem Erlaß der Verordnung hatte sie den **Beratenden Ausschuß** für Kartell- und Monopolfragen auf dem Gebiet des Luftverkehrs zu konsultieren. Wurde eine mit einer Gruppenfreistellung verbundene **Bedingung oder Auflage** nicht befolgt, so konnte die Kommission zur Abstellung der Zuwiderhandlung Empfehlungen an die Beteiligten aussprechen, bei deren Nichtbeachtung die Unterlassung oder Durchführung bestimmter Verhaltensweisen beschließen, die Gruppenfreistellung durch eine Einzelfreistellung ersetzen oder die Gruppenfreistellung ganz entziehen. Stand eine **freigestellte Abmachung** im Einzelfall mit den Artt. 85 Abs. 3 oder 86 EWGV (Artt. 81 Abs. 3 oder 82 EGV) nicht im Einklang, so konnte die Kommission Empfehlungen an die Beteiligten richten, die Gruppenfreistellung zurückziehen und Zwangsgelder verhängen *(vgl. M. Dolfen, 1991, S.228f., 252ff.).*

Erweiterung auf Konsultationen über Frachtraten und Änderung der Befristungen

Die zur Vorbereitung der **zweiten Liberalisierungsphase** am 8. September 1989 von der Kommission vorgelegte Mitteilung über die Weiterentwicklung der Zivilluftfahrt in der Gemeinschaft [KOM (89) 373 endg.] war u. a. auch mit einem Vorschlag zur Änderung der Gruppenfreistellungsverordnung des Rates verbunden [ABl. C 258 11.10. 89 S.3]. Die **erste Fassung** sah die Abschaffung des Tatbestands der Einnahmenaufteilung, eine begrenzte Gültigkeitsdauer der Kommissionsverordnungen (ohne konkrete Terminvorgabe) und eine unbefristete Geltung der Ratsverordnung vor; die **überarbeitete Fassung** [ABl. C 159 29.06.90 S.17] war dann von bescheideneren Ansprüchen gekennzeichnet. Nach der daraufhin verabschiedeten **Verordnung 90/2344/**

EWG des Rates vom 24. Juli 1990 [ABl. L 217 11.08.90 S.15], die am 12. August 1990 in Kraft trat, konnten Gruppenfreistellungen auch für Konsultationen über Frachtraten gewährt werden. Die Geltungsdauer der Kommissionsverordnungen wurde um 23 Monate bis zum 31. Dezember 1992 verlängert; bis zu diesem Termin wollte der Rat die Grundverordnung erneut überprüfen *(vgl. Bull. EG 7/8-1989, S.64 f.; WB 1989, Ziff.23; Bull. EG 6-1990, S.39 f.; W. F. Ebke u. a., 1990, S.477; WB 1990, Ziff.70; M. Dolfen, 1991, S.226 f.; A. Loewenstein, 1991, S.105; G. W. Wenglorz, 1992, S.103 f.; J. M. Baumann, 1995, S.125 f.; W. Pompl, 2002, S.425).*

Übersicht 46: Gruppenfreistellungsverordnungen des Rates für den Luftverkehr

Verordnung 87/3976/EWG des Rates vom 14. Dezember 1987 zur Anwendung von Artikel 85 Absatz 3 des Vertrages auf bestimmte Gruppen von Vereinbarungen und aufeinander abgestimmten Verhaltensweisen im Luftverkehr [ABl. L 374 31.12.87 S.9] — Rechtsetzung auf der Grundlage des Art. 87 EWGV (Art. 83 EGV), auf Vorschlag der Kommission [ABl. C 182 09.07.84 S.3; KOM (86) 328 endg.] sowie nach den Stellungnahmen des EP [ABl. C 262 14.10.85 S.44; ABl. C 345 21.12.87 S.165] und des WSA [ABl. C 303 25.11.85 S.31]
Verordnung 90/2344/EWG des Rates vom 24. Juli 1990 zur Änderung der Verordnung 87/3976/EWG zur Anwendung von Artikel 85 Absatz 3 des Vertrages auf bestimmte Gruppen von Vereinbarungen und aufeinander abgestimmten Verhaltensweisen im Luftverkehr [ABl. L 217 11.08.90 S.15] — Rechtsetzung auf der Grundlage des Art. 87 EWGV (Art. 83 EGV), auf Vorschlag der Kommission [ABl. C 258 11.10.89 S.3; ABl. C 159 29.06.90 S.17] sowie nach den Stellungnahmen des EP [ABl. C 149 18.06.90 S.265] und des WSA [ABl. C 112 07.05.90 S.17]
Verordnung 92/2411/EWG des Rates vom 23. Juli 1992 zur Änderung der Verordnung 87/3976/EWG zur Anwendung von Artikel 85 Absatz 3 des Vertrages auf bestimmte Gruppen von Vereinbarungen und aufeinander abgestimmten Verhaltensweisen im Luftverkehr [ABl. L 240 24.08.92 S.19] — Rechtsetzung auf der Grundlage des Art. 87 EWGV (Art. 83 EGV), auf Vorschlag der Kommission [ABl. C 225 30.08.91 S.10] sowie nach den Stellungnahmen des EP [ABl. C 241 21.09.92 S.224] und des WSA [ABl. C 169 06.07.92 S.13]
Änderung der Verordnung 87/3976/EWG durch die Akte über den Beitritt Finnlands, Österreichs und Schwedens [ABl. C 241 29.08.94 S.56; ABl. L 001 01.01.95 S.17]
Verordnung 2003/1/EG des Rates vom 16. Dezember 2002 zur Durchführung der in den Artikeln 81 und 82 des Vertrags niedergelegten Wettbewerbsregeln [ABl. L 001 04.01.2003 S.1]
Verordnung 2004/411/EG des Rates vom 26. Februar 2004 zur Aufhebung der Verordnung 87/3975/EWG und zur Änderung der Verordnung 87/3976/EWG sowie der Verordnung 2003/1/EG im Hinblick auf den Luftverkehr zwischen der Gemeinschaft und Drittländern [ABl. L 068 06.03.2004 S.1]

Ausweitung des Geltungsbereichs auf den innergemeinschaftlichen Luftverkehr und Neufassung des Möglichkeitsbereichs

Mit dem ebenfalls am 8. September 1989 publizierten Memorandum zur Anwendung der Wettbewerbsregeln auf den Luftverkehr [KOM (89) 417 endg.] *(vgl. S.379)* war auch ein Vorschlag verbunden, der eine **Erweiterung des Geltungsbereichs** der Gruppenfreistellungsverordnung um den innerstaatlichen Gemeinschaftsverkehr beabsichtigte [ABl. C 248 29.09.89 S.9]. Nach den Stellungnahmen des **Europäischen Parlaments** [ABl. C 175 16.07.90 S.205] und des **Wirtschafts- und Sozialausschusses** [ABl. C 112 07.05.90 S.17] zog die Kommission ihren Entwurf am 7. August 1991 wieder zurück und ersetzte ihn durch einen neuen Vorschlag [ABl. C 225 30.08.91 S. 10], der alle bisher vom Rat nicht angenommenen Aspekte in leicht geänderter Form nochmals zusammenfaßte *(vgl. Bull. EG 9-1989, S.24f.; Bull. EG 12-1989, S.83f.; GB 1989, Ziff.641; WB 1989, Ziff.24; Bull. EG 7/8-1991, S.21f.; A. Loewenstein, 1991, S.87f.; WB 1991, Ziff.38; G. W. Wenglorz, 1992, S.105).*

Die seit dem 27. August 1992 geltende **Verordnung 92/2411/EWG des Rates vom 23. Juli 1992 [ABl. L 240 24.08.92 S.19]** bezog dann auch den nationalen Luftverkehr der Mitgliedstaaten in den Anwendungsbereich ein. Außerdem wurde der **Möglichkeitsbereich für Gruppenfreistellungen** wesentlich verändert: An die Stelle der gemeinsamen Kapazitätsplanung und -koordinierung sowie der Einnahmenaufteilung traten die gemeinsame Flugplanung und -koordinierung sowie der gemeinsame Betrieb neuer Linienflugdienste mit geringem Verkehrsaufkommen; gestrichen wurden die technischen und betrieblichen Tätigkeiten am Boden, die Fluggast-, Fracht-, Post- und Gepäckabfertigung sowie die Bordverpflegungsdienste; die anderen drei Gebiete blieben erhalten. Die **Kommissionsverordnungen** galten für eine bestimmte, in der Grundverordnung jedoch nicht mehr genau spezifizierte Dauer; sie konnten geändert oder aufgehoben werden, wobei die dann gültigen Übereinkünfte innerhalb einer anzugebenden Frist zu ändern waren. Eine **verbindliche Überprüfung** durch den Rat war nicht mehr vorgeschrieben *(vgl. Bull. EG 7/8-1992, S.24; WB 1992, Ziff.59; K. Jäckel, 1993, S.177f.; D. Rogalla u. a., 1994, S.31f.; J. M. Baumann, 1995, S.133; W. Pompl, 2002, S.432).*

Vereinheitlichung der Verfahrensregelungen

Nach der seit dem 1. Mai 2004 wirksamen Neuregelung durch die **Verordnung 2003/1/EG des Rates vom 16. Dezember 2002 [ABl. L 001 04.01.2003 S.1]** *(vgl. Band 2, S.36f.)* muß die Kommission vor der Veröffentlichung eines Entwurfs und vor der Verabschiedung einer Verordnung nun den neugeschaffenen Beratenden Ausschuß für Kartell- und Monopolfragen kontaktieren. Die sektorspezifischen Vorgaben zu dem bei Zuwiderhandlungen einzuhaltenden Verfahren wurden durch die allgemeinen Regelungen ersetzt.

Erweiterung des Geltungsbereichs auf den Luftverkehr mit Drittstaaten

Schon dem Memorandum vom 8. September 1989 zur Anwendung der Wettbewerbsregeln auf den Luftverkehr [KOM (89) 417 endg.] war ein letztendlich **erfolgloser Vorschlag** für eine speziell für den Luftverkehr mit Drittstaaten maßgebliche Grundverordnung beigefügt [ABl. C 248 29.09.89 S.10], den die Kommission nach den Stellungnahmen des **Europäischen Parlaments** [ABl. C 175 16.07.90 S.208] und des **Wirtschafts- und Sozialausschusses** [ABl. C 112 07.05.90 S.17] nochmals abänderte [ABl. C 153 11.06.91 S.21]. In Form und Inhalt entsprach die geplante Rechtsvorschrift im wesentlichen der Ratsverordnung 87/3976/EWG. Der **Gruppenfreistellungsbereich** der für eine begrenzte Zeit gültigen Kommissionsverordnungen sollte zusätzlich Konsultationen über Frachtraten, nicht jedoch die CRS und die Bodenabfertigungsdienste umfassen; ggf. waren im Falle von Zuwiderhandlungen **Verhand-**

lungen mit Drittstaaten aufzunehmen *(vgl. Bull. EG 9-1989, S.24 f.; WB 1989, Ziff. 24; Bull. EG 5-1991, S.19; A. Loewenstein, 1991, S.88; G. W. Wenglorz, 1992, S.105).*

Auch das Memorandum der Kommission vom 16. Mai 1997 über die Anwendung der Wettbewerbsregeln auf den Luftverkehr [KOM (97) 218 endg.] enthielt erneut einen Vorschlag für eine **zweite Grundverordnung** in bezug auf den Drittstaatenverkehr [ABl. C 165 31.05.97 S.14; SEK (1999) 581 endg.], der den Entwurf vom September 1989 ersetzte. Der **Möglichkeitsbereich** umfaßte nun die Planung und Koordinierung der Kapazitäten und Flugpläne, die Einnahmenaufteilung, die Tarifkonsultationen im Personenverkehr, den gemeinsamen Flugbetrieb und die Zuweisung von Zeitnischen; die Kommissionsverordnungen sollten zudem die jeweiligen Flugstrecken angeben. Nach den Stellungnahmen des **Europäischen Parlaments** [ABl. C 167 01.06.98 S. 300] und des **Wirtschafts- und Sozialausschusses** [ABl. C 095 30.03.98 S.59] blieb dieser Vorstoß ebenfalls erfolglos *(vgl. WB 1996, Ziff. 19, 100 f.; Bull. EU 5-1997, S.25 f.; E. van Ginderachter, 1997, S.12 ff.; WB 1997, Ziff. 86).* Eine Erweiterung auf den Luftverkehr mit Drittstaaten erfolgte erst zum 1. Mai 2004 durch die **Verordnung 2004/411/EG des Rates vom 26. Februar 2004 [ABl. L 068 06.03.2004 S.1]**; den Vorschlag vom Mai 1997 nahm die Kommission am 27. September 2005 zurück [KOM (2005) 462 endg.] *(vgl. WB 2002, Ziff. 108; M. Negenman, 2003b, S.13 ff.; WB 2003, Ziff. 124 ff.; WB 2004, Ziff. 20; S.381).*

2.3.2 Abstimmung der Kapazitäten im Luftverkehr

2.3.2.1 Kapazitätsplanung und -koordinierung

Aufgrund der in der Ratsverordnung 87/3976/EWG formulierten Ermächtigung legte die Kommission mit der **Verordnung 88/2671/EWG vom 26. Juli 1988 [ABl. L 239 30.08.88 S.9]** *(vgl. Übersicht 47)* für die Zeit vom 31. August 1988 bis zum 31. Januar 1991 die Voraussetzungen für die Gewährung einer Gruppenfreistellung vom Art. 85 Abs. 1 EWGV (Art. 81 Abs. 1 EGV) in bezug auf folgende Tätigkeiten fest:

— Planung und Koordinierung der Kapazität;

— Aufteilung der Einnahmen *(vgl. S.389)*;

— Konsultationen im Hinblick auf die Ausarbeitung von Tarifvorschlägen *(vgl. S.391)*;

— Zuweisung von Zeitnischen und Planung der Flugzeiten *(vgl. S.394).*

Die Gruppenfreistellungen konnten entzogen werden, wenn die Wirkungen mit Art. 85 Abs. 3 EWGV (Art. 81 Abs. 3) unvereinbar oder nach Art. 86 EWGV (Art. 82 EGV) verboten waren *(vgl. Bull. EG 4-1988, S.31; Bull. EG 7/8-1988, S.33; WB 1988, Ziff. 28; A. Kark, 1989, S.139 ff.; M. Dolfen, 1991, S.229 f.).*

Eine Gruppenfreistellung für die gemeinsame **Kapazitätsplanung und -koordinierung** im innergemeinschaftlichen grenzüberschreitenden Linienflugverkehr, mit der vor allem die Wettbewerbsfähigkeit kleinerer Gesellschaften und die Dauerhaftigkeit der Dienste gefördert werden sollte, war nur unter **folgenden Bedingungen** möglich:

Die Ergebnisse der Planung und Koordinierung waren nicht bindend; das Verfahren bewirkte eine akzeptable Verteilung der Flugdienste auf „verkehrsschwächere Tages-, Wochen- oder Jahreszeiten oder Flugstrecken“; es lag keine direkte oder indirekte Kapazitätsbeschränkung oder -aufteilung zwischen den Gesellschaften vor; die Kapazitäts- und Flugzeitenprogramme konnten ohne Zahlung einer Vertragsstrafe und ohne vorherige Zustimmung der anderen Unternehmen geändert werden; die Beteiligung an der Planung und Koordinierung für spätere Flugplanperioden konnte unter Einhaltung einer Kündigungsfrist von drei Monaten ohne Vertragsstrafe beendet werden; Kapazitäten und Flugzeiten nichtbeteiligter Luftfahrtgesellschaften wurden nicht beeinflußt *(vgl. N. Argyris, 1989, S.24f.; A. Kark, 1989, S.139f.; M. Dolfen, 1991, S.230f.; G. W. Wenglorz, 1992, S.74; A. Tettenborn, 1993, S.291f.; W. R. Teuscher, 1994, S.100; zum Begriff der Kapazitätsplanung R. Sterzenbach u. a., 2003, S.246ff.).*

Die **Verordnung 91/84/EWG der Kommission vom 5. Dezember 1990 [ABl. L 010 15.01.91 S.14]** übernahm die vorstehenden Voraussetzungen mit einer geringfügigen Modifizierung bis zum 31. Dezember 1992; die Planung und Koordinierung mußte jetzt zu einem besseren Angebot an Flugdiensten zu verkehrsärmeren Tages- oder Jahreszeiten bzw. auf wenig frequentierten Strecken führen oder die Anschlußflüge erleichtern *(vgl. Bull. EG 12-1990, S.45; WB 1990, Ziff.71; G. W. Wenglorz, 1992, S.108 f.; W. R. Teuscher, 1994, S.101)*. Die **Verordnung 92/3618/EWG der Kommission vom 15. Dezember 1992 [ABl. L 367 16.12.92 S.16]** verlängerte die Geltungsdauer der Regelungen bis zum 30. Juni 1993 *(vgl. Bull. EG 12-1992, S.70; WB 1992, Ziff. 293)*; danach waren gemäß der Ratsverordnung 92/2411/EWG *(vgl. S.385)* die Bestimmungen für die Planung und Koordinierung von Flugplänen maßgeblich.

2.3.2.2 Planung und Koordinierung von Flugplänen

Die vom 1. Juli 1993 bis zum 30. Juni 1998 gültigen Bestimmungen zur Freistellung von Beschlüssen, Vereinbarungen und aufeinander abgestimmten Verhaltensweisen, die die gemeinsame Aufstellung und Koordinierung von Flugplänen für innergemeinschaftliche Luftverkehrsdienste betrafen (und damit auch den innerstaatlichen Linien- und den gesamten Charterluftverkehr einbezogen), umfaßten einen Teilaspekt, der zuvor durch die Vorschriften zur Kapazitätsplanung und -koordinierung abgedeckt worden war. Die **Verordnung 93/1617/EWG der Kommission vom 25. Juni 1993 [ABl. L 155 26.06.93 S.18]** *(vgl. Übersicht 47)* formulierte deshalb auch im wesentlichen dieselben Voraussetzungen: Sicherstellung eines befriedigenden Angebots von Flugdiensten für verkehrsschwächere Jahres- oder Tageszeiten und Strecken mittels unverbindlicher Absprachen; verpflichtende Festlegung von Flugplänen zwecks Verbesserung der Teilstreckenanschlüsse zwischen den bisher angebotenen Flugdiensten und Bestimmung der anzubietenden Mindestkapazität; keine Begrenzung oder Aufteilung der bereitzustellenden Kapazität; Möglichkeit des Angebots zusätzlicher Flugdienste; Beendigung der Zusammenarbeit mit einer Kündigungsfrist von maximal drei Monaten ohne Vertragsstrafe; keine Beeinflussung der Flugpläne unbeteiligter Luftfahrtunternehmen. Nach wie vor konnten Gruppenfreistellungen zurückgezogen werden, wenn die Absprachen mit Art. 85 Abs. 3 EWGV (Art. 81 Abs. 3 EGV) nicht vereinbar

Übersicht 47: Gruppenfreistellungsverordnungen der Kommission für den Luftverkehr

Verordnung 88/2671/EWG der Kommission vom 26. Juli 1988 zur Anwendung von Artikel 85 Absatz 3 des Vertrages auf Gruppen von Vereinbarungen zwischen Unternehmen, Beschlüssen von Unternehmensvereinigungen oder aufeinander abgestimmten Verhaltensweisen zur gemeinsamen Planung und Koordinierung der Kapazität, der Aufteilung der Einnahmen, der Tarifkonsultationen im Fluglinienverkehr sowie der Zuweisung von Zeitnischen auf Flughäfen [ABl. L 239 30.08.88 S.9] — Rechtsetzung auf der Grundlage der Verordnung 87/3976/EWG, nach Entwurf der Kommission [ABl. C 138 28.05.88 S.3], Stellungnahme des WSA [ABl. C 237 12.09.88 S.6] und Anhörung des Beratenden Ausschusses für Kartell- und Monopolfragen auf dem Gebiet des Luftverkehrs — Vermerk 88/C 257/04 der Kommission betreffend Verfahren zur Vorlage von Mitteilungen an die Kommission gemäß den Artikeln 4 und 5 der Verordnung 88/2671/EWG [ABl. C 257 04.10.88 S.6] — Mitteilung 89/C 119/04 der Kommission über die Anwendung von Artikel 4 Absatz 1 Buchstabe a) der Verordnung 88/2671/EWG [ABl. C 119 13.05.89 S.6]

Verordnung 91/84/EWG der Kommission vom 5. Dezember 1990 zur Anwendung von Artikel 85 Absatz 3 des Vertrages auf Gruppen von Vereinbarungen zwischen Unternehmen, Beschlüssen von Unternehmensvereinigungen oder aufeinander abgestimmten Verhaltensweisen zur gemeinsamen Planung und Koordinierung der Kapazität, der Aufteilung der Einnahmen, der Tarifkonsultationen im Fluglinienverkehr sowie der Zuweisung von Zeitnischen auf Flughäfen [ABl. L 010 15.01.91 S.14] — Rechtsetzung auf der Grundlage der Verordnung 87/3976/EWG, nach Entwurf der Kommission [ABl. C 211 24.08.90 S.2], Stellungnahme des WSA [ABl. C 041 18.02.91 S.54] und Anhörung des Beratenden Ausschusses für Kartell- und Monopolfragen auf dem Gebiet des Luftverkehrs

Verordnung 92/3618/EWG der Kommission vom 15. Dezember 1992 zur Anwendung von Artikel 85 Absatz 3 EWG-Vertrag auf Gruppen von Vereinbarungen, Beschlüssen und aufeinander abgestimmten Verhaltensweisen im Luftverkehr [ABl. L 367 16.12.92 S.16] — Rechtsetzung auf der Grundlage der Verordnung 87/3976/EWG

Verordnung 93/1617/EWG der Kommission vom 25. Juni 1993 zur Anwendung von Artikel 85 Absatz 3 EWG-Vertrag auf Gruppen von Vereinbarungen, Beschlüssen und aufeinander abgestimmten Verhaltensweisen betreffend die gemeinsame Planung und Koordinierung von Flugplänen, den gemeinsamen Betrieb von Flugdiensten, Tarifkonsultationen im Personen- und Frachtlinienverkehr sowie die Zuweisung von Zeitnischen auf Flughäfen [ABl. L 155 26.06.93 S.18] — Rechtsetzung auf der Grundlage der Verordnung 87/3976/EWG, nach Entwurf der Kommission [ABl. C 253 30.09.92 S.5], Stellungnahme des WSA [ABl. C 019 25.01.93 S.44] und Anhörung des Beratenden Ausschusses für Kartell- und Monopolfragen auf dem Gebiet des Luftverkehrs — Aufnahme in den Anhang XIV des EWR-Abkommens durch den Beschluß 7/94 des Gemeinsamen EWR-Ausschusses [ABl. L 160 28.06.94 S.130] — Änderung durch die Akte über den Beitritt Finnlands, Österreichs und Schwedens [ABl. C 241 29.08.94 S.61; ABl. L 001 01.01.95 S. 22]

Verordnung 96/1523/EG der Kommission vom 24. Juli 1996 zur Änderung der Verordnung 93/1617/EWG zur Anwendung von Artikel 85 Absatz 3 EWG-Vertrag auf Gruppen von Vereinbarungen, Beschlüssen und aufeinander abgestimmten Verhaltensweisen betreffend die gemeinsame Planung und Koordinierung von Flugplänen, den gemeinsamen Betrieb von Flugdiensten, Tarifkonsultationen im Personen- und Frachtlinienverkehr sowie die Zuweisung von Zeitnischen auf Flughäfen [ABl. L 190 31.07.96 S.11] — Rechtsetzung auf der Grundlage der Verordnung 87/3976/EWG, nach Entwurf der Kommission [ABl. C 322 02.12.95 S.15] und Anhörung des Beratenden Ausschusses für Kartell- und Monopolfragen auf dem Gebiet des Luftverkehrs — Aufnahme in den Anhang XIV des EWR-Abkommens durch den Beschluß 65/96 des Gemeinsamen EWR-Ausschusses [ABl. L 071 13.03.97 S.38]

Verordnung 1999/1083/EG der Kommission vom 26. Mai 1999 zur Änderung der Verordnung 93/1617/EWG zur Anwendung von Artikel 85 Absatz 3 EWG-Vertrag auf Gruppen von Vereinbarungen, Beschlüssen und aufeinander abgestimmten Verhaltensweisen betreffend die gemein-

same Planung und Koordinierung von Flugplänen, den gemeinsamen Betrieb von Flugdiensten, Tarifkonsultationen im Personen- und Frachtlinienverkehr sowie die Zuweisung von Zeitnischen auf Flughäfen [ABl. L 131 27.05.1999 S.27] — Rechtsetzung auf der Grundlage der Verordnung 87/3976/EWG, nach Entwurf der Kommission [ABl. C 369 28.11.98 S.2] und Anhörung des Beratenden Ausschusses für Kartell- und Monopolfragen auf dem Gebiet des Luftverkehrs — Aufnahme in den Anhang XIV des EWR-Abkommens durch den Beschluß 87/1999 des Gemeinsamen EWR-Ausschusses [ABl. L 296 23.11.2000 S.47]
Verordnung 2001/1324/EG der Kommission vom 29. Juni 2001 zur Änderung der Verordnung 93/1617/EWG in Bezug auf Tarifkonsultationen im Personen- und Frachtlinienverkehr sowie die Zuweisung von Zeitnischen auf Flughäfen [ABl. L 177 30.06.2001 S.56] — Rechtsetzung auf der Grundlage der Verordnung 87/3976/EWG, nach Entwurf der Kommission [ABl. C 107 07.04. 2001 S.4] und Anhörung des Beratenden Ausschusses für Kartell- und Monopolfragen auf dem Gebiet des Luftverkehrs — Aufnahme in den Anhang XIV des EWR-Abkommens durch den Beschluß 96/2001 des Gemeinsamen EWR-Ausschusses [ABl. L 251 20.09.2001 S.23]
Verordnung 2002/1105/EG der Kommission vom 25. Juni 2002 zur Änderung der Verordnung 93/1617/EWG in Bezug auf Tarifkonsultationen im Personenverkehr sowie die Zuweisung von Zeitnischen auf Flughäfen [ABl. L 167 26.06.2002 S.6] — Rechtsetzung auf der Grundlage der Verordnung 87/3976/EWG, nach Entwurf der Kommission [ABl. C 089 13.04.2002 S.2] und Anhörung des Beratenden Ausschusses für Kartell- und Monopolfragen auf dem Gebiet des Luftverkehrs — Aufnahme in den Anhang XIV des EWR-Abkommens durch den Beschluß 137/2002 des Gemeinsamen EWR-Ausschusses [ABl. L 336 12.12.2002 S.40]
Änderung der Verordnung 93/1617/EWG durch die Beitrittsakte von 2003 [ABl. L 236 23.09. 2003 S.345]

waren oder gemäß Art. 86 EWGV (Art. 82 EGV) verbotene Wirkungen hatten *(vgl. Bull. EG 11-1992, S.29f.; Bull. EG 6-1993, S.45; WB 1993, Ziff.136; B. Adkins, 1994, S.67f.; K. St. Eisermann, 1995a, S.243f.; J. Goh, 1997, S.73f.)*. Die **Verordnung 1999/1083/EG der Kommission vom 26. Mai 1999 [ABl. L 131 27.05.1999 S.27]** sah ab dem 1. Juli 1998 für die Planung und Koordinierung von Flugplänen keine Gruppenfreistellung mehr vor; entsprechende Vereinbarungen wurden meistens im Rahmen von Allianzen getroffen, denen aufgrund ihres umfassenden Regelungsgehalts lediglich der Vorteil einer Einzelfreistellung gewährt werden konnte *(vgl. WB 1999, Ziff.90 f.; M. Hartmann-Rüppel, 2002, S.38; zum Begriff der Flugplanung R. Sterzenbach u. a., 2003, S.266ff.)*.

2.3.3 Poolabkommen im Luftverkehr

2.3.3.1 Einnahmenaufteilung

Die Erteilung einer Gruppenfreistellung für die Aufteilung von Einnahmen aus dem grenzüberschreitenden Linienflugverkehr sollte ebenfalls die Existenz kleinerer Unternehmen sichern, aber auch eine gleichmäßigere zeitliche Verteilung des Diensteangebots fördern. Gemäß der **Verordnung 88/2671/EWG der Kommission vom 26. Juli 1988 [ABl. L 239 30.08.88 S.9]** *(vgl. Übersicht 47)* galten hierfür vom 31. August 1988 bis zum 31. Januar 1991 die nachstehenden Bedingungen: Die Übertragung erfolgte als Ausgleich für Nachteile, die aus der Abwicklung von Flügen zu verkehrsschwachen Jahres-, Wochen- oder Tageszeiten innerhalb einer bestimmten Flugplanperiode resultierten; der Transfer wurde nur in einer Richtung abgewickelt; die Höhe der Übertragung war auf 1 % der relevanten Einnahmen auf einer bestimmten Strecke begrenzt; es fand keine Kostenaufteilung statt; jedes Unternehmen konnte weiterhin zusätzliche Kapazitäten bereitstellen; waren mehrere Strecken von einer Vereinbarung betroffen, so war die Einnahmenübertragung unter Einhaltung der anderen Bedingungen für jede einzelne Strecke zu bestimmen *(vgl. N. Argyris, 1989, S.25f.; A. Kark, 1989, S.140; M. Dolfen, 1991, S.231f.; G. W. Wenglorz, 1992, S.73f.; A. Tettenborn, 1993, S.292; W. R. Teuscher, 1994, S.100)*. Die **Verordnung 91/84/EWG der Kommission vom 5. Dezember 1990 [ABl. L 010 15.01.91 S.14]** beinhaltete für die Einnahmenaufteilung keine Gruppenfreistellung mehr, da diese Form der Zusammenarbeit zugunsten weniger wettbewerbsbeschränkender Strukturen aufgegeben worden war *(vgl. Bull. EG 12-1990, S.45; WB 1990, Ziff.71; G. W. Wenglorz, 1992, S.108)*; auf der Grundlage der Ratsverordnung 92/2411/EWG *(vgl. S.385)* wurden die Regelungen ab dem 1. Juli 1993 im Rahmen der für den gemeinsamen Betrieb von Flugdiensten maßgeblichen Vorgaben weitergeführt *(zum Begriff des Poolabkommens vgl. A. Kark, 1989, S.83ff.; K. Jäckel, 1991, S.70ff.; G. W. Wenglorz, 1992, S.24ff.; W. Pompl, 2002, S.138; R. Sterzenbach u. a., 2003, S.197f.)*.

2.3.3.2 Gemeinsamer Betrieb von Flugdiensten

Für Beschlüsse, Vereinbarungen und aufeinander abgestimmte Verhaltensweisen, die den gemeinsamen Betrieb von Linienflügen in der Gemeinschaft betrafen, konnte nach der **Verordnung 93/1617/EWG der Kommission vom 25. Juni 1993 [ABl. L 155 26. 06.93 S.18]** *(vgl. Übersicht 47)* vom 1. Juli 1993 bis zum 30. Juni 1998 eine Gruppenfreistellung gewährt werden, sofern folgende **Bedingungen** erfüllt waren: Beteiligung eines Luftfahrtunternehmens an den Einnahmen und Kosten einer kleineren Gesellschaft mit dem Ziel, die Aufnahme oder Beibehaltung eines Flugdienstes zu erleichtern; auf der betreffenden Strecke existierte in den vier vorangegangenen Flugplanperioden kein direkter Flugdienst, oder die jährliche Kapazität war in jeder Richtung geringer als 30.000 Sitze (bzw. 60.000 Sitze, sofern die Strecke länger als 750 km war und höchstens zweimal täglich bedient wurde); zusätzlich zum gemeinsamen Flugdienst stellte der Betreiber auf einem der betroffenen Flughäfen höchstens eine Kapazität von 90.000 Sitzen pro Jahr bereit; die Jahreseinnahmen des Anbieters aus gemeinschaftlichen Luftverkehrsdiensten betrugen maximal 400 Mio. ECU; beide Parteien konnten auf der bewußten Strecke Flugdienste auf eigene Rechnung offerieren sowie die Kapazität, die Tarife und die Flugpläne unabhängig voneinander bestimmen; der gemeinsame Betrieb war auf drei Jahre begrenzt und konnte zum Ende einer Flugplanperiode mit einer Kündigungsfrist von bis zu drei Monaten beendet werden. Die Gruppenfreistellung sollte insbesondere dann zurückgezogen werden, wenn der gemeinsame Flugdienst keinem wirksamen Wettbewerb durch andere Flugdienste auf dieser Relation oder zwischen nahegelegenen Flughäfen bzw. durch andere Verkehrsträger ausgesetzt war *(vgl. Bull. EG 11-1992, S.29f.; Bull. EG 6-1993, S.45; WB 1993, Ziff.136; B. Adkins, 1994, S.68f.; K. St. Eisermann, 1995a, S.244f.; J. Goh, 1997, S.74f.)*. Aus den

o. a. Gründen beendete die **Verordnung 1999/1083/EG der Kommission vom 26. Mai 1999 [ABl. L 131 27.05.1999 S.27]** zum 1. Juli 1998 auch die Möglichkeit der Gewährung einer Gruppenfreistellung für den gemeinsamen Betrieb von Flugdiensten *(vgl. WB 1999, Ziff. 90 f.; M. Hartmann-Rüppel, 2002, S.38).*

2.3.4 Tarifkonsultationen im Luftverkehr

Besondere Voraussetzungen für die Gewährung einer Gruppenfreistellung legte die **Verordnung 88/2671/EWG der Kommission vom 26. Juli 1988 [ABl. L 239 30.08. 88 S.9]** *(vgl. Übersicht 47)* auch in bezug auf Vereinbarungen, Beschlüsse und aufeinander abgestimmte Verhaltensweisen fest, die die Durchführung von Konsultationen über die gemeinsame Ausarbeitung von Tarifvorschlägen für den internationalen Personenlinienverkehr innerhalb der Gemeinschaft betrafen. Für die Zeit vom 31. August 1988 bis zum 31. Januar 1991 waren dabei folgende **Bedingungen** einzuhalten: Die Konsultationen bezogen sich nur auf unmittelbar an ein teilnehmendes Luftfahrtunternehmen gezahlte Flugpreise und deren Handhabung; sie betrafen ausschließlich genehmigte Tarife und umfaßten nicht die Bereitstellung von Kapazitäten; die Tarife diskriminierten nicht nach der Staatsangehörigkeit oder dem Wohnsitz der Fluggäste; die Teilnahme an den Konsultationen war freiwillig; die Tarifvorschläge waren nicht bindend (Einreichung eigener Vorschläge zur Genehmigung, unabhängige Anwendung der Tarife); die Konsultationen umfaßten keine Abmachungen über „Entgelte für Agenturen oder sonstige Bestandteile der erörterten Tarife"; die Vorlage der Tarife bei den nationalen Luftverkehrsbehörden wurde der Kommission unverzüglich mitgeteilt. Die Kommission und die betreffenden Mitgliedstaaten durften **Beobachter** zu den Tarifkonsultationen schicken; spätestens sechs Wochen nach den Konsultationen war der Kommission ein diesbezüglicher Bericht vorzulegen *(vgl. N. Argyris, 1989, S.26 ff.; A. Kark, 1989, S.140; M. Dolfen, 1991, S.232 ff.; A. Loewenstein, 1991, S.75; W. R. Teuscher, 1994, S.100; G. W. Wenglorz, 1992, S.72 f.; A. Tettenborn, 1993, S.281 ff.; zur Tarifkoordinierung R. Sterzenbach u. a., 2003, S.331 ff.).*

In ihrer Mitteilung 89/C 119/04 vom 13. Mai 1989 [ABl. C 119 13.05.89 S.6] stellte die Kommission bezüglich der Erarbeitung von Tarifvorschlägen sowie der unmittelbaren Zahlung und der Handhabung der Entgelte klar, daß die infolge der TC2-Europa-Konferenz vorgeschlagenen Regeln für IATA-Konsultationen über Flugpreise bei **Inklusiv- bzw. Gruppeninklusivreisen** (Risiko für nicht verkaufte Charterplätze verbleibt bei der Fluggesellschaft; Mindesttourpreise werden nicht erörtert; Flugpreis steht im Flugschein oder wird dem Fluggast mitgeteilt; Flugschein ist auf andere Linien übertragbar; Flugpreis wird nach Genehmigung der Tourvereinbarungen durch die Fluggesellschaft für den öffentlichen Verkauf freigegeben) für eine entsprechende Gruppenfreistellung ausreichend waren; bestimmte **andere Voraussetzungen** (Tarifgenehmigung, Nichteinbeziehung von Kapazitäten, Beobachter der Kommission bei Tarifkonsultationen) mußten jedoch erfüllt sein *(vgl. WB 1989, Ziff. 22).*

Im Vorgriff auf die Liberalisierung des gemeinschaftlichen Luftfrachtverkehrs bezog die **Verordnung 91/84/EWG der Kommission vom 5. Dezember 1990 [ABl. L 010**

15.01.91 S.14] ab dem 1. Februar 1991 auch Tarifkonsultationen bezüglich der Frachtbeförderung im innergemeinschaftlichen grenzüberschreitenden Linienverkehr in den Anwendungsbereich ein. Die bisher bereits für den internationalen Personenlinienverkehr maßgeblichen **Voraussetzungen** galten nun mit einigen Abänderungen für beide Verkehrsformen. Gestrichen wurden die Vorgaben zur gemeinsamen Erarbeitung von Vorschlägen und zur Tarifgenehmigung; nicht mehr erforderlich war die Vorlage der Tarife bei der nationalen Behörde, sondern die vorgelegten Tarife waren der Kommission zu melden. Andererseits mußten sich die Konsultationen nun auch überwiegend auf den Teilstreckenverkehr beziehen, wobei ein Unternehmen ein anderes im Rahmen von **Interlining-Vereinbarungen** ermächtigt, zur Beförderung auf seinen eigenen Strecken Beförderungsdokumente auszustellen, zu ergänzen oder zu ändern (Ablehnung bei objektiven und diskriminierungsfreien Gründen technischer oder wirtschaftlicher Art) *(vgl. Bull. EG 12-1990, S.45; WB 1990, Ziff.73 f.; zum Begriff der Interlining-Vereinbarung W. Pompl, 2002, S.136 f.; R. Sterzenbach u. a., 2003, S.196 f.).* Eine Gruppenfreistellung konnte von der Kommission jetzt insbesondere zurückgezogen werden, wenn die mit Art. 85 Abs. 3 EWGV unvereinbaren oder nach Art. 86 EWGV (Artt. 81 Abs. 3 oder 82 EGV) verbotenen Wirkungen in der Ausschaltung des Preiswettbewerbs auf einer Strecke bestanden. Diese Bestimmungen waren ursprünglich bis zum 31. Dezember 1992 befristet, wurden jedoch mit der **Verordnung 92/3618/EWG der Kommission vom 15. Dezember 1992 [ABl. L 367 16.12.92 S.16]** bis zum 30. Juni 1993 verlängert *(vgl. WB 1989, Ziff.22; WB 1990, Ziff.71; Bull. EG 12-1992, S.70; WB 1992, Ziff.293; G. W. Wenglorz, 1992, S.19 f., 107 f.; H.-Ch. Rosien, 1993, S.109 ff.; W. R. Teuscher, 1994, S.101).*

Die seit dem 1. Juli 1993 gültige und zuerst bis zum 30. Juni 1998 verbindliche **Verordnung 93/1617/EWG der Kommission vom 25. Juni 1993 [ABl. L 155 26.06.93 S.18]** beinhaltete für Beschlüsse, Vereinbarungen und aufeinander abgestimmte Verhaltensweisen hinsichtlich der Konsultationen über Tarife nach wie vor eine Gruppenfreistellung. Unter Berücksichtigung der mit der zweiten Liberalisierungsstufe vollzogenen Erweiterung des Anwendungsbereichs der Preisbildungsvorschriften war sie damit anfangs auch für den **nationalen Personen- und Frachtlinienverkehr** maßgeblich. Die einschlägigen Bedingungen wurden wie folgt modifiziert: Die Konsultationen müssen der Vereinbarung des Teilstreckenverkehrs dienen (ein Beförderungsdokument für Flugdienste verschiedener Unternehmen mit einheitlichen Vorgaben für Preise und Konditionen; Umbuchung auf den Flugdienst eines anderen Anbieters); jedes Unternehmen meldet die Tarife, die nicht Gegenstand der Konsultationen waren, den nationalen Behörden *(vgl. Bull. Bull. EG 11-1992, S.29 f.; EG 6-1993, S.45; WB 1993, Ziff.136; B. Adkins, 1994, S.70 f.; K. St. Eisermann, 1995a, S.127 ff., 245 f.; J. Goh, 1997, S.75; M. Hartmann-Rüppel, 2002, S.38).*

Die Mitteilung der Kommission vom 1. Juni 1994 über die Zivilluftfahrt in Europa auf dem Weg in die Zukunft [KOM (94) 218 endg.] begründete die Beibehaltung der Gruppenfreistellung für Tarifkonsultationen dann auch mit der im Rahmen der IATA gängigen Praxis, die vor allem eine **Förderung des Interlining** anstrebte. Vermieden werden mußten nach Ansicht der Kommission aber unbedingt die Entstehung von Preiskartellen und eine verbindliche Teilnahme an den Konsultationen. Auf Gemeinschaftsebene sollte die Gruppenfreistellung vorerst bestehen bleiben; allerdings wollte die Kommission weiterhin die **Auswirkungen auf den Wettbewerb** verfolgen und die Kostenentwicklung in ihre Überlegungen einbeziehen *(vgl. Bull. EU 6-1994, S.62f.; KOM (94) 218 endg., S.12f.)*. Erste Untersuchungen legten dann nahe, daß Tarifkonsultationen aufgrund ihrer geringen Zahl und ihres weitgehend bilateralen Charakters keinen entscheidenden Beitrag mehr zum Abschluß von Interlining-Vereinbarungen leisteten. Statt dessen führten sie im Teilstreckenverkehr und auch bei anderen Transportvorgängen zu **überhöhten Tarifen**; die infolge von Konsultationen ausgehandelten Entgelte lagen um bis zu 70 % über den marktüblichen Preisen. Viele Unternehmen, die nicht an Tarifkonsultationen teilnahmen, beförderten dennoch im Rahmen von Teilstreckenvereinbarungen; deren Anteil am Sendungsaufkommen war zudem von 30 % (1991) auf 11 % (1994) zurückgegangen. Darüber hinaus erschien ein Zeitraum von acht Jahren als ausreichend, um sich an ein stärker wettbewerbsorientiertes Umfeld anzupassen. Die **Verordnung 96/1523/EG der Kommission vom 24. Juli 1996 [ABl. L 190 31.07.96 S.11]**, die am 20. August 1996 in Kraft trat, hob deshalb die Gruppenfreistellung für Konsultationen über Frachtraten zum 30. Juni 1997 wieder auf *(vgl. Bull. EU 10-1995, S.24f.; GB 1995, Ziff.144; WB 1995, Ziff.74f.; Bull. EU 7/8-1996, S. 28; WB 1996, Ziff.92f.; J. Goh, 1997, S.75f.)*.

Die **Verordnung 1999/1083/EG der Kommission vom 26. Mai 1999 [ABl. L 131 27. 05.1999 S.27]** verlängerte die Geltungsdauer der bis zum 30. Juni 1998 gültigen Bestimmungen für die Gruppenfreistellung von **Tarifkonsultationen im Personenlinienluftverkehr** vorläufig bis zum 30. Juni 2001 *(vgl. Bull. EU 7/8-1998, S.24; WB 1999, Ziff.90, 92)*. Da eine im Februar 2001 von der Kommission auf der Grundlage eines Sondierungspapiers eingeleitete Anhörung zur Frage der Beibehaltung bzw. der zukünftigen Ausgestaltung der Freistellung erst gegen Ende 2001 abgeschlossen werden sollte, dehnte die **Verordnung 2001/1324/EG der Kommission vom 29. Juni 2001 [ABl. L 177 30.06.2001 S.56]** den Anwendungszeitraum nochmals bis zum 30. Juni 2002 aus *(vgl. WB 2001, Ziff.149ff.)*. In ihren Stellungnahmen vertrat die Mehrheit der Befragten die Auffassung, daß die im Rahmen der Tarifkonferenzen der IATA beschlossenen multilateralen Interlining-Vereinbarungen für die Unternehmen mehr **wirtschaftliche Vorteile** und für die Passagiere vielfältigere Möglichkeiten sowie eine größere Auswahl an **flexiblen Flugtarifen** mit sich brächten, als dies bei Anwendung anderer Verfahren zu erwarten wäre; die durch die Preisfestlegung hervorgerufenen Wettbewerbsbeschränkungen sollten in Kauf genommen werden. Die Gruppenfreistellung für Tarifkonsultationen im Personenlinienverkehr wurde deshalb mit der **Verordnung 2002/1105/EG der Kommission vom 25. Juni 2002 [ABl. L 167 26.06. 2002 S.6]** bis zum 30. Juni 2005 verlängert. Um eine erneute Überprüfung zu vereinfachen, wurde die Freistellung mit der Auflage verbunden, daß die an den Konsultationen teilnehmenden Luftverkehrsunternehmen für jede IATA-Saison ab dem 1. September 2002 Daten über den **relativen Anteil** der im Rahmen der Konsultationen **festgesetzten Flugtarife** sowie den Grad der Nutzung diesbezüglicher und sonstiger **Flugscheine** für Interlining-Flüge sammeln sollten. Im Hinblick auf die Weitergeltung der Gruppenfreistellung leitete die Kommission am 30. Juni 2004 eine Konsultation ein; die Stellungnahmen veranlaßten sie zur Veröffentlichung eines Diskussionspapiers *(vgl. WB 2002, Ziff.104ff.; WB 2004, Ziff.21f.)*.

2.3.5 Zuweisung von Zeitnischen und Planung von Flugzeiten

Das Ziel einer Gruppenfreistellung von Absprachen, die die Zuweisung von Zeitnischen und die Planung von Flugzeiten zum Gegenstand haben, besteht vorrangig in der verbesserten Nutzung der Flughafen- und Luftraumkapazität, einer einfacheren Luftverkehrskontrolle und einer besseren Staffelung des Diensteangebots. Nach Maßgabe der **Verordnung 88/2671/EWG der Kommission vom 26. Juli 1988 [ABl. L 239 30. 08.88 S.9]** *(vgl. Übersicht 47)* galten hierfür vom 31. August 1988 bis zum 31. Januar 1991 in bezug auf den internationalen Gemeinschaftsluftverkehr die nachstehenden **Voraussetzungen**: allgemeine Zugänglichkeit der Konsultationen; die Vorrangregeln waren unabhängig von der Identität, der Nationalität oder der Luftverkehrskategorie des Unternehmens, wobei jedoch Beschränkungen und Sachzwänge der Luftverkehrsaufteilungsregeln sowie ggf. von den Luftverkehrsunternehmen in der Vergangenheit erworbene Rechte berücksichtigt werden konnten; die Prioritätsmaximen waren jedem Interessenten zugänglich und wurden diskriminierungsfrei angewendet; die Kommission und die Mitgliedstaaten durften Beobachter zu den Konsultationen entsenden *(vgl. N. Argyris, 1989, S.29; A. Kark, 1989, S.140f.; M. Dolfen, 1991, S.235f.; G. W. Wenglorz, 1992, S.74ff.; A. Tettenborn, 1993, S.208f.; W. R. Teuscher, 1994, S.100)*.

Zuerst für die Zeit vom 1. Februar 1991 bis zum 31. Dezember 1992 kamen dann gemäß der **Verordnung 91/84/EWG der Kommission vom 5. Dezember 1990 [ABl. L 010 15.01.91 S.14]** weitere Erfordernisse hinzu: Die Vorrangregeln mußten den Erfordernissen des Flughafens und der Fluggäste Rechnung tragen; Neubewerber – definiert als Luftfahrtunternehmen, die zusätzliche Zeitnischen beantragen und an einem Tag über maximal drei Zeitnischen oder bei Erfüllung weiterer Nebenbedingungen über höchstens 30 % der Zeitnischen verfügen – genossen bei der Zuweisung von 50 % der neuen oder ungenutzten Zeitnischen bis zu einer Höchstzahl von vier Zeitnischen pro Luftfahrtgesellschaft und Tag Vorrang; die an den Konsultationen beteiligten Unternehmen hatten Zugang zu Informationen über bestehende, beantragte, zugewiesene und sonstige Zeitnischen; bei der Abweisung eines Antrags auf Erhalt einer Zeitnische bestand Anspruch auf eine Begründung. Eine Gruppenfreistellung sollte vorwiegend dann zurückgezogen werden, wenn die Neubewerber nicht „die erforderliche Anzahl an Zeitnischen auf einem überfüllten Flughafen erhalten" hatten, so daß kein wirksamer Wettbewerb entstehen konnte. Angesichts der bevorstehenden Verabschiedung von Gemeinschaftsregelungen zur Zeitnischenzuweisung verlängerte die **Verordnung 92/3618/EWG der Kommission vom 15. Dezember 1992 [ABl. L 367 16.12.92 S.16]** die Anwendbarkeit dieser Vorschriften bis zum 30. Juni 1993 *(vgl. Bull. EG 12-1990, S.45; WB 1990, Ziff.71; Bull. EG 12-1992, S.70; WB 1992, Ziff.293; G. W. Wenglorz, 1992, S.109f.; W. R. Teuscher, 1994, S.101f.)*.

Seit dem 1. Juli 1993 sind die Regelungen der **Verordnung 93/1617/EWG der Kommission vom 25. Juni 1993 [ABl. L 155 26.06.93 S.18]** verbindlich, deren Geltung ursprünglich bis zum 30. Juni 1998 befristet war. Einbezogen ist nun auch der innerstaatliche Luftverkehr; die einschlägigen Bedingungen wurden mit einer Ausnahme inhaltlich unverändert übernommen: Neubewerber im Sinne der Ratsverordnung 93/95/ EWG *(vgl. S.458)* bekommen 50 % der ungenutzten, neu geschaffenen, frei gewordenen oder aufgegebenen Zeitnischen, sofern die Anträge diesen Wert erreichen *(vgl.*

Bull. EG 11-1992, S.29f.; Bull. EG 6-1993, S.45; WB 1993, Ziff.136; B. Adkins, 1994, S.71f.; K. St. Eisermann, 1995a, S.246f.; J. Goh, 1997, S.76, 167f.; M. Hartmann-Rüppel, 2002, S.38). Die **Verordnung 1999/1083/EG der Kommission vom 26. Mai 1999 [ABl. L 131 27.05.1999 S.27]** verlängerte die Gültigkeitsdauer zuerst bis zum 30. Juni 2001 *(vgl. WB 1999, Ziff.90, 92)*. Um eine mögliche Anpassung der Vereinbarungen an die geplante Neufassung der Regelungen zur Zeitnischenzuweisung zu erleichtern, dehnten die **Kommissionsverordnungen 2001/1324/EG vom 29. Juni 2001 [ABl. L 177 30.06.2001 S.56]** und **2002/1105/EG vom 25. Juni 2002 [ABl. L 167 26.06.2002 S.6]** den Anwendungszeitraum der bestehenden Regelungen nochmals bis zum 30. Juni 2004 bzw. 30. Juni 2005 aus *(vgl. WB 2002, Ziff.107)*.

2.3.6 Computerreservierungssysteme im Luftverkehr

2.3.6.1 Verhaltenskodex

Angesichts der besonderen Bedeutung von CRS (in der Gemeinschaft vor allem Amadeus und Galileo; in den Vereinigten Staaten Sabre und WorldSpan) für die Vermarktung von Luftverkehrsdiensten (Informationen über Flugpläne, Tarife und verfügbare Sitzplätze; Abwicklung des Buchungsvorgangs; Ausstellung von Flugscheinen und Bordkarten) sowie für die Beziehungen der Marktakteure (Luftfahrtgesellschaften, Systemverkäufer, Reisevermittler, Passagiere) verabschiedete die **Verordnung 89/2299/EWG des Rates vom 24. Juli 1989 [ABl. L 220 29.07.89 S.1]** *(vgl. Übersicht 48)* mit Wirkung vom 1. August 1989 einen verbindlichen Verhaltenskodex für in der Gemeinschaft angebotene und genutzte CRS und / oder Vertriebsmöglichkeiten. Dieser gilt unabhängig von dem Status oder der Staatsangehörigkeit des Systemverkäufers, der genutzten Informationsquelle oder dem Standort der zentralen EDV-Anlage sowie dem Abflug- und Zielflughafen; ursprünglich war seine Anwendbarkeit jedoch auf den Personenlinienluftverkehr begrenzt. Intendiert ist ein **diskriminierungsfreier und transparenter Einsatz** der Systeme, um ihren Mißbrauch (Reihenfolge der Flüge in der Anzeige; Zugang zu Marketinginformationen; Umstieg auf andere CRS) zu verhindern, einen **lauteren Wettbewerb** zwischen Luftfahrtunternehmen und zwischen unterschiedlichen Systemverkäufern zu fördern sowie die **Verbraucherinteressen** zu schützen *(vgl. Bull. EG 7/8-1988, S.85; GB 1988, Ziff.745; Bull. EG 6-1989, S.70; GB 1989, Ziff.639; J. R. Mietus, 1989, S.93ff.; GB 1990, Ziff.582; A. Tettenborn, 1993, S. 329f.; A. Schmidt, 1995, S.175f.; J. Goh, 1997, S.180ff.)*.

Der **Systemverkäufer** als das für den Betrieb oder die Vermarktung eines CRS zuständige Unternehmen hat allen teilnehmenden Luftfahrtunternehmen, die ihre Luftverkehrsprodukte über das CRS veräußern, unterschiedslos **Zugang zu den Vertriebsmöglichkeiten** und ihren Weiterentwicklungen zu gewähren, sofern dem keine systembedingten Kapazitätsengpässe oder technischen Sachzwänge entgegenstehen. Insbesondere darf der Systemverkäufer Verträge nicht mit **unangemessenen Konditionen** verbinden, auf zusätzlichen **sachfremden Bedingungen** beharren und eine **ausschließliche Bindung** an sein CRS verlangen. Jedes Luftfahrtunternehmen kann den Vertrag nach einer Mindestlaufzeit von einem Jahr und unter Einhaltung einer Kündigungsfrist von maximal sechs Monaten ohne Vertragsstrafe beenden *(zu den in den achtziger Jahren betriebenen CRS vgl. A. Tettenborn, 1993, S.322 ff.).*

Die Eingabe- und Verarbeitungsmöglichkeiten müssen allen teilnehmenden Luftfahrtunternehmen ohne Diskriminierung offenstehen. Hinsichtlich der **Eingabe von Vertriebsdaten** gelten dabei folgende Regelungen: Eingabe umfassender, exakter, täuschungsfreier und transparenter Daten durch die Luftfahrtunternehmen; keine Manipulation sowie sorgfältige und rechtzeitige Eingabe und Verarbeitung der Angaben durch den Systemverkäufer. In bezug auf die **Hauptanzeige** (Sichtanzeige von Daten über Flugdienste zwischen Städtepaaren innerhalb einer bestimmten Zeitspanne) hat der Systemverkäufer die **nachstehenden Vorgaben** zu berücksichtigen: klare und umfassende sowie hinsichtlich der Reihenfolge unterschiedslose und neutrale Darstellung der Angaben über Flugpläne, Flugpreise und verfügbare Sitzplätze; kein Zusammenhang zwischen der Reihenfolge der Informationen und der Identität des Luftfahrtunternehmens; bei der Auflistung von Flügen für ein Städtepaar keine Bevorzugung bestimmter Flughäfen einer Stadt; ggf. erst ab dem 1. Januar 1990 oder nach einem weiteren Jahr Einhaltung einer vorgegebenen Sequenz (Direktflüge ohne Zwischenlandung, Direktflüge ohne Flugzeugwechsel, Anschlußflüge; Abflug- bzw. Flugzeiten). Für die Bereitstellung **statistischer oder sonstiger Informationen**, die nicht direkt mit dem Vertrieb im Zusammenhang stehen, gilt: bei Einzelbuchungen nur an den Betroffenen und diskriminierungsfrei; Sammel- und anonyme Informationen diskriminierungsfrei; sonstige Informationen nur nach Zustimmung der Luftfahrtunternehmen; persönliche Informationen über Verbraucher nur nach deren Zustimmung.

Alle **Verpflichtungen eines Systemverkäufers** sind nicht gegenüber einem Mutterluftfahrtunternehmen (selbst Systemverkäufer bzw. Eigentümer oder Kontrolleur des Systemverkäufers) eines **Drittstaats** maßgeblich, sofern dessen CRS nicht die EG-Vorschriften erfüllt oder gemeinschaftliche Luftfahrtunternehmen keine entsprechende Behandlung erfahren. Unter diesen Bedingungen müssen auch die **Auflagen**, die ein Luftfahrtunternehmen im Verhältnis zu den abonnierten Kunden einzuhalten hat (Verwendung des CRS unabhängig von einer Provision oder sonstigen Anreizen; keine Vorgaben für die Nutzung eines bestimmten CRS), nicht gegenüber dem von einem Drittlandunternehmen betriebenen CRS befolgt werden. Die Kommission ist jedoch mindestens zwei Wochen im voraus zu informieren, so daß sie das Vorliegen einer Diskriminierung überprüfen kann. Im Hinblick auf das Verhältnis zwischen dem Systemverkäufer und den **Abonnenten** ist zu beachten: Den Nutzern sind sämtliche Vertriebsmöglichkeiten und Leistungsverbesserungen des CRS diskriminierungsfrei zugänglich zu machen; ein Kunde darf nicht zur exklusiven Inanspruchnahme eines Systems gezwungen werden; unangemessene Vertragsbedingungen sind unzulässig; jeder Benutzer kann den Vertrag mit dem Systemverkäufer nach einer Mindestlaufzeit von einem Jahr bei einer Kündigungsfrist von höchstens drei Monaten ohne Vertragsstrafe beenden; die Hauptanzeige muß dem Abonnenten bis zum 1. Januar 1990 (1991) für jeden Einzelvorgang angeboten werden; dieser darf mit dem System gelieferte Daten nicht manipulieren können; der Nutzer muß lediglich eine kompatible, aber keine bestimmte technische Ausrüstung verwenden. Die **Gebühren** müssen in einem angemessenen Verhältnis zu den Kosten und zu der erbrachten Leistung stehen; dem Systemverkäufer obliegen umfassende Auskunftspflichten.

Darüber hinaus werden detaillierte **Durchführungsbestimmungen** festgelegt; diese betreffen die Verfahrenseinleitung durch die Kommission bei Zuwiderhandlungen (von sich aus oder aufgrund einer Beschwerde), die Einholung von Auskünften, die Vornahme von Nachprüfungen, die Verwendung der gewonnenen Erkenntnisse, das Vorgehen bei nicht fristgerechten Auskünften, die Verhängung einer Geldbuße (1.000 bis 50.000 ECU oder bis zu 10 % des Jahresumsatzes), deren Überprüfung durch den Europäischen Gerichtshof und das Recht der Unternehmen auf Stellungnahme zu den Beschwerdepunkten.

Im Hinblick auf die bis Ende 1992 geplante **Revision der Bestimmungen** legte die Kommission am 23. September 1992 einen **Anwendungsbericht** [KOM (92) 404 endg.] vor. Sämtliche CRS hatten Übergangsfristen in bezug auf die Reihenfolge der Flüge in der Hauptanzeige in Anspruch nehmen müssen, waren den Anforderungen aber bis Ende 1990 nachgekommen. Da bei der Programmierung und dem Betrieb der Systeme **Probleme** aufgetreten waren, hatte die Kommission zwischenzeitlich eine Erläuterung [ABl. C 184 25.07.90 S.2] veröffentlicht *(vgl. Bull. EG 7/8-1990, S.84)*; diese Präzisierungen sollten in die Neufassung des Verhaltenskodex übernommen werden. Die zwischen August 1989 und August 1992 eingegangenen 28 **Beschwerden und Auslegungsanträge** betrafen hauptsächlich die Informationsanzeige, den Zugang zur Hauptanzeige, die Gebühren und die Teilnahme an verschiedenen CRS. Darauf basierend und unter Berücksichtigung neuerer technischer Entwicklungen empfahl die Kommission eine Verdeutlichung bzw. Änderung bestimmter Vorschriften, die Einbeziehung des Charterverkehrs, Regelungen zur obligatorischen Teilnahme an CRS sowie die Vorgabe des *dehosting* (Trennung der CRS-Funktionen von den internen Reservierungs- und Inventarfunktionen) oder besonderer Schutzmaßnahmen.

Aufgrund der Kommissionsempfehlungen nahm die **Verordnung 93/3089/EWG des Rates vom 29. Oktober 1993 [ABl. L 278 11.11.93 S.1]** mit Wirkung vom 11. Dezember 1993 eine Erweiterung und Präzisierung des Verhaltenskodex vor. Insbesondere wurde der Anwendungsbereich auf den **Charterluftverkehr** ausgedehnt; in diesem Zusammenhang wird unterschieden zwischen „ungebündelten Luftverkehrsprodukten" (Beförderung eines Fluggasts zwischen zwei Flughäfen einschließlich verwandter Nebenleistungen und Zugaben als fester Bestandteil der Verkehrsleistung) und „gebündelten Luftverkehrsprodukten" (im voraus zusammengestellte und zu einem Gesamtpreis verkaufte Kombination eines ungebündelten Produkts mit anderen Leistungen, die keine Nebenleistungen der Beförderung sind) *(vgl. Bull. EG 9-1992, S.30; GB 1992, Ziff.677; Bull. EG 9-1993, S.36; WB 1993, Ziff.136, 239; R. Cavani, 1993-1994, S.441 ff.; K. St. Eisermann, 1995a, S.252 f.; J. Goh, 1997, S.182 ff.; EP, 1998, S.31 ff.)*.

Um den **Zugang zu den Vertriebsmöglichkeiten** zu verbessern, muß der Systemverkäufer spätestens seit dem 11. Juni 1995 als eine vom Mutterluftfahrtunternehmen getrennte Einheit agieren; er kann Rechte und Pflichten übernehmen, Verträge schließen, sonstige Rechtshandlungen vornehmen und Beklagter oder Kläger sein. Verbesserungen des CRS sind dem Mutter- und den teilnehmenden Luftfahrtunternehmen zu den **gleichen Bedingungen** anzubieten. Ein konkurrierendes CRS darf von einem Mutterluftfahrtunternehmen nicht diskriminiert werden, indem dem fremden CRS Informationen über die eigenen Dienste oder der Vertrieb der **eigenen Luftverkehrsprodukte** verweigert wird; durch das andere System erfolgte Buchungen für die eigenen Dienste sind zügig anzunehmen und zu bestätigen. Das Mutterluftfahrtunternehmen muß jedoch **keine zusätzlichen Kosten** akzeptieren und kann kontrollieren, ob die Anzeigen des konkurrierenden CRS eindeutig, diskriminierungsfrei und nicht irreführend sind *(zu den in den neunziger Jahren betriebenen CRS vgl. A. Schmidt, 1995, S.81 ff.; EP, 1998, S.26 ff.; S. Grundmann, 1999, S.218 ff.).*

Die **bereitgestellten Vertriebsdaten** müssen es dem Systemverkäufer ermöglichen, bestimmte Kriterien zur Festlegung der Reihenfolge der Flüge in der Hauptanzeige einzuhalten; auch über Mittelspersonen eingegebene Informationen dürfen nicht durch Manipulationen ungenau, diskriminierend oder irreführend werden. Die **Eingabe- und Verarbeitungsmöglichkeiten** stehen den teilnehmenden und den Mutterluftfahrtunternehmen ohne Diskriminierung offen; letzteren darf der Systemverkäufer keine speziellen Verfahren oder sonstige Vertriebsmöglichkeiten vorbehalten. Die Vertriebsmöglichkeiten des Systemverkäufers sind von den internen Buchungsbeständen, dem Ertragsmanagement und den Marketingeinrichtungen eines Luftfahrtunternehmens zu trennen; die Schnittstelle wird allgemein zugänglich gemacht. Ergänzend zu den bisherigen Maßgaben ist die **Hauptanzeige** spätestens ab dem 11. Juni 1995 auf Verlangen des Verbrauchers auf Linien- und Charterflüge zu beschränken; sie kann auch aufgrund bestimmter Verbraucherwünsche geändert werden. Ebenso sind Informationen über Flugpreise diskriminierungsfrei und neutral anzuzeigen; gebündelte Produkte werden nicht in die Hauptanzeige aufgenommen. Bei der Bereitstellung **statistischer oder sonstiger Informationen** gelten folgende Neuerungen: Auch die abonnierten Benutzer erhalten Angaben zu den Einzelbuchungen; für allgemeine Verkaufs-, Marketing- und Buchungsdaten sind besondere Voraussetzungen zu beachten; Mutterluftfahrtunternehmen erhalten keinen Zugriff auf die Daten anderer Gesellschaften; aufgrund einer Beschreibung der vom Systemverkäufer ergriffenen Maßnahmen sollte die Kommission über deren Sicherheit urteilen. Die **technische Übereinstimmung** des CRS mit den Bestimmungen zu den Verarbeitungs- und Eingabemöglichkeiten sowie zur Informationsbereitstellung wird von einem unabhängigen Prüfer überwacht; der Systemverkäufer unterbreitet der Kommission mindestens einmal pro Jahr einen Kontrollbericht des Prüfers.

Hinsichtlich der Beziehungen zwischen einem **Luftfahrtunternehmen und einem abonnierten Kunden** ist auch die Nichtgewährung sonst üblicher Anreize untersagt. Die Vorschriften für die Kündigung von Verträgen zwischen dem **Systemverkäufer und einem Abonnenten** finden nicht auf die Bereitstellung technischer Anlagen Anwendung. Die Gebühren müssen vom Systemverkäufer jetzt außerdem angemessen strukturiert werden. Die **Abrechnung der Leistungen** eines CRS hat ausreichend detailliert zu sein und für jedes Segment bestimmte Angaben zu enthalten; ggf. kann ein Luftfahrtunternehmen Buchungen bzw. Vorgänge untersagen.

In einem **Zwischenbericht** vom 7. März 1995 [KOM (95) 51 endg.] stellte die Kommission fest, daß die geforderte **Überprüfung bestimmter Regelungen** (diskriminierungsfreie Bereitstellung der Eingabe- und Verarbeitungsmöglichkeiten für alle Luftfahrtunternehmen; Trennung der Vertriebsmöglichkeiten von den internen Buchungsbeständen, dem Ertragsmanagement und den Marketingeinrichtungen eines Luftfahrtunternehmens; Mutterluftfahrtunternehmen hat keinen Zugriff auf Informationen von anderen bzw. für andere Luftfahrtunternehmen) wegen **unzureichender Informationen** (Berichte der technischen Prüfer; Auswertung der Beschwerden) verschoben werden mußte. Die bis Ende Dezember 1997 vorgesehene zweite Reform des Verhaltenskodex leitete die Kommission mit einem weiteren **Anwendungsbericht** vom 9. Juli 1997 [KOM (97) 246 endg.] ein. Die Trennung von Mutterluftfahrtunternehmen und Systemverkäufer in separate rechtliche Einheiten war bis Juni 1995 vollzogen worden. Die zwischen 1993 und 1997 eingegangenen 22 **Beschwerden** befaßten sich vor allem mit Diskriminierungen der CRS zugunsten der Mutterluftfahrtunternehmen und der Nichtbeachtung der Gebührengrundsätze; außerdem ging es um die Sicherheit von Fluggastdaten, die Fluganzeige, den Marktzugang, ungerechte Vertragsbedingungen, die Flugscheinausstellung und die Ungleichbehandlung durch ein US-amerikanisches CRS. Ferner sollten die Sicherheit der **unternehmensspezifischen Daten** und die Durchführung der **technischen Prüfung** des CRS verbessert werden. Einer Klarstellung bedurften die Werbung in der Hauptanzeige, die Anzeige von Code-sharing-Flügen sowie die Notifizierung und Stornierung passiver Buchungen *(vgl. Bull. EU 7/8-1997, S.54f.; EP, 1998, S.34ff.)*.

Eine erneute Reform des Verhaltenskodex erfolgte schließlich mit der **Verordnung 1999/323/EG des Rates vom 8. Februar 1999 [ABl. L 040 13.02.1999 S.1]** zum 15. März 1999. Ergänzend in den Anwendungsbereich einbezogen wurden **Eisenbahnverkehrsprodukte**; diese sind vom Systemverkäufer in die Hauptanzeige seiner CRS aufzunehmen. Für die Eisenbahnunternehmen gelten die gleichen Bedingungen wie für Luftverkehrsgesellschaften. Ferner wurden **verschiedene Definitionen** präzisiert (abonnierter Benutzer kann CRS auch auf der Basis einer Finanzvereinbarung mit dem Systemverkäufer nutzen; Verbraucher kann Luftverkehrsprodukt nur zur privaten Nutzung erwerben) oder ergänzt (Bahnverkehrsprodukt, Flugschein, Doppelbuchung). Im Hinblick auf Fördermaßnahmen und zur Verbesserung der Transparenz wurde eine **Klärung der Bedingungen** vorgenommen, unter denen den teilnehmenden Luftfahrtunternehmen und den abonnierten Benutzern die Dienste der Buchungssysteme in Rechnung gestellt werden: keine Berechnung des Vorgangs, wenn teilnehmendes Luftfahrtunternehmen die Buchung untersagt; die vom abonnierten Benutzer an den Systemverkäufer entrichteten Gebühren müssen ebenfalls diskriminierungsfrei, angemessen strukturiert, detailgenau nachgewiesen und kostenbezogen sein; gewährte Rabatte des Systemverkäufers werden als Vertriebskosten betrachtet und sind zu belegen; Auskünfte des Systemverkäufers an die Verbraucher sind prinzipiell kostenlos *(vgl. Bull. EU 7/8-1997, S.54f.; GB 1997, Ziff.470; Bull. EU 6-1998, S.64; Bull. EU 1/2-1999, S.76; GB 1999, Ziff.415; M. Hartmann-Rüppel, 2002, S.38f.; W. Pompl, 2002, S.436f.)*.

Dritte, die im Auftrag eines CRS Dienstleistungen erbringen, unterliegen denselben Verpflichtungen wie das System selbst. Die Anforderungen an die Überprüfung der Buchungssysteme gelten auch für die Überwachung der Einhaltung der **allgemeinen Datenschutzanforderungen** (Speicherung, Zugang und Löschung; globale oder marktspezifische Bereitstellung von Informationen; Erwerb von Daten zur gemein-

Übersicht 48: Computerreservierungssysteme in der Gemeinschaftspolitik

Verhaltenskodex

Verordnung 89/2299/EWG des Rates vom 24. Juli 1989 über einen Verhaltenskodex im Zusammenhang mit computergesteuerten Buchungssystemen [ABl. L 220 29.07.89 S.1] — Rechtsetzung auf der Grundlage des Art. 84 Abs. 2 EWGV (Art. 80 Abs. 2 EGV), auf Vorschlag der Kommission [ABl. C 294 18.11.88 S.12] sowie nach den Stellungnahmen des EP [ABl. C 158 26.06.89 S.51] und des WSA [ABl. C 056 06.03.89 S.32] — Erläuterung 90/C 184/02 der Kommission zum EWG-Verhaltenskodex im Zusammenhang mit computergesteuerten Buchungssystemen [ABl. C 184 25.07.90 S.2] — Übernahme durch das EWR-Abkommen [ABl. L 001 03.01.94 S.443]

Verordnung 93/3089/EWG des Rates vom 29. Oktober 1993 zur Änderung der Verordnung 89/2299/EWG über einen Verhaltenskodex im Zusammenhang mit computergesteuerten Buchungssystemen [ABl. L 278 11.11.93 S.1] — Rechtsetzung auf der Grundlage des Art. 84 Abs. 2 EWGV (Art. 80 Abs. 2 EGV), auf Vorschlag der Kommission [ABl. C 056 26.02.93 S.28; ABl. C 310 16.11.93 S.10] sowie nach den Stellungnahmen des EP [ABl. C 176 28.06.93 S.65] und des WSA [ABl. C 108 19.04.93 S.16] — Aufnahme in den Anhang XIII des EWR-Abkommens durch den Beschluß 7/94 des Gemeinsamen EWR-Ausschusses [ABl. L 160 28.06.94 S.87]

Verordnung 1999/323/EG des Rates vom 8. Februar 1999 zur Änderung der Verordnung 89/2299/EWG des Rates über einen Verhaltenskodex im Zusammenhang mit computergesteuerten Buchungssystemen (CRS) [ABl. L 040 13.02.1999 S.1] — Rechtsetzung auf der Grundlage der Artt. 75 (71) und 84 (80) Abs. 2 EGV, auf Vorschlag der Kommission [ABl. C 267 03.09.97 S.67; ABl. C 240 31.07.98 S.17] und nach Stellungnahme des WSA [ABl. C 095 30.03.98 S.27]; Stellungnahme des EP [ABl. C 167 01.06.98 S.293], gemeinsamer Standpunkt des Rates [ABl. C 360 23.11.98 S.69] und Beschluß des EP [ABl. C 398 21.12.98 S.34] im Rahmen des Verfahrens der Zusammenarbeit — Aufnahme in den Anhang XIII des EWR-Abkommens durch den Beschluß 148/1999 des Gemeinsamen EWR-Ausschusses [ABl. L 015 18.01.2001 S.45]

Gruppenfreistellungsverordnungen der Kommission

Verordnung 88/2672/EWG der Kommission vom 26. Juli 1988 zur Anwendung von Artikel 85 Absatz 3 des Vertrages auf Vereinbarungen zwischen Unternehmen über computergesteuerte Buchungssysteme für den Luftverkehr [ABl. L 239 30.08.88 S.13] — Rechtsetzung auf der Grundlage der Verordnung 87/3976/EWG, nach Entwurf der Kommission [ABl. C 138 28.05.88 S.6], Stellungnahme des WSA [ABl. C 237 12.09.88 S.11] und Anhörung des Beratenden Ausschusses für Kartell- und Monopolfragen auf dem Gebiet des Luftverkehrs

Verordnung 91/83/EWG der Kommission vom 5. Dezember 1990 zur Anwendung von Artikel 85 Absatz 3 des Vertrages auf Vereinbarungen zwischen den Unternehmen über computergesteuerte Buchungssysteme für den Luftverkehr [ABl. L 010 15.01.91 S.9] — Rechtsetzung auf der Grundlage der Verordnung 87/3976/EWG, nach Entwurf der Kommission [ABl. C 211 24.08.90 S.7], Stellungnahme des WSA [ABl. C 041 18.02.91 S.54] und Anhörung des Beratenden Ausschusses für Kartell- und Monopolfragen auf dem Gebiet des Luftverkehrs

Verordnung 92/3618/EWG der Kommission vom 15. Dezember 1992 zur Anwendung von Artikel 85 Absatz 3 EWG-Vertrag auf Gruppen von Vereinbarungen, Beschlüssen und aufeinander abgestimmten Verhaltensweisen im Luftverkehr [ABl. L 367 16.12.92 S.16]

Verordnung 93/1618/EWG der Kommission vom 25. Juni 1993 zur Änderung der Verordnung 91/83/EWG zur Anwendung von Artikel 85 Absatz 3 des Vertrages auf Vereinbarungen zwischen den Unternehmen über computergesteuerte Buchungssysteme für den Luftverkehr [ABl. L 155 26.06.93 S.23] — Rechtsetzung auf der Grundlage der Verordnung 87/3976/EWG

Verordnung 93/3652/EG der Kommission vom 22. Dezember 1993 zur Anwendung von Artikel 85 Absatz 3 des Vertrages auf bestimmte Gruppen von Vereinbarungen zwischen Unternehmen über computergesteuerte Buchungssysteme für den Luftverkehr [ABl. L 333 31.12.93 S.37] i. d. F. der Berichtigung [ABl. L 127 25.05.96 S.40] — Rechtsetzung auf der Grundlage der Verordnung 87/3976/EWG, nach Entwurf der Kommission [ABl. C 253 30.09.92 S.11], Stellungnahme des WSA [ABl. C 019 25.01.93 S.44] und Anhörung des Beratenden Ausschusses für Kartell- und Monopolfragen auf dem Gebiet des Luftverkehrs — Aufnahme in den Anhang XIV des EWR-Abkommens durch den Beschluß 7/94 des Gemeinsamen EWR-Ausschusses [ABl. L 160 28.06.94 S.129] — Änderung durch die Akte über den Beitritt Finnlands, Österreichs und Schwedens [ABl. C 241 29.08.94 S.61; ABl. L 001 01.01.95 S.22]

samen Verarbeitung). Eine zentrale Neuerung besteht in der **Präzisierung der Verpflichtungen** abonnierter Benutzer: Verwendung einer neutralen Anzeige; vom CRS dargestellte Informationen dürfen nicht ungenau, irreführend oder diskriminierend sein; Buchungsvornahme und Flugscheinausstellung erfolgen gemäß den Angaben des CRS; Verbraucher werden über Flugzeugwechsel, Anzahl der Zwischenlandungen, das durchführende Luftverkehrsunternehmen, einen Flughafenwechsel, den Systemverkäufer und datenschutzrelevante Angaben informiert; sie erhalten auf Wunsch einen Ausdruck der CRS-Anzeige oder Zugang zu einer Parallelanzeige.

2.3.6.2 Gruppenfreistellung

Bereits vor der Verabschiedung des Verhaltenskodex konnte Unternehmen nach der **Verordnung 88/2672/EWG der Kommission vom 26. Juli 1988 [ABl. L 239 30.08. 88 S.13]** *(vgl. Übersicht 48)* für die Zeit vom 31. August 1988 bis zum 31. Januar 1991 eine Gruppenfreistellung von Art. 85 Abs. 1 EWGV (Art. 81 Abs. 1 EGV) gewährt werden, wenn sie gemeinsam ein CRS entwickelten oder erwarben, einen Systemverkäufer gründeten oder die Angebote von Vertriebsmöglichkeiten regelten. Die Freistellung beschränkte sich jedoch auf die **folgenden Verpflichtungen**: keine Beteiligung an der Entwicklung, der Vermarktung oder dem Betrieb anderer CRS; die Benennung von Mutter- oder teilnehmenden Luftfahrtunternehmen als Vertreiber des CRS in bezug auf die Abonnenten in einem bestimmten Gebiet sowie die Gewährung ausschließlicher Rechte an einen Vertreiber zur Anwerbung von Abonnenten in dieser Region durch den Systemverkäufer; die Untersagung des Verkaufs von Vertriebsmöglichkeiten anderer Systemverkäufer *(vgl. Bull. EG 4-1988, S.31; Bull. EG 7/8-1988, S.33; WB 1988, Ziff. 28; N. Argyris, 1989, S.29ff.; A. Kark, 1989, S.141ff.; M. Dolfen, 1991, S.236ff.; G. W. Wenglorz, 1992, S.76f.; A. Tettenborn, 1993, S.327ff.; W. R. Teuscher, 1994, S.100f.; A. Schmidt, 1995, S.171ff.)*.

Angesichts der Höhe der **notwendigen Investitionen** und der Existenz **zunehmender Skalenerträge** bei der Entwicklung und dem Vertrieb von CRS sollte durch die Erteilung von Gruppenfreistellungen die Konkurrenzfähigkeit europäischer Unternehmen gefördert werden. Um gleichzeitig aber einen ausreichenden Wettbewerb zu sichern und vor allem den Belangen der Abonnenten und der Verbraucher Rechnung zu tragen, wurde die Freistellung an **zahlreiche Bedingungen** geknüpft, die später in detaillierterer Form auch Eingang in den Verhaltenskodex fanden: freier Zugang zu den CRS; diskriminierungsfreie Sichtanzeige, Informationseingabe und Gebührenerhebung; Gegenseitigkeit; Vorgaben für die Beziehungen zwischen Luftfahrtunternehmen und Abonnenten sowie für die Verträge zwischen Systemverkäufer und Abonnenten. Außerdem wurde Systemverkäufern der Abschluß von Vereinbarungen verboten, die zu einer **Marktaufteilung** führen. Hatte die Gruppenfreistellung Auswirkungen, die mit Art. 85 Abs. 3 EWGV (Art. 81 Abs. 3 EGV) unvereinbar oder gemäß Art. 86 EWGV (Art. 82 EGV) verboten waren, so konnte sie von der Kommission entzogen werden; dies galt z. B. bei einer Beeinträchtigung des Wettbewerbs, unangemessenen Preisen oder Gebühren des Systemverkäufers, der Verweigerung des Abschlusses eines Vertrags zwischen Systemverkäufer und Nutzer oder der Verwehrung der Teilnahme an einem anderen CRS durch ein marktbeherrschendes Mutterluftfahrtunternehmen.

Die zuerst vom 1. Februar 1991 bis zum 31. Dezember 1992 geltende **Verordnung 91/83/EWG der Kommission vom 5. Dezember 1990 [ABl. L 010 15.01.91 S.9]** übernahm die vorher geltenden Vorschriften, paßte jedoch die für eine Gruppenfreistellung maßgeblichen Voraussetzungen an die entsprechenden Bestimmungen des Verhaltenskodex gemäß der Ratsverordnung 89/2299/EWG *(vgl. S.395)* an; eine Gruppenfreistellung konnte nun auch entzogen werden, wenn ein Systemverkäufer den teilnehmenden Luftfahrtunternehmen den Zugang zu anderen Vertriebsmöglichkeiten verweigerte *(vgl. Bull. EG 12-1990, S.45; WB 1990, Ziff. 71; G. W. Wenglorz, 1992, S.106; B. Adkins, 1994, S.188 ff.; W. R. Teuscher, 1994, S.101; J. M. Baumann, 1995, S.152 ff.)*. Da Ende 1992 eine Überarbeitung des Verhaltenskodex noch ausstand, verlängerte die Kommission mit den **Verordnungen 92/3618/EWG vom 15. Dezember 1992 [ABl. L 367 16.12.92 S.16]** und **93/1618/EWG vom 25. Juni 1993 [ABl. L 155 26.06.93 S.23]** den Anwendungszeitraum der Gruppenfreistellungsverordnung bis zum 30. Juni 1993 bzw. 31. Dezember 1993 *(vgl. Bull. EG 11-1992, S.29 f.; Bull. EG 12-1992, S.70; WB 1992, Ziff. 293; Bull. EG 6-1993, S.45; WB 1993, Ziff. 136)*.

Die **Verordnung 93/3652/EG der Kommission vom 22. Dezember 1993 [ABl. L 333 31.12.93 S.37]** i. d. F. der Berichtigung [ABl. L 127 25.05.96 S.40] regelte dann vom 1. Januar 1994 bis zum 30. Juni 1998 die Erteilung von Gruppenfreistellungen für Absprachen über CRS. Während die erfaßten Bereiche und Verpflichtungen unverändert blieben, wurden die **notwendigen Voraussetzungen** an die reformierten Vorgaben des Verhaltenskodex gemäß der Änderungsverordnung 93/3089/EWG *(vgl. S. 397)* angeglichen *(vgl. Bull. EG 11-1992, S.29 f.; Bull. EG 12-1993, S.42; WB 1993, Ziff. 136, 239; K. St. Eisermann, 1995a, S.247 f.; J. Goh, 1997, S.76 f., 191 ff.; S. Grundmann, 1999, S.219; M. Hartmann-Rüppel, 2002, S.38)*.

2.3.7 Bodenabfertigungsdienste auf Flughäfen

Vereinbarungen, Beschlüsse und aufeinander abgestimmte Verhaltensweisen zwischen einem Luftfahrtunternehmen und einem Anbieter von Bodendienstleistungen kamen gemäß der **Verordnung 88/2673/EWG der Kommission vom 26. Juli 1988 [ABl. L 239 30.08.88 S.17]** *(vgl. Übersicht 49)* für die Zeit vom 31. August 1988 bis zum 31. Januar 1991 in den Genuß einer Gruppenfreistellung. Davon betroffen sein durften ausschließlich folgende, auf einem für den internationalen Verkehr zugelassenen Gemeinschaftsflughafen zu **erbringende Tätigkeiten**: technische und betriebliche Dienstleistungen am Boden (Einweisung der Besatzung, Be- und Entladen, Sicherheitsmaßnahmen, Wartung, Betanken, Abflugvorbereitung); Empfang und Abfertigung von Fluggästen, Gepäck, Post und Fracht; Verrichtungen in bezug auf die Bordverpflegung. Die Freistellung galt jedoch nur unter den **nachstehenden Voraussetzungen**: Die Empfänger waren nicht verpflichtet, die Versorgungsleistungen ausschließlich von einem bestimmten Anbieter abzunehmen; die Erbringung der Versorgungsleistungen war „nicht an den Abschluß von Verträgen oder die Annahme von Gütern oder Leistungen" gekoppelt, die in keiner Beziehung zu den nachgefragten Produkten standen; die Luftfahrtgesellschaft konnte auch einzelne der von einem Anbieter bereitgestellten Versorgungsleistungen auswählen, sich für ein anderes Unternehmen entscheiden oder die Leistung selbst erbringen; Preise oder sonstige Bedingungen waren vor allem in Relation zu den Kosten angemessen; der Diensteanbieter diskriminierte nicht zwischen den Abnehmern; die Kündigungsfrist eines Vertrags zwischen Luftfahrtgesellschaft und Versorgungsunternehmen betrug maximal drei Monate. Hatte eine Gruppenfreistellung mit Art. 85 Abs. 3 EWGV (Art. 81 Abs. 3 EGV) oder Art. 86 EWGV (Art. 82 EGV) **unvereinbare und verbotene Auswirkungen**, so konnte die Kommission sie zurückziehen *(vgl. Bull. EG 4-1988, S.31; Bull. EG 7/8-1988, S.33; WB 1988, Ziff.28; N. Argyris, 1989, S.31f.; A. Kark, 1989, S.144f.; M. Dolfen, 1991, S. 242ff.; G. W. Wenglorz, 1992, S.77; A. Tettenborn, 1993, S.216ff.; R. Polley, 1996, S. 136f.).*

Übersicht 49: Gruppenfreistellungsverordnungen für Versorgungsleistungen auf Flughäfen

Verordnung 88/2673/EWG der Kommission vom 26. Juli 1988 zur Anwendung von Artikel 85 Absatz 3 des Vertrages auf bestimmte Gruppen von Vereinbarungen zwischen Unternehmen, Beschlüssen von Unternehmensvereinigungen und aufeinander abgestimmten Verhaltensweisen bezüglich Versorgungsleistungen auf Flughäfen [ABl. L 239 30.08.88 S.17] — Rechtsetzung auf der Grundlage der Verordnung 87/3976/EWG, nach Entwurf der Kommission [ABl. C 138 28.05. 88 S.9], Stellungnahme des WSA [ABl. C 237 12.09.88 S.9] und Anhörung des Beratenden Ausschusses für Kartell- und Monopolfragen auf dem Gebiet des Luftverkehrs
Verordnung 91/82/EWG der Kommission vom 5. Dezember 1990 zur Anwendung von Artikel 85 Absatz 3 des Vertrages auf bestimmte Gruppen von Vereinbarungen zwischen Unternehmen, Beschlüssen von Unternehmensvereinigungen und aufeinander abgestimmten Verhaltensweisen in bezug auf Versorgungsleistungen auf Flughäfen [ABl. L 010 15.01.91 S.7] — Rechtsetzung auf der Grundlage der Verordnung 87/3976/EWG, nach Entwurf der Kommission [ABl. C 211 24.08. 90 S.12], Stellungnahme des WSA [ABl. C 041 18.02.91 S.54] und Anhörung des Beratenden Ausschusses für Kartell- und Monopolfragen auf dem Gebiet des Luftverkehrs

Mit der **Verordnung 91/82/EWG vom 5. Dezember 1990 [ABl. L 010 15.01.91 S.7]** verlängerte die Kommission die Regelungen in weitgehend unveränderter Form bis zum 31. Dezember 1992, obwohl auf bestimmten Flughäfen die Anzahl der Leistungserbringer immer noch ohne sachliche Begründung begrenzt war; danach wurde die Möglichkeit einer Gruppenfreistellung im Hinblick auf die Liberalisierung der Dienste nicht mehr weitergeführt *(vgl. Bull. EG 12-1990, S.45; WB 1990, Ziff.71; WB 1992, Ziff.293; G. W. Wenglorz, 1992, S.106; B. Adkins, 1994, S.71ff.; J. Goh, 1997, S.77; M. Hartmann-Rüppel, 2002, S.39).*

2.4 Anwendungspraxis der Kommission

2.4.1 Vereinbarungen und Unternehmensverflechtungen

2.4.1.1 Kooperationen und strategische Allianzen

Untersuchungen der Kommission zwischen 1985 und 1987

Schon vor der Verabschiedung der Anwendungsverordnung durch den Rat nahm die Kommission ihre **wettbewerbspolitischen Befugnisse** wahr, indem sie 1985 Untersuchungen über bestimmte Vereinbarungen von Luftverkehrsgesellschaften einleitete. Gegen **sieben Mitgliedstaaten**, die ihr dabei keine Amtshilfe gemäß Art. 89 EWGV (Art. 85 EGV) leisteten, weil sie die Anwendbarkeit der Wettbewerbsregeln auf den Luftverkehr bestritten, eröffnete die Kommission ein Verfahren. Im Juli 1986 richtete sie dann an Aer Lingus, Air France, Alitalia, British Airways, British Caledonian Airways, KLM, die Deutsche Lufthansa, Olympic Airways, Sabena und SAS (im Juli 1987 auch an Iberia, Luxair und TAP Air Portugal) förmliche Schreiben, in denen den Unternehmen **Zuwiderhandlungen** gegen den Art. 85 EWGV (Art. 81 EGV) und den Vorschlag für die Gruppenfreistellungsverordnung vorgeworfen wurden. Konkret führte die Kommission **illegale Vereinbarungen** über die Kapazitäts- und Einnahmenaufteilung, die Bildung von Gemeinschaftsunternehmen sowie die gemeinsame Ausarbeitung und Festlegung von Tarifen an. Auch gegen die **Tarifgenehmigungspolitik** der Mitgliedstaaten wollte die Kommission vorgehen, falls diese keine geeigneten Maßnahmen ergreifen sollten *(vgl. WB 1985, Ziff.32; Bull. EG 7/8-1986, S.41f.; WB 1986, Ziff.36, 96; WB 1987, Ziff.46; A. Kark, 1989, S.130ff.; M. Dolfen, 1991, S.53f.; B. Adkins, 1994, S.8f.; R. Travis, 2001, S.55f.; M. Hartmann-Rüppel, 2002, S.35).*

Da vor allem Alitalia, Lufthansa und Olympic Airways eine Teilnahme an den zwischenzeitlich **aufgenommenen Gesprächen** ablehnten, erließ die Kommission im März 1987 in bezug auf die jeweiligen Vereinbarungen mit Gründen versehene Entscheidungen. Die betroffenen Unternehmen traten schließlich doch noch in einen Dialog ein und sagten **Abänderungen an ihren Verträgen** zu; diese Versprechen wurden nach Meinung der Kommission aber nicht rasch genug umgesetzt, so daß sie die Verfahren im April und Juli 1987 fortsetzte. Nach der Annahme der Ratsverordnungen 87/3975/EWG und 87/3976/EWG am 14. Dezember 1987 teilte die Kommission den Fluggesellschaften mit, daß die Neuerungen bis zum 1. Januar 1988 eingeführt werden müßten, um eine **Gruppenfreistellung** zu ermöglichen; andernfalls sollten die Verfahren fortgesetzt werden *(vgl. Bull. EG 3-1987, S.36; Bull. EG 4-1987, S.28; Bull. EG 7/8-1987, S.43; Bull. EG 12-1987, S.41f.; WB 1987, Ziff.46; M. Dolfen, 1991, S.54 f.).*

Vereinbarungen über einen gemeinsamen Flugbetrieb von 1988 bis 1991

Seit 1988 beschäftigte sich die Kommission mit zwölf angemeldeten Vereinbarungen, die die **gemeinsame Bedienung** bestimmter Verkehrsrelationen vorsahen; dabei sollten die Flüge von einer Gesellschaft angeboten, die Flugpläne gemeinsam festgelegt, eine kommerzielle Zusammenarbeit eingeführt sowie Einnahmen und Ausgaben aufgeteilt werden. Drei Vereinbarungen wurden bereits nach ersten Gesprächen mit der Kommission beendet. Von den restlichen neun **Kooperationen** (Air France mit Nürnberger Flugdienst, Iberia, Alitalia, Brymon und Sabena; Sabena mit Aer Lingus und London City Airways) [ABl. C 204 09.08.89 S.3] befürwortete die Kommission nur drei, die aber nach zwei bis drei Jahren erneut geprüft werden sollten. In den übrigen sechs Fällen äußerte sie Bedenken, da die Vereinbarungen nicht unerläßlich erschienen und eine **Ausschaltung des Wettbewerbs** befürchtet wurde; die Absprachen sollten bis zum 31. Oktober 1991 aufgehoben werden *(vgl. Bull. EG 11-1989, S.26; WB 1989, Ziff.25; WB 1990, Ziff.105; M. Dolfen, 1991, S.57f.; WB 1991, S.380; B. Adkins, 1994, S.39ff.)*.

Ähnliche **Vereinbarungen**, deren Genehmigung zwischen Juli 1988 und März 1991 beantragt wurde, betrafen die **Zusammenarbeit** von Sabena und British Midland Airways (Birmingham – Brüssel; Januar 1988 bis März 1991) [ABl. C 029 08.02.90 S.3], Air France und Air Inter (verschiedene nationale und internationale Strecken; drei Jahre) [ABl. C 190 27.07.89 S.4], Aer Lingus und Lufthansa (Frachtverkehr auf den Verbindungen Dublin – Manchester und Birmingham – Frankfurt) [ABl. C 108 01.05.90 S.8], Deutscher Luftverkehrsgesellschaft und Mærsk Air (Kopenhagen – Köln / Bonn; Oktober 1990 bis Oktober 1991) [ABl. C 124 14.05.91 S.5] sowie Sabena World Airlines und Mærsk Air (Brüssel – Billund; Oktober 1990 bis Oktober 1991) [ABl. C 235 10.09.91 S.3] *(vgl. Bull. EG 12-1991, S.33; M. Dolfen, 1991, S.57, 60; WB 1991, S. 380; B. Adkins, 1994, S.41ff.)*.

In ihrer Mitteilung vom 20. Februar 1991 über die Auswirkungen der **Feindseligkeiten am Golf** auf das europäische Luftverkehrsgewerbe [KOM (91) 59 endg.] kündigte die Kommission dann u. a. auch an, im Rahmen der bis zum 31. Mai 1991 **befristeten Übergangsmaßnahmen** Vereinbarungen zwischen Luftfahrtunternehmen über Kapazitätsreduzierungen, den gemeinsamen Betrieb von Flugdiensten (bei einer Aufteilung von Einnahmen und Kosten) und die Beibehaltung von Zeitnischen wohlwollend zu begutachten; eine ähnliche Position vertrat sie zehn Jahre später in ihrer Mitteilung vom 10. Oktober 2001 über die Folgen der **Attentate in den Vereinigten Staaten** für die Luftverkehrsbranche [KOM (2001) 574 endg.] *(vgl. Bull. EG 1/2-1991, S.34f.; WB 1991, Ziff.40; Bull. EU 10-2001, S.90f.)*.

IATA-Vereinbarungen

Bereits kurz nach der Verabschiedung der Gruppenfreistellungsverordnung des Rates hatte die IATA im März 1988 und dann erneut im Februar 1989 bei der Kommission die Erteilung eines **Negativattests** oder hilfsweise einer **Einzelfreistellung** für das System der **Abstimmung der Frachtraten** innerhalb der IATA beantragt; die Kommission äußerte erhebliche Zweifel an der Vereinbarkeit des IATA-Systems mit den gemeinschaftlichen Wettbewerbsregeln [ABl. C 228 05.09.89 S.2] *(vgl. Bull. EG 12-1989, S.44)*. Vom 1. Februar 1991 bis zum 30. Juni 1997 galten die gemeinschaftlichen Regelungen zur **Gruppenfreistellung** für Tarifkonsultationen im Frachtverkehr *(vgl. S.391)*. Nach deren Auslaufen notifizierte die IATA erneut ihr System und beantragte eine Einzelfreistellung [ABl. C 077 12.03.98 S.5]. Im Mai 2001 teilte die Kommission mit, daß ihrer Meinung nach die **Tarifkonferenzen** in den Anwendungsbereich des Art. 85 (81) Abs. 1 EGV fielen. Sie erleichterten zwar das Angebot eines **umfassenden Teilstreckensystems**, die IATA habe aber nicht nachgewiesen, daß dieses System unverzichtbar sei. Schließlich erklärte sich die IATA dazu bereit, ab 2002 die Frachtsätze nicht mehr gemeinsam festzulegen, sondern von den einzelnen Luftfrachtunternehmen individuell aushandeln zu lassen; das Verfahren wurde daraufhin eingestellt *(vgl. M. Dolfen, 1991, S.57; WB 2001, Ziff. 143 ff., S.224 f.)*.

Im März 1988 beantragte die IATA auch ein **Negativattest** oder eine **Einzelfreistellung** für ihre Entschließungen der Serie 814 über **Luftverkehrsmittlerdienste** (Passenger Agency Programme). Die Bestimmungen sollen gewährleisten, daß die im Auftrag der IATA-Mitglieder tätigen sachkundigen Vertreter der Öffentlichkeit und den Fluggesellschaften zuverlässige und unparteiische Dienste leisten sowie mit den Einnahmen und Unterlagen der Luftverkehrsunternehmen entsprechend sorgfältig umgehen. **Regelungsbestandteile** sind die Zulassung von Reisebüros (Kriterien, Verfahren, Auflagen), die Bankverrechnungspläne (Aufbewahrung und Ausgabe von Flugscheinen, Zahlung von Provisionen, Verwaltungsregeln) und die Ausbildungsprogramme (Stellung der Vertreter; Überprüfung der IATA-Entscheidungen, der Stellung der Vertreter und einzelner Entscheidungen eines Mitglieds). Unter Berücksichtigung der von der Kommission im Juni 1989 **geäußerten Bedenken** (Begrenzung der Zahl der anerkannten Reisebüros; Restriktionen für die Zusammenarbeit der Fluggesellschaften mit anderen Reisebüros; keine Teilung der Provisionen mit den Kunden; strenge Genehmigungskriterien und -verfahren) nahm die IATA geänderte Entschließungen an und reichte im November 1989 einen neuen Antrag ein [ABl. C 267 23.10.90 S.2]. In der **Entscheidung 91/480/EWG vom 30. Juli 1991 [ABl. L 258 16.09.91 S.18]** erteilte die Kommission den Regelungen aufgrund ihres wettbewerbsbehindernden Charakters zwar kein Negativattest, aber eine auf zehn Jahre bis zum März 1998 **begrenzte Einzelfreistellung** (Wettbewerb bleibt erhalten; positive Auswirkungen wirtschaftlicher und struktureller Art; Vorteile für den Verbraucher; unerläßliche Beschränkungen); gewisse Sonderbestimmungen wurden nur vom November 1989 bis zum Dezember 1992 freigestellt. Aufgrund einer Beschwerde vom Oktober 2002 leitete die Kommission dann neue Ermittlungen ein. Eine mehrfach im Juli 1988, Oktober 1989 und April 1990 beantragte Einzelfreistellung für die IATA-Entschließungen der Serie 805 über **Luftfrachtvermittlerdienste** (Cargo Agency Programme) [ABl. C 320 20.12.90 S.4] wurde mit der **Entscheidung 91/481/EWG vom 30. Juli 1991 [ABl. L 258 16.09.91 S.29]** ebenfalls für zehn Jahre bis zum Juli 1998 gewährt *(vgl. WB 1989, Ziff. 58; Bull. EG 7/8-1991, S.22; K. St. Eisermann, 1995a, S.129 f.; J. Goh, 1997, S.45 f.; WB 2003, Ziff. 133; im weiteren Übersicht 50)*.

Im Jahre 1993 befaßte sich die Kommission mit einer Entschließung der **IATA-Tarifkoordinierungskonferenzen**, die den Passagieren den Kauf von Flugscheinen außerhalb des Staates des Abflughafens erschwerte (Currency Rules). Aufgrund der **Einwände der Kommission** (Wettbewerbsbehinderung; Beschränkung der Wahlfreiheit der Konsumenten) wurde die Entschließung geändert. Außerdem hatte die IATA zwei Entschließungen angenommen, die einen **globalen Frachtzuschlag** von 0,15 US$ pro kg vorsahen (Cargo Surcharge). Diese Regelung fiel nach Auffassung der Kommission nicht unter die Gruppenfreistellung für Tarifkonsultationen, da ihr Hauptzweck nicht das Interlining, sondern die **Erhöhung der Einnahmen** war; zudem blieb die Kostenentwicklung der einzelnen Unternehmen unberücksichtigt. Die IATA zog diese beiden und nach erneuten Bedenken der Kommission eine später verabschiedete dritte Entschließung wieder zurück *(vgl. WB 1993, Ziff.237 f.)*. Aufgrund mehrerer Beschwerden gegen eine IATA-Entschließung zum **Umrechnungsfaktor für Frachtgut** von geringer Dichte leitete die Kommission 2003 wiederum Untersuchungen ein *(vgl. WB 2003, Ziff.134)*.

Vereinbarungen im Rahmen der Star Alliance

In der ersten Hälfte der neunziger Jahre nahm die **Anzahl der Kooperationen** zwischen den Fluggesellschaften deutlich zu; sie stieg von 59 im Jahre 1991 auf 171 im Jahre 1995 *(vgl. KOM (96) 514 endg., S.20)*. In dieser Zeit intensivierten vor allem die großen **nationalen Luftverkehrsunternehmen** ihre Zusammenarbeit, wobei sich die Vereinbarungen bis Mitte des Jahrzehnts zumeist **auf bilateraler Ebene** abspielten *(zu den Strategien der Luftverkehrsgesellschaften vgl. R. Doganis, 1994, S.15 ff.; V. Piepelow, 1997; B. Wiezorek, 1998)*. Eine zwischen Lufthansa und Air France seit 1988 bestehende Kooperation, die einen regelmäßigen Informationsaustausch, eine intensive Zusammenarbeit bei kommerziellen und technischen Aufgaben (gemeinsame Flugdienste, Vertrieb, Abfertigung, Ausbildung) sowie die Gründung der gemeinsamen Tochtergesellschaft Euroberlin beinhaltete, mußte allerdings aufgrund **wettbewerbsrechtlicher Bedenken** der Kommission 1990 wieder aufgelöst werden *(vgl. WB 1990, Ziff.106; K. Jäckel, 1991, S.310 f.; G. W. Wenglorz, 1992, S.26 f.)*. Seit Mitte der neunziger Jahre entstanden dann zunehmend **strategische Allianzen** zwischen den Fluggesellschaften *(zur begrifflichen Abgrenzung vgl. K. J. Button u. a., 1998, S.99 ff.; W. Pompl, 2002, S.143 ff.; I. S. Schäfer, 2003, S.7 ff.; R. Sterzenbach u. a., 2003, S.204 ff.; zu der Entstehung, der Ausgestaltung sowie den Vorteilen und Problemen S. Schmidt, 1993; K. J. Button u. a., 1998, S.111 ff.; M. Hagleitner, 1998; F. Netzer, 1999; S. Kummer u. a., 2002, S.227 ff.; C.-F. Laaser, 2002, S.70 ff.; R. Sterzenbach u. a., 2003, S.233 ff.)*.

Im Mai 1995 beantragten **Lufthansa und SAS** ein Negativattest oder hilfsweise eine Einzelfreistellung für ihre Kooperationsvereinbarung [ABl. C 141 07.06.95 S.9; ABl. C 201 05.08.95 S.2], die die Zusammenlegung der jeweiligen Streckennetze, das Codesharing, die Vereinheitlichung der Tarife und des Diensteangebots und somit den Aufbau eines integrierten Luftverkehrssystems (Drehkreuze in Kopenhagen, Stockholm, Oslo, Frankfurt und München) umfassen sollte. Speziell für die Verbindungen zwischen **Skandinavien und Deutschland** waren eine gemeinsame Kapazitäts- und Frequenzplanung, Tarifierung und Vermarktung sowie die Gründung eines Gemeinschaftsunternehmens mit gleicher Beteiligung von Lufthansa und SAS vorgesehen. Trotz **spürbarer Einschränkungen** des Wettbewerbs (auf vielen Relationen alleinige Anbieter; auf den wichtigsten Flughäfen über 50 % der Frequenzen; Zusammenlegung der Vielfliegerprogramme) wurde die Vereinbarung mit der **Entscheidung 96/180/EG der Kommission vom 16. Januar 1996 [ABl. L 054 05.03.96 S.28]** für zehn Jahre bis Ende 2005 vom Kartellverbot freigestellt; maßgebliche Gründe waren die Verbesserung des Diensteangebots, Preis- und Kostensenkungen, Vorteile für die Nutzer sowie die nicht vollständige Ausschaltung des Wettbewerbs. Allerdings waren für sieben Jahre gültige **Auflagen** einzuhalten (Festschreibung der Frequenzen; Öffnung der Vielfliegerprogramme für Wettbewerber; Abschluß von Interlining-Vereinbarungen mit Neueinsteigern; Kündigung anderer Kooperationen; Aufgabe von Zeitnischen auf verkehrsreichen Flughäfen). Eine **Klage** der dänischen Luftfartsfunktionærerne vom März 1996 in der Rs. T-37/96 auf Nichtigkeit der Entscheidung (Bedingungen zum Beschäftigungsabbau) wurde später wieder gestrichen [ABl. C 145 18.05.96 S.11; ABl. C 354 23.11.96 S.36] *(vgl. WB 1995, Ziff.76ff., S.143f.; Bull. EU 1/2-1996, S.33; KOM (96) 514 endg., S.21; WB 1996, Ziff.98, S.132f.; J. Goh, 1997, S.43f., 47ff.; WB 1998, S.41; M. Hartmann-Rüppel, 2002, S.36; zur Beurteilungssystematik der Kommission O. Stehmann, 2002, S.112ff.)*.

Im Juli 1996 leitete die Kommission ein Verfahren gegen die Vereinbarungen zwischen **Lufthansa und United Airlines** vom Januar 1996 sowie zwischen **SAS und United Airlines** vom Juni 1996 ein, mit denen die beiden schon vorher seit Oktober 1993 und September 1995 bestehenden Allianzen erweitert und vertieft wurden; im September 1996 begann die Untersuchung der entsprechenden trilateralen Kooperation vom August 1996 [ABl. C 289 02.10.96 S.8]; **Schwerpunkte der Koordinierung** waren die Strecken- und Flugpläne, die Kapazitäten, die Einnahmensteuerung und -aufteilung, die Preisgestaltung, das Code-sharing, die Vermarktung, die Provisionen und Vielfliegerprogramme, die Fracht-, Bodenabfertigungs- und Borddienste, die Ausbildung und die Informationssysteme. Im Juni 1998 teilte die Kommission den Unternehmen mit, daß die Vereinbarungen in dieser Form gegen das Kartellverbot verstießen und zusätzliche Maßnahmen zur Sicherstellung einer **ausreichenden Wettbewerbsintensität** notwendig seien (Verringerung der Frequenzen auf zwei Verbindungen; Abtretung von Zeitnischen und Bereitstellung von Flughafenanlagen; Beendigung einer Code-sharing-Vereinbarung zwischen Lufthansa und Lauda Air; Untersagung der Zusammenlegung der Vielfliegerprogramme oder der Beteiligung anderer Gesellschaften; Änderung der Fluganzeige in den CRS; keine Ausschließlichkeitsbindung von Reisebüros; Orientierung der Tarifkonditionen für Großkunden am Jahresumsatz; Möglichkeit des Abschlusses von Interlining-Vereinbarungen für Dritte); vor allem auf den Strecken von Frankfurt nach Chicago, Washington, Los Angeles und San Francisco sowie zwischen Kopenhagen und Chicago wurden Beschränkungen befürchtet [ABl. C 239 30.07.98 S.5]. Die Unternehmen vertraten zwar die Meinung, daß im Vergleich zu vorher der **Wettbewerb auf den Drehkreuzverbindungen** nicht reduziert werde und die Freistellungsvoraussetzungen gegeben seien (Kapazitätserhöhung, Verbesserung der Dienstequalität, niedrigere Tarife), machten aber dennoch einige **Zusagen** (Abgabe von Zeitnischen; Einbeziehung anderer Unternehmen in Interlining-Vereinbarungen und Vielfliegerprogramme; für betroffene Strecken keine Teilnahme an IATA-Tarifkonferenzen; Abschaffung der Tarifkontrolle durch deutsche Behörden bei Umsteigeverbindungen). Die Kommission befürwortete die Vereinbarungen unter den **genannten Auflagen** und stellte das Verfahren im Oktober 2002 ein [ABl. C 181 30.07.2002 S.2; ABl. C 264 30.10.2002 S.5] *(vgl. WB 1996, Ziff.99f.; WB 1997, Ziff.92, 327; Bull. EU 7/8-1998, S.24; K. J. Button u. a., 1998, S.110; WB 1998,*

Ziff. 101 f.; WB 2001, Ziff. 141; Bull. EU 10-2002, S. 35 f.; M. Hartmann-Rüppel, 2002, S. 37; WB 2002, Ziff. 110, S. 234; M. Negenman, 2003a, S. 70 ff.).

Aufbauend auf den bereits genannten und zahlreichen weiteren **Kooperationsvereinbarungen** (z. B. Lufthansa und Varig Brazilian Airlines vom September 1993; SAS und Thai Airways Int. vom Juni 1995; Lufthansa und Air Canada vom März 1996) wurde im Mai 1997 die **Star Alliance** von Lufthansa, SAS, United Airlines, Air Canada und Thai Airways ins Leben gerufen; nachfolgend traten im Oktober 1997 Varig, im März 1999 Air New Zealand und Ansett Australia (bis Oktober 2001), im Oktober 1999 All Nippon Airways und im März 2000 die Austrian Airlines Group (Austrian Airlines, Lauda Air, Tyrolean Airways) dem Bündnis bei *(vgl. I. S. Schäfer, 2003, S. 236 ff.).* Die schon im Oktober 1999 zwischen **Austrian Airlines und Lufthansa** sowie zwischen **Austrian Airlines und SAS** geschlossenen Kontrakte, jeweils bestehend aus einem Rahmenvertrag, mehreren Durchführungsvereinbarungen sowie einer Preis- und einer Nachbarschaftsvereinbarung, wurden bei der Kommission im Dezember 1999 angemeldet. Im Vergleich zu den Abmachungen mit United Airlines waren eine weitergehende Kooperation bei der Finanzplanung, der Logistik und der Nutzung von Flughafeneinrichtungen sowie eine Verbesserung des Drehkreuzbetriebs (Aufteilung der Zielgebiete, gegenseitige Zubringerdienste) beabsichtigt. Für den Luftverkehr zwischen **Deutschland und Österreich** sollte ein Gemeinschaftsunternehmen (Abstimmung von Flugplänen, Frequenzen und Kapazitäten; Aufteilung von Einnahmen und Ausgaben; einheitliche Preisstruktur) gegründet werden [ABl. C 193 11.07.2000 S. 7, 8] *(vgl. WB 2000, Ziff. 181; M. Hartmann-Rüppel, 2002, S. 36).*

In bezug auf die Abmachung zwischen **Lufthansa und Austrian Airlines** äußerte die Kommission erhebliche Zweifel an deren Vereinbarkeit mit dem Gemeinsamen Markt und teilte den Unternehmen im Mai 2001 ihre **Beschwerdepunkte** mit: erhebliche Wettbewerbsbeschränkungen auf allen Strecken mit Ursprungs- oder Zielflughafen in Deutschland oder Österreich; Ausschaltung der Konkurrenz auf den Verbindungen zwischen Deutschland und Österreich. Nachdem die Fluggesellschaften **Verpflichtungszusagen** abgegeben hatten, korrigierte die Kommission jedoch ihre Auffassung [ABl. C 356 14.12.2001 S. 5] und stellte die Vereinbarung mit der **Entscheidung 2002/746/EG vom 5. Juli 2002 [ABl. L 242 10.09.2002 S. 25]** vom Dezember 1999 bis zum Dezember 2005 vom Kartellverbot frei; begründet wurde dies u. a. mit der Zunahme von Direktflügen und Zubringerdiensten, kürzeren Warte- und Umsteigezeiten sowie Kosteneinsparungen für die Unternehmen.

Die relativ **weitgehenden Auflagen** betrafen die Bereitstellung von bis zu 40 % der bisher genutzten Zeitnischen für neue Anbieter, die Abgabe technischer Zeitnischen, das Einfrieren der Anzahl der täglichen Frequenzen für zwei Jahre, die Übernahme von allgemeinen Preissenkungen auf drei ohne Konkurrenz betriebene Strecken zwischen Deutschland und Österreich, die Beteiligung von Neuanbietern an den Vielfliegerprogrammen von Austrian Airlines und Lufthansa, die Bereitstellung eines Sitzplatzkontingents von 15 % für Dritte, die Möglichkeit des Abschlusses von Interlining-Abkommen und die Verpflichtung zum Abschluß von Vereinbarungen über multimodale Verkehrsdienste *(vgl. WB 2001, Ziff. 140; Bull. EU 7/8-2002, S. 32; WB 2002, Ziff. 114, S. 210 ff.).*

Gegen die im Dezember 1999 angemeldete Kooperationsvereinbarung zwischen **Austrian Airlines und SAS** äußerte die Kommission im Oktober 2000 wettbewerbspolitische Bedenken (gemeinsames Verkehrssystem für die Strecken zwischen Österreich und den beteiligten skandinavischen Ländern). Die begrenzte Kooperationsvereinbarung sowie die Marketing- und Verkaufsvereinbarung vom Dezember 2001 (Herausnahme des bilateralen Verkehrs) funktionierte in der Praxis nicht. Eine **geänderte Kooperationsvereinbarung** vom Oktober 2002 (Einbeziehung des bilateralen Verkehrs, kein gemeinsames Verkehrssystem, Leistungsstandards, Code-sharing, Streckennetz, Preise und Sondertarife), Marketing und Vertrieb, Vielfliegerprogramme) akzeptierte die Kommission unter Berücksichtigung der **Verpflichtungszusagen** (Zeitnischen, Interlining, Pro-Rate-Vereinbarung, Vielfliegerprogramme, Reduzierung der Flughäufigkeit, Erleichterung des intermodalen Personenverkehrs) [ABl. C 233 22.09.2005 S.18] *(vgl. WB 2003, Ziff. 131; zu den Code-sharing-Vereinbarungen im Rahmen der Star Alliance J. J. Brueckner, 2003, S. 83 ff.).*

Im April 2000 wurde die Star Alliance durch Singapore Airlines sowie im Juli 2000 durch Mexicana Airlines (bis April 2004) und British Midland erweitert. Vorher war im März 2000 eine zwischen **Lufthansa, SAS und British Midland** im November 1999 geschlossene **trilaterale Vereinbarung** über die Koordinierung der Flüge von und nach London-Heathrow und Manchester notifiziert worden (Kapazitäts- und Flugplanabstimmung; Benennung der durchführenden Fluggesellschaft mit Exklusivrechten der Lufthansa und SAS für Verbindungen mit ihrem Heimatland; Tarifstruktur; Aufteilung von Gewinnen und Verlusten; Code-sharing; Vermarktung; Harmonisierung der Dienstequalität, Nutzung von Flughafeneinrichtungen und -diensten; Bodenabfertigungsdienste) [ABl. C 083 14.03.2001 S.6]. Angesichts der mit ihr verbundenen **Vorteile** (Intensivierung des Wettbewerbs auf einigen Strecken; bessere Verbindungen und günstigere Abflugzeiten) wurde die Vereinbarung im Juni 2001 für sechs Jahre vom Kartellverbot freigestellt. Aufgrund des Rückzugs von British Midland von der Strecke Frankfurt – London und der damit verbundenen Wettbewerbsbeschränkungen mußten jedoch bestimmte **Auflagen** erfüllt werden, so z. B. die Freigabe von Zeitnischen in Frankfurt für vier Flüge pro Tag zugunsten von British Airways *(vgl. WB 2000, Ziff. 182; O. Stehmann, 2001, S. 44 ff.; WB 2001, Ziff. 136 ff., S. 12 f., 219 ff.).* Außerdem beteiligte sich die Kommission an Untersuchungen der britischen Kartellbehörde Office of Fair Trading (OFT) zur Vereinbarung zwischen British Midland und United Airlines vom September 2001 [ABl. C 367 21.12.2001 S.30]; im November 2002 sprach die OFT eine **Einzelfreistellung** aus, und die Kommission stellte die Untersuchung ein *(vgl. WB 2002, Ziff. 111, S. 235 f.; M. Gremminger, 2003, S. 74).* Weitere Mitglieder der Star Alliance wurden im März 2003 Asiana Airlines, im April 2003 Spanair, im Oktober 2003 LOT Polish Airlines, im Mai 2004 US Airways, im November 2004 Blue1 sowie im Januar 2005 South African Airways und TAP; vorgesehen ist der Beitritt von Croatia Airlines und Adria Airways.

Vereinbarungen im Rahmen der Qualiflyer Group

Partner in der im Juni 1990 von der Swissair initiierten **European Quality Alliance** waren ursprünglich SAS und Finnair (jeweils bis 1995), Austrian Airlines und ab 1995

Sabena *(vgl. S.417)*. Die seit 1989 bestehende transatlantische Zusammenarbeit mit Delta Air Lines wurde im September 1995 durch die Gründung der **Atlantic Excellence Alliance** vertieft, zu der bis 1997 auch Singapore Airlines gehörte. Die Zusammenarbeit, die vorher nur das Code-sharing umfaßte, betraf nun auch die Strecken- und Flugpläne, das Kapazitätsangebot, die Einnahmenaufteilung, die Preisbildung, die Servicestandards, die Vermarktung, die Provisionsprogramme, die Frachtdienste, die Nutzung von Daten und Informationssystemen sowie die Managementstruktur. Die Kommission eröffnete im Juli 1996 ein **Verfahren** [ABl. C 289 02.10.96 S.6], die Allianz mit Delta Air Lines wurde jedoch bereits im Oktober 1999 wieder beendet *(vgl. K. Jäckel, 1991, S.315ff.; WB 1995, Ziff.143; WB 1996, Ziff.99; WB 1997, Ziff.92, 327; K. J. Button u. a., 1998, S.111; WB 1998, Ziff.104)*.

Aus einem schon vorher existierenden **Vielfliegerprogramm** schuf die SAirGroup / Swissair im März 1998 die **Qualiflyer Group**, zu der die Crossair, Sabena (ab 2002 SN Brussels Airlines), bis 1999 Austrian Airlines, TAP, PGA Portugália Airlines, LOT, Turkish Airlines, die Volare Group (Volare Airlines, Air Europe), Air Littoral sowie Air Liberté und AOM (im Jahre 2000 zu Air Lib verschmolzen [ABl. C 186 05.07.2000 S.6; ABl. C 238 22.08.2000 S.9]) gehörten. Im Februar 2000 intervenierte die Kommission wegen einer Vereinbarung über die gegenseitige Tarifabstimmung und drohte die **Einleitung eines Verstoßverfahrens** an, worauf die Parteien die Preisabsprache beendeten. 2001 und 2002 traten die meisten Unternehmen aus der Qualiflyer Group aus; im Zusammenhang mit der **Insolvenz der Swissair** wurde die Allianz im Jahre 2002 eingestellt *(vgl. Bull. EU 7/8-2000, S.23; WB 2000, Ziff.180; M. Hartmann-Rüppel, 2002, S.60)*.

Vereinbarungen im Rahmen der OneWorld Alliance

Den Grundstein für eine weitere Allianz legten **British Airways und American Airlines** im Juni 1996 mit dem Abschluß einer bilateralen Vereinbarung, die im wesentlichen die bereits o. a. Regelungsbereiche abdeckte (vorher hatte British Airways bis 1991 mit United Airlines und danach mit USAir kooperiert). Angesichts erheblicher **wettbewerbsrechtlicher Bedenken** eröffnete die Kommission nur einen Monat später ein Verfahren [ABl. C 289 02.10.96 S.4]; die zwischen Februar 1997 und Februar 1998 mit den Unternehmen und nationalen Sachverständigen anberaumten Gespräche bestätigten die Vermutungen der Kommission. In einer Mitteilung vom Juli 1998 schlug diese deshalb **Maßnahmen** vor, um die Zuwiderhandlungen abzustellen (Verringerung der Frequenzen auf drei wichtigen Strecken; Abtretung von Zeitnischen und Bereitstellung von Flughafenanlagen in bezug auf andere Verbindungen; Verzicht auf die Zusammenlegung der Vielfliegerprogramme oder Beteiligung anderer Gesellschaften; Änderung der Fluganzeige in den CRS; keine Bindung von Reisebüros an die Allianzpartner; Orientierung der Tarifkonditionen für Großkunden ausschließlich am Jahresumsatz; Möglichkeit von Interlining-Vereinbarungen für Dritte; Zulassung anderer Fluggesellschaften durch die Behörden des Vereinigten Königreichs) [ABl. C 239 30.07.98 S.10]. Die Pläne zur Bildung einer **bilateralen Allianz** wurden nach dem Scheitern der Verhandlungen über ein **Open-sky-Abkommen** zwischen den Vereinigten Staaten und dem Vereinigten Königreich sowie wegen der Ungewißheit über die

Wiederaufnahme der Gespräche Ende 1998 vorerst aufgegeben. Nach dem Wiederbeginn der Unternehmenskontakte leitete die Kommission im August 2001 eine **neue Untersuchung** ein. Nachdem aber das US-amerikanische Verkehrsministerium seine Genehmigung mit weitreichenden Auflagen verknüpft hatte (Abgabe von wöchentlich 224 Zeitnischen in London-Heathrow), wurde das Vorhaben im Februar 2002 erneut beendet, so daß die Kommission ihr Verfahren wieder einstellte *(vgl. WB 1996, Ziff.99 f.; M. Kunz, 1997, S.50ff.; WB 1997, Ziff.92, 327; Bull. EU 7/8-1998, S.24; WB 1998, Ziff.101ff.; WB 2001, Ziff.141; M. Hartmann-Rüppel, 2002, S.37; Ch. Tomboy, 2002, S.38f.; WB 2002, Ziff.109, S.233).*

Zwischenzeitlich hatten sich British Airways, American Airlines, Canadian Airlines (bis Juni 2000), Cathay Pacific Airways und Qantas Airways im Februar 1999 zur **One-World Alliance** zusammengeschlossen; im September 1999 wurden Finnair und Iberia, im Juni 2000 Aer Lingus und LanChile Airlines Mitglieder *(vgl. I. S. Schäfer, 2003, S.241 ff.)*. In der Folgezeit befaßte sich dann die Kommission mit weiteren bilateralen Kooperationen von **British Airways**. So erhielten 2003 die mit **SN Brussels Airlines** (vormals Sabena) getroffenen Vereinbarungen (Rahmenvereinbarung; Code-sharing-Abkommen; Vereinbarung über Einnahmenaufteilung; geplante Vereinbarung über ein Vielfliegerprogramm), die vor allem eine Abstimmung der **Flugpläne und Kapazitäten** sowie der **Tarife** bezweckten [ABl. C 306 10.12.2002 S.4], aufgrund der damit verbundenen Vorteile für die Verbraucher eine **Einzelfreistellung**; wegen der Wettbewerbsbeschränkungen auf der Strecke Brüssel – Manchester mußten jedoch Zeitnischen für drei Flüge pro Tag freigegeben werden *(vgl. WB 2002, Ziff.115; Ch. Tomboy, 2003, S.64; WB 2003, Ziff.50ff., 128)*.

Im Juni 2002 unterzeichneten **British Airways und Iberia** eine Allianzvereinbarung, in die später auch GB Airways einbezogen werden sollte, und beantragten bei der Kommission eine **Einzelfreistellung** [ABl. C 217 12.09.2003 S.2; ABl. C 229 25.09.2003 S.12]. Die Kommission akzeptierte zwar einige der von den Fluggesellschaften vorgetragenen **Argumente** (nur wenige Überschneidungen bei den Streckennetzen; auf den betroffenen Verbindungen Beibehaltung des tatsächlichen und potentiellen Wettbewerbs; Verfügbarkeit von Zeitnischen auf den meisten Flughäfen; Verbesserung der Anschlußverbindungen und der Dienste auf verkehrsschwachen Strecken; Kosteneinsparungen), verknüpfte die im Dezember 2003 für sechs Jahre gewährte Einzelfreistellung allerdings mit **Verpflichtungen** (Bereitstellung von Zeitnischen auf bestimmten Strecken; Beschränkung der Bedienungshäufigkeit für mindestens zwei Flugplanperioden; Öffnung der Interlining-Vereinbarung und des Vielfliegerprogramms für Dritte) *(vgl. WB 2002, Ziff.115; Bull. EU 12-2003, S.59f.; WB 2003, Ziff.130)*. Vereinbarungen zwischen **British Airways und Aer Lingus** sowie zwischen **American Airlines und Finnair** wurden 2003 hingegen nicht beanstandet *(vgl. WB 2003, Ziff.128, S. 220f.)*.

Vereinbarungen im Rahmen der SkyTeam Alliance

Nach dem Scheitern der Zusammenarbeit mit der Lufthansa traf **Air France** im November 1996 mit **Continental Airlines** und im Juni 1997 mit **Delta Air Lines** Kooperationsvereinbarungen über die Abstimmung der Streckennetze und Flugpläne, die Einnahmenaufteilung, die Preisgestaltung, das Code-sharing, die Vermarktung, ein Vielfliegerprogramm und die Bodenabfertigung; die Kommission leitete diesbezüglich im Januar 1998 ein **Verfahren** ein [ABl. C 325 23.10.98 S.2]. Die Zusammenarbeit zwischen Air France und Delta Air Lines führte – nach dem Austritt der US-amerikanischen Fluggesellschaft aus der Atlantic Excellence Alliance – im Juni 2000 zur Gründung der **SkyTeam Alliance**, der auch Korean Airways und Aeroméxico sowie ab April 2001 CSA Czech Airlines und ab November 2001 Alitalia angehörten; die Allianz war gleichfalls Gegenstand von Untersuchungen der Kommission [ABl. C 076 27.03.2002 S.12] *(vgl. WB 2002, Ziff. 112, S.236 f.; I. S. Schäfer, 2003, S.244 ff.).*

Im November 2001 beantragten **Air France und Alitalia** ein Negativattest oder hilfsweise eine Einzelfreistellung für ihre **Kooperationsvereinbarung** und die ergänzenden **Durchführungsregelungen** (Aufbau eines Drehkreuzsystems, Kapazitäts- und Flugplanung, Einnahmenaufteilung, Preisgestaltung, Code-sharing, Vermarktung, Flottenausbau und -einkauf, Vielfliegerprogramme, Frachtbetrieb, Wartung, Ausbildung, Informationstechnik) [ABl. C 111 08.05.2002 S.7]. Da die Kommission im Juli 2002 **ernsthafte Bedenken** wegen der Einschränkung des Wettbewerbs auf sieben Strecken äußerte (Knappheit von Zeitnischen, Flugangebot, Vielfliegerprogramme), schlugen die Unternehmen **Verpflichtungszusagen** vor [ABl. C 297 09.12.2003 S. 10], die später nochmals verbessert wurden (Freigabe von Zeitnischen in Mailand und Paris; keine Erhöhung der Fluganzahl in der Anlaufzeit; Beteiligung von anderen Anbietern an Vielfliegerprogrammen sowie an Interlining- und Pro rate-Vereinbarungen; Erleichterung von Vereinbarungen über kombinierte Verkehrsdienste). Die **Entscheidung 2004/841/EG der Kommission vom 7. April 2004 [ABl. L 362 09.12. 2004 S.17]** stellte die Kooperationsvereinbarung daraufhin für sechs Jahre bis November 2007 vom Kartellverbot frei; **Vorteile** wurden vor allem in der Zunahme der Anzahl der Verbindungen sowie in Kosteneinsparungen durch eine verbesserte Frequenzplanung und eine höhere Auslastung gesehen. Im Juli 2004 erhob die easyjet Airline Co. Ltd in der Rs. T-300/04 **Klage** gegen die Kommissionsentscheidung (keine Beurteilung nach der Fusionskontrollverordnung, falsche Marktabgrenzung, unzutreffende Bewertung des potentiellen Wettbewerbs, keine Überprüfung der Freistellungsvoraussetzungen, unzureichende Begutachtung der Auflagen, Vernachlässigung des Art. 86 (82) EGV) [ABl. C 262 23.10.2004 S.39] *(vgl. WB 2002, Ziff. 113; WB 2003, Ziff. 129; Bull. EU 4-2004, S.43; WB 2004, Ziff. 70).*

Bereits im April und Oktober 1991 traf **KLM** mit **Northwest Airlines** erste Absprachen über Vielfliegerprogramme für die Verbindungen von Amsterdam nach Minneapolis und Detroit; im März 1992 wurden diese Regelungen durch eine Code-sharing-Vereinbarung ersetzt. Nach der Unterzeichnung eines Open-sky-Abkommens zwischen den Niederlanden und den Vereinigten Staaten im September 1992 einigten sich die Unternehmen auf ein **bilaterales Allianzabkommen** (Wings) für den Flugbetrieb auf den Nordatlantikstrecken sowie den Verbindungen zwischen den Niederlanden und Indien einschließlich der jeweiligen Zubringerstrecken; spezielle Zusatzvereinbarungen folgten im Januar 1993 (Koordinierung der Kapazitäten und Flugpläne; Tarifgestaltung; Code-sharing; Vermarktung; Vielfliegerprogramme und Provisionen; Bodenabfertigung, Bewirtung und Flugzeugwartung) sowie im Juni 1995 und März 1996 (Einnahmenaufteilung). Die Kommission eröffnete im Juli 1996 ein **Verfahren** in bezug auf den Transatlantikverkehr [ABl. C 117 15.04.97 S.8]; im September 1997 beschlossen KLM und Northwest Airlines eine Vertiefung und Fortführung der Allianz für weitere zehn Jahre [ABl. C 177 10.06.98 S.10]. Nach längeren Untersuchungen akzeptierte die Kommission im Oktober 2002 die Argumente der Parteien (nur minimale Wettbewerbsbeschränkungen auf bestimmten Strecken; Unternehmen waren vorher keine tatsächlichen oder potentiellen Konkurrenten; Verbesserung des Diensteangebots und niedrigere Tarife), befürwortete die **Allianz ohne Verpflichtungen** und stellte das Verfahren ein [ABl. C 181 30.07.2002 S.6; ABl. C 264 30.10.2002 S.11] *(vgl. WB 1996, Ziff.99; WB 1997, Ziff.92, 327; K. J. Button u. a., 1998, S.109; WB 1998, Ziff. 104; WB 2001, Ziff.141; Bull. EU 10-2002, S.35 f.; WB 2002, Ziff.110, S.234; M. Negenman, 2003a, S.70 ff.; I. S. Schäfer, 2003, S.246 f.)*.

Eine weitere Kooperation von **KLM** mit **Alitalia** (Flug- und Tarifplanung, Einnahmenaufteilung und Vermarktung im Passagier- und Frachtverkehr) wurde von der Kommission als Zusammenschluß beurteilt, im August 1999 aber gutgeheißen [ABl. C 096 05.04.2000 S.5]. Um die Entstehung **marktbeherrschender Stellungen** auf den Relationen Amsterdam – Rom und Amsterdam – Mailand zu verhindern, wurde die Genehmigung jedoch an **zahlreiche Auflagen** geknüpft (Bereitstellung von bis zu 336 Zeitnischen pro Woche; Verringerung der eigenen Flugverbindungen bei Markteintritt Dritter um bis zu 40 %; Ausweitung der Interlining-Vereinbarungen und des Vielfliegerprogramms auf neue Anbieter; Verzicht auf Treuerabatte für Reisebüros und Großkunden; Änderung der ersten Bildschirmseite der CRS); die **Kooperation** dauerte jedoch nur von November 1999 bis April 2000 *(vgl. E. M. Armani, 1999b, S.19 ff.; Bull. EU 7/8-1999, S.18; WB 1999, Ziff.93, 187, S.222 f.; M. Hartmann-Rüppel, 2002, S.56 f.; I. S. Schäfer, 2003, S.246)*. Nach dem Zusammenschluß mit Air France im Mai 2004 *(vgl. S.417)* trat im September 2004 auch KLM der SkyTeam Alliance bei; parallel dazu wurden Northwest Airlines und Continental Airlines Mitglieder. Geplant ist eine Erweiterung um Aeroflot und China Southern Airlines.

Vereinbarungen skandinavischer Fluggesellschaften

Im Jahre 1997 wurde zwischen **Finnair** und **Mærsk Air** eine Kooperation eingerichtet, die den Betrieb **gemeinsamer Flugdienste** zwischen Stockholm und Kopenhagen betraf (Einnahmen- und Ausgabenaufteilung, Tarifabstimmung, Code-sharing, Vermarktung, Bodenabfertigung) [ABl. C 118 17.04.98 S.3]; die Kommission genehmigte das Vorhaben im Juli 1998 für sechs Jahre, da beide Unternehmen nur **kleine Marktanteile** besaßen und das Angebot erweitert wurde *(vgl. WB 1998, S.162)*. Eine Kooperations- und fünf Zusatzvereinbarungen, die **SAS** und **Mærsk Air** im Oktober 1998 geschlossen hatten (Aufteilung der Interlining-Einnahmen; Code-sharing auf 13 Mærsk Air-Routen und ggf. auch für SAS-Strecken; gegenseitige Beteiligung an Vielfliegerprogrammen; Übernahme von Bodenabfertigungsdiensten durch SAS), wurden zusammen mit einen Antrag auf **Negativattest** oder **Einzelfreistellung** im März 1999 bei der Kommission angemeldet; bereits im November 1998 hatte jedoch Sun-Air eine Beschwerde gegen die Absprache eingelegt. Eine Nachprüfung der Kommission vom Juni 2000 ergab, daß **verschiedene Regelungen** nicht mitgeteilt worden waren: Einstellung von vier Strecken durch Mærsk Air und SAS (jeweils Übernahme durch Mærsk Air); vorherige Zustimmung von SAS zu Angebotserweiterungen von Mærsk Air ab Kopenhagen; SAS befliegt keine von Mærsk Air betriebenen Strecken ab Kopenhagen; SAS bietet keine Inlandsverbindungen ab Jütland an. Nachdem im Oktober 2000 ein **ergänzender Antrag** eingegangen war, leitete die Kommission im Januar 2001 ein Verfahren ein, das sie mit der **Entscheidung 2001/716/EG vom 18. Juli 2001 [ABl. L 265 05.10.2001 S.15]** abschloß. Aufgrund der erheblichen Nachteile aus den **wettbewerbsbeschränkenden Marktaufteilungsvereinbarungen** wurde eine Einzelfreistellung abgelehnt. Da ein besonders **schwerer Verstoß** über eine Dauer von fast zweieinhalb Jahren vorlag, verhängte die Kommission eine **Geldbuße** von 39,375 Mio. € für SAS und von 13,125 Mio. € für Mærsk Air. Beide Gesellschaften kündigten daraufhin die Wiederaufnahme bestimmter Strecken an; außerdem legte SAS im Oktober 2001 beim Gericht erster Instanz in der Rs. T-241/01 Berufung ein; die Klage wurde jedoch im Juli 2005 abgewiesen [ABl. C 369 22.12.2001 S.14; ABl. C 229 17.09.2005 S.12] *(vgl. Bull. EU 7/8-2001, S.25f.; E. Martínez Rivero, 2001, S.40ff.; WB 2001, Ziff. 43ff., S.13, 193f.)*. Eine zwischen **SAS** und **Icelandair** für bestimmte Strecken von und nach Reykjavik getroffene Vereinbarung wurde in bezug auf die Verbindungen nach Oslo, Stockholm und Kopenhagen vom Kartellverbot freigestellt; bei den anderen Strecken gab es keine Wettbewerbsbeschränkungen *(vgl. WB 2002, S.212)*.

2.4.1.2 Fusionen, Kapitalbeteiligungen und Gemeinschaftsunternehmen

Fusionen und Kapitalbeteiligungen

Im Gegensatz zu Kooperationen und Minderheitsbeteiligungen waren Fusionen und Mehrheitsbeteiligungen bis zur **vollständigen Liberalisierung** des gemeinschaftlichen Luftverkehrs auf den innerstaatlichen Bereich beschränkt. Als Gründe anzuführen sind die **Anteilsgrenzen** für ausländische Unternehmen und die in den bilateralen Abkommen enthaltenen **Eigentümerklauseln** (Bindung der Streckenrechte einer benannten Fluggesellschaft an die Nationalität). Seit dem 1. Januar 1993 gelten diese Restriktionen nur noch für den außergemeinschaftlichen **Drittstaatenverkehr** *(vgl. M. Hartmann-Rüppel, 2002, S.32)*. Die bei der Kommission angemeldeten Unternehmenszusammenschlüsse und Beteiligungen wurden von ihr zumeist ohne oder mit **einigen Auflagen** genehmigt, die auf bestimmten Verbindungen eine **ausreichende Wettbewerbsintensität** garantieren sollten. Gegen Ende der achtziger und Anfang der neunziger Jahre mußte sich die Kommission dabei in erster Linie mit der Übernahme kleinerer Anbieter durch British Airways, KLM und Air France befassen.

Im März 1988 gestattete die Kommission die Aufstockung des von **British Airways** an **British Caledonian** gehaltenen Kapitalanteils von 9,7 % auf 51,7 % unter Bedingungen, die für vier Jahre die bereits von der nationalen Wettbewerbsbehörde formulierten Verpflichtungen ergänzten (Übertragung ungenutzter Verkehrsrechte von British Caledonian auf neue Gesellschaften; Begrenzung der Anzahl der Zeitnischen des fusionierten Unternehmens auf dem Flughafen London-Gatwick; Zugang von anderen Anbietern zu freien Zeitnischen auf dem Flughafen London-Heathrow) *(vgl. Bull. EG 3-1988, S.40f.; WB 1988, Ziff.81; A. Kark, 1989, S.153f.; WB 1990, Ziff.116; M. Dolfen, 1991, S.55; J. Goh, 1997, S.82f.; M. Hartmann-Rüppel, 2002, S.46)*. Weitere Verfahren betrafen folgende Fälle: **British Airways** und **Touraine Air Transport (TAT) European Airlines** im November 1992 (Übernahme von 49,9 %; British Airways sagt Abtretung von Zeitnischen in London-Gatwick in bezug auf die Strecken London – Paris und London – Lyon zu) [ABl. C 283 31.10.92 S.10; ABl. C 326 11.12.92 S.16] und im August 1996 (Übernahme der restlichen 50,1 %) [ABl. C 218 27.07.96 S.3; ABl. C 316 25.10.96 S.11]; **British Airways** und **Dan Air** im Februar 1993 (keine beherrschende Stellung auf der Strecke London – Brüssel) [ABl. C 328 12.12.92 S.4; ABl. C 068 11.03.93 S.5]; **British Airways** und **Air Liberté** im Februar 1997 (Erwerb eines 70 %-Anteils) [ABl. C 035 04.02.97 S.5; ABl. C 149 17.05.97 S.25]. **Klagen von Air France** in bezug auf British Airways / TAT (I) (Rs. T-2/93 [ABl. C 045 17.02.93 S.19; ABl. C 188 09.07.94 S.9; Slg. 1994, S.II-323; ABl. C 137 03.06.95 S.21; ABl. C 210 20.07.96 S.16]) und British Airways / Dan Air (Rs. T-3/93 [ABl. C 045 17.02.93 S.20; ABl. C 132 14.05.94 S.12; Slg. 1994, S.II-121; ABl. C 210 20.07.96 S.16]) wurden vom Gericht erster Instanz 1994 abgewiesen *(vgl. Bull. EG 11-1992, S.31f.; Bull. EG 1/2-1993, S.25; B. Adkins, 1994, S.110ff., 126, 129f., 134ff.; J. M. Balfour, 1994, S. 1036ff.; Bull. EU 7/8-1996, S.37; Bull. EU 1/2-1997, S.30f.; J. Goh, 1997, S.88f., 91f., 100f.; M. Hartmann-Rüppel, 2002, S.50f., 53f.)*.

Im Januar und Februar 1990 beantragten **British Airways** und **KLM**, ihren Vereinbarungen über Kapitalbeteiligungen von jeweils 20 % an der im Dezember 1988 von der Sabena speziell für den Langstreckenverkehr gegründeten **Sabena World Airlines** ein Negativattest oder eine Einzelfreistellung zu erteilen [ABl. C 082 31.03.90 S.7]. Da die Kommission im Juni 1990 erhebliche Bedenken äußerte (Beschränkung des Wettbewerbs zwischen den Unternehmen; Überschneidung der Märkte von KLM und Sabena; ungenügende Definition der Zusammenarbeit bei Langstreckenflügen), verzichteten die drei Gesellschaften schließlich auf ihr Vorhaben *(vgl. WB 1990, Ziff.108; M. Dolfen, 1991, S.59f.; K. Jäckel, 1991, S.321ff.; A. Tettenborn, 1993, S.440; B. Adkins, 1994, S.37f.; J. Goh, 1997, S.37f.)*.

Im Jahre 1988 beteiligte sich **KLM** zu 40 % an der größten niederländischen Chartergesellschaft **Transavia**. 1991 wurde der Anteil auf 80 % erhöht; außerdem übernahm KLM zwei Vorstandsposten, und die Liniendienste der beiden Unternehmen sollten nicht miteinander konkurrieren. Da KLM gleichzeitig auch Einfluß auf die Chartergesellschaft **Martinair** hatte, befürchtete die Kommission Wettbewerbsbeschränkungen im Linien- und Charterverkehr ab Amsterdam. Sie stellte jedoch das Verfahren wieder ein, da KLM nicht in die Geschäftspolitik von Transavia eingreifen und keine weiteren Beteiligungen mehr eingehen wollte; die zuständigen Behörden versprachen eine **Liberalisierung des Linienverkehrs** auf 35 Strecken und die **Vergabe neuer Charterkonzessionen** *(vgl. WB 1991, Ziff.90ff.; B. Adkins, 1994, S.128f.; J. Goh, 1997, S.83f.; M. Hartmann-Rüppel, 2002, S.47f.)*.

Im September 1997 genehmigte die Kommission die Erhöhung des Kapitalanteils von **KLM** an **Air UK** von 45 % auf 100 % (auch andere Wettbewerber auf der Strecke London – Amsterdam) [ABl. C 263 29.08.97 S.2; ABl. C 372 09.12.97 S.20] *(vgl. Bull. EU*

9-1997, S.15f.). 1998 und 1999 prüfte sie die geplante Übernahme der 50 %-Beteiligung der Koninklijke Nedlloyd an **Martinair** durch **KLM**, wodurch KLM die alleinige Kontrolle über Martinair erlangt hätte. Eine erste Anmeldung wurde zurückgezogen, da sie unvollständig war [ABl. C 281 10.09.98 S.7; ABl. C 298 26.09.98 S.8]; im Dezember 1998 folgte eine erneute Anmeldung [ABl. C 408 29.12.98 S.8]. Angesichts der befürchteten Beschränkung des Wettbewerbs bei Pauschalreiseflügen von Amsterdam in den Mittelmeerraum durch die vorgesehene Integration des Flugbetriebs von Martinair in den der KLM-Tochter Transavia *(vgl. S.416)* leitete die Kommission ein Verfahren ein [ABl. C 042 17.02.1999 S.9], das sie aber nach der Aufgabe des Vorhabens wieder einstellte [ABl. C 162 09.06.1999 S.7]; wegen der Übermittlung unrichtiger bzw. fehlender Auskünfte in bezug auf die Linien- und Charterflüge der Transavia bei der ersten Anmeldung wurde KLM mit der **Entscheidung 2005/152/EG vom 14. Dezember 1999 [ABl. L 050 23.02.2005 S.10]** *(vgl. Übersicht 50)* zu einer Geldbuße von 40.000 € verurteilt *(vgl. Bull. EU 1/2-1999, S.44f.; WB 1999, Ziff.165f.; M. Hartmann-Rüppel, 2002, S.54 f.).* Die im Dezember 2003 angemeldete Fusion von **Air France** und **KLM** genehmigte die Kommission im Februar 2004 [ABl. C 317 30.12. 2003 S.15; ABl. C 060 09.03.2004 S.5], so daß der diesbezügliche Aktientausch im Mai 2004 vollzogen werden konnte.

Der im Januar 1990 vollzogenen Fusion von **Air France** mit **Air Inter** und **UTA** stimmte die Kommission hingegen nur unter ebenfalls auf vier Jahre begrenzten **Verpflichtungen** zu (Ausstieg von Air France aus TAT; Vergabe von Genehmigungen für bestimmte Strecken an andere Unternehmen; Abgabe von Zeitnischen durch Air France; zusätzlich im Inlandsverkehr Reduzierung bzw. Einfrieren der Kapazitäten; ergänzend auf internationalen Verbindungen Einräumung weiterer bilateraler Verkehrsrechte) *(vgl. Bull. EG 10-1990, S.31; WB 1990, Ziff.116; B. Adkins, 1994, S.127f.; J. Goh, 1997, S.83; M. Hartmann-Rüppel, 2002, S.46f.).*

Gegenstand von Untersuchungen war seit 1992 auch der Erwerb von 37,58 % der **Sabena**-Aktien durch **Air France** [ABl. C 272 21.10.92 S.5]. Da diese Verflechtung auf drei Flugrouten zwischen Belgien und Frankreich zu einer Monopolsituation geführt und die Einrichtung eines Pendelverkehrs zwischen Brüssel und Paris sowie eines Drehkreuzes für 75 europäische Ziele in Brüssel den Marktzutritt Dritter erheblich erschwert hätte, machten die Unternehmen und die Regierungen Zugeständnisse (Reduzierung oder Einstellung von Flügen bei potentiellem Marktzutritt Dritter; Zulassung von Mehrfachbenennungen; Abgabe von Zeitnischen; Einrichtung eines zweiten Drehkreuzes). Da die Kommission Zweifel an der **Erfüllung der Verpflichtungen** bekam, leitete sie 1994 ein Verfahren ein; Air France gab jedoch seine Beteiligung wieder auf *(vgl. Bull. EG 10-1992, S.37f.; WB 1992, Ziff.259; B. Adkins, 1994, S.110ff., 123 ff.; WB 1994, Ziff.322; J. Goh, 1997, S.87f., 93f., 98ff.; M. Hartmann-Rüppel, 2002, S. 49f.).*

Im Juli 1995 genehmigte dann die Kommission ohne eingehende Untersuchung die Übernahme von 49,5 % des Kapitals von **Sabena** durch **Swissair** [ABl. C 129 25.05.95 S.4; ABl. C 162 28.06.95 S.5; ABl. C 165 01.07.95 S.4; ABl. C 200 04.08.95 S.10]. Um auf den Verbindungen zwischen der Schweiz und Belgien eine Monopolstellung zu vermeiden, mußten jedoch **bestimmte Vorgaben** erfüllt werden (Gewährung von Verkehrsrechten und Zeitnischen an andere Unternehmen; Aufgabe der Zusammenarbeit von Swissair und SAS in der European Quality Alliance *(vgl. S.410)*; Einbeziehung von Wettbewerbern in die Interlining-Vereinbarungen und Vielfliegerprogramme) *(vgl. Bull. EU 7/8-1995, S.23; WB 1995, Ziff.76, 143; M. Hartmann-Rüppel, 2002, S.51 ff.)*.

Im Jahre 1990 befaßte sich die Kommission auch mit dem von der **Lufthansa** geplanten Erwerb einer Minderheitsbeteiligung an **Interflug**, da sie eine Verstärkung der marktbeherrschenden Stellung bei Luftverkehrs-, Luftverkehrskontroll- und Bodenabfertigungsdiensten verhindern und anderen Interessenten die Option eines Einstiegs offen halten wollte *(vgl. WB 1990, Ziff.114)*. Gegenstand eines Antrags auf Erhalt eines **Negativattests** oder einer **Einzelfreistellung** war im Juli 1990 auch eine Vereinbarung über Minderheitsbeteiligungen der **Lufthansa**, von **Japan Airlines** (JAL) und der Handelsgesellschaft **Nissho Iwai** an **DHL Int.** [ABl. L 258 22.09.90 S.33]. Die Gesellschafter wollten für zehn Jahre weder selbst noch über andere Beteiligungen Expreß- und Kurierdienste anbieten; DHL sollte die Flughafen- und Frachteinrichtungen der Luftverkehrsunternehmen benutzen können und im Frachtverkehr Vorzugskonditionen erhalten, konnte aber auch andere Fluggesellschaften in Anspruch nehmen.

Die Kommission befürchtete eine **Behinderung anderer Logistikanbieter** beim Zugang zu Flughafeneinrichtungen und durch höhere Nutzungspreise. Lufthansa und JAL versprachen, besonders betroffene DHL-Wettbewerber nicht zu diskriminieren. Die Vereinbarung wurde deshalb in bezug auf den Landverkehr für drei und hinsichtlich des Luftverkehrs für sechs Jahre freigestellt; im Januar 1998 erfolgte eine entsprechende Verlängerung der Freistellungen mit Wirkung vom 30. Oktober 1997 *(vgl. M. Dolfen, 1991, S.53f.; WB 1991, Ziff.88f.; B. Adkins, 1994, S.109f.; Bull. EU 1/2-1998, S.31; WB 1998, S.171f.)*. Im Juli 2005 billigte die Kommission den Zusammenschluß der **Lufthansa** und der **Swiss International Air Lines** Ltd durch Aktienkauf [ABl. C 131 28.05.2005 S.7; ABl. C 204 20.08.2005 S.3]. Geplant ist die Übernahme der **Eurowings Luftverkehrs AG** [ABl. C 282 15.11.2005 S.6].

Als weitere Beispiele für **positive Bescheide** der Kommission sind zu nennen: die Übernahme der LTU durch die SAirGroup [ABl. C 369 28.11.98 S.12; ABl. C 338 29. 11.2000 S.11; ABl. C 029 30.01.2001 S.9]; im August 1999 die Übernahme von 49 % der AOM durch die SAirGroup (insbesondere keine Beschränkungen auf der Strecke Paris – Zürich) [ABl. C 194 10.07.1999 S.2; ABl. C 245 18.08.1999 S.29]; im November 1999 die 20 %-Beteiligung der SAirGroup an South African Airways (weitgehend komplementäre Streckennetze) [ABl. C 305 22.10.1999 S.3]; im März 2000 der Erwerb eines 49 %-Anteils an Virgin Atlantic Airways durch Singapore Airlines [ABl. C 066 28.03.2000 S.9; ABl. C 110 07.05.2002 S.8; ABl. C 116 17.05.2002 S.12]; im Jahre 2002 der Zusammenschluß von SAS und Spanair [ABl. C 039 13.02.2002 S.21; ABl. C 093 18.04.2002 S.7]. Die vorgesehene **gemeinsame Kontrolle** von Portugália durch die SAirGroup und den Staat Portugal wurde nach erheblichen Bedenken der Kommission im August 2000 wieder aufgegeben [ABl. C 136 15.05.2000 S.6; ABl. C 177 27.06.2000 S.10; ABl. C 235 17.08.2000 S.7] *(vgl. Bull. EU 11-1999, S.23; Bull. EU 3-2002, S.64; M. Hartmann-Rüppel, 2002, S.55f., 58f.; WB 2002, Ziff.116)*.

Gemeinschaftsunternehmen

Im Dezember 1995 erteilte die Kommission eine auf sechs Jahre befristete **Einzelfreistellung** für die gemeinsam von der Scandinavian Leisure Group AB (SLG) und Simon Spies Holding A/S gegründete Luftverkehrsgesellschaft **Premiair** [ABl. C 262 07.10. 95 S.6]. Diese sollte den Flugverkehr für die konzerneigenen Reiseveranstalter von SLG und Spies durchführen, der vorher von Scanair und Conair abgewickelt worden war *(vgl. Bull. EU 12-1995, S.79; WB 1995, S.143)*. Im Oktober 2002 wurde die **gemeinsame Kontrolle** von GF-X Operations durch Global Freight Exchange, Lufthansa Cargo, Air France und British Airways zugelassen [ABl. C 235 01.10.2002 S.5; ABl. C 279 15.11.2002 S.21] *(vgl. Bull. EU 10-2002, S.36; WB 2002, Ziff.116)*.

2.4.2 Mißbrauch marktbeherrschender Stellungen

2.4.2.1 Interlining-Vereinbarungen

Gegen Anfang der neunziger Jahre befaßte sich die Kommission nicht nur mit dem Aspekt der Gewährung von Gruppenfreistellungen für Tarifkonsultationen, die u. a. der gegenseitigen Anerkennung von Interlining-Bedingungen dienten, sondern in zunehmendem Maße auch mit der Frage, unter welchen Voraussetzungen die **Verweigerung von Interlining-Möglichkeiten** als mißbräuchliche Ausnutzung einer marktbeherrschenden Stellung nach Art. 86 EWGV (Art. 82 EGV) anzusehen war. Obwohl aus einer Ablehnung vor allem für kleinere Luftverkehrsunternehmen Nachteile erwuchsen (fehlende Verbindungen, unzureichende Sitzplatzkapazität), sollten größere Anbieter nicht generell und unbefristet zum Interlining und damit zur Gewährung von Vorleistungen verpflichtet werden, um ihnen ihre **natürlichen Wettbewerbsvorteile** zu erhalten und anderen Fluggesellschaften Anreize zum **Aufbau eines eigenen Netzes** oder zur **Erhöhung der Frequenz** zu geben. Die Kommission plädierte deshalb für eine Begrenzung der Zeitdauer der obligatorischen Bereitstellung von Teilstreckenverkehren auf zwei Jahre; bei besonders schwierigen Marktbedingungen sollte aber eine Verlängerung möglich sein. Auch eine Ausweitung auf andere als die bedienten Strecken war statthaft, wenn der Zugang zu diesen Diensten für den Markteintritt notwendig war. Auf der Grundlage dieser Überlegungen wurde die Kommission 1990 in mehreren Fällen tätig, um kleineren Anbietern zum Interlining zu verhelfen, so z. B. in bezug auf die **Erleichterung des Teilstreckenverkehrs** zwischen der Lufthansa und der Air Europe auf den Relationen London – München und London – Düsseldorf *(vgl. WB 1990, Ziff.75f., 107)*.

Im April 1990 legte **British Midland** eine Beschwerde gegen **Aer Lingus** ein, da die irische Fluggesellschaft ein Jahr zuvor ihre Zustimmung zur Teilnahme von British Midland an der Interlining-Vereinbarung zurückgezogen und den Austausch der Flugscheine auf der Strecke London-Heathrow – Dublin abgelehnt hatte; begründet wurde das Vorgehen mit der unrechtmäßigen Aneignung von Vorteilen durch British Midland. Die Kommission schloß ihr daraufhin im Juli 1991 eingeleitetes Verfahren mit der **Entscheidung 92/213/EWG vom 26. Februar 1992 [ABl. L 096 10.04.92 S.34]** *(vgl. Übersicht 50)* ab, in der sie Aer Lingus den Mißbrauch einer marktbeherrschenden Stellung nachwies (Verweigerung bisher nur bei Problemen mit der Währungskonvertibilität oder bei Zweifeln an der Kreditwürdigkeit; Beibehaltung des Interlining für andere Fluggesellschaften; Erschwerung des Marktzutritts; erhebliche Auswirkungen auf Einnahmen, Kosten und Marktanteile von British Midland). Außerdem konstatierte sie einen Verstoß gegen Art. 85 Abs. 1 EWGV (Art. 81 Abs. 1 EGV), da Aer Lingus an den **IATA-Tarifkonsultationen** teilnahm, gegenüber British Midland die entsprechenden Gemeinschaftsvorschriften aber nicht einhielt. Aer Lingus hatte British Midland für zwei Jahre wieder zum Interlining zuzulassen (bis ein eigener Flugdienst aufgebaut war) und eine Geldbuße von 750.000 ECU zu entrichten *(vgl. Bull. EG 1/2-1992, S.34; WB 1992, Ziff.216 ff.; J. Goh, 1997, S.53 ff.)*.

2.4.2.2 Computerreservierungssysteme

Saphir / Sabena / London European Airways

Im April 1987 legte die britische **London European Airways** (LEA) bei der Kommission eine Beschwerde gegen die **Sabena** ein, da diese ihr seit Anfang 1987 den Zugang zum CRS Saphir mit der Begründung verweigert hatte, daß der von der LEA auf der Strecke Brüssel – Luton angebotene Flugpreis zu niedrig sei und zuvor die Bodenabfertigung der Flugzeuge der LEA an die Sabena übertragen werden müsse. Da die Kommission infolge einer Nachprüfung mit der **Verhängung einstweiliger Maßnahmen** gedroht hatte, änderte die Sabena jedoch nur wenige Wochen später ihre Haltung und nahm die LEA in das CRS auf. Die Sabena wurde allerdings mit der **Entscheidung 88/589/EWG der Kommission vom 4. November 1988 [ABl. L 317 24.11.88 S.47]** *(vgl. Übersicht 50)* wegen des nachgewiesenen Mißbrauchs ihrer marktbeherrschenden Stellung (Erzwingung höherer Preise, Behinderung des Marktzutritts) zu einer Geldbuße von 100.000 ECU verurteilt *(vgl. Bull. EG 6-1987, S.41; Bull. EG 11-1988, S.36; WB 1988, Ziff.76; A. Kark, 1989, S.158 ff.; M. Dolfen, 1991, S.55 f.; A. Tettenborn, 1993, S.324 ff.; B. Adkins, 1994, S.187 f.; R. Polley, 1996, S.133; J. Goh, 1997, S. 52 ff.)*.

Amadeus / Sabre

Im Jahre 1991 untersuchte die Kommission eine **Vereinbarung zwischen Amadeus** (Lufthansa, Air France, Iberia, SAS, Continental) **und Sabre** (American Airlines), die ihren Abonnenten durch die Vermarktung eines gemeinsamen Erzeugnisses und die Verbindung der Zentralcomputer **Zugang zu beiden CRS** über ein einziges Endgerät verschaffen wollten; während die Reiseveranstalter eine Einheitsgebühr für das Komplettangebot entrichten sollten, war für Luftfahrtunternehmen ein von der Buchungszahl abhängiges Entgelt vorgesehen. Nach Auffassung der Kommission bewirkte die Absprache zwar eine Verbesserung des Vertriebs, führte aber auch zu einer **Beschränkung des Preiswettbewerbs und der Angebotsvielfalt** sowie aufgrund des hohen Marktanteils von Amadeus in der Gemeinschaft zu einer **Erschwerung des Marktzutritts** für andere CRS. Die Vertragspartner sagten deshalb zu, andere Systeme z. B. bei der Fluganzeige nicht zu diskriminieren und den nationalen Vermarktungsgesellschaften außerhalb ihrer jeweiligen Gebiete passive Verkäufe zu gestatten; die Vereinbarung wurde daraufhin von der Kommission genehmigt. Die weiteren Verhandlungen zwischen den Systemverkäufern blieben dann jedoch erfolglos *(vgl. Bull. EG 7/8-1991, S.22; WB 1991, Ziff.93 ff.; B. Adkins, 1994, S.200 f.).*

Sabre / Air France / Iberia

1993 beschwerte sich Sabre bei der Kommission über die Weigerung von zwei Tochtergesellschaften der **Air France** und von **Iberia**, die Vertriebseinrichtungen des Sabre-Systems ausreichend zu nutzen. Während die beiden europäischen Fluggesellschaften vorbrachten, daß ihr eigenes CRS die einheimischen Märkte zu 80 % abdecke, alle notwendigen Dienste anbiete und Sabre über das integrierte interne Buchungssystem die Eigentümerin American Airlines bevorzuge, sah Sabre in der ablehnenden Haltung eine **erhebliche Wettbewerbsbeschränkung**. Schließlich konnten sich die Unternehmen aber doch über die **Teilnahme der Tochtergesellschaften** von Air France und Iberia an Sabre einigen *(vgl. WB 1993, Ziff.239; zur wettbewerbspolitischen Beurteilung von CRS O. Grabowski, 1994; H. Krahn, 1994, S.64 ff.; A. Schmidt, 1995, S.182 ff.; M. D. Weinhold, 1995, S.83 ff.; L. Ch. Weimann, 1998, S.239 ff.).*

Sabre / Lufthansa

Eine weiterer Antrag von Sabre vom Januar 1997 richtete sich gegen die Lufthansa, die Großkunden **Anreize zur Benutzung elektronischer Flugscheine** für Inlandsreisen mit der eigenen Gesellschaft bot (Provision von 0,5 % und später 1 % je Flugschein für Reisebüros bei bestimmten nationalen und internationalen Flügen; zuerst gestaffelte Rabatte von 1 bis 2 % je nach Bruttoumsatz für Großkunden, später von 10 DM für jeden Kunden bei Inlandsflügen). Nach Auffassung von Sabre arbeiteten **Großkunden** deshalb ausschließlich mit Reisebüros zusammen, die das CRS Amadeus nutzten, da nur dieses elektronische Flugscheine für die Lufthansa ausstellen konnte; Sabre hatte hingegen nicht die notwendigen Informationen und technischen Spezifikationen des **ETIX-Standards** erhalten und verwendete eigene Funktionen gemäß den **IATA-Branchenstandards**. Die Lufthansa sah in ihrem Verhalten keinen Verstoß gegen den Verhaltenskodex gemäß der Ratsverordnung 89/2299/EWG *(vgl. S.395)*: Elektronischer Flugschein ist kein Luftverkehrsprodukt, für das Anreize zur Förderung der Akzeptanz verboten sind; die Maßnahme ist nicht gegen andere CRS gerichtet; die Einführung erfolgt schrittweise (ab März 1996 für deutschen Markt über Amadeus; ab November 1996 für internationale Online-Flüge; ab 1997 über alle wichtigen CRS) *(zum Online-Vertrieb und zum elektronischen Flugschein vgl. W. Pompl, 2002, S.310 ff.).*

Im April 1999 wurde dann zwischen Sabre und der Lufthansa eine Vereinbarung geschlossen, die die Nutzung der ETIX-Funktion durch Sabre rückwirkend ab Dezember 1998 regelte; außerdem war die **Einführung des spezifischen Standards** in anderen CRS geplant, und die Anreize zur Nutzung elektronischer Flugscheine waren Ende 1998 abgeschafft worden. Gemäß der nachfolgenden **Entscheidung 1999/618/EG der Kommission vom 20. Juli 1999 [ABl. L 244 16.09.1999 S.56]** hatte die Lufthansa zwar gegen den Verhaltenskodex verstoßen, da bis Juni 1998 elektronische Flugscheine nur über abonnierte Benutzer von Amadeus verkauft werden konnten, in diesem Zusammenhang gesteigerte Anreize für den Verkauf von Luftverkehrsprodukten gewährt wurden und somit eine mittelbare Verbindung zwischen der Gewährung einer Provision und der Nutzung eines bestimmten CRS existierte. Angesichts der **Geringfügigkeit der Zuwiderhandlung** und der wirtschaftlichen Nachteile, der Notwendigkeit von Anreizen zur **Erhöhung der Markttransparenz** sowie der zwischenzeitlichen Einstellung der Maßnahmen verhängte die Kommission aber lediglich eine symbolische Geldstrafe von 10.000 € *(vgl. Bull. EU 7/8-1999, S.48; GB 1999, Ziff.415).*

Sabre / Air France

Eine erneute Beschwerde von Sabre aus dem Jahre 1999 betraf den angeblichen Mißbrauch der marktbeherrschenden Stellung der mit Amadeus verbundenen Luftfahrtunternehmen und deren diskriminierendes Verhalten, das sich in der Verweigerung der Bereitstellung **gleichartiger Flugplaninformationen** und **technischer Möglichkeiten** geäußert haben sollte. Das im März 1999 allein gegen Air France eingeleitete Verfahren wurde im Juli 2000 wieder eingestellt, nachdem sich Air France, SAS und Lufthansa mit Sabre auf **bilaterale Verhaltenskodexe** geeinigt hatten, die eine Gleichbehandlung aller CRS sowie den **Austausch von Informationen** und **technischen Entwicklungen** postulierten *(vgl. E. M. Armani, 2000, S.27ff.; Bull. EU 7/8-2000, S.25; WB 2000, Ziff.191, 453, S.181f.).*

2.4.2.3 Vorteilsgewährung an Reisevermittler und Geschäftskunden

Eine im Juli 1993 eingereichte und im Januar 1998 erweiterte Beschwerde von **Virgin Atlantic Airways** bezog sich auf die von **British Airways** praktizierte Gewährung von Rabatten und anderen Prämien an Geschäftskunden und Reisevermittler bei Abwicklung der Flüge über die eigene Gesellschaft (Treuerabatte). Geschäftskunden, die British Airways bevorzugten, konnten rückwirkend **Preisminderungen** geltend machen (Zielrabatte) oder erhielten beim Erwerb von Flugscheinen für Langstreckenflüge **Prämien** in Form von billigen bzw. kostenfreien Kurzstreckenflügen oder Höherstufungen; zusätzlich wurde 1998 eine **Ergebniszuschlagsregelung** eingeführt. Reisevermittler kamen bis 1997 in den Genuß einer Basisprovision von 9 % für Auslands- und von 7,5 % für Inlandsumsätze; außerdem waren **Marketingvereinbarungen** (Ergebniszuschlag in Abhängigkeit von der Umsatzsteigerung und der Flugstrecke; Sonderprämien; Beiträge für die Schulung der Angestellten des Reisevermittlers; Förderung von Werbeprojekten; gestaffelte Prämien ab einem Jahresumsatz von 500.000 £) und **globale Vereinbarungen** (gemäß dem Anteil von British Airways an den internationalen Flugscheinverkäufen) vorgesehen. Seit Januar 1998 gab es eine einheitliche **Standardprovision** von 7 %; von Dezember 1997 bis März 1999 wurde eine Ergebniszuschlagsregelung angewendet (von der Umsatzsteigerung abhängige monatliche Provisionen von bis zu 3 % für internationale und bis zu 1 % für Inlandsflugscheine *(zur wettbewerbspolitischen Problematik der Beeinflussung von Reisevermittlern vgl. B.*

Adkins, 1994, S.202 ff.; H. Krahn, 1994, S.58 f.; L. Ch. Weimann, 1998, S.243 ff.; S. Grundmann, 1999, S.221).

Nach Virgin Atlantic war dieses Verhalten als **Liefervertrag mit Ausschließlichkeitsbindung** und damit als ein Verstoß gegen die Artt. 85 (81) Abs. 1 und 86 (82) EGV anzusehen; British Airways erhob seinerseits zahlreiche Einwände gegen die **Verfahrenseinleitung** durch die Kommission: Maßnahmen sind weit verbreitet; keine korrekte sachliche (Luftvermittlerdienste) und räumliche (Vereinigtes Königreich) Marktabgrenzung; keine Marktbeherrschung (vertragliche Verpflichtung von British Airways gegenüber allen Vermittlern; Vermittler können Flugscheine anderer Gesellschaften und sonstige Dienste verkaufen); kein Mißbrauch (Existenz einer umsatzabhängigen Kostendegression; Realisierung von Effizienzvorteilen; keine Wettbewerbsbeschränkung). In der **Entscheidung 2000/74/EG vom 14. Juli 1999 [ABl. L 030 04.02.2000 S.1]** *(vgl. Übersicht 50)* stellte die Kommission allerdings fest, daß British Airways seine marktbeherrschende Stellung durch die Anwendung von **unrechtmäßigen Treuerabatten** mißbraucht habe (Provisionen aufgrund der Umsatzsteigerung und nicht des Gesamtumsatzes; Behinderung oder Ausschluß anderer Wettbewerber). Angesichts der Schwere und der Dauer des Verstoßes wurde eine Geldbuße von 6,8 Mio. € verhängt *(vgl. J. Finnegan, 1999, S.23; WB 1999, Ziff.60, 94, S.157 ff.).* Eine von British Airways im Oktober 1999 beim Gericht erster Instanz eingereichte **Klage** in der Rs. T-219/99 [ABl. C 020 22.01.2000 S.21] wurde im Dezember 2003 abgewiesen [ABl. C 071 20.03.2004 S.22; Slg. 2003, S.II-5917], wogegen in der Rs. C-95/04 Rechtsmittel eingelegt wurden [ABl. C 106 30.04.2004 S.22]. Die Kommission führte auf der Basis der in ihrer Entscheidung entwickelten Grundsätze bis 2003 Untersuchungen zu den **Prämienregelungen anderer Luftfahrtunternehmen** durch, was in einigen Fällen deren Überarbeitung oder Ersetzung zur Folge hatte *(vgl. Ch. Tomboy u. a., 2003, S.65 ff.; WB 2003, Ziff.132, S.227 f.).*

2.4.2.4 Boden- und Vorfeldabfertigungsdienste

Untersuchungen der Kommission zu Anfang der neunziger Jahre

Nachdem sie wegen der Beschränkung des Marktzugangs bei der Erbringung von Bodenabfertigungsdiensten auf Flughäfen **mehrere Beschwerden** erhalten hatte, begann die Kommission zu Anfang der neunziger Jahre mit der Prüfung der nationalen Bestimmungen, die für diesen Sektor – insbesondere in bezug auf die ehemaligen *flag carrier* – **ausschließliche oder besondere Rechte** vorsahen. Basierend auf einer Erhebung zur Rechtslage in den einzelnen Mitgliedstaaten und den nachfolgenden Konsultationen wurde vor allem die **Vereinbarkeit der Regelungen** mit Art. 90 Abs. 1 EWGV (Art. 86 Abs. 1 EGV) untersucht. Die Kommission vertrat grundsätzlich die Auffassung, daß eine Selbstabfertigung durch die Fluggesellschaften oder ein Tätigwerden unabhängiger Dritter zu einer Qualitätsverbesserung sowie zu Kosten- und Preissenkungen führen könne, andererseits aber ein umfassendes Diensteangebot sowie die Sicherheit und der Schutz der Flughafennutzer gewährleistet sein müssen. Die **einzelfallbezogenen Ermittlungen** konzentrierten sich auf Deutschland (Frankfurt), Griechenland (Athen), Italien (Mailand), Portugal und Spanien (Madrid); andere Mit-

Übersicht 50: Einzelfallentscheidungen zur Anwendung der Wettbewerbsregeln im Luftverkehr

Vereinbarungen und Unternehmenszusammenschlüsse

Entscheidung 91/480/EWG der Kommission vom 30. Juli 1991 in einem Verfahren nach Artikel 85 EWG-Vertrag in der Sache IV/32.659 – IATA Passenger Agency Programme [ABl. L 258 16. 09.91 S.18] — Entscheidung 91/481/EWG der Kommission vom 30. Juli 1991 in einem Verfahren nach Artikel 85 EWG-Vertrag in der Sache IV/32.792 – IATA Cargo Agency Programme [ABl. L 258 16.09.91 S.29] — Entscheidung 96/180/EG der Kommission vom 16. Januar 1996 in einem Verfahren nach Artikel 85 EG-Vertrag und Artikel 53 EWR-Abkommen (IV/35.545 LH / SAS) [ABl. L 054 05.03.96 S.28] — Entscheidung 2005/152/EG der Kommission vom 14. Dezember 1999 gemäß Artikel 14 der Verordnung 89/4064/EWG des Rates über die Festsetzung einer Geldbuße gegen ein Unternehmen wegen Erteilung unrichtiger und entstellter Auskünfte in einer Anmeldung in Fusionskontrollverfahren (Sache Nr. COMP/M.1608 – KLM / Martinair III) [ABl. L 050 23.02.2005 S.10] — Entscheidung 2001/716/EG der Kommission vom 18. Juli 2001 in einem Verfahren nach Artikel 81 EG-Vertrag und Artikel 53 des Abkommens über den Europäischen Wirtschaftsraum (Sache COMP.D.2 37.444 – SAS / Mærsk Air und Sache COMP.D.2 37.386 – Sun-Air / SAS und Mærsk Air) [ABl. L 265 05.10.2001 S.15] — Entscheidung 2002/746/EG der Kommission vom 5. Juli 2002 in einem Verfahren nach Artikel 81 EG-Vertrag und Artikel 53 EWR-Abkommen (COMP/37.730 – AuA / LH) [ABl. L 242 10.09.2002 S.25] — Entscheidung 2004/841/EG der Kommission vom 7. April 2004 in einem Verfahren nach Artikel 81 EG-Vertrag betreffend den Fall COMP/A.38284/D2 Société Air France / Alitalia Linee Aeree Italiane S.p.A. [ABl. L 362 09.12.2004 S.17]

Wettbewerbswidriges Verhalten und Mißbrauch marktbeherrschender Stellungen

Entscheidung 85/121/EWG der Kommission vom 23. Januar 1985 betreffend ein Verfahren nach Artikel 11 Absatz 5 der Verordnung 17 des Rates (IV/C/31.163) [ABl. L 046 15.02.85 S.51] — Entscheidung 88/589/EWG der Kommission vom 4. November 1988 betreffend ein Verfahren nach Artikel 86 des EWG-Vertrags (IV/32.318, London European – SABENA) [ABl. L 317 24. 11.88 S.47] — Entscheidung 92/213/EWG der Kommission vom 26. Februar 1992 in einem Verfahren nach Artikel 85 und 86 EWG-Vertrag (Sache IV/33 544 – British Midland / Aer Lingus) [ABl. L 096 10.04.92 S.34] — Entscheidung 95/364/EG der Kommission vom 28. Juni 1995 in einem Verfahren nach Artikel 90 Absatz 3 EG-Vertrag [ABl. L 216 12.09.95 S.8] — Entscheidung 98/190/EG der Kommission vom 14. Januar 1998 in einem Verfahren nach Artikel 86 EG-Vertrag (IV/34.801 FAG – Flughafen Frankfurt / Main AG [ABl. L 072 11.03.98 S.30] — Entscheidung 98/513/EG der Kommission vom 11. Juni 1998 in einem Verfahren nach Artikel 86 EG-Vertrag (IV/35.613 – Alpha Flight Services / Aéroports de Paris) [ABl. L 230 18.08.98 S.10] — Entscheidung 1999/198/EG der Kommission vom 10. Februar 1999 in einem Verfahren nach Artikel 86 EG-Vertrag (Sache IV/35.767 – Ilmailulaitos / Luftfartsverket) [ABl. L 069 16.03.1999 S.24] — Entscheidung 1999/199/EG der Kommission vom 10. Februar 1999 in einem Verfahren nach Artikel 90 EG-Vertrag (Sache IV/35.703 – Portugiesische Flughäfen) [ABl. L 069 16.03.1999 S.31] — Entscheidung 2000/74/EG der Kommission vom 14. Juli 1999 in einem Verfahren nach Artikel 82 EG-Vertrag (IV/D-2/34.780 – Virgin / British Airways) [ABl. L 030 04.02.2000 S.1] — Entscheidung 1999/618/EG der Kommission vom 20. Juli 1999 in einem Verfahren betreffend die Anwendung der Verordnung 89/2299/EWG des Rates (Elektronisches Ticket) [ABl. L 244 16. 09.1999 S.56] — Entscheidung 2000/521/EG der Kommission vom 26. Juli 2000 in einem Verfahren nach Artikel 86 Absatz 3 EG-Vertrag [ABl. L 208 18.08.2000 S.36]

gliedstaaten, wie z. B. Irland, begannen von sich aus mit einer schrittweisen Öffnung des Marktes oder gaben Zusagen hinsichtlich der zukünftigen Liberalisierung *(vgl. WB 1992, Ziff.518f.; WB 1993, Ziff.365, 367; WB 1994, Ziff.227; WB 1995, Ziff.121; zur Anwendbarkeit der Wettbewerbsregeln auf Flughäfen R. Polley, 1996, S.117ff.; zur wettbewerbspolitischen Bedeutung von Bodenabfertigungsdiensten H. Krahn, 1994, S.78ff.; L. Ch. Weimann, 1998, S.191ff.).*

Spanische Flughäfen / Iberia

Im Jahre 1991 waren der Kommission Beschwerden zugegangen, nach denen die Exklusivrechte der Iberia für die Erbringung von Versorgungsleistungen auf spanischen Flughäfen die **Selbstabfertigung** oder die **Inanspruchnahme anderer Anbieter** verhinderten; das Verfahren wurde jedoch wegen Beweismangels wieder eingestellt. Außerdem beschäftigte sich die Kommission mit **Tarifvergünstigungen** von 65 % für Versorgungsleistungen, die von Iberia zugunsten spanischer Fluggesellschaften erbracht wurden. Trotz einer **förmlichen Verpflichtung** hob die spanische Regierung diese Regelung ab November 1992 nur teilweise auf, so daß ihr die Kommission im Juni 1993 ein **Aufforderungsschreiben** zustellen mußte, in dem die Ermäßigungen erneut beanstandet wurden *(vgl. WB 1991, Ziff.335f.; WB 1992, Ziff.521; WB 1993, Ziff.368).*

Griechische Flughäfen / Olympic Airways

Wegen einer angeblich mißbräuchlichen Ausnutzung ihres Monopols bei der Erbringung von Bodenabfertigungsdiensten auf griechischen Flughäfen (Tariferhöhungen, Diskriminierung bestimmter Kundengruppen) war Olympic Airways schon 1984 Gegenstand eines Verfahrens gewesen; in der **Entscheidung 85/121/EWG vom 23. Januar 1985 [ABl. L 046 15.02.85 S.51]** *(vgl. Übersicht 50)* hatte die Kommission aber lediglich die Vorlage genauerer Angaben verlangt *(vgl. WB 1985, Ziff.33, 74; M. Dolfen, 1991, S.52; S.14)*. Angesichts neuer Vermutungen über den Mißbrauch der marktbeherrschenden Stellung auf dem **Flughafen Athen** wurde dann im November 1994 gegen den griechischen Staat und Olympic Airways erneut ein Verfahren eingeleitet, das bis 1997 andauerte. Als Nachweis für ein Fehlverhalten genügten der Kommission die **schlechte Qualität** der Check-in-, Gepäckabfertigungs-, Reinigungs-, Bewirtungs- und anderer Dienstleistungen sowie die **mangelnde Transparenz** der Tarife. Die nationalen Behörden forcierten daraufhin an einigen Flughäfen Umbaumaßnahmen und änderten das Zeitarbeitsgesetz, damit in Perioden mit hohem Verkehrsaufkommen Saisonarbeitskräfte eingestellt werden konnten. Zum 1. Januar 1998 sollte ein zweiter Anbieter von **Bodenabfertigungsdiensten** und ein Jahr später ein weiterer Erbringer von **Vorfelddiensten** zugelassen werden. Olympic Airways verpflichtete sich zur Einführung von Mindestnormen und ständigen Qualitätskontrollen; außerdem wurde eine neue **kostenorientierte Tarifstruktur** entwickelt *(vgl. WB 1993, Ziff.367; WB 1994, Ziff.227; WB 1996, Ziff.129; WB 1997, Ziff.131ff., S.190).*

Flughafen Frankfurt

Im Jahre 1992 wies British Midland die Kommission darauf hin, daß die deutschen Behörden der SAS nicht die Erbringung von **Versorgungsleistungen** auf dem Flughafen Frankfurt gestatteten. Begründet wurde dies damit, daß die nationalen Vorschriften eine Verleihung dieser Rechte nur bei **Reziprozität** zuließen, die aber wegen entsprechender Beschränkungen der Lufthansa in den skandinavischen Ländern nicht gegeben war. Da die Kommission jedoch die Position vertrat, daß eine solche Regelung dem Art. 90 Abs. 1 EWGV (Art. 86 Abs. 1 EGV) und anderen Bestimmungen widerspräche, erlaubte die **Betreibergesellschaft FAG** schließlich auch der SAS die Erbringung von Bodenabfertigungsdiensten *(vgl. WB 1992, Ziff. 520; WB 1993, Ziff. 366)*.

Da sie 1992 und 1993 weitere Beschwerden über die **Beschränkung der Selbst- und Drittabfertigung** bei bestimmten Vorfelddiensten (Bereitstellung und Betrieb von Ein- und Ausstiegshilfen; Beförderung von Personen zwischen Terminal und Flugzeug; Be- und Entladen; Transport von Fracht, Gepäck und Post; Kabinenreinigung; Rangierleistungen) erhalten hatte, leitete die Kommission im Mai 1994 erneut ein Verfahren ein. In ihrer **Entscheidung 98/190/EG vom 14. Januar 1998 [ABl. L 072 11. 03.98 S.30]** gelangte sie zu dem Schluß, daß die FAG ihr Monopol bei der Bereitstellung von Flughafeneinrichtungen mißbraucht hatte; die vorgebrachten **Rechtfertigungsgründe** (geringe Vorfeldkapazität; keine Abstellflächen; Zunahme der Verkehrsdichte; Auswirkungen auf Sicherheit sowie Flug- und Umsteigezeiten; Eigentums-, Organisations- und historische Rechte; gemeinwirtschaftliche Verpflichtungen) wurden zurückgewiesen. Der Flughafenbetreiber sollte seinen Exklusivstatus mit wenigen Ausnahmen aufgeben und die Laufzeiten der mit den bevorzugten Bodenabfertigungsdiensteanbietern geschlossenen Verträge kürzen. Die FAG kündigte an, den **Markt für Vorfelddienste** ab 1999 zu öffnen sowie in bezug auf die **Bodenabfertigung** die Vertragsbedingungen zu ändern und ein jährliches Kündigungsrecht einzuführen *(vgl. WB 1995, Ziff. 121; Bull. EU 1/2-1998, S.32; WB 1998, Ziff. 72, S.41, 160; E. M. Armani, 1999a, S.15ff.; H. Dittmann, 1999, S.71ff.)*.

Flughafen Paris / Alpha Flight Services

Aufgrund einer im Juni 1995 eingereichten Beschwerde des Bordverpflegungsdiensteanbieters **Alpha Flight Services** (AFS) leitete die Kommission eine Untersuchung gegen den Pariser Flughafenbetreiber Aéroports de Paris (ADP) ein. AFS und andere Drittabfertiger hatten im Vergleich zu den als Selbstabfertiger fungierenden Luftfahrtunternehmen bzw. deren Tochtergesellschaften (insbesondere OAT von Air France) an ADP deutlich höhere **umsatzabhängige Konzessionsabgaben** für die Erbringung von Bordverpflegungs-, Flugzeugreinigungs- und Frachtabfertigungsdiensten zu zahlen; ferner war eine **Nutzungsgebühr** für die Bereitstellung und Inanspruchnahme von Immobilien zu entrichten. Die **Entscheidung 98/513/EG der Kommission vom 11. Juni 1998 [ABl. L 230 18.08.98 S.10]** wies ADP einen Mißbrauch seiner marktbeherrschenden Stellung nach, da für gleichartige Leistungen unterschiedliche Bedingungen zur Anwendung kamen, und verpflichtete den Flughafenbetreiber, die **Wettbewerbsbeeinträchtigung** abzustellen und die Konditionen anzugleichen *(vgl. Bull. EU 6-1998, S.39; WB 1998, Ziff. 72, S.41, 159)*. Die im August 1998 in der Rs. T-128/98 eingereichte Klage gegen die Kommissionsentscheidung [ABl. C 312 10.10.98 S.20] wurde vom **Gericht erster Instanz** im Dezember 2000 verworfen [ABl. C 118 21.04. 2001 S.33; Slg. 2000, S.II-3929], worauf ADP beim **Europäischen Gerichtshof** in der Rs. C-82/01 Rechtsmittel einlegte [ABl. C 118 21.04.2001 S.15]; dieser bestätigte jedoch im Oktober 2002 das erstinstanzliche Urteil [ABl. C 323 21.12.2002 S.20; Slg. 2002, S.I-9297] *(vgl. WB 2000, Ziff. 188ff.; WB 2002, Ziff. 614)*.

2.4.2.5 Start- und Landegebühren

Flughafen Brüssel-National / British Midland

Die auf dem Flughafen Brüssel-National (Zaventem) zu Anfang der neunziger Jahre geltenden Start- und Landegebühren, die von der für den **Bau**, die **Unterhaltung** und den **Betrieb belgischer Flughäfen** sowie für die **Flugsicherung** zuständigen Régie des Voies Aérienne (RVA) erhoben wurden, orientierten sich gemäß einem königlichen Erlaß vom Dezember 1989 am höchstzulässigen **Startgewicht** und am **Flugzeugtyp.** Ferner existierte ein Rabattsystem, das in Abhängigkeit vom monatlichen Gebührenaufkommen Nachlässe zwischen 7,5 % (5 bis 10 Mio. bfrs) und 30 % (über 20 Mio. bfrs) gewährte. 1991 und 1992 kamen jeweils nur **drei Luftverkehrsgesellschaften** in den Genuß der Vergünstigungen; 1992 betrugen die Minderungen für Sabena 47 Mio. bfrs (Reduzierung um 18 %), für Sobelair (Chartertochter von Sabena) 1,3 Mio. bfrs und für British Airways 4.000 bfrs *(vgl. WB 1994, Ziff. 227; zur wettbewerbspolitischen Bedeutung von Start- und Landerechten H. Krahn, 1994, S. 71 ff.).*

Aufgrund einer im Februar 1993 von British Midland gegen das Rabattsystem eingereichten Beschwerde leitete die Kommission ein Verfahren ein, das sie mit der **Entscheidung 95/364/EG vom 28. Juni 1995 [ABl. L 216 12.09.95 S.8]** *(vgl. Übersicht 50)* abschloß. Demnach verstieß der königliche Erlaß gegen den Art. 90 (86) Abs. 1 EGV i. V. m. Art. 86 (82) EGV, weil die RVA ihren **Monopolstatus mißbrauchte** und als öffentliches Unternehmen dem Vertrag **widersprechende Maßnahmen** traf (Anwendung ungleicher Bedingungen bei gleichwertigen Dienstleistungen; Wettbewerbsnachteile für Gesellschaften mit geringem Verkehrsaufkommen durch progressive Ausgestaltung des Rabattsystems; besondere Treuerabatte nicht zu rechtfertigen; kein Nachweis erheblicher Größenvorteile bei Sabena; Gebührenminderung richtet sich gegen die eigenen Interessen); die **Ausnahmebestimmung** des Art. 90 (86) Abs. 2 EGV war nicht maßgeblich, da die Anwendung der Wettbewerbsregeln nicht die Aufgaben der RVA behinderte und keine besonderen **gemeinwirtschaftlichen Verpflichtungen** vorlagen *(vgl. WB 1995, Ziff. 120, S. 163; WB 1996, S. 180 f.; WB 1998, S. 41; Th. Zielke, 1998, S. 155 f.).*

Belgien kam der Entscheidung jedoch nicht nach, sondern klagte im September 1995 beim **Europäischen Gerichtshof** auf deren Aufhebung. Weil damit aber keine aufschiebende Wirkung verbunden war, ließ die Kommission den belgischen Behörden nach einem **vergeblichen Mahnschreiben** im Dezember 1996 eine Stellungnahme zukommen. Als daraufhin erneut keine Antwort oder Mitteilung über etwaige Maßnahmen einging, rief sie im März 1997 in der Rs. C-155/97 ebenfalls den Europäischen Gerichtshof an [ABl. C 181 14.06.97 S.9]. Schließlich stellte Belgien im Januar 1998 die **Zuwiderhandlung** ab, so daß die Kommission ihre Klage zurückziehen konnte [ABl. C 278 05.09.98 S.34] *(vgl. Bull. EU 12-1996, S. 67; WB 1996, Ziff. 130, S. 181; WB 1997, Ziff. 135; WB 1998, Ziff. 110).*

Infolge ihrer Entscheidung zum **Flughafen Brüssel** untersuchte die Kommission dann zwischen 1997 und 2000 die **Gebührensysteme** auf allen gemeinschaftlichen Flughäfen. Die meisten Mitgliedstaaten änderten daraufhin die bestehenden Vorschriften ab, um vorhandene **Diskriminierungspotentiale** zu beseitigen. Gegen drei Mitgliedstaaten mußten jedoch Verfahren eingeleitet werden, da sie sich weigerten, gerade die Regelungen zu den **Mengenrabatten** und zur **Staffelung der Entgelte** nach der Herkunft der Flüge anzupassen bzw. abzuschaffen *(vgl. WB 1997, Ziff.136; WB 2000, Ziff.184, 187).*

Finnische Flughäfen

In Finnland ist für die **hoheitlichen Aufgaben** im Bereich des Luftverkehrs (Erteilung von Genehmigungen und Lizenzen, Flughafenbetrieb, Flugsicherheit) das als eigenfinanziertes öffentliches Unternehmen organisierte **Luftverkehrsamt** (Ilmailulaitos / Luftfartsverket) zuständig. Für die Erbringung von **Start- und Landediensten** sowie die Inanspruchnahme der **Flughafeninfrastruktur** werden Gebühren erhoben, die sich 1998 für Inlandsflüge auf 17 bzw. 20 Fmk/t und für internationale Flüge auf 50,50 Fmk/t beliefen (für Nachtflüge aus Umweltschutzgründen Multiplikation mit dem Faktor 1,3); begründet wurde die **Preisdifferenz** mit unterschiedlichen technischen und betrieblichen Anforderungen (Länge und Belastbarkeit der Pisten; Öffnungszeiten und Kapazitäten der Flughäfen). Internationale Flüge konnten zudem in den Genuß von **Rabatten** kommen, die progressiv von der Anzahl der **Flugbewegungen** abhängig waren (1989: bis zu 20 %; 1996: 3 bis 11 %, 1997: 2 bis 9 %, 1998: 2 bis 4 %, Abschaffung zum 1. Januar 1999); Hauptargument für diese Differenzierung war die Zahlungssicherheit von Großkunden.

Die Kommission gelangte in ihrer **Entscheidung 1999/198/EG vom 10. Februar 1999 [ABl. L 069 16.03.1999 S.24]** jedoch zu der Auffassung, daß die Gebührenabweichungen zwischen In- und Auslandsflügen einen Verstoß gegen Art. 86 (82) EGV darstellten, da die betroffenen Luftverkehrsgesellschaften diskriminiert und im Wettbewerb benachteiligt wurden; die Argumente des Luftverkehrsamts wurden als nicht stichhaltig eingestuft (Aspekt der Zwischenstaatlichkeit von Flügen korreliert nicht immer mit der Flugdistanz, der benötigten Pistenlänge und der Flugzeuggröße; der Pistenbelastbarkeit wird bereits durch die Berücksichtigung des Flugzeuggewichts Rechnung getragen; erhöhte Kosten für längere Öffnungszeiten und Kapazitätserweiterungen sind in die Flughafengebühren einzubeziehen). Ilmailulaitos verkleinerte daraufhin von sich aus die **Gebührenspanne**; endgültig sollten die Unterschiede bis Januar 2001 beseitigt werden. Da die **Rabattregelung** jedoch zum 1. Januar 1999 ausgelaufen war, wurde sie von der Kommission nicht mehr untersucht *(vgl. Bull. EU 1/2-1999, S.42; WB 1999, Ziff.58, 88f., S.157; WB 2000, Ziff.184).*

Portugiesische und spanische Flughäfen

Für die Verwaltung der portugiesischen Flughäfen ist das öffentliche Unternehmen Aeroportos e Navegação Aérea-Empresa Pública (ANA) zuständig; dieses erbringt **Flugsicherungs-, Start- bzw. Lande- sowie Abfertigungsdienste** und erteilt Genehmigungen für den **Zugang zu Flughäfen**. Die Flughafengebühren werden per **Ministerialerlaß** festgesetzt und können nach Kategorie, Funktion und Auslastung der Flughäfen angepaßt werden. Die Start- und Landegebühren orientieren sich am **höchstzulässigen Gesamtgewicht** und waren 1998 bei **Inlandsflügen** um 50 % geringer als bei **Auslandsflügen**; gerechtfertigt wurde dies mit den kurzen Strecken sowie der Förderung des wirtschaftlichen und sozialen Zusammenhalts. In Relation zur Anzahl der monatlichen Landungen konnten außerdem **Rabatte** zwischen 7,2 und 32,7 % (Lissabon) bzw. zwischen 18,4 und 40,6 % (Porto, Faro, Azoren) beansprucht werden; **Gründe** hierfür waren die in Spanien übliche Praxis *(vgl. S.429)*, die Erzielung von Größenvorteilen und die Förderung des Tourismus.

Gemäß der **Entscheidung 1999/199/EG der Kommission vom 10. Februar 1999 [ABl. L 069 16.03.1999 S.31]** war auch das portugiesische Gebührensystem aus den o. a. Gründen mit Art. 90 (86) Abs. 1 EGV i. V. m. Art. 86 (82) EGV unvereinbar; die Argumente der ANA wurden zurückgewiesen (Entfernung ist nicht ursächlich für Gebührendifferenz zwischen nationalen und internationalen Flügen; Rabatte bringen erhebliche Vorteile für TAP und Portugália mit sich; Verhalten anderer Mitgliedstaaten ist unmaßgeblich; keine Größenvorteile; Förderung des Tourismus ist kein stichhaltiges Argument). Gegen die Entscheidung erhob Portugal im Mai 1999 in der Rs. C-163/99 Klage vor dem **Europäischen Gerichtshof** [ABl. C 226 07.08.1999 S.13]; das Urteil vom April 2001 [ABl. C 200 14.07.2001 S.4; Slg. 2001, S.I-2613] bestätigte jedoch die Position der Kommission *(vgl. Bull. EU 1/2-1999, S.42; WB 1999, Ziff.59, 88f., S.156 f.; WB 2000, Ziff.184)*.

Für den Betrieb und die **Verwaltung** der spanischen Flughäfen sowie die **Flugsicherung** ist das öffentliche Unternehmen Aeropuertos Españoles y Navegación Aérea (AENA) zuständig. Für die im Zusammenhang mit Starts und Landungen erbrachten Dienstleistungen erhebt die AENA **Gebühren**, die nach dem **höchstzulässigen Startgewicht**, der **Flughafenkategorie** und der **Herkunft des Fluges** bemessen wurden. Die Entgelte betrugen im Jahre 2000 bei **Inlandsflügen** 521 bis 893 Ptas/t, bei **innergemeinschaftlichen Flügen** 563 bis 967 Ptas/t und bei **außergemeinschaftlichen Flügen** 694 bis 1.191 Ptas/t; zudem gab es in Relation zur Anzahl der monatlichen Landungen linear steigende **Rabatte** von 9 % bis 35 % bzw. von 15 % bis 70 % (Flüge zu den Kanaren, den Balearen und nach Melilla). Die Kommission sah in der **Differenzierung der Landegebühren** nach der Herkunft des Fluges und im **Rabattsystem** eine ungerechtfertigte Begünstigung inländischer Gesellschaften. Spanien sagte nach einigen Widerständen im Juni 1999 zu, den Beanstandungen bis 2001 Rechnung zu tragen; bis Mitte 2000 zeigten sich jedoch keine Fortschritte. Die Kommission forderte deshalb in der **Entscheidung 2000/521/EG vom 26. Juli 2000 [ABl. L 208 18.08.2000 S.36]** eine umgehende Änderung des Gebührensystems, da es ebenfalls gegen Art. 90 (86) Abs. 1 EGV i. V. m. Art. 86 (82) EGV verstieß und bestimmte Fluggesellschaften bei **gleichwertigen Leistungen** ohne sachlichen Grund (keine Größenvorteile; keine Umweltaspekte; keine Förderung des Tourismus) diskriminierte *(vgl. Bull. EU 7/8-2000, S.21; O. Stehmann, 2000, S.40ff.; WB 2000, Ziff.185, S.172f.)*.

Italienische Flughäfen

Im Jahre 2000 richtete die Kommission auch ein Aufforderungsschreiben an Italien, da gemäß einem Dekret vom Oktober 1998 bei Start- und Landegebühren für **Inlandsflüge** je nach **Flugzeugtyp** Rabatte von 57 % bis 64 % auf die Entgelte für internationale

Flüge eingeräumt werden konnten; hierin sah die Kommission eine **Diskriminierung** ausländischer Gesellschaften gegenüber italienischen Unternehmen, wie z. B. Alitalia. Das Gebührensystem wurde daraufhin geändert *(vgl. WB 2000, Ziff. 186).*

3. Weiterentwicklung der Marktordnung und der Zusammenarbeit im europäischen Luftverkehr

3.1 Statistische Erfassung des Luftverkehrs

Während zwar die Liberalisierung des Luftverkehrs in der Gemeinschaft seit Mitte der achtziger Jahre schnelle Fortschritte verzeichnete, fehlte es gleichzeitig an umfassenden gemeinschaftsweiten Statistiken zur Beförderung von Fluggästen, Fracht und Post im Luftverkehr. Obwohl die Bedeutung derartiger Daten für die gemeinschaftliche Luftverkehrspolitik außer Frage stand, dauerte es im Anschluß an einen Kommissionsvorschlag – nicht zuletzt wegen der bekannten Uneinigkeit über den Status des Flughafens Gibraltar – noch etwa siebeneinhalb Jahre, bis mit der **Verordnung 2003/437/EG des Europäischen Parlaments und des Rates vom 27. Februar 2003 [ABl. L 066 11. 03.2003 S.1]** verbindliche Regelungen zur statistischen Erfassung des Luftverkehrs in der Gemeinschaft geschaffen wurden *(vgl. Bull. EU 9-1995, S.76; Bull. EU 1/2-2003, S.43; GB 2003, Ziff. 145; Übersicht 51).*

Neben der gewerblichen Beförderung von **Fluggästen, Fracht und Post** sind auf Flughäfen mit einem Verkehrsaufkommen von jährlich mehr als 150.000 Fluggasteinheiten auch Teilstrecken, verfügbare Fluggastsitzplätze und Bewegungen von zivilen Luftfahrzeugen im Verkehr von und nach Gemeinschaftsflughäfen (mit Ausnahme von Staatsluftfahrzeugen) zu erfassen (Anhang I – A und B: Teilstreckenverkehr sowie Streckenherkunfts- und -zielverkehr, 2003 quartalsweise, danach monatlich; C: Flughafendaten jährlich); für sonstige Flughäfen mit nicht nur gelegentlichem gewerblichen Luftverkehr ist lediglich eine jährliche Erhebung der Flughafendaten vorgeschrieben. Im Rahmen einer **Übergangsregelung** bestand ab dem 1. Januar 2003 für maximal drei Jahre die Möglichkeit der Erfassung weniger detaillierter Daten für diejenigen Flughäfen, die weniger als 1,5 Mio. Fluggasteinheiten jährlich verzeichneten, für die am 31. März 2003 keine entsprechenden Daten vorlagen und die mit der Einführung eines neuen Datenerfassungssystems Probleme hatten; ferner konnten bis zum 31. Dezember 2003 anstelle der verlangten Streckenherkunfts- und Streckenzielverkehrsdaten auch bestehende Daten übermittelt werden. Die **Datengenerierung** sollte von Anfang an im Rahmen von Vollerhebungen unter Nutzung vorhandener Angaben erfolgen; ihre Übermittlung an Eurostat war ab dem mit dem 1. Januar 2003 beginnenden Erhebungszeitraum in Form vorgegebener Datensätze spätestens sechs Monate nach Ablauf des Erhebungszeitraums sicherzustellen *(zur Luftverkehrsstatistik vgl. A. Arndt u. a., 2002, S.156ff.).*

Mit der **Verordnung 2003/1358/EG der Kommission vom 31. Juli 2003 [ABl. L 194 01.08.2003 S.9]** folgten die Durchführungsbestimmungen. Diese brachten eine vollständige Liste der für die Statistik relevanten Gemeinschaftsflughäfen und der vorzusehenden Ausnahmeregelungen, detaillierte Beschreibungen der Dateiformate und des Übertragungsmediums für die Bereitstellung der Ergebnisse sowie die Einzelheiten der Verbreitung der Statistiken, wie dies gemäß der **Grundverordnung** vorgesehen war. Anläßlich der Erweiterung der Gemeinschaft ergänzte die **Verordnung 2005/546/EG der Kommission vom 8. April 2005 [ABl. L 091 09.04.2005 S.5]** die Liste der Gemeinschaftsflughäfen und die Meldelandcodes.

3.2 Marktzugang und Marktaufteilung im europäischen Luftverkehr

3.2.1 Liberalisierung von Marktzugang und Kapazitätsaufteilung

3.2.1.1 Weiterentwicklung der Regelungen über den interregionalen Linienluftverkehr

In einem ersten wichtigen Liberalisierungsschritt zur Ablösung der bilateral geregelten Marktzugangssysteme im Luftverkehr hatte die Ratsrichtlinie 83/416/EWG *(vgl. S. 94)* zur Festlegung eines vereinfachten Genehmigungsverfahrens für den grenzüberschreitenden interregionalen Linienflugverkehr geführt, das bis zum 1. Oktober 1984 in nationales Recht umzusetzen war. Unter Bezugnahme auf die Süderweiterung der Gemeinschaft wurden mit der **Richtlinie 86/216/EWG des Rates vom 26. Mai 1986 [ABl. L 152 06.06.86 S.47]** *(vgl. Übersicht 52)* die Flughäfen auf den griechischen Inseln und den Azoren vom 30. Juni 1986 bis zum 1. Juli 1993 von der Ausgangsrichtlinie ausgenommen. Die Kommission sollte dem Rat bis zum 31. Dezember 1991 einen ersten Bericht über das Luftverkehrssystem auf den griechischen Inseln und den Azoren sowie bis zum 31. Dezember 1996 einen zweiten Bericht zu diesen Gebieten vorlegen. Wegen noch unzureichender Infrastruktur wurde auch der Flughafen Porto bis zum 1. Januar 1993 ausgeklammert; dieses Sonderrecht konnte allerdings bereits vorher beendet werden, wenn „sich die wirtschaftlichen Bedingungen dieses Flughafens" ausreichend verbessert hätten *(vgl. Bull. EG 5-1986, S.69)*.

Der erste **Durchführungsbericht** zur Ratsrichtlinie 83/416/EWG, den die Kommission am 27. Juni 1986 [KOM (86) 382 endg.] vorlegte, brachte **statistische Angaben** über die Genehmigung, Zulassung oder Verweigerung interregionaler Luftverkehrsdienste (ohne reine Frachtdienste), bezog sich dabei vor allem auf den Geltungsbereich der Richtlinie, berücksichtigte jedoch auch die seit 1984 ausgehandelten großzügigeren **bilateralen Abkommen** des Vereinigten Königreichs. Im Rahmen der Richtlinie wurden **19 Anträge** gestellt; davon wurden 14 genehmigt (in vier Fällen unter Zugrundelegung weniger strenger bilateraler Bestimmungen), vier abgelehnt (Gründe: Luftverkehre über Flughäfen der Klasse 1 oder Unterschreitung der Entfernung von 400 km), und einem wurde aufgrund eines bilateralen Abkommens entsprochen. Zwölf Flugverkehre wurden schließlich in Betrieb genommen. Ergänzend waren **neun weitere Flugverkehre** zu Flughäfen der Klasse 2 oder 3 festzustellen, die allein im Rahmen bilateraler Abkommen genehmigt wurden *(vgl. A. Tettenborn, 1993, S.190)*.

Übersicht 51: Statistische Erfassung des Luftverkehrs in der Gemeinschaft

Verordnung 2003/437/EG des Europäischen Parlaments und des Rates vom 27. Februar 2003 über die statistische Erfassung der Beförderung von Fluggästen, Fracht und Post im Luftverkehr [ABl. L 066 11.03.2003 S.1] — Rechtsetzung auf der Grundlage des Art. 213 a (285) EGV, auf Vorschlag der Kommission [ABl. C 325 06.12.95 S.11; SEK (1999) 581 endg.] und nach Stellungnahme des WSA [ABl. C 039 12.02.96 S.25]; Stellungnahme des EP [ABl. C 078 18.03.96 S. 28; ABl. C 054 25.02.2000 S.79], gemeinsamer Standpunkt des Rates [ABl. C 275 E 12.11.2002 S.33] und Beschluß des EP [ABl. C 031 E 05.02.2004 S.170] im Rahmen des Verfahrens der Mitentscheidung — Aufnahme in den Anhang XXI des EWR-Abkommens durch den Beschluß 132/2003 des Gemeinsamen EWR-Ausschusses [ABl. L 011 16.01.2004 S.45]
Verordnung 2003/1358/EG der Kommission vom 31. Juli 2003 zur Durchführung der Verordnung 2003/437/EG des Europäischen Parlaments und des Rates über die statistische Erfassung der Beförderung von Fluggästen, Fracht und Post im Luftverkehr und zur Änderung der Anhänge I und II der genannten Verordnung [ABl. L 194 01.08.2003 S.9] — Aufnahme in den Anhang XXI des EWR-Abkommens durch den Beschluß 30/2004 des Gemeinsamen EWR-Ausschusses [ABl. L 127 29.04.2004 S.140]
Verordnung 2005/546/EG der Kommission vom 8. April 2005 zur Anpassung der Verordnung 2003/437/EG des Europäischen Parlaments und des Rates im Hinblick auf die Vergabe von Meldelandcodes und zur Änderung der Verordnung 2003/1358/EG der Kommission im Hinblick auf die Aktualisierung der Liste der Gemeinschaftsflughäfen [ABl. L 091 09.04.2005 S.5]

Der Erfahrungsbericht hatte somit gezeigt, daß das Zulassungsverfahren für den interregionalen Luftverkehr in der Vergangenheit nur in wenigen Fällen angewendet worden war. Es erschien jedoch angebracht, mehr Flugdienste zuzulassen, um die interregionalen Linienflugverkehrsmärkte besser zu erschließen. Die **Richtlinie 89/463/EWG des Rates vom 18. Juli 1989 [ABl. L 226 03.08.89 S.14]** ging von der Überlegung aus, daß die Einrichtung direkter Flugdienste zwischen den Regionen der Gemeinschaft mehr Gewicht gegenüber indirekten Flugdiensten erhalten sollte und daß ihre Förderung nicht wegen bereits bestehender Flugdienste zwischen benachbarten Flughäfen abgelehnt werden sollte. Aus diesem Grunde wurde der **Anwendungsbereich** der Ausgangsrichtlinie zum 1. November 1989 durch ersatzlose Streichung einiger Ausnahmetatbestände mit Nichtanwendung des gemeinschaftlichen Zulassungsverfahrens erweitert. So wurde beispielsweise die Beschränkung abgeschafft, daß das erleichterte Zulassungsverfahren nur anzuwenden war, wenn die Flugabschnitte länger als 400 km bzw. natürliche Hindernisse zu überwinden waren und der Luftverkehr mit Flugzeugen von höchstens 70 Sitzplätzen bzw. einem Höchststartgewicht von 30 t durchgeführt wurde *(vgl. Bull. EG 7/8-1986, S.82; GB 1986, Ziff.715; Bull. EG 3-1988, S.91; GB 1988, Ziff.744; Bull. EG 6-1989, S.69f.; GB 1989, Ziff.639).*

3.2.1.2 Erste Liberalisierungsstufe für den grenzüberschreitenden Personenlinienverkehr

Am 22. Mai 1985 verurteilte der **Europäische Gerichtshof** den Rat wegen seiner Untätigkeit im Bereich der Verkehrspolitik, und einen Monat später erschien bereits ein **Weißbuch**, das die Schaffung eines europäischen Binnenmarktes bis 1992 vorsah *(vgl.*

Band 1, S.112 ff., 136 ff.). Das **Binnenmarktprogramm** postulierte auch eine Einschränkung der Einflußnahme der Regierungen im Luftverkehr; entsprechende Rechtsakte sollten bis 1987 verabschiedet werden. Die damit vorgesehene verstärkte Öffnung der nationalen und zwischenstaatlichen Luftverkehrsmärkte nahmen vor allem das Vereinigte Königreich und die Niederlande zum Anlaß, erste Schritte zur umfassenden Liberalisierung des Linienluftverkehrs zu fordern. Beide Staaten hatten bereits 1984 weitgehend **liberale Luftverkehrsabkommen** geschlossen; es folgten bilaterale Vereinbarungen des Vereinigten Königreichs mit der BR Deutschland, Luxemburg und Frankreich sowie später mit Belgien und Italien *(vgl. K. J. Button u. a., 1998, S. 28f.; R. Travis, 2001, S.37 ff.).* Mit ihrer Mitteilung vom 27. Januar 1986 [KOM (86) 37 endg.], die sich mit den Erörterungen über Tarif- und Kapazitätsregelungen in der **ECAC** befaßte, richtete die Kommission eine Aufforderung an die Mitgliedstaaten, in den bevorstehenden Verhandlungen einen gemeinsamen Standpunkt zu vertreten *(vgl. Bull. EG 1-1986, S.54).* Um bis 1987 ein höheres Maß an Flexibilität in die vorhandene Luftverkehrsordnung einführen zu können, sollten die Ziele der Verhandlungen dem Zweiten Luftverkehrsmemorandum von 1984, den vom Rat im Dezember gebilligten Leitlinien für die Luftverkehrspolitik, den seitherigen Entwicklungen im Rat sowie den Stellungnahmen des Europäischen Parlaments und des Wirtschafts- und Sozialausschusses Rechnung tragen. Das Urteil des **Europäischen Gerichtshofs** vom April 1986 in der Rechtssache Nouvelles Frontières (Anwendbarkeit der Wettbewerbsregeln auf die Zivilluftfahrt) machte eine Beschleunigung der entsprechenden Arbeiten im Rat dringlicher denn je.

Nachdem es im Rat von Mitte 1984 bis Mitte 1986 auch in bezug auf die mit dem Zweiten Luftverkehrsmemorandum unterbreiteten Vorschläge zum Marktzugang und zur Kapazitätsaufteilung nur wenige Fortschritte gegeben hatte, entwickelte die Kommission in ihrer Mitteilung vom 20. Juni 1986 über die Zivilluftfahrt [KOM (86) 338 endg.] schließlich einen **grundlegenden Rahmen** für den Liberalisierungsprozeß im europäischen Luftverkehr. Sie ging davon aus, daß Freistellungen von den Wettbewerbsregeln eine ausreichende Flexibilität auf dem Gebiet der Kapazität und der Tarife, einen genügenden Schutz der Verkehrsnutzer und der -unternehmen, eine weitgehende Erfüllung der Verpflichtungen des öffentlichen Dienstes sowie die Wahrung grundlegender Sicherheits- und Beschäftigungsnormen voraussetzen. Vor diesem Hintergrund entwickelte sie nicht nur **zentrale Grundsätze** für die Anwendung der Wettbewerbsregeln, sondern auch für die Kapazitätsaufteilung und -kontrolle, die Tarifgestaltung (Tarifzonensystem) sowie die Schiedsverfahren zur Streitbeilegung. Die vorgeschlagenen Regelungen sollten von vornherein auf einen **Versuchszeitraum** von vier Jahren befristet werden, um rechtzeitig in unerwünschte Marktentwicklungen eingreifen zu können. Die Mitteilung der Kommission vom 11. September 1986 über den **Marktzugang** in der Zivilluftfahrt [KOM (86) 424 endg.] schloß an diese Überlegungen an und befaßte sich verstärkt mit dem Recht eines Luftverkehrsunternehmens, Flugdienste im linienmäßigen Passagier- und Frachtverkehr in der Gemeinschaft zu betreiben, wobei die Gewährleistung von mehr Sicherheit unabdingbar schien. Während es in bezug auf das **Niederlassungsrecht** keiner Initiative bedurfte, sah die Kommission im Hinblick auf die **Zulassung** von Luftverkehrsunternehmen gegenüber den Regelungen zum Regionalluftverkehr Änderungsbedarf (Frage der besonderen oder ausschließlichen Rechte); weiterer Diskussionsstoff ergab sich in den Problemfeldern des **Streckenzugangs** und der **Mehrfachbenennung** (Länderpaare, Städtepaare) sowie bezüglich der **Verkehrsrechte** der fünften Freiheit. Alle diese Erörterungen bereiteten die stufenweise Liberalisierung des Luftverkehrs in der Gemeinschaft vor, die bereits kurze Zeit später eingeleitet werden sollte *(vgl. Bull. EG 7/8-1986, S.82; GB 1986, Ziff.715; K. J. Button u. a., 1989, S.274 ff.; J. Goh, 1997, S.26 ff.; R. Travis, 2001, S.40 ff.)*.

Mit der **Entscheidung 87/602/EWG des Rates vom 14. Dezember 1987 [ABl. L 374 31.12.87 S.19]** *(vgl. Übersicht 52)* wurde schließlich die erste Liberalisierungsstufe im Linienluftverkehr der Gemeinschaft ab dem 1. Januar 1988 beschlossen. Die überseeischen Departements waren von der Anwendung ausgenommen; in bezug auf Gibraltar wurde die Geltung bis zur Anwendung einer in der gemeinsamen Erklärung Spaniens und des Vereinigten Königreichs enthaltenen Regelung ausgesetzt. Im Land Berlin waren die Regelungen aufgrund der besonderen Rechte der Alliierten nicht gültig [ABl. L 374 31.12.87 S.26]. Die spezifischen Bestimmungen für den **Marktzugang** und die **Kapazitätsaufteilung** sollen im folgenden skizziert werden *(vgl. WB 1987, Ziff.44; M. Kuhne, 1988, S.77 ff.; B. van der Esch, 1989, S.42 ff.; A. Kark, 1989, S.146 ff.; R. K. Beyen u. a., 1991, S.107 ff.; B. Busch, 1991, S.26 f.; A. Loewenstein, 1991, S.76 ff.; A. Tettenborn, 1993, S.128 ff.; J. Goh, 1997, S.124 ff., 157 ff.)*.

Ausübung von Verkehrsrechten der dritten, vierten und fünften Freiheit

Auf den Strecken zwischen Knotenpunktflughäfen und Regionalflugplätzen war es Luftfahrtunternehmen der Gemeinschaft grundsätzlich zu gestatten, **Verkehrsrechte der dritten oder vierten Freiheit** (grenzüberschreitende Beförderung von Personen, Fracht und Post von und nach dem Heimatstaat des Luftfahrtunternehmens) auszuüben (Ausnahmen: ausgeschlossene Regionalflugplätze; bestimmte Flughäfen, die weniger als 100.000 Fluggäste befördern; bestimmte Flughäfen mit unzureichenden Einrichtungen oder Navigationshilfen; bestimmte Flughäfen, die einer Anpassung der Kapazität der Luftverkehrssysteme bedürfen; Einsatz von Luftfahrzeugen mit höchstens 70 Sitzplätzen). Der Heimatstaat eines Unternehmens durfte dann keinerlei Einwände gegen den Linienflugdienst der Gesellschaft des anderen beteiligten Staates auf derselben Strecke erheben (Reziprozitätsklausel). Betrieb ein Luftfahrtunternehmen der Gemeinschaft zu mehreren Punkten innerhalb eines anderen Mitgliedstaats Flugliniendienste der dritten oder vierten Freiheit, so durfte zwischen den Punkten außerhalb des Heimatstaats eine **Verbindung der Flugliniendienste** erfolgen, sofern dabei keine Verkehrsrechte ausgeübt wurden.

Die Ausübung von **Rechten der fünften Freiheit** (grenzüberschreitende Beförderung von Personen, Fracht und Post zwischen zwei Staaten, in denen das Unternehmen nicht ansässig ist) im Fluglinienverkehr war lediglich als Erweiterung oder Vorstufe eines Flugdienstes von oder nach dem Heimatstaat zulässig. Dabei mußte einer der beteiligten Flughäfen ein Regionalflughafen sein, und es durften vom Unternehmen maximal 30 % seiner Jahreskapazität auf der betreffenden Strecke für die Fluggastbeförderung eingesetzt werden.

Mehrfachbenennung

Mehrfachbenennungen eines Mitgliedstaats auf der Basis von **Länderpaaren** waren zuzulassen. Auf einer Strecke war dies jedoch nicht grundsätzlich verpflichtend. Die Möglichkeiten zur Mehrfachbenennung auf der Basis von **Städtepaaren** wurden aber zwischen 1988 und 1990 in Abhängigkeit von der Anzahl der Fluggäste (250.000, 200.000, 180.000) und der Zahl der Hin- und Rückflüge (1989: 1.200, 1990: 1.000) kontinuierlich ausgeweitet.

Kapazitätsaufteilung

Vor Inkrafttreten dieser Regelung wurden die Kapazitäten von den designierten nationalen Fluggesellschaften strikt im Verhältnis 50:50 genutzt. Die nunmehrigen Neuregelungen galten nicht für den interregionalen Linienverkehr. Im bilateralen Fluglinienverkehr der **dritten und vierten Freiheit** zwischen zwei Mitgliedstaaten galt in der Zeit vom 1. Januar 1988 bis zum 30. September 1989, daß die Kapazitäten (gemessen als Anzahl der zum Verkauf stehenden Plätze) der nationalen Gesellschaften soweit angepaßt werden durften, daß ein Verhältnis der **Kapazitätsanteile** von 55:45 noch eingehalten wurde; ab dem 1. Oktober 1989 konnten die Kapazitätsanteile bis zu 60:40 betragen (führte die Anwendung der ersten Stufe jedoch zu einer erheblichen finanziellen Schädigung eines Luftfahrtunternehmens, so mußte auf Antrag des Mitgliedstaats von der Kommission vor dem 1. August 1989 eine Prüfung vorgenommen werden; unter Berücksichtigung der Marktlage, der finanziellen Situation und des Auslastungsgrads war eine Entscheidung über die Anwendung der zweiten Stufe zu treffen). Einseitige Kapazitätsverringerungen wurden nicht berücksichtigt; Anpassungen innerhalb der Intervalle waren unter bestimmten Bedingungen möglich.

Allgemeine Bestimmungen

Ein Mitgliedstaat konnte die Einrichtung eines Fluglinienverkehrs untersagen, sofern der Flugplatz nicht über **ausreichende Einrichtungen** verfügte oder die **Navigationshilfen** ungenügend waren. Es konnten flexiblere Regelungen als nach dieser Entscheidung vorgesehen getroffen werden; bestehende Vereinbarungen durften nicht restriktiver ausgestaltet werden. Vor dem 30. Juni 1990 sollte der Rat auf Vorschlag der Kommission (bis zum 1. November 1989) über die Überprüfung der Entscheidung beschließen *(zu den internationalen Konsequenzen der Liberalisierung L. Weber, 1989, S.448 ff.; L. Weber, 1990, S.277 ff.).*

3.2.1.3 Zweite Liberalisierungsstufe für den grenzüberschreitenden Personenlinien- und Frachtverkehr

Die Kommissionsmitteilung vom 8. September 1989 über die Weiterentwicklung der Zivilluftfahrt in der Gemeinschaft [KOM (89) 373 endg.] setzte sich mit dem bis dahin erreichten Liberalisierungsstand auseinander und brachte einige Vorschläge für die Weiterführung des Liberalisierungsprozesses. Die Kommission sprach sich für eine generelle Regelung der **Zulassung fremder und eigener Luftverkehrsunterneh-**

men nach Maßgabe der Erfüllung technischer und wirtschaftlicher Anforderungen (Erteilung von Betriebsgenehmigungen) aus, die die Möglichkeiten der „umgekehrten Diskriminierung" beseitigen sollte. Die **bilaterale Kapazitätsaufteilung** sollte weiter gelockert werden, wobei die Verhinderung unerwünschter Auswirkungen (Schutzmaßnahmen) sowie die Besonderheiten der interregionalen Flugdienste (Ausnahmeregelungen; auf der Ratstagung vom Juni 1989 erörtert und genehmigt) zu berücksichtigen waren. Angesichts der beträchtlichen Zahl neuer Flugdienste (1988: 65, 1989: 62 neue Flugdienste, 1989: Einstellung von 13 neuen Strecken) sprach sich die Kommission dafür aus, die Einräumung der **Verkehrsrechte der dritten und vierten Freiheit** an keine besonderen Voraussetzungen mehr zu knüpfen und die Möglichkeiten für die Nutzung der **fünften und sechsten Freiheit** zu verbessern. Ferner sollten die Schwellenwerte für die **Mehrfachbenennung** deutlich gesenkt werden. In seinen Schlußfolgerungen vom 4. / 5. Dezember 1989 unterstützte der Rat die Kommission in ihren luftverkehrspolitischen Bemühungen und nahm die Leitlinien für die Übergangszeit der Jahre 1991 und 1992 an; die endgültige Marktordnung des Luftverkehrs sollte am 1. Januar 1993 in Kraft treten *(vgl. Bull. EG 7/8-1989, S.64f.; Bull. EG 12-1989, S.83f.; GB 1989, Ziff.641; W. F. Ebke u. a., 1990, S.476f.; R. K. Beyen u. a., 1991, S.110f., 112f.; R. Travis, 2001, S.88ff.).*

Mit der **Verordnung 90/2343/EWG des Rates vom 24. Juli 1990 [ABl. L 217 11.08. 90 S.8]** *(vgl. Übersicht 52)* wurde dann schließlich die zweite Liberalisierungsstufe im Luftverkehr zum 1. November 1990 verabschiedet *(vgl. Bull. EG 6-1990, S.87; WB 1990, Ziff.70; R. K. Beyen u. a., 1991, S.117ff.; St. Beyhoff, 1991, S.435ff.; B. Busch, 1991, S.27ff.; A. Loewenstein, 1991, S.83ff.; D. Stasinopoulos, 1992, S.83ff.; J. Goh, 1997, S.124ff., 157ff.).*

Anwendungsbereich

Aufgrund der strittigen Zugehörigkeitsfrage wurde **Gibraltar** nach wie vor von der Anwendung dieser Verordnung ausgeklammert. Ausgenommen waren bis zum 30. Juni 1993 – mit der Möglichkeit der Verlängerung um maximal 10 Jahre – die Flughäfen der **griechischen Inseln** und der **Azoren** sowie bis zum 31. Dezember 1992 der Flughafen **Porto**.

Ausübung von Verkehrsrechten der dritten, vierten und fünften Freiheit

Den Luftfahrtunternehmen der Gemeinschaft wurde vorbehaltlich dieser Verordnung die **grundsätzliche Erlaubnis** zuerkannt, Flugdienste der dritten und vierten Freiheit zwischen Flughäfen der Gemeinschaft vorzunehmen; dabei war die Verwendung einer einzigen Flugnummer beim kombinierten Verkehr dieser Freiheiten zulässig. Hatte ein Luftverkehrsunternehmen die Erlaubnis zum Linienflugdienst der dritten und vierten Freiheit erhalten, so durfte dessen Heimatstaat **keinerlei Einwände** gegen den Linienflugdienst der Gesellschaft des anderen beteiligten Staates auf derselben Strecke erheben.

Die Mitgliedstaaten gestatteten nunmehr den gemeinschaftlichen Luftverkehrsunternehmen auch die **Verknüpfung mehrerer Linienflugverkehre** von oder zu zwei oder mehr Punkten in einem oder mehreren anderen Mitgliedstaaten außerhalb des Registrierungsstaats unter Verwendung einer einzigen Flugnummer. Unter folgenden Voraussetzungen durften seitdem ferner Luftverkehrsunternehmen auf den Punkteverbindungen **Rechte der fünften Freiheit** ausüben: Es mußte sich um eine Erweiterung eines Flugdienstes von dem oder um eine Vorstufe eines Flugdienstes nach dem Registrierungsstaat handeln; für den Flugdienst der fünften Freiheit durften höchstens 50 % der Sitzplatzkapazität des ergänzten oder erweiterten Flugdienstes der dritten und vierten Freiheit beansprucht werden; das eingesetzte Flugzeug durfte ein anderes als das bei der entsprechenden dritten und vierten Freiheit verwendete, aber kein größeres sein; wurde bei der Ergänzung oder Erweiterung mehr als ein Flugdienst der fünften Freiheit durchgeführt, so galt die oben geschilderte 50 %-Regel bezüglich der Gesamtsitzplatzkapazität auf den Verbindungen der fünften Freiheit; jedes Luftfahrtunternehmen, das Verkehrsrechte der fünften Freiheit ausübte, hatte den betreffenden Mitgliedstaaten auf deren Verlangen Informationen über die vorhandene Sitzplatzkapazität für Flugdienste der dritten und vierten Freiheit sowie bei Flugdiensten der fünften Freiheit den Anteil an der Gesamtkapazität mitzuteilen.

Verfügte eine Stadt über **mehrere Flughäfen** (sog. Flughafensystem), so blieb es dem Mitgliedstaat überlassen, den Luftverkehr auf die Flughäfen der Stadt aufzuteilen, sofern dabei **keine Diskriminierung** aufgrund der Staatszugehörigkeit erfolgte. Der Luftverkehr unterlag weiterhin den gemeinschaftlichen, nationalen, regionalen und örtlichen Bestimmungen zu Sicherheit, Umweltschutz, Zuweisung von An- und Abflugzeiten sowie der Bedingung, daß die Flughafeneinrichtungen und Navigationshilfen für den entsprechenden Verkehr technisch ausreichend sein mußten. Sonst konnte ein Mitgliedstaat die **Ausübung von Verkehrsrechten** von Auflagen abhängig machen, beschränken oder ganz verweigern; in diesen Fällen war die Kommission zu unterrichten. Wurde einem Luftverkehrsunternehmen aufgrund nicht ausreichender **Flughafeneinrichtungen** oder **Navigationshilfen** die Einrichtung eines neuen Flugdienstes oder die Flugfrequenzerhöhung eines bestehenden Flugdienstes untersagt, so durfte einem ansässigen Flugunternehmen die Aufnahme eines **neuen Flugdienstes** oder eine **Flugfrequenzerhöhung** nicht gestattet werden. Derartige Maßnahmen wurden von der Kommission auf Antrag überprüft; sie entschied über die Zulässigkeit und informierte den Rat sowie die Mitgliedstaaten. Der Rat konnte von jedem Mitgliedstaat befaßt werden und eine abweichende Entscheidung treffen.

Beziehungen zwischen einem Mitgliedstaat und den Luftfahrtunternehmen anderer Mitgliedstaaten

Ein Mitgliedstaat konnte nunmehr eine „Verpflichtung zur öffentlichen Dienstleistung" aussprechen, sofern die innergemeinschaftliche Anbindung des betreffenden Regionalflughafens als wirtschaftlich lebenswichtig für die betreffende Region einzustufen war. Dabei bestimmte sich die **Angemessenheit der Flugdienste** nach dem öffentlichen Interesse, der Möglichkeit der Inanspruchnahme alternativer Verkehrsformen sowie den Flugtarifen und -bedingungen. Bei einer Verpflichtung zur **öffentlichen Dienstleistung** konnte das Verkehrsrecht auf ein einziges Luftverkehrsunternehmen beschränkt werden, sofern dieses per Ausschreibung für maximal drei Jahre bestimmt war und alle zur fünften Freiheit auf der betreffenden Strecke berechtigten EG-Luftfahrtunternehmen zur Ausschreibung zugelassen waren, es sei denn, der andere beteiligte Mitgliedstaat konnte „eine zufriedenstellende Alternativlösung“ ohne Beschränkung anbieten. Eine Verpflichtung zur öffentlichen Dienstleistung war nicht möglich, wenn die Kapazität der Strecke 30.000 Sitzplätze pro Jahr überschritt.

Wurde ein neuer Passagierflugdienst zwischen zwei gemeinschaftlichen **Regionalflughäfen** eingerichtet und verfügten die eingesetzten Flugzeuge über eine Kapazität von höchstens 80 Sitzplätzen, war ein Mitgliedstaat zwei Jahre lang nicht zur Erlaubnis eines gegenseitigen Flugdienstes verpflichtet; diese Ausnahme von der Erlaubnispflicht galt nicht, wenn es sich auch bei der anderen beantragenden Gesellschaft um Flugzeuge mit maximal 80 Sitzplätzen oder um eine mehrere Linienflugverkehre verbindende Teilstrecke handelte, bei der für den Flug zwischen den beiden Regionalflughäfen höchstens 80 Sitzplätze verkauft wurden. Ein Regionalflughafen war hierbei jeder Zivilflughafen, der nicht zur Kategorie I der Flughäfen der Gemeinschaft gehörte; unter diese **Kategorie I** fielen folgende Flughäfen: Brüssel, Kopenhagen-Kastrup und -Roskilde, Frankfurt, Düsseldorf, München-Riem, Palma de Mallorca, Madrid-Barajas, Malaga, Las Palmas, Athen, Saloniki, Paris-Charles de Gaulle (CDG) und -Orly, Dublin, Rom-Fiumicino und -Ciampino, Mailand-Linate und -Malpensa, Amsterdam, Lissabon, Faro sowie London-Heathrow, -Gatwick und -Stansted. Wurde die Erschließung einer Flugstrecke nach Ansicht eines Mitgliedstaats oder der Kommission „in unzulässiger Weise eingeschränkt“, leitete die Kommission eine Untersuchung ein und entschied nach spätestens zwei Monaten darüber, ob diese **Einschränkung für den Regionalluftverkehr** weiterhin gelten sollte. Die Mitgliedstaaten konnten den Rat veranlassen, sich mit der Kommissionsentscheidung zu befassen; daraufhin konnte dieser eine abweichende Entscheidung treffen.

Mehrfachbenennung

Jeder Mitgliedstaat hatte schließlich einer sog. Mehrfachbenennung auf der Grundlage von **Länderpaaren** (mindestens zwei Luftfahrtunternehmen eines Landes sind zum Verkehr zwischen diesem und einem anderen EG-Land zugelassen) zuzustimmen. Ferner hatte jeder Mitgliedstaat einer sog. Mehrfachbenennung auf der Grundlage von **Städtepaaren** (mindestens zwei Luftfahrtunternehmen eines Landes verkehren zwischen zwei Städten zweier Mitgliedstaaten) ab dem 1. Januar 1991 unter **folgender Bedingung** zuzustimmen: Im Vorjahr waren auf der fraglichen Strecke mehr als 140.000 Fluggäste befördert worden oder es hatten mehr als 800 Hin- und Rückflüge stattgefunden; ab dem 1. Januar 1992 war einer solchen Mehrfachbenennung zuzustimmen, wenn auf der fraglichen Strecke im Vorjahr über 100.000 Fluggäste transportiert wurden bzw. über 600 Hin- und Rückflüge erfolgten.

Kapazitätsaufteilung

Beginnend mit dem 1. November 1990 durfte jeder Mitgliedstaat seinen Kapazitätsanteil auf einer Flugstrecke um 7,5 % innerhalb einer Flugplanperiode erhöhen. Dabei konnte er einen **Kapazitätsanteil** von mindestens 60 % beanspruchen. Bis zum 1. Januar 1993 mußten Bestimmungen zur Anwendung kommen, nach denen jede **Kapazi-**

tätsbeschränkung zwischen den Mitgliedstaaten aufzuheben war; hierfür sollte die Kommission bis zum 31. Dezember 1991 einen Vorschlag erarbeiten. Im **Regionalflugverkehr** bestanden keinerlei Beschränkungen der Kapazitätsaufteilung. Führte die Ausweitung des Kapazitätsanteils zu einer „erheblichen finanziellen Schwächung" von Luftverkehrsunternehmen, nahm die Kommission auf Antrag eines Mitgliedstaats eine Prüfung vor und entschied über ein befristetes Einfrieren der Kapazitätsaufteilung auf den betreffenden Strecken. Bestand in einem Mitgliedstaat ein erheblicher Wettbewerb für den **Linienverkehr** durch den **Charterflugverkehr** und waren „die Möglichkeiten seiner Luftverkehrsunternehmen zu einem effektiven Wettbewerb am Markt übermäßig beeinträchtigt", konnte die Kommission auf Antrag den Wert für den **zulässigen Kapazitätszuwachs** auf unter 7,5 % festsetzen; solche Entscheidungen waren dem Rat und den Mitgliedstaaten mitzuteilen. Auf Veranlassung eines Mitgliedstaats konnte der Rat abweichend entscheiden.

Allgemeine Bestimmungen

Bezüglich der Mehrfachbenennung, der Rechte der fünften Freiheit und der Kapazitätsaufteilung wurde es den Mitgliedstaaten freigestellt, **flexiblere Regelungen** als nach dieser Verordnung zu treffen; bestehende Bestimmungen durften nicht restriktiver gestaltet werden. Bis zum 31. Mai 1992 und nachfolgend alle zwei Jahre hatte die Kommission einen Bericht zur **Durchführung der Verordnung** zu veröffentlichen. Über eine eventuelle **Änderung** sollte die Kommission bis zum 31. Mai 1991 einen Vorschlag vorlegen, über den der Rat bis zum 30. Juni 1992 zu entscheiden hatte. Bis zu diesem Zeitpunkt mußten gemeinschaftliche Vorschriften zur **Betriebs- und Streckenerlaubnis** zur Anwendung gelangen; die Kommission hatte dem Rat bis zum o. a. Datum einen entsprechenden Vorschlag zu unterbreiten. Die Vorschriften zur ersten Liberalisierungsstufe und zum Regionalluftverkehr wurden aufgehoben.

Anwendung der Grundverordnung

Angewendet wurden die Gemeinschaftsvorschriften auf die Änderung der Flugfrequenz auf der Strecke **London-Heathrow – Brüssel**. Die Fluggesellschaften British Midland und Sabena bedienten diese Relation ursprünglich sechs- bzw. siebenmal täglich. Im August 1992 gab **British Midland** seine Absicht bekannt, die Flugfrequenz um zwei Flüge auf acht Flüge täglich zu erhöhen. Hierzu wollte es auf dem Flughafen Heathrow Slots nutzen, die ihm zur Bedienung anderer Strecken zur Verfügung standen. Allerdings wurde der Antrag von British Midland auf die Erhöhung der Flugfrequenz für den Flughafen Brüssel von den belgischen Behörden am 28. August abgelehnt. Auch das belgische Luftfahrtunternehmen **Sabena** beabsichtigte, auf der Strecke London – Brüssel die tägliche Flugfrequenz um zwei Flüge ab Ende August 1992 zu erhöhen; daher wurde beim Koordinator des London-Heathrow Airport die Zuweisung zusätzlicher Slots beantragt. Der Slotkoordinator konnte zu den gewünschten Zeiten am Morgen und späten Nachmittag keine entsprechenden Slots anbieten. Er setzte jedoch seine Bemühungen fort; am 26. August wurden Sabena mehrere alternative Slots für den späten Nachmittag offeriert, und am 23. September folgte ein weiteres Angebot für den Morgenflug im Zeitraum vom 27. September bis zum 24. Oktober.

Die **belgischen Behörden** vertraten gegenüber British Midland die Auffassung, daß es ihnen gestattet sei, eine Flugfrequenzerhöhung abzulehnen, solange es der Sabena nicht möglich sei, ihre Flugfrequenz auf der betreffenden Strecke zu erhöhen. Die Verordnung erlaube es, Gegenmaßnahmen zu ergreifen und daher dem Luftverkehrsunternehmen des diskriminierenden Mitgliedstaats die beantragten zusätzlichen Flüge zu verweigern.

Die **Behörden des Vereinigten Königreichs** waren der Meinung, daß ein Mitgliedstaat nicht zu Gegenmaßnahmen gegenüber einem in einem anderen Mitgliedstaat zugelassenen Luftfahrtunternehmen berechtigt sei; daher seien die belgischen Behörden nicht befugt, British Midland den Zugang zum Flughafen Brüssel zu verweigern. Die Handlung der belgischen Behörden verstoße gegen die Regelung, daß den Luftfahrtunternehmen der Gemeinschaft grundsätzlich die Erlaubnis zu gewähren sei, Flugdienste der dritten und vierten Freiheit auszuüben.

Auf der Grundlage der Verordnungsvorschriften gelangte die Kommission in der **Entscheidung 92/552/EWG vom 21. Oktober 1992 [ABl. L 353 03.12.92 S.32]** zur Auffassung, daß die britischen Behörden British Midland die Flugfrequenzerhöhung nicht erlauben durften, solange Sabena auf der entsprechenden Strecke die Steigerung der Flugfrequenz nicht gestattet werden konnte. Allerdings waren **keine einseitigen Gegenmaßnahmen** Belgiens gegenüber British Midland vorzusehen, auch wenn das Vereinigte Königreich in diskriminierender Weise gehandelt hatte. Daher war Belgien nicht berechtigt, British Midland den Zugang zum Flughafen Brüssel und eine Flugfrequenzerhöhung zu verweigern. Nachdem die britischen Behörden Sabena das **bestmögliche Angebot** an verfügbaren Slots unterbreitet hatten, waren sie auch berechtigt, British Midland die Flugfrequenzerweiterung zu erlauben (London-Heathrow überlastet; Angebot der besten verfügbaren Slots; Notwendigkeit einer Optimierung der Offerte an Sabena) *(vgl. J. Goh, 1997, S. 160 ff.; zu den weiteren Entscheidungen Übersicht 52)*.

Besonderheiten von Luftfrachtdiensten

Bereits in einem am 19. August 1985 vorgelegten Bericht zum innergemeinschaftlichen Luftfrachtverkehr [KOM (85) 436 endg.] untersuchte die Kommission die Probleme, die sich aus den **Zollformalitäten und Kontrollen** in den Flughäfen für die Verkehrswertigkeit des Luftverkehrs ergaben (erhebliche Zeitverluste) und hob die Notwendigkeit von Sonderregelungen zur Realisierung der Systemvorteile (Schnelligkeit) dieses Verkehrsträgers hervor *(vgl. Bull. EG 7/8-1985, S. 79)*. Entsprechende Erleichterungen waren auch Gegenstand der Entschließung des **Europäischen Parlaments** vom 11. Februar 1988 [ABl. C 068 14.03.88 S.88], mit der gemeinschaftliche Vorschriften zunächst für die Beförderung leichter Eilluftfracht und darauf aufbauend weitere Maßnahmen zur Liberalisierung des **gesamten Luftfrachtverkehrs** gefordert wurden; verlangt wurden auch eine Vereinfachung der Grenzkontrollen, die Flexibilisierung der Verwaltungsverfahren und Zollvorschriften, eine Verbesserung der Zusammenarbeit zwischen Versendern und Luftfrachtunternehmen (Infrastruktur, Dienststellen, feste Flugpläne) sowie Befreiungen von der Anwendung von Art. 85 EWGV (Art. 81 EGV) *(vgl. Bull. EG 2-1988, S. 97)*.

Die der ersten und zweiten Liberalisierungsstufe im Fluglinienverkehr der EG zugrundeliegenden Verordnungen sahen auch eine Liberalisierung von Luftfrachtdiensten vor, die in Verbindung mit Passagierdiensten angeboten wurden. Die **Verordnung 91/294/EWG des Rates vom 4. Februar 1991 [ABl. L 036 08.02.91 S.1]** *(vgl. Übersicht 52)* führte ergänzend für den innergemeinschaftlichen grenzüberschreitenden Nur-Luftfrachtverkehr zum 11. Februar 1991 den freien Marktzugang sowie die freie Bildung von Luftfrachtraten ein. Der Flugplatz Gibraltar wurde vorläufig von der Anwendung ausgenommen; ebenfalls nicht berührt wurden die Beziehungen zwischen einem Mitgliedstaat und den von diesem Staat zugelassenen Luftfrachtunternehmen hinsichtlich Marktzugang und Kapazitätsaufteilung. Bis zum 31. Mai 1991 hatte die Kommission „Vorschriften zur Regelung der Betriebserlaubnis für Luftfrachtunternehmen und über die Genehmigung von Strecken" vorzulegen, die vom Rat bis zum 1. Juli 1992 zu genehmigen waren *(vgl. Bull. EG 1/2-1990, S.63; GB 1990, Ziff.578; Bull. EG 12-1990, S.107f.; R. K. Beyen u. a., 1991, S.126ff.; B. Busch, 1991, S.31; J. Erdmenger, 1991, S.187; GB 1991, Ziff.723).*

Den europäischen Luftfrachtunternehmen wurden Luftfrachtdienste der **dritten und vierten Freiheit** grundsätzlich gestattet, sofern die betreffenden Flughäfen oder Flughafensysteme für innergemeinschaftliche oder internationale Luftfrachtdienste offen waren. Jeder Mitgliedstaat mußte allen in der Gemeinschaft zugelassenen Luftfrachtunternehmen, denen die Ausübung der dritten, vierten und **fünften Freiheit** (fünfte Freiheit: Erweiterung oder Vorstufe eines Flugdienstes vom oder zum Registrierungsstaat) eingeräumt wurde, diese Freiheiten ebenfalls gewähren. Luftfrachtunternehmen, die von oder zu mindestens zwei Flughäfen in einem anderen Mitgliedstaat fliegen oder zwischen mehreren Mitgliedstaaten (in denen sie nicht registriert sind) Dienste erbringen, durften diese Dienste kombinieren und dabei eine einzige Flugnummer benutzen *(zu den Auswirkungen vgl. B. Schoenrock, 1993, S.718ff.).*

Jedem Mitgliedstaat war es nunmehr freigestellt, den Luftverkehr von **Städten mit Flughafensystemen** eigenständig aufzuteilen, sofern **keine Diskriminierung** aufgrund der Staatszugehörigkeit erfolgte. Zur Erhöhung der betrieblichen Flexibilität sollten die Luftfrachtunternehmen an jedem beliebigen Punkt einer Strecke Umladungen vornehmen dürfen, wenn diese im Zusammenhang mit einem Luftfahrzeugwechsel standen. Beschränkungen der Flugfrequenz, des Flugzeugtyps sowie der beförderten Fracht- und Postmenge wurden verboten. Allerdings durfte die **Ausübung der Verkehrsrechte** nicht gemeinschaftlichen, nationalen, regionalen und örtlichen Vorschriften für Sicherheit, Umweltschutz oder für die Zuweisung von Zeitnischen zuwiderlaufen, und der Flughafen sowie die Navigationshilfen mußten für den Verkehr ausreichen. Bei Nichterfüllung einer der genannten Voraussetzungen konnte jeder Mitgliedstaat den Verkehr von Bedingungen abhängig machen, ihn beschränken oder ganz verweigern, sofern dabei keine Diskriminierung erfolgte. Von derartigen Maßnahmen war die Kommission zu unterrichten, die diese auf Antrag innerhalb eines Monats prüfen und über ihre Zulässigkeit entscheiden mußte. Der Rat konnte binnen Monatsfrist durch einen Mitgliedstaat mit der Kommissionsentscheidung befaßt werden und eine abweichende Entscheidung treffen. Die Mitgliedstaaten konnten im übrigen untereinander **flexiblere Regelungen** vereinbaren.

3.2.1.4 Dritte Liberalisierungsstufe für den gemeinschaftlichen Linien- und Charterverkehr

Im Vorfeld der dritten Liberalisierungsstufe des europäischen Luftverkehrs bemühte sich die Kommission mit ihrer Mitteilung vom 18. September 1991 über die Vollendung der Zivilluftfahrtpolitik in der Europäischen Gemeinschaft mit Blick auf den Binnenmarkt [KOM (91) 275 endg.] um eine grundsätzliche Einordnung des weiteren Liberalisierungsprozesses in den Gesamtzusammenhang von **Wettbewerb** (Schutz gegen wettbewerbsfeindliche und unlautere Verhaltensweisen), **Harmonisierung** (Verkehrssicherheit: Unfalluntersuchungen, Lufttüchtigkeitsvorschriften, Befähigungszeugnisse, Beschränkungen der Flugzeiten; lauterer Wettbewerb, Verbraucher- und Umweltschutz) sowie **Infrastruktur** und **Außenbeziehungen**, um vor diesem Hintergrund drei Verordnungsvorschläge für alle Formen der Zivilluftfahrt (einschließlich Luftfrachtverkehr) über die Erteilung von Betriebsgenehmigungen, Marktzugangsregelungen sowie Flugpreise und Luftfrachtraten vorzulegen.

Mit der **Verordnung 92/2408/EWG des Rates vom 23. Juli 1992 [ABl. L 240 24.08. 92 S.8]** i. d. F. der Berichtigungen [ABl. L 015 23.01.93 S.33; ABl. L 045 23.02.93 S. 30] *(vgl. Übersicht 52)* wurden die Marktzugangsregelungen mit Wirkung vom 1. Januar 1993 weiterentwickelt. Im Gegensatz zu den vorhergehenden Liberalisierungsmaßnahmen erstreckt die neue Verordnung die gemeinschaftlichen Regelungen auch auf den **Charterverkehr**, der damit seit 1993 ebenfalls Verkehrsrechte beantragen muß. Die Verordnung hat keine Gültigkeit für den Flughafen Gibraltar; bis zum 30. Juni 1993 – mit der Möglichkeit einer Verlängerung um maximal 10 Jahre – waren die Flughäfen der griechischen Inseln und der Azoren ausgenommen *(vgl. Bull. EG 7/8-1991, S.38f.; GB 1991, Ziff.724; Bull. EG 6-1992, S.60f.; GB 1992, Ziff.674; Th. Jestaedt u. a., 1992, S.117f.; K. Jäckel, 1993, S.174ff.; R. Schmid, 1993, S.91f.; D. Stasinopoulos, 1993, S.323ff.; B. Adkins, 1994, S.225ff.; K. St. Eisermann, 1995a, S.212 ff.; J. Goh, 1997, S.126ff., 159; R. Travis, 2001, S.109ff.)*.

Ausübung von Verkehrsrechten

Die gemeinschaftlichen Luftfahrtunternehmen des Linien- und Gelegenheitsverkehrs, die im Besitz einer gültigen Betriebsgenehmigung eines Mitgliedstaats sind, erhalten grundsätzlich die Genehmigung zur Ausübung von Verkehrsrechten auf den Strecken innerhalb der Gemeinschaft. Zwar wurde damit der **freie Marktzugang** im Linien- und Charterverkehr zum Regelfall, doch mußte bis zum 1. April 1997 ein Mitgliedstaat einem Luftfahrtunternehmen nur dann **Kabotagerechte** einräumen, wenn es sich dabei um die Erweiterung von oder die Vorstufe eines Flugdienstes nach dem Registrierungsstaat handelte und dabei maximal 50 % der Sitzplatzkapazität für die Kabotage verwendet wurden. Über die Kabotage mußten die Luftfahrtunternehmen den Mitgliedstaaten auf deren Verlangen alle notwendigen Informationen zukommen lassen. Bis zum 1. April 1997 konnte jeder Mitgliedstaat den Streckenzugang innerhalb seines Hoheitsgebiets für diejenigen Luftfahrtunternehmen regeln, denen er diskriminierungsfrei eine **Betriebsgenehmigung** erteilt hatte *(zur Kabotage im Luftverkehr vgl. P. M. Mendes de Leon, 1992a; P. M. Mendes de Leon, 1992b, S.631ff.)*.

Eine bereits bestehende **ausschließliche Genehmigung** für Inlandstrecken war für höchstens noch drei Jahre gültig, sofern keine hinreichende Bedienung durch andere Verkehrsarten möglich war. Für neue Strecken zwischen Regionalflughäfen, die von Flugzeugen mit maximal 80 Sitzen bedient werden und auf denen die Kapazität maximal 30.000 Sitze pro Jahr beträgt, kann ein Mitgliedstaat nunmehr eine ausschließliche Genehmigung auf zwei Jahre erteilen, es sei denn, ein anderes Luftfahrtunternehmen bietet auf dieser Strecke ebenfalls höchstens 80 Sitze an. In diesem Fall erfolgt eine Prüfung der **Zugangsbeschränkung** durch die Kommission und ggf. den Rat in der o. a. Art und Weise. Den Luftfahrtunternehmen der Gemeinschaft ist die Verbindung von Flugdiensten unter Verwendung einer einzigen Flugnummer gestattet.

Auferlegung gemeinwirtschaftlicher Verpflichtungen

Im Linienverkehr mit Flughäfen in **Rand- oder Entwicklungsgebieten** oder mit schwach frequentierten **Regionalflughäfen** kann jeder Mitgliedstaat den dort tätigen Luftfahrtunternehmen gemeinwirtschaftliche Verpflichtungen auferlegen, welche diese „unter rein wirtschaftlichen Gesichtspunkten nicht einhalten würden". Hiervon sind die anderen betroffenen Mitgliedstaaten, die Kommission und die auf den Strekken agierenden Luftfahrtunternehmen zu unterrichten. Zur Beurteilung der Notwendigkeit einer öffentlichen Verpflichtung werden folgende **vier Kriterien** herangezogen: öffentliches Interesse; Möglichkeit der Verwendung alternativer Verkehrsmittel (insbesondere für Inselgebiete); Flugpreise und -bedingungen; Gesamtangebot aller Luftfahrtunternehmen auf der Strecke. Die Staaten können von den Luftfahrtunternehmen im Rahmen der gemeinwirtschaftlichen Verpflichtungen eine Garantie für das Befliegen einer Relation innerhalb eines festzulegenden Zeitraums verlangen. Die Streckenbedienung kann nach öffentlicher Ausschreibung für maximal drei Jahre einem einzelnen Unternehmen vorbehalten sein, wenn auf dieser Strecke noch kein Linienluftverkehr besteht, der den gemeinwirtschaftlichen Verpflichtungen gerecht wird. **Ausschreibung und Vertrag** müssen die einzuhaltenden Standards der gemeinwirtschaftlichen Verpflichtung, Regeln für Vertragsänderung und -beendigung, Geltungsdauer und Strafen bei Vertragsverletzungen enthalten. Beim Zuschlag, der „möglichst rasch", frühestens aber nach zwei Monaten zu erfolgen hat, sind vor allem die angebotenen Preise und Bedingungen sowie ggf. Ausgleichsleistungen der Mitgliedstaaten in Betracht zu ziehen. Die Kompensation für die Einhaltung der Standards bemißt sich nach den Kosten und Einnahmen des entsprechenden Flugdienstes. Im Rahmen einer gemeinwirtschaftlichen Verpflichtung dürfen sog. **Nur-Sitzplatz-Verkäufe** (ohne Zusatzleistungen wie z. B. Unterbringung) nur dann angeboten werden, wenn die gemeinwirtschaftliche Verpflichtung des Flugdienstes in allen Punkten erfüllt wird.

Die Streckenbedienung darf nicht nur einem Unternehmen vorbehalten sein, wenn ein anderer Mitgliedstaat „eine zufriedenstellende Alternativlösung" für die Erfüllung der gemeinwirtschaftlichen Verpflichtung anbietet. Die **ausschließliche Bedienung** einer Strecke durch ein Unternehmen ist auch dann nicht zulässig, wenn durch andere Verkehrsarten eine permanente Kapazität von über 30.000 Sitzplätzen pro Jahr zur Verfügung gestellt werden kann. Von sich aus oder auf Antrag eines Mitgliedstaats kann die Kommission eine Untersuchung über die **Zugangsbeschränkungen** aufgrund von gemeinwirtschaftlichen Verpflichtungen einleiten; darüber trifft sie innerhalb von zwei Monaten eine Entscheidung. Der Rat kann auf Antrag eines Mitgliedstaats anders als die Kommission entscheiden.

Verkehrsaufteilung innerhalb eines Flughafensystems

Verfügt eine Stadt über ein Flughafensystem, kann der betreffende Mitgliedstaat den Verkehr **in nichtdiskriminierender Weise** auf diese Flughäfen verteilen. Im Juli 1992 existierten die folgenden Flughafensysteme in der Gemeinschaft (in Klammern die Zahl der Flughäfen): Kopenhagen (2), Berlin (3), Paris (3), Lyon (2), Rom (2), Mailand (3), Venedig (2), London (3). Die gemeinschaftlichen, einzelstaatlichen, regionalen und örtlichen Vorschriften zu Sicherheit, Umweltschutz und Zuweisung von Start- und Landezeiten behalten bei der Ausübung von Verkehrsrechten ihre volle Gültigkeit. Bei Fragen hinsichtlich der Verkehrsverteilung auf Flughafensysteme oder geltender Vorschriften ist eine Überprüfung durch die Kommission und ggf. den Rat möglich. Die **Schaffung oder Änderung** eines Flughafensystems ist der Kommission und den anderen Mitgliedstaaten mitzuteilen.

Ausübung von Verkehrsrechten bei Überlastung und Umweltproblemen

Jeder Mitgliedstaat kann einen Luftverkehr von Bedingungen abhängig machen, einschränken oder verweigern, wenn „ernsthafte" Überlastungs- und / oder Umweltprobleme auftreten. Dabei gelten **folgende Einschränkungen**: Es darf keinerlei Diskriminierung aufgrund der Staatsangehörigkeit oder der Identität eines Luftfahrtunternehmens erfolgen; die maximale Geltungsdauer derartiger Maßnahmen beträgt drei Jahre; die Fristen dieser Verordnung dürfen nicht unangemessen beeinträchtigt werden; es darf keine unnötige Wettbewerbsverzerrung zwischen den Luftfahrtunternehmen auftreten; die getroffenen Maßnahmen dürfen nicht restriktiver als zur Problemlösung notwendig sein. Die Kommission und die übrigen Mitgliedstaaten sind mindestens drei Monate im voraus zu unterrichten. Die Maßnahme kann in Kraft treten, sofern die Kommission nicht auf Antrag eines Mitgliedstaats oder von sich aus innerhalb eines Monats nach Unterrichtung eine Überprüfung vornimmt. Nach **Anhörung des Beratenden Ausschusses** beschließt die Kommission über die Angemessenheit der Maßnahme; sie teilt ihre Entscheidung den Mitgliedstaaten und dem Rat mit. Bei plötzlich auftretenden kurzfristigen Problemen kann ein Mitgliedstaat **Sofortmaßnahmen** ergreifen, von denen die Kommission und die Mitgliedstaaten unverzüglich zu unterrichten sind; er kann beim Andauern der Probleme nach Zustimmung der Kommission die Maßnahmen um jeweils weitere 14 Tage verlängern. Die Kommission kann solche Maßnahmen aussetzen, sofern die diesbezüglichen Anforderungen oder andere Gemeinschaftsvorschriften nicht erfüllt sind; der Rat kann auf Antrag eines Mitgliedstaats innerhalb eines Monats anders als die Kommission entscheiden. Die für ein Luftfahrtunternehmen auf einer bestimmten Strecke **ausgesprochenen Einschränkungen** gelten für alle dort tätigen Unternehmen. Hat ein Mitgliedstaat dem Luftfahrtunternehmen eines anderen Mitgliedstaats verweigert, einen Flugdienst auf einer Strecke zwischen den beiden Staaten einzurichten oder die Flugfrequenz zu erhöhen, darf dieser Mitgliedstaat auch keinem anderen Luftfahrtunternehmen gestatten, dort die Flugfrequenz zu erhöhen oder einen neuen Dienst einzurichten; dies gilt bis zum Inkrafttreten eines Verhaltenskodex bezüglich der Zuweisung von Start- und Landezeiten.

Mehrfachbenennung und Kapazitätsbeschränkung

Aufgehoben wurden alle Benennungspraktiken und Kapazitätsbeschränkungen im Linien- und Charterverkehr. Kapazitätsbeschränkungen können nur noch aufgrund von **Überlastungs- und Umweltproblemen** oder gültiger Rechtsvorschriften zu Sicherheit, Umweltschutz sowie Start- und Landezeiten vorgenommen werden; jedoch kann die Kommission nach Prüfung der Marktlage – wenn die Aufhebung der Kapazitätsbeschränkungen zu einer erheblichen **finanziellen Schädigung** eines Linienflugunternehmens geführt hat – die Kapazität auf der betreffenden Strecke vorübergehend einfrieren. Hiervon sind der Rat und die Mitgliedstaaten zu unterrichten; der Rat kann innerhalb eines Monats anders entscheiden als die Kommission.

Allgemeine Bestimmungen

Die Kommission wird in ihrer Arbeit von einem **Beratenden Ausschuß** begleitet, der aus Vertretern der Mitgliedstaaten gebildet wird und dem ein Kommissionsvertreter vorsitzt. Der Ausschuß unterstützt die Kommission insbesondere in Fragen der Marktzugangsbeschränkung aufgrund von Überlastungen und Umweltproblemen sowie bei Kapazitätsbeschränkungen aufgrund finanzieller Probleme von Fluggesellschaften. Die Kommission kann (notfalls per Entscheidung) alle erforderlichen **Informationen** von den Mitgliedstaaten und den Luftfahrtunternehmen einholen. Zur Durchführung dieser Verordnung veröffentlicht sie bis zum 1. April 1994 und nachfolgend in regelmäßigen Abständen einen Bericht (Mitteilung vom 22. Oktober 1996 [KOM (96) 514 endg.] über die Auswirkungen des dritten Pakets von Maßnahmen zur Liberalisierung des Luftverkehrs) *(vgl. Bull. EU 10-1996, S.46f.; zu den Auswirkungen der Liberalisierung auf Marktstruktur, Kapazitätsangebot und Netzbildung B. J. Höfer, 1993; H. Ehmer, 1994, S.512ff.; M. Opitz, 1994; M. Niejahr u. a., 1996, S.6f.; P. Nijkamp, 1996, S.265ff.; L. Grard, 1997, S.3ff.).*

Anwendung der Grundverordnung

Im Oktober 1992 ersuchte die **spanische Fluggesellschaft Viva Air** *(vgl. A. Tettenborn, 1993, S.439f.)* den Flughafen Paris-CDG um Start- und Landerechte für einen ab dem 2. Januar 1993 geplanten **Linienflugverkehr zwischen Madrid und Paris** mit täglich zwei Hin- und Rückflügen. Die spanische Zivilluftfahrtbehörde hatte ihrerseits der Viva Air die Betriebsgenehmigung zu dem Flugdienst erteilt und ersuchte auch die zuständige französische Behörde um die entsprechende Genehmigung. Diese teilte schließlich der Viva Air im Dezember 1992 ihre **Ablehnung der beantragten Genehmigung** mit (Recht der Mitgliedstaaten zur Aufteilung des Verkehrs auf einzelne Flughäfen innerhalb eines Flughafensystems; Viva Air gehörte zu derselben Unternehmensgruppe wie die schon auf der Strecke Madrid – Paris-Orly tätige Iberia). Viva Air war der Auffassung, daß das französische Genehmigungsverfahren mit den Bestimmungen der Grundverordnung unvereinbar sei. Da es zudem nicht auf französische Luftfahrtunternehmen angewendet werde, weise es „einen diskriminierenden Charak-

Übersicht 52: Liberalisierung von Marktzugang und Kapazitätsaufteilung im Luftverkehr

Interregionaler Linienflugverkehr

Richtlinie 86/216/EWG des Rates vom 26. Mai 1986 zur aufgrund des Beitritts Portugals erforderlichen Änderung der Richtlinie 83/416/EWG über die Zulassung des interregionalen Linienflugverkehrs zur Beförderung von Personen, Post und Fracht zwischen den Mitgliedstaaten [ABl. L 152 06.06.86 S.47] — Rechtsetzung auf der Grundlage des Art. 84 Abs. 2 EWGV (Art. 80 Abs. 2 EGV) und auf Vorschlag der Kommission [KOM (85) 785 endg.]

Richtlinie 89/463/EWG des Rates vom 18. Juli 1989 zur Änderung der Richtlinie 83/416/EWG über die Zulassung des interregionalen Linienflugverkehrs zur Beförderung von Personen, Post und Fracht zwischen den Mitgliedstaaten [ABl. L 226 03.08.89 S.14] — Rechtsetzung auf der Grundlage des Art. 84 Abs. 2 EWGV (Art. 80 Abs. 2 EGV), auf Vorschlag der Kommission [ABl. C 240 24.09.86 S.7; ABl. C 078 25.03.88 S.7] sowie nach den Stellungnahmen des EP [ABl. C 013 18.01.88 S.183] und des WSA [ABl. C 105 21.04.87 S.4]

Allgemeine Regelungen für den Luftverkehr

Entscheidung 87/602/EWG des Rates vom 14. Dezember 1987 über die Aufteilung der Kapazitäten für die Personenbeförderung zwischen Luftfahrtunternehmen im Fluglinienverkehr zwischen Mitgliedstaaten und über den Zugang von Luftfahrtunternehmen zu Strecken des Fluglinienverkehrs zwischen Mitgliedstaaten [ABl. L 374 31.12.87 S.19] — Rechtsetzung auf der Grundlage der Artt. 84 Abs. 2 und 227 Abs. 2 EWGV (Artt. 80 Abs. 2 und 299 Abs. 2 EGV), auf Vorschlag der Kommission [ABl. C 182 09.07.84 S.1] sowie nach den Stellungnahmen des EP [ABl. C 262 14. 10.85 S.44; ABl. C 345 21.12.87 S.165] und des WSA [ABl. C 303 25.11.85 S.31]

Verordnung 90/2343/EWG des Rates vom 24. Juli 1990 über den Zugang von Luftverkehrsunternehmen zu Strecken des innergemeinschaftlichen Linienflugverkehrs und über die Aufteilung der Kapazitäten für die Personenbeförderung zwischen Luftverkehrsunternehmen im Linienflugverkehr zwischen Mitgliedstaaten [ABl. L 217 11.08.90 S.8] — Rechtsetzung auf der Grundlage des Art. 84 Abs. 2 EWGV (Art. 80 Abs. 2 EGV), auf Vorschlag der Kommission [ABl. C 258 11.10.89 S.6; ABl. C 164 05.07.90 S.11] sowie nach den Stellungnahmen des EP [ABl. C 096 17.04.90 S. 65] und des WSA [ABl. C 112 07.05.90 S.17] — Übernahme durch das EWR-Abkommen [ABl. L 001 03.01.94 S.443, 592]

Verordnung 91/294/EWG des Rates vom 4. Februar 1991 über den Betrieb von Luftfrachtdiensten zwischen Mitgliedstaaten [ABl. L 036 08.02.91 S.1] — Rechtsetzung auf der Grundlage des Art. 84 Abs. 2 EWGV (Art. 80 Abs. 2 EGV), auf Vorschlag der Kommission [ABl. C 088 06.04.90 S.7; ABl. C 009 15.01.91 S.4] sowie nach den Stellungnahmen des EP [ABl. C 295 26.11.90 S. 694] und des WSA [ABl. C 182 23.07.90 S.8] — Übernahme durch das EWR-Abkommen [ABl. L 001 03.01.94 S.444]

Verordnung 92/2408/EWG des Rates vom 23. Juli 1992 über den Zugang von Luftfahrtunternehmen der Gemeinschaft zu Strecken des innergemeinschaftlichen Flugverkehrs [ABl. L 240 24.08. 92 S.8] i. d. F. der Berichtigungen [ABl. L 015 23.01.93 S.33; ABl. L 045 23.02.93 S.30] — Rechtsetzung auf der Grundlage des Art. 84 Abs. 2 EWGV (Art. 80 Abs. 2 EGV), auf Vorschlag der Kommission [ABl. C 258 04.10.91 S.10; ABl. C 206 13.08.92 S.48] sowie nach den Stellungnahmen des EP [ABl. C 125 18.05.92 S.146] und des WSA [ABl. C 169 06.07.92 S.15] — Aufnahme in Anhang XIII des EWR-Abkommens durch den Beschluß 7/94 des Gemeinsamen EWR-Ausschusses [ABl. L 160 28.06.94 S.87] — Änderung durch die Akte über den Beitritt Finnlands, Österreichs und Schwedens [ABl. C 241 29.08.94 S.169; ABl. L 001 01.01.95 S.119] — Änderung durch die Beitrittsakte von 2003 [ABl. L 236 23.09.2003 S.554] — Änderung durch die Verordnung 2003/1882/EG des Europäischen Parlaments und des Rates vom 29. September 2003 [ABl. L 284 31.10.2003 S.4]

Entscheidung 92/552/EWG der Kommission vom 21. Oktober 1992 gemäß Artikel 10 Absatz 4 der Verordnung 90/2343/EWG des Rates über die Prüfung der Anwendung von Artikel 10 Absatz

3 auf die Erhöhung der Flugfrequenz der bestehenden Flugdienste auf der Strecke London (Heathrow) – Brüssel [ABl. L 353 03.12.92 S.32] — Entscheidung 93/347/EWG der Kommission vom 28. Mai 1993 in einem Verfahren zur Anwendung der Verordnung 92/2408/EWG (Sache VII/AMA/I/93 – Viva Air) [ABl. L 140 11.06.93 S.51] — Entscheidung 94/290/EG der Kommission vom 27. April 1994 in einem Verfahren zur Anwendung der Verordnung 92/2408/EWG des Rates (Sache VII/AMA/II/93 – TAT – Paris (Orly) – London) [ABl. L 127 19.05.94 S.22] — Entscheidung 94/291/EG der Kommission vom 27. April 1994 in einem Verfahren zur Anwendung der Verordnung 92/2408/EWG des Rates (Sache VII/AMA/IV/93 – TAT – Paris (Orly) – Marseille und Paris (Orly) – Toulouse) [ABl. L 127 19.05.94 S.32] — Entscheidung 95/259/EG der Kommission vom 14. März 1995 in einem Verfahren zur Anwendung der Verordnung 92/2408/EWG des Rates (Sache VII/AMA/9/94 – Französische Verkehrsaufteilungsregeln für das Pariser Flughafensystem) [ABl. L 162 13.07.95 S.25] — Entscheidung 98/523/EG der Kommission vom 22. Juli 1998 über ein Verfahren zur Anwendung der Verordnung 92/2408/EWG des Rates (Sache VII/AMA/10/97 – Zugang zum Flughafen Karlstad) [ABl. L 233 20.08.98 S.25] — Entscheidung 98/710/EG der Kommission vom 16. September 1998 in einem Verfahren zur Anwendung der Verordnung 92/2408/EWG des Rates (Sache VII/AMA/11/98 – Italienische Verkehrsaufteilungsregeln für das Mailänder Flughafensystem) [ABl. L 337 12.12.98 S.42] — Entscheidung 2001/163/EG der Kommission vom 21. Dezember 2000 in einem Verfahren nach der Verordnung 92/2408/EWG des Rates (Sache TREN/AMA/12/00 – Italienische Verkehrsaufteilungsregeln für das Mailänder Flughafensystem) [ABl. L 058 28.02.2001 S.29] — Entscheidung 2004/12/EG der Kommission vom 5. Dezember 2003 zu einem Verfahren bezüglich der Anwendung von Artikel 18 (2), erster Satz, des Abkommens zwischen der Europäischen Gemeinschaft und der Schweizerischen Eidgenossenschaft über den Luftverkehr und der Verordnung 92/2408/EWG des Rates (Sache TREN/AMA/11/03 – Deutsche Maßnahmen bezüglich An- / Abflügen zum / vom Flughafen Zürich) [ABl. L 004 08.01.2004 S.13]

Erteilung von Betriebsgenehmigungen

Verordnung 92/2407/EWG des Rates vom 23. Juli 1992 über die Erteilung von Betriebsgenehmigungen an Luftfahrtunternehmen [ABl. L 240 24.08.92 S.1] i. d. F. der Berichtigung [ABl. L 045 23.02.93 S.30] — Rechtsetzung auf der Grundlage des Art. 84 Abs. 2 EWGV (Art. 80 Abs. 2 EG-V), auf Vorschlag der Kommission [ABl. C 258 04.10.91 S.2; ABl. C 206 13.08.92 S.41] sowie nach den Stellungnahmen des EP [ABl. C 125 18.05.92 S.140] und des WSA [ABl. C 169 06.07. 92 S.15] — Aufnahme in Anhang XIII des EWR-Abkommens durch den Beschluß 7/94 des Gemeinsamen EWR-Ausschusses [ABl. L 160 28.06.94 S.88]

Entscheidung 95/404/EG der Kommission vom 19. Juli 1995 in einem Verfahren zur Anwendung der Verordnung 92/2407/EWG des Rates (Swissair / Sabena) [ABl. L 239 07.10.95 S.19]

ter" auf; das Recht zur Aufteilung des Verkehrs im **Flughafensystem Paris** werde nicht auf der Basis diskriminierungsfreier, objektiver Kriterien angewendet. Ferner betonte Viva Air, daß sie nicht zur Iberia gehöre, sondern eine Tochtergesellschaft mit eigener Rechtspersönlichkeit, eigener kommerzieller Identität, eigener Handelspolitik und eigener Betriebsgenehmigung sei *(vgl. zu den Entscheidungen Übersicht 52)*.

In ihrer **Entscheidung 93/347/EWG vom 28. Mai 1993 [ABl. L 140 11.06.93 S.51]** vertrat die Kommission die Auffassung, daß Luftfahrtunternehmen der Gemeinschaft grundsätzlich freien Zugang zu allen Flugstrecken innerhalb der EG haben. Frankreich hatte eine Genehmigung für den von Viva Air beabsichtigten Verkehrsdienst zu erteilen; zur **Begründung** wurde angeführt: Pflicht zur Genehmigungserteilung ohne Ermessensspielraum; Beschränkung der Formalitäten auf das erforderliche Mindestmaß; diskriminierungsfreie Verfahrensabwicklung; beständige, transparente, objektive und diskriminierungsfreie **Kriterien zur Aufteilung des Verkehrs** auf einzelne Flughäfen eines Flughafensystems (Aufstellung allgemeiner Regeln, Veröffentlichungspflicht); Iberia und Viva Air sind **verschiedene Fluggesellschaften**. Zwar erfolgte die Ablehnung des Genehmigungsantrags vor dem Inkrafttreten der Grundverordnung am 1. Januar 1993, doch wirkte dies noch nach dem 31. Dezember 1992 fort *(vgl. M. Niejahr u. a., 1996, S.6; J. Goh, 1997, S.128f., 136f.).*

Ferner hatte sich die Kommission mit mehreren Anträgen der französischen Fluggesellschaft **TAT European Airlines** zu befassen. Dieser war zum einen von der „Generaldirektion Zivil des französischen Verkehrsministeriums" unter Berufung auf die Grundverordnung eine Genehmigung zur Einrichtung eines Linienverkehrsdienstes auf der Strecke Paris-Orly – London-Gatwick ab dem 31. Oktober 1993 verweigert worden. Die französische **Flughafenpolitik für den Pariser Raum** sei darauf ausgerichtet, daß die meisten europäischen Länder und vor allem das Vereinigte Königreich im Linienflugverkehr nur ab dem Flughafen CDG bedient werden sollten (Verordnung vom 6. Dezember 1993 über die **Luftverkehrsverteilung** auf die Flughäfen Orly und CDG: Abwicklung innerfranzösischer Flugdienste sowohl über Orly als auch CDG; internationale innergemeinschaftliche Flugverkehre grundsätzlich über CDG; bestimmte innergemeinschaftliche Flugdienste von und nach Griechenland, Portugal und Spanien auch über Orly möglich). In der Begründung berufen sich die französischen Behörden auf **Überlastungserscheinungen** der beiden Flughäfen Orly und CDG zu bestimmten Zeiten. Langfristig strebe die französische Regierung das Ziel an, aus dem Flughafen CDG das „Tor zu Europa" – d. h. ein Drehkreuz für Anschlußflüge – zu machen; der Flughafen Orly solle dagegen als „Tor zu Paris" dienen, während auf dem Flughafen Bourget der Geschäftsreiseverkehr abgewickelt werden solle.

Die Fluggesellschaft TAT vertrat die Auffassung, daß die Verordnung zwischen den griechischen, portugiesischen und spanischen Luftverkehrsunternehmen auf der einen Seite und den Unternehmen der übrigen Mitgliedstaaten auf der anderen Seite **diskriminiere**. Ferner sei für die Bedienung ab Orly bzw. CDG entscheidend, ob der Verkehrsdienst auf Inland- oder Auslandstrecken ausgerichtet sei; dieses **Konzept der Landesgrenzen** sei jedoch mit der Schaffung des Binnenmarktes nicht vereinbar und nicht objektiv. Die Kommission betonte in ihrer **Entscheidung 94/290/EG vom 27. April 1994 [ABl. L 127 19.05.94 S.22]**, daß eine Unterscheidung der Flugdienste nach Flügen von und nach französischen Flughäfen sowie den innergemeinschaftlichen internationalen Flugdiensten (mit bestimmten Ausnahmen) aus den o. a. Gründen nicht hinnehmbar sei. Die Regelung führe insbesondere dazu, daß der freie Dienstleistungsverkehr limitiert werde und die meisten Luftfahrtunternehmen der Gemeinschaft keine **Anschlußkabotage** zwischen Orly und den französischen Flughäfen in der Provinz betreiben könnten. Eine Einschränkung der **Betriebsgenehmigungen** auf der Strecke Paris (Orly) – London hätte auch nicht mit dem Hinweis auf die französische Verordnung vorgenommen werden dürfen, da zwischen dem Zeitpunkt der Veröffentlichung und ihrem Inkrafttreten kein ausreichender Zeitraum bestand. Frankreich wurde untersagt, die **Ausübung von Verkehrsrechten** auf der Strecke Paris (Orly) – London mit dem Hinweis auf die Verordnung vom Dezember 1993 zu verweigern *(vgl. GB 1994, Ziff.385; M. Niejahr u. a., 1996, S.6; J. Goh, 1997, S.137ff.).*

Außerdem wurde TAT eine Genehmigung zum Betrieb der Strecken Paris – Toulouse und Paris – Marseille vom Flughafen Orly aus verwehrt, da bereits Air Inter für diese Relationen eine **ausschließliche Genehmigung** zuerkannt worden sei, die für längstens drei Jahre weiterhin bestehen solle. TAT führte für seine **Beschwerde** bei der Kommission folgende Gründe an: Verstoß gegen die Artt. 3 lit. e (f), 86 (82) und 90 (86) EGV; Nichtbeachtung einer Übereinkunft vom Oktober 1990 zwischen der französischen Regierung, der Air France und der Kommission, wonach spätestens am 1. März 1992 einem nicht zum Air France-Konzern gehörenden französischen Luftfahrtunternehmen auf den o. a. Inlandstrecken die notwendige Genehmigung zu erteilen ist; diskriminierende Behandlung von TAT. Die französischen Behörden vertraten folgende Auffassung: **Mehrfachbenennung** auf den französischen Inlandstrecken war nur für die Routen von und nach dem Flughafen CDG vorgesehen; korrekte Anwendung der Grundverordnung lag vor, da auf diesen Verbindungen keine **alternativen Verkehrsarten** eine ununterbrochene und angemessene Bedienung gewährleisten konnten.

Die Kommission gelangte in der **Entscheidung 94/291/EG vom 27. April 1994 [ABl. L 127 19.05.94 S.32]** zu dem Schluß, daß die Aufteilung des Verkehrs auf die beiden Flughäfen des Pariser Flughafensystems in diesem Fall **diskriminierend** zugunsten von Air Inter erfolgt war (uneingeschränkte Genehmigung der Flugdienste zwischen Paris und Marseille sowie zwischen Paris und Toulouse vom Flughafen CDG; **ausschließliche Genehmigung** für Air Inter in bezug auf den Flughafen Orly). Nach der Grundverordnung soll die Beschränkung der Bedienung einer Inlandstrecke auf eine Luftverkehrsgesellschaft die Kontinuität und den Fortbestand von angemessenen Verkehrsdiensten zwischen zwei Städten oder Regionen innerhalb eines Mitgliedstaats sichern; Voraussetzung ist, daß „andere Verkehrsarten" eine **ununterbrochene und angemessene Bedienung** nicht gewährleisten können. Allerdings bezieht sich diese Regelung nach Meinung der Kommission nicht auf Verbindungen zwischen Flughäfen, sondern auf Relationen zwischen Städten oder Regionen bzw. zwischen Flughafensystemen. Im vorliegenden Fall war von Orly aus eine ununterbrochene und angemessene Bedienung der Strecken Paris – Toulouse und Paris – Marseille als Alternative zur Bedienung vom Flughafen CDG aus gegeben. Frankreich durfte den Luftverkehrsunternehmen der Gemeinschaft die Einrichtung von Verkehrsdiensten auf den Strecken Paris (Orly) – Toulouse und Paris (Orly) – Marseille nicht mehr verweigern. Aufgrund der beträchtlichen Folgen für die Organisation und Struktur der betreffenden Flugrouten wurde eine **Übergangsfrist** bis zum 27. Oktober 1994 gewährt *(vgl. GB 1994, Ziff. 385; M. Niejahr u. a., 1996, S. 6; J. Goh, 1997, S. 131 ff.)*.

Im Juni bzw. Juli 1994 erhoben Frankreich vor dem **Europäischen Gerichtshof** (Rs. C-174/94 [ABl. C 218 06.08.94 S.16]) und Air Inter vor dem Gericht erster Instanz (Rs. T-260/94 [ABl. C 275 01.10.94 S.28]; Übernahme als Rs. C-301/94 vom Europäischen Gerichtshof abgelehnt [ABl. C 370 24.12.94 S.5; ABl. C 233 10.08.96 S.1]) Klagen auf **Nichtigerklärung der Kommissionsentscheidung** (Verletzung der Verteidigungsrechte, Verstöße gegen die Grundverordnung, Ermessensmißbrauch, Unverhältnismäßigkeit, keine Berücksichtigung der gemeinwirtschaftlichen Leistungen). Die Klage Frankreichs wurde später gestrichen [ABl. C 210 20.07.96 S.11], diejenige von Air Inter im Juni 1997 abgewiesen [ABl. C 252 16.08.97 S.25; Slg. 1997, S.II-997].

Auf die Verkehrsaufteilungsregeln des Pariser Flughafensystems bezog sich auch ein Antrag des Vereinigten Königreichs vom Dezember 1994. Der **Arrêté vom November 1994** sah folgende Regelungen vor: freier Zugang für den Flughafen CDG zur Bedienung nationaler und internationaler Flugstrecken; in bezug auf den Flughafen Orly Begrenzung auf vier Hin- und Rückflüge pro Tag für ein Luftfahrtunternehmen, das eine bestimmte Verbindung zwischen dem Flughafen Orly und einem anderen Flughafen der Gemeinschaft betreibt (Ausnahme: die Fluggesellschaft bietet in den Spitzenflugzeiten zwischen 7.00 Uhr und 9.30 Uhr sowie zwischen 18.00 Uhr und 20.30 Uhr auf der jeweiligen Strecke Flugdienste an und setzt dabei Flugzeuge einer bestimmten Mindestkapazität ein; Strecke Paris – London: 200 Sitzplätze; nach Marseille, Nizza, Toulouse, Straßburg, Bordeaux und Montpellier: 140 Sitzplätze; sonstige innergemeinschaftliche und französische Destinationen: 40, 70 oder 100 Sitzplätze. Die **britische Regierung** vertrat folgende Rechtsauffassung: Beschränkung der Ausübung von Verkehrsrechten auf dem Flughafen Orly; Diskriminierung zugunsten von Luftfahrtunternehmen mit großen Flugzeugen; Beeinträchtigung der Flughafenpolitik des Vereinigten Königreichs, da in bezug auf das Londoner Flughafensystem nur Heathrow über ein genügend großes Verkehrsaufkommen verfüge, um Flugzeuge mit einer Mindestkapazität von 200 Sitzplätzen in den Spitzenzeiten ökonomisch effizient einsetzen zu können; hierzu sei auf britischer Seite nur British Airways in der Lage, während dies vier französische Unternehmen könnten; keine Rechtfertigung aus umweltpolitischen Überlegungen oder aufgrund von Überlastungsproblemen. **Frankreich** brachte folgende Argumente vor: Öffnung des Flughafens Orly; keine Kapazitätserweiterungsmöglichkeiten bei Orly, jedoch bei CDG; Optimierung der verfügbaren Kapazitäten des Flughafens Orly unter Berücksichtigung der bestehenden Umweltprobleme; Verhinderung einer Vervielfachung von Flugbewegungen mit geringen Kapazitäten insbesondere in den Verkehrsspitzenzeiten; Festlegung der Mindestkapazitäten, so daß diese den entsprechenden Durchschnittswerten für Strecken mit dem jeweiligen Verkehrsaufkommen entsprechen.

In der **Entscheidung 95/259/EG vom 14. März 1995 [ABl. L 162 13.07.95 S.25]** führte die Kommission aus, daß die französischen Verkehrsaufteilungsregeln weder direkt noch indirekt diskriminierend im Hinblick auf die Identität oder Nationalität eines Luftfahrtunternehmens seien. Jedes Unternehmen könne täglich vier Flüge auf einer bestimmten Strecke über den Flughafen Orly abwickeln; somit liege keine generelle Zugangsbeschränkung für diesen Flughafen vor. Die Bestimmung, wonach die **Mindestgröße** der Flugzeuge abhängig ist vom Jahresverkehrsaufkommen zwischen Flughafensystemen und nicht zwischen einzelnen Flughäfen auf einer Strecke, könne jedoch kleinere Flughäfen innerhalb eines Flughafensystems benachteiligen (unverhältnismäßige Marktzugangsbeschränkungen auf den Verbindungen zwischen bestimmten Flughäfen; Vorgaben für die Verkehrsaufteilung zwischen den Flughäfen eines Flughafensystems außerhalb Frankreichs); die französischen Vorschriften wurden jedoch **nicht als unverhältnismäßig** angesehen (Bedingung: Neudefinition einer Strekke als Verbindung zwischen zwei Flughäfen). Bei einer Verweigerung von Verkehrsrechten war von den französischen Behörden nachzuweisen, daß eine Zusammenarbeit von Luftverkehrsunternehmen das Ziel des Unterlaufens der Verkehrsaufteilungsregeln im Pariser Flughafensystem verfolgte. Der Arrêté durfte beibehalten werden, sofern für die **Bestimmung der Flugzeugmindestgröße** in Zukunft das Jahresverkehrsaufkommen zwischen dem Flughafen Orly und jedem einzelnen anderen Flughafen berücksichtigt wurde *(vgl. M. Niejahr u. a., 1996, S.6; J. Goh, 1997, S.140ff.)*.

Im November 1994 hatten die schwedischen Behörden mit Wirkung vom Juni 1995 den Zugang lärmintensiver Luftfahrzeuge zum **Flughafen Karlstad** beschränkt (Linienflugdienste nur noch mit Kapitel-3-Flugzeugen; bis Ende 2001 höchstens 260 Nichtlinienflugdienste mit Flugzeugen, die diesen Lärmnormen nicht entsprechen; nachts Starterlaubnis nur für Kapitel-3-Flugzeuge, ggf. Ausnahmegenehmigung möglich; genehmigte Lärmwerte dürfen insgesamt nicht die im Genehmigungsantrag für 2000 genannten Werte überschreiten; 90 % des Flugverkehrs unter 750 m muß in bestimmten geographischen Bereichen durchgeführt werden; Lärmschutzmaßnahmen für Häuser, deren Bewohner wiederholt Lärmpegeln von 80 dB(A) ausgesetzt sind). Eine **Beschwerde der SAS** gegen diese Vorgaben vom Januar 1997 war gegen die ausschließliche Zulassung von **Kapitel-3-Flugzeugen** im Linienverkehr gerichtet, in der ein Verstoß gegen die Ratsrichtlinie 92/14/EWG *(vgl. S.574)* sowie eine Beeinträchtigung der Flugverbindungen von SAS nach Stockholm und Kopenhagen gesehen wurde. In ihrer Stellungnahme verteidigten die **schwedischen Behörden** ihre Maßnahmen: der Bau des neuen Flughafens erfolgte vor allem aus Umweltschutzgründen; Betriebsbeschränkungen stellen eine wesentliche Bedingung für den Bau und die Nutzung des Flughafens dar; das Betriebsverbot für Kapitel-2-Flugzeuge sei bereits vor dem Beitritt Schwedens zur EU verhängt worden; für den Charterverkehr gelten Ausnahmeregelungen; kein Widerspruch zu den einschlägigen gemeinsamen Bestimmungen. Die Kommission betonte jedoch in ihrer **Entscheidung 98/523/EG vom 22. Juli 1998 [ABl. L 233 20.08.98 S.25]**, daß gemäß der genauso für Schweden gültigen Ratsrichtlinie 92/14/EWG auf den Gemeinschaftsflughäfen bis zum 31. März 2002 auch **Kapitel-2-Flugzeuge** verkehren dürften. Das für sie im Hinblick auf den Flughafen Karlstad verhängte **Betriebsverbot** war deshalb mit dem Gemeinschaftsrecht nicht vereinbar; das **nächtliche Startverbot** wurde hingegen als rechtmäßig angesehen *(vgl. Bull. EU 7/8-1998, S.63; GB 1998, Ziff.451)*.

Ein weiteres Verfahren betraf die Verkehrsaufteilungsregeln für das Mailänder Flughafensystem: **Linate** (10 km bis Stadtzentrum; Großteil des grenzüberschreitenden innergemeinschaftlichen und inländischen Verkehrs; erhebliche Kapazitätsprobleme, da ursprünglich für 8 Mio. Fluggäste ausgelegt und 1997 von 14,2 Mio. genutzt); **Malpensa** (53 km bis Stadtzentrum; insbesondere Langstreckenflüge; Kapazität von 6 Mio. Fluggästen, 1997 aber nur von 3,9 Mio. genutzt); **Orio al Serio** (50 km bis Stadtzentrum, nahe Bergamo; überwiegend für Fracht- und Charterverkehr). Die zentralen Probleme des Flughafensystems bestanden in der ineffizienten Nutzung der Kapazitäten, aber auch in zunehmenden Kapazitätsengpässen als Folge des erwarteten Verkehrswachstums (2000: bereits 20 Mio. Fluggäste, 300.000 t Fracht). Nach den **Plänen der italienischen Regierung** sollte Malpensa zum **Drehkreuz** ausgebaut werden (Konzept Malpensa 2000; Kapazität durch neues Terminal 1998: 18 Mio. Fluggäste, 2000: 24 Mio. Fluggäste). Das Gesetz Nr. 505 vom 8. August 1994 sowie die Dekrete Nr. 46-T vom 5. Juli 1996 und Nr. 70-T vom 13. Oktober 1997 legten **Verkehrsaufteilungsregeln** für das Mailänder Flughafensystem fest: Ab dem 25. Oktober 1998 waren alle Linien- und Charterflüge auf interkontinentalen, innergemeinschaftlichen und inländischen Strecken von bzw. nach Malpensa oder Orio al Serio durchzuführen, Linate wurde für die allgemeine Luftfahrt und Direktflüge mit mindestens 2 Mio. Fluggästen im Jahre 1997 oder durchschnittlich 1,75 Mio. in den Jahren 1995 bis 1997 genutzt (nur Strecke Mailand – Rom).

Im Februar 1998 reichten British Airways, Iberia, Lufthansa, Olympic Airways, Sabena, SAS und TAP gemeinsam eine **Beschwerde bei der Kommission** gegen diese Bestimmungen ein; im April 1998 folgte Air France, im Mai 1998 Austrian Airlines. Ziel war die Feststellung der Unvereinbarkeit der Aufteilungsregeln mit dem Gemeinschaftsrecht durch die Kommission und die Ersetzung durch andere Vorschriften; beanstandet wurde: **Diskriminierung** zugunsten von Alitalia (nur Alitalia kann Strecke Mailand – Rom von Linate aus bedienen, das geographisch günstiger liegt und preiswerter zu erreichen ist als Malpensa; damit Bevorzugung des Alitalia-Drehkreuzes Rom; Ausdehnung der Wettbewerbsvorteile auf die Verbindungen zu den von Rom angebotenen europäischen und interkontinentalen Zielen); **unzureichende Verkehrsanbindung** von Malpensa (Nutzung der Eisenbahnverbindung nicht vor Ende 1999; Autobahn überlastet und zahlreiche Bauarbeiten bis Ende 2000; Taxifahrten wegen Berechnung der Hin- und Rückfahrt für einfache Fahrtstrecke sehr teuer); **Unterauslastung von Linate** und **Kapazitätsprobleme in Malpensa**; Verstoß gegen die im Zusammenhang mit der Beihilfegewährung an Alitalia aufgestellten Bedingungen. Die **italienischen Behörden** vertraten folgende Auffassung: Verkehrsaufteilung für Flughafensysteme fällt in den Hoheitsbereich des einzelnen Mitgliedstaats; eine Lösung der Kapazitätsprobleme ist nur durch den **Ausbau von Malpensa zum Drehkreuz** möglich; eine **Unterauslastung von Linate** ist gerechtfertigt; es liegt keine Diskriminierung vor, da allen Fluggesellschaften die Verbindung Mailand – Rom offensteht; die Festlegung einer hohen Schwelle führt zur Konzentration **aufkommensstarker Verkehre** (Punkt-zu-Punkt-Geschäftsreisende) in Linate; diese Verbindungen sind keine Zubringerstrecken für das Drehkreuz Rom und die von dort angebotenen Langstreckenflüge; Malpensa ist für viele Nutzer günstiger als Linate (ausreichende Autobahnverbindung, baldige Fertigstellung der Straßenverbindung zwischen den Terminals in Malpensa, Reduzierung der Taxipreise).

Die Kommission gelangte jedoch in ihrer **Entscheidung 98/710/EG vom 16. September 1998 [ABl. L 337 12.12.98 S.42]** zu einem deutlich anderen Ergebnis: die Verkehrsaufteilungsregeln sind diskriminierend, auch wenn das **Verkehrsaufkommenskriterium** prinzipiell objektiv ist (Mailand-Linate – Rom ist Zubringerstrecke für das Alitalia-Drehkreuz Rom; konkurrierende Fluggesellschaften werden auf den Verbindungen zwischen Mailand-Malpensa und bestimmten Fernzielen benachteiligt); die **geographische Lage** und die **Verkehrsanbindung** bevorteilen Linate in bezug auf seine Erreichbarkeit; die Bestimmungen sind außerdem unangemessen (Beschränkung des freien Dienstleistungsverkehrs im gemeinschaftlichen Luftverkehr von und nach Mailand; Lebensfähigkeit von Malpensa erfordert keine so umfangreiche Verkehrsverlagerung; Landinfrastruktur wird erwarteter Verkehrsverlagerung nicht gerecht; Verlagerung kann zudem bis Ende 2000 erfolgen). Die Verkehrsaufteilungsregeln dürften deshalb nicht angewendet werden. Eine **Klage** Italiens vom Oktober 1998 auf Nichtigerklärung der Kommissionsentscheidung (unzulässige Ausdehnung der Entscheidungsbefugnis, Feststellung des Verstoßes der nationalen Rechtsgrundlagen gegen das Gemeinschaftsrecht, fehlerhafte Prüfung des Gesichtspunkts der Diskriminierung) [ABl. C 378 05.12.98 S.9] wurde vom **Europäischen Gerichtshof** mit seinem Urteil vom Januar 2001 in der Rs. C-361/98 abgewiesen [ABl. C 150 19.05.2001 S.4; Slg. 2001, S.I-385] *(vgl. Bull. EU 9-1998, S.44 f.; GB 1998, Ziff. 451).*

Infolge der Kommissionsentscheidung legte das Dekret Nr. 101-T vom 9. Oktober 1998 **Übergangsmaßnahmen** für die Verkehrsaufteilung im Flughafensystem Mailand fest: Eröffnung von Malpensa 2000 am 25. Oktober 1998; Bestimmungen des Dekrets vom Juli 1996 treten erst nach der Verbesserung des Zugangs zum Flughafen Malpensa gegen Ende 2000 in Kraft; bis dahin können die in Linate vertretenen Gesellschaften 34 % der Frequenzen der vorangegangenen Flugplanperiode (mindestens aber 18 Frequenzen wöchentlich) nutzen. Aufgrund der früheren Fertigstellung des Flughafens sollte die **Verlagerung der Frequenzen** dann aber in zwei Etappen bereits im Dezember 1999 und im Januar 2000 erfolgen (im Dezember 1999 unbefristet aufgeschoben). Aus Lärmschutzgründen wurden im November 1999 **verschiedene Vorkehrungen** getroffen: Nachtflugverbot; Umwidmung von Start- und Landebahnen; Änderung von Abflugwegen; Verbot des Einsatzes bestimmter Flugzeugtypen; Beschränkungen für Schubumkehr; Antrag auf Ausweis von Linate als **Stadtflughafen** mit einer Rückverlagerung von Frequenzen (im Dezember 1999 bestätigt). Mit einem Dekret vom 3. März 2000 galten **neue Aufteilungsregeln** ab dem 20. April 2000: Flugbetrieb in Malpensa unter Beachtung bestimmter Betriebsbedingungen, in Linate Punkt-zu-Punkt-Linienverkehr mit Schmalrumpfflugzeugen, wobei Anzahl der täglichen Hin- und Rückflüge von der Zahl der Fluggäste im Jahre 1999 abhängig ist.

Kurze Zeit später reichten Air France, Aer Lingus, British Airways, Finnair, Iberia, Lufthansa, Mærsk Air, Olympic Airways, Sabena, SAS und TAP – ergänzt durch einen ähnlichen Antrag von Austrian Airlines – erneut eine **Beschwerde bei der Kommission** ein und verlangten ein Verbot der Umsetzung des Dekrets vom März 2000, eine uneingeschränkte Bedienungsmöglichkeit des Flughafens Linate oder hilfsweise andere Aufteilungsregeln (grundsätzliches Zugangsrecht, wirtschaftliche Anzahl von Flügen, freie Streckenwahl), da die getroffenen **Maßnahmen unverhältnismäßig** (Malpensa: unklare Auswirkungen der Umweltbeschränkungen auf Kapazität, Schätzprobleme der tatsächlichen Kapazität, zu wenig Flugsteige und Vorfeldpositionen; Linate: Begrenzung auf bestimmte Anzahl der Flüge pro Strecke und vorgeschriebenes Fluggerät verhindern rentablen Betrieb, Kriterien sachlich nicht zu rechtfertigen) **und diskriminierend** (Alitalia hat bevorzugte Stellung und kann Verbindungen mit Rom ohne Beschränkungen bedienen, andere Unternehmen werden ausgeschlossen) seien. Ergänzend wurden zwischen April und Juli 2000 **Überprüfungsanträge** einiger nationaler Behörden bei der Kommission eingereicht. Italien widersprach den Argumenten und betonte die Verhältnismäßigkeit und Diskriminierungsfreiheit der getroffenen Maßnahmen (Kapazität in Malpensa ausreichend und durch Lärmschutzmaßnahmen nicht beeinträchtigt; Schwellenwerte sind sachgemäß, wurden nie beanstandet und verbessern Zugang zu Linate). Im Dezember 2000 kündigte Italien verschiedene **Änderungen** an: in Linate Erhöhung der stündlichen Kapazität von 13 auf 18 Flugbewegungen; Bedienung aller europäischen Hauptstädte mit mindestens einem Hin- und Rückflug am Tag; mindestens zwei Hin- und Rückflüge auf Verbindungen mit Flughäfen mit einem Verkehrsaufkommen von über 40 Mio. Fluggästen; vor Ende 2001 Überprüfung der Verkehrsaufteilungsregelungen für Mailand. Vor diesem Hintergrund kam die **Entscheidung 2001/163/EG der Kommission vom 21. Dezember 2000 [ABl. L 058 28.02.2001 S.29]** zum Ergebnis, daß der Vorwurf der Diskriminierung nicht mehr aufrechtzuerhalten sei; beide Flughäfen seien hinsichtlich der Zugänglichkeit nunmehr als gleichwertig anzusehen; aufgrund der jüngsten Änderungen würde auch das Prinzip der Verhältnismäßigkeit nicht mehr verletzt.

Ein weiterer Fall betraf Maßnahmen Deutschlands für Flüge zum bzw. vom **Flughafen Zürich**. Die Nutzung des deutschen Luftraums war in einem bilateralen Abkommen zwischen der Schweiz und der BR Deutschland vom 17. September 1984 geregelt, das nach Umsetzungsproblemen mit Wirkung zum 31. Mai 2001 von Deutschland aufgekündigt wurde. Ein neues Abkommen wurde am 18. Oktober 2001 unterzeichnet, jedoch von den legislativen Organen beider Staaten nicht ratifiziert; im Januar und April 2003 verhängte das Luftfahrtbundesamt **Beschränkungen** für den Anflug auf den bzw. den Abflug vom Flughafen Zürich (Einhaltung von Mindestwartehöhen über Kurskreuzungen und Einschränkung der Anflugverfahren zu bestimmten Tageszeiten; Vorgabe von Abflugverfahren, Einflughöhen und Streckenführungen). Als Folge dieser Maßnahmen wurde der Überflug deutschen Hoheitsgebiets in geringer Höhe zwischen 21 und 7 Uhr (werktags) bzw. 20 und 9 Uhr (Wochenende und Feiertage) verhindert, was zu einer **Reduzierung der Lärmbelastung** führte. Im Juni 2003 beantragte die Schweiz die vorübergehende Aussetzung dieser Maßnahmen und nachfolgend die Nichtanwendung der Regelungen; schließlich kam es zu der Einigung, daß die Schweiz schrittweise **andere Verfahren für Instrumentenanflüge** auf eine Piste in Betrieb nehmen und Deutschland bestimmte Vorschriften bis zum 30. Oktober 2003 aussetzen sollte. Während die Schweiz ihre Beschwerde aufrechterhalten wollte, betrachtete Deutschland sie als gegenstandslos.

Nach der Rechtsauffassung der **Schweiz** verstieß die Durchführungsverordnung gegen Gemeinschaftsrecht, da durch sie die Betriebskapazität des Flughafens Zürich verringert (weniger Landungen, bei bestimmten Wetterbedingungen keine Landungen), die Betriebskosten gesteigert (Flugsicherungspersonal und -infrastruktur) und somit die Verkehrsrechte beeinträchtigt wurden; die Vorschriften der Durchführungsverordnung seien **diskriminierend** (kein deutscher Flughafen mit gleichen Nachtflugbeschränkungen, Swiss als Hauptbetroffener) und könnten nicht mit dem Umweltschutz gerechtfertigt werden (ausreichender Lärmschutz vorhanden, Erhöhung der Lärmbelastung in der Schweiz). Außerdem würde gegen **vorhandene Abkommen** zwischen der Gemeinschaft und der Schweiz verstoßen. Nach Auffassung **Deutschlands** war die Kommission für die anstehenden Fragen nicht zuständig, da ein Bezug auf die Grundverordnung nicht vorhanden sei (Regelung der Überflüge fallen in nationale Lufthoheit) und nach dem vorliegenden Abkommen ein Gemischter Ausschuß den Sachverhalt regeln solle; die Vorschriften der Durchführungsbestimmungen seien diskriminierungsfrei und verhältnismäßig (keine beidseitige Lösung möglich, Verursacherland hat auch Lärmbelastung zu tragen, keine Kapazitätsverringerung, keine übermäßigen

Umweltbelastungen in der Schweiz). Die Kommission betonte in der **Entscheidung 2004/12/EG vom 5. Dezember 2003 [ABl. L 004 08.01.2004 S.13]** ihre Zuständigkeit in dieser Angelegenheit; sie entschied in der Sache, daß weder eine **direkte oder indirekte Diskriminierung** (gleiche Behandlung aller Luftfahrtunternehmen, Prüfung in bezug auf Flughäfen und Bevölkerung fällt nicht in Regelungsbereich) noch eine **Verletzung der Verhältnismäßigkeit** vorlägen (Kriterium grundsätzlich nicht anwendbar, regionale Verschärfung des Lärmschutzes statthaft, Maßnahmen betreffen nur Nachtzeiten, keine anderen Maßnahmen denkbar, keine Kapazitätsverringerung).

3.2.1.5 Erteilung von Betriebsgenehmigungen an Luftfahrtunternehmen

Bestimmungen der Grundverordnung

Gemäß den Vorgaben der zweiten Liberalisierungsstufe definierte die **Verordnung 92/2407/EWG des Rates vom 23. Juli 1992 [ABl. L 240 24.08.92 S.1]** i. d. F. der Berichtigung [ABl. L 045 23.02.93 S.30] *(vgl. Übersicht 52)* einheitliche Vorschriften für die Erteilung von Betriebsgenehmigungen an Luftfahrtunternehmen als Voraussetzung für die gewerbliche Beförderung von Post, Fracht und / oder Fluggästen (ausgenommen Flugzeuge ohne Motorantrieb, ultraleichte Motorflugzeuge und Rundflüge). Zur Erteilung und Aufrechterhaltung einer solchen Betriebsgenehmigung sind seit dem 1. Januar 1993 bestimmte Voraussetzungen zu beachten, bei deren Erfüllung das Unternehmen einen **Anspruch auf die Genehmigung** hat, ohne daß daraus jedoch ein Recht auf **Zugang zu bestimmten Strecken** resultiert *(vgl. Bull. EG 7/8-1991, S.38f.; GB 1991, Ziff.724; Bull. EG 6-1992, S.60f.; GB 1992, Ziff.674; Th. Jestaedt u. a., 1992, S.116f.; K. Jäckel, 1993, S.172ff.; R. Schmid, 1993, S.92f.; B. Adkins, 1994, S. 218ff.; K. St. Eisermann, 1995a, S.171ff.; J. Goh, 1997, S.111ff.; R. K. Stanovsky, 2003, S.136ff., 262ff.).*

Eine Betriebsgenehmigung wird von einem Mitgliedstaat nur dann erteilt, wenn sich der **Sitz des Unternehmens** in seinem Hoheitsgebiet befindet, das **mehrheitliche Eigentum** und damit die **Kontrolle** über das Unternehmen bei Mitgliedstaaten oder bei Staatsangehörigen der Gemeinschaft liegt und das **Haupttätigkeitsgebiet** des Unternehmens der Luftverkehr ist. Bereits anerkannte Luftfrachtunternehmen behalten ihre Genehmigung und ihre Rechte, sofern sie die neuen Verpflichtungen erfüllen und ihre Kontrolle durch dieselben Drittländer oder deren Angehörige erfolgt wie zum Zeitpunkt der Annahme dieser Vorschriften; eine Übertragung der Kontrolle an Mitgliedstaaten oder deren Angehörige ist dabei jederzeit möglich. Ein Unternehmen, das „einen Anteil am maßgeblichen Aktienbesitz an einem Luftfahrtunternehmen hält", muß sich im Eigentum eines Mitgliedstaats oder von Angehörigen der Gemeinschaft befinden.

Ein Luftverkehrsunternehmen, das zum **ersten Mal** einen Antrag auf eine Betriebsgenehmigung stellt, muß den zuständigen nationalen Behörden nachweisen können, daß es seine Verpflichtungen innerhalb der auf den Betriebsbeginn folgenden zwei Jahre jederzeit erfüllen kann und daß es innerhalb von drei Monaten seine fixen und variablen Kosten „ohne Berücksichtigung von Betriebseinnahmen" decken kann. Hierfür ist ein

Wirtschaftsplan über mindestens zwei Jahre zu erstellen, aus dem neben allen erforderlichen Daten (Ertragsrechnung, Abschluß des vorangegangenen Jahres, Planbilanz, Gewinn- und Verlustrechnung, Anlaufkosten, Finanzierungskonzept / -quellen, Angaben über die Gesellschafter, Cash-flow-Prognose, Angaben zur Finanzierung der Luftfahrzeugbeschaffung) auch die finanziellen Verflechtungen mit anderen Unternehmen hervorgehen. Der **Genehmigungsbehörde** ist folgendes mitzuteilen: geplanter neuer Linien- oder Charterverkehr „nach einem Kontinent oder in ein Gebiet der Welt, die bisher nicht angeflogen" wurden; Änderung der Art oder Zahl der Flugzeuge; beabsichtigte Zusammenschlüsse und Übernahmen; Änderungen des Eigentums an Einzelbeteiligungen, sofern sie mindestens 10 % des Beteiligungskapitals des Luftfahrtunternehmens ausmachen. Sind die geplanten Änderungen nach Meinung der Behörde „für die Finanzlage des Luftfahrtunternehmens von erheblicher Bedeutung", muß das Unternehmen als Nachweis, diesen Änderungen auch nachkommen zu können, einen **überarbeiteten Einjahres-Wirtschaftsplan** vorlegen, in dem u. a. Angaben zu den geplanten Änderungen und ihren wirtschaftlichen Auswirkungen zu machen sind; binnen drei Monaten hat die Genehmigungsbehörde über den überarbeiteten Wirtschaftsplan zu entscheiden. Befindet sich ein Unternehmen in finanziellen Schwierigkeiten und besteht daher Unsicherheit, ob es in den nächsten zwölf Monaten seine Verpflichtungen erfüllen kann, kann die Behörde die Genehmigung aussetzen oder widerrufen; bei einer **finanziellen Umstrukturierung** ist die Erteilung einer vorläufigen Genehmigung möglich. Der **geprüfte Abschluß** des abgelaufenen Geschäftsjahres ist den Genehmigungsbehörden vorzulegen (finanzielle Lage des Unternehmens; insbesondere Bilanz, Planbilanz sowie Gewinn- und Verlustrechnung; geplante und zurückliegende Aufwendungen und Erträge; Verkehrs-, Ertrags- und Cash-flow-Prognosen).

Die Behörde eines Mitgliedstaats, der für die Erteilung einer Betriebsgenehmigung ein **Führungszeugnis** verlangt oder die Betriebsgenehmigung bei „schwerwiegendem standeswidrigen Verhalten oder bei einer strafbaren Handlung" aussetzt oder widerruft, hat die **Bescheinigungen anderer Mitgliedstaaten** über das Erfüllen der Anforderungen (hilfsweise auch in Form von eidesstattlichen Erklärungen oder feierlichen Erklärungen) anzuerkennen. Jedes Luftfahrtunternehmen muß **haftpflichtversichert** sein und über mindestens ein Flugzeug verfügen (Eigentum, Leasing). Jedes eingesetzte Flugzeug ist in das **nationale Register** des Genehmigungsstaats oder innerhalb der Gemeinschaft einzutragen; dabei haben die Mitgliedstaaten die Eintragung von Flugzeugen aus anderen Mitgliedstaaten sowie Umtragungen in ihr nationales Register unverzüglich und ohne Diskriminierung zu genehmigen; Ausnahmen von der **Eintragungsregelung** gelten bei geleasten Flugzeugen. Um eine Betriebsgenehmigung zu erhalten, muß ferner ein gültiges **Luftverkehrsbetreiberzeugnis** vorliegen (übergangsweise Geltung der nationalen Regelungen). Für das Leasen oder Mieten eines Flugzeugs muß im voraus eine Genehmigung eingeholt werden, um die Sicherheitsstandards und rechtlichen Zuständigkeiten zu gewährleisten. Leasingverträge werden von den Mitgliedstaaten nur genehmigt, wenn die **Sicherheitsanforderungen** erfüllt sind, die zur Erlangung des Luftverkehrsbetreiberzeugnisses notwendig sind. Die Betriebsgenehmigung gilt grundsätzlich unbegrenzt, doch kann ein Jahr nach Erteilung und dann alle fünf Jahre eine Überprüfung vorgenommen werden. Wird ein Betrieb für sechs Monate eingestellt bzw. ist er sechs Monate nach dem Erhalt der Genehmigung noch nicht aufgenommen worden, kann der Mitgliedstaat verlangen, daß die Genehmigung erneut auszustellen ist. Bei der rechtlichen **Änderung der Unternehmensverhältnisse**, insbesondere bei Unternehmenszusammenschlüssen und -übernahmen, kann die Genehmigung ebenfalls erneut ausgestellt werden. Befindet sich ein Unternehmen in einem **Konkursverfahren** und bestehen keine Aussichten auf erfolgversprechende Sanierung, muß die Betriebsgenehmigung zurückgezogen werden.

Jeder Mitgliedstaat hat die **Verfahren zur Erteilung** von Betriebsgenehmigungen bekanntzugeben und die Kommission hierüber zu unterrichten. Über einen Genehmigungsantrag ist binnen drei Monaten zu entscheiden; eine Ablehnung ist zu begründen, und ein abgewiesenes Unternehmen kann die Kommission anrufen. Die Mitgliedstaaten und Luftfahrtunternehmen haben der Kommission ggf. innerhalb einer Frist alle **erforderlichen Auskünfte** zugehen zu lassen. Werden die Auskünfte nicht innerhalb der festgesetzten Frist erteilt oder fehlt der Nachweis des Unternehmens auf Erfüllung der notwendigen Anforderungen, so unterrichtet die Kommission alle Mitgliedstaaten, die daraufhin die Marktzugangsrechte aussetzen können. Die geltenden Betriebsgenehmigungen (ersatzweise auch die Luftverkehrsbetreiberzeugnisse) laufen nach maximal drei Jahren aus; in dieser Zeit haben die Luftfahrtunternehmen die erforderlichen Anpassungen vorzunehmen.

Kommissionsentscheidung zur Vereinbarung zwischen Swissair und Sabena

Im Mai 1995 wurde die Kommission von den belgischen Behörden um eine Überprüfung der Betriebsgenehmigung für die Luftverkehrsgesellschaft **Sabena** gebeten, da der belgische Staat und die schweizerische Luftverkehrsgesellschaft Swissair einen Vertrag geschlossen hatten, nach welchem die Swissair 49,5 % des Aktienkapitals der Sabena erwerben sollte. Der zwischen der Swissair und Sabena geschlossene **Vertrag** enthielt Bestimmungen über den Unternehmenszweck der Sabena, die Kapitaltransaktionen im Zusammenhang mit dem Erwerb des Aktienkapitals durch die Swissair und die Leitung und Kontrolle der belgischen Luftverkehrsgesellschaft. In Anwendung der Regelungen der Grundverordnung stellte die Kommission in ihrer **Entscheidung 95/404/EG vom 19. Juli 1995 [ABl. L 239 07.10.95 S.19]** fest, daß die Sabena weiterhin eine separate juristische Person war, deren eingetragener Sitz und deren Konzernzentrale in dem Mitgliedstaat Belgien bleiben würden. Hinsichtlich des Unternehmenszwecks bestimmte auch die neue Sabena-Satzung die Durchführung von Inlands- und Auslandsluftverkehr und die damit zusammenhängenden Tätigkeiten als Aufgabenbereiche des Unternehmens *(vgl. WB 1995, Ziff. 179, S.233; M. Niejahr u. a., 1996, S.5; J. Goh, 1997, S.113f.; M. Niejahr, 1998, S.10ff.).*

Die Anforderungen hinsichtlich des **Eigentums und der Kontrolle** sollten einseitige Vorteilsnahmen von Unternehmen aus Drittländern verhindern, wobei sich im Falle einer Aktiengesellschaft mindestens 50 % und eine Aktie des Unternehmens im Besitz von Mitgliedstaaten und / oder deren Staatsangehörigen befinden müßten; dieses Konzept des Eigentums orientiert sich am **Begriff des Beteiligungskapitals**, da hiermit die Teilhabe an Geschäftsführungsentscheidungen und am erwirtschafteten Gewinn des Unternehmens verbunden ist. Da sich 50,5 % der Stammaktien im Besitz des belgischen Staats, der staatlichen Holdinggesellschaft SFI oder institutioneller belgischer Anleger befanden, stand die Sabena weiterhin mehrheitlich im Eigentum von Mitgliedstaaten und / oder deren Staatsangehörigen; Sonderanteilscheine (Gegenleistung für eine Einzahlung der Swissair von 500 Mio. bfrs) und Bezugsrechtsscheine (Ausgleich für ein Darlehen an die SFI) spielten dabei keine entscheidende Rolle. Hinsichtlich der **Leitung** und der **Kontrolle** des Luftfahrtunternehmens mußte die letztendliche Entscheidungsbefugnis bei den Mitgliedstaaten und / oder Staatsangehörigen von Mitgliedstaaten liegen (Entscheidungen über den Unternehmensplan, bedeutende Kooperations- oder Investitionsvorhaben und das Budget). Der **Aktionärsvertrag** zwischen dem belgischen Staat, der SFI und den institutionellen Anlegern gewährleistete, daß eine Durchsetzung der gemeinsamen Interessen des belgischen Staates und der SFI stets möglich war. Nach der weiteren Prüfung der Zusammensetzung des Verwaltungsrats und der Bestellung des Generaldirektors kam die Kommission zu der Auffassung, daß die **letztliche Entscheidungskompetenz** der belgischen Aktionäre unbeschränkt war. Der Entwurf des **Kooperationsvertrags** zwischen der Swissair und der Sabena enthielt in wesentlichen Punkten keine Übertragung der Entscheidungsbefugnisse an die Swissair; der belgische Staat verfügte jederzeit über die Möglichkeit, die Transaktion mit der Swissair rückgängig zu machen, und die Swissair hatte sich zur **Unterlassung aller Maßnahmen** verpflichtet, die den Status der Sabena als gemeinschaftliches Luftfahrtunternehmen gefährden könnten.

3.2.2 Konsultationen zwischen Flughäfen und Flughafenbenutzern

Indirekt von Bedeutung für den Zugang der Luftverkehrsunternehmen zu den Flughäfen war ein Vorschlag der Kommission vom 18. März 1990 für eine Verordnung des Rates über **Konsultationen** zwischen Flughäfen und Flughafenbenutzern sowie über Gebührengrundsätze von Flughäfen [ABl. C 147 16.06.90 S.6; KOM (93) 570 endg.] – Stellungnahmen des Europäischen Parlaments [ABl. C 019 28.01.91 S.250; ABl. C 020 24.01.94 S.84] und des Wirtschafts- und Sozialausschusses [ABl. C 031 06.02.91 S.11], der allerdings später zurückgezogen wurde [ABl. C 002 04.01.97 S.5]. Der Informationsaustausch sollte die Finanz- und Betriebskapazität des Flughafens, Leistungsänderungen und Ausbaupläne, die Flughafengebühren, die prognostizierte Entwicklung von Flugangebot und -nachfrage sowie des Kapazitätsbedarfs und die Zeitnischenzuweisung umfassen *(vgl. Bull. EG 3-1990, S.47 f.; GB 1990, Ziff.580; R. Schmid, 1991a, S.21; R. Polley, 1996, S.137f.; Th. Zielke, 1998, S.65; Band 1, S.684).*

3.2.3 Zuweisung von Zeitnischen auf Flughäfen

3.2.3.1 Regelungen vom Januar 1993

Die stetige Zunahme der Zahl überlasteter Flughäfen in der Gemeinschaft bedingte auch eine gemeinschaftliche Regelung der Zuweisung von Zeitnischen, da die praktizierten Verfahren oftmals intransparent und diskriminierend waren und ein erhebliches Marktzutrittshindernis darstellten; die **Verordnung 93/95/EWG des Rates vom**

18. Januar 1993 [ABl. L 014 22.01.93 S. 1] *(vgl. Übersicht 53)* trug dieser Notwendigkeit mit Wirkung vom 21. Februar 1993 Rechnung *(vgl. Bull. EG 12-1990, S. 106f.; GB 1990, Ziff. 583; J. Borrmann, 1991, S. 681ff.; R. Schmid, 1991a, S. 21; Bull. EG 6-1992, S. 63; GB 1992, Ziff. 675; Bull. EG 1/2-1993, S. 38f.; GB 1993, Ziff. 325)*. Ursprünglich wurde unter einer **Zeitnische** die nach dem Flugplan ausgewiesene Start- oder Landezeit verstanden, welche an einem bestimmten Tag für die Flugzeugbewegung erteilt wird bzw. zur Verfügung steht. Als **Neubewerber** galt ein Luftfahrtunternehmen, das auf einem Flughafen Zeitnischen beantragt und an dem betreffenden Tag auf diesem Flughafen weniger als vier Zeitnischen belegt oder das für einen innergemeinschaftlichen Flugdienst ohne Zwischenlandung Zeitnischen beantragt, wenn „an dem betreffenden Tag höchstens zwei weitere Luftfahrtunternehmen einen direkten Flugdienst zwischen diesen Flughäfen oder Flughafensystemen betreiben“ und es für diesen Flugdienst auf dem Flughafen über weniger als vier Zeitnischen verfügt; in bezug auf den Gesamtbesitz an Zeitnischen durften Höchstgrenzen von 2 % (Flughafensystem) bzw. 3 % (Flughafen) nicht überschritten werden. Als **koordinierter Flughafen** wurde ein Flughafen bezeichnet, für den ein Koordinator benannt wurde; ein **vollständig koordinierter Flughafen** war ein Flughafen, für den zum Landen oder Starten eine vom Koordinator zugewiesene Zeitnische notwendig ist *(vgl. M. Wittmann, 1994, S. 152ff.; J. M. Baumann, 1995, S. 141ff.; K. St. Eisermann, 1995a, S. 248ff.; M. Niejahr, 1996, S. 55 ff.; J. Goh, 1997, S. 168ff.; L. Ch. Weimann, 1998, S. 138ff.; S. Grundmann, 1999, S. 170ff.; R. K. Stanovsky, 2003, S. 132ff., 255ff.)*.

Überlastete Flughäfen waren für **koordiniert zu erklären**; die Mitgliedstaaten konnten dies auch für weitere Flughäfen vornehmen, allerdings waren dabei die Grundsätze der Unparteilichkeit, Transparenz und Nichtdiskriminierung zu wahren. Das Vorliegen einer **Überlastung** wurde angenommen, wenn bedeutende Luftfahrtunternehmen und / oder die Flughafenbehörde diese Ansicht vertraten oder Neubewerber Probleme beim Erhalt von Zeitnischen hatten. Unter diesen Voraussetzungen bzw. auf Initiative eines Mitgliedstaats war für einen Flughafen eine umfassende **Kapazitätsanalyse** vorzunehmen, um die Möglichkeit einer kurzfristigen Steigerung der Flughafenkapazität festzustellen und den zeitlichen Rahmen zur Lösung der Kapazitätsprobleme zu bestimmen; eine solche Analyse war in regelmäßigen Abständen zu aktualisieren. Ergaben sich keine Möglichkeiten, die Schwierigkeiten kurzfristig zu lösen, so verfügte der Mitgliedstaat die **vollständige Koordinierung** des Flughafens. Für einen vollständig koordinierten Flughafen konnte die diesbezügliche Erklärung zurückgenommen werden, falls die Kapazität für die aktuellen und geplanten Flugdienste wieder ausreichte.

Für einen koordinierten oder vollständig koordinierten Flughafen hatte der betreffende Mitgliedstaat nach Anhörung der Luftfahrtunternehmen und ihrer Verbände sowie der Flughafenbehörden einen **Flughafenkoordinator** zu benennen. Der Koordinator sollte über gute Sachkenntnisse verfügen, seine Pflichten unabhängig ausüben sowie in unparteiischer, transparenter und diskriminierungsfreier Weise handeln. Neben der Teilnahme an den internationalen Flugplankonferenzen der Luftfahrtunternehmen bestand seine zentrale Aufgabe vor allem in der **Zuweisung der Zeitnischen** und der **Überwachung ihrer Nutzung**. Auf Antrag übermittelte er den Interessenten folgende Informationen: bestehende, beantragte und zugewiesene Zeitnischen; noch nicht beschiedene Anträge auf Zeitnischen; noch verfügbare Zeitnischen; Angaben zu den Zuweisungskriterien. Der Koordinator wurde von einem **Koordinierungsausschuß** aus Luftfahrtunternehmen und ihren Verbänden, Flughafenbehörden und Flugsicherung unterstützt. Der Ausschuß sollte beratende Tätigkeiten in bezug auf die Möglichkeiten der Kapazitätssteigerung, die Verbesserung der Verkehrsverhältnisse auf dem Flughafen, die Beschwerden über die Zeitnischenzuweisung, das Verfahren zur Nutzungsüberwachung, die örtlichen Leitlinien für die Zuweisung der Start- und Landerechte sowie bei auftretenden gravierenden Problemen für Neubewerber wahrnehmen. Hinsichtlich der Zeitnischenzuweisung hatten die zuständigen Behörden in Kooperation mit allen anderen Betroffenen zweimal jährlich auf der Grundlage einer Analyse der Möglichkeiten zur Aufnahme des Luftverkehrs die **Flughafenkapazität** zu ermitteln; die Ergebnisse waren dem Flughafenkoordinator rechtzeitig vor der ersten Zuweisung zur Verfügung zu stellen *(zu den davor angewandten Verfahren und den praktischen Problemen vgl. H. P. Holz, 1991, S.232 ff.; H. Wendlik, 1993, S.260 ff.)*.

Im Zusammenhang mit der Zeitnischenzuweisung waren bestimmte **Vorrangregelungen** zu beachten. So stand z. B. einem Luftfahrtunternehmen in der Regel das Anrecht zu, in der nächsten Flugplanperiode die gleiche Zeitnische zu erhalten, die es in der vorhergehenden Flugplanperiode genutzt hatte (sog. Großvaterrecht). Waren nicht genügend Zeitnischen verfügbar, so mußte dem **gewerblichen Luftverkehr** Vorrang eingeräumt werden, insbesondere dem Linien- und programmierten Gelegenheitsflugverkehr. Konnte ein Antrag auf eine Zeitnische nicht positiv beschieden werden, so war dies zu begründen und die nächstgelegene Ausweichzeitnische anzugeben. Ad hoc gestellten Anträgen auf Zeitnischen sollte der Koordinator im Rahmen des Möglichen stattgeben (Nutzung des Zeitnischenpools, kurzfristig freigewordene Zeitnischen). Unter bestimmten Bedingungen (gegenseitiges Einvernehmen, Übernahme) war es zulässig, Zeitnischen zwischen Luftfahrtunternehmen auszutauschen; innerhalb eines Unternehmens war eine Übertragung auf andere Strecken oder Verkehrsarten gestattet. Solche **gegenseitigen oder einseitigen Übertragungen** sollten transparent sein und waren vom Koordinator zu bestätigen (keine Betriebsbeeinträchtigung, Einhaltung der Auflagen bezüglich regionaler Flugdienste, anderes Unternehmen erhält sinnvoll nutzbare Zeitnischen). Innerhalb der ersten beiden Flugplanperioden durften Zeitnischen, die Neubewerbern für den innergemeinschaftlichen Luftverkehr zugewiesen worden waren, nicht getauscht oder übertragen werden. **Beschwerden** über die Zuweisung von Zeitnischen mußten vom Koordinierungsausschuß beraten und ggf. einer Schlichtung zugeführt werden *(zur Ausgestaltung von Vergabeverfahren und zur optimalen Slotallokation vgl. u. a. H. P. Holz, 1991, S.241 ff.; H. Wolf, 1991, S.187 ff.; S. Cornelius, 1994, S.86 ff.; M. Wittmann, 1994, S.107 ff.; H. Wolf, 1995; H. Gischer, 1996, S.244 ff.; G. Knieps, 1996, S.4 ff.; S. J. Langner, 1996, S.162 ff.; K. Hüschelrath, 1998; L. Ch. Weimann, 1998, S.147 ff.; K. Boyfield, 2003)*.

Gelang es einem Luftfahrtunternehmen der Gemeinschaft nicht, sinnvoll nutzbare Zeitnischen für eine **Frequenzerhöhung** zwischen einem vollständig koordinierten und einem Flughafen in einem anderen Mitgliedstaat zu erhalten, so durften die Zeitnischen unter den Luftfahrtunternehmen nicht mit dem Zweck frei getauscht oder einseitig übertragen werden, daß auf der betreffenden Strecke ein anderes Luftfahrtunternehmen seine Frequenz erhöhen konnte (Ausnahme: das von der Regelung Gebrauch machende Unternehmen überschritt nicht die Frequenz des anderen Unternehmens). Dieser **Schutzmechanismus** sollte dazu beitragen, den lauteren Wettbewerb zwischen den verschiedenen Luftfahrtunternehmen zu erhalten. Trat er in Kraft, so sollte der zuständige Mitgliedstaat eine Einigung zwischen den betroffenen Luftfahrtunternehmen herbeiführen oder Alternativlösungen anstreben. Bestimmte Zeitnischen für innerstaatliche Linienflugdienste, die **Rand- oder Entwicklungsgebiete** des Mitgliedstaats mit einem vollständig koordinierten Flughafen verbinden sollten und die für die wirtschaftliche Entwicklung dieses Gebiets eine überragende Bedeutung hatten, konnten unter bestimmten Voraussetzungen (Nutzung der Zeitnischen am 21. Februar 1993, Bedienung nur von einem Unternehmen, kein angemessenes Angebot durch andere Verkehrsträger) reserviert werden. Eine Reservierung von Zeitnischen war auch für Strecken möglich, für die eine **gemeinwirtschaftliche Verpflichtung** im Einklang mit dem Gemeinschaftsrecht auferlegt worden war.

Für jede koordinierte Periode sollte ein **Zeitnischenpool** eingerichtet werden, der ungenutzte, neu geschaffene, aufgegebene oder in sonstiger Weise verfügbar gewordene Zeitnischen enthielt. Standen einem Luftfahrtunternehmen über einen längeren Zeitraum Zeitnischen für ein und denselben Wochentag zu einer bestimmten Tageszeit zur Verfügung, so hatte das Luftfahrtunternehmen nur dann das Anrecht, in der folgenden Flugplanperiode dieselbe Abfolge von Zeitnischen zu beanspruchen, wenn diese Zeitnischen **zu mindestens 80 % genutzt** wurden; bei einer geringeren Nutzungsintensität waren alle Zeitnischen der Abfolge in den Zeitnischenpool einzubringen (Ausnahmen: Nichtnutzung wegen eines Startverbots für den Flugzeugtyp oder Sperrung des Flughafens bzw. Luftraums; Schwierigkeiten bei Aufnahme eines neuen Liniendienstes zwischen einem Regional- und einem koordinierten Flughafen unter Beachtung von Kapazitätsgrenzen; schwere finanzielle Einbußen und daraus resultierende Erteilung einer nur vorläufigen Betriebsgenehmigung; Unterbrechung von Gelegenheitsdiensten aufgrund von Annullierungen bis zu einem Minimum von 70 % der Zeitnischennutzung; Unterbrechungen aufgrund von Aktionen zur Störung der Flugdienste). Bei schwerwiegenden Problemen für **Neubewerber** hatte der Koordinierungsausschuß Abhilfemöglichkeiten zu prüfen; sofern die entsprechende Antragsgrenze erreicht wurde, waren 50 % der Zeitnischen grundsätzlich an Neubewerber zu vergeben. Lehnte ein Neubewerber Zeitnischen in einem Bereich von zwei Stunden vor oder nach der beantragten Zeit ab, verlor er seinen Status.

Wurde Luftfahrtunternehmen der Gemeinschaft bei der Zuweisung von Zeitnischen in einem **Drittland** nicht die gleiche Behandlung gewährt wie den Luftfahrtunternehmen des Drittlands in der Gemeinschaft, erfuhren die Fluggesellschaften der Gemeinschaft de facto keine Inländerbehandlung oder wurde Unternehmen aus anderen Drittländern eine bessere Behandlung gewährt als den Luftfahrtunternehmen der Gemeinschaft, so konnten **Gegenmaßnahmen** im Einklang mit dem Gemeinschaftsrecht ergriffen werden; die Kommission war von den Mitgliedstaaten über ernsthafte praktische oder rechtliche Schwierigkeiten bei der Zeitnischenzuweisung in Drittländern zu unterrichten *(zu ausgewählten rechtlichen Problemen vgl. St. A. Kaiser, 1991, S. 266 ff.; E. Giemulla u. a., 1992, S. 51 ff.)*.

Übersicht 53: Zuweisung von Zeitnischen auf Flughäfen der Gemeinschaft

Verordnung 93/95/EWG des Rates vom 18. Januar 1993 über gemeinsame Regeln für die Zuweisung von Zeitnischen auf Flughäfen in der Gemeinschaft [ABl. L 014 22.01.93 S.1] — Rechtsetzung auf der Grundlage des Art. 84 Abs. 2 EWGV (Art. 80 Abs. 2 EGV), auf Vorschlag der Kommission [ABl. C 043 19.02.91 S.3; ABl. C 206 13.08.92 S.57] sowie nach den Stellungnahmen des EP [ABl. C 013 20.01.92 S.446] und des WSA [ABl. C 339 31.12.91 S.41] — Aufnahme in Anhang XIII des EWR-Abkommens durch den Beschluß 7/94 des Gemeinsamen EWR-Ausschusses [ABl. L 160 28.06.94 S.87]
Verordnung 2002/894/EG des Europäischen Parlaments und des Rates vom 27. Mai 2002 zur Änderung der Verordnung 93/95/EWG des Rates über gemeinsame Regeln für die Zuweisung von Zeitnischen auf Flughäfen in der Gemeinschaft [ABl. L 142 31.05.2002 S.3] — Rechtsetzung auf der Grundlage des Art. 84 (80) Abs. 2 EGV, auf Vorschlag der Kommission [ABl. C 103 E 30.04. 2002 S.350] und nach Stellungnahme des WSA [ABl. C 125 27.05.2002 S.74]; Stellungnahme des EP [ABl. C 284 E 21.11.2002 S.168], gemeinsamer Standpunkt des Rates [ABl. C 145 E 18. 06.2002 S.69] und Beschluß des EP [ABl. C 180 E 31.07.2003 S.229] im Rahmen des Verfahrens der Mitentscheidung
Verordnung 2003/1554/EG des Europäischen Parlaments und des Rates vom 22. Juli 2003 zur Änderung der Verordnung 93/95/EWG des Rates über gemeinsame Regeln für die Zuweisung von Zeitnischen auf Flughäfen in der Gemeinschaft [ABl. L 221 04.09.2003 S.1] — Rechtsetzung auf der Grundlage des Art. 84 (80) Abs. 2 EGV, auf Vorschlag der Kommission [KOM (2003) 207 endg.] und nach Stellungnahme des WSA [ABl. C 220 16.09.2003 S.71]; Stellungnahme des EP [ABl. C 069 E 19.03.2004 S.15] und Beschluß des Rates im Rahmen des Verfahrens der Mitentscheidung
Verordnung 2004/793/EG des Europäischen Parlaments und des Rates vom 21. April 2004 zur Änderung der Verordnung 93/95/EWG des Rates über gemeinsame Regeln für die Zuweisung von Zeitnischen auf Flughäfen in der Gemeinschaft [ABl. L 138 30.04.2004 S.50] — Rechtsetzung auf der Grundlage des Art. 84 (80) Abs. 2 EGV, auf Vorschlag der Kommission [ABl. C 270 E 25. 09.2001 S.131; KOM (2002) 623 endg.] und nach Stellungnahme des WSA [ABl. C 125 27.05. 2002 S.8]; Stellungnahme des EP [ABl. C 261 E 30.10.2003 S.116], gemeinsamer Standpunkt des Rates [ABl. C 095 E 20.04.2004 S.16] und Beschluß des EP [ABl. C 103 E 29.04.2004 S.793] im Rahmen des Verfahrens der Mitentscheidung — Aufnahme in Anhang XIII des EWR-Abkommens durch den Beschluß 154/2004 des Gemeinsamen EWR-Ausschusses [ABl. L 102 21.04. 2005 S.33]

Schon im Zusammenhang mit dem **Golfkrieg** hatte die Kommission am 20. Februar 1991 [KOM (91) 59 endg.] angeregt, daß bei einer Absenkung der Flugfrequenzen die Anrechte auf bestimmte Zeitnischen vorübergehend aufgegeben und später wieder in Anspruch genommen werden könnten *(vgl. Bull. EG 1/2-1991, S.34f.; WB 1991, Ziff. 40)*. Angesichts der Terroranschläge vom 11. September 2001 wurde mit der **Verordnung 2002/894/EG des Europäischen Parlaments und des Rates vom 27. Mai 2002 [ABl. L 142 31.05.2002 S.3]** den Luftfahrtunternehmen das Anrecht eingeräumt, die an diesem Tag für die Flugplanperioden Sommer 2001 und Winter 2001/2002 zugeteilte Abfolge von Zeitnischen unabhängig von deren Nutzung auch in den beiden folgenden Flugplanperioden zu beanspruchen [KOM (2001) 574 endg.] *(vgl. Bull. EU 10-2001, S.90f.; Bull. EU 1/2-2002, S.114; Bull. EU 5-2002, S.67f.; GB 2002, Ziff.657)*; gemäß der **Verordnung 2003/1554/EG des Europäischen Parlaments und des Rates vom 22. Juli 2003 [ABl. L 221 04.09.2003 S.1]** galt für die in der Flugplanperiode

Sommer 2003 zugeteilten Zeitnischen wegen der Folgen des Irakkriegs [KOM (2003) 164 endg.] und des SARS-Syndroms gleiches in bezug auf die Flugplanperiode Sommer 2004 *(vgl. Bull. EU 3-2003, S.79 f.; Bull. EU 4-2003, S.50; Bull. EU 7/8-2003, S.71; GB 2003, Ziff. 700).*

3.2.3.2 Reform der Zeitnischenzuweisung vom April 2004

Nach etwa dreijähriger Diskussion über wichtige Problembereiche der Zeitnischenzuweisung (Stärkung der Position der Neubewerber, Verbesserung des Marktzugangs, vollständige und flexible Ausnutzung der Kapazitäten) brachte die **Verordnung 2004/793/EG des Europäischen Parlaments und des Rates vom 21. April 2004 [ABl. L 138 30.04.2004 S.50]** *(vgl. Übersicht 53)* eine teilweise Neufassung und Ergänzung der gemeinschaftlichen Regelungen. Eine **Zeitnische** bezeichnet seitdem die von einem Koordinator erteilte Erlaubnis, die Infrastruktur eines koordinierten Flughafens zu einem bestimmten zugewiesenen Zeitpunkt (Tag, Uhrzeit) zum Starten oder Landen zu nutzen. Als **Neubewerber** gilt zusätzlich zu den o. a. Abgrenzungen ein Unternehmen, das Zeitnischen für einen innergemeinschaftlichen Flugdienst ohne Zwischenlandung zwischen dem betreffenden Flughafen und einem Regionalflughafen beantragt, wenn an dem in Frage kommenden Tag kein anderes Luftfahrtunternehmen einen entsprechenden direkten Flugdienst anbietet und der Antragsteller für diesen Flugdienst über weniger als vier Zeitnischen verfügt; die Beschränkungen für den Gesamtbesitz an Zeitnischen wurden auf 4 % (Flughafensystem) bzw. 5 % (Flughafen) angehoben; ein koordinierter Flughafen wird nun **flugplanvermittelter Flughafen** (Existenz von zeitlich begrenzten Überlastungen, die durch die Zusammenarbeit der Fluggesellschaften und die Unterstützung durch einen Flugplanvermittler behoben werden können) genannt; ein zuvor als vollständig koordiniert bezeichneter Flughafen firmiert unter Beibehaltung seiner Definition jetzt als **koordinierter Flughafen** *(vgl. Bull. EU 1/2-1998, S.63; S. Grundmann, 1999, S.199 ff.; Bull. EU 6-2001, S.83; GB 2001, Ziff. 717; Bull. EU 11-2002, S.72; Bull. EU 4-2004, S.95).*

Hinsichtlich der Klassifizierung von Flughäfen bleibt die Möglichkeit erhalten, diese als **flugplanvermittelt** einzustufen, wenn die Grundsätze der Transparenz, Unparteilichkeit und Nichtdiskriminierung erfüllt sind; eine **Kapazitätsanalyse** ist für Flughäfen ohne Klassifikationsstatus oder bei flugplanvermittelten Flughäfen vom Leitungsorgan oder von einer anderen Stelle durchzuführen, wenn der Mitgliedstaat dies für erforderlich hält, oder innerhalb von sechs Monaten (1) nach dem Antrag von wichtigen Luftfahrtunternehmen oder vom Leitungsorgan oder (2) auf Verlangen der Kommission, wenn der Flughafen nur für Unternehmen mit Zeitnischen zugänglich ist oder Neubewerber erhebliche Probleme beim Erwerb von Zeitnischen haben. Bei der Analyse werden die **Unterkapazitäten** ermittelt, deren **Behebung** durch Veränderungen der Infrastruktur bzw. der betrieblichen oder sonstigen Vorgänge geprüft und ein zeitlicher Rahmen für die Lösung der Probleme aufgestellt; bei **erheblichen Kapazitätsproblemen** sowie größeren kapazitäts- und nutzungswirksamen Änderungen wird die Analyse aktualisiert. Die Analyse ist den Beteiligten und der Kommission zur Verfügung zu stellen, auf ihrer Grundlage konsultiert der Mitgliedstaat das Leitungsorgan, die Fluggesellschaften und deren Verbände sowie die Flugsicherung zur Kapazitätslage. Der Flughafen wird für bestimmte Zeiten nur dann für **koordiniert erklärt**, wenn erhebliche Verspätungen nicht vermieden werden können, die Schwierigkeiten kurzfristig nicht zu beheben sind oder außergewöhnliche Umstände vorliegen; ist die Kapazität wieder ausreichend, so muß die Erklärung zurückgenommen werden.

Die Stelle des Koordinators wurde durch die des Flugplanvermittlers ergänzt; die Anforderungen an die Personen wurden weitgehend unverändert übernommen, die Unabhängigkeit des Koordinators ist jedoch sowohl in funktionaler wie auch in finanzieller Hinsicht sicherzustellen. Aufgaben des **Flugplanvermittlers**: Teilnahme an internationalen Flugplankonferenzen, Beratung von Fluggesellschaften, Empfehlung alternativer Ankunft- und Abflugzeiten, Überwachung der Übereinstimmung des Flugbetriebs mit den empfohlenen Flugplänen; Aufdeckung von Unstimmigkeiten in den Zeitplänen. Die o. a. Aufgaben des **Koordinators** bleiben bestehen; außerdem: Sicherstellung der Zuweisung von Zeitnischen in dringenden Fällen auch außerhalb der Bürozeiten, Vorlage eines jährlichen Tätigkeitsberichts (Zuweisung der Zeitnischen, Zeitnischenmobilität, Zeitnischenpool, Durchsetzung der Regelungen), Aufdeckung von Unstimmigkeiten in den Zeitplänen. Die beratenden Tätigkeiten des **Koordinierungsausschusses** wurden ausgeweitet: Möglichkeiten zur Verbesserung der Flughafennutzung, festzulegende Koordinierungsparameter; alle Probleme im Zusammenhang mit der Flughafenkapazität; Vertreter des Mitgliedstaats und Koordinator können als Beobachter an den Sitzungen teilnehmen; örtliche Leitlinien können von jedem Mitglied vorgeschlagen und auf Wunsch des Koordinators diskutiert werden. Die Feststellung der **Kapazität** erfolgt gemäß den zweimal jährlich für die Zuweisung von Zeitnischen unter Beteiligung des Koordinierungsausschusses zu ermittelnden Parametern, wobei alle technischen, betrieblichen und umweltschutzbedingten Beschränkungen einzubeziehen sind; Grundlage sind nach wie vor die Analyse der Möglichkeiten zur Aufnahme des Luftverkehrs, ergänzt durch die erwartete Luftraumüberlastung und die Kapazitätslage; der Koordinator bestimmt geeignete Koordinierungszeiträume; die Parameter sind dem Flughafenkoordinator rechtzeitig vor der ersten Zuweisung zur Verfügung zu stellen. Die Luftfahrtunternehmen erteilen dem Flugplanvermittler bzw. Koordinator alle erbetenen sachdienlichen **Auskünfte** (insbesondere Neubewerberstatus) in einer angemessenen Frist; auf nicht klassifizierten Flughäfen stellt das Leitungsorgan die Informationen auf Anfrage bereit; bei fehlenden oder falschen Angaben werden Anträge auf Zuweisung von Zeitnischen nicht berücksichtigt. Flugplanvermittler bzw. Koordinator, Leitungsorgan und Flugsicherungsdienste tauschen alle wesentlichen **Informationen** aus.

Die Zuweisung einer Abfolge von Zeitnischen für eine Flugplanperiode erfolgt im allgemeinen aus dem Zeitnischenpool; ein Anrecht auf die gleiche **Abfolge von Zeitnischen** wie in der vorherigen Flugplanperiode kann jedoch geltend gemacht werden, wenn die Zeitnischen für den Linien- und programmierten Gelegenheitsflugverkehr genutzt werden und der Nutzungsgrad mindestens 80 % betrug. Bei Begrenzungen, Einschränkungen und Streichungen der Abfolgen sind keine Ersatzansprüche zugelassen; bei einer Überschußnachfrage nach Zeitnischen erhält der gewerbliche Linien- und programmierte Gelegenheitsflugverkehr, bei gleichen Dienstekategorien der ganzjährige Flugbetrieb **Vorrang**. Ein Umdisponieren einer Abfolge vor Zuweisung der verbleibenden Zeitnischen an andere Unternehmen ist nur aus betrieblichen Gründen oder zur Verbesserung der Disposition möglich; weltweite, gemeinschaftliche und örtliche Regelungen und Leitlinien sind vom Koordinator zu berücksichtigen; die Verfahrensvorgaben bei Nichterteilung einer Zeitnische und der Behandlung kurzfristiger Anträge bleiben bestehen. **Übertragungen** (auf andere Strecken oder Verkehrsarten, zwischen Mutter- und Tochtergesellschaften, bei Erwerb der Kapitalkontrolle oder Übernahme, aus wettbewerbsrechtlichen Gründen) und **Austausch** sind unter den o. a. Bedingungen weiterhin erlaubt; hinsichtlich der Bedingung, daß während der ersten beiden Flugplanperioden keine der einem Neubewerber zugewiesenen Zeitnischen übertragen oder ausgetauscht werden darf, wurden Ausnahmen eingeführt (Neubewerber wurde in bezug auf die betroffenen Strecken mit gleicher Priorität behandelt, genehmigte Übernahme bei Konkurs, Verbesserung der Disposition durch Austausch); eine Reservierung von Zeitnischen ist bei Auferlegung **gemeinwirtschaftlicher Verpflichtungen** möglich; bei Nichtnutzung erfolgt eine Weitergabe an ein anderes Unternehmen, das zu den vorgeschriebenen Bedingungen am Betrieb der Strecke interessiert ist; findet sich kein Unternehmen, werden die Zeitnischen für andere, gemeinwirtschaftlichen Verpflichtungen unterliegende Strecken bereitgestellt oder dem Zeitnischenpool zugeführt; bei mehreren Interessenten findet ein Ausschreibungsverfahren statt.

Die Regelungen zum **Zeitnischenpool** wurden nur unmaßgeblich modifiziert; als Gründe, die bei einer Nutzung der Zeitnischenabfolge von weniger als 80 % nicht zu einer Einstellung der Zeitnischen in den Pool führen, gelten nun auch: schwerwiegende Störung des Flugbetriebs auf Flughäfen während eines erheblichen Teils der Flugperiode; Gerichtsverfahren im Zusammenhang mit der Auferlegung gemeinwirtschaftlicher Verpflichtungen, die eine Aussetzung des Flugbetriebs zur Folge haben; Schwierigkeiten bei der Aufnahme eines neuen Liniendienstes und die Unterbrechung von Gelegenheitsdiensten aufgrund von Annullierungen werden nicht mehr anerkannt. Auch die für **Neubewerber** maßgeblichen Bestimmungen bleiben weitgehend unverändert; erfüllen sie zwei der für sie charakteristischen Merkmale, so werden sie bei der Zuweisung von Zeitnischen zuerst berücksichtigt. Neue Regelungen gelten für **Gruppen von Luftfahrtunternehmen** (ein Antrag, Verantwortung für die Einhaltung von Betriebskriterien, Nutzung eines einheitlichen Kenncodes, Verbleib der Zeitnischen bei Einstellung des Betriebs, vorherige Unterrichtung über Einzelheiten).

Die Bestimmungen zum Vorgehen gegenüber **Drittstaaten** wurden übernommen. Ergänzend eingefügt wurden spezielle **Durchsetzungsbestimmungen** (Ablehnung eines Flugdurchführungsplans durch die Flugsicherung bei Nichtzuweisung einer Zeitnische; Entziehung von Zeitnischen bei Fehlen einer Betriebsgenehmigung, bei Nichtnutzung nach einem Tausch, regelmäßiger Durchführung des Flugs zu anderen Zeiten, Beeinträchtigung des Flugbetriebs durch anderweitige Nutzung der Zeitnischen, Unterschreitung der Nutzungsgrenze von 80 % und Nichtnutzung nach 20 % der Geltungsdauer der Abfolge; Festlegung von Sanktionen). Die Verordnung trat am 30. Juli 2004 bzw. am 30. Juli 2005 (Schutz der Koordinatoren vor Schadenersatzansprüchen, Festlegung von Sanktionen) in Kraft.

3.2.4 Liberalisierung von Bodenabfertigungsdiensten

3.2.4.1 Grundsatzbestimmungen der Liberalisierungsrichtlinie

Neben der Luftverkehrsinfrastruktur, den Start- und Landerechten sowie dem Fluggerät und -personal stellen die Bodenabfertigungsdienste einen weiteren wesentlichen Produktionsfaktor für die Erstellung von Luftverkehrsleistungen dar. Angesichts der Anfang der neunziger Jahre zunehmenden Beschwerden über die **Diskriminierung alternativer Anbieter** von Bodenabfertigungsdiensten auf europäischen Flughäfen begann die Kommission – vor dem Hintergrund eines Konsultationspapiers über Bodenabfertigungsdienste auf Flughäfen vom 14. Dezember 1993 [SEK (93) 1896 endg.], der darauf bezogenen Äußerung des Wirtschafts- und Sozialausschusses [ABl. C 393 31.12.94 S.110], ihrer Mitteilung über die Lage der europäischen Zivilluftfahrt [KOM (94) 218 endg.] und der nachfolgenden Ratsentschließung vom 24. Oktober 1994 – mit der Ausarbeitung allgemein **verbindlicher Regelungen** für den Zugang zu diesem Marktsegment *(vgl. WB 1993, Ziff.137, 369; Bull. EU 6-1994, S.62 f.; GB 1994, Ziff.387; Bull. EU 12-1994, S.75 f.; H. P. Piper, 1994, S.51 f.; WB 1995, Ziff.122; R. Polley, 1996, S.221 ff.; S. Grundmann, 1999, S.207).*

Mit der **Richtlinie 96/67/EG des Rates vom 15. Oktober 1996 [ABl. L 272 25.10.96 S.36]** i. d. F. der Berichtigung [ABl. L 302 26.11.96 S.28] *(vgl. Übersicht 54)* wurde eine schrittweise Liberalisierung des Marktzutritts zu allen aufgeführten Bodenabfertigungsdiensten angestrebt, um die Betriebskosten der Luftverkehrsgesellschaften zu senken und um zu einer Qualitätsverbesserung der Dienste beizutragen *(vgl. Bull. EU 3-1996, S.54; Bull. EU 7/8-1996, S.69 f.; Bull. EU 10-1996, S.47 f.; WB 1996, Ziff. 128)*. Die Regelungen galten grundsätzlich ab dem 1. Januar 2001 für jeden den Bestimmungen des Vertrags unterliegenden und dem gewerblichen Luftverkehr offenstehenden **Flughafen** im Hoheitsgebiet eines Mitgliedstaats (mit vorübergehender Ausnahme von Gibraltar), der jährlich 2 Mio. Fluggäste oder 50.000 t Fracht erreichte [ABl. C 117 15.04.97 S.13; ABl. C 061 03.03.1999 S.4; ABl. C 022 26.01.2000 S.8; ABl. C 321 10.11.2000 S.13; ABl. C 367 21.12.2001 S.25; ABl. C 303 06.12.2002 S.5; ABl. C 236 02.10.2003 S.14; ABl. C 307 11.12.2004 S.9]; für einige Regelungen waren allerdings frühere Zeitpunkte verbindlich. Deutschland (Rs. C-386/03 [ABl. C 264 01.11.2003 S.23; ABl. C 217 03.09.2005 S.11]) und Italien (Rs. C-460/02 [ABl. C 055 08.03.2003 S.9; ABl. C 045 19.02.2005 S.4; Slg. 2004, S.I-11547]) wurden vom **Europäischen Gerichtshof** verurteilt, da sie gegen ihre Verpflichtungen aus der Richtlinie verstoßen hatten *(vgl. A. J. Reynolds-Feighan u. a., 1997, S.311 ff.; M. Niejahr, 1998, S.12 f.; F. Rittner, 1998, S.651 f.; L. Ch. Weimann, 1998, S.188 ff.; Th. Zielke, 1998, S.65 f., 153 ff.; S. Grundmann, 1999, S.208 f.; K. Karlsson u. a., 1999, S.86 ff.).*

Das Leitungsorgan eines Flughafens, die Nutzer und die Dienstleistungsanbieter müssen seitdem zwischen den Bodenabfertigungsdiensten und den übrigen Tätigkeiten eine **buchhalterische Trennung** vornehmen, die von einer unabhängigen Stelle zu kontrollieren ist. Der Zugang zum Markt der **Drittabfertigungsdienste** (Fremdabfertigung) ist den Bodenabfertigungsdienstleistern ab dem 1. Januar 1999 zu gewähren, wenn die Flughäfen jährlich mindestens 3 Mio. Fluggäste oder 75.000 t Fracht bzw. in bestimmten vorangehenden Halbjahreszeiträumen mindestens 2 Mio. Fluggäste oder 50.000 t Fracht zu verzeichnen haben. Bei der Erbringung von Vorfeld- und Betankungs- sowie von Gepäck-, Fracht- und Postabfertigungsdiensten kann die Anzahl der Dienstleister auf bis zu zwei begrenzt werden. Ab dem 1. Januar 2001 durfte wenigstens einer dieser Anbieter nicht vom Leitungsorgan, vom marktmächtigen Nutzer sowie von einer Institution, die von jenen kontrolliert wird bzw. diese kontrolliert, abhängig sein; auf Antrag eines Mitgliedstaats und nach Prüfung durch die Kommission konnte jedoch ein Aufschub bis zum 31. Dezember 2002 gewährt werden. Die freie **Ausübung der Selbstabfertigung** (Eigenabfertigung) durch den Nutzer war auf jedem Flughafen ab dem 1. Januar 1998 zu ermöglichen. Die o. a. besonderen Dienstleistungen können jedoch seit diesem Datum auf Flughäfen, die jährlich maximal 1 Mio. Fluggäste oder 25.000 t Fracht haben, mindestens zwei Nutzern vorbehalten werden, sofern diese nach sachgerechten, objektiven, transparenten und nicht diskriminierenden Kriterien ausgewählt werden *(zu einer Systematik der Dienste und den Kostenstrukturen vgl. L. Ch. Weimann, 1998, S. 183 ff.)*.

Zentrale Infrastruktureinrichtungen zur Erbringung von Bodenabfertigungsdiensten können aus **Komplexitäts-, Kosten- oder Umweltschutzgründen** dem Leitungsorgan oder einer anderen Stelle vorbehalten werden (Gepäcksortierung, Enteisung, Abwasserreinigung, Treibstoffverteilung); der nichtdiskriminierende Zugang sowie die transparente und objektive Verwaltung sind zu gewährleisten. Außerdem sind aus **Platz- und Kapazitätsgründen** befristete Beschränkungen des Marktzutritts möglich (Drittabfertigung: Begrenzung auf einen Anbieter für einen einmal verlängerbaren Zeitraum von zwei Jahren; Selbstabfertigung: Untersagung oder Begrenzung auf einen Nutzer für einen verlängerbaren Zeitraum von drei Jahren). Die Freistellungen müssen das Problem spezifizieren und einen Plan für die Abhilfe beinhalten; sie dürfen die **Ziele der Richtlinie** nicht unangemessen beeinträchtigen, nicht zu **Wettbewerbsverzerrungen** führen und nur so weit wie erforderlich gewährt werden. Die Kommission überprüft die Freistellung und kann diese abschließend genehmigen, ablehnen oder beschränken; dabei wird sie von einem **Beratenden Ausschuß** unterstützt.

Für die **Auswahl der Dienstleister** bei beschränktem Marktzutritt, die in Form einer Ausschreibung zu erfolgen hat, können die Mitgliedstaaten die **Erstellung eines Pflichtenhefts** oder **technischer Spezifikationen** vorsehen. Für Flughäfen in Randgebieten, in Entwicklungsregionen oder auf Inseln kann eine öffentliche Leistungsverpflichtung eingeführt werden. Bei der Festlegung der Anforderungen und der Auswahl der Dienstleister ist ein **Nutzerausschuß** zu beteiligen. Die Auswahl erfolgt durch das Leitungsorgan (sofern dessen Unabhängigkeit gewährleistet ist) oder die Behörden der Mitgliedstaaten für maximal sieben Jahre; bei vorzeitiger Einstellung der Tätigkeit ist das Verfahren zu wiederholen. Die Ausübung der Bodenabfertigungsdienste kann von einer **Zulassung** abhängig gemacht werden, die von einer unabhängigen Behörde nach rein subjektiven Kriterien (finanzielle Lage, Versicherungsdeckung, allgemeine und betriebliche Sicherheit, Umweltschutz, Sozialgesetzgebung) zu erteilen ist; nur wenn diese Voraussetzungen nicht erfüllt sind, darf die Zulassung verweigert oder entzogen werden. Unter ähnlichen Voraussetzungen kann die **Leistungserbringung** oder **Selbstabfertigung** untersagt werden, wenn die Regeln zur Gewährleistung des einwandfreien Funktionierens des Flughafens nicht eingehalten werden. Der Zugang zu Flughafeneinrichtungen ist grundsätzlich frei und darf nur an sachgerechte, objektive, transparente und nichtdiskriminierende Bedingungen geknüpft werden; gleiche Regeln gelten für die **Aufteilung der Flughafenflächen** und die **Berechnung der Zugangsgebühren**. Gegenüber Drittstaaten, die den Marktzutritt von Mitgliedstaaten beschränken oder diese diskriminieren, kann das Gemeinschaftsrecht ausgesetzt werden *(zu den Auswirkungen der Liberalisierung vgl. W. Hermsen, 1999, S.63 ff.; M. Kunz, 1999, S.206 ff.; A. von Einem, 2000)*.

3.2.4.3 Ausnahmeregelungen

Deutsche Flughäfen

Vom 27. März 1997 datiert die Entscheidung Deutschlands, dem **Flughafen Frankfurt a. M.** Freistellungen von der Liberalisierung der **Drittabfertigung** (Monopolrechte für zwei Jahre ab 1. Januar 1999) und der **Selbstabfertigung** (Untersagung für drei Jahre ab 1. Januar 1998) einzuräumen, die die Gepäckabfertigung, das Be- und Entladen der Flugzeuge, die Unterstützung beim Anlassen der Triebwerke, das Bewegen der Flugzeuge sowie die Fracht- und Postabfertigung betrafen. Diese Ausnahmeregelungen wurden im Juni 1997 von der Kommission abgelehnt (keine Spezifizierung der Selbstabfertigung; kein Plan zur Problemlösung); ergänzend führte eine Mitteilung der deutschen Regierung vom 29. September 1997 [ABl. C 335 06.11.97 S.7] aus, daß im Falle der Selbstabfertigung nur solche Dienste von der Untersagung betroffen sein würden, bei denen auch schon vorher keine weiteren Anbieter tätig waren; als weitere Sachzwänge wurden angeführt: keine Stellflächen für neues Abfertigungsgerät, Kapazitätsverringerung im Vorfeldbereich, zweiter Gepäckabfertiger physisch unmöglich, negative Folgen für die Dienstequalität. Die **Entscheidung 98/387/EG der Kommission vom 14. Januar 1998 [ABl. L 173 18.06.98 S.32]** *(vgl. Übersicht 54)* schränkte die Freistellung auf bestimmte Bereiche des Terminals 1 ein; ansonsten war die Drittabfertigung zuzulassen und einem Nutzer das Recht zur Selbstabfertigung zu erteilen *(vgl. H. Dittmann, 1999, S.75 ff.)*.

Eine Entscheidung der deutschen Bundesregierung vom 9. Oktober 1997 [ABl. C 335 06.11.97 S.6] betraf Freistellungen auf dem **Flughafen Düsseldorf** im Bereich der **Drittabfertigung** (Monopol des Flughafenbetreibers: für Lotsen des Flugzeugs, Unterstützung beim Parken und Bewegen des Flugzeugs sowie beim Anlassen der Triebwerke, Be- und Entladen des Flugzeugs, Beförderung von Fluggästen, Gepäck und Fracht zwischen Abfertigungsgebäude und Flugzeug für zwei Jahre ab 1. Januar 1999; Beschränkung auf zwei Anbieter: bei Reinigung des Flugzeugs, Kühlung, Schneebeseitigung und Ausstattung der Kabine für drei Jahre ab 1. Januar 1998) und der **Selbstabfertigung** (Untersagung: für Lotsen des Flugzeugs, Unterstützung beim Parken und Bewegen des Flugzeugs sowie beim Anlassen der Triebwerke, Be- und Entladen des Flugzeugs, Beförderung von Fluggästen, Gepäck und Fracht zwischen Abfertigungsgebäude und Flugzeug für drei Jahre ab 1. Januar 1998; Beschränkung auf zwei Nutzer: bei Reinigung des Flugzeugs, Kühlung, Schneebeseitigung und Ausstattung der Kabine für drei Jahre ab 1. Januar 1998). Als **Gründe** der Freistellungen wurden angeführt:

vollständige Nutzung der vorhandenen Flächen, enorme Platz- und Kapazitätsprobleme seit der Brandkatastrophe vom 11. April 1996, erforderlicher zusätzlicher Platzbedarf bei Verwirklichung der Vorgaben. Die **Entscheidung 98/388/EG der Kommission vom 14. Januar 1998 [ABl. L 173 18.06.98 S.45]** erkannte keine bedeutenden strukturellen Platz- und Kapazitätsprobleme an, wies allerdings auf Einschränkungen durch Bauarbeiten hin, mit deren Fortgang dann aber sukzessive Platz frei werden würde; alle Freistellungen mußten bis zum 31. Dezember 1999 beschränkt bleiben.

Aufgrund einer weiteren Entscheidung der deutschen Bundesregierung vom 30. September 1999 [ABl. C 307 26.10.1999 S.3] sollten dem Flughafen Düsseldorf für das Be- und Entladen des Flugzeugs, die Beförderung von Fluggästen, Gepäck und Fracht zwischen Abfertigungsgebäude und Flugzeug, für die Unterstützung beim Anlassen der Triebwerke und beim Bewegen des Flugzeugs Beschränkungen der Drittabfertigung auf den Flughafenbetreiber und Untersagung der Selbstabfertigung bis zum 31. Dezember 2001 aus den bereits erwähnten Gründen gewährt werden. Wegen der offensichtlichen Verzögerungen bei der Ausführung der Bauarbeiten auf dem Flughafen wurde der Antrag auf Freistellung mit der **Entscheidung 2000/122/EG der Kommission vom 5. Januar 2000 [ABl. L 039 14.02.2000 S.57]** genehmigt *(vgl. GB 2000, Ziff. 649)*.

Eine Entscheidung der Bundesregierung vom 23. Juli 1998 [ABl. C 267 26.08.98 S.11] sah für den **Flughafen Stuttgart** eine Untersagung der **Selbstabfertigung** für die Beförderung von Fluggästen, Gepäck, Fracht und Post zwischen Abfertigungsgebäude und Flugzeug, für das Be- und Entladen des Flugzeugs sowie die Unterstützung beim Anlassen der Triebwerke und beim Bewegen des Flugzeugs bis zum 31. Dezember 2000 vor; zur Begründung wurden angeführt: Platzprobleme beim Abstellen des Abfertigungsgeräts, die sich im Zusammenhang mit den Ausbauarbeiten auf dem Flughafen verstärken müßten; Schwierigkeiten bei der Zulassung von Selbstabfertigern zur Gepäckbeförderung. Mit der **Entscheidung 98/630/EG der Kommission vom 30. Oktober 1998 [ABl. L 300 11.11.98 S.25]** wurden Kapazitätsprobleme nur bei bestimmten Tätigkeiten anerkannt und die Untersagung der Selbstabfertigung bei der Gepäckbeförderung zwischen Abfertigungsgebäude und Flugzeug bis Ende 2000 für rechtmäßig erklärt; bei anderen Tätigkeiten war jedoch ein Nutzer zur Selbstabfertigung zuzulassen.

In bezug auf den **Flughafen Köln / Bonn** wurde mit einer Entscheidung der Bundesregierung vom 23. Juli 1998 [ABl. C 267 26.08.98 S.12] die **Selbstabfertigung** für die Gepäckabfertigung, die Beförderung von Fluggästen, Gepäck, Fracht und Post zwischen Abfertigungsgebäude und Flugzeug sowie das Be- und Entladen des Flugzeugs bis zum 31. Dezember 1999 einem Nutzer vorbehalten; in der Begründung zu dieser Entscheidung wurde auf Platzprobleme beim Abstellen des Abfertigungsgeräts hingewiesen, die sich im Zusammenhang mit den Ausbauarbeiten verstärken würden. Die **Entscheidung 98/631/EG der Kommission vom 30. Oktober 1998 [ABl. L 300 11. 11.98 S.33]** lehnte das Ansinnen jedoch ab.

Mit einer Entscheidung der Bundesregierung vom 23. Juli 1998 [ABl. C 267 26.08.98 S.11] sollte auf dem **Flughafen Hamburg** die **Drittabfertigung** für die Beförderung von Fluggästen, Gepäck und Besatzung zwischen Abfertigungsgebäude und Flugzeug sowie für das Be- und Entladen des Flugzeugs bis zum 31. Dezember 2000 dem Flughafenbetreiber vorbehalten und die **Selbstabfertigung** auf einen Nutzer beschränkt werden (falls kein Interesse vorhanden: für bestimmte Tätigkeiten ein Drittabfertiger). Zur Begründung wurden angeführt: starker Anstieg der Flugbewegungen, Zunahme der Menge des Abstellgeräts, außerdem Reduzierung des Platzes durch Bauarbeiten. Die **Entscheidung 98/632/EG der Kommission vom 30. Oktober 1998 [ABl. L 300 11. 11.98 S.41]** erkannte an, daß aufgrund des begrenzten Platzangebots nur ein neuer Abfertiger zugelassen werden könnte; die Entscheidung der deutschen Behörden war deshalb grundsätzlich akzeptabel, mußte aber dahingehend modifiziert werden, daß ein weiterer Drittabfertiger ab 1. Januar 1999 zuzulassen war, wenn bis dahin nicht ein Nutzer im Rahmen der Selbstabfertigung den Betrieb aufnehmen würde; die Selbstabfertigung könnte bei Zulassung des Drittabfertigers vom 1. Januar 1999 bis zum 31. Dezember 2000 untersagt werden.

In bezug auf den Flughafen **Berlin-Tegel** sollten mit einer Entscheidung der Bundesregierung vom 28. Januar 1999 [ABl. C 064 06.03.1999 S.10] bis zum 31. Dezember 2000 die **Drittabfertigung** (Gepäck-, Fracht- und Postabfertigung, Be- und Entladen des Flugzeugs, Beförderung von Besatzung, Fluggästen und Gepäck zwischen Flugzeug und Abfertigungsgebäude, Unterstützung beim Bewegen des Flugzeugs) dem Flughafenbetreiber vorbehalten und die **Selbstabfertigung** untersagt werden. Die Begründung führte an: starker Anstieg der Flugbewegungen sowie des Fluggast- und Frachtaufkommens, unzureichende Vorfeldkapazitäten, Platzmangel bei Stellflächen für Abfertigungsgerät, bei der Gepäckabfertigung und den Personalbereichen, bei weiteren Anbietern Sicherheitsprobleme und Verspätungen als Konsequenz. Die **Entscheidung 1999/316/EG der Kommission vom 27. April 1999 [ABl. L 121 11.05. 1999 S.21]** wies auf eine ineffiziente Platznutzung bei den Abstellflächen für Geräte zur Gepäck-, Fracht- und Postabfertigung hin; bei der Gepäckbeförderung und im Vorfeldbetrieb wurden keine Schwierigkeiten gesehen; fehlende Ruheräume für neues Personal zur Be- und Entladung sowie zur Fracht- und Postabfertigung wurden bemängelt. Letztlich durfte die **Selbstabfertigung** nur für die Gepäckabfertigung, die Beförderung von Fluggästen, Gepäck und Besatzungen sowie die Unterstützung beim Bewegen des Flugzeugs untersagt werden; die **Drittabfertigung** durfte nur für die Fracht- und Postabfertigung, das Be- und Entladen des Flugzeugs sowie die Unterstützung beim Bewegen des Flugzeugs dem Flughafenbetreiber vorbehalten werden *(vgl. GB 1999, Ziff.415)*.

Erwähnt werden muß in diesem Zusammenhang auch ein Antrag der deutschen Regierung auf Genehmigung ihrer Entscheidung vom 26. Januar 1999 [ABl. C 064 06.03. 1999 S.11] über eine Freistellung für den **Flughafen Hannover-Langenhagen**. Die Drittabfertigung sollte bei der Fracht- und Postabfertigung, dem Be- und Entladen, der Beförderung von Fluggästen, Besatzung und Gepäck zwischen Flugzeug und Abfertigungsgebäude sowie bei der Unterstützung beim Anlassen der Triebwerke und dem Bewegen des Flugzeugs vom 1. Mai 2000 bis zum 30. November 2000 dem Flughafenbetreiber vorbehalten werden. Begründet wurde dieser Antrag durch einen gravierenden **Kapazitäts- und Platzmangel**, der durch die EXPO 2000 verschärft werden würde. In der Rs. C-363/01 mußte sich der **Europäische Gerichtshof** mit einem Rechtsstreit zwischen dem Leitungsorgan und der Lufthansa befassen (Erhebung eines gesonderten Zugangsentgelts für Selbst- oder Drittabfertiger) [ABl. C 003 05.01.2002 S.13; ABl. C 007 10.01.2004 S.13; Slg. 2003, S.I-11893].

Übersicht 54: Liberalisierung der Bodenabfertigungsdienste auf Flughäfen der Gemeinschaft

Liberalisierungsrichtlinie

Richtlinie 96/67/EG des Rates vom 15. Oktober 1996 über den Zugang zum Markt der Bodenabfertigungsdienste auf den Flughäfen der Gemeinschaft [ABl. L 272 25.10.96 S.36] i. d. F. der Berichtigung [ABl. L 302 26.11.96 S.28] — Rechtsetzung auf der Grundlage des Art. 84 (80) Abs. 2 EGV, auf Vorschlag der Kommission [ABl. C 142 08.06.95 S.7; ABl. C 124 27.04.96 S.19; KOM (96) 435 endg.] sowie nach den Stellungnahmen des WSA [ABl. C 301 13.11.95 S.28] und des AdR [ABl. C 129 02.05.96 S.9]; Stellungnahme des EP [ABl. C 323 04.12.95 S.106], gemeinsamer Standpunkt des Rates [ABl. C 134 06.05.96 S.30] und Beschluß des EP [ABl. C 261 09.09.96 S.30] im Rahmen des Verfahrens der Zusammenarbeit — Aufnahme in Anhang XIII des EWR-Abkommens durch den Beschluß 79/2000 des Gemeinsamen EWR-Ausschusses [ABl. L 315 14. 12.2000 S.20] — Änderung durch die Verordnung 2003/1882/EG des Europäischen Parlaments und des Rates vom 29. September 2003 [ABl. L 284 31.10.2003 S.6]

Kommissionsentscheidungen

Entscheidung 98/387/EG der Kommission vom 14. Januar 1998 über die Anwendung von Artikel 9 der Richtlinie 96/67/EG des Rates auf den Frankfurter Flughafen (Flughafen Frankfurt / Main AG) [ABl. L 173 18.06.98 S.32] — Entscheidung 98/388/EG der Kommission vom 14. Januar 1998 über die Anwendung von Artikel 9 der Richtlinie 96/67/EG des Rates auf den Flughafen Düsseldorf (Flughafen Düsseldorf GmbH) [ABl. L 173 18.06.98 S.45] — Entscheidung 98/630/ EG der Kommission vom 30. Oktober 1998 über die Anwendung von Artikel 9 der Richtlinie 96/ 67/EG des Rates auf den Flughafen Stuttgart (Flughafen Stuttgart GmbH) [ABl. L 300 11.11.98 S. 25] — Entscheidung 98/631/EG der Kommission vom 30. Oktober 1998 über die Anwendung von Artikel 9 der Richtlinie 96/67/EG des Rates auf den Flughafen Köln / Bonn (Flughafen Köln / Bonn GmbH) [ABl. L 300 11.11.98 S.33] — Entscheidung 98/632/EG der Kommission vom 30. Oktober 1998 über die Anwendung von Artikel 9 der Richtlinie 96/67/EG des Rates auf den Flughafen Hamburg (Flughafen Hamburg GmbH) [ABl. L 300 11.11.98 S.41] — Entscheidung 1999/ 316/EG der Kommission vom 27. April 1999 über die Anwendung von Artikel 9 der Richtlinie 96/ 67/EG des Rates auf den Flughafen Berlin-Tegel (Berliner Flughafen GmbH) [ABl. L 121 11.05. 1999 S.21] — Entscheidung 1999/326/EG der Kommission vom 27. April 1999 über die Anwendung von Artikel 9 der Richtlinie 96/67/EG des Rates auf den Flughafen Roissy-Charles-de-Gaulle [ABl. L 124 18.05.1999 S.14] — Entscheidung 2000/122/EG der Kommission vom 5. Januar 2000 über die Anwendung von Artikel 9 der Richtlinie 96/67/EG des Rates auf den Flughafen Düsseldorf (Flughafen Düsseldorf GmbH) [ABl. L 039 14.02.2000 S.57] — Entscheidung 2000/ 123/EG der Kommission vom 10. Januar 2000 über die Anwendung von Artikel 9 der Richtlinie 96/67/EG des Rates auf den Flughafen Funchal [ABl. L 039 14.02.2000 S.67] — Entscheidung 2000/124/EG der Kommission vom 10. Januar 2000 über die Anwendung von Artikel 9 der Richtlinie 96/67/EG des Rates auf den Flughafen Porto (Francisco Sá Carneiro) [ABl. L 039 14.02. 2000 S.74]

Paris Roissy-CDG

Mit ihren Entscheidungen vom 8. und 27. Januar 1999 [ABl. C 064 06.03.1999 S.9] beantragten die französischen Behörden verschiedene Freistellungen in bezug auf den

Flughafen **Paris Roissy-CDG**. Am **Terminal CDG 2** sollten bis zum 31. Dezember 2000 für die Beförderung von Fluggästen zwischen Flugzeug und Abfertigungsgebäude die Drittabfertigung dem Flughafenbetreiber vorbehalten und die Selbstabfertigung untersagt werden; am **Terminal T 9** sollten bis zum 1. April 2000 die Drittabfertigung bei der Gepäckabfertigung, dem Lotsen, der Unterstützung beim Parken, dem Be- und Entladen des Flugzeugs und der Beförderung des Gepäcks zwischen Abfertigungsgebäude und Flugzeug sowie der Unterstützung beim Anlassen der Triebwerke und dem Bewegen des Flugzeugs dem Flughafenbetreiber vorbehalten sowie die Zahl der Dritt- und Selbstabfertiger bei der Fluggastabfertigung auf zwei beschränkt werden. Zur Begründung wurden angeführt: Auslastung des Vorfelds und Beeinträchtigung der Betriebswege, Struktur der Terminalgebäude, fehlende Flächen zum Abstellen der Busse, erwarteter Anstieg der Investitions- und Betriebskosten, bei Marktöffnung fehlender Zugang zu Flügen und Abstellpunkten (CDG 2); genereller Platzmangel im Terminalgebäude und auf dem Vorfeld, bei Marktöffnung notwendige Baumaßnahmen und erwartete Qualitätsminderung (T 9). Die **Entscheidung 1999/326/EG der Kommission vom 27. April 1999 [ABl. L 124 18.05.1999 S.14]** sah die erwähnten Platzprobleme am Terminal CDG 2 als nicht ausreichend belegt an, während die Schwierigkeiten am Terminal T 9 bei der Fluggastabfertigung sowie der Gepäcksortierung und -beförderung nachgewiesen wurden; darüber hinaus seien ausreichend Stellflächen vorhanden. Die Freistellung war in bezug auf das Terminal CDG 2 nur für das Gebäude C möglich, während die Freistellungen in bezug auf Terminal T 9 nur für die Gepäckabfertigung und -beförderung sowie die Fluggastabfertigung zugelassen wurden, ansonsten war ein zweiter Drittabfertiger zuzulassen *(vgl. GB 1999, Ziff.415)*.

Portugiesische Flughäfen

Die Entscheidung Portugals [ABl. C 337 25.11.1999 S.4] in bezug auf den **Flughafen Funchal** (Madeira) war darauf gerichtet, bis zum 31. Dezember 2000 die Selbstabfertigung auf zwei Nutzer bei der Fluggastabfertigung sowie auf einen Nutzer bei der Gepäck-, Fracht- und Postabfertigung, dem Be- und Entladen, der Beförderung von Fluggästen, Besatzung und Gepäck, der Unterstützung beim Parken, Anlassen der Triebwerke und Bewegen des Flugzeugs sowie der Kommunikation zwischen Flugzeug und Dienstleister zu begrenzen. Die wesentlichen Gründe wurden in Platz- und Kapazitätsproblemen im Abfertigungsgebäude und auf dem Vorfeld gesehen; da von der Kommission Freistellungsgründe nur in bezug auf die Gepäck-, Fracht- und Postabfertigung sowie die Beförderung von Gepäck zwischen Flugzeug und Abfertigungsgebäude anerkannt wurden, schränkte die **Entscheidung 2000/123/EG der Kommission vom 10. Januar 2000 [ABl. L 039 14.02.2000 S.67]** die beantragten Maßnahmen ein *(vgl. GB 2000, Ziff.649)*. Für den Flughafen **Porto** sollten auf Antrag Portugals [ABl. C 337 25.11.1999 S.5] bis zum 31. August 2001 maximal vier Nutzer zur Selbstabfertigung von Fluggästen zugelassen werden, da insbesondere zu Spitzenzeiten ein erheblicher Platzmangel im Abfertigungsgebäude bestand. Die Argumentation der portugiesischen Regierung wurde von der Kommission nicht anerkannt. Mit der **Entscheidung 2000/124/EG der Kommission vom 10. Januar 2000 [ABl. L 039 14.02.2000 S.74]** wurde die Freistellung abgelehnt *(vgl. GB 2000, Ziff.649)*.

3.3 Preise und Beförderungsbedingungen im europäischen Luftverkehr

3.3.1 Liberalisierung der Preisbildung

Mit dem **Ersten Luftverkehrsmemorandum** des Jahres 1979 *(vgl. S.86, 97)* begann auch in Europa – vor dem Hintergrund der tiefgreifenden Deregulierung des Luftverkehrs in den Vereinigten Staaten, den vielfältigen Erfahrungen mit dem Abschluß liberaler Luftverkehrsabkommen und dem unübersehbaren Aufgabenwandel der IATA – die Diskussion um eine Neugestaltung der Marktordnung des Luftverkehrs. Die Deregulierungsvorschläge betrafen dabei sowohl die **Marktzugangs- und Kapazitätsregelungen** als auch die Auflockerung der bisherigen **staatlich administrierten Preisbildung**. Letztere sollte vor allen Dingen zu einer Senkung des als überhöht empfundenen Tarifniveaus und zu einer nachfrageorientierten Änderung der Tarifstruktur führen:

— Der Kommissionsbericht vom 23. Juli 1981 über Linienflugtarife [KOM (81) 398 endg.] erbrachte jedoch keineswegs den Nachweis unangemessen hoher Flugpreise und Gewinne, monierte aber ein *überhöhtes Kostenniveau* und *Mängel der Tariffestsetzungsverfahren.*

— Der Vorschlag der Kommission vom 27. Oktober 1981 für eine Richtlinie des Rates über Tarife im Linienflugverkehr zwischen Mitgliedstaaten [ABl. C 078 30.03. 82 S.6] *(vgl. S.97)* ergänzte zwar die bisherige *preispolitische Mängelanalyse*, erregte jedoch mit seinen geplanten Detailregelungen zum Teil heftige Kritik.

Vor dem Hintergrund der in Wissenschaft und Politik teilweise recht negativ bewerteten Erfahrungen mit der **Deregulierung des Luftverkehrs** in den Vereinigten Staaten entschlossen sich die EG-Staaten zu einer **stufenweisen Liberalisierung** des europäischen Linienluftverkehrs, um den Luftverkehrsgesellschaften eine schrittweise Anpassung an veränderte luftverkehrspolitische Rahmenbedingungen zu ermöglichen. Der erste Liberalisierungsschritt in bezug auf den interregionalen Linienluftverkehr enthielt jedoch keine Tarifregelungen. Letztere waren vor allem mit dem **Zweiten Luftverkehrsmemorandum** des Jahres 1984 *(vgl. S.91)* verbunden, das die Schaffung von Tarifzonen und eine Neuregelung der Tarifgenehmigungspraxis vorsah.

Diese Überlegungen knüpften an die Diskussion im Rahmen der **ECAC** an, die ihren Niederschlag in der Kommissionsmitteilung vom 27. Januar 1986 über Tarif- und Kapazitätsregelungen [KOM (86) 37 endg.] fand *(vgl. Bull. EG 1-1986, S.54)* und auch die Ziele und Maßnahmen in der Kommissionsmitteilung vom 10. Juni 1986 über die Zivilluftfahrt [KOM (86) 338 endg.] beeinflußte *(vgl. Bull. EG 6-1986, S.88 f.; GB 1986, Ziff. 715; S. A. Barrett, 1987; A. Tettenborn, 1993, S.161 ff.; J. Goh, 1997, S.26 ff.; R. Travis, 2001, S.40 ff.)*. Die wenig später eingeleitete **erste Phase der Liberalisierung** des EG-Linienluftverkehrs brachte zum 1. Januar 1988 auch Maßnahmen der Tarifliberalisierung *(vgl. S.474)*, die sich an den Tarifvereinbarungen einzelner ECAC-Mitgliedstaaten mit den USA für den Nordatlantikverkehr vom 17. Dezember 1982 und dem ECAC-Tarifübereinkommen vom 17. Juni 1987 orientierten.

3.3.1.1 Erste Liberalisierungsstufe für den grenzüberschreitenden Personenlinienverkehr

Die **Richtlinie 87/601/EWG des Rates vom 14. Dezember 1987 [ABl. L 374 31.12. 87 S.12]** *(vgl. Übersicht 55)* leitete die schrittweise Liberalisierung der Preisbildung und der Tarifgenehmigung im europäischen Luftverkehr ein; der Erlaß der erforderlichen Maßnahmen hatte bis zum 31. Dezember 1987 zu erfolgen; aufgrund der besonderen Rechte der Alliierten (Mitteilung der BR Deutschland [ABl. L 374 31.12.87 S.26]) konnten die Vorschriften im Land Berlin nicht zur Anwendung gelangen. Vor dem 1. November 1989 sollte die Kommission einen Anwendungsbericht erstellen, und der Rat hatte bis zum 30. Juni 1990 auf Vorschlag der Kommission über die Überprüfung dieser Richtlinie zu entscheiden *(vgl. WB 1987, Ziff.44; M. Kuhne, 1988, S.77 ff.; B. van der Esch, 1989, S.44 ff.; A. Kark, 1989, S.145 f.; R. K. Beyen u. a., 1991, S.106 f.; B. Busch, 1991, S.27; A. Loewenstein, 1991, S.74 f.; A. Tettenborn, 1993, S.163 ff.; J. Goh, 1997, S.148 ff.)*.

In Anlehnung an das mit dem ECAC-Abkommen von 1987 eingeführte **Zonentarifsystem** *(vgl. WB 1985, Ziff.30; GB 1988, Ziff.743)* definierte die Richtlinie einen Referenztarif und zwei darauf bezogene **Rabatt- bzw. Flexibilitätszonen**; für die entsprechenden Sondertarife galten jeweils unterschiedliche Anwendungsbedingungen. Der **Referenztarif** war als der normale Linienflugtarif in der Economy-Klasse zu verstehen, der von einem Luftfahrtunternehmen der dritten oder vierten Freiheit auf der betreffenden Strecke angewendet wurde. Gab es mehr als einen solchen Tarif, so war das Durchschnittsniveau der festgestellten Tarife zugrunde zu legen, sofern keine anderweitigen bilateralen Vereinbarungen bestanden. Existierte kein normaler Economy-Tarif, so war vom niedrigsten völlig flexiblen Tarif auszugehen. Gemeinsam für alle **Sondertarife** war, daß es sich bei dem Flug um einen Hin- und Rückflug oder um eine Rundreise mit einem Maximalaufenthalt von sechs Monaten handeln mußte. Der **Discount-Tarif (einfache Rabattzone)** lag bei 65 bis 90 % des Referenztarifs. Der Fluggast mußte verschiedene Anforderungen hinsichtlich der Buchung (Buchung der Rückreise vor Antritt der Reise) und des Mindestaufenthalts am Zielort (sechs Nächte bzw. Nacht von Samstag auf Sonntag) erfüllen. Hinzu traten weitere Bedingungen hinsichtlich des Alters des Fluggastes sowie der Reservierung, Buchungsänderung, Stornierung und Flugscheinbezahlung. Der **Deep-Discount-Tarif (Superrabattzone)** belief sich auf 45 bis 65 % des Referenztarifs. Auch hier existierte ein umfangreicher Bedingungskatalog, der in seinen Restriktionen noch über den der einfachen Rabattzone hinausging. Die Anwendungsvoraussetzungen dieser Sondertarife führten zu erheblichen Beschränkungen in der Reisebeweglichkeit und damit zu einer deutlichen Einschränkung des Nutzerkreises (kaum Geschäftsreisende, vielmehr in erster Linie Urlaubsreisende). Da jedoch gleichzeitig sowohl die Bindung an die IATA-Tarifabsprachen als auch die Verpflichtung zur gegenseitigen Abstimmung von Tarifen definitiv aufgehoben wurden, kam dem ersten Tarifpaket durchaus eine **wettbewerbsfördernde Wirkung** zu *(vgl. W. R. Teuscher, 1994, S.99)*.

Die Einführung des neuen Tarifsystems hatte bedeutende Konsequenzen für das **Tarifgenehmigungsverfahren**. Grundsätzlich unterlagen die Linienflugtarife weiterhin der Genehmigung der jeweils beteiligten Mitgliedstaaten. Für die Genehmigung von Tarifen, die außerhalb der Flexibilitätszonen lagen, wurde das **Double-approval-System** beibehalten. Die Einführung liberalerer Tarifgenehmigungsverfahren stand jedoch den Mitgliedstaaten frei; Beispiele hierfür fanden sich in **bilateralen Abkommen** zwischen dem Vereinigten Königreich und Luxemburg sowie dem Vereinigten Königreich und den Niederlanden, die die Anwendung des **Double-disapproval-Verfahrens** vorsahen. Erstmals wurden auch **Beurteilungskriterien** für vorgelegte Tarife definiert; Linienflugtarife waren von den Mitgliedstaaten grundsätzlich zu genehmigen, „wenn sie in einem angemessenen Verhältnis zu den langfristig voll zugewiesenen Kosten" standen. Hierbei waren die Kapitalverzinsung, die Verbraucherbedürfnisse, die Wettbewerbslage sowie „die Notwendigkeit der Vermeidung von Dumpingpreisen" in Betracht zu ziehen. Der von einem Luftfahrtunternehmen (einzeln oder nach Konsultationen mit anderen Unternehmen) einzureichende **Tarifvorschlag** durfte von der Luftverkehrsbehörde eines Mitgliedstaats frühestens 60 Tage vor Inkrafttreten des Tarifs angefordert werden; die Genehmigung war gegeben, sofern sich innerhalb von 30 Tagen nach Einreichung des Tarifs keine der Luftfahrtbehörden dagegen ausgesprochen hatte. Ein genehmigter Flugtarif blieb bis zu seiner Ersetzung oder bis zum Ablaufen seiner **Gültigkeitsdauer** in Kraft, wobei die Gültigkeit um maximal ein Jahr verlängert werden konnte. Bestand auf einer bestimmten Strecke ein bereits genehmigter Fluglinientarif, so durfte ein Mitgliedstaat einem Luftfahrtunternehmen des anderen beteiligten Mitgliedstaats die **Anpassung seines Tarifs** an den bestehenden Tarif nicht verweigern; als Preisführer konnten dabei jedoch nur Luftfahrtunternehmen der dritten und vierten Freiheit auftreten *(vgl. G. W. Wenglorz u. a., 1991, S.149ff.)*.

Beantragte Tarife, die sich innerhalb der **Flexibilitätszonen** befanden und die die entsprechenden Anwendungskriterien erfüllten, mußten von den betroffenen Mitgliedstaaten **automatisch genehmigt** werden; solche Tarife konnten nach eigener Wahl erhoben werden, sofern sie bei den Behörden der beteiligten Staaten nicht später als 21 Tage vor dem geplanten Zeitpunkt des Inkrafttretens eingereicht wurden. Lag ein Tarif, der bilateral genehmigt wurde und den Bedingungen für eine automatische Genehmigung in der Superrabattzone entsprach, unterhalb des geltenden Mindestwerts für diese Zone, so war für die Höhe des Tarifs eine **zusätzliche Flexibilität** vorzusehen, die von 10 % unter dem bilateral genehmigten Niveau bis zu dem für die Superrabattzone geltenden Höchstwert reichte. Ein solcher Tarif sollte auf Antrag des Unternehmens in aufeinanderfolgenden Tarifzeiträumen in einer Höhe beibehalten werden, die nicht unter dem Prozentsatz des Referenztarifs lag, der am Ende des vorherigen Zeitraums maßgeblich war.

Wurde ein Linienflugtarif von einem Staat („erster Staat") nicht genehmigt, so hatte er innerhalb von 21 Tagen den anderen Staat („zweiter Staat") schriftlich zu informieren. Lehnte der zweite Staat die Entscheidung des ersten ab, so mußte er ein **Konsultationsverfahren** einleiten. Ebenso konnte der erste Staat, sofern ihm die notwendigen Informationen für die Entscheidung über einen Tarif fehlten, innerhalb der 21-Tage-Frist den zweiten Staat befragen. Kam es innerhalb von drei Wochen nach Aufnahme der Konsultationen zu keiner Einigung, so trat auf Antrag eines der Staaten ein **Schiedsgericht** zusammen. Dieses bestand in der Regel aus drei Personen, wobei jeder Staat ein

Mitglied benannte und das dritte Mitglied, das den Vorsitz führte und aus einem dritten Mitgliedstaat kommen mußte, in gegenseitigem Einvernehmen zu bestellen war. Ein Beschluß des Schiedsgerichts kam mit Stimmenmehrheit zustande. Das Schiedsverfahren, an dem die Kommission als Beobachter teilnehmen konnte, war innerhalb von 21 Tagen abzuschließen, wobei eine Fristverlängerung möglich war. Zur Bestätigung des **Schiedsspruchs** verblieben der Kommission 10 Tage, danach wurde er für die betreffenden Staaten bindend.

3.3.1.2 Zweite Liberalisierungsstufe für den gesamten gemeinschaftlichen Linienverkehr

Die Tarifrichtlinie vom Dezember 1987 sah eine Überprüfung der ersten Liberalisierungsstufe bis zum 30. Juni 1990 vor. Im Hinblick auf diesen Auftrag schlugen die Kommissionsmitteilung vom 8. September 1989 über die Weiterentwicklung der Zivilluftfahrt in der Gemeinschaft [KOM (89) 373 endg.] und der diesbezügliche Verordnungsentwurf eine weitere **Lockerung der Bestimmungen** über die Festsetzung der Fluglinientarife vor. Diesem Anliegen entsprachen die Schlußfolgerungen des Rates vom 4. / 5. Dezember 1989 mit der Annahme von Leitlinien für die Übergangszeit der Jahre 1991 und 1992; die endgültige Marktordnung des Luftverkehrs sollte ab dem 1. Januar 1993 gelten *(vgl. Bull. EG 7/8-1989, S.64f.; Bull. EG 12-1989, S.83f.; GB 1989, Ziff.641; W. F. Ebke u. a., 1990, S.476; R. K. Beyen u. a., 1991, S.110ff.; R. Travis, 2001, S.88ff.).*

Bestimmungen der Grundverordnung

Die **Verordnung 90/2342/EWG des Rates vom 24. Juli 1990 [ABl. L 217 11.08.90 S.1]** *(vgl. Übersicht 55)* legte dann mit Wirkung vom 1. November 1990 die Kriterien und Verfahren zur Festsetzung von Linienflugtarifen auf Strecken zwischen Mitgliedstaaten neu fest und trieb damit die Politik der stufenweisen Deregulierung des europäischen Luftverkehrs weiter voran. Die Linienflugtarife unterlagen weiterhin dem **Genehmigungsvorbehalt** der jeweils beteiligten Mitgliedstaaten. Der von einem Luftfahrtunternehmen einzureichende Tarifvorschlag durfte jedoch von der Luftverkehrsbehörde eines Mitgliedstaats frühestens 45 Tage vor Inkrafttreten des Tarifs angefordert werden. Für das **Genehmigungsverfahren** blieb grundsätzlich noch das **Double-approval-System** maßgeblich, jedoch konnten nach Maßgabe der neuen Bestimmungen auch flexiblere Verfahren zur Anwendung kommen. Weiterhin wurden Beurteilungskriterien für die vorgelegten Tarife definiert; Linienflugtarife waren von den Mitgliedstaaten grundsätzlich zu genehmigen, „wenn sie in einem angemessenen Verhältnis zu den langfristig voll zugewiesenen einschlägigen Kosten" standen; hierbei waren die Kapitalverzinsung, ein Kostenspielraum zur „Gewährleistung eines zufriedenstellenden Sicherheitsstandards", die Verbraucherbedürfnisse, die Wettbewerbslage sowie „die Notwendigkeit der Vermeidung von Dumpingpreisen" in Betracht zu ziehen. Ein genehmigter Flugtarif blieb bis zu seiner Ersetzung oder bis zum Ablaufen seiner **Gültigkeitsdauer** in Kraft, wobei die Laufzeit um maximal ein Jahr verlängert werden konnte *(vgl. Bull. EG 6-1990, S.86; WB 1990, Ziff.70; R. K. Beyen u. a., 1991, S.115ff.;*

St. Beyhoff, 1991, S.435ff.; B. Busch, 1991, S.27ff.; A. Loewenstein, 1991, S.81ff.; D. Stasinopoulos, 1992, S.83ff.; J. Goh, 1997, S.148ff.).

Durch die **Neufestlegung der Flexibilitätszonen** wurde der Anwendungsbereich des Systems der **automatischen Genehmigung** ausgedehnt. Für den **Economy-Tarif** selbst war eine Schwankungsbreite von 95 bis 105 % des Referenztarifs zulässig, ohne daß hierfür besondere Anwendungsbedingungen eingeführt wurden. **Discount-Tarife (einfache Rabattzone)** konnten nunmehr eine Marge von 80 bis 94 % des Normaltarifs umfassen, wobei verschiedene Anwendungsbedingungen galten (Buchung, Flugscheinausstellung und Bezahlung zur gleichen Zeit; 20 % Stornogebühr). Für die **Deep-Discount-Tarife (Superrabattzone)** ergab sich eine Marge von 30 bis 79 % des Normaltarifs, wobei von den folgenden vier Anwendungsvoraussetzungen wenigstens zwei zutreffen mußten: (1) Mindestaufenthalt sechs Nächte oder Samstagnacht eingeschlossen; (2) Buchung der gesamten Reise, Flugscheinausstellung und -bezahlung zur gleichen Zeit, Stornierung oder Änderung nur vor Antritt der Reise mit 20 % Stornogebühr; *oder*: Vorausbuchungsfrist für gesamte Reise von 14 Tagen, Ausstellung und Bezahlung des Flugscheins zur gleichen Zeit, Stornierung oder Änderung nur vor Antritt der Reise mit 20 % Stornogebühr; *oder*: Kauf des Hinflug-Tickets und des Rückflug-Tickets getrennt jeweils erst am Tag vor Reiseantritt; (3) Fluggast bis 25 oder über 60 Jahre oder mindestens dreiköpfige Familie; (4) Reise liegt außerhalb der Hauptreisezeit (Abflug zwischen 10 und 16 Uhr bzw. 21 und 6 Uhr). Die Bedingung (3) mußte auch mit (1) oder (2) kombiniert werden können; wenn (2, 1. Alternative) nicht mit (1) kombinierbar war, durfte die Ermäßigung nicht mehr als 60 % betragen. Zwar wurden die Anwendungsbedingungen für die einfache Rabattzone deutlich erleichtert, gleichzeitig wurde jedoch die Bandbreite für die einfache Rabattzone beträchtlich gekürzt; die restriktiven Voraussetzungen der Superrabattzone blieben bestehen. Im Rahmen der **Flexibilitätszonen** mußten die Mitgliedstaaten bis zum 31. Dezember 1992 für Verkehre der dritten, vierten und / oder fünften Freiheit (Beförderungen zwischen zwei Staaten, in denen das Luftverkehrsunternehmen nicht zugelassen ist) die freie Wahl der Flugtarife gestatten, sofern diese den betreffenden Staaten mindestens 21 Tage vor Inkrafttreten vorgelegt wurden.

Für **Tarife oberhalb des Referenztarifs** wurde erstmalig das Double-disapproval-Verfahren eingeführt, das bis zum 1. Januar 1993 für den gesamten Tarifbereich zur Anwendung kommen sollte. Demnach galt ein Tarif, der über 105 % des Bezugstarifs lag, als genehmigt, wenn er von beiden beteiligten Mitgliedstaaten nicht innerhalb von 30 Tagen abgelehnt wurde; Konsultationen zwischen den Mitgliedstaaten waren hierzu möglich. **Tarife unterhalb der Superrabattzone** mußten bis zum 31. Dezember 1992 von beiden beteiligten Mitgliedstaaten genehmigt werden; sie waren genehmigt, wenn kein Mitgliedstaat innerhalb von 21 Tagen Einspruch erhob *(vgl. G. W. Wenglorz u. a., 1991, S.153f.).*

Allerdings konnte die Kommission von einem Mitgliedstaat aufgefordert werden zu überprüfen, ob ein Tarif, der nicht in die Flexibilitätszonen fiel, gemäß den o. a. Kriterien immer noch im **angemessenen Verhältnis** zu den **langfristigen Vollkosten** stand, ob die Ablehnung des Tarifs durch einen Mitgliedstaat als „zu hoch" oder „zu niedrig" gerechtfertigt war oder ob eine Ablehnung hätte erfolgen müssen. Die Kommission hatte den betreffenden Mitgliedstaaten und Luftverkehrsunternehmen daraufhin Gelegenheit zur **Stellungnahme** zu geben und innerhalb von 14 Tagen zu entscheiden, ob der Flugtarif während der Prüfungszeit bestehen bleiben konnte. Innerhalb von zwei Monaten – wobei eine Fristverlängerung möglich war – mußte sie einen **endgültigen Beschluß** fassen. Der Rat konnte auf Antrag eines Mitgliedstaats eine andere Entscheidung als die Kommission treffen.

Ein vorgeschlagener Flugtarif durfte auch nicht einfach deshalb von einer Behörde zurückgewiesen werden, weil er unterhalb eines bereits bestehenden Tarifs auf der betreffenden Strecke lag. Jedem EG-Luftverkehrsunternehmen mußte im direkten oder indirekten Linienflugverkehr innerhalb der Gemeinschaft gestattet werden, seine Flugtarife den **bereits genehmigten Tarifen** auf einer **bestimmten Strecke** anzugleichen. Diese Bestimmung hatte aber keine Gültigkeit für **indirekte Flugdienste**, die die Länge der kürzesten Direktflugdienste um mehr als 20 % überschritten. Einem EG-Luftverkehrsunternehmen, das bereits einen direkten Linienverkehr unterhielt, konnte von den anderen Mitgliedstaaten erlaubt werden, seine Preise im **Charterflugverkehr** auf derselben Strecke bei **gleichwertiger Qualität** und **gleichwertigen Bedingungen** den bereits genehmigten Preisen anzugleichen. Bei Flugdiensten der dritten und vierten Freiheit durften nur Luftverkehrsunternehmen der Gemeinschaft Flugtarife einführen, die unterhalb der bereits bestehenden Tarife lagen.

Wurde ein Linienflugtarif von einem Staat („erster Staat") nicht genehmigt, so hatte er innerhalb von 21 Tagen den anderen Staat („zweiter Staat") schriftlich zu informieren. Lehnte der zweite Staat die Entscheidung des ersten ab, so mußte er ein **Konsultationsverfahren** einleiten. Ebenso konnte der erste Staat, sofern ihm die notwendigen Informationen für die Entscheidung über einen Tarif fehlten, innerhalb der 21-Tage-Frist den zweiten Staat befragen. Kam es innerhalb von drei Wochen nach Aufnahme der Konsultationen zu keiner Einigung, so trat auf Antrag eines der Staaten ein **Schiedsgericht** zusammen. Dieses bestand in der Regel aus drei Personen, wobei jeder Staat ein Mitglied benannte und das dritte Mitglied, das den Vorsitz führte und aus einem dritten Mitgliedstaat kommen mußte, in gegenseitigem Einvernehmen zu bestellen war. Ein Beschluß des Schiedsgerichts kam mit Stimmenmehrheit zustande. Das **Schiedsverfahren**, an dem die Kommission als Beobachter teilnehmen konnte, war innerhalb von 21 Tagen abzuschließen, wobei eine Fristverlängerung möglich war. Zur Bestätigung des Schiedsspruchs verblieben der Kommission zehn Tage, danach wurde er für die betreffenden Staaten bindend. Die Kommission und die Luftverkehrsnutzerverbände der Gemeinschaft hatten mindestens einmal pro Jahr eine **Beratung zu den Linienflugtarifen** durchzuführen.

Einzelfallentscheidungen der Kommission

In zwei Schreiben vom Dezember 1990 und Januar 1991 verlangte das **Vereinigte Königreich** von der Kommission die Überprüfung der von bestimmten Luftverkehrsunternehmen (Sabena, SAS, Lufthansa, Olympic Airways, Air France, Alitalia, TAP, Iberia und British Airways) im Luftverkehr mit dem Vereinigten Königreich vorgenommenen Tariferhöhungen auf Kostenorientiertheit (Rücknahme des Antrags für einige Strecken am 16. Juli 1991). Nach der **Entscheidung 92/8/EWG der Kommission**

vom 27. November 1991 [ABl. L 005 10.01.92 S.26] standen 32 Tarife im Einklang mit dem geltenden Gemeinschaftsrecht; für 14 weitere Tarife war der Antrag auf Überprüfung bereits zurückgezogen worden (darunter sechs Lufthansa-Strecken von und nach London, Birmingham und Manchester). 27 Tarife waren nicht mit dem Gemeinschaftsrecht kompatibel (hauptsächlich British Airways-Tarife, kein deutscher Flughafen betroffen); für zwölf weitere Tarife galt dies ebenfalls, allerdings wurde der Antrag auf Überprüfung zurückgezogen (darunter sieben Lufthansa-Tarife). Tarife, die nicht dem geltenden Gemeinschaftsrecht entsprachen, durften nicht als Bezugstarif für die kommende Flugplanperiode verwendet werden *(vgl. Bull. EG 11-1991, S.34; J. Goh, 1997, S.148f.)*.

Ein weiteres Schreiben des **Vereinigten Königreichs** vom April 1991 forderte die Überprüfung einer Reihe von Tariferhöhungen im Luftverkehr mit dem eigenen Staat (obige Fluggesellschaften und Luxair); im Mai und Juli 1991 wurde das Ersuchen für einige Strecken zurückgezogen. Nach der **Entscheidung 92/398/EWG der Kommission vom 6. Juli 1992 [ABl. L 220 05.08.92 S.35]** stimmten 69 Tarife mit den Vorgaben der Grundverordnung überein (darunter die Tarife von British Airways und Lufthansa für die Flüge zwischen London-Heathrow und Frankfurt, Düsseldorf, Hamburg, Köln / Bonn, Bremen, München sowie Berlin-Tegel). 22 Tarife verstießen jedoch gegen geltendes Gemeinschaftsrecht (hauptsächlich British Airways-Tarife) und durften nicht als Bezugstarif für die kommende Flugplanperiode verwendet werden. In beiden Fällen hatten die Mitgliedstaaten geeignete Korrekturmaßnahmen zu ergreifen *(vgl. J. Goh, 1997, S.148f.)*.

Übersicht 55: Liberalisierung der Tarifbildung im Luftverkehr

Richtlinie 87/601/EWG des Rates vom 14. Dezember 1987 über Tarife im Fluglinienverkehr zwischen Mitgliedstaaten [ABl. L 374 31.12.87 S.12] — Rechtsetzung auf der Grundlage der Artt. 84 Abs. 2 und 227 Abs. 2 EWGV (Artt. 80 Abs. 2 und 299 Abs. 2 EGV), auf Vorschlag der Kommission [ABl. C 078 30.03.82 S.6; KOM (84) 72 endg.] sowie nach den Stellungnahmen des EP [ABl. C 322 28.11.83 S.10; ABl. C 345 21.12.87 S.165] und des WSA [ABl. C 077 21.03.83 S.26]
Verordnung 90/2342/EWG des Rates vom 24. Juli 1990 über Tarife im Linienflugverkehr [ABl. L 217 11.08.90 S.1] — Rechtsetzung auf der Grundlage des Art. 84 Abs. 2 EWGV (Art. 80 Abs. 2 EGV), auf Vorschlag der Kommission [ABl. C 258 11.10.89 S.3; ABl. C 164 05.07.90 S.7] sowie nach den Stellungnahmen des EP [ABl. C 096 17.04.90 S.59] und des WSA [ABl. C 112 07.05.90 S.17] — Übernahme durch das EWR-Abkommen [ABl. L 001 03.01.94 S.444]
Verordnung 91/294/EWG des Rates vom 4. Februar 1991 über den Betrieb von Luftfrachtdiensten zwischen Mitgliedstaaten [ABl. L 036 08.02.91 S.1]
Entscheidung 92/8/EWG der Kommission vom 27. November 1991 über die Vereinbarkeit bestimmter Flugtarife mit den Kriterien von Artikel 3 Absatz 1 der Verordnung 90/2342/EWG des Rates [ABl. L 005 10.01.92 S.26] — Entscheidung 92/398/EWG der Kommission vom 6. Juli 1992 über die Vereinbarkeit bestimmter Flugtarife mit den Kriterien von Artikel 3 Absatz 1 der Verordnung 90/2342/EWG des Rates [ABl. L 220 05.08.92 S.35]
Verordnung 92/2409/EWG des Rates vom 23. Juli 1992 über Flugpreise und Luftfrachtraten [ABl. L 240 24.08.92 S.15] — Rechtsetzung auf der Grundlage des Art. 84 Abs. 2 EWGV (Art. 80 Abs. 2 EGV), auf Vorschlag der Kommission [ABl. C 258 04.10.91 S.15; ABl. C 206 13.08.92 S. 53] sowie nach den Stellungnahmen des EP [ABl. C 125 18.05.92 S.150] und des WSA [ABl. C 169 06.07.92 S.15] — Aufnahme in den Anhang XIII des EWR-Abkommens durch den Beschluß 7/94 des Gemeinsamen EWR-Ausschusses [ABl. L 160 28.06.94 S.88]

Besonderheiten von Luftfrachtdiensten

Zollformalitäten und Kontrollen in Flughäfen brachten seit jeher erhebliche Einschränkungen für die Verkehrswertigkeit des Lufttransports mit sich, der deshalb seine Systemvorteile nicht immer in geeigneter Weise realisieren konnte. In ihrer im Jahre 1985 vorgelegten Mitteilung zum innergemeinschaftlichen Luftfrachtverkehr [KOM (85) 436 endg.] untersuchte die Kommission nicht nur diese Probleme, sondern hob auch die Notwendigkeit von Sonderregelungen für diesen Verkehrsträger hervor *(vgl. Bull. EG 7/8-1985, S.79)*. Schnelle Erfolge wurden schließlich im Hinblick auf die Bildung der Luftfrachtraten erzielt. Im Bereich der Luftfrachtdienste können seit dem 11. Februar 1991 aufgrund der **Verordnung 91/294/EWG des Rates vom 4. Februar 1991 [ABl. L 036 08.02.91 S.1]** *(vgl. Übersicht 55)* die von den Luftfahrtunternehmen der Gemeinschaft in Rechnung gestellten Preise von den Parteien des Frachtvertrages frei vereinbart werden. Die Luftfrachtunternehmen der Gemeinschaft teilen der Öffentlichkeit auf Anfrage alle Standardfrachtraten mit. Hierunter sind diejenigen Entgelte zu verstehen, die das Luftfahrtunternehmen im Regelfall für die Frachtbeförderung in Rechnung stellen würde, und die Bedingungen, unter denen diese Entgelte ungeachtet etwaiger Sonderrabatte gelten *(vgl. Bull. EG 1/2-1990, S.63; Bull. EG 12-1990, S.107f.; GB 1990, Ziff.578; R. K. Beyen u. a., 1991, S.126ff.; B. Busch, 1991, S. 31; J. Erdmenger, 1991, S.187; GB 1991, Ziff.723)*.

3.3.1.3 Dritte Liberalisierungsstufe für den gemeinschaftlichen Linien- und Charterverkehr

Zur Vorbereitung der dritten Liberalisierungsstufe des europäischen Luftverkehrs brachte die Kommissionsmitteilung vom 18. September 1991 [KOM (91) 275 endg.] eine grundsätzliche Einordnung der Zivilluftfahrt in das Binnenmarktprogramm unter den Aspekten des Wettbewerbs, der Harmonisierung, der Infrastruktur und der Außenbeziehungen und legte im Gesamtpaket von drei Verordnungsvorschlägen neben solchen zur Erteilung von Betriebsgenehmigungen und zu den Marktzugangsregelungen auch ein Konzept zur Liberalisierung der Flugpreise und Luftfrachtraten vor; dieses Konzept wurde zügig umgesetzt. Mit der **Verordnung 92/2409/EWG des Rates vom 23. Juli 1992 [ABl. L 240 24.08.92 S.15]** *(vgl. Übersicht 55)*, die am 1. Januar 1993 in Kraft trat, wurden die Kriterien und Verfahren zur Aufstellung von Flugpreisen und Luftfrachtraten im innergemeinschaftlichen Luftverkehr festgelegt. Sinn der Verordnung ist es, innerhalb des freien Spiels der Marktkräfte „Sicherungsmaßnahmen zum Schutz der Interessen der Verbraucher und der Industrie" zu gewährleisten. Ausgeschlossen sind Luftfahrtunternehmen aus Drittländern und im Einklang mit dem Gemeinschaftsrecht genehmigte Flugtarife im Rahmen von gemeinwirtschaftlichen Verpflichtungen *(vgl. Bull. EG 7/8-1991, S.38f.; GB 1991, Ziff.724; Bull. EG 6-1992, S.60 f.; GB 1992, Ziff.674; Th. Jestaedt u. a., 1992, S.118f.; K. Jäckel, 1993, S.176f.; R. Schmid, 1993, S.89ff.; D. Stasinopoulos, 1993, S.323ff.; B. Adkins, 1994, S.231ff.; K. St. Eisermann, 1995a, S.225ff.; J. Goh, 1997, S.151ff.; R. Travis, 2001, S.109ff.)*.

Neue Leistungen oder **niedrigere Flugpreise** als bisher dürfen innerhalb der Gemeinschaft nur von EG-Luftfahrtunternehmen angeboten werden. Charterflugpreise, sog.

Charter-Sitztarife und Frachtraten werden von den jeweiligen Vertragsparteien frei ausgehandelt. Die Luftfahrtunternehmen der Gemeinschaft haben auf Anfrage ihre Flugpreise und **Standardfrachtraten** zu veröffentlichen. Die Flugpreise können sie „unbeschadet dieser Verordnung“ frei bestimmen, wobei sie auf Verlangen der betroffenen Mitgliedstaaten die Flugpreise in vorgeschriebener Form hinterlegen müssen; hierfür gilt eine Frist von maximal einem Tag (Ausnahmen: bei Angleichung an einen bestehenden Flugpreis lediglich Mitteilung; bei Inlandstrecken, die nur von einem Unternehmen bedient werden, bis zu einem Monat). Solange ein Flugpreis nicht außer Kraft gesetzt wird, kann er bezüglich des Verkaufs und der Beförderung Anwendung finden.

Die Mitgliedstaaten können einen sog. **Grundpreis** (niedrigster voll flexibler Flugpreis) außer Kraft setzen, wenn er – gemessen an den langfristigen Vollkosten – „zum Nachteil der Benutzer übermäßig hoch“ ist; sie können ebenso Preissenkungen untersagen, wenn diese aufgrund von **außergewöhnlichen Marktkräften** entstanden sind und bereits zu „umfangreichen Verlusten“ der Fluggesellschaften geführt haben. Solche Entscheidungen müssen begründet und der Kommission, den betroffenen Luftfahrtunternehmen und beteiligten Mitgliedstaaten mitgeteilt werden. Wird innerhalb von 14 Tagen von der Kommission oder den anderen Mitgliedstaaten kein Widerspruch eingelegt, kann der Staat das Luftfahrtunternehmen anweisen, eine Preissenkung nicht durchzuführen oder den Grundpreis außer Kraft zu setzen.

Im Falle von Meinungsverschiedenheiten können zwischen den Mitgliedstaaten **Konsultationen** stattfinden. Die Kommission prüft auf Antrag eines Mitgliedstaats, ob sie im Falle der Außerkraftsetzung eines Grundpreises oder des Preissenkungsverbots tätig werden muß; hiervon sind die übrigen Mitgliedstaaten und die betroffenen Luftfahrtunternehmen zu informieren. Eine **Überprüfung der Flugpreise** kann auch erfolgen, wenn eine Partei mit berechtigtem Interesse bei der Kommission Beschwerde einlegt. Ein Flugpreis bleibt während der Prüfung gültig, es sei denn, Kommission oder Rat haben bereits in den vorangegangenen sechs Monaten in einem vergleichbaren Fall anders entschieden. Binnen 20 Arbeitstagen nach dem Erhalt „ausreichender Informationen“ durch die Luftfahrtgesellschaft(en) entscheidet die Kommission über den Sachverhalt. Erforderlichenfalls kann sie mit einer bestimmten Frist Auskünfte per Entscheidung anfordern. Hat ein Unternehmen unrichtige oder unvollständige Angaben gemacht oder die Frist nicht eingehalten, kann die Kommission den Flugpreis außer Kraft setzen, bis eine endgültige Festlegung erfolgt. Seitens der Mitgliedstaaten kann die **Kommissionsentscheidung** binnen eines Monats dem Rat vorgelegt werden, der dann innerhalb eines weiteren Monats anderweitig entscheiden kann. Die Mitgliedstaaten tragen für die Durchführung einer Kommissionsentscheidung Sorge.

In jedem Jahr berät die Kommission die Flugpreise mit Vertretern gemeinschaftlicher **Luftverkehrsnutzerverbände**. Zum 1. April und anschließend in regelmäßigen Zeiträumen veröffentlicht sie einen **Durchführungsbericht** (Mitteilung vom 22. Oktober 1996 über die Auswirkungen des dritten Pakets von Maßnahmen zur Liberalisierung des Luftverkehrs [KOM (96) 514 endg.]) *(vgl. H. Ehmer, 1994, S.512 ff.; Bull. EU 10-1996, S.46 f.; zu den Preisstrategien V. Schwegmann, 1998)*.

3.3.2 Regelung der Beförderungsbedingungen

3.3.2.1 Allgemeine vertragliche und sonstige Informationsrechte

Die Regelung der Beförderungsbedingungen des Luftverkehrs greift nicht nur auf sektorspezifische Normen zurück, sondern muß auch und gerade in den Gesamtrahmen der Gestaltung eines Systems der Wirtschaftsfreiheit und seiner Beschränkungen eingeordnet werden; dabei ergeben sich zugleich enge Beziehungen zur Verbraucherpolitik.

Hinweise auf derartige Zusammenhänge folgen bereits aus der **Richtlinie 84/450/EWG des Rates vom 10. September 1984 über irreführende Werbung [ABl. L 250 19.09.84 S.17]**, geändert durch die Richtlinie 97/55/EG des Europäischen Parlaments und des Rates vom 6. Oktober 1997 [ABl. L 290 23.10.97 S.18], ferner aus der **Richtlinie 90/314/EWG des Rates vom 13. Juni 1990 über Pauschalreisen [ABl. L 158 23.06.90 S.59]** und der **Richtlinie 93/13/EWG des Rates vom 5. April 1993 über mißbräuchliche Klauseln in Verbraucherverträgen [ABl. L 095 21.04.93 S.29]** *(vgl. Band 1, S.187, 253)*. Anzuführen ist außerdem der **Verhaltenskodex** im Zusammenhang mit CRS *(vgl. S.395; C. Boutière, 1997, S.61 ff.)*.

Das Arbeitspapier der Kommission vom 23. März 2000 über Fluggastrechte [SEK (2000) 535 endg.] und die Mitteilung der Kommission vom 21. Juni 2000 über den Schutz der Fluggäste in der Europäischen Union [KOM (2000) 365 endg.] beförderten die Einleitung einer Kampagne in den Flughäfen zur Aushängung einer Charta der Fluggastrechte.

Die **Entschließung 2000/C 293/01 des Rates vom 2. Oktober 2000 [ABl. C 293 14.10.2000 S.1]** *(vgl. Übersicht 56)* und seine Schlußfolgerungen vom 28. Juni 2001 sowie die Stellungnahme des **Wirtschafts- und Sozialausschusses** vom 28. März 2001 [ABl. C 155 29.05.2001 S.6] beeinflußten insofern die Regelung von Beförderungsbedingungen, als sie zur Abklärung problematischer Detailfragen beitrugen (klarere Abfassung der Beförderungsverträge, rasche und genaue Unterrichtung über Verzögerungen, regelmäßige Berichte zwecks Leistungsvergleich; Prüfung der Regelung der Übertragung von Flugscheinen, der Buchungsbestätigung und der Preisänderung nach der Buchung; Erleichterung der Entgegennahme von Beschwerden, Bearbeitung innerhalb einer bestimmten Frist, leichtere Schlichtung von Rechtsstreitigkeiten) und damit zum Verbraucherschutz beitrugen.

Auch das **Europäische Parlament** äußerte sich in einer Entschließung vom 5. September 2001 [ABl. C 072 E 21.03.2002 S.218] befürwortend; einige der o. a. Forderungen hatte es bereits in einer Entschließung vom 19. Februar 1998 zu den Auswirkungen der Liberalisierungsmaßnahmen [ABl. C 080 16.03.98 S.240] erhoben. Ferner wurde auch im Rahmen der **ICAO** dem Schutz von Fluggästen vermehrt Aufmerksamkeit gewidmet [SEK (2001) 878 endg.] *(vgl. Bull. EU 1/2-1998, S.63; Bull. EU 6-2000, S.111; Bull. EU 10-2000, S.68; GB 2000, Ziff.651; Bull. EU 3-2001, S.87; Bull. EU 6-2001, S.84; Bull. EU 9-2001, S.63; R. Dieter, 2001, S.195; W. Pompl, 2002, S. 464)*.

3.3.2.2 Ausgleichs- und Unterstützungsleistungen bei Nichtbeförderung, Annullierung oder Verspätung des Fluges

Mit der **Verordnung 91/295/EWG des Rates vom 4. Februar 1991 [ABl. L 036 08. 02.91 S.5]** *(vgl. Übersicht 56)* wurden zum 8. April 1991 für den Fall der Überbuchung von Flugzeugen auf Gemeinschaftsflughäfen Mindestnormen unabhängig vom Registrierungsstaat der Luftfahrtgesellschaft, dem Zielort des Fluges und der Staatsangehörigkeit des Fluggastes festgelegt. Eine „Nichtbeförderung" war dabei definiert als das „Zurückweisen von Fluggästen" trotz gültigen Flugscheins, bestätigter Buchung und rechtzeitigen Erscheinens vor dem Abflug. Die Festsetzung der Bestimmungen über die Beförderung der Flugpassagiere bei einer Überbuchung blieb allerdings den Luftfahrtunternehmen selbst überlassen. Die **notwendigen Regelungen** waren jedoch dem betreffenden Mitgliedstaat und der Kommission mitzuteilen und mußten in Reisebüros und an Meldeschaltern des Unternehmens einsehbar sein; Änderungen sollten einen Monat nach ihrer Mitteilung Gültigkeit erlangen. Die Bestimmungen hatten die Ermittlung von freiwillig auf die Reise verzichtenden Personen vorzusehen; Behinderte und alleinreisende Kinder waren bei Überbuchung bevorzugt zu behandeln. Im Falle der Nichtbeförderung hatte der Passagier das Wahlrecht zwischen einer vollständigen Erstattung des Flugscheinpreises sowie einer schnellstmöglichen oder zeitlich späteren Beförderung. Grundsätzlich war vom Luftfahrtunternehmen bei Nichtbeförderung eine **Mindestausgleichsleistung** von 150 ECU bei Flügen bis 3.500 km und 300 ECU bei längeren Flügen zu zahlen. Die Leistung konnte um 50 % gemindert werden, wenn die Fluggesellschaft eine Alternative anbot, die bei Flügen bis 3.500 km zu nicht mehr als zwei Stunden und bei Strecken darüber zu nicht mehr als vier Stunden Verspätung führen durfte; eine Begrenzung der Ausgleichsleistung auf den Flugscheinpreis war zulässig. Der Ausgleichsbetrag war in bar oder bei Einverständnis des Fluggastes als Reisegutschein und / oder sonstige Dienstleistung zu zahlen. Beim Flug in einer niedrigeren Klasse erhielt der Passagier die Preisdifferenz zur bezahlten höheren Klasse erstattet. War der betreffende Flug Teil einer Pauschalreise, so mußte das Luftfahrtunternehmen den **Reiseveranstalter**, der gegenüber dem Passagier für die Durchführung der Pauschalreise haftete, entschädigen; der Veranstalter hatte die erhaltenen Beträge an den Passagier weiterzugeben *(vgl. Bull. EG 3-1990, S.47; Bull. EG 12-1990, S.107; GB 1990, Ziff.579; B. Adenauer-Frowein, 1991, S.246; GB 1991, Ziff.723; R. Schmid, 1991c, S.128ff.; J. M. Baumann, 1995, S.128ff.; K. St. Eisermann, 1995a, S.254f.; R. I. R. Abeyratne, 1996, S.329ff.; E. Führich, 1997, S.1045f.; EP, 1998, S.42f.; H. Fröhlich, 2002, S.156ff.).*

Zusätzlich zu den Mindestausgleichsleistungen waren vom Luftfahrtunternehmen im Überbuchungsfalle **folgende Leistungen** zu erbringen: Kostenerstattung eines Telefonats bzw. Telefaxes zum Zielort; „Mahlzeiten und Erfrischungen in angemessenem Verhältnis zur Wartezeit"; bei Übernachtung(en) die Hotelkosten. Wurde der Passagier auf einen anderen als den ursprünglich vorgesehenen Zielflughafen umgelenkt, hatte die Fluggesellschaft die Fahrtkosten zwischen den Flughäfen bzw. zu einem vereinbarten Ersatzziel zu erstatten. Das Luftfahrtunternehmen war hingegen zu **keiner Zahlung** verpflichtet, wenn der Fluggast kostenlos oder zu einem der Allgemeinheit nicht zugänglichen Niedrigtarif flog. Die Fluggesellschaft mußte den nicht beförderten

Passagieren ein Antragsformular aushändigen, das die Bestimmungen über Ausgleichsleistungen enthielt. Eine **Zivilklage** auf weitere Entschädigungsleistungen vor ordentlichen Gerichten war nicht ausgeschlossen, es sei denn, der Passagier hatte als sog. Freiwilliger auf den Flug verzichtet und entsprechend den Regeln der Fluggesellschaft einer Ausgleichsleistung zugestimmt.

Ein **Kommissionsvorschlag** vom 30. Januar 1998 [ABl. C 120 18.04.98 S.18; ABl. C 351 18.11.98 S.7; SEK (1999) 581 endg.] für eine **Änderungsverordnung** zu den Ausgleichsregelungen bei Nichtbeförderung im Linienflugverkehr mit den Stellungnahmen des Europäischen Parlaments [ABl. C 292 21.09.98 S.214; ABl. C 054 25.02. 2000 S.79] und des Wirtschafts- und Sozialausschusses [ABl. C 284 14.09.98 S.14] sollte im Ergebnis auch **Nichtlinienflüge und Flüge aus Drittstaaten** einbeziehen. Außerdem befaßte sich der Änderungsvorschlag mit dem Verbot einer vertraglichen Freistellung des Unternehmens, **Annullierungen** (auch wenn keine sicherheitsrelevanten Gründe vorlagen), Flugscheinen in papierloser Form, der Verbindlichkeit einer bestätigten Buchung, verbesserten **Informationen für Fluggäste** und der **Anpassung der Ausgleichsleistung**. Der Kommissionsvorschlag wurde vom Rat – obwohl dieser sich am 18. Juni 1998 grundsätzlich positiv geäußert hatte – wegen Uneinigkeit über die Einbeziehung des Flughafens Gibraltar nicht angenommen und am 11. Dezember 2001 zurückgezogen [ABl. C 005 09.01.2004 S.18] *(vgl. Bull. EU 1/2-1998, S.62; Bull. EU 6-1998, S.63; Bull. EU 10-1998, S.46; EP, 1998, S.43 f.; GB 1998, Ziff.452).*

Erneut befaßten sich das Arbeitspapier der Kommission vom 23. März 2000 [SEK (2000) 535 endg.] und die Mitteilung der Kommission vom 21. Juni 2000 [KOM (2000) 365 endg.] mit den Fluggastrechten und dem Schutz der Fluggäste in der Europäischen Union. Die **Entschließung 2000/C 293/01 des Rates vom 2. Oktober 2000 [ABl. C 293 14.10.2000 S.1]** und die Schlußfolgerungen des Rates vom 28. Juni 2001 verlangten vor allem eine bessere Unterrichtung der Fluggäste, eine Verstärkung der Fluggastrechte (Revision mißbräuchlicher Klauseln, Probleme der Übertragung von Flugscheinen, der Buchungsbestätigung, der Preisänderung nach erfolgter Buchung und etwaiger Ausgleichsleistungen und der Erstattung des Flugscheins bei Verspätung), eine schnellstmögliche Beförderung mit geänderter Streckenführung bei Verspätung und eine leichtere Schlichtung von Streitigkeiten *(vgl. Bull. EU 6-2000, S.111; Bull. EU 10-2000, S.68; GB 2000, Ziff.651; Bull. EU 6-2001, S.84).*

Mit der **Verordnung 2004/261/EG des Europäischen Parlaments und des Rates vom 11. Februar 2004 [ABl. L 046 17.02.2004 S.1]** erfolgte dann zum 17. Februar 2005 eine Reform der Mindestrechte für Fluggäste bei Nichtbeförderung, Annullierung oder Verspätung des Fluges. Die Regelung gilt für alle Fluggesellschaften bei einem Reiseantritt auf Flughäfen der Gemeinschaft oder bei einem Flug von einem Drittland in die Gemeinschaft, sofern es sich um ein gemeinschaftliches Luftverkehrsunternehmen handelt; die Fluggäste müssen über eine bestätigte Buchung verfügen bzw. auf den Flug verlegt worden sein, sich zur angegebenen Zeit oder spätestens 45 Minuten vor der Abflugzeit zur Abfertigung einfinden; ausgeschlossen sind Fluggäste, die kostenlos oder zu einem für die Öffentlichkeit nicht verfügbaren reduzierten Tarif fliegen (Ausnahme: Kundenbindungs- oder Werbeprogramme) *(vgl. Bull. EU 12-2001, S.119 f.; Bull. EU 12-2002, S.108; GB 2002, Ziff.655; GB 2003, Ziff.699; T. Middendorf,*

2003, S. 206; Bull. EU 1/2-2004, S. 115f.; A. Staudinger u. a., 2004, S. 1897ff.; M. Wouters, 2004, S. 151ff.).

Bei absehbarer **Nichtbeförderung** soll eine Fluggesellschaft die Fluggäste zuerst gegen entsprechende Gegenleistung unter individuell zu vereinbarenden Bedingungen zum freiwilligen Verzicht auf ihre Buchungen bewegen; hinzu treten die Erstattung der Flugscheinkosten oder die Übernahme der Kosten für eine anderweitige Beförderung; muß der Flug den Passagieren gegen ihren Willen verweigert werden, so entstehen Ansprüche auf Ausgleichs- und Erstattungsleistungen, auf anderweitige Beförderung sowie Betreuungsleistungen. Bei einer **Annullierung** entsteht ein Anspruch auf Erstattung oder anderweitige Beförderung und Betreuungsleistungen; Ausgleichsansprüche sind nur dann ausgeschlossen, wenn nicht vermeidbare außergewöhnliche Umstände vorliegen oder die Fluggäste rechtzeitig vor dem Abflug informiert werden (mindestens zwei Wochen vorher; zu späteren Zeitpunkten, wenn alternative Angebote mit zwei bzw. einer Stunde früherem Abflug und vier bzw. zwei Stunden späterer Ankunft vorliegen); es sind genaue Angaben zu anderen Beförderungen zu machen. Bei **Verspätungen** (ab zwei Stunden bei Flugentfernung von bis zu 1.500 km; ab drei Stunden bei sonstigen innergemeinschaftlichen Flügen oder anderen Flügen mit einer Entfernung zwischen 1.500 und 3.500 km; ab vier Stunden bei allen anderen Flügen) sind grundsätzlich Betreuungsleistungen zu gewähren; bei einer Verspätung von mindestens fünf Stunden kommen alternativ die Erstattung der Flugscheinkosten oder der Rückflug zum ersten Abflugort in Frage.

Der Anspruch auf **Ausgleichszahlungen** beträgt gestaffelt nach den o. a. Entfernungszonen 250 €, 400 € bzw. 600 €; wird eine anderweitige Beförderung mit einem Alternativflug angeboten, so können die Ausgleichszahlungen um 50 % gekürzt werden, sofern sich die Ankunft am Endziel um nicht mehr als zwei, drei bzw. vier Stunden verzögert. Die Zahlung erfolgt in bar, durch Überweisung, Scheck oder mit Einverständnis des Fluggasts in Form von Reisegutscheinen und / oder anderen Dienstleistungen. Der Anspruch auf **Erstattung oder anderweitige Beförderung** umfaßt wahlweise den vollständigen Ausgleich des Flugscheinpreises (ggf. auch für bereits zurückgelegte Reiseabschnitte) und den frühestmöglichen Rückflug zum Abflugort (auch in bezug auf Pauschalreisen) oder die frühestmögliche anderweitige Beförderung zum Endziel oder eine spätere Reise zum Endziel nach Wunsch des Fluggastes. Wird ein Flug zu einem anderen, dem Endziel nahegelegenen Flughafen angeboten, so sind auch die Fahrtkosten zwischen den Flughäfen bzw. zu einem vereinbarten Zielort zu erstatten. Die **Betreuungsleistungen** beinhalten Mahlzeiten und Erfrischungen, die Hotelunterbringung bei eventuell notwendigen Übernachtungen, die Beförderung zwischen dem Flughafen und dem Ort der Unterbringung sowie zwei unentgeltliche Telefonate, Telefaxe, Telexe oder E-Mails.

Bei einer **Einstufung** in eine höhere Klasse darf kein Aufschlag erhoben werden; bei einer Herabstufung sind gemäß den o. a. Entfernungsstufen 30 %, 50 % bzw. 75 % des Flugscheinpreises zu erstatten. Personen mit eingeschränkter Mobilität und deren Begleitpersonen sowie Kinder ohne Begleitung haben bei der Beförderung Vorrang und bei Nichtbeförderung, Annullierung oder Verspätung Anspruch auf baldmögliche Betreuung. **Schadenersatzansprüche** werden nicht ausgeschlossen, allerdings können

Ausgleichsleistungen darauf angerechnet werden; Ausnahmen gelten für Passagiere, die freiwillig auf eine Buchung verzichtet haben. Ein Luftfahrtunternehmen sowie ein Reiseunternehmen oder andere Personen können sich gegenseitig in **Regreß** nehmen. Fluggäste müssen bei der Abfertigung durch einen klar lesbaren Hinweis auf ihr Recht hingewiesen werden, bei Nichtbeförderung, Annullierung oder Verspätung **schriftliche Auskunft** über Ausgleichs- und Unterstützungsleistungen verlangen zu können; hierzu ist das Unternehmen auch von sich aus verpflichtet. Die Verpflichtungen dürfen nicht durch abweichende oder restriktivere Bestimmungen im Beförderungsvertrag eingeschränkt oder ausgeschlossen werden. Werden diese Vorgaben nicht eingehalten, kann sich der Fluggast an Gerichte oder die Stellen wenden, die für die Durchsetzung der Fluggastrechte zuständig sind.

Im Juli 2004 legte der britische **High Court of Justice** im Auftrag der IATA, der European Low Fares Airline Association und der Hapag-Lloyd Express dem **Europäischen Gerichtshof** ein Ersuchen um Vorabentscheidung in der Rs. C-344/04 vor [ABl. C 251 09.10.2004 S.8]. Die Kläger zweifelten die Gültigkeit der Regelungen zu den Ansprüchen bei einer **Annullierung** oder **Verspätung** sowie zur Ausgleichszahlung bei einer Annullierung an (Verstoß gegen das Abkommen von Montreal, Verfahrensfehler, unzureichende Begründung, Verstoß gegen die Grundsätze der Rechtssicherheit und Verhältnismäßigkeit, Diskriminierung).

3.3.2.3 Haftung bei Unfällen, Gepäckbeschädigung oder -verlust und aufgrund von Verspätungen

Die **Verordnung 97/2027/EG des Rates vom 9. Oktober 1997 [ABl. L 285 17.10.97 S.1]** *(vgl. Übersicht 56)* regelte mit Wirkung vom 17. Oktober 1998 solche Schadenfälle, die an Bord eines Flugzeugs oder beim Ein- oder Aussteigen auftreten und bei denen ein Fluggast getötet, verletzt oder sonstwie gesundheitlich geschädigt wird. Gleichzeitig sollten Anforderungen an den Versicherungsschutz von gemeinschaftlichen Luftfahrtunternehmen sowie Informationspflichten von nicht in der Gemeinschaft niedergelassenen, aber dort tätigen Luftfahrtunternehmen festgelegt werden *(vgl. Bull. EU 12-1995, S.100; GB 1995, Ziff.409; Bull. EU 12-1996, S.83; GB 1996, Ziff.402; Bull. EU 10-1997, S.47; GB 1997, Ziff.489)*. Die **Haftung** eines Luftfahrtunternehmens war keiner durch Rechtsvorschriften, Übereinkünfte oder Verträge festgelegten finanziellen Beschränkung unterworfen; eine **Versicherungspflicht** bestand bis zu den nachfolgend angeführten Beträgen und darüber hinaus bis zu einer angemessenen Höhe. Bei Schäden bis zu einem 100.000 SZR entsprechenden Betrag in ECU konnten auch dann keine Haftungsfreistellung oder -begrenzung geltend gemacht werden, wenn alle erforderlichen Maßnahmen zur Verhütung eines Schadens getroffen waren; eine vollständige oder teilweise **Befreiung des Unternehmens** von seiner Haftung war allerdings bei einem Nachweis der Fahrlässigkeit der geschädigten Person möglich. Auch andere Parteien konnten zur Mithaftung oder Entschädigung herangezogen werden. Ein **Vorschuß** zur Befriedigung der unmittelbaren wirtschaftlichen Bedürfnisse war sofort (jedoch keinesfalls später als 15 Tage nach der Feststellung der Identität des Berechtigten) im Verhältnis zur Schwere des Falles zu zahlen (im Todesfall zunächst mindestens dem

15.000 SZR entsprechenden Betrag in ECU); der Vorschuß stellte keine Haftungsanerkennung dar. Die Haftungsbestimmungen waren in die **Beförderungsbedingungen** aufzunehmen, den Fluggästen auf Anfrage mitzuteilen und auf dem Beförderungsschein wiederzugeben. Luftfahrtunternehmen, die ihren Sitz außerhalb der Gemeinschaft haben, sollten die Fluggäste ausdrücklich und eindeutig informieren und ihnen ein Formblatt mit den Beförderungsbedingungen aushändigen *(vgl. S.-H. Chun, 1992; EP, 1998, S.55 f.; G. Gansfort, 1998, S.263 ff.; E. Giemulla u. a., 1998, S.225 ff.; E. Ruhwedel, 1998, S.15 f.; M. Benkö u. a., 2000; M. Stefula, 2000, S.399 ff.; H. Fröhlich, 2002, S.172 f.; R. K. Stanovsky, 2003, S.305 ff.)*.

Das Arbeitspapier der Kommission vom 23. März 2000 [SEK (2000) 535 endg.] und die Mitteilung der Kommission vom 21. Juni 2000 [KOM (2000) 365 endg.] zu den Fluggastrechten und dem Schutz der Fluggäste in der Europäischen Union sowie die **Entschließung 2000/C 293/01 des Rates vom 2. Oktober 2000 [ABl. C 293 14.10. 2000 S.1]** und die Schlußfolgerungen des Rates vom 28. Juni 2001 zielten vor allem auf eine Verbesserung der Leistungen bei Verlust, Verspätung und Beschädigung des Gepäcks sowie eine Neuregelung der Haftung bei Unfällen ab *(vgl. Bull. EU 6-2000, S. 111; Bull. EU 10-2000, S.68; GB 2000, Ziff.651; Bull. EU 6-2001, S.84)*. Das am 28. Mai 1999 abgeschlossene **Übereinkommen von Montreal** zur Vereinheitlichung bestimmter Beförderungsvorschriften im internationalen Luftverkehr [ABl. L 194 18.07. 2001 S.39] wurde auch von der Gemeinschaft unterzeichnet und mit dem Beschluß 2001/539/EG des Rates vom 5. April 2001 [ABl. L 194 18.07.2001 S.38] genehmigt *(vgl. S.592)*. Mit der **Verordnung 2002/889/EG des Europäischen Parlaments und des Rates vom 13. Mai 2002 [ABl. L 140 30.05.2002 S.2]** wurden zum 4. November 2003 die Bestimmungen des Übereinkommens durch Änderung der gemeinschaftlichen Vorschriften umgesetzt, zusätzliche Regelungen getroffen und der Geltungsbereich auf Beförderungen innerhalb eines Mitgliedstaats ausgeweitet *(vgl. Bull. EU 6-2000, S.110; GB 2000, Ziff.651; Bull. EU 5-2001, S.63 f.; L. S. Clark, 2001, S.137 ff.; Bull. EU 5-2002, S.67; GB 2002, Ziff.656)*.

Im Falle von **Tod und Körperverletzung** von Fluggästen gelten für die Haftung der Luftfahrtunternehmen grundsätzlich keine Höchstbeträge; bei Schäden bis zu 100.000 SZR können auch keine Einwände gegen Schadenersatzforderungen erhoben werden, höhere Forderungen können jedoch durch Nachweis der fehlenden Fahrlässigkeit oder schuldhaften Unterlassung abgewendet werden. Die **Zahlung eines Vorschusses** muß innerhalb von 15 Tagen nach Feststellung der anspruchsberechtigten Person erfolgen; der Vorschuß hat im Todesfall mindestens 16.000 SZR zu betragen. Das Luftfahrtunternehmen haftet (es sei denn, alle zumutbaren Maßnahmen zur Schadenvermeidung wurden ergriffen oder deren Anwendung war unmöglich) auch für **Verspätungsschäden** bis zu einem Betrag von 4.150 SZR (Fluggäste) bzw. 1.000 SZR (Reisegepäck). Die Haftungsgrenze bei Verlust, Zerstörung oder Beschädigung von **Reisegepäck** beläuft sich auf 1.000 SZR (bei nicht aufgegebenem Gepäck nur bei schuldhaftem Verhalten, höhere Grenzen bei besonderer Erklärung des Fluggasts und Entrichtung eines Zuschlags); **Beanstandungen** beim Reisegepäck müssen innerhalb einer Woche (Beschädigung) bzw. innerhalb von drei Wochen (Verspätung) angezeigt werden; die **Klagefrist** beläuft sich auf zwei Jahre ab Ankunft. Das Luftfahrtunternehmen muß bis zu einer Höhe versichert sein, die die Erfüllung der Leistungen an alle schadenersatzberechtigten Personen aufgrund **gerechtfertigter Ansprüche** gewährleistet. Im Falle der Vermarktung von Luftverkehrsdiensten über Verkaufsstellen, Telefon und Internet wird den Fluggästen eine Zusammenfassung der wesentlichen **Haftungsbestimmungen** (Schadenfallarten, Höchstbeträge, Vorschußzahlungen, Klagefristen) bekanntgegeben; Informationen über **Haftungshöchstbeträge** sind auf jeden Fall in schriftlicher Form bereitzustellen.

3.3.2.4 Versicherungsanforderungen an Fluggesellschaften

Vor dem Hintergrund der **Terroranschläge vom 11. September 2001** in den Vereinigten Staaten entstand auch in der Gemeinschaft eine umfangreiche versicherungs- und haftungspolitische Diskussion. In ihrer Mitteilung vom 10. Oktober 2001 über die Folgen der Attentate in den Vereinigten Staaten für die Luftverkehrsbranche [KOM (2001) 574 endg.] stellte die Kommission fest, daß angesichts der Höhe der Schäden ein Versicherungsschutz in bezug auf den **Verlust von Flugzeugen** und die Haftung gegenüber Dritten nicht mehr unbedingt gegeben war. Die Aufhebung oder Absenkung der Deckungssumme der Haftpflichtversicherung für **Risiken aus Terror und Krieg** hätte den Entzug von Verkehrsrechten sowie die Kündigung oder Einschränkung des Versicherungsschutzes für Flughäfen, die Bodenabfertigung und die Flugsicherung bedeuten können; außerdem wurde ein drastischer **Anstieg der Versicherungsprämien** befürchtet. In seiner Entschließung vom 15. November 2001 zur Wirtschafts- und Beschäftigungslage im Luftverkehr sowie in den damit zusammenhängenden Branchen [ABl. C 140 E 13.06.2002 S.581] befaßte sich auch das **Europäische Parlament** mit der Frage nach den gegenwärtigen und zukünftigen Versicherungsanforderungen an Luftfahrtunternehmen angesichts der neuen Bedrohungen für die Luftverkehrssicherheit. Diese Thematik fand ihren Ausdruck ferner in der **Mitteilung der Kommission** vom 2. Juli 2002 über die Versicherung im Luftverkehr nach den Terroranschlägen [KOM (2002) 320 endg.] sowie in den **Arbeitsdokumenten der Kommission** vom 27. September 2002 über die Analyse von Versicherungsregeln im Bereich des Luftverkehrs [SEK (2002) 1030 endg.] und über die Schaffung einer weltweiten Kriegsrisiko-Versicherungsregelung [SEK (2002) 1031 endg.]. In diesen Diskussionszusammenhang ist auch die Stellungnahme des **Wirtschafts- und Sozialausschusses** vom 24. Oktober 2002 zum Thema Verkehrssicherheit [ABl. C 061 14.03. 2003 S.174] einzuordnen. Die Herausnahme von Kriegsgefahren aus der Risikodeckung (späteres Angebot nur zu deutlich erhöhten Prämien) wurde nicht zuletzt deswegen thematisiert, weil gegen terroristische Anschläge fast gar keine Absicherung mehr möglich schien. Die **Vorschläge der Kommission** liefen in dieser Situation auf eine Mindesthaftung pro Passagier und Frachtgut bei Flugversicherungen hinaus und wurden allgemein unterstützt; alternativ wurden auch Gegenseitigkeitsfonds zur Deckung der Haftung Dritter für Terrorhandlungen in Erwägung gezogen *(vgl. Bull. EU 10-2001, S.90ff.; Bull. EU 11-2001, S.81; GB 2002, Ziff. 658).*

Mit der **Verordnung 2004/785/EG des Europäischen Parlaments und des Rates vom 21. April 2004 [ABl. L 138 30.04.2004 S.1]** *(vgl. Übersicht 56)* wurde eine Festlegung von Mindestversicherungsanforderungen für Luftfahrtunternehmen und Luftfahrzeugbetreiber erreicht (ausgenommen u. a. Staatsluftfahrzeuge, fußgestartete Flugmaschinen, Fesselballons, Fallschirme, Luftfahrzeuge mit einem Höchststartgewicht von unter 500 kg, nicht gewerblich oder national für lokale Flugeinweisungen genutzte Ultraleichtflugzeuge). Eine **Versicherungspflicht** besteht für die o. a. juristischen Personen und speziell für jeden Flug hinsichtlich der Haftung in bezug auf Fluggäste, Reisegepäck, Güter und Dritte, sofern bei der Durchführung von Verkehrsdiensten das Hoheitsgebiet eines Mitgliedstaats berührt wird; die **versicherten Risiken** umfassen Kriegshandlungen, Terrorakte, Entführungen, Sabotage, die unrechtmäßige Inbesitznahme von Luftfahrzeugen und Aufruhr *(vgl. Bull. EU 9-2002, S.60 f.; GB 2002, Ziff.658; Bull. EU 7/8-2003, S.71; GB 2003, Ziff.698; Bull. EU 3-2004, S.114).*

Die Einhaltung der **Versicherungsanforderungen** ist durch die Hinterlegung eines Zertifikats oder eines anderen Nachweises der gültigen Deckung bei den zuständigen Behörden (Erteilung der Betriebsgenehmigung, Eintragung, Start- bzw. Landeflughafen, Überflug) zu bestätigen. Die **Mindestversicherungssumme** beträgt für Fluggäste 250.000 SZR pro Person, für Reisegepäck 1.000 SZR pro Person und für Güter 17 SZR je kg, sofern es sich nicht um reine Überflüge von gemeinschaftsfremden Luftfahrtunternehmen bzw. in Drittländern eingetragenen Luftfahrzeugen handelt; in bezug auf Dritte beläuft sich der Mindestbetrag pro Schadenfall für jedes einzelne Luftfahrzeug auf 750.000 bis 700 Mio. SZR in Abhängigkeit vom Höchststartgewicht; ist dafür keine Versicherungsdeckung möglich, so kann eine Versicherung der Risiken über eine **Gesamthaftungssumme** erfolgen. Die Mitgliedstaaten achten insbesondere auf den Nachweis der Einhaltung der Versicherungsanforderungen und verhängen ggf. Sanktionen (Entzug der Betriebsgenehmigung, Verweigerung der Start- bzw. Landeerlaubnis).

3.3.2.5 Kommissionsinitiativen zur Erweiterung der Fluggastrechte vom Februar 2005

Am 16. Februar 2005 legte die Kommission eine Mitteilung über die **Stärkung der Rechte von Reisenden** in der Europäischen Union [KOM (2005) 46 endg.] vor, die unabhängig vom benutzten Verkehrsmittel **gemeinsame Regelungen** für folgende Bereiche fordert: Maßnahmen zugunsten von Personen mit eingeschränkter Mobilität; Sofortleistungen bei Unterbrechung einer Reise aufgrund von Verspätung, Annullierung oder Nichtbeförderung; Haftung für Tod oder körperliche Verletzung und Mindestversicherung des Beförderungsunternehmens; Einrichtung von Beschwerdeverfahren und Möglichkeit der außergerichtlichen Beilegung; Unterrichtung der Reisenden (Identität des ausführenden Unternehmens, Qualitätsindikatoren, Verbraucherrechte, Verkehrsstörungen in Echtzeit); integrierte Beförderungsdokumente für den Eisenbahn- und Luftverkehr; Fluggastrechte beim Konkurs von Luftfahrtunternehmen *(vgl. Bull. EU 1/2-2005, S.94).*

Ein zeitgleich unterbreiteter Verordnungsvorschlag soll das vertragsschließende Luftfahrtunternehmen verpflichten, die Fluggäste über die **Identität der ausführenden Gesellschaft** zu unterrichten [KOM (2005) 48 endg.]. Außerdem ist zwischen den Mit-

Übersicht 56: Beförderungsbedingungen im gemeinschaftlichen Luftverkehr

Ratsentschließung zu den Fluggastrechten

Entschließung 2000/C 293/01 des Rates vom 2. Oktober 2000 zu den Rechten der Fluggäste [ABl. C 293 14.10.2000 S.1]

Leistungen bei Nichtbeförderung, Flugannullierungen und -verspätungen

Verordnung 91/295/EWG des Rates vom 4. Februar 1991 über eine gemeinsame Regelung für ein System von Ausgleichsleistungen bei Nichtbeförderung im Linienflugverkehr [ABl. L 036 08.02. 91 S.5] — Rechtsetzung auf der Grundlage des Art. 84 Abs. 2 EWGV (Art. 80 Abs. 2 EGV), auf Vorschlag der Kommission [ABl. C 129 24.05.90 S.15] sowie nach den Stellungnahmen des EP [ABl. C 019 28.01.91 S.658] und des WSA [ABl. C 031 06.02.91 S.28] — Übernahme durch das EWR-Abkommen [ABl. L 001 03.01.94 S.444]

Verordnung 2004/261/EG des Europäischen Parlaments und des Rates vom 11. Februar 2004 über eine gemeinsame Regelung für Ausgleichs- und Unterstützungsleistungen für Fluggäste im Fall der Nichtbeförderung und bei Annullierung oder großer Verspätung von Flügen und zur Aufhebung der Verordnung 91/295/EWG [ABl. L 046 17.02.2004 S.1] — Rechtsetzung auf der Grundlage des Art. 84 (80) Abs. 2 EGV, auf Vorschlag der Kommission [ABl. C 103 E 30.04. 2002 S.225; ABl. C 071 E 25.03.2003 S.188; KOM (2003) 496 endg.] und nach Stellungnahme des WSA [ABl. C 241 07.10.2002 S.29]; Stellungnahme des EP [ABl. C 300 E 11.12.2003 S. 556], gemeinsamer Standpunkt des Rates [ABl. C 125 E 27.05.2003 S.63], Beschlüsse des EP [ABl. C 074 E 24.03.2004 S.806; ABl. C 091 E 15.04.2004 S.627] und Beschluß des Rates im Rahmen des Verfahrens der Mitentscheidung — Aufnahme in Anhang XIII des EWR-Abkommens durch den Beschluß 171/2004 des Gemeinsamen EWR-Ausschusses [ABl. L 133 26.05. 2005 S.21]

Haftung von Fluggesellschaften bei Unfällen und Gepäckverlust

Verordnung 97/2027/EG des Rates vom 9. Oktober 1997 über die Haftung von Luftfahrtunternehmen bei Unfällen [ABl. L 285 17.10.97 S.1] — Rechtsetzung auf der Grundlage des Art. 84 (80) Abs. 2 EGV, auf Vorschlag der Kommission [ABl. C 104 10.04.96 S.18; ABl. C 029 30.01.97 S. 10; KOM (97) 359 endg.] und nach Stellungnahme des WSA [ABl. C 212 22.07.96 S.38]; Stellungnahme des EP [ABl. C 320 28.10.96 S.30], gemeinsamer Standpunkt des Rates [ABl. C 123 21.04.97 S.89] und Beschluß des EP [ABl. C 182 16.06.97 S.30] im Rahmen des Verfahrens der Zusammenarbeit — Aufnahme in den Anhang XIII des EWR-Abkommens durch den Beschluß 34/98 des Gemeinsamen EWR-Ausschusses [ABl. L 310 19.11.98 S.21]

Verordnung 2002/889/EG des Europäischen Parlaments und des Rates vom 13. Mai 2002 zur Änderung der Verordnung 97/2027/EG des Rates über die Haftung von Luftfahrtunternehmen bei Unfällen [ABl. L 140 30.05.2002 S.2] — Rechtsetzung auf der Grundlage des Art. 84 (80) Abs. 2 EGV, auf Vorschlag der Kommission [ABl. C 337 E 28.11.2000 S.68; ABl. C 213 31.07.2001 S. 298] und nach Stellungnahme des WSA [ABl. C 123 25.04.2001 S.47]; Stellungnahme des EP [ABl. C 021 E 24.01.2002 S.256], gemeinsamer Standpunkt des Rates [ABl. C 058 E 05.03.2002 S.8] und Beschluß des EP [ABl. C 047 E 27.02.2003 S.61] im Rahmen des Verfahrens der Mitentscheidung — Aufnahme in den Anhang XIII des EWR-Abkommens durch den Beschluß 142/ 2002 des Gemeinsamen EWR-Ausschusses [ABl. L 019 23.01.2003 S.9]

Versicherungsanforderungen an Fluggesellschaften

Verordnung 2004/785/EG des Europäischen Parlaments und des Rates vom 21. April 2004 über Versicherungsanforderungen an Luftfahrtunternehmen und Luftfahrzeugbetreiber [ABl. L 138 30.04.2004 S.1] — Rechtsetzung auf der Grundlage des Art. 84 (80) Abs. 2 EGV, auf Vorschlag der Kommission [ABl. C 020 E 28.01.2003 S.193; KOM (2003) 454 endg.; KOM (2004) 255 endg.] und nach Stellungnahme des WSA [ABl. C 095 23.04.2003 S.16]; Stellungnahme des EP [ABl. C 067 E 17.03.2004 S.114], gemeinsamer Standpunkt des Rates [ABl. C 054 E 02.03.2004

S.40], Beschluß des EP [ABl. C 102 E 28.04.2004 S.767] und Beschluß des Rates im Rahmen des Verfahrens der Mitentscheidung — Aufnahme in Anhang XIII des EWR-Abkommens durch den Beschluß 157/2004 des Gemeinsamen EWR-Ausschusses [ABl. L 102 21.04.2005 S.39]

Unterrichtung von Fluggästen und Austausch sicherheitsrelevanter Informationen

Verordnung des Europäischen Parlaments und des Rates über die Unterrichtung von Fluggästen über die Identität des ausführenden Luftfahrtunternehmens sowie den Austausch sicherheitsrelevanter Informationen zwischen den Mitgliedstaaten — Rechtsetzung auf der Grundlage des Art. 84 (80) Abs. 2 EGV, auf Vorschlag der Kommission [KOM (2005) 48 endg.] und nach Stellungnahme des WSA vom 28. September 2005; Stellungnahme des EP vom 16. November 2005 und Beschluß des Rates im Rahmen des Verfahrens der Mitentscheidung

Rechte von Fluggästen mit eingeschränkter Mobilität

Verordnung des Europäischen Parlaments und des Rates über die Rechte von Flugreisenden eingeschränkter Mobilität — Rechtsetzung auf der Grundlage des Art. 84 (80) Abs. 2 EGV, auf Vorschlag der Kommission [KOM (2005) 47 endg.] und nach Stellungnahme des WSA vom 28. September 2005; Stellungnahme des EP vom 15. Dezember 2005 im Rahmen des Verfahrens der Mitentscheidung

gliedstaaten ein **Austausch sicherheitsrelevanter Informationen** über Unternehmen vorgesehen, denen die Nutzung des Luftraums untersagt oder nur eingeschränkt gestattet ist. Ein weiterer Verordnungsvorschlag beabsichtigt eine Regelung des Schutzes und der Hilfe für **Flugreisende mit eingeschränkter Mobilität** (Behinderte, Kinder, Alte, Kranke) [KOM (2005) 47 endg.]. Wesentliche Bestimmungen betreffen die **Beförderungspflicht** bei gültiger Buchung und rechtzeitigem Erscheinen (ggf. Verweigerung oder Erfordernis einer Begleitung zur Gewährleistung der Sicherheit und bei Personal- oder Platzmangel), die **Hilfeleistung auf Flughäfen** (unentgeltliche Bereitstellung bestimmter Hilfstätigkeiten vor dem Abflug, beim Transit und bei der Ankunft, z. B. in bezug auf Fortbewegung, Mobilitätshilfen, Abfertigung und Gepäckaufgabe bzw. -abholung, Begleithunde, Zoll- und Sicherheitsverfahren, Handgepäck; ggf. Finanzierung über eine Umlage von den Luftfahrtunternehmen, Festlegung von Qualitätsstandards; Bedingungen: vorherige Anmeldung, vor dem Abflug Erscheinen zu einer vorgegebenen Zeit und an einem vereinbarten Ort) und die **Hilfeleistung der Fluggesellschaften** (Angebot bestimmter Leistungen, z. B. in bezug auf Mobilitätshilfen, Begleithunde, Sitzzuweisung und Fluginformationen, bei vorheriger Anmeldung) *(vgl. Bull. EU 1/2-2005, S.94)*.

3.4 Finanzielle, steuerliche und soziale Wettbewerbsbedingungen im Luftverkehr

3.4.1 Industriepolitische Aspekte der Luftverkehrspolitik

Im Mittelpunkt der gemeinsamen industriepolitischen Aktivitäten auf dem Gebiet des Luftverkehrs stand von Anfang an die **Förderung des Luftfahrzeugbaus**, dem wegen seiner technologischen, wirtschaftlichen und verteidigungspolitischen Aspekte stets eine besondere Bedeutung für die Gemeinschaft zukam. Eine produktionstechnische

Zusammenarbeit ist in diesem Sektor gerade deshalb besonders wichtig, weil die **nationalen Märkte** zu klein sind und auf diesen keine ausreichenden **finanziellen Mittel** für Forschung und Entwicklung zur Verfügung stehen, um die Wettbewerbsfähigkeit steigern und auf dem Weltmarkt mit den Vereinigten Staaten konkurrieren zu können.

Vereinzelte Ansätze einer gemeinschaftlichen Politik waren zwar bereits Mitte der siebziger Jahre erkennbar geworden *(vgl. S.85)*, doch beschränkte sich in der Folgezeit die Kooperation in **Forschung, Entwicklung und Fertigung** überwiegend auf die reine Unternehmensebene. Erst in der zweiten Hälfte der achtziger Jahre machten sich das Parlament und die Kommission verstärkt zu Verfechtern eines koordinierten Vorgehens.

So forderte das **Europäische Parlament** in seinen Entschließungen vom 16. Januar 1986 zur europäischen Hubschrauberindustrie [ABl. C 036 17.02.86 S.131], vom 17. Juni 1987 zur Weltraumpolitik [ABl. C 190 20.07.87 S.78], vom 15. Oktober 1987 zur europäischen Luftfahrtindustrie [ABl. C 305 16.11.87 S.136] und vom 10. März 1988 zum Airbus-Konflikt [ABl. C 094 11.04.88 S.141] die Ausarbeitung gemeinsamer Strategien, eine bessere Koordinierung der Initiativen, die Unterstützung des Airbus-Projekts (Gründung eines gemeinsamen Unternehmens, Bereitstellung von Finanzmitteln vor allem für die Entwicklung von Langstreckenflugzeugen, Einbeziehung der EIB, Erschließung des US-amerikanischen Marktes, Streitschlichtung im Rahmen des GATT) und der Hubschrauberentwicklung, die Stärkung der Luftverkehrsforschung (Triebwerke, Werkstoffe, Elektronik, Kommunikationstechnologie), gemeinschaftliche Maßnahmen zur Luftverkehrssicherheit und zur Reduzierung der Umweltbelastungen sowie die Verwirklichung des Binnenmarktes (Abbau von Zollformalitäten, Angleichung der Pilotenausbildung, Anerkennung der Pilotenscheine, Freizügigkeit der Besatzungsmitglieder, Standardisierung der Anforderungen für Flugtüchtigkeitsbescheinigungen, Schaffung eines einheitlichen Luftraums, weitere Liberalisierung des Marktzugangs) *(vgl. Bull. EG 1-1986, S.75; Bull. EG 10-1987, S.86f.; Bull. EG 3-1988, S.126)*.

Die Kommission schlug in ihrer Mitteilung vom 1. Juni 1988 [KOM (88) 294 endg.] eine breit angelegte **Zusammenarbeit** in der Luftfahrtindustrie vor und regte am 6. Juli 1988 [KOM (88) 393 endg.; ABl. C 266 13.10.88 S.5] ein sektorbezogenes strategisches **Forschungsprogramm** an, das auch große Unternehmen unterstützen sollte – Stellungnahmen des Europäisches Parlaments [ABl. C 012 16.01.89 S.86] und des Wirtschafts- und Sozialausschusses [ABl. C 056 06.03.89 S.36; ABl. C 102 24.04.89 S.12]; der Vorschlag wurde später zurückgenommen [ABl. C 186 18.07.91 S.9] *(vgl. Band 1, S.536)*.

Am 18. Juli 1990 unterbreitete die **Kommission** dem Rat erneut eine Mitteilung über eine wettbewerbsfähige europäische Luftfahrtindustrie [SEK (90) 1456 endg.]. Auf der Grundlage des dort formulierten **Arbeitsprogramms** begann sie nach Aufforderung durch den Rat im darauffolgenden Jahr mit Untersuchungen zu den **Faktoren**, die die Wettbewerbsfähigkeit der Motorenhersteller, der Zulieferer und der Flugzeugbauer in den **Sektoren** zivile Großraumflugzeuge (Dollarkurs), Kurzstreckenflugzeuge (Überkapazitäten) und Hubschrauber (Rationalisierungen durch Veränderungen im militärischen Segment) beeinflußten. Im Anschluß faßte sie die Ergebnisse in einer **Marktanalyse** zusammen und trat in eine Diskussionsphase mit den Mitgliedstaaten und Unternehmen ein *(vgl. Bull. EG 7/8-1990, S.58; GB 1990, Ziff.226)*.

Die Mitteilung der Kommission vom 29. April 1992 über eine **Bestandsaufnahme** und mögliche **Gemeinschaftsaktionen** in der Luftfahrtindustrie [KOM (92) 164 endg.] beleuchtete die Situation der Flugzeugbauer zu Anfang der neunziger Jahre und schlug Maßnahmen mit dem Ziel vor, die Wettbewerbsregeln anzuwenden, das technologische Niveau zu stabilisieren, die Auswirkungen der Wechselkursschwankungen des Dollars zu neutralisieren und die berufliche Bildung sowie die Zusammenarbeit mit den mittel- und osteuropäischen Staaten zu fördern. In seinen Schlußfolgerungen 92/C 178/05 vom 7. Juni 1992 zur europäischen Zivilluftfahrtindustrie [ABl. C 178 15.07.92 S.9] begrüßte der **Rat** die Bemühungen der Kommission zur Schaffung günstiger Rahmenbedingungen für eine ausgewogene Entwicklung der Luftfahrtindustrie und befürwortete einen verstärkten Dialog der Hersteller und Zulieferer mit den nationalen Behörden der Mitgliedstaaten; die Kommission wurde gebeten, die Zusammenarbeit zu intensivieren und festzulegen, welche luftverkehrsspezifischen Tätigkeiten in die Rahmenprogramme für Forschung und technologische Entwicklung einbezogen werden könnten.

Das **Europäische Parlament** äußerte sich am 11. Juni 1992 in einer Entschließung zur Beschäftigung in der europäischen Luftfahrtindustrie [ABl. C 176 13.07.92 S.123]; der Rat wurde angesichts der allgemeinen Senkung der Verteidigungsausgaben dazu aufgefordert, der Kommission die Ausarbeitung eines Programms für eine industrielle Umstellungs- und Diversifizierungsstrategie im Verteidigungssektor in Zusammenarbeit mit dem Parlament zu genehmigen. Der Stellungnahme des **Wirtschafts- und Sozialausschusses** vom 27. Januar 1993 [ABl. C 073 15.03.93 S.9] zur Kommissionsmitteilung folgte am 12. Februar 1993 [ABl. C 072 15.03.93 S.173] eine erneute Entschließung des Europäischen Parlaments zur europäischen Luftfahrtforschung und -technologie, die sich mit der Zusammenarbeit in der Grundlagenforschung, der sektoralen und angewandten Forschung, der Förderung der beruflichen Qualifikationen und der Bildung, der Unterstützung von Kooperationsvorhaben und disziplinübergreifenden Anwendungen sowie mit der finanziellen Unterstützung der Gemeinschaft (grenzüberschreitende Vorhaben, Kostenteilung bei vorwettbewerblicher Forschung) befaßte. Die Entschließung des Europäischen Parlaments vom 15. Dezember 1993 [ABl. C 020 24.01.94 S.118] zur Kommissionsmitteilung vom April 1992 forderte erneut die **Entwicklung eines Forschungsprogramms** in enger Zusammenarbeit mit der Industrie *(vgl. Bull. EG 4-1992, S.28; Bull. EG 6-1992, S.52f.; Bull. EG 1/2-1993, S.31f., 33; Bull. EG 12-1993, S.53; D. Rogalla u. a., 1994, S.106ff.; zur gemeinschaftlichen und US-amerikanischen Luftfahrtindustriepolitik T. Bischoff-Ehnes, 1994)*.

Seit dem Inkrafttreten des **Maastrichter Vertrages** *(vgl. Band 1, S.188)* kann sich die europäische Industriepolitik *(vgl. Band 1, S.227)* mit Art. 130 (157) EGV zwar auf eine eigene Rechtsgrundlage stützen, wesentliche Fortschritte hat es im Bereich des Luftfahrzeugbaus seitdem jedoch nicht gegeben. Die Kommission richtete am 1. Juni 1995 eine **Task Force** zur Koordination der Forschung ein [SEK (96) 458 endg.]. In einer Entschließung vom 16. Februar 1996 zur europäischen Flugzeugindustrie [ABl. C 065

04.03.96 S.201] forderte das Europäische Parlament die Entwicklung einer gemeinsamen industriepolitischen Strategie unter Einbeziehung der Forschung und die Intensivierung der Zusammenarbeit zwischen den Herstellern. In ihren Mitteilungen vom 4. Dezember 1996 [KOM (96) 617 endg.] über die Europäische Union in der Raumfahrt und vom 24. September 1997 [KOM (97) 466 endg.] über die europäische Luft- und Raumfahrtindustrie sowie vom 24. Januar 1996 [KOM (96) 10 endg.] über die Herausforderungen für die europäische Rüstungsindustrie und vom 4. Dezember 1997 [KOM (97) 583 endg.] über die Umsetzung der Unionsstrategie im Bereich der Verteidigungsindustrie wies die **Kommission** zum wiederholten Male auf die **Zersplitterung der europäischen Luftfahrtindustrie** hin und forderte ein gemeinschaftliches Vorgehen im Rahmen der Forschungs- und Technologiepolitik, die konsequente Anwendung der Rechtsvorschriften für das öffentliche Beschaffungswesen, die Bildung von Unternehmensgruppen, die Verabschiedung eines europäischen Unternehmerstatuts sowie eine einheitliche Normierung und Zertifizierung.

Die **Staats- und Regierungschefs** stimmten im Dezember 1997 einer Forcierung des Umstrukturierungsprozesses zu. Das Europäische Parlament mahnte daraufhin in einer Entschließung vom 13. Januar 1998 [ABl. C 034 02.02.98 S.27] wiederum eine stärkere Unterstützung dieses Sektors an. Auch die Kommissionsmitteilung vom September 1997 über die europäische Luft- und Raumfahrtindustrie wurde am 28. Januar 1998 vom **Wirtschafts- und Sozialausschuß** [ABl. C 095 30.03.98 S.11] und am 19. November 1998 vom **Europäischen Parlament** [ABl. C 379 07.12.98 S.270] befürwortet *(vgl. Bull. EU 1/2-1996, S.40f.; Bull. EU 12-1996, S.68f.; Bull. EU 9-1997, S.20 f.; Bull. EU 11-1997, S.40f.; GB 1997, Ziff.286; GB 1998, Ziff.249)*.

In der Folgezeit konzentrierte sich die gemeinsame Industriepolitik vermehrt auf **rüstungs- und verteidigungspolitische Aspekte** sowie die **Raumfahrt**; zu nennen sind diesbezüglich die Mitteilung der Kommission vom 11. März 2003 über den Weg zu einer Verteidigungsgüterpolitik der EU [KOM (2003) 113 endg.] und ihre verschiedenen Veröffentlichungen zur europäischen Raumfahrtpolitik (Mitteilungen vom 7. Juni 1999 [SEK (1999) 789 endg.], vom 27. September 2000 [KOM (2000) 597 endg.], vom 7. Dezember 2001 [KOM (2001) 718 endg.] und vom 23. Mai 2005 [KOM (2005) 208 endg.]; Grünbuch vom 21. Januar 2003 [KOM (2003) 17 endg.]; Weißbuch vom 11. November 2003 [KOM (2003) 673 endg.]).

Eine Mitteilung der Kommission vom 13. Oktober 2003 über einen kohärenten **Rahmen für die Luft- und Raumfahrt** [KOM (2003) 600 endg.] – Schlußfolgerungen des Rates vom 27. November 2003, Stellungnahme des Wirtschafts- und Sozialausschusses vom 31. März 2004 [ABl. C 112 30.04.2004 S.14] – reagierte auf den Bericht „Strategischer Ausblick – Luft- und Raumfahrt im 21. Jahrhundert (STAR 21)“, der im Juli 2002 von der Europäischen Beratungsgruppe für Luft- und Raumfahrt publiziert worden war. Die **Wettbewerbsfähigkeit** dieser Sektoren soll durch die Schaffung eines Binnenmarktes für Verteidigungsgüter, die Intensivierung der Forschung (europäischer Plan für den militärischen Bereich, Unterstützung der zivilen Forschung) und die Umsetzung einer gemeinschaftlichen Weltraumpolitik realisiert werden *(vgl. Bull. EU 10-2003, S.53; Bull. EU 3-2004, S.67)*.

3.4.2 Harmonisierung der finanziellen Wettbewerbsbedingungen im Luftverkehr

3.4.2.1 Leitlinien der Kommission über Beihilfen für den Luftverkehr

Unter den Beihilfen *(vgl. Band I, S.29f.)* im Sinne von Art. 92 EWGV (Art. 87 EGV) werden nach herrschender Meinung alle unmittelbaren und mittelbaren **Zuwendungen des Staates** an Unternehmen oder Wirtschaftszweige in beliebiger Form (Zuschüsse, Kredit- und Steuererleichterungen, Abschläge auf Sozialabgaben, Sachleistungen, sonstige Subventionen oder Hilfeleistungen) **ohne marktwirtschaftliche Gegenleistung** verstanden. Nach Art. 92 Abs. 1 EWGV (Art. 87 Abs. 1 EGV) sind sie verboten, wenn sie den Wettbewerb verfälschen oder zu verfälschen drohen und den Handel zwischen den Mitgliedstaaten beeinträchtigen. Erlaubt sind Beihilfen, die durch **allgemeine Vertragsbestimmungen** ausdrücklich gestattet sind (z. B. gemäß Art. 77 EWGV (Art. 73 EGV) und Art. 75 EWGV (Art. 71 EGV) für den Verkehrssektor), sowie Beihilfen allgemeiner Art zur Förderung der gesamten Wirtschaft *(zur Anwendung im Luftverkehr vgl. J. Goh, 1997, S.201 ff.)*. Gemäß Art. 92 Abs. 2 EWGV (Art. 87 Abs. 2 EGV) sind **andere Beihilfeformen** (wie Sozialbeihilfen an einzelne Verbraucher, Beihilfen zur Beseitigung der Folgen von Naturkatastrophen) grundsätzlich mit dem Gemeinsamen Markt vereinbar *(zur Anwendung im Luftverkehr vgl. J. Goh, 1997, S.219f.)*. Nach Art. 92 Abs. 3 EWGV (Art. 87 Abs. 3 EGV) können darüber hinaus Beihilfen, die aus **regional-, forschungs-, konjunktur- oder industriepolitischen Gründen** gewährt werden, genehmigt werden *(zur Anwendung im Luftverkehr vgl. J. Goh, 1997, S.220ff.)*; der Rat kann ferner auf Vorschlag der Kommission weitere Beihilfen als mit dem Gemeinsamen Markt vereinbar erklären (Art. 92 Abs. 3 EWGV (Art. 87 Abs. 3 EGV)) sowie auf Antrag eines Mitgliedstaats bei Vorliegen außergewöhnlicher Umstände einstimmig Beihilfen genehmigen (Art. 93 Abs. 2 EWGV (Art. 88 Abs. 2 EGV)). Art. 93 EWGV (Art. 88 EGV) bestimmt die **Kontroll- und Sanktionsbefugnisse** der Kommission bei der Überprüfung bestehender oder der Genehmigung geplanter Beihilfen *(zur Anwendung im Luftverkehr vgl. J. Goh, 1997, S.231ff.)*, während der Rat die **Durchführungsverordnungen** verabschieden und die von dem entsprechenden Verfahren ausgenommenen Beihilfen festlegen soll (Art. 94 EWGV (Art. 89 EGV)) *(vgl. A. Tettenborn, 1993, S.175ff.; B. Adkins, 1994, S.144ff.)*.

Leitlinien vom März 1984

Die Anwendbarkeit der **allgemeinen Vertragsvorschriften** und damit auch der Beihilfenormen auf den Luftverkehr war zwar in der Gemeinschaft viele Jahre sehr umstritten und Gegenstand außerordentlich kontroverser Diskussionen in Politik und Wissenschaft, spätestens mit den **EuGH-Urteilen** in den Rechtssachen 167/73 und 156/77 war jedoch die lange Zeit vorherrschende Rechtsunsicherheit beseitigt worden *(vgl. S.6)*. Bereits im **Ersten Luftverkehrsmemorandum** des Jahres 1979 *(vgl. S.86)* kündigte die Kommission eine Bestandsaufnahme der Subventionen und gemeinsame Regeln für die Anwendung der Beihilfevorschriften auf den Luftverkehr an. Mehrere Tagungen in den Jahren 1981 und 1982 mit Sachverständigen aus den Mitgliedstaaten, deren Ergebnisse im **Zweiten Luftverkehrsmemorandum** des Jahres 1984 *(vgl. S.91)* präsentiert wurden, erbrachten eine **Bestandsaufnahme gewährter Subventionen**: finanzielle Hilfen für alle Tätigkeiten einer Fluggesellschaft (Zuschüsse zu Zins- oder Abschreibungsbeträgen, für Ersatzteile und zur allgemeinen Defizitdekkung); Beihilfen für den Flugbetrieb auf bestimmten Routen (Bedienung entlegener oder benachteiligter Regionen); Ermäßigung oder Erlaß von Landegebühren für Fluggesellschaften eines Mitgliedstaats (ggf. als Ausgleich für öffentliche Dienstverpflichtungen; jedoch oft Transparenzproblematik) oder auf Flughäfen in staatlichem Besitz; Zuschüsse beim Erwerb von Luftfahrzeugen (z. B. für den Inselverkehr) und Beihilfen zum Einsatz besonderer Flugzeugtypen (jährliche Betriebsbeihilfen oder abschreibungsorientierte Beihilfen für unrentable Flugzeuge); staatliche Bürgschaften (Finanzierung von Luftfahrzeugen, Abdeckung von Beteiligungsverlusten); Befreiung von Steuern und Zöllen (teilweise Kaufpreisverrechnung mit zu versteuernden Gewinnen; Steuerbefreiung bei Flugtreibstoff gemäß dem ICAO-Abkommen; Mehrwertsteuerbefreiungen für inländische Verkehrsanteile; Kapitalsteuerbefreiungen und Zollbefreiungen für staatliche Fluggesellschaften); Bereitstellung von Beteiligungskapital seitens der Mitgliedstaaten; Abgabenfreiheit der Ausgleichszahlungen für die Bereitstellung von Flugdiensten für die Regierung; allgemeine Beihilfen zur Investitionsförderung für Vorhaben zur Schaffung von Arbeitsplätzen. Die Kommission betonte ihre Verantwortung für die **Durchführung der Beihilfenormen**, nicht zuletzt um bei der zu erwartenden Zunahme des Wettbewerbs zwischen den Fluggesellschaften die Entstehung eines Subventionswettlaufs zu verhindern, und entwickelte im Anhang IV des Zweiten Luftverkehrsmemorandums *(vgl. S.91)* **spezifische Leitlinien** für die Beihilfegewährung.

Diese Leitlinien der Kommission für Beihilfen im Luftverkehr betonten die zwingende **Verpflichtung der Mitgliedstaaten** gemäß Art. 93 Abs. 3 EWGV (Art. 88 Abs. 3 EGV) zur rechtzeitigen Unterrichtung der Kommission von jeder geplanten Einführung oder Umgestaltung von Beihilfen und das dabei zu beachtende Transparenzgebot zwecks Ermöglichung der Überprüfung ihrer Auswirkungen; staatliche Beihilfen, die der **Überwälzung der Schwierigkeiten** eigener Unternehmen auf Unternehmen anderer Mitgliedstaaten dienen, werden stets abgelehnt. Art. 92 EWGV (Art. 87 EGV) gilt nach Auffassung der Kommission für die Zivilluftfahrt in gleicher Weise wie für andere Wirtschaftsbereiche; die vorhandenen Regelungen des Art. 92 Abs. 3 EWGV (Art. 87 Abs. 3 EGV) seien flexibel genug, um auch dem Gesichtspunkt des **Ausgleichs für gemeinwirtschaftliche Leistungen** einer Fluggesellschaft Rechnung tragen zu können; die Kommission wollte zudem bei der Beurteilung staatlicher Beihilfen berücksichtigen, ob ein Unternehmen unter Art. 90 Abs. 2 EWGV (Art. 86 Abs. 2 EGV) fällt. Die Anwendung der Beihilfevorschriften sollte **innergemeinschaftliche Aspekte** in besonderer Weise berücksichtigen; durch Beihilfen begünstigte Fluggesellschaften aus Drittländern sollten nicht benachteiligt werden. **Kapitalbereitstellungen**, **Anleihebegebungen** oder **Garantiegewährungen** durch Mitgliedstaaten können Beihilfen und / oder normale geschäftliche Transaktionen sein; solche Zuwendungen machen immer Einzelfallprüfungen erforderlich. Die Genehmigung von Beihilfen setzt die Rechtfertigung einer **Kompensation im Gemeinschaftsinteresse** voraus; der **Ausgleich von Betriebsverlusten** ist normalerweise nicht mit dem Gemeinsamen

Markt vereinbar (Ausnahme: prekäre Finanzlage und echte Erholungschance, Umstrukturierungsprogramm mit gezielten Maßnahmen, angemessener Zeitraum für die Begünstigung). **Regionalpolitisch motivierte Beihilfen** können dann akzeptiert werden, wenn die Schwierigkeiten der Region national wie gemeinschaftlich anerkannt wurden. Beihilfen zur Erleichterung des **Betriebs von Inlandsstrecken** werden in der Regel genehmigt (reine Inlandsfluglinien ohne unmittelbare oder mittelbare Verbindungen mit internationalen Fluggesellschaften; keine bedeutsamen Verkehrsverlagerungen nach dem betreffenden Mitgliedstaat; kein finanzieller Ausgleich für den internationalen Flugverkehr der betreffenden Flugunternehmen). Beihilfen an Fluggesellschaften zum **Erwerb oder Einsatz von bestimmtem Fluggerät** (Deckung zusätzlicher Kosten nicht optimaler Flugzeuge) sollten nicht als Unterstützung der Fluggesellschaften, sondern als Beistand für die Hersteller beurteilt werden. Zusätzlich zur Anwendung dieser Leitlinien beabsichtigte die Kommission die Erweiterung des Geltungsbereichs ihrer **Transparenzrichtlinie** auf den Luftverkehr, um die Kontrolle von Beihilfen auch in Spezialfällen zu erleichtern *(vgl. A. Tettenborn, 1993, S.177ff.).*

Leitlinien vom November 1994

Nach dem Beginn der ersten Liberalisierungsphase führte die Kommission ab 1988 eine gemeinschaftsweite **Überprüfung der nationalen Beihilfepläne** im Luftverkehr durch und forderte die Mitgliedstaaten mehrfach auf, aktuelle Informationen über **direkte und indirekte Beihilfen** bereitzustellen. Sie wollte feststellen, ob die bestehenden Praktiken mit den Bestimmungen des Vertrages und den Leitlinien von 1984 vereinbar waren und ob in Verbindung mit dem zunehmenden Wettbewerb weitergehende Maßnahmen eingeleitet werden sollten. Besonderes Gewicht legte die Kommission dabei auf eine **Erhöhung der Transparenz** und die **Vermeidung von Wettbewerbsverzerrungen** *(vgl. WB 1988, Ziff.269; WB 1989, Ziff.212; WB 1990, Ziff.336; WB 1991, Ziff.310).*

Der Bericht der Kommission vom 2. Juni 1992 [SEK (92) 431 endg.] über die **Bewertung von Beihilfeprogrammen** zugunsten von Luftverkehrsunternehmen der Gemeinschaft enthielt neben einer Bestandsaufnahme des Liberalisierungsprozesses und der bisher getroffenen wettbewerbspolitischen Maßnahmen einen Überblick über die in den Mitgliedstaaten vergebenen Beihilfen und deren Überprüfung durch die Kommission. Besonders herausgestellt wurden die **verschiedenen Beihilfeformen**, wie Kapitalerhöhungen, Steuererleichterungen oder Darlehensbürgschaften; bemängelt wurden vor allem Informations- und Transparenzdefizite; zu dem Bericht verabschiedete das **Europäische Parlament** am 20. April 1993 eine Entschließung [ABl. C 150 31.05.93 S.34] *(vgl. WB 1992, Ziff.62, 502; Bull. EG 4-1993, S.36; GB 1993, Ziff.327).* Gleichzeitig begann die Kommission mit Vorbereitungsarbeiten zur **Aktualisierung der Leitlinien** von 1984. Sie konsultierte dabei auch das Luftverkehrsgewerbe und setzte im Sommer 1993 einen aus Luftverkehrsexperten gebildeten Ausschuß („Ausschuß der Weisen") ein. Dieser sollte sich im Rahmen seiner Arbeiten über die Entwicklung der Zivilluftfahrt und die daraus abzuleitenden politischen Initiativen u. a. mit den staatlichen Beihilfen im Luftverkehrssektor beschäftigen *(vgl. WB 1992, Ziff.*

502; J. M. Balfour, 1993, S.199ff.; K. Jäckel, 1993, S.180f., 183f.; WB 1993, Ziff.539; J. M. Balfour, 1994, S.1039ff., 1052; D. Rogalla u. a., 1994, S.35ff.).

Der **Abschlußbericht** des Ausschusses der Luftverkehrsexperten wurde am 1. Februar 1994 veröffentlicht und enthielt verschiedene **Empfehlungen** an die Kommission. Finanzhilfen zugunsten von Luftverkehrsunternehmen sollten im Interesse der Verbraucher und des Luftverkehrsgewerbes in der Regel nicht genehmigt werden, wenn sie normalen geschäftlichen Gepflogenheiten widersprechen. Die Kommission wurde nachdrücklich zu einer strikten Durchsetzung der Vertragsnormen über staatliche Beihilfen aufgefordert und sollte zu diesem Zweck klare Leitlinien ausarbeiten. Zeitlich eng befristete Beihilfegenehmigungen könnten dann im Gemeinschaftsinteresse liegen, wenn sie einen Umstrukturierungsprozeß mit höherer Wettbewerbsfähigkeit ermöglichen, aber die Position der Wettbewerber gewahrt bleibt *(vgl. J. Erdmenger, 1994, S. 199).*

Das **Europäische Parlament** betonte in seiner Entschließung zu diesem Bericht vom 9. März 1994 [ABl. C 091 28.03.94 S.51] die Notwendigkeit einer gemeinschaftlichen Politik unter Einbeziehung wirtschaftlicher, sozialer, beschäftigungspolitischer und strategischer Interessen; im Genehmigungsverfahren für staatliche Beihilfen sollten gemeinwirtschaftliche Dienste Berücksichtigung finden; Beihilfen sollten transparent und kohärent mit den erklärten Zielen der Verkehrspolitik gewährt werden. Ähnlich äußerte es sich nochmals am 19. Februar 1998 in einer Entschließung zu den Auswirkungen der Liberalisierungsmaßnahmen [ABl. C 080 16.03.98 S.240] *(vgl. Bull. EU 3-1994, S.43; Bull. EU 1/2-1998, S.63).* Kurze Zeit nach den **Schlußfolgerungen des Rates** vom 18. April 1994 legte die **Kommission** am 1. Juni 1994 ihre Mitteilung über die Zivilluftfahrt in Europa auf dem Weg in die Zukunft [KOM (94) 218 endg.] vor; sie präsentierte damit nicht nur eine **Ursachenanalyse** für die wirtschaftlichen Ungleichgewichte in der europäischen Luftfahrtindustrie, sondern unterbreitete zusätzlich ein **Aktionsprogramm** für den Luftverkehr *(vgl. Bull. EU 4-1994, S.40; Bull. EU 6-1994, S.62f.; GB 1994, Ziff.384; J. Goh, 1997, S.30f.).* Hinsichtlich der staatlichen Beihilfen vertrat die Kommission die Auffassung, daß diese für die Umstrukturierung von Luftfahrtunternehmen nur dann zulässig seien, wenn sie weder zu Wettbewerbsverzerrungen führen noch ein solches Risiko in sich bergen. In seiner **Entschließung 94/C 309/02 vom 24. Oktober 1994 [ABl. C 309 05.11.94 S.2]** wies der Rat darauf hin, daß staatliche Beihilfen so weit wie möglich abgeschafft werden müßten und nur in Ausnahmefällen im Einklang mit dem Vertrag der Europäischen Gemeinschaft gewährt werden dürften. Dieser Position zum Aktionsprogramm folgten im wesentlichen auch die Entschließung des **Europäischen Parlaments** vom 14. Februar 1995 [ABl. C 056 06.03.95 S.28] und die Stellungnahme des **Wirtschafts- und Sozialausschusses** vom 22. Februar 1995 [ABl. C 110 02.05.95 S.22] *(vgl. Bull. EU 9-1994, S. 43; Bull. EU 1/2-1995, S.65; J. Erdmenger, 1995, S.175f.; GB 1995, Ziff.409).*

Am 16. November 1994 erhielten die Vorstellungen der Kommission über die **Anwendung der Artikel 92 und 93 des EG-Vertrags sowie des Artikels 61 des EWR-Abkommens auf staatliche Beihilfen im Luftverkehr (94/C 350/07) [ABl. C 350 10.12.94 S.5]** *(vgl. Übersicht 57)* ihre endgültige Gestalt. Die neuen Leitlinien, die seit dem 10. Dezember 1994 galten, sollten die Vollendung des Binnenmarktes im Luftverkehr widerspiegeln sowie die Transparenz des Bewertungsprozesses erhöhen; sie betrafen Beihilfen der Mitgliedstaaten zugunsten von Luftverkehrsunternehmen der Gemeinschaft, nicht dagegen Drittlandsbeihilfen zugunsten von Drittlandsunternehmen (Dumping-Problematik) und in der Regel auch nicht staatliche Infrastrukturinvestitionen (Beihilfeelemente bei Vorzugsbehandlungen denkbar); außerdem waren nach Auffassung der Kommission die Verringerung oder Stundung von Steuerschulden oder Sozialabgaben nur dann als staatliche Beihilfen im Sinne von Art. 92 EWGV (Art. 87 EGV) anzusehen, wenn dadurch Wettbewerbsvorteile entstehen und der Wettbewerb gestört wird *(vgl. Bull. EU 11-1994, S.43 f.; WB 1994, Ziff.375; WB 1995, Ziff. 177; M. Niejahr u. a., 1996, S.7 f.; P. Meunier, 1997, S.15 ff.; A. Subrémon, 1997, S.16 ff.; KOM (1999) 182 endg., S.32 ff.; W. Pompl, 2002, S.434 ff.).*

Im Hinblick auf die **Subventionierung des Flugstreckenbetriebs** gingen die neuen Leitlinien auf Betriebsbeihilfen, gemeinwirtschaftliche Verpflichtungen und Beihilfen sozialer Art ein:

- Der Kommissionsbericht vom Juni 1992 wies bereits auf die grundsätzliche Vertragswidrigkeit eines inlandsstreckenbezogenen *Betriebsverlustausgleichs* mittels direkter Beihilfen hin. Ausnahmen seien zwar im Hinblick auf gewisse Regionalflugdienste für benachteiligte Gebiete denkbar, dürften aber nicht die Grundlage von *Quersubventionierungen* zwischen den bezuschußten Regionalstrecken und anderen Wettbewerbsstrecken sein.

- Die Übernahme *gemeinwirtschaftlicher Verpflichtungen* im Sinne der Verordnung 92/2408/EWG *(vgl. S.442)* dient der Aufrechterhaltung angemessener Verkehrsverbindungen zu benachteiligten Rand- oder Entwicklungsgebieten bzw. Regionalflughäfen und kann zu erlaubten staatlichen Ausgleichsleistungen führen (Voraussetzungen: Notwendigkeit eines offenen Ausschreibungsverfahrens bei der Auswahl des Luftverkehrsunternehmens; Ausgleich nur gemeinwirtschaftlich verursachter streckenbezogener Defizite; Beachtung des Transparenzprinzips für staatliche Leistungsbemessung und Leistungsgewährung). In jedem Fall müssen derartige Erstattungen auf der Grundlage der allgemeinen Vertragsbestimmungen (Art. 92 EWGV (Art. 87 EGV); Nichtgeltung von Art. 77 EWGV (Art. 73 EGV) für den Luftverkehr) sowie nach den Regeln der Verordnung 92/2408/EWG geprüft werden (ggf. Einleitung eines Verfahrens nach Art. 93 Abs. 2 EWGV (Art. 88 Abs. 2 EGV)). Höhere Ausgleichsleistungen als die von dem *Unternehmen mit dem besten Angebot* verlangten Zahlungen deuten auf die Existenz verbotener Beihilfeelemente hin; allerdings sind Ausnahmen unter dem Gesichtspunkt weiterer Auswahlkriterien (Angemessenheit, Preise, Standards etc.) denkbar. Beihilfeelemente können auch im Falle der *Erteilung ausschließlicher Genehmigungen* gemäß der Verordnung 92/2408/EWG (Inlandsstrecken, maximal für drei Jahre) vermutet werden, da die Unternehmensauswahl in diesem Fall nicht im Wege eines offenen Ausschreibungsverfahrens erfolgt.

- Nach Art. 92 Abs. 2 lit. a EWGV (Art. 87 Abs. 2 lit. a EGV) können *Beihilfen sozialer Art an Einzelverbraucher* (keine Diskriminierung nach der Herkunft der Luftverkehrsunternehmen, keine Marktzutrittsschranken, Nutzen für den Endverbraucher) mit dem Gemeinsamen Markt vereinbar sein. Die Beihilfen dürfen grundsätzlich nur *bestimmten Fluggastkategorien* (Kinder, Behinderte, sozial Schwache, Einwohner von benachteiligten Regionen oder Inseln) zugute kommen.

Die notwendige Unterscheidung zwischen der **Rolle des Staates als Eigentümer** eines Unternehmens **und als Geber staatlicher Beihilfen** zugunsten dieses Unternehmens berührt nach einigen grundsätzlichen Erwägungen Fragen der Kapitalzuführung, der Darlehensfinanzierung und der Übernahme von Bürgschaften:

— Die Kommission läßt sich vom Prinzip der *Neutralität gegenüber der Eigentumsordnung* sowie vom Prinzip der *Gleichbehandlung öffentlicher und privater Unternehmen* leiten. Unter Zugrundelegung marktwirtschaftlicher Gesichtspunkte prüft sie die Akzeptanz der vorliegenden finanziellen Transaktionen hinsichtlich Tragfähigkeit und Kohärenz als *normale geschäftliche Transaktionen* mit einem für private Wirtschaftssubjekte akzeptablen Risiko, ohne jedoch eine Erfolgsprognose unternehmerischen Handelns zu beabsichtigen. Die Vergabe öffentlicher Gelder an öffentliche Unternehmen unterliegt den gleichen Beurteilungen. Beihilfeelemente sind insbesondere dann zu vermuten, wenn private Wirtschaftssubjekte derartige Transaktionen ablehnen würden. Wird die Existenz staatlicher Beihilfen bejaht, ist nach der *Anwendbarkeit der Ausnahmeregelungen* gemäß Art. 92 Abs. 3 EWGV (Art. 87 Abs. 3 EGV) zu fragen.

— Eine Bereitstellung zusätzlichen Beteiligungskapitals seitens der öffentlichen Hand ist unter Beihilfegesichtspunkten dann unerheblich, wenn sie im *Rahmen einer wirtschaftlich vertretbaren Kapitalzufuhr* (Prinzip des marktwirtschaftlich handelnden Kapitalanlegers; normale Rendite in Form von Kapitalzuwachs oder Dividende; längerfristige Rentabilitätsaussichten eines Privatunternehmens) erfolgt und dem *ursprünglichen Staatsanteil* entspricht. Die Entscheidung bedarf einer Analyse der früheren, der aktuellen und der künftigen kommerziellen und finanziellen *Lage des Unternehmens* und muß *verschiedene Aspekte* berücksichtigen (Ertragslage: Verschuldungsgrad und Cash-flow, Rentabilitätskennziffern, künftige Kapitalwerte und Dividendenausschüttungen; wirtschaftliche und technische Effizienz: Betriebskosten und Arbeitsproduktivität, Alter der Flotte; kommerzielle Strategien: Prognosen der Marktentwicklungen, Marktanteil und -potential des Unternehmens; allgemeines wirtschaftliches Umfeld; Sanierungs- und Umstrukturierungsprogramme; Einbeziehung externer und unabhängiger Finanzberater). Wenn der *Gegenwartswert des erwarteten zukünftigen Cash-flow* über Dividenden und Kapitalzuwächse unter Einschluß einer Risikoprämie größer ist als der *eingesetzte Investitionsbetrag*, kann von einem marktwirtschaftlich handelnden Kapitalanleger gesprochen und der Beihilfecharakter der Maßnahme verneint werden.

— Im Falle der *Darlehensfinanzierung* wird geprüft, ob die Darlehensgewährung banküblichen Bedingungen einer normalen Geschäftsbank hinsichtlich *Zinssatz und Sicherheitsleistung* entspricht. Beihilfeelemente können ihren Ausdruck in unüblichen Zinsdifferenzen und mangelhaften oder fehlenden Sicherheitsleistungen trotz gleichzeitig schlechter Unternehmenssituation finden.

— Nach *Auffassung der Kommission* fallen „sämtliche Bürgschaften, die entweder vom Staat unmittelbar oder durch bevollmächtigte Finanzinstitutionen gewährt" werden, unter Art. 92 Abs. 1 EWGV (Art. 87 Abs. 1 EGV). „Das Beihilfeelement solcher Bürgschaften entspräche dem Unterschiedsbetrag zwischen dem vom Kreditnehmer auf dem freien Markt zu zahlenden Zinssatz und dem aufgrund der Bürgschaft tatsächlich gezahlten Satz abzüglich der für die Bürgschaften gezahlten Prämien. Wenn angesichts der angeschlagenen finanziellen Situation eines Luftverkehrsunternehmens kein Finanzinstitut bereit wäre, ein Darlehen ohne eine staatliche Bürgschaft zu gewähren, gilt der gesamte Darlehensbetrag als Beihilfe". *Öffentliche Unternehmen*, deren Rechtsstellung einen Konkurs ausschließt, „sind bei allen Darlehensaufnahmen praktisch im Besitz einer Dauerbeihilfe"; wenn der rechtliche Status statt der üblichen beschränkten Haftung eine unbegrenzte Haftung bewirkt, so ist dies „nichts anderes als eine unbefristete Bürgschaft, die das Unternehmen künstlich über Wasser hält. Ein solcher Sachverhalt ist folglich als Beihilfe einzustufen".

Ausnahmeregelungen gemäß Art. 92 Abs. 3 EWGV (Art. 87 Abs. 3 EGV) betreffen nach den Leitlinien insbesondere **regionale Beihilfen** oder bestimmte Beihilfen zur Förderung der **Entwicklung gewisser Wirtschaftszweige**:

— *Regionale Investitionsbeihilfen* zugunsten von Unternehmen, die sich in einer hinsichtlich Pro-Kopf-Einkommen und Arbeitslosenquote benachteiligten Region niedergelassen haben, können in den Genuß einer *Ausnahmeregelung* gemäß Art. 92 Abs. 3 lit. a und c EWGV (Art. 87 Abs. 3 lit. a und c EGV) kommen. „Buchstabe c) kann nicht geltend gemacht werden, um Betriebsbeihilfen vom Beihilfeverbot freizustellen; hingegen können mit Hilfe von Buchstabe a) Ausnahmen für Unternehmen gewährt werden, die sich in den entsprechenden Gebieten niedergelassen oder die dort investiert haben, um außergewöhnliche Schwierigkeiten abzufedern. Grundsätzlich kann jedoch Buchstabe a) nicht geltend gemacht werden, um Betriebsbeihilfen im Verkehrsbereich bereitzustellen".

Insbesondere im Zusammenhang mit *Kapitalerhöhungsprogrammen* kann es zur Überprüfung von Beihilfen zur Förderung der *Entwicklung gewisser Wirtschaftszweige* gemäß Art. 92 Abs. 3 lit. c EWGV (Art. 87 Abs. 3 lit. c EGV) kommen. *Umstrukturierungsbeihilfen* (Anpassung der Arbeitnehmerschaft an ein höheres Produktivitätsniveau; Regelungen zur vorzeitigen Pensionierung) können für zulässig erklärt werden, sofern die von ihnen ausgehende Veränderung der Handelsbedingungen nicht dem gemeinsamen Interesse zuwiderläuft. Dabei ist jedoch eine *Reihe von Bedingungen* zu erfüllen: Zeitlich befristete Beihilfe als Bestandteil eines umfassenden und genehmigten Umstrukturierungsprogramms (Marktanalysen und Marktprognosen erforderlich; Kostensenkungen, Effizienz- und Produktivitätssteigerungen, Aufgabe unrentabler Strecken; Entwicklungsaussichten von Renditen, Gewinnen und Dividenden); Einmaligkeit der Kapitalzufuhr aus öffentlichen Mitteln als Umstrukturierungsbeihilfe; keine Zustimmung der Kommission zu weiteren Beihilfen; ggf. Verringerung von Kapazitäten, auf keinen Fall Kapazitätsausweitung auf Kosten der europäischen Wettbewerber; Gewährleistung einer Unternehmensführung nach kaufmännischen Grundsätzen; vertragsgemäße und zweckgerichtete Dimensionierung und Verwendung der Beihilfe; Gewährleistung der notwendigen Transparenz und Erfolgskontrolle). Zur Aufstellung eines umfassenden Umstrukturierungsprogramms können auch *Rettungsbeihilfen* gerechtfertigt sein.

Für die weitere Entwicklung strebte die Kommission den sukzessiven **Abbau von Umstrukturierungsbeihilfen** an; vor allem erteilte sie jener Vorstellung des „Rates der Weisen" eine Absage, nach der die Umstrukturierung jeweils zu einer Privatisierung führen sollte. Die Vorstellungen der Kommission lassen die Eigentumsordnung grundsätzlich unberührt. Dennoch befaßte sie sich auch mit **Privatisierungen** gemäß den Artt. 92 und 93 EWGV (Artt. 87 und 88 EGV), da beim Verkauf von staatlichen Anteilen an Unternehmen Beihilfeelemente ins Spiel kommen können. Wenn der Verkauf im Wege einer unbeschränkten öffentlichen Ausschreibung auf der Grundlage transparenter und nichtdiskriminierender Bedingungen erfolgt, das Unternehmen dem Meistbietenden zugeschlagen wird und die potentiellen Bieter genügend Zeit zur Informationseinholung sowie zur Vorbereitung ihres Angebots haben, liegt keine Beihilfe vor. In anderen Fällen können Beihilfen vorliegen: Verkäufe im Rahmen von beschränkten Verfahren oder in Form von Direktverkäufen; Verkäufe mit vorausgehenden Schuldenstreichungen durch die öffentliche Hand oder andere öffentliche Unternehmen; Verkäufe mit vorausgehender Schuldenumwandlung oder Sanierung mit Kapitalumschichtung; Verkäufe unter Bedingungen, die für marktwirtschaftlich handelnde Kapitalanleger unannehmbar wären. Alle diese Unternehmensverkäufe müssen angemeldet werden; unabhängige Sachverständige sollen den Buchwert und ggf. den Liquidationswert des Unternehmens schätzen; zur **Ermittlung der tatsächlichen Beihilfehöhe** sind die Verkaufswerte zum Vergleich heranzuziehen. Die Kommission kann jedoch die sich aus einer Privatisierung ergebende Beihilfe als mit dem Gemeinsamen Markt vereinbar erklären.

Die Erteilung ausschließlicher Rechte für **Luftverkehrsnebenleistungen** kann ebenfalls mit Beihilfeelementen verbunden sein, wenn der Konzessionsinhaber für die Konzession weniger zahlt als ihren Marktwert. Solche Fälle traten nach Auffassung der Kommission vor allem im Zusammenhang mit den **Konzessionen für Duty-free-Shops** auf (häufig willkürliche Beschlüsse, keine Ausschreibungsverfahren, Monopolgewinne möglich). Im Einzelfall können jedoch die Sachverhalte sehr kompliziert sein, da für die Konzessionserteilung auch Gesichtspunkte wie Zuverlässigkeit und Zahlungsfähigkeit eine große Rolle spielen.

Die Beurteilung von finanziellen Transaktionen gemäß den Artt. 92 und 93 EWGV (Artt. 87 und 88 EGV) wird häufig durch **unzureichende Transparenz** (unvollständige Angaben bei öffentlichen Finanzspritzen; ungenaue Angaben bei Bürgschaftsregelungen; Informationsdefizite bei den Ausgleichsleistungen für gemeinwirtschaftliche Verpflichtungen) erschwert. Diese Probleme zeigte bereits der Beihilfebericht der Kommission vom Juni 1992 auf, obwohl die **Transparenzrichtlinie** geeignete Regelungen für unmittelbare oder mittelbare öffentliche Zuwendungen enthält. Transparenz wird ausdrücklich gefordert für den Ausgleich von Betriebsverlusten, für Kapitaleinlagen oder Kapitalausstattungen, für nicht rückzahlbare Zuschüsse oder Darlehen zu Vorzugsbedingungen, für die Gewährung von finanziellen Vergünstigungen durch

Verzicht auf Gewinne oder Nichteinziehung von Schuldforderungen sowie durch Verzicht auf eine normale Verzinsung der eingesetzten öffentlichen Mittel und schließlich für den Ausgleich von durch die öffentliche Hand auferlegten finanziellen Belastungen. Die Erfüllung erhöhter Transparenzanforderungen wird durch **beschleunigte Genehmigungsverfahren** [ABl. C 213 19.08.92 S.10] für Investitionsbeihilfen von begrenztem Umfang (Entscheidungsfrist: 20 Arbeitstage) ergänzt, die gemäß Art. 92 Abs. 3 EWGV (Art. 87 Abs. 3 EGV) angemeldet werden; die Kommission möchte diese Verfahrensweisen auch über die KMU (Problem der Größenordnung) hinaus anwendbar machen.

Leitlinien vom September 2005

Am 6. September 2005 nahm die Kommission nach Abschluß einer ausführlichen Anhörung einen **revidierten Gemeinschaftsrahmen** für staatliche Beihilfen im Luftverkehr an. Die gemeinschaftlichen Leitlinien für die Finanzierung von Flughäfen und die Gewährung staatlicher Anlaufbeihilfen für Luftfahrtunternehmen auf Regionalflughäfen [ABl. C 312 09.12.2005 S.1] sollen die Leitlinien von 1994 nicht ersetzen, sondern vielmehr präzisieren und ergänzen, um den im vergangenen Jahrzehnt gemachten Erfahrungen mit der Anwendung der Beihilfe- und Wettbewerbsregeln zu entsprechen.

Die Vereinbarkeit der im Zuge der **Errichtung von Flughafeninfrastruktur** zu berücksichtigenden und zu notifizierenden Beihilfen (Begünstigung eines bestimmten Flughafenbetreibers; Überlassung von Bauten oder Grundstücken unter Marktpreisen; kein hinreichend publiziertes, allgemeines und bedingungsfreies Privatisierungsverfahren) mit dem Gemeinsamen Markt prüft die Kommission anhand verschiedener Voraussetzungen (klar definierte Ziele von allgemeinem Interesse; Notwendigkeit und Angemessenheit; mittelfristige Perspektiven der Infrastrukturnutzung; einheitlicher und diskriminierungsfreier Infrastrukturzugang; Handelsbeeinträchtigung vs. gemeinschaftliches Interesse). Beihilfen für den **Betrieb von Flughafeninfrastruktur** sind als Ausgleich für gemeinwirtschaftliche Verpflichtungen grundsätzlich zulässig, jedoch ggf. einer strengen Prüfung unterworfen (Art der gemeinwirtschaftlichen Verpflichtungen; betroffene Betreiber und Gebiete; zuerkannte Sonder- und Exklusivrechte; Berechnung und Kontrolle des Ausgleichs; Vermeidung unangemessenen Ausgleichs).

Bei **Bodenabfertigungsdiensten**, die ab einer Fluggastschwelle von jährlich zwei Millionen dem Wettbewerb geöffnet sind, müssen Preisunterschiede durch entsprechende Kosten- oder Leistungsunterschiede gerechtfertigt sein. Den von Regionalflughäfen aus operierenden Luftverkehrsgesellschaften können unter bestimmten Voraussetzungen **Anlaufbeihilfen** zum Nachteilsausgleich mit der Konsequenz von Wettbewerbsverzerrungen gewährt werden (Besitz einer gültigen Betriebsgenehmigung; Flugdienste über Regionalflughäfen; Eröffnung neuer Flugverbindungen; Entwicklung der Fluggastzahlen; langfristige Wirtschaftlichkeit, begrenzte Dauer und degressive Staffelung; Ausgleich für zusätzliche Anlaufkosten; Diskriminierungsfreiheit). Für die zu notifizierenden Anlaufbeihilfen gilt ein weitgehendes **Kumulierungsverbot** im Hinblick auf andere Finanzhilfen. Die ergänzenden Regelungen zur

Finanzierung von Flughafeninfrastruktur oder zur Überwindung von Anlaufschwierigkeiten von Fluggesellschaften sollen von den Mitgliedstaaten spätestens ab dem 1. Juni 2007 beachtet werden *(vgl. Bull. EU 9-2005, S. 46)*.

3.4.2.2 Umstrukturierung und Sanierung einzelner Fluggesellschaften

Belgien

Bereits mehrere Jahre vor der Neufassung der Beihilfeleitlinien der Kommission befaßte sich diese mit den von der belgischen Regierung geplanten **Restrukturierungshilfen** für die belgische Fluggesellschaft **Sabena** (Einbringung bedingter Schuldforderungen in das Unternehmenskapital, Kapitalaufstockung durch Anteilszeichnung und Kapitalherabsetzung mit Verlusttilgung und Rückstellungsbildung; später staatliche und private Neukapitalisierungsmaßnahmen vorgesehen; Rentabilitätssicherung und Luftverkehrskooperation als notwendige Voraussetzungen). Nach ursprünglichen Kommissionsbedenken (Zweifel am Erfolg des Restrukturierungskonzepts, an der Einmaligkeit und Wettbewerbsneutralität der Maßnahmen) und weiterer Sachklärung nach Verfahrenseinleitung wurden die Beihilfen mit der **Entscheidung 91/555/EWG der Kommission vom 24. Juli 1991 [ABl. L 300 31.10.91 S.48]** *(vgl. Übersicht 57)* gemäß Art. 92 Abs. 3 lit. c EWGV (Art. 87 Abs. 3 lit. c EGV) mit einigen Auflagen (Verzicht auf weitere Beihilfen und vergleichbare Maßnahmen; weitere Kapital- und Unternehmensrestrukturierungsauflagen; Gleichbehandlungsgebot bei Verkehrsrechten sowie Flughafendiensten) für mit dem Gemeinsamen Markt vereinbar erklärt *(vgl. Bull. EG 5-1991, S. 29; Bull. EG 7/8-1991, S. 42; WB 1991, Ziff. 311; B. Adkins, 1994, S. 164 ff.)*.

Im Juli 1999 eröffnete die Kommission ein Beihilfeverfahren gegen das Vorhaben Belgiens zur **Ausbildung der Angestellten** der Luftverkehrsgesellschaft **Sabena** [ABl. C 351 04.12.1999 S.12] *(vgl. WB 1999, Ziff. 297)*. Die Maßnahmen waren in den Jahren 1997 und 1998 vom Flämischen Amt für Beschäftigungsvermittlung und Berufsbildung (VDAB) organisiert und durch den ESF, die Region Flandern und andere öffentliche Stellen (VDAB, Betriebsrentenfonds und Bildungsurlaub) sowie durch die Sabena selbst finanziert worden. Die Unterstützung durch den bezahlten Bildungsurlaub wurde nach näherer Prüfung als allgemeine Maßnahme und nicht als Beihilfe eingestuft, so daß die Intensitätshöchstgrenze des Gemeinschaftsrahmens für Ausbildungsbeihilfen unterschritten wurde. Obwohl die Beihilfegewährung unzulässigerweise erfolgt war, wurde die Ausnahmeregelung für Ausbildungsbeihilfen im Rahmen der Förderung der Entwicklung bestimmter Wirtschaftszweige mit der **Entscheidung 2001/698/EG der Kommission vom 18. Juli 2001 [ABl. L 249 19.09.2001 S.21]** für anwendbar erklärt *(vgl. WB 2001, Ziff. 449)*. Wegen des Konkurses der an der Sabena beteiligten Swissair-Gruppe wurde außerdem eine **Rettungsbeihilfe** an die Sabena erforderlich, die von der Kommission im Oktober 2001 genehmigt wurde *(vgl. WB 2001, Ziff. 451)*.

Zu einem weiteren Beihilfeverfahren führte im November 1994 die Gewährung eines zinslosen Darlehens der Region Flandern an das Luftverkehrsunternehmen **Vlaamse Luchttransportmaatschappij** NV (VLM). Nach Auffassung der Kommission lag in diesem Fall eine staatliche Beihilfe ohne Freistellungsmöglichkeit vor. Belgien sah in der Maßnahme eine Kapitalzuführung (indirekte Investitionshilfe in der Gründungsphase, gesamtwirtschaftliche Vorteile für die Region), die selbst als Beihilfe freistellbar wäre (Förderung der Entwicklung von Wirtschaftszweigen; Unterschreitung der Höchstgrenze für KMU-Beihilfen). Die Kommission war gegenteiliger Auffassung; mit der **Entscheidung 95/466/EG vom 26. Juli 1995 [ABl. L 267 09.11. 95 S.49]** stufte sie das Fehlen von Zinszahlungen als rechtswidrige Beihilfe ein, verlangte ihre Rückerstattung sowie eine künftige marktgerechte Verzinsung (Grundzinssatz plus Risikoprämie) des Darlehens *(vgl. WB 1995, S.234)*. Eine **Klage** der britischen Fluggesellschaft Cityflyer vom Februar 1996 in der Rs. T-16/96 auf Nichtigkeit der Entscheidung (auch das Darlehen selbst sollte als Beihilfe angesehen werden) wurde vom Gericht erster Instanz im April 1998 abgewiesen [ABl. C 108 13.04.96 S.11; ABl. C 184 13.06.98 S.10; Slg. 1998, S.II-757]. Die **Entscheidung 98/337/EG der Kommission vom 21. Januar 1998 [ABl. L 148 19.05.98 S.36]** betraf Beihilfen der Region Flandern zugunsten des Luftverkehrsunternehmens **Air Belgium** und des Reiseveranstalters **Sunair** für die Durchführung von Charterflügen über den Flughafen Ostende. Zwei Zuschüsse als Gegenleistung (Ausgleich für Mehrkosten der Benutzung des Flughafens Ostende und für Preisnachlässe zugunsten der Passagiere) führten zu einer ablehnenden Entscheidung (direkte Betriebsbeihilfen, mit dem Gemeinsamen Markt unvereinbar); der **Finanzierung eines Werbeprogramms** von Sunair (lediglich Kostenerstattung) aus Mitteln eines Förderprogramms zugunsten der Flughäfen Ostende und Antwerpen wurde jedoch zugestimmt *(vgl. WB 1998, Ziff.258, S.255)*.

Deutschland

Mit Sonderproblemen der Privatisierung der **Deutschen Lufthansa** befaßte sich die Kommission im Jahre 1995. Das privatisierungsbedingte Ausscheiden des Unternehmens aus der VBL hatte zu finanziellen Belastungen geführt. Die Kommission kam im Mai 1995 zu dem Schluß, nicht gegen die Beteiligung Deutschlands an **Pensionsfonds zugunsten der Beschäftigten** vorzugehen *(vgl. Bull. EU 5-1995, S.35 f.; WB 1995, Ziff.180, S.233)*. Die im Jahre 1965 zwecks Stärkung der internationalen Wettbewerbsfähigkeit für in Deutschland registrierte Luftverkehrsunternehmen eingeführte und danach mehrfach verlängerte **Sonderabschreibungsregelung** war in den Jahren 1988, 1991 und 1992 Gegenstand mehrfacher Auskunftsverlangen der Kommission und wurde von ihr mit einem Schreiben vom April 1993 [ABl. C 163 15.06.93 S.5; ABl. C 289 26.10.93 S.2] als **zwischenstaatliche Handelsbeziehungen** beeinflussende und **wettbewerbsverfälschende Steuerbeihilfe** angesehen, auf die die Ausnahmetatbestände nicht anwendbar seien. Wegen weitgehend gleichartiger Regelungen in anderen Ländern hätte ihre Abschaffung jedoch nach Auffassung Deutschlands eine **einseitige Benachteiligung deutscher Unternehmen** bedeutet. Die Vorschrift sei Bestandteil des deutschen Steuersystems und könne von der Kommission nicht in Frage gestellt werden. Das deutsche Steuersystem sei im internationalen Vergleich eher ungünstig; Sonderabschreibungen würden kaum zusätzliche Vorteile bringen; bestehende Anreize für den Erwerb von neuem und umweltfreundlichem Gerät sollten erhalten bleiben. Deutschland kündigte eine **Verlängerung** der Regelung für die Jahre 1995 bis 1999 an.

Die **Verfahrenseinleitung** durch die Kommission im Dezember 1993 [ABl. C 016 19. 01.94 S.3] betraf die bestehende Regelung und ihre Weiterführung; da bis Ende 1994 keine Entscheidung getroffen worden war, wurde das Verfahren damit gegenstandslos. Die Nachfolgevorschriften ab 1995 brachten aus der Perspektive der Kommission für die Unternehmen weiterhin erhebliche Vorteile in Höhe der Steuernachlässe; für diese gäbe es keine objektiven Kriterien als Zulassungsgründe, es handele sich daher um unzulässige Beihilfen. Diese seien auch nicht unentbehrlich für das Funktionieren des Steuersystems, und Sonderabschreibungen dieser Art seien zudem in anderen Ländern nicht üblich (beide Argumente für Entscheidung irrelevant). Die angeführten Freistellungsgründe seien nicht stichhaltig. Die Kommissionsentscheidung vom November 1995 wurde wegen inhaltlicher Fehler zurückgezogen und durch die im wesentlichen identische **Entscheidung 96/369/EG der Kommission vom 13. März 1996 [ABl. L 146 20.06.96 S.42]** ersetzt *(vgl. WB 1993, Ziff.539; WB 1995, Ziff.182, S.234; WB 1996, S.249)*.

Im Dezember 2001 wurde eine **Rettungsbeihilfe** als Kreditbürgschaft in Höhe von 120 Mio. € für die **LTU** genehmigt; im März 2003 akzeptierte die Kommission eine weitere **Umstrukturierungsbeihilfe** [ABl. C 148 25.06.2003 S.8] *(vgl. WB 2001, Ziff.451; Bull. EU 3-2003, S.53 f.; WB 2003, Ziff.560)*.

Frankreich

Anfang der neunziger Jahre verschlechterte sich die **wirtschaftliche Situation** der **Air France** zunehmend; steigende Verluste wurden vor allem verursacht durch die darlehensfinanzierte Flottenerweiterung und -modernisierung, durch die weltweite Rezession im Luftverkehr einschließlich der Folgen des Golfkriegs sowie die liberalisierungsbedingte Verstärkung des Wettbewerbs auf den Luftverkehrsmärkten. Trotz der finanziellen Probleme des Unternehmens erschienen die langfristigen Aussichten der Air France als so gut, daß die bereits im November 1991 und im Juli 1992 **durchgeführten Kapitalzufuhren** nicht als staatliche Beihilfen, sondern als normale Finanzierungsvorgänge eingestuft wurden *(vgl. WB 1991, Ziff.312; WB 1992, Ziff.62, 502)*. Für diese Einschätzung war das von den französischen Behörden im August 1991 vorgelegte **Umstrukturierungsprogramm** Cap '93 (finanzielle Umstrukturierung zur Erhöhung der Bruttogewinnspanne) von entscheidender Bedeutung. Das Ausmaß der Krise wurde jedoch unterschätzt. Die französische Regierung legte daraufhin im Herbst 1992 einen **neuen Plan zur Sanierung** des Unternehmens (PRE 1) vor, der aber nach Auffassung der Kommission nicht als vollständiges, konsequentes Umstrukturierungsprogramm gewertet werden konnte und deswegen aufgegeben werden mußte.

Im Februar 1993 wurde daraufhin seitens der Air France die **Emission von Obligationen**, die in Aktien getilgt werden sollten (ORA-Papiere im Wert von 749.996.535 ffrs), und **nachrangigen Schuldverschreibungen** (TSIP-BSA im Wert von 749.356.800 ffrs) eingeleitet. Die Laufzeit der ORA-Papiere reichte bis zum 1. Januar 2000 mit einer z. T. ertragsabhängigen Verzinsung, diejenige der TSIP-BSA war unbefristet mit einem Zinssatz von durchschnittlich 7 % p. a. zwischen 1993 und 1999 (Zins ab 1. Januar 2000 variabel; bis dahin befristete Option der Aktienzeichnung). Im April 1993 wurde der größte Teil der neu emittierten Papiere und Schuldverschreibungen von dem staatlichen Unternehmen **CDC-Participations** gezeichnet: ORA-Papiere im Wert von 748.080.190 ffrs und TSIP-BSA im Wert von 749.335.100 ffrs. Die privaten Kleinaktionäre der Air France erhielten lediglich einen geringen Prozentsatz dieser Papiere, da die Emission neuer Aktien nicht zu einer **indirekten Privatisierung** des Unternehmens führen sollte.

Die Kommission leitete im November 1993 ein Beihilfeverfahren ein [ABl. C 334 09. 12.93 S.7]; mit der **Entscheidung 94/662/EG der Kommission vom 27. Juli 1994 [ABl. L 258 06.10.94 S.26]** wurden die indirekten Kapitalerhöhungen der Air France auf ihre Vereinbarkeit mit den bestehenden europäischen Beihilferegelungen beurteilt. Die Kommission kam zu dem Schluß, daß die CDC-Participations nicht wie ein **privater Kapitalanleger** gehandelt habe (Unklarheit über finanzielle Entwicklung der Air France zum Zeitpunkt der Zeichnung der Papiere; keine Sanierungserfolge; kein konkretes und glaubhaftes Umstrukturierungsprogramm). Aus diesem Grund lag eine staatliche Beihilfe vor, die dem Luftfahrtunternehmen helfen sollte, die Finanzkrise zu überstehen; außerdem wurden eine **Verzerrung des Wettbewerbs** und eine **Beeinträchtigung des Handels** in der Gemeinschaft konstatiert. Da sie zudem nicht Bestandteil eines von der Kommission genehmigten Plans war und erst nach ihrer Gewährung gemeldet wurde, war die Beihilfe unrechtmäßig gewährt worden und deshalb rechtswidrig. Die Ausnahmetatbestände waren nicht anwendbar (keine Förderung der ökonomischen Entwicklung von bestimmten Gebieten oder eines Vorhabens von gemeinschaftlichem europäischen Interesse, keine Behebung einer beachtlichen Störung in der französischen Wirtschaft, keine Entwicklung eines bestimmten Wirtschaftszweigs im Rahmen eines Umstrukturierungsprogramms). Aus diesen Gründen entschied die Kommission, daß die Zeichnung der Air-France-Anleihen durch die CDC-Participations eine **unrechtmäßige staatliche Beihilfe** in Höhe von 1.497.415.290 ffrs darstelle, die mit dem Gemeinsamen Markt nicht zu vereinbaren war *(vgl. WB 1993, Ziff.537; B. Adkins, 1994, S.149ff.; Bull. EU 7/8-1994, S.44; WB 1994, S.565; M. Niejahr u. a., 1996, S.8).*

Im Oktober 1994 wurden von Frankreich beim Europäischen Gerichtshof in der Rs. C-282/94 und gleichzeitig von Air France beim Gericht erster Instanz in der Rs. T-358/94 **Klagen auf Aufhebung der Kommissionsentscheidung** eingereicht [ABl. C 351 10. 12.94 S.7; ABl. C 370 24.12.94 S.16; ABl. C 074 08.03.97 S.18; Slg. 1996, S.II-2109]. Die Durchführung der Kommissionsentscheidung mit der Rückzahlung der gezeichneten Anleihen an CDC-P innerhalb der folgenden zwei Monate nach der Veröffentlichung der Entscheidung konnte in Frankreich nicht nur auf rechtliche Probleme stoßen, sondern hätte auch die Schaffung nicht mehr umkehrbarer Tatbestände vor dem Abschluß der eingereichten Klagen bedeutet. Die französische Regierung und Air France unterbreiteten deshalb im Dezember 1994 einen Vorschlag über vorläufige Rückzahlungsmodalitäten. Mit der **Entscheidung 95/367/EG der Kommission vom 4. April 1995 [ABl. L 219 15.09.95 S.34]** wurde Frankreich dann verpflichtet, die an CDC-P rückzahlbare Beihilfe einschließlich der Verzugszinsen auf ein Sperrkonto zu überweisen, solange das Verfahren vor Gericht anhängig war *(vgl. WB 1995, Ziff.178, S. 233).*

Übersicht 57: Gewährung von Beihilfen im Luftverkehr

Anwendung der Artikel 92 und 93 des EG-Vertrags sowie des Artikels 61 des EWR-Abkommens auf staatliche Beihilfen im Luftverkehr (94/C 350/07) [ABl. C 350 10.12.94 S.5]
Entscheidung 91/555/EWG der Kommission vom 24. Juli 1991 betreffend Beihilfen der belgischen Regierung zugunsten der Luftverkehrsgesellschaft Sabena [ABl. L 300 31.10.91 S.48] — Entscheidung 94/118/EG der Kommission vom 21. Dezember 1993 über eine Beihilfe Irlands zugunsten des Aer-Lingus-Konzerns [ABl. L 054 25.02.94 S.30] — Entscheidung 94/666/EG der Kommission vom 6. Juli 1994 über die Ausgleichszahlungen für die Verluste von TAP im Verkehr zu den Autonomen Regionen Azoren und Madeira [ABl. L 260 08.10.94 S.27] — Entscheidung 94/698/EG der Kommission vom 6. Juli 1994 über eine Kapitalerhöhung, Kreditbürgschaften und die bestehende Steuerbefreiung zugunsten von TAP [ABl. L 279 28.10.94 S.29] — Entscheidung 94/653/EG der Kommission vom 27. Juli 1994 über die angemeldete Kapitalerhöhung von Air France [ABl. L 254 30.09.94 S.73] — Entscheidung 94/662/EG der Kommission vom 27. Juli 1994 über die Zeichnung von Air France-Anleihen durch CDC-Participations [ABl. L 258 06.10. 94 S.26] — Entscheidung 94/696/EG der Kommission vom 7. Oktober 1994 über die dem Unternehmen Olympic Airways vom griechischen Staat gewährten Beihilfen [ABl. L 273 25.10.94 S. 22] — Entscheidung 94/996/EG der Kommission vom 30. November 1994 über die Übertragung durch die Niederlande der staatlichen niederländischen Luftfahrtschule an die Koninklijke Luchtvaartmaatschappij (KLM) C 31/93 [ABl. L 379 31.12.94 S.13] — Entscheidung 94/997/EG der Kommission vom 30. November 1994 über die Genehmigung der angepaßten Zahlen für die in der Entscheidung 94/118/EG der Kommission festgelegten Beschränkungen der Sitzplatzkapazität des Aer-Lingus-Konzerns [ABl. L 379 31.12.94 S.21] — Entscheidung 95/367/EG der Kommission vom 4. April 1995 zur Änderung der Entscheidung der Kommission vom 27. Juli 1994 über die Zeichnung von Air-France-Anleihen durch CDC-Participations (93/C 334/04) [ABl. L 219 15.09.95 S.34] — Entscheidung 96/110/EG der Kommission vom 19. Juli 1995 über Beihilfen für den Betrieb von Flugstrecken aufgrund des Gesetzes der Region Sardinien vom 20. Januar 1994 [ABl. L 026 02.02.96 S.29] — Entscheidung 95/466/EG der Kommission vom 26. Juli 1995 über eine Beihilfe der Flämischen Region zugunsten des belgischen Unternehmens Vlaamse Luchttransportmaatschappij NV [ABl. L 267 09.11.95 S.49] — Entscheidung 96/278/EG der Kommission vom 31. Januar 1996 über eine Kapitalaufstockung zugunsten der Fluggesellschaft Iberia [ABl. L 104 27.04.96 S.25] — Entscheidung 96/369/EG der Kommission vom 13. März 1996 über eine steuerliche Beihilfe in Form einer Abschreibungsregelung zugunsten der deutschen Luftverkehrsunternehmen [ABl. L 146 20.06.96 S.42] — Entscheidung 97/789/EG der Kommission vom 15. Juli 1997 über eine Kapitalerhöhung zugunsten des Unternehmens Alitalia [ABl. L 322 25.11.97 S.44] — Entscheidung 98/337/EG der Kommission vom 21. Januar 1998 über Beihilfen der Region Flandern zugunsten der Unternehmen Air Belgium und Sunair für die Bedienung des Flughafens Ostende [ABl. L 148 19.05.98 S.36] — Entscheidung 1999/197/EG der Kommission vom 22. Juli 1998 über die angemeldete Kapitalerhöhung von Air France [ABl. L 063 12.03.1999 S.66] — Entscheidung 1999/332/EG der Kommission vom 14. August 1998 über die dem Unternehmen Olympic Airways vom griechischen Staat gewährten Beihilfen [ABl. L 128 21.05.1999 S.1] — Entscheidung 2001/698/EG der Kommission vom 18. Juli 2001 über die Ausbildungsbeihilfe, die Belgien zugunsten der Gesellschaft Sabena gewährt hat [ABl. L 249 19.09. 2001 S.21] — Entscheidung 2001/723/EG der Kommission vom 18. Juli 2001 über eine Kapitalerhöhung zugunsten des Unternehmens Alitalia [ABl. L 271 12.10.2001 S.28] i. d. F. der Berichtigung [ABl. L 090 08.04.2003 S.54] — Entscheidung 2003/196/EG der Kommission vom 11. Dezember 2002 über die von Frankreich beabsichtigte staatliche Beihilfe C 42/2002 (ex N 286/ 2002) zugunsten der französischen Luftfahrtunternehmen [ABl. L 077 24.03.2003 S.61] — Entscheidung 2003/372/EG der Kommission vom 11. Dezember 2002 über Beihilfen Griechenlands zugunsten von Olympic Airways [ABl. L 132 28.05.2003 S.1] — Entscheidung 2003/637/EG der Kommission vom 30. April 2003 über die Beihilferegelung C 65/2002 (ex N 262/2002) Österreichs zugunsten der österreichischen Luftfahrtunternehmen [ABl. L 222 05.09.2003 S.33] — Entscheidung 2004/393/EG der Kommission vom 12. Februar 2004 über die Vorteilsgewährung

seitens der Region Wallonien und des Flughafenbetreibers Brussels South Charleroi Airport zugunsten des Luftfahrtunternehmens Ryanair bei dessen Niederlassung in Charleroi [ABl. L 137 30.04.2004 S.1] — Entscheidung 2005/351/EG der Kommission vom 20. Oktober 2004 über die Beihilferegelung des Königreichs Spanien zugunsten des Luftfahrtunternehmens Intermediación Aérea SL [ABl. L 110 30.04.2005 S.56]

In einem engen zeitlichen und sachlichen Zusammenhang mit der Entscheidung 94/662/EG kam es auch zu der **Entscheidung 94/653/EG der Kommission vom 27. Juli 1994 [ABl. L 254 30.09.94 S.73]** über die Rechtmäßigkeit einer im März 1994 von der französischen Regierung in Aussicht gestellten **Kapitalerhöhung** für die staatliche Fluggesellschaft **Air France** (Air France-Konzern: Air France, UTA, Air Inter; Air France-Anteil an Sabena: 37,5 % per April 1992) *(vgl. Bull. EU 7/8-1994, S.43; WB 1994, S.564 f.)*. Da der im September 1993 vorgelegte Umstrukturierungsplan PRE2 am Widerstand der Gewerkschaften gescheitert war und die **wirtschaftliche Situation** der Air France weiterhin durch hohe Finanzierungskosten, geringe Gewinnspannen, Bilanzverluste, Verminderung des Eigenkapitals, hohe Betriebskosten und geringe Produktivität gekennzeichnet war, wurde mit dem „Projet pour l'entreprise" ein **neues Umstrukturierungsprogramm** für die Jahre 1994 bis 1996 erarbeitet. Neben einer Kapitalerhöhung um 20 Mrd. ffrs sah dieser Plan **folgende Maßnahmen** vor: Verringerung der Flotteninvestitionen, Senkung der Betriebskosten, Verringerung des Personalbestands, Gehalts-, Lohn- und Beförderungsstop, Arbeitszeitverlängerungen, Umstrukturierung des Managements in Profitcenter, Vereinfachung und Flexibilisierung des Leistungsangebots, Verringerung des Flottenmix und damit verbunden eine Senkung der Betriebskosten, Vereinfachung des bedienten Netzes der Air France sowie Einführung eines leistungsorientierten Ertragsmanagementsystems.

Die Kommission hatte ein **Beihilfeverfahren** eingeleitet [ABl. C 152 03.06.94 S.2], da sie erhebliche Zweifel an der Vereinbarkeit der Kapitalerhöhung gehabt hatte; die französische Regierung machte daraufhin eine Reihe von Zusagen. Im Ergebnis stellte die Kapitalerhöhung nach Auffassung der Kommission zwar eine **staatliche Beihilfe** dar, die den Wettbewerb innerhalb des EWR verzerren und den Handel beeinträchtigen könnte; die Kommission prüfte jedoch, ob eine **Ausnahme vom Beihilfeverbot** gewährt werden konnte (Förderung der Entwicklung gewisser Wirtschaftszweige). Unter diesem Gesichtspunkt überwog die positive Bewertung des vorgelegten **Umstrukturierungsplanes** (geeignet zur Wiederherstellung der Rentabilität; deutliche Verbesserung der Finanzstruktur des Unternehmens; zukünftig Schuldendienst und Darlehensaufnahme ohne staatliche Unterstützung; Beihilfe der Höhe nach erforderlich und angemessen; flexible zeitliche Gestaltung der Beihilfe durch Kapitalzuführung in Tranchen mit laufender Erfolgskontrolle). Die Genehmigung erfolgte jedoch unter **Auflagen**, die der Sicherstellung des Wettbewerbs im gemeinsamen Interesse dienen sollten (Anwendung von Marktpreisen innerhalb des Konzerns zur Vermeidung von Quersubventionen; Führung der Air France ausschließlich nach erwerbswirtschaftlichen Grundsätzen; Verhalten Frankreichs wie ein normaler Aktionär; Sicherstellung der Einmaligkeit der Beihilfe; kein beihilfefinanzierter Erwerb von Anteilen an anderen Fluggesellschaften; keine Flottenerweiterung; Einhaltung von Angebotshöchstgrenzen und Vermeidung von Preisführerschaft in der Umstrukturierungsperiode; keine Vorzugsbehandlung für die Air France im Hinblick auf Verkehrsrechte; Beschränkung der Zahl der Linienflugrouten während der Umstrukturierungsperiode; Veräußerung der Anteile an dem Hotelunternehmen Meridien).

Die Kapitalerhöhung wurde in **drei Tranchen** vorgenommen. Nach der Kontrolle der ordnungsgemäßen Einhaltung der Umstrukturierungspläne und der Auflagen wurde im Juni 1995 die Zahlung einer zweiten Tranche genehmigt [ABl. C295 10.11.95 S.2]; hiergegen erhob TAT im Dezember 1995 **Klage** vor dem Gericht erster Instanz (Rs. T-236/95 [ABl. C 064 02.03.96 S.20]). Im Juli 1996 wurde die dritte und letzte Tranche von 5 Mrd. ffrs zur Verfügung gestellt [ABl. C 374 11.12.96 S.9], von denen 1 Mrd. ffrs gesperrt wurden, da der Umstrukturierungszeitraum noch lief und einige Maßnahmen noch nicht endgültig verabschiedet waren. Die französische Regierung sollte bis zum 1. März 1997 einen Bericht über die Durchführung und die tatsächlich erreichten Erfolge vorlegen. Nach **Überprüfung der Angaben** durch die Kommission wurden die restlichen 1 Mrd. ffrs im April 1997 dem Eigenkapital von Air France zugeführt [ABl. C 374 10.12.97 S.6]; die französischen Behörden hatten die **Auflagen der Entscheidung** vom Juli 1994 sowie die eigenen Zusagen hinsichtlich der Preisgestaltung für Flüge im EWR, der Maßnahmen für den Flughafen Orly und die Bedingungen für die Fusion zwischen Air France und Air France Europe eingehalten *(vgl. Bull. EU 6-1995, S.79; WB 1995, Ziff.177, S.232; Bull. EU 7/8-1996, S.70f.; WB 1996, Ziff.196, S.248f.; WB 1997, Ziff.261, S.261f.)*.

Die Kommissionsentscheidung vom Juli 1994 wurde von British Airways, SAS, KLM, Air UK Euralair und TAT in der Rs. T-371/94 sowie von British Airways in der Rs. T-394/94 angefochten [ABl. C 386 31.12.94 S.21; ABl. C 392 31.12.94 S.14]. Im Juni 1998 hob das Gericht erster Instanz diese auf [ABl. C 258 15.08.98 S.30; Slg. 1998, S.II-2405], weil zwei Ausführungen zur Finanzierung der Flottenerneuerung sowie zur Wettbewerbsstellung von Air France auf Strecken außerhalb des EWR nicht ausreichend begründet worden waren. Die Kommission verdeutlichte daraufhin in der **Entscheidung 1999/197/EG vom 22. Juli 1998 [ABl. L 063 12.03.1999 S.66]** ihren Standpunkt zu den strittigen Fragen und genehmigte denselben Betrag wie zuvor. Sie stellte die Kopplung der Beihilfe an den Umstrukturierungsplan, die Expansion des Luftverkehrsmarktes und das unveränderte Sitzplatzangebot von Air France im Zusammenhang mit einer Analyse der Kapazitätsauslastung sowie den Beitrag der Kapitalzufuhr zur Schuldensenkung heraus. In bezug auf die **Strecken außerhalb des EWR** wurden die Bedingungen erläutert, die weltweit eine Verringerung der Marktanteile von Air France bewirken konnten (Verbot der Vorzugsbehandlung bei den Verkehrsrechten, Begrenzung der Anzahl der Flugzeuge auf 146); eine zu starke Beschränkung des Air France-Angebots auf diesen Relationen wurde abgelehnt, da von der Beihilfe in erster Linie die **Wettbewerbsbedingungen innerhalb des EWR** betroffen seien *(vgl. Bull. EU 7/8-1998, S.63f.; WB 1998, Ziff.256, S.255; S. Grundmann, 1999, S.217)*.

Weitere Frankreich betreffende Beihilfeverfahren umfaßten ebenfalls Kapitalzuführungen und Rettungsbeihilfen. Nach der Prüfung einer **Kapitalzuführung** von 300 Mio. ffrs zugunsten der Fluglinie **AOM** durch die Muttergesellschaft Crédit Lyonnais und des damit verbundenen Umstrukturierungsplans entschied die Kommission im Juli 1995 anhand der ihr vorliegenden Kennzahlen, das Vorhaben als normale finanzielle Transaktion anzusehen, die auch ein privater Investor durchgeführt hätte *(vgl. Bull. EU 7/8-1995, S.51; WB 1995, Ziff. 181, S.234)*. Im Januar 2003 wurde ein Verfahren wegen einer nicht angemeldeten **Rettungs- und Umstrukturierungsbeihilfe** (Darlehensverlängerung, zusätzliche Kredite und Bürgschaften, Tilgungserleichterungen) für **Air Lib** eröffnet; nach dem Scheitern dieser Bemühungen wurde allerdings ein Konkursverfahren eingeleitet [ABl. C 088 11.04.2003 S.2] *(vgl. WB 2003, Ziff. 561)*.

Griechenland

Die wirtschaftliche Lage der nationalen griechischen Luftfahrtgesellschaft **Olympic Airways** war trotz gewisser Monopolrechte (Bodenabfertigung; Linienflugverkehr mit Drittstaaten) seit Jahrzehnten durch **ständige Verluste** (Auferlegung gemeinwirtschaftlicher Verpflichtungen ohne Ausgleich, geringe Produktivität des eingesetzten Personals und Materials, unzureichende Kapitalausstattung, Managementfehler, Fehlen eines internen Kontrollsystems) gekennzeichnet. Die stark ansteigende **Verschuldung** wurde in den Jahren 1986 bis 1992 von **staatlichen Bürgschaften** begleitet. Ihrer Anmeldung bei der Kommission im Juli 1992 folgte ein Jahr später ein **Plan zur finanziellen Neuordnung** (Entschuldung und Kapitalzufuhr: neue Darlehensbürgschaften von 378 Mio. US$, Verringerung der Schuldenlast um 427 Mrd. Dr., Umwandlung von Schulden in Höhe von 64 Mrd. Dr. in Eigenkapital, Kapitalerhöhung von 54 Mrd. Dr. in drei Tranchen von 19 Mrd. Dr. (1995), 23 Mrd. Dr. (1996) und 12 Mrd. Dr. (1997)) **und Umstrukturierung** (Umgestaltung des Streckennetzes, Flottenanpassung, Aufbau strategischer Allianzen, Einführung eines neuen Marketingkonzepts, Flugplanumgestaltung, Personalabbau, Personalausbildung und interne Umorganisation) zwecks **Redynamisierung** von Olympic Airways. Da die der Kommission übermittelten Informationen nicht zur Beurteilung der mit dem Plan verbundenen Beihilfen ausreichten und auch nicht nachgebessert wurden, leitete die Kommission im März 1994 [ABl. C 094 31.03.94 S.4] ein **Beihilfeverfahren** gegen die griechische Regierung ein. Verschiedene Mitgliedstaaten (Finnland, Norwegen, Schweden, Vereinigtes Königreich) sowie mehrere europäische Fluggesellschaften kritisierten zugleich Qualität und Preis der Bodenabfertigung durch Olympic Airways, ihre nicht kostendekkende Preisgestaltung auf bestimmten Strecken (Athen – Stockholm, Athen – London) und eine unkorrekte Anwendung der dritten Liberalisierungsstufe im Luftverkehr.

Die nach Ansicht der Kommission fehlenden Informationen wurden erst mit einem **modifizierten Sanierungsplan** (weitere Zunahme der Verschuldung, höhere Kapitalaufstockung von 1,915 Mrd. ECU) sowohl für die **Olympic Airways** als auch für deren Tochtergesellschaft **Olympic Aviation** im Mai 1994 nachgereicht. Als **Maßnahmen** waren vorgesehen: Streichung der Verbindungen in die Vereinigten Staaten (Ausnahme: New York) und nach Tokio; Verkauf einer Boeing 747 sowie Einstellung des Betriebs von vier Airbus-Flugzeugen; Senkung der Personalkosten um 15 % (1994) und 30 % (1995); Erhöhung der Produktivität und interne Umstrukturierungen. Detaillierte **Prognosen** ließen ab 1995 einen positiven Nettoertrag erwarten. Die griechischen Behörden bestätigten der Kommission die völlige **Freigabe der Preise** für den innergriechischen Linienflugverkehr seit dem 1. Januar 1994; außerdem sollten für Olympic Airways künftig keine weiteren staatlichen Bürgschaften (gemäß Gesetz Nr. 96 vom 26. Juni 1975) übernommen, die Betriebsführung von Olympic Airways nicht mehr von der griechischen Regierung beeinträchtigt, das Unternehmen steuerlich anderen griechischen Aktiengesellschaften gleichgestellt, das dritte Liberalisierungspaket zum Luftverkehr umgesetzt und Olympic Airways **keine weiteren Beihilfen** für die Dauer des Umstrukturierungsprogramms gewährt werden.

Die **Entscheidung 94/696/EG der Kommission vom 7. Oktober 1994 [ABl. L 273 25.10.94 S.22]** bewertete die im Rahmen der Kapitalaufstockung für Olympic Airways geleisteten Darlehensbürgschaften und die Entschuldungsmaßnahmen als **staatliche Beihilfen** (Verfälschung des Wettbewerbs, Beeinträchtigung des Handels), die keine Förderung eines bestimmten regional benachteiligten Gebietes oder eines wichtigen Vorhabens von europäischem Interesse vorsahen. Allerdings waren sie als Maßnahme „zur Förderung der Entwicklung gewisser Wirtschaftszweige" mit dem Gemeinsamen Markt vereinbar, da sie der grundlegenden **Umstrukturierung des Unternehmens** dienten; die Entwicklung des Luftverkehrs in einer **Randregion** lag außerdem im gemeinsamen Interesse. „Die Entscheidung war an mehrere Auflagen geknüpft, die vor allem die Überwachung der Beihilfe, Einschränkungen der Betriebsfreiheit der Fluggesellschaft, eine stärkere Öffnung des griechischen Luftverkehrsmarktes für den Wettbewerb sowie Maßnahmen zur Sicherung der umfassenden Verwirklichung des dritten Luftverkehrspaketes betrafen" *(WB 1994, S.565; vgl. Bull. EU 7/8-1994, S.43)*.

In der Folgezeit hielt die griechische Regierung jedoch einige Auflagen nicht ein. Hierzu gehörten die **Gewährung neuer Beihilfen** (Übernahme der Sozialversicherungsansprüche, Befreiung von öffentlichen Abgaben und Steuern für Bürgschaften, Befreiung von Lande- und Parkgebühren, günstigere Besteuerung von Abfindungen), **Eingriffe in die Betriebsführung** (Bestellung der Verwaltungsräte von Tochterunternehmen, Personaleinstellung, Beschäftigungsbedingungen, Frühpensionierung, Gestaltung des Streckennetzes, Beförderung von Presseerzeugnissen zu niedrigen Preisen, kostenlose Beförderung von Beschäftigten des öffentlichen Dienstes), die mangelnde Realisierung des **steuerlichen Status** einer Aktiengesellschaft, die **Beibehaltung der Vorrechte** von Olympic Airways bei der Bedienung bestimmter Inlands- und internationaler Strecken sowie im Charterverkehr und Einschränkungen der **Selbstabfertigungsmöglichkeiten** auf griechischen Flughäfen. Aus diesen Gründen eröffnete die Kommission im April 1996 erneut ein **Verfahren** und sperrte die im Rahmen der Kapitalerhöhung ursprünglich für Januar 1996 vorgesehene Auszahlung der zweiten Tranche von 23 Mrd. Dr. für zwei Jahre; gleiches galt für die dritte Tranche von 12 Mrd. Dr.; die verbleibenden Bürgschaften von 378 Mio. US$ durften nicht gewährt werden [ABl. C 176 19.06.96 S.5] *(vgl. Bull. EU 4-1996, S.41; WB 1996, S.248)*.

Im Anschluß an die 1997 durchgeführte Untersuchung der **Umstrukturierungsfortschritte und -mißerfolge** (langsamerer Anstieg der Nettogewinne, Verluste im Luftverkehrsgeschäft, vor allem durch hohe Personalkosten; keine vollständige Verwirklichung der Vorgaben zum Stellenabbau, zur Änderung der Beschäftigungsbedingungen, zur Restrukturierung des Unternehmens, zum Aufbau von Managementinformationssystemen und zur Neugestaltung des Streckennetzes; erhebliche Liquiditätsprobleme) und einem erfolglosen Versuch zur Ausarbeitung eines geänderten Programms Anfang 1998 wurde im Juli 1998 ein **neuer Umstrukturierungsplan** für 1998 bis 2002 verabschiedet (Überarbeitung der Finanzplanung des Unternehmens; keine neuen Beihilfen; Kürzung der zweiten und dritten Tranche der Kapitalzuführung von 35 Mrd. Dr. auf 21,8 Mrd. Dr., Anrechnung von Steuervorteilen in Höhe von 13,2 Mrd. Dr., Auszahlung in den Jahren 1998 und 1999; vorübergehender Lohn- und Gehaltsstop, Abschaffung verschiedener Zulagen, neue Arbeitszeitregelung für fliegendes Personal, Reduzierung von Überstunden, Einführung flexibler Arbeitszeiten, Abbau von Stellen und Hierarchieebenen; Neugestaltung der Marketingpolitik, Konzentration auf rentable Strecken und Aufbau eines Drehkreuzes in Athen; Anschaffung neuer und Ersatz alter Flugzeuge, weitere Infrastrukturinvestitionen, Bildung autonomer Tochtergesellschaften). Mit der **Entscheidung 1999/332/EG der Kommission vom 14. August 1998 [ABl. L 128 21.05.1999 S.1]** wurde der geänderte Plan anerkannt und die Auszahlung der reduzierten zweiten Tranche von 14 Mrd. Dr. genehmigt (erfolgte im September 1998); die Auszahlung der dritten Tranche von 7,8 Mrd. Dr. sollte im Juni 1999 nur bei Erfüllung aller Auflagen zugelassen werden (1999 ausgesetzt) *(vgl. Bull. EU 7/8-1998, S.63; WB 1998, S.255f.)*.

Im Juli 2000 beantragte Griechenland die anderweitige Verwendung von 176,4 Mio. US$ der genehmigten **Beihilfe für Darlehensbürgschaften** von insgesamt 378 Mio. US$. Anstelle der ursprünglich vorgesehenen Beschaffung neuer Flugzeuge sollten für den Umzug von Olympic Airways zum neuen Athener Flughafen Spata **notwendige Investitionen** getätigt werden; die Laufzeit der betreffenden Bürgschaften sollte bis zum 31. März 2001 verlängert werden. Im Oktober 2000 genehmigte die Kommission eine **Änderung ihrer Entscheidung** vom August 1998. Gleichzeitig und danach im Juli 2001 legte die **Hellenic Air Carrier Association** (HACA) zwei Beschwerden gegen Griechenland wegen der weiteren Gewährung von Beihilfen an Olympic Airways ein. Im März 2002 eröffnete die Kommission erneut ein Beihilfeverfahren [ABl. C 098 23.04.2002 S.8] wegen **Nichteinhaltung des Umstrukturierungsplans** (keine Änderung der Organisationsstruktur, Gehaltssteigerungen im Jahre 1998, keine plangemäßen Finanzergebnisse, keine Vorlage von Umsetzungsberichten im Jahre 2000), **Nichteinhaltung von Bedingungen und Zusagen** (fehlende Einführung eines Managementsystems, Verletzung von Publizitätspflichten, verspätete Veröffentlichung des Jahresabschlusses von 1999, fehlende Zahlung von Steuern, Sozialversicherungsbeiträgen, Flughafengebühren und Mieten sowie sonstigen Abgaben, steuerliche Vorzugsbehandlung, Aufsichts- und Kontrollrechte für Ministerien), **mangelnder Überwachung** der Verwendung der Umstrukturierungsbeihilfe und **Gewährung neuer Beihilfen** (Nicht- bzw. verzögerte Zahlung von Sozialversicherungsbeiträgen und Flughafenentgelten, Befreiung von Steuern, Notar- und Registriergebühren, Aufrechnung von Verbindlichkeiten zwischen Staat und Olympic Airways bzw. den Flughäfen und Olympic Airways, Vergabe des Betriebs einer Betankungseinrichtung ohne offene Ausschreibung, Gewährung eines Darlehens von 19,5 Mio. € an Olympic Airways aufgrund der Abtretung von Forderungen der Fluggesellschaft gegen den Staat an die Bank). Die **Entscheidung 2003/372/EG der Kommission vom 11. Dezember 2002 [ABl. L 132 28.05.2003 S.1]** stellte die Nichteinhaltung verschiedener Bedingungen von 1994 und 1998 für die Zulassung der Umstrukturierungsbeihilfen fest, die deshalb mit dem Gemeinsamen Markt unvereinbar waren. In bezug auf die vermuteten neuen Beihilfen wurden nur die Nichtzahlung von Sozialversicherungsbeiträgen, Mehrwertsteuern auf Kraftstoffe und Ersatzteile sowie von Mieten, Flughafengebühren und Fluggaststeuern durch Olympic Airways beanstandet *(vgl. WB 2000, Ziff.381, S.263; WB 2002, Ziff.507).*

Die **Privatisierung** von Olympic Airways war im September 2003 Grundlage einer Anordnung zur Auskunftserteilung und einer Beschwerde von **Aegean Airlines**. Die Rückforderung der **unzulässigen Beihilfen** war bis dahin unterblieben, und das Finanzgebaren von Olympic Airways war durch die **Aufnahme neuer Bankkredite** und eine **neue Verschuldung** gegenüber dem Staat gekennzeichnet. Hervorzuheben war insbesondere die Gewährung eines staatlichen Vorschusses von 130,312 Mio. € für die Ausgabendeckung im Vorfeld der Privatisierung und des geplanten Verkaufs der aus der Zusammenfassung der Flugbetriebssparten der ehemaligen Tochterunternehmen entstandenen **Olympic Airlines**. Ferner wurde festgestellt, daß Olympic Airways dem Flughafen Athen ca. 26 Mio. € Flughafensteuern schuldete; vor diesem Hintergrund leitete die Kommission im März 2004 wiederum ein **Beihilfeverfahren** ein [ABl. C 192 28.07.2004 S.2] *(vgl. WB 2004, Ziff.591).*

Irland

Wie viele andere Linienfluggesellschaften der Gemeinschaft geriet auch die **Aer Lingus** Anfang der neunziger Jahre mit der **weltweiten Rezession** und den **Auswirkungen des Golfkriegs** angesichts einer kostenintensiven Struktur und einer zu geringen Produktivität zunehmend in finanzielle Schwierigkeiten. Besonders starke **saisonbedingte Schwankungen** der Nachfrage, eine **hohe Wettbewerbsintensität** auf wichtigen Mittelstrecken (seit 1986: Vereinigtes Königreich – Irland) – verstärkt durch den Liberalisierungsprozeß in Europa – und spezielle **flughafenpolitische Belastungen** bei Transatlantikflügen (stets Zwischenlandung in Shannon, kein Ausbau Dublins zum Drehkreuz) trugen zur Verschärfung der Situation – Sinken des Eigenkapitals, Erhöhung der Nettoverschuldung, Zunahme des Verschuldungsgrades – bei. Aufgrund der schweren Krise der irischen Fluggesellschaft wurde zur Sicherung ihrer Existenzfähigkeit ein **Umstrukturierungsprogramm** für den Zeitraum von Mitte 1993 bis Ende 1995 beschlossen, das eine Neustrukturierung des gesamten Aer-Lingus-Konzerns umfaßte (Aer Lingus: Strecken innerhalb Irlands, in das Vereinigte Königreich und nach Kontinentaleuropa; Aer Lingus Shannon: ab Flughafen Shannon Transatlantikverkehr in die Vereinigten Staaten; Aer Lingus Express: Neugründung als Niedrigpreisunternehmen für den Markt zwischen Irland und dem Vereinigten Königreich; weitere Tochter- und Nebenunternehmen des Konzerns als unabhängige Profitcenter; Veräußerung der Copthorne-Hotelkette). Besondere Aufmerksamkeit kam dabei der geplanten **Eigenkapitalzufuhr** in drei Tranchen zugunsten des Konzerns in Höhe von 175 Mio. Ir£ zu, wobei im Jahre 1993 75 Mio. Ir£ und in den Jahren 1994 und 1995 jeweils 50 Mio. Ir£ gezahlt werden sollten [ABl. C 291 28.10.93 S.4]; die irische Regierung machte der Kommission aber verschiedene Zusagen in bezug auf die Kapitalerhöhung.

Nach der **Entscheidung 94/118/EG der Kommission vom 21. Dezember 1993 [ABl. L 054 25.02.94 S.30]** kam eine Genehmigung als Regionalbeihilfe nicht in Frage. Weil die Kapitalerhöhung jedoch transparent und strukturiert mit gezielten Maßnahmen als Teil eines Sanierungsprogramms durchgeführt werden sollte, mit ihrer Hilfe nicht die bestehenden Schwierigkeiten einem anderen Mitgliedstaat aufgebürdet wurden und die Umstrukturierung des Unternehmens zur Entwicklung des Luftverkehrs in einem der **Randgebiete der Gemeinschaft** beitrug, lag eine „Förderung der Entwicklung gewisser Wirtschaftszweige" vor, die die notwendigen Voraussetzungen für die Vereinbarkeit mit dem Gemeinsamen Markt erfüllte. Die irische Regierung wurde ermächtigt, eine **Umstrukturierungsbeihilfe** in Höhe von 175 Mio. Ir£ zu gewähren, um die Rentabilität des Unternehmens innerhalb von zwei Jahren wiederherzustellen; nach der Zahlung der ersten Rate war die Auszahlung der **zweiten und dritten Tranche** an konkrete Bedingungen hinsichtlich der Erfüllung des Plans geknüpft [ABl. C 399 31.12.94 S.1]. Die Kommission war über die Durchführung und die Erfolge des Umstrukturierungsprogramms regelmäßig zu informieren; die staatlichen Beihilfen sollten einer **strengen Kontrolle** unterliegen *(vgl. WB 1993, Ziff.538; B. Adkins, 1994, S.166f.)*.

Zu den **Umstrukturierungszusagen** und den **Genehmigungsauflagen** der Beihilfe zählten im einzelnen: Durchführung der geplanten Kostensenkung um 50 Mio. Ir£ jährlich; keine weiteren Beihilfen für die Dauer des Umstrukturierungsprozesses; keine Erweiterung der Luftflotte durch Aer Lingus; Gründung von Aer Lingus Express ohne Ausweitung der Betriebsflotte während der Umstrukturierungsphase; Heraufsetzung der Zahl der zum Verkauf angebotenen Sitzplätze auf Linienflügen in Irland und im Vereinigten Königreich sowie auf der Strecke Dublin – London-Heathrow nur bis zu einer bestimmten Höchstgrenze, gemessen am Verkehrsaufkommen; Europaflüge, Transatlantikflüge und Aer Lingus Express aus Transparenzgründen mit getrennter Buchführung; kein Erwerb von Beteiligungen an anderen gemeinschaftlichen Luftverkehrsunternehmen unter Nutzung der Beihilfe. Die irische Regierung mußte sich außerdem verpflichten, sich nur aus kommerziellen Gründen in die **Geschäftsführung der Fluggesellschaft** einzumischen.

Die **Entscheidung 94/997/EG der Kommission vom 30. November 1994 [ABl. L 379 31.12.94 S.21]** berücksichtigte die Ergebnisse einer Wachstumsprognose für den Luftverkehrsmarkt zwischen Irland und dem Vereinigten Königreich durch unabhängige Sachverständige. Danach sollte dieser Markt stärker wachsen, als in der Entscheidung vom Dezember 1993 angenommen worden war. Aus diesem Grunde konnte Aer Lingus auf den Strecken zwischen **Irland und dem Vereinigten Königreich** 1994 3.570.765 und 1995 3.845.714 Sitzplätze anbieten; hiervon durften auf die Strecke Dublin – London-Heathrow 1994 1.451.821 und 1995 1.621.684 Sitzplätze entfallen. Eine **Klage von Ryanair** vom Juli 1995 gegen die Genehmigung der zweiten Beihilfetranche wurde vom Gericht erster Instanz mit seinem Urteil vom September 1998 in der Rs. T-140/95 abgewiesen [ABl. C 248 23.09.95 S.14; ABl. C 340 07.11.98 S.17; Slg. 1998, S.II-3327].

Dem Luftfahrtunternehmen **Ryanair** wurden bei der Einrichtung seiner ersten Basis auf dem Kontinent im Jahre 2001 aufgrund eines privatrechtlichen Vertrages vom 6. November 2001 seitens der Region Wallonien und des Flughafenbetreibers Brussels

South Charleroi Airport (BSCA) für die Durchführung von Flugverkehrsdiensten auf dem **Flughafen Charleroi** verschiedene Vorteile eingeräumt. Die nicht unerheblichen Vergünstigungen reichten von der Halbierung der Landegebühren über verschiedene Entschädigungszusagen (bei Änderung der Flughafengebühren, Öffnungszeiten) bis zur Übernahme bestimmter Hotel- und Verpflegungskosten sowie gewisser Büro-, Personal- und Ausbildungskosten mit ergänzenden Sachleistungen. Ryanair verpflichtete sich im Gegenzug für 15 Jahre zur Stationierung einer bestimmten Anzahl von Flugzeugen und zum Betrieb von mindestens drei Flügen je Flugzeug. Die Kommission erfuhr von diesen Vereinbarungen aus Pressemeldungen vom Juli 2001 und einer Beschwerde vom Januar 2002 und leitete im Dezember 2002 [ABl. C 018 25.01.2003 S.3] ein **Beihilfeverfahren** ein, da insbesondere die Senkung der Flughafengebühren und die Entschädigungsregelung als Beihilfen zu überprüfen waren, die den Wettbewerb erheblich verzerren können; ungerechtfertigte Vorteile konnten auch von den vereinbarten Kostenübernahmen durch BSCA ausgehen *(vgl. WB 2002, Ziff.510; WB 2003, Ziff.564)*.

Mit der **Entscheidung 2004/393/EG der Kommission vom 12. Februar 2004 [ABl. L 137 30.04.2004 S.1]** wurden die Ermäßigung der Landegebühr und die Zusicherung von Entschädigungen als **Beihilfen** anerkannt, da diese in diskriminierender Weise ein Unternehmen gegenüber allen anderen bevorzugten und die Region Wallonien nicht als ein marktwirtschaftlich handelnder privater Kapitalgeber anzusehen war. In bezug auf die Kostenbeteiligung von BSCA einschließlich der Preisermäßigungen für Bodenabfertigungsdienste kam die Kommission zum gleichen Schluß, da sich der Flughafenbetreiber unter Berücksichtigung aller wesentlichen Aspekte (Verwaltungsratssitzungen; Stichhaltigkeit des Geschäftsplans; Betriebsbedingungen, Aufgaben und Pflichten von BSCA gemäß den Rechtsvorschriften und dem Konzessionsplan) nicht wie ein privater Unternehmer verhielt; die Gewährung der Beihilfen war rechtswidrig. Eine teilweise Freistellung der Vergünstigungen als Instrument zur Förderung von **Flugdiensten auf Regionalflughäfen** sei nur eng begrenzt bei Erfüllung weiterer Bedingungen gestattet: keine Ermäßigungen von Flughafengebühren und Preisen für Bodenabfertigungsdienste; keine Zusicherung von Entschädigungen; Kostenübernahmen nur dann akzeptabel, sofern auf fünf Jahre nach Aufnahme der neuen Verbindung befristet, keine Leistungen für Ersatzverbindungen; Nachweis der Marketingbeiträge anhand eines Geschäftsplans; Rückzahlung nicht kostenorientierter pauschaler Anreizzahlungen für Niederlassung und Eröffnung einer neuen Verbindung; Begrenzung der Beihilfe auf 50 % der Kosten des Flughafens; Beschränkung der Summe aller Beihilfen für eine Verbindung auf 50 % der Kosten auf beiden Flughäfen; Rückzahlung der Mittel für die Strecke Charleroi – Dublin. Im übrigen wurde für Vergünstigungen, die diesen Kriterien entsprechen, die Einführung einer diskriminierungsfreien Regelung verlangt *(vgl. R. I. R. Abeyratne, 2004, S.585 ff.; Bull. EU 1/2-2004, S.56 f.; T. Steinrücken u. a., 2004, S.179 ff.; WB 2004, Ziff.388, 588 ff.)*.

Italien

Im Mittelpunkt der Kommissionstätigkeit stand seit Mitte der neunziger Jahre die im Rahmen eines Umstrukturierungsprogramms für die Fluggesellschaft **Alitalia** vorgesehene Kapitalaufstockung. Die geplante Neuausrichtung des Unternehmens – wegen der trotz erheblicher Bemühungen zur Kostensenkung dauerhaft schwierigen Lage mit erheblichen Marktanteilsverlusten und steigender Verschuldung – sollte langfristig die Wettbewerbsfähigkeit und Lebensfähigkeit der Gesellschaft unter den neuen Bedingungen des liberalisierten Luftverkehrsmarktes in Europa (Vorbereitung der Privatisierung) wiederherstellen. Im Anschluß an die **Sanierungsphase** (Betriebskostensenkung: Stellenabbau, Gehaltskürzungen; Ertragsoptimierung: CRS, Nachfragesegmentierung, Kundenbindung; Verbesserung des Verhältnisses von Eigen- zu Fremdkapital; Ausgliederung bestimmter Aktivitäten: Verwaltungszentrum, Kapitalbeteiligungen; Kapitalerhöhung von 3 Bio. Lit: über IRI, zusätzlich Unternehmensbeteiligung der Angestellten von 310 Mrd. Lit) der Jahre 1996/97 war die **Ausbauphase** der Jahre 1998/2000 (neben Rom-Fiumicino Bildung einer zweiten Drehscheibe in Mailand (Malpensa), Shuttle-Dienste für Inlandsstrecken, Reorganisation des internationalen Netzes, Konzept für strategische Allianzen, Aufstockung der Flotte) mit den Zielen der Umsatzsteigerung, der Kostensenkung sowie der Verbesserung des Betriebs- und Nettoergebnisses vorgesehen.

Wegen der vermuteten Verletzung des Prinzips eines marktwirtschaftlich handelnden Investors beschloß die Kommission im Oktober 1996 die **Einleitung eines Beihilfeverfahrens** [ABl. C 346 16.11.96 S.13]. Zu einer genehmigungsfähigen **Umstrukturierungsbeihilfe** fehlten der Kapitalzufuhr **wichtige Merkmale** (Verläßlichkeit der Wachstumsprognosen, Effizienznachweis für zwei Drehscheiben, Realisierbarkeit der Sanierungspläne, Umsetzung der Personalpolitik, Berechnung des internen Ertragssatzes der Transaktion; außerdem: fehlende Beteiligung privater Investoren, keine Kapazitätssenkung, weiterhin defizitäre Strecken, massive Wettbewerbsverzerrungen). Im Februar 1997 wurde daher ein **veränderter Umstrukturierungsplan** (Abbau von 10 % der Strecken, keine Vergrößerung der Flotte, Senkung der Beschäftigtenzahl, Reduzierung der Kapitalzufuhr um 200 Mrd. Lit, Veräußerung von Anteilen am Buchungssystem Galileo, Anpassung des Abschreibungsverfahrens für Flugzeuge) vorgelegt; im Juni 1997 folgten **weitere Änderungen** (schnellerer Personaltransfer; Senkung der Kapitalerhöhung auf 2,75 Bio. Lit: erste Tranche von 2 Bio. Lit sofort, zweite von 500 Mrd. Lit im Mai 1998, dritte von 250 Mrd. Lit im Mai 1999; Veräußerung weiterer Anteile) *(vgl. Bull. EU 10-1996, S.48)*.

Nach Auffassung der Kommission handelte es sich bei der Kapitalaufstockung zwar nach wie vor um eine den zwischenstaatlichen Handel betreffende und wettbewerbsverfälschend wirkende staatliche Beihilfe; nach den Änderungen des Umstrukturierungsprogramms sah sie jedoch die Bedingungen für eine Freistellung als Beihilfe zur **Förderung der Entwicklung gewisser Wirtschaftszweige** (Umstrukturierungsbeihilfe) **unter Auflagen** – sofortige Umsetzung des ergänzenden Sanierungskonzepts; Verbesserung der Unternehmensführung; Unterlassung jeglicher Diskriminierung zum Vorteil der Alitalia (Verkehrsrechte, Slotzuweisung, Bodenabfertigung); Beschränkung des Kapazitätsangebots (verfügbare Sitze, angebotene Sitzkilometer); Verzicht auf Preisführerschaft, die Beibehaltung bestimmter Beteiligungen und den Erwerb neuer Anteile; Ausschluß weiterer Kapitalzufuhren; Gewährleistung der Transparenz und Kontrolle der Beihilfe – als erfüllt an. Innerhalb dieses Rahmens wurde ein Beitrag zur positiven Entwicklung des Luftverkehrs erkannt, ohne daß der **Wettbewerb** in einem dem **Gemeinschaftsinteresse** zuwiderlaufenden Sinne beeinträchtigt wurde. Die **Entscheidung 97/789/EG der Kommission vom 15. Juli 1997 [ABl. L 322 25.11.97 S.44]** genehmigte deshalb die Zahlung einer Beihilfe an die Alitalia in Form einer Kapitalaufstockung unter Auflagen *(vgl. Bull. EU 7/8-1997, S.58; WB 1997, Ziff.261, S.262)*.

Alitalia focht die Kommissionsentscheidung vor dem **Gericht erster Instanz** an [ABl. C 041 07.02.98 S.21]. Das Urteil vom Dezember 2000 in der Rs. T-296/97 [ABl. C 108 07.04.2001 S.14; Slg. 2000, S.II-3871] erklärte diese dann auch für nichtig. Neben Beurteilungsfehlern wurden Begründungsdefizite im Zusammenhang mit der Anwendung des Grundsatzes des marktwirtschaftlich handelnden Investors (Festlegung einer bestimmten Mindestrendite, Nichtberücksichtigung von Insolvenzkosten und des geänderten Umstrukturierungsplans) beanstandet. Die neue **Entscheidung 2001/723/ EG der Kommission vom 18. Juli 2001 [ABl. L 271 12.10.2001 S.28]** i. d. F. der Berichtigung [ABl. L 090 08.04.2003 S.54] kam diesen Anforderungen nach, ohne die Schlußfolgerungen der ursprünglichen Entscheidung zu ändern *(vgl. WB 2001, Ziff. 450)*. Auch gegen diese Entscheidung erhob Alitalia **Klagen** auf Nichtigerklärung (Rs. T-301/01 [ABl. C 044 16.02.2002 S.24]) und Schadenersatz (Rs. T-35/02 [ABl. C 109 04.05.2002 S.57], gestrichen [ABl. C 213 06.09.2003 S.44]). Zwischenzeitlich war im Juni 1998 die Auszahlung der **zweiten Tranche** in Höhe von 500 Mrd. Lit genehmigt worden. Die Kommission verlangte eine weitere Personalkostensenkung, erkannte aber die Umsetzung des Umstrukturierungsplans an. Italien vermied den Einsatz der Beihilfen für die Finanzierung von Sondertarifen und gab die Zusage zur Einräumung von Verkehrsrechten an Wettbewerber auf Drittstaatenverbindungen [ABl. C 290 18. 09.98 S.3] *(vgl. Bull. EU 6-1998, S.64; WB 1998, Ziff.254, S.255)*. Im Juni 2002 wurden dann zwei weitere finanzielle Maßnahmen zugunsten von Alitalia genehmigt: Auszahlung der **dritten Tranche** der obigen Umstrukturierungsbeihilfe in Höhe von 129 Mio. € und eine **geplante Kapitalerhöhung** von maximal 1,4 Mrd. € *(vgl. WB 2002, Ziff.509)*.

Angesichts der gravierenden Verschlechterung der Finanzlage der Alitalia seit 2003 genehmigte die Kommission im Juli 2004 eine **Rettungsbeihilfe** von bis zu 400 Mio. € in Form einer Darlehensbürgschaft; im Gegenzug mußten auf den ab Sommer 2004 betriebenen Verbindungen die Kapazitäten auf dem Stand von Ende 2002 eingefroren werden, die Strecken hatten rentabel zu sein, das Unternehmen durfte keinen Verdrängungswettbewerb praktizieren, und der italienische Staat sollte bis Juli 2005 nur noch eine **Minderheitsbeteiligung** an Alitalia halten. Im Oktober 2004 wurde die Kommission über einen weiteren Umstrukturierungs- und Rekapitalisierungsplan für Alitalia informiert, der auf der Basis des neuen Geschäftsplans Entlassungen sowie eine **Aufspaltung der Fluggesellschaft** in die beiden Geschäftsfelder Flugbetrieb (AZ Fly; staatliche und private Kapitalerhöhung von 1,2 Mrd. €) und Unterstützungsdienste (AZ Services; Kapitalbeteiligung der staatlichen Holding Fintecna in Höhe von 220 Mio. €) vorsah. Die Kommission leitete im Januar 2005 ein Verfahren ein, da sie von einer neuen Beihilfe ausging und keine Garantien für eine Beteiligung des Privatsektors hatte [ABl. C 044 19.02.2005 S.10] *(vgl. WB 2004, Ziff.592)*.

Niederlande

Seit 1993 befaßte sich die Kommission mit dem Verkauf des Betriebsvermögens der bisher staatlichen Luftfahrtschule RLS am 1. Juli 1991 an die **Koninklijke Luchtvaart School** (KLS; KLM-Tochter zu 100 %) für 1 hfl, wobei die niederländische Regierung zugleich die Betriebsverluste der Schule (belastende Auflagen: hochwertige Pilotenausbildung, Umschulung ehemaliger Flugingenieure zu Verkehrspiloten, Beschäftigungssicherung) während der ersten fünf Jahre der Privatisierung durch die Zahlung von 17 Mio. hfl abzudecken hatte. Die Kommission sah in dem nur **symbolischen Kaufpreis** sowie in der **Deckung der Betriebsverluste** eine (nicht notifizierte) Beihilfe der Niederlande, gegen die bereits eine Beschwerde der Vereinigung niederländischer Luftfahrtunternehmen (VNLO) vorlag, und leitete ein **Beihilfeverfahren** ein [ABl. C 293 29.10.93 S.4] *(vgl. WB 1993, Ziff.536)*. Nach der **Entscheidung 94/996/EG der Kommission vom 30. November 1994 [ABl. L 379 31.12.94 S.13]** war die Beihilfe mit dem Gemeinsamen Markt nicht vereinbar (Verfälschung des Wettbewerbs, Beeinträchtigung des Handels); die Vergünstigungen konnten jedoch als „Beihilfe zur Förderung der Entwicklung gewisser Wirtschaftszweige" aufgefaßt werden, da ein **Umstrukturierungsplan** für die Pilotenschule vorlag und bis zum 1. Juli 1996 konkrete Maßnahmen für eine marktwirtschaftliche Ausrichtung der Akademie verwirklicht werden sollten. Da zugleich ein **gemeinschaftliches Interesse** existierte (Erhöhung der Mobilität von Piloten, Verhinderung der Abwanderung von Studenten ins Ausland), wurde die Beihilfe (trotz der Verletzung der Notifizierungspflicht) als mit dem Gemeinsamen Markt vereinbar angesehen *(vgl. WB 1994, S.565)*. Weitere Kommissionsentscheidungen betrafen die Fluggesellschaft Martinair und die Schiphol-Gruppe. Im November 1998 genehmigte die Kommission Umweltschutzbeihilfen der niederländischen Regierung in Höhe von 150.944 ECU zugunsten der **Martinair**, die für den Einbau von schadstoffsenkenden Technologien gedacht waren *(vgl. WB 1998, Ziff.257, S.256)*. Die Befreiung des **Flughafens Schiphol** und anderer niederländischer Flughäfen von der Körperschaftsteuer wurde als Beihilfe gewertet und war mit Wirkung vom 1. Januar 2002 abzuschaffen *(vgl. WB 2001, Ziff.452 f.)*.

Portugal

Die **wirtschaftlich schwierige Situation** der portugiesischen Fluggesellschaft **TAP** mit teilweise erheblichen Verlusten seit der Verstaatlichung im Jahre 1975 entwickelte sich in der ersten Hälfte der neunziger Jahre zu einer **ernsten Existenzkrise** (extrem hoher Verschuldungsgrad, negativer Eigenkapitalanteil). Bereits Ende 1992 hatte der Aufsichtsrat der Gesellschaft Maßnahmen eingeleitet, um die Geschäftsbereiche umzustrukturieren, Personal abzubauen, unrentable Tochterunternehmen abzustoßen und die Flottenstruktur zu optimieren. Im Januar 1994 informierte Portugal die Kommission über eine **geplante Kapitalerhöhung** zugunsten der Fluggesellschaft und legte gleichzeitig einen „Plan zur strategischen, wirtschaftlichen und finanziellen Umstrukturierung" des Unternehmens vor. Die **Steuerbefreiung** der TAP, die bereits nach einer Aufforderung der Kommission vom Mai 1993 [ABl. C 163 15.06.93 S.5] aufgehoben werden sollte, wurde in diesen Plan eingebunden *(vgl. WB 1993, Ziff.539; B. Adkins, 1994, S.169 f.)*.

Der der Kommission vorgelegte **Umstrukturierungsplan** konnte als Weiterentwicklung der bereits eingeleiteten Maßnahmen angesehen werden; es wurde angestrebt, die Dezentralisierung und Umstrukturierung der Gesellschaft fortzusetzen, den Personalabbau bis zum Jahr 1997 weiterzuführen, die Aufwendungen insgesamt zu verringern, wettbewerbsfähigere Produkte am Markt anzubieten, das Streckennetz schlanker zu gestalten, die Flotte zu verringern, die Absatzkapazitäten auszuschöpfen und eine kohärente Betriebsbuchführung einzuführen. Im Rahmen des Umstrukturierungsprozesses in den Jahren 1994 bis Ende 1997 sollte das Kapital der TAP in vier Tranchen um insgesamt 180 Mrd. Esc erhöht werden; Portugal wollte während dieses Zeitraums Kreditbürgschaften für Kredite in Höhe von insgesamt 530 Mrd. Esc übernehmen. Die **Steuerbefreiung** während dieser vier Jahre wurde auf einen Betrag von etwa 8 Mrd. Esc geschätzt. Vor allem die **Kapitalerhöhung** und die **Kreditbürgschaften** des Staates waren notwendig, um der Fluggesellschaft ausreichende finanzielle Ressourcen für den Umstrukturierungsprozeß zur Verfügung zu stellen.

In dem von ihr eingeleiteten Verfahren [ABl. C 093 30.03.94 S.12] gelangte die Kommission zur Auffassung, daß es sich bei der geplanten Kapitalerhöhung (unzureichende Rentabilität für privaten Investor), den gewährten Bürgschaften (keine Bereitstellung durch Finanz- oder Kreditinstitut) und der Steuerbefreiung (Vorteile gegenüber Wettbewerbern) um **Beihilfen** handelte. Sämtliche Leistungen konnten zwar nicht als **Regionalbeihilfen** angesehen werden, sie dienten jedoch zur Förderung der **Entwicklung gewisser Wirtschaftszweige** (Anforderungen: Vorliegen eines Umstrukturierungsprogramms, keine Überwälzung von Schwierigkeiten auf andere Mitgliedstaaten, Transparenz, Unabdingbarkeit, keine Beeinträchtigung der Handelsbedingungen). Nach der Prüfung der Lage des zivilen Luftfahrtgewerbes, des Umstrukturierungsplans und der Auswirkungen auf den Gemeinsamen Markt kam die **Entscheidung 94/698/EG der Kommission vom 6. Juli 1994 [ABl. L 279 28.10.94 S.29]** zum Ergebnis, daß die Beihilfemaßnahmen zugunsten der TAP im Zeitraum von 1994 bis Ende 1997 (Kapitalerhöhung von 180 Mrd. Esc, Kreditbürgschaften von bis zu 169 Mrd. Esc, Steuerbefreiungen) mit dem Gemeinsamen Markt vereinbar seien. Allerdings waren neben laufenden Kontrollen und Berichtspflichten **weitere Auflagen** zu beachten. „Die wichtigsten Zusagen bestanden darin, daß das Angebot der Fluggesellschaft eingeschränkt wird, daß die Beihilfe nicht für den Erwerb von Anteilen an anderen Fluggesellschaften des EWR verwendet wird, daß dies die letzte Beihilfe zugunsten der TAP ist und daß konkrete Liberalisierungsmaßnahmen gemäß dem dritten Luftverkehrspaket vorgesehen sind" *(WB 1994, S.564; vgl. Bull. EU 7/8-1994, S.44)*.

Im April 1995 gestattete die Kommission die **Zuweisung der zweiten Beihilfetranche** [ABl. C 154 21.06.95 S.5]; im März 1996 wurde die Bereitstellung der dritten Tranche, im April 1997 die Zahlung der vierten und letzten Tranche genehmigt. Sämtliche **Bedingungen der Genehmigungsentscheidung** waren erfüllt worden, und die Umstrukturierung war weitgehend planmäßig verlaufen. Zur Sicherstellung der Überlebensfähigkeit wurden jedoch weitere Bemühungen um Effizienzsteigerungen, ein sozialer Dialog und eine Einnahmeerhöhung gefordert *(vgl. Bull. EU 4-1995, S.41; WB 1995, Ziff.177, S.232; WB 1996, Ziff.196, S.249; WB 1997, Ziff.261, S.262)*. In bezug auf die erste Etappe der **Privatisierung** der TAP entschied die Kommission im September 2000 auf Nichtvorhandensein von Beihilfeelementen; im April 2002 erhob sie keine Einwände gegen Maßnahmen im Zusammenhang mit der **Sicherung von Finanzierungstransaktionen**, und 2004 billigte sie die Privatisierung der Bodenabfertigungsdienste *(vgl. WB 2000, Ziff. 380; WB 2002, Ziff. 508; WB 2004, Ziff. 593).*

Spanien

Unter Berücksichtigung der Folgen des Golfkriegs und der schwierigen gesamtwirtschaftlichen Lage genehmigte die Kommission im Juli 1992 eine an **Iberia** gewährte staatliche Beihilfe in Form einer **Kapitalaufstockung** von 120 Mrd. Pta, die im Zusammenhang mit einem umfassenden **Umstrukturierungs- und Investitionsprogramm** (Erneuerung und Vergrößerung der Flotte und der Ausrüstung, Personalabbau, Steigerung der Produktivität, Ausweitung der Unternehmenstätigkeit vor allem in Südamerika) stand. Allerdings war die Billigung an verschiedene **Zusagen** der spanischen Regierung geknüpft; so sollte es sich um die letzte Kapitalzuführung handeln, die Mittel durften nicht zum Erwerb von Anteilen an anderen Fluggesellschaften genutzt werden und die Staatsangehörigkeitsklausel in der Satzung der Iberia war durch eine Gemeinschaftsklausel zu ersetzen *(vgl. WB 1992, Ziff. 62, 502).*

Entgegen dem Sanierungsprogramm war die **Unternehmenssituation** in den Jahren 1992 bis 1994 durch nur teilweise positive Entwicklungen (Überschätzung der Umsatzsteigerung, der Erträge pro Flug und des Auslastungsgrads; Rückgang der Marktanteile; Senkung des Sitzplatzangebots und der Investitionen; Einsparungen vor allem beim Personal, bei der Bodenabfertigung, der Flugzeugwartung, der internen Organisation, dem Kundenservice sowie der Erneuerung der Flotte) mit insgesamt schlechten Betriebs- und Nettoergebnissen, einer erheblichen Verschlechterung der Bilanzstruktur sowie einem hohen Kapitalbedarf zur Deckung der Schulden gekennzeichnet. Die **Ursachen** für die Zuspitzung der Lage wurden in der Rezession, der Abwertung der spanischen Währung, der Liberalisierung des Luftverkehrs und der Privatisierung südamerikanischer Gesellschaften gesehen. Mit dem im Dezember 1994 und Januar 1995 notifizierten **neuen Maßnahmenprogramm** (Unternehmensstrategie wird beibehalten; vorsichtigere Prognosen für die Entwicklung der Umsätze, der Marktanteile, der Auslastung und der Sitzkilometer; Kostensenkungen durch Personalabbau, Lohnsenkungen und Aufhebung von Zuwendungen, Reduzierung der Treibstoffkosten und der Kosten für fremdbezogene Dienstleistungen; Abbau des Flugzeugbestands und verstärkter Einsatz des Leasing; Einführung von EDV, Steigerung der Effizienz der Agenturen) wurde ein deutlich verbessertes Betriebsergebnis erwartet. Die für notwendig erachtete **Kapitalaufstockung** von 130 Mrd. Pta durch die staatliche Holding Teneo sollte vor allem der Konsolidierung der Finanzstruktur dienen; anschließend erhoffte man sich einen Privatkapitalzufluß.

Die Kommission vermutete einen **Beihilfetatbestand** (Gewährung durch öffentliches Unternehmen, Eigenverantwortung von Iberia für die Lage, Ausschluß zusätzlicher Leistungen aufgrund der Entscheidung von 1992) und hatte Zweifel an der Anwendbarkeit von **Ausnahmeregelungen**; sie leitete im März 1995 ein Beihilfeverfahren ein [ABl. C 114 06.05.95 S.7]. Spanien trat dieser Einschätzung der Kommission entgegen

(Vernachlässigung von Angebotsbeschränkung, Kostensenkung und Produktivitätswachstum; Teneo marktwirtschaftlich orientierte Aktiengesellschaft; Kriterien des Zweiten Luftverkehrsmemorandums), änderte im Sommer 1995 das **Umstrukturierungsprogramm** (Risikosenkung mittels Veräußerung südamerikanischer Kapitalbeteiligungen) und senkte die Kapitalzufuhr von Teneo an Iberia auf 87 Mrd. Pta bei einem erforderlichen Gesamtbetrag von 155 Mrd. Pta. Die **Entscheidung 96/278/EG der Kommission vom 31. Januar 1996 [ABl. L 104 27.04.96 S.25]** genehmigte die Kapitalzufuhr als normale geschäftliche Transaktion eines privaten Investors mit **Auflagen** (Mindestrendite von 30 %; Verwendung nur für Entlassungsabfindungen und Überschuldungsabbau; Beibehaltung des Kostensenkungsplans sowie der allgemeinen Tarif- und Kapazitätsrationalisierung) *(vgl. Bull. EU 1/2-1996, S.54f.; M. Niejahr u. a., 1996, S.8; WB 1996, Ziff. 196, S.247f.)*. Im August 1999 akzeptierte die Kommission eine **Kapitalaufstockung der Iberia** von 20 Mrd. Pta als normale marktwirtschaftliche Transaktion ohne Beihilfeelemente gemäß den Leitlinien von 1994 *(vgl. Bull. EU 7/8-1999, S.49; WB 1999, Ziff. 296)*. Im Oktober 2000 entschied die Kommission positiv über eine **Einzelbeihilfe** zugunsten der katalonischen Fluggesellschaft **Aero Transport Internacional** *(vgl. WB 2000, Ziff. 379)*.

Vereinigtes Königreich

Im Jahre 1986 prüfte die Kommission einen Finanzierungsplan von **British Airways** zugunsten von fünf selbständigen Luftverkehrsunternehmen für bis zu 15 neue Flugverbindungen zwischen dem Vereinigten Königreich und dem europäischen Festland, erhob aber keine Einwände, da die Maßnahmen zu einer Verbesserung der Wettbewerbsfähigkeit der Gesellschaften und einer Weiterentwicklung des Regionalverkehrs beitrugen; später wurde die Zustimmung zur Finanzierung eines weiteren neuen Unternehmens erteilt *(vgl. WB 1986, Ziff. 282; WB 1987, Ziff. 258)*. 1992 genehmigte die Kommission zwei Beihilfevorhaben zugunsten der britischen Fluggesellschaften **New Air** und **Cumbria Aero Club** im Verkehr mit dem Heimatflughafen Carlisle *(vgl. WB 1992, Ziff. 502)*.

3.4.2.3 Gemeinwirtschaftliche Verpflichtungen, Regional- und Sozialbeihilfen

Im Rahmen der Subventionierung des Flugstreckenbetriebs nehmen Ausgleichsleistungen für gemeinwirtschaftliche Verpflichtungen zugunsten **abgelegener oder rückständiger Regionen** sowie Sozialbeihilfen zugunsten **benachteiligter Fluggastgruppen** insofern eine Sonderstellung ein, als sie im allgemeinen als mit dem Gemeinsamen Markt vereinbar angesehen werden, wenn sie nicht ausnahmsweise unerlaubte Beihilfeelemente enthalten *(vgl. S. 495)*. In diesem Zusammenhang wurde vor allem der Personenluftverkehr zwischen dem europäischen Festland und den zu Mitgliedstaaten gehörenden Inseln sowie der Verkehr zwischen diesen Inseln gefördert. Mitte der achtziger Jahre wurde der Personenluftverkehr zwischen dem spanischen Festland und den **Balearen** bzw. **Kanaren** sowie zwischen den Inseln durch Nachlässe auf den Flugpreis subventioniert. Nach verschiedenen spanischen Regelungen (Gesetzesdekret Nr. 22/62; Gesetz Nr. 46/81; Königliches Dekret Nr. 3269/82) waren bestimmte Tarifermäßigungen im Luftverkehr jedoch ausschließlich den spanischen Bewohnern der Kanaren und Balearen vorbehalten. Die **Entscheidung 87/359/EWG der Kommission vom 22. Juni 1987 [ABl. L 194 15.07.87 S.28]** stufte diese Rechtsvorschriften als unvereinbar mit Art. 90 Abs. 1 EWGV (Art. 86 Abs. 1 EGV) i. V. m. Art. 7 EWGV (*aufgehoben*) ein, da auf den Inseln wohnende Angehörige der übrigen Mitgliedstaaten von den Vergünstigungen ausgenommen waren. Entsprechende Privilegien wurden seinerzeit auch den auf den **Azoren** oder **Madeira** lebenden portugiesischen Staatsangehörigen eingeräumt; nachdem jedoch die Kommission 1987 ein Vorverfahren eingeleitet hatte, erließ Portugal im Oktober 1988 eine Verordnung, mit der die Sonderregelung auch auf Staatsangehörige anderer Mitgliedstaaten ausgeweitet wurde; in ähnlicher Weise reagierte auch Spanien *(vgl. Bull. EG 7/8-1987, S.52; WB 1987, Ziff.286; Bull. EG 3-1988, S.48; Bull. EG 10-1988, S.33; WB 1988, Ziff.309f.)*.

Für die im Linienverkehr zwischen dem portugiesischen Festland, den Azoren und Madeira sowie zwischen den genannten Inseln entstehenden Verluste erhielt die **TAP** ab 1992 eine Entschädigung. Der jährliche Zuschuß, der als **Ausgleich** für die auferlegten gemeinwirtschaftlichen Verpflichtungen gezahlt wurde, berücksichtigte lediglich die Differenz zwischen dem Normaltarif und dem nach dem Dekret Nr. 1057/91 vom 19. Oktober 1991 vorgeschriebenen 80 %-Tarif, während die tatsächlichen Tarife jedoch unterhalb dieser Grenze lagen. Damit war der 1992 **entstehende Betriebsverlust** höher als die Ausgleichszahlungen. Die Kommission überprüfte die Leistungen [ABl. C 178 30.06.93 S.2] und gelangte in der **Entscheidung 94/666/EG vom 6. Juli 1994 [ABl. L 260 08.10.94 S.27]** *(vgl. Übersicht 57)* zur Auffassung, daß die von Portugal gewährte Unterstützung grundsätzlich als **Beihilfe** anzusehen war. Allerdings konnten **Ausnahmeregelungen** genehmigt werden, da die Beihilfen zugunsten von wirtschaftlich stark rückständigen Gebieten gewährt wurden (außergewöhnlich niedriger Lebensstandard und hohe Unterbeschäftigung) und lediglich dem Ausgleich **regionaler Nachteile** dienten. Das Verfahren zur Berechnung der Ausgleichszahlungen war außerdem so gestaltet, daß eine **Überkompensation** der entstehenden Verluste ausgeschlossen war. Aus diesen Gründen galten die von 1992 bis Ende 1995 gewährten Abgeltungen als mit dem Gemeinsamen Markt vereinbar. Zudem sind nach der **portugiesischen Verfassung** für die Bewohner der Azoren und Madeiras die Nachteile aufgrund der geographischen Lage der Inseln abzumildern; aus diesem Grunde wurde der TAP eine preisgünstige Bedienung dieser Regionen vorgeschrieben. Bei der Auferlegung gemeinwirtschaftlicher Verpflichtungen ist zwar nach der Verordnung 92/2408/EWG *(vgl. S.442)* ein **Ausschreibungsverfahren** vorgesehen, allerdings war diese Bestimmung bis Ende 1995 nicht auf die Azoren anwendbar, und auch die Flüge nach Madeira waren bis dahin der TAP vorbehalten *(vgl. WB 1993, Ziff.536; Bull. EU 7/8-1994, S.43f.; WB 1994, S.564; M. Niejahr u. a., 1996, S.8)*.

Im März 1994 notifizierten die italienischen Behörden eine mit einem Gesetz der autonomen **Region Sardinien** vom 20. Januar 1994 erstmals eingeführte Beihilferegelung für die Durchführung von Regionalflügen von und nach Sardinien in den Jahren 1994 bis 1996 (Zuschüsse aus Haushaltsmitteln für nicht belegte Sitzplätze; maximal 50 % der zulässigen Tarife für höchstens 55 % der Kapazität; Angebot nach vorgegebenem

Betriebsprogramm; Aufrechterhaltung des Personalbestands). Auskünfte zur Anwendung der Vorgaben der Verordnung 92/2408/EWG zur Auferlegung gemeinwirtschaftlicher Verpflichtungen auf wenig frequentierten Strecken und zur Beschränkung des Marktzugangs fehlten. Die Kommission leitete deshalb im Januar 1995 ein Verfahren ein [ABl. C 117 12.05.95 S.2] und stellte in der **Entscheidung 96/110/EG vom 19. Juli 1995 [ABl. L 026 02.02.96 S.29]** die Existenz staatlicher Beihilfen fest (Beeinträchtigung des zwischenstaatlichen Handels, Verfälschung des Wettbewerbs). Das sardinische Gesetz sah sehr große **Ermessensbefugnisse** bei der Gewährung der Zuschüsse vor; seine Regelungen waren nicht transparent genug und ermöglichten die Quersubventionierung anderer Dienste. Da auch keine Regional- oder Sozialbeihilfen vorlagen, wurde die Beihilfe für unvereinbar mit dem Gemeinsamen Markt erklärt *(vgl. WB 1995, S.234)*.

Im Juli bzw. August 1998 genehmigte die Kommission erneut Sozialbeihilfen zugunsten der Bewohner der **Kanaren** und **Balearen** für Flüge innerhalb der Inselgruppen bzw. für die Flüge der Bewohner von **Madeira** ins übrige Portugal; im Oktober 1999 wurden Regionalbeihilfen für den See- und Luftverkehr zugunsten von auf den **Kanaren** ansässigen Unternehmen gebilligt *(vgl. WB 1998, Ziff.257, S.255; Bull. EU 10-1999, S.34)*. Ebenso ließ die Kommission im September 1999 Sozialbeihilfen bei der Bedienung kleiner **sizilianischer Inseln** zu *(vgl. WB 1999, Ziff.298)* und befürwortete im März 2000 bzw. im März 2003 (befristete) Sozialbeihilfen zur billigeren Beförderung vom Festland bzw. von Paris nach **Korsika** [ABl. C 110 08.05.2003 S.13] *(vgl. WB 2000, Ziff.378; WB 2003, Ziff.562)*.

Seit Dezember 2002 befaßte sich die Kommission mit einer von Spanien (Regierung von Katalonien, Regionalrat von Gerona) an die **Intermediación Aérea SL** für April bis Dezember 2002 gewährten Zahlung von 919.880 € und der Finanzierung von Werbemaßnahmen in Höhe von 120.200 €. **Zweck der Ausgleichsleistung** war die Sicherstellung der Durchführung von gemeinwirtschaftlichen Luftverkehrsdiensten auf der Strecke Madrid – Gerona; vorgegeben waren die Verwendung eines bestimmten Flugzeugtyps, die Durchführung von zwei Flügen pro Werktag zu bestimmten Zeiten, die Auslastung, die Regelmäßigkeit und Pünktlichkeit, die Bodendienste und die Tarife. Maßgeblich für die **Intervention der Kommission**, die auf eine Beschwerde des in diesem Zeitraum auf der gleichen Strecke operierenden Konkurrenten Air Catalunya zurückging, war vor allem die Nichtbefolgung des **Ausschreibungsverfahrens** gemäß der Verordnung 92/2408/EWG (keine Unterrichtung der Kommission und der übrigen Mitgliedstaaten, keine Veröffentlichung im Amtsblatt); zweifelhaft erschienen auch die Notwendigkeit einer Ausgleichsleistung und die berechneten Nettokosten [ABl. C 032 11.02.2003 S.2]. Die **Entscheidung 2005/351/EG der Kommission vom 20. Oktober 2004 [ABl. L 110 30.04.2005 S.56]** stufte die Zahlungen als Beihilfen ein (keine Bekanntmachung der Verpflichtungen und der Berechnungsparameter, Vermutung des Vorliegens einer überhöhten Kompensation, unzureichendes Auswahlverfahren), die selektiven Charakter aufwiesen sowie den Wettbewerb und den Handel beeinflußten. Unter bestimmten **Voraussetzungen** (Entwicklungsplan für den Flughafen Gerona, zeitliche Befristung der Leistungen, keine vorherige Bedienung der Strecke, Begründung der Kosten und Zahlungen durch einen Entwicklungsplan, ausschließliche Deckung der zusätzlichen Anlaufkosten, Beschränkung auf 50 % der Anlauf- und Werbekosten für den Zielort, Rückzahlung überschüssiger Beihilfen, Beihilferegelung für andere Neuanbieter) konnten sie jedoch als mit dem **Gemeinsamen Markt** vereinbare Anlaufbeihilfen gelten.

3.4.2.4 Einfluß außergewöhnlicher Ereignisse auf die Beihilfepraxis

Schon in ihrer Mitteilung vom 20. Februar 1991 über die Auswirkungen der **Feindseligkeiten am Golf** auf das europäische Luftverkehrsgewerbe [KOM (91) 59 endg.] hatte die Kommission bis zum 31. Mai 1991 befristete Übergangsmaßnahmen angekündigt. So sollten **staatliche Beihilfen** zum Ausgleich von Aufwendungen für Sicherheitsvorkehrungen und Versicherungskosten bevorzugt genehmigt werden; außerdem empfohlen wurden ein **Mehrwertsteuersatz** von höchstens 9 % auf innerstaatliche Flüge sowie die Berücksichtigung der veränderten Kosten- und Einnahmensituation bei der Beurteilung von Tarifanträgen *(vgl. Bull. EG 1/2-1991, S.34f.; WB 1991, Ziff. 40).*

Die **Attentate des 11. September 2001** in den Vereinigten Staaten hatten dann erneut erhebliche Auswirkungen auf die gesamte Luftverkehrsbranche und die Gemeinschaftspolitik. Nachdem der Rat bereits am 14. September 2001 diesbezügliche Schlußfolgerungen vorgelegt hatte, zeigte die Kommission in ihrer Mitteilung vom 10. Oktober 2001 [KOM (2001) 574 endg.] neben einer **sektorbezogenen Lageanalyse** vor allem die **Politikkonsequenzen für die Gemeinschaft** auf; sowohl der Rat in seinen Schlußfolgerungen vom 16. Oktober 2001 und 7. Dezember 2001 als auch das Europäische Parlament in seiner Entschließung vom 15. November 2001 [ABl. C 140 E 13.06.2002 S.581] begrüßten diese Initiative. Beihilfen für **erhöhte Versicherungsprämien** (staatliche Übernahme zusätzlicher Kosten, Gewährung staatlicher Garantien für kriegerische und terroristische Ereignisse), zur Entschädigung der Verluste aufgrund der **Luftraum- und Flughafensperrungen** und zum Ausgleich der aus **verschärften Sicherheitsmaßnahmen** resultierenden Kosten sollten nach ihrer Notifizierung und Prüfung grundsätzlich befristet zugelassen werden *(vgl. Bull. EU 10-2001, S.90ff.; Bull. EU 11-2001, S.81; GB 2001, Ziff.713; WB 2001, Ziff.445f.).*

Zum Zwecke der Aufrechterhaltung des Zivilluftverkehrs und des weiteren Betriebs der Flughäfen notifizierten einige Mitgliedstaaten bereits im Jahre 2001 Beihilfen in Form von **Bürgschaften** für private Versicherungsgesellschaften zur **Deckung von Terrorismusrisiken**. Unter Auflagen ergingen positive Kommissionsentscheidungen nach Art. 92 Abs. 2 lit. b EWGV (Art. 87 Abs. 2 lit. b EGV) am 23. Oktober 2001 für das Vereinigte Königreich, am 28. November 2001 für Portugal und Luxemburg, am 11. Dezember 2001 für Belgien und Schweden sowie am 20. Dezember 2001 für Dänemark, Deutschland, Frankreich, Österreich und Spanien *(vgl. WB 2001, Ziff.446f.).* Die entsprechenden **Interventionsmöglichkeiten** auf nationaler Ebene wurden dreimal verlängert (31. März 2002, 30. Juni 2002, 31. Oktober 2002 [KOM (2002) 320 endg.]). Positive **Kommissionsentscheidungen** ergingen am 27. Februar 2002 für Irland, die Niederlande und das Vereinigte Königreich sowie am 6. März 2002 für Finnland *(vgl.*

WB 2002, Ziff. 504ff.); Dänemark, Finnland, Frankreich, Griechenland, Irland, die Niederlande, Schweden, Spanien und das Vereinigte Königreich betreffende positive Entscheidungen folgten am 9. Juli 2003 [ABl. C 206 02.09.2003 S.17, 19, 20], entsprechende Entscheidungen für Belgien, Deutschland, Österreich und Portugal ergingen am 20. August 2003 [ABl. C 230 26.09.2003 S.4, 5] *(vgl. WB 2003, Ziff. 557)*.

Ferner genehmigte die Kommission (gemäß den festgelegten Kriterien) nach Art. 92 Abs. 2 lit. b EWGV (Art. 87 Abs. 2 lit. b EGV) Regelungen zur **Entschädigung von Verlusten**, die im Zeitraum vom 11. bis 14. September 2001 aus der Sperrung des Luftraums und sonstigen direkt damit zusammenhängenden Störungen entstanden waren: am 30. Januar 2002 für Frankreich (54,9 Mio. €) [ABl. C 059 06.03.2002 S.25], am 12. März 2002 für das Vereinigte Königreich [ABl. C 098 23.04.2002 S.36] und am 2. Juli 2002 für Deutschland *(vgl. WB 2002, Ziff. 504ff.)*. Der Antrag Frankreichs auf **Verlängerung des Entschädigungszeitraums** (Linien- und Charterverkehr bis 19. September 2001, Geschäftsreiseverkehr bis 30. September 2001) mit einem Entschädigungsbetrag von 20,96 Mio. € führte zur Einleitung eines förmlichen Prüfverfahrens [ABl. C 170 16.07.2002 S.11]. Die **Entscheidung 2003/196/EG der Kommission vom 11. Dezember 2002 [ABl. L 077 24.03.2003 S.61]** *(vgl. Übersicht 57)* verneinte die Anwendbarkeit der Ausnahmeregelungen des o. g. Vertragsartikels, da die weiteren im Zeitablauf entstandenen Verluste auf erschwerte Betriebsbedingungen zurückgingen und somit nur indirekt mit der Schließung des Luftraums (außergewöhnliches Ereignis) zusammenhingen; die Beihilfe war daher mit dem Gemeinsamem Markt unvereinbar. Den befristeten Ausgleich für **außergewöhnliche Sicherheitsmaßnahmen** für den Luftverkehr in Frankreich stufte die Kommission am 19. März 2003 nicht als Beihilfe ein [ABl. C 148 25.06.2003 S.7] *(vgl. WB 2003, Ziff. 559)*. Nach dem Antrag Österreichs vom 5. April 2002 auf Einführung einer Regelung zum **Ausgleich von Betriebsverlusten** zwischen dem 11. und 14. September 2001 genehmigte die Kommission mit ihrer Mitteilung vom 16. Oktober 2002 vier Maßnahmen im Umfang von 1,419 Mio. €; in bezug auf zwei andere Vorhaben (55.727 € für annullierten Transatlantikflug vom 15. September 2001, Entschädigung für Ertragsentgang bei Flügen außer denen in die Vereinigten Staaten von 1,983 Mio. €) wurden Prüfverfahren eingeleitet [ABl. C 309 12.12.2002 S.8]. Mit der **Entscheidung 2003/637/EG der Kommission vom 30. April 2003 [ABl. L 222 05.09.2003 S.33]** wurde (gleiche Argumente wie in bezug auf Frankreich) die erste Beihilfe abgelehnt; das zweite Vorhaben bezog sich jedoch auf in direktem Zusammenhang mit Luftraumsperrungen zwischen dem 11. und 14. September 2001 stehenden Verlusten und war deshalb genehmigungsfähig *(vgl. WB 2002, Ziff. 506; WB 2003, Ziff. 559)*. Entsprechende Anträge Irlands bzw. der Niederlande wurden am 13. Mai 2003 [ABl. C 148 25.06.2003 S.7] bzw. am 14. September 2003 genehmigt. Am 24. September 2002 informierte Griechenland die Kommission über eine **Schadenausgleichsregelung** im Umfang von ca. 5 Mio. € zur Deckung der Betriebsverluste in der Zeit vom 11. bis 15. bzw. 16. September 2001, die durch die Schließung des Luftraums über den Vereinigten Staaten, aber auch auf allen anderen Linien entstanden waren; die Kommission leitete ein förmliches Prüfverfahren ein, da der von ihr akzeptierte Zeitraum (11. bis 14. September 2001) überschritten wurde und nicht nur von der Luftraumschließung direkt betroffene Linien einbezogen wurden [ABl. C 199 23.08.2003 S.3] *(vgl. WB 2003, Ziff. 559)*.

Erneut thematisiert wurde die Beihilfeproblematik von der Kommission in ihrer Mitteilung vom 26. März 2003 über die Auswirkungen des **Irakkriegs** in den Bereichen Energie und Verkehr [KOM (2003) 164 endg.]. Die bestehenden Beihilferegelungen sollten eingehalten werden; die Finanzierung von **Sicherheitsmaßnahmen** durfte nicht als Begründung für Betriebsbeihilfen herangezogen werden *(vgl. Bull. EU 3-2003, S.79f.; GB 2003, Ziff.665)*.

3.4.2.5 Schutz vor Subventionierung und unlauterer Preisbildung durch Drittstaaten

Die Entschließung des **Europäischen Parlaments** vom 15. November 2001 zur Wirtschafts- und Beschäftigungslage im Luftverkehr sowie in den damit zusammenhängenden Industriezweigen und Dienstleistungssektoren [ABl. C 140 E 13.06.2002 S. 581] übte deutliche Kritik an der massiven staatlichen Unterstützung (15 Mrd. US$) der **US-amerikanischen Fluggesellschaften** nach den Terroranschlägen und stellte die Vereinbarkeit dieser Subventionen mit den internationalen Handelsbestimmungen in Frage. Vor dem Hintergrund der damit ausgelösten Diskussion führte die **Verordnung 2004/868/EG des Europäischen Parlaments und des Rates vom 21. April 2004 [ABl. L 162 30.04.2004 S.1]** *(vgl. Übersicht 58)* ab dem 20. Mai 2004 zur Einrichtung eines Verfahrens zum Schutz vor Subventionierung und unlauterer Preisbildung bei der Erbringung von Flugverkehrsdiensten durch Drittländer, sofern dadurch eine tatsächliche oder drohende bedeutende Schädigung des gemeinschaftlichen Luftverkehrsgewerbes bewirkt wird. Von einer **Subventionierung** ist auszugehen, wenn eine Regierung, eine regionale Stelle oder eine andere öffentliche Einrichtung selbst oder über Dritte eine finanzielle Beihilfe (Zuschuß, Darlehen, Kapitalzufuhr, Übernahme von Verbindlichkeiten, keine Entrichtung von Abgaben, Bereitstellung oder Kauf von Waren und Dienstleistungen mit Ausnahme der öffentlichen Infrastruktur) leistet und damit dem Unternehmen einen Vorteil gewährt. **Unlautere Preisbildungspraktiken** liegen vor, wenn der gemeinschaftsfremden Luftverkehrsgesellschaft ein nichtkommerzieller Vorteil gewährt wird und sie damit Flugpreise anbieten kann, die deutlich unter denjenigen konkurrierender gemeinschaftlicher Unternehmen liegen; hierbei sind der tatsächliche Preis, die Anzahl der zu einem vermutlich unlauteren Preis angebotenen Plätze, die mit dem Verkauf eines diesbezüglichen Flugscheins verbundenen Bedingungen und Beschränkungen, das Leistungsniveau gleichartiger Flugdienste, die tatsächlichen Kosten einschließlich einer angemessenen Gewinnspanne und die Situation auf vergleichbaren Strecken zu berücksichtigen. Bei der **Feststellung einer Schädigung** durch andere Flugverkehrsdienste sind sowohl deren Preisniveau und die Auswirkungen auf die Flugpreise von gemeinschaftlichen Fluggesellschaften wie auch die Folgewirkungen auf das Luftverkehrsgewerbe gemäß der Anzahl der Flüge, der Kapazitätsauslastung, der Fluggastbuchungen, der Marktanteile, der Gewinne, der Rentabilität, der Investitionen und der Beschäftigung in ihrer Gesamtheit zu prüfen und gegen andere relevante Faktoren abzuwägen *(vgl. Bull. EU 11-2001, S.81; Bull. EU 3-2002, S.96; GB 2002, Ziff.660; Bull. EU 5-2003, S.66; GB 2003, Ziff.705; Bull. EU 3-2004, S.115)*.

Die **Einleitung eines Verfahrens** erfolgt von Amts wegen oder 45 Tage nach Einlegung einer Beschwerde, sofern ausreichende Beweise für die obige Behauptung vorliegen; bei Erörterung der Sachlage im Rahmen eines bilateralen Abkommens kann die Frist um bis zu 30 Tage verlängert werden. Der Verfahrensbeginn wird in der Gemeinschaft, dem Luftfahrtunternehmen und der Regierung des Drittstaats sowie dem Beschwerdeführer bekanntgegeben; hierbei sind Angaben zu dem Umfang der Untersuchung, den betroffenen Flugverkehrsdiensten und Strecken, den verantwortlichen Staaten sowie zu den Fristen für **Stellungnahmen** und die **Anhörung nachweislich Betroffener** zu machen. Zur Klärung der Angelegenheit und Findung einer einvernehmlichen Lösung kann die Regierung des Drittlands zu Konsultationen geladen werden. Die **Untersuchung** soll innerhalb von neun Monaten abgeschlossen werden (Ausnahmen: einvernehmliche Lösung steht unmittelbar bevor, es wird aber zusätzliche Zeit für eine im Gemeinschaftsinteresse liegende Lösung benötigt). Bei Verweigerung des fristgerechten Zugangs zu Informationen oder maßgeblicher Behinderung der Untersuchungen werden Feststellungen aufgrund verfügbarer Tatsachen getroffen; offensichtlich falsche Angaben bleiben unberücksichtigt.

Übersicht 58: Subventionierung und unlautere Preisbildung im Bereich des Luftverkehrs

Verordnung 2004/868/EG des Europäischen Parlaments und des Rates vom 21. April 2004 über den Schutz vor Schädigung der Luftfahrtunternehmen der Gemeinschaft durch Subventionierung und unlautere Preisbildungspraktiken bei der Erbringung von Flugverkehrsdiensten von Ländern, die nicht Mitglied der Europäischen Gemeinschaft sind [ABl. L 162 30.04.2004 S.1] — Rechtsetzung auf der Grundlage des Art. 84 (80) Abs. 2 EGV, auf Vorschlag der Kommission [ABl. C 151 E 25.06.2002 S.285; KOM (2003) 228 endg.; KOM (2004) 235 endg.] und nach Stellungnahme des WSA [ABl. C 061 14.03.2003 S.29]; Stellungnahme des EP [ABl. C 038 E 12.02.2004 S.75], gemeinsamer Standpunkt des Rates [ABl. C 066 E 16.03.2004 S.14], Beschluß des EP [ABl. C 102 E 28.04.2004 S.756] und Beschluß des Rates im Rahmen des Verfahrens der Mitentscheidung

Ein Verfahrensabschluß wird durch **vorläufige oder endgültige Abhilfemaßnahmen** erreicht, im allgemeinen durch die Auferlegung von Abgaben. Falls Subventionen oder unlautere Preisbildungspraktiken sowie eine Schädigung des gemeinschaftlichen Luftverkehrssektors und des **Gemeinschaftsinteresses** vorläufig festgestellt werden und ein sofortiges Eingreifen erforderlich ist, werden für längstens sechs Monate vorläufige Maßnahmen getroffen; nach der abschließenden Tatsachenermittlung werden endgültige Maßnahmen getroffen. Bei einer Subventionierung entspricht die **Höhe der Abgabe** den geleisteten Subventionen, bei einer unlauteren Preisbildung dem Unterschied zwischen den von den gemeinschaftsfremden und den gemeinschaftlichen Luftfahrtunternehmen gesetzten Preisen; sofern auch ein geringerer Betrag ausreicht, um die Schädigung des gemeinschaftlichen Luftverkehrs zu beseitigen, ist die Abgabe entsprechend zu reduzieren. Die Abgabe ist diskriminierungsfrei und nur so lange wie notwendig anzuwenden; überschreitet sie eine Dauer von zwei Flugplanperioden, so kann die **Notwendigkeit** ihrer Auferlegung in der o. a. Weise überprüft werden. Bei Rücknahme der Beschwerde, Abhilfe im Rahmen eines Luftverkehrsabkommens zwischen Mitglied- und Drittstaat oder einer akzeptablen freiwilligen Verpflichtung (Begrenzung oder Streichung von Subventionen, Änderung der Flugpreise, Einstellung von Flugverkehrsdiensten) kann die **Einstellung des Verfahrens** ohne Maßnahmen erfolgen.

3.4.3 Steuerbefreiungen und -erleichterungen im Luftverkehr

3.4.3.1 Mineralölsteuer

Um die Aufhebung der Steuerkontrollen an den innergemeinschaftlichen Grenzen zu erleichtern, wurde mit der **Richtlinie 92/81/EWG des Rates vom 19. Oktober 1992 [ABl. L 316 31.10.92 S.12]** – geändert durch die **Richtlinien 92/108/EWG des Rates vom 14. Dezember 1992 [ABl. L 390 31.12.92 S.124]** und **94/74/EG des Rates vom 22. Dezember 1994 [ABl. L 365 31.12.94 S.46]** – festgelegt, welche Erzeugnisse als Mineralöle grundsätzlich der Verbrauchsbesteuerung unterliegen. Mit der **Richtlinie 92/82/EWG des Rates vom 19. Oktober 1992 [ABl. L 316 31.10.92 S.19]** wurden Mindestsätze der Verbrauchsteuer (Kerosin als Kraftstoff: 245 ECU je 1.000 Liter ab dem 1. Januar 1993) bestimmt. Von vornherein sah die Richtlinie 92/81/EWG obligatorische und fakultative Steuerbefreiungen und Steuerermäßigungen vor. Die Mitgliedstaaten hatten Mineralöle von der harmonisierten Verbrauchsteuer zu befreien, wenn sie zur Verwendung als Kraftstoff im Luftverkehr (mit Ausnahme der privaten nichtgewerblichen Luftfahrt) bereitgestellt wurden *(vgl. Übersicht 59; GB 1991, Ziff. 200f.; Bull. EG 1/2-1992, S.32; Bull. EG 10-1992, S.27; Bull. EG 12-1992, S.61; KOM (96) 549 endg., S.3f.; Band 2, S.452)*.

Zusätzlich konnten aufgrund besonderer politischer Erwägungen bzw. einzelstaatlicher politischer Ziele (Ermächtigung des Rates erforderlich; keine Störung des Binnenmarktes) weitere Vergünstigungen eingeräumt werden. Um die Einführung des gemeinsamen Systems zum 1. Januar 1993 zu erleichtern, erlaubte der Rat auf dieser Grundlage mit der **Entscheidung 92/510/EWG des Rates vom 19. Oktober 1992 [ABl. L 316 31.10.92 S.16]** allen Mitgliedstaaten die weitere Anwendung nationaler Ausnahmeregelungen. Belgien, Dänemark, Frankreich, Italien, Irland, Portugal und dem Vereinigten Königreich wurde damit gestattet, eine Befreiung von der harmonisierten Verbrauchsteuer auf Mineralöle oder ermäßigte Sätze auch auf Flugbenzin bzw. Kerosin zur Verwendung in der privaten nichtgewerblichen Luftfahrt anzuwenden; durch die **Ratsentscheidungen 96/273/EG vom 22. April 1996 [ABl. L 102 25. 04.96 S.40]** und **97/136/EG vom 17. Februar 1997 [ABl. L 052 22.02.97 S.18]** wurde auch Schweden die gleiche Möglichkeit eingeräumt; Finnland erhielt diese Ermächtigung durch den Beitrittsvertrag. Damit waren neun von fünfzehn Mitgliedstaaten ermächtigt, Steuerbefreiungen oder Steuerermäßigungen für Flugkraftstoff in der privaten nichtgewerblichen Luftfahrt durchzuführen; in der Praxis verwendeten Irland und das Vereinigte Königreich ermäßigte Sätze, während die anderen sieben Mitgliedstaaten eine völlige Befreiung präferierten *(vgl. KOM (96) 549 endg., S. 11; Band 2, S.458)*.

Der Rat sollte bis zum 31. Dezember 1997 die Steuerbefreiungen und Steuerermäßigungen auf der Grundlage eines **Kommissionsberichts** unter Einbeziehung der vom

Übersicht 59: Steuerliche Regelungen für den Luftverkehr in der Gemeinschaft

Mineralölsteuer

Richtlinie 92/81/EWG des Rates vom 19. Oktober 1992 zur Harmonisierung der Struktur der Verbrauchsteuern auf Mineralöle [ABl. L 316 31.10.92 S.12] — Entscheidung 92/510/EWG des Rates vom 19. Oktober 1992 zur Ermächtigung der Mitgliedstaaten, gemäß dem Verfahren in Artikel 8 Absatz 4 der Richtlinie 92/81/EWG ermäßigte Verbrauchsteuersätze oder Verbrauchsteuerbefreiungen auf Mineralöle, die zu bestimmten Zwecken verwendet werden, beizubehalten [ABl. L 316 31.10.92 S.16] — Richtlinie 92/82/EWG des Rates vom 19. Oktober 1992 zur Annäherung der Verbrauchsteuersätze für Mineralöle [ABl. L 316 31.10.92 S.19] — Richtlinie 92/108/EWG des Rates vom 14. Dezember 1992 zur Änderung der Richtlinie 92/12/EWG über das allgemeine System, den Besitz, die Beförderung und die Kontrolle verbrauchsteuerpflichtiger Waren und zur Änderung der Richtlinie 92/81/EWG [ABl. L 390 31.12.92 S.124] — Richtlinie 94/74/EG des Rates vom 22. Dezember 1994 zur Änderung der Richtlinie 92/12/EWG über das allgemeine System, den Besitz, die Beförderung und die Kontrolle verbrauchsteuerpflichtiger Waren, der Richtlinie 92/81/EWG zur Harmonisierung der Struktur der Verbrauchsteuern auf Mineralöle und der Richtlinie 92/82/EWG zur Annäherung der Verbrauchsteuersätze für Mineralöle [ABl. L 365 31.12.94 S.46]

Entscheidung 96/273/EG des Rates vom 22. April 1996 zur Ermächtigung bestimmter Mitgliedstaaten, gemäß dem Verfahren in Artikel 8 Absatz 4 der Richtlinie 92/81/EWG Verbrauchsteuerermäßigungen oder -befreiungen auf Mineralöle mit bestimmten Verwendungszwecken zu gewähren oder beizubehalten [ABl. L 102 25.04.96 S.40] — Entscheidung 97/136/ EG des Rates vom 17. Februar 1997 zur Ermächtigung bestimmter Mitgliedstaaten, gemäß dem Verfahren in Artikel 8 Absatz 4 der Richtlinie 92/81/EWG ermäßigte Verbrauchsteuersätze oder Verbrauchsteuerbefreiungen für Mineralöle mit bestimmten Verwendungszwecken beizubehalten [ABl. L 052 22.02.97 S.18] — Entscheidung 97/425/EG des Rates vom 30. Juni 1997 zur Ermächtigung bestimmter Mitgliedstaaten, gemäß dem Verfahren der Richtlinie 92/81/EWG ermäßigte Verbrauchsteuersätze oder Verbrauchsteuerbefreiungen für Mineralöle mit bestimmten Verwendungszwecken anzuwenden und beizubehalten [ABl. L 182 10.07.97 S.22] — Entscheidung 1999/255/EG des Rates vom 30. März 1999 zur Ermächtigung bestimmter Mitgliedstaaten, gemäß der Richtlinie 92/81/EWG für Mineralöle mit bestimmten Verwendungszwecken Verbrauchsteuerermäßigungen oder -befreiungen anzuwenden und beizubehalten, und zur Änderung der Entscheidung 97/425/EG [ABl. L 099 14.04.1999 S.26] — Entscheidung 1999/880/EG des Rates vom 17. Dezember 1999 zur Ermächtigung bestimmter Mitgliedstaaten, gemäß dem Verfahren der Richtlinie 92/81/EWG ermäßigte Verbrauchsteuersätze oder Verbrauchsteuerbefreiungen für Mineralöle mit bestimmten Verwendungszwecken anzuwenden oder beizubehalten [ABl. L 331 23.12.1999 S.73]

Entscheidung 2001/224/EG des Rates vom 12. März 2001 über Verbrauchsteuerermäßigungen und -befreiungen für Mineralöle, die zu bestimmten Zwecken verwendet werden [ABl. L 084 23.03.2001 S.23] — Richtlinie 2003/96/EG des Rates vom 27. Oktober 2003 zur Restrukturierung der gemeinschaftlichen Rahmenvorschriften zur Besteuerung von Energieerzeugnissen und elektrischem Strom [ABl. L 283 31.10.2003 S.51] — Richtlinie 2004/74/EG des Rates vom 29. April 2004 zur Änderung der Richtlinie 2003/96/EG, um bestimmten Mitgliedstaaten die Anwendung vorübergehender Steuerbefreiungen auf Energieerzeugnisse und elektrischen Strom zu ermöglichen [ABl. L 157 30.04.2004 S.87] i. d. F. der Berichtigung [ABl. L 195 02.06.2004 S. 26]

Mehrwertsteuer

Richtlinie 91/680/EWG des Rates vom 16. Dezember 1991 zur Ergänzung des gemeinsamen Mehrwertsteuersystems und zur Änderung der Richtlinie 77/388/EWG im Hinblick auf die Beseitigung der Steuergrenzen [ABl. L 376 31.12.91 S.1] i. d. F. der Berichtigungen [ABl. L 050 25.02.92 S.18; ABl. L 087 02.04.92 S.34; ABl. L 272 17.09.92 S.72]

Luftverkehr verursachten externen Kosten und der Auswirkungen auf die Umwelt prüfen und dann über deren mögliche Streichung oder Änderung befinden. Der Bericht wurde am 14. November 1996 [KOM (96) 549 endg.] dem Rat und dem Europäischen Parlament zusammen mit einem **Entscheidungsvorschlag** präsentiert *(vgl. KOM (96) 549 endg., S.4, 5f., 8ff.)*.

Die Nichtbesteuerung von Flugkerosin (AVTUR) folgt nach Ansicht der Kommission konsequenterweise aus **Art. 24 ICAO-Abkommen** von 1944 mit einem gegenüber dem Wortlaut (an Bord befindliches Flugkerosin) erweiterten Anwendungsbereich (auch Zuladung von Kraftstoff; Entschließung des ICAO-Rates vom 14. Dezember 1993 [Dok. 8632-C/968]) und kann vor dem Hintergrund des **internationalen Wettbewerbs** nicht einseitig fallen gelassen werden (Kraftstoffkosten ca. 10 bis 15 % der Betriebskosten; Mehrkosten von 250 Mio. ECU für europäische Gesellschaften im Besteuerungsfalle denkbar).

Allerdings verursacht der Luftverkehr beträchtliche **negative Umwelteffekte** (6 % der gesamten externen Kosten, aber 15,6 % derjenigen der Luftverschmutzung; bis 2005 Verdoppelung der CO_2-Emissionen gegenüber 1993), worauf wiederholt hingewiesen wurde (Schlußfolgerungen des Rates über Verkehr und Umwelt vom 16. Dezember 1994; Fünftes Umweltaktionsprogramm vom 27. März 1992 [KOM (92) 23 endg.] und Überprüfung des Aktionsprogramms vom 24. Januar 1996 [KOM (95) 647 endg.]; Internationale Umweltkonferenzen der UN und der OECD; Grünbuch über faire und effiziente Preise im Verkehr vom 20. Dezember 1995 [KOM (95) 691 endg.]). Eine Aufhebung der obligatorischen Steuerbefreiung für in der Luftfahrt verwendete Mineralöle könnte unter diesem Gesichtspunkt empfehlenswert sein; ihr stehen jedoch neben offensichtlichen Wettbewerbsnachteilen europäischer Luftverkehrsunternehmen im Vergleich zu Drittlandsgesellschaften auch zusätzliche Umweltbelastungen durch Umwegflüge zu billigen „Tankstellen" und erhöhte Kosten für die Verbraucher gegenüber.

Eine Aufhebung der obligatorischen Steuerbefreiung macht daher auf jeden Fall ein **international koordiniertes Vorgehen** erforderlich. Die Umweltargumente für eine Abkehr von der bisherigen Steuerbefreiung gelten grundsätzlich auch für die private nichtgewerbliche Luftfahrt, wobei sich die verwaltungsmäßigen Probleme nach Meinung der Kommission in Grenzen halten; eine in sich stimmige **Verkehrs-, Umwelt- und Steuerpolitik** sollte gerade in diesem Bereich zu einer **Aufhebung der gewährten Ausnahmeregelungen** führen können *(vgl. KOM (96) 549 endg., S.8 ff.; F. Fichert, 1997, S.327 ff.)*.

Im Zusammenhang mit ihrem Vorschlag zur Restrukturierung der gemeinschaftlichen Rahmenvorschriften zur **Besteuerung von Energieerzeugnissen** *(vgl. Band 1, S.226)* ermahnte der Rat in einer Entschließung vom 9. Juni 1997 über die Besteuerung von Flugtreibstoff die Kommission, die Konsequenzen für die Umwelt sowie die Wettbewerbsfähigkeit und Rentabilität der Unternehmen zu beachten (Betanken in Drittländern). Die **Entscheidung 97/425/EG des Rates vom 30. Juni 1997 [ABl. L 182 10.07. 97 S.22]** – geändert durch die **Entscheidung 1999/255/EG des Rates vom 30. März**

1999 [ABl. L 099 14.04.1999 S.26] – gestand Belgien, Dänemark, Finnland, Frankreich, Irland, Italien, Portugal, Schweden und dem Vereinigten Königreich auch weiterhin eine Mineralölsteuerbefreiung für den gesamten Luftverkehr zu. Die Sonderregelungen sollten bis zum 31. Dezember 1999 mit automatischer Verlängerung von jeweils zwei Jahren gelten, falls vom Rat kein anderer Beschluß gefaßt wurde; für Schweden galt eine durch Ratsbeschluß aufhebbare Befristung der Regelung bis zu diesem Termin.

Die **Entscheidung 1999/880/EG des Rates vom 17. Dezember 1999 [ABl. L 331 23.12.1999 S.73]** erlaubte die bisherigen Befreiungen für den Luftverkehr dann bis zum 31. Dezember 2000 mit automatischer Verlängerung von jeweils zwei Jahren, falls in der Folgezeit kein anderer Ratsbeschluß vorlag; für Schweden galten die o. a. Regelungen. Vor dem Hintergrund der **Mitteilung der Kommission** vom 2. März 2000 über die Besteuerung von Flugkraftstoff [KOM (2000) 110 endg.] (aus wirtschaftlichen und umweltpolitischen Gründen keine Einführung der Kerosinbesteuerung nur bei innergemeinschaftlichen Flügen; Bevorzugung einer Besteuerung aller von Gemeinschaftsflughäfen startenden Flüge bei gleichzeitiger Senkung anderer Abgaben) und der diesbezüglichen Entschließung des Europäischen Parlaments vom 14. Dezember 2000 [ABl. C 232 17.08.2001 S.343] verlängerte die **Entscheidung 2001/224/EG des Rates vom 12. März 2001 [ABl. L 084 23.03.2001 S.23]** die Sonderregelungen noch einmal bis Ende 2006 *(vgl. Bull. EU 6-1997, S.47; Bull. EU 12-1999, S.56 f.; Bull. EU 3-2000, S.44; Bull. EU 12-2000, S.53; Bull. EU 3-2001, S.45 f.; Band 2, S.458)*.

Die **Richtlinie 2003/96/EG des Rates vom 27. Oktober 2003 [ABl. L 283 31.10.2003 S.51]** erhöhte den Mindeststeuersatz für Kerosin ab 1. Januar 2004 auf 302 € je 1.000 l (ab 1. Januar 2010 Anhebung auf 330 € je 1.000 l); die Mitgliedstaaten können eine Treibstoffbesteuerung für Inlandsflüge einführen, für grenzüberschreitende Flüge ist eine Einigung auf Gegenseitigkeit möglich.

Die **Richtlinie 2004/74/EG des Rates vom 29. April 2004 [ABl. L 157 30.04.2004 S.87]** i. d. F. der Berichtigung [ABl. L 195 02.06.2004 S.26] legte Mindeststeuersätze für verschiedene Beitrittsstaaten fest: Lettland und Litauen (245 € ab 1. Mai 2004, 274 € ab 1. Januar 2008, 302 € ab 1. Januar 2011, 330 € ab 1. Januar 2013) sowie Malta (245 € ab 1. Mai 1994, 330 € ab 1. Januar 2010) *(vgl. Bull. EU 10-2003, S.42; Band 2, S. 455)*.

3.4.3.2 Mehrwertsteuer

Mit der **Richtlinie 91/680/EWG des Rates vom 16. Dezember 1991 [ABl. L 376 31.12.91 S.1]** i. d. F. der Berichtigungen [ABl. L 050 25.02.92 S.18; ABl. L 087 02.04. 92 S.34; ABl. L 272 17.09.92 S.72] *(vgl. Übersicht 59)* konnte man sich auch auf eine weitere Harmonisierung der Mehrwert- und Verbrauchsteuern einigen. Danach werden lediglich die **Güterbeförderungsleistungen** des Luftverkehrs beim Abnehmer steuerpflichtig; die Besteuerung von **Personenbeförderungsleistungen** wurde noch nicht abschließend geregelt.

3.4.4 Soziale Aspekte der Zusammenarbeit im Luftverkehr

3.4.4.1 Paritätischer Ausschuß für die Zivilluftfahrt

Die Stärkung der wirtschaftlichen und wettbewerblichen Position der europäischen Zivilluftfahrt sowohl innerhalb der Gemeinschaft als auch im Rahmen des Weltluftverkehrs war von Anfang an ein zentrales Anliegen der Gemeinschaftspolitik. Die diesbezüglichen Aktivitäten der Kommission sollten zugleich der Verbesserung der Lebens- und Arbeitsbedingungen der Beschäftigten in der Zivilluftfahrt dienen. Zu ihrer Unterstützung schuf die Kommission mit dem **Beschluß 90/449/EWG vom 30. Juli 1990 [ABl. L 230 24.08.90 S.22]** *(vgl. Übersicht 60)* einen Zivilluftfahrtausschuß, der seit dem 1. August 1990 bei der Planung und Durchführung der gemeinschaftlichen Politik mitwirken soll. Die Aufgaben des Ausschusses bestehen in der Abgabe von sachdienlichen Stellungnahmen und Berichten, der Förderung des Dialogs und der Kooperation von Fluggesellschaften, Flughäfen und Arbeitnehmerverbänden, der Vorbereitung von Studien sowie der Teilnahme an Kolloquien und Seminaren. Der Ausschuß hat alle „interessierten Kreise" über seine Tätigkeit zu informieren. Die Kommission kann den Ausschuß zu einer Stellungnahme oder Vorlage eines Berichts auffordern; abweichende Auffassungen von Mitgliedern sind bei der Übersendung anzuführen *(vgl. Bull. EG 7/8-1990, S.37f.; GB 1990, Ziff.598; J. M. Baumann, 1995, S.127)*.

Der Ausschuß setzt sich aus 54 Mitgliedern zusammen, wobei die Sitze je zur Hälfte auf Arbeitgebervertreter der **Fluggesellschaften und Flughafenvereinigungen** einerseits und auf Vertreter der **Arbeitnehmerverbände** andererseits entfallen. Dabei werden jeweils 24 Mitglieder von den Fluggesellschaften und Flughafenvereinigungen (AEA, ERA, ACE, ACCA, ICAA) sowie vom Gewerkschaftlichen Verkehrsausschuß in der Europäischen Gemeinschaft als Arbeitnehmervertretung vorgeschlagen; die übrigen sechs Mitglieder werden direkt von der **Kommission** nach Anhörung der entsprechenden Arbeitgeber- und Arbeitnehmerverbände ernannt. Die **Amtszeit** der Mitglieder und ihrer Stellvertreter beträgt vier Jahre, eine Wiederernennung ist möglich. Der Ausschuß wählt aus seinen Mitgliedern mit Zweidrittelmehrheit einen **Vorsitzenden** und dessen Stellvertreter für zwei Jahre abwechselnd aus dem Arbeitgeber- oder dem Arbeitnehmerlager.

Der **Vorstand** des Ausschusses setzt sich aus dem Vorsitzenden, seinem Stellvertreter und aus vier zusätzlichen Vertretern der Arbeitgeber- bzw. Arbeitnehmerseite zusammen und ist für die Planung und Koordinierung der Ausschußarbeiten zuständig. Innerhalb des Ausschusses können **Arbeitsgruppen** gebildet werden, in denen sich die Mitglieder durch andere Personen vertreten lassen können; der Ausschuß kann sich von **Sachverständigen** unterstützen lassen. Er wird auf Veranlassung seines Vorstands oder auf Aufforderung der Kommission hin einberufen; mit zwei Dritteln seiner Mitglieder ist er beschlußfähig. Den Sitzungen des Ausschusses, des Vorstandes und der Arbeitsgruppen sitzen **Kommissionsvertreter** „mit angemessenem Dienstrang" bei. Zu den Ausschußarbeiten können auch andere als die oben angegebenen Arbeitgeber- und Arbeitnehmerorganisationen als **Beobachter** zugelassen werden; auf Vorschlag der Arbeitgeber- und Arbeitnehmerverbände können ferner zwei Europäer aus Nicht-EG-Ländern mit Beobachterstatus teilnehmen.

3.4.4.2 Arbeitszeiten und sonstige Beschäftigungsbedingungen

Initiativen bis Mitte der neunziger Jahre

Die **verkehrspolitische Arbeitszeitdiskussion** der achtziger und beginnenden neunziger Jahre konzentrierte sich in der Gemeinschaft in erster Linie auf den Straßenverkehr, berührte kaum den Eisenbahnverkehr oder die Binnenschiffahrt und vernachlässigte weitgehend neben dem Seeverkehr auch den Luftverkehr. Dennoch intensivierten sich im Laufe der Zeit auch die Bemühungen um eine **Harmonisierung der Sozialvorschriften** im Luftverkehr der Gemeinschaft, nicht nur in bezug auf die Dienstzeiten des Flugpersonals, sondern auch im Hinblick auf die Festlegung eines Mindestausbildungsniveaus für das Flugpersonal und die Flugdienstberater; die **Kommission** veröffentlichte außerdem verschiedene Stellungnahmen zur gegenseitigen Anerkennung der Pilotenlizenzen *(vgl. GB 1993, Ziff. 330)*. Sozialpolitische Aspekte hinsichtlich Gesundheitsnormen, Arbeits- und Ruhezeiten sowie Ausbildungsstandards enthielt auch die luftverkehrspolitische Entschließung des **Europäischen Parlaments** vom 18. September 1992 [ABl. C 284 02.11.92 S.170]. In Ergänzung des Berichts des **Ausschusses der Weisen** vom 1. Februar 1994 *(vgl. S.498)* forderte die diesbezügliche Entschließung des **Europäischen Parlaments** vom 9. März 1994 [ABl. C 091 28.03.94 S.51] erneut eine stärkere Berücksichtigung sozialer Aspekte in der Luftverkehrspolitik *(vgl. S.498)*. An das **Aktionsprogramm der Kommission** vom 1. Juni 1994 über die Zivilluftfahrt in Europa auf dem Weg in die Zukunft [KOM (94) 218 endg.] *(vgl. Bull. EG 9-1992, S.31; Bull. EU 6-1994, S.62 f.; GB 1994, Ziff. 384)* schloß sich die **Entschließung 94/C 309/02 des Rates vom 24. Oktober 1994 [ABl. C 309 05.11.94 S.2]** *(vgl. S.498; Übersicht 60)* an; diese betonte die Gefahr der Entwicklung von Billigflaggen mit beachtlichen wirtschaftlichen, aber auch sozialen Folgewirkungen. Dieser Einschätzung folgten im wesentlichen dann die Entschließung des **Europäischen Parlaments** vom 14. Februar 1995 [ABl. C 056 06.03.95 S.28] und die Stellungnahme des **Wirtschafts- und Sozialausschusses** vom 22. Februar 1995 [ABl. C 110 02.05.95 S.22] *(vgl. Bull. EU 9-1994, S.43; EP, 1994a, S.26, 32 f.; GB 1995, Ziff. 409)*.

In seiner **Entschließung 95/C 169/02 vom 19. Juni 1995 [ABl. C 169 05.07.95 S.3]** stellte der **Rat** erneut fest, daß sich für die europäische Zivilluftfahrt die Gefahr der Entstehung von Billigflaggen abzeichnete, wodurch technische sowie soziale Standards unterlaufen würden; auch könnten Standortverlagerungen im Luftverkehr zu sozialen Problemen in der Gemeinschaft führen. Vor diesem Hintergrund plante die **Kommission** die Durchführung einer Untersuchung über die sozialen Auswirkungen der **Luftverkehrsliberalisierung**, über deren Ergebnisse der Rat so schnell wie möglich informiert werden sollte. Außerdem ersuchte der Rat die Kommission um weitere Berichte über das Ausmaß von **Standortverlagerungen** und ihre Auswirkungen auf die **Beschäftigungslage** und die **Beschäftigungsbedingungen** im europäischen Luftverkehr *(vgl. Bull. EU 3-1995, S.44; GB 1995, Ziff. 412)*. Ergänzend wiederholte das **Europäische Parlament** in seinen Entschließungen vom 15. März 1996 zu den Flug- und Arbeitszeiten für das Bordpersonal [ABl. C 096 01.04.96 S.340] und vom 19. Februar 1998 zu den Auswirkungen der Liberalisierungsmaßnahmen [ABl. C 080 16.03.98 S. 240] seine diesbezüglichen Forderungen vom September 1992, wies dabei aber auch auf die beschäftigungspolitischen Konsequenzen hin *(vgl. Bull. EU 3-1996, S.54f.; GB 1996, Ziff.401; Bull. EU 1/2-1998, S.63)*.

Regelung der Arbeitszeiten im Luftverkehr

Vor diesem Hintergrund ist es nicht verwunderlich, daß ein erster Vorschlag der Kommission aus dem Jahre 1990 zur Festlegung der **Flugzeit** (acht Stunden pro Tag, 720 Stunden pro Jahr), der **Flugdienstzeit** (zwölf Stunden pro Tag, 50 Stunden pro Woche, 160 Stunden in vier Wochen, 420 Stunden in drei Monaten) und der Ruhezeit von Flugbesatzungsmitgliedern scheiterte und daß die innerhalb von drei Jahren umzusetzende **Richtlinie 93/104/EG des Rates vom 23. November 1993 [ABl. L 307 13.12.93 S. 18]** *(vgl. Übersicht 60)* den gesamten Verkehrssektor und damit auch den Luftverkehr ausnahm. Erst in ihrem am 15. Juli 1997 vorgelegten **Weißbuch** zu den von der allgemeinen Arbeitszeitrichtlinie ausgeschlossenen Sektoren und Tätigkeitsbereichen [KOM (97) 334 endg.] führte die Kommission auf der Basis einer ausführlichen Darstellung und Analyse der Rechtslage (Gemeinschaftscharta der sozialen Grundrechte der Arbeitnehmer, Arbeitszeitrichtlinie und deren Umsetzung durch die Mitgliedstaaten), der zwischenzeitlich ergriffenen Gemeinschaftsinitiativen und der Beschäftigungssituation in den betroffenen Bereichen eine **sektorspezifische Untersuchung** zur Frage einer Arbeitszeitregelung durch. Anhand bestimmter Kriterien (Sicherheit und Gesundheit der Arbeitnehmer, öffentliche Sicherheit, angemessener Handlungsspielraum für die Unternehmen, Auswirkungen auf die Beschäftigung, finanzielle Belastungen für die Unternehmen, Subsidiaritäts- und Verhältnismäßigkeitsprinzip) wurden **mögliche Lösungsansätze** präsentiert. Die Kommission bevorzugte von allen denkbaren Lösungen die Ausweitung der Bestimmungen der **Arbeitszeitrichtlinie** auf alle nicht dauerhaft vom Wohnort getrennt lebenden, immobilen Arbeitnehmer, die Anwendung der Vorschriften zum bezahlten Jahresurlaub und zur Untersuchung des Gesundheitszustands von Nachtarbeitern sowie der Garantien für die Ruhezeit und die jährliche Höchstarbeitszeit auf alle mobilen bzw. auf See tätigen Arbeitnehmer; für letztere sollten im Rahmen sektoral gültiger Rechtsvorschriften **Detailregelungen** zur Arbeits- und Ruhezeit verabschiedet werden *(vgl. B. Adenauer-Frowein, 1991, S.244 f.; R. Schmid, 1991a, S.22; Bull. EU 7/8-1997, S.76; GB 1997, Ziff.159, 481; KOM (98) 662 endg., S.3f.; Band 2, S.483f.)*.

Im Rahmen der sich anschließenden ersten Anhörungsphase äußerten sich die meisten beitragenden Institutionen positiv zu den Absichten der Kommission, so auch der **Wirtschafts- und Sozialausschuß** in seiner Stellungnahme vom 26. März 1998 [ABl. C 157 25.05.98 S.74], die zugleich einen raschen Abschluß der Verhandlungen im Rahmen der Paritätischen Ausschüsse forderte. Die Ergebnisse der Konsultation faßte die Kommission am 31. März 1998 in einem Arbeitspapier [SEK (98) 537 endg.] zusammen und gelangte dabei zu der Auffassung, daß eine Weiterverfolgung des **differenzierten Ansatzes** sinnvoll sei. Kurz nach Einleitung der zweiten Anhörungsphase am 31. März 1998 unterstützte auch das **Europäische Parlament** in einer Entschließung vom 2. Juli 1998 [ABl. C 226 20.07.98 S.70] das Kommissionsvorhaben *(vgl. Bull. EU 3-1998, S.30f.; Bull. EU 7/8-1998, S.17; KOM (98) 662 endg., S.4ff.)*. Nachdem der Rat bereits in seinen Schlußfolgerungen vom 11. Dezember 1997 von der

Kommission die baldige Vorlage konkreter Initiativen verlangt hatte, unterbreitete diese am 18. November 1998 [KOM (98) 662 endg.] eine Mitteilung zur Arbeitszeitgestaltung in den von der Richtlinie 93/104/EG ausgeschlossenen Sektoren und Tätigkeitsbereichen sowie am 25. November 1998 [KOM (98) 592 endg.] eine Mitteilung über die Modernisierung der Arbeitsorganisation und verband diese mit Vorschlägen zur Änderung der **allgemeinen Arbeitszeitrichtlinie** sowie zur **sektoralen Regelung der Arbeitszeiten** im Straßen- und Seeverkehr *(vgl. Bull. EU 12-1997, S.69 f.; GB 1997, Ziff.481; Bull. EU 11-1998, S.23 f., 50 f.; GB 1998, Ziff.138; KOM (98) 662 endg., S.7 ff.)*. Das **Europäische Parlament** begrüßte zwar in seiner Entschließung vom 25. Februar 1999 über die Harmonisierung der Sozialvorschriften [ABl. C 153 01.06.1999 S.41] erneut den sektoralen Ansatz der Kommission, betonte jedoch ausdrücklich die Notwendigkeit einer einheitlichen Definition des Begriffs Arbeitszeit und von Arbeitszeitverkürzungen, einer klaren Abgrenzung von abhängiger und selbständiger Beschäftigung, von einheitlichen Kontrollen und abschreckenden Sanktionen sowie der gegenseitigen Anerkennung der Ausbildungsabschlüsse *(vgl. Bull. EU 1/2-1999, S.71; Band 2, S.484 f.)*.

Die Kommission bekräftigte ihre Position während der zweiten Anhörungsphase mit der Mitteilung vom 20. Mai 1999 über den gemeinschaftlichen Luftverkehr in der Entwicklung vom Binnenmarkt zur weltweiten Herausforderung [KOM (1999) 182 endg.] *(vgl. Bull. EU 5-1999, S.56 f.; KOM (1999) 182 endg., S.11 f., S.29 f.)*. Aber erst mit der **Richtlinie 2000/34/EG des Europäischen Parlaments und des Rates vom 22. Juni 2000 [ABl. L 195 01.08.2000 S.41]**, die am 1. August 2000 in Kraft trat und bis zum 1. August 2003 umzusetzen war, wurden die Bestimmungen der Richtlinie 93/104/EG auch auf alle abhängig beschäftigten, nicht mobilen Arbeitnehmer in den bisher nicht erfaßten Sektoren ausgedehnt *(vgl. Band 2, S.485)*. Mobile Arbeitnehmer im Verkehrsgewerbe und Tätigkeiten auf Offshore-Anlagen sind von den Regelungen zur täglichen und wöchentlichen Ruhezeit, zu den Ruhepausen und zur Nachtarbeit, Arbeitnehmer in der Seefischerei darüber hinaus von den Vorschriften zur wöchentlichen Höchstarbeitszeit ausgenommen. Bei zahlreichen Tätigkeiten (große Entfernung zwischen Arbeitsplatz und Wohnort, Wach- und Schließdienst, Gewährleistung der Kontinuität des Dienstes oder der Produktion, vorhersehbarer übermäßiger Arbeitsanfall, Eisenbahnpersonal) sind außerdem Abweichungen von den Bestimmungen zur Ruhezeit, zur Nachtarbeit und zu den Bezugszeiträumen möglich, sofern es angemessene Ausgleichsruhezeiten gibt. **Spezifische Gemeinschaftsvorschriften** sollen jedoch Vorrang haben *(vgl. Bull. EU 11-1998, S.23 f., 50 f.; Bull. EU 6-2000, S.56; GB 2000, Ziff. 114; KOM (2000) 364 endg., S.7; KOM (2000) 787 endg., S.5)*. Die geänderten Bestimmungen wurden mit der **Richtlinie 2003/88/EG des Europäischen Parlaments und des Rates vom 4. November 2003 [ABl. L 299 18.11.2003 S.9]** kodifiziert.

Mit der Richtlinie 2000/34/EG des Europäischen Parlaments und des Rates vom 22. Juni 2000 erlangten die allgemeinen Arbeitszeitregelungen auch für den gemeinschaftlichen Luftverkehr grundsätzliche Geltung; spezifische Vorschriften waren der **Richtlinie 2000/79/EG des Rates vom 27. November 2000 [ABl. L 302 01.12.2000 S.57]** vorbehalten, die bis zum 1. Dezember 2003 umgesetzt werden mußte. Sie diente der Durchführung der von der Vereinigung Europäischer Fluggesellschaften (AEA), der Europäischen Transportarbeiter-Föderation (ETF), der European Cockpit Association (ECA), der European Regions Airline Association (ERA) und der International Air Carrier Association (IACA) am 22. März 2000 geschlossenen **Europäischen Vereinbarung über die Arbeitszeitorganisation** für das fliegende Personal der Zivilluftfahrt. Dabei handelt es sich um Mindestvorschriften; im Zuge der Angleichung der Vorschriften darf es nicht zu einer Verschlechterung der Sozialstandards kommen *(vgl. Bull. EU 6-2000, S. 55 f.; Bull. EU 10-2000, S. 17 f.; GB 2000, Ziff. 114).*

Übersicht 60: Soziale Wettbewerbsbedingungen im Luftverkehr der Gemeinschaft

Paritätischer Ausschuß
Beschluß 90/449/EWG der Kommission vom 30. Juli 1990 zur Einsetzung eines Paritätischen Ausschusses für die Zivilluftfahrt [ABl. L 230 24.08.90 S.22]
Ratsentschließungen zu sozialen Aspekten
Entschließung 94/C 309/02 des Rates vom 24. Oktober 1994 über die Lage der europäischen Zivilluftfahrt [ABl. C 309 05.11.94 S.2] — Aufnahme in den Anhang XIII des EWR-Abkommens durch den Beschluß 51/95 des Gemeinsamen EWR-Ausschusses [ABl. L 140 13.06.96 S.47]
Entschließung 95/C 169/02 des Rates vom 19. Juni 1995 zur Frage der Standortverlagerungen im Luftverkehr [ABl. C 169 05.07.95 S.3] — Aufnahme in den Anhang XIII des EWR-Abkommens durch den Beschluß 73/95 des Gemeinsamen EWR-Ausschusses [ABl. L 057 07.03.96 S.39]
Arbeitszeitregelung
Richtlinie 93/104/EG des Rates vom 23. November 1993 über bestimmte Aspekte der Arbeitszeitgestaltung [ABl. L 307 13.12.93 S.18] — Richtlinie 2000/34/EG des Europäischen Parlaments und des Rates vom 22. Juni 2000 zur Änderung der Richtlinie 93/104/EG des Rates über bestimmte Aspekte der Arbeitszeitgestaltung hinsichtlich der Sektoren und Tätigkeitsbereiche, die von jener Richtlinie ausgeschlossen sind [ABl. L 195 01.08.2000 S.41]
Richtlinie 2000/79/EG des Rates vom 27. November 2000 über die Durchführung der von der Vereinigung Europäischer Fluggesellschaften (AEA), der Europäischen Transportarbeiter-Föderation (ETF), der European Cockpit Association (ECA), der European Regions Airline Association (ERA) und der International Air Carrier Association (IACA) geschlossenen Europäischen Vereinbarung über die Arbeitszeitorganisation für das fliegende Personal der Zivilluftfahrt [ABl. L 302 01.12.2000 S.57] — Rechtsetzung auf der Grundlage des Art. 139 Abs. 2 EGV, auf Vorschlag der Kommission [ABl. C 337 E 28.11.2000 S.149] sowie nach den Stellungnahmen des EP [ABl. C 178 22.06.2001 S.48] und des WSA [ABl. C 014 16.01.2001 S.119] — Aufnahme in den Anhang XVIII des EWR-Abkommens durch den Beschluß 120/2001 des Gemeinsamen EWR-Ausschusses [ABl. L 322 06.12.2001 S.36]

Festgelegt wurden eine **maximale jährliche Arbeitszeit** von 2.000 Stunden, wobei die Blockzeit (vom Abrollen bis zum Stillstand des Flugzeugs) höchstens 900 Stunden betragen darf; **flugdienstzeit- und bereitschaftsfreie Zeiten** von mindestens sieben Tagen pro Monat und 96 Tagen pro Jahr (einschließlich Ruhezeiten) wurden vorgeschrieben. Die **Arbeitsrhythmen** müssen dem Arbeitnehmer angepaßt sein; der **Jahresurlaub** beträgt mindestens vier Wochen (kein Ersatz durch eine finanzielle Vergütung). Verpflichtend sind eine unentgeltliche **Gesundheitsuntersuchung** vor Antritt der Arbeit und danach weitere Untersuchungen in regelmäßigen Abständen; bei auf Nachtarbeit beruhenden gesundheitlichen Problemen sollen andere Tätigkeiten zugewiesen werden; die Gewährung eines angemessenen Schutzes von **Sicherheit und Gesundheit** genießt höchste Priorität *(vgl. U. Fischer, 2001, S. 1064 ff.)*.

3.5 Sicherheit und Umweltverträglichkeit des Luftverkehrs

3.5.1 Kapazitätsprobleme, Flugsicherung und Luftverkehrsmanagement

3.5.1.1 Gemeinschaftsinitiativen in der Phase der Binnenmarktvollendung

Parallel zur Entwicklung eines neuen liberalen Ordnungsrahmens für den europäischen Luftverkehr intensivierten sich auch die **Gemeinschaftsinitiativen** zur Verbesserung der **Sicherheit** und des **Umweltschutzes**, da mit dem enormen Wachstum der Flugbewegungen gerade auf diesem Gebiet Defizite sichtbar wurden. Das **Europäische Parlament** forderte mit seiner Entschließung vom 15. September 1987 zur Luftverkehrssicherheit [ABl. C 281 19.10.87 S.51] ein einheitliches System für die Abwicklung und Überwachung des europäischen Luftverkehrs, den Beitritt der Mitgliedstaaten zu EUROCONTROL sowie die Ausdehnung des Flugsicherungssystems auf alle Flugbewegungen. Bereits am 7. Juli 1988 folgten **weitere Entschließungen** des Europäischen Parlaments zur Zukunft von EUROCONTROL im Rahmen der westeuropäischen Flugsicherung [ABl. C 235 12.09.88 S.121], zu Problemen der Flughafenkapazitäten und der Luftverkehrssicherheit in der Gemeinschaft [ABl. C 235 12.09.88 S.124] sowie zu den Folgen der Deregulierung und Binnenmarktvollendung für die Sicherheit im Flugverkehr [ABl. C 235 12.09.88 S.125]. Das Parlament ging von einem auch weiterhin stark wachsenden Luftverkehrsaufkommen mit teilweisen Sättigungs- oder sogar **Überlastungserscheinungen des Luftraums** aus, wozu auch die unbefriedigende Koordinierung zwischen militärischer und ziviler Luftfahrt und die Zersplitterung des Luftraums beitrügen; teure Doppelarbeit und schlechte Arbeitsbedingungen der Fluglotsen, inkompatible Ausrüstung, hohe Flugsicherungsgebühren, hohe Energiekosten des Luftverkehrs, häufige Wartezeiten, Verspätungen und Umleitungen prägten die seinerzeitige Situation der Luftverkehrssteuerung. Da der **geschäftsführende Ausschuß** von EUROCONTROL mit nur ihren jeweiligen Behörden verantwortlichen nationalen Beamten keiner parlamentarischen Kontrolle unterlag, forderte das Parlament für EUROCONTROL einen **Gemeinschaftsstatus** mit einer gleichzeitigen Übernahme der Überflugverkehrssteuerung (ohne Anflugverkehr). Im übrigen sollten die Koordinierung und Zusammenarbeit zwischen den verschiedenen Flugsicherungszentralen auch durch den gemeinsamen Kauf und Einsatz **kompatibler Geräte** sowie eine gemeinschaftliche Kontrolle der Ausbildung und Bereitstellung von **Fluglotsen** gefördert werden; die Kapazitätserweiterung der **Flughäfen** (Investitionsprogramm in bezug auf neue Flughäfen, Terminals und Abfertigungsstellen; Förderung von Regionalflughäfen; Verbesserung der technologischen Ausrüstung; Abschaffung von Kontrollen) müsse ergänzend vorangetrieben werden. Erneut befaßte sich das Europäische Parlament in seiner Entschließung vom 19. Januar 1989 [ABl. C 047 27.02.89 S.139] mit den Problemen der Luftverkehrssicherheit und verlangte die Schaffung eines **einheitlichen Überwachungssystems**, eine **Neuaufteilung des**

Luftraums sowie die Gründung einer **unabhängigen Behörde** für Leit- und Kontrollfunktionen *(vgl. Bull. EG 9-1987, S.90; Bull. EG 7/8-1988, S.129f.; Bull. EG 1-1989, S.47; GB 1989, Ziff.654; zur Notwendigkeit einer Regulierung zur Verbesserung der Luftverkehrssicherheit R. K. Stanovsky, 2003, S.265ff., 300ff., 317ff.).*

Angesichts des **stark zunehmenden Luftverkehrs** mahnte auch die Kommission im Zusammenhang mit ihrer Mitteilung vom 11. Dezember 1988 über Kapazitätsprobleme im Luftverkehrssystem [KOM (88) 577 endg.] eine **Verbesserung der Luftverkehrskontrolle** an. Sie unterbreitete die bereits im Oktober 1988 zur Diskussion gestellten Vorschläge für eine Ratsentscheidung über die Konsultierung und Koordinierung zwischen den Mitgliedstaaten auf dem Gebiet der Flugverkehrsdienste und der Verkehrsflußregelung [ABl. C 034 10.02.89 S.8] (Errichtung und Betrieb eines gemeinsamen Systems, enge Kooperation mit EUROCONTROL, Planung und Anschaffung von Navigationseinrichtungen, Flugsicherungsverfahren, Ausbildungspläne für Fluglotsen), für eine Ratsentscheidung zur Ausdehnung der Entscheidung 78/174/EWG auf die See- und Luftverkehrsinfrastruktur [ABl. C 034 10.02.89 S.9] (koordinierter Ausbau der Luftverkehrsinfrastruktur) *(vgl. Band 1, S.86)* sowie für eine Ratsempfehlung über eine flexible und rationelle Nutzung des Luftraums [ABl. C 034 10.02.89 S.10] (Aufteilung des Luftraums zwischen ziviler und militärischer Nutzung, Neuverteilung entsprechend dem Nutzerbedarf, Förderung der Flächennavigation). Sowohl das **Europäische Parlament** [ABl. C 158 26.06.89 S.40, 41, 42] als auch der **Wirtschafts- und Sozialausschuß** [ABl. C 194 31.07.89 S.6] gaben im Mai 1989 befürwortende Stellungnahmen ab. Ein Erfolg war dem Vorstoß jedoch nicht beschieden. Nach der Änderung der Rechtsgrundlage [KOM (93) 570 endg.; ABl. C 020 24.01.94 S.83] mußten die Vorschläge schließlich zurückgezogen werden [ABl. C 002 04.01.97 S.5] *(vgl. Bull. EG 10-1988, S.62f.; GB 1988, Ziff.747; GB 1989, Ziff.640; M. Bothe u. a., 1990b, S.206; R. Schmid, 1991a, S.20f.).*

Nachdem die in der ECAC vereinigten Verkehrsminister bereits am 20. Oktober 1988 Maßnahmen zur Gewährleistung einer effizienten Luftraumnutzungssteuerung beschlossen hatten, wies auch die **Entschließung 89/C 189/02 des Rates vom 18. Juli 1989 [ABl. C 189 26.07.89 S.3]** *(vgl. Übersicht 61)* darauf hin, daß der europäische Luftraum besonders zu saisonbedingten Spitzenzeiten Überlastungserscheinungen aufwies, für die vor allem die unzureichende Koordinierung der nationalen Luftverkehrsdienste, insbesondere bei der Verkehrsflußregelung und der Flugverkehrskontrolle, sowie die Involvierung zahlreicher internationaler Organisationen (ICAO, ECAC, NATO, EUROCONTROL) verantwortlich gemacht wurden. Ziel der Initiative war die Verwirklichung einer einzigen **Zentrale der Verkehrsflußregelung** in der von der ECAC beschlossenen Form. Der Rat forderte die noch nicht bei EUROCONTROL vertretenen Mitgliedstaaten dazu auf, den Beitritt sobald wie möglich zu prüfen; für die Kommission wurde ein Beobachterstatus bei EUROCONTROL angestrebt. Die Einrichtung einer **zentralen Datenbank** bei EUROCONTROL und die Ausarbeitung eines gemeinsamen Konzepts für die **Flugverkehrskontrolle** wurden geplant. Außerdem sollten die Zusammenarbeit zwischen der Gemeinschaft und EUROCONTROL sowie die gemeinsame Forschung vorangetrieben werden. Für die Ausbildung und Einstellung der **Fluglotsen** wurde eine abgestimmte Verbesserung angestrebt. Zur

Entlastung des Luftraums sollte die **koordinierte und effiziente Anwendung** der notwendigen Maßnahmen, falls nötig auf dem Wege von Rechtsakten, sichergestellt werden. In seinen Schlußfolgerungen vom 26. März 1990 über die Kapazitätsprobleme des Luftverkehrssystems und vom 7. Dezember 1992 zur Verstärkung der Zusammenarbeit bestätigte der Rat nochmals diese Position *(vgl. Bull. EG 6-1989, S.70; GB 1989, Ziff.640; M. Bothe u. a., 1990b, S.203ff.; GB 1990, Ziff.581; Bull. EG 12-1992, S.85; GB 1992, Ziff.676; zu ICAO, ECAC und EUROCONTROL J. Moussé, 1990, S.257ff.; R. Sterzenbach u. a., 2003, S.37ff., 45f.).*

Die Entschließung des **Europäischen Parlaments** vom 18. September 1992 zur Auslastung des Luftraums und zur Sicherung des Luftverkehrs [ABl. C 284 02.11.92 S. 170] zielte ebenfalls auf eine Harmonisierung und Integration der nationalen Flugsicherungssysteme ab. Als Endziel wurde ein **einheitliches gemeinsames System** mit einer **einzigen Gemeinschaftsbehörde** für die Planung, den Ausbau, die Verwaltung und die Durchführung der Flugsicherung (Ziel: 1. Januar 1996) propagiert. Dabei wurden auch Vorgaben für gemeinsame Sicherheitsnormen und Verfahren, für die Beschaffung von Ausrüstungen, für die Planung, Koordinierung und Finanzierung der Flughafen- und Flugsicherungsinfrastruktur, für die Förderung der Forschung und technologischen Entwicklung sowie die Ausbildung des Flug- und Bodenpersonals formuliert. Eine flexiblere Nutzung und bessere Verfügbarkeit des **militärischen Luftraums** waren ebenfalls anzustreben *(vgl. Bull. EG 9-1992, S.31; GB 1992, Ziff. 676; zur internationalen und deutschen Luftraumordnung P. M. Krämer, 1994, S.19 ff., 87ff.).*

3.5.1.2 Aktionsprogramm vom Juni 1994 und Kommissionsmitteilung vom Juli 1995

Während hinsichtlich der Aufstellung und Anwendung **kompatibler technischer Spezifikationen** für die Beschaffung von Ausrüstungen und Systemen für das Flugverkehrsmanagement mit der Richtlinie 93/65/EWG des Rates vom 19. Juli 1993 [ABl. L 187 29.07.93 S.52] *(vgl. Band 1, S.556)* bereits erste Erfolge erzielt wurden, wurden gleichzeitig (1993) durch die Vertragsparteien Verfahren zur Überprüfung des EUROCONTROL-Übereinkommens von 1960 mit dem Ziel in Gang gesetzt, eine **Erweiterung der Kompetenzen** auf alle Aspekte des Flugverkehrsmanagements und die **Schaffung effizienter Entscheidungsmechanismen** zu erreichen; trotzdem war bis Ende 1993 nur wenig bewirkt worden.

Der Abschlußbericht des im Sommer 1993 eingesetzten **Ausschusses der Weisen** über die Zukunft der europäischen Zivilluftfahrt wurde am 1. Februar 1994 veröffentlicht und enthielt zwar verschiedene **luftverkehrspolitische Empfehlungen** an die Kommission, die jedoch zur Lösung der hier behandelten Probleme nicht ausreichend waren. Die diesbezügliche Entschließung des **Europäischen Parlaments** vom 9. März 1994 [ABl. C 091 28.03.94 S.51] *(vgl. Bull. EU 3-1994, S.43; GB 1994, Ziff.384)* bemängelte daher das Fehlen von geeigneten Ansätzen zur Lösung des Kapazitätsproblems, verlangte eine stärkere Berücksichtigung von Sicherheitsbelangen und eine Harmonisierung der Flugüberwachung. Im Anschluß an die Schlußfolgerungen des

Rates vom 18. April 1994 legte die Kommission am 1. Juni 1994 ihre Mitteilung über die Zivilluftfahrt in Europa auf dem Weg in die Zukunft [KOM (94) 218 endg.] vor; sie präsentierte neben einer **Ursachenanalyse** für die wirtschaftlichen Ungleichgewichte in der europäischen Luftfahrt ein **Aktionsprogramm** für den Luftverkehr. Die Entschließung des Europäischen Parlaments vom 27. September 1994 zur Flugsicherung (ATC) in Europa [ABl. C 305 31.10.94 S.24] drängte erneut auf eine **Harmonisierung und Integration** der verschiedenen nationalen Flugsicherungssysteme und auf die Schaffung eines einheitlichen gemeinsamen Systems (Zuständigkeit bei Gemeinschaftsbehörde). Weitere **Aktivitätsschwerpunkte** sollten sein: Forcierung der Forschung, Berücksichtigung von Arbeitsbedingungen und Umweltschutz, bessere Kooperation mit militärischen Behörden *(vgl. Bull. EU 4-1994, S.40; Bull. EU 6-1994, S.62 f.; Bull. EU 9-1994, S.43; GB 1994, Ziff.386; J. Goh, 1997, S.30 f.)*.

Das Aktionsprogramm der Kommission vom 1. Juni 1994 wurde mit der **Entschließung 94/C 309/02 des Rates vom 24. Oktober 1994 [ABl. C 309 05.11.94 S.2]** förmlich angenommen. Der Rat betonte, daß für eine leistungs- und wettbewerbsfähige europäische Zivilluftfahrt erhebliche Fortschritte bei der Entwicklung von Satellitennavigationssystemen und im Bereich der Luftverkehrskontrolle sowie des Luftverkehrsmanagements notwendig seien. Der Aufbau eines europäischen Flugsicherungssystems erfordere die **Festlegung technischer Standards** nach der Richtlinie 93/65/ EWG auf der Grundlage der von EUROCONTROL festgelegten Bedingungen. Die Kommission sollte den **Aufbau einer Regelungsbehörde** für Europa prüfen, die sich mit Sicherheitsstandards beschäftigt. Um die Wettbewerbsfähigkeit der europäischen Luftfahrt zu stärken, sollte auch die **effiziente Nutzung der Luftfahrtinfrastruktur** gewährleistet werden. Die Entschließung des **Europäischen Parlaments** vom 14. Februar 1995 [ABl. C 056 06.03.95 S.28] und die Stellungnahme des **Wirtschafts- und Sozialausschusses** vom 22. Februar 1995 [ABl. C 110 02.05.95 S.22] unterstützten weitgehend die Position des Rates zum Aktionsprogramm *(vgl. Bull. EU 9-1994, S.43; GB 1995, Ziff.409)*.

Die Mitteilung der Kommission vom 5. Juli 1995 zur **Überlastung des Luftraums** und zur Krise des Luftverkehrs [KOM (95) 318 endg.] propagierte im Rahmen eines kurzfristigen Aktionsprogramms eine Verringerung der Verspätungen im Luftverkehr mittels eines optimalen Einsatzes der verfügbaren Kontrollkapazitäten. Das **Europäische Parlament** unterstützte mit seiner Entschließung vom 16. November 1995 [ABl. C 323 04.12.95 S.92] die Kommissionsmitteilung *(vgl. Bull. EU 7/8-1995, S.51 f.; Bull. EU 11-1995, S.45 f.; GB 1995, Ziff.410)*.

In seiner **Entschließung 95/C 317/01 vom 17. November 1995 [ABl. C 317 28.11.95 S.1]** wies der Rat erneut auf die aus der Überlastung resultierenden Verluste für die Luftfahrtunternehmen, die Beeinträchtigungen für die Nutzer und die gesamtwirtschaftlichen Nachteile für den Flugverkehr insgesamt hin. Als **Ursachen für die Kapazitätsprobleme**, die besonders in der Hochsaison und auf bestimmten Flugrouten auftraten, wurden die völlige Auslastung des Luftraums und der Rückgang der für die Flugverkehrskontrolle zur Verfügung stehenden Kapazitäten genannt. Der Rat forderte eine sinnvollere **Nutzung der vorhandenen Kontrollpotentiale**; zudem trat er für eine überschneidungsfreie Aufgabenteilung zwischen der Gemeinschaft, der ICAO, der ECAC und EUROCONTROL ein. Alle Mitgliedstaaten, die noch nicht EUROCONTROL beigetreten waren, sollten dies so bald wie möglich nachholen. Eine Untersuchung sollte die in den einzelnen Mitgliedstaaten bestehenden Modalitäten zur **Festlegung eines Mindestangebots** für das Flugverkehrsmanagement in Krisenfällen klären und die Koordinierung nationaler Notfallpläne fördern *(vgl. Bull. EU 9-1995, S.33 f.; GB 1995, Ziff.410)*.

3.5.1.3 Weißbuch zum Luftverkehrsmanagement vom März 1996 und Kommissionsmitteilung vom Juni 1996

Das Weißbuch der Kommission vom 6. März 1996 zum „Flugverkehrsmanagement (ATM) – Für einen grenzenlosen Himmel über Europa“ [KOM (96) 57 endg.] befaßte sich wiederum mit den Problemen der **Flugsicherung** (ATC), der **Verkehrsflußsteuerung** (ATFM) und des **Luftraummanagements** (ASM). Vor dem Hintergrund der nach einer Erholungsphase (1989/1993) ab Mitte 1994 erneut rasch ansteigenden Verspätungen (mit einem neuen Höchststand im Dezember 1995) und der bisher im Zusammenwirken mit der ECAC und EUROCONTROL erarbeiteten Lösungskonzepte (CFMU, EATCHIP, EWP, CIP, EATMS, APATSI, CODA) wurden als **Systemmängel** die **ATM-Zuständigkeitszersplitterung** (EUROCONTROL und ICAO-Regionalbüro; EATCHIP- und APATSI-Lenkungsausschüsse; Vorgaben der Joint Aviation Authorities (JAA) *(vgl. R. Sterzenbach u. a., 2003, S.44f.)*; NATO-Ausschuß CEAC; ICAO-Luftfahrtplanungsgruppe GEPNA), das **Fehlen effizienter Entscheidungsmechanismen** (Mehrheitsbeschlüsse statt der Einstimmigkeitsregelung) für stärker konfliktbeladene Themen (Einsatz bordseitiger Antikollisionssysteme; gemeinsame Verfahren und Spezifikationen; Nutzung der VHF-Frequenzen; Verringerung der vertikalen Staffelung) **und Entscheidungshilfen** (Informationsdefizite hinsichtlich Dienstequalität und -quantität sowie bei der Evaluierung großer Investitionen oder anderer kapazitätssteigernder Maßnahmen; Mängel hinsichtlich der Transparenz von Kosten, Erträgen, Investitionen, Personal etc.; personelle und technische Defizite für notwendige Systemanalysen und Verbesserungsvorschläge), eine **ineffiziente Nutzung der vorhandenen Ressourcen** (Defizite bei der Beschaffung und Nutzung der Kommunikations-, Navigations- und Überwachungssysteme und im Zusammenwirken der Kontrollzentren selbst sowie der ATM-Teilsysteme, ferner im Zugang zu neuen Telekommunikationsausrüstungen und Telematikanwendungen; Mängel in den Mechanismen zur Erstellung gemeinsamer Spezifikationen und Normen mit einer Erschwerung und Verlangsamung der Standardisierung), **fehlende Mittel zur Verfolgung von Entscheidungen** (Ergänzung effizienter Entscheidungsmechanismen durch laufende Wirkungsanalysen und Erfolgskontrollen getroffener Maßnahmen zwecks Sicherstellung der Zielerreichung und zur Ermöglichung wirksamer Korrekturmaßnahmen), **fehlende Durchführungs- und Unterstützungsinstrumente** (Fehlen notwendiger Finanzmittel für einzelne Mitglieder der „ATM-Gemeinschaft“ zur Erreichung ihrer CIP-Ziele; Finanzierungsdefizite bei EUROCONTROL für notwendige Forschungs- und Entwicklungsvorhaben) und eine **unzureichende Kostendisziplin** (Flugsicherungseinrichtungen mit staatlichem oder halbstaatlichem Status; Deckung sämtlicher Kosten unabhängig von der Zahl der Kunden über Nutzergebühren;

Mängel in der gezielten Motivierung des Personals und in der kostenoptimalen Finanzierung aller Tätigkeiten) genannt *(vgl. Bull. EU 3-1996, S.53f.)*.

Nach Auffassung der Kommission setzte die **Schaffung eines einheitlichen ATM-Systems** die Trennung von Regelungs- (rechtlich-administrative Kompetenzen) und Betriebsfunktionen (Technikwissen und Managementqualitäten) voraus; während im Hinblick auf die **Betriebsfunktionen** (Kommunikations-, Navigations- und Überwachungsdienste, Flugsicherung und Verkehrsflußsteuerung) die Einrichtung eines zentralen Betreibers oder dezentrale Lösungen diskutiert wurden, sollte im Rahmen der **Regelungsfunktionen** ein einheitlicher Rahmen gemäß den internationalen Normen und Praktiken entwickelt werden. Schließlich bewertete die Kommission **mögliche Optionen** für das anzustrebende einheitliche ATM-System und betrachtete dabei als **Option 1** eine „monolithische" europäische Struktur, als **Option 2** eine gemeinschaftsinterne Lösung und schließlich als **Option 3** eine europaweite Lösung. Im Ergebnis erschien der Kommission im Sinne eines europaweiten Ansatzes eine Revision des Statuts von EUROCONTROL als geeignetste Lösung, durch die „diese Organisation in die Lage versetzt wird, den europäischen Luftraum zu verwalten und die Luftverkehrsdienste zu regeln" *(GB 1996, Ziff.396)*.

Die Stellungnahmen des **Wirtschafts- und Sozialausschusses** vom 10. Oktober 1996 [ABl. C 056 24.02.97 S.16] und des **Europäischen Parlaments** vom 17. Januar 1997 [ABl. C 033 03.02.97 S.124] unterstützten im wesentlichen die Position der Kommission im Rahmen der Mängelanalyse und der Lösungskonzepte. Zum Abbau der seinerzeitigen Fragmentierung und zur Gewährleistung eines kohärenten und einheitlichen ATM-Systems sollte bei aller Bedeutung kurz- und mittelfristiger Lösungen nur ein einziges europäisches ATM-Regelungssystem bestehen bleiben, dessen **Kompetenzen** und **Ressourcenverfügbarkeit** zu einem konsequenten Abbau der aufgezeigten Mängel und zu einem effizienten Flugverkehrsmanagement führen müßten *(vgl. Bull. EU 10-1996, S.48; Bull. EU 1/2-1997, S.50)*.

Nachdem sie vom Rat im Januar 1996 dazu aufgefordert worden war, setzte die Kommission im März 1996 eine **hochrangige Gruppe** ein, die Vorschläge zur Verbesserung der Luftverkehrssicherheit entwickeln sollte. Die Ergebnisse der Arbeiten stellte sie in ihrer Mitteilung vom 12. Juni 1996 über eine **Gemeinschaftsstrategie** zur Erhöhung der Sicherheit im Luftverkehr [SEK (96) 1083 endg.] vor. Beabsichtigt waren Maßnahmen zur Gewährleistung der Betriebssicherheit von in der Gemeinschaft registrierten Luftfahrzeugen (Sicherheitsnormen, Bewertungsmethodik, Meldung von Vorkommnissen), die Einrichtung eines Überwachungssystems für Flugzeuge aus Drittländern (Gegenmaßnahmen, Überprüfung der bilateralen Abkommen), die Gründung einer Europäischen Behörde für Luftverkehrssicherheit auf der Basis der JAA sowie eine intensive Zusammenarbeit zwischen den Mitgliedstaaten, der ECAC, den JAA, der Kommission und der ICAO. Die Entschließung des **Europäischen Parlaments** vom 17. Juli 1997 [ABl. C 286 22.09.97 S.251] befürwortete diesen komplexen Ansatz; angeregt wurden ferner die Einrichtung einer Datenbank über Unfälle, die Bekämpfung des illegalen Handels mit gefälschten Teilen, eine Risikominimierung für in der Flughafenumgebung befindliche Dritte, die Reglementierung des persönlichen Gepäcks, eine verbesserte Schulung des Personals und die Information der Verbraucher über die Flugsicherheit. Auch die **Kommission** wies in einem Arbeitsdokument vom 28. Oktober 1997 [SEK (97) 2048 endg.] nochmals auf die Notwendigkeit **der internationalen Zusammenarbeit** bei der Verbesserung der Luftverkehrssicherheit hin *(vgl. Bull. EU 6-1996, S.105 f.; GB 1996, Ziff.399; Bull. EU 7/8-1997, S.57; GB 1997, Ziff.490)*.

3.5.1.4 Beitritt der Gemeinschaft zu EUROCONTROL

Die allgemeine Diskussion um die **geplante Revision** des EUROCONTROL-Statuts vom 13. Dezember 1960 *(vgl. S.538)* und deren Unterzeichnung durch die Mitgliedstaaten berührte im Kern die Frage nach der **Ausübung von Kompetenzen** durch die Gemeinschaft anstelle der oder gemeinsam mit den Mitgliedstaaten. Die Kommission, die die geplanten Änderungen des Statuts grundsätzlich befürwortete, unterbreitete dem Rat am 13. November 1996 eine Empfehlung für einen Beschluß zur **Aufnahme von Verhandlungen** im Hinblick auf die Definition der Aufgaben und Befugnisse der neuen EUROCONTROL und die **Vollmitgliedschaft der Gemeinschaft** in dieser Organisation [SEK (96) 2042 endg.] (am 1. Oktober 2004 zurückgezogen [KOM (2004) 542 endg.]). In die allgemeine Diskussion wurden seitens der Kommission **Arbeitsdokumente** vom 19. Februar 1997 über die Ausübung der Gemeinschaftskompetenz [SEK (97) 352 endg.] und vom 16. April 1997 über die Notwendigkeit einer Mitgliedschaft [SEK (97) 718 endg.] eingebracht. In seinen **Schlußfolgerungen** vom 18. Juni 1997 kam der Rat überein, daß eine Mitgliedschaft der Gemeinschaft bei EUROCONTROL das beste Mittel der Einbindung der Gemeinschaft in die Arbeit der Flugsicherungsorganisation darstelle und daß die Unterzeichnung des revidierten Statuts durch die Mitgliedstaaten die Zuständigkeit der Gemeinschaft in diesem Bereich nicht beeinträchtigen dürfe. Dem **Abschluß der Verhandlungen** über die Revision des Statuts am 27. Juni 1997 folgte die **Auflegung des Protokolls** zur Unterzeichnung (Erklärung der Mitgliedstaaten, die EUROCONTROL-Mitglieder sind, im Sinne der Position des Rates; Zuständigkeit der Gemeinschaft für bestimmte Bereiche anerkannt). Am 18. Juni 1998 ermächtigte der Rat die Kommission zur Aufnahme von Verhandlungen über den **Beitritt der Gemeinschaft** zu EUROCONTROL; diese begannen am 29. Januar 1999 *(vgl. Bull. EU 11-1996, S.51; GB 1996, Ziff.396; GB 1997, Ziff.487; Bull. EU 6-1998, S.64; GB 1998, Ziff.453; GB 1999, Ziff.416)*.

In seiner **Entschließung 1999/C 222/01 vom 19. Juli 1999 [ABl. C 222 04.08.1999 S.1]** forderte der Rat angesichts der zunehmenden Verspätungen, der Unannehmlichkeiten für Flugreisende und der zusätzlichen Umweltbelastungen eine Fortsetzung und Verstärkung der Maßnahmen auf nationaler Ebene; EU-Mitgliedstaaten sollten zudem als Mitglieder von EUROCONTROL den provisorischen Rat unterstützen und innerhalb dieser Organisation **wirksame Gegenmaßnahmen** forcieren *(vgl. Bull. EU 6-1999, S.75 f.; GB 1999, Ziff.416; R. Dieter, 2000, S.193)*. Die Beitrittsverhandlungen der Gemeinschaft mit EUROCONTROL konnten dann im Oktober 1999 abgeschlossen werden. Am 13. Dezember 2000 wurde der im November 2000 fertiggestellte Bericht mit entsprechenden **Empfehlungen einer Expertengruppe** aus Vertretern der Mitgliedstaaten, Norwegens und der Schweiz zur Kenntnis genommen und ein Beratungsgremium für industrielle und soziale Fragen eingesetzt. Die Kommissionsempfehlung vom 9. April 2002 [SEK (2002) 381 endg.] und der nachfolgende Vorschlag vom 6. Juni 2002 [ABl. C 262 E 29.10.2002 S.273] führten am 31. Juli 2002 zum Beschluß des Rates über die Unterzeichnung des Protokolls über den **Beitritt der Gemeinschaft** zu EUROCONTROL und dessen vorläufige Anwendung; am 8. Oktober 2002 erfolgte schließlich in Brüssel die Unterzeichnung [ABl. L 304 30.09.2004 S. 210]. Durch ihren Beitritt kann die Gemeinschaft sich seitdem an den Arbeiten der Gremien beteiligen, in denen auch ein EU-Mitgliedstaat vertreten ist, und dort ihren Standpunkt geltend machen; sie darf jedoch keine Bewerber vorschlagen und leistet auch keinen Beitrag zum Haushalt. In verschiedenen Bereichen mit **ausschließlicher Zuständigkeit** und bei der Anwendung der Regeln des Art. 8 des Übereinkommens nimmt die Gemeinschaft nach vorheriger Unterrichtung der anderen Vertragsparteien die Stimmrechte ihrer Mitgliedstaaten wahr; in anderen Fällen ist die Gemeinschaft nicht stimmberechtigt *(vgl. Bull. EU 6-2002, S.92f.; Bull. EU 10-2002, S.68; GB 2002, Ziff.661).* Mit dem **Beschluß 2004/636/EG des Rates vom 29. April 2004 [ABl. L 304 30.09. 2004 S.209]** *(vgl. Übersicht 61)* wurde das Beitrittsprotokoll im Namen der Gemeinschaft genehmigt; eine gleichzeitige Ratifizierung des Protokolls und des revidierten Übereinkommens durch die Gemeinschaft und die Mitgliedstaaten war vorgesehen *(vgl. Bull. EU 9-2003, S.60; GB 2003, Ziff.696; Bull. EU 4-2004, S.96).*

3.5.1.5 Schaffung eines einheitlichen europäischen Luftraums

Die Mitteilung der Kommission vom 1. Dezember 1999 über die Schaffung eines einheitlichen europäischen Luftraums [KOM (1999) 614 endg.] sah neben einigen kurzfristigen Maßnahmen die **Reform des Flugverkehrsmanagements** als vorrangiges Anliegen an; in **verschiedenen Anlagen** wurden die **damalige Situation** der **Überlastung** und der **Verspätungen** im Luftverkehr (Bewertung des ATM-Systems unter Sicherheits- und Kostengesichtspunkten; technische, operationelle und institutionelle Maßnahmen der ATM-Gemeinschaft und der EU) sowie diejenige des **Flugverkehrs- und Luftraummanagements** analysiert und schließlich die **Aufgaben der Gemeinschaft** (Förderung des mittelfristigen Kapazitätsausbaus; Ausübung von Regulierungsfunktionen mit der Ausarbeitung und Anwendung ausreichend transparenter und demokratisch kontrollierbarer Regeln; Entwicklung von Anreiz-, Sanktions- und Finanzierungssystemen) aufgezeigt; ein **neuer Ansatz der Systemauslegung** sollte unter Einschluß aller Interessengruppen konzipierte kreative Lösungen mit gemeinsamer Teilhabe an Wissen und Erfahrung sowie an Risiken ermöglichen (Förderung der Forschung und technologischen Entwicklung; Einbindung aller Akteure in den Prozeß der Systemauslegung; neue Ansätze der Normung auf dem Gebiet des Flugverkehrsmanagements); schließlich sollten in der Zukunft **Gesichtspunkte der Kosteneffizienz** (klare Trennung von Regelungs- und Betriebsfunktionen; Unabhängigkeit der sicherheitsbezogenen Regulierung; Belohnung der Kundenzufriedenheit in der Gebührenerhebungspraxis; Ausgliederung von Diensten nach technisch-wirtschaftlichen Gesichtspunkten; ökonomische Regulierung von Diensten mit Monopolcharakter; Gewährleistung von Wettbewerb und Dienstleistungsfreiheit) verstärkt berücksichtigt werden *(vgl. Bull. EU 12-1999, S.90; GB 1999, Ziff.416; R. Dieter, 2000, S.193f.; L.*

van Hasselt, 2001, S.50ff.; zum gemeinschaftlichen Handlungsbedarf Th. Kirsebom u. a., 2000, S.517f.; F. Manuhutu, 2000, S.264ff.; M. Raffarin, 2004, S.109ff.).

Die Tagung des **Europäischen Rates** von Lissabon vom 23. / 24. März 2000, die Entschließung des **Europäischen Parlaments** vom 6. Juli 2000 [ABl. C 121 24.04.2001 S.470] (mit einigen abweichenden Positionen), der Bericht der aus Vertretern der Mitgliedstaaten bestehenden **hochrangigen Gruppe** für den einheitlichen europäischen Luftraum im November 2000 (mit Vorschlägen zum Regelungs- und institutionellen Bereich sowie zum technischen und personellen Bereich), der Bericht des gleichzeitig eingesetzten **Beratungsgremiums für industrielle und soziale Fragen** der Nutzer und Akteure des Luftverkehrsmanagements, die Äußerungen des Europäischen Rates von Göteborg vom Juni 2001, die Vorbereitung und Durchführung der **33. ICAO-Versammlung** (Arbeitsdokumente der Kommission vom 18. Juni 2001 [SEK (2001) 983 endg.; SEK (2001) 984 endg.] und vom 4. Juli 2001 [SEK (2001) 1138 endg.]) sowie die Mitteilung der Kommission vom 16. Juli 2001 über den Beitrag der Gemeinschaft zur Verbesserung der **weltweiten Luftverkehrssicherheit** [KOM (2001) 390 endg.] (Verstärkung der technischen Zusammenarbeit mit Entwicklungsländern zwecks Ermöglichung der Anwendung internationaler Normen; bessere Koordinierung der Tätigkeiten der Gemeinschaft und der Mitgliedstaaten auf diesem Gebiet; verschiedene Anhänge zur Sicherheitsevaluierung und Sicherheitsüberprüfung: IASA, SAFA, USOAP; Anhang mit dem Ausweis gemeinschaftlicher Finanzmittel sowie der weltweiten Projektförderung durch die Kommission) bestimmten die weitere **gemeinschaftliche Diskussion** um die Schaffung eines Luftverkehrsbinnenmarktes *(vgl. Bull. EU 7/8-2000, S.73; GB 2000, Ziff.650; Bull. EU 6-2001, S.14; Bull. EU 7/8-2001, S.67f.; GB 2001, Ziff.718).*

Die Mitteilung der Kommission vom 10. Oktober 2001 [KOM (2001) 123 endg.] knüpfte an den Bericht der hochrangigen Gruppe mit einem **Maßnahmenprogramm** (Regulierung und Sicherheit; Ordnung und Management des Luftraums; Einbeziehung der militärischen Bedürfnisse; Harmonisierung, Standardisierung und Fortentwicklung der technischen Systeme; nachfragegerechte und wirtschaftliche Erbringung der Dienstleistungen; Beachtung personeller und sozialer Aspekte) an und präsentierte einen **Verordnungsvorschlag** zur Festlegung des Rahmens für die Schaffung eines einheitlichen europäischen Luftraums *(vgl. Bull. EU 10-2001, S.88f.; GB 2001, Ziff.712).* Die Mitteilung der Kommission vom 11. Dezember 2001 über die Schaffung eines einheitlichen europäischen Luftraums [KOM (2001) 564 endg.] zielte auf die Verbesserung der Sicherheitsstandards, die Steigerung der Effizienz des Luftverkehrs, die Optimierung der Kapazität und eine Verringerung der Verspätungen ab und schlug in Ergänzung der genannten Rahmenverordnung **drei Einzelverordnungen** zur Erbringung von Flugsicherungsdiensten, zur Ordnung und Nutzung des einheitlichen europäischen Luftraums und zur Interoperabilität des europäischen Flugverkehrsmanagementnetzes vor *(vgl. Bull. EU 10-2001, S.89f.; GB 2001, Ziff.712; W. Pompl, 2002, S. 463).* Die Verordnungen traten schließlich am 20. April 2004 in Kraft, und der einheitliche europäische Luftraum sollte bis Ende 2004 verwirklicht werden.

Die **Verordnung 2004/549/EG des Europäischen Parlaments und des Rates vom 10. März 2004 [ABl. L 096 31.03.2004 S.1]** *(vgl. Übersicht 61)* legte die notwendigen

Rahmenbestimmungen fest. Die **Regelungsbefugnis** der Mitgliedstaaten in bezug auf die Überwachung des in ihre Zuständigkeit fallenden Luftraums, die Sicherstellung der öffentlichen Ordnung und Sicherheit sowie militärische Aspekte bleiben unberührt. Die Mitgliedstaaten benennen eine oder mehrere Stellen als nationale **Aufsichtsbehörden** zur Wahrnehmung aller Aufgaben; diese Behörden sind von den Flugsicherungsorganisationen zumindest funktional unabhängig. Die Kommission wird vom **Ausschuß für den einheitlichen Luftraum** unterstützt und richtet ein **Industry Consultation Body** ein, das von den Flugsicherungsorganisationen, den Verbänden der Luftraumnutzer und den Flughäfen, der Herstellerindustrie und von Vertretungsorganen des Fachpersonals gebildet wird; außerdem wird von der Kommission und den Mitgliedstaaten ein **Anhörungsverfahren** installiert. Der einheitliche europäische Luftraum kann auf Drittstaaten ausgedehnt werden (im Rahmen von EUROCONTROL oder über Abkommen der Gemeinschaft). Durchführungsvorschriften werden entweder im Auftrag der Kommission von EUROCONTROL oder von der Kommission selbst erarbeitet; die Mitgliedstaaten legen Sanktionen für von Luftraumnutzern und Dienstleistern begangene Verstöße fest; die Flugsicherung unterliegt schließlich einer **Leistungsüberprüfung** und einem **Leistungsvergleich** *(vgl. Bull. EU 10-2001, S.88 f.; Bull. EU 11-2002, S.73; GB 2002, Ziff.661; GB 2003, Ziff.695; T. Middendorf, 2003, S.206; Bull. EU 1/2-2004, S.116f.).*

Die **Verordnung 2004/550/EG des Europäischen Parlaments und des Rates vom 10. März 2004 [ABl. L 096 31.03.2004 S.10]** *(vgl. Übersicht 61)* befaßt sich mit den Flugsicherungsdiensten. Nationale Aufsichtsbehörden kontrollieren den Betrieb von Flugsicherungsorganisationen mittels Inspektionen und Erhebungen; sind für einen **funktionalen Luftraumblock** mehrere Mitgliedstaaten zuständig, so werden Vereinbarungen über die Beaufsichtigung geschlossen; eine Zusammenarbeit der Aufsichtsbehörden ist vorgesehen, falls die in einem Mitgliedstaat zugelassene Flugsicherungsorganisation Dienste für den Luftraum eines anderen Landes erbringt. Die Aufsichtsbehörden können für einen verlängerbaren Zeitraum von drei Jahren **anerkannte Organisationen**, die bestimmte Voraussetzungen erfüllen, mit Inspektionen oder Erhebungen betrauen. Die Kommission bestimmt und billigt die EUROCONTROL-Sicherheitsanforderungen *(vgl. Bull. EU 10-2001, S.89f.; Bull. EU 11-2002, S.73; GB 2002, Ziff.661; GB 2003, Ziff.695; Bull. EU 1/2-2004, S.116f.; zur Privatisierung der Flugsicherung U. Saß, 2005).*

Ein **Angebot von Flugsicherungsdiensten** an andere Flugsicherheitsorganisationen, Luftraumnutzer und Flughäfen setzt die Bestimmung **gemeinsamer Anforderungen** (technische und betriebliche Fähigkeiten und Eignung, Sicherheits- und Qualitätsmanagement, Meldesysteme, Dienstequalität, Finanzkraft, Haftung und Versicherungsschutz, Eigentums- und Organisationsstruktur, Personal, Sicherheit) voraus. Das Tätigwerden der Flugsicherungsorganisationen für den Bereich des allgemeinen Luftverkehrs ist an eine **Zertifizierung** durch die Aufsichtsbehörden gebunden; sofern die gemeinsamen Anforderungen erfüllt sind, werden unter bestimmten Bedingungen für einzelne Dienste oder Dienstebündel von den Mitgliedstaaten gegenseitig anzuerkennende **Zeugnisse** erteilt, die die Rechte und Pflichten der Organisationen spezifizieren. Die Aufsichtsbehörden überwachen die **Einhaltung** der gemeinsamen Anforderungen und Bedingungen, bei **Nichtbefolgung** werden ggf. Zeugnisse entzogen.

Übersicht 61: Kapazitätsprobleme des Luftverkehrs und Schaffung eines einheitlichen Luftraums

Ratsentschließungen zu den Kapazitätsproblemen im Luftverkehr

Entschließung 89/C 189/02 des Rates und der im Rat vereinigten Verkehrsminister vom 18. Juli 1989 betreffend die Kapazitätsprobleme im Luftverkehr [ABl. C 189 26.07.89 S.3]

Entschließung 94/C 309/02 des Rates vom 24. Oktober 1994 über die Lage der europäischen Zivilluftfahrt [ABl. C 309 05.11.94 S.2]

Entschließung 95/C 317/01 des Rates vom 17. November 1995 zu den durch die Überlastung des Luftraums bedingten Problemen und zur Krise des Flugverkehrs in Europa [ABl. C 317 28.11.95 S.1]

Entschließung 1999/C 222/01 des Rates vom 19. Juli 1999 zur Lage in bezug auf Verspätungen im Flugverkehr in Europa [ABl. C 222 04.08.1999 S.1] — Aufnahme in den Anhang XIII des EWR-Abkommens durch den Beschluß 60/2000 des Gemeinsamen EWR-Ausschusses [ABl. L 237 21. 09.2000 S.76]

Schaffung eines einheitlichen Luftraums

Verordnung 2004/549/EG des Europäischen Parlaments und des Rates vom 10. März 2004 zur Festlegung des Rahmens für die Schaffung eines einheitlichen europäischen Luftraums („Rahmenverordnung") [ABl. L 096 31.03.2004 S.1] — Rechtsetzung auf der Grundlage des Art. 84 (80) Abs. 2 EGV, auf Vorschlag der Kommission [ABl. C 362 E 18.12.2001 S.251; ABl. C 103 E 30.04.2002 S.1; KOM (2002) 658 endg.; KOM (2003) 514 endg.] sowie nach den Stellungnahmen des WSA [ABl. C 241 07.10.2002 S.24] und des AdR [ABl. C 278 14.11.2002 S.13]; Stellungnahme des EP [ABl. C 272 E 13.11.2003 S.296], gemeinsamer Standpunkt des Rates [ABl. C 129 E 03.06.2003 S.1], Beschlüsse des EP [ABl. C 074 E 24.03.2004 S.752; ABl. C 096 E 21.04. 2004 S.100] und Beschluß des Rates im Rahmen des Verfahrens der Mitentscheidung

Erklärung der Mitgliedstaaten zu militärischen Aspekten im Zusammenhang mit dem einheitlichen europäischen Luftraum [ABl. L 096 31.03.2004 S.9]

Verordnung 2004/550/EG des Europäischen Parlaments und des Rates vom 10. März 2004 über die Erbringung von Flugsicherungsdiensten im einheitlichen europäischen Luftraum („Flugsicherungsdienste-Verordnung") [ABl. L 096 31.03.2004 S.10] — Rechtsetzung auf der Grundlage des Art. 84 (80) Abs. 2 EGV, auf Vorschlag der Kommission [ABl. C 025 E 29.01.2002 S.496; ABl. C 103 E 30.04.2002 S.26; KOM (2002) 658 endg.; KOM (2003) 514 endg.] sowie nach den Stellungnahmen des WSA [ABl. C 241 07.10.2002 S.24] und des AdR [ABl. C 278 14.11.2002 S. 13]; Stellungnahme des EP [ABl. C 272 E 13.11.2003 S.303], gemeinsamer Standpunkt des Rates [ABl. C 129 E 03.06.2003 S.16], Beschlüsse des EP [ABl. C 074 E 24.03.2004 S.762; ABl. C 096 E 21.04.2004 S.101] und Beschluß des Rates im Rahmen des Verfahrens der Mitentscheidung

Verordnung 2004/551/EG des Europäischen Parlaments und des Rates vom 10. März 2004 über die Ordnung und Nutzung des Luftraums im einheitlichen europäischen Luftraum („Luftraum-Verordnung") [ABl. L 096 31.03.2004 S.20] — Rechtsetzung auf der Grundlage des Art. 84 (80) Abs. 2 EGV, auf Vorschlag der Kommission [ABl. C 025 E 29.01.2002 S.506; ABl. C 103 E 30. 04.2002 S.35; KOM (2002) 658 endg.; KOM (2003) 514 endg.] sowie nach den Stellungnahmen des WSA [ABl. C 241 07.10.2002 S.24] und des AdR [ABl. C 278 14.11.2002 S.13]; Stellungnahme des EP [ABl. C 272 E 13.11.2003 S.316], gemeinsamer Standpunkt des Rates [ABl. C 129 E 03.06.2003 S.11], Beschlüsse des EP [ABl. C 074 E 24.03.2004 S.775; ABl. C 096 E 21.04. 2004 S.102] und Beschluß des Rates im Rahmen des Verfahrens der Mitentscheidung

Verordnung 2004/552/EG des Europäischen Parlaments und des Rates vom 10. März 2004 über die Interoperabilität des europäischen Flugverkehrsmanagementnetzes („Interoperabilitäts-Verordnung") [ABl. L 096 31.03.2004 S.26] — Rechtsetzung auf der Grundlage des Art. 84 (80) Abs. 2 EGV, auf Vorschlag der Kommission [ABl. C 025 E 29.01.2002 S.512; ABl. C 103 E 30.04. 2002 S.41; KOM (2002) 658 endg.; KOM (2003) 514 endg.] sowie nach den Stellungnahmen des

WSA [ABl. C 241 07.10.2002 S.24] und des AdR [ABl. C 278 14.11.2002 S.13]; Stellungnahme des EP [ABl. C 272 E 13.11.2003 S.325], gemeinsamer Standpunkt des Rates [ABl. C 129 E 03. 06.2003 S.26], Beschlüsse des EP [ABl. C 074 E 24.03.2004 S.782; ABl. C 096 E 21.04.2004 S. 103] und Beschluß des Rates im Rahmen des Verfahrens der Mitentscheidung

Beitritt der Gemeinschaft zu EUROCONTROL

Beschluß 2004/636/EG des Rates vom 29. April 2004 über den Abschluß des Protokolls über den Beitritt der Europäischen Gemeinschaft zur Europäischen Organisation für Flugsicherung durch die Europäische Gemeinschaft [ABl. L 304 30.09.2004 S.209] — Rechtsetzung auf der Grundlage der Artt. 84 (80) Abs. 2 und 228 (300) Abs. 2 und 3 EGV, auf Vorschlag der Kommission [KOM (2003) 555 endg.] und nach Stellungnahme des EP [ABl. C 104 E 30.04.2004 S.137] im Rahmen des Verfahrens der Zustimmung

Protokoll über den Beitritt der Europäischen Gemeinschaft zum Internationalen Übereinkommen vom 13. Dezember 1960 über Zusammenarbeit zur Sicherung der Luftfahrt „EUROCONTROL" entsprechend den verschiedenen vorgenommenen Änderungen in der Neufassung des Protokolls vom 27. Juni 1997 [ABl. L 304 30.09.2004 S.210]

Für jeden Luftraumblock wird ein **alleiniger Anbieter von Flugverkehrsdiensten** (Luftverkehrsinformations-, -alarm-, -beratungs- und -kontrolldienste) benannt, der die gemeinsamen Anforderungen und Bedingungen erfüllt und im Besitz eines Zeugnisses ist. Bei **funktionalen Luftraumblöcken** sind gemeinsam ein oder mehrere Dienstleister zu bestimmen; es kann auch ein Anbieter von **Wetterdiensten** bestellt werden. Die Flugsicherungsorganisationen können auf der Basis von Vereinbarungen oder Abmachungen ggf. nach Zustimmung der Mitgliedstaaten die Dienste aller in der Gemeinschaft zertifizierten Dienstleister in Anspruch nehmen; auch zwischen **zivilen und militärischen Stellen** werden Vereinbarungen oder Abmachungen für die Verwaltung bestimmter Luftraumblöcke geschlossen. Die Flugsicherungsorganisationen erstellen eine von unabhängiger Stelle zu prüfende **Rechnungslegung**, weisen Kosten und Einnahmen für die einzelnen flugsicherungs- und ggf. für die nicht flugsicherungsbezogenen Dienste auf jeweils getrennten Konten aus und veröffentlichen einen **Geschäftsbericht**; relevante Betriebsdaten sind zwischen Flugsicherungsorganisationen, Luftraumnutzern und Flughäfen auszutauschen.

Zur Erhöhung der Transparenz in bezug auf die Bestimmung, Auferlegung und Durchsetzung von **Gebühren für Luftraumnutzer** wird in Übereinstimmung mit dem Abkommen von Chicago und dem Gebührensystem von EUROCONTROL eine Gebührenregelung für Flugsicherungsdienste ausgearbeitet. Bei der **Kostenerfassung** sind alle Kosten der Diensteerbringung (unter Einbeziehung einer angemessenen Verzinsung des Anlagekapitals und der Vermögensabschreibung) sowie die Kosten der Instandhaltung, des Betriebs, der Leitung und Verwaltung einzubeziehen; es können auch die Kosten der Aufsichtsbehörden bzw. anerkannten Organisationen berücksichtigt werden. Die Kosten sind für jede Dienstekategorie zu erfassen; eine Quersubventionierung ist nur bei Vorliegen objektiver Gründe zulässig; Informationen über die Kosten sind anderen Institutionen zur Verfügung zu stellen. Das **Gebührensystem** muß diskriminierungsfrei und kostenorientiert sein; eine Freistellung von Leichtflugzeugen und Staatsluftfahrzeugen ist möglich. Zur Finanzierung von Anlageinvestitionen dürfen Erlöse erzielt werden, die über allen direkten und indirekten Betriebskosten liegen; die produktive Kapazität verschiedener Luftfahrzeugtypen ist zu berücksichtigen; zur Verbesserung der Sicherheit und Effizienz soll das System **Anreize zur Verbesserung** der Verkehrsflußregelung, der Infrastruktur der Flugsicherung, der Erbringung von Flugsicherungsdiensten und der Luftraumnutzung vorsehen. Die Anwendung der **Grundsätze und Regeln** ist von der Kommission und den Mitgliedstaaten zu überwachen.

Die **Verordnung 2004/551/EG des Europäischen Parlaments und des Rates vom 10. März 2004 [ABl. L 096 31.03.2004 S.20]** *(vgl. Übersicht 61)* betrifft die Ordnung und Nutzung des einheitlichen Luftraums mit dem Ziel, diesen schrittweise stärker zu integrieren sowie gemeinsame Gestaltungs-, Planungs- und Verwaltungsverfahren im Hinblick auf ein effizientes und sicheres Flugverkehrsmanagement festzulegen. Als Trennfläche zwischen oberem und unterem Luftraum wird die Flugfläche 285 festgesetzt; beabsichtigt ist die Einrichtung eines einzigen **europäischen Fluginformationsgebiets** für den oberen Luftraum (EUIR), der zumindest den Luftraum der ICAO-Regionen EUR und AFI umfaßt; die Verantwortlichkeit für die Gebiete und die Veröffentlichung von Luftfahrtinformationen verbleibt bei den Mitgliedstaaten. Die Kommission koordiniert die Entwicklung eines einzigen Luftfahrthandbuchs für das EUIR; die **Luftraumklassifizierung** des EUIR wird umgestaltet, um eine nahtlose Erbringung von Flugsicherungsdiensten zu ermöglichen. Der obere Luftraum wird unter Anwendung folgender Kriterien im gegenseitigen Einvernehmen in **funktionale Luftraumblöcke** umstrukturiert: Durchführung einer Sicherheitsanalyse, Gewährleistung der optimalen Nutzung unter Berücksichtigung des Verkehrsflusses, Ermittlung des Gesamtzusatznutzens, Sicherstellung einer reibungslosen und flexiblen Übergabe der Zuständigkeit der Flugverkehrskontrolle zwischen den einzelnen Dienststellen, Kompatibilität zwischen den Strukturen des oberen und unteren Luftraums, Einhaltung der Bedingungen der regionalen ICAO-Übereinkünfte und der Vereinbarungen mit Drittländern. Untereinander zu regeln sind die spätere Änderung des Blocks und das Ausscheiden eines Mitgliedstaats aus dem Block; bei Unstimmigkeiten wird der Ausschuß für den einheitlichen Luftraum eingeschaltet. Die **Strecken- und Sektorgestaltung** wird durch gemeinsame Grundsätze und Kriterien optimiert. Zur Erleichterung des Luftraum- und Flugverkehrsmanagements stellen die Mitgliedstaaten unter Berücksichtigung militärischer Belange das Konzept der **flexiblen Luftraumnutzung** sicher; bei erheblichen betrieblichen Schwierigkeiten ist eine zeitweilige Aussetzung möglich. Zwecks Verbesserung der Kapazitätsbereitstellung sollen von der Kommission genaue Bestimmungen zur **Verkehrsflußregelung** verabschiedet werden, die die Flugplanung, die Nutzung der Luftraumkapazität, die Zuweisung von Zeitnischen und die Streckennutzung (einheitliche Veröffentlichung zur Strecken- und Verkehrsausrichtung, Umleitung des Flugverkehrs aus überlasteten Gebieten, Prioritätsregeln für die Luftraumnutzung) betreffen *(vgl. Bull. EU 10-2001, S.89f.; Bull. EU 11-2002, S. 73; GB 2002, Ziff.661; GB 2003, Ziff.695; Bull. EU 1/2-2004, S.116f.)*.

Angesichts der noch immer unzureichenden Integration der einzelstaatlichen Systeme (nationale technische Spezifikationen) sowie der damit einhergehenden Ineffizienzen und zusätzlichen Kosten für die Beschaffung, Instandhaltung und betriebliche Koordinierung legte die Kommission im Zusammenhang mit der geplanten Verwirklichung des einheitlichen europäischen Luftraums am 10. Oktober 2001 auch einen Verordnungsvorschlag zur Interoperabilität des europäischen Luftverkehrsmanagementnetzes vor. Zentrale Regelungsbereiche der **Verordnung 2004/552/EG des Europäischen Parlaments und des Rates vom 10. März 2004 [ABl. L 096 31.03.2004 S.26]** *(vgl. Übersicht 61)* sind: Festlegung grundlegender Anforderungen für das Gesamtnetz sowie seine Systeme und Komponenten (nahtloser Betrieb, Unterstützung neuer Konzepte, Sicherheit, integrierter zivil-militärischer Betrieb, Umweltbelange, Systemauslegung); Ausarbeitung gemeinschaftlicher Spezifikationen durch europäische Normungsgremien, die EUROCAE und ggf. EUROCONTROL, Verabschiedung der Spezifikationen und Veröffentlichung als europäische Normen; Erlaß von Durchführungsbestimmungen für wichtige Systeme, die Koordinierung und Einführung neuer Konzepte sowie die Überprüfung der Erfüllung grundlegender Vorschriften, Erarbeitung der Vorschriften unter Beteiligung von internationalen Organisationen (EUROCONTROL, ICAO); Anwendung des gemeinschaftlichen Konformitätsbewertungsverfahrens durch benannte Stellen; Sicherstellung der Verfügbarkeit und der effizienten Nutzung von Funkfrequenzen *(vgl. Bull. EU 10-2001, S.89f.; GB 2001, Ziff.712; Bull. EU 11-2002, S.73; GB 2002, Ziff.661; GB 2003, Ziff.695; KOM (2003) 442 endg., S.21f.; Bull. EU 1/2-2004, S.116f.)*.

3.5.2 Sicherheitsanforderungen an Flughäfen, Fluggerät, Luftverkehrsunternehmen und Personal

Mit seiner Entschließung vom 15. September 1987 [ABl. C 281 19.10.87 S.51] entwikkelte das **Europäische Parlament** einen umfassenden Katalog von Gemeinschaftsmaßnahmen auf dem Gebiet der **Luftverkehrssicherheit**, die auch und gerade die Anforderungen an Flughäfen, Fluggerät, Luftverkehrsunternehmen und Personal betrafen: Schaffung einer „Task Force" bei der Kommission (Beobachtung der Unfall- und Sicherheitsentwicklung, Überprüfung von Anregungen und Beschwerden); Ernennung eines europäischen Ombudsmanns (Vorschläge und Beschwerden der Bürger in bezug auf die Verletzung einschlägiger Vorschriften); Beitritt der Mitgliedstaaten zur Konvention JAR 25 über die Zulassung von Flugzeugen; Entwicklung gemeinsamer Grundsätze und Regeln für die Prüfung und Kontrolle vor und nach der Wartung von Flugzeugen; Schaffung europäischer Trainingszentren für Piloten, Kabinenpersonal und Ingenieure; Kontrolle des Personals auf Alkoholgenuß; Verbesserung der Sicherheitsmaßnahmen auf den Flughäfen (Radaranlagen, Start- und Landebahnen, Warnung vor Vogelschlag); Erhöhung der Sicherheit während des Fluges (Annäherungs-Warnsysteme, Tonbandgeräte im Cockpit, Flugschreiber und Antikollisionssysteme) *(vgl. Bull. EG 9-1987, S.90)*.

Eine weitere Entschließung des Europäischen Parlaments vom 18. September 1992 zur Auslastung des Luftraums und zur Sicherung des Luftverkehrs [ABl. C 284 02.11.92 S. 170] befaßte sich u. a. mit Vorschriften zur Sicherheit im Cockpit und in der Passagierkabine, mit der Flughafensicherheit sowie mit technischen Spezifikationen für die Flugsicherungseinrichtungen *(vgl. Bull. EG 9-1992, S.31; GB 1992, Ziff.676; S.540)*. Die im Rahmen der **Kommissionsmitteilung** vom 16. Juli 2001 [KOM (2001) 390 endg.] erörterten Maßnahmen folgten ebenfalls einem sehr weit gefaßten Politikansatz zur Luftverkehrssicherheit. Die vom Parlament und der Kommission in diesem und in anderen Zusammenhängen angeregten **Gemeinschaftsmaßnahmen** betrafen in wesentlichen Bereichen zugleich technische Vorschriften und Verwaltungsverfahren *(vgl. Bull. EU 7/8-2001, S.67f.; GB 2001, Ziff.718; zur Luftverkehrssicherheit R. I. R. Abeyratne, 1998).*

3.5.2.1 Angleichung technischer Vorschriften und Verwaltungsverfahren

Die gemeinschaftlichen Bemühungen zur Harmonisierung der technischen Vorschriften und Verfahren für Zivilluftfahrzeuge folgten zu Beginn der neunziger Jahre dem **Richtlinienvorschlag** der Kommission vom 27. September 1990 [ABl. C 270 26.10. 90 S.3], der die Zertifizierung, den Betrieb und die Wartung von Luftfahrzeugen und ihrer Ausrüstung im Rahmen der Joint Aviation Requirements (JAR) der JAA betraf. Auf seiner Tagung vom 20. / 21. Juni 1991 forderte der Rat die Kommission dazu auf, eine Umarbeitung in einen Verordnungsvorschlag vorzunehmen *(vgl. Bull. EG 9-1990, S. 47f.; GB 1990, Ziff.585; GB 1991, Ziff.726)*. Die **Verordnung 91/3922/EWG des Rates vom 16. Dezember 1991 [ABl. L 373 31.12.91 S.4]** *(vgl. Übersicht 62)* bezweckte mit Wirkung vom 1. Januar 1992 eine Angleichung der Sicherheitsstandards für die Entwicklung, die Herstellung, den Betrieb und die Instandhaltung von Flugzeugen sowie für die damit befaßten Personen und Stellen. Die harmonisierten **technischen Vorschriften und Verwaltungsverfahren** gelten unabhängig davon, ob das betreffende Flugzeug in einem EG-Mitgliedstaat oder einem Drittland angemeldet ist, sofern der Halter (eine natürliche oder juristische Person oder ein Luftfahrtunternehmen) seinen Sitz innerhalb der Gemeinschaft hat *(vgl. B. Adenauer-Frowein, 1991, S.245; Bull. EG 10-1991, S.31; GB 1991, Ziff.726; J. M. Baumann, 1995, S.140f.; K. St. Eisermann, 1995a, S.250f.).*

Die **Arbeitsgemeinschaft** der JAA ist ein der ECAC angeschlossener Verband der für die Reglementierung der Flugsicherheit zuständigen Behörden aus 37 europäischen Ländern, dem die Ausarbeitung und Durchführung der gemeinsamen Vorschriften obliegt. Die fraglichen technischen Vorschriften und Verwaltungsverfahren umfassen **folgende Bereiche**: Begriffsbestimmungen und Abkürzungen (JAR 1), Segelflugzeuge und Motorsegler (JAR 22), Großflugzeuge (JAR 25), Allwetterbetrieb (JAR AWO), Flugmotoren (JAR E), Propeller (JAR P), Hilfsenergieaggregate (JAR APU), technische Beschreibungen und Festlegungen (JAR TSO), superleichte Flugzeuge (JAR VLA) sowie anerkannte Instandhaltungsorganisationen (JAR 145) [ABl. C 297 25.10.94 S.12]. Für noch nicht erfaßte Bereiche soll der Rat ggf. entsprechende gemeinschaftliche technische Vorschriften und Verwaltungsverfahren erlassen; übergangsweise gelten die jeweiligen nationalen Vorschriften. Die **Zivilluftfahrtbehörden** der Mitgliedstaaten sollten den JAA noch vor dem 1. Januar 1992 beitreten.

Erzeugnisse (Flugzeuge, Motoren, Propeller oder Flugzeugausrüstungen), die den gemeinsamen **technischen Vorschriften und Verwaltungsverfahren** entsprechen, werden von den Mitgliedstaaten gegenseitig als gleichwertig anerkannt. Wird ein Erzeugnis nicht nach den gemeinsamen technischen Vorschriften und Verwaltungsverfahren zugelassen, kann die Anerkennung aufgrund einzelstaatlicher Regelungen erfolgen, bis gemeinsame Regelungen festgelegt worden sind. Die Mitgliedstaaten erkennen auch gegenseitig die Zulassungen von Personen und Stellen an, die mit der **Entwicklung, Herstellung, Instandhaltung** und dem **Betrieb** von Erzeugnissen bzw. Flugzeugen befaßt sind und im nationalen Auftrag handeln. Es bleibt jedem Mitgliedstaat unbenommen, auf ein Sicherheitsproblem – z. B. im Zusammenhang mit einem Luftverkehrsunfall – mit eigenen Maßnahmen zu reagieren. Sofern ein **mangelhaftes Sicherheitsniveau** oder eine Unzulänglichkeit bei den gemeinsamen technischen Vorschriften und Verwaltungsverfahren vorliegt, informiert der betreffende Staat die anderen Mitgliedstaaten und die Kommission umgehend; die Kommission führt dann Konsultationen durch und legt ggf. Verbesserungsvorschläge vor. Die Mitgliedstaaten sollen die ggf. von der Kommission geförderten **Forschungsprogramme** zur Verbesserung der Flugsicherheit koordinieren und der Kommission neue oder geänderte Vorschriften oder Verwaltungsverfahren, Änderungen von Vereinbarungen oder Ergebnisse von Konsultationen mitteilen. Die Kommission soll Änderungen an den gemeinsamen technischen Vorschriften und Verwaltungsverfahren vornehmen, sofern der **wissenschaftliche und technische Fortschritt** dies erforderlich macht; nationale Abweichungen können einbezogen werden. Bei der **Anwendung und Überwachung** gewähren sich die Mitgliedstaaten Beistand und informieren sich gegenseitig über von Gebietsfremden begangene Verstöße sowie deren Ahndung und über die Maßnahmen, die ein Mitgliedstaat gegen einen in seinem Gebiet Ansässigen ergreifen will, wenn der Betroffene **Zuwiderhandlungen** in einem anderen Mitgliedstaat begangen hat.

In den neunziger Jahren wurde wiederholt eine Anpassung der gemeinsamen technischen Vorschriften und Verwaltungsverfahren an den wissenschaftlichen und technischen Fortschritt zwecks Verbesserung der Sicherheitsanforderungen erforderlich; diesem Ziel dienten die **Kommissionsverordnungen 96/2176/EG vom 13. November 1996 [ABl. L 291 14.11.96 S.15]** *(vgl. GB 1996, Ziff. 400)*, **1999/1069/EG vom 25. Mai 1999 [ABl. L 130 26.05.1999 S.16]** und **2000/2871/EG vom 28. Dezember 2000 [ABl. L 333 29.12.2000 S.47]** *(vgl. GB 2000, Ziff. 652)*. Bereits am 20. Juni 1995 hatte der Rat für eine rasche Einführung einheitlicher technischer Prüfungen und der gegenseitigen Anerkennung von Zertifizierungen plädiert *(vgl. Bull. EU 9-1994, S.43; Bull. EU 6-1995, S.78; GB 1995, Ziff. 411)*. Ein **Kommissionsvorschlag** vom 3. Mai 1996 [ABl. C 179 22.06.96 S.9; SEK (1999) 581 endg.] (Einbeziehung neuer Vorschriften und Verfahren für Kleinflugzeuge (JAR 23) und Drehflügler (JAR 27 und 29)) – Stellungnahmen des Europäischen Parlaments [ABl. C 320 28.10.96 S.73; ABl. C 054 25.02.2000 S.79] und des Wirtschafts- und Sozialausschusses [ABl. C 030 30.01.97 S.25] – wurde am 11. Dezember 2001 zurückgezogen [ABl. C 005 09.01.2004 S.17] *(vgl. Bull. EU 5-1996, S.43; GB 1996, Ziff. 400)*. Einen erneuten **Vorschlag** vom 21. Dezember 1998 [ABl. C 044 18.02.1999 S.10; SEK (1999) 581 endg.] (Anerkennung von Erzeugnissen, Organisationen und Personal aus Drittstaaten durch eine Festlegung der Bedingungen für die Akzeptanz von Zulassungen) – Stellungnahmen des Europäischen Parlaments [ABl. C 177 22.06.1999 S.20; ABl. C 054 25.02.2000 S.79] und des Wirtschafts- und Sozialausschusses [ABl. C 169 16.06.1999 S.6] – hob die Kommission am 27. September 2005 auf [KOM (2005) 462 endg.] *(vgl. Bull. EU 12-1998, S.90; GB 1998, Ziff. 453)*.

Ein erneuter **Änderungsvorschlag** vom 24. März 2000 [ABl. C 311 E 31.10.2000 S. 13], den die Kommission im Februar 2002 und im Februar 2004 modifizierte [ABl. C 227 E 24.09.2002 S.1; KOM (2004) 73 endg.], bezweckt eine Neufassung des Geltungsbereichs, die begriffliche Bestimmung einer Luftfahrtbehörde, die Festlegung von Kriterien für die Luftverkehrsbetreiberzeugnisse, die Übernahme der harmonisierten Vorschriften für den Luftverkehr mit Flächenflugzeugen (JAR-OPS 1) in geänderter Form sowie bei unvorhersehbaren, dringenden Fällen oder aus zeitlich begrenzten betrieblichen Gründen die Möglichkeit der Gewährung von Ausnahmen und Abweichungen von den JAR (Prüfung, Schutzmaßnahmen). **Probleme** bereitet die Abstimmung mit anderen Rechtsvorschriften bzw. Vorschlägen (Errichtung einer Europäischen Agentur für Flugsicherheit samt Durchführungsverordnungen, Europäische Vereinbarung über die Arbeitszeitorganisation, Sicherheitsanforderungen an Flugbegleiter) in bezug auf bestimmte Regelungsaspekte (Sicherheitsvorgaben für das Kabinenpersonal, Schulungen, Dienst- und Ruhezeiten, Instandhaltung, Ausnahmen für Mitgliedstaaten) *(vgl. Bull. EU 3-2000, S.85f.; GB 2000, Ziff.652; Bull. EU 1/2-2002, S.115; Bull. EU 1/2-2004, S.118).*

3.5.2.2 *Errichtung einer Europäischen Agentur für Flugsicherheit*

Ungeachtet der erzielten Fortschritte in der Harmonisierung der technischen Vorschriften und Verwaltungsverfahren für die Zivilluftfahrt strebte die Kommission die Schaffung einer **Europäischen Behörde für die Luftfahrtsicherheit** an, die als ein mit der amerikanischen FAA vergleichbares Organ durch eine schrittweise Integration der einzelstaatlichen Systeme ein **hohes und einheitliches Sicherheitsniveau** in Europa gewährleisten sollte. Es war geplant, dieser Behörde die Annahme aller sicherheitsrelevanten Bestimmungen für Entwurf, Herstellung, Wartung und Betrieb von Luftfahrzeugen und luftfahrttechnischen Erzeugnissen sowie für die Befähigung des Personals und der beteiligten Organisationen mit unmittelbarer Wirkung zu übertragen; der **Aufgabenbereich** sollte zu einem späteren Zeitpunkt auf Sicherheitsaspekte des Flughafenbetriebs und des Flugverkehrsmanagements erweitert werden. Bereits die **Entschließung 94/C 309/02 des Rates vom 24. Oktober 1994 [ABl. C 309 05.11. 94 S.2]** hatte sich für den Aufbau einer auf den JAA basierenden gemeinsamen Regelungsbehörde ausgesprochen.

Am 16. Dezember 1996 unterbreitete die Kommission dem Rat eine Beschlußempfehlung [SEK (96) 2152 endg.] zur **Erteilung einer Verhandlungsvollmacht** in dieser Angelegenheit (Verabschiedung von Sicherheitsbestimmungen und Kontrolle ihrer Einhaltung, Vornahme von Zertifizierungen). Der Rat befürwortete das Vorhaben der Kommission am 18. Juni 1997 und ermächtigte sie am 16. Juli 1998 durch einen Beschluß, mit denjenigen JAA-Mitgliedstaaten, die nicht der EU angehörten, Verhandlungen über die Gründung einer **Luftfahrtsicherheitsbehörde für Europa** in der Rechtsform einer internationalen Organisation aufzunehmen; die Verhandlungen begannen im Januar 1999 *(vgl. Bull. EU 12-1996, S.82f.; GB 1996, Ziff.399; Bull. EU 6-1997, S.77; GB 1997, Ziff.487; Bull. EG 6-1998, S.64; GB 1998, Ziff.453; M. Niejahr, 1998, S.16f.; GB 1999, Ziff.416; W. Pompl, 2002, S.461).*

Ein **Arbeitsdokument der Kommission** vom 21. März 2000 [KOM (2000) 144 endg.] wies zu Recht auf die Notwendigkeit einer Übertragung bisher einzelstaatlicher Befugnisse zum Erlaß verbindlicher Vorschriften auf die geplante Behörde hin; die Mitgliedstaaten der neuen Organisation hätten demzufolge entsprechende Exklusivrechte abgeben müssen. Eine Einsicht in die **Notwendigkeit derartiger Neuregelungen** konnte zwar grundsätzlich von den JAA-Mitgliedstaaten, die zugleich EU-Mitglieder waren, erwartet werden, jedoch nicht unbedingt von den übrigen JAA-Mitgliedern. In jedem Fall hätte man mit **langen Ratifizierungsfristen** für ein solches Abkommen rechnen müssen und darüber hinaus zusätzliche institutionelle **Vorkehrungen für Streitfragen** (Einsetzung eines Gerichtshofs) treffen müssen. Aus diesen Gründen fiel in der Kommission sehr schnell die Entscheidung für die Schaffung einer rein gemeinschaftlichen Einrichtung; am 26. Juni 2000 und am 20. Dezember 2000 stellte auch der Rat fest, daß eine Gemeinschaftsagentur unter Einbeziehung der anderen JAA-Mitgliedstaaten die beste Option für die europäische Luftfahrtsicherheitsbehörde sein würde *(vgl. Bull. EU 12-2000, S. 109; R. Dieter, 2001, S. 195)*.

Mit der **Verordnung 2002/1592/EG des Europäischen Parlaments und des Rates vom 15. Juli 2002 [ABl. L 240 07.09.2002 S. 1]** *(vgl. Übersicht 62)* zur Festlegung gemeinsamer Vorschriften für die Zivilluftfahrt und zur Errichtung einer Europäischen Agentur für Flugsicherheit (EASA) fand diese Diskussion einen vorläufigen Abschluß. Geregelt werden die Verabschiedung einheitlicher **Sicherheitsvorschriften** für Konstruktion, Herstellung, Instandhaltung und Betrieb von Luftfahrzeugen und eingebauten Erzeugnissen, Teilen bzw. Ausrüstungen sowie für damit befaßte Personen und Organisationen (Ausnahmen: für den Betrieb von Luftfahrzeugen zuständige Personen und Organisationen; generell militär-, zoll- oder polizeidienstlicher Bereich). Neben den Sicherheitsaspekten werden ihre Ziele vor allem in der Verbesserung des **Umweltschutzes**, der Erleichterung des **Waren-, Personen- und Dienstleistungsverkehrs**, effizienteren Regulierungs- und Zulassungsverfahren sowie einer weltweiten Verbreitung der Sicherheitsbestimmungen gesehen *(vgl. Bull. EU 9-2000, S. 66f.; GB 2000, Ziff. 652; Bull. EU 6-2002, S. 93; GB 2002, Ziff. 653; R. Sterzenbach u. a., 2003, S. 46f.)*.

Die Bestimmungen sind anzuwenden, sofern der Hersteller oder Betreiber der **Sicherheits- bzw. Betriebsaufsicht** eines Mitgliedstaats unterliegt oder die Produkte dort registriert sind (Ausnahmen: historische Bedeutung, Forschungs- und Versuchszwecke, von Amateuren für Eigengebrauch gebaut, militärische Zwecke, maximal zweisitzige Flugzeuge bei Einhaltung von höchstzulässiger Geschwindigkeit und Startmasse). Die Erfüllung grundsätzlicher **Anforderungen an die Lufttüchtigkeit** (Integrität von tragenden Teilen, Werkstoffen, Antrieb, Systemen und Ausrüstungen, Erhaltung der Lufttüchtigkeit, betriebliche Anforderungen, Bedingungen für Organisationen) ist zu gewährleisten; ihr Nachweis erfolgt durch eine **Musterzulassung** für alle Erzeugnisse (ggf. auch eingeschränkt) und spätere Änderungsgenehmigungen, **spezielle Zeugnisse** für Teile und Ausrüstungen bei Erfüllung von Einzelspezifikationen, ein **Lufttüchtigkeitszeugnis für Luftfahrzeuge** (bei Musterzulassung, Erfüllung der Voraussetzungen für sicheren Betrieb), ggf. ein eingeschränktes Lufttüchtigkeitszeugnis (keine Musterzulassung, Erfüllung besonderer Spezifikationen), eine **Organisationszulas-**

sung des für den Entwurf, die Herstellung und die Instandhaltung zuständigen Unternehmens, ein **Personalzeugnis** der dort Beschäftigten und die **Fluggenehmigung** (Nachweis der sicheren Durchführung von Flügen). Außerdem wird die Einhaltung der **Umweltschutzanforderungen** des Anhangs 16 des Abkommens von Chicago gefordert; diesbezüglich erfolgte eine Anpassung durch die **Verordnung 2003/1701/EG der Kommission vom 24. September 2003 [ABl. L 243 27.09.2003 S.5]**. Zulassungen bzw. Zeugnisse anderer Mitgliedstaaten werden automatisch gegenseitig anerkannt; die **Anerkennung von Zulassungen bzw. Zeugnissen** aus Drittstaaten erfolgt aufgrund eines Abkommens mit der Gemeinschaft oder (bei Erfüllung bestimmter Voraussetzungen: ausreichendes Sicherheitsniveau, Diskriminierungsfreiheit) mit einem einzelnen Mitgliedstaat. Jeder Mitgliedstaat kann im Falle von Sicherheitsproblemen weiterhin unverzüglich tätig werden (unzureichende gemeinschaftliche Vorschriften oder daraus resultierende Sicherheitsdefizite). **Freistellungen von Vorschriften** sind bei unvorhergesehenen und dringenden betrieblichen Umständen bzw. betrieblichen Bedürfnissen von begrenzter Dauer möglich; auch ist die Erteilung einer Genehmigung aufgrund von anderen gleichwertigen Maßnahmen denkbar. Vorgesehen ist der **Aufbau eines Informationsnetzes** zwischen der Kommission und den nationalen Behörden.

Zur Durchführung der genannten Aufgaben wurde ergänzend zu den nationalen Luftfahrtbehörden die **EASA** errichtet, die am 28. September 2003 ihre Arbeit aufnahm. Die Agentur hat **folgende Aufgaben**: Unterstützung der Kommission durch die Erstellung von Entwürfen für Durchführungsbestimmungen sowie bei der Ausarbeitung von Vorschlägen für die Grundsatzregelungen, die Anwendbarkeit und die grundlegenden Anforderungen; Erarbeitung von Zulassungsspezifikationen (Lufttüchtigkeit, Nachweisverfahren) und sonstiger Anleitungen; Erstellung von Umweltvorschriften und von Musterzulassungsgrundlagen; Durchführung von Inspektionen und Untersuchungen (in bezug auf die Zulassung von Erzeugnissen, Teilen und Ausrüstungen; hinsichtlich zugelassener Organisationen); Erteilung von Musterzulassungen und Änderungen; Ausstellung, Verlängerung, Änderung, Widerruf und Aussetzung von Zeugnissen für Teile und Ausrüstungen, für die Erfüllung von Umweltvorschriften, für Entwurfs-, Produktions- und Instandhaltungsorganisationen. Zu den Aufgaben der Agentur gehören ferner die Entwicklung und Finanzierung interner **Forschungstätigkeiten** sowie die Erstellung von **Gutachten** und eines Sicherheitsberichts *(vgl. GB 2003, Ziff.697)*.

Die Agentur ist eine Einrichtung der Gemeinschaft. Ihr Verwaltungsrat besteht aus je einem **Vertreter jedes Mitgliedstaats** und einem **Vertreter der Kommission** mit einer Amtszeit von fünf Jahren und Wiederernennungsmöglichkeit; für den Vorsitzenden und seinen Vertreter beträgt die Amtszeit drei Jahre. Beschlüsse werden mit Zweidrittelmehrheit gefaßt. Zu den **Aufgaben des Verwaltungsrats** gehören u. a.: Ernennung des Exekutivdirektors sowie Ausübung der Disziplinargewalt; Annahme des allgemeinen Tätigkeitsberichts; Festlegung des Arbeitsprogramms; Verabschiedung von Leitlinien für die Übertragung von Zulassungsaufgaben an nationale Behörden oder qualifizierte Stellen; Verabschiedung des Haushaltsplans; Bestimmung der Organisationsstruktur und der Personalpolitik; Einsetzung eines beratenden Gremiums. Die **Leitung der Agentur** obliegt dem Exekutivdirektor (Unterstützung durch Direktoren) mit einer Amtszeit von fünf Jahren und Wiederernennungsmöglichkeit. Wichtige **Aufgaben des Exekutivdirektors** sind: Billigung der Maßnahmen der Agentur; Entscheidung über Inspektionen und Untersuchungen; Übertragung von Zulassungsaufgaben; internationale Kooperationstätigkeit; Voranschlag der Einnahmen und Ausgaben und Ausführung des Haushaltsplans. Die Einrichtung von **Beschwerdekammern** (drei Personen, Amtszeit von fünf Jahren) dient der Prüfung einer zulässigen Beschwerde gegen eine vom Exekutivdirektor nicht korrigierte Entscheidung (Entscheidung der Kammer, Möglichkeit der Klageerhebung). Die Einrichtung von Außenstellen ist vorgesehen; die Beteiligung von **Drittländern** ist möglich (Arbeitsdokument der Kommission vom 11. Oktober 2002 [SEK (2002) 1090 endg.]).

Mit dem **Inkrafttreten dieser Verordnung** am 27. September 2002 erfolgte eine Aufhebung der Ratsrichtlinie 80/51/EWG *(vgl. S.99)* sowie bestimmter Regelungen der Verordnung 91/3922/EWG zum 28. September 2003. Die **Verordnung 2003/1643/ EG des Europäischen Parlaments und des Rates vom 22. Juli 2003 [ABl. L 245 29. 09.2003 S.7]** brachte bereits zum 1. Oktober 2003 einige Änderungen und Ergänzungen in bezug auf den Voranschlag, die Feststellung, die Ausführung und die Kontrolle des Haushaltsplans, den Erlaß der Finanzvorschriften sowie den Zugang der Öffentlichkeit zu den Dokumenten der Agentur. Ein Kommissionsvorschlag vom 13. Mai 2005 [KOM (2005) 190 endg.] sieht neue Regelungen für die **Amtszeit des Agenturdirektors** vor *(vgl. Bull. EU 5-2005, S.9f.)*.

Gemäß den Anweisungen der Ausgangsverordnung unterbreitete die Kommission am 15. November 2005 eine Mitteilung [KOM (2005) 578 endg.] und einen weiteren Vorschlag für eine **Änderungsverordnung** [KOM (2005) 579 endg.], die eine umfassende Ergänzung der gemeinsamen Vorschriften und eine Erweiterung der Aufgaben der EASA vorsehen. Begründet wurde die Initiative auch mit den immer noch unterschiedlichen Sicherheitsniveaus in den Mitgliedstaaten, den heterogenen Zuständigkeiten zahlreicher Instanzen (EASA, EUROCONTROL, JAA, ECAC, ICAO) und mehreren Flugzeugunfällen im Sommer 2005. In einem **ersten Schritt** sollen der Flugbetrieb, die Zulassung der Flugbesatzung und die Anwendung auf Flugzeuge aus Drittstaaten (im Rahmen des Abkommens von Chicago) geregelt werden. Insbesondere sind die grundlegenden Anforderungen an die mit dem Betrieb befaßten Personen und Organisationen, die Flugzeugführer sowie an die Personen und Erzeugnisse, die an der Ausbildung und flugmedizinischen Untersuchung von Flugzeugführern beteiligt sind, zu spezifizieren; die Zulassungen bzw. Lizenzen können durch die EASA oder die nationalen Behörden erteilt werden. Weitere **Änderungen** betreffen folgende Bereiche: Ausschluß bestimmter Flugzeugtypen von den gemeinsamen Vorschriften; Erhöhung des Sicherheitsniveaus im Freizeitluftverkehr; besserer Schutz der Zeugen von Zwischenfällen; Stärkung der interinstitutionellen Kooperation; Vertretung interessierter Kreise im Verwaltungsrat der Agentur; Einsetzung eines Exekutivbüros; Aufhebung weiterer Teile der Verordnung 91/3922/EWG und der Richtlinie 91/670/EWG. Während einer **zweiten Phase** plant die Kommission begleitend zur Verwirklichung des einheitlichen europäischen Luftraums bis 2010 die Annahme von Bestimmungen für das Luftverkehrsmanagement sowie für das Angebot von Diensten für die Flugsicherung und die Flughafenbetriebssicherheit (Rechtfertigung: unvollständiger und auslegungsbe-

Übersicht 62: Technische und personelle Sicherheitsanforderungen, Inspektionen, Unfalluntersuchungen und Meldesysteme seit 1991

Technische Vorschriften und Verwaltungsverfahren

Verordnung 91/3922/EWG des Rates vom 16. Dezember 1991 zur Harmonisierung der technischen Vorschriften und der Verwaltungsverfahren in der Zivilluftfahrt [ABl. L 373 31.12.91 S.4] — Rechtsetzung auf der Grundlage des Art. 84 Abs. 2 EWGV (Art. 80 Abs. 2 EGV), auf Vorschlag der Kommission [ABl. C 270 26.10.90 S.3] sowie nach den Stellungnahmen des EP [ABl. C 267 14.10.91 S.154] und des WSA [ABl. C 159 17.06.91 S.28] — Aufnahme in den Anhang XIII des EWR-Abkommens durch den Beschluß 7/94 des Gemeinsamen EWR-Ausschusses [ABl. L 160 28.06.94 S.88]

Verordnung 96/2176/EG der Kommission vom 13. November 1996 zur Anpassung der Verordnung 91/3922/EWG an den wissenschaftlichen Fortschritt [ABl. L 291 14.11.96 S.15] — Aufnahme in den Anhang XIII des EWR-Abkommens durch den Beschluß 18/97 des Gemeinsamen EWR-Ausschusses [ABl. L 182 10.07.97 S.52]

Verordnung 1999/1069/EG der Kommission vom 25. Mai 1999 zur Anpassung der Verordnung 91/3922/EWG an den wissenschaftlichen und technischen Fortschritt [ABl. L 130 26.05.1999 S. 16] — Aufnahme in den Anhang XIII des EWR-Abkommens durch den Beschluß 181/1999 des Gemeinsamen EWR-Ausschusses [ABl. L 074 15.03.2001 S.9]

Verordnung 2000/2871/EG der Kommission vom 28. Dezember 2000 zur Anpassung der Verordnung 91/3922/EWG des Rates zur Harmonisierung der technischen Vorschriften und der Verwaltungsverfahren in der Zivilluftfahrt an den wissenschaftlichen und technischen Fortschritt [ABl. L 333 29.12.2000 S.47] — Aufnahme in den Anhang XIII des EWR-Abkommens durch den Beschluß 78/2001 des Gemeinsamen EWR-Ausschusses [ABl. L 238 06.09.2001 S.28]

Verordnung des Europäischen Parlaments und des Rates zur Änderung der Verordnung 91/3922/EWG des Rates zur Harmonisierung der technischen Vorschriften und der Verwaltungsverfahren in der Zivilluftfahrt — Rechtsetzung auf der Grundlage des Art. 84 (80) Abs. 2 EGV, auf Vorschlag der Kommission [ABl. C 311 E 31.10.2000 S.13; ABl. C 227 E 24.09.2002 S.1; KOM (2004) 73 endg.] und nach Stellungnahme des WSA [ABl. C 014 16.01.2001 S.33]; Stellungnahmen des EP [ABl. C 262 18.09.2001 S.224; ABl. C 272 E 13.11.2003 S.103] im Rahmen des Verfahrens der Mitentscheidung

Errichtung einer Europäischen Agentur für Flugsicherheit

Verordnung 2002/1592/EG des Europäischen Parlaments und des Rates vom 15. Juli 2002 zur Festlegung gemeinsamer Vorschriften für die Zivilluftfahrt und zur Errichtung einer Europäischen Agentur für Flugsicherheit [ABl. L 240 07.09.2002 S.1] — Rechtsetzung auf der Grundlage des Art. 84 (80) Abs. 2 EGV, auf Vorschlag der Kommission [ABl. C 154 E 29.05.2001 S.1; KOM (2002) 241 endg.] und nach Stellungnahme des WSA [ABl. C 221 07.08.2001 S.38]; Stellungnahme des EP [ABl. C 072 E 21.03.2002 S.146], gemeinsamer Standpunkt des Rates [ABl. C 058 E 05.03.2002 S.44], Beschluß des EP [ABl. C 127 E 29.05.2003 S.90] und Beschluß des Rates im Rahmen des Verfahrens der Mitentscheidung — Aufnahme in Anhang XIII des EWR-Abkommens durch den Beschluß 179/2004 des Gemeinsamen EWR-Ausschusses [ABl. L 133 26.05.2005 S.37]

Verordnung 2003/1643/EG des Europäischen Parlaments und des Rates vom 22. Juli 2003 zur Änderung der Verordnung 2002/1592/EG vom 15. Juli 2002 zur Festlegung gemeinsamer Vorschriften für die Zivilluftfahrt und zur Errichtung einer Europäischen Agentur für Flugsicherheit [ABl. L 245 29.09.2003 S.7] — Rechtsetzung auf der Grundlage des Art. 84 (80) Abs. 2 EGV, auf Vorschlag der Kommission [ABl. C 331 E 31.12.2002 S.85] sowie nach den Stellungnahmen des WSA [ABl. C 085 08.04.2003 S.64] und des Rechnungshofs [ABl. C 285 21.11.2002 S.4]; Stellungnahme des EP [ABl. C 300 E 11.12.2003 S.75], gemeinsamer Standpunkt des Rates [ABl. C 219 E 16.09.2003 S.9] und Beschluß des EP [ABl. C 074 E 24.03.2004 S.43] im Rahmen des Verfahrens der Mitentscheidung — Aufnahme in den Anhang XIII des EWR-Abkommens durch den Beschluß 15/2005 des Gemeinsamen EWR-Ausschusses [ABl. L 161 23.06.2005 S.35]

Verordnung 2003/1701/EG der Kommission vom 24. September 2003 zur Anpassung von Artikel 6 der Verordnung 2002/1592/EG des Europäischen Parlaments und des Rates vom 15. Juli 2002 zur Festlegung gemeinsamer Vorschriften für die Zivilluftfahrt und zur Errichtung einer Europäischen Agentur für Flugsicherheit [ABl. L 243 27.09.2003 S.5] — Aufnahme in den Anhang XIII des EWR-Abkommens durch den Beschluß 15/2005 des Gemeinsamen EWR-Ausschusses [ABl. L 161 23.06.2005 S.35]

Verordnung 2003/1702/EG der Kommission vom 24. September 2003 zur Festlegung der Durchführungsbestimmungen für die Erteilung von Lufttüchtigkeits- und Umweltzeugnissen für Luftfahrzeuge und zugehörige Erzeugnisse, Teile und Ausrüstungen sowie für die Zulassung von Entwicklungs- und Herstellungsbetrieben [ABl. L 243 27.09.2003 S.6], geändert durch die Verordnung 2005/381/EG der Kommission vom 7. März 2005 [ABl. L 061 08.03.2005 S.3] — Verordnung 2003/2042/EG der Kommission vom 20. November 2003 über die Aufrechterhaltung der Lufttüchtigkeit von Luftfahrzeugen und luftfahrttechnischen Erzeugnissen, Teilen und Ausrüstungen und die Erteilung von Genehmigungen für Organisationen und Personen, die diese Tätigkeiten ausführen [ABl. L 315 28.11.2003 S.1] — Aufnahmen in den Anhang XIII des EWR-Abkommens durch den Beschluß 16/2005 des Gemeinsamen EWR-Ausschusses [ABl. L 161 23.06. 2005 S.37]

Verordnung 2004/104/EG der Kommission vom 22. Januar 2004 zur Festlegung der Vorschriften für Organisation und Besetzung der Beschwerdekammer der Europäischen Agentur für Flugsicherheit [ABl. L 016 23.01.2004 S.20] (Aufnahme in den Anhang XIII des EWR-Abkommens durch den Beschluß 15/2005 des Gemeinsamen EWR-Ausschusses [ABl. L 161 23.06.2005 S. 35]) — Verordnung 2005/488/EG der Kommission vom 21. März 2005 über die von der Europäischen Agentur für Flugsicherheit erhobenen Gebühren und Entgelte [ABl. L 081 30.03.2005 S.7]

Verordnung des Europäischen Parlaments und des Rates zur Änderung der Verordnung 2002/1592/EG hinsichtlich der Amtszeit des Exekutivdirektors und der Direktoren der Europäischen Agentur für Flugsicherheit — Rechtsetzung auf der Grundlage des Art. 84 (80) Abs. 2 EGV, auf Vorschlag der Kommission [KOM (2005) 190 endg.; SEK (2005) 625 endg.] und nach Stellungnahme des WSA vom 15. Dezember 2005; Stellungnahme des EP vom 13. Dezember 2005 im Rahmen des Verfahrens der Mitentscheidung

Verordnung des Europäischen Parlaments und des Rates zur Änderung der Verordnung 2002/1592/EG vom 15. Juli 2002 zur Festlegung gemeinsamer Vorschriften für die Zivilluftfahrt und zur Errichtung einer Europäischen Agentur für Flugsicherheit — Rechtsetzung auf der Grundlage des Art. 84 (80) Abs. 2 EGV und auf Vorschlag der Kommission [KOM (2005) 579 endg.]

Gegenseitige Anerkennung von Erlaubnissen für das Luftfahrtpersonal

Richtlinie 91/670/EWG des Rates vom 16. Dezember 1991 zur gegenseitigen Anerkennung von Erlaubnissen für Luftfahrtpersonal zur Ausübung von Tätigkeiten in der Zivilluftfahrt [ABl. L 373 31.12.91 S.21] — Rechtsetzung auf der Grundlage des Art. 84 Abs. 2 EWGV (Art. 80 Abs. 2 EGV), auf Vorschlag der Kommission [ABl. C 010 16.01.90 S.12; ABl. C 175 06.07.91 S.14] sowie nach den Stellungnahmen des EP [ABl. C 284 12.11.90 S.198] und des WSA [ABl. C 124 21. 05.90 S.18] — Aufnahme in den Anhang XIII des EWR-Abkommens durch den Beschluß 7/94 des Gemeinsamen EWR-Ausschusses [ABl. L 160 28.06.94 S.89]

Stellungnahme 93/245/EWG der Kommission vom 26. April 1993 zur Anwendung von Artikel 4 Absatz 2 der Richtlinie 91/670/EWG des Rates zur gegenseitigen Anerkennung von Erlaubnissen für Luftfahrtpersonal zur Ausübung von Tätigkeiten in der Zivilluftfahrt; Gleichwertigkeit von französischen, irischen und portugiesischen Luftfahrerlaubnissen [ABl. L 111 05.05.93 S.25] — Stellungnahme 93/456/EWG der Kommission vom 23. Juli 1993 zur Anwendung von Artikel 4 Absatz 2 der Richtlinie 91/670/EWG des Rates zur gegenseitigen Anerkennung von Erlaubnissen für Luftfahrtpersonal zur Ausübung von Tätigkeiten in der Zivilluftfahrt; Gleichwertigkeit von belgischen, französischen und britischen Luftfahrerlaubnissen [ABl. L 213 24.08.93 S.21] — Stellungnahme 93/551/EWG der Kommission vom 5. Oktober 1993 zur Anwendung von Artikel 4 Absatz 2 der Richtlinie 91/670/EWG des Rates zur gegenseitigen Anerkennung von Erlaubnissen für Luftfahrtpersonal zur Ausübung von Tätigkeiten in der Zivilluftfahrt (Gleichwertigkeit von belgischen und britischen Luftfahrerlaubnissen) [ABl. L 267 28.10.93 S.29] — Stellungnahme 93/565/EG der Kommission vom 4. November 1993 gemäß Artikel 4 Absatz 2 der Richtlinie 91/670/EWG des Rates zur gegenseitigen Anerkennung von Erlaubnissen für Luftfahrtpersonal zur Ausübung von Tätigkeiten in der Zivilluftfahrt. Gleichwertigkeit einer niederländischen Erlaubnis für Berufsflugzeugführer (CPL-B3) und einer deutschen Erlaubnis für Verkehrsflugzeugführer (ATPL-A2) [ABl. L 273 05.11.93 S.58]

Zulassung von Fluglotsen

Richtlinie des Europäischen Parlaments und des Rates über eine gemeinschaftliche Fluglotsenlizenz — Rechtsetzung auf der Grundlage des Art. 84 (80) Abs. 2 EGV, auf Vorschlag der Kommission [KOM (2004) 473 endg.; KOM (2005) 293 endg.] und nach Stellungnahme des WSA [ABl. C 234 22.09.2005 S.17]; Stellungnahme des EP [ABl. C 320 E 15.12.2005 S.50] und gemeinsamer Standpunkt des Rates [ABl. C 316 E 13.12.2005 S.1] im Rahmen des Verfahrens der Mitentscheidung

Sicherheitsuntersuchungen von Flugzeugen aus Drittstaaten

Richtlinie 2004/36/EG des Europäischen Parlaments und des Rates vom 21. April 2004 über die Sicherheit von Luftfahrzeugen aus Drittstaaten, die Flughäfen in der Gemeinschaft anfliegen [ABl. L 143 30.04.2004 S.76] — Rechtsetzung auf der Grundlage des Art. 84 (80) Abs. 2 EGV, auf Vorschlag der Kommission [ABl. C 103 E 30.04.2002 S.351; KOM (2002) 664 endg.; KOM (2003) 674 endg.] und nach Stellungnahme des WSA [ABl. C 241 07.10.2002 S.33]; Stellungnahme des EP [ABl. C 272 E 13.11.2003 S.343], gemeinsamer Standpunkt des Rates [ABl. C 233 E 30.09.2003 S.12], Beschluß des EP [ABl. C 081 E 31.03.2004 S.44], Beschluß des Rates und Beschluß des EP [ABl. C 103 E 29.04.2004 S.788] im Rahmen des Verfahrens der Mitentscheidung

Flugunfalluntersuchungen

Richtlinie 94/56/EG des Rates vom 21. November 1994 über Grundsätze für die Untersuchung von Unfällen und Störungen in der Zivilluftfahrt [ABl. L 319 12.12.94 S.14] — Rechtsetzung auf der Grundlage des Art. 84 (80) Abs. 2 EGV, auf Vorschlag der Kommission [ABl. C 257 22.09.93 S.8; KOM (93) 570 endg.; ABl. C 109 19.04.94 S.14; KOM (94) 503 endg.] und nach Stellungnahme des WSA [ABl. C 034 02.02.94 S.18]; Stellungnahme des EP [ABl. C 091 28.03.94 S. 123], gemeinsamer Standpunkt des Rates [ABl. C 172 24.06.94 S.46] und Beschluß des EP [ABl. C 323 21.11.94 S.66] im Rahmen des Verfahrens der Zusammenarbeit — Aufnahme in den Anhang XIII des EWR-Abkommens durch den Beschluß 33/95 des Gemeinsamen EWR-Ausschusses [ABl. L 273 16.11.95 S.52]

Meldung von Ereignissen

Richtlinie 2003/42/EG des Europäischen Parlaments und des Rates vom 13. Juni 2003 über die Meldung von Ereignissen in der Zivilluftfahrt [ABl. L 167 04.07.2003 S.23] — Rechtsetzung auf der Grundlage des Art. 84 (80) Abs. 2 EGV, auf Vorschlag der Kommission [ABl. C 120 E 24.04. 2001 S.148; ABl. C 332 E 27.11.2001 S.320; KOM (2002) 647 endg.] und nach Stellungnahme des WSA [ABl. C 311 07.11.2001 S.8]; Stellungnahme des EP [ABl. C 053 E 28.02.2002 S.324], gemeinsamer Standpunkt des Rates [ABl. C 197 E 20.08.2002 S.16], Beschlüsse des EP [ABl. C 300 E 11.12.2003 S.268; ABl. C 067 E 17.03.2004 S.67] und Beschluß des Rates im Rahmen des Verfahrens der Mitentscheidung — Aufnahme in den Anhang XIII des EWR-Abkommens durch den Beschluß 41/2004 des Gemeinsamen EWR-Ausschusses [ABl. L 277 26.08.2004 S.10] dürftiger internationaler Rahmen, Entwicklung neuer ATM-Systeme, neue Formen von Diensteanbietern, höhere Anforderungen an das Luftverkehrspersonal). Dabei sollen die **Zuständigkeiten der Agentur** erneut ausgedehnt (Ausarbeitung von Sicherheits- und Interoperabilitätsvorschriften, Angleichung der nationalen Zertifizierungen, eigene Zertifizierungen für europaweite oder Drittlandsanbieter, Überwachungsaufgaben) und Drittstaaten einbezogen werden.

Durchführungsbestimmungen wurden mit weiteren Kommissionsverordnungen verabschiedet: **2003/1702/EG vom 24. September 2003 [ABl. L 243 27.09.2003 S.6]**, geändert durch **2005/381/EG vom 7. März 2005 [ABl. L 061 08.03.2005 S.3]** (Spezifikationen für die Erteilung von Lufttüchtigkeits- und Umweltzeugnissen sowie für die Zulassung von Entwicklungs- und Herstellungsbetrieben), **2003/2042/EG vom 20. November 2003 [ABl. L 315 28.11.2003 S.1]** (gemeinsame technische Anforderungen und Verwaltungsverfahren zur Sicherstellung der Lufttüchtigkeit von Luftfahrzeugen, Erzeugnissen, Teilen und Ausrüstungen; Spezifizierung der Bedingungen für die Erteilung von Genehmigungen an Organisationen und Personen, die mit der Instandhaltung betraut sind), **2004/104/EG vom 22. Januar 2004 [ABl. L 016 23.01. 2004 S.20]** (Vorschriften für die Organisation und Besetzung der Beschwerdekammer: Anzahl und Qualifikation der Mitglieder, Befugnisse des Vorsitzenden, Rolle der Berichterstatter, Registratur, Beratungen, Abstimmungen) und **2005/488/EG vom 21. März 2005 [ABl. L 081 30.03.2005 S.7]** (Erhebung von Gebühren und Entgelten).

3.5.2.3 Erlaubnisse für das Luftverkehrspersonal und Zulassung von Fluglotsen

Das **Europäische Parlament** forderte bereits in seinen Entschließungen vom 15. September 1987 zu Gemeinschaftsmaßnahmen auf dem Gebiet der Luftverkehrssicherheit [ABl. C281 19.10.87 S.51] und vom 19. Januar 1989 zur Luftverkehrssicherheit [ABl. C 047 27.02.89 S.139] die Kommission zur Unterbreitung von Vorschlägen zur Harmonisierung der Anforderungen für den Erwerb einer Pilotenlizenz, zur gegenseitigen Anerkennung der Lizenzen und zur Einführung einer einheitlichen europäischen Pilotenlizenz auf und stufte in diesem Zusammenhang englische Sprachkenntnisse als besonders wichtig ein *(vgl. Bull. EG 9-1987, S.90; Bull. EG 1-1989, S.47; GB 1989, Ziff. 641)*. Im Rahmen ihrer Bemühungen um die Entwicklung einer gemeinsamen Luftverkehrspolitik beschloß die Kommission am 1. Dezember 1989 einen **Richtlinienvorschlag** zur gegenseitigen Anerkennung der Befähigungszeugnisse und Qualifikationen für die Ausübung von Tätigkeiten in der Zivilluftfahrt *(vgl. Bull. EG 10-1989, S.55; Bull. EG 12-1989, S.84; GB 1989, Ziff.645; GB 1990, Ziff.598)*. Die nachfolgende **Richtlinie 91/670/EWG des Rates vom 16. Dezember 1991 [ABl. L373 31.12.91 S. 21]** sollte bis zum Juni 1992 erreichen, daß innerhalb der Gemeinschaft das qualifizierte Luftfahrtpersonal (Piloten, Flugnavigatoren und Flugingenieure) in ausreichender Zahl zur Verfügung steht und die Mobilität dieses Personals erleichtert wird, um einen leistungsfähigen Luftverkehr zu gewährleisten. In diesem Kontext wurde eine Festlegung der „Verfahren zur gegenseitigen Anerkennung von Erlaubnissen der Mitgliedstaaten für Luftfahrtpersonal in der Zivilluftfahrt" angestrebt *(vgl. B. Adenau-*

er-Frowein, 1991, S.245; Bull. EG 6-1991, S.54; Bull. EG 10-1991, S.31f.; GB 1991, Ziff.728; R. Schmid, 1991a, S.21f.; EP, 1994a, S.23; D. Rogalla u. a., 1994, S.79ff.; J. M. Baumann, 1995, S.156f.; K. St. Eisermann, 1995a, S.251f.).

Unter einer Erlaubnis wird in diesem Zusammenhang eine **urkundliche Zulassung** zur Ausübung von Tätigkeiten von Luftfahrtpersonal an Bord eines in einem Mitgliedstaat eingetragenen zivilen Luftfahrzeugs verstanden. Jeder Mitgliedstaat hat eine derartige Erlaubnis eines anderen Mitgliedstaats ohne weitere Verzögerungen oder Prüfungen anzuerkennen, wenn die Voraussetzungen zur Erlangung der Erlaubnis in den betreffenden Staaten gleichwertig sind. Bis zum 1. Januar 1992 sollte die Kommission den Mitgliedstaaten eine vergleichende Übersicht über die jeweiligen Voraussetzungen innerhalb der Gemeinschaft übermitteln. In der Frage der Gleichwertigkeit einer Erlaubnis kann jeder Mitgliedstaat die Kommission binnen drei Wochen nach Einreichung eines entsprechenden Antrags um Stellungnahme bitten; diese Stellungnahme muß innerhalb von zwei Monaten erfolgen. Hat der Mitgliedstaat nicht die Kommission angerufen, so ist dem Antragsteller binnen drei Monaten Bescheid bezüglich der Anerkennung der Erlaubnis zu geben. Hat ein Mitgliedstaat „begründete Zweifel an der Gleichwertigkeit der Erlaubnis" eines anderen Mitgliedstaats, so kann er **zusätzliche Voraussetzungen und / oder weitere Prüfungen** für die Anerkennung vorschreiben; hiervon sind die Kommission, der Inhaber der Erlaubnis und der ausstellende Mitgliedstaat schriftlich zu unterrichten. Eine Erlaubnis für die Führung von Luftfahrzeugen, die den Anforderungen der **Konvention von Chicago** über die internationale Zivilluftfahrt genügt, ist grundsätzlich anzuerkennen. Angehörige eines Mitgliedstaats sind in der gesamten Gemeinschaft zu Ausbildungseinrichtungen und Prüfungen zuzulassen wie eigene Staatsangehörige. Eine von einem Mitgliedstaat aufgrund einer **Erlaubnis eines Drittlandes** erteilte Erlaubnis muß einen entsprechenden Vermerk tragen; die anderen Mitgliedstaaten sind zur Anerkennung dieser Erlaubnis nicht verpflichtet.

Die Entschließung des **Europäischen Parlaments** vom 18. September 1992 zur Auslastung des Luftraums und zur Sicherung des Luftverkehrs [ABl. C 284 02.11.92 S. 170] befaßte sich erneut mit der Harmonisierung der Lizenzen für das gesamte Flug-, Kabinen-, Boden- und Flugsicherungspersonal *(vgl. Bull. EG 9-1992, S.31; GB 1992, Ziff.676)*. In der Praxis waren offensichtlich Anwendungsprobleme aufgetreten, die die Kommission auf den Plan riefen. Die **Stellungnahme 93/245/EWG vom 26. April 1993 [ABl. L 111 05.05.93 S.25]** bestätigte nach einer Prüfung die Gleichwertigkeit der irischen und der portugiesischen Erlaubnis für Verkehrsflugzeugführer (ATPL) mit der entsprechenden französischen Erlaubnis unter der Voraussetzung, daß die Erlaubnis eine Musterberechtigung für das Führen eines mehrmotorigen Flugzeugs über 5.700 kg (FAR/JAR-25-Kategorie) oder sonstiger gleichwertiger Flugzeuge als verantwortlicher Flugzeugführer (PIC) einschließt. Mit der **Stellungnahme 93/456/ EWG vom 23. Juli 1993 [ABl. L 213 24.08.93 S.21]** wurde die grundsätzliche Gleichwertigkeit der französischen und belgischen ATPL bestätigt; vergleichbar mit der französischen Erlaubnis war unter der o. a. Bedingung auch die des Vereinigten Königreichs. Die **Stellungnahme 93/551/EWG vom 5. Oktober 1993 [ABl. L 267 28.10.93 S.29]** attestierte mit dieser Einschränkung auch die Gleichwertigkeit der ATPL des Vereinigten Königreichs mit der Belgiens. In der **Stellungnahme 93/565/EG vom 4.**

November 1993 [ABl. L 273 05.11.93 S.58] gelangte die Kommission zur Auffassung, daß das fachliche Wissen und fliegerische Können, das zur Erteilung der niederländischen CPL-B3-Erlaubnis erforderlich ist, sich auch in den Anforderungen zur Erteilung einer deutschen ATPL-A2-Erlaubnis widerspiegelt; diese sollte deshalb von den Niederlanden als gleichwertig anerkannt werden. Anwendungsprobleme traten auch 1994 zutage; die Kommission richtete drei **Aufforderungsschreiben** an zwei Mitgliedstaaten wegen unrichtiger Anwendung der Richtlinie *(vgl. GB 1993, Ziff.330; EP, 1994a, S.A-20f.; GB 1994, Ziff.389).*

Der **Vorschlag der Kommission** vom 22. Juli 1997 für eine Richtlinie des Europäischen Parlaments und des Rates [ABl. C 263 29.08.97 S.5] befaßte sich mit den **Sicherheitsanforderungen** an und den **Befähigungsbescheinigungen** für Flugbegleiter in der Zivilluftfahrt; zentrale Regelungsbereiche sollten das Mindestalter (18 Jahre) und die ärztliche Untersuchung, die Sicherheitserstausbildung, die Typenschulung und die Auffrischungslehrgänge, die Zulassung von Lehrgängen und ausbildenden Stellen sowie die Prüfungen, Aufzeichnungen und Befähigungsbescheinigungen sein. Nach den Stellungnahmen des **Europäischen Parlaments** [ABl. C 080 16.03.98 S. 208; ABl. C 054 25.02.2000 S.79] und des **Wirtschafts- und Sozialausschusses** [ABl. C 214 10.07.98 S.37] wurde der Kommissionsvorschlag am 5. März 1999 abgeändert [ABl. C 109 20.04.1999 S.6; SEK(1999) 581 endg.] und schließlich am 27. September 2005 wieder zurückgenommen [KOM (2005) 462 endg.] *(vgl. Bull. EU 7/8-1997, S.58; GB 1997, Ziff.490; Bull. EU 3-1999, S.69).*

Der weitgehenden Zersplitterung der ATM-Systeme in Europa entsprachen auch differenzierte Regelungen zur **Ausbildung und Zulassung** von Fluglotsen. In einem engen zeitlichen und sachlichen Zusammenhang mit der Schaffung eines einheitlichen europäischen Luftraums entstand ein Kommissionsvorschlag zu einer gemeinschaftlichen **Fluglotsenzulassung**, um durch die Festlegung abgestimmter Befähigungsstandards die Uneinheitlichkeit in diesem Bereich zu vermindern und eine höhere Effizienz im Rahmen der regionalen Zusammenarbeit zu gewährleisten. Der am 12. Juli 2004 vorgelegte und am 23. Juni 2005 geänderte **Richtlinienvorschlag** [KOM (2004) 473 endg.; KOM (2005) 293 endg.] soll einerseits auf den ICAO-Vorschriften aufbauen und andererseits den EUROCONTROL-Anforderungen Rechnung tragen. Die **Erstausbildung** der Fluglotsen (Luftrecht, Flugverkehrsmanagement, Meteorologie, Navigation, Luftfahrzeuge, Ausrüstung und Systeme, Auftreten von Systemmängeln, menschliche Faktoren, außergewöhnliche Situationen und Notsituationen, Sprachkenntnisse und Funkverkehrsphraseologie) in theoretischen und praktischen Lehrgängen soll die Befähigung zur Handhabung komplexer und dichter Verkehrssituationen gewährleisten. An die Erstausbildung schließt sich die **Kontrollstellenausbildung** an; dabei sind Verfahren der Kontrollstelle unter Aufsicht eines Ausbilders am Arbeitsplatz auf den örtlichen Bezirk anzuwenden. Da der Beruf des Fluglotsen ständigen **technischen Neuerungen** unterworfen ist, müssen die Befähigungen regelmäßig auf einen **aktuellen Stand** gebracht werden; vorgesehen ist, daß die Befähigung eines Fluglotsen mindestens alle drei Jahre auf geeignete Weise zu überprüfen ist. Die Beurteilung der im Rahmen der Erstausbildung, der Kontrollstellenausbildung und der Auffrischungsausbildung erworbenen Befähigungen erfolgt in **geeigneten Prüfungen**; die Fluglotsenzulassungen sowie die zugehörigen Berechtigungen und Vermerke einer einzelstaatlichen Aufsichtsbehörde werden gegenseitig anerkannt *(vgl. Bull. EU 7/8-2004, S.52; Bull. EU 6-2005, S.85).*

3.5.2.4 Sicherheitsinspektionen von Flugzeugen aus Drittstaaten

Vor dem Hintergrund der **Flugzeugkatastrophe** vor der Küste der Dominikanischen Republik verlangte das **Europäische Parlament** am 15. Februar 1996 [ABl. C 065 04.03.96 S.172] die Aufstellung einer Liste der Gesellschaften, die die internationalen Sicherheitsstandards nicht einhalten (ggfs. Entziehung der Start- und Landeerlaubnis in der Gemeinschaft) *(vgl. Bull. EU 1/2-1996, S.54; GB 1996, Ziff. 399).* Auf der Grundlage der Ergebnisse der **hochrangigen Sachverständigengruppe** für Luftverkehrssicherheit unterbreitete die Kommission am 16. Februar 1997 einen **Richtlinienvorschlag** zur Einführung einer Sicherheitsuntersuchung von Flugzeugen aus Drittländern, die auf Flughäfen der Gemeinschaft landen [ABl. C 124 21.04.97 S.39; ABl. C 122 21.04.98 S.10; KOM (98) 597 endg.] – Stellungnahmen des Wirtschafts- und Sozialausschusses [ABl. C 019 21.01.98 S.20] und des Europäischen Parlaments [ABl. C 371 08.12.97 S.68], gemeinsamer Standpunkt des Rates [ABl. C 227 20.07.98 S.18] und Beschluß des Europäischen Parlaments [ABl. C 313 12.10.98 S.32]. **Regelungsbereiche** sollten die Sammlung von Informationen (Sicherheitslage, Maßnahmen) sowie deren Austausch und die Zusammenarbeit, die Vorfeldinspektionen (betroffene Flugzeuge, Häufigkeit, Verfahren), die Verhängung von Flugverboten (Gründe, Information, Rückführung, Einspruch, Veröffentlichung) und sonstige Maßnahmen (systematische Inspektionen, Verbote und Auferlegung von Bedingungen, Strafen) sein *(vgl. Bull. EU 1/2-1997, S.49 f.; GB 1997, Ziff. 490; Bull. EU 3-1998, S.59; GB 1998, Ziff. 453; M. Niejahr, 1998, S.16).* Wegen der bekannten Probleme mit dem **Flughafen Gibraltar** konnte die Richtlinie nicht innerhalb der vorgeschriebenen Fristen erlassen werden und wurde daher am 9. Juni 2000 [ABl. C 005 09.01.2004 S.6] zurückgezogen; ein **neuer Vorschlag** wurde vereinbart, führte jedoch erst Jahre später zum Erfolg.

Mit der **Richtlinie 2004/36/EG des Europäischen Parlaments und des Rates vom 21. April 2004 [ABl. L 143 30.04.2004 S.76]** *(vgl. Übersicht 62)*, die am 30. April 2004 in Kraft trat und innerhalb von zwei Jahren umzusetzen war, wurde eine Angleichung der Regeln und Verfahren für Vorfeldinspektionen von Luftfahrzeugen aus Drittstaaten angestrebt, um internationale Sicherheitsstandards gemäß dem Abkommen von Chicago wirkungsvoll durchsetzen zu können. Im Mittelpunkt steht die Durchführung von **Vorfeldinspektionen** bei Verdacht der Nichtbefolgung der ICAO-Standards; Anlässe können dabei Hinweise auf schlechten Instandhaltungszustand, Schäden oder Mängel, Beobachtung ungewöhnlicher Manöver, Feststellung von Mängeln bei früheren Inspektionen des Flugzeugs mit Vermutung des Fortbestands oder bei anderen Flugzeugen des gleichen Betreibers sowie der Verdacht einer fehlenden ordnungsgemäßen Sicherheitsaufsicht sein. Außerdem wurden Untersuchungen auch ohne Verdacht nach einem **Stichprobenverfahren** ermöglicht. Neben den Mitgliedstaaten kann auch die Kommission ihrerseits über Vorfeldinspektionen und andere Überwachungsmaßnahmen in bezug auf einen **speziellen Betreiber** oder einen **bestimm-**

ten Drittstaat befinden (Prüfung aller erforderlichen Dokumente, der Besatzungszusammensetzung und -qualifikation, der Sicherheits-, Kommunikations- und Navigationsausrüstung, des Flugdatenschreibers sowie des Luftfahrzeugs auf Schäden und Reparaturen); darüber ist ein **Prüfungsbericht** zu erstellen. Der Flugzeugführer oder ein Vertreter des Betreibers ist über das Untersuchungsergebnis zu informieren; bei erheblichen Mängeln erhalten Betreiber und zuständige Behörden den Bericht; dieser geht auch an die Kommission sowie auf Anforderung an andere Behörden der Mitgliedstaaten und die EASA *(vgl. Bull. EU 1/2-2002, S.114 f.; Bull. EU 11-2002, S.72 f.; GB 2002, Ziff.653; GB 2003, Ziff.698; Bull. EU 4-2004, S.95 f.)*.

Bei eindeutigem Risiko für die Luftverkehrssicherheit muß der Betreiber vor dem Abflug Maßnahmen zur **Mängelbehebung** ergreifen; sind diese nicht zu erwarten, so verhängt die Behörde ein **Flugverbot** bis zur Beseitigung der Gefahr. Es können auch Bedingungen festgelegt werden, unter denen ein Weiterflug zu einem Flughafen gestattet wird, auf dem eine Mängelbeseitigung möglich ist; wird die Gültigkeit des **Lufttüchtigkeitszeugnisses** beeinträchtigt, ist vorher eine Genehmigung der Überflugstaaten einzuholen; die Behörde des für den Betrieb des Flugzeugs verantwortlichen Staats bzw. des Eintragungsstaats sowie die Kommission sind zu unterrichten. Vorgesehen wurde die Einrichtung eines Verfahrens zur **Erhebung von Informationen** in Form von Standardberichten: Sicherheitsinformationen (Berichte von Piloten, Instandhaltungsbetrieben und sonstigen Stellen sowie über besondere Vorkommnisse, Beschwerden), im Anschluß an Vorfeldinspektionen ergriffene Maßnahmen (Verhängung eines Flugverbots, Verweigerung der Einflugerlaubnis, Abhilfemaßnahmen, Kontakte mit anderen Behörden) sowie nachträgliche Angaben über den Betreiber (Abhilfen, erneute Unregelmäßigkeiten). Ferner sollten die Behörden der Mitgliedstaaten einen **gegenseitigen Informationsaustausch** (Flughäfen, Flugbewegungen von Flugzeugen aus Drittstaaten, Vorfeldinspektionen) etablieren.

3.5.3 Sicherung des Luftverkehrs gegen äußere Eingriffe

Nicht erst seit den Ereignissen des 11. September 2001, sondern schon seit den achtziger Jahren richtete die Gemeinschaft ihr Augenmerk auf die Sicherung des Luftverkehrs gegen äußere Eingriffe insbesondere terroristischer Art. Mit der Entschließung des **Europäischen Parlaments** vom 10. März 1986 zur Flughafensicherheit [ABl. C 088 14.04.86 S.14] wurde die Entwicklung einer gemeinsamen Strategie für die **Sicherheit von Passagieren und des Personals** auf den Flughäfen gefordert; für notwendig erachtet wurden die Vereinheitlichung und Verbesserung der Sicherheitskontrollen vor dem Start sowie die Schaffung eines Systems zur Bekämpfung von Straftaten auf Flughäfen, die Einbeziehung von Sicherheitskriterien bei der Planung und dem Bau von Flughäfen, eine gegenseitige Unterstützung bei Unfällen oder Krisen auf Flughäfen sowie eine verbesserte Ausbildung des Flughafenpersonals. Die folgende Entschließung des Europäischen Parlaments vom 15. September 1987 zu **Gemeinschaftsmaßnahmen** auf dem Gebiet der Luftverkehrssicherheit [ABl. C 281 19.10.87 S.51] regte im besonderen eine Untersuchung der Kommission über technische Möglichkeiten zur Verhinderung von Gefährdungslagen an. Eine weitere Entschließung des Europäischen Parlaments vom 19. Januar 1989 zur Ermordung von 270 Menschen durch **Sprengung des Pan Am-Flugzeugs** „Maid of the Seas" [ABl. C 047 27.02.89 S.138] zielte auf eine Überprüfung der Sicherheitsvorschriften der Fluggesellschaften und Flughäfen ab. Verstärkte Kontrollen von Fluggästen und Gepäck standen dabei zunächst im Vordergrund der gemeinschaftlichen Bemühungen *(vgl. Bull. EG 3-1986, S. 84; Bull. EG 9-1987, S.90; Bull. EG 1-1989, S.47; GB 1989, Ziff.654)*.

3.5.3.1 Kontrollen von Fluggästen und Gepäck

Die **Verordnung 91/3925/EWG des Rates vom 19. Dezember 1991 [ABl. L 374 31. 12.91 S.4]** *(vgl. Übersicht 63)* trug der Verwirklichung des Grundsatzes des freien Warenverkehrs in der Gemeinschaft mit Wirkung vom 1. Januar 1993 Rechnung. Das Gepäck von Personen, die eine **innergemeinschaftliche Flugreise** unternehmen, wird demnach in der Regel keinen generellen Kontrollen oder Förmlichkeiten mehr unterzogen. Sicherheitskontrollen sind jedoch von den Behörden der Mitgliedstaaten, dem hierfür zuständigen Flughafenpersonal oder den Beförderern weiterhin durchzuführen; auch sind Überprüfungen im Zusammenhang mit Verboten oder Beschränkungen, die sich insbesondere gegen **Terrorismus, Drogenhandel und Kunstschmuggel** wenden, weiterhin möglich *(vgl. R. Schmid, 1991b, S.90f.; V. J. G. Power, 1992, S.515 f.; J. M. Baumann, 1995, S.139f.; W. Pompl, 2002, S.443f.; S.567)*.

Im Gegensatz zu den innergemeinschaftlichen Flugreisen gelten bei der **Einreise** aus einem Nicht-EG-Land und bei der **Ausreise** in ein Nicht-EG-Land detaillierte Regelungen zu den erforderlichen Kontrollen und Förmlichkeiten; zur Überprüfung aller Fragen sowie zur Gestaltung der notwendigen **Durchführungsvorschriften** wurde ein „Ausschuß für den Verkehr des auf Flug- oder Schiffsreisen mitgeführten Gepäcks" aus Vertretern der Mitgliedstaaten mit einem Kommissionsvertreter als Vorsitzendem gebildet. Die Bestimmungen wurden dann mit der **Verordnung 92/1823/EWG der Kommission vom 3. Juli 1992 [ABl. L 185 04.07.92 S.8]** angenommen: Bei der Ankunft bzw. beim Abflug ist das Umpacken von Gegenständen aus dem Handgepäck bzw. dem Gepäck zu verhindern; zu kontrollierendes Gepäck darf nicht mit von der Kontrolle befreitem Gepäck getauscht werden können; aufgegebenes Gepäck wird mit einem Gepäckanhänger gekennzeichnet; kann eine in die EG einreisende Person nicht nachweisen, daß die von ihr mitgeführten Waren „**Gemeinschaftscharakter**" besitzen, so wird eine Kontrolle gemäß „den für Gepäck von Personen aus Drittländern geltenden Vorschriften" durchgeführt (sofort bei der Einreise in die Gemeinschaft und nicht erst am letzten Flughafen der Reise); bei der Ausreise kann eine solche Kontrolle auch bei der Zwischenlandung statt nur im Abgangsflughafen erfolgen; umzuladendes **Handgepäck** wird bei der Einreise in die (Ausreise aus der) Gemeinschaft im ersten Ankunftsflughafen (letzten Gemeinschaftsflughafen) kontrolliert (aufgegebenes Gepäck nur bei Notwendigkeit); innerhalb ihres **Hoheitsgebiets** dürfen Mitgliedstaaten umgeladenes Gepäck nach der Einreise in die (vor der Ausreise aus der) Gemeinschaft kontrollieren, sofern sich der entsprechende Zielflughafen ebenfalls im Hoheitsgebiet des Staates befindet (das Gepäck auf einem anderen Flughafen umgeladen wird, um danach die Gemeinschaft zu verlassen).

3.5.3.2 Verhinderung illegaler Eingriffe in den Luftverkehr

Vor dem Hintergrund der **Attentate des 11. September 2001** äußerte sich der Rat bereits am 14. September 2001 und der Europäische Rat von Brüssel am 21. September 2001 zu den möglichen Auswirkungen auf die Gemeinschaftspolitik. In ihrer Mitteilung vom 10. Oktober 2001 [KOM (2001) 574 endg.] präsentierte die Kommission neben einer **sektorbezogenen Lageanalyse** ihre Einschätzung der **Politikkonsequenzen für die Gemeinschaft** (Klassifizierung von Waffen, Ausbildung der Besatzung, Kontrolle und Überwachung des Gepäcks, Zugänglichkeit des Cockpits, Qualitätskontrolle der nationalen Sicherheitsmaßnahmen). Die weiteren Schlußfolgerungen des **Rates** vom 16. Oktober 2001 und 7. Dezember 2001, die Entschließung des **Europäischen Parlaments** vom 15. November 2001 zur Wirtschafts- und Beschäftigungslage im Luftverkehr sowie in den damit zusammenhängenden Industriezweigen und Dienstleistungssektoren [ABl. C 140 E 13.06.2002 S.581] sowie der Europäische Rat von Laeken vom 14. / 15. Dezember 2001 begrüßten diese Initiative. Für die nahe Zukunft wurde die Festlegung verbesserter **Sicherheitsvorschriften** und **Kontrollmechanismen** in der Zivilluftfahrt angestrebt *(vgl. Bull. EU 9-2001, S.10, 64; Bull. EU 10-2001, S.90ff.; Bull. EU 11-2001, S.81; Bull. EU 12-2001, S.13; GB 2001, Ziff.713; WB 2001, Ziff.445 f.)*.

Kurz darauf nahm die **ICAO-Konferenz über Luftverkehrssicherheit** vom 19. / 20. Februar 2002 in Montreal eine sicherheitspolitische Gesamtstrategie und eine Grundlage für einen Aktionsplan (u. a. eindringungs- und kugelsicheres Cockpit) an; die **Mitteilung der Kommission** vom 31. Juli 2002 brachte eine koordinierte Antwort der Mitgliedstaaten zum ICAO-Dokument über neue Schutzstandards für Cockpittüren [KOM (2002) 444 endg.] *(vgl. Bull. EU 7/8-2002, S.69 f.; GB 2002, Ziff.666)*. Hieran schloß sich die Stellungnahme des **Wirtschafts- und Sozialausschusses** vom 24. Oktober 2002 zum Thema Verkehrssicherheit [ABl. C 061 14.03.2003 S.174] an; angestrebt wurden eine internationale Kooperation im Rahmen der ICAO und gegenseitige Vereinbarungen zwischen den Staaten, die von **folgenden Grundsätzen** getragen sein sollten: Finanzierung neuer Sicherheitsmaßnahmen durch die Staaten, Bewertung anhand von Kosten-Nutzen-Analysen, keine zu starke Beschränkung des freien Warenverkehrs durch die Intensität der Maßnahmen und Kosten, Verhinderung von Protektionismus und Wettbewerbsverzerrungen. Die **Einwirkung auf Drittstaaten** zur Verbesserung des Sicherheitsniveaus auf Flughäfen, die Abstimmung mit den **Vereinigten Staaten** hinsichtlich der Sicherheit an Bord (Einsatz von Bordpolizei als Angelegenheit der Mitgliedstaaten und der Fluggesellschaften) und die Verbesserung der **Sicherheit am Boden** (Zugangskontrolle für Flughafenpersonal, Durchführung von Sicherheitsmaßnahmen nur am Abgangspunkt) wurden als weitere wichtige sicherheitspolitische Aktivitätsbereiche angesehen *(vgl. GB 2002, Ziff.631)*.

Mit der **Verordnung 2002/2320/EG des Europäischen Parlaments und des Rates vom 16. Dezember 2002 [ABl. L 355 30.12.2002 S.1]** *(vgl. Übersicht 63)* erfolgte zum 19. Januar 2003 (in bezug auf Gepäckkontrolle, Fracht, Kurier- und Expreßsendungen sowie Post zum 31. Dezember 2002) für alle gemeinschaftlichen Flughäfen die Verabschiedung **einheitlicher Regelungen** zur Verhinderung unrechtmäßiger Eingriffe und

Übersicht 63: Verhinderung illegaler Eingriffe in den Luftverkehr

Gepäckkontrollen

Verordnung 91/3925/EWG des Rates vom 19. Dezember 1991 über die Abschaffung von Kontrollen und Förmlichkeiten für Handgepäck oder aufgegebenes Gepäck auf einem innergemeinschaftlichen Flug sowie für auf einer innergemeinschaftlichen Seereise mitgeführtes Gepäck [ABl. L 374 31.12.91 S.4] — Änderung durch die Verordnung 2003/1882/EG des Europäischen Parlaments und des Rates vom 29. September 2003 [ABl. L 284 31.10.2003 S.31]

Verordnung 92/1823/EWG der Kommission vom 3. Juli 1992 zur Durchführung der Verordnung 91/3925/EWG des Rates über die Abschaffung von Kontrollen und Förmlichkeiten für Handgepäck oder aufgegebenes Gepäck auf einem innergemeinschaftlichen Flug sowie für auf einer innergemeinschaftlichen Seereise mitgeführtes Gepäck [ABl. L 185 04.07.92 S.8]

Abwehr unrechtmäßiger Eingriffe in den Luftverkehr

Verordnung 2002/2320/EG des Europäischen Parlaments und des Rates vom 16. Dezember 2002 zur Festlegung gemeinsamer Vorschriften für die Sicherheit in der Zivilluftfahrt [ABl. L 355 30. 12.2002 S.1] — Rechtsetzung auf der Grundlage des Art. 84 (80) Abs. 2 EGV, auf Vorschlag der Kommission [ABl. C 051 E 26.02.2002 S.221; KOM (2002) 327 endg.] und nach Stellungnahme des WSA [ABl. C 048 21.02.2002 S.70]; Stellungnahme des EP [ABl. C 153 E 27.06.2002 S. 243], gemeinsamer Standpunkt des Rates [ABl. C 113 E 14.05.2002 S.17], Beschlüsse des EP [ABl. C 180 E 31.07.2003 S.85; ABl. C 027 E 30.01.2004 S.110] und Beschluß des Rates im Rahmen des Verfahrens der Mitentscheidung — Aufnahme in den Anhang XIII des EWR-Abkommens durch den Beschluß 61/2004 des Gemeinsamen EWR-Ausschusses [ABl. L 277 26.08. 2004 S.175]

Verordnung 2003/622/EG der Kommission vom 4. April 2003 zur Festlegung von Maßnahmen für die Durchführung der gemeinsamen grundlegenden Normen für die Luftsicherheit [ABl. L 089 05.04.2003 S.9] — Aufnahme in den Anhang XIII des EWR-Abkommens durch den Beschluß 62/2004 des Gemeinsamen EWR-Ausschusses [ABl. L 277 26.08.2004 S.178]

Verordnung 2003/1217/EG der Kommission vom 4. Juli 2003 zur Festlegung gemeinsamer Spezifikationen für nationale Qualitätsprogramme für die Sicherheit der Zivilluftfahrt [ABl. L 169 08.07.2003 S.44] i. d. F. der Berichtigung [ABl. L 206 15.08.2003 S.33] — Aufnahme in den Anhang XIII des EWR-Abkommens durch den Beschluß 63/2004 des Gemeinsamen EWR-Ausschusses [ABl. L 277 26.08.2004 S.179]

Verordnung 2003/1486/EG der Kommission vom 22. August 2003 zur Festlegung von Verfahren für die Durchführung von Luftsicherheitsinspektionen der Kommission im Bereich der Zivilluftfahrt [ABl. L 213 23.08.2003 S.3] — Aufnahme in Anhang XIII des EWR-Abkommens durch den Beschluß 156/2004 des Gemeinsamen EWR-Ausschusses [ABl. L 102 21.04.2005 S.37]

Verordnung 2004/68/EG der Kommission vom 15. Januar 2004 zur Änderung der Verordnung 2003/622/EG zur Festlegung von Maßnahmen für die Durchführung der gemeinsamen grundlegenden Normen für die Luftsicherheit [ABl. L 010 16.01.2004 S.14] — Aufnahme in den Anhang XIII des EWR-Abkommens durch den Beschluß 109/2004 des Gemeinsamen EWR-Ausschusses [ABl. L 376 23.12.2004 S.43]

Verordnung 2004/849/EG des Europäischen Parlaments und des Rates vom 29. April 2004 zur Änderung der Verordnung 2002/2320/EG des Europäischen Parlaments und des Rates zur Festlegung gemeinsamer Vorschriften für die Sicherheit in der Zivilluftfahrt [ABl. L 158 30.04.2004 S. 1] i. d. F. der Berichtigung [ABl. L 229 29.06.2004 S.3] — Rechtsetzung auf der Grundlage des Art. 84 (80) Abs. 2 EGV, auf Vorschlag der Kommission [KOM (2003) 566 endg.] und nach Stellungnahme des WSA [ABl. C 108 30.04.2004 S.57]; Stellungnahme des EP [ABl. C 102 E 28.04. 2004 S.804] und Beschluß des Rates im Rahmen des Verfahrens der Mitentscheidung — Aufnahme in Anhang XIII des EWR-Abkommens durch den Beschluß 155/2004 des Gemeinsamen EWR-Ausschusses [ABl. L 102 21.04.2005 S.35]

Verordnung 2004/1138/EG der Kommission vom 21. Juni 2004 zur Festlegung einer gemeinsamen Definition der sensiblen Teile der Sicherheitsbereiche auf Flughäfen [ABl. L 221 22.06.2004 S.6] — Aufnahme in Anhang XIII des EWR-Abkommens durch den Beschluß 158/2004 des Gemeinsamen EWR-Ausschusses [ABl. L 102 21.04.2005 S.41]

Verordnung 2005/781/EG der Kommission vom 24. Mai 2005 zur Änderung der Verordnung 2003/622/EG zur Festlegung von Maßnahmen für die Durchführung der gemeinsamen grundlegenden Normen für die Luftsicherheit [ABl. L 131 25.05.2005 S.24]

Verordnung 2005/857/EG der Kommission vom 6. Juni 2005 zur Änderung der Verordnung 2003/622/EG zur Festlegung von Maßnahmen für die Durchführung der gemeinsamen grundlegenden Normen für die Luftsicherheit [ABl. L 143 07.06.2005 S.9]

Verordnung des Europäischen Parlaments und des Rates über gemeinsame Vorschriften für die Sicherheit in der Zivilluftfahrt — Rechtsetzung auf der Grundlage des Art. 84 (80) Abs. 2 EGV und auf Vorschlag der Kommission [KOM (2005) 429 endg.]

Übermittlung von Fluggastdaten

Richtlinie 2004/82/EG des Rates vom 29. April 2004 über die Verpflichtung von Beförderungsunternehmen, Angaben über die beförderten Personen zu übermitteln [ABl. L 261 06.08.2004 S. 24] — Rechtsetzung auf der Grundlage der Artt. 73 j (62) und 73 k (63) EGV und auf Initiative Spaniens [ABl. C 082 05.04.2003 S.23]

die Entwicklung einer Grundlage für die **gemeinsame Auslegung der Bestimmungen** des Anhangs 17 des Abkommens von Chicago; zu diesem Zweck wurde die Festlegung gemeinsamer grundlegender **Normen für Sicherheitsmaßnahmen** im Luftverkehr gemäß den Empfehlungen des Dokuments 30 der ECAC vorgenommen (Flughafen: Flughafenplanung, Zugangskontrolle, Durchsuchung von Personal, mitgeführten Gegenständen und Fahrzeugen, Objektschutz und Streifengänge; Luftfahrzeuge: Durchsuchung und Überprüfung, Sicherung; Fluggäste und Handgepäck: Kontrolle und Trennung von Fluggästen, Kontrolle von Handgepäck, Kontrolle von Diplomaten; aufgegebenes Gepäck: Zuordnung, Kontrolle, Schutz vor Manipulation; Fracht-, Kurier- und Expreßsendungen: Anforderungen an reglementierte Beauftragte, Kontrollen, Kriterien für bekannte Versender, Beförderung mit Nur-Frachtflugzeugen, Transferfracht; Post: Anforderungen an reglementierte Behörden bzw. Verwaltungen, Kontrollen, Kriterien für bekannten Versender, Umschlagpost; Kontrollen von Post und Material der Luftfahrtunternehmen; Kontrollen von Bordverpflegung und -vorräten; Kontrollen von Reinigungsdiensten und -artikeln; Kontrollen der allgemeinen Luftfahrt; Einstellung und Schulung von Personal: Schulungsprogramm, Sicherheitspersonal, sonstiges Personal; Ausrüstung: Metalldetektoren, Röntgengeräte) *(vgl. Bull. EU 10-2001, S.90; Bull. EU 6-2002, S.93; Bull. EU 12-2002, S.108; GB 2002, Ziff.654; A. Fink, 2004, S.85 ff.)*.

Die **Vorgaben zur Umsetzung und technischen Anpassung** berücksichtigen vor allem Leistungskriterien und Abnahmeprüfungen für die Ausrüstung sowie Verfahrensanweisungen mit sensiblen Informationen und Kriterien für die Freistellung von Sicherheitsmaßnahmen. Bei unverhältnismäßigem Aufwand oder praktischen Hindernissen für die Durchführung können auf der Grundlage einer **Risikobewertung** für bestimmte Flughäfen (durchschnittliches tägliches Aufkommen von bis zu zwei Flügen, nur für allgemeine Luftfahrt, gewerbliche Flugdienste mit Flugzeugen von weniger als 10 t Starthöchstgewicht und weniger als 20 Sitzen) innerstaatliche Sicherheitsmaßnahmen ergriffen werden. Im Hinblick auf die Anwendung der Normen war bis zum 19. April 2003 nach vorgegebenen Spezifikationen ein **nationales Sicherheitsprogramm** für die Zivilluftfahrt zu beschließen. Für die Koordinierung und Überwachung der Durchführung dieses Programms waren geeignete Behörden zu benennen; diese hatten bis zum 19. Juli 2003 ein **nationales Qualitätssicherungsprogramm** zur Mängelfeststellung und -behebung im Rahmen regelmäßiger Überprüfungen zu konzipieren und durchzuführen. Die Flughäfen und Luftverkehrsunternehmen müssen **eigene Sicherheitsprogramme** erstellen und durchführen; ferner ist ein Fortbildungsprogramm zu erarbeiten und anzuwenden. Die Kommission führt in Zusammenarbeit mit den nationalen Behörden **Stichprobeninspektionen** durch; basierend auf den Inspektionsberichten müssen Maßnahmen zur Abstellung von Mängeln getroffen werden. In Zusammenarbeit mit dem Sicherheitsausschuß, der ICAO und der ECAC sollen Verfahren zur Bewertung der Übereinstimmung der **Flüge von Flughäfen aus Drittstaaten** mit grundlegenden Sicherheitsanforderungen entwickelt werden.

Die **Verordnung 2004/849/EG des Europäischen Parlaments und des Rates vom 29. April 2004 [ABl. L 158 30.04.2004 S.1]** i. d. F. der Berichtigung [ABl. L 229 29.06. 2004 S.3] erlaubte zum 20. Mai 2004 die Anwendung unterschiedlicher nationaler Sicherheitsmaßnahmen für **kleine Flughäfen** in abgegrenzten Bereichen (Flüge der allgemeinen Luftfahrt, gewerbliche Flugdienste mit Flugzeugen von weniger als 10 t Starthöchstgewicht und weniger als 20 Sitzen); entsprechende Sicherheitsniveaus sind an beiden Endpunkten der Flüge zu erlauben *(vgl. Bull. EU 9-2003, S.60; GB 2003, Ziff. 696; Bull. EU 4-2004, S.96 f.)*. Durchführungsbestimmungen nahm die Kommission zunächst mit der **Verordnung 2003/622/EG vom 4. April 2003 [ABl. L 089 05.04. 2003 S.9]**, geändert durch die **Verordnungen 2004/68/EG vom 15. Januar 2004 [ABl. L 010 16.01.2004 S.14], 2005/781/EG vom 24. Mai 2005 [ABl. L 131 25.05. 2005 S.24]** und **2005/857/EG vom 6. Juni 2005 [ABl. L 143 07.06.2005 S.9]** (Festlegung von Maßnahmen zur Umsetzung und technischen Anpassung der grundlegenden Normen für die Luftverkehrssicherheit), an. Die **Verordnung 2003/1217/EG vom 4. Juli 2003 [ABl. L 169 08.07.2003 S.44]** i. d. F. der Berichtigung [ABl. L 206 15. 08.2003 S.33] führte zur Verabschiedung gemeinsamer Spezifikationen für die nationalen Qualitätskontrollprogramme, die die Anforderungen für die Programme (Befugnisse der Behörde, Inhalt des Programms, Überwachung der Einhaltung, Berichterstattung), die Überprüfungsmethodik (Durchführung, Einstufungssystem) und die Anforderungen an die Prüfer (Verfügbarkeit, Qualifikationskriterien) umfassen. Die **Verordnung 2003/1486/EG vom 22. August 2003 [ABl. L 213 23.08.2003 S.3]** erlaubte die Bestimmung der Verfahren für die Durchführung von Kommissionsinspektionen zur Kontrolle der Wirksamkeit der nationalen Sicherheitsprogramme (Zusammenarbeit mit Mitgliedstaaten, Ausübung der Befugnisse, Beteiligung nationaler Prüfer, Qualifikationskriterien für Kommissionsinspektoren; Anmeldung, Vorbereitung und Durchführung der Inspektionen; Unterrichtung, Inspektionsbericht und Antworten der nationalen Behörden; Maßnahmen der Kommission). Schließlich brachte die **Verordnung 2004/1138/EG vom 21. Juni 2004 [ABl. L 221 22.06.2004 S.6]** eine gemeinsame Definition der sensiblen Teile der Sicherheitsbereiche auf Flughäfen *(vgl. A. Fink, 2004, S.87 ff.)*.

In ihrem ersten **Durchführungsbericht** vom 22. September 2005 [KOM (2005) 428 endg.] registrierte die Kommission eine erhebliche Verbesserung der Sicherheit. Die Normen und Programme sowie die Qualitätskontrollen hatten zu einer Verstärkung und Harmonisierung der notwendigen Maßnahmen geführt; die Inspektionen bei den Behörden und auf den Flughäfen wurden als effiziente Instrumente angesehen. Als **Mängel** führte die Kommission an: uneinheitliche Verfahren bei Kontrollen und Inspektionen; Durchsuchung von Personal und Transitpassagieren; technische Anforderungen an Sicherheitsausrüstungen; Zugang zu Sicherheitsbereichen; Kontrolle und Schutz von Flugzeugen; Frachtabfertigung; Schulungsprogramme. Den **ordnungspolitischen Rahmen** beurteilte sie als zu umfangreich und kompliziert, was zur unterschiedlichen Auslegung und Umsetzung beigetragen hatte; angestrebt wurden eine Vereinfachung, Harmonisierung und größere Klarheit der Bestimmungen, ergänzt durch detaillierte Durchführungsbestimmungen. Die Kommission unterbreitete deshalb einen **Vorschlag für eine neue Verordnung** [KOM (2005) 429 endg.], die die geltenden Bestimmungen ersetzen und um Vorgaben für Sicherheitsmaßnahmen während des Flugs erweitern soll (gemeinsame Normen; Anwendung strengerer Maßnahmen; Verfahren gegenüber Drittstaaten; Bestimmung der zuständigen Behörde; Sicherheitsprogramme für die Luftfahrt, die Flughäfen, die Luftverkehrsgesellschaften und die Normen anwendenden Stellen; Qualitätskontrolle und Kommissionsinspektionen) *(vgl. Bull. EU 9-2005, S.49)*.

3.5.3.3 Übermittlung von Fluggastdaten

Beeinflußt durch die allgemeine **sicherheitspolitische Diskussion** seit den Terroranschlägen vom 11. September 2001 und das zunehmende Problem der **Bekämpfung illegaler Einwanderung** entwickelte die Kommission in ihrer Mitteilung vom 16. Dezember 2003 [KOM (2003) 826 endg.] ein grundlegendes Konzept für die Übermittlung von Fluggastdatensätzen (PNR) und zeigte in ihrem Arbeitsdokument vom 26. Januar 2004 [SEK (2004) 99 endg.] einen internationalen Rahmen für die Weitergabe von Fluggastdaten (PNR-Daten) an öffentliche Einrichtungen auf, was sie in ihrem Arbeitspapier vom 9. September 2004 zur Vorbereitung auf die 35. Versammlung der ICAO [SEK (2004) 1138 endg.] vertiefte. Mit der bis zum 5. September 2006 umzusetzenden **Richtlinie 2004/82/EG des Rates vom 29. April 2004 [ABl. L 261 06.08. 2004 S.24]** *(vgl. Übersicht 63)* wurden Luftverkehrsunternehmen zwecks Bekämpfung der illegalen Einwanderung auf Anfrage der mit den Personenkontrollen beauftragten Behörden dazu verpflichtet, bei Abschluß des Check-in bestimmte Angaben zu den in das Hoheitsgebiet eines Mitgliedstaats einreisenden Personen auf beliebigem Wege zu übermitteln. Zu diesen **Fluggastdaten** zählen Nummer und Art des Reisedokuments, Staatsangehörigkeit, Name, Geburtsdatum, Grenzübergangsstelle für die Einreise, Codenummer des Fluges, Abreise- und Ankunftszeit, Anzahl der beförderten Personen und der Abreiseort. Für den Fall fehlender, unvollständiger oder falscher Datenübermittlung sind **Mindestsanktionen** von 3.000 bis 5.000 € vorgesehen. Die **Löschung** der Daten muß innerhalb von einem Tag erfolgen, sofern sie nicht zur Wahrnehmung der gesetzlichen Aufgaben benötigt werden *(vgl. Bull. EU 12-2003, S.56; Bull. EU 4-2004, S.66; D. Christians, 2004, S.101ff., 112f.)*.

3.5.4 Unfälle, Störungen und Mängel im Luftverkehr

Bereits die Entschließung des Europäischen Parlaments vom 15. September 1987 zu Gemeinschaftsmaßnahmen auf dem Gebiet der Luftverkehrssicherheit [ABl. C 281 19. 10.87 S.51] forderte zur Einrichtung einer **europäischen Unfallerfassungsstelle** (Untersuchung von Unfällen und Gefahrensituationen) und zur Intensivierung des zwischenstaatlichen Informationsaustausches auf. Der Bericht der Kommission vom 4. September 1991 [SEK (91) 1419 endg.] über Gemeinschaftsinitiativen im Bereich der Luftverkehrsunfälle befaßte sich mit der **Untersuchung von Unfällen**, der **Einführung einer Ereignismeldepflicht** und der **Einrichtung vertraulicher Meldesysteme**. Die folgende Entschließung des Europäischen Parlaments vom 18. September 1992 zur Auslastung des Luftraums und zur Sicherung des Luftverkehrs [ABl. C 284 02.11.92 S.170] mahnte Rechtsvorschriften zur **Überwachung der Sicherheit** (Meldung und Untersuchung von Unfällen, technischen Störfällen und Beinahezusammenstößen) an, forderte die Kommission zur Einrichtung einer **gemeinsamen Datenbank** auf und erinnerte an notwendige **Entschädigungsregelungen** bei Unfällen *(vgl. Bull. EG 9-1987, S.90; Bull. EG 9-1991, S.23; GB 1991, Ziff.727; Bull. EG 9-1992, S.31; GB 1992, Ziff.676)*.

3.5.4.1 Grundsätze für Flugunfalluntersuchungen

Die Ersetzung der Richtlinie 80/1266/EWG *(vgl. S.101)* durch die **Richtlinie 94/56/EG des Rates vom 21. November 1994 [ABl. L 319 12.12.94 S.14]** *(vgl. Übersicht 62)* sollte mit Wirkung vom 21. November 1996 die Luftfahrtsicherheit durch die zügige technische Untersuchung von Unfällen und Störungen fördern (Griechenland und Luxemburg wurden wegen Nichtumsetzung vom Europäischen Gerichtshof verurteilt). Die Regelungen finden auf dem Gebiet der Gemeinschaft Anwendung, gelten aber auch außerhalb der Gemeinschaft, wenn die betroffenen Luftfahrzeuge in die Luftfahrzeugrolle eines der Mitgliedstaaten eingetragen sind. Von einem **Unfall** wird gesprochen, wenn eine Person schwer oder tödlich verletzt worden ist, die Luftfahrzeugzelle oder das Luftfahrzeug einen schweren Schaden erlitten haben oder das Luftfahrzeug völlig unzugängig ist bzw. vermißt wird. Eine **Störung** ist ein Ereignis, das den sicheren Betrieb eines Flugzeugs beeinträchtigen kann; bei einer schweren Störung deuten Umstände darauf hin, daß ein Unfall sich beinahe ereignet hätte *(vgl. Bull. EG 9-1993, S.36f.; GB 1993, Ziff.329; Bull. EU 3-1994, S.43; Bull. EU 11-1994, S.43; GB 1994, Ziff.388)*.

Über jede **schwere Störung** und jeden **Unfall** ist eine Untersuchung durchzuführen; diese soll aber nicht darauf abzielen, die Haftungs- oder Schuldfrage zu klären. Die Mitgliedstaaten tragen dafür Sorge, daß der Untersuchungsführer seinen Auftrag so rasch und so wirksam wie möglich erfüllen kann. Ihm ist **ungehinderter Zugang** zum Unfallort oder Ort der Störung, zum Luftfahrzeug, seiner Ladung oder seinem Wrack zu gewähren und die sofortige Spurenaufnahme zu ermöglichen. Der Untersuchungsführer darf Bauteile und Trümmer entnehmen; er muß sofortigen Zugang zum Flugschreiber, sonstigen Aufzeichnungen und deren Auswertung haben. Er erhält die Ergebnisse über die **Untersuchung der Opfer** und des Betriebspersonals. Ihm ist die Zeugenbefragung und der ungehinderte Zugang zu allen **zweckdienlichen Informationen** des Halters, Herstellers und Eigentümers des Luftfahrzeugs zu eröffnen. Die **zivilen Luftfahrtstellen**, die die technischen Untersuchungen vornehmen sollen, müssen von den nationalen Luftfahrtbehörden funktionell unabhängig sein; sie können mit der Untersuchung und Sammlung von **Daten über die Luftverkehrssicherheit** (Unfallverhütung, Störungsvermeidung) beauftragt werden. Bei Bedarf können sie die anderen Mitgliedstaaten darum bitten, Geräte, Anlagen und Einrichtungen zur technischen Untersuchung von Bordausrüstungen, Wrackteilen und wichtigen Gegenständen, zur Auswertung der Flugschreiberaufzeichnungen sowie zur Auswertung der Flugunfalldaten und ihrer elektronischen Speicherung zur Verfügung zu stellen. Nach einem Großunfall darf die betreffende Untersuchungsstelle von den anderen Mitgliedstaaten **Unfalluntersuchungssachverständige** anfordern; diese sind möglichst kostenlos zu gewähren. Über jede Untersuchung ist spätestens nach einem Jahr ein Bericht zu veröffentlichen, der ggf. **Sicherheitsempfehlungen** für die nationalen Luftfahrtbehörden oder die Unternehmen enthält.

3.5.4.2 Einrichtung eines Ereignismeldesystems

Mit der **Richtlinie 2003/42/EG des Europäischen Parlaments und des Rates vom 13. Juni 2003 [ABl. L 167 04.07.2003 S.23]** *(vgl. Übersicht 62)* sollte bis zum 4. Juli 2005 die Einrichtung eines Systems zur Meldung von Unfällen und Störungen (Betriebsunterbrechungen, Mängel, Fehlfunktionen) mit **tatsächlicher oder potentieller Gefährdung** der Flugsicherheit (Betrieb des Luftfahrzeugs, Notfälle, Einsatzunfähigkeit der Flugbesatzung, Verletzungen, Wetter, äußere Sicherheit; Schäden an Strukturteilen und Systemen, insbesondere Antriebssystemen; Instandhaltung und -setzung; Flugnavigationsdienste, Flugplatzeinrichtungen und Bodendienste) erfolgen.

Die **Meldepflicht** gilt für: Betreiber oder Führer von Luftfahrzeugen; Beschäftigte in den Bereichen Konstruktion, Herstellung, Instandhaltung und Veränderung von Luftfahrzeugen, Ausrüstungen oder Teilen; Unterzeichner von Nachprüfscheinen oder Bescheinigungen für die Betriebsfreigabe; Flug- oder Fluginformationsdienstlotsen; Flughafenleiter; Beschäftigte in den Bereichen Ein- und Umbau, Instandhaltung und Reparatur, Flugprüfung und Kontrolle von Luftverkehrseinrichtungen; im Bereich der flugzeugbezogenen Bodenabfertigungsdienste tätige Personen. Die Meldung hat an die **zuständige Behörde** (Zivilluftfahrtbehörde, Untersuchungsstelle für Unfälle und Störungen) zu erfolgen, die die Erfassung, Auswertung, Verarbeitung und Speicherung der Ereignisse in Datenbanken sicherzustellen hat; ergänzend kann ein System zur Erfassung freiwilliger Meldungen eingerichtet werden. Ein regelmäßiger **Informationsaustausch** zwischen allen nationalen Behörden und der Kommission wird als notwendig angesehen; die Informationen sind allen für die Sicherheitsaufsicht sowie für die Untersuchung von Unfällen und Störungen zuständigen Stellen und ggf. anderen interessierten Kreisen zugänglich zu machen *(vgl. Bull. EU 12-2000, S.109; GB 2000, Ziff.652; Bull. EU 11-2002, S.72; GB 2002, Ziff.655; Bull. EU 5-2003, S.65; GB 2003, Ziff.697)*.

3.5.5 Beschränkung der Umweltwirkungen des Luftverkehrs

3.5.5.1 Begrenzung von Lärmemissionen

Grenzwerte für ab 1990 neuzugelassene Flugzeuge

Angesichts der Notwendigkeit umweltpolitischer Fortschritte und der Ergänzung der mit der Richtlinie 80/51/EWG *(vgl. S.99)* getroffenen Regelungen führte die bis zum 30. September 1990 zu befolgende **Richtlinie 89/629/EWG des Rates vom 4. Dezember 1989 [ABl. L 363 13.12.89 S.27]** *(vgl. Übersicht 64)* zu einer weiteren Begrenzung der Lärmemissionen von Flugzeugen mit einer Startmasse über 34 t und mindestens 20 Sitzplätzen; Rechnung getragen werden sollte auch den erheblichen Auswirkungen einer Verschärfung von Schallemissionsgrenzwerten auf die Dienstleistungen im Luftverkehr (Förderung der Investitionen in moderne Flugzeuge, bessere Ausnutzung der Luftraum- und Flughafenkapazität). Ab dem 1. November 1990 mußten neuzugelassene zivile **Unterschallstrahlflugzeuge** über eine **Lärmbescheinigung** nach den Normen des Abkommens über die Internationale Zivilluftfahrt (2. Ausgabe (1988), Anhang 16, Band 1, Teil II, Kapitel 3) verfügen. **Ausnahmen** galten für an diesem Tag bereits in einem Mitgliedstaat registrierte Flugzeuge sowie für die Überseebesitzungen einzelner Mitgliedsländer; die Mitgliedstaaten hatten darauf zu achten, daß die Lärmbestimmungen nicht durch Leasingverträge oder ähnliche Konstruktionen umgangen wurden. **Freistellungen** wurden eingeräumt für: 1. historische Flugzeuge; 2. Flugzeuge, die bereits vor dem 1. November 1989 aufgrund eines Mietkauf- oder Leasingvertrags von den EG-Luftfahrtunternehmen eingesetzt wurden und in einem Drittland eingetragen waren; 3. Flugzeuge, die vorübergehend an einen Betreiber in einem Drittland vermietet wurden und dort registriert waren; 4. Flugzeuge, die für die Dauer von höchstens einem Jahr durch Unfall verlorene Flugzeuge ersetzten, für die es zunächst keinen den Lärmschutznormen entsprechenden Ersatz gab; 5. Flugzeuge mit „Triebwerken mit einem Mantelstromverhältnis von mindestens 2“. Für höchstens drei Jahre mit einer Verlängerungsmöglichkeit um weitere zwei Jahre, allerdings längstens bis zum 31. Dezember 1995, konnten die Mitgliedstaaten kurzfristig in einem Drittland gemietete Flugzeuge sowie betriebsnotwendige Flugzeuge von der Anwendung ausnehmen. Von den gegenseitig anzuerkennenden Freistellungen waren die **Kommission** und die zuständigen **Behörden** der anderen Mitgliedstaaten zu unterrichten *(vgl. Bull. EG 11-1988, S.55 f.; GB 1988, Ziff. 584; Bull. EG 12-1989, S.63; GB 1989, Ziff. 522; D. Rogalla u. a., 1994, S.89; zu den ICAO-Regelungen G. Rosenthal, 1989, S.156 ff.; zu den Zielen und Instrumenten der Fluglärmpolitik F. Fichert, 1999, S.129 ff.; E. Pache, 2003, S.205 ff.; M. Schulte, 2003, S.117 ff.)*.

Grenzwerte für in Betrieb befindliche Flugzeuge ab 1995 bzw. 2002

Die **Richtlinie 92/14/EWG des Rates vom 2. März 1992 [ABl. L 076 23.03.92 S.21]** i. d. F. der Berichtigung [ABl. L 092 16.04.93 S.52] *(vgl. Übersicht 64)* wies zwar darauf hin, daß Lärmschutznormen die nutzbare Lebensdauer von Flugzeugen begrenzen können; nichtsdestoweniger wurden im Hinblick auf das Umweltschutzprogramm von 1987 weitere Maßnahmen zur **Fluglärmreduzierung** notwendig, da die bisherigen

Auflagen lediglich neuzugelassene Flugzeuge erfaßten, nicht aber die in Betrieb befindlichen und bereits vor dem November 1990 zugelassenen Flugzeuge. Diese Flugzeuge sollten nunmehr über einen **Stufenplan** erfaßt werden, um ab dem 1. April 1995 die Lärmemissionen von Unterschallstrahlflugzeugen mit einer Startmasse von 34 t und mehr oder mit mindestens 20 Passagiersitzen generell einzuschränken *(vgl. Bull. EG 4-1991, S.40; Bull. EG 12-1991, S.92; GB 1991, Ziff.667, 730; GB 1992, Ziff.623; D. Rogalla u. a., 1994, S.89f.; J. M. Baumann, 1995, S.158f.; K. St. Eisermann, 1995a, S.255).*

Die Mitgliedstaaten mußten dafür Sorge tragen, daß ab diesem Termin zivile **Unterschallstrahlflugzeuge** mit Motoren, deren Mantelstromverhältnis unterhalb von zwei lag und die über keine Lärmzulassung gemäß den Normen des Abkommens über die Internationale Zivilluftfahrt (2. Ausgabe (1988), Anhang 16, Band 1, Teil II, Kapitel 3 oder Kapitel 2; Erstausstellung des Lufttüchtigkeitszeugnisses lag weniger als 25, in Ausnahmefällen bis zu 28 Jahre zurück) verfügten, nicht mehr auf einem Flughafen in ihrem Hoheitsgebiet landen durften. Ab dem 1. April 2002 mußten alle Flugzeuge, für die diese Richtlinie galt, der Norm des Bandes 1, Teil II, Kapitel 3 des Anhangs 16 des Abkommens entsprechen. Bestimmte Flugzeuge, die in den Jahren 1986 bis 1990 mindestens ein Jahr lang Flughäfen der Gemeinschaft angeflogen hatten und über **Lärmzulassungen** gemäß den Normen nach Band 1, Teil II, Kapitel 2 des Abkommens verfügten, wurden von der **Einschränkung des Betriebs** ausgenommen, sofern sie in **bestimmten Staaten** (insbesondere in Afrika und Südamerika) registriert waren; im wesentlichen handelte es sich dabei um Flugzeuge der Typen Boeing 707, 727 und 737. Freigestellt werden konnten ferner Flugzeuge, die zwar den Anforderungen des Kapitels 3 des Abkommens nicht genügten, aber umgerüstet werden konnten und dabei **folgenden Bedingungen** genügten: 1. die Umrüstungsbausätze mußten verfügbar sein; 2. die umgerüsteten Flugzeuge mußten die Lärmgrenzwerte gemäß Kapitel 3 einhalten; 3. die Umrüstung mußte vor dem 1. April 1994 in Auftrag gegeben worden sein und 4. der frühestmögliche Umrüsttermin mußte von der Fluggesellschaft akzeptiert worden sein; Freistellungen waren auch für Flugzeuge mit **historischem Wert** möglich. Georderte Ersatzflugzeuge konnten freigestellt werden, wenn der Auftrag vor dem 1. April 1994 erteilt wurde und das Ersatzflugzeug den Normen des Kapitels 3 des Abkommens entsprach. Allerdings war von einer Fluggesellschaft nicht zu verlangen, einen **Kapazitätsabbau** im Bereich der nicht dem Kapitel 3 des Abkommens genügenden Flugzeuge von mehr als 10 % p. a. der zivilen Unterschallstrahlflugzeugflotte vorzunehmen (Ausnahme: Zustimmung der zuständigen nationalen Behörde). In Einzelfällen wurden auch **Ausnahmen für beanstandete Flugzeuge** zugelassen, sofern diese für außergewöhnliche Umstände oder nur zu Umrüstungs-, Reparatur- oder Wartungszwekken eingesetzt wurden. Über eine gewährte Freistellung (gegenseitig anzuerkennen) mußten die Behörden der übrigen Mitgliedstaaten und die Kommission informiert werden.

Mit der **Richtlinie 98/20/EG des Rates vom 30. März 1998 [ABl. L 107 07.04.98 S.4]** i. d. F. der Berichtigung [ABl. L 270 18.08.2004 S.18] wurden mit Geltung ab dem 27. April 1998 verschiedene Bestimmungen ergänzt und präzisiert (Irland wurde wegen der Nichtumsetzung vom Europäischen Gerichtshof verurteilt). Zur **Vermeidung von**

Mehrdeutigkeiten im Hinblick auf die Zielsetzungen und den Geltungsbereich definierte man die wichtigsten Begriffe. Der Betrieb von Flugzeugen, die nicht den Normen des Bandes 1, Teil II, Kapitel 3 des Abkommens entsprechen, konnte auf den Flughäfen des Großraums Berlins bereits vor dem 1. April 2002 eingeschränkt oder untersagt werden. Die **Ausnahmeregelungen** in bezug auf bestimmte Entwicklungsländer galten jetzt auch für Flugzeuge, die in diesen Staaten registriert waren und im Rahmen einer Leasingvereinbarung von einer dort niedergelassenen Person genutzt wurden. Die Liste der von den Sonderbestimmungen betroffenen **Staaten** wurde modifiziert (vor allem in Afrika sowie in Vorder- und Mittelasien); es handelte sich hierbei überwiegend um Flugzeuge der Typen Boeing 707, 727 und 737 sowie DC8F. Ein Mitgliedstaat konnte einen Zeitplan für die **schrittweise Außerdienststellung** von nicht den Lärmvorschriften entsprechendem Fluggerät nur für Flugzeuge aufstellen, die in seiner Luftfahrzeugrolle eingetragen waren. Vereinbarungen zwischen Mitgliedstaaten und Luftfahrtunternehmen aus Drittländern, die für diese eine mit den Bestimmungen für gemeinschaftliche Luftfahrtunternehmen vergleichbare Ausnahmeregelung für die Ausmusterung von Flugzeugen des Kapitels 2 zuließen, mußten nicht aufgehoben werden. Die Mitgliedstaaten mußten bis zum 1. März 1999 für Verstöße gegen die einzelstaatlichen Umsetzungsvorschriften **wirksame und verhältnismäßige Sanktionen** mit abschreckendem Charakter festlegen sowie die Richtlinie umsetzen; Österreich erhielt eine zusätzliche Frist bis zum 1. April 2002 *(vgl. Bull. EU 9-1996, S.38 f.; GB 1996, Ziff.399, 466; Bull. EU 6-1997, S.77 f.; GB 1997, Ziff.490; Bull. EU 3-1998, S.59; GB 1998, Ziff.453).*

Die **Richtlinie 1999/28/EG der Kommission vom 21. April 1999 [ABl. L 118 06.05. 1999 S.53]** und die **Verordnung 2001/991/EG der Kommission vom 21. Mai 2001 [ABl. L 138 22.05.2001 S.12]** änderten zum 1. September 1999 bzw. zum 22. Mai 2001 erneut den Länderanhang, da Flugzeuge zerstört oder aus den entsprechenden Luftfahrzeugregistern gestrichen worden waren; wegen Erreichens der Altersgrenze von 25 Jahren wurden jedoch auch Flugzeuge in die Liste eingefügt. Am 29. August 2003 schlug die Kommission zum Zwecke einer **Vereinfachung und größeren Transparenz** eine Kodifizierung der Richtlinie 92/14/EWG vor [KOM (2003) 524 endg.], um sie zugleich den **internationalen Normen** anzupassen *(vgl. Bull. EU 4-1999, S.48; Bull. EU 7/8-2003, S.72; GB 2003, Ziff.701).*

Betriebsverbote für ab 2000 neubescheinigte Flugzeuge

Die Begrenzung von Schallemissionen im Luftverkehr war bereits 1992 ein wichtiger Gegenstand der Ausführungen des **verkehrspolitischen Weißbuchs** und der Vorgaben des **Fünften Umweltaktionsprogramms**. Vorgesehen wurden auch restriktive Maßnahmen im Hinblick auf **ältere umgerüstete und neubescheinigte zivile Unterschallstrahlflugzeuge**, soweit mit ihnen bei gleichzeitiger Verlängerung der Betriebsdauer im Vergleich zu modernen Flugzeugtypen immer noch deutlich höhere Lärmbelästigungen und höhere Abgasemissionen sowie ein größerer Treibstoffverbrauch verbunden waren. Speziell mit dem Flugzeuglärm befaßten sich auch die ECAC-Sitzung in Paris im März 1998 und die **32. ICAO-Versammlung** vom 22. September bis zum 2. Oktober 1998 in Montreal, wozu die Kommission bereits in einer Mitteilung vom 6.

Mai 1998 [KOM (98) 265 endg.; SEK (98) 532 endg.] einen **Gemeinschaftsstandpunkt** vorgeschlagen hatte, der in den Schlußfolgerungen des Rates vom 16. September 1998 seinen Niederschlag fand; über die Ergebnisse berichtete die Kommission am 25. November 1998 [KOM (98) 677 endg.] *(vgl. Bull. EU 5-1998, S.59; Bull. EU 9-1998, S.44; Bull. EU 11-1998, S.53; GB 1998, Ziff.454).*

Gemäß der **Verordnung 1999/925/EG des Rates vom 29. April 1999 [ABl. L 115 04. 05.1999 S.1]** i. d. F. der Berichtigung [ABl. L 120 08.05.1999 S.46] *(vgl. Übersicht 64)* durften dann neubescheinigte zivile Unterschallstrahlflugzeuge ab dem 4. Mai 2000 nicht mehr in **einzelstaatliche Luftfahrzeugrollen** eingetragen werden; Ausnahmen galten für vor diesem Datum in Mitgliedstaaten registrierte Flugzeuge. Ab dem 1. April 2002 sollten neubescheinigte Flugzeuge nicht mehr betrieben werden dürfen, wenn sie nicht schon vor dem 4. Mai 2000 eingesetzt worden waren; ab dem 1. April 2002 galt auch ein Betriebsverbot für in einem Drittland eingetragene neubescheinigte Flugzeuge, sofern sie nicht vor dem 4. Mai 2000 dort registriert waren und nicht zwischen dem 1. April 1995 und dem 4. Mai 2000 in der Gemeinschaft eingesetzt worden waren. Eine **Freistellung vom Betriebsverbot** (ggf. für bestimmte Flughäfen und / oder Tageszeiten) war möglich, sofern eine Verweigerung nicht gerechtfertigt war, so z. B. beim Einsatz der Flugzeuge in Dringlichkeitsfällen, beim ausschließlichen Betrieb außerhalb der Gemeinschaft oder bei einer zeitweiligen Austragung aus der Luftfahrzeugrolle eines Mitgliedstaats aufgrund eines Leasingvertrags (Eintragung zwischen 4. November 1999 und 3. Mai 2000, rechtliches und wirtschaftliches Eigentum beim Mitgliedstaat) *(vgl. Bull. EU 3-1998, S.59; Bull. EU 9-1998, S.43; GB 1998, Ziff.454; Bull. EU 4-1999, S.48; GB 1999, Ziff.417; GB 2000, Ziff.652).*

In dem daraus resultierenden **Handelskonflikt mit den Vereinigten Staaten** verlangten diese eine unbefristete Verschiebung der Anwendung der Verordnung (Lärmbelästigung durch die sog. „Hushkits"); die daraufhin vom Rat beschlossene Verzögerung des Inkrafttretens wurde vom **Europäischen Parlament** in seiner Entschließung vom 5. Mai 1999 [ABl. C 279 01.10.1999 S.215] kritisiert. Über die mangelnden Fortschritte bei den Konsultationen mit den Vereinigten Staaten bezüglich der Aufstellung einer neuen Lärmemissionsnorm und der schrittweisen Ausmusterung von Flugzeugen berichtete die **Kommission** in einer Mitteilung vom 29. September 1999 [KOM (1999) 452 endg.]. Nach dem Scheitern der Verhandlungen legten die Vereinigten Staaten offiziell bei der ICAO Beschwerde ein. Zwar konnte man im Rahmen des für Umweltschutz in der Luftfahrt zuständigen Ausschusses (CAEP) der ICAO noch einige Kompromisse erzielen, doch wurde der Abschluß eines umfassenden Übereinkommens über Lärmschutznormen nicht für wahrscheinlich gehalten *(vgl. GB 1999, Ziff.417; R. Dieter, 2000, S.195).*

Am 28. März 2000 bekräftigte der Rat sein Engagement, im Rahmen der ICAO für die **Annahme einer neuen Norm** und die schrittweise Außerdienststellung der am wenigsten lärmgeschützten Flugzeuge einzutreten. Das **Europäische Parlament** sah in seiner Entschließung vom 30. März 2000 zu lärmdämmend nachgerüsteten Flugzeugen [ABl. C 378 29.12.2000 S.70] eine globale Vereinbarung im Rahmen der ICAO über strengere Zertifizierungsnormen (Plan zur Ausmusterung bestimmter Flugzeugtypen, einschließlich nachgerüsteter und neubescheinigter Flugzeuge) als prioritär an; ungeachtet der Notwendigkeit einer weiteren Zusammenarbeit mit den Vereinigten Staaten sollten jedoch die **Maßnahmen auf Gemeinschaftsebene** vorangetrieben werden; eine unbefristete Verschiebung der Anwendung der Verordnung sei ebenso wenig tragbar wie die **Vergeltungsmaßnahmen** der Vereinigten Staaten. Die Mitteilung der Kommission vom 11. Dezember 2000 [KOM (2000) 821 endg.] behandelte die Ziele der Gemeinschaft für die **33. ICAO-Versammlung** im Bereich Umweltschutz. Sie empfahl dem Rat einen Beschluß zur Teilnahme der Gemeinschaft an den weiteren ICAO-Verhandlungen [SEK (2001) 453 endg.]. Am 5. April 2001 signalisierte der **Rat** die grundsätzliche Bereitschaft zur Einigung über notwendige Maßnahmen und Betriebsbeschränkungen; unabhängig davon wurde die Empfehlung der Kommission am 11. Dezember 2001 wieder zurückgezogen [ABl. C 005 09.01.2004 S.19] *(vgl. Bull. EU 3-2000, S.86; Bull. EU 12-2000, S.109; GB 2000, Ziff.652; Bull. EU 4-2001, S.50 f.; GB 2001, Ziff.715).*

Kommissionsmitteilung über Luftverkehr und Umwelt vom Dezember 1999

Aufbauend auf dem Grünbuch vom 4. November 1996 über die **künftige Lärmschutzpolitik** in der Gemeinschaft [KOM (96) 540 endg.] versuchte eine zwischenzeitlich von der Kommission am 1. Dezember 1999 vorgelegte Mitteilung [KOM (1999) 640 endg.], Wege zu einer **nachhaltigen Verkehrsentwicklung** im Spannungsfeld von Luftverkehr und Umwelt aufzuzeigen. Da gerade im Luftverkehrssektor die Zunahme des Verkehrsaufkommens mit negativen Umweltauswirkungen (Klima, Lebensqualität, Gesundheit) und die Verbesserung der Umweltstandards immer weiter auseinanderklafften, war gerade hier ein **besonderer Handlungsbedarf** der Gemeinschaft gegeben. Die Mitteilung analysierte erstmalig die Möglichkeiten kohärenter und integrierter luftverkehrspolitischer Maßnahmen, die die notwendige Verbesserung internationaler Normen und Regeln (ICAO) durch ein effizientes System gemeinschaftlicher, nationaler, regionaler und lokaler Maßnahmen mit der forcierten Einführung umweltfreundlicher Technologien und Betriebsverfahren zur Verringerung von Lärm und Abgasen ergänzen sollten. Vorgeschlagen wurde die **Einführung wirtschaftlicher und rechtlicher Anreize** mit Wettbewerbsvorteilen für diejenigen Betreiber und Nutzer, die „den neuesten Stand der Technik zugrundelegen und eine umweltfreundliche Betriebsweise wählen" *(KOM (96) 540 endg., S.2)*. Im einzelnen befaßte sich die Kommission mit der Verbesserung der **technischen Normen und einschlägigen Vorschriften** (Lärm, Gasemissionen, betriebsbezogene Maßnahmen), stärkeren **Anreizen zur Umweltverbesserung** (wirtschaftliche Anreize, Förderung von Industrieinitiativen), **lokalen Vorschriften** für Flughäfen (Lärmsystematik, Lärmmessungen und Raumordnung, Lärmvorschriften und Betriebsvorschriften) sowie der **Förderung des technischen Fortschritts**. Damit sollte ein Bezugspunkt für die Arbeit der folgenden fünf Jahre entstehen, der zugleich den Umweltzielen des **Amsterdamer Vertrags** und des **Kyoto-Protokolls** entsprach *(vgl. KOM (96) 540 endg., S.3)*. Die Befürwortung der von der Kommission vertretenen Positionen durch den **Rat** am 28. März 2000 war begleitet von einer Aufforderung zur Fortsetzung ihrer Arbeiten auf diesem Gebiet. Den ergänzenden Stellungnahmen des **Ausschusses der Regionen** vom 14. Juni 2000 [ABl. C 317 06.11.2000 S.31] und des **Wirtschafts- und Sozialausschusses** vom 13.

Juli 2000 [ABl. C 268 19.09.2000 S.62] folgte die Entschließung des **Europäischen Parlaments** vom 7. September 2000 [ABl. C 135 07.05.2001 S.265] mit einer grundsätzlichen Billigung der vorgeschlagenen Orientierungen *(vgl. Bull. EU 12-1999, S. 88; GB 1999, Ziff.417; Bull. EU 3-2000, S.86; Bull. EU 6-2000, S.110f.; Bull. EU 7/8-2000, S.73; Bull. EU 9-2000, S.66; R. Dieter, 2000, S.194; GB 2000, Ziff.626).*

Betriebsbeschränkungen auf Flughäfen

Bereits in einer Entschließung vom 14. April 2000 zur Problematik von Nachtflügen und zur Lärmbelästigung in der Nähe von Flughäfen [ABl. C 040 07.02.2001 S.485] hatte das **Europäische Parlament** wegen der gesundheitlichen Belastung von Anwohnern **strengere Grenzwerte** für Geräuschemissionen gefordert; darüber hinaus befürwortet wurden: eine Rahmenregelung zur Klassifizierung der Lärmpegel, die Einführung einer Fluglärmsystematik und die Erstellung von Lärmkarten; die Ermittlung lärmintensiver Flughäfen; die forcierte Entwicklung eines einheitlichen Luftraums; verstärkte Forschung in bezug auf die Konstruktion von Flugzeugen und Triebwerken; eine Reform der Zeitnischenzuweisung und eine Neuregelung der Verkehrszuweisung bei benachbarten Flughäfen; die Differenzierung der Flughafengebühren nach Start- bzw. Landezeiten und Lärmemissionen; eine Ausweitung der Nachtflugbeschränkungen *(vgl. Bull. EU 4-2000, S.50; GB 2000, Ziff.652).*

Diesem Ansinnen wurde mit der Einführung von Regeln und Verfahren für lärmbedingte Betriebsbeschränkungen auf Gemeinschaftsflughäfen durch die **Richtlinie 2002/30/EG des Europäischen Parlaments und des Rates vom 26. März 2002 [ABl. L 085 28.03.2002 S.40]** *(vgl. Übersicht 64)* Rechnung getragen, die mit Wirkung vom 28. März 2003 zugleich die strittige Ratsrichtlinie 1999/925/EG ersetzte; sie war bis zum 28. September 2003 in nationales Recht zu transformieren. Die neue Regelung verfolgt das Ziel, die Anzahl der betroffenen Anwohner einzugrenzen, eine Verwirklichung der Lärmminderungsziele zu erleichtern sowie die Anwendung kostengünstiger Maßnahmen zu fördern, dabei gleichzeitig dem Bedürfnis des freien Marktzugangs Rechnung zu tragen und einen langfristig tragbaren Ausbau der Flughafenkapazitäten zu berücksichtigen. Für die Lösung von **Lärmproblemen auf Flughäfen** soll ein **ausgewogener Ansatz** (Betriebsbeschränkungen aufgrund von Lärmgrenzwerten, Einschränkung bzw. Verbot von nächtlichen Flugbewegungen, spezielle Betriebsverfahren, Schallisolierung, Lärmgebühren, Auswahl bestimmter Flugstrecken sowie Start- und Landebahnen, Lärmüberwachung, Flächennutzungsplanung und -verwaltung) forciert werden, der durch **wirtschaftliche Anreize** für Lärmschutzmaßnahmen zu ergänzen ist. Sämtliche Maßnahmen sollen einer Kosten-Nutzen-Abwägung unterworfen, auf das Notwendige beschränkt und diskriminierungsfrei gestaltet werden *(vgl. Bull. EU 11-2001, S.81; Bull. EU 3-2002, S.95f.; GB 2002, Ziff.659; T. Middendorf, 2003, S.206; E. Seebohm, 2003, S.54f.).*

Wird von der zuständigen Behörde die **Verhängung von Betriebsbeschränkungen** geprüft, so sind u. a. Lage, Kapazität und Verkehrsaufkommen des Flughafens, Umweltschutzziele, Lärmkonturen und -karten, sonstige Maßnahmen, With-and-without-Prognosen und eine Bewertung der Handlungsalternativen heranzuziehen. Vorrangig sollen **partielle Betriebsbeschränkungen je nach Zeitraum** oder der **Abzug von knapp die Vorschriften erfüllenden Flugzeugen** (Unterschreitung der im Abkommen über die Internationale Zivilluftfahrt, Anhang 16, Band 1, Teil II, Kapitel 3, festgesetzten Höchstwerte um höchstens 5 dB(A)) **von bestimmten Flughäfen** in Erwägung gezogen werden (nach sechs Monaten Verbot von zusätzlichen Diensten und nach weiteren sechs Monaten Reduzierung der Flugbewegungen um bis zu 20 %; strengere Vorschriften für Stadtflughäfen; Freistellung von in Entwicklungsländern eingetragenen Flugzeugen für zehn Jahre, sofern sie den Flughafen zwischen 1996 und 2001 angeflogen haben, im Entwicklungsland registriert waren und von einer dort ansässigen Person betrieben wurden; Freistellungen für Flugzeuge, die unter außergewöhnlichen Umständen eingesetzt werden oder Flüge zwecks Umbauten, Reparaturen oder Wartung durchführen; öffentliche Bekanntmachung der Beschränkung; Rechtsbehelfsmöglichkeiten); vorhandene Betriebsbeschränkungen bleiben bestehen.

3.5.5.2 Reduzierung von Schadstoffemissionen

Der Luftverkehr verursachte Mitte der neunziger Jahre die höchsten **Kohlendioxidemissionen** pro Personenkilometer bzw. pro beförderter Tonne Fracht und hatte am verkehrsbedingten Ausstoß einen Anteil von 12 %; die für die Zukunft prognostizierten erheblichen Steigerungen des Luftverkehrsaufkommens ließen eine weitere Zunahme der **Gesamtemissionen** erwarten (Kohlendioxid, Stickoxide, Wasserdampf, Sulfat- und Rußpartikel). Trotz der bereits seit 1971 laufenden Bemühungen auf internationaler Ebene und der Annahme von Schadstoffgrenzwerten durch die ICAO im Jahre 1981 (Abkommen über die Internationale Zivilluftfahrt, Anhang 16, Band 2) setzte sich die Kommission mit den Schadstoffemissionen des Luftverkehrs und entsprechenden Lösungsansätzen erst Mitte der neunziger Jahre intensiv auseinander *(vgl. Band 1, S. 310)*. Ein **Vorschlag** vom 3. Dezember 1997 für eine Richtlinie des Rates zur Begrenzung der Emissionen von Stickoxiden durch zivile Unterschallstrahlflugzeuge [ABl. C 108 07.04.98 S.14; SEK (1999) 581 endg.] (Grenzwerte sollten ab 2000 für neue und ab 2008 für bestehende Flugzeuge um ca. 16 % abgesenkt werden) war jedoch nicht erfolgreich. Nach den Stellungnahmen des **Europäischen Parlaments** [ABl. C 138 04. 05.98 S.76; ABl. C 107 13.04.2000 S.28, 63] und des **Wirtschafts- und Sozialausschusses** [ABl. C 214 10.07.98 S.9] wurde dieser Richtlinienvorschlag am 9. Juni 2000 wieder zurückgezogen [ABl. C 005 09.01.2004 S.6]; der Rat hatte am 17. Juni 1998 deutlich gemacht, daß er die Annahme strengerer Normen im Rahmen einer Übereinkunft der ICAO präferierte *(vgl. Bull. EU 12-1997, S. 84; Bull. EU 6-1998, S. 71; zu den ICAO-Regelungen G. Rosenthal, 1989, S. 195 ff.; zu den Politikzielen und -instrumenten C. Woerz, 1997a; C. Woerz, 1997b, S. 30 ff.; F. Fichert, 1999, S. 307 ff.; G. Winter, 2000, S. 308 ff.; F. Heinen, 2002, S. 529 ff.)*.

Zwischenzeitlich regte die Kommission in ihrer **Mitteilung** „Verkehr und CO_2 – Entwicklung eines Gemeinschaftskonzepts" vom 31. März 1998 [KOM (98) 204 endg.] an, die internationalen Emissionsvorschriften zu verschärfen, die Effizienz des Luftverkehrs durch spezielle Besteuerung, bessere Tarifgestaltung und Minimierung der Fluglängen zu fördern sowie Alternativen zum Luftverkehr aufzuzeigen; ein weiterer

Schwerpunkt sollte die Untersuchung der **Mehrwertsteuerregelung** und der **Besteuerung von Kerosin** sein. In diesem Zusammenhang bemühte sich die Kommission um einen intensiven Kontakt zur ICAO, nicht zuletzt auch, weil gerade die Frage einer Neuregelung der Kerosinbesteuerung weltweite Aufmerksamkeit verlangte. Die Mitteilungen der Kommission vom 6. Mai 1998 und vom 25. November 1998 zu den Diskussionen und Verhandlungen über **Umweltfragen im Rahmen der ICAO** [KOM (98) 265 endg.; KOM (98) 677 endg.] (größerer Treibstoffverbrauch, höhere Abgasemissionen) sowie die Schlußfolgerungen des Rates vom 16. September 1998 zeigten, daß die Gemeinschaft zunehmend Einfluß nahm auf die Entscheidungen der ICAO und daß sie ihr Engagement zu verstärken suchte *(vgl. Bull. EU 3-1998, S.55; Bull. EU 5-1998, S.59; Bull. EU 9-1998, S.44; Bull. EU 11-1998, S.53; GB 1998, Ziff.454, 503)*.

Mit ihrer Mitteilung vom 1. Dezember 1999 über Luftverkehr und Umwelt [KOM (1999) 640 endg.] wollte die Kommission Wege zu einer **nachhaltigen Entwicklung** auch im Bereich des Luftverkehrs aufzeigen. Eine nachdrückliche Befürwortung des Konzeptes mit der Aufforderung zur Fortsetzung der Arbeiten waren für die Äußerung des Rates vom 28. März 2000 kennzeichnend. Auch die Stellungnahmen des **Ausschusses der Regionen** vom 14. Juni 2000 [ABl. C 317 06.11.2000 S.31] und des **Wirtschafts- und Sozialausschusses** vom 13. Juli 2000 [ABl. C 268 19.09.2000 S.62] sowie die Entschließung des **Europäischen Parlaments** vom 7. September 2000 [ABl. C 135 07.05.2001 S.265] unterstützten weitgehend die Kommission *(vgl. Bull. EU 12-1999, S.88; GB 1999, Ziff.417; Bull. EU 3-2000, S.86; Bull. EU 6-2000, S.110 f.; Bull. EU 7/8-2000, S.73; Bull. EU 9-2000, S.66; GB 2000, Ziff.626)*. Erneut berichtete die Mitteilung der Kommission vom 11. Dezember 2000 [KOM (2000) 821 endg.] über die Ziele der Gemeinschaft für die **33. Versammlung der ICAO** und die von dieser Versammlung getroffenen Beschlüsse des ICAO-Rates im Bereich des Umweltschutzes *(vgl. Bull. EU 12-2000, S.109; GB 2000, Ziff.652)*. Anläßlich der **35. Versammlung der ICAO** forderte das Europäische Parlament am 16. September 2004 die Entwicklung bzw. Einführung von CO_2-Emissionsabgaben, strengere Normen für Stickoxide und einen internationalen Emissionshandel [ABl. C 140 E 09.06.2005 S. 149] *(vgl. Bull. EU 9-2004, S.35 f.)*.

Aufbauend auf dem Sechsten Aktionsprogramm für die Umwelt und einer Mitteilung vom 9. Februar 2005 über eine Strategie für eine erfolgreiche Bekämpfung der globalen Klimaänderung [KOM (2005) 35 endg.; SEK (2005) 180 endg.] empfahl die Kommission in ihrer Mitteilung vom 27. September 2005 [KOM (2005) 459 endg.; SEK (2005) 1184 endg.] über die **Verringerung der Klimaauswirkungen** des Luftverkehrs angesichts der weiteren Zunahme des Kerosinverbrauchs und der Treibhausgasemissionen (Gefährdung der Ziele des Kyoto-Protokolls, keine Einbeziehung des internationalen Luftverkehrs in die Klima-Rahmenkonvention der UN) eine Ergänzung der bisherigen Maßnahmen (Forschung, Luftverkehrsmanagement, Energiebesteuerung, Normen). Favorisiert wurde eine Einbeziehung des Luftverkehrs in das System des gemeinschaftlichen **Emissionshandels** (Integrierbarkeit in ein bestehendes Programm, Vereinbarkeit mit den Regelungen der ICAO); zu klären sind allerdings die **Fragen** nach dem Verursacher (Flugzeugbetreiber), den zu berücksichtigenden Auswirkungen (möglichst umfassend) und Flügen (ausgehend von EU-Flughäfen), der Be-

Übersicht 64: Verringerung von Schallemissionen im Luftverkehr seit 1989

Grenzwerte für ab 1990 neuzugelassene Flugzeuge

Richtlinie 89/629/EWG des Rates vom 4. Dezember 1989 zur Begrenzung der Schallemission von zivilen Unterschallstrahlflugzeugen [ABl. L 363 13.12.89 S.27] — Rechtsetzung auf der Grundlage des Art. 84 Abs. 2 EWGV (Art. 80 Abs. 2 EGV), auf Vorschlag der Kommission [ABl. C 037 14.02.89 S.6] sowie nach den Stellungnahmen des EP [ABl. C 158 26.06.89 S.492] und des WSA [ABl. C 221 28.08.89 S.1] — Übernahme durch das EWR-Abkommen [ABl. L 001 03.01. 94 S.312]

Grenzwerte für in Betrieb befindliche Flugzeuge ab 1995 bzw. 2002

Richtlinie 92/14/EWG des Rates vom 2. März 1992 zur Einschränkung des Betriebs von Flugzeugen des Teils II Kapitel 2 Band 1 des Anhangs 16 zum Abkommen über die Internationale Zivilluftfahrt, 2. Ausgabe (1988) [ABl. L 076 23.03.92 S.21] i. d. F. der Berichtigung [ABl. L 092 16. 04.93 S.52] — Rechtsetzung auf der Grundlage des Art. 84 Abs. 2 EWGV (Art. 80 Abs. 2 EGV), auf Vorschlag der Kommission [ABl. C 111 26.04.91 S.5] sowie nach den Stellungnahmen des EP [ABl. C 013 20.01.92 S.531] und des WSA [ABl. C 339 31.12.91 S.89] — Aufnahme in den Anhang XX des EWR-Abkommens durch den Beschluß 7/94 des Gemeinsamen EWR-Ausschusses [ABl. L 160 28.06.94 S.145] — Übernahme in den Anhang XIII des EWR-Abkommens durch den Beschluß 149/1999 des Gemeinsamen EWR-Ausschusses [ABl. L 015 18.01.2001 S.47]

Richtlinie 98/20/EG des Rates vom 30. März 1998 zur Änderung der Richtlinie 92/14/EWG zur Einschränkung des Betriebs von Flugzeugen des Teils II Kapitel 2 Band 1 des Anhangs 16 zum Abkommen über die Internationale Zivilluftfahrt, 2. Ausgabe (1988) [ABl. L 107 07.04.98 S.4] i. d. F. der Berichtigung [ABl. L 270 18.08.2004 S.18] — Rechtsetzung auf der Grundlage des Art. 84 (80) Abs. 2 EGV, auf Vorschlag der Kommission [ABl. C 309 18.10.96 S.9; ABl. C 253 19.08. 97 S.3; KOM (98) 70 endg.] und nach Stellungnahme des WSA [ABl. C 066 03.03.97 S.4]; Stellungnahme des EP [ABl. C 115 14.04.97 S.24], gemeinsamer Standpunkt des Rates [ABl. C 375 10.12.97 S.25] und Beschluß des EP [ABl. C 034 02.02.98 S.20] im Rahmen des Verfahrens der Zusammenarbeit — Aufnahme in den Anhang XX des EWR-Abkommens durch den Beschluß 105/98 des Gemeinsamen EWR-Ausschusses [ABl. L 197 29.07.1999 S.57] i. d. F. der Berichtigung [ABl. L 226 27.08.1999 S.44] — Übernahme in den Anhang XIII des EWR-Abkommens durch den Beschluß 149/1999 des Gemeinsamen EWR-Ausschusses [ABl. L 015 18.01.2001 S. 47]

Richtlinie 1999/28/EG der Kommission vom 21. April 1999 zur Änderung des Anhangs der Richtlinie 92/14/EWG des Rates zur Einschränkung des Betriebs von Flugzeugen des Teils II Kapitel 2 Band 1 des Anhangs 16 zum Abkommen über die Internationale Zivilluftfahrt, 2. Ausgabe (1988) [ABl. L 118 06.05.1999 S.53] — Aufnahme in den Anhang XIII des EWR-Abkommens durch den Beschluß 149/1999 des Gemeinsamen EWR-Ausschusses [ABl. L 015 18.01.2001 S. 47]

Verordnung 2001/991/EG der Kommission vom 21. Mai 2001 zur Änderung des Anhangs der Richtlinie 92/14/EWG des Rates zur Einschränkung des Betriebs von Flugzeugen des Teils II Kapitel 2 Band 1 des Anhangs 16 zum Abkommen über die Internationale Zivilluftfahrt, 2. Ausgabe (1988) [ABl. L 138 22.05.2001 S.12] — Aufnahme in den Anhang XIII des EWR-Abkommens durch den Beschluß 18/2002 des Gemeinsamen EWR-Ausschusses [ABl. L 110 25.04.2002 S. 15]

Richtlinie des Europäischen Parlaments und des Rates zur Regelung des Betriebs von Flugzeugen des Teils II Kapitel 3 Band 1 des Anhangs 16 zum Abkommen über die Internationale Zivilluftfahrt, 2. Ausgabe (1988) (kodifizierte Fassung) — Rechtsetzung auf der Grundlage des Art. 84 (80) Abs. 2 EGV, auf Vorschlag der Kommission [KOM (2003) 524 endg.] und nach Stellungnahme des WSA [ABl. C 108 30.04.2004 S.55]; Stellungnahme des EP [ABl. C 097 E 22.04.2004 S. 67] im Rahmen des Verfahrens der Mitentscheidung

Betriebsverbote für ab 2000 neubescheinigte Flugzeuge

Verordnung 1999/925/EG des Rates vom 29. April 1999 zur Registrierung und zum Einsatz innerhalb der Gemeinschaft von bestimmten Typen ziviler Unterschallstrahlflugzeuge, die zur Einhaltung der in Band I Teil II Kapitel 3 des Anhangs 16 zum Abkommen über die Internationale Zivilluftfahrt, dritte Ausgabe (Juli 1993), festgelegten Normen umgerüstet und neubescheinigt worden sind [ABl. L 115 04.05.1999 S.1] i. d. F. der Berichtigung [ABl. L 120 08.05.1999 S.47] — Rechtsetzung auf der Grundlage des Art. 84 (80) Abs. 2 EGV, auf Vorschlag der Kommission [ABl. C 118 17.04.98 S.20; ABl. C 329 27.10.98 S.10] und nach Stellungnahme des WSA [ABl. C 284 14.09.98 S.1]; Stellungnahme des EP [ABl. C 313 12.10.98 S.94], gemeinsamer Standpunkt des Rates [ABl. C 404 23.12.98 S.1] und Beschluß des EP [ABl. C 150 28.05.1999 S.162] im Rahmen des Verfahrens der Zusammenarbeit — Aufnahme in den Anhang XIII des EWR-Abkommens durch den Beschluß 150/1999 des Gemeinsamen EWR-Ausschusses [ABl. L 015 18.01. 2001 S.49]

Betriebsbeschränkungen auf Flughäfen

Richtlinie 2002/30/EG des Europäischen Parlaments und des Rates vom 26. März 2002 über Regeln und Verfahren für lärmbedingte Betriebsbeschränkungen auf Flughäfen der Gemeinschaft [ABl. L 085 28.03.2002 S.40] — Rechtsetzung auf der Grundlage des Art. 84 (80) Abs. 2 EGV, auf Vorschlag der Kommission [ABl. C 075 E 26.03.2002 S.318] sowie nach den Stellungnahmen des WSA [ABl. C 125 27.05.2002 S.14] und des AdR [ABl. C 192 12.08.2002 S.63]; Stellungnahme des EP [ABl. C 047 E 27.02.2003 S.391] und Beschluß des Rates im Rahmen des Verfahrens der Mitentscheidung — Aufnahme in den Anhang XIII des EWR-Abkommens durch den Beschluß 133/2002 des Gemeinsamen EWR-Ausschusses [ABl. L 336 12.12.2002 S.33] — Änderung durch die Beitrittsakte von 2003 [ABl. L 236 23.09.2003 S.555]

rechnung und Zuteilung der Emissionsmenge sowie den potentiellen Folgen (Wettbewerbsfähigkeit, Kosten-, Preis- und Nachfrageveränderungen). Die Einführung von **Emissionsgebühren** bewertete die Kommission im Hinblick auf die ökologische und wirtschaftliche Wirksamkeit sowie eine breitere Anwendung als nachrangig; eine spezielle Besteuerung von Flugscheinen und die Erhebung besonderer Abfluggebühren wurden abgelehnt *(speziell zur Lizenzlösung und zu einer Emissionsabgabe für den Luftverkehr vgl. A. Schmidt, 1994; S. Barth u. a., 1998).*

3.5.5.3 Abfallbeseitigung und Meeresverschmutzung durch Luftfahrzeuge

Die Abfallbeseitigung und Meeresverschmutzung durch Luftfahrzeuge wird durch folgende **internationale Vereinbarungen** geregelt: UN-Seerechtskonvention; Übereinkommen von 1972 zur Verhütung der Meeresverschmutzung durch das Einbringen durch Schiffe und Luftfahrzeuge (Osloer Übereinkommen); Übereinkommen von 1972 über die Verhütung der Meereverschmutzung durch das Einbringen von Abfällen und anderen Stoffen (Londoner Übereinkommen); Übereinkommen von 1974 über den Schutz der Meeresumwelt des Ostseegebiets (Helsinki-Übereinkommen); Übereinkommen von 1976 zum Schutz des Mittelmeers vor Verschmutzung (Übereinkommen von Barcelona). Beigetreten ist die **Gemeinschaft** dem Helsinki-Übereinkommen und dem Übereinkommen von Barcelona *(vgl. Übersichten 7 und 41; G. Rosenthal, 1989, S.203ff.).*

4. Ausgestaltung der internationalen Beziehungen des europäischen Luftverkehrs

4.1 Grundzüge der gemeinschaftlichen Politik

4.1.1 Gemeinschaftsinitiativen bis Mitte der neunziger Jahre

Die **Entstehung des Binnenmarktes** im Luftverkehr kontrastierte in bemerkenswerter Weise mit einer Fülle vor allem **bilateral wirksamer Verkehrsabkommen** und sonstiger **Übereinkünfte mit Drittstaaten** (Vereinbarungen, Absprachen, Briefwechsel), in denen Marktzutritts-, Kapazitäts- und Tarifregelungen auf reziproker Grundlage fixiert wurden und die häufig nicht mit dem Gemeinschaftsrecht vereinbar waren oder potentiell gegen das **Gemeinschaftsrecht verstießen** (Wettbewerbsregeln, Niederlassungsrecht, CRS-Verhaltenskodex); das mit der Ratsentscheidung 80/50/EWG *(vgl. S.89)* eingeführte **Konsultationsverfahren** wurde den vielfältigen Anforderungen nicht mehr gerecht. Auf die damit verbundenen Probleme wies die Kommission bereits in ihrer Mitteilung vom 24. Januar 1990 über die Beziehungen der Gemeinschaft mit Drittländern auf dem Gebiet des Luftverkehrs [KOM (90) 17 endg.] hin und forderte eine unverzügliche Angleichung aller bilateralen Luftverkehrsabkommen an das Gemeinschaftsrecht. Zugleich beanspruchte sie für die Gemeinschaft eine **weitreichende Zuständigkeit** für den Abschluß von Luftverkehrsabkommen mit Drittstaaten und die Vertretung der **mitgliedstaatlichen Interessen** auf diesem Gebiet. Soweit die **Erbringung von Dienstleistungen** (Teil der Handelspolitik, Art. 113 EWGV (Art. 133 EGV)) betroffen war, sollte das Recht ausschließlicher Natur sein; bei technischen, sozialen, sicherheitsrelevanten und sonstigen **nichtwirtschaftlichen Fragen** wollte man je nach dem erreichten gemeinschaftlichen Regelungsstand entscheiden. Begleitet war die Mitteilung von einem Vorschlag für eine Ratsentscheidung über ein **Konsultations- und Genehmigungsverfahren** für Abkommen über die Handelsbeziehungen im Luftverkehr zwischen Mitgliedstaaten und Drittländern – Stellungnahmen des Europäischen Parlaments [ABl. C 260 15.10.90 S.224] und des Wirtschafts- und Sozialausschusses [ABl. C 332 31.12.90 S.35] *(vgl. P. P. C. Haanappel, 1989; Bull. EG 1/2-1990, S.63f.; G. Close, 1990a, S.114ff.; G. Close, 1990b, S.295ff.; GB 1990, Ziff.589; H. A. Wassenbergh, 1990, S.307ff.; H. A. Wassenbergh, 1992; B. Adkins, 1994, S.15ff.; K. St. Eisermann, 1995a, S.258ff.; J. Goh, 1997, S.252f.; zu den vertraglichen Grundlagen der Luftverkehrsaußenpolitik K. St. Eisermann, 1995b, S. 331ff.)*.

Angesichts der Ausklammerung des Drittstaatenverkehrs aus den Liberalisierungspaketen vertrat die Kommission in einer weiteren Mitteilung vom 21. Oktober 1992 über die **Beziehungen mit Drittländern** auf dem Gebiet des Luftverkehrs [KOM (92) 434 endg.] nach einer ausführlichen **Aufarbeitung des Sachstands** im Rahmen eines geänderten Vorschlags [ABl. C 216 11.08.93 S.15; KOM (93) 570 endg.; SEK (1999) 581 endg.] – Stellungnahmen des Europäischen Parlaments [ABl. C 020 24.01.94 S.81; ABl. C 128 09.05.94 S.512] – eine **deutlich pragmatischere Sichtweise**, die neben den **Verhandlungen auf Gemeinschaftsebene** unter bestimmten Voraussetzungen auch **individuelle Verhandlungen** der Mitgliedstaaten (bilaterale Verkehrsabkommen im Rahmen eines Gemeinschaftsverfahrens) während einer bis 1998 laufenden Übergangszeit zuließ *(vgl. Bull. EG 10-1992, S.42f.; GB 1992, Ziff.685)*. Im Anschluß kam der Rat in seinen Schlußfolgerungen vom 15. März 1993 überein, zukünftig einen **Informationsaustausch** und **Konsultationen** durchzuführen, Bereiche zu untersuchen, in denen es zur Kollision zwischen dem Gemeinschaftsrecht und bilateralen Übereinkommen kommen konnte, und Aspekte zu ermitteln, in denen ein gemeinsames Interesse der Mitgliedstaaten an der Führung von **Gemeinschaftsverhandlungen** vorstellbar war *(vgl. Bull. EG 3-1993, S.32f.; GB 1993, Ziff.337; K. Jäckel, 1993, S. 184f.; U. Meier, 1993, S.3ff.; B. Adkins, 1994, S.18f.; A. Lücke, 2000, S.196ff.)*.

In seiner Entschließung vom 16. November 1993 zu den Luftverkehrsbeziehungen mit Drittländern [ABl. C 329 06.12.93 S.72] betonte das **Europäische Parlament** die grundsätzliche Zuständigkeit der Gemeinschaft in den bereits gemeinsam geregelten Bereichen, da unterschiedliche bilaterale Vereinbarungen der Mitgliedstaaten mit dritten Ländern zu Wettbewerbsverzerrungen führten, gemeinschaftliche Verhandlungspositionen schwächten und die gemeinschaftliche Luftfahrtindustrie behinderten. **Ziele der Gemeinschaftspolitik** sollten sein: Liberalisierung des internationalen Luftverkehrs durch Beseitigung von Beschränkungen bei der Erteilung von Verkehrsrechten, Kapazitäten, Frequenzen und Flugrechten; Gleichbehandlung von Gemeinschaftsunternehmen hinsichtlich der Anerkennung der Betriebsgenehmigungen und der Ausübung von Verkehrsrechten; Möglichkeit neuer Formen der Zusammenarbeit sowie Aufhebung von Beschränkungen in bezug auf Beteiligungen, Fusionen, Stimmrechte und Code-sharing; Sicherstellung eines fairen Wettbewerbs durch Beseitigung von Diskriminierungen und Harmonisierung der Wettbewerbsbedingungen auf der Basis der Gegenseitigkeit; Vermeidung unlauterer oder intransparenter Preisbildung; angemessene Regelung der Besteuerungsfragen; Verbesserung der Luftverkehrssicherheit und des Umweltschutzes; Angleichung technischer Standards für die Flugsicherung; Sicherstellung sozialer Mindeststandards und eines akzeptablen Verbraucherschutzes; Beachtung gesamtwirtschaftlicher, politisch-strategischer und regionalpolitischer Aspekte; Revision der internationalen Abkommen und Organisationen (Beitritt und Mitwirkung der Gemeinschaft, Liberalisierung des Charterverkehrs). Der Rat sollte **politische Leitlinien** für die Außenbeziehungen im Luftverkehr verabschieden *(vgl. Bull. EG 11-1993, S.42; GB 1993, Ziff.338)*.

Der im Sommer 1993 aus Luftverkehrsexperten gebildete „**Ausschuß der Weisen**" präsentierte am 1. Februar 1994 seinen Bericht über die europäische Zivilluftfahrt; das Europäische Parlament faßte am 9. März 1994 [ABl. C 091 28.03.94 S.51] eine Entschließung zu diesem Bericht und betonte dabei in besonderer Weise die Relevanz des Grundsatzes der Gegenseitigkeit für die Verhandlungen mit Drittstaaten. Die am 1. Juni 1994 veröffentlichte Kommissionsmitteilung über die Zivilluftfahrt in Europa auf dem Weg in die Zukunft [KOM (94) 218 endg.] verlangte u. a., in den bilateralen Abkommen die Staatsangehörigkeitsklauseln durch eine **Gemeinschaftsklausel** zu ersetzen, um auch auf Drittstaatenverbindungen Wettbewerb zwischen europäischen Luftverkehrsgesellschaften zu gewährleisten. Die Entschließung des **Europäischen Parlaments** vom 7. April 1995 [ABl. C 109 01.05.95 S.325] zu den zwischen einigen Mitgliedstaaten und den Vereinigten Staaten geschlossenen bilateralen **Open-sky-Abkommen** bedauerte das weitgehende Fehlen einer gemeinsamen Politik für Luftverkehrsabkommen mit Drittstaaten und forderte die Kommission zur Erstellung eines Berichts über die Auswirkungen bilateraler Abkommen auf *(vgl. Bull. EU 3-1994, S. 43; Bull. EU 6-1994, S. 62 f.; J. Goh, 1997, S. 30 f.).*

4.1.2 Neuausrichtung der Gemeinschaftspolitik seit Ende der neunziger Jahre

Die Mitteilung der Kommission vom 20. Mai 1999 [KOM (1999) 182 endg.] über den Luftverkehr in der Gemeinschaft in der Entwicklung vom Binnenmarkt zur weltweiten Herausforderung wies dann erneut auf **unzulängliche Außenbeziehungen** hin. Die mangelnde Dienstleistungsfreiheit zwischen den Mitgliedstaaten der Union und Drittländern (bilaterale Luftverkehrsabkommen) verringere trotz der insgesamt positiven Auswirkungen der bisherigen Liberalisierung in Europa den **Wettbewerbs- und Umstrukturierungsdruck** auf wichtigen Strecken; da Europa nicht als ein einheitliches Luftverkehrsgebiet betrachtet werde, ergäben sich für die Luftverkehrsunternehmen der Gemeinschaft erhebliche Einschränkungen ihrer **unternehmenspolitischen Strategien** (Bindung der Verkehrsrechte an die Staatsangehörigkeit; Allianzen statt Fusionen) und deutliche **Wettbewerbsverzerrungen** vor allem gegenüber US-amerikanischen Unternehmen (unterschiedliche Zahl der Start- und Zielflughäfen). Die Einrichtung eines **gemeinsamen Luftverkehrsraums** mit den Vereinigten Staaten wurde als ein vordringliches Ziel der gemeinsamen Luftverkehrspolitik angesehen. Anregungen und Kritik zu dieser Thematik kamen auch vom **Wirtschafts- und Sozialausschuß** in seiner Stellungnahme vom 26. Januar 2000 [ABl. C 075 15.03.2000 S.4] und vom **Europäischen Parlament** in seiner Entschließung vom 4. Mai 2000 [ABl. C 041 07.02. 2001 S.52] *(vgl. Bull. EU 5-1999, S. 56 f.; GB 1999, Ziff. 414; KOM (1999) 182 endg., S. 18 f.; Bull. EU 1/2-2000, S. 85; Bull. EU 5-2000, S. 67; GB 2000, Ziff. 650; zur gemeinschaftlichen Außenkompetenz auf dem Gebiet des Luftverkehrs A. A. Mencik von Zebinsky, 1996; J. F. Bentzien, 1998, S. 442 ff.; A. Knorr, 1998, S. 383 ff.; F. C. Scheibeck, 1999; A. Lücke, 2000, S. 63 ff.; Ch. Kaufmann, 2001).*

Die **offensichtlichen Konflikte** zwischen den Anforderungen des Gemeinsamen Luftverkehrsmarktes und dem Abschluß bilateraler Luftverkehrsabkommen mit den Vereinigten Staaten veranlaßten die Kommission Ende 1998 zur Einreichung einer Klage gegen acht Mitgliedstaaten beim **Europäischen Gerichtshof** (Rs. C-466/98 bis C-469/98, C-471/98, C 472/98, C-475/98 und C-476/98) [ABl. C 071 13.03.1999 S.7]. Am 5. November 2002 verkündete der Gerichtshof seine Urteile gegen Belgien, Dänemark, Deutschland, Finnland, Luxemburg, Österreich, Schweden (Open-sky-Abkommen) und das Vereinigte Königreich (restriktiveres zweiseitiges Abkommen) [ABl. C 323 21.12.2002 S.1; Slg. 2002, S.I-9427]. Durch die bilateralen Luftverkehrsabkommen mit den Vereinigten Staaten wurden die **Zuständigkeiten der Kommission** in unzulässiger Weise beschnitten und **Wettbewerbsverzerrungen** innerhalb der EU geschaffen. Auf bestimmten Gebieten, die in den Anwendungsbereich gemeinsamer Rechtsnormen fallen oder die von solchen Rechtsnormen bereits erfaßt sind, hat die

Gemeinschaft aufgrund der Ausübung ihrer internen Zuständigkeit auch eine **ausschließliche Außenkompetenz** (EuGH: Zeitnischen auf Flughäfen, CRS-Systeme, Flugpreise und Luftfrachtraten in der Gemeinschaft; zusätzliche Bereiche: Sicherheitsfragen, kommerzielle Möglichkeiten einschließlich Bodenabfertigung, ferner Zölle, Abgaben und Gebühren, außerdem umweltschutzbedingte Einschränkungen). Außerdem gelten verschiedene **Rechtsvorschriften der Gemeinschaft** auch für Luftfahrtunternehmen von Drittländern (Ausgleichsleistungen bei Nichtbeförderung, Haftung von Luftfahrtunternehmen, Regelungen über Pauschalreisen und Datenschutz); in diesen Fällen müssen die Mitgliedstaaten im Rahmen der Gemeinschaftsorgane tätig werden, wenn entsprechende Angelegenheiten mit Drittländern zu erörtern sind. Wegen der in den bilateralen Abkommen enthaltenen strikten **Eigentums- und Kontrollklauseln** mit negativen Wirkungen auf das **Niederlassungsrecht** und den **Nichtdiskriminierungsgrundsatz** stellten diese einen Verstoß gegen das Gemeinschaftsrecht dar, wenngleich sie auch nicht für völkerrechtlich ungültig erklärt werden konnten *(vgl. J. F. Bentzien, 2003, S. 153ff.; C. O. Lenz u. a., 2003; St. Hobe, 2004, S. 103ff.)*.

Die Mitteilung der Kommission vom 19. November 2002 über die Konsequenzen der EuGH-Urteile [KOM (2002) 649 endg.] forderte zur Änderung bestehender bilateraler Abkommen mit widersprechenden Bedingungen oder zu ihrer Ersetzung durch neue Abkommen auf. Zugleich wurde eine grundlegende Weiterentwicklung der gemeinsamen Luftverkehrspolitik angeregt *(vgl. Bull. EU 11-2002, S. 72; GB 2002, Ziff. 662, 1070)*. Zu den **Hauptgrundsätzen** einer solchen Politik gehören: Vergleichbarmachung der Abkommen mit dem Gemeinschaftsrecht unter Maximierung des Gemeinschaftspotentials; Voranbringen einer Reformagenda auf internationaler Ebene, die auf die Förderung des Luftverkehrs und zunehmende internationale Investitionen in dieser Branche ausgerichtet ist; Aufrechterhaltung und Förderung eines wirksamen Wettbewerbs, damit die wirtschaftlichen Vorteile den Verbrauchern zugute kommen; Gewährleistung hoher Standards bei betrieblicher und äußerer Sicherheit, Umweltschutz und Schutz der Fluggäste in der EG und Förderung dieser Standards weltweit. **Prioritäten** sollten für die Aufnahme von Verhandlungen mit den wichtigsten bilateralen Partnern, den weiteren Ausbau der Beziehungen zu den Nachbarländern, den Aufbau von Beziehungen zu Entwicklungsländern und die Bekräftigung des Standpunkts der Gemeinschaft in multilateralen Foren und das Hinarbeiten auf internationale Reformen gelten *(vgl. KOM (2002) 649 endg., S. 7ff.; M. Bartlik, 2004, S. 61ff.)*.

Erneut befaßte sich die Kommission in einer Mitteilung vom 26. Februar 2003 [KOM (2003) 94 endg.] mit den **Luftverkehrsbeziehungen zwischen der Gemeinschaft und Drittstaaten** und empfahl die Schaffung eines „eindeutigen Rechtsrahmens für die bilateralen Luftverkehrsbeziehungen zwischen der Union und Drittstaaten sowie für die Aufteilung der Zuständigkeiten zwischen der Gemeinschaft und ihren Mitgliedstaaten im Bereich des Luftverkehrs". Im Prinzip forderte die Kommission vor dem Hintergrund der EuGH-Urteile vom 5. November 2002 „mit dieser Initiative ein umfassendes Mandat für die Aushandlung gemeinschaftlicher Abkommen mit Drittstaaten, die Standardklauseln für alle Luftfahrtunternehmen der Gemeinschaft enthalten, um jegliche Diskriminierung zu vermeiden" *(GB 2003, Ziff. 693; vgl. Bull. EU 1/2-2003, S. 114)*. Der beigefügte **Verordnungsvorschlag** sollte eine grundlegende Unterrichtungspflicht über Verhandlungen mit Drittstaaten begründen. Der Rat begrüßte das Gesamtkonzept der Kommission und erteilte ihr am 5. Juni 2003 weitreichende **Verhandlungsdirektiven** im Hinblick auf die Vereinigten Staaten sowie zur Angleichung der bilateralen Abkommen an das Gemeinschaftsrecht *(vgl. Bull. EU 6-2003, S.94; GB 2003, Ziff.693).*

In ihrer Mitteilung vom 9. Februar 2004 über eine Luftverkehrspolitik der Gemeinschaft gegenüber ihren Nachbarn [KOM (2004) 74 endg.] sprach sich die Kommission für eine luftverkehrspolitische **Strategie der flexiblen Kohärenz** aus und unterschied zwischen Verhandlungen gemäß dem Modell eines Luftverkehrsbinnenmarktes und von Europa-Mittelmeer-Luftverkehrsabkommen. Die **Schaffung eines Luftverkehrsbinnenmarktes** und damit eines gemeinsamen europäischen Luftverkehrsraums wurde vor allem im Verhältnis zu jenen Nachbarstaaten angestrebt, mit denen bereits eine europaweite enge Zusammenarbeit auf dem Gebiet der **Luftverkehrssicherheit** und des **Flugverkehrsmanagements**, vor allem im Rahmen von ECAC, JAA und EUROCONTROL, praktiziert wurde; nach der **Osterweiterung der Gemeinschaft** galt diese Option noch für Island, Norwegen und die Schweiz sowie für Bulgarien, Rumänien und die westlichen Balkanstaaten (Albanien, Bosnien-Herzegowina, Kroatien, Mazedonien, Serbien und Montenegro). Die Kommission strebte für **Bulgarien** und **Rumänien** einen raschen Fortgang der Luftverkehrsverhandlungen unter Berücksichtigung des geplanten Beitrittstermins an, während die **westlichen Balkanländer** gemäß den Kommissionsmitteilungen vom 21. Mai 2003 [KOM (2003) 285 endg.] und vom 3. Dezember 2003 [KOM (2003) 748 endg.] angesichts der erheblichen Unterschiede hinsichtlich politischer Stabilität und wirtschaftlicher Entwicklung (einschließlich des Luftverkehrssektors) schrittweise im Rahmen eines **Stabilisierungs- und Assoziierungsprozesses** (SAP) an die Anforderungen einer EU-Mitgliedschaft herangeführt werden sollten *(vgl. Bull. EU 1/2-2004, S.118).*

Im Hinblick auf weitere am **Barcelona-Prozeß** beteiligte Nachbarländer des Mittelmeerraumes (Israel, Jordanien, Libanon, Syrien, Tunesien,), die bereits in der Europa-Mittelmeer-Partnerschaft ihre Bereitschaft zur Marktöffnung bekundet hatten, konnte zwar langfristig die Schaffung eines gemeinsamen Luftverkehrsraums Europa-Mittelmeer gemäß der Kommissionsmitteilung vom 24. Juni 2003 [KOM (2003) 376 endg.] erwogen werden, auf mittlere Sicht wurden jedoch spezifische **Europa-Mittelmeer-Luftverkehrsabkommen** (Gründe: erhebliche Unterschiede in den rechtlichen, administrativen und wirtschaftlichen Rahmenbedingungen; kein festgelegtes Beitrittsdatum für die Mittelmeerpartner; Vermeidung erheblicher Verwaltungsbelastungen für die Kommission; unterschiedliche Vorschriften für Luftverkehrssicherheit und Flugverkehrsmanagement, ausschließlich ICAO-Bestimmungen maßgebend) angestrebt. Nach Auffassung der Kommission sollten in diesen Fällen **herkömmliche Luftverkehrsabkommen** mit regionalem Fokus der Notwendigkeit einer flexiblen Kohärenz Rechnung tragen; die weitgehende **Öffnung der Märkte** und die Beseitigung wirtschaftlicher Handels- und Investitionshindernisse sowie die Vermeidung von **Wettbewerbsverfälschungen** müßten einhergehen mit strengen Vorschriften zur Gewährleistung der **Luftverkehrssicherheit** und einer größtmöglichen Harmonisierung und Integration des Flugverkehrsmanagements; zusätzlich schlug die Kommission die

Festlegung einer **Meistbegünstigungsklausel** vor. Im Jahre 2004 zeichneten sich besonders gute Aussichten für erfolgreiche Verhandlungen über ein umfassendes Luftverkehrsabkommen der Gemeinschaft mit **Marokko** ab, während sich die Verhandlungen mit **Jordanien** und dem **Libanon** trotz positiver Entwicklungen verzögerten; hinsichtlich der **Türkei** strebte die Kommission Verhandlungen für ein Gemeinschaftsabkommen an, durch das die bilateralen Abkommen vollständig mit dem Gemeinschaftsrecht in Einklang gebracht werden sollten; in Anbetracht des Status der Türkei als Beitrittskandidat wurde eine deutlich engere Luftverkehrszusammenarbeit angestrebt.

Auf der Grundlage des Vorschlags vom Februar 2003 präzisierte dann die **Verordnung 2004/847/EG des Europäischen Parlaments und des Rates vom 29. April 2004 [ABl. L 157 30.04.2004 S.7]** i. d. F. der Berichtigung [ABl. L 195 02.06.2004 S.3] *(vgl. Übersicht 65)* zum 30. Mai 2004 die Bedingungen, unter denen ein Mitgliedstaat mit einem Drittstaat Verhandlungen über ein **neues Luftverkehrsabkommen** (einschließlich der Anhänge und verbundener Übereinkünfte) oder die Änderung eines **bestehenden Abkommens** aufnehmen kann, wenn der **Gegenstand des Abkommens** zu einem Teil in die gemeinschaftliche und zum anderen Teil in die mitgliedstaatliche Zuständigkeit fällt: Einschlägige gemeinsame Standardklauseln werden in die Verhandlungen einbezogen; das Mitteilungsverfahren wird eingehalten (Unterrichtung der Kommission über Absicht, Gegenstand und Ziele der Verhandlungen sowie Übermittlung diesbezüglicher Unterlagen bis spätestens einen Monat vor Beginn der Verhandlungen; Abgabe von Bemerkungen der anderen Mitgliedstaaten; innerhalb von 15 Tagen Feststellung der Kommission, ob Verhandlungen des Mitgliedstaats Ziele der laufenden Verhandlungen der Gemeinschaft mit dem Drittstaat beeinträchtigen und / oder zu einem nicht mit dem Gemeinschaftsrecht konformen Abkommen führen); bei Unterzeichnung des Abkommens wird die Kommission über die Ergebnisse der Verhandlungen unterrichtet. Bei **Vorhandensein der Standardklauseln** kann der Abschluß grundsätzlich erfolgen; sind sie nicht enthalten, wird der Mitgliedstaat von der Kommission zum Abschluß ermächtigt, sofern damit nicht den Zielen und dem Zweck der **gemeinsamen Verkehrspolitik** widersprochen wird. Eine Anwendung und / oder ein Abschluß sind auch vorläufig möglich, wenn die Kommission mit dem Drittstaat über die Ersetzung von Bestimmungen in bilateralen Abkommen durch ein **Gemeinschaftsabkommen** verhandelt. Im übrigen müssen alle Luftfahrtunternehmen mit Niederlassung im Hoheitsgebiet des verhandelnden Mitgliedstaats gleichgestellt werden. Durch eine neue Vereinbarung darf die Anzahl der designierten Luftfahrtunternehmen weder in bezug auf den Gesamtmarkt noch hinsichtlich einzelner Städteverbindungen reduziert werden; unterliegt die **Nutzung der Verkehrsrechte** Beschränkungen, so erfolgt deren Aufteilung diskriminierungsfrei und in transparenter Weise. Der Vorschlag vom Januar 1990 i. d. F. der Änderung vom Oktober 1992 *(vgl. S.584)* wurde am 1. Oktober 2004 [KOM (2004) 542 endg.] zurückgezogen *(vgl. Bull. EU 1/2-2003, S.114; Bull. EU 4-2004, S.96)*.

In ihrer Mitteilung vom 11. März 2005 über die Weiterentwicklung der Luftfahrtaußenpolitik der Gemeinschaft [KOM (2005) 79 endg.; SEK (2005) 336 endg.] stellte die Kommission nochmals ihre **prioritäre Aufgabe** heraus, durch die Aushandlung von

Gemeinschaftsabkommen und die forcierte Anpassung der bilateralen Abkommen die Vereinbarkeit der zwischen Mitgliedstaaten und Drittländern bestehenden Vereinbarungen mit dem Gemeinschaftsrecht zu erreichen, um eine diskriminierungsfreie Behandlung der europäischen Luftverkehrsgesellschaften und eine umfassende Rechtssicherheit zu gewährleisten. Als vorrangig bezeichnet wurden **Abkommen** mit den Vereinigten Staaten, verschiedenen Balkanländern, den südlichen Mittelmeeranrainern, Rußland und seinen südlichen Nachbarstaaten (gemeinsamer Luftverkehrsraum), der VR China und Indien, Japan und Südkorea, Australien, Neuseeland und Singapur sowie Kanada, Mexiko und Chile (globale Abkommen). Der **Rat** unterstützte die Kommissionsstrategie und die bisherigen Entwicklungen nochmals in seinen Schlußfolgerungen 2005/C 173/01 vom 27. Juni 2005 [ABl. C 173 13.07.2005 S.1] *(vgl. Bull. EU 3-2005, S.63f.; Bull. EU 6-2005, S.85f.)*.

4.2 Multilaterale Übereinkommen im Bereich des Luftverkehrs

4.2.1 GATT, ICAO und ECAC

Mit dem **Beschluß 80/271/EWG des Rates vom 10. Dezember 1979 [ABl. L 071 17. 03.80 S.1]** *(vgl. Übersicht 65)* hatte die Gemeinschaft u. a. das im Rahmen der Tokio-Runde (1973-1979) ausgehandelte **Übereinkommen über den Handel mit Zivilluftfahrzeugen** [ABl. L 071 17.03.80 S.58] genehmigt (zum 1. Januar 1980 Aufhebung von Einfuhrzöllen und anderen Abgaben auf bestimmte Waren, die beim Bau, bei der Instandsetzung und -haltung sowie bei der Änderung oder beim Umbau von Zivilluftfahrzeugen Verwendung finden; Abschaffung von Ein- und Ausfuhrkontingenten bzw. -lizenzen; unbeschränkte öffentliche Beschaffung; Geltung der Übereinkommen über technische Handelshemmnisse sowie über Subventionen und Ausgleichsmaßnahmen); von 1966 bis 1995 (geändert 2002) verabschiedete der Rat Entscheidungen bzw. Verordnungen über die vollständige bzw. zeitweilige **Aussetzung der autonomen Zollsätze des GZT** für die o. a. Erzeugnisse. Am 5. März 2002 unterbreitete die Kommission dem Rat einen Vorschlag für einen Beschluß zur Genehmigung des **Protokolls (2001)** zur Änderung des Anhangs zum Übereinkommen über den Handel mit Zivilluftfahrzeugen [KOM (2002) 112 endg.]. Das neue Protokoll, das eine ältere Fassung von 1986 ersetzt, modifiziert lediglich einige Warencodierungen und weitet den sachlichen Geltungsbereich unwesentlich aus *(vgl. Bull. EU 3-2002, S.114)*. Mitte der achtziger Jahre wurde auf internationaler Ebene auch über die Bedingungen öffentlich unterstützter **Exportkredite für Flugzeuge** verhandelt; hierzu faßte der Rat am 10. Dezember 1984 auf Vorschlag der Kommission [KOM (82) 829 endg.; KOM (84) 311 endg.] einen Beschluß über einen gemeinschaftlichen Standpunkt *(vgl. D. Rogalla u. a., 1994, S.113)*.

Der **Beschluß 94/800/EG des Rates vom 22. Dezember 1994 [ABl. L 336 23.12.94 S.1]** über den Abschluß der Übereinkünfte im Rahmen der multilateralen Verhandlungen der Uruguay-Runde (1986-1994) im Namen der Gemeinschaft in bezug auf die in ihre Zuständigkeit fallenden Bereiche brachte im Anhang 1 B mit dem GATS auch eine

Anlage zu Luftverkehrsdienstleistungen [ABl. L 336 23.12.94 S.205]. Das Übereinkommen und die Streitbeilegungsverfahren gelten nur für Maßnahmen, die die **Luftfahrzeugreparatur- und -wartungsdienstleistungen**, den Verkauf und die Vermarktung von **Luftverkehrsdiensten** sowie **CRS** betreffen; ausgenommen sind bereits gewährte Verkehrsrechte und mit deren Ausübung in unmittelbarem Zusammenhang stehende Dienstleistungen. Die in anderen Übereinkünften enthaltenen Streitbeilegungsverfahren haben grundsätzlich Vorrang. Hinsichtlich einer weitergehenden Anwendung des Übereinkommens sollen die **Entwicklungen im Luftverkehrssektor** und die **Wirkungsweise der Anlage** mindestens alle fünf Jahre überprüft werden *(vgl. A. A. Mencik von Zebinsky, 1993, S.359ff.; J. M. Baumann, 1995, S.70ff.; R. Ebdon, 1995, S.71ff.; Y. Zhao, 2001, S.48ff.)*.

Am 24. Februar 1988 sprach die Kommission eine Empfehlung für einen Ratsbeschluß [SEK (88) 246 endg.] aus, durch den die Kommission ermächtigt werden sollte, im Namen der Gemeinschaft **Verhandlungen mit der ECAC** über zwei Übereinkommen zu führen; diese sollten die Zulassung des **interregionalen Linienflugverkehrs** zwischen Flughäfen der Kategorien 2 und 3 sowie **weitergehende Marktzugangsfragen** betreffen; die Kommission zog ihre Empfehlung etliche Jahre später zurück [ABl. C 005 09.01.2004 S.6]. Am 29. Oktober 2001 nahm der Rat Verhandlungsdirektiven in bezug auf ein Übereinkommen über internationale Sicherungsrechte an beweglicher Ausrüstung und ein Protokoll über **Luftfahrtausrüstung** (ICAO, Unidroit) an; am 3. März 2003 schlug die Kommission die Unterzeichnung der beiden am 16. November 2001 in Kapstadt verabschiedeten Rechtsinstrumente vor [SEK (2002) 1308 endg.]. Am 10. Februar 2004 autorisierte der Rat die Kommission zu Verhandlungen über ein weiteres Protokoll *(vgl. Bull. EU 10-2001, S.92; Bull. EU 3-2003, S.88; Bull. EU 1/2-2004, S.65)*. Am 9. April 2002 folgte eine Empfehlung an den Rat [SEK (2002) 381 endg.] im Hinblick auf die Einleitung von Verhandlungen mit der ICAO über die Bedingungen und Modalitäten des **Beitritts der Gemeinschaft** (übergangsweise Ernennung eines ständigen Vertreters, Anpassung der internen Abläufe); am 30. März 2004 wurde die Kommission vom Rat beauftragt, Möglichkeiten für eine verstärkte Mitarbeit der Gemeinschaft in der ICAO zu prüfen (Einladung zu Tagungen, Bereitstellung von Dokumenten, Vertretung von Positionen, Eröffnung einer Vertretung) *(vgl. Bull. EU 4-2002, S.61f.; Bull. EU 3-2004, S.113f.)*.

4.2.2 Beförderungsbedingungen im internationalen Luftverkehr

Das **Warschauer Abkommen** vom 12. Oktober 1929 diente der Vereinheitlichung von Regeln über die Beförderung von Personen und Gütern im internationalen Luftverkehr. Diesem ersten Regelwerk folgten im Laufe der Zeit weitere Übereinkommen zur Harmonisierung der privatrechtlichen Beziehungen im Luftverkehr, die sich an dem Warschauer System orientierten. Das **Römische Abkommen** vom 29. Mai 1933 verbot grundsätzlich die Sicherungsbeschlagnahme von Luftfahrzeugen. Die „Convention pour l'unification de certaines règles relatives aux dommages causés par les aéronefs aux tiers à la surface" ergänzte die Haftungsbestimmungen des Warschauer Abkommens *(vgl. F. Voigt, 1965, S.755)*. Die grundsätzliche Modernisierung des

Warschauer Systems ließ jedoch Jahrzehnte auf sich warten *(vgl. W. Müller-Rostin, 1992, S.294f.)*. Die **Kommissionsinitiative** vom 10. März 1998 [SEK (98) 380 endg.] empfahl dem Rat eine Beschlußfassung über die Aushandlung eines Abkommens zur Vereinheitlichung von Beförderungsregeln im internationalen Luftverkehr; dieser forderte die Kommission und die Mitgliedstaaten jedoch am 29. März 1999 nur zu einer koordinierten Vertretung der Gemeinschaftsinteressen auf. Die Empfehlung wurde schließlich einige Jahre später wieder zurückgezogen [ABl. C 005 09.01.2004 S.6] *(vgl. Bull. EU 3-1998, S.60; EP, 1998, S.38f., 46ff.; W. Müller-Rostin, 1998, S.229ff.; Bull. EU 3-1999, S.71; H. Fröhlich, 2002, S.20ff., 28ff.)*.

Zwecks Modernisierung und Zusammenführung bestehender Übereinkommen fand vom 10. bis 28. Mai 1999 in Montreal eine internationale diplomatische **Konferenz über Luftverkehrsrecht** statt. Das Übereinkommen vom 28. Mai 1999 zur Vereinheitlichung bestimmter Vorschriften über die Beförderung im internationalen Luftverkehr (Übereinkommen von Montreal) [ABl. L 194 18.07.2001 S.39] regelt die **Beförderungsdokumente** und die **gegenseitigen Pflichten** im Luftverkehr. Verpflichtend sind die Aushändigung eines Einzel- oder Sammelbeförderungsscheins sowie eines Belegs zur Gepäckidentifizierung an den Reisenden und die Verwendung eines Luftfrachtbriefs oder anderer Aufzeichnungen einschließlich einer Empfangsbestätigung bei Güterbeförderung. Im weiteren befaßt sich das Regelwerk mit der Haftung für die Richtigkeit der Angaben, der Beweiskraft der Urkunden, dem Verfügungsrecht und der Ablieferung, der Geltendmachung der Rechte und der Ausgestaltung der Rechtsverhältnisse sowie mit der Beachtung von behördlichen Vorschriften. Geregelt werden auch **Haftung und Schadenersatz** bei Tod und Körperverletzung von Reisenden sowie bei Beschädigung oder Verlust von Gepäck und Gütern, aber auch bei Verspätungen; ein Haftungsausschluß oder eine Haftungsbeschränkung sind bei Schäden aus Tod und Körperverletzung bis 100.000 SZR nicht möglich, keine Haftung erfolgt bei Schäden über 100.000 SZR, sofern keine eigene unrechtmäßige Handlung oder Unterlassung vorliegt. Die **Haftungsgrenze** bei Gepäck reicht bis zu 1.000 SZR, bei Gütern bis zu 17 SZR pro kg, bei Verspätungen bis zu 4.150 SZR. Eine Überprüfung der Höchstbeträge, eine freiwillige Erhöhung oder ein Verzicht auf Höchstbeträge sowie Vorauszahlungen sind denkbar. Die **Verfahrensregeln** des Übereinkommens betreffen das Geltendmachen von Ansprüchen, die Schadenanzeige, den Gerichtsstand, das Schiedsverfahren sowie die Frist für eine Klageerhebung *(vgl. H.-G. Bollweg, 2000, S. 439 ff.; W. Müller-Rostin, 2000, S.36 ff.; J. Hermida, 2001, S.150 ff.; E. Ruhwedel, 2001, S.189ff.; H. Fröhlich, 2002, S.22f., 100ff.)*.

Einem Vorschlag der Kommission [KOM (1999) 435 endg.] folgte der Beschluß des Rates vom 9. Dezember 1999 über die Unterzeichnung des Übereinkommens von Montreal *(vgl. Bull. EU 9-1999, S.59; Bull. EU 12-1999, S.90f.; GB 1999, Ziff.419)*. Mit dem **Beschluß 2001/539/EG des Rates vom 5. April 2001 [ABl. L 194 18.07. 2001 S.38]** *(vgl. Übersicht 65)* wurde es im Namen der Gemeinschaft genehmigt; es trat am 4. November 2003 in Kraft. Am 30. März 2004 billigte der Rat eine Zuständigkeitserklärung der Gemeinschaft, die zusammen mit der Ratifizierungsurkunde hinterlegt werden sollte *(vgl. Bull. EU 7/8-2000, S.73f.; GB 2000, Ziff.651; Bull. EU 4-2001, S.51; GB 2001, Ziff.716; Bull. EU 3-2004, S.113)*.

4.3 Luftverkehrsbeziehungen zu einzelnen Staaten

4.3.1 Nord- und westeuropäische Länder

4.3.1.1 Norwegen und Schweden

Am 24. Januar 1990 hatte die Kommission dem Rat einen Vorschlag für einen Beschluß über die **Aufnahme von Verhandlungen** zwischen der EWG und den **EFTA-Ländern** über planmäßige Passagierflugverkehrsdienste vorgelegt [KOM (90) 18 endg.]. Nachdem der Rat den Beschluß am 18. Juni 1990 formell angenommen hatte, leitete die Kommission **Gespräche** mit Norwegen und Schweden ein *(vgl. Bull. EG 1/2-1990, S.64; Bull. EG 3-1990, S.49; Bull. EG 6-1990, S.88; Bull. EG 12-1990, S.110; J. Erdmenger, 1990, S.197; Bull. EG 7/8-1991, S.42; J. Goh, 1997, S.261 ff.)*. Gemäß dem daraufhin ausgehandelten **Abkommen über die Zivilluftfahrt [ABl. L 200 18. 07.92 S.21]** fanden bestimmte luftverkehrsrelevante Teile des primären und sekundären Gemeinschaftsrechts auch in Norwegen und Schweden und somit auf die SAS Anwendung. Das Abkommen ermöglichte auf diese Weise die **Schaffung eines einheitlichen Regelungssystems** für die Anwendung der Wettbewerbs- und Beihilfenormen, den Marktzugang, die Kapazitätsaufteilung und die Tarifbildung in den Vertragsstaaten. Schweden und Norwegen trugen dafür Sorge, daß die in diesem Abkommen **getroffenen Vereinbarungen** so rechtswirksam wie in der EG umgesetzt wurden und die Kommission hierüber informiert wurde; teilweise übernahm die Kommission selbst auch eine aktive Rolle (z. B. in Beihilfefragen). Jede Vertragspartei hatte das Recht, ihre **nationalen Rechtsvorschriften** in Bereichen, die durch das Abkommen berührt wurden, einseitig zu modifizieren, sofern daraus keine Diskriminierung resultierte. Von solchen Änderungen waren die anderen Vertragsparteien über den **Gemischten Ausschuß** zu informieren; dieser Ausschuß beschloß dann, entweder die betreffenden Änderungen in das Abkommen zu übernehmen, die Änderungen als mit dem Abkommen vereinbar anzusehen oder andere Maßnahmen zur **Durchführung des Abkommens** zu ergreifen *(vgl. GB 1990, Ziff.590; J. Erdmenger, 1991, S.187; GB 1991, Ziff. 736; Bull. EG 3-1992, S.39; WB 1992, Ziff.100; B. Adkins, 1994, S.19f.; J. M. Balfour, 1994, S.1041f., 1049f.; J. M. Baumann, 1995, S.67f.; K. St. Eisermann, 1995a, S.290 f.; J. Goh, 1997, S.260f.)*.

Der Gemischte Ausschuß war für die **Verwaltung und reibungslose Durchführung des Abkommens** zuständig. Er bestand aus jeweils einem Vertreter Schwedens, Norwegens und der EG; der Vorsitz des Ausschusses wurde abwechselnd von den drei Vertragsparteien wahrgenommen. Im Rahmen des Gemischten Ausschusses konsultierten die Vertragsparteien einander auch bezüglich aller in **internationalen Organisationen** behandelten Fragen des Luftverkehrs; außerdem wurde in diesem Rahmen über die unterschiedlichen Aspekte der Entwicklung der **Luftverkehrsbeziehungen zu Drittländern** sowie über die Durchführung der wichtigsten **bi- und multilateralen Abkommen** beraten. Die Hauptziele der Konsultationen bestanden in der Ermittlung von Problemen von gemeinsamem Interesse mit der Notwendigkeit eines gemeinsamen Vorgehens oder eines anderen Vorgehens innerhalb der internationalen Organisationen; Beschlüsse des Ausschusses waren für alle Vertragsparteien bindend.

Das Abkommen sollte bis zum Wirksamwerden des **EWR-Abkommens** in Kraft bleiben, sofern es nicht vorher von einer Vertragspartei durch Notifizierung an die anderen Parteien gekündigt wurde; es sollte ein Jahr nach seinem Inkrafttreten überprüft werden. Die bestehenden **bilateralen Vereinbarungen** zwischen Norwegen und Schweden auf der einen Seite sowie der EG auf der anderen Seite wurden mit dem Inkrafttreten des Abkommens aufgehoben. Beigefügt wurden verschiedene Protokolle: Nach dem **Protokoll Nr. 1** waren Rechtsvorschriften aus verschiedenen Bereichen in das Abkommen einzubeziehen; im **Protokoll Nr. 2** wurden einige Hinweise bezüglich der Anwendung der Verordnungen 90/2342/EWG und 90/2343/EWG mit dem Ziel einer einheitlichen Durchführung des Abkommens seitens aller Vertragsparteien gegeben; das **Protokoll Nr. 3** unterstrich die Notwendigkeit, die Arbeiten im Rahmen von EUROCONTROL fortzusetzen und zu intensivieren (Beitritt aller Mitgliedstaaten zu EUROCONTROL, Bereitstellung von Luftraum).

Mit dem **Beschluß 92/384/EWG des Rates vom 22. Juni 1992 [ABl. L 200 18.07.92 S.20]** *(vgl. Übersicht 65)* wurde das Abkommen im Namen der Gemeinschaft genehmigt und trat am 18. Juli 1992 in Kraft *(vgl. Bull. EG 6-1992, S.63; WB 1992, Ziff. 100)*. Der **Beschluß des Gemischten Ausschusses vom 26. März 1993 [ABl. L 212 23.08. 93 S.19]** übernahm weitere gemeinschaftliche Rechtsvorschriften in das Abkommen (genehmigt durch den **Beschluß 93/453/EWG des Rates vom 22. Juli 1993 [ABl. L 212 23.08.93 S.17]**). Das **Abkommen zur Änderung des Artikels 19 Absatz 3 [ABl. L 212 23.08.93 S.21]** vom 28. Juli 1993 bestimmte ergänzend, daß das Abkommen über die Zivilluftfahrt auch für den Zeitraum vom Inkrafttreten des EWR-Abkommens bis zum Abschluß der innerstaatlichen Verfahren zur Einbeziehung der neuen, vom Gemischten Ausschuß in das EWR-Abkommen übernommenen Rechtsvorschriften in Kraft bleiben sollte. Spätestens nach 18 Monaten hatte der Gemischte Ausschuß über die weitere Anwendung des Abkommens zu beschließen; ansonsten war seine Geltungsdauer auf zwei Jahre nach dem Inkrafttreten des EWR-Abkommens (1. Januar 1994) begrenzt. Bestimmungen des EWR sollten aber auf jeden Fall Vorrang haben *(vgl. Bull. EG 6-1993, S.66f.; Bull. EG 7/8-1993, S.45; WB 1993, Ziff. 138)*.

4.3.1.2 Schweiz

Am 6. Dezember 1992 lehnte die Bevölkerung der Schweiz in einem Referendum den **Beitritt zum EWR-Abkommen** ab. Daraufhin beschloß der Schweizerische Bundesrat, zum Prinzip der bilateralen Sektoralabkommen zurückzukehren, und unterbreitete der Gemeinschaft am 5. Februar 1993 ein entsprechendes Gesprächsangebot. In ihrer Mitteilung vom 1. Oktober 1993 über die künftigen Beziehungen zur Schweiz [KOM (93) 486 endg.] griff die Kommission diesen Vorschlag auf und befürwortete die Einleitung von Verhandlungen auf **Gebieten von beiderseitigem Interesse**, die auch den Luftverkehr betreffen sollten; die Empfehlung der Kommission vom 22. September 1993 [SEK (93) 1437 endg.] sprach sich für einen Beschluß des Rates zur Aufnahme von Verhandlungen zwischen der Gemeinschaft und der Schweizerischen Eidgenossenschaft in den Bereichen Straßen- und Luftverkehr aus *(vgl. Bull. EG 9-1993, S.37; GB 1993, Ziff. 334)*. Nachdem sich der Rat am 10. und 29. November 1993 sowie das

Europäische Parlament in seiner Entschließung vom 16. November 1993 zu den Beziehungen mit Drittländern auf dem Gebiet des Luftverkehrs [ABl. C 329 06.12.93 S. 72] zustimmend geäußert hatten, änderte die Kommission ihre Empfehlung am 2. Februar 1994 nochmals leicht ab *(vgl. Bull. EU 1/2-1994, S.43)*. Die ursprünglich für den 18. April 1994 geplante **Annahme der Verhandlungsrichtlinien** und des Kommissionsmandats durch den Rat wurde jedoch hinfällig, da sich die Schweizer Bevölkerung in der für den 20. Februar 1994 terminierten Abstimmung über die im Mai 1989 gestartete **Volksinitiative zum Schutz des Alpengebiets** vor dem Transitverkehr (Alpeninitiative) gegen die Empfehlung des Bundesrats stellte. Die Entschließungen des Europäischen Parlaments vom 24. Februar 1994 zur Aufnahme von Verhandlungen zwischen der Europäischen Gemeinschaft und der Schweizerischen Eidgenossenschaft über den Straßen- und Luftverkehr [ABl. C 077 14.03.94 S.17] und vom 11. März 1994 zur Kommissionsempfehlung [ABl. C 091 28.03.94 S.313] bedauerten diese Entwicklung *(vgl. Bull. EU 3-1994, S.45)*. Am 9. September 1994 erging eine Erklärung des Schweizerischen Bundesrats, nach der die Prinzipien der **Nichtdiskriminierung** und der **freien Verkehrsmittelwahl** erhalten bleiben sollten. „Die Kommission nahm am 16. November 1994 eine Mitteilung zur Durchführung der Alpeninitiative durch die Schweiz und zu deren Auswirkungen auf den Verkehrssektor an" *(GB 1994, Ziff.395; vgl. Band 2, S.651 f.)*.

Auf der Grundlage der am 6. März 1995 zum zweiten Mal geänderten **Beschlußempfehlung** erteilte der Rat am 14. März 1995 schließlich der Kommission ein Mandat zur **Aufnahme von Verhandlungen** über entsprechende Abkommen für den Straßen-, Eisenbahn- und kombinierten Landverkehr sowie den Luftverkehr; die Gespräche begannen am 21. März 1995 *(vgl. Bull. EU 3-1995, S.44; GB 1995, Ziff.415, 813; GB 1998, Ziff.457, 792 f.)*. Allerdings wurden in den Jahren 1996 und 1997 zunächst kaum Fortschritte in bezug auf Freizügigkeit und Verkehrswesen erzielt, und das Europäische Parlament forderte daher in seiner Entschließung vom 16. Januar 1998 [ABl. C 034 02.02.98 S.191] eindringlich zu einem Abschluß der Verhandlungen bis zum Jahresende auf. Die Unterzeichnung des **Abkommens zwischen der Europäischen Gemeinschaft und der Schweizerischen Eidgenossenschaft über den Luftverkehr [ABl. L 114 30.04.2002 S.73]** gelang schließlich am 21. Juni 1999. Mit dem **Beschluß 2002/309/EG/Euratom des Rates vom 4. April 2002 [ABl. L 114 30.04.2002 S.1]** wurde es im Namen der Gemeinschaft genehmigt und trat am 1. Juni 2002 in Kraft *(vgl. Bull. EU 4-2002, S.80 f.; vgl. Band 2, S.653 f.)*. Die **wesentlichen Merkmale** des Abkommens sind: Diskriminierungsfreiheit und Niederlassungsfreiheit (ohne hoheitliche Befugnisse); Geltung der Art. 84 (80) und 85 (81) EGV, der Fusionskontrollvorschriften, des Art. 90 (86) EGV und der Beihilfevorschriften für den zwischenstaatlichen Luftverkehr. Hinsichtlich der **Verkehrsrechte** werden gegenseitig Rechte der dritten und vierten Freiheit eingeräumt. Ab dem 1. Juni 2004 sollten schweizerische Luftverkehrsunternehmen Verkehrsrechte für grenzüberschreitende Verkehre innerhalb der Gemeinschaft erhalten; ab dem 1. Juni 2007 sollen Verhandlungen über Kabotagerechte beginnen. Bei den von der Schweiz aus **Umweltschutzgründen** für notwendig erachteten Eingriffen hat eine gemeinsame Entscheidung zu erfolgen; Konsultationen und Informationsübermittlung, Unterstützung bei der Untersuchung von Verstößen, aber alleinige Zuständigkeit für Anwendung und Änderung von Rechtsvor-

Übersicht 65: Gemeinschaftliche Abkommen im Bereich des Luftverkehrs

GATT- und GATS-Übereinkommen

Beschluß 80/271/EG des Rates vom 10. Dezember 1979 über den Abschluß der multilateralen Übereinkommen, die im Zuge der Handelsverhandlungen von 1973-1979 ausgehandelt wurden [ABl. L 071 17.03.80 S.1] — Rechtsetzung auf der Grundlage des Art. 113 EWGV (Art. 133 EG-V) und auf Vorschlag der Kommission [KOM (79) 514 endg.]

Übereinkommen über den Handel mit Zivilluftfahrzeugen [ABl. L 071 17.03.80 S.58]

Beschluß 94/800/EG des Rates vom 22. Dezember 1994 über den Abschluß der Übereinkünfte im Rahmen der multilateralen Verhandlungen der Uruguay-Runde (1986-1994) im Namen der Europäischen Gemeinschaft in bezug auf die in ihre Zuständigkeiten fallenden Bereiche [ABl. L 336 23.12.94 S.1]

Allgemeines Übereinkommen über den Handel mit Dienstleistungen – Anlage zu Luftverkehrsdienstleistungen [ABl. L 336 23.12.94 S.205]

Übereinkommen von Montreal

Beschluß 2001/539/EG des Rates vom 5. April 2001 über die Genehmigung der Unterzeichnung des Übereinkommens zur Vereinheitlichung bestimmter Vorschriften über die Beförderung im internationalen Luftverkehr (Übereinkommen von Montreal) durch die Europäische Gemeinschaft [ABl. L 194 18.07.2001 S.38] — Rechtsetzung auf der Grundlage des Art. 84 (80) Abs. 2 i. V. m. Art. 228 (300) Abs. 2 und 3, auf Vorschlag der Kommission [ABl. C 337 E 28.11.2000 S. 225] und nach Stellungnahme des EP [ABl. C 262 18.09.2001 S.40] im Rahmen des Verfahrens der Zustimmung

Übereinkommen zur Vereinheitlichung bestimmter Vorschriften über die Beförderung im internationalen Luftverkehr [ABl. L 194 18.07.2001 S.39]

Geltung bilateraler Abkommen zwischen Mitgliedstaaten und Drittstaaten

Verordnung 2004/847/EG des Europäischen Parlaments und des Rates vom 29. April 2004 über die Aushandlung und Durchführung von Luftverkehrsabkommen zwischen Mitgliedstaaten und Drittstaaten [ABl. L 157 30.04.2004 S.7] i. d. F. der Berichtigung [ABl. L 195 02.06.2004 S.3] — Rechtsetzung auf der Grundlage des Art. 84 (80) Abs. 2 EGV, auf Vorschlag der Kommission [KOM (2003) 94 endg.; KOM (2004) 265 endg.] und nach Stellungnahme des WSA [ABl. C 234 30.09.2003 S.21]; Stellungnahme des EP [ABl. C 076 E 25.03.2004 S.97], gemeinsamer Standpunkt des Rates [ABl. C 054 E 02.03.2004 S.33], Beschluß des EP [ABl. C 103 E 29.04.2004 S. 131] und Beschluß des Rates im Rahmen des Verfahrens der Mitentscheidung

Luftverkehrsabkommen der Gemeinschaft mit anderen europäischen Staaten

Beschluß 92/384/EWG des Rates vom 22. Juni 1992 über den Abschluß eines Abkommens zwischen der Europäischen Wirtschaftsgemeinschaft, dem Königreich Norwegen und dem Königreich Schweden über die Zivilluftfahrt [ABl. L 200 18.07.92 S.20] — Rechtsetzung auf der Grundlage des Art. 84 Abs. 2 EWGV (Art. 80 Abs. 2 EGV), auf Vorschlag der Kommission [KOM (91) 299 endg.] sowie nach den Stellungnahmen des EP [ABl. C 094 13.04.92 S.299] und des WSA [ABl. C 040 17.02.92 S.20]

Abkommen zwischen der Europäischen Wirtschaftsgemeinschaft, dem Königreich Norwegen und dem Königreich Schweden über die Zivilluftfahrt [ABl. L 200 18.07.92 S.21]

Beschluß 93/453/EWG des Rates vom 22. Juli 1993 über die Änderung des Abkommen zwischen der Europäischen Wirtschaftsgemeinschaft, dem Königreich Norwegen und dem Königreich Schweden über die Zivilluftfahrt [ABl. L 212 23.08.93 S.17] — Rechtsetzung auf der Grundlage des Art. 84 Abs. 2 EWGV (Art. 80 Abs. 2 EGV), auf Vorschlag der Kommission [KOM (93) 265 endg.] und nach Stellungnahme des EP [ABl. C 255 20.09.93 S.248] — Beschluß des Gemischten Ausschusses vom 26. März 1993 [ABl. L 212 23.08.93 S.19]

Abkommen zwischen der Europäischen Wirtschaftsgemeinschaft, dem Königreich Norwegen und dem Königreich Schweden über die Zivilluftfahrt [ABl. L 212 23.08.93 S.21]

Beschluß 2002/309/EG/Euratom des Rates und – bezüglich des Abkommens über die wissenschaftliche und technische Zusammenarbeit – der Kommission vom 4. April 2002 über den Abschluß von sieben Abkommen mit der Schweizerischen Eidgenossenschaft [ABl. L 114 30.04. 2002 S.1] — Rechtsetzung auf der Grundlage der Artt. 228 (300) Abs. 2 bis 4 und 238 (310) EGV sowie des Art. 101 Abs. 2 EAGV, auf Vorschlag der Kommission [KOM (1999) 229 endg.] und nach Stellungnahme des EP [ABl. C 041 07.02.2001 S.25] im Rahmen des Verfahrens der Zustimmung

Abkommen zwischen der Europäischen Gemeinschaft und der Schweizerischen Eidgenossenschaft über den Luftverkehr [ABl. L 114 30.04.2002 S.73] — Mitteilung über das Inkrafttreten [ABl. L 114 30.04.2002 S.480] — Beschluß 2004/1 (2004/404/EG) des Luftverkehrsausschusses Gemeinschaft / Schweiz vom 6. April 2004 [ABl. L 151 30.04.2004 S.1] i. d. F. der Berichtigung [ABl. L 208 10.06.2004 S.1] — Beschluß 2004/2 (2004/405/EG) des Luftverkehrsausschusses Gemeinschaft / Schweiz vom 22. April 2004 [ABl. L 151 30.04.2004 S.4] i. d. F. der Berichtigung [ABl. L 208 10.06.2004 S.3] — Beschluß 2004/3 (2004/406/EG) des Luftverkehrsausschusses Gemeinschaft / Schweiz vom 22. April 2004 [ABl. L 151 30.04.2004 S.9] i. d. F. der Berichtigung [ABl. L 208 10.06.2004 S.7] — Beschluß 2005/1 (2005/612/EG) des Luftverkehrsausschusses Gemeinschaft / Schweiz vom 12. Juli 2005 [ABl. L 210 12.08.2005 S.46]

Beschluß des Rates über den Abschluß des Abkommens zwischen der Europäischen Gemeinschaft und der Republik Aserbaidschan über bestimmte Aspekte von Luftverkehrsdiensten — Rechtsetzung auf der Grundlage der Artt. 84 (80) Abs. 2 und 228 (300) Abs. 2 und 3 EGV, auf Vorschlag der Kommission [KOM (2005) 60 endg.] und nach Stellungnahme des EP vom 25. Oktober 2005

Beschluß des Rates über den Abschluß des Abkommens zwischen der Europäischen Gemeinschaft und Georgien über bestimmte Aspekte von Luftverkehrsdiensten — Rechtsetzung auf der Grundlage der Artt. 84 (80) Abs. 2 und 228 (300) Abs. 2 und 3 EGV, auf Vorschlag der Kommission [KOM (2005) 61 endg.] und nach Stellungnahme des EP vom 6. September 2005

Beschluß des Rates über den Abschluß des Abkommens zwischen der Europäischen Gemeinschaft und der Republik Bulgarien über bestimmte Aspekte von Luftverkehrsdiensten — Rechtsetzung auf der Grundlage der Artt. 84 (80) Abs. 2 und 228 (300) Abs. 2 und 3 EGV, auf Vorschlag der Kommission [KOM (2005) 158 endg.] und nach Stellungnahme des EP vom 27. September 2005

Beschluß des Rates über den Abschluß des Abkommens zwischen der Europäischen Gemeinschaft und der Republik Kroatien über bestimmte Aspekte von Luftverkehrsdiensten — Rechtsetzung auf der Grundlage der Artt. 84 (80) Abs. 2 und 228 (300) Abs. 2 und 3 EGV, auf Vorschlag der Kommission [KOM (2005) 159 endg.] und nach Stellungnahme des EP vom 27. September 2005

Beschluß des Rates über den Abschluß des Abkommens zwischen der Europäischen Gemeinschaft und der Republik Albanien über bestimmte Aspekte von Luftverkehrsdiensten — Rechtsetzung auf der Grundlage der Artt. 84 (80) Abs. 2 und 228 (300) Abs. 2 und 3 EGV und auf Vorschlag der Kommission [KOM (2005) 349 endg.]

Beschluß des Rates über den Abschluß des Abkommens zwischen der Europäischen Gemeinschaft und Bosnien-Herzegowina über bestimmte Aspekte von Luftverkehrsdiensten — Rechtsetzung auf der Grundlage der Artt. 84 (80) Abs. 2 und 228 (300) Abs. 2 und 3 EGV und auf Vorschlag der Kommission [KOM (2005) 351 endg.]

Beschluß des Rates über den Abschluß des Abkommens zwischen der Europäischen Gemeinschaft und Serbien und Montenegro über bestimmte Aspekte von Luftverkehrsdiensten — Rechtsetzung auf der Grundlage der Artt. 84 (80) Abs. 2 und 228 (300) Abs. 2 und 3 EGV und auf Vorschlag der Kommission [KOM (2005) 353 endg.]

Beschluß des Rates über den Abschluß des Abkommens zwischen der Europäischen Gemeinschaft und der ehemaligen jugoslawischen Republik Mazedonien über bestimmte Aspekte von Luftverkehrsdiensten — Rechtsetzung auf der Grundlage der Artt. 84 (80) Abs. 2 und 228 (300) Abs. 2 und 3 EGV und auf Vorschlag der Kommission [KOM (2005) 355 endg.]

Beschluß des Rates über den Abschluß des Abkommens zwischen der Europäischen Gemeinschaft und der Ukraine über bestimmte Aspekte von Luftverkehrsdiensten — Rechtsetzung auf der Grundlage der Artt. 84 (80) Abs. 2 und 228 (300) Abs. 2 und 3 EGV und auf Vorschlag der Kommission [KOM (2005) 368 endg.]

Beschluß des Rates über den Abschluß des Abkommens zwischen der Europäischen Gemeinschaft und Rumänien über bestimmte Aspekte von Luftverkehrsdiensten — Rechtsetzung auf der Grundlage der Artt. 84 (80) Abs. 2 und 228 (300) Abs. 2 und 3 EGV und auf Vorschlag der Kommission [KOM (2005) 369 endg.]

Beschluß des Rates über den Abschluß des Abkommens zwischen der Europäischen Gemeinschaft und der Republik Moldau über bestimmte Aspekte von Luftverkehrsdiensten — Rechtsetzung auf der Grundlage der Artt. 84 (80) Abs. 2 und 228 (300) Abs. 2 und 3 EGV und auf Vorschlag der Kommission [KOM (2005) 371 endg.]

Abkommen mit den Vereinigten Staaten und Kanada

Beschluß 92/496/EWG des Rates vom 13. Juli 1992 über den Abschluß eines Abkommens zwischen der Europäischen Wirtschaftsgemeinschaft und der Regierung der Vereinigten Staaten von Amerika über die Anwendung des GATT-Übereinkommens über den Handel mit Zivilluftfahrzeugen auf den Handel mit Großraum-Zivilluftfahrzeugen [ABl. L 301 17.10.92 S.31] — Rechtsetzung auf der Grundlage des Art. 113 EWGV (Art. 133 EGV) und auf Vorschlag der Kommission [KOM (92) 222 endg.]

Abkommen zwischen der Europäischen Wirtschaftsgemeinschaft und der Regierung der Vereinigten Staaten von Amerika über die Anwendung des GATT-Übereinkommens über den Handel mit Zivilluftfahrzeugen auf den Handel mit Großraum-Zivilluftfahrzeugen [ABl. L 301 17.10.92 S.32]

Entscheidung 2004/535/EG der Kommission vom 14. Mai 2004 über die Angemessenheit des Schutzes der personenbezogenen Daten, die in den Passenger Name Records enthalten sind, welche dem United States Bureau of Customs and Border Protection übermittelt werden [ABl. L 235 06.07.2004 S.11] — Rechtsetzung nach Entwurf der Kommission und Stellungnahme des EP [ABl. C 103 E 29.04.2004 S.665] — Aufnahme in den Anhang XI des EWR-Abkommens durch den Beschluß 104/2005 des Gemeinsamen EWR-Ausschusses [ABl. L 306 24.11.2005 S.39]

Beschluß 2004/496/EG des Rates vom 17. Mai 2004 über den Abschluß eines Abkommens zwischen der Europäischen Gemeinschaft und den Vereinigten Staaten von Amerika über die Verarbeitung von Fluggastdatensätzen und deren Übermittlung durch die Fluggesellschaften an das Bureau of Customs and Border Protection des United States Department of Homeland Security [ABl. L 183 20.05.2004 S.83] — Rechtsetzung auf der Grundlage der Artt. 100 a (95) und 228 (300) Abs. 2 EGV und auf Vorschlag der Kommission [KOM (2004) 190 endg.]

Abkommen zwischen der Europäischen Gemeinschaft und den Vereinigten Staaten von Amerika über die Verarbeitung von Fluggastdatensätzen und deren Übermittlung durch die Fluggesellschaften an das Bureau of Customs and Border Protection des United States Department of Homeland Security [ABl. L 183 20.05.2004 S.84] i. d. F. der Berichtigung [ABl. L 255 30.09.2005 S. 168] — Mitteilung über das Inkrafttreten [ABl. C 158 15.06.2004 S.1]

Beschluß des Rates vom 18. Juli 2005 über den Abschluß eines Abkommens zwischen der Europäischen Gemeinschaft und der Regierung Kanadas über die Verarbeitung von erweiterten Fluggastdaten (Advanced Passenger Information – API) und Fluggastdatensätzen (Passenger Name Records – PNR) — Rechtsetzung auf der Grundlage der Artt. 100 a (95) und 228 (300) Abs. 2

EGV, auf Vorschlag der Kommission [KOM (2005) 200 endg.] sowie nach den Stellungnahmen des EP vom 7. Juli 2005 und des Datenschutzbeauftragten [ABl. C 218 06.09.2005 S.6]

Luftverkehrsabkommen mit anderen Staaten

Beschluß des Rates vom 27. Juni 2005 über den Abschluß des Abkommens zwischen der Europäischen Gemeinschaft und der Republik Chile über bestimmte Aspekte von Luftverkehrsdiensten — Rechtsetzung auf der Grundlage der Artt. 84 (80) Abs. 2 und 228 (300) Abs. 2 und 3 EGV, auf Vorschlag der Kommission [KOM (2004) 829 endg.] und nach Stellungnahme des EP vom 26. Mai 2005

Beschluß des Rates über den Abschluß des Abkommens zwischen der Europäischen Gemeinschaft und der Libanesischen Republik über bestimmte Aspekte von Luftverkehrsdiensten — Rechtsetzung auf der Grundlage der Artt. 84 (80) Abs. 2 und 228 (300) Abs. 2 und 3 EGV, auf Vorschlag der Kommission [KOM (2005) 62 endg.] und nach Stellungnahme des EP vom 6. September 2005

Beschluß des Rates über den Abschluß des Abkommens zwischen der Europäischen Gemeinschaft und der Regierung Australiens über bestimmte Aspekte von Luftverkehrsdiensten — Rechtsetzung auf der Grundlage der Artt. 84 (80) Abs. 2 und 228 (300) Abs. 2 und 3 EGV und auf Vorschlag der Kommission [KOM (2005) 264 endg.]

Beschluß des Rates über den Abschluß des Abkommens zwischen der Europäischen Gemeinschaft und Neuseeland über bestimmte Aspekte von Luftverkehrsdiensten — Rechtsetzung auf der Grundlage der Artt. 84 (80) Abs. 2 und 228 (300) Abs. 2 und 3 EGV und auf Vorschlag der Kommission [KOM (2005) 267 endg.]

Beschluß des Rates über den Abschluß des Abkommens zwischen der Europäischen Gemeinschaft und dem Königreich Marokko über bestimmte Aspekte von Luftverkehrsdiensten — Rechtsetzung auf der Grundlage der Artt. 84 (80) Abs. 2 und 228 (300) Abs. 2 und 3 EGV und auf Vorschlag der Kommission [KOM (2005) 393 endg.]

Beschluß des Rates über den Abschluß des Abkommens zwischen der Europäischen Gemeinschaft und der Regierung der Republik Singapur über bestimmte Aspekte von Luftverkehrsdiensten — Rechtsetzung auf der Grundlage der Artt. 84 (80) Abs. 2 und 228 (300) Abs. 2 und 3 EGV und auf Vorschlag der Kommission [KOM (2005) 513 endg.]

schriften im jeweiligen Vertragsgebiet bestimmen die praktische Handhabung des Abkommens. Ein **Gemischter Luftverkehrsausschuß** ist zuständig für die Verwaltung und Anwendung des Abkommens (Empfehlungen und Beschlüsse: neue Rechtsvorschriften und deren Übernahme; Erörterung von Luftverkehrsfragen in internationalen Organisationen; Befassung mit den Beziehungen zu Drittstaaten). Die Geschäftsordnung des Ausschusses wurde mit dem **Beschluß 2004/2 (2004/405/EG) des Luftverkehrsausschusses Gemeinschaft / Schweiz vom 22. April 2004 [ABl. L 151 30.04. 2004 S.4]** i. d. F. der Berichtigung [ABl. L 208 10.06.2004 S.3] angenommen *(vgl. J. F. Bentzien, 2000, S. 467 ff.)*.

4.3.2 Mittel-, ost- und südosteuropäische Staaten

Bereits in seiner Entschließung vom 16. November 1993 [ABl. C 329 06.12.93 S.72] zu den Beziehungen mit Drittländern auf dem Gebiet des Luftverkehrs forderte das **Europäische Parlament** von der Gemeinschaft ein Vorgehen gegenüber den Ländern Mittel- und Osteuropas, das den dortigen ökonomischen und politischen **Transformationsprozeß** unterstützen sollte. Das Parlament verlangte Vereinbarungen, die eine ausgewogene **Verteilung von Verkehrsrechten** ermöglichen, **übergangsweise Schutzbestimmungen** für osteuropäische Luftfahrtunternehmen mit sich bringen, später eine schrittweise abgestufte Flexibilität bezüglich der **Tarifbildung** und der **Kapazitäten** erlauben, eine Übernahme der gemeinschaftlichen **Harmonisierungsvorschriften** anstreben und die Förderung eines leistungsfähigen **Flugsicherungssystems** gewährleisten sollten *(vgl. Bull. EG 11-1993, S.42; GB 1993, Ziff.338).*

Die mit den mittel- und osteuropäischen Staaten geschlossenen **Europa-Abkommen** *(vgl. Band 1, S.200)* enthielten keine spezifischen Bestimmungen zum **Niederlassungsrecht** und zur **Dienstleistungsfreiheit** im Luftverkehrsgewerbe; ausdrücklich wurde dort auf die Notwendigkeit der Aushandlung von **Sonderabkommen** hingewiesen. Die Vertragsparteien verpflichteten sich jedoch, bis zum Abschluß solcher Vereinbarungen keine einschränkenderen oder diskriminierenderen Maßnahmen zu ergreifen. Während der **Übergangszeit** mußten die mittel- und osteuropäischen Staaten schrittweise ihre Rechtsvorschriften sowie die administrativen, technischen und sonstigen Bestimmungen dem geltenden Gemeinschaftsrecht anpassen.

Am 1. März 1995 nahm die Kommission eine **Empfehlung** an, mit Bulgarien, Polen, Rumänien, Ungarn, der Slowakei, Slowenien und Tschechien Verhandlungen über **Luftverkehrsabkommen** zu beginnen; am 11. November 1996 billigte der Rat die Direktiven für die Verhandlungen (Fortschrittsbericht der Kommission vom 30. Mai 1997 [SEK(97) 1081 endg.]) *(vgl. Bull. EU 3-1995, S.77; GB 1995, Ziff.418, 820; Bull. EU 10-1996, S.86 f.; GB 1996, Ziff.405; J. M. Balfour, 1998, S.172 ff.).* In bezug auf **Rußland** mußte sich die Gemeinschaft mehrfach mit den von den europäischen Gesellschaften erhobenen Ausgleichszahlungen für den Sibirienüberflug befassen *(vgl. Bull. EU 12-1997, S.73).* Auf Empfehlung der Kommission vom 14. Juli 1999 beschloß der Rat am 9. Dezember 1999, auch mit **Zypern** Verhandlungen über den Abschluß eines Luftverkehrsabkommens aufzunehmen *(vgl. Bull. EU 7/8-1999, S.49; Bull. EU 12-1999, S.91; GB 1999, Ziff.420).*

Im Zusammenhang mit dem Kosovo-Konflikt setzte die Gemeinschaft gegenüber Jugoslawien auch das Instrument des **Flugverbots** ein; ab dem 8. September 1998 waren Flüge jugoslawischer Fluggesellschaften auf Verbindungen mit der EG sowie diesbezügliche Umgehungsmaßnahmen untersagt. Die Betriebsgenehmigungen wurden zurückgezogen bzw. nicht mehr erteilt oder erneuert; andere bestehende Rechte wurden aber nicht eingeschränkt. Ausgenommen von der Regelung waren Notlandungen und anschließende Starts sowie Genehmigungen für einzelne Charterflüge oder Charterketten der Montenegro Airlines. Ab Mai 1999 wurden fallweise nach vorheriger Konsultation Starts und Landungen zu **humanitären Zwecken** gestattet; seit dem 12. Oktober 1999 galten neue Sonderregelungen für Flugzeuge der Montenegro Airlines, der Regierung Montenegros und der vom UN-Sonderbeauftragten für die Provinz Kosovo benannten zuständigen Stellen. Im Februar 2000 erfolgte eine zeitlich **begrenzte Aussetzung** des Flugverbots bis zum 28. August 2000; parallel dazu wurden Erleichterungen bei der Abwicklung von Ein- und Auszahlungen (Flugüberwachung, Belieferung und Betrieb der Flugzeuge, Steuern und Zölle, sonstige Abgaben, Gehälter, Mieten) sowie der Lieferung von Erdölerzeugnissen im Zusammenhang mit dem Luftverkehr der JAT zugelassen. Nachdem die Aussetzung im Juli 2000 bis zum 31. März 2001 verlängert worden war, wurde das Flugverbot schließlich am 9. Oktober 2000 **aufgehoben**.

Im Anschluß an die Urteile des Europäischen Gerichtshofs erteilte der Rat am 5. Juni 2003 der Kommission ein **Mandat für die Verhandlungen** mit Drittstaaten, um bestimmte Klauseln in bilateralen Vereinbarungen der Mitgliedstaaten durch ein Gemeinschaftsabkommen zu ersetzen. Die neuzufassenden Regelungen betrafen vor allem die im Widerspruch zu den Rechten auf **Niederlassungsfreiheit** und **diskriminierungsfreien Marktzugang** stehenden Benennungsvorschriften, die einem Drittland die Möglichkeit eröffnen, Genehmigungen oder Erlaubnisse von Fluggesellschaften, die nicht mehrheitlich im Besitz des Designierungsstaats oder seiner Staatsangehörigen stehen, vorzuenthalten, zu widerrufen oder auszusetzen. In bezug auf die europäischen Staaten wurden bisher Abkommen mit **Aserbaidschan** [KOM (2005) 60 endg.], **Georgien** [KOM (2005) 61 endg.], **Bulgarien** [KOM (2005) 158 endg.], **Kroatien** [KOM (2005) 159 endg.], **Albanien** [KOM (2005) 349 endg.], **Bosnien-Herzegowina** [KOM (2005) 351 endg.], **Serbien und Montenegro** [KOM (2005) 353 endg.], **Mazedonien** [KOM (2005) 355 endg.], der **Ukraine** [KOM (2005) 368 endg.], **Rumänien** [KOM (2005) 369 endg.] und **Moldawien** [KOM (2005) 371 endg.] ausgehandelt. Zentrale Bestimmung ist eine Gemeinschaftsklausel, die allen EU-Luftfahrtunternehmen das Recht auf Niederlassungsfreiheit zuerkennt. Gegenstand der Vereinbarung sind zudem die **Besteuerung von Flugkraftstoff** und die **Beförderungstarife** (Preisführerschaft von Drittlandsunternehmen im innergemeinschaftlichen Luftverkehr); mit den Regelungen werden Verstöße gegen die Gemeinschaftszuständigkeit abgestellt *(vgl. Bull. EU 12-2004, S.94; Bull. EU 1/2-2005, S.96; Bull. EU 4-2005, S. 58; Bull. EU 7/8-2005, S.55f.; Bull. EU 9-2005, S.51f.)*.

Im Rahmen einer Mitteilung vom 14. März 2005 [KOM (2005) 77 endg.] wies die Kommission auf die Notwendigkeit hin, die Luftfahrtbeziehungen mit **Rußland** zu intensivieren und ein umfassendes Luftverkehrsabkommen auszuhandeln. Als **Hauptargumente** wurden genannt: die geographische Lage sowie die handels- und luftverkehrspolitische Bedeutung Rußlands; die Ankündigung ordnungspolitischer Reformen und die Perspektiven für die Entwicklung des Luftverkehrsmarktes; der Modernisierungsbedarf der russischen Infrastruktur und Flotte; die industrielle Kooperation; die Neuregelung der Zuständigkeiten innerhalb der Gemeinschaft; die unzureichenden bilateralen Abkommen der Mitgliedstaaten (insbesondere in bezug auf den Marktzugang, die Frequenzen und Kapazitäten sowie die Benennung); sektorspezifische Probleme im Verhältnis der EU zu Rußland (Gebühren für den Sibirienüberflug, gemeinschaftliche Umwelt- und Sicherheitsstandards). Eine Mitteilung vom 27. September 2005 [KOM (2005) 451 endg.] hatte die Schaffung eines gemeinsamen Luftverkehrsraums mit der **Ukraine** zum Gegenstand (Aushandlung eines umfassenden Luftverkehrsabkommens, Marktzugang, Anwendung der Wettbewerbsregeln, Flugsicherheit, Umweltschutz, Infrastruktur- und Luftfahrzeugbau, Modernisierung der Flotten und des Luftverkehrsmanagements) *(vgl. Bull. EU 3-2005, S.62f.)*.

4.3.3 Vereinigte Staaten und Kanada

4.3.3.1 Luftfahrzeugbau und Zertifizierung von Flugzeugteilen

Probleme der **staatlichen Beihilfen** für den Luftfahrzeugbau hatten seit langem auch die Verhandlungen über Luftverkehrsabkommen beeinflußt, da sie **Wettbewerbsverzerrungen** bewirken können. Insbesondere seit dem Ende der achtziger Jahre hatten die Mitgliedstaaten der ESA und die Vereinigten Staaten in mehreren Treffen versucht, das Problem der staatlichen Unterstützungen in der Luftfahrtindustrie in geeigneter Weise zu lösen. Auch die **Empfehlungen der Kommission** vom 30. Oktober 1990 zur Aufnahme von Verhandlungen mit den Vereinigten Staaten und anderen Vertragsparteien des GATT-Übereinkommens über den Abschluß neuer Übereinkommen zum internationalen Handel mit Zivilluftfahrzeugen [SEK (90) 2090 endg.] berührten diese Thematik.

Schließlich wurde mit dem **Beschluß 92/496/EWG des Rates vom 13. Juli 1992 [ABl. L 301 17.10.92 S.31]** *(vgl. Übersicht 65)* ein Abkommen zwischen der Gemeinschaft und den Vereinigten Staaten angenommen, das der Anwendung des GATT-Übereinkommens auf den Handel mit Großraum-Zivilluftfahrzeugen [ABl. L 301 17. 10.92 S.32] diente. Dieses Abkommen sah **gemeinsame Regeln** für die Unterstützung von Herstellern vor und wurde von der Kommission im Juli 1997 überprüft; im Hinblick auf die US-amerikanischen Beihilfen für **militärische Programme** wurde eine Verbesserung der Anwendung für möglich gehalten.

Zwischenzeitlich hatte das **Europäische Parlament** in einer Entschließung vom 14. Juli 1995 zu den bilateralen Verhandlungen zwischen der Europäischen Union und den Vereinigten Staaten über zivile Luftfahrzeuge [ABl. C 249 25.09.95 S.230] angesichts des nicht immer reibungslosen Funktionierens der bilateralen Vereinbarungen (fehlende Transparenz, kein Informationsaustausch) den Abschluß eines multilateralen Abkommens über staatliche Subventionen für die Luftfahrtindustrie angemahnt *(vgl. Bull. EU 7/8-1995, S.52)*.

Im März und April 2004 nahm der Rat Verhandlungsdirektiven in bezug auf zwei Abkommen der Gemeinschaft mit den Vereinigten Staaten und Kanada über die gegenseitige **Anerkennung von Zertifizierungsfeststellungen** im Bereich der Sicherheit der Zivilluftfahrt und der Umweltverträglichkeit an *(vgl. D. Rogalla u. a., 1994, S.113 f.; Bull. EU 3-2004, S.114; Bull. EU 4-2004, S.95)*.

4.3.3.2 Spezielle Abkommen zum Luftverkehr

Angesichts der zahlreichen seit 1992 abgeschlossenen bilateralen Open-sky-Abkommen zwischen einzelnen EG-Mitgliedstaaten und den Vereinigten Staaten (asymmetrische Gewährung von Marktzugangsrechten, fehlende Kontroll- und Interventionsmechanismen) forderte die Entschließung des Europäischen Parlaments vom 16. November 1993 zu den Beziehungen mit Drittländern auf dem Gebiet des Luftverkehrs [ABl. C 329 06.12.93 S.72] von den Vereinigten Staaten die **Beseitigung historisch beding-**

ter und sachlich nicht zu rechtfertigender Privilegien; die Gemeinschaft sollte ein Luftverkehrsabkommen anstreben, das allen Luftfahrtgesellschaften gleiche Möglichkeiten und Rechte gewährt. Neben einer Revision der US-amerikanischen **Konkursbestimmungen** müßten vor allem gleiche **Verkehrsrechte** hinsichtlich Marktzugang und Kapazität im Verkehr zwischen der Gemeinschaft und den Vereinigten Staaten sowie innerhalb der Vereinigten Staaten und der EG garantiert werden. Dabei sollten auch **einheitliche Preisbildungsregeln** mit vernünftigen Schutzklauseln angewendet werden. Hinsichtlich der exterritorialen Anwendung der jeweiligen Wettbewerbsregeln auf den Verkehr zwischen den Vereinigten Staaten und der EG wurde eine **Kompromißlösung** befürwortet. Die **Slotvergabe** und die Aufnahme in **CRS** müßten dem Grundsatz der Gleichbehandlung verpflichtet sein *(vgl. J. Young, 1991, S. 195f.; Bull. EG 11-1993, S.42; GB 1993, Ziff.338; J. Basedow, 1994a, S.247ff.).*

In der **späteren Entschließung** vom 7. April 1995 [ABl. C 109 01.05.95 S.325] zu den zwischen einigen Mitgliedstaaten der Europäischen Union und den Vereinigten Staaten geschlossenen bilateralen **Open-sky-Abkommen** *(vgl. K. J. Button u. a., 1998, S.29f.)* forderte das Europäische Parlament einen Sachstandsbericht der Kommission über den Zugang US-amerikanischer Anbieter zum Gemeinschaftsmarkt. Da die europäischen Fluggesellschaften keine Möglichkeit zum **Angebot von Kabotagediensten** zwischen amerikanischen Städten hatten, verlangte das Parlament für die Kommission ein Mandat zur Festlegung von Verhandlungsleitlinien. Am 26. April 1995 folgte die **Empfehlung der Kommission** für einen Beschluß des Rates, mit dem die Kommission zur Aufnahme von Verhandlungen über den Abschluß eines Luftverkehrsabkommens mit den Vereinigten Staaten ermächtigt werden sollte (freier Marktzugang, subjektive Zulassungskriterien für und Beteiligungen an Fluggesellschaften, CRS, Zeitnischenzuweisung, Beihilfen, Anwendung der Wettbewerbsregeln, Streitbeilegung). Der **Beschluß** wurde vom Rat am 25. Juli 1996 angenommen, das Mandat jedoch inhaltlich beschränkt (Fortschrittsbericht der Kommission vom 2. Juni 1997 [SEK (97) 1084 endg.]) *(vgl. Bull. EU 4-1995, S.41; Bull. EU 6-1995, S.79; GB 1995, Ziff.416; Bull. EU 6-1996, S.106; GB 1996, Ziff.405; J. Goh, 1997, S.264; M. Niejahr, 1998, S.14f.).*

Die Mitteilung der Kommission vom 5. November 1997 und ihre Empfehlung für einen Ratsbeschluß über die Aufnahme von Verhandlungen [SEK (97) 2053 endg.] betrafen sowohl Gespräche der **Gemeinschaft** (allgemeine Regelungen) als auch der einzelnen **Mitgliedstaaten** (Übergangs- und spezielle Maßnahmen) mit den Vereinigten Staaten über alle Aspekte des gemeinsamen Luftverkehrsraums; die Empfehlung wurde allerdings am 1. Oktober 2004 wieder zurückgezogen [KOM (2004) 542 endg.] *(vgl. Bull. EU 11-1997, S.56).*

Die **Verhandlungsdirektiven** des Rates vom 5. Juni 2003 an die Kommission führten dann schließlich zur Aufnahme von Verhandlungen über ein Open-sky-Abkommen im Oktober 2003 in Washington; mittlerweile konnten bereits einige Ergebnisse erzielt werden (Gemeinschaftsbenennung, Angleichung der Regulierung von Sicherheitsaspekten, Anwendung des Wettbewerbsrechts). Im Juni 2004 wurde ein **Abkommensentwurf** fertiggestellt; der Rat forderte jedoch einen besseren Zugang europäischer Gesellschaften zum US-amerikanischen Markt *(vgl. GB 2003, Ziff.693; WB 2003, Ziff.127; WB 2004, Ziff.305).*

4.3.3.3 Verarbeitung von Fluggastdaten

Nachdem sich das **Europäische Parlament** bereits in zwei Entschließungen vom 13. März 2003 [ABl. C 061 E 10.03.2004 S.381] und vom 9. Oktober 2003 [ABl. C 081 E 31.03.2004 S.105] kritisch mit der Übermittlung personenbezogener Daten durch Fluggesellschaften bei transatlantischen Flügen (direkter Zugang der Behörden zu CRS) auseinandergesetzt, der Kommission schwere Versäumnisse vorgeworfen (Widersprüche zu gemeinsamen Rechtsvorschriften, keine akzeptable bilaterale Vereinbarung) und die Forderungen der Vereinigten Staaten abgelehnt hatte (unklare Ziele, überzogener Datenumfang, zu lange Speicherung, unzureichender Datenschutz, fehlende Information der Passagiere, kein Einspruchsrecht), ermächtigte der Rat am 23. Februar 2004 die Kommission, mit den Vereinigten Staaten ein Abkommen über die **Weitergabe von Fluggastdatensätzen** an die US-amerikanischen Behörden auszuhandeln, um einerseits bestimmten grundlegenden Rechten und Freiheiten (Schutz der Privatsphäre) und andererseits den Anforderungen an eine wirksame Verbrechensbekämpfung Rechnung zu tragen *(vgl. Bull. EU 3-2003, S.52; Bull. EU 10-2003, S.46; Bull. EU 1/2-2004, S.50; D. Christians, 2004, S.113 ff.)*.

Auf der Basis einer **Verpflichtungserklärung** des Bureau of Customs and Border Protection (CBP) des United States Department of Homeland Security (DHS) vom 11. Mai 2004 [ABl. L 235 06.07.2004 S.15] (Datenanforderung, sensible Daten, Zugriffsverfahren, Nutzung, Speicherung und Systemsicherheit, Datenschutz, Weiterübermittlung, Auskunfts- und Widerspruchsrecht, Einhaltung, Überprüfung und Geltungsdauer der Verpflichtungen, Gegenseitigkeit), der **Entscheidung 2004/535/EG der Kommission vom 14. Mai 2004 [ABl. L 235 06.07.2004 S.11]** (angemessener Datenschutz, Aussetzung der Übermittlung) und eines **Kommissionsbeschlusses** vom 17. Mai 2004 wurde zwischen der Gemeinschaft und den Vereinigten Staaten ein Abkommen über die Verarbeitung von Fluggastdatensätzen und deren Übermittlung durch die Fluggesellschaften an das CBP [ABl. L 183 20.05.2004 S.84] i. d. F. der Berichtigung [ABl. L 255 30.09.2005 S.168] geschlossen. Das Abkommen erlaubt einen direkten Zugriff des CBP auf PNR-Daten aus den **Buchungs- bzw. Abfertigungssystemen** der Fluggesellschaften bis zur Einrichtung eines geeigneten aktiven Übermittlungssystems; die betroffenen Gesellschaften verarbeiten die Daten nach Maßgabe des CBP unter Berücksichtigung der Vorgaben des Kommissionsbeschlusses. Bei Einführung eines **Fluggastidentifikationssystems** in der EU werden gemäß dem Gegenseitigkeitsprinzip auch US-amerikanische Unternehmen diesen Regelungen unterworfen. Die Genehmigung im Namen der Gemeinschaft erfolgte mit dem **Beschluß 2004/496/ EG des Rates vom 17. Mai 2004 [ABl. L 183 20.05.2004 S.83]** *(vgl. Übersicht 65)*; das Abkommen wurde am 28. Mai 2004 in Washington unterzeichnet und trat am selben Tag in Kraft [ABl. C 158 15.06.2004 S.1] *(vgl. Bull. EU 3-2004, S.59 f.; Bull. EU 5-2004, S.21)*.

Am 7. März 2005 ermächtigte der Rat die Kommission, auch mit **Kanada** ein Abkommen über die Verarbeitung von erweiterten Fluggastdaten und Fluggastdatensätzen auszuhandeln; am 19. Mai 2005 folgte ein Vorschlag für einen Beschluß über den **Abschluß des Abkommens** [KOM (2005) 200 endg.], den der Rat am 18. Juli 2005 annahm. Die Canada Border Services Agency (CBSA) hatte zwischen März 2003 und September 2004 die Verpflichtung zur Übermittlung dieser Daten eingeführt; die EU war davon bis Juni 2005 befreit, um Verhandlungen über ein Abkommen führen zu können, das die Belange des Datenschutzes und des Schutzes der Privatsphäre berücksichtigt *(vgl. Bull. EU 3-2005, S.42; Bull. EU 7/8-2005, S.23 f.).*

4.3.4 Andere Drittstaaten

Mit seiner Entschließung zu den Drittstaatenbeziehungen auf dem Gebiet des Luftverkehrs vom 16. November 1993 [ABl. C 329 06.12.93 S.72] forderte das Europäische Parlament die Gemeinschaft auch zu einer **Intensivierung der luftverkehrspolitischen Zusammenarbeit** mit den Ländern des Nahen und Fernen Ostens auf. In bezug auf die Länder des **Nahen Ostens** sollte die Gemeinschaft unmittelbar nach dem erhofften Abschluß des Friedensprozesses Initiativen zur Verbesserung der Flugverbindungen als Teil der wirtschaftlichen Zusammenarbeit ergreifen und neue Formen der Kooperation u. a. im Bereich der technischen Harmonisierung und der Flugsicherung anstreben; ggf. sollte dabei die ECAC eingeschaltet werden. Im Hinblick auf die Länder des **Fernen Ostens** sollte die Gemeinschaft in den Verhandlungen über Luftverkehrsabkommen gleiche Rechte beanspruchen oder die Ausweitung des Rahmens potentieller Abkommen auf eine regionale Ebene anstreben, um den gemeinschaftlichen Luftverkehrsunternehmen Chancengleichheit zu gewähren. Die Einhaltung vergleichbarer Bedingungen im sozialen Bereich müsse dabei unabdingbar sein; grundsätzlich könnten gegenüber den Ländern des Fernen Ostens die Verhandlungsziele gegenüber den Vereinigten Staaten beispielhaft sein. Im Vergleich dazu seien mit **Schwellen- und Entwicklungsländern** eher Verhandlungen auf bilateraler Ebene sinnvoll, die aber Diskriminierungen zwischen den gemeinschaftlichen Unternehmen vermeiden sowie Umweltschutz und Verkehrssicherheit gewährleisten sollten *(vgl. Bull. EG 11-1993, S. 42; GB 1993, Ziff. 338).*

Nicht nur im Falle von Jugoslawien, sondern auch in bezug auf **Afghanistan** setzte die Gemeinschaft in der Folge Flugverbote als außen- und sicherheitspolitisches Instrument ein. Im November 1999 bzw. im Februar 2000 wurden bestimmten Flugzeugen die **Start- und Landerechte** im Gebiet der Gemeinschaft entzogen; Ausnahmegenehmigungen waren jedoch möglich. Im Februar 2001 kam ergänzend ein **Überflugverbot** hinzu; die Regelungen galten allerdings nicht für humanitäre Flüge. Büros, Filialen und Tochtergesellschaften der Ariana / Bakhtar Afghan Airlines wurden geschlossen. Das Flugverbot wurde am 27. Mai 2002 aufgehoben.

Das der Kommission vom Rat im Juni 2003 erteilte Mandat zur Aushandlung von Gemeinschaftsabkommen führte ebenso zu Vereinbarungen mit außereuropäischen Mittelmeeranrainern (**Libanon** [KOM (2005) 62 endg.], **Marokko** [KOM (2005) 393 endg.]), Staaten in Ostasien und Ozeanien (**Australien** [KOM (2005) 264 endg.], **Neuseeland** [KOM (2005) 267 endg.], **Singapur** [KOM (2005) 513 endg.]) sowie **Chile** [KOM (2004) 829 endg.]. Ergänzend erläuterte die Kommission die Perspektiven für den Ausbau der jeweiligen Luftverkehrsbeziehungen, insbesondere im Hinblick auf den Abschluß umfassender Luftverkehrsabkommen (Chile [KOM (2005) 406 endg.], Neuseeland [KOM (2005) 407 endg.], Australien [KOM (2005) 408 endg.]). Zentrales Ziel der gemeinsamen Luftverkehrspolitik gegenüber der **VR China** ist laut einer Kommissionsmitteilung vom 11. März 2005 [KOM (2005) 78 endg.] ebenfalls die Aushandlung eines Open-sky-Abkommens; **Regelungsbereiche** sollen der Marktzugang, die Frequenzen und Kapazitäten, die Benennung, die Wettbewerbsregeln, Sicherheits- und Umweltaspekte, die Normung sowie die Forschung und technologische Entwicklung sein. Begründet wurde die **Notwendigkeit** einer vertieften Zusammenarbeit mit der politischen und wirtschaftlichen Bedeutung Chinas für die Gemeinschaft (Außenhandel, Direktinvestitionen), dem gegenwärtigen und prognostizierten Aufschwung des Luftverkehrsmarktes (Tourismus), der sich abzeichnenden Liberalisierung (Marktzugang, Kapazitäten, Tarife) und Privatisierung des chinesischen Luftverkehrs in Verbindung mit einer Konsolidierung (mangelnde Sicherheit und Unfälle in den neunziger Jahren) und Modernisierung der Luftfahrtindustrie (Flugzeuge, Flughäfen, Luftverkehrsmanagement), der Stärkung der EU-Außenkompetenz und der Unzulänglichkeit der bestehenden bilateralen Abkommen. Laut einer Mitteilung vom 5. September 2005 [KOM (2005) 409 endg.] verfolgt die EU eine ähnliche Strategie gegenüber **Indien** *(vgl. Bull. EU 12-2004, S.94; Bull. EU 1/2-2005, S.96; Bull. EU 3-2005, S.63 f.; Bull. EU 6-2005, S.87; Bull. EU 7/8-2005, S.56; Bull. EU 9-2005, S. 51).*

Kapitel 4

Gemeinsame Telekommunikations-, Medien- und Postpolitik in Europa seit Mitte der achtziger Jahre

1. Entwicklung der Marktordnungspolitik in der Phase der Binnenmarktvollendung

1.1 Grundsätze und Handlungsschwerpunkte der gemeinsamen Politik

1.1.1 Das Grünbuch über die Entwicklung des Gemeinsamen Telekommunikationsmarktes vom Juni 1987

Bis Mitte der achtziger Jahre hatten **handels-, industrie-, forschungs- und infrastrukturpolitische Aspekte** die europäische Telekommunikationspolitik dominiert. Dabei standen in erster Linie die zwischenstaatliche Zusammenarbeit, die Entwicklung zukunftweisender Kommunikations- und Informationssysteme, der Aufbau der Netzinfrastruktur, die Harmonisierung technischer Normen und der Datenschutz im Mittelpunkt des Interesses. Eine Erweiterung bzw. Reform der gemeinschaftlichen Strategie schien aufgrund der technologischen Neuerungen jedoch unausweichlich zu werden. So begünstigten gerade die Entwicklung der **Mikroelektronik** und die **Digitalisierung** die Konvergenz von Kommunikations- (Übertragungs- und Vermittlungsfunktion), Datenverarbeitungs- und audiovisueller Technologie. Verbunden waren damit eine Integration der Sprach-, Text-, Bild- und Datenkommunikation, eine Vervielfachung des Diensteangebots, leistungsfähigere und kostengünstigere Übertragungswege (IBC, ISDN, Mobilfunk- und Satellitenfunktechnologie, Kabelfernsehnetze), Verbesserungen bei der Vermittlungstechnologie (Speicherprogrammierung, zusätzliche Funktionen, Unterstützung neuer Dienste) sowie ein vielfältiges Angebot spezialisierter Nebenstellenanlagen und Endgeräte (größere Leistungsfähigkeit, Multifunktionalität) *(vgl. C. Graack, 1997, S.35ff.)*.

Auch der sich seit Ende der siebziger Jahre verstärkende Trend zur **Lockerung der Marktzutrittsbeschränkungen**, zur **Deregulierung** und zur **Privatisierung** insbesondere in den Vereinigten Staaten sowie im Vereinigten Königreich (zwei öffentliche Netzbetreiber; private Anbieter von Daten-, Mehrwert- und Mobilfunkdiensten; Wiederverkauf, gemeinsame Nutzung und Zusammenschaltung von Mietleitungen) übte einen erheblichen Druck auf die gemeinschaftliche Telekommunikationspolitik aus. Seit Mitte der achtziger Jahre begannen dann auch andere Mitgliedstaaten mit einer **ordnungspolitischen** (alternative Anbieter von Mobilfunkdiensten, Liberalisierung des Angebots und der Wartung von Endgeräten mit Ausnahme des ersten Telefonapparats am Hauptanschluß) **und institutionellen Umstrukturierung des Sektors** (Trennung der Verwaltungen für Post und Fernmeldewesen, größere unternehmerische Selbständigkeit des öffentlichen Netzbetreibers) *(zur telekommunikationsspezifischen Liberalisierungs-, Deregulierungs- und Privatisierungsdiskussion vgl. z. B. E.-J. Mestmäcker, 1980; G. Knieps u. a., 1981; G. Knieps, 1985; J. Scherer, 1985; R. Windisch, 1987; W. Neu u. a., 1989; G. Otto, 1989).*

1.1.1.1 Ziele und Inhalte des Grünbuchs

Den Übergang zu einer neuen Phase der europäischen Telekommunikationspolitik markierte schließlich das am 30. Juni 1987 veröffentlichte Grünbuch über die Entwicklung des Gemeinsamen Marktes für Telekommunikationsdienstleistungen und Telekommunikationsgeräte [KOM (87) 290 endg.]. Im Hinblick auf die **Verwirklichung des Binnenmarktes** bis Ende 1992 sollten die Schaffung einer **sektorspezifischen Wettbewerbsordnung** sowie der Abbau von Beschränkungen des **Waren- und Dienstleistungsverkehrs** in den Mittelpunkt treten (Liberalisierung, Deregulierung, Anwendung der Wettbewerbsregeln), um an der Entwicklungsdynamik des Marktes partizipieren sowie die Bereitstellung leistungsfähiger Infrastrukturen und Dienste gewährleisten zu können. Hiervon versprach man sich vor allem einen Beitrag zum **gesamtwirtschaftlichen Wachstum** (Kommunikation und Information als universelle Produktionsfaktoren, erleichterter Zugang zu Wissen und Bildung, Unterstützung des Strukturwandels und Förderung des Dienstleistungssektors, Nachfrageeffekte durch Investitionen in die Netzinfrastruktur, die Dienste und die Endgeräte), eine Verbesserung des **unternehmerischen Umfelds** (Organisation der Produktion, Standortwahl), eine quantitativ und qualitativ **attraktivere Angebotspalette** für die Verbraucher sowie eine Intensivierung der **Handelsbeziehungen** *(vgl. Bull. EG 6-1987, S. 19 f.; J. Scherer, 1987a, S. 743 ff.; H. Ungerer u. a., 1988, S. 191 ff.; K. E. Bernard, 1989, S. 313 ff.; G. D. Philip, 1990, S. 67 ff.; J. Scherer, 1991, S. 225 ff.; H. Ungerer, 1991, S. 3 ff.; M. Carpentier u. a., 1992, S. 96 ff.; Th.-S. Kluth, 1993, S. 82 ff.; M. Weinkopf, 1993, S. 9 ff.; C. Graack, 1997, S. 163 ff.).*

Die in diesem Zusammenhang vor allem aus den technologischen Entwicklungen folgenden **ordnungspolitischen Problemstellungen** manifestierten sich zum einen im Zusammentreffen eines überwiegend monopolartig strukturierten und stark reglementierten Telekommunikationssektors einerseits und eines wettbewerblich ausgerichteten Informationsmarktes andererseits. Weiterhin waren neben dem **Postulat der**

Liberalisierung auch **andere Ziele** zu verfolgen, wie der Ausbau der Festnetzinfrastruktur, die Sicherstellung der finanziellen Lebensfähigkeit der Netzbetreiber sowie die Verwirklichung gesamt- und gemeinwirtschaftlicher Ziele.

Die Notwendigkeit eines abgestuften Vorgehens erforderte außerdem eine Definition der Trennlinien zwischen **Netz-, Dienste- und Endgerätesektor** sowie die Abgrenzung von **Basis- bzw. Grunddiensten** (Sprachtelefondienst, Telex), **neuen Basisdiensten** und **Mehrwert- bzw. erweiterten Diensten** (Datendienste, Teletex, Telefax, elektronische Post, Bildschirmtext, Kartenreservierung, Bankdienste, EDI, Telemetrie und Fernüberwachung, Schnittstellen und Protokollumwandlung, Konferenzschaltungen, zeitversetzte Übertragung, Auftragsdienste, andere Zusatzfunktionen). Schließlich waren auch die Bedingungen für den **Netzzugang Dritter** und den **Endgeräteanschluß** zu regeln *(vgl. J. Müller, 1989, S.471 ff.; J. Müller, 1991, S.497 ff.; M. Carpentier u. a., 1992, S.94ff.; Th.-S. Kluth, 1993, S.72, 82; M. Weinkopf, 1993, S.8f.; J. M. Bauer u. a., 1994, S.55f.)*.

Die **Neuausrichtung** der gemeinsamen Telekommunikationspolitik sollte sich nach den Vorstellungen der Kommission an folgenden **Leitlinien** orientieren:

— Schaffung eines *wettbewerbsorientierten Marktes* für das Angebot von Telekommunikationsdiensten (Wettbewerbsdienste), insbesondere in bezug auf das internationale Segment; Beibehaltung *besonderer oder ausschließlicher Rechte* für das Angebot allgemein verfügbarer Basisdienste, wobei diese Bestimmung lediglich auf den öffentlichen Sprachtelefondienst (reservierter Dienst) bezogen wurde; damit Verbot einer entsprechenden Inanspruchnahme von *Mietleitungskapazitäten* (Wiederverkauf, gemeinsame Nutzung); durch die Garantie des Exklusivrechts Gewährleistung der finanziellen Überlebensfähigkeit der Fernmeldeverwaltungen als Hauptnetzbetreiber in der Übergangsphase zum Wettbewerb (Erbringung von Dienstleistungen von allgemeinem Interesse, Ausbau der Festnetzinfrastruktur, Entwicklung von digitalen Breitbandübertragungswegen, Einführung europaweiter Dienste); Notwendigkeit einer regelmäßigen *Überprüfung der Monopolrechte* am Maßstab des Gemeinschaftsrechts und anhand der technologischen Entwicklung.

— Möglichkeit der Beibehaltung *besonderer oder ausschließlicher Rechte* für die Errichtung, die Bereitstellung und den Betrieb der Netzinfrastruktur (Monopol, Duopol), begründet mit den o. a. Argumenten sowie der Existenz von Größenvorteilen, der Sicherstellung der Netzintegrität und -interoperabilität sowie der Reduzierung von Transaktionskosten.

— Überprüfung der ordnungspolitischen Rahmenbedingungen der Satelliten- und Mobilfunksysteme sowie der Kabelfernsehnetze; *Satellitenkommunikation*: stufenweise Marktöffnung (fallweise Prüfung bei Zweiwegverbindungen und Aufwärtsstrecken, generelle Genehmigung von VSAT-Anlagen für die Datenübertragung mit niedrigen Bitraten, Zulassung des Betriebs von nur für den Empfang bestimmten Bodenstationen, Liberalisierung des Satellitenrundfunks) und Ausarbeitung gemeinsamer Positionen (nationale und private Satellitenbetreiber, Aufwärtsstrecke, Bodenstationen); *Mobilfunk*: einheitliches öffentliches digitales

System, Kompatibilität mit Festnetzen; *Kabelfernsehnetze*: Entwicklung einer gemeinsamen Position in bezug auf den Zweiwegbetrieb.

— Schaffung eines Binnenmarktes für die *Übertragungs- und Vermittlungstechnologie*; schrittweise Liberalisierung von Herstellung, Einfuhr, Vertrieb, Anschluß, Inbetriebnahme und Wartung von *Endgeräten* mit der Möglichkeit einer zeitlich befristeten *Ausnahmeregelung* für den ersten Telefonapparat am Hauptanschluß.

— Vollständige *Anwendung der Wettbewerbsregeln* auf den Telekommunikationssektor; Überprüfung der unternehmerischen Tätigkeiten aller Anbieter am Maßstab der Artt. 37, 85, 86 und 90 EWGV (Artt. 31, 81, 82 und 86 EGV), insbesondere bei der *Quersubventionierung* zwischen Monopol- und Wettbewerbsbereichen.

— Eindeutige institutionelle Trennung *hoheitlicher Funktionen* (Erteilung von Genehmigungen, Kontrolle von Spezifikationen und Gerätezulassungen, Frequenzzuteilung, Überwachung von Nutzungsbedingungen) von den *betrieblichen Tätigkeiten* der Fernmeldeverwaltungen; keine Vorgaben für die Organisation des Post- und Telekommunikationswesens.

— Schaffung genau definierter und allgemein akzeptierter *Netzzugangs- und Anschlußbedingungen* durch die Ausgestaltung des Prinzips des offenen Netzzugangs (*open network provision*, ONP).

— Festlegung technischer Normen für den Netzzugang, einheitliche Definition von Netzabschlußpunkten, Regelung der Frequenzzuteilung, Bestimmung von Gebührengrundsätzen (Transparenz, Kostenorientierung, Entbündelung, Nutzungsabhängigkeit) und Vereinheitlichung der Nutzungsrestriktionen.

— Gewährleistung der langfristigen *Konvergenz und Integrität* der Netzinfrastruktur einschließlich der europaweiten Einführung des ISDN und von Mobilfunksystemen.

— Beschleunigte Entwicklung von technischen *Spezifikationen und Normen* für die Netzinfrastruktur sowie für die von marktbeherrschenden Unternehmen angebotenen Dienste und die Endgeräte auf der Grundlage des Ratsbeschlusses 87/95/EWG *(vgl. S. 654)* zur Gewährleistung der gemeinschaftsweiten *Integrität und Kompatibilität.*

— Schaffung eines *Europäischen Instituts für Telekommunikationsnormen* (European Telecommunications Standards Institute, ETSI).

— Durchführung von *Konformitätsprüfungen*; Ausweitung des Geltungsbereichs der Ratsrichtlinie 86/361/EWG *(vgl. S. 656)* auf die *gegenseitige Anerkennung* der Allgemeinzulassungsverfahren für Telekommunikationsendgeräte.

— Schrittweise Öffnung der *Vergabeverfahren für öffentliche Lieferaufträge* im Telekommunikationsbereich durch eine erweiterte Anwendung der Ratsempfehlung 84/550/EWG *(vgl. S. 113)* in bezug auf Endgeräte, die Verabschiedung einer Richtlinie, die zügige Erstellung von gemeinsamen Spezifikationen und eine Erhöhung der Transparenz.

— Abschaffung der Möglichkeit, das öffentliche Fernmeldewesen von der *Mehrwertsteuer* auszunehmen; Transparenz der *finanziellen Beziehungen* zwischen Fernmeldeverwaltungen und Staaten.

— Regelungen in bezug auf den Datenschutz, den Schutz der Privatsphäre, die Vertraulichkeit, das Urheberrecht, die Authentizität, die Haftung und den Betrug.
— Untersuchung der *sozialen Auswirkungen* der neuen Technologien und der ordnungspolitischen Reformen; Akzeptanz und Einsatz im beruflichen, privaten und gesellschaftlichen Rahmen; Konsequenzen für das Erwerbsleben, die Beschäftigung und die Freizeit; Integration benachteiligter Bevölkerungsgruppen in die Gesellschaft; Dialog mit den Sozialpartnern; Weiterbildung, Verbesserung der beruflichen Qualifikation der Arbeitnehmer und Anforderungen an die Mobilität.
— Berücksichtigung der Bedürfnisse *strukturschwacher und peripherer Regionen* (entfernungsunabhängige Kosten, Verminderung von Standortnachteilen).
— Unterstellung der *internationalen Telekommunikationspolitik* unter die *gemeinsame Handelspolitik*; Abstimmung der Verhandlungen in den internationalen Organisationen, wie z. B. in der Internationalen Fernmeldeunion (ITU), den internationalen Satellitenorganisationen und bei der Uruguay-Runde des GATT; Festlegung eines schlüssigen Konzepts (Marktzugang im Dienste- und Endgerätebereich, Satellitenkommunikation, Technologiehandel, Frequenzvergabe, Normung, öffentliche Beschaffung) für die *Beziehungen zu Drittstaaten* (EFTA-Staaten, Japan, Vereinigte Staaten, andere Industrieländer, Osteuropa, Entwicklungsländer); Information der Kommission über Vereinbarungen zwischen Fernmeldeorganisationen oder zwischen Mitgliedstaaten und Drittländern.

Das Grünbuch schloß mit einer **Bestandsaufnahme** der bisherigen Telekommunikationspolitik, einer Darlegung der **Wechselbeziehungen** mit anderen Tätigkeitsbereichen der Gemeinschaft, einer Begutachtung der **außenhandelspolitischen Dimension** der gemeinsamen Telekommunikationspolitik und einer **Zusammenfassung** der Lösungsvorschläge.

1.1.1.2 Konsultationsphase und Festlegung zukünftiger Prioritäten

Im Anschluß an die Veröffentlichung des Grünbuchs führte die Kommission vom Juni 1987 bis zum Januar 1988 eine **breit angelegte Konsultation** durch, an der sich mehr als 45 Organisationen, Verbände und Unternehmen sowie die SOG-T und am 18. November 1987 der **Wirtschafts- und Sozialausschuß** [ABl. C 356 31.12.87 S.46] (längere Übergangsfristen für die Öffnung des Endgeräte- und Dienstemarktes, Ausweitung des Begriffs der zu reservierenden Basisdienste, stärkere Berücksichtigung der Marktzutrittsbedingungen, Gewährleistung der gemeinwirtschaftlichen Verpflichtungen) beteiligten *(vgl. Bull. EG 11-1987, S. 119)*. Am 9. Februar 1988 veröffentlichte die Kommission eine Mitteilung zur Verwirklichung des Grünbuchs [KOM (88) 48 endg.], in der sie den **aktuellen Diskussionsstand** wiedergab und **konkrete Reformvorschläge** unterbreitete. Unterschiedliche Auffassungen hatten sich vor allem bezüglich der Festlegung von Monopolrechten für die Bereitstellung und den Betrieb der Netzinfrastruktur sowie für das Angebot von Telex- und vermittelten Datendiensten, der Liberalisierung der Satellitenkommunikation, der Entwicklung europaweiter Dienste, der Einbeziehung sozialer Aspekte sowie der Auffindung einer gemeinsamen

Position im Verhältnis zu Drittstaaten und internationalen Organisationen gezeigt. Aufbauend auf den Ergebnissen der Konsultation formulierte die Kommission in einem **Aktionsprogramm** konsensfähige Positionen und legte einen **Zeitplan** für die Umsetzung der Maßnahmen vor *(vgl. Bull. EG 2-1988, S.42; GB 1988, Ziff.403; N. P. Costello, 1989, S.9ff.; K. W. Grewlich, 1989, S.186f.)*:

— stufenweise Liberalisierung des *Endgerätemarktes* bis zum 31. Dezember 1990; Ausarbeitung eines Richtlinienvorschlags zur gegenseitigen Anerkennung der Zulassungsverfahren für Endgeräte bis Ende 1988;

— vollständige Öffnung des Marktes für nur zum Empfang bestimmte *Satellitenanlagen* bis zum 31. Dezember 1989;

— Liberalisierung des Marktes für *Telekommunikationsdienste* (vor allem Mehrwertdienste) bis zum 31. Dezember 1989; Beibehaltung besonderer oder ausschließlicher Rechte für die Bereitstellung und den Betrieb der *Netzinfrastruktur* sowie das Angebot von *Sprachtelefondiensten*;

— Konzipierung von Übergangsbestimmungen für öffentliche *Telex- und Datendienste* zwecks Sicherstellung des zukünftigen Diensteangebots;

— Überprüfung der Aufrechterhaltung der verbliebenen *besonderen oder ausschließlichen Rechte* bis zum 1. Januar 1992 unter Berücksichtigung der technologischen Entwicklungen, der gemeinwirtschaftlichen Verpflichtungen der öffentlichen Netzbetreiber und potentieller Wettbewerbsbeschränkungen für Dritte;

— Unterbreitung von *Richtlinienvorschlägen* zur Regelung von technischen Aspekten, Nutzungsbedingungen und Gebührengrundsätzen im Rahmen des *ONP-Konzepts* (Mietleitungen, Datennetze, ISDN) bis zum 31. Dezember 1989; baldige Abschaffung von Restriktionen bei der Zusammenschaltung und dem Wiederverkauf von Übertragungskapazitäten.

Weiterhin wurden die bereits im **Grünbuch** formulierten Standpunkte zur vollständigen Trennung hoheitlicher und betrieblicher Funktionen, zur Transparenz der finanziellen Beziehungen zwischen den Staaten und den Fernmeldeverwaltungen sowie zu den steuerlichen Aspekten, zur Kostenorientierung der Telefontarife, zur Anwendung der Wettbewerbsregeln auf den Telekommunikationssektor, zur Einführung europaweiter Dienste, zur forcierten Ausarbeitung weiterer Normen und zur Einrichtung des ETSI, zur Liberalisierung des öffentlichen Auftragswesens, zur Schaffung eines geeigneten sozialen Umfelds, zur Berücksichtigung regionalpolitischer Belange und zur Abstimmung der Positionen in internationalen Organisationen bekräftigt.

Bei den **Ratstreffen** im April und Mai 1988 wurden zwar die Aktionslinien der Kommission im Grundsatz gebilligt, unterschiedliche Auffassungen traten jedoch in bezug auf die vollständige Liberalisierung des Diensteangebots über Festnetze, die Satellitenkommunikation sowie die Tarifgrundsätze zutage; auch der **Wirtschafts- und Sozialausschuß** wiederholte in einer Stellungnahme vom 27. April 1988 [ABl. C 175 04.07.88 S.36] seine teilweise kritischen Positionen. Auf der Grundlage eines konsensfähigen Kommissionsvorschlags bestätigte der Rat dann aber in seiner **Entschließung 88/C 257/01 vom 30. Juni 1988 [ABl. C 257 04.10.88 S.1]** *(vgl. Übersicht 66)* die Ziele des Grünbuchs und die daraus abgeleiteten Prioritäten des Aktionsprogramms. In zwei Entschließungen vom 14. Dezember 1988 zur Notwendigkeit einer Überwindung der Zersplitterung im Bereich der Telekommunikation [ABl. C 012 16.01.89 S.66] sowie zur Post und Telekommunikation [ABl. C 012 16.01.89 S.69] unterstützte zudem das **Europäische Parlament** grundsätzlich die Positionen von Rat und Kommission, forderte allerdings eine ausreichende Einbeziehung der Arbeitnehmerinteressen, eine stärkere Berücksichtigung beschäftigungs-, sozial-, verbraucher- und regionalpolitischer Belange sowie flankierende Maßnahmen zur Gewährleistung eines umfassenden, qualitativ hochwertigen und preisgünstigen Endgeräte- und Diensteangebots *(vgl. Bull. EG 4-1988, S.114f.; Bull. EG 6-1988, S.47f.; Bull. EG 12-1988, S.58f.; GB 1988, Ziff.403; H. Ungerer, 1991, S.5f.; J. Scherer, 1991, S.228f.; M. Carpentier u. a., 1992, S.98ff.; Th.-S. Kluth, 1993, S.87ff.; zur Umsetzung des Grünbuchs in Gemeinschaftsvorschriften B. Delcourt, 1991, S.15ff.).*

Übersicht 66: Ratsentschließungen zur gemeinschaftlichen Telekommunikationspolitik bis 1991

Entschließung 88/C 257/01 des Rates vom 30. Juni 1988 über die Entwicklung des Gemeinsamen Marktes für Telekommunikationsdienste und -geräte bis 1992 [ABl. C 257 04.10.88 S.1] — Rechtsetzung auf der Grundlage des EWGV und auf Vorschlag der Kommission [KOM (88) 336 endg.] — Kenntnisnahme durch das EWR-Abkommen [ABl. L 001 03.01.94 S.418]
Entschließung 92/C 8/01 des Rates vom 19. Dezember 1991 über die Entwicklung des Gemeinsamen Marktes für Satellitenkommunikationsdienste und -geräte [ABl. C 008 14.01.92 S.1] — Rechtsetzung auf der Grundlage des EWGV — Kenntnisnahme durch das EWR-Abkommen [ABl. L 160 28.06.94 S.77]

1.1.2 Das Grünbuch zur Satellitenkommunikation vom November 1990

1.1.2.1 Ausgangslage und Zielsetzungen

Die Satellitentechnologie gewann etwa seit Mitte der siebziger Jahre für die Übermittlung von **Rundfunk- und Telekommunikationsdiensten** (feste Übertragungsdienste) zunehmend an Bedeutung. Der technische Fortschritt hatte zur Folge, daß **Satelliten mit größerer Übertragungskapazität** (Punkt-zu-Punkt- und Punkt-zu-Mehrpunkt-Anwendungen, Ein- und Zweiwegbetrieb) und **längerer Lebensdauer** eingesetzt werden konnten. Die Bodenstationen verwendeten neue Anlagen (kleinere Satellitenantennen, VSATs) für den Empfang oder den Zweiwegverkehr mit niedrigen Bitraten. Ferner wurden **neue Zugriffsverfahren** entwickelt und **zusätzliche Frequenzbänder** zur Verfügung gestellt. Systembedingte Vorteile bestanden in der raschen Einsatzfähigkeit, der Abdeckung größerer Versorgungsgebiete, der Eignung auch für verkehrsarme Regionen, den entfernungsunabhängigen Kosten, einem unterproportionalen Kostenanstieg bei zunehmender Bandbreite und der Unterstützung neuer Dienste (Digitalisierung, Videokonferenzen) *(vgl. C. Graack, 1997, S.53ff.)*.

Hinsichtlich der **ordnungspolitischen Rahmenbedingungen** mußte nach den **einzelnen Systemkomponenten** differenziert werden: Erd- bzw. Bodensegment (Sender und Empfänger), Aufwärtsstrecke bzw. Erdfunkstation (*up-link*), Satellit bzw. Raumsegment, Abwärtsstrecke (*down-link*). Das Recht zur Übertragung des Funksignals auf der **Aufwärtsstrecke** (Punkt-zu-Punktbetrieb) lag ausschließlich bei den Fernmeldeverwaltungen. Das **Raumsegment** wurde von den Satellitensystemen (EUTELSAT, INTELSAT, INMARSAT, INTERSPUTNIK, ARABSAT) bereitgestellt; die Fernmeldeverwaltungen kauften bzw. verkauften in ihrer Rolle als Unterzeichner der Betriebsvereinbarungen die Kapazitäten. Die **Abwärtsstrecke** war durch den jeweiligen Dienst charakterisiert, und auch die **Antennensysteme** (Bodenstationen) wurden von den Fernmeldeverwaltungen betrieben. Charakteristisch waren zudem die **unterschiedlichen Regulierungsregimes** für das Rundfunk- (Betrieb durch staatlich kontrollierte oder private Anstalten) und das Telekommunikationswesen (Eigentum und Betrieb aller Verbindungen in der Hoheit der Fernmeldeverwaltungen), für die oftmals auch **verschiedene Aufsichtsbehörden** existierten. Allerdings wurden die traditionellen Strukturen seit den achtziger Jahren mehr und mehr modifiziert; so entstanden z. B. neue nationale und private Satellitensysteme (Astra, Columbia, DFS-Kopernikus, Hispasat, Italsat, Orion, PanAmSat, Sarit, TDF, Telecom I und II, Tele-X, Thor, Turksat, TV-SAT); private Unternehmen durften nur für den Empfang bestimmte Bodenstationen betreiben, und Privathaushalte konnten Hausantennen für den Rundfunkempfang installieren *(vgl. R. L. White u. a., 1988; M. L. Smith, 1990).*

Auf Gemeinschaftsebene war der **Markt für Satellitendienste** im Gegensatz zur entsprechenden Technologie gegen Ende der achtziger Jahre unterentwickelt und stark national ausgerichtet. Einheitliche Regelungen erschienen notwendig, weil viele Staaten das Angebot **grenzüberschreitender Dienste** liberalisieren und ein Verfahren für die Vergabe von Genehmigungen festlegen wollten. Abgestimmte Aktionen bei der Zuteilung der **Raumsegmentkapazität** waren ebenfalls ausgeblieben, da mit Ausnahme der CEPT, in der lediglich die öffentlichen Netzbetreiber zusammenarbeiteten, auf politischer Ebene kein Forum für ein koordiniertes Vorgehen existierte. Über ihre Mitgliedschaft in den Satellitenkonsortien versuchten Fernmeldeverwaltungen und damit auch die Mitgliedstaaten, ihre eigenen Strategien und Zielvorstellungen durchzusetzen. Dies war gerade deshalb problematisch, da neue Satellitenbetreiber den Zugang zur Raumsegmentkapazität nur über den **konkurrierenden öffentlichen Netzbetreiber** erhalten konnten. Auch die Vergabe von Nutzungsrechten für Bodenstationen unterlag unterschiedlichen Vorschriften *(zum deutschen Markt vgl. U. Szafran, 1993).*

Auf der Grundlage des Grünbuchs vom Juni 1987 und der Mitteilung vom 19. Juli 1988 über einen kohärenten Ansatz der Gemeinschaft zur Raumfahrt [KOM (88) 417 endg.] sowie einer Entschließung des Europäischen Parlaments vom 17. Juni 1987 zur Weltraumpolitik [ABl. C 190 20.07.87 S.78] veröffentlichte die Kommission am 20. November 1990 das Grünbuch über ein gemeinsames Vorgehen im Bereich der Satellitenkommunikation in der Europäischen Gemeinschaft [KOM (90) 490 endg.], in dem sie einführend die **ordnungspolitischen Rahmenbedingungen** (Satellitenbetreiber, Umlaufbahnen, Frequenzen, Erdsegment, Genehmigungs- und Zulassungsverfahren, Zugang zur Raumsegmentkapazität), die **technologischen** und die **Marktentwicklungen** (Erd- und Raumsegmenttechnologie, Telekommunikations- und Rundfunkdienste), die Zusammenhänge mit **anderen Gemeinschaftspolitiken** (Raumfahrt, Forschung und technologische Entwicklung, audiovisueller Sektor *(vgl. S.619)*, Verkehrswesen, Bildung, Regionalpolitik, Fischerei, Außenhandel, Entwicklungshilfe) sowie die Beziehungen zu **anderen Staaten** (EFTA, Mittel- und Osteuropa, Mittelmeeranrainer, Naher Osten, Vereinigte Staaten und Kanada, Südamerika, Japan, Australien und Neuseeland) und **internationalen Organisationen** (ITU, GATT) erläuterte *(vgl. Bull. EG 11-1990, S.34f.; GB 1990, Ziff.312; J. Scherer, 1991, S.232; M. Carpentier u. a., 1992, S.100; O. Stehmann, 1992, S.135ff.; J. M. Bauer u. a., 1994, S. 60f.; J. Horrocks, 1995, S.11/17; Kommission, 1995, S.7/1; C. Graack, 1997, S.213ff.; St. Polster, 1999, S.93).*

Die von der Kommission dargelegten **Reformvorschläge** verfolgten vorrangig das Ziel, unter Berücksichtigung nationaler Vorbehalte (Gewährleistung des öffentlichen Interesses) die bestehenden Beschränkungen für die Bereitstellung von Satellitenkapazitäten und das Angebot von Satellitendiensten zu lockern. Auf diesem Wege sollten die Entwicklung und Anwendung der **Satellitentechnologie** gefördert, die **Kosten** gesenkt und die **Netzwerkkonfigurationen** an den Nutzerbedarf angepaßt werden:

— vollständige Liberalisierung des *Erdsegments*; Angebot, Errichtung, Betrieb und Wartung von *Empfangsanlagen* für Satellitenfernsehen und -kommunikation ohne Genehmigungspflicht; für Bodenstationen sowie kombinierte Sende- und Empfangsanlagen können *Genehmigungen* vorgesehen werden;

— Öffnung des Marktes für *Satellitendienste* (Sendung und Empfang von Mehrwert- und Datendiensten, DTH-Satellitenfernsehen) unter Berücksichtigung der bestehenden *besonderen und ausschließlichen Rechte* (Übertragung von Sprachtelefondiensten über das öffentliche Vermittlungsnetz);

— kommerzielle Freiheit für Anbieter von *Raumsegmentkapazität*, einschließlich des Direktvertriebs von Satellitenkapazität an Diensteanbieter und Endnutzer;

— uneingeschränkte Anwendung der *Wettbewerbsregeln*;

— Trennung *hoheitlicher und betrieblicher Funktionen*;

— Gewährleistung des Zugangs zu und der Nutzung von *Satellitennetzen und Übertragungskapazitäten* auf unbeschränkter, gleichberechtigter und kostenorientierter Basis (ONP-Regeln);

— Schaffung objektiver, transparenter und diskriminierungsfreier *Genehmigungsverfahren* (Sende- und Empfangsanlagen, Bodenstationen, Satellitendienste und -netze) hinsichtlich der Einhaltung fortbestehender besonderer oder ausschließlicher Rechte, der Frequenzzuteilung, der Vermeidung von elektromagnetischen Störungen, der Kompatibilität und Interoperabilität sowie des Datenschutzes und des Schutzes der Privatsphäre; Regelung der *gegenseitigen Anerkennung* von Genehmigungen; Erteilung von *Allgemeingenehmigungen*;

— Förderung des Angebots *europaweiter Dienste*;

— Koordinierung der *Frequenzzuteilung* und der für Anbieter aus Drittstaaten maßgeblichen Regelungen;

— Anwendung von *Allgemeinzulassungsverfahren* (Sende- und Empfangsanlagen, mit dem öffentlichen Vermittlungsnetz verbundene Empfangsanlagen); *gegenseitige Anerkennung* der Allgemeinzulassungen;

— Beschleunigung der *Normungsarbeiten* des ETSI; Harmonisierung der Übertragungsnormen für das Satellitenfernsehen;
— Angleichung der *internationalen Übereinkommen* oder ihrer Anwendung (Vereinbarungen über den Betrieb von Satellitensystemen, Zugang zum Raumsegment und Vermarktung der Kapazitäten, Finanzierung und Mitgliedschaft) an die Bestimmungen des EWGV (Wettbewerbsregeln).

1.1.2.2 Konsultationen und weitere Politikgestaltung

Das **Grünbuch** wurde am 14. Dezember 1990 vom Rat gebilligt und am 24. April 1991 auch vom Wirtschafts- und Sozialausschuß in einer Stellungnahme [ABl. C 159 17.06. 91 S.23] befürwortet. Gemäß dem in der **Entschließung 92/C 8/01 des Rates vom 19. Dezember 1991 [ABl. C 008 14.01.92 S.1]** *(vgl. Übersicht 66)* enthaltenen Aktionsplan sollte der Gemeinsame Markt für die Satellitenkommunikation schrittweise bis Ende 1992 verwirklicht werden; dabei waren folgende **Maßnahmen** zu ergreifen *(vgl. Bull. EG 12-1990, S.67; Bull. EG 4-1991, S.21f.; Bull. EG 11-1991, S.30, 126f.; WB 1991, Ziff.323; R. Ellger u. a., 1992, S.282f.; T. Howell, 1992, S.16.07ff.; Kommission, 1995, S.7/1; J. Horrocks, 1995, S.11/17f.)*:

— Liberalisierung des Marktes für *Satellitenfunkanlagen* (Empfangs- bzw. Übertragungs-/Empfangsgeräte) bis zum 1. Januar 1993; ggf. Aufhebung besonderer oder ausschließlicher Rechte; Annahme von Regelungen zur Einhaltung grundlegender Anforderungen sowie zur gegenseitigen Anerkennung der Konformitätsprüfungen bzw. -bescheinigungen und der Allgemeinzulassungen;
— Liberalisierung der Errichtung und des Betriebs von *Satellitenfunknetzen* (Satellitennetzdienste) sowie des Angebots von *Satellitenfunkdiensten* bis zum 1. Januar 1993; ggf. Verabschiedung von Bestimmungen zur Einhaltung grundlegender Anforderungen und auch zur Berücksichtigung besonderer oder ausschließlicher Rechte; Konzipierung eines Genehmigungsverfahrens für Satellitennetze und -dienste;
— Erweiterung des Zugangs zur Raumsegmentkapazität der als Systembetreiber fungierenden *internationalen Satellitenorganisationen* auf gleichberechtigter und transparenter Basis; Förderung des Aufbaus separater Satellitensysteme;
— Trennung hoheitlicher und betrieblicher Funktionen;
— Kooperation mit der CEPT im Hinblick auf die Bereitstellung und Zuweisung von *Frequenzen*;
— Berücksichtigung sozialer, regionaler und industrieller Belange.

Die Kommission ergänzte ihre Vorstellungen in der Mitteilung vom 23. September 1992 über die Europäische Gemeinschaft und die Raumfahrt [KOM (92) 360 endg.]. Das **Europäische Parlament** äußerte sich nachträglich in seiner Entschließung vom 19. Januar 1993 [ABl. C 042 15.02.93 S.30] zu einem gemeinsamen Vorgehen im Bereich der Satellitenkommunikation in der Europäischen Gemeinschaft positiv zu den Vorstellungen der Kommission; angesichts der zwischenzeitlichen Verzögerungen drängte es aber auf die baldige Unterbreitung von **Vorschlägen für konkrete Rechtsakte** *(vgl. GB 1993, Ziff. 342; zur weiteren Entwicklung S. 684)*.

1.1.3 Gemeinschaftspolitik im audiovisuellen Sektor

1.1.3.1 Das Grünbuch über die Errichtung eines Gemeinsamen Rundfunkmarktes vom Mai 1984 und nachfolgende Initiativen

Mit der Veröffentlichung des Grünbuchs über die Errichtung des Gemeinsamen Marktes für den Rundfunk, insbesondere über Satellit und Kabel (Fernsehen ohne Grenzen), knüpfte die Kommission am 23. Mai 1984 [KOM (84) 300 endg.] an die gegen Mitte der siebziger Jahre *(vgl. S. 107)* und erneut seit 1982 *(vgl. S. 110)* **aufgekommene Diskussion** über das gemeinsame Rundfunkwesen an. Begründet wurde das gemeinschaftliche Tätigwerden mit der gesamtwirtschaftlichen und technischen **Bedeutung des Sektors** (Satellitenübertragung und Breitbandnetze, mehr verfügbare Programme, Zugang zu Informations- und Kommunikationstechnologien und -diensten), dem Einfluß auf die **politische, gesellschaftliche und wirtschaftliche Integration** sowie seinem Beitrag zur Formung der **historischen und kulturellen Identität**, zur **Bildung** und zum **Verbraucherschutz** (Verbreitung von Nachrichten, Informationen, Gedanken, Meinungen). Die Kommission empfahl unter Bezugnahme auf die unmittelbar anwendbaren Vertragsbestimmungen zum freien Dienstleistungsverkehr (Artt. 59 und 62 EWGV (Art. 49 EGV, *aufgehoben*)) und die Urteile des Europäischen Gerichtshofs vom März 1980 *(vgl. S. 108)*, zuerst alle nationalen Rechtsvorbehalte, technischen Hemmnisse und sonstigen diskriminierenden Beschränkungen zu beseitigen, die die **grenzüberschreitende Erbringung** von Rundfunkdiensten behinderten (Satellitennutzung, Übertragung, Weiterverbreitung, Empfang). In einem zweiten Schritt sollte eine **Angleichung der Bestimmungen** erfolgen, die das Angebot von Rundfunksendungen aus verschiedenen Gründen Regelungen unterwarfen; genannt wurden die **Rundfunkwerbung** (Vorteile: Ertragsquelle für die Sender, Produktvermarktung, Verbraucherinformation; Vorgaben: zeitlicher Umfang, Trennung vom übrigen Programm, Programmunterbrechung, Sponsoring, Werbeverbote, Kontrollorgan), Bestimmungen zur **öffentlichen Ordnung**, zur **Sicherheit** und **Gesundheit** sowie zum Schutz von **Persönlichkeitsrechten** (Minderjährige), das Recht auf **Gegendarstellung** sowie **Urheber- und verwandte Schutzrechte** (Weiterverbreitung, finanzielle Kompensation) *(vgl. Bull. EG 5-1984, S. 13 ff., 29 f.; GB 1984, Ziff. 136; J. Schwarze, 1985; KOM (87) 290 endg., S. 149 f.; H. Ungerer u. a., 1988, S. 179 f.; zu den primärrechtlichen Grundlagen der Medienpolitik M. Bullinger u. a., 1997, S. 88 ff.)*.

Die Stellungnahme des **Wirtschafts- und Sozialausschusses** vom 25. September 1985 [ABl. C 303 25.11.85 S. 13] sowie die Entschließungen des **Europäischen Parlaments** vom 10. Oktober 1985 zum Grünbuch und zu den wirtschaftlichen Aspekten des Gemeinsamen Rundfunkmarktes [ABl. C 288 11.11.85 S. 113, 119] begrüßten die Positionen der Kommission; als unzureichend wurden u. a. die Ausführungen zu **folgenden Aspekten** beurteilt: Verhinderung von Medien- und Meinungsmonopolen, Förderung der gemeinschaftlichen Programmindustrie und europäischer Produktionen, Schaffung eines europäischen Programms und mehrsprachiger Sendungen, Harmonisierung technischer Normen, statistische Erfassung des Sektors, Belange des öffentlich-rechtlichen Rundfunks, soziale (Beschäftigung, Information, Bildung) und kulturelle Aspekte, Einrichtung einer europäischen Programmredaktion und Rundfunkorganisation *(vgl. Bull. EG 9-1985, S.103f.; Bull. EG 10-1985, S.92)*.

Angesichts der zunehmend offenbar werdenden **strukturellen Schwächen** des audiovisuellen Sektors in Europa, die sich in der Zersplitterung und Abschottung der Märkte, im unzureichenden Vertrieb und Programmaustausch, in einer zu geringen Investitionstätigkeit, in einer mangelnden Kapitalausstattung und in der Verschlechterung der Wettbewerbsfähigkeit zeigten, leitete die Gemeinschaft seit Mitte der achtziger Jahre auch umfassende **Hilfsmaßnahmen** ein. Neben der Ausarbeitung eines Rechtsrahmens in den Bereichen Marktzugang, Normung sowie Schutz des geistigen Eigentums und bestimmter Bevölkerungsgruppen sollten vor allem die Unterstützung der **audiovisuellen Industrie** (erfolgloser Kommissionsvorschlag von 1985 zu einer gemeinschaftlichen Förderhilfe für Film- und Fernsehproduktionen [ABl. C 125 22.05.85 S. 13; ABl. C 351 31.12.85 S.37], Europäisches Film- und Fernsehjahr 1988 [KOM (86) 320 endg.; KOM (86) 533 endg.]) sowie die Entwicklung **neuer Technologien und Normen** (Satellitenfernsehen, HDTV, Breitbildformat) *(vgl. S.660)* im Mittelpunkt stehen. Entsprechende **Strategien** legte die Kommission erstmals in ihrer Mitteilung vom 23. April 1986 über die Förderung der audiovisuellen Produktionsindustrie [KOM (86) 255 endg.] dar *(vgl. Bull. EG 4-1986, S.53f.; GB 1986, Ziff.242, 247)*.

1.1.3.2 Weiterentwicklung der Gemeinschaftspolitik seit 1989

Nach Abschluß des Konsultationsprozesses zum Grünbuch vom Mai 1984 unterbreitete die Kommission dem Rat am 30. April 1986 [ABl. C 179 17.07.86 S.4] einen ersten Vorschlag für eine Richtlinie zur **Verwirklichung des Binnenmarktes** im Bereich des Fernsehrundfunks. Meinungsverschiedenheiten zwischen den Gemeinschaftsorganen bewirkten, daß erst nach fast dreieinhalbjähriger Diskussion mit der **Richtlinie 89/552/EWG des Rates vom 3. Oktober 1989 [ABl. L 298 17.10.89 S.23]** i. d. F. der Berichtigung [ABl. L 331 16.11.89 S.51] (Fernsehrichtlinie) Vorgaben verabschiedet wurden, die innerhalb von zwei Jahren umzusetzen waren. Von zentraler Bedeutung war dabei die Verwirklichung der Niederlassungs- und Dienstleistungsfreiheit im Bereich des Fernsehrundfunks. Demnach haben alle Mitgliedstaaten den **freien Empfang** und die **unbeschränkte Weiterverbreitung** von Fernsehsendungen in ihrem Hoheitsgebiet sicherzustellen; Ausnahmen sind nur dann gerechtfertigt, wenn wiederholt Verstöße gegen die Bestimmungen zum Schutz von Minderjährigen registriert werden oder Sendungen zum Haß aufstacheln. Ferner werden geregelt die Förderung der Verbreitung und Herstellung von **europäischen Werken** (Mindestanteil an der Sendezeit, Hilfe für unabhängige Hersteller und neuere Filme, Ausstrahlung von Kinofilmen im Fernsehen), die **Fernsehwerbung** und das **Sponsoring** (Erkennbarkeit, Einfügung und Blockung, Häufigkeit und Dauer, Schutz von immateriellen Gütern und Bevölkerungsgruppen, Werbeverbote), der **Schutz von Minderjährigen** *(vgl. S.768)* und das **Recht auf Gegendarstellung**. Die Kontrolle der Einhaltung der Vorschriften wird von demjenigen Mitgliedstaat ausgeübt, dessen Rechtshoheit der Fernsehveranstalter unterworfen ist, von dem er eine Frequenz oder die Übertragungskapazität eines Satelliten zugeteilt bekommen hat oder in dem er eine Satellitenstation benutzt (Ursprungslandprinzip) *(vgl. Bull. EG 3-1986, S.11 ff.; Bull. EG, Beilage 5/86; GB 1986, Ziff.241; Bull. EG 4-1988, S.18; Bull. EG 11-1988, S.19; GB 1988, Ziff.252; Bull. EG 3-1989, S.17f.; Bull. EG 10-1989, S.19; GB 1989, Ziff.227; EP, 1992; J. Martín-Pérez de Nanclares, 1995; M. Bullinger u. a., 1997, S.119ff.; Übersicht 67).*

Auch im Rahmen der **Technologieförderung** und unter **wettbewerbspolitischen Aspekten** nahm das Interesse der Gemeinschaft am audiovisuellen Sektor seit 1989 deutlich zu. Die Konferenz über die audiovisuellen Medien in Paris im September und Oktober 1989, die Schlußfolgerungen des Europäischen Rates von Straßburg vom Dezember 1989, die Mitteilungen der Kommission vom 21. Februar 1990 über die Politik im audiovisuellen Bereich [KOM (90) 78 endg.] und vom 20. Februar 1991 über die Bilanz und Zukunftaussichten der europäischen audiovisuellen Industrie [KOM (91) 58 endg.], das am 16. Dezember 1992 angenommene Grünbuch über Pluralismus und Medienkonzentration im Binnenmarkt [KOM (92) 480 endg.] und die diesbezügliche Mitteilung vom 5. Oktober 1994 über den Konsultationsprozeß [KOM (94) 353 endg.] sowie die Entschließungen des Europäischen Parlaments vom 26. Mai 1989 zum Rundfunk [ABl. C 158 26.06.89 S.349], vom 15. Februar 1990 zur Konzentration im Medienbereich [ABl. C 068 19.03.90 S.137] und vom 16. September 1992 zur Medienkonzentration und Meinungsvielfalt [ABl. C 284 02.11.92 S.44] waren Ausdruck einer **stärkeren Einbeziehung von Rundfunkbelangen** in die Gemeinschaftpolitik (freier Programmaustausch und unbeschränkte grenzüberschreitende Produktionstätigkeit, Anwendung der Wettbewerbsregeln und Beihilfebestimmungen *(vgl. S.636, 645)*, Pluralismus und Zusammenschlüsse, Urheberrecht *(vgl. S.767)*, Marktbeobachtung, kulturelle Aspekte, Förderung der Programmindustrie, HDTV, internationale Beziehungen) *(vgl. Bull. EG 1/2-1990, S.67; WB 1990, Ziff.82; Bull. EG 1/2-1991, S.75; GB 1991, Ziff.228; Bull. EG 12-1992, S.59f.; Bull. EU 9-1994, S.16).*

Auf der Grundlage der **Erfahrungen der Pilotphase** sowie einer Kommissionsmitteilung und der damit verbundenen Vorschläge vom 4. Mai 1990 [KOM (90) 132 endg.] leitete der **Beschluß 90/685/EWG des Rates vom 21. Dezember 1990 [ABl. L 380 31.12.90 S.37]** am 1. Januar 1991 das fünfjährige Aktionsprogramm MEDIA (Mesures pour Encourager le Développement de l'Industrie Audiovisuelle) ein, das zu einem **günstigeren Umfeld für Unternehmen** der Gemeinschaft beitragen, das Angebot audiovisueller Produkte stimulieren und steigern, den innereuropäischen Austausch von Filmen und Programmen unterstützen sowie die Stellung der Produktions- und Vertriebsfirmen verbessern sollte. Ferner waren beabsichtigt die Förderung des Zugangs zu neuen Kommunikationstechnologien bei Produktion und Vertrieb, die Erarbeitung eines globalen Konzepts für den audiovisuellen Bereich sowie die Gewährleistung der Komplementarität mit den einzelstaatlichen Maßnahmen. Der **Finanzrahmen** für die Durchführung des Programms belief sich auf 200 Mio. ECU; für 1991 und 1992 standen 84 Mio. ECU zur Verfügung *(vgl. Bull. EG 4-1990, S.52f.; Bull. EG 12-1990, S. 112; GB 1990, Ziff.179; GB 1991, Ziff.230; GB 1992, Ziff.181; KOM(93) 364 endg., S. 5ff.; im weiteren Übersicht 75).*

1.2 Marktzugangspolitik im Telekommunikationssektor

1.2.1 Telekommunikationsendgeräte

1.2.1.1 Grundprobleme der Liberalisierung

Den Ausgangspunkt für die schrittweise Liberalisierung des Telekommunikationssektors bildete der **Endgerätemarkt**, da weder ökonomische Gründe (keine Größenvorteile, zunehmende Irrelevanz von Verbundvorteilen) noch politische Zielvorstellungen (Versorgungsauftrag, Entwicklung der Infrastruktur, Sicherung der Existenz des Hauptnetzbetreibers) eine Beschränkung des Marktzugangs rechtfertigen konnten. Darüber hinaus stellten **Endgerätemonopole** nach Auffassung der Kommission und des Europäischen Gerichtshofs in mehrfacher Hinsicht einen Verstoß gegen Bestimmungen des EWGV dar. Maßnahmen, die **Alleinrechte** bei der Einfuhr und dem Vertrieb begründeten, sowie die restriktiven nationalen **Zulassungsverfahren** verstießen gegen die Artt. 30 bis 36 EWGV (Art. 28 bis 30 EGV), da sie den innergemeinschaftlichen Handel beschränkten und Produzenten den Zugang zu Kunden in anderen Ländern versperrten. Art. 37 EWGV (Art. 31 EGV) verlangt eine Umformung nationaler Handelsmonopole, so daß die Versorgungs- und Absatzbedingungen keine **Diskriminierung** zwischen den Angehörigen verschiedener Mitgliedstaaten bewirken; die vorherrschende Ordnung des Endgerätemarktes war damit nach Rechtsprechung des **Europäischen Gerichtshofs** unzulässig und zu beseitigen. Einschränkungen der Inbetriebnahme und Wartung waren mit dem **freien Dienstleistungsverkehr** gemäß den Artt. 59 bis 66 EWGV (Artt. 49 bis 55 EGV) unvereinbar *(vgl. R. Schulte-Braucks, 1987, S.92ff.; J. Scherer, 1987b, S.4ff.; R. Ellger u. a., 1992, S.250ff.; Th.-S. Kluth, 1993, S.231ff., 259ff.; zu den primärrechtlichen Grundlagen der gemeinsamen Telekommunikationspolitik M. Rottmann, 1989, S.3ff.; B. Haar, 1995, S.235ff.; K. Goumagias, 1998, S.60ff.).*

Nach Meinung der Kommission lag weiterhin eine **Zuwiderhandlung** gegen Art. 86 EWGV (Art. 82 EGV) vor, weil der Endgeräteabsatz und der technische Fortschritt behindert wurden. In bezug auf das vorgeschriebene Mietverfahren wurden an den Abschluß von Verträgen zur **Netznutzung** oftmals zusätzliche, nicht in Beziehung zum Vertragsgegenstand stehende Bedingungen geknüpft. Von besonderer Bedeutung für die **Marktöffnung** sowohl im Endgerätebereich wie auch später in anderen Marktsegmenten erwies sich aber der Art. 90 EWGV (Art. 86 EGV). Strittig blieb allerdings lange Zeit die Frage, ob nicht die Durchsetzung der Vertragsbestimmungen die Erfüllung der den öffentlichen Fernmeldeverwaltungen übertragenen **besonderen Aufgaben** rechtlich oder tatsächlich behinderte. Die Voraussetzungen für eine Ausnahmeregelung auf der Basis des Art. 90 Abs. 2 EWGV (Art. 86 Abs. 2 EGV) waren nach Meinung der Kommission jedoch nicht anwendbar, da die Aufhebung der besonderen oder ausschließlichen Rechte auf dem Endgerätemarkt die **flächendeckende Bereitstellung** öffentlicher Telekommunikationssysteme als Dienstleistung von allgemeinem wirtschaftlichen Interesse nicht berührte *(vgl. R. Schulte-Braucks, 1987, S.89ff.; Th.-S. Kluth, 1993, S.136ff., 222ff.; J. Scherer, 1993b, S.208ff.; M. Schmittmann u. a., 1995, S.38ff., 47ff.).*

In der Praxis gab es allerdings bis Mitte der achtziger Jahre in den meisten Mitgliedstaaten keine Unterscheidung zwischen **privaten und öffentlichen Netzen** und kein Privateigentum an nachrichtentechnischer Ausstattung. Die meisten Geräte wurden vom **öffentlichen Netzbetreiber** vertrieben und mußten von ihm angemietet werden, was den Anschluß an das öffentliche Netz, die Inbetriebnahme und die Wartung umfaßte. Mit der beabsichtigten Marktöffnung entstand deshalb zugleich die Notwendigkeit, den Endgerätebereich von der Bereitstellung der **Netzinfrastruktur** und vom **Dienstesegment** zu trennen, **hoheitliche und betriebliche Verantwortlichkeiten** an separate Einheiten zu übertragen sowie auf der Basis technischer Spezifikationen und Normen einen schadenfreien Betrieb des Netzes und ein **Mindestmaß an Kompatibilität** sicherzustellen.

1.2.1.2 Marktzugangsrelevante Bestimmungen der Endgeräterichtlinie

Erste Konsultationen zwischen der Kommission und den Mitgliedstaaten über einen Richtlinienentwurf auf der Grundlage des Art. 90 Abs. 3 EWGV (Art. 86 Abs. 3 EGV) hatten bereits Ende 1987 begonnen *(vgl. Bull. EG 1-1988, S.27)*. Die letztendlich von der Kommission angenommene **Richtlinie 88/301/EWG vom 16. Mai 1988 [ABl. L 131 27.05.88 S.73]** (Endgeräterichtlinie) traf im Hinblick auf den Zugang zum Endgerätemarkt folgende Regelungen *(vgl. Bull. EG 5-1988, S.31 f.; WB 1988, Ziff.307; J. Scherer, 1991, S.237 ff.; B. Amory, 1992, S.76; R. Ellger u. a., 1992, S.256 ff., J. Horrocks, 1995, S.9/2; M. Schmittmann u. a., 1995, S.42 f.; St. Polster, 1999, S.11 f.; Übersicht 67)*:

— Alle *besonderen oder ausschließlichen Rechte* für die Herstellung, die Einfuhr, die Vermarktung, den Anschluß, die Inbetriebnahme und die Wartung von Endgeräten (einschließlich nicht mit dem öffentlichen Netz verbundener Satellitenempfangsanlagen) waren innerhalb von drei Monaten nach Bekanntgabe der Richtlinie aufzuheben.

— *Anschluß und Inbetriebnahme von Endgeräten* können abgelehnt werden, sofern die Spezifikationen bzw. gemeinsamen technischen Vorschriften nicht erfüllt sind oder die Endgeräte nicht den grundlegenden Anforderungen (Netzintegrität, Sicherheit des Netzbetriebs) entsprechen. Die für den Anschluß von Endgeräten zuständigen Personen müssen bestimmte technische Qualifikationen nachweisen.

— Die *Netzabschlußpunkte* (*Network Termination Points*, NTP) hatten bis zum 31. Dezember 1988 allgemein zugänglich gemacht, deren technische Merkmale veröffentlicht und die zu diesem Termin vorhandenen Anlagen mit einem entsprechenden Netzanschluß versehen zu werden, um dem Endkunden den Anschluß eines beliebigen Endgeräts zu ermöglichen.

— Kunden sollten in Abhängigkeit vom Endgerätetyp stufenweise bis spätestens zum 30. Juni 1990 das Recht erhalten, *Miet- und Wartungsverträge* innerhalb eines Jahres zu kündigen, falls zum Zeitpunkt des Vertragsabschlusses besondere oder ausschließliche Rechte bestanden.

1.2.1.3 Divergente Auffassungen zur Kommissionskompetenz

Im Juli 1988 erhob Frankreich mit Unterstützung Belgiens, der BR Deutschland, Griechenlands und Italiens in der Rs. C-202/88 beim **Europäischen Gerichtshof** Klage gegen die Kommission [ABl. C 216 18.08.88 S.6]. Die Mitgliedstaaten zweifelten zum einen an, daß es der Kommission gemäß Art. 90 EWGV (Art. 86 EGV) zustehe, die o. a. **besonderen oder ausschließlichen Rechte** aufzuheben. Ihrer Meinung nach handelte es sich bei Endgeräten nicht um Waren wie alle anderen, da die Festlegung des Netzabschlusses ein weder technisch noch kommerziell neutraler Vorgang sei, für den nur der Rat zuständig sein könne. Zumindest die besonderen oder ausschließlichen Rechte hinsichtlich des Anschlusses, der Inbetriebnahme und der Wartung von Endgeräten verstießen nicht als solche gegen den EWGV. Die Kommission hätte vor der Verabschiedung einer Richtlinie entweder in jedem Mitgliedstaat gesondert prüfen müssen, ob auf dem Inlandsmarkt eine tatsächliche Diskriminierung ausländischer Endgeräteanbieter vorlag, oder dem Rat eine Richtlinie vorschlagen müssen.

Auch die Annahme von Bestimmungen zur **Trennung von hoheitlichen und betrieblichen Befugnissen** überschritt nach Auffassung der Kläger die Zuständigkeiten der Kommission; ferner müßten die Mitgliedstaaten die Abwicklung privater Verträge unterbrechen. Weiterhin habe sich die Kommission einer Verletzung wesentlicher **Formvorschriften** (Fehlen einer angemessenen Begründung für die Aufhebung der Vorrechte), eines Verstoßes gegen den Grundsatz der **Verhältnismäßigkeit** (Nichtwahrnehmung der Möglichkeit, die mißbräuchliche Ausnutzung der Rechte mit geeigneten Mitteln abzustellen) und eines **Verfahrensmißbrauchs** (nach der Feststellung des Verstoßes keine Beanstandung des Gebrauchs dieser Rechte gemäß Art. 86 EWGV (Art. 82 EGV) oder Verordnung 17 und keine Einleitung eines Vertragsverletzungsverfahrens) schuldig gemacht. Die betroffenen Richtlinienpassagen sollten deshalb für nichtig erklärt werden *(vgl. WB 1988, Ziff.307; H. Ungerer, 1991, S.6; J. Scherer, 1991, S.239f.; Th.-S. Kluth, 1993, S.91f.; St. Polster, 1999, S.12f.).*

In seinem **Urteil** vom März 1991 [ABl. C 096 12.04.91 S.6; Slg. 1991, S.I-1223] erklärte der **Europäische Gerichtshof** die Bestimmungen zur Aufhebung der besonderen Rechte sowie zur Kündigung laufender Verträge für nichtig, da die Richtlinie die angeführten Rechte weder exakt beschreibe noch die mit deren Existenz verbundene Vertragsverletzung näher erläutere. Der Gerichtshof bestätigte aber die **Befugnisse der Kommission** nach Art. 90 Abs. 3 EWGV (Art. 86 Abs. 3 EGV), da dieser dort das Recht verliehen werde, Verpflichtungen der Mitgliedstaaten durch die Verabschiedung von Richtlinien zu präzisieren. Art. 90 EWGV (Art. 86 EGV) gehe zwar von der Existenz von Unternehmen mit besonderen oder ausschließlichen Rechten aus, daraus lasse sich aber nicht automatisch die Vereinbarkeit solcher Rechte mit dem Vertrag folgern, und somit sei eine Aufhebung der **Monopole im Endgerätebereich** zulässig. Die Befugnisse des Rates zur Rechtsetzung gemäß den Artt. 87 und 100 a EWGV (Artt. 83 und 95 EGV) und seine Befugnisse im Zusammenhang mit Art. 90 EWGV (Art. 86 EGV) schmälerten auch nicht die aus dieser Vorschrift erwachsenden **spezifischen Überwachungspflichten** der Kommission *(vgl. B. Jansen, 1991, S.3062ff.; WB 1991, Ziff.153, 323; P. N. Märkl, 1998, S.176f.).*

1.2.2 Daten- und Mehrwertdienste

1.2.2.1 Kontroversen über die Liberalisierung des Marktes für Telekommunikationsdienste

Das Grünbuch vom Juni 1987 legte zwar den Grundstein für die Öffnung des Marktes für Daten- und Mehrwertdienste, da aber Uneinigkeit über die **Abgrenzung der zu liberalisierenden Dienste** bestand, zog sich die Annahme einer verbindlichen Rechtsvorschrift in die Länge. Einige Mitgliedstaaten unter der Führung des Vereinigten Königreichs forderten, das Angebot sämtlicher Telekommunikationsdienste für den **freien Marktzutritt** zu öffnen und ggf. auch die **Monopole im Netzbereich** abzuschaffen, da diese den Wettbewerb im Dienstesegment behinderten (Verbot des Anschlusses von Mietleitungen, zu hohe Zugangsgebühren, Verweigerung des Netzzugangs). Andere Länder folgten der Auffassung Frankreichs und plädierten unter Berufung auf die besonderen Verpflichtungen der öffentlichen Netzbetreiber dafür, **Exklusivrechte für alle Basisdienste** aufrechtzuerhalten.

Die Kommission hatte sich bereits am 28. Juni 1989 auf eine **Liberalisierungsrichtlinie** verständigt, deren Anwendung jedoch verfahrensmäßig mit der Verabschiedung der **ONP-Rahmenrichtlinie** des Rates *(vgl. S.628)* verknüpft war. Da der diesbezügliche Rechtsetzungsprozeß aber noch nicht abgeschlossen war, konnte den Mitgliedstaaten auch die Richtlinie über den Wettbewerb auf dem Markt für Telekommunikationsdienste vorerst nicht notifiziert werden. Auf der Ratstagung vom 7. Dezember 1989 kündigte die Kommission Klarstellungen des Wortlauts der Diensterichtlinie an, um eine Einigung über beide Rechtsakte zu ermöglichen. Demnach sollten die Mitgliedstaaten in die **Anmelde- oder Genehmigungsverfahren** für die Erbringer von Datendiensten Bedingungen aufnehmen können, die neben der Sicherstellung der **grundlegenden Anforderungen** auch die Einhaltung gewerblicher Vorschriften über die Voraussetzungen für die Dauerhaftigkeit, Verfügbarkeit und Qualität der Dienste garantierten. Außerdem aufgenommen wurde eine Bestimmung, die die Ergreifung von Maßnahmen zur Aufrechterhaltung der dem öffentlichen Netzbetreiber übertragenen **gemeinwirtschaftlichen Verpflichtungen** vorsah, wenn die Tätigkeit der privaten Anbieter diese Aufgabe gefährdete. Daraufhin konnte sich der Rat am 21. Dezember 1989 auf einen gemeinsamen Standpunkt zur ONP-Rahmenrichtlinie verständigen *(vgl. P. Waterschoot, 1989, S.91ff.; WB 1989, Ziff.31, 226; K. W. Grewlich, 1990a, S. 203; WB 1990, Ziff.355)*.

1.2.2.2 Marktzugangsregelungen der Diensterichtlinie

Mit der **Richtlinie 90/388/EWG der Kommission vom 28. Juni 1990 [ABl. L 192 24. 07.90 S.10]** (Diensterichtlinie) wurden zum 31. Dezember 1990 alle besonderen oder ausschließlichen Rechte für die Erbringung von öffentlichen Telekommunikationsdiensten mit Ausnahme des Sprachtelefondienstes aufgehoben. Funkgestützte Dienste (Mobilfunk-, Funkruf-, Satellitenkommunikations- und Rundfunkdienste) waren vom Anwendungsbereich ausgeschlossen, und der Telexdienst blieb wegen seiner schwindenden Bedeutung unberücksichtigt, so daß in der Praxis lediglich das Angebot von Daten-, Mehrwert- sowie von Sprachtelefondiensten für *closed user groups* (geschlossene Nutzergruppen mit wirtschaftlichen Verflechtungen bzw. gemeinsamem Geschäftsinteresse) und *corporate networks* (Firmennetze, die jeweils eine einzige Organisation mit verschiedenen rechtlichen Einheiten umfassen) dem **freien Marktzutritt** geöffnet wurde. Zu diesem Zweck waren vom öffentlichen Netzbetreiber sämtliche Einschränkungen bei der Bearbeitung von Signalen vor und nach der Übertragung über das öffentliche Netz zu beseitigen, sofern dem nicht die Wahrung der öffentlichen Ordnung oder die Einhaltung von grundlegenden Anforderungen entgegenstand. Kunden, die zum Zeitpunkt der **Abschaffung der Exklusivrechte** durch einen noch mehr als ein Jahr gültigen Vertrag gebunden waren, sollten diesen innerhalb einer Frist von sechs Monaten kündigen können. Als Zugeständnis an die Verfechter einer **schrittweisen Liberalisierung** zu interpretieren ist die Bestimmung, daß den Erbringern von öffentlichen **paket- oder leitungsvermittelten Datendiensten** der einfache Wiederverkauf (*resale*) von Mietleitungskapazität noch bis zum 31. Dezember 1992 (bei unterentwickelter Netzinfrastruktur auch bis zum 1. Januar 1996) untersagt werden konnte. Die Übergangszeit sollte zur Angleichung der Strukturen der Tarife für die Nutzung vermittelter Datendienste und für die Inanspruchnahme von Mietleitungen genutzt werden *(vgl. Bull. EG 12-1988, S.58; Bull. EG 6-1989, S.50 f.; R. Schulte-Braucks, 1990, S.674 f.; WB 1990, Ziff. 355; B. Amory, 1992, S.78 f.; M. Carpentier u. a., 1992, S.116; J. Rieß, 1993, S.56 ff.; J. Horrocks, 1995, S.7/3; St. Polster, 1999, S.13 ff.; Übersicht 67).*

Übersicht 67: Liberalisierung der Telekommunikations- und Rundfunkmärkte bis 1990

Telekommunikationsendgeräte
Richtlinie 88/301/EWG der Kommission vom 16. Mai 1988 über den Wettbewerb auf dem Markt für Telekommunikations-Endgeräte [ABl. L 131 27.05.88 S.73] — Rechtsetzung auf der Grundlage des Art. 90 Abs. 3 EWGV (Art. 86 Abs. 3 EGV) und nach Entwurf der Kommission — Übernahme durch das EWR-Abkommen [ABl. L 001 03.01.94 S.454]
Rundfunkdienste
Richtlinie 89/552/EWG des Rates vom 3. Oktober 1989 zur Koordinierung bestimmter Rechts- und Verwaltungsvorschriften der Mitgliedstaaten über die Ausübung der Fernsehtätigkeit [ABl. L 298 17.10.89 S.23] i. d. F. der Berichtigung [ABl. L 331 16.11.89 S.51] — Rechtsetzung auf der Grundlage der Artt. 57 Abs. 2 und 66 EWGV (Artt. 47 Abs. 2 und 55 EGV), auf Vorschlag der Kommission [ABl. C 179 17.07.86 S.4; ABl. C 110 27.04.88 S.3; ABl. C 147 14.06.89 S.14] und nach den Stellungnahmen des WSA [ABl. C 232 31.08.87 S.29; ABl. C 159 26.06.89 S.67]; Stellungnahme des EP [ABl. C 049 22.02.88 S.64], gemeinsamer Standpunkt des Rates und Beschluß des EP [ABl. C 158 26.06.89 S.138] im Rahmen des Verfahrens der Zusammenarbeit — Übernahme durch das EWR-Abkommen [ABl. L 001 03.01.94 S.417, 563]
Telekommunikationsdienste (außer Sprachtelefondiensten)
Richtlinie 90/388/EWG der Kommission vom 28. Juni 1990 über den Wettbewerb auf dem Markt für Telekommunikationsdienste [ABl. L 192 24.07.90 S.10] — Rechtsetzung auf der Grundlage des Art. 90 Abs. 3 EWGV (Art. 86 Abs. 3 EGV), nach Entwurf der Kommission und Stellungnahme des EP [ABl. C 323 27.12.89 S.118] — Übernahme durch das EWR-Abkommen [ABl. L 001 03.01.94 S.418, 454]

In der Weiterführung **umfassender Vorrechte** für sämtliche Telekommunikationsdienste sah die Kommission insbesondere einen Verstoß gegen den Art. 59 EWGV (Art. 49 EGV) sowie den Art. 86 EWGV (Art. 82 EGV) i. V. m. Art. 90 EWGV (Art. 86 EGV) (Begrenzung der Wahlmöglichkeiten der Nutzer, Behinderung des technischen Fortschritts, Kopplungsverträge). Die Beibehaltung des **Netz- und Sprachtelefondienstmonopols** rechtfertigte sie unter Berufung auf Art. 90 Abs. 2 EWGV (Art. 86 Abs. 2 EGV). Demnach mußten die Ausnahmeregelungen bestehen bleiben, da eine vollständige Marktöffnung zu diesem Zeitpunkt die Erfüllung der den Netzbetreibern übertragenen Aufgaben (Entwicklung und Betrieb eines flächendeckenden Telekommunikationsnetzes) rechtlich oder tatsächlich verhindert hätte. Nach Meinung der Kommission war bei einer sofortigen Beseitigung der **besonderen oder ausschließlichen Rechte** die finanzielle Stabilität des öffentlichen Netzbetreibers nachhaltig bedroht. Sobald die Telekommunikationsinfrastruktur aber eine entsprechende Ausbaustufe und Qualität erreichen würde, stünde einer Abschaffung der Monopolrechte nichts mehr im Wege *(vgl. R. Ellger u. a., 1992, S.276ff.; J. Horrocks, 1995, S.7/3)*.

1.2.2.3 Klage auf Nichtigerklärung der Richtlinie

Bereits kurz nach der Vorlage des ersten Richtlinienentwurfs hatten im Oktober 1989 Belgien in der Rs. C-319/89 und Italien in der Rs. C-331/89 [ABl. C 309 08.12.89 S.5, 6] **Nichtigkeitsklagen** eingelegt, die nach der offiziellen Verabschiedung der Rechtsvorschrift unter Beteiligung Spaniens im September 1990 erneuert wurden (Rs. C-271/90, C-281/90, C-289/90) [ABl. C 274 31.10.90 S.19, 20]. Die Mitgliedstaaten zweifelten nach wie vor an, daß es der Kommission zustehe, unter Berufung auf den Art. 90 Abs. 3 EWGV (Art. 86 Abs. 3 EGV) eine Richtlinie anzunehmen. Eine Regelungsbefugnis zur Verabschiedung von **materiellen Harmonisierungsvorschriften**, die eine gemeinsame Politik in einem bestimmten Bereich festlegen, habe nur der Rat; diese Ansicht wurde auch vom Europäischen Parlament wiederholt unterstützt [ABl. C 012 16.01.89 S.66; ABl. C 323 27.12.89 S.118]. Als **weitere Klagegründe** wurden u. a. der Verstoß gegen den Grundsatz der Rechtssicherheit, der zu frühe Erlaß der Richtlinie, die fehlende vorherige Mitteilung und Untersuchung der nationalen Verstöße in Verbindung mit einer unzureichenden Begründung der Rechtsnorm sowie der Verstoß gegen den Grundsatz der Verhältnismäßigkeit (Beseitigung besonderer oder ausschließlicher Rechte, Trennung von unternehmerischen und hoheitlichen Aufgaben) geltend gemacht *(vgl. Bull. EG 11-1989, S.24f.; WB 1989, Ziff.226)*.

In seinem **Urteil** vom November 1992 [ABl. C 326 11.12.92 S.8; Slg. 1992, S.I-5833] wiederholte der **Europäische Gerichtshof** dann im wesentlichen seine Ausführungen zum Urteil vom März 1991 in der Rs. C-202/88 *(vgl. S.622)*. Der Kommission steht es demzufolge zu, gemäß Art. 90 Abs. 3 EWGV (Art. 86 Abs. 3 EGV) durch Rechtsetzung die **Verpflichtungen der Mitgliedstaaten** gegenüber den betroffenen Unternehmen festzulegen; diese Befugnis ist unabhängig vom Tätigwerden des Rates aufgrund der Artt. 87 und 100 a EWGV (Artt. 83 und 95 EGV) und gilt auch dann, wenn die Richtlinie den Art. 59 EWGV (Art. 49 EGV) betrifft. Außerdem hatte die Kommission das Recht, unter Bezugnahme auf Art. 86 EWGV (Art. 82 EGV) die Trennung von **hoheitlichen**

und betrieblichen Funktionen zu verlangen. Selbst die vor der Verabschiedung der Richtlinie durchgeführte Untersuchung zum Verhalten der ehemaligen Fernmeldeverwaltungen wurde als überflüssig angesehen, da die unberechtigte **Ausweitung von Monopolrechten** auf Telekommunikationsdienste mit den Artt. 86 und 90 EWGV (Artt. 82 und 86 EGV) unvereinbar war. Allerdings wurden die Regelungen zur **Beseitigung der besonderen Rechte**, da diese nicht explizit genannt wurden, und zur Einräumung des **Kündigungsrechts für Langzeitverträge** für nichtig erklärt *(vgl. WB 1992, Ziff.333; P. N. Märkl, 1998, S.177f.; St. Polster, 1999, S.24f.)*.

1.3 Zentrale marktzugangsrelevante Wettbewerbsbedingungen

1.3.1 Trennung hoheitlicher und unternehmerischer Funktionen

Die Separierung hoheitlicher und betrieblicher Aufgaben wurde im Zuge der Liberalisierung des Telekommunikationswesens als eine **zentrale Voraussetzung** für die Herstellung gleicher Wettbewerbsbedingungen und die Vermeidung von Interessenkonflikten angesehen. Bei einer Beibehaltung der **Funktionenbündelung** wären die Fernmeldeorganisationen in der Lage gewesen, die Konditionen für die Erbringung von Diensten oder das Angebot von Endgeräten maßgeblich zu beeinflussen, ihre marktbeherrschende Stellung zu verstärken oder diese zu mißbrauchen. Aus diesen Gründen schrieb die **Endgeräterichtlinie** vor, den öffentlichen Netzbetreibern ihre mit der betrieblichen Tätigkeit im Zusammenhang stehenden hoheitlichen Aufgaben, wie die Festlegung der technischen Gerätespezifikationen, die Kontrolle ihrer Anwendung und die Zulassung der Endgeräte, bis zum 1. Juli 1989 zu entziehen und einer unabhängigen Stelle zu übertragen. Darüber hinaus mußten gemäß der **Diensterichtlinie** ab dem 1. Juli 1991 auch die Erteilung der Betriebsgenehmigungen, die Überwachung der Zulassungen und der Spezifikationen, die Kontrolle der Netzzugangsbedingungen, die Ausarbeitung der relevanten Normen und die Frequenzzuteilung von einer unabhängigen Einrichtung durchgeführt werden. Die **Mietleitungsrichtlinie** *(vgl. S.629)* bestimmte, daß bis spätestens zum 1. Januar 1993 eine Regulierungsbehörde eingerichtet werden mußte *(vgl. H. Ungerer, 1991, S.7; J. Scherer, 1991, S.233f.; M. Carpentier u. a., 1992, S.117f.; J. Horrocks, 1995, S.7/3; St. Polster, 1999, S.21f.)*.

Die Vereinbarkeit dieser Vorschriften mit den Vertragsbestimmungen wurde vom **Europäischen Gerichtshof** mehrmals bestätigt. So entschied er im Dezember 1991 in der Rs. C-18/88 (RTT / SA – G. B. INNO – B. M.) [ABl. C 043 16.02.88 S.4; ABl. C 015 21.02.92 S.13; Slg. 1991, S.I-5941], daß ein Mitgliedstaat einem öffentlichen Netzbetreiber nicht die Befugnis zur Erteilung einer Genehmigung für den Anschluß von Endgeräten Dritter an das öffentliche Netz sowie zur Festlegung und Überwachung der maßgeblichen Normen übertragen darf, wenn dieser auf dem Endgerätemarkt mit anderen Unternehmen im Wettbewerb steht; andernfalls liegt ein Verstoß gegen die Artt. 86 und 90 EWGV (Art. 82 und 86 EGV) vor *(vgl. WB 1991, Ziff.157)*. Im Oktober 1993 erfolgte mit den Urteilen in den Rs. C-46/90 [ABl. C 085 03.04.90 S.7], C-69/91 [ABl. C 078 23.03.91 S.11] sowie C-92/91 und C-93/91 [ABl. C 101 18.04.91 S.10; ABl. C 105 20.04.91 S.11] eine nähere Auslegung der Vorschriften der **Endgeräterichtlinie** [ABl. C

316 23.11.93 S.4; ABl. C 332 08.12.93 S.8; ABl. C 338 15.12.93 S.6; Slg. 1993, S.I-5267, I-5335, I-5383]. Die Fälle betrafen vor belgischen und französischen Gerichten anhängige Verfahren gegen Vertriebshändler, die nicht zugelassene Fernkopierer und schnurlose Telefone verkauft hatten; als Begründung hatten sie angeführt, daß die nationalen Gesetze im Hinblick auf die Unabhängigkeit der Zulassungsstelle nicht mit den gemeinschaftlichen Vorgaben übereinstimmten. Der Europäische Gerichtshof bekräftigte in diesem Zusammenhang, daß ein öffentliches Unternehmen Zulassungen erteilen und Spezifikationen festlegen kann, wenn es nicht zugleich Telekommunikationsdienste und -ausrüstungen anbietet; eine funktionale Trennung **hoheitlicher und unternehmerischer Funktionen** innerhalb eines Ministeriums reicht hingegen nicht aus *(vgl. WB 1993, Ziff.372)*. Bezüglich zweier Vorabentscheidungsersuche französischer Gerichte gelangte der Europäische Gerichtshof in den Urteilen zur Rs. C-314/93 (François Rouffeteau und Robert Badia) [ABl. C 192 16.07.93 S.4; ABl. C 233 20.08.94 S.7; Slg. 1994, S.I-3257] und zur Rs. C-91/94 (Thierry Tranchant und Telephone Store Sàrl) [ABl. C 132 14.05.94 S.7; ABl. C 016 20.01.96 S.3; Slg. 1995, S.I-3911] zur Auffassung, daß Herstellung, Einfuhr, Besitz, Verkauf und Bewerbung **nicht zugelassener Endgeräte** nicht verboten werden dürfen, wenn diese nur zur Wiederausfuhr bestimmt sind oder die Unabhängigkeit des technischen Versuchslaboratoriums von anderen Telekommunikationsunternehmen nicht gegeben ist *(vgl. N. von Baggehufwudt, 1993, S.175f.; WB 1994, Ziff.483; P. N. Märkl, 1998, S.183f., 214f.)*.

1.3.2 Grundzüge des ONP-Konzepts

1.3.2.1 Ursprünge und Ziele des ONP-Konzepts

Um ihre Dienstleistungen in den nicht mehr vorbehaltenen Bereichen auch tatsächlich anbieten zu können, waren in anderen Mitgliedstaaten ansässige, aber auch neue Unternehmen, die über keine eigene Infrastruktur verfügten, vom Zugang zu und von der Inanspruchnahme öffentlicher **Übertragungswege** und **Basisdienste** der Fernmeldeorganisationen abhängig. Da jene in diesen Marktsegmenten nach wie vor einen **Monopolstatus** innehatten, zugleich aber auch auf den nunmehr wettbewerblich organisierten Märkten in **Konkurrenz** zu den Neueinsteigern standen, mußten bestimmte Mechanismen etabliert werden. Nach Auffassung der Gemeinschaft konnten allein durch die Vorgabe bestimmter **ordnungspolitischer Rahmenbedingungen** und die Beibehaltung der **Möglichkeit regulierender Eingriffe** ein dynamisches Marktwachstum und die Herausbildung eines wettbewerblichen Umfelds gewährleistet werden *(vgl. C. Berben, 1989, S.70f.; N. Higham, 1993, S.242; J. Horrocks, 1995, S.8/1)*.

Mit der Einführung der ONP-Regelungen verband sich also ursprünglich das Ziel, eine **umfassende Rechtsgrundlage** zu institutionalisieren, die alternativen Diensteanbietern – durch die Harmonisierung der Bedingungen für den Zugang zu öffentlichen Netzen und Diensten sowie für deren Benutzung – einen **diskriminierungsfreien Marktzugang** ermöglichen sollte. Die Idee, ONP auch in der Gemeinschaft einzuführen, geht auf eine entsprechende Anregung des **Grünbuchs** vom Juni 1987 *(vgl. S.608)* zurück. Auf der Grundlage einer detaillierten Analyse des US-amerikanischen ONA-(*Open*

Network Architecture)Konzepts unterbreitete die Groupe d'Analyse et de Prévision (Gruppe Analyse und Prognose, GAP), eine Untergruppe der SOG-T, am 20. Januar 1988 einen ersten Vorschlag zur konkreten Ausgestaltung der **ONP-Prinzipien** (Leitlinien für harmonisierte Bedingungen, schrittweise Einführung, Normung) und zu den Hauptbereichen der **Harmonisierung** (technische Schnittstellen und Dienstemerkmale, Nutzungsbedingungen, Gebührengrundsätze). In der Kommissionsmitteilung vom Februar 1988 zur Verwirklichung des Grünbuchs *(vgl. S.611)* wurde dann die Entwicklung von ONP für die Bereiche Mietleitungen, öffentliche Datennetze und ISDN angeregt; der Rat forderte die Kommission daraufhin auf, diesbezügliche **Richtlinienentwürfe** zu erarbeiten. In einer am 13. Dezember 1988 veröffentlichten Mitteilung [KOM (88) 718 endg.] informierte die Kommission dann in Form eines kurzen Zustandsberichts über die Fortschritte bei der Definition von ONP. Erstmals regte sie dabei die Schaffung konsistenter **Grundsatzbestimmungen** durch die Verabschiedung einer ONP-Rahmenrichtlinie an *(vgl. Bull. EG 12-1988, S.58; GB 1989, Ziff.360; zum ONA-Konzept D. G. Smith u. a., 1991, S.379ff.)*.

1.3.2.2 Rahmenrichtlinie vom Juni 1990

Die zeitgleich mit der Diensterichtlinie angenommene **Richtlinie 90/387/EWG des Rates vom 28. Juni 1990 [ABl. L 192 24.07.90 S.1]** (ONP-Rahmenrichtlinie) *(vgl. Bull. EG 12-1988, S.58; Bull. EG 6-1989, S.42; Bull. EG 6-1990, S.53; Übersicht 68)* schuf schließlich durch die Verankerung allgemeingültiger Prinzipien und die Festschreibung des zukünftigen Vorgehens mit Wirkung vom 1. Januar 1991 die Basis für die Verwirklichung des ONP-Konzepts in der Gemeinschaft. Demnach konnten in diesem Zusammenhang zumindest harmonisierte Bedingungen für

— die *technischen Schnittstellen* an den dazugehörigen Netzabschlußpunkten und / oder die *Dienstemerkmale* (bestehende Netze und Dienste, neue Dienste, noch nicht bestehende Netze),

— die *Bereitstellung der Netzkapazität* (Bereitstellungszeit, Übertragungsqualität, Wartung, Einrichtungen zur Fehlermeldung) und die *Nutzung des öffentlichen Netzes oder Dienstes* (Wiederverkauf, gemeinsame Nutzung, Benutzung durch Dritte oder Zusammenschaltung, Zugang zu Frequenzen, Datenschutz) sowie

— die *Tarifgrundsätze* (Objektivität, Kostenorientiertheit, Transparenz, Veröffentlichungspflicht, Entbündelung, Diskriminierungsfreiheit, angemessene Kapitalrendite, zeitliche Differenzierung)

festgelegt werden. Die **harmonisierten Bedingungen** mußten auf objektiven Kriterien beruhen, transparent sein, veröffentlicht werden sowie einen gleichen und diskriminierungsfreien Netzzugang garantieren; diese fundamentalen Grundsätze wurden auch in der **Diensterichtlinie** bekräftigt. Der Zugang zu öffentlichen Netzen konnte nur beschränkt werden, wenn grundlegende Anforderungen (wie die Sicherheit des Netzbetriebs, die Wahrung der Netzintegrität, in begründeten Fällen die Interoperabilität von Diensten und soweit erforderlich der Datenschutz) aus Gründen des öffentlichen Interesses nicht mehr gewährleistet waren. Ferner waren die für den **Anschluß**

von Endgeräten an das Netz geltenden Voraussetzungen sowie die den Fernmeldeorganisationen gewährten **besonderen oder ausschließlichen Rechte** zu beachten *(vgl. R. Schulte-Braucks, 1990, S.675; J. Scherer, 1991, S.235f.; B. Amory, 1992, S.82f.; M. Carpentier u. a., 1992, S.118f.; R. Ellger u. a., 1992, S.280f.; J. Rieß, 1993, S.53ff.; M. Weinkopf, 1993, S.12ff.; J. Horrocks, 1995, S.8/2f.; S. Stürmer, 1997, S.37ff.; St. Polster, 1999, S.48ff.)*.

Die Kommission hatte in Abstimmung mit dem aus Vertretern der Mitgliedstaaten bestehenden **ONP-Ausschuß** zuerst für 1990, 1991 und 1992 **Arbeitsprogramme** zu erstellen. Dafür waren im Einvernehmen mit dem Ausschuß Untersuchungen einzuleiten und über deren Ergebnisse Berichte anzufertigen, die einer dreimonatigen öffentlichen **Kommentierungsphase** unterliegen sollten. Anschließend sollte die Kommission – ggf. nach vorheriger Einbeziehung der Normungsorganisationen ETSI und CEN / CENELEC – Vorschläge für die **ONP-Bedingungen** unterbreiten. Folgende **Leitlinien** zur Durchführung der Rahmenrichtlinie waren dabei maßgeblich *(vgl. R. Ellger u. a., 1992, S.281)*:

— Verabschiedung von Einzelrichtlinien in bezug auf *Mietleitungen* und für den *Sprachtelefondienst*, die wegen der noch geltenden besonderen oder ausschließlichen Rechte Priorität haben sollten;

— Einführung harmonisierter *technischer Schnittstellen* und / oder *Dienstemerkmale* für das ISDN und die paketvermittelten Datendienste bis zum 1. Januar 1991;

Annahme von *Ratsempfehlungen* hinsichtlich der Verwirklichung des ONP-Prinzips bei paketvermittelten Datendiensten bis zum 1. Juli 1991 bzw. bei dem ISDN bis zum 1. Januar 1992; im Jahre 1992 (Datendienste) bzw. zu einem späteren Zeitpunkt (ISDN) sollte auf der Grundlage der sich bei der Durchführung der Empfehlungen abzeichnenden Ergebnisse die *Vorlage von Richtlinienvorschlägen* geprüft werden.

Als weitere Einzelbereiche, für die ONP-Bestimmungen ausgearbeitet werden konnten, wurden **Telex- und Mobilfunkdienste** genannt. In der Folgezeit fanden darüber hinaus Untersuchungen zur **Anwendung des ONP-Prinzips** auf Breitbandnetze, Netzmanagementdienste, intelligente Netze, Satellitendienste, die Teilnehmeranschlußleitung und die Netzzusammenschaltung statt. Auf der Grundlage eines Kommissionsberichts sollte der Rat bis Ende 1992 die **Harmonisierungsfortschritte** prüfen und das Fortbestehen von Zugangsbeschränkungen untersuchen *(vgl. N. Higham, 1993, S.245ff.; P. Lopes, 1994, S.10; J. Horrocks, 1995, S.8/15ff.)*.

1.3.3 Mindestangebot an und Zugang zu bestimmten Diensten

1.3.3.1 Mietleitungen

Auf der Grundlage der Kommissionsmitteilung vom Februar 1988 *(vgl. S.627)* begann die GAP im April 1988 mit der Ausarbeitung der **ONP-Bedingungen** für die Nutzung von Mietleitungen; einen konkreten Vorschlag unterbreitete die Kommission unter Berücksichtigung der Bestimmungen der ONP-Rahmen- und der Diensterichtlinie (bis zum 31. Dezember 1990: auf Antrag Angebot von Mietleitungen innerhalb einer zumutbaren Frist; bei Gebührenerhöhungen Vorlage geeigneter Unterlagen, um der Kommission eine Beurteilung der Begründetheit zu ermöglichen) jedoch erst am 12. Februar 1991. Gemäß der **Richtlinie 92/44/EWG des Rates vom 5. Juni 1992 [ABl. L 165 19.06.92 S.27]** (Mietleitungsrichtlinie) *(vgl. Übersicht 68)* sollten innerhalb eines Jahres die Bedingungen für einen offenen, diskriminierungsfreien und effizienten Zugang zu und für die Inanspruchnahme von Mietleitungen, die Nutzern (Endkunden und Diensteanbietern) des öffentlichen Telekommunikationsnetzes verfügbar gemacht werden, angeglichen sowie ein einheitlicher Mindestumfang an Mietleitungen mit harmonisierten technischen Merkmalen angeboten werden. Als Mietleitungen galten dabei Einrichtungen, die **Übertragungskapazität** zwischen den **Netzabschlußpunkten** bereitstellen; die Steuerung der **Vermittlungsfunktionen** oblag dem Nutzer (*on-demand switching*) *(vgl. Bull. EG 1/2-1991, S.33 f.; GB 1991, Ziff.374; Bull. EG 6-1992, S.56; N. Higham, 1993, S.243 f.; P. Lopes, 1994, S.8 f.; J. Horrocks, 1995, S.8/4 ff.; P. N. Märkl, 1998, S.167 f.; St. Polster, 1999, S.52 f.)*.

Für die Mietleitungsangebote waren Informationen über die **technischen Merkmale** (physikalische und elektrische Eigenschaften, technische und Leistungsspezifikationen), die **Tarife** (Anschlußgebühren, regelmäßige Mieten, sonstige Gebühren, ggf. Halbleitungstarife; unabhängig vom Anwendungstyp), die **Liefer- und Nutzungsbedingungen** (Auftragsverfahren, Lieferfrist, Reparaturzeiten, Vertragslaufzeit, Rückerstattungsmodalitäten), die **Lizenzierungs- und Anmeldeverfahren** (Dienstekategorien, allgemeine oder spezielle Bedingungen, Lizenzlaufzeit, grundlegende Anforderungen, Auflagen in bezug auf Datendienste, Verbote im Zusammenhang mit der Erbringung reservierter Dienste, Bereitstellung von Diensten für Dritte) sowie die Bedingungen für den **Anschluß von Endgeräten** (Anforderungen gemäß der 2. Phase-Richtlinie *(vgl. S.657)*) zu veröffentlichen (nationale Informationsquellen [ABl. C 277 15.10.93 S.9]). Änderungen bestehender und neue Angebote mußten möglichst umgehend, spätestens jedoch zwei Monate vor ihrer Durch- bzw. Einführung bekanntgegeben werden. Die Offerten hatten für eine angemessene Dauer zu gelten, eine Aufhebung konnte nur in Abstimmung mit dem Benutzer erfolgen; ggf. war die Regulierungsbehörde einzuschalten. Ablehnungen oder Beschränkungen des Zugangs und der Nutzung von Mietleitungen durften sich nur an den **grundlegenden Anforderungen** orientieren (Unterbrechung des Dienstes, Einschränkung von Dienstemerkmalen oder Verweigerung des Dienstezugangs in Notsituationen zur Gewährleistung der Sicherheit des Netzbetriebs, bei Nichterfüllung der Zugangsbedingungen, zur Einhaltung der Datenschutzbestimmungen) und ausschließlich durch die **Regulierungsbehörde** auferlegt werden (zügige und transparente Verfahren, begründete Entscheidung, Klagerecht); für **Zusammenschaltungen** waren keine technischen Beschränkungen zulässig.

Das **standardisierte Mindestangebot an Mietleitungen** umfaßte zwei analoge (Sprachbandbreite) und drei digitale (64 kBit/s, 2.048 kBit/s unstrukturiert und strukturiert) Typen; gemäß der **Entscheidung 94/439/EG der Kommission vom 15. Juni 1994 [ABl. L 181 15.07.94 S.40]** galt für bestimmte, auf den neuen ETSI-Normen basierende Typen eine Übergangsfrist bis Ende 1996. Bis zum 31. Dezember 1992 sollten das o. a. **Auftragsverfahren** (Einheitlichkeit und Format der anzugebenden Informationen) sowie ein Verfahren zur **Bestellung und Abrechnung** von Mietleitungen an einer Stelle (*one-stop shopping* bzw. *billing*) eingeführt werden. Bis zum 31. Dezember 1993 war beim öffentlichen Netzbetreiber ein **Kostenrechnungssystem** einzurichten (Ausweis von Einzel- und Gemeinkosten, Aufschlüsselung der Gemeinkosten; Gewährleistung von Kostenorientierung und Transparenz der Tarife). Ferner mußte ein **Streitbeilegungsverfahren** etabliert werden (Auftreten von Schädigungen durch Verstöße, Anrufung der Regulierungsbehörde, auf Antrag Prüfung durch Regulierungsbehörde und Kommission, Weiterleitung an ONP-Ausschuß, Vermittlung durch eine Arbeitsgruppe des Ausschusses); in einer ergänzenden Unterlage [ABl. C 214 04. 08.94 S.4] wurden die **Durchführungsmodalitäten** gemäß der Geschäftsordnung des ONP-Ausschusses bestimmt (Fristen, Ausgaben, Zusammensetzung und Mitwirkung in der Arbeitsgruppe, Diskussion allgemeiner Fragen im Ausschuß) sowie ein Verzeichnis der zuständigen nationalen **Regulierungsbehörden** und die für die EFTA-Staaten geltende Richtlinienfassung veröffentlicht.

1.3.3.2 Paketvermittelte Datendienste

Die **Empfehlung 92/382/EWG des Rates vom 5. Juni 1992 [ABl. L 200 18.07.92 S.1]** sah unter Berücksichtigung der zwischenzeitlichen Marktentwicklung die stufenweise Realisierung eines **Mindestangebots** an paketvermittelten Datendiensten (ONP-Grundangebot und -Benutzeroptionen, Entbündelung) mit harmonisierten technischen Merkmalen in drei Phasen (Dezember 1992, Juni 1993, Dezember 1993) vor. In diesem Zusammenhang sollten die o. a. **Informationen veröffentlicht** werden sowie **harmonisierte Verfahren** für den Nutzerzugang implementiert werden (Auftragsverfahren, *one-stop shopping* und *billing*, *one-stop maintenance* zwecks Instandhaltung der Dienste, bestimmte Gebührenabrechnungs- und -erhebungsverfahren); darüber hinaus galten die bekannten Prinzipien für die Tarifbildung (Anschluß-, Miet- und Nutzungsgebühr). In bezug auf die **Dienstequalität** hatten die Anbieter gemeinsame Indikatoren und Meßverfahren festzulegen (Verfügbarkeit, Zuverlässigkeit, Geschwindigkeit). Den **Regulierungsbehörden** oblag die Erfassung der Diensteverfügbarkeit bzw. -qualität und der Lieferbedingungen sowie die Einrichtung eines Beschwerdeverfahrens *(vgl. Bull. EG 6-1991, S.50; Bull. EG 6-1992, S.56; P. Lopes, 1994, S.9; J. Horrocks, 1995, S.8/12f.; St. Polster, 1999, S.55f.; Übersicht 68).*

1.3.3.3 ISDN

Die Anwendung der ONP-Regeln auf das ISDN wurde bereits 1989 und 1990 in zwei Studien untersucht und in einem Analysebericht [KOM (90) 23 endg.] zur Diskussion gestellt. Nach einer öffentlichen Anhörung zum Analysebericht in der ersten Jahreshälfte 1991 [ABl. C 038 14.02.91 S.12] machte der Rat in der **Empfehlung 92/383/EWG vom 5. Juni 1992 [ABl. L 200 18.07.92 S.10]** Vorgaben für die Bereitstellung eines ISDN mit harmonisierten Zugangsregeln (Basis- und Primärmultiplexanschluß)

Übersicht 68: Gewährleistung des offenen Netzzugangs bis 1994

Rahmenrichtlinie

Richtlinie 90/387/EWG des Rates vom 28. Juni 1990 zur Verwirklichung des Binnenmarktes für Telekommunikationsdienste durch Einführung eines offenen Netzzugangs (Open Network Provision – ONP) [ABl. L 192 24.07.90 S.1] — Rechtsetzung auf der Grundlage des Art. 100 a EWGV (Art. 95 EGV), auf Vorschlag der Kommission [ABl. C 039 16.02.89 S.8; ABl. C 236 14.09.89 S.5; SEK (90) 1184 endg.] und nach Stellungnahme des WSA [ABl. C 159 26.06.89 S.37]; Stellungnahme des EP [ABl. C 158 26.06.89 S.300], gemeinsamer Standpunkt des Rates [ABl. C 037 17.02.90 S.1] und Beschluß des EP [ABl. C 149 18.06.90 S.82] im Rahmen des Verfahrens der Zusammenarbeit — Übernahme durch das EWR-Abkommen [ABl. L 001 03.01.94 S.418]

Mietleitungen

Richtlinie 92/44/EWG des Rates vom 5. Juni 1992 zur Einführung des offenen Netzzugangs bei Mietleitungen [ABl. L 165 19.06.92 S.27] — Rechtsetzung auf der Grundlage des Art. 100 a EWGV (Art. 95 EGV), auf Vorschlag der Kommission [ABl. C 058 07.03.91 S.10; SEK (92) 1072 endg.] und nach Stellungnahme des WSA [ABl. C 269 14.10.91 S.30]; Stellungnahme des EP [ABl. C 305 25.11.91 S.61], gemeinsamer Standpunkt des Rates [ABl. C 037 15.02.92 S.1] und Beschluß des EP [ABl. C 150 15.06.92 S.84] im Rahmen des Verfahrens der Zusammenarbeit — Aufnahme in den Anhang XI des EWR-Abkommens durch den Beschluß 7/94 des Gemeinsamen EWR-Ausschusses [ABl. L 160 28.06.94 S.76]

Entscheidung 94/439/EG der Kommission vom 15. Juni 1994 zur Änderung des Anhangs II der Richtlinie 92/44/EWG des Rates [ABl. L 181 15.07.94 S.40] — Aufnahme in den Anhang XI des EWR-Abkommens durch den Beschluß 27/94 des Gemeinsamen EWR-Ausschusses [ABl. L 339 29.12.94 S.86]

Telekommunikation: Offener Netzzugang (ONP) bei Mietleitungen. Verfahren zur Beilegung von Streitigkeiten (94/C 214/04) [ABl. C 214 04.08.94 S.4]

Paketvermittelte Datendienste

Empfehlung 92/382/EWG des Rates vom 5. Juni 1992 zur harmonisierten Bereitstellung eines Mindestangebots an paketvermittelten Datendiensten nach ONP-Grundsätzen [ABl. L 200 18.07.92 S.1] — Rechtsetzung auf der Grundlage der Richtlinie 90/387/EWG des Rates und auf Vorschlag der Kommission [KOM (91) 208 endg.] — Kenntnisnahme durch das EWR-Abkommen [ABl. L 160 28.06.94 S.77]

ISDN

Empfehlung 92/383/EWG des Rates vom 5. Juni 1992 zur Einführung harmonisierter ISDN-Zugangsregelungen und eines ISDN-Mindestangebots nach ONP-Grundsätzen [ABl. L 200 18.07.92 S.10] — Rechtsetzung auf der Grundlage der Richtlinie 90/387/EWG des Rates und auf Vorschlag der Kommission [KOM (91) 509 endg.] — Kenntnisnahme durch das EWR-Abkommen [ABl. L 160 28.06.94 S.77]

und eines Mindestangebots an Diensten (bestimmte Trägerdienste, zusätzliche Dienstemerkmale und Teledienste) sowie zur Gewährleistung der Interoperabilität in zwei Phasen (bis zum 1. Januar 1994, danach entsprechend veröffentlichten Zieldaten unter Berücksichtigung der Entwicklung der Marktnachfrage und der Normung); ergänzend wurden mögliche zusätzliche Angebote (Dienstemerkmale, Netzmanagementdienste) spezifiziert. Weitere Regelungen betrafen die Veröffentlichung der o. a. Informationen (bei Änderungen Veröffentlichung bis spätestens zwei Monate vor Inkrafttreten), die

Verfahren für den Nutzerzugang (Auftragsverfahren, *one-stop shopping*, *billing* und *maintenance*, bestimmte Gebührenabrechnungs- und -erhebungsverfahren), die Tarifierungsgrundsätze (ergänzend Einzelgebührennachweis), die gemeinsamen Indikatoren und Meßverfahren (bis zum 1. Januar 1995 zumindest für die Qualität der Trägerdienste; z. B. Verfügbarkeit, Ausfallabstand, Bitfehlerrate, Verzögerung bei Verbindungsaufbau und Übertragung, erfolgloser Verbindungsaufbau) und die Aufgaben der Regulierungsbehörden (Überprüfung der Nutzungsbedingungen, Kontrolle der Numerierungspläne, Datenerfassung, Einrichtung eines Beschwerdeverfahrens) *(vgl. Bull. EG 12-1991, S.42f.; Bull. EG 6-1992, S.56; N. Higham, 1993, S.244; P. Lopes, 1994, S.9; J. Horrocks, 1995, S.8/10f.; St. Polster, 1999, S.55f.; Übersicht 68).*

1.3.4 Rahmenvorgaben zur Ausgestaltung der Anmelde- und Genehmigungsverfahren

Sofern die Erbringung von **Wettbewerbsdiensten** spezifischen Anmelde- oder Genehmigungsverfahren im Hinblick auf die Einhaltung von grundlegenden **Anforderungen** unterworfen war, hatten die betroffenen Mitgliedstaaten gemäß der **Diensterichtlinie** spätestens ab dem 1. Januar 1991 die Zulassungen nach diskriminierungsfreien, objektiven und transparenten Kriterien zu erteilen; Ablehnungen mußten ausreichend begründet werden und die Einlegung von Rechtsmitteln ermöglichen. Die Kommission war über alle **vorhandenen und geplanten Regelungen** sowie über die Änderung bestehender Verfahren zu informieren. Die Entwürfe für die Anmelde- oder Genehmigungsverfahren bezüglich der öffentlichen Datendienste mußten der Kommission erst zum 30. Juni 1992 vorliegen; die endgültigen Regelungen waren bis zum 31. Dezember 1992 zu veröffentlichen.

In den Zulassungen sollten neben den grundlegenden Anforderungen auch **gewerbliche Vorschriften** hinsichtlich der Dauerhaftigkeit, Verfügbarkeit und Qualität des Dienstes sowie **Maßnahmen zur Sicherstellung** der Universaldienstverpflichtung des öffentlichen Netzbetreibers im Bereich der Datenkommunikation festgelegt werden. Darüber hinaus autorisierte die ONP-Rahmenrichtlinie den Rat, bei Bedarf **Bestimmungen zur Harmonisierung** der Anmelde- und Genehmigungsverfahren für über öffentliche Netze erbrachte Dienste zu verabschieden; auf diesem Wege sollten verbindliche Bedingungen für die **gegenseitige Anerkennung** der Anmeldungen und Genehmigungen festgeschrieben werden *(zur weiteren Entwicklung vgl. S.708).*

1.3.5 Umsetzung der Liberalisierungs- und Harmonisierungsbestimmungen

In der von ihr eingeleiteten Prüfung zur **Umsetzung der Endgeräterichtlinie** stellte die Kommission fest, daß von den gegen Mitte 1988 vorhandenen 35 ausschließlichen Rechten bis Ende 1989 etwa 20 aufgehoben worden waren. Vier Mitgliedstaaten hatten mitgeteilt, daß die Beseitigung der noch verbliebenen Vorbehalte bereits gesetzlich verankert oder zumindest beabsichtigt sei. Trotzdem leitete die Kommission bereits im Juli 1989 gegen Belgien, die BR Deutschland und Irland aufgrund der fortbestehenden

Marktzugangsbeschränkungen in bezug auf Telefonapparate für den Hauptanschluß **Vertragsverletzungsverfahren** ein; von Dänemark wurde die Beseitigung der ausschließlichen Rechte bei privaten Nebenstellenanlagen gefordert. Zugleich drohte die Kommission auch den anderen betroffenen Mitgliedstaaten Verfahren an (tatsächlich wurde später nur Spanien einbezogen) und kündigte unter Rückgriff auf Art. 90 EWGV (Art. 86 EGV) weitere Maßnahmen an, falls die Richtlinie nicht bzw. unkorrekt umgesetzt werden sollte. 1990 kamen dann Dänemark, die BR Deutschland und Irland ihren Verpflichtungen nach, 1991 folgten Belgien und Spanien. Ende 1991 monierte die Kommission allein noch das für die italienische SIP bestehende Exklusivrecht für die Lieferung des ersten **Fernschreibers** an neue Abonnenten *(vgl. WB 1989, Ziff.226; WB 1990, Ziff.355; WB 1991, Ziff.157, 323).*

Die **Umsetzung der Diensterichtlinie** schritt anfangs in fast allen Mitgliedstaaten zügig voran; Ende 1991 hatten allein Griechenland, Irland und Italien noch keine Maßnahmen mitgeteilt. Die Kommission trat jedoch u. a. mit Belgien, Dänemark, Deutschland und Irland in Gespräche ein, um eine einheitliche Auslegung von Begriffen zu erreichen, da sie andernfalls bei der gemeinsamen Nutzung von Mietleitungen sowie beim Angebot von Telekommunikationsdiensten für **geschlossene Nutzergruppen** und Firmennetze Marktzugangsbeschränkungen befürchtete *(vgl. WB 1991, Ziff.323; SEK (92) 1048 endg., S.12f.; WB 1993, Ziff.359f.; WB 1994, Ziff.222).*

Am 4. April 1995 veröffentlichte die Kommission eine erste Mitteilung über den **Stand der Umsetzung** der Diensterichtlinie [KOM (95) 113 endg.; ABl. C 275 20.10.95 S.2], in der sie u. a. auch die Fortschritte bei der **Liberalisierung** in den einzelnen Mitgliedstaaten analysierte. Bis Ende 1994 waren mit Ausnahme Griechenlands und Italiens alle Mitgliedstaaten ihrer Notifizierungspflicht in bezug auf die zu treffenden Maßnahmen nachgekommen. Die wirksame Umsetzung der Bestimmungen wurde anhand **verschiedener Parameter** überprüft; diese umfaßten die Beibehaltung besonderer oder ausschließlicher Rechte für den Sprachtelefondienst (Definition) und den Betrieb von Festnetzen (Zugang zum öffentlichen Vermittlungsnetz und zu den Mietleitungen, Anmelde- und Genehmigungsverfahren), die Bedingungen für den Wiederverkauf von Mietleitungskapazitäten für die Datenkommunikation (Genehmigungsvorschriften, Sonderregelungen), die ONP-Bedingungen (Verfügbarkeit von und Nutzungseinschränkungen für Mietleitungen), die Einschränkungen bei der Datenverarbeitung (Diskriminierungsfreiheit hinsichtlich der Nutzungsbedingungen und Gebühren) sowie die Trennung der Regulierungsfunktion von der betrieblichen Leistungserstellung und die Übertragung der Befugnisse. Die nach wie vor vorhandenen **erheblichen Mängel** bei der Umsetzung und die **Uneinheitlichkeiten** zwischen den Mitgliedstaaten sollten weiterhin zuerst in bilateralen Verhandlungen und dann auf juristischem Wege geregelt werden; gegen Deutschland und Spanien waren bereits erste **Vertragsverletzungsverfahren** eingeleitet worden *(vgl. Bull. EU 4-1995, S.42; WB 1995, Ziff. 107; zu den Entwicklungen in den Mitgliedstaaten und zur Umsetzung der Gemeinschaftsvorschriften E. M. Noam, 1992; Th. Schnöring, 1992; J. Scherer, 1993a; Ch. Steinfield u. a., 1994; J. Scherer, 1995).*

Im Rahmen der Behandlung **spezieller Fragestellungen** definierte die Kommission anhand **bestimmter Kriterien** (kommerzielle Bereitstellung und für die Öffentlichkeit, zwischen Abschlußpunkten des öffentlichen Vermittlungsnetzes, direkter Transport und Vermittlung von Sprache in Echtzeit) den **Sprachtelefondienst**, um Klarheit über die Abgrenzung besonderer und ausschließlicher Rechte zu erlangen; sofern nicht alle Merkmale gleichzeitig erfüllt waren, war keine Reservierung des Dienstes zulässig (Firmennetze, geschlossene Nutzergruppen, Verbindung zu Kunden über Mietleitungen, Speichervermittlung, Sprachpost, Telefonieren mit Kreditkarte, Vermittlung des billigsten Weges). Weiterhin diskutiert wurden die Umgehung des **Sprachtelefondienstmonopols** (Zwischenschaltung von Mietleitungen) und die Erkennbarkeit solcher Zuwiderhandlungen, die Bedeutung von **Firmennetzen** und **geschlossenen Nutzergruppen** (Abgrenzung der Begriffe, Verfügbarkeit von Kapazitäten) sowie die Sonderregelungen für die Bereitstellung **öffentlicher Datendienste** (Wiederverkauf von Mietleitungskapazität, Entwürfe für Anmelde- und Genehmigungsverfahren; Abschaffung wegen geringer Inanspruchnahme und zahlreichen Nachteilen). Die Trennung **hoheitlicher und betrieblicher Funktionen** war trotz der Existenz von Regulierungsbehörden in mindestens fünf Mitgliedstaaten noch nicht deutlich genug; ergänzende Bestimmungen sollten im Rahmen der **Novellierung** der ONP-Bestimmungen verankert werden. Besondere Anforderungen sollten an eine rein rechtliche oder administrative Aufspaltung gestellt werden (finanzielle Unabhängigkeit, Personalwechsel); als vorziehenswürdig wurde eine **strukturelle Trennung** bezeichnet (bei privater Mehrheit am Unternehmen Übertragung der ordnungspolitischen Funktionen an ein Ministerium, bei öffentlichem Eigentum am Netzbetreiber an eine vom Ministerium unabhängige Instanz).

Wegen der unzureichenden **Umsetzung der Mietleitungsrichtlinie** leitete die Kommission gegen Griechenland (Rs. C-259/94), Luxemburg (Rs. C-220/94) und Spanien (Rs. C-266/94) **Vertragsverletzungsverfahren** ein.

1.4 Anwendung der Wettbewerbsregeln auf den Telekommunikationssektor

1.4.1 Grundsatzfragen und Kommissionsleitlinien

1.4.1.1 Wettbewerbspolitische Herausforderungen des Telekommunikationsmarktes

Die technologischen Entwicklungen sowie der **Liberalisierungs- und Deregulierungsprozeß** führten seit Ende der achtziger Jahre zu erheblichen Veränderungen der Wettbewerbsstrukturen im Telekommunikationswesen. Anstelle der auf weitgehend monopolistisch organisierten Märkten tätigen nationalen Fernmeldeverwaltungen dominierte nun ein Nebeneinander von **marktbeherrschenden öffentlichen Unternehmen** (in allen Marktsegmenten operierend; besondere oder ausschließliche Rechte für den Betrieb der Festnetzinfrastruktur und von Funknetzen sowie für das Angebot von Sprachtelefondiensten) und einigen **kleinen privaten Anbietern** (oftmals in Konkurrenz zu den ehemaligen Monopolisten auf dem Daten-, Mehrwertdienste-, Ausrüstungs- und Endgerätemarkt; vielfach von den Vorleistungen des Netzbetreibers abhängig).

Übersicht 69: Anwendung der Wettbewerbsregeln auf den Telekommunikationssektor bis 1992

Kommissionsleitlinien

Leitlinien der Kommission für die Anwendung der EG-Wettbewerbsregeln im Telekommunikationsbereich (91/C 233/02) [ABl. C 233 06.09.91 S.2] — Kenntnisnahme durch das EWR-Abkommen [ABl. L 001 03.01.94 S.456]

Kartellvereinbarungen

Entscheidung 90/46/EWG der Kommission vom 12. Januar 1990 in einem Verfahren nach Artikel 85 EWG-Vertrag (IV/32.006 – Alcatel / Espace / ANT Nachrichtentechnik) [ABl. L 032 03.02.90 S. 19] — Entscheidung 90/446/EWG der Kommission vom 27. Juli 1990 betreffend ein Verfahren nach Artikel 85 EWG-Vertrag (IV/32.688 Konsortium ECR 900) [ABl. L 228 22.08.90 S.31] — Entscheidung 91/562/EWG der Kommission vom 18. Oktober 1991 betreffend ein Verfahren nach Artikel 85 EWG-Vertrag (IV/32.737 – Eirpage) [ABl. L 306 07.11.91 S.22] — Entscheidung 93/50/EWG der Kommission vom 23. Dezember 1992 in einem Verfahren nach Artikel 85 EWG-Vertrag (IV/32.745 – Astra) [ABl. L 020 28.01.93 S.23]

Fusionen

Entscheidung 91/251/EWG der Kommission vom 12. April 1991 zur Erklärung der Vereinbarkeit eines Zusammenschlusses mit dem Gemeinsamen Markt (Fall IV/M042 – Alcatel / Telettra) gemäß der Verordnung 89/4064/EWG des Rates [ABl. L 122 17.05.91 S.48]

Mißbrauch marktbeherrschender Stellungen

Entscheidung 82/861/EWG vom 10. Dezember 1982 betreffend ein Verfahren nach Artikel 86 EWG-Vertrag (UV/29.877 – British Telecommunications) [ABl. L 360 21.12.82 S.36]

Beihilfen

Entscheidung 92/483/EWG der Kommission vom 24. Juni 1992 betreffend Beihilfen der Region Brüssel an die Siemens S.A. zur Förderung der Bereiche Datenverarbeitung und Telekommunikation [ABl. L 288 03.10.92 S.25]

Die Veränderungen der Strukturen auf den Märkten für **Telekommunikationsendgeräte und -dienste** sowie die damit verbundene Festlegung der **ONP-Rahmenbedingungen** bewirkten in wettbewerbspolitischer Hinsicht einen erheblichen Aufgabenzuwachs für die Kommission. Einerseits hatte sie darauf zu achten, daß die Mitgliedstaaten die gemeinschaftlichen Vorschriften in nationales Recht transformierten und somit die noch bestehenden **besonderen oder ausschließlichen Rechte** beseitigten. Andererseits war es nun in zunehmendem Maße erforderlich, insbesondere dem Art. 86 EWGV (Art. 82 EGV) i. V. m. Art. 90 EWGV (Art. 86 EGV) Geltung zu verschaffen, um den Wettbewerb gefährdende **restriktive Verhaltensweisen** und die **mißbräuchliche Ausnutzung** marktbeherrschender Stellungen zu unterbinden. Besondere Aufmerksamkeit war dabei der **Quersubventionierung** wettbewerblicher Aktivitäten und den Beschränkungen des **Infrastrukturzugangs** zu widmen, die von den Netzbetreibern festgelegt bzw. von den Vereinigungen der Fernmeldeverwaltungen (CCITT, CEPT) empfohlen worden waren; diese Institutionen bildeten zudem ein Forum für **unerlaubte Preisabsprachen** *(vgl. Bull. EG 1/2-1990, S. 19; WB 1990, Ziff. 54 ff.)*.

Zunehmende Bedeutung erlangte gegen Ende der achtziger Jahre auch die Beurteilung von **horizontalen und vertikalen Kooperationen** sowie von **Gemeinschaftsunternehmen und Zusammenschlüssen**, die der Entwicklung und Einführung neuer Informations- und Kommunikationstechnologien (Mobil- und Satellitenfunk), dem Angebot neuartiger Telekommunikationsdienste, der Ausnutzung der erweiterten Marktzutrittsmöglichkeiten, der Spezialisierung auf bestimmte Marktsegmente oder der Optimierung der Lieferbeziehungen dienen sollten. Als Begründungen für die erweiterte Zusammenarbeit wurden die Realisierung von **Größenvorteilen** und die Notwendigkeit von **Rationalisierungen** angeführt. Neben den unbestreitbaren Vorteilen solcher Vereinbarungen mußte die Kommission allerdings auch die Einschränkung der Wettbewerbsintensität in den direkt und indirekt betroffenen Marktsegmenten aus dynamischer Perspektive begutachten *(vgl. WB 1990, Ziff.59; WB 1991, Ziff.20; WB 1993, Ziff.129; WB 1997, Ziff.75, S.157f.; im weiteren Übersicht 69).*

1.4.1.2 Kommissionsleitlinien zur Anwendung der Wettbewerbsregeln vom Juli 1991

In ihren am 26. Juli 1991 angenommenen **Leitlinien für die Anwendung der EG-Wettbewerbsregeln im Telekommunikationsbereich [ABl. C 233 06.09.91 S.2]** stellte die Kommission dann die wesentlichen rechtlichen und wirtschaftlichen Grundsätze vor, denen sie – gestützt auf ihre bisherigen Einzelfallentscheidungen und die Rechtsprechung des Europäischen Gerichtshofs – vor allem bei der Anwendung der Artt. 85 und 86 EWGV (Artt. 81 und 82 EGV) auf die Telekommunikationsunternehmen folgen wollte. Art. 90 EWGV (Art. 86 EGV) sollte bei der Beurteilung des Verhältnisses der Wettbewerbsregeln zu bestimmten einzelstaatlichen Maßnahmen, vor allem im Zusammenhang mit der Gewährung besonderer oder ausschließlicher Rechte für öffentliche Unternehmen, maßgeblich sein; als weiterhin bedeutsam wurden die Vorgaben zum Netzzugang gemäß den ONP-Vorschriften eingestuft. Mit der umfassenden Darlegung der **wettbewerbsrechtlich relevanten Aspekte** verband die Kommission in erster Linie die Absicht, einen Rahmen für die **Beurteilung zukünftiger Einzelfälle** vorzugeben und somit den Unternehmen eine gewisse Rechtssicherheit, aber kein einklagbares Recht zuzugestehen; die Kompetenzen des Europäischen Gerichtshofs und der nationalen Behörden sollten unberührt bleiben *(vgl. Bull. EG 7/8-1991, S.22; WB 1991, Ziff.20ff.; R. Ellger u. a., 1992, S.295ff.; C.-D. Ehlermann, 1993, S.141ff.; P. N. Märkl, 1998, S.184ff.; Th. Hart, 1999, S.61f.; St. Polster, 1999, S. 103ff.).*

Zu den **allgemeinen Prinzipien** zählte die Kommission vor allem die Geltung der Wettbewerbsregeln und der damit verbundenen Ziele auch für einen nicht vollständig liberalisierten Telekommunikationsmarkt (Gewährleistung des freien Wettbewerbs und angemessener Wettbewerbsbedingungen), wobei die Artt. 85 und 86 EWGV (Artt. 81 und 82 EGV) für alle öffentlichen und privaten Unternehmen und Art. 90 EWGV (Art. 86 EGV) für öffentlich-rechtliche Handlungen von Belang waren; allerdings konnten unter bestimmten Voraussetzungen der Art. 90 Abs. 2 EWGV (Art. 86 Abs. 2 EGV) und die grundlegenden Anforderungen der Diensterichtlinie **Wettbewerbsbe-**

schränkungen rechtfertigen. Die Abgrenzung des relevanten Marktes war für jeden Einzelfall nach **produkt- bzw. dienstleistungsbezogenen** (Austauschbarkeit anhand von Eigenschaften, Wettbewerbsbedingungen sowie der Angebots- und Nachfragestruktur; Probleme: Abgrenzung zwischen boden- und funkgestützten Systemen, technischer Fortschritt) **und geographischen Kriterien** (vorhandener Wettbewerb, ähnliche Wettbewerbsbedingungen; Probleme: Zugangsbeschränkungen, Normung) vorzunehmen.

Bei der Beurteilung von Vereinbarungen nach Art. 85 EWGV (Art. 81 EGV) sollten die Vorteile **allgemeiner Art** (Kompatibilität und Interoperabilität von Netzen und Diensten, Wettbewerbsfähigkeit der Unternehmen) sowie die Vorteile für die **öffentlichen Netzbetreiber** (Vereinfachung von Forschung, technologischer Entwicklung und Innovation), die **Neueinsteiger** (leichtere Inanspruchnahme von Vorleistungen) und die **Endnutzer** (umfangreicheres, qualitativ höherwertigeres und preisgünstigeres Angebot) den wettbewerbsbeschränkenden Elementen (Reduzierung der Anzahl der Konkurrenten) gegenübergestellt werden. Ein positiver Bescheid konnte mittels der Erteilung eines **Negativattests** oder einer **Einzelfreistellung** gemäß Verordnung 17 sowie ggf. über eine **Gruppenfreistellung** erfolgen. Im Zusammenhang mit der Untersuchung sektorspezifischer Vereinbarungen differenzierte die Kommission nach den rechtlichen Marktzutrittsmöglichkeiten.

Spezielle Absprachen im Bereich der Bereitstellung von **Festnetzinfrastrukturen** und **reservierten Diensten** waren vor allem dazu geeignet, den Wettbewerb um die Kommunikationszentren von Großkunden zu beschränken (Preise, Rabatte und Gebühreneinzug: im allgemeinen inakzeptabel, eher zulässig in bezug auf gemeinsame Tarifstrukturen und -grundsätze; sonstige Bereitstellungsbedingungen: Beschränkung der Konkurrenz untereinander, des Netzzugangs bestimmter Nutzer und des Wettbewerbs bei liberalisierten Diensten schwerwiegender, sofern nicht zur Förderung bestimmter Technologien; Wahl der Fernmeldeleitwege: begrenzen Investitionen und Diensteangebot, Ausnahmen beim Aufbau eines gesamteuropäischen Netzes und bei technischer Notwendigkeit; Festlegung von Dienstenormen: positiv einzustufen wegen Vergrößerung der Dienste- und Ausrüstungsmärkte, sofern keine Beschränkung des Netzzugangs erfolgt; Informationsaustausch: genehmigungsfähig, wenn nicht Preisgestaltung und Geschäftsstrategie sowie neue Produkte betroffen sind).

Hinsichtlich der Erbringung **liberalisierter Dienste** und der **Lieferung von Endgeräten** wurde nach der Art der beteiligten Unternehmen unterschieden: zwischen den ehemaligen Monopolisten (*one-stop shopping* bringt Vorteile in bezug auf gemeinschaftsweite Dienste, Qualität, Normung und Kosten; Gefahren bestehen in der Begrenzung der Zahl der Dienste, des Leistungsumfangs und der Spezifikationen, der Preisabstimmung, Zugangs- und Nutzungsbeschränkungen, der Diskriminierung Dritter und der Quersubventionierung); zwischen ehemaligen Monopolisten und anderen Diensteanbietern (vorteilhaft sind Rationalisierung, Verfügbarkeit neuer bzw. verbesserter Dienste und Technologietransfer; als nachteilig zu bewerten sind Reduzierung der tatsächlichen oder potentiellen Konkurrenz, Benachteiligung dritter Diensteanbieter und Erhöhung der Marktzutrittsschranken); nur zwischen Dritten (maßgeblich sind die vorherigen Erwägungen; Ablehnung bei Marktaufteilung, Mengenbeschränkungen und Preisvereinbarungen); Forschung und technologische Entwicklung (grundsätzlich Gewährung einer Freistellung, wenn keine Beschränkungen bei der Produktion und beim Vertrieb).

Bezüglich der Anwendung des Art. 86 EWGV (Art. 82 EGV) war zu beachten, daß **Fernmeldeverwaltungen** eine marktbeherrschende Stellung nicht nur aufgrund der Ausübung besonderer oder ausschließlicher Rechte beim Aufbau und Betrieb der Festnetze sowie beim Angebot von Sprachtelefondiensten, sondern auch auf bereits liberalisierten Märkten (Marktanteil, Monopol bei Vorleistungen, Vertrieb von Ausrüstung) innehaben konnten; Marktdominanz erschien ebenfalls für **andere Unternehmen** plausibel (Marktanteil, technischer Fortschritt, zugangsrelevante Informationen). Potentielle **Mißbräuche ehemaliger Monopolisten** wurden gesehen in **Nutzungsbeschränkungen** (Behinderung des Angebots bereits liberalisierter Dienste, Diskriminierung zwischen Nutzern, zusätzliche Verpflichtungen; Beispiele: Auflagen für die Nutzung von Mietleitungen, Verweigerung der Erbringung reservierter Dienste für Dritte, Erhebung von Zusatzgebühren, Sonderauflagen, Benachteiligung bei Preisen und Dienstequalität, Kopplungsverträge, Verpflichtung zur Zusammenarbeit, Sammlung von Informationen über Kunden, unzureichende Entbündelung) und in der **Quersubventionierung** liberalisierter Marktsegmente durch die Zurechnung von Kosten zu reservierten Bereichen (Verdrängung von Konkurrenten, Preisverzerrungen). **Sonstige Unternehmen** verdächtigte die Kommission ähnlicher Verhaltensweisen; sie wies auch auf die Option der Ausübung gewerblicher Schutzrechte bei Normen hin. Mögliche Mißbräuche auf dem **Beschaffungsmarkt** stellten die Durchsetzung günstigerer Preise oder Geschäftsbedingungen, die Übernahme einer Alleinvertretung, die Erzwingung einer Lizenz und die Diskriminierung aufgrund der Nationalität dar.

Gerade wegen der besonderen Bedeutung von (internationalen) Kooperationen in diesem Sektor sollten die Wettbewerbsregeln auch auf den **Satellitenfunkmarkt** angewendet werden. Gemeinsame Vereinbarungen der Fernmeldeverwaltungen zur Lieferung von **Raumsegmentkapazität** beschränkten nach Meinung der Kommission die Konkurrenz sowohl untereinander als auch gegenüber Dritten und stärkten die marktbeherrschenden Stellungen; eine **Einzelfreistellung** war deshalb ebensowenig denkbar wie in bezug auf das Angebot der Aufwärtsstrecke. Vereinbarungen mit Dritten konnten freigestellt werden, wenn eine Verbesserung der Dienste, eine Kapazitätserhöhung oder ein Technologietransfer erfolgte, nicht jedoch bei Kopplungsangeboten und einer Verringerung der Anzahl unabhängiger Anbieter.

Die Beurteilung von **Fusionen und Gemeinschaftsunternehmen** hatte einerseits die Effekte auf die Rationalisierung sowie die Forschung und technologische Entwicklung, andererseits die Entstehung marktbeherrschender Stellungen und die Benachteiligung Dritter bei einer vertikalen Integration zu berücksichtigen. Bei der Befolgung **internationaler Übereinkommen** (WATTC, CCITT, Satelliten-Konventionen) mußte die Einhaltung der Wettbewerbsregeln gewährleistet sein; einzelne Bestimmungen der multilateralen Vereinbarungen widersprachen jedoch dem Gemeinschaftsrecht. Die Mitgliedstaaten wurden dazu angehalten, etwaige Unvereinbarkeiten zwischen ihren Verpflichtungen gegenüber Drittländern und dem Wettbewerbstitel zu beseitigen.

1.4.2 Anwendungspraxis der Kommission

1.4.2.1 Kartellvereinbarungen, Gemeinschaftsunternehmen und Fusionen

Diensteanbieter und Netzbetreiber

Im Zusammenhang mit der Beurteilung einer von 22 Unternehmen geplanten, später aber nicht realisierten Vereinbarung zum Angebot von Datennetzdiensten (Managed Data Network Services, MDNS) spezifizierte die Kommission im Dezember 1989 erstmals die wesentlichen Bedingungen für eine **Freistellung von Kooperationen** im Telekommunikationssektor. Die wettbewerbsbeschränkenden Wirkungen waren den Vorteilen, wie z. B. dem *one-stop shopping*, der Beschleunigung der Normungsarbeit sowie den Kostensenkungen und Qualitätssteigerungen, gegenüberzustellen. Außerdem sollten die an die Einzelfreistellung geknüpften Auflagen eine **Gleichbehandlung** der konkurrierenden Anbieter gewährleisten und **Quersubventionen** bei den etablierten Unternehmen vermeiden *(vgl. WB 1990, Ziff.58; B. Amory, 1992, S.81f.; J. M. Bauer u. a., 1994, S.64f.; P. N. Märkl, 1998, S.181; P. W. Schmitz-Morkramer, 1999, S.65)*.

Nachdem die Kommission bereits mehrmals die von Bord Telecom Eireann (Irish Telecom) und Motorola Ireland Ltd beabsichtigte Gründung des Gemeinschaftsunternehmens Eirpage Ltd, das in Irland ein landesweites Funkrufnetz aufbauen und betreiben sollte, abgelehnt hatte, stellte sie das erneut im Mai 1988 angemeldete Vorhaben [ABl. C 294 24.11.90 S.3] mit ihrer **Entscheidung 91/562/EWG vom 18. Oktober 1991 [ABl. L 306 07.11.91 S.22]** unter bestimmten Informationsauflagen vom März 1990 bis zum Juli 2001 frei. Besonders gewürdigt wurden dabei die landesweite Abdeckung, die Verfügbarkeit neuer Dienstemerkmale und die Förderung des Ausrüstungsmarktes. Um Wettbewerbsbeschränkungen auszuschließen, hatte sich der öffentliche Festnetzbetreiber Irish Telecom bereits vorher dazu verpflichtet, den mindestens acht anderen Anbietern von Funkrufdiensten unter den für Eirpage geltenden Bedingungen (Entbündelung, Nutzungsdauer, Entgelte) Zugang zu den benötigten Einrichtungen zu ermöglichen, Quersubventionierungen zugunsten von Eirpage zu unterlassen sowie alle Ausrüstungs- und Endgerätehersteller gleich zu behandeln. Außerdem waren das dreijährige nachvertragliche Wettbewerbsverbot der beiden Partnerunternehmen sowie eine entsprechende Untersagung für die als Zwischenhändler fungierenden Unternehmen aufgehoben worden *(vgl. WB 1990, Ziff.60; Bull. EG 10-1991, S.21; WB 1991, Ziff.80ff.; H. Ungerer, 1995b, S.29)*.

Seit August 1990 befaßte sich die Kommission mit dem **Erwerb von Kapitalanteilen** an der Infonet Services Corp., einem ehemaligen Geschäftsbereich der US-amerikanischen Computer Sciences Corp. (CSC), der 1988 in eine Kapitalgesellschaft umgewandelt worden war. Infonet bot weltweit Daten-, elektronische Post-, Telefax-, Telex-, Bildschirmtext- und Sprachtelefondienste für private Netze an; Aktionäre waren die französische Transpac, die DBP Telekom, die Telefónica Int. Holding BV, die belgische RTT, die PTT Telecom BV, MCI Communications Corp., Telecom Australia, Singapore Telecom Int. PTE, Swedish Telecom Int., die schweizerische PTT und die japanische Kokusai Denshin Denwa Co. Ltd (KDD) geworden. Die Vereinbarungen der Aktionäre (Anteilsverkauf, Verwaltung, Vertrieb, Beziehungen von Infonet zu CSC und den Fernmeldeorganisationen) wurden im Januar 1992 von der Kommission genehmigt, nachdem die Bedenken hinsichtlich der Diskriminierung anderer Anbieter beim Netzzugang und bei der Nutzung bestimmter Dienste sowie bezüglich einer Quersubventionierung der Infonet-Dienste ausgeräumt worden waren [ABl. C 007 11.01.92 S.3]. Auch die Übernahme der **gemeinsamen Kontrolle** über Matra Communications durch Northern Telecom [ABl. C 240 19.09.92 S.15] und die Gründung von zwei **Gemeinschaftsunternehmen** in Frankreich wurden gebilligt *(vgl. Bull. EG 7/8-1992, S.27; H. Ungerer, 1995b, S.29; P. W. Schmitz-Morkramer, 1999, S.66ff.)*.

Netzbetreiber, Ausrüstungs- und Endgerätehersteller

Im April 1988 meldeten die AEG AG, die niederländische Alcatel NV und die finnische Nokia Oy eine **Kooperationsvereinbarung** zur Bildung des Konsortiums ECR 900 an, das die Entwicklung und Herstellung, die Definition und Anpassung von technischen Spezifikationen sowie den Vertrieb des digitalen zellularen Mobilfunksystems GSM *(vgl. S.645)* übernehmen sollte (keine weiteren Angebote und Verträge in CEPT-Ländern, Beschränkung der Nutzung der technischen Dokumentation) [ABl. C 308 07.12.89 S.5]. Die **Entscheidung 90/446/EWG der Kommission vom 27. Juli 1990 [ABl. L 228 22.08.90 S.31]** erkannte die Vorteile an, die mit der Einigung der meisten europäischen Netzbetreiber auf einheitliche Standards mit entsprechenden Schnittstellen verbunden waren, und wies auf die Möglichkeit der Entwicklung und Produktion der Systemkomponenten durch verschiedene Hersteller hin. So traten als weitere Konsortien bzw. Einzelanbieter Philips / Bosch / Siemens, Ericsson / Matra / Orbitel / Ascom Hasler und Motorola auf. Nach Auffassung der Kommission fiel die Vereinbarung deshalb nicht unter Art. 85 Abs. 1 EWGV (Art. 81 Abs. 1 EGV), da der Wettbewerb nicht beschränkt wurde; die **Notwendigkeit einer Kooperation** wurde mit den hohen Entwicklungskosten, dem eng bemessenen Zeitplan und dem finanziellen Risiko begründet *(vgl. Bull. EG 7/8-1990, S.29; WB 1990, Ziff.59)*. Bereits mit der **Entscheidung 90/46/EG vom 12. Januar 1990 [ABl. L 032 03.02.90 S.S.19]** hatte die Kommission eine Vereinbarung zwischen Alcatel Espace SA und der ANT Nachrichtentechnik GmbH (Forschung und technologische Entwicklung im Bereich der Satellitenkommunikationstechnik) unter Auflagen (Mitteilungspflichten) bis Ende 1996 vom Kartellverbot freigestellt.

Die zwischen der General Electric Company plc (GEC) und der Siemens AG in den Jahren 1988 und 1989 geschlossenen Vereinbarungen zur Errichtung der GEC-Siemens plc sowie zum Erwerb und zur **Aufteilung der Geschäftsbereiche** der Plessey Company plc betrafen unterschiedliche Tätigkeitsfelder; im Telekommunikationssektor sollte GEC 60 % und Siemens 40 % des Grundkapitals der GEC-Plessey Telekommunikation erwerben. Das Vorhaben wurde jedoch von der Kommission als wettbewerbsbeschränkend eingestuft, da die Partner auf nationaler Ebene und insbesondere Siemens auf dem gemeinschaftlichen Markt für öffentliche und große private Vermittlungs- und Übertragungssysteme ein beachtliches Gewicht hatten; die Voraussetzungen für eine **Einzelfreistellung** waren jedoch gegeben (Förderung des technischen Fortschritts, hohe Aufwendungen für Forschung und technologische Entwicklung,

Vorteile für die Verbraucher, wegen starker Konkurrenz keine Ausschaltung des Wettbewerbs) [ABl. C 239 25.09.90 S.2].

Ferner beschäftigte sich die Kommission mit dem Erwerb von 69,2 % der Anteile der italienischen Telettra SpA, einem Hersteller von Telekommunikationssystemen und -ausrüstungen, durch die im gleichen Marktsegment tätige Alcatel NV; 25,4 % des Kapitals blieben bei Fiat SpA und 5,4 % bei Telefónica de España. In der **Entscheidung 91/251/EWG vom 12. April 1991 [ABl. L 122 17.05.91 S.48]** stellte die Kommission fest, daß lediglich auf den spanischen Märkten für Festnetze und Richtfunksysteme wettbewerbliche Auswirkungen zu erwarten waren; bei öffentlichen und privaten Vermittlungsanlagen bestanden keine Bedenken. Angesichts der zunehmenden Diversifizierung der Bezugsquellen bei Telefónica und des bevorstehenden Verkaufs von Minderheitsbeteiligungen an Lieferanten durch den spanischen Festnetzbetreiber sowie der Präsenz anderer Anbieter für Übertragungstechnik wurde trotz der Bedeutung von Alcatel und Telettra **keine marktbeherrschende Stellung** registriert; der Zusammenschluß wurde deshalb unter Auflagen genehmigt *(vgl. Bull. EG 1/2-1991, S.25; Bull. EG 4-1991, S.15)*. Im Dezember 1991 stimmte die Kommission dem Zusammenschluß von Alcatel und AEG Kabel zu [ABl. C 006 10.01.92 S.23].

CEPT-Empfehlung für Mietleitungen

Im Jahre 1990 überprüfte die Kommission von Amts wegen und aufgrund zweier Beschwerden der Society for Worldwide International Financial Telecommunications sc (S.W.I.F.T.), einer Genossenschaft im Besitz von über 2.000 Banken für den Betrieb eines spezialisierten Telekommunikationsnetzes und das Angebot von Datendiensten für Finanzinstitute, eine geänderte Empfehlung der CEPT zu den internationalen Mietleitungen und dem Aufbau internationaler Privatnetze (Erhebung eines Aufschlags oder einer Zugangsgebühr bei einer Nutzung der Mietleitungen für den Verkehr Dritter oder bei einer Verbindung mit dem öffentlichen Netz). Die Untersuchungen führten zum Ergebnis, daß die Empfehlung einen Verstoß gegen Art. 85 EWGV (Art. 81 EGV) darstellen könnte (Absprache über Preise und Verkaufsbedingungen); sie wurde daraufhin von der CEPT wieder zurückgenommen *(vgl. WB 1990, Ziff.56; B. Amory, 1992, S.80; P. N. Märkl, 1998, S.181 f.; P. W. Schmitz-Morkramer, 1999, S.48)*.

1.4.2.2 Mißbrauch marktbeherrschender Stellungen

British Telecom

Im Telekommunikationssektor wurden die **gemeinsamen Wettbewerbsregeln** erstmalig im Jahre 1982 gegen British Telecom (BT) angewendet. Das Unternehmen hatte durch mehrere zwischen 1975 und 1981 erlassene Verordnungen privaten britischen Nachrichtenvermittlungsagenturen die Inanspruchnahme des öffentlichen Festnetzes für die Relaisübertragung von Gesprächen zwischen zwei Drittstaaten untersagt; eine Ausweichmöglichkeit bestand nicht, da BT zu dieser Zeit noch das Monopol für den Infrastrukturbetrieb besaß. Die in den anderen Mitgliedstaaten beheimateten Endkunden konnten deshalb die bei der Weiterleitung von Telefonaten über das Vereinigte Königreich in außereuropäische Staaten bestehenden Tarif- bzw. Kostenunterschiede und Wechselkursschwankungen nicht mehr ausnutzen. In ihrer **Entscheidung 82/861/ EWG vom 10. Dezember 1982 [ABl. L 360 21.12.82 S.36]** stellte die Kommission zwar eine mißbräuchliche Ausnutzung der marktbeherrschenden Stellung durch BT fest, sah aber von der Verhängung einer Geldbuße ab, da das Unternehmen teilweise gemäß einer Empfehlung des **Beratenden Ausschusses** der ITU handelte, von anderen Fernmeldeverwaltungen zu dieser Maßnahme gedrängt worden war und sein Verbot nicht mittels einer Abschaltung der Agenturen vom öffentlichen Netz durchgesetzt hatte. Bereits Ende Oktober 1982 hatte BT die Kommission und alle betroffenen Parteien informiert, daß es die Aufhebung sämtlicher beanstandeter Maßnahmen beabsichtige *(vgl. WB 1982, Ziff.94; R. Schulte-Braucks, 1986b, S.7B-5ff.; KOM (87) 290 endg., S. 123; St. Polster, 1999, S.101f.; P. W. Schmitz-Morkramer, 1999, S.45f.).*

Im März 1983 klagte jedoch die italienische Regierung vor dem **Europäischen Gerichtshof** auf Nichtigerklärung der Kommissionsentscheidung [ABl. C 099 13.04.83 S.4]. Zum einen hätten die Verordnungen nicht nach Art. 86 EWGV (Art. 82 EGV) geprüft werden dürfen, da deren Erlaß keine unternehmerische Tätigkeit gewesen sei; Art. 222 EWGV (Art. 295 EGV) verbiete außerdem die Anwendung der Wettbewerbsregeln auf ein gesetzliches Monopol. Ferner widersprächen die Verordnungen dem Art. 86 EWGV (Art. 82 EGV) nicht, da die unlauteren Praktiken von den Nachrichtenvermittlungsagenturen ausgegangen seien, die Tätigkeit von BT wegen Art. 90 Abs. 2 EWGV (Art. 86 Abs. 2 EGV) nur begrenzt den Wettbewerbsregeln unterliege und BT sich an die internationalen Konventionen über das Fernmeldewesen gehalten habe. Mit seinem Urteil vom März 1985 in der Rs. 41/83 [ABl. C 096 17.04.85 S.4; Slg. 1985, S.873] lehnte der Gerichtshof diese Argumentation jedoch ab und wies die Klage zurück. Art. 86 EWGV (Art. 82 EGV) betreffe **generell betriebliche Tätigkeiten**, selbst wenn sie von einem **öffentlichen Unternehmen** erbracht werden; die Aktivitäten von BT hätten aber ausschließlich unternehmerischen Charakter. Weiterhin wurde keine Verletzung des Art. 222 EWGV (Art. 295 EGV) gesehen, da die Übermittlung von Nachrichten für Dritte nicht das gesetzliche Monopol berühre. Ein schuldhaftes Verhalten der privaten Anbieter könne ebensowenig festgestellt werden. Der Einwand in bezug auf Art. 90 EWGV (Art. 86 EGV) wurde als zulässig, aber unbegründet eingestuft. Zwar habe allein die Kommission umfassende Aufsichtspflichten, wenn ein Unternehmen mit Dienstleistungen von öffentlichem Interesse betraut werde, und eine Verletzung könne deshalb geltend gemacht werden; der Nachweis, daß die Kommissionsentscheidung die Erfüllung der Aufgaben unmöglich gemacht habe, fehle jedoch. Auch das internationale Recht greife nicht, weil nur die Agenturen von der Nutzung ausgeschlossen werden könnten, die einen Teil der fälligen Gebühren zu hinterziehen beabsichtigten *(vgl. WB 1985, Ziff.95ff.; R. Schulte-Braucks, 1986a, S.202ff.; KOM (87) 290 endg., S.123ff.; P. N. Märkl, 1998, S.182f.; St. Polster, 1999, S.102f.).*

Ausschließlichkeitsrechte für das Inverkehrbringen von Endgeräten

Bereits vor der Verabschiedung der **Endgeräterichtlinie** hatte die Kommission die Fernmeldeverwaltungen in Belgien, Dänemark, der BR Deutschland, Italien, den Niederlanden und Spanien erfolgreich aufgefordert, das **ausschließliche Recht** für den Import und Vertrieb von an das öffentliche Netz anschließbaren schnurlosen Telefonen, Telexendgeräten, Ferndruckern und Modems aufzuheben, da sie in der Ausweitung des Infrastruktur- und Dienstemonopols auf diese Marktsegmente einen **Mißbrauch der beherrschenden Stellung** der öffentlichen Netzbetreiber sah.

Ziele des Vorgehens waren die Erweiterung der angebotenen Produktpalette sowie die Gewährleistung einer unbeschränkten grenzüberschreitenden Vermarktung durch Hersteller und Händler aus anderen Mitgliedstaaten *(vgl. Bull. EG 3-1985, S.35; WB 1985, Ziff.261; Bull. EG 7/8-1986, S.51f.; R. Schulte-Braucks, 1986b, S.7B-8f.; WB 1986, Ziff.294ff.; Bull. EG 12-1987, S.53; KOM(87) 290 endg., S.125ff.; WB 1987, Ziff.282ff.; Bull. EG 4-1989, S.36)*.

Régie des Télégraphes et Téléphones

Im Januar 1990 intervenierte die Kommission bei der belgischen Régie des Télégraphes et Téléphones (RTT), nachdem sich ein privater Anbieter von Mehrwertdiensten über die allgemeinen Vertragsbedingungen für den Zugang Dritter zum internationalen Datenübertragungsnetz von RTT beschwert hatte. Die Regelungen wurden von der Kommission als wettbewerbsbeschränkend eingestuft und mußten geändert werden *(vgl. Bull. EG 1/2-1990, S.19; WB 1990, Ziff.55; B. Amory, 1992, S.79f.; J. M. Bauer u. a., 1994, S.64; P. N. Märkl, 1998, S.183; P. W. Schmitz-Morkramer, 1999, S.46)*.

Untersuchungen zur Kosten- und Tarifentwicklung

Seit Anfang der neunziger Jahre sah sich die Kommission wiederholt zu Untersuchungen in bezug auf das Niveau bzw. die Struktur von Kosten und Tarifen sowie von Preisabsprachen veranlaßt, da sie innerhalb Europas und im Vergleich zu Drittstaaten erhebliche Unterschiede bei End-, Mietleitungs- und Zusammenschaltungsgebühren festgestellt hatte; Ziel sollte die Verwirklichung einer kostenorientierten Preissetzung sein. Geprüft wurden z. B. die Empfehlungen der CCITT zum internationalen Verrechnungspreissystem und die Telefontarife der DBP Telekom; die Verfahren wurden jedoch wieder eingestellt *(vgl. WB 1991, Ziff.24; B. Amory, 1992, S.81; Th. Kiessling, 1998, S.192f.; P. W. Schmitz-Morkramer, 1999, S.49)*.

Koninklijke PTT Nederland

Im Juni 1992 leitete die Kommission gegen die Niederlande ein Verfahren nach Art. 90 Abs. 2 EWGV (Art. 86 Abs. 2 EGV) ein, da ihrer Meinung nach durch ein Gesetz vom Oktober 1988 die ausschließlichen Rechte der Koninklijke PTT Nederland für die Bereitstellung des Festnetzes auf das Funkrufsystem ausgedehnt worden waren. Ein Verstoß gegen Art. 86 EWGV (Art. 82 EGV) wurde in der nicht zu rechtfertigenden Ausweitung der marktbeherrschenden Stellung und der Einschränkung des Angebots europaweiter Dienste gesehen *(vgl. Bull. EG 6-1992, S.50)*.

1.4.2.3 Gewährung von Beihilfen

Die Gewährung von Beihilfen für Telekommunikationsunternehmen spielt in der wettbewerbspolitischen Praxis nur eine **untergeordnete Rolle**. Im Februar 1996 leitete die Kommission ein Verfahren gegen Frankreich ein, da ihrer Meinung nach die an einen Ausrüstungshersteller gewährten Investitionsbeihilfen (Tochtergesellschaften, Automatisierung der Produktion, Bürokommunikation) einen Modernisierungszweck verfolgten *(vgl. Bull. EG 2-1986, S.48 f.)*. Ein Darlehen Frankreichs in Höhe von 250 Mio. ffrs für Thomson zur Entwicklung innovativer Fernmeldetechnologien kam hingegen im Dezember 1987 in den Genuß der Ausnahmeregelungen *(vgl. Bull. EG 12-1987, S.52)*. Im Februar 1988 genehmigte die Kommission ein **portugiesisches Beihilfeprogramm** von 20 Mio. ECU zur Förderung fortgeschrittener Telekommunikationsdienste, insbesondere in bezug auf kleine und mittlere Unternehmen *(vgl. Bull. EG 2-1988, S.49)*. Hinsichtlich der von der Regierung der Region Brüssel an die Siemens S.A. gewährten Aufwandszuschüsse in Höhe von 335,98 Mio. bfrs [ABl. C 254 28.09. 91 S.6] gelangte die Kommission in ihrer **Entscheidung 92/483/EWG vom 24. Juni 1992 [ABl. L 288 03.10.92 S.25]** zum Schluß, daß die Investitionsbeihilfen (Ausrüstungen, Gebäude, Softwareentwicklung) die genehmigten Höchstgrenzen unterschritten und für die Ausbildungsbeihilfen Ausnahmebestimmungen in Anspruch genommen werden konnten; die Beihilfen von 256,445 Mio. bfrs für Aufwendungen im Zusammenhang mit der Vermietung von Geräten sowie für Werbemaßnahmen und Markterhebungen waren hingegen mit dem Gemeinsamen Markt unvereinbar *(vgl. Bull. EG 6-1992, S.50)*.

1.5 Technische Regelungsbereiche

1.5.1 Einführung neuer Telekommunikationssysteme

Ausgangspunkt für den Aufbau neuer Telekommunikationssysteme in der Gemeinschaft war seit Mitte der achtziger Jahre die **Ratsempfehlung 84/549/EWG** über die Durchführung der Harmonisierung auf dem Gebiet des Fernmeldewesens *(vgl. S. 113)*; Schwerpunkte stellten die Schaffung des ISDN *(vgl. Band 1, S.517)* und die Weiterentwicklung funkgestützter Technologien dar. Ergänzt wurden die Gemeinschaftsinitiativen durch die Weiterführung bzw. die Einrichtung von **Programmen** zur Forschung und technologischen Entwicklung, wie z. B. RACE *(vgl. Band 1, S.177)*, ESPRIT *(vgl. Band 1, S.170)*, IMPACT *(vgl. Band 1, S.167)* und TEDIS *(vgl. Band 1, S. 172; im weiteren B. Amory, 1992, S.83 f.; Übersicht 70)*.

1.5.1.1 Digitaler zellularer Mobilfunk

Da die in der Gemeinschaft gegen Mitte der achtziger Jahre verwendeten analogen Mobilfunksysteme noch weitgehend inkompatibel waren und die zunehmende Digitalisierung die Möglichkeit zum Aufbau eines einheitlichen europäischen Netzes bot, forderte die **Empfehlung 87/371/EWG des Rates vom 25. Juni 1987 [ABl. L 196 17.07.87**

S.81] die koordinierte Einführung des öffentlichen digitalen zellularen Mobilfunks nach dem GSM-Standard (Groupe Spécial Mobile, Global System for Mobile Communications). Wie auch bei den anderen Funksystemen waren die Bemühungen sowohl von der Intention geleitet, den Nutzern eine europaweite Inanspruchnahme (einheitliche Schnittstellen, Roaming) eines verbesserten Dienstes (Sprachqualität, Anschlußdichte, zusätzliche Dienste, Schutzeinrichtungen) zu ermöglichen, als auch von der Absicht geprägt, einen Gemeinsamen Markt für die Technologie und die zugehörigen Endgeräte zu schaffen *(vgl. A. Fraude, 1986, S.5f.; Bull. EG 2-1987, S.42f.; Bull. EG 6-1987, S.35; GB 1987, Ziff.353; H. Ungerer u. a., 1988, S.141ff.; C. Graack, 1997, S. 183).*

Die Empfehlung enthielt allgemeine **Anforderungen** (Eignung für das vorgesehene Frequenzband *(vgl. S.649)*, Qualitätsparameter, Kompatibilität mit dem ISDN, Kosten) sowie **Vorgaben** zur Wahl des Übermittlungssystems, zur Signalisierung und zu den Gebührengrundsätzen. Der **Zeitplan** sah die Festlegung der Prinzipien der Netzarchitektur, die Definition und Zuweisung der Funktionen zwischen den Netzeinheiten sowie die Festlegung der Schnittstellen bis Mitte 1987, die Spezifizierung von mobilen Schnittstellen und Diensten bis Ende 1987, die Aufnahme des Betriebs ab 1991 sowie die Abdeckung städtischer Regionen bis 1993 und deren Verbindung bis 1995 vor. Der Rat forderte die Fernmeldeverwaltungen – wie dann auch später im Zusammenhang mit der Einführung anderer funkbasierter Technologien – außerdem dazu auf, im Rahmen der CEPT und / oder des ETSI verstärkt zu kooperieren und ihre Zusammenarbeit mit den Herstellern, den Nutzern, den Diensteanbietern und den Sozialpartnern zu intensivieren. Besondere Aufmerksamkeit sollte der Erarbeitung von technischen Spezifikationen und Vereinbarungen, der Überleitung von vorhandenen Systemen auf die neue Technologie und der Finanzierung gewidmet werden. Im **CEPT-Memorandum of Understanding** zur Einführung des GSM-Standards vom 7. September 1987 bestätigten die 22 unterzeichnenden Unternehmen den vorgesehenen Zeitplan und legten die Grundzüge ihrer Zusammenarbeit fest (technische Normen; Beschaffung; Entwicklung, Validierung und Implementierung; Aufnahme des kommerziellen Dienstes; Ausbau) *(vgl. KOM (88) 240 endg., S.6; zur Entwicklung des GSM J. Kruse, 1992; M. Mouly u. a., 1992; E. Lenhard, 2002, S.21ff.).*

Eine Mitteilung der Kommission vom 23. November 1990 [KOM (90) 565 endg.], die vor allem die Realisierung des GSM-Systems in den einzelnen Mitgliedstaaten untersuchte, und die **Entschließung 90/C 329/09 des Rates vom 14. Dezember 1990 [ABl. C 329 31.12.90 S.25]** konstatierten dann jedoch, daß es bei der Einführung des GSM-Systems zwar erhebliche Fortschritte gab (technische Spezifikationen), in vielen Bereichen aber auch Schwierigkeiten auftraten (gegenseitige Anerkennung der Zulassungen für GSM-Endgeräte und der Betriebslizenzen; Zeichengabe; Vorlauftests; elektromagnetische Störungen; Schutz von Daten, der Privatsphäre und des geistigen Eigentums); zum Teil waren die Probleme auf das Fehlen gemeinsamer Rechtsvorschriften zurückzuführen. Stärkere Beachtung sollten die technische Weiterentwicklung im Hinblick auf die Einführung des DCS-1800-Standards, die Vermarktung des Systems in Mittel- und Osteuropa sowie die Förderung des Abschlusses von Gebühren- und Abrechnungsvereinbarungen finden *(vgl. Bull. EG 11-1990, S.39; Bull. EG 12-1990, S.67 f.; GB 1990, Ziff.312; M. Carpentier u. a., 1992, S.104).*

Übersicht 70: Weiterentwicklung und Einführung von Telekommunikationssystemen bis 1991

Digitaler zellularer Mobilfunk

Empfehlung 87/371/EWG des Rates vom 25. Juni 1987 für die koordinierte Einführung eines europaweiten öffentlichen zellularen digitalen terrestrischen Mobilfunkdienstes in der Gemeinschaft [ABl. L 196 17.07.87 S.81] — Rechtsetzung auf der Grundlage des Art. 235 EWGV (Art. 308 EGV), auf Vorschlag der Kommission [ABl. C 069 17.03.87 S.5] sowie nach den Stellungnahmen des EP [ABl. C 125 11.05.87 S.159] und des WSA [ABl. C 232 31.08.87 S.13] — Kenntnisnahme durch das EWR-Abkommen [ABl. L 001 03.01.94 S.419]

Entschließung 90/C 329/09 des Rates vom 14. Dezember 1990 über die Schlußphase in der koordinierten Einführung eines europaweiten öffentlichen zellularen digitalen terrestrischen Mobilfunkdienstes in der Gemeinschaft (GSM) [ABl. C 329 31.12.90 S.25] — Rechtsetzung auf der Grundlage des EWGV und auf Vorschlag der Kommission [KOM (90) 565 endg.] — Kenntnisnahme durch das EWR-Abkommen [ABl. L 001 03.01.94 S.419]

Funkruf

Empfehlung 90/543/EWG des Rates vom 9. Oktober 1990 zur koordinierten Einführung eines europaweiten terrestrischen öffentlichen Funkrufsystems in der Gemeinschaft [ABl. L 310 09.11.90 S.23] — Rechtsetzung auf der Grundlage des Art. 235 EWGV (Art. 308 EGV), auf Vorschlag der Kommission [ABl. C 193 31.07.89 S.8; ABl. C 043 23.02.90 S.6] sowie nach den Stellungnahmen des EP [ABl. C 015 22.01.90 S.87] und des WSA [ABl. C 298 27.11.89 S.27] — Kenntnisnahme durch das EWR-Abkommen [ABl. L 001 03.01.94 S.419]

Schnurlose Digitalkommunikation

Empfehlung 91/288/EWG des Rates vom 3. Juni 1991 zur koordinierten Einführung europäischer schnurloser Digital-Kommunikation (DECT) in der Gemeinschaft [ABl. L 144 08.06.91 S.47] — Rechtsetzung auf der Grundlage des Art. 235 EWGV (Art. 308 EGV), auf Vorschlag der Kommission [ABl. C 187 27.07.90 S.1; ABl. C 009 15.01.91 S.3] sowie nach den Stellungnahmen des EP [ABl. C 019 28.01.91 S.96] und des WSA [ABl. C 332 31.12.90 S.172] — Kenntnisnahme durch das EWR-Abkommen [ABl. L 001 03.01.94 S.419]

1.5.1.2 Digitaler Funkruf

Angesichts der Verschiedenartigkeit der in Betrieb befindlichen Systeme regte die **Empfehlung 90/543/EWG des Rates vom 9. Oktober 1990 [ABl. L 310 09.11.90 S.23]** die Entwicklung und koordinierte Einführung eines europäischen öffentlichen terrestrischen Funkrufsystems (European Radio Messaging System, ERMES) an. Angegeben wurden die Spezifikationen zu den allgemeinen technischen Anforderungen (Eignung für das vorgesehene Frequenzband *(vgl. S. 649)*, Anzahl der zu unterstützenden Nutzer, unterschiedliche Zugangsformen, Möglichkeit des gleichzeitigen Betriebs von unabhängigen Systemen, Rufvermittlung und -steuerung, Numerierung, Netzcontroller), zu der Wahl des Subsystems (Modulationsverfahren, Kanalcodierung, Empfängercode) und des Funkrufempfängers (Leistung, Dienste, Einrichtungen), zu der Systemeinführung und den bereitzustellenden Diensten und Einrichtungen (Mindest- und Zusatzmerkmale) sowie die Grundsätze für die Gebührenberechnung. Die Spezifikation der Dienste und Einrichtungen sollte bis Dezember 1989, die des Systems und des Empfängers bis Juni 1990 abgeschlossen sein; bis Juli 1990 hatten die Fernmeldeverwaltungen eine Vereinbarung zur Systemeinführung zu unterzeichnen.

Übersicht 71: Frequenzzuweisung und Harmonisierung von Rufnummern bis 1992

Frequenzzuweisung

Richtlinie 87/372/EWG des Rates vom 25. Juni 1987 über die Frequenzbänder, die für die koordinierte Einführung eines europaweiten öffentlichen zellularen digitalen terrestrischen Mobilfunkdienstes in der Gemeinschaft bereitzustellen sind [ABl. L 196 17.07.87 S.85] — Rechtsetzung auf der Grundlage des Art. 100 EWGV (Art. 94 EGV), auf Vorschlag der Kommission [ABl. C 069 17.03.87 S.9] sowie nach den Stellungnahmen des EP [ABl. C 125 11.05.87 S.159] und des WSA [ABl. C 232 31.08.87 S.13] — Übernahme durch das EWR-Abkommen [ABl. L 001 03.01.94 S. 418]

Entschließung 90/C 166/02 des Rates vom 28. Juni 1990 zum Ausbau der europaweiten Zusammenarbeit im Bereich der Funkfrequenzen, insbesondere im Hinblick auf die Einführung europaweiter Dienste [ABl. C 166 07.07.90 S.4] — Rechtsetzung auf der Grundlage des EWGV und auf Vorschlag der Kommission [KOM (90) 171 endg.] — Kenntnisnahme durch das EWR-Abkommen [ABl. L 001 03.01.94 S.419]

Richtlinie 90/544/EWG des Rates vom 9. Oktober 1990 über die Frequenzbänder für die koordinierte Einführung eines europaweiten terrestrischen öffentlichen Funkrufsystems in der Gemeinschaft [ABl. L 310 09.11.90 S.28] — Rechtsetzung auf der Grundlage des Art. 100 a EWGV (Art. 95 EGV), auf Vorschlag der Kommission [ABl. C 193 31.07.89 S.12; ABl. C 043 23.02.90 S.6; KOM (90) 405 endg.] und nach Stellungnahme des WSA [ABl. C 298 27.11.89 S.27]; Stellungnahme des EP [ABl. C 015 22.01.90 S.84], gemeinsamer Standpunkt des Rates [ABl. C 122 18. 05.90 S.1] und Beschluß des EP [ABl. C 231 17.09.90 S.86] im Rahmen des Verfahrens der Zusammenarbeit — Übernahme durch das EWR-Abkommen [ABl. L 001 03.01.94 S.418]

Richtlinie 91/287/EWG des Rates vom 3. Juni 1991 über das Frequenzband, das für die koordinierte Einführung europäischer schnurloser Digital-Kommunikation (DECT) in der Gemeinschaft vorzusehen ist [ABl. L 144 08.06.91 S.45] — Rechtsetzung auf der Grundlage des Art. 100 a EWGV (Art. 95 EGV), auf Vorschlag der Kommission [ABl. C 187 27.07.90 S.5; ABl. C 009 15.01.91 S.3; KOM (91) 181 endg.] und nach Stellungnahme des WSA [ABl. C 332 31.12.90 S. 172]; Stellungnahme des EP [ABl. C 019 28.01.91 S.97], gemeinsamer Standpunkt des Rates [ABl. C 017 25.01.91 S.1] und Beschluß des EP [ABl. C 106 22.04.91 S.78] im Rahmen des Verfahrens der Zusammenarbeit — Übernahme durch das EWR-Abkommens [ABl. L 001 03.01.94 S.418]

Entschließung 92/C 318/01 des Rates vom 19. November 1992 zur Anwendung der Beschlüsse des European Radiocommunications Committee in der Gemeinschaft [ABl. C 318 04.12.92 S.1] — Rechtsetzung auf der Grundlage des EWGV und auf Vorschlag der Kommission — Kenntnisnahme durch das EWR-Abkommen [ABl. L 160 28.06.94 S.77]

Vereinheitlichung von Rufnummern

Entscheidung 91/396/EWG des Rates vom 29. Juli 1991 zur Einführung einer einheitlichen europäischen Notrufnummer [ABl. L 217 06.08.91 S.31] — Rechtsetzung auf der Grundlage des Art. 235 EWGV (Art. 308 EGV), auf Vorschlag der Kommission [ABl. C 269 21.10.89 S.8; ABl. C 275 01.11.90 S.4] sowie nach den Stellungnahmen des EP [ABl. C 231 17.09.90 S.83; ABl. C 183 15.07.91 S.359] und des WSA [ABl. C 062 12.03.90 S.1]

Entscheidung 92/264/EWG des Rates vom 11. Mai 1992 zur Einführung einer gemeinsamen Vorwahlnummer für den internationalen Fernsprechverkehr in der Gemeinschaft [ABl. L 137 20.05. 92 S.21] — Rechtsetzung auf der Grundlage des Art. 100 a EWGV (Art. 95 EGV), auf Vorschlag der Kommission [ABl. C 157 15.06.91 S.6] und nach Stellungnahme des WSA [ABl. C 269 14.10. 91 S.33]; Stellungnahme des EP [ABl. C 326 16.11.91 S.120], gemeinsamer Standpunkt des Rates [ABl. C 037 15.02.92 S.1] und Beschluß des EP [ABl. C 094 13.04.92 S.159] im Rahmen des Verfahrens der Zusammenarbeit — Aufnahme in den Anhang XI des EWR-Abkommens durch den Beschluß 7/94 des Gemeinsamen EWR-Ausschusses [ABl. L 160 28.06.94 S.76]

Die Aufnahme des Betriebs war bis spätestens Ende 1992 vorgesehen; im Januar 1994 wollte man 25 %, im Januar 1995 50 % und im Januar 1997 80 % der Bevölkerung versorgen können *(vgl. KOM(88) 240 endg., S.5; Bull. EG 4-1989, S.30; Bull. EG 1/2-1990, S.32; Bull. EG 10-1990, S.39; GB 1990, Ziff.312; R. Schulte-Braucks, 1990, S. 676; M. Carpentier u. a., 1992, S.104 ff.; C. Graack, 1997, S.183 f.; zur Charakterisierung von ERMES A. Keuter u. a., 1996, S.15 ff.).*

1.5.1.3 Schnurlose Digitalkommunikation

Ähnliche Regelungen wurden auch mit der **Empfehlung 91/288/EWG des Rates vom 3. Juni 1991 [ABl. L 144 08.06.91 S.47]** zur Einführung der europäischen schnurlosen Digitalkommunikation (DECT) getroffen, die ebenfalls die allgemeinen Anforderungen (Eignung für das vorgesehene Frequenzband *(vgl. S.647)*, Anwendungsmöglichkeiten), die Wahl des Übertragungssystems, die Netzarchitektur, die Systemmerkmale (allgemeine Anforderungen, Notrufdienste, Wähl- und Anrufsicherheit, Kompatibilität verschiedener Anwendungen) und die Notwendigkeit der gegenseitigen Abrechnung zwischen den Betreibern behandelte. Die Spezifikation der Übertragungsmerkmale, der Norm für die Netzstruktur sowie der Definition und Zuweisung von Funktionen der Systemkomponenten sollte bis Oktober 1991 erfolgen; die schrittweise Einführung der Anwendungen war ab Ende 1992 geplant *(vgl. Bull. EG 5-1990, S.29; Bull. EG 12-1990, S.67; Bull. EG 6-1991, S.49 f.; GB 1991, Ziff.374; M. Carpentier u. a., 1992, S.104 ff.; C. Graack, 1997, S.184; zur Entwicklung funkgestützter Technologien für den Ortsnetzbereich D. Tewes, 1997).*

1.5.2 Frequenzverwaltung

Die begrenzte Verfügbarkeit der Funkfrequenzen und die zunehmende Nutzung des Spektrums durch Telekommunikations- und Rundfunkdienste sowie für andere zivile und militärische Zwecke stellte die **gemeinschaftliche Frequenzpolitik** seit Mitte der achtziger Jahre vor große Herausforderungen. Im Zusammenhang mit der Förderung von GSM, ERMES und DECT *(vgl. S.645)* sowie der Schaffung eines Gemeinsamen Marktes für Funktechnologien wies die Gemeinschaft wiederholt auf die Notwendigkeit hin, **einheitliche Normen** festzulegen und die Zusammenarbeit im Bereich der **Frequenzkoordinierung** zu verstärken, um eine problemlose grenzüberschreitende Nutzung der Dienste und Endgeräte sicherzustellen sowie die Absatzmöglichkeiten der Industrie zu verbessern. Eine gemeinsame Politik wurde jedoch durch die historisch gewachsenen **länderspezifischen Besonderheiten** bei der Frequenzplanung, -zuweisung und -nutzung erschwert. Auch auf internationaler Ebene bestanden im Rahmen der ITU bereits Regelungen für die Inanspruchnahme von Funkfrequenzen, und die CEPT entwickelte seit Ende der achtziger Jahre Verfahren für die Frequenzkoordinierung und einen Konsultationsmechanismus.

Im Zusammenhang mit der gemeinsamen Einführung des GSM-Standards schrieb die **Richtlinie 87/372/EWG des Rates vom 25. Juni 1987 [ABl. L 196 17.07.87 S.85]** ab dem 1. Januar 1991 (für das Gebiet der ehemaligen DDR ab dem 1. Januar 1993) dann aufgrund einer CEPT-Empfehlung die ausschließliche Bereitstellung der Hauptfrequenzbänder von 905 bis 914 MHz und 950 bis 959 MHz oder äquivalenter Teile der gesamten Breite von 890 bis 915 MHz und 935 bis 960 MHz vor (später Beschlüsse 94/01 und 97/02 des ERC); bis zum 1. Januar 2001 sollten diese Frequenzen vollständig für das europaweite digitale zellulare Mobilfunksystem reserviert werden *(vgl. Bull. EG 2-1987, S.42 f.; Bull. EG 6-1987, S.35; GB 1987, Ziff.353; im weiteren Übersicht 71)*.

Um die gemeinschaftliche Kooperation im Bereich der Funkfrequenzkoordinierung zu vertiefen, forderte die **Entschließung 90/C 166/02 des Rates vom 28. Juni 1990 [ABl. C 166 07.07.90 S.4]** die Regierungen der Mitgliedstaaten, die zuständigen nationalen Behörden, die europäischen Normungsgremien, die Telekommunikationsunternehmen und die Nutzer auf, unter Zugrundelegung der Mechanismen der CEPT eine Rahmenorganisation zu bilden. Ziele sollten die Bereitstellung und die optimale Verwendung eines ausreichenden Frequenzspektrums insbesondere für Mobil- und Satellitenfunkdienste sein, wobei der gegenwärtige und zukünftige Bedarf, Entwicklungen im industriellen Bereich und bei der Normung sowie die Vorgaben der ITU und ihrer Funkfrequenzkonferenzen berücksichtigt werden sollten *(vgl. Bull. EG 5-1990, S.29 f.; Bull. EG 6-1990, S.55)*. Auf der Basis der Ratsentschließung und von CEPT-Empfehlungen wurden in der Folgezeit weitere **Frequenzbänder für neue europaweite Dienste** zugewiesen:

— Die Richtlinie 90/544/EWG des Rates vom 9. Oktober 1990 [ABl. L 310 09.11.90 S.28] bestimmte, daß für ERMES *(vgl. S.647)* ab dem 1. Januar 1993 vorzugsweise die vier Kanäle 169,6 MHz, 169,65 MHz, 169,7 MHz und 169,75 MHz aus dem – später vollständig zu reservierenden – Frequenzband von 169,4 bis 169,8 MHz festzulegen waren (später Beschluß 94/02 des ERC) *(vgl. Bull. EG 4-1989, S.30; Bull. EG 1/2-1990, S.32; Bull. EG 10-1990, S.39; GB 1990, Ziff.312)*. Angesichts der nur noch geringen Nutzung des Frequenzbands durch ERMES-Funkrufdienste schlug die Kommission am 3. August 2005 [KOM (2005) 361 endg.] vor, die Richtlinie aufzuheben *(vgl. Bull. EU 7/8-2005, S.31 f.)*.

— Gemäß der Richtlinie 91/287/EWG des Rates vom 3. Juni 1991 [ABl. L 144 08.06.91 S.45] sollte für DECT *(vgl. S.649)* ab dem 1. Januar 1992 das Frequenzband von 1880 bis 1900 MHz vorgesehen werden (später Beschluß 94/03 des ERC) *(vgl. Bull. EG 5-1990, S.29; GB 1990, Ziff.312; Bull. EG 6-1991, S.50; GB 1991, Ziff.374)*.

Weitere **Vorschläge der Kommission** zur Bereitstellung von Frequenzbändern im Rahmen der koordinierten **Einführung neuer Dienste** betrafen:

— den *digitalen Nahbereichsfunk* (Digital Short Range Radio, DSRR) [ABl. C 189 20.07.91 S.14; KOM (93) 570 endg.]: 888 bis 890 MHz und 933 bis 935 MHz ab dem 1. Januar 1992 (später Beschluß 93/01 des ERC) *(vgl. Bull. EG 6-1991 S.50)*;

— die *Straßenverkehrstelematik* (Road Telematics and Telecommunications, RTT) [ABl. C 221 28.08.92 S.2]: 5,795 bis 5,805 GHz (Erweiterung auf 5,815 GHz), 63 bis 64 GHz und 76 bis 77 GHz ab dem 1. Januar 1993 (Beschluß 92/02 des ERC) *(vgl. Bull. EG 7/8-1992, S.37 f.)*;

— das *terrestrische Flugkommunikationssystem* (Terrestrial Flight Telecommunications System, TFTS) [ABl. C 222 29.08.92 S. 10]: 1670 bis 1675 MHz und 1800 bis 1805 MHz ab dem 1. Januar 1993 (Beschluß 92/01 des ERC) *(vgl. Bull. EG 7/8-1992, S. 37)*.

Die Aufgabe, auf europäischer Ebene Entscheidungen über die **Zuweisung von Frequenzbändern** für bestimmte Dienste zu erlassen, war zwischenzeitlich den beiden Unterorganisationen der CEPT, dem Europäischen Ausschuß für Funkangelegenheiten (European Radiocommunications Committee, ERC) und dem von ihm als Sachverständigengremium eingesetzten Europäischen Büro für Funkangelegenheiten (European Radiocommunications Office, ERO), übertragen worden. Deren Beschlüsse hatten zwar keine Rechtsverbindlichkeit, sie stellten aber **freiwillige Selbstverpflichtungen** der Mitgliedstaaten dar und waren deshalb im rechtlichen Sinne gleichbedeutend mit den Ratsrichtlinien *(vgl. K.-H. Neumann, 1991, S. 6 ff.; C. Graack, 1997, S. 184 f.)*.

Aus diesen Gründen hielt der Rat die Mitgliedstaaten mit der **Entschließung 92/C 318/01 des Rates vom 19. November 1992 [ABl. C 318 04.12.92 S. 1]** dazu an, sich aktiv an der Beschlußfassung des ERC zu beteiligen und dessen Beschlüsse über die Bereitstellung von Frequenzbändern auch umzusetzen; die Kommission sollte dieses Verfahren akzeptieren. Wegen der damit verbundenen **Aufgabe der gemeinschaftlichen Kompetenzen** zog diese ihre Richtlinienentwürfe zur RTT und zum TFTS wieder zurück, nachdem sich hierzu zuvor noch der Wirtschafts- und Sozialausschuß geäußert hatte [ABl. C 019 25.01.93 S. 36].

Das Europäische Parlament zeigte sich in einer Entschließung vom 18. Dezember 1992 zu den Frequenzbändern für Telekommunikationssysteme [ABl. C 021 25.01.93 S. 539] von diesem Vorgehen befremdet und kritisierte, daß es nicht in den Entscheidungsprozeß einbezogen worden sei. Den Richtlinienvorschlag zur Bereitstellung von Frequenzbändern für den DSRR zog die Kommission nach den Stellungnahmen des **Europäischen Parlaments** [ABl. C 094 13.04.92 S. 161] und des **Wirtschafts- und Sozialausschusses** [ABl. C 040 17.02.92 S. 18] schließlich am 14. November 1995 wieder zurück [ABl. C 344 22.12.95 S. 6] *(vgl. Bull. EG 11-1992, S. 40 f.; Bull. EG 12-1992, S. 82; GB 1992, Ziff. 344; C. Graack, 1997, S. 185 f.; Th. Hart, 1999, S. 337)*.

In einer Mitteilung vom 12. Oktober 1998 [KOM (98) 559 endg.] über die Durchführung und Funktionsweise der Richtlinien über Frequenzen für Mobilkommunikation sprach die Kommission der **GSM-Richtlinie** einen positiven Beitrag zur Bereitstellung der Frequenzen und zur Systemeinführung zu. Die Mitgliedstaaten hatten die Vorschriften zwar umgesetzt, allerdings traten zahlreiche Durchführungsprobleme auf (Bereitstellung der gesamten Bandbreite, Blockierung von Frequenzen durch Analog- und Schnurlossysteme, uneinheitliche Zuweisung der Frequenzbereiche, weiterer Frequenzbedarf).

Der Erfolg der **ERMES-Richtlinie** blieb unklar; sie war nur mit gewissen Abweichungen umgesetzt worden, und die Einführung von ERMES verzögerte sich (keine Betreiber, Erfolg von Analognetzen und GSM, Interferenzen, nicht gesamte Bandbreite). Die

DECT-Richtlinie, die weitgehend umgesetzt worden war, wurde als vorteilhaft eingestuft; allerdings war die Anwendung von DECT noch unterentwickelt und die Zukunft trotz des vermuteten Marktpotentials ungewiß (unklare Rechtslage im Teilnehmeranschlußbereich, Verzögerungen bei der Frequenzzuteilung und der Ausarbeitung spezifischer Vorschriften, ungenügende Bandbreite) *(vgl. Bull. EU 10-1998, S.48; GB 1998, Ziff.471).*

1.5.3 Vereinheitlichung von Rufnummern

Bis Anfang der neunziger Jahre konzentrierten sich die **gemeinschaftlichen Aktivitäten** im Bereich der Numerierung allein auf die **Harmonisierung bestimmter Rufnummern**. Den Ausgangspunkt für das weitere Vorgehen bildete die Mitteilung der Kommission vom 6. Juni 1988 über Koordinierung und vorbereitende Arbeiten auf dem Gebiet der Telekommunikation im Hinblick auf die Einführung einer europaweit einheitlichen Notrufnummer im Jahre 1992 [KOM (88) 312 endg.] *(vgl. Bull. EG 6-1988, S.29; GB 1988, Ziff.299).*

Eine Harmonisierung der in der Gemeinschaft **uneinheitlichen Notrufnummern** (Unterschiedlichkeit der Netzorganisation, der Vermittlungssysteme, der Endgeräte und der Nummernpläne) wurde als besonders dringlich angesehen, da angesichts der Zunahme der Privat- und Geschäftsreisen in der Gemeinschaft immer mehr Menschen auch im Ausland mit Notfällen und Katastrophen konfrontiert waren; sie sollten möglichst problemlos mit den verantwortlichen Diensten Kontakt aufnehmen können.

Da eine diesbezügliche Empfehlung der CEPT von 1976 kaum befolgt worden war, verpflichtete der Rat mit der **Entschließung 89/C 44/03 vom 13. Februar 1989 [ABl. C 044 23.02.89 S.3]** zu den neuen Entwicklungen der gemeinschaftlichen Zusammenarbeit im Bereich des Katastrophenschutzes und vor allem mit der **Entscheidung 91/396/EWG vom 29. Juli 1991 [ABl. L 217 06.08.91 S.31]** die Mitgliedstaaten, die europaeinheitliche Notrufnummer „112“ in öffentlichen Fernsprechnetzen, im ISDN und in öffentlichen Mobilfunknetzen bis zum 31. Dezember 1992 einzuführen; andere Nummern sollten ggf. parallel weitergenutzt werden können.

Bei besonderen technischen (unzureichende Digitalisierung, fehlende Software), finanziellen, geographischen oder organisatorischen Schwierigkeiten war eine Fristverlängerung bis Ende 1996 zulässig *(vgl. Bull. EG 9-1989, S.23 f.; Bull. EG 10-1990, S.39; GB 1990, Ziff.312; GB 1991, Ziff.374; B. Bauer u. a., 1993, S.14 ff.; im weiteren Übersicht 71).*

Ergänzend verlangte die **Entscheidung 92/264/EWG des Rates vom 11. Mai 1992 [ABl. L 137 20.05.92 S.21]**, die internationale Vorwahlnummer „00“ in den öffentlichen Fernsprechnetzen bis zum 31. Dezember 1992 einzuführen; einer entsprechenden CEPT-Empfehlung von 1976 waren bis 1992 erst sechs Mitgliedstaaten nachgekommen. Technische, administrative oder finanzielle Schwierigkeiten erlaubten einen Aufschub bis Ende 1998 *(vgl. Bull. EG 5-1991, S.27 f.; GB 1991, Ziff.374; Bull. EG 5-1992, S.33; GB 1992, Ziff.349; J. Horrocks, 1995, S.17/1).*

1.5.4 Normung, Konformitätsprüfung und Endgerätezulassung

1.5.4.1 Normung im Bereich der Telekommunikation und der Informationstechnik

Rahmenbedingungen der gemeinsamen Normungspolitik

Den Ausgangspunkt der gemeinschaftlichen Normungspolitik bildete die Schaffung des **Informationsverfahrens** auf dem Gebiet der Normen und technischen Vorschriften gemäß der Richtlinie 83/189/EWG des Rates vom 28. März 1983 [ABl. L 109 26. 04.83 S.8], bis Anfang der neunziger Jahre geändert durch die Ratsrichtlinie 88/182/ EWG vom 22. März 1988 [ABl. L 081 26.03.88 S.75] *(vgl. Band 1, S.151)* sowie die Kommissionsentscheidungen 90/230/EWG vom 3. Mai 1990 [ABl. L 128 18.05.90 S.15] und 92/400/EWG vom 15. Juli 1992 [ABl. L 221 06.08.92 S.55]. Demnach oblag der Kommission die Planung der **zentralen Normungsarbeiten**; die Mitgliedstaaten hatten ihrerseits die Kommission über die Entwürfe der **technischen Spezifikationen** sowie die geplante Aufstellung oder Änderung von Normen zu unterrichten, um vor allem neue Handelshemmnisse zu vermeiden. Die Kommissionsmitteilung vom 30. Januar 1985 [KOM (85) 19 endg.] und die Ratsentschließung 85/C 136/01 vom 7. Mai 1985 [ABl. C 136 04.06.85 S.1] *(vgl. Band 1, S.151)* markierten dann den Übergang zu einem **neuen Konzept** bei der technischen Harmonisierung und Normung: Beschränkung der Harmonisierung auf wesentliche Aspekte, Förderung der Erstellung von technischen Spezifikationen und Normen, Entscheidung über die gemeinschaftliche Verbindlichkeit durch die Kommission *(vgl. KOM (87) 290 endg., S.101 f.)*. In der Mitteilung vom 10. Dezember 1987 über die Beteiligung der Verbraucher an der Normung [KOM (87) 617 endg.], im Grünbuch vom 10. Oktober 1990 zur Entwicklung der europäischen Normung [KOM (90) 456 endg.; ABl. C 020 28.01.91 S.1] und in der Mitteilung vom 16. Dezember 1991 über die Normung in der europäischen Wirtschaft [KOM (91) 521 endg.; ABl. C 096 15.04.92 S.2] legte die Kommission **neue Prioritäten** fest, die der Rat in der Entschließung 92/C 173/01 vom 18. Juni 1992 [ABl. C 173 09.07.92 S.1] billigte *(vgl. im weiteren J. Rieß, 1993, S.45 ff.; Übersicht 72; zur definitorischen Abgrenzung und Kategorisierung von Normen H. Knorr, 1993, S.23 ff.; K. Schultheiß, 2004, S.53 ff.)*.

Sektorspezifische Verfahrensvorschriften und Schaffung des ETSI

Ab 1984 setzten sich die Gemeinschaftsorgane zunehmend mit den speziellen **ordnungs- und industriepolitischen Aspekten** der Normung im Telekommunikationswesen auseinander. Ein **sektorspezifisches Vorgehen** wurde als wesentliche Vorbedingung für die Gewährleistung wettbewerbsorientierter Märkte und eines offenen Netzzugangs, der Integrität der Infrastruktur sowie der Kompatibilität der Dienste, Netze und Endgeräte angesehen, wobei internationale Vorgaben zu berücksichtigen waren. Im Mai 1984 formulierte der Rat die **Grundsätze für die zukünftige Politik** (Unterstützung der Arbeit der internationalen Normungsgremien, einheitliche Anwendung der Normen auf europäischer Ebene, Einsetzung einer Gruppe Hoher Beamter „Informationstechnologie“ (SOG-ITS), Einbeziehung der SOG-T bzw. der GAP und der Gruppe Hoher Beamter für den Informationsmarkt, Nutzung vorhandener Strukturen und Verfahren) *(vgl. M. Carpentier u. a., 1992, S.68)*. Im Juli 1984 unterschrieben die Kommission und die CEPT eine Absichtserklärung, nach der die CEPT gemäß den internationalen Spezifikationen **gemeinsame technische Spezifikationen** und **Normen für den Telekommunikationsbereich** ausarbeiten sollte. Die für die Normung verantwortlichen Institutionen der Gemeinschaft (Kommission, SOG-T) legten die **Prioritäten und Arbeitsprogramme** der CEPT fest; der **Zeitplan** konnte jedoch nicht eingehalten werden, da Personal und Sachmittel fehlten. Auf der Grundlage einer Vereinbarung und späterer Rahmenverträge mit dem CEN bzw. CENELEC erhielten jene die Anweisung, europäische **Normen bzw. Vornormen für die Informationstechnologie** zu erstellen. Die Kommission verpflichtete sich im Gegenzug, die Tätigkeit der Normungsorganisationen zu unterstützen *(vgl. GB 1986, Ziff.408; C. Mohr u. a., 1986, S.850 ff.; GB 1987, Ziff.353; KOM (87) 290 endg., S.109 ff.; H. Ungerer u. a., 1988, S.150 ff.; zu den Prinzipien und Zielen der Normung in der Telekommunikation H. Knorr, 1993, S.35 ff., 131 ff.; K. Schultheiß, 2004, S.89 ff., 172 ff., 208 ff., 318 ff.)*.

Da das **Informationsverfahren** auf dem Gebiet der Normen und technischen Vorschriften sowie die mit der Ratsrichtlinie 86/361/EWG *(vgl. S.656)* verbindlich gewordene gegenseitige Anerkennung der **Konformitätsprüfung** von Endgeräten noch keine hinreichende Grundlage für die Durchführung der Normungstätigkeit in der Telekommunikation und im Bereich der Informationstechnologie darstellten, grenzte der **Beschluß 87/95/EWG des Rates vom 22. Dezember 1986 [ABl. L 036 07.02.87 S.31]** i. d. F. der Berichtigungen [ABl. L 066 11.03.87 S.21; ABl. L 102 14.04.87 S.35] die auf Gemeinschaftsebene zu ergreifenden Maßnahmen ab. Demnach waren ab dem 7. Februar 1988 mindestens einmal jährlich der **vorrangige Normungsbedarf** auf der Basis der **internationalen technischen Spezifikationen** (vorgeschriebene Merkmale eines Erzeugnisses, wie z. B. Qualität, Gebrauchstauglichkeit, Sicherheit, Abmessungen, Terminologie, Prüfungen, Verpackung, Kennzeichnung, Beschriftung) sowie der **internationalen Normentwürfe und Normen** (von einer anerkannten Normungsorganisation zur wiederholten oder ständigen Anwendung angenommene technische Spezifikationen) zu bestimmen, um **Arbeitsprogramme** konzipieren sowie gemeinsame europäische Telekommunikationsnormen (*Normes Européennes de Télécommunication*, NET), Vornormen, funktionelle Spezifikationen und ggf. funktionelle Normen aufstellen zu können; die Arbeiten waren von den **europäischen Normungsorganisationen** sowie den **technischen Fachgremien** für Informationstechnik und Telekommunikation (CEN, CENELEC, CEPT) durchzuführen. Existierten eindeutige internationale Vorschriften, so wurden diese unverändert übernommen; waren sie nicht ausreichend präzise oder fehlten sie gänzlich, so mußten ergänzend **gemeinschaftsspezifische Vorschriften** ausgearbeitet oder hinsichtlich der Aufstellung neuer Normen technische Spezifikationen entwickelt werden. Die Mitgliedstaaten hatten sich bei der Überprüfung der Übereinstimmung der Produkte und Dienste mit den Normen und funktionellen Spezifikationen sowie bei der Erteilung von Konformitätsbescheinigungen abzustimmen. Mit der Anwendung der NET bzw. der internationalen Normen sollte darüber hinaus gewährleistet werden, daß die Verfahren für die **Vergabe öffentlicher Lieferaufträge** vereinheitlicht wurden und über die Festlegung von funktionellen Spezifikationen für den Netzzugang die **Kompatibilität von Endein-**

richtungen sichergestellt war; Ausnahmen galten für bestimmte Sonderfälle (Sicherstellung des kontinuierlichen Betriebs bereits vorhandener Systeme, Behinderung des technischen Fortschritts, mangelnde technische Eignung der Norm bzw. Spezifikation, Wirtschaftlichkeitserwägungen) *(vgl. Bull. EG 5-1985, S.33 f.; Bull. EG 12-1986, S.51 f.; GB 1986, Ziff.245, 408; M. Carpentier, 1987, S.19 f.; GB 1987, Ziff.360; KOM (87) 290 endg., S.107 f.; Bull. EG 2-1988, S.42 f.; G. Haberzettl, 1989, S.943 ff.; J. Horrocks, 1995, S.14/4; K. Schultheiß, 2004, S.255 f.).*

Zur Entwicklung der **Spezifikationen und Normen** wurde Ende März 1988 das ETSI ins Leben gerufen; bis dahin hatten die nationalen Fernmeldeverwaltungen im Rahmen der CEPT diese Tätigkeit selbst durchgeführt. Durch die Schaffung des ETSI entzog man den etablierten öffentlichen Netzbetreibern die alleinige Kompetenz zur **Setzung von technischen Normen**, indem zusätzlich Gerätehersteller, Diensteanbieter, Endkunden und Forschungseinrichtungen am Entscheidungsprozeß beteiligt wurden *(vgl. GB 1988, Ziff.403, 410; Kommission, 1995, S.13/2; J. Horrocks, 1995, S.14/4).* In der aufgrund der Kommissionsmitteilung vom 1. Dezember 1988 über die Normierung im Fernmeldewesen als Bestandteil gemeinschaftsweiter Normierung [KOM (88) 712 endg.] angenommenen **Entschließung 89/C 117/01 des Rates vom 27. April 1989 [ABl. C 117 11.05.89 S.1]** wurden die Mitgliedstaaten, die Fernmeldeverwaltungen, die öffentlichen Netzbetreiber, die Industrie, die Forschungsinstitute und die Anwender zu einer verstärkten Zusammenarbeit mit dem ETSI aufgefordert (Benennung nationaler Normierungsgremien, Bereitstellung finanzieller und personeller Ressourcen). ETSI, CEN und CENELEC sollten im Rahmen des ITSTC (Information Technology Steering Committee) enger kooperieren und sich über die **Bildung einer einzigen Normungsorganisation** verständigen. Im Juni 1989 unterzeichneten die Gemeinschaft und das ETSI einen Rahmenvertrag. Das ETSI erhielt den Auftrag, die notwendigen technischen Spezifikationen und Normen zu entwickeln, insbesondere für neue digitale Systeme (ISDN, GSM), die dann vom TRAC-Ausschuß der CEPT übernommen wurden *(vgl. Bull. EG 12-1988, S.59; Bull. EG 4-1989, S.31; Bull. EG 6-1989, S.43; St. M. Besen, 1990, S.521 ff.; S. Temple, 1991; B. Amory, 1992, S.77 f.; H. Knorr, 1993, S.164 ff.; K. Schultheiß, 2004, S.288 ff.; hierzu auch Übersicht 84).*

Zeitliche Vorgaben und Fortschritte bei der Normungstätigkeit

Nach der Diensterichtlinie hatten die Mitgliedstaaten die **technischen Merkmale** der zur Benutzung der öffentlichen Netze **erforderlichen Schnittstellen** bis zum 31. Dezember 1990 zu veröffentlichen. Gemäß der ONP-Rahmenrichtlinie sollte die Kommission ein **Verzeichnis der Normen** publizieren, die als Basis für einheitliche technische Schnittstellen und/oder Dienstemerkmale im Rahmen des **offenen Netzzugangs**, z. B. für paketvermittelte öffentliche Datennetze, das ISDN, Mietleitungen und Breitbandnetze, dienen sollten [ABl. C 327 29.12.90 S.19]; bei Einhaltung dieser Normen konnte davon ausgegangen werden, daß ein Diensteanbieter die grundlegenden Anforderungen und eine Fernmeldeorganisation die ONP-Grundsätze erfüllte.

In ihren Berichten vom 30. April 1991 [SEK (91) 786 endg.] (für 1988 und 1989), vom 2. September 1992 [SEK (92) 1598 endg.] (für 1990 und 1991) und vom 23. März 1995

[KOM (95) 39 endg.] (für 1992 und 1993) informierte die Kommission über die jeweiligen **Fortschritte bei der Normung** in der Telekommunikation und bei der Informationstechnologie. Standen anfangs vor allem die Normung in den Bereichen EDI, elektronische Post und Dateiaustausch sowie die Ausgestaltung der Konformitätsprüfung (Prüfwerkzeuge, Kooperation zwischen Laboratorien, Ausbildung, Handbücher) im Vordergrund, so wurden seit Anfang der neunziger Jahre darüber hinaus **zahlreiche neue Normungsgebiete** (Telekommunikation: Umsetzung des ONP-Konzepts, gegenseitige Anerkennung der Allgemeinzulassungen für Endgeräte, ISDN, GSM, ERMES, DECT, TETRA, HDTV, Telematik, Satellitenkommunikation; Informationstechnologie: Austausch medizinischer Daten und Datenaustausch zwischen Bibliotheken, elektromagnetische Verträglichkeit, elektronischer Zahlungsverkehr, Zeichensätze, Straßenverkehrstelematik, Postwesen) berücksichtigt sowie **Instrumente und Verfahren zur Verbesserung der Normung** eingeführt (Zusammenarbeit zwischen europäischen Normungsorganisationen, mit der Kommission und mit internationalen Gremien, Arbeitsmethoden und Verwaltungsverfahren, Beteiligung des Privatsektors); außerdem förderte man die **Anwendung in den Mitgliedstaaten**, die **Information der Öffentlichkeit** und die **Kooperation mit anderen Ländern** (EFTA-Staaten, mittel- und osteuropäische Staaten) *(vgl. Bull. EG 4-1991, S.22; Bull. EG 9-1992, S.28 f.; F. Kampmann, 1993; Bull. EU 3-1995, S.45).*

1.5.4.2 Konformitätsprüfung und Zulassung von Endgeräten

Anerkennung der Konformitätsprüfungen durch die 1. Phase-Richtlinie

Im Hinblick auf die Schaffung eines liberalisierten Marktes für Telekommunikationsendgeräte war die **gegenseitige Anerkennung von Allgemeinzulassungen** (Genehmigung oder Anerkennung der Geeignetheit des Anschlusses von Endgeräten an das öffentliche Netz) von zentraler Bedeutung, da der freie Warenverkehr andernfalls durch nicht-tarifäre Handelshemmnisse erschwert worden wäre. Gegen Mitte der achtziger Jahre behinderten jedoch stark voneinander abweichende **nationale Bestimmungen** und **Verwaltungsverfahren** sowie unterschiedliche **technische Voraussetzungen** eine sofortige Harmonisierung, so daß sich die Gemeinschaft auf ein stufenweises Vorgehen verständigte.

Die **Richtlinie 86/361/EWG des Rates vom 24. Juli 1986 [ABl. L 217 05.08.86 S.21]** führte deshalb in einer ersten Stufe innerhalb eines Jahres die gegenseitige Anerkennung der Konformitätsprüfungen von seriengefertigten Endgeräten auf der Grundlage der gemeinsamen technischen Spezifikationen und der darauf beruhenden NET ein. Zur Vorbereitung hatte die Kommission nach Anhörung der SOG-T auf der Basis des Normungsprogramms die Harmonisierung der internationalen Normen und technischen Spezifikationen sowie die Erstellung gemeinsamer Konformitätsspezifikationen für Endgeräte zu organisieren; CEPT, CEN und CENELEC sollten die gemeinsamen Konformitätsspezifikationen als NET festlegen *(vgl. Bull. EG 5-1985, S.33 f.; GB 1985, Ziff.350; Bull. EG 7/8-1986, S.37; GB 1986, Ziff.401; KOM (87) 290 endg., S.105 f.; M. Carpentier u. a., 1992, S.92 ff., 112; R. Ellger u. a., 1992, S.261 f.; M. Weinkopf, 1993, S.7; J. Horrocks, 1995, S.9/3 f.).*

Die Prüfungen der Endgeräte auf Konformität mit den gemeinsamen Spezifikationen mußten von **Prüfstellen**, die vom Mitgliedstaat oder von einer als zuständig anerkannten Einrichtung zugelassen worden waren, durchgeführt werden; aufgrund der Prüfungsergebnisse wurden **Konformitätsbescheinigungen** (zusammen mit den Prüfdaten, den erforderlichen Angaben zu den Endgeräten und den jeweiligen gemeinsamen Konformitätsspezifikationen) erteilt. Die Konformitätsbescheinigungen hatten dann von allen Mitgliedstaaten im Hinblick auf die von den nationalen Behörden auszusprechenden **Allgemeinzulassungen** anerkannt zu werden. Eine Aussetzung der Anerkennung oder eine Rücknahme der Zulassung waren nur dann möglich, wenn Mängel bei der Anwendung der Konformitätsspezifikationen festgestellt wurden oder diese nicht den folgenden **grundlegenden Anforderungen** entsprachen:

— der *Sicherheit* der Nutzer und der Beschäftigten von öffentlichen Netzbetreibern, soweit sie nicht durch die Richtlinie 73/23/EWG des Rates vom 19. Februar 1973 [ABl. L 077 26.03.73 S.29] (elektrische Betriebsmittel zur Verwendung innerhalb bestimmter Spannungsgrenzen), geändert durch die Ratsrichtlinie 93/68/EWG *(vgl. S.660)*, abgedeckt wurde;

— dem *Schutz des öffentlichen Netzes* vor Schäden und in gerechtfertigten Fällen der Interoperabilität von Endgeräten.

Ergänzend legte die Endgeräterichtlinie fest, daß der Kommission innerhalb von drei Monaten nach der Bekanntgabe der Bestimmungen alle bestehenden technischen **Spezifikationen** und **Allgemeinzulassungsverfahren** für Endgeräte sowie die **Einzelheiten ihrer Veröffentlichung** zu übermitteln waren. Die Übermittlung der Entwürfe für die weiteren Spezifikationen und Zulassungsverfahren an die Kommission sowie deren Veröffentlichung mußten bis zum 31. Dezember 1988 (Telefonapparate für Nebenstellen und private Nebenstellenanlagen, Modems), 30. September 1989 (Fernschreiber, Endgeräte für Datenübertragung, Mobiltelefone, Satellitenempfangsanlagen) bzw. 30. Juni 1990 (Telefonapparate für den Hauptanschluß, andere Endgeräte) erfolgen. Die Vorteile, die die Bestimmungen der 1. Phase-Richtlinie boten, kamen in der Folge allerdings kaum zum Tragen, da sich die **Veröffentlichung der NET** erheblich verzögerte [ABl. C 053 24.02.93 S.6] *(vgl. KOM(88) 240 endg., S.10f.; GB 1989, Ziff.367; J. Horrocks, 1995, S.9/3)*.

Anerkennung der Allgemeinzulassungen durch die 2. Phase-Richtlinie

Die gegenseitige Anerkennung von Allgemeinzulassungen auf der Basis von Zulassungsspezifikationen (Konformitätsspezifikationen, Verwaltungsvorschriften, Vorschriften für die Qualitätskontrolle) sollte gemäß der 1. Phase-Richtlinie erst in einem zweiten Schritt realisiert werden; jedes Land konnte daher auch nach deren Inkrafttreten im Juli 1987 eigene Zulassungen erteilen. Im Zusammenhang mit dem Grünbuch vom Juni 1987, dem Aktionsplan der Kommission vom Februar 1988 und der Ratsentschließung vom Juni 1988 *(vgl. S.612)* wurde eine intensive Debatte über die Weiterentwicklung der Regelungen zur Konformitätsprüfung und Endgerätezulassung geführt. Diese mündete schließlich in der **Richtlinie 91/263/EWG des Rates vom 29. April 1991 [ABl. L 128 23.05.91 S.1]** i. d. F. der Berichtigung [ABl. L 184 10.07.91

S.28], geändert durch die Ratsrichtlinie 93/68/EWG *(vgl. S.660)*, die den Beginn der zweiten Phase zur Schaffung eines europaeinheitlichen Genehmigungsverfahrens markierte (2. Phase-Richtlinie); die 1. Phase-Richtlinie wurde mit dem Inkrafttreten der neuen Vorschriften am 6. November 1992 aufgehoben *(vgl. Bull. EG 6-1989, S.42; GB 1989, Ziff.360; Bull. EG 6-1990, S.54 f.; GB 1990, Ziff.312; R. Schulte-Braucks, 1990, S.675 f.; Bull. EG 4-1991, S.22; H. Fangmann, 1991, S.585 ff.; GB 1991, Ziff. 374; B. Amory, 1992, S.77; J. Rieß, 1993, S.51 ff.)*.

Ziel war die **Verwirklichung der gegenseitigen Anerkennung** von **Allgemeinzulassungen für Endgeräte** (über die reine Anerkennung von Konformitätsprüfungen und -bescheinigungen hinaus), um nach erfolgreicher Zulassung jedem Hersteller den Vertrieb, den freien Verkehr und die Inbetriebnahme seiner Produkte in allen Mitgliedstaaten zu ermöglichen. Zu diesem Zweck sollte das Genehmigungssystem mit einem **einheitlichen Anforderungsprofil** ausgestattet werden, um das erneute Durchlaufen des Zulassungsverfahrens in einem anderen Land zu vermeiden. Bei einwandfreier Installierung und Wartung sowie bestimmungsgemäßer Nutzung (andernfalls Untersagung des Netzanschlusses oder Trennung vom Netz) hatten die Endeinrichtungen – zusätzlich zu den Vorgaben der 1. Phase-Richtlinie – folgende **grundlegende Anforderungen** zu erfüllen:

— die *elektromagnetische Verträglichkeit* gemäß der Richtlinie 89/336/EWG des Rates vom 3. Mai 1989 [ABl. L 139 23.05.89 S.19], geändert durch die Ratsrichtlinien 92/31/EWG vom 28. April 1992 [ABl. L 126 12.05.92 S.11] und 93/68/EWG *(vgl. S.660)*;

— die effiziente Nutzung des *Frequenzspektrums*;

— die *Interoperabilität von Endgeräten* mit anderen Einrichtungen des öffentlichen Netzes zur Herstellung, Änderung, Gebührenberechnung, Aufrechterhaltung und Auslösung von Verbindungen.

Die Hersteller konnten die Einhaltung der grundlegenden Anforderungen durch eine **EG-Baumusterprüfung** oder eine umfassende Qualitätssicherung nachweisen. Beim erstgenannten Verfahren stellte eine benannte Stelle [ABl. C 203 23.07.94 S.80] auf der Basis von Untersuchungen und Tests durch beauftragte Labore fest, ob ein repräsentatives Muster des Endgeräts den Vorgaben entsprach. Im Rahmen der **Qualitätssicherung** hatten die Hersteller mittels der Konformitätserklärung und der Kennzeichnung mit dem EG-Zeichen (CE-Symbol, Kennungssymbol der benannten Stelle, Symbol über die Statthaftigkeit des Anschlusses) selbst die Einhaltung der Anforderungen zu dokumentieren. Die Produktion und die von den Herstellern durchgeführten Tests wurden von den mit der Zertifizierung betrauten nationalen Behörden überwacht. Entsprachen Endgeräte nicht einem zugelassenen Baumuster oder erfüllten sie nicht die **grundlegenden Anforderungen**, so waren sie vom Markt zu nehmen, oder ihr Inverkehrbringen mußte verboten oder eingeschränkt werden. Trugen sie trotzdem ein EG-Zeichen, so sollten geeignete Maßnahmen gegen die Verantwortlichen ergriffen sowie Bescheinigungen oder Zulassungen entzogen werden. Erfüllten die benannten Stellen oder Testlabore nicht mehr die Mindestkriterien, so wurde die Beauftragung zurückgenommen *(vgl. R. Ellger u. a., 1992, S.263 f.; M. Carpentier u. a., 1992, S.113 f.; J. Horrocks, 1995, S.9/5 ff.)*.

Übersicht 72: Normung, Konformitätsprüfung und Endgerätezulassung bis 1993

Normung im Bereich der Telekommunikation und Informationstechnik
Beschluß 87/95/EWG des Rates vom 22. Dezember 1986 über die Normung auf dem Gebiet der Informationstechnik und der Telekommunikation [ABl. L 036 07.02.87 S.31] i. d. F. der Berichtigungen [ABl. L 066 11.03.87 S.21; ABl. L 102 14.04.87 S.35] — Rechtsetzung auf der Grundlage des Art. 235 EWGV (Art. 308 EGV), auf Vorschlag der Kommission [ABl. C 232 12.09.85 S.3] sowie nach den Stellungnahmen des EP [ABl. C 036 17.02.86 S.55] und des WSA [ABl. C 303 25.11.85 S.2] — Übernahme durch das EWR-Abkommen [ABl. L 001 03.01.94 S.313]
Entschließung 89/C 117/01 des Rates vom 27. April 1989 über die Normung auf dem Gebiet der Informationstechnik und der Telekommunikation [ABl. C 117 11.05.89 S.1] — Kenntnisnahme durch das EWR-Abkommen [ABl. L 001 03.01.94 S.313, 419]
Konformitätsprüfung und Zulassung von Endgeräten
Richtlinie 86/361/EWG des Rates vom 24. Juli 1986 über die erste Phase der gegenseitigen Anerkennung der Allgemeinzulassungen von Telekommunikations-Endgeräten [ABl. L 217 05.08.86 S.21] — Rechtsetzung auf der Grundlage des Art. 100 EWGV (Art. 94 EGV), auf Vorschlag der Kommission [ABl. C 232 12.09.85 S.3] sowie nach den Stellungnahmen des EP [ABl. C 036 17.02.86 S.55] und des WSA [ABl. C 303 25.11.85 S.2]
Richtlinie 91/263/EWG des Rates vom 29. April 1991 zur Angleichung der Rechtsvorschriften der Mitgliedstaaten über Telekommunikationsendeinrichtungen einschließlich der gegenseitigen Anerkennung ihrer Konformität [ABl. L 128 23.05.91 S.1] i. d. F. der Berichtigung [ABl. L 184 10.07.91 S.28] — Rechtsetzung auf der Grundlage des Art. 100 a EWGV (Art. 95 EGV), auf Vorschlag der Kommission [ABl. C 211 17.08.89 S.12; ABl. C 187 27.07.90 S.40; KOM (91) 46 endg.] und nach Stellungnahme des WSA [ABl. C 329 30.12.89 S.1]; Stellungnahme des EP [ABl. C 113 07.05.90 S.91], gemeinsamer Standpunkt des Rates [ABl. C 235 19.09.90 S.1] und Beschluß des EP [ABl. C 019 28.01.91 S.88] im Rahmen des Verfahrens der Zusammenarbeit — Übernahme durch das EWR-Abkommen [ABl. L 001 03.01.94 S.313]
Richtlinie 93/68/EWG des Rates vom 22. Juli 1993 zur Änderung der Richtlinien ..., 91/263/EWG (Telekommunikationsendeinrichtungen), ... [ABl. L 220 30.08.93 S.1] i. d. F. der Berichtigung [ABl. L 216 08.08.97 S.99] — Rechtsetzung auf der Grundlage des Art. 100 a EWGV (Art. 95 EGV), auf Vorschlag der Kommission [ABl. C 028 02.02.93 S.16; ABl. C 113 23.04.93 S.15] und nach Stellungnahme des WSA [ABl. C 129 10.05.93 S.3]; Stellungnahme des EP [ABl. C 115 26.04.93 S.117], gemeinsamer Standpunkt des Rates [ABl. C 175 26.06.93 S.6] und Beschluß des EP [ABl. C 255 20.09.93 S.107] im Rahmen des Verfahrens der Zusammenarbeit — Aufnahme in den Anhang II des EWR-Abkommens durch den Beschluß 7/94 des Gemeinsamen EWR-Ausschusses [ABl. L 160 28.06.94 S.45]

Die Erfüllung der Anforderungen wurde als gegeben angenommen, wenn die Endgeräte den **maßgeblichen nationalen Normen** entsprachen. Zuerst legte die Kommission den Typ des Endgeräts und eine Rahmenbeschreibung fest. Auf dieser Grundlage wurden von den Normungsorganisationen Normen ausgearbeitet, die von der Kommission als harmonisierte Normen anzunehmen waren; danach erfolgte die Umsetzung der Normen in **gemeinsame technische Vorschriften** (*Common Technical Regulations*, CTR) *(vgl. S. 756)*. Da es aber bei der Entwicklung der CTR ebenfalls zu Verzögerungen kam und Widersprüche zu den nationalen Normen auftraten, hatte auch die 2. Phase-Richtlinie lange Zeit nicht die erwünschte Wirkung; deren unzureichende Umsetzung führte zur Einleitung von **Vertragsverletzungsverfahren** gegen Belgien, Griechenland, Irland und Luxemburg.

Einheitliche Konformitätskennzeichnung

Die Einführung der CE-Konformitätskennzeichnung ging auf das von der Kommission in einer Mitteilung vom 24. Juli 1989 [KOM (89) 209 endg.; ABl. C 231 08.09.89 S.3; ABl. C 267 19.10.89 S.3] angeregte **globale Konzept** für die Zertifizierung und das Prüfwesen zurück, das vom Rat mit der Entschließung 90/C 10/01 vom 21. Dezember 1989 zu einem Gesamtkonzept für die Konformitätsbewertung [ABl. C 010 16.01.90 S.1] gebilligt wurde. Wichtigste Elemente waren die Einrichtung **kompetenter Aufsichtsbehörden**, die **Angleichung der Verfahrensvorschriften** und die **Neuformulierung der grundlegenden Anforderungen**. Im Beschluß 90/683/EWG des Rates vom 13. Dezember 1990 [ABl. L 380 31.12.90 S.13] i. d. F. der Berichtigung [ABl. L 115 08.05.91 S.68] und im Beschluß 93/465/EWG des Rates vom 22. Juli 1993 [ABl. L 220 30.08.93 S.23] i. d. F. der Berichtigung [ABl. L 282 17.11.93 S.12] wurden diesbezüglich die zu verwendenden Module für die verschiedenen Phasen des Verfahrens sowie die Regeln für die Anbringung und Verwendung der CE-Kennzeichnung festgelegt. Die ab dem 1. Januar 1995 anzuwendende **Richtlinie 93/68/EWG des Rates vom 22. Juli 1993 [ABl. L 220 30.08.93 S.1]** i. d. F. der Berichtigung [ABl. L 216 08.08.97 S.99] schrieb ab dem 1. Januar 1997 u. a. die Anbringung und Verwendung einer einheitlich gestalteten CE-Konformitätskennzeichnung für Telekommunikationsendgeräte vor. Gleichzeitig wurden die Bestimmungen zu den bei der Feststellung einer unberechtigt angebrachten Kennzeichnung sowie bei dem Inverkehrbringen und der Inbetriebnahme des betreffenden Produktes zu ergreifenden Maßnahmen neugefaßt *(vgl. J. Horrocks, 1995, S.14/5 f.)*.

1.5.4.3 Normung von Fernsehdiensten

Angesichts der bevorstehenden Indienststellung von Satelliten für die **Direktübertragung von Fernsehprogrammen** und der damit einhergehenden Entwicklung neuer Fernsehgeräte hatten die **Europäische Rundfunkunion** (EBU) und die **Verbände der europäischen Industrie** für Unterhaltungselektronik zur C-MAC (Multiplexed Analogue Components) / Pakete-Familie gehörende technische Spezifikationen erarbeitet und veröffentlicht. Die europäischen Unternehmen standen dabei unter **erheblichem Konkurrenzdruck** durch Japan, das ebenfalls massive Investitionen in die Entwicklung entsprechender Technologien tätigte; die bestehende **europäische Sendeinfrastruktur** erwies sich jedoch mit der in Japan festgelegten Norm als nicht kompatibel.

Parallel zu den **unternehmerischen Anstrengungen** und den **technologischen Fortschritten** verfolgte man auf politischer Ebene das Ziel, angesichts der drei in der Gemeinschaft gebräuchlichen Fernsehnormen (PAL, SECAM, C-MAC) einen **gemeinschaftsweiten Empfang** von Fernsehprogrammen zu gewährleisten – wobei durch eine gleichzeitige Übertragung auf mehreren Tonkanälen auch eine mehrsprachige Ausstrahlung möglich sein sollte – und für **Produkte der Unterhaltungselektronik** einen Gemeinsamen Markt zu verwirklichen. Im Anschluß an eine Entschließung des Europäischen Parlaments vom 28. Oktober 1983 zur Schaffung einer einheitlichen technischen Norm für Fernsehbild und Fernsehton in der EG [ABl. C 322 28.11.83 S.277], die eine Beendigung der diesbezüglichen Kontroversen zwischen den Regierungen und den Fernmeldeverwaltungen forderte, entwarf die Kommission in ihrer Mitteilung vom 23. Mai 1985 über die Annahme gemeinsamer Normen für die direkte Satellitenübertragung von Fernsehsendungen [KOM (85) 264 endg.] die Grundzüge einer **gemeinschaftlichen Strategie**, die die baldige Einführung des hochauflösenden Fernsehens (High Definition Television, HDTV) in den Mitgliedstaaten vorsah. Das 4:3-Bildformat sollte von der D-MAC-Norm über die Zwischenstufe des D2-MAC / Pakete-Systems zum HDTV (unter Verwendung der HD-MAC-Norm und des 16:9-Bildformats) weiterentwickelt werden. Die **Richtlinie 86/529/EWG des Rates vom 3. November 1986 [ABl. L 311 06.11.86 S.28]** verpflichtete deshalb die Mitgliedstaaten, bei der Direktausstrahlung von Satellitenprogrammen ausschließlich das C-MAC- oder das D2-MAC / Pakete-System und bei der Weiterverteilung über Kabelnetze bevorzugt das MAC-Kabelsystem einzusetzen. Die Geltungsdauer dieser Vorgabe war jedoch bis zum 31. Dezember 1991 befristet, um dem technischen Fortschritt Rechnung tragen zu können *(vgl. Bull. EG 5-1985, S.34; GB 1985, Ziff.349; Bull. EG 1-1986, S.27; Bull. EG 6-1986, S.39f.; Bull. EG 11-1986, S.35; GB 1986, Ziff.401; KOM (87) 290 endg., S.148f.; H. Ungerer u. a., 1988, S.181f.; Kommission, 1991, S.27ff.; Kommission, 1995, S.9/1; weiterhin Übersicht 73).*

Zwischenzeitlich hatten auch Japan und die Vereinigten Staaten einen Vorschlag zu einer **internationalen Produktionsnorm** für HDTV unterbreitet; diese wurde jedoch von Europa abgelehnt, da sie mit keiner bestehenden Norm (Fernsehgeräte und -ausrüstungen, Videorecorder, Software) kompatibel war. Auch die Vollversammlung des Internationalen Beratenden Ausschusses für den Funkdienst (CCIR) nahm den Entwurf im Juni 1986 nicht an und einigte sich statt dessen auf eine weitere Forschungszeit von zwei Jahren, um eine allgemein akzeptierte Norm zu finden. In einer Mitteilung vom 4. Juni 1986 [SEK (86) 902 endg.] entwarf die Kommission ihrerseits ein **Globalkonzept über technologische** (Bilderzeugung und -übertragung), **industrielle** (Anlagen, Programmproduktion) **und rechtliche Aspekte** des HDTV; ein konkreter Aktionsplan sollte später hinzukommen *(vgl. Bull. EG 6-1986, S.39).* In der Folgezeit wurde von der europäischen Industrie im Rahmen der EUREKA ein **alternativer Vorschlag** für eine einheitliche Norm für die Produktion von HDTV-Programmen auf der Grundlage der MAC / Pakete-Familie ausgearbeitet, die der CCIR im November 1987 anerkannte.

Nachdem die Kommission am 13. Juni 1988 einen **Sachstandsbericht** über das hochauflösende Fernsehen [KOM (88) 299 endg.] vorgelegt hatte (neue Prioritäten: Vermarktung, HDTV-Software und -Dienste) und im September 1988 **erste Prototypen** vorgestellt worden waren, intensivierte die Gemeinschaft ihre Anstrengungen zur Realisierung europaweiter HDTV-Dienste. Bereits am 6. März 1989 äußerte sich der Rat in Schlußfolgerungen positiv zu den industriellen und kommerziellen Aspekten des HD-TV, und mit dem **Beschluß 89/337/EWG vom 27. April 1989 [ABl. L 142 25.05.89 S.1]** nahm er einen Zielkatalog an, der die Basis für die Einführungsstrategie darstellte. Schwerpunkte sollten die Unterstützung der Entwicklungsinvestitionen der Industrie, die Definition einer einheitlichen Norm (Zeilenfolge, Bildübertragungsrate), die Förderung der weltweiten Anwendung des europäischen HDTV-Systems sowie dessen schrittweise Verfügbarkeit spätestens ab 1992 sein. Die Kommission hatte in enger Koordination mit allen Beteiligten einen Aktionsplan zu entwickeln *(vgl. K. W. Grewlich, 1989, S.188f.).*

Übersicht 73: Normung von Fernsehdiensten in der Gemeinschaft bis 1992

Richtlinie 86/529/EWG des Rates vom 3. November 1986 über die Annahme gemeinsamer technischer Spezifikationen der MAC / Pakete-Normenfamilie für die Direktausstrahlung von Fernsehsendungen über Satelliten [ABl. L 311 06.11.86 S.28] — Rechtsetzung auf der Grundlage des Art. 100 EWGV (Art. 94 EGV), auf Vorschlag der Kommission [ABl. C 059 14.03.86 S.3] sowie nach den Stellungnahmen des EP [ABl. C 148 16.06.86 S.136; ABl. C 297 24.11.86 S.50] und des WSA [ABl. C 189 28.07.86 S.4] — Übernahme durch das EWR-Abkommen [ABl. L 001 03.01. 94 S.313]
Beschluß 89/337/EWG des Rates vom 27. April 1989 über das hochauflösende Fernsehen [ABl. L 142 25.05.89 S.1] — Rechtsetzung auf der Grundlage des Art. 235 EWGV (Art. 308 EGV), auf Vorschlag der Kommission [ABl. C 037 14.02.89 S.5] sowie nach den Stellungnahmen des EP [ABl. C 120 16.05.89 S.35] und des WSA [ABl. C 159 26.06.89 S.34] — Übernahme durch das EWR-Abkommen [ABl. L 001 03.01.94 S.313]
Beschluß 89/630/EWG des Rates vom 7. Dezember 1989 über ein gemeinsames Vorgehen der Mitgliedstaaten bei der Annahme einer einzigen weltweiten Produktionsnorm für das hochauflösende Fernsehen durch die Vollversammlung des internationalen beratenden Ausschusses für den Funkdienst (CCIR) im Jahre 1990 [ABl. L 363 13.12.89 S.30] — Rechtsetzung auf der Grundlage des Art. 116 EWGV (*aufgehoben*) und auf Vorschlag der Kommission
Richtlinie 92/38/EWG des Rates vom 11. Mai 1992 über die Annahme von Normen für die Satellitenausstrahlung von Fernsehsignalen [ABl. L 137 20.05.92 S.17] — Rechtsetzung auf der Grundlage des Art. 100 a EWGV (Art. 95 EGV), auf Vorschlag der Kommission [ABl. C 194 25.07.91 S. 20; ABl. C 332 21.12.91 S.13] und nach Stellungnahme des WSA [ABl. C 040 17.02.92 S.101]; Stellungnahme des EP [ABl. C 326 16.12.91 S.71], gemeinsamer Standpunkt des Rates [ABl. C 037 15.02.92 S.2] und Beschluß des EP [ABl. C 094 13.04.92 S.158] im Rahmen des Verfahrens der Zusammenarbeit

Erstes konkretes Ergebnis der daraufhin eingeleiteten Arbeiten war am 29. November 1989 die Annahme einer Kommissionsmitteilung über die Schaffung einer aus Ausrüstungsherstellern, Filmproduzenten und Sendern bestehenden **Interessenvereinigung im Bereich des HDTV**, die Einrichtungen zur Verfügung stellen, die Produktion von Sendungen fördern und Demonstrationen organisieren sollte; die Interessenvereinigung (Vision 1250) wurde am 16. März 1990 in Brüssel gegründet. Außerdem verpflichtete der **Beschluß 89/630/EWG des Rates vom 7. Dezember 1989 [ABl. L 363 13.12.89 S.30]** die Mitgliedstaaten, bei der Annahme einer globalen Produktionsnorm für HDTV durch die Vollversammlung des CCIR im Mai und Juni 1990 gemeinsam vorzugehen. Der CCIR verabschiedete dann zwar verschiedene Empfehlungen, die Einigung auf eine einheitliche Norm sollte aber erst später erfolgen *(vgl. Bull. EG 6-1988, S.48; Bull. EG 11-1988, S.12f.; GB 1988, Ziff.403; Bull. EG 3-1989, S.26; Bull. EG 4-1989, S.30; Bull. EG 11-1989, S.24; Bull. EG 12-1989, S.39; GB 1989, Ziff.360; Bull. EG 3-1990, S.25; GB 1990, Ziff.312; K. W. Grewlich, 1990a, S.204f.; KOM (90) 78 endg., S.28ff. Bull. EG 11-1993, S.69; J. Horrocks, 1995, S.20/5).*

Die Mitteilungen der Kommission vom 7. Mai 1990 und vom 24. Juli 1991 [SEK (91) 1470 endg.] zur **weiteren Entwicklung** von HDTV kündigten u. a. eine finanzielle Unterstützung der Produktion von hochwertigen Fernsehprogrammen im 16:9-Format und von Vorratsprogrammen im Hinblick auf die Einführung von HDTV ab 1995 an, was auch vom **Europäischen Parlament** am 22. Januar 1993 in einer Entschließung [ABl. C 042 15.02.93 S.209] begrüßt wurde. Ebenso sollte die Einführung digitaler Sendetechnologien vorangetrieben werden.

Ende 1991 trafen sich Vertreter von Sendeanstalten, Industrieunternehmen und Regierungen, um die Zukunft des terrestrischen Digitalfernsehens zu beraten. Die Kommission regte die Einbeziehung von kommerziellen Sendern, Pay-TV-Anbietern sowie von Kabel- und Satellitenbetreibern an, die nach Unterzeichnung eines **Memorandum of Understanding** die **European Digital Video Broadcasting Group** (DVB) bildeten. Schon bald danach legte die DVB ihre Spezifikationen für die digitale Übertragung über Satellit und Kabel dem ETSI vor. In der Folgezeit sollten die erforderlichen Systeme für terrestrisches Digitalfernsehen erarbeitet und Aspekte des interaktiven Fernsehens geprüft werden *(vgl. Bull. EG 5-1990, S.34; Bull. EG 7/8-1991, S.80f.; Bull. EG 1/2-1993, S.66f.; zur Entwicklung des HDTV D. J. Schaefer u. a., 1991, S.411ff.; U. J. Heuser, 1992; J. Bischoff, 1993).*

Die bis Ende 1998 befristete **Richtlinie 92/38/EWG des Rates vom 11. Mai 1992 [ABl. L 137 20.05.92 S.17]** legte schließlich fest, daß die Entwicklung über die D2-MAC- und die HD-MAC-Norm bis hin zu einer vollständig digitalen Übertragung von Fernsehprogrammen verlaufen sollte *(vgl. Bull. EG 6-1991, S.48; Bull. EG 12-1991, S.41f.; GB 1991, Ziff.374; Bull. EG 5-1992, S.77f.; J. Horrocks, 1995, S.20/5)*; diesbezüglich galt, daß

— *Satellitenrundfunkdienste für Fernsehprogramme* die HD-MAC-Norm für die nicht vollständig digitale HDTV-Übertragung und die D2-MAC-Norm für die nicht vollständig digitale Übertragung im 16:9-Format verwenden sollten;

— D2-MAC für alle anderen ab dem 1. Januar 1995 *neu beginnenden Dienste* einzusetzen war, wobei simultan auch andere Normen verwendet werden durften;

— ab dem 1. Januar 1994 *alle neuen Empfangsgeräte* im 16:9-Format einen D2-MAC-Decoder haben und *sonstige Geräte* mit einer geeigneten Normbuchse ausgestattet sein mußten sowie neue und aufrüstbare alte *Kabelweiterverteilsysteme* für die Übertragung mittels HD-MAC zu konfigurieren waren;

— alle verschlüsselten Dienste in der D2-MAC-Norm ab dem 1. Juli 1993 nur kompatible *Zugangsberechtigungssysteme* verwenden durften.

2. Gemeinsame Telekommunikationspolitik von 1992 bis zur vollständigen Liberalisierung

2.1 Grundausrichtung der Gemeinschaftspolitik

2.1.1 Bestandsaufnahmen von 1992 und Rahmenvorgaben für den Ablauf des weiteren Liberalisierungsprozesses

2.1.1.1 Mitteilungen zur Entwicklung des Gerätemarktes und der Telekommunikationstarife vom Juli 1992

Telekommunikationsgeräte

Aufbauend auf ihrer Mitteilung vom April 1991 zur europäischen Elektronik- und Informatikindustrie *(vgl. S.890)* befaßte sich die Kommission in ihrer ersten am 15. Juli 1992 veröffentlichten Mitteilung [SEK (92) 1049 endg.] mit der europäischen **Telekommunikationsgeräteindustrie** (ordnungspolitische Rahmenbedingungen, wie z. B. Endgeräterichtlinie, Ratsrichtlinie 90/531/EWG *(vgl. Band 1, S.154)* und Wettbewerbsregeln; Marktentwicklung). Hervorgehoben wurden das **jährliche Umsatzwachstum** von 7 bis 8 % (Übertragungs- und Vermittlungsanlagen, private Nebenstellenanlagen, Endgeräte, Datenkommunikations-, Mobilfunk- und Satellitenfunkanlagen), die Zunahme des Außenhandels (Netzanlagen), der Nachfrageschub durch die sektorspezifische Liberalisierung und die Binnenmarktvollendung, die Einführung neuer Technologien und die Digitalisierung, die umfassende Produktpalette, die Präsenz europäischer Anbieter auf den wichtigsten Märkten sowie die verstärkte unternehmerische Kooperation. **Wesentliche Probleme** sah die Kommission in den noch existenten Marktzutrittsbeschränkungen in Europa, den Vereinigten Staaten, Kanada und Japan, den Nachteilen europäischer Hersteller gegenüber ihren Konkurrenten aus diesen Ländern (Endgeräte, Halbleiter), den Vorsprüngen etablierter Anbieter aufgrund der bereits installierten Anlagen (Wartung, Nachrüstung, Erweiterungen), der vertikalen Integration und der Quersubventionierung, der Aufsplitterung in viele kleine nationale Märkte sowie den heterogenen Wettbewerbsbedingungen und technischen Anforderungen. Aus diesen Gründen sollten die eingeleiteten **Liberalisierungs- und Harmonisierungsschritte** unter Einbeziehung der staatlichen Beihilfen und des öffentlichen Auftragswesens fortgesetzt werden. Notwendig erschienen außerdem eine Regelung der Interoperabilität, eine Weiterentwicklung von Normen und technischen Spezifikationen, die vollständige gegenseitige Anerkennung von Allgemeinzulassungen und der zügige Ausbau der transeuropäischen Netze. Darüber hinaus war an eine stärkere **Einbindung des Sektors** in die Forschungsprogramme, die Maßnahmen zur Qualifizierung und Weiterbildung sowie die Intensivierung der Drittstaatenbeziehungen (Marktzugang, Anwendung der Wettbewerbsregeln) gedacht. Weitgehende Unterstützung erfuhr das Konzept z. B. durch den **Wirtschafts- und Sozialausschuß** am 28. April 1993 [ABl. C 161 14.06.93 S.20] und den Rat am 10. Mai 1993 *(vgl. Bull. EG 7/8-1992, S.37; WB 1992, Ziff.35; Bull. EG 4-1993, S.38 f.; Bull. EG 5-1993, S.36; C. Graack, 1997, S.168 ff.)*.

Telekommunikationstarife

Neben der unzureichenden Verfügbarkeit einer **angemessenen Basisinfrastruktur** stellten nach Meinung zahlreicher Unternehmen die **überhöhten Preise** für Telekommunikationsdienste und Mietleitungen einen Hinderungsgrund für den Eintritt in den Markt für Mehrwert- und Datendienste dar. Auch die Kommission hatte sich deshalb wiederholt veranlaßt gesehen, eine beschleunigte Liberalisierung der öffentlichen Festnetze und Sprachtelefondienste zu fordern. In ihrer ebenfalls am 15. Juli 1992 publizierten Mitteilung „Der Trend zur kostenorientierten Tarifgestaltung und Anpassung der Preisstrukturen – Telekommunikationstarife in der Gemeinschaft" [SEK (92) 1050 endg.] kam sie zum Schluß, daß der Rückgang des **Preisniveaus** bei Telekommunikationsdiensten (zwischen 1980 und 1991 real um durchschnittlich 2 % pro Jahr, insbesondere bei Anschluß- und Ferngesprächsgebühren) und Mietleitungen angesichts der Veränderung der kostenrelevanten Faktoren (neue Übertragungswege und Vermittlungseinrichtungen, Wachstum des Verkehrsaufkommens) unzureichend gewesen war; zudem gab es erhebliche Unterschiede zwischen den Mitgliedstaaten (politische Vorgaben, soziale Erwägungen). Bezüglich der **Preisstruktur** gelangte die Kommission zu dem Ergebnis, daß die Anschluß- und Grundgebühren sowie die Ortsgesprächstarife zu niedrig seien. Die Entgelte für nationale Fern- und vor allem für Auslandsgespräche (zu hohe Sätze der bilateralen Abrechnungsvereinbarungen, richtungsabhängige Preisunterschiede mit der Folge von Verkehrsverlagerungen) lägen trotz der Senkungen hingegen deutlich oberhalb der Kosten; als überhöht wurden auch die Preise für verkehrsaufkommensschwache Zeiten und für Breitbanddienste bezeichnet. Ferner monierte die Kommission fehlende Rabattsysteme für Großkunden (gewerbliche Nachfrager) und starre Entfernungszonen. **Sonstige Kritikpunkte** betrafen die mangelnde Verfügbarkeit von Kostendaten sowie eine unzureichende Transparenz und Überwachung der Preise (überhöhte Preise, Verdrängungspreise, Quersubventionierung). Allerdings mußten bei einer **Tarifreform** die finanzielle Überlebensfähigkeit der öffentlichen Netzbetreiber (85 % der Einnahmen aus dem Sprachtelefondienst), die Sicherstellung von Investitionen und Innovationen sowie die Abfederung sozialer Härten berücksichtigt werden. Folgende **Maßnahmen** wurden als notwendig erachtet *(vgl. Bull. EG 7/8-1992, S. 36 f.)*:

— schnellere Anpassung an *kostenorientierte Tarife*;

— relative *Senkung der Tarife* für gemeinschaftsinterne Ferngespräche (vor allem im internationalen Verkehr; *rebalancing* = Erhöhung von Nahverkehrstarifen und Grundgebühren, Absenkung von Fernverkehrstarifen); Beseitigung *richtungsabhängiger Diskrepanzen*;

— stärkere *zeitliche Preisdifferenzierung*;

— Gewährung von *Rabatten für Großkunden*; spezielle Tarife für *Zielgruppen mit Sonderbedürfnissen* (Senioren, Behinderte, Einkommensschwache);

— größere Flexibilität bei der *Festlegung von Entfernungszonen* in bezug auf den Nahverkehr, insbesondere in ländlichen Regionen und an den Staatsgrenzen; *einheitliche Tarifzone* für innergemeinschaftliche Auslandsgespräche;

— Erhöhung der *Transparenz von Preisen und Kosten* (Veröffentlichungspflicht, Kostenrechnungssystem);

— effektivere Preisregulierung durch Anwendung der *Price-cap-Formel*;
— stärkere Intervention der Kommission bei den Verhandlungen über das internationale *Verrechnungspreissystem.*

In seiner Entschließung vom 20. April 1993 [ABl. C 150 31.05.93 S.37] begrüßte das **Europäische Parlament** grundsätzlich die Analysen und Schlußfolgerungen der Kommission; es fehlte ihm jedoch eine genaue Kostenuntersuchung. Außerdem verwies es auf die Notwendigkeit einer Senkung der **internationalen Gebühren** sowie der Aufrechterhaltung und einheitlichen Definition des **Universaldienstes** *(vgl. Bull. EG 4-1993, S.38; GB 1993, Ziff.341, 345).*

2.1.1.2 Prüfung der Lage im Bereich der Telekommunikationsdienste und Festlegung des weiteren Vorgehens

Kommissionsmitteilung vom Oktober 1992

Nach Abschluß einer umfassenden Beurteilung der Situation des europäischen Telekommunikationssektors, die in der Dienste- und ONP-Rahmenrichtlinie im Hinblick auf die Einbeziehung von **Infrastrukturen und Sprachtelefondiensten** in den Liberalisierungsprozeß gefordert wurde, veröffentlichte die Kommission am 21. Oktober 1992 die Ergebnisse in ihrer Mitteilung über die Prüfung der Lage im Bereich der Telekommunikationsdienste (1992) [SEK (92) 1048 endg.]. Die beiden im Vorfeld des „Review 1992" angefertigten Studien zeigten nach Auffassung der Kommission bereits den positiven Einfluß, den die **gemeinschaftlichen Rechtsvorschriften** auf Teilbereiche des Daten- und Mehrwertdienstemarktes gehabt hatten (Anzahl der Marktteilnehmer, Dienstevielfalt, Umsätze, Kosten). Auch die ordnungspolitischen Reformen, wie die Trennung von hoheitlichen und betrieblichen Funktionen sowie die Einführung des ONP-Konzepts in den meisten Mitgliedstaaten, wurden als Erfolg gewertet. Die Untersuchungen bemängelten in erster Linie das **überhöhte Preisniveau** und **Defizite bei den Tarifstrukturen** *(vgl. S.665)*. Beim Angebot neuer Übertragungs- und Vermittlungstechnologien sowie von innovativen Dienstleistungen (ISDN, digitale Mietleitungen, Sprach- und Datendienste für Firmennetze und geschlossene Nutzergruppen) gab es kaum Fortschritte *(vgl. Bull. EG 10-1992, S.41 f.; WB 1992, Ziff.33; C.-D. Ehlermann, 1993, S.144 ff.; H. Ungerer, 1993a, S.4 ff.; H. Ungerer, 1993b, S.4 ff.; J. Horrocks, 1995, S.7/4 f.; C. Graack, 1997, S.238 ff.; St. Polster, 1999, S.25 ff.).*

Im Hinblick auf eine **Korrektur der Fehlentwicklungen** und die Beseitigung von Engpässen wurde eine **zügige Liberalisierung** (auch im Bereich des Satelliten- und Mobilfunks sowie der Kabelfernsehnetze) als notwendig angesehen, die durch **geeignete Harmonisierungsmaßnahmen** (unternehmenspolitische Autonomie, Netzzugang) zu begleiten war. Ferner verlangten die Untersuchungen die Definition eines erschwinglichen und qualitativ ausreichenden Universaldienstes, eine Anwendung der Wettbewerbsregeln, die Intensivierung der Forschung und technologischen Entwicklung, die Förderung strukturschwacher Regionen sowie eine internationale Regelung des gegenseitigen Marktzugangs. Als **Handlungsoptionen** stellte die Kommission **vier Alternativen** vor:

- Einfrieren des Liberalisierungsprozesses und Beibehaltung des Status quo bezüglich der *besonderen und ausschließlichen Rechte*;
- weitgehende Reglementierung der Preisbildung und der Investitionstätigkeit mit dem Ziel, *überhöhten Tarifen* und *Kapazitätsengpässen* zu begegnen;
- umgehende Liberalisierung des gesamten öffentlichen *Sprachtelefondienstes*;
- *schrittweise Marktöffnung*, beginnend mit dem innergemeinschaftlichen grenzüberschreitenden Sprachtelefondienst.

Der Mitteilung vom Oktober 1992 und einem Hintergrundbericht vom 3. Februar 1993 ist zu entnehmen, daß die Kommission anfangs eine **deutliche Präferenz für die vierte Option** äußerte, da diese mit der bisherigen Politik und den vorhandenen Rechtsgrundlagen am ehesten vereinbar erschien. In der Fortführung einer graduellen Liberalisierung sah sie zudem die beste Möglichkeit, die Finanzkraft des mit dem Angebot eines flächendeckenden Dienstes betrauten öffentlichen Netzbetreibers zu erhalten und somit den weiteren Netzausbau – auch im Hinblick auf den Aufbau transeuropäischer Netze – zu forcieren, die Kapazitätsauslastung zu verbessern und die Herausbildung zwischenstaatlicher Kooperationen voranzutreiben. Alternativ wurde eine **schrittweise Umsetzung der Option 3** erwogen, um eine Übergangszeit zu haben; die Optionen 1 (geringes Marktwachstum, keine Problemlösung und Rechtssicherheit) und 2 (zu starke Intervention) lehnte die Kommission ab *(vgl. WB 1992, Ziff. 34, 511; N. Higham, 1993, S. 248; H. Ungerer, 1993a, S. 6; J. Horrocks, 1995, S. 7/5 f.).*

Im Hinblick auf die Weiterentwicklung und Umsetzung der Vorhaben setzte der Rat am 19. November 1992 einen Ad-hoc-Ausschuß der einzelstaatlichen Regulierungsbehörden ein, der mit der Kommission zusammenarbeiten sollte. In der **Entschließung 93/C 2/05 vom 17. Dezember 1992 [ABl. C 002 06.01.93 S.5]** erkannte er die bisherigen Fortschritte an, forderte aber angesichts der bestehenden Nachfrage nach zusätzlichen Diensten und Ausrüstungen weitere Schritte, um die Tarife zu senken und eine universelle Versorgung zu gewährleisten. Die Kommission sollte die politischen, wirtschaftlichen und sozialen Auswirkungen der Optionen untersuchen sowie ein Konzept und einen Zeitplan für die ordnungspolitische Umgestaltung vorlegen *(vgl. Bull. EG 11-1992, S. 40; GB 1992, Ziff. 343; im weiteren Übersicht 74).*

Konsultationsprozeß und Ratsentschließung vom Juli 1993

Bei der Konsultation über die Mitteilung ging es in erster Linie um die Frage, wann und in welchem Umfang die **ausschließlichen Rechte** für das Angebot von **öffentlichen Sprachtelefondiensten** abgeschafft werden sollten. Bis Ende Januar 1993 berücksichtigte die Kommission dabei im Rahmen von fünf **Anhörungen** die Meinungen von über 130 Unternehmen bzw. Verbänden und bezog mehr als 80 schriftliche **Stellungnahmen** in ihre Überlegungen ein; zudem wurden zwischen Januar und März 1993 vier Sitzungen mit dem **Ad-hoc-Ausschuß** abgehalten. In der Mitteilung vom 28. April 1993 [KOM (93) 159 endg.] über die Konsultation zur Lage im Bereich der Telekommunikationsdienste faßte die Kommission die Ergebnisse und ihre **eigenen Positionen** zusammen: Umsetzung und Anwendung der geltenden Vorschriften (Sprachtelefondienst für Firmennetze und geschlossene Nutzergruppen, Angebot von Mietleitungen,

Unabhängigkeit der Regulierungsbehörden); Annahme der vorliegenden Vorschläge (Anerkennung von Genehmigungen, ONP-Sprachtelefondienst, Satellitenkommunikation) und Einbeziehung des Mobilfunks; Verwirklichung der Option 3 (bis Ende des Jahrzehnts, während einer Übergangsphase ggf. ergänzt durch Option 4) und Ausweitung des Wettbewerbs auf die Bereitstellung von Infrastrukturen; Beurteilung der Auswirkungen einer weiteren Liberalisierung; Verbesserung der Tarifpolitik (Absenkung und Restrukturierung, Aufgliederung von Diensten und Gebühren, sozial- und regionalpolitische Komponenten); verstärkte Harmonisierung (europäische Regulierungsbehörde, Definition des Kriteriums der Marktbeherrschung, Anwendung der Wettbewerbsregeln, Zusammenschaltung und Netzzugangsgebühren, Normung) und Gewährleistung des Universaldienstes (Zuständigkeit, Umfang, Dienstemerkmale, Qualität, Tarife, Finanzierung); Entwicklung transeuropäischer Netze, Berücksichtigung regionalpolitischer Aspekte (Übergangsfristen, Einsatz gemeinsamer Finanzierungsinstrumente) und der internationalen Dimension (gegenseitiger Marktzugang, Unternehmensbeteiligungen, öffentliche Beschaffung). Im Hinblick auf das weitere Vorgehen wurde ein **mehrstufiger Zeitplan** vorgeschlagen *(vgl. Bull. EG 4-1993, S.37 f.; WB 1993, Ziff. 123 f.; R. Borthwick u. a., 1994, S.616 ff.; O. Stehmann u. a., 1994, S.603 f.; St. Polster, 1999, S.27 f.).*

Das **Europäische Parlament** hatte bereits in seiner Entschließung vom 20. April 1993 [ABl. C 150 31.05.93 S.39] das Konzept der Kommission vom Oktober 1992 überwiegend unterstützt. Die Liberalisierung des internationalen Marktsegments wurde für Anfang 1998, die des inländischen Sprachtelefondienstes bis 2000 empfohlen. Außerdem sollten die Kontrolle der Umsetzung verstärkt, die Marktentwicklung begutachtet, die Unabhängigkeit der Regulierungsbehörden verbessert sowie die Marktöffnung im Bereich der Infrastruktur vorbereitet werden (Bereitstellung von alternativen Netzen für das Angebot bereits liberalisierter Dienste) *(vgl. Bull. EG 4-1993, S.38)*. Die **Entschließung 93/C 213/01 des Rates vom 22. Juli 1993 [ABl. C 213 06.08.93 S.1]** nahm die von der Kommission vorgeschlagenen politischen Ziele und Grundsätze weitgehend an; der empfohlene Zeitplan wurde etwas modifiziert:

— bis zum *1. Januar 1994*: Grünbuch zur Entwicklung einer Gemeinschaftspolitik zum Mobilfunk; die Forderungen der Kommission nach der Annahme der vorliegenden Richtlinienvorschläge zum ONP-Sprachtelefondienst und zur gegenseitigen Anerkennung von Genehmigungen sowie in bezug auf die Verabschiedung einer Änderung zur Diensterichtlinie wurden gestrichen;

— bis zum *1. Januar 1995*: Grünbuch zur Entwicklung einer Gemeinschaftspolitik zur Liberalisierung der Telekommunikationsinfrastruktur und der Kabelfernsehnetze;

— bis zum *1. Januar 1996*: Kommissionsvorschläge für die erforderlichen Änderungen der ordnungspolitischen Rahmenbedingungen im Hinblick auf die Liberalisierung des öffentlichen Sprachtelefondienstes (Weiterentwicklung der vorhandenen ONP-Vorschriften, Zusammenschaltung und Netzzugangsgebühren, Anmeldungen und Genehmigungsvergabe, Universaldienst);

— bis zum *1. Januar 1998*: vollständige Liberalisierung des öffentlichen Sprachtelefondienstes bei gleichzeitiger Gewährleistung des Universaldienstes; Einräumung einer Übergangsperiode von bis zu zwei Jahren für Staaten mit sehr kleinen Netzen (Luxemburg) und von bis zu fünf Jahren für Staaten mit unterentwickelten Netzen (Griechenland, Irland, Portugal, Spanien) vor allem im Hinblick auf den Netzausbau und die Tarifanpassung; die Kommission hatte generell eine Frist von zwei Jahren angeregt.

Der **Rat** verfolgte den Vorschlag der Kommission, alternative Infrastrukturen für das Angebot bereits liberalisierter Dienste zu öffnen, nicht weiter, obwohl dies von Deutschland, Frankreich, den Niederlanden und dem Vereinigten Königreich unterstützt wurde. Im übrigen befürwortete er jedoch die von der Kommission formulierten Prioritäten (Umsetzung der bestehenden Vorschriften, Anwendung der Wettbewerbsregeln, Unabhängigkeit der Netzbetreiber, Reform der Tarifstruktur, Definition und Finanzierung des Universaldienstes, Entwicklung transeuropäischer Netze, gesamtwirtschaftliche, sozial- und regionalpolitische Ziele, gleichberechtigter Zugang zu Drittlandsmärkten) *(vgl. Bull. EG 6-1993, S.68; WB 1993, Ziff. 125, 358; GB 1994, Ziff. 399; M. Haag u. a., 1994, S.369; P. Lopes, 1994, S.18; J. Horrocks, 1995, S.7/6f.; St. Polster, 1999, S.28)*. In einer Stellungnahme vom 24. November 1993 [ABl. C 034 02. 02.94 S.35] begrüßte auch der **Wirtschafts- und Sozialausschuß** die beiden Kommissionsmitteilungen und die Ratsentschließung; allerdings sollten die Übergangsfristen nicht ausgeschöpft, eine genaue Abgrenzung von geschlossenen Nutzergruppen und Firmennetzen sowie des Universaldienstes vorgenommen und die Normung stärker beachtet werden *(vgl. Bull. EG 11-1993, S.43f.; WB 1993, Ziff. 126)*.

2.1.2 Das Grünbuch zur Mobil- und persönlichen Kommunikation vom April 1994

Obwohl sich Mobilfunksysteme bereits im Laufe der achtziger Jahre in Europa ausbreiteten, wurde ihnen von seiten der Kommission und des Rates zunächst nur wenig Aufmerksamkeit geschenkt. Die Entwicklung und Standardisierung der **neuen Kommunikationstechnologien** erfolgte anfangs durch die CEPT, später dann durch das ETSI unter Beteiligung der öffentlichen Netzbetreiber und der Gerätehersteller. Die Gemeinschaft beschränkte sich in ihrer Tätigkeit auf Vorgaben für die Einführung neuer bzw. die Weiterentwicklung bestehender **mobiler Kommunikationssysteme** und in diesem Kontext auf die Festlegung technischer Rahmenbedingungen (Systemmerkmale, Frequenzbänder, Normung) *(vgl. J. Horrocks, 1995, S.10/1, S.649, 653)*.

Erst seit Beginn der neunziger Jahre standen dann zunehmend auch **Aspekte der Liberalisierung** und der damit verbundenen **Harmonisierungsanforderungen** (Genehmigungen, Netzzugang) im Mittelpunkt der Diskussion. Ausgelöst wurde diese Schwerpunktverschiebung einerseits durch die Entwicklung neuer Dienste und Endgeräte, das Wachstum der Teilnehmerzahlen und des Verkehrsaufkommens, Zutritte neuer Anbieter und fallende Preise sowie andererseits durch die Marktöffnung in einigen Mitgliedstaaten und die **Erfordernisse des Binnenmarktes**. So mahnte z. B. die Kommission im Jahre 1990 die niederländische Regierung, weiteren Unternehmen das Angebot von Funkrufdiensten zu erlauben *(vgl. WB 1990, Ziff. 355; WB 1991, Ziff. 323;*

J. Toscano, 1993; C. Graack, 1997, S.46ff.; zur Entwicklung des Mobilfunks bis Mitte der neunziger Jahre S. Toker, 1992; R. Steele, 1996).

2.1.2.1 Ziele und Aktionslinien des Grünbuchs

Auf der Grundlage der Resultate eigener Untersuchungen und vier externer Studien sowie zahlreicher Berichte, Stellungnahmen und Konsultationen veröffentlichte die Kommission am 27. April 1994 ein Grünbuch über ein gemeinsames Konzept für Mobilkommunikation und Personal Communications in der Europäischen Union [KOM (94) 145 endg.]. **Ziele der gemeinsamen Politik** sollten sein: die Entwicklung eines europaweiten Marktes für Mobilfunkdienste, -einrichtungen und -endgeräte; die Identifizierung gemeinsamer Prinzipien bezüglich der Bereitstellung der Infrastruktur, der Entwicklung von Mobilfunknetzen und -diensten sowie des Angebots und des Betriebs von Endgeräten; die Förderung der Entwicklung des Mobilfunks zu einem persönlichen Kommunikationsdienst (unabhängig von Ort, Endgerät und Übertragungsform bzw. Technologie); die Einführung europaweiter Dienste (GSM, DCS-1800, ERMES, DECT, TFTS, PMR, TETRA, DSRR, mobiler Datenfunk, drahtlose LAN); die Errichtung transeuropäischer Netze.

Aufbauend auf einer Darlegung der **Entwicklungstrends und -möglichkeiten** sowie der noch **bestehenden Hindernisse** (ausschließliche Rechte, nationale Genehmigungsverfahren, Beschränkung auf bestimmte Technologien, keine Koordination bei Diensteeinführung und Frequenzzuweisung, schwieriger Zugang zu Drittstaatenmärkten) wurden **folgende Maßnahmen** vorgeschlagen *(vgl. Bull. EU 4-1994, S.41 f.; GB 1994, Ziff.400; N. Higham, 1994, S.705 ff.; P. Lopes, 1994, S.13 ff.; O. Stehmann u. a., 1994, S.604 f.; J. Horrocks, 1995, S.10/3 f.; Kommission, 1995, S.6/2 f.; C. Graack, 1997, S.189 ff.; St. Polster, 1999, S.84 ff.; zur Liberalisierung und Lizenzierung J. Kruse, 1993; A. Schubert, 1995)*:

— Abschaffung aller *ausschließlichen und besonderen Rechte*; Beseitigung aller Einschränkungen für das *Angebot von mobilen Diensten* sowohl für unabhängige Diensteanbieter als auch für Betreiber von Mobilfunknetzen, die direkt Dienste anbieten (Kombination von Diensten, für die unterschiedliche Genehmigungen gelten; Bereitstellung von Diensten in mehreren Mitgliedstaaten; Zugang der Nutzer zu diesen Diensten); *Betrieb und Entwicklung von Mobilfunknetzen* gemäß dem in der Genehmigung vorgesehenen Zweck (Bereitstellung eigener Infrastruktur, Nutzung der Infrastruktur von Dritten, gemeinsame Nutzung der Infrastruktur); Aufhebung der Beschränkungen für die *Kombination von Diensteangeboten* über Fest- und Mobilfunknetze (Recht auf Abgabe von Angeboten für zum Verkauf stehende Festnetzgenehmigungen, Zugang von Festnetzbetreibern zum Mobilfunkmarkt); Gewährleistung des *Zugangs zu Drittstaatenmärkten* (GATT / GATS, bilaterale Regelungen);

— Anzeigepflicht und Annahme eines *Verhaltenskodex* für Diensteanbieter (Gewährleistung grundlegender Anforderungen; Verpflichtungen in bezug auf Dienste; Verhalten in technischer, finanzieller und wirtschaftlicher Hinsicht; Verbraucherschutz);

— Genehmigungen nur für *Netzbetreiber*; Erteilung auf nationaler Ebene, aber koordinierte Vergabe im Hinblick auf die Einführung neuer Technologien; Geltung grundsätzlicher *Prinzipien für Vergabeverfahren* (vergleichende Auswahl oder Reihenfolge des Antragseingangs, ggf. Versteigerung) sowie für *Auflagen, Geltungsdauer und Gebühren*; zahlenmäßige Beschränkung wegen *grundlegender Anforderungen* (Nutzung des Frequenzspektrums, elektromagnetische Verträglichkeit, Sicherheit des Netzbetriebs, der Benutzer und Beschäftigten, Netzintegrität, Interoperabilität, Datenschutz) und Anforderungen an *öffentliche Dienste* (Dauerhaftigkeit, Verfügbarkeit, Qualität; fachliche Eignung, finanzielle Leistungsfähigkeit); keine *Eigentumsbeschränkungen* für Gemeinschaftsangehörige; im allgemeinen *gegenseitige Anerkennung* von Genehmigungen (S-PCN, Netze in Grenzgebieten, private Netze), keine Akzeptanz bei begrenzter Anzahl sowie vergleichendem Auswahlverfahren oder Versteigerung;

— Vergabe von Genehmigungen für *Telepoint* (DECT) und *Bündelfunk*; *Aufhebung der Beschränkungen* für eine Kombination von DECT und anderen Mobilfunktechnologien; Zuteilung mindestens einer Genehmigung für DCS-1800-Systeme; Zugang von GSM- und DCS-1800-Betreibern zu den Frequenzen des anderen Systems; *Erteilung von Genehmigungen* für S-PCN und LEO-Systeme;

— Geltung der *ONP-Grundsätze* (Diskriminierungsfreiheit, Transparenz, Verhältnismäßigkeit, Trennung von Tätigkeitsbereichen, Kostenrechnungsverfahren); Erfüllung aller *Anträge auf Zugang* zu Diensten; Sicherstellung des Rechts auf *direkte Zusammenschaltung* zwischen Mobilfunknetzbetreibern; freie Aushandlung der *Zusammenschaltungsvereinbarungen*; Förderung des freien Abschlusses von *Roaming-Vereinbarungen*; Überwachung durch *nationale Regulierungsbehörden* und Schaffung eines *Streitbeilegungsverfahrens*;

— Implementierung von GSM, DCS-1800, ERMES, DECT, TFTS, TETRA, DSRR und S-PCN; Kombination von *Mobilfunktechnologien* und / oder von *Mobilfunk- und Festnetzen*; Förderung von UMTS; Aufbau *transeuropäischer Netze* auf der Basis von S-PCN und LEO-Systemen; *Kooperation* zwischen Betreibern und Herstellern sowie mit anderen europäischen Staaten;

— Geltung *allgemeiner Grundsätze* für die Frequenzzuweisung und -koordinierung (Objektivität, Transparenz, Diskriminierungsfreiheit, effiziente Nutzung); Zuweisung von *Frequenzen* für DCS-1800, TETRA, S-PCN und LEO-Systeme; internationale *Koordination* in bezug auf UMTS; Zusammenarbeit mit dem ERC / ERO; Abstimmung der Standpunkte in den WRC;

— Harmonisierung der Grundsätze für die *Zuweisung von Zugangsnummern* für Diensteanbieter oder besondere Dienstemerkmale gemäß den ONP-Kriterien; *Vereinheitlichung der Zugangsnummern* für Mobilfunksysteme, intelligente Netze sowie Notruf- und Auskunftsdienste (europäischer Nummernraum); Überwachung durch *nationale Aufsichtsbehörden*; enge Koordinierung zwischen der Gemeinschaft und dem *Europäischen Ausschuß für Regulierungsfragen in der Telekommunikation* (ECTRA) bzw. dem *Europäischen Telekommunikationsbüro* (ETO); Abstimmung der Standpunkte in der ITU;

— umfassende *Definition von Schnittstellen* sowie zügige Aufstellung und im allgemeinen freiwillige *Anwendung von Normen*; Unterstützung des ETSI; Abstimmung der Standpunkte in der ITU; *Allgemeinzulassungen* für alle Mobilfunkendgeräte (ggf. Erarbeitung von TBR und CTR oder vorläufigen Zulassungsverfahren); *gegenseitige Anerkennung* der Zulassungen zwischen den Mitgliedstaaten sowie der Konformitätsprüfungen zwischen der EU und Drittstaaten;

— Gewährleistung des *Datenschutzes* und des Schutzes der Privatsphäre, der Sicherheit von Systemen und der Datenübertragung sowie der geistigen Eigentumsrechte; Aktionsprogramm zur Erforschung *gesundheitlicher Risiken* von elektromagnetischer Strahlung; Verringerung der *Auswirkungen auf die Umwelt* (gemeinsame Nutzung von Infrastruktur und Standorten).

2.1.2.2 Konsultationsergebnisse und zukünftige Politikgestaltung

Die Konsultation zum Grünbuch wurde von Ende April bis Mitte September 1994 durchgeführt; in diesem Zusammenhang äußerten sich auch der **Wirtschafts- und Sozialausschuß** am 14. September 1994 [ABl. C 393 31.12.94 S.64] und der **Ausschuß der Regionen** am 28. September 1994 [ABl. C 210 14.08.95 S.45]. Über die grundsätzliche Unterstützung hinaus gab es jedoch **einige Kritikpunkte**: möglichst keine Beschränkung der Freiheit von Diensteanbietern; Stärkung der Regulierungsbehörden (Zusammenschaltung, Frequenzen, Numerierung); deutlichere Entflechtung von Geschäftsbereichen; stärkere Einbeziehung von Sozialem, Bildung, Umweltverträglichkeit und Gesundheit; Sicherstellung des Zugangs zu Drittstaatenmärkten *(vgl. Bull. EU 9-1994, S.44)*. In einer Mitteilung vom 23. November 1994 [KOM (94) 492 endg.] faßte die Kommission die **Ergebnisse der Konsultation** zusammen. **Konsens** gab es in folgenden Bereichen: Abschaffung von ausschließlichen und besonderen Rechten; Genehmigungsverfahren und -bedingungen (vergleichende Auswahl, lange Geltungsdauer, gegenseitige Anerkennung); koordinierte Lizenzvergabe für S-PCN; Roaming; Bedeutung der Verfahren für die Frequenz- und Nummernvergabe; Entwicklungsstrategie für persönliche Kommunikationsdienste. **Meinungsverschiedenheiten** gab es auf folgenden Gebieten: Verpflichtung von Diensteanbietern zur Zusammenarbeit mit Netzbetreibern und zur Einhaltung eines Verhaltenskodex; Recht auf Nutzung und Verbindung von Infrastrukturen durch die Mobilfunknetzbetreiber; ordnungspolitische Vorgaben für die Zusammenschaltung. Für das **weitere Vorgehen** war ein **zweistufiger Zeitplan** vorgesehen: bis zum **1. Januar 1996** Aufhebung besonderer und ausschließlicher Rechte, Aufhebung von Beschränkungen für die Nutzung alternativer Übertragungswege und Ausarbeitung eines Verhaltenskodex für Diensteanbieter, Erteilung von Genehmigungen für Netzbetreiber, gegenseitige Anerkennung von Allgemein- und Einzelgenehmigungen sowie Lizenzierung von S-PCN; Regelung der Zusammenschaltung; Förderung von DECT, ERMES, TFTS, TETRA und DSRR; Bereitstellung notwendiger Frequenzen und Normung; Datenschutz, Schutz der Privatsphäre, Gesundheit und Sicherheit; Zugang zu Drittstaaten; bis zum **1. Januar 1998**: Marktzugang für Diensteanbieter; Kombination von Mobilfunkdiensten untereinander und mit Festnetzdiensten; Zuteilung von DCS-1800-Genehmigungen und UMTS-

Frequenzen; Festlegung des Numerierungsraums; Umweltfragen *(vgl. Bull. EU 11-1994, S.46)*.

Das **Europäische Parlament** begrüßte die Vorhaben am 19. Mai 1995 [ABl. C 151 19. 06.95 S.473] mit geringen Vorbehalten (Auflagen für den Universaldienst, keine Differenzierung der Genehmigungen nach der Technologie, europäische Behörde für die Frequenzvergabe). Der Rat setzte in seiner **Entschließung 95/C 188/02 vom 29. Juni 1995 [ABl. C 188 22.07.95 S.3]** u. a. folgende Prioritäten: rasche Liberalisierung; Vereinbarungen über die Vermarktung von Diensten; Regelung der Genehmigungsvergabe (Beschränkung nur wegen grundlegender Anforderungen); Verhinderung der Quersubventionierung; Kombination von Mobilfunk- und Festnetzdiensten, Zusammenschaltung von Netzen; Entwicklung von UMTS; Bereitstellung von Frequenzbändern, Numerierung, Normung und gegenseitige Anerkennung der Konformität; Schutz von Verbraucherinteressen, Auswirkungen auf Gesundheit und Sicherheit, ästhetische und Umweltprobleme; Zugang zu Drittstaaten *(vgl. Bull. EU 5-1995, S.38; Bull. EU 6-1995, S.80; Kommission, 1995, S.6/3)*.

2.1.3 Konzepte zur Förderung der Informationsgesellschaft von 1994

2.1.3.1 Abschlußbericht zur globalen Informationsgesellschaft vom Mai 1994

Im Anschluß an die Veröffentlichung des Weißbuchs über Wachstum, Wettbewerbsfähigkeit und Beschäftigung *(vgl. Band I, S.217)* und seiner Prüfung durch den Europäischen Rat im Dezember 1993 wurde eine **Expertengruppe** unter Vorsitz des Kommissars Martin Bangemann gebildet, um in Fortführung der Schlußfolgerungen des Weißbuchs **spezielle Maßnahmen** bezüglich der Kommunikations- und Informationssysteme zu untersuchen. Die Gruppe legte am 1. Juni 1994 ihren Bericht über „Europa und die globale Informationsgesellschaft" vor, den sie mit **zahlreichen Empfehlungen** an den Europäischen Rat verband. Zwar wurde eine auf weitgehender Privatinitiative beruhende Entwicklung favorisiert, doch sollte diese durch die Schaffung eines rechtlichen und ordnungspolitischen Rahmens, durch finanzielle Anreize sowie sonstige **Gemeinschaftsmaßnahmen** gestützt werden *(vgl. Bull. EU 6-1994, S.34; Bull. EU, Beilage 2/94; GB 1994, Ziff.397; J. Horrocks, 1995, S.7/8; Kommission, 1995, S.3/2; H. Schoof u. a., 1995, S.329f.; J. Turek, 1995, S.184; C. Graack, 1997, S. 224f.; Th. Hart, 1999, S.57f.; St. Polster, 1999, S.30)*:

— beschleunigte Einführung eines *wettbewerblichen Umfelds* im Infrastruktur- und Dienstebereich; Anpassung der ordnungspolitischen Rahmenbedingungen nach einem *definitiven Zeitplan*;

— Aufbau einer europäischen *Regulierungsbehörde*;

— Senkung der Tarife für *Mietleitungen* und *Ferngespräche*;

— Regelung der *Zusammenschaltung* und der *Interoperabilität*;

— Befreiung der Telekommunikationsunternehmen von *politischen Auflagen*; Definition des *Universaldienstes* und Klärung seiner Finanzierung;

— Anwendung des *Wettbewerbsrechts* auf den Telekommunikations- und Mediensektor;
— Entwicklung von *Mobilfunk-, Satellitenfunk-, Multimedia-, Breitband- und anderen digitalen Netzen bzw. Diensten* (ISDN); Aufbau von transeuropäischen Netzen *öffentlicher Verwaltungen* und von Informationsschnellstraßen für Städte;
— Förderung von *Anwendungen*, wie elektronischen Ausschreibungen, Telearbeit, Fernlernen und Telematik (KMU, Verkehrssektor), von Netzwerken für den *Forschungs-, Hochschul- und Gesundheitsbereich* sowie von *Informationsinhalten* (Fernsehprogramme, Informationsmarkt);
— Anpassung der *Normungsvorschriften*;
— Erarbeitung von Rahmenbedingungen für den *Datenschutz* und den *Schutz der Privatsphäre*, die *Informationssicherheit*, den Schutz *geschäftlicher Transaktionen* und den *Schutz geistigen Eigentums*;
— Gewährleistung der *Reziprozität beim weltweiten Marktzugang* (Basisdienste), insbesondere im Verhältnis zu den Vereinigten Staaten, Kanada und Japan; *internationale Kooperation* bei der Frequenzverwaltung, der Normung und den geistigen Eigentumsrechten.

2.1.3.2 Aktionsplan über Europas Weg in die Informationsgesellschaft vom Juli 1994

Der Bericht wurde auf dem Gipfel des Europäischen Rates von Korfu am 24. / 25. Juni 1994 erörtert; verlangt wurden die **Schaffung eines neuen Rates** für die Informationsgesellschaft und eine **Präzisierung des weiteren Vorgehens** durch die Kommission. Daraufhin legte diese am 19. Juli 1994 einen Aktionsplan über Europas Weg in die Informationsgesellschaft [KOM (94) 347 endg.] vor und grenzte dabei **folgende Handlungsgebiete** ab: ordnungspolitischer und rechtlicher Rahmen (Liberalisierung der Telekommunikationsinfrastruktur sowie des Mobil- und Satellitenfunks, Einrichtung einer europäischen Regulierungsbehörde, Anerkennung von Genehmigungen, Restrukturierung der Tarife, Regelung der Zusammenschaltung und der Interoperabilität, Finanzierung des Universaldienstes, Anwendung der Wettbewerbsregeln auf den Telekommunikationssektor, Normung, Verbraucherschutz, Datenschutz und Schutz der Privatsphäre, Informationssicherheit und Zugangsberechtigung, Urheberrechte, internationale Aspekte); Entwicklung von Netzen, Diensten, Anwendungen und Inhalten; Beschäftigung und Arbeitsumfeld sowie gesellschaftliche (Bildung, Freizeit, Gesundheit, Umwelt), kulturelle und sprachliche Aspekte; Öffentlichkeitsarbeit *(vgl. Bull. EU 6-1994, S. 12 f.; Bull. EU 7/8-1994, S. 44 f.; J. Turek, 1995, S. 185; C. Graack, 1997, S. 225 ff.; St. Polster, 1999, S. 30 f.; zu den Perspektiven der Informationsgesellschaft W. Hoffmann-Riem, 1995).*

Auf seinem ersten Treffen am 28. September 1994 ermutigte der neue **Rat für die Informationsgesellschaft** die Kommission, konkrete Maßnahmen in den von ihr abgegrenzten Bereichen zu ergreifen; diese legte am 30. November 1994 einen ersten Bericht über die Durchführung des Aktionsplans vor. Auch die Entschließungen des **Europäischen Parlaments** vom 30. November 1994 [ABl. C 363 19.12.94 S.33] und vom 19. September 1996 [ABl. C 320 28.10.96 S.164] sowie die Stellungnahmen des **Ausschusses der Regionen** vom 1. Februar 1995 [ABl. C 210 14.08.95 S.109] und des **Wirtschafts- und Sozialausschusses** vom 23. Februar 1995 [ABl. C 110 02.05.95 S.37] ließen der Konzeption weitgehende Unterstützung zuteil werden, obwohl die Ansätze manchmal als zu unpräzise bezeichnet wurden. Vor allem sollte denjenigen Aspekten, die nicht unmittelbar mit der Liberalisierung und der Gewährleistung des Marktzugangs im Zusammenhang standen, intensive Beachtung geschenkt werden (Universaldienst, Realisierbarkeit von Diensten, Anwendungen und Inhalten; Normung, Fragen des Schutzes und der Sicherheit; Beschäftigung, gesellschaftliche, kulturelle und sprachliche Aspekte, Pluralismus, öffentliche Akzeptanz, Außenbeziehungen). Ferner wurde kritisiert, daß einige Probleme nicht einbezogen worden waren (mangelnde Umsetzung und Anwendung von Vorschriften, industrielle Aspekte und Wettbewerbsfähigkeit, Regionalentwicklung und Raumordnung). Im Dezember 1994 und im Juni 1995 wiesen auch die **Europäischen Räte** von Essen und von Cannes auf die Bedeutung des Sektors, die Notwendigkeit der Realisierung eines ordnungspolitischen Rahmens und die Rolle der Privatwirtschaft beim Aufbau von Informationsinfrastrukturen hin. Erste konkrete **Kommissionsaktivitäten** waren am 19. Juli 1995 das Grünbuch über Urheberrecht und verwandte Schutzrechte in der Informationsgesellschaft [KOM (95) 382 endg.] und am 6. März 1996 das Grünbuch über den rechtlichen Schutz verschlüsselter Dienste im Binnenmarkt [KOM (96) 76 endg.] *(vgl. Bull. EU 9-1994, S.43f.; Bull. EU 11-1994, S.44f.; Bull. EU 12-1994, S.10f.; GB 1994, Ziff.397; GB 1995, Ziff.420; Kommission, 1995, S.3/2; Bull. EU 9-1996, S.39f.).*

2.1.4 Das Grünbuch über die Liberalisierung der Telekommunikationsinfrastruktur und der Kabelfernsehnetze von 1994/95

2.1.4.1 Grundausrichtung und Inhalte des Grünbuchs

Erster Teil des Grünbuchs vom Oktober 1994

Aufbauend auf den Empfehlungen des Bangemann-Berichts veröffentlichte die Kommission am 25. Oktober 1994 den ersten Teil ihres Grünbuchs über die Liberalisierung der Telekommunikationsinfrastruktur und der Kabelfernsehnetze [KOM (94) 440 endg.], in dem sie die dafür maßgeblichen Grundsätze und einen Zeitrahmen festlegte. Als **Argumente** für eine **vollständige Marktöffnung** wurden angeführt: Beseitigung von Kapazitätsengpässen bei der Bereitstellung breitbandiger Infrastrukturen; quantitative und qualitative Verbesserung des Angebots an liberalisierten Diensten, (transeuropäischen) Netzen, Technologien, Geräten und Software; größere Nutzungsmöglichkeiten für Multimedia- und interaktive Dienste durch die Förderung der unmittelbaren Inanspruchnahme alternativer Telekommunikations- und Kabelverteilnetze; Gewährleistung einer universellen Versorgung mit Basisdiensten; Anpassung der Tarife an die Kosten (insbesondere bei Mietleitungen), Unterstützung der Herausbildung der Informationsgesellschaft; Schaffung eines geeigneten Umfelds für die Bildung weltweiter

Übersicht 74: Ratsentschließungen zum Telekommunikationssektor und audiovisuellen Sektor zwischen 1992 und 1996

Entschließung 93/C 2/05 des Rates vom 17. Dezember 1992 zur Beurteilung der Lage im Bereich der Telekommunikationsdienste der Gemeinschaft [ABl. C 002 06.01.93 S.5] — Kenntnisnahme durch das EWR-Abkommen [ABl. L 160 28.06.94 S.77]
Entschließung 93/C 213/01 des Rates vom 22. Juli 1993 zur Prüfung der Lage im Bereich Telekommunikation und zu den notwendigen künftigen Entwicklungen in diesem Bereich [ABl. C 213 06.08.93 S.1] — Kenntnisnahme durch das EWR-Abkommen [ABl. L 160 28.06.94 S.77]
Entschließung 94/C 379/03 des Rates vom 22. Dezember 1994 über die Grundsätze und den Zeitplan für die Liberalisierung der Telekommunikationsinfrastrukturen [ABl. C 379 31.12.94 S.4] — Aufnahme in den Anhang XI des EWR-Abkommens durch den Beschluß 26/95 des Gemeinsamen EWR-Ausschusses [ABl. L 273 16.11.95 S.47]
Entschließung 94/C 379/04 des Rates vom 22. Dezember 1994 über die Weiterentwicklung der Politik der Gemeinschaft im Bereich der Satellitenkommunikation unter besonderer Berücksichtigung des Zugangs zur Raumsegmentkapazität und deren Bereitstellung [ABl. C 379 31.12.94 S. 5] — Aufnahme in den Anhang XI des EWR-Abkommens durch den Beschluß 26/95 des Gemeinsamen EWR-Ausschusses [ABl. L 273 16.11.95 S.47]
Entschließung 95/C 188/02 des Rates vom 29. Juni 1995 über die weitere Entwicklung der Mobil- und der persönlichen Kommunikation in der Europäischen Union [ABl. C 188 22.07.95 S.3] — Rechtsetzung auf der Grundlage des EGV, auf Vorschlag der Kommission [KOM (94) 492 endg.] und nach Stellungnahme des EP [ABl. C 151 19.06.95 S.475] — Aufnahme in den Anhang XI des EWR-Abkommens durch den Beschluß 5/96 des Gemeinsamen EWR-Ausschusses [ABl. L 102 25.04.96 S.48]
Entschließung 95/C 258/01 des Rates vom 18. September 1995 zur Entwicklung des künftigen ordnungspolitischen Rahmens für die Telekommunikation [ABl. C 258 03.10.95 S.1] — Aufnahme in den Anhang XI des EWR-Abkommens durch den Beschluß 6/96 des Gemeinsamen EWR-Ausschusses [ABl. L 102 25.04.96 S.49]
Entschließung 96/C 376/01 des Rates vom 21. November 1996 über die neuen politischen Prioritäten im Hinblick auf die Informationsgesellschaft [ABl. C 376 12.12.96 S.1] — Aufnahme in den Anhang XI des EWR-Abkommens durch den Beschluß 103/97 des Gemeinsamen EWR-Ausschusses [ABl. L 193 09.07.98 S.64]

Partnerschaften und strategischer Allianzen; größere Wettbewerbsfähigkeit europäischer Unternehmen; Forcierung des Strukturwandels und des gesamtwirtschaftlichen Wachstums. Es wurden **zwei Umsetzungsphasen** vorgeschlagen *(vgl. Bull. EU 10-1994, S.34f.; GB 1994, Ziff.399; J. Horrocks, 1995, S.7/8f.; C. Graack, 1997, S.35ff.; St. Polster, 1999, S.31ff.)*.

Um die Auswirkungen auf die finanzielle Situation der öffentlichen Netzbetreiber möglichst gering zu halten, sollten im Verlaufe des Jahres 1995 zunächst alle **Restriktionen für die Inanspruchnahme** der vorhandenen eigenen Telekommunikationsnetze oder der von Dritten bereitgestellten alternativen Infrastrukturen (Satellitenfunk-, Mobilfunk- und Kabelfernsehnetze; Netze von Energieversorgern, Wasserwerken, Eisenbahnunternehmen und Autobahngesellschaften) hinsichtlich der Bereitstellung der **bereits liberalisierten Telekommunikationsdienste** (öffentliche Daten- und Mehrwertdienste, Sprachtelefonie für Firmennetze und geschlossene Nutzergruppen, Satellitenfunkdienste, Kurzwellenverbindungen in Mobilfunknetzen) durch eine **Modifizierung der Diensterichtlinie** aufgehoben werden; für Satellitenkommunikationsdienste war konkret der 1. Juli 1995 (in Ausnahmefällen der 1. Januar 1996) als Termin vorgesehen. In der zweiten Phase sollte dann die **vollständige Liberalisierung** der Errichtung und des Betriebs neuer Telekommunikationsnetze in bezug auf die schon liberalisierten Dienste sowie die Bereitstellung und der Betrieb bestehender und neuer Infrastrukturen für das Angebot **öffentlicher Sprachtelefondienste** bis zum 1. Januar 1998 erfolgen; für Luxemburg war eine Übergangsfrist bis zum 1. Januar 2000, für Griechenland, Irland, Portugal und Spanien bis zum 1. Januar 2003 vorgesehen. In diesem Zusammenhang waren die neuen **ordnungspolitischen Rahmenbedingungen** (Anmeldung und Genehmigung, offener Netzzugang, Zusammenschaltung und Interoperabilität, Universaldienst, Anwendung der Wettbewerbsregeln, Datenschutz und Schutz geistigen Eigentums, soziale und beschäftigungspolitische sowie regionale und internationale Aspekte, audiovisuelle Politik) zu erarbeiten.

Zweiter Teil des Grünbuchs vom Januar 1995

Der zweite Teil des Grünbuchs vom 25. Januar 1995 [KOM (94) 682 endg.] stellte auf der Grundlage einer Analyse der rechtlichen Situation, der Marktentwicklung sowie der wichtigsten marktstruktur- (Zutritte, neue Tätigkeitsbereiche, Fusionen) und technologiebezogenen Entwicklungsdeterminanten (Digitalisierung, integrierte Schaltungen, Kapazitätswachstum, neue Systeme, Konvergenz) ein **umfassendes ordnungspolitisches Konzept** zur Diskussion *(vgl. Bull. EU 1/2-1995, S.67f.; GB 1995, Ziff. 429; J. Horrocks, 1995, S.7/9f.; R. Preiskel u. a., 1995, S.384f.; C. Grauck, 1997, S. 241ff.; St. Polster, 1999, S.34ff.; E. G. Berger, 2000, S.20f.)*:

— *Anmeldung und Genehmigung*: Einzelgenehmigungen nur für Infrastrukturbetrieb, für Dienste Anmeldung oder Allgemeingenehmigungen, ggf. Kombination von Infrastruktur- und Dienstegenehmigung; Zuständigkeit der nationalen Behörden; *Vergabeverfahren*: Bekanntgabe von Kriterien und Auflagen, angemessene Fristen, Möglichkeit der Berufung; *Auswahlkriterien*: technische Kompetenz, Finanzmittel, Erfüllung der Auflagen; *Auflagen*: Geltung grundsätzlicher Prinzipien, Abschaffung telekommunikationsfremder Pflichten, keine Eigentums- oder Kontrollbeschränkungen, Einhaltung der Wettbewerbsregeln, Erfüllung grundlegender Anforderungen (Netzsicherheit und -integrität, Interoperabilität, Frequenznutzung, Wegerechte, Daten- und Verbraucherschutz, Umweltschutz, Stadtplanung), Gewerbevorschriften (Qualität, Verfügbarkeit und Dauerhaftigkeit von Diensten), Regelung von Laufzeit und Gebühren; *Beschränkung der Anzahl*: wegen grundlegender Anforderungen (Frequenzknappheit); *gegenseitige Anerkennung* der Genehmigungen (außer bei Infrastrukturlizenzen) und Koordinierung bei transeuropäischen Systemen;

— Anpassung des *ONP-Konzepts*: Trennung hoheitlicher und betrieblicher Funktionen sowie von Tätigkeitsbereichen, Gewährleistung des Netzzugangs, Mindestangebot an Mietleitungen, grundlegende Anforderungen, Tarifumstrukturierung, Kostenrechnungssysteme, Normen und technische Spezifikationen;

— *Zusammenschaltung und Interoperabilität*: grundsätzliche Prinzipien und grundlegende Anforderungen gemäß dem ONP-Konzept; unbeschränkte Aushandlung kommerzieller und technischer Vereinbarungen; Bestimmung gegenseitiger Rechte und Pflichten; Vorgaben für Vertragsbedingungen, Standardangebote und Entgelte (grundsätzliche Prinzipien, Aufschlüsselung, Trennung von Zugangsgebühren); Veröffentlichung von Informationen, Überwachung und Streitbeilegungsverfahren;

— *Universaldienst*: fundamentale Bedeutung und Priorität; Angebot primär über den Markt; Abgrenzung des Mindestangebots (Elemente, Qualität, Preise), Festlegung sonstiger höherwertiger Dienste und Merkmale, Maßnahmen zugunsten unwirtschaftlicher Nachfrager und Regionen sowie Bedürftiger, Anpassung an den wirtschaftlichen und technologischen Fortschritt; gemeinsame Methodik zur Ermittlung der Nettokosten; Finanzierungsmechanismus (Beseitigung der Quersubventionierung durch eine Tarifumstrukturierung; Einführung von Zugangsgebühren oder eines Fonds; Einbeziehung aller öffentlichen Netzbetreiber und Diensteanbieter); Regelung von Publizität, Überwachung und Streitbeilegung;

— Anwendung der *Wettbewerbsregeln*: Beurteilung von Kooperationen, Fusionen und Medienkonzentrationen, der Zugangsbedingungen und Zusammenschaltungsvereinbarungen, der Finanzierung des Universaldienstes, der Quersubventionierung, des Zugangs zu Wegerechten sowie des gemeinsamen Eigentums an und der gemeinsamen Bereitstellung von Einrichtungen und Diensten;

— *Frequenzen*: Reform der Nutzungspläne, gemeinsame Zuteilungsverfahren, Förderung gesamteuropäischer Dienste, Anerkennung der CEPT-Ausschüsse und -Büros; *Numerierung*: gemeinsame Grundsätze für Zugang, Zuweisung und technische Aspekte, Verbesserung von Verwaltung und Kontrolle, europäischer Numerierungsraum für Sonderdienste, größere Benutzerfreundlichkeit, Anerkennung der CEPT; *Wegerechte* und gemeinsame Nutzung von Einrichtungen: offene und transparente Verfahren, obligatorische oder freiwillige Regelung; *Teilnehmerverzeichnisse und Auskunftsdienste*: Liberalisierung, freier Zugang zu Datenbeständen, Universaldienst, Förderung neuer Technologien, Datenschutz;

— *Schutz und Sicherheit*: Datenschutz und Schutz der Privatsphäre, Sicherheit von Informationssystemen und Netzen, Verbraucherschutz, Schutz bestimmter Personengruppen, Urheberrecht;

— Begutachtung der *wirtschaftlichen Entwicklung* des Sektors (Wachstum des BIP, Strukturveränderungen) und der *Beschäftigung* (Rückgang bei etablierten Netzbetreibern, Zunahme auf neuen Märkten und bei anderen Unternehmen, gesamtwirtschaftliche Auswirkungen); *gesellschaftliche und soziale Aspekte* (Arbeitsumfeld und Freizeit, Isolierung und Ausgrenzung, Informationsüberfluß, Bildung, Gesundheit, Umwelt, Verkehr), Kultur und Sprachen; *regionalpolitische Folgen* (Übergangsfristen, Mittel aus den Strukturfonds und der EIB, Universaldienst);

— *Konvergenz* von Telekommunikation, Informationstechnologie, Rundfunk und Multimedia: Regelung des sektorübergreifenden Marktzugangs, Weiterentwicklung des Regulierungsrahmens, Verhältnis der spezifischen Vorschriften zu den Wettbewerbsregeln, Klärung der Regulierungsebene;

— *internationale Beziehungen*: multilateral im Rahmen der WTO, der G7, der ITU und der CEPT sowie bilateral in bezug auf die europäischen Nachbarstaaten, Nordamerika, Ostasien und die Entwicklungsländer; Gewährleistung des gegenseitigen Marktzugangs (Bereitstellung von Infrastruktur, Angebot von Diensten und Geräten, Aufhebung von Eigentumsbeschränkungen); multilaterale Regelungen für die Genehmigungsvergabe auf Gegenseitigkeit, den Datenschutz und den Schutz geistigen Eigentums; Vertretung gemeinsamer Interessen zur Frequenzvergabe, Numerierung und Normung.

Geplant waren die Annahme von **Änderungsrichtlinien** hinsichtlich der alternativen Infrastrukturen, des Mobilfunks und der vollständigen Liberalisierung sowie die Verabschiedung der ONP-Sprachtelefondienstrichtlinie, der Richtlinien zur koordinierten Vergabe von Genehmigungen und der Datenschutzrichtlinie. Bis Ende 1995 wollte die Kommission Anpassungen der schon vorhandenen **ONP-Richtlinien** und eine **Richtlinie zur Zusammenschaltung** vorschlagen sowie Mitteilungen zum **Universaldienst** und zu den **Teilnehmerverzeichnissen** vorlegen.

2.1.4.2 Konsultation und Bestimmung der Folgestrategie

Im Verlauf der von Oktober 1994 bis März 1995 dauernden Konsultationsphase gingen über 100 **schriftliche Stellungnahmen** von Unternehmen, Verbänden, sonstigen Interessenvertretungen, Regulierungsbehörden und anderen öffentlichen Stellen ein; im Februar und März 1995 wurden außerdem **vier Anhörungen** durchgeführt. Die Ergebnisse faßte die Kommission am 3. Mai 1995 in einer entsprechenden Mitteilung [KOM (95) 158 endg.] zusammen. Zu vielen Vorschlägen gab es eine **breite Zustimmung**, in einigen Fällen jedoch auch sehr **kontroverse Auffassungen** oder eine **überwiegende Ablehnung** der Kommissionsposition: Abschaffung der ausschließlichen und besonderen Rechte für alle alternativen Infrastrukturen oder nur in bezug auf Kabelfernsehnetze (ggf. vorzeitige Förderung von Pilotprojekten); Gründe für die Vergabe von Einzelgenehmigungen (Infrastrukturbetrieb, knappe Ressourcen, spezielle Verpflichtungen, Universaldienst), Zuständigkeit der Mitgliedstaaten oder Vergabe der Genehmigungen durch eine europäische Stelle, Zulassung von Versteigerungsverfahren; Umfang der Unternehmen mit Verpflichtungen im Bereich der Zusammenschaltung, Ermittlung der Kosten für die Bestimmung der Zusammenschaltungsentgelte (zukunftsorientierte Kosten oder auch *sunk costs*, Vollkosten- oder Grenzkostenrechnung), verbindliche oder freiwillige Anwendung von Normen; Umfang des Universaldienstes und der verpflichteten Unternehmen bzw. der Beitragszahler (öffentliche Netzbetreiber, Inhaber von Einzelgenehmigungen, keine Vorabbestimmung), Verfahren der Kostenermittlung und -umlegung; Vorrang von allgemeinen Wettbewerbsregeln oder sektorspezifischen Vorschriften, Abgrenzung der zu regulierenden Unternehmen; Zuständigkeit für die Verwaltung knapper Ressourcen, Notwendigkeit einer Neuzuweisung von Frequenzen, Regelung von Nummerneigentum und -übertragbarkeit, obligatorische oder freiwillige gemeinsame Nutzung von Einrichtungen; Notwendigkeit von Maßnahmen zur Beschäftigungssicherung, Bildung und Verbesserung des Arbeitsumfelds; im Zuge der Weiterentwicklung des ordnungspolitischen Umfelds unterschiedliche Vorgaben für die Bereitstellung von Infrastrukturen, Diensten und Inhalten, Detailliertheit des Regelungsrahmens, Schaffung einer europäischen Regulierungsbehörde; internationale Regelung von neuen Herausforderungen der Informationsgesellschaft *(vgl. Bull. EU 5-1995, S.37; WB 1995, Ziff.102; C. Graack, 1997, S.241 ff.; St. Polster, 1999, S.36f.; zur Liberalisierungsdiskussion gegen Mitte der neunziger Jahre A. Keuter, 1994; W. Burr, 1995; H. Klodt u. a., 1995; E.-J. Mestmäcker, 1995; J. Esser u. a., 1996; C. Scott u. a., 1996; M. Voeth, 1996; J. Kruse u. a., 1997, S.11 ff.).*

Der von der Kommission aktualisierte **Zeitplan** sah dann folgende Schritte vor:

— bis zum *1. August 1995*: Entwürfe zur Änderung der Diensterichtlinie in bezug auf den Mobilfunk und die vollständige Liberalisierung;

— bis zum *1. Januar 1996*: Annahme der Liberalisierungsrichtlinien und der Sprachtelefondienstrichtlinie; Anpassung der Vorschläge zur Genehmigungsvergabe; Vorlage der o. a. ONP-Richtlinienvorschläge und Mitteilungen; Regelung der Anwendung der Wettbewerbsregeln auf den Netzzugang und die Zusammenschaltung;

— bis zum *1. Januar 1997*: Annahme der o. a. Kommissionsvorschläge;

— bis zum *1. Januar 1998*: Umsetzung der Liberalisierungs- und Harmonisierungsmaßnahmen durch die Mitgliedstaaten.

Weitgehende Billigung erfuhr das Grünbuch durch die Entschließungen des **Europäischen Parlaments** vom 7. April 1995 [ABl. C 109 01.05.95 S.310] und vom 19. Mai 1995 [ABl. C 151 19.06.95 S.479]; wesentliche Einwände betrafen die folgenden Aspekte: Festlegung von Bedingungen bei der Inanspruchnahme von Übergangsfristen; Förderung des Zugangs zum Ortsnetz und von Infrastrukturpilotprojekten; Schaffung einer europäischen Regulierungsbehörde; möglichst keine Beschränkung der Anzahl von Genehmigungen; stärkere Beachtung der Zusammenschaltung; Anwendung der Fusionskontrolle. Der **Wirtschafts- und Sozialausschuß** bemängelte am 23. Februar 1995 [ABl. C 110 02.05.95 S.39] und am 13. September 1995 [ABl. C 301 13.11.95 S.24] die Einleitung des Liberalisierungsprozesses vor dem Beginn der Konsultation über die ordnungspolitischen und sonstigen Rahmenbedingungen. Beide Organe wünschten eine besondere **Berücksichtigung des Universaldienstes** und **sonstiger Regelungsbereiche** (Sicherheit und Schutz von Nachfragern, Beschäftigung, Bildung, Soziales, Gesundheit, Kultur) *(vgl. Bull. EU 4-1995, S.42; Bull. EU 5-1995, S.37; Bull. EU 9-1995, S.34).*

Vom Rat war der erste Teil des Grünbuchs bereits am 17. November 1994 geprüft worden; in seiner **Entschließung 94/C 379/03 vom 22. Dezember 1994 [ABl. C 379 31.12.94 S.4]** bestätigte er den 1. Januar 1998 als Zeitpunkt für die vollständige Liberalisierung der Telekommunikationsinfrastruktur mit den gleichen Übergangsfristen wie beim Sprachtelefondienst. Die Kommission wurde ersucht, bis zum 1. Januar 1996 Vorschläge zu den notwendigen ordnungspolitischen Rahmenbedingungen zu unterbreiten *(vgl. Bull. EU 11-1994, S.45; WB 1994, Ziff.222f.; WB 1995, Ziff.105).* Auf der Tagung vom 13. Juni 1995 und mit der **Entschließung 95/C 258/01 vom 18. September 1995 [ABl. C 258 03.10.95 S.1]** zum zweiten Teil des Grünbuchs und zu den Konsultationsergebnissen unterstützte der Rat dann auch explizit die von der Kommission im Hinblick auf die Ausarbeitung der konkreten Regelungen (Liberalisierung, Genehmigungen, Anpassung des ONP-Konzepts, Zusammenschaltung, Universaldienst, Verwaltung knapper Ressourcen, internationaler Marktzugang) eingenommenen Positionen und ihren Zeitplan *(vgl. Bull. EU 6-1995, S.79f.; GB 1995, Ziff.429; Th. Hart, 1999, S.72; St. Polster, 1999, S.34, 37; E. G. Berger, 2000, S.21ff.)*.

2.1.5 Rahmenvorgaben zur Ausgestaltung der Gemeinschaftspolitik zwischen Ende 1995 und Mitte 1997

2.1.5.1 Kommissionsmitteilung zu den Telefonverzeichnissen und den sonstigen Informationsdiensten vom September 1995

Am 18. September 1995 [KOM (95) 431 endg.] veröffentlichte die Kommission eine Mitteilung über die künftige Entwicklung des Marktes für Telefonverzeichnisse und sonstige Informationsdienste im Telekommunikationsbereich in einem wettbewerbsorientierten Umfeld. Auf der Grundlage der in den geltenden und geplanten Rechtsvorschriften enthaltenen maßgeblichen Regelungen wurden **spezifische Leitlinien für Telefonverzeichnisse** (alphabetische Teilnehmerverzeichnisse sowie allgemeine und spezielle Branchenverzeichnisse, die als Druckwerke, *online* oder als CD-ROM angeboten werden) **und Informations- bzw. Auskunftsdienste** formuliert: sofortige Aufhebung der noch bestehenden besonderen und ausschließlichen Rechte; Festlegung der Zugangs- und Vertriebsbedingungen (Grundsätze des ONP-Konzepts); Anwendung der Wettbewerbsregeln; Gewährleistung des Universaldienstes (Abgrenzung: alphabetisches Teilnehmerverzeichnis, Auskunftsdienst; Regelungsbereiche: Verfügbarkeit und Nutzerzugang, Datenumfang und -qualität, Aktualität, Preise); Förderung neuer Technologien (elektronische Verzeichnisse, CD-ROM, X.500-Dienst, multimediale Anwendungen); Normung; Schutz von Daten und der Privatsphäre (Eintragung, Zugang, Änderung, Verwendung) sowie des geistigen Eigentums *(vgl. Bull. EU 10-1995, S.54f.; GB 1995, Ziff.433; J. Horrocks, 1995, S.7/11; P. J. J. Welfens u. a., 1996, S.155, 160)*. In seinen **Schlußfolgerungen** vom 21. März 1996 unterstützte der **Rat** die Kommissionsmitteilung, bekräftigte die Bedeutung der Auskunftsdienste für den Universaldienst in der Gemeinschaft, betonte die Notwendigkeit der Anwendung der ONP-Prinzipien und verwies auf die Wichtigkeit des Schutzes der Privatsphäre und des geistigen Eigentums. Am 22. Mai 1996 folgte eine Entschließung des **Europäischen Parlaments** [ABl. C 166 10.06.96 S.106], in der der Vorstoß der Kommission begrüßt wurde. Über die wettbewerbspolitischen Aspekte (Zugang zu Verzeichnisinformationen, Preise, Vollständigkeit) hinaus sollten insbesondere Aspekte des Universaldienstes, der Datenschutz und die einheitliche Numerierung näher bestimmt werden *(vgl. Bull. EU 5-1996, S.44; GB 1996, Ziff.421; St. Polster, 1999, S.80f.)*.

2.1.5.2 Kommissionsvorschlag zur Politikdurchführung vom April 1996

Am 11. April 1996 [ABl. C 192 03.07.96 S.4] legte die Kommission einen Vorschlag für einen Ratsbeschluß vor, der eine **Abgrenzung ihrer Kompetenzen** in bezug auf die Definition und Durchführung der gemeinschaftlichen Telekommunikations- und Postpolitik beabsichtigte. Die Erfüllung der enumerativ **aufgezählten Ziele** (Liberalisierung der Telekommunikations- und Postmärkte, Harmonisierung der Marktzugangsbedingungen, Bereitstellung und Finanzierung des Universaldienstes, Einführung neuer Dienste, Gewährleistung der Verfügbarkeit knapper Ressourcen, Normung, regionalwirtschaftliche und internationale Aspekte) sollte verschiedene **Kommissionsbefugnisse** bedingen, wie die Einleitung von Untersuchungen, die Erstellung von Berichten, das Einholen von Stellungnahmen, die Erarbeitung von Vorschlägen für Rechtsvorschriften, die Überwachung der Anwendung der Bestimmungen sowie die Gewährleistung der Verfügbarkeit von Frequenzen und Normen. Zur Unterstützung dieser Vorhaben waren **folgende Zuständigkeiten** vorgesehen: Vergabe von Aufträgen für die Durchführung von Studien und Analysen sowie für die Kofinanzierung von Maßnahmen; Veranstaltung von, Teilnahme an und Unterstützung von Sitzungen, Konferenzen und Seminaren; Förderung der Öffentlichkeitsarbeit; Beteiligung am Ausbau der Drittstaatenbeziehungen; Erteilung von Aufträgen an Frequenz- und Normungsorganisationen; Kauf und Betrieb bestimmter Einrichtungen. Im Anschluß an die Stellungnahme des **Wirtschafts- und Sozialausschusses** [ABl. C 030 30.01.97 S.18] lehnte der Rat das Ansinnen jedoch ab, worauf die Kommission ihren Vorschlag bereits am 12. September 1997 wieder zurücknahm [SEK (97) 639 endg.] *(vgl. Bull. EU 4-1996, S.41 f.; GB 1996, Ziff.421).*

2.1.5.3 Weiterentwicklung der Gemeinschaftskonzeption zur Informationsgesellschaft im Jahre 1996

Mit ihren am 24. Juli 1996 angenommenen Mitteilungen über „Die Informationsgesellschaft – von Korfu bis Dublin: Neue Prioritäten" und „Die Bedeutung der Informationsgesellschaft für die Politik der Europäischen Union – Vorbereitung auf die nächsten Schritte" [KOM (96) 395 endg.] nahm die Kommission auf der Grundlage einer Analyse der in den letzten beiden Jahren erzielten Fortschritte eine Erweiterung und Anpassung der bisherigen Gesamtkonzeption zur **Realisierung der Informationsgesellschaft** vor. Wesentliche Änderungen des Aktionsplans sollten die Einbeziehung weiterer Politikfelder und eine Neuausrichtung der Prioritäten sein: **Verbesserung des wirtschaftlichen Umfelds** (Umsetzung der Vorschriften zur Liberalisierung, Transparenz, Konsistenz und Zusammenführung der Regelungen; Zusammenarbeit der nationalen Regulierungsbehörden; Förderung der Nutzung und Anwendung von Technologien in bezug auf KMU; Beschäftigung, Normung, elektronischer Handel, Urheberrecht, digitale Signaturen); **Zukunftsinvestitionen** (sektorspezifische Forschung, Aus- und Weiterbildung, nachhaltige Entwicklung); **Bedürfnisse der Menschen** (Ausbau der Telekommunikationsinfrastruktur, Zugang zu Informationsdiensten und Inhalten, Universaldienst; Schutz von Verbraucherinteressen, Benutzerfreundlichkeit, Datenschutz und Schutz der Privatsphäre, Schutz bestimmter Bevölkerungsgruppen; Beschäftigung und Arbeitsorganisation, soziale Aspekte, Regionalförderung; Verbesserung der Dienste des öffentlichen Sektors, Wahrung der kulturellen Vielfalt); **Außenbeziehungen** (Marktzugang, Netzverbund, Wettbewerbspolitik, Frequenzverwaltung, Normung, Beschaffung, gegenseitige Anerkennung, steuerliche Aspekte,

Datenschutz, Kontrolle des Internet, Informationssicherheit, geistiges Eigentum, Kooperation mit Nachbarstaaten, Bedürfnisse der Entwicklungsländer) *(vgl. Bull. EU 7/8-1996, S.71f.; GB 1996, Ziff.407)*. In der Folge publizierte die **Kommission** am 24. Juli 1996 ein Grünbuch über Leben und Arbeiten in der Informationsgesellschaft [KOM (96) 389 endg.], am 30. August 1996 eine Mitteilung über die gesetzgeberische Transparenz im Binnenmarkt für die Dienste der Informationsgesellschaft [KOM (96) 392 endg.], am 2. Oktober 1996 eine Mitteilung über das Lernen in der Informationsgesellschaft [KOM (96) 471 endg.] sowie am 16. Oktober 1996 ein Grünbuch über den Jugendschutz und den Schutz der Menschenwürde in den audiovisuellen und den Informationsdiensten [KOM (96) 483 endg.] und eine Mitteilung über eine Initiative gegen illegale und schädigende Inhalte im Internet [KOM (96) 487 endg.] *(vgl. J. Turek, 1997, S.176)*.

Auf seinem Treffen am 8. Oktober 1996 in Dublin bereitete der Rat eine **Revision des Aktionsplans** der Kommission vom Juli 1994 vor. Die gemeinschaftliche Politik sollte dem schnellen Wandel angepaßt, aktualisiert und präzisiert werden. Auf der Grundlage der Kommissionsmitteilungen vom Juli 1996 stellte dann der Rat in seiner **Entschließung 96/C 376/01 vom 21. November 1996 [ABl. C 376 12.12.96 S.1]** die folgenden Bereiche heraus, die zu einem abgestimmten Konzept verbunden werden sollten *(vgl. Bull. EU 10-1996, S.49f.; GB 1996, Ziff.408)*:

— vollständige *Liberalisierung* der Telekommunikationsmärkte;
— Weiterentwicklung des *Universaldienstes*;
— Entwicklung *transeuropäischer Telekommunikationsnetze und -dienste (vgl. Band 1, S.519ff.)*; Forschung und technologische Entwicklung (RACE, ESPRIT) *(vgl. Band 1, S.234)*; Normung;
— *Rechts- und Verbraucherschutz* sowie Sicherheit der *Datenübertragung*;
— *Wettbewerbsfähigkeit* der europäischen Industrie und Beschäftigung; Aus- und Weiterbildung; soziale und regionale *Auswirkungen der Informationsgesellschaft*; audiovisuelle Medien und Kultur;
— *internationale Zusammenarbeit* im Rahmen der WTO (Marktzugang, Datenschutz, geistiges Eigentum).

Die Mitteilung vom 27. November 1996 über „Europa als Wegbereiter der globalen Informationsgesellschaft: Dynamischer Aktionsplan" [KOM (96) 607 endg.] setzte die **Ankündigung der Kommission** vom Juli 1996 um, den ursprünglichen Aktionsplan vom Juli 1994 zu aktualisieren, zu überarbeiten und in eine zweite Phase zu überführen. Der **neue Handlungsrahmen** enthielt eine detaillierte Aufstellung der geplanten, laufenden und abgeschlossenen Aktionen gemäß den vier o. a. Prioritätsbereichen *(vgl. Bull. EU 11-1996, S.52f.; GB 1996, Ziff.407; Kommission, 1996, S.72ff.; J. Turek, 1997, S.175f.)*.

Die Entschließungen des **Europäischen Parlaments** vom 12. Juni 1997 zur Entwicklung und Anwendung neuer Informationstechnologien im nächsten Jahrzehnt [ABl. C 200 30.06.97 S.196], vom 26. Juni 1997 zu den Mitteilungen vom Juli und November 1996 [ABl. C 222 21.07.97 S.41] sowie vom 19. Juni 1998 zur Informationsgesellschaft, zur Verwaltung des Internet und zur Demokratie [ABl. C 210 06.07.98 S.327], die Stellungnahmen des **Wirtschafts- und Sozialausschusses** vom 27. November 1996 [ABl. C 066 03.03.97 S.70] und vom 9. Juli 1997 [ABl. C 296 29.09.97 S.13] zu den drei Mitteilungen von 1996 sowie die Stellungnahme des **Ausschusses der Regionen** vom 14. November 1996 [ABl. C 042 10.02.97 S.31] zu den beiden Mitteilungen vom Juli 1996 waren zwar erneut grundsätzlich positiv, bemängelten aber auch wieder die der Liberalisierung sowie den wirtschaftlichen und finanziellen Auswirkungen eingeräumte Priorität, während andere Aspekte vernachlässigt würden. Ergänzend zu den bereits zum Aktionsplan vom Juli 1994 genannten Punkten wurde u. a. auf die Bedeutung der Konvergenz, steuerlicher Fragen, der statistischen Erfassung, des Internet, des elektronischen Handels und europäischer Werte (Geschichte, Demokratie) verwiesen *(vgl. Bull. EU 11-1996, S.53; Bull. EU 6-1997, S.79f.; Bull. EU 7/8-1997, S.58f.; GB 1997, Ziff.497; Bull. EU 6-1998, S.65)*. Als bedeutende **Kommissionsinitiativen** bis Ende 1997 anzuführen sind die Mitteilungen vom 22. Januar 1997 über Kohäsion und Informationsgesellschaft [KOM (97) 7 endg.], vom 16. April 1997 über die Wettbewerbsfähigkeit der europäischen Informations- und Kommunikationsindustrie [KOM (97) 152 endg.], vom 16. April 1997 über den elektronischen Geschäftsverkehr [KOM (97) 157 endg.], vom 15. Juli 1997 über Informationsgesellschaft und Entwicklung [KOM (97) 351 endg.] und vom 8. Oktober 1997 über europäische Rahmenbedingungen für elektronische Signaturen und die Verschlüsselung [KOM (97) 503 endg.].

2.1.5.4 Aktionsplan zur Satellitenkommunikation vom März 1997

Auf der Grundlage von Berichten der Industrie, einem Treffen mit EU-Ministern und Vertretern der Industrie sowie ihrer Mitteilung vom 4. Dezember 1996 über die Europäische Union und die Raumfahrt [KOM (96) 617 endg.] regte die Kommission mit der am 5. März 1997 vorgelegten Mitteilung über einen Aktionsplan der EU zur Satellitenkommunikation in der Informationsgesellschaft [KOM (97) 91 endg.] eine **Weiterentwicklung der sektorspezifischen Politik** in industrie-, forschungs-, verteidigungs-, regional- und außenwirtschaftspolitischer Perspektive an. Folgende Vorschläge sollten die **privatwirtschaftlichen Initiativen** ergänzen und bis Anfang 1998 realisiert werden *(vgl. Bull. EU 12-1996, S.68f.; Bull. EU 3-1997, S.44; GB 1997, Ziff.513; Th. Hart, 1999, S.344f.)*:

— Umsetzung vorhandener oder geplanter *Rechtsvorschriften* (Liberalisierung des Marktes für Satellitenfunkdienste und -geräte, Genehmigungen, Frequenzverwaltung, Allgemeinzulassungsverfahren); Vereinheitlichung der *Genehmigungsbedingungen* und der *Frequenznutzung* im Rahmen der CEPT; Überprüfung des ETSI-Arbeitsprogramms; *Normung* multimedialer Breitbandgeräte; Kontrolle der Entwicklungen bei den *internationalen Satellitenorganisationen*; Anwendung der *Wettbewerbsregeln*;

— Intensivierung der gemeinschaftlichen *Forschungsaktionen* (Rahmenprogramme, transeuropäische Telekommunikationsnetze) in Kooperation mit der ESA und der Industrie im Hinblick auf die Bereitstellung leistungsfähiger *Infrastrukturen* (multimediale Breitbandanwendungen, Internet) und *satellitengestützter persönlicher Kommunikationsdienste* (S-PCS);

— Gewährleistung des Zugangs zu *Drittstaatenmärkten* sowie der Verfügbarkeit von *Orbitressourcen und Frequenzen* im Rahmen der WTO; gemeinsame Strategie in der ITU; bilaterale *Kooperation* mit Drittstaaten.

Diese Vorstellungen erfuhren eine breite Unterstützung durch den **Rat** am 27. Juni 1997 und den **Wirtschafts- und Sozialausschuß** am 1. Oktober 1997 [ABl. C 355 21. 11.97 S.8] sowie das **Europäische Parlament** am 21. Oktober 1997 [ABl. C 339 10. 11.97 S.28]. Hingewiesen wurde u. a. auf die Notwendigkeit der Privatisierung der Satellitenbetreiber und von Vorkehrungen zur Vermeidung von Doppelarbeit bei den verschiedenen Institutionen *(vgl. Bull. EU 6-1997, S.80; Bull. EU 10-1997, S.48f.; GB 1997, Ziff.513).*

In ihrer Arbeitsunterlage vom 16. Februar 1999 über einen Aktionsplan zur Satellitenkommunikation [SEK (1999) 250 endg.] vollzog die Kommission auf der Grundlage einer Analyse der **industriellen Entwicklungen** (Wachstum, Prozeß der Konsolidierung und Globalisierung, LEO bzw. MEO, Breitband- und Multimediadienste) eine Bestandsaufnahme und Bewertung der Fortschritte in bezug auf die drei Prioritätsbereiche. Dargelegt wurden die Neuerungen im **rechtlichen Umfeld** (Genehmigungsrichtlinie, Globalverfahren, koordinierte Einführung von Satellitensystemen, Normung und Zulassung von Endgeräten, Umstrukturierung der internationalen Satellitenorganisationen), Probleme der **internationalen Beziehungen** (Hindernisse für den Marktzugang im Rahmen der WTO, Umlaufbahnen und Frequenzen im Rahmen der ITU, Kooperation mit bestimmten Drittländern) und Fragen der **Forschung und Entwicklung** (Koordinierung der Arbeiten mit den Raumfahrtbehörden und den Mitgliedstaaten, bisherige Forschungsaktionen). Als notwendig erachtet wurden eine zügige Umsetzung der Rechtsvorschriften und ihre Weiterentwicklung (Genehmigungen, Frequenzen) sowie eine Forcierung des Zugangs zu Drittstaatenmärkten.

2.1.6 Grundzüge der Gemeinschaftspolitik im audiovisuellen Sektor

2.1.6.1 Das Grünbuch über strategische Optionen für die Stärkung der Programmindustrie vom April 1994

Als Ausgangspunkt der gemeinsamen **audiovisuellen Politik** in der zweiten Hälfte der neunziger Jahre ist das Grünbuch der Kommission vom 6. April 1994 über strategische Optionen für die Stärkung der Programmindustrie [KOM (94) 96 endg.] anzusehen, das sich insbesondere mit der **Filmproduktion** sowie dem Vertrieb über **Fernsehen und Kino** befaßte. Kennzeichnend für diese Sektoren waren eine zunehmende Internationalisierung und Marktkonzentration, die Entwicklung neuer multimedialer und interaktiver Produkte, Dienste und Anwendungen, eine größere Programmvielfalt sowie eine zielgruppenspezifische Ausgestaltung des Angebots, was u. a. auf die Liberalisierung, die Digitalisierung, die Beseitigung von Kapazitätsbeschränkungen (Frequenzen) und die Konvergenz mit benachbarten Wirtschaftsbereichen (Informations- und Kommunikationssysteme, Verlagswesen) zurückgeführt wurde. Parallel dazu wuchs vor allem die **Nachfrage** nach qualitativ höherwertigen Leistungen, was durch sinkende **Zugangskosten** unterstützt wurde. Auf der anderen Seite hatten die **Fernsehsender** (ineffiziente Produktionsstrukturen, steigende Produktions- und Werbekosten, unzureichender Programmaustausch, Fehlen von Programmkatalogen) und die **Kinobranche** (Schrumpfung des Marktanteils, Zersplitterung in nationale Märkte, Defizite) mit **zahlreichen Problemen** zu kämpfen. Ziele der neuen **Gemeinschaftsstrategie** sollten eine Verbesserung der Wettbewerbsfähigkeit und die Sicherung der Rentabilität, die Schaffung von Arbeitsplätzen, die Gewährleistung eines umfassenden Angebots und die Verbreitung europäischer Identitäten sein, was man mittels der Gewährleistung **geeigneter Rahmenbedingungen** (Öffnung von Märkten, Zusammenarbeit bei der Anwendung der Wettbewerbsregeln, Normung, Zugangsberechtigungssysteme, Datenschutz, Mediensicherheit, Urheberrecht), einer Vereinheitlichung und besseren Kontrolle der **Anwendung des Gemeinschaftsrechts**, der Entwicklung **transeuropäischer Netze**, einer Förderung der Verbreitung **neuer Informationstechnologien**, finanzieller Anreize für europäische **Produktionen und Programme**, den **Programmaustausch** und die **Ausbildung**, einer Konvergenz der **nationalen Fördersysteme** sowie der Berücksichtigung der **Belange kleiner Staaten** (begrenzter Sprachraum, niedrige Produktionskapazität) und der **osteuropäischen Länder** erreichen wollte *(vgl. Bull. EU 4-1994, S.63 f.)*.

Weitgehende Unterstützung fanden die Positionen durch den **Rat** am 17. Juni 1994, den **Wirtschafts- und Sozialausschuß** am 14. September 1994 [ABl. C 393 31.12.94 S.25], den **Ausschuß der Regionen** am 28. September 1994 [ABl. C 210 14.08.95 S.41] und das **Europäische Parlament** am 14. Juli 1995 [ABl. C 249 25.09.95 S.219]. Kritisiert wurden die unzureichende Beachtung der Auswirkungen der Medienkonzentration auf die Meinungsfreiheit und die Programmvielfalt, des Schutzes von Personengruppen, der Förderung des öffentlich-rechtlichen Rundfunks und der kulturellen Vielfalt sowie von steuer- und sozialpolitischen Maßnahmen *(vgl. Bull. EU 9-1994, S.62; GB 1994, Ziff. 712, 714; Bull. EU 7/8-1995, S.75)*. Ähnliche Aspekte finden sich auch in den Entschließungen des **Europäischen Parlaments** vom 27. Oktober 1994 [ABl. C 323 21.11.94 S.157] und vom 15. Juni 1995 zu Medienkonzentration und Pluralismus [ABl. C 166 03.07.95 S.133] sowie vom 19. September 1996 über die Rolle der öffentlichen Fernsehdienste in einer multimedialen Gesellschaft [ABl. C 320 28. 10.96 S.180], die sich zudem für die verstärkte Förderung digitaler Dienste, den Aufbau europäischer Rundfunkanstalten und gemeinsame Produktionen aussprachen *(vgl. Bull. EU 10-1994, S.16; Bull. EU 6-1995, S.50 f.; Bull. EU 9-1996, S.6 ι)*. In die Praxis umgesetzt wurden die **konzeptionellen Vorstellungen** durch die MEDIA-Programme, die Normung und die Entwicklung fortgeschrittener Fernsehdienste *(vgl. S.660)*, das Programm INFO 2000 zur Förderung von Multimediainhalten *(vgl. Band 1, S.237)* und eine Anpassung der Fernsehrichtlinie.

2.1.6.2 MEDIA-Programme

Im Zusammenhang mit den von der Kommission in den Mitteilungen vom 23. Juli 1993 [KOM (93) 364 endg.] und vom 29. Oktober 1993 [KOM (93) 462 endg.] für die erste Programmphase (1991-1995) vorgenommenen vorläufigen **Bestandsaufnahmen**, die hinsichtlich der Akzeptanz, der Steigerung der unternehmerischen Wettbewerbsfähigkeit sowie der Qualität der Vorhaben und der Struktur der Programmindustrie überwiegend positiv ausfielen, wurde eine inhaltliche und finanzielle **Ausweitung der Vorhaben** angeregt. So sollten die Mittel aufgestockt und zukünftig auf die prioritären Ziele Ausbildung, Projektentwicklung und Vorproduktion sowie Verleih, Vertrieb und Marketing konzentriert, die industriellen Auswirkungen stärker berücksichtigt, die Verwaltung und Überwachung verbessert sowie Drittländer besser integriert werden. Ein entsprechender Vorschlag für einen Änderungsbeschluß [ABl. C 322 30.11. 93 S.15] mußte jedoch nach den Stellungnahmen des **Europäischen Parlaments** [ABl. C 205 25.07.94 S.557] und des **Wirtschafts- und Sozialausschusses** [ABl. C 148 30.05.94 S.3] wieder zurückgenommen werden [ABl. C 002 04.01.97 S.6] *(vgl. Bull. EG 7/8-1993, S.69 f.; Bull. EG 10-1993, S.68; Bull. EG 11-1993, S.68 f.; GB 1993, Ziff.624; Bull. EU 4-1994, S.63 f.; GB 1994, Ziff.712 f.; ferner Übersicht 75).*

Die Entwicklung des Sektors, die Erfahrungen mit dem MEDIA I-Programm und der sich abzeichnende **verstärkte Handlungsbedarf** in bestimmten Teilbereichen veranlaßten die Kommission am 8. Februar 1995 zur Veröffentlichung ihrer Mitteilung über ein wachstumsförderndes Umfeld für die Unternehmen der europäischen Programmindustrie [KOM (94) 523 endg.], die sie durch einen Vorschlag zur Fortsetzung des Programms (MEDIA II) für den Zeitraum vom 1. Januar 1996 bis zum 31. Dezember 2000 ergänzte *(vgl. Bull. EU 1/2-1995, S.88; GB 1995, Ziff.677; Kommission, 1996, S.80 f.).* Mit dem nachfolgenden **Beschluß 95/563/EG des Rates vom 10. Juli 1995 [ABl. L 321 30.12.95 S.25]** sollten speziell die Projektentwicklung und der Vertrieb audiovisueller Werke gefördert werden. Ziele der **Projektentwicklung** waren die technische und finanzielle Unterstützung von Produktionsvorhaben sowie die Förderung eines günstigen Umfelds für die Entwicklung von Unternehmen und ihrer Vernetzung. Im Bereich **Ausstrahlung und Vertrieb** standen u. a. die Kooperation der Verleihunternehmen und ihre Bereitschaft zur Investition in europäische Spielfilmproduktionen, die Stärkung von Kinos, eine transnationale Ausstrahlung europäischer Filme, die Verbreitung europäischer Fernsehprogramme, die Zusammenarbeit zwischen unabhängigen Produzenten und Fernsehanstalten, die Mehrsprachigkeit der Werke sowie eine unabhängige europäische Produktion im Zentrum. Der **Mittelaufwand** für die Durchführung des Programms belief sich auf 265 Mio. ECU *(vgl. Bull. EU 7/8-1995, S.74 f.; GB 1995, Ziff.677).*

Ferner initiierte der **Beschluß 95/564/EG des Rates vom 22. Dezember 1995 [ABl. L 321 30.12.95 S.33]** ein Programm für den Bereich **Fortbildung**, das dazu beitragen sollte, den Fachkreisen der audiovisuellen Industrie die notwendigen Fachkenntnisse zu vermitteln. Die **Ziele des Programms** lagen in der Verbesserung der beruflichen Grund- und Weiterbildung der audiovisuellen Fachkreise (Management, Marketing, Recht, Nutzung und Entwicklung neuer Technologien, Drehbuchgestaltung) sowie in der Förderung der Zusammenarbeit und des Wissensaustausches durch die Vernetzung der an der Fortbildung beteiligten Bildungseinrichtungen, Fachkreise und Unternehmen. Dabei waren besonders die Bedürfnisse von **Ländern mit geringer Produktionskapazität** oder **kleinem Sprachgebiet** sowie die Schaffung eines unabhängigen gemeinschaftlichen Produktions- und Vertriebssektors zu berücksichtigen. Zur Verfügung gestellt wurden **Zuschüsse** in Höhe von insgesamt 45 Mio. ECU *(vgl. Bull. EU 12-1995, S.127).*

In den ersten beiden Jahren standen für **beide Teilprogramme** 117,3 Mio. ECU zur Verfügung, 1998 wurden 77,28 Mio. ECU verwendet, wovon 823 Projekte profitierten. Die in der Mitteilung der Kommission vom 14. Juli 1998 über die Politik der Gemeinschaft im audiovisuellen Bereich [KOM (98) 446 endg.] *(vgl. S.787)* und im Bericht der Kommission vom 16. März 1999 über die Ergebnisse des Programms MEDIA II [KOM (1999) 91 endg.] vorgenommene **Zwischenbewertung** diagnostizierte trotz der relativ geringen Mittelausstattung u. a. einen bedeutenden Multiplikatoreffekt und Fortschritte in den einzelnen Teilbereichen. Angeregt wurden z. B. eine Verbesserung der automatischen Förderung von Vertrieb und Verleih, Finanzhilfen für die Ausfuhr und die Entwicklung von Projektpaketen, die Berücksichtigung der Bedürfnisse von Ländern mit gering ausgeprägter Produktionskapazität oder begrenztem Raum, die Verbindung von Bildung und Projektentwicklung sowie die Einrichtung eines europäischen Netzwerks der Bildungsprogramme *(vgl. GB 1996, Ziff.637; Kommission, 1996, S.83; GB 1997, Ziff.708; GB 1998, Ziff.661; KOM (1999) 91 endg., S.2 ff.; GB 2000, Ziff.519).*

Übersicht 75: Erste und zweite Phase des MEDIA-Programms 1990 – 2000

Beschluß 90/685/EWG des Rates vom 21. Dezember 1990 über die Durchführung eines Aktionsprogramms zur Förderung der Entwicklung der europäischen audiovisuellen Industrie (MEDIA) (1991-1995) [ABl. L 380 31.12.90 S.37] — Rechtsetzung auf der Grundlage des Art. 235 EWGV (Art. 308 EGV), auf Vorschlag der Kommission [ABl. C 127 23.05.90 S.5] sowie nach den Stellungnahmen des EP [ABl. C 324 24.12.90 S.411] und des WSA [ABl. C 332 31.12.90 S.174]
Beschluß 95/563/EG des Rates vom 10. Juli 1995 über ein Programm zur Förderung der Projektentwicklung und des Vertriebs europäischer audiovisueller Werke (MEDIA II – Projektentwicklung und Vertrieb) (1996-2000) [ABl. L 321 30.12.95 S.25] — Rechtsetzung auf der Grundlage des Art. 130 (157) Abs. 3 EGV, auf Vorschlag der Kommission [ABl. C 108 29.04.95 S.8] sowie nach den Stellungnahmen des EP [ABl. C 166 03.07.95 S.191] und des WSA [ABl. C 256 02.10. 95 S.24]
Beschluß 95/564/EG des Rates vom 22. Dezember 1995 zur Durchführung eines Fortbildungsprogramms für die Fachkreise der europäischen audiovisuellen Programmindustrie (MEDIA II Fortbildung) [ABl. L 321 30.12.95 S.33] — Rechtsetzung auf der Grundlage des Art. 127 (150) Abs. 4 EGV, auf Vorschlag der Kommission [ABl. C 108 29.04.95 S.4; KOM (95) 725 endg.] und nach Stellungnahme des WSA [ABl. C 256 02.10.95 S.24]; Stellungnahme des EP [ABl. C 166 03.07.95 S.200], gemeinsamer Standpunkt des Rates [ABl. C 281 25.10.95 S.1] und Beschluß des EP [ABl. C 323 04.12.95 S.35] im Rahmen des Verfahrens der Zusammenarbeit
Beschluß 2000/295/EG des Rates vom 3. November 1998 betreffend den Abschluß eines bilateralen Abkommens zwischen der Gemeinschaft und der Republik Zypern über die Beteiligung der Republik Zypern an einem Gemeinschaftsprogramm im Rahmen der audiovisuellen Politik der Gemeinschaft [ABl. L 096 18.04.2000 S.61] — Rechtsetzung auf Vorschlag der Kommission [ABl. C 162 28.05.98 S.5] und nach Stellungnahme des EP [ABl. C 313 12.10.98 S.29]
Abkommen zwischen der Europäischen Gemeinschaft und der Republik Zypern über eine Zusammenarbeit im audiovisuellen Bereich einschließlich der Beteiligung an dem Programm MEDIA II [ABl. L 096 18.04.2000 S.62] — Informationen zum Inkrafttreten [ABl. L 096 18.04.2000 S.66]
Beschluß 2001/49/EG des Assoziationsrates EU – Bulgarien vom 23. November 2000 zur Festlegung der Voraussetzungen und Bedingungen für die Teilnahme Bulgariens an einem Gemeinschaftsprogramm im Rahmen der audiovisuellen Politik der Gemeinschaft [ABl. L 017 19.01. 2001 S.17]

Außer den Mitgliedstaaten der EU und des EWR beteiligten sich auch weitere Staaten am MEDIA II-Programm. Mit dem **Beschluß 2000/295/EG des Rates vom 3. November 1998 [ABl. L 096 18.04.2000 S.61]** wurde zwischen der EG und der Republik **Zypern** ein Abkommen über eine Zusammenarbeit im audiovisuellen Bereich einschließlich der Beteiligung am MEDIA II-Programm [ABl. L 096 18.04.2000 S.62] genehmigt. Die Aktionsbereiche (Zielsetzungen, Kriterien, Verfahren, Fristen) und die Förderungskriterien entsprachen den Gemeinschaftsvorgaben von 1995. Nach dem **Beschluß 2001/49/EG des Assoziationsrates EU–Bulgarien vom 23. November 2000 [ABl. L 017 19.01.2001 S.17]** nahm auch **Bulgarien** am MEDIA II-Programm teil; die Verhandlungen mit **Malta** und **Ungarn** blieben hingegen erfolglos *(vgl. Bull. EU 4-1996, S.61; Bull. EU 10-1996, S.71; GB 1996, Ziff.637; Bull. EU 11-1997, S.93; GB 1997, Ziff.708; Bull. EU 4-1998, S.64)*. In ihrem abschließenden Durchführungs- und Ergebnisbericht vom 18. Dezember 2003 [KOM (2003) 802 endg.] bestätigte die Kommission ihre positive Bewertung vom März 1999 auch im Hinblick auf die zwischenzeitlichen Anpassungen und Schwerpunktverlagerungen *(vgl. Bull. EU 12-2003, S.108; GB 2003, Ziff.580)*.

2.1.6.3 Revision der Fernsehrichtlinie

Eine Anpassung der Fernsehrichtlinie war bereits vom Grünbuch über die audiovisuelle Politik vom April 1994 sowie vom Aktionsplan über Europas Weg in die Informationsgesellschaft vom Juli 1994 befürwortet worden. Der Europäische Rat von Essen vom Dezember 1994 forderte die Kommission daraufhin auf, einen **Vorschlag für eine Änderungsrichtlinie** vorzulegen; diese kam dem Auftrag am 31. Mai 1995 im Zusammenhang mit ihrem **ersten Anwendungsbericht** [KOM (95) 86 endg.] nach *(vgl. GB 1996, Ziff.635; Kommission, 1996, S.80f.)*. Insbesondere über die Forderung des **Europäischen Parlaments**, der Bevölkerung den Zugang zu allen wichtigen Sportereignissen durch die Ausstrahlung über öffentlich-rechtliche Sender zu ermöglichen, kam es in der Folge zu erheblichen Streitigkeiten. Der **zweite Anwendungsbericht** vom 24. Oktober 1997 [KOM (97) 523 endg.] befaßte sich dann überwiegend mit speziellen Durchführungsaspekten (Koordinierung zwischen Kommission und nationalen Behörden, Jugendschutz, Werbung) und der Rechtsprechung des Europäischen Gerichtshofs *(vgl. auch Übersicht 76)*.

Zwischenzeitlich hatte die **Richtlinie 97/36/EG des Europäischen Parlaments und des Rates vom 30. Juni 1997 [ABl. L 202 30.07.97 S.60]** die geltenden Bestimmungen zum 30. Dezember 1998 an die neuesten Entwicklungen im Medienbereich (Pay-TV, Teleshopping, Video-on-demand) angepaßt und die Zulassung von Fernsehveranstaltern überarbeitet. So wurde hinsichtlich der Bestimmung der Rechtshoheit eines Mitgliedstaats das Niederlassungskriterium genauer gefaßt. Für die Beurteilung des Sachverhalts sind zuerst verschiedene Orte heranzuziehen (Hauptverwaltung des Dienstleistungserbringers; Ort der Entscheidung über die Programmgestaltung, der Endregie bzw. der Beschäftigung eines wesentlichen Teils der Mitarbeiter); sonst ist der Mitgliedstaat zuständig, der eine Frequenz zugeteilt hat, dem die Übertragungskapazität gehört oder in dem sich eine Satellitensendestation befindet. Die Regelungen sollen gewährleisten, daß nur ein einziger Mitgliedstaat für einen Fernsehveranstalter zuständig ist; hat sich ein Unternehmen in einem bestimmten Hoheitsgebiet nicht niedergelassen, übt aber dort überwiegend seine Tätigkeit aus, so kann der betroffene Staat trotzdem seine Vorschriften anwenden *(vgl. Bull. EU 3-1995, S.62 f.; GB 1995, Ziff.676; Bull. EU 5-1996, S.64; GB 1996, Ziff.635; Bull. EU 6-1997, S.106 f.; GB 1997, Ziff.705; M. Rosenthal, 1997, S.128 ff.; V. Balda u. a., 1998, S.421 ff.; Übersicht 77).*

Übersicht 76: Kommissionsberichte und -mitteilungen zur Fernsehrichtlinie

Anwendungsberichte
Erster Bericht vom 31. Mai 1995 (für Oktober 1991 bis Dezember 1994) [KOM (95) 86 endg.] — Zweiter Bericht vom 24. Oktober 1997 (für Januar 1995 bis Juni 1997) [KOM (97) 523 endg.] — Dritter Bericht vom 15. Januar 2001 (für Juli 1997 bis Dezember 2000) [KOM (2001) 9 endg.] — Vierter Bericht vom 6. Januar 2003 (für 2001 und 2002) [KOM (2002) 778 endg.]
Mitteilungen über den Anteil europäischer Werke an der Sendezeit
Erste Mitteilung vom 3. März 1994 (für 1991 und 1992) [KOM (94) 57 endg.] — Zweite Mitteilung vom 15. Juli 1996 (für 1993 und 1994) [KOM (96) 302 endg.] — Dritte Mitteilung vom 3. April 1998 (für 1995 und 1996) [KOM (98) 199 endg.] — Vierte Mitteilung vom 17. Juli 2000 (für 1997 und 1998) [KOM (2000) 442 endg.] — Fünfte Mitteilung vom 8. November 2002 (für 1999 und 2000) [KOM (2002) 612 endg.] — Sechste Mitteilung vom 28. Juli 2004 (für 2001 und 2002) [KOM (2004) 524 endg.; SEK (2004) 1016 endg.]

Für bestimmte Ereignisse mit erheblicher gesellschaftlicher Bedeutung kann die Vergabe **ausschließlicher Übertragungsrechte** untersagt werden, wenn sonst ein Großteil der Öffentlichkeit das Ereignis nicht direkt oder zeitversetzt auf einem frei zugänglichen Fernsehsender verfolgen kann. Die Förderung **europäischer Produktionen** wird durch die Einbeziehung von Koproduktionen mit Nichtmitgliedstaaten und die stärkere Berücksichtigung unabhängiger Produzenten erweitert. Ferner wurden die Bestimmungen zur **Fernsehwerbung** und zum **Sponsoring** überarbeitet und durch entsprechende Regelungen für das **Teleshopping** ergänzt. In diesem Zusammenhang erfolgte auch eine Verbesserung des für den **Rechtsschutz** vorhandenen Instrumentariums *(vgl. S.765)*, z. B. in den Bereichen Rechtsprechung, Recht auf Gegendarstellung, Verbraucherschutz und Schutz von Minderheiten. Über die Anwendung der **neuen Regelungen** bis Ende 2002 publizierte die Kommission in der Folgezeit zwei weitere Berichte [KOM (2001) 9 endg.; KOM (2002) 778 endg.].

2.2 Marktzugangspolitik im Telekommunikationssektor

2.2.1 Funkgestützte Systeme

2.2.1.1 Satellitenkommunikation

Nachdem die Kommission die Liberalisierungsphase mit der Öffnung der **Märkte für Endgeräte** und bestimmte **festnetzgestützte Telekommunikationsdienste** eingeleitet hatte, schenkte sie ihre Aufmerksamkeit verstärkt den Funksystemen, da die Bereitstellung entsprechender Infrastrukturen und Dienste die finanzielle Leistungsfähigkeit öffentlicher Betreiber (Ausbau der Festnetze, Universaldienstangebot) offensichtlich nicht nachhaltig bedrohten. Zudem wurde insbesondere die Satellitenkommunikation als eine geeignete Technologie für die **Überbrückung nationaler Grenzen** und die **Förderung der Einheit Europas** angesehen. Auch im Zusammenhang mit der vom Bestehen nationaler Exklusivrechte unabhängigen Entwicklung transeuropäischer Netze und dem Angebot liberalisierter Telekommunikationsdienste in Regionen, die über keine ausreichende Festnetzinfrastruktur verfügten, sollte dem Satelliten als **alternative Übertragungsform** eine größere Bedeutung zukommen. In dieser Hinsicht äußerte sich auch das **Europäische Parlament** in einer Entschließung vom 6. Mai 1994 über die Gemeinschaft und den Weltraum [ABl. C 205 25.07.94 S.467], in der eine längerfristig angelegte Politik und ein **wettbewerbsfähiger Satellitenkommunikationssektor** gefordert wurden *(vgl. Bull. EU 5-1994, S.37; J. Horrocks, 1995, S.11/16; im weiteren Übersicht 77)*.

Satellitenfunkanlagen und Satellitendienste

Umgesetzt wurde die bereits mit dem Grünbuch vom November 1990 *(vgl. S.613)* eingeleitete Marktöffnung letztlich erst mit der **Richtlinie 94/46/EG der Kommission vom 13. Oktober 1994 [ABl. L 268 19.10.94 S.15]** (Satellitenrichtlinie), die die Regelungen der Endgeräterichtlinie auf sämtliche Satellitenfunkanlagen übertrug; vorher waren lediglich die nicht mit dem öffentlichen Netz verbundenen Anlagen erfaßt gewesen. Aufgehoben wurden die **erste Variante der** – aufgrund der Einwände des Europäischen Gerichtshofs *(vgl. S.622)* nun näher definierten – **besonderen Rechte** (ohne Anwendung objektiver, angemessener und diskriminierungsfreier Kriterien (1) Begrenzung auf bzw. Bestimmung von mindestens zwei Unternehmen oder (2) Einräumung von Vorteilen für eine begrenzte Anzahl von Unternehmen, womit die Fähigkeit anderer Unternehmen zur Durchführung der betroffenen Tätigkeiten wesentlich beeinträchtigt wird) **sowie die ausschließlichen Rechte** für die Herstellung, die Einfuhr, die Vermarktung, den Anschluß, die Inbetriebnahme und die Wartung von Satellitentechnologien. Der **Anschluß an das öffentliche Netz** konnte nur verweigert werden, wenn die Geräte nicht den CTR oder hilfsweise den grundlegenden Anforderungen (insbesondere effiziente Nutzung des Frequenzspektrums, Verhinderung von Störungen anderer Anlagen) genügten. Entsprechende Maßnahmen waren der Kommission bis zum 8. August 1995 mitzuteilen *(vgl. Bull. EG 12-1993, S.42; WB 1993, Ziff.361; Bull. EU 10-1994, S.18; WB 1994, Ziff.219; J. Horrocks, 1995, S.11/19f.; Kommission, 1995, S. 7/2; H. Ungerer, 1995a, S.2ff.; St. Polster, 1999, S.94f.)*.

Gleichzeitig wurde auch der **Geltungsbereich der Diensterichtlinie** auf die Satellitendienste (Satellitenfunk- und -netzdienste) erweitert. So existierten **keine besonderen** (gemäß der o. a. Abgrenzung) **oder ausschließlichen Rechte** mehr für Satellitennetzdienste (Errichtung und Betrieb von Satellitenfunknetzen, d. h. zumindest Aufbau von Funkverbindungen auf der Auf- und Abwärtsstrecke) sowie für das Angebot von Satellitenfunkdiensten (Individualkommunikation, Mobilfunk, VSAT / SNG-Dienste für kommerzielle Nutzer, Übertragung von Fernseh- und Fernsehverteildiensten); bei unterentwickelter Festnetzinfrastruktur konnte eine **Übergangsfrist** bis zum 1. Januar 1996 beansprucht werden. Nicht von der Aufhebung der Beschränkungen betroffen war jedoch vorerst die Erbringung öffentlicher **Sprachtelefondienste** über das Satellitenfunknetz *(vgl. St. Polster, 1999, S.95f.)*.

Zugang zur Raumsegmentkapazität

In ihrer Mitteilung vom 10. Juni 1994 über den Zugang zur Raumsegmentkapazität und deren Bereitstellung [KOM (94) 210 endg.] kündigte die Kommission erneut die **Beseitigung aller Beschränkungen** des direkten Zugangs zu und des Vertriebs von Raumsegmentkapazitäten bei gleichzeitiger **Anwendung der Wettbewerbsregeln** an. Außerdem sollten **vergleichbare Eintrittsmöglichkeiten** in Drittlandsmärkte sichergestellt, die **Gründungsverträge der internationalen Satellitenorganisationen** (insbesondere EUTELSAT) reformiert (Trennung von regulatorischen und betrieblichen Funktionen, von Investitionsanteilen und Nutzungsrechten sowie von Kapazitätsbereitstellung und Diensteangebot; Mehrfachunterzeichnung; Privatisierung; Koordinierung mit anderen Systemen; Neuregelung des Zugangs zu den Kapazitäten, der Anlagenzulassung und der Gebühren) sowie eine **gemeinsame Verwaltung** des Orbits, der Frequenzen und der Koordinierungsverfahren im Rahmen der ITU eingeführt werden. Begründet wurden die Absichten vor allem mit der Gewährleistung eines **funktionstüchtigen Wettbewerbs** zwischen Anbietern von Satellitendiensten und -funkanlagen, da oftmals immer noch die öffentlichen Netzbetreiber als Signatare der internationalen Organisationen oder als Eigentümer der nationalen Systeme den Zugang kontrollierten, aber bei der Bereitstellung von Satellitendiensten in Konkurrenz zu anderen Unternehmen standen; Interessenkollisionen traten aber auch bei privaten Systemen auf. Darüber hinaus wollte man eine effiziente Vermarktung der Ressourcen, die Investitionstätigkeit, die Marktentwicklung, die internationale Wettbewerbsfähigkeit und den Aufbau transeuropäischer Netze fördern und die Aufsplitterung in nationale Märkte beenden. In seiner **Entschließung 94/C 379/04 vom 22. Dezember 1994 [ABl. C 379 31.12.94 S.5]** sanktionierte der Rat die Ziele und Handlungsvorschläge der Kommission. Auch das Europäische Parlament unterstützte die Mitteilung in einer Entschließung vom 17. Februar 1995 [ABl. C 056 06.03.95 S.180], insbesondere hinsichtlich der Einführung des freien Marktzugangs, der ggf. durch eine zentrale Aufsichtsbehörde zu kontrollieren war *(vgl. Bull. EU 6-1994, S.66f.; Bull. EU 11-1994, S.45f.; P. Lopes, 1994, S.12f.; Bull. EU 1/2-1995, S.68; J. Horrocks, 1995, S.11/20; Kommission, 1995, S.7/2f.; H. Ungerer, 1995a, S.4; C. Graack, 1997, S.217; St. Polster, 1999, S.96ff.)*.

Mit der Satellitenrichtlinie waren die Mitgliedstaaten zwischenzeitlich dazu verpflichtet worden, außer dem nationalen Signatar einer internationalen Satellitenorganisation auch allen anderen zugelassenen **Betreibern eines Satellitenfunknetzes** (sonstige Signatare, unabhängige Systeme) das Angebot von Raumsegment in ihrem Gebiet zu erlauben. Der **freie Zugang** zur von einem lizenzierten Betreiber gemieteten Kapazität von einem anderen Mitgliedstaat aus durfte ebenfalls nicht beschränkt werden. Jeder Raumsegmentanbieter sollte zudem selbst prüfen können, ob das Satellitenfunknetz mit den veröffentlichten **Nutzungsbedingungen** für den Zugang zu seiner Kapazität übereinstimmte. Auf Verlangen der Kommission mußten die Mitgliedstaaten über alle Maßnahmen der internationalen Satellitenorganisationen berichten, die gegen die **Wettbewerbsregeln** verstoßen konnten, wie z. B. die Verhinderung des Mehrfachzugangs (Zugang über einen beliebigen Signatar) sowie die Kopplung von Nutzungsrechten und Vermarktungstätigkeiten an die Investitionsverpflichtungen *(vgl. GB 1994, Ziff.401)*.

2.2.1.2 Mobilkommunikation

Angesichts des breiten Konsenses, der in der Ratsentschließung vom 29. Juni 1995 *(vgl. S.673)* zum Ausdruck gekommen war, veröffentlichte die Kommission bereits am 1. August 1995 [ABl. C 197 01.08.95 S.5] einen **Richtlinienentwurf für eine zweimonatige Konsultationsphase**. In den eingegangenen Stellungnahmen wurde die Vorfassung weitgehend begrüßt, so daß sich die Kommission am 20. Dezember 1995 im Grundsatz auf die Annahme des Rechtsaktes einigen konnte. Die **Richtlinie 96/2/ EG der Kommission vom 16. Januar 1996 [ABl. L 020 26.01.96 S.59]** (Mobilfunkrichtlinie) hob dann die für den Bereich der Mobil- und persönlichen Kommunikation noch bestehenden **besonderen und ausschließlichen Rechte** hinsichtlich der Erbringung sämtlicher Mobilkommunikationsdienste (einschließlich des Sprachtelefondienstes), des Aufbaus der eigenen Infrastruktur, der Nutzung von durch Dritte bereitgestellten Festnetzen sowie der gemeinsamen Inanspruchnahme von Infrastrukturen, anderen Einrichtungen und Standorten unter Berücksichtigung der in den Genehmigungen enthaltenen Nutzungsbeschränkungen auf (Verstöße gegen das Gebot des freien Dienstleistungsverkehrs und gegen die Wettbewerbsregeln; Behinderung des technischen Fortschritts; keine Gefährdung der finanziellen Stabilität der öffentlichen Festnetzbetreiber); die **Umsetzungsmaßnahmen** waren der Kommission bis zum 15. November 1996 mitzuteilen. Staaten mit weniger entwickelten Netzen konnten eine **zusätzliche Übergangsfrist** von bis zu fünf Jahren beantragen, um die notwendigen strukturellen Anpassungen durchzuführen *(vgl. S.768)*. Während dieser Zeit durften sie allerdings keine Genehmigungen an den früheren Monopolisten oder die mit ihm verbundenen Unternehmen vergeben. Verfügte der **ehemalige Alleinanbieter** jedoch nicht mehr über besondere oder ausschließliche Rechte für den Aufbau und die Bereitstellung der **öffentlichen Netzinfrastruktur**, so durfte er auch nicht vom Genehmigungsverfahren ausgeschlossen werden *(vgl. Bull. EU 6-1995, S.80; Bull. EU 12-1995, S.101; Kommission, 1995, S.6/4; WB 1995, Ziff.104; Bull. EU 1/2-1996, S.55; R. Hallenga, 1996, S.242; WB 1996, Ziff.116; St. Polster, 1999, S.86 ff.; im weiteren Übersicht 77, 78)*.

2.2.2 Festnetzinfrastruktur und Sprachtelefondienste

2.2.2.1 Bereitstellung und Nutzung von Kabelfernsehnetzen

In vielen Mitgliedstaaten bestanden gegen Mitte der neunziger Jahre auch **gesetzliche Restriktionen** der Nutzung von alternativen Infrastrukturen (insbesondere von Kabelfernsehnetzen) für die Erbringung bereits liberalisierter öffentlicher Dienste, was u. a. auch mit der Verpflichtung der öffentlichen Netzbetreiber zum **flächendeckenden Angebot** von Netzen und Diensten sowie dem daraus resultierenden hohen Kapitalbedarf begründet wurde. Allerdings machten sich zunehmend die **negativen Folgen** dieser Zugangsbeschränkung bemerkbar: marktbeherrschende Stellungen bei der Bereitstellung von Übertragungskapazitäten, keine Anreize zur Kapazitätserweiterung, unzureichendes Mietleitungsangebot, überhöhte Kosten und Gebühren, unlauteres Verhalten der öffentlichen Netzbetreiber gegenüber ihren Konkurrenten auf dem Dienstesektor, Behinderung der technischen Weiterentwicklung der Kabelfernsehnetze. Mit einer **vorgezogenen Liberalisierung** dieses Segments verfolgte die Kommission einerseits das Ziel, Kabelfernsehnetze, die in den meisten Mitgliedstaaten bisher nur für die Übertragung einfacher Rundfunkdienste zugelassen waren, auch für neue multimediale Dienste (wie z. B. Teleshopping, Telebanking, Video-on-demand, interaktive Spiele und On-line-Dienste) zu öffnen und diesbezügliche Initiativen in der Union zu fördern. Außerdem sollte den Mehrwertdiensteanbietern ein alternativer Zugang zum Endkunden eröffnet werden. Mit der **Richtlinie 95/51/EG der Kommission vom 18. Oktober 1995 [ABl. L 256 26.10.95 S.49]** i. d. F. der Berichtigung [ABl. L 308 29.11. 96 S.59] (Kabelrichtlinie) wurden in einem weiteren Schritt sämtliche Beschränkungen im Hinblick auf die Bereitstellung von Übertragungskapazitäten durch Kabelfernsehnetze und die Nutzung von Kabelfernsehnetzen für die Erbringung nicht reservierter Dienste aufgehoben; die **Umsetzungsmaßnahmen** waren der Kommission bis zum 30. September 1996 mitzuteilen *(vgl. Bull. EU 12-1994, S.49 f.; WB 1994, Ziff.220; Bull. EU 10-1995, S.54; WB 1995, Ziff.103; R. Hallenga, 1996, S.241 f.; A. Bartosch, 1997, S.751 ff.; M. Beck, 1998, S.18 ff.; Th. Hart, 1999, S.70 f.; St. Polster, 1999, S.37 ff.; im weiteren Übersicht 77, 78).*

2.2.2.2 Betrieb von Festnetzen und Angebot von Sprachtelefondiensten

Mit der **Richtlinie 96/19/EG der Kommission vom 13. März 1996 [ABl. L 074 22. 03.96 S.13]** (Richtlinie über den vollständigen Wettbewerb) *(vgl. Übersicht 77, 78)*, der bis zum 11. Januar 1997 nachzukommen war, wurden dann die noch bestehenden **ausschließlichen Rechte** im Hinblick auf

- die Erbringung von öffentlichen Sprachtelefondiensten,
- die Bereitstellung von öffentlichen Telekommunikationsnetzen für das Angebot öffentlicher Sprachtelefondienste und
- die Errichtung und den Betrieb neuer öffentlicher Telekommunikationsnetze

beseitigt; gleiches galt für alle nicht nach objektiven, verhältnismäßigen und diskriminierungsfreien Kriterien vergebenen **besonderen Rechte**, die die Errichtung oder den Betrieb von Infrastrukturen sowie das Angebot von Telekommunikationsdiensten betrafen. Für das Angebot von Sprachtelefondiensten sowie für den Bau und die Bereitstellung öffentlicher Telekommunikationsnetze konnte eine **Übergangsfrist** bis zum 1. Januar 1998 in Anspruch genommen werden. Beschränkungen in bezug auf die Erbringung von bereits liberalisierten Diensten über vorhandene eigene oder durch Dritte bereitgestellte Netze (alternative Infrastrukturen) sowie hinsichtlich der gemeinsamen Nutzung von Netzen, anderen Einrichtungen und Standorten waren jedoch schon bis zum 1. Juli 1996 aufzuheben. Mitgliedstaaten mit weniger entwickelten oder sehr kleinen Netzen konnten **zusätzliche Umsetzungsfristen** von bis zu fünf bzw. zwei Jahren in Anspruch nehmen *(vgl. S. 768)*, um in dieser Zeit die notwendigen **strukturellen Anpassungen** vorzunehmen *(vgl. Bull. EU 7/8-1995, S.52f.; WB 1995, Ziff. 106; Bull. EU 1/2-1996, S.55f.; R. Hallenga, 1996, S.240f., 242f.; C. Hocepied, 1996, S.14f.; WB 1996, Ziff. 117; K.-D. Ordemann, 1997, S.109f.; Th. Hart, 1999, S.72; St. Polster, 1999, S.42ff.)*.

Ferner wurden alle **ausschließlichen Rechte** für die Einrichtung von Verzeichnisdiensten, einschließlich der Veröffentlichung von Verzeichnissen und der Auskunftsdienste, beseitigt. Außerdem hatte die Kommission bis zum 1. Januar 1998 eine Überprüfung im Hinblick auf die Aufhebung der noch bestehenden Beschränkungen bei der Nutzung öffentlicher Telekommunikationsnetze für die Bereitstellung von **Kabelfernsehkapazität** vorzunehmen. Die diesbezügliche Mitteilung 98/C 71/04 vom 16. Dezember 1997 [ABl. C 071 07.03.98 S.4] gelangte zu der Auffassung, daß solche Begrenzungen von erheblicher Bedeutung waren, da sie zu einer Verzögerung des Aufbaus von Breitbandnetzen (Rundfunkdienste, Internetzugang), Nutzungsbeschränkungen für Anbieter von Kabelfernsehdiensten, einem Mangel an Übertragungskapazitäten und einer Verknappung des Diensteangebots führten; aufgrund des technischen Entwicklungsstands waren diese Nachteile aber noch nicht spürbar. Da es explizite Verbote nur in zwei Mitgliedstaaten gab und die Situation sonst weitgehend ungeklärt war, wollte die Kommission die Lage lediglich weiter beobachten *(vgl. Bull. EU 12-1997, S.43; St. Polster, 1999, S.41f.)*.

2.2.3 Status der Internettelefonie

Mit der am 7. Januar 1998 veröffentlichten Mitteilung 98/C 6/04 [ABl. C 006 10.01.98 S.4], die sie in einem Entwurf [ABl. C 140 07.05.97 S.8] zur Diskussion gestellt hatte, wollte die Kommission den **Status der Sprachübermittlung** im Internet in bezug auf die geänderte Diensterichtlinie klären. Die Frage war durch die Entwicklung von **Computerprogrammen** zur Verschlüsselung, Komprimierung und Übermittlung von Sprachsignalen relevant geworden, die eine Kommunikation über das Internet zum Ortstarif rentabel erscheinen ließen. Um als Sprachtelefondienst im Sinne der Gemeinschaftsbestimmungen zu gelten, mußte die Internettelefonie Gegenstand eines **kommerziellen Dienstes** sein, der für die Öffentlichkeit bereitgestellt wird und die Sprache zwischen den Netzabschlußpunkten des öffentlichen Netzes in Echtzeit mit einer vergleichbaren Zuverlässigkeit und Sprachqualität direkt transportiert und vermittelt. Nach Auffassung der Kommission war Internettelefonie (Computer zu Computer, Computer zu Telefon, Telefon zu Telefon) zu dieser Zeit jedoch Teil eines umfassenderen Internetangebots und wurde noch nicht als **kommerzielle Alternative** zum herkömmlichen Sprachtelefondienst bereitgestellt. Auch waren einige andere Merkmale beim damaligen Stand der Technik noch nicht vollständig erfüllt, so daß die **Sprachübermittlung im Internet** nicht unter die Definition der geänderten Diensterichtlinie fiel. Demnach durfte Anbietern von Internetdiensten auch kein **Einzelgenehmigungsverfahren** vorgeschrieben werden, und sie brauchten weder Universaldienste bereitzustellen noch hierzu einen Finanzierungsbeitrag zu leisten *(vgl. Bull. EU 5-1997, S. 25; H.-W. Moritz u. a., 1997, S.697ff.; WB 1997, Ziff.105; Bull. EU 1/2-1998, S.29f.; P. N. Märkl, 1998, S.169; R. Ono u. a., 1998, S.817ff.; WB 1998, Ziff.85; Th. Hart, 1999, S.367f.; K. Windthorst u. a., 1999, S.14ff.)*.

Unter Berücksichtigung der **technischen Entwicklungen** und der **neuen Marktgegebenheiten** überprüfte die Kommission ihre Auffassung nochmals in der Mitteilung 2000/C 369/03 [ABl. C 369 22.12.2000 S.3], zu der sie vorab ebenfalls einen Entwurf [ABl. C 177 27.06.2000 S.4] veröffentlicht hatte. Demnach hatte sich am Status der Sprachübermittlung im Internet grundsätzlich nichts geändert; sofern die vorgenannten Anforderungen an den Sprachübermittlungsdienst erfüllt waren, konnte sich jedoch in Sonderfällen eine andere Beurteilung ergeben. Weiterhin nahm die Kommission **einige Klarstellungen** vor. Die Sprachübermittlung über das Internet wurde als Unterart der IP-gestützten Sprachübermittlung (VoIP) eingestuft, die oftmals die Basis für einen kommerziell angebotenen Dienst darstellte. Eine Kategorisierung von **Internettelefondiensten** war nach Auffassung der Kommission weitgehend irrelevant. Beim Kriterium des direkten Transports und der Vermittlung von Sprache in Echtzeit als **Qualitäts- und Zuverlässigkeitsindikator** hatte sich aufgrund technischer Fortschritte eine Annäherung an über das öffentliche Festnetz offerierte Sprachübertragungsdienste vollzogen. Die Einstufung der Sprachübermittlung als **eigenständige gewerbliche Leistung** mußte von verschiedenen Kriterien (Art der vermarkteten Dienstpakete, gesonderte Rechnungstellung, Verbindung mit anderen Komponenten) abhängig gemacht werden *(vgl. Bull. EU 12-2000, S.56f.; WB 2000, Ziff.149f.; zur Internetökonomie und zur Entwicklung der Internettelefonie L. W. McKnight u. a., 1997; L. W. McKnight u. a., 1998, S.555ff.; G. Kulenkampff, 2000)*.

2.3 Zentrale marktzugangsrelevante Wettbewerbsbedingungen

2.3.1 Definition und Abgrenzung von Kompetenzen

2.3.1.1 Trennung von hoheitlichen, eigentumsrechtlichen und betrieblichen Funktionen

Die **schrittweise Liberalisierung** der Telekommunikationsmärkte und die Ausgestaltung der ordnungspolitischen Rahmenbedingungen brachten eine erhebliche Aufgabenerweiterung für die nationalen Regulierungsbehörden mit sich, wie z. B. die Abwicklung von Vergabeverfahren, die Festlegung von Durchführungsbestimmungen, die Spezifizierung von Bedingungen und Auflagen sowie die Kontrolle ihrer Einhaltung, die Marktbeobachtung und die Streitbeilegung, insbesondere in bezug auf Anmeldungen und Genehmigungen, die Bereitstellung von Mietleitungen, den Netzzugang und die Zusammenschaltung, den Universaldienst, den Verbraucherschutz, die Frequenz- und Nummernverwaltung sowie die Wegerechte und die gemeinsame Nutzung von Einrichtungen. Die 1997 überarbeitete **ONP-Rahmenrichtlinie** *(vgl. S.711)* bekräftigte die rechtliche und funktionelle Unabhängigkeit der Regulierungsbehörden vom betrieblichen Sektor; ferner waren die eigentumsrechtlichen Befugnisse der Mitgliedstaaten in bezug auf Telekommunikationsunternehmen von den hoheitlichen Funktionen zu trennen. Die Wahrnehmung der Regulierungstätigkeiten durch mehr als eine Stelle bedingte eine Bekanntmachung der Aufgabenteilung. Die Unternehmen mußten das Recht haben, bei einer unabhängigen Stelle Einspruch gegen Entscheidungen der Regulierungsbehörde zu erheben. Die Schaffung einer **Europäischen Regulierungsbehörde** wurde als eine mögliche Option offengehalten *(vgl. St. Polster, 1999, S.22f.)*.

2.3.1.2 Separation von unternehmerischen Tätigkeitsbereichen

Um eine Quersubventionierung der zukünftig in einem wettbewerblichen Umfeld zu erbringenden Leistungen zu vermeiden und somit anderen Anbietern gleiche Wettbewerbsbedingungen zu garantieren, verpflichtete die **Richtlinie über den vollständigen Wettbewerb** *(vgl. S.797)* alle Unternehmen, die besondere oder ausschließliche Rechte in anderen Bereichen als der Telekommunikation innehatten (z. B. als Versorgungsunternehmen), bis zum 11. Januar 1997 für ihre Tätigkeit als Anbieter von Sprachtelefondiensten und / oder als öffentlicher Netzbetreiber von den anderen Aktivitäten getrennte Finanzkonten zu führen, sofern sie auf dem Telekommunikationsmarkt einen Umsatz von mehr als 50 Mio. ECU erzielten; diese Vorschrift wurde später in der **Zusammenschaltungsrichtlinie** *(vgl. S.716)* wiederholt *(vgl. C. Hocepied, 1996, S.17; St. Polster, 1999, S.44f.)*.

Bereits durch die **Kabelrichtlinie** *(vgl. S.694)* waren Unternehmen, die das ausschließliche Recht für den Betrieb von öffentlichen Telekommunikationsnetzen besaßen und gleichzeitig Kabelfernsehnetze bereitstellten, dazu angehalten worden, bis zum 30. September 1996 eine transparente Buchführung einzuführen, sich diskriminierungsfrei zu verhalten und eine rechnungslegerische Trennung zwischen der Bereitstellung der jeweiligen Netze und dem Angebot von Telekommunikationsdiensten vorzunehmen. Existierten in einem bestimmten Gebiet ausschließliche Rechte für den Betrieb von Kabelfernsehnetzen und überschritt der Umsatz im Telekommunikationssektor in dieser Region die Grenze von 50 Mio. ECU, so war eine **Trennung der Rechnungsführung** in bezug auf Übertragungswegekapazitäten und Telekommunikationsdienste zu gewährleisten.

Angesichts der **unterschiedlichen Lage** in den Mitgliedstaaten sollten die nationalen Regierungen selbst beurteilen, welche weiteren Maßnahmen angemessen und notwendig waren. Die Kommission zog zwar eine **strukturelle Trennung** vor, wollte aber zuerst weitere Studien abwarten und dann bis zum 1. Januar 1998 eine Gesamtbeurteilung der Auswirkungen der gleichzeitigen Bereitstellung von Telekommunikations- und Kabelfernsehnetzen durch einen Betreiber vornehmen. In ihrer diesbezüglichen Mitteilung 98/C 71/04 vom 16. Dezember 1997 [ABl. C 071 07.03.98 S.4], die mit einem entsprechenden Richtlinienentwurf [ABl. C 071 07.03.98 S.23] verbunden war, stufte sie das **Prinzip der getrennten Rechnungsführung** als unzureichend ein. Statt dessen verlangte sie eine rechtliche bzw. institutionelle Trennung, wonach der Betrieb

Übersicht 77: Liberalisierung der Telekommunikations- und Rundfunkmärkte 1994 – 1999

Satellitenkommunikation

Richtlinie 94/46/EG der Kommission vom 13. Oktober 1994 zur Änderung der Richtlinien 88/301/EWG und 90/388/EWG, insbesondere betreffend die Satellitenkommunikation [ABl. L 268 19.10.94 S.15] — Rechtsetzung auf der Grundlage des Art. 90 (86) Abs. 3 EGV, nach Entwurf der Kommission [SEK (93) 1891 endg.] sowie den Stellungnahmen des EP [ABl. C 128 09.05.94 S. 53] und des WSA [ABl. C 127 07.05.94 S.6] — Aufnahme in die Anhänge XI und XIV des EWR-Abkommens durch den Beschluß 25/95 des Gemeinsamen EWR-Ausschusses [ABl. L 251 19.10.95 S.31]

Nutzung von Kabelfernsehnetzen für bereits liberalisierte Dienste

Richtlinie 95/51/EG der Kommission vom 18. Oktober 1995 zur Änderung der Richtlinie 90/388/EWG hinsichtlich der Aufhebung der Einschränkungen bei der Nutzung von Kabelfernsehnetzen für die Erbringung bereits liberalisierter Telekommunikationsdienste [ABl. L 256 26.10.95 S.49] i. d. F. der Berichtigung [ABl. L 308 29.11.96 S.59] — Rechtsetzung auf der Grundlage des Art. 90 (86) Abs. 3 EGV, nach Entwurf der Kommission [ABl. C 076 28.03.95 S.8] sowie den Stellungnahmen des EP [ABl. C 166 03.07.95 S.109], des WSA [ABl. C 236 11.09.95 S.14] und des AdR [ABl. C 100 02.04.96 S.57] — Aufnahme in die Anhänge XI und XIV des EWR-Abkommens durch den Beschluß 104/97 des Gemeinsamen EWR-Ausschusses [ABl. L 193 09.07.98 S. 65]

Mitteilung der Kommission betreffend die Bereitstellung von Telekommunikations- und Kabelfernsehnetzen durch ein und denselben Betreiber sowie die Aufhebung der Beschränkungen bei der Nutzung von Telekommunikationsnetzen für die Bereitstellung von Kabelfernsehkapazität – wettbewerbsrechtliche Gesamtbeurteilung [ABl. C 071 07.03.98 S.4]

Richtlinie 1999/64/EG der Kommission vom 23. Juni 1999 zur Änderung der Richtlinie 90/388/EWG im Hinblick auf die Organisation ein- und demselben Betreiber gehörender Telekommunikations- und Kabelfernsehnetze in rechtlich getrennten Einheiten [ABl. L 175 10.07.1999 S.39] — Rechtsetzung auf der Grundlage des Art. 90 (86) Abs. 3 EGV, nach Entwurf der Kommission [ABl. C 071 07.03.98 S.23] sowie den Stellungnahmen des EP [ABl. C 150 28.05.1999 S.33] und des WSA [ABl. C 407 28.12.98 S.115] — Aufnahme in die Anhänge XI und XIV des EWR-Abkommens durch den Beschluß 175/1999 des Gemeinsamen EWR-Ausschusses [ABl. L 074 15.03.2001 S.1]

Mobilkommunikation

Richtlinie 96/2/EG der Kommission vom 16. Januar 1996 zur Änderung der Richtlinie 90/388/EWG betreffend die mobile Kommunikation und Personal Communications [ABl. L 020 26.01.96 S.59] — Rechtsetzung auf der Grundlage des Art. 90 (86) Abs. 3 EGV, nach Entwurf der Kommission [ABl. C 197 01.08.95 S.5] sowie den Stellungnahmen des EP [ABl. C 017 22.01.96 S.172], des WSA [ABl. C 039 12.02.96 S.47] und des AdR [ABl. C 129 02.05.96 S.11] — Aufnahme in die Anhänge XI und XIV des EWR-Abkommens durch den Beschluß 105/97 des Gemeinsamen EWR-Ausschusses [ABl. L 193 09.07.98 S.67]

Vollständige Liberalisierung der Telekommunikationsmärkte

Richtlinie 96/19/EG der Kommission vom 13. März 1996 zur Änderung der Richtlinie 90/388/EWG hinsichtlich der Einführung des vollständigen Wettbewerbs auf den Telekommunikationsmärkten [ABl. L 074 22.03.96 S.13] — Rechtsetzung auf der Grundlage des Art. 90 (86) Abs. 3 EGV, nach Entwurf der Kommission [ABl. C 263 10.10.95 S.6] sowie den Stellungnahmen des EP [ABl. C 047 19.02.96 S.29], des WSA [ABl. C 039 12.02.96 S.52] und des AdR [ABl. C 129 02.05.96 S.11] — Aufnahme in die Anhänge XI und XIV des EWR-Abkommens durch den Beschluß 106/97 des Gemeinsamen EWR-Ausschusses [ABl. L 193 09.07.98 S.69]

Rundfunkdienste

Richtlinie 97/36/EG des Europäischen Parlaments und des Rates vom 30. Juni 1997 zur Änderung der Richtlinie 89/552/EWG des Rates zur Koordinierung bestimmter Rechts- und Verwaltungsvorschriften der Mitgliedstaaten über die Ausübung der Fernsehtätigkeit [ABl. L 202 30.07.97 S. 60] — Rechtsetzung auf der Grundlage der Artt. 57 (47) Abs. 2 und 66 (55) EGV, auf Vorschlag der Kommission [ABl. C 185 19.07.95 S.4; ABl. C 221 30.07.96 S.10; KOM (96) 626 endg.] und nach Stellungnahme des WSA [ABl. C 301 13.11.95 S.35]; Stellungnahme des EP [ABl. C 065 04.03.96 S.113], gemeinsamer Standpunkt des Rates [ABl. C 264 11.09.96 S.50], Beschluß des Rates [ABl. C 362 02.12.96 S.56], Beschluß des EP [ABl. C 200 30.06.97 S.25] und Beschluß des Rates im Rahmen des Verfahrens der Mitentscheidung — Aufnahme in den Anhang X des EWR-Abkommens durch die Beschlüsse 82/1999 [ABl. L 296 23.11.2000 S.39] und 32/2000 des Gemeinsamen EWR-Ausschusses [ABl. L 141 15.06.2000 S.57]

von Kabelfernseh- und Telekommunikationsnetzen durch **zwei verschiedene Unternehmen** zu erfolgen hatte. Als **Begründungen** wurden angeführt: die bessere Ausgangsposition des öffentlichen Netzbetreibers und die mißbräuchliche Ausnutzung seiner marktbeherrschenden Stellung gegenüber anderen Anbietern; die Verhinderung der Entwicklung konkurrierender Infrastrukturen (kein erwarteter Nettogewinn, Nebeninteresse); die schleppende Aufrüstung von Kabelfernsehnetzen auf bidirektionalen Betrieb; eine Einschränkung des Wettbewerbs bei den Diensten (Beschränkung des Zugangs zum Ortsnetz, Auswirkungen auf den Wettbewerb im Fernnetz) und eine Verringerung der Innovationsfähigkeit. Im Einzelfall sollte eine Anwendung der Art. 85 (81) und 86 (82) EGV sowie der **Fusionskontrollverordnung** erfolgen *(vgl. Bull. EU 12-1997, S.43; WB 1997, Ziff. 109ff.; M. Beck, 1998, S.84ff.; WB 1998, Ziff. 86f.; A. Bartosch, 1999, S.424f.; St. Polster, 1999, S.40f.).*

Gemäß der **Richtlinie 1999/64/EG der Kommission vom 23. Juni 1999 [ABl. L 175 10.07.1999 S.39]** hatten dann mit Wirkung vom 30. April 2000 alle Telekommunikationsunternehmen, die der Kontrolle eines Mitgliedstaats unterlagen oder noch besondere Rechte besaßen, eine beherrschende Stellung bei der Bereitstellung öffentlicher Telekommunikationsnetze und Sprachtelefondienste hatten sowie gleichzeitig im selben Gebiet über besondere oder ausschließliche Rechte für den Betrieb von Kabelfernsehnetzen verfügten, Telekommunikations- und Kabelfernsehnetze in unterschiedlichen rechtlichen Einheiten bereitzustellen. Falls es im Bereich der Ortsnetzinfrastruktur nachweislich ausreichenden Wettbewerb gab, konnte die Verpflichtung zur rechtlichen Trennung aufgehoben werden *(vgl. Bull. EU 6-1999, S.59f.; WB 1999, Ziff. 65ff.).*

2.3.2 Anmeldungen und Genehmigungen

Die Aufnahme einer Tätigkeit auf dem Telekommunikationsmarkt (Angebot von Diensten, Errichtung und Betrieb von Netzen) bedarf im allgemeinen einer vorherigen **Anmeldung** (Anzeige, Registrierung) und / oder **Genehmigung**, um die Erfüllung subjektiver (und ggf. objektiver) Zulassungskriterien zu gewährleisten. Eine Genehmigung ist eine Erlaubnis, in der darüber hinaus Rechte und Pflichten in Form von Auflagen oder Bedingungen spezifiziert werden. **Allgemeingenehmigungen** werden aufgrund einer Gruppengenehmigung oder genereller Rechtsvorschriften erteilt; vor der

Aufnahme der Tätigkeit ist jedoch keine Zustimmung der Regulierungsbehörde notwendig. Bei einer **Einzelgenehmigung** (Lizenz) können die Rechte nur nach ausdrücklicher vorheriger Zustimmung ausgeübt werden. Die Notwendigkeit einer gemeinsamen Regelung ergab sich u. a. in bezug auf die Zuordnung der Zuständigkeiten, die Ausgestaltung des Antrags- und Vergabeverfahrens, die Mindestanzahl von Genehmigungen für bestimmte Dienste, die Gründe für eine zahlenmäßige Beschränkung, die Auswahlkriterien, die Auflagen, die Genehmigungsgebühren und die Sicherstellung der gegenseitigen Anerkennung.

2.3.2.1 Vorgaben der Liberalisierungsrichtlinien

Die **Satellitenrichtlinie** *(vgl. S.691)* verpflichtete die Mitgliedstaaten, die Kriterien für die Vergabe von Genehmigungen, die mit diesen verbundenen Auflagen, das Anmeldeverfahren für den Betrieb von Satellitenfunkanlagen sowie die Genehmigungsgebühren (einschließlich der dafür maßgeblichen objektiven, transparenten und diskriminierungsfreien Kriterien) zu veröffentlichen; in bezug auf Satellitendienste, die nur die Nutzung einer abhängigen VSAT-Anlage voraussetzten, genügte auch eine Anmeldung. Nach der **Mobilfunkrichtlinie** *(vgl. S.693)* mußte es offene Vergabeverfahren und objektive Auswahlkriterien geben, die jeweils diskriminierungsfrei und transparent sein sollten; Ablehnungen waren zu begründen und Rechtsmittel zuzulassen. Der Wiederverkauf und das Angebot von Diensten durch selbständige Diensteanbieter bzw. durch die Betreiber bereits genehmigter Systeme durfte keiner Lizenzierung unterliegen. Auflagen hatten bestimmte Merkmale zu erfüllen: Rechtfertigung durch grundlegende Anforderungen; bei öffentlichen Systemen gewerbliche Vorschriften; Gewährleistung eines transparenten und nicht diskriminierenden Verhaltens bei gleichzeitigem Eigentum an Fest- und Mobilfunknetzen; keine unzulässigen technischen Beschränkungen (Behinderung der Kombination von Lizenzen oder des Angebots verschiedener Technologien). Eine Begrenzung der Anzahl der Genehmigungen war nur zur Sicherstellung der grundlegenden Anforderungen oder aus Gründen der Frequenzknappheit statthaft. Bis spätestens nach der Verabschiedung eines Beschlusses durch den ERC, auf jeden Fall aber bis zum 1. Januar 1998 mußten die Mitgliedstaaten mindestens eine DCS-1800-Lizenz vergeben; die Erteilung von Genehmigungen für den öffentlichen Zugang / Telepoint (DECT-Systeme) durfte nicht mehr verweigert werden *(vgl. C. Hocepied, 1996, S.15; St. Polster, 1999, S.88ff., 96)*.

Gemäß der **Richtlinie über den vollständigen Wettbewerb** waren Lizenzierungs-, Allgemeingenehmigungs- oder Anmeldeverfahren zulässig, wobei eine Einzelgenehmigung nur in bezug auf die Errichtung und die Bereitstellung von öffentlichen Telekommunikations- und funkgestützten Netzen sowie das Angebot von Sprachtelefondiensten angewendet werden durfte; für die Auswahlverfahren und -kriterien galten die o. a. Anforderungen. Die Verfahren für öffentliche Telekommunikationsnetze und Sprachtelefondienste durften nur die Einhaltung von grundlegenden Anforderungen, gewerblichen Vorschriften (Dauerhaftigkeit, Verfügbarkeit und Qualität des Dienstes; auch für den Zugang zu Teilnehmerdatenbanken) und finanziellen Verpflichtungen hinsichtlich des Universaldienstes bezwecken; in bezug auf Datendienste waren die

Spezifikationen für gemeinwirtschaftliche Dienste aufzuheben (Anmeldung oder Allgemeingenehmigung). Eine Begrenzung der Anzahl der Genehmigungen durfte nur bei Frequenzmangel und unter Wahrung der Verhältnismäßigkeit erfolgen. Die Anmelde- und Genehmigungsverfahren für die Bereitstellung öffentlicher Netze und Sprachtelefondienste mußten der Kommission bis zum 1. Januar 1997 gemeldet und bis zum 1. Juli 1997 veröffentlicht werden; die Einführung neuer und die Änderung bestehender Verfahren sowie die Vergabekriterien und Auflagen waren der Kommission ebenfalls mitzuteilen *(vgl. C. Hocepied, 1996, S.15)*.

2.3.2.2 Spezifische Regelungen für Telekommunikationsnetze und -dienste

Bereits am 18. August 1992 hatte die Kommission dem Rat einen ersten spezifischen Richtlinienvorschlag [ABl. C 248 25.09.92 S.4; KOM (93) 570 endg.] – Stellungnahmen des Europäischen Parlaments [ABl. C 042 15.02.93 S.30] und des Wirtschafts- und Sozialausschusses [ABl. C 108 19.04.93 S.45] – unterbreitet, der vor allem die gegenseitige Anerkennung von Genehmigungen zur Erbringung von Telekommunikationsdiensten (außer Mobil- und Satellitenfunkdiensten) zum Ziel hatte. Zu diesem Zweck sollte eine **Einheitliche Gemeinschaftstelekommunikationslizenz** geschaffen werden (Nachweis der Anerkennung, Recht auf Erbringung von Diensten in der Gemeinschaft, Auflagen). Die Anerkennung bzw. Erteilung konnte entweder auf **Einzelantrag** (Weiterleitung an und Erteilung durch die Kommission, Anhörung des ECTRA, Einwendungen, Schlichtung) oder nach **Dienstleistungskategorien** (Harmonisierung der Vergabebedingungen durch den ECTRA, Erteilung einer Anerkennung ohne vorherige Harmonisierung) vorgenommen werden. Weitere Vorgaben betrafen u. a. die Erhebung von Gebühren, die Sicherstellung der Einhaltung der Bedingungen, die Änderung oder Rücknahme der Lizenz und die Einsetzung eines **Gemeinschaftstelekommunikationsausschusses** (CTC) *(vgl. Bull. EG 7/8-1992, S.36; J. Horrocks, 1995, S.8/14)*. Da man sich in der Folgezeit jedoch nicht auf eine einheitliche Position verständigen konnte, änderte die Kommission ihren Vorschlag am 22. März 1994 [ABl. C 108 16.04.94 S.11] – Stellungnahme des Europäischen Parlaments [ABl. C 089 10.04.95 S.138] – ab; die Bestimmungen zur Einheitlichen Gemeinschaftstelekommunikationslizenz wurden gestrichen, und eine Anerkennung sollte nur nach dem **Harmonisierungsverfahren** oder für eine Übergangszeit gemäß dem **Globalverfahren** (*one-stop shopping*, Antrag bei einer Stelle, Weiterleitung an Aufsichtsbehörden) erfolgen können *(vgl. Bull. EU 3-1994, S.45; Th. Kiessling, 1998, S.213)*.

Zwischenzeitlich hatte die Kommission am 4. Januar 1994 auch einen Richtlinienvorschlag für eine Politik zur gegenseitigen **Anerkennung von Lizenzen** und sonstigen einzelstaatlichen Genehmigungen über die Erbringung von Satellitennetzdiensten und / oder Satellitenfunkdiensten [ABl. C 036 04.02.94 S.2] i. d. F. der Berichtigung [ABl. C 049 17.02.94 S.16] veröffentlicht – Stellungnahmen des Europäischen Parlaments [ABl. C 128 09.05.94 S.49] und des Wirtschafts- und Sozialausschusses [ABl. C 295 22.10.94 S.21]. Ziel sollte eine Reduzierung der großen Anzahl der zu vergebenden Genehmigungen sein; nach einer gegenseitigen Anerkennung hätten die Unternehmen ihre Dienste in der ganzen Gemeinschaft erbringen können. Als **Verfahren** waren die

Harmonisierung der Vergabebedingungen oder die Anerkennung ohne vorherige Harmonisierung geplant; das Globalverfahren konnte als Übergangsregelung eingeführt werden. Andere **Regelungsbereiche** betrafen die Frequenz- und Standortkoordinierung in bezug auf Satellitennetzdienste (durch Antragsteller selbst, Ersuchen um Koordinierungsvereinbarungen), das Ersuchen um Zuweisung und Registrierung von Namen, Nummern und Anschriften, Aspekte des Raumsegments (Verfügbarkeit, technische Vereinbarungen, Zugang), die Erteilung, Änderung und Rücknahme von Genehmigungen, den Rechtsbehelf und das Schlichtungsverfahren, die Unterstützung durch den CTC, die Anwendbarkeit (Niederlassung, Beschränkung des Eigentums von Drittstaatenangehörigen), die Zusammenschaltung mit Festnetzen, die Gebühren sowie die Bedingungen und Verfahren für Not-, Versuchs- und Sonderdienste *(vgl. Bull. EU 1/2-1994, S.43 f.; P. Lopes, 1994, S.10 f.; J. Horrocks, 1995, S.8/14, 11/21; Kommission, 1995, S.7/2)*.

Da die souveränen Rechte der Mitgliedstaaten bei einer Verabschiedung der Richtlinien stark eingeschränkt worden wären und die meisten Länder das Genehmigungsrecht für sich beanspruchten, gab es in der Folgezeit bei der Diskussion verschiedener Aspekte nur geringe Fortschritte. Ende 1995 bestand keine Aussicht mehr auf eine baldige Einigung im Rat; die Kommission zog daher die Vorschläge am 14. November 1995 zurück [ABl. C 344 22.12.95 S.5, 6] und ersetzte sie gleichzeitig durch eine neue Fassung *(vgl. Bull. EU 11-1995, S.48; GB 1995, Ziff.434; J. Horrocks, 1995, S.7/10; P. J. J. Welfens u. a., 1996, S.154, 158)*. Auf dieser Basis konnte man sich schließlich auf die **Richtlinie 97/13/EG des Europäischen Parlaments und des Rates vom 10. April 1997 [ABl. L 117 07.05.97 S.15]** (Genehmigungsrichtlinie) einigen *(vgl. Bull. EU 7/8-1996, S.74; GB 1996, Ziff.420; Bull. EU 3-1997, S.45 f.; GB 1997, Ziff.510; Übersicht 78)*, die bis zum 31. Dezember 1997 die Umsetzung gemeinsamer Regelungen in bezug auf die für die Errichtung und den Betrieb von Telekommunikationsnetzen sowie für die Erbringung von Telekommunikationsdiensten durchzuführenden Genehmigungsverfahren und die Ausgestaltung der Auflagen forderte; die Erteilung einer Genehmigung wurde aber nicht zwingend vorgeschrieben. Insbesondere für das **Angebot von Telekommunikationsdiensten** sollten die Anzeigepflicht oder eine Allgemeingenehmigung einer Einzelgenehmigung vorgezogen werden; Einzelgenehmigungen waren nur beim Zugang zu knappen Ressourcen sowie bei besonderen Rechten oder Pflichten erlaubt. **Verfahren und Auflagen** mußten objektiv, transparent, verhältnismäßig und diskriminierungsfrei sein; generell konnten Auflagen die Einhaltung von grundlegenden Anforderungen, die Bereitstellung von Informationen, die Verhinderung unlauteren Wettbewerbs und die Nutzung der Numerierungskapazität betreffen *(vgl. K.-D. Ordemann, 1997, S.110; Th. Kiessling, 1998, S.211 ff.; P. Xavier, 1998, S.483 ff.; Th. Hart, 1999, S.261 ff.; St. Polster, 1999, S.71 ff.; A. Bartosch, 2000, S.217 f.; E. G. Berger, 2000, S.29 ff.)*.

Bei **Allgemeingenehmigungen** durften nur bestimmte eng umgrenzte, möglichst zwischenstaatlich harmonisierte **Auflagen** gemacht werden (generelle Auflagen, typisierte Teilnehmerverträge, Veröffentlichung und Hinweis bei Veränderung der Zugangsbedingungen, Zusammenschaltung und Interoperabilität, Weitergabe von Kundendaten an Herausgeber von Verzeichnissen, finanzieller Beitrag zum Universaldienst, Bereitstellung von Notrufdiensten, Sonderbedingungen für Behinderte, Rechnungslegung, Streitbeilegungsverfahren); die Auflagen waren zu veröffentlichen und konnten geändert werden. Bei einem neuen Dienst sollten innerhalb von sechs Wochen nach Antragseingang vorläufige Auflagen bestimmt oder der Antrag abgelehnt werden (später endgültige Auflagen, Zustimmung ohne Genehmigung oder Verweigerung mit Möglichkeit eines Einspruchs). Wurden die Auflagen erfüllt, mußte die Tätigkeit zugelassen werden; vor ihrer Aufnahme war die Regulierungsbehörde jedoch über die Absicht und das geplante Diensteangebot zu informieren. Wurden die Auflagen nicht erfüllt, so konnten die Ausübung der Geschäftstätigkeit untersagt oder dem Unternehmen spezifische Maßnahmen auferlegt werden; allerdings mußte dem Unternehmen Gelegenheit zur Stellungnahme und zur Abstellung der Mängel gegeben und ein Rechtsbehelf eröffnet werden. Im Rahmen des **Genehmigungsverfahrens** durften nur Gebühren erhoben werden, die die für die Ausstellung, Verwaltung, Kontrolle und Durchsetzung anfallenden Kosten abdeckten.

Einzelgenehmigungen durften nur unter bestimmten Voraussetzungen ausgegeben werden (Zugang zu Frequenzen oder Nummern; besonderer Zugang zu öffentlichem oder privatem Land; Verpflichtungen in bezug auf die Bereitstellung öffentlicher Netze und Dienste, im Rahmen des ONP-Konzepts sowie bei beträchtlicher Marktmacht); auf jeden Fall waren sie für die Errichtung und Bereitstellung öffentlicher Fest- und Funknetze sowie für öffentliche Sprachtelefondienste zulässig. Neben den für Allgemeingenehmigungen möglichen Bedingungen waren **Auflagen** in bezug auf folgende Aspekte erlaubt: Leistungsfähigkeit des Unternehmens, Eigentumsverhältnisse, Verfügbarkeit und Qualität des Dienstes oder Netzes, Bereitstellung von Mietleitungen, Zusammenschaltung, Universaldienst, Frequenzverwaltung und -nutzung, Nummernzuteilung, Wegerechte, Kollokation, gemeinsame Nutzung von Einrichtungen, Umweltschutz und Raumplanung, Höchstgeltungsdauer; die Auflagen mußten veröffentlicht und konnten geändert werden. Durch Allgemeingenehmigungen gewährte Rechte und Auflagen durften nur in begründeten Fällen und auf angemessene Weise beschränkt oder ergänzt werden. Auch hinsichtlich der **Verfahren** waren bestimmte Vorgaben einzuhalten (Veröffentlichung, Festlegung angemessener Fristen von sechs Wochen bis acht Monaten; Anspruch auf Einzelgenehmigung bei Erfüllung der Auflagen; bei Nichtbefolgung Entzug, Änderung oder zeitweilige Aufhebung der Genehmigung bzw. Auferlegung spezifischer Maßnahmen mit der Möglichkeit zur Stellungnahme und Abstellung sowie des Rechtsbehelfs). Die **Anzahl der Lizenzen** durfte nur unter bestimmten Bedingungen (Frequenz- oder vorübergehende Nummernknappheit, Umweltschutz, Stadtplanung) begrenzt werden (Berücksichtigung der Nutzen der Kunden und der Förderung des Wettbewerbs, Möglichkeit der Stellungnahme; Veröffentlichung, Begründung, regelmäßige Überprüfung, Aufforderung zur Einreichung von Genehmigungsanträgen). Die **Gebühren** durften nur die o. a. Kosten decken und mußten in Relation zum Gesamtaufwand stehen; bei der Inanspruchnahme knapper Ressourcen waren nutzungslenkende Abgaben erlaubt.

Für den Fall der Beteiligung mehrerer Regulierungsbehörden wurde für Allgemeingenehmigungen ein **Notifizierungsverfahren** bzw. für Einzelgenehmigungen ein **Globalverfahren** eingeführt (Benennung von Stellen, Fristen für Weiterleitung an Regulierungsbehörden, Entscheidung). Die Kommission wurde durch einen **Genehmigungsausschuß** unterstützt; ergänzend sollte zwischen allen Beteiligten ein ständiger Informationsaustausch stattfinden. Beim Inkrafttreten der Richtlinie geltende Genehmigungen waren bis zum 1. Januar 1999 an die Gemeinschaftsvorgaben anzupassen. Führte die Anwendung der Richtlinie zur Änderung der **Genehmigungsbestimmungen**, so konnte deren Geltung ggf. verlängert werden; Auflagen, die bis zum Januar 1999 nicht im Einklang mit den Vorschriften standen, wurden jedoch unwirksam.

2.3.2.3 Einführung und Genehmigung satellitengestützter Privatkommunikationsdienste

Aufgrund der Vorschläge der Weltweiten Funkverwaltungskonferenz vom Februar 1992 (WARC-92) regte die Kommission in einer Mitteilung vom 27. April 1993 [KOM (93) 171 endg.] die Entwicklung einer **Gemeinschaftsstrategie** zur Einführung satellitengestützter Privatkommunikationsdienste (S-PCS) ab 1995 an. Vorrangiges **Ziel** sollte die Stärkung der internationalen Wettbewerbsfähigkeit der europäischen Industrie unter Berücksichtigung der Auswirkungen auf andere Politikfelder (Außenbeziehungen und Sicherheit, Außenhandel, Entwicklungshilfe, Wettbewerb, Forschung, Raumfahrt) sein. Als **Vorteile** wurden die weltweite internationale Kommunikation unter Verwendung von LEO-Satelliten und kleiner tragbarer Empfangsgeräte sowie der Zugang von Nutzern in unterversorgten Regionen genannt; **Probleme** sah die Kommission in den hohen Investitions- und Gesprächskosten, der technischen Unausgereiftheit, niedrigen Übertragungsgeschwindigkeiten, der vorherrschenden Stellung der Vereinigten Staaten, dem Mangel an geeigneten Frequenzen, den uneinheitlichen ordnungspolitischen Vorgaben sowie den ungeklärten institutionellen und organisatorischen Rahmenbedingungen. Die Gemeinschaft sollte ihre Positionen in den **internationalen Organisationen** abstimmen sowie mit der ESA, dem ETSI, dem ERC / ERO, dem ECTRA, der ITU und bestimmten Drittstaaten im Hinblick auf die Systemeinführung (Vergabe und Anerkennung von Lizenzen, Zuweisung von und Zugang zu Frequenzen, Erstellung von Normen, Allgemeinzulassung und Netzanschluß, Tarifierung und internationale Verrechnung, geistiges Eigentum) eng kooperieren. In seiner **Entschließung 93/C 339/01 vom 7. Dezember 1993 [ABl. C 339 16.12.93 S.1]** unterstützte der Rat dieses Ansinnen *(vgl. Bull. EG 4-1993, S.39; Bull. EG 12-1993, S.65; GB 1993, Ziff.342; P. Lopes, 1994, S.13; J. Horrocks, 1995, S.11/20f.; Kommission, 1995, S.7/3f.; EP, 1997; C. Graack, 1997, S.217ff.)*.

Am 8. November 1995 legte die Kommission einen Vorschlag für eine Entscheidung über einen gemeinsamen Rahmen für die harmonisierte Entwicklung von S-PCS in der Gemeinschaft [ABl. C 015 20.01.96 S.6] vor. Einige Mitgliedstaaten äußerten jedoch Zweifel, ob die Gemeinschaft für diesen Bereich zuständig sei. Der Rat konnte sich aber am 27. September 1996 verständigen, wies allerdings die vorrangige Verantwortlichkeit der CEPT zu; die Kommission modifizierte daraufhin ihren Vorschlag [ABl. C 350 21.11.96 S.14]. Die **Entscheidung 97/710/EG des Europäischen Parlaments und des Rates vom 24. März 1997 [ABl. L 105 23.04.97 S.4]** konzentrierte sich im Hinblick auf die Einführung kompatibler S-PCS vorrangig auf die Festlegung eines Genehmigungskonzepts *(vgl. Bull. EU 11-1995, S.49; GB 1995, Ziff.432; Bull. EU 10-1996, S.51; GB 1996, Ziff.420; Bull. EU 3-1997, S.46; Ch. Koenig u. a., 1999, S.133 ff.; St. Polster, 1999, S.98 f.; A. Bartosch, 2000, S.216 f.; im weiteren Übersicht 78).*

Mußte aufgrund der Knappheit des Frequenzspektrums die Anzahl der Genehmigungen begrenzt werden, so waren die Genehmigungsverfahren zu koordinieren. Dabei waren folgende **generelle Auflagen** zulässig: Erfüllung der grundlegenden Anforderungen, Bereitstellung von Informationen, Maßnahmen zur Verhinderung wettbewerbswidriger Praktiken, Nutzung der Numerierungskapazität. In bezug auf **Allgemeingenehmigungen** waren weitere Bedingungen möglich: typisierte Teilnehmerverträge, Veröffentlichung der Veränderungen von Zugangsbedingungen, Zusammenschaltung und Interoperabilität, Weitergabe von Daten an die Herausgeber von Teilnehmerverzeichnissen, Rechnungstellung, finanzieller Beitrag zum Universaldienst, Bereitstellung von Notrufdiensten, Sonderbedingungen für Behinderte, Streitbeilegungsverfahren. Bei **Einzelgenehmigungen** konnten ferner geregelt werden: Bereitstellung des Universaldienstes, Frequenzverwaltung und -nutzung, Nummernzuteilung, Nutzung von Einrichtungen und Kollokation, Umweltschutz- und Raumplanung, Höchstgeltungsdauer. Zur Koordination der Vergabe kamen ein **Notifizierungs-** (Allgemeingenehmigungen) bzw. ein **Globalverfahren** (Einzelgenehmigungen) in Frage.

Weiterhin sollten die von der CEPT **harmonisierten Frequenzbänder** verwendet werden. Durch die Umsetzung aller technischen und sonstigen geeigneten Maßnahmen war außerdem der freie Verkehr von Endgeräten sicherzustellen. Die Kommission sollte der CEPT verschiedene Arbeitsaufträge erteilen (Harmonisierung der Auflagen bei Allgemeingenehmigungen, einheitliche Genehmigungsverfahren für LEO-Systeme, Angleichung der Frequenznutzung, freier Verkehr von Endgeräten). Eine wesentliche Konsequenz der letztlich angenommenen Beschlüsse war die Einrichtung des Milestone Review Committee, das etappenweise Systemprüfungen durchführte. Die Geltungsdauer der Regelungen war ursprünglich auf drei Jahre bis zum 13. Mai 2000 befristet, wurde jedoch mit der **Entscheidung 2000/1215/EG des Europäischen Parlaments und des Rates vom 16. Mai 2000 [ABl. L 139 10.06.2000 S.1]** bis zum 31. Dezember 2003 verlängert *(vgl. Bull. EU 1/2-2000, S.57; Bull. EU 5-2000, S.44; GB 2000, Ziff.330).*

2.3.2.4 Kommissionsentscheidungen zur Vergabe von Mobilfunklizenzen

Bereits vor Beginn der Liberalisierung des Marktes für Mobilfunkdienste ging die Kommission unter Berufung auf Art. 90 EWGV (Art. 86 EGV) gegen einige Mitgliedstaaten vor, um sie zur **Erteilung weiterer Mobilfunklizenzen** zu veranlassen. Nach Abschluß eines im Juli 1993 eingeleiteten Verfahrens verpflichtete sich Italien, ab dem 1. Oktober 1993 eine zweite GSM-Lizenz zu vergeben; 1993 initiierte die Kommission auch eine Untersuchung gegen Belgien und führte Gespräche mit Irland *(vgl. WB 1993, Ziff.360; WB 1995, Ziff.108, 110)*. Im weiteren Verlauf des Liberalisierungsprozesses richtete die Kommission ihr Augenmerk zunehmend auf die **diskriminierungsfreie Ausgestaltung** der Vergabeverfahren und der Genehmigungsbedingungen. Ange-

Übersicht 78: Anmeldung und Genehmigung von Telekommunikationsdiensten bis 2000

Allgemeine Regelungen für Telekommunikationsdienste

Richtlinie 96/19/EG der Kommission vom 13. März 1996 zur Änderung der Richtlinie 90/388/EWG hinsichtlich der Einführung des vollständigen Wettbewerbs auf den Telekommunikationsmärkten [ABl. L 074 22.03.96 S.13]

Richtlinie 97/13/EG des Europäischen Parlaments und des Rates vom 10. April 1997 über einen gemeinsamen Rahmen für Allgemein- und Einzelgenehmigungen für Telekommunikationsdienste [ABl. L 117 07.05.97 S.15] — Rechtsetzung auf der Grundlage der Artt. 57 (47) Abs. 2, 66 (55) und 100 a (95) EGV, auf Vorschlag der Kommission [ABl. C 090 27.03.96 S.5; ABl. C 291 04.10.96 S.12; KOM (97) 100 endg.] und nach Stellungnahme des WSA [ABl. C 204 15.07.96 S.17]; Stellungnahme des EP [ABl. C 166 10.06.96 S.78], gemeinsamer Standpunkt des Rates [ABl. C 041 10.02.97 S.48], Beschluß des EP [ABl. C 088 17.03.97 S.110] und Beschluß des Rates im Rahmen des Verfahrens der Mitentscheidung — Aufnahme in den Anhang XI des EWR-Abkommens durch den Beschluß 37/1999 des Gemeinsamen EWR-Ausschusses [ABl. L 266 19.10.2000 S.25]

Satellitenkommunikation

Entschließung 93/C 339/01 des Rates vom 7. Dezember 1993 über die Einführung satellitengestützter Privatkommunikationsdienste in der Gemeinschaft [ABl. C 339 16.12.93 S.1] — Rechtsetzung auf der Grundlage des EGV, auf Vorschlag der Kommission [KOM (93) 171 endg.] und nach Stellungnahme des EP [ABl. C 315 22.11.93 S.631] — Kenntnisnahme durch das EWR-Abkommen [ABl. L 160 28.06.94 S.77]

Richtlinie 94/46/EG der Kommission vom 13. Oktober 1994 zur Änderung der Richtlinien 88/301/EWG und 90/388/EWG, insbesondere betreffend die Satellitenkommunikation [ABl. L 268 19.10.94 S.15]

Entscheidung 97/710/EG des Europäischen Parlaments und des Rates vom 24. März 1997 über ein koordiniertes Genehmigungskonzept für satellitengestützte persönliche Kommunikationsdienste in der Gemeinschaft [ABl. L 105 23.04.97 S.4] — Rechtsetzung auf der Grundlage der Artt. 57 (47), 66 (55) und 100 a (95) EGV, auf Vorschlag der Kommission [ABl. C 015 20.01.96 S. 6; ABl. C 350 21.11.96 S.14; KOM (97) 101 endg.] und nach Stellungnahme des WSA [ABl. C 204 15.07.96 S.8]; Stellungnahme des EP [ABl. C 198 08.07.96 S.93], gemeinsamer Standpunkt des Rates [ABl. C 041 10.02.97 S.37], Entscheidung des EP [ABl. C 085 17.03.97 S.113] und Beschluß des Rates im Rahmen des Verfahrens der Mitentscheidung — Aufnahme in den Anhang XI des EWR-Abkommens durch den Beschluß 6/1999 des Gemeinsamen EWR-Ausschusses [ABl. L 035 10.02.2000 S.35]

Entscheidung 2000/1215/EG des Europäischen Parlaments und des Rates vom 16. Mai 2000 zur Verlängerung der Entscheidung 97/710/EG über ein koordiniertes Genehmigungskonzept für satellitengestützte persönliche Kommunikationsdienste in der Gemeinschaft [ABl. L 139 10.06.2000 S.1] — Rechtsetzung auf der Grundlage der Artt. 57 (47), 66 (55) und 100 a (95) EGV, auf Vorschlag der Kommission [ABl. C 150 E 30.05.2000 S.52] und nach Stellungnahme des WSA [ABl. C 140 18.05.2000 S.42]; Stellungnahme des EP [ABl. C 346 04.12.2000 S.73] und Beschluß des Rates im Rahmen des Verfahrens der Mitentscheidung — Aufnahme in den Anhang XI des EWR-Abkommens durch den Beschluß 90/2000 des Gemeinsamen EWR-Ausschusses [ABl. L 007 11.01.2001 S.11]

Mobilkommunikation

Richtlinie 96/2/EG der Kommission vom 16. Januar 1996 zur Änderung der Richtlinie 90/388/EWG betreffend die mobile Kommunikation und Personal Communications [ABl. L 020 26.01.96 S.59] — Entscheidung 95/489/EG der Kommission vom 4. Oktober 1995 über die in Italien dem zweiten Betreiber von GSM-Mobilfunkdiensten auferlegten Bedingungen [ABl. L 280 23.11.95 S.49] — Entscheidung 97/181/EG der Kommission vom 18. Dezember 1996 über die dem zweiten spanischen GSM-Mobilfunknetzbetreiber auferlegten Bedingungen [ABl. L 076 18.03. 97 S.19]

sichts der ohnehin vorhandenen Wettbewerbsvorteile der etablierten Anbieter, die sich z. B. in der automatischen Ersterteilung einer Lizenz, der Verfügbarkeit einer flächendeckenden Festnetzinfrastruktur oder eines analogen Mobilfunknetzes (Kundenbindung, Verfügbarkeit von Informationen, Kosteneinsparungen), der marktbeherrschenden Stellung sowie einem großen Kundenstamm und einem höheren Bekanntheitsgrad manifestierten, sollte eine weitgehende Gleichbehandlung der Neueinsteiger sichergestellt werden. In diesem Zusammenhang richtete die Kommission die **Entscheidung 95/489/EG vom 4. Oktober 1995 [ABl. L 280 23.11.95 S.49]** an die italienische Regierung, da der zweite GSM-Anbieter Omnitel Pronto Italia *(vgl. Bull. EU 3-1995, S.22)* bei der Lizenzerteilung durch die Auflage, eine Erstzahlung in Höhe des Gebots von 750 Mrd. Lit und über fünf Jahre ein umsatzunabhängiges Jahresentgelt zu entrichten, benachteiligt worden war. Wegen der damit einhergehenden **Wettbewerbsverfälschung** (Kostenerhöhung, Verzögerung von Investitionen) sollte vom anderen Lizenzinhaber Telecom Italia Mobile, der Tochtergesellschaft des öffentlichen Netzbetreibers, entweder eine identische Erstgebühr erhoben oder Omnitel ein Ausgleich (Erstattung, weitere Bau-, Betriebs- oder Nutzungsrechte, Roaming-Vereinbarung, Zugang zu Nutzerdateien, Überprüfung der Zusammenschaltungsgebühren) zugestanden werden. Die italienische Regierung verpflichtete sich im Januar 1996, eine Kompensationsregelung zu verabschieden, und unterrichtete die Kommission im Jahre 1997 von deren Umsetzung. Nachdem die Kommission das Verfahren im Dezember 1997 eingestellt hatte, mußte sie jedoch eine **neue Untersuchung** einleiten, da einige der zugesagten Maßnahmen nicht verwirklicht worden waren *(vgl. WB 1995, Ziff.108f., S.163f., 176; WB 1997, Ziff.108, S.188)*.

Auch die dem zweiten spanischen GSM-Mobilfunknetzbetreiber Airtel Móvil SA im Zusammenhang mit der Lizenzzuweisung im Dezember 1994 auferlegten Bedingungen veranlaßten die Kommission im Februar 1995 zur Einleitung von Untersuchungen. In ihrer **Entscheidung 97/181/EG vom 18. Dezember 1996 [ABl. L 076 18.03.97 S.19]** stellte sie fest, daß die im Rahmen des Vergabeverfahrens angebotene Erstzahlung von 85 Mrd. Ptas einen Wettbewerbsnachteil gegenüber dem ersten GSM-Betreiber Telefónica Servicios Móviles bedeutete, dem die Genehmigung kostenfrei erteilt worden war. Der ehemalige Monopolist hätte somit die Möglichkeit gehabt, den Netzausbau zu verzögern, die technische Entwicklung des Dienstes zu beschränken oder die Tarife zu senken. Die spanische Regierung wurde aufgefordert, den Betrag zurückzuzahlen oder einen entsprechenden Ausgleich zu leisten. Die daraufhin vorgeschlagenen **Kompensationsmaßnahmen** (gebührenfreie Zusammenschaltung mit dem Telefónica-Netz bis zu einem Betrag von 15 Mrd. Ptas, Verlängerung der Lizenz um zehn Jahre, vorzeitige Freigabe von Frequenzen und Zuweisung einer neuen Frequenz, Einbeziehung von Mobilfunkdiensten nach dem DCS-1800-Standard) billigte die Kommission im April 1997 *(vgl. Bull. EU 12-1996, S.58; WB 1996, Ziff.120, S.179; Bull. EU 4-1997, S.29f.; WB 1997, Ziff.107, S.188)*.

2.3.3 Regelungsbereiche des ONP-Konzepts

2.3.3.1 Notwendigkeit einer grundsätzlichen Weiterentwicklung

Die Beseitigung der Monopolrechte für den Betrieb von Infrastrukturen und das Angebot von Sprachtelefondiensten machte auch eine **Überarbeitung des ONP-Konzepts** notwendig. Die Kommission präsentierte ihre Vorstellungen insbesondere in der **Mitteilung vom April 1993** *(vgl. S.667)* über die Konsultation zur Lage im Bereich der Telekommunikationsdienste, in dem **zweiten Teil des Grünbuchs** über die Liberalisierung der Telekommunikationsinfrastruktur und der Kabelfernsehnetze vom Januar 1995 *(vgl. S.677)* sowie in der nachfolgenden **Mitteilung vom Mai 1995** *(vgl. S.679)* über die Konsultation zum Grünbuch. Zwischenzeitlich hatte sie sich in einer Mitteilung vom 29. November 1994 [KOM (94) 513 endg.] gesondert über den Stand und das künftige Konzept des offenen Netzzugangs bei Telekommunikationsnetzen und -diensten geäußert *(vgl. Bull. EU 11-1994, S.46)*.

Hinsichtlich des **weiteren Vorgehens** sollten zwei Phasen unterschieden werden. In einer **ersten Stufe** waren die vollständige Umsetzung der ONP-Vorschriften von 1990 und 1992, ein Analysebericht über die Anwendung des ONP-Konzepts auf neue Netz- (intelligente Netze, Netzmanagement, Anschlußanleitung) und ISDN-Zugangstypen, Breitbandnetze sowie die Harmonisierung von Hörtönen [ABl. C 215 05.08.94 S.18] und die Verabschiedung einer Richtlinie zum Sprachtelefondienst geplant. In einer **zweiten Phase** sollten dann die im Zusammenhang mit der vollständigen Liberalisierung notwendigen Anpassungen der bestehenden Regelungen vorgeschlagen und verabschiedet werden. Bei der Reform wollte sich die Kommission an **folgenden Leitlinien** orientieren: Anwendbarkeit auf Unternehmen nicht mehr unter Bezugnahme auf das Vorliegen besonderer oder ausschließlicher Rechte, sondern gemäß der Marktstellung; Regelung der Zusammenschaltung und der Interoperabilität (grundsätzliche Prinzipien, kommerzielle Aushandlung der Vereinbarungen, Kontrolle durch die Regulierungsbehörden, Entgeltgrundsätze, Streitbeilegungsmechanismus); freiwillige Anwendung bzw. Vorgabe von Normen *(vgl. J. Horrocks, 1995, S.8/24; Kommission, 1995, S.5/2)*.

2.3.3.2 Sprachtelefondienstrichtlinie vom Dezember 1995

Gemäß der ONP-Rahmenrichtlinie waren auch **Bedingungen für den offenen Zugang** zu und die Nutzung von öffentlichen Festnetzen und Sprachtelefondiensten sowie Maßgaben für die Verfügbarkeit eines harmonisierten Sprachtelefondienstes zu definieren. Die im Auftrag der Kommission zur Anwendung von ONP auf Sprachtelefondienste durchgeführten Studien, wobei vor allem der Bericht der **National Economic Research Associates** (NERA) zu nennen ist, führten am 12. Juli 1991 zur Veröffentlichung eines Analyseberichts [KOM (91) 53 endg.; ABl. C 197 26.07.91 S.12]. Unter Berücksichtigung der dazu eingegangenen Stellungnahmen nahm die Kommission am 27. August 1992 einen ersten **Richtlinienvorschlag** an [ABl. C 263 12.10.92 S.20]. Die in der Folgezeit sehr kontrovers geführte Diskussion konzentrierte sich in erster Linie auf die Zusammenschaltung und das Angebot öffentlicher Telefone. Nach der Stellungnahme des **Wirtschafts- und Sozialausschusses** [ABl. C 019 25.01.93 S. 126] regte das **Europäische Parlament** in erster Lesung [ABl. C 115 26.04.93 S.105] vierzehn Änderungen an, die die Kompetenzen der Kommission, die Schaffung besonderer Vorschriften für kleine und mittelständische Telekommunikationsunternehmen sowie die Einfügung ergänzender Bestimmungen über die Zugangsbeschränkungen, den Schadenersatz, die Erstattungen und die Kostenrechnung betrafen; daraufhin unterbreitete die Kommission einen **geänderten Vorschlag** [ABl. C 147 27.05.93 S.12; KOM (93) 570 endg.] *(vgl. Bull. EG 7/8-1992, S.36; Bull. EG 5-1993, S.35f.; N. Higham, 1993, S.244f.; P. Lopes, 1994, S.9f.; J. Horrocks, 1995, S.8/8f.).*

Auch der modifizierte Kommissionsvorschlag brachte letztendlich nur **geringe Fortschritte**, wobei im wesentlichen Verfahrens- und nicht inhaltliche Fragen im Vordergrund der Auseinandersetzung standen. Zum gemeinsamen **Standpunkt des Rates** [ABl. C 193 17.07.93 S.1] brachte das **Europäische Parlament** in seiner zweiten Lesung erneut viele Änderungswünsche vor [ABl. C 044 14.02.94 S.93], die aber in der Stellungnahme der Kommission [KOM (94) 48 endg.] nur zum Teil berücksichtigt wurden. Während der Rat den Kompromißtext bestätigte, lehnte ihn das Europäische Parlament am 19. Juli 1994 in dritter Lesung ab [ABl. C 261 19.09.94 S.13]. Die **Vermittlungsverhandlungen** zwischen Rat und Europäischem Parlament hatten zwar bei einzelnen Aspekten zu einer Annäherung der Positionen geführt, letztendlich scheiterten sie jedoch. Das Europäische Parlament verlangte daraufhin am 30. September 1994 [ABl. C 305 31.10.94 S.147] die rasche **Vorlage eines neuen Vorschlags**, der auf den konsensfähigen Punkten basieren sollte. Dieser Aufforderung leistete die Kommission am 1. Februar 1995 Folge *(vgl. Bull. EU 1/2-1994, S.44; Bull. EU 3-1994, S.46; Bull. EU 7/8-1994, S.45f.; Bull. EU 9-1994, S.44; GB 1994, Ziff.403; Bull. EU 1/2-1995, S.68).*

Nach der **Richtlinie 95/62/EG des Europäischen Parlaments und des Rates vom 13. Dezember 1995 [ABl. L 321 30.12.95 S.6]** (Sprachtelefondienstrichtlinie von 1995), die bis zum 13. Dezember 1996 umzusetzen war, hatten die öffentlichen Betreiber ein **Mindestangebot** bereitzustellen, das das Festnetz und den einfachen Sprachtelefondienst umfaßte. Verfügbar sein mußten auch Telefonverzeichnisse, Auskunftsdienste, öffentliche Telefone und ein Zugang zu Notrufdiensten *(zum Universaldienst vgl. S.721).* Bestimmte **fortgeschrittene Dienste** und **Leistungsmerkmale** mußten bei technischer Machbarkeit und Rentabilität zu definitiven Daten offeriert werden (Mehrfrequenzverfahren, Direktwahl, Anrufweiterschaltung, Rufnummernanzeige) bzw. waren (wenn möglich) im Rahmen kommerzieller Vereinbarungen verfügbar zu machen (gemeinschaftsweit: gebührenfreie Dienste, „Kiosk"-Abrechnung, Rufumlegung, automatische Gebührenübernahme, Rufnummernanzeige; Zugang zu Sonder- und Auskunftsdiensten in anderen Mitgliedstaaten); letztere sollten ggf. ebenso zu bestimmten Daten obligatorisch werden können *(vgl. Bull. EU 11-1995, S.49f.; Bull. EU 12-1995, S.101f.; GB 1995, Ziff.433; P. N. Märkl, 1998, S.168f.; E. G. Berger, 2000, S.28f.; Übersicht 79).*

Auf Antrag erhielten sämtliche Nutzer (Diensteanbieter, private Verbraucher) einen **Netzanschluß** und konnten ihre **Endeinrichtungen** anschließen und benutzen; einer entsprechenden Anfrage war unter Angabe des Termins unverzüglich nachzukommen. Zu diesem Zweck mußten die **notwendigen Nutzungs- und Zugangsinformationen** (Name und Anschrift des Unternehmens, technische Merkmale der Schnittstellen, Telefondienste, Tarife, Qualitätsparameter, Wartungsdienst, Antragsverfahren, Standardvertragsbedingungen, Genehmigungsbedingungen, Bedingungen für den Endgeräteanschluß, Zugangs- und Nutzungseinschränkungen, Einführung neuer Dienste und Merkmale, Bedingungen für den Sonderzugang, Kostenrechnungssystem, Numerierungsplan, Bedingungen für Telefonverzeichnisse, Ausgleich und Erstattung, Vergleichsverfahren, Beilegung von Streitigkeiten, Verfahren bei Zahlungsverzug) sowie **Änderungen bestehender und neue Angebote** veröffentlicht werden. Der zwischen dem Netzbetreiber und dem Nutzer geschlossene Vertrag hatte zumindest die Ausgleichs- bzw. Erstattungsregelungen bei unzureichender Qualität, die Möglichkeit einer Vertragsänderung, die Streitbeilegung und die Möglichkeit des Rechtsbehelfs zu spezifizieren. Sollte keine Bereitstellung zu den bekanntgemachten Bedingungen erfolgen, so verlangte dies die **Zustimmung der Regulierungsbehörde**. Anbieter von öffentlichen Sprachtelefon- und Mobilfunkdiensten konnten bei einem zumutbaren Antrag – ggf. gegen Vergütung – an **gesonderten Netzabschlußpunkten** Zugang erhalten (Sonderzugang).

Die Diensteangebote waren für eine angemessene Zeit aufrechtzuerhalten; eine Aufhebung oder wesentliche Änderung konnte nur nach Beratung mit den Nutzern und unter Einhaltung einer Ankündigungsfrist erfolgen. Eine **Beschränkung des Zugangs und der Nutzung** durfte nur unter bestimmten Voraussetzungen erfolgen und mußte von der Regulierungsbehörde fallweise erlaubt werden; bei Verstößen gegen die Nutzungsbedingungen war eine Vorabgenehmigung bestimmter Gegenmaßnahmen zulässig. Die Verfahren hatten transparent zu sein, unter Beteiligung beider Parteien durchgeführt zu werden und einen Rechtsbehelf vorzusehen. Der **Anschluß von Endeinrichtungen** konnte bei Nichteinhaltung der Zulassungsbedingungen, Funktionsstörungen, einer Gefährdung der Netzintegrität oder der Gesundheit untersagt werden (Unterbrechung der Bereitstellung des Dienstes). Einschränkungen des Zugangs und der Nutzung des Netzes waren auch unter Berufung auf **grundlegende Anforderungen** (Sicherheit des Netzbetriebs in Notsituationen; Aufrechterhaltung der Netzintegrität zum Schutz von Einrichtungen, Software oder Daten; Interoperabilität von Diensten; Datenschutz) möglich. Ferner waren Limitierungen aufgrund **besonderer oder ausschließlicher Rechte** statthaft. Unterbrechungen oder Abschaltungen infolge von Zahlungsverzug waren auf ein Mindestmaß zu begrenzen und nur nach vorheriger Mahnung gestattet. Eine Einengung oder Verweigerung des **Sonderzugangs** bedurfte einer Begründung und der Zustimmung der Regulierungsbehörde; diese konnte auch von sich aus Bedingungen festlegen oder kontrollieren sowie den Abschluß und die Einhaltung der Verträge überprüfen.

Für die **Indikatoren der Dienstequalität** (Bereitstellungsfrist, Fehlerrate, Reparaturzeit, erfolgloser Verbindungsaufbau, Verzögerungen beim Verbindungsaufbau, Übertragung, Reaktionszeiten bei Sonderdiensten, Anteil öffentlicher Münz- und Kartentelefone, Genauigkeit der Abrechnung) waren aufgrund von **Definitionen und Meßverfahren** nationale Ziele festzulegen und zu veröffentlichen; ggf. sollten gemeinsame **Ziel- und Terminvorgaben** folgen. Die **Tarife für die Nutzung** des öffentlichen Netzes und des Sprachtelefondienstes mußten transparent und kostenorientiert sein, wobei die Vorgaben der Regulierungsbehörde im Zusammenhang mit dem Universaldienst und der Raumplanung zu beachten waren; Änderungen durften erst nach einer Ankündigungsfrist vorgenommen werden. Die Tarife für den Zugang zum Netz und seine Nutzung hatten unabhängig von der konkreten Anwendung zu sein; die Preise für zusätzliche Leistungsmerkmale waren hinreichend aufzugliedern. Als **Elemente der Tarife** sollten eine einmalige Anschlußgebühr, eine regelmäßige Mietgebühr und ein nutzungsabhängiger Bestandteil zur Anwendung kommen. Mengenrabattsysteme waren ebenso zulässig wie ermäßigte Tarife für verkehrsschwache Zeiten. Der schrittweise (ggf. nach gemeinsamen Zielen und Fristen) einzuführende **Einzelgebührennachweis** konnte unterschiedliche kostenpflichtige Detailgrade umfassen. Bis zum 31. Dezember 1996 (mit der Option eines Aufschubs) hatten die öffentlichen Netzbetreiber ein akzeptables **Kostenrechnungssystem** einzuführen; eine Beschreibung war auf Anforderung bereitzustellen (Hauptkostengruppen, Einzel- und Gemeinkosten in bezug auf den Sprachtelefondienst, Umlegungsverfahren). Das Kostenrechnungssystem und der Rechnungsabschluß waren regelmäßig zu überprüfen. Außerdem sollten Normen für **europaweit nutzbare Telefonkarten** und entsprechende Netzschnittstellen sowie für **neue Netzzugangsarten** entwickelt und ein **Vergleichs- bzw. Streitbeilegungsverfahren** (national: Regulierungsbehörde oder unabhängige Stelle; international: Regulierungsbehörde und Kommission, ONP-Ausschuß, gemeinsame Arbeitsgruppe) [ABl. C 238 05.08.97 S.5] geschaffen werden.

2.3.3.3 Anpassungen der Rahmen-, Mietleitungs- und Sprachtelefondienstrichtlinie von 1997 und 1998

Rahmenregelungen

Nach der bis Ende 1997 umzusetzenden **Richtlinie 97/51/EG des Europäischen Parlaments und des Rates vom 6. Oktober 1997 [ABl. L 295 29.10.97 S.23]**, die den Regelungsbereich der ONP-Rahmenrichtlinie änderte, bestand der Zweck des ONP-Konzepts nun in der Sicherstellung eines Mindestangebots an Diensten, der Gewährleistung des Zugangs zu öffentlichen Netzen und Diensten, der Zusammenschaltung, der Festlegung und Förderung harmonisierter technischer Schnittstellen, Normen und Spezifikationen sowie der Sicherstellung des Universaldienstes. Reformiert wurden die ONP-Bedingungen für die Bereitstellung der Netzkapazität, die Nutzung von Netzen und Diensten sowie den Frequenzzugang; harmonisierte Konditionen konnten auch für die Numerierung, Adressierung und Namensgebung festgelegt werden *(vgl. Bull. EU 11-1995, S.48; Bull. EU 7/8-1996, S.74; Bull. EU 1/2-1997, S.52f.; Bull. EU 7/8-1997, S.59; St. Polster, 1999, S.50ff.; E. G. Berger, 2000, S.26f.; Übersicht 79).*

Mietleitungen

Die geltenden Regelungen für den Zugang zu und das Angebot eines Mindestumfangs an Mietleitungen wurden mit der **Richtlinie 97/51/EG** nur in wenigen Punkten geändert. Die Verpflichtungen sollten jetzt möglichst nur noch für Unternehmen mit einem Anteil am Marktsegment von mindestens 25 % gelten, wobei die Anwendung auf wenigstens ein nationales Unternehmen sicherzustellen war. Die Veröffentlichung von Änderungen bestehender und von neuen Angeboten hatte in einer angemessenen Frist zu erfolgen. Außer einem verpflichtenden Mindestangebot, das nachträglich mit der **Entscheidung 98/80/EG der Kommission vom 7. Januar 1998 [ABl. L 014 20.01.98 S.27]** nochmals angepaßt wurde, war auch eine Förderung der Bereitstellung zusätzlicher Mietleitungstypen vorgesehen. Die Vorgaben für die Tarifbildung galten nicht, sofern keine beträchtliche Marktmacht vorhanden war; bei funktionstüchtigem Wettbewerb konnten sie ausgesetzt werden *(vgl. Bull. EU 11-1995, S.48; Bull. EU 7/8-1996, S.74; Bull. EU 1/2-1997, S.52f.; Bull. EU 7/8-1997, S.59; St. Polster, 1999, S.53 ff.; E. G. Berger, 2000, S.27f.).*

Sprachtelefondienste

Die **Richtlinie 98/10/EG des Europäischen Parlaments und des Rates vom 26. Februar 1998 [ABl. L 101 01.04.98 S.24]** (Sprachtelefondienstrichtlinie von 1998) ersetzte zum 30. Juni 1998 vollständig die ältere Fassung von 1995, nahm allerdings nur in einigen Aspekten Änderungen vor. Insbesondere erfolgte dabei eine detaillierte Regelung des **Universaldienstes** in bezug auf Umfang, Tarifierung und Finanzierung *(vgl. S.724)*. Zu gewährleisten war auf jeden Fall der Zugang zu Vermittlungs-, Hilfs- und Auskunftsdiensten. Für die **fortgeschrittenen Dienste und Leistungsmerkmale** galt nun: Gewährleistung von Mehrfrequenzwahl, Einzelgebührenerfassung (unterschiedliche Detailniveaus auch kostenlos) und selektiver Anrufsperre für abgehende Gespräche für einen Großteil der Nutzer bis Ende 1998 und flächendeckend bis Ende 2001; zu den fakultativen zusätzlichen Merkmalen zählten kostenteilige Dienste, aber nicht mehr die gemeinschaftsweite Umlegung und automatische Gebührenübernahme; bei fehlender Nummernübertragbarkeit konnte übergangsweise die Rufweiterleitung oder eine Mitteilung der neuen Nummer an den Anrufer vorgesehen werden. Neugefaßt wurden die **Publizitätspflichten** (Umfang, Differenzierung nach Unternehmenstätigkeit und ordnungspolitischem Rahmen). Die Bestimmungen zur **Aufrechterhaltung und Aufhebung von Angeboten** sowie zu den **Ausnahmen von veröffentlichten Bedingungen** waren nur noch bei Vorliegen besonderer oder ausschließlicher Rechte anwendbar. Bestimmte Vorgaben (Auskunfts-, Vermittlungs- und Hilfsdienste, Teilnehmerverzeichnisse, Notrufdienste, vertragliche Regelung, Informationen über Geschäftsbedingungen) wurden auf **Mobilfunknetze und -dienste** ausgeweitet *(vgl. Bull. EU 9-1996, S.40f.; GB 1996, Ziff.418; Bull. EU 6-1997, S.82; GB 1997, Ziff.508; K.-D. Ordemann, 1997, S.110f.; Bull. EU 1/2-1998, S.66; GB 1998, Ziff.469; A. Bartosch, 1999, S.422f.; St. Polster, 1999, S.56ff.; E. G. Berger, 2000, S. 33f.).*

Bei der **Qualitätsregulierung** erfolgte eine obligatorische Fixierung und Veröffentlichung von Zielvorgaben nur noch für Unternehmen mit besonderen oder ausschließlichen Rechten. Lag beträchtliche Marktmacht vor oder bestand eine Verpflichtung zur Erbringung von Universaldiensten, so war die Festlegung – ggf. in Einzelgenehmigungen – fakultativ; entsprechende Informationen mußten jedoch bereitgehalten sowie auf

Antrag vorgelegt und geprüft werden können. Bei fortdauernder Nichteinhaltung bestand die Möglichkeit besonderer Maßnahmen. Der Parameter „Übertragungsqualität" wurde gestrichen; gemäß der **Entscheidung 2001/22/EG der Kommission vom 22. Dezember 2000 [ABl. L 005 10.01.2001 S.12]** konnte angesichts der hohen Qualität von digitalen Festnetzen auch auf die Messung der Kennwerte „Häufigkeit des erfolglosen Verbindungsaufbaus" und „Verbindungsaufbauzeit" verzichtet werden. Die **Tarifgrundsätze** brauchten bei ausreichendem Wettbewerb nicht befolgt zu werden; die Rabattsysteme hatten lediglich noch die allgemeinen Prinzipien zu erfüllen.

2.3.3.4 Zusammenschaltung und Interoperabilität

Unter Zusammenschaltung (*interconnection*) versteht man über den reinen Zugang zu und die Nutzung von Infrastrukturen hinaus die **physische und logische Verknüpfung** von Netzen. Da alle Unternehmen im Zuge der vollständigen Liberalisierung ihre eigenen Infrastrukturen errichten und betreiben konnten, mußte auch die gegenseitige Nutzung von Netzen gewährleistet werden, um eine **Parallelerrichtung von Infrastrukturen** und eine damit verbundene Ressourcenverschwendung zu vermeiden. Zugleich wurden mit der Zusammenschaltung die Kommunikation zwischen Kunden unterschiedlicher Netzbetreiber, der Zugang zu Diensten anderer Anbieter, die Interoperabilität von Diensten und die Erbringung von Universaldiensten gewährleistet. Die Notwendigkeit und die inhaltliche Ausgestaltung von **Regelungen zur Zusammenschaltung** waren deshalb auch zentrale Aspekte der Grünbücher zum Mobilfunk vom April 1994 und zur Telekommunikationsinfrastruktur vom Januar 1995 sowie der nachfolgenden Konsultationen und Ratsentschließungen *(vgl. S.672, 679; zur Regelung der Zusammenschaltung in ausgewählten Staaten W. Neu u. a., 1993).*

Vorgaben der Liberalisierungs- und Harmonisierungsrichtlinien

Die **ONP-Sprachtelefondienstrichtlinie** enthielt bis zu ihrer Neufassung im Jahre 1998 die Vorschrift, daß zumutbaren Anträgen auf Zusammenschaltung mit dem öffentlichen Festnetz durch andere öffentliche Fest- und Mobilfunknetzbetreiber stattzugeben war; die Einzelheiten mußten vertraglich geregelt werden. Die Ablehnung eines Antrags bedingte die **Zustimmung der Regulierungsbehörde**; diese konnte auch Konditionen festlegen, überprüfen und ändern sowie den Abschluß und die Einhaltung des Vertrags überwachen. Unterschiedliche Vergütungen aufgrund **abweichender Betriebsbedingungen** hatten bestimmten Kriterien zu genügen und durften nur nach Genehmigung der Regulierungsbehörde erhoben werden.

Gemäß der **Kabelrichtlinie** war bis zum 30. September 1996 die Zusammenschaltung von Kabelfernsehnetzen mit öffentlichen Telekommunikationsnetzen (insbesondere Mietleitungen) sowie die direkte Zusammenschaltung von Kabelfernsehnetzen untereinander zu gewährleisten. Aufgrund der **Mobilfunkrichtlinie** war der Kommission die Aufhebung von Beschränkungen bei der direkten Zusammenschaltung zwischen Mobilfunknetzen untereinander sowie zwischen Mobilfunk- und Festnetzen bis zum 15. November 1996 mitzuteilen. Der Zugang zur notwendigen Anzahl von Anschluß-

Übersicht 79: Netzzugang, Zusammenschaltung und Interoperabilität zwischen 1995 und 2000

ONP-Sprachtelefondienste

Richtlinie 95/62/EG des Europäischen Parlaments und des Rates vom 13. Dezember 1995 zur Einführung des offenen Netzzugangs (ONP) beim Sprachtelefondienst [ABl. L 321 30.12.95 S.6] — Rechtsetzung auf der Grundlage des Art. 100 a (95) EGV, auf Vorschlag der Kommission [ABl. C 122 18.05.95 S.4; KOM (95) 575 endg.] und nach Stellungnahme des WSA [ABl. C 236 11.09.95 S.38]; Stellungnahme des EP [ABl. C 151 19.06.95 S.27], gemeinsamer Standpunkt des Rates [ABl. C 281 25.10.95 S.19], Beschluß des EP [ABl. C 308 20.11.95 S.112] und Beschluß des Rates im Rahmen des Verfahrens der Mitentscheidung — Aufnahme in den Anhang XI des EWR-Abkommens durch den Beschluß 25/98 des Gemeinsamen EWR-Ausschusses [ABl. L 310 19.11.98 S.6]

Richtlinie 98/10/EG des Europäischen Parlaments und des Rates vom 26. Februar 1998 über die Anwendung des offenen Netzzugangs (ONP) beim Sprachtelefondienst und den Universaldienst im Telekommunikationsbereich in einem wettbewerbsorientierten Umfeld [ABl. L 101 01.04.98 S.24] — Rechtsetzung auf der Grundlage des Art. 100 a (95) EGV, auf Vorschlag der Kommission [ABl. C 371 09.12.96 S.22; ABl. C 248 14.08.97 S.13; KOM (97) 531 endg.] und nach Stellungnahme des WSA [ABl. C 133 28.04.97 S.40]; Stellungnahme des EP [ABl. C 085 17.03.97 S. 126], gemeinsamer Standpunkt des Rates [ABl. C 234 01.08.97 S.87], Beschlüsse des EP [ABl. C 304 06.10.97 S.82; ABl. C 056 23.02.98 S.17] und Beschluß des Rates im Rahmen des Verfahrens der Mitentscheidung — Aufnahme in den Anhang XI des EWR-Abkommens durch den Beschluß 35/1999 des Gemeinsamen EWR-Ausschusses [ABl. L 266 19.10.2000 S.22]

Entscheidung 2001/22/EG der Kommission vom 22. Dezember 2000 zur Änderung des Anhangs III der Richtlinie 98/10/EG des Europäischen Parlaments und des Rates vom 26. Februar 1998 über die Anwendung des offenen Netzzugangs (ONP) beim Sprachtelefondienst und den Universaldienst im Telekommunikationsbereich in einem wettbewerbsorientierten Umfeld [ABl. L 005 10.01.2001 S.12] — Aufnahme in den Anhang XI des EWR-Abkommens durch den Beschluß 46/2001 des Gemeinsamen EWR-Ausschusses [ABl. L 158 14.06.2001 S.60]

ONP-Rahmenregelungen und Mietleitungen

Richtlinie 97/51/EG des Europäischen Parlaments und des Rates vom 6. Oktober 1997 zur Änderung der Richtlinien 90/387/EWG und 92/44/EWG des Rates zwecks Anpassung an ein wettbewerbsorientiertes Telekommunikationsumfeld [ABl. L 295 29.10.97 S.23] — Rechtsetzung auf der Grundlage des Art. 100 a (95) EGV, auf Vorschlag der Kommission [ABl. C 062 01.03.96 S.3; ABl. C 291 04.10.96 S.18; KOM (97) 32 endg.] und nach Stellungnahme des WSA [ABl. C 204 15.07.96 S.14]; Stellungnahme des EP [ABl. C 166 10.06.96 S.87], gemeinsamer Standpunkt des Rates [ABl. C 315 24.10.96 S.41], Beschlüsse des EP [ABl. C 020 20.01.97 S.55; ABl. C 286 22.09.97 S.83] und Beschluß des Rates im Rahmen des Verfahrens der Mitentscheidung — Aufnahme in den Anhang XI des EWR-Abkommens durch den Beschluß 31/98 des Gemeinsamen EWR-Ausschusses [ABl. L 310 19.11.98 S.17]

Entscheidung 98/80/EG der Kommission vom 7. Januar 1998 zur Änderung des Anhangs II der Richtlinie 92/44/EWG des Rates [ABl. L 014 20.01.98 S.27] — Aufnahme in den Anhang XI des EWR-Abkommens durch den Beschluß 92/98 des Gemeinsamen EWR-Ausschusses [ABl. L 189 22.07.1999 S.66]

Zusammenschaltung und Interoperabilität

Richtlinie 95/51/EG der Kommission vom 18. Oktober 1995 zur Änderung der Richtlinie 90/388/EWG hinsichtlich der Aufhebung der Einschränkungen bei der Nutzung von Kabelfernsehnetzen für die Erbringung bereits liberalisierter Telekommunikationsdienste [ABl. L 256 26.10.95 S.49] i. d. F. der Berichtigung [ABl. L 308 29.11.96 S.59]

Richtlinie 96/2/EG der Kommission vom 16. Januar 1996 zur Änderung der Richtlinie 90/388/EWG betreffend die mobile Kommunikation und Personal Communications [ABl. L 020 26.01.96 S.59]
Richtlinie 96/19/EG der Kommission vom 13. März 1996 zur Änderung der Richtlinie 90/388/EWG hinsichtlich der Einführung des vollständigen Wettbewerbs auf den Telekommunikationsmärkten [ABl. L 074 22.03.96 S.13]
Richtlinie 97/33/EG des Europäischen Parlaments und des Rates vom 30. Juni 1997 über die Zusammenschaltung in der Telekommunikation im Hinblick auf die Sicherstellung eines Universaldienstes und der Interoperabilität durch Anwendung der Grundsätze für einen offenen Netzzugang (ONP) [ABl. L 199 26.07.97 S.32] — Rechtsetzung auf der Grundlage des Art. 100 a (95) EGV, auf Vorschlag der Kommission [ABl. C 313 24.11.95 S.7; ABl. C 178 21.06.96 S.3; KOM (96) 535 endg.] und nach Stellungnahme des WSA [ABl. C 153 28.05.96 S.21]; Stellungnahme des EP [ABl. C 065 04.03.96 S.69], gemeinsamer Standpunkt des Rates [ABl. C 220 29.07.96 S. 13], Beschluß des EP [ABl. C 320 28.10.96 S.138], Beschluß des Rates und Beschluß des EP [ABl. C 200 30.06.97 S.67] im Rahmen des Verfahrens der Mitentscheidung — Aufnahme in den Anhang XI des EWR-Abkommens durch den Beschluß 7/1999 des Gemeinsamen EWR-Ausschusses [ABl. L 035 10.02.2000 S.37]
Empfehlung 98/195/EG der Kommission vom 8. Januar 1998 zur Zusammenschaltung in einem liberalisierten Telekommunikationsmarkt (Teil 1 – Zusammenschaltungsentgelte) [ABl. L 073 12.03.98 S.42] — Aufnahme in den Anhang XI des EWR-Abkommens durch den Beschluß 93/98 des Gemeinsamen EWR-Ausschusses [ABl. L 189 22.07.1999 S.67]
Empfehlung 98/322/EG der Kommission vom 8. April 1998 zur Zusammenschaltung in einem liberalisierten Telekommunikationsmarkt (Teil 2 – Getrennte Buchführung und Kostenrechnung) [ABl. L 141 13.05.98 S.6] — Aufnahme in den Anhang XI des EWR-Abkommens durch den Beschluß 111/98 des Gemeinsamen EWR-Ausschusses [ABl. L 277 28.10.1999 S.48]
Empfehlung 98/511/EG der Kommission vom 29. Juli 1998 zur Änderung der Empfehlung 98/195/EG zur Zusammenschaltung in einem liberalisierten Telekommunikationsmarkt (Teil 1 – Zusammenschaltungsentgelte) [ABl. L 228 15.08.98 S.30] — Aufnahme in den Anhang XI des EWR-Abkommens durch den Beschluß 120/98 des Gemeinsamen EWR-Ausschusses [ABl. L 297 18.11.1999 S.49]
Empfehlung 2000/263/EG der Kommission vom 20. März 2000 zur Änderung der Empfehlung 98/195/EG zur Zusammenschaltung in einem liberalisierten Telekommunikationsmarkt (Teil 1 – Zusammenschaltungsentgelte) [ABl. L 083 04.04.2000 S.30] — Aufnahme in den Anhang XI des EWR-Abkommens durch den Beschluß 67/2000 des Gemeinsamen EWR-Ausschusses [ABl. L 250 05.10.2000 S.50]
Empfehlung 2002/175/EG der Kommission vom 22. Februar 2002 zur Änderung der Empfehlung 98/195/EG, zuletzt geändert durch die Empfehlung 2000/263/EG, zur Zusammenschaltung in einem liberalisierten Telekommunikationsmarkt (Teil 1 – Zusammenschaltungsentgelte) [ABl. L 058 28.02.2002 S.56] — Aufnahme in den Anhang XI des EWR-Abkommens durch den Beschluß 104/2002 des Gemeinsamen EWR-Ausschusses [ABl. L 298 31.10.2002 S.21]

punkten an das öffentliche Festnetz sollte durch die Bereitstellung geeigneter Schnittstellen und die Aufnahme der Verpflichtung in die Lizenz garantiert werden. Die Zusammenschaltungsbedingungen bzw. -entgelte mußten diskriminierungsfrei, kostenorientiert, verhältnismäßig und transparent sein. Die Regulierungsbehörden hatten bei Beschwerden Zugang zu den Zusammenschaltungsvereinbarungen zu erhalten; die Kommission mußte auf Verlangen Einsicht bekommen. Nach der **Richtlinie über den vollständigen Wettbewerb** galten für die Bedingungen der Zusammenschaltung mit dem öffentlichen Telekommunikationsnetz und dem Sprachtelefondienst die gleichen Kriterien. Die grundlegenden funktionellen Komponenten des Sprachtelefondienstes und der Netze (einschließlich der Zusammenschaltungspunkte und Schnittstellen) mußten bis zum 1. Juli 1997 veröffentlicht werden. Neue Anbieter sollten im Rahmen kommerzieller Verhandlungen Vereinbarungen im Hinblick auf einen besonderen Netzzugang bzw. hinsichtlich ihrer besonderen Bedürfnisse abschließen dürfen. Falls nach einem bestimmten Zeitraum kein Ergebnis erzielt wurde, hatte die Regulierungsbehörde nach einer angemessenen Frist eine begründete Entscheidung mit den notwendigen finanziellen und betrieblichen Bedingungen und Anforderungen zu erlassen. Das Kostenrechnungssystem sollte eine Feststellung der für die Bestimmung von Zusammenschaltungspreisen maßgeblichen Elemente ermöglichen *(vgl. C. Hocepied, 1996, S.15f.; P. N. Märkl, 1998, S.170f.; St. Polster, 1999, S.39, 91f.)*.

Zusammenschaltungsrichtlinie

Obwohl die Kommission bereits am 19. Juli 1995 einen ersten Vorschlag für eine entsprechende Richtlinie unterbreitet hatte, zog sich der Rechtsetzungsprozeß über fast zwei Jahre hin. Erst nach Abschluß eines Schlichtungsverfahrens konnte die **Richtlinie 97/33/EG des Europäischen Parlaments und des Rates vom 30. Juni 1997 [ABl. L 199 26.07.97 S.32]** (Zusammenschaltungsrichtlinie) verabschiedet werden, die bis zum 31. Dezember 1997 umzusetzen war, wobei für bestimmte Verpflichtungen zusätzliche Übergangsfristen galten *(vgl. Bull. EU 7/8-1995, S.53; GB 1995, Ziff.431; Bull. EU 3-1996, S.56f.; Bull. EU 11-1996, S.55; GB 1996, Ziff.420; Bull. EU 6-1997, S.81; GB 1997, Ziff.509; Übersicht 79)*.

Grundsätzlich sollte einer **privaten Aushandlung** von kommerziellen und technischen Zusammenschaltungsvereinbarungen Vorrang gegeben werden und keine Beschränkung der Vertragsfreiheit vorgenommen werden; die Wettbewerbsregeln und sonstige gemeinschaftliche Vorschriften waren jedoch zu berücksichtigen. Die Mitgliedstaaten hatten ihrerseits eine angemessene und effiziente Zusammenschaltung der öffentlichen Netze (Festnetze, Mietleitungen, Mobilfunknetze) sicherzustellen. Bestimmte Unternehmen, wie öffentliche Netzbetreiber mit Kontrolle der Netzabschlußpunkte, Anbieter von Mietleitungen und von internationalen Drittstaatenleitungen mit besonderen oder ausschließlichen Rechten sowie zur Zusammenschaltung befugte Diensteanbieter, hatten das **Recht und** bei entsprechender Nachfrage die ggf. zeitlich begrenzte **Pflicht zur Aushandlung** von Vereinbarungen [ABl. C 112 23.04.1999 S.2]. Anbieter öffentlicher Netze und Dienste mit beträchtlicher Marktmacht (Marktanteil von mindestens 25 %, Berücksichtigung weiterer Einflußgrößen, Möglichkeit anderer Schwellenwerte) mußten **allen Anträgen auf Netzzugang stattgeben**. Dabei waren die Grundsätze der Diskriminierungsfreiheit (Bedingungen, Qualität) und Transparenz (Informationsbereitstellung, Spezifikationen, Vereinbarungen, Entgelte, Geschäftsbedingungen, Beiträge zum Universaldienst) einzuhalten *(vgl. M. Bock u. a., 1998, S.473ff.; P. N. Märkl, 1998, S.172ff.; Th. Hart, 1999, S.248ff.; St. Polster, 1999, S.58 ff.; E. G. Berger, 2000, S.31 f., 69 ff., 78 ff., 98 ff.; zu den Zusammenschaltungsvereinbarungen L. Gramlich, 1997, S.65ff.; P. N. Märkl, 1998, S.41ff., 59ff.; G. Knieps, 1999a)*.

Die Vorgaben für **Zusammenschaltungsentgelte** *(vgl. S. 717)* und Kostenrechnungssysteme galten für Betreiber öffentlicher Festnetze und Mietleitungsanbieter (zum Teil auch für Mobilfunknetzbetreiber) mit beträchtlicher Marktmacht. Die Preisberechnung hatte sich an den Grundsätzen der Transparenz und Kostenorientiertheit auszurichten, wobei eine vertretbare Investitionsrendite zulässig war. In einem **Standardzusammenschaltungsangebot** waren die Einzelelemente mit den jeweiligen Geschäftsbedingungen und Tarifen (Entgelte für erstmalige Bereitstellung, laufende Miete, variable Entgelte für die Verkehrsübermittlung sowie für Hilfs- und Zusatzdienste) aufzugliedern, um eine Entbündelung zu gewährleisten [ABl. C 112 23.04. 1999 S.2]. In diesem Zusammenhang mußten geeignete **Kostenrechnungssysteme** (Kostenstandard und -grundlagen, Kostenelemente, Kostenzurechnung, Buchführungsregeln) entwickelt werden *(vgl. S. 718)*. Öffentliche Netzbetreiber und Diensteanbieter hatten andere Tätigkeiten, für die sie besondere oder ausschließliche Rechte besaßen, getrennt auszuweisen oder dafür eigene Tochtergesellschaften zu gründen *(vgl. S. 697)*; sofern bei öffentlichen Festnetzen und Mietleitungsdiensten beträchtliche Marktmacht vorlag und der Jahresumsatz 20 Mio. ECU überschritt, war eine **getrennte Buchführung** für Zusammenschaltungs- und sonstige Dienste obligatorisch. Die Finanzberichte mußten einer Rechnungsprüfung unterzogen werden. **Sonstige Regelungsbereiche** waren die Kollokation und die gemeinsame Nutzung von Einrichtungen *(vgl. S. 751)*, die Numerierung *(vgl. S. 746)*, die zu beachtenden grundlegenden Anforderungen, die Normung, das zwischenstaatliche Streitbeilegungsverfahren und die Zusammenschaltung mit Drittlandsunternehmen *(vgl. E. G. Berger, 2000, S. 124 ff., 141 ff., 153 f.; zu den Zusammenschaltungsentgelten z. B. P. N. Märkl, 1998, S. 54 ff.; Th. Hart, 1999, S. 238 ff.; M. Ewers, 2002)*.

Hinsichtlich der Regelung der Zusammenschaltung wurden den **Regulierungsbehörden** zahlreiche neue Aufgaben zugewiesen: **Förderung und Sicherung** der Zusammenschaltung (Netzzugang, Wettbewerb, Kommunikationsmöglichkeit, Interoperabilität, Universaldienst, transeuropäische Netze und Dienste); **Vorabregelung allgemeiner Bedingungen** (Zugang, Liefer- und Nutzungsbedingungen, Tarife, Dienstequalität, Finanzierung des Universaldienstes, grundlegende Anforderungen, technische Bedingungen, Normen, Numerierung, gemeinsame Nutzung von Einrichtungen und Kollokation, Veröffentlichungspflichten, Streitbeilegung) [ABl. C 112 23.04. 1999 S.2]; **Tätigwerden von sich aus oder auf Anfrage** einer Partei (Gesamtprüfung, Kontrolle bestimmter Aspekte, spezifische Bedingungen, Änderung von Vereinbarungen, Verhandlungsfristen, Streitbeilegung, Zusammenschaltungsanordnung); Gewährleistung der **Veröffentlichung von Informationen** (Standardangebote, allgemeine und spezifische Bedingungen); Weiterleitung von **Angaben an die Kommission** (Anbieter öffentlicher Netze und Dienste mit beträchtlicher Marktmacht [ABl. C 112 23.04.1999 S.2; ABl. C 066 01.03.2001 S.2; ABl. C 320 20.12.2002 S.4], Unternehmen mit Rechten und Pflichten bezüglich der Aushandlung von Vereinbarungen).

Kommissionsempfehlung zu den Zusammenschaltungsentgelten

Mit der **Empfehlung 98/195/EG vom 8. Januar 1998 [ABl. L 073 12.03.98 S.42]**, nachfolgend geändert durch die **Empfehlungen 98/511/EG vom 29. Juli 1998 [ABl.**

L 228 15.08.98 S.30] und **2000/263/EG vom 20. März 2000 [ABl. L 083 04.04.2000 S.30]**, sowie der Mitteilung 98/C 84/03 [ABl. C 084 19.03.98 S.3] gab die Kommission den Mitgliedstaaten Leitlinien für die Festsetzung der Zusammenschaltungsentgelte für die Anrufzustellung in den Netzen marktbeherrschender Betreiber an die Hand. Maßstab sollte die Deckung der einmaligen zusätzlichen Kosten für den Netzanschluß sowie der zusätzlichen Kapazitätskosten sein; diesbezüglich wurde die Zulässigkeit der **Einbeziehung bestimmter Kostenkategorien** betrachtet: Teilnehmeranschlußleitung (über Grundgebühr des Kunden abgedeckt), nicht vermittelte Anrufe (ursachenabhängig, bei mangelnder Netzkapazität Kosten vom Betreiber zu tragen), Anrufeinrichtung (nur bei Nachweis, sonst Abrechnung nach Anrufdauer), Endkundentarife (abzulehnen). Als **Idealmethode** befürwortete die Kommission eine Berechnung auf der Basis zukunftsrelevanter langfristiger durchschnittlicher inkrementeller Kosten (LRAIC), ggf. mit Zuschlägen zur Abdeckung der Gemeinkosten. Übergangsweise sollte jedoch eine Festsetzung aufgrund der „**besten gegenwärtigen Praxis**" (Entgelte in den drei Mitgliedstaaten mit den niedrigsten Preisen) erfolgen (Angaben in Eurocent pro Minute bei einem Anruf von drei Minuten zu Spitzenzeiten):

— auf *lokaler Ebene*: 0,6 bis 1,0 (ab 1998); 0,5 bis 1,0 (ab 1999); 0,5 bis 0,9 (ab 2000);
— für *Einfachtransit-Verbindungen* (Stadtgebiete): 0,9 bis 1,8 (ab 1998); 0,8 bis 1,6 (ab 1999); 0,8 bis 1,5 (ab 2000);
— für *Doppeltransit-Verbindungen* (Inland, über 200 km): 1,5 bis 2,6 (ab 1998); 1,5 bis 2,3 (ab 1999); 1,5 bis 1,8 (ab 2000).

Bei höheren Entgelten konnten eine Rechtfertigung verlangt und Änderungen verfügt werden. Hinsichtlich der Vermittlung des internationalen Verkehrs waren die Bedingungen und die Tarife für den Übertragungsweg zwischen dem Zusammenschaltungspunkt und der Grenze getrennt auszuweisen; für solche Unternehmen galt keine Genehmigungs- und Niederlassungspflicht, und es durften keine Abgaben zum Ausgleich von Zugangsdefiziten oder Universaldienstverpflichtungen erhoben werden. Da die Zusammenschaltungsentgelte zwischen 1999 und 2001 deutlich gesunken und zunehmend Kostenrechnungssysteme eingeführt worden waren, hob die **Empfehlung 2002/175/EG der Kommission vom 22. Februar 2002 [ABl. L 058 28.02.2002 S.56]** die Regelungen zur „besten gegenwärtigen Praxis" auf. Ergänzend hatte die Kommission am 25. November 1999 mit der Empfehlung C (1999) 3863 auch Hinweise zur Ermittlung von Zusammenschaltungsentgelten für Mietleitungen auf einem liberalisierten Telekommunikationsmarkt formuliert *(vgl. Bull. EU 10-1997, S.50; Bull. EU 7/8-1998, S.66; WB 1998, Ziff.78; A. Bartosch, 1999, S.425 f.; Bull. EU 11-1999, S.46; E. G. Berger, 2000, S.130 f.)*.

Kommissionsempfehlung zur getrennten Buchführung und Kostenrechnung

Nach der **Empfehlung 98/322/EG der Kommission vom 8. April 1998 [ABl. L 141 13.05.98 S.6]** mußten marktbeherrschende Unternehmen die Betriebskosten, das Kapital und die Einnahmen in die Bereiche Kernnetz (Vermittlung für andere Betreiber), Ortsanschlußnetz, Einzelkundengeschäft (Endbenutzer) und sonstige Tätigkeiten aufgliedern. Die Anwendung von Transferentgelten diente der Berücksichtigung der internen Nutzung, der Ausgleichszahlungen für die Zugangsdefizite und der Universaldienstabgaben. Bei der Kostenzurechnung waren bestimmte Anforderungen zu befolgen (aktivitätsorientiert nach dem Grundsatz der Kostenverursachung, gesonderter Ausweis von Gemeinkosten, hohe Detailgenauigkeit). Das Netzanlagevermögen hatte nach den Wiederbeschaffungskosten für einen effizienten Betreiber bewertet zu werden (Korrektur durch Effizienzfaktoren). Für jeden Geschäftsbereich sollten gesonderte Bilanzen, Gewinn- und Verlustrechnungen sowie Finanzberichte vorgelegt werden, die durch die Bereitstellung von genauen Abrechnungsinformationen (Durchschnittskosten für Netzkomponenten) zu ergänzen waren *(vgl. A. Bartosch, 1999, S. 426)*.

2.3.4 Universaldienst in der Gemeinschaftspolitik

2.3.4.1 Entwicklung einer gemeinsamen Konzeption bis Mitte 1995

Erste konkrete Ansätze zur Begründung, zu den Zielen und zur **Ausgestaltung des Universaldienstes** finden sich bereits in den Kommissionsmitteilungen vom Oktober 1992 und vom April 1993 zur Situation im Bereich der Telekommunikationsdienste sowie in der Ratsentschließung vom 22. Juli 1993 *(vgl. S.668)*. Angesichts des in einigen Staaten bzw. Regionen **schlechten Angebots** (Hauptanschlüsse, Teilnehmerzahl, Diensteumfang, Verfügbarkeit fortgeschrittener Merkmale, öffentliche Telefone) bei einer **unzureichenden Qualität** (Übertragung und Empfang, Dauer der Bereitstellung und Störungsbehebung) und gleichzeitig **hohen Gebühren** erschien im Hinblick auf die Verbesserung des Verbraucherschutzes ein gemeinschaftliches Handeln dringend erforderlich. Vor allem fürchtete man aber, daß im Zuge der fortschreitenden Liberalisierung und Tarifumstrukturierung der öffentliche Netzbetreiber seinem Versorgungsauftrag aus finanziellen Gründen nicht mehr nachkommen könnte. Ein **gemeinsames Vorgehen** war darüber hinaus auch deshalb geboten, da die uneinheitlichen nationalen Regelungen zu Wettbewerbsverzerrungen zu führen drohten. Außerdem gewannen zunehmend sozial- und regionalpolitische Überlegungen an Bedeutung *(zum Universaldienstkonzept vgl. Ch. B. Blankart u. a., 1994, S.238ff.; M. Cave u. a., 1994; H. Hudson, 1994, S.658ff.; Th. Hart, 1999, S.270ff.; zur historischen Entwicklung H. S. Dordick, 1990, S.223ff.)*.

Auf Initiative des belgischen Ratsvorsitzes präzisierte die Kommission ihre Vorstellungen am 15. November 1993 in der Mitteilung über die Entwicklung des Universaldienstes in einem wettbewerbsorientierten Umfeld [KOM (93) 543 endg.]. Basierend auf den vorhandenen **ONP-Regelungen** sollte ein Konsens über einen ordnungspolitischen Rahmen erzielt werden, der den herausragenden Stellenwert, die Ziele (Gewährleistung des Gemeinwohls, verteilungs- und strukturpolitische Überlegungen) sowie die wesentlichen Grundsätze und Prinzipien (Transparenz, Nichtdiskriminierung, Verhältnismäßigkeit) des Universaldienstes herausarbeiten sollte; die detaillierte Ausgestaltung erfolgte dann durch die Mitgliedstaaten. Nach Auffassung der Kommission war unter einem Universaldienst folgendes zu verstehen: die **flächendeckende Bereitstellung** eines **Mindestangebots** an Diensten (Netzzugang, Sprachtelefondienst, Vermittlungshilfe, Notrufdienste, spezielle gemeinschaftsweite Dienstemerkmale) von **vorgegebener Qualität** zu einem **erschwinglichen Preis** (Kostenorientiertheit, spezielle Tarife für bedürftige Personengruppen) für alle Nutzer.

Im allgemeinen hatte die Grundversorgung über den Markt zu erfolgen. War dies nicht gewährleistet, so sollten bestimmte **öffentliche Netzbetreiber** (im allgemeinen der ehemalige Monopolist) mittels Rechtsvorschriften und / oder über Genehmigungen zur Bereitstellung gezwungen werden. Traten dabei Verluste oder unzumutbare Kostenbedingungen auf, so konnten die Leistungen übergangsweise über eine **Quersubventionierung** aus den reservierten Bereichen finanziert werden. Langfristig war jedoch einer Aufteilung der Lasten zwischen den Anbietern der Vorzug zu geben, wobei die Kommission zur damaligen Zeit die Erhebung von **Zugangsgebühren** favorisierte; auf jeden Fall mußte der gewählte Mechanismus bestimmte Anforderungen erfüllen (Einhaltung der Wettbewerbsregeln, Transparenz, Nichtdiskriminierung, Verhältnismäßigkeit, angemessener Beitrag). Ergänzend waren eine einzelstaatliche oder gemeinschaftliche **Förderung von Randgebieten** denkbar; eine generelle Finanzierung des Universaldienstes aus Steuermitteln stand jedoch nicht zur Diskussion. Weitere Auflagen zur Berücksichtigung der nationalen Besonderheiten (Raumplanung, Situation von Randgebieten, Erfordernisse von Netzen mit beschränkter Ausdehnung) sollten zulässig sein. Außerdem wurde eine Weiterentwicklung des Gesamtkonzepts nach dem technologischen und wirtschaftlichen Fortschritt befürwortet. Als notwendige **Begleitmaßnahmen** bezeichnete die Kommission die Einhaltung der Wettbewerbsregeln, eine kostenorientierte Restrukturierung der Tarife, die Einführung von Kostenrechnungssystemen und eines Schlichtungsverfahrens sowie eine umfassende Regelung der Zusammenschaltung zur Gewährleistung gemeinschaftsweiter Angebote *(vgl. Bull. EG 11-1993, S.43; WB 1993, Ziff.127; St. Polster, 1999, S.66)*.

Der Rat billigte die Vorstellungen in seiner **Entschließung 94/C 48/01 vom 7. Februar 1994 [ABl. C 048 16.02.94 S.1]**; die Kommission fügte die **Erklärung 94/C 48/06 [ABl. C 048 16.02.94 S.8]** hinzu, in der sie die bisher im Rahmen des ONP-Konzepts getroffenen und geplanten Vorschriften erläuterte. Auch das **Europäische Parlament** äußerte sich in einer Entschließung vom 6. Mai 1994 [ABl. C 205 25.07.94 S.551] positiv, sprach sich aber für eine Weiterentwicklung der Grundsätze und eine Klärung der Finanzierung, eine stärkere Verbraucherinformation, eine eindeutige Definition der Aufgaben der Regulierungsbehörden und eine Ausdehnung des Universaldienstkonzepts auf andere Versorgungsbereiche aus (Mitteilung der Kommission vom 11. September 1996 über Leistungen der Daseinsvorsorge in Europa [KOM (96) 443 endg.; ABl. C 281 26.09.96 S.3]) *(vgl. Bull. EG 12-1993, S.64; Bull. EU 5-1994, S.37; GB 1994, Ziff.402; P. Lopes, 1994, S.19f.; Bull. EU 9-1996, S.12f.; Übersicht 80)*. Im zweiten Teil des Grünbuchs über die Liberalisierung der Telekommunikationsinfrastruktur und der Kabelfernsehnetze vom 25. Januar 1995 und der nachfolgenden Konsultation sowie der Ratsentschließung vom 18. September 1995 wurden vor allem die Aspekte des Umfangs, der Kostenermittlung und der Finanzierung (Universaldienstfonds) näher untersucht.

2.3.4.2 Vorgaben der ONP-Sprachtelefondienstrichtlinie von 1995 und der Richtlinie über den vollständigen Wettbewerb

Eine erste **verbindliche Regelung** des Universaldienstes erfolgte dann mit der ONP-Sprachtelefondienstrichtlinie vom Dezember 1995. Sie definierte den Universaldienst implizit als gemeinschaftsweite **Bereitstellung eines Sprachtelefondienstes** mit bestimmten Qualitätsmerkmalen über einen öffentlichen Festnetzanschluß (Eignung für Telefax und Modem) zu transparenten und kostenorientierten Tarifen. Weiterhin zählten dazu die Bereitstellung von Telefonverzeichnissen in gedruckter und elektronischer Form (regelmäßige Aktualisierung, Entscheidung über Eintragung), Auskunftsdienste, öffentliche Telefone, ein gebührenfreier Zugang zu Notrufdiensten sowie die Verfügbarkeit bestimmter Informationen (Preise, Kosten, Qualität, Zielerreichung). Vorgesehen waren auch **Sonderbedingungen** zur Erleichterung des Sprachtelefondienstes für Behinderte und Teilnehmer mit speziellen Bedürfnissen, Sondertarife für aus sozialen Gründen wünschenswerte Dienste (Notrufdienste, Benutzer mit geringem Gesprächsaufkommen, bestimmte Personengruppen) sowie die Förderung neuer Dienstemerkmale *(zur Abgrenzung von Universaldiensten vgl. Th. Hart, 1999, S.275 ff.)*.

Gemäß der Richtlinie über den vollständigen Wettbewerb hatten die Mitgliedstaaten der Kommission die **Anmelde- und Genehmigungsverfahren**, die der Einhaltung der finanziellen Verpflichtungen in bezug auf den Universaldienst dienten, bis zum 1. Januar 1997 vorzulegen und bis zum 1. Juli 1997 zu veröffentlichen. Sonst mußten der Kommission bis zum 11. Januar 1997 die Systeme mitgeteilt werden, nach denen die **Aufteilung der Nettokosten** des Universaldienstes zwischen dem Leistungserbringer und anderen öffentlichen Netzbetreibern erfolgte (Universaldienstfonds, Zugangsgebühren). Die **bisherigen Monopolisten** mußten ihre Tarife bis zum 1. Januar 1998 (oder nach Vorlage eines detaillierten Zeitplans bis zu einem späteren Termin) an die tatsächlichen Kosten anpassen, um die finanzielle Tragbarkeit der Universaldienstlast sicherzustellen; falls die Umstrukturierung nicht bis zum 1. Januar 1998 abgeschlossen wurde, waren regelmäßig Berichte vorzulegen. Die Kommission wollte bis zum 1. Januar 2003 überprüfen, ob die **nationalen Finanzierungssysteme** den Marktzutritt behinderten *(vgl. C. Hocepied, 1996, S.16f.; Kommission, 1996, S.78f.)*.

2.3.4.3 Vorstellungen zur zukünftigen Ausgestaltung des Universaldienstes von 1996

In ihrer Mitteilung vom 13. März 1996 über den Universaldienst in der Telekommunikation im Hinblick auf ein vollständig liberalisiertes Umfeld [KOM (96) 73 endg.] befaßte sich die Kommission auf der Grundlage einer **Bestandsaufnahme** zum Universaldienst (gemeinschaftliche Vorgaben; Umfang, Qualität und Preise in den Mitgliedstaaten) mit zwischenzeitlich aufgetretenen **praktischen Problemen** und **möglichen Lösungen** sowie mit der Weiterentwicklung des Konzepts unter Berücksichtigung der **Erfordernisse der Informationsgesellschaft** *(vgl. Bull. EU 3-1996, S.55 f.; WB 1996, Ziff.118; P. J. J. Welfens u. a., 1996, S.152f., 156f.; St. Polster, 1999, S.68)*:

— Abgrenzung von *Umfang und Qualität* aufgrund der Sprachtelefondienstrichtlinie; gegenwärtig keine Erweiterung (höhere Kosten, Verhinderung von Marktzutritten, Unkenntnis der genauen Präferenzen der Nachfrager, Verschärfung von Unterschieden); regelmäßige Überprüfung und ggf. Anpassung unter Einbeziehung der Verbraucher, da Universaldienst als dynamisches und entwicklungsfähiges Konzept auszulegen ist (Dienste und Einrichtungen für Zwecke des Unterrichts, der Ausbildung, der Gesundheitsfürsorge und der öffentlichen Information); vor einer Entscheidung Untersuchung der Nachfrage und der Verfügbarkeit sowie Beurteilung der sozialen und wirtschaftlichen Wünschbarkeit; ggf. Empfehlungen zu Mindestqualitätszielen; keine gesonderten Maßnahmen für benachteiligte Regionen (Verbesserungen durch den Wettbewerb, nationale und gemeinschaftliche Finanzhilfen); Möglichkeit spezieller Dienste oder Geräte für Behinderte;

— die *Erschwinglichkeit* unterliegt nationaler Definition (Preisregulierung); gemeinsame Prinzipien sind Kostenorientierung und Tarifumstrukturierung; regelmäßige Untersuchungen der Kommission; möglich sind gezielte soziale Komponenten für Bevölkerungsschichten mit geringem Einkommen oder Behinderte sowie nationale Sozialprogramme; gemeinschaftliche Förderung unterschiedlicher Tarifoptionen und Zahlungsmöglichkeiten, des Einzelgebührennachweises und von Maßnahmen zur Ausgabenkontrolle (Anrufsperre, Maximalbetrag, Vorauszahlung); keine Verpflichtung zur Tarifeinheit im Raum, aber Verbot der Quersubventionierung und Sicherstellung der Erschwinglichkeit in abgelegenen oder ländlichen Gebieten;

— *Finanzierung* durch Universaldienstfonds, Zugangsgebühren, Steuern oder öffentlich-private Partnerschaften.

Geplant waren die Vorlage bzw. die Verabschiedung von Rechtsvorschriften (Aktualisierung der ONP-Vorschriften, Zusammenschaltung), die Unterbreitung und Sanktionierung der Genehmigungspläne für neue Anbieter, die Gewährung von Übergangsfristen, eine Mitteilung zur Kostenberechnung und Finanzierung sowie ein Umsetzungsbericht zum Universaldienst. Weitgehende Unterstützung kam vom Rat am 27. Juni 1996, vom **Wirtschafts- und Sozialausschuß** am 25. September 1996 [ABl. C 030 30.01.97 S.22], vom **Europäischen Parlament** am 12. Dezember 1996 [ABl. C 020 20.01.97 S.156] und vom **Ausschuß der Regionen** am 15. Januar 1997 [ABl. C 116 14.04.97 S.33]. Verlangt wurden aber u. a. eine umfassendere Abgrenzung, eindeutigere Gemeinschaftsbestimmungen zur Erschwinglichkeit, ein Konzept für die Förderung benachteiligter Regionen, garantierte Basisdienste für bestimmte Gruppen, eine stärkere Berücksichtigung der Aspekte der Informationsgesellschaft und eine umfassendere Finanzierung (mehr Dienste und Unternehmen) *(vgl. Bull. EU 6-1996, S.107f.; Bull. EU 9-1996, S.42; Bull. EU 12-1996, S.84; Bull. EU 1/2-1997, S.51f.)*.

In einer **weiteren Mitteilung** vom 27. November 1996 über die Bewertungskriterien für nationale Systeme der Kostenrechnung und Finanzierung im Universaldienst in der Telekommunikation und Leitlinien für die Mitgliedstaaten für die Anwendung dieser Systeme [KOM (96) 608 endg.] stellte die Kommission klar, daß diesbezügliche **einzelstaatliche Maßnahmen** nicht verpflichtend sind (keine Nettokosten; Nettokosten stellen keine unzumutbare Belastung dar; zu hoher Verwaltungsaufwand; Finanzierung durch den Staat); hinsichtlich des Verfahrens bestand **Wahlfreiheit** (Universaldienstfonds, Zugangsgebühren). Wurde jedoch ein System eingerichtet, so mußten bestimmte **Prinzipien** erfüllt sein (Vorgaben der Richtlinien, keine Marktzutrittsbeschränkungen, Gewährleistung der Finanzierung, Transparenz, geringer Aufwand, Begünstigung von Effizienz und Innovation); eine Anpassung an die wirtschaftlichen, sozialen und geographischen **Besonderheiten** des Landes war zulässig. Bei einer Finanzierung aus dem Staatshaushalt mußte die Vereinbarkeit mit den gemeinsamen **Beihilferegelungen** gewährleistet sein (Vermeidung von Überkompensationen) *(vgl. Bull. EU 11-1996, S.54; WB 1996, Ziff.119; GB 1998, Ziff.461; St. Polster, 1999, S.68 f.)*.

Übersicht 80: Regelung des Universaldienstes zwischen 1994 und 1998

Entschließung 94/C 48/01 des Rates vom 7. Februar 1994 über die Grundsätze für den Universaldienst im Bereich der Telekommunikation [ABl. C 048 16.02.94 S.1] — Rechtsetzung auf der Grundlage des EGV, auf Vorschlag der Kommission [KOM (93) 543 endg.] und nach Stellungnahme des EP [ABl. C 205 25.07.94 S.551] — Erklärung 94/C 48/06 der Kommission bezüglich der Entschließung des Rates über den universellen Dienst im Bereich der Telekommunikation [ABl. C 048 16.02.94 S.8] — Aufnahme in den Anhang XI des EWR-Abkommens durch den Beschluß 28/94 des Gemeinsamen EWR-Ausschusses [ABl. L 339 29.12.94 S.87]
Richtlinie 95/62/EG des Europäischen Parlaments und des Rates vom 13. Dezember 1995 zur Einführung des offenen Netzzugangs (ONP) beim Sprachtelefondienst [ABl. L 321 30.12.95 S.6]
Richtlinie 96/19/EG der Kommission vom 13. März 1996 zur Änderung der Richtlinie 90/388/EWG hinsichtlich der Einführung des vollständigen Wettbewerbs auf den Telekommunikationsmärkten [ABl. L 074 22.03.96 S.13]
Richtlinie 97/33/EG des Europäischen Parlaments und des Rates vom 30. Juni 1997 über die Zusammenschaltung in der Telekommunikation im Hinblick auf die Sicherstellung eines Universaldienstes und der Interoperabilität durch Anwendung der Grundsätze für einen offenen Netzzugang (ONP) [ABl. L 199 26.07.97 S.32]
Richtlinie 98/10/EG des Europäischen Parlaments und des Rates vom 26. Februar 1998 über die Anwendung des offenen Netzzugangs (ONP) beim Sprachtelefondienst und den Universaldienst im Telekommunikationsbereich in einem wettbewerbsorientierten Umfeld [ABl. L 101 01.04.98 S.24]

Darüber hinaus formulierte die Kommission eigene Bewertungskriterien und darauf aufbauend Leitlinien für die Kontrolle durch die nationalen Regulierungsbehörden. Der **nationalen Zuständigkeit** unterlagen folgende Aspekte: Auferlegung von Verpflichtungen oder Bereitstellung über den Markt; Ausschreibung der Verpflichtung oder Wahlrecht zwischen finanziellem Beitrag und Bereitstellung (*pay or play*); Tarifregulierung (Erschwinglichkeit, Kostenorientierung, Tarifeinheit im Raum); Anzahl der Verpflichteten; Differenzierung nach Regionen und Diensten; Durchsetzung der Auflagen und Verwaltungsverfahren. Für die **Kostenermittlung** gelten die grundsätzlichen Prinzipien; die Berechnung sollte auf der Basis der LRAIC (Kostensteigerungen abzüglich Erlöswachstum) erfolgen. Maßgebliche **Elemente** waren die unwirtschaftlichen Dienste (Notrufdienste, öffentliche Telefone, Dienste für bestimmte Bevölkerungsgruppen) und die Dienste für unwirtschaftliche Kunden (gemäß der Einnahmen-

Kosten-Relation, geographischen Aspekten, der Bevölkerungsdichte und den Durchschnittspreisen; Berücksichtigung des immateriellen Nutzens unter Einbeziehung des Markenbewußtseins, der Flächendeckung, des zukünftigen Nachfragewachstums des Kunden und der Marketingvorteile). Als **irrelevante Kosten** wurden angesehen: nicht kostendeckende Preise für den Netzzugang und für Ortsgespräche; Maßnahmen für die öffentliche Sicherheit; Dienste für Schulen, Krankenhäuser etc.; Entschädigungen und Erstattungen; Modernisierungsaufwand; allgemein verpflichtende höherwertige Dienste. Als **Finanzierungsinstrumente** waren der Universaldienstfonds (unabhängige Verwaltung, Einziehung und Auszahlung der Beiträge) und die Zugangsgebühr (jährlicher Aufschlag auf Zusammenschaltungsentgelte; transparent, verhältnismäßig und diskriminierungsfrei) akzeptabel. Ferner mußten der Kreis der Beitragszahler, die Beitragshöhe (Marktabgrenzung und -anteile) und die Begünstigten bestimmt werden *(zur Vergabe von Universaldiensten vgl. Th. Hart, 1999, S.292 ff.; zur Kostenermittlung und Finanzierung L. Gramlich, 1995, S.189 ff.; B. Ickenroth, 1995; L. Nett u. a., 1998; Th. Hart, 1999, S.280 ff.)*.

Das **Europäische Parlament** unterstützte die Grundsätze und Prinzipien am 18. September 1997 [ABl. C 304 06.10.97 S.123], kritisierte jedoch das Fehlen eines kohärenten Konzepts (Anzahl der Richtlinien und Mitteilungen), die Auslegungsunterschiede und den zweifelhaften rechtlichen Status der Mitteilung (Vorgriff auf nicht verabschiedete Rechtsakte). Die Kommission bestätigte daraufhin am 3. September 1998 durch eine Beilage [KOM (98) 494 endg.], daß die Mitteilung keine weitergehenden **rechtlichen Verpflichtungen** enthielt *(vgl. Bull. EU 9-1997, S.32; Bull. EU 9-1998, S.47)*.

2.3.4.4 Bestimmungen der Zusammenschaltungs- und der ONP-Sprachtelefondienstrichtlinie von 1998

Die **Zusammenschaltungsrichtlinie** sah vor, daß die Nettokosten der Universaldienstverpflichtung zwischen den öffentlichen Festnetzbetreibern und Sprachtelefondienstanbietern über eine Beitragszahlung Dritter aufgeteilt werden konnten (Fonds, Zugangsgebühren); die Kostenermittlung folgte dem o. a. Verfahren (langfristige Zusatzkosten und -einnahmen, unwirtschaftliche Dienste und Kunden). Die Regulierungsbehörde war über die **Berechnungsmethodik** zu informieren, hatte diese zu überprüfen und zu genehmigen, mußte über die Schaffung eines **Finanzierungssystems** befinden und sollte die Öffentlichkeit angemessen beteiligen; Informationen zur Kostenbestimmung und -teilung waren Interessenten zugänglich zu machen. Die Namen der zum Universaldienst **verpflichteten Unternehmen** mußten der Kommission gemeldet werden [ABl. C 112 23.04.1999 S.2] *(vgl. Th. Hart, 1999, S.303 f.; St. Polster, 1999, S.67 ff.)*.

Nach der **ONP-Sprachtelefondienstrichtlinie** vom Februar 1998 wurde der Begriff des Universaldienstes explizit definiert. Er umfaßte den Zugang zu öffentlichen Diensten (nationaler und internationaler Sprachtelefondienst, Telefax- und Datenkommunikation) über ein Festnetz oder eine Funkverbindung, gebührenfreie Notrufdienste, Vermittlungs- und Hilfsdienste, Auskunftsdienste, Teilnehmerverzeichnisse, öffentliche Telefone sowie Sonderdienste und -einrichtungen für Ältere, Behinderte oder Nutzer mit besonderen sozialen Bedürfnissen. Für Nutzer in **ländlichen Regionen** und in nur zu hohen Kosten zu versorgenden Gebieten sowie für **bestimmte Nutzergruppen** waren tragbare Tarife vorzusehen (spezifische Tarifsysteme, Preisobergrenzen, Tarifeinheit im Raum); die Regeln und Kriterien sowie die Tarifentwicklung mußten veröffentlicht werden. Sofern keine kommerzielle Bereitstellung erfolgte, sollten Betreiber benannt und ein **System zur Kostenteilung** eingeführt werden *(vgl. Th. Hart, 1998, S. 839 ff.; M. Fredebeul-Krein, 1998, S.461 ff.; Th. Hart, 1999, S.300 ff.; St. Polster, 1999, S.67; zur Umsetzung in Deutschland Ch. Gabrisch, 1996; D. Bruhn, 1999).*

Der **erste Bericht** der Kommission vom 25. Februar 1998 über den Universaldienst in der Telekommunikation [KOM (98) 101 endg.] erkannte seit der ersten Erhebung im März 1996 eine **weitere Verbesserung** bei dem Diensteangebot (Haupt- und Zweitanschlüsse, öffentliche Telefone, Mobilfunk, Kabelfernsehnetze, Internet, Multimediadienste), der Qualität (Bereitstellungs- und Reparaturfristen überall eingeführt bzw. verschärft, neue Verfahren bei Diensteunterbrechung) und den Preisen (realer Rückgang, insbesondere bei Auslandsverbindungen, Anstieg der Grund- und Ortsgesprächsgebühren, zeitliche Differenzierung, Sondertarife für Wenignutzer, neue Zahlungsverfahren, Ausgabenkontrolle) sowie den Maßnahmen zugunsten Bedürftiger und den Verbraucherrechten. Unklarheiten bestanden in bezug auf die **Bestimmung der Nettokosten**; Systeme zur Kostenteilung gab es nur in Frankreich (Fonds, spezielles Entgelt) und Italien (Fonds). Für die nahe Zukunft waren eine weitere **Überwachung** und **Berichterstattung** durch die Kommission und die nationalen Behörden, die Fortsetzung der **Tarifumstrukturierung** sowie eine Förderung von **Sondertarifen** (Internetzugang von Bildungsstätten und Bibliotheken) vorgesehen.

Das **Europäische Parlament** äußerte am 9. Februar 1999 [ABl. C 150 28.05.1999 S.61] einige Bedenken (Anstieg der Grundgebühren, geringe Anzahl der Sondertarife für Wenignutzer und Bedürftige, keine Definition der Erschwinglichkeit). Am 6. Januar 1999 legte die Kommission auch ein Arbeitsdokument zum Stand der Einführung der einheitlichen Notrufnummer vor *(vgl. Bull. EU 1/2-1998, S.67 f.; GB 1998, Ziff.467; Bull. EU 1/2-1999, S.80; GB 1999, Ziff.431).*

2.3.5 Besteuerung von Telekommunikationsdiensten

In der ursprünglichen Fassung der **Sechsten Richtlinie 77/388/EWG des Rates vom 17. Mai 1977 [ABl. L 145 13.06.77 S.1]** fanden sich verschiedene Regelungen zur Anwendung des Mehrwertsteuersystems auf das Fernmeldewesen. So waren Gebietskörperschaften und sonstige Einrichtungen des öffentlichen Rechts im Gegensatz zur generellen Bestimmung als Steuerpflichtige anzusehen, wenn sie in diesem Sektor Tätigkeiten von nicht unbedeutendem Umfang ausübten oder Leistungen erbrachten, die ihnen im Rahmen des öffentlichen Rechts oblagen. Waren die von den öffentlichen Posteinrichtungen angebotenen Dienstleistungen und die dazugehörigen Lieferungen von Gegenständen generell von der Mehrwertsteuer befreit *(vgl. S. 923)*, so galt dies jedoch nicht für die Personenbeförderung und das Fernmeldewesen.

Die Liberalisierung der Telekommunikationsmärkte brachte für in der Gemeinschaft steuerpflichtige Kunden die Möglichkeit mit sich, Dienstleistungen von in Drittstaaten ansässigen Unternehmen in Anspruch zu nehmen, um auf diesem Wege eine Entrichtung der Mehrwertsteuer zu umgehen; hierin wurde eine eklatante Verletzung des Prinzips der Steuergerechtigkeit gesehen. Zugleich befürchtete man, daß bisher in den Mitgliedstaaten niedergelassene Anbieter ihren Sitz ins Ausland verlegen könnten. Die **Entscheidungen 97/200/EG bis 97/214/EG des Rates vom 17. März 1997 [ABl. L 086 28.03.97 S.5 bis 33]** ermächtigten deshalb sämtliche Mitgliedstaaten, mit Wirkung vom 1. Januar 1997 bis zum Inkrafttreten einer endgültigen Regelung (oder längstens bis zum 31. Dezember 1999) Maßnahmen zu ergreifen, um eine Besteuerung nach dem Bestimmungslandprinzip sicherzustellen *(vgl. Bull. EU 1/2-1997, S.24; Bull. EU 3-1997, S.23 f.; Übersicht 81).*

Übersicht 81: Steuerliche Behandlung von Telekommunikationsdiensten bis 1999

Sechste Richtlinie 77/388/EWG des Rates vom 17. Mai 1977 zur Harmonisierung der Rechtsvorschriften der Mitgliedstaaten über die Umsatzsteuern – Gemeinsames Mehrwertsteuersystem: einheitliche steuerpflichtige Bemessungsgrundlage [ABl. L 145 13.06.77 S.1]
Entscheidungen 97/200/EG bis 97/214/EG des Rates vom 17. März 1997 zur Ermächtigung ... [Mitgliedstaat] ..., eine von Artikel 9 der Sechsten Richtlinie 77/388/EWG zur Harmonisierung der Rechtsvorschriften der Mitgliedstaaten über die Umsatzsteuern abweichende Maßnahme anzuwenden [ABl. L 086 28.03.97 S.5 bis 33] — Rechtsetzung auf der Grundlage des EGV und auf Vorschlag der Kommission [ABl. C 078 12.03.97 S.22]
Richtlinie 1999/59/EG des Rates vom 17. Juni 1999 zur Änderung der Richtlinie 77/388/EWG im Hinblick auf das für Telekommunikationsdienstleistungen anwendbare Mehrwertsteuersystem [ABl. L 162 26.06.1999 S.63] — Rechtsetzung auf der Grundlage des Art. 99 (93) EGV, auf Vorschlag der Kommission [ABl. C 078 12.03.97 S.22] sowie nach den Stellungnahmen des EP [ABl. C 279 01.10.1999 S.276] und des WSA [ABl. C 287 22.09.97 S.28]

Auf der Grundlage der Kommissionsmitteilung vom 10. Juli 1996 über ein gemeinsames Mehrwertsteuersystem [KOM (96) 328 endg.] realisierte die **Richtlinie 1999/59/EG des Rates vom 17. Juni 1999 [ABl. L 162 26.06.1999 S.63]** dann schließlich eine bis zum 1. Januar 2000 umzusetzende Reform. Demnach sind Telekommunikationsdienstleistungen, die von in der Gemeinschaft oder in Drittstaaten ansässigen steuerpflichtigen Personen in Anspruch genommen werden, grundsätzlich am Ort des Leistungsempfängers zu besteuern. Erbringt ein in einem Nichtmitgliedstaat ansässiges steuerpflichtiges Unternehmen Dienste für in der Gemeinschaft Nichtsteuerpflichtige, die die Leistungen aber dort nutzen oder auswerten, so können die Mitgliedstaaten von der Möglichkeit der Ortsverlagerung Gebrauch machen *(vgl. Bull. EU 1/2-1997, S.23 f.; Bull. EU 6-1999, S.53).*

2.4 Anwendung der Wettbewerbsregeln auf den Telekommunikationssektor

2.4.1 Grundprobleme und Kommissionsleitlinien

Die bevorstehende **vollständige Liberalisierung** des Telekommunikationswesens führte in Verbindung mit der Privatisierung der ehemaligen staatlichen Netzbetreiber, der räumlichen Erweiterung der Tätigkeitsgebiete, der Ausbreitung neuer Technologien (Mobilfunk, Internet) und der Konvergenz des Telekommunikations-, Informations- und Mediensektors sowie des Infrastruktur-, Dienste- und Gerätebereichs zu **vielfältigen Umstrukturierungen**. Strategische Allianzen, andere Kooperationsformen, Gemeinschaftsunternehmen und Fusionen sollten den beteiligten Unternehmen eine leichtere Anpassung an die veränderten Wettbewerbsbedingungen, die Erschließung größerer Absatzmärkte und eine Senkung der Kosten ermöglichen. In Einzelfällen konnte dies jedoch bei einer entsprechenden sachlichen und räumlichen Marktabgrenzung zu einer beträchtlichen **Verringerung der Wettbewerbsintensität** beitragen. Die Globalisierungstendenzen hatten außerdem zur Folge, daß sich die Kommission der Drittlandswirkung der **gemeinschaftlichen Wettbewerbspolitik** widmen und die Zusammenarbeit mit ausländischen Behörden intensivieren mußte *(vgl. WB 1994, Ziff. 156, 221; M. A. Peña Castellot, 1995, S. 1 ff.; WB 1995, Ziff. 54 ff.; A. Schaub, 1996, S. 4 ff.; M. Styliadou, 1997, S. 47 ff.; WB 1997, Ziff. 71; St. G. Jaggi, 2003, S. 31 ff., 47 ff.)*.

Auch dem potentiellen **Mißbrauch marktbeherrschender Stellungen** war im Vorfeld der Marktöffnung verstärkt Rechnung zu tragen. In Ergänzung ihrer **Leitlinien** für die Anwendung der Wettbewerbsregeln im Telekommunikationsbereich vom Juli 1991 *(vgl. S. 637)* entwickelte die Kommission seit 1995 ein **umfassendes Konzept** für die wettbewerbsrechtliche Beurteilung von Vereinbarungen über den **Netzzugang** und die **Netzzusammenschaltung**. Sie trug damit einerseits der zentralen Bedeutung solcher Regelungen für diejenigen Unternehmen Rechnung, die **Vorleistungen** (Mietleitungen, Teilnehmeranschlußleitungen, Vermittlungseinrichtungen, Basisdienste, Frequenzen, Rufnummern, Teilnehmerdaten, Wegerechte) in Anspruch nehmen mußten, um ihren Kunden Telekommunikationsdienste anbieten zu können, oder die auf eine **Zusammenschaltung** angewiesen waren. Da andererseits aber nicht nur Abhängigkeitsverhältnisse, sondern auf den nachgelagerten Dienstleistungsmärkten oftmals auch **Konkurrenzsituationen** gegeben waren, bestand die Gefahr, daß die Unternehmensvereinbarungen eine **Beschränkung der Marktzutrittsmöglichkeiten** nach sich zogen oder durch die Verzögerung bzw. Verweigerung des Zugangs eine marktbeherrschende Stellung mißbraucht wurde *(vgl. WB 1995, Ziff. 60)*.

Nachdem sie am 10. Dezember 1996 einen Entwurf [KOM (96) 649 endg.; ABl. C 076 11.03.97 S. 9] zur Diskussion gestellt hatte, nahm die Kommission unter Berücksichtigung der eingegangenen Kommentare am 31. März 1998 die **Mitteilung 98/C 265/02 über die Anwendung der Wettbewerbsregeln auf Zugangsvereinbarungen im Telekommunikationsbereich [ABl. C 265 22.08.98 S. 2]** an. Einleitend gab sie einen Überblick zu den Rechtsvorschriften, die die Inanspruchnahme der relevanten Vorleistungen und die Zusammenschaltung regelten (ONP-Rahmen-, Mietleitungs-, Genehmigungs-, Sprachtelefondienst-, Zusammenschaltungs- und Datenschutzrichtlinie). Ferner wurde eine Beziehung zwischen den sektorspezifischen Liberalisierungs- und Harmonisierungsvorschriften, der Verordnung 17, den Artt. 85 (81) und 86 (82) EGV sowie den aus der bisherigen Entscheidungspraxis der Kommission und der Rechtsprechung des **Europäischen Gerichtshofs** abgeleiteten Grundsätzen hergestellt (Zuweisung der Kompetenzen gemäß der Gemeinschaftsrelevanz; Vorgehen der nationalen Behörden aufgrund der ONP-Regelungen; Verfahren der Kommission: Anmeldungen, Beschwerden, Anträge auf den Erlaß einstweiliger Maßnahmen oder Nachprüfungen von Amts wegen; sektorale Untersuchungen; Verhängung von Geldbußen) *(vgl. Bull. EU 12-1996, S.53f.; WB 1996, Ziff.72f.; H. Ungerer, 1997, S.3ff.; Bull. EU 3-1998, S.41; P. N. Märkl, 1998, S.186ff.; WB 1998, Ziff.17, 83f.; A. Bartosch, 1999, S. 426f.; St. Polster, 1999, S.174ff.; H. Ungerer, 2001, S.20f.; im weiteren Übersicht 82).*

Den Ausgangspunkt für eine fallbezogene Analyse sollten die sachliche (Dienstleistungen für den Endnutzer, Zugang zu Einrichtungen für den Diensteanbieter) und geographische **Abgrenzung der relevanten Märkte** darstellen. Als maßgebliche Kriterien für die Feststellung einer **Marktbeherrschung** waren die rechtlichen Rahmenbedingungen, der Umsatz auf dem relevanten Markt, die Kontrolle des Zugangs zu den wesentlichen Einrichtungen, die Größe des Marktes für den Netzzugang und die Verfügbarkeit alternativer Infrastrukturen anzuwenden. Der **Mißbrauch** der dominanten Stellung konnte in zwei Varianten auftreten. Zum einen waren eine **Verweigerung des Zugangs** und eine **Anwendung nachteiliger Bedingungen** ohne sachliche Rechtfertigung (Verzögerungen, technische Probleme, überhöhte Preise) denkbar. Diesbezüglich wurde unterschieden zwischen einer Diskriminierung (Zugangsanbieter ist gleichzeitig auf dem Endkundenmarkt tätig), einer Verweigerung der Bereitstellung von wesentlichen Einrichtungen trotz freier Kapazitäten, existierendem Marktpotential und vorhandener Zahlungsbereitschaft (Zugangsanbieter operiert nicht auf dem nachgelagerten Markt) und einem Entzug des Zugangs. Zum anderen zählte die Kommission **sonstige Arten des Mißbrauchs** auf, wie z. B. eine spezielle Netzkonfiguration, Kopplungsgeschäfte, überhöhte Preise, Verdrängungspreise auf vor- und nachgelagerten Märkten sowie bestimmte Diskriminierungsformen (Preise, Fristen, technische Konfiguration, *routing*, Nummern, Kundendaten). **Zugangsvereinbarungen** konnten über eine Preiskoordinierung, eine Marktaufteilung, Ausschließlichkeitsverpflichtungen oder die Handhabung des Informationsaustausches eine Einschränkung des Wettbewerbs untereinander oder gegenüber Dritten bewirken.

2.4.2 Kartellverträge, Gemeinschaftsunternehmen und Fusionen

2.4.2.1 Allianzen zwischen öffentlichen Netzbetreibern

Newco (Concert)

Die Vereinbarung zwischen BT und der US-amerikanischen MCI Communications Corp. war die erste strategische Allianz, die von der Kommission begutachtet wurde [ABl. C 259 23.09.93 S.3; ABl. C 093 30.03.94 S.3]. Elemente der Zusammenarbeit waren der Erwerb einer Beteiligung von 20 % an MCI durch BT sowie die Gründung des Gemeinschaftsunternehmens Newco, das internationale Daten- und Mehrwertdienste für multinationale oder sonstige große Unternehmen entwickeln und vermarkten sollte, wobei der alleinige Vertrieb in Nord- und Südamerika MCI und in der übrigen Welt BT oblag. Die beiden Partner verpflichteten sich weiterhin, außerhalb ihrer jeweiligen Zuständigkeitsgebiete keine öffentlichen Basisdienste anzubieten *(vgl. Bull. EG 9-1993, S.24; WB 1994, Ziff.157; P. W. Schmitz-Morkramer, 1999, S.35ff.).*

In der **Entscheidung 94/579/EG vom 27. Juli 1994 [ABl. L 223 27.08.94 S.36]** bewertete die Kommission die Vereinbarung als wettbewerbsbeschränkend, da BT und MCI als tatsächliche bzw. potentielle Wettbewerber einzustufen seien und durch die Gründung des Gemeinschaftsunternehmens sowie durch die Zusicherung eines gegenseitigen Gebietsschutzes sowohl im Kern- als auch im Zukunftsgeschäft (Mehrwertdienste) den Wettbewerb zwischen sich selbst beseitigten. Insbesondere die Abschottung des EWR gegen Dienstleistungsimporte aus Drittländern durch Netzzugangsbeschränkungen wurde als schädlich für den Wettbewerb und den internationalen Handel eingestuft. Angesichts ihrer Bedeutung für die Entwicklung und das Angebot neuer Telekommunikationsdienste (Kosten- und Risikominderung, *one-stop shopping*, verbesserte Netzkompatibilität) konnte die Allianz jedoch für sieben Jahre bis zum 15. November 2000 freigestellt werden. MCI durfte allerdings im EWR als passiver Verkäufer von Mehrwertdiensten auftreten und nach Ablauf von fünf Jahren auch Basisdienste offerieren. BT und MCI hatten zudem auch anderen Mehrwertdiensteanbietern Zugang zu ihren Netzen zu gewähren. Die Regelungen, die allein den amerikanischen Kontinent betrafen, stellten für die Kommission keinen Grund für ein Tätigwerden dar. Für den Erwerb der Minderheitsbeteiligung an MCI wurde BT ebenfalls ein Negativattest erteilt, da keine Gefahr einer Koordinierung oder Beeinflussung des Wettbewerbsverhaltens bestand *(vgl. Bull. EU 7/8-1994, S.19f.; WB 1994, Ziff.158ff., S.374f.; H. Ungerer, 1995b, S.21ff.; Th. Kiessling, 1998, S.204f.; P. W. Schmitz-Morkramer, 1999, S.68ff.; St. G. Jaggi, 2003, S.42f.).*

Die weiteren Untersuchungen zu dem im Dezember 1996 angemeldeten Zusammenschluß von BT und MCI (Existenz von MCI als Tochtergesellschaft von BT, Umbenennung in Concert plc) [ABl. C 391 28.12.96 S.16] ließen die Kommission zu der Feststellung gelangen, daß sich eine beherrschende Stellung auf dem Markt für internationale Sprachtelefondienste abzeichnete, da sich die Kabelkapazitäten auf der Verbindung zwischen dem Vereinigten Königreich und den Vereinigten Staaten größtenteils in den Händen von BT und MCI befanden und zudem stark ausgelastet waren. Die Vorteile, die die beiden Unternehmen bei den internationalen Verrechnungszahlungen hatten, und die Möglichkeit, den Wettbewerb auf der Transatlantikroute zu beschränken, veranlaßten die Kommission, BT und MCI mit der **Entscheidung 97/815/EG vom 14. Mai 1997 [ABl. L 336 08.12.97 S.1]** zur Bereitstellung von Kabelkapazitäten, zur Gewährung von Nutzungsrechten beim einfachen Wiederverkauf von Mietleitungen und – bei entsprechender Nachfrage – zur Veräußerung von Teilverbindungen zu verpflichten. Die Gefahr einer beherrschenden Stellung auf dem Markt für Audiokonferenzdienste im Vereinigten Königreich hatte zur Folge, daß MCI dieses Geschäftsfeld abgeben mußte. Allerdings wurde die Zusammenarbeit von den beteiligten Parteien später wieder eingestellt *(vgl. Bull. EU 1/2-1997, S.27; Bull. EU 5-1997, S.27 f.; WB 1997, Ziff.146, 173 f., S.215 ff.).*

Atlas / Phoenix (GlobalOne)

Atlas SA bezeichnete ein Gemeinschaftsunternehmen, das von der Deutschen Telekom und France Télécom gegründet worden war, um hochwertige Mehrwertdienste für Großkunden (Daten-, Videokonferenz-, intelligente Netz- und integrierte VSAT-Netzdienste; Outsourcing) und einfache paketvermittelte Datendienste anzubieten. Außerdem stellte Atlas die Beteiligung an der zusammen mit der US-amerikanischen Sprint Corp. gebildeten strategischen Allianz Phoenix (später: GlobalOne) dar, die zusätzlich spezielle Dienste für Reisende (Telefonkarten) und Trägerdienste (Anmietung von Satellitenkapazität, Angebot von Übertragungsdiensten für andere Unternehmen) bereitstellen sollte. Die Deutsche Telekom und France Télécom erwarben darüber hinaus jeweils einen 10 %-Anteil an Sprint. Die Kommission machte schon frühzeitig erhebliche Bedenken hinsichtlich des Wettbewerbs auf dem deutschen und französischen Inlandsmarkt geltend, da beide Netzbetreiber noch über Monopole für das Angebot öffentlicher Sprachtelefondienste sowie für die Errichtung und den Betrieb öffentlicher Festnetze verfügten; außerdem lagen die Marktanteile bei der Datenübertragung jeweils über 70 % [ABl. C 175 26.06.93 S.11; ABl. C 377 31.12.94 S.9; ABl. C 184 18.07.95 S.11; ABl. C 337 15.12.95 S.2, 13] *(vgl. WB 1995, Ziff.57, S.129 f.; P. W. Schmitz-Morkramer, 1999, S.37 ff.).*

Mit den **Entscheidungen 96/546/EG und 96/547/EG vom 17. Juli 1996 [ABl. L 239 19.09.96 S.23, 57]** erteilte die Kommission dennoch beiden Vereinbarungen für fünf (Atlas) bzw. sieben Jahre (Phoenix / GlobalOne) eine Einzelfreistellung, die sie jedoch mit bestimmten Auflagen verband (öffentliche Datenvermittlungsnetze sind bis zur vollständigen Liberalisierung nicht Bestandteil des Gemeinschaftsunternehmens; France Télécom veräußert Anteile von Transpac an der auf dem deutschen Markt für paketvermittelte Datendienste tätigen Info AG). Um einen ausreichenden Wettbewerb bei den Datendiensten zu gewährleisten, sicherten die deutsche und die französische Regierung ferner zu, ab dem 1. Dezember 1996 durch die Vergabe von zwei Genehmigungen die Nutzung von alternativen Infrastrukturen für das Angebot bereits liberalisierter Dienste zu ermöglichen [ABl. C 047 15.02.97 S.8]. Hinzu traten verschiedene Bedingungen (Diskriminierungsverbot beim Zugang zu Netzen, Diensten und Informationen; Zusammenschaltung mit öffentlichen Fest- und Datennetzen; Gleichbehandlung bei Korrespondentendiensten; Verbot der Quersubventionierung; getrennte Vertragsabschlüsse und Rechnungslegung) und Auflagen (Buchprüfung, Aufzeichnungspflichten, Einsichtnahme, Berichtspflichten). Angesichts der Änderung des ordnungspolitischen Umfelds und der zwischenzeitlichen Marktentwicklungen beantragten die Parteien im März 1999 die Aufhebung bestimmter Beschränkungen: Angebot sämtlicher Telekommunikationsdienste (über die eigene Infrastruktur oder auf Wiederverkaufsbasis) durch GlobalOne in allen Mitgliedstaaten; individuelle Bereitstellung von Sprachtelefon- und Datendiensten durch die Deutsche Telekom und France Télécom (direkt oder als Wiederverkäufer); Veräußerung der eigenen und der GlobalOne-Dienste durch die Deutsche Telekom und France Télécom ohne Trennung der

Verträge. Die Kommission unterstützte dieses Ansinnen [ABl. C 220 31.07.1999 S.23] *(vgl. WB 1995, Ziff.57, S.130f.; Bull. EU 7/8-1996, S.38f.; WB 1996, Ziff.67, S.133f.; Th. Kiessling, 1998, S.205f.; P. W. Schmitz-Morkramer, 1999, S.89ff.; WB 1999, S. 160; H. Ungerer, 2001, S.18f.; St. G. Jaggi, 2003, S.43ff.).*

Unisource / Uniworld

Seit September 1995 untersuchte die Kommission mit Unisource NV die dritte bedeutende strategische Allianz, an der verschiedene europäische Netzbetreiber beteiligt waren. Anfänglich befaßte sie sich mit der Integration der Satelliten- und einiger Datenkommunikationsdienste der spanischen Telefónica in das Konsortium, dem zum damaligen Zeitpunkt bereits die schwedische Telia AB, die niederländische PTT Telecom BV und die Swisscom AG angehörten [ABl. C 013 18.01.96 S.3; ABl. C 094 30. 03.96 S.5]. Im April 1997 zog sich Telefónica jedoch wieder aus der Allianz zurück, und die Kommission beschränkte ihre Überprüfung auf die Struktur der drei betroffenen Inlandsmärkte für Mobilfunk-, Satellitenfunk-, Datenübertragungs- und Sprachtelefondienste [ABl. C 044 12.02.97 S.15]. Überprüft wurde auch das von Unisource (60 %) und AT&T Corp. (40 %) im Juli 1995 gebildete Gemeinschaftsunternehmen Uniworld, das gleichartige Telekommunikationsdienste insbesondere in den Vereinigten Staaten vertreiben sollte [ABl. C 276 21.10.95 S.9; ABl. C 044 12.02.97 S.4] *(vgl. Bull. EU 11-1995, S.21; WB 1995, S.177; WB 1996, Ziff.68; P. W. Schmitz-Morkramer, 1999, S.32ff.).*

Bereits in den ersten Gesprächen mit den beteiligten Unternehmen und den zuständigen Regierungen konnte die Kommission Abänderungen der ursprünglichen Vereinbarungen und weitere verbindliche Zusagen erreichen, die sie zu einer positiven Beurteilung der Allianz veranlaßten. Mit den **Entscheidungen 97/780/EG und 97/781/EG vom 29. Oktober 1997 [ABl. L 318 20.11.97 S.1, 24]** stellte sie die Kooperationen unter bestimmten Bedingungen und Auflagen (Buchprüfung, Aufzeichnungen, Einsicht in die Unterlagen, Berichterstattung) für fünf Jahre ab dem 1. Juli 1996 frei, da die beherrschenden Stellungen auf den jeweiligen Inlandsmärkten nicht verstärkt wurden. Die Verpflichtungen sollten gewährleisten, daß eine diskriminierende Bereitstellung von Mietleitungen und Zusammenschaltungen, der Austausch vertraulicher Informationen, Quersubventionen zwischen Unisource und den Anteilseignern sowie eine unzureichende Entbündelung von Dienstleistungen unterblieben; zudem mußten die Niederlande und die Schweiz ihre Märkte bis zum 1. Januar 1998 liberalisieren. AT&T wurde zur Einhaltung ähnlicher Vorgaben bei der Zusammenschaltung, dem Netzzugang und der Anwendung von Verrechnungspreisen verpflichtet. Wegen zunehmender Verluste gaben die drei Partner Unisource als strategische Allianz aber wieder auf, einige Vereinbarungen wurden jedoch weitergeführt. Unisource fungierte als Holding für AUCS Communication Services vof / Infonet (früher Uniworld); alle AT&T-Anteile an Uniworld wurden von Unisource übernommen [ABl. C 328 17.11.1999 S.7]. Da nur noch Mehrwertdienste für internationale Unternehmen angeboten wurden, beantragte man eine Überprüfung der Auflagen [ABl. C 217 29.07.2000 S.35]. Mit der **Entscheidung 2001/143/EG vom 29. Dezember 2000 [ABl. L 052 22.02.2001 S.30]** hob die Kommission ihre ursprüngliche Entscheidung auf, weil die Wettbewerbsverbote und Alleinvertriebsvereinbarungen unter Einbeziehung der Marktentwicklungen und Wettbewerbsstrukturen nicht mehr maßgeblich waren *(vgl. WB 1996, Ziff.68; WB 1997, Ziff.72, S.149 f.; Bull. EU 10-1997, S.24; WB 2000, Ziff.161 ff.; St. G. Jaggi, 2003, S.45 ff.)*.

BT und AT&T

Im Jahre 1998 meldeten dann BT und AT&T die Gründung eines Gemeinschaftsunternehmens an, das Telekommunikationsdienste für multinationale Geschäftskunden und internationale Übertragungsdienste für andere Diensteanbieter offerieren sollte [ABl. C 167 15.06.1999 S.4]. Die bedeutenden Marktanteile der beiden Partner in diesen Marktsegmenten veranlaßten die Kommission im Dezember 1998 zu einer Untersuchung, die den Verdacht der Begründung einer beherrschenden Stellung auf dem britischen Markt bestätigte. Unter Berücksichtigung des Verkehrsaufkommens, der freien Kapazitäten und der Anzahl der Anbieter galt dies jedoch nicht für weltweite Telekommunikations- und Übertragungsdienste sowie für Sprachtelefondienste zwischen den Vereinigten Staaten und dem Vereinigten Königreich. Um der Gefahr einer Koordinierung des Wettbewerbsverhaltens durch BT und AT&T zu begegnen, verpflichtete die Kommission AT&T am 30. März 1999 zur Veräußerung seiner Tochter ACC UK, zur Lockerung der Geschäftsbeziehungen zu Telewest sowie zur Übertragung der im Vereinigten Königreich bisher von AUCS *(vgl. S.731)* wahrgenommenen Vermarktung von AT&T- / Unisource-Diensten an ein anderes Unternehmen [ABl. C 328 17.11. 1999 S.7] *(vgl. WB 1998, S.217 f.; Bull. EU 3-1999, S.42 ff.; WB 1999, Ziff.185, S.220 f.)*.

MCI, WorldCom und Sprint

1998 untersuchte die Kommission im Zusammenhang mit der Fusion von MCI und WorldCom Inc. (Verschmelzung von MCI mit der WorldCom-Tochter TC Investments Corp. zu MCI Communications Corp.; Umwandlung von WorldCom in MCI WorldCom; Aufgabe der MCI-Beteiligung an Concert *(vgl. S.729)*), inwieweit das Vorhaben eine marktbeherrschende Stellung bei der Bereitstellung von Übertragungs- und Internetdiensten (Zugangsdienste, umfassende Anschlußfähigkeit) begründete [ABl. C 362 28.11.97 S.6; ABl. C 044 10.02.98 S.8]. MCI erklärte sich bereit, seine Internetsparte an ein anderes Unternehmen zu veräußern (Erbringung von Wartungs- und Kundendiensten durch MCI WorldCom, uneingeschränkter Netzzugang), worauf die Kommission mit der **Entscheidung 1999/287/EG vom 8. Juli 1998 [ABl. L 116 04.05.1999 S.1]** und auch das US-amerikanische Justizministerium den Zusammenschluß genehmigten *(vgl. Bull. EU 7/8-1998, S.25 f.; WB 1998, Ziff.142 ff., 164, 311; A. Bartosch, 1999, S.428)*.

Die nachfolgende Fusion von MCI WorldCom und Sprint [ABl. C 014 19.01.2000 S.6; ABl. C 143 23.05.2000 S.4] wurde dann jedoch sowohl von der Kommission mit der **Entscheidung 2003/790/EG vom 28. Juni 2000 [ABl. L 300 18.11.2003 S.1]** als auch vom US-amerikanischen Justizministerium wegen der wettbewerbsbeschränkenden Konsequenzen für die Bereitstellung von erstrangigen und universellen Internetanbindungen untersagt, was u. a. auch das **Europäische Parlament** am 7. September 2000 [ABl. C 135 07.05.2001 S.261] ausdrücklich begrüßte. Zwar war die Dominanz der marktbeherrschenden Anbieter erstrangiger Netzanschlüsse etwas zurückgegangen (zunehmende Bereitstellung europäischer Inhalte, Ausbau der europäischen Netze), trotzdem bestand bei den globalen Internet-Netzanschlußdiensten eine starke Abhängigkeit europäischer Unternehmen von den erstrangigen Anbietern; bei den universellen Anschlüssen war MCI WorldCom führend und Sprint der Hauptkonkurrent. Wegen der Größe der Netze und der Kundenstämme hätte der Zusammenschluß nach Meinung der Behörden zu einer erheblichen Marktmacht geführt (Kontrolle der technischen Entwicklung, Preiserhöhungen, Beeinträchtigung der Zusammmenschaltung). Die Verpflichtungszusagen bezüglich der Veräußerung der Internetaktivitäten von Sprint wurden als unzureichend abgelehnt (Unternehmensbereich zu klein, nicht funktions- bzw. überlebensfähig und unkontrollierbar). Keine Bedenken bestanden beim Angebot globaler Telekommunikationsdienste; in bezug auf die Sprachtelefondienste war keine Prüfung möglich. Einen Tag vor der Entscheidung zogen die Unternehmen die Anmeldung und die Verpflichtungszusagen zurück; im Juli 2000 wurde die Vereinbarung aufgehoben. Einer Klage auf Nichtigerklärung der Entscheidung wurde mit dem **Urteil des Gerichts erster Instanz** in der Rs. T-310/00 vom September 2004 entsprochen (Nichterreichung der Schwellenwerte, Rückzug der Anmeldung, falsche Marktdefinition, keine beherrschende Stellung, Verfahrensfehler) [ABl. C 355 09.12.2000 S.35; ABl. C 300 04.12.2004 S.38] *(vgl. Bull. EU 1/2-2000, S.46; Bull. EU 6-2000, S. 68; Bull. EU 9-2000, S.25; WB 2000, Ziff.234f., 452, S.209f.).*

Sonstige Kooperationen und Beteiligungen

Im August 1993 hatten France Télécom, die DBP Telekom, STET, Iritel und Telefónica unter dem Namen **Global European Network** (GEN) mehrere Vereinbarungen zur technischen Zusammenarbeit beim Aufbau eines hochentwickelten Glasfasernetzes geschlossen, das der Bereitstellung internationaler Mietleitungen dienen sollte [ABl. C 055 23.02.94 S.3]. Die Kommission monierte mehrfach die Unvereinbarkeit einiger Bestimmungen mit den Wettbewerbsregeln. Die Parteien mußten deshalb vor der Erteilung eines Negativattests die Regelungen zur gemeinsamen Preisfestsetzung und zum Verbot des Zugangs Dritter zu den Mietleitungen dahingehend ändern, daß individuelle Vertragsabschlüsse möglich wurden *(vgl. WB 1997, Ziff.73, S.144f.; Th. Kiessling, 1998, S.192).*

1995 akzeptierte die Kommission die Gründung der Gemeinschaftsunternehmen TBT Communications AB und Telenordic durch BT, Telenor AS und Tele Danmark [ABl. C 076 28.03.95 S.3; ABl. C 154 21.06.95 S.4] *(vgl. Bull. EU 4-1995, S.22; WB 1995, S. 177).* Im Februar 1996 genehmigte sie den Erwerb von 50 % (minus eine Aktie) des Kapitals an Belgacom durch **ADSB** Telecommunications B.V. (Ameritech International Inc., Tele Danmark A/S, Singapore Telecommunications Ltd) [ABl. C 033 06.02.96 S. 11; ABl. C 194 05.07.96 S.4] und im Dezember 1997 die Minderheitsbeteiligung von Ameritech an Tele Danmark [ABl. C 344 14.11.97 S.8; ABl. C 025 24.01.98 S.18]. Im Dezember 1996 billigte sie den Verkauf von 20 % der irischen Telecom Éireann an **Comsource** (PTT Telecom Nederland BV, Telia) [ABl. C 351 22.11.96 S.9; ABl. C

035 04.02.97 S.4]. Im Dezember 1998 hatte sie keine Einwände gegen die Beteiligung der STET Int. Netherlands BV (Telecom Italia) an der **Telekom Austria** [ABl. C 357 21.11.98 S.11; ABl. C 032 06.02.1999 S.6]. In allen Fällen bestand weder in den reservierten noch in den liberalisierten Bereichen die Gefahr der Begründung oder Verstärkung einer marktbeherrschenden Stellung *(vgl. Bull. EU 1/2-1996, S.31; Bull. EU 12-1996, S.56; WB 1996, S.192ff.; Bull. EU 12-1997, S.45)*.

Gegen die geplante Einbringung der Anteile von **Telia und Telenor** in ein Gemeinschaftsunternehmen hatte die Kommission im Juni 1999 erhebliche Bedenken, da sich ihrer Meinung nach sowohl zwischen den Beteiligten als auch gegenüber Dritten marktbeherrschende Stellungen und Beeinträchtigungen des Wettbewerbs abzeichneten. Hiervon betroffen waren die schwedischen und norwegischen Telekommunikations- (Sprachtelefondienst, Netzzugang, Datenkommunikation, Internetdienste und -zugang, Nebenstellenanlagen, Telefonverzeichnisse, Mobilfunk) und Fernsehrundfunkmärkte (Satellitenkapazität, Übertragung von Fernsehsignalen, Vertrieb von Inhaltsrechten, Pay-TV-Technologie) sowie der irische Mobilfunkmarkt [ABl. C 127 07.05.1999 S.2; ABl. C 181 26.06.1999 S.18]. Die Unternehmen machten jedoch weitgehende Zugeständnisse (freier Ortsnetzzugang, Veräußerung von sich überschneidenden Geschäftsfeldern, Abstoßung von Beteiligungen auf dem irischen Mobilfunkmarkt, Verkauf von Anteilen an Kabelfernsehnetzbetreibern), so daß die Kommission das Vorhaben mit der **Entscheidung 2001/98/EG vom 13. Oktober 1999 [ABl. L 040 09.02.2001 S.1]** genehmigen konnte; die Fusion schlug dann allerdings fehl *(vgl. Bull. EU 6-1999, S.57f.; Bull. EU 10-1999, S.31f.; WB 1999, Ziff. 173f., S.216f.)*.

2.4.2.2 *Vereinbarungen der Netzbetreiber mit Geräteherstellern, Eisenbahngesellschaften und Elektrizitätsunternehmen*

Im Bereich der Telekommunikationssysteme und -ausrüstungen hatten STET und AT &T schon 1992 den Zusammenschluß ihrer Töchter **Italtel** und AT&T-NSI angekündigt [ABl. C 333 17.12.92 S.3]. Im März 1994 wurde dann von STET und Siemens die Fusion von Italtel und Siemens Telecommunicazioni (ST) bekanntgegeben. Da keine marktbeherrschende Stellung erkennbar war, unterstützte die **Entscheidung 95/255/ EG der Kommission vom 17. Februar 1995 [ABl. L 161 12.07.95 S.27]** das Vorhaben (hohe Marktkonzentration bei öffentlichen Vermittlungssystemen allgemein üblich; keine Bedenken in bezug auf die Übertragungstechnik; noch geringer Marktanteil bei privaten Systemen; Berücksichtigung des öffentlichen Auftragswesens, der hohen Forschungsaufwendungen, der Auswirkungen der Liberalisierung, der vertikalen Verflechtungen und der Bedeutung der Mobilfunktechnik); im Jahre 1999 erfolgte eine erneute Anmeldung [ABl. C 332 20.11.1999 S.13; ABl. C 021 25.01.2000 S.26] *(vgl. Bull. EU 10-1994, S.21; Bull. EU 1/2-1995, S.45; WB 1995, Ziff. 136, S.181f.)*. Im Februar 1996 billigte die Kommission die Übernahme bestimmter Tätigkeiten (telekommunikationstechnische Anlagen, Vertriebsorganisationen) der **Philips Electronics** NV durch AT&T [ABl. C 007 12.01.96 S.10] *(vgl. Bull. EU 1/2-1996, S.28f.)*. Wettbewerbsrechtliche Bedenken bestanden bei dem von Telia und Ericsson geplanten Erwerb der gemeinsamen Kontrolle über die Gruppe **AU-Systems** (Vertrieb von Telekommunikationsanlagen). Da jedoch neben Telia noch weitere große Abnehmer vorhanden waren und AU-Systems auch auf anderen Geschäftsfeldern tätig war, genehmigte die Kommission das Vorhaben im Februar 1997 [ABl. C 024 24.01.97 S.24; ABl. C 156 24.05.97 S.4] *(vgl. Bull. EU 1/2-1997, S.29; WB 1997, Ziff.187)*. Im April 1999 billigte die Kommission den Erwerb von 35 % des Aktienkapitals von Telecom Italia durch Olivetti (Aufgabe von Beteiligungen im Telekommunikationssektor) *(vgl. Bull. EU 4-1999, S.29)*.

Im Zusammenhang mit der im Vorfeld der vollständigen Liberalisierung eröffneten Möglichkeit, alternative Infrastrukturen für das Angebot bereits liberalisierter Dienste zu nutzen, vereinbarten auch zahlreiche Telekommunikationsnetzbetreiber und **Eisenbahngesellschaften** die Gründung von Gemeinschaftsunternehmen: Hermes Europe Railtel B.V. (Global Telesystems Hermes Inc., HIT Rail B.V.) [ABl. C 041 13.02. 96 S.6; ABl. C 157 01.06.96 S.13]; DBKom Gesellschaft für Telekommunikation mbH & Co. KG (DB AG, Mannesmann AG) [ABl. C 357 26.11.96 S.12]; Telfort BV (BT, NS Group BV) [ABl. C 359 28.11.96 S.9; ABl. C 103 02.04.97 S.10; ABl. C 144 24.05. 2000 S.7; ABl. C 255 06.09.2000 S.10]; BT, Tele Danmark, Schweizerische Bundesbahnen und Schweizerische Bankgesellschaft [ABl. C 088 19.03.97 S.21; ABl. C 160 27.05.97 S.5]; Esat Telecommunications Ltd (später von BT übernommen), Coras Iompair Éireann und Irish Rail (für alle Interessierten gleicher Zugang zu den Trassen zwecks Verlegung von Telekommunikationsnetzen; zeitlich befristetes Vorrecht für Esat) [ABl. C 181 26.06.1999 S.19] *(vgl. Bull. EU 10-1996, S.28; Bull. EU 12-1996, S.58; Bull. EU 4-1997, S.26; Bull. EU 3-2000, S.49f.; Bull. EU 3-2001, S.49)*.

Ähnliche Vereinbarungen gab es mit Elektrizitäts- bzw. anderen **Versorgungsunternehmen** und / oder mit **Banken**: VIAG Interkom GmbH & Co. (BT, VIAG) [ABl. C 148 15.06.95 S.3; ABl. C 324 05.12.95 S.18; ABl. C 015 20.01.96 S.4]; VEBACOM und C&W Europe (Cable & Wireless plc, VEBA AG) [ABl. C 185 19.07.95 S.3; ABl. C 231 05.09.95 S.3]; Albacom SpA (BT, Banca Nazionale del Lavoro, Mediaset SpA, Ente Nazionale Idrocarburi SpA) [ABl. C 219 24.08.95 S.3; ABl. C 278 24.10.95 S.8; ABl. C 285 20.09.97 S.15; ABl. C 317 18.10.97 S.4; ABl. C 369 06.12.97 S.8; ABl. C 004 07.01.2005 S.2; ABl. C 046 22.05.2005 S.2]; Cableuropa (Bank of America, General Electric) [ABl. C 162 29.05.97 S.4; ABl. C 235 02.08.97 S.4]; Retevision und CYC Telecomunicaciones Madrid (STET, Endesa, Unión Fenosa) [ABl. C 225 24.07. 97 S.3; ABl. C 288 23.09.97 S.8]; Wind Telecomunicazioni SpA (ENEL SpA, France Télécom, Deutsche Telekom) [ABl. C 156 21.05.98 S.8; ABl. C 178 23.06.1999 S.15]; Newco (BT, Electricity Supply Board of Ireland, American Int. Group); Farland Network BV (BT, Sunrise Communications AG, Telfort, Albacom, VIAG Interkom) [ABl. C 233 25.07.98 S.17; ABl. C 077 20.03.1999 S.2]; MetroHoldings Ltd (Deutsche Telekom, France Télécom, Energis) [ABl. C 019 23.01.1999 S.18]. Im allgemeinen sah die Kommission nicht die Gefahr einer Marktbeherrschung, da in den betroffenen Sektoren eine hohe Wettbewerbsintensität bestand. Von der Weiterentwicklung alternativer bzw. dem Aufbau neuer Infrastrukturen und dem Angebot öffentlicher Telekommunikationsdienste erhoffte sie sich hingegen sogar eine Begrenzung der dominierenden Stellung der etablierten Netzbetreiber *(vgl. Bull. EU 7/8-1995, S.25f.; Bull. EU 9-1995, S.16; Bull. EU 12-1995, S.77f.; WB 1995, S.177; WB 1996, S.193f.; Bull.*

EU 7/8-1997, S.32; Bull. EU 11-1997, S.33; WB 1997, S.199; Bull. EU 5-1998, S.35, 37; Bull. EU 6-1998, S.39; WB 1999, S.160f., 163).

Besondere Aufmerksamkeit widmete die Kommission in den Jahren 1998 und 1999 der Umstrukturierung der 1995 von der Compagnie Générale des Eaux S.A. (später Vivendi S.A.) gegründeten Cégétel S.A. (Sprachtelefon-, Daten-, Mehrwert- und Internetdienste; Netzbetrieb; Mobilfunk und Funkruf; Produkt- und Ausrüstungsmanagement), an der sich auch BT, Mannesmann und SBC International Inc. beteiligen wollten [ABl. C 298 30.09.97 S.4; ABl. C 238 29.07.98 S.3]. Mit der **Entscheidung 1999/573/EG vom 20. Mai 1999 [ABl. L 218 18.08.1999 S.14]** erteilte die Kommission der Reorganisation ein Negativattest, da die Anteile der Unternehmen auf allen Teilmärkten kaum ins Gewicht fielen und ein neuer Konkurrent für France Télécom entstanden war. Die Regelungen zu den Wettbewerbsverboten für alle Mutterunternehmen in Frankreich sowie zum Grundsatz des bevorzugten Dienstleisters und Kunden stufte sie als Nebenabreden ein. Im Mobilfunksektor konnten BT, Mannesmann und die Société Française du Radiotéléphone (SFR) auch außerhalb ihrer Heimatmärkte operieren. Das Alleinvertriebsrecht für Concert-Dienstleistungen *(vgl. S.729)* wurde für zehn Jahre bis Juli 2007 vom Kartellverbot freigestellt. Außerdem hatte Cégétel mit der SNCF eine Vereinbarung geschlossen, wonach die gemeinsame Tochtergesellschaft Télécom Développement (TD) das von der SNCF entlang ihrer Eisenbahntrassen betriebene Telekommunikationsnetz ausbauen sowie Übertragungskapazitäten und Sprachtelefondienste bereitstellen sollte; die Vermarktung war anderen Töchtern der Cégétel übertragen worden [ABl. C 293 22.09.98 S.4]. TD erhielt dafür von der SNCF ein vorrangiges Zugangsrecht zum Eisenbahngelände, was von der Kommission als bedenklich eingestuft und deshalb nachträglich geändert wurde (Sicherstellung des Zugangs Dritter); daraufhin befürwortete die **Entscheidung 1999/574/EG der Kommission vom 27. Juli 1999 [ABl. L 218 18.08.1999 S.24]** die Vereinbarungen und Nebenabreden *(vgl. WB 1998, Ziff.88f.; WB 1999, S.161f.).*

2.4.2.3 Zusammenarbeit im Bereich des Satelliten- und Mobilfunks

Satellitenkommunikation

Bereits zu Anfang der neunziger Jahre beschäftigte sich die Kommission mehrfach mit Kooperationen zwischen Telekommunikationsunternehmen, Satellitenbetreibern und im Rundfunkwesen tätigen Unternehmen. Beispiele hierfür sind die **Entscheidung 93/50/EWG der Kommission vom 23. Dezember 1992 [ABl. L 020 28.01.93 S.23]** zu BT Astra SA (keine Freistellung, da aufgrund von Wettbewerbsbeschränkungen ein Verstoß gegen das Kartellverbot vorlag), die Untersuchungen von Intrax BV [ABl. C 117 28.04.93 S.3] und der Kooperation von Aérospatiale und Alcatel Espace [ABl. C 047 15.02.94 S.6] sowie die **Entscheidung 94/895/EG der Kommission vom 15. Dezember 1994 [ABl. L 354 31.12.94 S.75]** zu den International Private Satellite Partners (Merkmale des Art. 85 (81) Abs. 1 EGV nicht erfüllt) [ABl. C 305 11.11.93 S.13; ABl. C 159 10.06.94 S.2]. Die Vereinbarungen verfolgten vornehmlich die Absicht, über den Betrieb eigener Satellitensysteme entweder internationale Satellitenfunkdienste für Geschäftskunden anzubieten und ungenützte Übertragungskapazitäten an

Dritte zu veräußern oder Rundfunkübertragungsdienste zu vermarkten. Die Kommission überprüfte bei den Vorhaben vor allem, ob die besonderen oder ausschließlichen Rechte der öffentlichen Netzbetreiber im Bereich der Satellitenkommunikation zu einer Benachteiligung der Wettbewerber führten *(vgl. Bull. EG 12-1992, S.72; WB 1993, Ziff.217f.; Bull. EU 12-1994, S.51f.; H. Ungerer, 1995b, S.23ff.; P. W. Schmitz-Morkramer, 1999, S.86ff.)*.

Im Jahre 1995 begann die Kommission mit der Untersuchung von Konsortien, die Satellitensysteme für das Angebot weltweiter Telekommunikationsdienste aufbauen wollten. Aufgrund der geringen Wettbewerbsintensität in diesem Marktsegment, die durch den hohen Kapitalbedarf, die Frequenzknappheit sowie die erheblichen kommerziellen und technischen Risiken bedingt war, standen bei der Begutachtung der Kooperationen die nachgelagerten Bereiche, wie z. B. die Bereitstellung von lokalen Diensten und der Vertrieb von Ausrüstungen, im Mittelpunkt des Interesses. So wurde das von der INMARSAT angemeldete Konsortium ICO Global Communications Ltd zur Finanzierung, zum Bau und zum Betrieb des Systems INMARSAT-P, das S-PCS anbieten sollte, von der Kommission grundsätzlich befürwortet [ABl. C 304 15.11.95 S.6]. Mit der **Entscheidung 97/39/EG vom 18. Dezember 1996 [ABl. L 016 18.01.97 S.87]** genehmigte die Kommission auch das u. a. von Motorola Inc., STET und Vebacom gebildete Iridium-Konsortium, das Sprachtelefon-, Funkruf- und einfache Datendienste offerieren wollte [ABl. C 255 03.09.96 S.2]. Neben den bereits genannten Besonderheiten von Satellitensystemen wurde zusätzlich berücksichtigt, daß keiner der Investoren über alle zum Betrieb notwendigen Genehmigungen verfügte. Die auf eine bestimmte Region begrenzten ausschließlichen Rechte zur Errichtung und zum Betrieb eines Netzübergangs sowie zur Benennung von Diensteanbietern und die Aufstellung von Preisleitlinien waren unabdingbar, sofern nicht der Zugang zu anderen Infrastrukturen beschränkt wurde; für den italienischen Markt waren diesbezüglich allerdings zusätzliche Garantien notwendig. Ferner befaßte sich die Kommission mit den Konsortien Globalstar und Odyssey. Im August 1998 stimmte sie der Umwandlung der Betriebseinheit von INMARSAT in eine Aktiengesellschaft zu [ABl. C 137 03.05.97 S.5]; die Umstrukturierungen von EUTELSAT [ABl. C 292 13.10.1999 S.5] und INTELSAT [ABl. C 009 12.01.2001 S.5] wurden in den Jahren 2000 und 2001 gebilligt *(vgl. WB 1995, Ziff.59, S.141f.; Bull. EU 12-1996, S.54; WB 1996, Ziff.76ff., S.134ff.; EP, 1997; WB 1998, Ziff.90f., S.170f.; WB 2001, Ziff.133)*.

Mobilkommunikation

In den Jahren 1996 und 1997 leitete die Kommission Untersuchungen der Märkte für analoge und digitale Mobilfunkdienste und -geräte ein. Angesichts des starken Anstiegs der Teilnehmerzahlen sowie der großen Konkurrenz zwischen Betreibern mit verschiedenartigen Diensten und Tarifpaketen sah sie im allgemeinen keine Gefahren für die Wettbewerbsintensität. Mit den Vereinbarungen und Fusionen war in den meisten Fällen nur ein geringfügiger Anstieg der Marktanteile verbunden, ohne daß sich dabei das Entstehen beherrschender Stellungen abzeichnete. So wurden dann auch die Beteiligungen der Post und Telekom Austria (PTA) AG und der STET Mobile Holding an der Mobilkom Austria AG [ABl. C 146 14.05.97 S.5; ABl. C 214 16.07.97 S.4] sowie der britischen Vodafone Group plc an der von der Cégétel kontrollierten SFR [ABl. C 359 25.11.97 S.6; ABl. C 016 20.01.98 S.13], die Übernahme der spanischen Airtel Móvil durch BT, AirTouch und Grupo Acciona (später BT und Vodafone) [ABl. C 332 23.11.2000 S.6; ABl. C 042 08.02.2001 S.11], das von Ericsson, Nokia und Psion (unter späterer Beteiligung von Motorola) gegründete Gemeinschaftsunternehmen Symbian (Entwicklung und Vermarktung eines Betriebssystems für eine neue Generation von Mobilfunkgeräten) [ABl. C 219 15.07.98 S.7; ABl. C 365 26.11.98 S.25; ABl. C 178 23.06.1999 S.18; ABl. C 365 18.12.1999 S.2], die Kontrolle der schweizerischen Orange Communications durch Orange Overseas Holdings und VIAG [ABl. C 224 17. 07.98 S.4; ABl. C 178 23.06.1999 S.16] sowie die Übernahmen der österreichischen Max Mobil durch die DeTeMobil [ABl. C 081 24.03.1999 S.4; ABl. C 143 21.05.1999 S.6] und der britischen One2One durch die Deutsche Telekom [ABl. C 247 31.08.1999 S.4; ABl. C 309 28.10.1999 S.3] genehmigt *(vgl. WB 1996, Ziff. 74 f.; Bull. EU 6-1997, S.51; Bull. EU 12-1997, S.46; WB 1997, S.197 f.; Bull. EU 7/8-1998, S.26, 30; Bull. EU 12-1998, S.56; Bull. EU 4-1999, S.29; Bull. EU 9-1999, S.41 f.; WB 1999, S.163; Bull. EU 12-2000, S.59).*

In der Folgezeit befaßte sich die Kommission vor allem mit den Aktivitäten von Vodafone und Mannesmann. Gegen die Übernahme von AirTouch Communications Inc. durch Vodafone bestanden einige Bedenken (Überschneidungen beim Netzbetrieb in Deutschland und Schweden), so daß die Vereinbarungen geändert werden mußten [ABl. C 097 09.04.1999 S.8; ABl. C 295 15.10.1999 S.2]; die gemeinsame Kontrolle von Omnitel Pronto Italia durch Mannesmann und Bell Atlantic Corp. [ABl. C 122 04. 05.1999 S.20; ABl. C 011 14.01.2000 S.4] wurde hingegen ebenso gebilligt wie der Erwerb von Orange plc durch Mannesmann [ABl. C 336 24.11.1999 S.6; ABl. C 139 18. 05.2000 S.15]. Die Übernahme von Mannesmann durch Vodafone AirTouch plc im April 2000 hätte jedoch in der geplanten Form zur alleinigen Kontrolle der Mobilfunknetzbetreiber in acht und zur gemeinsamen Kontrolle in drei Mitgliedstaaten sowie zu erheblichen Wettbewerbsvorteilen beim Aufbau eines integrierten Netzes und beim Angebot europaweiter Dienste geführt. Die von den Parteien gemachten Zusagen (Zugang anderer Unternehmen zum verbundenen Mobilfunknetz, Ausgliederung von Orange) akzeptierte die Kommission als auf drei Jahre befristete Auflagen [ABl. C 019 22.01.2000 S.3; ABl. C 066 08.03.2000 S.6; ABl. C 141 19.05.2000 S.19; ABl. C 053 28.02.2002 S.15; ABl. C 106 03.05.2002 S.22; ABl. C 300 11.12.2003 S.10]; die Mehrheitsbeteiligung an Orange wurde später durch France Télécom erworben [ABl. C 205 19.07.2000 S.9; ABl. C 261 12.09.2000 S.6].

Keine Probleme sah die Kommission in den Übernahmen des marokkanischen GSM-Betreibers Médi Télécom durch Telefónica Intercontinental und Portugal Telecom International [ABl. C 022 26.01.2000 S.11], der spanischen XFERA durch ACS Telefonía Móvil SA, Sonera Holding BV und Vivendi Telecom Int. [ABl. C 188 07.07.2000 S.5; ABl. C 234 18.08.2000 S.6] und der dänischen Sonofon Holding S/A durch Telenor (und Bell South Corp.) [ABl. C 196 12.07.2000 S.8; ABl. C 295 18.10.2000 S.11; ABl. C 011 15.01.2004 S.13; ABl. C 053 28.02.2004 S.6] *(vgl. Bull. EU 5-1999, S.39 f.; WB 1999, S.210, 222, 225; Bull. EU 4-2000, S.25; Bull. EU 7/8-2000, S.24; WB 2000, Ziff. 250, 276, S.194 ff.; WB 2001, Ziff. 302).*

2.4.2.4 Kooperationen zwischen Netzbetreibern, Medienunternehmen und Internetanbietern

Die zunehmende Konvergenz der früher deutlich voneinander abgegrenzten Telekommunikations- und Mediendienste führte seit Mitte der neunziger Jahre zu zahlreichen Kooperationen bzw. Fusionen zwischen Telekommunikationsunternehmen, Kabelfernseh- und Satellitennetzbetreibern sowie Rundfunk- und anderen Mediengesellschaften. Meistens warfen die Vorhaben keine wettbewerbsrechtlichen Bedenken auf. Angesichts des schnellen Wachstums der Sektoren, der potentiellen Zutrittsschranken (Aufwendungen für Infrastrukturinvestitionen und Senderechte) und der technischen Neuentwicklungen (Pay-TV) sah die Kommission jedoch auch die Notwendigkeit von Eingriffen, um eine Beschränkung des Zugangs zu terrestrischen, Kabel- oder Satellitennetzen für die Übertragung von Fernsehprogrammen zu vermeiden *(vgl. WB 1995, Ziff.132; J.-F. Pons, 1996, S.6ff.; WB 1996, Ziff.80ff.; P. Larouche, 1998, S.219ff.; J.-F. Pons, 1998a; N. Just u. a., 2000, S.395ff.)*.

So wurde z. B. das von Norsk Telekom AS, Tele Danmark A/S und der Industriförvaltnings AB Kinnevik geplante Gemeinschaftsunternehmen Nordic Satellite Distribution (NSD) von der Kommission mit der **Entscheidung 96/177/EG vom 19. Juli 1995 [ABl. L 053 02.03.96 S.20]** nicht gestattet, da bei der Bereitstellung von Transponderkapazitäten für Satellitenübertragungen in ganz Skandinavien, beim Betrieb von Kabelfernsehnetzen in Dänemark sowie beim Vertrieb von Pay-TV- und anderen verschlüsselten Programmen über Satellit eine marktbeherrschende Stellung entstanden oder verstärkt worden wäre *(vgl. Bull. EU 3-1995, S.21; Bull. EU 7/8-1995, S.22f.; H. Ungerer, 1995b, S.26f.; WB 1995, Ziff.133, S.182f.; M. Rosenthal, 1997, S.150f.; P. W. Schmitz-Morkramer, 1999, S.60f.)*. Im Juli 1996 untersagte die Kommission die von den spanischen Unternehmen Telefónica und Sogecable geplante Gründung von Cablevisión, das die Tätigkeiten der beiden Partner bei der Erbringung von Dienstleistungen an Kabelfernsehnetzbetreiber bündeln sollte (Beschränkung des Marktzutritts, nachteilige Auswirkungen auf den Markt für Datenkommunikationsdienste und auf die Liberalisierung des Sprachtelefondienstes); kurz vor der abschließenden Entscheidung der Kommission wurde das Vorhaben im November 1996 rückgängig gemacht [ABl. C 167 11.06.96 S.5; ABl. C 189 29.06.96 S.8; ABl. C 228 07.08.96 S.5] *(vgl. Bull. EU 7/8-1996, S.31f.; Bull. EU 11-1996, S.27f.; WB 1996, Ziff.150f.)*. Im Dezember 1996 wurde die Zusammenfassung der britischen Kabelfernsehaktivitäten von Videotron, C&W, Nynex und BCE mit denen der Mercury Communications im Rahmen der C&W Communications genehmigt [ABl. C 346 16.11.96 S.23; ABl. C 024 24.01.97 S.22] *(vgl. WB 1996, S.192)*.

Im Jahre 1998 befürwortete die Kommission die Gründung von zwei Gemeinschaftsunternehmen. Die Übernahme der gemeinsamen Kontrolle über den Kabelfernsehnetzbetreiber Numericable Holding durch Exante (BankAmerica Investment Corp., Capital Communications CDPQ Inc., Canal+) wurde zwar im Hinblick auf den französischen Markt als unbedenklich beurteilt, in Spanien (Sogecable, Cableuropa) bestand jedoch die Gefahr einer Koordinierung der Geschäftsinteressen auf dem Pay-TV-Markt, so daß die Kommission Auflagen machen mußte (diskriminierungsfreie Behandlung Dritter bei der Vergabe von Senderechten) [ABl. C 302 01.10.98 S.4; ABl. C

Übersicht 82: Anwendung der Wettbewerbsregeln auf den Telekommunikationssektor zwischen 1994 und 2000

Kommissionsleitlinien

Mitteilung 98/C 265/02 über die Anwendung der Wettbewerbsregeln auf Zugangsvereinbarungen im Telekommunikationsbereich. Rahmen, relevante Märkte und Grundsätze [ABl. C 265 22. 08.98 S.2] — Annahme nach Entwurf der Kommission [ABl. C 076 11.03.97 S.9] sowie den Stellungnahmen des EP [ABl. C 286 22.09.97 S.234] und des WSA [ABl. C 287 22.09.97 S.8]

Kartellvereinbarungen

Entscheidung 94/579/EG der Kommission vom 27. Juli 1994 in einem Verfahren nach Artikel 85 EG-Vertrag und Artikel 53 des EWR-Abkommens (Sache IV/34.857 – BT-MCI) [ABl. L 223 27. 08.94 S.36] — Entscheidung 94/895/EG der Kommission vom 15. Dezember 1994 in einem Verfahren nach Artikel 85 des EG-Vertrags und Artikel 53 des EWR-Abkommens (IV/34.768 – International Private Satellite Partners) [ABl. L 354 31.12.94 S.75] — Entscheidung 96/546/EG der Kommission vom 17. Juli 1996 in einem Verfahren nach Artikel 85 EG-Vertrag und Artikel 53 des EWR-Abkommens in der Sache IV/35.337 – ATLAS [ABl. L 239 19.09.96 S.23] — Entscheidung 96/547/EG der Kommission vom 17. Juli 1996 in einem Verfahren nach Artikel 85 EG-Vertrag und Artikel 53 des EWR-Abkommens (Sache Nr. IV/35.617 – PHOENIX / GlobalOne [ABl. L 239 19.09.96 S.57] — Entscheidung 97/39/EG der Kommission vom 18. Dezember 1996 in einem Verfahren nach Artikel 85 EG-Vertrag und Artikel 53 EWR-Abkommen (Sache IV/35.518 – Iridium) [ABl. L 016 18.01.97 S.87] — Entscheidung 97/780/EG der Kommission vom 29. Oktober 1997 in einem Verfahren nach Artikel 85 EG-Vertrag und Artikel 53 EWR-Abkommen (Sache IV/35.830 – Unisource) [ABl. L 318 20.11.97 S.1] — Entscheidung 97/781/EG der Kommission vom 29. Oktober 1997 in einem Verfahren nach Artikel 85 EG-Vertrag und Artikel 53 EWR-Abkommen (Sache IV/35.738 – Uniworld) [ABl. L 318 20.11.97 S.24] — Entscheidung 1999/242/EG der Kommission vom 3. März 1999 in einem Verfahren nach Artikel 85 EG-Vertrag (Sache Nr. IV/36.237 – TPS) [ABl. L 090 02.04.1999 S.6] — Entscheidung 1999/573/EG der Kommission vom 20. Mai 1999 in einem Verfahren nach Artikel 81 EG-Vertrag (Sache IV/36.592 – Cégétel + 4) [ABl. L 218 18.08.1999 S.14] — Entscheidung 1999/574/EG der Kommission vom 27. Juli 1999 in einem Verfahren nach Artikel 81 EG-Vertrag und Artikel 53 EWR-Abkommen (Sache IV/36.581 – Télécom Dévelopement) [ABl. L 218 18.08.1999 S.24] — Entscheidung 1999/781/EG der Kommission vom 15. September 1999 in einem Verfahren nach Artikel 81 EG-Vertrag (Sache Nr. IV/36.539 – British Interactive Broadcasting / Open) [ABl. L 312 06.12.1999 S.1] — Entscheidung 2001/143/EG der Kommission vom 29. Dezember 2000 in einem Verfahren nach Artikel 81 EG-Vertrag und Artikel 53 EWR-Abkommen (Sache Nr. COMP/36.841 – Unisource) [ABl. L 052 22.02.2001 S.30]

Fusionen

Entscheidung 94/922/EG der Kommission vom 9. November 1994 in einem Verfahren nach der Verordnung 89/4064/EWG des Rates (Sache Nr. IV/M.469 – MSG Media Service) [ABl. L 364 31.12.94 S.1] — Entscheidung 95/255/EG der Kommission vom 17. Februar 1995 zur Vereinbarkeit eines Zusammenschlusses mit dem Gemeinsamen Markt (Sache IV/M.468 – Siemens / Italtel) [ABl. L 161 12.07.95 S.27] — Entscheidung 96/177/EG der Kommission vom 19. Juli 1995 zur Feststellung der Unvereinbarkeit eines Zusammenschlusses mit dem Gemeinsamen Markt und der Funktionsfähigkeit des EWR-Abkommens (IV/M.490 – Nordic Satellite Distribution) [ABl. L 053 02.03.96 S.20] — Entscheidung 97/815/EG der Kommission vom 14. Mai 1997 zur Erklärung der Vereinbarkeit eines Zusammenschlusses mit dem Gemeinsamen Markt und mit dem EWR-Abkommen (Sache IV/M.856 – BT / MCI (II)) [ABl. L 336 08.12.97 S.1] — Entscheidung 1999/153/EG der Kommission vom 27. Mai 1998 in einem Verfahren nach der Verordnung 89/4064/EWG des Rates (Sache IV/M.993 – Bertelsmann / Kirch / Premiere) [ABl. L 053 27.02. 1999 S.1] — Entscheidung 1999/154/EG der Kommission vom 27. Mai 1998 in einem Verfahren nach der Verordnung 89/4064/EWG des Rates (Sache IV/M.1027 – Deutsche Telekom / BetaResearch) [ABl. L 053 27.02.1999 S.31] — Entscheidung 1999/287/EG der Kommission vom 8. Juli 1998 zur Erklärung der Vereinbarkeit eines Zusammenschlußvorhabens mit dem Gemeinsamen Markt und der Funktionsweise des EWR-Abkommens (Sache IV/M.1069 – WorldCom / MCI) [ABl. L 116 04.05.1999 S.1] — Entscheidung 2001/98/EG der Kommission vom 13. Oktober 1999 zur Vereinbarkeit eines Zusammenschlusses mit dem Gemeinsamen Markt und dem EWR-Abkommen (Sache Nr. IV/M.1439 – Telia / Telenor) [ABl. L 040 09.02.2001 S.1] — Entscheidung 2003/790/EG der Kommission vom 28. Juni 2000 über die Unvereinbarkeit eines Zusammenschlusses mit dem Gemeinsamen Markt und dem EWR-Abkommen (Sache COMP/M.1741 – MCI WorldCom / Sprint) [ABl. L 300 18.11.2003 S.1]

332 30.10.98 S.2; ABl. C 233 14.08.1999 S.51]. In bezug auf Scandinavia OnLine (Telia, Telenor Nextel, Schibsted), das Zugangsdienste für Internetnutzer anbieten sollte, gab es hingegen keine Bedenken (keine Beeinträchtigung des Wettbewerbs bei der Erstellung von Internetseiten, starke Marktexpansion bei der Bereitstellung von Netzzugängen) [ABl. C 128 25.04.98 S.23; ABl. C 220 31.07.1999 S.28] *(vgl. Bull. EU 5-1998, S.33; WB 1998, S.216f.; Bull. EU 12-1998, S.56f.).*

Bereits mit der **Entscheidung 94/922/EG vom 9. November 1994 [ABl. L 364 31.12. 94 S.1]** hatte die Kommission das von der Bertelsmann AG, der DBP Telekom und der Taurus Beteiligungs-GmbH & Co. KG (Kirch-Gruppe) geplante Gemeinschaftsunternehmen MSG Media Service verboten (Verstärkung einer beherrschenden Stellung und erhebliche Behinderung eines wirksamen Wettbewerbs auf den Märkten für Pay-TV und Kabelfernsehnetze); im August 1994 und im Mai 1995 wurde die Übernahme von Telepiù Srl durch die Compagnie Financière Richemont, MultiChoice Ltd und Ptb Pay-TV Beteiligungs-GmbH (Kirch-Gruppe) genehmigt *(vgl. Bull. EU 7/8-1994, S. 22; Bull. EU 11-1994, S.20f.; Bull. EU 5-1995, S.20).* Ab 1996 beschäftigte sich die Kommission mit der Vermarktung von Decodern für digitale Fernsehprogramme [ABl. C 364 04.12.96 S.3]. Die in diesem Zusammenhang geplanten Übernahmen von Premiere Medien GmbH & Co. KG und BetaDigital GmbH (Sendezentrum für digitales Satellitenfernsehen) durch CLT-UFA S.A. *(vgl. Bull. EU 10-1996, S.27)* und Taurus sowie von BetaResearch GmbH durch CLT-UFA, Taurus und die Deutsche Telekom, die das Angebot von Digitalfernsehen und die Vermarktung des d-box-Decoders (Decoder-Software, Verschlüsselungstechnologie) zum Inhalt hatten, wurden von der Kommission mit den **Entscheidungen 1999/153/EG und 1999/154/EG vom 27. Mai 1998 [ABl. L 053 27.02.1999 S.1, 31]** trotz der gemachten Zusagen ebenfalls untersagt. Andernfalls hätten sich beim digitalen Pay-TV in Verbindung mit der Decoder-Technologie (Premiere) und bei den zugehörigen technischen Diensten (BetaDigital), beim Betrieb der Kabelfernsehnetze (Deutsche Telekom) und bei der Bereitstellung der Inhalte (Kirch, CLT-UFA) durch die vertikalen Verflechtungen marktbeherrschende Stellungen manifestiert, und bereits tätige oder potentielle Konkurrenten wären vom Markt ausgeschlossen worden *(vgl. WB 1997, Ziff.193; Bull. EU 1/2-1998, S.34, 36; Bull. EU 5-1998, S.37; WB 1998, Ziff.96, 141, 155ff., S.215).* Im März 2000 genehmigte die Kommission den Erwerb von 24 % des Kapitals der KirchPayTV GmbH & Co. KGaA durch die BSkyB Group plc. Die Bedenken hinsichtlich der Verstärkung einer marktbeherrschenden Stellung von KirchPayTV auf dem Pay-TV-Markt und bei den digitalen interaktiven Bildschirmdiensten wurden durch mehrere

Verpflichtungszusagen (Errichtung eigener Plattformen durch andere Diensteanbieter; freier Zugang zu den von Kirch angebotenen Pay-TV-Diensten; Herstellung von Decodern durch Dritte unter Verwendung eigener Zugangsberechtigungssysteme) ausgeräumt [ABl. C 007 11.01.2000 S.5; ABl. C 045 28.02.2000 S.4; ABl. C 110 15. 04.2000 S.45]. Im September 2003 lehnte das **Gericht erster Instanz** in der Rs. T-158/00 eine Klage der ARD ab und bestätigte die Kommissionsentscheidung [ABl. C 247 26.08.2000 S.32; ABl. C 304 13.12.2003 S.22; Slg. 2003, S.II-3825] *(vgl. H. Ungerer, 1995b, S.25 f.; E.-J. Mestmäcker, 1996, S.167 ff.; M. Rosenthal, 1997, S.150; A. Bartosch, 1999, S.427; P. W. Schmitz-Morkramer, 1999, S.52 ff.; Bull. EU 3-2000, S.45 f.; GB 2000, Ziff. 198; WB 2000, S.212 f.; WB 2003, Ziff. 349 ff.).*

In Frankreich hatten TF1 Développement, France Télévision Entreprises (France Télécom, France 2, France 3), M6 Numérique und Lyonnaise Satellite (Suez Lyonnaise des Eaux) die Gesellschaft Télévision Par Satellite (TPS) gegründet, die eine satellitengestützte digitale Plattform zum Empfang von Pay-TV-Programmen errichten und vermarkten sollte [ABl. C 065 28.02.98 S.5; ABl. C 083 18.03.98 S.15]. Bestimmte Klauseln (Exklusivausstrahlung von vier Fernsehprogrammen, Vorrechte für Spartenprogramme und Bildschirmdienste) wurden von der Kommission mit der **Entscheidung 1999/242/EG der Kommission vom 3. März 1999 [ABl. L 090 02.04.1999 S.6]** für drei Jahre bis zum Dezember 1999 freigestellt; die Gründung von TPS erhielt ein unbegrenztes, eine Wettbewerbsverbotsklausel ein ebenfalls auf drei Jahre befristetes Negativattest. Nach Aufhebung der Vorrechte auf die Spartenprogramme erfolgte eine Verlängerung der Einzelfreistellungen bis zum Dezember 2001. Eine Klage gegen die Entscheidung wurde mit dem **Urteil des Gerichts erster Instanz** in der Rs. T-112/99 im September 2001 abgewiesen [ABl. C 226 07.08.1999 S.34; ABl. C 044 16.02.2002 S.11; Slg. 2001, S.II-2459]. Im April 2002 genehmigte die Kommission die Übernahme der gemeinsamen Kontrolle an TPS durch TF1, M6 und Suez [ABl. C 082 05.04. 2002 S.3; ABl. C 137 08.06.2002 S.28]. Bereits im Juni 2000 hatte sie den Mehrheitsbesitz von Canal+ und Lagardère an CanalSatellite sowie zusammen mit Liberty Media an Multithématiques gebilligt [ABl. C 002 05.01.2001 S.2] *(vgl. WB 1998, Ziff. 96 f.; Bull. EU 3-1999, S.41 f.; Bull. EU 4-1999, S.24 f.; J. Lovergne, 1999, S.28 ff.; WB 1999, S.163 f., 189 f.; Bull. EU 6-2000, S.65 f.; Bull. EU 4-2002, S.27; WB 2002, S.258 f.).*

Im Vereinigten Königreich richteten BSkyB Ltd, BT Holdings Ltd, Midland Bank plc und Matsushita Electric Europe Ltd die für satelliten- bzw. kabelgestütztes Digitalfernsehen, interaktive Dienste und Spiele geeignete Plattform British Interactive Broadcasting Ltd (BiB, später Open) ein; der Anschaffungspreis des Decoders wurde über die Erhebung von Kostenbeiträgen der Inhaltsanbieter subventioniert [ABl. C 259 26. 08.97 S.3; ABl. C 322 21.10.98 S.6]. Angesichts der Ausschaltung des Wettbewerbs zwischen BT und BSkyB sowie deren Bedeutung auf verwandten Märkten wollte die Kommission mit der **Entscheidung 1999/781/EG vom 15. September 1999 [ABl. L 312 06.12.1999 S.1]** auch die Entwicklung konkurrierender Angebote sicherstellen. Im Rahmen der auf sieben Jahre befristeten Freistellung bis August 2005 beschloß sie deshalb, die BiB-Geschäftsbereiche rechtlich zu trennen, ausschließliche Rechte für den elektronischen Programmführer aufzuheben sowie den Zugang zu und das Angebot von anderen Decodern zu erlauben *(vgl. WB 1998, Ziff. 98 f.; Bull. EU 9-1999, S.36* *f.; WB 1999, Ziff.54, S.164ff.).* Das von den britischen Rundfunkanstalten Granada und Carlton gegründete Gemeinschaftsunternehmen British Digital Broadcasting (BDB, später ONdigital) operierte als Plattform für das terrestrische Digitalfernsehen [ABl. C 291 25.09.97 S.11]. Es wurde im Mai 1998 vom Kartellverbot freigestellt (Reduzierung der Vertragsdauer auf fünf Jahre; Schutzklauseln zur Sicherstellung des Wettbewerbs zwischen BDB und BSkyB bei digitalen Plattformen und beim Erwerb von Senderechten) *(vgl. WB 1998, S.165; A. Font Galarza, 1999, S.7ff.).*

Im Juni und August 2000 genehmigte die Kommission den Verkauf der regionalen Kabelfernsehnetze der Deutschen Telekom in Nordrhein-Westfalen (KNW) und Baden-Württemberg (KBW) an Callahan Invest Ltd (keine marktbeherrschende Stellung beim Privatfernsehen; Wettbewerb bei Ortsnetz- und Internetzugangsdiensten) [ABl. C 114 20.04.2000 S.4; ABl. C 142 20.05.2000 S.38; ABl. C 190 08.07.2000 S.13]. Das von Vodafone, Vivendi und Canal+ für die Entwicklung, die Vermarktung und das Angebot von Internetzugängen gegründete Unternehmen Vizzavi billigte die Kommission im Juli 2000 mit Auflagen. Da beim Zugang über Kabelfernseh- (Canal+) und Mobilfunknetze (Vodafone) die Gefahr von marktbeherrschenden Stellungen bestand, sollten andere Anbieter zu gleichen Bedingungen Zugang zu Decodern und zur Mobilfunktechnologie erhalten [ABl. C 165 15.06.2000 S.10]. Ähnliche Probleme wurden bei der Übernahme der kanadischen Seagram durch Vivendi und deren Tochter Canal+ in bezug auf den Pay-TV-Markt und den Internetzugang gesehen. Den Bedenken trugen die Unternehmen durch auf fünf Jahre befristete Verpflichtungszusagen Rechnung (Beschränkung der Erstverwertungsrechte bei Filmen; Öffnung des Online-Zugangs zu Musikangeboten; Verkauf von BSkyB) [ABl. C 210 22.07.2000 S.8; ABl. C 261 12.09.2000 S.4; ABl. C 311 31.10.2000 S.3] *(vgl. Bull. EU 6-2000, S.65; Bull. EU 7/8-2000, S.20; Bull. EU 10-2000, S.26; WB 2000, Ziff. 164ff., 212, 254ff., 278, S.197ff.).*

2.4.3 Mißbrauch marktbeherrschender Stellungen

2.4.3.1 Überprüfung der Tarifgestaltung öffentlicher Netzbetreiber

Mit der Kontrolle der Preispolitik der öffentlichen Netzbetreiber und Sprachtelefondienstanbieter wollte die Kommission insbesondere die Neueinsteiger vor zu hohen **Mietleitungs- und Zusammenschaltungsentgelten** der ehemaligen Monopolisten bewahren, **Quersubventionierungen** und den damit verbundenen Verdrängungswettbewerb in Bereichen mit hoher Wettbewerbsintensität vermeiden, Privatkunden vor zu **hohen Gebühren** in noch nicht liberalisierten Märkten schützen und eine **Angleichung der Tarifstrukturen** voranbringen. Dabei waren auch der Forderung nach angemessenen **Preisen für Universaldienste** und der **betrieblichen Effizienz** der Unternehmen Rechnung zu tragen. So intervenierte die Kommission z. B. im Jahre 1995 gegen die von der Deutschen Telekom für den 1. Januar 1996 geplante Tarifreform, da den Ermäßigungen für Großabnehmer keine vergleichbaren Senkungen bei den Privatkunden, nicht kostenorientierte Mietleitungspreise und unzureichende vertragliche Regelungen für den Netzzugang gegenüberstanden. 1997 eröffnete sie mehrere Verfahren gegen einige marktbeherrschende Unternehmen, die **überhöhte Endkunden-**

gebühren und **nicht kostenorientierte Verrechnungspreise** für internationale Telefonate erhoben *(vgl. A. Schaub, 1996, S.6; WB 1996, Ziff.69ff.; WB 1997, Ziff.77f.; M. Haag u. a., 1998, S.37).*

Anfang 1998 begann die Kommission mit einer Analyse der für die **Zustellung von Sprachtelefondiensten** zwischen öffentlichen Festnetzen und Mobilfunknetzen erhobenen Entgelte. Die Datenerhebungen legten nahe, daß die Preise überhöht (Anrufe vom Fest- in das Mobilfunknetz) und diskriminierend (Anrufe vom Mobilfunk- in das Festnetz) waren. Die Unternehmen reagierten von sich aus und beseitigten die Mißstände. Im Juli 1999 beschloß die Kommission, Untersuchungen in drei Bereichen einzuleiten, in denen sie Wettbewerbsbeschränkungen bzw. -verfälschungen vermutete. Die Überprüfungen betrafen das **Angebot von Auslandsmietleitungen**, da es Beschwerden über die Preisgestaltung, Verzögerungen bei der Bereitstellung und ein mangelhaftes Qualitätsniveau gegeben hatte. Außerdem waren eine unzureichende und überteuerte **Versorgung mit Roaming-Diensten** sowie zu hohe Grundgebühren, Ortsgesprächstarife und Entgelte für den **Zugang zum Teilnehmeranschluß** kritisiert worden *(vgl. WB 1998, Ziff.79ff.; WB 1999, Ziff.74ff., S.192, 418ff.; H. Ungerer, 2001, S.20).*

2.4.3.2 Einzelfalluntersuchungen

In den Jahren 1995 und 1996 beschäftigte sich die Kommission mit einer Beschwerde der ITT Promedia NV (belgische Tochter des US-amerikanischen Telefonbuchverlags ITT World Directories Co.) gegen Belgacom. Promedia hatte dem ehemaligen Monopolisten vorgeworfen, für den Zugang zu den Basisdaten seiner Telefonkunden **diskriminierende und überhöhte Preise** zu berechnen. Die Untersuchungen der Kommission bestätigten den Verdacht und kamen zu dem Ergebnis, daß sich die Gebühren nicht an den Bereitstellungskosten, sondern am Umsatz des jeweiligen Nachfragers orientierten. Belgacom erklärte sich schließlich dazu bereit, eine mit dem Gemeinschaftsrecht zu vereinbarende Berechnungsmethode unter Berücksichtigung der jeweiligen Anzahl der Verlage einzuführen, was zu einem deutlichen Rückgang der Preise führte. Die Kommission stellte daraufhin ihr Verfahren ein; eine im nachhinein eingereichte Klage wurde mit dem **Urteil des Gerichts erster Instanz** vom 17. Juli 1998 in der Rs. T-111/96 [ABl. C 269 14.09.96 S.27; ABl. C 299 26.09.98 S.31; Slg. 1998, S.II-2937] abgewiesen *(vgl. WB 1997, Ziff.67, S.171f.; M. Haag u. a., 1998, S.36f.; P. N. Märkl, 1998, S.184).*

Im Jahre 1997 mußte die Kommission aufgrund einer Beschwerde von La Poste gegen S.W.I.F.T. vorgehen. Die **Verweigerung des Netzzugangs** wurde als ein Verstoß gegen Art. 86 (82) EGV eingestuft, da S.W.I.F.T. nach Auffassung der Kommission seine monopolähnliche Stellung dazu nutzte, La Poste faktisch vom Markt für internationale Überweisungen auszuschließen. Zudem enthielten die Geschäftsbedingungen **ungerechtfertigte Zulassungskriterien**, die in diskriminierender Form angewendet wurden. S.W.I.F.T. sicherte daraufhin zu, allen Finanzinstituten, die Dienstleistungen im grenzüberschreitenden Zahlungsverkehr erbrachten und die Kriterien des EWI für die

Nutzung von Zahlungssystemen erfüllten, den Netzzugang zu gestatten [ABl. C 335 06.11.97 S.3] *(vgl. WB 1997, Ziff.68, S.161ff.).*

2.4.4 Beihilfen

Die Beihilfegewährung spielte in der Telekommunikation nach wie vor eine untergeordnete Rolle. In bezug auf die Zusammenfassung von fünf dänischen Gesellschaften zu **Tele Danmark** und die nachfolgende Teilprivatisierung genehmigte die Kommission im Februar 1994 die Transaktionen und die staatliche Bürgschaft *(vgl. Bull. EU 1/2-1994, S.29).* Im Juni 1994 billigte sie die Beihilfeprogramme Deutschlands zur Entwicklung von Normen für das **HDTV** und den **DAB** *(vgl. Bull. EU 6-1994, S.52).*

2.5 Regulierung knapper Ressourcen und Normung

2.5.1 Frequenzverwaltung

Überleitung der Aufgaben an die CEPT

Auf die sich seit 1992 abzeichnenden Kompetenzverlagerungen *(vgl. S.650)* reagierte die Kommission am 10. September 1993 mit der Mitteilung über ein neues Konzept für die **Koordinierung der Funkfrequenzen** in der Gemeinschaft [KOM (93) 382 endg.] (Korrigendum [KOM (93) 382/2 endg.] vom 5. Oktober 1993) und einem **Vorschlag für einen Ratsbeschluß** über Maßnahmen der Mitgliedstaaten im Bereich der Funkfrequenzen [ABl. C 266 01.10.93 S.11], in denen sie die zukünftigen Handlungsprinzipien und Grundsätze der gemeinsamen Politik formulierte. Die Zuweisung harmonisierter Frequenzbänder und andere Aufgaben im Bereich der Frequenzkoordinierung sollten nicht mehr in gemeinschaftlichen Rechtsvorschriften, sondern im Rahmen der internationalen Vereinbarungen der CEPT (ERC, ERO, WRC) oder der ITU geregelt werden. Hinsichtlich der Mitwirkung der Gemeinschaft in den internationalen **Organisationen und Konferenzen** strebte die Kommission für sich ein Initiativrecht an (Vorschlag von Leitlinien für die Standpunkte der Mitgliedstaaten); in bezug auf den ERC und seine Arbeitsgruppen reklamierte sie einen Beraterstatus mit dem Anspruch auf Teilnahme an den Sitzungen. Die Gemeinschaft und die CEPT sollten ein **gemeinsames Arbeitsprogramm** festlegen, und die Kommission sollte dem ERO von der EU (ko)finanzierte Aufträge für die Durchführung technischer Arbeiten im Hinblick auf die Ermittlung und Zuteilung geeigneter Frequenzbänder erteilen können. Ergänzend zu seinen Empfehlungen nimmt der ERC bereits seit Oktober 1992 entsprechende Beschlüsse an. Diese sind unter bestimmten Bedingungen (Gemeinschaftsinteresse, Beteiligung aller Mitgliedstaaten, angemessene Frist) direkt durch die Mitgliedstaaten umzusetzen (schriftliche Verpflichtung der Einhaltung); **gemeinschaftliche Rechtsinstrumente** sind deshalb von sekundärer Bedeutung. Der Rat verabschiedete den Kommissionsvorschlag offiziell zwar nicht (Rücknahme am 1. Oktober 2004 [KOM (2004) 542 endg.]), bestätigte aber in seinen Schlußfolgerungen vom 7. Dezember 1993 die Kompetenzen des ERC und das vorgesehene Verfahren *(vgl. Bull. EG 9-1993,*

S.37f.; Bull. EG 12-1993, S.64f.; GB 1993, Ziff.343; P. Lopes, 1994, S.16; J. Horrocks, 1995, S.19/4f.; zur administrativen Frequenzvergabe G. Götzke, 1994, S.146 ff.).

Am 21. April 1994 unterzeichnete die Kommission mit dem ERC eine **Absichtserklärung** und mit dem ERO einen **Rahmenvertrag**. Nachdem der ERC schon im Oktober 1992 und März 1993 Beschlüsse über die Frequenzbänder für TFTS, DSRR und RTT gefaßt hatte, schlossen sich im Oktober 1994 die Festlegungen für DECT, ERMES und GSM an. In der Folgezeit unterbreitete die Kommission dem ERO ihre **Arbeitsaufträge** in bezug auf die Bestimmung harmonisierter Frequenzbänder für DCS-1800, TETRA, T-DAB, MSS, S-PCS, VSAT / SNG, UMTS, mobile Breitbandsysteme, drahtlose LAN und die Anschlußleitung. In ihrer am 26. April 1995 veröffentlichten Mitteilung über die Bewertung des CEPT / ERC-Beschlußverfahrens [KOM (95) 85 endg.] registrierte die Kommission allerdings **erhebliche Verzögerungen** bei der Entwicklung, Annahme und Umsetzung der Beschlüsse. Sie regte deshalb **Verbesserungen** beim Verfahren (Abstimmung mit dem ETSI, Einbeziehung von Marktprognosen, Entwicklung von Beschlußentwürfen, Konsultation aller interessierten Parteien, Gewichtung der Stimmen nach dem Beitrag zum CEPT-Haushalt) sowie bei der Einhaltung (Nachweise) und Umsetzung (Fristvorgabe, Unterrichtung) an.

Gemeinschaftsgrundsätze zur Frequenzvergabe

Die nationalen **Vergabeverfahren für Frequenzen** mußten nach der Mobilfunkrichtlinie objektiv, transparent und diskriminierungsfrei sein sowie vorher veröffentlicht werden; eine Zuteilung an bereits marktbeherrschende Anbieter konnte jedoch abgelehnt werden. Die Mitgliedstaaten hatten die Frequenzpläne sowie ihr Programm für die Vergabe der Frequenzen für Mobil- und persönliche Kommunikationsdienste einschließlich der Zeitpläne für eine künftige Erweiterung bekanntzugeben; die Zuweisungen waren regelmäßig zu überprüfen. Die **Frequenzgebühren** sollten angemessen sein und im Verhältnis zu den tatsächlich vergebenen Kanälen stehen *(vgl. Th. Hart, 1999, S.338f.).*

2.5.2 Numerierung

2.5.2.1 Weiterentwicklung der Numerierungspolitik seit Ende 1992

Seit 1992 gewann die gemeinsame Numerierungspolitik erheblich an Bedeutung und ging weit über die reine Angleichung von Rufnummern hinaus. Sie wurde als ein wichtiges Instrument angesehen, um den Wettbewerb zwischen den Anbietern zu fördern sowie einen nutzerfreundlichen Zugang zu den Diensten sicherzustellen und deren Harmonisierung voranzutreiben. Auf der Grundlage zweier Studien zur Numerierung in Europa von 1991 und 1992 wurden mit der **Entschließung 92/C 318/02 des Rates vom 19. November 1992 [ABl. C 318 04.12.92 S.2]** die neuen Prioritäten der Gemeinschaftspolitik festgelegt:

— Stärkung der Zusammenarbeit im Hinblick auf die *Entwicklung paneuropäischer Dienste*, um die langfristige Nachfrage nach Nummern für diese Dienste zu befriedigen, eine frühzeitige und diskriminierungsfreie Zuweisung von Nummern zu unterstützen sowie die Nummernkapazität so effizient wie möglich zu nutzen;
— Schaffung eines *europäischen Numerierungsbereichs* (ETNS) zur Förderung europaweiter Anwendungen und des ONP-Prinzips; Einrichtung einer *europäischen Bereichsvorwahl*;
— Entwicklung einer *gemeinsamen Position* gegenüber der ITU sowie *europaweiter Rahmenvereinbarungen* für die Kooperation der nationalen Behörden, Netzbetreiber, Diensteanbieter, Gerätehersteller und Nutzer (Europäisches Amt für Numerierung).

Die Mitgliedstaaten wurden aufgefordert, ihre Aktivitäten innerhalb der CEPT zu koordinieren und Studien bzw. Untersuchungen zur Bereitstellung des ETNS (Bereichsvorwahl, abgestimmte Verwaltungs- und Zuweisungsverfahren) sowie zur Entwicklung europäischer **Numerierungspläne und Funktionen** (einschließlich verbesserter Verwaltungs- und Zuweisungsverfahren) durchzuführen. Weiterhin sollte die Zusammenarbeit mit den für die **Nummernverwaltung und -registrierung** zuständigen Gremien und Behörden sowie mit dem ETSI und anderen Normungsorganisationen intensiviert werden *(vgl. Bull. EG 7/8-1992, S.38; Bull. EG 11-1992, S.41; GB 1992, Ziff. 344; P. Lopes, 1994, S.16f.; J. Horrocks, 1995, S.17/3f.; zu den Grundfragen der Numerierungspolitik B. Bauer u. a., 1993, S.11ff., 27ff., 72ff., 100ff.; im weiteren Übersicht 83).*

Bereits seit längerer Zeit hatten auch der ECTRA, das ETO und sonstige Experten Themengebiete diskutiert, die in Zukunft einer **einheitlichen Regelung** bedurften, wie z. B. die Nummernübertragbarkeit bzw. -portabilität (Beibehaltung der Nummer beim Wechsel zu einem anderem Betreiber oder Diensteanbieter, bei der Inanspruchnahme eines anderen Dienstes oder beim Wohnortwechsel), der Informationsgehalt von Nummern, die Numerierung von Mobilfunkdiensten, die Kurzwahlnummern, der ETNS und die paneuropäischen Dienste, der gleiche Zugang zu Nummern sowie die Einführung von persönlichen Kommunikationsdiensten und deren Numerierung. Im September 1994 unterzeichnete die Kommission mit dem ECTRA eine **Absichtserklärung** und mit dem ETO eine **Rahmenvereinbarung**, auf deren Grundlage das ETO von der Kommission mit Arbeiten im Bereich der Numerierung beauftragt werden konnte. Zugleich wurde ein **Europäisches Forum für Numerierung** (ENF) geschaffen, in dem alle relevanten Angelegenheiten diskutiert und koordiniert werden sollten *(vgl. J. Horrocks, 1995, S.7/11, 17/5f.; P. J. J. Welfens u. a., 1996, S.155, 158, 160).*

Im Vorfeld der **vollständigen Liberalisierung** der Telekommunikationsmärkte rückte auch die Numerierung in das Zentrum der Diskussion um die zukünftige Ausgestaltung der ordnungspolitischen Rahmenbedingungen. Die Gewährleistung einer ausreichenden Nummernkapazität (Nummern für konkurrierende Netzbetreiber und spezielle Dienste sowie für Ortsnetze und neue Kunden), die Harmonisierung der Numerierungspläne, des Zugangs zu Nummern und der Zuweisungsverfahren, eine Regelung der Kompetenzen sowie die Einführung der Betreiberauswahl (Nutzer kann jedes Gespräch über ein Unternehmen / einen Fernnetzbetreiber seiner Wahl führen) bzw. -vorauswahl (Nutzer kann Gespräche permanent oder standardmäßig über ein beliebiges Unternehmen führen) und der Nummernübertragbarkeit galten als wichtige Voraussetzungen für die Verwirklichung eines **funktionstüchtigen Wettbewerbs** durch alternative Netzbetreiber und Sprachtelefondienstanbieter (insbesondere im Fernverkehr). Außerdem sollten damit auch die Auswahlmöglichkeiten der Verbraucher erweitert, die Entwicklung neuer europaweiter Systeme forciert sowie die Qualität und Benutzerfreundlichkeit der Dienste gesteigert werden *(zur Nummernverwaltung bei liberalisierten Märkten vgl. C. Schwarz-Schilling, 1997)*.

Den Anlaß für weiterführende Überlegungen zur Numerierung bildeten die **Ausführungen der Grünbücher** vom April 1994 über die Mobilkommunikation und vom Januar 1995 über die Liberalisierung der Infrastruktur und der Kabelfernsehnetze sowie die sich anschließenden Konsultationen und Ratsentschließungen. Nach der **ONP-Sprachtelefondienstrichtlinie** vom Dezember 1995 durfte die Überwachung der Numerierungspläne nicht mehr durch die öffentlichen Netzbetreiber erfolgen, sondern mußte den nationalen Regulierungsbehörden übertragen werden. Die Vergabeverfahren waren objektiv, transparent, diskriminierungsfrei, verhältnismäßig und zeitgerecht auszugestalten; wesentliche Elemente und Änderungen des Numerierungsplans sollten veröffentlicht werden. Angeregt wurde zudem eine Förderung europäischer Numerierungssysteme. Die **Richtlinie über den vollständigen Wettbewerb** verpflichtete die Mitgliedstaaten, bis zum 1. Juli 1997 die ausreichende Verfügbarkeit von Nummern für alle Telekommunikationsdienste sicherzustellen *(vgl. St. Polster, 1999, S. 79 f.)*.

2.5.2.2 Das Grünbuch über ein Numerierungskonzept vom November 1996

Am 20. November 1996 veröffentlichte die Kommission ein Grünbuch über ein Numerierungskonzept für Telekommunikationsdienste in Europa [KOM (96) 590 endg.]. Neben der Förderung des Wettbewerbs, der quantitativen und qualitativen Verbesserung der Dienste zum Nutzen der Verbraucher sowie einer möglichst weitgehenden Harmonisierung wurden auch die Eruierung kostengünstiger Lösungen und die Aufstellung eines konkreten Zeitplans als wichtige Ziele genannt. Auf der Grundlage einer **Analyse der zentralen Problemfelder** (Zunahme der Nachfrage nach Nummern durch mehr Anschlüsse, neue Anbieter und Dienste; heterogene nationale Numerierungspläne; unterschiedliche Regelungen der Gemeinschaft, des ECTRA / ETO und der ITU) und der bisher **erzielten Fortschritte** schlug die Kommission **folgende Maßnahmen** vor: Einführung der **Betreiberauswahl** und der **Betreibervorauswahl** sowie der **Nummernübertragbarkeit** in größeren Ballungsräumen (zuerst für lokale Festnetze, später auch für den Mobilfunk, die persönliche Kommunikation und Sonderdienste); Reform der **nationalen Numerierungspläne** (ausreichende Nummernverfügbarkeit und gleicher Zugang für Dritte; Prüfung der Systeme und nachfolgende Anpassung aufgrund von gemeinsamen Leitlinien; Harmonisierung der Zugangsnummern; Normen für alphanumerisches Wählen; Gewährleistung der Zuständigkeit der nationalen Regulierungsbehörden); Schaffung eines **europäischen Numerierungs-**

umfelds (gemeinsamer Numerierungsplan und ETNS mit der Vorwahl „388"; europäische Betreibernummern und gemeinsame Zugangsnummern für europaweite Sonderdienste, Mobilfunk- und persönliche Kommunikationsdienste sowie für *calling cards*; Numerierung bei Privat- und Firmennetzen; Neuordnung der Nummernverwaltung auf europäischer Ebene in bezug auf Konzepte, Streitfragen, Datenbanken und Antragsbearbeitung; Vertretung der Gemeinschaftsinteressen in internationalen Gremien); Entwicklung eines **langfristigen Numerierungsplans** und Änderung der **europäischen Ländervorwahlen** („3-XY"); Regelung der Benennung und Adressierung im **Internet** (Zuständigkeit, Zuweisung, neue Bereichsnamen, Warenzeichenrecht) sowie bei **Multimedia- und Online-Diensten** *(vgl. Bull. EU 11-1996, S.54 f.; GB 1996, Ziff.419; St. Polster, 1999, S.79)*.

Im Rahmen der **Konsultationen** kristallisierten sich dann gemäß der Kommissionsmitteilung vom 21. Mai 1997 [KOM (97) 203 endg.] u. a. **folgende Positionen** heraus: Betreiberauswahl und -vorauswahl für Ortsnetzbetreiber mit Marktmacht (Uneinigkeit in bezug auf sonstige Ortsnetz- und Mobilfunknetzbetreiber); Nummernübertragbarkeit für alle Festnetzbetreiber (flächendeckend, schnellstmöglich für überregionale Dienste; Unklarheit hinsichtlich der Mobilfunknetzbetreiber); Regelungen für die Kostenermittlung und -verrechnung bei der Verwirklichung der Betreiberauswahl und -vorauswahl sowie der Übertragbarkeit; langfristige Konvergenz der nationalen Numerierungspläne (Leitlinien, Kosten-Nutzen-Untersuchungen); Einrichtung eines ETNS (im November 1996 hatte der ECTRA eine entsprechende Entscheidung angenommen), Schaffung von Zugangsnummern für europaweite Dienste und Verwaltung durch die CEPT bzw. den ECTRA; Vorgaben für die Benennung und Adressierung im Internet (Selbstregulierung, Vertretung der Interessen auf internationaler Ebene); besondere Beachtung der Umstellungskosten, der Normungserfordernisse und der Verbraucherbedürfnisse. Auch der ursprüngliche **Zeitplan** wurde angesichts zahlreicher Bedenken revidiert *(vgl. Bull. EU 5-1997, S.48; GB 1997, Ziff.512)*:

— bis *Mitte 1997*: Überprüfung der einzelstaatlichen Numerierungspläne (bis Ende 1997: ausführliche Beschreibung der Pläne und der Norm für alphanumerisches Wählen; bis Ende 1999: Empfehlungen für eine weitere Umstrukturierung);

— bis *1. Januar 1998* (bzw. bis zum Ablauf der Übergangsfristen): Verwirklichung der Betreiberauswahl durch die Anbieter fester Ortsanschlüsse mit bedeutender Marktstellung (bis Ende 1998 bzw. Ende 1999: Prüfung der Ausweitung auf Mobilfunknetzbetreiber bzw. auf alle Anbieter);

— bis *1. Januar 1999*: Einrichtung eines ETNS; Annahme von Leitlinien für Kostenteilungsvereinbarungen bei der Nummernübertragung; Prüfung von Mindestkriterien und Normungsanforderungen für die Übertragbarkeit;

— bis *1. Januar 2000* (bzw. bis zwei Jahre nach Ende der Übergangsfristen): Verwirklichung der Betreibervorauswahl und Gewährleistung der Nummernübertragbarkeit bei marktbeherrschenden Anbietern; Realisierung der Übertragbarkeit von Sonderdienstnummern durch alle Anbieter fester Ortsanschlüsse (bis Ende 1997 bzw. Anfang 1999: Vorschlag bzw. Annahme einer Richtlinie; bis Ende 1998: Prüfung der Ausweitung der Regelungen zur Übertragbarkeit auf Mobilfunknetzbetreiber).

Der **Wirtschafts- und Sozialausschuß** äußerte sich in seinen Stellungnahmen vom 28. Mai 1997 [ABl. C 287 22.09.97 S.15] und vom 29. Oktober 1997 [ABl. C 019 21. 01.98 S.28] positiv zum Grünbuch. Er hielt es jedoch für notwendig, den Kostenfaktor stärker zu berücksichtigen, weitere Studien in Auftrag zu geben, einige Aufgaben den internationalen Organisationen zuzuweisen und den ursprünglichen Zeitplan zu ändern. Auch das **Europäische Parlament** unterstützte am 17. Juli 1997 [ABl. C 286 22. 09.97 S.232] die Kommission, wünschte jedoch eine genauere Begutachtung der Kosten und Nutzerbelange, die Einrichtung einer europäischen Behörde, eine Verschärfung der Vorgaben zur Übertragbarkeit und eine Verschiebung der Einführung neuer europäischer Ländervorwahlen. Der Rat billigte mit der **Entschließung 97/C 303/01 vom 22. September 1997 [ABl. C 303 04.10.97 S.1]** die Vorhaben und den Zeitplan der Kommission; die Übertragbarkeit sollte jedoch überall bis spätestens 2003 eingeführt werden *(vgl. Bull. EU 5-1997, S.48 f.; Bull. EU 6-1997, S.80 f.; Bull. EU 7/8-1997, S.59; Bull. EU 10-1997, S.51; zur Nummernübertragbarkeit beim Mobilfunk und in Festnetzen C. Schwarz-Schilling u. a., 1999; J. S. Gans u. a., 2001, S.167 ff.).*

2.5.2.3 Einführung der Betreibervorauswahl und der Nummernübertragbarkeit

Die **Zusammenschaltungsrichtlinie** forderte von den Mitgliedstaaten bis zum 31. Dezember 1997 die Bereitstellung von Nummern und Numerierungsbereichen für alle öffentlichen Telekommunikationsdienste sowie eine umfassende Koordinierung ihrer Standpunkte in den internationalen Organisationen. Den Regulierungsbehörden wurde die Aufgabe übertragen, die nationalen Numerierungspläne zu kontrollieren [ABl. C 112 23.04.1999 S.2], die Nummernzuweisung durchzuführen und die Bedingungen für die Verwendung bestimmter Vorwahl- oder Kurzwahlnummern festzulegen. Die **Nummernübertragbarkeit** gegen eine angemessene Gebühr sollte ursprünglich auf das öffentliche Festnetz und die Nutzung an einem bestimmten Standort beschränkt sein und war lediglich in allen größeren Bevölkerungszentren bis zum 1. Januar 2003 zu ermöglichen. Die Bereitstellung von Nummernfolgen für den Zugang zu den Diensten anderer Betreiber hatte diskriminierungsfrei zu erfolgen *(vgl. St. Polster, 1999, S.80).*

Die auf den Ergebnissen der Konsultation zum Grünbuch beruhende **Richtlinie 98/61/ EG des Europäischen Parlaments und des Rates vom 24. September 1998 [ABl. L 268 03.10.98 S.37]** dehnte dann die Verpflichtung zur Gewährleistung der Übertragbarkeit auf das ISDN und alle nicht geographisch gebundenen Nummern aus; das Leistungsmerkmal mußte jetzt spätestens ab dem 1. Januar 2000 zur Verfügung stehen. Zumindest alle öffentlichen Festnetzbetreiber mit einer marktbeherrschenden Stellung hatten ebenfalls bis zum 1. Januar 2000 ihren Teilnehmern die Möglichkeit der Betreibervorauswahl zu eröffnen; die dafür erhobenen Gebühren sollten den tatsächlichen Kosten entsprechen. In denjenigen Staaten, die eine zusätzliche Übergangsfrist erhalten hatten, waren Nummernübertragbarkeit und Betreibervorauswahl möglichst umgehend, jedoch nicht mehr als zwei Jahre nach der vollständigen Liberalisierung des Sprachtelefondienstes zu realisieren *(vgl. Bull. EU 10-1997, S.51; Bull. EU 7/8-1998, S.66 f.; GB 1998, Ziff.469; A. Bartosch, 1999, S.423 f.).*

Außerdem konnte bei einer übermäßigen Belastung für bestimmte Organisationen eine Aufschiebung der Verpflichtungen beantragt werden. Aufgrund der fehlenden Vorbereitungszeit, der Sicherstellung der Netzintegrität während der **Jahrtausendumstellung**, des Fehlens einer entsprechenden Funktionalität in den Vermittlungsstellen und der großen Bandbreite der Vermittlungsarten bat BT deshalb um eine ein- bis zweijährige Verlängerung des Termins für die Einführung der Betreibervorauswahl im öffentlichen Netz. Die Kommission hielt dies jedoch nicht für gerechtfertigt und genehmigte dem Vereinigten Königreich mit der **Entscheidung 2000/54/EG vom 22. Dezember 1999 [ABl. L 019 25.01.2000 S.69]** lediglich eine Übergangsfrist bis zum 1. April 2000.

2.5.3 Wegerechte, gemeinsame Nutzung von Einrichtungen und Kollokation

Die **Inanspruchnahme** öffentlicher oder privater Grundstücke (Wege, Gebäude) für die Verlegung von Leitungen bzw. für sonstige Installationen, die **gemeinsame Nutzung** bereits vorhandener Einrichtungen und die **Kollokation** (Mitgebrauch von Ressourcen zwecks Übergabe der entbündelten Teilnehmeranschlußleitungen; physisch: an der übertragungs- oder vermittlungstechnischen Schnittstelle; virtuell: an einem anderen Ort) sind vor allem für Neueinsteiger im Ortsnetzbereich ein zentraler **Kosten und Wettbewerbsfaktor**. Probleme können entstehen durch unlauteres Verhalten des marktbeherrschenden Betreibers oder inakzeptable Forderungen des alternativen Anbieters, räumliche und technische Schwierigkeiten, voneinander abweichende nationale Befugnisse, die Existenz kommunaler und regionaler Zuständigkeiten (konkurrierender Anbieter im Eigentum der Gebietskörperschaft), das Stadtplanungs-, Bau- und Umweltrecht sowie ästhetische, umweltrelevante und gesundheitliche Faktoren (Baustellen, Sendemasten, Abstrahlung) *(vgl. P. N. Märkl, 1998, S.46ff.)*.

Die **Richtlinie über den vollständigen Wettbewerb** schrieb vor, daß die Erteilung von Wegerechten an Betreiber von öffentlichen Telekommunikationsnetzen diskriminierungsfrei zu verlaufen hatte. Standen der Einräumung von zusätzlichen Wegerechten grundlegende Anforderungen entgegen, so mußte der Zugang zu bestehenden Einrichtungen zu angemessenen Bedingungen gewährleistet werden. Nach der **Zusammenschaltungsrichtlinie** hatten die nationalen Regulierungsbehörden auf die gemeinsame Nutzung von auf, über und unter öffentlichen oder privaten Grundstücken befindlichen Einrichtungen hinzuwirken, wenn einem öffentlichen Netzbetreiber oder einem Anbieter von öffentlichen Telekommunikationsdiensten dieses Recht zustand. Entstanden im Zusammenhang mit Vereinbarungen über die Kollokation und die gemeinsame Nutzung von Einrichtungen Streitigkeiten, so konnte die Regulierungsbehörde eingreifen. Nach Ablauf einer angemessenen Frist für eine öffentliche Konsultation hatten die Mitgliedstaaten die Möglichkeit, Anordnungen für die Umlegung der Nutzungskosten zu treffen *(vgl. J. Horrocks, 1995, S.7/11; P. J. J. Welfens u. a., 1996, S.155, 158; U. Ellinghaus, 1999, S.420ff.; St. Polster, 1999, S.76f.)*.

Übersicht 83: Numerierung in der Telekommunikation zwischen 1992 und 1999

Entschließung 92/C 318/02 des Rates vom 19. November 1992 zur Förderung der europäischen Zusammenarbeit bei der Numerierung von Telekommunikationsdiensten [ABl. C 318 04.12.92 S.2] — Rechtsetzung auf der Grundlage des EWGV und auf Vorschlag der Kommission [KOM (92) 344 endg.] — Kenntnisnahme durch das EWR-Abkommen [ABl. L 160 28.06.94 S.77]
Richtlinie 95/62/EG des Europäischen Parlaments und des Rates vom 13. Dezember 1995 zur Einführung des offenen Netzzugangs (ONP) beim Sprachtelefondienst [ABl. L 321 30.12.95 S.6]
Richtlinie 96/19/EG der Kommission vom 13. März 1996 zur Änderung der Richtlinie 90/388/EWG hinsichtlich der Einführung des vollständigen Wettbewerbs auf den Telekommunikationsmärkten [ABl. L 074 22.03.96 S.13]
Richtlinie 97/33/EG des Europäischen Parlaments und des Rates vom 30. Juni 1997 über die Zusammenschaltung in der Telekommunikation im Hinblick auf die Sicherstellung eines Universaldienstes und der Interoperabilität durch Anwendung der Grundsätze für einen offenen Netzzugang (ONP) [ABl. L 199 26.07.97 S.32]
Entschließung 97/C 303/01 des Rates vom 22. September 1997 über die Weiterentwicklung eines Numerierungskonzepts für Telekommunikationsdienste in der Europäischen Gemeinschaft [ABl. C 303 04.10.97 S.1] — Aufnahme in den Anhang XI des EWR-Abkommens durch den Beschluß 75/98 des Gemeinsamen EWR-Ausschusses [ABl. L 172 08.07.1999 S.54]
Richtlinie 98/61/EG des Europäischen Parlaments und des Rates vom 24. September 1998 zur Änderung der Richtlinie 97/33/EG hinsichtlich der Übertragbarkeit von Nummern und der Betreibervorauswahl [ABl. L 268 03.10.98 S.37] — Rechtsetzung auf der Grundlage des Art. 100 a (95) EGV, auf Vorschlag der Kommission [ABl. C 330 01.11.97 S.19; ABl. C 013 17.01.98 S.10] und nach Stellungnahme des WSA [ABl. C 073 09.03.98 S.107]; Stellungnahme des EP [ABl. C 371 08.12.97 S.180], gemeinsamer Standpunkt des Rates [ABl. C 091 26.03.98 S.42], Beschluß des EP [ABl. C 167 01.06.98 S.186] und Beschluß des Rates im Rahmen des Verfahrens der Mitentscheidung — Aufnahme in den Anhang XI des EWR-Abkommens durch den Beschluß 36/1999 des Gemeinsamen EWR-Ausschusses [ABl. L 266 19.10.2000 S.24]
Entscheidung 2000/54/EG der Kommission vom 22. Dezember 1999 über den Antrag des Vereinigten Königreichs auf Aussetzung der Verpflichtung zur Einführung der Betreibervorauswahl gemäß Artikel 20 Absatz 2 der Richtlinie 97/33/EG (Zusammenschaltungsrichtlinie) [ABl. L 019 25.01.2000 S.69]

2.5.4 Normung, Konformitätsprüfung und Endgerätezulassung

2.5.4.1 Weiterentwicklung der Rahmenbedingungen

In den neunziger Jahren erlangten technische **Spezifikationen und Normen** für die Verbindung bzw. das Zusammenwirken von Netzen, Diensten, Anwendungen und Geräten sowie für die Kooperation von Unternehmen eine immer größere Bedeutung (Netzzugang, Zusammenschaltung und Interoperabilität, Multifunktionalität, europaweite Dienste, Handel mit Technologien und Geräten, Universaldienst, Verbraucherfreundlichkeit, Datenschutz, Informationssicherheit). Obwohl der **offene Zugang** zu Spezifikationen weit verbreitet war, existierten aufgrund von Entwicklungsvorsprüngen immer noch Wettbewerbsvorteile für US-amerikanische Unternehmen; Europa war nur in Teilbereichen führend. Der Gemeinsame Markt war angesichts der **vorherrschenden Monopolstrukturen** und der **nationalen Regulierung** immer noch zersplittert, und **zwischenstaatliche Handelshemmnisse** behinderten nach wie vor den Warenaustausch; außerdem dauerten die offiziellen Normungsverfahren zu lange. Gerade bei kurzlebigen Produkten erfolgte vielfach noch eine **Vorgabe der Normen** durch den dominierenden Anbieter; ggf. setzte sich von mehreren konkurrierenden Normen die der marktbeherrschenden Technik durch.

Übersicht 84: Normen und Spezifikationen für Telekommunikationsnetze, -dienste und -endeinrichtungen seit 1990

Verzeichnis der Normreferenzen (90/C 327/12) [ABl. C 327 29.12.90 S.19] — Europäische Fernmeldenormen (NET) (93/C 53/05) [ABl. C 053 24.02.93 S.6] — Telekommunikation: Einführung eines offenen Netzzugangs – Verzeichnis der ONP-Normen (93/C 100/04) [ABl. C 100 08.04.93 S.5] — Telekommunikation: Offener Netzzugang – Verzeichnis der ONP-Normen (dritte Ausgabe) (93/C 219/02) [ABl. C 219 13.08.93 S.2] — Telekommunikation: offener Netzzugang – Verzeichnis der ONP-Normen (vierte Ausgabe) (95/C 266/02) [ABl. C 266 13.10.95 S. 2] — Telekommunikation: Offener Netzzugang – Verzeichnis der ONP-Normen (fünfte Ausgabe) (97/C 180/03) [ABl. C 180 14.06.97 S.3] — Telekommunikation: Offener Netzzugang – Verzeichnis der ONP-Normen (sechste Ausgabe) (98/C 339/04) [ABl. C 339 07.11.98 S.6]

Die **Kommission** formulierte deshalb in ihren Mitteilungen vom 30. Oktober 1995 über die stärkere Nutzung der Normung in der Gemeinschaftspolitik [KOM (95) 412 endg.] und vom 24. Juli 1996 über Normung und die globale Informationsgesellschaft [KOM (96) 359 endg.] **neue Prioritäten**, die vom **Europäischen Parlament** am 19. September 1996 [ABl. C 320 28.10.96 S.208] und am 26. Juni 1997 [ABl. C 222 21.07.97 S.46] sowie vom **Wirtschafts- und Sozialausschuß** am 29. Januar 1997 [ABl. C 089 19.03.97 S.11] unterstützt wurden: wettbewerbsrechtliche Begutachtung der Zusammenarbeit von Unternehmen in bezug auf öffentlich zugängliche Spezifikationen und De-facto-Normen; Beschränkung der offiziellen Normung auf bestimmte Bereiche (grundlegende Infrastrukturen und Technologien, internationale Anwendung); ggf. Übernahme der von Unternehmen erarbeiteten Spezifikationen als offizielle Normen; Stärkung der Zusammenarbeit der europäischen Normungsorganisationen untereinander und mit den Entwicklern von Spezifikationen; Verantwortung der Branche für gemeinsame Spezifikationen, die keine Normen werden sollen; Abbau von Handelsbeschränkungen und Förderung der öffentlichen Beschaffung; Unterstützung der Entwicklung neuer Anwendungen, des elektronischen Geschäftsverkehrs und von Pilotprojekten; Annäherung der Normung an die Forschung und Entwicklung; Berücksichtigung von Sicherheit, Vertraulichkeit und Benutzerfreundlichkeit; bessere Beteiligung der Nutzer und Öffentlichkeitsarbeit; internationale Kooperation *(vgl. Bull. EU 10-1995, S.16; Bull. EU 7/8-1996, S.72; Bull. EU 1/2-1997, S.51; Bull. EU 6-1997, S. 79)*.

Die Vorschriften zum **Informationsverfahren** *(vgl. Band 1, S.217)* wurden durch die Ratsrichtlinie 94/10/EG vom 23. März 1994 [ABl. L 100 19.04.94 S.30] i. d. F. der Berichtigung [ABl. L 247 28.09.96 S.46] und die Kommissionsentscheidung 96/139/EG vom 24. Januar 1996 [ABl. L 032 10.02.96 S.31] modifiziert *(zur Neuorientierung der Normung in den neunziger Jahren vgl. S. Mertens, 1998; F.-P. Hansen, 1999)*.

2.5.4.2 Konformitätsprüfung und Allgemeinzulassung

Weiterentwicklung der Gemeinschaftsregelungen

Im Zuge der Integration des Satellitenfunks in die gemeinschaftliche Telekommunikationspolitik übernahm die **Richtlinie 93/97/EWG des Rates vom 29. Oktober 1993 [ABl. L 290 24.11.93 S.1]** mit Wirkung vom 1. Mai 1995 die Regelungen der 2. Phase-Richtlinie *(vgl. S. 657)* größtenteils auch für die Satellitenfunkanlagen. Dies betraf z. B. das Recht zur Herstellung, Vermarktung, Inbetriebnahme und Nutzung, wenn bei ordnungsgemäßer Installation, Wartung und entsprechender Verwendung die Anforderungen erfüllt waren (Möglichkeit von Lizenzregelungen für Sende- und Sende- / Empfangsanlagen), sowie den Anschluß an das öffentliche Netz bzw. die Abtrennung. Weiterhin wurden die **grundlegenden Anforderungen** (einschließlich der effizienten Nutzung der Orbitressourcen und des Frequenzspektrums sowie der Vermeidung funktechnischer Störungen), die **Untersuchungs-, Notifizierungs- und Konsultationsverfahren** bei Nichtentsprechung, die **Normung** (Festlegung des Typs und der Rahmenbeschreibung durch die Kommission unter Einbeziehung des Zulassungsausschusses für Telekommunikationsendeinrichtungen (ACTE); Ausarbeitung der technischen Spezifikationen durch das ETSI in Form von technischen Grundlagen (TBR) bzw. Festlegung europäischer Telekommunikationsnormen und Annahme als harmonisierte Normen; Umsetzung in CTR durch die Kommission) sowie der Ablauf des **Konformitätsbewertungs- und Zulassungsverfahrens** geregelt *(vgl. Bull. EG 12-1992, S.82; Bull. EG 6-1993, S.69; Bull. EG 10-1993, S.45 f.; GB 1993, Ziff.342; J. Horrocks, 1995, S.11/18 f.; Kommission, 1995, S.7/2; ferner Übersicht 85).*

Übersicht 85: Konformitätsprüfung, Zulassung und gegenseitige Anerkennung von Telekommunikationsendeinrichtungen zwischen 1993 und 1998

Richtlinie 93/97/EWG des Rates vom 29. Oktober 1993 zur Ergänzung der Richtlinie 91/263/EWG hinsichtlich Satellitenfunkanlagen [ABl. L 290 24.11.93 S.1] — Rechtsetzung auf der Grundlage des Art. 100 a EWGV (Art. 95 EGV), auf Vorschlag der Kommission [ABl. C 004 08.01.93 S.3; ABl. C 177 29.06.93 S.10] und nach Stellungnahme des WSA [ABl. C 161 14.06.93 S.11]; Stellungnahme des EP [ABl. C 176 28.06.93 S.74], gemeinsamer Standpunkt des Rates [ABl. C 254 18.09.93 S.1] und Beschluß des EP [ABl. C 315 22.11.93 S.123] im Rahmen des Verfahrens der Zusammenarbeit — Aufnahme in den Anhang II des EWR-Abkommens durch den Beschluß 7/94 des Gemeinsamen EWR-Ausschusses [ABl. L 160 28.06.94 S.45]
Richtlinie 98/13/EG des Europäischen Parlaments und des Rates vom 12. Februar 1998 über Telekommunikationsendeinrichtungen und Satellitenfunkanlagen einschließlich der gegenseitigen Anerkennung ihrer Konformität [ABl. L 074 12.03.98 S.1] — Rechtsetzung auf der Grundlage des Art. 100 a (95) EGV, auf Vorschlag der Kommission [KOM (95) 612 endg.] und nach Stellungnahme des WSA [ABl. C 204 15.07.96 S.3]; Stellungnahme des EP [ABl. C 166 10.06.96 S.60], gemeinsamer Standpunkt des Rates [ABl. C 375 10.12.97 S.48], Beschluß des EP [ABl. C 371 08.12.97 S.58] und Beschluß des Rates im Rahmen des Verfahrens der Mitentscheidung — Aufnahme in den Anhang II des EWR-Abkommens durch den Beschluß 32/1999 des Gemeinsamen EWR-Ausschusses [ABl. L 266 19.10.2000 S.16]

Am 27. März 1996 legte die Kommission einen **Zwischenbericht** über die nationale Angleichung der Rechtsvorschriften [KOM (96) 114 endg.] vor, den sie am 2. Mai

1996 durch eine **erläuternde Mitteilung** über die Anwendung harmonisierter Normen zur Umsetzung der 2. Phase-Richtlinie [ABl. C 138 09.05.96 S.8] ergänzte. Folgende **Probleme** wurden registriert: Vorschriften für nicht oder indirekt an das öffentliche Netz angeschlossene Geräte; Einbeziehung von Funkgeräten; Komplexität des Konformitätsbewertungsverfahrens und des Kennzeichnungssystems; Verzögerungen bei der Erarbeitung der technischen Spezifikationen, der Normen und der TBR sowie bei der Annahme der CTR (ISDN, DECT); Unabhängigkeit der benannten Stellen und der Testlabore; Schwerfälligkeit der Durchführungsbestimmungen (Abgrenzung grundlegender Anforderungen). Die Kommission empfahl, den Anwendungsbereich auf alle Telekommunikationsgeräte (Funkgeräte) auszudehnen, die grundlegenden Anforderungen zu begrenzen, das Konformitätsbewertungsverfahren zu vereinfachen sowie die Erstellung der Normen, TBR und CTR zu beschleunigen (Informationsstelle bei der Kommission; Weisungsbefugnis und Arbeitsmethoden der ETSI-Ausschüsse; Frist von der Genehmigung einer Maßnahme durch den ACTE bis zur Veröffentlichung der CTR). Außerdem kodifizierte die **Richtlinie 98/13/EG des Europäischen Parlaments und des Rates vom 12. Februar 1998 [ABl. L 074 12.03.98 S.1]** die separaten Vorschriften für Telekommunikationsendeinrichtungen und Satellitenfunkanlagen in einem Text *(vgl. Bull. EU 12-1995, S.101; GB 1995, Ziff.434; Bull. EU 5-1996, S.43 f.; M. Fredebeul-Krein, 1997, S.140 ff.; GB 1997, Ziff.513; Bull. EU 1/2-1998, S.67; GB 1998, Ziff.470; A. Bartosch, 1999, S.422).*

Annahme gemeinsamer technischer Vorschriften

Auf der Grundlage der Richtlinien 91/263/EWG und 93/97/EWG bzw. ab 1. April 1998 der Richtlinie 98/13/EG nahm die Kommission zwischen Dezember 1993 und September 1999 Entscheidungen über die CTR an *(vgl. Übersicht 86)*, in denen unter Hinweis auf die zugrundeliegenden **harmonisierten Normen bzw. Teilnormen** die Anschaltebedingungen für bzw. die Anforderungen an die entsprechenden Endeinrichtungen spezifiziert wurden. Die Endgeräte und Anlagen mußten mit den CTR übereinstimmen sowie bestimmte grundlegende Anforderungen und weitere Voraussetzungen (elektrische Betriebsmittel, elektromagnetische Verträglichkeit) erfüllen. Die benannten Stellen der Mitgliedstaaten hatten die Normen anzuwenden bzw. für deren Gebrauch zu sorgen. Die nationalen **Vorschriften zu den Allgemeinzulassungen** traten nach einer bestimmten Übergangsfrist außer Kraft; bereits genehmigte Endeinrichtungen konnten jedoch weiterhin vermarktet und in Betrieb genommen werden *(vgl. J. Horrocks, 1995, S.9/12 ff.).*

2.5.4.3 Normung und Entwicklung von Fernsehdiensten

Die raschen Fortschritte bei der digitalen Übertragungstechnik führten bald dazu, daß die bisherigen Entwicklungspläne zum HDTV und zum Satellitenfernsehen *(vgl. S. 660)* überdacht werden mußten. Zwar bot das HDTV nach wie vor erhebliche Qualitätsvorteile, doch nutzten die Anbieter die digitale Kompression eher zur Ausstrahlung einer größeren Programmanzahl und nicht für das HDTV, da Produktion, Übertragung und Empfang kostspielige neue Geräte und Ausrüstungen erforderlich machten. Über

Übersicht 86: Kommissionsentscheidungen zu den CTR für Endeinrichtungen

Endeinrichtungen für den Anschluß an leitungsvermittelnde Datennetze und ONP-Mietleitungen mit Schnittstellen gemäß der CCITT-Empfehlung X.21 (CTR 1): Entscheidung 97/544/EG vom 9. Juli 1997 [ABl. L 223 13.08.97 S.18] — Datenendeinrichtungen für den Anschluß an öffentliche paketvermittelnde Datennetze mit Schnittstellen gemäß der CCITT-Empfehlung X.25 (CTR 2): Entscheidungen 96/71/EG vom 10. Januar 1996 [ABl. L 013 18.01.96 S.23] und 97/545/EG vom 9. Juli 1997 [ABl. L 223 13.08.97 S.21] — Endeinrichtungen für den Basisanschluß an das diensteintegrierende digitale Fernmeldenetz (ISDN) (CTR 3): Entscheidungen 94/797/EG vom 18. November 1994 [ABl. L 329 20.12.94 S.14], 97/346/EG vom 21. Mai 1997 [ABl. L 148 06. 06.97 S.19] und 98/515/EG vom 17. Juni 1998 [ABl. L 232 19.08.98 S.7] — Endeinrichtungen für den Multiplexanschluß an das diensteintegrierende digitale Fernmeldenetz (ISDN) (CTR 4): Entscheidungen 94/796/EG vom 18. November 1994 [ABl. L 329 20.12.94 S.1], 97/347/EG vom 21. Mai 1997 [ABl. L 148 06.06.97 S.24] und 98/520/EG vom 17. Juni 1998 [ABl. L 232 19.08.98 S. 19] — Endeinrichtungen für den Anschluß an das öffentliche digitale zellulare terrestrische Mobilfunknetz (GSM) der Phase I (CTR 5): Entscheidungen 94/11/EG vom 21. Dezember 1993 [ABl. L 008 12.01.94 S.20] und 97/526/EG vom 9. Juli 1997 [ABl. L 215 07.08.97 S.54] — Funkanlagen für die schnurlose Digitalkommunikation (DECT) (CTR 6): Entscheidungen 94/471/EG vom 18. Juli 1994 [ABl. L 194 29.07.94 S.89] und 97/523/EG vom 9. Juli 1997 [ABl. L 215 07.08. 97 S.48] — Empfangsgeräte für den Anschluß an das öffentliche terrestrische Funkrufsystem (ERMES) (CTR 7): Entscheidungen 95/290/EG vom 17. Juli 1995 [ABl. L 182 02.08.95 S.21] und 98/522/EG vom 17. Juni 1998 [ABl. L 232 19.08.98 S.25] — Handapparate für den Anschluß an das diensteintegrierende digitale Fernmeldenetz (ISDN), die einen Telefondienst mit 3,1 kHz ermöglichen (CTR 8): Entscheidungen 95/526/EG vom 28. November 1995 [ABl. L 300 13.12. 95 S.38] und 1999/304/EG vom 12. April 1999 [ABl. L 118 06.05.1999 S.60] — Telefonieanwendungen von Endeinrichtungen für den Anschluß an das öffentliche digitale zellulare terrestrische Mobilfunknetz (GSM) der Phase I (CTR 9): Entscheidungen 94/12/EG vom 21. Dezember 1993 [ABl. L 008 12.01.94 S.23] und 97/527/EG vom 9. Juli 1997 [ABl. L 215 07.08.97 S.57] — Telefonieanwendungen von Funkanlagen für die schnurlose Digitalkommunikation (DECT) (CTR 10): Entscheidungen 94/472/EG vom 18. Juli 1994 [ABl. L 194 29.07.94 S.91] und 97/524/ EG vom 9. Juli 1997 [ABl. L 215 07.08.97 S.50] — Funkanlagen mit öffentlichem Zugangsprofil (PAP) für die schnurlose Digitalkommunikation (DECT) (CTR 11): Entscheidung 95/525/EG vom 28. November 1995 [ABl. L 300 13.12.95 S.35] — Endeinrichtungen mit Schnittstellen zu digitalen unstrukturierten 2.048-kBit/s-ONP-Mietleitungen (CTR 12): Entscheidungen 94/470/ EG vom 18. Juli 1994 [ABl. L 194 29.07.94 S.87] und 97/520/EG vom 9. Juli 1997 [ABl. L 215 07.08.97 S.41] — Endeinrichtungen mit Schnittstellen zu digitalen strukturierten 2.048-kBit/s-ONP-Mietleitungen (CTR 13): Entscheidung 97/521/EG vom 9. Juli 1997 [ABl. L 215 07.08.97 S.44] — Endeinrichtungen mit Schnittstellen zu digitalen unstrukturierten 64-kBit/s-ONP-Mietleitungen (CTR 14): Entscheidungen 94/821/EG vom 9. Dezember 1994 [ABl. L 339 29.12.94 S. 81] und 97/522/EG vom 9. Juli 1997 [ABl. L 215 07.08.97 S.46] — Endeinrichtungen mit Schnittstellen zu ONP-2-Draht-Mietleitungen (CTR 15): Entscheidung 97/486/EG vom 9. Juli 1997 [ABl. L 208 02.08.97 S.44] — Endeinrichtungen mit Schnittstellen zu ONP-4-Draht-Mietleitungen (CTR 17): Entscheidung 97/487/EG vom 9. Juli 1997 [ABl. L 208 02.08.97 S.47] — Endeinrichtungen für den Anschluß an das öffentliche digitale zellulare terrestrische Mobilfunknetz (GSM) der Phase II (CTR 19): Entscheidungen 96/630/EG vom 23. Oktober 1996 [ABl. L 282 01. 11.96 S.79] und 98/574/EG vom 16. September 1998 [ABl. L 278 15.10.98 S.30] — Mehrschlitz-Mobilstationen für leitungsvermittelte Hochgeschwindigkeits-Datenübertragung (High Speed Circuit-Switched Data – HSCSD) (CTR 19-2): Entscheidung 1999/511/EG vom 7. Juli 1999 [ABl. L 195 28.07.1999 S.34] — Telefonieanwendungen von Endeinrichtungen für den Anschluß an das öffentliche digitale zellulare terrestrische Mobilfunknetz (GSM) der Phase II (CTR 20): Entscheidungen 96/629/EG vom 23. Oktober 1996 [ABl. L 282 01.11.96 S.75] und 98/542/ EG vom 4. September 1998 [ABl. L 254 16.09.98 S.28] — Endeinrichtungen (ausgenommen Geräte, die Sprachtelefondienste in gerechtfertigten Fällen unterstützen) für den Anschluß an analoge öffentliche Fernsprechnetze, bei denen die Netzadressierung ggf. durch Zeichengabe im Zweitonmehrfrequenzwahlverfahren erfolgt (CTR 21): Entscheidung 98/482/EG vom 20. Juli 1998 [ABl. L 216 04.08.98 S.8] — Funkanlagen mit generischem Zugangsprofil (GAP) für die schnurlose Digitalkommunikation (DECT) (CTR 22): Entscheidung 97/525/EG vom 9. Juli 1997 [ABl. L 215 07.08.97 S.52] — Endeinrichtungen, die für den Einsatz im terrestrischen Flugkommunikationssystem (TFTS) bestimmt sind (CTR 23): Entscheidung 98/535/EG vom 3. September 1998 [ABl. L 251 11.09.98 S.36] — Endeinrichtungen mit Schnittstellen zu digitalen strukturierten und unstrukturierten 34-MBit/s-ONP-Mietleitungen (CTR 24): Entscheidung 97/639/EG vom 19. September 1997 [ABl. L 271 03.10.97 S.16] — Endeinrichtungen mit Schnittstellen zu digitalen unstrukturierten und strukturierten 140-MBit/s-ONP-Mietleitungen (CTR 25): Entscheidung 97/751/EG vom 31. Oktober 1997 [ABl. L 305 08.11.97 S.66] — Terrestrische Satellitenfunkanlagen niedriger Geschwindigkeit (LMES) zum Betrieb in den Frequenzbändern 1,5 GHz und 1,6 GHz (CTR 26): Entscheidung 98/578/EG vom 16. September 1998 [ABl. L 278 15. 10.98 S.46] — Terrestrische Satellitenfunkanlagen niedriger Geschwindigkeit (LMES) zum Betrieb in den Frequenzbändern 11 GHz, 12 GHz und 14 GHz (CTR 27): Entscheidung 98/516/EG vom 17. Juni 1998 [ABl. L 232 19.08.98 S.10] — Satellitenantennen (VSAT) zum Betrieb in den Frequenzbändern 11 GHz, 12 GHz und 14 GHz (CTR 28): Entscheidung 98/519/EG vom 17. Juni 1998 [ABl. L 232 19.08.98 S.17] — Portable SNG-Funkanlagen (SNG TES) zum Betrieb in den Frequenzbändern 11-12 GHz und 13-14 GHz (CTR 30): Entscheidung 98/517/EG vom 17. Juni 1998 [ABl. L 232 19.08.98 S.12] — Mobilstationen für den Anschluß an das öffentliche digitale zellulare Mobilfunknetz (DCS-1800) der Phase II (CTR 31): Entscheidungen 97/528/EG vom 9. Juli 1997 [ABl. L 215 07.08.97 S.60] und 98/575/EG vom 16. September 1998 [ABl. L 278 15.10. 98 S.35] — Telefonieanwendungen von Mobilstationen für den Anschluß an das öffentliche digitale zellulare Mobilfunknetz (DCS-1800) der Phase II (CTR 32): Entscheidungen 97/529/EG vom 9. Juli 1997 [ABl. L 215 07.08.97 S.65] und 98/543/EG vom 4. September 1998 [ABl. L 254 16.09.98 S.32] — Paketvermittelte Endeinrichtungen für den Basisanschluß an das diensteintegrierende digitale Fernmeldenetz (ISDN) (CTR 33): Entscheidung 98/521/EG vom 17. Juni 1998 [ABl. L 232 19.08.98 S.22] — Paketvermittelte Endeinrichtungen für den Multiplexanschluß an das diensteintegrierende digitale Fernmeldenetz (ISDN) (CTR 34): Entscheidung 98/518/EG vom 17. Juni 1998 [ABl. L 232 19.08.98 S.14] — Einrichtungen des terrestrischen Bündelfunks (TETRA) mit Zugang zu Notrufdiensten (CTR 35): Entscheidung 1999/645/EG vom 15. September 1999 [ABl. L 255 30.09.1999 S.40] — Endeinrichtungen für den Anschluß an analoge öffentliche Fernsprechnetze, die Sprachtelefondienste in begründeten Fällen unterstützen und deren Netzadressierung gegebenenfalls durch Zeichengabe im Mehrfrequenzwahlverfahren (DTMF) erfolgt (CTR 37): Entscheidung 1999/303/EG vom 12. April 1999 [ABl. L 118 06.05.1999 S.55] — Endeinrichtungen mit analoger Handgerätefunktion für den Anschluß an öffentliche Fernsprechnetze (CTR 38): Entscheidung 98/576/EG vom 16. September 1998 [ABl. L 278 15.10.98 S.40] — Bimodale DECT- / GSM-Endeinrichtungen (CTR 39): Entscheidung 1999/497/EG vom 7. Juli 1999 [ABl. L 192 24.07.1999 S.58] — DECT-Endeinrichtungen für den Anschluß an das diensteintegrierende digitale Fernmeldenetz (ISDN) (CTR 40): Entscheidungen 1999/310/EG vom 23. April 1999 [ABl. L 119 07.05.1999 S.57] und 1999/498/EG vom 7. Juli 1999 [ABl. L 192 24.07.1999 S.60] — Mobilfunkanlagen (MES) einschließlich Handfunkgeräten in satellitengestützten persönlichen Kommunikationsnetzen (S-PCN) zum Betrieb über den mobilen Satellitenfunkdienst (MSS) in den Frequenzbändern 1,6 GHz und 2,4 GHz (CTR 41): Entscheidung 98/533/EG vom 3. September 1998 [ABl. L 247 05.09.98 S.11] — Mobilfunkanlagen (MES) einschließlich Handfunkgeräten in satellitengestützten persönlichen Kommunikationsnetzen (S-PCN) zum Betrieb über den mobilen Satellitenfunkdienst (MSS) im Frequenzband 2 GHz (CTR 42): Entscheidung 98/534/EG vom 3. September 1998 [ABl. L 247 05.09.98 S.13] — Satellitenantennen (VSAT) zum Betrieb in den Frequenzbändern 4 GHz und 6 GHz (CTR 43): Entscheidung 98/577/EG vom 16. September 1998 [ABl. L 278 15.10.98 S.43] — Terrestrische Satellitenfunkanlagen (LMES) zum Betrieb in den Frequenzbändern 1,5 GHz und 1,6 GHz (CTR 44): Entscheidung 98/734/EG vom 30. November 1998 [ABl. L 351 29.12.98 S.37]

Übersicht 87: Normung und Entwicklung von Fernsehdiensten zwischen 1993 und 1995

Entschließung 93/C 209/01 des Rates vom 22. Juli 1993 über die Entwicklung der Technik und der Normen auf dem Gebiet fortgeschrittener Fernsehdienste [ABl. C 209 03.08.93 S.1] — Rechtsetzung auf der Grundlage des EWGV und auf Vorschlag der Kommission [KOM (92) 154 endg.]
Beschluß 93/424/EWG des Rates vom 22. Juli 1993 über einen Aktionsplan zur Einführung fortgeschrittener Fernsehdienste in Europa [ABl. L 196 05.08.93 S.48] — Rechtsetzung auf der Grundlage des Art. 235 EWGV (Art. 308 EGV), auf Vorschlag der Kommission [ABl. C 139 02.06.92 S.4] sowie nach den Stellungnahmen des EP [ABl. C 337 21.12.92 S.93] und des WSA [ABl. C 332 16.12.92 S.39]
Entschließung 94/C 181/02 des Rates vom 27. Juni 1994 zu einem Orientierungsrahmen für die Gemeinschaftspolitik im Bereich des Digitalfernsehens [ABl. C 181 02.07.94 S.3] — Rechtsetzung auf der Grundlage des EWGV, auf Vorschlag der Kommission [KOM (93) 557 endg.] und nach Stellungnahme des EP [ABl. C 128 09.05.94 S.57] — Aufnahme in den Anhang X des EWR-Abkommens durch den Beschluß 26/94 des Gemeinsamen EWR-Ausschusses [ABl. L 339 29.12.94 S.85]
Richtlinie 95/47/EG des Europäischen Parlaments und des Rates vom 24. Oktober 1995 über die Anwendung von Normen für die Übertragung von Fernsehsignalen [ABl. L 281 23.11.95 S.51] — Rechtsetzung auf der Grundlage der Artt. 57 (47) Abs. 2, 66 (55) und 100 a (95) EGV, auf Vorschlag der Kommission [ABl. C 341 18.12.93 S.18; ABl. C 321 18.11.94 S.4; KOM (95) 319 endg.] und nach Stellungnahme des WSA [ABl. C 148 30.05.94 S.1]; Stellungnahme des EP [ABl. C 128 09.05.94 S.54], gemeinsamer Standpunkt des Rates [ABl. C 384 31.12.94 S.36] und Beschluß des EP [ABl. C 166 03.07.95 S.30] im Rahmen des Verfahrens der Mitentscheidung — Aufnahme in die Anhänge II und X des EWR-Abkommens durch den Beschluß 79/96 des Gemeinsamen EWR-Ausschusses [ABl. L 100 17.04.97 S.68]

analoge Technologien verbreitetes hochauflösendes Fernsehen wurde grundsätzlich abgelehnt, da es mit Hilfe digitaler Techniken ohnehin bald realisierbar erschien; weitere Vorteile des Digitalfernsehens bestanden in der Interoperabilität einer breiten Palette an Fernseh- und Informationsdiensten, der hohen Bild- und Tonqualität sowie der effizienten Nutzung des Frequenzspektrums *(vgl. im weiteren Übersicht 87)*.

In dieser Hinsicht äußerten sich z. B. der **Beschlußvorschlag der Kommission** vom 5. Mai 1992 für einen Aktionsplan zur Einführung fortgeschrittener Fernsehdienste [ABl. C 139 02.06.92 S.4] und eine am 15. Juni 1992 angenommene **Absichtserklärung der wichtigsten Interessengruppen** (Rundfunksender, Satelliten- und Kabelfernsehnetzbetreiber, Gerätehersteller), die auf dem Weg zum Digitalfernsehen die bevorzugte Förderung des Breitbildformats (Heimkino-Konzept, Technologieneutralität, Konvertierung der Analogdienste) ohne eine ausdrückliche Fokussierung auf das HDTV propagierten. Das **Europäische Parlament** lehnte in einer Entschließung vom 21. April 1993 [ABl. C 150 31.05.93 S.78] diesen Strategiewechsel ab und kritisierte, daß die Kommission der vom Rat vollzogenen Abkehr von den ursprünglichen Planungen vorbehaltlos gefolgt sei. Die Vorteile des Breitbildfernsehens wurden zwar anerkannt, das Parlament befürchtete jedoch eine parallele Ausbreitung unterschiedlicher Übertragungsnormen und erhebliche Schwierigkeiten bei der Entwicklung einer hochauflösenden digitalen Norm *(vgl. Bull. EG 4-1992, S.63 f.; GB 1992, Ziff.182, 348; Bull. EG 4-1993, S.54 f.; J. Turek, 1993, S.192; Kommission, 1995, S. 9/1 f.)*.

In einem ersten Umsetzungsschritt rief der **Beschluß 93/424/EWG des Rates vom 22. Juli 1993 [ABl. L 196 05.08.93 S.48]** einen vom Juli 1993 bis zum Juni 1997 angelegten Aktionsplan zur Förderung des Breitbildfernsehens ins Leben, der finanzielle Anreize zur Entwicklung von Fernsehdiensten, zur Herstellung und zum Kauf von Geräten sowie zur Produktion von Programmen im 16:9-Format (unabhängig von der Norm und dem Übertragungsweg) geben sollte. Die Gemeinschaft beteiligte sich mit 228 Mio. ECU (davon 68 Mio. ECU erst ab 1995) am Gesamtbudget von 405 Mio. ECU, mit dem ein Teil der vor allem während der Einführungsphase bei Programmproduzenten und Rundfunksendern erwarteten Mehrkosten abgedeckt werden sollte *(vgl. Bull. EG 6-1993, S.100 f.; GB 1993, Ziff.348, 625; J. Horrocks, 1995, S.20/5 f.; Kommission, 1995, S.9/2, 9/4)*.

Die **Durchführung des Aktionsplans** wurde von der Kommission in drei Jahresberichten vom 16. Juni 1995 [KOM (95) 263 endg.] (Korrigenda [KOM (95) 263/2 endg.] vom 22. Juni 1995 und [KOM (95) 263/3 endg.] vom 10. Januar 1996), vom 26. Juli 1996 [KOM (96) 346 endg.] und vom 13. Juli 1998 [KOM (98) 441 endg.] überprüft. Bis Ende 1995 waren in dreizehn Mitgliedstaaten schon 39 Sendeanstalten, die über 50.000 Stunden Breitbildsendungen ausgestrahlt hatten, gefördert worden. Danach nahm die Bedeutung dieses Sektors jedoch ab; 1997 wurden nur noch 9.900 Stunden unterstützt. Der Gesamtbeitrag für den Bereich Produktion belief sich auf 116,2 Mio. ECU (105,2 Mio. ECU für neue Werke) bei 25.400 Programmstunden, wovon 16.900 Stunden Neuproduktionen waren (insbesondere Dokumentar- und Spielfilme sowie Sport- und Kulturveranstaltungen); von diesen Mitteln gingen 55 % an die Fernsehanstalten und 45 % an unabhängige Produzenten. Wurden 1993 und 1994 zusammen erst 225.000 Breitbildschirme abgesetzt, so waren es 1996 bereits 500.000 und 1997 800.000 Geräte. Die Kommission konstatierte abschließend, daß das **Hauptziel** einer parallelen Entwicklung von **zunehmender Produktion und Ausstrahlung** sowie von **steigenden Geräteverkäufen** erreicht worden sei. Allerdings konnte die kritische Masse an Breitbilddiensten nur schwer verwirklicht werden, und es gab große länderspezifische Unterschiede (Wachstumsmärkte: Benelux-Länder, Deutschland, Frankreich). Der **Ausschuß der Regionen** zog am 16. September 1999 ebenfalls ein überwiegend positives Fazit [ABl. C 374 23.12.1999 S.41] *(vgl. GB 1994, Ziff.405; GB 1995, Ziff.678; Bull. EU 7/8-1996, S.74; GB 1996, Ziff.425; GB 1997, Ziff.520; Bull. EU 7/8-1998, S.67; GB 1998, Ziff.477; Bull. EU 9-1999, S.60)*.

Auf der Grundlage der Absichtserklärung vom Juni 1992 und des Aktionsplans regte der Rat in seiner **Entschließung 93/C 209/01 vom 22. Juli 1993 [ABl. C 209 03.08.93 S.1]** zudem eine Überprüfung der Ratsrichtlinie 92/38/EWG *(vgl. S.663)* (Begrenzung der Normenanzahl, Einbeziehung der terrestrischen Übertragung und des Kabelfernsehens, Vorgaben für Verschlüsselungs- bzw. Zugangssysteme) an und empfahl eine verstärkte **Unterstützung der Digitaltechnologie** (Normung und Verschlüsselung, Zeitplan, Finanzierung). Daraufhin legte die Kommission am 17. November 1993 eine Mitteilung über einen Orientierungsrahmen für die Gemeinschaftspolitik im Bereich des Digitalfernsehens [KOM (93) 557 endg.] vor, in der sie den Stand und die **Entwicklung der Technologie** sowie deren **Umsetzung in marktfähige Produkte** und die **Einführungskonzepte** in Europa, den Vereinigten Staaten und Japan beschrieb. Die gemeinschaftliche Strategie sollte sich vorwiegend auf einen Konsens aller Beteiligten im Rahmen freiwilliger Vereinbarungen und den Dialog mit Drittstaaten stützen; **ordnungspolitische Maßnahmen** waren auf folgenden Gebieten geplant: Koordinierung der Forschung und technologischen Entwicklung; Förderung der Normung; Frequenzzuweisung; Regelung der Zugangsberechtigung und des Verbraucherschutzes; Ausarbeitung von Implementierungsszenarien (Umstellung von Analog- auf Digitalsysteme, Frequenzplanung, Entwicklung von IBC-Netzen, gemeinschaftliche Entscheidungsprozesse, Zeitpläne). Der Rat unterstützte die Vorhaben in seinen Schlußfolgerungen vom 7. Dezember 1993 und in der **Entschließung 94/C 181/02 vom 27. Juni 1994 [ABl. C 181 02.07.94 S.3]**; das Europäische Parlament billigte sie am 19. April 1994 [ABl. C 128 09.05.94 S.57] *(vgl. Bull. EG 6-1993, S.100f.; Bull. EG 11-1993, S.69; Bull. EG 12-1993, S.100; GB 1993, Ziff.348, 625; Bull. EU 4-1994, S.64f.; Bull. EU 5-1994, S.59f.; GB 1994, Ziff.714; Kommission, 1995, S.9/1ff.).*

Die Ersetzung der alten Normenrichtlinie erfolgte dann mit der **Richtlinie 95/47/EG des Europäischen Parlaments und des Rates vom 24. Oktober 1995 [ABl. L 281 23.11.95 S.51]**, die die Mitgliedstaaten aufforderte, bis zum 23. August 1996 geeignete Maßnahmen zur beschleunigten **Entwicklung fortgeschrittener Fernsehdienste** (Breitbild-, hochauflösendes und volldigitales Fernsehen) in Angriff zu nehmen. Festgelegt wurden die Übertragungssysteme für nicht volldigitale Breitbild- (16:9-D2-MAC oder mit PAL bzw. SECAM kompatibles 16:9-System) und hochauflösende (HD-MAC) Dienste sowie für volldigitale Dienste (Vorgabe bestimmter Bestandteile). Größere Bildschirme sollten mit einer Anschlußbuchse für offene Schnittstellen ausgerüstet werden. Außerdem wurde die **Zugangsberechtigung zu digitalen Fernsehdiensten** (technische Anforderungen an den Decoder; Übergabe der Kontrollfunktion an den Kopfstellen der Kabelfernsehnetze; Bereitstellung technischer Dienste des Zugangsdiensteanbieters; getrennte Rechnungsführung in bezug auf die Tätigkeit als Anbieter von Zugangsdiensten; Vergabe von Lizenzen an die Gerätehersteller durch die Inhaber der Eigentumsrechte an den Zugangsberechtigungssystemen; Streitschlichtungsverfahren) geregelt *(vgl. Bull. EG 11-1993, S.69; GB 1993, Ziff.625; Bull. EU 10-1994, S.52; GB 1994, Ziff.405; Bull. EU 7/8-1995, S.53f.; Bull. EU 10-1995, S. 55; GB 1995, Ziff.453; M. Rosenthal, 1997, S.159; Th. Hart, 1999, S.358f.).*

Der **Übergang vom Analog- auf das Digitalfernsehen** stellte sich anfangs als schwierig dar (Produktionskosten für Geräte mit integrierter Technologie, mangelnde Verfügbarkeit von Decodern). Im April 1996 gab es erste digitale Fernsehdienste über Satellit und Kabel; Ende 1997 waren dann 200 Dienste (überwiegend in Form des Pay-TV) vorhanden und 2 Mio. Decoder verkauft. Die Verbreitung von 16:9-Bildschirmen und des Pay-TV unterstützten die Einführung des Digitalfernsehens, das seinerseits die Verwendung des Breitbildformats förderte. Als **wesentliche Wachstumsfaktoren** kristallisierten sich das Vorhandensein von analogem Pay-TV, das Angebot von Premium- und Exklusivprogrammen sowie die Subventionierung von Decodern heraus. Konkurrierende digitale Plattformen und eine breite Dienstepalette (thematische Kanäle, pay-per-view, Internet, interaktive Dienste) gab es aber überwiegend nur in Frankreich, Spanien und im Vereinigten Königreich. In anderen Staaten (wie z. B. in Deutschland) waren marktbeherrschende und oftmals wenig erfolgreiche Pay-TV-Betreiber aktiv, die mit hohen Investitionskosten, Finanzierungsproblemen und einem schwierigen Zugang zu den Kabelfernsehnetzen zu kämpfen hatten. Gegen **Ende der neunziger Jahre** erhoffte man sich neue Impulse durch das terrestrische und / oder frei zugängliche Digitalfernsehen (Bereitstellung ab November 1998) und die DVD *(zur Entwicklung und Regulierung des Digitalfernsehens und des Pay-TV vgl. C. Cowie, 1996, S.471ff.; M. Cave, 1997, S.575ff.; R. A. Cawley, 1997, S.677ff.; M. König, 1998; R. Tadayoni u. a., 1998, S.175ff.; zum Kabelfernsehen C. Engel, 1996)*.

Ein **Bericht der Kommission** vom 9. November 1999 über die Entwicklung des Marktes für digitales Fernsehen in der Europäischen Union [KOM(1999) 540 endg.] bemängelte darüber hinaus die zögerliche Umsetzung der **Normenrichtlinie**; im Juli 1999 waren vier **Verstoßverfahren** gegen Belgien, Frankreich, die Niederlande und Österreich eingeleitet worden. Trotzdem hatten die Vorschriften nach Meinung der Kommission zum Erfolg der digitalen Übertragungssysteme und Fernsehdienste beigetragen. Als notwendig bezeichnet wurden die strikte Anwendung spezifischer **Regulierungsmaßnahmen** und des **Wettbewerbsrechts** (Gemeinschaftsunternehmen, Kooperationen, offener Zugang zu Plattformen und zum Kabelfernsehnetz, staatliche Beihilfen, Quersubventionen), die Bereitstellung von **Frequenzen**, die Klärung technischer Aspekte von **Zugangsberechtigungssystemen** und anderen Komponenten, ein besserer **Schutz der Verbraucher** bei der Umstellung auf das Digitalfernsehen und eine **Regelung des Urheberrechts**. In dieser Hinsicht äußerte sich auch das Europäische Parlament am 13. Juni 2000 [ABl. C 067 01.03.2001 S.50] *(vgl. Bull. EU 11-1999, S.46; GB 1999, Ziff.437; Bull. EU 6-2000, S.78f.; GB 2000, Ziff.333)*.

2.6 Schutz- und Sicherheitsaspekte in der Telekommunikation

Die mit der Entwicklung der Telekommunikationsmärkte und der Informationsgesellschaft verbundenen kommerziellen, organisatorischen und technischen Neuerungen erforderten – insbesondere hinsichtlich der Wahrung der Verbraucherinteressen und der Gewährleistung eines ausreichenden Sicherheitsniveaus – die Anpassung bestehender und die Verabschiedung neuer Regelungen zum Schutz verschiedener immaterieller Güter. Zu nennen sind in diesem Zusammenhang u. a. die vertraglichen Rechte gegenüber den Netzbetreibern und Diensteanbietern *(vgl. S.709)*, die Bereitstellung eines Universaldienstes *(vgl. S.719)*, der Datenschutz und der Schutz der Privatsphäre, die Sicherheit von Kommunikations- und Informationssystemen, die Wahrung des Fernmeldegeheimnisses, der Schutz von Minderheiten und immateriellen Werten, der Schutz geistigen Eigentums, die Garantie der Meinungsvielfalt sowie der Schutz von Umwelt und Gesundheit *(vgl. Kommission, 1996, S.77)*.

2.6.1 Datenschutz, Systemsicherheit und Überwachung des Telekommunikationsverkehrs

2.6.1.1 Datenschutz und Schutz der Privatsphäre

Bis Ende der achtziger Jahre hatten sich in erster Linie die **OECD** und der **Europarat** mit dem Datenschutz beschäftigt *(vgl. S.107)*, doch seit Anfang der neunziger Jahre entwickelte auch die **Kommission** eigene Vorstellungen. Gerade im Zusammenhang mit der steigenden Bedeutung von Mehrwertdiensten, dem Aufbau intelligenter Netze sowie der Einführung der Anrufkennung und der Gesprächsaufzeichnung in digitalen Netzen erschienen ein klar definierter Rahmen für den Schutz personenbezogener Daten und die Überwachung des Telekommunikationsverkehrs dringend geboten. In einer Mitteilung vom 13. September 1990 zum Schutz von Personen bei der Verarbeitung personenbezogener Daten in der Gemeinschaft und zur Sicherheit der Informationssysteme [KOM (90) 314 endg.] sprach sich die Kommission deshalb für eine **aktive Gemeinschaftspolitik** aus, die ihrer Meinung nach unerläßlich war für die Vereinheitlichung der nationalen Regelungen, die Verwirklichung des Binnenmarktes, die Entwicklung des Telekommunikations- und Informationssektors sowie eine Verbesserung des Verbraucherschutzes. Dem Dokument beigefügt waren u. a. **Vorschläge** für eine allgemeine Datenschutzrichtlinie, eine Entschließung zur Anwendung der Grundsätze der Richtlinie auf den öffentlichen Sektor, für eine Richtlinie zum Schutz personenbezogener Daten und der Privatsphäre in öffentlichen digitalen Telekommunikationsnetzen, insbesondere im ISDN und in öffentlichen digitalen Mobilfunknetzen, und für einen Beschluß auf dem Gebiet der Informationssicherheit. Außerdem nahm die Kommission eine Erklärung zur Anwendung der Grundsätze der Richtlinie auf die Organe und Einrichtungen der Europäischen Gemeinschaften an; diese Erklärung wurde später durch die **Verordnung 2001/45/EG des Europäischen Parlaments und des Rates vom 18. Dezember 2000 [ABl. L 008 12.01.2001 S.1]** ersetzt *(vgl. Bull. EG 7/8-1990, S.88; A. C. M. Nugter u. a., 1993, S.86ff.; J. Horrocks, 1995, S.16/1)*.

Allgemeine Regelungen zum Datenschutz

Der Vorschlag für eine **allgemeine Datenschutzrichtlinie** [ABl. C 277 05.11.90 S.3] wurde vor allem im Rat sehr kontrovers diskutiert, so daß dieser sich erst nach langwierigen Verhandlungen im Februar 1995 auf einen gemeinsamen Standpunkt zu der von der Kommission im Oktober 1992 geänderten Fassung [ABl. C 311 27.11.92 S.30] einigen konnte. Gemäß der **Richtlinie 95/46/EG des Europäischen Parlaments und des Rates vom 24. Oktober 1995 [ABl. L 281 23.11.95 S.31]** sollten die Mitgliedstaaten innerhalb von drei Jahren die automatische und manuelle Verarbeitung personenbezogener Daten in Form der Speicherung, Aufzeichnung und Auskunftserteilung regeln. Die **wichtigsten Vorgaben** betreffen u. a. die Grundsätze in bezug auf die Datenqualität (Rechtmäßigkeit, Zweckbestimmung, Richtigkeit, beschränkte Aufbewahrung) und die Zulässigkeit der Verarbeitung (Einwilligung, Notwendigkeit, Ausschlußbereiche, Ausnahmen), die Information der betroffenen Personen, das Auskunfts- und Widerspruchsrecht, die Vertraulichkeit und die Sicherheit der Verarbeitung, die Meldung vor der Verarbeitung (Meldepflicht, Inhalt, Vorabkontrolle, Öffentlichkeit der Verarbeitung), den Rechtsbehelf, die Haftung und die Sanktionen sowie die Einrichtung von Kontrollstellen und Datenschutzgruppen. Nach einer Bestandsaufnahme vom 26. März 1996 [SEK (96) 571 endg.] legte die Kommission am 15. Mai 2003 einen ersten **Durchführungsbericht** vor [KOM (2003) 265 endg.]. Zwischenzeitlich hatte der Rat am 22. Juli 1997 auch die Entschließung zur Anwendung der Grundsätze der Richtlinie auf den öffentlichen Sektor verabschiedet *(vgl. Bull. EG 7/8-1990, S.89; GB 1990, Ziff.186; GB 1991; Ziff.240; Bull. EG 10-1992, S.68; J. Rieß, 1993, S.63ff.; GB 1994, Ziff.15, 406; Bull. EU 7/8-1995, S.20; Bull. EU 10-1995, S.24; GB 1995, Ziff.14, 135; A. Tettenborn, 1997, S.466; Bull. EU 5-2003, S.27; im weiteren Übersicht 88).*

Telekommunikationsspezifische Datenschutzbestimmungen

Auch der Kommissionsvorschlag für eine **telekommunikationsspezifische Datenschutzrichtlinie** [ABl. C 277 05.11.90 S.12], mit der die allgemeinen Regelungen detaillierter ausgeführt und ergänzt werden sollten, war aufgrund der sowohl zwischenstaatlich wie auch national stark divergierenden Auffassungen sehr umstritten, und es konnten lange Zeit kaum nennenswerte Fortschritte erzielt werden. Erst nachdem die Kommission im Juni 1994 einen geänderten Entwurf unterbreitet hatte [ABl. C 200 22. 07.94 S.4] und die allgemeine Richtlinie angenommen worden war, konnte das **Rechtsetzungsverfahren** im Juni 1996 fortgesetzt und nach einem **Schlichtungsverfahren** beendet werden *(vgl. Bull. EG 7/8-1990, S.89; H. P. Gebhardt, 1993, S.79ff.; A. C. M. Nugter u. a., 1993, S.89ff.; J. Rieß, 1993, S.58ff.; Bull. EU 6-1994, S.29f.; GB 1994, Ziff.15, 406; Th. Königshofen, 1994, S.198ff.; P. Lopes, 1994, S.17; J. Horrocks, 1995, S.16/3f.; Bull. EU 6-1996, S.109; GB 1996, Ziff.427; Bull. EU 3-1997, S.47).*

Nach der **Richtlinie 97/66/EG des Europäischen Parlaments und des Rates vom 15. Dezember 1997 [ABl. L 024 30.01.98 S.1]** hatte jeder öffentliche Netzbetreiber und Diensteanbieter bis zum 24. Oktober 1998 bei der Erfassung, Speicherung und Verarbeitung personenbezogener Telekommunikationsdaten ein angemessenes Sicherheitsniveau zu gewährleisten; die Vertraulichkeit der Kommunikation (Verbot des Mithörens, Abhörens und Speicherns) mußte bis zum 24. Oktober 2000 verwirklicht werden. So waren z. B. die gespeicherten Verkehrsdaten nach der Verbindung zu löschen oder zu anonymisieren; Ausnahmen gab es nur in bezug auf bestimmte, für die Abrechnung der Nutzung und der Zusammenschaltung notwendige Daten (Nummern, Anschrift, Art, Datum, Beginn und Dauer der Anrufe, Einheiten, Datenmengen, Zahlungsinformationen). Eine Vermarktung der Daten konnte nur bei ausdrücklichem Einverständnis erfolgen. Weitere Vorgaben betrafen den Anspruch auf einen Einzelgebührennachweis, die Option der Unterdrückung der Rufnummernanzeige durch beide Teilnehmer (Ausnahmen bei Belästigung und Notrufbearbeitung), die Möglichkeit der Abstellung einer automatischen Anrufweiterschaltung sowie das Recht auf Beschränkung der in Teilnehmerverzeichnissen eingetragenen Daten auf das erforderliche Maß (Möglichkeit der Nichtaufnahme, Verbot des Direktmarketings, Auslassung der Adresse oder von Hinweisen auf das Geschlecht). Automatenanrufe oder Telefaxzusendungen zum Zwecke des Direktmarketings waren nur bei einer vorherigen Einwilligung gestattet; sonstige unerbetene Anrufe wurden als unzulässig eingestuft *(vgl. Bull. EU 12-1997, S.77; GB 1997, Ziff.222, 523; H.-H. Schild, 1999, S.69ff.).*

2.6.1.2 Sicherheit von Informationssystemen

Nachdem es trotz langwieriger Diskussionen auch in bezug auf die Sicherheit von Informationssystemen zu keinen Fortschritten gekommen war, einigte sich der Rat mit dem **Beschluß 92/242/EWG vom 31. März 1992 [ABl. L 123 08.05.92 S.19]** schließlich auf einen Aktionsplan für die Entwicklung umfassender Strategien, die unter Einbeziehung der bereits laufenden Normungstätigkeiten zu einem angemessenen Schutz von Informationssystemen gegen unabsichtliche oder vorsätzliche Gefährdung beitragen sollten. Die bereitgestellten 12 Mio. ECU (2 Mio. ECU für 1992, 10 Mio. ECU für 1993) waren für **Vorarbeiten in folgenden Bereichen** vorgesehen: Entwicklung einer Rahmenstrategie (Risikoanalyse und -management zu Gefährdungspotential, Rechtsangleichung und gesellschaftlichen Aspekten); Ermittlung der Anforderungen der Nutzer und Diensteanbieter (Klassifizierungen, Rechtsvorschriften und Verfahrensregeln); Lösungen für den Bedarf von Nutzern, Lieferanten und Diensteanbietern (Anwendung von spezifischen Verfahren, Normen, Kriterien und Produkten zur Authentifizierung, Integrität und Nachweisbarkeit beim EDI); Spezifizierung, Normung, Bewertung und Zertifizierung; technologische und funktionale Entwicklungen (theoretische Modelle, Architekturen, Authentifizierung, Schnittstellen, Protokolle); weitere Maßnahmen (Schaffung unabhängiger Organisationen für die Zuteilung von Schlüsseln, die Überwachung und die Berechtigungskontrolle). Gemäß der **Empfehlung 95/144/EG des Rates vom 7. April 1995 [ABl. L 093 26.04.95 S.27]** sollten die Kriterien für die Bewertung der Sicherheit von Systemen der Informationstechnik [KOM (92) 298 endg.] zunächst für zwei Jahre angewendet werden, um den unmittelbaren Evaluierungs- und Zertifizierungsbedarf zu decken, die internationale Standardisierung der Kriterien zu stärken und die gegenseitige Anerkennung von Zertifikaten für die Sicherheitsbewertung zu gewährleisten. Eine **Gruppe Hoher Beamter** wurde eingesetzt, um die Kommission zu beraten *(vgl. Bull. EG 7/8-1990, S.89; Bull. EG 3-1992, S.77; Bull. EG 9-1992, S.50; GB 1992, Ziff.191; Bull. EU 1/2-1994, S.12; Bull. EU 4-1995, S.42; J. Horrocks, 1995, S.16/2).*

2.6.1.3 Überwachung von Telekommunikations- und Informationsdiensten

Die von den Mitgliedstaaten einzuhaltenden Anforderungen an die Durchführung einer rechtmäßigen Überwachung des Telekommunikationssektors wurden in der **Entschließung 96/C 329/01 des Rates vom 17. Januar 1995 [ABl. C 329 04.11.96 S.1]** formuliert. Ziel ist die Wahrung eines Interessenausgleichs zwischen dem Recht auf Privatsphäre und den Erfordernissen des Datenschutzes einerseits sowie der Gewährleistung der staatlichen Sicherheit und der Aufklärung von Straftaten andererseits. Der Anforderungskatalog grenzt die Fälle ab, in denen ein Zugriff auf den Telekommunikationsverkehr erfolgen kann (Nutzung, Weiterleitung), und bestimmt den Umfang der zu erfassenden verbindungsrelevanten Daten (Rufnummern, andere Signale, spezifische Dienste, Zeitangaben, Standort eines Nutzers mobiler Dienste); Überwachung und Datenbereitstellung sollen möglichst in Echtzeit erfolgen. Der Netzbetreiber muß eine für die Übertragung an die Behörde geeignete Schnittstelle anbieten, die den Zusammenhang von Daten und Anrufinhalten, die Verwendung eines verfügbaren Formats, eine Übermittlung in Klarform, eine mindestens gleiche Güte der Überwachungsdienste wie die der Telekommunikationsdienste und die Einhaltung der Sicherheitsanforderungen gewährleistet. Die Durchführung der Überwachung ist so vorzunehmen, daß davon außer den befugten Personen niemand Kenntnis erhält, eine unrechtmäßige Verwendung ausgeschlossen ist und keine Weitergabe der Informationen erfolgt. Netzbetreiber und Diensteanbieter müssen vor bzw. können während der Überwachung bestimmte Informationen zur Verfügung stellen, haben Vorbereitungen für gleichzeitige Überwachungsmaßnahmen zu treffen und sollen möglichst rasch handeln.

Ein **Änderungsentwurf des Rates** vom 26. Januar 1999, zu dem sich das Europäische Parlament in einer Stellungnahme [ABl. C 279 01.10.1999 S.498] äußerte, sieht aufgrund der technologischen Entwicklungen eine Erweiterung des Geltungsbereichs auf die Satelliten- und Internetkommunikation sowie eine Erläuterung und Ergänzung der Anforderungen vor, ist aber bisher nicht angenommen worden *(vgl. Bull. EU 5-1999, S.116)*.

2.6.2 Urheber- und verwandte Schutzrechte

2.6.2.1 Entwicklung gemeinschaftlicher Konzeptionen

Die Grundzüge einer gemeinsamen Politik in diesem Bereich formulierte die Kommission in ihrem **Grünbuch** vom 1. Juni 1988 über das Urheberrecht und die technologische Herausforderung [KOM (88) 172 endg.] (Korrigendum [KOM (88) 172/2 endg.] vom 14. Juni 1988), der darauf beruhenden **Mitteilung** vom 5. Dezember 1990 über ihr Arbeitsprogramm auf dem Gebiet des Urheberrechts und der verwandten Schutzrechte [KOM (90) 584 endg.] und der **Mitteilung** vom 27. Oktober 1992 über gewerbliche Schutzrechte und Normen [KOM (92) 445 endg.]. Konkrete Ergebnisse stellten die **Ratsrichtlinien** 91/250/EWG vom 14. Mai 1991 über den Rechtsschutz von Computerprogrammen [ABl. L 122 17.05.91 S.42], 92/100/EWG vom 19. November 1992 zum Vermietrecht und Verleihrecht sowie zu bestimmten dem Urheberrecht verwandten Schutzrechten im Bereich des geistigen Eigentums [ABl. L 346 27. 11.92 S.61] und 93/98/EWG vom 29. Oktober 1993 zur Harmonisierung der Schutzdauer des Urheberrechts und bestimmter verwandter Schutzrechte [ABl. L 290 24.11. 93 S.9] sowie die Richtlinie 96/9/EG des Europäischen Parlaments und des Rates vom 11. März 1996 über den rechtlichen Schutz von Datenbanken [ABl. L 077 27.03.96 S. 20] dar; sämtliche Bestimmungen waren für den **Telekommunikations- und Mediensektor** aber nur indirekt von Bedeutung *(vgl. M. Rosenthal, 1997, S.157f.)*.

Übersicht 88: Verbraucherschutz und Sicherheit im Telekommunikationssektor zwischen 1992 und 1997

Datenschutz und Schutz der Privatsphäre

Richtlinie 95/46/EG des Europäischen Parlaments und des Rates vom 24. Oktober 1995 zum Schutz natürlicher Personen bei der Verarbeitung personenbezogener Daten und zum freien Datenverkehr [ABl. L 281 23.11.95 S.31] — Rechtsetzung auf der Grundlage des Art. 100 a (95) EGV, auf Vorschlag der Kommission [ABl. C 277 05.11.90 S.3; ABl. C 311 27.11.92 S.30; KOM (93) 570 endg.; KOM (95) 375 endg.] und nach Stellungnahme des WSA [ABl. C 159 17.06.91 S. 38]; Stellungnahmen des EP [ABl. C 094 13.04.92 S.173; ABl. C 342 20.12.93 S.30], gemeinsamer Standpunkt des Rates [ABl. C 093 13.04.95 S.1] und Beschluß des EP [ABl. C 166 03.07.95 S.105] im Rahmen des Verfahrens der Mitentscheidung — Aufnahme in den Anhang XI des EWR-Abkommens durch den Beschluß 83/1999 des Gemeinsamen EWR-Ausschusses [ABl. L 296 23.11.2000 S.41]

Richtlinie 97/66/EG des Europäischen Parlaments und des Rates vom 15. Dezember 1997 über die Verarbeitung personenbezogener Daten und den Schutz der Privatsphäre im Bereich der Telekommunikation [ABl. L 024 30.01.98 S.1] — Rechtsetzung auf der Grundlage des Art. 100 a (95) EGV, auf Vorschlag der Kommission [ABl. C 277 05.11.90 S.12; KOM (93) 570 endg.; ABl. C 200 22.07.94 S.4; KOM (97) 94 endg.] und nach Stellungnahme des WSA [ABl. C 159 17.06.91 S.38]; Stellungnahmen des EP [ABl. C 094 13.04.92 S.198; ABl. C 342 20.12.93 S.30], gemeinsamer Standpunkt des Rates [ABl. C 315 24.10.96 S.30], Beschlüsse des EP [ABl. C 033 03.02.97 S.78; ABl. C 371 08.12.97 S.174] und Beschluß des Rates im Rahmen des Verfahrens der Mitentscheidung — Aufnahme in den Anhang XI des EWR-Abkommens durch den Beschluß 84/1999 des Gemeinsamen EWR-Ausschusses [ABl. L 296 23.11.2000 S.44]

Sicherheit von Informationssystemen

Beschluß 92/242/EWG des Rates vom 31. März 1992 auf dem Gebiet der Sicherheit von Informationssystemen [ABl. L 123 08.05.92 S.19] — Rechtsetzung auf der Grundlage des Art. 235 EWGV (Art. 308 EGV), auf Vorschlag der Kommission [ABl. C 277 05.11.90 S.18] sowie nach den Stellungnahmen des EP [ABl. C 094 13.04.92 S.202] und des WSA [ABl. C 159 17.06.91 S. 38]

Empfehlung 95/144/EG des Rates vom 7. April 1995 über gemeinsame Kriterien für die Bewertung der Sicherheit von Systemen der Informationstechnik [ABl. L 093 26.04.95 S.27] — Rechtsetzung auf der Grundlage des Art. 235 (308) EGV, auf Vorschlag der Kommission [KOM (92) 298 endg.; KOM (94) 37 endg.] sowie nach den Stellungnahmen des EP [ABl. C 176 28.06.93 S. 37] und des WSA [ABl. C 073 15.03.93 S.19] — Aufnahme in den Anhang XI des EWR-Abkommens durch den Beschluß 7/96 des Gemeinsamen EWR-Ausschusses [ABl. L 102 25.04.96 S.50]

Überwachung des Telekommunikationsverkehrs

Entschließung 96/C 329/01 des Rates vom 17. Januar 1995 über die rechtmäßige Überwachung des Fernmeldeverkehrs [ABl. C 329 04.11.96 S.1] — Rechtsetzung auf der Grundlage des EGV

Urheberrechte und Schutz geistigen Eigentums

Richtlinie 93/83/EWG des Rates vom 27. September 1993 zur Koordinierung bestimmter urheber- und leistungsschutzrechtlicher Vorschriften betreffend Satellitenrundfunk und Kabelweiterverbreitung [ABl. L 248 06.10.93 S.15] — Rechtsetzung auf der Grundlage der Artt. 57 Abs. 2 und 66 EWGV (Artt. 47 Abs. 2 und 55 EGV), auf Vorschlag der Kommission [ABl. C 255 01.10.91 S.3; ABl. C 025 28.01.93 S.43; KOM (93) 426 endg.] und nach Stellungnahme des WSA [ABl. C 098 21.04.92 S.44]; Stellungnahme des EP [ABl. C 305 23.11.92 S.129], gemeinsamer Standpunkt des Rates [ABl. C 149 29.05.93 S.1] und Beschluß des EP [ABl. C 255 20.09.93 S.109] im Rahmen des Verfahrens der Zusammenarbeit — Aufnahme in den Anhang XVII des EWR-Abkommens durch den Beschluß 7/94 des Gemeinsamen EWR-Ausschusses [ABl. L 160 28.06.94 S.139]

2.6.2.2 Satellitenrundfunk und Kabelweiterverbreitung

Von Relevanz für den Fernsehrundfunk ist die **Richtlinie 93/83/EWG des Rates vom 27. September 1993 [ABl. L 248 06.10.93 S.15]**, nach der ein Urheber ab dem 1. Januar 1995 das ausschließliche Recht haben soll, die öffentliche Wiedergabe von geschützten Werken über Satellit auf vertraglichem Wege zu erlauben (Senderecht). Eine **Satellitenübertragung** findet nur in dem Staat statt, in dem die programmtragenden Signale unter der Kontrolle des Sendeunternehmens und auf dessen Verantwortung in eine ununterbrochene Kommunikationskette via Satellit eingegeben werden; dementsprechend ist allein das Recht des Ursprungslands anwendbar. Bei einer Satellitenübertragung aus einem Drittstaat, der das gemeinschaftliche Schutzniveau nicht gewährleistet, sind die Rechte ausübbar gegenüber dem Betreiber einer in einem Mitgliedstaat befindlichen Erdfunkstation, die die Signale an den Satelliten leitet, oder einem in der Gemeinschaft niedergelassenen Sendeunternehmen, das die öffentliche Reproduktion in Auftrag gegeben hat. Dies betrifft insbesondere das Exklusivrecht des Urhebers, die Übertragung zu gestatten, und die Möglichkeit des vertraglichen Erwerbs von Senderechten. Unter **bestimmten Bedingungen** kann ein hierfür geschlossener kollektiver Vertrag zwischen einer Verwertungsgesellschaft und einem Sendeunternehmen auch auf andere Rechtsinhaber derselben Gruppe von Werken ausgedehnt werden *(vgl. Bull. EG 7/8-1991, S.30 f.; GB 1991, Ziff.186, 229; Bull. EG 9-1993, S.17 f.; GB 1993, Ziff.118; ferner Übersicht 88)*.

Die **Kabelweiterverbreitung** von Rundfunksendungen aus anderen Mitgliedstaaten im eigenen Staatsgebiet hat unter Berücksichtigung der anwendbaren Urheber- und verwandten Schutzrechte sowie aufgrund der zwischen den Rechtsinhabern, den Leistungsschutzberechtigten und den Kabelunternehmen bestehenden Verträge zu erfolgen. Das Recht zur Erteilung oder Verweigerung einer Erlaubnis zur Kabelweiterverbreitung kann nur durch Verwertungsgesellschaften geltend gemacht werden (mit Ausnahme der Rechte eines Unternehmens an seinen eigenen Sendungen). Weiterhin ist die Einschaltung eines Vermittlers vorgesehen, wenn die Verhandlungen über die Erteilung einer Genehmigung scheitern. In einem Bericht vom 26. Juli 2002 [KOM (2002) 430 endg.] konstatierte die Kommission, daß die vollständige **Umsetzung der Richtlinie** überwiegend erst verspätet zwischen 1995 und 1998 erfolgt war; zudem waren einige Anwendungsprobleme aufgetreten (Ausleuchtbereich von Satelliten und Verwertung von Rechten, Vertragsbeziehungen bei der und Verhandlungen über die Kabelweiterverbreitung, Vermittlungsverfahren, einheitliche Anlaufstelle, Gemeinschaftsantennen) *(vgl. Bull. EU 7/8-2002, S.27)*.

2.6.3 Kontrolle der Inhalte im Fernsehrundfunk

Bereits mit der **Fernsehrichtlinie** i. d. F. vom Oktober 1989 *(vgl. S.618)* stellte die Gemeinschaft weitreichende Anforderungen an die Inhalte von Fernsehsendungen und an die Fernsehwerbung. Demnach dürfen **Fernsehprogramme** keine Inhalte zeigen, die die körperliche, geistige und sittliche Entwicklung von Minderjährigen beeinträchtigen oder zu Haßgefühlen verleiten. **Fernsehwerbung** darf nicht die Menschenwürde und religiöse oder politische Überzeugungen verletzen, Diskriminierungen nach Rasse, Geschlecht, Religion oder Nationalität enthalten sowie Verhaltensweisen fördern, die die Gesundheit, die Sicherheit und den Umweltschutz gefährden. Besondere Maßstäbe gelten für den **Schutz von Minderjährigen** (keine Kaufappelle unter Ausnutzung der Unerfahrenheit und Leichtgläubigkeit; keine Aufforderung, Eltern oder Dritte zum Kauf zu bewegen; keine Ausnutzung eines Vertrauensverhältnisses; keine Darstellung von Minderjährigen in gefährlichen Situationen). Fernsehwerbung für Tabakerzeugnisse ist untersagt, für alkoholische Getränke wird sie strengen Kriterien unterworfen.

Die **Änderung der Fernsehrichtlinie** vom Juni 1997 *(vgl. S.689)* verfolgt u. a. das Ziel, dem Schutz von Minderjährigen und der öffentlichen Ordnung besondere Aufmerksamkeit zu widmen. Dabei sollen die Möglichkeit einer Erleichterung der elterlichen Selbstkontrolle in Form von Filtereinrichtungen, die Festlegung von Bewertungssystemen sowie die Förderung von pädagogischen und aufklärerischen Maßnahmen im Mittelpunkt stehen. Die Vorschriften über die **Fernsehwerbung** wurden auf das Teleshopping ausgeweitet; die Schutzbestimmungen gelten diesbezüglich jetzt auch für den Verkauf von Arzneimitteln sowie den Abschluß von Kauf- oder Mietverträgen für Waren und Dienstleistungen. Die darauf aufbauende Mitteilung der Kommission vom 19. Juli 1999 über eine Studie zur **elterlichen Kontrolle** im Bereich des Fernsehens [KOM (1999) 371 endg.], die das Europäische Parlament am 5. Oktober 2000 [ABl. C 178 22.06.2001 S.279] unterstützte, propagierte eine Kombination **folgender Maßnahmen**: neuartige Filtersysteme und sonstige technische Vorkehrungen (insbesondere bei verschlüsselten Diensten); Förderung offener und interoperabler Normen; Ausstrahlung erst ab dem späteren Abend; nationale Bewertung aufgrund gemeinsamer Kriterien und Annäherung der für unterschiedliche Medien geltenden Bewertungssysteme; Bildungsmaßnahmen *(vgl. GB 1999, Ziff.307; Bull. EU 10-2000, S. 55)*.

2.7 Einräumung von Zusatzfristen und Umsetzung der Gemeinschaftsvorschriften

2.7.1 Gewährung von Übergangszeiten

Die Mobilfunkrichtlinie und die Richtlinie über die vollständige Liberalisierung eröffneten Mitgliedstaaten mit weniger entwickelten oder sehr kleinen Netzen die Möglichkeit der Inanspruchnahme verlängerter Umsetzungsfristen, um in dieser Zeit die notwendigen strukturellen Anpassungen durchzuführen; das erste Kriterium traf auf Griechenland, Irland, Portugal und Spanien zu, das zweite war auf Luxemburg anwendbar. Zwischen November 1996 und Juni 1997 gewährte die Kommission den betreffenden Ländern Aufschübe für die Abschaffung von Marktzutrittsbeschränkungen im Mobilfunk-, Sprachtelefondienst- und Festnetzsegment sowie im Hinblick auf die Verwirklichung sonstiger Vorgaben (Genehmigungen, Zusammenschaltung, Universaldienst) *(vgl. im weiteren Übersicht 89)*.

Irland wurde mit der **Entscheidung 97/114/EG der Kommission vom 27. November 1996 [ABl. L 041 12.02.97 S.8]** gestattet, die Aufhebung von ausschließlichen Rechten für die Erbringung von Sprachtelefondiensten sowie für die Errichtung und den Betrieb öffentlicher Telekommunikationsnetze vom 1. Januar 1998 auf den 1. Januar 2000 zu verschieben; Beschränkungen bei der Bereitstellung alternativer Infrastrukturen für das Angebot bereits liberalisierter Dienste waren zum 1. Juli 1997 (anstatt 1. Juli 1996) zu beseitigen. Die Zusammenschaltung von Mobilfunknetzen mit ausländischen Netzen mußte bis spätestens 1. Januar 1999 verwirklicht werden.

Allerdings hatten die irische Regierung und Telecom Éireann **folgende Auflagen** zu erfüllen: Veröffentlichung sämtlicher Maßnahmen zur Liberalisierung alternativer Infrastrukturen (1. April 1997 anstatt 1. Juli 1996); Veröffentlichung von Vorschlägen für und Annahme von Gesetzesänderungen zur Einführung des vollständigen Wettbewerbs sowie zur Finanzierung des Universaldienstes (1. April bzw. 1. November 1998); Vorlage von Genehmigungen für das Angebot von Sprachtelefondiensten und den Betrieb öffentlicher Festnetze (1. Januar 1999 anstatt 1. Januar 1997); Veröffentlichung der Genehmigungsbedingungen und der Zusammenschaltungsgebühren (1. April 1999 anstatt 1. Juli 1997); Erteilung von neuen und Änderung bestehender Genehmigungen (1. November 1999 anstatt 1. Januar 1998). Zudem mußte Telecom Éireann bis drei Monate nach Bekanntgabe der Entscheidung seine bis zum 1. Januar 2000 eingegangenen Beteiligungen im Ausland offenlegen und durfte innerhalb dieses Zeitraums seine marktbeherrschende Stellung bei öffentlichen Fernsprechern und im Bereich des Kabelfernsehens nicht ausdehnen *(vgl. Bull. EU 11-1996, S.24 f.; WB 1996, Ziff.121, S.179f.; WB 1997, S.187).*

Auf der Grundlage der **Entscheidung 97/310/EG der Kommission vom 12. Februar 1997 [ABl. L 133 24.05.97 S.19]** erhielt Portugal in bezug auf die Aufhebung der Beschränkungen bei der direkten Zusammenschaltung von Mobilfunknetzen mit ausländischen Netzen einen Aufschub bis zum 1. Januar 1999 zugestanden; entsprechende gesetzliche Maßnahmen waren der Kommission bis zu diesem Zeitpunkt bekanntzugeben. Keine Zusatzfristen waren bei der Bereitstellung alternativer Infrastrukturen im Bereich der Mobil- und persönlichen Kommunikationssysteme vorgesehen. Die vollständige Liberalisierung des Sprachtelefondienstes sowie des Aufbaus und Betriebs der dazugehörigen öffentlichen Netze konnte bis zum 1. Januar 2000 verzögert werden, sofern die Kommission bis zum 1. Juli 1997 über die Abschaffung der Beschränkungen beim Bau und bei der Bereitstellung alternativer Infrastrukturen für das Angebot bereits liberalisierter Dienste unterrichtet wurde.

Weiterhin mußte die Kommission über die Gesetzesänderungen zur Einführung des vollständigen Wettbewerbs sowie zur Finanzierung des Universaldienstes (12. November 1997 anstatt 11. Januar 1997) und die Genehmigungsentwürfe für das Angebot von Sprachtelefondiensten und den Betrieb dazugehöriger Netze (1. Januar 1999) informiert werden. Terminvorgaben bestanden auch für die Bekanntgabe der Genehmigungsbedingungen und der Zusammenschaltungsentgelte (1. Juli 1999) sowie für die Erteilung neuer und die Änderung bestehender Genehmigungen (1. Januar 2000) *(vgl. Bull. EU 1/2-1997, S.25; WB 1997, Ziff.106, S.187).*

Übersicht 89: Gewährung von Zusatzfristen für die Umsetzung der Liberalisierungsrichtlinien

Entscheidung 97/114/EG der Kommission vom 27. November 1996 betreffend die von Irland beantragten zusätzlichen Fristen für die Umsetzung der Richtlinien 90/388/EWG und 96/2/EG der Kommission in bezug auf den vollständigen Wettbewerb auf dem Markt der Telekommunikationsdienste [ABl. L 041 12.02.97 S.8] — Rechtsetzung nach Aufforderung zur Stellungnahme [ABl. C 169 13.06.96 S.5]
Entscheidung 97/310/EG der Kommission vom 12. Februar 1997 über Zusatzfristen, die Portugal für die Umsetzung der Richtlinien 90/388/EWG und 96/2/EG der Kommission in bezug auf den vollständigen Wettbewerb auf den Telekommunikationsmärkten eingeräumt werden [ABl. L 133 24.05.97 S.19] — Rechtsetzung nach Aufforderung zur Stellungnahme [ABl. C 189 29.06.96 S. 9; ABl. C 260 07.09.96 S.3]
Entscheidung 97/568/EG der Kommission vom 14. Mai 1997 über Zusatzfristen, die Luxemburg für die Umsetzung der Richtlinie 90/388/EWG in bezug auf den vollständigen Wettbewerb auf den Telekommunikationsmärkten eingeräumt werden [ABl. L 234 26.08.97 S.7] — Rechtsetzung nach Aufforderung zur Stellungnahme [ABl. C 257 04.09.96 S.5]
Entscheidung 97/603/EG der Kommission vom 10. Juni 1997 über Zusatzfristen, die Spanien für die Umsetzung der Richtlinie 90/388/EWG der Kommission in bezug auf den vollständigen Wettbewerb auf den Telekommunikationsmärkten eingeräumt werden [ABl. L 243 05.09.97 S.48] — Rechtsetzung nach Aufforderung zur Stellungnahme [ABl. C 004 08.01.97 S.5]
Entscheidung 97/607/EG der Kommission vom 18. Juni 1997 über Zusatzfristen, die Griechenland für die Umsetzung der Richtlinie 90/388/EWG in bezug auf den vollständigen Wettbewerb auf den Telekommunikationsmärkten eingeräumt werden [ABl. L 245 09.09.97 S.6] — Rechtsetzung nach Aufforderung zur Stellungnahme [ABl. C 257 04.09.96 S.3]

Die **Entscheidung 97/568/EG der Kommission vom 14. Mai 1997 [ABl. L 234 26.08.97 S.7]** gewährte Luxemburg zwar zusätzliche Übergangsfristen, gestattete aber nicht die beantragte Verschiebung der vollständigen Marktöffnung in den Kernbereichen bis zum 1. Januar 2000. So durfte die Aufhebung der ausschließlichen Rechte für die Erbringung des Sprachtelefondienstes sowie für die Errichtung und die Bereitstellung öffentlicher Telekommunikationsnetze um sechs Monate bis zum 1. Juli 1998 verzögert werden. Ebenfalls um ein halbes Jahr verlängert wurden die Fristen bezüglich der Unterrichtung der Kommission über die erforderlichen Gesetzesänderungen zur Einführung des Wettbewerbs und über die Vorschläge zur Finanzierung des Universaldienstes (11. Juli 1997), der Information über die Genehmigungsentwürfe für das Angebot von Sprachtelefondiensten und den Betrieb der dazugehörigen Netze (1. Juli 1997), der Bekanntgabe der Genehmigungsbedingungen und der Zusammenschaltungsgebühren (1. Januar 1998) sowie der Erteilung neuer und der Änderung bestehender Genehmigungen (1. Juli 1998). Hinsichtlich der Bereitstellung von Infrastrukturen für die Erbringung bereits liberalisierter Dienste galt ein einjähriger Aufschub bis zum 1. Juli 1997 *(vgl. Bull. EU 5-1997, S.29; WB 1997, Ziff.106, S.187f.)*.

Spanien wurden mit der **Entscheidung 97/603/EG der Kommission vom 10. Juni 1997 [ABl. L 243 05.09.97 S.48]** zusätzliche Fristen eingeräumt, um die Kommission vorab von der Durchführung der Anmelde- und Genehmigungsverfahren im Zusammenhang mit der Erbringung von Sprachtelefondiensten und dem Betrieb öffentlicher Telekommunikationsnetze zu unterrichten sowie sie über die Einzelheiten der Regelung zur Anlastung der Kosten der Universaldienstverpflichtung zu informieren (1. Januar 1998); entsprechend brauchten diese Angaben auch erst zum 1. August 1998 veröffentlicht zu werden. Über die im Zuge der beschränkten Marktöffnung zum 1. Januar 1998 vergebenen Genehmigungen hinaus mußten weitere Genehmigungen für das Angebot von Sprachtelefondiensten und den Betrieb von öffentlichen Telekommunikationsnetzen erst zum 1. Dezember 1998 gewährt werden. Voraussetzungen waren jedoch, daß Kabelfernsehnetzbetreibern noch im Jahre 1997 die Erlaubnis zum Angebot von Sprachtelefondiensten und zur Zusammenschaltung gegeben, bis zum 31. Dezember 1997 das neue Telekommunikationsgesetz verabschiedet sowie im Januar 1998 eine dritte landesweite Genehmigung für das Angebot von Sprachtelefondiensten und den Betrieb öffentlicher Netze erteilt wurde; alle sonstigen wettbewerbsrelevanten Vorschriften mußten bis zum 31. Juli 1998 rechtskräftig werden *(vgl. Bull. EU 6-1997, S.55; WB 1997, Ziff. 106, S. 187 f.)*.

In ihrer **Entscheidung 97/607/EG vom 18. Juni 1997 [ABl. L 245 09.09.97 S. 6]** legte die Kommission zusätzliche Umsetzungsfristen für die vollständige Liberalisierung des griechischen Telekommunikationsmarktes fest. Demnach konnte die Aufhebung ausschließlicher Rechte für das Angebot von Sprachtelefondiensten sowie für die Errichtung und den Betrieb der dazugehörigen öffentlichen Netze um drei Jahre bis zum 31. Dezember 2000 verschoben werden; die Bereitstellung alternativer Infrastrukturen für das Angebot bereits liberalisierter Dienste war spätestens ab dem 1. Oktober 1997 zu ermöglichen. Darüber hinaus mußte die Kommission bis zum 18. März 1998 über die gesetzlichen Änderungen zur Einführung des vollständigen Wettbewerbs und die Vorschläge zur Finanzierung des Universaldienstes sowie bis zum 31. Dezember 1999 über die Entwürfe der Genehmigungen für das Angebot von Sprachtelefondiensten und den Betrieb öffentlicher Netze unterrichtet werden. Bis zum 30. Juni 2000 sollten die Genehmigungsbedingungen und die Zusammenschaltungsentgelte bekannt sein, damit die Genehmigungen für das Angebot von Sprachtelefondiensten bis zum Jahresende erteilt bzw. geändert werden konnten *(vgl. Bull. EU 6-1997, S. 55; WB 1997, Ziff. 106, S. 187)*.

2.7.2 Umsetzung und Anwendung der Gemeinschaftsregelungen

2.7.2.1 Entwicklungen im Vorfeld der vollständigen Liberalisierung

Zur Gewährleistung einer **koordinierten Kontrolle** der Umsetzung der Liberalisierungs- und Harmonisierungsrichtlinien durch die Mitgliedstaaten richtete die Kommission im Jahre 1997 eine **Gruppe für die Anwendung der Rechtsvorschriften** der Gemeinschaft im Bereich der Telekommunikation ein. Das aus Mitgliedern der Generaldirektionen für Wettbewerb und Telekommunikation sowie aus Vertretern des Juristischen Dienstes bestehende Gremium sollte in regelmäßigen Abständen über den Stand der Umsetzung des Reformpakets berichten. Im Rahmen einer **ersten Bestandsaufnahme** registrierte die Kommission im Mai 1997 zwar eine weitgehende Akzeptanz der Zielsetzungen durch die Mitgliedstaaten, stellte aber bei der Inkraftsetzung der Liberalisierungs- und Harmonisierungsbestimmungen erhebliche Unterschiede fest. Während einige Staaten nur noch einzelne Klarstellungen vornehmen und spezielle

Aspekte regeln mußten (Dänemark, Finnland, Schweden, Vereinigtes Königreich) bzw. bis Ende 1997 alle Vorgaben erfüllt haben sollten (Deutschland, Frankreich, Niederlande), wurden bis zu diesem Termin in anderen Ländern zeitliche Engpässe bei der Verabschiedung der nationalen Vorschriften erwartet (Irland, Italien, Luxemburg, Österreich). In Belgien, Griechenland, Portugal und Spanien waren dagegen erst unzureichende Anstrengungen unternommen worden. Die Kommission kündigte eine **weitere Überwachung** der ordnungspolitischen Maßnahmen und der Anwendung der Bestimmungen sowie der Marktentwicklung an (Marktzutritte, Genehmigungsvergabe, Umstrukturierung der Tarife, Zusammenschaltungsentgelte) *(vgl. Bull. EU 5-1997, S.48; WB 1997, Ziff.26, 102 f.; im weiteren die Berichte gemäß Übersicht 90; zu einer kritischen Auseinandersetzung mit dem Rechtsrahmen Th. Kiessling u. a., 1998, S.571 ff.)*.

Im Oktober 1997 hob die Kommission die zügige Abschaffung der **besonderen und ausschließlichen Rechte** in allen dazu zum 1. Januar 1998 verpflichteten Mitgliedstaaten mit Ausnahme Belgiens hervor. Auch bei der **Bereitstellung von alternativen Infrastrukturen** für das Angebot bereits liberalisierter Dienste und im Mobilfunkbereich war unter Berücksichtigung der Ausnahmeregelungen eine weitgehende Liberalisierung festzustellen (neun bzw. elf Mitgliedstaaten). Im Hinblick auf die Veröffentlichung bzw. die Einführung der ordnungspolitischen Rahmenbedingungen, wie z. B. bei der Errichtung unabhängiger Regulierungsbehörden, den Genehmigungsverfahren (sieben), den Zusammenschaltungsbedingungen (acht), den Kostenrechnungssystemen (sieben), den Gebührengrundsätzen (sieben), der Tarifumstrukturierung (zwölf), der Universaldienstverpflichtung (elf) sowie der Nummernverfügbarkeit und -zuteilung, hatten bereits viele Mitgliedstaaten die Anforderungen fast oder ganz erfüllt. Insbesondere in bezug auf die **Genehmigungsverfahren**, die **Zusammenschaltungsbedingungen** und die **Kostenrechnungssysteme** waren jedoch – oftmals bei den gleichen Staaten – Verzögerungen festzustellen. Zunehmende Bedenken bestanden zudem wegen der nicht sachgerechten Anwendung der Rechtsvorschriften *(vgl. Bull. EU 10-1997, S.50; WB 1997, Ziff.102 f.)*.

Vorrangig gelöst werden sollten die Mißstände durch **bilaterale Gespräche**; die Kommission kündigte aber auch die Einleitung von **Vertragsverletzungsverfahren** an. Am 5. November 1997 ging sie dann auf dem Rechtsweg gegen sieben Mitgliedstaaten vor: Tele Danmark und die Deutsche Telekom hatten noch keine Modalitäten und Standardbedingungen für die Zusammenschaltung veröffentlicht; in Belgien, Griechenland, Italien, Luxemburg und Portugal waren die Vorschriften zur Errichtung alternativer Infrastrukturen für das Angebot bereits liberalisierter Dienste nicht zeitgerecht umgesetzt worden; Verzögerungen gab es in Belgien und Italien bei der Festlegung der Finanzierungsmodalitäten für den Universaldienst sowie in Griechenland bei der Zusammenschaltung von GSM-Netzen *(vgl. WB 1997, Ziff.104)*. Bis Januar 1998 verzeichneten dann vor allem diejenigen Mitgliedstaaten Fortschritte, in denen zuvor noch ein Nachholbedarf bestanden hatte. Bei der Umsetzung der **Liberalisierungsrichtlinien** existierten Defizite in Belgien, Griechenland, Irland, Luxemburg und Portugal. Hinsichtlich der **Harmonisierungsvorschriften** waren verschiedene Mängel aufgetreten (keine Mitteilung, Nichtvereinbarkeit mit den Grundsätzen, Verzögerungen bei der

Einbringung von Gesetzesvorschlägen oder im Gesetzgebungsverfahren, spezifische Bedingungen, Verfahrensfragen); dabei war in bezug auf die Umsetzung der einzelnen Richtlinien **folgender Sachstand** festzustellen: **Genehmigungen** (noch nicht in Griechenland, Irland und Spanien; unvollständig in Belgien, Luxemburg und den Niederlanden; Bedenken bei Frankreich, Italien und Österreich); **Mietleitungen** (unvollständig in Belgien, Griechenland, Luxemburg und Portugal); **Sprachtelefondienste** (noch nicht in Griechenland; unvollständig in Belgien, Luxemburg, Portugal und Spanien); **Zusammenschaltung** (noch nicht in Griechenland und Portugal; unvollständig in Belgien, Italien, Luxemburg, den Niederlanden, Schweden und Spanien; Bedenken bei Frankreich). Insgesamt waren 35 Vertragsverletzungsverfahren anhängig *(vgl. Bull. EU 1/2-1998, S.67; WB 1998, Ziff. 18, 76ff.; zu den nationalen Rechtsrahmen J. Scherer, 1997).*

2.7.2.2 Bestandsaufnahmen für die Jahre 1998 bis 2002

Mit der vollständigen Liberalisierung der Telekommunikationsmärkte zum 1. Januar 1998 richtete die Kommission ihr Augenmerk zunehmend auf die Anwendung der einzelstaatlichen Bestimmungen und weniger auf die Umsetzung der gemeinschaftlichen Richtlinien in nationales Recht, da dieser Vorgang mit wenigen Ausnahmen (Zusatzfristen, Verzögerungen bei der Gesetzgebung) abgeschlossen war. Zahlreiche Anwendungsfragen und -probleme traten vor allem 1998 und 1999 auf, ab 2000 entspannte sich die Situation dann zusehends. Bezüglich der **Marktentwicklung** war eine starke Intensivierung des Wachstums der Umsätze und der Kundenzahlen sowie des Zutritts neuer Anbieter in fast allen Segmenten festzustellen, insbesondere bei den Ferngesprächen, den Daten- und Mietleitungsdiensten sowie beim Mobilfunk und bei den Internetdiensten; die Marktanteile der etablierten Betreiber gingen gerade auf den Ferngesprächs- und Mobilfunkmärkten deutlich zurück. Mangelnder Wettbewerb und eine unzureichende **Liberalisierung** waren kennzeichnend für das Angebot von Sprachtelefondiensten im Ortsnetzbereich, die Bereitstellung von alternativen Infrastrukturen und Kabelfernsehnetzen sowie für den leitungsgebundenen und drahtlosen Teilnehmeranschlußbereich *(vgl. A. Keuter u. a., 1999; D. Elixmann u. a., 2001; zur Wettbewerbssituation im Ortsnetz- und Anschlußbereich M. Distelkamp, 1999; A. Höckels, 2001b).*

Große Aufmerksamkeit widmete die Kommission der Organisation und Arbeit der **nationalen Regulierungsbehörden**; Klärungsbedarf bestand auf folgenden Gebieten: Trennung der Unternehmens-, Politikgestaltungs-, Eigentümerkontroll- und Regulierungsfunktion; Verteilung der Aufgaben auf verschiedene Institutionen (Ministerien, Wettbewerbs- und Regulierungsbehörden); personelle Verflechtungen mit dem ehemaligen Monopolisten; fehlende Ausstattung mit qualifiziertem Personal, Geldern und Befugnissen; komplexe Organisationsstrukturen; Umfang und tatsächliche Ausübung der Befugnisse, insbesondere bei der Genehmigungsvergabe, der Zusammenschaltung und der Zuteilung knapper Ressourcen; Dauer der Entscheidungs-, Streitbeilegungs- und Einspruchsverfahren; Transparenz und Durchsetzung von Entscheidungen. Bedenken wurden auch zu den **Anmelde- und Genehmigungsverfahren** geäußert: stark differierende Anzahl an erteilten und verweigerten Genehmigungen; Ausgestaltung und Dauer der Verfahren; Gründe für die Begrenzung der Genehmigungszahl; Umfang, Art und Veröffentlichung der Kriterien und Auflagen; Höhe der Gebühren; Umwandlung von älteren Genehmigungen; Verzögerungen bei der Vergabe von Genehmigungen für DCS-1800, ERMES, UMTS und den drahtlosen Teilnehmeranschluß.

Im Zusammenhang mit den **Tarifgrundsätzen** und der **Kostenstruktur** wurden die mangelnde Transparenz, der zögerliche Abbau von Tarifungleichgewichten und die noch existenten Zugangsdefizite bemängelt. Oftmals verspätet führten die Mitgliedstaaten eine getrennte Buchführung und geeignete Kostenrechnungssysteme ein; auch deren Überprüfung und Überwachung sowie die Publizität ließen zu wünschen übrig. Erhebliche Kritik wurde an der rechtlichen Regelung und der Praxis des **Mietleitungsangebots** sowie der Gewährleistung des **Netzzugangs** und der **Zusammenschaltung** geübt: Verfügbarkeit, Dauer der Bereitstellung und Qualität von Mietleitungen; kein gemeinsamer Zugang oder Bitstromzugang; fehlende entbündelte und gemeinsame Teilnehmeranschlußleitungen; kein unmittelbarer Zugang zur Raumsegmentkapazität; keine Möglichkeit der Zusammenschaltung von Mobilfunknetzen untereinander und mit Festnetzen; Handhabung der Pauschalzusammenschaltung für das Internet; fehlende Veröffentlichung und Unzulänglichkeit von Standardzusammenschaltungsangeboten; Verweigerung oder Verzögerung der Aushandlung von Vereinbarungen; zu lange Bereitstellungsfristen; technische Aspekte und Zusammenschaltungspunkte. Die **Mietleitungspreise** gingen im Durchschnitt zurück (für Kurzleitungen, internationale Verbindungen und Kleinkunden noch vergleichsweise hoch); auch die **Zusammenschaltungsentgelte** fielen (auf lokaler Ebene sowie für Mietleitungen und den Internetzugang nicht kostenorientiert). Ebenso wurde das Niveau der Entgelte für die Anrufzustellung im **Mobilfunksektor** und für das Roaming als überzogen angesehen.

Unstimmigkeiten traten ferner beim **Universaldienst** (Angebote für Bedürftige, Verzeichnis- und Auskunftsdienste, Berechnung der Nettokosten, Bestimmung der Finanzierungsbeiträge) sowie in bezug auf die **Tarife** (Rückgang vor allem bei Ferngesprächen von Geschäftskunden, hohe Grund- und Ortsgesprächsgebühren, Senkungen bei Mobilfunk- und Internetdiensten; mangelnde Transparenz der Tarifsysteme; Angebot von Pauschalpreisen für den Sprachtelefondienst und den Internetzugang; Einzelgebührennachweise; unzureichende Preisregulierung) und die **Qualität von Endkundendiensten** (Verbesserung der Qualitätsindikatoren des Sprachtelefondienstes, aber fast keine Qualitätsüberwachung; Probleme bei der Kundeninformation, der Bearbeitung von Beschwerden und der Abstellung von Mängeln). Der **Datenschutz** warf die nachstehenden Fragen auf: Aufbewahrung, Löschung und Weiterverarbeitung von Verkehrsdaten; Recht auf unspezifizierte Rechnungen; Unterdrückung der Anrufernummer; Unterbindung der automatischen Anrufweiterschaltung, Verbot der Aufnahme in Teilnehmerverzeichnisse.

Zur Regulierung knapper Ressourcen gab es ebenfalls Klagen: mangelnde Verfügbarkeit von **Nummern**; Unabhängigkeit der Nummernverwaltung und -zuweisung; Veröffentlichung und Kontrolle des Numerierungsplans; Einführung der Betreiberauswahl und -vorauswahl (Ortsgespräche, nicht geographische Nummern) sowie der

Übertragbarkeit (komplexe Verfahren und hohe Kosten für die Betreiber; lange Fristen, hohe Preise und schwierige Abrechnung für die Verbraucher); Verfügbarkeit von **Frequenzen**; Zuständigkeit für die Frequenzverwaltung und -zuweisung; Aufstellung von Bereichsplänen; Auslaufen analoger Dienste; Verfahren der Frequenzzuteilung; Frequenzgebühren; praktische Probleme bei den **Wegerechten** (Zuständigkeiten, Verweigerung und Diskriminierung, Dauer der Erteilung, Abgaben), der **Kollokation** (Komplexität, Dauer bis zur Realisierung, Normung) und der gemeinsamen Nutzung von Einrichtungen.

Hinsichtlich der **Umsetzung der Richtlinien** ergab sich im Oktober 1998 folgendes Bild (im wesentlichen; teilweise; noch nicht): Genehmigungen (acht; sechs; Griechenland); Mietleitungen (neun; eins; Frankreich, Griechenland, Italien, Portugal und Schweden); Sprachtelefondienste (fünf; fünf; Frankreich, Griechenland, Irland, Italien und Schweden); Zusammenschaltung (neun; vier; Griechenland und Portugal). Anhand der Marktindikatoren und -daten ließ sich ersehen, daß die **prinzipiellen Regelungsaspekte** praktische Anwendung fanden, aber noch Detailfragen zu klären waren; aus diesem Grunde entwickelte die Kommission eine umfassende Bewertungsmethodik zur Umsetzung und Anwendung der Richtlinien. Da zahlreiche **Vertragsverletzungsverfahren** hinzukamen, jedoch nur wenige abgeschlossen werden konnten, stieg deren Gesamtzahl auf 84 an *(vgl. Bull. EU 11-1998, S.56; WB 1998, Ziff. 18, 76).*

Übersicht 90: Kommissionsmitteilungen über die Umsetzung der Reformpakete für den Telekommunikationssektor

Mitteilung vom 29. Mai 1997 [KOM (97) 236 endg.] — Mitteilung vom 8. Oktober 1997 (erste Aktualisierung) [KOM (97) 504 endg.] — Dritter Bericht vom 18. Februar 1998 [KOM (98) 80 endg.] — Vierter Bericht vom 25. November 1998 [KOM (98) 594 endg.] — Fünfter Bericht vom 11. November 1999 [KOM (1999) 537 endg.] — Sechster Bericht vom 7. Dezember 2000 [KOM (2000) 814 endg.] — Siebter Bericht vom 26. November 2001 [KOM (2001) 706 endg.; SEK (2001) 1922 endg.] — Achter Bericht vom 3. Dezember 2002 [KOM (2002) 695 endg.; SEK (2002) 1329 endg.] — Mitteilung vom 19. November 2003 [KOM (2003) 715 endg.; SEK (2003) 1342 endg.] — Mitteilung vom 2. Dezember 2004 [KOM (2004) 759 endg.; SEK (2004) 1535 endg.]

Im Jahre 1999 beschäftigte sich die Kommission u. a. mit der Schaffung des ordnungspolitischen Rahmens für den portugiesischen Telekommunikationsmarkt, da am Ende des Jahres die Übergangsfrist für die Liberalisierung ablief. Im März 1999 wurden **Vertragsverletzungsverfahren** gegen Griechenland eingeleitet, weil nicht alle Beschränkungen im Zusammenhang mit DCS-1800 und DECT aufgehoben und das Angebot von Satellitendiensten sowie der Betrieb von alternativen Infrastrukturen nicht vollständig liberalisiert worden waren. U. a. wegen Verzögerungen bei der Liberalisierung des Mobilfunksektors in Griechenland, der Nichtaufstellung eines Kostenrechnungssystems für die Bestimmung von Zusammenschaltungstarifen und eines Verfahrens für die Ermittlung der Nettokosten des Universaldienstes in Belgien sowie des Wettbewerbsverbots bei Rückrufdiensten in Portugal rief die Kommission den **Europäischen Gerichtshof** an. Bei der Umsetzung war im Oktober 1999 folgender Stand erreicht: Genehmigungen (zwölf; zwei; Prüfung bei Griechenland); ONP-Rahmen (elf; zwei; Prüfungen bei Griechenland und Portugal); Mietleitungen (elf; eins; Prüfungen bei Griechenland und Portugal; noch nicht in Italien); Sprachtelefondienst (zehn, drei; Prüfung bei Griechenland; noch nicht in Italien); Zusammenschaltung (zwölf; zwei; Prüfung bei Griechenland); Numerierung (zehn; drei; Prüfung bei Griechenland; Aufschub für das Vereinigte Königreich); Datenschutz (sieben; fünf; noch nicht in Griechenland, Italien und Luxemburg). Ende 1999 liefen 87 Vertragsverletzungsverfahren (30 wegen unzureichender Liberalisierung, 57 wegen unvollständiger Harmonisierung) *(vgl. Bull. EU 11-1999, S.44 f.; WB 1999, Ziff.68 ff.; GB 2000, Ziff. 326; WB 2001, Ziff.122).*

Im Jahre 2000 befaßte sich die Kommission u. a. mit der Regelung des **Universaldienstes** in Frankreich und der unzureichenden Angleichung der **Tarifstrukturen** (zu niedrige Grundgebühren für Endkunden, zu hohe Tarife für den entbündelten Zugang zum Teilnehmeranschluß) in Deutschland, Frankreich, Italien und Spanien. Wegen der fehlenden Trennung der Bereitstellung von **Telekommunikations- und Kabelfernsehnetzen** wurden an acht Mitgliedstaaten Aufforderungsschreiben verschickt. Im Oktober 2000 waren noch 67 Verfahren (16 in bezug auf die Liberalisierungs- und 51 in bezug auf die Harmonisierungsrichtlinien) anhängig. Bis 2002 stieg die erste Zahl wieder auf 21 an; ansonsten initiierte die Kommission Verfahren zu den Kostenrechnungssystemen, der Tarifumstrukturierung, den Verzeichnis- und Auskunftsdiensten, der Betreiberauswahl und der Nummernübertragbarkeit, der Aufschlüsselung von Rechnungen und den Datenschutzbestimmungen. Vor dem **Europäischen Gerichtshof** wurden u. a. Luxemburg (Gewährung von Wegerechten) und Spanien (überhöhte Preise für den entbündelten Zugang zum Teilnehmeranschluß) verklagt *(vgl. Bull. EU 12-2000, S.70; WB 2000, Ziff.146 ff., 151 ff.; Bull. EU 11-2001, S.47; WB 2001, Ziff.119 ff., 511; Bull. EU 12-2002, S.63; GB 2002, Ziff.339; GB 2003, Ziff.389; WB 2003, Ziff.116 f.; Bull. EU 3-2004, S.63 f.; Bull. EU 12-2004, S.48).*

3. Gemeinsame Telekommunikations- und Medienpolitik seit Ende der neunziger Jahre

3.1 Grundausrichtung und Grundprobleme der Gemeinschaftspolitik

3.1.1 Konvergenz der Branchen Telekommunikation, Medien und Informationstechnologie

3.1.1.1 Das Grünbuch vom Dezember 1997

Ende der neunziger Jahre war im Informations- und Kommunikationswesen ein Entwicklungsstand erreicht, der mittels **digitaler Technologie** ein verbessertes und kostengünstiges Angebot sowohl traditioneller als auch neuer Dienste über zahlreiche verschiedene Netze ermöglichte. Die Konvergenz der Branchen Telekommunikation, Medien und Informationstechnologie ging sehr schnell über rein **technische Fortschritte** hinaus und führte nicht nur zu einer Erweiterung des Ausmaßes und der Vielfalt traditioneller Dienste, sondern auch zur Ausdehnung der Marktaktivitäten der jeweiligen Anbieter auf **neue produkt- und plattformübergreifende Geschäftszweige** (Home-Banking, Home-Shopping, Sprachtelefonie über das Internet; Zugang zum Internet über mobile Telefonnetze und Nutzung für elektronische Post und Daten; Nutzung drahtloser Verbindungen zu Gebäuden, um diese mit Festnetzen zu verbinden; Datendienste über digitale Rundfunkplattformen; mit dem Fernsehen über Web-TV verbundene Online-Dienste, Übertragung mittels digitaler Satelliten und Kabelmodems; Webcasting von Nachrichten, Sport, Konzerten und anderen audiovisuellen Diensten). Das damit entstandene Potential für eine erhebliche **Verbesserung der Lebensqualität** der europäischen Bürger, die Erhöhung des **Integrationsgrades der europäischen Regionen** sowie die **Verstärkung der Effizienz und Wettbewerbsfähigkeit** der Unternehmen auf den nationalen, gemeinschaftlichen und globalen Märkten machte eine zukunftsorientierte Gestaltung des **rechtlichen und ordnungspolitischen Umfelds** erforderlich.

In dem am 3. Dezember 1997 vorgelegten Grünbuch zur Konvergenz der Branchen Telekommunikation, Medien und Informationstechnologie [KOM (97) 623 endg.] erläuterte die Kommission das Zusammenwachsen der genannten Bereiche, die **technologischen Voraussetzungen** (Digitalisierung, Netztechnologie, Internet) und die **gegenwärtigen Entwicklungen** auf den relevanten Märkten (Digitalfernsehen, Telekommunikationsdienste, Unternehmenszusammenschlüsse). Sie untersuchte ferner die **Auswirkungen** auf die Sozialstruktur, die industrielle Wettbewerbsfähigkeit, die Veränderung der Marktstrukturen und das Konsumverhalten. Auf der Grundlage einer Analyse der **bestehenden und potentiellen Hindernisse** für die weitere Konvergenz wurden die Implikationen für eine Anpassung der regulatorischen Rahmenbedingungen beleuchtet. Hierbei standen insbesondere Fragen des Marktzutritts, des Netzzugangs, der Verfügbarkeit von Frequenzen, der Normung, der Preissetzung sowie der Gewährleistung des öffentlichen Interesses im Mittelpunkt. **Strategiegrundsätze und -optionen** für den Übergang zu einem neuen regulatorischen Umfeld bildeten mit einem **Zeitplan** für notwendige Aktivitäten den Abschluß des Grünbuchs *(vgl. Bull. EU 12-1997, S. 73 f.; GB 1997, Ziff. 500; M. Rosenthal, 1997, S. 137 ff.; B. Clements, 1998, S. 197 ff.; Th. Hart, 1999, S. 347 ff.; A. Groebel, 2005, S. 31 ff.; zum Begriff der Konvergenz P. Nihoul u. a., 2004, S. 45 ff.)*.

3.1.1.2 Stellungnahmen und Konsultationen

Das Grünbuch wurde nach seiner Vorlage als eine der wesentlichen Initiativen im Rahmen des „Dynamischen Aktionsplans" vom November 1996 angesehen und weithin positiv gewürdigt:

— Die Stellungnahme des *Wirtschafts- und Sozialausschusses* vom 29. April 1998 [ABl. C 214 10.07.98 S. 79] warf eine Reihe grundsätzlicher, aber auch praktischer Fragen zu den Inhalten des Grünbuchs auf und sprach sich für eine Weiterentwicklung der bereits bestehenden Regulierungsansätze unter Beachtung der Technologie- und Marktentwicklungen und gegen eine „Parallelkultur" von Regulierungsmodellen aus.

— Diese Auffassung wurde vom *Ausschuß der Regionen* in seiner Stellungnahme vom 16. September 1998 [ABl. C 373 02.12.98 S.26] jedoch nicht geteilt, als er sich zum Abschluß seiner problemorientierten Diskussion zentraler Inhalte des Grünbuchs für die Schaffung eines neuen Regulierungsrahmens für zahlreiche Online- und interaktive Dienste parallel zu den bestehenden rechtlichen Regelungen entschied.

— Das *Europäische Parlament* begrüßte in seiner Entschließung vom 22. Oktober 1998 [ABl. C 341 09.11.98 S.136] das Grünbuch „als Katalysator für vorgezogene ... Überlegungen über das künftige ordnungspolitische Modell für konvergierende Sektoren" und forderte zum Abschluß einer umfangreichen Problemliste zur Beachtung unterschiedlicher Regulierungstraditionen im internationalen Kontext auf *(vgl. Bull. EU 4-1998, S.37; Bull. EU 9-1998, S.45 f.; Bull. EU 10-1998, S.47 f.; GB 1998, Ziff. 459).*

An die Vorlage des Grünbuchs schloß sich eine **erste Phase der öffentlichen Konsultation** vom Dezember 1997 bis zum Mai 1998 an, deren Ergebnisse in dem Arbeitsdokument der Kommission vom 29. Juli 1998 [SEK (98) 1284 endg.] niedergelegt wurden. Angesichts der offensichtlichen Realität der Konvergenz technischer Plattformen und Netzinfrastrukturen sollten für alle Infrastrukturen ähnliche ordnungspolitische Rahmenbedingungen gelten; die Regulierung der Dienste hatte demgegenüber weiterhin nach Maßgabe der spezifischen Diensteart zu erfolgen. In der sich anschließenden **zweiten Konsultationsphase**, deren Resultate eine Mitteilung vom 9. März 1999 [KOM (1999) 108 endg.] enthält, wurden Fragen zu einigen zentralen Sachbereichen zur Diskussion gestellt *(vgl. Bull. EU 7/8-1998, S.64; Bull. EU 3-1999, S.71; GB 1999, Ziff. 422).* Weitgehende Einigkeit bestand in der Frage der strategischen Bedeutung des Zugangs zu Netzen und digitalen Vermittlungsstellen in einer konvergierenden Umgebung und der Notwendigkeit von sektorspezifischen Regulierungsmaßnahmen zur Sicherstellung des Wettbewerbs; für erforderlich gehalten wurde eine getrennte Regulierung von Medien und Inhalten, die den Grundsätzen der Transparenz, Klarheit und Verhältnismäßigkeit genügen müsse. Eine vernünftige Balance zwischen öffentlichem Interesse und Wettbewerbserwägungen durch Schaffung eines homogenen, berechenbaren und technologieneutralen regulatorischen Rahmens wurde als die beste Art und Weise angesehen, der Privatinitiative im Kommunikations- und Informationssektor Rechnung zu tragen; die Entwicklung offener, wettbewerbsorientierter Märkte würde günstige Voraussetzungen für Investitionen und Innovationen schaffen.

Die Präsentation der Konsultationsergebnisse wurde durch den Rat am 22. April 1999 und 28. Juni 1999 sowie mit den **Schlußfolgerungen** 1999/C 283/01 vom 27. September 1999 [ABl. C 283 06.10.1999 S.1] gebilligt; der **Ausschuß der Regionen** gab am 17. November 1999 [ABl. C 057 29.02.2000 S.5] eine befürwortende Stellungnahme ab, in der auch seine besondere raumbezogene Interessenlage zum Ausdruck kam *(vgl. Bull. EU 4-1999, S.49 f.; Bull. EU 6-1999, S.76; Bull. EU 11-1999, S.42 f.; zur differenzierten Regulierung von Infrastrukturen und Diensten Y. Benkler, 1998, S.183 ff.).*

3.1.2 Konzipierung neuer Rahmenbedingungen für die elektronische Kommunikation

3.1.2.1 Kommunikationsbericht vom November 1999

Die im Grünbuch vom Dezember 1997 vorgestellten und in den nachfolgenden Konsultationen diskutierten ordnungspolitischen Überlegungen fanden ihre Vertiefung in der Mitteilung der Kommission vom 10. November 1999 zur Entwicklung neuer Rahmenbedingungen für elektronische Kommunikationsinfrastrukturen und zugehörige Dienste [KOM(1999)539 endg.]. Vor dem Hintergrund des **Übergangs zur Informationsgesellschaft** in Europa mit außerordentlich raschen Technologie- und Marktentwicklungen wurden eine **Überprüfung des bestehenden regulatorischen Umfelds**, das in erster Linie noch auf die Steuerung des Übergangs zum Wettbewerb gerichtet war, angestrebt und die Notwendigkeit der **Schaffung eines neuen Rechtsrahmens** zur Verstärkung des Wettbewerbs in allen Marktsegmenten bekräftigt. Die weiterhin gültigen **politischen Ziele** bestanden in der Förderung und Erhaltung offener, wettbewerbsorientierter Märkte, in spezifischen Diensten am europäischen Bürger (Bereitstellung kostengünstiger Universaldienste und anderer Dienste; Gewährleistung von Verbraucherschutz und Datenschutz; Transparenz von Tarifen und Bedingungen; Befriedigung von Sonderbedürfnissen, u. a. für Behinderte und Senioren) und in der Konsolidierung des Binnenmarktes in einem konvergierenden Umfeld. Der zu schaffende Rechtsrahmen sollte **verschiedenen Grundsätzen** (Geltung politischer Ziele; Minimierung der Eingriffs- und Regulierungsintensität; Verbesserung der Rechtssicherheit in einem dynamischen Markt; Technologieneutralität; weltweite, nationale oder regionale Regelungsebene je nach betroffener Aktivität) genügen und in **bereichsspezifische Rechtsvorschriften** (Rahmenrichtlinie mit allgemeinen und spezifischen politischen Zielen; spezifische Richtlinien über Genehmigungserteilung, Zugang und Zusammenschaltung, Universaldienst, Schutz der Privatsphäre und Datenschutz) sowie in **unverbindliche Begleitmaßnahmen** und **Wettbewerbsregeln** (entsprechend den allgemeinen Grundsätzen des Gemeinschaftsrechts) gegliedert werden. Angestrebt wurde die Ersetzung der unterschiedlichen Regeln für die Regulierung verschiedener Infrastrukturen und zugehöriger Dienste durch einen **umfassenden Rechtsrahmen** mit nur wenigen nicht abgedeckten Ausnahmebereichen. Internetdienste, Genehmigungserteilungen (Allgemeingenehmigungen statt bisher vorherrschender Einzelgenehmigungen), Zugangs- und Zusammenschaltungsregeln, Vorgaben für die Frequenzzuweisung und -nutzung, die Bereitstellung und Finanzierung von Universaldiensten sowie der Wettbewerb beim Teilnehmeranschluß sollten dem neuen Rechtsrahmen unterliegen. Eine **Europäische Regulierungsbehörde** für Kommunikationsdienste wurde zwar nicht vorgeschlagen, eine verbesserte gemeinschaftsweite Zusammenarbeit jedoch als dringlich angesehen *(vgl. Bull. EU 11-1999, S.45 f.; GB 1999, Ziff.430; Z. Kardasiadou, 1999, S.168 ff.; G. Knieps, 1999b, S.460 ff.; Monopolkommission, 2002, S.110 ff.; A. Groebel, 2005, S.37 ff.; zur Regulierungsdiskussion T. Eisenblätter, 2000; P. Larouche, 2000a; P. de Bijl u. a., 2002).*

Das **Konzept der Kommission** zur Entwicklung neuer Rahmenbedingungen für die elektronische Kommunikation wurde vom Rat am 30. November 1999, vom **Ausschuß**

der Regionen am 12. April 2000 [ABl. C 226 08.08.2000 S.56] und vom **Wirtschafts- und Sozialausschuß** am 24. Mai 2000 [ABl. C 204 18.07.2000 S.6] befürwortet; dieser Beurteilung schloß sich das **Europäische Parlament** in seiner Entschließung vom 13. Juni 2000 [ABl. C 067 01.03.2001 S.53] an und verlangte eine rasche Einführung der vorgeschlagenen Maßnahmen *(vgl. Bull. EU 11-1999, S.46; Bull. EU 4-2000, S.33; Bull. EU 5-2000, S.45; Bull. EU 6-2000, S.78; GB 2000, Ziff.329).*

3.1.2.2 Reform des Rechtsrahmens von 2002 und seine Umsetzung

Die Ergebnisse der **öffentlichen Anhörung** zum Kommunikationsbericht 1999 sowie die Leitlinien für die neuen rechtlichen Rahmenbedingungen wurden in der Mitteilung der Kommission vom 26. April 2000 [KOM (2000) 239 endg.] – Stellungnahme des Wirtschafts- und Sozialausschusses [ABl. C 014 16.01.2001 S.35] – vorgestellt. Vor diesem Hintergrund leitete die Kommission am 12. Juli 2000 eine tiefgreifende **Reform des Rechtsrahmens** für die elektronische Kommunikation in Europa ein, wie sie auch der Europäische Rat von Lissabon im März 2000 gefordert hatte *(vgl. Bull. EU 3-2000, S.9f.; Bull. EU 4-2000, S.32f.; Bull. EU 10-2000, S.36f.).* Die fünf **Richtlinienvorschläge** betrafen den gemeinsamen Rechtsrahmen für elektronische Kommunikationsnetze und -dienste, die Genehmigung elektronischer Kommunikationsnetze und -dienste, den Zugang zu elektronischen Kommunikationsnetzen und zugehörigen Einrichtungen sowie deren Zusammenschaltung, den Universaldienst und die Nutzerrechte sowie die Verarbeitung personenbezogener Daten und den Datenschutz bei elektronischen Kommunikationsnetzen und -diensten. Die **Frequenzpolitik in der Gemeinschaft** und die **Entbündelung des Zugangs** zum Teilnehmeranschluß waren weitere Bestandteile des vorgeschlagenen Rechtsetzungspakets, mit dem der Wettbewerb zugunsten der Verbraucher und der Unternehmen intensiviert werden sollte *(vgl. Bull. EU 7/8-2000, S.38ff.; GB 2000, Ziff.325).*

Nachdem bereits mit der **Verordnung 2000/2887/EG des Europäischen Parlaments und des Rates vom 18. Dezember 2000 [ABl. L 336 30.12.2000 S.4]** die Entbündelungsfrage geregelt worden war *(vgl. S.808)*, folgten am 7. März 2002 die **Richtlinien des Europäischen Parlaments und des Rates 2002/21/EG [ABl. L 108 24.04. 2002 S.33]** (Rahmenrichtlinie) *(vgl. S.797)*, **2002/20/EG [ABl. L 108 24.04.2002 S. 21]** (Genehmigungsrichtlinie) *(vgl. S.805)*, **2002/19/EG [ABl. L 108 24.04.2002 S.7]** (Zugangsrichtlinie) *(vgl. S.809)* und **2002/22/EG [ABl. L 108 24.04.2002 S.51]** (Universaldienstrichtlinie) *(vgl. S.812)* sowie die **Entscheidung 2002/676/EG des Europäischen Parlaments und des Rates [ABl. L 108 24.04.2002 S.1]** (Frequenzentscheidung) *(vgl. S.834)*. Vervollständigt wurde das Rechtsetzungspaket mit der **Richtlinie 2002/58/EG des Europäischen Parlaments und des Rates vom 12. Juli 2002 [ABl. L 201 31.07.2002 S.37]** (Datenschutzrichtlinie) *(vgl. S.861)* und der **Richtlinie 2002/77/EG der Kommission vom 16. September 2002 [ABl. L 249 17.09.2002 S. 21]** (Wettbewerbsrichtlinie) *(vgl. S.797) (vgl. G. Beese u. a., 2000, S.532ff.; J. Turek, 2001, S.161f.; J. Scherer, 2002; J. Turek, 2003, S.171; R. A. Cawley, 2004, S.3ff.; A. Groebel, 2005, S.39ff.).*

Übersicht 91: Ratsentschließungen zur gemeinschaftlichen Politik im Telekommunikations-, Informations- und audiovisuellen Sektor seit 1999

Entschließung 1999/C 30/01 des Rates und der im Rat vereinigten Vertreter der Regierungen der Mitgliedstaaten vom 25. Januar 1999 über den öffentlich-rechtlichen Rundfunk [ABl. C 030 05. 02.1999 S.1] (Aufnahme in den Anhang X des EWR-Abkommens durch den Beschluß 118/1999 des Gemeinsamen EWR-Ausschusses [ABl. L 325 21.12.2000 S.33]) — Entschließung 2001/C 73/02 des Rates vom 12. Februar 2001 zu den einzelstaatlichen Beihilfen für die Filmwirtschaft und den audiovisuellen Sektor [ABl. C 073 06.03.2001 S.3] — Entschließung 2001/C 281/01 des Rates vom 21. Juni 2001 über die Notwendigkeit eines intensivierten Informations- und Erfahrungsaustausches zwischen der Europäischen Union und ihren Mitgliedstaaten und den Beitrittsländern im audiovisuellen Sektor [ABl. C 281 05.10.2001 S.1] — Entschließung 2002/C 32/04 des Rates vom 21. Januar 2002 zur Entwicklung des audiovisuellen Sektors [ABl. C 032 05.02. 2002 S.4] — Entschließung 2003/C 13/04 des Rates vom 19. Dezember 2002 zu den Inhalten der interaktiven Medien in Europa [ABl. C 013 18.01.2003 S.8] — Entschließung 2003/C 48/02 des Rates vom 18. Februar 2003 über die Umsetzung des Aktionsplans *e*Europe 2005 [ABl. C 048 28. 02.2003 S.2] — Entschließung 2005/C 62/01 des Rates vom 9. Dezember 2004 zur Zukunft der Informations- und Kommunikationstechnologien (IKT) [ABl. C 062 12.03.2005 S.1]

Die Gemeinschaftsorgane drängten auf eine **schnelle Umsetzung** insbesondere des Richtlinienpakets vom 7. März 2002. Bereits in ihrer Mitteilung vom 11. Februar 2003 über die elektronische Kommunikation und den Weg zu einer wissensbestimmten Wirtschaft [KOM (2003) 65 endg.] forderte die Kommission die Mitgliedstaaten zu einem raschen Abschluß der vorgesehenen Maßnahmen auf, was auch vom Rat in seinen **Schlußfolgerungen** vom 6. März 2003 unterstützt wurde *(vgl. GB 2002, Ziff. 341; Bull. EU 1/2-2003, S.80f.; Bull. EU 3-2003, S.64; GB 2003, Ziff. 389)*. Da der vorgesehene **Umsetzungstermin** für das Richtlinienpaket (24. Juli 2003: Rahmen-, Genehmigungs-, Zugangs-, Universaldienst- und Wettbewerbsrichtlinie; 30. Oktober 2003: Datenschutzrichtlinie) von mehreren Ländern (Belgien, Deutschland, Frankreich, Griechenland, Luxemburg, Niederlande, Portugal, Spanien und Schweden) ganz oder teilweise nicht eingehalten worden war oder entsprechende Nachweise fehlten, leitete die Kommission in einigen Fällen Verfahren ein. Schweden und Spanien beschleunigten daraufhin die Umsetzung der Richtlinien in nationales Recht. In bezug auf die **Wettbewerbsrichtlinie** wurden jedoch Griechenland und Luxemburg vor dem Europäischen Gerichtshof verklagt *(vgl. Bull. EU 12-2003, S.60; WB 2003, Ziff. 105f., 112f.; J. Turek, 2004, S.159)*.

In ihrer Mitteilung vom 19. November 2003 über elektronische Kommunikation in Europa (Regulierung und Märkte 2003 – Bericht über die Umsetzung des EU-Reformpakets für elektronische Kommunikation) [KOM (2003) 715 endg.; SEK (2003) 1342 endg.] mahnte die Kommission erneut die **weitere Umsetzung** des 2002 verabschiedeten Richtlinienpakets an und konstatierte gleichzeitig eine außergewöhnlich **dynamische Marktentwicklung** (Mobilkommunikation, Breitband-Internetzugang). Die Anzahl der Breitbandfestnetzverbindungen hatte sich fast verdoppelt und diejenige der Mobilfunkteilnehmer beschleunigt ausgeweitet, während die Anzahl der Betreiber auf den Festnetzmärkten weitgehend unverändert geblieben war; eine zunehmende Wettbewerbsintensität zeichnete sich im Ortsnetzbereich ab. Die Preise für Sprachtelefondienste gingen allerdings deutlich langsamer zurück als zuvor. Problematisiert wurden die Befugnisse und Ermessensspielräume der **Regulierungsbehörden** sowie die Aufgabenübertragung an sachkundige Stellen *(vgl. Bull. EU 11-2003, S.50 f.; GB 2003, Ziff.389; WB 2003, Ziff.106 ff.)*.

Die Mitteilung der Kommission vom 2. Dezember 2004 (elektronische Kommunikation und Märkte 2004) [KOM (2004) 759 endg.; SEK (2004) 1535 endg.] stellte für den betrachteten Zeitraum bis zum 1. August 2004 eine deutliche **Verstärkung des Wettbewerbs** auf den meisten Teilmärkten mit erheblichen **Verbrauchervorteilen** (Preise, Qualität) fest. Vor diesem Hintergrund entfalteten die Innovationen im mobilen Sektor und im Breitbandbereich, aber in gewissem Maße auch bei den traditionellen festen Diensten, eine beträchtliche Wachstumsdynamik. Der **Breitbandversorgungsgrad** und der **mobile Versorgungsgrad für die Sprachübertragung** wuchsen deutlich an, auch gab es bereits Anzeichen für ein zunehmendes Wachstum **mobiler Datendienste**. Zum 1. Oktober 2004 hatten zwanzig Mitgliedstaaten die **Annahme primärer Rechtsvorschriften** abgeschlossen und dies bei der Kommission notifiziert; Belgien, Estland, Griechenland, Luxemburg und Tschechien hinkten hinterher, wenngleich auch bereits wichtige Phasen des Gesetzgebungsprozesses durchlaufen waren. Neben der Einleitung von **Vertragsverletzungsverfahren** wegen Nichtnotifizierung waren auch Verfahren gegen Belgien, Griechenland und Luxemburg vor dem **Europäischen Gerichtshof** anhängig. In Frankreich, Lettland, Litauen, Polen, der Slowakei, Slowenien, Spanien und Zypern standen noch **ausführende Rechtsakte** aus, die den primären Rechtsvorschriften vollständige Wirkung verleihen sollten. Hinsichtlich der Arbeit der nationalen Regulierungsbehörden, der Gebührengestaltung für die Erteilung von Allgemeingenehmigungen und individuellen Rechten für den Gebrauch von Funkfrequenzen, auf dem Gebiet der Wegerechte, der Kollokation und der gemeinsamen Nutzung von Einrichtungen, bezüglich der Bereitstellung von Universaldiensten und Verkehrsdaten, der Auferlegung von Übertragungspflichten und des Schutzes vor unerbetenen Werbenachrichten stellte die Kommission in einigen Ländern neben beträchtlichen Fortschritten auch **partiellen Handlungsbedarf** fest; nur mit einer korrekten Umsetzung der Rechtsvorschriften zur elektronischen Kommunikation und mit der effektiven Anwendung der Wettbewerbsregeln würde das vorhandene **Potential des Sektors** für Wettbewerb, Innovation und Investitionen vollständig nutzbar gemacht werden können *(vgl. Bull. EU 5-2004, S.22 f.; Bull. EU 12-2004, S.54 f.)*.

3.1.3 Aktionspläne zur Weiterentwicklung der Informationsgesellschaft

3.1.3.1 eEurope 2002

Zur Weiterentwicklung der Informationsgesellschaft in Europa hatte die Kommission bereits am 8. Dezember 1999 [KOM (1999) 687 endg.] eine Mitteilung über eine **Gemeinschaftsinitiative *e*Europe mit verschiedenen Schwerpunkten** (Europas Jugend im digitalen Zeitalter; billigerer Internetzugang; Förderung des elektronischen Geschäftsverkehrs; schnelles Internet für Wissenschaftler und Studenten; intelligente Chipkarten für sicheren elektronischen Zugang; Risikokapital für Hochtechnologie-

KMU; *e*Accessibility für Behinderte; Gesundheitsvorsorge über das Netz; intelligenter Verkehr; Regierung am Netz) vorgelegt, die vom **Rat von Helsinki** am 10. / 11. Dezember 1999 und vom **Europäischen Parlament** in einer Entschließung vom 16. März 2000 [ABl. C 377 29.12.2000 S.380] unterstützt wurde *(vgl. Bull. EU 12-1999, S.12f., 91f.; GB 1999, Ziff.424; Bull. EU 3-2000, S.60)*. Noch vor dem **Europäischen Sondergipfel von Lissabon** am 23. / 24. März 2000, der dem Thema „Beschäftigung, Wirtschaftsreform und sozialer Zusammenhalt – für ein Europa der Innovation und des Wissens" gewidmet war, präsentierte die Kommission am 4. Februar 2000 Vorschläge für **Beschäftigungsstrategien in der Informationsgesellschaft** [KOM (2000) 48 endg.] *(vgl. S.870)* sowie am 8. März 2000 einen Zwischenbericht zu *e*Europe und den Fortschritten dieser Initiative seit Helsinki [KOM (2000) 130 endg.]. Der Europäische Rat von Lissabon verpflichtete daraufhin die Gemeinschaftsorgane insgesamt zu einem zügigen Abschluß der laufenden Rechtsetzungstätigkeiten, die Kommission zur Erstellung eines globalen Aktionsplans und die Mitgliedstaaten zu entsprechenden Maßnahmen. Den **Entwurf des geforderten Aktionsplans** legte die Kommission mit ihrer Mitteilung vom 24. Mai 2000 [KOM (2000) 330 endg.] vor. Der **Europäische Rat von Feira** billigte am 19. / 20. Juni 2000 den Aktionsplan, der in entscheidender Weise zum Aufschwung des Internet in Europa (Reduzierung von Kosten und Zugriffszeiten, Erhöhung der Sicherheit im Internet, Investitionen in die Qualifikationen, Zugang der Öffentlichkeit zum Internet, Förderung der Internetnutzung) beitragen sollte, was auch vom **Wirtschafts- und Sozialausschuß** in seiner Stellungnahme vom 24. Januar 2001 [ABl. C 123 25.04.2001 S.36] befürwortet wurde. Am 29. November 2000 wurde ein **Sachstandsbericht** der Kommission zu *e*Europe 2002 [KOM (2000) 783 endg.] vorgelegt, der als Grundlage für die Tagung des Europäischen Rates am 7. / 8. Dezember 2000 in Nizza von diesem unterstützt wurde *(vgl. Bull. EU 3-2000, S.60; EU 5-2000, S.43f.; Bull. EU 6-2000, S.12; Bull. EU 11-2000, S.39; Bull. EU 12-2000, S.11; GB 2000, Ziff.318f.; J. Turek, 2000, S.153; Bull. EU 1/2-2001, S.53; R. L'Hoest, 2001, S. 44ff.; J. Turek, 2001, S.161; A. Siebold, 2002, S.38ff.)*.

Die **Mitteilung der Kommission** vom 13. März 2001 über *e*Europe 2002 [KOM (2001) 140 endg.] behandelte im Vorfeld des Europäischen Rates von Stockholm die Auswirkungen dieses Aktionsplans auf die wissensgestützte Gesellschaft und erörterte **vordringliche Bereiche** der Gemeinschaftspolitik (Hochgeschwindigkeitsinfrastruktur, *e*Learning, Telearbeit, *e*Commerce, *e*Inclusion, *e*Government, Netzsicherheit, Mobilkommunikation). Der **Benchmarking-Bericht der Kommission** zu *e*Europe vom 5. Februar 2002 [KOM (2002) 62 endg.] zielte auf eine vergleichende Untersuchung der Fortschritte in den einzelnen Staaten ab. Mit Hilfe von 22 Indikatoren, die gemeinsam mit den Mitgliedstaaten festgelegt und vom Rat gebilligt wurden, konnte eine detaillierte **Datenerhebung zur Internetverbreitung** durchgeführt werden; gleichzeitig wurde den **Umsetzungsmaßnahmen des Aktionsplans** nachgegangen; einerseits stellte man erhebliche Fortschritte in bezug auf die netzgestützte Wirtschaft, andererseits jedoch noch beträchtliche regionale Unterschiede fest. Die legislativen Arbeiten zur Durchführung des Aktionsplans und der Verbreitung empfehlenswerter Verfahren sowie der Verbesserung der Netz- und Informationssicherheit wurden in der Folgezeit fortgesetzt. Die Mitteilung der Kommission vom 11. Februar 2003 [KOM (2003) 66 endg.] brachte schließlich den **Abschlußbericht zu *e*Europe 2002** mit der

Feststellung bemerkenswerter Erfolge. Stellungnahmen des **Ausschusses der Regionen** vom 12. Februar 2003 [ABl. C 128 29.05.2003 S.14] und des **Wirtschafts- und Sozialausschusses** vom 18. Juni 2003 [ABl. C 220 16.09.2003 S.36] ergänzten den bis dahin erreichten Diskussionsstand um spezifische Sichtweisen *(vgl. Bull. EU 3-2001, S.15f., 57f.; Bull. EU 1/2-2002, S.68; GB 2002, Ziff.331; Bull. EU 1/2-2003, S.77, 78 f.; Bull. EU 6-2003, S.58; GB 2003, Ziff.380; P. Schaper-Rinkel, 2003).*

3.1.3.2 eEurope 2005

Nachdem das bisherige Mehrjahresprogramm ausgelaufen war, wurde aufgrund der Forderungen des Europäischen Rates von Barcelona vom 15. / 16. März 2002 mit der Mitteilung der Kommission vom 28. Mai 2002 zu *e*Europe 2005 [KOM (2002) 263 endg.] eine **neue Gemeinschaftsinitiative** als Vorlage für den **Europäischen Rat von Sevilla** am 21. / 22. Juni 2002 präsentiert; der gleichzeitig vorgelegte Aktionsplan bezweckte eine Förderung sicherer **Dienste, Anwendungen und Inhalte** auf der Grundlage einer allgemein zugänglichen **Breitbandinfrastruktur** und wollte Europa in der Zukunft zum „wettbewerbsfähigsten und dynamischsten wissensgestützten Wirtschaftsraum der Welt mit mehr Arbeitsplätzen und besserem sozialem Zusammenhalt" machen.

Der **Aktionsplan** umfaßte vier verschiedene, aber miteinander verbundene Instrumente: politische Maßnahmen zur gezielten Überprüfung und zweckdienlichen Anpassung nationaler und gemeinschaftlicher Rechtsvorschriften mit verschiedenen Schwerpunkten (Breitbandanschlüsse für öffentliche Verwaltungen, Schulen und das Gesundheitswesen; allen zugängliche und über vielerlei Plattformen angebotene interaktive öffentliche Dienste; Bereitstellung von Online-Gesundheitsdiensten; Beseitigung von Schranken für die Einführung von Breitbandnetzen; Überprüfung von Rechtsvorschriften mit Einfluß auf den elektronischen Geschäftsverkehr; Bildung eines Sonderstabs für Computer- und Netzsicherheit); Informations- und Erfahrungsaustausch zur beschleunigten Umsetzung hochentwickelter Anwendungen und Infrastrukturen; vergleichende Bewertung von Zielerreichung und Politikkonzepten; umfassende Koordinierung aller Politikbereiche zwecks Erzielung von Synergieeffekten; der **Europäische Rat von Sevilla** billigte den Aktionsplan der Kommission. Im Hinblick auf die **vergleichende Bewertung** schlug diese in ihrer Mitteilung vom 21. November 2002 [KOM (2002) 655 endg.] eine Liste von 14 politischen und 22 zusätzlichen statistischen **Indikatoren** vor; diese betrafen insgesamt den Internetzugang und das Nutzungsverhalten von Bürgern und Unternehmen, die Bereiche *e*Government, *e*Learning, *e*Health und *e*Business, ferner die Sicherheit der Informationsinfrastruktur und die Verbreitung von Breitbandzugängen.

Die Entschließung des **Europäischen Parlaments** vom 12. Februar 2003 [ABl. C 043 E 19.02.2004 S.264] betonte vor allem die Bedeutung eines Internetzugangs für alle zu erschwinglichen Preisen sowie diejenige der Schaffung einer adäquaten Breitbandinfrastruktur; eine Stellungnahme des **Ausschusses der Regionen** vom selben Tag [ABl. C 128 29.05.2003 S.14] nahm eine vergleichende Bewertung der Ziele und Ergebnisse der beiden Aktionspläne vor und forderte zu einer intensiven Zusammenarbeit zwischen den Behörden und den KMU auf *(vgl. Bull. EU 3-2002, S.17f.; Bull. EU 5-2002, S.38; Bull. EU 6-2002, S.18; Bull. EU 11-2003, S.39; GB 2002, Ziff.331; Bull. EU 1/2-2003, S.78f.; GB 2003, Ziff.380; J. Turek, 2003, S.171).*

Die Schlußfolgerungen des Rates vom 5. Dezember 2002 zur Lage im Telekommunikationssektor und seine **Entschließung 2003/C 48/02 vom 18. Februar 2003 [ABl. C 048 28.02.2003 S.2]** sowie der Europäische Rat von Brüssel vom 20. / 21. März 2003 betonten verschiedene Prioritäten (digitale Inhalte, interaktive Breitbanddienste, 3G-Mobilfunk, Digitalfernsehen, Sicherheit von Netzen und Diensten sowie *e*Government, *e*Learning, *e*Health und *e*Business). Die Mitgliedstaaten sollten **Leistungsvergleiche** durchführen, vorbildliche Praktiken austauschen, mit allen Gruppen kooperieren und die Ziele von *e*Europe 2005 verwirklichen; die Kommission sollte ebenfalls Leistungsvergleiche durchführen; an die **Einbeziehung der Beitrittsstaaten** in den neuen Aktionsplan war zu denken. Schließlich unterstrich der **Europäische Rat von Brüssel** am 16. / 17. Oktober 2003 die besonderen Wachstums- und Struktureffekte aufgrund der Entwicklung von Telekommunikationsnetzen mit hohen Übertragungsgeschwindigkeiten und weiträumiger Verbreitung *(vgl. Bull. EU 12-2002, S.61f., 63f.; Bull. EU 1/2-2003, S.79; Bull. EU 3-2003, S.17f.; Bull. EU 10-2003, S.10f., 13f.; GB 2003, Ziff.380).*

Zur Weiterführung des Programms zur Förderung der Informationsgesellschaft in Europa *(vgl. Band 1, S.239)* wurde mit der **Entscheidung 2003/2256/EG des Europäischen Parlaments und des Rates vom 17. November 2003 [ABl. L 336 23.12.2003 S.1]** zuerst für die Jahre 2003 bis 2005 ein Programm zur Verfolgung der Umsetzung des Aktionsplans ***e*Europe 2005**, zur Verbreitung empfehlenswerter Verfahren und zur Verbesserung der Netz- und Informationssicherheit (MODINIS) eingerichtet; es umfaßt vier Maßnahmenbereiche: Beobachtung und **Vergleich der Leistungen** der Mitgliedstaaten (Sammlung und Analyse von Daten); Unterstützung der im Rahmen von *e*Europe unternommenen nationalen Anstrengungen durch die Analyse **empfehlenswerter Verfahren** und die Entwicklung von Mechanismen für den Erfahrungsaustausch (Studien, Veranstaltungen); Untersuchung der wirtschaftlichen und sozialen **Auswirkungen der Informationsgesellschaft**, insbesondere in bezug auf die Wettbewerbsfähigkeit, den Zusammenhalt und die soziale Integration (Expertenbeiträge, *e*Europe-Lenkungsgruppe); Vorbereitung der Einrichtung der künftigen Struktur für Fragen der **Netz- und Informationssicherheit** (Erhebungen, Studien, Workshops). Der Finanzrahmen betrug ursprünglich 21 Mio. €; im Zusammenhang mit der Erweiterung wurde er auf 22,44 Mio. € erhöht *(vgl. Bull. EU 7/8-2002, S.41f.; GB 2002, Ziff.331; Bull. EU 4-2003, S.30; Bull. EU 10-2003, S.60).* Ein **Kommissionsvorschlag** vom 29. Juli 2005 [KOM (2005) 347 endg.] befürwortete eine Fortführung der ersten drei Maßnahmen im Jahre 2006, um die Zeit bis zum geplanten Beginn des neuen Rahmenprogramms für Wettbewerbsfähigkeit und Innovation am 1. Januar 2007 zu überbrücken; die Mittelausstattung soll auf 30,16 Mio. € angehoben werden.

Nach Aufforderung durch den Europäischen Rat von Brüssel vom 12. Dezember 2003 präsentierte die Mitteilung der Kommission vom 18. Februar 2004 über *e*Europe 2005 [KOM (2004) 108 endg.] eine **Halbzeitbilanz des Aktionsplans** und gab vor dem Hintergrund einer **detaillierten Bewertungsanalyse** Anlaß zu seiner Aktualisierung, die im Rahmen der Kommissionsmitteilung vom 17. Mai 2004 [KOM (2004) 380 endg.; SEK (2004) 607 endg.; SEK (2004) 608 endg.] vorgeschlagen wurde. Die **grundsätzlichen Ziele** wurden ebenso beibehalten wie der Austausch bewährter Praktiken und die offene Koordinierung als Schwerpunkte. Die **vorgeschlagenen Aktionen** in den Bereichen Breitband, 3G-Mobilkommunikation, öffentliche Online-Dienste, elektronischer Geschäftsverkehr, digitale Integration, Benchmarking und Lissabonner Strategie sollten die bereits bestehenden Maßnahmen im Detail ergänzen und ihren Fortschritt beschleunigen. Der **Rat** billigte am 8. März 2004 und am 10. Juni 2004 die Neuausrichtung; die Stellungnahme des **Ausschusses der Regionen** vom 18. November 2004 [ABl. C 071 22.03.2005 S.59] unterstrich die Bedeutung des Kommissionskonzepts unter besonderer Betonung regionaler Aspekte *(vgl. Bull. EU 12-2003, S.10f.; Bull. EU 1/2-2004, S.71; Bull. EU 3-2004, S.72; Bull. EU 5-2004, S.27; Bull. EU 6-2004, S.56; Bull. EU 11-2004, S.53).*

3.1.3.3 i2010-Initiative

Die Herausforderungen für die europäische Informationsgesellschaft reichen weit über das Jahr 2005 hinaus und verlangen **weiterführende Überlegungen**, um die in Lissabon gesetzten **ehrgeizigen Ziele** (höheres Wachstum, mehr und bessere Arbeitsplätze, größerer sozialer Zusammenhalt) bis 2010 zu erreichen. Eine Mitteilung der Kommission vom 19. November 2004 [KOM (2004) 757 endg.] befaßte sich zunächst mit dem **Beitrag der Informations- und Kommunikationstechnologien** (IKT) zur Erfüllung der Lissabonner Ziele und unterstrich sodann die andauernde Notwendigkeit einer Politik für die Informationsgesellschaft. Die relevanten **Themen der Politik** für die Informationsgesellschaft ab 2005 betreffen **folgende Bereiche**: Inhalte und Dienste, digitale Integration und Bürgerbeteiligung, öffentliche Dienste, Qualifikation und Beschäftigung, IKT als Wirtschaftssektor, Interoperabilität, Vertrauen und Zuverlässigkeit sowie Nutzung durch Unternehmen.

In der **Entschließung 2005/C 62/01 des Rates vom 9. Dezember 2004 [ABl. C 062 12.03.2005 S.1]** und in den Schlußfolgerungen des Europäischen Rates von Brüssel vom 22. / 23. März 2005 wurden als wichtige Themenbereiche genannt: ein leistungsfähiger IKT-Sektor und innovative Unternehmen; IKT für die Bürger und IKT-Fähigkeiten; Technologien für die Erbringung öffentlicher Dienstleistungen; Informationsinhalte und Entwicklung von Produkten und Dienstleistungen; Aufbau von Netzen; Vertrauensschutz und Sicherheit. Die Mitteilung der Kommission vom 1. Juni 2005 [KOM (2005) 229 endg.; SEK (2005) 717 endg.] über eine europäische Informationsgesellschaft für **Wachstum und Beschäftigung** (i2010) schließt an diese Überlegungen an, verfolgt einerseits die übergreifende Idee eines europäischen Informationsraums und betrachtet andererseits die konkreten Bereiche **Innovation und Investitionen in die Forschung** sowie **Integration, bessere öffentliche Dienste und Lebensqualität**. Als Ergebnis zeichnet sich ein neuer Lissabonner Politikgestaltungszyklus ab *(vgl. Bull. EU 11-2004, S.53f.; Bull. EU 12-2004, S.53f.; Bull. EU 3-2005, S.10ff.; Bull. EU 6-2005, S.61f.).*

3.1.4 Schwerpunkte der Gemeinschaftspolitik im audiovisuellen Sektor

3.1.4.1 Grundzüge und Leitlinien der Politik seit 1998

Die Mitteilung vom 14. Juli 1998 zur Politik der Gemeinschaft im audiovisuellen Bereich [KOM (98) 446 endg.] präsentierte die ersten Schlußfolgerungen der Kommission aufgrund ihrer **Überprüfung der bisherigen Politik**, die durch die Konsultationsgespräche über das **Grünbuch zur Konvergenz** der Branchen Telekommunikation, Medien und Informationstechnologie *(vgl. S. 776)*, die Untersuchungsergebnisse des im Oktober 1998 vorgelegten **Abschlußberichts einer hochrangigen Reflexionsgruppe** sowie insbesondere die Resultate der **Konferenz über audiovisuelle Medien** vom 6. / 8. April 1998 in Birmingham und ihre **vier Arbeitsgruppen** (1. Beschäftigung und Schaffung von Arbeitsplätzen; 2. Europäische Förderung zur Stärkung der Wettbewerbsfähigkeit; 3. Rechtliche Rahmenbedingungen für eine kreative Medienwirtschaft; 4. Geistige Eigentumsrechte) geprägt wurden. Die **Kommission** wies vor diesem Hintergrund vor allem darauf hin, daß „die Mechanismen für die öffentliche Unterstützung der Produktion und des Vertriebs europäischer Werke ausgeweitet, Investitionen in die Produktion europäischer Werke mit internationalen Vertriebschancen gefördert, die Fachleute zur Durchführung einer europäischen Preisverleihungsveranstaltung ermuntert und die rechtlichen Rahmenbedingungen für den Start des Digitalfernsehens in einem wettbewerbsorientierten Umfeld geschaffen werden müssen" *(GB 1998, Ziff. 660; vgl. Bull. EU 7/8-1998, S. 84 f.)*. Der Rat begrüßte in seinen **Schlußfolgerungen** 98/C 306/01 vom 24. September 1998 zur Konferenz von Birmingham [ABl. C 306 06.10.98 S. 1] die jüngsten Initiativen (Ausbau des MEDIA-Programms; Gewinnung von Privatinvestoren für audiovisuelle Produktionen; Gründung einer Europäischen Schule für Film und Fernsehen; Förderung öffentlichkeitswirksamer Veranstaltungen) und verlangte seinerseits eine zügige Überarbeitung der rechtlichen Rahmenbedingungen des audiovisuellen Sektors *(vgl. Bull. EU 5-1998, S. 77; GB 1998, Ziff. 659; im weiteren Übersicht 91; zu den Grundzügen der audiovisuellen Politik auch D. Dörr, 1999, S. 97 ff.; A. B. C. Marti, 2004)*.

Ungeachtet aller begrüßenswerten Bemühungen um die Stärkung von Privatinitiativen in Verbindung mit einer Diversifizierung audiovisueller Programme betonte die **Entschließung 1999/C 30/01 des Rates vom 25. Januar 1999 [ABl. C 030 05.02.1999 S. 1]** im Einklang mit dem Protokoll zum Amsterdamer Vertrag die besondere Zuständigkeit der Mitgliedstaaten für den öffentlich-rechtlichen Rundfunk hinsichtlich Auftrag und Finanzierung; gefordert wurden ein diskriminierungsfreier Zugang der Öffentlichkeit zu Kanälen und Diensten, eine Unterstützung der Rundfunkanstalten beim Ausbau ihrer Tätigkeiten sowie die Bereitstellung eines quantitativ und qualitativ hochstehenden Programm- und Diensteangebots. Die **Schlußfolgerungen** 1999/C 283/01 des Rates vom 27. September 1999 [ABl. C 283 06.10.1999 S. 1] zu den Konsultationsergebnissen zum Grünbuch über Konvergenz unterstrichen hinsichtlich der Medien- und audiovisuellen Aspekte verschiedene Grundanliegen der Gemeinschaft (Jugendschutz, Schutz der Menschenwürde, kulturelle und sprachliche Vielfalt, Pluralismus) und forderten eine getrennte, ggf. evolutionäre Regulierung von Infrastruktur und Medieninhalten *(vgl. Bull. EU 11-1998, S. 70 f.; Bull. EU 6-1999, S. 76)*.

Die am 14. Dezember 1999 veröffentlichte Mitteilung der Kommission über Grundsätze und Leitlinien für die audiovisuelle Politik der Gemeinschaft im digitalen Zeitalter [KOM (1999) 657 endg.] befaßte sich mit der **Bedeutung des audiovisuellen Sektors** für Wirtschaftswachstum und Beschäftigung sowie für Gesellschaft, Kultur und Bildung, mit den **allgemeinen Zielen und Mitteln** der audiovisuellen Politik der Gemeinschaft (gemeinsame Werte wie freie Meinungsäußerung, Pluralismus, kulturelle und sprachliche Vielfalt, Verbraucherschutz, Jugendschutz, Menschenwürde; Verpflichtungen des öffentlichen Dienstes; spezifische Regulierung durch regierungsunabhängige Organe und Institutionen; unterschiedliche Regulierungsgrundsätze für Infrastruktur und Inhalte; offener Infrastrukturzugang und Interoperabilität; spezifische finanzielle Unterstützungsinstrumente) sowie mit **ergänzenden Grundsätzen und Aktionen** der **Regulierung** (Verhältnismäßigkeit der Regulierung; Rechtssicherheit und Technologieneutralität; Selbstkontrolle als komplementärer Prozeß; Allgemeininteresse, öffentlich-rechtlicher Rundfunk, duales Rundfunksystem; Jugendschutz, Urheberrechtsschutz; Produkt- und Dienstleistungspiraterie; Werbung und Sponsoring) und der **gemeinschaftlichen Unterstützungsmechanismen** (Komplementarität und Flexibilität einzelstaatlicher und gemeinschaftlicher Mechanismen; kulturelle und sprachliche Vielfalt; MEDIA-Programme, *e*Europe-Initiative, Forschung und Entwicklung; Koordinierungsmaßnahmen und Erfahrungsaustausch). Abschließend wurde die **Außendimension der audiovisuellen Politik** im Hinblick auf die Erweiterung der Gemeinschaft und den internationalen Dialog (Frequenzmanagement, Informationsaustausch) betrachtet. Die Kommissionsmitteilung und die in ihr enthaltenen Ansätze der Politikgestaltung fanden in den **Schlußfolgerungen** 2000/C 196/01 des Rates vom 26. Juni 2000 [ABl. C 196 12.07.2000 S.1] ein überwiegend positives Echo; gleiches galt für die Stellungnahme des **Ausschusses der Regionen** vom 15. Juni 2000 [ABl. C 317 06.11.2000 S.25], die Entschließung des **Europäischen Parlaments** vom 6. September 2000 [ABl. C 135 07.05.2001 S.181] und die Stellungnahme des **Wirtschafts- und Sozialauschusses** vom 19. Oktober 2000 [ABl. C 014 16.01.2001 S. 114]; letzterer betonte zusätzlich – wie bereits in einer Initiativstellungnahme vom 29. März 2000 [ABl. C 140 18.05.2000 S.19] – die gesellschaftliche Bedeutung des Medienpluralismus *(vgl. Bull. EU 12-1999, S.75 f.; Bull. EU 3-2000, S.73; Bull. EU 5-2000, S.57; Bull. EU 6-2000, S.96; Bull. EU 9-2000, S.49 f.; Bull. EU 10-2000, S.55 f.; GB 2000, Ziff.521)*.

Die damit erörterten Grundprobleme und Politikaspekte waren in den Folgejahren wiederholt Gegenstand von Ratsentschließungen. Die **Entschließung 2001/C 73/02 des Rates vom 12. Februar 2001 [ABl. C 073 06.03.2001 S.3]** befaßte sich angesichts der häufig feststellbaren Strukturschwächen der Filmwirtschaft und des audiovisuellen Sektors mit der Notwendigkeit einzelstaatlicher Beihilfegewährung; gerade in Ländern mit geringer Produktionskapazität sowie kleinem Sprachgebiet und / oder begrenzter geographischer Ausdehnung seien nationale Beihilfen insbesondere zur Erhaltung der kulturellen Vielfalt notwendig. Mit der **Entschließung 2001/C 281/01 des Rates vom 21. Juni 2001 [ABl. C 281 05.10.2001 S.1]** wurde ein verstärkter Informations- und Erfahrungsaustausch im audiovisuellen Bereich zwischen der Union und ihren Mitgliedstaaten sowie den Beitrittsstaaten angeregt. Auf der Grundlage der Kommissionsmitteilungen vom 26. September 2001 zu bestimmten Rechtsfragen im Zusammenhang mit Kinofilmen und anderen audiovisuellen Werken [KOM (2001) 534 endg.] (Folgemitteilung vom 16. März 2004 [KOM (2004) 171 endg.]; staatliche Beihilfen für die Filmwirtschaft, Schutz des Kulturerbes und Verwertung von Werken, *e*Cinema, steuerliche Aspekte, Einstufung von Werken, Förderung der Verbreitung, Überarbeitung der Fernsehrichtlinie) sowie vom 17. Oktober 2001 über die Anwendung der Vorschriften über staatliche Beihilfen auf den öffentlich-rechtlichen Rundfunk sprach sich die **Entschließung 2002/C 32/04 des Rates vom 21. Januar 2002 [ABl. C 032 05.02.2002 S.4]** für ein verstärktes Tätigwerden der Kommission in diesen Bereichen unter Nutzung der ihr zur Verfügung stehenden rechtlichen und finanziellen Befugnisse aus. In einer Entschließung vom 20. November 2002 [ABl. C 025 E 29.01. 2004 S.205] forderte das **Europäische Parlament** die Kommission und die Mitgliedstaaten erneut zur Bewahrung der Pluralität und der freien Meinungsäußerung in den Medien auf (einheitliche Fusionskontrolle, Annahme einer Richtlinie). Weiterhin erinnerten die **Schlußfolgerungen** 2003/C 13/01 des Rates vom 19. Dezember 2002 zur Richtlinie „Fernsehen ohne Grenzen" [ABl. C 013 18.01.2003 S.1] an die Leitprinzipien der Sicherstellung des freien Dienstleistungsverkehrs für Fernsehdienste auf der Grundlage des Ursprungslandprinzips, der Förderung der kulturellen und sprachlichen Vielfalt sowie der Stärkung der europäischen audiovisuellen Industrie und der unverzichtbaren Rolle des Fernsehens im demokratischen, sozialen und kulturellen Leben in der Gemeinschaft. Die **Entschließung 2003/C 13/04 des Rates vom 19. Dezember 2002 [ABl. C 013 18.01.2003 S.8]** forderte schließlich eine besondere Berücksichtigung der interaktiven Medien (Erhöhung des Marktanteils europäischer Unternehmen, Verbraucher- und Jugendschutz, Förderung von Kompetenzen, Produktion, Vertrieb, Vermarktung und Zugang, Marktbeobachtung) im Rahmen der Gemeinschaftspolitik *(vgl. Bull. EU 11-2000, S.59 f.; Bull. EU 9-2001, S.56; Bull. EU 10-2001, S.39; Bull. EU 11-2001, S.66; Bull. EU 7/8-2002, S.57 f.; Bull. EU 11-2002, S.25 f., 59 f.; GB 2002, Ziff.539 f.; Bull. EU 3-2004, S.100 f.).*

In ihrem vierten Anwendungsbericht vom 6. Januar 2003 zur **Fernsehrichtlinie** für 2001 und 2002 [KOM (2002) 778 endg.] skizzierte die Kommission das weitere gemeinsame Vorgehen (Arbeitsprogramm) im Bereich der audiovisuellen Medien angesichts der weitreichenden technologischen und wirtschaftlichen Entwicklungen. Eine grundsätzliche Überarbeitung der Fernsehrichtlinie wurde jedoch bisher nicht in Angriff genommen; am 23. April 2004 veröffentlichte die Kommission lediglich eine Mitteilung zu Auslegungsfragen in bezug auf bestimmte Aspekte der Regelungen über die **Fernsehwerbung**. Am 15. Dezember 2003 legte sie außerdem eine Mitteilung über die Zukunft der europäischen **Regulierungspolitik** im audiovisuellen Sektor [KOM (2003) 784 endg.] vor. Nach einer Erörterung der audiovisuellen Landschaft in Europa, der jüngsten Technologie- und Marktentwicklungen sowie der wichtigsten gemeinschaftlichen Maßnahmen ordnete sie die audiovisuelle Politik in den **Gemeinschaftskontext** (Wettbewerbsregeln, Medienpluralismus, Urheberrecht; elektronische Kommunikationsnetze und -dienste, Dienste der Informationsgesellschaft; Menschen mit Behinderungen; Verbraucherschutz, Schadenersatzrecht, Recht auf Gegendarstellung; Handelspolitik und kulturelle Vielfalt) ein. Im Rahmen einer **Erneuerung der Gemeinschaftspolitik** für die audiovisuellen Medien befaßte sich die Kommission mit einer Reihe **grundsätzlicher Aspekte** (Definitionen und Basiskonzepte, allgemeine Vorschriften; Recht auf Information und Gegendarstellung; Jugendschutz, Schutz der Menschenwürde und Schutz der öffentlichen Ordnung; Produktionsförderung, Medienabfolge, kommerzielle Kommunikation; institutionelle Aspekte, Ko- und Selbstregulierung) und stellte einen **Zeitplan** für die Jahre 2004 und 2005 auf. Der **Ausschuß der Regionen** unterstrich in seiner Stellungnahme vom 17. Juni 2004 [ABl. C 318 22.12.2004 S.27] die grundsätzliche Bedeutung des erweiterten Politikansatzes für die audiovisuellen Medien. Am 13. Dezember 2005 legte dann die Kommission einen Vorschlag für eine weitreichende **Überarbeitung der Fernsehrichtlinie** vor [KOM (2005) 646 endg.] *(vgl. Bull. EU 1/2-2003, S.104; Bull. EU 12-2003, S.107f.; GB 2003, Ziff.579; Bull. EU 4-2004, S.78f.; Bull. EU 6-2004, S.68).*

3.1.4.2 Dritte und vierte Phase des MEDIA-Programms

Mit der Kommissionsmitteilung vom 14. Dezember 1999 [KOM (1999) 658 endg.] wurde ein **neues Programm** zur Unterstützung der europäischen audiovisuellen Industrie angeregt. Die Kommission sah in der audiovisuellen Programmindustrie eine Branche von strategischer Bedeutung, die jedoch verschiedene **Fragmentierungsprobleme** aufwies, und forderte eine Reform der Förderpolitik im digitalen Zeitalter. Diese Bemühungen führten zu zwei grundlegenden Beschlüssen und zu daran anschließenden Gemeinschaftsaktivitäten für die Jahre 2001 bis 2005 *(vgl. Bull. EU 12-1999, S.76f.; im weiteren Übersicht 92).*

Mit dem **Beschluß 2000/821/EG des Rates vom 20. Dezember 2000 [ABl. L 336 30. 12.2000 S.82]** i. d. F. der Berichtigung [ABl. L 013 17.01.2001 S.34] wurde das Programm MEDIA Plus verabschiedet, mit dem die Entwicklung, der Vertrieb und die Öffentlichkeitsarbeit von audiovisuellen Werken gefördert werden sollten. Als allgemeine **Zielsetzungen** wurden die Stärkung der Wettbewerbsfähigkeit der audiovisuellen Industrie und der Sektoren, die einen Beitrag zur grenzüberschreitenden Verbreitung europäischer Werke leisten, die Förderung der sprachlichen und kulturellen Vielfalt, der Ausbau des audiovisuellen Sektors in Ländern mit geringen Produktionskapazitäten oder kleinem Sprachgebiet, die Vernetzung von KMU, die Verbesserung ihrer Zusammenarbeit sowie die Verbreitung neuer audiovisueller Inhalte definiert. Die Förderung von Produktionsvorhaben der KMU, besonders solcher, bei denen neue Kreations-, Produktions- und Übertragungstechniken verwendet werden, wurde als ein **spezielles Entwicklungsziel** betrachtet. Dazu zählten auch die Stärkung des Vertriebssektors auf den Gebieten Kino und Trägermedien für den Privatgebrauch, die Unterstützung der grenzüberschreitenden Verbreitung europäischer Filme, die Förderung des Umlaufs europäischer, von unabhängigen Unternehmen produzierter Fernsehprogramme sowie die Schaffung von Katalogen mit digitalen Werken. In den Bereichen **Öffentlichkeitsarbeit und Marktzugang** sollten der Umlauf audiovisueller Werke und Kinofilmwerke und die zu deren Verbreitung erforderliche Öffentlichkeitsarbeit gefördert sowie die Vernetzung der europäischen Akteure vorangetrieben werden. Vorgesehen war ferner, während der Programmlaufzeit **Pilotprojekte** durchzuführen, die den Zugang zu audiovisuellen Inhalten verbessern und die Nutzung der mit den neuen Technologien verbundenen Chancen ermöglichen sollten. Die zur Durchführung dieses Programms für erforderlich gehaltenen **Mittel** beliefen sich seinerzeit auf insgesamt 350 Mio. € *(vgl. Bull. EU 12-1999, S.76f.; Bull. EU 12-2000, S.97; GB 2000, Ziff.520; GB 2001, Ziff.599; GB 2002, Ziff.543).*

Mit dem **Beschluß 2001/163/EG des Europäischen Parlaments und des Rates vom 19. Januar 2001 [ABl. L 026 27.01.2001 S.1]** wurde ergänzend ein ebenfalls bis 2005 befristetes Fortbildungsprogramm für die europäische audiovisuelle Programmindustrie (MEDIA Fortbildung) beschlossen. Dieses Programm sollte den Fachkräften der audiovisuellen Industrie die zur Verwendung neuer Technologien erforderlichen Kompetenzen durch **berufliche Weiterbildung** vermitteln und damit zur Stärkung der Wettbewerbsfähigkeit der europäischen Programmindustrie beitragen. Fortbildungsgegenstände waren: digitale Technologien zur Produktion und zum Vertrieb audiovisueller Programme; betriebswirtschaftliche und kommerzielle Steuerung sowie Finanzierung von Produktion und Vertrieb, rechtliche Aspekte; Drehbuchgestaltung und Erzähltechnik. Dabei sollten Fernunterrichtsangebote, pädagogische Innovationen unter Verwendung von Online-Technologien sowie ausnahmsweise auch berufliche Erstausbildungsinitiativen unter Beteiligung des industriellen Sektors (z. B. Master-Diplome) verstärkt Berücksichtigung finden. Die **Errichtung von Netzwerken** zwischen Bildungseinrichtungen, Fachkreisen und Unternehmen zur Intensivierung der Zusammenarbeit sowie die Förderung der Weiterbildung der Ausbilder wurden angestrebt. Die Kommission sollte die Koordinierung der Fortbildungstätigkeiten mit den im Rahmen von MEDIA Plus durchgeführten Projekten gewährleisten. Für die **Durchführung des Programms** standen anfangs 50 Mio. € (nach der Erweiterung 52 Mio. €) bereit *(vgl. Bull. EU 12-1999, S.76f.; Bull. EU 9-2000, S.50; GB 2000, Ziff.520; GB 2001, Ziff.599; GB 2002, Ziff.543).*

Nach entsprechenden Beschlüssen des Jahres 2002 unterzeichnete die Kommission zwischen Juni 2002 und Februar 2003 mit den **Beitrittsländern** Bulgarien [ABl. C 190 10.08.2002 S.50], Estland [ABl. C 175 23.07.2002 S.7], Lettland [ABl. C 175 23.07. 2002 S.7], Litauen [ABl. C 306 10.12.2002 S.2], Polen [ABl. C 175 23.07.2002 S.7], der Slowakei [ABl. C 011 17.01.2003 S.11], Tschechien [ABl. C 190 10.08.2002 S.50] und Zypern [ABl. C 075 27.03.2003 S.4] Vereinbarungen über ihre Teilnahme an den **MEDIA-Programmen**. Gemäß einer Kommissionsentscheidung vom 18. Dezember 2002 ist Slowenien seit 2003 beigetreten. Mit der **Schweiz** wurde am 25. Juni 2004 ein Abkommen über die MEDIA-Beteiligung paraphiert. Am 25. Oktober 2004 faßte der Rat auf Initiative der Kommission vom 6. Oktober 2004 [KOM (2004) 646 endg.] einen Beschluß über die Unterzeichnung, die einen Tag später erfolgte; außerdem schlug die Kommission den Abschluß des Abkommens vor [KOM (2004) 649 endg.] *(vgl. GB 2002, Ziff.543; GB 2003, Ziff.580; Bull. EU 10-2004, S.90f.).*

Bereits am 16. April 2003 [KOM (2003) 188 endg.; KOM (2003) 191 endg.] und damit in der Mitte der ursprünglich vorgesehenen Laufzeit der MEDIA-Programme schlug die Kommission eine **Programmausweitung** bis zum 31. Dezember 2006 bei gleichzeitiger Aufstockung der Mittel vor und entsprach damit den sich abzeichnenden Ergebnissen des **Durchführungsberichts** vom 24. November 2003 [KOM (2003) 725 endg.]. Die beiden Nachfolgeprogramme von MEDIA I und MEDIA II mit ihren vier Interventionsschwerpunkten (Fortbildung, Entwicklung, Vertrieb und Förderung) so-

Übersicht 92: Dritte und vierte Phase des MEDIA-Programms 2001 – 2013

Beschluß 2000/821/EG des Rates vom 20. Dezember 2000 zur Durchführung eines Programms zur Förderung von Entwicklung, Vertrieb und Öffentlichkeitsarbeit hinsichtlich europäischer audiovisueller Werke (MEDIA Plus – Entwicklung, Vertrieb und Öffentlichkeitsarbeit) (2001-2005) [ABl. L 336 30.12.2000 S.82] i. d. F. der Berichtigung [ABl. L 013 17.01.2001 S.34] — Rechtsetzung auf der Grundlage des Art. 130 (157) Abs. 3 EGV, auf Vorschlag der Kommission [ABl. C 150 E 30.05.2000 S.65] sowie nach den Stellungnahmen des EP [ABl. C 121 24.04.2001 S.427], des WSA [ABl. C 168 16.06.2000 S.8] und des AdR [ABl. C 317 06.11.2000 S.60] — Änderung durch die Verordnung 2004/885/EG des Rates vom 26. April 2004 [ABl. L 168 01.05. 2004 S.7]
Beschluß 2001/163/EG des Europäischen Parlaments und des Rates vom 19. Januar 2001 zur Durchführung eines Fortbildungsprogramms für die Fachkreise der europäischen audiovisuellen Programmindustrie (MEDIA-Fortbildung) (2001-2005) [ABl. L 026 27.01.2001 S.1] — Rechtsetzung auf der Grundlage des Art. 127 (150) Abs. 4 EGV, auf Vorschlag der Kommission [ABl. C 150 E 30.05.2000 S.59; ABl. C 029 E 30.01.2001 S.267] sowie nach den Stellungnahmen des WSA [ABl. C 168 16.06.2000 S.8] und des AdR [ABl. C 317 06.11.2000 S.60]; Stellungnahme des EP [ABl. C 121 24.04.2001 S.418], gemeinsamer Standpunkt des Rates [ABl. C 375 28.12. 2000 S.44] und Beschluß des EP [ABl. C 232 17.08.2001 S.145] im Rahmen des Verfahrens der Zusammenarbeit — Änderung durch den Beschluß 2004/786/EG des Europäischen Parlaments und des Rates vom 21. April 2004 [ABl. L 138 30.04.2004 S.8] — Änderung durch die Verordnung 2004/885/EG des Rates vom 26. April 2004 [ABl. L 168 01.05.2004 S.8]
Beschluß 2004/845/EG des Europäischen Parlaments und des Rates vom 29. April 2004 zur Änderung des Beschlusses 2001/163/EG zur Durchführung eines Fortbildungsprogramms für die Fachkreise der europäischen audiovisuellen Programmindustrie (MEDIA-Fortbildung) (2001-2005) [ABl. L 157 30.04.2004 S.1] i. d. F. der Berichtigung [ABl. L 195 02.06.2004 S.1] — Rechtsetzung auf der Grundlage des Art. 127 (150) Abs. 4 EGV, auf Vorschlag der Kommission [KOM (2003) 188 endg.; KOM (2004) 176 endg.] sowie nach den Stellungnahmen des WSA [ABl. C 010 14.01.2004 S.8] und des AdR [ABl. C 023 27.01.2004 S.24]; Stellungnahme des EP [ABl. C 097 E 22.04.2004 S.601] und Beschluß des Rates im Rahmen der Mitentscheidung
Beschluß 2004/846/EG des Europäischen Parlaments und des Rates vom 29. April 2004 zur Änderung des Beschlusses 2000/821/EG des Rates vom 20. Dezember 2000 zur Durchführung eines Programms zur Förderung von Entwicklung, Vertrieb und Öffentlichkeitsarbeit hinsichtlich europäischer audiovisueller Werke (MEDIA Plus – Entwicklung, Vertrieb und Öffentlichkeitsarbeit) (2001-2005) [ABl. L 157 30.04.2004 S.4] i. d. F. der Berichtigung [ABl. L 195 02.06.2004 S.2] — Rechtsetzung auf der Grundlage des Art. 130 (157) Abs. 3 EGV, auf Vorschlag der Kommission [KOM (2003) 191 endg.; KOM (2004) 175 endg.] sowie nach den Stellungnahmen des WSA [ABl. C 010 14.01.2004 S.8] und des AdR [ABl. C 023 27.01.2004 S.24]; Stellungnahme des EP [ABl. C 097 E 22.04.2004 S.603] und Beschluß des Rates im Rahmen des Verfahrens der Mitentscheidung
Beschluß des Rates über den Abschluß eines Abkommens zwischen der Gemeinschaft und der Schweizerischen Eidgenossenschaft im Bereich audiovisuelle Medien über die Festlegung der Voraussetzungen und Bedingungen für die Beteiligung der Schweizerischen Eidgenossenschaft an den Gemeinschaftsprogrammen MEDIA Plus und MEDIA-Fortbildung sowie einer Schlußakte — Rechtsetzung auf der Grundlage der Artt. 127 (150) Abs. 4, 130 (157) Abs. 3 und 228 (300) Abs. 2 und 3 EGV, auf Vorschlag der Kommission [KOM (2004) 649 endg.] und nach Stellungnahme des EP [ABl. C 304 E 01.12.2005 S.90]
Beschluß des Europäischen Parlaments und des Rates zur Umsetzung eines Förderprogramms für den europäischen audiovisuellen Sektor (MEDIA 2007) — Rechtsetzung auf der Grundlage der Art. 127 (150) Abs. 4 und 130 (157) Abs. 3 EGV, auf Vorschlag der Kommission [KOM (2004) 470 endg.; SEK (2004) 955 endg.] sowie nach den Stellungnahmen des WSA [ABl. C 255 14.10.

2005 S.39] und des AdR [ABl. C 164 05.07.2005 S.76]; Stellungnahme des EP vom 25. Oktober 2005 im Rahmen des Verfahrens der Mitentscheidung

wie die vorbereitende Maßnahme „Wachstum und audiovisuelle Medien: i2iAudiovisual" standen in den beiden ersten Jahren in einem schwierigen strukturellen und konjunkturellen Umfeld mit offensichtlichen **Funktionsschwächen des audiovisuellen Binnenmarktes** und enormen Schwierigkeiten der Verbreitung europäischer Werke in Drittstaaten; neue Herausforderungen waren mit der Erweiterung der Gemeinschaft zu erwarten. In Anbetracht der Strukturprobleme des europäischen audiovisuellen Sektors erwiesen sich die aufgestellten **Prioritäten** jedoch als weitgehend richtig, und die getroffenen Vorgaben wurden in den Bereichen Fortbildung, Entwicklung, Vertrieb (Kinovertrieb, Vertriebsagenten, Fernsehausstrahlung, Netzverbund Europa Cinémas), Öffentlichkeitsarbeit und Festspiele sowie bei den Pilotprojekten und der vorbereitenden Maßnahme i2iAudiovisual im wesentlichen realisiert; ebenso wurden die Vorteile einer finanziellen Unterstützung auf europäischer Ebene betont, aber gleichzeitig auch verschiedene **Anpassungs- und Ergänzungsmaßnahmen** in den verschiedenen Bereichen vorgeschlagen, die zum Teil rasch umgesetzt, zum Teil jedoch erst in die MEDIA-Programme ab 2007 aufgenommen werden sollten. Mit den **Beschlüssen 2004/845/EG und 2004/846/EG des Europäischen Parlaments und des Rates vom 29. April 2004 [ABl. L 157 30.04.2004 S.1, 4]** i. d. F. der Berichtigungen [ABl. L 195 02.06.2004 S.1, 2] wurden die Verlängerung der beiden MEDIA-Programme um ein Jahr bis Ende 2006 und die Erhöhung der Budgets auf 453,6 Mio. € bzw. 59,4 Mio. € umgesetzt *(vgl. Bull. EU 4-2003, S.43 f.; Bull. EU 11-2003, S.75 f.; GB 2003, Ziff.580; Bull. EU 3-2004, S.101; Bull. EU 4-2004, S.79)*.

Der Kommissionsvorschlag vom 14. Juli 2004 für einen Beschluß des Europäischen Parlaments und des Rates zur Umsetzung eines **Förderprogramms für den europäischen audiovisuellen Sektor (MEDIA 2007)** [KOM (2004) 470 endg.] sollte eine Anschlußregelung für den Zeitraum 2007 bis 2013 bringen. Der Vorschlag verfolgte **allgemeine Ziele** (Wahrung und Erschließung des kulturellen Erbes sowie Förderung des Zugangs; Forcierung der Verbreitung europäischer Werke; Stärkung der Wettbewerbsfähigkeit der europäischen Industrie) und setzte verschiedene **Prioritäten** (Unterstützung von Produktion, Absatz und Wissensakquisition; Stärkung der Produktionsstruktur; Abbau zwischenstaatlicher und interregionaler Disparitäten; Berücksichtigung der Marktentwicklungen im Bereich der Digitalisierung). Als **Maßnahmen und spezifische Ziele** nannte der Kommissionsvorschlag: (1) Erwerb und Vertiefung von **Kompetenzen** (Technik des Drehbuchschreibens; Abwicklung von Produktion, Vertrieb und Vermarktung; Einbeziehung digitaler Technologien; Vernetzung und Mobilität im Fortbildungsbereich; Ausbildung der Ausbilder; individuelle Ausbildungswege; Stipendien für Fachleute aus den Beitrittsstaaten); (2) Entwicklung **europäischer Werke** (Vorhaben unabhängiger Produzenten; Ausarbeitung von Finanzplänen); (3) **Vertrieb und Ausstrahlung** (Anregung von Verleihfirmen zu Investitionen in gemeinschaftliche Filme und zur Verfolgung koordinierter Marketingstrategien; Anreize für den Export, den Vertrieb und die Kinovorführung gemeinschaftlicher Filme; Unterstützung der Kooperation zwischen Sendeanstalten, Produzenten und Verleihfirmen zwecks transnationaler Ausstrahlung von Werken unabhängiger Produzenten; Förderung der Digitalisierung und des digitalen Vertriebs); (4) **Promotion-Aktivitäten** (Sicherstellung des Zugangs zu Fachmärkten; Verbesserung des Zugangs für das Publikum; gemeinsame Aktionen nationaler Einrichtungen; Aktionen für das kinematographische und audiovisuelle Erbe); (5) **Pilotprojekte**. Insgesamt wurden Finanzmittel von 1,055 Mrd. € eingeplant (Förderung bis zu 50 % der Ausgaben; in Ausnahmefällen bis zu 75 %) *(vgl. Bull. EU 7/8-2004, S.45f.)*.

3.1.5 Statistische Erfassung des Kommunikations- und Informationssektors

3.1.5.1 Audiovisuelle Dienste

Gemeinsame Infrastruktur für statistische Informationen

Aufbauend auf einer von den nationalen Statistikämtern in den Jahren 1993 und 1994 durchgeführten Piloterhebung sowie der nachfolgenden Ausdehnung und Weiterentwicklung eines Datensammlungssystems wurde mit der (bis April 2004 befristeten) **Entscheidung 1999/297/EG des Rates vom 26. April 1999 [ABl. L 117 05.05.1999 S.39]** die Schaffung einer gemeinschaftlichen Infrastruktur für statistische Informationen über den audiovisuellen Sektor (Unternehmen, Funktionen, Produkte) beschlossen. Als statistische **Einzelmaßnahmen der nationalen Behörden** waren die Analyse und Bewertung des Nutzerbedarfs und der Auswirkungen von Statistikerstellungen auf die Unternehmen, die Analyse vorhandener Statistiken und ihrer Quellen, die Übermittlung der auf nationaler Ebene bereits verfügbaren Statistiken an Eurostat sowie die freiwillige Beteiligung an der Durchführung von Pilotstudien und die Förderung der Erstellung einer Gemeinschaftsstatistik vorgesehen. Die **Aufgaben von Eurostat** sollten auf die Vorbereitung eines gemeinschaftlichen methodischen Rahmens, die Errichtung einer Datenbank (Angaben der Mitgliedstaaten und internationaler Organe), einen Vergleich der in den Mitgliedstaaten und bestimmten Drittstaaten existierenden Systeme sowie eine Bewertung der Relevanz von Statistiken im audiovisuellen Sektor und des zukünftigen Bedarfs gerichtet sein. Durchführungsbestimmungen zu den Einzelmaßnahmen wurden mit den **Kommissionsentscheidungen 1999/841/EG vom 24. November 1999 [ABl. L 326 18.12.1999 S.65]** (für 1999 bis 2001) und **2002/591/EG vom 11. Juli 2002 [ABl. L 192 20.07.2002 S.54]** (für 2002 bis 2004) beschlossen *(vgl. Bull. EU 7/8-1998, S.137; Bull. EU 4-1999, S.114; GB 2002, Ziff.541; KOM (2002) 384 endg., S.4ff., 28ff.; im weiteren Übersicht 93)*.

In einem **Zwischenbericht** vom 11. Juli 2002 über die **Durchführung der Entscheidung 1999/297/EG** [KOM (2002) 384 endg.] stellte die Kommission fest, daß es trotz einiger Schwierigkeiten (zu lange Übermittlungsfristen, teilweise unzureichende Qualität und Zuverlässigkeit, Probleme mit der Datengeheimhaltung) wesentliche Fortschritte hinsichtlich der Verfügbarkeit von Statistiken gegeben habe. Der Schwerpunkt der ab 2002 laufenden Phase sollte auf einzelstaatlichen **Piloterhebungen und Methodikstudien** zur Klärung spezifischer Fragen liegen. In ihrem **Abschlußbericht** vom 16. Juli 2004 [KOM (2004) 504 endg.] unterstrich die Kommission die Bedeutung statistischer Daten über den audiovisuellen Sektor für die **Marktbeobachtung und die Marktanalyse** sowie für die **Politikgestaltung** und die daran anschließende **Wirkungs- und Erfolgskontrolle**. Trotz begrenzter finanzieller und personeller Ressourcen in einigen Ländern, die zu relativ niedrigen Antwortquoten bzw. zu Verzögerungen bei der Beantwortung der Fragebögen geführt hatten, konnten die durch die **Einzelmaßnahmen der nationalen Behörden** erzielten Ergebnisse insgesamt als überwiegend positiv betrachtet werden *(vgl. Bull. EU 7/8-2002, S.15 f.; GB 2002, Ziff.541; KOM (2002) 384 endg., S.3, 27; Bull. EU 7/8-2004, S.14)*.

Europäische Audiovisuelle Informationsstelle

Im Jahre 1992 wurde die Europäische Audiovisuelle Informationsstelle durch das Ministerkomitee des Europarats geschaffen; ihr weiterer Fortbestand wurde 1997 bestätigt. Neben den einzelnen Staaten sollte auch die Gemeinschaft (vertreten durch die Kommission) gemäß dem **Beschluß 1999/784/EG des Rates vom 22. November 1999 [ABl. L 307 02.12.1999 S.61]** Mitglied dieser Informationsstelle werden, um die Komplementarität ihrer Arbeit mit den Aktivitäten im Rahmen der gemeinschaftlichen Infrastruktur für statistische Informationen sicherzustellen *(vgl. Bull. EU 3-1999, S. 87; Bull. EU 11-1999, S.34 f.)*. Ein **Zwischenbericht** der Kommission vom 11. November 2002 [KOM (2002) 619 endg.] lieferte einen Überblick zur Beteiligung der Gemeinschaft an der Informationsstelle, zu deren Hauptmerkmalen und Aktivitäten sowie zur Verbreitung der erhobenen Informationen; die Tätigkeit der Informationsstelle wurde überwiegend positiv beurteilt *(vgl. Bull. EU 11-2002, S.60; GB 2002, Ziff.542)*. Die Geltungsdauer des Ratsbeschlusses war ursprünglich bis zum 31. Dezember 2004 befristet; mit dem **Beschluß 2004/2239/EG des Europäischen Parlaments und des Rates vom 17. November 2004 [ABl. L 390 31.12.2004 S.1]** wurde sie bis Ende 2006 verlängert. Gleichzeitig wurden die Erfassung von Informationen hinsichtlich des Steuer- und Arbeitsrechts sowie des Urheber- und Verbraucherschutzrechts neben spezifischen Maßnahmen im Bereich des Fernsehens für Menschen mit Behinderungen als Ergänzung des Aufgabenbereichs der Informationsstelle angeregt *(vgl. Bull. EU 12-2003, S.106; GB 2003, Ziff.582; Bull. EU 10-2004, S.53)*.

3.1.5.2 Gemeinschaftsstatistiken zur Informationsgesellschaft

Die für die Erstellung von Gemeinschaftsstatistiken zur Informationsgesellschaft notwendigen Rahmenvorgaben wurden mit der **Verordnung 2004/808/EG des Europäischen Parlaments und des Rates vom 21. April 2004 [ABl. L 143 30.04.2004 S.49]** geschaffen. Jährlich sollen für maximal fünf Jahre Informationen in bezug auf Unternehmen sowie Einzelpersonen und Haushalte (Zugang zu und Nutzung von Technologien, Internet und sonstigen Netzen; *e*Commerce und *e*Business; Technologiekompetenz und Bedarf an Kenntnissen; Ausgaben und Investitionen; Sicherheit; Auswirkungen) erfaßt werden; zur Vorbereitung der Datenerfassung und -aufbereitung sollte die Kommission ein Methodenhandbuch vorlegen. Die Übermittlung der Daten seitens der Mitgliedstaaten an Eurostat muß bestimmten Grundsätzen (elektronische Form,

Übersicht 93: Statistische Erfassung des audiovisuellen Sektors und der Informationsgesellschaft

Gemeinschaftliche Infrastruktur für den audiovisuellen Sektor

Entscheidung 1999/297/EG des Rates vom 26. April 1999 zur Errichtung einer gemeinschaftlichen Infrastruktur für statistische Informationen für die audiovisuelle Industrie, die audiovisuellen Märkte und verbundene Branchen [ABl. L 117 05.05.1999 S.39] — Rechtsetzung auf der Grundlage des Art. 213 (284) EGV, auf Vorschlag der Kommission [SEK (98) 1325 endg.] und nach Stellungnahme des EP [ABl. C 175 21.06.1999 S.24] — Änderung durch die Verordnung 2003/1882/EG des Europäischen Parlaments und des Rates vom 29. September 2003 [ABl. L 284 31.10.2003 S.21]

Entscheidung 1999/841/EG der Kommission vom 24. November 1999 zur Durchführung der Entscheidung 1999/297/EG des Rates zur Errichtung einer gemeinschaftlichen Infrastruktur für statistische Informationen für die audiovisuelle Industrie, die audiovisuellen Märkte und verbundene Branchen [ABl. L 326 18.12.1999 S.65]

Entscheidung 2002/591/EG der Kommission vom 11. Juli 2002 zur Durchführung der Entscheidung 1999/297/EG des Rates zur Errichtung einer gemeinschaftlichen Infrastruktur für statistische Informationen für die audiovisuelle Industrie, die audiovisuellen Märkte und verbundene Branchen [ABl. L 192 20.07.2002 S.54]

Europäische Audiovisuelle Informationsstelle

Beschluß 1999/784/EG des Rates vom 22. November 1999 über die Beteiligung der Gemeinschaft an der Europäischen Audiovisuellen Informationsstelle [ABl. L 307 02.12.1999 S.61] — Rechtsetzung auf der Grundlage des Art. 130 (157) Abs. 3 EGV, auf Vorschlag der Kommission [ABl. C 110 21.04.1999 S. 14] sowie nach den Stellungnahmen des EP [ABl. C 154 05.06.2000 S. 138] und des WSA [ABl. C 329 17.11.1999 S.6]

Beschluß 2004/2239/EG des Europäischen Parlaments und des Rates vom 17. November 2004 zur Änderung des Beschlusses 1999/784/EG des Rates über die Beteiligung der Gemeinschaft an der Europäischen Audiovisuellen Informationsstelle [ABl. L 390 31.12.2004 S.1] — Rechtsetzung auf der Grundlage des Art. 130 (157) Abs. 3 EGV, auf Vorschlag der Kommission [KOM (2003) 763 endg.] und nach Stellungnahme des WSA [ABl. C 241 28.09.2004 S.15]; Stellungnahme des EP [ABl. C 104 E 30.04.2004 S.549] und Beschluß des Rates im Rahmen des Verfahrens der Mitentscheidung

Gemeinschaftsstatistiken zur Informationsgesellschaft

Verordnung 2004/808/EG des Europäischen Parlaments und des Rates vom 21. April 2004 über Gemeinschaftsstatistiken zur Informationsgesellschaft [ABl. L 143 30.04.2004 S.49] — Rechtsetzung auf der Grundlage des Art. 213 a (285) Abs. 1 EGV und auf Vorschlag der Kommission [KOM (2003) 509 endg.; KOM (2004) 216 endg.]; Stellungnahme des EP [ABl. C 096 E 21.04. 2004 S.90] und Beschluß des Rates im Rahmen des Verfahrens der Mitentscheidung — Aufnahme in den Anhang XXI des EWR-Abkommens durch den Beschluß 175/2004 des Gemeinsamen EWR-Ausschusses [ABl. L 133 26.05.2005 S.29]

Verordnung 2005/1099/EG der Kommission vom 13. Juli 2005 zur Durchführung der Verordnung 2004/808/EG des Europäischen Parlaments und des Rates über Gemeinschaftsstatistiken zur Informationsgesellschaft [ABl. L 183 14.07.2005 S.47]

Austauschstandard, Vertraulichkeit) genügen; die Mitgliedstaaten gewährleisten die Qualität der Daten, die auch von Eurostat bewertet wird; beide zusammen entwickeln Standards zur Qualitätssicherung. Zumindest für das erste Jahr war die Gewährung eines gemeinschaftlichen Finanzbeitrags von bis zu 90 % der Kosten vorgesehen *(vgl.*

Bull. EU 7/8-2003, S.19; GB 2003, Ziff.145; Bull. EU 4-2004, S.20f.). Die notwendigen Durchführungsbestimmungen (Auswahl und Beschreibung der Module, Anpassung und Änderung von Themen und Variablen, Erfassungsbereich, Bezugszeiträume, Aufschlüsselung, Periodizität, Fristen für die Übermittlung) wurden durch die **Verordnung 2005/1099/EG der Kommission vom 13. Juli 2005 [ABl. L 183 14.07.2005 S.47]** festgelegt.

3.2 Marktzugangspolitik und zentrale marktzugangsrelevante Wettbewerbsbedingungen

3.2.1 Neufassung der Liberalisierungsvorschriften

Am 12. Juni 2000 legte die Kommission den Entwurf einer **Wettbewerbsrichtlinie** [ABl. C 096 27.03.2001 S.2] vor, die die geltenden Liberalisierungsregelungen (Dienstrichtlinie und ihre Änderungen) ersetzen sollte. In der Folgezeit wurde der Entwurf mehrfach überarbeitet, um die Ergebnisse der öffentlichen Anhörung zu berücksichtigen und um die **Kohärenz** mit den anderen geplanten Richtlinien zu gewährleisten. Es sollten nur Bestimmungen beibehalten werden, die zur Erreichung der auf Art. 90 (86) EGV beruhenden Ziele der ursprünglichen Fassung erforderlich waren. Mehrere **veraltete Bestimmungen** wurden gestrichen, ebenso einige Vorgaben, die man in die sonstigen Richtlinien des neuen Rechtsrahmens übernahm (Genehmigungs- und Frequenzvergabe, Zugang zu Netzen und Diensten) *(vgl. WB 2000, Ziff. 144f.)*.

Die bis zum 24. Juli 2003 umzusetzende **Richtlinie 2002/77/EG der Kommission vom 16. September 2002 [ABl. L 249 17.09.2002 S.21]** (Wettbewerbsrichtlinie) implementiert die Prinzipien der Niederlassungs- und Dienstleistungsfreiheit in der elektronischen Kommunikation und bekräftigt das Verbot der Einräumung bzw. die Notwendigkeit der **Aufhebung von besonderen und ausschließlichen Rechten** bezüglich der Errichtung, des Ausbaus und des Betriebs elektronischer Kommunikationsnetze sowie des Angebots öffentlicher elektronischer Kommunikationsdienste. Die Erbringung elektronischer Kommunikationsdienste über eigene Netze, über von Dritten bereitgestellte Infrastrukturen oder mittels der gemeinsamen Nutzung von Netzen, sonstigen Einrichtungen und Standorten unterliegt keinen Beschränkungen. Besondere und ausschließliche Rechte existieren außerdem nicht mehr für die Nutzung von **Funkfrequenzen** sowie für schriftliche oder mündliche **Auskunftsdienste**. Aufgehoben werden ferner alle Verbote und Beschränkungen hinsichtlich des Angebots von **Raumsegmentkapazitäten** durch Satellitenfunknetzbetreiber *(vgl. Bull. EU 9-2002, S.30; WB 2002, Ziff.98ff.; P. Nihoul u. a., 2004, S.64ff.; weiterhin Übersicht 94)*.

3.2.2 Rahmenvorgaben für die Regulierung elektronischer Kommunikationsnetze und -dienste

Die **Richtlinie 2002/21/EG des Europäischen Parlaments und des Rates vom 7. März 2002 [ABl. L 108 24.04.2002 S.33]** (Rahmenrichtlinie) enthält die fundamentalen Regelungen für die Regulierung elektronischer Kommunikationsnetze und -dienste, bestimmt die **Aufgaben der Regulierungsbehörden** und legt die **Verfahren** für eine harmonisierte Anwendung der neuen Bestimmungen fest; nicht erfaßt sind sonstige Dienstleistungen, die Regulierung von Inhalten, die audiovisuelle Politik sowie die Konformitätsprüfung und die Allgemeinzulassung von Endeinrichtungen und Funkanlagen. **Aufgehoben** wurden die ONP-Rahmen-, Mietleitungs-, Fernsehnormen-, Genehmigungs-, Zusammenschaltungs- und Sprachtelefondienstrichtlinie sowie die beiden Entscheidungen zur Vereinheitlichung der Notruf- und der internationalen Vorwahlnummer *(vgl. Bull. EU 7/8-2000, S.39; GB 2000, Ziff. 325; Bull. EU 1/2-2002, S.69f.; WB 2002, Ziff. 93ff.; WB 2003, Ziff. 109f.; K. Schultheiß, 2004, S.150ff., 265ff.; zum Begriff der elektronischen Kommunikationsnetze und -dienste P. Nihoul u. a., 2004, S.15f.; T. Nöding, 2004, S.35ff.).*

3.2.2.1 Status, Ziele und Aufgaben der nationalen Regulierungsbehörden

Alle den Regulierungsbehörden übertragenen Aufgaben werden von einer einzigen Stelle wahrgenommen, die rechtlich und funktional von allen Unternehmen **unabhängig** ist; bei öffentlichen Beteiligungen an den Unternehmen ist zudem eine strukturelle Trennung der **hoheitlichen und eigentumsrechtlichen Kontrollfunktionen** notwendig. Sind mehrere Stellen für die Aufsicht der Kommunikationsmärkte zuständig, so ist eine regelmäßige Zusammenarbeit und Konsultation zu gewährleisten, insbesondere in bezug auf die Wettbewerbs- und Verbraucherschutzbehörden. **Ziele** der Regulierungstätigkeit sind die Realisierung eines wirksamen Wettbewerbs, der Abbau von Marktzugangsbeschränkungen, die Vermeidung von Wettbewerbsverzerrungen und Diskriminierungen, die Verwirklichung von Nutzervorteilen sowie die Förderung von Effizienz und Innovation. Die Regulierungsbehörden müssen alle relevanten **Maßnahmen** treffen; allerdings sollen die Interventionen nur in den erforderlichen Fällen und in einer einheitlichen, technologieneutralen, unparteiischen und transparenten Weise erfolgen. Die **Intensität des Eingriffs** hat im richtigen Verhältnis zu Art und Ursprung des wettbewerbsrechtlichen Problems zu stehen; herrscht wirksamer Wettbewerb, so sind die Regulierungsmaßnahmen aufzuheben *(vgl. P. Nihoul u. a., 2004, S.21 ff., 28f., 97ff.).*

Im einzelnen obliegen einer Regulierungsbehörde folgende **Aufgaben**: Gewährleistung des **Universaldienstes** und der Berücksichtigung der Bedürfnisse bestimmter Gesellschaftsgruppen, des Verbraucherschutzes und der Informationsbereitstellung; Unterstützung der Entwicklung von Technologien, Netzen und Diensten; Forcierung der **Normung** und der Interoperabilität von Diensten; Aufrechterhaltung der Integrität und Sicherheit öffentlicher Netze; **Frequenzpolitik** (effiziente Verwaltung, Zuweisung und Zuteilung von Frequenzen, Harmonisierung der Nutzung); Vergabe von **Nummern, Namen und Adressen** (Verwaltung der Numerierungspläne, Bereitstellung ausreichender Ressourcen, Vereinheitlichung der Zuweisung, Zuteilung und Sicherung der effizienten Nutzung, Gewährleistung der Diskriminierungsfreiheit und Publizität, Koordination der nationalen Standpunkte in den internationalen Organisationen); Einräumung von **Wegerechten** (transparente und diskriminierungsfreie Verfahren und Bedingungen, zügige Durchführung, strukturelle Trennung hoheitlicher und betrieblicher Funktionen in bezug auf Gebietskörperschaften, Beschwerdeverfahren); Förderung der **Kollokation** und der gemeinsamen Nutzung (ggf. auch Verpflichtung, Erleichterung der Koordinierung von Bauarbeiten). Weitere zentrale Aufgabenbereiche sind die **Genehmigungsvergabe** *(vgl. S.805)* sowie die Regulierung von **Netzzugang und Zusammenschaltung** *(vgl. S.809)*.

3.2.2.2 Marktabgrenzung, Marktanalyse und Ermittlung beträchtlicher Marktmacht

Bevor nationale Regulierungsbehörden Unternehmen mit beträchtlicher Marktmacht bestimmte Vorabverpflichtungen zur Verhinderung von Wettbewerbsbeschränkungen oder -verzerrungen auferlegen, müssen sie eine ordnungsgemäße Marktanalyse anhand der Grundsätze von Wettbewerbsrecht und -praxis durchführen. Verfahrensschritte sind die Abgrenzung des sachlich und räumlich relevanten Marktes, die Ermittlung der Wettbewerbsintensität und der Anbieter mit beträchtlicher Marktmacht sowie die Bestimmung geeigneter Abhilfemaßnahmen. Zu diesem Zweck stellte die Kommission in Ergänzung der Rahmenrichtlinie als Anhalt für die nationalen Behörden **Leitlinien zur Marktanalyse und Ermittlung beträchtlicher Marktmacht [ABl. C 165 11.07.2002 S.6]** auf *(vgl. Bull. EU 3-2001, S.59; WB 2001, Ziff.115 ff.; Bull. EU 7/8-2002, S.33; Monopolkommission, 2002, S.114 f.; WB 2002, Ziff.96)* und gab die **Empfehlung 2003/311/EG vom 11. Februar 2003 [ABl. L 114 08.05.2003 S.45]** zu den relevanten Produkt- und Dienstemärkten ab *(vgl. WB 2003, Ziff.111)*.

Marktabgrenzung

Ausgangspunkt ist eine dynamische Festlegung der relevanten Märkte, die einer Vorabregulierung durch die Regulierungsbehörde unterliegen können, gemäß den nationalen Gegebenheiten. Als **fundamentale Kriterien** gelten die Austauschbarkeit auf der Nachfrageseite, die Flexibilität der Angebotsumstellung gemäß dem hypothetischen Monopolistentest (Auswirkungen marginaler Erhöhungen der aktuellen Marktpreise auf die Erlöse und Gewinne bei sachlich und räumlich unterschiedlich abgegrenzten Märkten) und der potentielle Wettbewerb. Bei der **sachlichen Untergliederung** in bestimmte Produktmärkte (Waren, Dienstleistungen) steht die hinreichende Substituierbarkeit (objektive Merkmale, Verwendungszweck, Preisgestaltung und -veränderungen, Wechselkosten, Verhaltensänderungen, technologische Konvergenz) im Mittelpunkt. Grundsätzlich unterschieden wird zwischen **End- und Großkundenmärkten** (Vorleistungen für andere Betreiber); die weitere Differenzierung erfolgt nach den speziellen Angebots- und Nachfragebedingungen. Die Identifikation für die Vorabregulierung wird anhand der kumulativen Anwendung von drei Merkmalen vorgenommen: strukturell bedingte **Zugangshindernisse** (Kostenstrukturen, Mengen- oder Größenvorteile, versunkene Kosten, *essential facilities*, Preiselastizität der Nachfrage, Kapazitätsauslastung) oder rechtliche Schranken (Verhandlungen und Abschluß von Vereinbarungen, Frequenzknappheit, Wegerechte, Preiskontrollen); in absehbarer Zeit **keine Tendenz zu wirksamem Wettbewerb** (kaum Innovationen); **Unzulänglichkeit des Wettbewerbsrechts.** In der Praxis separiert man die Erbringung von Dienstleistungen sowie die Bereitstellung von Netzen und Technologien *(vgl. P. Larouche, 2000b, S.407ff.; S. Klaue u. a., 2001; H.-J. Bunte u. a., 2002; Monopolkommission, 2002, S.115ff.; A. Gabelmann, 2003, S.59ff.; S. Schniewindt, 2003, S. 65ff.; P. Nihoul u. a., 2004, S.264ff.; T. Nöding, 2004, S.81ff., 98ff.; A. Groebel, 2005, S.56ff.).*

Endkundenmärkte sind: Zugang zum öffentlichen Festnetz, öffentliche Orts- und / oder Inlandstelefonverbindungen, öffentliche Auslandstelefonverbindungen (jeweils unterschieden nach Privatkunden und anderen Kunden), Mindestangebot an Mietleitungen (bestimmte Typen bis 2 MBit/s). Als **Großkundenmärkte** werden angesehen: Verbindungsaufbau im öffentlichen Festnetz, Anrufzustellung in einzelnen öffentlichen Festnetzen, Transitdienste im öffentlichen Festnetz, entbündelter Zugang zu Draht- und Teilleitungen für die Erbringung von Breitband- und Sprachdiensten, Breitbandzugang, Abschlußsegmente von Mietleitungen, Fernübertragungssegmente von Mietleitungen, Zugang und Verbindungsaufbau in öffentlichen Mobilfunknetzen, Anrufzustellung in einzelnen Mobilfunknetzen, nationaler Markt für Auslands-Roaming in öffentlichen Mobilfunknetzen, Rundfunkübertragungsdienste zur Bereitstellung von Sendeinhalten für Endnutzer; weitere Marktsegmente gemäß der Zugangs- und der Universaldienstrichtlinie. Vorgesehen war auch eine Festlegung relevanter **länderübergreifender Märkte** durch die Kommission. Die Regulierungsbehörden können davon abweichende Märkte nur nach vorheriger Anhörung und Notifizierung bestimmen *(vgl. Th. Mayen, 2001, S.496ff.; S. Schniewindt, 2003, S.73ff.; T. Nöding, 2004, S. 90ff.).*

Für die **räumliche bzw. geographische Abgrenzung** sind das Angebot und die Nachfrage sowie die weitgehend homogenen Wettbewerbsbedingungen entscheidend. Die Prüfung der Substituierbarkeit beruht ebenfalls auf dem hypothetischen Monopolistentest (Präferenzen, Kaufgewohnheiten). Im Kommunikationswesen sind die **Netzausdehnung** und der Geltungsbereich der **Rechtsvorschriften** maßgeblich (lokal, regional, national, paneuropäisch, europaweit, global); ggf. muß eine relationsbezogene Betrachtung vorgenommen werden *(vgl. T. Nöding, 2004, S.97).*

Marktanalyse und Ermittlung beträchtlicher Marktmacht

Die **Marktanalyse** sollte möglichst umgehend und danach regelmäßig durch die Regulierungsbehörden vorgenommen werden, ggf. unter Beteiligung der damit gestärkten Wettbewerbsbehörden oder auch auf zwischenstaatlicher Ebene. Auf der Basis der bestehenden Marktverhältnisse, verwertbarer Vergangenheitsdaten und von Prognosen sind dabei die vorhersehbaren oder **wahrscheinlichen Entwicklungen** innerhalb eines angemessenen Zeitraums zu evaluieren. Ziel ist die Klärung der Frage, ob auf dem untersuchten Markt **wirksamer Wettbewerb** herrscht oder ob dieser potentiell wettbewerbsorientiert ist. Liegt wirksamer Wettbewerb vor, dann erfolgt keine Auferlegung bzw. eine Aufhebung spezifischer Ex-ante-Verpflichtungen (mit Ausnahme der für alle Unternehmen geltenden Verpflichtungen); andernfalls werden die Unternehmen mit **beträchtlicher Marktmacht** ermittelt. Maßgeblich ist dabei die alleinige oder gemeinsame Einnahme einer der Marktbeherrschung nach Art. 86 (82) EGV gleichkommenden Stellung, d. h. die Unternehmen sind auf kurze bis mittlere Frist wirtschaftlich so stark, daß sie **von den Konkurrenten und Kunden unabhängig** sind (Mengenreduktion und Preiserhöhung ohne Erlösrückgang); der unter dem alten Rechtsrahmen entscheidende Marktanteil von mindestens 25 % unter Einbeziehung anderer Faktoren spielt nun keine Rolle mehr. Auf diese Weise wird eine Lockerung der rechtlichen Kriterien sowie trotz unterschiedlicher Zielsetzungen eine weitgehende **Konsistenz** zwischen der Ex-ante-Regulierung und der Ex-post-Durchsetzung des Wettbewerbsrechts realisiert *(vgl. Monopolkommission, 2002, S. 117 f.; P. Nihoul u. a., 2004, S. 283 ff.; T. Nöding, 2004, S. 102 ff.; A. Groebel, 2005, S. 55 ff.; zum funktionsfähigen Wettbewerb M. Bohne, 1998; Ch. Koenig, 2002).*

Als Kriterien für eine **beträchtliche Marktmacht** gelten: Marktanteile auf der Basis verschiedener Bezugsgrößen, Unternehmensgröße, rechtliche Marktzutrittsschranken, Kontrolle über *essential facilities*, umfangreiche Investitionen, technologische Vorteile, geringe Nachfragermacht, leichter Kapitalzugang, Produktdiversifizierung, Größen- und Verbundvorteile, vertikale Integration, hochentwickeltes Vertriebs- und Verkaufsnetz, Expanisonshemmnisse, kein potentieller Wettbewerb. Anhaltspunkte für eine **gemeinsame Marktbeherrschung** sind: strukturelle oder informelle Verbindungen, Koordinierung, hohe Marktkonzentration, geringe Transparenz, Marktsättigung, unzureichendes Nachfragewachstum, geringe Preiselastizität der Nachfrage, homogene Erzeugnisse, gleichartige Kostenstrukturen, ähnliche Marktanteile, langsame technische Innovation, hohe Kapazitätsauslastung, Marktzutrittsbarrieren, minimale Nachfragermacht, keine potentielle Konkurrenz, kaum Preiswettbewerb. Das Konzept der beträchtlichen Marktmacht kann auch für einen (vertikal integrierten) **Nachbarmarkt** gegeben sein, wenn die Verbindungen zwischen den Märkten dies rechtfertigen. Existiert beträchtliche Marktmacht, so werden nach vorheriger Anhörung und Notifizierung **spezifische Vorabverpflichtungen** auferlegt, beibehalten oder geändert (gemäß der Zugangs- und Universaldienstrichtlinie sowie den WTO-Verpflichtungen) *(vgl. M. Buk, 2003, S. 293 ff.; A. Gabelmann, 2003, S. 66 ff., 74 ff.; P. Nihoul u. a., 2004, S. 292 ff., 305 ff.; A. Groebel, 2005, S. 60 ff.; zu den Vorabverpflichtungen E.-O. Ruhle, 2004, S. 178 ff.).*

Verfahrensregelungen und interinstitutionelle Zusammenarbeit

Insbesondere bei der Marktdefinition und -analyse sowie bei der Auferlegung von Verpflichtungen für Unternehmen mit beträchtlicher Marktmacht nimmt die nationale Regulierungsbehörde eine **Notifizierung** der Maßnahmenentwürfe vor. Die Kommission und die anderen Regulierungsbehörden können Stellungnahmen abgeben, die möglichst zu berücksichtigen sind. Andere interessierte Parteien haben im Rahmen von **Anhörungen**, die im allgemeinen zwei Monate dauern, Gelegenheit zu einer Äußerung. Hat die Kommission gegen eine andere Marktabgrenzung oder die Feststellung einer beträchtlichen Marktmacht Bedenken, so kann sie die Regulierungsbehörde zur **Rücknahme des Entwurfs** auffordern und Änderungen vorschlagen. Bei Vorliegen außergewöhnlicher Umstände sind auch **einstweilige Maßnahmen** möglich

Übersicht 94: Rahmenvorgaben für elektronische Kommunikationsnetze und -dienste seit 2002

Wettbewerbsrichtlinie

Richtlinie 2002/77/EG der Kommission vom 16. September 2002 über den Wettbewerb auf den Märkten für elektronische Kommunikationsnetze und -dienste [ABl. L 249 17.09.2002 S.21] — Rechtsetzung auf der Grundlage des Art. 90 (86) Abs. 3 EGV und nach Entwurf der Kommission [ABl. C 096 27.03.2001 S.2] — Aufnahme in die Anhänge XI und XIV des EWR-Abkommens durch den Beschluß 153/2003 des Gemeinsamen EWR-Ausschusses [ABl. L 041 12.02.2004 S. 45]

Rahmenrichtlinie

Richtlinie 2002/21/EG des Europäischen Parlaments und des Rates vom 7. März 2002 über einen gemeinsamen Rechtsrahmen für elektronische Kommunikationsnetze und -dienste (Rahmenrichtlinie) [ABl. L 108 24.04.2002 S.33] — Rechtsetzung auf der Grundlage des Art. 100 a (95) EGV, auf Vorschlag der Kommission [ABl. C 365 E 19.12.2000 S.198; ABl. C 270 E 25.09.2001 S.199; KOM (2002) 78 endg.] und nach Stellungnahme des WSA [ABl. C 123 25.04.2001 S.56]; Stellungnahme des EP [ABl. C 277 01.10.2001 S.91], gemeinsamer Standpunkt des Rates [ABl. C 337 30.11.2001 S.34], Beschluß des EP [ABl. C 177 E 25.07.2002 S.142] und Beschluß des Rates im Rahmen des Verfahrens der Mitentscheidung — Aufnahme in den Anhang XI des EWR-Abkommens durch den Beschluß 11/2004 des Gemeinsamen EWR-Ausschusses [ABl. L 116 22. 04.2004 S.60]

Kommissionsleitlinien und -empfehlungen für die Vorabregulierung

Leitlinien der Kommission zur Marktanalyse und Ermittlung beträchtlicher Marktmacht nach dem gemeinsamen Rechtsrahmen für elektronische Kommunikationsnetze und -dienste (2002/C 165/03) [ABl. C 165 11.07.2002 S.6] — Annahme nach Entwurf der Kommission [KOM (2001) 175 endg.]

Empfehlung 2003/311/EG der Kommission vom 11. Februar 2003 über relevante Produkt- und Dienstemärkte des elektronischen Kommunikationssektors, die aufgrund der Richtlinie 2002/21/ EG des Europäischen Parlaments und des Rates über einen gemeinsamen Rechtsrahmen für elektronische Kommunikationsnetze und -dienste für eine Vorabregulierung in Betracht kommen [ABl. L 114 08.05.2003 S.45]

Empfehlung 2003/561/EG der Kommission vom 23. Juli 2003 zu den Notifizierungen, Fristen und Anhörungen gemäß Artikel 7 der Richtlinie 2002/21/EG des Europäischen Parlaments und des Rates über einen gemeinsamen Rechtsrahmen für elektronische Kommunikationsnetze und -dienste [ABl. L 190 30.07.2003 S.13]

Empfehlung 2005/698/EG der Kommission vom 19. September 2005 über die getrennte Buchführung und Kostenrechnungssysteme entsprechend dem Rechtsrahmen für die elektronische Kommunikation [ABl. L 266 11.10.2005 S.64]

Gruppe Europäischer Regulierungsstellen

Beschluß 2002/627/EG der Kommission vom 29. Juli 2002 zur Einrichtung einer Gruppe Europäischer Regulierungsstellen für elektronische Kommunikationsnetze und -dienste [ABl. L 200 30.07.2002 S.38] — Aufnahme in den Anhang XI des EWR-Abkommens durch den Beschluß 10/ 2004 des Gemeinsamen EWR-Ausschusses [ABl. L 116 22.04.2004 S.58]

Beschluß 2004/641/EG der Kommission vom 14. September 2004 zur Änderung des Beschlusses 2002/627/EG zur Einrichtung einer Gruppe Europäischer Regulierungsstellen für elektronische Kommunikationsnetze und -dienste [ABl. L 293 16.09.2004 S.30] — Aufnahme in den Anhang XI des EWR-Abkommens durch den Beschluß 38/2005 des Gemeinsamen EWR-Ausschusses [ABl. L 198 28.07.2005 S.34]

(2004: 89 Notifizierungen; 90 Fälle abgeschlossen; nur in drei Fällen ordnete die Kommission eine Rücknahme an: internationale Telefondienste und Mobilfunkdienste in Finnland; Transitdienste in Österreich) *(vgl. Monopolkommission, 2002, S.113 f.; R. Krüger u. a., 2003, S.33 ff.; L. di Mauro u. a., 2004, S.52 ff.; P. Nihoul u. a., 2004, S.216 ff.; WB 2004, Ziff.300 ff.; D. Grewe u. a., 2005, S.49 ff.; A. Groebel, 2005, S.66 ff., 78 ff.)*.

In ihrer **Empfehlung 2003/561/EG vom 23. Juli 2003 [ABl. L 190 30.07.2003 S.13]** legte die Kommission Vorgaben für die **Notifizierungen** (Maßnahmenentwürfe, Anträge auf Auferlegung besonderer Verpflichtungen in bezug auf den Netzzugang und die Zusammenschaltung) und **Anhörungen** sowie für die jeweiligen **Fristen** fest. Geregelt werden z. B.: Versendungsform, Registrierung und Wirksamkeit; beizufügende Unterlagen, enthaltene Angaben und Begründungen (abweichende Marktdefinition, Verpflichtungen); Vervollständigung, Zusatzinformationen und Klarstellung; informelle Erörterung eines Maßnahmenentwurfs; Übermittlung, Veröffentlichung und Berücksichtigung von Stellungnahmen der Kommission und der nationalen Regulierungsbehörden; Information der nationalen Behörden über Bedenken, Zweifel an der Vereinbarkeit und Aufforderung zum Zurückziehen einer Maßnahme. Gegen die Entscheidungen der Regulierungsbehörde haben alle Anbieter und Nachfrager die Möglichkeit des **Rechtsbehelfs** bei einer unabhängigen Beschwerdestelle (auch Gericht oder gerichtliche Überprüfung). Bei Konflikten zwischen den Unternehmen leitet die Regulierungsbehörde ein **Streitbeilegungsverfahren** ein und kooperiert ggf. mit den anderen zuständigen Behörden. Die Prozedur wird im allgemeinen innerhalb von vier Monaten mittels einer Schlichtung oder letztlich durch eine **verbindliche Entscheidung** (Veröffentlichung, Begründung) abgeschlossen; eine Klage vor Gericht ist zulässig *(vgl. P. Nihoul u. a., 2004, S.630 ff.; A. Groebel, 2005, S.76 f.)*.

Die Unternehmen haben notwendigen und begründeten Informationsersuchen der Regulierungsbehörden umgehend nachzukommen, und die Kommission kann ihrerseits von den nationalen Stellen **Informationen** anfordern; ggf. erfolgt eine Weiterleitung an die Behörden anderer Staaten. Auch die Öffentlichkeit ist mit bestimmten Angaben über Unternehmen und die Anwendung der Vorschriften zu versorgen. Die Regulierungsbehörden und die Kommission sollen im Hinblick auf eine **harmonisierte Anwendung** von Gemeinschaftsvorschriften kooperieren; entsprechenden Empfehlungen der Kommission ist weitgehend Rechnung zu tragen. Diese wird von einem **Kommunikationsausschuß** unterstützt, der den Austausch von Informationen auf zwischenstaatlicher Ebene sowie mit der Kommission fördert. Der **Beschluß 2002/627/ EG der Kommission vom 29. Juli 2002 [ABl. L 200 30.07.2002 S.38]**, geändert durch den **Beschluß 2004/641/EG der Kommission vom 14. September 2004 [ABl. L 293 16.09.2004 S.30]**, schuf ferner eine Gruppe Europäischer Regulierungsstellen (Leiter der nationalen Regulierungsbehörden oder deren Stellvertreter, Mitglieder der Kommission; Einrichtung von Unter- und Sachverständigengruppen) als Schnittstelle zwischen den Regulierungsbehörden und der Kommission. **Aufgaben** sind die umfassende Beratung und Unterstützung der Kommission in allen relevanten Fragen sowie die Konsultation sämtlicher Marktbeteiligter *(vgl. P. Nihoul u. a., 2004, S.17 ff., 29 f.; A. Groebel, 2005, S.81 ff.)*.

3.2.2.3 Getrennte Buchführung und Einführung geeigneter Kostenrechnungssysteme

Betreiber mit **beträchtlicher Marktmacht** unterliegen u. a. der Verpflichtung zu einer getrennten Buchführung und / oder zur Verwendung eines Kostenrechnungssystems; darüber hinaus können ihnen entsprechende Vorgaben zur Ergänzung anderer Regulierungsmaßnahmen auferlegt werden. **Ziel** ist die Gewährleistung der Transparenz, der Gleichbehandlung, der Vermeidung von Quersubventionierungen und der Erhebung kostenorientierter Preise (Preiskontrolle) in bezug auf das Angebot von Endkundendiensten, die Bereitstellung von Mietleitungen, die Finanzierung von Universaldienstverpflichtungen sowie den Netzzugang und die Zusammenschaltung. Eine **rechtliche Trennung** von Geschäftsbereichen ist auf jeden Fall für Anbieter öffentlicher elektronischer Kommunikationsnetze und -dienste mit besonderen oder ausschließlichen Rechten in **anderen Sektoren** und einem Jahresumsatz von über 50 Mio. € im Kommunikationswesen erforderlich; ggf. erfolgt eine unabhängige Rechnungsprüfung der Finanzberichte. Eine rechtliche Trennung der Bereitstellung von öffentlichen Kommunikationsnetzen und von **Kabelfernsehnetzen** ist dann notwendig, wenn das Unternehmen von einem Mitgliedstaat kontrolliert wird oder über besondere Rechte verfügt, auf einem wesentlichen Teil des Gemeinsamen Marktes eine beherrschende Stellung bei der Bereitstellung öffentlicher elektronischer Kommunikationsnetze und / oder öffentlicher Telefondienste einnimmt sowie in demselben Gebiet auf der Grundlage besonderer oder ausschließlicher Rechte ein Kabelfernsehnetz betreibt. Herrscht im **Ortsnetzbereich** ausreichender Wettbewerb, so informiert der Mitgliedstaat die Kommission; aufgrund der Ergebnisse einer Anhörung kann die Verpflichtung zur rechtlichen Trennung aufgehoben werden *(vgl. P. Nihoul u. a., 2004, S. 723 ff.)*.

Ergänzend formulierte die **Empfehlung 2005/698/EG der Kommission vom 19. September 2005 [ABl. L 266 11.10.2005 S. 64]** detaillierte Vorgaben für die getrennte Buchführung und die Kostenrechnungssysteme. Die Betriebskosten, das eingesetzte Kapital und die Erträge sind in ausreichendem Maße aufzuschlüsseln; die Zurechnung erfolgt nach dem Prinzip der **Kostenverursachung**, und es ist zwischen Einzel- und Gemeinkosten zu unterscheiden. Die Bewertung des Anlagevermögens (Betriebskosten, Abschreibungen) erfolgt auf der Basis der **aktuellen Wiederbeschaffungskosten** (zukunftsorientierter Wert) eines effizienten Betreibers; zusätzlich kann die LRAIC-Methode angewendet werden. Eventuell sind Anpassungen durch **Effizienzfaktoren** vorzunehmen, die auf Beurteilungen der unterschiedlichen Netztopologien und -architekturen, der Abschreibungsverfahren sowie der eingesetzten und geplanten Netztechnologien basieren. Die **Finanzberichte** (Gewinn- und Verlustrechnung, Aufstellung des eingesetzten Kapitals) sollen für jeden regulierten Geschäftsbereich (möglichst auch Segmente ohne beträchtliche Marktmacht) unter besonderer Ausweisung der Transfers vorgelegt werden; eine Konsolidierung für das ganze Unternehmen wird angeregt. Die getrennten Kostenrechnungen sind mit den gesetzlich vorgeschriebenen Jahresabschlüssen abzustimmen; letztere werden einer Rechnungsprüfung unterworfen oder von der **Regulierungsbehörde** kontrolliert. Aus den Kostenrechnungssystemen und der getrennten Buchführung muß die vollständige Einhaltung der Verpflichtungen ersichtlich sein; ihre Eignung und Wirksamkeit ist von den Regulierungsbehörden einer **Überprüfung** zu unterziehen (Analyse und Bereitstellung von Kostendaten im Hinblick auf die Regulierungsziele); ggf. können auch öffentliche Konsultationen zur Anwendung kommen. Die Rechnungslegungsinformationen sollen **Interessenten** zugänglich gemacht werden (Verrechnungspreise, Durchschnittskosten, Berechnungsmethodik).

3.2.3 Anmeldungen und Genehmigungen

Eine weitere Angleichung und eine erhebliche Vereinfachung der für elektronische Kommunikationsnetze und -dienste geltenden Genehmigungsvorschriften und -bedingungen erfolgte mit der **Richtlinie 2002/20/EG des Europäischen Parlaments und des Rates vom 7. März 2002 [ABl. L 108 24.04.2002 S.21]** (Genehmigungsrichtlinie). Demnach darf eine unternehmerische Tätigkeit grundsätzlich nur noch von einer **Allgemeingenehmigung** abhängig gemacht werden, da dieses Verfahren am einfachsten ist und keine explizite hoheitliche Entscheidung voraussetzt. Die Vergabe muß sich auf objektive, diskriminierungsfreie, angemessene und nachvollziehbare Kriterien stützen; der Ausschluß eines Unternehmens ist zu begründen (Möglichkeit der Beschwerde vor einem unabhängigen Gremium und vor einem Gericht). Zusätzlich kann eine **Anmeldung** (Anzeige des Beginns der Bereitstellung, Mindestangaben für die Führung eines Registers) gefordert werden; unzulässig ist jedoch die Verpflichtung, vor der Ausübung der Rechte einen **Verwaltungsakt** der Regulierungsbehörde zu erwirken. Auf Antrag wird eine standardisierte Erklärung ausgestellt, die die Registrierung bestätigt (Rahmenbedingungen für das Recht zur Installation von Einrichtungen, auf Verhandlungen über eine Zusammenschaltung sowie auf Erhalt von Zugang oder Zusammenschaltung); nach der Registrierung kann das Unternehmen mit der **Ausübung seiner Aktivitäten** beginnen *(vgl. Bull. EU 7/8-2000, S.38 f.; GB 2000, Ziff. 325; Bull. EU 1/2-2002, S.70 f.; GB 2002, Ziff. 341; P. Nihoul u. a., 2004, S.111 ff.; K. Schultheiß, 2004, S.274; A. Groebel, 2005, S.84; Übersicht 95).*

Mit einer Allgemeingenehmigung sind immer folgende **Rechte** verbunden: Bereitstellung elektronischer Kommunikationsnetze und -dienste, Prüfung auf Erteilung von Wegerechten; bei öffentlichen Netzen und Diensten treten hinzu: Verhandlungen über eine Zusammenschaltung, ggf. Erhalt von Zugang oder Zusammenschaltung, Benennung für die Erfüllung von Universaldienstverpflichtungen. Auch die **Auflagen** müssen den o. a. grundlegenden Prinzipien gehorchen und können bestimmte Bereiche betreffen: Zugangsverpflichtungen, Interoperabilität und Zusammenschaltung, Beitrag zum Universaldienst, Übertragungspflichten, Nutzung von Frequenzen, Bereitstellung von Nummern, technische Spezifikationen und Normen, Städte- und Raumplanung, Wegerechte, Kollokation und gemeinsame Nutzung von Einrichtungen, Nutzung im Katastrophenfall, Netzintegrität, Sicherung von Netzen gegen unbefugten Zugang, Daten- und Verbraucherschutz, Ausstrahlung schädlicher Inhalte, rechtmäßige Überwachung, Umweltschutz, elektromagnetische Störungen, Meldeinformationen, Verwaltungsabgaben; die Änderung von Rechten und Pflichten unterliegt gewissen Anforderungen (Objektivität, Verhältnismäßigkeit, Ankündigung, Stellungnahme). Besondere **Verpflichtungen** im Zusammenhang mit dem Netzzugang und der Zusammenschaltung sowie bei Vorliegen beträchtlicher Marktmacht sind getrennt auszuweisen *(vgl. P. Nihoul u. a., 2004, S.121 ff., 143 ff.)*.

Für Funkfrequenzen und Nummern können **individuelle Nutzungsrechte** an Unternehmen erteilt werden, die Netze oder Dienste aufgrund einer Allgemeingenehmigung anbieten oder nutzen; die Bedingungen für die Nutzung von Frequenzen sollten aber bevorzugt im Rahmen einer Allgemeingenehmigung spezifiziert werden. Die **Vergabe** der Nutzungsrechte erfolgt über ein offenes, objektives, diskriminierungsfreies und transparentes Verfahren (ggf. vergleichendes Auswahlverfahren oder Auktion). Nach Erhalt des Antrags werden die Entscheidungen innerhalb verfahrensabhängiger **Fristen** getroffen, mitgeteilt und veröffentlicht (bei Nummern innerhalb von drei bis sechs Wochen, bei Frequenzen innerhalb von sechs bis 14 Wochen). Als zusätzliche spezifische **Auflagen** kommen in Frage: Festlegung des Dienstes, des Netzes oder der Technologie; effektive und effiziente Nutzung; Vermeidung funktechnischer Störungen und Begrenzung elektromagnetischer Strahlung (nur Frequenzen) bzw. Nummernübertragbarkeit und Bereitstellung von Informationen über Teilnehmerverzeichnisse (nur Nummern); Höchstgeltungsdauer; Nutzungsentgelte; Übertragung von Rechten; sonstige Verpflichtungen. Bei einer **zahlenmäßigen Beschränkung** der Nutzungsrechte für Frequenzen sind folgende Aspekte zu berücksichtigen: grundlegende Prinzipien für die Auswahlkriterien, Nutzen der Kunden, Erleichterung des Wettbewerbs, Möglichkeit der Stellungnahme, Aufforderung zur Beantragung von Nutzungsrechten, regelmäßige oder auf Antrag vorgenommene Überprüfung *(vgl. P. Nihoul u. a., 2004, S.127 ff., 147 ff.; zur Reform der Nummernvergabe L. Nett, 2001)*.

Übersicht 95: Anmeldung und Genehmigung elektronischer Kommunikationsnetze und -dienste seit 2002

Richtlinie 2002/20/EG des Europäischen Parlaments und des Rates vom 7. März 2002 über die Genehmigung elektronischer Kommunikationsnetze und -dienste (Genehmigungsrichtlinie) [ABl. L 108 24.04.2002 S.21] — Rechtsetzung auf der Grundlage des Art. 100 a (95) EGV, auf Vorschlag der Kommission [ABl. C 365 E 19.12.2000 S.230; ABl. C 270 E 25.09.2001 S.182; KOM (2002) 74 endg.] und nach Stellungnahme des WSA [ABl. C 123 25.04.2001 S.55]; Stellungnahme des EP [ABl. C 277 01.10.2001 S.116], gemeinsamer Standpunkt des Rates [ABl. C 337 30.11.2001 S.18], Beschluß des EP [ABl. C 177 E 25.07.2002 S.155] und Beschluß des Rates im Rahmen des Verfahrens der Mitentscheidung — Aufnahme in den Anhang XI des EWR-Abkommens durch den Beschluß 11/2004 des Gemeinsamen EWR-Ausschusses [ABl. L 116 22.04. 2004 S.60]

Die Unternehmen können zur **Bereitstellung von Informationen** für die Überprüfung der Einhaltung von Auflagen (systematische oder einzelfallbezogene Kontrolle bestimmter Auflagen bzw. aller Auflagen bei Beschwerden oder auf Verdacht), die Bearbeitung von Anträgen, die Veröffentlichung von Preis- und Qualitätsvergleichen, die statistische Erfassung und eine Marktanalyse verpflichtet werden. Bei einer **Nichterfüllung der Auflagen** müssen die Mängel innerhalb vorgegebener Fristen abgestellt werden; andernfalls sind angemessene Maßnahmen bis hin zu Geldstrafen (ggf. auch bei der Nichtmitteilung von Angaben), eine Untersagung der Bereitstellung oder die Aussetzung bzw. Aberkennung der Nutzungsrechte möglich. Im Falle einer Gefährdung und ernster wirtschaftlicher oder betrieblicher Probleme Dritter können Sofortmaßnahmen ergriffen werden. Die **Verwaltungsabgaben** sollen allein der Deckung der zu minimierenden Kosten dienen; sie sind objektiv, verhältnismäßig und transparent aufzuerlegen und ggf. anzupassen. Bezüglich der Nutzungsrechte für Frequenzen und Nummern sowie der Rechte für die Installation von Einrichtungen sind nutzungslenkende Entgelte zulässig. Alle einschlägigen Informationen werden veröffentlicht und ständig aktualisiert. Die Kommission hat die **nationalen Genehmigungsverfahren** und die Entwicklung grenzüberschreitender Dienste zu überprüfen; bestehende Genehmigungen werden an die neuen Vorgaben angepaßt (ggf. Verlängerung der Gültigkeitsdauer) *(vgl. P. Nihoul u. a., 2004, S. 154 ff., 170 ff.)*.

3.2.4 Netzzugang und Zusammenschaltung

3.2.4.1 Regelungen für den entbündelten Zugang zum Teilnehmeranschlußbereich von 2000

Der Ausbau des Teilnehmeranschlusses (Verbindung des Netzabschlußpunktes mit dem Hauptverteiler bzw. der Ortsvermittlung oder entsprechenden Anlagen) auf der Basis von **doppeladrigen Kupferdrähten** war bis Mitte der neunziger Jahre allein durch die etablierten Betreiber erfolgt. Sowohl in bezug auf die Versorgungsdichte als auch hinsichtlich der Kapazität und Qualität der Leitungen existierten jedoch **Engpässe**, die auch infolge der Liberalisierung nicht behoben werden konnten. Eine Reproduktion durch die Konkurrenz war aus ökonomischen Gründen (Kosten, Dauer, Flächendeckung) ebensowenig möglich wie der umfassende Aufbau bzw. die Aufrüstung **alternativer Netzinfrastrukturen** (Glasfasernetze, Kabelfernsehnetze, Stromnetze, drahtlose Anschlüsse, Satellitenfunk), was nachteilige Folgen für den Wettbewerb im Ortsnetz- und Dienstesegment hatte *(zur Marktzugangsproblematik im Ortsnetz- und Teilnehmeranschlußbereich vgl. I. Vogelsang u. a., 1997; J. Merkt, 1998; D. von Wichert-Nick, 1999; S. Schniewindt, 2003, S. 33 ff.)*.

Angeregt wurde deshalb eine **vollständige Entbündelung** des Zugangs (Vermietung des Kabels an einen Dritten zur ausschließlichen Nutzung) zu den Teilnehmeranschlüssen und den zugehörigen Einrichtungen (Kollokationsressourcen, Anschlußkabel, Informationstechnik) des marktbeherrschenden Anbieters mit dem Ziel, den Zutritt neuer **Wettbewerber im Ortsnetzbereich** zu fördern, Investitionen und Innovationen zu stimulieren (Internet, elektronischer Geschäftsverkehr) sowie die **Verfügbarkeit** von elektronischen Kommunikationsdiensten (insbesondere von multimedialen Breitbanddiensten), Mietleitungen, normalen Zugangsdiensten und des schnellen Internetzugangs zu verbessern. Ergänzend hinzutreten sollten die **gemeinsame Nutzung** der Leitung (Telefondienst durch etablierten Betreiber, Zugang zum Hochfrequenzbereich zwecks Angebot von DSL-Diensten durch Dritte, Trennung durch Signalverteiler) und der **schnelle Bitstromzugang** (Bereitstellung der Hochgeschwindigkeitsverbindung oder von Übertragungsdiensten durch den etablierten Betreiber für Dritte) *(vgl. A. Höckels, 2001a, S. 18 ff.; R. W. Crandall u. a., 2002; A. Gabelmann, 2003, S. 43 ff., 161 ff.)*.

Auf der Grundlage eines Arbeitsdokuments vom 9. Februar 2000 und einer Mitteilung vom 26. April 2000 [KOM (2000) 237 endg.; ABl. C 272 23.09.2000 S.55] verabschiedete die Kommission mit der **Empfehlung 2000/417/EG vom 25. Mai 2000 [ABl. L 156 29.06.2000 S.44]** unverbindliche Vorgaben, die dann durch die **Verordnung 2000/2887/EG des Europäischen Parlaments und des Rates vom 18. Dezember 2000 [ABl. L 336 30.12.2000 S.4]** abgelöst wurden, um eine ausreichende Rechtssicherheit zu schaffen.

Anträgen auf Zugang ist demnach unter neutralen, diskriminierungsfreien und transparenten Bedingungen und Fristen (Zugang zu Anschlüssen, Ausbau neuer Dienste, Verfügbarkeit von Kollokationsraum, Bereitstellung von Mietleitungen, Auftrags-, Bereitstellungs-, Qualitäts- und Wartungsverfahren) stattzugeben; die Aufsicht obliegt dabei den Regulierungsbehörden. Diese haben ferner die **Preisbildungsmethodik** und die Berechnungsparameter vorzugeben oder ggf. die Zugangsentgelte festzusetzen. Bei **unzureichendem Wettbewerb** soll eine Ausrichtung an den aktuellen Kosten (effiziente und moderne gleichwertige Infrastruktur, Bereitstellung entsprechender Dienste) erfolgen, bei noch **unausgewogenen Endkundenpreisen** ist eine schrittweise Anpassung an die augenblicklichen Kosten zulässig; bereits vorhandene interne Verrechnungspreise können berücksichtigt werden. Eine **freie Preisbildung** soll erst bei ausreichender Wettbewerbsintensität erlaubt sein. Kostenrechnungsinformationen und interne Verrechnungspreise müssen den Regulierungsbehörden zugänglich gemacht werden *(vgl. Bull. EU 4-2000, S.23; Bull. EU 7/8-2000, S.39; Bull. EU 11-2000, S.39; Bull. EU 12-2000, S.70; GB 2000, Ziff.325; Ch. de la Rochefordiere, 2000, S.34 ff.; WB 2000, Ziff.155 f., 209 ff., S.395; A. Höckels, 2001a, S.44 ff.; WB 2001, Ziff.125; Übersicht 96).*

Die technischen Bedingungen und die Vorgaben zur Kollokation betreffen die Bereitstellung eines **physischen Zugangs** zu jedem möglichen Abschlußpunkt und von **Räumlichkeiten zur Kollokation** bzw. zum Anschluß eigener Netzeinrichtungen sowie die Möglichkeit des Aufbaus oder der Anmietung von Übertragungsstrecken. Eine **Ablehnung oder Einschränkung** ist nur zum Schutz der Netzintegrität und des Sprachtelefonkanals sowie bei fehlender technischer Machbarkeit vertretbar (Inanspruchnahme eines Streitbeilegungsverfahrens). Außerdem ist ein **Standardangebot** zu veröffentlichen, das bestimmte Aspekte zu spezifizieren hat, die jedoch von der Regulierungsbehörde geändert werden können: entbündelter Zugang (Netzelemente in bezug auf den vollständig entbündelten bzw. den gemeinsamen Zugang, verfügbare Standorte, technische Voraussetzungen, Auftrags- und Bereitstellungsverfahren); Kollokationsdienste (Standorte, Gerätemerkmale, Sicherheitsvorkehrungen und -anforderungen, Zutrittsvorschriften, Zuweisung von begrenztem Raum, Besichtigungen); Zugang zu den Betriebsunterstützungssystemen, der Informationstechnik und den Datenbanken; Lieferbedingungen (Bearbeitungsfrist für Anträge, Diensteumfang und -qualität, Fehlerbehebung, Preise, Entschädigungen). Die **Genehmigungsbedingungen** für die Netzbetreiber und die endkundenrelevanten Informationen (Tarife, Nutzerrechte, Vertragsdauer, Diensteeinstellung, Klagen, Entschädigung) müssen bekannt gemacht werden; die etablierten Betreiber haben über Fortschritte bei der Entbündelung zu berichten *(zu den Erfahrungen vgl. R. Klotz u. a., 2003a, S.346 ff.).*

Übersicht 96: Netzzugang und Zusammenschaltung seit 2000

Entbündelter Zugang zum Teilnehmeranschluß

Empfehlung 2000/417/EG der Kommission vom 25. Mai 2000 betreffend den entbündelten Zugang zum Teilnehmeranschluß: Wettbewerbsorientierte Bereitstellung einer vollständigen Palette elektronischer Kommunikationsdienste einschließlich multimedialer Breitband- und schneller Internetdienste [ABl. L 156 29.06.2000 S.44] — Aufnahme in den Anhang XI des EWR-Abkommens durch den Beschluß 92/2000 des Gemeinsamen EWR-Ausschusses [ABl. L 007 11.01. 2001 S.15]

Verordnung 2000/2887/EG des Europäischen Parlaments und des Rates vom 18. Dezember 2000 über den entbündelten Zugang zum Teilnehmeranschluß [ABl. L 336 30.12.2000 S.4] — Rechtsetzung auf der Grundlage des Art. 100 a (95) EGV, auf Vorschlag der Kommission [ABl. C 365 E 19.12.2000 S.212; ABl. C 062 E 27.02.2001 S.314] und nach Stellungnahme des WSA [ABl. C 014 16.01.2001 S.99]; Stellungnahme des EP [ABl. C 197 12.07.2001 S.355] und Beschluß des Rates im Rahmen des Verfahrens der Mitentscheidung — Aufnahme in den Anhang XI des EWR-Abkommens durch den Beschluß 47/2001 des Gemeinsamen EWR-Ausschusses [ABl. L 158 14. 06.2001 S.62]

Zugang zu und Zusammenschaltung von elektronischen Kommunikationsnetzen

Richtlinie 2002/19/EG des Europäischen Parlaments und des Rates vom 7. März 2002 über den Zugang zu elektronischen Kommunikationsnetzen und zugehörigen Einrichtungen sowie deren Zusammenschaltung (Zugangsrichtlinie) [ABl. L 108 24.04.2002 S.7] — Rechtsetzung auf der Grundlage des Art. 100 a (95) EGV, auf Vorschlag der Kommission [ABl. C 365 E 19.12.2000 S. 215; ABl. C 270 E 25.09.2001 S.161; KOM (2002) 75 endg.] und nach Stellungnahme des WSA [ABl. C 123 25.04.2001 S.50]; Stellungnahme des EP [ABl. C 277 01.10.2001 S.72], gemeinsamer Standpunkt des Rates [ABl. C 337 30.11.2001 S.1], Beschluß des EP [ABl. C 177 E 25.07. 2002 S.152] und Beschluß des Rates im Rahmen des Verfahrens der Mitentscheidung — Aufnahme in den Anhang XI des EWR-Abkommens durch den Beschluß 11/2004 des Gemeinsamen EWR-Ausschusses [ABl. L 116 22.04.2004 S.60]

3.2.4.2 Netzzugang und Zusammenschaltung in der elektronischen Kommunikation

Im Hinblick auf eine weitere Förderung des Wettbewerbs, der Interoperabilität und der Verbraucherinteressen erfolgte mit der **Richtlinie 2002/19/EG des Europäischen Parlaments und des Rates vom 7. März 2002 [ABl. L 108 24.04.2002 S.7]** (Zugangsrichtlinie) eine Neuregelung des Zugangs zu elektronischen Kommunikationsnetzen, zugehörigen Einrichtungen, Systemen, Diensten und physischen Infrastrukturen sowie der Zusammenschaltung vor allem in bezug auf die gegenseitigen **Rechte und Pflichten** der beteiligten Netzbetreiber und Diensteanbieter sowie die Aufgaben und Verfahren der Regulierungsbehörden *(vgl. Bull. EU 7/8-2000, S.38; GB 2000, Ziff. 325; Bull. EU 1/2-2002, S.70; GB 2002, Ziff. 341; Übersicht 96)*. Grundsätzlich gilt demnach die Prämisse der **freien Aushandlung von Vereinbarungen** über die technischen oder kommerziellen Zugangs- bzw. Zusammenschaltungsbestimmungen. Sämtliche Vorschriften, die Netzbetreiber zum Angebot unterschiedlicher Bedingungen für gleichwertige Dienste verpflichten oder die nicht im Zusammenhang mit Zugangs- und Zusammenschaltungsdiensten stehende Verpflichtungen auferlegen, sind aufzuheben

(Ausnahmen für die Übertragung von Rundfunkdiensten und aufgrund entsprechender Genehmigungsbedingungen). **Öffentliche Netzbetreiber** können Verhandlungen führen bzw. müssen dies auf Antrag tun; bei der Festlegung der Bedingungen sind die von der Regulierungsbehörde ausgesprochenen Maßgaben zu beachten *(vgl. J. Neitzel u. a., 2004a, S.655ff.; P. Nihoul u. a., 2004, S.196ff., 203ff.; T. Nöding, 2004, S.122ff.; K. Schultheiß, 2004, S.155 ff., 272 ff.; zur Grundsatzdiskussion B. Martencuk u. a., 1999, S.15ff.; M. Holzhäuser, 2001; M. Peitz, 2003, S.729ff.).*

Die **Regulierungsbehörden** stellen den Zugang, die Zusammenschaltung und die Interoperabilität durch objektive, transparente, verhältnismäßige und diskriminierungsfreie Regelungen sicher; hiervon sind vor allem Unternehmen betroffen, die den Teilnehmeranschlußbereich kontrollieren (ggf. einschließlich der Zusammenschaltung). Außerdem überwacht werden die Gewährung des Zugangs zu den Anwendungsprogrammschnittstellen und elektronischen Programmführern zur Sicherstellung des Angebots **digitaler Rundfunkdienste**, die Erfüllung technischer und betrieblicher Bedingungen sowie die Einhaltung der Bedingungen für die Zugangsberechtigungssysteme (Kontrollübergabe, Angebot technischer Dienste, getrennte Buchführung, Lizenzvergabe an Gerätehersteller); hinsichtlich des letzten Aspekts ist eine Ausnahme möglich, wenn keine beträchtliche Marktmacht vorliegt, die Zugangsmöglichkeiten für die Endnutzer erhalten bleiben und ein wirksamer Wettbewerb nicht beeinträchtigt wird. Generell interveniert die Behörde in begründeten Fällen **eigeninitiativ oder auf Ersuchen** Betroffener *(vgl. P. Nihoul u. a., 2004, S.200ff, 753ff..).*

Die Verpflichtungen für **Betreiber mit beträchtlicher Marktmacht** müssen angemessen und gerechtfertigt sein; sie sind öffentlich bekanntzugeben und können folgende Aspekte betreffen *(vgl. J. Neitzel u. a., 2004b, S.736ff.; P. Nihoul u. a., 2004, S.215 ff.; T. Nöding, 2004, S.117ff.; A. Groebel, 2005, S.62ff.)*:

— die *Veröffentlichung von Informationen* (Buchführung, technische Spezifikationen, Netzmerkmale, Bereitstellungs- und Nutzungsbedingungen, Tarife) sowie die Vorlage aufgeschlüsselter *Standardangebote* für den Zugang (einschließlich des entbündelten Zugangs zur Teilnehmeranschlußleitung) und die Zusammenschaltung;

— die *Gleichbehandlung* Dritter in bezug auf Bedingungen und Qualität (Dienste, Informationen);

— die *getrennte Buchführung* für bestimmte Tätigkeiten zur Gewährleistung der Transparenz von Großkundenpreisen und internen Kostentransfers sowie zur Verhinderung einer Quersubventionierung;

— die Garantie des Zugangs zu und der Nutzung von *Netzkomponenten und -einrichtungen*; dies umfaßt die nachstehenden Bereiche: Billigung berechtigter Anträge; Durchführung von *Verhandlungen*; keine nachträgliche Verweigerung eines gewährten Zugangs; Angebot von Diensten zu Großhandelsbedingungen; offener Zugang zu technischen Schnittstellen, Protokollen und anderen Schlüsseltechnologien; Ermöglichung der *Kollokation* und anderer Formen der gemeinsamen Nutzung von Einrichtungen; Bereitstellung von Einrichtungen für intelligente Netzdienste und *Roaming*; Zugang zu Software-Systemen; Vornahme der *Zu-*

sammenschaltung unter Berücksichtigung der Bereitstellung alternativer Einrichtungen, der verfügbaren Kapazität, der Anfangsinvestitionen, der Sicherung des Wettbewerbs, der gewerblichen Schutzrechte und des geistigen Eigentums sowie der Bereitstellung europaweiter Dienste;

— Vorgaben zur *Preiskontrolle und Kostendeckung* (angemessene Kapitalrendite, effiziente Leistungserbringung, Förderung des Wettbewerbs, Rechtfertigung der Preise und Nachweis der Kostenorientiertheit durch das Unternehmen) sowie Auflagen für die *Kostenrechnungsmethodik* (Veröffentlichung, Überprüfung).

Sonstige Auflagen müssen bei der Kommission beantragt und von ihr genehmigt werden. Bereits bestehende Verpflichtungen werden bis zum Abschluß ihrer Überprüfung im Rahmen einer Marktanalyse aufrechterhalten.

3.2.5 Universaldienst und Nutzerrechte in der Telekommunikation

Die Neuregelung des Universaldienstes und der Nutzerrechte in der Telekommunikation wurde nicht nur durch den Kommunikationsbericht vom November 1999 und die nachfolgenden Konsultationen *(vgl. S. 779)* beeinflußt. Seit Ende der neunziger Jahre bestimmte auch vermehrt die Grundausrichtung der gemeinsamen **Verbraucherschutzpolitik** die sektorspezifische Ausgestaltung der Vorschriften *(vgl. Band 1, S. 253 ff.)*; in dieser Hinsicht anzuführen sind die Mitteilung der Kommission vom 31. Oktober 1995 über verbraucherpolitische Prioritäten zwischen 1996 und 1998 [KOM (95) 519 endg.], die **Entschließung 1999/C 23/01 des Rates vom 19. Januar 1999 [ABl. C 023 28.01.1999 S.1]** zur Verbraucherdimension der Informationsgesellschaft (Zugänglichkeit und Erschwinglichkeit, Quantität und Qualität von Informationen, gerechte Vertragsbedingungen, Rechtsdurchsetzung und Streitbeilegung), eine Mitteilung vom 1. Dezember 1998 [KOM (98) 696 endg.] und ein Bericht vom 23. August 2001 [KOM (2001) 486 endg.] zum Aktionsplan für 1999 bis 2001 sowie das Grünbuch vom 2. Oktober 2001 zum Verbraucherschutz [KOM (2001) 531 endg.] und eine Mitteilung vom 11. Juni 2002 über Folgemaßnahmen [KOM (2002) 289 endg.] *(vgl. Bull. EU 11-1998, S.68; Bull. EU 12-1998, S.116 f.; Bull. EU 7/8-2001, S.71; Bull. EU 10-2001, S.96 f.; Bull. EU 6-2002, S.48; Übersicht 97).*

In bezug auf den Universaldienst spielen die Konzepte zu den Leistungen der **Daseinsvorsorge** bzw. der Dienstleistungen von allgemeinem wirtschaftlichem Interesse eine wichtige Rolle, wie die Mitteilungen vom 20. September 2000 [KOM (2000) 580 endg.; ABl. C 017 19.01.2001 S.4], vom 18. Juni 2002 [KOM (2002) 331 endg.] und vom 4. Dezember 2002 [KOM (2002) 689 endg.], ein Bericht vom 17. Oktober 2001 [KOM (2001) 598 endg.] sowie ein Grünbuch vom 21. Mai 2003 [KOM (2003) 270 endg.] und ein Weißbuch vom 12. Mai 2004 [KOM (2004) 374 endg.] (grundsätzliche Erwägungen, Auswahl der Erbringer, Schutzbestimmungen, Wettbewerbsregeln, finanzieller Ausgleich und Beihilfen, Evaluierung der Leistungen, Perspektiven) *(vgl. Bull. EU 9-2000, S.19 f.; Bull. EU 10-2001, S.24 f.; H. Schweitzer, 2001; Bull. EU 6-2002, S.48; Bull. EU 12-2002, S.47; Bull. EU 5-2003, S.22 f.; Bull. EU 5-2004, S.20; K. Schultheiß, 2004, S.153 ff., 270 ff.).*

Die im Zusammenhang mit der Reform des Rechtsrahmens angenommene und seit dem 24. Juli 2003 anzuwendende **Richtlinie 2002/22/EG des Europäischen Parlaments und des Rates vom 7. März 2002 [ABl. L 108 24.04.2002 S.51]** (Universaldienstrichtlinie) führte dann zu einer grundsätzlichen Neuregelung des Angebots elektronischer Kommunikationsnetze und -dienste für Endnutzer. Ziel ist die Bereitstellung gemeinschaftsweiter, hochwertiger öffentlicher Dienste durch einen **wettbewerblich organisierten Markt**; allerdings sind Vorkehrungen für diejenigen Fälle zu treffen, in denen die Bedürfnisse der Konsumenten auf diese Weise nicht befriedigt werden können *(vgl. Bull. EU 7/8-2000, S.39; GB 2000, Ziff.325; Bull. EU 5-2001, S.35; Bull. EU 1/2-2002, S.71; GB 2002, Ziff.341; A. de Streel, 2003, S.189 ff.)*.

3.2.5.1 Universaldienst- und soziale Verpflichtungen

Als Universaldienst gilt nach wie vor ein **Mindestangebot an Diensten** mit definierter Qualität, zu denen alle Endnutzer unabhängig vom geographischen Standort unter Berücksichtigung der nationalen Gegebenheiten zu einem erschwinglichen Preis Zugang haben; er umfaßt folgende **Elemente**: Anschluß an das öffentliche Netz an einem festen Standort (Nutzbarkeit für Telefon- und Telefaxdienste sowie für den funktionalen Internetzugang geeignete Datenkommunikation) und Zugang zu öffentlichen Telefondiensten; ein umfassendes, jährlich aktualisiertes Teilnehmerverzeichnis (gedruckt oder in elektronischer Form); einen Auskunftsdienst; öffentliche Münz- und Kartentelefone (Berücksichtigung der Bedürfnisse in bezug auf Flächendeckung, Anzahl, Zugänglichkeit für Behinderte und Dienstequalität; kostenlose Notrufe); Sonderdienste und -einrichtungen für Behinderte. Die Mitgliedstaaten können ergänzend **weitere Dienste** öffentlich verfügbar machen *(vgl. P. Nihoul u. a., 2004, S.500 f., 505 ff.; zur Neubestimmung des Universaldienstkonzepts nach der vollständigen Liberalisierung K. Windthorst, 2000; M. Freund, 2002; J. Kirchner, 2002, S.297 ff.; I. Vollmeier, 2004)*.

Der Umfang des Universaldienstes ist von der Kommission unter Berücksichtigung der sozialen, wirtschaftlichen und technischen Entwicklungen **regelmäßig zu überprüfen** (Prinzipien: gesellschaftliche Ausgrenzung einer Minderheit, die sich bestimmte Dienste nicht leisten kann; tatsächlicher Nutzen der unter normalen wirtschaftlichen Gegebenheiten nicht erbrachten Dienste für alle Verbraucher). Nach einer **Kommissionsmitteilung** vom 24. Mai 2005 [KOM (2005) 203 endg.; SEK (2005) 660 endg.] sollen aber weder der Mobilfunk (ausreichende Verbreitung) noch die Breitbanddienste (zwar geringe und heterogene Verbreitung, aber keine Ausgrenzung) einbezogen werden. Zu diskutieren sind folgende Aspekte: Unterscheidung zwischen Infrastrukturzugang und Diensteerbringung angesichts der Zunahme IP-gestützter Dienste; Beschränkung des Zugangs auf einen festen Standort; Streichung von Münz- und Kartentelefonen (Mobilfunk) sowie von Auskunftsdiensten (Wettbewerb); Entwicklung der Dienste für Behinderte *(vgl. P. Nihoul u. a., 2004, S.517 ff.; Bull. EU 5-2005, S.26 f.)*.

Erfolgt das Angebot des Universaldienstes nicht über den Markt, so können die Mitgliedstaaten **Bereitstellungsverfahren** festlegen, wobei Markt- und Wettbewerbsverzerrungen zu vermeiden sind. Insbesondere haben sie die Option, ein oder mehrere Unternehmen zu benennen (ggf. differenziert nach Diensten oder Regionen); die **Benennungsmethode** muß effizient, objektiv, diskriminierungsfrei und transparent sein sowie die kostengünstigste Bereitstellung gewährleisten. Die **Endnutzerpreise** der Universaldienste unterliegen einer Überwachung durch die Regulierungsbehörde (Erschwinglichkeit gemäß Verbraucherpreisen und Einkommen); möglich sind die Vorgabe **einheitlicher Tarife** (Tarifeinheit im Raum) oder die Verpflichtung zur Einhaltung von **Preisobergrenzen** (transparente, veröffentlichte und diskriminierungsfreie Bedingungen). Für aus wirtschaftlichen und sozialen Gründen Bedürftige kann das Angebot von Tarifoptionen oder -bündeln vorgeschrieben werden, ggf. ergänzt durch spezifische Hilfen der Mitgliedstaaten. Zur individuellen **Überprüfung und Ausgabenkontrolle** müssen verschiedene Möglichkeiten vorhanden sein (Entbündelung sonstiger Einrichtungen und Dienste, Einzelverbindungsnachweis, selektive Anrufsperre, Voraus- und Ratenzahlung, Verfahren bei Zahlungsverzug). Außerdem haben die Unternehmen bestimmte Informationen zur **Dienstequalität** zu veröffentlichen: Frist für die erstmalige Bereitstellung des Anschlusses, Fehlerquote pro Leitung, Fehlerbehebungszeit, Häufigkeit des erfolglosen Verbindungsaufbaus, Verbindungsaufbauzeit, Antwortzeiten, Anteil von Münz- und Kartentelefonen, Beschwerden über Abrechnungsfehler; darüber hinaus können **zusätzliche Qualitätsstandards** in bezug auf Behinderte sowie Leistungsziele für den Netzanschluß und den Zugang zu Telefondiensten vorgegeben werden. Die Qualitätsüberwachung obliegt der Regulierungsbehörde; bei Nichterfüllung der Standards sind besondere Maßnahmen und unabhängige Nachprüfungen zulässig *(vgl. P. Nihoul u. a., 2004, S. 520ff., 524ff., 541ff.)*.

Bei einer unzumutbaren Belastung aus der Bereitstellung des Universaldienstes werden die **Nettokosten** berechnet (Kostensteigerungen abzüglich der Erlöszunahme; unwirtschaftliche Dienste und Dienste für unwirtschaftliche Kunden; immaterielle Vorteile); diese sind zu kontrollieren und zu veröffentlichen. Die **Finanzierung** erfolgt durch die öffentliche Hand (Steuern) oder über eine Aufteilung der Nettokosten zwischen den Unternehmen (objektives, marktkonformes, diskriminierungsfreies, verhältnismäßiges und transparentes Verfahren; Entbündelung der Entgelte und getrennte Erfassung für jedes Unternehmen; Verwaltung durch eine Regulierungsbehörde oder unabhängige Stelle); auferlegte Verpflichtungen sind bei der **Berechnung der Beiträge** zu berücksichtigen. Das praktizierte Verfahren, die Nettokosten und die Beiträge werden publiziert *(vgl. P. Nihoul u. a., 2004, S. 545ff.)*.

3.2.5.2 Verpflichtungen für Unternehmen mit beträchtlicher Marktmacht

Die von den Unternehmen mit beträchtlicher Marktmacht zu erfüllenden **Verpflichtungen** betreffen die Dienste für Endnutzer, die Betreiberauswahl und -vorauswahl sowie die Bereitstellung von Mietleitungen. Bereits existierende Auflagen bleiben bestehen, bis eine Überprüfung vorgenommen sowie eine Marktabgrenzung und -analyse durchgeführt wurde. Sind die sonstigen Verpflichtungen für den **Endnutzermarkt** unzureichend, so werden die betroffenen Unternehmen in verhältnismäßiger und gerechtfertigter Weise reguliert; insbesondere die **Preisregulierung** (Festlegung von Obergrenzen, Kontrolle von Einzelpreisen, Kostenanalysen, Vergleichsmarktpreise) soll die Behinderung von Marktzutritten, die Anwendung von Verdrängungspreisen, die Diskriminierung von Endnutzern und die Bündelung von Diensten verhindern. Die Regulierungsbehörden können außerdem die Verwendung geeigneter **Kostenrechnungssysteme** forcieren (Vorgabe eines Formats und einer Berechnungsmethode, Überprüfung der Einhaltung). Bei der Bereitstellung von Telefonnetzanschlüssen werden marktbeherrschende Unternehmen weiterhin zum Angebot der **Betreiberauswahl und -vorauswahl** verpflichtet (kostenorientierte Gebühren für den Zugang und die Zusammenschaltung, angemessene Endnutzergebühren) *(vgl. P. Nihoul u. a., 2004, S.525ff., 696ff., 744ff.).*

Darüber hinaus haben Unternehmen mit beträchtlicher Marktmacht ein Mindestangebot an **Mietleitungen** (ggf. nur für sachlich oder regional abgegrenzte Teilmärkte) bereitzustellen und dabei bestimmte Bedingungen (Nichtdiskriminierung, Kostenorientierung sowie Veröffentlichung von technischen Merkmalen, Tarifen und Lieferbedingungen) zu erfüllen. Nach dem **Beschluß 2003/548/EG der Kommission vom 24. Juli 2003 [ABl. L 186 25.07.2003 S.43]** umfaßt das Mindestangebot unverändert zwei analoge (Sprachbandbreite normaler und besonderer Qualität, jeweils als 2- oder 4-Drahtleitung) und drei digitale (64 kBit/s sowie 2.048 kBit/s unstrukturiert und strukturiert) Typen *(vgl. P. Nihoul u. a., 2004, S.246ff.).*

Probleme bei den Lieferfristen für Miet- und Teilmietleitungen veranlaßten die Kommission, im Rahmen ihrer **Empfehlung 2005/57/EG vom 21. Januar 2005 [ABl. L 024 27.01.2005 S.39]** wesentliche Lieferbedingungen für Großkundenmietleitungen vorzugeben. Insbesondere soll sichergestellt sein, daß die Verträge **durchsetzbare Modalitäten** enthalten (Auftragserteilung, Umstellung, Bereitstellung, Qualität, Fehlerbehebungszeit, Berichterstattung, finanzielle Sanktionen oder Entschädigungen) und die **Lieferfristen** (Zeitspanne vom verbindlichen Auftrag bis zur Durchschaltung von 95 % aller Mietleitungen) so kurz wie möglich sind, d. h. den Referenzwert der **besten gegenwärtigen Praxis** auf den Endkundenmärkten (drittniedrigster Wert der für alle Mitgliedstaaten ermittelten Durchschnitte aus den Angaben der Unternehmen mit beträchtlicher Marktmacht) unterschreiten; die **Zeiträume** betragen 18 Tage (64 kBit/s), 30 bzw. 33 Tage (2 MBit/s unstrukturiert bzw. strukturiert) und 52 Tage (34 MBit/s unstrukturiert). Die Sanktionen bei einer eigenverantwortlich verzögerten Bereitstellung basieren auf einem bestimmten Betrag pro Verzugstag und in Auftrag gegebener Leitung.

Auf die erhebliche **Variationsbreite der Entgelte** für Großkundenteilmietleitungen reagierte die Kommission mit der **Empfehlung 2005/268/EG vom 29. März 2005 [ABl. L 083 01.04.2005 S.52]**. Die Preise sollen den effizienten Kosten der relevanten Netzelemente und der gewünschten Dienste einschließlich einer angemessenen Rendite entsprechen. Die **Preisstruktur** umfaßt ein einmaliges Anschlußentgelt (Einrichtungskosten) und die Monatsmieten (Wartungs- und Nutzungskosten). Die aus den Durchschnittswerten der Mitgliedstaaten ermittelten **Preisobergrenzen** (Summe aus monatlichem Entgelt und 1/24 des einmaligen Anschlußentgelts sowie einmaliges Anschlußentgelt; jeweils differenziert nach Kapazität und Leitungslänge) müssen eingehalten werden, sofern eine nationale **Kostenrechnungsanalyse** nicht zu einem höheren Wert führt. Entgeltvorschläge sind zu begründen; die Regulierungsbehörden können **Anpassungen** verlangen.

Übersicht 97: Nutzerrechte und Universaldienst in der Telekommunikation seit 1999

Ratsentschließung von 1999

Entschließung 1999/C 23/01 des Rates vom 19. Januar 1999 über die Verbraucherdimension der Informationsgesellschaft [ABl. C 023 28.01.1999 S.1]

Universaldienst und Nutzerrechte in der elektronischen Kommunikation

Richtlinie 2002/22/EG des Europäischen Parlaments und des Rates vom 7. März 2002 über den Universaldienst und Nutzerrechte bei elektronischen Kommunikationsnetzen und -diensten (Universaldienstrichtlinie) [ABl. L 108 24.04.2002 S.51] — Rechtsetzung auf der Grundlage des Art. 100 a (95) EGV, auf Vorschlag der Kommission [ABl. C 365 E 19.12.2000 S.238; ABl. C 332 E 27.11.2001 S.292; KOM (2002) 77 endg.] sowie nach den Stellungnahmen des WSA [ABl. C 139 11.05.2001 S.15] und des AdR [ABl. C 144 16.05.2001 S.60]; Stellungnahme des EP [ABl. C 053 E 28.02.2002 S.195], gemeinsamer Standpunkt des Rates [ABl. C 337 30.11.2001 S.55], Beschluß des EP [ABl. C 177 E 25.07.2002 S.157] und Beschluß des Rates im Rahmen des Verfahrens der Mitentscheidung — Aufnahme in den Anhang XI des EWR-Abkommens durch den Beschluß 11/2004 des Gemeinsamen EWR-Ausschusses [ABl. L 116 22.04.2004 S.60]

Mietleitungen

Beschluß 2003/548/EG der Kommission vom 24. Juli 2003 über das Mindestangebot an Mietleitungen mit harmonisierten Merkmalen und die entsprechenden Normen gemäß Artikel 18 der Universaldienstrichtlinie [ABl. L 186 25.07.2003 S.43] — Aufnahme in den Anhang XI des EWR-Abkommens durch den Beschluß 39/2004 des Gemeinsamen EWR-Ausschusses [ABl. L 277 26.08.2004 S.8]

Empfehlung 2005/57/EG der Kommission vom 21. Januar 2005 zur Bereitstellung von Mietleitungen in der Europäischen Union (Teil 1 – Wesentliche Lieferbedingungen für Großkunden-Mietleitungen) [ABl. L 024 27.01.2005 S.39]

Empfehlung 2005/268/EG der Kommission vom 29. März 2005 zur Bereitstellung von Mietleitungen in der Europäischen Union – Teil 2 – Preisgestaltung für Großkunden-Teilmietleitungen [ABl. L 083 01.04.2005 S.52]

Notrufdienste

Empfehlung 2003/558/EG der Kommission vom 25. Juli 2003 zur Übermittlung von Angaben zum Anruferstandort in elektronischen Kommunikationsnetzen an um Standortangaben erweiterte Notrufdienste [ABl. L 189 29.07.2003 S.49] — Aufnahme in den Anhang XI des EWR-Abkommens durch den Beschluß 74/2004 des Gemeinsamen EWR-Ausschusses [ABl. L 349 25.11. 2004 S.32]

3.2.5.3 Rechte und Interessen von Endnutzern

Möchten die Verbraucher das Angebot eines Unternehmens nutzen, so haben sie Anspruch auf einen **Vertrag**, der u. a. folgendes regelt: Dienste und Qualität, Wartungsdienste, Preise, Laufzeit, Entschädigung und Erstattung sowie außergerichtliche Streitbeilegung; bei einer Änderung der Bedingungen muß eine Kündigung ohne Vertragsstrafen möglich sein. Außerdem erhalten die Kunden transparente und aktuelle **Informationen** über die Preise und sonstigen Tarifbedingungen. Die Regulierungsbehörden können die Anbieter öffentlicher Kommunikationsdienste auch zur Bekanntmachung von Informationen über die Dienstequalität verpflichten; ggf. wird durch die Entwicklung von Verhaltenskodizes und Betriebsstandards ein Verfahren zur Qualitätsverbesserung eingerichtet. Bei einem Netzausfall oder höherer Gewalt muß die **Integrität** bzw. die Verfügbarkeit öffentlicher Festnetze sowie die Bereitstellung öffentlicher Telefondienste gewährleistet sein. Öffentliche Netzbetreiber können unter Berücksichtigung der technischen Durchführbarkeit und der Wirtschaftlichkeit zum Angebot bestimmter zusätzlicher Dienstemerkmale (Ton- oder Mehrfrequenzwahl, Rufnummernanzeige) angehalten werden. Zudem besteht die Option, ihnen für die Übertragung von **Rundfunkkanälen und -diensten** (ggf. gegen Entgelt) verhältnismäßige und transparente Pflichten aufzuerlegen, wenn die Netze von einer erheblichen Anzahl von Kunden genutzt werden. Ferner ist die Interoperabilität bestimmter **Digitalfernsehgeräte** (Signalentschlüsselung und -anzeige, Schnittstellenbuchse) sicherzustellen *(vgl. P. Nihoul u. a., 2004, S.689ff., 746, 750ff., 759ff.)*.

Die Kunden haben das Recht auf eine Eintragung in **Teilnehmerverzeichnisse** sowie auf einen Zugang zu einer **Vermittlungshilfe** und einem **Auskunftsdienst**; anderen Unternehmen müssen die für das Angebot von Auskunftsdiensten und Teilnehmerverzeichnissen notwendigen Informationen zugänglich gemacht werden. Zumindest unter der Nummer „112“ besteht die Möglichkeit **gebührenfreier Notrufe** (Entgegennahme und Bearbeitung, Informationen zum Anruferstandort, Information der Bürger über die einheitliche Notrufnummer); weitergehende Bedingungen und Grundsätze für die Bereitstellung von Standortangaben sind in der **Empfehlung 2003/558/EG der Kommission vom 25. Juli 2003 [ABl. L 189 29.07.2003 S.49]** enthalten: automatische Übermittlung der besten verfügbaren Angaben an die Notrufabfragestellen (übergangsweise Bereitstellung nur auf Anforderung); Zugang zur Adresse des Teilnehmeranschlusses; diskrimierungsfreie Bereitstellung der Angaben; Kenntlichmachung des Netzes; Kontrolle und regelmäßige Aktualisierung der Adressen; Gewährleistung einer Rückruffunktion; Förderung von Schnittstellenspezifikationen, offenen Normen, Spezialdiensten und geeigneten Technologien; Information der Bevölkerung *(vgl. GB 2003, Ziff.394)*. Für Auslandsverbindungen gilt die einheitliche **europäische Standardvorwahl** „00“ (Ausnahmen für benachbarte Grenzgebiete). Teilnehmer aus anderen Mitgliedstaaten haben Zugang zu **geographisch nicht gebundenen Nummern**. Die **Nummernübertragbarkeit** wird bei allen öffentlichen Telefondiensten garantiert (angemessene Gebühren für die Zusammenschaltung und für die Verbraucher) *(vgl. P. Nihoul u. a., 2004, S.742ff., 746ff.)*.

3.2.6 Besteuerung von Rundfunk- und elektronischen Diensten

Im Zusammenhang mit ihren Mitteilungen vom 15. Juni 1998 über elektronischen Handel und indirekte Steuern [KOM (98) 374 endg.] sowie vom 7. Juni 2000 über eine Strategie zur Verbesserung der Funktionsweise des Mehrwertsteuersystems im Binnenmarkt [KOM (2000) 348 endg.] sprach sich die Kommission auch für eine Besteuerung elektronischer Lieferungen im Bestimmungsland aus. Die **Richtlinie 2002/38/EG des Rates vom 7. Mai 2002 [ABl. L 128 15.05.2002 S.41]** legte dann schließlich fest, daß ab dem 1. Juli 2003 (vorerst befristet auf drei Jahre) Rundfunkdienste und elektronisch erbrachte Dienstleistungen (Webseiten, *webhosting*, Fernwartung von Programmen und Ausrüstungen; Software; Bilder, Texte, Informationen und Datenbanken; Musik, Filme, Spiele, Sendungen und Veranstaltungen; Fernunterricht), die von in Drittstaaten ansässigen Unternehmen bereitgestellt und von Personen mit Sitz in der Gemeinschaft konsumiert werden, am **Ort des Leistungsempfängers** zu besteuern sind; das gleiche Prinzip gilt für das Diensteangebot von Gemeinschaftsunternehmen für Personen in Drittländern. Nicht in der Gemeinschaft ansässige bzw. dort steuerlich nicht erfaßte Anbieter können sich beim Vertrieb von elektronischen Diensten an in der Gemeinschaft Nichtsteuerpflichtige für eine **Steueridentifizierung** in einem einzigen Mitgliedstaat entscheiden; unter bestimmten Bedingungen besteht aber die Möglichkeit, die Inanspruchnahme dieser Sonderregelung zu verweigern *(vgl. Bull. EU 6-1998, S.36; Bull. EU 6-2000, S.62f.; Bull. EU 12-2001, S.58f.; Bull. EU 5-2002, S.24f.; GB 2002, Ziff. 181)*. Ergänzend änderte die **Verordnung 2002/792/EG des Rates vom 7. Mai 2002 [ABl. L 128 15.05.2002 S.1]** die vorhandenen Bestimmungen zur Zusammenarbeit der Verwaltungsbehörden im Bereich der indirekten Besteuerung in bezug auf elektronisch erbrachte Dienstleistungen (Übermittlung der Angaben für die Anwendung der Sonderregelung, Bestimmung der Konten, Austausch von Umsatzsteueridentifikationsnummern) *(vgl. A. Roettger, 2000, S.431ff.; I. Lejeune u. a., 2003, S.97ff.; Übersicht 98)*.

Übersicht 98: Besteuerung von Rundfunk- und elektronischen Diensten seit 2002

Verordnung 2002/792/EG des Rates vom 7. Mai 2002 zur vorübergehenden Änderung der Verordnung 92/218/EWG über die Zusammenarbeit der Verwaltungsbehörden auf dem Gebiet der indirekten Besteuerung (MwSt) im Hinblick auf zusätzliche Maßnahmen betreffend den elektronischen Geschäftsverkehr [ABl. L 128 15.05.2002 S.1] — Rechtsetzung auf der Grundlage des Art. 99 (93) EGV, auf Vorschlag der Kommission [ABl. C 337 E 28.11.2000 S.63] sowie nach den Stellungnahmen des EP [ABl. C 232 17.08.2001 S.301; ABl. C 131 E 05.06.2003 S.113] und des WSA [ABl. C 116 20.04.2001 S.59]
Richtlinie 2002/38/EG des Rates vom 7. Mai 2002 zur Änderung und vorübergehenden Änderung der Richtlinie 77/388/EWG bezüglich der mehrwertsteuerlichen Behandlung der Rundfunk- und Fernsehdienstleistungen sowie bestimmter elektronisch erbrachter Dienstleistungen [ABl. L 128 15.05.2002 S.41] — Rechtsetzung auf der Grundlage des Art. 99 (93) EGV, auf Vorschlag der Kommission [ABl. C 337 E 28.11.2000 S.65] sowie nach den Stellungnahmen des EP [ABl. C 232 17.08.2001 S.302] und des WSA [ABl. C 116 20.04.2001 S.59]

In einem Bericht vom 28. Oktober 2002 zur Überprüfung von Artikel 9 der Sechsten MwSt-Richtlinie im Hinblick auf den Ort der Erbringung von Dienstleistungen [KOM (2002) 587 endg.] befürwortete die Kommission in bezug auf **Leistungen für andere Unternehmen** eine eindeutige Definition des Niederlassungsorts und die Regelung bestimmter Sonderfälle; bei Dienstleistungen für **Konsumenten** sollte vor der Überprüfung der obigen Richtlinie keine Änderung erfolgen. Die Kommissionsmitteilung vom 20. Oktober 2003 über Bilanz und Aktualisierung der Prioritäten der MwSt-Strategie [KOM (2003) 614 endg.] bekräftigte hinsichtlich der unternehmensorientierten Leistungen die Geltung des **Bestimmungslandprinzips**. Bei B2C-Diensten ist hingegen eine Besteuerung am Ursprungsort vorzunehmen; aus der Entfernung erbrachte Dienstleistungen (z. B. auf elektronischem Wege) unterliegen jedoch wiederum am Ort des Verbrauchs der Abgabenpflicht *(vgl. Bull. EU 10-2002, S.32 f.; Bull. EU 10-2003, S.44 f.)*.

3.3 Anwendung der Wettbewerbsregeln auf den Telekommunikationssektor

3.3.1 Kartellverträge, Gemeinschaftsunternehmen und Fusionen

Nach der Jahrtausendwende spielten Vereinbarungen und Zusammenschlüsse von Unternehmen im **Festnetz- und Internetbereich** nur noch eine unbedeutende Rolle. Genehmigt wurden u. a. der Erwerb der Kontrolle über die niederländische Equant NV (Datennetzwerkdienste für multinationale Unternehmen) durch France Télécom [ABl. C 035 02.02.2001 S.2; ABl. C 187 03.07.2001 S.8], die Übernahme der Olivetti SpA (und damit indirekt der Kontrolle über die **Telecom Italia**) durch Pirelli SpA [ABl. C 238 24.08.2001 S.3; ABl. C 325 21.11.2001 S.12], die vollständige Kontrolle von **Cesky Telecom a.s.** durch Telefónica [ABl. C 114 14.05.2005 S.2; ABl. C 156 28.06.2005 S.3] und die Beteiligung der Swisscom Fixnet Ltd an Belgacom Int. Carrier Services SA (Übertragungs- und Internetanschlußdienste) [ABl. C 094 19.04.2005 S.3; ABl. C 181 23.07.2005 S.11] *(vgl. Bull. EU 3-2001, S.49; Bull. EU 9-2001, S.28; Bull. EU 5-2005, S.22; im weiteren Übersicht 99; für einen Überblick F. Trillas, 2002, S.269 ff.)*.

Die Übernahme der finnischen **Sonera Corp.** durch **Telia** wurde erst nach längeren Untersuchungen genehmigt [ABl. C 133 05.06.2002 S.9; ABl. C 201 24.08.2002 S. 19]. Das Vorhaben hätte in Finnland bei den Telekommunikationsdiensten für Endkunden, dem internationalen Roaming für Großkunden und den lokalen Funkdatennetzen (W-LAN) zu Überschneidungen geführt; dem wurde durch die **Veräußerung der Mobilfunkaktivitäten** der Telia in Finnland begegnet. Wegen der Herausbildung starker Stellungen auf vertikal verbundenen Märkten (bestimmte Endkundenmärkte, Anrufabschlußdienste für Großabnehmer auf Fest- und Mobilfunknetzen, internationales Roaming) und der Gefahr des Ausschlusses von Wettbewerbern im Mobilfunksektor sowie bei kombinierten Sprach- und Datendiensten waren ebenfalls **Auflagen** zu befolgen (rechtliche Trennung von Fest- und Mobilfunknetzen, diskriminierungsfreier Netzzugang, Veräußerung des Kabelfernsehnetzes von Telia) *(vgl. Bull. EU 7/8-2002, S.29 f.; WB 2002, Ziff. 264)*.

Im **Mobilfunksektor** billigte die Kommission die Übernahmen von Ben Nederland Holding (3G-Mobilfunk) durch Belgacom, Tele Danmark bzw. Crédit Suisse Group und T-Mobile Int. AG [ABl. C 250 31.08.2000 S.4; ABl. C 350 11.12.2001 S.13; ABl. C 362 18.12.2001 S.6; ABl. C 037 09.02.2002 S.25], der irischen Eircell durch Vodafone [ABl. C 042 08.02.2001 S.10; ABl. C 128 28.04.2001 S.3], der dänischen MIG-way A/S (Vermarktung von Netzdiensten für GSM-Kunden von Inhalts- und Diensteanbietern) durch TDC Mobile Int. A/S und CMG Wireless Data Solutions BV (Fachinformationsdienste zur drahtlosen Datenübertragung) [ABl. C 250 08.09.2001 S.7; ABl. C 016 19.01.2002 S.16], von E-Plus Mobilfunk GmbH & Co. KG durch die Koninklijke KPN NV [ABl. C 042 15.02.2002 S.5; ABl. C 079 03.04.2002 S.12], des dänischen Mobilfunkgeschäfts von Orange durch TeliaSonera [ABl. C 263 26.10.2004 S.7] und der spanischen Amena durch France Télécom [ABl. C 236 24.09.2005 S.7; ABl. C 289 22.11.2005 S.5]. Geplant sind die Übernahmen von O2 durch Telefónica [ABl. C 287 18.11.2005 S.2] und von Europolitan Vodafone AB (Vodafone Sverige AB) durch Telenor [ABl. C 293 25.11.2005 S.10] *(vgl. Bull. EU 3-2001, S.48; Bull. EU 11-2002, S.30; Bull. EU 9-2004, S.17).*

In bezug auf die 3G-Mobilfunknetze befaßte sie sich mit Vereinbarungen zum Patentzugang sowie zur **gemeinsamen Netznutzung** und zur Kooperation beim Inlands-Roaming. So beantragten T-Mobile und O2 im Februar 2002 für Deutschland (T-Mobile Deutschland GmbH und O2 Germany Co. OHG [ABl. C 053 28.02.2002 S.18; ABl. C 189 09.08.2002 S.22]) und das Vereinigte Königreich (T-Mobile UK Ltd und O2 UK Ltd [ABl. C 053 28.02.2002 S.18; ABl. C 214 10.09.2002 S.17]) die Erteilung von Negativattesten oder ersatzweise von Einzelfreistellungen. In ihren **Entscheidungen 2003/570/EG vom 30. April 2003 [ABl. L 200 07.08.2003 S.59]** und **2004/207/EG vom 16. Juli 2003 [ABl. L 075 12.03.2004 S.32]** beurteilte die Kommission die Standortmitbenutzung durch einen anderen Anbieter als **nicht wettbewerbsbeschränkend**, da sich die Zusammenarbeit nur auf Basiselemente der Infrastruktur bezog und die Parteien die vollständige Kontrolle über ihre Kernnetze behielten; zudem sah sie umwelt- und gesundheitspolitische Vorteile. Das **Inlands-Roaming** behinderte hingegen den Wettbewerb und ließ negative Auswirkungen auf die Endkundenmärkte befürchten. Die Kommission sprach jedoch **befristete Freistellungen** aus (raschere flächendeckende Versorgung, bessere Qualität, höhere Übertragungsraten), die in den ländlichen Gebieten bis Ende 2008 gelten. In den deutschen Stadtgebieten soll die Freistellung stufenweise zwischen 2005 und 2008 auslaufen, im Vereinigten Königreich sind nur bestimmte Städte bis Ende 2007 erfaßt *(vgl. Bull. EU 4-2003, S.21 f.; Bull. EU 7/8-2003, S.34; D. Gabathuler u. a., 2003, S.43 ff.; WB 2003, Ziff. 60 ff., 118, S.215 f.; zur wettbewerbspolitischen Beurteilung von Roaming-Vereinbarungen E.-J. Mestmäcker u. a., 1999, S.95 ff.).*

Untersuchungsgegenstand der Kommission waren auch die Umstrukturierung und Konsolidierung der **Pay-TV-Märkte**. In Nordeuropa übertrug Canal+ seinen 50 %-Anteil an der Satellitenplattform **Canal Digital** an den Miteigentümer Telenor [ABl. C 340 04.12.2001 S.6; ABl. C 149 26.06.2003 S.16]. Den wechselseitigen Ausschließlichkeits- und Wettbewerbsverbotsvereinbarungen für den Vertrieb von Pay-TV- und Pay-per-view-Programmen (Ausstrahlung von Premiumprogrammen, horizontale Koordination, gemeinsamer Erwerb von Inhalten) gewährte die Kommission eine auf fünf Jahre **befristete Freistellung**. Um eine Abschottung der Märkte zu Lasten neuer Marktteilnehmer zu verhindern und die Verbraucher in den Genuß von Vorteilen (verbesserte Digitaldienste, preisgünstigere Decoder) kommen zu lassen, wurden Umfang und Dauer bestimmter Klauseln begrenzt *(vgl. Bull. EU 12-2003, S.60; WB 2003, Ziff. 185, S.216 f.; H. P. Nehl, 2004, S.56 ff.).* In Italien erwarb The News Corp. Ltd (Newscorp) die Plattform **Telepiù Spa** (Vivendi Universal S.A.) und legte sie mit

Stream Spa zu einer gemeinsamen Satellitenplattform (Newscorp 80,1 %, Telecom Italia 19,9 %) zusammen [ABl. C 255 23.10.2002 S.20; ABl. C 310 13.12.2002 S.23]. In der **Entscheidung 2004/311/EG vom 2. April 2003 [ABl. L 110 16.04.2004 S.73]** konstatierte die Kommission ein Beinahemonopol auf dem Pay-TV-Markt sowie höhere Zutrittsschranken und eine Monopolstellung beim Erwerb von Premiumprogrammen. Die **Freistellung** wurde deshalb bis 2011 befristet und mit **mehreren Auflagen** versehen (Zugang Dritter zur Plattform, Sicherung der Plattform und des Zugangsberechtigungssystems, Begrenzung des Umfangs und der Dauer der Lizenzvereinbarung für Inhalte, Überwachung durch die italienische Regulierungsbehörde) *(vgl. V. Baccaro, 2003, S.8ff.; Bull. EU 4-2003, S.20f.; WB 2003, Ziff.185, 267ff.)*.

Übersicht 99: Anwendung der Wettbewerbsregeln auf die elektronische Kommunikation seit 2003

Kartellvereinbarungen und Fusionen

Entscheidung 2004/311/EG der Kommission vom 2. April 2003 zur Erklärung der Vereinbarkeit eines Zusammenschlusses mit dem Gemeinsamen Markt und dem EWR-Abkommen (Sache COMP/M.2876 – Newscorp / Telepiù) [ABl. L 110 16.04.2004 S.73] — Entscheidung 2003/570/EG der Kommission vom 30. April 2003 in einem Verfahren nach Artikel 81 EG-Vertrag und Artikel 53 EWR-Abkommen in der Sache COMP/38.370 – O2 UK Limited / T-Mobile UK Limited („UK Network Sharing Agreement") [ABl. L 200 07.08.2003 S.59] — Entscheidung 2004/207/EG der Kommission vom 16. Juli 2003 in einem Verfahren nach Artikel 81 EG-Vertrag (Sache COMP/38.369: T-Mobile Deutschland / O2 Germany: Rahmenvertrag über Gemeinsame Netznutzung) [ABl. L 075 12.03.2004 S.32]

Mißbrauch marktbeherrschender Stellungen

Entscheidung 2003/707/EG der Kommission vom 21. Mai 2003 in einem Verfahren nach Artikel 82 EG-Vertrag (Sache COMP/C-1/37.451, 37.578, 37.579 – Deutsche Telekom) [ABl. L 263 14.10.2003 S.9]

Beihilfen

Entscheidung 2005/346/EG der Kommission vom 14. Juli 2004 über eine staatliche Beihilfe Deutschlands zugunsten der MobilCom AG [ABl. L 116 04.05.2005 S.55] — Entscheidung 2005/709/EG der Kommission vom 2. August 2004 über die staatliche Beihilfe, die Frankreich France Télécom gewährt hat [ABl. L 269 14.10.2005 S.30]

3.3.2 Mißbrauch marktbeherrschender Stellungen

Angesichts der in einigen Segmenten noch unzureichend ausgeprägten Wettbewerbsintensität setzte die Kommission zu Beginn des neuen Jahrtausends ihre Marktanalysen fort. Im Jahre 2000 begann sie mit Untersuchungen zum möglichen Mißbrauch marktbeherrschender Stellungen bei der **Entbündelung des Teilnehmeranschlusses**. In einer ersten Phase führte sie bei den etablierten Betreibern Erhebungen zur Gewährleistung des Zugangs zum Teilnehmeranschluß und zur Entwicklung von Breitbanddiensten durch; ab 2002 befragte sie die neuen Marktteilnehmer zur allgemeinen Wettbewerbssituation. Die Höhe und Struktur der **Mietleitungstarife** war ab Juli 1999 Gegenstand einer Datensammlung und -überprüfung, deren Ergebnisse die Kommission im September 2000 vorstellte (starker Anstieg der Nachfrage, erheblicher Rückgang der Tarife für Fern- und Auslandsmietleitungen, unterschiedliche Lage in den einzelnen Mitgliedstaaten, bei bestimmten Bandbreiten deutlich überhöhte Tarife, Mißbräuche in Form strategischer Rabatte und diskriminierender Bereitstellungsfristen). Im November 2000 leitete sie **Verfahren** gegen Belgien, Griechenland, Italien, Portugal und Spanien ein, denen 2001 förmliche Auskunftsersuchen, bilaterale Treffen und weitere Untersuchungen (Tarifniveau, Transparenz von Rabatten, Vereinbarungen über Diensteumfang und -qualität) folgten. Aufgrund des aktiven **Eingreifens der nationalen Regulierungsbehörden** sowie der erheblichen Preisrückgänge und der Verkürzung der Bereitstellungsfristen stellte die Kommission im November 2002 ihre Aktivitäten ein, beobachtete aber weiterhin den griechischen und portugiesischen Markt. Die **Roaming-Preise und -Kosten** wurden seit Januar 2000 einer Kontrolle unterzogen (keine Transparenz, kaum transnationale Endkundenangebote, Großkundenmärkte von etablierten Betreibern beherrscht, nur wenige konkurrierende Angebote, geringe Kostenorientierung, geheime Absprachen und Mißbräuche, kontrollbedürftige Rabattsysteme). Ab Juli 2001 fanden **Nachprüfungen** bei neun europäischen Anbietern in Deutschland und im Vereinigten Königreich statt *(vgl. Bull. EU 7/8-1999, S.19; Bull. EU 1/2-2000, S.40f.; WB 2000, Ziff. 157ff.; E. Sutherland, 2001, S.5ff.; H. Ungerer, 2001, S.20; WB 2001, Ziff. 125ff., 214f.; WB 2002, Ziff. 101ff., 195).*

Im Rahmen der Einzelfalluntersuchungen befaßte sich die Kommission u. a. mit der Bereitstellung von ADSL-Internetzugängen für Privatkunden und kleine Unternehmen in Frankreich. Diesen Marktbereich hatte die zu 72 % von France Télécom kontrollierte **Wanadoo Interactive S.A.** im März 2001 von ihrem davor marktbeherrschenden Mutterunternehmen übernommen. Angesichts der sehr niedrigen Preise leitete die Kommission im Dezember 2001 ein Verfahren ein, das sie im Juli 2003 abschloß. In ihrer Entscheidung stellte sie fest, daß Wanadoo bis Oktober 2002 **Verdrängungspreise** angewendet hatte, die bis August 2001 unterhalb der durchschnittlichen variablen Kosten und danach unter den totalen Durchschnittskosten lagen. Bei der Preisstrategie standen offenbar nicht die erfolgreiche Einführung der Technologie, die Markterschließung und der spätere Ausgleich der Anfangsverluste, sondern die alleinige **Übernahme des Marktes** im Vordergrund, so daß die Kommission eine Geldbuße von 10,35 Mio. € verhängte. Seit Oktober 2003 ist dagegen eine Klage vor dem Gericht erster Instanz in der Rs. T-340/03 [ABl. C 289 29.11.2003 S.34] auf Nichtigerklärung bzw. Aufhebung oder Senkung der Geldbuße (ungenaue Marktdefinition, keine Offenlegung und fehlerhafte Prüfung des Kostendeckungskriterium, Angabe unterschiedlicher Zuwiderhandlungsdauern, keine Anerkennung des Rechts auf Preisangleichung, kein Nachweis für einen Verdrängungsplan) anhängig. Auch eine Kommissionsentscheidung vom Mai 2004 zur **Duldung einer Nachprüfung** zog eine Nichtigkeitsklage in der Rs. T-339/04 [ABl. C 262 23.10.2004 S.53] nach sich *(vgl. WB 2001, Ziff. 134; Bull. EU 7/8-2003, S.33; R. Klotz u. a., 2003b, S. 10ff.; WB 2003, Ziff. 74 ff., 120, S.208ff.).*

Die Beschwerden von 15 neuen Anbietern veranlaßten die Kommission im Jahre 1999 zur Überprüfung der von der **Deutschen Telekom** für den Ortsnetzzugang berechneten

Preise und zur Einleitung eines Verfahrens. In der **Entscheidung 2003/707/EG vom 21. Mai 2003 [ABl. L 263 14.10.2003 S.9]** stellte sie fest, daß die Deutsche Telekom von ihren Konkurrenten auf dem Vorleistungsmarkt Gebühren für den **entbündelten Ortsnetzzugang** verlangt hatte, die zuerst höher und seit 2002 nur minimal niedriger waren als die von den eigenen Endkunden verlangten Anschlußentgelte. Den anderen Anbietern wurde der Markteintritt aufgrund der hohen Zugangskosten erheblich erschwert, und sie waren somit kaum wettbewerbsfähig. Die Kommission beurteilte die **Endkundenpreise** der Deutschen Telekom als nicht kostendeckend; selbst im Rahmen der bestehenden Price-cap-Regulierung hätten die Entgelte für Analog-, ISDN- und ADSL-Anschlüsse angehoben und im Gegenzug die Gesprächstarife abgesenkt werden können. Eine Geldbuße von 12,6 Mio. € schien deshalb gerechtfertigt zu sein *(vgl. Bull. EU 5-2003, S.28; R. Klotz u. a., 2003b, S.8 ff.; WB 2003, Ziff. 71 ff., 119, S. 207 f.)*.

Im Jahre 2004 bewegte die Kommission die **Deutsche Telekom** zu einer Senkung der Gebühren für den gemeinsamen Zugang zum Teilnehmeranschlußbereich, um den Mißbrauch der marktbeherrschenden Stellung beim Angebot von Internetzugangsdiensten abzustellen. Einwände machte sie auch geltend gegen die von **Vodafone und O2** im Vereinigten Königreich zwischen 1997/98 und September 2003 von anderen Mobilfunknetzbetreibern erhobenen Gebühren für internationales Roaming, die sie als überhöht und diskriminierend einstufte. Ein im Jahre 2002 gegen **KPN Mobile** eingeleitetes Verfahren, das die Untersagung der direkten Zusammenschaltung mit dem eigenen Mobilfunknetz und die Berechnung überhöhter Entgelte für die Anrufzustellung auf Großhandelsebene im Vergleich zu den virtuellen privaten Netzen zum Inhalt hatte, wurde nach dem Einschreiten des niederländischen Regulierers und dem Rückzug der Beschwerde im Oktober 2004 wieder eingestellt. Im Dezember 2003 war die Kommission zudem gegen **TeliaSonera** vorgegangen, da das Unternehmen bei einer Ausschreibung angeblich nicht kostendeckende Verdrängungspreise für den Aufbau und den Betrieb eines zur Bereitstellung von Internetzugängen konzipierten Glasfasernetzes in Malmö geboten hatte. Weil die Kommission jedoch keine marktbeherrschende Stellung nachweisen konnte, nahm der Konkurrent B2 Bredband AB im November 2004 seine Beschwerde wieder zurück *(vgl. J. Lücking, 2004, S.11 f.; WB 2004, Ziff. 47 f., S.26)*.

3.3.3 Beihilfen

Im Januar 2003 akzeptierte die Kommission eine im September 2002 von Deutschland bewilligte Bürgschaft für ein an die **MobilCom AG** ausgezahltes Darlehen von 50 Mio. € als Rettungsbeihilfe (Wegfall der finanziellen Unterstützung des Mehrheitsaktionärs France Télécom, Deckung der laufenden Betriebskosten). Wegen einer zweiten **Bürgschaft** vom November 2002 für ein zusätzliches Darlehen von 112 Mio. € leitete sie jedoch ein Verfahren ein, da nicht nur ein Ausgleich der Betriebskosten, sondern auch ohne Vorlage eines entsprechenden Plans eine **Umstrukturierung** und eine Neuausrichtung der Unternehmensstrategie erfolgen sollten; wegen der Verlängerung der Bürgschaft bis 2007 wurde das Verfahren im Juli 2003 erweitert [ABl. C 080 03.04.

2003 S.5; ABl. C 210 05.09.2003 S.4]. Nach einer Anteilsveräußerung im September 2003 wurden die Kredite dann getilgt und die Bürgschaften aufgehoben. Die **Entscheidung 2005/346/EG der Kommission vom 14. Juli 2004 [ABl. L 116 04.05.2005 S.55]** genehmigte die zweite Bürgschaft nachträglich als Umstrukturierungsbeihilfe; es durften jedoch über sieben Monate **keine Internetdirektverkäufe** von Mobilfunkverträgen erfolgen *(vgl. Bull. EU 1/2-2003, S.66; D. Grespan u. a., 2003, S.86f.; WB 2003, Ziff.522ff.; Bull. EU 7/8-2004, S.24; D. Grespan u. a., 2004, S.16ff.; WB 2004, Ziff.421ff.; Übersicht 99).*

Im Jahre 2002 hatte Frankreich mehrfach eine Kapitalerhöhung in Höhe von 15 Mrd. € bei **France Télécom** angekündigt, da das Unternehmen eine zunehmende Verschuldung aufwies und kurzfristige Verbindlichkeiten nicht zurückzahlen konnte. Zur Vorwegnahme der Aufstockung, die schließlich ab März 2003 durchgeführt wurde, erfolgte im Dezember 2002 die **Bereitstellung eines Aktionärsvorschusses** in Form einer Kreditlinie von bis zu 9 Mrd. €. Nach Meinung der Kommission war dies jedoch nicht zu Markt-, sondern zu vorteilhafteren Bedingungen geschehen (Verbesserung der Kreditwürdigkeit, Vereinfachung der Mittelbeschaffung, Laufzeitverlängerungen für Verbindlichkeiten, kein Nachweis einer annehmbaren Rentabilität), was im Januar 2003 zur Einleitung eines Verfahrens wegen einer geplanten Beihilfe führte [ABl. C 057 12.03.2003 S.5]. Gleichzeitig wurde eine **Gewerbesteuerregelung** zugunsten von France Télécom beanstandet (von 1991 bis 1993 keine Steuer; von 1994 bis 2002 Absenkung des Grundbetrags und Anwendung eines niedrigeren Steuersatzes). In der **Entscheidung 2005/709/EG vom 2. August 2004 [ABl. L 269 14.10.2005 S.30]** kam die Kommission zu dem Ergebnis, daß der Aktionärsvorschuß nicht zurückgefordert werden konnte; die reduzierte Steuer wurde jedoch als nicht mit dem Binnenmarkt vereinbare Beihilfe (zwischen 800 Mio. € und 1,1 Mrd. €) eingestuft und mußte zurückgezahlt werden *(vgl. Bull. EU 1/2-2003, S.66; D. Grespan u. a., 2003, S.87; WB 2003, Ziff.526ff., 535; Bull. EU 7/8-2004, S.25; WB 2004, Ziff.429ff.).*

Weiterhin informierte Belgien im Oktober 2003 die Kommission über den Abschluß einer Vereinbarung, nach der ab 2004 bestimmte Pensionsverpflichtungen von **Belgacom** auf den belgischen Staat übertragen werden sollten (Einmalzahlung von Belgacom in Höhe von 5 Mrd. €, jährliche Beiträge); im Januar 2004 wurde das Vorhaben als finanziell neutral eingestuft. Im Juli 2004 wies die Kommission eine gegen Frankreich gerichtete Beschwerde wegen der Reduzierung der UMTS-Lizenzgebühren für **Orange und SFR** zurück, da die Bedingungen objektiv und diskriminierungsfrei gewesen waren. 2004 und 2005 untersuchte sie außerdem staatliche Hilfen für die **Entwicklung des T-DVB** in Deutschland und Schweden [ABl. C 216 28.08.2004 S.5; ABl. C 238 25.09.2004 S.5] sowie für den **Ausbau von Breitbandnetzen** in Frankreich, Spanien und im Vereinigten Königreich *(vgl. Bull. EU 7/8-2004, S.23; WB 2004, Ziff.403ff., 407ff., 600ff.; Bull. EU 4-2005, S.27; Bull. EU 5-2005, S.22; M. Hencsey u. a., 2005, S.8ff.).* Eine Beschwerde von Vtesse Networks Ltd, die sich auf die Anwendung einer günstigeren Bemessungsgrundlage bei der Berechnung der Grundsteuer auf die Telekommunikationsinfrastruktur von **BT und Kingston Communications** bezog, führte im Januar 2005 zur Verfahrenseröffnung, da die Kommission selektive Vorteile und nicht vertragskonforme Beihilfen vermutete [ABl. C 062 12.03.2005 S.10] *(vgl. Bull. EU 1/2-2005, S.62).*

3.4 Technologieförderung, Regulierung knapper Ressourcen und Normung

3.4.1 Einführung neuer Kommunikations- und Informationssysteme

3.4.1.1 Breitbandkommunikation

Die Breitbandkommunikation (permanente Anschlüsse mit umgehendem Zugang zum Internet und hoher Übertragungskapazität zur Bereitstellung innovativer Dienste und Inhalte) zeigte in der Gemeinschaft gegen Ende der neunziger Jahre einen ausgeprägten **Wachstumstrend**, der zwar zwischen 2000 und 2002 unterbrochen wurde, sich seitdem aber wieder fortsetzte. Bis Ende 2003 verdoppelte sich die Anzahl der Breitbandanschlüsse innerhalb eines Jahres auf 22,8 Millionen, die **Marktdurchdringung** erreichte einen Wert von 6 %; Wachstumsraten und Verbreitung sind jedoch sehr heterogen; führend sind Dänemark, Belgien und die Niederlande. Als Alternative zum immer noch vorherrschenden schmalbandigen Einwählzugang kommt vor allem **DSL** zum Einsatz; Infrastrukturwettbewerb durch **andere Technologien** (Ethernet, Glasfasernetze mittels FTTC, Kabelfernsehnetze mit Modem, Powerline, Satellitentechnologie, 3G-Mobilfunk, W-LAN) ist kaum anzutreffen. Beim **Marktzugang** herrscht hingegen zunehmende Konkurrenz; der Anteil der etablierten Betreiber am gesamten Breitbandmarkt sank bis Ende 2003 auf knapp 60 % *(vgl. Ch.-I. Gries, 2003; S. Schniewindt, 2003, S. 80 ff.; Ch.-I. Gries, 2004; L. Firth u. a., 2005, S. 223 ff.; R. Klotz, 2005, S. 102 ff.)*.

Ausgehend vom Aktionsplan *e*Europe 2005 *(vgl. S. 784)* sowie ihren Veröffentlichungen über Investitionen in Netze und Wissen für Wachstum und Beschäftigung von 2003 [SEK (2003) 813 endg.; KOM (2003) 579 endg.; KOM (2003) 690 endg.] legte die Kommission am 3. Februar 2004 eine Mitteilung über Hochgeschwindigkeitsverbindungen für Europa [KOM (2004) 61 endg.] vor, in der sie die **Entwicklung nationaler Strategien** zur Verfügbarkeit und Nutzung der Breitbandkommunikation verlangte. Angebotsseitig steht dabei die Förderung von **Infrastrukturinvestitionen** in bisher unversorgten Regionen durch öffentliche Zuschüsse, den Einsatz der Strukturfonds *(vgl. S. 885)* und die EIB im Mittelpunkt; weiterhin sollen der Wettbewerb zwischen den Plattformen forciert, die Forschung unterstützt und die Einführung von Breitbandnetzen überwacht werden. Nachteilen bei der Akzeptanz (Preise, Qualität, Handhabung) ist durch **nachfrageorientierte Maßnahmen** zu begegnen: Intensivierung des Angebots innovativer Dienste, Inhalte und Anwendungen; Bereitstellung elektronischer Lern-, Gesundheits- und Behördendienste; Anschluß von Verwaltungen, Schulen, Krankenhäusern, Gesundheitszentren und KMU; steuerliche Anreize für Nutzer; Verhinderung langfristiger Exklusivverträge; Gewährleistung der Interoperabilität, der Netzsicherheit und geistiger Eigentumsrechte *(vgl. Bull. EU 1/2-2004, S. 69 f.; M. Cave, 2004, S. 23 ff.)*.

Am 12. Mai 2004 stellte die Kommission in ihrer Mitteilung über nationale Breitbandstrategien [KOM (2004) 369 endg.; SEK (2004) 599 endg.] die **Vorhaben der Mitgliedstaaten** im Detail vor. Der Rat billigte die Absichten der Kommission am 8. März

2004; die **Stellungnahmen** des Wirtschafts- und Sozialausschusses vom 27. Oktober 2004 [ABl. C 120 20.05.2005 S.22] und des Ausschusses der Regionen vom 18. November 2004 [ABl. C 071 22.03.2005 S.55] lobten zwar die Initiative, wünschten aber u. a. eine zügige Genehmigungsvergabe, eine Prüfung der Einbeziehung in die Universaldienstverpflichtung, konkrete inhaltliche und zeitliche Vorgaben für die Verfügbarkeit, Erschwinglichkeit und Mindestqualität, Gebührensenkungen und zusätzliche technische Spezifikationen *(vgl. Bull. EU 3-2004, S.73; Bull. EU 5-2004, S.26f.; Bull. EU 10-2004, S.37; Bull. EU 11-2004, S.53; im weiteren Übersicht 100).*

Parallel dazu bemüht sich die Kommission um eine **Harmonisierung** der einzelstaatlichen Konzepte für die Einführung bestimmter Breitbanddienste. Gemäß der **Empfehlung 2003/203/EG vom 20. März 2003 [ABl. L 078 25.03.2003 S.12]** soll die Bereitstellung des **öffentlichen W-LAN-Zugangs** (z. B. zum Internet) in den verfügbaren 2,4 GHz- und 5 GHz-Bändern möglichst ohne Auflagen gestattet und auf jeden Fall nur von **Allgemeingenehmigungen** abhängig gemacht werden; die Inanspruchnahme der Frequenzbänder für den Systembetrieb ist möglichst keinen individuellen Nutzungsrechten zu unterwerfen. Die Auswahl der von den Diensteanbietern zu verwendenden Einrichtungen darf nicht beschränkt werden. Die **Empfehlung 2005/292/EG der Kommission vom 6. April 2005 [ABl. L 093 12.04.2005 S.42]** legte die Bedingungen und Grundsätze für die Implementierung öffentlicher Technologien für die **Breitbandkommunikation über Stromleitungen** (Powerline) sowie für das Angebot entsprechender Dienste fest. Dabei sind regulatorische Eingriffe zu vermeiden und die Normen zur Gewährleistung der **elektromagnetischen Verträglichkeit** zu harmonisieren (übergangsweise Einsatz von Betriebsmitteln, die den geltenden Vorschriften entsprechen; Systemerrichtung nach anerkannten Regeln der Technik; bei Störungen Nachweis bzw. Sicherstellung der Konformität und Einleitung von Sondermaßnahmen) *(vgl. P. Stamm, 2000; A. Zimmer, 2003, S.893ff.; F. Büllingen u. a., 2004).*

3.4.1.2 Mobilkommunikation der dritten Generation

Das Mobilkommunikationssystem der dritten Generation (3G) bzw. das Universelle Mobile Telekommunikationssystem (UMTS) stellt eine Verbindung der Mobilfunktechnologie mit **leistungsfähigen Datenübertragungsfunktionen** (Zugang zu Internetdiensten, multimediale Anwendungen, hochwertige Sprachübertragung, Nachrichtenübermittlung, Standortdienste) sowohl auf terrestrischer Basis als auch über Satellit dar. Es gewährleistet eine **Integration von Diensten** in einem System und Endgerät, die Portabilität von Diensten, eine nahtlose und globale Funkversorgung sowie langfristig eine **Konvergenz** mit anderen intelligenten Netzen. Verbesserungen ergeben sich z. B. in bezug auf **Übertragungskapazität**, -geschwindigkeit und -kosten, die Quantität und Qualität der angebotenen Dienste, die Bedienungsfreundlichkeit, die **Frequenznutzung**, das Wettbewerbspotential im Teilnehmeranschlußbereich, die Vornahme kommerzieller Transaktionen, die Versorgung sozialer Randgruppen und abgelegener Regionen, die Telearbeit sowie die Bereitstellung von Bildungs-, Gesundheits- und öffentlichen Informationsdiensten *(zur Entwicklung von UMTS vgl. G. Berg,*

1996, S.35ff.; C. Graack, 1997, S.60ff.; P. Curwen, 2002; F. Hillebrand, 2002; E. Lenhard, 2002, S.36ff.).

Schon das **Grünbuch vom April 1994** zu Mobilkommunikation und Personal Communications, die nachfolgende Konsultation und die Ratsentschließung vom Juni 1995 hatten gemeinsame Forschungs- und Entwicklungsanstrengungen sowie eine internationale Frequenzkoordination im Hinblick auf die Einführung des UMTS empfohlen *(vgl. S.827)*. Im Anschluß wurden eine **UMTS-Task Force** (Ausarbeitung über den Weg zum UMTS vom 1. März 1996) und darauf aufbauend im Dezember 1996 ein **UMTS-Forum** (Vertreter von Ordnungsbehörden, Normungsorganisationen, Unternehmen und Verbrauchern) ins Leben gerufen; letzteres legte im Juli 1997 erste Vorschläge zu den Anforderungen und zur Ausgestaltung des zukünftigen regulatorischen Rahmens für das UMTS vor *(vgl. Th. Hart, 1999, S.339f.)*.

Die Kommission hatte bereits mit ihrer Mitteilung vom 29. Mai 1997 über die weitere Entwicklung der Drahtlos- und Mobilkommunikation in Europa [KOM (97) 217 endg.] eine **Diskussionsphase** zur Konzeption neuer Mobilfunksysteme eingeleitet. Den Ausgangspunkt bildete eine Darlegung der Marktentwicklung der zellularen Mobilkommunikation und der drahtlosen Technologien (Anbieter, Nutzer und Durchdringung bei GSM, DCS-1800 und Funkruf), der Unternehmensstrategien, der technologischen Neuerungen, der ordnungspolitischen Rahmenbedingungen (Genehmigungs- und Frequenzvergabe, Reservierung von Frequenzbändern, Wettbewerbspolitik) sowie der Normungsaktivitäten und der Forschungsprogramme. Zu klärende **Grundsatzfragen** waren die begriffliche Abgrenzung (eigenständige Technologie, interoperable Lösungen auf der Basis verschiedener Systeme), der Zeitpunkt der Festlegung einer Einführungsstrategie, die Rolle der Privatwirtschaft und der Behörden beim Übergang, die Auswirkungen auf die Wettbewerbsfähigkeit der europäischen Industrie (Einführungszeitpunkt, Frequenzverwaltung) sowie die Berücksichtigung sozialer und gesellschaftlicher Interessen (Akzeptanz, Roaming, Sicherheit). **Ordnungspolitische Aufgaben** bestanden in folgenden Bereichen: Anpassung der rechtlichen Rahmenbedingungen (Lizenzvergabe, Zusammenschaltung, Universaldienst, Zuteilung von Nummern und Frequenzen), wettbewerbspolitische Begutachtung von Roaming-Vereinbarungen, Frequenzpolitik (Ermittlung des Frequenzbedarfs, Bereitstellung und Zuteilung von Bändern, relevante Zeitpunkte), Normung (Transparenz und Konsensfindung, Rolle der Normungsorganisationen und der Industrie, Offenheit der Normen, Einbeziehung von Diensten der Informationsgesellschaft), Forschung und technologische Entwicklung (strategische Ziele, Maßnahmen), internationale Aspekte (Verpflichtungen im Rahmen der WTO, Abstimmung der gemeinsamen Positionen in bezug auf die Frequenzzuweisung und -zuteilung vor den WRC). Der **Rat** billigte den Ansatz am 27. Juni 1997; die Konsultationsfrist wurde jedoch um zwei Monate bis September 1997 verlängert *(vgl. Bull. EU 5-1997, S.49; GB 1997, Ziff.514)*.

Am 15. Oktober 1997 stellte die Kommission in einer Mitteilung [KOM (97) 513 endg.] (Korrigendum [KOM (97) 513/2 endg.] vom 23. Februar 1998) die **Ergebnisse der Konsultation** sowie die strategischen und politischen Leitlinien für die weitere Entwicklung des UMTS vor. Befürwortet wurde ein vom Markt getragener Ausbau, der durch vordringliche, auf europäischer Ebene harmonisierte Maßnahmen unterstützt werden sollte; dies betraf die Anwendung der geltenden Bestimmungen auf die Erteilung von **UMTS-Genehmigungen** (möglichst keine zahlenmäßige Begrenzung, keine einschränkenden Bedingungen, kein Ausschluß bereits aktiver Betreiber), die **Frequenzpolitik** (rechtzeitige Verfügbarkeit und koordinierte Zuteilung des Spektrums, Prüfung einer Erweiterung), die Gewährleistung des **Roaming** und die Anwendung der Wettbewerbsregeln auf entsprechende Vereinbarungen, die koordinierte Erarbeitung einer einheitlichen, **offenen Norm** für die Luftschnittstelle (ETSI, Genehmigungsbehörden, Industrie), die Forschungsförderung (Technologien, Fachkenntnisse, Gesundheit) und das **internationale Vorgehen** (Marktzugang, Frequenzzuteilung, Normung). Keine Einigkeit bestand über die definitorische Abgrenzung des UMTS, die Zuständigkeit für Entscheidungen über die **Frequenzzuweisung** (Gemeinschaft, CEPT) und die **Frequenzgebühren**; einbezogen werden sollten **Sicherheits- und Schutzaspekte**. Der **ursprüngliche Zeitplan** sah die Verabschiedung einer Ratsentschließung bis Ende 1997, einen Vorschlag für eine Entscheidung (Erteilung von Genehmigungen, Frequenzspektrum, Roaming, Normung) bis Januar 1998 und deren Annahme bis Anfang 1999, den Beginn der Genehmigungsvergabe bis Ende 1998, ein ERC-Mandat für die Zuteilung des Frequenzspektrums bis Februar 1999, die Ausweitung des UMTS-Spektrums auf der WRC-99, den Abschluß der ersten Normungsphase durch ETSI bis Ende 1999 und das Angebot kommerzieller Dienste ab 2002 vor. Allgemeine **Billigung** erfuhren die beiden Mitteilungen durch den Rat am 1. Dezember 1997, den Wirtschafts- und Sozialausschuß am 11. Dezember 1997 [ABl. C 073 09.03.98 S.109] und das Europäische Parlament am 29. Januar 1998 [ABl. C 056 23.02.98 S.42] *(vgl. Bull. EU 10-1997, S.50; Bull. EU 12-1997, S.75; GB 1997, Ziff.514; Bull. EU 1/2-1998, S.69; im weiteren Übersicht 100).*

Mit der ab dem 22. Januar 1999 für vier Jahre geltenden **Entscheidung 1999/128/EG des Europäischen Parlaments und des Rates vom 14. Dezember 1998 [ABl. L 017 22.01.1999 S.1]** wurden dann spezielle Regelungen für die koordinierte Einführung kompatibler UMTS-Netze und -Dienste bis spätestens zum **1. Januar 2002** (bzw. bei technischen Schwierigkeiten im Zusammenhang mit der Anpassung des Frequenzplans bis zum 1. Januar 2003) getroffen. Bis zum 1. Januar 2000 (1. Januar 2001) waren **Genehmigungsverfahren** einzurichten. Die Mitgliedstaaten mußten die Betreiber von UMTS-Netzen zur Aushandlung grenzüberschreitender **Roaming-Vereinbarungen** veranlassen, um ein gemeinschaftsweites Diensteangebot sicherzustellen. Nach der Erteilung eines Mandats durch die Kommission hatte die CEPT (ERC, ECTRA) die **Frequenzbänder** zuzuweisen und ggf. ein Globalverfahren für die Dienste zu erarbeiten; das ETSI sollte gemeinsame **offene UMTS-Normen** entwickeln. Im Rahmen bi- und multilateraler Übereinkünfte mit Drittländern und internationalen Organisationen wurde die Einführung von UMTS-Diensten und der freie Verkehr der UMTS-Ausrüstung in **Drittstaaten** angestrebt *(vgl. Bull. EU 1/2-1998, S.68; Bull. EU 7/8-1998, S.66; Bull. EU 11-1998, S.55 f.; GB 1998, Ziff.471; A. Bartosch, 1999, S. 424; K.-H. Ladeur, 1999, S.68 ff.; E.-J. Mestmäcker u. a., 1999, S.35 ff.; A. Bartosch, 2000, S.216; E. Lenhard, 2002, S.75).*

Anfang 2001 hatten dann elf der 15 Mitgliedstaaten 48 Lizenzen erteilt; Anfang 2002 liefen noch Verfahren in Frankreich und Irland, und bis Herbst 2002 waren 61 Lizenzen vergeben. Bemängelt wurden dabei die zum Teil erheblichen **Unterschiede** bei den Vergabeverfahren (Versteigerungen, Auswahlwettbewerb, Mischformen), der Lizenzanzahl (vier bis sechs), den Gebühren pro Einwohner (0 € bis 650 €), den Einführungszeitpunkten und Laufzeiten (15 bis 20 Jahre), den Lizenzbedingungen (geographische Abdeckung, gemeinsame Errichtung und Nutzung), der Frequenzzuteilung und den Regelungen für den Zugang zu 2G-Systemen. Zwar wurden bereits erste Netze aufgebaut, aufgrund des seit Mitte 2000 **abnehmenden Interesses** am UMTS wurde die für 2002 geplante Aufnahme kommerzieller Dienste dann jedoch wiederholt verschoben. 2001 und 2002 konnten nicht mehr alle vorhandenen Frequenzen vergeben werden, die Bedingungen für die Netzabdeckung wurden abgemildert und die Frequenzgebühren reduziert.

Im Gegenzug zur Senkung der Investitionsausgaben für das UMTS kam es zu einer **Weiterentwicklung der 2G-Technologie** (2,5G-Dienste: WAP, GPRS, i-mode, EDGE, CDMA), wodurch kurzfristig der Umsatz pro Kunde gesteigert werden sollte. Außerdem traten bei der **Entwicklung von Endgeräten** (Gerätefinanzierung durch Verkäufer, Absatzrückgang bei 2G-Geräten, Probleme der Hersteller), der **Lieferung von Netzkomponenten** und der Einführung des neuen Internetprotokolls (IPv6) Verzögerungen auf. Als Gründe für die negative Entwicklung galten vor allem die **hohen Kosten** für die Lizenzen, den Netzaufbau und die Vermarktung, was auch Folgen für den Kapitalmarkt hatte (Kreditaufnahme, Verschuldung, schlechtere Bonität, höhere Zinsen, Refinanzierungsprobleme der Neueinsteiger), der **konjunkturelle Abschwung** und ein komplexes Interessengeflecht der Marktakteure *(vgl. L. Guihery, 2003, S.258ff.; zur Genehmigungs- und Frequenzvergabe beim UMTS E. Lenhard, 2002, S.100ff.; St. Felder, 2004)*.

In ihren Mitteilungen vom 20. März 2001 zur Einführung von Mobilkommunikationssystemen der dritten Generation in der Europäischen Union [KOM (2001) 141 endg.] und vom 11. Juni 2002 über Wege zur allgemeinen Verbreitung der Mobilkommunikation der dritten Generation [KOM (2002) 301 endg.] definierte die Kommission als regelungs- bzw. klärungsbedürftige Handlungsschwerpunkte die Harmonisierung, Koordinierung und Transparenz der **Genehmigungs- und Frequenzvergabe**, die Beibehaltung der geltenden Lizenzbedingungen (Aufbauverpflichtungen, Laufzeiten, Gebühren), das Vorgehen bei Verzögerungen, die Förderung der **gemeinsamen Nutzung** der Infrastruktur, den Erwerb von Standorten für Basisstationen, die Bereitstellung und Nutzung von freien Bändern, den **Frequenzhandel**, die Intensivierung der Forschung, die Normung und die Gewährleistung der Interoperabilität, die Wahl der technologischen Plattform, die **offene Umgebung** von Mobilfunkdiensten, verschiedene Sicherheitsaspekte (Authentifizierung, Verschlüsselung, Zahlungen über Mobiltelefone) sowie den Umwelt- und Gesundheitsschutz. Unterstützung kam hierfür vom **Europäischen Parlament** am 12. Februar 2003 [ABl. C 043 E 19.02.2004 S.260], das außerdem Maßnahmen in bezug auf Kinder und Behinderte forderte *(vgl. Bull. EU 3-2001, S.55f.; GB 2001, Ziff.374; Bull. EU 6-2002, S.69f.; GB 2002, Ziff.346; Bull. EU 1/2-2003, S.81; GB 2003, Ziff.396; zur gemeinsamen Infrastrukturnutzung beim UMTS Ch. Koenig u. a., 2001, S.589ff.; zu den ökologischen und gesundheitlichen Auswirkungen des Mobilfunks F. Büllingen u. a., 2003)*.

Thematisiert wurden in einem Arbeitsdokument vom 3. Dezember 2002 [SEK (2002) 1333 endg.] und in einer Mitteilung vom 9. Juli 2003 [KOM (2003) 410 endg.] auch die Hemmnisse für den Zugang zu neuen Diensten, Anwendungen und Inhalten durch **offene Plattformen** beim 3G-Mobilfunk und Digitalfernsehen. Eine Inanspruchnahme unter Nutzung verschiedener Plattformen (Festnetz, Mobilfunk, W-LAN, Rundfunk, Internet) und Endgeräte (PC, Mobiltelefon, Digitalfernseher und -radio, PDA, Hybridgerät) soll zukünftig durch einen **plattformübergreifenden Zugang** (Verbindung zu allen Angeboten bzw. Personen und Endgeräten unabhängig vom Standort) ersetzt werden, wobei alle Netzverbindungen und Geräte mit mehreren Anwendungsmöglichkeiten genutzt werden. **Probleme** gibt es noch wegen der komplexen und teilweise proprietären Technologien, technischen Umstellungsschwierigkeiten sowie der Existenz von Märkten mit unterschiedlichen wirtschaftlichen Voraussetzungen und Traditionen. Übergeordnete **Ziele** sind technologisch neutrale Regelungen und Wettbewerbsbedingungen, die gemeinschaftliche und internationale Gewährleistung der **Zusammenschaltung**, die Ausarbeitung von technischen Spezifikationen und Normen sowie die Sicherstellung der Interoperabilität und des Zugangs zu den Anwendungsprogrammschnittstellen (im Konsens gefundene offene Normen, Software mit frei zugänglichem Quellcode, proprietäre Technologien). In bezug auf das UMTS arbeitete die Industrie bereits an der **Normung und Interoperabilität** (Open Mobile Alliance, OMA); angesichts dieser Initiativen und der geringen Systemverbreitung waren vorerst keine gemeinsamen Maßnahmen geplant. UMTS-spezifische Probleme stufte die Kommission als unbedeutend ein (Verbindung mit anderen Mobilfunknetzen, Dienste- und Inhaltsanbietern und dem Rundfunk). Gebilligt wurde die Strategie u. a. vom **Rat** am 20. November 2003 und vom **Ausschuß der Regionen** am 21. April 2004 [ABl. C 121 30.04.2004 S.7] *(vgl. Bull. EU 7/8-2003, S.47; Bull. EU 11-2003, S.49; GB 2003, Ziff.398; Bull. EU 4-2004, S.49f.).*

Im Jahre 2003 wurden schließlich in den ersten Mitgliedstaaten UMTS-Dienste aufgenommen; Anfang 2004 gab es zehn **kommerzielle Angebote**, die auf den 2G- bzw. 2,5G-Diensten basierten. In ihren Mitteilungen vom 3. Februar 2004 über Hochgeschwindigkeitsverbindungen für Europa [KOM (2004) 61 endg.] und vom 30. Juni 2004 über mobile Breitbanddienste [KOM (2004) 447 endg.] bemängelte die Kommission jedoch nach wie vor zahlreiche **Hindernisse** (fehlende Koordinierung des Aufbaus, keine gemeinsame Nutzung von Infrastrukturen, ineffiziente Genehmigungs- und Frequenzvergabe, lange Planungsverfahren, Schwierigkeiten bei der Erlangung von Wegerechten, fehlende Spezifikationen und Normen, keine Zusammenarbeit bei der Forschung, Sicherheitsfragen). **Handlungsbedarf** besteht bei der Abgrenzung der Regulierungsaufgaben zwischen elektronischer Kommunikation und Rundfunk, der Zusammenarbeit der Regulierungsbehörden, der **Frequenzpolitik** (Frequenzbereitstellung, -zuteilung und -handel, lizenzfreie Nutzung, Einschränkung von Exklusivrechten), dem **Aufbau von Basisstationen** (Beschleunigung von Planungsverfahren, Gesundheitsrisiken, öffentliche Aufklärung), der Normung (Netz, Gerät, Inhalte, Anwendungen), der vorwettbewerblichen Forschung (Technologieplattform), der Unterstützung der privaten Entwicklung von Diensten und Inhalten, dem elektronischen Angebot öffentlicher Dienste, den Maßnahmen für Bedürftige und Behinderte, den **Sicherheits- und Schutzaspekten** (Systemsicherheit, Datenschutz und Schutz der Privatsphäre, geistiges Eigentum, Authentifizierung, mobile Zahlungsdienste, Schutz Minderjähriger) und der **internationalen Zusammenarbeit** (Forschung, Normung) *(vgl. Bull. EU 1/2-2004, S.69f.; Bull. EU 6-2004, S.57; M. B. Dubois, 2005).*

3.4.1.3 Digitaler Rundfunk

Vom Ende der neunziger Jahre bis 2001 verzeichnete das Digitalfernsehen einen deutlichen **Wachstumstrend** (Zunahme der Teilnehmerzahlen und der Digitalpaketangebote); weite Verbreitung erreichte es vor allem im Vereinigten Königreich sowie in Dänemark und Schweden *(zur Entwicklung bis Ende der neunziger Jahre vgl. S.760).* Dominierend blieb dabei das digitale **Satellitenfernsehen**, das 2002 bei einer Marktdurchdringung von 13,9 % etwa 21,5 Mio. Haushalte erreichte, die mehrheitlich Abonnenten von Pay-TV mit Premiuminhalten waren; eine große Akzeptanz war insbesondere im Vereinigten Königreich sowie in Spanien und Irland festzustellen.

Digitales **Kabelfernsehen** konnte von 8,1 Mio. Haushalten (5,2 %) empfangen werden (Dänemark, Vereinigtes Königreich, Schweden), digitales **terrestrisches Fernsehen** war mit ca. 2,6 Mio. Haushalten (1,7 %) eher unbedeutend (Vereinigtes Königreich, Schweden, Spanien). Seit 2002 kennzeichneten vermehrt wirtschaftliche Schwierigkeiten der großen Pay-TV-Anbieter (Deutschland, Spanien, Vereinigtes Königreich) sowie Konkurse und Zusammenschlüsse den Markt, da sich viele Kunden vom Bezahlfernsehen abwendeten. **Terrestrischer Digitalhörfunk** (T-DAB) wird nach wie vor nur in bescheidenem Umfang angeboten *(vgl. S. Strube, 2001).*

Angesichts dieser Tendenzen forderte das **Europäische Parlament** am 26. September 2002 in einer Entschließung [ABl. C 273 E 14.11.2003 S.311] die Vorlage eines **Aktionsplans** für die erfolgreiche Einführung des digitalen Fernsehens in Europa (Förderung der Interoperabilität, der Wahlfreiheit der Nutzer und der Verwendung eines offenen Standards auf der Grundlage der MHP); diesem Wunsch kam die Kommission in ihrer Mitteilung vom 9. Juli 2003 [KOM (2003) 410 endg.] *(vgl. S.829)* nach. Darin bezeichnete sie die **Interoperabilität** beim Digitalfernsehen als ein zentrales Gemeinschaftsziel, legte die bisher ergriffenen Maßnahmen dar und kündigte neue Untersuchungen an.

Weitere **spezifische Probleme** für die Verwendung offener Plattformen wurden gesehen in den divergierenden Geschäftsmodellen, der uneinheitlichen Verbreitung des Digitalfernsehens, den verschiedenen Übertragungstechnologien, den inkompatiblen Inhalten und der Notwendigkeit der Neubearbeitung, dem großen Bestand an analogen Fernsehgeräten, dem Fehlen eines Rückkanals und der Interaktivität (außer bei Kabelfernsehen), der proprietären Schnittstellen-Software, der unterentwickelten MHP sowie in sprachlichen und kulturellen Aspekten *(vgl. Bull. EU 9-2002, S.36; Bull. EU 7/8-2003, S.47; Bull. EU 11-2003, S.49; GB 2003, Ziff.398).* Ergänzend unterbreitete die Kommission am 30. Juli 2004 eine Mitteilung zur Interoperabilität digitaler interaktiver Fernsehdienste [KOM (2004) 541 endg.; SEK (2004) 1028 endg.] *(vgl. S.842).*

Außerdem befaßt sich die Gemeinschaft mit der Planung des **Übergangs vom analogen zum digitalen Rundfunk** (digitaler Übergang und Analogabschaltung). Eine Mitteilung der Kommission vom 17. September 2003 [KOM (2003) 541 endg.; SEK (2003) 992 endg.] konstatierte zwar die bekannten Vorteile des Digitalfernsehens (effizientere Nutzung der Kapazitäten; Freigabe von Frequenzen; geringere Übertragungskosten; zusätzliche Kanäle, Programme, Dienste und Anwendungen; bessere Qualität; günstigere Absatzmöglichkeiten), sah aber vor allem beim **terrestrischen Digitalfernsehen** erhebliche Schwierigkeiten: Einbeziehung mehrerer Netze und Plattformen, **nationale Unterschiede** in bezug auf die Übertragungstechnologie und die Geschäftsmodelle, heterogene Nutzergruppen, konkurrierende Fernsehangebote, Notwendigkeit einer ausreichenden Verbreitung vor der Umstellung, umfassende **technische Aufrüstung** (bei Produktion, Übertragung und Empfang, wie z. B. Fernsehgeräte, integrierte Digitalempfänger, Konverter, Decoder, Kabel, Antennen, Schüsseln), Umstellung der Frequenznutzung und Diensteentwicklung, begrenzte terrestrische Kapazitäten, Frequenzknappheit während des Übergangs, erhebliche **Kosten** (Abdeckung, technische Umrüstung) *(vgl. Bull. EU 9-2003, S. 35 f.)*.

Die Einführung des Digitalfernsehens muß nach Auffassung der Kommission überwiegend durch den **Marktprozeß** getragen werden; staatliches Eingreifen ist nur zur Sicherstellung öffentlicher Interessen (politischer, wirtschaftlicher, gesellschaftlicher, sozialer oder kultureller Art) und bei Marktversagen (keine Internalisierung der Umstellungskosten, Trittbrettfahrerproblem, ungleiche Verteilung von Nutzen und Kosten, Bildung von Oligopolen) gerechtfertigt. Allerdings wurden auch Nachteile des **öffentlichen Interventionismus** gesehen (heterogene Pläne, kontraproduktive Maßnahmen, *moral hazard* oder Inaktivität der Marktakteure, Einfluß zahlreicher Interessengruppen). Zur Gewährleistung einer ausreichenden Planungssicherheit sollten die **nationalen Strategien** bis Ende 2003 entwickelt sein, grundsätzlichen Anforderungen gehorchen (Abstimmung, Transparenz, Angemessenheit, Diskriminierungsfreiheit, Technologieneutralität) und – unter Angabe bindender Termine – die folgenden **Bereiche** regeln: Genehmigung von Netzen und Inhalten, Lizenzbedingungen und Anzahl der Betreiber; zeitlicher und geographischer Ausbau; Preisregulierung und Anwendung des Wettbewerbsrechts; Zahlung von Subventionen bzw. Senkung von Abgaben; Übertragungsverpflichtungen und Umfang der simultanen Übertragung; Normung und Interoperabilität; Unterstützung von Forschung, Technologieeinführung und Werbung; Einbeziehung von Breitbildfernsehen und HDTV (Arbeitsdokument der Kommission vom 13. Januar 2004 [SEK (2004) 46 endg.]); Angebot elektronischer Behörden-, Gesundheits- und Lerndienste; Gewährleistung von Datenschutz und Urheberrechten; Maßnahmen für Bedürftige; Verbraucherinformation; Marktbeobachtung und -analyse; Durchführung von Konsultationen.

Die **gemeinschaftlichen Beiträge** bestehen in der Festlegung von inhaltlichen und zeitlichen Rahmenvorgaben für die Umstellung, die Überwachung und den Leistungsvergleich, die Verbraucherinformation, die Förderung des Zugangs zu Mehrwertdiensten und die Entwicklung von Gerätenormen sowie in der Gestaltung der gemeinsamen Frequenzpolitik (Umfang und zukünftige Nutzung der Frequenzen, Mechanismen für die Frequenzzuweisung und -zuteilung).

Nachdem der Ansatz vom **Rat** am 20. November 2003 sowie in den **Stellungnahmen** des Wirtschafts- und Sozialausschusses vom 25. Februar 2004 [ABl. C 110 30.04.2004 S.125] und des Ausschusses der Regionen vom 21. April 2004 [ABl. C 121 30.04.2004 S.7] weitgehend gebilligt worden war, präzisierte die Kommission am 24. Mai 2005 [KOM(2005) 204 endg.; SEK(2005) 661 endg.] angesichts der **uneinheitlichen nationalen Pläne** (Abschaltung des terrestrischen Analogfernsehens in sieben Staaten bis 2010, in sechs Ländern bis 2012) sowie der zögerlichen Investitionen der Betreiber und der geringen Nachfrage nach den noch sehr teuren Empfangsgeräten ihre Vorstellungen. Letzter Termin für die Vorlage der Konzepte war Ende 2005; diese sollten konkrete Vorgaben für die einzelnen Phasen enthalten und das Jahr 2012 für den **Abschluß des Übergangs** vorsehen. Empfohlen wurden eine umfassende Information der Verbraucher sowie eine Nutzung der freiwerdenden Frequenzen vor allem für europaweite und grenzüberschreitende Dienste (Verkehrsinformation, Flottenmanagement, Mobilkommunikation, Datenfunk) *(vgl. Bull. EU 11-2003, S.48f.; GB 2003, Ziff.380; Bull. EU 1/2-2004, S.71f.; Bull. EU 4-2004, S.49f.; Bull. EU 5-2005, S.27).*

3.4.2 Frequenzpolitik

3.4.2.1 Das Grünbuch zur Frequenzpolitik vom Dezember 1998

Gerade die sich in den neunziger Jahren im Kommunikations- und Rundfunksektor abzeichnenden marktbezogenen und politisch-rechtlichen Entwicklungen stellten die gemeinsame Frequenzpolitik vor **neue Herausforderungen**. Anzuführen sind diesbezüglich u. a. die Einführung des vollständigen Wettbewerbs im Telekommunikationssektor, die Globalisierung der Märkte, zunehmende Kooperationen und Fusionen sowie das Entstehen und die Konvergenz von Technologien und Diensten (Mobilfunk- und Satellitenbreitbandnetze, W-LAN, Kabel- und Satellitenfernsehen, Internet, paneuropäische Dienste). Zu berücksichtigen waren aber auch zahlreiche andere kommerzielle und öffentliche **Nutzungsformen** bzw. Anwendungen (Verkehr, Navigations- und Ortungsdienste, Warn- und Notrufsysteme, Forschung, Meteorologie, Astronomie, Zeiterfassung, Gesundheitswesen, Umweltschutz, Verteidigung). **Probleme** manifestierten sich insbesondere im Frequenzmangel, in der unkoordinierten Zuweisung, Vergabe und Nutzung von Frequenzen, in Schwierigkeiten bei der Diensteeinführung sowie in innereuropäischen und internationalen Interessenkonflikten. Mit einer **umfassenden Reform** verband man die Hoffnung, auf Dauer den Marktzugang und technologische Innovationen zu erleichtern sowie die Wettbewerbsfähigkeit Europas zu stärken. Außerdem angestrebt wurden Rechtssicherheit, Frequenzverfügbarkeit, geeignete Vergabeverfahren und Nutzungseffizienz. Weiterhin wollte man ein Interessengleichgewicht der Mitgliedstaaten, der Gemeinschaft und der Nutzer herstellen sowie gesamtwirtschaftliche, sicherheitsrelevante, gesellschaftliche, soziale, kulturelle, wissenschaftliche und außenhandelspolitische Aspekte in Einklang bringen.

Vorschläge für einen neuen **sektorübergreifenden Gemeinschaftsrahmen** formulierte die Kommission in ihrem Grünbuch vom 9. Dezember 1998 zur Frequenzpolitik

[KOM (98) 596 endg.] und in der Mitteilung vom 10. November 1999 über die Ergebnisse der öffentlichen Konsultation [KOM (1999) 538 endg.]. Als Handlungsbereiche benannte sie die strategische **Planung der Frequenzpolitik** (Planungsumfang, Neuverteilung und Substitution, europaweite Dienste, Bereitstellung von Informationen), die Harmonisierung der **Frequenzzuweisung** und -nutzung (gemeinsame Bedarfsregelung, Prioritäten, Konfliktschlichtung, Rechtssicherheit, Abstimmung der Gemeinschaftsposition in internationalen Organisationen), die **Frequenzzuteilung und Genehmigungsvergabe** (Stärkung des Wettbewerbs, Verfahrenswahl, Auswirkungen von Frequenzgebühren und von Entgelten für eine Frequenzverlagerung, Trennung von Frequenzzuteilung und Genehmigungserteilung, Möglichkeit von Sekundärmärkten und einer gemeinsamen Nutzung, Frequenzverlagerung und -ablösung) und die **Normung** (Kooperation der beteiligten Institutionen) *(vgl. Bull. EU 12-1998, S.92; GB 1998, Ziff.472; Bull. EU 11-1999, S.45; J. Turek, 1999, S.170f.; zur Frequenzverwaltung D. Withers, 1999).*

Als prioritär bezeichnet wurden die Klärung bestimmter **Grundsatzfragen** auf Gemeinschaftsebene (Bedarf an einer Harmonisierung der Frequenznutzung, Evaluierung und Ausgleich des Frequenzbedarfs, Einsetzung einer frequenzpolitischen Sachverständigengruppe) und die Schaffung eines **neuen Rechtsrahmens** (Vereinheitlichung von Rechtsvorschriften, Abfassung technischer Vorschriften durch die CEPT, Umsetzung der CEPT-Vorgaben durch die Mitgliedstaaten, Erteilung von Allgemeingenehmigungen, Interoperabilität von Funkgeräten). Außerdem sollten die bestehenden Frequenznutzungspläne revidiert, kommerzielle und öffentliche Anwendungen besser koordiniert sowie die Transparenz und Verfügbarkeit von Informationen optimiert werden.

Auf **institutioneller Ebene** plädierte die Kommission für eine Zusammenarbeit zwischen den politischen Stellen, den Frequenzverwaltungsbehörden und den Normungsorganisationen, eine weitreichende **Abstimmung** der Mitgliedstaaten bei der Frequenzzuweisung und den Zuteilungs- bzw. Genehmigungsverfahren sowie für eine vorherige **Klärung der Gemeinschaftsziele** in den WRC der ITU (Veröffentlichung der Ziele, koordinierte Vorbereitung, ggf. Bestätigung der Position durch den Rat, Forcierung des Marktzugangs im Rahmen der WTO).

Das Grünbuch und die Konsultationsergebnisse erfuhren u. a. auch durch den **Wirtschafts- und Sozialausschuß** am 28. April 1999 [ABl. C 169 16.06.1999 S.3] sowie in den Entschließungen des **Europäischen Parlaments** vom 5. Mai 1999 [ABl. C 279 01.10.1999 S.72] und vom 18. Mai 2000 [ABl. C 059 23.02.2001 S.245] eine weitgehende Billigung. Als vordringlich bezeichnet wurden eine frühzeitige Freigabe von Frequenzen für GSM und UMTS sowie für öffentliche Verwendungen, eine Zweckbindung der Einnahmen aus der Frequenzzuteilung, die Verbesserung der Informationsbereitstellung und Transparenz, die Berücksichtigung gesellschaftlicher, sozialer und gesundheitlicher Aspekte, eine Reform der Entscheidungsprozesse und ein größerer Einfluß der Gemeinschaft in den internationalen Gremien sowie die Beachtung der Bedürfnisse der europäischen Nachbar- und der Entwicklungsländer *(vgl. Bull. EU 4-1999, S.51; Bull. EU 5-1999, S.57; GB 1999, Ziff.434; Bull. EU 5-2000, S.45; GB 2000, Ziff.327).*

3.4.2.2 Durchführung der Gemeinschaftspolitik seit 2002

Die **Entscheidung 2002/676/EG des Europäischen Parlaments und des Rates vom 7. März 2002 [ABl. L 108 24.04.2002 S.1]** (Frequenzentscheidung) schuf dann mit Wirkung vom 24. April 2002 neue Rahmenvorgaben für die Koordinierung der nationalen Frequenzplanungen und -zuweisungen in den Sektoren Funkausrüstung, Rundfunk, Verkehr und Raumfahrt. Vor allem sollten eine **Harmonisierung der Bedingungen** für die Verfügbarkeit sowie für die effiziente und störungsfreie Nutzung des Frequenzspektrums, eine rechtzeitige und abgestimmte Bereitstellung der nationalen Frequenzbereichszuweisungspläne und der notwendigen Informationen (Rechte, Auflagen, Verfahren, Gebühren) sowie eine **Koordinierung der Interessen** der Gemeinschaft in den internationalen Organisationen (CEPT, ITU) und gegenüber Drittstaaten (Überwachung durch die Kommission, Berichte über Schwierigkeiten durch die Mitgliedstaaten) erreicht werden *(vgl. Bull. EU 7/8-2000, S.39f.; GB 2000, Ziff.325; Bull. EU 5-2001, S.35f.; Bull. EU 1/2-2002, S.71f.; GB 2002, Ziff.342; P. Nihoul u. a., 2004, S.701ff.; K. Schultheiß, 2004, S.275; A. Groebel, 2005, S.85; Übersicht 100).*

Um die Verfügbarkeit und effiziente Nutzung des Frequenzspektrums sicherzustellen, unterbreitet die Kommission dem **Funkfrequenzausschuß** technische Umsetzungsmaßnahmen und konsultiert ihn in allen wichtigen frequenzpolitischen Fragen. Hinsichtlich der Ausarbeitung der Maßnahmen erteilt die Kommission termingebundene Aufträge an die **CEPT** (Zuweisung von Frequenzbereichen, Verfügbarkeit von Informationen). Sie entscheidet zudem über die Anwendung der Ergebnisse in der Gemeinschaft und legt Umsetzungsfristen (ggf. auch Übergangszeiträume) für die Mitgliedstaaten fest, wie z. B. mit der **Entscheidung 2005/513/EG vom 11. Juli 2005 [ABl. L 187 19.07.2005 S.22]** i. d. F. der Berichtigung [ABl. L 238 15.09.2005 S.26] in bezug auf die Frequenzbänder 5,15 bis 5,35 GHz und 5,47 bis 5,725 GHz für **drahtlose Zugangssysteme** einschließlich lokaler Funknetze (WAS / W-LAN). Die Kommission kann auch ohne Rückgriff auf die Vorarbeiten oder deren Ergebnisse die erforderlichen Schritte einleiten. Ergänzend wurde mit dem **Beschluß 2002/622/EG der Kommission vom 26. Juli 2002 [ABl. L 198 27.07.2002 S.49]** eine **Gruppe für Frequenzpolitik** geschaffen (je ein Sachverständiger der Mitgliedstaaten und der Kommission; ggf. Einrichtung von Unter- und Sachverständigengruppen; Einladung von Beobachtern). **Aufgaben** sind die Unterstützung und Beratung der Kommission mittels Stellungnahmen zu frequenzpolitischen Fragen (Verfügbarkeit, Harmonisierung und Zuweisung, Informationsbereitstellung, Vergabe, Verlegung, Bewertung, effiziente Nutzung, Gesundheitsschutz) und zur Koordinierung der nationalen Ansätze. Zu diesem Zweck können **Anhörungen** von Sachverständigen und Betroffenen sowie **Konsultationen** von Unternehmen und Nutzern zu marktbezogenen, regulierungspolitischen und technischen Fragen durchgeführt werden *(vgl. P. Nihoul u. a., 2004, S.19f., 705ff.; A. Groebel, 2005, S.85).*

In ihren ersten beiden **Jahresberichten** vom 20. Juli 2004 [KOM (2004) 507 endg.; SEK (2004) 957 endg.] – Schlußfolgerungen des Rates vom 9. Dezember 2004 – und vom 6. September 2005 [KOM (2005) 411 endg.] über die Frequenzpolitik in der Europäischen Union definierte die Kommission als **Ziele** der zukünftigen Politik die Reduzierung von Zugangsbeschränkungen, eine Verbesserung der Flexibilität und Effizienz, die Förderung von Wettbewerbsfähigkeit und Innovationen sowie die Unterstützung der Konvergenz. Im Vordergrund sollten die folgenden Vorhaben stehen: Reform der **Frequenzverwaltung und -zuteilung** (Begriffsdefinitionen, besseres Informationsverfahren, Auktionen), Neuregelung der **Frequenznutzung** (Frequenzhandel, genehmigungsfreie Nutzung, Nutzung zu Versuchszwecken, einheitliches Konzept für drahtlose Plattformen), Übergang zum **digitalen terrestrischen Rundfunk**, Harmonisierungsmaßnahmen in bezug auf innovative Technologien (3G-Mobilkommunikation und hybride Anwendungen, Wiederverwendung der ERMES- und TFTS-Bänder, W-LAN, Ultrabreitband, Nahbereichsfunkgeräte, Hilfs- und medizinische Anwendungen, Nahbereichsradar und Anwendungen in Pkw), Optimierung der Auswirkungen von Gemeinschaftsmaßnahmen (Folgenabschätzung, Überprüfung der Gültigkeit, Umsetzung), Zusammenarbeit mit der CEPT und **Vertretung der gemeinsamen Interessen** auf internationaler Ebene *(vgl. Bull. EU 7/8-2004, S.29; Bull. EU 12-2004, S.56f.; Bull. EU 9-2005, S.26ff.; zu Frequenzauktionen G. Götzke, 1994, S.197 ff.; Th. Hart, 1999, S.332ff.; A. C. Morris, 2005, S.687ff.).*

Speziell mit der **Reform der Frequenzverwaltung** befaßte sich die Kommission in einer Mitteilung vom 14. September 2005 [KOM (2005) 400 endg.]. Angesichts des steigenden Frequenzbedarfs, der unzureichenden Nutzung des Spektrums, der Konvergenz von Diensten, der Möglichkeit des Betriebs von Geräten in unterschiedlichen Bändern, der fehlenden Orientierung an den Marktgegebenheiten sowie der einzel- und gesamtwirtschaftlichen Verluste des bisherigen Planungsverfahrens (nationale Verwaltung und Zuweisung, Zuteilung individueller Nutzungsrechte, internationale Koordinierung) wurde eine durchgreifende Neuordnung angeregt. Ergänzend sollten nun schrittweise **Frequenzmärkte** etabliert werden, die den Handel von individuellen Frequenznutzungsrechten in bestimmten Bändern für terrestrische Mobilfunk-, Drahtloskommunikations- und Rundfunkdienste erlauben, und die dafür notwendigen **Rahmenbedingungen** geschaffen werden: Vereinbarung politischer Ziele, Auswahl der Bänder, Einbeziehung der Belange des Rundfunks, Folgenabschätzungen, Anwendung des Wettbewerbsrechts (Hortung, Technologie- und Diensteneutralität, Dienstebeschränkungen), Angleichung der Frequenzrechte, Informationszugang. Weiterhin war eine **flexible Frequenznutzung** im Rahmen eines lizenzfreien Modells vorgesehen *(zur Schaffung von Frequenzmärkten vgl. G. Götzke, 1994, S.166ff.; T. M. Valletti, 2001, S.655ff.; M. Bykowsky, 2003, S.533ff.; L. Nett u. a., 2003).*

3.4.3 Namengebung und Adressierung im Internet

3.4.3.1 Internationale Organisation und Verwaltung des Internet

Die internationale Verwaltung von **Internetdomänennamen und IP-Adressen** ist eine zentrale Rahmenbedingung für die Entwicklung des elektronischen Geschäftsverkehrs, den Schutz der Privatsphäre und der geistigen Eigentumsrechte, die Betrugsbekämpfung, den Verbraucherschutz und die öffentliche Sicherheit. Im Februar 1998 veröffentlichte die US-amerikanische Regierung ein **Grünbuch** zur Verwaltung von

Übersicht 100: Einführung neuer Technologien, Frequenzpolitik und Internetverwaltung seit 1998

Einführung neuer Kommunikations- und Informationssysteme

Entscheidung 1999/128/EG des Europäischen Parlaments und des Rates vom 14. Dezember 1998 über die koordinierte Einführung eines Drahtlos- und Mobilkommunikationssystems (UMTS) der dritten Generation in der Gemeinschaft [ABl. L 017 22.01.1999 S.1] — Rechtsetzung auf der Grundlage der Artt. 57 (47), 66 (55) und 100 a (95) EGV, auf Vorschlag der Kommission [ABl. C 131 29.04.98 S.9; ABl. C 276 04.09.98 S.4] sowie nach den Stellungnahmen des WSA [ABl. C 214 10.07.98 S.92] und des AdR [ABl. C 373 02.12.98 S.23]; Stellungnahme des EP [ABl. C 210 06.07.98 S.200], gemeinsamer Standpunkt des Rates [ABl. C 333 30.10.98 S.56], Beschluß des EP [ABl. C 379 07.12.98 S.67] und Beschluß des Rates im Rahmen des Verfahrens der Mitentscheidung — Aufnahme in den Anhang XI des EWR-Abkommens durch den Beschluß 119/1999 des Gemeinsamen EWR-Ausschusses [ABl. L 325 21.12.1999 S.34]

Empfehlung 2003/203/EG der Kommission vom 20. März 2003 zur harmonisierten Gewährung des öffentlichen Funk-LAN-Zugangs zu öffentlichen elektronischen Kommunikationsnetzen und -diensten in der Gemeinschaft [ABl. L 078 25.03.2003 S.12]

Empfehlung 2005/292/EG der Kommission vom 6. April 2005 zur elektronischen Breitband-Kommunikation über Stromleitungen [ABl. L 093 12.04.2005 S.42]

Frequenzpolitik

Entscheidung 2002/676/EG des Europäischen Parlaments und des Rates vom 7. März 2002 über einen Rechtsrahmen für die Funkfrequenzpolitik in der Europäischen Gemeinschaft (Frequenzentscheidung) [ABl. L 108 24.04.2002 S.1] — Rechtsetzung auf der Grundlage des Art. 100 a (95) EGV, auf Vorschlag der Kommission [ABl. C 365 E 19.12.2000 S.256; ABl. C 025 E 29.01.2002 S.468; KOM (2002) 65 endg.] und nach Stellungnahme des WSA [ABl. C 123 25.04.2001 S.61]; Stellungnahme des EP [ABl. C 065 E 14.03.2002 S.293], gemeinsamer Standpunkt des Rates [ABl. C 009 11.01.2002 S.7], Beschluß des EP [ABl. C 177 E 25.07.2002 S.164] und Beschluß des Rates im Rahmen des Verfahrens der Mitentscheidung — Aufnahme in den Anhang XI des EWR-Abkommens durch den Beschluß 79/2003 des Gemeinsamen EWR-Ausschusses [ABl. L 257 09.10.2003 S.29]

Beschluß 2002/622/EG der Kommission vom 26. Juli 2002 zur Einrichtung einer Gruppe für Frequenzpolitik [ABl. L 198 27.07.2002 S.49] — Aufnahme in den Anhang XI des EWR-Abkommens durch den Beschluß 9/2004 des Gemeinsamen EWR-Ausschusses [ABl. L 116 22.04.2004 S. 56]

Entscheidung 2005/513/EG der Kommission vom 11. Juli 2005 über die harmonisierte Nutzung von Funkfrequenzen in den 5-GHz-Bändern für die Einführung drahtloser Zugangssysteme einschließlich lokaler Funknetze (WAS / Funk-LANs) [ABl. L 187 19.07.2005 S.22] i. d. F. der Berichtigung [ABl. L 238 15.09.2005 S.26]

Richtlinie des Europäischen Parlaments und des Rates zur Aufhebung der Richtlinie 90/544/EWG des Rates über die Frequenzbänder für die koordinierte Einführung eines europaweiten terrestrischen öffentlichen Funkrufsystems in der Gemeinschaft — Rechtsetzung auf der Grundlage des Art. 100 a (95) EGV, auf Vorschlag der Kommission [KOM (2005) 361 endg.] und nach Stellungnahme des WSA vom 27. Oktober 2005; Stellungnahme des EP vom 15. November 2005 und Beschluß des Rates im Rahmen des Verfahrens der Mitentscheidung

Organisation und Verwaltung des Internet

Entschließung 2000/C 293/02 des Rates vom 3. Oktober 2000 über die Organisation und Verwaltung des Internet [ABl. C 293 14.10.2000 S.3]

Verordnung 2002/733/EG des Europäischen Parlaments und des Rates vom 22. April 2002 zur Einführung der Domäne oberster Stufe „.eu" [ABl. L 113 30.04.2002 S.1] — Rechtsetzung auf der Grundlage des Art. 129 d (156) EGV, auf Vorschlag der Kommission [ABl. C 096 E 27.03. 2001 S.333; KOM (2001) 535 endg.; KOM (2002) 165 endg.] und nach Stellungnahme des WSA [ABl. C 155 29.05.2001 S.10]; Stellungnahme des EP [ABl. C 065 E 14.03.2002 S.147], gemeinsamer Standpunkt des Rates [ABl. C 045 E 19.02.2002 S.53], Beschluß des EP [ABl. C 293 E 28. 11.2002 S.63] und Beschluß des Rates im Rahmen des Verfahrens der Mitentscheidung

Entscheidung 2003/375/EG der Kommission vom 21. Mai 2003 zur Benennung des Registers für die Domäne oberster Stufe „.eu" [ABl. L 128 24.05.2003 S.29]

Verordnung 2004/874/EG der Kommission vom 28. April 2004 zur Festlegung von allgemeinen Regeln für die Durchführung und die Funktionen der Domäne oberster Stufe „.eu" und der allgemeinen Grundregeln für die Registrierung [ABl. L 162 30.04.2004 S.40]

Verordnung 2005/1654/EG der Kommission vom 10. Oktober 2005 zur Änderung der Verordnung 2004/874/EG zur Festlegung von allgemeinen Regeln für die Durchführung und die Funktionen der Domäne oberster Stufe „.eu" und der allgemeinen Grundregeln für die Registrierung [ABl. L 266 11.10.2005 S.35]

Namen und Adressen im Internet, das u. a. von der Kommission am 20. Februar 1998 [KOM (98) 111 endg.], vom Rat am 26. Februar 1998 und erneut von beiden Gemeinschaftsorganen am 16. März 1998 scharf kritisiert wurde. Beanstandet wurde vor allem die Beibehaltung der **Entscheidungshoheit der Vereinigten Staaten**; als notwendig bezeichnete man die Beteiligung anderer Staaten, internationaler Institutionen und des Privatsektors an der Verwaltungsorganisation, den Einfluß der **nationalen Registrierungsstellen und Register** auf die geographischen Domänen oberster Stufe (ccTLD), konkrete Vorgaben für das **Domänennamensystem** und die Anwendung von Wettbewerbsregeln *(vgl. Bull. EU 1/2-1998, S.65 f.; GB 1998, Ziff. 460)*.

Auf die zahlreichen Einwände reagierte das Wirtschaftsministerium der Vereinigten Staaten im Juni 1998 mit einem **Weißbuch** über die Verwaltung von Namen und Adressen im Internet (Gründung einer neuen IANA-Organisation als zentrale Regulierungsstelle, Vertretung der Industrie sowie von privaten und öffentlichen Nutzern, keine Vorabregelungen und Übertragung von Verantwortungsbereichen durch die US-amerikanische Regierung). Die Veröffentlichung wurde zwar von der Kommission am 30. Juni 1998 und in einer Mitteilung vom 29. Juli 1998 [KOM (98) 476 endg.] grundsätzlich begrüßt; **Klärungsbedarf** sah sie jedoch in bezug auf folgende Aspekte: Rechtshoheit, Mitgliedschaft und Struktur, Beteiligung europäischer Register und Registrierungsstellen, Einfluß der Nutzer und Information des Privatsektors, Besteuerung der Betreiber von Domänennamen *(vgl. Bull. EU 7/8-1998, S.65; GB 1998, Ziff. 460; M. L. Mueller, 1998, S.89 ff.)*.

Im Oktober 1998 wurde in Los Angeles die **Zentralstelle für die Vergabe von Internetnamen und -adressen** (ICANN) gegründet, die im Oktober 2000 ihre Tätigkeit aufnahm. Bereits in einer Mitteilung vom 11. April 2000 über Organisation und Verwaltung des Internet [KOM (2000) 202 endg.] befaßte sich die Kommission mit in diesem Kontext relevanten Aspekten, wie z. B. der **Organisationsstruktur** der ICANN, der Übertragung von Zuständigkeiten (Verwaltung von Domänennamen, Zuweisung von Adressen, Koordinierung von Parametern, Verwaltung von Rootservern), Verfahrensfragen, der **Finanzierung und der Mitgliedschaft** bei der ICANN sowie der Schaffung eines Beratungsausschusses der Regierungen. Darüber hinaus wurden wichtige Grundsatzfragen behandelt und Vorschläge für ein gemeinschaftliches Vorgehen auf folgenden Gebieten unterbreitet: **Internetadressierung** (Länge der Binärzahlen, Einführung des IPv6, Zuteilung und Reservierung von Adressen, Überwachung, Einbeziehung von Nutzern); **Internetprotokolle** (Entwicklung und Nutzung, Kooperation innerhalb und europäische Beteiligung an der PSO, Neutralität von Spezifikationen); allgemeine **Domänen oberster Stufe** (gTLD) und ccTLD (Wettbewerb bei der Registrierung, Zulassung konkurrierender Registrierungsstellen, neue gTLD, Befugnisse der ICANN, Verwaltung der Rootserver und der ccTLD, Schaffung des Domänennamens „.eu"); Eigentumsrechte (Markenschutz, mißbräuchliche Registrierung von Domänennamen, sonstige Namensrechte, alternative Streitbeilegungsverfahren, Verhaltenskodex); **Datenschutz** (Whois-Daten, Datenfluß bei der Registrierung, Transparenz und Datenzugang, Kooperation mit den Vereinigten Staaten, Umsetzung durch die Mitgliedstaaten); **Wettbewerbspolitik** (Mißbrauch der marktbeherrschenden Stellung durch Registerstellen für gTLD und ccTLD); Entwicklung von Internetinfrastruktur und -verkehr (asymmetrische Verkehrsströme, Mietleitungskapazität und -preise, Tarife für den Internetzugang) *(vgl. Bull. EU 4-2000, S.32; W. Kleinwächter, 2000, S.553ff.; A. Hillebrand u. a., 2001; WB 2002, Ziff.196; WB 2003, Ziff.121).*

Der Rat wies in seiner **Entschließung 2000/C 293/02 vom 3. Oktober 2000 [ABl. C 293 14.10.2000 S.3]** auf eine Vielzahl noch ungelöster Fragen hin (Aufsicht öffentlicher Stellen über bestimmte Tätigkeiten der ICANN, Festlegung der Eigentumsrechte für Datenbanken, Trennung der Tätigkeiten von Registern und Registrierungsstellen, Rückübertragung der Verantwortung für ccTLD, Beziehungen zu den Vereinigten Staaten und zur ICANN). Die **Mitgliedstaaten** wurden zu einer verstärkten Koordinierung ihrer Standpunkte und zur Umsetzung der Grundsätze des ICANN-Beratungsausschusses der Regierungen aufgefordert; die **Kommission** sollte für eine bessere Abstimmung der Politik im Bereich der Internetverwaltung sorgen und ein europäisches Verbundnetz zur Bündelung des relevanten Sachverstands schaffen. Auch das **Europäische Parlament** betonte in einer Entschließung vom 15. März 2001 [ABl. C 343 05.12.2001 S.286] die Bedeutung der Einhaltung grundsätzlicher Prinzipien und einer Klärung der noch strittigen Punkte *(vgl. Bull. EU 10-2000, S.35f.; GB 2000, Ziff.321; Bull. EU 3-2001, S.60; GB 2001, Ziff.366; im weiteren Übersicht 100).*

Speziell mit der **Einführung des IPv6** befaßte sich die Kommission in einer Mitteilung vom 21. Februar 2002 [KOM (2002) 96 endg.], die der Rat am 17. Juni 2002 unterstützte. Als **Vorteile** wurden die Ausweitung der Adressenkapazität (128-Bit- anstelle von 32-Bit-Adressen), die neuen Verwaltungs- und Zuweisungsverfahren, die größere Zahl von Internetdiensten und -anwendungen sowie die Geeignetheit für die drahtlose Kommunikation bezeichnet. Notwendige **Maßnahmen** bestanden nach Meinung der Kommission in der Förderung des Protokolls, der Verbreitung des Internet und der Integration in neue Internetdienste, der Annahme von Leitlinien für den Übergang, der Durchführung von Schulungs-, Sensibilisierungs- und Forschungsvorhaben, der Anbindung von Forschungsnetzen, der Normung sowie in der Verbesserung des Datenschutzes und des Schutzes der Privatsphäre *(vgl. Bull. EU 1/2-2002, S.68f.; Bull. EU 6-2002, S.67f.; GB 2002, Ziff.345; zur weiteren Diskussion über die Internetverwaltung* *und-namengebung Ch. Koenig u. a., 2003, S.182 ff.; M. L. Mueller u. a., 2004, S.487 ff.).*

3.4.3.2 Einführung eines gemeinsamen Internetdomänennamens

In einem Arbeitsdokument vom 2. Februar 2000 [KOM (2000) 153 endg.] und einer Mitteilung vom 5. Juli 2000 [KOM (2000) 421 endg.] behandelte die Kommission nochmals gesondert die Einführung der Bezeichnung „.eu" als ccTLD und damit verbundene Fragen (Notwendigkeit, Zuständigkeit, territorialer Geltungsbereich, Gründung einer Registerorganisation, Registrierungspolitik, Beilegung von Streitigkeiten, Schutz von Namen und Warenzeichen, elektronischer Geschäftsverkehr, landesspezifische ccTLD-Register). Realisiert wurde das Vorhaben schließlich mit der **Verordnung 2002/733/EG des Europäischen Parlaments und des Rates vom 22. April 2002 [ABl. L 113 30.04.2002 S.1]** zum 30. April 2002; außerdem wurden die Aufgaben des Registers spezifiziert (Organisation und Verwaltung der TLD, Festlegung der allgemeinen Registrierungspolitik, Wartung der Datenbanken und der öffentlichen Abfragedienste, Registrierung von Domänennamen, Zulassung von Registrierungsstellen, Betrieb des Domänennamensregisters und der Namens-Server, Verbreitung der TLD-Zonendateien). Nach einem Aufruf zur Interessenbekundung [ABl. C 208 03. 09.2002 S.6] benannte die Kommission mit der **Entscheidung 2003/375/EG vom 21. Mai 2003 [ABl. L 128 24.05.2003 S.29]** das Konsortium European Registry for Internet Domains (Belgien, Italien, Schweden) als Register. Die **Verordnung 2004/874/ EG der Kommission vom 28. April 2004 [ABl. L 162 30.04.2004 S.40]**, geändert durch die **Verordnung 2005/1654/EG der Kommission vom 10. Oktober 2005 [ABl. L 266 11.10.2005 S.35]**, legte Grundregeln für die Durchführung und die Funktionen der TLD sowie für die Registrierung fest (Anträge und Zuweisung, Registrierungsstellen, Sprachen, geographische und geopolitische Namen, Reservierungen, Whois-Daten und unsittliche Registrierungen) *(vgl. Bull. EU 1/2-2000, S.56 f.; Bull. EU 7/8-2000, S.37 f.; Bull. EU 12-2000, S.69 f.; GB 2000, Ziff.320; Bull. EU 10-2001, S.49; GB 2001, Ziff.363; Bull. EU 3-2002, S.70 f.; GB 2002, Ziff.338).*

3.4.4 Normung, Konformitätsprüfung und Gerätezulassung

3.4.4.1 Rahmenvorgaben der europäischen Normungspolitik

Auch gegen Ende der neunziger Jahre standen vor allem eine **Vereinfachung und Beschleunigung** der europäischen Normung im Mittelpunkt der gemeinschaftlichen Initiativen. So empfahl der Kommissionsbericht vom 13. Mai 1998 über Effizienz und Verantwortlichkeit im Rahmen des neuen Konzepts [KOM (98) 291 endg.] organisatorische und verfahrenstechnische **Reformen bei den Normungsorganisationen** (Interessenvertretung und Konsensfindung, kurze Umsetzungsfristen, pränormative Forschung) und den Behörden (Auftragsformulierung, Überwachung der Durchführung der Normungsprogramme, Arbeitsweise der Ausschüsse und Sachverständigengruppen, Entlastung von technischen Aufgaben, Sensibilisierung von Marktteilnehmern, Neuausrichtung der finanziellen Unterstützung). Die am 28. Oktober 1999 angenommenen **Ratsentschließungen** 2000/C 141/01 zur Funktion der Normung in Europa [ABl. C 141 19.05.2000 S.1] und 2000/C 141/02 zur gegenseitigen Anerkennung [ABl. C 141 19.05.2000 S.5], ein Fortschrittsbericht der Kommission vom 26. September 2001 [KOM (2001) 527 endg.] und die Schlußfolgerungen 2002/C 66/01 des Rates vom 1. März 2002 zum Thema Normung [ABl. C 066 15.03.2002 S.1] stützten diese Vorhaben. Am 28. März 2003 wurden allgemeine Leitlinien für die Zusammenarbeit zwischen den Normungsorganisationen, der Kommission und der EFTA [ABl. C 091 16.04.2003 S.7] festgelegt. Die **Kommissionsmitteilungen** vom 25. Februar 2004 über die Berücksichtigung von Umweltaspekten bei der europäischen Normung [KOM (2004) 130 endg.; SEK (2004) 206 endg.] und vom 18. Oktober 2004 über die Rolle der europäischen Normung im Rahmen der europäischen Politik und Rechtsvorschriften [KOM (2004) 674 endg.; SEK (2004) 1251 endg.] sowie die **Schlußfolgerungen des Rates** vom 21. Dezember 2004 zeigten neue Perspektiven auf *(vgl. Bull. EU 5-1998, S.25; Bull. EU 10-1999, S.27; Bull. EU 3-2002, S.68f.; Bull. EU 1/2-2004, S.100; Bull. EU 10-2004, S.33; Bull. EU 12-2004, S.50f.; K. Schultheiß, 2004, S.245 ff.)*.

Die Vorschriften zum **Informationsverfahren** auf dem Gebiet der Normen und technischen Vorschriften wurden durch die Richtlinie 98/34/EG des Europäischen Parlaments und des Rates vom 22. Juni 1998 [ABl. L 204 21.07.98 S.37] kodifiziert (Anwendungsberichte für 1995 bis 2001 [KOM (2000) 429 endg.; KOM (2003) 200 endg.]). Aufgrund der Mitteilung der Kommission vom 30. August 1996 über die gesetzgeberische Transparenz im Binnenmarkt für die Dienste der Informationsgesellschaft [KOM (96) 392 endg.] *(vgl. Bull. EU 7/8-1996, S.73; GB 1996, Ziff. 407)* weitete die **Richtlinie 98/48/EG des Europäischen Parlaments und des Rates vom 20. Juli 1998 [ABl. L 217 05.08.98 S.18]** *(vgl. Band 1, S.217)* die Informations-, Konsultations- und Kooperationsverfahren ab dem 5. August 1999 auch auf eventuelle zukünftige rechtliche Regelungen für die **Dienste der Informationsgesellschaft** (elektronische Erbringung im Fernabsatz und auf individuellen Abruf) aus. Ziele sollten u. a. die Gewährleistung des freien Dienstleistungsverkehrs und der Niederlassungsfreiheit, die Vermeidung von Überreglementierung und Inkohärenz, die Stabilität des ordnungspolitischen Rahmens, die Verbesserung der Zusammenarbeit und der Schutz öffentlicher Interessen sein *(vgl. Bull. EU 11-1997, S.57f.; M. Rosenthal, 1997, S.134f.; Bull. EU 7/8-1998, S.65f.; K. Schultheiß, 2004, S.254f.)*.

Ein **Anwendungsbericht** vom 13. Februar 2003 [KOM (2003) 69 endg.] stellte fest, daß bis Februar 2002 70 Notifizierungen (elektronische Signaturen, elektronischer Geschäftsverkehr, Datenschutz, Digitalfernsehen, Decoder, Domänennamen) erfolgt waren. Als positiv bewertet wurden die vollständige **Umsetzung und Anwendung** der Richtlinie, der intensive Dialog zwischen Kommission und Mitgliedstaaten, die **größere Transparenz** der laufenden Regelungsvorhaben sowie die Beseitigung zahlreicher Behinderungen (exterritoriale Anwendung, Ungenauigkeiten, Unzulässigkeit der Begründungen, fehlende Überprüfung der bereits erfüllten Verpflichtungen, Unverhältnismäßigkeiten, Unvereinbarkeit mit Gemeinschaftsrichtlinien). **Probleme** bereiteten die Komplexität der Vorschriften, die Abgrenzung zwischen Diensten und Erzeugnissen, die zu kurzen Fristen und die Frage nach der Notwendigkeit einer Notifizierung *(vgl. Bull. EU 1/2-2003, S.56)*.

Übersicht 101: Konformitätsprüfung, Zulassung und gegenseitige Anerkennung von Funkanlagen und Telekommunikationsendeinrichtungen seit 1999

Richtlinie 1999/5/EG des Europäischen Parlaments und des Rates vom 9. März 1999 über Funkanlagen und Telekommunikationsendeinrichtungen und die gegenseitige Anerkennung ihrer Konformität [ABl. L 091 07.04.1999 S.10] — Rechtsetzung auf der Grundlage des Art. 100 a (95) EGV, auf Vorschlag der Kommission [ABl. C 248 14.08.97 S.4; ABl. C 141 16.05.98 S.9; KOM (98) 692 endg.] und nach Stellungnahme des WSA [ABl. C 073 09.03.98 S.10]; Stellungnahme des EP [ABl. C 056 23.02.98 S.27], gemeinsamer Standpunkt des Rates [ABl. C 227 20.07.98 S. 37], Beschluß des EP [ABl. C 328 26.10.98 S.32], Beschluß des Rates und Beschluß des EP [ABl. C 150 28.05.1999 S.165] im Rahmen des Verfahrens der Mitentscheidung — Aufnahme in den Anhang II des EWR-Abkommens durch den Beschluß 48/2000 des Gemeinsamen EWR-Ausschusses [ABl. L 237 21.09.2000 S.58] — Änderung durch die Verordnung 2003/1882/EG des Europäischen Parlaments und des Rates vom 29. September 2003 [ABl. L 284 31.10.2003 S.8, 51]
Entscheidung 2000/299/EG der Kommission vom 6. April 2000 über die Festlegung einer vorläufigen Einstufung von Funkanlagen und Telekommunikationsendeinrichtungen sowie der entsprechenden Kennungen [ABl. L 097 19.04.2000 S.13] — Aufnahme in den Anhang II des EWR-Abkommens durch den Beschluß 114/2001 des Gemeinsamen EWR-Ausschusses [ABl. L 322 06. 12.2001 S.26]
Entscheidung 2000/373/EG der Kommission vom 26. Mai 2000 über den Antrag Frankreichs, im Einklang mit Artikel 18 Absatz 3 der Richtlinie 1999/5/EG des Europäischen Parlaments und des Rates (Richtlinie über Funkanlagen und Telekommunikationsendeinrichtungen) eine Vorschrift für Telekommunikationsendeinrichtungen, die für den Anschluß an das analoge öffentliche Fernsprechwählnetz von France Télécom bestimmt sind, beizubehalten [ABl. L 135 08.06.2000 S.25]
Mitteilungen der Kommission im Rahmen der Durchführung der Richtlinie 1999/5/EG des Europäischen Parlaments und des Rates – Veröffentlichung der Titel und der Bezugsdaten der harmonisierten Normen im Sinne dieser Richtlinie [ABl. C 099 07.04.2000 S.2; ABl. C 048 14.02.2001 S.15; ABl. C 105 05.04.2001 S.2; ABl. C 208 26.07.2001 S.5; ABl. C 062 09.03.2002 S.16; ABl. C 190 10.08.2002 S.19; ABl. C 304 07.12.2002 S.16; ABl. C 074 26.03.2003 S.19; ABl. C 168 18.07.2003 S.2; ABl. C 271 12.11.2003 S.6; ABl. C 104 30.04.2004 S.22; ABl. C 076 30.03.2005 S.4; ABl. C 246 05.10.2005 S.25]

3.4.4.2 Normung elektronischer Kommunikationsnetze und -dienste

Nach der Rahmenrichtlinie kann die Kommission die **Erstellung von Normen und Spezifikationen** für elektronische Kommunikationsnetze und -dienste durch die europäischen Normungsorganisationen veranlassen; die Mitgliedstaaten fördern ihrerseits deren Anwendung hinsichtlich der Bereitstellung von Diensten, technischen Schnittstellen und Netzfunktionen. Die Anbieter **digitaler interaktiver Fernsehdienste** sollen eine offene Schnittstelle für Anwendungsprogramme verwenden, die Hersteller digitaler Fernsehgeräte die Mindestanforderungen entsprechender Normen bzw. Schnittstellen erfüllen; die Eigentümer der Schnittstelle stellen die notwendigen

Informationen bereit. Ist die **Interoperabilität** der interaktiven Fernsehdienste wegen einer nicht sachgerechten Anwendung gefährdet, so können Normen bzw. Spezifikationen auch verbindlich vorgeschrieben werden. In einem Arbeitsdokument vom 18. März 2004 [SEK (2004) 346 endg.] und einer **Mitteilung** vom 30. Juli 2004 [KOM (2004) 541 endg.; SEK (2004) 1028 endg.], die vom Rat am 9. Dezember 2004 unterstützt wurde, sprach sich die Kommission jedoch dafür aus, vorerst keine Normen definitiv vorzugeben (Verzögerungen bei der Umsetzung, keine Beschwerden, geringer Erfolg des interaktiven Fernsehens), eine Arbeitsgruppe einzurichten und Ende 2005 eine neue Untersuchung vorzunehmen *(vgl. Bull. EU 7/8-2004, S.28f.; Bull. EU 12-2004, S.54; P. Nihoul u. a., 2004, S.735ff., 752f.)*.

Das von der Kommission erstellte **Verzeichnis grundlegender Normen und Spezifikationen** umfaßt folgende Bereiche: Mietleitungen, Zusammenschaltung und Zugang zu Diensteanbietern, entbündelter Zugang zur Teilnehmeranschlußleitung, verschiedene Nutzerdienste (Schnittstelle für den Analoganschluß, Behindertendienste, Auskunftsdienste, Anruferstandortdaten, europäische Vorwahl, Mehrfrequenzwahl, Rufnummernanzeige, Anrufsperre); Nummernübertragbarkeit, Betreiberauswahl und -vorauswahl, Einhaltung von Datenschutzanforderungen, Kommunikationsnetze zur Ausstrahlung digitaler Rundfunkdienste (Interoperabilität von Fernsehgeräten, Zugangsberechtigungssysteme, Übertragungssysteme, Dienstleistungen, Anwendungsprogrammschnittstellen) [ABl. C 331 31.12.2002 S.32]. Sind Normen nicht mehr notwendig oder hinderlich, so sind sie aus dem **Verzeichnis zu streichen**.

3.4.4.3 Konformitätsprüfung und Allgemeinzulassung

Eine grundlegende Neuregelung der Vorschriften über das Inverkehrbringen, den freien Verkehr und die Inbetriebnahme von Funkanlagen und Telekommunikationsendeinrichtungen erfolgte mit der **Richtlinie 1999/5/EG des Europäischen Parlaments und des Rates vom 9. März 1999 [ABl. L 091 07.04.1999 S.10]**, die ab dem 8. April 2000 anzuwenden war und damit die vorherigen Bestimmungen ersetzte. Frankreich konnte jedoch gemäß der **Entscheidung 2000/373/EG der Kommission vom 26. Mai 2000 [ABl. L 135 08.06.2000 S.25]** für einen Zeitraum von weiteren 30 Monaten vorschreiben, daß für den Anschluß an das analoge öffentliche Netz von France Télécom bestimmte Endeinrichtungen keine unannehmbare Beeinträchtigung eines im Rahmen des Universaldienstes zugänglichen Telefondienstes verursachen durften *(vgl. Bull. EU 6-1997, S.80; GB 1997, Ziff.511; GB 1998, Ziff.470; Bull. EU 3-1999, S.71f.; GB 1999, Ziff.433; K. Schultheiß, 2004, S.161ff., 276ff.; Übersicht 101)*.

Als **grundlegende Anforderungen** gelten der Schutz der Gesundheit und der Sicherheit des Benutzers oder anderer Personen, der Schutz vor elektromagnetischer Strahlung (Neufassung durch die Richtlinie 2004/108/EG des Europäischen Parlaments und des Rates vom 15. Dezember 2004 [ABl. L 390 31.12.2004 S.24]) sowie die störungsfreie Nutzung des Spektrums und des Orbits; zulässig sind ferner die Interoperabilität mit anderen Geräten, der Anschluß an Schnittstellen, die Vermeidung schädlicher Wirkungen für das Netz oder seinen Betrieb, der Schutz personenbezogener Daten und der

Privatsphäre, die Verhinderung von Betrug, der Zugang zu Rettungsdiensten und die leichtere Nutzung durch Behinderte. Die Mitgliedstaaten müssen der Kommission die von ihnen selbst geregelten Schnittstellen mitteilen; die **Entscheidung 2000/299/EG der Kommission vom 6. April 2000 [ABl. L 097 19.04.2000 S. 13]** legte dafür die vorläufigen Äquivalenzen fest (zwei Geräteklassen: ohne bzw. mit Beschränkungen des Inverkehrbringens und der Inbetriebnahme). Außerdem sind die von den öffentlichen Betreibern bereitgestellten Schnittstellen (mit den technischen Spezifikationen) zu übermitteln.

Entspricht ein Gerät den **harmonisierten Normen**, so ist von der Erfüllung der grundlegenden Anforderungen auszugehen; sofern die Übereinstimmung nicht gewährleistet ist, ist der Ausschuß für Konformitätsbewertung einzuschalten. Die Geräte dürfen nur **in Verkehr gebracht** werden, wenn sie den grundlegenden Anforderungen und anderen einschlägigen Bestimmungen entsprechen. Der Hersteller oder Vertreiber versorgt den Nutzer mit Informationen über die bestimmungsgemäße Verwendung und einer Konformitätserklärung. Eine **Kennzeichnung** muß auf Einschränkungen oder Genehmigungsanforderungen für die Benutzung von Funkanlagen in bestimmten Mitgliedstaaten hinweisen; bei Endeinrichtungen sind Angaben zu den Schnittstellen der öffentlichen Netze zu machen. Auch die **Inbetriebnahme** ist nur bei Erfüllung der o. a. Voraussetzungen zulässig. Beschränkungen sind bei **Funkanlagen** nur in bezug auf die Nutzung des Funkspektrums, die Vermeidung funktechnischer Störungen oder die Gefährdung der Gesundheit erlaubt. Bei **Endeinrichtungen** darf es aus technischen Gründen keine Restriktionen geben; allein bei der Vermutung von Schäden und Störungen sind Vorsichtsmaßnahmen möglich (Genehmigung, Verweigerung des Anschlusses, Aufhebung der Verbindung, Einstellung des Dienstes, Abtrennung vom Netz).

Das Inverkehrbringen und die Inbetriebnahme dürfen nicht verboten, beschränkt oder behindert werden, wenn die Geräte mit einem **CE-Kennzeichen** (ggf. auch Kennummer oder Geräteklassenkennung) zur Bestätigung der Konformität versehen sind; außerdem sind die Typenbezeichnung, die Los- bzw. Seriennummer und der Namen des Herstellers bzw. Vertreibers anzugeben. Erfüllt ein Gerät nicht mehr die Anforderungen, so ist es unter Angabe von Gründen (unsachgemäße Anwendung der Normen, Mängel der Normen, Nichterfüllung der grundlegenden Anforderungen) aus dem Markt zu nehmen und vom Dienst auszuschließen; **Inverkehrbringen oder Inbetriebnahme** sind zu verbieten, oder die freie Zirkulation muß eingeschränkt werden. Der Nachweis der Konformität beruht auf dem **Konformitätsbewertungsverfahren** (nach Wahl des Herstellers: interne Fertigungskontrolle, Konstruktionsunterlagen, umfassende Qualitätssicherung). Die Durchführung erfolgt durch **benannte Stellen**, die bestimmten Kriterien genügen müssen und eine Kennummer erhalten.

In einem ersten **Fortschrittsbericht** vom 22. April 2004 [KOM (2004) 288 endg.] merkte die Kommission positiv an, daß die Richtlinie fast überall angewendet wurde, viele harmonisierte Normen existierten, der Marktzugang einfacher geworden war, die Funkstörungen nicht zugenommen hatten und keine Betriebsbeeinträchtigungen aufgetreten waren. Als **Probleme und ungeklärte Fragen** wurden angeführt: keine ausreichende Beachtung der Verwaltungsvorschriften, fehlende Information der Benutzer und Kennzeichnung, Zugänglichkeitsanforderungen, Anmeldung von Funkanlagen (nicht harmonisierte Frequenzbänder), keine Veröffentlichung der Regeln über Funkschnittstellen, abweichende Interpretationen der Richtlinie, Geltungsbereich (Telekommunikationsendgeräte) und Kohärenz mit dem neuen Rechtsrahmen, unzureichende Frequenzpolitik, Bedeutung und Aufgaben der benannten Stellen (Testreihen, Stellungnahmen) sowie Zusammenarbeit mit anderen Behörden, Verfahren der Überwachung nicht konformer Geräte, elektromagnetische Felder von Mobilfunkstationen, in Drittstaaten angewandte Verfahren und Behinderung des Marktzugangs; der **Rat** verlangte am 9. Dezember 2004 entsprechende Abhilfen *(vgl. Bull. EU 4-2004, S.51; Bull. EU 12-2004, S.56).*

3.5 Sicherheits- und Schutzaspekte im Kommunikations- und Informationssektor

3.5.1 Problemstellung und Grundzüge der Gemeinschaftspolitik

3.5.1.1 Problemstellung

Die ständige Verfügbarkeit und Unversehrtheit von Kommunikations- und Informationssystemen, -infrastrukturen bzw. -diensten hat eine substantielle **Bedeutung** für die Funktionsfähigkeit des Staates, der Gesellschaft und der Wirtschaft sowie für die Tätigkeit der öffentlichen Verwaltung, der Unternehmen und von Einzelpersonen. Die Sicherheit von Transaktionen und Daten ist z. B. relevant für die öffentliche und private Kontaktaufnahme, die Produktionstätigkeit, das Verkehrs- und Versorgungswesen, den elektronischen Geschäftsverkehr, die Bereitstellung von Behördendiensten und die Aufrechterhaltung des Vertrauens in die Informationsgesellschaft. Als **Anforderungen** an Systeme, Netze und Dienste können der ständige Zugriff auf Daten, die Möglichkeit der Nutzung von Diensten, die Authentifizierung (ggf. unter Einbeziehung der Anonymität), die Datenintegrität (Vollständigkeit und Richtigkeit) sowie die Vertraulichkeit des Kommunikationsvorgangs und der Daten formuliert werden. Die **Sicherheit** ist als die Fähigkeit definiert, Störungen oder illegale Handlungen (unerlaubter Zugriff, Angriffe) abzuwehren, die diese Anforderungen beeinträchtigen.

Sicherheitsprobleme haben vielfältige Ursachen; anzuführen sind das explosionsartige Wachstum der Kapazitäten, des Datenverkehrs und der Nutzerzahl, die weltweite Ausdehnung der Kommunikation sowie die Vielfältigkeit und Komplexität der Technologien. Die **Kontrolle** wird durch die mangelnde physische Greifbarkeit und die Kurzlebigkeit der Vorgänge sowie die Anonymität der Akteure erschwert; die Herausbildung dezentraler Netze bringt zusätzliche Schwierigkeiten mit sich (Informationen, Steuerung und Sicherheitsvorkehrungen befinden sich in der Umgebung der Diensteanbieter und Nutzer; oftmals sind Zustimmung und Mitwirkung der Nutzer notwendig). Die **Sensitivität** erhöht sich durch die unterschiedlichen Verwendungszwecke von Endgeräten, empfindliche Software-Programme und die Angreifbarkeit von Servern und Verbindungen. Schwierigkeiten **auslösende Aktionen** können einerseits unabsichtlich bzw. durch Umweltereignisse herbeigeführt worden sein (Naturkatastrophen, Bauarbeiten, Geräte- oder Software-Ausfall, menschliches Versagen, falsches Management); zu nennen sind hier ebenso die befürchteten Systemausfälle im Zusammenhang mit der **Jahrtausendumstellung** (Ratsentschließung 1999/C 200/02 vom 28. Juni 1999 [ABl. C 200 15.07.1999 S.2]; Kommissionsmitteilungen [KOM (98) 102 endg.; KOM (98) 593 endg.; SEK (98) 2100 endg.; KOM (1999) 545 endg.; KOM (1999) 639 endg.; KOM (1999) 651 endg.; KOM (2000) 375 endg.]). Handlungen können andererseits aber auch bewußt vorgenommen werden (Aneignung, Änderung, Zerstörung oder Verbreitung von Daten; Abhören des Verkehrs, unberechtigter Zugang, Störungen oder Angriffe; Verletzung der Privatsphäre und von Urheberrechten; Täuschung, Betrug und Steuerhinterziehung; schädliche und illegale Inhalte im Internet und Rundfunk). Die **Konsequenzen** sind zusätzliche direkte Kosten (Einkommensausfall, Informationsverlust, Aufwand für die Wiederherstellung) oder immaterielle Schäden.

Schutz versprechen Sicherheitsinfrastrukturen, -technologien und -dienste, spezielle Software, Sicherheitsprotokolle, Produktnormen, Forschungsprogramme, Sicherheitsbewertungen, organisatorische Maßnahmen (Koordination, Institutionen), Überwachung und Kontrollen, Ausbildung, Information und Aufklärung. **Aufgaben der Politik** können die Weiterentwicklung von Vorgaben, die Sicherstellung der Anwendung von Vorschriften und die Erzeugung von Verständnis für die Probleme und Maßnahmen sein. Inwiefern **staatliches Eingreifen** erforderlich ist, hängt davon ab, ob die Marktpreise die Kosten und den Nutzen von Investitionen in die Netzsicherheit ausgleichen. Die Ansprüche der Kunden spiegeln sich normalerweise im Preis wider, den sie für Sicherheitsvorkehrungen zu zahlen bereit sind; dies muß aber nicht immer der Fall sein, da **Marktversagen** zu ungelösten Sicherheitsrisiken führen kann (externe Kosten und Nutzen; asymmetrische Information in bezug auf Nutzen und Risiken sowie zwischen Nutzern, Betreibern und Diensteanbietern; unzureichendes kollektives Handeln; Trittbrettfahrerproblem, hohe Koordinierungskosten) *(vgl. K. Blind, 1996a; K. Blind, 1996b, S.377 ff.; K.-H. Helf, 1997, S.331 ff.)*.

Bis Mitte der neunziger Jahre hatte es auf dem Gebiet der Sicherheit und des Schutzes nur wenige telekommunikationsspezifische Ansätze gegeben (Datenschutz, Urheberschutz, Fernsehrundfunk). Den Ausgangspunkt für ein kohärentes gemeinsames Vorgehen bildeten dann die **Aktionspläne der Kommission** vom Juli 1994 und November 1996 über die Förderung der Informationsgesellschaft *(vgl. S.674, 683, 874)*. Sie wurden ergänzt durch die in der Kommissionsmitteilung vom 31. Oktober 1995 [KOM (95) 519 endg.] für die Jahre 1996 bis 1998 formulierten verbraucherpolitischen Prioritäten. Die **Entschließung 1999/C 23/01 des Rates vom 19. Januar 1999 [ABl. C 023 28.01.1999 S.1]** *(vgl. S.811)* betonte dann erneut die Notwendigkeit gemeinschaftlicher Maßnahmen in folgenden Bereichen: Informationssicherheit; Schutz der wirtschaftlichen Interessen von Unternehmen und Verbrauchern beim elektronischen Geschäftsverkehr (Risikoverteilung, Haftung); Sicherheit von Zahlungssystemen; Schutz von Daten, der Privatsphäre (Werbung) und des geistigen Eigentums; Schutz der Gesundheit, von Minderjährigen (Medieninhalte), der Menschenwürde und des guten Rufs; Information, Erziehung und Anhörung der Verbraucher sowie Vertretung ihrer Interessen *(vgl. Bull. EU 11-1998, S.68)*.

3.5.1.2 Sichere Nutzung des Internet

Entwicklung gemeinsamer Konzepte

Auf seiner Tagung vom 25. April 1996 und in seinen Schlußfolgerungen vom 27. September 1996 über die Verhinderung der Verbreitung von illegalen Inhalten im Internet hatte der Rat die Kommission aufgefordert, ihm Vorschläge für geeignete Maßnahmen zur Sicherheit des Internet zu unterbreiten. Diesem Auftrag kam die Kommission am 16. Oktober 1996 mit der Vorlage einer **Mitteilung** über eine Initiative gegen illegale und schädigende Inhalte im Internet [KOM (96) 487 endg.] nach, die am 26. November 1996 durch einen Bericht einer dafür eingerichteten **Arbeitsgruppe** [SEK (96) 2241 endg.] ergänzt wurde. Von grundsätzlicher Bedeutung erschien ihr eine Unterscheidung zwischen den Merkmalen der **Schädlichkeit** (zulässig, ggf. zugangsbeschränkt, verstößt gegen Wertvorstellungen und Gefühle) und der **Gesetzwidrigkeit**. Als betroffene **Bereiche** wurden identifiziert: Informationssicherheit (*hacking*), nationale Sicherheit (Terrorismus, Herstellung von Waffen und Drogen), wirtschaftliche Sicherheit (Zahlungsverkehr, Kreditkartenbetrug), Schutz der Privatsphäre (Weitergabe personenbezogener Daten, Belästigung), Schutz des guten Rufs (Verleumdung, vergleichende Werbung), Urheberschutz (Weitergabe geschützter Werke), Verbraucher- und Jugendschutz (mißbräuchliche Werbung, Medikamenten-, Tabak- und Alkoholwerbung, Gewalt, Pornographie, Glücksspiele, Selbstmordanleitungen), Schutz der Menschenwürde (Rassismus, Menschenhandel) *(vgl. Bull. EU 9-1996, S.40; Bull. EU 10-1996, S.50 f.; GB 1996, Ziff.414; M. Rosenthal, 1997, S.136; A. Tettenborn, 1997, S. 465)*.

Besondere **Schwierigkeiten** sah die Kommission in dem Fehlen einer durchgängigen Kontrollmöglichkeit aufgrund der technischen Eigenschaften des Internet, der Feststellung der Verantwortlichkeit, der Anonymität der Nutzung sowie der unzureichenden gemeinschaftlichen und internationalen Zusammenarbeit. **Fehlende oder uneinheitliche Regelungen** ließen eine Behinderung des freien Dienstleistungsverkehrs sowie der Entwicklung bestimmter Wirtschaftssektoren, Wettbewerbsverzerrungen und eine sinkende Nutzerakzeptanz befürchten. In bezug auf **illegale Maßnahmen** wurden eine Anwendung des Zivil-, Straf- oder Verwaltungsrechts (Haftung, Sanktionen), die Entfernung von Dateien, Zugangssperren, eine Selbstkontrolle der Industrie (Verhaltenskodizes, Meldesysteme) und eine bessere Kooperation (Gemeinschaftsorgane, Mitgliedstaaten, Diensteanbieter, Selbstkontrollstellen) empfohlen; bei **schädigenden Inhalten** sollten die Selbstkontrolle der Nutzer (Filter-, Klassifizierungs- und Bewertungssysteme) sowie Informations- und Sensibilisierungsvorhaben im Vordergrund stehen.

Der Rat billigte die Vorhaben der Kommission am 28. November 1996 sowie in den Schlußfolgerungen vom 16. Dezember 1996 und der **Entschließung 97/C 70/01 vom 17. Februar 1997 [ABl. C 070 06.03.97 S.1]**. Eine Stellungnahme des **Ausschusses**

der Regionen vom 13. März 1997 [ABl. C 215 16.07.97 S.37] und eine Entschließung des **Europäischen Parlaments** vom 24. April 1997 [ABl. C 150 19.05.97 S.38] forderten zusätzlich die Gewährleistung der Kohärenz der Rechtsvorschriften und der Selbstkontrolle, eine eindeutige Klärung der Zuständigkeiten, die Stärkung von Europol sowie eine Förderung der Medienerziehung und von nützlichen Inhalten. In einem zweiten Bericht vom 25. Juni 1997 informierte die **Arbeitsgruppe** der Kommission über die von den Mitgliedstaaten eingeleiteten Initiativen [SEK (97) 1278 endg.] *(vgl. Bull. EU 11-1996, S.53; Bull. EU 3-1997, S.44; Bull. EU 4-1997, S.57; GB 1997, Ziff. 498; J. Turek, 1998, S.152)*.

Gemeinschaftsprogramme

Auf der Grundlage einer Kommissionsmitteilung vom 26. November 1997 [KOM (97) 582 endg.] rief die **Entscheidung 1999/276/EG des Europäischen Parlaments und des Rates vom 25. Januar 1999 [ABl. L 033 06.02.1999 S.1]** einen Aktionsplan ins Leben, der durch die Bekämpfung illegaler und schädlicher Inhalte zur sicheren Nutzung des Internet beitragen sollte. Während der ursprünglichen Laufzeit von 1999 bis 2002 standen für die folgenden vier Aktionsbereiche **Mittel** in Höhe von 25 Mio. € bereit: Schaffung eines **sicheren Umfelds** (Einrichtung eines Meldestellennetzes, Förderung der Branchen- und Nutzerselbstkontrolle sowie von Verhaltenskodizes); Entwicklung von **Filter- und Bewertungssystemen** (Demonstrationsvorhaben, technische Lösungen, Erleichterung internationaler Abkommen); Förderung der **Sensibilisierung und Information** von Eltern und Lehrern über Verbände (Vorbereitung und Durchführung); flankierende Maßnahmen (Prüfung der rechtlichen Auswirkungen, Koordinierung mit anderen europäischen und internationalen Maßnahmen, Austausch von Erfahrungen und bewährten Praktiken, Evaluierung der Auswirkungen) *(vgl. Bull. EU 11-1997, S.57; GB 1997, Ziff. 498; Bull. EU 9-1998, S.46; Bull. EU 12-1998, S.91; GB 1998, Ziff. 460; Bull. EU 1/2-1999, S.79; GB 1999, Ziff. 423; J. Turek, 1999, S.170; GB 2000, Ziff. 323)*.

In einer **Zwischenbewertung des Aktionsplans** vom 23. November 2001 [KOM (2001) 690 endg.] kam die Kommission zu einem überwiegend positiven Ergebnis. **Anpassungsbedarf** wurde erkannt in bezug auf die Berücksichtigung der rechtlichen, regulatorischen und technologischen Entwicklungen, die Einbeziehung weiterer Inhalte, die Vermeidung von Doppelarbeit bei den Sensibilisierungskampagnen, eine Stärkung der internationalen Beteiligung, die Gewährleistung einer dauerhaften Weiterführung, die Vereinfachung der Antragstellung, die Beschleunigung der Auftragsvergabe und die Erhöhung des Bekanntheitsgrads *(vgl. Bull. EU 11-2001, S.45 f.; GB 2001, Ziff. 364; J. Turek, 2002, S.157)*. Auch die **Abschlußbewertung** vom 3. November 2003 [KOM (2003) 653 endg.] bestätigte die gute Auswahl der Ziele, Prioritäten und Aktionsbereiche sowie die **erfreulichen Auswirkungen** (Vernetzung, Informationsbereitstellung). Empfohlen wurden die Aufnahme neuer Inhalte und Technologien, gewisse Schwerpunktverschiebungen, eine stärkere Beteiligung von Industrie, Selbstkontrollgremien und Verbrauchergruppen, die Beobachtung von Marktentwicklungen und eine Anpassung der Verwaltungsverfahren *(vgl. Bull. EU 11-2003, S.48; GB 2003, Ziff. 384)*.

Zwischenzeitlich waren der Aktionsplan mit der auf der Basis einer Kommissionsmitteilung vom 22. März 2002 [KOM (2002) 152 endg.] angenommenen **Entscheidung 2003/1151/EG des Europäischen Parlaments und des Rates vom 16. Juni 2003 [ABl. L 162 01.07.2003 S.1]** um zwei Jahre bis Ende 2004 verlängert und die Mittelausstattung um 13,3 Mio. € erhöht worden. **Neuerungen** betrafen die Berücksichtigung moderner Online-Technologien (Inhalte von Mobil- und Breitbanddiensten, Online-Spiele, Peer-to-Peer-Dateienübertragung, Chatrooms, Sofortübermittlung von Nachrichten) und anderer Kategorien von schädlichen Inhalten, die Durchführung spezieller Maßnahmen zum Schutz von Minderjährigen, die bessere Integration der Marktakteure (Inhaltsanbieter) und der Beitritts- bzw. Bewerberstaaten sowie die Intensivierung der internationalen Kooperation *(vgl. Bull. EU 3-2002, S.70; GB 2002, Ziff.334; Bull. EU 5-2003, S.40; GB 2003, Ziff.384)*. Die **Entscheidung 2005/854/EG des Europäischen Parlaments und des Rates vom 11. Mai 2005 [ABl. L 149 11.06.2005 S.1]** richtete für die Jahre 2005 bis 2008 ein **Nachfolgeprogramm** zur Förderung der sichereren Nutzung des Internet und neuer Online-Technologien ein. Für die **Aktionsbereiche** (Bekämpfung illegaler, unerwünschter und schädlicher Inhalte; Förderung eines sichereren Umfelds; Sensibilisierung) stehen 45 Mio. € (davon 20,05 Mio. € bis 2006) bereit *(vgl. Bull. EU 3-2004, S.73 f.; Bull. EU 4-2005, S.34)*.

Strafverfolgung

Speziell im Hinblick auf die Bekämpfung der Kinderpornographie im Internet verpflichtete der **Beschluß 2000/375/JI des Rates vom 29. Mai 2000 [ABl. L 138 09.06.2000 S.1]** die Mitgliedstaaten, bis zum 31. Dezember 2000 Sondereinheiten bei den Strafverfolgungsbehörden zu schaffen, die **Kooperation** zwischen Sondereinheiten, Anlaufstellen, Europol und Interpol zu gewährleisten, den Dialog mit der Industrie zu verstärken sowie **weitere Regelungen** zu treffen (Informationsaustausch zwischen Sondereinheiten und Nutzern, Beseitigung und Aufbewahrung von Material, Bereitstellung persönlicher Daten, Einrichtung nationaler Kontrollsysteme, Herstellung von Filtern) *(vgl. Bull. EU 12-1998, S.163; Bull. EU 5-2000, S.54; GB 2000, Ziff.477)*.

3.5.1.3 Netz- und Informationssicherheit

Konzeptionelle Ansätze der Gemeinschaft

Unter Bezugnahme auf den Aktionsplan *e*Europe 2002 *(vgl. S.782)* spezifizierte die Kommission in ihrer Mitteilung vom 26. Januar 2001 über die Schaffung einer sichereren Informationsgesellschaft durch Verbesserung der Sicherheit von Informationsinfrastrukturen und Bekämpfung der Computerkriminalität [KOM (2000) 890 endg.] erstmals ihre Vorstellungen: Vorbeugung durch **Verstärkung der Systemsicherheit** (geeignete Technologien und Verfahren); Aufklärung, Sensibilisierung, Förderung des Selbstschutzes der Industrie, Verbreitung von Fachwissen und Initiierung von Forschungsprojekten; Schaffung eines Forums für die **Zusammenarbeit** aller relevanten Behörden, Unternehmen und Verbände; Verbesserung der **Strafverfolgung** (Klärung der Zuständigkeiten, Regelung der Überwachung, Beweiskraft von Computerdaten,

Vorgaben für die Datenaufbewahrung, Anonymität des Zugangs und der Nutzung, Angleichung verfahrensrechtlicher Befugnisse, Einrichtung spezialisierter Polizeidienste, fachliche Schulung des Personals, Informationsbereitstellung, internationale Kooperation); Vorschriften zu **Haftung und Schadenersatz** *(vgl. Bull. EU 1/2-2001, S. 75; Übersicht 102).*

In einer Entschließung vom 30. Mai 2001 zur Informations- und Netzsicherheit billigte der Rat den Ansatz der Kommission; ergänzend regte er mit der **Empfehlung 2001/C 187/02 vom 25. Juni 2001 [ABl. C 187 03.07.2001 S.5]** die Aufrechterhaltung, angemessene Ausstattung bzw. Unterstützung des G8-Kontaktstellennetzes mit einem **Dauerdienst** zur Bekämpfung der Hightech-Kriminalität an. Auch die Empfehlung des Europäischen Parlaments vom 6. September 2001 [ABl. C 072 E 21.03.2002 S. 323] sowie die **Stellungnahmen** des Wirtschafts- und Sozialausschusses vom 12. September 2001 [ABl. C 311 07.11.2001 S. 12] und des Ausschusses der Regionen vom 14. November 2001 [ABl. C 107 03.05.2002 S.29] hießen die Initiative gut. Als notwendig betrachtet wurden eine stärkere Verantwortung der Mitgliedstaaten und der großen Netzbetreiber, eine Verbesserung der Information, Aufklärung und Schulung, die Gewährleistung des Datenschutzes, klare Grenzen für die Überwachung, ein kooperatives Vorgehen und eine Kostenübernahme durch die Staaten *(vgl. Bull. EU 5-2001, S.32; Bull. EU 6-2001, S.67; Bull. EU 9-2001, S.51; Bull. EU 11-2001, S.61).*

Zwischenzeitlich hatte die Kommission am 6. Juni 2001 in ihrer Mitteilung über die Sicherheit der Netze und Informationen [KOM (2001) 298 endg.] **Sensibilisierungsmaßnahmen** (Informations- und Bildungskampagnen, Austausch bewährter Praktiken im Bereich des Managements der Informationssicherheit), ein europäisches **Warn- und Informationssystem** (Stärkung der Zusammenarbeit vorhandener Systeme, Vernetzung, Datenanalyse, Gegenmaßnahmen), die Förderung der Forschung sowie von **Normungs-, Bewertungs- und Zertifizierungsvorhaben**, ergänzende rechtliche Maßnahmen (Zusammenfassung rechtskonformer nationaler Vorschriften, freier Verkehr von Technologien für elektronische Signaturen und Verschlüsselungen, harmonisierte Strafvorschriften), Sicherheitsmaßnahmen für **Behörden** und die öffentliche Beschaffung sowie einen Informationsaustausch und internationalen Dialog angeregt.

Die **Meinungsäußerungen** des Ausschusses der Regionen vom 15. November 2001 [ABl. C 107 03.05.2002 S.89], des Wirtschafts- und Sozialausschusses vom 28. November 2001 [ABl. C 048 21.02.2002 S.33] und des Europäischen Parlaments vom 22. Oktober 2002 [ABl. C 300 E 11.12.2003 S.113] wünschten ergänzend die Unterstützung von Investitionen in Sicherheitsmaßnahmen, unentgeltliche Nutzungssysteme und Software, die Schaffung einer europäischen Agentur, spezialisiertes Personal für die Strafverfolgung und eine Begutachtung der finanziellen Auswirkungen *(vgl. Bull. EU 6-2001, S.54; Bull. EU 11-2001, S.47; GB 2001, Ziff.371; Bull. EU 10-2002, S.43 f.; GB 2002, Ziff.331; J. Turek, 2002, S.157).*

Weitere Anregungen formulierte der Rat in seinen **Entschließungen 2002/C 43/02 vom 28. Januar 2002 [ABl. C 043 16.02.2002 S.2]** und **2003/C 48/01 vom 18. Februar 2003 [ABl. C 048 28.02.2003 S.1]**; genannt wurden u. a. eine umfassende Problemanalyse, die Verwendung biometrischer Identifizierungssysteme, die Einrichtung eines Sonderstabs für Computer- und Netzsicherheit sowie eine Anpassung der Unternehmensorganisation *(vgl. Bull. EU 12-2001, S.75 f.; Bull. EU 12-2002, S.64; GB 2002, Ziff.340; Bull. EU 1/2-2003, S.76 f.)*. Das mit der **Entscheidung 2003/2256/EG des Europäischen Parlaments und des Rates vom 17. November 2003 [ABl. L 336 23.12.2003 S.1]** initiierte Gemeinschaftsprogramm MODINIS enthielt als einen Aktionsbereich die Vorbereitung der Einrichtung einer künftigen Struktur für Fragen der Netz- und Informationssicherheit.

Europäische Agentur für Netz- und Informationssicherheit

Auf der Grundlage der **Verordnung 2004/460/EG des Europäischen Parlaments und des Rates vom 10. März 2004 [ABl. L 077 13.03.2004 S.1]** wurde zum 14. März 2004 für die Dauer von fünf Jahren eine Europäische Agentur für Netz- und Informationssicherheit ins Leben gerufen. Die Ziele und Aufgaben umfassen die Gewährleistung und Förderung der Netz- und Informationssicherheit durch die **Verhütung und Beseitigung von Problemen** (Informationserhebung, Studien, Risikobewertung und -management, Beobachtung der Entwicklung von Normen), die **Unterstützung und Beratung** der Kommission und anderer Gemeinschaftsorgane (Forschungsarbeiten, Einsatz von Technologien, Förderung des Dialogs mit Dritten, gemeinschaftliche Rechtsvorschriften) sowie der Mitgliedstaaten, der Unternehmen und der Nutzer (Sensibilisierung, Informationsvermittlung, Austausch bester Verfahren) und die **Verstärkung der Zusammenarbeit** (Anhörungen, Kontaktnetze, Einbeziehung von Drittstaaten und internationalen Organisationen).

Die Agentur besteht aus einem Verwaltungsrat (je ein Vertreter jedes Mitgliedstaats; drei von der Kommission ernannte Repräsentanten; je ein Vertreter der Industrie, der Verbraucher und der Wissenschaft), einem Direktor und einer beratenden Ständigen Gruppe der Interessenvertreter mit den üblichen Zuständigkeiten *(vgl. Bull. EU 1/2-2003, S.80; GB 2003, Ziff.390; Bull. EU 3-2004, S.74 f.; J. Möller, 2004, S.340 ff.)*.

Strafverfolgung

Zweck des bis zum 16. März 2007 zu befolgenden **Rahmenbeschlusses 2005/222/JI des Rates vom 24. Februar 2005 [ABl. L 069 16.03.2005 S.67]** ist die Angleichung der einzelstaatlichen Strafrechtsvorschriften für Angriffe auf Informationssysteme. Erfaßt sind folgende **unbefugte und vorsätzliche Handlungen**, sofern es sich um schwere Fälle handelt: Zugang zu (ggf. nur bei Verletzung von Sicherheitsmaßnahmen) und Behinderung oder Störung des Betriebs von Informationssystemen; Eingeben, Übermitteln, Löschen, Beschädigen, Verstümmeln, Verändern, Unterdrücken oder Unzugänglichmachen von Computerdaten. Anstiftung, Beihilfe und ggf. der Versuch sind **strafbar** (Höchstfreiheitsstrafen für Einzelhandlungen oder im Rahmen einer kriminellen Vereinigung). Außerdem geregelt werden die Verantwortlichkeit und Bestrafung **juristischer Personen**, die gerichtliche Zuständigkeit sowie der Informationsaustausch *(vgl. Bull. EU 4-2002, S.46; GB 2002, Ziff.474; Bull. EU 1/2-2005, S.80; M. Gercke, 2005, S.468 ff.)*.

3.5.2 Elektronischer Geschäftsverkehr

3.5.2.1 Entwicklung gemeinsamer Konzepte bis 2000

Der elektronische Geschäftsverkehr (*e*Business) umfaßt den **elektronischen Handel** mit Waren und Dienstleistungen (*e*Commerce), Online-Lieferungen digitalen Inhalts, Geldüberweisungen, den Aktienhandel, Auktionen, die Zusammenarbeit bei Design und Konstruktion, die Online-Beschaffung und -Auftragsvergabe, kommerzielle Kommunikationen (Grünbuch vom 8. Mai 1996 [KOM (96) 192 endg.] und Mitteilung vom 4. März 1998 [KOM (98) 121 endg.]) und Kundendienste; er wird vorrangig über firmeneigene Netze, das Internet, CD-ROM und das Fernsehen abgewickelt. Im Gegensatz zum früher üblichen begrenzten **unternehmensinternen Austausch** über geschlossene Netze (Club) ist heute zunehmend eine globale, rasche, direkte und interaktive Kommunikation über **offene Netze** üblich, in die auch Endverbraucher und immer neue Dienste einbezogen werden.

Damit verbunden sind **vielfältige Änderungen** der Marktstrukturen, der Unternehmensorganisation und der Geschäftsbeziehungen, der Beschäftigungsformen sowie des Marketings und Vertriebs. Prognostiziert werden Kostensenkungen, eine Intensivierung des Wettbewerbs, Effizienzgewinne und gesamtwirtschaftliche Wachstumseffekte. **Probleme** könnten die noch bestehenden Marktzutrittshindernisse, die ungeklärte Rechtshoheit, die Netzsicherheit (Authentifizierung, Richtigkeit von Daten, Datenschutz, geistiges Eigentum), der Verbraucherschutz (Preise, irreführende Werbung, Fernseh-, Telefon- und Briefwerbung, Sponsoring, Jugend- und Gesundheitsschutz, Finanzdienste), die Vertragsdurchsetzung und der Zahlungsverkehr sowie die regionalen Unterschiede in der Verbreitung des elektronischen Geschäftsverkehrs darstellen.

In einer Mitteilung vom 16. April 1997 [KOM (97) 157 endg.] kündigte die Kommission die Schaffung **ordnungspolitischer Rahmenbedingungen** bis zum Jahre 2000 und Aktionen zur Förderung des elektronischen Geschäftsverkehrs mit dem Ziel an, den freien Marktzugang und einheitliche Wettbewerbsbedingungen zu gewährleisten, ein günstiges unternehmerisches Umfeld zu schaffen und ein Klima des Vertrauens zu erzeugen. Folgende Maßnahmen waren vorgesehen: Klärung der nationalen **Zuständigkeiten**; europäische und globale **Liberalisierung** des Telekommunikationsmarktes und des Handels mit Informationstechnologien; Vorgaben für die Geschäftsgründung, das Vertragsrecht, die Buchhaltung, den Zahlungsverkehr, die Werbung, die Besteuerung und Zollerhebung sowie das öffentliche Auftragswesen; Forcierung von **Normung, Interoperabilität und gegenseitiger Anerkennung** von Konformitätsbewertungen; gemeinsame Forschungsvorhaben, internationale industrielle Zusammenarbeit, Entwicklung sicherer Technologien und Beseitigung von Kapazitätsengpässen; Hilfen beim **Einsatz bestimmter Verfahren** in Unternehmen und in der Verwaltung, beim Kapitalzugang und bei der Ausbildung; **Sicherheit und Verbraucherschutz** (Verschlüsselung und Verwendung elektronischer Signaturen, Dienste mit Zugangsberechtigung, Datenschutz und Schutz der Privatsphäre, Schutz geistigen Eigentums und Verbraucheraufklärung) *(vgl. Bull. EU 4-1997, S. 57 f.; GB 1997, Ziff. 499).*

Das Aktionsprogramm wurde vom Wirtschafts- und Sozialausschuß am 29. Oktober 1997 [ABl. C 019 21.01.98 S.72], vom Rat am 13. November 1997, vom Ausschuß der Regionen am 12. März 1998 [ABl. C 180 11.06.98 S.19] und vom Europäischen Parlament am 14. Mai 1998 [ABl. C 167 01.06.98 S.203] befürwortet; **Handlungsvorschläge** betrafen die Klärung der institutionellen Zuständigkeiten in der Gemeinschaft und die Intensivierung der Kooperation zwischen den Mitgliedstaaten, die Bereitstellung zuverlässiger Daten, Untersuchungen und Studien, spezielle Maßnahmen für KMU, die Arbeitnehmer und die betroffenen Regionen, den Ausbau von Forschungsprogrammen und Schulungen, die Stärkung der Kriminalitätsbekämpfung, des Datenschutzes, des Urheberrechts und des Verbraucherschutzes sowie die Annahme internationaler Regelungen *(vgl. Bull. EU 10-1997, S.34; Bull. EU 11-1997, S.58f.; Bull. EU 3-1998, S.61; Bull. EU 5-1998, S.61).*

Bestimmte Aspekte des elektronischen Geschäftsverkehrs sollten aufgrund der **Richtlinie 2000/31/EG des Europäischen Parlaments und des Rates vom 8. Juni 2000 [ABl. L 178 17.07.2000 S.1]** bis zum 17. Januar 2002 auf nationaler Ebene geregelt werden. Für die Anbieter von Diensten der Informationsgesellschaft (mit Ausnahme der Warenlieferungen und der nicht elektronisch erbrachten Dienste) gelten das Prinzip der **Niederlassungsfreiheit** und das Recht des Niederlassungsstaats. Die Aufnahme und Ausübung einer Tätigkeit ist zwar nicht zulassungspflichtig, es bestehen jedoch allgemeine **Informationspflichten** des Anbieters gegenüber den Behörden (Name, Anschrift, Kontaktdaten, Handelsregister, Aufsichtsbehörde, ggf. Berufsverband und -bezeichnung, Mehrwertsteueridentifikationsnummer); erlaubt sind auch Vorgaben für das **Verhalten und die Verantwortlichkeit** des Anbieters sowie die Qualität und die Inhalte der Dienste. Beschränkungen des Grundsatzes des **freien Dienstleistungsverkehrs** dürfen nur wegen der Beeinträchtigung der öffentlichen Ordnung, Sicherheit und Gesundheit sowie im Hinblick auf den Verbraucherschutz ausgesprochen werden. Hat der zuständige Niederlassungsstaat trotz vorheriger Aufforderung ein Vergehen nicht abgestellt, so können zuvor angekündigte und verhältnismäßige Maßnahmen ergriffen werden *(vgl. Bull. EU 11-1998, S.26; GB 1998, Ziff.461; K. M. Brisch, 1999, S. 235ff.; Bull. EU 7/8-1999, S.17; GB 1999, Ziff.425; J. Turek, 1999, S.170; Bull. EU 5-2000, S.26f.; GB 2000, Ziff.165; Übersicht 102).*

Für den Nachfrager müssen die verantwortliche Person (Angabe von Daten), die Preise, kommerzielle Kommunikationen, nicht angeforderte Werbung per elektronischer Post (Möglichkeit der Ablehnung), Angebote zur Verkaufsförderung sowie Preisausschreiben und Gewinnspiele (ggf. unter Angabe der Bedingungen) klar erkennbar sein. Angehörige reglementierter Berufe können kommerzielle Kommunikationen unter bestimmten Bedingungen *online* nutzen. Der **Abschluß von Verträgen** auf elektronischem Wege ist zulässig (mögliche Ausnahmen: Immobilien außer Miete, private Bürgschaften und Sicherheiten, Familien- und Erbrecht). Vor allem gegenüber den Verbrauchern hat ein Diensteanbieter umfassende **Informationspflichten** (technische Schritte bis zum Vertragsabschluß, Speicherung und Zugänglichkeit des Vertragstextes, Erkennung und Korrektur von Eingabefehlern vor der Bestellung, Sprachen). Weitere Anforderungen sind die Angabe der Verhaltenskodizes, die **Speicher- und Reproduzierbarkeit** der Vertrags- und allgemeinen Geschäftsbedingungen sowie die unmittelbare elektronische Bestätigung der Bestellung *(zur Notwendigkeit einer Regulierung des elektronischen Geschäftsverkehrs vgl. L. Edwards u. a., 2000)*.

Der **Vermittler** (Übermittlung von Informationen, Bereitstellung des Netzzugangs) ist unter bestimmten Bedingungen nicht für die weitergeleiteten Informationen, eine automatische Zwischenspeicherung (*caching*) oder eine Speicherung im Auftrag des Nutzers (*hosting*) verantwortlich. Er kann jedoch verpflichtet werden, **illegale Tätigkeiten oder Informationen** abzustellen oder zu verhindern bzw. die zuständigen Behörden zu unterrichten; ihm darf jedoch keine Überwachung oder aktive Nachforschung zugemutet werden. Handels-, Berufs- und Verbraucherverbände bzw. -organisationen sollen **Verhaltenskodizes** aufstellen und zugänglich machen; darüber hinaus müssen eine außergerichtliche Beilegung von Streitigkeiten zwischen Diensteanbietern und Nutzern sowie **Klagemöglichkeiten** bei Rechtsverletzungen vorhanden sein. Die nationale Aufsichts- und Untersuchungsfunktion wird durch die Einrichtung von Verbindungsstellen mit anderen Mitgliedstaaten ergänzt.

Nachdem sich die Kommission am 3. Dezember 2002 in einem Arbeitsdokument [SEK (2002) 1326 endg.] u. a. mit der Entwicklung des elektronischen Geschäftsverkehrs auseinandergesetzt hatte, legte sie am 21. November 2003 einen ersten **Anwendungsbericht** zur Richtlinie [KOM (2003) 702 endg.] vor. Demnach war es bei der Umsetzung zu Verzögerungen gekommen (nur in drei Mitgliedstaaten fristgerecht und in neun weiteren verspätet; in Frankreich, den Niederlanden und Portugal erst Entwürfe); die bereits vorhandenen Vorschriften hatten aber zu einer größeren **Rechtssicherheit und Klarheit** geführt. In der Zukunft sollten die weitere Beobachtung der Anwendung, die Untersuchung anderer Handlungsbereiche (Glücksspiel, Versicherungen), die Förderung der Verwaltungszusammenarbeit, die Information von Unternehmen und Bürgern sowie die internationale Kooperation im Mittelpunkt stehen *(vgl. A. Tettenborn, 2001, S. 1 ff.; Bull. EU 11-2003, S. 32 f.; GB 2003, Ziff. 202)*. Aufgrund des **Beschlusses 2005/752/EG der Kommission vom 24. Oktober 2005 [ABl. L 282 26.10. 2005 S. 20]** wurde eine Expertengruppe „Elektronischer Geschäftsverkehr" (ein Vertreter der Verbindungsstellen jedes Mitgliedstaats, Repräsentanten der Kommission) eingesetzt, den die Kommission in allen die Richtlinie betreffenden Fragen konsultieren kann.

3.5.2.2 Folgemaßnahmen zum elektronischen Geschäftsverkehr seit 2001

Seit 2001 befaßt sich die Kommission auch mit besonderen Einzelproblemen im Zusammenhang mit dem elektronischen Geschäftsverkehr. Die Erbringung von **Finanzdienstleistungen** aus einem anderen Mitgliedstaat war Thema zweier Mitteilungen vom 7. Februar 2001 [KOM (2001) 66 endg.] und vom 14. Mai 2003 [KOM (2003) 259 endg.]. Ein weiterer Schwerpunkt ist die Förderung der Anwendung des *e*Business durch **KMU** (GoDigital). In einer ersten diesbezüglichen Mitteilung vom 13. März 2001 [KOM (2001) 136 endg.] ermittelte die Kommission die vorhandenen **Hindernisse** (Risiken, unsicheres rechtliches Umfeld, fehlendes Fachwissen, inkompatible Software und Systeme, hohe Kosten), untersuchte spezifische Aktionen zur **Digitali-**

sierung (Informationen über Technologien und Anwendungen, Pilotprojekte, Kreditbürgschaften, Strukturfonds, Schaffung und Bereitstellung von Fachwissen), befaßte sich mit der Konsistenz verschiedener **Strategien und Initiativen** (Konsensbildung, Normung) und regte ergänzende Maßnahmen an (Messung der Verbreitung, Strategienvergleich, Rechtsinformation, Problemanalyse). Die Schlußfolgerungen des **Rates** vom 14. Mai 2001 und vom 6. Juni 2002 sowie die **Stellungnahmen** des Ausschusses der Regionen vom 19. September 2001 [ABl. C 019 22.01.2002 S. 14] und des Wirtschafts- und Sozialausschusses vom 16. Januar 2002 [ABl. C 080 03.04.2002 S. 67] übten jedoch zum Teil deutliche **Kritik** an dieser Konzeption (unrealistische Zeitpläne, geringer Nutzenbeitrag, zu viele Finanzierungsinstrumente, Fehlen von Bildungsmaßnahmen, keine Einbeziehung anderer Politikbereiche und regionaler Differenzen, Notwendigkeit einer stärkeren Überwachung und Kooperation, keine internationale Abstimmung) *(vgl. Th. Einsporn u. a., 1999; Bull. EU 1/2-2001, S. 36; Bull. EU 3-2001, S. 55 f.; Bull. EU 9-2001, S. 32 f.; K. Frank, 2001; Bull. EU 1/2-2002, S. 62 f.; M. Esser u. a., 2002; Bull. EU 5-2003, S. 22).*

Nach der Mitteilung der Kommission vom 27. März 2003 über die Anpassung der Politik im Bereich des elektronischen Geschäftsverkehrs an ein sich wandelndes Umfeld (Die Lehren aus der Initiative GoDigital und die künftigen Herausforderungen) [KOM (2003) 148 endg.] sollten jedoch nicht mehr allein die Anbindung der KMU an das Internet, sondern darüber hinaus die **Integration der Technologien in den Geschäftsablauf** und ihre produktive Nutzung im Mittelpunkt stehen. In Ergänzung der bisherigen Maßnahmen waren umfassende Indikatoren, meßbare, erreichbare und termingebundene **Zielvorgaben** sowie deren regionale Differenzierung vorgesehen. Es wurden drei Aufgaben- bzw. Zielbereiche definiert: Verbesserung der **Kenntnisse der Unternehmensleitung** und der Fähigkeiten der Arbeitnehmer (Wissenstransfer, Unterstützung bewährter Verfahren, Verbesserung von Fertigkeiten); **Vereinfachung des Zugangs** zu angemessenen Lösungen (Nutzung von Forschungsergebnissen, Bildung regionaler Cluster zwischen KMU und IKT-Dienstleistern, nationale Prüfstände für die Interoperabilität); Erleichterung der Beteiligung an **Unternehmensnetzen und elektronischen Marktplätzen** (B2B, öffentliches Beschaffungswesen, virtuelle Kooperationsnetze). Nach den überwiegend positiven Schlußfolgerungen des Rates vom 13. Mai 2003 schlug der **Wirtschafts- und Sozialausschuß** am 28. Januar 2004 [ABl. C 108 30.04.2004 S. 23] als viertes Gebiet die Verbesserung des Unternehmensumfelds (Internetanschlüsse, Vertrauensbildung, Bekämpfung unerbetener Werbung, Regelung umgekehrter Auktionen, Eigentum an Domänennamen, elektronische Behördendienste) vor *(vgl. Bull. EU 3-2003, S. 58; Bull. EU 5-2003, S. 36 f.; GB 2003, Ziff. 202; Bull. EU 1/2-2004, S. 65).*

Einen weiteren Untersuchungsgegenstand bildeten die **B2B-Internetmarktplätze** (*e*Markets), worunter elektronischer Geschäftsverkehr zwischen mehreren anbietenden und nachfragenden Unternehmen zu verstehen ist. In einem Arbeitsdokument vom 11. November 2002 [SEK (2002) 1217 endg.] thematisierte die Kommission die Gelegenheiten und Hindernisse für KMU, in einer Mitteilung vom 14. Juli 2004 [KOM (2004) 479 endg.; SEK (2004) 930 endg.] den Aspekt der Vertrauenswürdigkeit. **Probleme für die KMU** sind die unzureichende Marktinformation, die mangelnde Kenntnis des Rechtsrahmens, die unterschiedlichen nationalen Regelungen, der begrenzte Nutzen (umgekehrte Auktionen mit Preisunterbietung), die geringe Transparenz, unlautere Geschäftspraktiken und das fehlende Vertrauen (Teilnahmebedingungen, Angebotsan- und -rücknahme, gültige Zeitpunkte, falsche oder fehlerhafte Ware, keine bzw. verspätete Lieferung oder Zahlung, Festlegung von Mindestpreisen, technische Sicherheit, Datenschutz, Streitbeilegung). Empfohlen wurden eine Analyse der nationalen Rechtsvorschriften, die Anwendung der Wettbewerbsregeln (beherrschende Stellung von Netzwerkbetreibern oder *e*Markets, Zugangsbeschränkung, Bündelung der Marktmacht, Austausch sensibler Informationen), Informationskampagnen, Expertengruppen und Studien sowie eine Selbstregulierung und Verhaltenskodizes. In einer Stellungnahme vom 6. April 2005 [ABl. C 255 14.10.2005 S.29] billigte der **Wirtschafts- und Sozialausschuß** die Ausführungen, wies aber auf weitere Hindernisse hin (keine Normen, keine persönlichen Beziehungen) und forderte zusätzliche Aktionen zur Vertrauensbildung *(vgl. Th. Einsporn u. a., 2000; J. Lücking, 2001, S.14 ff.; Bull. EU 7/8-2004, S.26 f.; Bull. EU 4-2005, S.31; zur Ökonomie des eCommerce M. Latzer, 2002)*.

3.5.3 Elektronische Signaturen, Verschlüsselung und Zugangskontrolle

3.5.3.1 Elektronische Signaturen und Verschlüsselung

Um den Zugriff auf persönliche Daten, das Abfangen bzw. die Manipulation von Nachrichten und zunehmende Betrugsfälle zu bekämpfen sowie Zweifel an der Gültigkeit von Dokumenten auszuräumen, werden zur Gewährleistung der Sicherheit und Vertrauenswürdigkeit von Daten oftmals **kryptographische Verfahren** (elektronische Signaturen, Verschlüsselung) eingesetzt. Bei der Verwendung einer **elektronischen Signatur** (verknüpfte Daten zur Authentifizierung und Integritätssicherung) ist der Unterzeichner im Besitz einer Signaturerstellungseinheit (konfigurierte Hard- oder Software), die zur Implementierung der Daten (Codes, privater Schlüssel) für die Erzeugung der Signatur verwendet wird. Die **spätere Kontrolle** durch den Empfänger erfolgt mittels Prüfeinheit, Code und öffentlichem Schlüssel. Ein als elektronische Bescheinigung abgefaßtes Zertifikat ordnet die Prüfdaten einer Person zu und bestätigt deren Identität. Die Ausstellung der Zertifikate und die Schlüsselverwaltung obliegen den Zertifizierungsstellen. Unter einer **Verschlüsselung** (Mobilfunk, Pay-TV, kommerzielle Transaktionen) versteht man einen Algorithmus, der mit Hilfe eines besonderen Schlüssels einen Klartext in einen **chiffrierten Text** verwandelt, um die Vertraulichkeit eines Dokuments sicherzustellen; der Empfänger verfügt über Vorrichtungen zur Entschlüsselung *(vgl. A. Hillebrand u. a., 1998; M. Eifert, 2000, S.1 ff.; D. Gassen, 2003; Übersicht 102)*.

In der Gemeinschaft behinderten voneinander **abweichende Regelungen** den freien Waren- und Dienstleistungsverkehr und den elektronischen Handel sowie die Wettbewerbsfähigkeit der europäischen Industrie; Handlungsbedarf bestand auch im Hinblick auf die Verbrechensbekämpfung und die Verhütung von Straftaten, den Schutz der Privatsphäre, den Umfang der staatlichen Zugriffsrechte und die Vereinbarkeit mit internationalen Vorschriften. In einer Mitteilung vom 8. Oktober 1997 [KOM (97) 503 endg.] forderte die Kommission deshalb **europäische Rahmenbedingungen** für elektronische Signaturen und die Verschlüsselung. Vordringliche **strategische Maßnahmen** (gegenseitige Anerkennung von Zertifikaten und digitalen Signaturen, Anforderungen an Zertifizierungsstellen und Produkte, Haftungsregeln, Regelung der Ausfuhrkontrolle, Information über Normen, Datenschutz, Vertrauensbildung, Kooperation von Ordnungskräften, internationaler Dialog) sollten durch **Begleitvorhaben** (Förderung von Forschungsprogrammen, Technologien in der öffentlichen Verwaltung und Normen; Informationsaustausch und Anhörungen) ergänzt werden. Überwiegend **Unterstützung** erfuhren die Vorschläge durch den Rat am 1. Dezember 1997 und 28. Mai 1998, den Wirtschafts- und Sozialausschuß am 25. März 1998 [ABl. C 157 25. 05.98 S.1] sowie das Europäische Parlament am 17. Juli 1998 [ABl. C 292 21.09.98 S.217] *(vgl. Bull. EU 10-1997, S.51f.; Bull. EU 12-1997, S.77f.; GB 1997, Ziff.522; A. Tettenborn, 1997, S.466; K. M. Brisch, 1998, S.492ff.; Bull. EU 3-1998, S.61; Bull. EU 5-1998, S.116; Bull. EU 7/8-1998, S.67f.).*

Die **Richtlinie 1999/93/EG des Europäischen Parlaments und des Rates vom 13. Dezember 1999 [ABl. L 013 19.01.2000 S.12]**, die bis zum 19. Juli 2001 zu befolgen war, definierte dann die **Anforderungen** an fortgeschrittene Signaturen (ausschließliche Zuordnung, Identifizierung, alleinige Kontrolle, nachträgliche Erkennbarkeit einer Datenänderung), qualifizierte Zertifikate, professionelle Diensteanbieter sowie an sichere Signaturerstellungseinheiten und -prüfungen. Elektronische Signaturen sind als Beweismittel in Gerichtsverfahren zugelassen. Die Tätigkeit der **Zertifizierungsdiensteanbieter** ist nicht von einer Genehmigung abhängig; ihre Anzahl darf nicht beschränkt werden.

Ferner muß ein **Überwachungssystem** eingerichtet werden; die Schaffung öffentlicher oder privater Akkreditierungsstellen ist optional. Der Diensteanbieter haftet in bezug auf das Zertifikat (Angaben, Authentizität der Erstellungsdaten, Komplementarität der Erstellungs- und Prüfdaten, Widerruf) für **Schäden**, wenn er fahrlässig gehandelt hat. Zertifikate aus einem **Drittland** werden unter bestimmten Bedingungen akzeptiert *(vgl. Bull. EU 5-1998, S.61 f.; GB 1998, Ziff.461; R. Grimm u. a., 1998, S.407f.; Bull. EU 4-1999, S.50f.; Bull. EU 11-1999, S.43; GB 1999, Ziff.425; A. Roßnagel, 2000, S.313ff.; J. Turek, 2000, S.153).*

Ergänzend legte die Kommission mit der **Entscheidung 2000/709/EG vom 6. November 2000 [ABl. L 289 16.11.2000 S.42]** die bei der Benennung der für die Konformitätsbewertung von Signaturerstellungseinheiten zuständigen Stellen zur Anwendung kommenden Kriterien fest; zu beachten sind insbesondere organisatorische Aspekte (Unabhängigkeit, Ausstattung), die personellen Anforderungen (berufliche und finanzielle Unabhängigkeit, Zuverlässigkeit, Ausbildung, Kompetenz) und Verfahrensfragen (Transparenz, Diskriminierungsfreiheit, Vertraulichkeit, Haftung). Die **Entscheidung 2003/511/EG der Kommission vom 14. Juli 2003 [ABl. L 175 15.07. 2003 S.45]** bestimmte die Referenznummern für die Produktnormen *(zur Umsetzung und Anwendung der Signaturrichtlinie vgl. G. Welsch u. a., 2000, S.85ff.; J. Dumortier u. a., 2001, S.5ff.; M. Schmidl, 2002, S.508ff.).*

Übersicht 102: Sicherheits- und Schutzaspekte bei Kommunikations- und Informationsdiensten seit 1997

Netz- und Informationssicherheit

Empfehlung 2001/C 187/02 des Rates vom 25. Juni 2001 über Kontaktstellen mit einem rund um die Uhr erreichbaren Dauerdienst zur Bekämpfung der Hightech-Kriminalität [ABl. C 187 03.07. 2001 S.5] — Entschließung 2002/C 43/02 des Rates vom 28. Januar 2002 zu einem gemeinsamen Ansatz und spezifischen Maßnahmen im Bereich der Netz- und Informationssicherheit [ABl. C 043 16.02.2002 S.2] — Entschließung 2003/C 48/01 des Rates vom 18. Februar 2003 zu einem europäischen Ansatz für eine Sicherheitskultur im Bereich der Netz- und Informationssicherheit [ABl. C 048 28.02.2003 S.1]

Entscheidung 2003/2256/EG des Europäischen Parlaments und des Rates vom 17. November 2003 zur Annahme eines Mehrjahresprogramms (2003-2005) zur Verfolgung der Umsetzung des Aktionsplans *e*Europe 2005, zur Verbreitung empfehlenswerter Verfahren und Verbesserung der Netz- und Informationssicherheit (MODINIS) [ABl. L 336 23.12.2003 S.1] — Rechtsetzung auf der Grundlage des Art. 130 (157) Abs. 3, auf Vorschlag der Kommission [ABl. C 291 E 26.11. 2002 S.243; KOM (2003) 160 endg.; KOM (2003) 637 endg.] sowie nach den Stellungnahmen des WSA [ABl. C 061 14.03.2003 S.184] und des AdR [ABl. C 128 29.05.2003 S.19]; Stellungnahme des EP [ABl. C 043 E 19.02.2004 S.205], gemeinsamer Standpunkt des Rates [ABl. C 159 E 08.07.2003 S.11], Beschluß des EP [ABl. C 077 E 26.03.2004 S.323] und Beschluß des Rates im Rahmen des Verfahrens der Mitentscheidung — Änderung durch die Entscheidung 2004/787/ EG des Europäischen Parlaments und des Rates vom 21. April 2004 [ABl. L 138 30.04.2004 S.14]

Verordnung 2004/460/EG des Europäischen Parlaments und des Rates vom 10. März 2004 zur Errichtung der Europäischen Agentur für Netz- und Informationssicherheit [ABl. L 077 13.03. 2004 S.1] — Rechtsetzung auf der Grundlage des Art. 100 a (95) Abs. 1 EGV, auf Vorschlag der Kommission [KOM (2003) 63 endg.] und nach Stellungnahme des WSA [ABl. C 220 16.09.2003 S.33]; Stellungnahme des EP [ABl. C 087 E 07.04.2004 S.246] und Beschluß des Rates im Rahmen des Verfahrens der Mitentscheidung — Aufnahme in den Anhang XI des EWR-Abkommens durch den Beschluß 103/2005 des Gemeinsamen EWR-Ausschusses [ABl. L 306 24.11.2005 S. 36]

Rahmenbeschluß 2005/222/JI des Rates vom 24. Februar 2005 über Angriffe auf Informationssysteme [ABl. L 069 16.03.2005 S.67] — Rechtsetzung auf der Grundlage der Artt. K.1 (29), K.2 (30) Abs. 1, K.3 (31) Abs. 1 und K.6 (34) Abs. 2 EUV, auf Vorschlag der Kommission [ABl. C 203 E 27.08.2002 S.109] und nach Stellungnahme des EP [ABl. C 300 E 11.12.2003 S.152]

Entscheidung des Europäischen Parlaments und des Rates zur Änderung der Entscheidung 2003/ 2256/EG im Hinblick auf eine Verlängerung des Programms bis 2006 zwecks Verbreitung empfehlenswerter Verfahren und Beobachtung der IKT-Einführung — Rechtsetzung auf der Grundlage des Art. 130 (157) Abs. 3, auf Vorschlag der Kommission [KOM (2005) 347 endg.] und nach Stellungnahme des WSA vom 27. Oktober 2005; Stellungnahme des EP vom 15. November 2005 und Beschluß des Rates im Rahmen des Verfahrens der Mitentscheidung

Sichere Nutzung des Internet

Entschließung 97/C 70/01 des Rates vom 17. Februar 1997 zu illegalen und schädlichen Inhalten im Internet [ABl. C 070 06.03.97 S.1]

Entscheidung 1999/276/EG des Europäischen Parlaments und des Rates vom 25. Januar 1999 über die Annahme eines mehrjährigen Aktionsplans der Gemeinschaft zur Förderung der sicheren Nutzung des Internet durch die Bekämpfung illegaler und schädlicher Inhalte in globalen Netzen [ABl. L 033 06.02.1999 S.1] — Rechtsetzung auf der Grundlage des Art. 129 a (153) Abs. 2 EGV, auf Vorschlag der Kommission [ABl. C 048 13.02.98 S.8; ABl. C 324 22.10.98 S.6; KOM (98) 784 endg.] sowie nach den Stellungnahmen des WSA [ABl. C 214 10.07.98 S.29] und des AdR [ABl. C 251 10.08.98 S.51]; Stellungnahme des EP [ABl. C 226 20.07.98 S.33], gemeinsamer

Standpunkt des Rates [ABl. C 360 23.11.98 S.83], Beschluß des EP [ABl. C 379 07.12.98 S.25] und Beschluß des Rates im Rahmen des Verfahrens der Mitentscheidung

Beschluß 2000/375/JI des Rates vom 29. Mai 2000 zur Bekämpfung der Kinderpornographie im Internet [ABl. L 138 09.06.2000 S.1] — Rechtsetzung auf der Grundlage des Art. 34 Abs. 2 EUV, auf Initiative Österreichs [ABl. C 362 16.12.1999 S.8] und nach Stellungnahme des EP [ABl. C 040 07.02.2001 S.41]

Entscheidung 2003/1151/EG des Europäischen Parlaments und des Rates vom 16. Juni 2003 zur Änderung der Entscheidung 1999/276/EG über die Annahme eines mehrjährigen Aktionsplans der Gemeinschaft zur Förderung der sicheren Nutzung des Internet durch die Bekämpfung illegaler und schädlicher Inhalte in globalen Netzen [ABl. L 162 01.07.2003 S.1] — Rechtsetzung auf der Grundlage des Art. 129 a (153) Abs. 2 EGV, auf Vorschlag der Kommission [ABl. C 203 E 27. 08.2002 S.6] sowie nach den Stellungnahmen des WSA [ABl. C 061 14.03.2003 S.32] und des AdR [ABl. C 073 26.03.2003 S.34]; Stellungnahme des EP [ABl. C 061 E 10.03.2004 S.87] und Beschluß des Rates im Rahmen des Verfahrens der Mitentscheidung

Änderung der Entscheidung 1999/276/EG durch die Verordnung 2003/1882/EG des Europäischen Parlaments und des Rates vom 29. September 2003 [ABl. L 284 31.10.2003 S.50] und durch die Entscheidung 2004/787/EG des Europäischen Parlaments und des Rates vom 21. April 2004 [ABl. L 138 30.04.2004 S.13]

Entscheidung 2005/854/EG des Europäischen Parlaments und des Rates vom 11. Mai 2005 über ein mehrjähriges Gemeinschaftsprogramm zur Förderung der sichereren Nutzung des Internet und neuer Online-Technologien [ABl. L 149 11.06.2005 S.1] — Rechtsetzung auf der Grundlage des Art. 129 a (153) Abs. 2 EGV, auf Vorschlag der Kommission [KOM (2004) 91 endg.; SEK (2004) 148 endg.] und nach Stellungnahme des WSA [ABl. C 157 28.06.2005 S.136]; Stellungnahme des EP [ABl. C 208 E 25.08.2005 S.38] und Beschluß des Rates im Rahmen des Verfahrens der Mitentscheidung

Elektronischer Geschäftsverkehr

Richtlinie 2000/31/EG des Europäischen Parlaments und des Rates vom 8. Juni 2000 über bestimmte rechtliche Aspekte der Dienste der Informationsgesellschaft, insbesondere des elektronischen Geschäftsverkehrs, im Binnenmarkt („Richtlinie über den elektronischen Geschäftsverkehr") [ABl. L 178 17.07.2000 S.1] — Rechtsetzung auf der Grundlage der Artt. 47 Abs. 2, 55 und 95 EGV, auf Vorschlag der Kommission [ABl. C 030 05.02.1999 S.4; ABl. C 248 E 29.08.2000 S. 69] und nach Stellungnahme des WSA [ABl. C 169 16.06.1999 S.36]; Stellungnahmen des EP [ABl. C 279 01.10.1999 S.389; ABl. C 154 05.06.2000 S.46], gemeinsamer Standpunkt des Rates [ABl. C 128 08.05.2000 S.32] und Beschluß des EP [ABl. C 041 07.02.2001 S.38] im Rahmen des Verfahrens der Mitentscheidung — Aufnahme in den Anhang XI des EWR-Abkommens durch den Beschluß 91/2000 des Gemeinsamen EWR-Ausschusses [ABl. L 007 11.01.2001 S.13]

Beschluß 2005/752/EG der Kommission vom 24. Oktober 2005 zur Einsetzung einer Expertengruppe „Elektronischer Geschäftsverkehr" [ABl. L 282 26.10.2005 S.20]

Elektronische Signaturen

Richtlinie 1999/93/EG des Europäischen Parlaments und des Rates vom 13. Dezember 1999 über gemeinschaftliche Rahmenbedingungen für elektronische Signaturen [ABl. L 013 19.01.2000 S. 12] — Rechtsetzung auf der Grundlage der Artt. 57 (47) Abs. 2, 66 (55) und 100 a (95) EGV, auf Vorschlag der Kommission [ABl. C 325 23.10.98 S.5; KOM (1999) 195 endg.; KOM (1999) 626 endg.] sowie nach den Stellungnahmen des WSA [ABl. C 040 15.02.1999 S.29] und des AdR [ABl. C 093 06.04.1999 S.33]; Stellungnahmen des EP [ABl. C 104 14.04.1999 S.49; ABl. C 154 05.06.2000 S.46], gemeinsamer Standpunkt des Rates [ABl. C 243 27.08.1999 S.33], Beschluß des EP [ABl. C 154 05.06.2000 S.51] und Beschluß des Rates im Rahmen des Verfahrens der Mitentscheidung — Aufnahme in den Anhang XI des EWR-Abkommens durch den Beschluß 66/2000 des Gemeinsamen EWR-Ausschusses [ABl. L 250 05.10.2000 S.48]

Entscheidung 2000/709/EG der Kommission vom 6. November 2000 über die Mindestkriterien, die von den Mitgliedstaaten bei der Benennung der Stellen gemäß Artikel 3 Absatz 4 der Richtlinie 1999/93/EG des Europäischen Parlaments und des Rates über gemeinschaftliche Rahmenbedingungen für elektronische Signaturen zu berücksichtigen sind [ABl. L 289 16.11.2000 S.42] — Aufnahme in den Anhang XI des EWR-Abkommens durch den Beschluß 48/2001 des Gemeinsamen EWR-Ausschusses [ABl. L 158 14.06.2001 S.63] — Entscheidung 2003/511/EG der Kommission vom 14. Juli 2003 über die Veröffentlichung von Referenznummern für allgemein anerkannte Normen für Produkte für elektronische Signaturen gemäß der Richtlinie 1999/93/EG des Europäischen Parlaments und des Rates [ABl. L 175 15.07. 2003 S.45]

Zugangskontrolle

Richtlinie 98/84/EG des Europäischen Parlaments und des Rates vom 20. November 1998 über den rechtlichen Schutz von zugangskontrollierten Diensten und von Zugangskontrolldiensten [ABl. L 320 28.11.98 S.54] — Rechtsetzung auf der Grundlage der Artt. 57 (47) Abs. 2, 66 (55) und 100 a (95) EGV, auf Vorschlag der Kommission [ABl. C 314 16.10.97 S.7; ABl. C 203 30.06. 98 S.12] und nach Stellungnahme des WSA [ABl. C 129 27.04.98 S.16]; Stellungnahme des EP [ABl. C 152 18.05.98 S.59], gemeinsamer Standpunkt des Rates [ABl. C 262 19.08.98 S.34], Beschluß des EP [ABl. C 328 26.10.98 S.155] und Beschluß des Rates im Rahmen des Verfahrens der Mitentscheidung — Aufnahme in die Anhänge X und XI des EWR-Abkommens durch den Beschluß 17/2001 des Gemeinsamen EWR-Ausschusses [ABl. L 117 26.04.2001 S.21]

Datenschutz und Schutz der Privatsphäre

Richtlinie 2002/58/EG des Europäischen Parlaments und des Rates vom 12. Juli 2002 über die Verarbeitung personenbezogener Daten und den Schutz der Privatsphäre in der elektronischen Kommunikation (Datenschutzrichtlinie für elektronische Kommunikation) [ABl. L 201 31.07. 2002 S.37] — Rechtsetzung auf der Grundlage des Art. 100 a (95) EGV, auf Vorschlag der Kommission [ABl. C 365 E 19.12.2000 S.223; KOM (2002) 338 endg.] und nach Stellungnahme des WSA [ABl. C 123 25.04.2001 S.53]; Stellungnahmen des EP [ABl. C 072 E 21.03.2002 S.286; ABl. C 140 E 13.06.2002 S.121], gemeinsamer Standpunkt des Rates [ABl. C 113 E 14.05.2002 S.39], Beschluß des Rates und Beschluß des EP [ABl. C 187 E 07.08.2003 S.103] im Rahmen des Verfahrens der Mitentscheidung — Aufnahme in den Anhang XI des EWR-Abkommens durch den Beschluß 80/2003 des Gemeinsamen EWR-Ausschusses [ABl. L 257 09.10.2003 S.31]

Rahmenbeschluß des Rates über die Vorratsspeicherung von Daten, die in Verbindung mit der Bereitstellung öffentlicher elektronischer Kommunikationsdienste verarbeitet und aufbewahrt werden, oder von Daten, die in öffentlichen Kommunikationsnetzen vorhanden sind, für die Zwecke der Vorbeugung, Untersuchung, Feststellung und Verfolgung von Straftaten, einschließlich Terrorismus — Rechtsetzung auf der Grundlage der Artt. K.3 (31) Abs. 1 und K.6 (34) Abs. 2, auf Initiative Frankreichs, Irlands, Schwedens und des Vereinigten Königreichs und nach Stellungnahme des EP vom 27. September 2005

Richtlinie des Europäischen Parlaments und des Rates über die Vorratsspeicherung von Daten, die bei der Bereitstellung öffentlicher elektronischer Kommunikationsdienste verarbeitet werden, und zur Änderung der Richtlinie 2002/58/EG — Rechtsetzung auf der Grundlage des Art. 100 a (95) EGV, auf Vorschlag der Kommission [KOM (2005) 438 endg.; SEK (2005) 1131 endg.] und nach Stellungnahme des Datenschutzbeauftragten [ABl. C 298 29.11.2005 S.1]; Stellungnahme des EP vom 14. Dezember 2005 im Rahmen des Verfahrens der Mitentscheidung

Urheber- und verwandte Schutzrechte

Richtlinie 2001/29/EG des Europäischen Parlaments und des Rates vom 22. Mai 2001 zur Harmonisierung bestimmter Aspekte des Urheberrechts und der verwandten Schutzrechte in der Informationsgesellschaft [ABl. L 167 22.06.2001 S.10] i. d. F. der Berichtigung [ABl. L 006 10.01. 2002 S.71] — Rechtsetzung auf der Grundlage der Artt. 57 (47) Abs. 2, 66 (55) und 100 a (95)

EGV, auf Vorschlag der Kommission [ABl. C 108 07.04.98 S.6; ABl. C 180 25.06.1999 S.6; KOM (2001) 170 endg.] und nach Stellungnahme des WSA [ABl. C 407 28.12.98 S.30]; Stellungnahmen des EP [ABl. C 150 28.05.1999 S.171; ABl. C 154 05.06.2000 S.46], gemeinsamer Standpunkt des Rates [ABl. C 344 01.12.2000 S.1], Beschluß des EP [ABl. C 276 01.10.2001 S. 121] und Beschluß des Rates im Rahmen des Verfahrens der Mitentscheidung — Aufnahme in den Anhang XVII des EWR-Abkommens durch den Beschluß 110/2004 des Gemeinsamen EWR-Ausschusses [ABl. L 376 23.12.2004 S.45]

Jugendschutz und Schutz der Menschenwürde

Empfehlung 98/560/EG des Rates vom 24. September 1998 zur Steigerung der Wettbewerbsfähigkeit des europäischen Industriezweigs der audiovisuellen Dienste und Informationsdienste durch die Förderung nationaler Rahmenbedingungen für die Verwirklichung eines vergleichbaren Niveaus in bezug auf den Jugendschutz und den Schutz der Menschenwürde [ABl. L 270 07. 10.98 S.48] — Rechtsetzung auf der Grundlage des Art. 130 (157) EGV, auf Vorschlag der Kommission [KOM (97) 570 endg.] sowie nach den Stellungnahmen des EP [ABl. C 167 01.06.98 S. 128] und des WSA [ABl. C 214 10.07.98 S.25] — Aufnahme in den Anhang X des EWR-Abkommens durch den Beschluß 54/1999 des Gemeinsamen EWR-Ausschusses [ABl. L 284 09.11. 2000 S.13]

Erklärung 2001/C 196/01 des Rates und der im Rat vereinigten Vertreter der Regierungen der Mitgliedstaaten vom 28. Juni 2001 zur Bekämpfung von Rassismus und Fremdenfeindlichkeit im Internet durch Intensivierung der Arbeit mit den Jugendlichen [ABl. C 196 12.07.2001 S.1]

Entschließung 2002/C 65/02 des Rates vom 1. März 2002 zum Schutz der Verbraucher, insbesondere von Jugendlichen, durch Kennzeichnung bestimmter Video- und Computerspiele nach Zielaltersgruppen [ABl. C 065 14.03.2002 S.2]

Empfehlung des Europäischen Parlaments und des Rates zum Schutz von Jugendlichen, der Menschenwürde und dem Recht auf Gegendarstellung hinsichtlich der Wettbewerbsfähigkeit der europäischen audiovisuellen Medien und der europäischen Informationsindustrie — Rechtsetzung auf der Grundlage des Art. 130 (157) EGV, auf Vorschlag der Kommission [KOM (2004) 341 endg.] und nach Stellungnahme des WSA [ABl. C 221 08.09.2005 S.87]; Stellungnahme des EP vom 7. September 2005 im Rahmen des Verfahrens der Mitentscheidung

3.5.3.2 Zugangskontrollierte Dienste und Zugangskontrolldienste

Am 6. März 1996 veröffentlichte die Kommission ein Grünbuch über den rechtlichen Schutz verschlüsselter Dienste im Binnenmarkt [KOM (96) 76 endg.], das Maßnahmen zur Unterbindung illegaler Handlungen (Abfangen, Nutzung, Übertragung) hinsichtlich bestimmter **zugangskontrollierter Bezahldienste** (analoger und digitaler Rundfunk, Video-on-demand, Video- oder Telespiele, Home-Shopping, Internetdienste, Herunterladen von kulturellen Erzeugnissen und Software, Informationsdienste) diskutierte; außerdem sollten unzulässige Tätigkeiten (Manipulation, Herstellung, Einfuhr, Verkauf, Vermietung, Werbung, Installierung, Besitz, Wartung, Austausch) im Zusammenhang mit **nicht zugelassenen Entschlüsselungseinrichtungen** (Decoder, Smartcards, Software), die der Gewährleistung der Rechteverwertung und Vergütung dienen, verhindert werden. **Negative Folgen** dieser Praktiken sah die Kommission in den Umsatzrückgängen für Programmhersteller und Geräteverkäufer, den zusätzlichen Kosten für die Entwicklung, den Vertrieb und den Ersatz von Systemen, möglichen Unternehmensaufgaben und Steuerausfällen, der Behinderung des Rechteerwerbs und der Verletzung von Urheberrechten, der Gefährdung des Verbraucherschutzes und des Schutzes von Minderjährigen sowie in einem allgemeinen Vertrauensverlust *(vgl. Bull. EU 3-1996, S. 25; GB 1996, Ziff. 134, 411; M. Rosenthal, 1997, S. 135).*

Ergänzend zu verschiedenen technischen Gegenmaßnahmen sollten deshalb vor allem die **einzelstaatlichen Regelungen** des Telekommunikations-, Rundfunk-, Wettbewerbs-, Urheber- und Strafrechts (Anwendungsbereich, Zweck, verbotene Handlungen, Klageberechtigte, Sanktionen) vervollständigt und vereinheitlicht werden, um die vorhandene Rechtsunsicherheit abzubauen, den freien Verkehr von verschlüsselten Diensten und Decodern zu garantieren und gleiche Wettbewerbsbedingungen zu gewährleisten. Gebilligt wurde dieser Ansatz vom **Wirtschafts- und Sozialausschuß** am 25. September 1996 [ABl. C 030 30.01.97 S.10] und vom **Europäischen Parlament** am 13. Mai 1997 [ABl. C 167 02.06.97 S.31], die eine weitgehende Regelung auf Gemeinschaftsebene und internationale Übereinkünfte befürworteten *(vgl. Bull. EU 9-1996, S. 18; Bull. EU 5-1997, S. 50).*

Die **Richtlinie 98/84/EG des Europäischen Parlaments und des Rates vom 20. November 1998 [ABl. L 320 28.11.98 S.54]** schrieb den Mitgliedstaaten dann vor, gegen illegale Einrichtungen vorzugehen, die einen unerlaubten Zugang zu geschützten Diensten (gegen Entgelt erbrachte und einer Zugangskontrolle unterliegende Rundfunk- und interaktive Online-Dienste sowie Zugangskontrolldienste) ermöglichen; außerdem sollten Sanktionen (Schadenersatz, einstweilige Verfügung, Konfiszierung) und Rechtsbehelfe festgelegt werden *(vgl. Bull. EU 7/8-1997, S. 59 f.; GB 1997, Ziff. 209, 501; Bull. EU 5-1998, S. 62; Bull. EU 11-1998, S. 55; GB 1998, Ziff. 179).* Ein erster **Umsetzungsbericht** der Kommission vom 24. April 2003 [KOM (2003) 198 endg.] registrierte jedoch, daß der vorgegebene Termin (28. Mai 2000) nur selten eingehalten worden war (Verzögerungen, Klagen gegen Griechenland und Spanien vor dem Europäischen Gerichtshof, Unklarheiten hinsichtlich der Vollständigkeit und Vereinbarkeit der Vorschriften); auch die **Anwendung** ließ zu wünschen übrig (Gesetzeslücken, unzureichende Strafverfolgung, mangelnde Datenverfügbarkeit). Die Kommission strebte zwar keine Änderung der Richtlinie an, wollte aber bestimmte **Themen näher untersuchen** (vertragliche Lösungen für den Zugang zu Pay-TV-Diensten aus anderen Mitgliedstaaten, gemeinsamer Rahmen für die Durchsetzung, Kooperation mit europäischen Drittstaaten, Zugangskontrolle aus anderen Gründen als der Vergütung) *(vgl. Bull. EU 4-2003, S. 18 f.; Übersicht 102).*

3.5.4 Schutz von Daten, der Privatsphäre und des geistigen Eigentums

3.5.4.1 Datenschutz und Schutz der Privatsphäre

Auf dem Gebiet des telekommunikationsspezifischen Datenschutzes hatte die Gemeinschaft bis 1997 bereits ein umfassendes Instrumentarium entwickelt *(vgl. S. 762).* Neue Bestimmungen zum Datenschutz und zum Schutz der Privatsphäre bei elektronischen Kommunikationsdiensten sollten gemäß der **Richtlinie 2002/58/EG des Europäischen Parlaments und des Rates vom 12. Juli 2002 [ABl. L 201 31.07.2002 S.37]** (sektorspezifische Datenschutzrichtlinie) bis zum 31. Oktober 2003 auf nationaler Ebene verabschiedet werden; wegen der nicht fristgerechten Umsetzung mußte die Kommission jedoch **Vertragsverletzungsverfahren** einleiten, die bei Belgien und Luxemburg sogar zu einer Verurteilung durch den Europäischen Gerichtshof führten. Nach den geänderten Gemeinschaftsvorgaben haben öffentliche Betreiber die **Sicherheit ihrer Netze und Dienste** zu gewährleisten; die Nutzer sind über besondere Risiken der Verletzung der Netzsicherheit oder über mögliche Abhilfen zu unterrichten. Die **Vertraulichkeit** der übertragenen Nachrichten und Verkehrsdaten wird durch die Untersagung des Mit- und Abhörens, des Speicherns sowie sonstiger Formen des Abfangens oder Überwachens ohne Einwilligung des Nutzers erreicht *(vgl. Bull. EU 7/8-2000, S.38; GB 2000, Ziff.325; Bull. EU 6-2002, S.68; GB 2002, Ziff.343; S. Lachmair, 2003, S.4 ff.; Übersicht 102)*.

Die **Speicherung von oder der Zugriff auf Informationen** ist nur nach vorheriger Aufklärung und der Einräumung der Möglichkeit einer Verweigerung zulässig (Ausnahmen: technische Speicherung zwecks Übertragung, Nachweis einer kommerziellen Transaktion oder einer sonstigen geschäftlichen Nachricht, Bereitstellung eines gewünschten Dienstes). Verarbeitete oder gespeicherte Verkehrsdaten müssen nach der Übertragung der Nachricht **gelöscht oder anonymisiert** werden (Ausnahmen: Gebührenabrechnung und Bezahlung von Zusammenschaltungen, Vermarktung von Diensten oder Angebot von Diensten mit Zusatznutzen nach einer Einwilligung; Bedingungen: Begrenzung auf das erforderliche Maß und einen bestimmten Zeitraum, Information über die Art der verarbeiteten Daten und die Aufbewahrungsdauer).

Jeder Teilnehmer hat Anspruch auf Rechnungen ohne einen **Einzelgebührennachweis**. Vorhanden sein müssen die Optionen der **Unterdrückung der Rufnummernanzeige** für beide Teilnehmer (Ausnahme: Rückverfolgung wegen Belästigungen und bei der Notrufbearbeitung) und der Abweisung von Anrufen durch den Angerufenen bei unterdrückter Anzeige; auch die **automatische Anrufweiterschaltung** sollte abgestellt werden können. Die Verarbeitung anderer Standortdaten als der Verkehrsdaten ist nur unter bestimmten Voraussetzungen gestattet (Dienste mit Zusatznutzen; erforderliches Maß und begrenzter Zeitraum; nach Anonymisierung oder Einwilligung; Mitteilung über Art, Zweck und Dauer; Möglichkeit der fallweisen Untersagung). Bei der **Eintragung von Daten in Teilnehmerverzeichnisse** müssen verschiedene Bedingungen beachtet werden (Information über den Zweck und weitere Nutzungsmöglichkeiten; gebührenfreie Möglichkeit der ggf. selektiven Nichtaufnahme von Daten sowie der Prüfung, Berichtigung oder Löschung; zusätzliche Einwilligung bei anderen Zwecken als der Suche nach kommunikationsrelevanten Angaben). Automatenanrufe, Telefaxzusendungen oder elektronische Post / SMS für den Zweck des **Direktmarketings** sind nur bei vorheriger Einwilligung (Opt-in-Regelung) und eindeutiger Absenderangabe erlaubt (Ausnahme: Angabe der Adresse, vergleichbare Produkte); bei elektronischer Post an **juristische Personen** können eine ausdrückliche Ablehnung (Opt-out-Regelung), bei sonstigen unerbetenen Anrufen entweder eine Einwilligung oder eine Untersagung vorgesehen werden. Bestimmte **Rechte und Pflichten** dürfen aus Gründen der nationalen Sicherheit, der Landesverteidigung, der öffentlichen Sicherheit, der strafrechtlichen Verfolgung oder des unzulässigen Gebrauchs von Kommunikationssystemen beschränkt werden.

Eine **Klage** gegen die Regelungen zur Direktwerbung per Internet (keine Relevanz für den Binnenmarkt, Verstoß gegen das Recht auf freie Meinungsäußerung sowie die Grundsätze des freien Handels und Wettbewerbs) wies das Gericht erster Instanz im Mai 2003 mit seinem Urteil in der Rs. T-321/02 als unzulässig ab [ABl. C 007 11.01. 2003 S.21; ABl. C 200 23.08.2003 S.23; Slg. 2003, S.II-1997]. Eine Mitteilung der Kommission vom 22. Januar 2004 [KOM (2004) 28 endg.], die Schlußfolgerungen des Rates vom 8. März 2004 und vom 9. Dezember 2004 sowie die Stellungnahme des Ausschusses der Regionen vom 16. Juni 2004 [ABl. C 318 22.12.2004 S.24] befaßten sich mit **unerbetenen Werbenachrichten** (Spams). Umfang und Wachstum der unerwünschten Werbung brachten zunehmend **negative Begleiterscheinungen** mit sich (Verletzung der Privatsphäre, illegale und schädliche Inhalte, Betrugsfälle, Software-Schäden, Blockierung von Kapazitäten, Nutzungsreduzierung, Verlust legitimer Nachrichten, Zusatzkosten durch den Zeitaufwand für die Löschung und Installierung von Abhilfen, Produktivitätsverluste).

Als **Gegenmaßnahmen** stehen zur Verfügung: rechtliche Regelungen der Gemeinschaft; Umsetzung durch die Mitgliedstaaten (Abhilfen, Sanktionen, Rechtsschutzmechanismen, grenzüberschreitende Beschwerden, Zusammenarbeit innerhalb der EU und mit Drittstaaten, Überwachung); Selbstregulierung der Industrie (vertragliche Vereinbarungen, Verhaltenskodizes, zulässiges Marketing, Kennzeichnungen, alternative Streitbeilegungsverfahren); technische Maßnahmen (Sperrung von Servern, Filter, Sicherheitsfunktionen); Aufklärung (Vorbeugung, Verbrauchererziehung, Berichterstattung) *(vgl. Bull. EU 1/2-2004, S.72; Bull. EU 3-2004, S.74; Bull. EU 6-2004, S.57; Bull. EU 12-2004, S.55 f.).*

Zur Verhütung, Ermittlung, Feststellung und Verfolgung von schweren Straftaten (Terrorismus, organisierte Kriminalität) waren von den Mitgliedstaaten seit 2001 stark voneinander abweichende Vorschriften zur **Vorratsspeicherung** von Daten erlassen worden. In diesem Zusammenhang plant der Rat die Verabschiedung eines Rahmenbeschlusses. Nach einem **Richtlinienvorschlag** der Kommission vom 21. September 2005 [KOM (2005) 438 endg.; SEK (2005) 1131 endg.] sollen bei der Bereitstellung von Kommunikationsdiensten von öffentlichen Netzbetreibern und Diensteanbietern erzeugte oder verarbeitete **Verkehrs- und Standortdaten** (zur Rückverfolgung und Identifizierung der Quelle und des Adressaten einer Nachricht; zur Bestimmung von Art, Datum, Uhrzeit und Dauer der Übermittlung; zur Feststellung der Endeinrichtung und des Standorts mobiler Geräte) für maximal ein Jahr (bei IP-gestützter Übermittlung für sechs Monate) gespeichert werden dürfen. Eine **Weiterleitung an die Behörden** ist nur auf Anfrage, in bestimmten Fällen und in Übereinstimmung mit den nationalen Vorschriften zulässig. Ein **Ratskompromiß** vom 2. Dezember 2005 sieht folgende Regelungen vor: Speicherung von mindestens sechs Monaten und maximal zwei Jahren; keine Registrierung der Standorte bei Mobilkommunikation; keine Aufzeichnung bei erfolglosem Verbindungsaufbau; Nutzung bei allen 30 Straftaten, die dem Europäischen Haftbefehl zugrunde liegen *(vgl. F. Büllingen u. a., 2005).*

3.5.4.2 Urheber- und verwandte Schutzrechte

Die Entstehung neuer Dienste (traditionelle Werke, multimediale Erzeugnisse) und damit die Zunahme der zu schützenden Werke, die Interaktivität und die Möglichkeit der Manipulierbarkeit (Vervielfältigung, Veränderung, Verwertung), der globale Charakter der Kommunikation und Information sowie noch vorhandene **nationale Rechtsunterschiede** machten gegen Mitte der neunziger Jahre eine Weiterentwicklung der vorhandenen Gemeinschaftsvorschriften zum Urheberrecht *(vgl. S. 765)* notwendig. Deshalb veröffentlichte die Kommission am 19. Juli 1995 ein **Grünbuch** über Urheberrecht und verwandte Schutzrechte in der Informationsgesellschaft [KOM (95) 382 endg.], das das Ziel verfolgte, Rechtssicherheit zu schaffen, den freien Verkehr urheber- und leistungsschutzrechtlich erfaßter Waren und Dienstleistungen sicherzustellen, die Investitions- und Innovationsneigung zu stärken, die Zusammenarbeit der Mitgliedstaaten zu verbessern und die Vereinheitlichung internationaler Regelungen voranzubringen *(vgl. Bull. EU 7/8-1995, S.19f.; GB 1995, Ziff.132, 425, 428; Th. Dreier, 1997).*

Horizontale Fragen betrafen das anwendbare Recht (Ursprungslandprinzip, Harmonisierung), die Rechteerschöpfung (Verbreitung, freier Verkehr) und die Parallelimporte; als **spezifische Rechte** galten das Vervielfältigungsrecht, die öffentliche Wiedergabe, das Recht auf digitale Verbreitung bzw. Übertragung, das Recht der digitalen Rundfunkübertragung und das Urheberpersönlichkeitsrecht. In bezug auf die **Rechteverwertung** waren der Erwerb und die Wahrnehmung der Rechte (Arten der Rechte, Formen der Wahrnehmung) sowie die technischen Identifizierungs- und Schutzsysteme (Identifizierung, Vergütung, Schutz der Privatsphäre) zu regeln. Im wesentlichen unterstützt wurden die Positionen durch den **Wirtschafts- und Sozialausschuß** am 31. Januar 1996 [ABl. C 097 01.04.96 S.9] und das **Europäische Parlament** am 19. September 1996 [ABl. C 320 28.10.96 S.177] *(vgl. Bull. EU 1/2-1996, S.24; Bull. EU 9-1996, S.17f.).*

Im Anschluß an eine Konferenz über das Urheberrecht in der Informationsgesellschaft in Florenz im Juni 1996 veröffentlichte die Kommission die Ergebnisse der **Konsultationsphase** am 20. November 1996 in einer Mitteilung [KOM (96) 568 endg.]. Eine **sofortige Harmonisierung** sollte insbesondere in den Bereichen Vervielfältigungsrecht, Recht der öffentlichen Wiedergabe, rechtlicher Schutz der Integrität von technischen Identifizierungs- und Schutzsystemen sowie Verbreitungsrecht und Erschöpfungsgrundsatz erfolgen.

Zusätzliche Überlegungen waren in folgenden Bereichen anzustellen: Recht der Rundfunkübertragung, anwendbares Recht und Rechtsdurchsetzung, Wahrnehmung der Rechte und Urheberpersönlichkeitsrecht, Maßnahmen auf internationaler Ebene (Art der Rechte, Vervielfältigungsrecht, Schutz von Datenbanken). Das **Europäische Parlament** zeigte sich zwar am 23. Oktober 1997 weitgehend einverstanden [ABl. C 339 10.11.97 S.165], plädierte aber für die Einbeziehung weiterer Aspekte *(vgl. Bull. EU 6-1996, S.82; Bull. EU 11-1996, S.55f.; GB 1996, Ziff.142, 411; Bull. EU 10-1997, S.20; A. Tettenborn, 1997, S.467; K. Thomaschki, 1998, S.265ff.).*

Die **Richtlinie 2001/29/EG des Europäischen Parlaments und des Rates vom 22. Mai 2001 [ABl. L 167 22.06.2001 S.10]** i. d. F. der Berichtigung [ABl. L 006 10.01. 2002 S.71] manifestierte dann ein **ausschließliches Recht** der Erlaubnis bzw. des Verbots der Vervielfältigung, der öffentlichen Wiedergabe bzw. der Zugänglichmachung und der Verbreitung für bestimmte Personen (u. a. auch für Sendeunternehmen); insbesondere in bezug auf die **Vervielfältigung** gelten jedoch bestimmte Ausnahmen und Beschränkungen. Außerdem werden die Verhinderung der **Umgehung technischer Schutzmaßnahmen** und des Mißbrauchs elektronischer Informationen für die Rechtewahrnehmung geregelt. Die **nicht fristgerechte Umsetzung** bis zum 22. Dezember 2002 durch Belgien, Finnland, Frankreich, Schweden, Spanien und das Vereinigte Königreich führte jedoch zur Einleitung von Vertragsverletzungsverfahren, die erst vor dem Europäischen Gerichtshof abgeschlossen wurden *(vgl. Bull. EU 12-1997, S.41; GB 1997, Ziff.221, 501; Bull. EU 5-1999, S.37f.; O. Linnenborn, 1999, S.201ff.; GB 2000, Ziff.181; Bull. EU 4-2001, S.21f.; O. Linnenborn, 2001, S.394ff.)*. Weiterentwickelt wurde die **Gemeinschaftspolitik** durch einen Bericht der Kommission vom 6. Dezember 2002 über die Frage der Urheberschaft von Filmwerken oder audiovisuellen Werken in der Gemeinschaft [KOM (2002) 691 endg.], eine Mitteilung vom 16. April 2004 über die Wahrnehmung von Urheberrechten und verwandten Schutzrechten im Binnenmarkt [KOM (2004) 261 endg.] sowie die Richtlinie 2004/48/EG des Europäischen Parlaments und des Rates vom 29. April 2004 [ABl. L 157 30.04.2004 S.45] i. d. F. der Berichtigung [ABl. L 195 02.06.2004 S.16] zur Durchsetzung geistiger Eigentumsrechte *(vgl. Bull. EU 12-2002, S.49f.; Bull. EU 4-2004, S.39f.; Übersicht 102)*.

3.5.5 Jugendschutz und Schutz der Menschenwürde

Um die bis dahin ergriffenen und geplanten rundfunkspezifischen Maßnahmen *(vgl. S. 767)* zu ergänzen, veröffentlichte die Kommission am 16. Oktober 1996 ein **Grünbuch** über den Jugendschutz und den Schutz der Menschenwürde in den audiovisuellen und den Informationsdiensten [KOM (96) 483 endg.]. Basierend auf einer Analyse der relevanten Entwicklungen (Globalisierung, neue Dienste und Mischinhalte, größere Auswahlmöglichkeiten, individuelle Kommunikation und Interaktivität, Manipulierbarkeit) und Problemfelder (Flexibilität von Regelungen, Differenzierung zwischen illegalen und schädlichen Inhalten, Urheberschaft und -rechte, Wahrheitsgehalt) untersuchte sie die auf einzelstaatlicher und gemeinschaftlicher Ebene vorhandenen Bestimmungen und Regulierungsinstrumente. Während die **grundsätzlichen Prinzipien** (freier Dienstleistungsverkehr, Meinungsfreiheit, Privatsphäre, Verhältnismäßigkeit) für alle Medien galten, waren **verbindliche Vorschriften** oftmals nur für den Rundfunk vorhanden; in bezug auf das Internet und die Online-Dienste dominierte die freiwillige Selbstkontrolle. Zudem war die **nationale Umsetzung** aufgrund rechtlicher und kultureller Traditionen sehr unterschiedlich (medienübergreifende und -spezifische Regelungen; allgemeine Verbote, Selbstregulierung, Information und Sensibilisierung, Medienerziehung, technische Einrichtungen). Die Gemeinschaft sollte **Rahmenbedingungen** für die Selbstregulierung durch die Industrie, die Übernahme größerer Verantwortung durch die Erziehungsberechtigten, die Entwicklung technischer Schutzvorrichtungen und die Förderung einer umfassenden Kooperation verabschieden *(vgl. Bull. EU 10-1996, S.70; GB 1996, Ziff.636; M. Rosenthal, 1997, S.135 f.; A. Tettenborn, 1997, S.465; zu technischen Schutzvorrichtungen BMWI, 2000).*

Die Schlußfolgerungen 97/C 70/03 des **Rates** vom 17. Februar 1997 [ABl. C 070 06. 03.97 S.4], die **Stellungnahmen** des Ausschusses der Regionen vom 13. März 1997 [ABl. C 215 16.07.97 S.37] und des Wirtschafts- und Sozialausschusses vom 28. Mai 1997 [ABl. C 287 22.09.97 S.11] sowie eine Entschließung des Europäischen Parlaments vom 24. Oktober 1997 [ABl. C 339 10.11.97 S.420] begrüßten das Grünbuch. Ein Arbeitsdokument vom 13. Juni 1997 [SEK (97) 1203 endg.] und eine Mitteilung der Kommission vom 18. November 1997 [KOM (97) 570 endg.; SEK (97) 2179 endg.] referierten die wesentlichen Ergebnisse der **Konsultation**: Wahrung der Meinungsfreiheit und Privatsphäre; Differenzierung nach rechtswidrigen und schädigenden Inhalten; Geltung des nationalen Rechts; Maßnahmen zur Identifizierung, Verfolgung und Ahndung von Anbietern und Nutzern; elterliche Kontrolle beim Jugendschutz (Abonnements, elektronische Programmführer, Sperren, Filter, V-Chip, Warnseiten, Codes, Altersnachweis, Inhaltekennzeichnung); Zugangsmöglichkeiten in öffentlichen Einrichtungen; Schutz der Menschenwürde (Informationsaustausch, Fortbildung der Polizei und Justiz, Zusammenarbeit der Gerichte) *(vgl. Bull. EU 1/2-1997, S.74; Bull. EU 3-1997, S.44; Bull. EU 5-1997, S.66; Bull. EU 10-1997, S.77; Bull. EU 11-1997, S.79f.; GB 1997, Ziff.706).*

Die **Empfehlung 98/560/EG des Rates vom 24. September 1998 [ABl. L 270 07.10. 98 S.48]** regte in Ergänzung der vorhandenen Rechtsvorschriften die Einrichtung von Schutzsystemen (Mitwirkung der Beteiligten, Selbstkontrolle durch Betreiber und Anbieter von Online-Diensten, abgestimmte Entwicklung von Filter- und Bewertungssystemen), die Erforschung und Erprobung neuer Instrumente, die Schaffung kooperierender Beschwerdestellen, die Unterstützung der Aufklärungsarbeit von Bezugspersonen, die Erleichterung des Zugangs zu geeigneten Inhalten in öffentlichen Einrichtungen, die Erstellung von Verhaltenskodizes sowie einen Erfahrungsaustausch zwischen Behörden, Selbstkontroll- und Beschwerdestellen, Betreibern, Anbietern und Drittstaaten an *(vgl. Bull. EU 5-1998, S.77f.; GB 1998, Ziff.658; Übersicht 102).*

Als **weiterführende Initiativen** zu nennen sind die vom **Rat** angenommenen Schlußfolgerungen 1999/C 283/02 vom 27. September 1999 [ABl. C 283 06.10.1999 S.2] (Selbstkontrolle durch die Mitgliedstaaten) und 2000/C 8/06 vom 17. Dezember 1999 [ABl. C 008 12.01.2000 S.8] (wirksame Kontrolle der vorhandenen Systeme, verstärkte Zusammenarbeit, Entwicklung benutzerfreundlicher Produkte) sowie der **erste Evaluierungsbericht** der Kommission vom 27. Februar 2001 [KOM (2001) 106 endg.] in Verbindung mit den Schlußfolgerungen 2001/C 213/03 des Rates vom 23. Juli 2001 [ABl. C 213 31.07.2001 S.10] und einer Entschließung des Europäischen Parlaments vom 11. April 2002 [ABl. C 127 E 29.05.2003 S.667], die zwar die positiven Entwicklungen in bezug auf das Internet hervorhoben, zugleich aber die **bescheidenen Fortschritte** bei den audiovisuellen Medien und die unzureichende Mitwirkung der Verbraucher kritisierten *(vgl. Bull. EU 6-1999, S.76; Bull. EU 11-1999, S.35; Bull. EU 1/2-2001, S.81; Bull. EU 6-2001, S.70f.; GB 2001, Ziff.597; Bull. EU 4-2002, S.54; GB 2002, Ziff.539).*

In seiner **Erklärung 2001/C 196/01 vom 28. Juni 2001 [ABl. C 196 12.07.2001 S.1]** forderte der Rat eine Intensivierung der Jugendarbeit zur Bekämpfung von Rassismus und Fremdenfeindlichkeit im Internet. Der Wirtschafts- und Sozialausschuß verlangte am 28. November 2001 [ABl. C 048 21.02.2002 S.27] ein **spezielles Programm** für den Schutz von Kindern im Internet (Vorgehen gegen ungesetzliche Tätigkeiten, Sensibilisierung, Definition schädlicher Inhalte und Gegenmaßnahmen, Bestätigung gebührenpflichtiger Downloads, Vorgaben für Chatrooms, Kontrolle von Sonderangeboten, Beschränkung der Werbung). Die **Entschließung 2002/C 65/02 des Rates vom 1. März 2002 [ABl. C 065 14.03.2002 S.2]** strebte eine Kennzeichnung bestimmter Video- und Computerspiele nach Zielaltersgruppen an *(vgl. Bull. EU 5-2001, S.49 f.; Bull. EU 11-2001, S.65; Bull. EU 3-2002, S.99 f.)*.

Ein **zweiter Evaluierungsbericht** der Kommission vom 12. Dezember 2003 [KOM (2003) 776 endg.] erkannte zwar erneut **Erfolge beim Internet** (Selbstregulierung, Verhaltenskodizes, Hotlines, Kampagnen), bemängelte aber die uneinheitliche Anwendung der Empfehlung, die **unzureichenden Fortschritte** im Rundfunkwesen (Selbstregulierung, Verhaltenskodizes) sowie bei dem UMTS, den Chatrooms und dem Recht auf Gegendarstellung, die rückständigen Filtersysteme und die inhomogenen Bewertungssysteme; gefordert wurden der Austausch vorbildlicher Verfahren, eine Koregulierung und ein wirkungsvolleres Beschwerdesystem *(vgl. Bull. EU 12-2003, S.106 f.; GB 2003, Ziff. 583)*. Aus diesen Gründen unterbreitete die Kommission am 30. April 2004 einen Vorschlag für eine **ergänzende Empfehlung** [KOM (2004) 341 endg.]; wesentliche Inhalte sind die Einführung des Rechts auf **Gegendarstellung**, die Förderung einer verantwortungsvollen Nutzung von Diensten durch Jugendliche (Aufklärung von Eltern, Erziehern und Lehrern), die Erleichterung der Identifizierung von und des Zugangs zu **hochwertigen Diensten bzw. Inhalten** und die Vermeidung schädlicher Angebote (Offerten in Bildungseinrichtungen und öffentlichen Räumen, Austausch bester Praktiken bei den Bewertungsverfahren) sowie die Verhinderung und Bekämpfung aller Formen der **Diskriminierung** *(vgl. Bull. EU 4-2004, S.78)*.

4. Gesamtwirtschaftliche, gesellschaftliche und soziale Aspekte des Telekommunikationswesens

4.1 Auswirkungen auf Wirtschaftsstrukturen, Wettbewerbsfähigkeit und Beschäftigung

4.1.1 Gemeinschaftliche Aktivitäten bis Mitte der neunziger Jahre

Die grundlegende Neuorientierung der europäischen Telekommunikationspolitik in der zweiten Hälfte der achtziger Jahre wurde durch das Grünbuch vom Juni 1987 mit einem **sektorspezifischen Binnenmarktprogramm** eingeleitet *(vgl. S.608)*. Ein wichtiger Beitrag des außerordentlich dynamischen Kommunikations- und Informationssektors zum **gesamtwirtschaftlichen Wachstum** und zur **regionalen Entwicklung** sollte durch die konsequente Schaffung einer Wettbewerbsordnung gemäß den Grundprinzipien des Vertrags und durch die schrittweise Beseitigung aller Handels- und Dienstleistungsbeschränkungen erreicht werden; deutliche Vorteile für die Verbraucher sollten einhergehen mit entscheidend **positiven Effekten** für die Entwicklungs-, Produktions- und Absatzaktivitäten des Telekommunikationssektors, aber auch für die Unternehmer und Arbeitnehmer der Industrie und des Handels insgesamt *(vgl. M. Carpentier u. a., 1992, S. 94ff.; Th.-S. Kluth, 1993, S. 72, 82; M. Weinkopf, 1993, S. 8f.)*. Bereits 1989 konstatierte eine Studie der Gemeinschaft erfreuliche Entwicklungen der **Beschäftigung** im Bereich der Telekommunikation, hielt aber gleichzeitig angesichts des deutlichen Wachstums der Telekommunikationsdienste und des enormen technologischen Wandels eine Intensivierung von **Ausbildungsmaßnahmen** für die Beschäftigten für erforderlich *(vgl. Bull. EG 7/8-1989, S. 28)*.

Der **gesellschaftliche und soziale Wandel** im Zusammenhang mit der Entstehung der Informationsgesellschaft und die daraus resultierenden Konsequenzen für die Wirtschaft und die Beschäftigung waren in der Folgezeit direkt oder indirekt Gegenstand zahlreicher Verlautbarungen der Kommission und des Rates. Der entscheidende Anstoß für diese Diskussion und die damit verbundene **Weiterentwicklung des Binnenmarktprogramms** sowie der **gemeinschaftlichen Industrie- und Unternehmenspolitik** im Hinblick auf die Erfordernisse des 21. Jahrhunderts ging von dem Weißbuch über Wachstum, Wettbewerbsfähigkeit und Beschäftigung vom Dezember 1993 *(vgl. Band 1, S. 217, 229)* aus, in dem eine Politik der Förderung eines **gemeinsamen Informationsraums** und der Verbesserung der Effizienz der europäischen Informations- und Kommunikationsindustrie empfohlen wurde. Vor dem Hintergrund einer wachsenden **Globalisierung der Märkte** sowie der **zunehmenden Spezialisierung** und der steigenden Verflechtung der Wirtschaft untersuchte das Weißbuch den Einfluß der neuen Technologien auf die zukünftigen Entwicklungsmöglichkeiten der Unternehmen. Eine **Gruppe hochrangiger Experten** wurde beauftragt, in Fortführung der Schlußfolgerungen des Weißbuchs spezielle Maßnahmen bezüglich der Informationsinfrastrukturen zu untersuchen, und legte am 26. Mai 1994 ihren Bericht als Grundlage für das Treffen des **Europäischen Rates in Korfu** am 24./25. Juni 1994 vor.

Die Schlußfolgerungen des Europäischen Rates in Korfu zu dem Bericht über Europa und die globale Informationsgesellschaft *(vgl. S. 673)*, der von der Kommission im Juli 1994 vorgelegte **Aktionsplan** über Europas Weg in die Informationsgesellschaft *(vgl. S. 674)*, die Mitteilung der Kommission vom September 1994 über eine Politik der **industriellen Wettbewerbsfähigkeit** für die Europäische Union [KOM (94) 319 endg.] *(vgl. Band 1, S. 229)* und die Schlußfolgerungen des Rates für Informationsgesellschaft vom 28. September 1994 *(vgl. S. 674)* wiesen nicht nur auf die **ordnungspolitischen und rechtlichen Rahmenbedingungen** der sektorspezifischen Gemeinschaftspolitik hin, sondern betonten auch die **umfassende Bedeutung** der Telekommunikations- und Informationstechnologien für den wirtschaftlichen und gesellschaftlichen Wandel.

Am 31. Mai 1995 beschloß die Kommission eine Mitteilung über eine Methodik zur Realisierung der Anwendungen der Informationsgesellschaft [KOM (95) 224 endg.] *(vgl. Band 1, S. 574)*. Auf seinem Treffen am 26./27. Juni 1995 hob der Europäische Rat in Cannes nochmals das **Entwicklungspotential** der neuen Wachstumssektoren und das mit der Förderung der Informationsgesellschaft verbundene Potential zur **Schaffung von Arbeitsplätzen** hervor; der ordnungspolitische Rahmen in diesem Bereich sollte sowohl der **kulturellen Vielfalt** Rechnung tragen als auch den **gleichberechtigten Zugang** aller zu den neuen Diensten gewährleisten *(vgl. GB 1995, Ziff.419).*

Vor dem Hintergrund dieser Entwicklungen und Diskussionen ging die **Entschließung 95/C 341/03 des Rates vom 27. November 1995 [ABl. C 341 19.12.95 S.5]** dezidiert auf die Bedeutung der IKT für die **gesamtwirtschaftliche Entwicklung** (Investitionstätigkeit, Beschäftigung) sowie für die **Wettbewerbsfähigkeit** der Industrie im allgemeinen (Organisation, Produktion, Absatz) und der Infrastruktur-, Ausrüstungs-, Technologie-, Dienste- und Inhaltsanbieter im besonderen ein. Als entscheidend für die entsprechenden Wirkungszusammenhänge wurde die **Nutzerakzeptanz** angesehen. Besondere Aufmerksamkeit sollte den Bereichen neue Anwendungen (fortgeschrittene Multimediadienste; öffentliche Verwaltung, Gesundheitswesen, Bildungswesen, Umwelt), öffentliche Kommunikationsnetze (Vermittlungs- und Übertragungsausrüstung; Überwachung und Verwaltung), betriebliche Kommunikation (beste Wachstumsaussichten vor allem im Finanzbereich) und Benutzerausrüstung (für Privatpersonen, Selbständige, Unternehmen) zukommen.

Die Kommission wurde aufgefordert, die mit dem Wandel zur Informationsgesellschaft verbundenen Möglichkeiten bei der Konzeption der **Forschungsprogramme** sowie bei der rechtlichen und ordnungspolitischen Gestaltung der **Liberalisierung** des Telekommunikationssektors zu berücksichtigen; die Förderung von Informationsinhalten und -diensten, die Normungsmaßnahmen sowie die Stärkung der Kooperation der KMU sollten Schwerpunkte der Gemeinschaftspolitik sein *(vgl. Übersicht 103).*

4.1.2 Mitteilungen über die Beschäftigung in der Informationsgesellschaft vom November 1998 und Februar 2000

Der Rat vertiefte die bisherigen Überlegungen auf seiner **Sondertagung über Beschäftigungsfragen** vom 20./21. November 1997 in Luxemburg (Luxemburger Prozeß) und beauftragte die Kommission mit einer Analyse des beschäftigungspolitischen Potentials der beginnenden Informationsrevolution. Auftragsgemäß wurde die Frage der **Beschäftigungsmöglichkeiten** in der Informationsgesellschaft von der Kommission in ihrer Mitteilung vom 25. November 1998 [KOM (98) 590 endg.] aufgegriffen. Bei einer insgesamt **guten Ausgangssituation** und **hohen Wachstumsraten** der **gemeinschaftlichen Unternehmen** wurde in einigen Bereichen **Handlungsbedarf** (Verstärkung einer innovationsfreundlichen Unternehmenskultur; Verbesserung der Kenntnisse und Fähigkeiten des Personals; Erhöhung der Anpassungsflexibilität und Innovationsfähigkeit von Unternehmen und Arbeitskräften) gesehen, um starke **positive Synergien** aufgrund des Binnenmarktes und der sich in ihm vollziehenden institutionellen sowie technisch-ökonomischen Entwicklungen noch besser nutzen zu können *(vgl. Bull. EU 11-1998, S.23).*

Die laufende Diskussion trieb der Rat auf seinen Tagungen am 11./12. Dezember 1998 in Wien sowie am 3./4. Juni 1999 in Köln voran und faßte am 17. Dezember 1999 die **Entschließung 2000/C 8/01 [ABl. C 008 12.01.2000 S.1]** zur beschäftigungspolitischen und sozialen Dimension der Informationsgesellschaft. Zur Steigerung des Beschäftigungspotentials in diesem Sektor sollten das **Lernen und Forschen** sowie die **Arbeit** in der Informationsgesellschaft gefördert, die **öffentlichen Dienste** verbessert und gleichzeitig der **Gedanke der Nachhaltigkeit** (Umweltschutz und Einsatz von Umwelttechnologien) verstärkt werden.

Zwar enthielten die im Rahmen der **Europäischen Beschäftigungsstrategie** erstellten nationalen Pläne bereits für das Jahr 1999 beschäftigungsrelevante Aktionen und leiteten damit den Übergang von einer Betrachtung möglicher **Beschäftigungschancen** in der Informationsgesellschaft zur Entwicklung von Beschäftigungsstrategien ein *(vgl. Bull. EU 11-1999, S.17)*; eindeutig verstärkt wurde dieser Sichtwandel aber mit der Mitteilung der Kommission vom 4. Februar 2000 [KOM (2000) 48 endg.].

Die im Hinblick auf das Beschäftigungssystem spezifischen **Herausforderungen** betrafen wiederum das **Lernen** (Ausstattung mit und Zugang zur Informationsinfrastruktur; Qualifikation und Unterstützung von Lehrern; Förderung der Multimedianutzung) und **Arbeiten** in der Informationsgesellschaft (Verbesserung der erforderlichen Kenntnisse; Abbau des Fachkräftemangels; Modernisierung der Arbeitsorganisation; Beschäftigungsförderung für Behinderte), ferner die Bereitstellung **öffentlicher Dienstleistungen** (Online-Dienste und -Informationen für Bürger und Unternehmen) und die **Unternehmen** in der Informationsgesellschaft (Nutzung neuer Unternehmenschancen; Förderung von Innovation und Wettbewerbsfähigkeit; Förderung des Zugangs von KMU zum digitalen Marktplatz). Die diesbezüglichen **Empfehlungen** wurden unter Nennung der Akteure (Mitgliedstaaten, Sozialpartner, Unternehmen) mit einem **Zeitplan** (bis Ende 2004) versehen; ihre Umsetzung sollte anhand von **Indikatoren** überprüfbar sein.

Aufgrund eines Zwischenberichts der Kommission vom 8. März 2000 [KOM (2000) 130 endg.] forderte der Europäische Rat von Lissabon am 23./24. März 2000 die Gemeinschaftsorgane zum Abschluß der laufenden Rechtsetzungstätigkeiten und zur Erstellung eines **globalen Aktionsplans** auf; die Mitgliedstaaten sollten entsprechende Initiativen ergreifen *(vgl. Bull. EU 1/2-2000, S.27; Bull. EU 3-2000, S.9f.; GB 2000, Ziff.102, 318)*.

Mit seiner Initiativstellungnahme zu den Strategien für Beschäftigung in der Informationsgesellschaft vom 13. Juni 2001 [ABl. C 357 14.12.2001 S.10] unterstützte der **Ausschuß der Regionen** im wesentlichen die Positionen, die in der bisherigen Diskussion sichtbar geworden waren. Der mögliche Beitrag der Informationsgesellschaft zur **Entschärfung der Beschäftigungskrise** wurde zwar grundsätzlich positiv eingeschätzt, ein weiterer rationalisierungsbedingter Beschäftigungsabbau jedoch mittelfristig nicht ausgeschlossen. Gefordert wurde eine verstärkte Berücksichtigung der besonderen Lage der **ländlichen Randgebiete** und der **landwirtschaftlichen Produktionszweige**; die Beschäftigungsstrategien sollten neben kommerziellen Interessen auch **soziale Belange** im Auge behalten *(vgl. Bull. EU 6-2001, S.31f.)*.

4.1.3 Mitteilung der Kommission über die Konsequenzen der elektronischen Kommunikation für die Unternehmen vom November 2001

Im Zusammenhang mit dem Aktionsplan *e*Europe 2002 befaßte sich die Kommission in einer Mitteilung vom 29. November 2001 [KOM (2001) 711 endg.] gezielt mit den **wirtschaftlichen Auswirkungen** der neuen IKT. Es wurden „Handlungsschwerpunkte zur Integration der elektronischen Dimension in die verschiedenen Politikfelder vorgeschlagen, die die europäischen Unternehmen direkt betreffen" *(GB 2001, Ziff.318)*. Unter **makroökonomischen Aspekten** wurden die Zusammenhänge zwischen Wirtschaftswachstum und IKT-Sektor, zwischen Produktivitätssteigerung und Beschäftigungszuwächsen, ferner zwischen IKT, Unternehmensorganisation und Gesamtproduktivität behandelt; weiterhin wurde die langfristige Relevanz von Produktivitätszuwächsen betrachtet. Die **mikroökonomischen Aspekte** der Analyse konzentrierten sich auf die Technologien als Einflußfaktor von Unternehmensveränderungen (Unternehmensbestand, Risikokapital, Marktfinanzierung, Innovationen), die Entstehung neuer Geschäftsmodelle sowie auf neue Vertriebskanäle und eine neue Marktdynamik. Weiterhin wurden die Auswirkungen der IKT auf die **Unternehmenspolitik** und **verwandte Politikbereiche** (Teilnahme der KMU; Sicherstellung des erforderlichen Wissens; Nutzung der vom Binnenmarkt gebotenen Chancen; Förderung von Offenheit und Wettbewerb; Unterstützung problemrelevanter Forschung; höhere Effizienz zwischen Unternehmen und öffentlichen Stellen) untersucht. Drei **Fallstudien** zur Kraftfahrzeugindustrie, zum Einzelhandel und zur Multimediaindustrie schlossen die Mitteilung ab. In seinen Schlußfolgerungen vom 6. Juni 2002 formulierte der **Rat** zahlreiche Forderungen an die Mitgliedstaaten und die Kommission (Festlegung von Zielsetzungen, Anwendung bewährter Verfahren, Unterstützung der KMU, Verbesserung von Qualifikationen, Förderung von Online-Diensten und -Inhalten, Entwicklung von Normen und Verhaltenskodizes, Überarbeitung von Vorschriften in bezug auf den elektronischen Geschäftsverkehr, Festlegung von Bezugswerten, Erfassung der Ergebnisse und Fortschritte, öffentliche Berichte). Die Stellungnahme des **Europäischen Parlaments** vom 12. Februar 2003 [ABl. C 043 E 19.02.2004 S.213] begrüßte die Mitteilung der Kommission und forderte zu einer zügigen Umsetzung des Aktionsplans mit einigen Ergänzungen auf *(vgl. Bull. EU 11-2001, S.42; Bull. EU 6-2002, S.61; Bull. EU 1/2-2003, S.73; GB 2003, Ziff.325)*.

4.2 Gesellschaftliche und soziale Folgen der Informationsgesellschaft

4.2.1 Einsetzung eines Paritätischen Ausschusses

Das Grünbuch über die Entwicklung des Gemeinsamen Marktes für Telekommunikationsdienstleistungen und Telekommunikationsgeräte vom Juni 1987 sowie nachfolgende Stellungnahmen und Entschließungen der Gemeinschaftsorgane *(vgl. S.611)* forderten mehrfach die Berücksichtigung **sozialer Belange** im Rahmen der grundlegenden Neuorientierung der europäischen Telekommunikationspolitik. Verstärkt widmete sich ein Arbeitsdokument der Kommission vom 31. Oktober 1989 dem **sozialen Umfeld** für die künftige Entwicklung der Telekommunikation (Berücksichtigung der Veränderung der Beschäftigungsprofile im betreffenden Sektor, Zugang aller sozialen Gruppen zur Telekommunikation; gemeinsames sozialpolitisches Konzept für Telekommunikation und verwandte Bereiche) *(vgl. Bull. EG 10-1989, S.28)*. Einziges greifbares Ergebnis dieser Bemühungen blieb jedoch zunächst die Einsetzung eines Paritätischen Ausschusses für das Fernmeldewesen durch den **Beschluß 90/450/EWG der Kommission vom 30. Juli 1990 [ABl. L 230 24.08.90 S.25]** mit Wirkung zum 1. August 1990. Mit der Einbeziehung der Sozialpartner in den wirtschafts- und sozialpolitischen Entscheidungsprozeß verfolgte man – ähnlich wie im Verkehrswesen *(vgl. Band 2, S.468; S.260, 533)* – das Ziel, die **wirtschaftliche Lage** und **Wettbewerbsstellung des Sektors** zu stärken sowie die **Lebens- und Arbeitsbedingungen** der dort Beschäftigten zu verbessern und anzugleichen. Zu diesem Zweck kann der Ausschuß auf Wunsch der Kommission oder aus eigener Initiative Stellungnahmen abgeben oder Berichte vorlegen. Er soll zudem innerhalb des Zuständigkeitsbereichs der Arbeitgeber- und Arbeitnehmerorganisationen deren Zusammenarbeit fördern, Studien vorbereiten sowie an Kolloquien und Seminaren teilnehmen *(vgl. Übersicht 103)*.

Der Ausschuß besteht aus 50 **Mitgliedern**, von denen jeweils 25 die Arbeitgeber- und die Arbeitnehmerinteressen wahrnehmen. Ursprünglich wurden 22 Vertreter von der Internationale du Personnel des Postes, Télégraphes et Téléphones (IPTT) und der Fédération Européenne du Personnel des Services Publics sowie weitere 22 von den zuständigen nationalen Behörden vorgeschlagen und von der Kommission ernannt; die restlichen sechs Mitglieder wählt die Kommission aus den o. a. oder anderen repräsentativen Organisationen aus. Die **Amtszeit** beträgt vier Jahre, wobei eine Wiederernennung zulässig ist. Planung und Koordinierung der Arbeiten des Ausschusses werden von einem **Vorstand** wahrgenommen, der aus einem Vorsitzenden und einem stellvertretenden Vorsitzenden, die jeweils für einen Zeitraum von zwei Jahren gewählt werden, sowie aus zwei Vertretern der Arbeitgeber- und der Arbeitnehmerseite besteht. Zur Erleichterung der Aufgaben können **Ad-hoc-Arbeitsgruppen** oder ständige Arbeitsgruppen gebildet bzw. **Sachverständige** zu den Sitzungen hinzugezogen werden.

4.2.2 Untersuchungen zu den gesellschaftlichen und sozialen Konsequenzen zwischen 1995 und 1997

Im Mai 1995 wurde aufgrund einer Kommissionsentscheidung vom 22. Februar 1995 eine **Gruppe hochrangiger Experten** gebildet, die neben den technischen und infrastrukturellen Wandlungen vor allem die **sozialen Implikationen** der Informationsgesellschaft für die Formung und Veränderung der Gesellschaftsstrukturen untersuchen sollte. Im Januar 1996 legte sie ihren Zwischenbericht „Eine europäische Informationsgesellschaft für alle, erste Überlegungen der Gruppe hochrangiger Experten" vor, in dem ein gewisses Verständnis für die Vernachlässigung sozialer Fragen geäußert wird. Um das Produktivitätspotential und die Entwicklung neuer Produkte und Dienstleistungen auch in eine **spürbare Verbesserung** der wirtschaftlichen Produktivität und des Lebensstandards umsetzen zu können, so der Bericht, sei ein langwieriger Lern- und institutioneller **Anpassungsprozeß** notwendig. Art, Umfang und Verteilung der Nutzengewinne seien zudem von vielen Einflußfaktoren abhängig *(vgl. Bull. EU 1/2-1995, S.67)*.

Der **Abschlußbericht** zu einem Konzept einer europäischen Informationsgesellschaft für alle vom April 1997 formulierte auf der Grundlage von Hintergrundanalysen ein **Aktionsprogramm mit Empfehlungen** zu politischen Kernfragen. Diese umfaßten u. a.:

- die Förderung des Erwerbs von *Kenntnissen und Fertigkeiten* durch die Schaffung eines Bildungsnetzwerks, die Gewährung finanzieller Anreize für die Ausbildung, die Verbesserung und Verbreitung von Kenntnissen über Lernmethoden und die Erstellung von hochwertigen und kostengünstigen Lernmitteln;
- die Einführung einer *koordinierten Ordnungspolitik* auf EU-Ebene;
- ein inhaltsorientiertes und effizientes Angebot *öffentlicher Dienstleistungen*; eine Verbesserung der Gesundheitsdienste;
- die Anpassung *gesamtwirtschaftlicher Indikatoren*;
- die Garantie von *Rechtssicherheit* im elektronischen Geschäftsverkehr;
- die Beobachtung organisatorischer *Umstrukturierungen* von Unternehmen sowie die Untersuchung von *Fremdbeschaffungen*;
- die *soziale Absicherung* bei flexiblen Beschäftigungsformen, die Anpassung der IKT an Gesundheits- und Sicherheitsbedürfnisse, die Flexibilisierung der Arbeitszeit, die Förderung der Telearbeit und die Entwicklung des sozialen Dialoges;
- die Berücksichtigung der Auswirkungen der Technologien auf die *Lebensgewohnheiten*;
- die Harmonisierung der *Beschäftigungs-, Sozial- und Steuerpolitik* in der Informationsgesellschaft;
- die Definition eines *kommunalen Universaldienstes* und die Konzipierung einer Strategie des *regionalen Zusammenhalts*;
- die Entwicklung der *Multimediaindustrie*;
- die Förderung von *Kultur und Pluralismus*.

Ergänzend setzte die Kommission im Februar 1995 als beratendes Gremium das **Forum zur Informationsgesellschaft** (ISF) ein [SEK (95) 287 endg.], dessen 128 Mitglieder den Dialog betroffener Gruppen (unter ihnen Diensteanwender, Verbände, Netzbetreiber, Gerätehersteller und Vertreter der Gemeinschaft) über soziale, gesellschaftliche, kulturelle und sprachliche Fragen in die Politik einbringen sollten. Die **verschiedenen Arbeitsgruppen** (Wirtschaft, Soziales, öffentlicher Dienst, Bildung, Kultur, Technologie und Infrastruktur) legten am 9. Juli 1996 einen **ersten Jahresbericht** über Netzwerke für Menschen und ihre Gemeinschaften vor, in dem eine stärkere Berücksichtigung der Interessen der Bürger gefordert wurde *(vgl. Bull. EU 1/2-1995, S.66f.; GB 1995, Ziff.424, 426; Bull. EU 7/8-1996, S.73; GB 1996, Ziff.415)*.

4.2.3 Das Grünbuch vom Juli 1996 und nachfolgende Initiativen

Das Grünbuch der Kommission über „Leben und Arbeiten in der Informationsgesellschaft: Im Vordergrund der Mensch" vom 24. Juli 1996 [KOM (96) 389 endg.] – Stellungnahme des Ausschusses der Regionen vom 16. Januar 1997 [ABl. C 116 14.04.97 S.81], Entschließung des Europäischen Parlaments vom 11. März 1997 [ABl. C 115 14.04.97 S.36], Stellungnahme des Wirtschafts- und Sozialausschusses vom 23. April 1997 [ABl. C 206 07.07.97 S.10] – sollte zusammen mit der gleichzeitig vorgelegten Kommissionsmitteilung über die Bedeutung der Informationsgesellschaft für die Politik der Europäischen Union [KOM (96) 395 endg.] den **politischen, gesellschaftlichen und wirtschaftlichen Dialog** über grundlegende soziale Aspekte vertiefen. Untersucht wurden insbesondere die Auswirkungen, die durch die Entwicklung und Anwendung der IKT für die Organisation der beruflichen Arbeit, die Beschäftigung, den wirtschaftlichen und regionalen Zusammenhalt und die Vermittlung von Wissen zu erwarten waren. Unter dem Aspekt des **Arbeitens in der Informationsgesellschaft** wurde auf die Revolutionierung der beruflichen Qualifikationen und die Schaffung einer neuen Arbeitswelt ebenso hingewiesen wie auf wichtige Herausforderungen für die Politik (Wissensbasis und Bewußtsein für neue Formen der Arbeitsorganisation; KMU in der Informationsgesellschaft; Modernisierung der das Arbeitsleben lenkenden Normen und Praktiken) *(vgl. Bull. EU 7/8-1996, S.95 f.; GB 1996, Ziff.407; Kommission, 1996, S.73 f.; Bull. EU 1/2-1997, S.67; Bull. EU 3-1997, S.61; Bull. EU 4-1997, S.69; zur Telearbeit W. Voß, 1998; A. Brockhagen u. a., 1999; Ch. Flüter-Hoffmann u. a., 1999).*

Zur **Beschäftigung in der Informationsgesellschaft** wurden erwartete Trends der Arbeitslosigkeit und der Erwerbstätigkeit betrachtet, sodann die Notwendigkeit und Bedingungen der Umwandlung von Arbeitsplätzen, die Schließung von Qualifikationslücken und die Anpassung der allgemeinen und beruflichen Bildung. Die Konsequenzen von IKT für das Arbeitsplatzangebot dürften im wesentlichen durch die Substitution bestehender durch neue Handels- und Vertriebsformen, das Entstehen neuer Geschäftszweige (Anbieter von Inhalten und Servicedienstleistungen, Hersteller von Soft- und Hardware, Netzbetreiber, Telekommunikationsdienste und Dienstleistungsanbieter in anderen Wirtschaftsbereichen) und die gesamtwirtschaftliche Entwicklung bestimmt werden. Der weitere Abschnitt des Grünbuchs war dem **Leben in der Informationsgesellschaft** unter dem Aspekt des Zusammenhalts gewidmet; die Gestaltung des Rechtsrahmens sowie die Stärkung von Humanressourcen, Integration und Kompetenz wurden als Herausforderungen der Kohäsionspolitik begriffen.

Der mit der Kommissionsmitteilung vom 27. November 1996 unterbreitete **dynamische Aktionsplan** legte eine **Reihe von Prioritäten** für die zukünftige Gemeinschaftspolitik von der Verbesserung des wirtschaftlichen Umfelds (Gemeinsamer Telekommunikationsmarkt; Forschung und Entwicklung) über die Stärkung der Humanressourcen (Lehren und Lernen) und der Kohäsion (sozialer und regionaler Zusammenhalt) bis zur Entwicklung globaler Regeln für die Informationsgesellschaft fest. Die Mitteilung der Kommission über die soziale und arbeitsmarktspezifische Dimension der Informationsgesellschaft (Im Vordergrund der Mensch – Die nächsten Schritte) vom 23. Juli 1997 [KOM (97) 390 endg.] – Stellungnahme des Wirtschafts- und Sozialausschusses vom 26. Februar 1998 [ABl. C 129 27.04.98 S.20] – stellte vor dem Hintergrund des Aktionsplans die seit dem Erscheinen des Grünbuchs erreichten Fortschritte bei der **Einbindung der sozialen Aspekte** in die **Gestaltung politischer Konzepte** für die Informationsgesellschaft dar. Als **Politikziele** wurden genannt: die Sensibilisierung für die sozialen Auswirkungen der Informationsgesellschaft, deren Einbindung in sozialpolitische Maßnahmen und die Bestimmung konkreter Aktionen zur Förderung von Beschäftigung und sozialer Eingliederung. Ausgehend von den **gemeinsamen Grundsätzen** der Informationsgesellschaft sollten der Zugang zu den Technologien in den Bereichen Lernen, Arbeiten und Leben, die Flexibilität und Sicherheit im Arbeitsleben, die Vermittlungsfähigkeit für neue Arbeitsplätze verbessert sowie **koordinierte Aktionen** auf nationaler, europäischer und internationaler Ebene gefördert werden *(vgl. Bull. EU 7/8-1997, S.75f.; GB 1997, Ziff.497; Bull. EU 1/2-1998, S.18f.).*

4.2.4 *e*Inclusion, *e*Accessibility und *e*Health

Über die im Rahmen der **Universaldienstverpflichtung** geltenden Regelungen hinaus befaßten sich die Gemeinschaftsorgane auch mit weiteren spezifischen Maßnahmen zugunsten von bestimmten Bevölkerungsgruppen. Nach der **Entschließung 2000/C 8/01 des Rates vom 17. Dezember 1999 [ABl. C 008 12.01.2000 S.1]** über die Integration benachteiligter Menschen (Arbeitslose, Ungelernte, Ältere, Behinderte, Minderheiten) sowie die Chancengleichheit von Männern und Frauen griffen die **Entschließung 2001/C 292/02 des Rates vom 8. Oktober 2001 [ABl. C 292 18.10.2001 S.6]** und eine Ministererklärung vom 11. April 2003 zur digitalen Integration „*e*Inclusion" erneut die Möglichkeiten der Informationsgesellschaft für die soziale Integration auf. Speziell auf die Rolle von **Frauen** in der Informationsgesellschaft und im IKT-Sektor gingen eine Entschließung des Europäischen Parlaments vom 6. November 2003 [ABl. C 083 E 02.04.2004 S.185] und eine Ratsentschließung vom 26. November 2003 ein *(vgl. Bull. EU 11-1999, S.17; Bull. EU 10-2001, S.47f.; Bull. EU 11-2003, S.28f.).*

Eine Mitteilung der Kommission vom 25. September 2001 [KOM (2001) 529 endg.] befaßte sich vor allem mit dem **Zugang zu öffentlichen Webseiten** sowie deren Inhalten und entwickelte Zugangsleitlinien und Konzepte zu ihrer Umsetzung, wobei auch auf Entwicklungen außerhalb der EU Bezug genommen wurde. Nach der insgesamt positiven Stellungnahme des **Wirtschafts- und Sozialausschusses** vom 20. Februar 2002 [ABl. C 094 18.04.2002 S.9] folgte die **Entschließung 2002/C 86/02 des Rates vom 25. März 2002 [ABl. C 086 10.04.2002 S.2]**, in der verstärkte Anstrengungen zur Verbesserung der Zugänglichkeit des Internet und seiner Inhalte (insbesondere zugunsten von Älteren und Behinderten) gefordert wurden; die Stellungnahme des **Ausschusses der Regionen** vom 15. Mai 2002 [ABl. C 278 14.11.2002 S.24] und die Entschließung des **Europäischen Parlaments** vom 13. Juni 2002 [ABl. C 261 E 30.10. 2003 S.582] enthielten eine im wesentlichen positive Würdigung der Kommissionsvorstellungen *(vgl. Bull. EU 9-2001, S.34; Bull. EU 1/2-2002, S.69; Bull. EU 3-2002, S.70; Bull. EU 5-2002, S.37f.; Bull. EU 6-2002, S.67).*

Thema eines Arbeitsdokuments der Kommission vom 26. September 2002 [SEK (2002) 1039 endg.], zweier Ratsentschließungen vom 2. Dezember 2002 und vom 6. Februar 2003 sowie einer Mitteilung vom 13. September 2005 [KOM (2005) 425 endg.] war der einfache Zugang zu IKT für **Behinderte** (*e*Accessibility). Zentrale Ziele sind die Ermöglichung einer Integration in die Gesellschaft und Wirtschaft sowie die Vereinfachung der Situation in schwierigen Lebenslagen, andererseits können aber auch Anbieter neue Marktpotentiale erschließen (Breitbandkommunikation, Mobiltelefone, Digitalfernsehen). **Probleme** bestehen noch in bezug auf fehlende Produkte, Dienste und Inhalte, eingeschränkte Auswahlmöglichkeiten, die physische Gerätegestaltung, eine unzureichende Interoperabilität, Störungen sowie fehlende Spezifikationen und Normen. Als bisherige **Gemeinschaftsaktivitäten** zu nennen sind: Unterstützung von Anforderungen und Normen, Design für alle, Zugang zum Internet, Leistungsvergleiche und Beobachtung, Forschung, Bildung und Information sowie Kooperation von Organisationen; hinzutreten sollen: Berücksichtigung im öffentlichen Beschaffungswesen, Zertifizierungsregeln und Nutzung bestehender Rechtsvorschriften *(vgl. Bull. EU 1/2-2003, S.79f.; Bull. EU 9-2005, S.27)*.

In einer Mitteilung vom 29. November 2002 [KOM (2002) 667 endg.] forderte die Kommission die Mitgliedstaaten und deren Gesundheitsbehörden ferner auf, zur Verbesserung der Information und Qualität sowie als Suchhilfe Kriterien für **gesundheitsrelevante Internetseiten** einzuführen (Transparenz, Ehrlichkeit, Urheberangabe, Datenschutz, Aktualität, Verantwortlichkeit, Zugreifbarkeit) und entsprechende Informationskampagnen zu starten; außerdem wurden verschiedene Implementierungsverfahren genannt (Verhaltenskodex, Qualitäts- und Zulassungssiegel, Anleitungs- und Filter-Tools). Eine Kommissionsmitteilung vom 30. April 2004 [KOM (2004) 356 endg.; SEK (2004) 539 endg.] formulierte für die Jahre 2004 bis 2010 einen Aktionsplan für einen europäischen Raum der **elektronischen Gesundheitsdienste**, um den Zugang sowie deren Qualität und Wirksamkeit zu erhöhen: Problembewältigung (Interoperabilität der Systeme, Mobilität von Patienten und Heilpersonal, Verbesserung von Infrastrukturen und Technologien); Pilotaktionen; Zusammenarbeit, bewährte Praktiken, Information und Überwachung. Die Ansätze wurden vom **Rat** in seinen Schlußfolgerungen vom 2. Juni 2004 befürwortet und weiterentwickelt; der **Ausschuß der Regionen** befaßte sich am 17. November 2004 [ABl. C 071 22.03.2005 S.30] vor allem mit den Aspekten der Finanzierung und des Datenschutzes, und am 9. Juni 2005 äußerte sich auch das **Europäische Parlament** *(vgl. Bull. EU 11-2002, S.40; Bull. EU 4-2004, S.50f.; Bull. EU 6-2004, S.55f.; Bull. EU 11-2004, S.53)*.

4.2.5 Bildung, Kultur und öffentliche Information

4.2.5.1 Bildung und Kultur

Die Entwicklung der **IKT** hat seit ihren Anfängen und verstärkt seit Mitte der neunziger Jahre die allgemeinen Grundlagen der Bildungs- und Kulturpolitik der Europäischen Union verändert. In der Informationsgesellschaft können die **Aus- und Weiterbildungsprogramme** wie **Sokrates** (Beschlüsse 95/819/EG vom 14. März 1995 [ABl. L

087 20.04.95 S.10], 98/576/EG vom 23. Februar 1998 [ABl. L 077 14.03.98 S.1], 2000/253/EG vom 24. Januar 2000 [ABl. L 028 03.02.2000 S.1] und 2003/451/EG vom 27. Februar 2003 [ABl. L 069 13.03.2003 S.6] des Europäischen Parlaments und des Rates) und **Leonardo da Vinci** (Ratsbeschlüsse 94/819/EG vom 6. Dezember 1994 [ABl. L 340 29.12.94 S.8] und 1999/382/EG vom 26. April 1999 [ABl. L 146 11. 06.1999 S.33]) auf eine deutlich **verbesserte technologische Basis** und damit **erweiterte Handlungsmöglichkeiten** zurückgreifen. Hinzu traten die Gemeinschaftsprogramme zur Förderung der sprachlichen Vielfalt in der Informationsgesellschaft *(vgl. Band 1, S.238)*.

Entsprechend befaßten sich auch die Mitteilung der Kommission vom 23. November 1994 über die allgemeine und berufliche Bildung vor technologischen, industriellen und sozialen Herausforderungen [KOM (94) 528 endg.] und das **Weißbuch** vom 29. November 1995 über „**Lehren und Lernen**: Auf dem Weg zur kognitiven Gesellschaft" [KOM (95) 590 endg.] – Entschließungen des Europäischen Parlaments [ABl. C 115 14.04.97 S.85, 151], Stellungnahmen des Wirtschafts- und Sozialausschusses [ABl. C 295 07.10.96 S.25] und des Ausschusses der Regionen [ABl. C 182 24.06.96 S.15], Schlußfolgerungen 96/C 195/01 des Rates [ABl. C 195 06.07.96 S.1] – mit den **neuen bildungspolitischen Möglichkeiten.** Hieran schloß sich die Kommissionsmitteilung über das Lernen in der Informationsgesellschaft vom 2. Oktober 1996 [KOM (96) 471 endg.] – Stellungnahme des Ausschusses der Regionen [ABl. C 116 14.04.97 S.89], Entschließung des Europäischen Parlaments [ABl. C 222 21.07.97 S.48] – mit einem **Aktionsplan** für eine europäische Initiative zur **Schulbildung** (1996-1998) an; vorgeschlagen wurden eine europaweite elektronische Vernetzung von Schulen, die Entwicklung und Verbreitung von Lerninhalten, die Aus- und Weiterbildung sowie Unterstützung von Lehrkräften und Ausbildern und die Information aller Akteure über die pädagogischen Möglichkeiten der multimedialen Techniken *(vgl. Bull. EU 11-1995, S.33 f.; Bull. EU 10-1996, S.38 f.; GB 1996, Ziff.271, 409; Kommission, 1996, S.83 f.; Bull. EU 3-1997, S.44 f.)*. Eine Mitteilung vom 29. Mai 1997 [KOM (97) 256 endg.] zog eine **Bilanz der Folgearbeiten** zum Weißbuch vom November 1995 – Schlußfolgerungen des Rates [ABl. C 303 04.10.97 S.8], Stellungnahme des Wirtschafts- und Sozialausschusses [ABl. C 095 30.03.98 S.62] – und wurde durch die Mitteilung vom 12. November 1997 über ein Europa des Wissens [KOM (97) 563 endg.] und den **Umsetzungsbericht** vom 10. Januar 2000 [KOM (1999) 750 endg.] – Entschließung des Europäischen Parlaments [ABl. C 034 E 07.02.2002 S.149] – fortgeführt *(vgl. Bull. EU 5-1997, S.36; Bull. EU 6-1997, S.66; Bull. EU 11-1997, S.45 f.; Bull. EU 1/2-2000, S.71 f.; Bull. EU 5-2001, S.48)*.

Ein **Bericht der Kommission** an den Rat und das Europäische Parlament vom 27. Januar 2000 [KOM (2000) 23 endg.] – Entschließung des Europäischen Parlaments [ABl. C 034 E 07.02.2002 S.143] – befaßte sich mit einigen grundsätzlichen Überlegungen zur **Bildung von morgen** und mit der **Förderung der Innovation** durch den Einsatz neuer Technologien; **zentrale Themen** waren: Angleichung von Technologien und Arbeitsweisen (Überwindung der technologischen Schwelle; Übergang zu interaktiven Multimediadiensten; Verfügbarkeit von Datenzugriffscodes; pädagogische und organisatorische Aspekte der IKT), Entwicklung der Arbeitsweisen (Ausstattungsquote, Lernprogramme und -dienste; Erfahrungen und Prioritäten; Definition von Entwicklungsmodellen; differenzierte Lehrerausbildung und strukturierte Austausch- und Unterstützungsdienste) und Maßnahmenempfehlungen (wirksamer Einsatz eines ständig aktualisierten Wissenskapitals; Steuerung und Förderung innovativen Verhaltens). Diese Überlegungen wurden mit der Mitteilung der Kommission vom 24. Mai 2000 über „**eLearning** – Gedanken zur Bildung von morgen“ [KOM (2000) 318 endg.] – Stellungnahme des Ausschusses der Regionen [ABl. C 144 16.05.2001 S.34] und Entschließung des Europäischen Parlaments [ABl. C 034 E 07.02.2002 S.153] – fortgesetzt; mit dieser Initiative fügte die Kommission die Zielsetzungen des umfassenden **Aktionsplans eEurope** in einen bildungsbezogenen Rahmen ein und entsprach damit der vom Europäischen Rat von Lissabon ausgesprochenen Aufforderung, die europäischen Bildungs- und Ausbildungssysteme an den Bedarf der Wissensgesellschaft anzupassen, was auch vom Europäischen Rat von Feira begrüßt wurde *(vgl. Bull. EU 1/2-2000, S.73; Bull. EU 5-2000, S.55 f.; Bull. EU 6-2000, S.14; Bull. EU 12-2000, S.96; GB 2000, Ziff.324, 523; Bull. EU 5-2001, S.32)*. Der spezielle **Aktionsplan** über *e*Learning (Gedanken zur Bildung von morgen) war Gegenstand der Mitteilung der Kommission vom 28. März 2001 [KOM (2001) 172 endg.] – Entschließung des Europäischen Parlaments [ABl. C 034 E 07.02.2002 S.153], Stellungnahmen des Ausschusses der Regionen [ABl. C 019 22.01.2002 S.26] und des Wirtschafts- und Sozialausschusses [ABl. C 036 08.02.2002 S.63]; diskutiert wurden **Rahmenbedingungen** der Umsetzung, **Ansatzpunkte** für eine Mobilisierung auf Gemeinschaftsebene, übergreifende **Aktionen** im Bereich von Infrastrukturen und Ausstattung, Berufsbildung, Dienstleistungen und Lerninhalten sowie Zusammenarbeit und Dialog *(vgl. Bull. EU 3-2001, S.58; Bull. EU 5-2001, S.32; Bull. EU 9-2001, S.34; Bull. EU 10-2001, S.48; GB 2001, Ziff.360; im weiteren Übersicht 103; zum eLearning M. H. Breitner, 2005)*.

Wiederholt äußerte sich der Rat seit Mitte der neunziger Jahre zu den bildungs- und kulturpolitischen Implikationen der Informationsgesellschaft. So bezweckten die **Entschließung 95/C 247/01 des Rates vom 4. April 1995 [ABl. C 247 23.09.95 S.1]** eine Förderung der kulturellen und sprachlichen Vielfalt (Rundfunk, multimedialer Sektor, Datenbanken und -austausch, Museen und Bibliotheken, Bildung) sowie die **Entschließung 96/C 195/03 vom 6. Mai 1996 [ABl. C 195 06.07.96 S.8]** eine Intensivierung multimedialer Lernprogramme in den Bereichen allgemeine und berufliche Bildung. Die **Entschließung 2000/C 8/01 des Rates vom 17. Dezember 1999 [ABl. C 008 12.01.2000 S.1]** widmete sich dem Lernen unter Einsatz neuer technologischer Mittel, dem Erlernen der Informationsnutzung und der Kommunikation, der Fortbildung von Lehrern, der Einbeziehung der Informationstechnologie in Lehrpläne, schließlich der Zusammenarbeit zwischen Bildungs- und Forschungseinrichtungen sowie dem begleitenden Lernen im Beruf. Die **Entschließung 2001/C 204/02 des Rates vom 13. Juli 2001 [ABl. C 204 20.07.2001 S.3]** griff alle diese Fragen erneut auf und betonte dabei die speziellen Aspekte des *e*Learning als informations- und kommunikationstechnologische Chance; für die Durchführung des 2001 angenommenen Aktionsplans *e*Learning wurden Pilotprojekte eingeleitet und strategische Studien in Auftrag gegeben. Schwerpunkt der **Entschließung 2002/C 32/01 des Rates vom 21. Januar 2002 [ABl. C 032 05.02.2002 S.1]** war der Kontext von Kultur und Wissensgesellschaft. Die **Entschließung 2002/C 162/02 des Rates vom 25. Juni 2002 [ABl. C 162 06.07.2002 S.4]** regte die Erhaltung digitaler Kulturgüter und des digitalen Erbes an (Unterstützung der Verwahrstellen, Verbundnetze, Normung, Forschung, Fortbildung, Kooperation). Thema von Schlußfolgerungen des Rates vom 5. Dezember 2002 waren die IKT- und *e*Business-Qualifikationen in Europa *(vgl. Bull. EU 4-1995, S.55; Bull. EU 11-1999, S.17; Bull. EU 5-2001, S.31 f.; GB 2001, Ziff.564; Bull. EU 11-2001, S.66; Bull. EU 5-2002, S.39; Bull. EU 12-2002, S.59f.; GB 2002, Ziff.520).*

Vor dem Hintergrund der bisherigen Diskussion und der ermutigenden Erfolge schlug die Kommission am 19. Dezember 2002 die Annahme eines **Mehrjahresprogramms *e*Learning** mit spezifischen Aktions- und Interventionsbereichen für die wirksame Integration von IKT in die Systeme der allgemeinen und beruflichen Bildung in Europa vor. Die nachfolgende **Entscheidung 2003/2318/EG des Europäischen Parlaments und des Rates vom 5. Dezember 2003 [ABl. L 345 31.12.2003 S.9]** über das *e*Learning-Programm für 2004 bis 2006 konzentrierte sich auf folgende Bereiche: konzeptionelle und praktische Fragen der **Förderung der digitalen Kompetenz** (Ermittlung und Verbreitung bewährter Praktiken; Sensibilisierungsmaßnahmen mittels einschlägiger europäischer Netze); Schaffung eines **Europäischen Hochschulraums** mittels *e*Learning (Weiterentwicklung der Anrechnungs- und Anerkennungsmechanismen sowie der Informations- und Orientierungsdienste; Erprobung der virtuellen Mobilität als Ergänzung zur physischen Mobilität; Nutzung von Synergien zwischen virtuellen und traditionellen Modellen; Einrichtung länderübergreifender virtueller Hochschulen auf der Basis von Kooperationsmodellen einschließlich von Partnerschaften zwischen öffentlichem und privatem Sektor); **Internetpartnerschaften** zwischen europäischen Primar- und Sekundarschulen und **Förderung der Lehrerbildung** (Ermittlung und Analyse bestehender Initiativen; Unterstützungsnetz für Internetpartnerschaften; Unterstützung von Kooperationsnetzen im Bereich der berufsbegleitenden Weiterbildung von Lehrern und sonstigem Lehrpersonal; Öffentlichkeitsarbeit und Kommunikation); **Querschnittsmaßnahmen und Monitoring** (Unterstützung der aktiven Beobachtung der Programmdurchführung; Pflege eines *e*Learning-Portals mit benutzerfreundlicher Zugriffsmöglichkeit auf Datenbanken und andere Informationsquellen; Sensibilisierungs- und Informationsmaßnahmen mittels europäischer Netze; Entwicklung von Beobachtungs-, Analyse- und Prognoseinstrumenten). Die Kosten aller in Auftrag gegebenen Dienstleistungen sollten zu 100 % aus dem **Gemeinschaftshaushalt** gedeckt werden; ansonsten waren differenzierte Finanzierungsmechanismen mit maximalen Finanzhilfen zwischen 50 und 100 % vorgesehen *(vgl. Bull. EU 12-2002, S.62f.; GB 2002, Ziff.520; Bull. EU 4-2003, S.44; Bull. EU 11-2003, S.76f.; GB 2003, Ziff.558).*

In einer Mitteilung vom 30. September 2005 [KOM (2005) 465 endg.; SEK (2005) 1194 endg.; SEK (2005) 1195 endg.] befaßte sich die Kommission dann eingehend mit der Initiative zur Schaffung **digitaler Bibliotheken** (Schwerpunkt Kulturerbe); zu begutachtende Aspekte sind die elektronische Zugänglichkeit, die Digitalisierung analoger Sammlungen sowie die Verfügbarkeit, Bewahrung und Speicherung. Notwendig sind eine Klärung der finanziellen, organisatorischen, technischen und rechtlichen Herausforderungen. Gemeinschaftliche **Aktionen** können sein: Koordinierung auf

Übersicht 103: Wirtschafts-, sozial- und regionalpolitische Bedeutung der Informationsgesellschaft in Europa

Gesamtwirtschaftliche und soziale Aspekte

Beschluß 90/450/EWG der Kommission vom 30. Juli 1990 zur Einsetzung eines Paritätischen Ausschusses für den Bereich Fernmeldewesen [ABl. L 230 24.08.90 S.25]

Entschließung 95/C 341/03 des Rates vom 27. November 1995 zu den industriellen Aspekten, die sich für die Europäische Union aus der Errichtung der Informationsgesellschaft ergeben [ABl. C 341 19.12.95 S.5] — Rechtsetzung auf der Grundlage des EGV und auf Vorschlag der Kommission — Aufnahme in den Anhang XI des EWR-Abkommens durch den Beschluß 41/96 des Gemeinsamen EWR-Ausschusses [ABl. L 291 14.11.96 S.30]

Entschließung 2000/C 8/01 des Rates und der im Rat vereinigten Vertreter der Regierungen der Mitgliedstaaten vom 17. Dezember 1999 zur beschäftigungspolitischen und sozialen Dimension der Informationsgesellschaft [ABl. C 008 12.01.2000 S.1] — Entschließung 2001/C 292/02 des Rates vom 8. Oktober 2001 zur digitalen Integration „*e*Inclusion" – Nutzung der Möglichkeiten der Informationsgesellschaft für die soziale Integration [ABl. C 292 18.10.2001 S.6] — Entschließung 2002/C 86/02 des Rates vom 25. März 2002 über den Aktionsplan *e*Europe 2002: Zugänglichkeit öffentlicher Webseiten und ihres Inhalts [ABl. C 086 10.04.2002 S.2]

Bildung und Kultur

Entschließung 95/C 247/01 des Rates vom 4. April 1995 zum Bereich Kultur und Multimedia [ABl. C 247 23.09.95 S.1] — Entschließung 96/C 195/03 des Rates vom 6. Mai 1996 über multimediale Lernprogramme in den Bereichen allgemeine und berufliche Bildung [ABl. C 195 06.07.96 S.8] — Entschließung 2001/C 204/02 des Rates vom 13. Juli 2001 zum *e*Learning [ABl. C 204 20.07.2001 S.3] — Entschließung 2002/C 32/01 des Rates vom 21. Januar 2002 über Kultur und Wissensgesellschaft [ABl. C 032 05.02.2002 S.1] — Entschließung 2002/C 162/02 des Rates vom 25. Juni 2002 über die Erhaltung des Gedächtnisses der Zukunft – Konservierung der digitalen Inhalte für künftige Generationen [ABl. C 162 06.07.2002 S.4]

Entscheidung 2003/2318/EG des Europäischen Parlaments und des Rates vom 5. Dezember 2003 über ein Mehrjahresprogramm (2004-2006) für die wirksame Integration von Informations- und Kommunikationstechnologien (IKT) in die Systeme der allgemeinen und beruflichen Bildung in Europa (Programm „*e*Learning") [ABl. L 345 31.12.2003 S.9] — Rechtsetzung auf der Grundlage der Artt. 126 (149) Abs. 4 und 127 (150) Abs. 4 EGV, auf Vorschlag der Kommission [KOM (2002) 751 endg.; KOM (2003) 245 endg.; KOM (2003) 699 endg.] sowie nach den Stellungnahmen des WSA [ABl. C 133 06.06.2003 S.33] und des AdR [ABl. C 244 10.10.2003 S.42]; Stellungnahme des EP [ABl. C 064 E 12.03.2004 S.169], gemeinsamer Standpunkt des Rates [ABl. C 233 E 30.09.2003 S.24] und Beschluß des EP [ABl. C 082 E 01.04.2004 S.104] im Rahmen des Verfahrens der Mitentscheidung

Öffentlicher Sektor

Richtlinie 2003/98/EG des Europäischen Parlaments und des Rates vom 17. November 2003 über die Weiterverwendung von Informationen des öffentlichen Sektors [ABl. L 345 31.12.2003 S.90] — Rechtsetzung auf der Grundlage des Art. 100 a (95) EGV, auf Vorschlag der Kommission [ABl. C 227 E 24.09.2002 S.382; KOM (2003) 119 endg.; KOM (2003) 620 endg.] sowie nach den Stellungnahmen des WSA [ABl. C 085 08.04.2003 S.25] und des AdR [ABl. C 073 26.03.2003 S.38]; Stellungnahme des EP [ABl. C 043 E 19.02.2004 S.222], gemeinsamer Standpunkt des Rates [ABl. C 159 E 08.07.2003 S.1], Beschluß des EP [ABl. C 077 E 26.03.2004 S.314] und Beschluß des Rates im Rahmen des Verfahrens der Mitentscheidung — Aufnahme in den Anhang XI des EWR-Abkommens durch den Beschluß 105/2005 des Gemeinsamen EWR-Ausschusses [ABl. L 306 24.11.2005 S.41]

Regionalpolitische Förderprogramme

Verordnung 86/3300/EWG des Rates vom 27. Oktober 1986 zur Einführung eines Gemeinschaftsprogramms zur Entwicklung bestimmter benachteiligter Regionen der Gemeinschaft durch einen besseren Zugang zu den fortgeschrittenen Telekommunikationsdiensten (Programm STAR) [ABl. L 305 31.10.86 S.1] — Rechtsetzung auf der Grundlage des EWGV und der Verordnung 84/1787/EWG des Rates, auf Vorschlag der Kommission [ABl. C 147 28.06.84 S.1; ABl. C 194 01.08.86 S.7] sowie nach den Stellungnahmen des EP [ABl. C 176 14.07.86 S.189] und des WSA [ABl. C 263 20.10.86 S.35]

Entscheidungen der Kommission vom 22. Oktober 1987 zur Genehmigung der Interventionsprogramme zur Durchführung des Gemeinschaftsprogramms zur Entwicklung bestimmter benachteiligter Regionen der Gemeinschaft durch einen besseren Zugang zu den fortgeschrittenen Telekommunikationsdiensten (STAR-Programm): Entscheidung 88/55/EWG für Griechenland [ABl. L 030 02.02.88 S.33] — Entscheidung 88/56/EWG für Spanien [ABl. L 030 02.02.88 S.34] — Entscheidung 88/57/EWG für Frankreich [ABl. L 030 02.02.88 S.35] — Entscheidung 88/58/ EWG für Irland [ABl. L 030 02.02.88 S.36] — Entscheidung 88/59/EWG für Italien [ABl. L 030 02.02.88 S.37] — Entscheidung 88/60/EWG für Portugal [ABl. L 030 02.02.88 S.38] — Entscheidung 88/61/EWG für das Vereinigte Königreich [ABl. L 030 02.02.88 S.39]

europäischer Ebene, Konsultationen mit Interessengruppen, Gründung einer Expertengruppe, Rechtsvorschriften (Digitalisierung, Urheberrecht), Forschungsvorhaben, Bereitstellung von Fördermitteln *(vgl. Bull. EU 9-2005, S.28f.)*.

4.2.5.2 Information und Sensibilisierung der Öffentlichkeit

Seit Mitte der neunziger Jahre wurde die Aufgabe der Information der Öffentlichkeit und ihre Sensibilisierung für die Möglichkeiten der Informationsgesellschaft zu einem zentralen Thema der gemeinschaftlichen Diskussion. Aus diesem Grunde richtete die Kommission im Februar 1996 das **Aktionszentrum Informationsgesellschaft** (IS-AC) ein, in das das bereits im Vorjahr gegründete **Büro für die Informationsgesellschaft** (ISPO) integriert wurde. Die Aufgaben bestehen in der Koordination der die Informationsgesellschaft betreffenden Maßnahmen (einschließlich ihrer internationalen Aspekte) und in der Information der Öffentlichkeit. Die Informationsdienste wurden in den Folgejahren verstärkt in Anspruch genommen *(vgl. GB 1996, Ziff.415; GB 1997, Ziff.503; GB 1998, Ziff.464)*.

Das Grünbuch der Kommission vom 20. Januar 1999 [KOM (98) 585 endg.] wertete die Informationen des öffentlichen Sektors in der Informationsgesellschaft als eine **Schlüsselressource** für Europa. Eingangs befaßte sich das Grünbuch mit der **Abgrenzung** des öffentlichen Sektors (funktionale, institutionelle oder finanzielle Definition) und kategorisierte die in Frage kommenden **Informationsarten** (Verwaltungsinformationen und andere; fundamentale Informationen und weniger bedeutungsvolle; Informationen von allgemeinem Interesse oder andere), um sodann die **Bedingungen für den Zugang** zu den Informationen des öffentlichen Sektors zu diskutieren: allgemeines Informationszugangsrecht oder Nachweis eines besonderen Interesses; Einschränkungen des Zugangsrechts (Ausnahmen im staatlichen Interesse, im Interesse Dritter, zum Schutz von Entscheidungsverfahren, zur Vermeidung unvertretbaren

Aufwands); Fristen-, Mengen- und Formatprobleme der Informationsbereitstellung; praktische Zugangserleichterungen und Preisgestaltung. **Wettbewerbs-, Urheberrechts-, Datenschutz- und Haftungsfragen** rundeten die Behandlung des Themas ab. Die weitgehend positiven Stellungnahmen des Wirtschafts- und Sozialausschusses vom 28. April 1999 [ABl. C 169 16.06.1999 S.30] und des Ausschusses der Regionen vom 17. November 1999 [ABl. C 057 29.02.2000 S.11] wurden mit einigen Empfehlungen für die zukünftige informationspolitische Arbeit der Kommission verbunden; Empfehlungen gingen auch von einer großen Zahl der betroffenen Akteure aus *(vgl. Bull. EU 1/2-1999, S.78; Bull. EU 4-1999, S.51; Bull. EU 11-1999, S.42; GB 1999, Ziff.426)*. Die nachfolgende **Entschließung 2000/C 8/01 des Rates vom 17. Dezember 1999 [ABl. C 008 12.01.2000 S.1]** forderte eine Verbesserung der Qualität und Effizienz öffentlicher Dienstleistungen (einschließlich kundenfreundlicher Zeiten und Orte) und diskutierte neben der Schaffung neuer Arbeitsplätze die Gestaltung von Internetseiten, die Möglichkeit von Online-Transaktionen und Online-Zahlungsverkehren sowie die Bereitstellung öffentlicher Zugangspunkte zum Internet *(vgl. Bull. EU 11-1999, S.17)*.

Gestützt auf die **Stellungnahmen** zu ihrem Grünbuch vom Januar 1999 schlug die Kommission in ihrer Mitteilung vom 23. Oktober 2001 [KOM (2001) 607 endg.] vor dem Hintergrund einer **Situationsanalyse** (Aufsplitterung des europäischen Marktes, abweichende und unklare Nutzungsbedingungen) eine Reihe von **Maßnahmen** zur Verbesserung der europäischen Rahmenbedingungen für die **Nutzung der Informationen** des öffentlichen Sektors vor. Die Unterstützung von Technologieprojekten in bezug auf Informationen des öffentlichen Sektors im Rahmen des Programms Technologien der Informationsgesellschaft, die Unterstützung marktorientierter Projekte (öffentlich-private Partnerschaften, Metadaten) im Rahmen des **Programms *e*Content** (2001-2004) *(vgl. Band 1, S.239)*, die Unterstützung von Projekten in bezug auf die Bereitstellung von Informationen des öffentlichen Sektors über das Programm IDA *(vgl. Band 1, S.529)* sowie der Austausch vorbildlicher Verfahren und vergleichende Fallstudien im Rahmen von *e*Europe sollten die angestrebten **Experimente** und den effektiven **Dialog** prägen. Die Schaffung besserer europäischer Rahmenbedingungen betraf auch den grundsätzlichen **Zugang zu Informationen** und deren **kommerzielle Nutzung** (Frage der Zugangssysteme, der Ausnahmeregelungen, der Lauterkeit des Handels; Prinzipien für die Preisgestaltung und verschiedene praktische Fragen). Insgesamt sollte eine **verbesserte Nutzung** öffentlicher Informationen zum Wohle der europäischen Bürger und Unternehmen erreicht werden. Am 3. Dezember 2002 ergänzte die Kommission ihre inhaltlichen Ausführungen durch einen Fortschrittsbericht über die Entwicklung der elektronischen Behördendienste [SEK (2002) 1326 endg.] *(vgl. Bull. EU 10-2001, S.48; GB 2001, Ziff.376)*.

Die **Ministerkonferenz** über elektronische Behördendienste am 7. / 8. Juli 2003 in Como bekräftigte ihr politisches Engagement in diesem Bereich. Die Mitteilung der Kommission vom 26. September 2003 über die Rolle **elektronischer Behördendienste** (*e*Government) für die Zukunft Europas [KOM (2003) 567 endg.; SEK (2003) 1038 endg.] setzte diese Diskussion fort; der gegenwärtige Stand sowie die **notwendigen Maßnahmen** wurden ebenso behandelt wie die zukünftige Entwicklung dieses Bereichs. Der **Rat** schloß sich in seinen Schlußfolgerungen vom 20. November 2003 den Einschätzungen der Kommission weitgehend an (Förderung des Angebots europaweiter Dienste, der Innovation und des Austausches empfehlenswerter Verfahren); dies galt auch für die Stellungnahme des **Ausschusses der Regionen** vom 16. Juni 2004 [ABl. C 318 22.12.2004 S.22] *(vgl. Bull. EU 9-2003, S.37; Bull. EU 11-2003, S.49; GB 2003, Ziff. 392; Bull. EU 6-2004, S.56; J. Turek, 2004, S.159; zum eGovernment F. Peters, 2003, S.68 ff.)*.

Bereits am 5. Juni 2002 hatte die Kommission einen auf der Mitteilung vom 23. Oktober 2001 [KOM (2001) 607 endg.] basierenden Richtlinienvorschlag zur Festlegung eines **Mindestbestandes an Regeln** für die kommerzielle Nutzung und Verwertung von Dokumenten des öffentlichen Sektors vorgelegt; die Richtlinie sollte „für eine ausreichende Rechtssicherheit sorgen, damit die Marktbeteiligten neue grenzüberschreitende Informationsdienste anbieten können, die sich auf Informationen des öffentlichen Sektors stützen" *(GB 2002, Ziff. 333)*. Die legislativen Arbeiten zu diesem Richtlinienvorschlag wurden in der Folgezeit fortgesetzt und führten zur **Richtlinie 2003/98/EG des Europäischen Parlaments und des Rates vom 17. November 2003 [ABl. L 345 31.12.2003 S.90]**, durch die die Weiterverwendung von Informationen des öffentlichen Sektors reguliert wurde. Der allgemeine Grundsatz der **Weiterverwendungserlaubnis** wurde ergänzt durch besondere Anforderungen an die Bearbeitung von Weiterverwendungsanträgen, durch spezifische Bedingungen für die Weiterverwendung (verfügbare Formate, Tarifgrundsätze, Transparenz, Lizenzen, praktische Vorkehrungen) sowie durch die Grundsätze der **Nichtdiskriminierung und des lauteren Handels**, insbesondere des Verbots von Ausschließlichkeitsvereinbarungen *(vgl. Bull. EU 6-2002 S.66 f.; Bull. EU 3-2003, S.63; Bull. EU 10-2003, S.60 f.; GB 2003, Ziff. 383)*. Hinzu trat das mit dem **Beschluß 2004/387/EG des Europäischen Parlaments und des Rates vom 21. April 2004 [ABl. L 181 18.05.2004 S.25]** angenommene Programm **IDABC**, das die interoperable Erbringung von *e*Government-Diensten zum Inhalt hat *(vgl. Band I, S.533; Übersicht 103)*.

4.3 Regional- und raumordnungspolitische Aspekte der Telekommunikationspolitik

4.3.1 STAR-Programm von 1986 bis 1991

Im Rahmen der Strukturfondspolitik zugunsten benachteiligter Regionen der Gemeinschaft wurde durch die **Verordnung 86/3300/EWG des Rates vom 27. Oktober 1986 [ABl. L 305 31.10.86 S.1]** das Programm STAR (Special Telecommunication Action for Regional Development) ins Leben gerufen. STAR sollte insbesondere den Geschäftskunden die Nutzung neuer Telekommunikationsdienste durch den **Aufbau der Telekommunikationsinfrastruktur** und die **Verbesserung des Netzzugangs** ermöglichen und so zur sozioökonomischen Entwicklung wirtschaftlich benachteiligter Randgebiete der Gemeinschaft (Korsika und die französischen Überseedepartements, Griechenland mit Ausnahme der Region Nomos Attika, Irland, der italienische Mezzogiorno, Portugal mit Ausnahme von Lissabon, die förderungswürdigen Regionen Spaniens, Nordirland), zur **Schaffung von Arbeitsplätzen** und zum **technologischen Fortschritt** beitragen *(vgl. Bull. EG 1-1986, S.40 Bull. EG 10-1986, S.44f.; GB 1986, Ziff.401, 519; KOM(87) 290 endg., S.119f.; E. Lalor, 1987, S.115ff.; Übersicht 103).*

Aus industriepolitischer Sicht profitierten aber auch KMU, Fernmeldeverwaltungen und private Anbieter von dem Programm. Insbesondere der Aufbau von Satellitensystemen sowie von Glasfaser-, Daten- und Mobilfunknetzen, die Digitalisierung der Telefonnetze als Vorbedingung für das ISDN, die Einführung von Telearbeit und die telematikgestützte Fachinformation waren **Schwerpunkte der Förderung**; weiterhin wurden Studien, Werbe- und Informationskampagnen sowie Demonstrationsvorhaben zur Einführung und Nutzung von Telekommunikationsdiensten bezuschußt und Unternehmensbeihilfen gewährt. Während der **fünfjährigen Laufzeit** vom 1. November 1986 bis zu seiner Einstellung am 31. Oktober 1991 sollte STAR aus dem **EFRE** bis zu 55 % der berücksichtigten öffentlichen Gesamtausgaben bereitstellen (mit speziellen Höchstgrenzen für die Einzelmaßnahmen); insgesamt wurden 777 Mio. ECU an Gemeinschaftsmitteln und etwa der gleiche Betrag aus den Haushalten der Mitgliedstaaten für programmbezogene Projekte eingesetzt. Die **Entscheidungen 88/55/EWG bis 88/61/EWG der Kommission vom 22. Oktober 1987 [ABl. L 030 02.02.87 S.33 bis 39]** genehmigten die von den Mitgliedstaaten vorgelegten Interventionsprogramme *(vgl. GB 1987, Ziff.463; GB 1988, Ziff.521; KOM (88) 240 endg., S.14f.; H. Ungerer u. a., 1988, S.158ff.; GB 1989, Ziff.360; Kommission, 1991, S.36ff.; Kommission, 1995, S.12/1f.; Übersicht 103).*

4.3.2 Regionalpolitische Fördermaßnahmen seit 1991

Im Jahre 1991 wurde das STAR-Programm durch das **Telematikprogramm** *(vgl. Band 1, S.544)* ersetzt, das insbesondere die Nutzung neuer Daten- und anderer im freien Wettbewerb angebotener Dienste bei Unternehmen und Behörden weiter beschleunigen sollte. Es war darauf ausgerichtet, die Nachfrage nach konkreten Anwendungen zu steigern, die die Entwicklung der Regionen positiv beeinflussen konnten. Das **Pilotprojekt ORA** (Anwendung von IKT im ländlichen Raum), das im Rahmen des Spezifischen Programms für Forschung und technologische Entwicklung im Bereich der allgemeinrelevanten Telematiksysteme bis 1994 praxisorientierte Forschungsarbeiten förderte, sowie IMPACT und TEDIS verfolgten **ähnliche Ziele** *(vgl. GB 1990, Ziff.312, 314; GB 1991, Ziff.506; Band 1, S.167, 172).*

Seitdem die **vollständige Liberalisierung** der Telekommunikationsmärkte im Jahre 1993 eingeleitet worden war, beschränkte sich die regionalpolitische Förderung der Gemeinschaft nicht mehr allein auf Hilfen zum **Auf- und Ausbau der Netzinfrastruktur**. Die im folgenden aufgeführten Maßnahmen trugen, wenn sie auch nicht ausschließlich regionalpolitische Ziele verfolgten, ebenfalls zur **Entwicklung der Randgebiete** bei *(vgl. Kommission, 1995, S.12/2f.)*:

— *Übergangsfristen* bei der Liberalisierung des Sprachtelefondienstes für Länder mit weniger entwickelten Netzen;

— Definition und Bewertung des *Universaldienstes* sowie seiner Finanzierung, insbesondere mit dem Ziel, Benutzern in Randregionen ein Mindestmaß an qualitativ und preislich akzeptablen Diensten zu garantieren;
— Neuordnung der *Strukturfonds* und verstärkte Finanzierung des Zusammenhalts;
— Studien zur Auswirkung des Aufbaus der Informationsgesellschaft auf den *wirtschaftlichen und sozialen Zusammenhalt* in Europa; Einbeziehung von ausgewählten Regionen in ein *experimentelles Netz* zum Austausch von Erfahrungen und zur Entwicklung von Strategien; Veranstaltung von *Konferenzen*;
— Aufbau der *transeuropäischen Telekommunikationsnetze*.

Auf der Basis einer Absichtserklärung vom November 1994 wurde nachfolgend die **Regionale Initiative Informationsgesellschaft** eingeleitet; Schwerpunkte waren die Entwicklung von Strategien (Situationsanalyse, Bewertung von Handlungsoptionen) und die Durchführung von Aktionsplänen (regionale Partnerschaften, Pilotanwendungen, Projekte).

4.3.3 Regionalpolitik in der Informationsgesellschaft seit 1997

Im Rahmen einer raumordnungs- und regionalpolitischen Ergänzung des Grünbuchs „Leben und Arbeiten in der Informationsgesellschaft: Im Vordergrund der Mensch" *(vgl. S.874)* beschäftigte sich die Mitteilung der Kommission vom 22. Januar 1997 über **Kohäsion und Informationsgesellschaft** [KOM (97) 7 endg.] mit den sich aus geographischen, sozialen und wirtschaftlichen Gründen ergebenden **Nachteilen** bestimmter Regionen, Bürger und Unternehmen sowie den notwendigen politischen Maßnahmen zur Überbrückung dieser Defizite. Insbesondere die Weiterentwicklung der **ordnungspolitischen Rahmenbedingungen** unter besonderer Berücksichtigung des Universaldienstkonzeptes, die **Förderung der Investitionstätigkeit** unter Einschluß eines angemessenen Rollenwandels der Strukturfonds und die verstärkte **Stimulierung der Nachfrage** bei effizienter Nutzung der Infrastruktur im öffentlichen und privaten Bereich sollten frühere Politikansätze ergänzen bzw. den neuen Erfordernissen anpassen. Die Stellungnahmen des **Wirtschafts- und Sozialausschusses** vom 1. Oktober 1997 [ABl. C 355 21.11.97 S.12] und des **Ausschusses der Regionen** vom 19. November 1997 [ABl. C 064 27.02.98 S.20], aber auch die Entschließung des **Europäischen Parlaments** vom 15. Januar 1998 [ABl. C 034 02.02.98 S.145] kamen trotz mancher Ergänzungsnotwendigkeiten in den Einzelheiten des Konzepts zu einer **positiven Gesamtwürdigung** jener Maßnahmen, die die benachteiligten Regionen und wirtschaftlichen Randgebiete in die Lage versetzen sollten, sich die Vorteile der Informationsgesellschaft vollauf zunutze zu machen *(vgl. Bull. EU 1/2-1997, S.41; Bull. EU 10-1997, S.39; Bull. EU 11-1997, S.49; GB 1997, Ziff.388, 501; Bull. EU 1/2-1998, S.55; zu den Auswirkungen der Liberalisierung auf die Randgebiete C. Berben u. a., 1995, S.273 ff.; P. Preston, 1995, S.253 ff.)*.

Weitgehende Einigkeit bestand hinsichtlich der Notwendigkeit einer laufenden Anpassung des **Universaldienstkonzepts** (Quantität und Qualität des Angebots; Sprachtelefondienst und andere Dienste; privater Zugang zu Diensten, öffentlicher und gemeinsamer Zugang; Erschwinglichkeit der Nutzung) an die allgemeine IKT-Entwicklung sowie die Nachfragepräferenzen der Nutzergruppen (Privatpersonen, KMU, Gesundheits- und Bildungseinrichtungen wie Schulen, Hochschulen, Krankenhäuser, öffentliche Ämter, Bibliotheken und andere Zugangsstellen); die **Vergabe von Genehmigungen** an Telekommunikationsunternehmen sollte vor allem dann ein wirksames Kohäsionsinstrument sein können, wenn die Festlegung von Versorgungszielen für benachteiligte Regionen unter Berücksichtigung des Verhältnismäßigkeitsprinzips und der Notwendigkeit offener und wettbewerbsfähiger Märkte ermöglicht würde.

Als unübersehbar galt auch die **Investitionslücke** zwischen den **Kohäsionsregionen** und den **Ballungsräumen** der Europäischen Union; die Kosten für die Einrichtung und das Betreiben neuer IKT-Dienste lagen in der Regel in benachteiligten und peripheren Räumen höher als in anderen Gebieten; die strukturpolitische Aufgabe der öffentlichen Förderung von Investitionen erhielt von daher eine besondere Bedeutung. Zugleich wurde auch die **Ankurbelung der Nachfrage** für unbestreitbar wichtig angesehen, wobei angesichts des niedrigeren Einkommensniveaus die Förderung des direkten Zugangs der Öffentlichkeit zu Informationsdiensten in Einrichtungen wie Schulen, öffentlichen Bibliotheken und lokalen Entwicklungszentren eine angesichts der sonst entstehenden Kostenhemmnisse günstige Lösung sein konnte; dabei sollten die regionalen IKT-Programme mit Ausbildungs- und Sensibilisierungsmaßnahmen, mit der regionalen Wirtschaftsförderung sowie mit der Bereitstellung von Startkapital für Projekte und von Risikokapital für Benutzer kombiniert werden. **Konsens, Partnerschaft und Dialog** im regionalen Rahmen hatten die Beziehungen zwischen Nutzern und Anbietern von IKT zu prägen, damit die Informationsgesellschaft zugleich dem Kohäsionsziel gerecht werden könnte.

Seit 2000 wird der Informationsgesellschaft sowohl vom **EFRE** *(vgl. Band 1, S.590)* als auch vom **ESF** *(vgl. Band 1, S.251)* verstärkt Beachtung geschenkt *(vgl. GB 1999, Ziff.316)*. Nach der **Vorlage der Leitlinien** über die Strukturfonds und ihre Koordinierung mit dem Kohäsionsfonds (Programme des Zeitraums 2000-2006) durch die Mitteilung der Kommission vom 2. Juli 1999 [KOM (1999) 344 endg.] *(vgl. GB 1999, Ziff.323)* wurden die **Kriterien zur Programmbewertung** in einem Arbeitsdokument der Kommission (Informationsgesellschaft und Regionalentwicklung: EFRE-Interventionen 2000-2006) vom 16. Juli 1999 [SEK (1999) 1217 endg.] – Stellungnahme des Ausschusses der Regionen vom 21. September 2000 [ABl. C 022 24.01.2001 S.32] – formuliert *(vgl. GB 2000, Ziff.342)*.

Der neue **Programmplan der Kommission** für die Strukturfonds strebte eine „verstärkte Integration der Prioritäten und Maßnahmen zur Förderung der Informationsgesellschaft an, insbesondere die Durchführung des Aktionsplans *e*Europe. Die Informationsgesellschaft wurde somit in alle Ziel-3-Programme ... des Europäischen Sozialfonds aufgenommen“ *(GB 2000, Ziff.342)*. Vor diesem Hintergrund fand schließlich am 18. / 19. Dezember 2000 in Lyon eine **Konferenz** mit Vertretern der lokalen, regionalen und nationalen Verwaltungen, der Sozialpartner und der bürgerlichen Gesellschaft zum Thema „Informationsgesellschaft und wirtschaftlicher, sozialer und territorialer Zusammenhalt im Zeitraum 2000-2006: eine neue Chance“ statt *(vgl. GB 2000, Ziff.342)*.

Diese Entwicklungen veranlaßten den **Ausschuß der Regionen** am 15. November 2001 zu einer Stellungnahme über die Entwicklung der ländlichen Gebiete durch gezielte politische Maßnahmen zur Förderung der IKT [ABl. C 107 03.05.2002 S.17], in der er neben verschiedenen konstruktiv-kritischen Anmerkungen zu bereits behandelten Problemen auch auf das Erfordernis flächendeckender Dienstleistungsangebote gemäß den UMTS-Lizenzen einging *(vgl. Bull. EU 11-2001, S.50)*. Die weiterentwickelten **Leitlinien der Kommission** vom 28. Juli 2003 für die Kriterien und Modalitäten des Einsatzes der Strukturfonds zur Förderung der elektronischen Kommunikation [SEK (2003) 895 endg.] betreffen in erster Linie die Gewährung von **Gemeinschaftsfördermitteln** zur Bereitstellung einer **Breitbandinfrastruktur** einschließlich verschiedener Erwägungen zu den damit verbundenen **Beihilfeaspekten**; die Gemeinschaftsförderung stellt zwar grundsätzlich keine staatliche Beihilfe dar, unterliegt aber **denselben Beurteilungsregeln** unter Einschluß der Finanzierung durch die Mitgliedstaaten. Zu unterscheiden ist im einzelnen nach einer Infrastruktur im **öffentlichen Eigentum**, einer solchen im **Eigentum von Privatunternehmen** sowie nach Infrastrukturprojekten **mit kontrolliertem Zugriff** *(vgl. WB 2003, Ziff. 393 ff.)*.

5. Außenbeziehungen der Gemeinschaft im Bereich der Telekommunikation

5.1 Problemstellung

Die außerordentlich rasche Entwicklung der IKT sowie ihrer audiovisuellen und multimedialen Anwendungen führte in den letzten Jahrzehnten nicht nur zu besonderen Herausforderungen für die **gemeinschaftliche Telekommunikationspolitik** in Europa, sondern machte auch und gerade die Suche nach telekommunikationspolitischen **Problemlösungen auf weltweiter Ebene** unumgänglich. Unter diesem Gesichtspunkt war nicht nur an den **gegenseitigen Zugang** zu Infrastruktur-, Dienstleistungs- und Endgerätemärkten zu denken, sondern auch an die Schaffung allgemein akzeptierter **technischer Spezifikationen und Normen** zur Gewährleistung der Sicherheit und Interoperabilität der Systeme sowie an die **Festlegung von Regeln** zum Schutz von persönlichen Daten und geistigem Eigentum sowie der Privatsphäre und bestimmter gesellschaftlicher Gruppen.

Ausgangspunkt der damit begonnenen **telekommunikationspolitischen Strategiediskussion** war das Grünbuch vom Juni 1987 *(vgl. S.608)*. Die auf die Schaffung eines Gemeinsamen Telekommunikationsmarktes gerichtete Politik sollte durch das Ziel einer **weiteren Marktöffnung** in Drittländern und damit durch eine global orientierte **außenhandelspolitische Dimension** ergänzt werden. Die Ansatzpunkte für die multilateralen Verhandlungen im Rahmen der **Uruguay-Runde** wurden durch die Mitteilung der Kommission vom 26. Oktober 1989 über die außenwirtschaftlichen Aspekte der Telekommunikation [SEK (89) 1657 endg.] präzisiert und zugleich in den Kontext von ITU und OECD hineingestellt. Zudem wurde der Stellenwert der **bilateralen Be-**

ziehungen insbesondere zu den EFTA-Ländern, den Vereinigten Staaten und Japan sowie den Entwicklungsländern im Hinblick auf den Telekommunikationssektor betont *(vgl. Bull. EG 10-1989, S.27 f.)*.

5.2 Multilaterale Vereinbarungen und internationale Zusammenarbeit

5.2.1 Internationale Übereinkommen als Ergebnis der Uruguay-Runde

5.2.1.1 Vorbemerkungen

Die bereits in früheren GATT-Verhandlungen erreichten Übereinkünfte zum weltweiten Handel betrafen grundsätzlich auch den Telekommunikationssektor. So brachte der Abschluß der **Tokio-Runde** (1974-1979) verschiedene Regelungen für den **Handel mit Telekommunikationsgeräten** (Zollsenkungen, Normen und technische Vorschriften) sowie (in einigen Ländern) zum **öffentlichen Beschaffungswesen** in diesem Bereich. An den damit bereits erreichten Regelungsstand knüpften die am 20. September 1986 begonnenen Verhandlungen der **Uruguay-Runde** (1986-1994) an. Ihr generelles Ziel bestand in der Errichtung eines multilateralen Rahmens aus Grundsätzen und Regeln für den **Handel mit Dienstleistungen** einschließlich der Ausarbeitung etwaiger **Richtlinien für einzelne Sektoren**.

Im Hinblick auf den Telekommunikationssektor sollten insbesondere die Regelungen für die **Normung** (Annahme internationaler Normen, Transparenz technischer Spezifikationen) und das **öffentliche Beschaffungswesen** (Ausdehnung auf Fernmeldeverwaltungen) weiterentwickelt werden. Der Handel mit Telekommunikationsgeräten sollte durch die Einbeziehung des **Handels mit Telekommunikationsdiensten** ergänzt und der **Marktzugang** (Tarife, nichttarifäre Handelshemmnisse) erleichtert werden. Die Aufnahme der **speziellen Verhandlungen** in bezug auf Telekommunikationsdienste verzögerte sich allerdings bis zum Juni 1989; in ihrem Verlauf erwiesen sich die Abgrenzung der Dienste, die Unterscheidung zwischen Basis- und Mehrwertdiensten, das jeweilige Regulierungsumfeld und die unzureichende Entwicklung der Infrastruktur in Entwicklungsländern als **besondere Problembereiche**, die einen zügigen Abschluß der Verhandlungen verhinderten *(vgl. R. B. Woodrow u. a., 1994, S.97 ff.)*.

5.2.1.2 Liberalisierung internationaler Telekommunikationsdienste

Der **Beschluß 94/800/EG des Rates vom 22. Dezember 1994 [ABl. L 336 23.12.94 S.1]** über den Abschluß der Übereinkünfte im Rahmen der multilateralen Verhandlungen der Uruguay-Runde (1986-1994) im Namen der Europäischen Gemeinschaft in bezug auf die in ihre Zuständigkeit fallenden Bereiche brachte im Anhang 1 B mit dem Allgemeinen Übereinkommen über den Handel mit Dienstleistungen auch eine **Anla-**

ge zur Telekommunikation [ABl. L 336 23.12.94 S.209]. Diese soll die **Umsetzung des Übereinkommens** im Hinblick auf den Zugang zu öffentlichen Telekommunikationsnetzen und -diensten sowie deren Nutzung durch **Hinweise und ergänzende Bestimmungen** erleichtern; sie ist auf die kabelgebundene oder drahtlose Übertragung von Hörfunk- und Fernsehprogrammen nicht anwendbar. Postuliert wird das **Prinzip der Transparenz** und damit die öffentliche Verfügbarkeit aller maßgeblichen Informationen über **Zugangs- und Nutzungsbedingungen** (Tarife und andere Bedingungen; technische Spezifikationen und Normungsgremien; Regelungen für den Anschluß von Geräten; Notifizierungs-, Registrierungs- und Lizenzierungsbedingungen). Jedem Diensteanbieter eines anderen Mitglieds wird das Recht auf Zugang zu nationalen und internationalen öffentlichen Telekommunikationsnetzen und -diensten (einschließlich privater Mietleitungen) sowie auf deren Nutzung für die Erbringung bestimmter Dienste (spezifische Liste des betreffenden Mitglieds) zu angemessenen und diskriminierungsfreien Bedingungen (Meistbegünstigung, Inländerbehandlung) zugestanden *(vgl. G. C. Hufbauer u. a., 1997; L. Frühbrodt, 2002, S.331 ff.; P. Nihoul u. a., 2004, S.58 f.)*.

Das Recht zur **Nutzung der Netze und Dienste** schließt die Verpflichtung des Mitglieds zur Erteilung von Genehmigungen für den Ankauf, die Anmietung und den Anschluß von Geräten, den Anschluß von privaten Mietleitungen oder Privatleitungen sowie die Verwendung von beliebigen Betriebsprotokollen ein; diesbezügliche Einschränkungen unterliegen einer **Notifizierungs- und Konsultationspflicht**. Maßnahmen zur Gewährleistung der Sicherheit und Vertraulichkeit von Informationen sind jedoch zulässig. Ebenso erlaubt sind Zugangs- und Nutzungsbedingungen zur Gewährleistung von Gemeinwohlverpflichtungen, zum Schutz vor technischen Schäden und zur Unterbindung der Erbringung nicht zulässiger Dienste; spezielle Bedingungen können auch Beschränkungen des Wiederverkaufs oder der gemeinsamen Nutzung von Diensten, die Verwendung bestimmter technischer Schnittstellen, die Interoperabilität von Diensten, die Typzulassung von Geräten, die Verbindung von privaten Leitungen mit anderen Netzen, Leitungen oder Diensten sowie die Notifizierung, Registrierung und Lizenzierung regeln. Daneben bestehen **Sonderbestimmungen für Entwicklungsländer** zur Stärkung ihrer inländischen Telekommunikationsinfrastruktur und -kapazität und ihrer Beteiligung am internationalen Handel mit Telekommunikationsdiensten; insbesondere zur Unterstützung von Entwicklungsländern soll auch die **technische Zusammenarbeit** der Mitglieder (Entwicklungsprogramme, Bereitstellung von Informationen, Technologietransfer, Ausbildungsmaßnahmen) gefördert werden. Die Bedeutung **internationaler Normen** sowie internationaler und privater **Organisationen und Übereinkünfte** wird zum Abschluß der Anlage hervorgehoben.

Die **Anlage zu Verhandlungen über Basistelekommunikation [ABl. L 336 23.12.94 S.212]** machte den erfolgreichen Abschluß gesonderter Übereinkünfte zur Voraussetzung für das Inkrafttreten spezifischer Regelungen zur Meistbegünstigung (einschließlich eventueller Ausnahmen); besondere Verpflichtungen gemäß der Liste der Mitgliedstaaten sollten jedoch unberührt bleiben. Am 30. April 1996 ermächtigte der Rat die Kommission, den Beschluß der Verhandlungsgruppe für Basistelekommunikation und des WTO-Rates über die Genehmigung des Vierten Protokolls zum GATS sowie den Beschluß des WTO-Rates über die Verpflichtungen im Bereich der Basistelekommunikation im Namen der Gemeinschaft und ihrer Mitgliedstaaten zu genehmigen. Am 14. Februar 1997 folgte die Ermächtigung der Kommission zur Vorlage der endgültigen Liste spezifischer Verpflichtungen, die am 15. Februar 1997 von der WTO akzeptiert wurde.

Mit dem **Beschluß 97/838/EG des Rates vom 28. November 1997 [ABl. L 347 18. 12.97 S.45]** *(vgl. Bull. EU 3-1995, S.68; Bull. EU 4-1996, S.67; Bull. EU 1/2-1997, S. 85; Bull. EU 7/8-1997, S.92; Bull. EU 11-1997, S.86)* wurde schließlich das Vierte Protokoll zum GATS [ABl. L 347 18.12.97 S.47] genehmigt *(vgl. D. Barth, 1997, S.112 ff.; M. C. E. J. Bronckers u. a., 1997, S.4 ff.; W. J. Drake u. a., 1997, S.799 ff.; M. Fredebeul-Krein u. a., 1997, S.477 ff.; M. Fredebeul-Krein u. a., 1999, S. 625 ff.; Ch. Blouin, 2000, S.135 ff.; L. Frühbrodt, 2002, S.340 ff.; F. Moos, 2003; P. Nihoul u. a., 2004, S.59 f.)*.

5.2.1.3 Informations- und Kommunikationstechnologien

Die Vollendung des Binnenmarktes mit der Anwendung der Wettbewerbsregeln in der Gemeinschaft sowie darüber hinaus prägten seit Ende der achtziger Jahre die **gemeinschaftliche Industriepolitik** auch im Bereich der Elektronik-, Informatik- und Kommunikationstechnologien. Angesichts der überragenden Bedeutung dieser Industriesektoren für die Wettbewerbsfähigkeit der Wirtschaft in der Gemeinschaft wurden auch weltweit ein **gleicher Marktzugang** und ein **unverfälschter Wettbewerb** angestrebt. In diesem Sinne zielte die Gemeinschaftspolitik auf einen positiven und baldigen Abschluß der **GATT-Verhandlungen der Uruguay-Runde** ab *(vgl. im folgenden Übersicht 104)*.

Nach der Vorlage der Kommissionsmitteilung vom 16. November 1990 zur Industriepolitik in einem offenen und wettbewerbsorientierten Umfeld [KOM (90) 556 endg.] *(vgl. Band 1, S.181)* und des Arbeitspapiers der Kommission vom 3. April 1991 über die europäische elektronische und informationstechnologische Industrie [SEK (91) 565 endg.] *(vgl. Bull. EG 3-1991, S.26 f.; Bull. EG, Beilage 3/91)* faßte der Rat am 29. April 1991 diesbezügliche Schlußfolgerungen und später die **Entschließung 91/C 325/02 vom 18. November 1991 [ABl. C 325 14.12.91 S.2]**.

In der Entschließung wurden im Kontext der Uruguay-Runde das Prinzip des reziproken Marktzugangs, die Notwendigkeit von Gegenmaßnahmen, eine aktive Wettbewerbspolitik, die Verbesserung der industriellen Wettbewerbsfähigkeit sowie die Unterstützung der Forschungs- und Entwicklungstätigkeit der Unternehmen durch Gemeinschaftsprogramme anerkannt. Zugleich betonte der Rat die Bedeutung effizienter Maßnahmen auf dem Gebiet des öffentlichen Beschaffungswesens, eines beschleunigten Zertifizierungs- und Normungsprozesses und des Aufbaus europaweiter Netze mit automatisierten Telekommunikationsverbindungen für die sektorspezifische Industriepolitik und mahnte eine Erhöhung der Wirksamkeit der gemeinschaftlichen, dem freien Wettbewerb dienenden handelspolitischen Instrumente an. Außerdem sollte verstärktes Augenmerk auf die Vervollständigung des Ausbildungsangebots gelegt werden. Die Kommission und die Mitgliedstaaten wurden angewiesen, die zur Umsetzung der genannten Prioritäten notwendigen Maßnahmen umgehend zu ergreifen. Der **Wirtschafts- und Sozialausschuß** nahm die Position der Kommission und des Rates in seiner Stellungnahme vom 28. November 1991 [ABl. C 040 17.02.92 S.95] weitgehend positiv auf *(vgl. Bull. EG 4-1991, S.18f.; Bull. EG 11-1991, S.24)*.

Auf der ersten **Konferenz der WTO** in Singapur wurde am 13. Dezember 1996 eine Ministererklärung angenommen, die zusammen mit ihren Anhängen und Anlagen das Übereinkommen über den Handel mit Waren der Informationstechnologie bildete. Das Übereinkommen sah vor, Zölle und andere Abgaben auf Waren der Informationstechnologie jeweils spätestens zum 1. Juli 1997, 1. Januar 1998, 1. Januar 1999 und 1. Januar 2000 in gleichen Raten vollständig abzubauen; auf Antrag einiger Staaten wurde jedoch später die Abfolge der Senkungen zeitlich hinausgeschoben. Mit dem **Beschluß 97/359/EWG des Rates vom 24. März 1997 [ABl. L 155 12.06.97 S.1]** genehmigte die Gemeinschaft das Übereinkommen und die Mitteilung über seine Durchführung. Nachdem eine ausreichende Anzahl von Staaten durch die Einreichung entsprechender Unterlagen die Annahme des Übereinkommens notifiziert hatten und somit etwa 90 % des Welthandels mit Informationstechnologien erfaßt waren, konnten die neuen Regelungen in Kraft treten. Umgesetzt wurden die Regelungen in der Gemeinschaft mit der **Verordnung 97/2216/EG des Rates vom 3. November 1997 [ABl. L 305 08.11.97 S.1]** *(vgl. Bull. EU 10-1996, S.52; Bull. EU 11-1996, S.56; Bull. EU 3-1997, S.70)*.

Angesichts der im Vergleich zu den Vereinigten Staaten und bestimmten asiatischen Staaten **geringen Wachstumsraten** der gemeinschaftlichen Informations- und Kommunikationsindustrie wollte die Kommission gemäß ihrer Mitteilung vom 16. April 1997 über die Wettbewerbsfähigkeit der europäischen Industrie in diesem Sektor [KOM (97) 152 endg.] die **Abschaffung aller Zölle** auf informationstechnische Produkte im Rahmen der Verbesserung des weltweiten Wettbewerbs, die beschleunigte Übernahme von IKT, die rasche Entwicklung neuer Normen, die Gründung und Entwicklung von KMU, die Aus- und Weiterbildung, das Benchmarking sowie die Förderung der industriellen Zusammenarbeit mit Mittel- und Osteuropa unterstützen.

Die Schlußfolgerungen des **Rates** vom 24. April 1997, die Stellungnahme des **Wirtschafts- und Sozialausschusses** vom 11. Dezember 1997 [ABl. C 073 09.03.98 S.1] sowie die Entschließung des **Europäischen Parlaments** vom 30. April 1998 [ABl. C 152 18.05.98 S.28] begrüßten diese Kommissionsinitiative und präzisierten die Hauptaufgaben der europäischen IKT-Industrie und die prioritären Bereiche für die Gemeinschaftspolitik *(vgl. Bull. EU 4-1997, S.40; Bull. EU 12-1997, S.58; GB 1997, Ziff.293; Bull. EU 4-1998, S.26; GB 1998, Ziff.255)*. Im Gegensatz zu der Mitteilung vom April 1997 fand eine vorhergehende Kommissionsempfehlung vom 17. Februar 1997 für einen Ratsbeschluß über die Beteiligung der EG an den Verhandlungen über die Vorbereitung von Vereinbarungen zur Förderung des freien Verkehrs von **Endgeräten für satellitengestützte GMPCS** [SEK (97) 278 endg.] keine weitergehende Unterstützung und wurde daher später zurückgezogen [ABl. C 005 09.01.2004 S.8].

Übersicht 104: Internationale Vereinbarungen über Kommunikations- und Informationstechnologie, Telekommunikationsdienste und Dienste der Informationsgesellschaft

Kommunikations- und Informationstechnologie

Entschließung 91/C 325/02 des Rates vom 18. November 1991 zur Elektronik-, Informatik- und Kommunikationstechnologie [ABl. C 325 14.12.91 S.2]

Beschluß 97/359/EWG des Rates vom 24. März 1997 über die Beseitigung der Zölle auf Waren der Informationstechnologie [ABl. L 155 12.06.97 S.1] — Rechtsetzung auf der Grundlage der Artt. 113 (133) und 228 (300) Abs. 2 EGV und auf Vorschlag der Kommission [KOM (97) 96 endg.]

Übereinkommen über den Handel mit Waren der Informationstechnologie – Umsetzung der Erklärung zum weltweiten Handel mit Waren der Informationstechnologie (WTO) [ABl. L 155 12.06.97 S.3]

Verordnung 97/2216/EG des Rates vom 3. November 1997 zur Änderung der Verordnung 87/2658/EWG über die zolltarifliche und statistische Nomenklatur sowie den Gemeinsamen Zolltarif und zur autonomen Aussetzung der Erhebung der Zölle des Gemeinsamen Zolltarifs auf bestimmte Waren der Informationstechnologie [ABl. L 305 08.11.97 S.1] — Rechtsetzung auf der Grundlage der Artt. 28 (26) und 113 (133) EGV und auf Vorschlag der Kommission [KOM (97) 438 endg.]

Telekommunikationsdienste

Beschluß 94/800/EG des Rates vom 22. Dezember 1994 über den Abschluß der Übereinkünfte im Rahmen der multilateralen Verhandlungen der Uruguay-Runde (1986-1994) im Namen der Europäischen Gemeinschaft in bezug auf die in ihre Zuständigkeit fallenden Bereiche [ABl. L 336 23.12.94 S.1]

Allgemeines Übereinkommen über den Handel mit Dienstleistungen – Anlage zur Telekommunikation [ABl. L 336 23.12.94 S.209] und Anlage zu Verhandlungen über Basistelekommunikation [ABl. L 336 23.12.94 S.212]

Beschluß 97/838/EG des Rates vom 28. November 1997 über die Genehmigung der Ergebnisse der WTO-Verhandlungen über Basistelekommunikationsdienste im Namen der Europäischen Gemeinschaft für die in ihre Zuständigkeit fallenden Bereiche [ABl. L 347 18.12.97 S.45] — Rechtsetzung auf der Grundlage der Artt. 57 (47), 66 (55), 90 (86), 99 (93), 100 (94), 100 a (95), 113 (133) und 228 (300) Abs. 2 und 3 EGV, auf Vorschlag der Kommission [ABl. C 267 03.09.97 S.80] und nach Stellungnahme des EP [ABl. C 339 10.11.97 S.57]

Viertes Protokoll zum Allgemeinen Abkommen über den Handel mit Dienstleistungen [ABl. L 347 18.12.97 S.47]

Übereinkommen des Europarats

Gemeinsamer Standpunkt 1999/364/JI vom 27. Mai 1999 – vom Rat aufgrund von Artikel 34 des Vertrags über die Europäische Union festgelegt – zu den Verhandlungen im Europarat über das Übereinkommen über Cyber-Kriminalität [ABl. L 142 05.06.1999 S.1]

Beschluß 2003/840/EG des Rates vom 17. November 2003 über den Abschluß des Übereinkommens Nr. 180 des Europarats über Information und rechtliche Zusammenarbeit im Bereich der Dienste der Informationsgesellschaft im Namen der Europäischen Gemeinschaft [ABl. L 321 06.12.2003 S.41] — Rechtsetzung auf der Grundlage der Artt. 113 (133) und 228 (300) Abs. 2 EGV und auf Vorschlag der Kommission [KOM (2003) 398 endg.]

Übereinkommen Nr. 180 des Europarats über Information und rechtliche Zusammenarbeit im Bereich der Dienste der Informationsgesellschaft [ABl. L 321 06.12.2003 S.43]

5.2.2 Internationale Telekommunikationsorganisationen und -konferenzen

Gemeinschaftsaktivitäten zum Ende der achtziger Jahre

Zur Stärkung der **Außen- und Drittstaatenkompetenzen** der Gemeinschaft im Bereich der internationalen Telekommunikation wollte die Kommission seit Mitte der achtziger Jahre eine aktive Mitwirkung an den Konferenzen der **ITU** erreichen. Gemäß der Mitteilung vom 16. Februar 1988 [SEK (88) 181 endg.] erhielt die Kommission im Jahre 1988 den bei der ITU angestrebten **Beobachterstatus**, den sie seit 1989 [SEK (89) 1657 endg.] in verschiedenen Ausschüssen und Konferenzen (CCIR, CCITT, HDTV) wahrnahm. Vor dem Hintergrund der dabei gewonnenen Erfahrungen initiierte sie eine **gemeinsame Aktion** der Mitgliedstaaten hinsichtlich der künftigen Teilnahme der Gemeinschaft als Beobachter an den Bevollmächtigtenkonferenzen der ITU; ein Vorschlag der Kommission vom 20. Juli 1993 für einen diesbezüglichen **Beschluß des Rates** [SEK (93) 1041 endg.] führte jedoch über viele Jahre zu keinem Ergebnis und wurde am 1. Oktober 2004 von der Kommission zurückgezogen [KOM (2004) 542 endg.].

Die Bemühungen der Kommission um eine verstärkte Mitwirkung der Gemeinschaft in den internationalen Telekommunikationsorganisationen und ihren Konferenzen waren weiterhin auf die Realisierung eines **gemeinsamen Vorgehens** der Mitgliedstaaten gerichtet. So erörterte ein Kommissionspapier vom 27. Oktober 1988 Vorschläge für eine gemeinsame Strategie der Mitgliedstaaten auf der weltweiten **Fernmeldeverwaltungskonferenz** (WATTC) im Dezember 1988 in Melbourne, auf der eine Revision der internationalen Telekommunikationsregelungen verhandelt wurde. Im Anschluß an den Ratsbeschluß vom 28. November 1988 [SEK (89) 1657 endg.] waren die **neuen Verhaltensvorschriften** für die Mitgliedstaaten bindend *(vgl. Bull. EG 10-1988, S. 27; Bull. EG 11-1988, S. 31; Bull. EG 12-1988, S. 59; K. W. Grewlich, 1990b, S. 96ff.).*

Teilnahme an den Weltfunkkonferenzen

Eine besondere telekommunikationspolitische Bedeutung kam seit den neunziger Jahren den von der ITU organisierten Weltfunkkonferenzen zu, da einerseits Funkfrequenzen eine wirtschaftlich außerordentlich wichtige, aber gleichzeitig **knappe Ressource** darstellen und andererseits die **Planung der künftigen Frequenznutzung** in der Gemeinschaft weitgehend von den auf den Konferenzen getroffenen Entscheidungen abhängig ist. Die auf den Weltfunkkonferenzen getroffenen technischen Vereinbarungen über Frequenzzuweisungen und Frequenznutzung müssen gleichzeitig in einen weitergehenden handelspolitischen, wettbewerbspolitischen und ordnungspolitischen Zusammenhang des Telekommunikationssektors gestellt werden. Um so wichtiger ist es, daß alle getroffenen Entscheidungen dem **gemeinschaftlichen Regelungsstand** (GSM, DECT, ERMES, S-PCS, UMTS) und der gemeinschaftlichen Strategie entsprechen und daß die Konferenzen nicht zu einer **Änderung oder Neuinterpretation** der GATS genutzt werden. Wiederholte Mitteilungen und Arbeitspapiere sowie Empfehlungen der Kommission und Schlußfolgerungen des Rates sind in diesem Zusammenhang zu beachten.

Zu Beginn der neunziger Jahre blieben eine Empfehlung der Kommission für einen Ratsbeschluß zur weltweiten **Funkverwaltungskonferenz 1992** (WARC-1992) über erdnahe Satelliten, HDTV, Flugfunknetze, Satellitenrundfunk *(vgl. Bull. EG 3-1992, S.37; L. Sung, 1992, S.624 ff.)* sowie ein Vorschlag für entsprechende Verhandlungsleitlinien vom 28. November 1991 [SEK (91) 2165 endg.] erfolglos und wurden schließlich am 9. Juni 2000 zurückgezogen [ABl. C 005 09.01.2004 S.7]. Nach der Mitteilung der Kommission vom 18. Juni 1997 [KOM (97) 304 endg.] zur **Weltfunkkonferenz 1997** (WRC-97) vom 27. Oktober 1997 bis zum 21. November 1997 in Genf hatten die Mitgliedstaaten der EU im Rahmen der CEPT etwa 160 gemeinsame europäische Vorschläge zur Weiterentwicklung der Telekommunikationsregulierung (mobile und feste Satellitendienste; Vorschläge für künftige Konferenzen, auch zu UMTS) erarbeitet; nach Auffassung der Kommission sollte die Gemeinschaft darüber hinaus stärker in die WRC einbezogen werden (Unterstützung der Arbeiten in der CEPT, Kooperation mit der Industrie, Sensibilisierung für politische Aspekte, Kontakte mit Drittstaaten); grundsätzlich sollte dabei eine gemeinsame Position der Mitgliedstaaten untereinander und gegenüber der WRC und der CEPT, auch mit verstärkter Einbindung der Industrie, angestrebt werden *(vgl. Bull. EU 6-1997, S.82; Bull. EU 9-1997, S.34)*.

Das Arbeitspapier der Kommission vom 12. Mai 1998 [SEK (98) 839 endg.] und die Mitteilung der Kommission vom 13. Mai 1998 [KOM (98) 298 endg.] über den Funkfrequenzbedarf für die Gemeinschaft setzten diese Überlegungen im Hinblick auf die **Weltfunkkonferenz 1999** (WRC-99) fort *(vgl. Bull. EU 5-1998, S.60; GB 1998, Ziff. 472)*. Während früher vor allem technische Fragen zur Verhandlung anstanden, waren mittlerweile „wirtschaftliche und politische Interessen, die von der Liberalisierung, dem Wettbewerb, der Globalisierung und der technischen Innovation im Kommunikations- und Informatiksektor beeinflußt werden, bei den Entscheidungen über Frequenzzuweisungen die treibende Kraft“ *(KOM (98) 298 endg., S.1)*. Um so wichtiger wurde die Sicherstellung des Frequenzbedarfs für die Gemeinschaft im Rahmen einer kohärenten und **langfristig angelegten Strategie** mit einer sachgemäßen Abwägung gewerblicher und öffentlicher Interessen und aufgrund breiter Konsultationen zur Erarbeitung gemeinsamer europäischer Standpunkte.

Die Mitteilung der Kommission vom 8. März 2000 [KOM (2000) 86 endg.], die der Rat am 2. Mai 2000 begrüßte, diente der Vorbereitung der **Weltfunkkonferenz 2000** (WRC-2000) vom 8. Mai 2000 bis zum 2. Juni 2000 in Istanbul und präsentierte die im Rahmen der CEPT entwickelten europäischen Vorschläge für diese Konferenz. Die für die Gemeinschaftspolitik **relevanten Themen**, für die Frequenzbedarf und Frequenznutzung verhandelt werden sollten, waren insbesondere folgende: 3G-Mobilfunksysteme (IMT-2000 / UMTS), Satellitenfunknavigation (Galileo), Satellitenrundfunk, Satellitenbreitbandkommunikation und drahtlose Festnetzdienste hoher Dichte (HD-FS); angestrebt wurde im Vorfeld der Konferenz die Entwicklung einer koordinierten Verhandlungsstrategie. Der **Bericht der Kommission** über die Ergebnisse der Weltfunkkonferenz 2000 (WRC-2000) vor dem Hintergrund der Frequenzpolitik der Gemeinschaft folgte mit der Mitteilung vom 6. Dezember 2000 [KOM (2000) 811 endg.]. Neben den Beschlüssen und Überlegungen zu **künftigen Gemeinschaftsmaßnah-**

men wurden auch **betriebliche Aspekte** der Konferenz (Konferenzorganisation, CE-PT-Koordinierung) erläutert und ein Ausblick auf die **Weltfunkkonferenz 2003** (WRC-03) vom 9. Juni bis zum 14. Juli 2003 in Genf gegeben *(vgl. Bull. EU 3-2000, S.60f.; Bull. EU 5-2000, S.44f.; Bull. EU 12-2000, S.69; GB 2000, Ziff.337).*

Die Mitteilung der Kommission vom 14. April 2003 [KOM (2003) 183 endg.], die die Wahrnehmung europäischer Interessen und die politischen Ziele der Gemeinschaft für diese Folgekonferenz zum Gegenstand hatte, erhielt die Unterstützung durch den Rat am 2. / 3. Juni 2003. Die gemeinschaftlichen **Konferenzprioritäten** betrafen neben weiteren Themen vor allem die 3G-Mobilkommunikation, den Navigationsfunk über Satelliten, den Schutz der Öffentlichkeit (Notfälle und Katastropheneinsatz) sowie alternative Infrastrukturen (einschließlich W-LAN). Die Mitteilung der Kommission vom 19. November 2003 berichtete entsprechend über die **Ergebnisse** der Weltfunkkonferenz 2003 (WRC-03) [KOM (2003) 707 endg.] und wies darauf hin, daß die für diese Konferenz gesetzten Hauptziele der EU weitgehend erreicht worden waren. Vor diesem Hintergrund leitete man zugleich die Vorbereitung der **Weltfunkkonferenz 2007** ein *(vgl. Bull. EU 4-2003, S.30f.; Bull. EU 6-2003, S.59; Bull. EU 11-2003, S.51 f.; GB 2003, Ziff.401).* Hauptthema der **regionalen Funkkonferenzen** von 2004 und 2006 ist die Planung der Frequenzen für den terrestrischen Digitalrundfunk; die Kommission legte am 29. September 2005 [KOM (2005) 461 endg.] ihre **frequenzpolitischen Prioritäten** fest (Verbesserung des terrestrischen Rundfunks, konvergente und neue Rundfunkdienste, europaweite Dienste, harmonisierte Frequenzbänder auf europäischer Ebene, terminliche Abstimmung, Anwendung des EU-Rechtsrahmens).

5.2.3 Übereinkommen des Europarats

Im Zusammenhang mit ihrer Mitteilung vom 13. September 1990 zum Schutz von Personen bei der Verarbeitung personenbezogener Daten in der Gemeinschaft und zur Sicherheit der Informationssysteme [KOM (90) 314 endg.] hatte die Kommission auch einen Vorschlag für einen Beschluß zur Aufnahme von Verhandlungen über den Beitritt der Gemeinschaft zum Übereinkommen Nr. 108 des Europarats zum **Schutz des Menschen bei der automatischen Verarbeitung personenbezogener Daten** *(vgl. S. 107)* vorgelegt. Am 22. Juli 1997 nahm der Rat auf erneute Empfehlung der Kommission vom 3. Juli 1997 entsprechende Verhandlungsrichtlinien an [SEK (97) 195 endg.; SEK (97) 814 endg.; SEK (97) 936 endg.; SEK (98) 207 endg.]. Am 13. November 1998 folgte eine Kommissionsempfehlung für eine Ratsentscheidung, die die Mitgliedstaaten zur Genehmigung der Annahme von Änderungen durch den Ministerausschuß des Europarats im Hinblick auf den **Beitritt der Gemeinschaft** ermächtigen sollte; sie wurde vom Rat am 23. Februar 1999 angenommen. Nach einem Ratsbeschluß vom 8. Juni 1999 wurden die Änderungen eine Woche später vollzogen *(vgl. J. Rieß, 1993, S.66f.; Bull. EU 7/8-1997, S.60f.; Bull. EU 11-1998, S.54f.; Bull. EU 1/2-1999, S.81; Bull. EU 6-1999, S.77).*

Um den entsprechenden Regelungen der Gemeinschaft auch europaweit Geltung zu verschaffen, verabschiedete der Europarat am 16. Februar 1994 in Straßburg die Europäische Konvention über **urheber- und leistungsschutzrechtliche Fragen** im Bereich des **grenzüberschreitenden Satellitenrundfunks** [ABl. C 164 07.06.96 S.11], die am 11. Mai 1994 unterzeichnet wurde. Ein Vorschlag der Kommission vom 3. Mai 1995 für einen Ratsbeschluß über die **Genehmigung der Konvention** [KOM (95) 154 endg.] wurde am 1. Oktober 2004 wieder zurückgezogen [KOM (2004) 542 endg.], da er zwischenzeitlich am 31. Januar 1996 durch einen neuen Beschluß über die Unterzeichnung und Annahme [ABl. C 164 07.06.96 S.10] ersetzt worden war. Die Unterzeichnung wurde vom Rat am 23. April 1996 gebilligt; am 17. September 1996 befürwortete das Europäische Parlament die Annahme [ABl. C 320 28.10.96 S.35] *(vgl. Bull. EU 5-1995, S.19; GB 1995, Ziff.134; Bull. EU 1/2-1996, S.23f.; Bull. EU 4-1996, S.15; GB 1996, Ziff.145; M. Rosenthal, 1997, S.158, 163ff.)*.

Am 23. März 1998 war die Kommission vom Rat ermächtigt worden, mit dem Europarat Verhandlungen über eine Empfehlung zum **Schutz der Privatsphäre im Internet** (Leitlinien für den Schutz natürlicher Personen in bezug auf die Erfassung und Verarbeitung personenbezogener Daten auf Datenautobahnen) aufzunehmen [SEK (98) 227 endg.]. Am 23. Februar 1999 verabschiedete das Ministerkomitee des Europarats die Empfehlung Nr. (99) 5; einen Tag später wurden die EU-Mitgliedstaaten vom Rat per Entscheidung ermächtigt, im Namen der Gemeinschaft einstimmig für deren Annahme zu stimmen [KOM (1999) 19 endg.] *(vgl. Bull. EU 1/2-1998, S.69; Bull. EU 3-1998, S.61; GB 1998, Ziff.460; Bull. EU 1/2-1999, S.79; GB 1999, Ziff.423)*.

Bereits mit den Empfehlungen Nr. (91) 14 vom 27. September 1991 über den rechtlichen **Schutz verschlüsselter Fernsehdienste** und Nr. (95) 1 vom 11. Januar 1995 über Maßnahmen gegen die Bild- und Tonträgerpiraterie hatte das Ministerkomitee des Europarats erste Maßnahmen im Bereich der **Zugangskontrolle** eingeleitet. Am 16. Juli 1999 ermächtigte ein Ratsbeschluß die Kommission, mit dem Europarat den Entwurf eines **Übereinkommens über den rechtlichen Schutz von Diensten**, die einer Zugangskontrolle unterliegen oder deren Gegenstand die Zugangskontrolle selbst ist, auszuhandeln. Das Übereinkommen Nr. 178 wurde am 24. Januar 2001 angenommen und trat am 1. Juli 2003 in Kraft *(vgl. Bull. EU 7/8-1999, S.50; GB 1999, Ziff.425)*.

Die positiven Erfahrungen mit der **Richtlinie 98/48/EG vom 20. Juli 1998 [ABl. L 217 05.08.98 S.18]** über ein Informationsverfahren auf dem Gebiet der Normen und technischen Vorschriften und der Vorschriften für die Dienste der Informationsgesellschaft legten die Schaffung eines vergleichbaren Mechanismus auf internationaler Ebene innerhalb des Europarats nahe. Mit dem **Übereinkommen Nr. 180 über Information und rechtliche Zusammenarbeit im Bereich der Dienste der Informationsgesellschaft [ABl. L 321 06.12.2003 S.43]**, zu dem der Rat am 27. September 2001 auf Empfehlung der Kommission [SEK (2001) 1181 endg.] Verhandlungsdirektiven angenommen hatte, schuf der Europarat ein derartiges System der Vorabinformation und der Verwaltungszusammenarbeit. Der **Beschluß 2003/840/EG des Rates vom 17. November 2003 [ABl. L 321 06.12.2003 S.41]** vollzog den Beitritt der Gemeinschaft; die Unterzeichnung erfolgte am 22. März 2004 *(vgl. Bull. EU 7/8-2001, S.44; Bull. EU 9-2001, S.33f.; Bull. EU 7/8-2003, S.26; Bull. EU 11-2003, S.32; GB 2003, Ziff.293; Bull. EU 3-2004, S.54)*.

Seit 1997 wurde im Europarat ein Übereinkommen über Cyber-Kriminalität ausgehandelt. Mit dem **Gemeinsamen Standpunkt 1999/364/JI vom 27. Mai 1999 [ABl. L 142 05.06.1999 S.1]** unterstützte der Rat dieses Vorhaben; die Verpflichtungen der Mitgliedstaaten bestanden in der klaren Definition der Straftaten, der Bestimmung der Gerichtsbarkeit, der internationalen Zusammenarbeit, der Sicherstellung gespeicherter Daten und der Erleichterung grenzüberschreitender Ermittlungen. Ein **Beitritt der Gemeinschaft** wurde von der Kommission befürwortet [SEK (2001) 315 endg.]; die Vereinbarung wurde als Übereinkommen Nr. 185 am 23. November 2001 angenommen und trat am 1. Juli 2004 in Kraft *(vgl. Bull. EU 5-1999, S.116; D. Kugelmann, 2002, S.14ff.; M. Gercke, 2004, S.782ff.)*.

5.2.4 Weiterentwicklung der Informationsgesellschaft

Am 25./26. Februar 1995 trafen die Minister der G7-Staaten sowie verschiedene Kommissionsmitglieder in Brüssel zu einer **G7-Ministerkonferenz** über die Informationsgesellschaft zusammen, zu der das Europäische Parlament am 16. Februar 1995 in einer Entschließung [ABl. C 056 06.03.95 S.97] zahlreiche Forderungen formuliert hatte. In der Absichtserklärung wurde der Wille zum Ausdruck gebracht, bei der **Erreichung folgender Ziele** zusammenzuarbeiten *(vgl. Bull. EU 1/2-1995, S.65f., 159ff.; Kommission, 1995, S.3/2f.)*:

— Festlegung eines anpassungsfähigen *ordnungspolitischen Rahmens* unter dem Leitbild der Förderung des dynamischen Wettbewerbs, insbesondere durch Gewährleistung des offenen Netzzugangs;

— Förderung der *Investitionstätigkeit* des privaten Sektors;

— Sicherstellung eines *universellen Diensteangebots und -zugangs*, Förderung der *Chancengleichheit aller Bürger* sowie Entwicklung der *kulturellen und sprachlichen Vielfalt*;

— Berücksichtigung der *Entwicklungsländer* bei der weltweiten Zusammenarbeit.

Nach der Auffassung der Kommission bestand ein **ergänzender Handlungsbedarf** für weitere Aspekte, die für den Telekommunikationssektor von Bedeutung waren. Zum Teil handelte es sich dabei um Bereiche, für die die **rechtlichen Rahmenbedingungen** aufgrund des neuen ordnungspolitischen Umfelds angepaßt werden mußten, **andere Fragestellungen** rückten erst mit der Entwicklung der Informationsgesellschaft in den Mittelpunkt des Interesses *(vgl. P. J. J. Welfens u. a., 1996, S.155)*:

— der *Datenschutz* und der *Schutz geistigen Eigentums*,

— der *audiovisuelle* und der *Medienbereich* (Multimedia),

— der *Wandel* im wirtschaftlichen, gesellschaftlichen und sozialen Bereich sowie

— die Einbindung *europäischer Aktivitäten* in ein globales Konzept.

Eine **erste Stellungnahme** der Kommission zur zukünftigen Bedeutung der bilateralen und multilateralen Kooperation (ITU, OECD, WTO, WIPO, Nachbarländer) sowie zur Integration von Entwicklungsländern in den weltweiten Kommunikationsmarkt fand sich in den Mitteilungen vom 24. Juli 1996 [KOM (96) 395 endg.] *(vgl. S.682)*. Zahlreiche **Konferenzen, Kongresse und Projekte** vertieften seit Mitte der neunziger Jahre die weltweite Zusammenarbeit im Telekommunikations- und Multimediabereich *(vgl. GB 1996, Ziff.428 ff.)* und prägten die weitere Entwicklung. Die Notwendigkeit einer stärkeren **weltweiten Koordinierung** und die Bedeutung einer **internationalen Charta** der Telekommunikation wurden von der Kommission in ihrer Mitteilung vom 4. Februar 1998 über Globalisierung und Informationsgesellschaft [KOM (98) 50 endg.] hervorgehoben, wozu sich der Rat am 19. Mai 1998 befürwortend äußerte.

Der **Wirtschafts- und Sozialausschuß** hielt in seiner Stellungnahme vom 1. Juli 1998 [ABl. C 284 14.09.98 S.6] eine Verbesserung der Koordinierung vor allem auf europäischer Ebene für prioritär. Das **Europäische Parlament** unterstützte in seiner Entschließung vom 14. Januar 1999 [ABl. C 104 14.04.1999 S.128] nachdrücklich die Initiative der Kommission; im Anschluß an die Tätigkeit der von der Kommission am 29. April 1998 in Brüssel organisierten **allgemeinen Expertenrunde** zur Diskussion der Globalisierung der Kommunikation sollten der **technisch orientierte Dialog** fortgesetzt und die Bemühungen um die **demokratische Legitimierung** der geplanten Charta verstärkt werden *(vgl. Bull. EU 1/2-1998, S.65; Bull. EU 5-1998, S.59; Bull. EU 7/8-1998, S.64; GB 1998, Ziff.478; Bull. EU 1/2-1999, S.80; J. Turek, 1999, S.171)*.

Die Wege zu einer **globalen Partnerschaft in der Informationsgesellschaft** waren in der Folgezeit Gegenstand der Mitteilung der Kommission vom 19. Mai 2003 über die gemeinschaftliche Perspektive im Kontext des Weltgipfels der Vereinten Nationen über die Informationsgesellschaft (WSIS) (10. / 12. Dezember 2003 in Genf) [KOM (2003) 271 endg.]. Der rasche Wandel in der IKT mit deutlichen **wirtschaftlichen, sozialen und kulturellen Veränderungen** wurde bereits in vielen internationalen Foren behandelt, und die **europäische Vision** von der Informationsgesellschaft hatte nicht zuletzt durch ein umfangreiches Maßnahmenbündel weltweit Aufsehen erregt. Die Kommission wollte mit der vorliegenden Mitteilung die Planung und den Ablauf des Weltgipfels vorbereiten, um die EU-Position gezielt in die Verhandlungen der **WSIS-Erklärung** und des **Aktionsplans** einzubringen. Im einzelnen befaßte sich die Kommissionsmitteilung mit dem Vorbereitungsprozeß des Weltgipfels und mit den **Herausforderungen der Informationsgesellschaft**; die Prioritätendiskussion für die politische Erklärung und den Aktionsplan des Weltgipfels bestand aus **allgemeinen Überlegungen** (Vision und Ziele der politischen Erklärung; Ziele und Merkmale des Aktionsplans), **Grundprinzipen des Vorbereitungsprozesses** (positives Umfeld und Hindernisse; Regierungen und Interessengruppen; Aufbau von Kapazitäten; Vertrauensaufbau und Schaffung von Sicherheit; IKT-Anwendungen, kulturelle und sprachliche Vielfalt) und der **Darlegung der EU-Prioritäten** (Führung der Informationsgesellschaft; Förderung von Wirtschaftswachstum, Forschung und Entwicklung sowie Innovation) sowie **Strategien, Programmen und Methoden** zur Umsetzung des Aktionsplans (Dialog und Partnerschaft; Geltung der WSIS-Prioritäten; internationale und regionale Zusammenarbeit). Vor dem Hintergrund der Kommissionsmitteilung wurden die **Leitlinien der Kommission** zur Einführung einer globalen Partnerschaft für die Informationsgesellschaft am 5. Juni 2003 präsentiert und vom Rat in seinen **Schlußfolgerungen** vom 20. November 2003 gutgeheißen *(vgl. Bull. EU 5-2003, S.40; Bull. EU 6-2003, S.59; GB 2003, Ziff. 400).*

Im Anschluß an die **erste Tagung** des WSIS, auf der am 12. Dezember 2003 eine Grundsatzerklärung und ein Aktionsplan angenommen wurden, präsentierte die Kommission mit ihrer Mitteilung vom 17. Februar 2004 [KOM (2004) 111 endg.] – Schlußfolgerungen des Rates vom 8. März 2004 und vom 26. April 2004 – eine überwiegend **positive Bewertung** der erzielten Ergebnisse, die das von der EU verteidigte multilaterale Konzept rechtfertigten. Grundsatzerklärung und Aktionsplan stellten eine geeignete Grundlage für ein gemeinsames Konzept der Informationsgesellschaft für alle UN-Mitgliedstaaten dar, das zugleich mit den **WTO-Mechanismen** vereinbar war; die Versicherung der Prinzipien der fundamentalen Menschenrechte (Recht auf Meinungsfreiheit, freie Meinungsäußerung, Freiheit der Medien) verankerten eindeutig bestehende internationale Menschenrechtsbestimmungen; die erfolgreiche Teilnahme der Zivilgesellschaft und der Privatwirtschaft schlug sich in der Schaffung eines entsprechenden Büros nieder *(vgl. Bull. EU 12-2003, S.72 f.; Bull. EU 1/2-2004, S.72 f.; Bull. EU 3-2004, S.75 f.; Bull. EU 4-2004, S.51 f.).*

Die Mitteilung der Kommission vom 13. Juli 2004 [KOM (2004) 480 endg.] brachte **konkrete Vorschläge** der Kommission für die zweite Phase des Weltgipfels (16. / 18. November 2005 in Tunis), die auf die Umsetzung des WSIS-Aktionsplans mit allgemeinen Überlegungen zur Innen- und Außenpolitik der EU, mit Erörterungen des **Regulierungsumfelds** (IKT-Strategien; rechtliche und regulatorische Rahmenbedingungen; Leistungsvergleiche und Beobachtungsstellen), der **prioritären Anwendungen** (*e*Government, *e*Learning, *e*Health, *e*Business) sowie der Forschung und Entwicklung (Innovation für Entwicklung; globales Ausbildungs- und Forschungsnetz) und einer abschließenden Skizze der **EU-Ansatzpunkte** zur Umsetzung des Aktionsplans (allgemeine Orientierungen und Methodologie; verschiedene Umsetzungsinstrumente; Partnerschaften für die Zusammenarbeit) gerichtet waren. Die für notwendig gehaltene Behandlung der **ungelösten Punkte** der ersten Phase betrafen vor allem die Bildung einer UN-Arbeitsgruppe zu Management und Organisation des Internet sowie der UNO-Task Force zur Finanzierung; weiterverfolgt werden sollte die **Gemeinsame Position EU – AKP** zur Informationsgesellschaft für Entwicklung. Außerdem standen **horizontale Fragen** der Informationsgesellschaft (Netz- und Informationssicherheit, Spam-Problem, Unterschiede in den Softwaremodellen, Schutz geistigen Eigentums) weiterhin im Raum *(vgl. Bull. EU 7/8-2004, S.29 f.).*

Den **Schlußfolgerungen des Rates** vom 9. Dezember 2004 sowie vom 17. Februar 2005 über IKT und die Entwicklungszusammenarbeit folgte die Mitteilung der Kommission vom 2. Juni 2005 [KOM (2005) 234 endg.], in der die **EU-Prioritäten zur zweiten Phase** des Weltgipfels, die ungelösten Fragen einer globalen Partnerschaft in der Informationsgesellschaft sowie Umsetzungsmechanismen und Bestandsaufnahmen erneut aufgegriffen wurden. Eine Entschließung des **Europäischen Parlaments** vom 23. Juni 2005 zur Informationsgesellschaft und die Schlußfolgerungen des Rates vom 27. Juni 2005 formulierten ebenfalls konkrete **Vorstellungen** (Finanzierungsfragen, Verwaltung und Sicherheit des Internet, Bekämpfung der Cyber-Kriminalität, Forschungsvorhaben, Bildung, kulturelle Vielfalt und Meinungsfreiheit, Beteiligung der Zivilgesellschaft, Informationsprogramme) *(vgl. Bull. EU 12-2004, S.57 f.; Bull. EU 1/2-2005, S.67; Bull. EU 6-2005, S.63 ff.).*

5.3 Bilaterale Beziehungen der Gemeinschaft zu Drittstaaten

5.3.1 Europäische Staaten

EFTA-Staaten

Die **traditionell engen Beziehungen** der Gemeinschaft mit den EFTA-Staaten (zusammen 19 der 26 CEPT-Mitglieder) wurden in der zweiten Hälfte der achtziger Jahre sowohl auf der Ebene der Industrie als auch derjenigen der Fernmeldeverwaltungen durch die **Luxemburger Erklärung** vom April 1984 geprägt, die (insbesondere nach der Ratserklärung vom Herbst 1986) auf die Schaffung eines **größeren Wirtschaftsraumes** in Europa gerichtet war. Die gemeinsame Absichtserklärung der Gemeinschaft und der CEPT über **Normen und Allgemeinzulassungen** für Telekommunikationseinrichtungen, die Vereinbarung über die allgemeinen Leitlinien mit der gemeinsamen **europäischen Normungsinstitution** CEN-CENELEC und die volle ETSI-Mitgliedschaft der EFTA-Staaten, verschiedene Rahmenvereinbarungen mit einer Reihe von EFTA-Staaten über die Zusammenarbeit in **Forschung und Entwicklung**, die intensive Mitwirkung der Fernmeldeverwaltungen der EFTA-Länder im Rahmen der CEPT an der **Definitionsphase des RACE-Programms**, die Gründung der Europäischen Vereinigung der Telekommunikations- und Elektronikindustrie (ECTEL) und die gemeinsame Durchführung verschiedener **EUREKA-Projekte** müssen in diesem Zusammenhang genannt werden; sie gingen insgesamt weit über einen allgemeinen Informationsaustausch hinaus *(vgl. KOM (87) 290 endg., S.161 f.; SEK (89) 1657 endg., S.5).*

Vor diesem Hintergrund entstand die Frage nach der Ausdehnung des in der Richtlinie 86/361/EWG vom 24. Juli 1986 *(vgl. S.656)* vorgesehenen Mechanismus der gegenseitigen Anerkennung der **Konformitätsprüfungen für die Allgemeinzulassung** von Telekommunikationsendgeräten auf diejenigen EFTA-Länder, die die Vereinbarung über ein formelles Annahmeverfahren für bestimmte CEPT-Empfehlungen unterzeichneten und sich zu ihrer Anwendung als NET verpflichteten; ein klares wechselseitiges Verständnis der technischen Charakteristika der Anwendung von Normen und Testmethoden mußte bei ausreichender Sicherstellung voller Reziprozität in der Folgezeit entwickelt werden.

Zur vertieften Zusammenarbeit im Bereich von **Forschung und technologischer Entwicklung** schlug die Kommission in ihrer Mitteilung vom 29. Oktober 1986 [KOM (86) 547 endg.] die Beteiligung öffentlicher und privater Organisationen aus COST-Ländern (EG, EFTA, Jugoslawien, Türkei) am RACE-Hauptprogramm vor, soweit mit den betreffenden Staaten bereits Rahmenabkommen über Forschung und technologische Entwicklung unterzeichnet worden waren. Während auf den Gebieten von Forschung, Entwicklung und Technologie also sehr früh Fortschritte erzielt werden konnten, erwiesen sich ordnungspolitische Fragen als weitere Zukunftsaufgabe, die erst mit der Schaffung des **EWR** (1994) umfassenden Lösungen zugänglich wurde *(vgl. KOM (87) 290 endg., S. 161 f.)*.

Mittel- und osteuropäische Staaten

Bereits auf seiner Tagung am 28. April 1990 in Dublin befürwortete der **Europäische Rat** das Kommissionspapier vom 18. April 1990 [SEK (90) 717 endg.], dessen Inhalte in der **Kommissionsmitteilung** vom 19. Juni 1990 über die Beziehungen der Gemeinschaft zu Mittel- und Osteuropa (Bulgarien, Jugoslawien, Polen, Rumänien, Tschechoslowakei, Ungarn) auf dem Gebiet der Telekommunikationsdienste [KOM (90) 258 endg.] weiterentwickelt wurden. Die durchgeführte **Zustandsanalyse** ließ den **ungeheuren Nachholbedarf** dieser Länder an Telekommunikationseinrichtungen und -diensten sichtbar werden. Ein unzureichender Ausbau der Infrastruktur, eine veraltete Vermittlungstechnologie, eine geringe Anschlußdichte und lange Wartezeiten, eine fehlende Versorgung mit Basisdiensten (insbesondere Fern- und Auslandsverbindungen) und eine schlechte Dienstequalität sowie geringe Einnahmen und außerordentlich niedrige Investitionen prägten zu Beginn der neunziger Jahre die Telekommunikationsmärkte in Mittel- und Osteuropa. Die **Telekommunikationsindustrien** der Vereinigten Staaten, Japans und Westeuropas bereiteten sich auf einen Wettbewerb um umfangreiche Investitionen vor, was zugleich das Risiko inkohärenter technischer Entwicklungen entstehen ließ *(vgl. Bull. EG 6-1990, S. 52)*.

Eine erfolgreiche Entwicklung der Telekommunikationsmärkte in Mittel- und Osteuropa setzte nicht nur den Ausbau und die Modernisierung der **Festnetzinfrastruktur** (Übertragungswege, Vermittlungstechnologie) und die Einführung **neuer Telekommunikationssysteme** (ISDN, Daten-, Satelliten- und Mobilkommunikation, Mehrwertdienste) sowie die Lieferung von **leistungsfähigen Endgeräten** voraus, sondern verlangte auch **institutionelle und ordnungspolitische Reformen**; hierzu gehörten der Abbau von Waren- und Kapitalverkehrsbeschränkungen, die Trennung hoheitlicher und betrieblicher Funktionen, eine schrittweise erfolgende Privatisierung, Liberalisierung und Harmonisierung, ferner kohärente Verfahren zur öffentlichen Auftragsvergabe sowie kompatible technische Spezifikationen bzw. Normen; wichtig war auch die Einbindung der mittel- und osteuropäischen Staaten in **zwischenstaatliche Organisationen** und in den **internationalen Dialog** (Konferenzen, Round Tables) *(vgl. z. B. Bull. EU 9-1996, S. 43; J. Turek, 1997, S. 176 f.; J. Turek, 1999, S. 171)*.

Der **gemeinsame Rahmen** für eine enge Zusammenarbeit mit den betroffenen mittel- und osteuropäischen Staaten auf dem Gebiet der für die gemeinschaftliche Binnenmarktpolitik wesentlichen technischen Normen und Spezifikationen wurde zunächst in den **Handels-, Kooperations- und Assoziierungsabkommen** gesehen, die den politischen Reformdialog begleiten und finanzielle Vorkehrungen enthalten sollten; finanzielle Unterstützungen durch die EBRD, die EIB und den Gemeinschaftshaushalt (PHARE) sollten die **Wiederaufbauprogramme** abfedern. Neben allen integrationspolitischen Überlegungen sollte auf diese Weise ein entscheidender Beitrag zur **Umstellung der Wirtschaftssysteme** in Mittel- und Osteuropa geleistet werden.

Übersicht 105: Abkommen mit europäischen Staaten zur Telekommunikation

Abkommen zur Konformitätsbewertung

Beschluß 98/529/EG des Rates vom 27. November 1997 über den Abschluß eines Abkommens in Form eines Briefwechsels zwischen der Europäischen Gemeinschaft und der Republik Polen betreffend ein „Protokoll über das Europäische Abkommen über die Konformitätsbewertung" im Rahmen des Europa-Abkommens zwischen den Europäischen Gemeinschaften und ihren Mitgliedstaaten einerseits und der Republik Polen andererseits [ABl. L 237 25.08.98 S.8] — Abkommen [ABl. L 237 25.08.98 S.9]

Beschluß 2001/365/EG des Rates vom 4. April 2001 über den Abschluß eines Protokolls zu dem Europa-Abkommen zur Gründung einer Assoziation zwischen den Europäischen Gemeinschaften und ihren Mitgliedstaaten einerseits und der Tschechischen Republik andererseits über die Konformitätsbewertung und Anerkennung gewerblicher Produkte (PECA) [ABl. L 135 17.05. 2001 S.1] — Protokoll [ABl. L 135 17.05.2001 S.3] — Beschluß 2003/704/EG des Rates vom 22. September 2003 über den Abschluß eines Abkommens zur Änderung des Protokolls [ABl. L 256 09.10.2003 S.17] — Abkommen [ABl. L 256 09.10.2003 S.18]

Beschluß 2001/366/EG des Rates vom 4. April 2001 über den Abschluß eines Protokolls zu dem Europa-Abkommen zur Gründung einer Assoziation zwischen den Europäischen Gemeinschaften und ihren Mitgliedstaaten einerseits und der Republik Ungarn andererseits über die Konformitätsbewertung und Anerkennung gewerblicher Produkte (PECA) [ABl. L 135 17.05.2001 S.35] — Protokoll [ABl. L 135 17.05.2001 S.37] i. d. F. der Berichtigung [ABl. L 140 30.05.2002 S.39] — Beschluß 2003/705/EG des Rates vom 22. September 2003 über den Abschluß eines Abkommens zur Änderung des Protokolls [ABl. L 256 09.10.2003 S.20] — Abkommen [ABl. L 256 09. 10.2003 S.21]

Beschluß 2002/309/EG/Euratom des Rates und – bezüglich des Abkommens über die wissenschaftliche und technische Zusammenarbeit – der Kommission vom 4. April 2002 über den Abschluß von sieben Abkommen mit der Schweizerischen Eidgenossenschaft [ABl. L 114 30.04. 2002 S.1] — Abkommen über die gegenseitige Anerkennung von Konformitätsbewertungen [ABl. L 114 30.04.2002 S.369]

Beschluß 2002/608/EG des Rates vom 25. Juni 2002 über den Abschluß eines Zusatzprotokolls zu dem Europa-Abkommen zur Gründung einer Assoziation zwischen den Europäischen Gemeinschaften und ihren Mitgliedstaaten einerseits und der Republik Lettland andererseits betreffend die Konformitätsbewertung und die Anerkennung gewerblicher Produkte (PECA) [ABl. L 202 31.07.2002 S.1] — Protokoll [ABl. L 202 31.07.2002 S.3]

Beschluß 2002/609/EG des Rates vom 25. Juni 2002 über den Abschluß eines Zusatzprotokolls zu dem Europa-Abkommen zur Gründung einer Assoziation zwischen den Europäischen Gemeinschaften und ihren Mitgliedstaaten einerseits und der Republik Litauen andererseits betreffend die Konformitätsbewertung und die Anerkennung gewerblicher Produkte (PECA) [ABl. L 202 31.07.2002 S.19] — Protokoll [ABl. L 202 31.07.2002 S.21]

Beschluß 2003/95/EG des Rates vom 27. Januar 2003 über den Abschluß eines Protokolls zu dem Europa-Abkommen zur Gründung einer Assoziation zwischen den Europäischen Gemeinschaften und ihren Mitgliedstaaten einerseits und der Republik Slowenien andererseits betreffend die Konformitätsbewertung und die Anerkennung gewerblicher Produkte – PECA [ABl. L 036 12. 02.2003 S.15] — Protokoll [ABl. L 036 12.02.2003 S.17]

Beschluß 2003/336/EG des Rates vom 14. April 2003 über den Abschluß eines Zusatzprotokolls zu dem Europa-Abkommen zur Gründung einer Assoziation zwischen den Europäischen Gemeinschaften und ihren Mitgliedstaaten einerseits und der Republik Estland andererseits betreffend die Konformitätsbewertung und die Anerkennung gewerblicher Produkte (PECA) [ABl. L 120 15.05.2003 S.24] — Protokoll [ABl. L 120 15.05.2003 S.26]

Beschluß 2003/337/EG des Rates vom 14. April 2003 über den Abschluß eines Zusatzprotokolls zu dem Europa-Abkommen zur Gründung einer Assoziation zwischen den Europäischen Gemeinschaften und ihren Mitgliedstaaten einerseits und der Slowakischen Republik andererseits betreffend die Konformitätsbewertung und die Anerkennung gewerblicher Produkte – PECA [ABl. L 120 15.05.2003 S.39] — Protokoll [ABl. L 120 15.05.2003 S.41]

Beschluß 2004/113/EG des Rates vom 20. Januar 2004 über den Abschluß des Abkommens zwischen der Europäischen Gemeinschaft und Malta betreffend die Konformitätsbewertung und die Anerkennung gewerblicher Produkte (ACAA) [ABl. L 034 06.02.2004 S.40] — Abkommen [ABl. L 034 06.02.2004 S.42]

Informationsverfahren auf dem Gebiet der technischen Vorschriften

Beschluß 2004/330/EG des Rates vom 22. September 2003 über den Abschluß bilateraler Abkommen zwischen der Europäischen Gemeinschaft und der Tschechischen Republik, der Republik Estland, der Republik Lettland, der Republik Litauen, der Republik Malta, der Republik Polen, der Slowakischen Republik beziehungsweise der Republik Slowenien über ein Informationsverfahren auf dem Gebiet der technischen Vorschriften und der Vorschriften für die Dienste der Informationsgesellschaft [ABl. L 117 22.04.2004 S.1] — Abkommen mit Tschechien [ABl. L 117 22.04.2004 S.2] — Abkommen mit Estland [ABl. L 117 22.04.2004 S.10] — Abkommen mit Lettland [ABl. L 117 22.04.2004 S.18] — Abkommen mit Litauen [ABl. L 117 22.04.2004 S.26] — Abkommen mit Malta [ABl. L 117 22.04.2004 S.34] — Abkommen mit Polen [ABl. L 117 22.04.2004 S.42] — Abkommen mit der Slowakei [ABl. L 117 22.04.2004 S.50] — Abkommen mit Slowenien [ABl. L 117 22.04.2004 S.58].

Beschluß 2004/299/EG des Rates vom 24. November 2003 über den Abschluß bilateraler Abkommen zwischen der Europäischen Gemeinschaft und der Republik Zypern sowie der Regierung der Republik Ungarn über ein Informationsverfahren auf dem Gebiet der technischen Vorschriften und der Vorschriften für die Dienste der Informationsgesellschaft [ABl. L 098 02.04.2004 S.30] — Abkommen mit Zypern [ABl. L 098 02.04.2004 S.31] — Abkommen mit Ungarn [ABl. L 098 02.04.2004 S.40].

Die Kommission erörterte die **möglichen Schwerpunkte** einer Gemeinschaftsaktion im Zusammenwirken mit den staatlichen Behörden, Telekommunikationsbetreibern und sonstigen betroffenen Organisationen in Mittel- und Osteuropa und beschrieb diese in fünf verschiedenen Aktionslinien. Die **Aktionslinie 1** widmete sich dem Informationsaustausch, der Normung und der Förderung der gegenseitigen Abstimmung der Politiken, während die **Aktionslinie 2** auf die Integration in gesamteuropäische Systeme der elektronischen Information und Kommunikation abzielte. Die **Aktionslinie 3** befaßte sich vorrangig mit der Forcierung des Handels und des Technologietransfers, die **Aktionslinie 4** mit der Ausbildung der politischen Entscheidungsträger und Planer, der Telekommunikationsmanager sowie der Ingenieure und Techniker und schließlich die **Aktionslinie 5** mit der Förderung einschlägiger Telekommunikationsentwicklungen.

Konformitätsbewertung und Informationsverfahren

Grundfragen der Außen- und Drittstaatenbeziehungen der Gemeinschaft im Bereich der Telekommunikation betrafen stets nicht nur den **gegenseitigen Zugang** zu Infrastruktur-, Dienstleistungs- und Endgerätemärkten, sondern auch und gerade die Schaffung allgemein akzeptierter **technischer Spezifikationen und Normen** zur Gewährleistung der Sicherheit und Interoperabilität der Systeme. Letzteres schloß zudem die **Konformitätsbewertungen** im Bereich der Telekommunikationsinfrastruktur und der Telekommunikationsgeräte ein und sollte auch eine **wechselseitige Anerkennung** gewerblicher Produkte auf diesem Gebiet erleichtern. Ergänzend waren **Informationsverfahren** auf dem Gebiet der technischen Vorschriften und der Vorschriften für die Dienste der Informationsgesellschaft von Bedeutung *(vgl. Übersicht 105).*

Mitte der neunziger Jahre wuchs die Sorge darüber, daß eine immer größere Zahl unterschiedlicher Normen und Vorschriften mit der unausweichlichen Konsequenz unabhängiger Kontrollen, Prüfungen oder Zertifizierungsverfahren gerade bei auf entfernten Märkten abzusetzenden neuen Technologien oder Produkten mit kurzer Lebensdauer den **Handel mit Drittländern** zunehmend behindern würden. Probleme der Konformitätsbewertung und der damit verbundenen Produktzulassung konnten die **handelspolitischen Erfolge** der bis dahin erreichten Zollsenkungen konterkarieren. Vor diesem Hintergrund strebte die Gemeinschaft auf der einen Seite einen Abbau der auf anderen Märkten durch Normen und Konformitätsbewertungsverfahren bedingten **Handelshemmnisse** sowie die Verhinderung neuer Schranken an; auf der anderen Seite wollte sie die betreffenden Drittländer zur Annahme von auf internationalen bzw. europäischen Regelungen beruhenden Vorschriften zwecks Verbesserung des Marktzugangs und der Wettbewerbsfähigkeit europäischer Produkte bewegen.

In diesem Sinne befaßte sich die Mitteilung der Kommission vom 13. November 1996 [KOM (96) 564 endg.] – Schlußfolgerungen des Rates vom 26. Juni 1997 [ABl. C 008 11.01.2001 S.1] – mit der Außenhandelspolitik der Gemeinschaft im Bereich der Normen und der Komformitätsbewertung. Ausgehend von dem **WTO-Übereinkommen über technische Handelshemmnisse** wurden Anregungen für einen wirksameren Einsatz der multilateralen Instrumente gegeben und die Bedeutung bilateraler Initiativen im multilateralen Kontext betont. Für die **Abkommen über gegenseitige Anerkennung** (Mutual Recognition Agreements, MRA) wurden verschiedene Strategieänderungen vorgeschlagen und der Zusammenhang von gegenseitiger Anerkennung, technischer Hilfe und Zusammenarbeit in Regelungsfragen analysiert. Verbesserungsvorschläge für verschiedene **Technische-Hilfe-Programme** der Gemeinschaft und die Darlegung wichtiger Gemeinschaftsinitiativen für die **Zusammenarbeit in Regelungsfragen** im Rahmen von OECD, ICH, FAO, ECE, ICAO, JAA und APEC sowie mit den Vereinigten Staaten, Japan, Kanada und den MOE-Staaten bildeten den Abschluß des Dokuments.

Die Entschließung des Rates vom 24. Juni 1999 [ABl. C 190 07.07.1999 S.2] forderte die Kommission zur **Erstellung von Leitsätzen und eines Vademekums** für die Vorbereitung und Aushandlung von Abkommen über die gegenseitige Anerkennung von Konformitätsbewertungen sowie zur laufenden Berichterstattung auf. Die Schlußfolgerungen des Rates vom 14. Dezember 2000 zur Durchführung der Entschließung [ABl. C 008 11.01.2001 S.4] würdigten die Ergebnisse und den Nutzen der diesbezüglichen Kommissionsaktivitäten, die durch das Arbeitsdokument der Kommission vom 28. September 2001 über Instrumente [SEK (2001) 1570 endg.] ergänzt wurden.

5.3.2 Außereuropäische Industrieländer

Grundsätzliche Aspekte und Konformitätsbewertung

Die Deregulierung des Telekommunikationssektors in den Vereinigten Staaten führte in der zweiten Hälfte der achtziger Jahre einerseits zu einem außerordentlich **komplexen ordnungspolitischen Umfeld** und brachte andererseits die Vereinigten Staaten in eine Führungsrolle bei der **Umgestaltung des Welttelekommunikationsmarktes** und der darauf basierenden Handelsbeziehungen. Die zwischen den Vereinigten Staaten und der EG seinerzeit diskutierten Telekommunikationsangelegenheiten waren demzufolge auch überwiegend handelsorientiert und betrafen die entsprechenden Regelungen im Trade Act, den Zugang zu den jeweiligen Märkten und Fragen der Beschaffungspolitik sowie der Normung bzw. Standardisierung von Geräten und Diensten. Die Situation auf dem weitgehend **liberalisierten Endgerätemarkt** (vereinfachte Zulassungsverfahren; massive Einfuhren aus den Pazifikstaaten, geringer Anteil der EG und Kanadas) unterschied sich dabei grundsätzlich von derjenigen im Bereich der **Netz-, Vermittlungs- und Übertragungseinrichtungen** (massive Einfuhrhemmnisse). Handelspolitische Einschränkungen berücksichtigten dabei in der Regel nicht die konkrete bilaterale Defizit- bzw. Überschußsituation und benachteiligten die EG (aber auch Südkorea) in unverhältnismäßiger Weise. Um so mehr bemühte sich die EG darum, die anstehenden telekommunikationspolitischen Probleme in die **multilateralen Verhandlungen** der Uruguay-Runde einzubringen, dabei jedoch die bilateralen Kontakte nicht zu vernachlässigen *(vgl. KOM (87) 290 endg., S.163 ff.; SEK (89) 1657 endg., S.3 f.; EP, 1995).*

Deregulierungsmaßnahmen (Privatisierung von NTT, Einführung von Wettbewerb) haben seit 1985 auch die ordnungspolitische Struktur des **japanischen Telekommunikationssektors** grundlegend umgestaltet und ihn vor allem für US-amerikanische Firmen, kaum dagegen für EG-Unternehmen (wachsende bilaterale Handelsdefizite) geöffnet. Die telekommunikationspolitischen Beziehungen zwischen der EG und Japan konzentrierten sich Ende der achtziger Jahre vor allem auf einen regelmäßigen Informationsaustausch über marktordnungs- und technologische Aspekte, um die bilaterale Handelssituation und technologische Kooperation zu verbessern *(vgl. KOM (87) 290 endg., S.167 f.; SEK (89) 1657 endg., S.4 f.).* **Kanada, Australien und Neuseeland** mit hochentwickelten Fernmeldesystemen pflegten Ende der achtziger Jahre sowohl im Bereich der Industrie als auch der Fernmeldeverwaltungen traditionell enge Beziehungen zu den Mitgliedstaaten der EG. Dabei bestand vor allem ein Interesse an einer Stärkung der internationalen Normungsinstitutionen und an offenen internationalen Normen. Verschiedene Rahmenabkommen und Vereinbarungen über eine engere Kooperation auf dem Gebiet der Forschung und Entwicklung waren von erheblicher Bedeutung für die bilateralen Beziehungen. Enge Kontakte der EG bestanden auch mit **Südkorea**, das die EG-Ansätze der Regulierung und Standardisierung unterstützte und vergleichbare handelspolitische Probleme mit den Vereinigten Staaten vergegenwärtigte.

Die bilateralen Bemühungen um die Schaffung allgemein akzeptierter **technischer Spezifikationen und Normen** schlossen auch die **Konformitätsbewertungen** im Bereich der Telekommunikationsinfrastruktur und der Telekommunikationsgeräte ein und sollten letztlich eine **wechselseitige Anerkennung** gewerblicher Produkte auf diesem Gebiet erleichtern. Entsprechende Abkommen wurden bereits im Jahre 1998 mit Australien, Kanada, Neuseeland und den Vereinigten Staaten abgeschlossen; das Abkommen mit Japan folgte 2001 *(vgl. Übersicht 106)*.

Übersicht 106: Abkommen mit außereuropäischen Industrieländern in bezug auf die Konformitätsbewertung

Beschluß 98/508/EG des Rates vom 18. Juni 1998 über den Abschluß des Abkommens zwischen der Europäischen Gemeinschaft und Australien über die gegenseitige Anerkennung der Konformitätsbewertung, der Bescheinigungen und der Kennzeichnungen [ABl. L 229 17.08.98 S.1] — Abkommen [ABl. L 229 17.08.98 S.3] — Beschluß 2002/800/EG des Rates vom 8. Oktober 2002 zur Änderung des Beschlusses 98/508/EG [ABl. L 278 16.10.2002 S.19]
Beschluß 98/509/EG des Rates vom 18. Juni 1998 über den Abschluß des Abkommens zwischen der Europäischen Gemeinschaft und Neuseeland über die gegenseitige Anerkennung der Konformitätsbewertung [ABl. L 229 17.08.98 S.61] — Abkommen [ABl. L 229 17.08.98 S.62] — Beschluß 2002/801/EG des Rates vom 8. Oktober 2002 zur Änderung des Beschlusses 98/509/EG [ABl. L 278 16.10.2002 S.20]
Beschluß 1999/78/EG des Rates vom 22. Juni 1998 über den Abschluß des Abkommens zwischen der Europäischen Gemeinschaft und den Vereinigten Staaten von Amerika über die gegenseitige Anerkennung [ABl. L 031 04.02.1999 S.1] — Abkommen [ABl. L 031 04.02.1999 S.3] — Beschluß 2002/803/EG des Rates vom 8. Oktober 2002 zur Änderung des Beschlusses 1999/78/EG [ABl. L 278 16.10.2002 S.22]
Beschluß 98/566/EG des Rates vom 20. Juli 1998 über den Abschluß des Abkommens zwischen der Europäischen Gemeinschaft und Kanada über die gegenseitige Anerkennung [ABl. L 280 16. 10.98 S.1] — Abkommen [ABl. L 280 16.10.98 S.3] — Beschluß 2002/802/EG des Rates vom 8. Oktober 2002 zur Änderung des Beschlusses 98/566/EG [ABl. L 278 16.10.2002 S.21]
Beschluß 2001/747/EG des Rates vom 27. September 2001 über den Abschluß eines Abkommens zwischen der Europäischen Gemeinschaft und Japan über die gegenseitige Anerkennung [ABl. L 284 29.10.2001 S.1] — Abkommen [ABl. L 284 29.10.2001 S.3] — Beschluß 2002/804/EG des Rates vom 8. Oktober 2002 zur Änderung des Beschlusses 2001/747/EG [ABl. L 278 16.10.2002 S.23]

Öffentliche Beschaffung im Telekommunikationssektor

Neben den Konformitätsbewertungen bildeten auch beschaffungspolitische Aspekte wiederholt einen wichtigen Gegenstand der bilateralen Beziehungen der Gemeinschaft zu bestimmten Drittstaaten. So wurden bereits durch die **Entscheidung 93/324/ EWG des Rates vom 10. Mai 1993 [ABl. L 125 20.05.93 S.54]** die Vorteile der Richtlinie 90/531/EWG des Rates vom 17. September 1990 [ABl. L 297 29.10.90 S.1] auf die Vereinigten Staaten ausgedehnt, da ein vergleichbarer und tatsächlicher Zugang der Gemeinschaftsunternehmen zu den amerikanischen Märkten gewährleistet wurde. Am 10. Juli 1997 schlossen die Europäische Gemeinschaft und **Israel** ein Abkommen über die Beschaffungen der Betreiber von Telekommunikationsdiensten mit dem Ziel, den gegenseitigen Zugang der Lieferanten und Dienstleistungserbringer zu den von den Telekommunikationsunternehmen getätigten Beschaffungen sicherzustellen. Geregelt wurden insbesondere der **Geltungsbereich des Abkommens** (Mindestauftragswerte; Liefer- und Dienstleistungsaufträge, Bauaufträge; Ausnahmeregelungen für einige Mitgliedstaaten), die **Anwendung des Nichtdiskriminierungsprinzips** (Inländerbehandlung; Verbot von Normen über Kompensationen, Preisspannen, Inlandsanteile, Investitions- oder Produktionserfordernisse, Lizenzbedingungen, Genehmigungen, Finanzierungen und Einreichungsrechte), der **Ablauf des Beschaffungsverfahrens** (Grundprinzipien, Bekanntmachungen, Fristen, Informationen, Auswahlkriterien) sowie **weitere Verfahrensvorschriften** (Widerspruchsverfahren, Informationsaustausch und Informationstechnologie, Streitbeilegung, Schutzmaßnahmen, Konsultationen). Der **Beschluß 97/474/EG des Rates vom 24. Februar 1997 [ABl. L 202 30.07.97 S.72]** genehmigte das Abkommen im Namen der Gemeinschaft; es trat am 1. August 1997 in Kraft *(vgl. Bull. EU 4-1996, S.80; Bull. EU 1/2-1997, S.98f.; Bull. EU 7/8-1997, S.111 f.; GB 1997, Ziff.227, 918; im weiteren Übersicht 107).*

Der **Beschluß 97/784/EG des Rates vom 22. April 1997 [ABl. L 321 22.11.97 S.30]** genehmigte ein am 29. Oktober 1997 unterzeichnetes Abkommen über die Beschaffung im Telekommunikationssektor und ein Abkommen in Form eines Memorandums über die Beschaffung durch private Betreiber von Telekommunikationsdiensten zwischen der Gemeinschaft und **Südkorea**; die Bestimmungen ähnelten denjenigen, die mit Israel vereinbart worden waren. Die Abkommen traten am 1. November 1997 in Kraft; aufgrund von anschließenden Liberalisierungs- und Privatisierungsmaßnahmen wurden sie jedoch später gegenstandslos und mit dem **Beschluß 2004/589/EG des Rates vom 19. Juli 2004 [ABl. L 260 06.08.2004 S.8]** gekündigt *(vgl. Bull. EU 7/8-2004, S.20f.).*

5.3.3 Schwellen- und Entwicklungsländer

Die Mitte der achtziger Jahre beginnende Diskussion um die globale Partnerschaft in der Informationsgesellschaft betraf auch die Beziehungen der Gemeinschaft zu den Ländern der **Dritten Welt** und zwang zum Nachdenken über eine **kohärente Entwicklungsstrategie**. Auf der Ebene der Industrie und der Fernmeldeverwaltungen hatten sich schon frühzeitig zahlreiche Bindungen und ein engmaschiges Beziehungsgeflecht entwickelt. Die erweiterte Kooperation mit insgesamt 66 AKP-Staaten auf der Grundlage des **Lomé III-Abkommens** (1984) ermöglichte einen gemeinschaftlichen Finanzierungsbeitrag für nationale bzw. regionale Projekte und Studien zur Verbesserung der Telekommunikationsinfrastruktur (Satellitenkommunikation) insbesondere in den ländlichen Gebieten Afrikas und des pazifischen Raumes. Allerdings mußte dabei festgestellt werden, daß die Investitionen in die Telekommunikationsinfrastruktur nach wie vor einen geringeren Stellenwert hatten als diejenigen in die Bereiche **Landwirtschaft und Verkehr** sowie **Wasser- und Energieversorgung**. Vor diesem Hintergrund der Politikdefizite wies der Maitland-Bericht der ITU (1985) auf die enorme Bedeutung der Telekommunikationsprojekte für die Entwicklung der **ländlichen Gebiete** sowie für die Lösung von **Versorgungs- und Verteilungsproblemen** in Entwicklungsländern hin. Der Informationsaustausch über Strategien und Konzepte der Gemeinschaftspolitik und über die Entwicklungen in den Informations- und Kommunikationstechnologien wurde auch im Hinblick auf die **Länder Lateinamerikas** (Brasilien, Mexiko, Uruguay) seit der zweiten Hälfte der achtziger Jahre vorangetrieben; Kooperationsvorhaben mit der **VR China** und **Indien** betrafen Ausbildungsmaßnahmen und fortgeschrittene Technologien. Im Verhältnis zu den Mittelmeeranrainern **Jugoslawien** und **Türkei** stand der Informationsaustausch über die Politik und die Programme der Gemeinschaft auf dem Gebiet der Telekommunikation im Vordergrund; für das Jahr 1990 wurden weitergehende Kontakte mit der Golfregion angestrebt *(vgl. KOM (87) 290 endg., S.170; SEK (89) 1657 endg., S.6)*.

Übersicht 107: Internationale Vereinbarungen über das öffentliche Beschaffungswesen im Bereich der Telekommunikation

Entscheidung 93/324/EWG des Rates vom 10. Mai 1993 betreffend die Ausdehnung der Vorteile der Bestimmungen der Richtlinie 90/531/EWG auf die Vereinigten Staaten von Amerika [ABl. L 125 20.05.93 S.54]
Beschluß 97/474/EG des Rates vom 24. Februar 1997 über den Abschluß zweier Abkommen zwischen der Europäischen Gemeinschaft und dem Staat Israel über die Beschaffungen der Betreiber von Telekommunikationsdiensten bzw. über das öffentliche Beschaffungswesen [ABl. L 202 30.07.97 S.72] — Rechtsetzung auf der Grundlage der Artt. 57 (47) Abs. 2, 66 (55) und 113 (133) EGV i. V. m. Art. 228 (300) Abs. 3 und 4 EGV, auf Vorschlag der Kommission [ABl. C 162 06.06.96 S.10] und nach Stellungnahme des EP [ABl. C 033 03.02.97 S.117]
Abkommen zwischen der Europäischen Gemeinschaft und dem Staat Israel über die Beschaffungen der Betreiber von Telekommunikationsdiensten [ABl. L 202 30.07.97 S.74] — Mitteilung über das Inkrafttreten [ABl. L 202 30.07.97 S.89]
Beschluß 97/784/EG des Rates vom 22. April 1997 über den Abschluß des Abkommens über die Beschaffung im Telekommunikationssektor und des Abkommens in Form eines Memorandums über die Beschaffung durch private Betreiber von Telekommunikationsdiensten zwischen der Europäischen Gemeinschaft und der Republik Korea [ABl. L 321 22.11.97 S.30] — Rechtsetzung auf der Grundlage des Art. 113 (133) EGV i. V. m. Art. 228 (300) Abs. 2 EGV und auf Vorschlag der Kommission [KOM (97) 56 endg.]
Abkommen über die Beschaffung im Telekommunikationssektor zwischen der Europäischen Gemeinschaft und der Republik Korea [ABl. L 321 22.11.97 S.32] — Mitteilung über das Inkrafttreten [ABl. L 321 22.11.97 S.42]
Beschluß 2004/589/EG des Rates vom 19. Juli 2004 über die Mitteilung an die Republik Korea der Kündigung des Abkommens über die Beschaffung im Telekommunikationssektor zwischen der Europäischen Gemeinschaft und der Republik Korea seitens der Europäischen Gemeinschaft [ABl. L 260 06.08.2004 S.8] — Rechtsetzung auf der Grundlage des Art. 113 (133) EGV i. V. m. Art. 228 (300) EGV und auf Vorschlag der Kommission [KOM (2004) 315 endg.]

Unter Berücksichtigung der Ergebnisse einer im Mai 1996 in Südafrika abgehaltenen Konferenz widmete sich die Mitteilung der Kommission vom 15. Juli 1997 über Informationsgesellschaft und Entwicklung [KOM (97) 351 endg.] der Frage der **Integration der Entwicklungsländer** in die weltweite Informationsgesellschaft sowie der Notwendigkeit einer Gemeinschaftsaktion. Einerseits wurde der **Beitrag der neuen Technologien** zur raschen Veränderung und Verbesserung der Arbeitsorganisation, des Unternehmensmanagements und des Marktzugangs, des Bildungswesens, der Meinungsvielfalt, der Medizin und der Verwaltung sowie zur Integration in den Welthandel anerkannt, andererseits wurde aber auch vor der Entwicklung einer zweigleisigen Gesellschaft bzw. der **Ausgrenzung bestimmter Länder** gewarnt. Die Ursachen für den derzeitigen Entwicklungsrückstand wurden im mangelnden Ausbau der Telekommunikations- und Informationsinfrastrukturen, in der fehlenden Orientierung der Tarife an der Kostenstruktur und im öffentlichen Status der Betreiber gesehen. Die **notwendigen privaten Investitionen** konnten allerdings nur bei verläßlichen und transparenten rechtlichen und ordnungspolitischen Rahmenbedingungen realisiert werden. Die **regionsspezifischen Aktionsprogramme** der Kommission sahen eine wirtschaftliche und technische Kooperation (Netzinfrastrukturen, Telekommunikationsdienste, Datenbanken, Telematik, Humanressourcen), eine wissenschaftliche Zusammenarbeit (Mikroelektronik, Telematik, industrielle Anwendungen), eine Bereitstellung finanzieller Mittel (EIB) sowie die Durchführung bilateraler Technologieprojekte vor. Die **vorgeschlagenen Maßnahmen** betrafen die Fortsetzung der Aufklärungsarbeit und des Dialogs, die Festlegung der ordnungspolitischen Rahmenbedingungen, die Nutzung der finanziellen Instrumente, die Übernahme einheitlicher Normen, die Förderung von Pilotprojekten, die Anwendung der IKT in den Industrien, die Bereitstellung von Humanressourcen und den Verbund der Forschungsnetze *(vgl. Bull. EU 5-1996, S.45f.; Bull. EU 7/8-1997, S.60; GB 1997, Ziff.528).*

Die Schlußfolgerungen des **Rates** vom 28. November 1997 und die Stellungnahme des **Wirtschafts- und Sozialausschusses** vom 29. Januar 1998 [ABl. C 095 30.03.98 S.52] unterstrichen im wesentlichen die Position der Kommission, wiesen jedoch u. a. darauf hin, daß bereits der „schiere Umfang der gestellten Aufgaben schwindelerregend" sei; in den höchst komplexen Entwicklungsprozessen seien die IKT zwar nur ein Faktor unter mehreren, auf sie könne man aber nicht verzichten, ohne den Anschluß an die weltweiten wirtschaftlichen und gesellschaftlichen Veränderungen zu verlieren *(vgl. Bull. EU 11-1997, S.60; Bull. EU 1/2-1998, S.69; GB 1998, Ziff.479).* Die **Schlußfolgerungen des Rates** vom 10. November 2000 stellten das Problem der digitalen Kluft mit dem Risiko einer Ausgrenzung der Entwicklungsländer heraus und regten einen weiteren Gedankenaustausch an. Dieser Anregung folgte das **Europäische Parlament** mit einer Entschließung vom 12. Juni 2001 [ABl. C 053 E 28.02.2002 S.121], die die wichtige Rolle der IKT bei der Armutsbekämpfung betonte und auf ihre Bedeutung in den Sektoren Bildung und Ausbildung, Gesundheit, Umwelt, ländliche Entwicklung und Fremdenverkehr hinwies *(vgl. Bull. EU 11-2000, S.39; GB 2000, Ziff.340; GB 2001, Ziff.925).*

Die Mitteilung der Kommission vom 14. Dezember 2001 über die **Informations- und Kommunikationstechnologien im Dienste der Entwicklung** [KOM (2001) 770 endg.] behandelte erneut die Rolle der IKT in der Entwicklungspolitik der EG. Zunächst befaßte sich die Kommission problemorientiert mit verschiedenen **Grundsatzthemen** (IKT und die internationale Gebergemeinschaft; IKT als Instrument der Entwicklungszusammenarbeit; Einsatz von IKT in den Entwicklungsländern; Aspekte eines politischen IKT-Rahmens: Ownership; Zutritt weiterer Marktteilnehmer; unabhängige Regulierungsbehörden und Kapazitätsaufbau; Festlegung von Regeln; Universalzugang und öffentlicher Zugang; Internetkonnektivität; Infrastrukturen; Entwicklung des Privatsektors; Humanressourcen; lokale Inhalte) und betrachtete dann **laufende Programme** und **künftige Prioritäten**. Prioritäre Bereiche waren Handel und Entwicklung, Hilfe bei regionaler Integration und Kooperation, Unterstützung der makroökonomischen Politiken und Förderung des gleichberechtigten Zugangs zu Sozialdienstleistungen, Verkehr, Ernährungssicherheit und nachhaltige ländliche Entwicklung sowie der Aufbau von Institutionen. Die Kommissionsmitteilung ging zum Schluß auf **Planungs-, Programmierungs- und Durchführungsprobleme** ein. In seinen Schlußfolgerungen vom 30. Mai 2002 vertrat der Rat wiederholt die Auffassung, daß die IKT einen erheblichen Beitrag zur **Verringerung der Armut** und zur **Realisierung anderer Entwicklungsziele** leisten können; er empfahl eine Reihe von Grundsätzen und prioritären Maßnahmen, vor allem den **Aufbau leistungsfähiger Institutionen** *(vgl. Bull. EU 12-2001, S.144; GB 2001, Ziff.925; Bull. EU 5-2002, S.94; GB 2002, Ziff.816)*.

6. Grundzüge der gemeinsamen Postpolitik in Europa

6.1 Politisch-ökonomische Ausgangslage

Um die Mitte der achtziger Jahre begann die Kommission mit einer umfassenden Untersuchung der einzelstaatlichen Politiken im Bereich des Postwesens. Die **etablierten Postverwaltungen** mußten sich seinerzeit in zunehmendem Maße mit der wachsenden Konkurrenz privater **Kurier- und Expreßdiensteanbieter** auseinandersetzen. Die Angebote internationaler Briefdienste zur Umgehung des nationalen Beförderungsmonopols veranlaßten die quasi-staatlichen Unternehmen oder die Staaten zu entsprechenden **Gegenmaßnahmen**, wie z. B. einer expliziten Ausdehnung der Exklusivrechte auf die alternativen Beförderungsformen, einer geographischen Begrenzung des Tätigkeitsgebiets der Konkurrenten oder der Erhebung von spezifischen Gebühren. Nach Meinung der Privaten stand ein solches **Wettbewerbsverhalten** im Widerspruch zu Art. 86 EWGV (Art. 82 EGV). Die Postverwaltungen wiesen ihrerseits auf die ihnen auferlegten **gemeinwirtschaftlichen Aufgaben** hin und verlangten von der Kommission eine Überprüfung der ordnungspolitischen Rahmenbedingungen des Postwesens *(vgl. WB 1985, Ziff.259; WB 1986, Ziff.298; E. Kille, 1991, S.22ff.)*.

Im Zusammenhang mit der **wettbewerbspolitischen Auseinandersetzung** um die internationalen Kurierdienste wies die Kommission darauf hin, daß sie die „Post- und Fernmeldeverwaltungen der Mitgliedstaaten als Handelsunternehmen betrachtet, da sie Waren und Dienstleistungen gegen Entgelt anbieten, und daß jegliche Ausweitung der marktbeherrschenden Stellung eines oder mehrerer dieser Unternehmen einen Mißbrauch im Sinne von Artikel 86 EWG-Vertrag darstellen könnte“ *(KOM (87) 290 endg., S.130)*. Private internationale Kurierdienste spielten mittlerweile eine erhebliche Rolle bei der **Integration der europäischen Wirtschaft**, weil sie in der Regel dringend benötigte Unterlagen, Pakete oder andere Lieferungen (z. B. Medikamente, Einzelteile, Bandaufnahmen) außerordentlich rasch und zuverlässig an ausländische Empfänger lieferten; sie erreichten dabei ein **Leistungsniveau**, das die quasi-staatlichen Postverwaltungen nicht bieten konnten (höhere Schnelligkeit, persönliche Abholung und Aushändigung, Laufwegverfolgung, Terminzustellung, Identifizierbarkeit,

Sendungsumleitung). Nach bis Ende 1989 wiederholten **Interventionen der Kommission** ließen Belgien, die BR Deutschland, Frankreich und Italien das Angebot privater internationaler Kurierdienste in Anerkennung der offensichtlichen Leistungsunterschiede zu, während das irische Unternehmen An Post (Irish Postal Company) dies verweigerte *(vgl. Bull. EG 1-1985, S.23f.; Bull. EG 12-1985, S.54; WB 1985, Ziff.259; R. Schulte-Braucks, 1986b, S.7B-4f.; WB 1986, Ziff.298; WB 1989, Ziff.228; S. Neu, 1999, S.128f.; zu den nationalen Reformen H. Cox, 1990; M. A. Crew u. a., 1992b).*

Die **Niederlande** verabschiedeten entgegen allen Vorbehalten der Kommission im Oktober 1988 (ergänzt durch zwei Erlasse vom Dezember 1988 und Mai 1989) ein neues Postgesetz, das das Postmonopol auf Eilkurierdienste unterhalb einer kombinierten Preis-Gewichtsgrenze (11,90 bzw. 17,50 hfl, 500 g) ausweitete und für die privaten Unternehmen **strengere Auflagen** (Anmeldepflicht, höhere Qualität bei Beförderungsleistung und Zustellfristen, jährliche Eintragung der Tarife) als für den etablierten Anbieter PTT-POST BV vorsah, ohne die Notwendigkeit dieser Maßnahmen im Hinblick auf die Gewährleistung der gemeinwirtschaftlichen Aufgaben hinreichend zu begründen. Mit der **Entscheidung 90/16/EWG der Kommission vom 20. Dezember 1989 [ABl. L 010 12.01.90 S.47]** wurden die niederländischen Gesetzesbestimmungen als unvereinbar mit Art. 90 Abs. 1 EWGV (Art. 86 Abs. 1 EGV) i. V. m. Art. 86 EWGV (Art. 82 EGV) eingestuft. Die niederländische Regierung und die Koninklijke PTT Nederland NV [ABl. C 132 11.05.90 S.9] klagten gegen diese Entscheidung, da sie die Befugnis der Kommission zur Feststellung von Vertragsverletzungen aufgrund von Art. 90 Abs. 3 EWGV (Art. 86 Abs. 3 EGV) bestritten. Mit seinem Urteil vom 12. Februar 1992 in den Rs. C-48/90 und C-66/90 [ABl. C 092 11.04.90 S.14; ABl. C 132 31.05.90 S.9; ABl. C 057 04.03.92 S.6; Slg. 1991, S.I-2723; Slg. 1992, S.I-565] wies der **Europäische Gerichtshof** diese Rechtsauffassung zurück; die Kommissionsentscheidung wurde allerdings aufgehoben, da die Verteidigungsrechte der Entscheidungsadressaten nicht gewahrt worden waren *(vgl. WB 1989, Ziff.229; WB 1990, Ziff.360; WB 1991, Ziff.327; WB 1992, Ziff.334f.).*

Aufgrund einer Beschwerde des spanischen Kurierdienstverbandes verpflichtete die Kommission mit der **Entscheidung 90/456/EWG vom 1. August 1990 [ABl. L 233 28.08.90 S.19]** die spanische Regierung, das auch in bezug auf internationale Eilkurierdienste für Briefe bis zu 2 kg geltende Postmonopol wegen Verstoßes gegen die Artt. 86 und 90 Abs. 1 EWGV (Art. 82 und 86 Abs. 1 EGV) aufzuheben; hierbei war besonders zu berücksichtigen, daß der entsprechende Dienst der spanischen Post nicht flächendeckend angeboten und zudem nicht alle Staaten bedient wurden. Auch die **dänische Regierung** korrigierte nach einer Intervention der Kommission am 31. Mai 1991 jene Bestimmungen des Postgesetzes, die für die Erbringung internationaler Eilkurierdienste Marktzutrittsbeschränkungen vorgesehen hatten; Remailing-Dienste blieben allerdings den privaten Kurierdiensten weiterhin untersagt. In seinem Urteil vom Mai 1993 in der Rs. C-320/91 (Paul Corbeau) [ABl. C 024 31.01.92 S.7; ABl. C 172 23.06.93 S.6; Slg. 1993, S.I-2533] stellte der **Europäische Gerichtshof** fest, daß Belgien das Angebot von Mehrwertdiensten nicht untersagen dürfe, wenn die Erbringung gemeinwirtschaftlicher Dienste nicht gefährdet sei *(vgl. Bull. EG 7/8-1990, S.32; WB 1990, Ziff.356, 359; WB 1991, Ziff.326; D. Schroeder, 1994, S.132 ff.; S. Neu, 1999, S.136 ff.; Ch. Werthmann, 2004, S.33f.).*

6.2 Das Grünbuch zur Entwicklung eines Binnenmarktes für Postdienste vom Juni 1992

6.2.1 Grundorientierungen des Grünbuchs

Trotz aller Bemühungen der Kommission um die Auflockerung des Postmonopols gehörte der europäische Postsektor am Anfang der neunziger Jahre noch immer zu den Bereichen, die von der **Verwirklichung des Binnenmarktkonzepts** weit entfernt waren. In fast allen Marktsegmenten besaßen die ehemaligen Postverwaltungen Exklusivrechte, die mit dem Argument des öffentlichen Interesses gerechtfertigt wurden, dadurch aber den freien Wettbewerb in einem bedeutsamen Dienstleistungssektor stark einschränkten. Darüber hinaus existierten zwischen den einzelnen Mitgliedstaaten **erhebliche Wettbewerbsverzerrungen** und **Harmonisierungsdefizite**. Vielfach ließ auch die **Qualität des Postverkehrs** sehr zu wünschen übrig und stand in keiner Relation zu den **hohen Tarifen**. In seiner Entschließung vom 14. Dezember 1988 zur Post und Telekommunikation [ABl. C 012 16.01.89 S.69] hatte das **Europäische Parlament** vor allem auf die Verschiedenartigkeit der Leistungsaufträge und der Postgebühren hingewiesen *(vgl. Bull. EG 12-1988, S.58f.; WB 1990, Ziff.61; zur Entwicklung der Postmärkte M. A. Crew u. a., 1991; W. Speckbacher, 1991; M. A. Crew u. a., 1992a).*

Die **Untersuchungen der Kommission** sowie einer aus Vertretern der Gemeinschaft und der CEPT bestehenden **Arbeitsgruppe** mündeten schließlich am 11. Juni 1992 in die Veröffentlichung des Grünbuchs über die Entwicklung des Binnenmarktes für Postdienste [KOM (91) 476 endg.], das eine **Diskussionsgrundlage** für die Weiterentwicklung der ordnungspolitischen Rahmenbedingungen darstellen sollte. Auf der Basis einer **problemorientierten Situationsanalyse** der einzelstaatlichen Postmärkte und einer detaillierten Auseinandersetzung mit **möglichen Lösungskonzepten** im Spannungsfeld von **Liberalisierung und Harmonisierung** formulierte die Kommission einen Vorschlag für ein **denkbares Szenario** (Leitbild und Grundorientierung, vorrangige politische Ziele, Zielkonkretisierung und Aktivitätsbereiche) der **zukünftigen Postpolitik**, das zur Verwirklichung eines qualitativ hochwertigen und wettbewerbsfähigen Diensteangebots zu erschwinglichen Preisen für gewerbliche und private Nutzer sowie zu einer ausgewogenen Entwicklung des Sektors im Rahmen der **Verwirklichung des Binnenmarktes** mit freiem Wettbewerb und gleichzeitiger Gewährleistung des Gemeinwohls (sozial-, integrations- und regionalpolitische Ziele) beitragen sollte *(vgl. WB 1990, Ziff.61; WB 1991, Ziff.325; U. Braubach, 1992; Bull. EG 5-1992, S.32f.; WB 1992, Ziff.38ff., 512; Kommission, 1995, S.10/1; S. Neu, 1999, S.129 f.; Ch. Werthmann, 2004, S.16ff.).*

Grundsätzlich bildeten die tradierten Postdienste, aber auch die neu entstandenen Technologien (Telefax, elektronische Post) einen **zentralen Faktor** der Nachrichtenübermittlung und des Handels in der Gemeinschaft. Ausgehend von dem **zentralen Leitgedanken** der „Aufrechterhaltung bzw. Entwicklung eines universalen Postdienstes mit flächendeckenden Abhol- und Zustelldiensten in der ganzen Gemeinschaft, allgemein tragbaren Preisen und zufriedenstellender Qualität" *(KOM (91) 476 endg., S. 1)* konstatierte die Kommission verschiedene Problembereiche. Die **unzureichende**

Harmonisierung der Dienste innerhalb der Gemeinschaft mit zahlreichen Unterschieden in den Betriebsabläufen führte bei grenzüberschreitenden Sendungen vielfach zu erheblichen Problemen und damit zu Opportunitätskosten; insbesondere brachten **unterschiedliche Definitionen und Normen** auf allen Ebenen der Leistungserstellung gravierende Kompatibilitätsprobleme mit sich. Grenzüberschreitende Dienste wiesen gegenüber rein nationalen Diensten bei gleichen Entfernungen oft **erhebliche Qualitätsdefizite** (Zuverlässigkeit, Laufzeit von Sendungen, zusätzliche Gebühren) auf. Derartige qualitative Unterschiede im Postsektor konnten auch zu **Marktverzerrungen in anderen Sektoren** (z. B. Versandhandel, Druckwesen, Werbung, Finanzdienste) **oder Regionen** (insbesondere benachteiligte Rand- und Inselregionen; Reduzierung persönlicher und wirtschaftlicher Kontakte) führen. Die damit verbundenen **Störungen des Binnenmarktes** betrafen sowohl die Absender als auch die Empfänger der Sendungen, somit die gesamte Vermarktung von Produkten und schließlich das Niveau der Wirtschaftstätigkeit; Divergenzen im Postsektor reduzierten auf diese Weise den **regionalen Zusammenhalt** in der Gemeinschaft, da Regionen mit unzuverlässigen Postdiensten in kommunikativer und versorgungsmäßiger Hinsicht benachteiligt oder gar ausgegrenzt wurden *(vgl. KOM (91) 476 endg., S. 2 ff.; zu den Marktstrukturen und zum Marktversagen im Postsektor F. Pieper, 1992; H. Dicke u. a., 1995, S. 5 ff.; U. Braubach, 1996, S. 93 ff.; H. Hofmann, 1996, S. 123 ff.; D. Uhle, 1996, S. 147 ff.)*.

Nach **Auffassung der Kommission** bestand das wichtigste Ziel der Politik „unbestritten darin, den Fortbestand des Universaldienstes zu gewährleisten und damit für den öffentlichen Dienstleistungsauftrag der Postverwaltungen gute wirtschaftliche und finanzielle Voraussetzungen zu schaffen" *(KOM (91) 476 endg., S. 5)*. Eine **vollständige Liberalisierung** der Postdienste wurde daher nicht angestrebt, da sie zu erheblichen Einschränkungen der Universaldienste (z. B. eines flächendeckenden Standardbriefdienstes) hätte führen müssen; eine **vollständige Harmonisierung** der Postdienste mit einheitlichen Gebühren (Erfordernis enormer Quersubventionen) und einheitlichen Zugangsbedingungen (zentrale Politikkoordinierung; Entstehung starrer Strukturen; erhebliche unternehmerische Flexibilitätseinbußen; eingeschränkte Marktanpassungsmöglichkeiten) sowie einer einheitlichen Postverwaltung für die ganze Gemeinschaft (neuer Verwaltungsapparat; zusätzliche Gemeinkosten) hätte ebenso wie die **Beibehaltung des Status quo** (Europa der zwei Geschwindigkeiten) ebenfalls die Inkaufnahme vieler Nachteile bedeutet. Die **Chance einer ausgewogenen Politik** lag daher zwischen einer weiteren Öffnung des Marktes und der Stärkung des Universaldienstes *(vgl. KOM (91) 476 endg., S. 7 ff.)*. Diese Politik bedeutete im einzelnen:

— weitere Veränderungen der *rechtlichen und regulatorischen Rahmenbedingungen* des Postwesens durch schrittweise Begrenzung der Monopole der öffentlichen Anbieter;

— die *verläßliche Bereitstellung* eines für alle Nutzer zugänglichen, erschwinglichen und flächendeckenden Universaldienstes;

— die Aufrechterhaltung *ausschließlicher Rechte* für die Anbieter von Universaldiensten in einem noch abzugrenzenden Bereich zur Sicherstellung einer ausreichenden Erwirtschaftung der für die Erfüllung ihrer Pflichten erforderlichen Mittel;

— die *Liberalisierung bestimmter Marktsegmente*, wie z. B. der Expreßdienste, der Beförderung von Presseerzeugnissen, der Direktwerbung und der grenzüberschreitenden Briefdienste;
— eine Harmonisierung der *Zugangsbedingungen* und der *technischen Normen* sowie die Kontrolle ihrer Einhaltung, insbesondere bei den zum reservierten Bereich zählenden Diensten;
— eine zügige Einführung einer *umfassenden Qualitätsregulierung* für Universaldienste;
— die Stärkung des *wirtschaftlichen und sozialen Zusammenhalts* der Gemeinschaft.

Vor dem Hintergrund einer die **Liberalisierungs- und Harmonisierungsbemühungen** miteinander verbindenden Umstrukturierung des Postwesens sah die Kommission die wichtigsten Aspekte der weiteren Gemeinschaftspolitik in der Bewältigung **allgemeiner ordnungspolitischer Fragen** (Festlegung des Universaldienstes; Entwicklung einer Definition der reservierten Dienste und des Universaldienstes; Gewährleistung der Vereinbarkeit der Verpflichtungen der Mitgliedstaaten mit den Rechtsvorschriften und Politiken der Gemeinschaft; Trennung der Aufsichts- und Betriebsfunktionen), in der Festlegung der **Verpflichtungen des Anbieters** der Universaldienste (einheitliche Bedingungen für den Zugang zum Universaldienst; Ausrichtung der Universaldienstgebühren an den Durchschnittskosten; Orientierung der Endvergütungen an den Zustellungskosten; Festlegung von Qualitätsnormen für den Universaldienst und Überwachung ihrer Einhaltung) sowie im Bereich von **Harmonisierung und Zusammenhalt** (kundenorientierte Harmonisierung: Zugangsbedingungen, Qualitätsnormen, Qualitätskontrollen; Aspekte des sozialen und regionalen Zusammenhalts) *(vgl. A. Knorr, 1993)*.

6.2.2 Konsultationen und Stellungnahmen zum Grünbuch

Nach der Veröffentlichung des Grünbuchs lud die Kommission die betroffenen Wirtschaftskreise zu einer **öffentlichen Anhörung** ein, in deren Folge mehr als 200 schriftliche Stellungnahmen eingingen; auch das Europäische Parlament [ABl. C 042 15.02. 93 S.240] und der Wirtschafts- und Sozialausschuß [ABl. C 129 10.05.93 S.48] artikulierten ihre Positionen. Die Kommission brachte in ihrer Mitteilung vom 2. Juni 1993 über die Leitlinien für die Entwicklung der gemeinschaftlichen Postdienste [KOM (93) 247 endg.] eine **Zusammenfassung der Ergebnisse** und entwickelte darauf aufbauend ihre **Grundsätze für das gemeinschaftliche Vorgehen** *(vgl. Bull. EG 1/2-1993, S.39f.; Bull. EG 3-1993, S.33f.; Bull. EG 6-1993, S.67f.; WB 1993, Ziff.131; S. Neu, 1999, S.130f.)*.

Die Notwendigkeit der **Einbeziehung der Postdienste** in die Gemeinschaftspolitik wurde von der Gesamtheit aller am Postgeschehen beteiligten Kreise einhellig bestätigt, wobei insbesondere eine Harmonisierung der grundlegenden Prinzipien und Konzepte des Postwesens unter Berücksichtigung der von der Kommission vorgeschlagenen Leitlinien verlangt wurde. Das Konzept des **Universalpostdienstes** wurde in fast allen Stellungnahmen als wesentlich bezeichnet; für die Abgrenzung dieses Bereichs wurde eine Orientierung an den von den Mitgliedstaaten im Weltpostvertrag eingegangenen Verpflichtungen angestrebt. Die Notwendigkeit, zur Finanzierung des Universaldienstes einen **reservierten Bereich** vorzusehen, erkannten die meisten Kommentare zwar an, Uneinigkeit herrschte jedoch über die Auswirkungen der angestrebten Marktöffnungen auf die Realisierbarkeit einer Mindestversorgung; die Kommission regte zu dieser Frage weitere Untersuchungen an. Die Notwendigkeit einer Trennung von **hoheitlichen und kommerziellen Aufgaben** wurde hingegen ebenso anerkannt wie die einer **kostenorientierten Gestaltung der Endgebühren**. Auch die Festlegung von gemeinschaftlichen **Qualitätsnormen** einschließlich ihrer Kontrolle sowie die Harmonisierung der Verkaufsbedingungen für Postdienste und die **technische Standardisierung** der Handhabung, Beförderung und Zustellung von Postsendungen wurden gutgeheißen *(vgl. H. Gröner u. a., 1992, S.423 ff.; U. Stumpf u. a., 1992; S. Schuh u. a., 1993, S.265 ff.; WB 1993, Ziff.131 f.; U. Everling, 1994, S.386 ff.; Kommission, 1995, S.10/1).*

Das **Europäische Parlament** machte sich mit seinen Entschließungen vom 25. Juni 1993 zum Binnenmarkt für Postdienste [ABl. C 194 19.07.93 S.397] und vom 29. Oktober 1993 zu den Postdiensten [ABl. C 315 22.11.93 S.643] erneut zum Fürsprecher einer raschen Weiterentwicklung der gemeinsamen Postpolitik. Die Kommission wurde aufgefordert, auf der Grundlage von Art. 100 a EWGV (Art. 95 EGV) Vorschläge zur Definition des Universaldienstes und zur Abgrenzung des reservierten Bereichs zu erarbeiten und die sozialen Aspekte der Liberalisierung des Postmarktes stärker zu beachten *(vgl. Bull. EG 6-1993, S.68; Bull. EG 10-1993, S.46; GB 1993, Ziff.347).*

In seiner Sitzung vom 7. Dezember 1993 und in der **Entschließung 94/C 48/02 vom 7. Februar 1994 [ABl. C 048 16.02.94 S.3]** unterstützte der Rat das Grünbuch und die Mitteilung der Kommission zu den Postdiensten. Die **Sicherstellung eines Universaldienstes** (allgemeine Verfügbarkeit, vertretbare Preise, bestimmte Qualität, diskriminierungsfreier Zugang, Finanzierung durch Gewährung ausschließlicher Rechte zugunsten des Verpflichteten) und eine **stufenweise Liberalisierung** der Postdienste, die Festlegung von **Qualitätsnormen** (Vorgaben der Gemeinschaft; Festlegung und Kontrolle durch Regulierungsbehörden) und **Tarifgrundsätzen** für die Universaldienste (Kostenorientierung, Transparenz und Zulässigkeit von Subventionen) sowie von Regeln für die **Endvergütungssysteme** (Kostenorientierung, Qualitätsmerkmale, Schutz der Universaldienstanbieter) waren wesentliche Forderungen des Rates. Die Harmonisierung **technischer Normen** (Mandat für die Kommission vom Oktober 1993) und die Anwendung der **Wettbewerbsregeln** sowie die Trennung **hoheitlicher und unternehmerischer Funktionen** im Postwesen waren weitere Anliegen des Rates; dieser forderte zudem zur Berücksichtigung **beschäftigungspolitischer, sozialer, regionaler und kultureller Belange** auf. Die Kommission sollte bis zum 1. Juli 1994 Vorschläge zur Definition und Qualität des Universaldienstes, zur Reservierung von Diensten, zur technischen Normung und zu den Regulierungsmechanismen sowie zu einem gemeinsamen Endvergütungssystem unterbreiten *(vgl. Bull. EG 12-1993, S.64; GB 1993, Ziff.347; WB 1994, Ziff.225; Kommission, 1995, S.10/2; Übersicht 108).*

6.2.3 Versuche einer Kompromißfindung in den Jahren 1995 und 1996

In den Schlußfolgerungen des **Rates** vom 13. Juni 1995 und in einer Entschließung des **Europäischen Parlaments** vom 14. Juli 1995 zur Verwirklichung des Binnenmarktes für Postdienste [ABl. C 249 25.09.95 S.212] wurde die Kommission erneut aufgefordert, ihre Vorstellungen hinsichtlich der Abgrenzung des Universaldienstes, des reservierten Bereichs und der Mindeststandards für die Dienstequalität zu präzisieren. Schließlich legte sie am 26. Juli 1995 eine Mitteilung zu dem für die Entwicklung der Postdienste in der Gemeinschaft vorgeschlagenen Maßnahmenpaket [KOM (95) 227 endg.] und unter Berufung auf Art. 100 a (95) EGV einen ersten **Vorschlag für eine Richtlinie** über gemeinsame Vorschriften für die Entwicklung der Postdienste und die Verbesserung der Dienstequalität in der Gemeinschaft [ABl. C 322 02.12.95 S.22] vor *(vgl. Bull. EU 6-1995, S.81; Bull. EU 7/8-1995, S.54f.; Kommission, 1995, S.10/2ff.; WB 1995, Ziff. 118; J. Basedow, 1996, S.143ff.; M. Baumanns, 1996, S.1ff.; F. Fichert u. a., 1996, S.46ff.; H. Gröner u. a., 1996b).*

In den nachfolgenden Stellungnahmen des **Wirtschafts- und Sozialausschusses** vom 28. März 1996 [ABl. C 174 17.06.96 S.41], des **Europäischen Parlaments** vom 9. Mai 1996 [ABl. C 152 27.05.96 S.20] und des **Ausschusses der Regionen** vom 13. Juni 1996 [ABl. C 337 11.11.96 S.28] wurde deutlich, daß es zwischen den Gemeinschaftsorganen immer noch keine einheitliche Auffassung zur Abgrenzung des Universaldienstes und des Monopolbereichs gab. Zudem existierten auch im Rat unüberbrückbare **Meinungsgegensätze**, die die Einigung auf einen gemeinsamen Standpunkt unwahrscheinlich machten; auch zum abgeänderten Richtlinienvorschlag der Kommission vom 31. Juli 1996 [ABl. C 300 10.10.96 S.22] konnte zuerst kein Konsens erzielt werden. Der **Europäische Rat** verlangte schließlich auf seinem Gipfeltreffen am 13./ 14. Dezember 1996 in Dublin von den Postministern, bis Ende des Jahres ihren Streit beizulegen. In einer Sondersitzung einigte sich der Rat dann am 18. Dezember 1996 auf einen Kompromiß, so daß das **Rechtsetzungsverfahren** im Jahre 1997 fortgeführt werden konnte *(vgl. Bull. EU 7/8-1996, S.74; Bull. EU 12-1996, S.85; WB 1996, Ziff. 125f.).*

Parallel dazu hatte die Kommission bereits Ende 1994 einen Entwurf für eine Richtlinie über die **Anwendung der Wettbewerbsregeln** auf den Postsektor erstellt. Später änderte sie allerdings ihre Auffassung und legte am 26. Juli 1995 lediglich den Entwurf einer Bekanntmachung [ABl. C 322 02.12.95 S.3] vor. Das Europäische Parlament verlangte daraufhin in seiner Entschließung vom 25. Oktober 1995 zur Verwirklichung eines Binnenmarktes für Postdienste [ABl. C 308 20.11.95 S.60] von der Kommission die Rücknahme der Bekanntmachung, da diese sowohl inhaltlich als auch wegen der gewählten Rechtsgrundlage (Art. 90 (86) Abs. 3 EGV) nicht mit dem Richtlinienvorschlag zur Entwicklung des Binnenmarktes der Postdienste vereinbar sei; der Rat mahnte seinerseits am 27. November 1995 eine Kohärenz der Vorschläge an. Auch im Verlaufe des Jahres 1996 konnte hinsichtlich der Anwendung der Wettbewerbsregeln auf die Postdienste keine Übereinstimmung gefunden werden. Das **Europäische Parlament** lehnte den Entwurf im Anschluß an die Mitteilung der Kommission vom 17. Oktober 1996 über die öffentliche Anhörung [KOM (96) 480 endg.] erneut ab und forderte die Kommission in seiner Entschließung vom 12. Dezember 1996 [ABl. C 020 20. 01.97 S.159] nochmals dazu auf, den Entwurf zurückzuziehen *(vgl. Bull. EU 7/8-1995, S.54 f.; Bull. EU 10-1995, S.56; Bull. EU 11-1995, S.50; GB 1995, Ziff. 454; Kommission, 1995, S.10/4; WB 1995, Ziff. 118; M. Baumanns, 1996, S.1 ff.; Bull. EU 10-1996, S.51 f.; Bull. EU 12-1996, S.85 f.; H. Gröner u. a., 1996b).*

6.3 Marktordnungspolitische Rahmenbedingungen des Postwesens

6.3.1 Regelungen der Postrichtlinie vom Dezember 1997

6.3.1.1 Universaldienst, Tarif- und Qualitätsregulierung

Die rechtspolitischen Entwicklungen des Jahres 1997 führten schließlich zur Verabschiedung des 1995 von der Kommission unterbreiteten und anschließend abgeänderten Vorschlags über eine Harmonisierungsrichtlinie für den Postsektor. Die **Richtlinie 97/67/EG des Europäischen Parlaments und des Rates vom 15. Dezember 1997 [ABl. L 015 21.01.98 S.14]** i. d. F. der Berichtigung [ABl. L 023 30.01.98 S.39] (Postrichtlinie) brachte gemeinsame Vorschriften für die Entwicklung dieses Sektors und die Verbesserung der Dienste und sollte die Entstehung des Binnenmarktes im Postwesen durch die **schrittweise und kontrollierte Liberalisierung** der Märkte gewährleisten. Die Richtlinie trat am 10. Februar 1998 in Kraft und war innerhalb eines Jahres umzusetzen; ihre Geltung war bis längstens Ende 2004 befristet *(vgl. Bull. EU 12-1997, S.78; WB 1997, Ziff. 124; L. Gramlich, 1999; S. Neu, 1999, S.131; B. Busch, 2001; Ch. Werthmann, 2004, S.18 f.; Übersicht 108).*

Festgelegt wurden gemäß dem Subsidiaritätsprinzip **harmonisierte Mindeststandards** für den Universaldienst, der ständig flächendeckend angebotene postalische Dienstleistungen einer bestimmten Qualität zu tragbaren Preisen für alle Nutzer umfassen sollte; der **Mindestumfang** der Inlands- und grenzüberschreitenden Dienste umfaßte die Abholung, Sortierung, Beförderung und Zustellung von Postsendungen (Briefsendungen, Bücher, Kataloge, Zeitungen, Zeitschriften) bis 2 kg und von Postpaketen bis 10 kg (ggf. 20 kg) sowie die Dienste für Einschreib- und Wertsendungen. In diesem Zusammenhang waren eine ausreichende Dichte der **Abhol- und Zugangspunkte** (Briefkästen, Niederlassungen) und an allen Arbeitstagen (mindestens aber an fünf Tagen pro Woche) eine **Abholung und Hauszustellung** (ausnahmsweise an geeignete Einrichtungen) zu gewährleisten. Die **Grundanforderungen** an die Universaldienste umfaßten die Gewährleistung der Vertraulichkeit der Sendungen und der Sicherheit des Netzes sowie ggf. Gesichtspunkte des Daten- und Umweltschutzes sowie der Raumplanung; des weiteren galten die Grundsätze der **Gleichbehandlung** der Nutzer, der **Diskriminierungsfreiheit** der Leistungserbringung, der Verhinderung von **Leistungseinstellungen oder -unterbrechungen** sowie der **Weiterentwicklung der Leistungen** entsprechend den technischen, wirtschaftlichen und sozialen Gegebenheiten und gemäß den Nutzerbedürfnissen. Die Nutzer sollten regelmäßig **angemesse-**

ne Informationen über die Universaldienste (Zugang, Preise, Qualität) erhalten. Bei unverhältnismäßiger Belastung des Universaldienstanbieters war die **Einrichtung eines Ausgleichsfonds** vorgesehen, der von unabhängiger Stelle zu verwalten war *(zum Universaldienst vgl. W. Elsenbast, 1994; G. Knieps u. a., 1994; J. Borrmann, 1995; W. Elsenbast u. a., 1995; L. Gramlich, 1995, S.189 ff.; U. Stumpf u. a., 1996; P. Badura, 1997, S.277 ff.; W. Elsenbast, 1997; J. Borrmann, 2000, S.389 ff.; Ch. Werthmann, 2004, S.29 f., 115 ff.).*

Die **Tarifierungsgrundsätze** der Postrichtlinie zielten auf erschwingliche und für die Aufrechterhaltung des Angebots ausreichende Preise (ggf. als Einheitstarif) ab, die kostenorientiert, transparent und diskriminierungsfrei festgelegt werden sollten; für **grenzüberschreitende Universaldienstleistungen** waren die Endvergütungen gemäß den Kosten der Bearbeitung und Zustellung der eingehenden grenzüberschreitenden Post festzulegen, an die Qualität der Dienstleistung zu koppeln sowie in transparenter und diskriminierungsfreier Weise zu bestimmen. Bei **bilateraler Vereinbarung** zwischen den beiden Betreibern waren auch Übergangsbestimmungen zulässig. Angesichts des Fehlens einer entsprechenden **multilateralen Vereinbarung** hatte das Europäische Parlament in einer Entschließung vom 17. Dezember 1997 [ABl. C 014 19. 01.98 S.68] von der Kommission die Unterbreitung eines ergänzenden Vorschlages verlangt, der den Anbietern von Universaldienstleistungen die Festsetzung von kostendeckenden Endvergütungen erlauben sollte; außerdem sollten die Remailing-Praktiken überprüft werden *(vgl. Bull. EU 12-1997, S.78 f.)*. Bis zum 10. Februar 2000 waren **einheitliche Regeln der Kostenrechnung** mit getrennten Konten für jeden reservierten Dienst sowie für die liberalisierten Dienste (unterschieden nach Universaldiensten und anderen Diensten) umzusetzen; die **Jahresabschlüsse** waren einem unabhängigen Rechnungsprüfer vorzulegen und zu veröffentlichen *(zur Kosten- und Tarifregulierung vgl. W. Neu u. a., 1992; W. Neu u. a., 1996, S.247 ff.; W. Elsenbast, 1999; C. Lorentzen, 2000; Ch. Werthmann, 2004, S.185 ff.; zu den Endvergütungssystemen S. Neu, 1999, S.55 ff., 199 ff.; H. Smit, 2002).*

Die Festlegung und die Veröffentlichung von **Qualitätsnormen für die Universaldienste** umfassen Laufzeiten, Regelmäßigkeit und Zuverlässigkeit der postalischen Dienste; für die Inlandsdienste von Mitgliedstaaten [ABl. C 097 24.04.2003 S.6], aber auch für grenzüberschreitende Dienste waren Laufzeitvorgaben (Ausnahmen möglich) vorgesehen. Die Entwicklung **technischer Normen** für den Postsektor sollte dem Europäischen Komitee für Normung (CEN) unter Berücksichtigung der Vorgaben des Weltpostvereins [ABl. C 030 05.02.2005 S.3] obliegen. **Unabhängige Leistungskontrollen** waren jährlich vorgesehen. Bei Verlust, Entwendung oder Beschädigung von Sendungen sowie bei Verstößen gegen Qualitätsnormen konnten **Beschwerdeverfahren** eingeleitet werden; die Regelung von Streitfällen sollte angemessen und zügig erfolgen und die Möglichkeit der **Rückerstattung oder Kompensation** einschließen. Mit der Postrichtlinie verbundene hoheitliche Aufgaben werden von einer rechtlich getrennten und betrieblich unabhängigen **Regulierungsbehörde** wahrgenommen, die ggf. auch die Einhaltung der Wettbewerbsvorschriften im Postsektor überwachen kann *(zur Qualitätsregulierung vgl. B. Bauer, 1992; B. Bauer, 1996, S. 289 ff.; A. Hense, 2004).*

6.3.1.2 Liberalisierung des Marktzugangs und reservierte Bereiche

Zur Aufrechterhaltung eines Universaldienstes konnte jeder Mitgliedstaat die Abholung, Sortierung, Beförderung und Zustellung von normalen oder beschleunigten **Inlandsbriefsendungen** mit einem Gewicht von weniger als 350 g und einem Preis unter dem Fünffachen des öffentlichen Tarifs für eine Briefsendung der ersten Gewichtsklasse der schnellsten Kategorie der Standardsendungen für den Universaldienstleister reservieren; entsprechendes galt für **grenzüberschreitende Post** und **Direktwerbung** (identisches sowie an eine signifikante Anzahl von Empfängern befördertes und zugestelltes Anzeigen-, Marketing- oder Werbematerial). Nicht reservierbar war der **Dokumentenaustausch** (Bereitstellung von Mitteln zur Ermöglichung einer Selbstzustellung durch wechselseitigen Austausch). Eine weitere **schrittweise und kontrollierte Liberalisierung** war hinsichtlich der grenzüberschreitenden Post, der Direktwerbung sowie der Preis- und Gewichtsgrenzen ab dem 1. Januar 2003 vorgesehen; vorausgesetzt wurde ein **entsprechender Kommissionsvorschlag** bis Ende 1998 *(vgl. U. Stumpf u. a., 1998; Th. von Danwitz, 1999; Ch. Werthmann, 2004, S.30ff.; zur Liberalisierung von Massensendungen J. Basedow, 1994c, S.359ff.; zur Regulierung des Netzzugangs F. Pieper u. a., 1996, S.263ff.; Ch. Werthmann, 2004, S.185ff.).*

Für nichtreservierte Dienste, die nicht zum Universaldienst gehören, sind **Allgemeingenehmigungen** möglich; gehören sie zum Universaldienst, sind auch **Einzelgenehmigungen** zulässig, die an verschiedene Bedingungen geknüpft werden können (Erbringung oder Finanzierung des Universaldienstes; Qualität, Verfügbarkeit, Leistungsfähigkeit des Dienstes). Die **Verfahrensregeln** müssen den Grundsätzen der Transparenz, Nichtdiskriminierung und Verhältnismäßigkeit entsprechen. Im Falle der **Ablehnung der Genehmigung** müssen die Gründe für die völlige oder teilweise Verweigerung mitgeteilt werden; ein **Rechtsbehelfsverfahren** ist vorzusehen. Im Falle der Liberalisierung der Direktwerbung sind ihre Kennzeichnung und Überwachung möglich; die für die Anbieter maßgeblichen Kriterien und die von ihnen einzuhaltenden Verfahren sollen dann nachträglich harmonisiert werden *(zur Genehmigungsvergabe vgl. H. Gröner u. a., 1995; H. Gröner u. a., 1996a, S.225ff.; Ch. Werthmann, 2004, S.70ff.).*

6.3.1.3 Umsetzung der Gemeinschaftsvorgaben bis 2002

Bereits im Jahre 1998 hatte die Kommission mit einer **Überprüfung des Postsektors** begonnen und externe Gutachter mit der Untersuchung **verschiedener Liberalisierungsaspekte** (Liberalisierung der Bereiche Abholen, Sortieren und Transport von Postsendungen; Kosten und Finanzierung des Universaldienstes; Öffnung des Marktes der Direktwerbung; Auswirkungen der Liberalisierung auf den grenzüberschreitenden Postverkehr; Gewichts- und Preisobergrenzen des reservierten Bereichs) sowie von **Quantifizierungsszenarios** für die Liberalisierung beauftragt. In seinen Entschließungen vom 14. Januar 1999 [ABl. C 104 14.04.1999 S.134] und vom 18. Februar 2000 [ABl. C 339 29.11.2000 S.297] zu den europäischen Postdiensten monierte das **Europäische Parlament** jedoch, daß die Kommission entgegen ihrer Verpflichtung bis Ende 1998 keinen Vorschlag zu einer weiteren Liberalisierung des Postsektors vorgelegt und dem Parlament mehrere Durchführbarkeitsstudien nicht übermittelt habe; zudem sei die Postrichtlinie in vielen Mitgliedstaaten noch nicht umgesetzt worden *(vgl. WB 1998, Ziff.92; Bull. EU 1/2-1999, S.80f.; Bull. EU 1/2-2000, S.57; Ch. Werthmann, 2004, S.19f.; zu den marktordnungpolitischen Reformen M. A. Crew u. a., 1999; M. A. Crew u. a., 2000; M. A. Crew u. a., 2001; G. Kulenkampff u. a., 2001).*

In der Folgezeit gingen der Kommission mehrere **Beschwerden** zu, die die Eingliederung von bisher durch private Anbieter bereitgestellten Diensten in den **reservierten Bereich** anprangerten. Gegen die Auffassung, daß die in diesen Marktsektoren erwirtschafteten Mittel für die **Sicherstellung des Universaldienstes** unumgänglich seien, wurden Bedenken artikuliert, da die marktbeherrschenden Unternehmen auch auf den **wettbewerblich orientierten Märkten** expandierten und dafür angeblich **Einnahmen aus den Monopolbereichen** verwendeten *(vgl. WB 1999, Ziff.78ff.)*. Derartige Reservierungskonflikte betrafen durchaus auch neue Postdienste und waren Anlaß von Einzelfallentscheidungen der Kommission. Diese untersagte beispielsweise mit ihrer **Entscheidung 2001/176/EG vom 21. Dezember 2000 [ABl. L 063 03.03.2001 S.59]** die Reservierung der tag- oder zeitgenauen Zustellung im Rahmen des Hybrid-Postdienstes (elektronische Erzeugung postalischer Sendungen; besondere Mehrwertleistung; eigenständiger Markt) für den etablierten italienischen Betreiber; da die Poste Italiane SpA seinerzeit diesen neuen Postdienst nicht anbot, konnte ihr durch die Zulassung anderer Postbetreiber auch kein Einnahmeausfall entstehen, der ggf. die Erfüllung der Universaldienstverpflichtungen gefährdet hätte. Das Unternehmen reichte in der Rs. T-53/01 **Klage** gegen die Entscheidung ein [ABl. C 134 05.05.2001 S.28; ABl. C 303 27.10.2001 S.17]; die Rechtssache wurde dann jedoch gestrichen [ABl. C 331 24.11.2001 S.34] *(vgl. WB 2000, Ziff.177f.)*. In einem Urteil vom März 2004 in der Rs. C-240/02 stellte der Europäische Gerichtshof klar, daß die **Selbsterbringung** nicht von bestimmten Bedingungen (Empfänger ist zugleich Sender, Dienste dürfen keinem Dritten angeboten werden, Nichtverwendung bestimmter Transportsysteme, keine Störung reservierter Dienste) abhängig gemacht werden kann [ABl. C 202 24.08.2002 S.14; ABl. C 094 17.04.2004 S.7; Slg. 2004, S.I-2461] *(vgl. J.-F. Pons u. a., 2001, S.1 f.; WB 2004, Ziff.129f.)*.

Der Bericht der Kommission vom 25. November 2002 [KOM (2002) 632 endg.] befaßte sich auftragsgemäß mit der Anwendung der Postrichtlinie in den Mitgliedstaaten und untersuchte in diesem Zusammenhang die Marktentwicklungen seit der Verabschiedung der Richtlinie. Deren **Umsetzung** seitens der Mitgliedstaaten war zwar ein langwieriger Prozeß, aber im Herbst 2002 im wesentlichen abgeschlossen. Einige **Konformitätsfragen**, die u. a. die Unabhängigkeit der nationalen Regulierungsbehörden betrafen, waren noch zu klären; außerdem mußten **Vertragsverletzungsverfahren** eingeleitet werden *(vgl. S.929)*. Grundsätzlich war jedoch die **Universaldienstbereitstellung** in allen Mitgliedstaaten mit einer Dienstequalität über dem von der Postrichtlinie geforderten Niveau gewährleistet; der Zugang zu den Postdiensten war hinsichtlich der **Netzdichte** und der **Zugangsvoraussetzungen** mehr als zufriedenstellend. Insgesamt stellte die Kommission entscheidende Verbesserungen der **Dienstequalität** im nationalen und internationalen Bereich fest; eine rasante Marktentwicklung war mit größerer **Effizienz** und höherer **Rentabilität**, aber auch mit **Kosten- und Wettbewerbsrisiken** *(vgl. S.926)* verbunden, und rasche **technologische Fortschritte** schufen für die Postdienstleister neue marktstrategische Möglichkeiten, aber in Teilbereichen auch **Substitutionsgefahren** (z. B. für den traditionellen Briefdienst). Bei sehr unterschiedlichen Entwicklungen auf den einzelnen Teilmärkten erwies sich dabei die **Beschäftigungssituation** der Postdienste als weitgehend stabil. Marktverzerrungen durch eine fortdauernde **regulatorische Asymmetrie** und durch das Nebeneinander von Reservierung, variabler Regulierung und konkurrierenden Marktsegmenten in Verbindung mit deutlichen Problemen eines **lauteren Wettbewerbs** sollten jedoch in der weiteren Rechtsentwicklung sorgfältig beobachtet werden *(vgl. Bull. EU 11-2002, S.26; GB 2002, Ziff.170; Ch. Werthmann, 2004, S.21).*

6.3.2 Weiterentwicklung der Postrichtlinie seit 2003

Mit der **Richtlinie 2002/39/EG des Europäischen Parlaments und des Rates vom 10. Juni 2002 [ABl. L 176 05.07.2002 S.21]** wurde nach rund zweijährigen Beratungen die Politik der schrittweise und kontrolliert auszuweitenden Liberalisierung der Postdienste konsequent fortgesetzt. Die zur Sicherstellung des Universaldienstes **reservierbaren Dienste** umfassen nunmehr die Abholung, Sortierung, Beförderung und Zustellung von Inlands- und (eingehenden, ggf. auch abgehenden) grenzüberschreitenden Briefsendungen sowie die Direktwerbung mit kombinierter Gewichts- / Preisgrenze von 100 g und dem dreifachen Standardtarif (ab 1. Januar 2003) bzw. 50 g und dem zweieinhalbfachen Standardtarif (ab 1. Januar 2006). **Ausnahmeregelungen** von diesen Grenzen gelten bei kostenlosen Postdiensten für Blinde und Sehbehinderte. Auf der Grundlage einer Prospektivstudie soll die Kommission bis Ende 2006 einen Vorschlag zur **vollständigen Liberalisierung** mit Zieldatum 2009 vorlegen. Im Bereich der **Tarifregulierung** müssen auch Sondertarife kostenorientiert, transparent und diskriminierungsfrei sein. Eine **Quersubventionierung** von nichtreservierten Universaldiensten durch Dienste des reservierten Bereichs ist nur in Ausnahmefällen zulässig. Im Hinblick auf die **Qualitätsregulierung** können Beschwerdeverfahren jetzt auch auf nicht zum Universaldienst gehörige und nicht vom Universaldienstanbieter offerierte Dienste angewendet werden. Die Richtlinie trat am 5. Juli 2002 in Kraft und mußte bis Ende 2002 umgesetzt werden; ihre **Geltungsdauer** ist bis Ende 2008 (mit Ausnahmen) befristet *(vgl. Bull. EU 5-2000, S.27f.; WB 2000, Ziff.170f.; Bull. EU 3-2001, S.45; WB 2001, Ziff.105ff., 509; Bull. EU 5-2002, S.24; GB 2002, Ziff.170; WB 2002, Ziff.91, 621; Ch. Werthmann, 2004, S.20f., 30ff.; Übersicht 108).*

Die neue Postrichtlinie sollte vor allem durch einen **schrittweisen Abbau des reservierten Bereichs** und durch die grundsätzlich vorgesehene Liberalisierung des Marktes für **abgehende grenzüberschreitende Postsendungen** aller Mitgliedstaaten die Weichen für die Vollendung des Postbinnenmarktes stellen. Bis zum 14. Oktober 2003 hatten alle Mitgliedstaaten bis auf Frankreich die Umsetzung der Richtlinie durchgeführt. Griechenland, Italien, Luxemburg, Portugal und Spanien hatten sich dafür entschieden, den Markt für abgehende grenzüberschreitende Postsendungen nicht zu liberalisieren; für Irland war die Belassung dieser Postsendungen im Monopolbereich bis zum 1. Januar 2004 befristet *(vgl. WB 2003, Ziff. 101 ff.)*.

Übersicht 108: Marktordnungspolitische Regelungen und Mehrwertbesteuerung im Postsektor

Marktordnungspolitische Regelungen

Entschließung 94/C 48/02 des Rates vom 7. Februar 1994 über die Entwicklung der Postdienste in der Gemeinschaft [ABl. C 048 16.02.94 S.3] — Aufnahme in den Anhang XI des EWR-Abkommens durch den Beschluß 28/94 des Gemeinsamen EWR-Ausschusses [ABl. L 339 29.12.94 S. 87]

Richtlinie 97/67/EG des Europäischen Parlaments und des Rates vom 15. Dezember 1997 über gemeinsame Vorschriften für die Entwicklung des Binnenmarktes der Postdienste der Gemeinschaft und die Verbesserung der Dienstequalität [ABl. L 015 21.01.98 S.14] i. d. F. der Berichtigung [ABl. L 023 30.01.98 S.39] — Rechtsetzung auf der Grundlage der Artt. 57 (47) Abs. 2, 66 (55) und 100 a (95) EGV, auf Vorschlag der Kommission [ABl. C 322 02.12.95 S.22; ABl. C 300 10.10.96 S.22; KOM (97) 532 endg.] sowie nach den Stellungnahmen des WSA [ABl. C 174 17. 06.96 S.41] und des AdR [ABl. C 337 11.11.96 S.28]; Stellungnahme des EP [ABl. C 152 27.05. 96 S.20], gemeinsamer Standpunkt des Rates [ABl. C 188 19.06.97 S.9], Beschlüsse des EP [ABl. C 304 06.10.97 S.34; ABl. C 371 08.12.97 S.57] und Beschluß des Rates im Rahmen des Verfahrens der Mitentscheidung — Aufnahme in den Anhang XI des EWR-Abkommens durch den Beschluß 91/98 des Gemeinsamen EWR-Ausschusses [ABl. L 189 22.07.1999 S.64]

Bekanntmachung 98/C 39/02 der Kommission über die Anwendung der Wettbewerbsregeln auf den Postsektor und über die Beurteilung bestimmter staatlicher Maßnahmen betreffend Postdienste [ABl. C 039 06.02.98 S.2] — Rechtsetzung nach Entwurf der Kommission [ABl. C 322 02.12. 95 S.3] sowie den Stellungnahmen des EP [ABl. C 020 20.01.97 S.159] und des WSA [ABl. C 174 17.06.96 S.41]

Richtlinie 2002/39/EG des Europäischen Parlaments und des Rates vom 10. Juni 2002 zur Änderung der Richtlinie 97/67/EG im Hinblick auf die weitere Liberalisierung des Marktes für Postdienste in der Gemeinschaft [ABl. L 176 05.07.2002 S.21] — Rechtsetzung auf der Grundlage der Artt. 57 (47) Abs. 2, 66 (55) und 100 a (95) EGV, auf Vorschlag der Kommission [ABl. C 337 E 28.11.2000 S.220; ABl. C 180 E 26.06.2001 S.291; KOM (2002) 217 endg.] sowie nach den Stellungnahmen des WSA [ABl. C 116 20.04.2001 S.99] und des AdR [ABl. C 144 16.05.2001 S.20]; Stellungnahme des EP [ABl. C 232 17.08.2001 S.287], gemeinsamer Standpunkt des Rates [ABl. C 110 E 07.05.2002 S.37], Beschluß des EP [ABl. C 047 E 27.02.2003 S.217] und Beschluß des Rates im Rahmen des Verfahrens der Mitentscheidung — Aufnahme in den Anhang XI des EWR-Abkommens durch den Beschluß 168/2002 des Gemeinsamen EWR-Ausschusses [ABl. L 038 13.02.2003 S.30]

Änderung der Richtlinie 97/67/EG durch die Verordnung 2003/1882/EG des Europäischen Parlaments und des Rates vom 29. September 2003 [ABl. L 284 31.10.2003 S.48]

Anwendung des Mehrwertsteuersystems auf Postdienstleistungen

Richtlinie des Rates zur Änderung der Richtlinie 77/338/EWG in bezug auf die mehrwertsteuerliche Behandlung von Dienstleistungen im Postsektor — Rechtsetzung auf der Grundlage des Art. 99 (93) EGV, auf Vorschlag der Kommission [KOM (2003) 234 endg.; KOM (2004) 468 endg.] sowie nach den Stellungnahmen des EP [ABl. C 102 E 28.04.2004 S.814] und des WSA [ABl. C 080 30.03.2004 S.135]

In einer Mitteilung vom 27. Mai 2004 über den Kongreß des Weltpostvereins 2004 [KOM (2004) 398 endg.], die der Rat am 19. Juli 2004 unterstützte, betonte die Kommission auch die Notwendigkeit der Reform bzw. Beachtung **internationaler Rege-**

lungen (Kooperation, Trennung hoheitlicher und betrieblicher Aufgaben, Marktöffnung, kostenorientierte Gebühren, Qualitätsverbesserungen) *(vgl. Bull. EU 5-2004, S.19f.; Bull. EU 7/8-2004, S.19).*

In ihrem ersten **Zweijahresbericht** vom 23. März 2005 über die Anwendung der im Juni 2002 weiterentwickelten Postrichtlinie [KOM (2005) 102 endg.; SEK (2005) 388 endg.] informierte die Kommission zugleich über **allgemeine Markttrends** (Dynamisierung der Postmärkte unter Nutzung der IKT-Entwicklungen; Universaldienstanbieter mit hohen Gewinnspannen und Expansion auf Nebenmärkten; liberalisierter Paket- und Expreßmarkt mit bisher niedriger Rentabilität) und die diesbezüglichen **Auswirkungen der Richtlinie** (Sicherstellung des Universaldienstes und Erhöhung der Dienstequalität mit größerer kundenorientierter Flexibilität; steigende Verbraucherzufriedenheit). Die **Reform des Postsektors** sei mit der weitgehenden Überführung der Richtlinie in innerstaatliches Recht zwar noch nicht abgeschlossen, habe aber bereits zu einer Reihe **wesentlicher Verbesserungen** (Qualität der Dienste; betriebswirtschaftliche Effizienz; Trennung von Regulierern und Postbetreibern) geführt. Dennoch erfordere die praktische Umsetzung einiger **komplexer Anforderungen** (Kontrolle der Tarifgestaltung; Transparenz der Rechnungslegung; Erteilung von Genehmigungen sowie Lizenzen) sowie die Weiterentwicklung des Postmarktes als Teil des sich rasch verändernden **Kommunikationsmarktes** die gezielte Aufmerksamkeit der Mitgliedstaaten und der Kommission.

Für die **Zukunft des Postsektors** seien die Verbesserung der Voraussetzungen für eine weitere Modernisierung, die Einhaltung des in der Richtlinie festgelegten Zeitplans, die sorgfältige Beobachtung der gesetzgeberischen Maßnahmen, die verstärkte Zusammenarbeit in Regulierungsfragen und eine intensive Diskussion über die künftige Postpolitik wichtig. Die Kommission wird in verschiedenen Studien die **Entwicklung des Wettbewerbs** und die **Entwicklung des Regulierungsmodells** für europäische Postdienste sowie die Auswirkungen der **Vollendung des Postbinnenmarktes** auf den Universaldienst untersuchen und dabei alle Interessengruppen einbeziehen *(vgl. Bull. EU 3-2005, S.40f.).*

6.3.3 Anwendung des Mehrwertsteuersystems auf Postdienstleistungen

Mit ihrer Mitteilung vom 7. Juni 2000 [KOM (2000) 348 endg.] legte die Kommission ein Strategiepapier zur Verbesserung der **Funktionsweise des Mehrwertsteuersystems** im Binnenmarkt vor. Die Kommission wies darauf hin, daß das **mehrwertsteuerliche Neutralitätsprinzip** im Postsektor nicht mehr gewahrt sei. Eine Mehrwertsteuerbefreiung für den öffentlichen Sektor führe deswegen zu Wettbewerbsverzerrungen, weil von der Steuer befreite **öffentliche Postdienste** sich in Konkurrenz zu **ehemals öffentlichen Wettbewerbern** befänden, die ihrerseits **nach erfolgter Privatisierung** der Steuerpflicht unterworfen worden seien. Entsprechend würden Probleme im Verkehr der Mitgliedstaaten untereinander entstehen, da die Postdienste zum Teil von der Steuer befreit seien und zum Teil der vollen Mehrwertsteuer unterlägen. Die Kommission äußerte ihre Absicht, einen **Richtlinienvorschlag** zur mehrwertsteuerlichen Behandlung von Postdienstleistungen vorzulegen *(vgl. Bull. EU 6-2000, S. 62; Übersicht 108)*.

Der entsprechende Vorschlag vom 5. Mai 2003 [KOM (2003) 234 endg.] mit den Änderungen vom 8. Juli 2004 [KOM (2004) 468 endg.] sah bis zum 1. Januar 2007 eine **Aufhebung der Steuerbefreiung** für die Dienstleistungen öffentlicher Posteinrichtungen und für Postwertzeichen vor. Von der Steuer sollten adressierte Sendungen in Drittstaaten befreit bleiben, soweit sie keine Standardleistungen sind und ein Gewicht von über 10 kg haben. Die Möglichkeit der Anwendung eines **ermäßigten Steuersatzes** für Standarddienstleistungen bis 10 kg wurde eingeräumt. Die Änderung der Regelungen für den **Ort der Dienstleistung** diente der Erreichung eines einheitlichen Steuersatzes für den Großteil der Privatpost; für Standarddienstleistungen bis 10 kg ist der Dienstleistungsort im allgemeinen das Land, in dem die Beförderung beginnt, bei Bezahlung von Abholung und Zustellung durch den Empfänger jedoch das Land, in dem die Zustellung erfolgt *(vgl. Bull. EU 5-2003, S.23 f.; GB 2003, Ziff.214; Bull. EU 7/8-2004, S.20)*.

6.4 Anwendung der Wettbewerbsregeln auf den Postsektor

6.4.1 Leitlinien und Grundsätze der Kommission vom Dezember 1997

In der **Bekanntmachung 98/C 39/02 vom 16. Dezember 1997 [ABl. C 039 06.02.98 S.2]** erläuterte die Kommission ihre Leitlinien und Grundsätze, an denen sie sich bei der **Anwendung der Wettbewerbsregeln** auf den Postsektor und bei der **Beurteilung staatlicher Maßnahmen** in bezug auf öffentliche Unternehmen und Inhaber besonderer oder ausschließlicher Rechte orientieren will. Insbesondere möchte sie verhindern, daß die öffentlichen Anbieter die **Monopolrechte**, die ihnen im Zusammenhang mit der Bereitstellung des Universaldienstes eingeräumt wurden, mißbräuchlich ausnutzen und den Wettbewerb in den nichtreservierten Bereichen durch die **Beschränkung des Zugangs zum Postnetz** behindern. Außerdem sollen eine ungerechtfertigte Diskriminierung zwischen Großkunden und kleinen Nutzern vermieden und Gebührenabsprachen für grenzüberschreitende Dienste genau überwacht werden *(vgl. Bull. EU 12-1997, S.43; WB 1997, Ziff.125; S. Neu, 1999, S.132)*.

Die Anwendung der wettbewerbspolitischen Leitlinien und Grundsätze der Kommission verlangt stets eine **Abgrenzung des relevanten Marktes**; diese erfolgt sowohl in **geographischer Hinsicht** (Hoheitsgebiete der Mitgliedstaaten) als auch unter **sachlichen Gesichtspunkten** der Leistungserstellung (Abholung, Sortierung, Beförderung und Zustellung von Postsendungen; Briefsendungen und Direktwerbung; Bücher, Kataloge, Zeitungen und Zeitschriften; Kurierdienst, Dokumentenaustauschdienst und Selbsterbringung; grenzüberschreitende Post; Privat- und Geschäftskunden). Des weiteren verlangt die **Stellung der jeweiligen Postbetreiber** auf dem Markt für Postdienste eine genauere Betrachtung (ausschließliche Rechte und beherrschende Stellung; Pflichten von Postbetreibern mit beherrschender Stellung) *(zur Marktabgrenzung im Postsektor vgl. M. Plum u. a., 2000)*.

Der Mißbrauch einer **marktbeherrschenden Stellung** liegt bei den Inhabern ausschließlicher Rechte – in bezug auf die Zustellung von Postsendungen, aber auch im Rahmen anderer Aktivitäten – durchaus im Bereich des Möglichen und kann sich in unterschiedlichen Formen äußern. Zu den möglichen **Mißbrauchstatbeständen** zählen die gezielte Einschränkung der Leistungen, die Behinderung der Erbringung anderer Dienste (Verweigerung des Zugangs zu Postnetzen, diskriminierende Zugangsbedingungen), der Verdrängungswettbewerb über den Preis, Geschäftsvereinbarungen und Rabattsysteme mit Ausschließungseffekten, die Verschlechterung der Dienstequalität, eine **Quersubventionierung** (Abwälzung von Kosten des liberalisierten auf den reservierten Bereich; Problem der Gemeinkostenzurechnung) sowie die Erhebung ungerechtfertigter Entgelte *(zur Quersubventionierung im Postsektor vgl. A. Niederprüm, 2001; U. Schnelle u. a., 2001, S. 411 ff.)*.

Die Gewährung **besonderer oder ausschließlicher Rechte** an öffentliche Unternehmen (etwa zur Gewährleistung des Universaldienstes) kann die von der Gemeinschaft gewollte Dienstleistungsfreiheit gefährden. Einschränkungen ergeben sich notwendigerweise bei der Beförderung und Zustellung bestimmter Sendungen; notwendig ist daher eine Prüfung des **Umfangs des reservierten Bereichs** (Problembereiche: Direktwerbung und eingehende grenzüberschreitende Briefsendungen; Abholung, Sortierung und Beförderung), wobei **Meldeverfahren** oder **Allgemeingenehmigungen**, ausnahmsweise **Einzelgenehmigungen**, zur Anwendung kommen können. Gefordert wird vor allem eine **getrennte Rechnungsführung** für Wettbewerbs- und reservierte Dienste und eine unabhängige Rechnungsprüfung. Allgemein anerkannt wird die Notwendigkeit der Überwachung durch eine **unabhängige Regulierungsbehörde**.

Wenngleich auch die tatsächlichen Finanzierungsströme vielfach nicht transparent sind, so können doch auch im Postsektor **direkte Finanzhilfen** in Form von Subventionen oder **indirekte Hilfen** in Form von Steuerbefreiungen zur Mitfinanzierung bestimmter Dienste durch den Staat eingesetzt werden. Das Kommissionspapier betont die Anwendbarkeit der **allgemeinen Beihilfevorschriften** der Artt. 92 (87) und 93 (88) EGV vorbehaltlich des Art. 90 (86) EGV sowie die Geltung der **allgemeinen Transparenzrichtlinie**:

— Der Gewährleistung der *Transparenz der Finanzbeziehungen* zwischen den Mitgliedstaaten und den Universaldienstleistern dient der verlangte Ausweis (Schaffung eines analytischen Kostenrechnungssytems) der unmittelbaren Bereitstellung öffentlicher Mittel einschließlich Steuerbefreiungen oder Steuerermäßigungen, der Bereitstellung öffentlicher Mittel durch die öffentliche Hand über andere öffentliche Unternehmen oder Finanzinstitute und der tatsächlichen Verwendung dieser öffentlichen Mittel.

— Als *Bereitstellung öffentlicher Mittel* sind der Ausgleich von Betriebsverlusten sowie Kapitaleinlagen oder Kapitalausstattungen, nichtrückzahlbare Zuschüsse oder Darlehen zu Vorzugsbedingungen, die Gewährung von finanziellen Vergünstigungen durch Verzicht auf Gewinne oder Nichteinziehung von Forderungen, der Verzicht auf eine normale Verzinsung der eingesetzten öffentlichen Mittel und der Ausgleich von durch die öffentliche Hand auferlegten Belastungen anzusehen.

— Für *Postdienste von allgemeinem wirtschaftlichen Interesse* gelten nach Art. 90 (86) Abs. 2 EGV Ausnahmen von der Anwendbarkeit der allgemeinen Beihilfevorschriften mit spezifischen Bedingungen, die die Liberalisierung anderer Postdienste, das Fehlen weniger restriktiver Mittel zur Sicherstellung der Dienste, die Sicherstellung des Grundsatzes der Verhältnismäßigkeit, die Überwachung durch eine unabhängige Regulierungsbehörde, eine wirksame Kontrolle der reservierten Dienste, die Transparenz der Rechnungsführung und -prüfung und die Gewährleistung eines nichtdiskriminierenden Zugangs zum Postnetz betreffen.

Diese Leitlinien und Grundsätze sollen dann überprüft und geändert werden, wenn soziale, wirtschaftliche und technologische Erwägungen oder die aus einschlägigen Verfahren gewonnenen Erkenntnisse dies nahelegen *(vgl. im folgenden Übersicht 109).*

6.4.2 Kartelle, Gemeinschaftsunternehmen und Fusionen

Auf der Grundlage einer **Beschwerde** der International Express Carrier's Conference (IECC) leitete die Kommission im Jahre 1993 Untersuchungen gegen sieben öffentliche Postunternehmen ein, die über **Remailing** verschickte Sendungen nicht weiterbefördert, mit Gebühren belegt oder zurücktransportiert hatten. Remailing bezeichnet eine Versendungsart, bei der der Absender selbst oder ein von ihm beauftragtes gewerbliches Unternehmen die Postsendungen (insbesondere Massensendungen) in einem anderen Land aufgibt, damit sie von dort auf dem Postweg den Empfängern im Inland, im Herkunftsland oder in einem Drittstaat zugestellt werden; auf diese Weise können günstigere In- und Auslandstarife eines anderen Staates unter Umgehung des im Heimatland bestehenden Postmonopols ausgenutzt werden. Einige etablierte Anbieter versuchten die Konkurrenz zusätzlich durch die Festlegung einer **neuen Berechnungsgrundlage** für Endvergütungen, die dem im Empfängerland angesiedelten Postunternehmen zur Abgeltung der Zustellungskosten zu zahlen ist, auszuschalten. Nach Mitteilung der Beschwerdepunkte schlossen sich mehrere europäische Postdienste zusammen, um ein **neues Gebührenausgleichssystem** zu entwickeln. Die gemeinsamen Arbeiten mündeten im Agreement for the Remuneration of Mandatory Deliveries of Cross-Border Mail (REIMS) [ABl. C 042 14.02.96 S.7], das die Endvergütungen an die inländische Tarifstruktur und die langfristigen Kosten der einzelnen Postdienste anpaßte *(vgl. WB 1995, S.150f.; zum Remailing U. Stumpf, 1992; U. Everling, 1996, S. 58ff.; M. Herdegen, 1997, S.181ff.; S. Neu, 1999, S.85ff.).*

Die Kommission wies die Beschwerde der IECC zurück, weil die Remailing-Unternehmen die noch **vorhandenen Postmonopole** verletzten und die **Universaldienstverpflichtungen** der öffentlichen Anbieter gefährdeten, insbesondere da die Endvergütungen oftmals nicht die Zustellkosten deckten. Das Verfahren in bezug auf das alte Endgebührensystem wurde eingestellt; die Kommission begann allerdings statt dessen damit, Inhalt und Einführungsmodus des REIMS-Systems zu prüfen. Die IECC fechtete beide Entscheidungen vor dem **Gericht erster Instanz** an; dieses wies die Klagen in den Rs. T-28/95 [ABl. C 119 13.05.95 S.12], T-110/95 [ABl. C 189 22.07.95 S.17] sowie T-133/95 [ABl. C 229 02.09.95 S.22] und T-204/95 [ABl. C 351 30.12.95 S.17] jedoch zurück [ABl. C 327 24.10.98 S.19, 20; Slg. 1998, S.II-3597, II-3605, II-3645]; die in den Rs. C-428/98 sowie C-449/98 und C-450/98 beim **Europäischen Gerichtshof** eingelegten Rechtsmittel blieben erfolglos [ABl. C 048 20.02.1999 S.10, 14, 15; ABl. C 233 12.08.2000 S.11; Slg. 2000, S.I-3061; ABl. C 200 14.07.2001 S.18; Slg. 2001, S.I-3875, I-3947] *(vgl. WB 1995, S.150f.; S. Neu, 1999, S.162f.).*

Ab 1997 prüfte die Kommission die zwischen 16 europäischen Postgesellschaften abgeschlossene **REIMS-II-Vereinbarung** [ABl. C 053 20.02.98 S.3; ABl. C 371 01.12. 98 S.7]. Um den wettbewerbsrechtlichen Bedenken, die nach dem Inkrafttreten der ersten Fassung entstanden waren, Rechnung zu tragen, hatten die Vertragsparteien eine Zusatzvereinbarung abgeschlossen. Diese verfolgte das Ziel, die Endvergütungen exakter an die tatsächlichen Zustellungskosten anzupassen und die **Qualität im grenzüberschreitenden Postverkehr** zu verbessern. Demzufolge wurden die Endvergütungen in Relation zu den Inlandstarifen und zu der Dienstequalität des zustellenden Postbetreibers festgelegt; bei Nichteinhaltung bestimmter Qualitätsvorgaben drohten den Unternehmen Sanktionen. Die **Entscheidung 1999/695/EG der Kommission vom 15. September 1999 [ABl. L 275 26.10.1999 S.17]** kam angesichts der vorgesehenen Anbindung der Endvergütungen an die Kosten- und Qualitätsparameter zu einer positiven Beurteilung der REIMS-II-Vereinbarung, da sie in ihr eine Möglichkeit sah, den **Dienstleistungs- und Warenverkehr** zu verbessern und den technischen und wirtschaftlichen Fortschritt zu fördern. Allerdings sollten die **Übergangsfristen** hinausgeschoben werden, um ein langsameres Ansteigen der Endvergütungen zu gewährleisten; alle Parteien mußten Zugang zu den in anderen Staaten gültigen Vorzugstarifen erhalten, und es mußten transparente **Kostenrechnungssysteme** eingeführt werden. Unter diesen Bedingungen wurde die Vereinbarung von April 1999 bis Ende 2001 freigestellt *(vgl. WB 1998, Ziff.93; Bull. EU 9-1999, S.45; WB 1999, Ziff.81 ff.).* Im Anschluß an diese Entscheidung konstatierte die Kommission im Zuge ihrer Überwachung der Preis- und Qualitätsentwicklung eine beträchtliche **Erhöhung der Servicequalität** auf den Märkten für innergemeinschaftliche Sendungen. Der **Dialog mit den Parteien** der Vereinbarung sollte die Erfüllung der in der Entscheidung festgelegten Auflagen und Verpflichtungen gewährleisten; Verbraucher- und Nutzerorganisationen wurden ebenfalls gehört *(vgl. S. Neu, 1999, S.204f.; WB 2000, Ziff.173).*

Im Juni 2001 wurde die nach der ersten Anmeldung **mehrfach geänderte REIMS-II-Vereinbarung** [ABl. C 094 23.04.2003 S.3] erneut der Kommission notifiziert [ABl. C 195 11.07.2001 S.11], um nach dem **Auslaufen der Freistellung** ein **Negativattest** zu erwirken. Die Kommission befaßte sich mit den Änderungen der Vereinbarung, den betroffenen Märkten und ihrer Struktur und berücksichtigte auch Stellungnahmen Dritter. Sie prüfte die Vereinbarungen sowohl unter dem Gesichtspunkt der **Wettbewerbsbeschränkungen** als auch der **Auswirkungen auf den Handel**; weiterhin erörterte die Kommission die Vereinbarung im Hinblick auf den **technischen und wirtschaftlichen Fortschritt** sowie unter den Aspekten der **Vorteile für die Verbraucher**, der Unerläßlichkeit der Maßnahmen und der Ausschaltung des Wettbewerbs und kam insgesamt zu einer positiven Beurteilung der Freistellungsvoraussetzungen. Die **Entscheidung 2004/139/EG der Kommission vom 23. Oktober 2003 [ABl. L 056 24.02.2004 S.76]** limitierte den Zeitraum der Freistellung bis zum 31. Dezember 2006 und verband sie mit **verschiedenen Auflagen**, die einerseits einen diskriminierungsfreien Zugang privater Postbetreiber zu den Zustellungskonditionen von REIMS II und andererseits die Bereitstellung kostengünstiger Alternativen zur Endvergütung betrafen *(vgl. Bull. EU 10-2003, S.48; WB 2003, Ziff.68ff., S.221ff.; R. Baratta, 2004, S.25 ff.)*.

Bei der Anwendung von Art. 85 (81) EGV bzw. der **Fusionskontrollverordnung im Postsektor** konzentrierte sich die Kommission fast ausschließlich auf Unternehmensverflechtungen, die gleichzeitig liberalisierte wie auch reservierte Bereiche betrafen. Im Jahre 1996 genehmigte die Kommission sowohl den Erwerb der alleinigen Kontrolle der niederländischen GD Express Worldwide NV durch die PTT Nederland Post NV und die australische TNT Ltd [ABl. C 302 12.10.96 S.11; ABl. C 019 18.01.97 S.4] als auch die Übernahme der TNT durch die PTT Post [ABl. C 187 27.06.96 S.7; ABl. C 360 29.11.96 S.13]; ursprünglich war GD Express Worldwide von TNT und GD Net, das die Anteile von fünf Postverwaltungen zusammenfaßte, kontrolliert worden. Mit der **Änderung der Beteiligungsstruktur** waren jedoch keine Anteilsverschiebungen auf den Märkten für internationale Eilkurierdienste sowie bei der Logistik und dem Remailing verbunden. **Quersubventionierungen der Wettbewerbsbereiche** und eine **Diskriminierung der Konkurrenten** wurden von vornherein ausgeschlossen *(vgl. Bull. EU 7/8-1996, S.32; Bull. EU 11-1996, S.25; WB 1996, S.198f.)*.

Seit Mitte 1998 befaßte sich die Kommission vermehrt mit verschiedenen **Zusammenschlußvorhaben** der großen Postunternehmen, die mit Expreß-, Paket-, Fracht- und Logistikdiensteunternehmen fusionierten (**Deutsche Post AG**: DHL [ABl. C 154 19. 05.98 S.6; ABl. C 307 07.10.98 S.3; ABl. C 228 25.09.2002 S.16; ABl. C 025 01.02. 2003 S.3], Danzas [ABl. C 025 13.04.1999 S.9; ABl. C 102 13.04.1999 S.9], Securicor [ABl. C 392 16.12.98 S.9; ABl. C 015 20.01.1999 S.2; ABl. C 072 16.03.1999 S.6; ABl. C 125 27.05.2003 S.2; ABl. C 222 18.09.2003 S.4], Koninklijke Nedlloyd [ABl. C 159 05.06.1999 S.2; ABl. C 221 03.08.1999 S.6], ASG [ABl. C 166 12.06.1999 S.11; ABl. C 227 10.08.1999 S.17], Air Express Int. [ABl. C 011 14.01.2000 S.2; ABl. C 046 19.02.2000 S.25], Exel [ABl. C 263 22.10.2005 S.41]; **La Poste SA**: Denkhaus [ABl. C 028 03.02.1999 S.3; ABl. C 208 22.07.1999 S.4]; **TNT Post** Group: Jet Services [ABl. C 017 22.01.1999 S.3; ABl. C 067 10.03.1999 S.5]; **Correos y Telégrafos**: Chronopost España [ABl. C 122 04.05.1999 S.21; ABl. C 302 19.10.1999 S.6], Jet Worldwide España), um angesichts **sinkender Gewinne** in den angestammten, reservierten Geschäftsbereichen ihre Produktpalette zu erweitern. Die zunehmende Tendenz zur **Verschiebung und Auflösung** von Grenzen zwischen den Beförderungsarten (Briefe, Pakete, Frachtdienst), den Zustellzeiten (Standard- und Expreßdienste) und dem nationalen bzw. internationalen Geschäft wurde in erster Linie durch das **Angebot spezieller Leistungspakete** (Zustelldienste, Mehrwertdienste, Zusatzleistungen) und den Abschluß europäischer oder sogar globaler Verbünde ausgelöst. Die Gefahr, daß hierdurch **beherrschende Stellungen** entstehen konnten, bestand nach Meinung der Kommission jedoch nicht, da es sich weitgehend um Ergänzungen der Geschäftstätigkeit auf einem wettbewerbsintensiven Markt handelte. Allerdings sollten mögliche **Quersubventionierungen**, Diskriminierungen der Wettbewerber und **staatliche Unterstützungen** für die Übernahmen ausgeschlossen werden *(vgl. Bull.*

EU 6-1998, S.44; E.-H. Arndt, 1999, S.208f.; Bull. EU 1/2-1999, S.48f.; Bull. EU 3-1999, S.45; Bull. EU 6-1999, S.59; Bull. EU 7/8-1999, S.18f.; WB 1999, Ziff.156ff.; Bull. EU 1/2-2000, S.44; Bull. EU 10-2002, S.35; P. Klaus, 2002, S.44f.).

Im Februar 1999 meldete die **Deutsche Post** auch den Erwerb einer Mehrheitsbeteiligung an der **trans-o-flex** Schnellieferdienst GmbH mit dem Ziel der Erlangung der alleinigen Kontrolle über das Logistikunternehmen an [ABl. C 038 12.02.1999 S.6]. Die Kommission leitete im März 1999 ein Fusionskontrollverfahren ein [ABl. C 069 12.03. 1999 S.16], das jedoch im Mai 1999 wegen Wegfalls des Verfahrensgegenstands eingestellt wurde [ABl. C 130 11.05.1999 S.9]; die Deutsche Post wollte die vertragliche Grundlage der angemeldeten Transaktion auflösen und hatte daher die Anmeldung zurückgezogen. Mit der **Entscheidung 2001/271/EG der Kommission vom 14. Dezember 1999 [ABl. L 097 06.04.2001 S.1]** wurde jedoch gegen die Deutsche Post ein Bußgeld verhängt, weil sie bei der Anmeldung und der späteren Auskunft unrichtige und entstellte Angaben gemacht hatte.

Im Juli 2000 wurde der Kommission das **Zusammenschlußvorhaben** von TPO (UK), TPG (NL) und SPPL (Singapur) im Rahmen von zwei Gemeinschaftsunternehmen Delta und NewCo (Auslandsbriefsendungen, kaum Paketsendungen) notifiziert [ABl. C 221 03.08.2000 S.5; ABl. C 293 14.10.2000 S.15; ABl. C 345 02.12.2000 S.11]. Die Kommission überprüfte die geplante Fusion und verneinte vorbehaltlich der Erfüllung verschiedener **Bedingungen und Auflagen** die Begründung oder Verstärkung einer beherrschenden Stellung sowie einer spürbaren Beeinträchtigung des wirksamen Wettbewerbs. Die Fusion konnte aber erst dann vollzogen werden, nachdem eine verbindliche Vereinbarung mit der Swiss Post Int. über ein Veräußerungspaket geschlossen worden war. Drei Monate nach der **Entscheidung 2004/236/EG der Kommission vom 13. März 2001 [ABl. L 082 19.03.2004 S.1]** lag der Kommission ein entsprechender Kaufvertrag vor, der im Juni 2001 genehmigt wurde. Da sämtliche Verpflichtungszusagen erfüllt worden waren, konnte der angemeldete Zusammenschluß durchgeführt werden *(vgl. WB 2001, Ziff.298, 306)*. Im November 2005 wurde der Kommission der geplante Erwerb der gemeinsamen Kontrolle an der belgischen De Post / La Poste durch den belgischen Staat und die Post Invest Europe Sàrl (CVC Gruppe, Post Danmark) angezeigt [ABl. C 288 19.11.2005 S.11].

6.4.3 Mißbrauch marktbeherrschender Stellungen und Gewährung ausschließlicher Rechte

Der Postsektor gehörte seit jeher zu jenen Wirtschaftsbereichen, in denen öffentlichen Unternehmen ausschließliche Rechte gewährt wurden und die deswegen auch für den Mißbrauch marktbeherrschender Stellungen anfällig waren. Bereits etliche Jahre vor der Präsentation der wettbewerbspolitischen **Leitlinien und Grundsätze** *(vgl. S.924)* mußte die Kommission eine Reihe von Einzelfallentscheidungen zu diesem Problembereich treffen. In der Folgezeit leitete sie dann zwei förmliche Verfahren gemäß Art. 86 (82) EGV gegen die **Deutsche Post** ein. In dem im August 2000 eröffneten Verfahren zur Preispolitik der Deutschen Post im Bereich der Paketdienstleistungen für den

Versandhandel konstatierte die Kommission eine mißbräuchliche Ausnutzung einer marktbeherrschenden Stellung durch die Gewährung von Treue- und Zielmengenrabatten. Im Oktober 2000 gab die Deutsche Post die Annullierung der beanstandeten Vertragsklauseln und die Aushandlung alternativer Vereinbarungen bekannt *(zur Anwendung der Artt. 86 (82) und 90 (82) EGV vgl. S. Neu, 1999, S. 132 ff.)*.

Mit ihrer **Entscheidung 2001/354/EG vom 20. März 2001 [ABl. L 125 05.05.2001 S.27]** verhängte die Kommission wegen der Marktabschottung durch die Rabattgewährung eine Geldbuße in Höhe von 24 Mio. €. Im Hinblick auf bereits früher monierte nachteilige Preisbildungspraktiken wurde keine Geldbuße ausgesprochen, da es an einer hinlänglichen Klärung der Kostenzurechnungskonzepte mangelte. Allerdings sah die Kommission in dieser **ersten förmlichen Mißbrauchsentscheidung** die Deckung zumindest der zusätzlichen oder leistungsspezifischen Kosten für jeden vom Nutznießer eines Monopols im Wettbewerb erbrachten Dienst als unabdingbar an, um nicht in den Verdacht einer auf Verdrängung gerichteten Preispolitik zu geraten. Für die Deutsche Post, die sich schließlich auch zur Schaffung eines rechtlich selbständigen und marktwirtschaftlich **unabhängigen Unternehmens** (NewCo) für die gewerblichen Paketdienste verpflichtete, war diese notwendige Bedingung nach Auffassung der Kommission zumindest zeitweilig nicht erfüllt. Aufgrund einer **Beschwerde von United Parcel Service** (UPS) wegen der möglichen Verwendung von Einnahmen aus dem Standardbriefmarkt als Monopolbereich für den Erwerb eines auf einem liberalisierten Nachbarmarkt tätigen Paketpostunternehmens befaßte sich auch das **Gericht erster Instanz** mit der Kommissionsentscheidung, wies jedoch die Beschwerde in der Rs. T-175/99 zurück [ABl. C 281 02.10.1999 S.27; ABl. C 144 15.06.2002 S.38; Slg. 2002, S.II-1915], da mißbräuchliche Praktiken auf dem vorbehaltenen Markt nicht nachgewiesen werden konnten *(vgl. WB 2000, Ziff. 175 f.; Bull. EU 3-2001, S. 48; J.-F. Pons u. a., 2001, S. 2 f.; WB 2001, Ziff. 77, 108 ff., 503; WB 2002, Ziff. 615 f.)*.

Ein weiteres Verfahren gegen die **Deutsche Post** wurde im Mai 2000 aufgrund einer vom **britischen Post Office** eingereichten Beschwerde eingeleitet; der Deutschen Post wurde vorgeworfen, gewöhnliche eingehende grenzüberschreitende Post aufzuhalten, durch Zuschläge zu verteuern und mit Verzögerung zuzustellen. Nach Auffassung der Kommission mißbrauchte das Unternehmen seine Marktstellung in **mehrfacher Hinsicht** (Diskriminierung zwischen verschiedenen Kunden; Verweigerung der Zustellung; überhöhte Preisforderung für den Zustelldienst; Einschränkung von Marktzugang und Marktentwicklung). Obwohl sich die Deutsche Post bereits während des Verfahrens zur Abstellung der mißbräuchlichen Praktiken verpflichtet hatte, wurde sie mit der **Entscheidung 2001/892/EG der Kommission vom 25. Juli 2001 [ABl. L 331 15.12.2001 S.40]** mit einer wenn auch nur symbolischen Geldbuße belegt *(vgl. WB 2000, Ziff. 174; Bull. EU 7/8-2001, S. 27; WB 2001, Ziff. 78, 111 f.)*.

Die **Entscheidung 2002/344/EG der Kommission vom 23. Oktober 2001 [ABl. L 120 07.05.2002 S.19]** betraf die Kontrolle der Beziehungen zwischen der französischen **La Poste** und den auf die Vorbereitung von Briefpostsendungen spezialisierten privaten Firmen. Interessenkonflikte zwischen beiden Parteien wurden vor allem darin gesehen, daß der etablierte Postbetreiber mit den **privaten Postvorbereitern** im Wettbewerb stand und für diese zugleich wegen des Postmonopols ein unverzichtbarer

Marktpartner war; die Kommission sah in derart konfligierenden Interessen das Risiko des Mißbrauchs der marktbeherrschenden Stellung von La Poste angelegt. Da eine hinreichend wirksame und **unabhängige Kontrolle** zur Neutralisierung dieses Interessenkonflikts nach französischen Rechtsvorschriften nicht vorlag, wurde eine Vertragsverletzung gemäß Art. 90 (86) EGV i. V. m. Art. 86 (82) EGV konstatiert *(vgl. Bull. EU 10-2001, S.38f.; WB 2001, Ziff.84).*

Mit der **Entscheidung 2002/180/EG der Kommission vom 5. Dezember 2001 [ABl. L 061 02.03.2002 S.32]** wurde der Mißbrauch einer marktbeherrschenden Stellung durch den etablierten belgischen Postbetreiber **De Post / La Poste** unter Nutzung der finanziellen Ressourcen seines Monopols im allgemeinen Briefdienst festgestellt, da die **Gewährung eines Vorzugstarifs** bei der allgemeinen Briefpost vom Abschluß eines zusätzlichen Vertrages über einen neuen B2B-Postdienst abhängig gemacht wurde, der mit einem in Belgien seit 1982 angebotenen Dokumentenaustauschdienst des britischen Unternehmens Hays plc konkurrierte. Im Ergebnis führte die Beschwerde des privaten Postdienstbetreibers zur Verhängung einer Geldbuße von 2,5 Mio. € *(vgl. Bull. EU 12-2001, S.63; WB 2001, Ziff.82, 113f.).*

In einer Entscheidung vom 20. Oktober 2004 erklärte die Kommission Regelungen des **deutschen Postgesetzes** und die darauf basierenden Regulierungsvorschriften, nach denen kommerzielle Anbieter von **Vorbereitungsdiensten** (Drucken, Verpacken, Adressieren, Frankieren, Einsammeln, Sortieren, Bündeln, Transportieren) für die Abgabe vorsortierter Briefe an die Briefzentren der Deutschen Post **keinen Rabatt** erhalten können, für unvereinbar mit Art. 90 (86) EGV. Das Verhalten der Deutschen Post wurde als Verstoß gegen Art. 86 (82) EGV eingestuft, da sie ihre beherrschende Stellung auf dem reservierten Marktsegment im liberalisierten Bereich (Vorleistungen) mißbräuchlich ausgenutzt habe sowie zwischen Versendern von Massenpost (Gewährung von Abschlägen) und privaten Vorbereitungsdiensteanbietern (keine Nachlässe) diskriminiere. Im Dezember 2004 erhoben Deutschland und die Deutsche Post beim Gericht erster Instanz in den Rs. T-490/04 und T-493/04 **Klagen** gegen die Entscheidung [ABl. C 031 05.02.2005 S.29] *(vgl. Bull. EU 10-2004, S.29; WB 2004, Ziff 98ff.; M. Martinez Lopez u. a., 2005, S.31ff.).*

6.4.4 Gewährung von Beihilfen

Die Kommission sah sich seit Anfang der neunziger Jahre mehrmals dazu veranlaßt, Beihilfen zugunsten der französischen **La Poste** zu untersuchen. Bereits von 1990 bis 1992 mußte sie zwei Beschwerden von privaten Wettbewerbern prüfen, die Werttransporte und Eilkurierdienste anboten und dem Staatsunternehmen eine unerlaubte **Quersubventionierung** seiner Tochterunternehmen SFMI-Chronopost und Sécuripost aus den Erträgen des Monopolbereichs vorwarfen (Abordnung von Beamten, keine Beiträge an die Arbeitslosenversicherung, Überlassung von Räumen, Wartung von Fahrzeugen, Gewährung eines Vorschusses für das Jahr 1989, gegenüber La Poste berechnete Preise). Nach **Abweisung der Beschwerden** im März 1992 erhoben die beiden Privatunternehmen Klage vor dem Europäischen Gerichtshof, woraufdie Kommission ihr Schreiben zurückzog und **neue Erhebungen** durchführte. Eine gleichlautende Entscheidung der Kommission vom Dezember 1993, daß kein Beihilfetatbestand vorläge, wurde durch das Urteil des **Gerichts erster Instanz** vom September 1995 in der Rs. T-95/94 [ABl. C 299 11.11.95 S.19; Slg. 1995, S.II-2651] wegen mangelnder oder unzureichender Begründungen für nichtig erklärt; die von der Kommission eingelegten Rechtsmittel wurden im April 1998 in der Rs. C-367/95 [ABl. C 016 20.01.96 S.9; ABl. C 209 04.07.98 S.3; Slg. 1998, S.I-1719] vom Europäischen Gerichtshof zurückgewiesen *(vgl. WB 1992, Ziff.41, 438)*.

Nach **weiteren Beschwerden** und der Nichtigerklärung ihrer Entscheidung vom Dezember 1993 leitete die Kommission im Februar und Juni 1996 erneut zwei Verfahren ein [ABl. C 206 17.07.96 S.3; ABl. C 311 22.10.96 S.12]. In bezug auf die neuen Einwände und im Zusammenhang mit dem Urteil des **Europäischen Gerichtshofs** in der Rs. C-39/94 (SFEI u. a. / La Poste) vom Juli 1996 [ABl. C 076 12.03.94 S.15; ABl. C 336 09.11.96 S.8; Slg. 1996, S.I-3547] (ohne Gegenleistung erfolgte kommerzielle und logistische Unterstützung eines in einem wettbewerblich organisierten Bereich tätigen Tochterunternehmens kann eine Beihilfe des staatlichen Mutterunternehmens sein) wollte sie feststellen, ob es sich bei der Bereitstellung von Räumlichkeiten und Personal, der Übertragung von Kunden sowie der Durchführung von Werbemaßnahmen, die La Poste ihren Tochterunternehmen SFMI-Chronopost und Sécuripost gewährt hatte, um Quersubventionen und von der öffentlichen Hand unrechtmäßig gewährte Beihilfen handelte *(vgl. Bull. EU 6-1996, S.89; WB 1996, Ziff.171)*. Mit den **Entscheidungen 98/365/EG vom 1. Oktober 1997 [ABl. L 164 09.06.98 S.37]** und **1999/676/EG vom 20. Juli 1999 [ABl. L 274 23.10.1999 S.37]**, die die Entscheidung vom Dezember 1993 ersetzten, bestätigte die Kommission dann ihre frühere Auffassung. Eine Klage gegen die erste Entscheidung auf Nichtigerklärung (Rs. T-613/97) wurde vom **Gericht erster Instanz** in bezug auf das Nichtvorliegen eines Beihilfetatbestands positiv beschieden [ABl. C 072 07.03.98 S.22; ABl. C 108 07.04.2001 S.14; Slg. 2000, S.II-4055]; die beim **Europäischen Gerichtshof** eingelegten Rechtsmittel (Rs. C-83/01, C-93-01, C-94/01) [ABl. C 134 05.05.2001 S.7; ABl. C 150 19.05.2001 S.9, 11; ABl. C 200 23.08.2003 S.4; Slg. 2003, S.I-6993] führten zur Zurückverweisung an das Gericht erster Instanz *(vgl. Bull. EU 10-1997, S.32 f.; Bull. EU 7/8-1999, S.30)*.

In einem weiteren, aufgrund einer Beschwerde im Jahre 1990 eingeleiteten Verfahren kam die Kommission im Februar 1995 zum Schluß, daß die der La Poste gewährten **Steuervergünstigungen** (ermäßigter Lohnsteuersatz, reduzierte Bemessungsgrundlage bei lokalen Steuern) nicht die Mehrkosten überschritten, die ihr im Zusammenhang mit den gemeinwirtschaftlichen Verpflichtungen entstanden waren, und daß die wettbewerblichen Tätigkeiten daher nicht begünstigt wurden. Da es sich somit nicht um **staatliche Beihilfen** handelte, war auch Art. 92 (87) Abs. 1 EGV nicht anwendbar [ABl. C 262 07.10.95 S.11] *(vgl. WB 1995, Ziff.198)*. Das **Gericht erster Instanz** bestätigte in seinem Urteil vom Februar 1997 zur Rs. T-106/95 [ABl. C 159 24.06.95 S. 28; ABl. C 131 26.04.97 S.12; Slg. 1997, S.II-229] zwar die Kommissionsentscheidung aus dem Jahre 1995, stufte die Steuervergünstigungen aber als Beihilfen ein. Es billigte der französischen Regierung jedoch die Anwendung der Ausnahmebestimmung nach Art. 90 (86) Abs. 2 EGV zu, da die Beihilfen unter den aus der Erbringung von **gemeinwirtschaftlichen Pflichten** resultierenden Mehrkosten lagen; aus diesem Grunde wurde auch eine Quersubventionierung zwischen den vorbehaltenen Postdiensten und den Versicherungstätigkeiten verneint; gegen das Urteil wurden in der Rs. C-174/97 beim Europäischen Gerichtshof **Rechtsmittel** eingelegt [ABl. C 199 28.06.97 S.14; ABl. C 209 04.07.98 S.12; Slg. 1998, S.I-1303] *(vgl. WB 1997, Ziff.215, 226)*. Auch in Belgien und Deutschland gab es **Beschwerden privater Anbieter** von Expreßpost-, Paketpost- und Direktwerbediensten gegen öffentliche Betreiber wegen der **Quersubventionierung** von Wettbewerbstätigkeiten mit Erträgen aus dem Monopolbereich *(vgl. WB 1996, Ziff.214)*.

Nach einer bei der Kommission im April 1997 eingereichten Beschwerde über nicht angemeldete Beihilfen (u. a. Verzicht auf Schuldentilgung, Rückzahlung von Ruhegehältern, Kassenvorschüsse) anläßlich der Überführung der italienischen **Amministrazione Poste e Telegrafi** in die **Ente Poste Italiane**, später umgewandelt in Poste Italiane, leitete die Kommission im Juli 1998 ein Beihilfeverfahren ein, das schließlich auf weitere Maßnahmen ausgeweitet wurde [ABl. C 367 27.11.98 S.5; ABl. C 028 03.02. 1999 S.5]. Der Gesamtbetrag der Beihilfemaßnahmen zwischen 1994 und 1999 wurde auf etwa 9 Mrd. € geschätzt und mußte mit den zusätzlichen Belastungen aufgrund des **allgemeinen Versorgungsauftrags** verglichen werden, wobei die mit der Postrichtlinie kompatiblen Unternehmensabschlüsse herangezogen werden konnten.

Da ein Überausgleich nicht festzustellen war, wurde das Beihilfeverfahren mit der befürwortenden **Entscheidung 2002/782/EG der Kommission vom 12. März 2002 [ABl. L 282 19.10.2002 S.29]** abgeschlossen. Eine Klage der Deutschen Post und der DHL Int. in der Rs. T-358/02 auf Nichtigerklärung wurde vom **Gericht erster Instanz** im Mai 2004 abgewiesen [ABl. C 044 22.02.2003 S.32; ABl. C 228 11.09.2004 S.40]; dagegen wurden in der Rs. C-367/04 beim **Europäischen Gerichtshof** Rechtsmittel eingelegt [ABl. C 284 20.11.2004 S.8] *(vgl. Bull. EU 9-1998, S.28; Bull. EU 3-2002, S.66f.; WB 2002, Ziff.594ff.)*.

Im Rahmen einer aggressiven Rabattstrategie wurden seitens der **Deutschen Post** zwischen 1994 und 1998 den nicht den Schalterdienst nutzenden Geschäftskunden Preisnachlässe eingeräumt, die zu erheblichen Verlusten im Paketzustellungsgeschäft führten; Kostendeckung wurde erst wieder 1999 erreicht. Die **Entscheidung 2002/753/EG der Kommission vom 19. Juni 2002 [ABl. L 247 14.09.2002 S.27]** beendete das diesbezügliche Beihilfeverfahren (1994: UPS-Beschwerde; 1997: BIEK-Beschwerde) gegen die Deutsche Post [ABl. C 306 23.10.1999 S.25], die zur Förderung des Grundversorgungsauftrags bestimmte staatliche Mittel in Höhe von 572 Mio. € vertragswidrig zur Subventionierung des nichtkostendeckenden Haus-zu-Haus-Paketzustellungsdienstes verwendet hatte. Die deutschen Behörden wurden insoweit zum **Widerruf der staatlichen Unterstützung** angehalten. Im Anschluß an ein ebenfalls durch eine UPS-Beschwerde ausgelöstes Mißbrauchsverfahren *(vgl. S.930)* beschloß die Deutsche Post die Gründung einer getrennten Paketzustellungseinheit für Geschäftskunden *(vgl. Bull. EU 7/8-1999, S.26; Bull. EU 6-2002, S.58f.; WB 2002, Kasten 4; Ch. Werthmann, 2004, S.34f.)*.

Übersicht 109: Einzelfallentscheidungen der Kommission zur Anwendung der Wettbewerbsregeln im Postwesen

Kartelle, Gemeinschafts- bzw. Tochterunternehmen und Fusionen

Entscheidung 1999/695/EG der Kommission vom 15. September 1999 in einem Verfahren nach Artikel 81 EG-Vertrag und Artikel 53 EWR-Abkommen (Sache IV/36.748 – REIMS II) [ABl. L 275 26.10.1999 S.17] — Entscheidung 2001/271/EG der Kommission vom 14. Dezember 1999 zur Festsetzung einer Geldbuße wegen unrichtiger und entstellter Angaben in einer Anmeldung und unrichtiger Angaben in Beantwortung von Auskunftsverlangen gemäß Artikel 14 der Verordnung 89/4064/EWG des Rates (Sache Nr. IV/M.1610 – Deutsche Post / trans-o-flex) [ABl. L 097 06.04.2001 S.1] — Entscheidung 2004/236/EG der Kommission vom 13. März 2001 über die Vereinbarkeit eines Zusammenschlusses mit dem Gemeinsamen Markt und dem EWR-Abkommen (Sache COMP/M.1915 – The Post Office / TPG / SPPL) [ABl. L 082 19.03.2004 S.1] — Entscheidung 2004/139/EG der Kommission vom 23. Oktober 2003 in einem Verfahren nach Artikel 81 EG-Vertrag und Artikel 53 EWR-Abkommen (Sache COMP/C/38.170 – REIMS II – Erneute Anmeldung) [ABl. L 056 24.02.2004 S.76]

Mißbrauch marktbeherrschender Stellungen und Gewährung ausschließlicher Rechte

Entscheidung 90/16/EWG der Kommission vom 20. Dezember 1989 über die Erbringung von Eilkurierdienstleistungen in den Niederlanden [ABl. L 010 12.01.90 S.47] — Entscheidung 90/456/EWG der Kommission vom 1. August 1990 betreffend die Erbringung internationaler Eilkurierdienstleistungen in Spanien [ABl. L 233 28.08.90 S.19] — Entscheidung 2001/176/EG der Kommission vom 21. Dezember 2000 in einem Verfahren nach Artikel 86 EG-Vertrag betreffend neue postalische Dienste mit vertraglich zugesicherter termingenauer Zustellung in Italien [ABl. L 063 03.03.2001 S.59] — Entscheidung 2001/354/EG der Kommission vom 20. März 2001 in einem Verfahren nach Artikel 82 EG-Vertrag (Sache COMP/35.141 – Deutsche Post AG) [ABl. L 125 05.05.2001 S.27] — Entscheidung 2001/892/EG der Kommission vom 25. Juli 2001 in einem Verfahren nach Artikel 82 EG-Vertrag (Sache COMP/C-1/36.915 – Deutsche Post AG – Aufhaltung grenzüberschreitender Postsendungen) [ABl. L 331 15.12.2001 S.40] — Entscheidung 2002/344/EG der Kommission vom 23. Oktober 2001 über das Fehlen einer umfassenden und unabhängigen Kontrolle der tariflichen und technischen Bedingungen, unter den La Poste Postvorbereitern, mit den sie im Vorfeld des reservierten Bereichs im Wettbewerb steht, Zugang zu den reservierten Diensten gewährt [ABl. L 120 07.05.2002 S.19] — Entscheidung 2002/180/EG der Kommission vom 5. Dezember 2001 betreffend ein Verfahren der Anwendung von Artikel 82 EG-Vertrag (Sache COMP / 37.859 – De Post – La Poste) [ABl. L 061 02.03.2002 S.32]

Beihilfen

Entscheidung 98/365/EG der Kommission vom 1. Oktober 1997 über angebliche Beihilfen Frankreichs zugunsten von SFMI-Chronopost [ABl. L 164 09.06.98 S.37] — Entscheidung 1999/676/EG der Kommission vom 20. Juli 1999 über vermutete Beihilfen, die Frankreich der Gesellschaft Sécuripost gewährt haben soll [ABl. L 274 23.10.1999 S.37] — Entscheidung 2002/782/EG der Kommission vom 12. März 2002 über die staatliche Beihilfe, die Italien zugunsten der Poste Italiane SpA (vormals Ente Poste Italiane) gewährt hat [ABl. L 282 19.10.2002 S.29] — Entscheidung 2002/753/EG der Kommission vom 19. Juni 2002 über Maßnahmen der Bundesrepublik Deutschland zugunsten der Deutschen Post AG [ABl. L 247 14.09.2002 S.27]

Vergleiche **zusätzlicher Kosten** der erteilten Versorgungsaufträge mit den **staatlichen Zuwendungen** wurden im Jahre 2002 auch im Zusammenhang mit verschiedenen Notifizierungen der Behörden im Vereinigten Königreich sowie Schwedens und Irlands durchgeführt. Im **Vereinigten Königreich** ging es in bezug auf das Post Office um die Wiederbelebung des städtischen Postnetzes sowie um die Einrichtung eines

Universalbankensystems. In **Schweden** sollte ein Grundangebot der Posten AB für die Vornahme von Aus- und Einzahlungen und die Ermöglichung des Kontokorrentverkehrs sichergestellt werden; hierzu wurden unwirtschaftliche Schaltereinrichtungen an Orten ohne Bankpräsenz sowie ein ländlicher Postdienst betrieben. In **Irland** umfaßte der Grundversorgungsauftrag für An Post unwirtschaftliche Netze, deren Aufrechterhaltung vom Staat beschlossen wurde. In allen Ländern ging es um die Erhaltung wirtschaftlich überdimensionierter **Netze und Einrichtungen**, um einen landesweit freien Zugang zu gewährleisten. Die Kommission erhob **keine Einwendungen** gegen die notifizierten Beihilfen *(vgl. Bull. EU 3-2002, S.66; Bull. EU 7/8-2002, S.36; Bull. EU 9-2002, S.31; WB 2002, Ziff.599ff.)*.

Einem neueren Maßnahmenpaket des **Vereinigten Königreichs** zugunsten von **Post Office Ltd** lag der Kompensationsgedanke zugrunde. Der britische Postbetreiber sollte im Rahmen seiner Universaldienstverpflichtungen das flächendeckende **ländliche Versorgungsnetz** mit strukturell unrentablen Poststellen erhalten und speziell Schalterleistungen von allgemeinem wirtschaftlichen Interesse erbringen. Die angemeldeten Beihilfen umfaßten eine Kompensationszahlung für das ländliche Versorgungsnetz (zur Kostendeckung nicht ausreichend), eine staatliche Beihilfe zur Absicherung der weiteren Unternehmenstätigkeit (laufende Zahlungsverpflichtungen, Schuldentilgung) sowie einen Betriebsmittelkredit (Absicherung der laufenden Barauszahlungen am Schalter). Da geeignete Mechanismen eine **Überkompensation** verhinderten und eine entsprechende Rechnungslegung gewährleistet wurde, erklärte die Kommission im Mai 2003 das gesamte Maßnahmenpaket für mit dem Gemeinsamen Markt vereinbar *(vgl. Bull. EU 5-2003, S.29; WB 2003, Ziff.640ff.)*.

Kompensationsfragen wurden auch mit einer vom **belgischen Staat** angemeldeten Kapitalzuführung (Wegfall der Ruhestandsregelung; antragsabhängige staatliche Haftungsgarantie; Befreiung von der Unternehmensbesteuerung) an das Unternehmen **La Poste** aufgeworfen. Während der Beihilfecharakter dieser Maßnahme selbst verneint wurde, war er für die beiden früheren nicht angemeldeten **Kapitalerhöhungen** (Befreiung von den Kommunalsteuern; Überkompensierung der Mehrkosten für allgemeine Versorgungsleistungen) nicht auszuschließen. Die Kommission bewertete jedoch im Juli 2003 die angemeldete Kapitalerhöhung als vereinbar mit dem Gemeinsamen Markt, da sich für sämtliche Maßnahmen seit Anfang der neunziger Jahre im Gesamtbild der Rechnungslegung **keine Überkompensation** ableiten ließ *(vgl. Bull. EU 7/8-2003, S.35; WB 2003, Ziff.644ff.)*. Eine von **Griechenland** angemeldete Beihilfe sollte der Modernisierung der griechischen Postinfrastruktur und der Verbesserung der Universaldienste dienen; da die Beihilfe sich auf die **Finanzierung der gemeinwirtschaftlichen Postdienstleistungen** beschränkte und nicht zu ungerechtfertigten Wettbewerbsverzerrungen führte, wurde sie im November 2003 genehmigt; gleiches galt auch für verschiedene Kapitalzufuhren zwischen 1997 und 2001 sowie einige Modernisierungszuschüsse zwischen 2000 und 2002, die sämtlich nachträglich gebilligt wurden *(vgl. Bull. EU 11-2003, S.38; WB 2003, Ziff.648f.)*. Im Juni 2005 leitete die Kommission eine Untersuchung zu den Ausgleichszahlungen und Investitionsbeihilfen ein, die der **Poczta Polska** im Zusammenhang mit der Erbringung von Universaldienstleistungen gewährt werden sollen [ABl. C 274 05.11.2005 S.14] *(vgl. Bull. EU 6-2005, S.56)*.

Literaturverzeichnis

Abeyratne, R. I. R.: Some Recent Trends in Air Carrier Liability for Denied Boarding of Passengers, in: European Transport Law, 31.Jg., H.3/1996, S.329-345

Abeyratne, R. I. R.: Aviation Security. Legal and Regulatory Aspects, Aldershot – Burlington 1998

Abeyratne, R. I. R.: Aviation Trends in the New Millennium, Aldershot – Burlington 2001

Abeyratne, R. I. R.: The Decision in the Ryanair Case. The Low Cost Carrier Phenomenon, in: European Transport Law, 39.Jg., H.5/2004, S.585-601

Adamopoulos, P.: Decision of the Commission dated 9/12/98 in Case IV/34.466 – Greek Ferries, in: Competition Policy Newsletter, 6.Jg., H.1/1999, S.37-38

Adenauer-Frowein, B.: EWG-Vertrag und Luftverkehr. Neueste Rechtsprechung, in: Zeitschrift für Luft- und Weltraumrecht, 35.Jg., H.3/1986, S.193-197

Adenauer-Frowein, B.: Aktuelle luftrechtliche Probleme in der EG, in: Zeitschrift für Luft- und Weltraumrecht, 40.Jg., H.3/1991, S.237-249

Adkins, B.: Air Transport and E.C. Competition Law (European Competition Law Monographs), London 1994

Albert, G.: Wettbewerbsfähigkeit und Krise der deutschen Schiffbauindustrie 1945-1990 (Europäische Hochschulschriften, Reihe V, Volks- und Betriebswirtschaft, Bd.2343), Frankfurt a. M. – Berlin u. a. 1998

Allott, P. J.: The Common Market and the Regulation of Air Transport, in: The Aeronautical Journal, 79.Jg., H.7/1975, S.310-317

Amory, B.: Telecommunications in the European Communities. The New Regulatory Framework, in: Europäische Zeitschrift für Wirtschaftsrecht, 3.Jg., H.3/1992, S.75-85

Argyris, N.: The EEC Rules of Competition and the Air Transport Sector, in: Common Market Law Review, 26.Jg., H.1/1989, S.5-32

Armani, E. M.: One Step Beyond in the Application of the Essential Facility Theory, in: Competition Policy Newsletter, 6.Jg., H.3/1999, S.15-18 (1999a)

Armani, E. M.: Alitalia – KLM: A new Trend in Assessing Airline Alliances?, in: Competition Policy Newsletter, 6.Jg., H.3/1999, S.19-22 (1999b)

Armani, E. M.: Sabre contre Amadeus e.a. Un Dossier Riche en Enseignements, in: Competition Policy Newsletter, 7.Jg., H.3/2000, S.27-33

Arndt, A. / **Knorr**, A.: Zur Qualität von Luftverkehrsstatistiken für das innereuropäische Verkehrsgebiet, in: Zeitschrift für Verkehrswissenschaft, 73.Jg., H.3/2002, S.156-178

Arndt, E.-H.: Über den Erfolg entscheidet mehr und mehr die nationale Infrastruktur, in: Internationales Verkehrswesen, 48.Jg, H.6/1996, S.38-42

Arndt, E.-H.: KEP-Markt im Wandel, in: Internationales Verkehrswesen, 51.Jg., H.5/1999, S.208-209

Aspinwall, M. D.: Moveable Feast. Pressure Group Conflict and the European Community Shipping

Policy (Perspectives on Europe, Contemporary Interdisciplinary Research), Aldershot – Brookfield u. a. 1995

Aussant, J.: Freedom to Provide Services in Shipping in the European Communities, in: European Transport Law, 23.Jg., H.5/1988, S.556-561

Aussant, J.: Cabotage and the Liberalization of the Maritime Services, in: European Transport Law, 28.Jg., H.3/1993, S.347-371

Babudieri, F.: Les Transports Maritimes dans le Cadre de l'Intégration Européenne, in: European Transport Law, 4.Jg., H.2-3/1969, S.405-422

Baccaro, V.: The Commission Closes Probe into Pay-TV Industry in Italy Approving Newscorp / Telepiù Merger Deal, in: Competition Policy Newsletter, 10.Jg., H.2/2003, S.8-11

Badura, P.: Unternehmenswirtschaftlichkeit und Infrastrukturgewährleistung im Bereich des Postwesens. Ausgleichsfonds, Exklusivlizenz und offener Netzzugang bei Universaldienstleistungen, in: Archiv für Post und Telekommunikation, 49.Jg., H.4/1997, S.277-287

Baggehufwudt, N. von: Dienstleistungsmonopole in der Telekommunikation unter EG-rechtlichen Aspekten, in: Archiv für Post und Telekommunikation, 45.Jg., H.2/1993, S.174-179

Bailey, E. / **Graham**, D. / **Kaplan**, D.: Deregulating the Airlines. An Economic Analysis, Civil Aeronautics Board, Washington D. C. 1983

Bak, M.: European Electronic Communications on the Road to Full Competition. The Concept of Significant Market Power under the New Regulatory Framework, in: Journal of Network Industries, 4.Jg., H.3/2003, S.293-324

Bakelen, F. A. van: „Nouvelles Frontières": European Court of Justice Decision 30 April 1986. Itching for IATA's Scalp or a Leap-Frog Backwards?, in: European Transport Law, 21.Jg., H.6/1986, S.498-507

Balda, V. / **Schmits**, V.: Fernsehen ohne Grenzen auf dem Weg zur Konvergenz, in: Computer und Recht, 14.Jg., H.7/1998, S.421-424

Balfour, J. M.: Freedom to Provide Air Transport Services in the EEC, in: European Law Review, 14. Jg., H.1/1989, S.30-46

Balfour, J. M.: The Control of State Aids in the Air Transport Sector, in: Air and Space Law, 18.Jg., H.4-5/1993, S.199-204

Balfour, J. M.: Air Transport – A Community Success Story?, in: Common Market Law Review, 31. Jg., H.5/1994, S.1025-1053

Balfour, J. M.: European Community Air Law (Current EC Legal Development Series), London – Dublin u. a. 1995

Balfour, J. M.: Les Relations Aériennes de la Communauté Européenne avec les Pays Tiers, in: Revue du Marché Commun et de l'Union Européenne, 41.Jg., H.4/1998, S.172-176

Bandtel, K.-U.: Dumping in der Seeschiffahrt. Gegenmaßnahmen im Recht der EU und der USA (Europäisches Wirtschaftsrecht, Bd.14), München 1999

Baratta, R.: The REIMS II Exemption Decision. Enhancing Competition in the Cross-Border Mail Market through Third Party Access, in: Competition Policy Newsletter, 11.Jg., H.1/2004, S.25-31

Barrett, S. A.: Flying High. Airline Prices and European Regulation, Aldershot – Brookfield 1987

Barth, D.: Die Liberalisierung der Telekommunikationsdienstleistungen in der Welthandelsorganisation, in: Archiv für Post und Telekommunikation, 49.Jg., H.2/1997, S.112-117

Barth, S. / **Struck**, K.: Luftverkehrs-Emissionsabgabe. Gutachten zur rechtlichen Zulässigkeit einer Abgabe auf die Verursachung von Emissionen im Luftverkehr (Schriften des Vereins für Umweltrecht Bremen), Berlin 1998

Bartlik, M.: Die Kompetenz zum Abschluß von Luftverkehrsabkommen. Analyse des Open-Sky-Urteils und die sich daraus ergebenden Folgen, in: Transportrecht, 27.Jg., H.2/2004, S.61-72

Bartosch, A.: Die Fernsehkabelnetze aus der Perspektive des Europarechts, in: Computer und Recht, 13.Jg., H.12/1997, S.751-754

Bartosch, A.: Europäisches Telekommunikationsrecht im Jahr 1998, in: Europäische Zeitschrift für Wirtschaftsrecht, 10.Jg., H.14/1999, S.421-428

Bartosch, A.: Europäische Regulierung transeuropäischer Kommunikationssysteme. Innovationsansätze und -hindernisse, in: Computer und Recht, 16.Jg., H.4/2000, S.214-220

Basedow, J.: Airline Deregulation in the European Community. Its Background, its Flaws, its Consequences for E.C. – U.S. Relations, in: The Journal of Law and Commerce, 13.Jg., H.2/1994, S.247-277 (1994a)

Basedow, J.: Europäische Seeverkehrspolitik, Dienstleistungsfreiheit und Seekabotage, in: Transportrecht, 17.Jg., H.3/1994, S.85-91 (1994b)

Basedow, J.: Europarechtliche Grenzen des Postmonopols. Zur Öffnung des Marktes für Massensendungen, in: Europäische Zeitschrift für Wirtschaftsrecht, 5.Jg., H.12/1994, S.359-366 (1994c)

Basedow, J.: Ansätze zur europäischen Regulierung der Postdienste, in: Europäische Zeitschrift für Wirtschaftsrecht, 7.Jg., H.5/1996, S.143-149

Bauer, B.: Ansätze zur Erfassung und Regulierung der Qualität im Monopolbereich der DBP POSTDIENST (Diskussionsbeiträge des WIK, Nr.85), Bad Honnef 1992

Bauer, B.: Möglichkeiten und Grenzen einer Qualitätsregulierung in wettbewerblichen Ausnahmebereichen des Postwesens, in: Berger, H. / Knauth, P. (Hrsg.): Liberalisierung und Regulierung der Postmärkte. Ansatzpunkte für eine Neugestaltung der staatlichen Postpolitik, München – Wien 1996, S.289-312

Bauer, B. / **Neu**, W.: Numerierung im Telefonnetz. Stand, Entwicklungstendenzen, Regulierungsbedarf, Regulierungsansätze (Diskussionsbeiträge des WIK, Nr.111), Bad Honnef 1993

Bauer, J. M. / **Steinfield**, Ch.: Telecommunications Initiatives of the European Communities, in: Steinfield, Ch. / Bauer, J. M. / Caby, L. (Hrsg.): Telecommunications in Transition. Policies, Services and Technologies in the European Community, Thousand Oaks – London u. a. 1994, S.51-70

Baumann, J. M.: Die Luftverkehrspolitik der Europäischen Union (Tübinger Schriften zum internationalen und europäischen Recht, Bd.34), Berlin 1995

Baumanns, M.: European Postal Policy Update, in: Stumpf, U. / Elsenbast, W. (Hrsg.): Cost of Universal Service. Papers presented at the 3rd Königswinter Seminar, Königswinter, 6-8 November 1995 (Proceedings des WIK, Bd.2), Bad Honnef 1996, S.1-5

Becher, G.: Die Luftfahrt und die Europäische Gemeinschaft, in: Zeitschrift für Luft- und Weltraumrecht, 29.Jg., H.3/1980, S.189-208

Beck, M.: Wettbewerb und Deregulierung im europäischen Telekommunikationsmarkt. Das Beispiel der Kabelfernsehnetze (Libertas Paper, Nr.25), Sindelfingen 1998

Beder, H.: Kapazitätsprobleme im Luftverkehr und deren Lösungsansätze, in: DVWG (Hrsg.): Stauprobleme im Verkehr. Ursachen und Lösungsansätze (Schriftenreihe der DVWG, Reihe B, Bd. 167), Bergisch Gladbach 1994, S.41-140

Beese, G. / **Merkt**, J.: Europäische Union zwischen Konvergenz und Re-Regulierung. Die neuen Richtlinienentwürfe der Kommission, in: MultiMedia und Recht, 9.Jg., H.9/2000, S.532-537

Behrendt, D. K.: Das „Port Package“ der EU-Kommission: Ziele und Probleme, in: DVWG (Hrsg.): 8. Kieler Seminar zu aktuellen Fragen der See- und Küstenschifffahrt. Perspektiven und Probleme des Weltseeverkehrs im neuen Jahrhundert (Schriftenreihe der DVWG, Reihe B, Bd.245), Bergisch Gladbach 2002, S.133-146

Bekemans, L. / **Beckwith**, S. (Hrsg.): Ports for Europe. Europe's Maritime Future in a Changing Environment (The Bruges Conferences, N. S. Bd.10), Brüssel 1996

Bellis, J.-F. / **Vermulst**, E. / **Musquar**, P.: The New EEC Regulation on Unfair Pricing Practices in Maritime Transport. A Forerunner of the Extension of Unfair Trade Concepts to Services?, in: Journal of World Trade Law, 22.Jg., H.1/1988, S.47-65

Benkler, Y.: Communications Infrastructure Regulation and the Distribution of Control over Content, in: Telecommunications Policy, 22.Jg., H.3/1998, S.183-196

Benkö, M. / **Kadletz**, A.: Unfallhaftpflicht in Luftverkehrssachen. Schadenersatzansprüche von Passagieren bei nationaler und internationaler Beförderung, Köln – Berlin u. a. 2000

Bentzien, J. F.: Der europäische Luftverkehr und der EWG-Vertrag, in: Zeitschrift für Luft- und Weltraumrecht, 30.Jg., H.3/1981, S.258-277

Bentzien, J. F.: Die Zuständigkeit der EU für Luftverkehrsabkommen mit Drittstaaten, in: Zeitschrift für Luft- und Weltraumrecht, 47.Jg., H.4/1998, S.439-455

Bentzien, J. F.: Das Abkommen zwischen der EG und der Schweiz über den Luftverkehr, in: Zeitschrift für Luft- und Weltraumrecht, 49.Jg., H.4/2000, S.467-483

Bentzien, J. F.: Die Urteile des EuGH vom 5. November 2002 betreffend die Zuständigkeit der EG für Luftverkehrsabkommen mit Drittstaaten, in: Zeitschrift für Luft- und Weltraumrecht, 52.Jg., H.2/2003, S.153-174

Berben, C.: Open Network Provision: A Concept for Provision and Usage of Networks in Europe (European Telecommunications Policy, Proceedings of the Conference held in Brussels, April 1989), London 1989, S.67-79

Berben, C. / **Clements**, B.: The European Framework for Competition in Telecommunications. The Benefits for Peripheral Countries, in: Telecommunications Policy, 19.Jg., H.4/1995, S.273-283

Berg, G.: The GSM Evolution towards UMTS, in: Telecommunications International, 30.Jg., H.10/1996, S.35-38

Berg, M.: Umweltgefährdungsanalyse der Erdöltransportschiffahrt, Zürich 1996 (Diss.)

Berger, E. G.: Netzzusammenschaltungen von Telekommunikationsunternehmen im nationalen, europäischen und internationalen Regelungszusammenhang (Berichte aus der Rechtswissenschaft), Aachen 2000

Bergman, H. / **Struckmann**, K.: A New Perspective for Spanish Shipyards. Reducing Distortions in Shipbuilding, in: Competition Policy Newsletter, 12.Jg., H.1/2005, S.3-7

Bernard, K. E.: The EC Green Paper. What the Future Holds, in: Telecommunications Policy, 13.Jg., H.4/1989, S.313-317

Besen, St. M.: The European Telecommunications Standards Institute. A Preliminary Analysis, in: Telecommunications Policy, 14.Jg., H.6/1990, S.521-530

Beyen, R. K. / **Herbert**, J.: Deregulierung des amerikanischen und EG-europäischen Luftverkehrs. Theoretische Grundlagen und Analyse der verkehrspolitischen Umsetzung (Giessener Studien zur Transportwirtschaft und Kommunikation, Bd.5), Hamburg 1991

Beyhoff, St.: Die zweite Phase der Liberalisierung. Stand und Perspektiven im europäischen Luftverkehr, in: Internationales Verkehrswesen, 43.Jg., H.10/1991, S.435-440

Biebig, P. / **Althof**, W. / **Wagener**, N.: Seeverkehrswirtschaft. Kompendium, 2. Aufl., München – Wien 1995

Biebig, P. / **Althof**, W. / **Wagener**, N.: Seeverkehrswirtschaft. Kompendium, 3. Aufl., München – Wien 2004

Biermann, Th.: Der Regionalluftverkehr vor dem Hintergrund einer Liberalisierung des Luftverkehrs in Europa, in: Zeitschrift für Verkehrswissenschaft, 58.Jg., H.3/1987, S.167-185

Bijl, P. de / **Peitz**, M.: Regulation and Entry into Telecommunications Markets, Cambridge 2002

Bird, J.: Further Debate on the Treaty of Rome, Article 84, Paragraph 2 as it may affect Maritime Transport, in: European Transport Law, 2.Jg., H.1/1967, S.24-47

Bischoff, J.: Die politische Ökonomie von HDTV. Internationale Förderstrategien zur Durchsetzung einer neuen Fernsehtechnologie (Europäische Hochschulschriften, Reihe XL, Kommunikationswissenschaft und Publizistik, Bd.36), Frankfurt a. M. – Berlin u. a. 1993

Bischoff-Ehnes, T.: Politische und ökonomische Regulationsmechanismen in den Luftfahrtindustrien der EG und der USA. Eine politikwissenschaftliche Branchenanalyse (Reihe Economic and Social Relations), Essen 1994

Blankart, Ch. B. / **Knieps**, G.: Das Konzept der Universaldienste im Bereich der Telekommunikation, in: Herder-Dorneich, P. (Hrsg.): Jahrbuch für Neue Politische Ökonomie, Bd.13, Tübingen 1994, S.238-253

Blind, K.: Allokationsineffizienzen auf Sicherheitsmärkten: Ursachen und Lösungsmöglichkeiten. Fallstudie: Informationssicherheit in Kommunikationssystemen (Finanzwissenschaftliche Schriften, Bd.74), Frankfurt a. M. – Berlin u. a. 1996 (1996a)

Blind, K.: Informationssicherheit in offenen Kommunikationssystemen. Eine staatliche Regulierungsaufgabe?, in: List-Forum für Wirtschafts- und Finanzpolitik, 22.Jg., H.4/1996, S.377-388 (1996b)

Blonk, W. A. G.: The Shipping Industry and Ports Management in the European Communities, in: European Transport Law, 6.Jg., H.5/1971, S.717-735

Blonk, W. A. G.: Die Seehäfen in den Niederlanden und Belgien (Veröffentlichungen des HWWA-Instituts für Wirtschaftsforschung Hamburg, Handbuch der europäischen Seehäfen, Bd.4/5), Hamburg 1974

Blouin, Ch.: The WTO Agreement on Basic Telecommunications: A Reevaluation, in: Telecommunications Policy, 24.Jg., H.2/2000, S.135-142

Bock, M. / **Völcker**, S. B.: Regulatorische Rahmenbedingungen für die Zusammenschaltung von TK-Netzen, in: Computer und Recht, 14.Jg., H.8/1998, S.473-483

Böckstiegel, K.-H.: Rahmenbedingungen für einen zukünftigen Luftverkehr auf dem Marktplatz EG, in: Zeitschrift für Luft- und Weltraumrecht, 42.Jg., H.2/1993, S.117-120

Bodson, V.: Entwicklungsaussichten der gemeinsamen Verkehrspolitik. Dem Rat der Europäischen Gemeinschaften am 4. Juni 1970 vorgelegt, Luxemburg 1970

Böhme, H.: Die internationale Arbeitsteilung und die deutschen Reedereien. Wettbewerbsprobleme der Seeschiffahrt eines Industrielandes, in: Internationales Verkehrswesen, 31.Jg., H.4/1979, S. 211-217

Böhme, H.: Staatliche Reglementierung der Linienschiffahrt oder Freiheit der Meere? Zur Revisionskonferenz über den UN-Linienkodex, in: Die Weltwirtschaft, H.1/1988, S.165-177 (1988a)

Böhme, H.: Weltseeverkehr: Im Sog des Konjunkturaufschwungs, in: Die Weltwirtschaft, H.2/1988, S.176-197 (1988b)

Böhme, H.: Weltseeverkehr: Unerwartetes Ende der Talfahrt, in: Die Weltwirtschaft, H.2/1991, S. 200-218

Böhme, H.: Weltseeverkehr in der Rezession (Kieler Diskussionsbeiträge des Instituts für Weltwirtschaft an der Universität Kiel, Nr.207), Kiel 1993

Böhme, H.: Weltseeverkehr: Die Rezession wirft lange Schatten (Kieler Diskussionsbeiträge des Instituts für Weltwirtschaft an der Universität Kiel, Nr.230), Kiel 1994

Böhme, H.: Weltseeverkehr im konjunkturellen Aufwind (Kieler Diskussionsbeiträge des Instituts für Weltwirtschaft an der Universität Kiel, Nr.249), Kiel 1995

Böhme, H.: Weltseeverkehr: Märkte zwischen Boom und Baisse (Kieler Diskussionsbeiträge des Instituts für Weltwirtschaft an der Universität Kiel, Nr.275), Kiel 1996

Böhme, H.: Weltseeverkehr: Das Tonnageangebot bleibt marktbestimmend (Kieler Diskussionsbeiträge des Instituts für Weltwirtschaft an der Universität Kiel, Nr.299/300), Kiel 1997

Böhme, H.: Weltseeverkehr im Strudel der Asienkrise (Kieler Diskussionsbeiträge des Instituts für Weltwirtschaft an der Universität Kiel, Nr.317/318), Kiel 1998

Böhme, H.: Weltseeverkehr: Warten auf das Ende der Baisse (Kieler Diskussionsbeiträge des Instituts für Weltwirtschaft an der Universität Kiel, Nr.348/349), Kiel 1999

Böhme, H.: Weltseeverkehr: Mit Zuversicht in das neue Jahrtausend (Kieler Diskussionsbeiträge des Instituts für Weltwirtschaft an der Universität Kiel, Nr.364/365), Kiel 2000

Böhme, H. / **Sichelschmidt**, H.: Sicherheit auf See (Kieler Diskussionsbeiträge des Instituts für Weltwirtschaft an der Universität Kiel, Nr.243), Kiel 1995

Bohne, M.: Funktionsfähiger Wettbewerb auf Telekommunikationsmärkten. Herstellung und Erhalt durch das europäische Wettbewerbsrecht (Europäische Hochschulschriften, Reihe II, Rechtswissenschaft, Bd.2449), Frankfurt a. M. – Berlin u. a. 1998

Bollweg, H.-G.: Das Montrealer Übereinkommen. Rückblick, Überblick, Ausblick, in: Zeitschrift für Luft- und Weltraumrecht, 49.Jg., H.4/2000, S.439-466

Borrmann, J.: Zur Allokation von Start- und Landerechten. Eine Kritik an den Regulierungsvorschlägen der EG-Kommission, in: Wirtschaft und Wettbewerb, 41.Jg., H.9/1991, S.678-688

Borrmann, J.: Effiziente Verfahren der Ausschreibung von Universaldienstleistungen im Postwesen (Volkswirtschaftliche Schriften, Bd.452), Berlin 1995

Borrmann, J.: Ein einfacher Mechanismus zur Ausschreibung reservierter postalischer Universaldienstleistungen, in: Zeitschrift für öffentliche und gemeinwirtschaftliche Unternehmen, 23.Jg., H. 4/2000, S.389-417

Borthwick, R. / **Stehmann**, O.: A Strategy towards Infrastructure Competition in the European Union, in: Telecommunications Policy, 18.Jg., H.8/1994, S.616-628

Bothe, M. / **Hohmann**, H. / **Schmidt**, Ch.: Möglichkeiten einer Reform der europäischen Flugsicherung?, in: Zeitschrift für Luft- und Weltraumrecht, 39.Jg., H.1/1990, S.40-55 (1990a)

Bothe, M. / **Hohmann**, H. / **Schmidt**, Ch.: Rechtliche Möglichkeit und drängende Notwendigkeit einer EG-Initiative zur Reform der europäischen Flugsicherung, in: Recht der internationalen Wirtschaft, 36.Jg., H.3/1990, S.199-206 (1990b)

Boutière, C.: La Défense des Droits des Passagers dans la Politique Aérienne Commune, in: Revue des Affaires Européennes, 7.Jg., H.1/1997, S.61-65

Boyfield, K. (Hrsg.): A Market in Airport Slots (IEA Readings, Bd.56), London 2003

Braakman, A. J.: Some Observations on the Block Exemption for Consortia Agreements in Light of Regulation No 4056/86, in: European Transport Law, 31.Jg., H.2/1996, S.265-275

Bradley, S. / **Bergman**, H.: The Council Approves the Commission's Twin-track Strategy Against Unfair Korean Practices in the Shipbuilding Sector, in: Competition Policy Newsletter, 9.Jg., H.3/2002, S.13-15

Braubach, U.: Deregulierung der Postdienste (Untersuchungen zur Wirtschaftspolitik, Bd.90), Köln 1992

Braubach, U.: Marktversagen im unregulierten Postmarkt, in: Berger, H. / Knauth, P. (Hrsg.): Liberalisierung und Regulierung der Postmärkte. Ansatzpunkte für eine Neugestaltung der staatlichen Postpolitik, München – Wien 1996, S.93-121

Bredima-Savopoulou, A. E. / **Tzoannos**, J. G.: The Common Shipping Policy of the EC, Amsterdam – New York u. a. 1990

Bredimas, A. E. / **Tzoannos**, J. G.: In Search of a Common Shipping Policy for the E.C., in: Journal of Common Market Studies, 20.Jg., H.2/1981, S.95-114

Breitner, M. H. (Hrsg.): E-Learning: Einsatzkonzepte und Geschäftsmodelle. Ausgewählte und redigierte Beiträge des E-Learning-Workshops Hannover (ELWH '04) am 27. und 28. September 2004, Heidelberg 2005

Brinkmann, Th.: Der UNCTAD-Verhaltenskodex für Linienkonferenzen. Zugleich ein Beitrag zur Dienstleistungs- und Wettbewerbsordnung in der internationalen Linienschiffahrt (Veröffentlichungen des Instituts für Seerecht und Seehandelsrecht der Universität Hamburg, Bd.8), Kehl – Arlington 1993

Brisch, K. M.: Gemeinsame Rahmenbedingungen für elektronische Signaturen, in: Computer und Recht, 14.Jg., H.8/1998, S.492-499

Brisch, K. M.: EU-Richtlinienvorschlag zum elektronischen Geschäftsverkehr, in: Computer und Recht, 15.Jg., H.4/1999, S.235-244

Brittan, L.: The EC's Competition Policy for Liner Shipping set in its Commercial and Political Context, in: European Transport Law, 28.Jg., H.3/1993, S.337-346

Brockhagen, A. / **Kowitz**, R.: Telearbeit. Chancen für Arbeitnehmer und Arbeitgeber – Arbeitsorganisation und technische Umsetzung – Rechtliche Rahmenbedingungen, Berlin 1999

Bronckers, M. C. E. J. / **Larouche**, P.: Telecommunications Services and the World Trade Organization, in: Journal of World Trade, 31.Jg., H.3/1997, S.4-48

Brons, B. W.: Nationale und internationale Besteuerung der Seeschiffahrt. Eine steuerökonomische Analyse (Schriften zur betriebswirtschaftlichen Steuerlehre, Steuerberatung – Betriebsprüfung – Unternehmensbesteuerung, Bd.19), Berlin 1990

Brueckner, J. J.: The Benefits of Codesharing and Antitrust Immunity for International Passengers, with an Application to the Star Alliance, in: Journal of Air Transport Management, 9.Jg., H.2/2003, S.83-91

Brügmann, L.: Meeresverunreinigung. Ursachen, Zustand, Trends und Effekte, Berlin 1993

Bruhn, D.: Die Sicherstellung öffentlicher Aufgaben im Bereich der deutschen Telekommunikation unter dem Einfluß der europäischen Marktöffnung. Vom Monopol zum Universaldienst (Juristische Schriftenreihe, Bd.116), Hamburg 1999

Brunn, G. E.: Die Seekaskoversicherung vor neuen Aufgaben, in: DVWG (Hrsg.): Fünftes Kieler Seminar zu aktuellen Fragen der See- und Küstenschiffahrt (Schriftenreihe der DVWG, Reihe B, Bd. 186), Bergisch Gladbach 1996, S.106-122

Brusch, R. M.: Ziviler Luftverkehr. Ursachen und Folgen der Deregulations-Politik im zivilen Luftverkehr, in: Internationales Verkehrswesen, 35.Jg., H.1/1983, S.34-37

Brusch, R. M.: Zur Liberalisierung des interregionalen Linienluftverkehrs in den Staaten der Europäischen Gemeinschaften (EG) unter besonderer Berücksichtigung der Bundesrepublik Deutschland, Berlin 1984 (Diss.)

Brusch, R. M.: Europäische Integration und europäischer Luftverkehr, in: Internationales Verkehrswesen, 37.Jg., H.1/1985, S.22-26

Büllingen, F. / **Gillet**, A. / **Gries**, Ch.-I. / **Hillebrand**, A. / **Stamm**, P.: Stand und Perspektiven der Vorratsdatenspeicherung im internationalen Vergleich (Diskussionsbeiträge des WIK, Nr.261), Bad Honnef 2005

Büllingen, F. / **Gries**, Ch.-I. / **Stamm**, P.: Der Markt für Public Wireless LAN in Deutschland (Diskussionsbeiträge des WIK, Nr.252), Bad Honnef 2004

Büllingen, F. / **Hillebrand**, A.: Gesundheitliche und ökologische Aspekte mobiler Telekommunikation. Wissenschaftlicher Diskurs, Regulierung und öffentliche Debatte (Diskussionsbeiträge des WIK, Nr.246), Bad Honnef 2003

Bullinger, M. / **Mestmäcker**, E.-J.: Multimediadienste. Struktur und staatliche Aufgaben nach deutschem und europäischem Recht (Wirtschaftsrecht der internationalen Telekommunikation, Bd. 30), Baden-Baden 1997

Bundesministerium für Wirtschaft und Technologie (BMWI) (Hrsg.): Jugendschutz und Filtertechnologien im Internet (BMWI Dokumentation, H.472), Berlin 2000

Bunte, H.-J. / **Welfens**, P. J. J.: Wettbewerbsdynamik und Marktabgrenzung auf Telekommunikationsmärkten. Juristisch-ökonomische Analyse und rationale Regulierungsoptionen für Deutschland, Berlin – Heidelberg u. a. 2002

Burr, W.: Netzwettbewerb in der Telekommunikation. Chancen und Risiken aus der Sicht der ökonomischen Theorie, Wiesbaden 1995

Busch, B.: Die Verkehrspolitik der EG unter dem Einfluß der Binnenmarktvollendung (Institut der deutschen Wirtschaft Köln, Beiträge zur Wirtschafts- und Sozialpolitik, Bd.188), Köln 1991

Busch, B.: Deregulierung der Postmärkte in Deutschland und Europa (Institut der deutschen Wirtschaft Köln, Beiträge zur Wirtschafts- und Sozialpolitik, Bd.263), Köln 2001

Button, K. J.: Wings Across Europe. Towards an Efficient European Air Transport System, Aldershot – Burlington 2004

Button, K. J. / **Haynes**, K. / **Stough**, R.: Flying into the Future. Air Transport Policy in the European Union, Cheltenham – Northampton 1998

Button, K. J. / **Swann**, D.: European Community Airlines. Deregulation and its Problems, in: Journal of Common Market Studies, 27.Jg., H.4/1989, S.259-282

Bykowsky, M.: A Secondary Market for the Trading of Spectrum. Promoting Market Liquidity, in: Telecommunications Policy, 27.Jg., H.7/2003, S.533-541

Carpentier, M.: Telecommunications from the European Perspective (CeBIT '87 Conference Report, International Congress on Telecommunications, 4.-6.3.1987), Hannover 1987

Carpentier, M. / **Farnoux-Toporkoff**, S. / **Garric**, C.: Telecommunications in Transition, New York 1992

Cartou, L.: La Structure Juridique du Transport Aérien à la Veille du Marché Commun, in: Revue Française de Droit Aérien, 12.Jg., H.2/1958, S.101-128

Cavani, R.: Computerized Reservation Systems for Air Transport. Remarks on the European Community Legislation, in: Fordham International Law Journal, 17.Jg., H.1/1993-1994, S.441-457

Cave, M.: Regulating Digital Television in a Convergent World, in: Telecommunications Policy, 21. Jg., H.7/1997, S.575-596

Cave, M.: Remedies for Broadband Services, in: Journal of Network Industries, 5.Jg., H.1/2004, S. 23-49

Cave, M. / **Milne**, C. / **Scanlan**, M.: Meeting Universal Service Obligations in a Competitive Telecommunications Sector. Report to DG IV, Luxemburg 1994

Cawley, R. A.: European Aspects of the Regulation of Pay Television, in: Telecommunications Policy, 21.Jg., H.7/1997, S.677-691

Cawley, R. A.: The new Approach to Economic Regulation in the Electronic Communications Sector in Europe. The Application of Regulatory Remedies, in: Journal of Network Industries, 5.Jg., H.1/2004, S.3-21

Chlomoudis, C. I. / **Pallis**, A. A.: European Union Port Policy. The Movement Towards a Long-Term Strategy (Transport Economics, Management and Policy), Cheltenham – Northampton 2002

Christians, D.: Die Haltung der Bundesregierung zur Übermittlung von Passagierdaten („PNR-Daten") durch Fluggesellschaften an öffentliche Stellen im Luftverkehr, in: DVWG (Hrsg.): 2. Rechtsforum der DVWG. Terrorabwehr im Transport- und Verkehrswesen (Schriftenreihe der DVWG, Reihe B, Bd.276), Berlin 2004, S.101-118

Chun, S.-H.: Die verschuldensunabhängige Haftung im Luftverkehr, Frankfurt a. M. 1992 (Diss.)

Churchill, R. R.: European Community Law and the Nationality of Ships and Crews, in: European Transport Law, 26.Jg., H.5/1991, S.591-617

Cierna, A.: Temporary Defensive Mechanism to Shipbuilding Extended by one Year, in: Competition Policy Newsletter, 11.Jg., H.2/2004, S.109

Clark, L. S.: European Council Regulation (EC) No. 2027/97. Will the Warsaw Convention Bite Back?, in: Air and Space Law, 26.Jg., H.3/2001, S.137-149

Clark, R. B. / **Frid**, Ch. / **Attrill**, M.: Marine Pollution, 4. Aufl., Oxford 1997

Clements, B.: The Impact of Convergence on Regulatory Policy in Europe, in: Telecommunications Policy, 22.Jg., H.3/1998, S.197-205

Close, G.: Article 84 EEC: The Development of Transport Policy in the Sea and Air Sectors, in: European Law Review, 5.Jg., H.3/1980, S.188-207

Close, G.: External Relations in the Air Transport Sector. Air Transport Policy or the Common Commercial Policy?, in: Common Market Law Review, 27.Jg., H.1/1990, S.107-127 (1990a)

Close, G.: External Competence for Air Transport Policy in the Third Phase. Trade Policy or Transport Policy?, in: Air Law, 15.Jg., H.2/1990, S.295-305 (1990b)

Clough, M. / **Randolph**, F.: Shipping and EC Competition Law, London – New York u. a. 1991

Confavreux, R.: Les Transports Maritimes dans le Droit de la Concurrence Communautaire, in: Revue du Marché Commun et de l'Union Européenne, 39.Jg., H.5/1996, S.369-379

Cornelius, S.: Zur effizienten Allokation knapper Ressourcen. Das Beispiel der Vergabe von Start- und Landerechten an überlasteten Flughäfen in den USA (Volkswirtschaftliche Forschung und Entwicklung, Bd.82), München 1994

Costello, N. P.: The Reshaping of European Telecommunications (1989 IIC Conference, Session: Telecommunications Integration in Europe and its Impact World-wide, Paris, 6-9 September 1989), Brüssel 1989

Coulet, W.: L'Organisation Européenne des Transports Aériens, Toulouse 1958 (Diss.)

Cowie, C.: The Evolution of Digital Television in Europe and the Regulation of Conditional Access (1991-1995), in: Vierteljahreshefte zur Wirtschaftsforschung, 65.Jg., H.4/1996, S.471-481

Cox, H.: Zur Reform der nationalen Postdienste in ausgewählten Ländern (Diskussionsbeiträge zur öffentlichen Wirtschaft, Bd.27), Duisburg 1990

Crandall, R. W. / **Alleman**, J. H.: Broadband: Should we Regulate High-Speed Internet Access?, Washington D. C. 2002

Crew, M. A. / **Kleindorfer**, P. R. (Hrsg.): Competition and Innovation in Postal Services, Boston – Dordrecht u. a. 1991

Crew, M. A. / **Kleindorfer**, P. R. (Hrsg.): The Economics of Postal Services, Boston – Dordrecht u. a. 1992 (1992a)

Crew, M. A. / **Kleindorfer**, P. R. (Hrsg.): Regulation and the Nature of Postal and Delivery Services, Boston – Dordrecht u. a. 1992 (1992b)

Crew, M. A. / **Kleindorfer**, P. R. (Hrsg.): Emerging Competition in Postal and Delivery Services, Boston – Dordrecht u. a. 1999

Crew, M. A. / **Kleindorfer**, P. R. (Hrsg.): Current Directions in Postal Reform, Boston – Dordrecht u. a. 2000

Crew, M. A. / **Kleindorfer**, P. R. (Hrsg.): Future Directions in Postal Reform, Boston – Dordrecht u. a. 2001

Culmann, H.: Die Kooperation europäischer Luftverkehrsgesellschaften. Dargestellt am Beispiel der Association of European Airlines, in: Bodenschatz, M. / Böckstiegel, K.-H. / Weides, P. (Hrsg.): Beiträge zum Luft- und Weltraumrecht. Festschrift zu Ehren von Alex Meyer anläßlich seines Ausscheidens als Direktor des von ihm gegründeten Instituts für Luftrecht und Weltraumrechtsfragen der Universität zu Köln (Sonderausgabe der Zeitschrift für Luft- und Weltraumrecht), Köln – Berlin 1975, S.67-71

Curwen, P.: The Future of Mobile Communications. Awaiting the Third Generation, New York – Basingstoke 2002

Dagtoglou, P. D.: Air Transport and the European Community, in: European Law Review, 6.Jg., H.5/1981, S.335-355 (deutschsprachige Fassung: Der Luftverkehr und die Europäische Gemeinschaft. Eine Bestandsaufnahme, in: Bieber, R. / Bleckmann, A. / Capotorti, F. (Hrsg.): Das Europa der zweiten Generation. Gedächtnisschrift für Christoph Sasse, Bd.1, Baden-Baden 1981, S.539-564)

Dagtoglou, P. D.: Air Transport after the Nouvelles Frontières Judgement, in: Slot, P. J. / Dagtoglou, P. D. (Hrsg.): Toward a Community Air Transport Policy. The Legal Dimension, Deventer – Boston 1989, S.115-138

Dagtoglou, P. D.: Air Transport and the European Union. Essays and Comments, 2. Aufl., Deventer – Boston 1994

Danwitz, Th. von: Alternative Zustelldienste und Liberalisierung des Postwesens. Europa-, kartell- und wirtschaftsverwaltungsrechtliche Grundfragen der gestuften Liberalisierung des Postwesens (Schriftenreihe Recht – Technik – Wirtschaft, Bd.78), Köln – Berlin u. a. 1999

Delcourt, B.: EC Decisions and Directives on Information Technology and Telecommunications, in: Telecommunications Policy, 15.Jg., H.1/1991, S.15-21

Delepière-Nys, Ch.: Air Europe. La Politique de Coopération entre les Compagnies Aériennes de l'Europe des Six (Institut d'Études Européennes, Université Libre de Bruxelles, Thèses et Travaux Économiques), Brüssel 1974

Dempsey, P. St.: Aerial Dogfights over Europe: The Liberalization of EEC Air Transport, in: The Journal of Air Law and Commerce, 53.Jg., H.3/1988, S.615-736

Deutscher Industrie- und Handelstag (DIHT) (Hrsg.): Regionalluftverkehr mit mehr Markt. EG-Konzept zum interregionalen Luftverkehr (mit Beiträgen von J. L. Janssen van Raay und H. J. Blumschein), Bonn 1982

Dicke, H. / **Glismann**, H. H. / **Horn**, E.-J.: Die Reform des Postwesens in Deutschland (Kieler Diskussionsbeiträge des Instituts für Weltwirtschaft an der Universität Kiel, Nr.258), Kiel 1995

Didier, P.: EEC Maritime Law and Third Countries, in: European Transport Law, 28.Jg., H.3/1993, S.433-469

Dieken, F. van: Dumping im Seeverkehr. Kritische Beiträge zu unlauteren Preisbildungspraktiken in der Seeschiffahrt im Lichte der EG-Verordnung Nr. 4057/86 vom 22.12.1986, Teil 1: Beitrag aus juristischer Sicht (Beiträge zu internationalen Wirtschafts- und Transportfragen), Bremerhaven – Rostock 1989

Dieter, R.: Verkehrspolitik, in: Weidenfeld, W. / Wessels, W. (Hrsg.): Jahrbuch der Europäischen Integration 1999/2000, Bonn 2000, S.191-196

Dieter, R.: Verkehrspolitik, in: Weidenfeld, W. / Wessels, W. (Hrsg.): Jahrbuch der Europäischen Integration 2000/2001, Bonn 2001, S.191-196

Dinger, F.: The Future of Liner Conferences in Europe. A Critical Analysis of Agreements in Liner Shipping under Current European Competition Law (Europäische Hochschulschriften, Reihe II, Rechtswissenschaft, Bd.3874), Frankfurt a. M. – Berlin u. a. 2004

Distelkamp, M.: Möglichkeiten des Wettbewerbs im Orts- und Anschlußbereich des Telekommunikationsnetzes (Diskussionsbeiträge des WIK, Nr.196), Bad Honnef 1999

Dittmann, H.: Schwächung der deutschen Flughafenunternehmen als Preis der Liberalisierung der Bodenverkehrsdienste, in: DVWG (Hrsg.): Open Skies '98. Konsequenzen und Erfahrungen der Liberalisierung des Europäischen Marktes in bezug auf die Flughäfen (Schriftenreihe der DVWG, Reihe B, Bd.220), Bergisch Gladbach 1999, S.71-83

Doganis, R.: The Impact of Liberalisation on European Airline Strategies and Operations, in: Journal of Air Transport Management, 1.Jg., H.1/1994, S.15-25

Dolfen, M.: Der Verkehr im europäischen Wettbewerbsrecht (R. v. Decker's rechts- und sozialwissenschaftliche Abhandlungen, Abteilung Verkehrsrecht und Verkehrspolitik, Bd.1), Heidelberg 1991

Dordick, H. S.: The Origins of Universal Service. History as a Determinant of Telecommunications

Policy, in: Telecommunications Policy, 14.Jg., H.3/1990, S.223-231

Dörr, D.: Möglichkeiten und Grenzen europäischer Medienpolitik. Konvergenz und Kompetenz, in: Kommunikation & Recht, 2.Jg., H.3/1999, S.97-103

Drake, W. J. / **Noam**, E. M.: The WTO Deal on Basic Telecommunications. Big Bang or Little Whimper?, in: Telecommunications Policy, 21.Jg., H.9-10/1997, S.799-818

Dreier, Th.: Urheberrecht und digitale Werkverwertung. Die aktuelle Lage des Urheberrechts im Zeitalter von Internet und Multimedia. Gutachten (Friedrich-Ebert-Stiftung, Reihe Medien- und Technologiepolitik), Bonn 1997

Dubois, M. B.: Der Übergang in das „UMTS-Zeitalter". Risiken für Mobilfunkanbieter, St. Gallen 2005 (Diss.)

Ducarre, L.: La Naissance d'Air Union, in: Revue Générale de l'Air, 22.Jg., H.2/1959, S.188-189

Dumont de Chassart, F.: La Pollution Maritime par Hydrocarbures, in: European Transport Law, 26.Jg., H.1-2/1991, S.232-265

Dumortier, J. / **Rinderle**, R.: Umsetzung der Signaturrichtlinie in den europäischen Mitgliedstaaten, in: Computer und Recht International, 17.Jg., H.1/2001, S.5-10

Dussart-Lefret, C. / **Armani**, E. M.: Ports Maritimes et Concurrence, in: Competition Policy Newsletter, 5.Jg., H.1/1998, S.32-37

Ebdon, R.: A Consideration of GATS and of its Compatibility with the Existing Regime for Air Transport, in: Air and Space Law, 20.Jg., H.2/1995, S.71-75

Ebke, W. F. / **Wenglorz**, G. W.: Die zweite Stufe der Liberalisierung des Linienluftverkehrs in der EG: Open Skies in Europa?, in: Recht der Internationalen Wirtschaft, 36.Jg., H.6/1990, S.468-478

Edwards, L. / **Waelde**, Ch. (Hrsg.): Law and the Internet. A Framework for Electronic Commerce, Oxford – Portland 2000

Ehlermann, C.-D.: Telekommunikation und Europäisches Wettbewerbsrecht, in: Europarecht, 28. Jg., H.2/1993, S.134-149

Ehmer, H.: Stand und Perspektiven: Ein Jahr Binnenmarkt im Luftverkehr, in: Internationales Verkehrswesen, 46.Jg., H.9/1994, S.512-517

Eifert, M.: Digitale Signaturen, in: Kommunikation & Recht, 3.Jg., H.10/2000, Beilage, S.1-43

Einem, A. von: Die Liberalisierung des Marktes für Bodenabfertigungsdienste auf den Flughäfen in Europa (Europäische Hochschulschriften, Reihe II, Rechtswissenschaft, Bd.2962), Frankfurt a. M. – Berlin u. a. 2000

Einsporn, Th. / **Palme**, K. / **Wiegand**, R.: eProcurement für Unternehmen. Der neue Weg zum effizienten Einkauf (Institut der deutschen Wirtschaft Köln, Beiträge zur Gesellschafts- und Bildungspolitik, Bd.243), Köln 2000

Einsporn, Th. / **Wiegand**, R.: Electronic Commerce im Internet. Einfluss und Bedeutung für klein- und mittelständische Unternehmen an der Schwelle zum 21. Jahrhundert (Institut der deutschen Wirtschaft Köln, Beiträge zur Gesellschafts- und Bildungspolitik, Bd.233), Köln 1999

Eisenblätter, T.: Regulierung in der Telekommunikation. Zum Begriff der Regulierung im TKG unter besonderer Berücksichtigung der Regulierung durch Independent Agencies in den USA (Europäische Hochschulschriften, Reihe II, Rechtswissenschaft, Bd.2959), Frankfurt a. M. – Berlin u. a. 2000

Eisermann, K. St.: Grundlagen des Gemeinsamen Europäischen Luftverkehrsmarktes, Bonn 1995 (Diss.) (1995a)

Eisermann, K. St.: Die Luftfahrtaußenkompetenz der Gemeinschaft, in: Europäische Zeitschrift für Wirtschaftsrecht, 6.Jg., H.11/1995, S.331-335 (1995b)

Elixmann, D. / **Schimmel**, U. / **Schwab**, R.: Liberalisierung, Wettbewerb und Wachstum auf europäischen TK-Märkten (Diskussionsbeiträge des WIK, Nr.227), Bad Honnef 2001

Ellger, R. / **Kluth**, Th.-S.: Das Wirtschaftsrecht der internationalen Telekommunikation in der Bundesrepublik Deutschland (Wirtschaftsrecht der internationalen Telekommunikation, Bd.16), Baden-Baden 1992

Ellinghaus, U.: Wegerechte für Telekommunikationsunternehmen, in: Computer und Recht, 15.Jg., H.7/1999, S.420-425

Elsenbast, W.: Eine Methode zur Bestimmung der Infrastrukturlast im Briefdienst (Diskussionsbeiträge des WIK, Nr.127), Bad Honnef 1994

Elsenbast, W.: Ausschreibung defizitärer Universaldienste im Postbereich (Diskussionsbeiträge des WIK, Nr.176), Bad Honnef 1997

Elsenbast, W.: Produktivitätserfassung in der Price-Cap-Regulierung. Perspektiven für die Preisregulierung der Deutschen Post (Diskussionsbeiträge des WIK, Nr.192), Bad Honnef 1999

Elsenbast, W. / **Pieper**, W. / **Stumpf**, U.: Estimating the Universal Service Burden of Public Postal Operators (Diskussionsbeiträge des WIK, Nr.150), Bad Honnef 1995

Elsner, W.: Unfair Pricing Practices in Maritime Transport, in: European Transport Law, 23.Jg., H. 5/1988, S.590-599

Elsner, W.: Europäische Schiffahrts- und Hafenpolitik, in: DVWG (Hrsg.): Zukunftsperspektiven der deutschen maritimen Wirtschaft (Schriftenreihe der DVWG, Reihe B, Bd.219), Bergisch Gladbach 1999, S.5-17

Encaoua, D.: Liberalizing European Airlines. Cost and Factor Productivity Evidence, in: International Journal of Industrial Organization, 9.Jg., H.1/1991, S.109-124

Engel, C.: Kabelfernsehen (Wirtschaftsrecht der internationalen Kommunikation, Bd.29), Baden-Baden 1996

Erdmenger, J.: Die Anwendung des EWG-Vertrages auf Seeschiffahrt und Luftfahrt. Zur Auslegung von Art. 84 Abs. 2 des Vertrages, Hamburg 1962

Erdmenger, J.: Die Bedeutung der Entscheidungsbefugnis des EWG-Ministerrates betreffend Seeschiffahrt und Luftfahrt (Artikel 84 Absatz 2 des Vertrages), in: Europäisches Transportrecht, 1. Jg., H.3/1966, S.338-379

Erdmenger, J.: Seeschiffahrtspolitische Maßnahmen der EG: gemeinsames Interesse – rechtliche Möglichkeiten. Vortrag gehalten vor dem Deutschen Verein für Internationales Seerecht am 12. Januar 1978 (Schriften des Deutschen Vereins für Internationales Seerecht, Reihe A: Berichte und Vorträge, H.30), Hamburg 1978

Erdmenger, J.: EG unterwegs – Wege zur Gemeinsamen Verkehrspolitik (Schriftenreihe Europäische Wirtschaft, Bd.111), Baden-Baden 1981 (1981a)

Erdmenger, J.: Möglichkeiten für die künftige Gestaltung des Luftverkehrs in der EG, in: Wilken, D. (Hrsg.): Entwicklungsmöglichkeiten und Restriktionen im Luftverkehr (Deutsche Forschungs- und Versuchsanstalt für Luft- und Raumfahrt (DFVLR) e. V., Abteilung Flugverkehrswissenschaft, Forschungsbericht Nr.81-19), Köln 1981 (1981b)

Erdmenger, J.: Verkehrspolitik, in: Weidenfeld, W. / Wessels, W. (Hrsg.): Jahrbuch der Europäischen Integration 1980, Bonn 1981, S.185-193 (1981c)

Erdmenger, J.: Verkehrspolitik, in: Weidenfeld, W. / Wessels, W. (Hrsg.): Jahrbuch der Europäischen Integration 1981, Bonn 1982, S.247-255

Erdmenger, J.: The European Community Transport Policy. Towards a Common Transport Policy, Aldershot 1983 (1983a)

Erdmenger, J.: Vorstellungen der EG-Kommission zur Luftverkehrspolitik in der EG, in: DVWG (Hrsg.): Alternative Strategien in der Luftverkehrspolitik? Analysen und Perspektiven für den nationalen und grenzüberschreitenden Personenluftverkehr (Schriftenreihe der DVWG, Reihe B, Bd. 70), Köln 1983, S.81-94 (1983b)

Erdmenger, J.: Die Möglichkeiten einer gemeinsamen europäischen Seehafenverkehrspolitik (Referat Nr.5 vom 18. Mai 1984), in: Bremische Hafenvertretung (Hrsg.): Die Zukunft der europäischen Seehäfen. Eine Dokumentation des 9. und 10. Transportforums in Bremerhaven, 18. Mai 1984 und 10. Oktober 1984 (Sonderdruck Nr.1 der Zeitschrift Weserlotse), Bremen 1984, S.38-42 (1984a)

Erdmenger, J.: Verkehrspolitik, in: Weidenfeld, W. / Wessels, W. (Hrsg.): Jahrbuch der Europäischen Integration 1983, Bonn 1984, S.185-191 (1984b)

Erdmenger, J.: Verkehrspolitik, in: Weidenfeld, W. / Wessels, W. (Hrsg.): Jahrbuch der Europäischen Integration 1984, Bonn 1985, S.189-195

Erdmenger, J.: Verkehrspolitik, in: Weidenfeld, W. / Wessels, W. (Hrsg.): Jahrbuch der Europäischen Integration 1986/87, Bonn 1987, S.200-206

Erdmenger, J.: Development and Prospects of the Maritime Transport Law of the European Communities, in: European Transport Law, 23.Jg., H.5/1988, S.543-555 (1988a)

Erdmenger, J.: Verkehrspolitik, in: Weidenfeld, W. / Wessels, W. (Hrsg.): Jahrbuch der Europäischen Integration 1987/88, Bonn 1988, S.206-212 (1988b)

Erdmenger, J.: Verkehrspolitik, in: Weidenfeld, W. / Wessels, W. (Hrsg.): Jahrbuch der Europäischen Integration 1989/90, Bonn 1990, S.193-199

Erdmenger, J.: Verkehrspolitik, in: Weidenfeld, W. / Wessels, W. (Hrsg.): Jahrbuch der Europäischen Integration 1990/91, Bonn 1991, S.185-190

Erdmenger, J.: Verkehrspolitik, in: Weidenfeld, W. / Wessels, W. (Hrsg.): Jahrbuch der Europäischen Integration 1993/94, Bonn 1994, S.197-202

Erdmenger, J.: Verkehrspolitik, in: Weidenfeld, W. / Wessels, W. (Hrsg.): Jahrbuch der Europäischen Integration 1994/95, Bonn 1995, S.175-180

Erdmenger, J. / **Stasinopoulos**, D.: The Shipping Policy of the European Community, in: Journal of Transport Economics and Policy, 22.Jg., H.3/1988, S.355-360

Esch, B. van der: Main Issues of Community Law Governing Access to Air Transport and Member States Control of Fares, in: Slot, P. J. / Dagtoglou, P. D. (Hrsg.): Toward a Community Air Transport Policy. The Legal Dimension, Deventer – Boston 1989, S.31-61

Escherich, P.: Die Vorgaben des internationalen und supranationalen Rechts: Grundzüge der Regelungen der IMO zur Abwehr terroristischer Gefahren in der Seeschifffahrt (SOLAS / ISPS-Code) und deren Umsetzung durch die EU und die Mitgliedstaaten, in: DVWG (Hrsg.): 2. Rechtsforum der DVWG. Terrorabwehr im Transport- und Verkehrswesen (Schriftenreihe der DVWG, Reihe B, Bd.276), Berlin 2004, S.15-17

Eser, G. O.: Air Traffic Congestion. Meeting the Challenge, in: Annals of Air and Space Law, 15.Jg., 1990, S.47-57

Esser, J. / **Lüthje**, B. / **Noppe**, R. (Hrsg.): Europäische Telekommunikation im Zeitalter der Deregulierung. Infrastruktur im Umbruch, Münster 1996

Esser, M. / **Palme**, K.: Informationsmanagement im E-Business (Institut der deutschen Wirtschaft Köln, Beiträge zur Gesellschafts- und Bildungspolitik, Bd.256), Köln 2002

Estienne-Henrotte, E.: Le Transport Aérien et le Traité CEE: Défi et Perspectives. Les Consequences de l'Arrêt „Nouvelles Frontières", in: European Transport Law, 21.Jg., H.6/1986, S.537-547

Europäische Konferenz der Verkehrsminister (CEMT): Short Sea Shipping (Report of the Eighty-Ninth Round Table on Transport Economics), Paris 1993

Europäisches Parlament (EP), Generaldirektion Wissenschaft: Mass Media Regulations and the Community (Arbeitsdokument, Reihe Wirtschaft, Nr.W-2), Luxemburg 1992

Europäisches Parlament (EP), Generaldirektion Wissenschaft: European Policy for Seaports (Arbeitsdokument, Reihe Verkehr, Nr.E-1), Luxemburg 1993

Europäisches Parlament (EP), Generaldirektion Wissenschaft: Die sozialen Aspekte der gemeinsamen Verkehrspolitik (Arbeitsdokument, Reihe Verkehr, Nr.E-2), Luxemburg 1994 (1994a)

Europäisches Parlament (EP), Generaldirektion Wissenschaft: Carriage of Dangerous Goods and Pollutants by Sea. The Safety Aspect (Arbeitsdokument, Reihe Verkehr, Nr.E-3), Luxemburg 1994 (1994b)

Europäisches Parlament (EP), Generaldirektion Wissenschaft: Telekommunikation und audiovisuelle Medien: Die Handelsbeziehungen zwischen der Europäischen Union und den Vereinigten Staaten (Arbeitsdokument, Reihe Wirtschaft, Nr.W-20), Luxemburg 1995

Europäisches Parlament (EP), Generaldirektion Wissenschaft: Die gemeinsame Seeverkehrspolitik (Arbeitsdokument, Reihe Verkehr, Nr.W-14), Luxemburg 1996

Europäisches Parlament (EP), Generaldirektion Wissenschaft: Status Report on EU Space-Satellite Policies (Arbeitsdokument, Reihe Wirtschaft, Nr.W-27), Luxemburg 1997

Europäisches Parlament (EP), Generaldirektion Wissenschaft: The Rights of Airline Passengers (Arbeitsdokument, Reihe Verkehr, TRAN 105), Luxemburg 1998

Europäisches Parlament (EP), Generaldirektion Wissenschaft: European Sea Port Policy (Arbeitsdokument, Reihe Verkehr, TRAN 106), Luxemburg 1999

Europäisches Parlament (EP), Generaldirektion Wissenschaft: Outflagging and Second Ship Registers. Their Impact on Manning and Employment (Arbeitsdokument, Reihe Soziale Angelegenheiten, SOCI 107), Luxemburg 2000

Everling, U.: Der Beförderungsvorbehalt der Post und das Gemeinschaftsrecht, in: Europarecht, 29. Jg., H.4/1994, S.386-408

Everling, U.: Remailing und europäisches Gemeinschaftsrecht, in: Europarecht, 31.Jg., H.1/1996, S.58-79

Ewers, M.: Zusammenschaltung von Telekommunikationsnetzen. Entgeltbestimmung und Kostenrechnung (Wirtschaftsrecht der internationalen Telekommunikation, Bd.47), Baden-Baden 2002

Fangmann, H.: Europa auf dem Weg zum offenen Markt für Telekommunikationsendgeräte, in: Europäische Zeitschrift für Wirtschaftsrecht, 2.Jg., H.19/1991, S.585-588

Faull, J.: Recent Developments in European Community Competition Policy in the Maritime Field, in: European Transport Law, 30.Jg., H.1/1995, S.3-11

Faust, P.: Der UN-Verhaltenskodex. Erfahrungen und Perspektiven aus der Sicht der Entwicklungsländer, in: DVWG (Hrsg.): Zweites Kieler Seminar zu aktuellen Problemen der Seeschiffahrt (Schriftenreihe der DVWG, Reihe B, Bd.115), Bergisch Gladbach 1989, S.61-72

Faust, P.: Liberalisierung im Seeverkehr der Dritten Welt, in: DVWG (Hrsg.): Viertes Kieler Seminar zu aktuellen Fragen der See- und Küstenschiffahrt (Schriftenreihe der DVWG, Reihe B, Bd. 165), Bergisch Gladbach 1994, S.29-40

Faust, P.: Internationale Schiffahrtspolitik. Erfahrungen und Ziele, in: DVWG (Hrsg.): 7. Kieler Seminar zu aktuellen Problemen der See- und Küstenschiffahrt. Weltseeverkehr vor der Jahrtausendwende (Schriftenreihe der DVWG, Reihe B, Bd.227), Bergisch Gladbach 2000, S.25-38

Felder, St.: Frequenzallokation in der Telekommunikation. Ökonomische Analyse der Vergabe von Frequenzen unter besonderer Berücksichtigung der UMTS-Auktionen (Forschungsergebnisse der Wirtschaftsuniversität Wien, Bd.1), Frankfurt a. M. – Berlin u. a. 2004

Fichert, F.: Globale Umweltbelastungen durch den zivilen Luftverkehr. Kerosinsteuer als Allheilmittel?, in: Zeitschrift für angewandte Umweltforschung, 10.Jg., H.3/1997, S.327-341

Fichert, F.: Umweltschutz im zivilen Luftverkehr. Ökonomische Analyse von Zielen und Instrumenten (Veröffentlichungen des Forschungsinstituts für Wirtschaftspolitik an der Universität Mainz, Bd.56), Berlin 1999

Fichert, F. / **Seitel**, H.-P.: Mehr Wettbewerb im Postdienst. EU-Richtlinienentwurf auf dem Prüfstand, in: Jahrbuch für Sozialwissenschaft, 47.Jg., H.1/1996, S.46-61

Fink, A.: Sicherheitsanforderungen an die Verkehrsflughäfen. Neue rechtliche Rahmenbedingungen seit dem 11.09.2001, in: DVWG (Hrsg.): 2. Rechtsforum der DVWG. Terrorabwehr im Transport- und Verkehrswesen (Schriftenreihe der DVWG, Reihe B, Bd.276), Berlin 2004, S.80-93

Finnegan, J.: Commission Sets out its Policy on Commissions Paid by Airlines to Travel Agents, in: Competition Policy Newsletter, 6.Jg., H.3/1999, S.23

Firth, L. / **Mellor**, D.: Broadband: Benefits and Problems, in: Telecommunications Policy, 29.Jg., H. 2-3/2005, S.223-236

Fischer, U.: Neues aus Europa: Arbeitszeitrichtlinie für das Luftfahrtpersonal, in: Neue Zeitschrift für Arbeitsrecht, 18.Jg., H.19/2001, S.1064-1067

FitzGerald, E.: Stability v Competitiveness (Transasia 99 Conference, Hong Kong, 25-27 August 1999), Brüssel 1999

FitzGerald, E.: Recent Judgements in the Liner Shipping Sector, in: Competition Policy Newsletter, 9.Jg., H.2/2002, S.41-44

FitzGerald, E.: The Revised TACA Decision. The End of the Conflict?, in: Competition Policy Newsletter, 10.Jg., H.1/2003, S.56-58

Flüter-Hoffmann, Ch. / **Kowitz**, R. / **Wegner**, A.: Telearbeit in Deutschland und Europa – neue Chancen – neue Arbeitsstrukturen (Institut der deutschen Wirtschaft Köln, Beiträge zur Gesellschafts- und Bildungspolitik, Bd.238), Köln 1999

Folliot, M. G.: La Communauté Économique Européenne et le Transport Aérien, in: Revue Française de Droit Aérien, 32.Jg., H.2/1978, S.137-144

Föllmi, A.: Lufttransport und europäische Integration. Ökonomische, soziale, technische und politische Aspekte des europäischen Luftverkehrs, Winterthur 1962

Font Galarza, A.: The British Interactive Broadcasting Decision and the Application of Competition Rules to the new Digital Interactive Television Services, in: Competition Policy Newsletter, 6.Jg., H.3/1999, S.7-14

Frank, K.: Die Veränderung von traditionellen Wertschöpfungsketten zu neuen Geschäftsmodellen durch eBusiness oder eCommerce (Berichte aus der Betriebswirtschaft), Aachen 2001

Franz, R.: Schiffahrtsprotektionismus. Der Einfluß schiffahrtsprotektionistischer Maßnahmen auf die Preisbildung im Seeverkehr (Verkehrswissenschaftliche Forschungen, Bd.18), Berlin 1967

Fraude, A.: Grundzüge der Telekommunikationspolitik der Europäischen Gemeinschaften (Arbeitstagung TELEPORT 1986, Karlsruhe, 6. und 7. November 1986), Brüssel 1986

Fredebeul-Krein, M.: Veränderte Anforderungen an eine europäische Standardisierungspolitik in der Telekommunikation, in: Zeitschrift für Wirtschaftspolitik, 46.Jg., H.2/1997, S.140-166

Fredebeul-Krein, M.: Das Universaldienstkonzept der Europäischen Union in der Telekommunikation, in: Wirtschaftsdienst, 78.Jg., H.8/1998, S.461-467

Fredebeul-Krein, M. / **Freytag**, A.: Telecommunications and WTO Discipline. An Assessment of the WTO Agreement on Telecommunications Services, in: Telecommunications Policy, 21.Jg., H. 6/1997, S.477-491

Fredebeul-Krein, M. / **Freytag**, A.: The Case for a more Binding WTO Agreement on Regulatory Principles in Telecommunications Markets, in: Telecommunications Policy, 23.Jg., H.9/1999, S. 625-644

Frerich, J. / **Pötzsch**, R.: Kartellierung im internationalen Linienluftverkehr. Zur Frage der Stabilität des IATA-Kartells, in: Zeitschrift für Verkehrswissenschaft, 47.Jg., H.2/1976, S.102-132

Freund, M.: Infrastrukturgewährleistung in der Telekommunikation. Staatliche Gewährleistungsverantwortung, Universaldienst, Wegerechte (Schriftenreihe Information und Recht, Bd.30), München 2002

Fröhlich, H.: Leistungsstörungen im Luftverkehr. Verspätung und Nichtbeförderung zwischen internationalem und nationalem Recht (Studien zum Handels-, Arbeits- und Wirtschaftsrecht, Bd. 75), Baden-Baden 2002

Frohnmeyer, A.: Die Auswirkungen der Erweiterung der Europäischen Gemeinschaft auf die Entwicklung der gemeinsamen Verkehrspolitik, in: Internationales Verkehrswesen, 24.Jg., H.6/1972, S.245-253

Frühbrodt, L.: Die Liberalisierung der Telekommunikationsdienste. Vom nationalen Monopol zum globalen Wettbewerb (DUV Wirtschaftswissenschaft), Wiesbaden 2002

Führich, E.: Entschädigung bei Überbuchung von Linienflügen, in: Neue Juristische Wochenschrift, 50.Jg., H.16/1997, S.1044-1046

Gabathuler, D. / **Sauter**, W.: Network Sharing in 3rd Generation Mobile Telecommunications Systems. Minding the Coverage Gap and Complying with EC Competition Rules, in: Competition Policy Newsletter, 10.Jg., H.3/2003, S.43-46

Gabelmann, A.: Netzzugang in der Telekommunikation. Eine ökonomische Analyse zur Abgrenzung von Marktmachtpotenzialen und Regulierungsbedarf (Freiburger Studien zur Netzökonomie, Bd.7), Baden-Baden 2003

Gabrisch, Ch.: Universaldienst in Deutschland. Neukonzeption für einen liberalisierten Telekommunikationsmarkt (Gabler Edition Wissenschaft), Wiesbaden 1996

Gans, J. S. / **King**, St. P. / **Woodbridge**, G.: Numbers to the People. Regulation, Ownership and Local Number Portability, in: Information Economics and Policy, 13.Jg., H.2/2001, S.167-180

Gansfort, G.: Praktische Anmerkungen zu der Europäischen Verordnung über die Haftung von Luftfahrtunternehmen bei Flugunfällen mit Personenschäden, in: Zeitschrift für Luft- und Weltraumrecht, 47.Jg., H.3/1998, S.263-284

Gardner, B.: EU Competition Policy and Liner Shipping Conferences, in: Journal of Transport Economics and Policy, 31.Jg., H.3/1997, S.317-324

Gassen, D.: Digitale Signaturen in der Praxis. Grundlagen, Sicherheitsfragen und normativer Rahmen, Köln 2003

Gebhardt, H. P.: Der Richtlinienentwurf zum Datenschutz in der Telekommunikation, in: Kubicek, H. (Hrsg.): Daten- und Verbraucherschutz bei Telekommunikationsdienstleistungen in der EG, Baden-Baden 1993, S.79-85

Georgandopoulos, E. A.: The Proposed 1988 Review Conference on the Code of Conduct for Liner Conferences, in: Marine Policy, 12.Jg., H.1/1988, S.22-30

Gercke, M.: Die Cybercrime Konvention des Europarates, in: Computer und Recht, 20.Jg., H.10/2004, S.782-791

Gercke, M.: Der Rahmenbeschluß über Angriffe auf Informationssysteme, in: Computer und Recht, 21.Jg., H.6/2005, S.468-472

Gerlach, A.: Der Schiffbauweltmarkt und die Zukunft des deutschen Schiffbaus, in: Internationales Verkehrswesen, 54.Jg., H.10/2002, S.499-501

Giari, M. J.: European Community Seaport Policy: Competition or Cooperation?, in: Marine Affairs Journal, 7.Jg., H.8/1982, S.1-37

Giemulla, E. / **Schmidt**, R.: Wem gehört die Zeit? Rechtsprobleme der Slot-Zuteilung, in: Zeitschrift für Luft- und Weltraumrecht, 41.Jg., H.1/1992, S.51-62

Giemulla, E. / **Schmidt**, R.: Die europarechtliche Neuordnung der Haftung bei Flugunfällen und ihre Auswirkungen auf Luftfahrtunternehmen, in: Neue Zeitschrift für Verkehrsrecht, 11.Jg., H.6/1998, S.225-229

Ginderachter, E. van: La Commission a Approuvé des Propositions de Règlements du Conseil Visant a Permettre la Pleine Application des Règles de Concurrence aux Transports Aériens entre la Communauté et les Pays Tiers, in: Competition Policy Newsletter, 4.Jg., H.2/1997, S.12-15

Ginderachter, E. van / **Durande**, S.: EC Regulation 870/95: The Consortia Block Exemption, in: European Transport Law, 31.Jg., H.2/1996, S.241-264

Gischer, H.: Aktuelle versus potentielle Konkurrenz auf dem Europäischen Luftverkehrsmarkt, in: Wirtschaftsdienst, 75.Jg., H.5/1995, S.267-272

Gischer, H.: Markteintrittsbarrieren auf dem Europäischen Luftverkehrsmarkt. Zur Reformierung der Vergabe von Start- und Landerechten, in: Zeitschrift für Verkehrswissenschaft, 67.Jg., H.3/ 1996, S.239-248

Goedhuis, D.: Questions of Public International Air Law, in: Recueil de Cours, Bd.81 (1952, 2.Hj.), S.205-295

Goedhuis, D.: The Role of Air Transport in European Integration, in: The Journal of Air Law and Commerce, 24.Jg., H.2/1957, S.273-285

Goh, J.: European Air Transport Law and Competition, Chichester – New York u. a. 1997

Golchert, H.-J.: Sicherheit auf See. Stand und weiterer Kurs, in: DVWG (Hrsg.): 8. Kieler Seminar zu aktuellen Fragen der See- und Küstenschifffahrt. Perspektiven und Probleme des Weltseeverkehrs im neuen Jahrhundert (Schriftenreihe der DVWG, Reihe B, Bd.245), Bergisch Gladbach 2002, S.168-182

Goss, R. O.: Safety in Sea Transport, in: Journal of Transport Economics and Policy, 28.Jg., H.1/ 1994, S.99-110

Götzke, G.: Ökonomische Analyse der Frequenzallokation unter besonderer Berücksichtigung des zellularen Mobilfunks (Veröffentlichungen des HWWA-Instituts für Wirtschaftsforschung Hamburg, Bd.12), Baden-Baden 1994

Goumagias, K.: Die Stellung der Telekommunikation im Europäischen Vertrag (Münsteraner Studien zur Rechtsvergleichung, Bd.32), Münster 1998

Graack, C.: Telekommunikationswirtschaft in der Europäischen Union. Innovationsdynamik, Regulierungspolitik und Internationalisierungsprozesse (Wirtschaftswissenschaftliche Beiträge, Bd.150), Heidelberg 1997

Grabowski, O.: Wettbewerbsbeschränkungen in der Luftfahrtindustrie durch Computer Reservation Systems. Regelungen und Erfahrungen im amerikanischen und europäischen Recht der Wettbewerbsbeschränkungen (Europäische Hochschulschriften, Reihe II, Rechtswissenschaft, Bd. 1587), Frankfurt a. M. – Berlin u. a. 1994

Grad, E. E.: Flugsicherungsgebühren. Ermittlung und Verrechnung der Gebühren für die Inanspruchnahme von Einrichtungen und Diensten der Flugsicherung und des Flugwetterdienstes, in: Internationales Verkehrswesen, 34.Jg., H.6/1982, S.393-398

Graf Vitzthum, W.: Schiffssicherheit: Die EG als potentieller Durchsetzungsdegen der IMO, in: Zeitschrift für ausländisches öffentliches Recht und Völkerrecht, 62.Jg., 2002, S.163-182

Gramlich, L.: Rechtliche Möglichkeiten der Finanzierung von Infrastrukturleistungen im Post- und Telekommunikationsbereich durch die Einrichtung eines Infrastrukturfonds, in: Archiv für Post und Telekommunikation, 47.Jg., H.3/1995, S.189-216

Gramlich, L.: Rechtsfragen bei Zusammenschaltungsvereinbarungen, in: Computer und Recht, 15. Jg., H.2/1997, S.65-72

Gramlich, L.: Postrecht im Wandel. Grundzüge der neuen Regelungen im Postgesetz 1997 und in der EG-Postrichtlinie, Chemnitz 1999

Grard, L.: La Politique Aérienne Commune après dix Ans de Législation à la Veille de l'Ouverture Complète du Marché, in: Revue des Affaires Européennes, 7.Jg., H.1/1997, S.3-11

Green, N.: The Consortia Block Exemption, in: European Transport Law, 28.Jg., H.4/1993, S.477-486

Gremminger, M.: Investigation into Air Alliance between bmi british midland and United Airlines Closed, in: Competition Policy Newsletter, 10.Jg., H.1/2003, S.74

Grespan, D. / **Reymond**, O.: La Commission Ouvre deux Investigations sur les Mesures de Soutien Public Octroyées en Faveur de Mobilcom et France Télécom, in: Competition Policy Newsletter, 10.Jg., H.2/2003, S.86-87

Grespan, D. / **Reymond**, O.: France Télécom Bénéficie de deux Aides d'État Illégales, in: Competition Policy Newsletter, 11.Jg., H.3/2004, S.16-20

Grewe, D. / **Inotai**, A. G. / **Kramer**, St.: Two recent Veto Decisions under the New Regulatory Framework for Electronic Communications. The Importance of Competition Law Principles in Market Analysis, in: Competition Policy Newsletter, 12.Jg., H.1/2005, S.49-52

Grewlich, K. W.: Die UN-Konvention über einen Verhaltenskodex für Linienkonferenzen, in: Zeitschrift für ausländisches öffentliches Recht und Völkerrecht, 35.Jg., H.4/1975, S.742-758

Grewlich, K. W.: Forschungs- und Technologiepolitik, in: Weidenfeld, W. / Wessels, W. (Hrsg.): Jahrbuch der Europäischen Integration 1988/89, Bonn 1989, S.182-191

Grewlich, K. W.: Forschungs-, Technologie- und Telekommunikationspolitik, in: Weidenfeld, W. / Wessels, W. (Hrsg.): Jahrbuch der Europäischen Integration 1989/90, Bonn 1990, S.200-207 (1990a)

Grewlich, K. W.: WATTC-88 – Ein Beitrag zum Völkerrecht der Telekommunikation, in: Recht der internationalen Wirtschaft, 36.Jg., H.2/1990, S.96-100 (1990b)

Gries, Ch.-I.: Die Entwicklung der Nachfrage nach breitbandigem Internet-Zugang (Diskussionsbeiträge des WIK, Nr.242), Bad Honnef 2003

Gries, Ch.-I.: Entwicklung der DSL-Märkte im internationalen Vergleich (Diskussionsbeiträge des WIK, Nr.257), Bad Honnef 2004

Grimm, R. / **Fox**, D.: Entwurf einer EU-Richtlinie zu Rahmenbedingungen „elektronischer Signaturen“, in: Datenschutz und Datensicherheit, 16.Jg., H.7/1998, S.407-408

Groebel, A.: Problemfelder des neuen europäischen Rechtsrahmens zur Regulierung elektronischer Kommunikationsnetze (Schriften zum Informations-, Telekommunikations- und Medienrecht, Bd.36), Münster 2005

Gröner, H. / **Knorr**, A.: Europäische Integration im Bereich der Postdienste – aber wie?, in: ORDO – Jahrbuch für die Ordnung von Wirtschaft und Gesellschaft, Bd.43, 1992, S.423-452

Gröner, H. / **Knorr**, A.: Marktöffnung im Postwesen durch Lizenzierung? (Beiträge zur Ordnungstheorie und Ordnungspolitik, Bd.145), Tübingen 1995

Gröner, H. / **Knorr**, A.: Lizenzierung als Instrument der Marktöffnung, in: Berger, H. / Knauth, P. (Hrsg.): Liberalisierung und Regulierung der Postmärkte. Ansatzpunkte für eine Neugestaltung der staatlichen Postpolitik, München – Wien 1996, S.225-246 (1996a)

Gröner, H. / **Knorr**, A.: Die Liberalisierung der Postdienste in der EU. Anmerkungen zum Maßnahmenpaket der Kommission, in: Europäisches Wirtschafts- und Steuerrecht, 7.Jg., H.7/1996, S.225-234 (1996b)

Grundmann, S.: Marktöffnung im Luftverkehr. Hoheitliche Eintrittsbarrieren in den USA und in der EG (Wirtschaftsrecht und Wirtschaftspolitik, Bd.157), Baden-Baden 1999

Guihery, L.: Universal Mobile Telecommunication System (UMTS) in Europe. Failure of Public Policy, both at the European Union and Member States Levels?, in: Journal of European Economy, 2. Jg., H.2/2003, S.258-275

Guillaume, G.: Observations sur l'Arrêt de la Court de Justice des Communautés Européennes du 4 Avril 1974 et son Application au Transport Aérien, in: Revue Française de Droit Aérien, 30.Jg., H. 4/1976, S.534-536

Haag, M. / **Klotz**, R.: Commission Practice Concerning Excessive Pricing in Telecommunications, in: Competition Policy Newsletter, 5.Jg., H.2/1998, S.35-37

Haag, M. / **Schoof**, H.: Telecommunications Regulation and Cable TV Infrastructures in the European Union. Current Policies and Future Issues, in: Telecommunications Policy, 18.Jg., H.5/1994, S. 367-377

Haanappel, P. P. C.: The External Aviation Relations of the European Economic Community and of EEC Member States into the Twenty-first Century, Teil 1: in: Air Law, 14.Jg., H.2/1989, S.69-87; Teil 2: in: Air Law, 14.Jg., H.3/1989, S.122-146

Haar, B.: Marktöffnung in der Telekommunikation. Zum Verhältnis zwischen Wirtschaftsaufsicht und Normen gegen Wettbewerbsbeschränkungen im US-amerikanischen Recht, im europäischen Gemeinschaftsrecht und im deutschen Recht (Wirtschaftsrecht der internationalen Telekommunikation, Bd.25), Baden-Baden 1995

Haberzettl, G.: Normung und Zertifizierung. Bausteine für den Europäischen Binnenmarkt, in: Computer und Recht, 5.Jg., H.10/1989, S.943-946

Hader, A.: Umweltprobleme und Umweltschutz im Seeverkehr. Ansatzpunkte und Anwendungsprobleme umweltpolitischer Instrumente: Quality Shipping, in: Knorr, A. / Schauf, T. (Hrsg.): See- und Luftverkehrsmärkte im Umbruch. Weltwirtschaftliche Strukturveränderungen auf strategischen Märkten (Institut für Weltwirtschaft und Internationales Management Bremen, Bd.11), Münster 2004, S.125-132

Hagleitner, M.: Strategische Allianzen von Airlines im Lichte des Europarechts (Berichte aus der Rechtswissenschaft), Aachen 1998

Hallenga, R.: Europarechtliche Vorgaben für die Liberalisierung von Telekommunikationsnetzmärkten und die Umsetzung in nationales Recht, in: Archiv für Post und Telekommunikation, 48. Jg., H.3/1996, S.239-246

Hallmann, J. B.: Airunion – europäisch oder weltweit?, in: Europäische Wirtschaft, 2.Jg., Nr.18/ 1959, S.456-459

Hammes, M.: Wettbewerbsregeln für den Luftverkehr der Europäischen Gemeinschaften, Mainz 1982 (Diss.)

Hansen, F.-P.: Standardisierung als relationaler Vertrag. Die Entwicklung technischer Vorschriften in der europäischen Telekommunikation (Europäische Hochschulschriften, Reihe V, Volks- und Betriebswirtschaft, Bd.2420), Frankfurt a. M. – Berlin u. a. 1999

Hart, P.: State Aid and the Shipping Industry: A European Community Analysis, in: Hart, P. / Ledger, G. / Roe, M. / Smith, B. (Hrsg.): Shipping Policy in the European Community, Aldershot – Brookfield u. a. 1993, S.42-81

Hart, Th.: A Dynamic Universal Service for a Heterogenous European Union, in: Telecommunications Policy, 22.Jg., H.10/1998, S.839-852

Hart, Th.: Europäische Telekommunikationspolitik. Entwürfe für ein zukunftsorientiertes Regulierungskonzept (Berichte aus der Volkswirtschaft), Aachen 1999

Hartmann-Rüppel, M.: Europäische Fusionskontrolle und Luftverkehr. Die wettbewerbsrechtliche Beurteilung horizontaler Zusammenschlüsse im Luftverkehr nach der europäischen Fusionskontrollverordnung (Wirtschaftsrecht und Wirtschaftspolitik, Bd.177), Baden-Baden 2002

Hassel, Ch.: Haftungsrechtliche Strategien als Instrument der Risikoreduktion bei Tankerunfällen in der Seeschiffahrt. Eine ökonomische Analyse (Vorträge und Studien aus dem Institut für Verkehrswissenschaft an der Universität Münster, H.29), Göttingen 1998

Hasselt, L. van: Der europäische Weg. Verkehrspolitik und Maßnahmen der EU-Kommission, in: DVWG (Hrsg.): 8. Luftverkehrsforum der DVWG. Die Europäische Flugsicherung – auf Dauer ein Problem des Luftverkehrs? (Schriftenreihe der DVWG, Reihe B, Bd.239), Bergisch Gladbach 2001, S.49-56

Haupt, R. J. / **Weber**, P.-J.: Liberalisierungsbestrebungen im europäischen Luftverkehr (Deutsche Forschungs- und Versuchsanstalt für Luft- und Raumfahrt (DFVLR) e. V., Hauptabteilung Verkehrsforschung, Forschungsbericht Nr.85-23), Köln 1985

Hautau, U.: Seeverkehrsmärkte im wettbewerbspolitischen Wandel. Dargestellt am Beispiel der Container-Linienschifffahrt auf der Nordatlantik- und der Fernost-Route (Europäische Hochschulschriften, Reihe V, Volks- und Betriebswirtschaft, Bd.2904), Frankfurt a. M. – Berlin u. a. 2002 (2002a)

Hautau, U.: Die wettbewerbspolitische Regulierung internationaler Container-Seeverkehrsmärkte. US-amerikanische Reformen und EU-Regelungen im Vergleich, in: Zeitschrift für Verkehrswissenschaft, 73.Jg., H.1/2002, S.25-38 (2002b)

Hautau, U.: Europäische Liberalisierung der Hafendienste. Richtiger Deregulierungsansatz?, in: Zeitschrift für Verkehrswissenschaft, 73.Jg., H.3/2002, S.179-193 (2002c)

Heeckt, H.: Die Seehäfen in Großbritannien und Irland (Veröffentlichungen des HWWA-Instituts für Wirtschaftsforschung Hamburg, Handbuch der europäischen Seehäfen, Bd.6), Hamburg 1972

Heinen, F.: Maßnahmen zur Reduzierung der Schadstoffemissionen des Flugverkehrs. Entwicklungen, Möglichkeiten, Grenzen, in: Internationales Verkehrswesen, 54.Jg., H.11/2002, S.529-532

Heitmann, K.: Brauchen wir eine europäische Seehafenpolitik?, in: DVWG (Hrsg.): Sechstes Kieler Seminar zu aktuellen Fragen der See- und Küstenschiffahrt. Probleme im Seeverkehr (Schriftenreihe der DVWG, Reihe B, Bd.207), Bergisch Gladbach 1998, S.85-106

Heldring, B.: The EUROS Flag and Related Issues, in: European Transport Law, 28.Jg., H.4/1993, S. 389-404

Helf, K.-H.: Sicherheit in der Telekommunikation als Regulierungsaufgabe, in: Computer und Recht, 13.Jg., H.6/1997, S.331-335

Hellwig, F.: Seeschiffahrt und Europäische Wirtschaftsgemeinschaft, in: Institut für das Recht der Europäischen Gemeinschaften der Universität Köln (Hrsg.): Verkehr und Gemeinschaftsrecht. Wissenschaftliches Kolloquium am 1. und 2. April 1971 in Bad Ems veranstaltet von der Wissenschaftlichen Gesellschaft für Europarecht (Kölner Schriften zum Europarecht, Bd.18), Köln – Berlin u. a. 1972, S.81-103

Hencsey, M. / **Reymond**, O. / **Riedl**, A. / **Santamato**, S. / **Westerhof**, J. G.: State Aid Rules and Public Funding of Broadband, in: Competition Policy Newsletter, 12.Jg., H.1/2005, S.8-15

Hense, A.: Qualitätsregulierung und wettbewerbspolitische Implikationen auf Postmärkten (Diskussionsbeiträge des WIK, Nr.255), Bad Honnef 2004

Herdegen, M.: Das Endvergütungssystem des Weltpostvertrages bei „Remailing" im Lichte des Europäischen Gemeinschaftsrechts und des deutschen Verfassungsrechts, in: Archiv für Post und Telekommunikation, 49.Jg., H.3/1997, S.181-192

Hermida, J.: The New Montreal Convention. The International Passenger's Perspective. One Airline's Merit is Another Passenger's Shortcoming, in: Air and Space Law, 26.Jg., H.3/2001, S.150-155

Hermsen, W.: Harmonisierung der Wettbewerbsbedingungen zwischen den Flughäfen als notwendige Konsequenz der Liberalisierung, in: DVWG (Hrsg.): Open Skies '98. Konsequenzen und Erfahrungen der Liberalisierung des Europäischen Marktes in bezug auf die Flughäfen (Schriftenreihe der DVWG, Reihe B, Bd.220), Bergisch Gladbach 1999, S.60-70

Heuser, U. J.: Hochauflösendes Fernsehen. Fallstudie und Analyse des internationalen Standardisierungsprozesses, Köln 1992 (Diss.)

Higham, N.: Open Network Provisions in the EC. A Step-By-Step Approach to Competition, in: Telecommunications Policy, 17.Jg., H.4/1993, S.242-249

Higham, N.: Mobile and Personal Communications. The European Commission's Green Paper, in: Telecommunications Policy, 18.Jg., H.9/1994, S.705-714

Hillebrand, A. / **Büllingen**, F.: Durch Sicherungsinfrastruktur zur Vertrauenskultur. Kritische Erfolgsfaktoren und regulatorische Aspekte der digitalen Signatur (Diskussionsbeiträge des WIK,

Nr.188), Bad Honnef 1998

Hillebrand, A. / **Büllingen**, F.: Internet-Governance. Politiken und Folgen der institutionellen Neuordnung der Domainverwaltung durch ICANN (Diskussionsbeiträge des WIK, Nr.218), Bad Honnef 2001

Hillebrand, F. (Hrsg.): GSM and UMTS. The Creation of Global Mobile Communications, Chichester – New York 2002

Hinz, Ch.: Deutsche und europäische maritime Politik, in: DVWG (Hrsg.): Fünftes Kieler Seminar zu aktuellen Fragen der See- und Küstenschiffahrt (Schriftenreihe der DVWG, Reihe B, Bd.186), Bergisch Gladbach 1996, S.11-19

Hobe, St.: Perspektiven für den internationalen Luftverkehr nach den „Open Skies" Urteilen des EuGH, in: DVWG (Hrsg.): 11. Luftverkehrsforum der DVWG. Workshop: „Luftverkehrsmärkte der Zukunft. Entwicklung des Luftverkehrsraums USA – EU: Welche Chancen hat Deutschland?" (Schriftenreihe der DVWG, Reihe B, Bd.273), Berlin 2004, S.98-120

Hocepied, C.: Telecoms Sector soon fully Open to Competition. The Central Role of the European Commission, in: Competition Policy Newsletter, 3.Jg., H.1/1996, S.13-17

Höckels, A.: Alternative Formen des entbündelten Zugangs zur Teilnehmeranschlussleitung (Diskussionsbeiträge des WIK, Nr.215), Bad Honnef 2001 (2001a)

Höckels, A.: Internationaler Vergleich der Wettbewerbsentwicklung im Local Loop (Diskussionsbeiträge des WIK, Nr.228), Bad Honnef 2001 (2001b)

Höfer, B. J.: Strukturwandel im europäischen Luftverkehr. Marktstrukturelle Konsequenzen der Deregulierung (Europäische Hochschulschriften, Reihe V, Volks- und Betriebswirtschaft, Bd.1511), Frankfurt a. M. – Berlin u. a. 1993

Hoffmann-Riem, W. (Hrsg.): Perspektiven der Informationsgesellschaft. Überarbeitete Fassung von Vorträgen anläßlich eines Symposiums, zu dem das Hans-Bredow-Institut eingeladen hatte (Symposien des Hans-Bredow-Instituts, Bd.16), Baden-Baden 1995

Hofmann, H.: Produktions- und Angebotsstrukturen im Postsektor, in: Berger, H. / Knauth, P. (Hrsg.): Liberalisierung und Regulierung der Postmärkte. Ansatzpunkte für eine Neugestaltung der staatlichen Postpolitik, München – Wien 1996, S.123-146

Holder, L. A.: Shipping Safety. A Post-Donaldson Analysis, in: Maritime Policy and Management, 22.Jg., H.3/1995, S.189-223

Holocher, K. H. (Hrsg.): Wettbewerb im Hafen. Aktuelle europarechtliche und organisatorische Aspekte (Elsflether Schriften zur Seeverkehrs- und Hafenwirtschaft, Bd.2), Elsfleth 2002

Holst, H.: Auf dem Weg zur EG-Schiffahrtspolitik, in: Hansa, 128.Jg., H.1-2/1991, S.11-12 (1991a)

Holst, H.: Europäische Schiffahrt, Seeverkehrs-Kabotage. Ein Nord-Süd-Konflikt in der EG, in: Hansa, 128.Jg., H.15-16/1991, S.795-797 (1991b)

Holz, H. P.: Ansätze für eine marktkonforme Slotvergabe- und Gebührenpolitik nach der Liberalisierung des Luftverkehrs in der Europäischen Gemeinschaft, in: Zeitschrift für Verkehrswissenschaft, 62.Jg., H.4/1991, S.229-250

Holzhäuser, M.: Essential Facilities in der Telekommunikation. Der Zugang zu Netzen und anderen wesentlichen Einrichtungen im Spannungsfeld zwischen sektorspezifischer Regulierung und allgemeinem Wettbewerbsrecht, München 2001

Hönemann, W.: Ordnungspolitische Gestaltung des Seehafen-Hinterlandverkehrs, in: Internationales Verkehrswesen, 38.Jg., H.5/1986, S.350-355

Honka, H.: European Union Shipping Policies, in: Lovett, W. A. (Hrsg.): United States Shipping Policies and the World Market, Westport – London 1996, S.127-151

Hormann, H.: Schiffssicherheit am Beispiel der Tankschiffahrt, in: DVWG (Hrsg.): Viertes Kieler Seminar zu aktuellen Fragen der See- und Küstenschiffahrt (Schriftenreihe der DVWG, Reihe B,

Bd.165), Bergisch Gladbach 1994, S.95-102

Horrocks, J.: European Guide to Telecommunications Liberalisation, London 1995

Howell, T.: Implementation of the Commission's Green Paper on Satellite Communications in Europe, in: Arnold, F. (Hrsg.): Telekommunikation in Europa: Quo vadis? (Online '92, 15. Europäische Congressmesse für Technische Kommunikation, Symposium I-3, Hamburg 10. / 11.-14.02.1992), Hamburg 1992, S.16.01-16.13

Hudson, H.: Universal Service in the Information Age, in: Telecommunications Policy, 18.Jg., H.8/ 1994, S.658-667

Hufbauer, G. C. / **Wada**, E. (Hrsg.): Unfinished Business: Telecommunications after the Uruguay Round, Washington D. C. 1997

Huffel, L. van: Ebauche d'une Politique Portuaire de la CEE, in: European Transport Law, 9.Jg., H.2/ 1974, S.234-242

Hünerson, A. B. / **Zimmermann**, B.: Binnenmarkt 1993: Europäisches Gemeinschaftsrecht und Seeschiffahrt, in: Internationales Verkehrswesen, 43.Jg., H.6/1991, S.238-243

Hüschelrath, K.: Infrastrukturengpässe im Luftverkehr. Die Vergabe von Start- und Landerechten an Flughäfen, Wiesbaden 1998

Huybrechts, M. A.: The International Safety Management Code from Human Failure to Achievement, in: European Transport Law, 34.Jg., H.1/1999, S.17-35

Ickenroth, B.: Die Finanzierung des Universaldienstes im Wettbewerb. Erfahrungen im Ausland und Implikationen für Deutschland (Diskussionsbeiträge des WIK, Nr.154), Bad Honnef 1995

Ipsen, H. P.: EWG über See. Zur seerechtlichen Orientierung des europäischen Gemeinschaftsrechts, in: Ipsen, H. P. / Necker, K.-H. (Hrsg.): Recht über See. Festschrift für Rolf Stödter zum 70. Geburtstag am 22. April 1979, Hamburg 1979, S.167-207

Ipsen, H. P.: Die Europäische Gemeinschaft und das Meer, in: Graf Vitzthum, W. (Hrsg.): Die Plünderung der Meere. Ein gemeinsames Erbe wird zerstückelt (Reihe Informationen zur Zeit), Frankfurt a. M. 1981, S.300-323

Jäckel, K.: Kooperationsstrategien im Linienluftverkehr vor dem Hintergrund zunehmender Integrationsentwicklung in Europa, Bergisch Gladbach – Köln 1991

Jäckel, K.: Der Prozeß der Deregulierung des EG-Luftverkehrs, in: Zeitschrift für Verkehrswissenschaft, 64.Jg., H.3/1993, S.163-186

Jacobs, A.: Zur Vereinbarkeit von Kartellabsprachen der internationalen Linienschiffahrt mit Artikel 85 EWG-Vertrag (Planungsstudien, Bd.19), Baden-Baden 1991

Jaggi, St. G.: Strategische Allianzen im europäischen Telekommunikationssektor. Das Verhaltenskontrollkonzept der EG-Kommission vor dem Hintergrund U.S.-amerikanischer Erfahrungen (Schriftenreihe Europäisches Recht, Politik und Wirtschaft, Bd.286), Baden-Baden 2003

Jansen, B.: Die Anwendung der Wettbewerbsregeln auf das Monopol nationaler Fernmeldedienste für Telekommunikations-Endgeräte, in: Neue Juristische Wochenschrift, H.48/1991, S.3062-3065

Janssen, P.: ISM and Port State Control, in: European Transport Law, 34.Jg., H.1/1999, S.51-53

Jaspers, M.: Commission does not Oppose the Continuing Operation of P&O Stena Line's Cross-Channel Ferry Services, in: Competition Policy Newsletter, 8.Jg., H.3/2001, S.47-48

Jaspers, M.: The TACA Judgement: Lessons Learnt and the Way Forward, in: Competition Policy Newsletter, 11.Jg., H.1/2004, S.34-39

Jestaedt, Th. / **Hohenstatt**, K.-St.: Das dritte Maßnahmenbündel zur Liberalisierung des Luftverkehrs. Zu den Vorschlägen der EG-Kommission, in: Europäische Zeitschrift für Wirtschaftsrecht, 3.Jg., H.4/1992, S.115-119

Jolmes, L. L. V.: Die Seehäfen in Italien (Veröffentlichungen des HWWA-Instituts für Wirtschaftsforschung Hamburg, Handbuch der europäischen Seehäfen, Bd.9), Hamburg 1972

Jolmes, L. L. V.: Die Seehäfen an der deutschen Nordseeküste (Veröffentlichungen des HWWA-Instituts für Wirtschaftsforschung Hamburg, Handbuch der europäischen Seehäfen, Bd.3), Hamburg 1980

Jürgensen, H.: Perspektiven für die Seeschiffahrt. Der Einfluß sich wandelnder Rahmenbedingungen für die Leistungserstellung, in: Klatt, S. (Hrsg.): Perspektiven verkehrswissenschaftlicher Forschung. Festschrift für Fritz Voigt zum 75. Geburtstag, Berlin 1985, S.499-523

Just, N. / **Latzer**, M.: EU Competition Policy and Market Power Control in the Mediamatics Era, in: Telecommunications Policy, 24.Jg., H.5/2000, S.395-411

Kaiser, St. A.: Die Neuregelung der Slotvergabe. Müssen sogenannte „Grandfather"-Rechte gesetzlich verankert werden?, in: Transportrecht, 14.Jg., H.7-8/1991, S.266-276

Kampmann, F.: Wettbewerbsanalyse der Normung der Telekommunikation in Europa (Europäische Hochschulschriften, Reihe V, Volks- und Betriebswirtschaft, Bd.1360), Frankfurt a. M. – Bern u. a. 1993

Kapteyn, P. J.: Europa sucht eine gemeinsame Verkehrspolitik (Collège d'Europe, Institut Postuniversitaire d'Études Européennes, Cahiers de Bruges, N. S. Bd.21), Brügge 1968

Kardasiadou, Z.: Mitteilung der EU-Kommission: Die Reform des Rechtsrahmens für den TK-Sektor, in: RTkom – Zeitschrift für das gesamte Recht der Telekommunikation, 51.Jg., H.3-4/1999, S.168-172

Kark, A.: Die Liberalisierung der europäischen Zivilluftfahrt und das Wettbewerbsrecht der Europäischen Gemeinschaften (Bürgerliches Recht, Handels- und Verkehrsrecht, Bd.17), Frankfurt a. M. – Bern u. a. 1989

Karlsson, K. / **Callaghan**, J. J.: Air Transport Liberalisation Comes Down to the Ground. Recent E.C. Developments in the Groundhandling Sector, in: European Competition Law Review, 20.Jg., H.2/1999, S.86-100

Kaufmann, Ch.: Die Kompetenz der Europäischen Union zum Abschluß bilateraler Luftverkehrsabkommen (Schriften der Johannes-Kepler-Universität Linz, Bd.12), Linz 2001

Kehden, M. I.: Seeschiffahrt und Meeresumweltschutz. Bemühungen zur Verhinderung schiffsverursachter Meeresverschmutzung, in: Graf Vitzthum, W. (Hrsg.): Die Plünderung der Meere. Ein gemeinsames Erbe wird zerstückelt (Reihe Informationen zur Zeit), Frankfurt a. M. 1981, S.247-266

Kempis, F. J. von: Zur aktuellen Entwicklung in der Seeschiffahrtspolitik. Beurteilungen aus der Sicht der Verlader, in: Internationales Verkehrswesen, 41.Jg., H.1/1989, S.19-21

Keuter, A.: Wettbewerb und Regulierung im internationalen Telefondienst. Struktur, Entwicklung und Probleme eines vor der Liberalisierung stehenden Telekommunikationsmarktes in Europa (Diskussionsbeiträge des WIK, Nr.139), Bad Honnef 1994

Keuter, A. / **Nett**, L. / **Neu**, W. / **Schwarz-Schilling**, C. / **Stumpf**, U.: Ergebnisse und Perspektiven der Telekommunikationsliberalisierung in ausgewählten Ländern (Diskussionsbeiträge des WIK, Nr.193), Bad Honnef 1999

Keuter, A. / **Nett**, L. / **Stumpf**, U.: Regeln für das Verfahren zur Versteigerung von ERMES-Lizenzen / Frequenzen sowie regionaler ERMES-Frequenzen (Diskussionsbeiträge des WIK, Nr.165), Bad Honnef 1996

Kiessling, Th.: Optimale Marktstrukturregulierung in der Telekommunikation. Lehren aus den USA und anderen Ländern für die EU (Wirtschaftsrecht der internationalen Telekommunikation, Bd. 34), Baden-Baden 1998

Kiessling, Th. / **Blondeel**, Y.: The EU Regulatory Framework in Telecommunications. A Critical Analysis, in: Telecommunications Policy, 22.Jg., H.7/1998, S.571-592

Kille, E.: Kurier-, Expreß- und Paketdienstmärkte in Europa, in: Internationales Verkehrswesen, 43.

Jg., H.1-2/1991, S.22-29

Kirchner, J.: Die Bedeutung der Europäischen Wettbewerbsvorgaben für den Universaldienst im Post- und Telekommunikationssektor, in: Zeitschrift für öffentliche und gemeinwirtschaftliche Unternehmen, 25.Jg., H.3/2002, S.297-310

Kirsebom, Th. / **Mette**, M.: Handlungsbedarf in der europäischen Flugsicherung, in: Internationales Verkehrswesen, 52.Jg., H.11/2000, S.517-518

Klaue, S. / **Schwintowski**, H.-P.: Marktabgrenzung und Marktbeherrschung im Telekommunikationssektor (Schriftenreihe des Instituts für Energie- und Wettbewerbsrecht in der Kommunalen Wirtschaft e. V. an der Humboldt-Universität zu Berlin, Bd.2), Baden-Baden 2001

Klaus, P.: Die europäischen Paket- und Kurierdienstmärkte. Trends und Entwicklungen, in: Internationales Verkehrswesen, 54.Jg., H.1-2/2002, S.44-45

Kleinwächter, W.: ICANN between Technical Mandate and Political Challenges, in: Telecommunications Policy, 24.Jg., H.6-7/2000, S.553-563

Klodt, H. / **Laaser**, C.-F. / **Lorz**, J. O. / **Maure**, R.: Wettbewerb und Regulierung in der Telekommunikation. Zwischenbericht zur Strukturberichterstattung (Kieler Studien des Instituts für Weltwirtschaft an der Universität Kiel, Bd.272), Tübingen 1995

Klotz, R.: Der Wettbewerb auf dem deutschen Breitbandmarkt. Eine kritische Bestandsaufnahme, in: Kommunikation & Recht, 8.Jg., H.3/2005, S.102-108

Klotz, R. / **Delgado**, J. / **Fehrenbach**, J.: Zugangsentgelte in der Telekommunikation. Die Erfahrung mit dem entbündelten Zugang zur Teilnehmeranschlussleitung in der EU, in: Wirtschaft und Wettbewerb, 53.Jg., H.4/2003, S.346-358 (2003a)

Klotz, R. / **Fehrenbach**, J.: Two Commission Decisions on Price Abuse in the Telecommunications Sector, in: Competition Policy Newsletter, 10.Jg., H.3/2003, S.8-13 (2003b)

Kluth, Th.-S.: Telekommunikation als Regelungsgegenstand des Europäischen Gemeinschaftsrechts (Europäische Hochschulschriften, Reihe II, Rechtswissenschaft, Bd.1446), Frankfurt a. M. – Bern u. a. 1993

Knieps, G.: Entstaatlichung im Telekommunikationsbereich. Eine theoretische und empirische Analyse der technologischen, ökonomischen und institutionellen Einflußfaktoren (Wirtschaftswissenschaftliche und wirtschaftsrechtliche Untersuchungen, Bd.21), Tübingen 1985

Knieps, G.: Deregulierung im Luftverkehr. Neuere Entwicklungen in der Wettbewerbstheorie und ihre Auswirkungen im Linienverkehr (Walter Eucken Institut, Vorträge und Aufsätze, Bd.111), Tübingen 1987

Knieps, G.: Überlastung des Luftraums. Potentiale der Marktsteuerung, in: ORDO – Jahrbuch für die Ordnung von Wirtschaft und Gesellschaft, Bd.41, 1990, S.195-205

Knieps, G.: Infrastrukturprobleme im europäischen Luftverkehr, in: Schweizerische Zeitschrift für Volkswirtschaft und Statistik, 128.Jg., H.4/1992, S.643-653

Knieps, G.: Slothandel als marktwirtschaftliches Instrument bei Knappheitsproblemen an Flughäfen, in: DVWG (Hrsg.): Drittes Luftverkehrsforum der DVWG. Auf dem Prüfstand: Die Verfahrensregelungen für die Vergabe von Start- und Landezeiten (Slots) bei Kapazitätsengpässen an Flughäfen (Schriftenreihe der DVWG, Reihe B, Bd.189), Bergisch Gladbach 1996, S.4-16

Knieps, G.: Interconnection and Network Access. The Case of Telecommunications. Papers presented at the Weimar Symposium: The Competition Law of Deregulation, From 16 to 18 October 1998 (Diskussionsbeiträge des Instituts für Verkehrswissenschaft und Regionalpolitik, Nr.56), Freiburg 1999 (1999a)

Knieps, G.: „Review 1999" der EU-Kommission. IC-Regulierungsreform aus netzökonomischer Sicht, in: MultiMedia und Recht, 8.Jg., H.8/1999, S.460-464 (1999b)

Knieps, G. / **Blankart**, Ch. B.: Effiziente Instrumente der Infrastrukturfinanzierung. Die Infrastrukturfondslösung im Postbereich (Diskussionsbeiträge des Instituts für Verkehrswissenschaft und

Regionalpolitik, Nr.11), Freiburg 1994

Knieps, G. / **Müller**, J. / **Weizsäcker**, C.-Ch. von: Die Rolle des Wettbewerbs im Fernmeldebereich (Wirtschaftsrecht und Wirtschaftspolitik, Bd.69), Baden-Baden 1981

Knorr, A.: Monopol oder Wettbewerb bei den Postdiensten? Eine ökonomische Analyse unter Berücksichtigung des Grünbuchs der EG-Kommission und der Reform des neuseeländischen Postwesens (Bayreuther Beiträge zur Volkswirtschaftslehre, Bd.14), Fuchsstadt 1993

Knorr, A.: Bilaterale, regionale oder multilaterale Liberalisierung des Luftverkehrs, in: Internationales Verkehrswesen, 50.Jg., H.9/1998, S.383-387

Knorr, H.: Ökonomische Probleme von Kompatibilitätsstandards. Eine Effizienzanalyse unter besonderer Berücksichtigung des Telekommunikationsbereichs (Wirtschaftsrecht der internationalen Telekommunikation, Bd.18), Baden-Baden 1993

Koenig, Ch.: Funktionsfähiger Wettbewerb auf den Telekommunikationsmärkten. Ökonomische und juristische Perspektiven zum Umfang der Regulierung (Schriftenreihe Kommunikation & Recht, Bd.16), Heidelberg 2002

Koenig, Ch. / **Neumann**, A.: Funktionsherrschaft und gemeinsame Infrastrukturnutzung beim Aufbau eines UMTS-Netzes, in: Computer und Recht, 17.Jg., H.9/2001, S.589-596

Koenig, Ch. / **Neumann**, A.: Telekommunikationsrechtliche Regulierung von Domainnamen, in: Computer und Recht, 19.Jg., H.3/2003, S.182-187

Koenig, Ch. / **Zeiss**, Ch.: EG-Telekommunikationsrecht und Lizenzierung von satellitengestützten persönlichen Kommunikationssystemen, in: Europäische Zeitschrift für Wirtschaftsrecht, 10.Jg., H.5/1999, S.133-139

Köhli, J.: Capacity Limitations for Shipyards in the Context of the Court of Justice's Judgement on Kværner Warnow Werft (KWW), in: Competition Policy Newsletter, 12.Jg., H.1/2005, S.35-38 (2005a)

Köhli, J.: Innovation Aid to the Shipbuilding Industry, in: Competition Policy Newsletter, 12.Jg., H. 2/2005, S.73-75 (2005b)

Kohnen, M.: Ist der Himmel wirklich dicht? In: Internationales Verkehrswesen, 42.Jg., H.3/1990, S. 125-127

Kommission der Europäischen Gemeinschaften: Die Verkehrspolitik der Europäischen Gemeinschaft (Europäische Dokumentation, H.2/1981), Luxemburg 1981

Kommission der Europäischen Gemeinschaften: Die Verkehrspolitik der Europäischen Gemeinschaft (Europäische Dokumentation, H.3/1984), 2. Aufl., Luxemburg 1984

Kommission der Europäischen Gemeinschaften: Informations- und Kommunikationstechnologien. Die Rolle Europas, Luxemburg 1991

Kommission der Europäischen Gemeinschaften: Die Telekommunikationspolitik der Gemeinschaft, Loseblattsammlung, Brüssel – Luxemburg 1995

Kommission der Europäischen Gemeinschaften: Ein Überblick über die bisherige Politik der EU zur Informationsgesellschaft, in: Europäisches Forum. Die Informationsgesellschaft jenseits technischer Machbarkeit (Europäische Dokumentation / Europäische Gespräche, H.3/1996), Bonn 1996, S.70-85

Kommission der Europäischen Gemeinschaften: Europe and Quality Shipping, Brüssel 1997

König, M.: Die Einführung des digitalen Fernsehens. Neue Probleme und Implikationen für den Wettbewerb und die Medienkonzentration (Nomos-Universitätsschriften, Medien, Bd.15), Baden-Baden 1998

Königshofen, Th.: Neuer telekommunikationsspezifischer Datenschutz für Europa?, in: Archiv für Post und Telekommunikation, 46.Jg., H.3/1994, S.198-241

Kornemann, J.: Multimodale Tarifierung im Recht der Linienkonferenzen. Europarechtliche

Grundlagen der Anschlußbeförderungen im Seeverkehr (Deutsches und internationales Wirtschaftsrecht, Bd.29), Münster – Hamburg u. a. 2001

Krafft, W.: Industriestandort-Fragen in der europäischen Integration, Bremen 1958

Krahn, H.: Markteintrittsbarrieren auf dem deregulierten US-amerikanischen Luftverkehrsmarkt. Schlußfolgerungen für die Luftverkehrspolitik der Europäischen Gemeinschaft (Europäische Hochschulschriften, Reihe V, Volks- und Betriebswirtschaft, Bd.1500), Frankfurt a. M. – Berlin u. a. 1994

Krämer, P. M.: Kapazitätsengpässe im Luftraum (Schriften zum Luft- und Weltraumrecht, Bd.12), Köln – Berlin u. a. 1994

Krauss, G.: Möglichkeiten und Grenzen einer gemeinsamen Verkehrspolitik der Europäischen Gemeinschaften, in: Zeitschrift für Verkehrswissenschaft, 47.Jg., H.1/1976, S.1-30

Kreis, H. W. R.: Maritime Transport and EEC Competition Rules, in: European Transport Law, 23. Jg., H.5/1988, S.562-570

Kreis, H. W. R.: European Community Competition Policy and International Shipping, in: European Transport Law, 27.Jg., H.2/1992, S.155-180

Kreis, H. W. R.: EU Competition Rules and Air Transport Related to Non-EU Countries, in: European Transport Law, 34.Jg., H.2/1999, S.147-158

Krommenacker, R. J.: Maritime Transport Services in the Uruguay Round, in: Yannopoulos, G. N. (Hrsg.): Shipping Policies for an Open World Economy, Guildford 1989, S.188-203

Krüger, R. / **Mauro**, L. di: The Article 7 Consultation Mechanism. Managing the Consolidation of the Internal Market for Electronic Communications, in: Competition Policy Newsletter, 10.Jg., H. 3/2003, S.33-36

Kruse, J. (Hrsg.): Zellularer Mobilfunk. Neue Märkte mit neuen Netzen für das Funktelefon (net-Buch Telekommunikation), Heidelberg 1992

Kruse, J.: Lizenzierung und Wettbewerb im Mobilfunk (Schriftenreihe des WIK, Bd.15), Berlin – Heidelberg u. a. 1993

Kruse, J. / **Kiessling**, Th.: Ökonomische Vorteile und Probleme einer wettbewerblichen Öffnung europäischer Infrastrukturnetze, in: Herder-Dorneich, P. (Hrsg.): Jahrbuch für Neue Politische Ökonomie, Bd.16, Tübingen 1997, S.11-44

Kugelmann, D.: Völkerrechtliche Mindeststandards für die Strafverfolgung im Cyberspace. Die Cyber-Crime Konvention des Europarates, in: Zeitschrift für Telekommunikations- und Medienrecht, H.1/2002, S.14-23

Kühne, E.: Kooperationen in der internationalen Seeschiffahrt und europäisches Kartellrecht (Europäische Hochschulschriften, Reihe II, Rechtswissenschaft, Bd.1861), Frankfurt a. M. – Berlin u. a. 1996

Kuhne, M.: Liberalisierung des Europäischen Luftverkehrs, in: Internationales Verkehrswesen, 40. Jg., H.2/1988, S.77-82

Kuijper, P. J.: Airline Fare-Fixing and Competition: An English Lord, Commission Proposals and US Parallels, in: Common Market Law Review, 20.Jg., H.2/1983, S.203-232

Kuijper, P. J.: Legal Problems of a Community Transport Policy. With special Reference to Air Transport, in: Legal Issues of European Integration, 12.Jg., H.2/1985, S.69-85

Kulenkampff, G.: Der Markt für Internet-Telefonie. Rahmenbedingungen, Unternehmensstrategien und Marktentwicklung (Diskussionsbeiträge des WIK, Nr.206), Bad Honnef 2000

Kulenkampff, G. / **Smit**, H. (Hrsg.): Liberalisation of Postal Markets. Papers presented at the 6th Königswinter Seminar, 19.-21. Februar 2001 (Proceedings des WIK, Bd.7), Bad Honnef 2001

Kummer, S. / **Schnell**, M.: Verkehrswirtschaftliche Bewertung der Allianzbildung im Luftverkehr, in: DVWG (Hrsg.): Europäischer Luftverkehr. Wem nützen die strategischen Allianzen? (Schriftenreihe der DVWG, Reihe B, Bd.246), Bergisch Gladbach 2002, S.227-247

Kunowski, J. von: Ordnung des Wettbewerbs und Wirtschaftslenkung in der verkehrspolitischen Gesetzgebung. Grundlagen der Verkehrswirtschaft im deutschen und europäischen Recht, München 1978 (Diss.)

Kunz, M.: Kooperationsvereinbarungen im Luftverkehr: Eine wettbewerbspolitische Beurteilung, in: DVWG (Hrsg.): Wettbewerbspolitik in deregulierten Verkehrsmärkten. Interventionismus oder Laissez Faire? (Schriftenreihe der DVWG, Reihe B, Bd.199), Bergisch Gladbach 1997, S.38-61

Kunz, M.: Entbündelter Zugang zu Flughäfen. Zur Liberalisierung der Bodenverkehrsdienste auf europäischen Flughäfen, in: Zeitschrift für Verkehrswissenschaft, 70.Jg., H.3/1999, S.206-232

L'Hoest, R.: The European Dimension of the Digital Economy, in: Intereconomics, 36.Jg., H.1/2001, S.44-50

Laaser, C.-F.: Vor- und Nachteile globaler Allianzen im Luftverkehr. Die Sicht des Instituts für Weltwirtschaft Kiel, in: DVWG (Hrsg.): Europäischer Luftverkehr. Wem nützen die strategischen Allianzen? (Schriftenreihe der DVWG, Reihe B, Bd.246), Bergisch Gladbach 2002, S.70-111

Lachmair, S.: Die neue Datenschutzrichtlinie für elektronische Kommunikation, in: Österreichisches Recht der Wirtschaft, 21.Jg., H.1/2003, S.4-7

Ladeur, K.-H.: Die Regulierung von Telekommunikation und Medien im Zeitalter ihrer Konvergenz. Das Beispiel des Universal Mobile Telecommunications System (UMTS), in: RTkom – Zeitschrift für das gesamte Recht der Telekommunikation, 51.Jg., H.2/1999, S.68-75

Lagoni, R.: Umwelt und Schiffssicherheit im Völkerrecht und im Recht der Europäischen Gemeinschaften, in: Archiv des Völkerrechts, 32.Jg., H.3/1994, S.382-404

Lalor, E.: Action for Telecommunications Development. STAR: A European Community Programme, in: Telecommunications Policy, 11.Jg., H.2/1987, S.115-120

Lamalle, M. / **Lindström-Rossi**, L. / **Teixeira**, A. C.: Two Important Rejection Decisions on Excessive Pricing in the Port Sector, in: Competition Policy Newsletter, 11.Jg., H.3/2004, S.40-43

Langner, S. J.: The Allocation of Slots in the Airline Industry. A Transaction Cost Economics Analysis (Karlsruher Beiträge zur wirtschaftspolitischen Forschung, Bd.3), Baden-Baden 1996

Larouche, P.: EC Competition Law and the Convergence of the Telecommunications and Broadcasting, in: Telecommunications Policy, 22.Jg., H.3/1998, S.219-242

Larouche, P.: Competition Law and Regulation in European Telecommunications, Oxford – Portland 2000 (2000a)

Larouche, P.: Relevant Market Definition in Network Industries. Air Transport and Telecommunications, in: Journal of Network Industries, 1.Jg., H.4/2000, S.407-445 (2000b)

Latzer, M.: Die Ökonomie des eCommerce. New Economy, digitale Ökonomie und realwirtschaftliche Auswirkungen, Marburg 2002

Lawson, R.: A Plan for the Organization of a European Air Service (The New Commonwealth Institute Monographs, Reihe 2, Nr.2), London 1935

Le Goy, R.: EEC Air Policy takes Shape, in: Transport, 2.Jg., H.3/1981, S.17

Lechner, T.: Die Seehäfen im Recht der EU (Hamburger Studien zum Europäischen und Internationalen Recht, Bd.13), Berlin 1997

Lejeune, I. / **Joostens**, M.: New VAT Rules for Electronically Supplied Services, in: Computer und Recht, 19.Jg., H.4/2003, S.97-102

Lenhard, E.: Die Regulierung des Mobilfunks dritter Generation. Ökonomische Analyse und Optimierung (DUV Wirtschaftswissenschaft), Wiesbaden 2002

Lenz, C. O. / **Niejahr**, M.: The European Court of Justice and European Air Transport Law, Teil 1, in: European Transport Law, 38.Jg., H.2/2003, S.157-166; Teil 2: The Council's Decision and its Implications, in: European Transport Law, 38.Jg., H.3/2003, S.271-278

Li, K. X.: The Safety and Quality of Open Registers and a new Approach for Classifying Risky Ships, in: Transportation Research, Part E, 35.Jg., H.2/1999, S.135-143

Liersch, K.-M.: Der Schutz der Meeresumwelt. Instrumente und Maßnahmen, in: Hansa, 131.Jg., H. 9/1994, S.36-42

Linnenborn, O.: Urheberrecht goes Europe! Der EU-Richtlinienvorschlag zum Urheberrecht und den verwandten Schutzrechten im Lichte digitaler Technologien und des E-Commerce, in: Kommunikation & Recht, 2.Jg., H.5/1999, S.201-210

Linnenborn, O.: Update: Europäisches Urheberrecht in der Informationsgesellschaft, in: Kommunikation & Recht, 4.Jg., H.8/2001, S.394-402

Loewenstein, A.: European Air Law. Towards a new System of International Air Transport Regulation, Baden-Baden 1991

Lopes, P.: The Telecommunications Regulatory Framework in the European Union (ITS European Regional Conference, Khaniá, 2.-3. September 1994), Brüssel 1994

Lorentzen, C.: Die Preisregulierung der Briefdienste. Ökonomische Analyse des deutschen Postgesetzes (Europäische Hochschulschriften, Reihe V, Volks- und Betriebswirtschaft, Bd.2628), Frankfurt a. M. – Berlin u. a. 2000

Lovergne, J.: Décision d'Exemption du 3 Mars 1999 relative à la Création de TPS – Télévision Par Satellite (J.O. L90 du 2 Avril 1999 p. 6), in: Competition Policy Newsletter, 6.Jg., H.3/1999, S.28-31

Lücke, A.: Bilaterale Luftverkehrsabkommen im Lichte des Gemeinschaftsrechts (Europäische Hochschulschriften, Reihe II, Rechtswissenschaft, Bd.2837), Frankfurt a. M. – Berlin u. a. 2000

Lücking, J.: B2B E-marketplaces and EC Competition Law. Where do we Stand?, in: Competition Policy Newsletter, 8.Jg., H.3/2001, S.14-16

Lücking, J.: Presumed Margin Squeeze for Broadband Access in Germany: Settlement with Deutsche Telekom, in: Competition Policy Newsletter, 11.Jg., H.3/2004, S.11-12

Maenning, W. / **Sames**, M.: Determinanten der Seehafenwahl, in: Zeitschrift für Verkehrswissenschaft, 71.Jg., H.2/2000, S.163-190

Maiwald, B.: Direktflugverbindungen zwischen den einzelnen Regionen der Europäischen Gemeinschaft?, in: Europarecht, 18.Jg., H.1/1983, S.73-81

Manuhutu, F.: Aviation Safety Regulation in Europe, in: Air and Space Law, 25.Jg., H.6/2000, S. 264-272

Märkl, P. N.: Netzzusammenschaltung in der Telekommunikation (Wirtschaftsrecht der internationalen Telekommunikation, Bd.36), Baden-Baden 1998

Martencuk, B. / **Thomaschki**, K.: Der Zugang zu Netzen zwischen allgemeinem Kartellrecht und sektorieller Regulierung, in: RTkom – Zeitschrift für das gesamte Recht der Telekommunikation, 51.Jg., H.1/1999, S.15-25

Marti, A. B. C.: Die audiovisuelle Politik der EU. Ökonomische und kulturelle Ziele in einer europäischen Medienordnung (Nomos-Universitätsschriften, Politik, Bd.128), Baden-Baden 2004

Martín-Pérez de Nanclares, J.: Die EG-Fernsehrichtlinie. Rechtsgrundlage, Kommentierung und Umsetzung in das Recht der EG-Mitgliedstaaten sowie Österreichs und der Schweiz (Europäische Hochschulschriften, Reihe II, Rechtswissenschaft, Bd.1682), Frankfurt a. M. – Berlin u. a. 1995

Martinez Lopez, M. / **Obst**, S.: The BdKEP Decision. The Application of Competition Law to the Partially Liberalised Postal Sector, in: Competition Policy Newsletter, 12.Jg., H.1/2005, S.31-34

Martínez Rivero, E.: Commission Fines Scandinavian Airlines System (SAS) and Mærsk Air for Market-Sharing, in: Competition Policy Newsletter, 8.Jg., H.3/2001, S.40-43

Mauro, L. di / **Inotai**, A. G.: Market Analyses under the New Regulatory Framework for Electronic

Communications. Context and Principles behind the Commission's first Veto Decision, in: Competition Policy Newsletter, 11.Jg., H.2/2004, S.52-55

Maury, B.: La Réglementation Communautaire des Transports, in: Revue Trimestrielle de Droit Européen, 20.Jg., H.2/1984, S.249-288

Mayen, Th.: Marktabgrenzung auf den Märkten der Telekommunikation, in: MultiMedia und Recht, 8.Jg., H.8/2001, S.496-500

McKnight, L. W. / **Bailey**, J. P. (Hrsg.): Internet Economics, 2. Aufl., Cambridge 1997

McKnight, L. W. / **Leida**, B.: Internet Telephony. Costs, Pricing, and Policy, in: Telecommunications Policy, 22.Jg., H.7/1998, S.555-569

Meier, U.: Die Gestaltung der Luftverkehrsbeziehungen der Mitgliedstaaten der Europäischen Gemeinschaft mit Drittstaaten – eine gemeinschaftliche Aufgabe?, in: Zeitschrift für Luft- und Weltraumrecht, 42.Jg., H.1/1993, S.3-20

Mencik von Zebinsky, A. A.: The General Agreement on Trade in Services. Its Implications for Air Transport, in: Annals of Air and Space Law, 18.Jg., 1993, S.359-405

Mencik von Zebinsky, A. A.: European Union External Competence and External Relations in Air Transport, Den Haag – Boston u. a. 1996

Mendes de Leon, P. M.: Cabotage in Air Transport Regulation (International Institute of Air and Space Law), Leiden 1992 (1992a)

Mendes de Leon, P. M.: Le Cabotage Aérien dans les Communautés Européennes, in: Revue du Marché Commun, 35.Jg., H.7-8/1992, S.631-636 (1992b)

Merkt, J.: Wettbewerb im Local Loop. Strukturwandel und Netzwettbewerb in Telekommunikationsortsnetzen (Freiburger Studien zur Netzökonomie, Bd.3), Baden-Baden 1998

Mertens, S.: Kompatibilitäts- und Sicherheitsstandards in der Telekommunikation. Wettbewerb versus staatliche Reglementierung (Gabler Edition Wissenschaft), Wiesbaden 1998

Mestmäcker, E.-J. (Hrsg.): Kommunikation ohne Monopole. Über Legitimation und Grenzen des Fernmeldemonopols. Ein Symposium des Max-Planck-Instituts für Ausländisches und Internationales Privatrecht in Hamburg (Wirtschaftsrecht und Wirtschaftspolitik, Bd.67), Baden-Baden 1980

Mestmäcker, E.-J. (Hrsg.): Kommunikation ohne Monopole II. Ein Symposium über Ordnungsprinzipien im Wirtschaftsrecht der Telekommunikation und der elektronischen Medien (Wirtschaftsrecht der internationalen Telekommunikation, Bd.23), Baden-Baden 1995

Mestmäcker, E.-J.: Alte Monopole und neue Märkte in der Telekommunikation. Zur Entscheidung der EG-Kommission vom 9.11.1994 „Media Service GmbH" (MSG) in: Kruse, J. (Hrsg.): Aktuelle Probleme der Wettbewerbs- und Wirtschaftspolitik, Baden-Baden 1996, S.167-176

Mestmäcker, E.-J. / **Schweitzer**, H.: Netzwettbewerb, Netzzugang und „Roaming" im Mobilfunk. Eine Untersuchung nach TKG, GWB und dem Recht der EG (Wirtschaftsrecht der internationalen Telekommunikation, Bd.38), Baden-Baden 1999

Meunier, P.: Les Subventions à l'Aviation Civile et le Contrôle Communautaire des Aides Publiques, in: Revue des Affaires Européennes, 7.Jg, H.1/1997, S.15-25

Meyer, A.: Zur Frage einer Neuorganisation des Europäischen Luftlinienverkehrs – Zusammenschluß oder Zusammenarbeit?, in: Zeitschrift für Luftrecht und Weltraumrechtsfragen, 1.Jg., H.2/1952, S.133-145

Meyer, A.: Zur Frage der Anwendbarkeit des Vertrages zur Gründung der Europäischen Wirtschaftsgemeinschaft (EWG) auf die Luftfahrt. Rechtsgutachten des Instituts für Luftrecht und Weltraumrechtsfragen der Universität Köln (April 1962), in: Zeitschrift für Luftrecht und Weltraumrechtsfragen, 11.Jg., H.3/1962, S.169-185

Middendorf, T.: Verkehrspolitik, in: Weidenfeld, W. / Wessels, W. (Hrsg.): Jahrbuch der Europäischen Integration 2002/2003, Bonn 2003, S.205-208

Middendorf, T.: Verkehrspolitik, in: Weidenfeld, W. / Wessels, W. (Hrsg.): Jahrbuch der Europäischen Integration 2003/2004, Bonn 2004, S.193-196

Mietus, J. R.: European Community Regulation of Airline Computer Reservation Systems, in: Law and Policy of International Business, 21.Jg., H.1/1989, S.93-118

Milbradt, C.: Liberalisierung der Seekabotage unter völkerrechtlichen und europarechtlichen Aspekten (Schriften zum See- und Hafenrecht, Bd.5), Hamburg 1998

Mohr, C. / **Winckler**, R.: Europäische Normung auf dem Gebiet der Informationstechnik, Teil I, in: Computer und Recht, 2.Jg., H.11/1986, S.761-766; Teil II, in: Computer und Recht, 2.Jg., H.12/1986, S.850-854

Möller, J.: ENISA – Die Europäische Agentur für Netzwerk- und Informationssicherheit, in: Datenschutz und Datensicherheit, 28.Jg., H.6/2004, S.340-342

Monopolkommission: Wettbewerbsentwicklung bei Telekommunikation und Post 2001: Unsicherheit und Stillstand. Sondergutachten der Monopolkommission gemäß § 81 Abs. 3 Telekommunikationsgesetz und § 44 Postgesetz (Sondergutachten der Monopolkommission, Bd.33), Baden-Baden 2002

Moos, F.: Die Bindung der Telekommunikationsregulierung durch das GATS-Abkommen (Wirtschaftsrecht der internationalen Telekommunikation, Bd.50), Baden-Baden 2003

Moritz, H.-W. / **Niebler**, A.: Internet-Telefonie im Spannungsfeld zwischen Sprachtelefondienst und Lizenzpflicht, in: Computer und Recht, 13.Jg., H.11/1997, S.697-702

Morris, A. C.: Spectrum Auctions. Distortionary Input Tax or Efficient Revenue Instrument?, in: Telecommunications Policy, 29.Jg., H.9-10/2005, S.687-709

Moses, L. N. / **Savage**, I.: Aviation Deregulation and Safety: Theory and Evidence, in: Journal of Transport Economics and Policy, 24.Jg., H.2/1990, S.171-188

Mouly, M. / **Pautet**, M.-B.: The GSM System for Mobile Communications. A Comprehensive Overview of the European Digital Cellular Systems, Palaiseau 1992

Mourer, H.: Pour un Pool Européen des Transports Aériens, in: Revue Générale de l'Air, 14.Jg., H. 4/1951, S.309-325

Moussé, J.: La Coopération Européenne en Matière de Circulation Aérienne. Aspects Juridiques du Rôle d'EUROCONTROL, in: Revue Française de Droit Aérien et Spatial, 44.Jg., H.3/1990, S.257-287

Mueller, M. L.: The Battle over Internet Domain Names: Global or National TLDs?, in: Telecommunications Policy, 22.Jg., H.2/1998, S.89-107

Mueller, M. L. / **McKnight**, L. W.: The Post-COM Internet. Toward Regular and Objective Procedures for Internet Governance, in: Telecommunications Policy, 28.Jg., H.7-8/2004, S.487-502

Müller, J.: Der europäische Binnenmarkt im Fernmeldewesen, in: Wirtschaft und Wettbewerb, 39. Jg., H.6/1989, S.470-477

Müller, J.: The European Internal Market for Telecommunications, in: European Economic Review, 35.Jg., H.2-3/1991, S.496-503

Müller-Rostin, W.: Internationaler Luftverkehr. Passagierschäden: Haftung reformbedürftig, in: Internationales Verkehrswesen, 44.Jg., H.7-8/1992, S.294-295

Müller-Rostin, W.: Auf dem Wege zu einem neuen Warschauer Abkommen?, in: Transportrecht, 21.Jg., H.6/1998, S.229-236

Müller-Rostin, W.: Die internationale Luftrechtskonferenz von Montreal zur Reform des Warschauer Abkommens (10.-28. Mai 1999), in: Zeitschrift für Luft- und Weltraumrecht, 49.Jg., H.1/2000, S.36-51

Naumann, D.: Seehäfen und europäische Seehafenpolitik, in: DVWG (Hrsg.): Fünftes Kieler Seminar zu aktuellen Fragen der See- und Küstenschiffahrt (Schriftenreihe der DVWG, Reihe B, Bd.

186), Bergisch Gladbach 1996, S.20-26

Necker, K.-H.: Die Seeschiffahrt im europäischen Recht, in: Glossner, O. / Reimers, W. (Hrsg.): Festschrift für Martin Luther zum 70. Geburtstag am 13. Juli 1976, München 1976, S.113-125

Negenman, M.: Commission Closes Investigation into Lufthansa / SAS / United Airlines and KLM / NorthWest Alliances, in: Competition Policy Newsletter, 10.Jg., H.1/2003, S.70-73 (2003a)

Negenman, M.: Commission Proposes Effective Enforcement Rules for Air Transport between the Community and Third Countries, in: Competition Policy Newsletter, 10.Jg., H.2/2003, S.12-15 (2003b)

Nehl, H. P.: Commission Exempts Vertical Restraints in the Nordic Pay-TV Sector: Telenor / Canal+ / Canal Digital, in: Competition Policy Newsletter, 11.Jg., H.2/2004, S.56-62

Neitzel, J. / **Müller**, B.: Zugangsverpflichtungen von Betreibern mit beträchtlicher Marktmacht, in: Computer und Recht, 20.Jg., H.9/2004, S.655-662 (2004a)

Neitzel, J. / **Müller**, B.: Zugangsverpflichtungen von Betreibern ohne beträchtliche Marktmacht, in: Computer und Recht, 20.Jg., H.10/2004, S.736-741 (2004b)

Nemitz, P. F.: Die maritimen Außenbeziehungen der Europäischen Union, in: Archiv des Völkerrechts, 32.Jg., H.3/1994, S.358-368

Nett, L.: Marktorientierte Allokationsverfahren bei Nummern (Diskussionsbeiträge des WIK, Nr. 223), Bad Honnef 2001

Nett, L. / **Neu**, W.: Bestimmung der Kosten des Universaldienstes (Diskussionsbeiträge des WIK, Nr.187), Bad Honnef 1998

Nett, L. / **Stumpf**, U.: Eckpunkte zur Ausgestaltung eines möglichen Handels mit Frequenzen (Diskussionsbeiträge des WIK, Nr.241), Bad Honnef 2003

Netzer, F.: Strategische Allianzen im Luftverkehr. Nachfrageorientierte Problemfelder ihrer Gestaltung (Schriften zu Marketing und Management, Bd.37), Frankfurt a. M. – Berlin u. a. 1999

Neu, S.: Marktöffnung im nationalen und internationalen Postwesen. Der Deregulierungszwang des Europäischen Gemeinschaftsrechts (Europäisches Wirtschaftsrecht, Bd.15), München 1999

Neu, W. / **Neumann**, K.-H. (Hrsg.): Die Zukunft der Telekommunikation in Europa. Proceedings, Bonn, 14.-15.11.1988 (Schriftenreihe des WIK, Bd.6), Berlin – Heidelberg u. a. 1989

Neu, W. / **Neumann**, K.-H.: Interconnection Agreements in Telecommunications (Diskussionsbeiträge des WIK, Nr.106), Bad Honnef 1993

Neu, W. / **Speckbacher**, W. / **Stumpf**, U.: Preisregulierung im Monopolbereich des Postdienstes (Diskussionsbeiträge des WIK, Nr.92), Bad Honnef 1992

Neu, W. / **Stumpf**, U.: Preisregulierung in monopolisierten Bereichen des Postsektors, in: Berger, H. / Knauth, P. (Hrsg.): Liberalisierung und Regulierung der Postmärkte. Ansatzpunkte für eine Neugestaltung der staatlichen Postpolitik, München – Wien 1996, S.247-261

Neuhof, B. / **Kühne**, H.: Strukturwandel in der internationalen Linienschiffahrt. Ursachen und Antwortstrategien aufgrund veränderter Wettbewerbsbedingungen, in: Internationales Verkehrswesen, 37.Jg., H.5/1985, S.299-304

Neumann, K.-H.: Domestic Issues in Frequency Regulations in Europe (Diskussionsbeiträge des WIK, Nr.76), Bad Honnef 1991

Niederprüm, A.: Quersubventionierung und Wettbewerb im Postmarkt (Diskussionsbeiträge des WIK, Nr.225), Bad Honnef 2001

Niejahr, M.: Neuere Überlegungen zur Vergabe von Slots, in: DVWG (Hrsg.): Drittes Luftverkehrsforum der DVWG. Auf dem Prüfstand: Die Verfahrensregelungen für die Vergabe von Start- und Landezeiten (Slots) bei Kapazitätsengpässen an Flughäfen (Schriftenreihe der DVWG, Reihe B, Bd.189), Bergisch Gladbach 1996, S.55-63

Niejahr, M.: 10 Jahre Liberalisierung des Luftverkehrs in Europa. Neue Herausforderungen an Industrie und Politik, in: DVWG (Hrsg.): 5. Luftverkehrsforum der DVWG. 10 Jahre Liberalisierung des Luftverkehrs in Europa. Eine Bestandsaufnahme (Schriftenreihe der DVWG, Reihe B, Bd. 210), Bergisch Gladbach 1998, S.4-18

Niejahr, M. / **Abbamonte**, G.: Liberalization Policy and State Aid in the Air Transport Sector, in: Competition Policy Newsletter, 3.Jg., H.2/1996, S.5-8

Niester, W.: Wettbewerb und Liberalisierung des europäischen Luftverkehrs aus der Sicht des Bundesministeriums für Verkehr, in: Gröner, H. (Hrsg.): Regulierung und Wettbewerb im europäischen Luftverkehr (Schriften des Vereins für Socialpolitik – Gesellschaft für Wirtschafts- und Sozialwissenschaften, N. F. Bd.183), Berlin 1989, S.87-97

Nihoul, P. / **Rodford**, P.: EU Electronic Communications Law. Competition and Regulation in the European Telecommunications Market, Oxford – New York u. a. 2004

Nijkamp, P.: Liberalisation of Air Transport in Europe. The Survival of the Fittest?, in: Schweizerische Zeitschrift für Volkswirtschaft und Statistik, 132.Jg., H.3/1996, S.257-277

Noam, E. M.: Telecommunications in Europe (Communication and Society), Oxford – New York 1992

Nöding, T.: Das neue europäische Telekommunikationsrecht und die Konvergenz der Übertragungswege (Juristische Reihe TENEA, Bd.67), Berlin 2004

Nöll, H.-H.: Harmonisierungserfordernisse der Seeschiffahrt: Genügt ein EG-weiter Ansatz? – Sozial- und Steuerrecht, in: Archiv des Völkerrechts, 32.Jg., H.3/1994, S.369-381

Nowak, H.: Luftverkehr im Wandel, in: Internationales Verkehrswesen, 33.Jg., H.6/1981, S.403-405

Nugter, A. C. M. / **Smits**, J. M.: Telecommunications Services and the Protection of Privacy: Draft Directive SYN 288, in: Kubicek, H. (Hrsg.): Daten- und Verbraucherschutz bei Telekommunikationsdienstleistungen in der EG, Baden-Baden 1993, S.86-95

Oldewage, R.: Die Nordseehäfen im EWG-Raum. Fakten und Probleme (Veröffentlichungen der List-Gesellschaft e. V., Bd.28), Basel – Tübingen 1963

Ono, R. / **Aoki**, K.: Convergence and New Regulatory Frameworks. A Comparative Study of Regulatory Approaches to Internet Telephony, in: Telecommunications Policy, 22.Jg., H.10/1998, S.817-838

Opitz, M.: Der Einfluß der EG-Liberalisierung auf die Netzbildung im europäischen Luftverkehrssystem (Schriftenreihe der Gesellschaft für Verkehrsbetriebswirtschaft und Logistik (GVB) e. V., Bd.27), Nürnberg 1994

Ordemann, K.-D.: Schaffung der Rahmenbedingungen für einen liberalisierten Telekommunikationsmarkt in Europa ab 1998, in: Archiv für Post und Telekommunikation, 49.Jg., H.2/1997, S.109-112

Ordemann, U.: Die Umsetzung der IMO-Regelungen in den deutschen Seehäfen, in: DVWG (Hrsg.): 2. Rechtsforum der DVWG. Terrorabwehr im Transport- und Verkehrswesen (Schriftenreihe der DVWG, Reihe B, Bd.276), Berlin 2004, S.35-50

Otto, G.: Entmonopolisierung der Telekommunikation. Netzträgerschaft und Dienstleistungen der Deutschen Bundespost nach Art. 37 EWG-Vertrag (Fundamenta Juridica, Bd.9), Baden-Baden 1989

Pache, E.: Das rechtliche Instrumentarium zur Verminderung der Luftverunreinigungen des Luftverkehrs, in: Koch, H.-J. (Hrsg.): Umweltprobleme des Luftverkehrs (Forum Umweltrecht, Bd. 45), Baden-Baden 2003, S.205-224

Pallis, A. A.: The Common Maritime Transport Policy. Policy Europeanisation in the 1990s (Transport and Mobility Series), Aldershot – Burlington 2002

Pantelidis, E. T.: Greek Shipping and the Accession of Greece to EEC, in: Marine Policy, 3.Jg., H.1/1979, S.1-19

Papadimitriou, St.: Short Sea Shipping in Europe. Experience and Prospects, in: Europäische Konferenz der Verkehrsminister (CEMT) (Hrsg.): Short Sea Shipping in Europe, Paris 2001, S.7-19

Papadopoulos, S.: Entwicklung und Strukturwandel des Weltseeverkehrs (1960-1985), in: DVWG (Hrsg.): See- und Küstenschiffahrt im Umbruch (Schriftenreihe der DVWG, Reihe B, Bd.88), Bergisch Gladbach 1986, S.1-11

Pawlik, Th.: Seeverkehrswirtschaft. Internationale Containerlinienschifffahrt: Eine betriebswirtschaftliche Einführung, Wiesbaden 1999

Pearson, J.: La Navigation Maritime et la Communauté Économique Européenne, in: Transports, 25. Jg., Nr.253/1980, S.215-221

Peitz, M.: On Access Pricing in Telecoms. Theory and European Practice, in: Telecommunications Policy, 27.Jg., H.10-11/2003, S.729-740

Peña Castellot, M. A.: The Application of Competition Rules in the Telecommunication Sector: Strategic Alliances, in: Competition Policy Newsletter, 1.-2.Jg., H.4/1995, S.1-6

Peters, F.: E-Government – eine kleine Tour d'horizon, in: Computer und Recht, 19.Jg., H.1/2003, S. 68-74

Philip, G. D.: The Deregulation of Telecommunications in the EEC, in: International Journal of Information Management, 10.Jg., H.1/1990, S.67-75

Piepelow, V.: Die europäischen Linienfluggesellschaften im Wettbewerb. Eine Analyse mittels des Konzepts der Strategischen Gruppen (Europäische Hochschulschriften, Reihe V, Volks- und Betriebswirtschaft, Bd.2152), Frankfurt a. M. – Berlin u. a. 1997

Pieper, F.: Postdienste im Wettbewerb. Ökonomische Charakteristika und Struktur der Märkte (Diskussionsbeiträge des WIK, Nr.99), Bad Honnef 1992

Pieper, F. / **Stumpf**, U.: Die Regulierung des Netzzugangs im Briefdienst, in: Berger, H. / Knauth, P. (Hrsg.): Liberalisierung und Regulierung der Postmärkte. Ansatzpunkte für eine Neugestaltung der staatlichen Postpolitik, München – Wien 1996, S.263-288

Piper, H. P.: Interregionaler Luftverkehr. Erster Schritt zu gemeinsamer Verkehrspolitik der Europäischen Gemeinschaft?, in: Internationales Verkehrswesen, 37.Jg., H.4/1985, S.257-259

Piper, H. P.: Politische Defizite: Luftverkehr im zukünftigen europäischen Wirtschaftsraum, in: Internationales Verkehrswesen, 43.Jg., H.3/1991, S.91-92

Piper, H. P.: EG-Liberalisierung im Vergleich mit der US-Deregulierung. Luftverkehr im Europa des offenen Himmels, in: Internationales Verkehrswesen, 44.Jg., H.12/1992, S.488-492

Piper, H. P.: Deregulierung im Flughafenbereich? Bodendienste der deutschen Verkehrsflughäfen, in: Internationales Verkehrswesen, 46.Jg., H.1-2/1994, S.51-52

Plum, M. / **Schwarz-Schilling**, C.: Marktabgrenzung im Telekommunikations- und Postsektor (Diskussionsbeiträge des WIK, Nr.200), Bad Honnef 2000

Polley, R.: Probleme bei der Anwendung von GWB und EG-Kartellrecht (Art. 85-90 EG-Vertrag) auf die Dienstleistungsmonopole deutscher Verkehrsflughäfen (Rechtswissenschaftliche Forschung und Entwicklung, Bd.509), München 1996

Polster, St.: Das Telekommunikationsrecht der Europäischen Gemeinschaft (Schriftenreihe zum gesamten Europarecht, Bd.5), Wien 1999

Pompl, W.: Neuere Entwicklungen in der Luftverkehrspolitik der Europäischen Gemeinschaft, in: Internationales Verkehrswesen, 36.Jg., H.5/1984, S.317-321

Pompl, W. (unter Mitarbeit von B. Weber): Luftverkehr. Eine ökonomische Einführung, 2. Aufl., Berlin – Heidelberg u. a. 1991

Pompl, W.: Luftverkehr. Eine ökonomische und politische Einführung, 4. Aufl., Berlin – Heidelberg u. a. 2002

Pons, J.-F.: La Politique de Concurrence Européenne dans le Domaine Audiovisuel, in: Competition

Policy Newsletter, 3.Jg., H.3/1996, S.6-9

Pons, J.-F.: The Application of Competition and Anti-Trust Policy in Media and Telecommunications in the European Union (International Bar Association, 14/09/1998, Vancouver), Brüssel 1998 (1998a)

Pons, J.-F.: After TACA? Towards a more Competitive and Innovative Liner Shipping Market (European Shipper's Council, Barcelona, 29. Oktober 1998), Barcelona 1998 (1998b)

Pons, J.-F. / **FitzGerald**, E.: Competition in the Maritime Transport Sector: A New Era, in: Competition Policy Newsletter, 9.Jg., H.1/2002, S.10-14

Pons, J.-F. / **Lueder**, T.: La Politique Européenne de la Concurrence dans les Services Postaux hors Monopole, in: Competition Policy Newsletter, 8.Jg., H.3/2001, S.1-4

Power, V. J. G.: EC Shipping Law, London 1992

Power, V. J. G.: EC Shipping Law, 2. Aufl., London – Hongkong 1998

Preiskel, R. / **Higham**, N.: Liberalization of Telecommunications Infrastructure and Cable Television Networks. The European Commission's Green Paper, in: Telecommunications Policy, 19.Jg., H.5/1995, S.381-390

Preston, P.: Competition in the Telecommunications Infrastructure. Implications for the Peripheral Regions and Small Countries in Europe, in: Telecommunications Policy, 19.Jg., H.4/1995, S.253-271

Prete, L. / **Lienemeyer**, M.: Italian Guarantee Scheme for Ship-finance: Commission Signals through Review of Guarantee Schemes, in: Competition Policy Newsletter, 12.Jg., H.2/2005, S.81-84

Prieß, H.-J.: Zur Entwicklung des EG-Rechts betreffend die Seeschiffahrt, in: Europarecht, 24.Jg., H.4/1989, S.369-379

Rabe, D. / **Schütte**, M.: Die erste Verordnung des Rates zur Anwendung des EWG-Kartellrechts (Art. 85 und 86 EWGV) auf den Seeverkehr, in: Recht der internationalen Wirtschaft, 34.Jg., H.9/1988, S.701-705

Rabe, H.-J.: Wettbewerbs- und Seeschiffahrtspolitik der EG: Ein ungelöster Widerspruch?, in: Transportrecht, 17.Jg., H.1/1994, S.1-6

Raffarin, M.: Congestion in European Airspace, in: Journal of Transport Economics and Policy, 38. Jg., H.1/2004, S.109-125

Rathjen, H. H. / **Ruffmann**, J.: Konferenzen und Konsortien in der Linienschiffahrt. Von der Selbstregulierung zur Fremdregulierung, in: Internationales Verkehrswesen, 52.Jg., H.12/2000, S.547-551

Reckewerth, S.: Die Zusammenarbeit der Luftverkehrsgesellschaften nach europäischem und US-amerikanischem Recht (Studien zum internationalen Wirtschaftsrecht und Atomenergierecht, Bd. 85), Köln – Berlin u. a. 1993

Regul, R.: Die Zukunft der Seehäfen Europas (Schriftenreihe Europäische Wirtschaft, Bd.51), Baden-Baden 1971

Rehm, G.-W.: Europäische Gemeinschaften und Luftfahrt. Zum Stand der Diskussion, in: Bodenschatz, M. / Böckstiegel, K.-H. / Weides, P. (Hrsg.): Beiträge zum Luft- und Weltraumrecht. Festschrift zu Ehren von Alex Meyer anläßlich seines Ausscheidens als Direktor des von ihm gegründeten Instituts für Luftrecht und Weltraumrechtsfragen der Universität zu Köln (Sonderausgabe der Zeitschrift für Luft- und Weltraumrecht), Köln – Berlin 1975, S.187-203

Rehm, G.-W.: Die Behandlung der Luftfahrt in der Europäischen Gemeinschaft. Die EG auf dem Wege zu einer gemeinsamen Luftverkehrspolitik, in: Zeitschrift für Luft- und Weltraumrecht, 34. Jg., H.3/1985, S.201-210

Reifarth, J.: Internationale Regelungen der Tarife im Linienluftverkehr (Europäische Hochschulschriften, Reihe II, Rechtswissenschaft, Bd.478), Frankfurt a. M. – Bern u. a. 1985

Reynolds-Feighan, A. J. / **Feighan**, K. J.: Airport Services and Airport Charging Systems. A Critical View of the EU Common Framework, in: Transportation Research, Part E, 33.Jg., H.4/1997, S. 311-320

Riccomagno, M.: The Liberalization in Access to Maritime Transport Markets in the European Union, in: European Transport Law, 32.Jg., H.5/1997, S.537-553

Rieß, J.: Datenschutz und Telekommunikation in der Europäischen Gemeinschaft, in: Kubicek, H. (Hrsg.): Daten- und Verbraucherschutz bei Telekommunikationsdienstleistungen in der EG, Baden-Baden 1993, S.37-78

Rittner, F.: Flughafengebühren und Marktzugang zu den Bodenabfertigungsdiensten nach Gemeinschaftsrecht, in: Europäische Zeitschrift für Wirtschaftsrecht, 9.Jg., H.21/1998, S.651-655

Rochefordiere, Ch. de la: Le Dégroupage de la Boucle Locale: Un pas de plus dans la Libéralisation des Télécommunications. Exemple de Complémentarité entre la Régulation Sectorielle et les Règles de Concurrence du Traité, in: Competition Policy Newsletter, 7.Jg., H.2/2000, S.34-40

Roettger, A.: Umsatzsteuer und Internet. Richtlinienvorschlag der EU-Kommission zur umsatzsteuerlichen Behandlung bestimmter elektronisch erbrachter Dienstleistungen, in: Kommunikation & Recht, 3.Jg., H.9/2000, S.431-438

Rogalla, D. / **Schweren**, K.: Der Luftverkehr in der Europäischen Union. Die Lücke im Binnenmarkt, Baden-Baden 1994

Rombouts, J.: Les Ports Maritimes dans le Cadre de l'Intégration Européenne, in: European Transport Law, 4.Jg., H.2/1969, S.391-398

Rommel, A.: Neue Ansätze in der EG-Luftverkehrspolitik, in: Internationales Verkehrswesen, 37. Jg., H.1/1985, S.18-22

Rommerskirchen, J.: Die Seehafenpolitik der Europäischen Gemeinschaft – Kritische Anmerkungen aus hamburgischer Sicht, in: Internationales Verkehrswesen, 37.Jg., H.3/1985, S.159-163

Roolvink, M.: Der ISPS Code und seine Auswirkungen auf die internationale Handelsschifffahrt: Sicherheit, in: Schiff & Hafen, 56.Jg., H.10/2004, S.13-18

Rosenthal, G.: Umweltschutz im internationalen Luftverkehr. Völkerrechtliche Lösungsansätze für die umweltrelevanten Auswirkungen des zwischenstaatlichen zivilen Luftverkehrs, Köln 1989 (Diss.)

Rosenthal, M.: Die Kompetenz der Europäischen Gemeinschaft für den rechtlichen Rahmen der Informationsgesellschaft, Mainz 1997 (Diss.)

Rosien, H.-Ch.: Die Anwendung der Wettbewerbsregeln des EWG-Vertrages auf den Luftlinienverkehr der Europäischen Gemeinschaft, Göttingen 1993 (Diss.)

Rössger, E. / **Hünermann**, K.-B.: Einführung in die Luftverkehrspolitik (Bibliographisches Institut, Hochschultaschenbücher, Nr.824/824a), Mannheim – Zürich 1968

Roßnagel, A.: Digitale Signaturen im europäischen elektronischen Rechtsverkehr, in: Kommunikation & Recht, 3.Jg., H.7/2000, S.313-323

Rother, D.: Die Entwicklung der Schiffbaunachfrage. Ihre Auswirkungen auf die Werftindustrie und die Schiffbaupolitik, in: Internationales Verkehrswesen, 34.Jg., H.5/1982, S.333-337

Rottmann, M.: Zum rechtlichen Rahmen für einen europäischen Binnenmarkt im Post- und Fernmeldewesen, in: Archiv für das Post- und Fernmeldewesen, 41.Jg., H.1/1989, S.1-13

Ruhle, E.-O.: Harmonisierung von Vorabverpflichtungen für Unternehmen mit beträchtlicher Marktmacht, in: Computer und Recht, 20.Jg., H.3/2004, S.178-184

Ruhwedel, E.: Verordnung (EG) Nr. 2027/97 des Rates über die Haftung von Luftfahrtunternehmen bei Unfällen vom 9.10.1997, in: Transportrecht, 21.Jg., H.1/1998, S.13-16

Ruhwedel, E.: Das Montrealer Übereinkommen zur Vereinheitlichung bestimmter Vorschriften über die Beförderung im internationalen Luftverkehr vom 28.5.1999, in: Transportrecht, 24.Jg., H.

5/2001, S.189-202

Runge, Ch.: Unterliegen die Verkehrsunternehmen dem Kartellverbot des EWGV?, in: Europäische Wirtschaft, 4.Jg., H.4/1961, S.94-97

Rutley, Ph.: The Consortia Block Exemption, in: European Transport Law, 28.Jg., H.3/1993, S.487-495

Rutley, Ph.: Sea Ports and EC Law: A Survey of Current Developments, in: European Transport Law, 30.Jg., H.6/1995, S.821-836

Rycken, W.: European Antitrust Aspects of Maritime and Air Transport, Teil 1, in: European Transport Law, 22.Jg., H.5/1987, S.483-504; Teil 2, in: European Transport Law, 23.Jg., H.1/1988, S.3-25

Sachtleber, B.: Ökonomische Abschätzung von Umweltbelastungen im Seeverkehr, in: Knorr, A. / Schauf, T. (Hrsg.): See- und Luftverkehrsmärkte im Umbruch. Weltwirtschaftliche Strukturveränderungen auf strategischen Märkten (Institut für Weltwirtschaft und Internationales Management Bremen, Bd.11), Münster 2004, S.113-123

Salzman, A. E.: IATA, Airline Rate-Fixing and the EEC Competition Rules, in: European Law Review, 2.Jg., H.6/1977, S.409-427

Sand, P. H.: Marché Commun et Libéralisation du Transport Aérien, in: Revue Générale d'Air, 23. Jg., H.2/1960, S.87-102 (1960a)

Sand, P. H.: Die Airunion und das Wettbewerbsrecht des Gemeinsamen Marktes, in: Zeitschrift für Luftrecht und Weltraumrechtsfragen, 9.Jg., H.2/1960, S.111-120 (1960b)

Saß, U.: Die Privatisierung der Flugsicherung. Eine ökonomische Analyse (Beiträge aus dem Institut für Verkehrswissenschaft an der Universität Münster, Bd.156), Göttingen 2005

Saupe, G.: Technische Vereinbarungen und Unternehmensgemeinschaften im Verkehrskartellrecht der EWG. Eisenbahn-, Straßen- und Binnenschiffsverkehr (Kölner Schriften zum Europarecht, Bd.16), Köln – Berlin u. a. 1972

Schaefer, D. J. / **Atkin**, D.: An Analysis of Policy Options for High-Definition Television, in: Telecommunications Policy, 15.Jg., H.5/1991, S.411-428

Schäfer, I. S.: Strategische Allianzen und Wettbewerb im Luftverkehr (Wirtschaftswissenschaftliche Forschungsberichte), Berlin 2003

Schaper-Rinkel, P.: Die europäische Informationsgesellschaft. Technologische und politische Integration in der europäischen Politik, Münster 2003

Schaub, A.: Competition Policy in the Telecoms Sector, in: Competition Policy Newsletter, 3.Jg., H. 1/1996, S.1-7

Schaus, L.: Europäische Verkehrsintegration im Werden, in: Die Bundesbahn, 39.Jg., H.1/1965, S. 3-8

Scheibe, H.-J.: Dumping im Seeverkehr. Kritische Beiträge zu unlauteren Preisbildungspraktiken in der Seeschiffahrt im Lichte der EG-Verordnung Nr. 4057/86 vom 22.12.1986, 2. Teil: Beitrag aus ökonomischer Sicht (Beiträge zu internationalen Wirtschafts- und Transportfragen), Bremerhaven – Rostock 1989

Scheibeck, F. C.: Die Außenkompetenzen der EG im internationalen Zivilluftverkehr (Europäische Hochschulschriften, Reihe II, Rechtswissenschaft, Bd.2782), Frankfurt a. M. – Berlin u. a. 1999

Schelzel, M.: Dumping im Seeverkehr. Kritische Beiträge zu unlauteren Preisbildungspraktiken in der Seeschiffahrt im Lichte der EG-Verordnung Nr. 4057/86 vom 22.12.1986, 3. Teil: Beitrag aus der Sicht eines Staatshandelslandes als möglichen Adressaten eines Verfahrens nach der EG-Verordnung Nr. 4057/86 (Beiträge zu internationalen Wirtschafts- und Transportfragen), Bremerhaven – Rostock 1989

Scherer, J.: Telekommunikationsrecht und Telekommunikationspolitik (Materialien zur interdisziplinären Medienforschung, Bd.16), Baden-Baden 1985

Scherer, J.: Telekommunikationsrecht im Umbruch. Das »Grünbuch Telekommunikation« der EG-Kommission und der Bericht der Regierungskommission Fernmeldewesen zwischen europäischem und nationalem Recht, in: Computer und Recht, 3.Jg., H.11/1987, S.743-752 (1987a)

Scherer, J.: The Treaty of Rome and Telecommunications (Communications Policy Research Conference CPR '87 „European Telecommunications Policy Research", 6th-8th July 1987, Berkshire), Frankfurt a. M. 1987 (1987b)

Scherer, J.: European Telecommunications Law, in: Meijboom, A. P. / Prins, C. (Hrsg.): The Law of Information Technology in Europe 1992: A Comparison with the USA (Computer Law Series, Bd. 9), Boston 1991

Scherer, J. (Hrsg.): Telecommunications Laws in Europe, 2. Aufl., Deventer – Boston 1993 (1993a)

Scherer, J.: Telecommunications Law and Policy under the Maastricht Treaty, in: Computer Law and Practice, 9.Jg., H.6/1993, S.207-211 (1993b)

Scherer, J. (Hrsg.): Telecommunications Laws in Europe, 3. Aufl., Den Haag – Boston 1995

Scherer, J. (Hrsg.): Telecommunications Laws in Europe, 3. Aufl. (1. Neudruck), Den Haag – Boston 1997

Scherer, J.: Die Umgestaltung des europäischen und deutschen Telekommunikationsrechts durch das EU-Richtlinienpaket, Teil I, in: Kommunikation & Recht, 5.Jg., H.6/2002, S.273-289; Teil II, in: H.7/2002, S.330-346; Teil III, in: H.8/2002, S.385-398

Schiering, W.-P.: Liner Code und EG-Schiffahrtspolitik, in: Außenpolitik, 30.Jg., H.2/1979, S.182-191

Schild, H.-H.: Die Richtlinie über die Verarbeitung personenbezogener Daten und den Schutz der Privatsphäre im Bereich der Telekommunikation, in: Europäische Zeitschrift für Wirtschaftsrecht, 10.Jg., H.3/1999, S.69-74

Schmid, R.: Der europäische Luftverkehr auf dem Weg in den Binnenmarkt. Versuch einer Prognose, in: Europäische Zeitschrift für Wirtschaftsrecht, 2.Jg., H.1/1991, S.19-25 (1991a)

Schmid, R.: EG-Binnenmarkt: Der Kommissions-Vorschlag zur Abschaffung von Gepäckkontrollen auf innergemeinschaftlichen Flug- und Seereisen, in: Transportrecht, 14.Jg., H.3/1991, S.90-91 (1991b)

Schmid, R.: Die Entschädigung von Fluggästen bei Nichtbeförderung wegen Überbuchung, in: Transportrecht, 14.Jg., H.4/1991, S.128-131 (1991c)

Schmid, R.: Das Dritte Maßnahmenbündel der EG-Kommission zur Errichtung des Binnenmarktes im Luftverkehr (Juni 1992), in: Transportrecht, 16.Jg., H.3/1993, S.89-93

Schmidl, M.: Die elektronische Signatur, in: Computer und Recht, 18.Jg., H.7/2002, S.508-517

Schmidt, A.: Die Anwendbarkeit der umweltökonomischen Lizenzlösung auf die Umweltbelastungen durch den zivilen Luftverkehr (Europäische Hochschulschriften, Reihe V, Volks- und Betriebswirtschaft, Bd.1614), Frankfurt a. M. – Berlin u. a. 1994

Schmidt, A.: Computerreservierungssysteme im Luftverkehr. Darstellung, Entwicklung und wettbewerbliche Beurteilung (Giessener Studien zur Transportwirtschaft und Kommunikation, Bd.9), Hamburg 1995

Schmidt, L.: Maritime Industrien leiden unter EG-Politik. „Irritierender Aktionismus" in Brüssel, in: Internationales Verkehrswesen, 44.Jg., H.9/1992, S.351-353

Schmidt, L.: Seeschiffahrt als Verkehrsträger im europäischen Binnenmarkt. Politiker brauchen mehr Realitätsnähe, in: Internationales Verkehrswesen, 45.Jg., H.5/1993, S.296-298 (1993a)

Schmidt, L.: EG-Kartellrecht für die Schiffahrt: Perfektion der Paradoxe. Eine maritime Strategie muß her, in: Internationales Verkehrswesen, 45.Jg., H.11/1993, S.671-672 (1993b)

Schmidt, L.: Mehr Sicherheit auf See. Der Zugriff gegen Substandards läßt auf sich warten. Die Absichtserklärungen in der EU häufen sich, in: Internationales Verkehrswesen, 46.Jg., H.5/1994, S.

286-288

Schmidt, L.: Außenlenkung statt Innenlenkung. Der Umbruch im Kartellrecht des Seeverkehrs, in: Transportrecht, 21.Jg., H.11-12/1998, S.447-450

Schmidt, L. / **Seiler**, O.: The UNCTAD Code of Conduct for Liner Conferences, Hamburg 1979

Schmidt, S.: Strategische Allianzen im Luftverkehr. Erfolgsorientiertes Management europäischer Flug-Carrier (Trends, Forschung, Konzepte im strategischen Tourismusmanagement, Bd.1), Trier 1993

Schmidt, V.: Erfahrungen und Perspektiven. Die Verkehrspolitik für die Seehäfen in der EG, in: Internationales Verkehrswesen, 45.Jg., H.6/1993, S.344-350

Schmittmann, M. / **de Vries**, I.: An Overview of the Application of European and National Competition Law in the Field of Telecommunications, in: Telecommunications and Space Journal, 2.Jg., 1995, S.37-74

Schmitz-Morkramer, P. W.: Internationale strategische Allianzen in der Telekommunikation. Eine Untersuchung der Entscheidungspraxis der europäischen und US-amerikanischen Aufsichtsbehörden sowie der sektorspezifischen Regulierung internationaler Telekommunikationsdienste (Schriftenreihe Kommunikation & Recht, Bd.2), Heidelberg 1999

Schneider, V. / **Werle**, R.: International Regime or Corporate Actor? The European Community in Telecommunications Policy, in: Dyson, K. / Humphreys, P. (Hrsg.): The Political Economy of Communications. International and European Dimensions, London 1987, S.77-105

Schnelle, U. / **Bartosch**, A.: Umfang und Grenzen des EG-wettbewerbsrechtlichen Verbots der Quersubventionierung. Das Beispiel der europäischen Postmärkte, in: Europäisches Wirtschafts- und Steuerrecht, 12.Jg., H.9/2001, S.411-418

Schniewindt, S.: Einführung von Wettbewerb auf der Letzten Meile. Eine ökonomische Analyse von Netzinfrastruktur und Wettbewerbspotential im Teilnehmeranschlußbereich (Schriften zur Wirtschaftstheorie und Wirtschaftspolitik, Bd.28), Frankfurt a. M. – Berlin u. a. 2003

Schnöring, Th.: Entwicklungstrends auf den europäischen Telekommunikationsmärkten. Auf halbem Weg von monopolistischen nationalen zu wettbewerblichen internationalen Telekommunikationsmärkten (Diskussionsbeiträge des WIK, Nr.102), Bad Honnef 1992

Schoenrock, B.: Luftfracht auf den europäischen Flughäfen ab 1993. Einflüsse des EG-Binnenmarktes auf den Luftfrachtumschlag, in: Internationales Verkehrswesen, 45.Jg., H.12/1993, S. 718-723

Schoof, H. / **Brown**, A. W.: Information Highways and Media Policies in the European Union, in: Telecommunications Policy, 19.Jg., H.4/1995, S.325-338

Schroeder, D.: Europäischer Gerichtshof (EuGH), Urteil vom 19.05.1993 – in C-320/91 Strafverfahren gegen Paul Corbeau, in: Archiv für Post und Telekommunikation, 46.Jg., H.2/1994, S.132-136

Schubert, A.: Netzwettbewerb im digitalen zellularen Mobilfunk (Europäische Hochschulschriften, Reihe V, Volks- und Betriebswirtschaft, Bd.1786), Frankfurt a. M. – Berlin u. a. 1995

Schuh, S. / **Ordemann**, K.-D.: Grünbuch über die Entwicklung des Binnenmarktes für Postdienste. Ein Meilenstein in der europäischen Postära?, in: Die PostPraxis, 44.Jg., H.11/1993, S.265-268

Schulte, M.: Rechtliche Instrumente der Lärmminderung an der Quelle, in: Koch, H.-J. (Hrsg.): Umweltprobleme des Luftverkehrs (Forum Umweltrecht, Bd.45), Baden-Baden 2003, S.117-134

Schulte-Braucks, R.: Das „British-Telecom"-Urteil. Eckstein für ein europäisches Fernmelderecht?, in: Wirtschaft und Wettbewerb, 36.Jg., H.3/1986, S.202-215 (1986a)

Schulte-Braucks, R.: Die Wettbewerbspolitik der EG-Kommission hinsichtlich der Endgeräte und der „Value-Added Services" in Europa (Kongreß Online '86, Symposium B: Die Liberalisierung des Fernmeldewesens in Europa, Hamburg 4.2.1986), Brüssel 1986 (1986b)

Schulte-Braucks, R.: Ordnungspolitische und gemeinschaftsrechtliche Aspekte der europäischen Telekommunikationspolitik, in: Scherer, J. (Hrsg.): Nationale und europäische Perspektiven der Telekommunikation (Schriftenreihe des Archivs für Urheber-, Film-, Funk- und Theaterrecht, Bd. 70), Baden-Baden 1987, S.82-102

Schulte-Braucks, R.: Der europäische Telekommunikationsmarkt. Gegenwärtige und künftige Entwicklungen, in: Computer und Recht, 6.Jg., H.10/1990, S.672-676

Schulte-Meermann, W.: Der Verkehr im EWG-Vertrag, in: Europäische Wirtschaft, 2.Jg., H.17/ 1959, S.424-428

Schulte-Strathaus, R.: Qualität und Sicherheit. Neue Standards für den Seeverkehr, in: DVWG (Hrsg.): 7. Kieler Seminar zu aktuellen Problemen der See- und Küstenschiffahrt. Weltseeverkehr vor der Jahrtausendwende (Schriftenreihe der DVWG, Reihe B, Bd.227), Bergisch Gladbach 2000, S.84-97

Schultheiß, K.: Europäische Telekommunikationsstandardisierung. Eine normative Betrachtung (Schriftenreihe der Stipendiatinnen und Stipendiaten der Friedrich-Ebert-Stiftung, Bd.26), Münster 2004

Schwarz-Schilling, C.: Nummernverwaltung bei Wettbewerb in der Telekommunikation (Diskussionsbeiträge des WIK, Nr.180), Bad Honnef 1997

Schwarz-Schilling, C. / **Stumpf**, U.: Netzbetreiberportabilität im Mobilfunkmarkt. Auswirkungen auf Wettbewerb und Verbraucherinteressen (Diskussionsbeiträge des WIK, Nr.199), Bad Honnef 1999

Schwarze, J. (Hrsg.): Fernsehen ohne Grenzen. Die Errichtung eines Gemeinsamen Marktes für den Rundfunk, insbesondere über Satellit und Kabel. Beiträge zu einem medienrechtlichen Kolloquium des Instituts für Integrationsforschung der Stiftung Europa-Kolleg Hamburg am 7. / 8. Dezember 1984 (Schriftenreihe Europäisches Recht, Politik und Wirtschaft, Bd.117), Baden-Baden 1985

Schwegmann, V.: Preisstrategien im europäischen Linienluftverkehr (Internationale Wirtschaft, Bd.13), Lohmar – Köln 1998

Schweitzer, H.: Daseinsvorsorge, „service public", Universaldienst. Art. 86 Abs. 2 EG-Vertrag und die Liberalisierung in den Sektoren Telekommunikation, Energie und Post (Wirtschaftsrecht der internationalen Telekommunikation, Bd.46), Baden-Baden 2001

Schwemmler, M.: Das Internationale Seeschiffahrtsregister (ISR) der Bundesrepublik Deutschland als arbeitsrechtliches Konfliktfeld unter besonderer Berücksichtigung des Rechts der Europäischen Gemeinschaften (Diskussionspapier des Zentrums für Europäische Rechtspolitik an der Universität Bremen, Nr.1991/2), Bremen 1991

Schwenk, R.: Kapazitätsanpassung im Luftraum und auf den Flughäfen, in: DVWG (Hrsg.): Die Zukunft der Flughäfen (Schriftenreihe der DVWG, Reihe B, Bd.154), Bergisch Gladbach 1993, S.78-90

Schwenk, W.: Die Rechtslage des Luftverkehrs nach dem EWG-Vertrag, in: Europäische Wirtschaft, 5.Jg., H.9-10/1962, S.256-259

Schwenk, W.: Lösungsmodelle für eine Integration des Luftverkehrs, in: Institut für das Recht der Europäischen Gemeinschaften der Universität Köln (Hrsg.): Verkehr und Gemeinschaftsrecht. Wissenschaftliches Kolloquium am 1. und 2. April 1971 in Bad Ems, veranstaltet von der Wissenschaftlichen Gesellschaft für Europarecht (Kölner Schriften zum Europarecht, Bd.18), Köln – Berlin u. a. 1972, S.45-62

Schwenk, W. / **Schwenk**, R.: Flugsicherung in Europa, in: Zeitschrift für Luft- und Weltraumrecht, 42.Jg., H.2/1993, S.121-143

Scott, C. / **Audéoud**, O.: The Future of EC Telecommunications Law (Series of Publications by the Academy of European Law in Trier, Bd.19), Köln 1996

Sedemund, J. / **Montag**, F.: Liberalisierung des Luftverkehrs durch europäisches Wettbewerbsrecht?, in: Neue Juristische Wochenschrift, 39.Jg., H.35/1986, S.2142-2150

Seebohm, E.: Luftverkehr und Umwelt im Rahmen des Luftverkehrskonzeptes der Europäischen Union, in: Koch, H.-J. (Hrsg.): Umweltprobleme des Luftverkehrs (Forum Umweltrecht, Bd.45), Baden-Baden 2003, S.53-57

Seidel, K.: Maritime Netzwerke und europäische Industriepolitik (Strukturwandel und Strukturpolitik, Bd.1), Frankfurt a. M. – Berlin u. a. 2000

Seidenfus, H. St.: „Regulation" und „Deregulation". Ansätze im Verkehr, in: Internationales Verkehrswesen, 30.Jg., H.5/1978, S.283-292

Seidenfus, H. St.: Möglichkeiten und Grenzen einer Deregulierung des europäischen Luftverkehrs, in: Wirtschaftsdienst, 65.Jg., H.3/1985, S.129-137

Selkou, E. / **Roe**, M.: Globalisation, Policy and Shipping. Fordism, Post-Fordism and the European Union Maritime Sector (Transport Economics, Management and Policy), Cheltenham – Northampton 2004

Sichelschmidt, H.: Die neue Luftverkehrspolitik der Vereinigten Staaten. Ein Modell für Europa (Kieler Diskussionsbeiträge des Instituts für Weltwirtschaft an der Universität Kiel, Nr.81), Kiel 1981

Sichelschmidt, H.: Wettbewerb statt staatlicher Regulierung. Wege zu einem besseren Luftverkehrssystem in Europa (Kieler Diskussionsbeiträge des Instituts für Weltwirtschaft an der Universität Kiel, Nr.100), Kiel 1984

Sichelschmidt, H. / **Wolf**, H.: Die Liberalisierung des Luftverkehrs. Entwicklung, Stand und Perspektiven, in: Die Weltwirtschaft, H.2/1993, S.167-185

Siebold, A.: EU-Wirtschaftspolitik: Informationsgesellschaft. Die ambitiösen Ziele der Europäischen Union, in: Die Volkswirtschaft, 75.Jg., H.2/2002, S.38-43

Simmonds, K. R.: The International Maritime Organization, London 1994

Simon, J.: Towards a Unified European Regulatory System? A Genealogy of Telecommunications Regulation (1973-1992) (ITS European Conference „The Race to European Eminence", Session 5 D), Stenungsbaden, 20.-22. Juni 1993

Sindelar, M.: Das GATT – Handelsordnung für den Dienstleistungsverkehr? Eine handelspolitische Untersuchung am Beispiel des internationalen Seeverkehrs (Schriften zur Nationalökonomie, Bd. 3), Bayreuth 1987

Smit, H.: Reform des UPU-Endvergütungssystems in sich wandelnden Postmärkten (Diskussionsbeiträge des WIK, Nr.238), Bad Honnef 2002

Smith, B.: EUROS: The European Community Ship Register, in: Hart, P. / Ledger, G. / Roe, M. / Smith, B. (Hrsg.): Shipping Policy in the European Community, Aldershot – Brookfield u. a. 1993, S.82-101

Smith, D. G. / **Pitt**, D. C.: Open Network Architecture. Journey to an Unknown Destination?, in: Telecommunications Policy, 15.Jg., H.5/1991, S.379-394

Smith, H. D.: Shipping, Safety and the Environment. A Post-Donaldson Analysis, in: Marine Policy, 19.Jg., H.6/1995, S.449-508

Smith, M. L.: International Regulation of Satellite Communication (Utrecht Studies in Air and Space Law, Bd.7), Dordrecht – Boston u. a. 1990

Sørensen, F.: Progress towards the Development of a Community Air Transport Policy, in: IATA Magazine, H.6-7/1985, S.3 ff.

Sørensen, F.: The Air Transport Policy of the EEC, in: European Transport Law, 24.Jg., H.4/1989, S. 411-418

Speckbacher, W. (Hrsg.): Die Zukunft der Postdienste in Europa. Proceedings, Bonn, Oktober 1990

(Schriftenreihe des WIK, Bd.11), Berlin – Heidelberg u. a. 1991

Sprenger, J.: Flugsicherung und die Entwicklung im Luftverkehr, in: Die Volkswirtschaft, 62.Jg., H. 7/1989, S.15-17

Sproul, G.: Articles 85 and 86: First Application to Maritime Transport, in: European Competition Law Review, 13.Jg., H.5/1992, S.215-221

Stabenow, W.: Die Rechtsgrundlagen der europäischen Verkehrsintegration, in: Zeitschrift für das gesamte Handelsrecht und Wirtschaftsrecht, 126.Jg., 1964, S.228-254

Stabenow, W.: The International Factors in Air Transport under the Treaty Establishing the European Economic Community, in: The Journal of Air Law and Commerce, 33.Jg., H.1/1967, S.117-137 (1967a)

Stabenow, W.: Die Luftfahrt im Rahmen der europäischen Wirtschaftsintegration, in: Zeitschrift für Luftrecht und Weltraumrechtsfragen, 16.Jg., H.4/1967, S.199-217 (1967b)

Stabenow, W.: Die Seehäfen in der gemeinsamen Verkehrs- und Regionalpolitik, in: Institut für das Recht der Europäischen Gemeinschaften der Universität Köln (Hrsg.): Verkehr und Gemeinschaftsrecht. Wissenschaftliches Kolloquium am 1. und 2. April 1971 in Bad Ems veranstaltet von der Wissenschaftlichen Gesellschaft für Europarecht (Kölner Schriften zum Europarecht, Bd.18), Köln – Berlin u. a. 1972, S.63-79

Stamm, P.: Entwicklungsstand und Perspektiven von Powerline Communication (Diskussionsbeiträge des WIK, Nr.201), Bad Honnef 2000

Stanovsky, R. K.: Deregulierung im europäischen Luftverkehr. Notwendigkeiten, Möglichkeiten und Grenzen. Eine empirische und wettbewerbstheoretische Analyse im Hinblick auf die Liberalisierung (Schriften zur Nationalökonomie, Bd.40), Bayreuth 2003

Stasinopoulos, D.: The Second Aviation Package of the European Community, in: Journal of Transport Economics and Policy, 26.Jg., H.1/1992, S.83-87

Stasinopoulos, D.: The Third Phase of Liberalisation in Community Aviation and the Need for Supplementary Measures, in: Journal of Transport Economics and Policy, 27.Jg., H.3/1993, S.323-328

Staudinger, A. / **Schmidt-Bendun**, R.: Neuregelung über Ausgleichs- und Unterstützungsleistungen für Fluggäste, in: Neue Juristische Wochenschrift, 57.Jg., H.27/2004, S.1897-1901

Steele, R. (Hrsg.): Mobile Radio Communications, Chichester – Weinheim 1996

Stefula, M.: Völkerrechtswidrigkeit der EG-Lufthaftungsverordnung?, in: Transportrecht, 23.Jg., H.10/2000, S.399-404

Stehmann, O.: Facility-based Competition in Europe. The Case for a Separate Satellite System, in: Telecommunications Policy, 16.Jg., H.2/1992, S.135-146

Stehmann, O.: Commission Prohibits Discriminatory Landing Fees at Spanish Airports, in: Competition Policy Newsletter, 7.Jg., H.3/2000, S.40-43

Stehmann, O.: Commission Approves British Midland International Joining STAR Alliance, in: Competition Policy Newsletter, 8.Jg., H.3/2001, S.44-46

Stehmann, O.: Varianten und Grenzen globaler Allianzen aus der Sicht der europäischen Wettbewerbspolitik, in: DVWG (Hrsg.): Europäischer Luftverkehr. Wem nützen die strategischen Allianzen? (Schriftenreihe der DVWG, Reihe B, Bd.246), Bergisch Gladbach 2002, S.112-146

Stehmann, O. / **Borthwick**, R.: Infrastructure Competition and the European Union's Telecommunications Policy, in: Telecommunications Policy, 18.Jg., H.8/1994, S.601-615

Steinfield, Ch. / **Bauer**, J. M. / **Caby**, L. (Hrsg.): Telecommunications in Transition. Policies, Services and Technologies in the European Community, Thousand Oaks – London u. a. 1994

Steinrücken, T. / **Jaenichen**, S.: Eine Analyse staatlicher Zuwendungen für Low-cost Carrier. Was lehrt der Fall Ryanair?, in: Zeitschrift für Verkehrswissenschaft, 75.Jg., H.3/2004, S.179-189

Sterzenbach, R. / **Conrady**, R.: Luftverkehr. Betriebswirtschaftliches Lehr- und Handbuch (Lehr- und Handbücher zu Tourismus, Verkehr und Freizeit), 3. Aufl., München – Wien 2003

Stoetzer, M.-W.: Regulierung oder Liberalisierung des Luftverkehrs in Europa. Eine industrieökonomische Analyse (Nomos-Universitätsschriften, Wirtschaft, Bd.7), Baden-Baden 1991

Stomberg, R. / **Glocker**, H.: Das Auf und Ab der internationalen Tankschiffahrt, in: Internationales Verkehrswesen, 40.Jg., H.3/1988, S.164-168

Stopford, M.: Maritime Economics, 2. Aufl., London – New York 1997

Streel, A. de: The Protection of the European Citizen in a Competitive E-society. The new EU Universal Service Directive, in: Journal of Network Industries, 4.Jg., H.1/2003, S.189-223

Strivens, R. / **Weigthmann**, E.: The Air Transport Sector and the EEC Competition Rules in the Light of the Ahmed Saeed Case, in: European Competition Law Review, 10.Jg., H.4/1989, S.557-567

Strube, S.: Der digitale Rundfunk. Stand der Einführung und regulatorische Problemfelder bei der Rundfunkübertragung (Diskussionsbeiträge des WIK, Nr.214), Bad Honnef 2001

Stuchtey, R. W.: Schiffahrtspolitik – Erstes, zweites und offene Register, in: DVWG (Hrsg.): Zweites Kieler Seminar zu aktuellen Problemen der Seeschiffahrt (Schriftenreihe der DVWG, Reihe B, Bd.115), Bergisch Gladbach 1989, S.11-21

Stumpf, U.: Remailing in the European Community. Economic Analysis of Alternative Regulatory Environments (Diskussionsbeiträge des WIK, Nr.89), Bad Honnef 1992

Stumpf, U. / **Elsenbast**, W. (Hrsg.): Cost of Universal Service. Papers presented at the 3rd Königswinter Seminar, 6-8 November 1995 (Proceedings des WIK, Bd.2), Bad Honnef 1996

Stumpf, U. / **Pieper**, F.: The Development of the Single Market for Postal Services. Comments on the Green Paper (Diskussionsbeiträge des WIK, Nr.98), Bad Honnef 1992

Stumpf, U. / **Plum**, M. (Hrsg.): Towards a New Regulatory Framework for Cross-Border Mail. Papers presented at the 5th Königswinter Seminar, 5-7 November 1997 (Proceedings des WIK, Bd.6), Bad Honnef 1998

Stürmer, S.: Netzzugang und Eigentumsrechte in der Telekommunikation (Wirtschaftsrecht der internationalen Telekommunikation, Bd.31), Baden-Baden 1997

Styliadou, M.: Applying EC Competition Law to Alliances in the Telecommunications Sector, in: Telecommunications Policy, 21.Jg., H.1/1997, S.47-58

Subrémon, A.: Aides d'État aux Compagnies Aériennes Communautaires, in: Revue du Marché Commun et de l'Union Européenne, 40.Jg., H.1/1997, S.16-24

Sung, L.: WARC-92: Setting the Agenda for the Future, in: Telecommunications Policy, 16.Jg., H.8/1992, S.624-634

Sutherland, E.: International Roaming Charges: Over-charging and Competition Law, in: Telecommunications Policy, 25.Jg., H.1-2/2001, S.5-20

Szafran, U.: Der Markt für Satellitendienste (Diskussionsbeiträge des WIK, Nr.107), Bad Honnef 1993

Tadayoni, R. / **Skouby**, K. E.: Terrestrial Digital Broadcasting. Convergence and its Regulatory Implications, in: Telecommunications Policy, 23.Jg., H.2/1998, S.175-199

Tang, W.: Changes in Market Structure and Pricing of the International Linear Shipping Industry, Philadelphia 1994 (Diss.)

Temple, S.: ETSI: A Revolution in European Telecommunications Standards Making, Hull 1991

Tettenborn, A.: Die Deregulierung des Luftverkehrs in den Europäischen Gemeinschaften und in den USA unter besonderer Berücksichtigung der kartellrechtlichen Aspekte, Husum 1993 (Diss.)

Tettenborn, A.: Die neuen Informations- und Kommunikationsdienste im Kontext der Europäischen

Union, in: Europäische Zeitschrift für Wirtschaftsrecht, 8.Jg., H.15/1997, S.462-467

Tettenborn, A.: Rechtsrahmen für den elektronischen Geschäftsverkehr. Kommentierung zur EG-Richtlinie über den elektronischen Geschäftsverkehr und zum Elektronischen Geschäftsverkehr-Gesetz – EGG: Inhalt, Auswirkungen, Umsetzung in Deutschland, in: Kommunikation & Recht, 4. Jg., H.12/2001, Beilage, S.1-40

Teuscher, W. R.: Zur Liberalisierung des Luftverkehrs in Europa (Institut für Europäische Wirtschaftspolitik und für Industrie- und Gewerbepolitik der Universität Hamburg, Wirtschaftspolitische Studien, Bd.92), Göttingen 1994

Tewes, D.: Entwicklungsstand und Märkte funkgestützter Ortsnetztechnologien (Diskussionsbeiträge des WIK, Nr.171), Bad Honnef 1997

Thaine, C.: The Way ahead from Memo 2: The Need for More Competition, a Better Deal for Europe, in: Air Law, 10.Jg., H.3/1985, S.90-98

Thomaschki, K.: Europäisches Urheberrecht in der Informationsgesellschaft, in: Datenschutz und Datensicherheit, 16.Jg., H.5/1998, S.265-269

Thuillier, E.: Les Transports Maritimes et le Marché Commun, in: Revue Trimestrielle de Droit Européen, 8.Jg., H.2/1972, S.271-298

Toepel, W.: Luftverkehr und Umwelt, in: DVWG (Hrsg.): Der Beitrag des Luftverkehrs zur ökonomischen Entwicklung in Europa (Schriftenreihe der DVWG, Reihe B, Bd.144), Bergisch Gladbach 1992, S.119-145

Toker, S.: Mobile Communications in the 1990s. Opportunities and Pitfalls, London 1992

Tomboy, Ch.: Air Transport. The Proposed British Airways – American Airlines Alliance, in: Competition Policy Newsletter, 9.Jg., H.2/2002, S.38-39

Tomboy, Ch.: Commission Approves Partnership between British Airways and SN Brussels Airlines, in: Competition Policy Newsletter, 10.Jg., H.2/2003, S.64

Tomboy, Ch. / **Stehmann**, O.: Commission Closes Probe into Major EU Airlines' Incentive Schemes for Travel Agents, in: Competition Policy Newsletter, 10.Jg., H.2/2003, S.65-67

Toscano, J.: Mobile Communications: An EC Overview. What are the Commission's Future Goals?, in: Arnold, F. (Hrsg.): Telekommunikation und Post in Europa: Quo vadis? (Online '93, 16. Europäische Congressmesse für Technische Kommunikation, Symposium I-3, Hamburg 8. / 9.-12.2. 1993), Hamburg 1993, S.C134.01-C134.16

Tostmann, St.: Unterstützung der Gemeinschaftsflotte und Durchsetzung internationaler Standards. Harmonisierungsansätze der Europäischen Gemeinschaft im Bereich der internationalen Seeschiffahrt, in: Archiv des Völkerrechts, 32.Jg., H.3/1994, S.342-357

Tostmann, St.: Containerkonsortien im Seelinienverkehr. Komplexe Kooperationen als Herausforderung an die Flexibilität des EG- und US-Kartellrechts (Veröffentlichungen des Instituts für Seerecht und Seehandelsrecht der Universität Hamburg, Bd.12), Hamburg 1997

Travis, R.: Air Transport Liberalisation in the European Community 1987-1992. A Case of Integration, Uppsala 2001

Trillas, F.: Mergers, Acquisitions and Control of Telecommunications Firms in Europe, in: Telecommunications Policy, 26.Jg., H.5-6/2002, S.269-286

Turek, J.: Forschungs-, Technologie- und Telekommunikationspolitik, in: Weidenfeld, W. / Wessels, W. (Hrsg.): Jahrbuch der Europäischen Integration 1992/93, Bonn 1993, S.188-194

Turek, J.: Forschungs-, Technologie- und Telekommunikationspolitik, in: Weidenfeld, W. / Wessels, W. (Hrsg.): Jahrbuch der Europäischen Integration 1994/95, Bonn 1995, S.181-186

Turek, J.: Forschungs-, Technologie- und Telekommunikationspolitik, in: Weidenfeld, W. / Wessels, W. (Hrsg.): Jahrbuch der Europäischen Integration 1996/97, Bonn 1997, S.173-178

Turek, J.: Forschungs-, Technologie- und Telekommunikationspolitik, in: Weidenfeld, W. / Wessels, W. (Hrsg.): Jahrbuch der Europäischen Integration 1997/98, Bonn 1998, S.149-154

Turek, J.: Forschungs-, Technologie- und Telekommunikationspolitik, in: Weidenfeld, W. / Wessels, W. (Hrsg.): Jahrbuch der Europäischen Integration 1998/99, Bonn 1999, S.167-172

Turek, J.: Forschungs-, Technologie- und Telekommunikationspolitik, in: Weidenfeld, W. / Wessels, W. (Hrsg.): Jahrbuch der Europäischen Integration 1999/2000, Bonn 2000, S.151-154

Turek, J.: Forschungs-, Technologie- und Telekommunikationspolitik, in: Weidenfeld, W. / Wessels, W. (Hrsg.): Jahrbuch der Europäischen Integration 2000/2001, Bonn 2001, S.159-162

Turek, J.: Forschungs-, Technologie- und Telekommunikationspolitik, in: Weidenfeld, W. / Wessels, W. (Hrsg.): Jahrbuch der Europäischen Integration 2001/2002, Bonn 2002, S.155-158

Turek, J.: Forschungs-, Technologie- und Telekommunikationspolitik, in: Weidenfeld, W. / Wessels, W. (Hrsg.): Jahrbuch der Europäischen Integration 2002/2003, Bonn 2003, S.169-172

Turek, J.: Forschungs-, Technologie- und Telekommunikationspolitik, in: Weidenfeld, W. / Wessels, W. (Hrsg.): Jahrbuch der Europäischen Integration 2003/2004, Bonn 2004, S.157-160

Uhle, D.: Die Struktur der Nachfrage nach Postdienstleistungen in Deutschland, in: Berger, H. / Knauth, P. (Hrsg.): Liberalisierung und Regulierung der Postmärkte. Ansatzpunkte für eine Neugestaltung der staatlichen Postpolitik, München – Wien 1996, S.147-173

Ungerer, H.: Telekommunikationspolitik der EG vor Einführung des Binnenmarktes (TELCOM-Seminar, 19. Juni 1991), Bonn 1991

Ungerer, H.: Stand der EG-Telekommunikationspolitik: Netze und Dienste, Liberalisierung und Harmonisierung, Privatisierung, in: Arnold, F. (Hrsg.): Telekommunikation und Post in Europa: Quo vadis? (Online '93, 16. Europäische Congressmesse für Technische Kommunikation, Symposium I-2, Hamburg 08. / 09.-12.2.1993), Brüssel 1993, S.1-11 (1993a)

Ungerer, H.: Liberalisierung der Sprach-Telekommunikation in der EG (Euroforum Konferenz '93, Köln, 7. Oktober 1993), Brüssel 1993 (1993b)

Ungerer, H.: Regulatory Directions for Satellite Communications in Europe (Intelsat Summit, London, March 2, 1995), Brüssel 1995 (1995a)

Ungerer, H.: EU Competition Law in the Telecommunications, Media and Information Technology Sectors (Fordham Corporate Law Institute, 22nd Annual Conference on International Antitrust Law & Policy, New York City, October 27, 1995), Brüssel 1995 (1995b)

Ungerer, H.: Netzzugang aus europäischer Sicht (Vortrag in Hannover, 13.03.1997), Brüssel 1997

Ungerer, H.: Use of EC Competition Rules in the Liberalisation of the European Union's Telecommunications Sector. Assessment of Past Experience and some Conclusions, in: Competition Policy Newsletter, 8.Jg., H.2/2001, S.16-23

Ungerer, H. / **Costello**, N. P.: Telecommunications in Europe. Free Choice for the User in Europe's 1992 Market. The Challenge for the European Community (The European Perspectives Series), Brüssel 1988

Valletti, T. M.: Spectrum Trading, in: Telecommunications Policy, 25.Jg., H.10-11/2001, S.655-670

Vandersanden, G.: L'Application des Règles de la Concurrence aux Transports Aériens, in: European Transport Law, 24.Jg., H.4/1989, S.419-440

Vanheule, B.: Oil Pollution. The International Liability and Compensation Regime, in: European Transport Law, 38.Jg., H.5/2003, S.547-576

Vermote, L.: The Application of the United Nations Liner Code within the European Communities, in: European Transport Law, 23.Jg., H.5/1988, S.571-589

Vincent, M.: La Politique Commune du Transport Aérien, in: European Transport Law, 21.Jg., H.6/1986, S.518-520

Voeth, M.: Entmonopolisierung von Märkten. Das Beispiel Telekommunikation (Nomos-Universitätsschriften, Wirtschaft, Bd.28), Baden-Baden 1996

Vogelsang, I. / **Mitchell**, B.: Telecommunications Competition. The Last Ten Miles, Cambridge – London u. a. 1997

Voigt, F.: Verkehr, Bd.II: Die Entwicklung des Verkehrssystems (2 Halbbände), Berlin 1965

Vollmeier, I.: Grundversorgung im konvergierenden Mediensektor. Die Sicherstellung der Teilhabe aller an der Informationsgesellschaft (Schriften zum Informations-, Telekommunikations- und Medienrecht, Bd.26), Münster 2004

Voß, W.: Telearbeit. Erfahrungen, praktischer Einsatz, Entwicklungen, München 1998

Wager, W. H.: Coopération Internationale et „Scandinavian Airlines System", in: Revue Générale d'Air, 14.Jg., H.1/1951, S.31-49, 99-120

Wassenbergh, H. A.: Opening the Skies. The EEC and Third Countries, in: Air Law, 15.Jg., H.5-6/1990, S.307-316

Wassenbergh, H. A. (Hrsg.): External Aviation Relations of the European Community, Deventer – Boston 1992

Watermann, H.: Die Seehäfen in Frankreich (Veröffentlichungen des HWWA-Instituts für Wirtschaftsforschung Hamburg, Handbuch der europäischen Seehäfen, Bd.7), Hamburg 1969

Waterschoot, P.: Implications of the Service Directive (European Telecommunications Policy, Proceedings of the Conference held in Brussels, April 1989), London 1989

Watson, Ph.: Shipping and the General Agreement on Trade in Services (GATS), in: European Transport Law, 30.Jg., H.6/1995, S.841-844

Weber, L.: Les Éléments de la Coopération dans le Cadre de la Commission Européenne de l'Aviation Civile (CEAC), in: Revue Française de Droit Aérien, 31.Jg., H.3/1977, S.388-412 (1977a)

Weber, L.: The Application of European Community Law to Air Transport, in: Annals of Air and Space Law, 2.Jg., 1977, S.233-252 (1977b)

Weber, L.: The European Civil Aviation Conference (ECAC), in: Annals of Air and Space Law, 3.Jg., 1978, S.593-597

Weber, L.: Die Zivilluftfahrt im Europäischen Gemeinschaftsrecht (Max-Planck-Institut für ausländisches öffentliches Recht und Völkerrecht, Beiträge zum ausländischen öffentlichen Recht und Völkerrecht, Bd.78), Berlin – Heidelberg u. a. 1981 (in bezug auf die Wettbewerbsregeln auch: Wettbewerb der Luftfahrtunternehmen und Europäisches Gemeinschaftsrecht, in: Zeitschrift für Luft- und Weltraumrecht, 30.Jg., H.2/1981, S.146-169)

Weber, L.: Effect of European Air Transport Policy on International Cooperation, in: European Transport Law, 24.Jg., H.4/1989, S.448-453

Weber, L.: External Aspects of EEC Air Transport Liberalization, in: Air Law, 15.Jg., H.2/1990, S. 277-287

Weilepp, M.: Subventionierung im Weltschiffbau (Veröffentlichungen des HWWA-Instituts für Wirtschaftsforschung Hamburg), Hamburg 1989

Weimann, L. Ch.: Markteintrittsbarrieren im europäischen Luftverkehr. Konsequenzen für die Anwendbarkeit der Theorie der Contestable Markets (Giessener Studien zur Transportwirtschaft und Kommunikation, Bd.14), Hamburg 1998

Weingarten, F.: Entlastung des Luftverkehrs in Deutschland unter den Bedingungen eines wachsenden Luftverkehrsmarktes, Bergisch Gladbach – Köln 1995

Weinhold, M. D.: Computerreservierungssysteme im Luftverkehr. Erfahrungen in den USA und Empfehlungen für Europa (Veröffentlichungen des HWWA-Instituts für Wirtschaftsforschung Hamburg, Bd.13), Baden-Baden 1995

Weinkopf, M.: Ökonomie des ONP-Konzeptes (Diskussionsbeiträge des WIK, Nr.118), Bad Honnef 1993

Weinstock, U.: Einige Gedanken zur gemeinsamen Verkehrspolitik – Vom Legalismus zum Pragmatismus, in: Zeitschrift für Verkehrswissenschaft, 51.Jg., H.3/1980, S.200-222

Weise, H.: Schiffahrts- und Hafenpolitik der Europäischen Union, in: Internationales Verkehrswesen, 50.Jg., H.9/1998, S.399-400

Welfens, P. J. J. / **Graack**, C.: Telekommunikationswirtschaft: Deregulierung, Privatisierung und Internationalisierung, Berlin – Heidelberg u. a. 1996

Welsch, G. / **Bremer**, K.: Die europäische Signaturrichtlinie in der Praxis, in: Datenschutz und Datensicherheit, 18.Jg., H.2/2000, S.85-88

Wendlik, H.: Politik und Elemente der Slotvergabe, in: Zeitschrift für Verkehrswissenschaft, 64.Jg., H.4/1993, S.260-276

Wenglorz, G. W.: Die Deregulierung des Linienluftverkehrs im Europäischen Binnenmarkt (R. v. Decker's rechts- und sozialwissenschaftliche Abhandlungen, Abteilung Verkehrsrecht und Verkehrspolitik, Bd.4), Heidelberg 1992

Wenglorz, G. W. / **Wittmann**, M.: Tarife im EG-Linienluftverkehr, in: Zeitschrift für Verkehrswissenschaft, 62.Jg., H.3/1991, S.144-157

Werner, W.: Anti-Dumping im Seeverkehr. Die neue Verordnung (EWG) Nr. 4057/86, in: Recht der internationalen Wirtschaft, 33.Jg., H.9/1987, S.715-717 (1987a)

Werner, W.: Eine Wettbewerbsordnung für den Seeverkehr, in: Wirtschaft und Wettbewerb, 37.Jg., H.10/1987, S.796-806 (1987b)

Wernicke, I. H. (Gesamtdeutsches Institut, Bundesanstalt für gesamtdeutsche Aufgaben (Hrsg.)): Seegüterumschlag und Seeschiffsverkehr der EG mit den RGW-Staaten. Eine statistisch-empirische Untersuchung der Entwicklung des Seegüterumschlags und der Präsenz der Handelsflotten der europäischen RGW-Staaten in den EG-Seehäfen unter besonderer Berücksichtigung der Bundesrepublik Deutschland, der Niederlande, Belgiens sowie der DDR und Berlin (Ost), Bonn 1980

Werthmann, Ch.: Staatliche Regulierung des Postwesens (Recht und Ökonomik der Netzregulierung, Bd.1), Münster 2004

Westendorf, H.: Der Einfluß der Hafenkosten auf den Seehafenwettbewerb und die Seehafenpolitik, in: Wirtschaftsdienst, 40.Jg., H.11/1960, S.633-636

Wheatcroft, St. / **Lipman**, G.: Air Transport in a Competitive European Market (Economist Intelligence Unit, Travel and Tourism Report, Nr.3), London 1986

White, R. L. / **White** Jr., H. M.: The Law and Regulation of International Space Communication, Boston – London 1988

Wichert-Nick, D. von: Wettbewerb im lokalen Telekommunikationsmarkt. Zwischen sektorspezifischer Regulierung und allgemeinem Wettbewerbsrecht (Nomos-Universitätsschriften, Wirtschaft, Bd.44), Baden-Baden 1999

Wiezorek, B.: Strategien europäischer Fluggesellschaften in einem liberalisierten Weltluftverkehr (Europäische Hochschulschriften, Reihe V, Volks- und Betriebswirtschaft, Bd.2366), Frankfurt a. M. – Berlin u. a. 1998

Wilkens, J.: Rechtsregeln zur Vermeidung von Tankerunfällen, zur Schadenseindämmung und zur Schadensregulierung (Studien zum internationalen Wirtschaftsrecht und Atomenergierecht, Bd. 89), Köln – Berlin u. a. 1994

Williams, Ch.: Revised TACA, in: Competition Policy Newsletter, 6.Jg., H.3/1999, S.24-25

Williams, Ch.: Adoption of Regulation 823/2000 Renewing the Block Exemption for Liner Shipping Consortia, in: Competition Policy Newsletter, 7.Jg., H.3/2000, S.44-47

Windisch, R. (Hrsg.): Privatisierung natürlicher Monopole im Bereich von Bahn, Post und Telekommunikation (Wirtschaftswissenschaftliche und wirtschaftsrechtliche Untersuchungen, Bd. 22), Tübingen 1987

Windthorst, K.: Der Universaldienst im Bereich der Telekommunikation. Eine öffentlich-rechtliche Betrachtung unter Einbezug des amerikanischen Rechts (Schriften zu Kommunikationsfragen, Bd.27), Berlin 2000

Windthorst, K. / **Franke**, N.: Internet-Telefonie – Sprengsatz im System der Telekommunikationsregulierung?, in: Computer und Recht, 15.Jg., H.1/1999, S.14-22

Winter, G.: Finanzielle Instrumente zur Herstellung von Wettbewerbsgleichheit auf hohem Umweltschutzniveau im Luftverkehr, in: Zeitschrift für Luft- und Weltraumrecht, 49.Jg., H.3/2000, S. 308-330

Wirtschafts- und Sozialausschuß (WSA), Generalsekretariat: Gemeinsame Seeverkehrspolitik. Fortschritte auf dem Wege zu einer gemeinsamen Verkehrspolitik – Seeverkehr (Mitteilung und Vorschläge der Kommission an den Rat). Leitlinien für eine gemeinschaftliche Politik im Schiffbau, Stellungnahmen des Wirtschafts- und Sozialausschusses, Brüssel 1986

Withers, D.: Radio Spectrum Management. Management of the Spectrum and Regulation of Radio Services, 2. Aufl., London 1999

Wittmann, M.: Die Liberalisierung des Luftverkehrs in der Europäischen Gemeinschaft (Konstanzer Schriften zur Außenwirtschaft, Bd.10), Konstanz 1994

Woelker, Ch.: Aktuelle Probleme im Ost-West-Verkehr unter besonderer Berücksichtigung des Seeverkehrs der EG-Länder mit den Staatshandelsländern, in: Raccolta delle Lezioni, 20.Jg., 1979, S.27

Woerz, C.: Deregulierungsfolgen im Luftverkehr. Handlungsempfehlungen für Marktordnung und Umweltpolitik (R. v. Decker's rechts- und sozialwissenschaftliche Abhandlungen, Abteilung Verkehrsrecht und Verkehrspolitik, Bd.9), Heidelberg 1997 (1997a)

Woerz, C.: Luftverkehr und Erdatmosphäre. Empfehlungen für eine vorausschauende Umweltpolitik, in: Internationales Verkehrswesen, 49.Jg., H.1-2/1997, S.29-33 (1997b)

Wöhrn, R.: Die P&I-Clubs und die Sicherheit auf See. Maßnahmen der internationalen Schiffshaftpflichtversicherer zur Vermeidung und Verringerung von Schadensfällen in der Seeschiffahrt, in: DVWG (Hrsg.): Fünftes Kieler Seminar zu aktuellen Fragen der See- und Küstenschiffahrt (Schriftenreihe der DVWG, Reihe B, Bd.186), Bergisch Gladbach 1996, S.123-138

Wolf, H.: Zur Vergabe von Start- / Landerechten auf europäischen Flughäfen. Administrative Lenkung oder Auktionsverfahren, in: Die Weltwirtschaft, H.2/1991, S.187-199

Wolf, H.: Möglichkeiten und Grenzen marktwirtschaftlicher Verfahren zur Vergabe von Start- / Landerechten auf Flughäfen. Vorschlag für ein „zweitbestes Auktionsverfahren" (Kieler Arbeitspapiere, Nr.671), Kiel 1995

Wolf, P.: Die Grundregeln des Wettbewerbs im Luftverkehr, in: Gröner, H. (Hrsg.): Regulierung und Wettbewerb im europäischen Luftverkehr (Schriften des Vereins für Socialpolitik – Gesellschaft für Wirtschafts- und Sozialwissenschaften, N. F. Bd.183), Berlin 1989, S.9-22

Wolfrum, R.: Die Europäische Gemeinschaft als Partei seerechtlicher Verträge, in: Archiv des Völkerrechts, 32.Jg., H.3/1994, S.317-335

Wood, D.: Recent Commission Decisions concerning the Scope of the Group Exemption for Liner Conferences, in: Competition Policy Newsletter, 6.Jg., H.1/1999, S.17-21

Woodrow, R. B. / **Sauvé**, P.: Trade in Telecommunications Services. The European Community and the Uruguay Round Services Trade Negotiations, in: Steinfield, Ch. / Bauer, J. M. / Caby, L. (Hrsg.): Telecommunications in Transition. Policies, Services and Technologies in the European Community, Thousand Oaks – London u. a. 1994, S.97-117

Wouters, M.: A New European Regulation 261/2004 on Compensation and Assistance in the Event of Denied Boarding, Cancellation or Long Delay of Flights, Extends the Rights of Air Passengers, in: European Transport Law, 39.Jg., H.2/2004, S.151-157

Xavier, P.: The Licensing of Telecommunication Suppliers. Beyond the EU's Directive, in: Telecommunications Policy, 22.Jg., H.6/1998, S.483-492

Yannopoulos, G. N.: The Economics of Flagging Out, in: Journal of Transport Economics and Policy, 22.Jg., H.2/1988, S.197-207

Yercan, F. (Hrsg.): Ferry Services in Europe (Plymouth Studies in Contemporary Shipping), Aldershot – Burlington 1999

Young, J.: Luftverkehrspolitik EG – USA. Das Gleichgewicht des Nutzens in bilateralen Abkommen, in: Internationales Verkehrswesen, 43.Jg., H.5/1991, S.195-196

Zachcial, M.: Short Sea Shipping and Intermodal Transport, in: Europäische Konferenz der Verkehrsminister (CEMT) (Hrsg.): Short Sea Shipping in Europe, Paris 2001, S.21-36

Zhao, Y.: Air Transport Services and WTO in the New Epoch, in: Zeitschrift für Luft- und Weltraumrecht, 50.Jg., H.1/2001, S.48-67

Zielke, Th.: Verkehrsaufteilung in Flughafensystemen. Rechtliche Möglichkeiten der Nachfragelenkung bei öffentlichen Leistungen am Beispiel von Flughäfen (Tübinger Schriften zum Staats- und Verwaltungsrecht, Bd.40), Berlin 1998

Zimmer, A.: Wireless LAN und das Telekommunikationsrecht, in: Computer und Recht, 19.Jg., H. 12/2003, S.893-898

Zinsmeister, U. / **Lienemeyer**, M.: Zur Entwicklung des Seekartellrechts, in: Europäische Zeitschrift für Wirtschaftsrecht, 13.Jg., H.21/2002, S.649-654

Verzeichnis der Abkürzungen

€	=	Euro
$	=	Dollar
£	=	Pfund
2,5G	=	Mobilkommunikationssysteme als Vorläufer der dritten Generation
2G	=	Mobilkommunikationssysteme der zweiten Generation
3G	=	Mobilkommunikationssysteme der dritten Generation
a. M.	=	am Main
AB	=	Aktiebolag (schwedische Aktiengesellschaft)
ABC	=	Advanced Booking Charter
ABl.	=	Amtsblatt
ABN	=	Algemene Bank Nederland
Abs.	=	Absatz, Absätze
ACAA	=	Agreements on Conformity Assessment and Acceptance
ACC	=	Advanced Computer Communications
ACCA	=	Air Charter Carriers Association
ACE	=	Association of Airline Companies of the European Community
ACH-CN	=	Ateliers et Chantiers du Havres – Constructions Navales
ACL	=	Atlantic Container Line
ACS	=	Advanced Communications Systems
ACTE	=	Approvals Committee for Terminal Equipment
ACTS	=	Advanced Communications Technologies and Services
ADP	=	Aéroports de Paris
AdR	=	Ausschuß der Regionen
ADSB	=	Ameritech – Tele Danmark – Singapore Telecom – Belgian Banks – Consortium
ADSL	=	Asymmetric Digital Subscriber Line
AE	=	griechische Aktiengesellschaft
AEA	=	Association of European Airlines
AEG	=	Allgemeine Elektricitäts-Gesellschaft
AENA	=	Aeropuertos Españoles y Navegación Aérea
AESA	=	Astilleros Españoles S.A.
AETR	=	Accord Européen sur les Transports Routiers

AFI	=	Africa and Indian Ocean (ICAO-Region)
AFS	=	Alpha Flight Services
AFS	=	Anti-Fouling Systems Convention
AG	=	Aktiengesellschaft
AIS	=	Automatic Identification System
AKP	=	Staaten im afrikanischen, karibischen und pazifischen Raum
Amro	=	Amsterdamsche Bank Rotterdamsche Bank
ANA	=	Aeroportos e Navegação Aérea-Empresa Pública
AOM	=	Air Outre Mer
APAS	=	Actions de Préparation d'Accompagnement et de Suivi
APATSI	=	Airport and Air Traffic Service Interface
APEC	=	Asia Pacific Economic Conference
API	=	Advanced Passenger Information
APU	=	Auxiliary Power Units
ARB	=	Airworthiness Requirements Board
ARC	=	Airlines Reporting Corp.
ARD	=	Arbeitsgemeinschaft der Öffentlich-Rechtlichen Rundfunkanstalten der Bundesrepublik Deutschland
Art.	=	Artikel (Singular)
Artt.	=	Artikel (Plural)
AS, A/S	=	Aktieselkab (dänische Aktiengesellschaft), Aksjeselskap (norwegische Aktiengesellschaft)
ASEAN	=	Association of South East Asian Nations
ASM	=	Airspace Management
AT&T	=	American Telephone and Telegraph
ATC	=	Air Traffic Control
ATFM	=	Air Traffic Flow Management
ATM	=	Air Traffic Management
ATPL	=	Air Transport Pilot License
AuA	=	Austrian Airlines
AUCS	=	AT&T Unisource Communications Services
Aufl.	=	Auflage
AVTUR	=	Aviation Turbine (Kerosinart)
AWO	=	All Weather Operations
B&I	=	British and Irish Steam Packet Company
B2B	=	Business-to-Business
B2C	=	Business-to-Consumer
BA	=	British Airways
BAI	=	Bretagne Angleterre Irlande
BCE	=	Bell Canada Enterprises
BCH	=	Code for Ships Carrying Dangerous Chemicals in Bulk

Bd.	=	Band
BDB	=	British Digital Broadcasting
BDI	=	Bundesverband der Deutschen Industrie
BdKEP	=	Bundesverband der Kurier-Express-Post-Dienste
BEB	=	Brasil – Europe – Brasil Freight Conference
bfr	=	Belgischer Franc
BiB	=	British interactive Broadcasting
BIEK	=	Bundesverband Internationaler Express- und Kurierdienste
Bio.	=	Billion(en)
BIP	=	Bruttoinlandsprodukt
BMBF	=	Bundesministerium für Bildung und Forschung
BMWI	=	Bundesministerium für Wirtschaft und Technologie
BNL	=	Banca Nazionale del Lavoro
BR	=	British Railways
BR	=	Bundesrepublik
BRT	=	Bruttoregistertonne(n)
BRZ	=	Bruttoraumzahl
BSC	=	Baltic Shipping Co.
BSC	=	British Shippers' Council
BSCA	=	Brussels South Charleroi Airport
BSkyB	=	British Sky Broadcasting
BT	=	British Telecommunications
Bull.	=	Bulletin
BV, B.V.	=	Besloten Vennootschap (GmbH)
BvS	=	Bundesanstalt für vereinigungsbedingte Sonderaufgaben
bzw.	=	beziehungsweise
C&W	=	Cable and Wireless
ca.	=	circa
CAACE	=	Comité des Associations d'Armateurs des Communautés Européennes
CADDIA	=	Cooperation in Automation of Data and Documentation for Imports / Exports and Agriculture
CAEP	=	Committee on Aviation Environmental Protection
CAS	=	Condition Assessment Scheme
CATE	=	Conference for the Coordination of Air Transport in Europe
CB	=	Citizen Band
CBP	=	Bureau of Customs and Border Protection
CBSA	=	Canada Border Services Agency
CCIR	=	Comité Consultatif International des Radiocommunications
CCITT	=	Comité Consultatif International de Télégraphie et Téléphonie
ccTLD	=	country code Top Level Domain

CD-ROM	=	Compact Disc – Read Only Memory
CDC	=	Caisse des Dépôts et Consignations
CDG	=	Charles de Gaulle
CDMA	=	Code Division Multiple Access
CDPQ	=	Caisse de Dépôt et Placement du Québec
CE	=	Communauté Européenne
CEAC	=	Commission Européenne de l'Aviation Civile
CEE	=	Communauté Économique Européenne
CEMT	=	Conférence Européenne des Ministres des Transports
CEN	=	Comité Européen de Normalisation
CENELCOM	=	Comité Européen pour la Coordination des Normes Électrotechniques
CENELEC	=	Comité Européen de Normalisation Électrotechnique
CEPT	=	Commission Européenne des Administrations des Postes et des Télécommunications
CESA	=	Committee of European Union Shipbuilders' Associations
CEWAL	=	Central West Africa Lines
CFMU	=	Central Flow Management Unit
CGM	=	Compagnie Générale Maritime
CGMF	=	Compagnie Générale Maritime et Financière
cgt	=	compensated gross ton(s)
CIL	=	Compagnie des Îles du Levant
CIP	=	Convergence and Implementation Plan
CLT	=	Compagnie Luxembourgeoise de Télédiffusion
CMB	=	Compagnie Maritime Belge
CMdR	=	Compagnie Marseillaise de Réparations
CMR	=	Compagnie Marseille Réparation
CNS	=	Communications, Navigation, Surveillance
Co.	=	Compagnie, Company
CO_2	=	Kohlendioxid
CODA	=	Central Office for Delay Analysis
COM	=	Company
COMECON	=	Council for Mutual Economic Assistance
COMP	=	Competition
COPE	=	Compensation for Oil Pollution in European Waters
Corp.	=	Corporation
Cosco	=	China Ocean Shipping Company
COSS	=	Committee on Save Seas and the Prevention of Pollution from Ships
COST	=	Coopération Européene Scientifique et Technique
COWAC	=	Continent West Africa Conference

CPL	=	Commercial Pilot License
CPR	=	Communications Policy Research
CPV	=	Common Procurement Vocabulary
CRS	=	Computer Reservation System
CSA	=	Czechoslovak Airlines
CSAV	=	Compañia Sudamericana de Vapores (Südamerikanische Dampfergesellschaft)
CSC	=	Computer Sciences Corp.
CSC	=	Convention on Safe Containers
CSG	=	Consultative Shipping Group
CTC	=	Community Telecommunication Committee
CTR	=	Common Technical Regulation
D. C.	=	District of Columbia
d. h.	=	das heißt
DAB	=	Digital Audio Broadcasting
DB	=	Deutsche Bahn, Deutsche Bundesbahn
dB(A)	=	Dezibel (A)
DBP	=	Deutsche Bundespost
DC8F	=	Flugzeugtyp von McDonnell Douglas
DCS	=	Digital Cellular System
DDR	=	Deutsche Demokratische Republik
DECT	=	Digitally Enhanced Cordless Telephony
DEE	=	Datenendeinrichtung
DFS	=	Deutscher Fernmeldesatellit
DFVLR	=	Deutsche Forschungs- und Versuchsanstalt für Luft- und Raumfahrt
DG	=	Direction Générale
DHL	=	Dalsey – Hillblom – Lynn
DHS	=	United States Department of Homeland Security
DIANE	=	Direct Information Access Network for Europe
DIHT	=	Deutscher Industrie- und Handelstag
DIS	=	Danish International Shipping Register
Diss.	=	Dissertation
dkr	=	Dänische Krone
DM	=	Deutsche Mark
Dok.	=	Dokument
Dr.	=	Griechische Drachme
DSB	=	Danske Statsbaner (Dänische Staatsbahnen)
DSC	=	Dangerous Goods, Solid Cargoes and Containers
DSL	=	Digital Subscriber Line
DSR	=	Deutsche Seereederei
DSRR	=	Digital Short Range Radio

DTH	=	Direct to Home
DTMF	=	Dual Tone Multi Frequency
DUV	=	Deutscher Universitätsverlag
DVB	=	Digital Video Broadcasting
DVD	=	Digital Versatile Disc
DVWG	=	Deutsche Verkehrswissenschaftliche Gesellschaft
dwt	=	dead-weight ton(s)
e. V.	=	eingetragener Verein
EAC	=	East Africa Conference
EAGV	=	Vertrag zur Gründung der Europäischen Atomgemeinschaft
EARB	=	European Airlines' Research Bureau
EASA	=	European Aviation Safety Authority
EATA	=	Europe Asia Trades Agreement
EATCHIP	=	European Air Traffic Control Harmonization and Integration Programme
EATMS	=	European Air Traffic Management System
EBRD	=	European Bank for Reconstruction and Development
EBU	=	European Broadcasting Union
EC, E.C.	=	European Community
ECA	=	European Cockpit Association
ECAC	=	European Civil Aviation Conference
ECE	=	Economic Commission for Europe of the United Nations
ECR	=	European Consortium Cellular Radio
ECSA	=	European Community Shipowners' Associations
ECT	=	European Combined Terminals
ECTEL	=	European Corporation of the Telecommunications and Professional Electronics Industry
ECTRA	=	European Committee for Telecommunications Regulatory Affairs
ECU	=	European Currency Unit
EDA	=	Eurocorde Discussion Agreement
EDGE	=	Enhanced Data GSM Environment
EDI	=	Electronic Data Interchange
EDV	=	Elektronische Datenverarbeitung
EEC	=	European Economic Community
EFRE	=	Europäischer Fonds für regionale Entwicklung
EFTA	=	European Free Trade Association
EG	=	Europäische Gemeinschaft(en)
EGG	=	Elektronischer Geschäftsverkehr-Gesetz
EGKS	=	Europäische Gemeinschaft für Kohle und Stahl
EGV	=	Vertrag zur Gründung der Europäischen Gemeinschaft
EI	=	Eurocorde I

EIB	=	European Investment Bank
EIF	=	European Investment Fund
ELWH	=	E-Learning Workshop Hannover
EN	=	Englisch
endg.	=	endgültig
ENEL	=	Ente Nazionale per l'Energia Elettrica (Nationalgesellschaft für elektrische Energie)
ENF	=	European Numbering Forum
ENI	=	Ente Nazionale Idrocarburi (Nationalgesellschaft für Kohlenwasserstoffe)
EP	=	Europäisches Parlament
ERA	=	European Regional Airlines' Association
ERC	=	European Radiocommunications Committee
ERMES	=	European Radio Messaging System
ERO	=	European Radiocommunications Office
ESA	=	European Space Agency
ESC	=	European Shippers' Council
Esc	=	Portugiesischer Escudo
ESF	=	European Social Fund
ESPRIT	=	European Strategic Programme for Research and Development in Information Technology
etc.	=	et cetera
ETF	=	European Transporters' Federation
ETIX	=	Electronic Tickets
ETNS	=	European Telephony Numbering Space
ETO	=	European Telecommunications Office
ETS	=	European Telecommunications Standards
ETSI	=	European Telecommunications Standards Institute
EU	=	Europäische Union
EuGH	=	Europäischer Gerichtshof
EUIR	=	European Upper Flight Information Region
EUR	=	Europa (ICAO-Region)
EUR	=	Europäische Union der Rundfunkanstalten
Euratom	=	Europäische Atomgemeinschaft
EUREKA	=	European Research Coordination Agency
EURET	=	European Research on Transport
EUROCAE	=	European Organisation for Civil Aviation Equipment
EUROCONTROL	=	European Organization for the Safety of Air Navigation
Eurojust	=	European Judicial Network in Civil and Commercial Matters
EURONET	=	European Network
Eurorep	=	European Report

EUROS	=	European Register of Ships
EUROSAL	=	Europe South America Lines
Eurostat	=	Statistical Office of the European Communities
EUTELSAT	=	European Telecommunications Satellite Organization
EUV	=	Vertrag über die Europäische Union
evtl.	=	eventuell
EVU	=	Elektrizitäts- und Versorgungsunternehmen
EWG	=	Europäische Wirtschaftsgemeinschaft
EWGV	=	Vertrag zur Gründung der Europäischen Wirtschaftsgemeinschaft
EWI	=	Europäisches Währungsinstitut
EWIV	=	Europäische Wirtschaftliche Interessenvereinigung
EWP	=	EATCHIP Work Program
EWR	=	Europäischer Wirtschaftsraum
EXPO	=	Weltausstellung
f.	=	folgende Seite
FAA	=	Federal Aviation Administration
FAG	=	Frankfurt a. M. Flughafen AG
FAL	=	Convention on Facilitation of International Maritime Traffic
FAO	=	Food and Agriculture Organization
FAR	=	Federal Aviation Regulations
FEFC	=	Far Eastern Freight Conference
FETTCSA	=	Far East Trade Tariff Charges and Surcharges Agreement
FF	=	Französischer Franc (ab 1963)
ff.	=	fortfolgende Seiten
ffr	=	Französischer Franc
Fmk	=	Finnmark
FST	=	Fédération des Syndicats des Transports dans l'Union Européenne
FTE	=	Forschung und technologische Entwicklung
FTTC	=	Fibre To The Curb
g	=	Gramm
G&C	=	Grimaldi & Cobelfret
G7	=	Group of Seven
G8	=	Group of Eight
GAP	=	Generic Access Profile
GAP	=	Groupe d'Analyse et de Prévision
GASP	=	Gemeinsame Außen- und Sicherheitspolitik
GATS	=	General Agreement on Trade in Services
GATT	=	General Agreement on Tariffs and Trade
GB	=	Gesamtbericht
GB	=	Great Britain
GD	=	Global Distribution

GEC	=	General Electric Company
gem.	=	gemäß
GEN	=	Global European Networks
GEPI	=	Gestioni e Partecipazioni Industriali (Industrielle Geschäftsführungen und Beteiligungen)
GEPNA	=	Groupe Européen de Planification de la Navigation Aérienne
GF-X	=	Global Freight Exchange
ggf.	=	gegebenenfalls
GHz	=	Gigahertz
GmbH	=	Gesellschaft mit beschränkter Haftung
GMDSS	=	Global Maritime Distress and Safety System
GMPCS	=	Global Mobile Personal Communications Services
GNSS	=	Global Navigation Satellite System
GPRS	=	General Packet Radio Service
GRD	=	Griechische Drachmen
GSM	=	Global System for Mobile Communications
gTLD	=	generic Top Level Domain
GVB	=	Gesellschaft für Verkehrsbetriebswirtschaft und Logistik
GWB	=	Gesetz gegen Wettbewerbsbeschränkungen
GZT	=	Gemeinsamer Zolltarif
H.	=	Heft
HACA	=	Hellenic Air Carrier Association
HD-MAC	=	High Definition – Multiplexed Analogue Components
HDFS	=	High Density Fixed Services
HDTV	=	High Definition Television
hfl	=	Holländischer Gulden
HIBEG	=	Hanseatische Industrie-Beteiligungen GmbH
HIT	=	Hermes Information Technology
Hj.	=	Halbjahr
HLG	=	High Level Group
HMM	=	Hyundai Merchant Marine Company Ltd
HNS	=	International Convention on Liability and Compensation for Damage in Connection with the Carriage of Hazardous and Noxious Substances by Sea
HPH	=	Hutchison Port Holdings Ltd
Hrsg.	=	Herausgeber
HSCSD	=	High Speed Circuit-Switched Data
HWWA	=	Hamburgisches Welt-Wirtschafts-Archiv
i. d. F.	=	in der Fassung
i. V. m.	=	in Verbindung mit
IACA	=	International Air Carrier Association

IANA	=	Internet Assigned Numbers Authority
IAO	=	Internationale Arbeitsorganisation
IASA	=	International Aviation Safety Assessment Program
IATA	=	International Air Transport Association
IBC	=	International Code for the Construction and Equipment of Ships Carrying Dangerous Chemicals in Bulk
IBM	=	International Business Machines
IC	=	Interconnection
ICAA	=	International Civil Aviation Association
ICANN	=	Internet Corporation for Assigned Names and Numbers
ICAO	=	International Civil Aviation Organization
ICH	=	International Conference on Harmonization of Technical Requirements for Registration of Pharmaceuticals for Human Use
IDA	=	Interchange of Data Between Administrations
IDABC	=	Interoperable Delivery of pan-European *e*Government Services to Public Administrations, Businesses and Citizens
IEA	=	Institute of Economic Affairs
IECC	=	International Express Carriers Conference
IGC	=	International Code for the Construction and Equipment of Ships Carrying Liquefied Gases in Bulk
IIC	=	International Institute of Communications
IKT	=	Informations- und Kommunikationstechnologien
ILO	=	International Labour Organization
IMCO	=	International Maritime Consultative Organization
IMDG	=	International Maritime Dangerous Goods Code
IMO	=	International Maritime Organization
IMOFAL	=	International Maritime Organisation's Facilitation
IMPACT	=	Information Market Policy Action
IMT	=	International Mobile Telecommunications
Inc.	=	Incorporated
INF	=	International Code for the Safe Carriage of Packaged Irradiated Nuclear Fuel, Plutonium and High-Level Radioactive Wastes on Board Ships
INMA	=	Industrie Navali Meccaniche Affini
INMARSAT	=	International Maritime Satellite Organization
INSIS	=	Inter-Institutional Integrated Services Information System
Int.	=	International
INTELSAT	=	International Telecommunications Satellite Organization
INTERSPUTNIK	=	International Organization of Space Communications
IOPC	=	International Oil Pollution Convention Fund
IP	=	Internet Protocol
IPTT	=	Internationale du Personnel des Postes, Télégraphes et Téléphones

IPv6	=	Internet Protocol version 6
Ir£	=	Irisches Pfund
IRDAC	=	Industrial Research and Development Advisory Committee
IRI	=	Istituto per la Ricostruzione Industriale (Institut für den industriellen Wiederaufbau)
ISAC	=	Information Society Action Centre
ISDN	=	Integrated Services Digital Network
ISF	=	Information Society Forum
ISM	=	International Safety Management
ISPO	=	Information Society Project Office
ISPS	=	International Ship and Port Facility Security Code
ISR	=	International Shipping Register
ITS	=	Information Technology Systems
ITSEC	=	Information Technology Security Evaluation Criteria
ITSTC	=	Information Technology Steering Committee
ITT	=	International Telephone and Telegraph
ITU	=	International Telecommunication Union
ITU-R	=	International Telecommunication Union – Radiocommunication Sector
J.O.	=	Journal Officiel
JAA	=	Joint Aviation Authorities
JAL	=	Japan Airlines
JAR	=	Joint Aviation Requirements
JAT	=	Jugoslovenski Aerotransport (Jugoslawische Luftverkehrsgesellschaft)
Jg.	=	Jahrgang
JOS	=	Joint Operational Service Agreement
kBit	=	Kilobit
KBW	=	Kabelfernsehnetz Baden-Württemberg
KDD	=	Kokusai Denshin Denwa
KEP	=	Kurier-, Expreß- und Paketdienste
kg	=	Kilogramm
KG	=	Kommanditgesellschaft
KGaA	=	Kommanditgesellschaft auf Aktien
kHz	=	Kilohertz
KLM	=	Koninklijke Luchtvaartmaatschappij (Königliche Luftfahrtgesellschaft)
KLS	=	Koninklijke Luchtvaart School (Königliche Luftverkehrsschule)
km	=	Kilometer
KMU	=	kleine und mittlere Unternehmen
KNSM	=	Koninklijke Nederlandsche Stoomboot Maatschappij (Königlich-Niederländische Dampfergesellschaft)

KNW	=	Kabelfernsehnetz Nordrhein-Westfalen
KOM	=	Kommissionsdokument
KPN	=	Koninklijke PTT Nederland
kW	=	Kilowatt
KWW	=	Kværner Warnow Werft
l	=	Liter
LAN	=	Local Area Network
LEA	=	London European Airways
LEO	=	Low-Earth Orbit
LH	=	Deutsche Lufthansa
Lit	=	Italienische Lira
lit.	=	Buchstabe
litt.	=	Buchstaben
LMES	=	Land Mobile Satellite Earth Station
LNG	=	Liquid Natural Gas
LOT	=	Polskie Linie Lotnicze
LRAIC	=	Long Run Average Incremental Cost
Ltd.	=	Limited
LTU	=	Lufttransport-Unternehmen
m	=	Meter
m^3	=	Kubikmeter
MAC	=	Multiplexed Analogue Components
MAR	=	Madeira International Shipping Register
MARIS	=	Maritime Information Society
MARPOL	=	International Convention for the Prevention of Pollution from Ships
mbH	=	mit beschränkter Haftung
MBit	=	Megabit
MCI	=	Microwave Communications Inc.
MDBV	=	Mærsk Delta BV
MDNS	=	Managed Data Network Services
MEDIA	=	Mesures pour Encourager le Développement de l'Industrie Audiovisuelle
MEO	=	Medium-Earth Orbit
MES	=	Mobile Earth Station
MEWAC	=	Middle East West African Conference
MHP	=	Multimedia Home Platform
MHz	=	Megahertz
Mio.	=	Million(en)
MITRE	=	Massachusetts Institute of Technology Research
MODINIS	=	Monitoring of *e*Europe, Dissemination of good Practices and Improvement of Network and Information Security

MOE	=	Mittel- und Osteuropa
MOL	=	Mitsui O.S.K. Lines
MRA	=	Mutual Recognition Agreements
Mrd.	=	Milliarde(n)
MSC	=	Mediterranean Shipping Co.
MSG	=	Media Service GmbH
MSS	=	Mobile Satellite Service
mt	=	metric ton(s)
MTC	=	Maritime Transport Committee
MTW	=	Mathias-Thesen-Werft
MwSt.	=	Mehrwertsteuer
N. F.	=	Neue Folge
N. N.	=	nomen nescio
N. S.	=	Neue Serie, New Series
NATO	=	North Atlantic Treaty Organization
NERA	=	National Economic Research Associates
NET	=	Norme Européenne de Télécommunication
NEUSARA	=	North Europe USA Rate Agreement
NGMTS	=	Negotiating Group on Maritime Transport Services
NIS	=	Norwegian International Shipping Register
NL	=	Niederlande
No.	=	Number
NOL	=	Neptune Orient Lines
Nr.	=	Nummer
NS	=	Nederlandse Spoorwegen (Niederländische Eisenbahnen)
NSD	=	Nordic Satellite Distribution
NSI	=	Network Solutions Inc.
NTP	=	Network Termination Point
NTT	=	Nippon Telegraph and Telephone Corporation
NUTS	=	Nomenclature des Unités Territoriales Statistiques
NV	=	Naamloze Vennootschap (Aktiengesellschaft)
NYK	=	Nippon Yusen Kaisha
o. a.	=	oben angeführt
o. g.	=	oben genannt
O.S.K.	=	Osaka Shosen Kaisha
OAT	=	Orly Air Traiteur
OECD	=	Organization for Economic Cooperation and Development
OFT	=	Office of Fair Trading
OHG	=	Offene Handelsgesellschaft
OILPOL	=	International Convention for the Prevention of Pollution of the Sea by Oil

OMA	=	Open Mobile Alliance
ONA	=	Open Network Architecture
ONP	=	Open Network Provision
OOCL	=	Orient Overseas Container Line
OPS	=	Operations
ORA	=	Obligation Remboursable en Actions
ORA	=	Opportunities for Rural Areas
Oy	=	Osakeyhtiö (finnische Aktiengesellschaft)
P&O	=	Peninsular and Oriental Steam Navigation Co.
p.	=	page
p. a.	=	per annum
PAL	=	Phase Alternating Line
PAP	=	Public Access Profile
PC	=	Personal Computer
PCS	=	Personal Communication System
PDA	=	Personal Digital Assistant
PDH	=	Plesiochronous Digital Hierarchy
PECA	=	Protocols to the Europe Agreements on Conformity Assessment and Acceptance of Industrial Products
PGA	=	Portugália Airlines
PHARE	=	Poland and Hungary – Action for the Restructuring of the Economy
PIC	=	Pilot in Charge
Pkm	=	Personenkilometer
Pkw	=	Personenkraftwagen
plc	=	public limited company
PMR	=	Public Mobile Radio
PNR	=	Passenger Name Record
POL	=	Polish Ocean Lines
PRE	=	Programme de Réstructuration
PS	=	Pferdestärken
PSO	=	Primary Standardization Office
PSPDN	=	Public Switched Packet Data Network
PSTN	=	Public Switched Telephone Network
PT	=	Perseroan Terbatas (indonesische GmbH)
PTA	=	Post und Telekom Austria
Pta	=	Spanische Peseta
PTE	=	Public Telecommunications Entity
PTT	=	Post Telefoon Telegraaf
PTT	=	Postes, Télécommunications et Télégraphie
RACE	=	Research in Advanced Communications for Europe
RCPM	=	Rotterdamse Container Participatie Maatschappij (Rotterdamer Container Beteiligungsgesellschaft)

REC	=	Special Register of Vessels of the Canary Islands
REIMS	=	Remuneration of Mandatory Deliveries of Cross-Border Mail
RENAVAL	=	Reconversion des Chantiers Navals
Repsol	=	Refinería Española de Petróleo Sociedad Limitada
RGBl.	=	Reichsgesetzblatt
RGW	=	Rat für gegenseitige Wirtschaftshilfe
RLS	=	Rijks Luchtvaart School (Reichsluftverkehrsschule)
RMPM	=	Rotterdam Municipal Port Management
Ro-Ro	=	Roll-on-Roll-off
Rs.	=	Rechtssache
RTkom	=	Recht der Telekommunikation
RTT	=	Régie des Télégraphes et Téléphones
RTT	=	Road Telematics and Telecommunications
RVA	=	Régie des Voies Aériennes
s	=	Sekunde
S-PCN	=	Satellite Personal Communication Network
S-PCS	=	Satellite Personal Communications System
S.	=	Seite
s. o.	=	siehe oben
s. u.	=	siehe unten
S.W.I.F.T.	=	Society for Worldwide International Financial Telecommunications
SA, S.A.	=	Société Anonyme
SABENA	=	Société Anonyme Belge d'Exploitations de la Navigation Aérienne
SAECS	=	South Africa Europe Container Service
SAEG	=	Statistisches Amt der Europäischen Gemeinschaften
SAFA	=	Safety Assessment of Foreign Aircraft
SAirGroup	=	Swissair Group
SAP	=	Stabilisierungs- und Assoziierungsprozess
SAR	=	Search And Rescue
Sàrl	=	Société à Responsabilité Limitée
SARS	=	Severe Acute Respiratory Syndrome
SAS	=	Scandinavian Airlines System
SBC	=	Southwestern Bell Corp.
SC	=	Sea Containers
sc	=	Société Coopérative
SECAM	=	Séquentiel Couleur à Mémoire
SEK	=	Arbeitsdokument der Kommissionsdienststellen
SEM	=	Société d'Économie Mixte
SEPI	=	Sociedad Española de Participaciones Industriales (Spanische Gesellschaft für Industriebeteiligungen)
SFCN	=	Société Française de Constructions Navales

SFEI	=	Syndicat Français de l'Express International
SFI	=	Société Fédérale d'Investissement
SFMI	=	Société Française de Messagerie Internationale
SFR	=	Société Française du Radiotéléphone
SL	=	Sociedad de Responsabilidad Limitada (spanische GmbH)
SLG	=	Scandinavian Leisure Group
Slg.	=	Sammlung der Rechtsprechung des Europäischen Gerichtshofs und des Gerichts erster Instanz
sm	=	Seemeile(n)
SMS	=	Short Message Service
SMZ	=	Stoomvaart Maatschappij Zeeland (Dampfergesellschaft Seeland)
SN	=	Société Nationale
SNCF	=	Société Nationale des Chemins de Fer Français
SNCM	=	Société Nationale Maritime Corse-Méditerranée
SNG	=	Satellite News Gathering
SOCI	=	Social Matters
SOG-ITS	=	Senior Officials Group – Information Technology Systems
SOG-T	=	Senior Officials Group – Telecommunications
sog.	=	sogenannte
SOLAS	=	Convention for the Safety of Life at Sea
SORENI	=	Société de Réparation Navale et Industrielle SA
SpA, S.p.A.	=	Società per Azioni (Aktiengesellschaft)
SPPL	=	Singapore Post Private Ltd
SSMR	=	Shipping Statistics and Market Review
ST	=	Siemens Telecommunicazioni
STAR	=	Special Telecommunication Action for Regional Development
STCW	=	Standards of Training, Certification and Watchkeeping
STET	=	Società Torinese Esercizi Telefonici (Turiner Gesellschaft für den Telefonbetrieb)
SYN	=	Synopsis
SZR	=	Sonderziehungsrechte
t	=	Tonne(n)
T-DAB	=	Terrestrial Digital Audio Broadcasting
T-DVB	=	Terrestrial Digital Video Broadcasting
TAA	=	Trans-Atlantic Agreement
TACA	=	Trans-Atlantic Conference Agreement
TAP	=	Transportes Aéreos Portugueses (Portugiesische Luftverkehrsgesellschaft)
TAT	=	Touraine Air Transport
TBR	=	Technical Base for Regulation
TBT	=	Tributyltin

TC	=	Tadworth Corp.
TC2	=	Tariff Coordinating Conference (Area 2)
TD	=	Télécom Développement
TDC	=	Tele Danmark Consult
TDF	=	Télédiffusion de France
TEDIS	=	Trade Electronic Data Interchange System
TES	=	Transportable Earth Station
TETRA	=	Terrestrial Trunked Radio
TF	=	Télévision Française
TFTS	=	Terrestrial Flight Telecommunications System
TK	=	Telekommunikation
TKG	=	Telekommunikationsgesetz
tkm	=	Tonnenkilometer
TLD	=	Top Level Domain
tm	=	ton mile(s)
TMM	=	Transportación Marítima Mexicana (Mexikanische Seeverkehrsgesellschaft)
TNT	=	Thomas Nationwide Transport
TPG	=	TNT Post Groep (TNT Postgruppe)
TPO	=	Traveling Post Office
TPS	=	Télévision Par Satellite
TRAC	=	Technical Recommendations Application Committee
TRAN, TRANS	=	Transport
TSIP-BSA	=	Titre Subordonné à Intérêt Progressif – Bon de Souscription
TSO	=	Technical Standard Orders
TV	=	Television
u. a.	=	und andere
u. a.	=	unter anderem
UFA	=	Universum Film AG
UK	=	United Kingdom
UKW	=	Ultrakurzwelle
UKWAL	=	United Kingdom West Africa Line
UMTS	=	Universal Mobile Telecommunications System
UN	=	United Nations
UNCTAD	=	United Nations Conference on Trade and Development
UNMIK	=	United Nations Interim Administration Mission in Kosovo
UNO	=	United Nations Organisation
UPS	=	United Parcel Service
UPU	=	Universal Postal Union
US, U.S.	=	United States
USA	=	United States of America

USANERA	=	USA North Europe Rate Agreement
USOAP	=	Universal Safety Oversight Audit Program
UTA	=	Union des Transports Aériens
V-Chip	=	Violence Chip
VAT	=	Value Added Tax
VBL	=	Versorgungsanstalt des Bundes und der Länder
VDAB	=	Vlaamse Dienst voor Arbeidsbemiddeling en Beroepsopleiding (Flämisches Amt für Beschäftigungsvermittlung und Berufsbildung)
VDR	=	Voyage Data Recorder
VEBA	=	Vereinigte Elektrizitäts- und Bergwerks AG
vgl.	=	vergleiche
VHF	=	Very High Frequency
VIAG	=	Vereinigte Industrie-Unternehmungen AG
VLA	=	Very Light Aeroplanes
VLM	=	Vlaamse Luchttransportmaatschappij (Flämische Luftverkehrsgesellschaft)
VNLO	=	Vereniging van Nederlandse Luchtvaartondernemingen (Vereinigung der Niederländischen Luftfahrtunternehmen)
VoIP	=	Voice over Internet Protocol
VR	=	Volksrepublik
VSA	=	Vessel Sharing Agreement
VSAT	=	Very Small Aperture Technique
VTS	=	Vessel Traffic Service
W-LAN	=	Wireless Local Area Network
WAP	=	Wireless Application Protocol
WARC	=	World Administrative Radio Conference
WAS	=	Wireless Access System
WATTC	=	Worldwide Administration Telegraph and Telephone Conference
WB	=	Bericht über die Wettbewerbspolitik
WC / Med	=	West Coast / Mediterranean Agreement
WIK	=	Wissenschaftliches Institut für (Infrastruktur und) Kommunikationsdienste
WIPO	=	World Intellectual Property Organization
WITASS	=	West India Transatlantic Steamship Lines Association
WRC	=	World Radio Conference
WSA	=	Wirtschafts- und Sozialausschuß
WSIS	=	World Summit on the Information Society
WTO	=	World Trade Organization
WZO	=	Weltzollorganisation
z. B.	=	zum Beispiel
z. T.	=	zum Teil
Ziff.	=	Ziffer

Verzeichnis der Übersichten

Personenregister

Sachregister

www.ingramcontent.com/pod-product-compliance
Lightning Source LLC
LaVergne TN
LVHW010555300926
849162LV00002B/332